HERBERT KÜHN
GESCHICHTE DER VORGESCHICHTSFORSCHUNG

HERBERT KÜHN

GESCHICHTE DER VORGESCHICHTSFORSCHUNG

WALTER DE GRUYTER · BERLIN · NEW YORK
1976

CIP-Kurztitelaufnahme der Deutschen Bibliothek

Kühn, Herbert
Geschichte der Vorgeschichtsforschung. — Berlin,
New York : de Gruyter, 1976.
ISBN 3-11-005918-5

Copyright 1976 by Walter de Gruyter & Co., vormals G. J. Göschen'sche Verlagshandlung — J. Guttentag, Verlagsbuchhandlung — Georg Reimer — Karl J. Trübner — Veit & Comp. — Printed in Germany — Alle Rechte des Nachdrucks, einschließlich des Rechtes der Herstellung von Photokopien und Mikrofilmen, vorbehalten.
Satz und Druck: Walter de Gruyter & Co., Berlin 30
Bindearbeiten: Lüderitz & Bauer, Berlin

Vorwort

Dieses Buch behandelt die Geschichte der Ausgrabungen und Funde über die ganze Erde.

Kein anderer Zweig der Forschung auf dem Gebiet der Geisteswissenschaften hat im gegenwärtigen Abschnitt unseres Jahrhunderts so viele entscheidende Ergebnisse zu erzielen vermocht. Die Erde wurde aufgeschnitten, und sie offenbarte Kulturschichten, Wohnstätten, Bauwerke, Kultplätze in einem Ausmaße, wie man es gar nicht für möglich gehalten hatte.

Im Licht der Wissenschaft wurden die Stufen der menschlichen Entwicklung sichtbar, der Mensch der Vorzeit, der Mensch der Neusteinzeit, der Bronzezeit, der Eisenzeit, der Völkerwanderungszeit und der Wikingerzeit in Europa.

In Asien wurden die Kulturen wach, von denen die Bibel spricht: Ägypten, Palästina, Mesopotamien. Diese Länder haben sich uns in ihrem Werden, in ihrer geistigen Leistung und in ihrer Bedeutung zu erkennen gegeben.

Indien, Innerasien, China, Japan haben durch die Entdeckungen und Funde vieles von ihren Geheimnissen offenbart. Die Ausgrabungen von Palästen, Tempelbauten und Schriften brachten uns eine ungewöhnliche Bereicherung unserer Erkenntnis und unseres Wissens um die alten Kulturen der Welt. Der Mensch der Gegenwart steht bewundernd vor dem Reichtum, den der Spaten aus dem Dunkel der Erde geborgen hat, der aus Mythos, Märchen und Sage bisher nur geahnt, jetzt in den Blick unserer Tage gestellt wird.

Welche Geheimnisse barg nicht Afrika, der dunkle Erdteil, noch am Anfang unseres Jahrhunderts mit seinen weißen Stellen auf der Landkarte. Da gibt es die Geheimnisse um die Sahara mit den Felsbildern, sie sprechen von einer fruchtbaren, von einer reichen und lebendigen Welt an den Stellen, an denen sich jetzt die Wüste lagert. Benin war ein Rätsel, Simbabwe, der prähistorische Mensch im Süden des Erdteils.

Auch über Amerika, den Erdteil voll von Fragen und Problemen, haben die Grabungen Aufschluß gegeben, vor allem über die ersten Menschen, die ihn betraten. Er ist erst besiedelt worden nach der Eiszeit, nach 10 000 v. Chr. In der Mitte des Kontinents, in Mexiko, und in Peru im Süden, haben die Hochkulturen mit den Tempeltürmen, mit großen Städten, mit den Straßen und mit der Fülle an Gold und Silber, die Gemüter immer tief bewegt. Der Spaten hat auch hier Klarheit zu bringen vermocht. Die Einflüsse von China und von Hinterindien sind in das Blickfeld getreten und haben auf Zusammenhänge zwischen den Kontinenten hingewiesen, an die vor der Tätigkeit der Grabungen gar nicht gedacht werden konnte.

Auch Australien hat viele seiner Dunkelheiten, seiner Unklarheiten deutlich werden lassen. Es sind Menschenfunde aufgedeckt worden, die Felsbilder haben zu sprechen begonnen.

Den Blick über alles das Erreichte soll dieses Buch offenlegen, den Schritt des Menschen über diese Erde, seinen Weg zu den Fragen seines Erwachens und Werdens, zu seiner Entwicklung und seiner Entfaltung.

Dabei wird es deutlich, daß die Wirtschaftsformen die entscheidenden Tragkräfte bedeuten, sie sind es, die die Lebensarten zu gestalten in der Lage sind, ebenso die Beziehungen zum Ewigen, ebenso die Formgebung der Kunst als tiefsten und als sichtbarsten Ausdruck alles Erlebens der Welt und ihrer Inhalte. Die geistigen Erscheinungstatsachen sind gehalten und getragen von der Art der Wirtschaft.

Der Mensch der Eiszeit ist Jäger und Sammler, er nimmt nur das auf, was die Natur ihm darbietet, er lebt von den Tieren, mit den Tieren, durch die Tiere. Sein Lebenskampf ist eingestellt auf das Tier. So gestaltet er in der Dunkelheit der Höhlen, da, wo das Geheimnis sich lagert, das Unheimliche, seine Wiedergaben der Tiere. Er sagt der Gottheit durch das Bild: Gib uns dieses Tier, das wir brauchen, um leben zu können. Es ist eine naturhafte, eine wirklichkeitsnahe Kunst, so wie seine Welt eine Wirklichkeit bedeutet, aber sie lagert sich in dem Raume, der das Unendliche umfaßt. Sein über das Wirkliche hinausgehendes Erleben ist getragen von dem Gedanken des Vaters der Menschen und der Tiere, dem Gott-Vater, dem Urmonotheismus, genau wie bei den heute lebenden Stämmen der gleichen Wirtschaftsform, der Jäger und Sammler, etwa der Buschmänner, der Eskimos.

Der Mensch der Neusteinzeit aber ist einerseits der Ackerbauer, dort wo der Boden der Erde diese Lebensform ermöglicht, oder er ist der Viehzüchter, der Nomade. Bei dem Viehzüchter wird sich der Gott-Vater-Gedanke bewahren, das männliche, das bespringende Tier ist der Träger der Fruchtbarkeit und des Lebens.

Bei dem Ackerbauer aber wird sich die weibliche Gottheit entfalten müssen, denn es ist der Same, der die Frucht trägt. Er wird dem Boden gegeben und der Ertrag entfaltet sich. Das ist das Wesen der Frau, sie ist es, die die Fortdauer der Art bedeutet. Mag diese weibliche Gottheit Astarte heißen, Astarot, mag sie zur Venus werden oder zur Madonna, es ist der gleiche Gedanke an die Trägerin des Lebens.

Die Fruchtbarkeit aber ist ein abstrakter Gedanke, nicht sichtbar, nur auszudrücken im Symbol, im Sinnbild, und so wird eine abstrakte Kunst diese Epoche beherrschen. Durch Jahrtausende hindurch gibt es nicht eine naturhafte Gestaltung, sowohl im Felsbild wie in der Skulptur.

Das dritte wirtschaftliche Stadium, entstehend mit dem Bergbau, mit dem Suchen nach Kupfer, nach Zinn, nach Gold, wird ein neues geistiges Erleben gestalten, die Wirtschaftsform: Stadt, Schrift und Handel. Beziehungen zwischen den Völkern und den Stämmen werden sich entwickeln, der Blick wird weiter, freier, größer. Der Gedanke wird mehr auf die belebende Tat gerichtet sein. Die Wirklichkeit wird beginnen, mit stärkeren Worten zu sprechen. Die Kunst wird naturhafter werden. In Europa ist das zu erkennen bei den Griechen, den Etruskern, den Iberern, den Kelten. In Asien sind es die frühen Hochkulturen, die dieses Stadium erleben und sichtbar gestalten.

Das vierte Stadium ist das der Industrie. Wir erleben es in Europa seit etwa 1850, wirksamer seit 1900. Dieses Stadium lagert sich nicht mehr in den Umkreis dieses Buches. Dieses Stadium bringt neue Probleme, neue Aufgaben, neue Ziele. Die Kunst ist wiederum abstrakt geworden. Der Grund mag darin zu suchen sein, daß gerade die Technik es ist, die wieder den Blick wendet auf das Unbegreifliche. Das Radio, das Fernsehen, die Fahrt zum Monde, die Entdeckung der Zellteilung, die Atomzertrümmerung — das alles leitet den Menschen wieder zu der Frage des Unendlichen.

Es sind gliedernde, tragende Gedanken, die die Grundlagen dieses Buches bedeuten. Seine Basis aber ist die einzelne Entdeckung, die einzelne Grabung, der einzelne Fund. Jeder dieser Funde ist ein Mosaikstein, bestimmt, ein Ganzes zu enthüllen, nämlich den Menschen in seiner wechselnden Wesensart, schwankend zwischen Hier und Dort, den Schwerpunkt verlagernd entsprechend seiner Wirtschaftsform in dieses Raumgebiet oder in jenes.

Der Ausgräber ist der Mensch, die Persönlichkeit, getragen von den großen Fragen nach dem Gewesenen, nach dem Geschehen des Vergangenen. Denn nur aus dem, was einmal war, erwächst das Gegenwärtige und das Folgende, so wie jeder einzelne Mensch beruht auf denen, die vor ihm waren, lebten und litten, genau so beruht die Menschheit auf den Epochen, die das Vergangene getragen haben.

Vor unserer Zeit hat es auch die Ruinen gegeben, auch zufällige Funde, der Mensch hat sie betrachtet, die Fundstücke gesammelt, sie haben ihm nichts gesagt, auch nichts zu sagen vermocht. Der heutige Forscher, der Ausgräber, der systematisch, der wissenschaftlich gräbt, erst er ist es, der die entscheidende Fragestellung auszulösen vermag. Deshalb ist die Persönlichkeit des Grabenden, des Forschers von besonderer Bedeutung, und das ist der Grund, warum in diesem Buche die Namen der Ausgräber aufgeführt werden, ihre Lebensdaten, ihre Veröffentlichungen. Oft auch werden persönliche Erinnerungen von ihnen berichtet, manchmal auch meine Beziehungen zu ihnen. Denn es sind 60 Jahre hindurch, in denen mich diese Wissenschaft fesselt und immer wieder von neuem begeistert. Viele Forscher der vergangenen Generation habe ich noch erlebt, habe mit ihnen Stunden und manchmal Tage verbringen können. So wird das persönliche Erleben eingeflochten in dieses Werk.

So mag ich auch zu mir selbst bemerken, daß ich dieses Buch nicht hätte verfassen können, wenn es mir nicht möglich gewesen wäre, fast alle wichtigen Fundorte der Erde selbst zu besuchen. Zwei Reisen um die Welt in den Jahren 1931 und 1933 brachten mich nach Italien, Griechenland, Palästina, Afrika, Indien, Ceylon, Borneo, Sumatra, Java, Bali, Philippinen, Taiwan, China, Japan, Kalifornien, Panama, Kuba, Nord-Amerika. Immer wieder bin ich in Amerika gewesen, als Vortragender an vielen Universitäten, als Mitarbeiter am Metropolitan-Museum, als Gastprofessor an der Wayne State-University in Detroit in den Jahren 1959 und 1960, und wieder als Gastprofessor an der University of California in Berkeley

1963. Daran anschließend habe ich die Pyramiden von Mexiko besuchen können. 1967 unternahm ich eine Reise durch den Balkan und die Türkei nach Iran und Irak, nach Babylon, Assur, Ninive, Ur, 1974 nach Rußland. Immer wieder aber, seit 1923, habe ich die Höhlen in Frankreich und Spanien aufgesucht, manche Höhle als einer der ersten zusammen mit den Entdeckern.

So ruht dieses Buch auf eigenen Anschauungen, auf eigenen Erlebnissen, auch auf eigenen Gedanken und Vorstellungen.

Aus dem Gefüge der einzelnen Tatsachen soll ein Gesamtbild entstehen, wie ich meine das Erste, das als Ganzes bisher vorgelegt worden ist.

Das sind die tragenden Gedanken dieses Buches, es will nicht nur die einzelne Grabung neben die andere stellen, es will den Sinn des Geschehens durch den Menschen auf dieser Erde deutlich zu machen versuchen. Dieses Buch trägt in sich die Aufgabe, durch die Erscheinungen und Tatsachen hindurch das Wesen des Menschen zu erfassen durch alle Zeiten und Erdteile. Der Mensch wandelt sich, aber die Menschheit bleibt immer die gleiche. Es sind große Fragen, auf denen diese Arbeit ruht, Fragen um das Menschsein überhaupt. Der Mensch ist das Wesen, das die Wirklichkeit erkennt, das aufgerufen ist, diese Wirklichkeit zu beherrschen und zu gestalten. Der Mensch ist aber auch das Wesen, das über die Wirklichkeit hinaus das Ewige, das Unendliche geistig zu ergreifen vermag. Die Zahl weist ins Unendliche, der Raum weist ins Unendliche, die Zeit weist ins Unendliche. Geburt und Tod, die Begrenzungen des menschlichen Daseins, sie weisen hin in das Unendliche. Dieses Wesen Mensch von seinen Anfängen her zu verstehen und zu deuten, das soll der Sinn und die Aufgabe dieses Buches sein.

Im Februar 1976   Herbert Kühn

Inhalt

Vorwort V

KAPITEL I
Der Mensch und das Problem der Vorgeschichte 1

Die Urfrage, das Ursein 1   Das babylonische, ägyptische, chinesische Denken 2
Der Urmythos bei Plato, Hesiod, Jesajas, Virgil 2   Die Urfrage im 19. Jh. 3   Die
Urfrage im 20. Jh. 3   Die Urfrage in der französischen Revolution 4   Die
Urfrage bei Schiller 5   Die Kunst der Gegenwart und die Vorgeschichte 5
Kunstwandlungen und Begegnungen 6   Vorgeschichte und Gegenwart 7

KAPITEL II
Sinn und Bedeutung der Vorgeschichte. 8

Die Bedeutung der vorgeschichtlichen Forschung 8   Prokop als Beispiel für Irrtümer
der geschriebenen Geschichte 9   Die Schrift als Grenze zwischen Vorgeschichte und
Geschichte 9   Die Bezeichnungen Vorgeschichte, Urgeschichte, Frühgeschichte 10
Die Wurzeln der Vorgeschichte 12

KAPITEL III
Die Forschung in der Antike und im Mittelalter 13

Ausgrabungen und Sammeln 13   Der Mensch der Eiszeit u. das Sammeln und Ausgraben 13   Ausgrabungen in Mesopotamien in alter Zeit 14   Ausgrabungen
bei den Römern 14   Das Mittelalter und die Vorgeschichte 15

KAPITEL IV
Die Forschung im 16. und 17. Jahrhundert 15

Deutschland und die Schweiz 15   Skandinavien 19   England 21   Frankreich 21   Übersicht 22

Inhalt

KAPITEL V

Die Forschung im 18. Jahrhundert 24

Die philosophischen Grundlagen 24   Übersicht 27   England 28   Deutschland 29   Frankreich 30   Italien 33   Übersicht 35

KAPITEL VI

Die Forschung in der ersten Hälfte des 19. Jahrhunderts 36

Die kunstgeschichtlichen Grundlagen 36   Die philosophischen Grundlagen 38   Die naturwissenschaftlichen Grundlagen 41   Frankreich, Eiszeit 46   England, Eiszeit 51   Das Dreiperiodensystem 51   Worsaae 59   Ludwig Lindenschmit d. Ältere, Hostmann, Kemble 64   Südrußland, Skythen 70   Italien, Etrusker 72   Deutschland, Ausgräber 77   England 81   Klassische Archäologie 83   Übersicht 86   Ägypten 87   Mesopotamien 91   Amerika, Mexico 95   Amerika, Vereinigte Staaten 100

KAPITEL VII

Die Forschung in der zweiten Hälfte des 19. Jahrhunderts 102

Übersicht 102   Die naturwissenschaftlichen Grundlagen 103   Die philosophischen Grundlagen 106   Die kulturgeschichtlichen Grundlagen 112

Paläolithikum 114

Deutschland, Neandertaler 114   Spanien, Tschechoslowakei, Belgien, Neandertaler 115   Java, Vorneandertaler 115   Frankreich, Belgien, Monaco, Nachneandertaler 116   Tschechoslowakei, Nachneandertaler 121   Übersicht 122   Frankreich, Kunst der Eiszeit, Kleinkunst 124   Frankreich, Kunst der Eiszeit, Wandkunst 127   Spanien, Kunst der Eiszeit, Wandkunst 129   Frankreich, Tschechoslowakei, Kunst der Eiszeit, Kleinkunst 132   Deutschland, Schweiz, England, Kunst der Eiszeit, Kleinkunst 134   Übersicht 135

Neolithikum und Bronzezeit 137

Skandinavien, Neusteinzeit und Bronzezeit, Gesamtfragen 137

Mesolithikum 143

Mesolithikum 143   Sophus Müller, Oskar Montelius 146

Bronzezeit 147

Zeitstellung der Bronzezeit 147   Felsbilder in Schweden 158   Goethe und Felsbilder 159   Bronzezeitfragen in anderen Ländern 161   Südrußland, Skythen bis 1880 164   Deutschland, Skythen 168   Südrußland, Skythen nach 1880 169

Eisenzeit 171

Österreich, Hallstatt 171　　Schweiz, neolithische Pfahlbauten u. Latène 175　　Gliederung der Latène-Periode 177　　Italien. Terramare-Funde 178　　Italien, Pfahlbauten 180　　Etrusker 181　　Österreich. Strettweg, Watsch 186　　Spanien. Cerro de Los Santos und Elche 187　　Dänemark. Gundestrup 188　　England. Battersea 189　　Deutschland. Latène-Funde 190　　Frankreich. Napoléon III. Alesia, Bibracte, Gergovia 191　　Moritz Hoernes zur Lage 195　　Übersicht 197

KAPITEL VIII

Klassische Archäologie 198

Athen 198　　Dipylon, Kerameikos, Olympia 200　　Pergamon 202　　Milet 204　　Magnesia 204　　Priene 204　　Delphi 205　　Samothrake 206　　Delos 207　　Übersicht 208　　Rom 209　　Deutschland, Hildesheim 210　　Italien, Boscoreale 210　　Frankreich 211　　England, Jugoslawien, Spanien 212　　Rumänien 213　　Übersicht 213

Völkerwanderungszeit 214

Deutschland 214　　Frankreich, Luxemburg, Holland 220　　Belgien 221　　England 222　　Italien 225　　Spanien 227　　Rumänien 228　　Übersicht 228

Wikinger 229

Die historische Lage 229　　Schweden, Silberfunde 231　　Deutschland, Hiddensee 231　　Gokstad, Jellinge, Vendel 232　　Birka 234　　Rußland 235　　Zusammenfassung 236　　Zusammenfassung für die 2. Hälfte d. 19. Jh. 236

KAPITEL IX

Außer-Europa 245

Heinrich Schliemann, Troja 245　　Neue Ausgrabungstechnik 251　　Ägypten, Flinders Petrie, Gaston Maspero 252　　Mesopotamien 258　　Palästina 259　　Hethiter 260　　Indien 261　　Amerika 262　　Afrika 264

Ergebnisse 265

Auswertungen 265

Die kunstgeschichtliche Auswertung 265　　Die wirtschaftsgeschichtliche Auswertung 270　　Die religionsgeschichtliche Auswertung 271　　Übersicht 273

KAPITEL X

Die Forschung im 20. Jahrhundert 274

Europa 274   Die philosophischen Grundlagen 275   Malerei der Eiszeit, Anfänge der Forschung 277   Die Kunstgeschichte u. die Malerei der Eiszeit 279   Malerei der Eiszeit bis 1925 282

Felsbilder 1900—1950 285

Spanien 285   Frankreich 287   Deutschland 293   Italien 294

Ausgrabungen bis 1950 294

Gliederung der Funde 294   Spanien 295   Frankreich 295   Deutschland 297   Schweiz, Österreich, Tschechoslowakei, Italien 298   Sowjetunion 300   Überblick 303

Felsbilder 1950—1975 304

Übersicht 304   Frankreich 305   Spanien, Portugal 307   Italien 310   Sowjetunion 310   Nach 1950 erschienene Werke 311   Ergebnisse 312   Gerhart Hauptmann u. Felsbilder 313   Die Anfänge der Schrift u. Felsbilder 313

Ausgrabungen 1950—1975 314

Die Radiokarbon-Datierung 314   Frankreich 315   Tschechoslowakei 317   Deutschland 318   Übersicht 319

Mesolithikum 320

Der Mensch des Mesolithikums, Radiokarbon-Daten 320   Entwicklung des Begriffes Mesolithikum 321   Ostspanische Kunst, Frage der Zeitstellung 323   Skandinavische und Finnländische Kunst 327

Neolithikum 328

Die neolithische Revolution 328   Neolithische abstrakte Kunst 329   Neolithische Kunst, Forschungsgeschichte 329   Verbreitung des Neolithikums 331   Sophus Müller 332   Gustaf Kossinna 337   Carl Schuchhardt 339   Nord-Idee 341   Robert Forrer 344

Indogermanenfrage 346

Gegensätze 346   Gordon Childe 351   Rassenidee 352   Probleme 1950—1975 357   Zusammenfassung 360

KAPITEL XI

Aufgaben der Neolith-Forschung 362

Paul Reinecke u. Karl Schumacher 362   Übersicht 365

Inhalt XIII

Bandkeramik 366

Deutschland 366 Hans Reinerth 370 Belgien, Holland 373 Frankreich 373 Tschechoslowakei 374 Ungarn 375 Jugoslawien 376 Bulgarien 377 Rumänien 378 Polen 381 Sowjet-Union 381 Strahlungen der Hochkulturen zum Mittelmeer 385 Datierung des Neolithikums 388 Wanderung oder Kultureinfluß 388

Megalithkultur 390

Wurzel der Megalithkultur, Ägypten, Arabien 390 Malta 395 Süditalien, Sizilien, Korsika, Sardinien 395 Balearen 397 Nordafrika 398 Spanien und Portugal 399 Frankreich 403 England, Schottland 404 Holland 405 Skandinavien 406 Deutschland 407 Megalithkultur in Mittel- u. Ostasien 408 Sinn und Bedeutung des Megalithproblems 409

Schnurkeramik 410

Aufgabe der Forschung 410 Wesen der Schnurkeramik 411 Deutschland 412 Tschechoslowakei, Polen 414 Sowjetunion 415 Zusammenfassung 416

Glockenbecher 417

Aufgabe der Forschung 417 Spanien, Frankreich, Mittelmeer-Inseln, Italien 418 Deutschland 419 Holland, England, Tschechoslowakei, Österreich, Ungarn 420 Zusammenfassung 421

Chassey-Kultur, Michelsberg
Kamm- und Grübchenkeramik 421

Zusammenfassung 421 Einzelgruppen in Mitteleuropa 423 Einzelgruppen in Süddeutschland 425 Oswald Menghin 426 Zusammenfassung 428

Lexika 429

Joseph Déchelette 429 Max Ebert 430

KAPITEL XII

Bronzezeit 432

Übersicht 432

Nordischer Kreis 432

Trundholm, Borkendorf, Seddin, Eberswalde, Goldgefäße 433 Kleidung 438

Lausitzer Kreis 439

Probleme der Forschung 439 Polen, Tschechoslowakei, Jugoslawien, Rumänien, Ungarn 439　　　Übersicht 443　　　Handel 443　　　Bergbau 445　　　Die ethnische Frage 446

Urnenfelder-Kultur 447
Problematik 447　　　Osteuropa und Mittelmeer 450　　　England 451　　　Spanien 452　　　Sowjetunion 452　　　Übersicht 453

Kreta 456
Sir Arthur Evans, Knossos 456　　　Andere Grabungen auf Kreta 459

Die Steppenvölker 460
Übersicht 460　　　Skythen 461　　　Sarmaten, Hunnen 462　　　M. Rostovtzeff, G. Borovka, Max Ebert 463

Kuban-Gebiet 465
Übersicht 465　　　Mongolei 467　　　Ungarn, Rumänien, Bulgarien 468

Sino-sibirische Bronzen 472
Anfänge der Forschung 472　　　Minussinsk-Becken 475　　　Afanasevo-Kultur, Andronovo-Kultur, Karasuk-Kultur 484　　　Zusammenfassung 486

Perm 488

Hunnen 488

Awaren 490

Luristan-Bronzen 491
Problematik 491　　　Ergebnis der Forschung über die Steppenvölker 499

KAPITEL XIII

Eisenzeit 500

Kelten 500
Trichtingen 500　　　Entremont 501　　　Heuneburg 502　　　Vix 503　　　Reinheim 504　　　Manching 506　　　Hirschlanden 507　　　Kelten, Übersicht 508

Iberer 511
Übersicht 511　　　Despeñaperros 511　　　Catellar de Santisteban 512　　　Architektur 513　　　Grabungen nach 1940 514　　　Ergebnis 515

Etrusker 515
Grabungsmethoden, Entdeckungen 515   Restaurierung 518   Situlen 519

Klassische Antike, Rom Imperium 521
Rom 521   Ostia 523   Palaestrina, Tivoli 524   Pompeji 524   Herculaneum 525

Nordafrika 526
Timgad 526   Leptis Magna 526   Sabratha 527

Syrien 527
Baalbek 527

Deutschland 528
Hemmoor 528   Westgermanische Bodenfunde 529   Trier 529   Köln 530   Mainz, Xanten, Straubing, Homburg v. d. H. 531

Schweiz 533
Augst 533

Felsbilder 534
Mont Bego und Valcamonica 534

Klassische Antike, Griechenland 536
Athen 536   Pylos, Kos, Epidaurus 537   Korfu, Korinth, Lemnos, Rhodos, Messene 537   Mykene 538   Olympia, Olynth, Samos 538   Kreta 538   Thera, Santorin, Sizilien 539   Ampurias 542   Milet, Ephesos 543   Pergamon 543   Troja, Aphrodisias 544   Übersicht 545

KAPITEL XIV

Völkerwanderungszeit, Wikinger 546
Übersicht 546   Frankreich 547   St. Denis 550   Deutschland, Fundberichte 552   Köln, Dom 559   Beckum, Morken, Krefeld-Gellep 560   Mittel- u. Ostdeutschland nach 1940 562   Einzelne Fundgruppen 563   Zusammenfassung 565   Österreich 565   Schweiz 567   Belgien, Holland, Dänemark 567   Schweden 568   Norwegen 569   England 570   Sutton Hoo 572   Italien 572   Spanien u. Portugal 575   Tschechoslowakei 578   Ungarn 579   Jugoslawien 583   Rumänien 584   Rußland 586   Zusammenfassung 587   Bernhard Salin 589   Erstes Problem: Flechtornament 591   Zweites Problem: Tierornament 592   Kunst, zusammenfassend 595   Volksmäßige Bestimmung 595   Gepiden u. Langobar-

XVI Inhalt

den in Ungarn u. Österreich 595 Goten, Heruler, Franken in Ostpreußen 597
Goten u. Langobarden in Italien 599 Drittes Problem: Datierung 600

Wikingerzeit 605

Übersicht, Schweden und Norwegen 605 Hon, Asarve, Stora Velinge 606 Valsgärde, Tuna, Vallhagar 606 Helgö 608 Eketorp 608 Oseberg-Schiff 609 Tune- und Borre-Schiff 611 Dänemark 612 Trelleborg, West-Seeland 612 Aggersborg, Fyrkat und Odense 613 Rußland 614 Gnezdovo, Kiew, Mihailovskoje 614 Deutschland, Haithabu 615 Überblick 616 Überblick über das Erreichte v. 1900—1975 617 Handbücher 619 Karten Europa 621

KAPITEL XV

Die Forschung im 20. Jahrhundert außerhalb Europas 637

Vorderasien 637

Mesopotamien 637

Assur und Andrae 642 Das Problem der Entwicklung 647 Susa und de Morgan 648 Lagasch, Tello 650 Sumerische Keilschriften 651 Kisch 652 Djemdet Nasr 653 Mesilim-Epoche 653 El Obeid, Eridu 654 Tell Halaf und Frh. v. Oppenheim 656 Hethiter-Problem 660 Ergebnisse bis 1930 663 Ur, der Turm, und Woolley 665 Ur und die Königsgräber 666 Uruk-Warka und seine Ausgräber 670 Mari und Parrot 673 Das Problem der vorgeschichtlichen Gliederung 675 Djarmo 676 Das Problem Paläolithikum-Neolithikum 676 Tell Asmar und Wiesbaden 678 Chafadje 681 Tepe Gawra 681 Tell Uqair und Ras Amije 682 Das Problem der Hochkultur 682 Ninive 683 Nimrud 683 Chorsabad 683 Shanidar 684 Ergebnis 685

Persien, Iran 685

Problemlagerung, Roman Ghirshman 685 Tepe Giyan 687 Tepe Sialk 687 Ghar-i-Kamarband 689 Tell-i-Gap, Tell-i-Bakun 690 Ali Kosch 691 Tepe Sabz 691 Tepe Guran 692 Das Problem Ackerbau 692

Achämeniden 692

Persepolis 692 Naqsch i-Rustem 694 Pasargadae 694

Parther 695

Übersicht 695 Dura Europos 696 Palmyra 697 Hatra 698 Nemrud Dagh 699 Wolfsheim 700 Altlussheim 701 Nisa, Merw 702

Sassaniden 703

Übersicht 703 Bishapur 704 Ktesiphon 705 Khosroes-Schale 705 Sassanidische Silberschalen 706

Inhalt XVII

Arabien 707

Übersicht 707 Gabal Tala, Kawd Am-Sailah, Subr-Lahej, Husn al Ghurab, Shabwa 708 Wadi Hadramaut 709 Zusammenfassung 710

Palästina 710

Berg Karmel 710 Megalithkultur 713 Megiddo, Lachis, Jericho 714 Samaria, Teleilat Ghassul 717 Gezer, Ezjon-Geber 718 Jerusalem 721 Hazor 723 Schriftrollen vom Toten Meer 723 Masada 726

Syrien 732

Jabrud 732 Ugarit, Ras Schamra 734 Tell Brak, Tell Tschagar Bazar 736 Karkemisch 737

Kleinasien 738

Boghazköy-Hattusa 738 Entzifferung des Hethitischen 742 Alaça Höyük 746 Catal Höyük 748 Karatepe, Alishar Hüyük 750 Zusammenfassung 751

KAPITEL XVI

Inner-Asien und Ostasien 753

Turfan 753 Samarkand 753 Warachscha, Pjandshikent u. a. 757 Anau 758 Oxus-Schatz u. a. 760

Felsbilder 762

Indien 763

Paläolithikum 763 Neolithikum 767 Megalithbauten 768 Felsbilder 769 Indus-Kultur 770 Ganges-Kultur 774 Ellora und Ajanta 776

Hinterindien und Indonesien 778

Paläolithikum Java 778 Neolithikum 780 Bronzezeit 780 Megalith-Bauten 781 Borobodur 783 Prambanan 785 Angkor Wat 786

Ostasien 790

China 790

Sinanthropus 790 Lan-t'ien 792 Mesolithikum 793 Neolithikum 794 Shang-Dynastie 798 An-Yang 799 Chêng-chou 802 Tschou 802 Han-Dynastie 803

Inhalt

Korea 805

Kammkeramik 805 Megalith-Gräber 809 T'ung Kou 810 Pulguksa 811

Japan 812

Yayoi-machi 812 Yomon-Kultur 814 Yayoi-Kultur 816 Hügelgräber 817 Haniwa 818 Karten Asien 821

KAPITEL XVII

Afrika 833

Ägypten 833

Tut-ench-Amon 833 Sakkara 837 Badari 838 Negade I, Amrah 839 Negade II, Gerzeh 841 Birket-Karun 842 Paläolithikum 842 Neolithikum 844 Tell el-Amarna 845 Sakkara, Merneith, Dashur 847 Totenbücher 849

Nordafrika 852

Felsbilder Tiout 852 Datierung der Felsbilder 853 Felsbilder Nubiens 855 Felsbilder Libyens 857 Felsbilder Tassili 858 Felsbilder Atlas 860 Paläolithikum 861 Capsien 864 Sahara 865

Mittelafrika 867

Oldoway 867 Paläolithikum 869 Ostseite Mittelafrikas 871 Benin 873 Ife 876 Simbabwe 878 Abessinien 880 Felsbilder 883

Südafrika 884

Boskop 884 Taungs 885 Felsbilder 887 Neuere Arbeiten 893 Karten Afrika 899

KAPITEL XVIII

Amerika 904

Nordamerika 904

Folsom 904 Sandia-Höhle 906 Clovis 908 Cochise 909 Tepexpan 910 Laguna-Mädchen 913 Korbflechter 914 Pueblos 916 Hohokam-Kultur 918 Mound-Builder 919 Felsbilder Kalifornien, Nevada 922 Felsbilder Canada 926

Inhalt   XIX

Mittelamerika 928
Teotihuacán   928   Chichen Itzá   930   Uxmal   933   Palenque   934
Bonampak   935   Tikal   936   Copán   937   Tula   938   Monte
Albán   939   Mitla   941   El Tajin, Papantla   941   Lambityeco   942
Altun Ha   943   Totimehuacán   945   Eduard Seler   946   Sahagun, Codices   947   Kalender der Maya   949   Cuicuilco   952   Zacatenco, Tlalico   953   Einflüsse Asiens auf Mittelamerika   954

Kolumbien und Panama 958
San Agustin   958   Tierradentro   961

Peru 962
Huaca Prieta   964   Chavín   964   Moche   967   Tiahuanaco   968
Chan-Chan   969   Karten Amerika   971

KAPITEL XIX

Australien 975
Entdeckung   975   Keilor, Talgai, Cohuna   976   Tasmanien   978   Murray-Tal   978   Walzenbeil   979   Felsbilder   980   Karte Australien   985

Zusammenfassung Außer-Europa 986

Personenregister 899

Ortsregister 1026

KAPITEL I

Der Mensch und das Problem der Vorgeschichte

Die größte und tiefste Frage, die der Mensch immer gestellt hat, und die er immer wieder neu stellen wird, das ist die Frage nach seinem eigenen Ursprung, nach seiner Herkunft, nach seinem Erwachen auf diesem Stern, den er die Erde nennt.

Schon Huxley hatte diese Frage die größte Frage genannt, ebenso Haeckel und neuerdings wieder Karl Jaspers. Es gibt keinen Mythos, keine Sage der Völker, keine Religion der Erde, keine Philosophie, die nicht von diesem Gedanken ausgeht: Wo kommt der Mensch her, wie ist der Mensch geschaffen worden, wo liegt sein Ursprung, wo sein Anfang, sein Ausgang, sein Beginnen zu der geistigen Größe und Erhabenheit, die ihn abhebt von der Welt der Tiere? Der Mensch ist das Rätsel, das zwischen Tier steht und Gott, und immer ist dieses Rätsel sich selbst Gegenstand der Untersuchung, der Frage, der Anrufung gewesen.

Jahrtausende hindurch haben die Menschen sich dunkle Vorstellungen geschaffen über den Dämmer ihres eigenen Morgens, denn so wie kein Mensch ein Bewußtsein und eine Erinnerung hat an seine eigene Geburt, so hat auch die Menschheit keine Erinnerung an ihr eigenes Erwachen.

Aber die Menschheit will wissen um diesen Vorgang, weil immer das Werden zugleich das Ziel in sich schließt, weil immer Anfang und Ende in innerer Beziehung stehen. Der Mensch aber kann nicht leben ohne ein Ziel, ohne eine Richtung seines Weges, ohne eine Wertsetzung seines Daseins, die wie ein Licht seinen Weg erhellt. Der Weg aber muß immer, wenn er auf ein Ende zuführt, auch einen Anfang haben, und so sind Ausgang und Ziel eine Einheit — sie sind die Polarpunkte des Schrittes des Menschen über die Erde.

Das Ziel — der Wert, der Sinn, der Inhalt des Lebens, die Aufgabe des Daseins, ist immer die Zukunft, sie liegt im Schatten der Berge. Aber das Gewesene, der Anfang, der Ursprung, der Ausgang — er war, er ist gewesen, er ist Wirklichkeit, er ist Vergangenheit — warum weiß der Mensch nichts um seine Vergangenheit? Wie kann er wissen um sein Ziel, um seine Zukunft, wenn er nicht weiß um sein Gewesenes?

Die messianische Hoffnung muß ausgehen von dem Paradies, von dem Ursein, und immer ist es höchste Erwartung, dieses Ursein wieder zu schaffen, wieder zu sein wie der Mensch ursprünglich war. Die Frage nach dem Anfang ist so die Frage nach dem Menschsein überhaupt. Und alle großen Probleme der Menschheit haben hier ihre Wurzel. Woher kommt die Gebrochenheit des Menschen, seine Verworfenheit, seine Lüge, seine Untreue, seine Falschheit — das Böse? Ist es mit ihm urgegeben, ist es bei ihm und mit ihm von Anfang an, oder ist es entstanden in einem Abfall von dem ursprünglichen Sein, dem Sein der Wahrheit, der Echtheit, der Würde, der Güte? Wie ist der Mensch in seinem Ursprung? Und immer wieder die ewige Frage nach dem Urwesen, nach dem Ursein, nach Adam.

Es ist nicht eine müßige Frage, es ist auch nicht nur eine Frage der Wissenschaft. Die Wissenschaft ist erst sehr jung, aber die Frage ist alt, denn sie ist die Urfrage, weil sie die Frage nach dem Wege im Dasein ist, die Frage nach dem Menschsein überhaupt, nach Sinn und Wert des Menschen, nach seiner Zielsetzung, seiner Aufgabe und seiner Größe.

Die großen alten Völker, die das Denken um den Menschen zuerst geordnet haben, die Mesopotamier, die Ägypter, die Chinesen, sie haben einen Mythos geschaffen von einem Urmenschen, der der erste ist, und der in Harmonie lebte mit der Welt, in Eintracht mit den Tieren, in der Geborgenheit, in der Sicherheit und in der Güte des Herzens.

Die babylonischen Berichte sprechen in den sumerischen Texten vom Wohnsitz der Götter, wo sich die Gottheit des Lebens der Herden und die des Getreides aufhält. Im Gilgamesch-Epos, das dem dritten Jahrtausend zugehört, lebt Enkidu mit den Tieren in Glück und Zufriedenheit. Mit den Gazellen zusammen ißt er die Kräuter des Feldes. Mit dem Vieh trinkt er an der gemeinsamen Tränke. Mit dem Gewimmel des Wassers tummelt er sich in der Flut.

In einem der ägyptischen Pyramidentexte heißt es von der ältesten Zeit, zufrieden sind alle Götter im Himmel, alle Götter auf Erden, zufrieden sind alle Götter des Südens und Nordens, alle Götter des Westens und Ostens, zufrieden sind alle Götter der Gaue und alle Götter der Städte. Der Mensch lebt mit den Tieren, mit den Göttern in Glückseligkeit und Eintracht.

Im chinesischen Denken, wie es im J Ging (Yi king) überliefert ist, lebt die Menschheit zuerst von Jagd und Fischfang, sie ist in Harmonie mit dem Leben, mit der Welt. Die Menschen wachsen mit den Tieren auf in Eintracht und Verbundenheit, der Adam dieser Epoche hat den Namen Pao Hi.

Der Mensch lebt glücklich, er kennt nicht die Arbeit, die Sorge, die Mühe, er hat genug der Nahrung, die Tiere sind um ihn, er lebt mit ihnen, er lebt von ihnen, sie geben ihm Nahrung, Kleidung, die notwendigen Werkzeuge aus Knochen und Horn.

Plato beschwört diesen Mythus vom ursprünglichen, urgegebenen Paradies im Buch vom Staat (269), der Gedanke lebt bei Hesiod (Erga 110), er erscheint bei Jesaias (11; 8; 65, 25), bei Virgil (6. Ekloge).

Und immer erhält sich der Gedanke der ewigen Wiederkehr der urgegebenen Harmonie, die Menschen werden ein neues goldenes Zeitalter erleben, wieder wird Eintracht sein, Friede, Glück, Zusammenleben, Kampflosigkeit. Jesaias spricht von dieser kommenden Epoche (26, 19), der Messias wird erscheinen und die Welt erneuern (Jes. 65, 17), und in der Gegenwart ist der tragende Gedanke bei Marx nichts anderes als die Wiederherstellung des verlorenen Paradieses in der Zukunft durch die Aufhebung des Eigentums.

Gedanken von unerhörter Kraft, Gedanken, die die Welten unserer Zeit bewegen, aufs tiefste bewegen, und die dem Menschen immer Inhalt, Aufgabe, Sinn und Zweck des Daseins gaben, mythische Gedanken, Archetypen von ungeahnter Gehaltenheit und nie vorhergesehener Stärke.

Das neunzehnte Jahrhundert mit Marx und Engels hat geglaubt, diese Gedanken herausheben zu können aus der Undurchsichtigkeit des Mythos in die Klarheit des logischen Gedankens, in den wissenschaftlichen Sozialismus, wie sie es nannten. Aber gerade die Tatsache, daß diesen Gedanken das älteste Erleben des Menschen zugrunde liegt, daß es uralte Mythen und Sagen sind, die dieses Denken tragen, das gibt ihnen die innere, lebendige Kraft. Niemals hätte eine Geldtheorie, niemals hätte ein nationalökonomisches Denkgefüge die Menschen bewegt — das Messianische des Sozialismus ist es, was die dynamische Kraft in sich trägt. Sie ist so stark, daß sie die heute lebende Menschheit in zwei feindliche Lager spalten konnte, in zwei Lager, die noch erbitterter gegeneinander stehen als in den größten Kriegen um die Religionen.

Es ist die Frage nach dem Ursein des Menschen, die in den Mittelpunkt unserer Tage getreten ist, eine zuletzt prähistorische Frage, eine im Anfang urmythische Frage.

Der Mensch unserer Zeit hat zwei der furchtbarsten Kriege erlebt, die je die Menschheit zu tragen hatte. Der erste Weltkrieg, 1914—18, verlangte 3,2 Millionen Tote, der zweite, von 1939—45, verlangte 40 Millionen Tote. Etwa 10 Millionen Menschen wurden in Konzentrationslagern gehalten, allein in Auschwitz gab es 4 Millionen Tote, die Zahl der Toten in den Lagern beträgt etwa 6 Millionen.

Welche Zahlen, welche fürchterlichen Zahlen. Zahlen in dem Erdteil Europa, der sich selbst für den entwickeltsten der Menschheit hält, und der sich so vollendet erachtet, daß er die anderen Völker der Welt zu seiner Höhe erheben will.

Es gibt in unserer Zeit niemanden, der nicht bedroht war vom Untergang, es gibt niemanden, dem nicht in diesen Zeiten der beiden Kriege und auch oft zwischen den Kriegen der Tod vor Augen stand. Das ganze Dasein des europäischen und vielfach auch des außereuropäischen Menschen war bis zur Mitte des 20. Jahrhunderts gehalten von der ewigen Sorge, von dem Auf und Ab des Lebens, von Verzweiflung und Niederbruch, von Qual und Vernichtung. Kaiserthrone, Königsthrone sind gestürzt, Klassenkämpfe haben tiefe Wunden geschlagen, Grausamkeiten hat es gegeben wie nie zuvor, Tortur, absichtsvolle Quälereien, Geiselmord,

Verstümmelungen — alles das, was man schaudernd gelesen hatte vom Mittelalter —, nur noch viel furchtbarer, viel überlegter, ausgeklügelter, durchdachter. Ganze Städte versanken in Schutt und Asche, und Elend, Schmerz und Tränen, Verzweiflung, Furcht und Grauen waren ungeheuer.

In solcher Zeit steigt stärker als in ausgeruhten Epochen der ewige Gedanke auf: was ist der Mensch, wie ist es möglich, daß der Mensch diese Grausamkeiten in sich tragen kann? Was ist der Mensch, wenn er so das Böse, das Abgrundtiefe, das mit Freude Vernichtende in sich birgt? Der Mensch steht da, fluchbeladen, zerbrochen, verzweifelt an sich selbst. Er hat das Schlimmste getan, was der Mensch tun kann: er hat sich vergangen an dem Gedanken des Menschentums und damit an dem Göttlichen, das der Mensch in sich trägt.

Eine solche Zeit muß nach dem Sinn des Menschen, nach seinem Wesen, nach seinem Sein, nach seinem Wert und seinem Unwert fragen — und so muß der Blick sich stärker als in früheren Epochen richten auf den ursprünglichen Menschen, auf den Urmenschen. Die Zeit muß in den Blick genommen werden, wo der Mensch noch einfach war, noch nicht verdorben und gebrochen durch Idee und Wahn, noch nicht eingespannt in die Schienen bestimmten Denkens, noch nicht erfaßt von den Kämpfen für einen Gedanken gegen einen anderen; die Zeit, in der der Mensch noch Mensch war — die Urzeit. Was ist der Mensch, daß ihm solche Wege möglich sind, was ist es, das ihn in unserer Zeit, die wir als die vollendetste ansehen, zum wilden Tiere werden ließ, hemmungslos im Mord, im Raub, in der Vernichtung?

Fragen, die immer wieder auftauchen in schweren Zeiten der Geschichte, Fragen, die das Christentum stellt, wenn es von Adam spricht, von seinem Abfall von Gott, von der Sünde. Fragen, die die Renaissance stellt, die Reformation, Fragen, die Erasmus von Rotterdam aufwirft, Melanchthon, Roger Baco, Hugo Grotius.

In der französischen Revolution und in ihrer geistigen Bewegung stellt sich diese Frage in den Mittelpunkt des Denkens. Es ist die Frage nach den Menschenrechten, nach dem Naturgegebensein des Menschen in seiner Beziehung zu den anderen, nach seiner ursprünglichen Anlage, nach seinem letzten, tiefsten, im Anfang gegebenen Wesen.

Die Gedankenwelt Rousseaus ist ganz getragen von diesem Problem. Immer wieder spricht er von dem Naturmenschen, dem natürlichen Menschen, dem Urmenschen, dem Menschen in seinem Urgegebensein, er nennt ihn: homme naturel. Diese Gestalt ist der Träger und der Ausgangspunkt aller Folgerungen bei Rousseau. Zu dieser Idealgestalt muß der Mensch wieder zurückkehren, sie ist das Ziel alles Strebens, denn sie ist der wahre, der wirkliche, der erste Mensch.

Rousseau sagt wörtlich: „Der natürliche Mensch ist ein Ganzes für sich; er ist die numerische Einheit, das absolute Ganze, das nur zu sich selbst oder zu seinesgleichen in Beziehung steht. — Was haben wir zu tun, um diesen natürlichen Menschen zu bilden? Unzweifelhaft viel: nämlich zu verhüten, daß etwas geschieht. In der natürlichen Ordnung, in der die Menschen alle gleich sind, ist ihr gemeinsamer Beruf, zuerst und vor allem Mensch zu sein, und wer für diesen gut erzogen ist, kann diejenigen Aufgaben, die mit ihm im Einklang stehen, nicht schlecht erfüllen. — Der Mensch ist frei geboren, und er befindet sich überall in Ketten und Banden."

Nach Rousseau ist der ursprüngliche Mensch gut, die Rettung aus allem Übel ist die Rückkehr zum Urzustand. Die Wirkung dieser Rückführung des Menschen auf das Vorbild des Urmenschen ist von ungeheurer Bedeutung für die Zeit. Die französische Revolution sucht die Gedanken von Rousseau zu verwirklichen, der deutsche Sturm und Drang steht ganz unter seinem Einfluß. Kant, Jefferson, Herder, Goethe, Schiller, Marx haben entscheidende Anregungen von ihm erfahren.

Vor allem Schiller führt die Gedanken von Rousseau lebendig weiter. In seiner Abhandlung: „Etwas über die erste Menschengesellschaft" sagt er: „Als Pflanze und Tier war der Mensch also vollendet. Auch seine Vernunft hatte schon von fern angefangen, sich zu entfalten. Weil nämlich die Natur noch für ihn dachte, sorgte und handelte, so konnten sich seine Kräfte desto leichter und ungehinderter auf die ruhige Anschauung richten, seine Vernunft, noch von keiner Sorge zerstreut, konnte ungestört an ihrem Werkzeuge, der Sprache, bauen und das zarte Gedankenspiel stimmen. Mit dem Auge eines Glücklichen sah er jetzt noch herum in der Schöpfung; sein frohes Gemüt faßte alle Erscheinungen uneigennützig und rein auf, und legte sie rein und lauter in seinem regen Gedächtnis nieder. Sanft und lachend war also der Anfang des Menschen, und dies mußte sein, wenn er sich zum Kampfe stärken sollte, der ihm bevorstand." Und gleich nach diesen Sätzen nennt Schiller den Menschen der Vorzeit das glücklichste und geistreichste aller Tiere.

Die Frage nach dem Sinn des Menschseins, nach dem Urwesen Mensch, sie ist niemals still geworden, sie lebt auch bei Fichte, Schlegel, Schelling, und sie tritt in unserer Zeit, in der Mitte des 20. Jahrhunderts wieder beherrschend in den Mittelpunkt.

Das ist der tiefste Grund für die starke Anteilnahme der Bevölkerung an der prähistorischen, der archäologischen Forschung, eine Anteilnahme, die so groß ist, daß die Bücher über die Vorgeschichte „Bestseller" werden, daß sie in Hunderttausenden von Auflagen erscheinen und daß sie in alle Sprachen übertragen werden. Es muß ein tiefer, untergründiger Sinn in dieser Tatsache liegen — es ist, so scheint es mir — die Frage nach dem Ursein des Menschen, die Frage, die die Philosophie immer stellte, bei der die Antwort aber immer andersartig ausfiel. Nur die Ausgrabung, die Forschung des Spatens, die Öffnung der Erde kann dort die Antwort geben, wo die philosophischen Gedanken verblassen und wo die geschriebenen Quellen schweigen.

Und noch ein anderer Grund für das Anwachsen der Bedeutung der prähistorischen Archäologie erscheint mir erkennbar. Es ist die Beziehung der modernen Kunst, der Kunst der Gegenwart, zu der Entdeckung der stilisierten abstrakten Kunst der Vorzeit.

Der Kunststil einer Epoche ist immer ihre tiefste und feinste Ausdrucksmöglichkeit. Das Erleben, das Erfühlen, das Ertasten der letzten Dinge einer Zeit offenbart neben der Philosophie die Kunstgestaltung immer am deutlichsten. Wenn die Philosophie das Wesen einer Zeit im Wort, im Begriff, im Ausdruck erfaßt, dann die Kunst in der sichtbaren Gestalt, in der Form.

Der Formausdruck des 20. Jahrhunderts ist in den Anfängen der Expressionismus, in der Weiterentwicklung die stilisierte und die abstrakte Kunst. Ihr Sinn ist, und so drückte es Kandinsky aus, das Geistige, das Wesenhafte, den Sinngehalt zu erfassen und in der Gestalt zum Ausdruck zu bringen.

Diese Kunst der Gegenwart berührt sich nun auf das Innigste mit der abstrakten Kunst der Vorzeit in der Epoche der Nacheiszeit, im Neolithikum und in der Bronzezeit. Es ist sowohl die Plastik wie die Malerei, die so starke Übereinstimmungen in Vorzeit und Gegenwart zeigen, daß der Zusammenklang nicht durch Zufall zu erklären ist. Es scheint vielmehr so zu sein, daß das Eine sichtbar einwirkt auf das Andere.

Prähistorische abstrakte Malerei, Gravierung und auch Plastik sind auch schon vorher, schon im 18. und 19. Jahrhundert gefunden worden. Diese Kunst hat aber den damals lebenden Menschen gar keinen Eindruck hinterlassen. Der Mensch des 19. Jahrhunderts hat diese Kunstwerke in die Abstellräume und in die geschlossenen Schränke der Museen gestellt, denn niemand hat an den Dingen irgend einen Anteil genommen.

Jede Wandlung in der Kunstgestaltung ist durch eine Begegnung geschaffen worden, durch ein Neuhinzukommendes einerseits und durch eine Aufnahmebereitschaft andererseits.

Der Barock entsteht durch das Eindringen der indischen Kunst. Die Zwiebeltürme unserer süddeutschen Kirchtürme sind Nachahmungen der Turmbekrönungen von Delhi und Agra, und die Schwingungen der Ornamente, der Kunstformen im Möbelwerk wie in der Plastik und Malerei sind Nachahmungen und Weiterbildungen indischer Vorbilder, die im 17. Jahrhundert so lebhaft eindringen in Europa.

Das Rokoko entsteht durch das Einfließen der Kunstformen Chinas um 1740 mit dem chinesischen Porzellan, mit den Stoffen, den Möbeln, den Bildern. Die Asymmetrie dieser Zeit, die Europa vorher niemals kannte, und die zwischen 1740 und 1780 der Wesenszug dieser Kunstgestaltung wird, ist ausgesprochen chinesisch.

Das Empire entsteht durch die Entdeckung Pompejis und den neuen Einfluß der Antike. Die gerade Linienführung der Ornamente, der Möbel, der Bildgruppierung, sie hat hier ihren Ausgang.

Das 19. Jahrhundert nach 1830 war nur Imitation, fast Fälschung, Verbindung verschiedenster Stilelemente, eine Kunstgestaltung, die dem 20. Jahrhundert wohl mit Recht als besonders verachtenswert erscheint, weil eine Neubildung, Umwandlung, innere Aneignung — eben der eigene Stil — nicht entfaltet wurde.

Aber das 20. Jahrhundert schafft wieder einen Stil. Die Ausgangspunkte sind der japanische Holzschnitt, wie bei Manet, Cézanne, van Gogh. Aber stärker wirkt dann die prähistorische abstrakte Kunst der neolithischen Malereien von Südspanien, die geometrische griechische Kunst, die gebundene Kunst der Sumerer. Bei Picasso, bei Klee, bei Miró, bei Baumeister, bei Fernand Leger — überall ist der Einfluß der prähistorischen abstrakten Kunst deutlich erkennbar. Die Aufnahmebereitschaft der modernen Künstler für die prähistorischen Kunstformen unterstützt wieder stark den Forschungseifer der Prähistoriker, die die Bilder in den Felsen und Schluchten der Berge aufsuchen: eine seltsame Verbindung von Künstler und Forscher, wie sie wohl immer notwendig ist in einer Zeit, die Fruchtbares zu gestalten in der Lage ist.

Die großen Fragen nach dem Sinn des Menschseins, nach dem Ursprung des Menschen und die großen Fragen nach dem Ursprung und der ewigen Wandlung in der Kunstgestaltung scheinen mir die stärksten Quellen zu sein für die so lebensvolle Anteilnahme an der vorgeschichtlichen Forschung in unserer Zeit.

So offenbaren sich tiefe Beziehungen und rätselhafte Zusammenhänge zwischen Gegenwart und Vorzeit, Zusammenhänge, die an das letzte Wesen des Menschseins rühren und die uns heute lebenden Menschen auf das Innerste erfassen und ergreifen. Es sind die Fragen unserer Zeit, weil sie die Wurzeln betreffen, die Grundlagen, den Ausgang, und weil sie gleichzeitig das Ziel betreffen, die Zukunft, die Epochen, die vor uns liegen und auf die wir zuschreiten.

KAPITEL II

Sinn und Bedeutung der Vorgeschichte

Nur wenige Wissenschaftszweige haben in den letzten Jahren und Jahrzehnten einen solchen Aufschwung, eine solche Bereicherung, eine solche Entwicklung zu verzeichnen wie die Prähistorische Archäologie. Ganz neue Welten der Vergangenheit des Menschen sind aus der Erde getreten und sprechen zu dem Menschen der Gegenwart mit lauter Stimme. Die reiche Welt der Eiszeit mit ihrer immer wieder überraschenden Kunst, die Welt von Kreta und Mykenä, die Welt Babylons, die der Sumerer, der Akkader, der Hethiter, der vordynastischen Ägypter, der vorhistorischen Chinesen — alle diese großen Gesichte und Vorstellungen sind erst in diesem Jahrhundert, das wir das zwanzigste nennen, vor unsere Augen getreten. In den letzten Jahren sind noch die Entdeckungen und Datierungen der alten Kulturen Amerikas dazugekommen: Mexiko, Maya, Peru: welche Bereicherung eines ganzen Bildes der Welt, welche Vergrößerung der Vorstellung von dem Wege des Menschen über diese Erde, welche Erweiterung um das Wissen über den Menschen, über seine Schritte hin zu dem Standort, an dem er sich jetzt befindet.

Niemals hat eine Generation vorher eine solche Ausweitung des Blickes auf die Anfänge des Menschseins erlebt wie die unsere. Niemals vorher hat es je eine solche Veränderung, eine solche Vergrößerung, eine solche Vertiefung des Wissens über dieses Wesen Mensch gegeben, das berufen ist, diese Welt, die wir die Erde nennen, zu beherrschen.

Bis etwa 1900 galt für die frühe Geschichte nur die Schrift, die geschriebene Überlieferung, das Wort. Die ältesten Bücher der Menschheit sind Hesiod, Homer, die Bibel, ehrwürdige Werke, die den Menschen Kraft gaben und Stärke, Hilfe und Richtlinie. Seit 1900 und kurz davor traten auch noch die alten Schriften der Inder hinzu, der Chinesen, das Bhagawadgita, das J-Ging. Sie alle bringen über die Anfänge des Menschengeschlechts Mythen, Sagen, Erinnerungen, aber eine wirklich historische Aussagekraft können und wollen sie nicht vermitteln.

Auch für die späteren Epochen, für diejenigen Zeiten, für die eine schriftliche Überlieferung vorliegt, ist der Umkreis und der Inhalt der alten Schriften nur begrenzt. Es sind dynastische Fragen, die in den Vordergrund treten, Kämpfe,

Kriege, Streitigkeiten, aber das für den Betrachter der Gegenwart Wesentliche wird nicht erwähnt. Es ist die Frage nach der Lebensform, nach der Struktur des Daseins, nach der Wirtschaft, der Religion, der Kunst, nach der Art des Existierens in Beziehung zu dem Ewigen, die Frage nach Ständen, Gliederungen, Ordnungen, nach dem sozialen Sein.

Die Ausgrabung bringt die Gegenstände, die die Menschen der Zeit in ihren Händen hielten, sie bringt ihre Nahrungsmittel, ihre Werkzeuge, ihren Schmuck, ihre Waffen. Die Ausgrabung antwortet auf die Fragen nach der Kunst, nach dem sozialen, nach dem wirtschaftlichen Sein. Die Ausgrabung macht häufig das Geschehen klarer und deutlicher als das geschriebene Wort.

Ein Beispiel mag das sichtbar machen. Der Kriegsberichterstatter Belisars, des Feldherrn Justinians, Prokop, berichtet in seinem Werk „Der gotische Krieg", daß die Heruler, ein gotischer Stamm, der um 500 n. Chr. an den Karpathen wohnt, im Jahre 505 die Langobarden angreift, daß die Langobarden siegen und daß die Heruler in ihre alte Heimat nach Skandinavien zurückkehren. Er sagt (II, 15), die Heruler zogen unter der Führung vieler Mitglieder der königlichen Familie zuerst durch das Land der Sklavenen, dann durch eine Wüste, dann kamen sie zu den Warnen (Sueben). Sie wanderten danach durch das Land der Danen. Am Ozean angelangt, gingen sie zu Schiff und fuhren nach Thule, wo sie blieben, in Skandinavien, im Lande der Gauten, der Goten.

Prokop war ein Kriegsberichterstatter in Konstantinopel. Er ist um 500 in Caesarea in Palaestina Prima geboren worden und ist um 562 gestorben. Er hat das Buch über den Gotenkrieg bis zum Frühling 550 geschrieben, das Werk ist 557 erschienen. Prokop, der in der Hauptstadt lebte, hat von der Absicht der Heruler gehört, nach Gotland, nach Schweden zurückzukehren, und das hat er niedergeschrieben.

Die Heruler sind aber niemals in ihre alte Heimat gekommen. Der Bericht von Prokop ist falsch. In Schweden gibt es keine Funde der Heruler. Ihre Art der Bügelfibeln, ihr Schmuck, vielfach gefunden in Rumänien und Bulgarien, ist sehr bezeichnend, fest bestimmbar. In Schweden kommen ihre Fibeln nicht vor. Die Heruler sind im südlichen Ostpreußen, in Masuren, verblieben (Herbert Kühn, Die masurgermanischen Fibeln. La Baume-Festschrift 1956 S. 104).

Die Ausgrabung spricht also manchmal genauer und sicherer, zuverlässiger und bestimmter als das geschriebene Wort, dem immer die Ungenauigkeit der Berichterstattung anhaftet.

Das geschriebene Wort dagegen nennt aber wieder Namen, die Ausgrabung im allgemeinen nicht. Doch auch der Name kann bei einer Ausgrabung erscheinen, so in Mesopotamien die Namen der Könige, die die Bauten errichteten oder in Belgien bei der Grabung von 1653 bei Tournai der Name des Frankenkönigs Childerich I., der 482 n. Chr. gestorben ist. Der beigegebene Ring trug seinen Namen. (Abbé Cochet, Le tombeau du Roi Childéric. Paris 1859.) Erst die Ausgrabung hat also die Gegenstände aus der Erde gebracht, die der König selber trug, erst die Ausgrabung hat das Bild des Königs lebendig gemacht.

Und es ist seltsam: Die Ausgrabung, zuerst von der Philologie so gering bewertet, sie hat in Mesopotamien Hunderttausende von beschriebenen Tontafeln erbracht. Gerade die Sprachforschung ist durch die Archäologie so bereichert worden, daß ganz neue Sprachen bekannt geworden sind, das Hethitische, das Sumerische, das Akkadische u. a.

Die Grenze, die so oft als bezeichnend genannt wird zwischen Geschichte und Vorgeschichte: die Schrift, die die Geschichte von der Vorgeschichte trenne, sie ist nur allgemein gesehen eine Grenze. Die Schrift wird gefunden durch die Archäologie, sie wird gefunden in Mesopotamien, in Ägypten, in China, in Mittelamerika, aber auch in Europa, in Kreta, im frühen Griechenland, in den römisch besetzten Gebieten des ersten Jahrhunderts n. Chr., in den Gräbern der Völkerwanderungszeit.

Die Archäologie ist es also gerade, die häufig die Schrift zutage bringt, und so steht die Schrift nicht der Archäologie als andersartig gegenüber, sondern sie wird vielfach gewonnen mit der Methode der Archäologie, der Grabung.

Die Schrift bildet also nicht die Grenze zwischen der Prähistorischen Archäologie und der Geschichte, zwischen Vorgeschichte und Geschichte. Es ist die Ausgrabung, die die neue Wissenschaft schafft, die Ausgrabung, die beherrschend in den Mittelpunkt der Forschung unserer Tage getreten ist, und die ganz neue Welten erschlossen hat.

Darum ist für diese Wissenschaft das Wort „Prähistoische Archäologie", wie mir scheint, berechtigt. Das Wort ist allgemein verständlich, auch im Ausland, wo es viel verwendet wird, besonders in England und Amerika. Es entspricht auch der akademischen Sitte, Wissenschaftszweige mit lateinischen oder griechischen Worten zu bezeichnen, weil der Begriff dann international verständlich ist.

Das Wort „Vorgeschichte" wird seit 1825 verwendet, wo es bei Levezow wohl zum ersten Male erscheint (K. LEVEZOW, Pom. Prov. Blätter 6, 1826), ferner 1835 bei Warnstedt (J. v. WARNSTEDT, Über Altertumsgegenstände. Kiel 1835 S. 19). Es bedeutet ursprünglich die Geschichte des Menschen vor der geschriebenen, der überlieferten, der klassischen Geschichte. Das, was die Römer, die Griechen, die Hebräer nicht erwähnen, das lag nach Ansicht dieser Zeit vor der Geschichte, es ist Vorgeschichte. Berührt es sich mit der überlieferten Geschichte, wie im frühen Mittelalter, in der Völkerwanderungszeit, dann ist es „Frühgeschichte". Das Wort bedeutet, daß es wohl schon die Überlieferung gibt, die Bücher, die Prokop geschrieben hat, Jordanes, Gregor von Tours, Ammianus Marcellinus, daß aber die Archäologie, die Ausgrabung, das entscheidende Element der Forschung bildet.

Die Worte „Vorgeschichte, Frühgeschichte" sind ebenso berechtigt.

Das Wort „Archäologie" sagt allerdings dem Sinne nach nicht deutlich „Ausgrabung", vielmehr das Wissen von dem Alten. Jedoch seit Winckelmann bedeutet Archäologie die Wissenschaft der Ausgrabung, der Forschung im Boden. „Klassische Archäologie" ist also die Ausgrabung auf dem klassischen Boden, da, wo Griechen und Römer waren, mag das nun Griechenland selber und Italien sein oder die Kolonien, die Krim, Nordafrika, Spanien, Frankreich, Deutschland, England, die Einflußzone der Römer.

„Prähistorische Archäologie" bedeutet demnach die Ausgrabung, und ihr Ergebnis überall auf der Erde außerhalb des klassischen Raumes und auch für alle Zeiten vom Beginn der ersten Eiszeit bis zu Karl dem Großen, und im Osten, in Rußland, und an vielen anderen Stellen, bis zum hohen Mittelalter. Dabei wird das Wort „Vorgeschichte", wenn es richtig verstanden wird, unbedenklich verwendet werden können. Das große Lexikon über diese Wissenschaft von MAX EBERT in 15 Bänden trägt den Titel: „Reallexikon der Vorgeschichte". Sehr unglücklich erscheint mir das Wort „Urgeschichte". Es stammt aus der Geologie und bedeutet die Urschichten. Es ist nicht übersetzbar in andere Sprachen und schon daher nicht zu verwenden. Die Vorsilbe „Ur" bedeutet in der deutschen Sprache den Ausgangspunkt, das Hervorgehen aus etwas Anderem, das Anfängliche, das Ursprüngliche. Das Wort erscheint mir nicht verwendbar für das Neolithikum, die Bronzezeit, die Hallstatt-, die Latènezeit. Für die Völkerwanderungszeit ist es ganz ungeeignet. Es ist selbstverständlich, daß dieses Wort in der Frühzeit der Forschung mehrfach verwendet wurde, zu einer Zeit, als das Alter noch nicht bestimmbar, noch nicht einmal absehbar war. So spricht 1818 CHR. K. BARTH von „Teutschlands Urgeschichte", Bayreuth 1818—21, FRIEDRICH KRUSE in seinem Buch „Budorgis", Leipzig 1819, verwendet das Wort Urgeschichte, weiter G. SEYFFARTH 1826 in seinem Buch über die „Hünengräber als ein Beitrag zur Urgeschichte Deutschlands", Leipzig, und 1822 bringt J. G. RADLOF eine Arbeit „Zur Aufhellung der Urgeschichte der Teutschen", Bonn, 1822, HEINRICH SCHULZ schreibt 1826 ein Buch: „Zur Urgeschichte des deutschen Volksstammes". Auch LINDENSCHMIT spricht in seiner Arbeit über die Ausgrabungen in Selzen, Mainz, 1848, von „Urgeschichte", daneben aber auch von deutscher Archäologie.

Das Wort „Deutsche Archäologie" kommt schon 1826 bei M. NOBBE vor in seiner Arbeit: Beiträge zur vaterländischen Altertumskunde I, 1826, S. 50.

Die Wurzeln dieser Wissenschaft sind vielfältig und fast gegensätzlich.

Einer der Ausgangspunkte ist die Anatomie, und einer der führenden Geister der prähistorischen Archäologie ist RUDOLF VIRCHOW (1821—1902), der große Anatom und Anthropologe, der zugleich der große Vorgeschichtsforscher ist.

Eine andere Wurzel ist für Deutschland die Germanistik. Die deutsche Altertumskunde ist das Fachgebiet vieler Germanisten wie MÜLLENHOFF, HOOPS, FRIEDRICH KAUFFMANN. Auch KOSSINNA war Germanist, und seine Lehrtätigkeit war angeschlossen an die Germanistik.

Eine dritte Wurzel ist die klassische Archäologie, und aus ihr entstammen Gelehrte wie CARL SCHUCHHADRT, HUBERT SCHMIDT, KARL SCHUMACHER, WILHELM UNVERZAGT.

Noch viele andere Wurzeln finden sich, sieht man die großen Namen der Prähistoriker an. Auch die Theologie kommt vielfach als Ausgangspunkt vor, die Geschichte, die Naturwissenschaft, die klassische Philologie, die Chemie, die Geographie, die Ethnologie, die Kunstgeschichte, die Wirtschaftsgeschichte.

Das entscheidende Element dieser Forschung ist die Ausgrabung. Es ist die Verwertung, die Verbindung, die Ordnung, die Gliederung der Funde, und daraus sich ergebend die Erweiterung des Geschichtsbildes über Jahrhunderttausende.

KAPITEL III

Die Forschung in der Antike und im Mittelalter

Die Antike, Griechenland und Rom, kannte diese Wissenschaft noch nicht, auch nicht das Mittelalter. Systematische Funde beginnen in der Renaissance, aber eine Wissenschaft mit eigener Zielsetzung und Bestimmung entsteht erst um 1800. Ein großer Einschnitt liegt um 1850, etwa von dieser Zeit an kann man von einer Wissenschaft der Vorgeschichtsforschung sprechen, der prähistorischen Archäologie.

Immer hat der Mensch Ausgrabungen gemacht, hat seltene Gegenstände der Vergangenheit gefunden, Stücke, die ihn fesselten, die er sammelte. Oft verstand er nicht ihren Sinn, ihre Bedeutung, aber er hob sie auf, bewahrte sie, legte Sammlungen an. Oft erschienen ihm diese seltsamen Funde so wichtig, daß sie ihm im Tode mitgegeben wurden. Ein Geheimnis ist um solche Funde, sie stammen aus einer anderen Welt, aus einer Welt, die vorher da war, die rätselhaft ist, sie sprechen von einem anderen Leben, das man nicht kennt, und so werden solche seltsamen Dinge bedeutungsvoll.

Das Sammeln unbekannter Stücke, das Aufbewahren und Aufstellen fremder Gegenstände ist dem Menschen urgegeben. Wo der Mensch ist, da ist auch die Sammlung, die Aufbewahrung, die Erhaltung und Schützung des Fremden, Unbekannten, Geheimnisvollen.

Der Mensch der Eiszeit hat schon ein museales Interesse. Er findet fossile, versteinerte Tiere, hebt sie auf, sammelt sie, legt sie geordnet nebeneinander nahe dem Herdplatz. So fand der Ausgräber Merk 1874 an der Fundstelle Thayngen bei Schaffhausen fossile Ammoniten, wie sie in Oberbayern und Niederösterreich vorkommen. Auch andere fossile versteinerte Tierreste waren gesammelt worden, sie stammen aus dem Mainzer Becken. In der Fundstelle Arcy-sur-Cure (Yonne) fanden die Ausgräber Vibraye, Cotteau, G. de Mortillet und Abbé Breuil versteinerte Ammoniten und Trilobiten, ausgestorbene Tiere der Perm-Zeit vor 200 Millionen Jahren. Nach diesen seltsamen Funden wurde diese Höhle „Grotte du Tribolite" benannt. Die Versteinerungen waren sorgfältig nebeneinander aufgestellt worden und haben sich so erhalten bis heute. Auch in der Grotte du Placard bei Rochebertier (Charente) lagen in der Schicht des Magdalénien 29 Fossilien der Epoche der Kreide, also aus der Zeit vor 100 Millionen Jahren, und aus dem Tertiär, vor etwa 2 Millionen Jahren. Gleiche Funde ergaben die Höhlen La Madeleine, Laugerie Basse, Bruniquel, Gourdan, Mas d'Azil und andere. Bernstein, ein Material voll von Geheimnis, weil es eine Kraft der Anziehung besitzt, auch Bernstein wurde in Schichten der Eiszeit gefunden, in Isturitz (Landes), und ebenso in mährischen Höhlen. Der Bernstein stammt vermutlich aus Galizien.

Bei den Ausgrabungen in Mesopotamien waren einige besondere Funde zuerst unverständlich — in Ninive wurden in einer assyrischen Schicht Kunstwerke gefunden, die nicht assyrisch, sondern viel älter waren. Der König Assurbanipal (668—626 v. Chr.) hatte in seinem Palast in Ninive ein Museum alter Bildwerke aus dem 3. Jahrtausend eingerichtet. Er hatte auch eine Bibliothek begründet, in der die damals zweitausend Jahre alten Bücher der Sumerer abgeschrieben und aufbewahrt worden sind. Er selbst sagt von sich in einer Inschrift des Palastes: „Ich las die kunstvolle Schrifttafel von Sumer und das dunkle Akkadisch, das schwer zu bemeistern ist. Ich verstehe den Wortlaut von Steinen, die aus der Zeit vor der Sintflut stammen". Ein Museum, eine Bibliothek jahrtausendealter Schriften — der Gedanke, das Alte zu wahren, aus ihm zu lernen, Kraft zu gewinnen und Stärke.

Der letzte König von Babylon, Nabonidus (um 550 v. Chr.), ließ Ausgrabungen vornehmen. Er begann Grabungen unter dem Fußboden des Shamash-Tempels in Sippar und fand, mehr als 18 m tief das Fundament des Tempels, der von Naram-Sin (2259—2223) angelegt war, ein Nachfolger des Königs Sargon von Akkad, und sein Bericht darüber sagt, daß diese Dinge seit 3200 Jahren kein König mehr gesehen hat.

Eine thrakische Prinzessin des 5. vorchristlichen Jahrhunderts hatte in ihrem Grab eine Sammlung neolithischer Feuersteine aus der Zeit um 2000, und von Germanicus, dem Adoptivsohn des Tiberius sagt Tacitus, daß er ein Kenner der Altertümer Ägyptens war. Augustus ließ sich sein Landhaus auf Capri schmücken mit „gigantium ossa et arma heroum", mit den Knochen von Riesen, den ausgestorbenen Tieren und mit den Waffen der Heroen, mit Waffen lange vergangener Epochen.

Die Menschen des Altertums waren immer interessiert an den Gegenständen ihrer Vorzeit, und doch gab es eine Wissenschaft der Funde des Altertums nicht. Man wußte darum, daß der Mensch zuerst den Stein verwendete, dann die Bronze, dann das Eisen. Hesiod spricht davon im 8. Jahrhundert v. Chr. in seinem Buche „Werke und Tage" Vers 150. Die erste Epoche nennt er symbolisch die goldene, auf sie folgt die bronzene und darauf die eiserne.

Und Lucretius Carus (96—55 v. Chr.) spricht ganz deutlich von der Abfolge: Stein, Bronze, Eisen.

Er sagt (V, 417):

„Hände, Nägel und Zähne, das waren die ältesten Waffen,
Ferner Steine und gebrochene Äste der Wälder,

Flammenscheite und Feuer, seitdem es bekannt war,
Später erst wurde die Wirkung des Eisens erkannt und der Bronze.
Aber der Bronze Gebrauch ist älter als der des Eisens,
Weil es formbarer ist und leichter zu haben.
Danach erst trat allmählich das eiserne Schwert auf."

So wußte das Altertum um die Dreistufenfolge, und es mutet seltsam genug an, daß diese Erkenntnis noch einmal gefunden werden mußte in der Mitte des 19. Jahrhunderts und daß diese Gliederung sich nur durchsetzen konnte unter schweren Kämpfen.

Das Mittelalter hatte kein Interesse an Grabungen, am Wissen um das Alte, das Vergangene. Eine Urkunde für das Kloster Dargun in Mecklenburg vom Jahre 1174 erwähnt „antiquorum sepulcra", die Gräber der Alten, und eine Urkunde des Klosters Kolbatz, Pommern, von 1243 spricht von einem „tumulus gigantis", einem Hünengrab, einem Grabe der Riesen. (Gummel, Forschungsgeschichte in Deutschland, Berlin 1938, S. 2.) Die Megalithgräber hielt man allgemein für Gräber der Riesen, die Steinbeile des Neolithikums für Donnerkeile, die von Göttern und Dämonen vom Himmel herabgeworfen werden, von den Tongefäßen glaubte man, daß sie in der Erde wachsen. Die antiken Statuen wurden als Bilder der Abgötter angesehen, und für alle Pilger nach Rom war es ehrenvoll und heilbringend, auf römische Statuen Steine zu werfen.

Neben einer Kirche in Trier stand während des ganzen Mittelalters das Marmorstandbild einer Venus. Für die frommen Pilger war es verdienstlich, nach ihm mit Steinen zu werfen. Es gab bestimmte Gebete, die dabei gesprochen wurden, sie sind erhalten, und Wrede berichtet über sie (Adam Wrede, Volk am ewigen Strom. Essen a. d. Ruhr 1935, S. 81).

KAPITEL IV

Die Forschung im 16. und 17. Jahrhundert

Erst mit der Renaissance, mit dem Humanismus, mit dem Wiedererwachen der Antike, beginnt ein inneres Teilnehmen an den Überresten antiker Kunst. Petrarca ist der erste, der Briefe und Reden Ciceros wiederfindet. Er kann noch nicht griechisch lesen, wie kein abendländischer Gelehrter des Mittelalters vor ihm, aber er besitzt ein griechisches Exemplar des Homer. Papst Julius II. (1503—13) ist der Förderer Raffaels und Michelangelos und ein großer Sammler antiker Statuen. Raffael wird von ihm zum Betreuer der Ausgrabungen ernannt, er legt den Grundstock zu der Sammlung des Vatikans, die noch heute zu den besten Sammlungen antiker Kunst gehört. Papst Leo X. (1513—21) ist, wie sein Vorgänger, ein Förderer der Kunst, der Ausgrabungen, der Sammlungen.

In Deutschland sammelt Sigismund Meisterlin (gest. 1489) die römischen Inschriften, Hartmann Schedel veröffentlicht 1493 als erster das Drususdenkmal, den „Eichelstein" in Mainz und römische Tongefäße.
Der erste, der auf deutschem Boden eine wissenschaftliche Ausgrabung durchführt, ist Nicolaus Marschalcus Thurius. Er lebt von etwa 1470 bis 1525, wirkt zuerst in Erfurt, dann an der Universität Wittenberg und zuletzt in Mecklenburg. Er schreibt zwei Bücher über die Geschichte Mecklenburgs, „Liber de Hercule et Vandalis", und führt die Geschichte des Landes auf die ausgewanderten Germanenstämme und auf die Slawen zurück. Er spricht von den Megalithgräbern, von Hügelgräbern, von Urnengräbern. Auf Veranlassung des mecklenburgischen Herzogs Heinrich des Friedfertigen führt er Ausgrabungen durch (Friedrich Lisch, Friderico Franciseum 1837, S. 15) und nennt die Tongefäße Zeugnisse der „vaterländischen Vorzeit".
Im Jahre 1529 werden in Sitzenroda bei Torgau Tongefäße gefunden, gerade als Luther zu einer Kirchenvisitation nach Torgau kommt. Es wird eine Kommission zur Untersuchung der Gefäße bestimmt und sie gelangt zu dem Ergebnis: „man heldet dafür, es sey hievor etwo ein sepulcrum (eine Begräbnisstätte) gewesen".

Das Interesse an der Vorzeit der Germanen erwacht durch die Auffindung der „Germania" des Tacitus. Ein Italiener, mit Namen Alberto Enoch hat die Handschrift im Jahre 1455 in dem Kloster Hersfeld gefunden. Im Auftrage des Papstes Nikolaus V. sucht er in den Klöstern in Deutschland nach Handschriften der Antike. Er bringt die Schrift, die im 10. Jahrhundert abgeschrieben war, nach Italien. In Venedig erscheint die erste Ausgabe 1470, die erste deutsche Ausgabe in lateinischer Sprache 1473 in Nürnberg. Im Jahre 1497 wurde über diese Schrift schon eine eigene Vorlesung an der Universität Wien gehalten von Konrad Celtis. Bis 1840 sind 1055 Ausgaben der Germania des Tacitus erschienen. Diese Schrift war es, die die Teilnahme an der Archäologie besonders stark förderte. Jakob Grimm sagte einmal, sie ist das Morgenrot, das in die Geschichte des deutschen Volkes gestellt worden ist.

Diese Schrift ist auch die Grundlage des ersten Buches über die Vorgeschichte der Germanen. Es ist das Werk von BEATUS RHENANUS, es erscheint 1531 und hat den Titel: „Rerum Germanicarum libri tres." Rhenanus war ein Freund von Erasmus von Rotterdam. In diesem Buch behandelt er die damals bekannten lateinischen Inschriften, besonders die der Altertumssammlungen von Peutinger und Raimund Fugger.

Ein anderer bedeutender Schriftsteller und Sammler dieser Zeit ist GEORG AGRICOLA, der 1546 ein Buch veröffentlicht mit dem Titel: „De natura fossilium". In ihm erklärt er, daß die Urnen nicht, wie das leichtgläubige Volk glaube, in der Erde wachsen, sondern er sagt, daß in ihnen die Germanen die Asche der verbrannten Leichname aufbewahrten.

Ein Nachfolger des Agricola ist PETRUS ALBINUS, der 1587 bei Zahna (Prov. Sachsen) Hügelgräber ausgräbt. Sein Ausgrabungsbericht „Meißnische Chronica", Dresden 1590, ist wohl der erste wissenschaftliche Bericht über eine Ausgrabung auf deutschem Boden.

Das Interesse an den Tongefäßen wird nun immer größer. Die Kurfürstin Anna von Sachsen fordert 1566 einen der Großen ihres Landes, den „Hauptmann der Ertzgebirge", Wolf von Schönberg auf, er möge ihr einige der Gefäße zusenden. Esaias von Minckwitz, an den sich der Herr von Schönberg wegen der Urnen wendet, verlangt aber zu viel Geld, und so werden Gefäße erst 1578 an den Gatten der Kurfürstin, an August von Sachsen (1526—1586) gesandt. Sie sind bei Annaberg gefunden worden. August schreibt über sie am 7. August 1578: „Es ist zu vermuthen, das inn vorzeiten, inn der Heidenschafft, da man die toden Leichnam noch hat pflegen zu verbrennen, ihr begrebnuss allda gewesen sei." (H. Gummel, Forschungsgeschichte in Deutschland. Berlin 1938, S. 13.)

Die Urnen sind damals von solcher Bedeutung, daß sie in Zinn gefaßt und als Tischdekoration bei großen Festen verwendet werden. Eine Lausitzer Urne (1200 bis 1000 v. Chr.) hat Haug von Maxen um 1560 fassen lassen, sie ist noch jetzt erhalten und findet sich im Kunstgewerbemuseum von Frankfurt a. M. Ein anderes Stück, ein römisches Terranigra-Gefäß in Silberfassung mit der Inschrift vom Jahre 1563, gefunden in Basenheim bei Koblenz, besitzt das Museum für Kunst und Gewerbe in Hamburg.

Der Kurfürst von Köln, Fürstbischof Salentin von Isenburg (1574—77) besuchte die Wallburgen und Hügelgräber bei Wevelsburg, Brenken und Borchen und grub zwei Gräber aus. (Stieren, Mitt. d. Altert.-Kom. f. Westfalen, Bd. 7, 1922, S. 18.)

Die ersten genauen Vermessungen von Megalithgräbern nahm auf Anordnung Ferdinands von Bayern der Fürstbischof von Münster 1613 vor. Die Arbeit wurde durchgeführt von dem Domküster in Münster, Johan von Velen. (H. Veltman, Mitt. d. Hist. Ver. Osnabrück, Bd. 13, 1886, S. 248.)

Die erste Abbildung von Megalithgräbern gibt WILHELM DILICHIUS. Seine Arbeit hat den Titel: Urbis Bremae chronicon, Cassel 1604. Die erste Abbildung von Tongefäßen bringt CONRAD GESNER in seinem Werk „De omni rerum fossilium genere", Zürich 1565.

Kaiser Rudolf II. (1576—1612), ist ein Sammler von Altertümern und Kunstwerken. Er erläßt mehrfach Anordnungen zu Ausgrabungen, so an das Oberamt Breslau am 27. Mai 1595. 1577 läßt er bei Greisitz, Kr. Sagan, nach Urnen graben und ist entzückt, als tatsächlich prähistorische Gefäße gefunden werden. (H. Seger, Schles. Vorz. N.F. 6, 1911, S. 5.)

Im Jahre 1616 erscheint das erste Werk über die germanische Altertumskunde, es ist lange Zeit hindurch führend. Es fußt allerdings fast nur auf der schriftlichen Überlieferung, die Archäologie wird noch kaum berührt. Sein Verfasser ist PHILIPP CLUVERIUS (Klüwer) (1580—1623). Der Titel des Werkes ist: „Germaniae antiquae libri tres".

Die erste wirklich archäologische Arbeit ist die von JACOB VON MELLEN (1659—1743). Er beschreibt die Sammlung von Gottfried Olearius. Das Buch ist 1679 in Jena erschienen und trägt den Titel: „Urnae sepulchrales Sarmaticae anno 1674 repertae". Die Funde kommen 1798 in den Besitz des preußischen Königs und später in das Berliner Museum für Vor- und Frühgeschichte. Aus dieser Sammlung stammt auch jenes Gefäß, das am 10. Dezember 1692 gefunden worden ist, ein besonders schönes Stück der Riefenkeramik, Per. IV, Lausitzer Kultur, 1000 bis 900 v. Chr. Es stammt aus Wulfen, Kr. Köthen. Bis zur vollständigen Zerstörung des Berliner Museums für Vor- und Frühgeschichte im Jahre 1944 war es ein viel bewundertes Stück der Sammlung. Schon 1698 ist es von Tentzel in den Monatl. Unterredungen, S. 653, besprochen worden und wurde von ihm als „Große Mutter aller Urnen" bezeichnet. Bei der Begründung des Berliner Museums bekam es die Inventarnummer I, 1. Seine Höhe ist 24 cm, sein Durchmesser 41 cm. Wagener hat das Stück in seinem Handbuch der Altertümer, Weimar 1842, auf Taf. 138, Abb. 1334 abgebildet. (Herbert Kühn, Vorgeschichtl. Kunst Deutschlands, Berlin 1935, Taf. 324, 3.)

Es ist von Bedeutung für den Blick in die geistige Haltung dieser Zeit, daß auch ein so großer Gelehrter wie GOTTFRIED WILHELM LEIBNIZ (1646—1716) einen regen Anteil an der Vorgeschichtsforschung nimmt. Am 17. Mai 1691 fragt er in einem Brief bei Georg Friedrich Mithof an, ob sich in seiner Gegend „urnae sepulchrales" finden, ob sie in der Ebene oder in Hügeln gefunden werden, wie sie beschaffen sind und was für „Antiquitäten" es sonst in dieser Gegend gebe. (Gummel, Forschungsgeschichte in Deutschland, Berlin 1938, S. 101.) Leibniz hat an viele Ausgräber solche Fragen gerichtet, sein Gedanke war dabei, festzustellen, ob die Sprachgrenzen zwischen Germanen und Slawen sich mit bestimmten Gefäßformen decken.

Auch in der Schweiz haben der Humanismus und die Renaissance den Blick auf Ausgrabungen und Funde gerichtet. Die erste große Grabung ist die des römischen Lagers von Augst bei Basel, und zum ersten Male ist es hier der Staat, die Obrigkeit, die die Kosten der Ausgrabung bestreitet. Die Grabung beginnt 1582 und zieht sich durch drei Jahre hin. Die Ausgaben betragen 1200 Gulden. (K. Stelin, Baseler Zeitschr. f. Gesch. u. Altertumsk. Bd. 10, Basel 1911, S. 38f.)

Um diese Zeit führt Herzog Ludwig von Württemberg 1597 auf dem Kastell Benningen Ausgrabungen durch. Sie werden geleitet von Simon Studion (O. Paret, Württ. Vierteljahrshefte f. Landesgesch. N.F. 35, 1929, S. 6), und 1605 beginnt Hans von Schellenberg seine Grabungen auf dem Kastell Hüfingen. (H. Stemmermann, Anfänge der deutsch. Vorgeschichtsforschung 1934, S. 63.)

Besonders bedeutend ist für diese Zeit die Entwicklung der Forschung in Skandinavien. Skandinavien fällt in der Geschichte der prähistorischen Archäologie ein besonderer Anteil zu. Die Felsbilder liegen in Bohuslän frei in der Landschaft, bei Uppsala stehen die großen Hügel, die Königsgräber, und die Erinnerung an die Bedeutung dieser Grabstellen hat sich durch die Jahrhunderte erhalten. Auf den Feldern sieht man die Runensteine. So ist es verständlich, daß ein frühes Buch über die Prähistorische Archäologie im Norden Europas erscheinen konnte, es ist das Werk „Historia septentrionalis" von OLAUS MAGNUS, das 1555 in Rom erschien.

Gustav Adolf II., der Schwedenkönig (1611—1632), ist der erste, der in Schweden die Vorgeschichtsforschung staatlich ordnet. Er schafft eine amtliche Denkmalpflege. Der erste Reichsantiquar wird Johannes Bureus. Als seine Aufgabe wird bestimmt, alte Monumente und Sachen zu suchen und zu sammeln, die Runenschriften aufzuzeichnen und sorgfältig zu erforschen.

1662 wird an der Universität Uppsala die erste Professur für Altertümer eingerichtet. Im selben Jahr wird ein „Antiquitätskollegium" begründet, ein Forschungsinstitut der Denkmalpflege.

1643 erscheint ein wichtiges Werk in Kopenhagen, das Buch des Arztes OLAUS WORMIUS mit dem Titel „Danicorum Monumentorum Libri Sex" (Hafniae, Apud Joachimum Moltkenium). Dieses Werk zieht die geschriebene Geschichte kaum heran, es ist ganz ein Buch der Ausgrabungen, der Funde, es ist tatsächlich das erste Werk der prähistorischen Archäologie in Europa. Es bringt die Abbildungen der Runensteine und ihre Übersetzungen, und als Wichtigstes die Wiedergabe des Goldenen Hornes von Gallehus, das 1639, am 2. August, bei der Stadt Tondern durch ein junges Mädchen, Kirsten Svendsdatter, gefunden worden ist. Das Horn ist über dreiviertel Meter lang, es wird dem König, Christian IV., übergeben und steht auf der königlichen Tafel. Ein zweites goldenes Horn wird später, am 21. April 1734 gefunden. Beide Stücke werden Prunkgegenstände der königlichen Bibliothek in Kopenhagen. Am 5. Mai 1802 werden die zwei Hörner gestohlen, der Dieb heißt Heidenreich, er ist ein Goldschmied, er hat beide Hörner eingeschmolzen. So ist nur noch das Bild in dem Buch von Wormius von 1643 erhalten. Die Hörner hatten Menschendarstellungen symbolischer Art, sie sind völkerwanderungszeitlich und zwischen 400 und 450 n. Chr. gearbeitet worden (Willy Hartner, Die Goldhörner von Gallehus, Wiesbaden 1969).

Das Buch von Wormius veröffentlicht in Abbildungen alle Runensteine, die damals bekannt waren. Wormius bringt auch jedesmal die Übersetzung der Runenschriften ins Lateinische, denn sein Werk ist lateinisch geschrieben im Stil des späten Mittelalters. Wormius war einer der besten Gelehrten seiner Zeit in Dänemark.

OLE WORM ist geboren in Aarhus am 13. 5. 1588, er ist gestorben in Kopenhagen am 30. 8. 1654. Im Jahre 1613 wurde er in Kopenhagen zuerst Professor an der philosophischen Fakultät, dann an der medizinischen. Sein Interesse galt allen Seltsamkeiten der Natur und damit auch der Vorgeschichte. So reiste er von Ort zu Ort in Dänemark, um die Runensteine des Mittelalters mit Inschriften zu zeichnen und die Texte zu übersetzen. Er wurde der Leibarzt des Königs. Wegen seines Wissens auf vielen Gebieten stand er in hohem Ansehen. Seine eigenen Sammlungen hat er in zwei Büchern veröffentlicht: Catalogus Musei Wormiani, 1642, 3. Aufl. 1653, und „Historia rerum variorum Musei Wormiani", Leiden 1655.

Sein Buch über die Monumente, die vorgeschichtlichen Denkmäler in Dänemark, ist heute noch von Bedeutung, vor allem für Runenkunde und für viele Runensteine, die heute verloren sind. Das Buch hat 526 Seiten, dazu 33 Seiten Nachträge, und über hundert Abbildungen.

Weil die Auffassung von Worm über die Bedeutung und den Sinn der Megalithbauten so nachhaltig gewirkt hat, daß bis etwa 1790 alle Verfasser von Schriften über die Steinbauten annahmen, die Megalithen seien Altäre, so mögen die entscheidenden Stellen hier wörtlich wiedergegeben werden. Dabei ist zu sagen, daß Worm auch von Begräbnissen spricht, allerdings in zweiter Linie, so daß es später vergessen wurde. Die Sprache ist sehr weit entfernt von dem klassischen Latein des Cicero und Livius.

Auf S. 7 heißt es: „Ararum structura apud nos varia est. Maxima ex parte congesto ex terra constant tumulo, in cujus summitate tria ingentia saxa, qvartum illudque; majus, latius ac planius sustinent, fulciunt ac sustenant, ut instar mensae tribus fulcris innixae emineat. Sub hac mole, cavitas visitur, in qvibusdam vasta satis, in aliis terra et lapidibus repleta, qvae sangvini victimarum recipiendo deputata creditur. Rarum est si hic ignibus excutiendis aptos silices non invenias. Alio enim qvam ex silicibus excusso, victimis cremandis adhibere nefas duxerunt."

Die Übersetzung besagt das Folgende:

„Die Form der Altäre ist bei uns verschiedenartig. Zum größten Teile bestehen sie aus einem Hügel, der aus Erde aufgebaut ist. In seiner Mitte erheben sich drei gewaltige Steine, darüber ein vierter. Mächtig, groß und unbehauen stützen sie den oberen Stein, damit das Aussehen des Altars wie von drei Trägern gehalten erscheinen soll. Unter diesem mächtigen Bau wird eine Höhlung sichtbar. Sie ist ziemlich wüst und ungeordnet mit Erde und Steinen angefüllt. Da lagert das, was sicherlich durch das Aufnehmen des Blutes der Opfer angehäuft worden ist. Es ist nur selten, daß man nicht von Feuer zerstörte, aber bearbeitete Steine finden kann. Wie ich aus den Steinen nämlich ersehe, haben sie die Opfer verbrannt und so mit Gewalt ihre Greueltaten durchgeführt."

Diese Deutung des großen Gelehrten hat durch eineinhalb Jahrhunderte ihre Wirkung hinterlassen.

Ähnlich wie Skandinavien ist auch England ein besonderer Boden für die Vorgeschichte. Die römischen Funde sind nur gering, das Einheimische tritt sichtbarer in den Vordergrund. Da ist Stonehenge, riesige Steine, im Kreise aufgestellt, rätselhaft in ihrer Bedeutung, in ihrem Sinn. Da ist Avebury, da gibt es Hügelgräber, und so ist es verständlich, daß alle diese Denkmale die Gemüter erregten.

1586 erscheint das Werk von CAMDEN mit dem Titel: „Britannia". Der Hadrianswall wird in ihm beschrieben und von Stonehenge wird eingehend gesprochen.

1572 wird die "Society for the preservation of national antiquities" begründet. Die Leiter der Gesellschaft sind der Erzbischof Matthew Parker und John Stow, die Gesellschaft wird der Vorläufer der "Society of Antiquaries of London", die noch jetzt besteht und die um die Forschung die größten Verdienste besitzt.

Im 17. Jahrhundert ist der hervorragendste prähistorische Archäologe Englands JOHN AUBREY. Er gräbt vor allem in Wiltshire. König Karl II. (1660—85) ist an der Vorgeschichte sehr interessiert und fordert Aubrey auf, über Stonehenge und Avebury genaue Angaben zu machen. Aubrey erklärt in seinem Werk, die Bauten seien Kultplätze der Druiden. GLYN E. DANIEL nennt Aubrey den ersten Feld-Archäologen von Bedeutung und sagt, daß ein gerader Weg von Aubrey zu den Archäologen der neueren Zeit, zu Stukeley, Colt Hoares, Cunnington, Crawford und Fox führe (Glyn E. Daniel, A hundred years of Archaeology, London 1952, 2. Aufl., S. 19).

Im selben Jahrhundert entstehen die großen prähistorischen Sammlungen in England. König Karl I. (1625—49) legt eine eigene Sammlung an, seine Admiräle bekommen den Auftrag, im Mittelmeer Altertümer zu erwerben. Für die Funde in England hat er eine Reihe von Aufkäufern. Naturgemäß fördert des Königs Sammelfreude die Anlage von privaten Sammlungen, und so entstehen die Kollektionen, wie die vom Duke of Buckingham, dem Earl of Arundel, von John Tradescant und anderen. Sie werden später die Grundlagen der Museen, so etwa die Sammlung von Tradescant die des Ashmolean Museum in Oxford. Karl I. erklärt in einer Thronrede, das Studium der Altertümer ist von großer Bedeutung und sehr nützlich für den Staat und das Commonwealth. Im Jahre 1533 wird Leland zum King's Antiquary ernannt.

Für Frankreich ist das Jahr 1653 von Bedeutung. In diesem Jahr wird das Grab des fränkischen Königs Childerich (458—482) gefunden. Abbé Cochet, ein späterer Bearbeiter des Fundes, nennt es «le plus ancien monument de la monarchie française et le point de départ de l'archéologie franque». (ABBÉ COCHET, Le tombeau de Childéric I., Paris 1859, S. 9). Der Fundplatz ist Tournai im heutigen Belgien. Das Grab konnte, wie schon erwähnt, genau bestimmt werden, weil es den Siegelring des Königs mit seinem Namen enthielt. Die Erregung über diesen Fund ist so groß, daß schon im Jahre 1655 die genaue Beschreibung erscheint. Der Verfasser ist JEAN-JACQUES CHIFLET aus Besançon (1588—1673). Sein Werk hat den Titel: Anastasis Childerici, Antverpiae 1655. In diesem Buch beschreibt Chiflet genau die einzelnen Fundstücke, das goldene Schwert mit den Almandin-Einlagen, das Wurfbeil, die Lanze, die dreihundert goldenen Zikaden, die er für Bienen hält, die Bügelfibeln, die Gürtelschnallen, die Skulptur eines Stierkopfes, die Kugel aus Bergkristall und die Armringe. Auch 300 Münzen fanden sich in dem Grab, als jüngste die des Kaisers Zeno, der von 476—491 n. Chr. regierte, also zur Zeit Childerichs.

Das Schicksal dieses bedeutenden Fundes ist noch eigentümlicher als das der Goldhörner von Gallehus, es ist verbunden mit der Geschichte Europas. Die Stücke kamen in die Hände des Herrschers, der damals Tournai regierte. Der Ort gehörte zu den Niederlanden. Die Niederlande waren nach den Freiheitskämpfen (1568—1648) selbständig geworden, es gab jedoch noch einen kaiserlichen Statthalter, es war Erzherzog Bischof Leopold Wilhelm, der Sohn Kaiser Ferdinands II. (1619—1637). Als er abberufen wurde, nahm er den Fund mit nach Wien, und so kamen die Stücke nach seinem Tode in den Besitz des Kaisers Leopold I. (1658—1705). Leopold hat nun, um Ludwig XIV. von Frankreich günstig zu stimmen und zugleich als Dank für die französische Unterstützung in der Schlacht bei Eisenburg 1655, den Schatz an Ludwig XIV. gegeben, und so kam er nach Paris in das königliche Cabinet des Médailles. Hier wurde er 1821 gestohlen. Der Täter wurde entdeckt und warf bei der Flucht den Schatz in die Seine. Nur einige Stücke konnten wieder gehoben werden, darunter das goldene Schwert und einige Zikaden. Der Fund befindet sich jetzt in dem "Salle des Médailles" in der Bibliothèque Nationale in Paris.

Er hat noch eine kulturgeschichtliche Bedeutung. Als Napoléon I. 1804 Kaiser wurde, wollte er die Berechtigung seiner Herrschaft anschließen an die fränkischen Könige, er suchte den Schatz des Childerich auf und sah die Zikaden, die er genau wie Chiflet für Bienen hielt und ließ sich für die Krönung seinen Mantel mit Bienen besetzen. Die Biene wurde sein Symbol, sein Emblem, und neben dem großen lateinischen Zeichen „N" ist sie in allen seinen Schlössern, vor allem in Fontainebleau, als sein Herrscherzeichen zu sehen.

Übersieht man den Stand der Forschung der prähistorischen Archäologie bis 1700, dann ist an vielen Stellen Europas, vor allem in Deutschland, Skandinavien, England und Frankreich, ein Erwachen der Liebe zu den Altertümern, wie man damals sagte, zu bemerken. Funde treten aus dem Boden, teils durch Zufall, teils durch Grabungen, sie werden wie andere Kuriositäten in den Kabinetten der Fürsten und der wohlhabenden Leute gesammelt. Aber es gibt noch keine Wissenschaft um diese Funde. Niemand kann sie historisch ordnen, bestimmen, gliedern, außer dem Childerich-Funde. Im Vordergrund steht noch immer die geschriebene Überlieferung, vor allem des Tacitus Germania, die hundertfach abgehandelt wird, ohne daß sie eine tatsächliche Beziehung zu den Funden ergibt. Die Steinbeile werden von den meisten Verfassern noch als vom Himmel fallende Gegenstände angesehen, die Tongefäße werden als in der Erde wachsend gedacht, von den Megalithgräbern nimmt man an, daß Riesen sie geschaffen haben, oder daß sie Altäre waren für Menschenopfer. Die Knochenfunde der Mammute, die der Saurier, hält man für Knochen der Urmenschen, die früher in Europa lebten.

Erst im 18. Jahrhundert wandelt sich diese Haltung langsam, aber bis zum Ende des 18. Jahrhunderts ist nur bei einigen Gelehrten eine Veränderung zu erkennen. Auch das 18. Jahrhundert ist noch nicht der Beginn einer wirklichen Wissenschaft der prähistorischen Archäologie der Vorgeschichtsforschung.

KAPITEL V

Die Forschung im 18. Jahrhundert

Das 18. Jahrhundert hat als sein großes Thema die Auseinandersetzung mit dem Mittelalter, die Loslösung von abergläubischen Vorstellungen, es ist die Epoche der Aufklärung. Was der Humanismus, was die Renaissance gedacht hatte, es wird nun langsam erworben. „Natur" und „Vernunft" sind die beiden Leitworte des Denkens des 18. Jahrhunderts. Die Zeit ist der Siegeszug des Gedankens Vernunft. Die Epoche bringt den Aufstieg des Experiments, sie bringt auch den Gedanken der Humanität, der Grundrechte des Menschen. Die Dampfmaschine wird erfunden von James Watt (1736—1819), die Elektrizität wird entdeckt, Benjamin Franklin (1706—1790) erfindet den Blitzableiter, Luigi Galvani (1737—1789) erbaut die erste Elektrisiermaschine, Volta (1745—1827) findet die Bedeutung der Metalle für die Elektrizität.

In der Philosophie vollzieht David Hume (1711—1776) jene Wendung, die Kant als die kopernikanische bezeichnete. Er stellt die Erfahrung in den Mittelpunkt des Erlebens der Welt, er erkennt die Kausalität als das Grundgesetz alles Geschehens. Isaac Newton (1643—1727) klärt die Grundbegriffe von Masse, Gewicht, Kraft, Bewegung. Er erfindet die Differential- und Integralrechnung, er erkennt die Schwingungen, die Schallgeschwindigkeit, die Wellenlänge, die Lichtstrahlungsgesetze. Laplace (1749—1827) beobachtet die Himmelsmechanik, das Weltall erscheint als ein ungeheures System von Schwerpunktslagerungen.

In der Naturwissenschaft sind die tragenden Kräfte Louis Leclerc Comte de Buffon (1707—1788), der ein Ahne des Entwicklungsgedankens ist in seinem grundlegenden Werk: Histoire naturelle, das in 44 Bänden von 1750—1804 erscheint. Carl von Linné (1707—1778) schafft die Grundlage zur Ordnung und Gliederung in den Naturwissenschaften.

Voltaire (1694—1778) ist der Begründer der Kulturgeschichte, einer Geschichte, die nicht nur von Daten der Kriege spricht, sondern von dem Menschen und seinen Wandlungen, und Friedrich der Große (1712—1786) ist der Historiker und Philosoph, der mit starkem Sinn für die Wirklichkeit das Wesen der Menschennatur erschaut. Lessing (1729—1781) schafft die Grundlagen einer Literaturgeschichte, einer Kunstgeschichte. Ihm hat auch die prähistorische Archäologie zu danken. Seine „Erziehung des Menschengeschlechts" ist die Frage nach dem Ursein des Menschen. Auch Schiller wird bewegt von dem Gedanken der Herkunft des Menschen. Seine Abhandlung: „Etwas über die erste Menschengesellschaft" erscheint noch am Ende des Jahrhunderts. Neben Lessing und Schiller spricht auch JOHANN GOTTFRIED HERDER (1744—1803) von den Anfängen des Menschen. 1774 erscheint sein Werk „Älteste Urkunde des Menschengeschlechts" und 1784—91 sein Buch: „Ideen zur Philosophie der Geschichte der Menschheit".

In Amerika wird 1776 die Unabhängigkeitserklärung von Thomas Jefferson (1743—1826) geschaffen, die Erklärung, in der sich die entscheidenden Worte finden, daß alle Menschen von Natur gleich sind, daß sie frei und unabhängig sind, und daß sie bestimmte angeborene Rechte besitzen.

Die tragende geistige Kraft dieser Epoche ist IMMANUEL KANT (1724—1804). Das europäische philosophische Denken bis zu seiner Zeit war beherrscht von der Vorstellung der Existenz zweier Prinzipien, eines geistigen und eines körperlichen. Diese Prinzipien bedeuten das Beharrende in dem ewigen Wechsel der Erscheinungen, sie sind das Ständige, das Gleichbleibende: Geist und Körper. Somit ergibt sich ein Dualismus, wie bei Plato, Aristoteles, Descartes. Doch das Gegen- und Miteinander der zwei Prinzipien bringt auf die Dauer die Lösung nicht. Der Gedanke strebt nach der Herrschaft, nach der Führung durch ein Prinzip, und so stellen Hobbes, Lamettrie, den Materialismus, den Gedanken des Körpers, der Materie, in den Vordergrund. Andere, wie Leibniz, Berkeley, den Spiritualismus, den Geist.

Das Aufblühen der Naturwissenschaften seit der Renaissance verändert die Problemstellung der Philosophie überhaupt. Es ist die Frage der Möglichkeit der Erkenntnis, die in den Vordergrund tritt. Das reine Denken genügt nicht mehr. Das Experiment, die Untersuchung, die Erforschung tritt an die Stelle des reinen Denkens, und die Frage nach den Bedingungen des Denkens muß als die entscheidende Frage erscheinen.

Das Problem der Kausalität, der Ursache und Wirkung tritt in den Mittelpunkt der Philosophie. Es entsteht ein Gegensatz von Glauben und Denken, der im Mittelalter nicht vorhanden war. Man will nicht mehr Hypothesen, Überlegungen, Denkgebilde, philosophische Systeme, die nur auf dem Denken beruhen, man fragt nach dem Beweis, nach der Sicherheit, nach der Erfahrung, dem Experiment, der Tatsache.

So wird die Frage wach nach der Möglichkeit, nach dem Ursprung, nach der Bedingung der Erkenntnis. Und dabei ergeben sich drei Möglichkeiten.

Die erste ruht auf der Vorstellung, daß alle Erkenntnis im Denken begründet ist, daß das Denken in der Lage ist, die Wesensformen des Seins vollständig zu erfassen.

Die zweite ruht auf der Vorstellung, daß das Denken aus der Erfahrung, aus der Beobachtung stammt, aus der Außenwelt, nach der das Denken das Erleben formt.

Die dritte lehnt beide Vorstellungen ab und lebt in dem Bewußtsein, daß alle Erkenntnis aus innerer Schau, aus innerem Erleben stammt, unabhängig von aller Realität.

In Kant erreicht der Rationalismus, die Vorstellung, daß der Verstand die Stellung des Erlebens schafft, seinen Höhepunkt und zugleich seine stärkste Vertiefung.

Kant untersucht die Möglichkeiten der Erkenntnis und sieht sie in den Urteilen. Ein Urteil ist die Verknüpfung von Vorstellungen, die zu einer Aussage führen. Kant unterscheidet analytische Urteile, die er a priori nennt und synthetische Urteile, die er als a posteriori bezeichnet.

Unter den synthetischen Urteilen erkennt er drei Arten. Erstens die mathematischen Urteile, wie etwa: die Gerade ist die kürzeste Verbindung zweier Punkte. Zweitens die reinen Urteile, wie etwa: in allen Veränderungen der materiellen Welt bleibt die Quantität stets unverändert. Drittens metaphysische Urteile, wie etwa: die Welt muß einen Anfang haben.

Notwendig, allgemeingültig und objektiv gesichert sind nur die ersten beiden Arten des Urteilens, den metaphysischen Urteilen bleibt die empirische Bestätigung versagt.

Nur die beiden ersten Urteile erhalten ihre Gewißheit durch Anschauung und Verstand, sie sind das Ding für uns, während das Ding an sich, der Begriff, nicht erkennbar ist. „Anschauung ohne Begriffe ist blind, Begriffe ohne Anschauung sind leer", so drückt er das Wesentliche seiner Gedanken einmal aus.

Die durch die Sinne aufgenommene Realität ist der Vorstellung nur in der Form von Raum und Zeit gegeben und wird durch Denkkategorien geordnet und verknüpft. Der Begriff eines Gegenstandes beruht auf der Erfahrung, und ohne Erfahrung ist er nicht möglich. Jedoch ist er nicht abgeleitet aus der Erfahrung, sondern er ist gleichzeitig eine Funktion des Verstandes.

Damit erlangt der Verstand, die Vernunft, wie Kant sagt, eine Autonomie, eine Eigenstellung, wie nie zuvor.

Auch die Ethik wird geordnet von der Vernunft durch den kategorischen Imperativ, und aus ihm ergibt sich als logische Folge, daß der Wille des Menschen frei ist, denn sonst wäre der Wille nicht durchführbar.

So leugnet Kant nicht das Metaphysische, das Ewige, aber er erklärt es für begründet im Denken, im Erleben, im Bewußtsein. So heißt es etwa in den Prolegomena § 57: „Metaphysik führt uns in den dialektischen Versuchen der reinen Vernunft auf Grenzen, und die transzendentalen Ideen dienen dazu, nicht allein uns wirklich die Grenzen des reinen Vernunftgebrauchs zu zeigen, sondern auch die Art, diese zu bestimmen. Und das ist auch der Zweck und Nutzen dieser Naturanlage unserer Vernunft, welche Metaphysik als ihr Lieblingskind ausgeboren hat, dessen Erzeugung, wie jede andere in der Welt, nicht einem ungefähren Zufall, sondern einem ursprünglichen Keime zuzuschreiben ist, welcher zu großen Zwecken weislich organisiert ist. Denn Metaphysik ist vielleicht mehr als irgendeine andere Wissenschaft durch die Natur selbst ihren Grundzügen nach in uns gelegt, und kann gar nicht als das Produkt einer beliebigen Wahl oder als zufällige Erweiterung beim Fortgange der Erfahrungen angesehen werden."

Und in der Kritik der praktischen Vernunft heißt es: „Zwei Dinge erfüllen das Gemüt mit immer neuer und zunehmender Bewunderung und Ehrfurcht, je öfter und anhaltender sich das Nachdenken damit beschäftigt: der bestirnte Himmel über mir und das moralische Gesetz in mir. ... Der Anblick einer zahllosen Weltenmenge vernichtet gleichsam meine Wichtigkeit als eines tierischen Geschöpfes, das die Materie, daraus es ward, dem Planeten wieder zurückgeben muß, nachdem es eine kurze Zeit mit Lebenskraft versehen gewesen. Das zweite dagegen erhebt meinen Wert, als einer Intelligenz, unendlich, durch meine Persönlichkeit, in welcher das moralische Gesetz mir ein von der Tierheit und selbst von der ganzen Sinnenwelt unabhängiges Leben offenbart."

Kant ist also nicht nur der rationale Denker, auch er erkennt und erlebt das Metaphysische, aber er trennt es ab durch ein: „Ich weiß nicht". Er zieht für die Vernunft eine Grenze, die unübersteigbar ist. Das Wissen erfaßt nur die Realität, und so wird durch Kant am stärksten von allen Denkern dieser Zeit der Mensch hingewiesen auf die Wirklichkeit, auf die Erfahrung, auf das Experiment, auf die Erscheinung, auf das Reale.

Kant ist es vor allem in letztem Sinne, durch den die Steingeräte, die seit Jahrtausenden für den Menschen geladen waren mit einer Zauberkraft, diese Kraft verlieren, sie werden Arbeitsgeräte, Beile, Pflugscharen.

Kant ist es vor allem, der den Megalithbauten den magischen Sinn wegnimmt. Nun sind es nicht mehr Gräber der Hünen, der Riesen, der Unholde — es sind die Grabstätten der Vorfahren, die vorher an der gleichen Stelle wohnten.

Kant ist es, der auch den Tongefäßen den Sinn des Unheimlichen, des Wachsens in der Erde, genommen hat, sie werden Eßgeräte, Trinkgefäße, Gegenstände des täglichen Lebens.

Auch die Skulpturen, die gefunden werden, und von denen eine, der sogenannte Pusterich, Goethe so stark bewegte, auch die Skulpturen, denen bis dahin etwas Geheimnisvolles anhaftete, sie werden nun ganz real und verlieren allen tieferen Gehalt, wenn es nicht Göttergestalten sind.

Kant hat auf die prähistorische Archäologie neben seinem allgemeinen Denken auch im einzelnen eingewirkt. Sein letztes Buch ist aus Vorlesungen über den Ursprung des Menschen entstanden, es erscheint 1798 und hat den Titel „Anthropologie in pragmatischer Hinsicht".

In eigentlichem Sinne wird in diesem Jahrhundert die klassische Archäologie begründet. Es ist JOHANN JOACHIM WINCKELMANN (1717—1768), der in seiner „Geschichte der Kunst des Altertums" von 1763 das Werk schafft, das nicht mehr die geschriebene Geschichte in den Mittelpunkt stellt, sondern das Kunstwerk selbst, den Fund, die Ausgrabung. Er ist es auch, der eine Ordnung, eine Gliederung, eine historische Schichtung in die Kunstwerke hineinträgt, und er ist es, der durch das Feuer seiner Begeisterung die ganze gebildete Welt für die Archäologie entflammt, vor allem Herder, Lessing, Goethe, Schiller, Wilhelm von Humboldt, Kleist, Hölderlin. 1767 schreibt er ein anderes Werk: „Monumenti antichi inediti", und er ist es, der fordert, daß Olympia ausgegraben werde, es geschieht erst hundert Jahre nach seinem Tode. Er stirbt durch Mörderhand 1768 in Triest. Goethe hat sein Leben beschrieben. Gerhart Hauptmann hat ihm sein letztes Werk gewidmet, es ist mit den Ergänzungen von Frank Thiess 1954 erschienen.

Eine so große Gestalt wie die von Winckelmann in der klassischen Archäologie hat die prähistorische Archäologie für das 18. Jahrhundert nicht aufzuweisen.

Doch einige Vorläufer der Wissenschaft heben sich heraus: in England Richard Gough, Francis Grose, William Borlase, in Deutschland Andreas Albert Rhode, in Frankreich Patin und Montfaucon.

Die Studien der Altertümer werden im 18. Jahrhundert durch drei Tatsachen getragen: die Entdeckung Pompejis, die romantische Bewegung, den Aufstieg der Naturwissenschaft. Es wird über Landesgeschichten, über einzelne Landschaften gearbeitet, in England veröffentlicht Sacheverell ein Buch "History of the Island of Man", Bridge „Northampton", Hutchins „Dorset", Hasted „Kent", Morant „Essex". Wenn diese Werke auch nicht ausschließlich den Funden gewidmet sind, so wird doch von den Altertümern gesprochen. Ein Werk, in dem den Funden besonderer Raum eingeräumt wird, ist das Buch von RICHARD GOUGH, das 1786—99 erscheint mit dem Titel: "Sepulchral Monuments of Great Britain". Es ist ein eingehendes Werk mit vielen Abbildungen, eine ausgezeichnete Grundlage für die heutige Forschung, weil es viele Megalithgräber und Hügelgräber nennt, die jetzt vernichtet und vergangen sind.

Ein zweites wichtiges Werk dieser Zeit ist FRANCIS GROSE, "The Antiquities of England and Wales". Das Buch erscheint 1777—87. Seine "Antiquities of Scotland" erscheinen 1789—91. Auch noch ein Buch über die Altertümer Irlands hat Grose verfaßt. Es wird nach seinem Tode, 1791, veröffentlicht mit dem Titel: "Antiquities of Ireland".

1754 ist das Erscheinungsjahr des Werkes von WILLIAM BORLASE (1695—1772) mit dem Titel: "Antiquities of Cornwall". Der Verfasser sagt, daß er die Altertümer seines Landes behandele, denn Reisen nach Griechenland könne er nicht unternehmen. Ein romantischer Schimmer, der sonst Griechenland gegolten hätte, fällt nun auf Cornwall mit den alten Briten und den Druiden, den Priestern der Kelten. Die Gräber, die Wälle, die Menhire und Steinkreise werden umgeben mit dem Licht der Romantik, und doch berichtet der Verfasser über sie genau.

William Borlase (1695—1772) ist geboren in Pendeen, Cornwall. Im Jahre 1720 wurde er zum Priester geweiht. In Ludgvan war er Rektor 50 Jahre hindurch. 1750 wurde er wegen seiner Veröffentlichungen in die Royal Society aufgenommen.

Noch einige andere Werke dieser Art erscheinen damals in England, so 1773 das Buch von FAUSSETT über die kentischen angelsächsischen Hügelgräber, 1793 das Buch von DOUGLAS mit dem Titel „Nenia Britannica, or a History of British Tumuli".

In den Jahren 1767—1773 wurde das Gräberfeld von Kingston bei Dover, Kent, geöffnet. Bryan Faussett in seinem Buch: Inventorium Sepulchrale, veröffentlicht Jahrzehnte nach seinem Tode, London 1856, S. 35 schreibt darüber: "Near the top of the hill, on the hanging side of it, which fronts to the north-east — are a number of 'tumuli sepulchrales' or hemispherical mounds of earth, of various heights and diameters, which stand pretty close and contiguous to each other." Jedoch hat Faussett seine Funde nicht als angelsächsisch, sondern als römisch-britische Gegenstände angesehen.

Es wurden 263 Grabhügel geöffnet, und 45 Flachgräber, zusammen 308 Gräber, und jedes einzelne Grab wurde sorgfältig beschrieben. In fünf Gräbern sind römische Münzen gefunden worden, sie sind nicht datierend, Claudius, 41—54; Gallienus, 253—260; Constantius II., 324—337. Als wichtigsten Fund brachte Grab 205 die berühmte Kingston brooch in Gold mit Einlagesteinen und Filigran, abgebildet bei Nils Åberg, The Anglo-Saxons in England, Uppsala 1926, S. 114, Fig. 206, datiert durch vergleichbare Formen in das 7. Jh. (Åberg, ebd. S. 115).

Alle diese Werke und Ausgrabungen geben ein Bild von der Anteilnahme an den in England vorhandenen Altertümern. Verwoben mit der Romantik der Zeit sprechen sie von den Kelten, den Angelsachsen, und sie berichten über die Funde.

In Deutschland arbeitet in ähnlichem Sinne, offensichtlich in Zusammenhang mit den englischen Vorbildern, ein Forscher, es ist ANDREAS ALBERT RHODE. Er ist geboren 1682 in Barmstedt bei Hamburg. Dort war sein Vater, Detlev Rhode, evangelischer Pfarrer. Der Vater war schon ein eifriger Ausgräber mit eigener Sammlung, und als er 1717 stirbt, erbt der Sohn Andreas Albert die Funde und beginnt nun über sie zu schreiben, in wöchentlichen Ausgaben. Sein Werk: „Cimbrisch-Holsteinsche Antiquitäten-Remarques" erscheint zuerst am 3. Januar 1719, ein Jahr später, 1720, ist es beendet. Im Jahre 1723 wird Rhode Pfarrer in Eichede bei Hamburg, er stirbt aber schon im folgenden Jahre, 1724.

Die Art seiner Beschreibung der Tongefäße ist gewürzt von köstlichem Humor, manchmal ist sie durchsetzt von Hohn und Spott gegen seine Vorläufer. Die Funde werden in der Sprache der Zeit Antiquitäten genannt, manchmal kommt auch das Wort Altertümer vor. Rhode beschreibt die Methode der Grabung, die Art, einen Hügel anzuschneiden. Er glaubt nicht mehr daran, daß die Gefäße in der Erde selbst wachsen, er glaubt auch nicht mehr wortgetreu dem Tacitus. Er sagt, daß Tacitus „nicht so vollkommen reine und distincte zu schreiben scheine, als angenommen wird", und er erklärt, daß die Altertümer die einzig wirklichen authentischen und unverfälschten Quellen des Altertums seien, „denn woher sollen wir rechte Nachricht von ihnen (den Vorfahren) und von ihrem damaligen Zustand haben, wenn wir die Quellen nicht aus der Erde holen". Man findet etwa folgende Stelle: „Der ehrliche Tacitus mag sie (die Cimbern) nebst allen Teutschen noch so rüde und wild abmahlen und beschreiben, wie er immer will, so weisen eben die Messer unter anderem aus, daß sie nicht so gewesen, wie sie uns geschildert werden, angesehen etliche derselben recht schön und nett ausgearbeitet und gezieret sind."

Nach den Funden, besonders nach den Bronzen und den Eisengeräten, zählt er folgende Berufe bei den Germanen auf: Balbire, Goldschmiede, Grob- und Kleinschmiede, Kupferschmiede, Rohgießer, Schwerdtfeger, Töpfer, Steinmetzen, Schuster, Sattler, Gerber, Knopfmacher, Leinweber, Schneider (Rhode, Ant. Rem. 1719—20, S. 367).

Im Jahre 1720 erscheint ein Buch von JOHANN GEORG KEYSLER (1693—1743) mit dem Titel „Antiquitates selectae septentrionales et celticae". Auch Keysler geht bei seiner Darstellung aus von englischen Monumenten, vor allem von Stonehenge. Er bemerkt als erster, daß die Megalithbauten in Süddeutschland fehlen, daß sie aber in Norddeutschland vielfach vorhanden sind. Er spricht auch nicht mehr nur von Heiden im allgemeinen, sondern unterscheidet zwischen Germanen und Kelten. Er spricht von Walhall, von Einherjern und Walküren und sagt, die Megalithbauten können nur Gräber der Vorfahren gewesen sein, nicht Bauten von Riesen, wie Rhode noch annahm.

Kurz vor Beginn des 18. Jahrhunderts, 1697, erscheint eine Arbeit von HIEGELL über Tongefäße bei Mainz mit dem Titel „Urnae sepulchrales nuper et extra urbem Moguntinam erutae descriptio". Die Arbeit bespricht die gefundenen Tongefäße, kommt aber zu keinem Ergebnis über ihr Alter oder ihre ethnische Bestimmung. Ähnlich ist es mit einer Arbeit von HERMANN NUNNINGH von 1714 mit dem Titel: „Sepulchretum gentile". In dieser Arbeit werden die Funde in dem Gebiet von Münster behandelt. Der Verfasser spricht über die Tongefäße, die Megalithbauten, die er nicht recht erklären kann und sagt auch, daß die in vielen Städten bewahrten Riesenknochen nicht von Menschen stammen können, sondern daß es Tierknochen von der Sintflut seien (Nunningh, Bd. II, Kap. 11, § 8).

In Deutschland muß noch MARTIN MUSHARD (1699—1770) genannt werden, der seit 1724 im Kreise Stade viele Ausgrabungen machte. 1729 wurde er evangelischer Pfarrer in Geestendorf. Er schrieb ein Werk „Palaeogentilismus Bremensis", das er 1755 abgeschlossen hat. Es ist erst 1928 von Ernst Sprockhoff veröffentlicht worden (Hannov. Jahrb. N.F. 3, 1927 (1928), S. 39—172).

In Frankreich hat ein Pariser Arzt, CHARLES PATIN, kurz vor 1700 das Wissen um die prähistorische Archäologie sehr bereichert durch eine Reise zu allen Altertums- und Münzensammlungen in Frankreich, England, Deutschland, Österreich, Holland und der Schweiz. Er berichtet über seine Ergebnisse 1695 in einem Werk «Relations historiques». Sein Ausgangspunkt ist das Grab des Childerich, und es ist bedeutungsvoll zu sehen, daß er erklärt, ein solches Grab sage mehr aus über eine Zeit als die Literatur, «c'est trouver la vérité dans son azile, c'est là qu'elle est inviolable, et que les morts apreux mêmes informent bien mieux les vivants de leurs histoire» (Patin, Relations historiques, 1695, S. 7).

Von großer Bedeutung für die prähistorische Archäologie wird eine Bewegung, die in der ersten Hälfte des 18. Jahrhunderts beginnt mit den Benediktinern des Ordens St. Maur. Die Benediktiner sind immer besonders gebildete Mönche, und sie waren es, die damals zur Erforschung der Geschichte die Hilfswissenschaften der Geschichte förderten, die Paläographie, die Epigraphik, die Lexikographie und vor allem die Archäologie.

Unter den Händen der Mönche erwächst ein Werk, das lange Zeit grundlegend sein sollte, das Werk des Mönches BERNARD DE MONTFAUCON, «L'Antiquité expliquée et représentée en figures», das Buch erscheint 1719—24 in 15 Bänden. Es ist ein Foliowerk mit fast 40 000 Abbildungen. Dieses Buch wird nicht nur für Frankreich, sondern für ganz Europa von größter Bedeutung. Das erste Kapitel spricht über die Götter der Alten in voller Sachlichkeit, weit entfernt von der sonst in dieser Zeit üblichen Überheblichkeit. Es weht in diesem Buch ein besonnener, klarer, wissenschaftlich verstehender Sinn. Alle sonst üblichen in der Zeit befangenen

Vorstellungen erscheinen in diesem Werke nicht. Die Religion der Germanen wird besprochen, die Gestalten der Götter, die Religion der Kelten, ihre Reliefs, ihre Skulpturen. Weitere Kapitel sprechen von den kulturellen Zuständen. Die Grundlagen dafür sind die Armringe, die Fibeln, die Gürtelschnallen. Der Verfasser behandelt eingehend die Ausgrabungen, die Steinbeile, die Tongefäße, die Brandbestattung.

Wohl ist es ihm noch nicht möglich, die Gefäße zeitlich und ethnisch zu gliedern und zu ordnen, aber das Werk ist zu seiner Zeit eine Fundgrube der Erkenntnis.

Bernard de Montfaucon wurde im Schlosse Soulage (Aude) am 16. 1. 1655 geboren, er ist dort gestorben am 21. 12. 1741. Im Jahre 1676 trat er ein in die Kongregation der Benediktiner von St. Maur. Er war ein guter Kenner des Griechischen und wurde deshalb 1687 nach Paris berufen zur Herausgabe der Schriften griechischer Kirchenväter. Hier übernahm er auch das Studium der bildenden Kunst des Mittelalters und der Vorzeit in Frankreich. Seine Bedeutung liegt auch darin, daß er Texte und Monumente überliefert hat, die während der französischen Revolution zerstört worden sind.

Seine wichtigsten Werke sind die folgenden: Palaeographia Graeca 1708. — Bibliotheca manuscriptorum nova, 2 Bde, 1739. — Diarium Italicum 1702. — Les monuments de la monarchie françoise 1729—33, 5 Bde.

In Frankreich erheben sich die Megalithbauten, die Dolmen und Ganggräber in der Landschaft, und so muß an ihnen, ebenso wie in Skandinavien und England, die Frage nach den Erbauern und nach ihrer Zeitstellung erwachen.

Der erste, der sich mit den Steinbauten in der Normandie beschäftigt, ist DE ROBIEN (1698—1756). Er läßt die Steinbauten von Carnac und Locmariaquer (Morbihan) von einem Zeichner Huguet zeichnen. Er gräbt auch aus, er findet Tongefäße, Knochen, aber es kommt nicht zu einer Veröffentlichung. Sein Manuskript lagert in der Bibliothek von Rennes.

Danach beschäftigt sich der COMTE DE CAYLUS mit den Bauten. Auch er zeichnet, vermißt, gräbt aus. Sein Buch erscheint 1767. Er überlegt, ob die Steinbauten Häuser zum Wohnen waren. Er denkt dabei an Nordvölker, die aus Skandinavien gekommen sind. Dann meint er, ob es Kulträume waren, danach findet er es besser zu schweigen und noch nicht eine Meinung zu äußern.

Philippe, Comte de Caylus ist in Paris geboren am 31. 10. 1692, er ist dort gestorben am 4. 8. 1765. Caylus ist der Sohn der Marquise von Caylus. Voltaire hat ihre Memoiren veröffentlicht. Caylus war Archäologe, Kunstschriftsteller und Sammler, er war ein Freund von Watteau. Caylus machte Reisen durch Deutschland, Holland, Italien, England, Griechenland, die Türkei und Kleinasien. Durch seine vergleichende Kunstbetrachtung übte er starken Einfluß aus auf J. Winckelmann. Sein Freund war auch der Dichter J. de Crébillon, der Wieland beeinflußt hat.

Sein Buch, in dem er über die Megalithbauten spricht, trägt den Titel: Recueil des antiquités égyptiennes, étrusques, romaines, gauloises, 7 Bd., 1752 bis

1765. Andere wichtige Bücher sind: Nouveaux sujets de peinture et sculpture, 1755. Dieses Buch ist zu seiner Zeit das wichtigste Quellenwerk zur Kunstgeschichte überhaupt. Voyage d'Italie, 1714—1715. — Féries nouvelles, 2 Bde, 1714, Neuauflage 1863.

Es ist von Interesse, die Stellungnahme von Comte Caylus im Wortlaut zu lesen. Er schreibt:

«On voit, que non seulement on rencontre ces monuments barbares sur les côtes de la mer; mais qu'on les trouve, et même en grand nombre, à quarante lieues ou environ dans les terres, ce qui donne une nouvelle preuve du long séjour que ces hommes du Nord ont fait dans la Gaule; car enfin, ce n'est de proche en proche, et par une succession de temps, qu'un peuple étranger abandonne les côtes pour avancer dans les terres. Mais enfin, la forme singulière de ce monument et d'autres pareils ne pouvant servir d'habitation, doit-elle être regardée comme un objet de culte? Quelle conjecture serait-il possible de hasarder à cet égard? Quelle idée pourrait être adoptée par la raison? On s'y perd, et le silence est le meilleur parti...»

Für uns Heutige ist es doch kulturgeschichtlich von Bedeutung, daß nicht einer derjenigen, die sich mit den Megalithbauten beschäftigt haben, bis um 1790 auf den Gedanken gekommen ist, die Steinbauten könnten Gräber sein.

Im Jahre 1796 erscheint ein Werk von LA TOUR D'AUVERGNE-CORET mit dem Titel: «Origines gauloises, celles des plus anciens peuples de l'Europe». La Tour spricht von den großen Steinbauten, besonders um Carnac, er erklärt, daß das die Plätze gewesen sind, wo die Gallier ihre Verträge beschworen haben und wo die Druiden, die Priester der Gallier, ihre Menschenopfer darbrachten.

Erst nach 1790 wird zum ersten Male der Gedanke geäußert, die Steinbauten seien Gräber. Es ist LEGRAND D'AUSSY. Er sucht die Steinbauten auf, er zeichnet sie und setzt auch den Spaten an in manchen Gräbern. Er findet Tongefäße, Bronzegeräte, Knochen von Menschen, und er erklärt: diese Bauten sind Gräber. Legrand d'Aussy ist 1737 geboren, er ist gestorben im Jahre 1800. Wegen seiner Bedeutung wird er 1795 zum Mitglied des Institut Français ernannt. Sein Werk über die Megalithbauten ist: Les anciennes sépultures nationales, es erscheint 1796, am 7. Ventose des Jahres VII der Republik.

Legrand d'Aussy ist derjenige, der aus der bretonischen, der keltischen Sprache die Bezeichnungen für die verschiedenen Arten der Steingräber eingeführt hat, so wie sie jetzt noch verwendet werden: Menhir für die aufrechtstehenden Steine, Dolmen für die Gräber mit einem Deckstein, Allées couverts, Ganggräber, für die großen Grabenanlagen, Cromlechs für die Steinsetzungen.

Es ist von Interesse seinen eigenen Worten zu folgen, er sagt:

«Dans un sujet totalement neuf, et dont par conséquent le vocabulaire n'existe pas encore, je suis forcé de m'en faire un; et quoique par mon droit je fusse autorisé à créer des mots, je préfère néanmoins adopter ceux que je trouve existants, surtout quand ils me donnent comme le bas-breton l'espoir de représenter les anciennes dénominations gauloises».

Weiter: «On m'a dit qu'en bas-breton, ces obélisques bruts s'appellent ar-men-ir (la pierre longue). J'adopte d'autant plus volontiers cette expression qu'avec l'avantage de m'épargner des périphrases, elle m'offre encore celui d'appartenir à la France et de présenter à l'esprit un sens précis et un mot dont la prononciation n'est pas trop désagrégable».

Und: «Parlant d'une de ces tables qu'on voit à Locmariaker, dit qu'en bas-breton on l'appelle dolmin. Je saisis de nouveau cette expression qui comme les deux précédentes m'est nécessaire ... J'adopte donc le mot de dolmine et je vais l'employer pour désigner les tables dont je parle».

Legrand d'Aussy versucht schon eine Datierung der Steingräber, er spricht von vier verschiedenen Stadien. Die ältesten gehören einer Epoche an, in der die Gallier noch nicht die Metalle kannten. Das zweite Stadium, Jahrhunderte umfassend, bedeutet den allmählichen Übergang zu der Epoche, die Kupfer verwendet. Diese Epoche mit Kupfergegenständen in den Gräbern ist das dritte Stadium. Die Zeit des Gebrauches von Bronze bedeutet das vierte Stadium. In der Zeit der Römer, so sagt der Verfasser, waren die Megalithgräber schon seit Jahrhunderten nicht mehr in Gebrauch. In der langen Zeit seit ihrer Verwendung hat man die Bedeutung vergessen, die Bewohner nennen sie Feenfelsen, Riesenhäuser. Eine Fülle von Legenden und Sagen wird mit ihnen verbunden.

So ist die wissenschaftliche Lage um 1800, aber noch lange Zeit danach werden die Megalithbauten angesehen als Altäre der Druiden, der Priester der Kelten. Die Keltomanie, wie man später sagte, war der Ausdruck der Zeit.

Das größte archäologische Ereignis dieses Jahrhunderts ist die Entdeckung von Pompeji und Herculaneum in Italien, beginnend mit dem 11. Dezember 1738, dem Tage, an dem der Marchese Don Marcello Venuti aus Toskana eine Inschrift findet, auf der geschrieben steht: „Theatrum Herculanensem". Mit dieser Schrift ist es sicher, daß Herculaneum gefunden worden ist. Vorher waren drei Frauenstatuen von Prinz d'Elbœuf ausgegraben worden. August der Starke, König von Sachsen, hatte sie erworben, und sie waren nach Dresden gebracht worden. Im Pavillon des Großen Gartens wurden sie aufgestellt. 1738 heiratet König Karl, der Herrscher beider Sizilien, Maria Amalia Christine, eine Tochter von August dem Starken. Sie bestimmt, veranlaßt durch die Statuen in Dresden, daß neue Ausgrabungen gemacht werden. Sie beginnen am 22. Oktober 1738. Winckelmann hatte recht, wenn er sagte: „Es verdient der Welt bekannt gemacht zu werden, daß diese drei göttlichen Stücke die ersten Spuren gezeiget zur nachfolgenden Entdeckung der unterirdischen Schätze der Stadt Herculaneum" (Egon Caesar Conte Corti, Untergang und Auferstehung von Pompeji und Herculaneum. München 1940, 5. Aufl., S. 153).

Die neuen Grabungen ergeben Reiterstatuen aus Bronze und Wandmalereien. Nun wird seit 1748 auch in Pompeji gegraben. 1750, 1752, 1754, 1755, jedes Jahr bringt neue, überraschende, die Welt begeisternde Funde. 1758 kommt Winckelmann nach Pompeji, 1769 Kaiser Joseph II., am 11. März 1787 besucht Goethe die Fundstelle zusammen mit den Malern Johann Heinrich Wilhelm Tischbein und Jakob Philipp Hackert.

Bei den vielen begeisterten Berichten über Pompeji, bei den überall bewunderten Kunstwerken, die gehoben waren, hatte Goethe wohl mehr erhofft. Als er Pompeji sieht, ist er enttäuscht von der Kleinheit der Häuser, der Straßen. In seiner Italienischen Reise II berichtet er unter Sonntag, den 11. März 1787:

„Mit Tischbein fuhr ich nach Pompeji, da wir denn alle die herrlichen Ansichten links und rechts neben uns liegen sahen, welche, durch so manche landschaftliche Zeichnung uns wohl bekannt, nunmehr in ihrem zusammenhängenden Glanze erschienen. Pompeji setzt jedermann wegen seiner Enge und Kleinheit in Verwunderung. Schmale Straßen, obgleich grade und an der Seite mit Schrittplatten versehen, kleine Häuser ohne Fenster, aus den Höfen und offenen Galerien die Zimmer nur durch die Türen erleuchtet. Selbst öffentliche Werke, die Bank am Tor, der Tempel, sodann auch eine Villa in der Nähe, mehr Modell und Puppenschrank als Gebäude. Diese Zimmer, Gänge und Galerien aber aufs heiterste gemalt, die Wandflächen einförmig, in der Mitte ein ausführliches Gemälde, jetzt meist ausgebrochen, an Kanten und Enden leichte und geschmackvolle Arabesken, aus welchen sich auch wohl niedliche Kinder- und Nymphengestalten entwickeln, wenn an einer anderen Stelle aus mächtigen Blumengewinden wilde und zahme Tiere hervordringen. Und so deutet der jetzige ganz wüste Zustand einer erst durch Stein- und Aschenregen bedeckten, dann aber durch die Aufgrabenden geplünderten Stadt auf eine Kunst- und Bilderlust eines ganzen Volkes, von der jetzo der eifrigste Liebhaber weder Begriff noch Gefühl noch Bedürfnis hat."

Nach einigen Tagen wandelte sich dieser enttäuschte Eindruck aber doch wieder zu einem großen Erlebnis. Unter dem 13. März schreibt Goethe seine Erinnerung an Pompeji nieder: „Sonntag waren wir in Pompeji. — Es ist viel Unheil in der Welt geschehen, aber wenig, das den Nachkommen so viel Freude gemacht hätte. Ich weiß nicht leicht etwas Interessanteres. Die Häuser sind klein und eng, aber alle inwendig aufs zierlichste gemalt. Das Stadttor merkwürdig, mit den Gräbern gleich daran. Das Grab einer Priesterin als Bank im Halbzirkel, mit steinerner Lehne, daran die Inschrift mit großen Buchstaben eingegraben. Über die Lehne hinaus sieht man das Meer und die untergehende Sonne. Ein herrlicher Platz, des schönen Gedankens wert..."

Johann Heinrich Wilhelm Tischbein (1751—1829), der Maler, der das Bild „Goethe in der Campagna" gemalt hat, das heute im Städel-Museum in Frankfurt/M. hängt, Tischbein schreibt in einem Brief an Anna Amalia, Herzogin von Sachsen-Weimar am 18. Dezember 1792 aus Neapel (Eberhard Haufe, Deutsche Briefe aus Italien, Verl. Koehler u. Amelang, o. J. (1972) S. 80:

„Man findet jetzt Vasen mit den sonderbarsten Vorstellungen, die einem auf die wunderbarsten Gedanken bringen. Neulich fand man eine Vase, worauf ein hölzernes Kreuz gemalt war"...

„Auch mythologische Vorstellungen hat man gefunden, die in diesem Fach sehr viele Aufklärung geben werden. Besonders ist der Marchese del Vasto glücklich gewesen, eine Vase zu finden mit vielen Figuren, wo die Hauptperson die Hekate ist, bei jeder ist der Namen auf Griechisch geschrieben. Dieses ist die schönste Vase, die ich je gesehen habe, und übersteigt an schöner und feiner Zeichnung alle anderen Vasen, die der König (Ferdinand IV. von Neapel), Hamilton, Vincencio und andere haben. Nach dem Stil der Zeichnung zu urteilen, so ist sie in Sizilien gemacht worden. Er fand selbige auf der Grabstätte der Hauptstadt der

Samniter, wo er jetzt graben läßt und täglich Vasen findet, so daß er in wenig Zeit einen ansehnlichen Schatz zusammen gebracht hat und noch zusammen bringen wird, weil in seinen Gütern die Grabstätte einer großen Hauptstadt liegt, und da, wo der König gräbt, war nur eine geringe Stadt gegen jene, und hat so viele vortreffliche Vasen gefunden, daraus läßt sich hoffen, daß dieser noch mehr finden werde".

Aber noch ist es zu früh für eine tiefgreifende geistige Wirkung der Funde auf Europa, erst der Anfang des 19. Jahrhunderts hat dann, veranlaßt durch Pompeji, den Stil geschaffen, den man den Klassizismus nennt.

In Italien beherrscht naturgemäß die antike Forschung stärker das gesamte Feld. Damals wird schon die Welt der Etrusker bekannt. Das erste Werk über sie schreibt ein Engländer, SIR WILLIAM HAMILTON im Jahre 1766—67. Es hat den Titel: «Antiquités Etrusques, Grecques et Romaines». Durch dieses Werk wird die Porzellan-Fabrik Wedgwood so stark beeinflußt, daß sie ihre Keramik in Staffordshire nach Abbildungen in diesem Werk gestaltet.

Am Ende des Jahrhunderts führt Napoleon I. seinen Feldzug nach Ägypten durch, 1798—99. Er nimmt eine Anzahl von Gelehrten mit, der Blick Europas wird plötzlich nach Ägypten gewendet. Das Französisch-Ägyptische Institut wird in Cairo errichtet, der Rosette-Stein wird gefunden, der später, 1822, die Entzifferung der Hieroglyphen bringt. Eine Fülle von Kunstwerken wird mitgenommen, aufgekauft. Aber 1801, als die Franzosen Ägypten verlassen müssen, werden die Stücke von England übernommen, und so gelangen sie nicht in den Louvre, sondern nach London, in das British Museum, es war schon 1753 begründet worden. Der Louvre als Museum wird im November 1801 eröffnet mit 117 Gegenständen, fast nur römischer Herkunft.

Das 18. Jahrhundert begründet mehrere wissenschaftliche Gesellschaften und Zeitschriften für die Archäologie. 1707 wird die Association of Antiquaries geschaffen, sie nimmt 1718 den Titel an, den sie noch heute besitzt: "Society of Antiquaries of London", ihre Charta erhält sie von König Georg II. im Jahre 1754.

Im Jahre 1770 erscheint die erste Nummer der Zeitschrift „Archaeologia" in London, 1780 wird die „Society of Antiquaries of Scotland" begründet. Schon 1732 hat sich eine Gesellschaft gebildet, die von großer Bedeutung für die Archäologie werden sollte, die „Society of Dilettanti". Das Wort bedeutet damals die Liebhaber des Altertums. Die beiden Gesellschaften, die der Antiquaries und die der Dilettanti, tragen in England durch über zwei Jahrhunderte das wissenschaftliche Leben der Archäologie. PIGGOTT (geb. 1910), ein Prähistoriker unserer Tage, hat recht, wenn er 1935 sagt, aus der romantischen Bewegung des 18. Jahrhunderts ist die Vorgeschichtsforschung erwachsen (PIGGOTT, Prehistory and the Romantic Movement. Antiquity 1935, S. 22).

KAPITEL VI

Die Forschung in der ersten Hälfte des 19. Jahrhunderts

Das Wesen einer Zeitepoche bestimmt sich immer am sichtbarsten durch den Stil der Kunstgestaltung.

So beruht der Klassizismus auf der Ausgrabung von Pompeji und Herculaneum, auf einer erneuten Wiederentdeckung der Antike nach der ersten in der Epoche der Renaissance. Aber diese zweite Epoche ist in manchen Punkten noch tiefgreifender. Mit dem Stil Louis XVI. beginnt es schon. Die Schwingung der Möbelformen hört auf, die Füsse der Stühle, der Tische werden gerade, so wie bei den Funden in Pompeji. Seit der Kaiserzeit Napoléons I., seit 1804, nennt man diesen Stil Empire, es ist der Stil Pompejis.

Von 1806—1808 war Joseph Bonaparte (1768—1844), der älteste Bruder des Kaisers König von Neapel. König Joseph hatte sich besonders für Pompeji interessiert. Oftmals hatte er die Grabungen besichtigt. Er setzte 150 Arbeiter ein. Unter seiner Herrschaft wurde der Tempel der Fortuna ausgegraben, das Haus des Sallust, die Konsularstraße. Joseph ließ einen genauen Plan für die Grabungen herstellen (Henri Thédenat, Pompéi, Paris 1928, Bd. I S. 34—35). Michele Arditi, der Direktor des Königlichen Museums in Neapel wurde zum verantwortlichen Leiter der Ausgrabungen ernannt.

Am 22. Mai 1808 wurde Joseph zum König von Spanien bestimmt, und Murat übernahm im Juli 1808 das Königtum Neapel und Sizilien. Aber Murat war nicht weniger interessiert an Pompeji als König Joseph. Er erhöhte die Anzahl der Arbeiter auf 400, er ließ die Mauern der Stadt aufsuchen, den Schutt herausfahren, und dem Zuge der Straße folgend, grub er den Raum aus zwischen dem Herculaner Tor und dem Haus des Sallust.

Aber leidenschaftlich interessiert an Pompeji war die Königin, Caroline. Immer wieder erschien sie in Pompeji. In vielen Briefen an Königin Hortense (1783—1837), die Gattin von Louis Napoléon (1778—1846), König von Holland, hat sie über ihre Eindrücke der Ausgrabungen von Pompeji berichtet (Prince Murat, Lettres et documents 1767—1815, Paris 1908—1911, Bd. VI, S. 407f, Bd. VIII S. 58f). Private Grundstücke wurden gekauft, die Pioniere der Armee mußten bei den Arbeiten helfen. Am 7. Oktober 1809 erschien ein ausführlicher Bericht im „Monitore Napoletano". Königin Caroline, die sich selbst als Leiterin der Grabungen betrachtete, hatte Erfolg. In der Gräberstraße wurden Hunderte von Skeletten der Flüchtlinge gefunden, bei einem Skelett ein Beutel mit 69 Gold- und 115 Silbermünzen von den Kaisern Tiberius, Otho, Vitellius, Vespasian und Domitian. Manche Münzen sahen so aus, als seien sie eben erst aus der Prägestelle gekommen. Immer wieder wurden Schmuckstücke, Vasen, Goldgefäße, und auch die Statue einer Griechin und ihres Mannes entdeckt. Es erschien auch ein Buch, das Königin Caroline gewidmet war: J. de Clarac, Fouille faite à Pompéi en présence de la Reine des Deux Siciles le 18 mars 1813, Paris 1814.

Doch da kam das Ende. Am 18. Oktober 1813 erlag Napoléon den alliierten Armeen. Jedoch der künstlerische Stil, den das Kaiserhaus geprägt hatte, das Empire, blieb noch lange lebendig. In Wien und Berlin wurde er zum Biedermeier. Es ist ein Stil, beeinflußt durch die Grabungen von Pompeji. Gerade Formen gegenüber den Verschnörkelungen des Barock und des Rokoko.

Man kleidet sich in antikem Stil, man baut die Museen, das British Museum in London, das Alte Museum in Berlin, die Glyptothek in München, wie römische Tempel. Auch die Kirchen werden so gebaut, St. Madeleine in Paris, die Kasankathedrale in Petersburg. Der Justizpalast in Lyon, die Walhalla an der Donau bekommen griechisch-römische Formen. Sogar die Börsen in Paris und Petersburg werden wie griechische Tempel errichtet.

Das Bauwesen Preußens wird bestimmt von Karl Friedrich Schinkel (1781 bis 1841), er macht den klassizistischen Stil zum Stile des Staates.

Gleichzeitig steht daneben eine Erneuerung der Gotik, in der man die alte germanische Kunst wiederzuerkennen glaubt. Zuerst wird in England in neugotischem Stil gebaut, das Douglas-Castle, das Inverary-Castle bei London um 1750. 1776 folgt das gotische Haus im Wörlitzer Park bei Dessau, 1793 die Löwenburg im Park von Wilhelmshöhe bei Kassel. Es ist ein Zurückgreifen auf das Altertum, aber auf ein Altertum, das man sich verherrlicht vorstellt. Die Griechen und Römer werden idealisiert, ebenso die Germanen. Klopstock schreibt 1776 seine Hermanns-Schlacht, ein idealisiertes Germanenbild, und so sieht die Zeit die Griechen und die Germanen als ideale Menschen.

In der Malerei schafft Caspar David Friedrich das romantische Bild, das Hünengrab kommt immer wieder vor (1834), auch im Gedicht, wie bei Kosegarten (1758 bis 1818). Karl Blechen malt 1828 ein Bild: Die Semnonen in märkischer Landschaft, das in der Berliner Akademischen Ausstellung besonders bewundert wird. Wilhelm Lindenschmit der Ältere (1806—1848) und Wilhelm Lindenschmit der Jüngere (1829—1895) sind die Maler germanischen Altertums. Sie malen die Wandgemälde in den Arkaden des Hofgartens in München und die Fresken aus der bayerischen Geschichte in dem Schloß Hohenschwangau. So ist es verständlich, daß die Lindenschmits gleichzeitig Altertumsforscher sind.

Ludwig Lindenschmit, der ältere, geboren in Mainz 1809 und gestorben in Mainz 1893, ist der Bruder von Wilhelm dem Älteren. Er gründet 1843 in Mainz die Gesellschaft zur Erforschung der rheinischen Geschichte und Altertümer, und 1852 ist er die treibende Kraft zur Gründung des Römisch-Germanischen Zentralmuseums in Mainz. Er wird sein erster Direktor. Sein Nachfolger wird sein Sohn, Ludwig Lindenschmit, der Jüngere (1850—1922).

Antonio Canova (1757—1822) und Bertel Thorwaldsen (1770—1844) werden von ihrer Zeit als Erneuerer der griechischen Kunst gefeiert, und den tiefen Ausdruck geben ihrer Epoche Gottfried Schadow (1764—1850) und Dannecker. Delacroix malt 1822 die „Dantebarke", Dante und Virgil über den Styx setzend, 1824 das Gemetzel auf Chios. Es lebt eine Begeisterung für das Altertum. Die Welt steht im Banne der Archäologie.

Aber das Seltsame ist, diese Archäologie ist nur geträumt. Man kennt die Kämpfe der Griechen untereinander, ihre menschliche Schwäche, ihr häufiges Übergehen zum Feind, ihre Bestechlichkeit, und doch sind sie nach Winckelmann „Einfalt und stille Größe". Man kennt die blutigen Kämpfe der Germanen untereinander aus dem Nibelungenlied, aus Gregor von Tours, und doch werden sie das Sinnbild der edlen Helden.

Die Romantik, die Geschichte verklärend, lebt von etwa 1790—1830, sie wirkt noch fort bis 1850.

Will man das Wesen dieser Zeit im Innersten verstehen, dann ist vielleicht das Entscheidende: das 18. Jahrhundert denkt noch statisch, es betrachtet die Welt als eine fertige, eine feststehende Tatsache, fertig in sich selbst und in seinen Teilen, als eine Schöpfung. Das 19. Jahrhundert erkennt die Veränderung, das Werden, das Wachsen, die Entwicklung, den Fortschritt, die Bewegung.

In der Archäologie stellt die Wissenschaft des 18. Jahrhunderts noch nicht die Frage nach dem Werden der Formen bei den Tongefäßen, bei den Bronzegeräten, bei den Grabformen, bei der Kunstbewegung. Nirgends begegnet das Problem, wann denn ein aufgefundenes Tongefäß geschaffen worden sei. Es ist „heidnisch", und das bedeutet vorgeschichtlich, entweder vor den Römern oder auch nach den Römern aus der Völkerwanderungszeit. Die Zeitfrage wird also nicht gestellt, sie besteht gar nicht, sie ist wie nicht da. Und so ist es auch noch in der ersten Hälfte des 19. Jahrhunderts, so ist es bei allen Handbüchern der Archäologie, die damals geschrieben werden. Erst langsam setzen sich die philosophischen Fragen durch, die Herder stellt, die Hegel aufnimmt, die Schelling fortführt. Das 18. Jahrhundert erlebt das Einmalige des Menschen, das immer Gleiche seiner Welt des Gemütes, das Einheitliche seiner Grundhaltung, das 19. Jahrhundert dagegen erfaßt den Wandel.

Die entscheidende Gestalt der Epoche ist HEGEL (1770—1831). Von ihm stammt der Gedanke der Bewegung des Lebens, des Werdens, der Entwicklung des Geistes. Wohl ist dieser Grundgedanke schon angelegt bei Herder (1744—1803), er wird entwickelt in seinen „Ideen zur Philosophie der Geschichte der Menschheit" (1784—1791), aber in den Mittelpunkt gestellt wird er erst bei Hegel. Bei Hegel bedeutet der Staat nicht einen fertigen Abschluß, er mündet immer ein in den weltgeschichtlichen Prozeß, in das Werden. Bei Hegel ist die Geschichte nicht etwas Fertiges, Beendetes, Abgeschlossenes vor der eigenen Zeit. Auch Geschichte ist Bewegung, und aus Thesis und Antithesis erwächst für die Geschichte die Synthesis.

Es ist seltsam bei Hegel: Er hat den Widerspruch, die Dialektik der Dinge, das Aufsteigen durch Satz und Gegensatz in den Mittelpunkt seines Denkens gestellt, und die Macht dieser Dialektik hat auch sein eigenes Werk erfahren. Sein Gedanke war es, durch die Aufhellung des weltgeschichtlichen Werdens hinzuführen zur Sicherheit, zur Ruhe, zur Ausgeglichenheit. In seinem Denken liegt bei der Erkenntnis des ewigen Wachsens und Werdens ein Zug, das Wirkliche als vernünftig, als in sich geordnet, als gut, zu erfassen.

In Wahrheit hat sein Denken die stürmischsten Leidenschaften entfesselt, hat die zerstörendsten Bewegungen hervorgerufen, sowohl in der Religion, wie in der Politik, und vor allem im sozialen Erleben.

Es stellt sich naturgemäß die Frage, wie diese Wirkung möglich ist. Sie liegt in der Art seines Denkens. Er verwandelt die ganze Wirklichkeit in einen rastlosen Fortgang, in eine immerwährende Bewegung und erhebt gleichzeitig die Forderung, diesen Fortgang überschauen zu können. Beides aber wirkt gegeneinander. Das Überblicken der ganzen Bewegung des Menschwerdens, des Entfaltens, des Fortschreitens, verlangt, auch die Gegenwart als das bloße Glied einer Kette zu betrachten, denn dem Fortgang kann an keiner Stelle Stillstand geboten werden. Überblickt man aber das Ganze und die treibenden Mächte, dann ist dem Menschen auch die Kraft gegeben, die kulturgeschichtlichen Akzente zu versetzen und sich selbst eine Zielgebung der Geschichte zu schaffen. Der Kommunismus ist so aus den Gedanken Hegels erwachsen, und es ist nicht zufällig, daß Karl Marx ein Schüler von Hegel ist.

Für die Zeit Hegels selbst war diese Wendung des Denkvorganges noch nicht gegeben. Bei Hegel selbst überwiegen die Fragen der inneren Bildung, des geistigen Schaffens, des höheren Sinnens und Strebens. Nach seinem Tode aber wird der Mensch mehr der Träger des unmittelbaren Daseins, sein Verhältnis zu Natur und Gesellschaft tritt ein in schwere Verwicklungen und gegensätzliche Kämpfe. Die Welt der Dichtung und Spekulation verblaßt, und das reale Dasein mit den Fragen des Lebenskampfes schiebt sich beherrschend in den Vordergrund. Nach Hegel kann der Mensch sich getrauen, die Dinge so oder anders zu lenken — der Gedanke der Lenkbarkeit des Daseins erscheint da, wo vorher eine bloße Hinnahme aller Existenz gegeben war. Ohne die gewaltige Denkarbeit Hegels wäre der wirtschaftliche Materialismus niemals so mächtig geworden.

So wie sein Denken das ganze Jahrhundert gestaltet, so natürlich auch die Archäologie, und sie vor allem, denn diese Wissenschaft ist es, die von dem Urmenschen, dem Vormenschen spricht, und wenn er im Paradies lebte, nach der Vorstellung der Zeit ohne Eigentum in gegenseitiger Liebe, dann braucht man ihm nur die Voraussetzung zu seinem Fall, das Eigentum, zu nehmen und der messianische, der paradiesische Zustand ist wieder da. Hier liegen die Wurzeln für die Gedanken von Marx und Engels. Sie haben ihren Ausgang in der Archäologie, in der Vorstellung von dem eigentlichen Sein des Menschen in der Urzeit, und deshalb tritt auch bei Marx und Engels ein Werk in den Mittelpunkt, das in New York 1877 erscheint. Es ist verfaßt von dem Ethnologen Lewis Morgan (1818—1881) und hat den Titel „Ancient society". Mit dem Namen: „Die Urgesellschaft" ist es, übersetzt von Eichhoff und Kautsky, 1891 in deutscher Sprache erschienen und hat die Bewegung des Sozialismus auf das tiefste beeinflußt. Das Buch von Engels von 1884 „Ursprung der Familie, des Privateigentums und des Staates" beruht auf diesem Werk. Die Gedanken von Lenin und Stalin haben hier ihre Wurzel.

Wir können heute mit voller Sicherheit sagen, daß die Gedanken von L. Morgan falsch waren. Er hat nicht die älteste Epoche des Menschengeschlechtes dargestellt, nicht das Jägerdasein, sondern ein späteres, das der Ackerbauern, der Pueblo-Indianer Amerikas. So sind alle Folgerungen, die Engels, Lenin, Stalin an diesen Ausgang anknüpften, verfehlt. Die Zeit war damals noch nicht reif, um solche Gedanken den Tatsachen und Funden entsprechend durchdenken zu können.

In der Mitte des Jahrhunderts wird die Archäologie von solcher Bedeutung, daß sie ganze Weltsichten schafft, Weltsichten, die noch heute für Millionen von Menschen die tragenden Kräfte sind. Der Ausgang ist Hegel. Rudolf Eucken sagt einmal von Hegel (Lebensanschauungen der Großen Denker, Leipzig 1917, 11. Aufl. S. 477): „Aber mit Hegel selbst entfiel jene Bindung, die dämonischen Mächte zerrissen das bisherige Gefüge und verfolgten rücksichtslos ihre eigene Bahn. Zugleich stiegen sie von jener Höhe in das unmittelbare Dasein herab, verschmolzen mit seinen Interessen und ergossen in seine Bewegungen ihre Leidenschaft, ihren grenzenlosen Lebensdrang. Unter den dadurch erweckten Problemen steht unsere eigene Zeit. Wird sie jene dämonischen Mächte zu bändigen und ihren Wahrheitsgehalt zur Vernunft zu leiten vermögen?"

Wenn Hegel so einerseits diese vulkanische Wirkung schafft, so doch andererseits auch die tiefer forschende Frage nach Dasein, Schicksal, Entscheidung, nach dem Werden des Menschen.

Die geschriebene Literatur kann auf diese Fragen keine Antwort geben. Tacitus schreibt 98 nach Christus, Herodot um 480 v. Chr., aber was liegt davor?

Fragt man die geschriebene Geschichte, wie es damals der einzige Weg sein konnte, dann kann nur die Bibel antworten. Man zählt die Namen derer zusammen, die als Vorfahren von Christus in der Bibel genannt werden, rechnet für jeden 50 Jahre, und dann ergibt sich mit den 2000 Jahren seit Christi Geburt das Datum 4004 als das Datum Adams, als das Datum der Menschwerdung. Das tat der Erzbischof Ussher im Jahre 1636. Dieses Datum, 4004 v. Chr. wird bei allen Erläuterungen zu der amtlichen Bibel gedruckt, es wird der feststehende Zeitpunkt für den Beginn der Menschheit, an dem nicht gerüttelt werden kann. Die 6 Tage der Erschaffung der Welt werden nicht als Erdperioden angesehen, sondern in wirklichem Sinne als Tage, — und so wird der Schöpfungsvorgang noch 1833 dargestellt in einem Werk, das überall gelesen wird, in Paley's „Natural Theologie", einem Buch, das 1802 zum ersten Male erscheint und das von dem Erzbischof von Canterbury und dem Bischof von London eingeleitet wird. Mitarbeiter sind Prout, Whewell, Buckland und andere.

Man kann sich heute den unglücklichen Gegensatz zwischen einer im guten Glauben irrtümlichen Lesung der Bibel und den Tatsachen und Funden nicht scharf genug vorstellen. Die erwachende Naturwissenschaft mußte gegen diese Zeitrechnung angehen, und sie ist nicht die der katholischen Kirche, sondern gerade die der evangelischen. Der Kampf muß also in Mittel- und Nordeuropa viel härter werden als in Südeuropa, in Spanien und Italien.

In England ist Sir Charles Lyell (1797—1875) der grundlegende Forscher der Geologie. Auch er glaubt zuerst noch an unveränderliche Arten, allmählich aber entsteht ihm der Gedanke der Evolution, der allmählichen Entfaltung alles Lebenden. Lyell untersucht die geologischen Schichten der Erdoberfläche, und er spricht von einem Alter der Erde von etwa einer Million Jahren. Später rechnet die Geologie von Hunderten von Millionen Jahren. Für die heutige Kenntnis ergibt sich durch den Atomzerfall ein Alter der Erde von 3 Milliarden Jahren, der Mensch ist erkennbar seit einer Million Jahren.

Will man die Gedankenwelt des 19. Jahrhunderts erfassen, muß man immer daran denken, daß solche Zahlen für die damalige Zeit ganz unbegreiflich waren. Der Mensch erscheint 4004 v. Chr., so ist es schriftlich überliefert, und jede andere Folgerung kann nur falsch sein. Aber im Grunde ist es nicht die Religion, die das Hindernde ist, gerade unter den führenden Forschern der Archäologie sind immer wieder Theologen — es ist vielmehr einmal das philosophische Denken, das nur ganz langsam die Hegelsche Vorstellung der Entwicklung übernimmt, es ist das philosophische Denken, das im Grunde weiter statisch, nicht funktional dynamisch ist, und es ist weiter der Ehrbegriff des europäischen Menschen, dem der Gedanke der Herkunft des Menschen aus der Reihe der Tiere nicht angebracht erscheint, weil er scheinbar den Wert und die Würde des Menschen niederdrückt. In Hegels Gedanken der Entwicklung alles Lebendigen ist diese Folgerung aber eingeschlossen, wenn sie auch nicht deutlich ausgesprochen wird.

Ein anderer großer Deutscher dieser Zeit steht auch ganz in diesem Gedanken der Entwicklung, es ist Goethe (1749—1832). Der Einfluß Herders auf Goethe in seiner Straßburger Zeit ist es, der ihn zu diesem Denken, zu dieser Vorstellung bringt. Das, was Herder dem jungen Goethe in Straßburg vermittelt von der Entstehung der Sprache, der Poesie, dem Volkslied, der Architektur, der Malerei, es ist immer dasselbe Zauberwort: die natürliche Entwicklung. Goethe sagt später: „Meine mühselige, qualvolle Forschung ward erleichtert, ja versüßt, indem Herder die Ideen zur Geschichte der Menschheit aufzusuchen unternahm". Frau von Stein fand mit ihrem klaren Blick nach der Lektüre des ersten Bandes von Herder sogleich das Gemeinsame der beiden Männer heraus. Sie schreibt an Knebel: „Das Buch macht wahrscheinlich, daß wir erst Pflanzen und Tiere waren; Goethe grübelt jetzt gar denkreich in diesen Dingen, und jedes, was erst durch seine Vorstellung gegangen ist, wird äußerst interessant". (Karl Heinemann, Goethe, Leipzig 1895, 1. Bd. S. 397.) Herders Gedanke ist: „Der Menschen ältere Brüder sind die Tiere", und diese Vorstellung Herders ist es, die Goethe so tief bewegt.

Die naturwissenschaftlichen Studien Goethes gingen auf das Ziel aus, zu beweisen, was Herder und mit ihm auch er selber annahm, nämlich, daß die Natur getragen ist von den Gesetzen der Entwicklung und des Werdens, und daß es in der Natur nichts Bleibendes, Stehendes, Festes, Unveränderliches gibt. Sein deutlichstes Wort zu dieser Haltung im Geiste ist dieses:

>„Und solang du das nicht hast,
>Dieses Stirb und Werde,
>Bist du nur ein trüber Gast
>Auf der dunklen Erde."

In dieser Stellung Goethes zu dem Gedanken des Werdens liegt der Grund für seine geologischen Studien, für die der Botanik und vor allem der Anatomie. Bei dem Anatomen Loder in Jena betreibt er anatomische Studien und dabei tritt entscheidend der Gedanke auf, daß der Mensch sich dadurch vom Tier unterscheide, daß er nicht den Zwischenknochen des Oberkiefers habe wie die Menschenaffen. An dieser Stelle wird nun Goethes Anteilnahme besonders wach. Mit Loder untersucht er Knochen für Knochen, und am 27. März 1784 werden seine Untersuchungen von Erfolg gekrönt. Goethe entdeckt, daß der Mensch vor der Geburt und gelegentlich auch in der Jugend die gleiche Oberkieferbildung habe wie die Menschenaffen: das „os intermaxillare" ist auch bei dem Menschen gefunden. Er berichtet gleich an Herder: „Nach Anleitung des Evangelii muß ich Dich auf das eiligste mit dem Glücke bekannt machen, das mir zugestoßen ist. Ich habe gefunden — weder Gold noch Silber, aber was mir eine unsägliche Freude macht — das os intermaxillare am Menschen! Ich habe mirs auch in Verbindung mit Deinem Ganzen gedacht, wie schön es da wird". (Heinemann, Goethe, Leipzig 1895, S. 399.)

Es ist eigentümlich, diese Gedankenwelt, die so umstürzend für das 19. Jahrhundert wurde, stammt nicht von antireligiösen Stellen, es ist der evangelische Theologe HERDER, der sie entwickelt, der Mann, der später in Weimar Generalsuperintendent wurde. So sagt er in dieser Zeit: Existiert Gott nicht in der Welt, überall in der Welt, und zwar überall ungemessen, ganz und unteilbar, so existiert er nirgend. Die ganze Welt ist nur eine Erscheinung seiner Größe, für uns erscheinende Gestalt. Die Entwicklung geht von Gott aus und endigt in ihm; überall ist er der Leitende, der Wirkende, der Erhaltende. Die ganze Natur ist der Ausdruck Gottes; in der unmittelbaren Menge der Erscheinungen gibt es nur eine Einheit, das ist Gott". (Herder, Gespräche über Gott.)

So ist auch Goethes Anteilnahme an der Ausgrabung zu verstehen. Es geht ihm um die Erkenntnis des Werdens. 1811 und 1820 veranlaßt er Grabungen und nimmt an ihnen teil.

Der Großherzog von Weimar läßt 1816 Grabhügel bei Groß-Romstedt öffnen, und Goethe zeigt lebhaftes Interesse und berichtet über sie 1818 in seiner Zeitschrift „Kunst und Altertum". In den Jahren 1814—1817 fordert er immer wieder zur Gründung von Heimatmuseen auf, und seine eigene Sammlung, noch heute in Weimar erhalten, birgt eine große Anzahl vorgeschichtlicher Funde. (Leonhard Franz, Goethe und die Urgeschichte, Innsbruck 1949.)

Die geistigen Gegensätze, der Gedanke des Gleichbleibenden des Bestehenden, der Arten der Pflanzen, der Tiere, der Menschen auf der einen Seite, und die Bewegung, die Entwicklung, das Werden auf der anderen Seite, bestimmen das ganze Jahrhundert bis zu seinem Ende.

Am heftigsten werden die Gegensätze ausgetragen in Frankreich. Auf der einen Seite steht Cuvier, auf der anderen Lamarck und Geoffroy de Saint-Hilaire, und die Kämpfe sind unerbittlich.

GEORGES LÉOPOLD DAGOBERT BARON CUVIER lebt von 1769—1832. Er ist Schüler der Karlsakademie von Stuttgart. Mit 30 Jahren wird er Professor der Naturgeschichte am Collège de France in Paris. Er ist einer der großen Gelehrten seiner Zeit. Sein Werk: „Leçons d'anatomie comparée" erscheint 1801. Es wird die grundlegende Arbeit über die vergleichende Anatomie. Über die Wirbeltiere schreibt er ein großes anatomisches Werk 1821: „Recherches sur les ossements fossiles", ein zweites Werk des gleichen Jahres ist: „Le règne animal".

Cuvier erkennt natürlich, daß die Fossilien Reste vergangener Lebewesen sind, daß das Leben dieser Tiere vor langer Zeit erloschen ist. Wie ist aber das Verschwinden der alten Formen zu erklären, wie das Erscheinen neuer? Man kann es nicht anders deuten als durch den biblischen Bericht der Sintflut. Doch seine Kenntnis zwingt Cuvier, lange Zeiträume anzunehmen, mehrfache Vernichtungen ganzer Lebensformen, und so schafft er die Katastrophentheorie. Wörtlich sagt er „Offenbar ist das Leben auf unserer Erde oftmals von furchtbaren Ereignissen gestört worden. Lebende Wesen ohne Zahl sind als Opfer dieser Katastrophen gefallen; ihre Rassen sind auf immer ausgelöscht. Diese großen und furchtbaren Ereignisse werden allenthalben sichtbar für den, der ihre Geschichte aus ihren Denkmälern zu lesen versteht. (Georges Cuvier, Recherches sur les ossements fossiles. 1834, 4. Aufl. deutsch nach Jean Anker und Sven Dahl, Werdegang der Biologie. Leipzig 1938, S. 283.) Die Entstehung des Menschen aber kann nicht lange vor der Sintflut liegen, in den Schichten der Eiszeit kann der Mensch nicht gelebt haben, und so ist sein Wort verständlich, das der ganzen Epoche den Ausdruck gibt: „L'homme fossile n'existe pas", „einen Menschen der Eiszeit gibt es nicht".

Ihm gegenüber steht JEAN BAPTISTE PIERRE ANTOINE DE MONET CHEVALLIER DE LAMARCK (1744—1829). Die Folgerungen, die Lamarck aus seinen eigenen Untersuchungen zieht, sind denen Cuviers genau entgegengesetzt. Wie Cuvier erkennt er, daß bestimmte Lebensformen verschwinden und daß andere an ihre Stelle treten. Er findet aber, daß es unmöglich sei, dafür scharfe zeitliche Schnitte zu setzen. Er erkennt deutlich, daß sich nur ein allmählicher, ein gradweiser Übergang feststellen läßt. Er sieht, daß andere Lebensbedingungen andere Formen entstehen lassen, und er beweist dies an Schlangen und Giraffen. Eigenschaften werden erworben und durch Vererbung weitergegeben. Seine Hauptwerke sind: „Philosophie zoologique", 1809 und, „Histoire naturelle des animaux sans vertèbres" 1815—1822. Er ist der eigentliche Begründer der Deszendenztheorie, der Abstammungslehre, der Entwicklungslehre.

Nach dem Tode Lamarcks, 1829, wird der Fortsetzer seiner Gedanken GEOFFROY DE SAINT HILAIRE (1772—1844). Er begleitet 1798 Napoléon auf seiner ägyptischen Expedition als Naturforscher, 1809 wird er Professor für Zoologie. Seine Hauptwerke sind: „Histoire naturelle des mammifères", 1820—1842, und „Sur le principe de l'unité de composition organique", 1828. Besonders in diesem zweiten Werk und in einem dritten: „Principes de philosophie zoologique", 1830, legt er seine Gedanken der Einheit der Natur dar.

Das Erscheinen des dritten Werkes führt zu scharfen Auseinandersetzungen in der Akademie der Wissenschaften in Paris am 22. Februar 1830 und am 19. Juli 1830. Geoffroy de Saint Hilaire verteidigt seine Überzeugungen. Doch der sprachgewandte Cuvier ist ihm in der Behandlung des Gegenstandes überlegen. Saint-Hilaire legt jedoch klar seine Gedanken vor — zwei große Gegensätze stehen gegeneinander: hier Cuvier, der sogar die Existenz eines diluvialen Menschen ablehnt, der immer völlige Vernichtungen und ständige Neuschöpfungen konstruiert, und auf der anderen Seite Saint-Hilaire mit dem Gedanken, daß es nicht feststehende Arten gebe, daß immer eine Form aus der anderen erwachse.

Goethe nimmt den lebhaftesten Anteil an diesem Streitgespräch. Es findet sich in dem Werk von Woldemar Freiherr von Biedermann „Goethes Gespräche", 7. Bd., 1829 und 1830, Leipzig 1890, S. 320 die Wiedergabe eines Gespräches, das Goethe mit Soret, einem Erzieher der Prinzen am Weimarer Hof am 2. August 1830 führte. Wegen der Bedeutung der Worte Goethes möchte ich sie wörtlich anführen. Die politische Situation war so, daß am 26. Juli 1830 der französische König Karl X. (1824—1830) abgedankt hatte, die Julirevolution war ausgebrochen. Die Monarchie wurde schließlich wieder gerettet durch Louis-Philipp, den Bürgerkönig, der von 1830—1848 regierte.

Soret berichtet: „Die Nachrichten von der begonnen Julirevolution gelangten heute nach Weimar und setzten alles in Aufregung. Ich ging im Laufe des Nachmittags zu Goethe. „Nun", rief er mir entgegen, „was denken Sie von dieser großen Begegenheit? Der Vulkan ist zum Ausbruch gekommen; alles steht in Flammen, und es ist nicht ferner eine Verhandlung bei geschlossenen Türen!"

„Eine furchtbare Geschichte" erwiderte ich, „Aber was ließ sich bei den bekannten Zuständen und bei einem solchen Ministerium anderes erwarten, als daß man mit der Vertreibung der bisherigen königlichen Familie endigen würde".

„Wir scheinen uns nicht zu verstehen, mein Allerbester", erwiderte Goethe. „Ich rede gar nicht von jenen Leuten; es handelt sich bei mir um ganz andere Dinge. Ich rede von dem in der Akademie zum öffentlichen Ausbruch gekommen, für die Wissenschaft so höchst bedeutenden Streit zwischen Cuvier und Geoffroy de Saint-Hilaire!"

„Diese Äußerung Goethes war mir so unerwartet, daß ich nicht wußte, was ich sagen sollte, und daß ich während einiger Minuten einen völligen Stillstand in meinen Gedanken verspürte."

„Die Sache ist von der höchsten Bedeutung", fuhr Goethe fort, „und Sie können sich keinen Begriff machen, was ich bei der Nachricht von der Sitzung des 19. Juli empfinde. Wir haben jetzt an Geoffroy de Saint-Hilaire einen mächtigen Alliierten auf die Dauer. Ich sehe aber zugleich daraus, wie groß die Theilnahme der französischen wissenschaftlichen Welt an dieser Angelegenheit sein muß, indem trotz der furchtbaren politischen Aufregung die Sitzung des 19. Juli dennoch bei einem gefüllten Hause stattfand. Das Beste aber ist, daß die von Geoffroy in Frankreich eingeführte synthetische Behandlungsweise der Natur jetzt nicht mehr rückgängig zu machen ist. Die Angelegenheit ist durch die freien Diskussionen in der Akademie, und zwar in Gegenwart eines großen Publicums, jetzt öffentlich geworden, sie läßt sich nicht mehr an geheime Ausschüsse verweisen und bei geschlossenen Türen abthun und unterdrücken. Von nun an wird auch in Frankreich bei der Naturforschung der Geist herrschen und über die Materie Herr sein. Man wird Blicke in große Schöpfungsmaximen thun, in die geheimnisvolle Werkstatt Gottes! Was ist auch im Grunde aller Verkehr mit der Natur, wenn wir auf analytischem Wege bloß mit einzelnen materiellen Theilen uns zu schaffen machen und wir nicht das Athmen des Geistes empfinden, der jedem Theile die Richtung vorschreibt und jede Ausschweifung durch ein inwohnendes Gesetz bändigt oder sanktioniert!"

„Ich habe mich seit fünfzig Jahren an dieser großen Angelegenheit abgemüht; anfänglich einsam, dann unterstützt, und zuletzt zu meiner großen Freude überragt durch verwandte Geister. Als ich mein erstes Aperçu vom Zwischenknochen an Peter Camper schickte, ward ich zu meiner innigsten Betrübnis völlig ignoriert. Mit Blumenbach ging es mir nicht besser, obgleich er nach persönlichem Verkehr auf meine Seite trat. Dann aber gewann ich Gleichgesinnte an Sömmering, Oken, D'Alton, Carus und anderen gleich trefflichen Männern. Jetzt ist nun auch Geoffroy de Saint-Hilaire entschieden auf unserer Seite und mit ihm alle seine bedeutenden Schüler und Anhänger Frankreichs. Dieses Ereignis ist für mich von ganz unglaublichem Werth, und ich juble mit Recht über den endlich erlebten allgemeinen Sieg einer Sache, der ich mein Leben gewidmet habe und die ganz vorzüglich auch die meinige ist".

Die Sache war wirklich ganz vorzüglich auch die seinige, aber er stand bald mit ihr fast allein, ebenso wie Saint-Hilaire, wie sein Freund Sömmering in Mainz und noch einige andere. Der Kampf zog sich bis in das 20. Jahrhundert hin, immer deutlicher wurde es, daß Herder, daß Goethe recht hatte, daß der Mensch aus der Tierreihe herstammt, immer neue Funde ergaben die Zwischenformen, aber um so fester wurde der Widerstand. Er erhob sich in der zweiten Hälfte des Jahrhunderts immer erbitterter gegen Darwin und Haeckel und noch am 21. Juli 1925 wurde in Dayton, Tennessee, USA ein junger Volksschullehrer, John Scopes verurteilt, weil er seinen Schülern die Abstammungslehre vorgetragen hatte. Er wurde seiner Stellung enthoben.

Man kann die Haltung der Menschen dieser Epoche, des ganzen 19. Jahrhunderts, in der Frage der prähistorischen Archäologie nur verstehen, wenn man die geistigen Hintergründe vor Augen hat. Sie sind so, daß sich nur ganz allmählich, nur in mehr als hundert Jahren des Kampfes die Erkenntnis durchsetzen kann, daß der Mensch aus der Tierreihe herkommt.

Es ist nicht die Religion, die diesem Gedanken entgegensteht, gerade auf der Seite der Abstammungslehre stehen viele Geistliche, und Freidenker wie Virchow auf der entgegengesetzten. Die Zeit ist die des religiösen Liberalismus, des Freidenkertums, wie man damals sagte. Die großen religiösen Fragen, die noch das 17. Jahrhundert so stark beeindruckt hatten, sie sind jetzt ganz verblaßt und stark zurückgetreten. Es ist etwas Anderes, etwas viel Tieferes: das philosophische Weltbild des europäischen Menschen wird angegriffen, seine so festgefügte Stellung im Weltganzen wird bedroht.

Das Denken Europas beruht seit den Griechen auf der Herrschaftsstellung des Menschen gegenüber der Natur. „Vieles Gewaltige lebt, doch nichts ist gewaltiger als der Mensch", so drückte es Sophokles aus, und Pindar sagte, der Mensch ist das Maß aller Dinge. Die Stellung des Menschen im Kosmos ist so, daß der Mensch durch die Erkenntnis, durch die Vernunft die Natur ganz zu erkennen vermag, und daß er in der Lage ist, sie sich völlig untertan zu machen. Der Mensch ist abgehoben von der übrigen Natur, er steht ihr gegenüber, er ist ihr nicht eingeordnet.

Ganz anders ist das Denken Asiens. Nach der geistigen Haltung Indiens, Chinas, Japans, ist der Mensch ein Teil der Natur, er ist in sie eingebunden, sein Sein ist im Wesen das gleiche wie das von Pflanze und Tier. In den chinesischen Schulbüchern wird den Kindern seit Jahrhunderten der Übergang vom Affen zum Menschen im Bilde dargeboten. Der asiatische Mensch kann also von der Entdeckung der Verbindung des Menschen mit dem Tiere niemals betroffen werden. Das europäische Denken trifft diese Entdeckung aber tief. Es beruht seit den Griechen auf dem Gegensatz Körper und Geist, sarx und pneuma, wie es im Neuen Testament heißt, und Geist hat nur der Mensch und die Gottheit. Durch den Geist ist der Mensch der Gottheit gleich, und die Gottheit ist zum Menschen geworden im Geist. „Von einem Geschlecht sind Menschen und Götter", so drückt es Pindar aus, und so ist auch das Erleben des Menschen im Neuen Testament.

Es ist keine Frage so tiefgreifend wie diese, Haeckel nannte sie die Frage aller Fragen, und Jaspers (1883—1969), ein Philosoph unserer Tage, nennt die Frage nach dem Unterschied von Mensch und Tier, und damit die Frage nach der Menschwerdung, die erregendste Frage (Der philosophische Glaube, 1948, S. 46). Tatsächlich, sie ist die erregendste Frage, und ein ganzes Jahrhundert hat um sie gerungen. Sie ist vor allem eine philosophische, daneben auch eine religiöse Frage, aber besonders eine prähistorische Frage, und so sollte es das 19. Jahrhundert sein, das diese Frage immer wieder stellen mußte. Die endgültige Antwort konnte erst das 20. Jahrhundert geben.

Aus dieser Sicht heraus sind die großen geistigen Kämpfe zu verstehen, die das 19. Jahrhundert in der prähistorischen Archäologie durchziehen bis zu seinem Ende. Die erste Hälfte des Jahrhunderts schafft die Fragestellung, die zweite Hälfte bringt schon eine Blickrichtung, eine Sicherung, aber noch nicht eine Gewißheit. So ist das 19. Jahrhundert besonders entscheidend in der Geschichte der prähistorischen Forschung, zugleich das an Gegensätzen reichste.

Der Schwerpunkt der Forschung in der ersten Hälfte des 19. Jahrunderts verlagert sich auf vier Länder: auf Frankreich, Dänemark, Südrußland und Italien. Die übrigen Länder sind nicht von der Bedeutung, obgleich sie naturgemäß auch beitragen zu der gewaltigen Erweiterung der Blickpunkte.

In Frankreich ist es ein Zollbeamter, der den Kampf auskämpft mit großer Ausdauer und zäher Erbitterung. Es ist JACQUES BOUCHER DE CRÈVECOEUR DE PERTHES (1788—1868). Er wird in Rethel (Ardennes) geboren, sein Vater ist zuerst Zolldirektor in St. Valéry (Somme), seit 1825 in Abbeville (Somme), und so tritt auch Jacques Boucher de Perthes 1802 in den französischen Zolldienst ein. Von Napoleon I. wird er zu diplomatischen Missionen nach Italien, Österreich, Deutschland und Ungarn gesandt. Sein Vater ist ein gebildeter Mann, er liebt Botanik, Literatur und Geschichte und gründet eine wissenschaftliche Gesellschaft in Abbeville, die „Société d'Emulation". Als er 1826 in den Ruhestand tritt, übernimmt der junge Boucher de Perthes seine Stelle und auch die wissenschaftlichen Aufgaben und wird nun Zolldirektor in Abbeville. Dort hat er bald einen Freund, Casimir Picard, der sich ebenfalls mit Geologie und Vorgeschichte beschäftigt. Zusammen suchen sie Kiesgruben ab in der Nähe von Abbeville, in Moulin-Quignon und Menchecourt.

Es ist an einem Sommerabend des Jahres 1826, als de Perthes in der Vorstadt Saint-Gilles in einer Kiesgrube eine Schicht sieht, die er für tertiär, oder, wie man damals sagte, für vorsintflutlich hält. Er entdeckt viele Feuersteine, aber nicht Tongefäße. Da kommt ihm der Gedanke, daß der Mensch der Vorzeit doch zuerst die Feuersteine verwendet haben müßte, Feuersteine, bevor er Tongefäße, Bronze und Eisen gebrauchte. Er berichtet später, daß dieser Gedanke für ihn entscheidend war, und daß es nicht die Funde waren, die ihn überzeugten, es war vielmehr die Idee, die Konzeption. „Meine wissenschaftlichen Ergebnisse", so schreibt er später, „beruhten auf Vorausberechnung. Diese Berechnung gab mir die Sicherheit. Ich habe nicht eine einzige Schicht untersucht, ohne daß ich mir eine Idee als Gewißheit, vorstellte". (Ma science n'était que prévision. Et cette prévision était devenue conscience. Je n'avais pas encore analysé un seul banc que je tenais ma découverte pour faite). (Colin-Simard, Découverte archéologique de la France. Paris 1957, S. 14.)

Auch Boucher de Perthes ist überzeugt von der wörtlichen Richtigkeit der biblischen Berichte der Sintflut. Aber, so denkt er, die Flut hat nicht das ganze menschliche Leben zerstört. Die angeschwemmten Schichten der Somme, sie sind die Zeugnisse dieser Flut. Man muß in ihnen die Spuren des vorsintflutlichen Menschen, „de l'homme antédiluvien" wiederfinden. An ein Mitglied seiner Gesellschaft, der „Société d'Emulation" schreibt er, „ich suche immer weiter, und eines Tages werde ich die Spuren des Menschen vor der Sinflut finden: ,J'ai la foi', ich habe den Glauben".

Im Jahre 1828 findet er den ersten bearbeiteten Feuerstein. Er liegt in der Schicht in der Nähe des Hospitals von Abbeville. Er ist 12 cm lang und trägt deutlich zwei Abschläge. Mit diesem Stein beginnt der wissenschaftliche Kampf, der fünfunddreißig Jahre dauern sollte.

Der Stein bedeutet den Beginn seiner ganzen Sammlung, er wandert weiter, er kommt als ein wertvolles Dokument menschlichen Forschens zuletzt in das Musée des Antiquités Nationales in Saint-Germain. Er trägt heute dort die Nummer 7063.

Und nun verdoppelt Boucher de Perthes seinen Eifer. Er findet mehr der behauenen Steine, er zeigt sie seinen Freunden. Niemand glaubt ihm. Er schreibt: „Die menschliche Arbeit an den Steinen war sichtbar für jedermann. Ich aber bin es allein, der sie erkennt". (Là, le travail humain devait être évident pour tout le monde; ici encore, il ne fut que pour moi. Colin-Simard, l. c. S. 15.)

Immer weiter durchsucht er die Schicht der Kiesgruben. Am 3. August 1837 entdeckt er drei Faustkeile, dazu Knochen ausgestorbener Tiere. Und nun wird es eine Fülle von Feuersteinen. Er stellt die Sammlung 1838 in Abbeville aus, 1839 in Paris. Er wird verlacht und bespöttelt, niemand glaubt ihm. Die Wirkung von Cuvier ist zu groß, seine Ablehnung des fossilen Menschen ist nicht zu überbrücken.

Im Jahre 1839 schreibt er ein Buch: „De la création", es sind fünf Bände, sie erscheinen bis 1841. In dem Buch erklärt er, daß der Mensch schon im Tertiär, also vor den Eiszeiten, gelebt habe, und daß die Werkzeuge aus dieser Zeit stammen. Sein wichtigstes Werk ist: „Antiquités celtiques et antédiluviennes", 3 Bände, 1846—1865. Sein letztes Werk hat den Titel: „De l'homme antédiluvien et de ses oeuvres", 1860.

Naturgemäß kann bei ihm zu seiner Zeit noch keine klare Vorstellung von dem Urmenschen vorhanden sein, und in seinen Büchern finden sich viele Eigentümlichkeiten, seltsame Bemerkungen. Er hält den Urmenschen für einen Kelten, er glaubt, daß er schon vor der Sintflut gelebt habe. Sein Erfolg liegt schließlich in dem Nachweis der Existenz des eiszeitlichen Menschen. Kein Verlachen, keine Ablehnung, kein Widerstand hält ihn ab von seinem Bewußtsein, daß er den Beweis gefunden habe, der Mensch hat vor der Sintflut gelebt, und hat sorgfältig behauene Werkzeuge geschaffen.

Auch bei Boucher de Perthes gibt es jenen frommen Betrug, wie er in der Geschichte der Forschung noch mehrfach vorkommen wird.

Boucher de Perthes sammelt später nicht mehr allein, er nimmt Arbeiter, sie bemerken seinen Eifer, seine Ergriffenheit, Er sucht nach Skeletteilen des Menschen in den Schichten. Eines Tages finden die Arbeiter diese Knochen, sie haben sie, um ihm Freude zu machen, in die Schichten gelegt, dann haben sie ihn an diese Stelle geführt, er selbst hat die Knochen ausgegraben — und doch sind sie eine Fälschung. Die Fälschung wird erkannt, und nun entsteht die Folgerung, alles, was Boucher de Perthes gehoben hat, ist falsch. Es hat lange gedauert, bis dieser Schock überwunden war. Zum Schluß wird sein großes Werk doch von Erfolg gekrönt. Er kommt nicht von seinen Landsleuten, sondern von den Engländern.

Im Jahre 1858 besucht ein englischer Geologe, Falconer, die Schichten der Somme. Er findet ebenfalls Faustkeile zusammen mit Knochen von Elefanten und Rhinozerossen. Dann besuchen die Fundstellen andere englische Geologen, Prestwich und John Evans, und auch sie überzeugen sich von der Tatsache, daß Knochen ausgestorbener Tiere zusammen mit den von Menschen bearbeiteten Steinen gefunden werden. Am 26. Mai 1859 legt Prestwich der Royal Society in London das Ergebnis von Boucher de Perthes vor. Er erklärt, daß er bisher auch nicht an das hohe Alter des Menschengeschlechtes geglaubt habe, daß er nun aber überzeugt sei, der Urmensch habe schon in der Eiszeit gelebt. Es sind die großen Naturwissenschaftler Englands anwesend, Sir Lyell, Murchison, Huxley, Faraday, Wheatstone, John Evans. 1859 reist nun auch Sir Lyell mit John Evans, dem Archäologen, nach Amiens und Abbeville, und sie erkennen sofort die Richtigkeit der Funde von Boucher de Perthes. Zwar sind die Schichten nicht tertiär, sondern quartär, einer der Eiszeiten zugehörig, zwar sind es auch nicht die Kelten, die de Perthes gefunden hat, aber er hat tatsächlich den Nachweis erbracht, daß der Mensch der Eiszeit zusammen gelebt hat mit den ausgestorbenen Tieren, mit Elefant und Rhinozeros.

Kurz vorher, 1858, hatte noch ein französischer Kongreß der Société des Antiquaires de Picardie in Laon stattgefunden, auch dort hatte man über die Funde von de Perthes gesprochen. Alle Teilnehmer standen auf der Seite des großen Zoologen Cuvier: „L'homme fossile n'existe pas", und so faßte der Kongreß den Beschluß; „un ramassis sans valeur de pierres recueillies au hasard", „ein Haufen Steine ohne Wert, zufällig aufgelesen". Stärker konnte die Ablehnung nicht sein.

Ein Jahr später erklärt Sir Charles Lyell, der damals der bedeutendste Geologe der Zeit ist, daß die Faustkeile von Boucher de Perthes echt sind, und daß es nun sicher sei, daß der Mensch schon zur Eiszeit gelebt habe. Diese Erklärung gibt er ab auf der British Association in Aberdeen 1859, und so ist das Jahr 1859 das Geburtsjahr der wissenschaftlichen prähistorischen Archäologie der Eiszeit. In der Zeitschrift „Athenaeum" vom 16. Juli 1859 schreibt Ramsay: „Die Faustkeile von

Amiens und Abbeville sind Werke der Kunst genau so wie eine Schnitzerei." (The flint hatches of Amiens and Abbeville seem to me as clearly works of art as any Sheffield whittle.) Einige Monate später erkennt die Royal Society of London die Steine von Abbeville als echt an. Die wissenschaftliche Welt von Paris ist verzweifelt. Nur Einige finden den Mut, gegen die Autorität von Cuvier zu sprechen. Gaudry und Quatrefages, zwei bekannte Archäologen, erklären sich für de Perthes, aber die allgemeine Meinung ist noch immer so sehr gegen ihn, daß auf Veranlassung der Académie de France die Familie seine Bücher nach seinem Tode, 1868, einstampfen läßt. In einem Katalog des Buchhändlers Derach von 1869 findet sich auf S. 24 folgende Notiz: „Les ouvrages de M. Boucher de Perthes ont été retirés du commerce par décision de famille."

Abbé Henri Breuil, der große Entdecker der eiszeitlichen Kunst, hat später Boucher de Perthes den Mann genannt, der das Tor aufgestoßen hat zu der Erkenntnis des Alters des Menschen. 1908 wurde ihm auf dem Hauptplatz der Stadt Abbeville ein Denkmal gesetzt. Das Museum der Stadt, das noch heute so viele seiner Fundstücke besitzt, hat den Namen „Musée Boucher de Perthes" erhalten.

Boucher de Perthes war kein amtlicher Wissenschaftler, er war ein Amateur, ein besessener Amateur, ein großer Abenteurer wie Kolumbus, wie Stanley, wie Robert Koch, wie Schliemann. Gerade das gibt ihm seine Stärke, seine Energie, seine Widerstandskraft gegen eine Welt der Wissenschaftler. In einem Brief an seinen Freund hat er einmal geschrieben: „Ich bin kein Wissenschaftler, ich bin ein Bohémien der Wissenschaft, ich möchte sagen des Abenteuers, und wenn ich richtig falle, ist es dann nicht mehr Glück als Verdienst? (Je ne suis pas un savant, je suis un bohème de la science, je dis la bonne aventure, et si parfois je tombe juste, il y a de bonheur que de mérite?" Colin-Simard, Découverte archéologique, 1957, S. 20.)

Seine Biographen haben sein Bild verschieden gesehen (Ledieu, Boucher de Perthes (1885), Létienne, Boucher de Perthes. Revue préhistorique 1906), aber im Ganzen betrachtet war er ein Mann von großem Geist, der eine ganze Welt gewandelt hat.

Es gab auch für Boucher de Perthes Vorläufer, aber es waren Beobachter, nicht Entdecker.

Gegen Ende des 17. Jahrhunderts hatte ein Forscher, Mr. Conyers, bei der Gray's Inn Lane in London einen Faustkeil aus Feuerstein gefunden zusammen mit Skelettresten von Elefanten, vermutlich dem Mammut. John Bagford beschreibt diesen Fund in einem Bericht von 1715 und nimmt an, der Elefant ist einer von den Tieren, die Kaiser Claudius nach England gebracht hat.

Johann Friedrich Esper entdeckte in einer Höhle Gailenreuth bei Bamberg im Jahre 1771 menschliche Knochen zusammen mit Skelettresten ausgestorbener Tiere. Er nimmt an, die menschlichen Überreste sind durch Zufall in die Schichten gekommen.

Im Jahre 1797 sandte John Frere an den Sekretär der Society of Antiquaries in London bearbeitete Feuersteine aus Hoxne bei Diss, Suffolk, die in einer Schicht mit Knochen von ausgestorbenen Tieren gelegen haben. Die Menschenknochen wurden sehr alter Zeit zugewiesen.

Im Jahre 1823 grub Dean Buckland, Dekan von Westminster, die „Goat's Hole" Cave von Glamorgan aus. Er hat hier das Skelett eines Kindes gefunden, später die Red Lady of Paviland genannt. Auch hier lagen in derselben Schicht bearbeitete Steine und Knochen ausgestorbener Tiere. Dean Buckland datierte die Funde in die römisch-britannische Epoche.

Im Jahre 1821 hatte d'Hombres Firmas in einer Höhle bei Durfort (Gard) von einer Stalagmitenschicht bedeckt, menschliche Gebeine gefunden. Auch sie lagen zusammen mit Knochen ausgestorbener Tiere. Die menschlichen Knochen zeigten keine Anzeichen, daß sie von einer Flut, der Sintflut, hierher getragen worden wären.

Nun forderte der französische Zoologe Henri Marie Ducrotay de Blainville (1788—1850) öffentlich Cuvier auf, endlich zu gestehen, daß der Mensch mit den großen ausgestorbenen Tieren zusammen gelebt habe (Herbert Kühn, Das Erwachen der Menschheit, 1958, 5. Aufl. S. 16). Doch Cuvier antwortete nicht.

Im Jahre 1826 machten Tournal und de Christol Ausgrabungen in der Höhle Bize bei Narbonne. Sie fanden Knochen von Rentieren und Auerochsen, die von menschlicher Hand bearbeitet waren. Weiter entdeckten sie Muscheln, die von Menschen, die in der Vorzeit in dieser Höhle gelebt hatten, dorthin gebracht sein mußten, zusammen mit Knochen von Höhlenbären, von Höhlenhyänen und Rhinozeros. Diese Funde ergaben eindeutig, daß der Mensch mit den ausgestorbenen Tieren gleichzeitig gelebt haben mußte. Und doch wagte niemand den entscheidenden Schluß.

Besonders ergebnisreich waren aber die Forschungen von dem bedeutenden Anatomen Dr. Schmerling in Lüttich. Er begann seine Untersuchungen Ende des Jahres 1829 und grub in mehr als 40 Höhlen. Nicht immer hatte er Erfolg bei seinen Untersuchungen. Aber in der Höhle von Engis, 13 km südwestlich von Lüttich, fand er die Überreste von drei menschlichen Individuen, und in der gegenüber liegenden Höhle von Engihoul entdeckte er Knochen. Das Erdreich, in dem die Funde lagen, war unberührt. Die Menschen konnten hier nur absichtlich begraben worden sein. Die Gebeine waren umgeben von Knochen von Elefanten und Rhinozeros, ferner fanden sich Steingeräte und Werkzeuge, die von Menschenhand bearbeitet waren. 1833 schrieb er sein berühmt gewordenes Werk: „Recherches sur les ossements fossiles de la Province de Liège". Doch seine Erklärungen verhallten, niemand achtete auf die Entdeckung. Die gelehrte Welt stand im Bann der Erklärung Cuviers, und gegen dieses Vorurteil war nicht anzukommen.

Der große Sir Charles Lyell, der Schmerling in Lüttich 1832 besuchte und seine prächtige Sammlung besichtigte, ließ sich durch Schmerling nicht überzeugen. Auch die Kollegen von Schmerling, die Professoren der Universität Lüttich, wandten sich von ihm ab.

Die Zeit war noch nicht erfüllt für eine so bedeutende Entdeckung, für die sichere Feststellung, daß der Mensch in der Eiszeit zusammen mit den ausgestorbenen Tieren gelebt hat.

Im Jahre 1842 und 1847 wurden in der Kenthöhle in England durch R. A. C. Godwin Austen von Menschenhand bearbeitete Feuersteine und auch Menschenknochen unter einer dicken Stalagmitenschicht gefunden.

Im Jahre 1844 veröffentlichte Lund die Resultate seiner Beobachtungen, die er in 800 Höhlen in Brasilien angestellt hatte. Er hatte in einer der Höhlen, die an dem Semiduro-See liegt, die Gebeine von etwa 30 Menschen gefunden, die so zersetzt waren wie die fossilen Knochen der Tiere, und Lund zog daraus den Schluß, daß der Mensch mit den ausgestorbenen Tieren zusammen gelebt haben muß.

Aber alle diese Entdeckungen kamen, genau so wie später die Malereien der Eiszeit, zu früh aus der Erde, zu früh für die Generation, die die Bedeutung, die den Sinn, den tiefen Wert dieser Erkenntnis nicht sehen und nicht begreifen konnte.

Es dauerte noch bis 1859, bis die Wissenschaft, geleitet von Sir Lyell, sich entschließen konnte, die Tatsachen anzuerkennen.

Zu den Entdeckungen von Boucher de Perthes kamen damals noch die von William Pengelly auf den Höhen von Windmill Hill oberhalb des Hafens von Brixham. Bei Steinbrucharbeiten war hier der Eingang zu einer Höhle freigelegt worden. Pengelly begann die Arbeiten 1858, begleitet von einem Komitee von Geologen. Der Boden der Höhle war bedeckt von Tropfsteinformationen, sie wurden durchbrochen, und in den darunter liegenden Schichten fanden sich Knochen von Höhlenbären, von Hyänen, von Mammuten, Nashörnern, Rentieren und zwischen den Knochen von Menschenhand bearbeitete Feuersteine, an deren Alter nun nicht mehr zu zweifeln war.

Diese Funde und die von Boucher de Perthes gaben die Grundlagen ab für die Erklärungen 1859 auf den Kongressen der Royal Society, der Society of Antiquaries und der British Association. Das Jahr 1859 ist also das Jahr, das wirklich das Tor aufstieß für die Erforschung des Menschen der Eiszeit.

Die erste Hälfte des 19. Jahrhunderts hat noch eine zweite wichtige Entscheidung gebracht, und ähnlich wie die Entdeckung des Eiszeitmenschen beruht auch sie auf den Tatsachen, auf dem, was diese Zeit das Experiment nennt, und ebenso wie dort steht ihr eine ganze geistige Welt entgegen.

Es ist die Entdeckung des Dreiperiodensystems, der Abfolge Steinzeit, Bronzezeit, Eisenzeit. Für unser heutiges Gefühl ist es schwer zu verstehen, daß auch diese Erkenntnis auf so harte Widerstände stieß, genau so hart wie die Anerkennung des Eiszeitmenschen. Im Grunde ist es die Umwälzung eines philosophischen Bildes, das diese ganze Zeit beherrscht. Trotz Herder, Hegel und Goethe ist es der innere Widerstand gegen den Gedanken der Bewegung, der Entwicklung, und damit gegen das hohe Alter des Menschengeschlechts. Zuletzt ist es der Widerstand des europäischen Denkens um die Alleinstellung des Menschen, um seine Würde, seinen Wert gegen den Gedanken des Menschen der Urzeit in seiner Einfalt, Primitivität, Unbeholfenheit, Einfachheit.

Es ist so, als wenn der Mensch in seinen reifen Jahren nicht mehr erinnert werden möchte an seine frühe Kindheit, an die Zeit, als er nicht sprechen, nicht denken, nicht selbständig handeln konnte. Es gibt viele Menschen, denen die Erinnerung an diese Zeit unangenehm ist, so diesem ganzen Jahrhundert die Erinnerung an den Urmenschen. Diese Zeit fühlt sich auf der Spitze der Menschheit, auf der Höhe des Daseins, sie will nicht verwiesen werden auf ihre Kindheit, auf die Anfänge ihres Lebens.

So ist dieser Epoche die geistige Formung der Welt im Sinne Hegels nicht genehm. 1831 stirbt Hegel, 1832 Goethe, 1834 Schleiermacher. Im 18. Jahrundert stand hinter der Geschichte und der Gesellschaft eine ganz bestimmte geistige Vorstellung, es ist der Wert des Menschen als statisches Element, aus ihm gewann der Mensch Europas seinen Sinn und seinen Wert. Der Gedanke des Werdens, des Kindseins, des Wachsens enthebt den Menschen seiner Größe, offenbart ihm zu deutlich seine Schwächen, seine unwägbaren Untergründe. Im Sinne von Auguste Comte (1798—1857) ist der Mensch das „Grand Être", das Große Wesen. Es ist das Ziel von Comte, die positivistische, diesseitsgerichtete Bewegung, die in den letzten Jahrhunderten so stark anwuchs, zu voller Bewußtheit und zu gedanklicher Durchdringung zu bringen. Sein Grundgedanke ist, daß die Idee einer endlosen Weiterentwicklung der Menschheit auch dem Einzelnen einen Sinn gewährt, wenn er sich als ein Teil des Ganzen, als eingebettet in die Menschheit empfindet. Die wachsende Eintracht der Gesellschaft, die Verbesserung der Bedingung des Lebens, die immer größere Beherrschung der Natur wird den Menschen immer mächtiger und immer verehrungswürdiger machen. Das Große Wesen, le Grand Être, wird in der Zukunft noch besser als zur Zeit von Comte diese Erde beherrschen können.

Wie Hegel, so hat auch Comte auf das stärkste auf seine Zeit eingewirkt. Wie Hegel ist er ein Träger des Gedankens der Entwicklung, wie Hegel führt er diese Vorstellung auf den Menschen zu, aber heller im Licht erscheint bei Comte der Mensch, größer in seinen Möglichkeiten, mächtiger in seinem Vermögen, die Natur und die Gesellschaft zu formen in seinem Sinn.

Es ist verständlich, daß diese Gedanken denen der Forschung nach dem Urmenschen entgegenstehen. Man will nicht den Troglodyten erfassen, den Bewohner der Höhlen, wie Schiller absprechend sagt, sondern den Menschen in seiner Herrschaft, in seiner Größe, in seiner vollen Bewußtheit.

Auf der anderen Seite fördern und beleben diese Gedanken von Comte auch wieder die Forschung sehr. Die Vorstellung von dem allmählichen Werden der Organismen bricht sich Bahn, der Gedanke der Bewegung alles Lebendigen geht über auf den Menschen. In folgerichtiger Durchdenkung der Wirkung des Werdegedankens bereitet sich die Welt Darwins vor, die dann in der zweiten Hälfte des Jahrhunderts die Zeit ganz in ihren Bann zu schlagen vermochte.

So stehen sich also Gegensätzlichkeiten gegenüber — die Größe des Menschen — seine Kleinheit, sein Erwachsen aus urtümlichsten Quellen. Die Kraft des Menschen auf dem Stadium seiner Höhe, der Gegenwart, der Mitte des 19. Jahrhunderts, und seine Schwäche — der Mensch mit einem Faustkeil, der Troglodyt Schillers, das ärmliche, das erbärmliche Wesen, aus dem „Le Grand Être" entstanden ist.

Es ist verständlich, daß überall harte Kämpfe um den Begriff des Menschen entstehen, um seinen Sinn, seine Aufgabe, seine Verpflichtung, sein letztes und tiefstes Sein. Nietzsche kündigt sich an, Kierkegaard, Ibsen und Strindberg. Aber noch ist es nicht Zeit dazu. Noch wird auf die Funde geachtet, auf das, was die Erde bietet, die Erde, die plötzlich so viel lauter spricht als die überlieferte Schrift.

1804 wird die Académie Celtique begründet, 1814 die Société Royale des Antiquaires de France, 1818 wird eine Kommission in Frankreich geschaffen zum Studium aller nationalen Monumente, der gallischen, der griechischen, der römischen Altertümer. Um Namen für die vorrömischen Altertümer zu haben, werden sie als keltisch, gallisch, britannisch, germanisch, gotisch bezeichnet.

Wenn in Frankreich der Akzent der prähistorischen Forschung in der ersten Hälfte des 19. Jahrhunderts auf der Entdeckung des Menschen der Eiszeit liegt, einer Entdeckung, die bis 1856 gelingt, und die 1859 öffentlich anerkannt wird, dann entfällt um diese Zeit ein anderer, genau so bedeutungsvoller Akzent auf Dänemark. Dieses Land schafft die zweite große Entdeckung der prähistorischen Archäologie der ersten Hälfte des 19. Jahrhunderts: die Auffindung des Dreiperiodensystems.

Wir wissen heute, das System ist noch nicht einmal ganz richtig, denn die Epochen liegen in allen Ländern anders, die Stufen sind nichts Absolut-Historisches, sondern nur gleichsam Schichtenfolgen, deren Daten immer verschieden gelagert sind. Wir wissen auch, daß die Bezeichnungen keine eindeutigen sind. Auch in der Bronzezeit gibt es noch die gleichen Steinwerkzeuge wie vorher in der Steinzeit, und Bronze lebt überall in der Eisenzeit, — und doch hat diese Gliederung für die Forschung etwas Entscheidendes geschaffen: die erste, gleichsam grobe Ordnung, und die Erkenntnis, daß große Zeiträume vergangen sein mußten. Noch gab es keine Zahlen, keine absoluten Daten, aber ein Älter und Früher, ein Später und Nachher hob sich heraus. Es ist für den heutigen Blick rückwärts auf diese Zeit, schwer zu verstehen, warum so große und so erfolgreiche Forscher wie LUDWIG LINDENSCHMIT der Ältere (1809—1893), HOSTMANN (1829—1889) und KEMBLE (1807—1857) noch in der zweiten Hälfte des Jahrhunderts immer wieder Sturm laufen konnten gegen diese Gliederung, die bei jeder Grabung größerer Schichten festzustellen war. Auch hier muß es ein geistiger Grund gewesen sein, eine Vorstellung, die in festen Begriffen lebte, die die Tatsachen nicht sehen konnte und auch nicht sehen wollte. Es geht also auch hier nicht um „Experimente", sondern um Gesinnungen.

Im letzten Grunde ist es das Festhalten an dem Idealismus des späten 18. Jahrhunderts, die innere Ablehnung des Gedankens des Werdens, des neuen naturwissenschaftlichen Denkens. Wieder ist es nicht die Theologie, die hindernd für die Forschung ist, auf beiden Seiten stehen nur Wissenschaftler, es ist dieser Streit ein Kampf in der Wissenschaft selbst, er geht aus von philosophischen Gedankengängen, nicht von theologischen. Auch Usshers Datierung nach den in der Bibel genannten Ahnen ist ja nicht theologischer Art, für Wesen und Form des Christentums ist sie ganz ohne Belang — auch diese Datierung beruht auf Voraussetzungen, auf Begriffen der Zeit, einmal der Wortgläubigkeit, dann auf der geringen Kenntnis der vorrömischen Epoche. Diese Unkenntnis will niemand zugestehen, denn das wäre eine Herabsetzung der Wissenschaft überhaupt.

Die Frage der zeitlichen Gliederung der immer neu zutage tretenden Altertümer mußte naturgemäß für die nordischen Länder besonders bedeutungsvoll werden. Das Römische fehlt bis auf die Handelsware ganz, die alten Denkmäler stehen für Jeden sichtbar in der Landschaft, die Schichten ergeben sich bei den Ausgrabungen. Tongefäße verschiedenster Formgebung werden gefunden, Schmuckstücke aus Bronze, aus Silber, aus Gold. Welcher Zeit gehört das an, das muß die Frage sein, die sich der ersten Hälfte des 19. Jahrhunderts immer wieder stellt.

Dabei kann diese vorrömische Zeit nach den Vorstellungen des frühen 19. Jahrhunderts nur als sehr kurz verstanden werden. In Frankreich sind es die Gallier, die man sich als die ältesten vorstellt, entsprechend Caesar und Tacitus, in Deutschland und Skandinavien die Germanen, und in Rußland sind es nach Herodot die Skythen. Diese Völkerstämme sind es — nach der Meinung dieser Zeit — die die Megalithbauten, die die Hügelgräber geschaffen haben. Die Erbauer dieser Denkmäler aber lebten um Christi Geburt oder kurz vorher, so nimmt jeder an.

Die Dreigliederung in Stein-, Bronze- Eisenzeit mußte also für das damalige Denken viel zu große Zeiträume voraussetzen, Zeiträume, von denen man nichts wußte, und solche Lücken im Wissen wurden einfach für unmöglich gehalten. Hinzu kommt noch etwas, was allerdings bei der Auseinandersetzung nicht gesagt wird, was aber doch wohl mitwirkt: Ussher, der Begründer der Chronologie nach der Bibel hatte, wie schon vermerkt, für die Schöpfung des Menschen das Jahr 4004 v. Chr. genannt, für die Sintflut das Jahr 2501 v. Chr. Wir wissen heute, daß seit dem Ende der Eiszeit 10 000 Jahre vergangen sind, daß die letzte Eiszeit 108 000 v. Chr. beginnt, diese ungeheure Zeitspanne wäre für einen Wissenschaftler zwischen 1800 und 1850 vollständig undenkbar gewesen.

Die wenigen Berichte der Griechen und Römer, Herodot, Caesar, Tacitus, über den Norden Europas sind so gering, daß sie natürlich kein Bild der Vorgeschichte geben können, und diese Zeit ist so wortgläubig, daß immer wieder die Antwort auf die Frage nach dem Alter der Funde bei den antiken Schriftstellern gesucht werden muß. Dort aber kann man sie nicht finden. So schreibt etwa RASMUS NYERUP, der Begründer der Sammlung von Kopenhagen in seinem 1806 erschienenen Buch mit dem Titel: „Oversyn over foedrelandets mindesmaeker frå oldtiden", daß die geschriebene Geschichte keine Aufklärung über das Alter der Funde bringe, und daß man nur die Funde selber befragen kann. Er sagt in der Übersetzung wörtlich: „Alles, was uns an Altertümern aus der Heidenzeit überkommen ist, ist eingehüllt in einen dichten Nebel, es gehört zu einem Zeitraum, den wir nicht messen können. Wir wissen, diese Altertümer sind älter als das Christentum, aber ob sie älter sind als einige Jahre, einige Jahrhunderte oder sogar älter als ein Jahrtausend, das können wir nicht sagen, wir können nicht mehr tun, als ahnen. (Glyn E. Daniel, Hundred years of Archaeology, London 1952, 2. Aufl. S. 38.)

Rasmus Nyerup (1759—1829) ist Professor für Literaturgeschichte und gleichzeitig Königlicher Bibliothekar in Kopenhagen. Er wirbt immer wieder für ein Museum der Altertümer, und als die Stadt 1807 durch eine britische Flotte unter Lord Nelson beschossen wird, weil Dänemark auf Seiten Napoleons steht, fürchtet man für die schon gesammelten Funde. Es wird ein Königliches Komitee zur Erhaltung und Sammlung der Nationalen Altertümer geschaffen. Nyerup wird der

Sekretär dieses Komitees, und nun empfängt er von allen Sammlern des Landes Altertümer, Funde, Ausgrabungen. Die Dinge häufen sich so sehr, daß er die Katalogisierung nicht durchzuführen vermag, und so tritt er 1816 von seinem Amte zurück.

Sein Nachfolger wird 1816 CHRISTIAN JÜRGEN THOMSEN (1788—1865), ein Mann, dessen Name für die Geschichte der prähistorischen Archäologie von Bedeutung wird.

Thomsen ist ein ganz anderer Charakter als Boucher de Perthes. Er hat nicht die Kampfeslust, nicht die Energie, nicht das innere Feuer wie sein französischer Zeitgenosse. Beide kennen sich auch gar nicht, sie wissen nichts von einander. Ihre Fragestellungen liegen auf ganz anderer Ebene. Boucher de Perthes fragt nach dem Urmenschen, eine Frage, die Thomsen gar nicht berührt, die ihn nie bewegen würde. Thomsen fragt nach der Ordnung und Gliederung der Funde, die er zu betreuen hat. Bei Boucher de Perthes ist das Problem zuletzt ein metaphysisches, gegründet auf Funden, aussagbar durch Grabungen.

Thomsen hat keinen akademischen Grad, er ist auch kein Freund des gedruckten Wortes, er ist ein Liebhaber der Altertümer. Er hat auch niemals ein eigentliches Buch veröffentlicht, nur einige Berichte über seine Grabungen, und doch ist er der Mann, der der Wissenschaft der Vorgeschichte eine ihrer Grundlagen gegeben hat.

Thomsen ist Kaufmann wie sein Vater, der Direktor der Dänischen Nationalbank und gleichzeitig ein großer Schiffsreeder war. Christian ist der älteste von sechs Söhnen, er hat das väterliche Geschäft übernommen. Von dem Geschäft aus ist er das Ordnen der Verkaufsgegenstände gewöhnt, und so will er auch die Sammlung ordnen, die er 1816 von Nyerup übernommen hat. Er findet mehr als 1000 Gegenstände in Kisten und Kasten vor, und er will sie aufstellen für den Besuch durch das Publikum. Er sagt selbst in einem Brief: „Ich hatte kein Musterbeispiel für das methodische Ordnen solcher Sammlungen." (Geoffroy Bibby, The Testimony of the Spade. New York 1956. Deutsch: Faustkeil und Bronzeschwert. Hamburg 1957, S. 24.)

Im Jahre 1819 eröffnet Thomsen seine Sammlung in der Bibliothek der Universität in Kopenhagen. Er hat die Funde gegliedert in Steinzeit, Bronzezeit, Eisenzeit. Die Funde wachsen bald so an, daß die Räume zu klein werden, und nun stellt der König Räume im Palais von Christiansborg zur Verfügung. Damit ist Thomsen die Möglichkeit gegeben, den Funden der Steinzeit, der Bronzezeit, der Eisenzeit je einen eigenen Raum zu geben. Thomsen hat das Glück gehabt, in dem Kronprinzen einen Liebhaber der Altertümer zu finden. Der Kronprinz führt selbst Ausgrabungen durch. Auf Jaegerspris gräbt er zwanzig Hügel aus und findet eine Fülle von Tongefäßen, bronzenen Armbändern, Schwertern und Schmuckstücken. 1839 wird der Kronprinz König mit dem Namen Christian VIII. (1839—1848, geb. 1786). Er ist Präsident der Gesellschaft der Altertumsfreunde und nimmt regelmäßig teil an allen Sitzungen.

1836 schreibt Thomsen für die Besucher der Sammlung einen Führer mit dem Titel: „Ledetraat til Nordisk Oldkyndighet". Dieses Buch, im Grunde ein Museumsführer von nur 36 Seiten, wird zur Grundlage einer großen wissenschaftlichen Leistung, es begründet das Dreiperiodensystem. Dabei trägt das Buch nicht den

Namen von Thomsen, der Verfasser selbst will gar nicht genannt werden. 1837 erscheint eine deutsche Übersetzung mit dem Titel: „Leitfaden zur nordischen Alterthumskunde" und 1848 eine englische Ausgabe mit dem Titel: „A Guide to Northern Antiquities".

Dieses Werk, ein kleines Buch, ein Museumsführer, wird das Werk, um das nun schwere Kämpfe entbrennen. Die Ablehnung ist sehr scharf. In den Tagungen der Altertumsvereine wird gewettert und getobt gegen diese Gliederung der Funde, und als sich gegen Ende des Jahrhunderts die Wahrheit und Richtigkeit dieses Systems ergibt, entbrennen, wie das immer ist, neue Kämpfe, nun will jeder der erste sein, der diese Gedanken gedacht hatte.

Besonders die deutsche Forschung meldet ein Prioritätsrecht an, zwei Lokalforscher, Christian Friedrich Lisch in Schwerin (1801—1883) und Johann Friedrich Danneil in Salzwedel (1783—1868) wären die ersten gewesen, die diesen Gedanken des Dreiperiodensystems geäußert hätten.

Das ist nun aber nicht der Fall. Prüft man die Vorgänge genau, dann ist der Entdecker derjenige, der außer seiner Konzeption auch die Wirkung hatte, und das ist Thomsen. Wie Boucher de Perthes ist er derjenige, der die Zeit beeinflußt, nicht Lisch und nicht Danneil. Hans Seger (1864—1943) in Breslau hat viel später, 1930, die Frage geklärt, er hat den Briefwechsel von Thomsen mit Büsching (1783 bis 1829) aus den Jahren 1819—1825 veröffentlicht, und aus diesen Briefen ergibt sich deutlich, daß Thomsen schon 1824 das Dreiperiodensystem erkannt hat, lange vor Lisch und lange vor Danneil (Hans Seger, Die Anfänge des Dreiperiodensystems. Schumacher-Festschrift, Mainz 1930, S. 3—7).

In einem Brief vom 23. November 1824 schreibt Thomsen ganz klar: „Unsere heidnischen Sachen fallen in drei Haupt-Epochen oder Abteilungen", und vorher sagt er, daß diese Abteilungen Stein, Bronze, Eisen sind. Er sagt in dem Brief weiter, daß für Dänemark sich die Fragen einfacher gestalten „indem wir höchst wenig von römischem Einfluß und gar nichts von tatarischem spüren konnten". Er sagt weiter: „Um Altertümer in eine gute Verbindung zu bringen, finde ich es höchst wichtig, auf die Zeitfolge Rücksicht zu nehmen, und glaube, daß die alte Idee von erst Stein, dann Kupfer und endlich Eisen sich für den Norden immer bewährter findet."

Und nun spricht Thomsen in dem Brief weiter von seiner Vorstellung der absoluten Zahlen, und dabei erkennt man erst, wie befangen in den Begriffen kurzer Zeiträume auch dieser Geist war, der das ganze Fundmaterial Dänemarks dieser Zeit um sich hatte.

Da in der Edda davon gesprochen wird, daß Odin mit den Asen, den germanischen Göttern, aus dem Osten kam und daß er die früheren Götter verdrängte, so nimmt Thompson an, daß das die Finnen waren. Er sagt dann wörtlich, und gerade dieser Satz ist für das Wissen um die Kenntnis dieser Zeit so wichtig, daß ich ihn wörtlich wiedergeben möchte: „Wenn wir nun annehmen, daß Odin mit seinem Schwarm um Christi Geburt nach Norden kam, finde ich es wahrscheinlich, daß die ältere Ordnung und Art (die Steinzeit) allmählich in ein paar Jahrhunderten verschwand, und daß man die zweite Epoche (die Bronzezeit) etwa um 200 n. Chr. anfangen kann." Sie endet, wie er weiter ausführt, um 500 bis 600 n. Chr. Daher beginnt nach seinen Vorstellungen die Steinzeit um Christi Geburt, die Bronzezeit umfaßt die Epoche von 200 n. Chr. bis 600 n. Chr.

Wir wissen heute, daß für Dänemark die Steinzeit nach dem Abschmelzen des Eises zwischen 10 000 und 9000 v. Chr. beginnt und die Bronzezeit um 1600 v. Chr. Sie dauert bis 500 v. Chr.

So unklar sind damals bei führenden Köpfen noch die zeitlichen Begriffe, und doch ist die Entdeckung des Dreiperiodensystems eine große geistige Tat. Dabei hat Thomsen sicherlich Lucretius gekannt, denn er spricht von der „alten Idee", und mit solchen Worten meint man die antike Literatur in dieser Zeit, in der die Kenntnis der lateinischen Literatur noch viel weiter verbreitet war als heute. Thomsen geht also aus von der „alten Idee", und er findet sie bestätigt bei den Grabungen.

Die Gliederung, Stein, Bronze, Eisen, lag in der Luft, sie wurde bei allen Grabungen immer wieder so deutlich, daß sie naturgemäß von Vielen bemerkt werden mußte, genau wie in ähnlichem Sinne der Vorgang bei Boucher de Perthes gelagert war. Aber einer ist es dann, der nicht nur ein Beobachter ist, sondern derjenige, der die Tragweite der Beobachtung erkennt, und das ist für die Frage des Eiszeitmenschen Boucher de Perthes, für die Frage der Abfolge des verschiedenen Materials in der Vorzeit ist es Christian Thomsen. Doch er hat Vorläufer.

So hat schon TYGE ROTHE 1750 diese Dreigliederung erkannt. In einem Buche „De gladiis veterum imprimis Danorum schedisma", Kopenhagen 1750, teilt er auf Seite 22 die Vorzeit ein in Stein- Bronze- und Eisenzeit, und betont ausdrücklich, daß man erst lange nach der Bronze das Eisen kennen lernte.

In einem Werk von CHRISTIAN LUDWIG SCHEIDIUS, De origine Germanorum, das 1750 erscheint, und das auf hinterlassenen Manuskripten von Leibniz und Johann Georg Eccard beruht, werden auf einer Seite Steinwerkzeuge abgebildet, auf der anderen Bronzegeräte. Scheidius sagt dazu, „lapideis armis apud omnes successere aerea", „daß den steinernen Waffen bei allen Völkern die aus Erz folgten". Scheidius stellt auch schon die Frage nach den absoluten Daten. Wie alle Wissenschaftler seiner Zeit geht er aus von den antiken Quellen und erklärt, da Tacitus von den Germanen sage, daß sie nur wenig Eisen in Besitz haben, so kann der Zeitpunkt des Überganges von der Bronzezeit zur Eisenzeit nur am Ende des ersten Jahrhunderts nach Christus, zur Zeit des Tacitus, gelegen haben. Als Beweis zieht er einen Fund von römischen Münzen nicht weit von einem Bronzeschwert heran. Hier wird also eine Münzdatierung schon um 1750 verwendet. Sie ist allerdings falsch, denn die Münzen und das Bronzeschwert gehören zeitlich nicht zusammen. Über die Eisenzeit spricht er nicht weiter, denn sie fällt nach seiner Meinung in das 3. und die folgenden nachchristlichen Jahrhunderte, also in die historische Zeit, die sein Buch nicht behandelt. Die Bronzezeit wird, und so denkt man sich die Angaben bei Tacitus, immer als die Epoche des ersten nachchristlichen Jahrhunderts betrachtet, und so auch noch 75 Jahre später bei Thomsen, aber insgesamt gibt es bei Scheidius also auch schon ein Bewußtsein der Dreigliederung: Stein, Bronze, Eisen.

In dem 1755 abgeschlossenen Manuskript von MARTIN MUSHARD mit dem Titel: Palaeogentilismus Bremensis, von dem schon die Rede war, wird deutlich eine Scheidung zwischen Steinzeit und Bronzezeit vorgenommen.

Im Jahre 1758 schreibt Goguet ein Buch mit dem Titel: „De l'origine des lois, des arts et des sciences et de leur progrès chez les anciens peuples depuis le déluge" und auch er teilt ein in ein Steinalter, ein Bronzealter, ein Eisenalter.

1763 berichtet der dänische Schriftsteller Pontoppidan in seinem „Dansk Atlas" über Steinbeile und schreibt wörtlich: „Man hält sie für die allerältesten Sachen, die aus der Zeit stammen, als das Schmelzen und der Gebrauch der Metalle den Einwohnern des Nordens noch nicht so gut bekannt war" (Paul Hans Stemmermann, Die Anfänge der deutschen Vorgeschichtsforschung. Leipzig 1934, S. 127).

Im Jahre 1813 schreibt Vedel Simonsen in seinem Buch: „Udsigt over Nationalhistoriens oeldste og maerkeligste Perioder" wörtlich in der Übersetzung: „Die Waffen und Werkzeuge der ältesten Einwohner von Skandinavien waren zuerst von Stein und Holz. Das Volk lernte erst später den Gebrauch von Kupfer und noch später, so scheint es, den des Eisens. Daher kann unter diesem Gesichtspunkt die Geschichte ihrer Kultur eingeteilt werden in eine Epoche des Steins, eine Epoche des Kupfers und eine Epoche des Eisens." (Vedel Simonsen, Bd. I, 2. Teil, S. 73.)

Aber auch Simonsen hat dieser Entdeckung keine weitere Bedeutung beigemessen und keine Folgerungen aus dieser Erkenntnis gezogen.

Sophus Müller sagt deshalb mit vollem Recht in seinem so bedeutungsvollen Werk: „Nordische Altertumskunde", das in deutscher Sprache in Straßburg 1897 erscheint, daß es Christian Jürgensen Thomsen war, dem die Dreiperiodengliederung zu danken ist. Es ist auch nicht 1836, daß er seine Erkenntnis zum ersten Male darlegt, sondern in Briefen schon 1819—1825 und in einem wissenschaftlichen Aufsatz 1832, in einem Artikel in der Zeitschrift: „Nordisk Tidskrift for Oldkyndighed." Er sagt dort wörtlich: „Unter unseren Altertümern sind gewiß die Steinsachen diejenigen, welche dem ältesten Zeitraum angehören" (bei Sophus Müller, S. 180). Und Sophus Müller trifft den Kern der Frage, wenn er sagt: (S. 228) „War auch Thomsen seinen Zeitgenossen in der richtigen und eindringenden Erfassung der Bronzezeit voraus, so war doch seine Entdeckung nicht so vollständig neu und original, daß vorher niemand etwas ähnliches geahnt oder gedacht hätte. Ganz im Gegenteil, der Kern des Dreiteilungssystems, die Erkenntnis, daß der Mensch in einer weitzurückliegenden Periode die Bronze, nicht das Eisen, gebraucht hat, ist vielen von denen, die im Laufe der wechselnden Zeiten über die ältesten Zustände auf Erden nachgedacht und sich mit mündlichen und schriftlichen Überlieferungen oder den sichtbaren Denkmälern aus fernen Zeiten beschäftigt haben, mehr oder minder klar bewußt gewesen. Von den ältesten historischen Zeiten an geht eine ununterbrochene Tradition von einer Bronzeperiode durch die Geschichte." (S. 233): „Der Gedanke an sich konnte jedenfalls keinen Anspruch auf besonderen Wert erheben, denn er war uralt, und Beweise fehlten bis dahin; in einer solchen Sache ist aber der Beweis alles. Was Thomsen beibrachte, waren gerade die Beweise, die handgreiflichen Gegenstände selbst, von denen man so lange gesprochen hatte; darauf kam es an, wie ihm sein Gefühl richtig sagte. Thomsen wurde in seinem Vaterlande als der Begründer des Systems betrachtet."

Er ist es tatsächlich. Andere hatten auch schon davon gesprochen, gleichsam nebenbei, ohne die Erkenntnis, hiermit etwas Entscheidendes gesagt zu haben, aber

Thomsen hatte die Frage zu einem System erhoben, er hat die Bedeutung der Gedanken erkannt, er ist wirklich der Begründer dieses Systems.

Es ist später, 1910 von G. Kossinna (Mannus Bd. 2, 1910, S. 300 und 310) und von H. Mötefindt bedauerlicherweise bestritten worden, daß Thomsen der Entdecker der Dreiperiodenlehre sei, sie führten Danneil und Lisch an, die vor Thomsen die gleichen Gedanken geäußert hätten. Das ist in Anerkennung der historischen Wahrheit jedoch nicht der Fall. Danneil (1783—1868), von dem schon die Rede war, Rektor des Gymnasiums in Salzwedel, hat 1836 in Förstemanns „Neue Mitteilungen auf dem Gebiet historisch-antiquarischer Forschungen, Bd. 2, S. 544 einen Bericht über Ausgrabungen gegeben, in dem er wohl Urnenfelder von Hünengräbern (Megalithgräbern) unterscheidet, er sieht auch offenbar jüngere Gräber mit Metall, er weist manche Gruppen den Römern zu, andere den Wenden, andere den Germanen, aber eine Teilung in Steinzeit, Bronzezeit, Eisenzeit gibt er nicht. Ebensowenig findet sich diese Gliederung bei Lisch (1801—1883), auch bei ihm werden nur Grabformen bestimmt, nicht aber Zeitperioden (Jahrbücher des Vereins für Mecklenburgische Geschichte und Altertumskunde 1837, S. 25). Erst 1839 (Meckl. Jahrb. 4, S. 44) werden in einer Anmerkung die drei Perioden genannt, es ist dem Verfasser jetzt das System von Thomsen bekannt geworden. R. Beltz hat das Verdienst, die historischen Tatsachen richtig gestellt zu haben (Max Ebert, Reallexikon d. Vorgeschichte, Bd. II, Berlin 1925, S. 458—460).

Es ist also tatsächlich Thomsen, der im Jahre 1836 die erste Gliederung der Funde der Vorzeit geschaffen hat. Es waren die nordeuropäischen Forscher der folgenden Zeit, die die Gedanken von Thomsen übernommen und weitergebildet haben, vor allem Jens Jacob Worsaae, sein Nachfolger; in Schweden Oskar Montelius; in Frankreich Gabriel de Mortillet; in England Sir Richard Colt Hoares.

Jens Jacob Asmussen Worsaae, ein bedeutender Gelehrter seiner Zeit, ist geboren am 14. 3. 1821, er ist gestorben am 15. 8. 1885. Er war der erste Direktor des Museums für nordische Altertümer in Kopenhagen bis 1865. Das Museum wurde gestiftet 1807, im Jahre 1848 wurde die Sammlung in „Prinsens Palae", einem Rokokoschloß untergebracht. 1930—1936 wurde es völlig erneuert und umgebaut. Das Museum trägt jetzt den Namen Nationalmuseet.

In den Jahren 1843—1847 reist Worsaae mit der finanziellen Unterstützung des dänischen Königs in Deutschland, Frankreich, England, Ungarn, Rußland, um einen Überblick über die prähistorischen Funde anderer Länder zu gewinnen. Nach seiner Rückkehr, 1847, wird er der Inspektor beim Amt für Denkmalschutz, 1855 Professor an der Universität Kopenhagen. Worsaae ist der eigentliche Begründer der wissenschaftlichen Archäologie, der Vorgeschichtsforschung in Dänemark.

Im Jahre 1849 beginnt er die Grabungen und Untersuchungen an den Kjökkenmöddinge, den Küchenabfällen, Muschelhaufen. An den Küsten Dänemarks erheben sich langgestreckte, niedrige Hügel. Sie enthalten große Massen von Muscheln, besonders von Austern. Heute sind die Hügel bewachsen mit Gras und Sträuchern. Im Innern erbringen sie bearbeitete Steinwerkzeuge, Knochengeräte,

Schmuckstücke. Von 1850—1851 gräbt Worsaae an einem dieser Küchenabfall-Hügel bei Meilgaard in Jütland. Der dänische König, Frederik VII. (König von 1848—1863) ist sein treuer Helfer und Begleiter. Schon der Vater des Königs, Christian VIII. (König von 1814—1848) war ein Ausgräber, ein Forscher der Vorgeschichte, wie schon vermerkt, er war der Präsident der Gesellschaft der Altertumsfreunde in Dänemark.

Es gibt in Dänemark die Überlieferung von König Gorm, dem Alten. Er soll der erste König in Dänemark gewesen sein. Nach neueren Untersuchungen ist er gestorben nach 935 n. Chr. (F. Jónsson, Gorm og Tyra, Danmarkar bot, Kopenhagen 1927). Die beiden Grabhügel bei Jelling, nicht weit entfernt von Vejle in Östjütland, sind ausgegraben worden von König Frederik VII. zusammen mit Worsaae. Der Name von Gorm und Tyra konnte bestimmt werden durch zwei Runensteine, aufgestellt von dem dänischen König Harald Blaatand, Harald Blauzahn, dem Sohne von Gorm und Tyra. Die Steine stehen heute auf dem Friedhof.

Von morgens um 8 Uhr bis zum Abend gräbt der König eigenhändig mit Worsaae und Steenstrup in dem Muschelhaufen von Meilgaard. Sie wohnen in Zelten. Sie vermessen, sie zeichnen, sie notieren 103 400 Steinwerkzeuge.

Später wurde der größte und wichtigste Fundplatz der Epoche des Mesolithikums Ertebölle im Amt Aalborg am Limfjord, ausgegraben 1893—1897 durch A. P. Madsen und Sophus Müller. Die Epoche wird nach dieser Grabung Ertebölle-Stufe benannt.

Die Bücher von Worsaae sind: Danmarks Oldtid, 1843, deutsch: Dänemarks Vorzeit durch Altertümer und Grabhügel beleuchtet, übersetzt von N. Bertelsen, Kopenhagen 1844. — Die Dänen und Nordmänner in England, Schottland und Irland, dänisch 1851, deutsch 1852. — Nordiske Oldsager i Det Kgl. Museum 1854, 2. Aufl. 1859. — Nordens Forhistorie, Kopenhagen 1881.

Bei einer Darstellung von Ausgrabungen und Ausgräbern ist es, so meine ich, von Wert, aus Worsaaes eigenen Worten zu erkennen, wie schwer, wie mühsam um 1840—1850 die Erforschung der Vorgeschichte war. Die geschriebene, die überlieferte Geschichte sagt für Dänemark nichts aus von König Gorm und der Königin Tyra. Beide sind durchaus mythische Gestalten, dabei lebten sie um 900 bis 935 n. Chr., zu einer Zeit, als Mitteleuropa im vollen Lichte der Geschichte stand.

Worsaae schreibt in seinem Buche: Dänemarks Vorzeit durch Alterthümer und Grabhügel beleuchtet, Kopenhagen 1844, S. 1:

„Ein Volk, das vor sich selbst und seiner Selbstständigkeit Achtung hegt, kann unmöglich bei einer Betrachtung bloß seines gegenwärtigen Zustandes stehen bleiben. Es muß notwendig den Blick zugleich auf die vergangene Zeit richten, um Auskunft darüber zu erhalten, zu welchem Volksstamme es gehöre, in welchem Verwandtschaftsverhältnis es zu anderen Völkern stehe, wiefern es von den ältesten Zeiten her im Lande gewohnt habe oder später eingewandert sei, welchen Schicksalen es unterworfen gewesen, kurz — um zu erfahren, wie es das geworden sei, was es ist. Denn erst wenn dieses klar vor dem Gedanken da steht, erhält das Volk ein klares Bewußtsein seiner Eigenthümlichkeit, dann erst kann es mit Kraft seine Selbständigkeit schützen und mit Erfolg an einer größeren künftigen Entwicklung arbeiten und dadurch das Heil und die Ehre des Vaterlandes fördern."

Ferner auf S. 2—3: „Betrachten wir nun die ältesten Nachrichten über Dänemark und seine Bewohner, so finden wir, daß diese in Dunkel und Nebel gehüllt sind. Wir wissen, daß der gothische Volksstamm, der jetzt das Land bewohnt und mit den Einwohnern von Norwegen und Schweden nahe verwandt ist, nicht zu allen Zeiten hier gelebt hat. Die alten Sagen und Lieder reden dunkel von mehreren Einwanderungen, und berichten, wie unsere Vorfahren und die übrigen skandinavischen Gothen bei ihrer Ankunft im Norden auf frühere Einwohner stießen, denen sie theils sich anschließen, oder die sie durch langwierige Kämpfe zu bezwingen suchen mußten. Welche aber diese Menschen gewesen seien, auf welcher Bildungsstufe sie gestanden haben, wie weit ihre Herrschaft ausgedehnt und ob der ganze Norden damals von einem und demselben Volke bewohnt gewesen sei, das sind Fragen, die noch Niemand auf eine der Geschichte genügende Weise hat beantworten können. Bei römischen und griechischen Schriftstellern finden wir die ersten Nachrichten über unsern Norden, weil diese aber theils nach den mündlichen, häufig ausgeschmückten und entstellten Berichten Anderer aufgezeichnet, theils sehr kurz und mangelhaft sind, so ist weit entfernt, daß sie uns ein auch nur einigermaßen klares Bild von den Wohnungen, der Lebensart und den gegenseitigen Verhältnissen der verschiedenen frühesten Volksstämme geben. In dieser Beziehung sind auch unsere eigenen alten nordischen Sagen und Lieder nicht hinreichend. Diese deuten häufig darauf hin, daß hier im Norden bei der Einwanderung unserer Vorfahren sich Jetten oder Geschöpfe übernatürlicher Größe, die mit leichter Mühe ungeheure Felsenstücke schleuderten, Zwerge (oder Swartalfen), die klein und schwarz wären und in Höhlen unter der Erde wohnten, und endlich Alfen (Lichtalfen), ein schönes und, wie es scheint, gebildetes Volk, mit dem unsere Väter in freundschaftlichem Vernehmen lebten, gefunden hätten."

(S. 3): „Aus eben diesen Gründen müssen wir auch gestehen, daß wir nur sehr wenig Sicheres über das früheste Schicksal der jetzigen Bewohner Dänemarks oder unserer Vorfahren hier im Lande wissen, wenn es gleich keineswegs an Erzählungen davon fehlt. Mit der Verbreitung des Christenthums, oder genauer ungefähr mit Gorm dem Alten, der in der ersten Hälfte des zehnten Jahrhunderts lebte, fängt unsere Geschichte an etwas zuverlässiger zu werden, obgleich sie noch immer sehr dunkel und unvollständig ist. Fast Alles, was jener Zeit voraus liegt (Jahr 900), ist uns bloß in Sagen und solchen Nachrichten erhalten, in welchen es sehr schwierig ist, das Wahre vom Falschen zu unterscheiden."

(S. 6): „Nachdem es so einmal nachgewiesen war, daß keineswegs alle Alterthümer sich aus einer und derselben Zeit herschreiben, so erhielt man ein besseres Auge für die Beobachtung ihrer Verschiedenheiten. Schon jetzt können wir daher mit Sicherheit behaupten, daß unsere Alterthümer aus der heidnischen Zeit sich auf drei Hauptclassen aus drei verschiedenen Zeiträumen sich beziehen lassen. Zu der ersten Classe werden alle steinernen Alterthümer usw. gerechnet, von welchen man annehmen muß, daß sie aus dem sogenannten ‚Steinalter' oder aus der Zeit herrühren, als der Gebrauch der Metalle zum Theil unbekannt war. Die zweite Classe umfaßt die ältesten Metallsachen; diese waren noch nicht von Eisen, sondern von einer eigenen Metallmischung: Kupfer und etwas wenigem Zinn zusammengeschmolzen, dem man den Namen ‚Bronze' gegeben hat, wonach der Zeitraum, in dem dieselbe gemeiniglich gebraucht wurde, das ‚Bronzealter' genannt worden ist. Endlich werden zur dritten Classe alle Sachen aus der Zeit, in welcher Eisen allgemein gekannt und verbreitet war, oder aus ‚dem Eisenalter' gerechnet."

(S. 99): „In der alleräitesten Zeit (Worsaae meint vor mehr als 3000 Jahren, also 1000 v. Chr., wie er S. 8 bemerkt) in dem sogenannten Steinalter, als Dänemark ein rauhes und dicht bewaldetes Land war, wohnte hier ein Volk, das vornehmlich längs den Küsten sich verbreitet hatte, und auf einer sehr niedrigen Stufe der Cultur stand. Der Gebrauch der Metalle war noch unbekannt, und aus dem Grunde wurden alle Geräthe aus Stein, Knochen oder Holz verfertigt. Mit solchem Werkzeug konnten die Einwohner nicht sonderlich des Ackerbaues sich befleißigen; dagegen machten Jagd und Fischerei ihre vornehmsten Erwerbsquellen aus. Zum Fischfang in den Strömen und im Meree gebrauchten sie Angeln, Harpunen und Lanzen aus Feuerstein; außerdem hatten sie Kähne von ausgehöhlten Baumstämmen. Auf der Jagd führten sie nicht allein Bogen und Pfeile mit sich, sondern auch Lanzen und Jagdmesser, um besser die großen Thiere, deren Häute ihnen zu Kleidern dienten, erlegen zu können. Ihre Wohnungen waren wahrscheinlich aus Steinen, Holzstämmen und Erde gemacht; denn selbst ihre Todten begruben sie mit vieler Sorgfalt in Kammern, die aus großen, an der einwärts gekehrten Seite platten Steinen aufgeführt waren."

„In dem nächsten Zeitraum, oder im Bronzealter, war eine größere Cultur ins Land eingedrungen, und dadurch wurden alle Verhältnisse völlig verändert. Die Einwohner waren jetzt im Besitz zweier Metalle: der Bronze und des Goldes; sie hatten gewebte Zeuge und hübsch verarbeitete Geschmeide, Waffen, Schilde, Helme und Luren, die in der Regel mit eigenthümlichen Verzierungen, besonders Spiralverzierungen, geschmückt waren. Bronzerne Geräte verdrängten die alten steinernen, und so mußten auch Jagd und Fischerei dem beginnenden Ackerbau weichen. Die Wälder wurden nach und nach im Innern des Landes ausgerottet, je nachdem der Ackerbau sich weiter ausbreitete und die Volksmenge zunahm. Der Verkehr mit anderen Ländern wurde theils durch Kriegszüge, theils durch Handel eröffnet, und die Schiffahrt bekam erst jetzt einige Bedeutung, als die Schiffe größer und auf bessere Art, als die einfachen Fahrzeuge von ausgehöhlten Baumstämmen, gebaut wurden. In dieser Zeit verbrannte man die Leichname der Todten, und bestattete die übriggebliebenen Knochenstücke in Aschenkrügen, kleinen Steinkisten oder unter Steinhaufen in zusammengefahrenen großen Erdhügeln."

„Endlich, aber, wie es scheint, erst gegen das achte Jahrhundert, trat das dritte Alter oder das Eisenalter ins Leben. Mit ihm kamen zwei bisher unbekannte oder unbenutzte Metalle, nämlich Eisen und Silber, hier in Dänemark in Gebrauch. Alle schneidenden Geräthe und Waffen wurden jetzt aus Eisen anstatt aus Bronze verfertigt, und außerdem rücksichtlich der Form und der Verzierung gänzlich verändert. Überhaupt machte ein ganz neuer Geschmack sich in diesem Zeitraum geltend, welches eine natürliche Folge davon war, daß die Verbindung des Nordens mit anderen Ländern eine größere Ausdehnung erhalten hatte; denn dadurch wurden viele fremde Sachen hergebracht, die später von inländischen Schmieden nachgeahmt wurden ... Die Begräbnissitten wurden jetzt etwas anderer Art, als im Bronzealter. Die Leichen begrub man meistens unverbrannt, entweder in großen

Hügeln oder in natürlichen Sandbänken nebst vielen prächtigen und kostbaren Sachen. Der Wiking wurde in seinem Schiff bestattet, und der Held bekam oft sein Lieblingspferd mit ins Grab."

„Diese Eintheilung der Vorzeit Dänemarks in drei Alter ist einzig und allein auf die übereinstimmenden Zeugnisse der Alterthümer und Grabhügel gegründet; denn die alten Sagen erwähnen nicht einmal, daß hier ehedem ein Zeitraum gewesen sei, in dem Waffen und schneidende Geräthe, aus Mangel an Eisen, aus Bronze verarbeitet worden wären. Zum Theil deshalb behaupten auch Viele, der eben erwähnten Eintheilung in drei Alter dürfe durchaus keine Bedeutung oder Glaubwürdigkeit beigelegt werden, indem namentlich die Sachen aus diesen Zeitaltern, die wir der Kürze halber Eisensachen, Bronzesachen und Steinsachen nennen wollen, sehr gut von einer und derselben Zeit, aber von verschiedenen Classen, herrühren könnten."

Worsaae fragt nun nach dem Namen des ältesten Volkes, das in der Steinzeit Dänemark bewohnt haben kann. „Als einige der ersten Einwohner Europas nennt die Geschichte die Finnen und die Kelten" (S. 104). „Demnach möchte man natürlich zunächst glauben, die Einwohner Dänemarks im Steinalter seien entweder Finnen oder Kelten gewesen" (S. 104). Nach längeren Darlegungen kommt Worsaae dann zu dem Ergebnis, es können nicht Finnen und auch nicht Kelten gewesen sein. Er fährt fort (S. 107) „Aller Wahrscheinlichkeit nach müssen wir dagegen annehmen, dasjenige Volk, welches im Steinalter Dänemark bewohnte, und das, den Zeugnissen der Alterthumsdenkmäler zufolge, sich über die Küsten von Norddeutschland und dem abendländischen Europa sowie von England und Irland erstreckte, sei auch nicht keltischer Herkunft, sondern gehöre vielmehr einem ältern noch unbekannten Stamme, der im Laufe der Zeiten durch die Einwanderungen mächtigerer Völker zu Grunde gegangen sei, ohne andere Denkmäler zu hinterlassen, als die großen Steinkammern... Die Geschichte hat uns kaum das Andenken aller der Völkerschaften erhalten, die vom Anfang an Europa bewohnt haben, es ist darum ein eitler Wahn, wenn man annimmt, Völkerstämme seien unbestreitbar die ältesten, weil sie die ersten sind, die in den wenigen und zum Theil unsichern schriftlichen Nachrichten erwähnt werden."

Die Leute der Bronzezeit hält Worsaae für neue Einwanderer. So sagt er auf S. 109: „Darauf kamen wieder Stämme, die Metalle und eine nicht geringe Cultur besaßen, und die daher sowohl die früher bewohnten Küstenstrecken, als auch das Innere des Landes einnahmen".

Für uns Heutige erscheint es seltsam, aber auch bezeichnend für das Denken dieser Zeit, daß bei neuer materieller Kultur, wie etwa dem Auftauchen von Kupfer und Bronze, nur an eine Wanderung gedacht werden kann. Der uns heute so selbstverständliche Gedanke des Kultureinflusses wird überhaupt nicht erwogen.

Es ist auch für uns von historischem Interesse, was ein damals geistig so führender Kopf wie Worsaae über die Datierung zu denken vermag. Worsaae sagt (S. 109):

„Wenn die Kelten vor mehr als zweitausend Jahren feste Wohnungen im abendländischen Europa hatten, um wieviel älter muß dann nicht die Bevölkerung sein, die der Einwanderung der Kelten vorausging? Eine große Anzahl Jahre würde verstreichen müssen, bevor ein Volk, wie die Kelten, sich über West-Europa ausbreiten und die Länder urbar machen konnte; es ist daher nicht übertrieben dem Steinalter ein Alter von wenigstens drei tausend Jahren beizulegen. Geognostische Gründe scheinen auch anzudeuten, daß das Bronzealter schon 5 bis 600 Jahre vor der Geburt Christi da gewesen sein müsse."

Auf S. 52 hatte Worsaae schon vorher über das Datum der Eisenzeit gesprochen. Da sich römische Münzen, ebenso oströmische Münzen aus Byzanz finden, die dem 6. nachchristlichen Jahrhundert angehören, auch arabische Münzen der Zeit zwischen 700—1050 n. Chr., erklärt er (S. 53), daß die Eisenzeit in Dänemark gegen das achte nachchristliche Jahrhundert begonnen haben könne (S. 60 u. 116).

So unklar, so irrtümlich sind um 1850 noch die zeitlichen Vorstellungen bei einem kenntnisreichen Mann, wie es Worsaae war. Er ist sich selber klar, daß seine Überlegungen unsicher sind, und so sagt er zum Schluß seines Buches (S. 117):

„Indessen ist es eine Selbstfolge, daß die meisten Puncten der vorangehenden Übersicht erst durch künftige Forschungen ihre rechte Beleuchtung erhalten werden; denn die Wissenschaft ist noch zu jung, als daß man erwarten könnte alle erwünschten Aufklärungen zu erhalten. Es ist daher vornehmlich auch nur die Absicht gewesen, diejenigen Resultate, die für den Augenblick in der Wissenschaft gelten, mit der Geschichte zusammenzustellen, um so darzuthun, wie die Alterthümer und Grabhügel bereits gegeben haben, und wie dieselben in der Zukunft ohne allen Zweifel wichtige und unentbehrliche Beiträge sowohl zur älteren Geschichte des Nordens, als des ganzen Europa geben werden. Über die durch die Untersuchung der alterthümlichen Denkmäler vermeintlich gewonnene Ausbeute müssen natürlich die Meinungen getheilt sein, darüber jedoch sind gewiß Alle sich einig, daß eine gute Vergleichung der Alterthumsdenkmäler der verschiedenen Länder rücksichtlich der ersten Bevölkerung Europas und der ältesten Geschichte des Menschengeschlechts Erläuterungen bringen wird, von deren Umfang und Wichtigkeit wir nicht einmal jetzt uns eine deutliche Vorstellung machen können."

Wie gegen Boucher de Perthes und seine Gedanken erheben sich die heftigsten Widersprüche auch gegen die Gedanken von Thomsen und Worsaae.

Der größte Widersacher ist der erste Direktor des 1852 gegründeten Römisch-Germanischen Zentralmuseums in Mainz, LUDWIG LINDENSCHMIT der Ältere (1809 bis 1893). Seine Angriffe gegen dieses Dreiperiodensystem, besonders in der Einleitung zu seinem „Handbuch der Deutschen Alterthumskunde", Braunschweig 1880—1889 S. 29 u. 47ff., sind so scharf, so verletzend in der Form, so angreifend, daß es verständlich ist, wenn Sophus Müller (Nordische Altertumskunde, Straßburg 1897 S. 234) sich auf das schärfste gegen sie verwahrt.

Die Angriffe Lindenschmits sind heute nicht mehr zu verstehen. Er spricht von dem nicht zu erklärenden, springenden Übergang der einfachsten Geräte aus Stein und Knochen zu einer sogleich vollendet auftretenden Erztechnik, er nennt das ein kulturhistorisches Rätsel, einen Vorgang, bei dem zu den technischen Leistungen die entsprechende Stufe der Bildung fehlt. (Handbuch S. 52.) Das Ganze erscheint ihm die „geläufige Phrase kulturhistorischer Schönredner" (S. 55) und er spricht von dem „Verfehlten der ganzen systematischen Auffassungsweise". Dreißig Jahre hindurch (1860—1980), hat Lindenschmit gegen die Dreiperiodentheorie angekämpft, selbst noch zu einer Zeit, als sie überall anerkannt war.

Verfolgt man seine Äußerungen in dieser Zeit genau, dann erkennt man bald, bei Lindenschmit sind es leider nicht sachliche Gründe, die zur Ablehnung führen, sondern es sind innere Widerstände.

In Wirklichkeit sieht er, daß die Theorie recht hat. Er nennt sie zwar eine jugendliche Anschauungsweise (S. 49), aber dann sagt er doch (S. 59): „Allerdings schließt sich der Zeit nach das Erz an den Stein und nach beiden erscheint erst das Eisen in dem vollen Umfang seiner Bedeutung." Warum dann also dieser Kampf?

Man spürt es genau. Es ist ein gestörtes Nationalgefühl. 1864 haben die Preußen die Dänen besiegt, die Deutschen haben die guten Sammlungen, warum müssen es die Dänen sein, die diese wichtige Entdeckung machen? Es sind also nicht sachliche, sondern ganz andere Gründe, die Lindenschmit zur Ablehnung bringen, und darum sind seine Angriffe auch so scharf, denn er kennt seine eigene schwache Stellung in dieser Frage.

Die FAMILIE LINDENSCHMIT besitzt in der Geschichte der Vorgeschichtsforschung eine solche Bedeutung, daß es angebracht erscheint, über sie zu berichten.

Die ältere Generation umfaßt zwei Brüder, Wilhelm und Ludwig Lindenschmit.

Die jüngere Generation umfaßt wieder zwei Brüder, wieder mit den Namen Wilhelm und Ludwig. So ist es notwendig, von Wilhelm oder Ludwig dem Älteren oder dem Jüngeren zu sprechen.

Der Vater der älteren Generation war JOHANN LINDENSCHMIT, herzoglich-nassauischer Münzgraveur, in künstlerischem Berufe tätig.

WILHELM LINDENSCHMIT der Ältere ist Kunstmaler. Er wird geboren am 9. März 1806 in Mainz und stirbt dort am 12. 3. 1848. In der Zeit von 1825—1828 lebt er in München und ist dort Mitarbeiter von Peter Cornelius, dem Maler (1783 bis 1867). Peter Cornelius wird 1824 als Direktor der Münchener Akademie der Bildenden Kunst berufen. Mit Cornelius und anderen malt Lindenschmit die Fresken in der Münchener Glyptothek, in der Alten Pinakothek und in mehreren Schlössern Fresken und Bilder zu Schillers Dichtungen.

LUDWIG LINDENSCHMIT der Ältere, der Bruder Wilhelms, wird geboren in Mainz am 4. 9. 1809 und stirbt dort am 14. 2. 1893. Auch er war Maler und besuchte die Kunstakademie in München und die Universität. Dann wurde er Zeichenlehrer am Gymnasium in Mainz. Im Jahre 1852 gründete er das Römisch-Germanische Zentralmuseum und war dessen Direktor bis zu seinem Tode. 1862 wurde er Ehrendoktor der Universität Basel. Wenn Lindenschmit auch gegen die Dreiperiodenlehre die heftigsten Kämpfe führte, so hat er auf der anderen Seite doch große Verdienste. Sie liegen in der Begründung des Zentralmuseums in Mainz mit der Aufgabe, in Abgüssen so viel Funde als möglich zusammenzubringen an einer Stelle, um mit ihnen die Fragen nach der Zeitstellung, der Stammesgliederung und der künstlerischen und religiösen Zusammenhänge zu lösen. Das Laboratorium, das dadurch nötig wurde, besteht noch jetzt und dürfte das größte in

Europa sein. Ludwig Lindenschmit, der dieses Museum in Mainz erschuf, begründete damit ein Museum, wie es an keiner Stelle sonst zu finden ist. Alle Museen für Vorgeschichte stellen die Funde aus, die in ihrer Gegend entnommen worden sind, die Originale, sie geben aber nicht ein Gesamtbild der europäischen Vorgeschichte. Diese Möglichkeit ist nur gegeben in dem Zentralmuseum von Mainz mit seinen Tausenden von Abgüssen, die zusammen mit Originalen einen Überblick zu vermitteln vermögen über alles das, was die prähistorische Archäologie zu bieten hat. Die neue Aufstellung seit 1963, bestätigt in ihrer klaren Gliederung, in ihrem Reichtum und in ihrer Fülle den alten Gedanken von Lindenschmit. Der Abguß hat aber auch seinen Zweck erwiesen. Bei der Zerstörung vieler Museen im Kriege 1939—1945 sind, wie besonders in Berlin, die Originale vernichtet worden, oft besitzt Mainz den Abguß.

Mit Schmunzeln mag man Stellen aus den Nachrufen lesen, wie sie HANS GUMMEL festgehalten hat (Forschungsgeschichte in Deutschland, Berlin 1938, S. 438): „Das Ergebnis seiner Forschungen, das Ziel seines Strebens war der Nachweis, daß die älteste Vorzeit den Ariern und im besonderen den Germanen die führende Rolle in der Weltgeschichte anweist. Es war eine Befreiung von geistiger Knechtschaft, eine Aufrichtung berechtigten Selbstgefühls und edelsten Nationalstolzes, als Lindenschmit den Makel rohen Barbarentums von unserem Volke nahm, welcher trotz der Bewunderung, mit der Tacitus seinen Römern die Germanen vorgeführt hatte, spät erst von griechisch und römisch gebildeten, aber undeutsch gesinnten Philologen ihm bis in unsere Tage angehängt worden war. Wir waren lateinisiert und französisiert, als unsere erlauchtesten Geister zunächst die deutsche Sprache zu retten begannen. Mehr als ein Jahrhundert mußte verfließen, bis es den Lichtblicken aus der deutschen Vorzeit gelang, das dunkle Barbarentum unserer Ahnen als eine häßliche und boshafte Lüge zu erweisen."

Ferner S. 439: „Er schmiedete unter deutschen Linden das geistige Schwert, das wir gegen turanische Drachen schwingen sollen. Er gab uns den unbesiegbaren Balmung, d. h. den alles belebenden geistigen Sonnenstrahl der Wahrheit, der die finsteren Dämonen verscheucht; er gab uns die reichere Erkenntnis der altarischen Gesinnung und Gesittung. Sein Andenken dauere, solange Deutsche ihre besten Vorkämpfer ehren und ihre Ideale hochhalten!"

Sachlicher sind die Nachrufe von SCHUMACHER in Mainzer Zeitschrift, Bd. 1, 1906, S. 38—41; in Prähistorische Zeitschrift, Bd. 1, 1909, S. 268—270 und in Bd. 51 der Allgemeinen Deutschen Biographie. Leipzig 1906, S. 727—733. Karl Schumacher, der übernächste Nachfolger Lindenschmits seit 1901, schreibt, Präh. Zeitschr. 1. Bd. 1909, S. 270: „Lindenschmit führte eine scharfe polemische Feder, und so konnte es nicht ausbleiben, daß er in schwere wissenschaftliche Fehden geriet, so gegen die nordischen Vertreter des Dreiperiodensystems, gegen den Germanisten Müllenhoff u. a. Wenn er auch in manchen Dingen Unrecht hatte, so kann er doch das unbestreitbare Verdienst für sich in Anspruch nehmen, jeder Schablonisierung von Prinzipien wirksam entgegengearbeitet und gegenüber der Annahme einer einheimischen nordischen Bronzeindustrie zuerst mit großem Nachdruck auf die Kultur- und Handelsbeziehungen des Nordens mit Italien und Griechenland hingewiesen zu haben. Auch der oft gemachte Vorwurf, daß er alles auf etruskischen Ursprung zurückgeführt habe, ist in dieser Allgemeinheit völlig unberechtigt..."

„Bei seinem Tode hatte er dem Römisch-Germanischen Zentralmuseum ein sicheres Fundament geschaffen. Es vereinigte ein auserlesenes Nachbildungsmaterial, welches die Entwicklung der gesamten deutschen Kultur von den ältesten Zeiten bis in das Mittelalter nicht nur in den wichtigsten Umrissen vorführte, sondern auch in den einzelnen lokalen Schattierungen deutlich erkennen ließ und für die wichtigen Probleme der deutschen Archäologie ein Studienmaterial bot, wie es niemals aus Büchern oder einzelnen Museen gewonnen werden konnte. Die Publikationen des Museums ... machten auch die Außenwelt mit den Schätzen des Museums bekannt und genossen allenthalben großes Ansehen. Zur Erziehung der deutschen Jugend waren Hunderte von Modellen aus den Werkstätten des Museums hervorgegangen, die kaum in einer größeren Sammlung oder besser dotierten höheren Lehranstalt fehlen. Dutzenden von deutschen Sammlungen ward durch Wiederherstellung und Konservierung der oft in trostlosem Zustande der Erde entnommenen Altertümer geholfen worden. So war das Zentral-Museum ein unentbehrlicher Faktor im deutschen wissenschaftlichem Betriebe und gesamten Geistesleben geworden, der sich getrost mit den National-Museen anderer Länder messen konnte."

Die Bücher von Lindenschmit sind diese: Das germanische Todtenlager bei Selzen, von den Brüdern W. u. L. Lindenschmit, Mainz 1848. — Die Alterthümer unserer heidnischen Vorzeit, Bd. 1—3, 1858—1881. — Die vaterländischen Alterthümer der Fürstlich Hohenzoller'schen Sammlungen zu Sigmaringen. Mainz 1860. — Handbuch der deutschen Alterthumskunde. Braunschweig 1880—1890.

Der erste der jüngeren Generation ist der Sohn von Ludwig Lindenschmit, wieder mit dem Vornamen Ludwig, LUDWIG LINDENSCHMIT der Jüngere. Er ist in Mainz geboren am 4. 3. 1850 und dort gestorben am 20. 7. 1922. Wie sein Vater wurde er zuerst Kunstmaler. Im Jahre 1887 trat er auf Wunsch seines Vaters in das Zentralmuseum ein und seine malerische Fähigkeit war von Nutzen für die Werkstatt. Nach dem Tode des Vaters, 1893, leitete er allein das Museum bis 1901, bis Karl Schumacher zum Ersten Direktor ernannt wurde. Nun wurde er Zweiter Direktor und blieb es bis zu seinem Tode 1922.

Es gibt nur ein Buch von ihm: Das Röm.-Germ. Centralmuseum in bildlichen Darstellungen 1889. Artikel finden sich in den Alterthümern unserer heidnischen Vorzeit, Bd. 4 u. 5, und in der Mainzer Zeitschrift. Einen Nachruf schrieb Karl Schumacher in der Prähist. Zeitschr., Bd. 15, 1924, S. 163.

Der zweite Lindenschmit der jüngeren Generation ist der zweite Sohn von Ludwig dem Älteren, der Bruder von Ludwig dem Jüngeren. Er trägt wie sein Onkel den Vornamen Wilhelm. Er wurde in München geboren am 20. 6. 1848 und ist dort gestorben am 8. 6. 1895. Auch er war Kunstmaler. Von 1853—1863 lebte er in Frankfurt a. M. Er malte Bilder aus der Geschichte, Mythologie und Dichtung. Er hat Wandgemälde in den Rathäusern von Heidelberg und München geschaffen.

Für die Vorgeschichtsforschung ist nur Ludwig Lindenschmit der Ältere von Bedeutung. Nicht nur seine Ausgrabung von Selzen ergab einen dauernden Wert, auch seine Alterthümer uns. heidn. Vorzeit mit ihrer reichen Bebilderung sind von

5*

bleibender Wichtigkeit. Vor allem sein Buch über die Völkerwanderungszeit, genannt Alterthumskunde, von 1880—1889, ist bis heute eine grundlegende Arbeit. Sein Name wird immer verbunden sein mit dem Aufbau des Zentralmuseums und seiner Werkstatt in Mainz und auch mit dem französischen Nationalmuseum in Saint-Germain bei Paris, bei dessen Gründung Napoleon III. Lindenschmit zu Rate zog.

Christian Hostmann wurde in Celle am 8. 7. 1829 geboren, er starb am 30. 8. 1889 in Waldbrunn im Pustertal. Zunächst studierte er auf der Technischen Hochschule in Hannover, dann Naturwissenschaften an der Universität Göttingen, später war er Privatgelehrter. Er beschäftigte sich mit Vorgeschichte und führte 1871 langdauernde Ausgrabungen durch in Darzau, Kr. Dannenberg, Niedersachsen. Hostmann konnte 3500 Tongefäße ausgraben. Die Gräber lagen 20—30 cm unter der Erdoberfläche. Es handelt sich um ein Gräberfeld von Brandgräbern, die Belegung beginnt im Süden und setzt sich fort nach Norden. Der Ausgräber hat weder einen Plan des Gräberfeldes geliefert noch die Fundzusammenhänge aufgezeichnet. Vor allem durch die Fibeln, die eingliedrige Armbrustfibel mit breitem Fuß, die knieförmige Fibel, die Rollenkappenfibel, ferner durch silberne Armbänder, Schnallen, Gürtelbeschläge, Nadeln, Perlen aus Ton und Glas, durch die Rädchenverzierung, ergibt sich als Zeitstellung das 1.—2. Jh. n. Chr., entsprechend der älteren römischen Kaiserzeit. Die Veröffentlichung von Hostmann trägt den Titel: Der Urnenfriedhof von Darzau, Braunschweig 1874. Einen Bericht über sein Leben gibt Wilhelm Rothert, Allgem. Hannoversche Biographie, Bd. 1, Hannover 1912, S. 347 ff.

Hostmanns Angriffe gegen das Dreiperiodensystem sind noch schärfer als die von Ludwig Lindenschmit d. Älteren. Er erklärt sogar, daß er in seinen Grabungen in Darzau gefunden habe, daß das Eisen älter sei als die Bronze. Seine Erklärungen finden sich im Archiv f. Anthropologie Bd. 9, 1876, S. 185—218 u. ebd. Bd. 10, 1878, S. 41—62. H. J. Müller in Hannover (1828—1886) schreibt 1876 diese Worte: „Das hohle Truggebilde der Stein-, Bronze- und Eisenzeit ist zerschmettert für immer" (Korr. Bl. d. deutsch. anthrop. Ges. Bd. 7, 1876, S. 62).

O. Fraas (1862—1915) sagt noch 1880, daß „wir früher noch vollständig unter dem Druck der skandinavischen Trilogie lebten" (Korr. Blatt d. Deutsch. Anthrop. Ges. Bd. 11, 1880, Beilage Heft 9—11, S. 87). Es kommt schließlich so weit, daß das Wort „Bronzezeit" verpönt ist, und das der Begriff „Bronzezeit" als abgetan gilt. In Kürschners Konversationslexikon von 1884, Spalte 274 heißt es: „Bronzezeit, angeblich vorgeschichtliche Periode der ausschließlichen Bearbeitung von Bronze-Geräten, in Wirklichkeit nicht vorhanden." (Zitiert bei Gummel, Forschungsgeschichte in Deutschland, Berlin 1938, S. 266, Anm. 1 Ende).

In der Erscheinung der Bronzezeit liegt tatsächlich für die damalige Zeit ein schwieriges Problem.

Sieht man die Germanen mit den Augen von Tacitus, dann sind die Steinbeile in ihren Händen verständlich, aber was bedeuten diese Bronzefunde? Die Bronzen sind gegossen, sie setzen eine durchgebildete Technik voraus, sie sind verziert mit

Kreisen, mit Spiralen, mit Tierfiguren. Haben das die Germanen gemacht oder ist es eingeführt worden, oder sind andere Völker gekommen, die die Bronzen mitbrachten, die Kelten, die Illyrer, die Tataren? Alle diese Gedanken werden geäußert, und so bildet sich keine klare Haltung in der Wissenschaft um diese Zeit, und bei den Gegensätzen, die unvereinbar sind, ist es verständlich, wenn schließlich die so schwierige Tatsache der Bronzezeit einfach negiert wird; die Bronzefunde werden als römische Einfuhr angesehen.

In England erkennt JOHN KEMBLE (1807—1857) das Dreiperiodensystem nicht an. Er sendet eine Adresse an die Royal Irish Academy im Jahre 1857 und erklärt, das Dreiperiodensystem führe die Forscher in schwere historische Irrtümer, in ein historisches Absurdum. (J. Kemble, Horae ferales, London 1863, S. 72.)

Noch 1872 bemerkt JAMES FERGUSSON (1808—1886) in seinem Buch: „Rude Stone Monuments", daß es eine Bronzezeit vor den Römern nicht gäbe.

1875 wendet sich THOMAS WRIGHT in seinem Buch: „The Celt, the Roman and the Saxon" auf das schärfste gegen das Dreiperiodensystem. Er nennt es „anziehend, aber ohne Begründung in Wirklichkeit", „specious and attractive in appearance but without foundation in truth". Er sagt weiter, „es ist ein vergeblicher Versuch, dies System in England einzuführen, ein System, das ich in Übereinstimmung mit den Kennern der Altertümer von Bedeutung in ihrer Wissenschaft, als Ganzes ablehne, und das ich ansehe als eine bloße Verblendung". „A vain attempt which was being made to introduce the system into Britain, a system which I, in common with antiquaries of some eminence in their science, reject altogether and look upon as a mere delusion". Er sagt, Stein, Bronze und Eisen sind immer zusammen verwendet worden, die Worte haben in historischem Sinn keine Bedeutung. Und immer ist das Erscheinen der Bronze in den Gräbern der stärkste Einwand gegen das Dreiperiodensystem.

Sehr viel für die Erkenntnis dieser Zeit in der prähistorischen Archäologie hat SVEN NILSSON (1787—1883) getan, Professor der Zoologie in Lund. Er spricht sich schon 1834 für das Dreiperiodensystem aus im Sinne von Thomsen, und 1838—1843 verfaßt er ein Buch mit dem Titel: „Scandinaviska Nordens Urinvanare", eine Fortsetzung erscheint 1862—1866. Das Buch wird ins Deutsche übersetzt unter dem Titel: „Die Ureinwohner des skandinavischen Nordens" und von Lubbock ins Englische mit dem Titel: „The Primitive Inhabitants of Scandinavia" (1868). In diesem Buch werden zum ersten Male Kulturstufen unterschieden, als erste die Stufe der Jagd, als zweite die Stufe der Viehzüchter, der Nomaden, als dritte die Stufe der Ackerbauer und als vierte die Stufe der Zivilisation, als deren Grundlage Nilsson das Geld angibt, die Schrift und die Arbeitsteilung. So ist Nilsson ein Vorläufer von Tylor und Morgan, ein Begründer der Kulturgeschichte.

Der erste, der in dieser Zeit absolute Daten auszusprechen wagt, ist Worsaae. Er meint, daß die ersten Bewohner um 1000 v. Chr. Geb. nach Dänemark kamen, die Bronzezeit datiert er um 500 n. Chr., die Eisenzeit um 800 n. Chr., wie vermerkt.

Trotz dieser großen Kämpfe ist Thomsen genau wie Boucher de Perthes Sieger geblieben gegen seine Gegner. Es ist kein Zweifel möglich an der Richtigkeit der

Dreiperiodentheorie. Nach 1890 hat sie sich durchgesetzt gegen Lindenschmit und Hostmann, gegen Kemble und Wright.

Ein dritter Schwerpunkt der Forschung für diese Epoche, die Zeit zwischen 1800 und 1850, ist Südrußland. Es mag seltsam erscheinen, daß dieses Land neben Frankreich und Dänemark zu einem entscheidenden Faktor der Forschung wird, aber es sind auch hier wie in Frankreich und Dänemark Besonderheiten, die Südrußland herausheben.

In Frankreich waren es Kiesgruben, die die Fragestellungen nach dem Urmenschen entfachten. In Dänemark waren es die in der Landschaft so sichtbaren Gräber, die Megalithgräber und die Hügelgräber, und die Lage außerhalb des römischen Einflußgebietes. In Südrußland sind es, wie in Skandinavien, die großen Grabhügel, die einsam und allen sichtbar in der Landschaft stehen und ferner die verlassenen Städte der griechischen Kolonisten. Ein weiterer Grund ist die Deutbarkeit der Funde. Im Gegensatz zu Dänemark und Skandinavien liegt ein Bericht aus alter Zeit vor über diese Grabhügel, es ist der von Herodot. Herodot schreibt um 460 v. Chr. Er spricht von den Hügeln und nennt auch das Volk, das sie geschaffen hat: die Skythen (Herodot, Die Musen, Bd. IV.).

Seit Jahrhunderten sind diese Grabhügel ausgeraubt und ausgebeutet worden, aber noch heute überraschen den Besucher der Eremitage die Säle der Skythenfunde durch die erstaunliche Fülle der Goldkunstwerke. Und immer wieder spendet der unerschöpfliche Boden Südrußlands neue Herrlichkeiten.

Den Anfang bilden Funde zur Zeit Peters des Großen (1689—1725).

Der Gründer der Bergwerke im Ural, Nikita Demidov, überreichte der Zarin in St. Petersburg aus Anlaß der Geburt des Zarewitsch am 29. Oktober 1715 als Glückwunschgeschenk „wertvolle Gegenstände aus sibirischen Gräbern". Es waren skythische Schmuckstücke, Figuren von Tieren. Peter der Große erkannte den Wert der Stücke, er gab den Befehl, ähnliche Funde zu erwerben. Er erließ einen kaiserlichen Befehl zur Sammlung der Altertümer, die im Lande gefunden werden. Schon nach zwei Monaten berichtete der Gouverneur von Sibirien, Fürst Gagarin, daß er zehn antike Goldgegenstände habe sammeln lassen, nach einem Jahr waren es hundert. So kam der Grundstock der großartigen Sammlung skythischer Bronzen zustande, einer Sammlung, die in ihrer Art einzigartig ist. Die Funde kamen zuerst in die Kunstkammer in St. Petersburg, sie wurde 1726 begründet. Im Jahre 1859 wurden sie dem Museum der Eremitage in St. Petersburg übergeben.

Es gab auch damals einen Privatsammler, ein Mitglied der holländischen Gesandtschaft, der ein Freund des Zaren Peter I. war, ein Gelehrter, Nicolaus Cornelius WITSEN. Von Freunden in Sibirien erhielt er über 40 Goldgegenstände, zwei Sendungen, 1714 und 1716, dabei Münzen, Gürtelplatten, Schmuck. Alle Stücke wurden gut abgebildet in dem Buch: Nord en Oost Tartarye, Amsterdam 1785. Nach dem Tode des Eigentümers wurden die Gegenstände mit anderen Stücken seiner Sammlung versteigert und sicherlich eingeschmolzen. Nur die Abbildungen sind noch erhalten, die Sammlung kam niemals wieder zutage.

Man bewundert diese Funde in Petersburg, und so läßt als Erster im September 1763 der russische Generalleutnant Alexej Petróvič Melgúnov die nach ihm benannten Grabhügel, den Melgunov-Kurgan öffnen. Der Hügel liegt 32 km entfernt von der jetzigen Stadt Jelisavetgrad (Gouv. Cherson) nördlich von Olbia zwischen Bug und Dnjepr, an dem Schnittpunkt bedeutender durch die Steppe führender alter Straßen. Diese Ausgrabung, die systematisch durchgeführt wird, ist die erste ernsthafte Grabung eines Kurgans. Die Fundstücke werden dem Kommandanten der Festung „H. Elisabeth" übergeben, damit er sie an den Kaiserlichen Hof in Petersburg schicke. Katharina II. (1762—1796) gibt den Schatz der Kunstkammer der Akademie der Wissenschaften zur Aufbewahrung. Sie beauftragt G. Fr. Müller mit der wissenschaftlichen Bearbeitung. Sie erscheint in den Imp. Akademij Nauk, 1764, S. 497. Im Jahre 1894 veranstaltet die Archäologische Kommission eine Nachgrabung, sie ist aber wenig erfolgreich.

Insgesamt sind damals 11 goldene und silberne Stücke gefunden worden. Einige sind von besonderer Bedeutung, vor allem eine Dolchscheide und ein Diadem. Die Stücke zeigen Dämonen und Tiere in assyrischem Stil und dazu einen liegenden, stilisierten Hirsch in einer Formgebung, die in dieser Zeit ganz unbekannt ist, und die nur skythisch sein konnte. Der Funde gehört, wie später Parallelen erweisen, in die erste Hälfte des 6. vorchristlichen Jahrhunderts. Er deutet auf die engen Beziehungen der Skythen zu Vorderasien. Der Zusammenhang dieses Fundes mit den in Sibirien zur Zeit Peters des Großen gefundenen Goldsachen ist sehr eng.

Forscher, eigentlich mehr Abenteurer wie Clark, Pallas, Dubois de Montpéreux, Sumarokov und andere unternehmen Reisen nach Sibirien und finden die Fülle der Grabhügel. Hier und dort werden Grabungen gemacht, und immer neue Funde kommen in die Hände großer Sammler in Südrußland.

Die Skythen kommen um 700 v. Chr. in die Gegend des Schwarzen Meeres aus Sibirien, von der Grenze Chinas. Es sind Reitervölker mit Schwertern, die die Griechen Akinakes nennen, sie haben Pfeile und Bogen.

Um die gleiche Zeit besiedeln die Griechen die Ufer des Schwarzmeergebietes, sie begründen Tyras, Olbia, Chersones, Theodosia, Pantikapaion, Nymphaion, Tanais, Phanagoria, Gorgippa. Auch diese alten griechischen Städte, deren Ruinen oft noch frei in der Landschaft stehen, bringen reiche Funde. Die französischen Emigranten, die nach 1789 in diese Gebiete wandern, spielen eine bedeutende Rolle bei der prähistorischen Erschließung dieses Landes, so der Herzog von Richelieu, der Graf von Langeron, Cousinéry. Große Sammler sind Blaramberg, Rochette Sabatier, Paul Dubrux. Das Glück will es, daß durch die reichen Funde angeregt, das Stadtoberhaupt von Kertsch in dieser Zeit, Stempkovskij, ein großer Förderer der archäologischen Aufgaben wird. So werden gerade hier, im Süden Rußlands, die ersten archäologischen Museen Europas eröffnet.

1806 wird das Museum von Nikolaew begründet, 1811 das von Theodosia, 1825 das von Odessa, 1826 das von Kertsch. Sein erster Direktor ist Blaramberg (1826—1831). In Petersburg wird man aufmerksam auf die starke archäologische Bewegung in Südrußland, und die Regierung sendet einen guten Kenner der Epoche, Aschik, in dieses Gebiet, der die Funde überwachen soll. Er wird der folgende Direktor des Museums von Kertsch und leitet es von 1833—1852. Er hat einen begabten

Mitarbeiter mit Namen Karejscha. Nun beginnt eine rege amtliche Ausgrabungstätigkeit, früher als im übrigen Europa, früher als in Frankreich, England und Deutschland.

Im Jahre 1837 wird der Carskij-Kurgan ausgegraben und viele andere Grabhügel in der Nähe von Kertsch.

Die wichtigste Grabung dieser Zeit ist die des Grabhügels von Kul-Oba, etwa 6 km westlich von Kertsch, an den sich viele andere Hügel anschließen. Die Grabung wird seit September 1830 mehrere Jahre hindurch durchgeführt von Paul Dubrux und Sabatier. Es findet sich ein gemauertes Grab, viereckig, in ihm mehrere menschliche Skelette mit ihren Waffen, ihrem Schmuck und mit den Tongefäßen. Unter dem Kopf des bestatteten Fürsten liegen goldene Skulpturen und Reliefs, darstellend Skythen mit dem Goryt, dem Bogen, mit Pfeilen, mit Schilden und dem Akinakes, dem Kurzschwert.

Die Fürstin trägt ein goldenes Diadem, und einen schweren goldenen Halsring, endigend in einem kauernden Löwen. Zwischen ihren Knien liegt eine Skythenvase, ihr Spiegel mit goldenem Griff, der halb griechisch, halb skythisch ist und 7 Messer mit goldplattierten Griffen aus Elfenbein. Es findet sich eine reiche griechische Keramik mit Stempeln, skythische Bronzekessel und viele getriebene Goldbleche, die auf das Gewand aufgenäht waren. Auch ein goldener Hirsch wird entdeckt. Das Grab läßt sich durch die mitgefundene griechische Ware datieren in die zweite Hälfte des 4. Jahrhunderts v. Chr.

Am Ende der ersten Hälfte des 19. Jahrhunderts, beginnend mit 1847, wird der Kurgan von Alexandrópol aufgedeckt. Er liegt etwa 70 km westlich vom Dnjepr im Bezirk Jekaterinoslav. Sein Umfang beträgt 320 Meter, seine Höhe 21 Meter. Die lange dauernden Grabungen, besonders die von 1855 durch Perowski ergeben eine Fülle von Pferdebestattungen, Zaumzeug, Sattelbeschlag und Wagen. Es finden sich Hunderte von goldenen und silbernen Beschlagstücken in Tierornamentik. Ein griechisches Gefäß, eine schwarz lackierte Pyxis frühhellenistischer Arbeit, gibt die sichere Auskunft über das Datum der Bestattung, es sind die ersten Jahrzehnte des dritten vorchristlichen Jahrhunderts.

So ist eine neue, bis dahin unbekannte Welt aus der Erde getreten. Die Entdeckung ist um so spannender, als Herodot eingehend von diesem Volke berichtet. Er schildert die Grabanlagen, die Grabfeiern, die Sitte der Bestattung der Pferde zusammen mit den Toten. Wichtig ist die Entdeckung auch, weil sich die Gräber durch die Beifunde der griechischen Gefäße genau datieren lassen.

Allerdings vernimmt Westeuropa nur wenig von diesen Entdeckungen. In der wissenschaftlichen Literatur dieser Zeit werden die Funde nicht erwähnt, nur gelegentlich fällt einmal ein Lichtstrahl ein durch Stephani, der bis 1850 Professor an der deutschen Universität in Dorpat ist und später Konservator an der Eremitage. Von ihm finden sich gelegentlich kurze Hinweise und Berichte, die aber damals Westeuropa kaum bewegten.

Noch ein vierter Kreis öffnet seine Geheimnisse um diese Zeit, es ist das Italien der Etrusker. Doch die Zeit ist nicht bereit für diese Funde, sie werden nicht beachtet, sie finden kein Echo, und so bleibt diese Entdeckung, die so eindrucksvoll ist für unsere Zeit, für diese Epoche fast ganz ohne Anteilnahme.

Die Etrusker sind ein ursprünglich nicht italisches Volk, ein Volk, das zwischen 1000 und 800 v. Chr. einwandert zur See aus Kleinasien, es landet an der Westküste Italiens. Es ist kein italisches Volk, aber es wird zu einem Wesensbestandteil der Halbinsel, zum Sauerteig Italiens. Schon die Alten sagen, daß die Etrusker keinem ihrer Nachbarstämme gleich oder ähnlich seien. Das älteste Zeugnis für sie, Herodot (I, 94) berichtet, daß sie aus Kleinasien, aus Lydien, zur See nach Italien eingewandert sind. Ein klarer Bericht also, der genau durch die Funde bestätigt wird. Aber schon die Römer haben das zur Zeit des Augustus nicht mehr gewußt. Dionysios von Halikarnass, der um 30 v. Chr. schreibt, sagt (I, 25—30), daß die Etrusker ein in Italien eingeborenes Volk seien. Das entspricht nicht den Tatsachen. Die Funde, immer zuverlässiger als die geschriebene Überlieferung, tragen in der ersten Zeit ganz klar erkennbar kleinasiatische Formen, und das so deutlich, daß nun endlich der ewige Zweifel wegen des späteren Berichtes verstummen sollte.

Ihr Weltbild ist ganz kleinasiatisch, die Weissagung aus der Leber, die Vogelschau, die Kultformen und Lithurgien, die Gedanken über die Unterwelt, die Flötenmusik, die Tanzformen, die Spiele, die Trompeten, die Tracht und das Zeremoniell — alles ist kleinasiatisch.

Die älteste erkennbare Schicht der heutigen Ausgrabungen ist die zwischen 1000 und 800 v. Chr. In der Zeit besiedeln die Einwanderer die Westküste Italiens bei Populonia.

Die zweite Schicht umfaßt das 8. Jahrhundert bis zum Ende des 5. Jahrhunderts v. Chr. In dieser Zeit landen neue Einwohner bei Tarquinia und Caere, dem heutigen Cerveteri.

Der Höhepunkt der etruskischen Bedeutung liegt im 6. Jahrhundert. In dieser Zeit erstreckt sich die etruskische Macht an der ganzen Westküste entlang von Pisa über Rom bis Neapel. Auch die Ostküste wird im Norden erreicht bei Spina und Ravenna, der etruskische Raum erstreckt sich südlich bis Rimini.

Am Ende des 5. Jahrhunderts beginnt der Verfall. 510 wird Rom und seine Umgebung für die Etrusker verloren, wenn auch der Einfluß noch lange verbleibt, ferner Campanien. Die Kelten, die Gallier, drängen von Norden her heran seit 390 v. Chr. Die meisten Malereien stammen aus dieser Zeit. Es ist die dritte Schicht. Sie umfaßt das Ende des 5. Jahrhunderts bis zum Anfang des 3. Jahrhunderts.

Die vierte Schicht endlich ist die hellenistisch beeinflußte Spanne vom 3. bis zum 1. Jahrhundert v. Chr.

Dieses Bild bietet sich dem Beschauer heute. Zwischen 1800 und 1850 sah es anders aus. Aus Livius, I, 83; IV, 23, weiß man etwas von den Etruskern. Man weiß daß die Römer sie nicht liebten, obgleich ihre ersten Könige Etrusker waren. Sie nennen die Etrusker „obesi Etrusci", die verfressenen Etrusker — im übertragenen Sinn, die dummen Etrusker —, doch sie bewundern immer ihre Kenntnis der Weissagung.

Durch die römische Literatur veranlaßt, wird schon 1726 in Cortona die Academia Etrusca begründet. Die Funde, die damals bekannt sind, Skulpturen, Schmuckstücke, veröffentlicht ANTONIO FRANCESCO GORI in einem Werk mit dem Titel:

Museum Etruscum, Firenze 1737—1743. Auch WINCKELMANN, der große Archäologe aus Deutschland, beschäftigt sich 1763 mit den Etruskern. Das älteste Buch über die Kunst der Etrusker aber hat ein Engländer geschrieben, eine Schotte, THOMAS DEMPSTER (1597—1625) mit dem Titel: De Etruria regali libri VII. Es erscheint nach dem Tode von Dempster in Florenz 1723—1726. Dieses Buch macht damals auf die gelehrte Welt einen großen Eindruck. CARL JUSTI (1832—1912) hat sich in unserer Zeit sehr eingehend mit dieser Epoche beschäftigt und berichtet über sie sehr genau in einem Werk: Winckelmann und seine Zeitgenossen. Leipzig, 4. Aufl., 1943. Justi spricht sogar von einer Etruskerei, einer Etruskermanie. Doch Winckelmann, der nur das Klassisch-Griechische als Kunst ansieht, liebt die Kunst der Etrusker nicht. Er nennt ihren Stil hart und peinlich, die Formgebung übertrieben und gewaltsam. (Justi II, S. 29.)

Wieder ist wie bei Pompeji die Familie Bonaparte an den archäologischen Funden beteiligt. Seit 1828 beginnt Lucien Bonaparte (1775—1840), der jüngere Bruder Napoleons I. mit Grabungen. Er ist Fürst von Canino und Musignano. Vorher war er französischer Botschafter in Madrid, dann fiel er in Ungnade und lebte seit 1804 in Italien, seit 1810 auch vielfach in England. Seine italienischen Besitzungen umfaßten auch das Gebiet von Vulci, eine archäologisch besonders reiche Landschaft. Die Bauern erzählten ihm von den Funden, er sah bei ihnen Goldgegenstände, Kupfersachen, Tongefäße. So begann er auf seinem Gelände mit eigenen Grabungen. In wenigen Jahren hatte er Hunderte von griechischen Vasen ausgegraben, ein häufiger Gegenstand in etruskischen Gräbern, dazu ebenso viele etruskische Vasen. Seine Sammlung umfaßte eine Fülle von goldenen Schmuckgegenständen, von Statuetten, von Tonreliefs. Sie erregte großes Aufsehen, besonders, als im Jahre 1830 die Fürstin von Canino, geb. Alexandrine de Bleschamp, auf einem Empfang beim Papst in Rom mit goldenen Halsketten erschien. Sie waren kurz vorher auf dem eigenen Boden ausgegraben worden. Die Grabungen wurden durchgeführt ohne wissenschaftlichen Geist, ohne Aufzeichnungen, ohne Berichte. Später wurden die Stücke verkauft an Kunstliebhaber und an Museen.

Ein anderer Ausgräber in dieser Zeit ist G. P. Campana. Auch er schuf sich eine große Sammlung, ein Teil dieser Sammlung kam später in den Louvre in Paris, andere Teile wurden angekauft von privaten Sammlern.

In dieser Zeit der Griechensehnsucht, der Italiensehnsucht, in der Epoche, die als Klassizismus bezeichnet wird, in der im Bild und im Bau der Stil der Antike sich darstellte, in dieser Zeit, in der die Künstler nach Italien reisten, um die Ruinen, die Felsen, das rauschende Meer zu erleben, reisten auch zwei Deutsche nach Italien. Es sind Freiherr OTTO MAGNUS VON STACKELBERG und GEORG AUGUST KESTNER. Sie besuchten Rom, Pompeji und auch etruskische Fundplätze bei Tarquinia.

Da findet 1827 der in Reval geborene Freiherr Otto Magnus von Stackelberg (1787—1837) die ersten etruskischen Wandgemälde in der Grabkammer von Corneto, Tarquinii. Die Erregung ist sehr groß. Bisher waren nur Skulpturen der Etrusker bekannt, Schmuckstücke, Fibeln — aber farbige große Malereien von erstaunlicher Wirkung, von großer Lebendigkeit, das ist eine Entdeckung, die nicht ihresgleichen hat. Die Etrusker erscheinen nun als Maler. Die erste Tomba wird nach Baron Stackelberg, Tomba del Barone genannt, und diesen Namen hat sie behalten bis heute. Die Bilder dieser Grabkammern sind damals nicht zu datieren, heute weiß man, sie gehören der Zeit um 490 v. Chr. an. Menschen stehen zwischen Bäumen und Blumen, sie reiten auf Pferden, ermuntern die Spielenden, Trinkschalen werden gereicht.

Und nun beginnt überall die Untersuchung der großen Gräber, immer neue Grabanlagen werden geöffnet. Noch 1827 die Tomba delle Leopardi bei Tarquinii und die Tomba delle Bighe.

Stackelberg, ein wohlhabender Deutscher in Italien mit archäologischen Kenntnissen, auch der Verfasser einiger Bücher über griechische Kunst, erkennt die Bedeutung der Entdeckung. Er malt und zeichnet mit Kestner und einem bayerischen Architekten namens Thürmer die Bilder. Nach einiger Zeit liegen 125 Aquarelle vor. Aber es findet sich kein Verleger, der es wagt, diesen kostspieligen Druck zu übernehmen.

Auch Georg August Kestner ist ein Archäologe und Kunstkenner. Sein Vater ist Johann Georg Kestner (1741—1800), der Gatte der Charlotte Buff (1753—1828), der Freundin von Goethe. Georg August Kestner (1777—1853) lebt in Rom als Hannoverscher Ministerresident. Er ist ein Freund der Maler Overbeck und Cornelius. Er ist es, der mit Bunsen, Thorwaldsen und anderen unter dem Ehrenvorsitz des preußischen Kronprinzen Friedrich 1829 das Deutsche Archäologische Institut in Rom begründet, 1838 wird Kestner sein Vorsitzender. Von Bedeutung werden seine Bücher „Römische Studien" 1850. Nach seinem Tode erscheint: „Goethe und Werther" 1854. Seine Sammlung bildet den Grundstock des Kestner-Museums in Hannover.

Ein solcher Mann wäre mit Baron Stackelberg zusammen besonders geeignet für die Herausgabe der neu gefundenen etruskischen Malereien gewesen, und da die Kosten eines solchen Werkes mit vielen Abbildungen damals sehr groß sind, suchen beide Unterstützung. Baron Stackelberg fährt nach Weimar zu GOETHE. Am 15. August 1829 kommt er in Weimar an, und Goethe empfängt ihn sehr herzlich. Woldemar Freiherr von Biedermann berichtet über diesen Besuch bei Goethe (Goethes Gespräche, Leipzig 1890, Bd. 8, S. 389): „Stackelberg war auf das Freudigste überrascht durch die achtungsvolle Freundlichkeit, mit der Goethe ihm entgegen kam. Fünf Tage verweilte er in Weimar als täglicher Gast und Tischgenosse des großen Dichters. Jeden Morgen trat er schon um 10 Uhr in Goethes Studierstube, blieb bei ihm zum Frühstück, Mittag- und Abendessen, und jeden Abend, wenn er Abschied nahm, hörte er immer wieder das ermunternde Wort: ‚Nicht wahr, Sie bleiben noch?' — Goethe ließ sich viel von Stackelberg erzählen, auch einige antike Fragmente erklären ... Schmerzlich empfand Stackelberg den Abschied von dem großen Manne, dessen Geist und Liebenswürdigkeit ihn tief ergriffen hatten. Auch Goethe bedauerte sein Fortziehen. Als er bald darauf Frau von Savigny, seine langjährige Freundin, bei sich zu Tische sah, schreibt Bardeleben, und der herrliche Greis ungewöhnlich mitteilend war, erwähnte er zum öfteren des Barons Magnus von Stackelberg und war ganz komisch böse, daß er nicht länger bei ihm verweilt hatte."

Jedoch ist aus den Berichten der Zeit deutlich sichtbar, daß Goethe wohl Stackelberg als einem gewandten und kenntnisreichen Manne entgegenkam, daß ihn aber die großartige Entdeckung nicht bewegte. Winckelmann hatte zu absprechende Worte über die etruskische Kunst ausgesprochen, Goethe sieht sie nicht anders. Diese Zeit hat kein Verständnis für das Nicht-Klassische. Sowohl die archaische griechische Kunst und noch mehr die geometrische, aber auch die byzantinische, ist ihr ganz fremd. Diese Epoche erlebt und empfindet alles Nicht-Klassische als ungekonnt, unentwickelt, im Grunde als wertlos. So sind, ähnlich wie die Kunstwerke der Eiszeit, auch wenn andere Gründe vorlagen, auch diese etruskischen Malereien zu früh aus der Erde getreten. Die Bilder sprechen nicht zu den Menschen der damaligen Welt, sie sagen ihnen nichts. Die Bereitschaft zur Aufnahme ist nicht gegeben.

Unsere Zeit, in der wir jetzt leben, diese Epoche, die die so bedeutungsvolle Wandlung erlebt hat von einer naturhaften zu einer stilisierten und sogar abstrakten Kunst, unsere Zeit erlebt die etruskische Kunst mit so großer innerer Anteilnahme, daß die Ausstellungen der etruskischen Kunst in Zürich, Köln, Paris und an anderen Orten 1956 ein wirkliches Ereignis und ein Erlebnis wurden. Es ist so bezeichnend: im ganzen 19. Jahrundert erscheint kein Buch, kein Werk über die Malereien der Etrusker. Wohl werden immer neue Grabkammern mit Bildern gefunden, aber niemand beachtet sie, niemand findet sie der wissenschaftlichen Arbeit wert.

Die Aquarelle von Stackelberg und Kestner kommen zuletzt in das Archäologische Seminar der Universität Straßburg, und dort befinden sie sich noch jetzt. Die Bilder der Tomba delle Bighe, die Stackelberg gefunden hat, werden erst 1916 von FRITZ WEEGE im Jahrbuch des Deutschen Archäologischen Instituts veröffentlicht (Bd. 31, S. 106f.).

Ein Buch von JULES MARTHA, L'Art étrusque, Paris 1889, findet nur absprechende Worte über diese Kunst, und ein englisches Buch von GEORGE DENNIS, Cities and Cemeteries of Etruria, London 1878, ist dilettantisch und romantisch und ohne Wert. Im Jahre 1897 veröffentlich KÖRTE im Archäologischen Jahrbuch die Tomba François bei Vulci, und erst 1907 werden die Bilder von drei Grabkammern bei Corneto, die Tomba dei Tori, die Tomba delle Leonesse und die Tomba della Pulcella bekannt gemacht in dem Werk von Körte „Antike Denkmäler". Im Jahre 1915 verfaßt ANDREAS RUMPF eine Dissertation, „Die Wandmalereien in Veji". Aber auch diese Arbeit ist ohne Abbildungen. Das erste Buch, das die etruskische Malerei behandelt, erscheint 1919 in Kopenhagen. Es ist die Arbeit von FREDERIK POULSEN, die englisch 1922 in Oxford herauskommt mit dem Titel „Etruscan Tomb Paintings". Im Jahre 1921 erscheint von FRITZ WEEGE ein Werk „Etruskische Malerei", Halle.

Es hat also 100 Jahre gedauert, bis die Welt den großen Wert dieser Kunst erkannte, und es ist bezeichnend, daß ein Werk von MORITZ HOERNES (1852—1917), Urgeschichte der bildenden Kunst, Wien, 1898, die etruskischen Malereien ebensowenig erwähnt wie die zweite, von Oswald Menghin bearbeitete Auflage von 1916 oder die dritte von 1924.

Dieser ganze Umkreis wird erst später ein tragendes Element, aber noch nicht für die Epoche 1800—1850. Doch die Entdeckungen gehen weiter.

Noch im Jahre 1827 werden neben der Tomba del Barone die Tomba degli Auguri und die Tomba delle Iscrizione gefunden, beide der Zeit um 600—500 zugehörig.

Im Jahre 1830 wird die Tomba del Triclinio aufgedeckt, sie ist gearbeitet um 480. Sie bringt die Malerei der tanzenden Männer und Frauen. 1828 werden in Vulci Gräber entdeckt, die unglaubliche Mengen von bemalten Vasen enthalten. Der Besitzer der Ländereien, Fürst Canino, setzt täglich 100 Arbeiter für die Ausgrabungen ein. Andere Gebiete seiner Ländereien verpachtet er für Ausgrabungen. 1832 wird die Tomba de Tifone bei Tarquinii gefunden mit Malereien von Dämonen und Engeln, gearbeitet 150 v. Chr. und im selben Jahre die Tomba dei Baccanti mit Malereien von 510 v. Chr. und die Tomba del Morte mit Bildern aus der gleichen Zeit.

1833 wird noch die Tomba F. Giustiniani gefunden, 450 gearbeitet. So ist eine große Anzahl von Grabstätten mit Malereien der Etrusker bis 1850 bekannt geworden. Auch diese Welt ist wie ein Wunder aus der Erde getreten, wie ein Wunder, ähnlich später der Kunst der Eiszeit.

Und doch wird auch diese Kunst in ihrer archaischen, stilisierten Formgebung nicht verstanden. Die Entdeckung der etruskischen Malerei, wohl in dieser Zeit begonnen, wird doch nicht ein Wesenselement der Epoche.

So sind es vier Schwerpunkte, die um diese Zeit die Vorgeschichte bestimmend formen: Frankreich mit Boucher de Perthes, Dänemark mit Thomsen, Südrußland mit Blaramberg, die Malereien der Etrusker mit Stackelberg.

Unterdessen gehen die Grabungen in ganz Europa fort, es sind reiche Privatleute, die ausgraben, die sich Sammlungen anlegen, und deren Fundstücke später die Grundlagen der Museen werden.

In Deutschland macht die Wissenschaft dadurch Fortschritte, daß gesammelt, geordnet, gegraben wird. An vielen Orten gründen sich Altertumsgesellschaften, und eine Anzahl von Männern gibt es, die sorgfältig ausgraben, und die ihre Grabungen auch veröffentlichen. So liegt aus der ersten Hälfte des 19. Jahrhunderts eine so große Anzahl von Werken vor, daß die Liste in dem „Handbuch deutscher Altertümer" von S. C. Wagener, das in Weimar 1842 erscheint, 36 Seiten mit 968 Titeln umfaßt. Sehr viele dieser Bücher bringen nichts als die immer wiederkehrende Verarbeitung der wenigen Bemerkungen bei Caesar und Tacitus, aber rund zehn Bücher sind wirklich Ausgrabungsberichte.

1818 wird in Breslau eine Sammlung Schlesischer Altertümer begründet, 1820 wird in Bonn das Museum „Rheinisch-westfälischer Altertümer" geschaffen, 1824 werden in Stettin und Greifswald Sammlungen von Altertümern eingerichtet. 1819 wird der Naumburger Altertumsverein begründet, im gleichen Jahre der von Breslau, 1824 folgt die Gründung des Leipziger Vereins, 1825 die der Dresdener Gesellschaft. 1827 entsteht der Nassauische Verein in Wiesbaden, 1829 der Voigtländische in Hohenleuben, 1830 der Badische Verein in Sinsheim. Zwischen 1830 und 1840 wurden Altertumsvereine geschaffen von Süddeutschland bis Norddeutschland.

Es geht so eine große Bewegung durch das Land. Es ist der Gedanke der Romantik, das Wissen um das Altertum zu beleben und zu vertiefen, den vaterländischen und gleichzeitig den griechischen Gedanken zu fördern, und eine große Menge von Funden zu schaffen, in Sammlungen und Museen zu bewahren, damit aus diesen Studien einmal ein wahres Bild der Vorzeit entstehe.

Immer wieder werden zusammenfassende Werke geschaffen, die einen Überblick über das ganze Fundmaterial ermöglichen. Es sind Lexika, die Vorläufer des späteren großen Werkes von Max Ebert, Reallexikon der Vorgeschichte von 1924—1929.

Das erste Buch dieser Art ist das von CHRISTIAN FRIEDRICH CARL HUMMEL mit dem Titel: „Beschreibung entdeckter Alterthümer in Deutschland". Nürnberg 1792. Es umfaßt 183 Seiten. Das folgende zusammenfassende Werk ist das von GUSTAV FRIEDRICH KLEMM (1802—1867) „Handbuch der germanischen Alterthumskunde", Dresden 1836. Dieses Buch ist für seine Zeit eine Arbeit ersten Ranges.

Noch größer ist das dritte Werk dieser Zeit, das Buch von SAMUEL CHRISTOPH WAGENER, „Handbuch der vorzüglichsten, in Deutschland entdeckten Alterthümer aus heidnischer Zeit", Weimar 1842. Das Buch umfaßt 778 Seiten und hat 144 Tafeln. Die Funde sind alphabetisch geordnet nach den Namen der Orte, die Gegenstände gebracht haben. Sie werden einzeln unter jeder Ortsbezeichnung aufgeführt. Diese Bücher sind noch heute von Bedeutung, denn sie sind Quellenwerke und geben für viele Funde und Fundplätze gute Auskunft.

Es gibt bis 1850 eine Anzahl sorgfältiger Ausgräber und Bearbeiter der Funde. WILHELM DOROW (1790—1846) macht Ausgrabungen bei Wiesbaden, er schafft die Grundlagen zum Landesmuseum in Bonn. Später gräbt er in Neuwied. Beachtenswert sind seine Bücher „Denkmale germanischer und römischer Zeit oder Alterthümer in und um Neuwied". Berlin 1826 und „Opferstätte und Grabhügel der Germanen und Römer am Rhein", Wiesbaden 1826.

GEORG OTTO CARL FRHR. VON ESTORFF (1811—1877) ist einer der erfolgreichsten Ausgräber dieser Zeit. Er besitzt eine besonders große vorgeschichtliche Sammlung, und sein Werk: „Heidnische Alterthümer der Gegend von Ülzen", ist mit seinen 132 Seiten und 16 großen Tafeln, die sorgfältige Zeichnungen bringen, eine hervorragende Leistung.

JOHANN FRIEDRICH DANNEIL (1783—1868) ist der Ausgräber der Gegend von Neuhaldensleben und Salzwedel. Im 6. Jahresbericht des Altmärkischen Vereins für vaterländische Geschichte, Neuhaldensleben, 1838, bringt er einen wertvollen Bericht über 142 Megalithgräber in der Altmark mit genauen Vermessungen, Plänen und Karten.

FRIEDRICH VON HAGENOW (1797—1865) hat große Verdienste um die Vorgeschichte dieser Epoche in Pommern. Im Jahresbericht der Gesellschaft für Pommersche Geschichte und Altertumskunde berichtet er seit 1828 fortlaufend über seine Grabungen, vor allem über die Hügelgräber von Rügen. Er erwähnt 1239 Hügelgräber und 229 Steingräber.

FRIEDRICH KARL HERMANN KRUSE (1790—1866) führt Ausgrabungen in Schlesien durch, er legt sie zusammen vor mit anderen Funden 1819 in einem Buch mit dem Titel: „Budorgis, oder das vorchristliche Schlesien", Leipzig 1819. In einem anderen Buch, „Deutsche Alterthümer", Halle 1824, veröffentlicht er weiter viele vorgeschichtliche Funde.

Ludwig Lindenschmit der Ältere (1809—1893) (Bericht hier S. 37, 65), ist trotz seiner Ablehnung der Dreiperiodenlehre, einer der erfolgreichsten Sammler, Ausgräber und Anreger dieser Zeit. Zu seinem hundertsten Geburtstag, 1909, nannte ihn sein Nachfolger, K. Schumacher, in der Prähistorischen Zeitschrift Bd. 1, 1909, S. 268 den Schöpfer der deutschen Altertumsforschung. Er begründet nach großen Mühen 1852 das Römisch-Germanische Zentralmuseum in Mainz. In die erste Hälfte des Jahrhunderts, in das Jahr 1844 und 1846, fällt seine wichtige Ausgrabung des merowingischen Gräberfeldes von Selzen und die Veröffentlichung vom Jahre 1848. Mit diesem Werk beginnt die Erforschung der Völkerwanderungszeit, einer Epoche, auf die durch die Auffindung des Grabes von König Childerich 1636 schon ein entscheidendes Licht gefallen war.

Georg Christian Friedrich Lisch (1801—1883) ist in Schwerin in Mecklenburg der Mann, der durch Ausgrabungen, Sammlungen, Gliederungen, die Vorgeschichte Mecklenburgs begründet. Sein Werk, das die Altertümer Mecklenburgs darstellt, die zu dieser Zeit bekannt sind, hat den Titel: „Erläuterungen zu den Abbildungen des Friderico-Francisceums". Leipzig 1837. In den Jahrbüchern und Berichten des Mecklenburgischen Vereins für Geschichte und Altertumskunde legt er jahrelang seine Ergebnisse, seine Gedanken, seine Überlegungen nieder.

Eine wichtige Gestalt in der Vorgeschichte dieser Zeit ist Karl Eduard Paulus (1803—1878). Er ist der Begründer des Württembergischen Altertumsvereins und ein erfolgreicher Ausgräber. Er berichtet über seine Arbeiten in den „Jahresheften" des Vereins (seit 1844) und in den Schriften (seit 1850).

Karl Peusker (1786—1871) ist der Ausgräber in der Oberlausitz. Seit 1824 schafft er sich eine bedeutende vorgeschichtliche Sammlung, die er 1853 der Königlichen Antikensammlung in Dresden als Geschenk übergibt. Eine Arbeit von ihm vom Jahre 1829 hat den Titel: „Über Mittel und Zweck der vaterländischen Altertumsforschung". Eine andere, die von 1840—1843 erscheint, führt den Titel: „Blicke in die vaterländische Vorzeit".

Karl Wilhelmi (1786—1857) ist Stadtpfarrer in Sinsheim und der Begründer der Sinsheimer Gesellschaft zur Erforschung der vaterländischen Denkmale der Vorzeit. Er führt wichtige Ausgrabungen durch und stellt eine Sammlung zusammen, die 1850 auf seinen Wunsch der Alterthümersammlung in Karlsruhe einverleibt wird. Seine Berichte veröffentlicht er in den Jahresberichten der Gesellschaft.

Von Bedeutung für die Zeit ist das Buch von Johann Gustav Gottlieb Büsching (1783—1829) mit dem Titel: „Abriß der deutschen Alterthumskunde" vom Jahre 1824. Der Verfasser sagt, daß er das vorführen wolle, was aus der „Vorzeit sprechend bis zu unseren Tagen geblieben ist, und mehr Licht auf die gesamte Vorwelt, oder auf einzelne Teile in ihr wirft, als jene älteren (schriftlichen) Nachrichten uns zu geben vermögen, ... wird es (doch) vielleicht einst möglich, wenn auch nicht die einzelnen Stämme, doch die Hauptstämme, Deutsche und Slaven, in den Altertümern von einander zu sondern". 1815 habilitiert sich Büsching an der Universität Breslau für Geschichtliche Hilfswissenschaften und deutsche Altertümer. Er wird 1817 außerordentlicher und 1823 ordentlicher Professor. 1820 ist von ihm ein Tafelwerk „Die heidnischen Alterthümer Schlesiens" erschienen. Er stirbt im Alter von 46 Jahren, 1829.

Die geistige Lage Deutschlands um 1850 wird besonders eindrucksvoll bezeichnet von Ludwig Lindenschmit dem Älteren (1809—1893), der in einer Arbeit „Über eine besondere Gattung von Gewandnadeln aus deutschen Gräbern des 5. und 6. Jahrhunderts", Mainz 1851, S. 1 das Folgende zusammenfassend erklärt:

„Zahlreich, wie nie zuvor, haben sich in unseren Tagen Gräber unserer Vorfahren aus dem fernsten Alterthume bis zu den ersten Jahrhunderten des Christenthums geöffnet. Mehr noch als durch die Bemühung wißbegieriger Forschung, erschließen sich durch Fügung des Zufalls, wie von selbst, die Behausungen jener uralten Todten, so daß ihre ganze Erscheinung anziehend und bedeutsam, zugleich das Gemüth anspricht und den Geist zu ernster Betrachtung erhebt. Diese unmittelbare Berührung mit der entlegensten Vorzeit erinnert auf ergreifende Weise an den Zusammenhang unserer Gegenwart mit der nahezu zweitausendjährigen Geschichte eines großen Volkes; sie lenkt unseren Blick auf den ersten Ausgangspunkt seiner Laufbahn und weckt das Verlangen nach tieferem Eindringen in die ersten Zustände und Lebensverhältnisse desselben, deren Kenntnis für die Beurtheilung seiner späteren Entwicklung von hoher Wichtigkeit ist."

„Die neuere Wissenschaft hat durch ihre Forschung über die alte Gottesanschauung, die Sprache, das Recht und das alte Volksleben im Gemeinde- und Staatsverband, ein reicheres und überraschendes Licht in diese bisher unter tiefem Druck ruhenden Zeiträume getragen; allein noch ist mancher zugängliche Weg nicht versucht und zumal die reichen Mittel beinahe unbenützt, welche sich als unmittelbarste, ächteste Überlieferung des Alterthums aufgethan haben: die Gräber der Vorwelt und die in denselben zurückgelassenen Körper, Schätze, Waffen und Geräthe."

„Eine umfassende wissenschaftliche Zusammenordnung dieser ebenso ehrwürdigen als anziehenden Gegenstände, welche mit höherem Rechte als die bisherigen Versuche den Namen Alterthumskunde verdiente, erscheint unentbehrlich für den Gewinn eines vollständigen Bildes unserer Vorzeit. Bis jetzt aber ist ihre erste Begründung noch nicht durchgeführt und die Verwirrung der Ansichten auf diesem Gebiete ohne Grenzen. Im Gegentheile scheint mit der wachsenden Fülle des Stoffes auch die Befangenheit des Urtheils zu wachsen, und es ist noch nicht gelungen, die Kennzeichen einer einzigen Periode unserer Alterthümer zu unbedingter allgemeiner Anerkennung zu bringen, wie deutlich und sprechend sie auch vortreten mögen. Die ganze Rathlosigkeit unseres jetzigen Standpunktes zeigt sich gerade in dem, was man als eine Art von sicherem Ergebniß der zahllosen Untersuchungen aufrecht zu erhalten strebt: in dem oberflächlichen Systeme des Stein-, Erz- und Eisenalters, welches bei irgend näherer Betrachtung mehr Ausnahme als Regelfälle bietet und für Deutschland wenigstens nicht den geringsten Halt für die aus ihm gezogenen Schlüsse auf bestimmt abgegrenzte Zeitperioden oder fremdartige, feindlich gestellte Nationalitäten gewährt."

„Die zahlreichen Alterthums- und Geschichts-Vereine, von denen man das Geeignetste erwarten sollte, haben sich noch über keine Art gemeinschaftlicher Täthigkeit verständigt, so daß von dieser Seite eine übersichtliche und kritische Bearbeitung unserer Grabalterthümer sobald nicht zu hoffen steht. Was von Einzelnen ausgegangen, hat sogar häufig nur dazu beigetragen, die Dunkelheit des Gegenstandes zu vergrößern, und die hier vorliegenden Mißgriffe in bezug auf Bestimmung des Zeitalters und der Nationalität der Gräberfunde sind um so mehr zu beklagen, mit je größerem Aufwande von Gelehrsamkeit sie zu stützen und zu vertheidigen gesucht wurden."

„Daher ist es an der Zeit, endlich aus der Verwirrung dieser fruchtlosen Erörterungen herauszulenken und den hoffnungsvolleren Weg der vergleichenden Zusammenstellung einzuschlagen, welcher allein, wie in anderen Zweigen der Forschung, so auch hier zu sicheren Ergebnisse führen kann."

Die Lage um 1850 ist für Deutschland so, daß die Anteilnahme an den Funden, an den Fragen der Vorzeit, überall groß und brennend ist. Gesellschaften werden begründet, die sich mit den Altertümern, die sich mit den Funden und der frühen Geschichte beschäftigen. Ausgräber sind da, die die Funde sammeln, Berichte über die Ausgrabungen werden verfaßt. Aber alles ist doch ein Nebel, eine Dunkelheit. Man kann nicht Germanisches von Keltischem scheiden, nicht von Slawischem. Man kann kaum ein Früher oder Später feststellen, kaum hat sich die Erkenntnis der Abfolge: Steinzeit, Bronzezeit, Eisenzeit durchgesetzt. Die ersten Museen werden begründet, es gibt in Breslau auch einen Professor für Altertümer, — es ist Büsching. Eine wirkliche Kenntnis, ein Wissen um die Funde, um ihr Alter, um ihre ethnische Zugehörigkeit, um das Werden ihrer Formen, ist noch nicht gegeben. Die zweite Hälfte des Jahrhunderts bricht an, und sie sollte weiterführen in der großen Frage nach dem Erwachen, dem Aufstieg, der Entfaltung der Menschheit.

In England regen sich auch bewegende Kräfte. In Kent's Cavern bei Torquai, Devonshire, gräbt seit 1826 MacEnery, die Arbeiten werden 1840 fortgesetzt durch R. A. C. Godwin Austen, 1846 durch William Pengelly bis 1883 unter der Leitung der British Association. Austen konnte zwischen 1840 und 1850 diese Tierarten feststellen: Elefant, Rhinozeros, Urrind, Rentier, Wildpferd, Bär, Hyäne, eine Fauna, die nach dem Wissen des 20. Jahrhunderts der letzten Eiszeit (108000 bis 10000) angehört. Die unterste Schicht ist ein Chelléen, jetzt Abbevillien genannt, darüber lagert ein Moustérien und wieder darüber Solutréen und Magdalénien.

In der Mitte des 19. Jahrhunderts erschienen in England drei zusammenfassende Werke. Im Jahre 1847 veröffentlichte JOHN YONGE AKERMAN sein Werk: „Archaeological Index to Remains of Antiquity of the Celtic, Romano-British and Anglo-Saxon Periods." Der Verfasser erklärt, daß es für ihn schwierig sei, bei den vielen Fundgegenständen, über die er zu berichten hat, die Trennung zu finden in Steinzeit, Bronzezeit, Eisenzeit und auch in die Völkerwanderungszeit. Besonders das Keltische und Früh-Römische ist immer eng verschmolzen. Akerman gliedert die Keltischen, die Laténefunde, in mehrere Schichten, aber dann ruft er doch verzweifelt aus: „Who will afford us a rational account of these huge monuments of a people who had no written history?" Er meint Avebury und Stonehenge.

Zehn Jahre nach Akerman's Archaeological Index erscheint 1858 von BOUTELL ein Buch über die Archäologie Englands mit dem Titel: Manual of British Archaeology. Aber dieses Buch ist vor allem der provinzialrömischen Archäologie gewidmet. Bei 360 Seiten des Textes werden nur 20 Seiten für die vorrömische, die vorgeschichtliche Archäologie verwendet und auch nur wenige Seiten für die Völkerwanderungszeit. Boutell schreibt:

"The camps and hillforts of the Britons are circular in their outline ... British camps abound in the south and west of England ... These camps continually disclose relics of the races who formed and occupied them ... Similar relics are also found in barrows, in addition to weapons and personal ornaments. Thus, various Celts, evidently intended for peaceful occupations, have been discovered; they comprise chisels and gouges of many forms and sizes. With these may be associated a long series of other remains of the same general character, such as querns, or stone flour mills, pails, different vessels, mirrors, and other articles for personal use."

Aus diesen Zeilen ersieht man, daß der Verfasser nur ganz allgemeine Vorstellungen besaß, daß seine Kenntnis der Funde Englands außer provinzial-römischen Gegenstände nur gering war.

Das dritte Werk ist „Handbook" von VAUX, es erschien 1851. Vaux war Assistent in der Antikenabteilung des British Museums in London. Das Museum war 1759 für das Publikum geöffnet worden. Es bestand in dieser Zeit aus drei Abteilungen: Gedruckte Bücher, Manuskripte, Naturgeschichte: Printed books, Manuscripts, Natural History. Als unter Georg III. (1760—1820) die ägyptischen Altertümer und die großen Sammlungen der Familien Hamilton und Townley in das Museum kamen, war die Einrichtung einer vierten Abteilung nötig. Sie bekam den Namen Department of Antiquities of Art, sie umfaßte Originale, Zeichnungen, Medaillen, Münzen. Als 1816 die Elgin Marbles, die Reliefs des Parthenon in Athen, in das Museum kamen, gewann das Museum seine Bedeutung. Erst im Jahre 1837 wurden die Bücher und Zeichnungen getrennt von den Altertümern. 1860 war die Abteilung der Altertümer so angewachsen, daß sie in drei Gruppen unterteilt wurde, in: Oriental Antiquities, zweitens Greek and Roman Antiquities with Coins and Medals und drittens British and Mediaeval Antiquities and Ethnographie. Die Sammlung von Christy, die eiszeitlichen Funde aus der Dordogne, konnten nicht eingeordnet werden, sie waren untergebracht in der Victoria Street 103, Westminster.

Die Sammlung britischer Altertümer erhielt einen eigenen Assistenten mit Namen Franks, er wurde 1866 der Direktor, the First Keeper, des nun neu begründeten Department of British and Medieval Antiquities. In diesem Jahr veröffentlicht Franks einen Führer: „Guide to the Exhibition Rooms". Es ist für uns Heutige von Interesse, die Einleitungsworte wiederzugeben, weil sie die geistige Einstellung der führenden Männer dieser Zeit, in der Mitte des 19. Jahrhunderts enthalten. Franks schreibt: "The remains of the inhabitants of the British islands, previous to the Roman invasion, embrace the Stone, Bronze and a portion of the Iron period in Northern Antiquaries. They have, for convenience, been classed according to their materials, and in order corresponding to that of the supposed introduction of such materials into this country."

Der Ton der Worte zeigt die widerstrebende Art, mit der das Dreiperiodensystem übernommen wird und weiter zeigt sich der Gedanke, daß alles nach England eingeführt worden ist.

Wie schon vermerkt, war ein führender Forscher in England, JOHN KEMBLE (1807—1857), mit starker Betonung gegen das Dreiperiodensystem aufgetreten. In einer Adresse an die Royal Irish Academy von 1857 erklärte er, daß er die Ideen Worsaae's in keinem Fall annehmen könne, er sagt wörtlich, sie betrügen uns und sind geeignet, uns in grobe Irrtümer zu führen, wörtlich: „to betray us into grave historical errors" und weiter: „into an historical reductio ad absurdum".

Noch schärfer drückte sich JAMES FERGUSSON (1808—1886) in seinem Werk aus: Rude Stone Monuments in all countries, 1872. Wenn ich mit diesen Darlegungen auch vorgreife in die zweite Hälfte des 19. Jahrhunderts, so besteht doch der innere Zusammenhang, der den Vorblick nötig macht.

James Fergusson war Architekt und Altertumsforscher. Er hatte am Verkauf von Indigo ein Vermögen erworben und konnte sich so seinen Reisen und Forschungen widmen. Im Jahre 1843 erschien sein Werk: Rock-cut Temples of India; 1848 ein anderes Werk: Ancient Buddhist Architecture of India. Sein bedeutendstes Werk ist das dreibändige Buch: A History of Architecture, 1865—1867, 3. Aufl. 1893.

Bei einem Mann von dieser Bedeutung waren seine Worte gegen das Dreiperiodensystem naturgemäß von großer Wichtigkeit. Er sprach sich in dem Buche von 1872 überhaupt gegen die Möglichkeit einer Bronzezeit aus, die vor den Römern liege.

So ist England in diesen Fragen bis um 1850 und auch danach nicht in der führenden Stellung wie Skandinavien und Dänemark, auch nicht wie Frankreich. Die Gegenstände, die die Erde offenbart, sind nicht so reich wie an anderen Stellen Europas. Die Megalithbauten werden kaum beachtet, über Avebury und Stonehenge liegen Erklärungen vor, daß es keltische oder römische Bauten seien.

Klassische Archäologie

Noch ist in dieser Zeit, 1800—1850, der Blick Europas fast ausschließlich gerichtet auf die Antike. Die Wirkung der Grabungen von Pompeji hält an. Im Jahre 1799 ist der erst 33 Jahre alte LORD ELGIN (1766—1841) als britischer Botschafter nach Konstantinopel entsendet worden. Elgin nahm Maler, Zeichner und Gipsformer aus Italien mit nach Athen, damals türkisch, und ließ Zeichnungen und Abgüsse herstellen von antiken Kunstwerken. Er kaufte zwei Häuser am Parthenon und erkannte, daß die dort angehäuften griechischen Statuen in Kalköfen verbrannt wurden zu Kalk. Elgin bemühte sich bei der Hohen Pforte um einen Firman, der ihm die Erlaubnis geben sollte, einige Steinblöcke oder Figuren wegzunehmen. Er erhielt diese Bescheinigung durch manchen Bakschisch. So arbeiteten 300 Arbeiter ein Jahr lang daran, den bildlichen Schmuck des Parthenon, die Giebelfiguren, die

Metopen, die Friesplatten, abzunehmen. Viele dieser Kunstwerke wären ebenso wie andere verbrannt worden in Kalköfen.

Als Lord Elgin im Jahre 1803 von seinem Posten abberufen wurde, konnte er 200 Kisten mit dem wertvollen Gut nach London senden. Eines der Schiffe, die Brigg Mentor, scheiterte und sank am Kap Malea. Drei Jahre hindurch waren geübte Taucher damit beschäftigt, die Kisten wieder an Land zu bringen. Andere Kunstwerke wurden 1807 von den Franzosen beschlagnahmt, erst 1812 kamen die letzten 80 Kisten nach England.

Es ist die öfter aufgeworfene Frage müßig, ob Lord Elgin richtig gehandelt habe. Diese Frage aufzuwerfen, bedeutet den Sinn des damaligen Zustandes mißzuverstehen. Athen war eine Festung der Türken. Sie hatten an den Kunstwerken nicht das geringste Interesse. Durch den Transport der Marmorwerke aus der Schule des Phidias erwuchs eine Möglichkeit, in Europa griechische Kunst der klassischen Zeit zu erleben. Die Wissenschaft der Archäologie hat Lord Elgin dankbar zu sein. 1816 erwirbt das British Museum in London die Elgin Marbles, wie die Stücke nun genannt werden. Sie sind noch heute eine Zierde des Museums.

Im Jahre 1820 wird die Venus von Milo gefunden. Es ist ein Fund des Zufalls, bis heute sind die Begleitumstände nicht völlig geklärt. In den ersten Monaten des Jahres 1820 fand der Bauer Georgias auf der Insel Melos die Statue der Aphrodite, zerteilt in mehrere Stücke. Französische Seeoffiziere hörten von dem Fund und berichteten über ihn an den französischen Konsul David in Smirna. Dieser meldete den Fund dem französischen Botschafter in Konstantinopel, Marquis de la Rivière. Rivière kaufte schließlich nach vielen Verhandlungen die Statue für 750 Francs. Rivière reiste nach Melos und fand noch einige zugehörige Stücke, vor allem einen Arm und die Hand mit einem Apfel. In der Folgezeit wurden diese Teile aber als spätere Ergänzungen angesehen und nicht dem Körper angefügt. Marquis de la Rivière sandte die Statue nach Paris und schenkte sie dem König Ludwig XVIII. Sie ist heute eines der bedeutendsten Stücke des Louvre in Paris. Die Statue ist vermutlich im 3. Jahrhundert v. Chr. entstanden als Nachbildung eines älteren griechischen Werkes (E. Waldmann, Griechische Originale, 2. Aufl., 1923).

Am 30. Januar 1833 traf der neue König des befreiten Griechenlands, der bayerische Prinz Otto (reg. 1832—1862) in Nauplia ein. Er ist der zweite Sohn König Ludwig I. von Bayern. Die Türken räumten die Akropolis, eine bayerische Besatzung zog ein. Der bayerische Architekt Leo von Klenze (1784—1864) fing bedauerliche Restaurierungen an. Und als Karl Friedrich Schinkel (1781—1841) aus Berlin nach Athen gerufen wurde, legte er die Entwürfe für ein großartiges Königsschloß auf der Akropolis mit Einschluß des Parthenon vor, 1834. Der Parthenon sollte im Schloßhof stehen. Der Entwurf kam glücklicherweise nicht zur Ausführung. Am 10. September 1834 hielt König Otto von Griechenland seinen feierlichen Einzug durch die Propyläen zum Parthenon, wo ein Thronhimmel aufgestellt war.

In den dreißiger Jahren wird auf dem Besitztum der Familie Antonelli bei Terracina in Italien eine Porträtstatue gefunden. Der Besitzer schenkt sie 1839 dem Papst Gregor XVI. (1831—1846). In der Figur wird Sophokles erkannt. Wegen dieser Statue gründet der Papst das Antikenmuseum im Lateran.

Im Jahre 1849 wird in Trastevere die Kopie der Statue des griechischen Künstlers Lysipp des 4. Jahrhundert v. Chr., des Hofbildhauers Alexanders d. Gr. gefunden. Es ist der Apoxyomenos, der Abschaber. Es stellt einen Jüngling dar, der mit einem metallenen Striegel sich Sand und Öl nach dem Ringkampf vom Körper schabt (Etwa: Hans von Hülsen, Römische Funde, Göttingen 1960 Abb. S. 146). Die Statue kam in das Museum des Vatikan in Rom.

In Rom werden im Jahre 1848 die Wandmalereien der Odyssee in der Via Graziosa am Esquilin gefunden. Ein ärmliches Häuschen wird abgebrochen, unter dem Keller entdeckt man die Überreste eines alten römischen Hauses mit Galerien und Pfeilern, und in dieser unterirdischen Welt die römischen Malereien, die sich etwa 1900 Jahre hindurch tadellos erhalten haben.

Die Lage in der klassischen Archäologie ist um 1850 so, daß einzelne bedeutende Kunstwerke gefunden werden, aber die Funde sind zufällig. Es gibt einzelne Privatleute, die sammeln, die eigene, kleine Museen besitzen, aber die staatliche Grabung oder die systematische Grabung von wissenschaftlichen Instituten besteht noch nicht. Wohl wird am 9. Dezember 1828 in Rom die Gründung eines Institutes für archäologische Korrespondenz beschlossen. Der preußische Vertreter in Rom am Vatikan, Christian Karl Josias Freiherr von Bunsen (1791—1860), ist der Begründer zusammen mit Georg August Kestner (1777—1853), seit 1817 Gesandtschaftssekretär für Hannover in Rom. Seine Mutter ist Charlotte Buff, wie schon gesagt, das Vorbild der Lotte in Goethes „Werther". Sie hatte 1773 Johann Georg Christian Kestner geheiratet.

Der damalige Kronprinz, Friedrich Wilhelm von Preußen, wurde der Protektor des Instituts. Durch 30 Jahre hindurch war dieses deutsche Institut in Rom ein privater Verein, erst 1874 nach der Gründung des Deutschen Reiches wurde das Deutsche Archäologische Institut begründet, es bedeutet die Fortführung des alten Instituts für archäologische Korrespondenz in Rom, das 1871 eine preußische Staatsanstalt geworden war. Das Deutsche Archäologische Institut hat in den 150 Jahren seines Bestehens für die Forschung Gewaltiges geleistet. Es wurde Vorbild für mehrere ähnliche Institute.

Im Jahre 1837 wurde in Athen die Griechische Archäologische Gesellschaft begründet, 1898 das Österreichische Archäologische Institut, im gleichen Jahr in Berlin die Deutsche-Orient-Gesellschaft.

Die archäologischen Forschungen im Raume des Mittelmeeres gelten als klassische Archäologie. Sie bestimmt lange Zeit hindurch das Gesicht der Archäologie, der Wissenschaft der Ausgrabungen überhaupt. Die klassische Archäologie hat die exakte wissenschaftliche Grabungsmethode entwickelt, die Grabung mit Vermessung, mit Zeichnung, mit Photographie und mit der Festlegung der Schichtenfolgen.

Die Zeit von 1800—1850 ist eine Epoche, die in zwei Idealen lebt, in der Idealisierung der Griechen einerseits, in der Idealisierung der Germanen andererseits. Ein bezeichnendes Beispiel für die Idealisierung der Griechen in dieser Zeit ist der Dichter Wilhelm Müller (1794—1817). Seine „Griechenlieder", 1821—1824, bezauberten seine Epoche (G. Caminade, Les chants des Grecs et le philhellénisme de Wilhelm Müller, 1913). In England sind die Griechenland-Verehrer Lord George Byron (1788—1824), P. B. Shelley (1792—1822) und John Keats (1795—1821). Nicht nur die erste Hälfte des 19. Jahrhunderts, auch die zweite Hälfte erbaut die großen öffentlichen Gebäude wie griechische Tempel, oder wie germanische Burgen des Mittelalters. Auch die Privathäuser in den Straßen aller Städte besitzen griechische Säulen und zugleich Erker und Türmchen, Balustraden und Wehrgänge, griechische Göttergestalten und germanische Heldenfiguren.

Für Europa ist das Ergebnis dieser ersten Hälfte des 19. Jahrhunderts in der prähistorischen Archäologie trotz allem schon sehr bedeutend. Gegenüber dem 18. Jahrhundert sind vier Regionen des erwachenden Geistes des Menschen gewonnen worden — alle vier gesucht von einzelnen genialen Menschen; alle vier bis dahin unbekannt; alle vier ohne gegenseitigen Zusammenhang; alle vier ganz verschiedene Epochen betreffend; alle vier Leuchtquellen aus der Vergangenheit mit ganz verschiedenem Licht.

Was in Frankreich Boucher de Perthes gefunden hat, ist völlig umwälzend, umstürzend, Weltvorstellungen verändernd, es betrifft die Frage der Herkunft des Menschen, sein Zusammenleben mit den ausgestorbenen Tieren, sein vorsintflutliches Dasein, wie man damals sich ausdrückte. Das für jene Epoche Schwierige, ja, Unannehmbare ist es, daß das Alter des Menschengeschlechtes, — bis dahin für sehr jung erachtet, von etwa 6000 Jahre Dauer, — sich plötzlich erweitert auf geologische, erdgeschichtliche Daten, auf vielleicht 50000, vielleicht auf 100000 Jahre — Gedanken, die unvorstellbare Folgerungen in sich bergen.

Das, was Thomsen in Dänemark gefunden hat, betrifft nicht diese weit zurückliegenden Epochen, aber doch eine völlig unbekannte Urzeit des Menschen. Diese Welt bringt Gräber, Steinsetzungen, Werkzeuge, Schmuckstücke, aber niemand kennt ihr Alter, niemand ihre Geschichte, niemand die Völker, denen sie zugehörten.

Das dritte ist die Entdeckung der Skythen in Südrußland. Es ist ein Volk, das aus dem Dunkel der Vorzeit tritt, ein Schriftsteller des Altertums nennt seinen Namen, beschreibt seine Grabdenkmäler, seine Art der Totenbestattung — genau so wird es gefunden, die Gräber stehen sichtbar für Jeden in der Landschaft, sie werden geöffnet, und sie bringen die Toten, die Opfer der Pferde, die Schmuckstücke, das Gold und den Bernstein. Und diese Welt ist gleichzeitig den frühesten Griechen der mythologischen Zeit, sie liegt vor Rom und vor Konstantinopel.

Das Vierte ist die Entdeckung der Malereien der Etrusker in ihren Gräbern, ein Ereignis von großer Bedeutung. Jedoch die Zeit, befangen in der alleinigen Wertung der griechischen Antike der klassischen Zeit, gewinnt keinen Zugang zu der Eigenart der Kunst der Etrusker. Die Entdeckungen werden durchgeführt, aber die geistige Wertung bleibt aus. Trotzdem erobert diese Zeit neue Tatsachen, neue Gegebenheiten.

Alle vier Entdeckungen sind von so großer Wichtigkeit, daß sie jede für sich eine Weltsicht verändern. Alle vier sind von größter Bedeutung für diese Zeit, und doch nur Anfänge.

Der fünfte Schwerpunkt, für die damalige Zeit sicherlich der bedeutungsvollste, ist die Inbesitznahme der Akropolis durch die Bayern unter ihrem König Otto I., ist die Entdeckung bedeutender Kunstwerke der Antike.

Wenn schon Europa um 1850 nur in den Umrissen seiner Vorgeschichte sichtbar wird, dann noch weniger der außereuropäische Bezirk. Die großen geistigen Träger des Erkennens haben alle nicht Europa verlassen. Kant ist niemals über Königsberg herausgekommen, er hat kaum Ostpreußen gekannt. Schiller, der den Tell geschrieben hat, hat niemals den Boden der Schweiz betreten. Goethes Reisen nach Italien waren große und bedeutende Ereignisse, sein Ideal, Griechenland, hat er niemals erreichen können. Rousseau war zwar in der Schweiz, in Italien, in England, aber als Vertriebener, nicht freiwillig. Das Reisen außerhalb Europas war ein Abenteuer, und dies wagten nur Unternehmungslustige oder Kaufleute, die den Handel mit dem Orient erneuern wollten.

So ist also eine wissenschaftliche Erforschung des Altertums außerhalb von Europa noch sehr schwer, aber doch haben drei Länder magische Anziehungskräfte: Ägypten, Mesopotamien, Mexiko. Es ist für die beiden ersten die Bibel, die von diesen Ländern spricht, und auch die Griechen überliefern ihre Achtung von der Größe und der Weisheit der altorientalischen Kulturen.

Wohl sind immer wieder Reisende in Mesopotamien und Ägypten gewesen, wohl haben sie Reisebücher veröffentlicht, wie Pietro della Valle 1621, wie Tavernier 1744 oder Carsten Niebuhr 1766. Aber Archäologen sind es nicht. Ausgrabungen werden nicht gemacht. Wenn auch Claudius James Rich (1787—1821) aus Dijon mit 10 Arbeitern den Boden von Babylon 1807 anschneidet, so sind das Raubgrabungen, nicht mehr.

Eine wirklich wissenschaftliche Bearbeitung der Gebiete Außer-Europas beginnt erst Napoleon I. Wie auch andere Herrscher hat er starke archäologische Interessen. Seine eigene Stellung hat ihre Kraft und Wirkung durch die Überlieferung, durch die Vergangenheit, und so wie er sich die Bienen aus dem Grabe des Childerich als sein Symbol auswählt, so schließt er seinen Herrschaftsbegriff an Rom und an die Caesaren an. Und das schon 1798. Im Mai dieses Jahres bricht er zu Schiff auf von Toulon mit einer Flotte von 38000 Mann. Mit dieser Armee reisen 175 Gelehrte, die das unbekannte Land und seine Ruinen erforschen sollen. Der wichtigste unter ihnen ist der Zeichner BARON DENON, er zeichnet im Schatten der Armee, was er sieht. Sein Buch erscheint 1802 mit dem Titel: „Voyage dans la Haute et la Basse Egypte" und bewegt die damalige Welt. Von FRANÇOIS JOMARD erscheint zwischen 1809 und 1822 die „Description de l'Egypte" mit zahllosen Bildern. Aber das Wertvollste dieser Expedition wird der ganz zufällige Fund des Steines von Rosette am Ufer des Nil im Juli 1799. Er trägt Gravierungen in drei Schriften, hieroglyphisch, demotisch, griechisch. Das Demotische ist eine spätere ägyptische Schrift, die sich nach der 25. Dynastie (715—663 v. Chr.) aus einer älteren Schreibschrift, dem Hieratischen, entwickelt hat. Die dritte Schrift ist griechisch, sie ist lesbar, übersetzbar, und wenn sie dasselbe sagt, wie die beiden anderen Inschriften, muß man auch diese lesen können. Der Stein wird von den französischen Soldaten nach Kairo gebracht, zwei Abgüsse werden angefertigt, und das ist ein Glück für Frankreich, denn am 19. August 1799 segelt Napoleon ab von Ägypten und die von den Soldaten und den Wissenschaftlern gesammelten Kunstwerke und Fundstücke müssen 1801 an England abgegeben werden, sie kommen in das British Museum. Aber die Abgüsse gelangen nach Paris, und nun beginnt die Mühe der Entzifferung. Sie gelingt 1822 J. F. Champollion (1790—1832). Dadurch wird die Anteilnahme Europas an Ägypten sehr groß. Überall beginnen nun die Franzosen, die Engländer, die Deutschen, alte Kunstgegenstände zu kaufen, ein Handel mit Altertümern entwickelt sich. Der Handel braucht Fundstücke, und so ist auch der Mann da, der den Ankauf und den Verkauf in die Hand nimmt, ein Abenteurer, ein Zauberkünstler, ein Kraftmensch von 2 m Größe. Sein Name ist GIOVANNI BATTISTA BELZONI (1778—1823). Er ist in Padua geboren, ein Italiener, der Mönch werden sollte, aber er floh und wurde Athlet im Zirkus. Die Eingeborenen in Ägypten fürchten ihn wegen seiner Kraft und seiner Größe, und er ist es, der die Jagd auf Altertümer ausbaut. Er ist der erste Europäer, der 1818 den Fuß in das Innere einer Pyramide setzt, in die des Pharao Chefren in Gizeh. Er ist der Entdecker des Grabes von Pharao Sethos I. und vieler Mumien ägyptischer Könige.

Er ist es, der als erster den Felsentempel von Abu Simbel untersucht und der im Tal der Könige mehrere Königsgräber von Theben öffnet.

Im Jahre 1821 erscheint in London ein Buch von ihm, das seine Abenteuer schildert, es heißt: „Narrative of the operations and recent discoveries in Egypt and Nubia". 1823 stirbt er auf einer Forschungsreise an der Goldküste Afrikas in dem Negerdorf Gato in Benin. Er ist ein Abenteurer, ein Raubgräber, und doch der Pionier der Wissenschaft der Ägyptologie.

Belzoni schreibt so lebendig und eindrucksvoll, daß es sich auch heute noch lohnt, Stellen aus seinem Buch vorzulegen. So berichtet er: (Belzoni, ebda. S. 156 bis 158, 255—274, Übersetzung von Gustav Kilpper in Ceram, Götter, Gräber und Gelehrte in Dokumenten, Berlin 1965, S. 121—137) „Die Entdeckung des ersten Granitsteins fand am 28. Februar 1819 statt, und am 1. März stießen wir auf drei große Granitblöcke, zwei auf den Seiten und einen oben, die alle gegen das Zentrum geneigt waren. Meine Erwartung und Hoffnung wuchsen, denn allem Anschein nach mußte sich das als das Ziel unseres Suchens erweisen. Ich irrte mich nicht, denn am nächsten Tag, dem 2. März mittags, kamen wir endlich an den richtigen Eingang zur Pyramide. Die Araber, deren Erwartung ebenfalls bei dem Auftauchen der drei Steine gestiegen war, waren hocherfreut, etwas gefunden zu haben, das sie später den Fremden gegen ein Bakschisch zeigen konnten. Nachdem wir die Vorderseite der drei Steine gesäubert hatten, erwies sich der Eingang als ein 4 Fuß hoher, 3 Fuß und 6 Zoll breiter Gang, der aus großen Granitblöcken geformt war und in einem Winkel von 26 Grad 104 Fuß und 6 Zoll weit gegen das Zentrum hinabführte. Fast der ganze Gang war mit großen Steinen angefüllt, die von oben heruntergefallen waren, und da er abwärts geneigt ist, rutschten diese weiter, bis ein größerer ihnen den Weg verlegte.

Ich hatte große Mühe, bis alle Steine aus dem Gang herausgeholt waren, der bis zum Eingang der Kammer gefüllt war. Wir brauchten den Rest des Tages und einen Teil des nächsten zu dieser Säuberungsarbeit, und schließlich erreichten wir einen Fallstein. Auf den ersten Blick erschien er als ein festgefügter Steinblock, der mich anstarrte, um mir zu sagen ne plus ultra, und, wie ich dachte, all meinen Plänen ein Ende bereitete. Denn er war auf beiden Seiten ganz eng eingepaßt, und oben schien er so fest zu sitzen wie die Steine, aus denen der Gang geformt war. Bei einer genauen Untersuchung bemerkte ich indessen, daß er unten etwa 8 Zoll höher lag als der untere Teil der Vertiefung, die ihn aufnehmen sollte. Aus diesem Umstand schloß ich, daß der große Block vor mir nichts anderes war als ein einen Fuß und 3 Zoll dicker Fallstein aus Granit. Da ich eine kleine Öffnung am oberen Teil des Fallsteines entdeckt hatte, steckte ich einen langen Halm Gerstenstroh hinein, und dieser drang 3 Fuß nach oben, was mich davon überzeugte, daß dort ein leerer Raum zur Aufnahme des Fallsteines war. Das Anheben des Steines war eine Arbeit, die nicht wenig Überlegung erforderte. Der Gang ist nur 4 Fuß hoch und 3 Fuß 6 Zoll breit. Wenn zwei Mann darin nebeneinander sind, können sie sich nicht bewegen, aber es erforderte mehrere Mann, um einen Granitblock von nicht weniger als 6 Fuß Höhe, 5 Fuß Breite und 1 Fuß 3 Zoll Dicke hochzuheben. Die Hebel konnten nicht sehr lang sein, denn sonst hätte die Höhe von 4 Fuß nicht ausgereicht, um sie zu bedienen; waren sie aber kurz, so konnte ich nicht genügend Männer einsetzen, um den Stein zu heben. Die einzige mögliche Methode war, ihn jeweils nur ein wenig anzuheben und dann Steine in die Fugen an den Seiten zu klemmen, um ihn festzuhalten, während der Ansatzpunkt der Hebel verändert wurde; so wurde er hoch genug gehoben, um einen Mann durchzulassen. Ein Araber stieg dann mit einer Kerze hinein und berichtete nach seiner Rückkehr, daß der Raum drinnen sehr schön sei. Ich ließ den Stein noch weiter anheben, bis ich mich schließlich selbst hindurchquetschen konnte; und nach 30tägiger Anstrengung hatte ich endlich die Genugtuung, mich auf dem Weg zu der zentralen Kammer einer der beiden großen ägyptischen Pyramiden zu befinden, die schon so lange bewundert werden" ... „Als wir weiter vordrangen, sahen wir, daß die Seitenwände dieses Weges mit weit verzweigten Salpeterniederschlägen bedeckt waren; manche hingen wie Seile herunter, andere waren dem Fell eines weißen Lammes nicht unähnlich und wieder andere waren so lang, daß sie aussahen wie ein Endivienblatt. Ich erreichte die Tür im Zentrum einer großen Kammer. Ich machte zwei oder drei langsame Schritte und blieb dann stehen, um den Ort, an dem ich mich befand, zu betrachten. Was auch immer er bedeuten mochte, ich hielt es für gewiß, im Zentrum der Pyramide zu stehen, die seit undenklichen Zeiten das Objekt obskurster Vermutungen vieler hundert Reisender, sowohl aus alten wie neueren Zeiten war. Meine Fackel, die aus einigen Wachskerzen bestand, spendete nur ein schwaches Licht. Ich konnte jedoch die wichtigsten Gegenstände gut unterscheiden. Natürlich wandte ich meinen Blick auf das Westende der Kammer und schaute nach dem Sarkophag, den ich ganz sicher in derselben Position wie bei der ersten Pyramide zu sehen erwartete; aber ich war enttäuscht, als ich dort nichts sah. Die Kammer hat eine bemalte Decke; und viele Steine sind von ihren ursprünglichen Plätzen fortgebracht worden, offensichtlich von jemand, der einen Schatz suchte. Als ich auf das Westende zuging, war ich angenehm überrascht, als ich dort einen Sarkophag fand, der so eingegraben war, daß er in der gleichen Ebene wie der Fußboden war ..."

„In manchen dieser Gräber können die Menschen die Stickluft nicht ertragen, die oft zu Ohnmachten führt. Große Mengen von Staub wirbeln auf, der so fein ist, daß er in Rachen und Nase eindringt und beide in einem solchen Maße verstopft, daß es großer Lungenkraft bedarf, ihm und den starken Ausdünstungen der Mumien zu widerstehen. Aber damit nicht genug; der Eingang und der Gang, wo die Leichen sind, ist grob aus dem Felsen geschlagen, und der von den oberen Partien und der Decke des Ganges fallende Sand füllt diesen fast ganz. Manchmal bleibt nur eine Lücke von einem Fuß, durch die man sich mühsam kriechend wie eine Schlange über spitzige und scharfe Steine, die wie Glas schneiden, quälen muß. Wenn man dann solche Gänge, manchmal 200 oder 300 Yards lang, passiert hat, findet man im allgemeinen bequemere Stellen, vielleicht sogar hoch genug, zum Sitzen. Aber was für ein Ruheplatz! Umgeben von Leichen, von Haufen von Mumien auf allen Seiten, die mich, bevor ich mich an ihren Anblick gewöhnte, mit Schrecken erfüllten. Die Schwärze der Wände, das wegen des Luftmangels schwache Licht der Kerzen und Fackeln, die verschiedenen Körper um mich herum, die sich miteinander zu unterhalten schienen, und die Araber mit Kerzen und Fackeln in den Händen, die oft nackt und staubbedeckt selber wie lebende Mumien aussahen, bildeten eine Szenerie, die man nicht beschreiben kann. In einer solchen Situation war ich mehrere Male, und oft kehrte ich erschöpft und der Ohnmacht nahe zurück, bis ich mich schließlich daran gewöhnt hatte und nicht mehr darunter litt, außer unter dem Staub, der mir unweigerlich Kehle und Nase verstopfte; und obwohl ich glücklicherweise den Geruchsinn verloren habe, spürte ich, daß es recht unerfreulich wäre, die Mumien zu verspeisen. Nach der Anstrengung, einen solchen Ort durch einen Gang von 50, 100, 300 oder vielleicht 600 Yards zu erreichen, suchte ich, fast am Ende meiner Kraft, einen Ruheplatz, fand auch einen und versuchte, mich zu setzen; aber als mein Gewicht auf der Leiche eines Ägypters lastete, krachte sie zusammen wie eine Pappschachtel. Ich suchte mich natürlich mit meinen Händen zu stützen, aber sie fanden keinen besseren Halt, so daß ich völlig zwischen den zerbrochenen Mumien versank, begleitet von einem Krachen von Knochen, Lumpen und Holzkästen, aus denen ein solcher Staub aufwirbelte, daß ich mich eine Viertelstunde ruhig verhalten mußte, bis er sich wieder setzte. Ich konnte mich indessen nicht fortbewegen, ohne wieder neuen Staub aufzuwirbeln, und mit jedem Schritt zertrat ich irgendeinen Teil einer Mumie. Einmal führte man mich von einem solchen Ort zu einem ähnlichen durch einen Gang von etwa 20 Fuß Länge und nicht breiter, als daß sich gerade ein Mensch hindurchzwängen konnte. Er war vollgestopft mit Mumien, und ich konnte nicht vorwärts gehen, ohne daß mein Gesicht dasjenige eines verrotteten Ägypters streifte; aber da der Gang abwärts geneigt war, half mir mein eigenes Gewicht weiter. Ich konnte es indessen nicht vermeiden, mit Knochen, Beinen, Armen und Köpfen, die von oben herabrollten, bedeckt zu werden. So wanderte ich von einer Gruft zur anderen, alle voll Mumien, die auf verschiedene Weise aufgestapelt waren, einige stehend, einige liegend, und einige auf ihren Köpfen. Der Zweck meines Vorhabens war, die Ägypter ihrer Papyri zu berauben, von denen ich einige an ihrer Brust, unter den Armen, über den Knien und auf den Beinen, immer bedeckt von den zahlreichen Tüchern, in die die Mumien eingewickelt sind, fand. Die Leute von Gournou, die mit Antiquitäten dieser Art

Handel treiben, sind sehr eifersüchtig auf Fremde und halten sie so geheim wie möglich, indem sie den Reisenden vorspiegeln, daß sie jetzt am Ende des Grabes angelangt seien, wenn sie kaum hinter dem Eingang sind. Ich konnte sie erst bei dieser meiner zweiten Reise veranlassen, mich an diese Orte zu führen, und es gelang mir, Zutritt zu allen Grüften zu erhalten, wo es Mumien zu sehen gibt."

Man kann jetzt, seit 1822, die ägyptischen Inschriften lesen, und nun setzt König Friedrich Wilhelm IV. von Preußen auf Veranlassung von Alexander von Humboldt einen großen Geldbetrag aus für eine Forschungsreise nach Ägypten. Der Leiter der Expedition ist RICHARD LEPSIUS (1810—1884), der erste Professor für Ägyptologie an der Universität Berlin. 1842—1846 reist und arbeitet er in Ägypten, und das Ergebnis ist ein großes und grundlegendes Werk „Denkmäler aus Ägypten und Äthiopien", 1849—1859. 1855 wird das Ägyptische Museum in Berlin durch Lepsius begründet. Lepsius hat 67 Pyramiden untersucht, vermessen, aufgenommen und 130 Mastabas, große Grabbauten, wissenschaftlich bearbeitet.

Auch in Mesopotamien beginnt in der ersten Hälfte des 19. Jahrhunderts die wissenschaftliche Bearbeitung. Doch die ersten Ausgräber sind eher Sammler als Wissenschaftler.

Die Keilschrift kann früher entziffert werden als die Hieroglyphen, aber dieses Ergebnis ist ein Geniestreich, und seine Wirkung auf die Wissenschaft ist nur gering. Erst 1835 entziffert H. C. Rawlinson unabhängig von der ersten Entdeckung noch einmal die Keilschrift, und seine Arbeit bringt den wirklichen Erfolg.

Die erste Entzifferung gelingt Georg Friedrich Grotefend (1775—1853) im Jahre 1802. Am 4. September, am 2. Oktober und am 13. November 1802 wird über diesen Erfolg der Göttinger Akademie berichtet und in den Göttinger Gelehrten Anzeigen vom 18. September 1802 findet sich der Bericht über die Entdeckung, doch sie liegt so abseits von allen damals bewegenden Fragen, daß sie gar keine Wirkung hinterläßt.

Aber die Anteilnahme an dem Geschehen des alten Orients wird immer größer. Goethe ist ganz ergriffen von dieser neuen östlichen Welt, die auf Europa ausstrahlt, und 1814 und 1815 schreibt er in Winkel am Rhein bei seinen Freunden Brentano und bei Willemer in Frankfurt/M. den West-östlichen Diwan, der 1819 erscheint. August Wilhelm Schlegel (1767—1845) wird 1818 in Bonn Professor für indische Sprachen, Schopenhauer beschäftigt sich mit indischer Philosophie, seine „Welt als Wille und Vorstellung", die 1819 erscheint, steht ganz unter dem Einfluß indischen Denkens. Herder und auch Hegel werden stark von diesem östlichen geistigen Einfluß betroffen. Überall werden die Gedanken des Ostens wach, es lebt ein Bemühen, den Osten zu verstehen und zu begreifen.

Von dieser Gedankenwelt angeregt, beginnt PAUL E. BOTTA (1802—1870), ein französischer Arzt, seine Ausgrabungen im Jahre 1842 auf einem Hügel bei Kujundschik, dem alten Ninive. Doch er gibt die Arbeit bald wieder auf und gräbt 16 km entfernt in Khorsabad. Hier wirkt er von 1843—1846. Unter großen Kämpfen mit den Eingeborenen und dem Pascha der Türkei gelingt es ihm, den Palast des Königs Sargon II. zu finden. Sargon war König von Assyrien und regierte von

721—705 v. Chr. Er ist der König, der in den Weissagungen des Jesajas genannt wird. Nach der Eroberung von Babylon hat Sargon diesen Palast 709 v. Chr. aufbauen lassen.

Botta findet viele Skulpturen, er will sie nach Paris schaffen lassen. Er verlädt die Bildwerke auf Flöße, aber der Tigris ist reißend, die Bildwerke versinken im Fluß. Erst eine zweite Expedition hat Erfolg, und im Jahre 1846 können die ersten mesopotamischen Monumente aufgestellt werden im Louvre in Paris. Die Bevölkerung der Stadt ist begeistert. Nicht weniger groß ist die künstlerische Wirkung dieser Bildwerke, sie werden nun immer wieder nachgeahmt, und der unglückliche, nur imitierende Stil des 19. Jahrhunderts hat hier einen seiner Ausgangspunkte.

Ein anderer Ausgräber dieser Zeit in Mesopotamien ist AUSTEN HENRY LAYARD (1817—1894). Layard wird als Engländer in Paris geboren, er wird englischer Diplomat und beginnt, ebenfalls beeinflußt von dem Geheimnis des Orients, seine Ausgrabungen 1845 in Nimrud, der alten Assyrerhauptstadt Kalchu. Er findet den Palast von Assurnasirpal II. (884—859) und den Palast von Assarhaddon (681—669), zweier assyrischer Könige. In Assur gräbt er kurz, dann wendet er sich Kujundschik zu, dem alten Ninive, wo Botta aufgehört hatte zu graben. Hier kann er die großen geflügelten Genien finden und den Palast des Königs Sanherib (705—681).

Im Oktober 1849 kommt Layard von einer größeren Reise aus London zurück nach Ninive, und nun gelingt ihm eine der großartigsten Entdeckungen der Menschheit überhaupt: er findet in zwei Räumen des Palastes von Sanherib die Tontafelbibliothek des assyrischen Königs Assurbanipal, der von 668—631 regierte. Es sind 20 000 Tontafeln und Bruchstücke, Tafeln, die nun nach London geschickt werden, und die eine neue eigene Wissenschaft entfachen, die Wissenschaft der Assyriologie. Es ergibt sich bald, daß die Texte in Keilschrift nicht nur in assyrischer Sprache geschrieben sind, sondern auch in sumerischer und akkadischer Sprache, den Sprachen, die zwischen 3000 und 2000 in Mesopotamien gesprochen worden sind. Es ist George Smith (1840—1876), dem in den sechziger Jahren die Entzifferung dieser anderen, älteren Keilschrifttexte gelingt.

Sir Austen Henry Layard erlebt als Diplomat noch eine große Entfaltung. 1868 wird er englischer Minister der Öffentlichen Arbeiten, 1869 englischer Gesandter in Madrid, 1877—1880 englischer Botschafter in Konstantinopel. Sein wichtigstes Werk ist: „Inscriptions in the cuneiform character, from Assyrian Monuments" 1851. Ein weiteres wichtiges Buch von ihm, das von großer Bedeutung wurde, ist: „Niniveh and its remains", 1848, deutsch 1850, ferner: „Discoveries at Niniveh and researches at Babylon", 1853, deutsch 1856, und zuletzt: „Early adventures in Persia, Susiana and Babylonia," 1887. Als er 1894 stirbt, betrauert man in ihm den eigentlichen Entdecker der alten Welt Mesopotamiens.

Layard berichtet über seine Ausgrabungen in Nimrud, und da er so eindringlich und drastisch seine Erlebnisse beschrieben hat, seien einige Stellen seines Buches: „Niniveh and its Remains," (übersetzt von Gustav Kilpper, in Ceram, Götter, Gräber und Gelehrte in Dokumenten. Berlin 1965, S. 232—241) hier wiedergegeben: „Ende Oktober war ich wieder in den Ruinen. Der Winter kam schnell heran, und es wurde nötig, ein richtiges Haus als Obdach für mich und meine Diener zu erbauen. Ich steckte im Dorf Nimroud auf dem Erdboden einen Grundriß ab, und in ein paar Tagen waren unsere Wohnungen fertig. Meine Arbeiter errichteten die Mauern aus an der Sonne getrockneten Lehmziegeln und überdachten die Räume mit Balken und Baumzweigen. Eine dicke Lehmschicht wurde über das Ganze gelegt, um den Regen abzuhalten. Zwei für mich bestimmte Zimmer wurden durch einen Iwan, einen offenen Raum, voneinander getrennt, und das Ganze war von einer Mauer umgeben." ... „Unglücklicherweise ging der Regenschauer, den ich während des Restes meines assyrischen Aufenthaltes erlebt, nieder, bevor meine Wände überdacht waren, und durchnäßten die Ziegel so sehr, daß sie vor dem nächsten Frühjahr nicht mehr trockneten. Die Folge davon war, daß das einzige Grün, an dem meine Augen sich vor meiner Rückkehr nach Europa erlaben konnten, ausgerechnet mein eigener Besitz darbot — nämlich die Wände im Innern der Zimmer, die die ganze Zeit mit Gras überzogen waren." ...

„Die Ausgrabungen wurden im großen Maßstab am 1. November wieder aufgenommen. Meine Arbeitsgruppen wurden über den Trümmerhügel verteilt — in den Ruinen der Paläste im Nordwesten und Südwesten; bei den riesigen Stieren im Zentrum; und in der südöstlichen Ecke, wo bisher noch keine Spuren von Gebäuden entdeckt worden waren."

„Man wird sich erinnern, daß die Mehrzahl der Platten, die die Südwand der großen Halle im nordwestlichen Palast gebildet hatten, mit der Vorderseite auf den Boden gefallen waren. Ich war in erster Linie bemüht, diese Flachreliefs aufzuheben und für den Transport nach Busrah zu verpacken. Um das zu erreichen, war es notwendig, große Erd- und Schuttanhäufungen zu entfernen — ja, praktisch den ganzen Raum leer zu machen, denn die heruntergefallenen Platten reichten fast bis zu seiner Mitte. Die Skulpturen auf neun Platten waren in einem wunderbaren Zustand, obwohl diese durch den Fall zerbrochen waren. Die Platten waren wie die schon beschriebenen durch ganz leichte Inschriften in zwei Felder geteilt."

„Die Skulpturen sind höchst interessant. Sie stellen die Feldzüge des Königs und seine Siege über fremde Völker dar. Die oberen Flachreliefs auf den ersten beiden Platten zeigen zusammen ein Bild: den König mit seinen Soldaten im Kampf unter den Mauern einer feindlichen Burg. Er steht, prächtig gekleidet, in einem von drei reich ausstaffierten Pferden gezogenen Streitwagen und schießt einen Pfeil entweder gegen die Verteidiger der Mauern oder gegen einen Krieger, der, schon verwundet, gerade von seinem Streitwagen herunterstürzt. Ein Leibwächter beschützt die Person des Königs mit einem Schild, und ein Wagenlenker hält die Zügel und treibt die Pferde an. Über dem König ist das Symbol der höchsten Gottheit, die wie in Persepolis, durch eine geflügelte Figur in einem Kreis mit einer gehörnten Mütze ähnlich der des menschenköpfigen Löwen dargestellt ist. Wie der König schießt sie gerade einen Pfeil ab, dessen Spitze die Form eines Dreizacks hat."

„Dem König folgen drei Streitwagen. Der erste wird von drei Pferden gezogen — eines davon bäumt sich auf, ein anderes stürzt — und auf ihm ein verwundeter Krieger, der seine Verfolger um Gnade bittet. In den anderen sind zwei Krieger dargestellt, der eine schießt einen Pfeil ab, der andere lenkt die Pferde, sie sind in vollem Galopp. In jedem assyrischen Streitwagen ist eine Standarte. Ihre Symbole, eingerahmt von einem mit Quasten und Bändern verzierten Kreis, sind ein Bogenschütze mit der gehörnten Mütze, aber ohne Flügel, der auf einem Stier steht, und zwei Rücken an Rücken stehende Stiere. Unten auf dem ersten Flachrelief sind Wellenlinien, die Wasser oder einen Fluß andeuten sollen, und über beide sind Bäume verstreut. Assyrische Infanteristen, die den Feind bekämpfen oder erschlagen, sieht man an verschiedenen Stellen; und drei geköpfte Leichen über den Hauptpersonen auf dem zweiten Flachrelief stellen die Toten im Hintergrund dar..."

„Am Morgen nach diesen Entdeckungen war ich zum Lager von Scheich Abd-ur-rahman geritten und kehrte gerade zum Hügel zurück, als ich zwei Araber seines Stammes, die ihre Mähren zur höchsten Eile antrieben, auf mich zukommen sah. Als die mich erreicht hatten, hielten sie an. „Schnell, o Bey", rief einer von ihnen, „komm schnell zu den Grabungsarbeitern, denn sie haben Nimrod selbst gefunden. Bei Allah, es ist ein Wunder, aber es ist wahr! Wir haben ihn mit eigenen Augen gesehen! Es gibt keinen Gott außer Gott"! Und indem der andere in diesen frommen Ausruf einstimmte, galoppierten beide, ohne mehr zu sagen, in Richtung auf ihre Zelte davon. Bei den Ruinen angekommen, stieg ich in den soeben angelegten Graben hinab und fand die Arbeiter, die mich schon hatten kommen sehen, bei einem Haufen von Körben und Mänteln stehen. Während Awad hervortrat und zur Feier des Ereignisses um ein Geschenk bat, zogen die Araber einen in aller Eile angefertigten Vorhang zurück und enthüllten einen gewaltigen menschlichen Kopf, der vollplastisch aus dem einheimischen Alabaster herausgehauen war. Die Leute hatten den oberen Teil einer Figur freigelegt, deren Rest noch in der Erde begraben war. Ich sah sofort, daß der Kopf zu einem geflügelten Löwen oder Stier wie jene von Khorsabad und Persepolis gehören mußte. Er war wunderbar erhalten; der Ausdruck ruhig, aber majestätisch, und die Gesichtszüge zeigten eine Freiheit und eine künstlerische Höhe, wie man sie kaum je in Werken einer so weit zurückliegenden Zeit finden kann. Die Mütze hatte drei Hörner und war, anders als bei den bisher in Assyrien gefundenen menschenköpfigen Stieren, gerundet und ohne Zierat an der Spitze."

„Es überraschte mich nicht, daß seine Erscheinung die Araber bestürzt und erschreckt hatte. Man brauchte seine Einbildungskraft nicht anzustrengen, um die ungewöhnlichsten Phantasiebilder heraufzubeschwören. Dieser gigantische, vom Alter gebleichte Kopf, der aus dem Schoß der Erde hervortrat, konnte sehr wohl zu einem jener furchtbaren Wesen gehören, von denen die Überlieferung des Landes erzählt, daß sie langsam aus den tieferen Regionen der Erde emporsteigen und den Sterblichen erscheinen... Während ich die Entfernung der Erde, die noch an der Skulptur haftete, überwachte und Anweisungen für den Fortgang der Arbeiten gab, hörte man das Geräusch von Reitern, und alsbald erschien Abd-ur-rahman mit der Hälfte seines Stammes am Rande des Grabens. Sobald die beiden Araber, die ich getroffen hatte, ihre Zelte erreicht und von dem Wunder, das sie gesehen, berichtet hatten, bestieg jeder seine Mähre und ritt zum Trümmerhügel, um sich selber von der Wahrheit dieser unvorstellbaren Nachricht zu überzeugen. Als sie den Kopf sahen, schrieen sie alle miteinander: ‚Es gibt keinen Gott außer Gott, und Mohammed ist sein Prophet'. Es dauerte einige Zeit bis der Scheich dazu bewegt werden konnte, in die Grube hinunterzusteigen und sich selbst davon zu vergewissern, daß das Bildwerk aus Stein war. ‚Das ist nicht das Werk von Menschenhänden', rief er aus, sondern von jenen ungläubigen Riesen, von denen der Prophet — Friede sei mit ihm — sagt, daß sie größer als die höchste Dattelpalme seien; das ist eines jener Götzenbilder, die Noah — Friede sei mit ihm! — vor der Sintflut verfluchte.' Dieser Meinung, dem Resultat sorgfältiger Untersuchung, stimmten alle Umstehenden bei."

„Ich ordnete nun an, einen Graben in genau südlicher Richtung von dem Kopf auszuheben, da ich erwartete, eine entsprechende Figur zu finden, und noch vor der Nacht erreichte ich das Ziel meiner Suche in einer Entfernung von ungefähr zwölf Fuß. Ich hieß zwei oder drei Mann bei den Skulpturen die Nacht verbringen, kehrte ins Dorf zurück und feierte den Fund des Tages, in dem ich Schafe schlachten ließ, wovon alle in der Nähe befindlichen Araber ihren Anteil bekamen. Da zufällig einige herumziehende Musikanten in Selamiyah waren, schickte ich nach ihnen, und man tanzte den größten Teil der Nacht hindurch. Am folgenden Morgen strömten Araber vom anderen Tigrisufer und die Bewohner der umliegenden Dörfer auf dem Hügel zusammen. Nicht einmal die Frauen konnten ihre Neugierde unterdrücken und kamen in Scharen mit ihren Kindern von weit her. Mein Kawaß war während des Tages im Graben postiert, in den ich die Menge nicht hinuntersteigen lassen wollte."

Seltsamerweise tritt bis 1850 Palästina noch nicht zu den Ländern, in denen Ausgrabungen vorgenommen werden. Der Grund ist wohl, daß Jerusalem ähnlich wie Rom eine bewohnte Stadt geblieben ist, und daß dadurch Ausgrabungen sehr schwer durchzuführen sind.

Dagegen wird ein ganz anderes Land von spannendem Interesse: Mexiko.

Die wissenschaftliche, archäologische Bedeutung dieses Landes wird zuerst geahnt von ALEXANDER VON HUMBOLDT (1769—1859). Er reist am 9. Juni 1799 nach Amerika und kehrt 1804 zurück. Humboldt ist der erste, der die altmexikanischen Bauwerke aufsucht und bewundernd durchwandert. Er zeichnet sie, er überlegt ihr Alter, und er wirft damals schon die Frage auf: besteht bei diesen pyramidenartigen riesenhaften Bauten ein Zusammenhang mit Ägypten, mit Mesopotamien. Er untersucht die Pyramide von Cholula, er mißt die Höhe, 54 Meter, die Länge der Seiten, 450 Meter, und er erkennt, die Grundfläche ist doppelt so groß wie die der Pyramide des Cheops.

1808 begleitet Humboldt den Prinzen von Preußen in einer politischen Mission nach Paris. In Paris bereitet er den Druck vor von seiner großen Arbeit über Mexiko. Er bleibt bis 1827 in Paris und hier erscheint sein Reisewerk in 36 Bänden. Es hat den Titel: Voyage aux régions équinoxiales du Nouveau Continent (1803—1834). Die deutsche verkürzte Ausgabe erscheint erst 1836—1852.

Es ist von Bedeutung zu sehen, daß Alexander von Humboldt damals den Gedanken der Herkunft der mexikanischen Pyramiden von denen von Mesopotamien überlegt. Dieser Gedanke hat sich in unserer Zeit mehr und mehr durchgesetzt. Seit 1935 weisen Forscher wie BARON HEINE GELDERN (Heine-Geldern, Significant parallels in the symbolic arts of Southern Asia and Middle America. 29. Intern. Congreß of Americanists, 1949, Chicago 1951) und CARL HENTZE (Carl Hentze, Objets rituels, croyance et dieux de la Chine antique et de l'Amérique. Antwerpen

1936) immer wieder darauf hin, daß es kulturelle Zusammenhänge gegeben haben müsse zwischen Asien und Amerika. WALTER KRICKEBERG hat sich diesen Vorstellungen angeschlossen (Walter Krickeberg, Altamerikanische Kulturen, Berlin 1956, S. 570—575).

Humboldt sagt (übersetzt nach Humboldt, Researches concerning the Institutiones and Monuments of the Ancient Inhabitants of America, London 1814, S. 98—99): „Wir haben schon die große Ähnlichkeit der Bauweise zwischen den mexikanischen Teocallis und dem Tempel von Bel oder Belus in Babylon erwähnt. Diese Analogie hat schon Mr. Zoega überrascht, obwohl er sich nur eine sehr unvollkommene Beschreibung der Pyramidengruppe von Teotihuacan hatte verschaffen können. Nach Herodot, der Babylon besucht und den Tempel von Bel gesehen hat, hatte dieses pyramidenförmige Monument acht Stockwerke. Es war ein Stadium hoch, und die Breite seiner Basis war gleich wie seine Höhe. Die äußere Mauer, die es umgab, war zwei Stadien im Quadrat. Das gewöhnliche olympische Stadium war 183 Meter lang; das ägyptische Stadium nur 98. Die Pyramide war aus Ziegeln und Asphalt erbaut. Ein Tempel stand auf ihrer Spitze und ein zweiter an ihrer Basis. Der erstere hatte nach Herodot keine Statuen; er enthielt nur einen goldenen Tisch und ein Bett, auf dem eine Frau ruhte, die der Gott Belus auserwählt hatte. Diodorus Siculus dagegen behauptet, daß der obere Tempel einen Altar enthielt und drei Statuen, denen er entsprechend den Vorstellungen der griechischen Götterlehre die Namen von Jupiter, Juno und Rhea gab. Aber weder diese Statuen noch irgendein Teil des Monuments existierten noch zur Zeit von Diodorus und Strabo. Bei den mexikanischen Teocallis wie beim Tempel von Belus unterschied man zwischen dem unteren naos und dem Tempel auf der Plattform der Pyramide. Die gleiche Unterscheidung kommt klar in den Briefen von Cortez zum Ausdruck und auch in der Geschichte der Conquista, die Bernal Diaz verfaßt hat, der mehrere Monate im Palast des Königs Axajacatl, also gegenüber dem Teocalli von Huitzilopochtli, wohnte."

Ein anderer Erforscher der altamerikanischen Kulturen in dieser Zeit ist der VISCOUNT KINGSBOROUGH. Er sammelt die mexikanischen Codices und veröffentlicht sie. Sein Werk „Antiquities of Mexico" von 1831 in sieben großen Bänden ist ein Quellenwerk der Mexikanistik.

Die Gerüchte von seltsamen, von gewaltigen Steinbauten und mächtigen Skulpturen in dem undurchdringlichen Dschungel von Yucatan bewegten damals die Abenteurer. Einer dieser Reisenden, der Wunder suchte, war ein Deutscher, JOHANN FRIEDRICH MAXIMILIAN GRAF VON WALDECK (1766—1857). Seine Familie hatte sich in Frankreich niedergelassen. Graf Waldeck war Maler, ein Schüler von Jacques Louis David (1748—1825), dem Hofmaler Napoleons I. Waldeck war im Gefolge der Armee Napoleons in Ägypten. Als Napoleon 1799 Ägypten verließ, verblieb er im Lande und reiste zum Studium der Altertümer nach Assuan. Nun wollte er die Sahara durchqueren. Die Reise war aber so wenig vorbereitet, sie war auch so schwierig, daß alle Teilnehmer umkamen, nur Graf Waldeck blieb am Leben, zwar sehr angegriffen, aber er erholte sich wieder. Nun trieb ihn seine Abenteuerlust nach Amerika, hier wollte er die unbekannten Pyramiden in Mittelamerika aufsuchen. Seine erste Reise nach Guatemala unternahm er im Jahre 1821. Er hatte die

Pyramiden von Palenque gefunden. In London sollte sein Buch über die Reise erscheinen, und so fuhr er nach Europa zurück. Hier traf er Viscount Kingsborough, der ebenfalls in Mittelamerika gewesen war. Kingsborough finanzierte nun mehrere Reisen von Waldeck nach Amerika. Als Kingsborough starb, fand Waldeck seine finanzielle Unterstützung durch den Dichter Prosper Mérimée (1803—1870). Mérimée war zugleich seit 1831 der Inspekteur der historischen Denkmäler Frankreichs. Seine finanzielle Hilfe war vor allem zur Veröffentlichung der Waldeck'schen Bücher über die Bauten in Mittelamerika gedacht. So konnte 1838 das Buch erscheinen: Voyage Pittoresque et Archéologique dans la Province d'Yucatan et aux Ruines d'Itzalane. Paris 1838.

Das Buch von Graf Waldeck ist damals, 1838, kaum beachtet worden, es ist fast vergessen, deshalb mag es berechtigt erscheinen, einige seiner damaligen Gedanken nach dem Original zu veröffentlichen, zumal Waldeck schon den gleichen Gedanken einer Beziehung zu Asien äußert, wie Alexander von Humboldt. (Graf Waldeck, ebda. S. 70—73.) „Die Ruinen von Uxmal, die vor meiner Expedition nur von den Besitzern des benachbarten Gutshofes ... besucht worden waren, ... sind die Überreste einer mächtigen und so großen Stadt wie unsere Hauptstädte von Europa ... Die Bauten von Palenque sind mit Ausnahme des Palastes klein an Größe; diejenigen von Uxmal haben kolossale Ausmaße und sind ganz aus behauenen Steinen erbaut. Vier große Gebäudekomplexe, die durch freie Flächen voneinander getrennt sind, umschließen einen Platz, dessen Fläche 57,672 englische Fuß beträgt. Die größere Seite des Rechteckes mißt 227 Fuß und 8 Zoll, die kleinere 172 Fuß, 9 Zoll..." (zitiert nach C. W. Ceram, Götter, Gräber und Gelehrte in Dokumenten, Berlin 1965, S. 325)

„Den asiatischen Stil erkennt man leicht in der Architektur dieser Monumente. Der symbolische Elefant ist hier auf den abgerundeten Ecken der Gebäude abgebildet, mit erhobenem Rüssel auf der Ostseite, mit gesenktem auf der Westseite ... Es handelt sich um erhabene Statuen in natürlicher Größe, deren Zeichnung in einigen Teilen auffallend naturgetreu, in anderen jedoch unschön ist. Besonders an den Ornamenten kann man die Geduld der bei diesen Bauten beschäftigten Arbeiter bewundern und die Vorliebe dieser alten Völker für reiche Monumentalität erkennen."

Ein anderer Forscher, der Mexiko und Yucatan durchzieht, die Bauwerke in den Urwäldern findet und bewundernd beschreibt, ist der Amerikaner JOHN LLOYD STEPHENS (1805—1852). Er ist oft der erste, der in den unendlichen Wäldern die riesigen Bauwerke erblickt, und sein Zeichner, Frederick Catherwood ist dann derjenige, der die Formen dieser Bauten, dieser Stelen, dieser Skulpturen und Bilder festhält. Das Buch von Stephens erscheint 1842. Es hat den Titel: „Incidents of Travel in Central America, Chiapas and Yucatan". Das Buch bildet die Grundlegung und den Beginn der Archäologie Amerikas. (V. W. Van Hagen, Maya Explorer, John Lloyd Stephens, 1947.)

Einige Stellen aus dem Buch, übersetzt, werden die Beobachtungsgabe von Stephens und seine Bedeutung für die Forschung deutlich machen. „Als der Tag anbrach, hingen die Wolken noch über dem Urwald; bei Sonnenaufgang verflüchtigten sie sich; unsere Arbeiter tauchten auf, und um neun Uhr verließen wir die

Hütte. Von den Zweigen der Bäume tropfte es naß, und der Boden war sehr schlammig. Als wir noch einmal den Bezirk durchstreiften, der die hauptsächlichsten Monumente enthielt, erschraken wir vor der Unermeßlichkeit der vor uns liegenden Arbeit, und sehr bald begriffen wir, daß es unmöglich sein würde, das ganze Gebiet zu erforschen. Unsere Führer kannten nur diesen Distrikt; aber da wir eine Meile vom Dorf entfernt Säulen gesehen hatten, durften wir mit Recht annehmen, daß weitere auch in anderen Richtungen, völlig im Wald begraben und gänzlich unbekannt, verstreut anzutreffen sein müßten. Die Wälder waren so dicht, daß der Gedanke, sie zu durchdringen, fast hoffnungslos war. Der einzige Weg, eine gründliche Erforschung vorzunehmen, wäre gewesen, den ganzen Wald zu roden und die Bäume zu verbrennen. Das war unvereinbar mit unserer unmittelbaren Absicht, wäre wohl als zu weitgehend angesehen worden und hätte nur in der trockenen Jahreszeit bewerkstelligt werden können. Nachdem wir uns die Sache überlegt hatten, beschlossen wir, zunächst einmal Zeichnungen der skulptierten Säulen anzufertigen. Sogar das bereitete große Schwierigkeiten. Die Darstellungen waren so verworren und so verschieden von allem, was Mr. Catherwood bisher gesehen hatte, daß sie völlig unverständlich waren. Es handelt sich um sehr hohe Reliefs, die eine starke Lichtquelle erforderten, um in ihren Einzelheiten deutlich herauszukommen; aber das Laub war so dicht und die Schatten so tief, daß das Zeichnen unmöglich war."

„Nach langer Beratung wählten wir eines der ‚Götzenbilder' aus und beschlossen, die Bäume ringsumher zu fällen und es so für die Strahlen der Sonne freizulegen. Schon wieder gab es Schwierigkeiten. Es gab keine Axt; das einzige Werkzeug, das die Indianer besaßen, war die Machete, ein Hackmesser, dessen Form in den verschiedenen Gegenden das Landes differiert; mit einer Hand geschwungen, war es brauchbar, um Büsche und Zweige zu entfernen, aber fast nutzlos bei großen Bäumen. Und die Indianer widmeten sich ihrer Arbeit wie in den Zeiten, da die Spanier sie entdeckten, ohne Eifer, führten sie mit wenig Tatkraft aus." ...

„Man kann unmöglich das Interesse beschreiben, mit dem ich diese Ruinen durchforschte. Das Gebiet war vollständig neu; es gab weder Reiseführer noch Führer; alles war jungfräulicher Boden. Wir konnten keine zehn Yards weit sehen und wußten nie, über was wir beim nächstenmal stolpern würden. Einmal hielten wir an, um Zweige und Ranken wegzuschneiden, die die Vorderseite eines Monumentes verbargen und dann darum herum zu graben, um ein Fragment ans Licht zu bringen, von dem eine skulptierte Ecke aus der Erde herausragte. Ich beugte mich in atemloser Erregung vor, während die Indianer arbeiteten, und ein Auge, ein Ohr, ein Fuß oder eine Hand wurden der Erde entrissen; und als die Machete klingend gegen den skulptierten Stein schlug, schob ich die Indianer zur Seite und räumte die lose Erde mit meinen Händen weg. Die Schönheit der Skulptur, die feierliche, nur durch das Herumspringen der Affen und das Schnattern der Papageien gestörte Stille des Waldes, die Verödung der Stadt und das Geheimnis, das über ihr hing — all das erregte eine Neugierde, die, sofern das überhaupt möglich war, noch größer war, als ich sie je vor den Ruinen der Alten Welt verspürt hatte. Nach einigen Stunden der Abwesenheit kehrte ich zu Mr. Catherwood zurück und berichtete ihm von etwa fünfzig Objekten, die kopiert werden mußten ..."

„Wie wir gefürchtet hatten, waren die Darstellungen so schwierig und verworren, die Sujets so gänzlich neu und unverständlich, daß er große Schwierigkeiten hatte, sie abzuzeichnen. Er hatte verschiedene Versuche gemacht, sowohl mit als auch ohne Camera lucida, konnte aber weder sich zufriedenstellen noch sogar mich, der ich ja weniger kritisch war. Der ‚Götze' entzog sich offenbar seiner Kunst; zwei Affen auf einem Baum daneben schienen sich über ihn lustig zu machen, und ich fühlte mich entmutigt und verzagt. Ja, ich bereitete mich mit schmerzlichem Bedauern darauf vor, den Gedanken an die Beibringung irgendwelchen Materials für die Forschung der Altertumswissenschaftler fallenzulassen und damit zufrieden zu sein, daß wir selbst die Dinge gesehen hatten. Diese Befriedigung konnte uns niemand rauben. Wir kehrten mit unvermindertem Interesse in unsere Hütte zurück, aber aus tiefstem Herzen traurig über das Resultat unserer Mühen."

Aber dann kaufte Stephens das Gebiet von Copan. Von dem Bericht ist diese Stelle amüsant: „Der Leser ist vielleicht neugierig zu erfahren, wie sich alte Städte in Mittelamerika verkaufen. Wie andere Handelsgüter richten sie sich nach der Menge am Markte und der Nachfrage; da sie aber keine Stapelwaren wie Baumwolle und Indigo sind, haben sie Liebhaberpreise, und zu jener Zeit gingen sie flau. Ich bezahlte fünfzig Dollar für Copan. Es gab gar keine Schwierigkeiten wegen des Preises. Ich bot diesen Betrag, und Don Jose Maria hielt mich deswegen für verrückt; hätte ich mehr geboten, so hätte er wahrscheinlich noch Schlimmeres von mir gedacht."

Über Palenque schrieb Stephens: „Der Palast steht auf einer künstlichen Erhöhung von rechteckiger Form, vierzig Fuß hoch, dreihundertzehn Fuß vorne und hinten und zweihundertsechzig Fuß an jeder Seite. Diese Erhöhung hatte ursprünglich eine Steinverkleidung, die aber infolge des Baumbewuchses heruntergefallen ist, und ihre Form ist kaum mehr erkennbar."

„Das Gebäude steht mit der Front nach Osten und ist zweihundertachtundzwanzig Fuß breit und hundertachtzig Fuß tief. Seine Höhe beträgt nicht mehr als fünfundzwanzig Fuß, und es hatte ringsherum ein breit ausladendes Gesims aus Stein. Die Front hat 14 Tore, je ungefähr neun Fuß breit, und die Pfeiler dazwischen sind zwischen sechs und sieben Fuß breit. Auf der linken Seite (wenn man auf das Gebäude zugeht) sind acht Pfeiler zusammengestürzt, ebenso die rechte Ecke, und die Terrasse darunter ist mit den Trümmern bedeckt. Aber sechs Pfeiler stehen noch, und der Rest der Front ist offen ... Das Gebäude ist aus Stein mit einem Mörtel aus Kalk und Sand erbaut, und die ganze Front war mit Stuck überzogen und bemalt. Die Pfeiler waren mit lebensvollen Figuren in Flachrelief verziert ... Oben sind drei in den Stuck eingebettete Hieroglyphen. Die Figur ist umschlossen von einer reich verzierten Einrahmung von ungefähr zehn Fuß Höhe und sechs Fuß Breite, von der nur noch ein Teil vorhanden ist. Die Hauptfigur steht aufrecht und im Profil und bietet einen außergewöhnlichen Gesichtswinkel von etwa 45 Grad dar ... Der Kopf gehört einer anderen Rasse an als irgend eine jetzt in dieser Gegend des Landes existierende; und wenn man annimmt, daß die Statuen Bildnisse lebender Personen oder Schöpfungen der Künstler gemäß ihren Vorstellungen von vollkommenen Gestalten sind, zeigen sie eine jetzt untergegangene und unbekannte Menschenrasse. Der Kopfschmuck ist offensichtlich ein Federbusch." ... „Der

Stuck ist bewundernswert gleichmäßig und hart wie Stein. Er war bemalt, und an verschiedenen Stellen fanden wir noch Reste von Rot, Blau, Gelb, Schwarz und Weiß." (Aus: Incidents of Travel in Central America. New York 1842, S. 115—121, 126—128, 309—320. Übersetzt von Gustav Kilpper in Ceram, Götter, Gräber und Gelehrte in Dokumenten. Berlin 1965, S. 328—341.) Stephens schreibt so eindringlich, so anschaulich, daß die Lektüre seines Buches noch heute eine Freude ist. Dieses Werk war es nun auch, daß die spätere Forschung beeinflußt hat, und das bis heute noch ein Führer ist.

John Lloyd Stephens ist in den Vereinigten Staaten, in Shewsbury, New Jersey, geboren. Er studierte Jura, doch die Archäologie war es, die ihn fesselte. So reiste er nach Europa, nach Syrien, Palästina, und hier machte er die Bekanntschaft von Frederick Catherwood. Der hatte an einer Expedition durch Ägypten teilgenommen und er war ein guter Zeichner archäologischer Funde. Stephens kehrte nach den USA zurück und beschäftigte sich mit allen vorhandenen Dokumenten über die großen Kulturen Mittelamerikas. Wegen seiner Kenntnisse wurde er von der Regierung in diplomatischer Mission nach Mexiko gesandt, und so benutzte er diese Gelegenheit, den Dschungel von Yucatan zu durchstreifen. Den Zeichner Catherwood nahm er als seinen Begleiter mit. Als W. H. PRESCOTT seine beiden Werke „History of the Conquest of Mexico" 1843 und „The Conquest of Peru" 1847 vorlegt, ist eine neue Wissenschaft entstanden, eine Wissenschaft, deren Aufgabe die Ausgrabung, Verarbeitung, Gliederung der Funde und die Entzifferung der Inschriften wird. Um 1850 als Problem und Aufgabe erkannt, erreicht die Forschung ihre wirkliche Festigung erst um 1950, also 100 Jahre später.

Überblickt man das Ganze des Wissensbestandes um 1850, dann sind es in Europa vier Kreise, die ihr erstes Licht erhalten haben: das eiszeitliche Frankreich, das neolithisch-bronzezeitliche Dänemark, das etruskische Italien, das skythisch-griechische Rußland.

In Außereuropa sind Ägypten, Mesopotamien, Mexiko in den Blickkreis getreten und haben ihre ersten Geheimnisse offenbart.

Im Jahre 1788 erscheint ein wichtiges Buch über Ausgrabungen in den Vereinigten Staaten, in Virginia. Sein Titel ist: Notes on the state of Virginia, Philadelphia. Der Verfasser ist der Schöpfer der Unabhängigkeitserklärung der Vereinigten Staaten, THOMAS JEFFERSON (1743—1826), der dritte Präsident der USA von 1801—1809.

In der Nachbarschaft seiner Wohnung finden sich „mounds", Grabhügel, sie lassen ihm keine Ruhe, er gräbt einen aus. Jefferson schreibt in seinem Buch, übersetzt (zitiert nach Ceram, Der erste Amerikaner, Rowohlt-Verlag, Reinbek bei Hamburg, 1. Aufl. 1972, 5. Aufl. 1972, S. 24): Sie (die Grabhügel) sind von verschiedener Größe, einige aus Erde aufgeschüttet, andere aus losen Steinen errichtet. Daß sie einmal letzte Ruhestätte für die Toten gewesen sind, ist jedermann klargewesen. Einige glauben, sie bedecken die sterblichen Überreste derer, die einst an Ort und Stelle in der Schlacht gefallen waren. Andere dagegen erklären sie mit einem angeblich weit verbreiteten indianischen Brauch, nämlich zu bestimmten Zeiten die

Gebeine aller ihrer Toten an einem Ort zusammenzutragen, mochten sie auch zunächst nach ihrem Sterben anderswo aufbewahrt worden sein."

„Da sich einer dieser Grabhügel, dieser mounds, in meiner Nachbarschaft befand, wünschte ich mich zu vergewissern, ob eine, und welche, dieser Meinungen richtig war. Zu diesem Zweck beschloß ich, ihn zu öffnen und durch und durch zu untersuchen."

Es folgt die genaue Beschreibung der Örtlichkeit. Der mound war von kuppelförmiger Gestalt, an der Basis an die 13 Meter im Durchmesser. Er wird ursprünglich vier Meter hoch gewesen sein.

Jefferson beschreibt das Ergebnis seiner Grabung: „Ich grub zuerst oberflächlich an mehreren Stellen und stieß in verschiedenen Tiefen, zwischen 15 und 90 Zentimeter, auf Ansammlungen menschlicher Knochen. Es herrschte ein völliger Wirrwarr, die einen lagen senkrecht, die anderen schräg, wieder andere waagerecht. Sie wiesen in alle Himmelsrichtungen, alles war kraus und verworren, zusammengehalten nur durch das Erdreich."

„Dann ging ich daran, einen senkrechten Schnitt durch den Grabhügel zu legen, um seinen inneren Aufbau zu untersuchen."

Jefferson beschreibt in diesem Buch, 1781 niedergeschrieben, seine Methode, einzelne Schichten festzustellen, er verwendet das Wort „stratum". Auch die Frage nach der Herkunft des Menschen in Amerika sucht Jefferson zu beantworten. Er meint, und das sicherlich mit Recht für die Einwohner Nordamerikas, daß sie auf dem nördlichen Wege aus Asien gekommen seien.

Das Buch Jeffersons erschien noch zu seinen Lebzeiten in sechzehn Auflagen. Eine französische Ausgabe erschien 1782 in Paris, 1787 eine englische in London, 1789 eine deutsche in Leipzig.

Im Jahre 1960 hat sich SIR MORTIMER WHEELER (geb. 1890), der große Ausgräber der Gegenwart in Asien, mit den Grabungen von Jefferson beschäftigt in seinem Werk: Moderne Archäologie, Methoden und Technik der Ausgrabung, Verlag Rowohlt, Reinbek bei Hamburg, 1960. Er betont das große Verdienst Jeffersons für die Archäologie Amerikas, er sagt, daß Jefferson der erste Ausgräber war, der nicht nach Gold und Edelsteinen suchte, sondern der wissenschaftliche Ergebnisse erwartete. Er grub systematisch nach Lagerungen und Schichten und er übergab seine Ergebnisse der Nachwelt in einem Fundbericht.

KAPITEL VII

Die Forschung in der zweiten Hälfte des 19. Jahrhunderts

Als die zweite Hälfte des 19. Jhs. beginnt, stehen in Europa fünf Gruppen der Vorgeschichtsforschung nebeneinander. Jede von ihnen hat selbständig mit eigenen Ausgrabungen begonnen, jede hat ihre eigenen Fragen an die Funde, jede hat ihre eigenen Probleme, und die Berührungen sind nur gering.

Am Ende der Epoche, um 1900, haben sich Verbindungen ergeben, Gesamtprobleme sind aufgetreten, die Versuche zu einer Gesamtübersicht über das Werden des Menschen treten in Erscheinung.

Frankreich ist reich geworden an Kleinfunden der Eiszeit, an Kunstwerken auf Knochen und Steinen. Die Frage der Wandmalereien der Eiszeit erscheint als etwas völlig Neues, jedoch sie kann nicht beantwortet werden. In Skandinavien und Dänemark ist die Frage nach der Gliederung der Neusteinzeit und der Bronzezeit in den Vordergrund getreten. In Rußland bewegt die Gemüter die Kunst der Skythen. Die Klassische Archäologie in Griechenland und Rom gewinnt an Gestalt durch neue Funde. Die Probleme der Völkerwanderungszeit und der Wikingerzeit treten zum erstenmal in den Blickkreis. In Mitteleuropa und der Schweiz werden zwei Fundstellen von besonderer Bedeutung, Hallstatt und Latène. Im Süden Europas beginnt Schliemann seine Grabungen in Mykenä und Tiryns.

Außerhalb Europas wird von Bedeutung die Grabung von Troja. Ägypten und Mesopotamien werden erschlossen, das Problem der Hethiter erwacht.

Und doch gibt es eine große gemeinsame Frage, die allem Suchen zugrunde liegt und die die entscheidende Frage ist, es ist die nach dem Werden des Menschen, die Frage nach seinem Erwachen, die Frage nach seinem frühesten Sein.

So stellt sich dieses Problem an den Anfang, und da es nicht nur ein anatomisches, sondern ein philosophisches und zugleich ein prähistorisches Problem ist, tritt die Vorgeschichte, die prähistorische Archäologie, notwendig heraus aus dem Schatten der älteren Wissenschaftszweige, sie erringt sich Selbständigkeit, Eigenständigkeit, Sicherheit, Grundlegung und Gliederung. Wieder sind die Kämpfe schwer, hart, zerstörend. Sie wirken oft wie Donnerschläge — aber die Klärung erfolgt, und am Ende des Jahrhunderts hat die Gruppe den Sieg errungen, die auf der Seite des Werdens steht, auf der Seite, die wie Goethe, das Erwachen des Menschen aus der Reihe der Tiere erkennt.

Wenn so diese 50 Jahre von 1850 bis 1900 die Grundfragen schon entscheiden können, dann im ganzen auch die zweite große Frage, die nach der feineren Gliederung, die der relativen Chronologie. Die letzte Frage, die nach der absoluten Chronologie, wird darauf die der ersten Hälfte des 20. Jahrhunderts. Aber auch dieser Epoche glückt sie noch nicht ganz, sie bleibt vorbehalten der zweiten Hälfte des 20. Jahrhunderts, der Zeit nach 1950, der Zeit, in der wir uns jetzt befinden.

Das, was Hegel für die erste Hälfte des 19. Jahrhunderts bedeutet, das ist Darwin für die zweite Hälfte. Beide Denker geben ihrer Zeitepoche ein Gesicht, einen Inhalt, einen Ausdruck. Beide Denker schaffen eine gedankliche Welt, die beherrschend wird, die Europa in ihren Bann schlägt und geistig bestimmt. Die Wirkung von beiden Männern, Hegel und Darwin, ist noch heute, nach mehr als hundert Jahren, so tiefgreifend, daß beide Denker als Ausgangspunkte, als Wurzeln, als Trieb unserer heutigen Denkformen angesehen werden müssen.

CHARLES DARWIN (1809—1882) steht ganz auf den Fußspuren seiner Vorläufer: Lamarck, Geoffroy de Saint-Hilaire, Lyell und auf denen seines eigenen Großvaters, ERASMUS DARWIN (1731—1802).

Erasmus Darwin hatte 1794 ein Buch geschrieben mit dem Titel: Zoonomia, in dem sich ganz klar ausgesprochen der Gedanke der Entwicklung von einer Art in die andere findet, ja, er hat sogar schon den Gedanken des Kampfes um das Leben zur Erhaltung der Art entfaltet, einen Gedanken, der später bei Charles Darwin so entscheidend werden sollte. „Die letzte Ursache des Wettstreites zwischen den Männchen scheint es zu sein, daß das stärkste und kräftigste Tier die Art fortpflanzen soll, die dadurch verbessert wird." (Erasmus Darwin, Zoonomia, 1794, zitiert nach Sherwood Taylor, History of Science and Scientific Thought, New York 1949 S. 221).

Im Jahre 1809, als Lamarck gegen Cuvier ankämpft, wird Charles Darwin geboren. Im Jahre 1830, als sich Cuvier und Geoffroy de Saint-Hilaire in der Pariser Akademie befehden, wird aus dem Theologen Darwin ein Naturwissenschaftler. Im Jahre 1859, als Lyell die Entdeckungen von Boucher de Perthes bestätigt, daß der Urmensch mit den ausgestorbenen Tieren zusammen gelebt habe, erscheint Darwins grundlegendes Werk, das den seltsamen und umständlichen Titel trägt: "On the origin of species by means of natural selection; or the preservation of favoured races in the struggle for life", London 1859.

Wer hätte ahnen können, daß dieses Buch, das einen so eigentümlichen und noch dazu so speziellen Titel besitzt, eine ganze Welt umändern sollte, und daß einmal ein Kulturhistoriker wie Egon Friedell (Kulturgeschichte der Neuzeit, München 1931, S. 213) das Folgende sagen kann: „Darwin hat im vollsten Sinne des Wortes die Epoche gemacht: umgestaltet, gelenkt, bis in die geheimsten und entlegensten Kanäle ihres Geisteslebens durchdrungen". Er nennt ihn den Kopernikus der organischen Welt, einen vortrefflichen Gelehrten, einen reinen kindlichen Geist, einen echten Gentleman und einen Mann mit der Demut eines wahren Christen.

Charles Darwin studiert erst zwei Semester Medizin an der Universität Edinburgh, dann Theologie auf Christ's College in Cambridge. 1831 macht er eine Reise nach Feuerland, Südamerika, und hier, beim Anblick des Lebens der Feuerländer und ihrer Vernichtung durch die Europäer, gewinnt er jenes Zauberwort, das ihm die Enthüllung der Rätsel um die Entstehung der Arten wird: Struggle for life, Kampf ums Dasein. Und dieses Wort bringt eine Lawine ins Rollen.

Der Gedanke der natürlichen Entwicklung aller Lebewesen, der Entfaltung der einen Art aus der anderen, der Übergang einer Form in eine neue — das alles liegt in der Luft, das alles ist vielfach ausgesprochen worden, vielfach im Experiment untersucht worden, sowohl bei Pflanzen wie bei Tieren, der Gedanke ist also nichts Neues und kaum der Behandlung wert, und so zieht Charles Darwin seine Arbeit hin. Er wird von dem leitenden Gelehrten der Linnean Society, der Linné-Gesellschaft, Joseph Dalton Hooker (1817—1911), aufgefordert, ein Buch zu schreiben über den Ursprung der Arten, doch Darwin findet das nicht wichtig genug, das Ganze ist vor ihm schon zu oft wiedergegeben worden.

Jedoch eine Frage gibt es in dieser Weltsicht noch, die nicht ganz beantwortet ist, das ist der Grund der Veränderung, der Wandlung. Die Veranlassung, warum eine Art überlebt, die andere ausstirbt. Der Sinn, warum sich das eine erhält, das andere aber völlig vergeht.

Lamarck hatte als Grund die Anpassung der Geschöpfe an die Umwelt genannt, aber was heißt das? Wie kann sich ein Tier an seine Umwelt anpassen, ein Pilz die Erdfarbe annehmen, ein Frosch die Farbe der Blätter, eine Giraffe, die gerade Lamarck genannt hatte, einen langen Hals bekommen? Der Wille kann nicht die Veränderung schaffen, der Wille kann nicht jenes Urelement sein, das die Kreatur verändert — was ist es? Und in seinen Gedanken — und Darwin schreibt mehrfach darüber in seinen Briefen — erinnert er sich an Feuerland, an den Kampf mit dem Leben, an das Fortbestehen dessen, was in seiner ihm gesetzten Lebensaufgabe kräftiger, gewandter, geeigneter ist — struggle for life.

Darwin geht auf die Isle of Wight und schreibt sein Buch in 14 Monaten. Im November 1859 ist es erschienen. Es hat tatsächlich eine Welt verändert.

Darwin hat das Glück, daß seine Gedanken mehr vorbereitet sind als die von Boucher de Perthes, er erlebt nicht die völlige Ablehnung wie de Perthes, es bekennen sich gleich große Gelehrte zu seinen Erklärungen und Deutungen, vor allem Thomas H. Huxley (1825—1895), ein anerkannter, bedeutender Zoologe, und Alfred Russel Wallace (1823—1913), ein gedankenreicher Naturforscher, und Herbert Spencer, der Philosoph (1820—1903).

Von dem Menschen hat Darwin in seinem ersten Buch nicht gesprochen, nur in einem Satz, aber in den folgenden Überlegungen wird der Mensch das Problem, das in den Vordergrund tritt. Darwin liebt Diskussionen nicht, er lebt ruhig und zurückgezogen, und jeder Kampf ist ihm zuwider. Es ist Huxley, der ihn vertritt und verteidigt. Es kommt zu Kämpfen in der Universität Oxford. Auf der einen Seite steht der Bischof Wilberforce von Oxford, auf der anderen Huxley, und als Wilberforce Huxley fragt, ob er glaube, daß er selbst, Huxley, von dem Affen abstamme, antwortet ihm Huxley: „Für mich, Hochwürden, gäbe es nur einen Vorfahren, dessen ich mich schämen müßte — und das wäre ein Mann, der dilettantisch in wissenschaftliche

Dinge hineinredet, von denen er nichts versteht." (Zitiert nach Herbert Wendt, Ich suchte Adam, Hamm i. W. 1953 S. 288).

Der Kampf geht unentwegt weiter, aber immer mehr tatsächliche Beweise für die Lehre Darwins können gefunden werden. Die Frage der Entwicklung der Tiere in sich selbst kann schließlich halb und halb anerkannt werden, aber die Herkunft des Menschen von den Tieren, von dem menschenähnlichsten, dem Affen, das wird die schwierige Frage, vor die diese Zeit sich gestellt sieht.

Huxley hat im Jahre 1863 ausgerufen (Thomas A. Huxley, „On our knowledge of the causes of the phenomena of organic nature", 1863, deutsch 2. Aufl. 1896): „Die Frage aller Fragen für die Menschheit, das Problem, das allen übrigen zugrunde liegt und das uns angeht tiefer als irgend ein anderes, ist die Bestimmung der Stellung, die der Mensch in der Natur einnimmt, und die seiner Beziehung zu der Gesamtheit der Dinge. Woher unser Stamm gekommen ist, welches die Grenzen unserer Gewalt über die Natur und der Naturgewalt über uns sind, auf welches Ziel wir hinstreben — das sind die Probleme, welche sich von neuem und mit unvermindertem Interesse jedem zur Welt geborenen Menschen darbieten."

Darwin selbst stellt dieses Problem in den Mittelpunkt seines zweiten Werkes von 1871. Es hat den Titel: „The descent of man and on selection in relation to sex." Das Buch erscheint im selben Jahre in deutscher Sprache in der Übersetzung von V. Carus mit der Bezeichnung: „Die Abstammung des Menschen und die geschlechtliche Zuchtwahl."

Darwin weiß, daß er mit seinen Gedankengängen Wunden aufreißen wird, und er spricht es sehr deutlich aus in diesem Werk. Er sagt: „Es ist zu entschuldigen, wenn der Mensch einen gewissen Stolz empfindet, daß er, obgleich nicht durch eigene Anstrengung, die höchste Höhe der organischen Stufenleiter erreicht hat. Und die Tatsache, daß er bis dahin gestiegen ist und nicht ursprünglich dahin gestellt wurde, gibt ihm die Hoffnung, daß er in einer fernen Zukunft zu einer noch höheren Bestimmung gelangen werde. Doch gilt es hier nicht Hoffnungen oder Befürchtungen in Betracht zu ziehen; sondern einzig nur die Wahrheit, soweit unsere Vernunft sie zu entdecken vermag; und ich habe mein Bestes daran gewandt, den Beweis zu erbringen. Wir müssen indessen, wie mich dünkt, anerkennen, daß der Mensch mit allen seinen Eigenschaften, mit seiner Sympathie, die er für das Niedrigste fühlt, mit seinem Wohlwollen, das sich nicht nur auf andere Menschen erstreckt, sondern auch auf das geringste lebende Geschöpf, mit seinem göttlichen Intellekt, der die Bewegungen und die Beschaffenheit des Sonnensystems ergründet hat — daß der Mensch mit allen diesen erhabenen Kräften doch noch in seinem Körperbau den unauslöschbaren Stempel seines niedrigen Ursprungs trägt." (Charles Darwin, Die Abstammung des Menschen und die geschlechtliche Zuchtwahl. Deutsche Ausgabe übers. von David Haek, Leipzig, Reclam, o. J. S. 180).

Heute, nach über hundert Jahren ist es unzweifelhaft, daß Darwin recht hatte. Die Herkunft des Menschen aus der Tierreihe ist nicht mehr Gegenstand des Glaubens und des Meinens, sondern des sicheren Wissens. In den hundert Jahren sind die 1871 noch fehlenden Zwischenglieder in solcher Fülle aus der Erde getreten, daß jeder Zweifel behoben ist. Die Verbindung zwischen dem Menschen und dem Menschenaffen, ist gegeben durch die gleiche Zeit der Schwangerschaftsdauer, durch das Fehlen des Scheitelkammes, durch die bestimmte Nackenmuskulatur, durch den Zwischenkieferknochen, den Goethe entdeckte, dann durch das os centrale, einen Knochen hinter den Fünffingerknöcheln, durch die Gleichheit der Spermatozoen, die Gleichheit der Chromosome. Ein besonders sicherer Nachweis ist die Blutserumforschung. Die Verbindung des Serums ist nur möglich bei nahe verwandten Lebewesen. Das Serum von Mensch und Schimpanse verbindet sich aber völlig, so daß ein biologischer Beweis vorliegt, der jederzeit im Reagenzglas nachgeprüft werden kann.

Der wichtigste Nachweis ist aber der, den ERNST HAECKEL (1834—1919) das biogenetische Grundgesetz nannte. Die Tatsache, daß der Mensch in den neun Monaten vor seiner Geburt die ganze Entwicklung des Menschengeschlechts in großer Abkürzung noch einmal erlebt, ist von entscheidender Bedeutung. Im zweiten Monat hat der Mensch die Bildung eines Schwanzes, wie die Tiere. Im dritten Monat besitzt der Embryo Kiemen wie die Fische, und so fort. Auch dieser Beweis ist bindend.

Die Tatsache der Herkunft des Menschen aus der Reihe der Tiere ist also gesichert wie jede andere feste Erkenntnis. Die Frage ist heute allein, ob es nur die geschlechtliche Zuchtwahl ist, die das Fortleben der Arten schafft, wie Darwin annahm. Es gibt verschiedene Ansichten über die Gründe, die den ewigen Wechsel veranlassen, über die Tatsache selbst aber sind Meinungen nicht mehr möglich.

LYELL (1797—1875), der große Geologe, der Boucher de Perthes den Weg bereitet hat und der der geistige Ahne Darwins ist, stirbt 1875. Er wird in Englands bedeutendster Begräbnisstätte, in der Westminster-Abtei, zur ewigen Ruhe gebettet. Darwin folgt ihm 1882, und auch er erhält als einer der wenigen Gelehrten seinen Platz an dieser Stelle unter den Königen Englands. Die großen Theologen, die Botschaften von Amerika, Frankreich, Italien, Deutschland sind zugegen. Thomas Huxley, Alfred Russel Wallace, Joseph Hooker und John Lubbock halten die vier Zipfel des Leichentuches.

Man hat so oft die Gedanken Darwins die kopernikanische Wandlung des modernen Weltbildes genannt, und sicherlich zu recht. Seine Auffassungen halfen damals entscheidend mit, das statische Denken zu ersetzen durch das Bewußtsein einer sich wandelnden und sich verändernden Welt. Ihre Wirkung vereinigt sich mit dem Fortschreiten der Veränderung der gesellschaftlichen Lebensformen und Lebenshaltungen. In der Wissenschaft erwuchsen die Biologie, die Mathematik, die Physik, die Chemie zu vorher unbekannter Bedeutung. In der Philosophie gibt es seit dieser Zeit nicht mehr den Gedanken des Wahren, des Schönen, des Guten, als etwas für alle Zeiten Gleiches, wie bei Plato, sondern alle diese Werte erscheinen eingebettet in einen sich ewig wechselnden Strom der veränderten Schätzung und Zielsetzung zu den verschiedenen Zeiten. In der Kunstgeschichte erwacht nun der Gedanke des Stiles mit seiner wechselnden Wertsetzung und mit seinem sich verändernden Stilgefüge. Ideen und Begriffe verlieren ihre Zeitlosigkeit und werden aus verschiedenen Epochen den veränderten Gesichtspunkten zugehörig erlebt.

In der ersten Hälfte des 19. Jahrhunderts war es die Philosophie mit Hegel, Fichte, Schelling, die der Epoche den Akzent gab, den Ausgangspunkt des Denkens. In der zweiten Hälfte des 19. Jahrhunderts ist es nicht mehr das Denken, das führend ist, nicht mehr die Philosophie, sondern die Einzelforschung, die Naturwissenschaft mit mehreren Zweigen, Zoologie, Botanik, Anatomie, Anthropologie, Prähistorische Archäologie, die Ausgrabung. Die Ausgrabung der Tierreste, auf der schon Darwins Gedanken in ihrer Grundlegung ruhten, umspannt nun auch den Menschen. Die Philosophie folgt, sie nimmt die Ergebnisse der Forschung, vor allem der Ausgrabung auf, und fügt sie ein in das große Gesamtbild des Menschen.

Es sind zwei führende Geister, die philosophisch die zweite Hälfte des 20. Jahrhunderts tragen: Herbert Spencer und Friedrich Nietzsche. Beide stehen in ihren Grundfesten auf dem Boden der Lehre Darwins, und beide sind Strahlungen, die ohne das Zentrum Darwin undenkbar sind.

HERBERT SPENCER (1820—1903) ist zuerst Ingenieur, dann Journalist, zuletzt freier Schriftsteller. Er ist geboren in Derby am 27. April 1820 und ist gestorben in Brighton am 8. Dez. 1903. Seine wichtigsten Werke sind: „First principles", 1862, deutsch von Vetter 1875, und „Principles of sociology" 1877—1896, deutsch von Vetter 1877—97. Der Ausgangspunkt Spencers ist das Denken von John Stuart Mill und Auguste Comte, es ist der Grundgedanke, daß alle Überlegung auszugehen hat von der Erfahrungswissenschaft und der Vorstellung der Bewegung aller geistigen Formung. Aus der Fülle der Erscheinungen sucht er das allem Lebendigen gemeinsame Gesetz. Er findet es in Darwins Begriffen. Sein Grundprinzip ist das Gesetz der Entwicklung. Es bedeutet den Übergang vom Gleichartigen zum Vielfältigen, vom Einfachen zum Durchgebildeten, vom Ungeordneten zum Geordneten, vom Unbestimmten zum Bestimmten. Es gibt nur Stoff und Kraft, und die Kraft ist der letzte Urgrund der Welt, der Beweger aller Dinge, allen Geistes. Das Entwicklungsgesetz, das in der Kraft enthalten ist, äußert sich in drei immer aufeinanderfolgenden Erscheinungsformen, der Konzentration, der Differenzierung und der Determination, also der Zusammenballung, der Entfaltung einer Erscheinungsform und der Übergangsform in einen bestimmten Zustand und in eine neue feste Art. Auf diese Bildung folgt dann die „dissolution", die Auflösung. Die beiden Erscheinungsformen der Kraft, „integration", Zusammenschluß, und „desintegration", Auseinanderstreben, Zerfall, sind die entscheidenden Ausdrucksformen des Urelementes der Kraft. Das Grundgesetz ist das der Erhaltung und des Gleichbleibens der Kraft. Entwicklung und Auflösung bedingen in ihrer Bewegungsfolge das Leben. Es ist die ständige Anpassung an die inneren und äußeren Verhältnisse, was allen Lebewesen gemeinsam ist.

Dieses Entwicklungsgesetz als die tragende Kraft des Kosmos beherrscht bei Spencer die Erkenntnislehre, die Psychologie, die Ethik, die Politik, die Gesellschaft, auch die Geschichte. Selbst die früheste Geschichte des Menschen, die prähistorische Archäologie, steht ganz unter diesem Gesetz. So sagt er wörtlich (Spencer, Essay über den Fortschritt, in "Essays scientific, political and speculative" 1857—63): „Wir wollen nun zeigen, daß dieses Gesetz des organischen Fortschritts das Gesetz allen Fortschritts ist. Ob es sich handelt um die Entwicklung der Erde, um die Entwicklung des Lebens auf ihrer Oberfläche, um die Entwicklung der Staatsformen, der Industrie, des Handels, der Literatur, Wissenschaft, Kunst — überall herrscht das gleiche Gesetz der Entwicklung durch aufeinanderfolgende Differenzierungen. Von den frühesten verfolgbaren kosmischen Veränderungen bis zu den letzten Ergebnissen der Zivilisation findet man, daß es die Umwandlung des Gleichartigen in das Ungleichartige ist, worin der Fortschritt hauptsächlich besteht... Von der entferntesten Vergangenheit, welche die Wissenschaft noch ergründen kann, bis hinauf zu den Errungenschaften von gestern zeigt sich aufs Deutlichste, daß Fortschritt hauptsächlich in der Verwandlung des Homogenen in das Heterogene besteht".

In diesen Worten ist das klar ausgedrückt, was die Welt dieser Zeit als das Entscheidende denkt: die Entwicklung, den Fortschritt, den immer wiederkehrenden Aufbau und den ständig neuen Zerfall und damit die Neubildung, die weiterführt zu höheren Zielen. Spencers Biographen haben sein Weltbild sehr deutlich herausgearbeitet und es hat Jahrzehnte hindurch die geistige Welt vollkommen beherrscht. (H. F. Collins, Epitome of the synthetic philosophy of H. Spencer, 1897; J. A. Thomson, Herbert Spencer, London 1906; W. H. Hudson, Herbert Spencer, London 1909; C. L. Morgan, Spencers philosophy of science, 1913; Hugh S. Elliot, Herbert Spencer, London 1917, Sir Desmond MacCarthy, Portraits 1954.)

In Deutschland erscheint 1855 das Buch von LUDWIG BÜCHNER (1824—1899) mit dem Titel: „Kraft und Stoff". Ludwig Büchner ist der Bruder des Dichters Georg Büchner, dessen Dramen „Dantons Tod" und „Woyzeck" noch heute so große Erfolge erringen. Ludwig Büchner ist ein geistiger Führer der Bewegung dieser Zeit, die Materialismus oder Positivismus genannt werden kann. 1868 erscheint sein Buch: „Die Darwinsche Theorie von der Entstehung und Umwandlung der Lebewelt" und 1874 sein Werk: „Der Gottesbegriff und dessen Bedeutung in der Gegenwart."

LUDWIG FEUERBACH (1804—1872) veröffentlicht 1851 seine „Vorlesungen über das Wesen der Religion". Er spricht von dem Glauben des Menschen an sich selbst, von dem Glauben an den Fortschritt, von dem Glauben an die Wirklichkeit, die Realität.

ERNST HAECKEL (1834—1919), der große Naturwissenschaftler, der die Welt bereichert hat um so bedeutende Erkenntnisse, dessen Buch „Natürliche Schöpfungsgeschichte", 1868, der Zeit die Grundlagen des Entwicklungsdenkens gibt, auch schon den Menschen einbezogen vor Darwin, und dessen wichtiges Werk „Entwicklungsgeschichte des Menschen" von 1874 so viel für die Erweiterung des Wissens bedeutet, auch er wollte aus den Erkenntnissen der Naturwissenschaft eine neue Philosophie, eine neue Weltanschauung schaffen. Im Jahre 1899 erscheint sein damals so begeistert aufgenommenes Werk „Welträtsel", das die naturwissenschaftlichen Erkenntnisse verbindet mit einer Philosophie des Materialismus und des Positivismus, einer Weltschau, die oft sehr angreifend und in der Form nicht glücklich ist. Ich darf bemerken, daß ich in meiner Studienzeit in Jena, 1917—18 Ernst Haeckel oft auf den Straßen in Jena gesehen habe, daß ich ihn auch in einer Gesellschaft bei Rudolf Eucken persönlich erlebte. Er hatte eine eindrucksvolle Gestalt und sprach lebendig und wirkungsvoll.

Nach ERNST MACH (1838—1916) ist das Denken ein ökonomisches Vorstellen, eine Zusammenfassung der Unsumme von Erfahrungen auf kleinstem Raum. Mach ist gleichsam der Theoretiker des Impressionismus, der Zerlegung der Farben in ihre einzelnen Teile. Auch ihm erscheint, wie so vielen anderen Denkern dieser Zeit, die Metaphysik als Fiktion, und dieser Weg führt zu dem philosophischen Materialismus, dem völligen Verzicht auf die Fragen des Jenseitigen und Ewigen.

Eine etwas andere geistige Welt entwickelt sich in England und Amerika, aber auch sie lehnt alles Fragen nach dem Transzendenten ab. „Wahr ist, was sich bewährt" das ist der Grundsatz der Gedankenwelt, genannt der Pragmatismus. Der Hauptvertreter dieser Haltung ist der nordamerikanische Philosoph WILLIAM JAMES (1842—1910). Der Mensch erscheint nach ihm nicht als das betrachtende, fragende, begreifenwollende Wesen. Es ist das tätige, handelnde, schaffende, arbeitende Geschöpf, der homo faber. Dieser Mensch steht fest in seiner Welt, die Welt hat nur einen Wert in Bezug auf ihn selbst. So ergibt sich, daß alle Erkenntnis, die seiner Erfahrung entspringt, nützlich und sinnvoll ist, was aber nicht nützlich und sinnvoll ist, ist gleichzeitig auch wertlos. Dabei sind nützlich und sinnvoll nicht nur materielle Werte, sondern auch geistige Güter, Sittlichkeit, Religion. Auch für sie gilt in pragmatischem Sinne die Bewährung. Eine Religion ist nur dann von Sinn, wenn sie sich bewährt. James kennt eine Willensfreiheit, und sie führt zu einer besseren Zukunft. Auch diese Welt ruht ganz im Darwinismus. 1890 erscheint das Hauptwerk von James, "Principles of Psychologie" und 1897 „Der Wille zum Glauben." Er sagt so: „Die reichere Einsicht unserer modernen Zeit hat erkannt, daß unsere inneren Fähigkeiten an die Welt, in der wir weilen, von vornherein angepaßt sind; in dem Sinne, daß sie unsere Sicherheit und Wohlfahrt in ihrer Mitte schützen. Wichtige Dinge erfüllen uns mit Interesse, gefährliche mit Furcht, giftige mit Ekel und notwendige mit Begierde.. Geist und Welt haben sich gegenseitig entwickelt und passen deshalb zueinander."

Im Grunde ist das der puritanische und merkantilistische Gedanke. Der Prüfstein für die Richtigkeit der Gedanken ist der Erfolg — eine Sache ist wahr, wenn sie zu mir paßt, wenn sie den Erfolg in sich trägt.

Im Jahre 1866 erscheint das Werk, das die Gedankenwelt dieser Zeit am deutlichsten umschreibt, es ist das Buch von FRIEDRICH ALBERT LANGE (1828—1875), „Geschichte des Materialismus und Kritik seiner Bedeutung in der Gegenwart." Lange untersucht die geistigen Grundlagen des materialistischen Denkens. Er führt sie auf Kant zurück in seiner Erkenntnis, daß die Gegenstandswelt von den Begiffen abhängt. Er begründet das Recht des Menschen, die Erklärung alles Wirklichen abzuleiten aus der Bewegung der Materie. Er betont, daß dieser Weg als Prinzip der Forschung berechtigt ist, daß er aber als Prinzip einer Erkenntnis des Wesens der Welt völlig unzureichend erscheint. Das, was wir Materie nennen, ist in Wahrheit nichts Wirkliches, sondern auch nur ein Begriff, den der Verstand erzeugt hat, wie schon Kant erklärte. Das „Ding an sich", das Transzendente, besteht weiter als der Grenzbegriff. Durch ihn wird der Punkt bezeichnet, bis zu dem das auf Erfahrung begründete Erkennen nicht zu gelangen in der Lage ist. Die Metaphysik und die Ethik sind also nicht Gegenstände der wissenschaftlichen Forschung, wenn es auch menschlich hochstehende Erlebnisformen sind.

Er sagt so: (Geschichte des Materialismus, 1866) „Der Materialismus hält sich mehr als irgend ein anderes System an die Wirklichkeit, d. h. an den Inbegriff der notwendigen, durch Sinneszwang gegebenen Erscheinungen. Eine Wirklichkeit aber, wie der Mensch sie sich einbildet und wie er sie ersehnt, wenn diese Einbildung erschüttert wird: ein absolut festes, von uns unabhängiges und doch von uns erkanntes Dasein — eine solche Wirklichkeit gibt es nicht und kann es nicht geben... Die Welt ist nicht nur Vorstellung, sondern auch unsere Vorstellung... Schon im Begriff des Dinges, das als eine Einheit aus dem unendlichen Zusammenhang des Seins herausgehoben wird, liegt jener subjektive Faktor, der als Bestandteil unserer menschlichen Wirklichkeit ganz an seiner Stelle ist. Jenseits derselben liegt aber nur die Lücke für das absolute Unfaßbare, welches gleichwohl angenommen werden muß, nach Analogie unserer Wirklichkeit."

„Eins ist sicher: daß der Mensch einer Ergänzung der Wirklichkeit durch eine von ihm geschaffene Idealwelt bedarf, und daß die höchsten und edelsten Funktionen seines Geistes in solchen Schöpfungen zusammenwirken. Soll aber diese freie Tat des Geistes immer und immer wieder die Truggestalt einer beweisenden Wissenschaft annehmen?"

Die Idee, das Ideal, die Welt der Werte, ist berechtigt, aber sie kann nicht von dem Verstand erfaßt und mit dem Verstand geleitet werden, sie entspricht dem Glauben, der Dichtung.

Von besonderer Bedeutung für das Denken und Erleben dieser Zeit wird FRIEDRICH NIETZSCHE (1844—1900).

Kein Philosoph vor ihm hat je eine solche Sprache gesprochen, eine Sprache von dieser Schönheit, von diesem Rhythmus, von diesem Klang, von dieser Gewalt, und auch keine Sprache von dieser Schärfe, dieser Sprengkraft.

Er wird geboren am 15. Oktober 1844 in Röcken bei Lützen, nicht weit entfernt von Leipzig, sein Vater ist evangelischer Geistlicher. Schon 1849 stirbt sein Vater. Der junge Nietzsche wächst auf im Hause seiner Mutter in Naumburg, besucht die Landesschule Schul-Pforta und studiert in Bonn und Leipzig klassische Philologie. In dieser Zeit wirkt bestimmend auf ihn die Bekanntschaft mit Richard Wagner und die Beschäftigung mit Schopenhauer.

Er erlebt die seltene Tatsache, daß er noch vor seiner Promotion, 1869, mit 25 Jahren, die Berufung als ordentlicher Professor für klassische Philologie an die Universität Basel erhält. Im Krieg 1870 ist er freiwilliger Krankenpfleger, 1879 legt er seine Tätigkeit als Professor nieder und widmet sich ganz der philosophischen Arbeit. 1889 erleidet er in Turin einen geistigen Zusammenbruch und verbringt seine letzten 11 Jahre in Weimar und Jena unter der Obhut seiner Mutter und später seiner Schwester. Er wird begraben in Röcken, und so kehrt er wieder zurück an den Ort, an dem sein Vater Geistlicher war.

Es ist mir in lebhafter Erinnerung, daß ich während meiner Studienzeit in Jena, öfters eingeladen war im Hause von Nietzsche in Weimar. Seine Schwester, Elisabeth Förster-Nietzsche (1846—1935) erzählte mir viel von ihrem Bruder, von seinen Gedanken, von seinen Problemen.

Von seinen Werken erscheint „Menschliches-Allzumenschliches" 1878—80, „Also sprach Zarathustra" 1883—85, „Der Wille zur Macht" 1888. Schon der Titel dieses letzten Werkes macht es deutlich, daß die Voraussetzung zu seinem Denken die Darwinsche Entdeckung des "struggle for life" ist. Und schon im Zarathustra ist das zu erkennen.

So heißt es im Zarathustra (Vorrede 3): „Ich lehre euch den Übermenschen. Der Mensch ist etwas, das überwunden werden soll. Was habt ihr getan, ihn zu überwinden?

Alle Wesen bisher schufen etwas über sich hinaus: und ihr wollt die Ebbe dieser großen Flut sein und lieber noch zum Tiere zurückgehn, als den Menschen überwinden?

Was ist der Affe für den Menschen? Ein Gelächter oder eine schmerzliche Scham.

Ihr habt den Weg vom Wurme zum Menschen gemacht, und vieles ist in euch noch Wurm. Einst wart ihr Affen, und auch jetzt noch ist der Mensch mehr Affe, als irgend ein Affe.

Wer aber der Weiseste von euch ist, der ist auch nur ein Zwiespalt und Zwitter von Pflanze und Gespenst. Aber heiße ich euch zu Gespenstern oder Pflanzen zu werden?

Seht, ich lehre euch den Übermenschen.

Der Übermensch ist der Sinn der Erde. Euer Wille sage: der Übermensch sei der Sinn der Erde!

Ich beschwöre euch, meine Brüder, bleibt der Erde treu und glaubt denen nicht, welche euch von überirdischen Hoffnungen reden! Giftmischer sind es, ob sie es wissen oder nicht."

Aus der Idee des "struggle for life" geboren, hat der Übermensch als Ausdruck seines Wesens den Willen zur Macht. Das Mitleiden zerstört die Entwicklung zum Übermenschen, und an dieser Stelle liegt sein Widerstand gegen das Christentum.

Nietzsche ist ein Zerstörer. „Starke Wasser", so sagt er selbst einmal, „reißen viel Gestein und Gestrüpp mit sich fort." Man hat seine Bücher als Gift bezeichnet. Aber er drückt das aus, was diese Zeit denkt: die Umwertung aller Werte. Die Erschütterung, die die Welt durch den Evolutionsgedanken erlebte, sie wird am deutlichsten sichtbar bei Nietzsche. Im Nationalsozialismus wird sie später in die Tat umgesetzt. Und gerade das lag gar nicht im Sinne von Nietzsche.

Man kann das Denken von Nietzsche nicht auf eine Formel bringen, er ist nicht Materialist, er ist nicht Idealist. Ihm ist das Unvermögen der Vernunft, das Problem des Ewigen, des Transzendenten, zu lösen, eine ihn erschütternde Freude, er weist auf den Abgrund und jubelt dabei, denn er hat ihn gefunden. Er sieht die Grenze des Menschseins und ihn schwindelt davor. Von seinen Worten geht eine magische Kraft aus, denn sie bezaubern durch das Geheimnis, das in ihnen ruht, es ist die dionysische Wiedergeburt gegen die Illusion der Philosophie, die immer das Jenseitige fassen will und stets nur das Diesseitige zu ergreifen vermag. In dieser Sicht liegt die Tiefe von Nietzsche. Er ist zuletzt ein religiöser Mensch, und er will es sein. Und er zerschellt an der Grenze des Logischen zu dem Ewigen, an der Scheidewand zwischen Wirklichkeit und „Ding an sich."

FRIEDELL (1878—1938) sagt einmal (Kulturgeschichte der Neuzeit, Bd. 3, München 1931 S. 459): „Er läßt sich mit einem Ertrinkenden vergleichen. Er sucht Tiefen auf, die ihn verschlingen, und mit dem Bewußtsein, daß sie ihn verschlingen werden. Er ist eine Warnung: hier ist's tief! Aus jedem seiner Worte spricht die ergreifende Mahnung: folgt mir nicht nach! Er hat sich zum Opfer dargebracht, als die ungeheuerste Sühnegabe im Moloch des euröapischen Nihilismus und Positivismus."

So stark ist die Wirkung der Gedanken Darwins. Sie untergraben die festgefügte Vorstellung von dem Menschen als dem Maß aller Dinge, von dem Menschen in Verbindung mit Gott, sie vernichten die Metaphysik und den Glauben an das Ewige, aber sie tragen dazu bei, das Denken um die letzten Fragen immer stärker zu entfalten. Denn der Blick dieser Zeit richtet sich ganz auf das Diesseits, und der Gedanke an das Jenseits verblaßt mehr und mehr.

Aber wenn sich auch der Schwerpunkt des Denkens verlagert auf den Realismus, auf den Materialismus, auf den Positivismus, es gibt auch einzelne Stimmen, die die Welt des Idealismus, als Betonung des Geistes gegenüber der Erfahrungswelt, bewahren.

Es ist vor allem RUDOLF EUCKEN (1846—1926). Ich darf an dieser Stelle bemerken, daß ich sein Schüler bin, und daß ich meine Doktorarbeit und mein Doktorexamen 1918 bei ihm abgelegt habe. Sie behandelt die geistigen Grundlagen des Stilwandels in der Kunst der Vorzeit und der Gegenwart. (Nachdruck 1958, Metopenverlag, Frankfurt a. M.) Seit 1871 ist Eucken ordentlicher Professor für Philosophie, zuerst in Basel, seit 1874 in Jena. Sein wichtigstes Werk hat den Namen: „Lebensanschauungen der großen Denker", 1890. Von Bedeutung ist auch sein Buch von 1888: „Die Einheit des Geisteslebens", ferner das Werk von 1896: „Der Kampf um einen geistigen Lebensinhalt."

Die Welt Euckens ist getragen von der Überzeugung der Selbständigkeit des Geisteslebens. Im Geist des Menschen liegt ein über die Natur sich erhebendes metaphysisches Erfassen, eine selbständige, in sich begründete und in sich selbst ruhende Welt. Sie vermag ihre eigenen, tätigen Kräfte zu entfalten. Die Biographen von Eucken erkennen in ihm die tragende Kraft des Geisteslebens in der sonst so materialistisch geformten Welt dieser Zeit. (Kappstein, Rudolf Eucken, 1909; R. Boutroux, Euckens Kampf um einen neuen Idealismus, 1911; Wunderle, Die Religionsphilosophie Rudolf Euckens; R. Siebert, Rudolf Euckens Welt- und Lebensanschauung, 1927; M. Wundt, Rudolf Eucken, 1927). Im Jahre 1908 erhielt er den Nobelpreis.

Für die Geschichte und die Vorgeschichte wird die Entdeckung Darwins mit den auf ihn folgenden Überlegungen besonders bedeutungsvoll. Es entsteht die Vorstellung, daß alle Geschichte in unmittelbarem Zusammenhang steht mit der Geschichte der Gesellschaftsformen und der Volkswirtschaft, und daß alle diese Formen stetigem Wandel ausgesetzt sind, einem Wandel, der erkennbar und sogar vorausbestimmbar ist. Die Kulturgeschichte der zweiten Hälfte des 19. und die des 20. Jahrhunderts ist nur von dieser Grundvorstellung des Werdens aus zu verstehen. Die Bewegung an sich wird als das Grundgesetz alles Seienden begriffen. Es entsteht der Gedanke, daß die Anerkennung der Bewegung das Bild der Natur und des Lebens nicht kleiner, sondern größer werden läßt. Die Bewegung wird nicht als zerstörend, sondern als aufbauend empfunden, denn zerstörender Art ist nicht die Bewegung an sich, sondern nur eine Bewegung ohne alles innere Gesetz.

Daher treten die geschichtlichen Geisteswissenschaften beherrschend hervor, JACOB BURCKHARDT (1818—1897) beginnt eine Art der Geschichtsbetrachtung, die aus dem Werden heraus den Sinn von Staat, Religion, Kultur zu erschließen versucht als ein immer wieder Anderes und immer zu seiner Zeit Berechtigtes, wenn es eingebettet ist in den Geist der Menschheit.

Wenn KARL LAMPRECHT (1836—1915) erklärt, die Geschichte ist ein Kaleidoskop mit einer bestimmten Summe von Gruppierungsmöglichkeiten (Karl Lamprecht, Moderne Geschichtswissenschaft, 1905 S. 95), dann ist das in dem Sinne des Werdens gedacht, der die Grundvoraussetzung alles historischen Denkens wird, und daraus sind bei Arthur Schopenhauer (1788—1860) die abfälligen Bemerkungen über die bis dahin gültige Geschichte zu verstehen. So fordert er eine Geschichte, die das gemeinsame Gedächtnis des Menschengeschlechtes ist, sein eigenes Selbstbewußtsein, er fordert eine Geschichte für die Ganzheit des menschlichen Daseins.

Auch die Forderungen an die Geschichte bei Friedrich Nietzsche fließen aus der gleichen Quelle, es gilt ihm, den Menschen als Ganzes zu fassen, den Menschen in seiner Wesenheit, den Menschen in seinem Ursein, in seinem Ansichsein. Was WILHELM DILTHEY (1833—1911) verlangt von der Geschichte oder ERNST TROELTSCH (1865—1923), es ist das Gleiche: das Werden des menschlichen Geistes in seiner Einbettung in Umgebung und Umwelt, in Zeit und Lebensform, und die Erweiterung des historischen Gesichtskreises über den europäischen Raum hinaus.

So werden der prähistorischen Archäologie Aufgaben gewiesen, es werden ihr Zielsetzungen gegeben, Hinweise, die richtunggebend werden und die den Umkreis des Blickfeldes ungemessen erweitern. Der Vordere Orient tritt in den Aufgabenkreis, Ägypten, Mexiko, und zeitliche Vertiefungen ergeben sich da, wo man vorher vor allem die Fläche gesehen hatte.

Wenn der Mensch schon in der Eiszeit lebte, wie man seit 1859 weiß, dann kann sein Weg auf der Erde nicht so kurz sein, wie man dachte. Und durch den Gedanken des Werdens wird auch der Wechsel in seiner äußeren Form, wie er sich aus den Funden des Urmenschen ergibt, immer verständlicher.

So wandelt sich das Bild des Menschen. Er ist nun nicht mehr das einmalige Wesen, das nur hier ist und jetzt, man erkennt seine Vielfalt des Seins, in gelber, schwarzer, roter Farbe, und der Gedanke der Gleichwertigkeit des Menschen, den auch das Christentum als Grundgedanken enthält, tritt stärker in den Vordergrund. Damit aber auch der Gedanke der Verschiedenartigkeit des europäischen Menschen zu den verschiedenen Epochen unter den verschiedenen Sonnen, im Norden, im Süden, im Osten, im Westen.

Vor allem aber erwacht das Bild des werdenden Menschen, der sich aus den Anfängen des Menschseins entfaltet zu der Höhe, die ihm die Größe gibt, das Geschehen als Ganzes übersehen zu können.

Nur aus der Entfaltung dieser Sicht heraus, nur aus dieser Wandlung und Erweiterung des Bildes vom Menschen, nur aus dieser Wandlung von der statischen Vorstellung zu einer dynamischen, ist die starke Bewegung der prähistorischen Archäologie, der Vorgeschichte, in diesem Zeitraum, in der zweiten Hälfte des 19. Jahrhunderts zu verstehen.

Wieder heben sich Brennpunkte heraus, die Stellen, an denen sich die Fragen dringender stellen, an denen die Antworten fordernder erwartet werden. Es ist wieder Frankreich mit der großen Frage nach dem Menschen der Eiszeit, es ist Skandinavien mit der Frage der feineren Gliederung anstelle des groben Dreiperiodensystems, und es ist Mesopotamien mit der Frage nach den frühen Menschenformen, von denen das Alte Testament so eindringlich berichtet.

Es ist verständlich, daß die Gedanken der Entwicklungslehre besonders die Vorgeschichtsforschung beleben mußten. Darwin spricht nicht von der Entwicklung des Menschen, aber alle seine Darlegungen sind für den Menschen selbst nur gedacht, überlegt, gefolgert. Gefolgert aus dem allmählichen Werden der Tiere. Beispiele der Zwischenformen zwischen Mensch und Tier liegen im Jahre 1859, bei dem Erscheinen seines Werkes über die Zuchtwahl noch nicht vor. Diese Frage wird also als enei der großen und entscheidenden Aufgaben der Vorgeschichte zugeworfen.

Paläolithikum

Und die Vorgeschichte antwortet wirklich darauf.

1856 wird der Neandertaler gefunden. Dieser Fund ist die erste Bestätigung der Ideen von Darwin und Haeckel, aber der Widerstand gegen diesen Gedanken ist so groß, daß RUDOLF VIRCHOW (1821—1902), der berühmte Berliner Professor für Anatomie, zugleich einer der bedeutendsten Kenner der Vorgeschichte in seiner Zeit, erklärt, die Funde stammen nicht von einem vorzeitlichen Menschen, sondern sind neu, rezent, sie gehören einem Menschen, der schwere Schädelverletzungen, Rachitis und Altersgicht besaß. Virchow ist nicht Theologe, sondern ein Freigeist, der einmal den Ausspruch getan hat, daß er bei Sezierungen nie eine Seele gefunden habe. Und gerade das Wort eines nicht durch die Kirche gebundenen Mannes wirkt besonders stark. Als JOHANNES RANKE 1894 sein Werk „Der Mensch" schreibt, sagt er noch, daß es unverständlich ist, daß man den Neandertaler für einen Urmenschen halten konnte.

Das Neandertal liegt bei Düsseldorf, es hat seinen Namen nach dem evangelischen Kirchenliederdichter Joachim Neander (1650—1680). In Wirklichkeit hieß er Neumann, er hat seinen Namen gräzisiert. Er hat das Lied gedichtet: Lobe den Herrn, den mächtigen König der Ehren. In die Höhlen, in dem damals einsamen Tal hat er sich zurückgezogen und seine Lieder geschaffen. In der Mitte des vorigen Jahrhunderts werden die Felsen und Grotten abgebrochen. Sie werden Steinbrüche. Dabei finden Arbeiter in der Feldhofer Grotte die Knochen eines Menschen und machen dem Besitzer Mitteilung. Der meldet den Fund dem Gymnasiallehrer Dr. KARL FUHLROTT (1804—1877) in Elberfeld. Fuhlrott nimmt sich der Knochen an und bearbeitet sie eingehend. Er erkennt, daß es sich um einen Typ des Urmenschen handelt und veröffentlicht 1865 eine Arbeit mit dem Titel: „Der fossile Mensch aus dem Neanderthal". Aber er begegnet nur Widerspruch, vor allem von Rudolf Virchow.

Erst der Straßburger Anatom, GUSTAV SCHWALBE erkennt 1901, daß Virchow im Irrtum war, er bearbeitet den Fund neu, er nennt ihn Homo primigenius, Urmensch. Seit dieser Zeit ist der Fund unbestritten.

Der nächste Fund eines Neandertalers ist der von Gibraltar, den der englische Geologe Busk dem Kongreß der Britischen Gesellschaft 1864 vorlegt. Er war schon 1848 in Forbe's Quarry in Gibraltar geborgen worden. Busk vergleicht ihn mit dem Schädel vom Neandertal.

Der folgende Fund ist der von 1866 in La Naulette. Er wird von dem belgischen Forscher Dupont in dem „Trou de la Naulette" in der Nähe von Dinant in Belgien in unberührter Schicht gefunden und ist daher geologisch gut zu datieren in das mittlere Pleistozän, in die letzte Warmzeit.

1872 wird ein Schädel in Anschwemmungen bei Brüx, Tschechoslowakei, gefunden, auch er gehört der Neandertalgruppe zu.

1881 werden in der Schipkahöhle in Mähren neandertalähnliche Knochen gefunden und 1883 im Lehm von Marcilly (Eure), Frankreich, Knochenteile, die offenbar auch dem Neandertaler zugehören.

1886 können Max Lohest und Marcel de Puydt in besonders gesicherter Lagerung menschliche Überreste in der Grotte von Spy, Provinz Lüttich, Belgien, bergen. Es kann die Fauna festgestellt werden: Elephas primigenius, Rhinoceros tichorhinus, und es finden sich Werkzeuge des Moustérien. Die menschlichen Knochenreste sind gut erhalten. Bis zum Ende des Jahrhunderts ist dieser Neandertalfund der beste und der gesichertste.

1899 beschreibt Gorjanovič-Kramberger, Professor an der Universität Agram einen eiszeitlichen Felsüberhang bei Krapina, Kroatien. Er enthält die Bruchstücke von zehn bis zwölf menschlichen Schädeln zusammen mit Werkzeugen des Moustérien (Mitt. d. Anthr. Ges. Wien 1901 Bd. 31).

Bis 1900 ist der Neandertaler durch etwa 20 Individuen bekannt, heute sind es über hundert.

Aber der seltsamste Fund der zweiten Hälfte des 19. Jahrhunderts an Vormenschenfunden ist der von Trinil auf Java. Die Geschichte dieser Entdeckung erinnert an einen Roman, der kaum glaublich ist, einen Roman, der wieder einmal die enge Verbindung zwischen der Philosophie dieser Zeit und der prähistorischen Archäologie offenbart.

Haeckel hatte in seinem Buch „Natürliche Schöpfungsgeschichte" von 1868 erklärt, daß das missing link, das verbindende Zwischenglied zwischen Mensch und Menschenaffe noch fehle. Haeckel hatte dabei schon den Namen gefunden für dieses Wesen, das man noch nicht kannte, das aber gelebt haben mußte. Er nannte es Pithecanthropus, das heißt Affenmensch. Haeckel hatte sich als den dem Menschen am meisten nahestehenden Menschenaffen den Gibbon gedacht und hatte geschrieben, daß dieser Gibbon in Java und den benachbarten Inseln lebe, und daß man dort nach dem fehlenden Zwischenglied suchen müsse.

Diese Überlegungen machen auf einen jüngeren Dozenten der Anatomie an der Universität Amsterdam einen solchen Eindruck, daß er den Entschluß faßt, nach Java zu reisen und den Pithecanthropus zu suchen. Es ist EUGEN DUBOIS (1858—1940). Er läßt sich als Militärarzt in die holländischen Kolonien versetzen, 1887 geht er nach Sumatra und gräbt an verschiedenen Stellen. Aber er hat kein Glück, er findet den Urmenschen nicht. 1890 verlegt er sein Arbeitsgebiet nach Java. 1891 setzt er wieder den Spaten an bei Trinil auf Java, in der Nähe des Ortes Kedung Brubus am Bengawanfluß und findet tatsächlich — und das gehört zu dem fast Unglaublichen des Geschehens — 1891 ein Schädeldach und einen Zahn eines Wesens, das zwischen Mensch und Affe steht. Im folgenden Jahre, 1892, im August, findet er einen Oberschenkel und dann noch mehrere Knochen.

1894 teilt Dubois Haeckel in Jena mit, daß er die von ihm gewünschte Übergangsform in Java gefunden habe, er sendet ihm einen Aufsatz mit dem Titel: „Pithecanthropus erectus — eine menschliche Übergangsform aus Java". Haeckel ist erfreut, denn nun haben seine Gedanken und auch die von Darwin ihre feste Stütze erhalten.

1895 findet in Leiden, in Holland, in der alten Universitätsstadt eine Tagung statt, auf der Dubois seine Funde vorlegt. Ein großer Kampf beginnt. Virchow lehnt wieder ab. Und nun verschließt Dubois seine Knochen und zeigt sie niemand mehr.

Erst 1927 öffnet Dubois seine Kisten mit den Knochen für Hans Weinert (geb. 1887), einen deutschen Anthropologen. Weinert findet zuerst noch vier, später, 1935, noch einen fünften Oberschenkel des Urmenschen. In den Jahren 1935—41 untersucht Gustav von Koenigswald (geb. 1902) die Fundstelle und findet drei weitere Schädel des Pithecanthropus.

Der Pithecanthropus lebte, wie man jetzt weiß, in der zweiten Warmzeit, 429 000—236 000 Jahre vor unserer Zeit, also etwa um 300 000. Er ist nicht dem Gibbon nahestehend, sondern dem Schimpansen, er ist unzweifelhaft eine Vorform des Menschen, die zwischen Menschenaffe und Mensch das bis dahin fehlende Glied bedeutet.

So ist bis 1900 der Neandertaler in vielen Exemplaren bekannt, in einigen Funden auch der Vorneandertaler, und ebenso liegen mehrere Funde des Menschen vor, der nach dem Fundplatz „der Mensch von Crô-Magnon" genannt wird, es ist der Nachneandertaler.

Der Nachneandertaler, das ist der Mensch von der Mitte der letzten Eiszeit ab, der Mensch, der etwa lebte zwischen 30 000 und 10 000 v. Chr.. Der Neandertaler ist verschwunden, entweder ausgestorben oder verjagt oder vermischt mit dem Crô-Magnon-Menschen, der neuen Rasse. Sie kommt offenbar wegen der weiter vordringenden Kälte aus dem Osten, aus Rußland, Polen, Ungarn nach Europa.

Geologisch wird die Schicht des Nachneandertalers oberes Pleistozän genannt, prähistorisch ist es das obere Paläolithikum, auch das Jungpaläolithikum genannt. Die Tierwelt ist ganz die der letzten Eiszeit, doch ist sie bereichert durch mehrere neue Formen.

Der Mensch dieser Zeit ist aus einer großen Anzahl von Funden — etwa 200 — gut bekannt. Er hat einen zierlicheren Körperbau als der Neandertaler, einen feineren Schädel und eine hohe und breite Stirn sowie ein Kinn. Er steht also dem heutigen Europäer schon nahe, und er ist in der Tat sein Vorfahr.

Die Menschen dieser Zeit lieben den Schmuck, sie fertigen ihn aus den Zähnen der Raubtiere, Muscheln, durchbohrten Steinen. Sie tragen Halsbänder, Armbänder, Anhänger. Sie zeichnen und gravieren auf Knochen und Stein die Bilder der um sie lebenden Tiere. Sie nähen sich ihre Kleidung aus Fellen, wie die vielfach gefundenen Nähnadeln und Nähbüchsen dartun, wie Gravierungen von Menschen mit Fellkleidung, in der Höhle Gabillou, deutlich machen. Sie machen Bildhauerarbeiten und sind die Schöpfer der großen Malereien, die seit 1901 so überraschend und so großartig zugleich aus der Erde traten. Sie haben auch eine Vorstellung von dem Leben nach dem Tode, denn ihre Toten werden bestattet mit den Nahrungsmitteln, den Werkzeugen, dem Schmuck, dem Ocker, der Farbe des Lebens.

Die große Anzahl der aufgefundenen Bestattungen hat immer das Gleiche ergeben: die Beisetzung des Toten, als wenn er lebe, die Beigabe aller der Dinge, die er im Leben braucht. So ist es nicht verwunderlich, wenn schon in einem Buch von 1868 von Le Hon mit dem Titel: „L'homme fossile" Bruxelles- Paris, davon gesprochen wird, daß der Crô-Magnon-Mensch der Eiszeit den Gedanken des Fortlebens nach dem Tode besaß. Der Verfasser bezieht sich auf die Bestattungsfunde von Aurignac und erinnert sich dabei an Verse von Schiller. Schiller hat 1797 ein Gedicht geschrieben: Nadowessische Totenklage. Das Wort ist die Verstümmelung eines indianischen Namens der Sioux, also auch eines Jägerstammes, ähnlich dem jungpaläolithischen Menschen. Und es gehört zu den seltsamen Tatsachen aus dem Ende des 18. Jahrhunderts, daß Schiller hier genau das darstellt, was später — seit 1823 — immer wieder bei den Bestattungen des Crô-Magnon-Menschen gefunden wird. In dem Gedicht von Schiller heißt es so:

> Bringet her die letzten Gaben,
> Stimmt die Totenklag!
> Alles sei mit ihm begraben,
> Was ihn freuen mag.
> Legt ihm unters Haupt die Beile,
> Die er tapfer schwang,
> Auch des Bären fette Keule,
> Denn der Weg ist lang.
> Auch das Messer, scharf geschliffen,
> Das vom Feindeskopf
> Rasch mit drei geschickten Griffen
> Schälte Haut und Schopf.
> Farben auch, den Leib zu malen,
> Steckt ihm in die Hand,
> Daß er rötlich möge strahlen,
> In der Seelen Land.

Diese Beigabe von Ocker findet sich immer bei den Bestattungen, schon bei dem Neandertaler, aber noch mehr bei dem Menschen von Crô-Magnon. Und darum sagt Le Hon schon 1868, daß die Menschen der ausgehenden Eiszeit den Glauben an ein zukünftiges Leben besaßen (S. 58), denn sonst hätte man nicht den Toten die Nahrung, die Waffen, den Schmuck mitgegeben, die Dinge, die sie im kommenden Leben nötig haben.

Doch diese geistige Haltung den Funden gegenüber, wandelt sich bald unter dem Einfluß der materialistischen Philosophie dieser Zeit.

Der älteste Fund eines Nachneandertalers ist die Red Lady of Paviland, die W. BUCKLAND 1823 in der Höhle Goat's Hole bei Paviland (Wales), England ausgräbt (W. Buckland, Reliquiae Diluvianae 1823 S. 82—83). Die Funde werden dem Museum von Oxford übergeben und bleiben dort unbeachtet liegen. Erst später, 1913, bearbeitet W. Sollas die Knochen und Werkzeuge und macht in der Höhle Ausgrabungen zusammen mit Abbé H. Breuil. Es ergibt sich ein gutes Aurignacien, ferner, daß es sich nicht um ein weibliches, sondern um ein männliches Skelett handelt (W. J. Sollas, Paviland cave. Journ. of the Royal Anthr. Inst. Vol. 43, 1913. Ders. Ancient Hunters, London 1924 S. 353).

Wohl war schon 1820 in der Höhle von Engis (Belgien) von Schmerling ein menschlicher Schädel gefunden worden, aber er wurde dem Neolithikum zugewiesen. Erst seit 1936 ist es gesichert, daß er dem Aurignacien zugehört (Ch. Fraipont, Les hommes fossiles d'Engis. Archives de l'Inst. de Paléontologie humaine, Mém. 16, Paris 1936).

Eine bedeutende Fundstelle dieser Zeit, die Skelette des Menschen der Eiszeit brachte, ist die Höhle von Aurignac (Haute-Garonne). Hier findet im Jahre 1852 ein Arbeiter auf dem Abhang eines Hügels, der im Patois, im Dialekt der Bewohner den Namen Mountagno de las Fajoles, Berg der Buchen hat, die Skelette von 17 Menschen. Er macht dem Bürgermeister des Ortes, einem Arzt, Dr. Amiel, Mitteilung, und der Bürgermeister läßt die Funde auf dem Friedhof bestatten. EDOUARD LARTET (1801—1871), der bekannte Erforscher der eiszeitlichen Kulturen, hört acht Jahre später von dem Fund, er gräbt 1860 nach, er findet wohl viele Knochen ausgestorbener Tiere, und es gelingt ihm, die Schicht so gut zu bestimmen, daß die Fundperioden gleicher Art später nach dieser Fundstelle Aurignacien benannt werden. Jedoch menschliche Skelette bringt die Höhle nicht mehr.

Die wichtigste Fundstätte für die menschlichen Skelette dieser Epoche wird die Station Crô-Magnon in Les Eyzies (Dordogne). Im Jahre 1868 wird hier die Eisenbahn Périgueux—Agen gebaut. Dabei schlagen die Arbeiter den Felsen an und entdecken eine Höhle. In ihr befinden sich menschliche Knochen, bearbeitete Feuersteine, durchbohrte Muscheln, Schmuckstücke.

LOUIS LARTET, der Sohn von Edouard Lartet, hört von den Funden, er beteiligt sich an den Grabungen, macht sorgfältige Aufrisse und Aufschnitte. Es finden sich übereinander lagernde Schichten des Aurignacien mit Knochen von Höhlenbär, Höhlentiger, Mammut, Wildschwein, Steinbock, Rentier, Bison, Wildpferd. Dann entdeckt Lartet Herdstellen des Menschen der Eiszeit. Er beobachtet regelrechte Bestattungen des Eiszeitmenschen mit der Ockerbestreuung. Doch der Leiter des Museums von Saint-Germain, GABRIEL DE MORTILLET (1821—1898), der nicht zugeben will, daß der Eiszeitmensch einen Totenkult gehabt habe, widerspricht Lartet und fast alle Prähistoriker stimmen Mortillet bei.

Die Wirkung des Materialismus und des Positivismus in dieser Zeit ist so stark, daß die Feststellung jeder kultischen Stellung der frühen Menschen von vornherein als unglaubhaft erscheint.

1872 findet ein Prähistoriker aus Brive, ELIE MASSÉNAT, in dem Felsüberhang von Laugerie-Basse, nahe bei Les Eyzies (Dordogne) in den Schichten des Aurignacien ein menschliches Skelett mit Muschelschmuck. E. CARTAILHAC (1845—1921) wird zugezogen, die Untersuchung an Ort und Stelle ergibt, daß der Mensch durch einen herabgefallenen Steinblock erschlagen worden war. Am 15. April 1872 legt Elie Massénat der Académie des Sciences seinen Fundbericht vor (E. Massénat, P. Lalande, E. Cartailhac, Un squelette humain de l'âge du renne à Laugerie- Basse. Matériaux pour l'histoire de l'homme, Vol. 7, 1872).

Nur wenige Monate später finden Louis Lartet und Chaplin-Duparc in dem Felsüberhang Duruthy bei Sordes (Landes) wieder in einer Schicht des Magdalénien ein menschliches Skelett mit Schmuckbeigaben. Es sind 40 Eckzähne von Löwe und Bär, durchbohrt und versehen mit Zeichnungen von Pfeilen, von Fischen, Robben und Vögeln (L. Lartet et Caplain-Duparc, Une sépulture des anciens troglodytes des Pyrénées. Matériaux pour l'histoire de l'homme, Vol. 9, 1874).

Im Jahre 1873 besuchen die Mitglieder der Association Française pour l'Avancement des Sciences den Fundplatz Solutré (Saône-et-Loire), nicht weit von Mâcon, dem bekannten Weinort in Burgund. Seit 1865 werden an diesem steil abfallenden Berg Ausgrabungen gemacht. Sie bringen Tausende von Skeletten von Wildpferden. Die Grabungen leiten H. De Ferry und A. Arcelin (H. de Ferry et A. Arcelin, Le mâconnais préhistorique 1870). Im Jahre 1873 waren außer den Herdstellen, den Werkzeugen, den Schmuckstücken, drei menschliche Skelette gefunden worden, die nun den Teilnehmern des Kongresses in der Schicht liegend, gezeigt werden können. Die Toten ruhen in ausgehobenen Gruben in der Schicht des Solutréen, die Skelette sind bedeckt mit Knochen des Wildpferdes. Unter der rechten Hand des einen Toten liegen die Waffen, Lanzenspitzen und Pfeile, eine Muschel und die Skulptur eines Rentieres. Das Totenbett besteht aus Asche. Insgesamt wurden 40 Bestattungen bei Solutré gefunden, aber nur 6 gehören dem Solutréen an (E. Cartailhac, La France préhistorique, 1889 S. 92. — G. et A. de Mortillet, Le Préhistorique, 1881, 3. ed. S. 307).

Im Jahre 1872 beginnen die für die Forschung des Menschen der Eiszeit besonders wichtigen Grabungen der Höhlen von Grimaldi bei Monte Carlo und Mentone. Die Felsen heißen Baoussé Roussé, Rote Felsen, sie liegen ganz dicht an der französischen Grenze, aber doch auf italienischem Boden, so daß die genaue Bezeichnung „Grotten von Grimaldi" die maßgebende ist. Die Höhlen öffnen sich zum Meere. Sie sind nicht sehr tief, nur eine, die Grotte du Prince, ist etwas länger. Insgesamt sind es neun Höhlen. Sie liegen in herrlicher Landschaft, geschützt und gesichert, und so ist es verständlich, daß die Menschen der Eiszeit sich gerne hier aufhielten.

Am 26. März 1872 findet Emile Rivière de Précourt (1835—1922) unter einem Tropfsteinbelag in der Grotte du Cavillon das erste Skelett der Höhlen von Grimaldi. Rivière hatte dabei den Gedanken, den Fund nicht zu zerstören, sondern das Skelett mit allen seinen Beigaben in der Schicht zu erhalten und es so nach Paris zu bringen. Er hebt es auf mit dem darunter liegenden Gestein, befördert es mit einem großen Handelswagen und bringt es wirklich nach Paris. Es ist heute aufgestellt im Musée de l'Homme, Trocadéro, in Paris.

Doch dieses Skelett bleibt nicht das einzige. Marc Sauter, der die eiszeitlichen Funde um das Mittelmeer dargestellt hat, hat vollkommen recht, wenn er sagt, daß diesen Funden von Grimaldi nur noch die aus Mähren an Bedeutung gleichgestellt werden können (Marc Sauter, Préhistoire de la Méditerranée, Paris 1948).

Im folgenden Jahre, 1873, werden von Rivière drei neue Skelette ausgegraben in einer Höhle, die Baousso da Torre heißt. Wieder sind es deutlich Bestattungen. Bei den Skeletten findet sich ein Halsschmuck durchbohrter Muscheln und Hirschzähne. Schmuckbänder liegen an den Knien.

In den Jahren 1874 und 1875 findet E. Rivière wieder zwei Bestattungen, und zwar von Kindern, und so wird diese Höhle Grotte des Enfants genannt. Die Skelette sind eingebettet in Steinsetzungen, bestreut mit rotem Ocker, angetan mit Schmuckstücken. Beigegeben sind Werkzeuge, Muscheln, Nahrungsmittel. Neun Meter unter den Kindern liegen die Skelette von einem Jüngling und einer älteren Frau, aneinandergeschmiegt im Tode, so, daß der Jüngling die Frau umarmt. Die Köpfe liegen nebeneinander, nach rechts gerichtet, geschützt von aufgestellten Steinen. Beide Körper sind in eine Mulde eingebettet und ganz mit Ocker bestreut. Neben dem Schädel des jungen Mannes liegt der Dolch aus Knochen, über seinem Schädel die Muscheln, die auf der Pelzkappe aufgenäht waren, an den Füßen steht die Nahrung für das Jenseits, Froschschenkel in einer größeren Muschel. Die Werkzeuge datieren die Bestattung in das frühe Aurignacien.

Alles ist seltsamerweise genau so, wie Schiller es dargestellt hatte für den Sioux-Indianer. Doch nun ist es nicht mehr der Indianer, es ist der Europäer, der Vorfahre der heutigen Einwohner unseres Erdteils.

Doch noch nicht genug der Bestattungen an dieser Stelle. In der Nähe der beiden Toten findet sich das Skelett eines 1,90 m großen Mannes in gestreckter Lage, sorgfältig bestattet, dann das Skelett einer Frau, 1,54 m groß. Die Tote ist eingeschlossen in ein Bett von kleinen Steinen aus Mergel. Alles wieder rot gefärbt von Ocker.

Nicht weit entfernt liegt eine dritte Höhle, genannt „Barma Grande". In ihr finden sich in den Jahren 1884—94 sechs Skelette, alle sorgfältig bestattet, versehen mit Schmuck und Nahrungsmitteln, oft auf der Herdstelle beigesetzt, damit der Körper, der im Tode kalt ist, erwärmt wird, und immer mit Ocker bestreut, weil das Rot die Farbe des Lebens ist.

Die Höhlengruppe bei Mentone erbringt zusammen fünfzehn Skelette des Crô-Magnon-Menschen. In den Höhlen finden sich viele weibliche Statuetten, geschnitzt aus Mammutelfenbein oder aus Speckstein. Die fünfzehn Skelette der Höhlen von Mentone stehen alle unter dem gleichen Gedanken, unter dem Gedanken des Lebenden Leichnams. Den Toten wird ihr Eigentum mitgegeben, damit sie im Tode weiterleben können wie im Leben. (E. Cartailhac, Les grottes de Grimaldi, Monaco 1921).

Das Ergebnis dieser Funde ist, daß es da, wo der Mensch ist, immer Eigentum gegeben hat, und daß da, wo der Mensch ist, immer Religion war. Doch die Epoche ist zu materialistisch. Alle diese Ergebnisse widersprechen der philosophischen Vorstellung von der Entwicklung aus dem religionslosen Zustand zum Polytheismus und dann zum Monotheismus. Für den Menschen der Eiszeit kann man sich ein religiöses Erleben nicht vorstellen.

EDOUARD PIETTE als fast ein Einziger, wagt von Amuletten zu sprechen. Schon das ist dieser Zeit zu viel. Im Jahre 1883 erscheint von GABRIEL DE MORTILLET (1821—1898) das damals führende Werk „Le Préhistorique".

In ihm sagt der Verfasser mit scharfen Angriffen gegen Piette, daß es sich nicht um Amulette, sondern um einfache Knöpfe handle. Den Gedanken an eine Religion des Urmenschen erklärt er als die Verrücktheiten einer schamlosen Einbildung „Dès lors, les données simples et vraies de la nature sont abandonnées pour laisser le champ libre à toutes folles conceptions d'une imagination devergondée" (S. 476) und weiter erklärt er, die Bestattungen sind nichts als die Furcht vor dem Toten ohne jedes religiöse Gefühl „La première résultante de toute idée religieuse est de faire craindre la mort, ou tout au moins les morts. Il en résulte que les idées religieuses se font jour, les pratiques funéraires s'introduisent. Eh bien, il n'y a pas trace de pratiques funéraires dans tous les temps quaternaires. L'homme quaternaire était donc complétement dépourvu du sentiment de la religiosité." (S. 476).

So stark wirkt die materialistische Philosophie, die Abneigung gegen das Metaphysische überhaupt, so stark steht alles Denken unter vorgefaßten Meinungen, daß alle tieferen Erkenntnisse nur langsam und sehr oft im Gegensatz zu der herrschenden Meinung erwachsen.

Aber die Tatsache der Funde wird stärker als die vorgefaßte Meinung, und bald ist es nicht mehr die Philosophie, die die Stellung zu den Funden bestimmt, sondern die Funde bestimmen die Philosophie.

1888 graben FEAUX und HARDY in Raymonden bei Chancelade, in der Nähe von Périgueux (Dordogne) und finden 1,60 m unter der Oberfläche das bestattete Skelett eines etwa 55 Jahre alten Mannes, das dem Magdalénien, also der letzten Periode der Eiszeit, angehört. Hier liegt Fesselung vor, die Körperteile sind stark zusammengepreßt, der Tote ist absichtlich in die Hockerstellung hineingebogen worden. Die Überlebenden fürchteten offenbar die Wiederkehr des Toten (L. Testut, Recherches anthropologiques sur le squelette quaternaire de Chancelade. Lyon 1889).

Im Jahre 1894 finden ABBÉ TOURNIER und CH. GUILLON in der Höhle Les Hoteaux bei Rossillon (Ain) vor dem Eingang der Grotte auf dem Herde liegend das Skelett eines jungen Mannes. Wieder ist der Kopf eingebettet in Steine, der ganze Körper ist in roten Ocker gehüllt. Steinwerkzeuge sind beigegeben, ein durchlochter Hirschzahn und ein Kommandostab, wahrscheinlich der Zauberstab, mit Zeichnungen. Die Schicht, in der der Tote liegt, ist das Magdalénien (Abbé Tournier et Charles Guillon, Les hommes préhistoriques dans l'Ain. Bourg 1895).

In der zweiten Hälfte des 19. Jahrhunderts werden auch in den östlichen Bezirken Europas Skelette gefunden, die der gleichen Zeit angehören, der Epoche zwischen dem Aurignacien und dem Magdalénien.

Seit 1880 wird in Pschedmost (Předmost) bei Prerau in Nordmähren, Tschechoslowakei, gegraben. Die Veranlassung geben Funde von großen Knochenteilen der Mammute, die immer wieder aus der Erde treten. Es ergibt sich durch die ausgedehnten Grabungen, die an dieser Stelle H. WANKEL (1821—1897), K. MAŠKA (1851—1916) und M. KŘÍŽ (1841—1916) zwischen 1880 und 1896 durchführen, daß einer der wichtigsten eiszeitlichen Jagdplätze aufgefunden worden ist. Es werden die Knochenüberreste von über tausend Mammuten gehoben und etwa 100000 Werkzeuge der Eiszeit aus Knochen und Stein. Zahlreiche Feuerstellen finden sich. Jahrzehntelang ist hier mit besonderem Erfolg gejagt worden, hier lebten die Jäger von den Erträgnissen der Treibjagd, und so ist es nicht verwunderlich, daß sich unter den vielen Resten der Tiere auch der Bestattungsplatz der Menschen findet. Dieser Fund glückt am 5. August 1894. Während im Westen die Toten einzeln bestattet wurden, wird hier ein Gesamtgrab aufgedeckt. Es hat 4 Meter Länge; 2,5 Meter Breite und 2,6 Meter Tiefe. In elliptischer Form angeordnet, liegen in diesem Grab die Skelette von zwölf Jugendlichen und acht Erwachsenen. Das Grab war durch den Urmenschen sorgfältig ausgehoben worden und war mit einer 40 cm starken Lage von kleinen Steinen bedeckt. An beiden Seiten war es belegt durch Mammutschulterblätter, an einer Seite durch Mammutkieferblätter. Der größte Teil der Skelette hat Hockerstellung, bei einem finden sich Schmuckbeigaben, bei einem anderen liegt das Kopfstück eines Eisfuchses, überall verstreut finden sich Ockerspuren und durchlochte Muscheln (Maška, Ausgrabungen in Předmost. Mitt. d. k. u. k. Central-Com. für kunst- u. histor. Denken. 1894 S. 129).

In Brünn in Mähren wird in der damaligen Franz Josephstraße durch ALEXANDER MAKOWSKY (1833—1908) in einer Schicht des Spätaurignacien in 4,50 m Tiefe das Skelett eines Mannes in mittlerem Alter ausgegraben. Es liegt neben Knochen von Mammut und Rhinozeros, den Überresten der Speisebeigaben in einem Bett von rotem Ocker. Es ist geschmückt mit sechshundert durchlochten Muscheln, mit Scheiben aus Kalkstein und Mammutrippen, die verziert sind. Bei dem Toten findet sich eine kleine männliche Figur aus Elfenbein von etwa 25 cm Länge.

Bis zum Ende des Jahrhunderts liegen also mehrere Funde des Vorneandertalers, des Neandertalers und des Nachneandertalers vor, von diesem über 50 gut gegrabene Skelette. Und doch wagt diese Zeit noch nicht, die Folgerungen aus den Funden zu ziehen. Diese Epoche ist so auf den Entwicklungsgedanken eingestellt, daß die Vorstellung von einem religiösen Bewußtsein des Eiszeitmenschen nicht möglich ist.

Die vollständige Ablehnung des Religiösen ist nicht nur bei Gabriel de Mortillet zu bemerken, sondern bei jedem Verfasser in dieser Zeit zwischen 1870 und 1900. Bei MORITZ HOERNES (1852—1917) in seinem zusammenfassenden Buch „Die Urgeschichte des Menschen", das in Wien 1892 erscheint, findet sich über die Funde der Eiszeit diese Bemerkung: „Manches davon mag als Amulett und Träger abergläubischer Vorstellungen anzusehen sein; allein darüber sind uns selbst Vermutungen kaum gestattet." (S. 211).

In Deutschland erscheint im Jahre 1880 in Leipzig ein viel gelesenes Buch von WILHELM BAER, in zweiter Auflage bearbeitet von FRIEDRICH VON HELLWALD mit dem Titel: „Der vorgeschichtliche Mensch." Auch Hellwald steht dem Gedanken einer Religion des Eiszeitmenschen völlig ablehnend gegenüber. Er sagt: „Ebenso skeptisch wie gegen die prähistorische Kunst wird man sich den Behauptungen des trefflichen Lenormant gegenüber verhalten müssen, nach welchem die Höhlenbewohner des Périgord zur Zeit der Rentiere das Zählen kannten und eine gewisse Religion besaßen." (S. 493).

Jeder Blick in die Geschichte der Forschung der prähistorischen Archäologie verlangt die Einordnung in die philosophischen Vorstellungen einer Epoche. Sie beherrschen das Denkbild der Forscher auf das Tiefste und Entscheidendste, und es gibt niemand, der aus dem gesamten Denkgefüge einer Zeitepoche herauszutreten vermag.

Die schwierige Lage der Forscher bei der Entdeckung des Menschen der Eiszeit, seiner Bestattung, und damit seines religiösen Erlebens und der Tatsache seiner Kunst ist in Deutschland und Österreich ebenso gegeben wie in Frankreich und England.

Die Aufgabe der geistigen Einordnung dieser neuen Welt in das allgemeine Denkgefüge ist zu groß, um sogleich bewältigt werden zu können.

In Frankreich steht Gabriel de Mortillet in Paris ganz auf der Seite der materialistischen Philosophie. Emile Cartailhac in Toulouse ist ein wenig entgegenkommender. In seinem Buch: La France préhistorique. 2. Aufl. Paris 1896, spricht er deutlich das Erstaunen aus über die Entdeckung der eiszeitlichen Bestattung und der eiszeitlichen Kunst.

Er sagt, daß die Bestattungen von Grimaldi die Offenbarung eines genau durchgeführten Ritus sind. «Il y a là incontestablement la révélation d'un rite bien établi. Il ne s'agit pas d'une sépulture ordinaire, d'une simple inhumation ni d'un ossuaire comme ceux qui plus tard grouperont en masse les restes des morts.» Er spricht von einem Ritus der Bestattung, aber eine Folgerung für die Religion, wie sie schon Le Hon 1864 vorgelegt hatte, wagt er nicht mehr.

Im Jahre 1881 erscheint in Paris im Verlag G. Masson ein Buch mit dem Titel: Les premiers hommes et les temps préhistoriques. Der Verfasser ist MARQUIS DE NADAILHAC. Es werden in dem Werk die damals bekannten Bestattungen behandelt, aber der Verfasser wagt es nicht, Schlüsse wegen des Sinnes der Bestattung, des Kultes, zu ziehen.

Jedoch es gibt auch andere Stimmen. Von QUINET erscheint in Paris 1870 ein Werk mit dem Titel: La création. In ihm sagt der Verfasser, übersetzt: „Dieser Mensch, der mir wie ein Neugeborener, ein eben an das Licht der Welt Getretener vorkommt, hat einen Gedanken, der ihm vor allem in Anspruch nimmt. Was für ein Gedanke ist das? Der Gedanke an seine Toten. Er macht ihnen ein Schutzdach, ehe er eines für sich selber macht. Er legt sie in Reihen in zusammengekauerter Stellung am Boden seiner Höhle nieder, der Stellung, die sie im Mutterschoße einnahmen. Eine zweite Geburt ist also, so scheint es, in seinen Augen der Tod seiner Gefährten. Neben sie stellt er Waffen, Äxte, Steinpfeile, damit sie das Mammut, den Riesenhirsch, das Rentier jagen können. Noch mehr, neben sie legt er Bären- und Pferdeschinken, daß sie den ersten Hunger stillen können. Danach schließt er den Eingang mit einem Stein und geht weg. In ihm verkörpert sich der erste Gedanke einer menschlichen Gesellschaft, mit ihm wird in der Welt der Mammute, die im Aussterben begriffen sind, zum ersten Mal in einem Grabesritus das Band zwischen Lebenden und Toten geknüpft. Zum ersten Mal erinnert sich eine Generation der Generation, die ihr voranging. Das ist etwas ganz Neues in der Welt; die Wesen folgen einander nicht mehr wie ein dunkler Strom. In diesem Wesen, von dem ich nicht wußte, ob ich in ihm ein den übrigen ebenbürtiges, oder ob ich in ihm ein von allen anderen geknechtetes Wesen sehen sollte, hat sich inmitten seiner Toten zum ersten Mal der eingeborene Trieb zur Unsterblichkeit offenbart. Wie verschieden erscheint er mir jetzt nach dieser Entdeckung. Mit wieviel größerer Aufmerksamkeit und größerem Interesse beobachte ich ihn jetzt! Welche Zukunft beginne ich zu ahnen in diesem seltsamen Wesen, welches kaum sich selber eine bessere Hütte zu schaffen weiß, als die Höhle des Bären es ist, und das doch schon ängstlich bemüht ist, seinen Toten für alle Ewigkeit Herberge zu schaffen. Hier glaube ich auf den Grundstein gestoßen zu sein, auf dem alle göttlichen und menschlichen Dinge sich aufbauen. Nach diesem Anfang begreift sich alles Übrige leicht." (S. 408—09 der Übersetzung von W. Schlösser und Ed. Seler, Stuttgart 1884).

Aus allen Berichten dieser Zeit bemerkt man die Verwunderung, das Gefühl der Erweiterung des Gesichtskreises. Das Sichtbarwerden des religiösen Erlebens wird teils vorsichtig und ängstlich aufgenommen, teils abgelehnt. Die Erkenntnis ist zu neu, zu unerwartet.

Aber die größte Entdeckung dieser Epoche ist die der eiszeitlichen Kunst, noch nicht die der Malerei, wohl aber der Kleinkunst, der Gravierungen auf Knochen und Stein.

In Frankreich ist die große Frage nach dem Menschen und seinem Ursprung in der ersten Hälfte des 19. Jahrhunderts angerührt worden, in der zweiten Hälfte mußte sie fortgeführt werden. Das Jahr 1859 wird das Jahr der Anerkennung des Menschen der Eiszeit und das Jahr 1860 wird das Jahr, in dem zum erstenmal ein Kunstwerk des Menschen der Eiszeit gehoben wird, ein Kleinkunstwerk, noch nicht eine Malerei an Höhlenwänden. Aber damit ist plötzlich etwas vollkommen Überraschendes gefunden worden: der Mensch der Eiszeit, dieser Urmensch in Fellen, der primitive Troglodyt, wie Schiller ihn nannte, er hat Kunst geschaffen.

Wieder sind es Einzelne, die die Träger der Bewegung sind.

Der erste, der ein Kunstwerk der Eiszeit ausgräbt, ist EDOUARD LARTET (1801—1871), der andere ist EDOUARD PIETTE (1827—1906).

Edouard Lartet ist Advokat, doch sein ganzes Interesse gehört der Erforschung des Urmenschen. Eines Tages findet ein Bauer seiner Gegend, bei dem Orte Saint-Guiraud (Gers) den Molaren eines Mastodons. Er bringt ihn Lartet, der erkennt die Bedeutung des Fundes. Er gräbt nun an verschiedenen Stellen in seiner Heimat, und das schon um 1830. Lartet nimmt teil an dem Streit der Gelehrten, ob der Mensch mit den ausgestorbenen Tieren zusammen gelebt habe, und so gräbt er auf eigene Faust überall dort, wo er von irgend welchen Funden hört, oder wo Höhlen sind. In der Nähe von seinem Geburtsort, bei Sansan (Gers) gräbt er 1836 17 Knochen eines seltsamen Wesens aus, das wohl Ähnlichkeiten mit menschlichen Formen hat, das aber doch ein Affe ist, eine Vorform der heutigen Affen. Er berichtet über diesen Fund, der einer Tertiär-Schicht entstammt, also 60 Millionen bis 1 Million Jahre vor unserer Zeit, in der Akademie der Wissenschaften am 16. Januar und am 17. April 1837. Das Wesen wird Pliopithecus antiquus genannt, es ist eine Vorform des Gibbon, und mehrere ähnliche Formen werden später gefunden. 1951 wird dieser Typus von

LEAKEY als „Proconsul" bezeichnet (Le Cros Clark and Leakey, Fossil Mammals of Africa, London 1951).

In diesen Jahren hat Lartet das Glück, bei seinen Grabungen in Saint-Gaudens (Haute-Garonne) den Oberkiefer der Vorform eines anderen Affentypus zu finden. Er macht ihn am 28. Juli 1856 der Akademie bekannt und nennt den Typus Dryopithecus Fontani. Geoffroy de Saint-Hilaire sagt „die große Bedeutung des Fundes von Lartet für die Naturphilosophie ist geeignet, eine neue Ära des menschlichen Wissens einzuleiten" (zitiert bei P. Fischer, Edouard Lartet, Bull. de la Société géolog. de France, 2.sér. Bd. 29, 1872 S. 246).

Im Jahre 1852 findet ein Bauer, wie berichtet, in einer Höhle bei Aurignac (Haute-Garonne) die Skelette von 17 Menschen der Eiszeit, doch der Bürgermeister des Ortes gibt die Anordnung, die menschlichen Gebeine auf dem Friedhof zu begraben. Lartet hört davon, er besucht den Bürgermeister des Ortes, er spricht mit dem Totengräber, doch niemand will, daß den Toten ihre Ruhe genommen wird.

Lartet ist an diesen Funden so interessiert, daß er immer und immer wiederkehrt, und daß er 1860 beginnt, die Höhle auszugraben. Er findet menschliche Gebeine, Knochen von Höhlenbär, Riesenhirsch, Auerochse, Geräte des Menschen von Stein und Knochen, Pfeilspitzen und Pfriemen aus Rengeweih. Er findet auch Schmuck, das Bild eines Vogelkopfes auf dem Augenzahn eines Höhlenbären und eine Jagdpfeife. Geschliffene Beile aus Feuerstein oder Scherben von Tongefäßen finden sich nicht, und nun glaubt Lartet, daß er die Bestätigung für die Existenz des Menschen der Eiszeit gefunden habe, des Menschen, der mit den ausgestorbenen Tieren zusammen lebte. Am 19. März 1860 sendet er an die Akademie der Wissenschaften in Paris eine Abhandlung, die den Titel hat:„Sur l'ancienneté géologique de l'espèce humaine dans l'Europe occidentale", „Über das geologische Alter des Menschengeschlechts in Westeuropa".

Auf S. 599 des 50. Bandes der „Comptes Rendus" der Akademie findet sich wohl der Titel, aber die Abhandlung fehlt. Die Akademie wagt 1860 noch nicht, die Gedanken von Lartet zu veröffentlichen. Der Aufsatz ist später an anderer Stelle erschienen, und zwar in den „Archives des Sciences de la Bibliothèque universelle de Genève" und im „Quarterly Journal of the Geological Society of London".

E. Cartailhac hat später gesagt: „Es war noch zu früh, um diese Wahrheiten vor der Akademie der Wissenschaften auszusprechen" (Boule-Vallois, Fossile Menschen. Deutsch von F. Falkenburger, Baden-Baden 1954 S. 12).

Lartet schreibt schon 1858 in einer Mitteilung „Über die alten Wanderungen der heutigen Säugetiere", wörtlich: „Der Tag ist vielleicht nicht fern, an dem man das Wort ‚Sintflut' aus dem Wortschatz der Geologie zu streichen vorschlagen wird" (Boule-Vallois, a. a. O. S. 12).

Lartet ist nicht entmutigt, im Sommer 1860 hört er von Grabungen, die Alfred Fontan in Massat, im Département Ariège unternimmt. Er beteiligt sich an den Grabungen und hebt im September 1860 aus unberührter Schicht ein Stück eines Hirschgeweihes, das die Zeichnung eines Bärenkopfes in Vorderansicht zeigt. Heute liegt dieses Stück im Museum von Foix, es ist das erste Kunstwerk eiszeitlicher Kunst, das bei einer Ausgrabung einer Schicht gehoben wurde (Ed. Lartet, Annales des sciences naturelles Zool. 1861 t. 15, S. 177). Zwar war schon in Veyrier (Haute-

Savoie) bei Genf an der Schweizer Grenze um 1840 ein Kunstwerk gefunden worden, das die Zeichnung einer Pflanze und eines Pferdekopfes zeigt, und ein zweites Stück war in Chaffaud bei Savigné (Vienne) um 1840 zutage gekommen, aber es gab niemand, der diese Funde zeitlich einzuordnen vermochte. (Herbert Kühn, Kunst und Kultur der Vorzeit Europas, Berlin 1929 S. 42. — Ders. Eiszeitkunst. Die Geschichte ihrer Erforschung. Göttingen 1965 S. 577).

Im August 1863 beginnt Lartet seine Ausgrabungen um Les Eyzies in der Dordogne, an dem Ort, der noch heute das Zentrum der eiszeitlichen Forschung ist. Schon in diesem Jahr fängt er an in Laugerie Basse und Laugerie Haute bei Les Eyzies zu graben. Es sind noch jetzt die klassischen Stationen, an denen immer weiter gearbeitet wird. Hier findet er neue Gravierungen der Eiszeit auf Knochen und Stein. Es sind Bilder vom Bison und von einem Urrind. Vor allem aber bewegt ihn ein Knochendolch aus Laugerie Basse mit der Skulptur eines Hirsches. Der Bericht erscheint unter dem Titel: Cavernes du Périgord in der Zeitschrift „Revue Archéologique" 1864 S. 1—37.

Dieser Aufsatz ist der erste in der Welt über die Kunst der Eiszeit. Es finden sich in ihm bezeichnende Wort: „Une race humaine, aborigène or non, a vécu dans cette région qui fut plus tard le Périgord, en même temps que le renne, l'aurochs, le bouquetin, le chamois", „Eine Menschengruppe, Ureinwohner oder nicht, hat in dieser Gegend gewohnt, die später das Périgord genannt wurde, zusammen mit dem Rentier, dem Urrind, dem Steinbock, der Gemse." (S. 32) oder: „Pourquoi s'étonner que les chausseurs du renne, aient réussi à représenter ces formes animales dont la vue leur était si familière", „Warum sich wundern, daß die Jäger der Rentiere so ausgezeichnet die Formen der Tiere darstellen konnten. Sie lebten ja mit den Tieren zusammen." (S. 34).

Das Jahr 1864 wird für die eiszeitliche Kunstforschung von besonderer Bedeutung. In diesem Jahr findet Edouard Lartet den sicheren Beweis, daß der Mensch mit den ausgestorbenen Tieren zusammen gelebt hat. In der Höhle La Madeleine, die später dem Magdalénien den Namen gibt, gräbt er mit eigener Hand das Elfenbeinstück eines Mammuts aus, und auf ihm ist ganz deutlich und klar das Bild eines Mammuts graviert. Der Bericht über diesen Fund ist wie der freudige Ausruf des Entdeckers, jetzt endlich die alten Vorurteile vollständig brechen zu können. Die Nachricht erschien in den „Comptes Rendus de l'Académie des Sciences" 1865 S. 309—311. (Herbert Kühn, Eiszeitkunst. Die Geschichte ihrer Erforschung. 1965 S. 71).

Lartet hat das Glück, in dem englischen Industriellen HENRY CHRISTY einen Gönner zu finden, der die großen Kosten der Ausgrabungen trägt. Aber Christy stirbt 1865, Lartet setzt die Grabungen alleine fort. 1869 wird er zum Professor der Paläontologie am Museum de la Science Naturelle in Paris ernannt. Er stirbt 1871, ohne seine Antrittsvorlesung gehalten zu haben.

Erst nach seinem Tode ist das Erscheinen seines großen Werkes, „Reliquiae Aquitanicae", bearbeitet von Lartet und Christy, beendet. Es erscheint in Lieferungen von 1865—1875. Es ist noch heute die Grundlage jeder Arbeit über die Kunst der Eiszeit. Das Werk umfaßt 505 Seiten und 79 farbige Tafeln.

Die Forschung wird nun so spannend, daß GABRIEL DE MORTILLET (1821—1898) eine eigene Zeitschrift 1864 begründet, sie heißt „Matériaux pour l'Histoire naturelle et primitive de l'Homme". In einiger Zeit übernimmt die Redaktion Emile Cartailhac.

Aber die Tatsache einer Kunst der Eiszeit wird keineswegs widerspruchslos hingenommen.

Es erscheint ein Werk von BROUILLET und MEILLET im Jahre 1864 in Poitiers mit dem Titel: „Epoques Antédiluvienne et Celtique du Poitou" und in ihm werden alle Kunstwerke eiszeitlicher Kunst plumpe Fälschungen genannt. Die Ablehnungen setzen sich fort bis um 1880.

Aber Worsaae, der große dänische Forscher erklärt schon auf dem Internationalen Kongreß für Anthropologie, 1869, in Kopenhagen, die Bilder der Eiszeit sind echt.

Die Grabungen werden nun fortgesetzt. Nach dem Tode von Lartet, 1871, ist es vor allem EDOUARD PIETTE (1827—1906), der sich die größten Verdienste erwirbt um die prähistorische Kunstforschung der Eiszeit. Er ist geboren in Aubigny (Ardennes). Er ist Jurist, Friedensrichter, ein Mann von scharfem Verstande, wissenschaftlichem Ernst, großer Sorgfalt und Genauigkeit. Er gräbt 26 Jahre hindurch, seine erste Grabung findet statt 1871, seine letzte 1897. Er hat mehrere hundert Kleinkunstwerke der Eiszeit gehoben, sein Hauptwerk, das in Paris 1904—07 erscheint, trägt den Titel: „L'Art pendant l'âge du renne".

Seine bedeutendsten Ausgrabungsplätze sind Gourdan (Haute-Garonne), Lorthet (Hautes-Pyrénées), Arudy (Basses-Pyrénées).

Durch Lartet und Piette wird die Forschung der eiszeitlichen Fundschichten besonders stark belebt.

In den Jahren 1873 und 1874 gräbt F. DALEAU in den Höhlen La Crouzade bei Gruisan (Aude) und in Bize (Aude). Er findet mehrere sehr ausdrucksvolle Gravierungen auf Knochen.

Im Jahre 1874 graben Féaux und Hardy in Raymonden, auch Chancelade genannt, bei Périgueux (Dordogne). Sie finden verschiedene Kunstwerke, Gravierungen auf Knochen, darunter ein wichtiges Stück (Herbert Kühn, Kunst und Kultur d. Vorz. Europas. Berlin 1929 S. 71 Abb. 13), das die Menschen der Eiszeit im Kultvorgang darstellt.

Die Grabungen in der Höhle Mas d'Azil (Ariège) beginnen 1876. Der Ausgräber ist FÉLIX REGNAULT. Erst 1887 beginnt Edouard Piette hier seine Arbeiten, die später von so großer Bedeutung werden sollten.

Seit 1881 gräbt F. Daleau in der Höhle Pair-non-Pair bei Marcamps (Gironde), er findet mehrere Gravierungen auf Knochen. 15 Jahre nach dem Grabungsbeginn, am 31. August 1896 erkennt er zum erstenmal Tierbilder an den Wänden, die vorher unter den abgegrabenen Schichten lagen. Diese Wandgravierungen mit Farben müssen also eiszeitlich sein, sie gehören dem mittleren Aurignacien an. Sie sind demnach genau bestimmbar und von großer Bedeutung. Doch die allgemeine geistige Lage ist so, daß Daleau es nicht wagt, seine Entdeckung bekanntzumachen. Im Jahre 1897 entschließt er sich dazu (F. Daleau, Les gravures sur roches de la caverne de Pair-non-Pair. Actes de la Soc. archéol. de Bordeaux 1897 S. 236). Doch auch diese

Mitteilung hat gar keinen Erfolg. Die Wirkung der Ablehnung eiszeitlicher Wandmalereien 1880 auf dem Kongreß von Lissabon war zu tiefgreifend, als daß irgend eine Möglichkeit zur Anerkennung eiszeitlicher Malerei gegeben gewesen wäre.

Im Jahre 1878 bemerkt LEON CHIRON in der Höhle Chabot bei Aiguèze im Dép. Gard Gravierungen von Tieren an der Höhlenwand, er photographiert sie und veröffentlicht die Bilder in einer archäologischen Lokalzeitschrift (Revue historique et archéologique du Vivarais 1878 S. 437—42). Dieser Aufsatz erscheint noch vor der Entdeckung Sautuolas in Altamira, aber niemand nimmt von den Funden Notiz. Im Jahre 1879 besucht Ollier de Marchand die Höhle, bemerkt auch die Bilder und macht der damals so bedeutenden prähistorischen Zeitschrift: „Matériaux pour l'histoire de l'homme" darüber Mitteilung. Die Redakteure der Zeitschrift jedoch, de Mortillet und Cazalis de Fondouce, nehmen die Nachricht nicht auf. Der Artikel bleibt 10 Jahre bei ihnen liegen.

Doch Chiron ruht nicht. 1889 macht er wieder einen Versuch, die Bilder bekannt zu machen. Er berichtet über sie am 4. Mai 1889 in der Société d'Anthropologie de Lyon (S. 96—97) und 1890 in der Académie de Vaucluse (S. 344). Aber die Mitteilung stößt nur auf allgemeine Ablehnung.

Eine langsame Änderung in der Stellung zu diesen Fragen bahnt sich an durch die Grabung in der Höhle Teyjat, Gemeinde Montron bei Varaignes, Dordogne. Die Höhle liegt nicht weit entfernt von dem Schulhaus des Dorfes, also mitten im Ort. Hier beginnt PERRIER DU CARNE 1889 die Grabungen und findet eine reiche Schicht des Magdalénien. In dieser Schicht finden sich fünf Zeichnungen auf Knochen. Die gravierten Furchen sind mit Farbe ausgelegt.

Bei meinen Arbeiten über die eiszeitliche Kunst habe ich in Paris im Institut de Paléontologie Humaine in der Rue Panhard das kleine Buch von Perrier du Carne über Teyjat gefunden, das Buch, das er EMILE CARTAILHAC (1845—1921) als Geschenk von dem Verfasser übergeben hatte. Cartailhac war damals Assistent am Musée d'histoire Naturelle in Toulouse, später, 1906, wurde er Professor für Anthropologie an der Universität Toulouse. Er hatte bis dahin schon ein für die Vorgeschichtsforschung wichtiges Werk verfaßt, die erste Urgeschichte Spaniens mit dem Titel: Les âges préhistoriques de l'Espagne et du Portugal, 1886, und auch sein Werk über die Vorgeschichte Frankreichs erschien gerade. Es hat den Titel: „La France préhistorique", 1889. So ist für die damalige Zeit seine Stellung zu den Fragen der eiszeitlichen Felsbildkunst von besonderer Bedeutung.

Auf dem Büchlein von Perrier du Carne fand ich von der Hand Cartailhac's diese Notizen: „En la lisant je reconnais possible qu'il y ait des dessins sur les parois. J'en parle à Breuil, j'avertis en son nom et au mien Peyrony", „beim Lesen erkenne ich die Möglichkeit, daß es vielleicht Zeichnungen an den Felswänden gibt. Ich spreche darüber zu Breuil und ich benachrichtige Peyrony in seinem und meinem Namen."

Diese Notiz — es sind nur wenige Worte — bezeichnen deutlich die Wandlung in der Auffassung zu der eiszeitlichen Felskunst.

Zehn Jahre vorher, 1880, hatte nämlich der Internationale Kongreß für Anthropologie und Prähistorische Archäologie, der in Lissabon tagte, die Möglichkeit eiszeitlicher Felsmalereien mit größter Entschiedenheit abgelehnt. Diese Tatsache ist für uns Heutige und für die Entfaltung der Forschung von solcher Bedeutung, daß der

Vorgang nicht vergessen werden sollte. Er ist bezeichnend für die geistige Haltung dieser Zeit. Sie konnte nicht über ihren Schatten springen. Sie lebte in dem Gedanken des Fortschrittes, der zuletzt von Hegel kommt. Das Vollendete kann und darf nur in der eigenen Zeit erscheinen. Für die Kunst gibt es nur zwei Höhepunkte: die eigene Epoche, eine Weiterentwicklung seit der Renaissance, und die Kunst der Griechen im fünften Jahrhundert v. Chr. Die Renaissance ist nur eine Wiederaufnahme der klassischen Kunst, eine Weiterführung im Sinne der Bewegung, die einen Anstieg zu ständig größerer Höhe bedeutet. Ein sehr klares, sehr selbstbewußtes Denken und Erleben, das Griechenland einspannt und einbaut in die großen Schritte bis hin zum eigenen, dem höchsten Standpunkt.

Nun waren aber 1879 farbige Malereien in der Höhle Altamira bei Santillana del Mar, nicht weit von Santander in Spanien gefunden worden. Sie waren monumental, wirklichkeitsnah, von erstaunlicher Farbkraft und künstlerischer Leistung. Sie mußten also Fälschungen sein, denn ihre Existenz widersprach allen geordneten Vorstellungen von dem Kunstschaffen auf dieser Erde überhaupt, ja, von der Entwicklung des Geistes.

Die Geschichte von Altamira ist so spannend wie ein Roman, wie ein Roman einer ganzen Zeitepoche, die Neues in der Erde findet, und dieses Neue entspricht nicht dem philosophischen Denken, und das Denken ist stärker als die Tatsachen, und so versinken die Bilder wieder in den Schoß der Erde, aus dem sie für die Menschen zu früh herausgetreten sind.

Die Höhle liegt auf einer flachen Wiesenfläche. Ein Jäger hatte sie ganz zufällig 1868 beim Jagen gefunden. Er verfolgte einen Hasen, der Hase war in der Erde verschwunden, sein Hund war ihm gefolgt. Um den Hund wiederzufinden, grub der Jäger den Boden etwas auf und fand die Höhle. Der Jäger machte dem Besitzer der Gegend, GRAF MARCELLINO DE SAUTUOLA (1831—1888), Mitteilung über seine Entdeckung, und damit war die Angelegenheit beendet.

Im Jahre 1878 fand in Paris die Weltausstellung statt. Dort wurden die ersten Kunstwerke der Eiszeit auf Horn und Knochen ausgestellt, die Lartet, Piette und andere ausgegraben hatten, dazu die Werkzeuge, Klingen, Spitzen, Kratzer, Harpunen.

Sautuola besuchte die Ausstellung und war besonders angetan von diesen Funden. Er besann sich wieder auf die Höhle auf seiner Wiese, und als er aus Paris nach Santillana zurückgekehrt war, griff er zum Spaten. Es war im November 1879, als er Werkzeuge, ganz gleich den französischen der Ausstellung, vorfand.

Eines Tages hatte er seine Tochter mitgenommen, die damals fünf Jahre alt war. Ich habe sie noch 1923 als ältere Dame kennengelernt, und sie hat mir erzählt, wie der Vorgang war. Sie ist in der Tat die erste, die die Bilder von Altamira sah. Sie spielte, während der Vater grub, und plötzlich sah sie die Bilder der Bisons. „Toros, toros, mira toros", rief sie aus. Der Vater sah auf von seiner Arbeit, und plötzlich erkannte auch er beim Schein der Lampe die Bilder an der Decke. Überall Stiere, eigentlich Bisons. Er kroch herum, die Lampe hoch haltend, hier waren Bilder und dort, und immer wieder schrie die Tochter auf und zeigte neue Bilder.

Der Vater setzte sich und überlegte. Die Bilder sehen aus, wie von einem Maler der Gegenwart gemalt, sie wirken lebensvoll, natürlich, vollendet in der Technik, und noch wirksamer sind sie dadurch, daß die Maler die zufälligen Vorsprünge und Buckel der Decke verwendet haben für ihr Bild, so daß sie zugleich Skulptur sind und Malerei (Herbert Kühn, Die Malerei der Eiszeit, München 1921, 3. Aufl. 1923. — Ders. Eiszeitkunst, Die Geschichte ihrer Erforschung. 1965, S. 105f.).

Sautuola überlegte, niemand hat vor ihm die Höhle betreten, nur der Jäger, er kann nicht der Maler dieser vielen Bilder sein. Und wenn die Menschen der Eiszeit diese Gravierungen auf Knochen geschaffen haben, warum denn nicht auch Bilder an der Wand? Aber diese Vollendung der Technik, die Schattierung, die Perspektive der Glieder, das kann doch nicht die Kunst des Höhlenmenschen sein? — Aber wieder Bisons, wer kann heute die Tiere kennen, die so lange ausgestorben sind?

Die Tochter erzählte mir, der Vater legte den Spaten hin, er nahm sein Barett, und wir gingen nach Hause, ganz nachdenklich, ganz versonnen.

Dann schrieb der Vater an einen Freund, VILANOVA, Professor für Geologie an der Universität Madrid. Vilanova kam, besuchte die Höhle, sah die Schichten, erkannte sofort, daß sie eiszeitlich sind, sah die Bilder, auch sie konnten nur eiszeitlich sein, denn wer kann in der Gegenwart ausgestorbene Tiere malen? Er grub ebenfalls und fand sofort die Knochen von Höhlenbären, ursus spelaeus.

Dann fuhr Vilanova nach Santander und hielt einen Vortrag an der Universität über diese Entdeckung. Wandmalereien des Menschen der Eiszeit. Die Presse von Kantabrien brachte eingehende Berichte, Besucher kamen, eine große Bewegung erfaßte das Land. Auch der König von Spanien scheute die Reise nicht, und bei meinem ersten Besuch, 1923, habe ich noch seinen Namen gesehen, eingebrannt mit Kerzen: Alphonso XII.

Nun schrieb Sautuola ein kleines Buch über seine Funde, es hat den Titel: Breves apuntes sobre algunos objetos prehistóricos de la provincia de Santander, Santander 1880. In diesem Buch, das jetzt neu wieder veröffentlicht worden ist von JESUS CARBALLO (1874—1961): Descubrimiento de la Cueva y pinturas de Altamira por D. Marcelino de Sautuola, Santander 1950, überlegt Sautuola alle Gründe, die für eine moderne Arbeit sprechen und alle, die dagegen stehen. Und er sagt (S. 28) daß die Malereien „sin género alguno de duda, a la época designada con el nombre paleolítica", „ohne irgend einen Zweifel der sogenannten Epoche des Paläolithikums zugehören".

Und dann wird es plötzlich still um Altamira. Sautuola wird ein Betrüger genannt, der einen Maler der Gegenwart veranlaßt habe, diese Bilder zu malen, um die Prähistoriker zu täuschen. Unglücklicherweise hatte die Familie tatsächlich einen blind gewordenen Maler aufgenommen, aber der hatte niemals die Höhle betreten.

Im September 1880 findet in Lissabon der Internationale Kongreß für Anthropologie und Prähistorische Archäologie statt. Alle großen Gelehrten der Zeit sind anwesend, Rudolf Virchow, Schaaffhausen, Tischler, Johanna Mestorf, aus Deutschland zusammen 25 Gelehrte, aus Frankreich 103 Gelehrte, darunter de Mortillet, Cartailhac, Girod, Hamy, Henri-Martin. Aus Italien Pigorini, aus Norwegen Ingvald Undset, aus Schweden Oskar Montelius, Hjalmar Stolpe, Hans Hildebrand, aus Finnland Aspelin, aus Belgien Dupont, aus Rußland Vladimir Antonovitsch, aus Portugal

Ribeiro, aus England John Lubbock, Boyd Dawkins, John Evans, aus Ungarn Pulszky — alle Gelehrten von Rang und Namen sind vertreten, aber die Ablehnung ist einmütig. Auf S. 47 des Kongreßberichtes, Congrès International d'Anthropologie et d'Archéologie préhistorique, Lisbonne 1880, Lisbonne 1884, findet sich die Notiz, daß Vilanova die Mitglieder des Kongresses einlädt, die Höhle von Santillana bei Santander zu besuchen. Die Wände und die Decken bringen Gravierungen und Malereien vom Urrind. Die Entdeckung ist Marcelino de Sautuola zu verdanken.

Aber es findet sich in dem Bericht, der 720 Seiten umfaßt, sonst nicht ein Wort weiter über die Höhle und ihre Malereien. Nicht ein einziger der Gelehrten dieses Faches der ganzen Welt ist auch nur zu bewegen, die Bilder selbst anzusehen. Es werden die ersten Kopien vorgelegt, aber der Kongreß lehnt einmütig ab. Ein Mitarbeiter der Zeitschrift Matériaux pour l'histoire de l'Homme, Edouard Harlé, wird abgesandt, die Bilder zu besichtigen. Er erklärt in der Zeitschrift Matériaux pour l'histoire de l'Homme (1881, S. 282): „Die Bilder sind ganz neuartig. Es scheint mir wahrscheinlich, daß sie zwischen den beiden ersten Besuchen von Sautuola, 1875 und 1879 hergestellt worden sind. „Je crois avoir démontré que les belles peintures sont fort récentes, il semble probable qu'elles ont été faites dans l'intervalle des deux premières visites de M. de Sautuola, de 1875 à 1879."

Will man die Stellung der damaligen Zeit gegen diese Entdeckung begreifen, dann muß man daran denken, daß wirklich eine neue Welt aus der Erde getreten war. Der Mensch der Eiszeit, der Mensch vor unvorstellbar weiten Zeiträumen, der Mensch, der in einem ganz anderen Klima lebte, zusammen mit den ausgestorbenen Tieren, der Mensch, Jahrtausende vor Ägypten und Mesopotamien, vor Griechenland und Rom, er sollte eine vollendete Kunst geschaffen haben. Die Anerkennung dieser Malereien wäre eine geistige Revolution gewesen, ein Angriff gegen den Gedanken des Fortschritts, bis zu der Höhe Europas — ein untragbarer Gedanke.

Diese Epoche ist für die Geistesgeschichte Europas besonders fesselnd, und so habe ich in Paris mit der Erlaubnis von Prof. Marcellin Boule den Nachlaß von Cartailhac durchgesehen und dabei einen Brief von Mortillet gefunden. Dieser Brief macht am sichtbarsten die tiefe Erschütterung, ja, die Angst vor der Entdeckung deutlich. Er ist datiert auf den 19. Mai 1881. In ihm heißt es: „Ich komme nun zu der Frage der Malereien der Höhle von Santander. Ich habe mir die Kopien genau angesehen. Ich bin überzeugt, es ist eine absichtliche Irreführung in dieser Angelegenheit. Das ganze ist nichts als ein witziger Schabernack, eine wahrhaftige Karikatur, geschaffen und in die Welt gesetzt, um lachen zu können über die leichtgläubigen Prähistoriker." „J'arrive maintenant à la question des peintures de la caverne de Santander. J'ai bien vu les dessins. Je suis persuadé qu'il y a une mystification dans cette affaire. Ce n'est qu'une affectueuse farce, une véritable carricature, créé et mise au monde pour pouvoir rire à l'aise des trop crédules paléethnologues".

Wohl erhebt Vilanova Einspruch auf dem französischen Kongreß von Algier und Rochelle, doch die Angelegenheit wird gar nicht zur Sprache gebracht und ebenso geschieht es auf dem nächsten Internationalen Kongreß, auf dem von Berlin, 1882.

In dem zusammenfassenden Werk von DE MORTILLET, Le Préhistorique, das 1883 erscheint, das 1900 die dritte Auflage erlebt, werden die Bilder nicht erwähnt.

Auch das große Werk von Emile Cartailhac, La France préhistorique, das 1889 in der ersten Auflage, 1896 in der zweiten Auflage herauskommt, spricht kein Wort über Altamira.

Und auch die anderen bis 1900 bekannten Höhlen mit Gravierungen und Malereien werden nicht genannt, nicht Chabot, nicht La Mouthe (Dordogne), nicht Pair-non-Pair, nicht Marsoulas bei Salies-du-Salat im Dép. Haute-Garonne, in der Abbé Cau-Durban der Pfarrer von Saint-Girons von 1881—1884 gräbt, und wo die Bilder gar nicht zu übersehen sind.

Die Entdeckung der Eiszeitkunst war zu gewaltig in ihren Ausmaßen, in ihren Folgerungen, in ihrer Veränderung eines ganzen Bildes der Weltgeschichte: so sanken die Bilder wieder zurück in ihr Dunkel, die Philosophie siegte über die Tatsachen. Und gerade das ist sehr bezeichnend, eine Epoche hat eine bestimmte Vorstellung vom Werden des Menschen — seine Schöpfung und dann seine Entfaltung in etwa 4 Jahrtausenden, etwa die gleiche lange Zeit vor Christi Geburt wie die nach diesem Einschnitt — und nun soll der Mensch aus der Tierreihe erwachsen, und der Mensch der Eiszeit, der Urmensch, der primitive Höhlenbewohner, er soll eine vollendete Kunst geschaffen haben, und das vor mehr als 10000 Jahren — alle diese Erkenntnisse sind zu umstürzend, zu revolutionierend, als daß sie hingenommen werden könnten. Denn Beides scheint sich auch noch zu widersprechen. Der Mensch, dem Tiere noch ähnlich, wie der Neandertaler, soll eine Gottesvorstellung gehabt haben und der Mensch von Crô-Magnon gar monumentale Malereien an den Höhlenwänden? Noch war es nicht möglich, zu unterscheiden zwischen Neandertaler und Crô-Magnon-Menschen. Welche Schwierigkeiten, welche Irrwege.

Es ist leicht für uns Heutige, 70—80 Jahre später, zu lächeln über die Bedenken der Gelehrten, der Forscher in dieser Zeit. Sie weichen zurück. Die Kritik aber, die Skepsis, ist die Aufgabe aller wissenschaftlichen Forschung, und bei so tiefgreifenden Ergebnissen muß die Forschung vorsichtig und zurückhaltend sein.

Doch die Arbeit in den Höhlen geht weiter.

Gerade das Jahr 1880 bringt die Entdeckung zweier wichtiger Fundplätze mit ausgegrabenen Kleinkunstwerken, Brassempouy im Dép. Landes und Předmost in Mähren.

In Brassempouy ist es die Grotte du Pape, die Schichten des Aurignacien, des Solutréen, des Magdalénien führt. Die Grabung wird von mehreren Forschern durchgeführt, Dubalen, M. de La Porterie, Léon Dufour und seit 1893 auch durch Edouard Piette (1827—1906). Er ist es, der 1894 das berühmt gewordene Frauenköpfchen findet, die erste Selbstdarstellung des Antlitzes des Eiszeitmenschen, und ein vollendet gezeichnetes Wildpferd sowie neun weibliche Statuetten, dazu eine männliche.

Noch eine wichtige Fundstelle wird 1880 gefunden, Kostelik, auch Pekárna genannt, Backofen oder Diravica. Die Fundstelle liegt 10 km östlich von Brno, Brünn, auch hier gräbt JINDRICH WANKEL (1821—1897), später J. SZOMBATHY (1853—1943) und KŘIŽ, (1841—1916), dann ABSOLON (1887—1960). Die Schichten sind sehr reich, und manches Kleinkunstwerk wird bei den Grabungen gehoben, und so tritt Brünn für die Forschung der Eiszeit neben Südfrankreich an führende Stelle.

In Frankreich wird 1884 die Höhle Le Souci ausgegraben. Sie liegt bei der Gemeinde Lalinde im Dép.Dordogne. Mehrere Kunstwerke finden sich in den Schichten des Magdalénien, die Funde gelangen in das Museum von Périgueux.

1886 beginnen die Grabungen von Arcy-sur-Cure im Dép. Yonne. Wieder ergeben sich viele übereinanderlagernde Schichten, das Aurignacien bringt wichtige Kunstwerke. Die Ausgräber sind Ficatier, G. de Mortillet, Parat, Breuil.

Das Jahr 1886 bringt Grabungen mit Kunstwerken in Montgaudier (Charente), das Jahr 1887 in Conduché und Cambous, beide im Dép.Lot.

Seit 1894 graben Tournier und Guillon in der Höhle Les Hoteaux im Dép. Ain und hier wird der viel abgebildete eilende Hirsch, auf Knochen graviert, gefunden.

Das Jahr 1895 bringt eine seltsame Entdeckung, die Wandbilder der Höhle La Mouthe bei Les Eyzies, Dordogne. Der Eigentümer der Grotte, der den Eingang als Abstellraum verwendet, will diesen Raum vergrößern. Die Rückwand wird angeschlagen, eine Höhle öffnet sich, und am Ende der Höhle zeigt sich ein anderer Gang, hier wird ein kleines Loch in die Wand getrieben, und ein Junge von 11 Jahren kriecht hinein. Es ist am 11. April 1895, als er einen neuen, bisher unbekannten Gang findet, und in diesem Gang Gravierungen von Tieren an den Wänden.

In Bordeaux tagt gerade eine wissenschaftliche Gesellschaft, die Association Française pour l'Avancement des Sciences, und die Wissenschaftler, die sich mit Vorgeschichte beschäftigen, werden zum Besuch eingeladen. Es erscheinen Capitan, Cartailhac, Féaux, Harlé, Chauvet, Rivière. Sie sehen diese Bilder, und langsam verändert sich die ablehnende Haltung gegenüber Altamira. Aber ein Moment stellt sich dem Gedanken der eiszeitlichen Kunst in den Höhlen entgegen, es ist die Möglichkeit der Beleuchtung.

Die Bilder in La Mouthe beginnen 200 m tief nach dem Eingang, wie soll sie der Mensch der Eiszeit, dieser einfache Urmensch, beleuchtet haben. Und mit diesen Gedanken, die offenbar das Unmögliche der Eiszeitkunst dartun, verlassen die Forscher den Fundplatz.

Doch einer von ihnen, Emile Rivière (1835—1922), beginnt in der Höhle zu graben. Und bald geschieht das Unwahrscheinliche: er gräbt die Schichten ab, findet Steinwerkzeuge und Knochen ausgestorbener Tiere, und eines Tages sieht er, daß er durch seine Grabung Tierbilder an der Wand freigelegt hat. Nun ist es gesichert, daß die Bilder von dem Eiszeitmenschen geschaffen sein mußten. Piette besucht die Höhle, bestätigt die Tatsache, aber eine Frage bleibt noch immer: es ist die der künstlichen Beleuchtung.

Und da ist es auch gerade diese Höhle, die die Antwort bringt. Im Jahre 1898 findet Rivière in den Schichten der Höhle eine Lampe der Eiszeit, einen ausgehöhlten Stein mit Griff, der noch das Tierfett enthält. Ein Docht wurde verwendet, die Öllampe des Eiszeitmenschen ist gefunden, das Rätsel der Beleuchtung ist gelöst.

Aber die alte Generation der Forscher ist doch noch nicht in der Lage, die Schlüsse aus diesen Funden zu ziehen, es ist nach 1900 die junge Generation, die den Schritt wagt, es ist ein damals junger Gelehrter, ein katholischer Geistlicher, Abbé HENRI BREUIL (1877—1961). Literaturangaben: Ioseph Déchelette, Manuel d'Archéologie, Bd. 1, Paris 1924 S. 212—237. — George Grant MacCurdy, Human Origins,

New York 1924, Bd. 1, S. 207—293. — Herbert Kühn, Kunst und Kultur der Vorzeit Europas, Das Paläolithikum, Berlin 1929 S. 42—197.

Auf dem Boden von Deutschland und der Schweiz ist die Geschichte der Forschung fast noch unglücklicher als in Frankreich.

Auch in der Schweiz kommen Funde eiszeitlicher Kunst in dieser zweiten Hälfte des 19. Jahrhunderts zutage. Am 4. Dezember 1873 beginnt Professor K. Merk vom Polytechnikum in Schaffhausen Grabungen in der Höhle Kesslerloch. Er findet wichtige Kunstwerke, darunter das weidende oder besser suchende Rentier, heute im Museum in Konstanz. Aber die Arbeiter legen, um Merk eine Freude zu machen, Fälschungen in die Schichten. Lindenschmit in Mainz erkennt die Fälschungen, bei gerichtlichen Verhandlungen gesteht der Arbeiter Stamm die Tat, und nun erklärt Lindenschmit, daß alle Kunstwerke der Eiszeit Fälschungen seien. Auf dem Anthropologen-Kongreß in Konstanz im Jahre 1877 wird die Echtheit der eiszeitlichen Kunst überhaupt bestritten, und 1881 erklärt noch Thomassen in der „Vierteljahresrevue der Fortschritt der Naturwissenschaften" (III, S. 7), daß alle diese Kunstwerke unter griechischem Einfluß stehen.

Dabei war in Deutschland schon um 1870 in der Schussenquelle bei Schussenried, 54 km südwestlich von Ulm, eine Gravierung gefunden worden, die das Hinterteil eines Tieres zeigt.

Von Bedeutung für die Aufnahme der Entdeckung der Kunst der Eiszeit sind Worte von Ludwig Lindenschmit, dem Älteren. Er sagt: „Alles, was zwischen diesen vermeintlichen ersten Versuchen von Darstellungen der Tierwelt und den Leistungen einer um Jahrtausende vorgeschrittenen Bildung liegt, zeigt nur den Charakter unbeholfener Barbarei. Die Pferde der ältesten italischen Erzarbeit sind nicht besser als unsere Honigkuchenfiguren. Die rätselhaften Fabelwesen der gallischen Münzen, die wunderbaren, nur aus Kopf und Händen bestehenden Reiterfiguren der germanischen Goldbrakteaten, die scheußlich verzerrten, nur aus Schnörkeln konstruierten Zeichnungen der irischen Manuskripte und die meisten Darstellungen aus weit späterer Zeit geben noch eine wildphantastische, völlig willkürliche Auffassung der Tierwelt kund. Diese gleichmäßig überall wahrnehmbare Verwilderung bleibt um so unerklärlicher, als die gesamten übrigen Bildungszustände dieser späteren Zeiten doch so eine unermeßliche Überlegenheit zeigen im Vergleich zu jenen der Troglodyten der Eis- und Rentierzeit" (zitiert nach Baer-Hellwald, Der Vorgeschichtliche Mensch, Leipzig 1880 S. 486).

Und Hellwald sagt gegen Ende aller Überlegungen: „Überblicken wir das bisher Gesagte, so wird sich kaum leugnen lassen, daß, wenn man die besprochenen prähistorischen Kunstwerke vom artistischen Standpunkte betrachtet, ernstliche Zweifel an deren Echtheit als sehr wohl berechtigt angesehen werden müssen" (Baer-Hellwald, ebda. S. 489). Und zum Schluß der Betrachtung sagt Hellwald: „Immerhin unterliegt es nach Prof. O. Fraas kaum einem Zweifel, daß die Rentierjäger der mitteleuropäischen Höhlen zu einer Zeit lebten, als in anderen Teilen unserer Erde schon geordnete Staaten und eine hohe Stufe der Kultur existierte" (Baer-Hellwald, ebda. S. 492).

Doch ohne Beachtung aller immer wieder ablehnenden Worte geht die Erforschung der Kunst der Eiszeit weiter. Von 1891—1894 bearbeiten Nüesch und Häusler die Fundstelle Schweizersbild in der Nähe von Schaffhausen, auf Schweizer Boden. Sie finden ein mittleres Magdalénien mit Harpunen, Nadeln und Steinwerkzeugen und einen gravierten Kommandostab, wohl einen Zauberstab des Eiszeitmenschen und eine Steinplatte mit Gravierungen vom Steppenesel (Equus hemionus).

So sind in der Schweiz bis 1900 drei Stationen mit 17 Kunstwerken der Eiszeit gefunden: Veyrier, Thayngen, Schweizersbild.

Auch England kennt eine Fundstelle eiszeitlicher Kunst. In Cresswell Crags ist 1876 die erste Zeichnung des Menschen der Eiszeit aufgefunden worden.

Übersieht man das Wissen um die eiszeitliche Kunst um 1900, am Ende des 19. Jahrhunderts, dann ist es so, daß schon mehrere Hunderte von Kleinkunstwerken vorliegen.

Die wichtigste und reichste Station ist Laugerie-Basse in der Dordogne bei Les Eyzies. Gerade im Jahre 1900 legen PAUL GIROD und ELIE MASSÉNAT ihr großes Prachtwerk über diese Fundstelle vor. Das Buch hat den Titel: Les stations de l'âge du Renne, Paris 1900. Es hat 110 Tafeln, 42 Tafeln bringen Kunstwerke, Zeichnungen und Ornamente. Schon vorher war das große Werk von LARTET und CHRISTY, Reliquiae Aquitanicae, London 1865—1875 erschienen. Auch das für diese Zeit so wichtige Werk von G. et A. de Mortillet, Museé Préhistorique Paris 1881, bringt auf den Tafeln 16—18 Kunstwerke der Eiszeit. So liegen drei große Werke vor, die Auskunft gegen über den Menschen der Eiszeit, seine Werkzeuge, Steingeräte und Knochengeräte, über seine Lampen, seine Kunstwerke.

Die Gravierungen auf Knochen und Stein sind gefunden worden in Frankreich, in der Tschechoslowakei, in Österreich, in der Schweiz, in Deutschland, in England.

Aber die Zeit ist noch nicht reif für die Aufnahme der Malerei der Eiszeit an den Wänden der Höhlen, diese Entdeckung bleibt dem 20. Jahrhundert vorbehalten.

Jedoch ein Problem drängt entschieden auf seine Lösung, das ist die zeitliche Gliederung der Eiszeitfunde.

Die Frage der eiszeitlichen Menschenfunde ist einem gewissen Ergebnis entgegengeführt worden, die Frage der Kunst der Eiszeit hat einige unbestreitbare Tatsachen erbracht. Aber welche Epochen umfaßt die Eiszeit, wie gliedern sich die Funde, das ist die große Frage dieser Zeit.

Der erste, der sie anschneidet, ist Edouard Lartet. Bei seinen Grabungen, besonders in der Dordogne, findet er als unterste Schicht die Handspitzen, darüber liegend feinere Klingen, Spitzen, und zu oberst Harpunen aus Knochen, eine Entwicklung der Werkzeuge also. Aber am wichtigsten ist ihm die Tierwelt der Schichten, denn die ausgestorbenen Tiere bilden die Grundlage für die Bestimmung der Schichten.

Deutlich ergibt sich für Lartet und auch für Félix Garrigou, einen Ausgräber aus Foix (Ariège) in den sechziger Jahren des 19. Jahrhunderts in den Pyrenäen, daß die unteren Schichten die Knochen wärmeliebender Tiere führen, die darüber liegenden diejenigen kälteliebender Tiere. Es muß also der Mensch, von dem sich in diesen Schichten die Werkzeuge finden, zuerst in einer Warmzeit, dann erst in der Eiszeit gelebt haben. Die wärmeliebenden Tiere der unteren Schichten sind vor allem der Warmelefant, elephas antiquus oder meridionalis, und das wärmeliebende Rhinozeros, Rhinoceros merckii, dann das Flußpferd, hippopotamus amphibius.

Darüber aber lagern die Schichten mit den kälteliebenden Tieren, dem Höhlenbären, Ursus spelaeus, dem Mammut, Elephas primigenius, dem Rentier, Rangifer tarandus, dem wollhaarigen Nashorn, Rhinoceros tichorhinus, und dem Bison, Bison priscus.

So schlägt Lartet in Übereinkunft mit Garrigou vor, die Eiszeitfunde in vier Stufen zu gliedern und sie nach den Tieren zu bezeichnen. Die unterste Schicht nennt Lartet die Warmelefanten-Periode — zuerst hatte er sie in „Reliquiae Aquitanicae" Höhlenbären-Periode genannt. Die zweite Periode nennt er die des Höhlenbären und des Mammuts, also schon eine kalte Periode. Die dritte nennt er die des Rentieres und die vierte die des Auerochsen und des Bisons. Auch diese beiden Epochen sind kalte Perioden.

Andere Forscher schlagen andere Gliederungen vor, Dupont, ein belgischer Prähistoriker, empfiehlt, das Paläolithikum nur in zwei Gruppen zu gliedern, die Periode des Mammuts und die des Rentiers (Bulletin Acad.Roy. de Belgique 1866, Bd. 22) und Paul Gervais empfiehlt, die unterste Schicht die des Elephas meridionalis, Warmelefant, zu nennen, die darüber liegende die des Elephas primigenius, des Mammuts, dann die des Rentieres und die oberste die der Pfahlbauten.

Jedoch alle diese Systeme können sich nicht halten, den Erfolg hat eine ganz andere Art Gliederung, nämlich nicht die nach den Tierarten, sondern die nach den ersten Fundplätzen, an denen eine Schicht besonders deutlich wissenschaftlich beobachtet worden ist.

Es ist Gabriel de Mortillet (1821—98), der diese Gliederung vorlegt. Seine Bedeutung für die Vorgeschichte dieser Zeit ist sehr groß, einmal wegen seiner ausgedehnten und überschauenden Kenntnisse, dann wegen seiner Erfolge in der Gliederung der Eiszeitepochen. Aber er ist auch sehr hindernd wegen seiner betont materialistischen philosophischen Haltung, die ihn zum schärfsten Gegner aller Erwähnungen der Geistigkeit des eiszeitlichen Menschen macht. Er lehnt jede religiöse Haltung des Eiszeitmenschen ab, und er ist auch der schärfste Gegner der Anerkennung der eiszeitlichen Malerei.

Mortillet ist geboren am 29. April 1821 in Meylau (Isère), 1868 wird er Assistent und später Konservator am Musée des Antiquités Nationales in Saint-Germain bei Paris, er wird auch Bürgermeister von Saint-Germain und Abgeordneter. Im Jahre 1881 erscheint sein Werk: „Musée Préhistorique"; 1882 „Le préhistorique", beide für die damalige Zeit führende Werke. 1890 veröffentlicht Mortillet ein Buch: „Origines de la chasse, de la pêche et de l'agriculture. Er stirbt am 25. Sept. 1898 in Saint-Germain-en-Laye.

Der wesentlich neue Schritt ist die Bezeichnung nach Fundorten. Mortillet schlägt sie zuerst vor 1867. Er sagt, der Prähistoriker soll nicht die prähistorischen Schichten nach der Fauna, also naturwissenschaftlich, bezeichnen, sondern archäologisch nach Fundplätzen. „Il faut donc renoncer à baser de bonnes divisions sur la faune, mais par l'archéologie."

Für die Schichten von Boucher de Perthes, die des Warmelefanten bei Lartet, schlägt er als namengebend den Fundort Chelles bei Paris vor, er nennt die Epoche Chelléen. Für die zweite Periode bei Lartet, die des Höhlenbären, wählt er den Namen Le Moustier bei Les Eyzies (Dordogne). Daraus wird das Wort Moustérien, es bezeichnet die Epoche des Neandertalers, zuerst noch mit warmer Fauna, dann mit kalter. Die beiden folgenden Epochen haben nur eine kalte Tierwelt. Mortillet schlägt für die Schicht des Rentiers bei Lartet das Wort Solutréen vor nach dem Fundort Solutré bei Mâcon (Saône-et-Loire). Die jüngste eiszeitliche Schicht, bei Lartet die Epoche des Bisons, nennt er Magdalénien nach dem Fundort La Madeleine bei Tursac (Dordogne).

Erst 1906 fügt Breuil das Aurignacien an der richtigen Stelle vor dem Solutréen ein (Breuil, Les gisements présolutréen du type d'Aurignac, Congr.Int. d'Anthr. et d'Arch. préh. Monaco 1906, Bd. I, S. 323).

Aber 1951 hat Breuil vorgeschlagen, den Ausdruck Chelléen fallen zu lassen und dafür Abbevillien nach Abbeville (Somme) zu wählen (BREUIL, Le Clactonien. Préhistoire I, 2, Paris 1951. — BREUIL ET LANTIER, Les hommes de la Pierre ancienne, Paris 1951).

Neolithikum und Bronzezeit

Das Buch „Musée Préhistorique" von Mortillet von 1881, 2. Aufl. 1903, umfaßt 100 Tafeln mit den jeweils dazugehörenden erklärenden Texten. Die Tafeln beginnen mit den Geröllsteinen, der heute sogenannten pebble culture, sie wird dem Tertiär zugewiesen. Die nächsten Tafeln bringen Chelléen, darauf folgend Moustérien. Das Aurignacien fehlt noch, es ist erst 1906 eingeführt worden von Breuil. Dem Solutréen sind 4 Tafeln gewidmet, dem Magdalénien 10 Tafeln. Darunter zeigen die Tafeln 26—28 Gravierungen auf Knochen, vor allem aus Laugerie-Basse und La Madeleine.

Dem Neolithikum sind 61 Tafeln gewidmet. Diese Epoche wird bezeichnet als Robenhausien. Der Name stammt von dem Fundort Robenhausen in der Schweiz am Pfäffik-See. An dieser Stelle untersuchte J. MESSIKOMER seit 1857 regelmäßig Pfahlbauten. Der Name ist aus der damaligen geringen Kenntnis des großen Komplexes des Neolithikums zu erklären. J. Messikomer berichtet darüber in: Mitt. Zürich, Bd. 12, 1858—60, in den 2.—6. Pfahlbauberichten, 1858—1863, später in Mitteilungen Zürich, Bd. 22, 1886—90. Den Gesamtüberblick gab sein Sohn, H. MESSIKOMER in: Die Pfahlbauten von Robenhausen, 1913.

Ebenso eigentümlich mutet uns heute die Bezeichnung für die Bronzezeit an als Morgien mit den Tafeln 66—73 bei Mortillet.

Bevor der Begriff Bronzezeit, von MONTELIUS geschaffen, Gestalt gewann für Frankreich, sprach man dort nach dem Vorbild von Mortillet, 1874 aufgestellt, von zwei Perioden, dem Morgien und dem Larnaudien. Das Wort Morgien ist entlehnt von dem Fundplatz Morges am Genfer See. Dort wurden seit 1862 Pfahlbauten ausgegraben, insgesamt 4 Stationen, von denen zwei der Bronzezeit zugehören, unter ihnen die Station Les Roseaux. Sie wurde von Ischer gegraben und veröffentlicht in den Mitteilungen Zürich, Bd. 15, 1863 und im 6. Pfahlbaubericht 1866 S. 290 f., ferner im 7. Pfahlbaubericht von 1876 S. 42 f.

Die Station von Les Roseaux gehört nach der Montelius-Stratigraphie der Per. II an.

Die Tafeln 74—92 werden bezeichnet mit Larnaudien. Es ist die späte Bronzezeit. Der Name stammt von dem Fundplatz Larnaud im Dépt. Jura, Frankreich. Dort wurde 1865 ein spätbronzezeitlicher Depotfund gehoben mit 43 Lappenäxten, 33 Tüllenäxten, 51 Sicheln, 76 Messern, 27 Schwertern, 214 Armbändern, 32 Halsringen u. a. Der gesamte Fund wiegt 66,5 kg. Über ihn berichtet Ernest Chantre, Age du bronze, 3 Bd. Paris 1875—76.

Dann schließt sich noch das Hallstattien an mit Taf. 93—97. Das Buch beginnt mit diesen Worten: „Les études préhistoriques font de rapides progrès grâce aux collections et aux musées, qui se forment de toute part. Mais ces musées et ces collections ne sont pas à la portée de tout le monde. Aussi avons-nous cru être utiles à la science en mettant à la disposition de chacun un musée portatif et économique, composé de pièces de choix, classées avec le plus grand soin. C'est ce qui nous a décidé à publier notre Musée préhistorique."

Gabriel de Mortillet veröffentlichte damals das Buch: Le Préhistorique, in einer Reihe: Bibliothèque des Sciences Contemporaines, Bd. VIII, Verl. C. Reinwald, Paris 1883, 3. Aufl. 1900, 4. Aufl. 1910, mit 642 Seiten u. 64 Figuren. Es beginnt mit diesen Worten:

„Le grand mouvement philosophique du dix-huitième siècle, en généralisant les méthodes d'investigation, la pratique des observations sérieuses et l'emploi du libre examen, a puissamment contribué au progrès de toutes les sciences et en a enfanté de nouvelles. L'histoire a suivi le mouvement général. Sous l'influence d'une saine critique, elle s'est tout à la fois épurée et élargie. A côté d'elle, la géologie, histoire de la terre, c'est pour ainsi dire créée de toute pièce. Puis, entre ces deux sciences qui paraissaient bien séparées, bien distinctes, l'esprit du siècle passé a enfanté de nos jours, sinon une science nouvelle, tout au moins une nouvelle branche des sciences, qui sert de transition, de passage entre l'histoire et la géologie: c'est la paléoethnologie, étude des temps préhistoriques."

An dem Buch ist von Bedeutung die Vorlegung aller damals bekannten Fundstätten, der Tiefe der Grabung, der aufgefundenen Tierknochen und der bis dahin (1883) bekannten Menschenskelette der Vorzeit. Dabei reicht die Kenntnis von Mortillet über Frankreich hinaus, er nennt die Funde von England, Deutschland, Tschechoslowakei, Schweiz, Spanien, Italien, Syrien, Asien. Die Wandmalereien von Altamira werden nicht genannt, auch nicht die Gravierungen von La Mouthe (Dordogne). Mortillet behauptet fest seinen Standpunkt der Fälschung der Malereien und Gravierungen an den Höhlenwänden. Ebenso wendet er sich gegen jede Vorstellung von religiösen Erlebnissen des Menschen der Eiszeit. Auf S. 475 seines oben genannten Werkes erklärt er: „Les gravures et les sculptures dans leur ensemble aussi bien que dans leurs détails, conduisent à la même conclusion, l'absence complète de religiosité".

Die Schichtenfolge ist nach dem gegenwärtigen Stand der Forschung jetzt die folgende:

Abbevillien \} Alt-Paläolithikum
Acheuléen

Moustérien Mittel-Paläolithikum

Aurignacien \}
Solutréen   Jung-Paläolithikum
Magdalénien

Für die altpaläolithischen Kulturen haben sich einige Abwandlungen und auch andere Bezeichnungen ergeben. Für faustkeilfreie Kulturen aus der Epoche des Abbevillien wird neuerdings das Wort Clactonien nach Clacton-on-Sea an der Südostküste Englands nach einem Vorschlag von Breuil vom Jahre 1929 verwendet (H. Breuil, Le Clactonien Préhistoire I,2) und Levalloisien für das späte Acheuléen. Im ganzen aber hat sich die Gliederung von de Mortillet in den Hunderten von Grabungen bis heute bestätigt. Und mit dieser Gliederung ist erst überhaupt eine Möglichkeit der Einordnung, der Verwendungsfähigkeit, eine Arbeitsgrundlage gegeben.

So ist die Forschung in Frankreich und auch in Spanien in der zweiten Hälfte des 19. Jahrhunderts von ganz besonderer Bedeutung. Die Erkenntnis der Bestattung des Eiszeitmenschen hat sich angebahnt, die Erkenntnis der eiszeitlichen Kunst auf Horn und Knochen ist gesichert. Die eiszeitliche Malerei ist noch nicht anerkannt, aber schon hat sich eine Gliederung der eiszeitlichen Schichten gebildet, die zwar noch nicht endgültig ist, die aber doch die Grundlage abgibt für die spätere Gliederung. Man kann Alt-, Mittel- und Jungpaläolithikum unterscheiden. Das Problem des Menschen der Eiszeit ist brennend und entscheidend geworden. Die Tschechoslowakei hat sich als ein wichtiger Fundraum angeschlossen an Frankreich. Große Ergebnisse, aber noch nicht genug der Klärung und nicht genug der Erkenntnis.

Der zweite große Schwerpunkt in der Forschung der Vorgeschichte in der 2. Hälfte des 19. Jahrhunderts liegt in Skandinavien. Es ist das nicht verwunderlich. So wie die großen Entdeckungen von 1800—1850 in Frankreich ihre Nachwirkung, ja, ihre eigentliche Krönung in der 2. Hälfte des Jahrhunderts finden, so auch die Arbeiten in Skandinavien. Es ist diesmal nicht nur Dänemark, wo um diese Zeit ein bedeutender Prähistoriker, Sophus Müller, die zentrale Stelle der Forschung, das National Museum in Kopenhagen leitet, sondern es ist ebenso Schweden mit Oskar Montelius und dazu tritt Oslo mit Ingvald Undset (1853—1893).

Skandinavien hat den Vorteil, daß dort die Vorgeschichte nicht etwas ganz Fernes ist. Sie schaut gleichsam ins Fenster, sie ist lebendig geblieben durch ihre bedeutsamen Zeugnisse. An den Straßen stehen Runensteine, Megalithgräber, man sieht die Felsbilder, die Stabkirchen Norwegens haben noch heute Formen, die auf die Vorzeit zurückweisen.

Die älteste Zahl, die Skandinavien als ein historisches Datum hat, ist 516 n. Chr. Es ist GREGOR VON TOURS (540—594 n. Chr.), der in seinen „Zehn Büchern Fränkischer Geschichte" die Dänen erwähnt. Er sagt: „Indessen zogen die Dänen mit ihrem König Chlochilaichus mit einer Flotte über das Meer nach Gallien. Sie kamen an das Land, verheerten einen Gau im Reiche des Theuderich und schleppten Gefangene weg. Als sie schon ihre Schiffe mit Gefangenen und anderer Beute gefüllt hatten, wollten sie in ihr Land zurückkehren. Aber ihr König blieb am Gestade zurück, bis die Schiffe die hohe See gewonnen hätten, dann wollte auch er folgen. Theuderich jedoch schickte, als er hörte, daß sein Land von Fremdlingen verwüstet sei, seinen Sohn Theudebert mit einem starken Heere und großer Waffenrüstung in jene Gegend. Der tötete den König, schlug die Feinde in einer Seeschlacht und gab dem Land allen Raub zurück."

Das steht bei Gregor von Tours im 3. Buch, Kapitel 3, und diese Zeit behandelt die Jahre 515—516 n. Chr.

Es ist ein glücklicher Zufall, daß über den Tod des Königs auch ein Bericht aus Skandinavien erhalten ist. Er findet sich im „Ynglinggatal". Diese Dichtung ist im 9. Jahrhundert von Thjodolf von Hvin verfaßt worden. Sie wurde eingefügt in Snorres Heimskringla. Hier hat Chlochilaichus den Namen Hygelac, er ist der König der Götter. Die Schlacht in dem fernen Land geht unglücklich für ihn aus. Es heißt (Eric Graf Oxenstierna, Die Nordgermanen, Stuttgart 1957 S. 101):

> Nicht leichter Art
> War das Handgemenge, als Hygelac fiel,
> Der König der Götter, im Kriegsgetümmel,
> Der Freund des Volkes, im Friesenland,
> Hredels Erbe sein Herzblut ausgoß,
> Vom Eisen getroffen....
> Auch konnten die Krieger des Kampfes sich nicht rühmen,
> Vom Hetwarenstamm, die den Helden bedrängend
> Die Schilde hoben. Vom Schlachtfeld kamen
> Nicht viele davon, sich zu freuen der Heimat.

Die Hetwaren sind die nördlichen Franken. Durch Gregor von Tours, der die Jahreszahl nennt, bestätigt sich der mythische Sang des Nordens. Mit diesem Datum, 515 n. Chr., beginnt Skandinavien in das Licht der europäischen Geschichte einzutreten.

Wenn es auch nur 400 Jahre später ist als der Bericht von Tacitus in der Germania, die um 96 n. Chr. geschrieben worden ist, dann ist der Unterschied doch sehr groß. In Deutschland ist das Wirken der Antike lebendig geblieben. Noch heute aufrecht stehende Häuser, Tore, Wasserleitungsanlagen, Bäder, Straßenzüge, sprechen laut und deutlich von den Römern, die in dem Lande lebten, und die ihm ihren Stempel aufprägten. Eine Fülle von Funden römischer Herkunft ist in dieser Zeit, der zweiten Hälfte des 19. Jahrhunderts schon aus der Erde getreten, und so bedeutet das Wort Altertum für Deutschland immer zugleich Rom, für Skandinavien aber Völkerwanderungszeit. Die römischen Funde sind in Skandinavien selten, sie fehlen nicht ganz, aber sie bilden keinen Schwerpunkt. Dagegen treten die Funde des Neolithikums, der Bronzezeit und der Völkerwanderungszeit und Wikingerzeit in ungeahnter Fülle aus der Erde. Auch heute überraschen jeden Besucher die Museen von Kopenhagen, von Stockholm, von Oslo durch die Fülle der Fundstücke, durch die Schönheit der Formen im Neolithikum und durch die ausdruckvolle Gestaltung der Funde der Bronzezeit. Die Völkerwanderungszeit entwickelt wieder die bedeutungsvolle Ornamentik.

Da das geschriebene Wort bis zum Beginn der Völkerwanderungszeit nicht vorhanden ist, muß gerade ein solches Gebiet andere Wege suchen, um die Gliederung, die Ordnung zu schaffen, und so ist die Tat von Thomsen zu verstehen. Sie wird fortgeführt durch seinen Nachfolger Jens Jacob Worsaae (1821—1885). Er tritt 1865 an die Stelle von Thomsen. In dieser Zeit stellt sich ein Problem, ein Problem, das deshalb so schwierig ist, weil die Entdeckungen in Frankreich ganz unabhängig von denen in Skandinavien geschehen sind, weil beides ohne innere Beziehung vor sich ging. Die Forscher Frankreichs haben die Steinzeit gefunden, aber sie liegt in Epochen, die geologisch sehr weit zurückliegen, man spricht von 100000 Jahren für die Funde von Boucher de Perthes. Diese Zahlen wieder sind gar nicht anwendbar für Skandinavien, weil Skandinavien ja während der Eiszeit vom Eise bedeckt war, und weil die Ankunft von Menschen erst nach der Eiszeit erfolgt sein kann. In Skandinavien finden sich daher auch nicht die behauenen Steinwerkzeuge, sondern vor allem die geschliffenen. Die Steinzeit ist also eine ganz verschiedene in Frankreich von der in Skandinavien, und so besteht ein Hiatus, eine offene Stelle, die man nicht füllen kann. Die französischen Prähistoriker sprechen immer wieder von diesem Hiatus, so Mortillet, Cartailhac, und eine Lösung findet sich vorerst nicht.

Es scheint also zwei verschiedene Arten von Steinzeit gegeben zu haben, die Epoche des geschlagenen Steines wie in Frankreich, und die Epoche des geschliffenen Steines wie in Skandinavien. Diese geschliffenen Steine erscheinen aber auch in Frankreich, und dann immer in den Schichten, die weit über den eiszeitlichen lagern.

Sieht man die Tagungsberichte der Internationalen Kongresse dieser Zeit durch, dann erkennt man, wie die Epoche kurz nach der Mitte des 19. Jahrhunderts um dieses Problem ringt. Die französischen Prähistoriker sprechen für ihre Steinzeit von Zehntausenden von Jahren, und Worsaae erklärt ganz vorsichtig in einer Abhandlung von 1843, daß die frühesten Bewohner Dänemarks, die Menschen der Steinzeit, vielleicht schon um 1000 v. Chr. in das Land gekommen sind. Es liegen in dieser Zeit unlösbare Spannungen in der französischen und skandinavischen Auffassung.

Die Lösung findet JOHN LUBBOCK (1834—1913), der 1900 geadelt wird, und der den Namen LORD AVEBURY erhält. Er ist ein großer Bankier und im englischen Parlament ein Führer der Unionisten. Er hat besondere Verdienste um die gesetzliche Einführung der Bankfeiertage, um das britische Erziehungswesen und um die Erhaltung und Ordnung der Altertümer, ein Bankier und ein Prähistoriker. 1865 erscheint sein grundlegendes Werk „Prehistoric times", 1900 erreicht dieses Buch seine 6. Auflage, in deutscher Sprache erscheint es in zwei Bänden 1873—74. In diesem Buch schlägt er als erster für die Steinzeit eine Gliederung in zwei Abschnitte vor, in das Paläolithikum, von griechisch palaios, alt, und lithos, Stein, für die Epoche der behauenen Steine, für die Epoche der Eiszeit, wie sie in Frankreich so reich und beherrschend zutage tritt. Die Steinzeit des geschliffenen Beiles, wie sie in Skandinavien, in Deutschland, England so vielfach vorkommt, nennt er Neolithikum, von griechisch néos, neu, und wieder lithos, Stein.

Mit dieser Gliederung ist tatsächlich 1865 jene Ordnung geschaffen worden, die sich bis heute als grundlegend erwiesen hat. Alle Prähistoriker übernehmen diese Sicht, die plötzlich die Probleme klärt, und die deutlich macht, daß die Steinzeit eine ungeheuer lang andauernde Epoche war. Und nun wird aus der Dreiperioden-Gliederung gleichsam eine Vierperioden-Teilung.

Aber noch immer besteht ein Hiatus, wie man damals sagt, eine Lücke, die sich nicht füllen läßt. Die Frage wird brennend, wie ist denn der Übergang? Wie und wo wird aus der Jahrzehntausende zurückliegenden paläolithischen Zeit die neolithische? Wo ist die Verbindung zu erkennen?

Die Lösung bahnt sich 1850 an. Es ist im Jahre 1849, als auf einem Gut an der Nordostküste von Jütland seltsame Dinge, von Menschenhand gearbeitet, zutage kommen. Das Gut heißt Meilgaard, es liegt auf der Halbinsel Djursland. Der Besitzer des Gutes ist ein Herr Olsen. Er ist Mitglied der Dänischen Gesellschaft der Altertumsfreunde, und als ihm Arbeiter, die eine Straße bauen, Tierknochen und Feuersteinwerkzeuge und viele Muscheln bringen, wird er sofort aufmerksam. Vor allem verwundert ihn ein vierzahniger Kamm, ähnlich geformt wie eine Menschenhand. Er sendet den Fund an Worsaae, den Direktor des Museums von Kopenhagen. Worsaae erkennt sofort die Bedeutung des Fundes, er besinnt sich der Muschelhaufen, die bei Krabbesholm in Nordwest-Jütland 1837 gefunden worden waren und über die Japetus Steenstrup, Professor für Zoologie an der Universität Kopenhagen, 1848 einen Vortrag in der Dänischen Akademie der Wissenschaften gehalten hatte. Und so besuchen Worsaae, Steenstrup und ein Geologe Forchhammer die Fundstelle.

Die Wissenschaftler finden in den Muschelhaufen, die vor allem aus Austern bestehen, Asche, Knochenreste, Feuersteine und Topfscherben. Es kann sich also nur um menschliche Wohnstätten handeln, und die Muscheln werden Hauptnahrung der damaligen Menschen gewesen sein.

Wie immer bei wichtigen Entdeckungen, werden die Augen auf ähnliche Vorkommen gerichtet, ein anderer Fundplatz, Havelse Mill auf Nord-Neuseeland, ergibt genau das Gleiche. In den Veröffentlichungen der Akademie und der Gesellschaft der Altertumsfreunde schlagen die Forscher vor, die Fundgruppe als „Kjökkenmöddinger", als Küchenabfallhaufen zu bezeichnen, und dieser Name ist bis heute geblieben.

Die genaue Untersuchung der Funde ergibt nun, daß nur ganz frühe nacheiszeitliche Tierformen vorkommen, so Urrind, Bos primigenius, und Biber, Formen, die heute in Dänemark nicht mehr leben. Daneben Hirsch, Reh, Wildschwein, seltener Wolf, Fuchs, Luchs, Wildkatze, Marder, Fischotter. Als erstes Haustier erscheint der Hund. Häufig sind die Herdstellen, und bei ihnen gibt es einfache Tongefäße. Die Feuersteingeräte sind Lanzenspitzen und Pfeilspitzen, die wohl fein beschlagen, aber niemals geschliffen sind, wie die Geräte des Neolithikums.

Es kommt zu heftigen Auseinandersetzungen in der Frage der Zeitbestimmung und der Einordnung dieser Funde in das neuerdings gewonnene System der Gliederung der Steinzeit in Paläolithikum und Neolithikum.

Und allmählich wird es deutlich, daß tatsächlich eine dritte Formgebung der Steinzeit erfaßt ist, eine Struktur, die wohl dem Paläolithikum folgt und es fortsetzt, die aber noch nicht Neolithikum ist.

Die Datierungsfrage ist damals noch nicht zu lösen, und daher schwanken die Meinungen noch sehr. Steenstrup meint, daß 4000 Jahre erforderlich sind, um eine Torfschicht von 6—8 m Mächtigkeit zu schaffen, doch er erklärt gleichzeitig, daß auch die doppelte Zeit denkbar sei. Festeren Boden gewinnt die Forschung erst, als 1900 unter der Leitung von Georg Sarauw (1862—1928) die Ausgrabungen von Maglemose bei Mullerup im südwestlichen Seeland beginnt, und als man erkennt, daß die Stufe von Maglemose zeitlich parallel verläuft mit der des Azilien.

Azilien ist die Fundschicht, die Piette bei seinen Grabungen 1887 in der Höhle Mas d'Azil (Ariège) entdeckt hat. Sie lagert über dem oberen Magdalénien, aber unter dem Neolithikum mit geschliffenen Steinbeilen.

Erst im Fortgang der Arbeiten im 20. Jahrhundert wird es deutlich, daß diese Zwischenepoche nicht überall ein einheitliches Gesicht besitzt, daß sie in vielen Ausdrucksformen lebt. Es können grobe, starke Keile vorkommen wie im Campignien, dann wieder feine Pfeilspitzen wie im Azilien, und der Grund für diese Verschiedenartigkeit der Werkzeugformen ist, daß in dieser Zeit das Landschaftsbild überall anders ist. Der Wald fängt an Mittel- und Nordeuropa zu bedecken, und der Mensch braucht dort, wo er nicht an den Küsten der Meere und der Flüsse als Fischer lebt, große, kräftige Werkzeuge, um den Baum zu fällen. Bis 1900 werden alle diese schwierigen Fragen, die die Zusammenarbeit verschiedener Wissenschaften verlangen, wohl angerührt, aber die Lösung wird noch nicht gefunden.

Mesolithikum

Der Begriff Mesolithikum, Mittlere Steinzeit, gebildet von griechisch mésos, mittel, und lithos, Stein, heute so geläufig, hat sich nur sehr langsam durchgesetzt. Im Jahre 1883 war das zusammenfassende Werk von GABRIEL DE MORTILLET in Paris erschienen mit dem Titel: Le Préhistorique, Antiquité de l'Homme. In diesem Buche des damals führenden Prähistorikers, wird von dem Hiatus gesprochen, von der leeren Zwischenstelle zwischen dem Paläolithikum, Altsteinzeit und dem Neolithikum, Neusteinzeit. Auch ein anderer großer Forscher dieser Zeit, EMILE CARTAILHAC, spricht in seinem Buch, La France préhistorique, 1889, von der Lücke in unserem Wissen zwischen dem Ende der Eiszeit, um 10.000 v. Chr. und dem Beginn der Neusteinzeit, um 4000 oder um 3000, wie die Meinung damals war. Die Frage lag in der Luft, wie war es mit dem Menschen in Europa in dieser Zeit, etwa 10.000 bis etwa 4000. Niemand weiß es, niemand wagt, darüber eine Aussage zu machen.

Wieder kommen Ergebnisse von zwei völlig auseinander liegenden Gegenden aus Südfrankreich und aus Dänemark. Ein Zusammenhang erscheint zuerst völlig unwahrscheinlich. Trotzdem handelt es sich um dieselbe Zeit, um dieselbe Wirtschaftsform, und dieselbe geistige Erlebniswelt. Sie muß sich lagern zwischen Altsteinzeit und Neusteinzeit. Aber für diese Epoche gibt es um 1900 nicht einen Begriff, es ist wirklich ein Hiatus, eine leere Stelle im Bilde des Menschen der Vorzeit.

In Frankreich hatte Edouard Piette in der Höhle Mas d'Azil, Dépt. Ariège eine Schicht zwischen dem Ende des Magdalénien und dem Neolithikum gefunden. Seine Grabungen fanden statt in den Jahren 1887—1889, wie bereits erwähnt. Als die beherrschende Tierwelt fand er Knochen von Tieren, die nicht mehr der eiszeitlichen Ära zugehören, von Hirsch, Reh und Wildschwein. Es fehlte Mammut, Rentier, Urrind. Piette fand auch andere Werkzeuge als die der Eiszeit, flache Harpunen aus Hirschholz, kleine Rundkratzer, vor allem Mikrolithen, Kleinwerkzeuge in Form von Dreiecken. Piette nannte diese Kulturschicht Azilien nach Mas d'Azil.

Das Wort Mesolithikum wird im Jahre 1874 zum ersten Male vorgeschlagen von dem schwedischen Geologen Magnus Otto Torell in einem Vortrag auf dem Congrès Intern. d'Anthrop. et d'Archéol. préhistorique, Stockholm 1874 S. 861—876.

Im Jahre 1878 verwendete der südamerikanische Forscher Florentino Ameghino das Wort Mesolithikum, um die Epoche zwischen dem Paläolithikum und dem Neolithikum zu bezeichnen. Es war ein Vortrag auf dem Internationalen Anthropologen-Kongreß in Paris, er behandelte den prähistorischen Menschen im Gebiet von La Plata, Argentinien. Der Vortrag lautet: L'Homme préhistorique dans le bassin de la Plata. Congr. Intern. des Sciences anthrop. Paris 1878, S. 341—350.

Doch diese Bildung eines wichtigen Begriffes, hatte keine Wirkung, sie war offenbar zu früh gefallen.

Im Jahre 1892 schlug Allen Brown vor, in: The Journal of the Royal Anthropological Institut of Great Britain and Ireland, London Bd. 22, 1892, S. 66—98, diese bis dahin unbekannte Periode als Mesolithikum zu bezeichnen. Aber Boyd Dawkins widersprach in derselben Zeitschrift, Bd. 23, 1893, S. 242—250. So gab es den Begriff Mesolithikum weiterhin nicht. Gabriel de Mortillet war ebenfalls gegen die Schaffung eines neuen Begriffes für die Epoche zwischen Paläolithikum und Neolithikum. Er nannte das Azilien Post-Magdalénien, ebenso äußerte sich Piette und den gleichen Standpunkt nahmen Jens Jacob Asmus Worsaae ein und Johann Japetus Steenstrup.

Dabei waren in Frankreich an mehreren Stellen Schichten zutage getreten, die deutlich gelagert waren zwischen dem Ende des Magdalénien und dem Beginn des Neolithikums. 1879 hatte Edmond Vieille bei einer Grabung in Fère-en-Tardenois im Dépt. Aisne Mikrolithen, kleine Dreiecke aus Feuerstein, breitflache Harpunen, Dolche und Glätter gefunden, eine Industrie, die nicht dem Magdalénien angehört und auch nicht dem Neolithikum. Vieille bezeichnet diese Zwischenkultur als Tardenoisien. Der Name hat sich erhalten. Tardenoisienfunde sind aufgetreten in Spanien, an der Nordküste von Frankreich, bis zur Krim nach Osten. C. Barrière hat 1956 dieser Kulturgruppe eine Arbeit gewidmet mit dem Titel: Les civilisations tardenoisiennes en Europe occidentale, Bordeaux-Paris.

Auch die Bezeichnung Campignien erscheint in dieser Zeit, kurz vor 1900 für eine Fundgruppe zwischen Magdalénien und Neolithikum. Der namengebende Fundort ist der Hügel Campigny bei Blagny-sur-Bresle, im Dépt. Seine-Inférieure, im Nordwesten von Frankreich. Die Ausgrabung wurde durchgeführt von Ph. Salmon und L. Capitan (1854—1929) im Jahre 1897. Dabei ergab sich eine nacheiszeitliche Tierwelt mit Rind, Pferd, Hirsch, mit großen, trapezförmigen Feuersteinen, Spaltern mit Querschneide und langovalen Kernbeilen. Es erscheinen auch Mahlsteine, die auf Getreidebau schließen lassen und auch Tongefäße, flach, aus rohem Ton gefertigt mit Gitterornament. L. R. NOUGIER hat dieser Gruppe eine eigene Arbeit gewidmet: Les civilisations campigniennes en Europe occidentale, Le Mans 1950. BAILLOUD und MIEG DE BOOFSHEIM in dem Buch: Les civilisations néolithiques de la France, Paris 1955, sprechen von einem Früh-Campien, einem klassischen Campien und einem Post-Campien.

Noch eine andere Bezeichnung erscheint und erhält sich gelegentlich bis heute, das ist Sauveterrien. Der Name stammt von dem Ort Sauveterre-la-Lemance im Dépt. Lot-et-Garonne. Dort hat L. Coulonge gegraben von 1931—1933 und hat eine Schicht mit Mikrolithen gefunden von 1—2 cm Länge, aber auch mit Rundkratzern und mit halbmondförmigen beschlagenen Steinen. Der Forscher datiert die Funde in das 8. und 7. Jahrtausend.

Das Überraschende ist das Nebeneinander-Vorkommen von ganz kleinen, von mikrolithischen Werkzeugen und zugleich recht großen. Diese großen Geräte müssen geschäftet gewesen sein, und sie müssen eine besondere Aufgabe besessen haben. Es kann nur das Fällen der Bäume gewesen sein, vor allem zur Herstellung der Boote, der Einbäume, denn der Mensch dieser Zeit ist vor allem Fischer, seine Siedlungen finden sich an den Ufern der Gewässer, der Meere, der Flüsse.

Die kleinen, die mikrolithischen Werkzeuge, können nur für die Pfeile verwendet worden sein, eingesetzt in Holz. Mehrere kleine Dreiecke nacheinander an der Spitze der Pfeile erbrachten die besser verwendbaren Pfeilspitzen. Mit Schäftung haben sie sich auch erhalten in Lagen im Wasser, zusammen mit dem Bogen. Es gibt auch Knochenspitzen mit Widerhaken aus Mikrolithen, sie dienten zur Fischerei.

Bedeutend erweitert wurde das Wissen um diese Epoche zwischen Eiszeit und Neusteinzeit durch einen wichtigen Fund in Dänemark bei dem Dorfe Mullerup im Südwesten von Seeland, zwischen Kallundborg und Korsoer.

Im Sommer 1900 wurde hier die Ausgrabung in einem Moor begonnen, sie dauerte bis 1915. „Das große Moor", dänisch Maglemose, wurde der Fundplatz genannt. Der Ausgräber war GEORG F. L. SARAUW. Er wurde geboren in Peterswerft auf Seeland am 12. November 1862, er ist gestorben in Göteborg am 17. Februar 1928. Im Jahre 1912 wurde er Abteilungsvorstand am Museum in Göteborg. Durch Jahre hindurch, von 1900—1915, führte er die Grabungen in Maglemose durch. Er berichtet über sie mit dem Titel: En stenalders boplads i Maglemose ved Mullerup sommenholdt med beslaegte fund, in der Zeitschrift Aarböger for nordisk Oldkyndighed og Historie, Kopenhagen 1903, S. 148f, deutsch in Prähistorische Zeitschr., Bd. 3, 1911, S. 51—104 u. ebda. Bd. 6, 1914, S. 1—28.

Die Funde ergeben, daß der Mensch von Maglemose Jäger und Fischer war. Es fanden sich Knochenharpunen, Angelhaken aus Knochen, Pfeilspitzen. Aus Stein gearbeitet sind Scheibenschaber, Scheibenspalter, Kernbeile und Mikrolithen. Sarauw kommt zu dem Schluß, daß die Funde dem jüngsten Teil der Ancyluszeit zuzuschreiben seien, nach der Chronologie von de Geer (1858—1943) um 7000 v. Chr.

In neuerer Zeit hat sich KARL J. NARR (geb. 1921) mit den Funden beschäftigt. Er teilt sie ein erstens in eine Frühstufe, etwa 8000—6500, zweitens in die eigentliche Maglemose-Kultur von 6500—4500 mit vielen ähnlichen Fundstücken in England,

Skandinavien, Norddeutschland, Ostbaltikum. Aus dieser Periode sind Grundrisse von Hütten bekannt. Der Hund ist ein Haustier. Die Bestattung geschieht in Rückenlage, die Toten werden mit Birkenrinde umhüllt. Das späte Stadium, nach 4500, ist weit verbreitet, so in Seeland, im Ostbaltikum, in Finnland, England, in Norddeutschland. Die Mikrolithen haben Tardenoisien-Art. Der Bericht findet sich bei Narr, Abriß der Vorgeschichte, München 1957, S. 24f.

Bis um 1900, ja, bis um 1925, gab es nicht den so bedeutungsvollen Zeitbegriff, Mesolithikum. Der Gedanke, daß die Eiszeit eine Kultur für sich bedeutete, ohne Nachfolge, dieser Gedanke, vor 1900 so häufig ausgesprochen, hält sich mit seltener Dauerhaftigkeit bis 1925, in manchen Werken der Gegenwart bis heute.

So ist es überall das Problem der genaueren Gliederung der damals bekannten Epochen, der drei Straten: Steinzeit, Bronzezeit, Eisenzeit, das diese Periode der Forschung ganz erfüllt.

Und es ist wieder Skandinavien, wo bis 1900 im ganzen die Lösung gefunden wird.

Hier sind es neben Worsaae zwei bedeutende Gelehrte, die die Kenntnis ungemein erweitern: Sophus Müller und Oskar Montelius.

SOPHUS MÜLLER wird in Kopenhagen am 24. Mai 1846 geboren. 1878 wird er Assistent am Museum für Nordische Altertümer in Kopenhagen und von 1892 bis 1921 ist er der Direktor dieses Museums. Er stirbt in Kopenhagen am 24. 2. 1934.

Seine Werke sind von großer Bedeutung, nicht nur für die Archäologie Dänemarks, sondern für ganz Europa. Er erkennt, daß es an der Zeit ist, die vielen Funde der Bronzezeit, die im Norden Europas aus der Erde treten, chronologisch zu ordnen und zu gliedern.

So wird eins seiner wichtigsten Werke „Die nordische Bronzezeit und deren Periodeneinteilung", Jena 1878, dänisch: „Ordning af Danmarks Oldsaker", Kopenhagen 1888—1895. Und neben diesem Buch schafft er ein anderes weit überschauendes Buch, das 1897 erscheint, und das in der deutschen Ausgabe, die in Straßburg herauskommt, den Titel trägt: „Nordische Altertumskunde".

Im Jahre 1905 veröffentlicht er seine „Urgeschichte Europas" und 1918—1921 ein Werk, das sich der prähistorischen Kunst Nordeuropas widmet: „Oldtidens Kunst i Danmark".

Der andere große Forscher in Skandinavien ist OSKAR MONTELIUS. Er wird geboren in Stockholm am 9. September 1843 und stirbt dort am 4. November 1921. 1863 wird er Assistent des schwedischen Reichsantiquars, 1880 Professor an Statens Historiska Museet und 1907—1913 Reichsantiquar für Schweden. Er ist es, dem die chronologische Schichtung und Gliederung der Bronzezeit gelingt, und er ist es auch, der durch den Anschluß der Funde Nordeuropas an die von Südeuropa die absolute Chronologie zu schaffen vermag. Seine wichtigsten Werke sind die folgenden: „Spänenen from bronsåldern", Antiquarisk tidskrift, 1880—1882; „Om tidsbestämning inom bronsåldern", 1885; „Die Chronologie der ältesten Bronzezeit in Norddeutschland und Skandinavien", 1900; „Der Orient und Europa", 1899; „Kulturgeschichte Schwedens", 1906; „La civilisation primitive en Italie", 1895—1904, und „Die vorklassische Chronologie Italiens", Stockholm 1912.

Der Schwerpunkt seiner Arbeit ist die Gliederung der Bronzezeit, seine Ergebnisse sind gültig geblieben bis heute.

Montelius ist es auch, dem eine gewisse Gliederung des Neolithikums möglich wird. Auf Grund der Funde unterscheidet er nach den Kjökkenmöddingern, also dem Mesolithikum, vier Stufen des Neolithikums entsprechend den Beilen und den Grabformen (Les Temps Préhistoriques en Suède, 1895). Als erste Stufe sieht er die Epoche der Flachbeile vor dem Erbauen der Steingräber. Als zweite die der dünnnackigen Steinbeile, bei den Gräbern erscheinen die Dolmen. Das sind die Megalithbauten, die mehrere Tragsteine und einen einzigen Deckstein haben. Das alte keltische Wort ist dafür: Tisch, und das heißt Dolmen. Die dritte Stufe sind die Ganggräber mit den dicknackigen Steinbeilen. Die Gräber haben jetzt viele Decksteine, sie bilden einen langen Gang. Die vierte Epoche sind die Steinkisten, in die Erde eingegraben, mit vielfach behauenen Steinen und oft auch Beigaben von Kupfer oder Bronze. Montelius gibt diesen Epochen keinen Namen, er spricht von Dolmen, Ganggräbern, Steinkisten, rechnet man die erste Periode ohne Megalithbauten dazu, ergeben sich Epochen I—IV.

Jedoch sogleich erscheint eine Schwierigkeit. Süddeutschland hat keine Megalithbauten, ebenso nicht Österreich, Ungarn, Mittelitalien. Dort also kann diese Gliederung keine Gültigkeit haben, und so erwacht schon damals der Gedanke, daß viele dieser Gliederungen nur räumlich bestimmt sein können, und damit ergibt sich wieder ihre Begrenzung.

Aber am schwierigsten wird die Gliederung der Bronzezeit, die nun den beiden Forschern, Sophus Müller und Montelius unabhängig voneinander gelingt. Darin liegt die Bedeutung der Arbeiten dieser Zeit. Sie haben die Grundlegung der Forschung geschaffen bis zur Gegenwart.

Bronzezeit

So ist die schwerste Frage damals die Gliederung und Ordnung der Bronzezeit. Besonders ablehnend und geradezu feindlich diesem Gedanken gegenüber sind in Deutschland LINDENSCHMIT und HOSTMANN. Beide Forscher, so große Verdienste sie in der Kleinarbeit haben, bedeuten wirkliche Hinderungen für einen klaren Aufbau der europäischen Vorgeschichte. Sie haben viel geschadet, denn ihre Stimmen sind damals nicht ohne Bedeutung in dem großen Konzert der Gelehrten. Es ist als ein Glück zu bezeichnen, daß sich die skandinavischen Gelehrten nur wenig um ihre Ansichten kümmerten. MORITZ HOERNES sagt damals in einem entscheidenden Werk: Die Urgeschichte des Menschen, Wien 1892 S. 367: „Das deutsche System Hostmanns und Lindenschmits hat so viel Konfusion in die Behandlung der deutschen Urgeschichte hineingetragen." Ebenso ist die Haltung von de Mortillet sehr hindernd. Er schematisiert das ganze Gefüge der Vorgeschichte so sehr, daß es erstarrt. Die Bronzezeit nennt Mortillet (Gabriel et Adrien de Mortillet, Musée préhistorique, Paris 1881) Morgien nach dem Pfahlbaudorf Morges im Norden des

Genfer Sees, die jüngere Epoche nennt er Larnaudien nach dem Depotfund Larnaud im Dép. Jura. Diese Benennungen werden damals nicht angenommen. Sie sind ganz aufgegeben worden, wie schon bemerkt.

Die Funde der Bronzezeit erschienen nicht nur in Skandinavien und Norddeutschland, sondern auch in den Pfahlbauten der Schweiz und Süddeutschlands, in Ungarn, in Norditalien. Im ganzen leben ähnliche Formen, aber es gibt auch viele regionale Unterschiede.

Und doch sind die Funde ungemein reich. Der Bieler- und der Neuchâteler-See bringen bis 1883 im ganzen 19.599 Bronzegegenstände. Aber wie ist hier die Bronzezeit überhaupt möglich, hier, wo es damals gar kein Kupfer gibt und noch weniger in Skandinavien und Norddeutschland. Dort gibt es sicher kein Kupfer, es ist bis heute in Norddeutschland nicht gefunden worden, und auch kein Zinn. Die Mischung, die Bronze ergibt, ist 90% Kupfer und 10% Zinn. Wie ist es also überhaupt möglich, daß in diesen Gegenden des Nordens Europas so viel Bronze gefunden wird, da, wo es weder Kupfer noch Zinn in der Erde gibt?

Das Problem ist damals überhaupt nicht zu lösen, und so ist es verständlich, daß die Gegensätze der Anschauungen und Meinungen ungeheuer heftig sind.

Lindenschmit und Hostmann nehmen an, daß es die Etrusker sind, die die Bronzegegenstände eingeführt haben (Lindenschmit und Hostmann, Studien zur vorgeschichtlichen Archäologie, Braunschweig 1890). Eine verfehlte Ansicht, denn es gibt gar keine Übereinstimmung zwischen den etruskischen Funden und denen des Nordens Europas. Sven NILSSON (1787—1883) erklärt, daß die Bronze von den Phönikern gekommen sei (Sven Nilsson, Die Ureinwohner des skandinavischen Nordens. Das Bronzealter, 2. Aufl. Hamburg 1866). Worsaae und Hans Hildebrand (1842—1913) sind wieder der Meinung, die in dieser Zeit recht allgemein ist, daß die Indoeuropäer aus Asien stammen, und daß sie die Bronze nach Nordeuropa mitgebracht haben. RUDOLF VIRCHOW erklärt in einem Vortrag auf dem Anthropologen-Kongreß von Wien 1889, daß die Kenntnis der Bronze aus dem Kaukasus gekommen ist, und Sophus Müller spricht 1878 (Die nordische Bronzezeit S. 129) von Einflüssen aus Ost- und Westdeutschland, und 1882 von der Herkunft der Bronze aus Mykenä.

Die für die heutige Kenntnis sicherste und klarste Stellung nimmt damals MORITZ HOERNES ein, der führende Vorgeschichtsforscher in Österreich. Sein erstes großes und ausgezeichnet zusammenfassendes Werk erscheint in Wien 1892 unter dem Titel: „Die Urgeschichte des Menschen." Es ist für die damalige Zeit das führende Werk, wie schon bemerkt.

Hoernes sagt deutlich in seiner Urgeschichte, 1892, S. 255, daß die ältesten Bronzefunde dem Boden Mesopotamiens angehören. Er erklärt, wir kennen die sumerisch-babylonischen Ausdrücke für Kupfer, Zinn und Bronze. Und in der Tat hat Mesopotamien die Urformen, die sich, nur leicht abgewandelt, bis nach Nordeuropa finden. Das sumerische Wort ist für Beil balag, es bedeutet Beil und Axt, das babylonisch-assyrische Wort ist pilakku, das indogermanische Wort ist peleku, das Sanskritwort ist paracu, das griechische Wort ist bihal, neuhochdeutsch Beil (Herbert Kühn, Vorgeschichtliche Kunst Deutschlands, Berlin 1935 S. 81. — Walther Wüst, Indogermanisch Axt, Beil. Annales Academiae Scientiarum Fennicae, Helsinki 1956 S. 1—145).

So sind die Kämpfe um die Frage der Bronzezeit sehr groß. Eine Gruppe von Forschern leugnet die Bronzezeit ganz, eine andere leitet sie aus Mesopotamien ab, wieder eine andere aus Südeuropa, und eine dritte sieht ihren Ursprung im Norden selbst.

Es ist verständlich, daß die Gegensätze sehr hart werden, denn sie schließen zugleich Gesinnungen ein, den Gedanken, aus dem Osten das Licht auf der einen Seite, den Gedanken der selbständigen Schöpferkraft Europas, oder sogar des Nordens Europas, auf der anderen Seite.

Aber die Forschungen, die Funde, die Ausgrabungen gehen weiter, und bald finden sich, im Jahre 1852, Gußformen zu den Bronzegegenständen in Dänemark. WORSAAE berichtet darüber (Annaler f. nord.Oldkyndigh. Kopenhagen 1853 S. 131). Und Worsaae ist es auch, der als erster das Bronzealter gliedert in eine ältere und in eine jüngere Gruppe. Das geschieht 1859 in einem Artikel in der Wissenschaftlichen Gesellschaft von Kopenhagen (Videnskap Selsk. Oversigter 1859). Worsaae erkennt als Grundlage der Gliederung die Verschiedenheit der Bestattung. In der älteren Bronzezeit nämlich wird in Grabhügeln beigesetzt, in der jüngeren Bronzezeit wird verbrannt.

Und dann beginnt Sophus Müller die Funde immer mehr zu ordnen, Er bemerkt, daß wohl die ersten Stücke nach dem Norden eingeführt worden sind, daß aber bald eine eigene Herstellung im Norden selbst beginnt, und so erklären sich die Sonderformen, die der Norden besitzt. Ja, die vielfachen Eigenbildungen des Nordens erlauben, so sagt er, eine westliche und eine östliche Gruppe der nördlichen Altertümer zu unterscheiden. Er betont, daß die Bronzezeit im Norden wohl von Südeuropa aus eingeführt worden ist, daß die Einfuhrstücke aber an Zahl gering sind gegenüber den im Lande selbst gearbeiteten Funden.

Und er wendet sich gleich gegen die Einwanderungstheorie, den Gedanken, daß ein neues Volk eingezogen sei, das die Kenntnis der Verarbeitung der Bronze mitgebracht habe. Er sagt, daß die fremden Bronzearbeiten sich nicht an einer bestimmten Stelle finden, daß sie auch nicht einem eigenen Zeitraum zugehören, sondern daß sie sich über die ganze Fläche ohne eine bestimmte Zeitstellung verteilen. Alle diese damals so wichtigen Gedanken legt er vor in einem Buch über die nordische Bronzezeit, das, übersetzt von J. Mestorf (1829—1909), in Jena 1878 in deutscher Sprache erscheint mit dem Titel: Die nordische Bronzezeit und deren Periodeneinteilung. Und später legt er ein noch größeres Werk vor: Ordning of Danmarks Oldsager. 2 Bd. Kopenhagen 1888—95.

Um die gleiche Zeit bemüht sich OSKAR MONTELIUS um dasselbe Problem, es liegt gleichsam in der Luft für Skandinavien. Die erste Arbeit von Montelius hat den Titel „Om tidsbestämning inom bronsåldern" in K. Vitterheds Historie och Antiqvitets Akademiens Handlingar, Stockholm 1885. Auch Montelius gliedert zuerst nur in eine ältere und in eine jüngere Periode, aber dann macht er große Reisen durch ganz Europa. Alle wichtigen Museen besucht er, und nun legt er seine Gliederung vor in einer französischen Zeitschrift, in der Zeitschrift, die damals führend ist: Matériaux pour l'histoire de l'homme 1885 S. 108. Der Titel der Arbeit ist: „Sur la

Chronologie de l'âge du bronze, spécialement dans la Scandinavie". Und das endgültige Ergebnis seiner jahrelangen Bemühungen ist das entscheidende Werk von 1900, erschienen in Braunschweig: „Die Chronologie der ältesten Bronzezeit in Norddeutschland und Skandinavien".

Es beruht auf der Arbeitsmethode, die der Prähistoriker als Typologie bezeichnet. Es werden gleiche und ähnliche Stücke verglichen und zu Gruppen geordnet, dabei ergeben sich frühere und spätere Formen, räumlich verschiedene und räumlich ineinandergreifende Stilzusammenhänge.

Und nun wird genau jeder Fund und jeder Fundzusammenhang behandelt, und so wird es Montelius möglich, die besonders schwierige Anfangsperiode der Bronzezeit fest zu umreißen. Seine Erkenntnisse sind dabei die, daß der Ausgangspunkt und die Entdeckung der Bronzetechnik im Orient liegt. Er sagt wörtlich (Chronologie S. 87) „In den Ländern, wo die nordische Kultur der Bronzezeit ihr Zentrum hatte und auch am stärksten repräsentiert ist, — im nördlichsten Deutschland, in Dänemark, und in Südschweden — gibt es weder Kupfer- noch Zinnerze. Die letztgenannten fehlen übrigens in ganz Skandinavien, und die Kupfergruben des mittleren Schwedens wie Norwegens wurden, so viel wir wissen, erst lange Zeit, wahrscheinlich mehr als ein Jahrtausend, nach dem Ende des Bronzealters geöffnet."

„Jedes Kilogramm Kupfer, Zinn und Bronze, das in den erstgenannten Ländern während des ganzen Bronzealters gebraucht wurde, muß folglich, als Material betrachtet, aus anderen Gegenden importiert worden sein."

„Auch in denjenigen Teilen Deutschlands, welche Kupfer- und Zinnerze besitzen, hat man die Kenntnis dieser Metalle offenbar anderswoher bekommen."

„In den Ländern, welche südlich vom nordischen Gebiet liegen, ebensowohl wie im westlichen Europa, gibt es viel Kupfer und Zinn. In diesen beiden Gegenden hatte auch der Einfluß der orientalischen Kultur früher als im Norden sich bemerkbar gemacht, und durch diesen Einfluß war man mit dem Gebrauch der im Orient entdeckten Metalle bekannt geworden. Mit den Völkern im westlichen wie im südlichen Europa und folglich, durch die Vermittlung dieser Völker mit dem Orient, stand das nordische Gebiet schon während des Steinalters in Verbindung."

„Auf zwei Wegen kamen also die orientalischen Kulturelemente nach dem Norden. Der eine, den ich den „westlichen" nenne, folgte der Nordküste Afrikas bis Spanien, von wo er über Frankreich nach den Britischen Inseln und den deutsch-skandinavischen Nordseeküsten ging. Der andere, den ich den „südlichen" nenne, führte über die Balkanhalbinsel oder den Küsten des Adriatischen Meeres entlang bis in die jetzigen österreichisch-ungarischen Donauländer, um von dort aus den deutschen Flüssen — besonders der Moldau und der Elbe — bis zu den Küsten der Nordsee und der Ostsee zu folgen."

„Der freilich sehr indirekte Verkehr zwischen dem Norden und dem Orient auf dem westlichen Wege ist älter als derjenige auf dem südlichen, was auch ganz natürlich ist. Es war nämlich in jenen frühen Zeiten leichter, den Weg längs den Küsten Europas zu nehmen, als quer über den Kontinent vorzudringen. In Afrika und Australien haben die Europäer später dieselbe Erfahrung gemacht: erst seitdem sie längere Zeit den Küsten entlang gefahren sind, haben sie, hauptsächlich den Flüssen folgend, das Innere durchkreuzen können."

„Auf dem angegebenen westlichen Wege sind während des Steinalters zwei Gräberformen, zuerst der Dolmen und später das Ganggrab, vom Orient nach dem Norden gekommen. Vom südlichen Syrien, der Nordküste Afrikas entlang, kam der Typus der Dolmen nach Spanien und Portugal; von der Pyrenäischen Halbinsel können wir ihn nach Frankreich, den Britischen Inseln, der Nordküste des westlichen Deutschlands bis Dänemark und dem Süden der Skandinavischen Halbinsel verfolgen. Auf demselben Wege kam später der Typus der Ganggräber nach Skandinavien. In Skandinavien wie im westlichen Europa entstand gegen Ende des Steinalters der Typus der großen Steinkisten durch allmähliche Veränderung des Ganggrabes."

Auf S. 98 heißt es dann weiter: „Alle oben besprochenen Verhältnisse beweisen, daß der Norden viel Kupfer, Bronze und Gold auf dem südlichen Wege erhalten hat. Ob diese Metalle aber zuerst auf dem einen oder dem anderen Wege hierher gekommen sind, vermögen wir wohl nicht zu entscheiden. Nur so viel können wir sagen, daß die skandinavischen Völker die Metalle auf beiden Wegen erhielten, daß aber der südliche Weg für unsere Länder während des ältesten Bronzealters viel wichtiger als der westliche war, wie die Typen und die Analysen, besonders durch den starken Nickelgehalt, es beweisen. Der Import von Kupfer, Bronze und Gold aus dem Süden ist auch während des ganzen Bronzealters von größerer Bedeutung für den Norden gewesen als der Import aus dem Westen."

„Der westliche Weg, welcher der älteste und während des Steinalters der wichtigste war, hatte vor dem Anfang des Bronzealters seine Bedeutung für die skandinavischen Länder zum größten Teil eingebüßt, weil der kürzere Weg über den Kontinent schon damals geöffnet worden war."

„Obwohl der westliche Weg am Ende des Steinalters nicht mehr seine alte Bedeutung für Skandinavien hatte, so war er noch für die Britischen Inseln außerordentlich wichtig. Auf diesem Wege suchte der orientalische Handel das Zinn Britanniens und das Gold Irlands, wie man auf dem südlichen Wege die Bernsteinländer erreichte."

„Die Kenntnis des Kupfers und der Bronze kam offenbar früher nach den Britischen Inseln als nach Skandinavien, weil in jenen uralten Zeiten auf dem westlichen Wege eine verhältnismäßig leichtere Verbindung des Orients mit Britannien stattfand, als dies der Fall mit Skandinavien auf dem südlichen Wege war."

„In beiden Fällen müssen wir im Orient die ursprüngliche Quelle der neuen durch den Gebrauch der Metalle bedingten Kultur suchen, weil wir a priori annehmen können, daß die Kenntnis der ältesten Metalle eine orientalische Erfindung ist, und weil die Funde die Richtigkeit dieser Ansicht bewiesen haben."

Es ist erstaunlich, daß Montelius schon 1900 diese entscheidenden Wege erkennt. Je tiefer seit dieser Zeit unser Wissen vordrang, und je mehr die Ausgrabungen auch Mesopotamien erfaßten, um so deutlicher bestätigte sich diese Meinung. Sie ist noch heute die Grundlage unseres Wissens um die Entfaltung der höheren Kultur in Mittel- und Nordeuropa. (Herbert Kühn, Der Aufstieg der Menschheit, 1957, 3. Aufl. und ders. Die Entfaltung der Menschheit 1958).

Auch gegen diese Erkenntnis hat es große Kämpfe gegeben. Sie sind schon in der zweiten Hälfte des 19. Jahrhunderts sehr heftig, und erreichen dann in der ersten Hälfte des 20. Jahrhunderts solche Stärke, daß sie zwei Lager schaffen. Auf der einen Seite stehen diejenigen, die die europäische Kultur als erwachsen ansehen aus dem

Orient, auf der anderen Seite diejenigen, die die selbständige Entfaltung Europas unabhängig vom Orient befürworten. Der zweite Strom mußte naturgemäß zu einer Haltung gegen die Religion führen, deren Grundgedanke ja die Herkunft der Zivilisation aus dem Osten ist. Er mußte weiterhin zu einem Nationalismus leiten, einer Bewegung, die mit allen ihren fürchterlichen Folgen nicht nur Deutschland, sondern auch große Teile der übrigen Länder in tragischem Schicksal durchleben mußten. So tiefgreifend sind geistige Vorstellungen, die sich an scheinbar unbedeutender Stelle entfalten, und die dann zu Lawinen anwachsen, zu Lawinen, die ganze Geschlechter vernichten können.

Einer der führenden Gegner von Sophus Müller und Montelius ist MATTHAEUS MUCH (1832—1909). Much, in Wien lebend, ursprünglich Fabrikant, später österreichischer Vorgeschichtsforscher, hat ein Buch geschrieben, das den Titel hat: „Die Trugspiegelung orientalischer Kultur in den vorgeschichtlichen Zeitaltern Nord- und Mitteleuropas", Jena 1907. Alles, was die beiden skandinavischen Forscher über die Herkunft der Bronze und auch der neolithischen Kulturen in Nordeuropa sagen, wird hier bestritten, nicht mit wirklichen Argumenten, sondern mit Gefühlsmomenten, die auf anderer Ebene liegen als auf der wissenschaftlichen Erkenntnis. Und darin gerade wieder liegt das für viele so Anziehende und Betörende dieser Darlegungen. So heißt es etwa auf S. 5: „Nach der Ansicht von Sophus Müller ist keine Seite des menschlichen Lebens der vorhistorischen Bewohner Europas vom orientalischen Einfluß aus unberührt geblieben; es fehlte ihnen aber der Trieb zum Fortschritt und sie waren unfähig, die aus dem Oriente stumpfsinnig entgegengenommenen Kulturgüter weiter zu entwickeln, es trat, wie er ausdrücklich sagt, vielmehr ein Rückschritt ein, denn sie haben das Klassische ins Barbarische verkehrt. Damit stellt Sophus Müller unsere Vorfahren in Europa auf die tiefste Stufe der Wildheit neben den alleinigen Kulturträgern am Euphrat und Tigris."

In diesem Stile ist das ganze Buch gehalten. Es betrachtet die Arbeit der beiden skandinavischen Forscher als unbegründete Angriffe gegen die Kulturleistung der Germanen. Und dieser Gedankengang findet nun im Fortgang immer mehr Anhänger. So lange diese Nachfolger außerhalb der wissenschaftlichen Reihen stehen, sind sie wohl von Gefahr, jedoch nicht von Bedeutung für die Forschung, wenn sie aber selbst Wissenschaftler sind, so wie Matthaeus Much und sein Sohn Rudolf Much (1862—1936) dann wird ein Gefühlsmoment in die Forschung getragen, das zuletzt jede sachliche Arbeit vernichten muß.

Die größte Bedeutung von Montelius ist die Begründung der typologischen Methode. Durch sie wurde die prähistorische Archäologie in eigentlichem Sinne zu einer Wissenschaft. Die Forschung hat es nämlich zu tun mit ausgegrabenen Fundgegenständen, die selber nicht sprechen und deren Herstellungszeit in den meisten Fällen vor den Epochen der geschriebenen Geschichte liegt. Bis 1850 und auch bis zu Montelius und Sophus Müller sind diese Funde seltsame Gegenstände des Altertums, rätselhaft und geheimnisvoll, aber es fehlt ihnen das Leben. Die neue Methode lehrt, wie später einmal Nils Åberg sagt (Artikel Typologie, Reallexikon der Vorgeschichte Bd. 13 Berlin 1929 S. 508), die Schrift zu lesen, die berichtet von dem Leben der Vorzeit, von den verschiedenen Völkern, von ihren wechselseitigen Beziehungen, von ihren Siedlungsgebieten, von ihren Wanderungen, von ihren Kriegszügen, von ihrem friedlichen Verkehr und von der Entwicklung ihrer äußeren und inneren Kultur. Denn die Altertümer sind Werke des menschlichen Geistes. Sie sind von einem Willen gestaltet worden, und tragen so den Ausdruck des Lebens der Menschen ihrer Epoche in sich. Die Typologie hat das Ziel und die Aufgabe, dieses Leben wieder zu erwecken, das in ihnen erstarrt ist.

Die Typologie ist die Anwendung des Gedankens der Entwicklung auf die Funde. Dieser Gedanke ist von großer tragender Bedeutung für dieses Jahrhundert, und durch den Darwinismus wird er noch mehr betont für den Menschen selbst, daß er auch auf die Elemente des menschlichen Geistes, auf die Geräte und Werkzeuge, die Funde ausgedehnt werden konnte. Die Typologie geht von der Voraussetzung aus, daß der menschliche Geist an gewisse Gesetze gebunden ist, an Gesetze, die die Fortbewegung zu immer geeigneteren, immer vollendeteren Tragkräften in sich bergen. So wie die organische Welt eine gesetzmäßige Entfaltung in sich trägt, so entwickeln sich die Altertümer auch so, als ob sie lebende Organismen wären. Die einzelnen Gegenstände sind gleichsam Individuen, sie stellen Typen dar, die Typen bilden eine Serie, und eine Gruppe von Typenserien schafft in sich wieder eine Entwicklung, die sich verzweigt in mehrere Arten, und die so eine Familie bildet. Das ist der Gedankengang, der der Typologie zugrunde liegt. Er ist sehr verwandt dem Gedankengang der Entwicklung des Menschen, der Pflanzen und der Tiere. Er ist verständlich dem Naturwissenschaftler, er mußte aber auf große Widerstände stoßen bei dem Sprachwissenschaftler, der nur das Wort, das geschriebene Wort als den Ausgang und das Ende aller geschichtlichen Forschung anerkennt. So kommt gleichsam ein naturwissenschaftliches Forschungselement in eine geschichtliche Wissenschaft, und auch dieser Umstand muß in dieser Zeit zu großen inneren Kämpfen führen. Es wird in dieser Epoche deutlich, daß die Vorgeschichte eine historische Wissenschaft ist. Es ist ihr Sinn, ihre Aufgabe und ihr Ziel, die Geschichte des Menschen, die Entwicklung seines Geistes zu erforschen und zu erkennen. Die in der Antike geschriebene Geschichte reicht nicht aus, sie ist viel zu kurz, viel zu ungenau und zu zufällig in den gerade erhaltenen Überresten von Berichterstattern unterschiedlichster Bedeutung. Zuletzt wird die Wortgläubigkeit dieser Epoche angegriffen, und das ist sehr tiefgreifend.

Die Funde, die Altertümer, sind eine Quelle anderer Art, sie sprechen nicht, aber sie sind zum Sprechen zu bringen, wenn man die gleichartigen Formen zusammenfaßt, wenn man sie vergleicht, wenn man erkennt, was früher ist und was später. Plötzlich antworten sie dann dem Fragenden, und sie antworten mit sehr deutlicher und sehr vernehmbarer Stimme.

Das ist der Weg, den Oskar Montelius, Sophus Müller und auch Hans Hildebrand um die Jahre 1860—70 einschlugen. Alle drei nicht ganz ohne Zusammenhang, aber alle drei unter dem Einfluß des Entwicklungsgedankens stehend, also ausgehend von philosophischen Begriffen, von Begriffen, die diese Zeit sehr stark bewegen. Ihre Ergebnisse werden der Grundstein für die ganze folgende Forschung, und deshalb liegt an dieser Stelle der Schwerpunkt des prähistorischen Erlebens dieser Zeit. Die Wirkung von Hans Hildebrand ist nicht so tiefgehend wie die von Montelius. Er verläßt bald die Aufgaben dieser Zielsetzung und wendet sich der mittelalterlichen Geschichtsschreibung zu.

Montelius will besonders für die Bronzezeit die Gliederung schaffen. Er ordnet die Fülle der Äxte und erkennt, daß sich eine zusammenhängende Entwicklungsreihe bildet. Das Älteste sind die Flachbeile aus Kupfer, eine Form, die an die späten Steinbeile anschließt. Es folgen die Flachbeile aus Bronze. Daran wieder schließt sich die Bildung eines Randes an bei den Beilen zum Zwecke der Schäftung, und so spricht er von Randbeilen. Er erkennt weiter, daß sich zur besseren Schäftung anstelle der Randleiste ein vorspringender Absatz bildet, er nennt diese Art der Beile Absatzbeile, und darauf folgen wieder die Schaftlochbeile. Eine Neuentdeckung ist dann die Tatsache, daß das Metall für den Gebrauch verwendbarer wird, wenn es nicht fest gegossen ist, sondern wenn es in der Mitte hohl ist, so daß die zwei Wände eine größere Festigkeit herstellen. So entstehen die Tüllenbeile, sie können nur das spätere sein und niemals der Ausgangspunkt.

Die Zusammenordnung der einzelnen Äxte bestimmter Formen ergibt wieder regionale Unterscheidungen, räumliche Gruppen.

Montelius verwendet den gleichen Gedankengang für die Fibel. Die Fibel ist eine Gewandhafte, wie eine heutige Brosche. Dem Wort liegt das lateinische fibula zugrunde, was das Gehaftete bedeutet. Das Stammwort dafür ist figo, ich hefte. Montelius ordnet die einfachsten Formen der Fibel für sich zusammen, er findet die Urfibel, die aus dem natürlichen Dorn entstanden ist, dem Dorn, den Tacitus (Germania 17) spina nennt. Dieser Dorn bekommt einen Halter, und so bildet sich eine Fibel, die aus zwei Stücken besteht, der Nadel und dem Bügel. Das ist die nordische Urfibel, sie muß am Anfang stehen. Sie erscheint in der Periode, die Montelius als Periode II bezeichnet, und zwar in IIb. Die Weiterentwicklung kann nur darin liegen, daß sich die Enden der Haken spiralig einrollen, so daß an beiden Seiten Spiralscheiben herabhängen, oder daß der Bügel zu einer flachen Platte wird. So entstehen die Spiralplattenfibeln mit Kolbennadelkopf, die Spiralplattenfibeln mit Kreuzbalkennadelkopf, die Spiralplattenfibeln mit verbreitertem Bügel, die flachen Plattenfibeln und die gewölbten Plattenfibeln.

Bei dieser Art der Sicht gewinnt der Forscher den Blick auf die Entwicklungsreihe. Die Entwicklung ist nun nicht gleichsinnig und immer zu Höherem wachsend, sondern es gibt auch ein Erlöschen, ein Abbrechen, ein Neubeginnen und vielfach auch die Aufnahme fremden, neu eindringenden Gutes.

Eine Sicherheit geben dabei die geschlossenen Funde, es kann wohl sein, daß eine Form sich durch eine ganze Periode bis in die nächste hinein erhält in der gleichen Gestaltung, aber schon in der 3. Stufe wird sie nicht mehr die gleiche Bedeutung besitzen, oder überhaupt nicht mehr vorkommen. Es ist also undenkbar, daß Formen aus den frühen Perioden der Bronzezeit auch noch in den späten ein Leben haben.

Im Grunde ist es die gleiche Methode, die um diese Zeit auch die Kunstgeschichte erarbeitet hat. Auch bei ihr hat die frühe Gotik einen bestimmten Formenausdruck, einen anderen die mittlere Gotik, und wieder einen anderen die späte Gotik. Die Formelemente wachsen logisch auseinander heraus im Sinne einer inneren Entwicklung, die immer wieder anders sein kann, die aber in der Anlage zutiefst begründet ist. Und so wie es möglich ist, ein Werkzeug oder ein Gerät der Gotik von dem der Renaissance und dem Barock zu unterscheiden, das Rokoko wieder vom Empire, und das alles, ohne daß eine schriftliche Überlieferung dafür verwendet wird, genau so ist es bei den Funden der Vorgeschichte.

Das sind die Gedanken, von denen Montelius ausgeht, als er seine sechs Perioden der Bronzezeit begründet. Im Jahre 1885 legt er zum erstenmal diese Gliederung vor, 1900 baut er sie fester aus, und die endgültige Ausgestaltung gibt er seinem System 1917 in einem Buch, dessen Titel lautet: Minnen från var forntid. Stockholm 1917.

Durch Beziehungen zu südeuropäischen Funden und Funden in Ägypten und Mesopotamien glückt es ihm auch, nicht nur eine relative Chronologie, sondern eine absolute Chronologie mit Jahreszahlen zu schaffen. Es gibt Importstücke, Einfuhrware im Norden, die der italischen Bronzezeit angehören, und die der Zeit um 750 v. Chr. zugewiesen werden. Sie fallen in Skandinavien in seine V. Periode, und so gewinnt er für die Periode V die Zeitstellung von 950—750. Auch für die übrigen Perioden gibt es zum Süden hin verbindende Funde, und so datiert er zuerst den Beginn der Periode I in die Zeit um etwa 1500 v. Chr.

Im Jahre 1917 gibt er folgende Gliederung:

Periode I	1800—1550
Periode II	1550—1300
Periode III	1300—1100
Periode IV	1100— 950
Periode V	950— 750
Periode VI	750— 650

Diese Zahlen haben sich im ganzen bestätigt. Es ist immer bei der absoluten Datierung zu bedenken, daß gewisse Zeitverschiebungen in den einzelnen Ländern einzurechnen sind. In manchen Gegenden leben bestimmte Perioden länger, sie sind stärker ausgebildet, so wie etwa die Renaissance in Italien eine länger dauernde Wirkung besitzt, als in Deutschland. Für Norddeutschland sind diese Zahlen der Bronzezeit also wieder etwas anders als für das mittlere Schweden, aber im ganzen ist die Grundlegung von Montelius erhalten geblieben. Sophus Müller hatte für den Anfang der Bronzezeit 1500 errechnet, Nils Åberg hat im 20. Jahrhundert noch kleinere Zahlen herausgefunden, nämlich 1400 für den Beginn der schwedischen Bronzezeit. Ich bin der Meinung (Herbert Kühn, Die vorgeschichtliche Kunst Deutschlands, Berlin 1935, S. 78), daß man nach dem heutigen Stand des Wissens und zugleich nach den Ornamentformen folgende Gliederung begründen kann:

Periode I	1600—1400 Einfuhrware
Periode II	1400—1200 Spiralornament
Periode III	1200—1000 Wellenornament
Periode IV	1000— 900 entwickeltes Wellenornament
Periode V	900— 750 freie Endigung und Tierornament
Periode VI	750— 400 ohne Ornament (Eisenzeit).

Die Periode I ist gekennzeichnet durch Einfuhrware, und daher gibt es alle gewünschten Beziehungen zum Süden. Vorherrschend sind die dreieckigen, die triangulären Dolche, die Stabdolche und die Dolchstäbe. Diese Typen kommen aus Spanien, sie gehören dem Ende der El-Argar-Kultur an, die die Zeit von 1600—1300 umfaßt. Die Datierung ergibt sich hier durch blauglasierte ägyptische Perlen. Die Dolche entsprechen einem Stück aus dem 6. Schachtgrab von Mykenä. Die Schachtgräber gehören der Zeit von 1550—1450 an. Sie haben ihre Parallele nämlich in der spätminoischen Zeit von Kreta, die sich wieder durch Beziehungen zu Ägypten datieren läßt. So muß die Periode I der germanischen Bronzezeit der Zeit des Pharao Thutmosis III. (1505—1447) aus der 8. Dynastie zugehören.

Weiter kommen Lanzenspitzen vor, massive Arm- und Fußringe. Das Ornament dieser Periode ist der spitze Winkel, das Dreieck, nur selten der Kreis.

Die Periode II ist die Blütezeit des germanischen Bronzealters. Die Randleistenbeile, die schon in der zweiten Hälfte der Periode I erschienen sind, und die sich aus den Flachbeilen entwickelt haben, leben noch fort im ersten Teil der Periode II. Sie werden aber weiter durchgebildet zu den Absatzbeilen, und am Ende der Periode erscheinen schon die frühen Tüllenbeile. Die Lanzenspitzen werden größer, gegen Ende der Periode ist das Blatt bis zum Ende der Tülle heruntergeführt. In dieser Periode entsteht auch das Schwert. Von Anfang der Periode II an stehen dabei nebeneinander das Vollgriffschwert und das Griffzungenschwert.

Das Vollgriffschwert entwickelt sich aus den Dolchen der Periode I. In der Periode II hat es seinen Höhepunkt. Der Griff ist rund, der Knauf ist ebenfalls rund oder oval, er bekommt gegen Mitte der Periode einen halbkugeligen Knopf. Der Heftausschnitt ist halbkreisförmig, gegen Ende der Periode nähert er sich schon dem Kreis. Konzentrische Kreise, und später vor allem Spiralen, verzieren den Griff und den Knauf. Die Griffzungenschwerter der Periode II haben eine breite nietlose Zunge.

In den gut ausgegrabenen Männergräbern dieser Periode, vor allem in den Gräbern der Moore, in denen sich auch das Holz der Särge, das Gewand und vielfach sogar der Körper der Toten erhalten hat, finden sich die ovalen Ortbänder der Schwertscheiden, verzierte Gürtelhaken, häufig das Rasiermesser, manchmal die Tätowiernadel und die Pinzette.

In den Frauengräbern haben sich große gegossene Halskragen erhalten, es gibt kleine Bronzeknöpfe und Gürtelplatten. Sie werden gegen Ende der Periode bis zu 30 cm groß und sind besonders reich ornamentiert in Spiralverzierung. Wichtig für die Datierung ist die Fibel, die jetzt zum erstenmal erscheint. Sie ist zweigliedrig, die Nadel ist unabhängig vom Bügel, beide Teile sind ineinander eingehakt und nicht durch Federung gehalten. Am Anfang ist es die sogenannte nordische Urfibel, und gegen Ende der Periode II lebt schon die Spiralplattenfibel mit Kolbennadelknopf.

Die Periode III hat nur noch selten Absatzbeile, vorherrschend wird jetzt das Tüllenbeil. Die Lanzenspitzen sind vereinfacht und haben einen eingetieften Ring an der Basis der Tülle. Die Vollgriffschwerter und Griffzungenschwerter leben weiter, jedoch lebendiger entwickelt. Bei den Vollgriffschwertern ist der Knauf rautenförmig und kleiner geworden. Der Knopf auf dem Knauf ist stärker betont, der Heftausschnitt ist voll kreisförmig. Die eingepunzte Spiralverzierung ist fast ganz verschwunden, im allgemeinen werden wieder konzentrische Kreise bevorzugt, aber sie sind jetzt mitgegossen. Es gibt Griffplattenschwerter, bei denen in die Platten Harz eingelegt worden ist. Die Griffzungenschwerter haben eine schmalere Zunge. Der Heftabschluß ist dreieckig. Gegen Ende der Periode erscheinen Nieten auf der Zunge.

In der Männerausstattung gibt es weiter Pinzetten, Rasiermesser, Dolche. Als neues Stück taucht der gedrehte Armring auf.

Bei den Frauen ist der Hauptschmuck der Halskragen, er ist jetzt größer und flacher. Daneben erscheint als neuartig das kleine Hängegefäß. Das sind Dosen aus Bronze mit Deckel und flachem Boden, sie werden am Gürtel getragen. Die Fibel entwickelt sich jetzt besonders stark zu verschiedenen Typen. Vorherrschend ist die Spiralplattenfibel mit Kreuzbalkennadelkopf, doch es gibt lokale Sondergruppen, wie die Bornholmer Fibel, die Hannoversche Fibel mit hängenden Spiralen und die Frühformen der nordischen Bogenbügelfibel.

Die Periode IV hat nur noch Tüllenbeile, die massiv gegossenen Beile fehlen jetzt ganz, und schon dadurch hebt sich diese Gruppe als der Beginn der jüngeren Bronzezeit deutlich heraus. Auch die Bestattungsform ändert sich, die Toten werden nicht mehr beigesetzt, sondern verbrannt. Der Einfluß der süddeutschen Urnenfelderkultur wird deutlich sichtbar. Der Unterschied der jüngeren Bronzezeit zur älteren ist im Einzelnen in allen Geräteformen zu bemerken. Die Lanzenspitzen sind langgezogen. Die Vollgriffschwerter haben einen kantigen Griff, sie bekommen hörnerartige Seiten am Knauf und eine Spitze auf dem Knauf, man nennt sie Hörnerknaufschwerter. Die Griffzungenschwerter haben eine gerade Zunge mit hohen Rändern. Der Griffabschluß und der Heftausschnitt ist halbkreisförmig. Die Rasiermesser leben weiter, sie sind jetzt häufig mit Darstellungen des Lebens graviert, und diese Gravierungen entsprechen erstaunlich genau manchen Felsbildern. Durch diese Übereinstimmung lassen sich die Felsbilder datieren. Die Dolche sind selten, leben aber gelegentlich noch weiter. Im Frauenschmuck ist das große Hängegefäß jetzt spitz oder rund, die Halskragen sind groß und lokal verschieden. Die Fibeln, in Männer- und Frauengräbern vorkommend, sind die nordische Bogenbügelfibel und die flache Plattenfibel. Das Ornament ist ein entwickeltes Wellenornament, die Spirale kommt gar nicht vor.

Die Periode V hat ebenfalls nur Tüllenbeile. Die Lanzenspitzen haben wieder ein kürzeres Blatt. Im Ornament bilden die schwingenden Wellen freie Endigungen und an den freien Endigungen entstehen Tierköpfe, vor allem die Köpfe von Vögeln. Die Vollgriffschwerter bilden sehr bezeichnende Formen aus. Sie werden Antennenschwerter genannt nach den eingerollten freien Endigungen rechts und links des Oberteils des Griffes, Endigungen, die aussehen wie die Fühler der Schmetterlinge, die Antennen genannt werden. Von den Schmetterlingen ist auch der Name der Antenne gekommen, der in der Gegenwart bei der Rundfunkübertragung von so großer Bedeutung ist. Weiter bilden sich Nierenknaufschwerter, bei ihnen ist das obere Ende des Griffes ähnlich einer Niere geformt. Es gibt weiterhin Möriger Schwerter, benannt nach dem Fundort Mörigen. Bei ihnen ist der Oberteil des Griffes flach, und leicht rechts und links nach oben gewölbt. Es sieht so aus, als wenn man das Kinn auf das Schwert stützen wollte. Weiter gibt es Auvernierschwerter, auch nach einem Fundort genannt. Sie haben auf dem Griff einen Einsatz gehabt, einen

Einsatz von anderem Material, und oft sind noch drei Nietlöcher erhalten. Die Griffzungenschwerter sind selten geworden, sie haben eine hohe gerade Zunge.

In der Frauenkleidung sind die Hängegefäße jetzt sehr groß geworden. Neu sind Gürtelschmuckstücke entstanden, die buckelförmig sind. Besonders häufig kommen große Halskragen vor, die verschiedene Formen aufweisen. Weiter gibt es Halsringe, unter ihnen ist besonders typisch der Wendelring, der gedrehte Halsring. Es gibt Armringe in mehreren Formen, Nierenringe und Hohlwülste und die sogenannten goldenen Eidringe, auch bronzene Schleifenringe kommen vor. Von der Urnenfeldergruppe Mittel- und Süddeutschlands dringen Messer ein und Lappenbeile. An Fibeln ist vorherrschend die gewölbte Plattenfibel, oftmals reich verziert mit Hufeisenmuster und anderen Ornamenten. Weiter gibt es Gürtel- und Mantelschließen, Nadeln, Anhänger und Knöpfe und Trink- und Blashörner, die Luren. Bei den Nadeln ist die Scheibennadel häufig und auch die Krückennadel.

In der letzten Zeit sind die Hortfunde der germanischen Bronzezeit für die Periode IV und V besonders genau durchgearbeitet worden von ERNST SPROCKHOFF, so daß das gesamte Fundmaterial in all seinen Verästelungen, seinen Wesenheiten und seinen Besonderungen nun sehr klar übersehen werden kann (Ernst Sprockhoff, Jungbronzezeitliche Hortfunde Norddeutschlands, Periode IV, Mainz 1937 und Jungbronzezeitliche Hortfunde, Periode V, Mainz 1956).

Die Periode VI gehört schon der Eisenzeit an, genau so wie auch schon vorher Periode V und zum Teil auch schon Periode IV.

Die Periode VI entspricht zeitlich Hallstatt D, einer vierten Stufe der Hallstattzeit. An Fibeln ist vorherrschend die flache Plattenfibel mit hochgewölbtem Bügel. Die Schwert- und Messerformen sind ähnlich wie in der Stufe V. Die Gürteldosen erhalten einen spitz ausgezogenen Bogen und die zylindrische Wand wird quer gesetzt. Das Gesamtgebiet löst sich jetzt auf in viele lokale Räume mit eigenen Formgebungen, und deutlich sichtbaren Einflüssen aus den Nachbargebieten.

Die sechs Gruppen der Bronzezeit, die Montelius so unterschieden hat, haben sich bis heute bestätigt. Es handelt sich um eine stark entwickelte, um eine selbständige, um eine eigenartige Kultur, so daß die Gliederung ganz genau sichtbar gemacht werden konnte.

So wie in Skandinavien die Megalithgräber an den Straßen, in den Wäldern, neben den Dörfern stehen, so wie die Erde die reichen Bronzefunde und oft auch Goldfunde ergibt, genau so stehen sichtbar in der Landschaft durch die Eiszeit glatt geschliffene Steine mit Bildern, mit Gravierungen. Weder Regen noch Schnee, weder Kälte noch Hitze haben die Bilder zerstören können. Sagen und Märchen haben sich gerankt um die Bilder. Elfen haben sie geschaffen, Kobolde, es sind Zauberbilder, sie sind gefährlich, besonders bei Nacht.

Es ist im Jahre 1627, daß ein Magister, ein Lehrer, Peder Alfssön in Christiania, heute Oslo, eine Zeichnung anfertigt von Bildern bei Tanum, in der Provinz Bohuslän, in Schweden. Er sendet sie 1627 dem Professor Dr. OLAUS WORMIUS (WORM) (1588—1654) zu, dem Leibarzt des Königs Christian IV. Wormius hat, wie berichtet, ein Buch geschrieben über die Altertümer Dänemarks, vor allem über die Runensteine. Sein Buch ist erschienen 1643, es trägt den Titel: „Danicorum Monumenta libri sex". Die Felsbilder, als nicht wissenschaftlich genug, hat Wormius aber nicht aufgenommen in sein Werk. Erst später, im Jahre 1784 wurde die Zeichnung (abgebildet Herbert Kühn, Die Felsbilder Europas, 3. Aufl. 1971, S. 87) veröffentlicht von P. F. SUHM, „Sammlungen zur Geschichte Dänemarks". Um dieselbe Zeit, 1760, beschrieb Carl Fredrik Broocmans in seiner Geschichte von Östergötland (Bd. II S. 509) einige Felsbilder von Himmelstadlund.

Erst im Jahre 1846 erscheint ein Buch über Felsbilder in Skandinavien, es trägt den Titel: „Hällristningar inom Östergötland". Der Verfasser ist L. CH. WIEDE. Ein wichtiges Werk für die Felsbilder Schwedens ist das von A. E. HOLMBERG, „Skandinaviens Hällristningar", 1848. Für Bohuslän erschien 1868 das Werk von C. G. BRUNIUS, „Försök till förklaringar öfver hällristningarna". Erst die Jahre 1881—1890 brachten das grundlegende Werk, das heute noch führend ist von LAURIDS BALTZER, „Hällristningar från Bohuslän", 81 Tafeln, ein Nachwort erschien 1891—1908. — Ein zusammenfassendes Werk ist: ÅKE OHLMARKS, Hällristningar, Stockholm 1966, 260 Seiten mit Tafeln.

Eine Übersicht über die Felsbilder insgesamt ist: HERBERT KÜHN, Die Felsbilder Europas, Stuttgart, 3. Aufl. 1971.

Die Felsbilder Schwedens gehören der Bronzezeit 1600—400 an, eine große Anzahl umfaßt noch die Zeit von 400—0, die Latène-Periode. Die Bilder stellen deutlich die in der Edda später genannten Götter dar, vor allem Thor-Donar, mit dem Rad, dem Hammer, dem Bock, ferner Odhin-Wotan mit dem Kreis, der Lanze, dem Pferd. Schiffe werden dargestellt zur Weihung für die Gottheit, Wagen mit Rindern, Kultfeiern, Dolche, Schwerter, Felder, Luren, d. h. Blasinstrumente, Kulthäuser. Die Felsbilder Schwedens sind von besonderer Bedeutung für die Götterwelt der Germanen, für Religion und Kult, für Wirtschaft und tägliches Leben.

Die Bilder lassen sich einordnen in die sechs Perioden der Bronzezeit. Die größte Anzahl gehört der Periode IV an, 1000—900 v. Chr. Das ergibt die Übereinstimmung von Zeichnungen auf Rasiermessern dieser Periode mit den Bildern auf den Steinen.

Es erhebt sich in dem Zusammenhang mit den schwedischen Felsbildern ein besonderes Problem. Goethe erwähnt nämlich Felsbilder, Felsenschrift, wie er sagt, in Faust, 2. Teil, 4. Akt, auf dem Vorgebirge. Faust spricht an dieser Stelle:

„Wir treten auf und hoffen, ungescholten:
Auch ohne Not hat Vorsicht wohl gegolten.
Du weißt, das Bergvolk denkt und simuliert,
Ist in Natur- und Felsenschrift studiert.
Die Geister, längst dem flachen Land entzogen,
Sind mehr als sonst dem Felsgebirg gewogen.
Sie wirken still durch labyrinthische Klüfte,
Im edlen Gas metallisch reicher Düfte.
In stetem Sondern, Prüfen und Verbinden;
Ihr einziger Trieb ist Neues zu erfinden.

Mit leisem Finger geistiger Gewalten;
Dann im Krystall und seiner ewigen Schweignis
Erblicken sie der Oberwelt Ereignis".

Diese Stelle, die so tiefen Einblick in den Sinn und die Bedeutung der Felsbilder offenbart, kann nicht aus der Intuition entstanden sein, es muß ihr irgend ein Werk zugrunde gelegen haben, in dem Goethe Abbildungen von Felsbildern hat sehen können. Dabei ist wohl nur an die Felsbilder Schwedens zu denken, denn die erste Abbildung findet sich in dem Werk von P. F. Suhm, soeben erwähnt, von 1784, mit dem Titel: Sammlungen zur Geschichte Dänemarks, auf Taf. 215. Diese Zeichnung, als Kupferstich wiedergegeben, stellt in veränderter Form Felsbilder dar aus der Provinz Bohuslän, aus dem Kirchspiel Brastad. Es sind Schiffe dargestellt, der Gott mit dem Hammer, die Hände erhebend, vierfüßige Tiere und Vögel. Das schwedische Wort hällristningar bedeutet Felsenritzung oder auch Felsenschrift.

Im Jahre 1801 hat Goethe die Arbeit an Faust II. Teil begonnen mit dem Helena-Akt, im Jahre 1825 hat er die Dichtung fortgesetzt und 1831 beendet.

Es ist denkbar, daß Goethe in dieser Zeit das Buch von P. F. Suhm gesehen hat, daß ihm der Kupferstich aufgefallen ist, und daß er sich über ihn Gedanken gemacht hat. Besonders seit 1811 hat er sich vielfach mit der Vorgeschichte beschäftigt (Leonhard Franz, Goethe und die Urzeit, Innsbruck 1949, S. 117). Goethes Schwager, Christian August Vulpius (1762—1827), seit 1797 an der Bibliothek von Weimar angestellt, begann im Jahre 1811 eine illustrierte Zeitschrift herauszugeben mit dem seltsamen Titel: „Curiositäten der physisch-literarisch-artistisch-historischen Vor- und Mitwelt, zur angenehmen Unterhaltung für gebildete Leser". Die Zeitschrift hat 10 Bände erreicht, in ihr wurde häufig über Vorgeschichte und über antike Funde berichtet. Goethe hat selbst an Grabungen in Klein-Romstedt im Oktober 1813 teilnommen, wie seine Tagebucheintragung vom 20. Oktober angibt. Am 7. Mai 1814 erteilt er Anordnungen an den Rentkommissär Joh. Heinrich Urlau in Kapellendorf, wie sorgfältiger gegraben werden solle (L. Franz, ebda S. 140). Er erklärt, wie die Zahlungen zu leisten sind und daß die Urnen an Herrn Dr. Vulpius abgeliefert werden sollen. Den Bericht über die Grabung gab Vulpius in einer Abhandlung: „Alterthümer bei Weimar und Jena gefunden" in Curiositäten, Bd. 5.

Goethe hat viel vorgeschichtliche Bücher aus der Weimarer Bibliothek entliehen, manche Bücher hat er auch selbst besessen, in seinen Tagebüchern finden sich Hinweise auf Philipp Cluverius, Trogillus Arnkiel, Christian Detlev Rhode, Adam Olearius, Olaf Rudbek, Jos. Emele, Sir Richard Colt Hoares, Caylus, Joh. Gustav Büsching, Wilhelm Dorow, Karl Kruse, Karl Preusker.

Soweit ich sehe, besteht nicht eine Sicherheit, daß Goethe das Buch von Suhm in Händen hatte, bei seiner eingehenden Beschäftigung mit der damals vorhandenen vorgeschichtlichen Literatur ist das aber durchaus denkbar. Wir wissen nichts Genaues, aber daß Goethe auch über die vorgeschichtlichen Felsbilder Gedanken geäußert hat, ist von besonderem Interesse bei der Geschichte der Forschung.

Naturgemäß liegen in anderen Ländern die Fundergebnisse der Bronzezeit wieder anders.

Für England hat John Evans im Jahre 1881 drei Perioden unterschieden (John Evans, The ancient bronze implements, weapons and ornaments of Great Britain, London 1881). Auch Evans erkennt die Unterschiede besonders bei den Beilformen. Seine erste Gruppe ist bezeichnet durch Flachbeile mit oder ohne Randleisten. Die zweite Gruppe hat stark entwickelte Randleisten und die dritte Gruppe hat Tüllenbeile. Die Gliederung ist also vom Material her gesehen eine gleiche wie bei Montelius, nur sind wegen des geringeren Fundmaterials nicht so starke Unterteilungen notwendig gewesen.

In Frankreich ist der damals führende Prähistoriker Alexander Bertrand. Er ist nicht der richtungsweisende Forscher für die paläolithischen Epochen, sondern für die späteren Zeiten, und so ist sein Wort für die Bronzezeit naturgemäß von besonderer Wichtigkeit. Sein großes Werk, „La Gaule avant les Gaulois" erscheint in der 1. Aufl. 1885, in der 2. Aufl. 1891. Schon vorher ist von ihm ein sehr wichtiges Buch „Archéologie celtique et gauloise" in der 1. Aufl. 1884, in der 2. Aufl. 1889 erschienen. Bertrand lehnt eine Bronzezeit für Frankreich überhaupt ab. Er sagt, die ältesten Bronzefunde Frankreichs sind dreieckige Dolchklingen und Flachbeile, und man findet sie häufig in den Megalithgräbern an der Nordküste Frankreichs, sie gehören also noch der jüngeren Steinzeit zu. Die wenigen Bronzeschwerter, die in Frankreich gefunden worden sind, hält er für Stücke der Einfuhr und er sagt, daß man aus den wenigen typischen Bronzefunden Frankreichs nicht eine eigene Kulturperiode aufstellen könne. In den Grabhügeln der Hallstattperiode, der Eisenzeit, finden sich Eisengegenstände in solcher Menge, daß eine eigene Bronzezeit sich nicht ablösen läßt.

Ein anderer Forscher in dieser Zeit ist Ernest Chantre (1845—1924). Sein Hauptwerk „Etudes paléoethnologiques dans le bassin du Rhône. Âge du bronze" erscheint in drei Bänden in Paris 1875—76. Seine Kenntnis umfaßt besonders das Rhônegebiet, wo die Megalithbauten sehr gering an Zahl sind, und so tritt bei ihm die Bronzezeit stärker in den Vordergrund. Auch er erkennt, daß die älteren Funde Flachbeile und Dolchklingen sind, er kennt auch Schatzfunde, Gußstättenfunde, Sammelerzfunde, vor allem den großen Gießerfund von Larnaud (Dépt. Jura), die vielen Bronzefunde aus dem Pfahlbau von Grésine, und Funde aus mehreren Wohnplätzen, ähnlich denen der Schweiz. Er gliedert die Bronzezeit in drei Stufen und nennt für die Stufen Fundorte, das ganze System ist heute aber nicht mehr von Bedeutung, Die Gliederung von Montelius hat sich auch für Frankreich durchgesetzt.

In Spanien sind in dieser Zeit reiche Funde aufgetreten, und es haben sich auch die sorgfältigen Forscher gefunden, die diese Funde verarbeiten, H. u. L. Siret mit dem Buch: „Les premiers âges du Métal dans le Sud-Est de l'Espagne." Antwerpen 1887. Es sind zwei Brüder, die das Werk geschaffen haben, es beruht vor allem auf ihren eigenen Ausgrabungen. In acht Jahren haben sie an 40 verschiedenen Orten in Spanien Ausgrabungen vorgenommen. Sie fanden dabei drei verschiedene Perioden vertreten, erstens eine neolithische in 15 Stationen, meistens auf Hochebenen gelagert, zum Teil mit Gräbern. Die zweite Schicht ist eine Übergangsperiode, vorherrschend mit Steinwerkzeugen, jedoch vermengt mit Werkzeugen aus reinem Kupfer und zuletzt mit Schmucksachen aus Bronze. Eine dritte Kulturstufe verwendet nur noch selten den Stein. Die Bronze herrscht vor bei der Herstellung von Waffen und Werkzeugen. Diesen drei Stufen fehlt das Eisen, die Münze und das Schriftzeichen. Die Funde sind jedoch nicht so reich, daß sich eine so klare Gliederung herauslösen läßt, wie in Skandinavien. Das südliche Frankreich im Rhônegebiet, genau wie Spanien, gehört der mittelländischen Strandlinie an, beide Gebiete sind Ausstrahlungen der Ostmittelmeerkulturen und zuletzt des Orients.

Das große Rätsel bleibt immer die ungeahnte Fülle der Bronzefunde in Skandinavien und Norddeutschland, gerade an Stellen, die schwer vom Orient zu erreichen sind, und die selber in ihrem Gebiete weder Kupfer noch Zinn aufweisen. Es ist verständlich, daß die Forscher um diese Zeit oft ratlos sind, daß sie die Existenz einer Bronzezeit überhaupt leugnen, wie in Frankreich Bertrand, in Deutschland Lindenschmit und Hostmann. Man will nicht gern den Einfluß des Orients oder anderer Kulturen zugeben, es ist die Zeit des starken Nationalgefühls, die Zeit der späten Romantik, die Zeit des Wiedererwachens des Nibelungenliedes und der Edda, die Zeit der Heroisierung von Hermann dem Cherusker, und gerade in dieser Zeit wird die reiche Bronzezeit auf dem Ursprungsboden der Germanen gefunden.

Man muß zugeben, daß sie dort nicht entstanden sein kann, man muß zugeben, daß fremde Formen der Ausgangspunkt sind, aber man kennt auch diese fremden Formen zu wenig. Immer aber besteht ein innerer Widerstand gegen den Gedanken der Übernahme aus dem Süden, besonders bei den deutschen Forschern. Doch die Bronzezeit ist im Norden ohne fremden Einfluß gar nicht zu erklären, und so ergeben sich die großen inneren Kämpfe in dieser Zeit. Sie sind so tiefgehend und im einzelnen so verletzend, daß es für den heutigen Chronisten peinlich ist, oft die scharfen herabsetzenden und beleidigenden Worte zu erwähnen, die die verschiedenen, oft bedeutenden Forscher, gegeneinander verwenden.

Besonders die Skandinavier fühlen sich immer wieder verletzt durch die scharfen Angriffe der Deutschen, vor allem durch die von Lindenschmit. Genau so wie Sophus Müller harte Worte gegen Lindenschmit findet, ebenso Montelius, so auch der große norwegische Gelehrte dieser Zeit, INGVALD UNDSET (1853—1893), Kustos an der Oldsaksamling damals in Christiania, heute Oslo. Von besonderer Bedeutung für diese ganze schwierige Problemlagerung ist sein Buch „Etudes sur l'âge de Bronze de la Hongrie", Christiania 1880.

Schon Sophus Müller hat in seinem Werk „Die nordische Bronzezeit und Periodentheilung", Jena 1878, erklärt: „Aus den Ländern zwischen Ungarn und der Schweiz ist die Kultur, welche das Bronzealter kennzeichnet, über Deutschland nach dem Norden gedrungen" (S. 1). Und weiter hat er gesagt: „Während der ganzen Dauer der vorhistorischen Zeit stand der Norden in einem abhängigen und empfangenden Verhältnis zu den südlicher gelegenen Ländern, welche, früher bewohnt und unter günstigeren klimatischen Verhältnissen, von den vom Osten ausgehenden Kulturströmungen stets unmittelbarer berührt wurden." Gerade diese Erkenntnis, die auch nach unserem heutigen, viel ausgedehnterem Wissen das Richtige trifft, stieß damals auf den Widerstand des nationalen Gefühls.

Darin liegt der tiefste Grund, daß Deutschland als Träger der Forschung so stark zurücktritt. Der Schwerpunkt dieser Zeit liegt genau wie in der ersten Hälfte des 18. Jahrhunderts in Frankreich und in Skandinavien. In Deutschland bestehen einzelne Museen, es gibt private Sammler und Ausgräber, es fehlt aber der führende Forscher von der gleichen Größe wie Piette in Frankreich, wie Montelius in Schweden.

Die Tatsache, daß in Dänemark Thomsen die Grundlagen geschaffen hatte, daß die Könige amtliche Institutionen einrichteten, beamtete Forschungsstellen schufen, das gibt Skandinavien den Vorsprung. So kommt es, daß dort nicht nur Oskar Montelius die große Gestalt ist, die alles überragt, sondern daß neben ihr Sophus Müller steht, nicht im Gegensatz, sondern in gleicher großer Sicht in der Frage nach den Wurzeln, den Ursprüngen, den Ausgangsformen und Quelltrieben der germanischen Bronzezeit. Und noch ein dritter steht daneben, und das ist INGVALD UNDSET. Sein großes Verdienst ist die Erkenntnis, daß Ungarn als der wichtigste Vermittler für die germanische Bronzezeit erscheint.

Im Jahre 1876 findet der Internationale Kongreß für Anthropologie und prähistorische Archäologie in Budapest statt, und hier sieht Undset das ganze große Material der Bronzezeit, das im Nationalmuseum in Budapest aus Anlaß des Kongresses vereint ist. Undset erkennt die Ähnlichkeit der Formen, die oft sehr weitgehend ist, er bemerkt die Verwandschaft der Schichtenlagerungen, die frühe Bronzezeit mit Flachbeilen und die späte mit Tüllenbeilen. Auch die Ornamente, vor allem die Spirale, erscheinen in gleicher Form auf den Werkzeugen und Geräten in Ungarn wie in Norddeutschland und Skandinavien.

Der Zusammenhang zwischen Ungarn und Skandinavien ist seit dieser Zeit niemals mehr aus den Überlegungen der Forscher wegzudenken. Bald danach werden auch die Funde von Schliemann in Mykenä und Troja bekannt, und gerade an dieser Stelle findet sich später der Ausgangspunkt des wichtigsten Ornamentes der Bronzezeit, der Spirale.

Die Frage der ungarischen Bronzezeit wird nun von solcher Bedeutung, daß der große Ausgräber FERENC VON PULSZKY (1814—1897) im Jahre 1883 ein Buch über die ungarische Bronzezeit veröffentlicht mit dem ungarischen Titel: „A rézkor Magyarországban", Budapest 1883, deutsch „Die Kupfer-Zeit in Ungarn", Budapest 1884. In diesem Werk tritt der Verfasser ein für eine eigene Kupferzeit in Ungarn, und in der Tat ist der Zinnbestand bei den Bronzen oft geringer in Ungarn als in anderen Ländern. Es mag dies daran liegen, daß die klassische Legierung, aus der die Bronze besteht, nämlich 90% Kupfer, 10% Zinn, für Ungarn sehr schwer zu erreichen war. Das Altertum kennt als zinnförderndes Land, so weit wir heute sehen, nur Südengland. Erst in neuerer Zeit sind Zinnvorkommen auch in Kleinasien aufgedeckt worden. Das Altertum kannte sie nicht. Die Völker des Altertums waren also immer gezwungen, Zinn von den Hesperiden, den nördlichsten Inseln der Welt zu holen. Sie fanden dabei auch den Bernstein, der zuerst von der Nordseeküste Deutschlands, der Gegend um Hamburg geliefert wird. Bernstein ist für diese Zeit noch wichtiger und bedeutungsvoller als Gold oder Zinn. Bernstein hat eine geheime Kraft in sich, eine magische Gewalt, etwas Zauberisches. Es ist die Anziehung, wenn man Bernstein reibt. Daher wird etwas Göttliches in dem Bernstein gesehen, und es ist nicht zufällig, daß Schliemann in Mykenä als einen besonderen Schatz mehr als einen Zentner Bernstein fand. Der Bernstein wurde sogleich chemisch untersucht, und es ergab sich, daß er von der Ostsee stammt. (Heinrich Schliemann, Tiryns, Leipzig 1886 S. 425—430 Anhang, der mykenische Bernstein).

Die Bedeutung Ungarns für die nordeuropäische Bronzezeit tritt jetzt so in den Vordergrund, daß JOSEPH HAMPEL (1849—1913), der Direktor des Museums in Budapest, sich entschließt, die wichtigsten Funde der Bronzezeit Ungarns in einem Werk zu veröffentlichen. Das geschieht in ungarischer Sprache 1886, in deutscher Sprache 1887. Der Titel des ungarischen Buches lautet: A Bronzkor emlékei Magyarhonban. Budapest 1886. Der deutsche Titel ist: Alterthümer der Bronzezeit in Ungarn, Budapest 1887.

Wohl hat es Schwankungen in der Beurteilung Ungarns für die Entwicklung der germanischen Bronzezeit gegeben, oftmals wurde mehr Mykenä in den Vordergrund gestellt, auch die sibirischen Bronzen wurden in den Rahmen der Betrachtung einbezogen. Auf jeden Fall ist es deutlich geworden, daß die Bronzezeit im Norden nicht zu verstehen ist ohne den Vorderen Orient und ohne Ausstrahlungsgebiete des Vorderen Orients wie Kreta und Mykenä einerseits, Ungarn andererseits, aber auch England und Irland, treten hinzu, die Länder, die den Weg zur See bezeichnen. Das Ergebnis der vielfachen Betrachtungen dieser Zeit legt am besten MORITZ HOERNES in Wien dar, wenn er sagt: „Durch die nahe Verwandtschaft der ungarischen und sibirischen Bronzen erscheint Ungarn als ein Gebiet, welches von der asiatisch-europäischen Ausstrahlung der orientalischen Bronzekultur früher getroffen wurde als andere Gebiete, und daher als eine Art Mutterland der gesamten europäischen Bronzekultur." (Moritz Hoernes, Die Urgeschichte des Menschen. Wien 1892 S. 411).

So wird für diese Zeit die Gliederung, die Herkunftsfrage, die Einordnung der Bronzezeit in das Bild der Vorgeschichte von besonderer Wichtigkeit, und der Fortschritt der Erkenntnis ist sehr groß. Die Bronzen des Nordens — diese zuerst unverständliche Erscheinung — wird zum führenden und entscheidenden Element der mittel- und nordeuropäischen Vorgeschichte.

Dieser Zeit gelingt die sorgfältige Verarbeitung der vielen Funde, es gelingt ihr, eine Chronologie zu schaffen, es gelingt ihr, die Vielfarbigkeit der Herkunft zu ordnen und festzulegen. England, Irland einerseits, Ungarn andererseits erscheinen als die verbindenden Kulturkreise, als Ausgangspunkt Mesopotamien, damals mehr geahnt, als wirklich bekannt.

Und genau so, wie in der ersten Hälfte des Jahrhunderts die Forschungen Frankreichs und Skandinaviens die führenden sind, genau so in der zweiten Hälfte. Im Grunde ist es kein Zufall. In Frankreich sind es die Funde der Eiszeit, die die Forschung beherrschen, und in Skandinavien sind es die des Neolithikums und der Bronzezeit.

Ebenso wie in der ersten Hälfte des Jahrhunderts tritt zu diesen beiden führenden Kreisen der dritte, Südrußland mit den Funden der Skythen. Deutschland wird von diesem dritten Kreis nicht stark betroffen, während es an den beiden ersten lebhaftesten Anteil nimmt, jedoch in der Sicht des damaligen Europas ist dieser südrussische Kreis von geringerer Bedeutung.

Südrußland, schon in der ersten Hälfte des 19. Jahrhunderts so ergebnisreich für die Ausgrabung, Südrußland bringt in der zweiten Hälfte noch großartigere Funde. Wenn der Goldsaal mit dem Gold von Mykenä und Griechenland im Museum von Athen schon für jeden Besucher überraschend ist, dann sind noch erstaunlicher die Säle mit Goldfunden aus den südrussischen Kurganen in dem Museum der Eremitage in Leningrad, es sind über tausend Goldplatten und Skulpturen, die das Museum von skythischen Fundplätzen besitzt — es ist die größte Ansammlung vorgeschichtlichen Goldes an einer Stelle.

Es ist nur zu verständlich, daß diese Goldfunde immer wieder die Gemüter bewegten, es sind Raubgräber, die sich aufmachen, heimlich die Schätze auszugraben, und es sind die amtlichen Stellen, die sich beeilen, den Räubern zuvorzukommen.

Es bildet sich um 1850 ein Zentrum der Forschung in Kiew. Hier arbeiten Gelehrte wie Funduklej, Graf Bobrinskoj, Znosko-Borovskij, Chvojka, Brandenburg, Samokvassov und Chanenko. Besonders CHANENKO schafft sich durch eigene sorgfältige Grabungen auf seinem Grundbesitz eine bedeutende Sammlung, die er ausgezeichnet veröffentlicht und die er später dem Museum vermacht. (B. Chanenko, Drevnosti Pridnjeprovja I—VI, 1899—1900.

1859 wird in Petersburg die Archäologische Kommission begründet, und sie beginnt fortlaufende Veröffentlichungen der Funde, sie erscheinen in russischer Sprache, aber ihre Einwirkung auf Mittel- und Westeuropa ist gering. Gegen Ende des Jahrhunderts wird die Anteilnahme größer, der Direktor des Nationalmuseums von Frankreich in Saint-Germain bei Paris, SALOMON REINACH (1858—1932), veröffentlicht das große Werk von KONDAKOF und GRAF TOLSTOÏ in französischer Sprache in Paris. Der Titel des Werkes ist „Antiquités de la Russie Méridionale." Das Werk in drei Bänden erscheint 1891. Aber bis 1900 ist es noch nicht möglich, die einzelnen skythischen Gruppen herauszulösen, die heute so deutlich sind, die Grabungen sind noch immer in den Anfängen. Der enge Zusammenhang mit China ist für die Forschung noch nicht sichtbar. In den Vordergrund des Interesses treten die griechischen Funde in den Grabhügeln, denn in Südrußland treffen sich seit 700 v. Chr. die griechischen Kolonisten und die Skythen, Einwanderer von Südeuropa und von den Grenzen Chinas.

Für die Forschung ist das Vorkommen griechischer Gefäße, griechischer Bronzen, griechischer Steindenkmäler von besonderer Bedeutung, ergibt sich dadurch doch die gesicherte Datierung. Anders als bei den eiszeitlichen Funden Frankreichs und anders auch bei den bronzezeitlichen Funden Nordeuropas liegt für Südrußland ein Schriftsteller der Antike vor, der über die Skythen der Zeit, aus der die Grabhügel stammen, eingehend berichtet, es ist HERODOT. Herodot, (490—424) der um 450 v. Chr. sein Buch, die Musen, geschrieben hat, widmet den Skythen den vierten Band. Seine Angaben sind sehr genau und entsprechen den Funden, wie so vielfach bei Herodot. Er berichtet drei Sagen der Herkunft der Skythen, die dritte, die Angabe, daß sie aus dem fernsten Asien eingewandert sind, und daß sie die vorher in Südrußland wohnhaften Kimmerer geschlagen haben, hält er für die wahrscheinlichste. Diese Sage wird durch die Funde bestätigt, sie kommen in auffallend ähnlicher Form vor von Ungarn, Schlesien, bis zum Zentrum nördlich des Schwarzen Meeres, wo sie sich häufen in der Gegend des Don, sie werden seltener bis zum Kaspischen Meer. Ein Fund ist jetzt aus dem nördlichen Assyrien bekannt, Sakis, dann gibt es Funde an der Wolga, die Astrachan- und Samara-Gruppe, es gibt Funde im Ural, im Altai, Pazyryk, Katanda, Shibe, Tuekt und in der nördlichen Mongolei, in Noin-Ula. Herodot hat nach den Funden also recht, wenn er die Skythen als aus dem fernen Osten kommend, betrachtet. Er schildert ihre Lebensweise, er sagt, daß es einige gebe, die den Ackerbau kennen, daß aber die Mehrzahl Nomaden seien. Er berichtet, sie besitzen weder Städte noch Festungen, sie leben in tragbaren Wohnungen, in Zelten, sie sind Bogenschützen zu Pferd, ihre Häuser sind Wagen. Sie sind unbesiegbar und schwer zu einem Kampf in der Nähe zu bringen (IV, 46).

Herodot beschreibt auch den Brauch der Bestattung im Flußgebiet des Dnjepr, dem Fluß, der damals Borysthenes heißt (IV,71). Er sagt, daß eine große, viereckige Grube ausgegraben wird. Der Leichnam wird aufgeschnitten, die Eingeweide werden herausgenommen, der Körper wird ausgefüllt mit gestoßenem Zypergras, Räucherwerk, Samen von Eppich und Dill, dann wieder zugenäht. In einem Wagen wird der Tote dann von Ort zu Ort herumgefahren, die Stämme betrauern den Verstorbenen, danach wird er zu der Grabkammer geführt und dort auf eine Streue gelegt. Zu beiden Seiten werden Lanzen aufgestellt. Bretter werden darüber gedeckt, auf sie wird Flechtwerk gelegt. In dem übrigen weiten Raum des Grabes begraben die Skythen die Frauen des Königs, die vorher getötet werden, den Mundschenk, den Koch, den Stallmeister, den Kammerdiener und den Botschaftenbringer, sowie die Pferde. Sie legen in das Grab goldene Schalen, jedoch nicht Silber und Bronze. „Wenn sie das getan haben, so schütten alle einen großen Erdhaufen auf, wetteifernd mit einander, sie geben sich Mühe, den Grabhügel recht hoch zu machen" (IV, 71).

Nach einem Jahr werden dann noch Diener und Pferde geopfert und nachbestattet.

Es ist ein seltenes Ereignis, daß für vorgeschichtliche Funde der Bericht eines Augenzeugen vorliegt, der 2300 Jahre vor der Grabung den Vorgang einer Bestattung mitangesehen hat und ihn genau wiedergibt. Es ist verständlich, daß dieser Bericht die russische Forschung auf das stärkste beleben mußte. Wirklich sind in der zweiten Hälfte des 19. Jahrhunderts, angeregt durch diesen Bericht, angeregt durch die in der Landschaft weithin sichtbaren Grabhügel, Hunderte dieser Hügel geöffnet worden, und fast immer fand sich das Gold, es fanden sich die geopferten Diener und Pferde, und es fand sich der Tote, liegend in der viereckigen Kammer, genau wie es Herodot berichtet. Ja, sogar die Einzelheiten hat Herodot genau gesehen. Er spricht in Kapitel 13 und 27, Buch IV, von den goldbewachenden Greifen, und diese Greifen in Gold sind immer wieder zutage getreten.

Zu den wichtigen Grabungen dieses halben Jahrhunderts 1850—1900, gehört die Aufdeckung des Sieben Brüder Kurgans in den Jahren 1875—76. Der Ausgräber ist die Archäologische Kommission unter der Leitung von Baron von Tiesenhausen. Die sieben Grabhügel liegen auf dem linken Ufer des Kubanflusses im Bezirk Temrjuk, etwa 30 km nordwestlich der Hafenstadt Anapa am Schwarzen Meer.

Der Kurgan 2 brachte die viereckige Kammer, wie Herodot sie beschrieben hat, sie hat die Größe von 5 m zu 2,50 m, sie ist aus ungebranntem Lehm aufgerichtet und trägt oben eine Decke aus Holz. In dem Grab lagen 13 Pferde. Der Krieger trug einen Panzer mit Schuppen und Kettengeflecht. Neben ihm lagen das eiserne Schwert, drei eiserne Lanzenspitzen und bronzene Pfeilspitzen. Der Körper war bedeckt mit 300 Goldplättchen in verschiedenen Formen, Stierköpfen, Ebern, Widdern, Sphinxen, Eulen, Rosetten und Palmetten. Um den Hals trug der Tote einen goldenen Reif und ein Halsband. Es fand sich ein griechisches Trinkgefäß, ein Rhyton mit goldenem Ende, eine silberne griechische Schale, eine Bronzeschale und zwei schwarzlackierte griechische Vasen. Die griechischen Funde gehören in das frühe 5. Jahrhundert v. Chr.

Kurgan 3 hatte eine ähnliche Anlage, das Grab war aus Steinen aufgebaut. Hier fand sich ein silbervergoldeter Greifenkopf, wieder zahllose Goldplatten in Tierformen.

Unerschöpflich waren die Beigaben in Kurgan 4, der ursprünglich 13 m Höhe hatte. Die Goldarbeiten zeigen Löwen, Panther, Steinböcke, Widder. Ein Trinkgefäß aus Silber ist persische Arbeit, zwei goldene Trinkgefäße sind griechische Arbeit. Nach den griechischen Gefäßen, schwarzlackierte Ware, gehört die Bestattung ebenfalls in das 5. Jahrhundert.

Der Kurgan 5 war ausgeraubt, aber es fanden sich doch noch viele Gegenstände, sogar Wollstoff mit Darstellungen, 114 Goldplatten, goldene Spangen, goldene Fingerringe. 7 Pferde waren bestattet.

Der Kurgan 6 war ebenso reich. Die griechischen Gefäße datieren ihn in die Mitte des 4. Jahrhunderts. Die Kammer war durch Steinwände in vier Abteilungen geteilt. In der ersten lag der Tote. Sein Sarg war aus Holz und war bedeckt mit Stoff. Im zweiten und dritten Raum lag seine Ausstattung, im vierten fanden sich seine sieben Pferde. Der Tote trug einen Schuppenpanzer, es fanden sich Reste von Pelz, Schuhen und Mantel, weiter Perlen, Goldplatten, Bergkristall.

In den anderen Räumen lagen ein Bronzespiegel, goldene Knöpfe, griechische Amphoren, Silbergefäße, eine Truhe mit Elfenbeinauflagen, Bronzegefäße und ein Korb. Die grichischen Beigaben datieren das Grab in die Mitte des vierten Jahrhunderts v. Chr.

Der Hügel 7 hatte eine steinerne Grabkammer von 7 m Länge und 7 m Breite, er war ausgeraubt, aber er brachte trotzdem noch reichen Schmuck aus Gold, Trinkgefäße, griechische Kupfermünzen und griechische Vasen, sie datieren die Grablegung in das 4. Jahrhundert v. Chr.

Die Funde wurden veröffentlicht in den Comptes Rendus de la Commission Impériale de St. Petersbourg 1875—81.

1885 wurde der Kurgan von Aksjutincy ausgegraben. Er liegt an der Sula, einem Nebenfluß des Dnjepr bei Romny im Gouv. Poltava. Der Hügel war 10 m hoch, er hatte eine Grabkammer von 8,5 zu 4,2 m mit Holzdecke. An der Schulter des Toten lagen zwei lederne Köcher mit 400 Pfeilspitzen und ein Wurfspeer. Ein Bronzekessel fand sich, wie ihn auch Herodot erwähnt, Goldplatten mit Hirschdarstellung, ein goldener Halsring, das eiserne Schwert und der goldene Beschlag des Köchers. (Bobrinskoj, Kurgane II S. 101 und III S. 82 St. Petersburg, 1894 und 1901, russisch).

Eine andere bedeutende Grabung skythischer Grabanlagen in dieser Zeit ist Krasnokutsk, gegraben 1860. Der Fundort liegt zwischen Jekaterinoslav und Nikopol. Auf dem Weg, der den Toten in die Tiefe brachte, lagen noch die Trümmer des Wagens, auf dem er durch die Lande geführt worden war. Die Grabkammer hatte drei Abteilungen, in einer fanden sich vier Pferde mir reichem Zaumzeug. Das Hauptgrab barg den Toten, zwar war es ausgeraubt, aber es enthielt noch Goldplatten, Teile des Schwertes, bronzene Pfeilspitzen, acht griechische Amphoren aus den ersten Jahrzehnten des 3. Jh. v. Chr. (Comptes Rendus St. Petersbourg 11, S. 44. — Kondakof, Tolstoï, Reinach, Antiquités de la Russie méridionale, Paris 1891 S. 254).

Andere wichtige Grabungen dieser Zeit sind 1867—68 Zimbalóva Mogila bei dem Dorfe Belozerka im Bezirk Melitopol mit Hauptgrab und dem Grab für Pferde mit goldenem Pferdeschmuck.

1862 wurde der Kurgan von Čertomlyk ausgegraben, 20 km nordwestlich von Nikopol am Dnjepr mit reichen Funden von Gold und Silber, mit 150 Pfeilspitzen, mit Teppichen, Köchern, Schwertern und 30 goldenen Platten in Tierdarstellungen.

1884 wurde der Kurgan von Ryžanovka bei Zvenigorodka im Gouv. Kiew gegraben. Auch er brachte Goldplatten, Goldhalskragen, Silbergefäße und griechische Vasen des 4. Jh. v. Chr.

1888 wurde Karagodeuasch im Kubangebiet ausgegraben. Der Fundplatz liegt bei Krymskaja am Ufer eines Flusses Adagum, der in den Kuban-Fluß einmündet. Die eine der zwei Grabkammern enthielt Wandmalerei mit Darstellungen von Hirschen.

Das Jahr 1882 brachte etwas Erstaunliches: ein skythisches Grab in Deutschland, in der ehemaligen Provinz Brandenburg. Der Fundort ist Vettersfelde, ein Dorf 10 km südöstlich von Guben. Der Ort trägt seit 1945 den Namen Witaszkowo, der Ort Guben den Namen Gubin, die Orte sind jetzt polnisch. Dieser Fund ist neben dem von Eberswalde aus der Bronzezeit der größte Goldfund Deutschlands. Die Fundumstände sind nicht mehr genau festzustellen, es waren 19 Stücke.

Bis zum Kriege 1939—45 waren noch 13 Stücke erhalten. Sie sind in das Berliner Alte Museum gekommen. Adolf Furtwängler (1853—1907) hat den Funden 1883 in den Berliner Winckelmanns-Programmen Nr. 43 eine ausgezeichnete Arbeit gewidmet. Das wichtigste Stück ist die Skulptur eines Fisches aus Gold, 41 cm lang, dem Ende des 6. Jh. v. Chr. zugehörig. Auf der Oberfläche des Fisches sind andere Tiere in Treibarbeit dargestellt, wieder Fische, ferner ein Widder, Panther, Eber, Löwe, Hirsch, Hase, Delphin. Ein anderes wichtiges Stück ist eine Zierscheibe aus Gold, 17 cm groß im Durchmesser, bestehend aus vier gleich großen Scheiben. Dargestellt sind Tierkampfszenen. Weitere Stücke des Fundes sind ein goldener Ohrring, ein goldenes Kettenstück, ein goldener Halsring, ein in Gold gefaßtes Stein-Amulett, Stücke eines Skythen-Dolches, des Akinakes mit goldener Scheide.

Skythische Funde geringerer Bedeutung liegen auch an anderen Stellen in Deutschland vor, in Niemitzsch bei Guben fanden sich dreiflüglige Pfeilspitzen vom skythischen Typus, auf dem Breiten Berge bei Striegau in Schlesien die gleichen Pfeilspitzen, ein skythisches Kurzschwert ist bei Plohmühle, Kr. Strehlen, gefunden worden und bei Vogelgesang, Kr. Nimptsch in Schlesien, ein goldener Armring, skythischer Form im Gewicht von 794 g. Der Ring wurde 1821 gehoben, er kam in die königliche Kunstkammer in Breslau und ist 1841 gestohlen und eingeschmolzen worden. Der Begründer der Breslauer Altertümersammlung, J. G. G. Büsching, hat jedoch vergoldete Bleiabgüsse herstellen lassen, so daß die Art des Ringes noch heute genau erkennbar ist.

Der neben Vettersfelde bedeutendste skythische Fund auf deutschem Boden ist der Silberring von Trichtingen. Er ist 1928 auf der Markung des württembergischen Ortes Trichtingen am Ostrand des Schwarzwaldes bei Entwässerungsarbeiten zutage gekommen und befindet sich jetzt im Landesmuseum Stuttgart. Der Ring ist 29,4 cm groß, sein Gewicht ist 6,7 kg. Er hat einen Mantel aus Silber und an beiden Enden trägt er je einen Stierkopf in künstlerischer Arbeit. Der Ring ist kelto-skythisch und gehört etwa der Zeit um 300 v. Chr. an. Der Bericht ist: Peter Goessler, Der Silberring von Trichtingen, Berlin 1928 u. Ders. IPEK 1929, S. 46. Über die deutschen Funde berichtet H. Preidel, Der Skytheneinfall in Ostdeutschland, Altschlesien, Bd. 5, 1934.

Ein bedeutungsvoller Kurgan ist Kostromskaja im Kuban-Gebiet, 1897 aufgedeckt. Das Grab hatte einen quadratischen Holzbau von 3,20 m Seitenlänge. Auf der Außenseite, meist paarweise gelegt, waren 22 Pferde mitbestattet. Es fanden sich in der Kammer vier eiserne Lanzenspitzen, bronzene Pfeilspitzen, Lederköcher, ein kleiner eiserner Rundschild mit dem Beschlag eines goldenen Hirsches, ähnlich dem von Kul Oba, weiter ein Schuppenpanzer, ein Schleifstein und Tongefäße. Der Tote selbst ruhte in der Tiefe, unter der Kammer, ohne weitere Beigaben. Zwischen ihm und der Grabkammer fanden sich die Skelette von 13 Dienern, genau so, wie Herodot die Bestattung geschildert hat. Die Scherben datieren die Grablegung in das 7.—6. Jh. v. Chr. Die Veröffentlichung erfolgte in den Comptes Rendus von Petersburg 1897, S. 11 (russisch).

So ist mit den Skythengräbern in Südrußland bis 1900 eine dritte reiche Welt aus der Erde getreten, eine ganz eigene Welt, anders als die erste, die der Eiszeit Frankreichs und anders auch als die Bronzezeit Nordeuropas — alle drei ganz anderen Zeiten, ganz anderen Räumen, anderen Kulturen zugehörig. Die beiden ersten Kreise bewegen die Gedanken der Prähistoriker dieser Zeit sehr. Die dritte Welt, die der Skythen, tritt kaum in ihren Blickkreis. In dem großen überschauendem Werk eines so bedeutenden Forschers dieser Zeit um 1900 wie MORITZ HOERNES in Wien mit dem Titel: Die Urgeschichte des Menschen von 1892, werden die Skythengräber nicht genannt, und auch in dem Werk desselben Verfassers „Urgeschichte der bildenden Kunst in Europa", das 1898 in der ersten Auflage erscheint, 1915 in der zweiten, erwähnt Hoernes diesen bedeutenden Umkreis nicht. 1889 findet der Internationale Kongreß für Anthropologie und Prähistorische Archäologie in Paris statt und in derselben Stadt wieder 1900, beidemal sind die großen russischen Gelehrten anwesend, darunter auch Graf Alexis Bobrinskoj, der Ausgräber der Kurgane, der Präsident der Kaiserl. Kommission für Archäologie — doch es werden andere Fragen besprochen, die großen Funde in Südrußland werden nicht erwähnt.

Nur ein Gebiet Südrußlands wird beachtet, es sind die Funde von Koban im Kaukasus. Die Fundstelle liegt in Ossetien, nordöstlich von Kazbek, 35 km entfernt von Vladikavkaz, die nächste größere Stadt ist Tiflis. Die Funde werden von Bauern gehoben vor 1850, die Ausgrabung beginnt 1869.

Es war Rudolf Virchow (1821—1902), der wegen der damaligen Vorstellung der Herkunft der weißen Rasse vom Kaukasus, der kaukasischen Rasse, wie man damals sagte, anthropologische Untersuchungen im Kaukasus unternahm. Dabei erwarb er Schädel von den Bewohnern und auch Grabbeigaben, die ein gewisser Olschewski in Vladikavkaz gesammelt hatte. Er selbst nahm an Ausgrabungen teil, jedoch der größte Teil der Funde wurde von ihm erworben, die Stücke stammen vor allem von Gräberfeldern in Kumbulte und Kammunta. Im Jahre 1883 veröffentlichte er ein Werk über die nach Berlin gebrachten Fundstücke mit dem Titel: „Das Gräberfeld von Koban im Lande der Osseten."

Rudolf Virchow wurde geboren am 13. Okt. 1821 in Schivelbein in Pommern, er starb am 5. Sept. 1902 in Berlin. Im Jahre 1849 wurde er in Würzburg ord. Professor für Anatomie, 1856 Professor in Berlin. Seine Bedeutung in der Medizin ist sehr groß, er ist es, der die Zellularpathologie entwickelte, der über Leukämie, Rachitis, Gicht, Trichinose Grundlegendes bekannt gab. Virchow ist es auch, der die moderne Anthropologie begründete.

Gleichzeitig war Virchow ein Vorgeschichtsforscher, die Verbindung der beiden Fächer ergibt sich durch die Skelettfunde in den Gräbern der Vorzeit. Virchow ist einer der Begründer der Berliner Gesellschaft für Anthropologie, Ethnologie und Urgeschichte, einer Gesellschaft, in der ich selber noch in Berlin öfter Vorträge gehalten habe (Zschr. f. Ethnologie, 1926, S. 349—376). Virchow war es, der sich gegen das eiszeitliche Alter des Fundes vom Neandertal aussprach, sicherlich ein Irrtum. Er war es aber auch, der sich für Schliemann einsetzte, der Schliemanns Grabungen in Troja aufsuchte und bestätigte.

Virchow hat in Berlin die Anlage der Kanalisation durchgesetzt, den Bau von Rieselfeldern und die soziale Fürsorge gefördert. Durch diese Arbeiten kam er in enge Beziehungen zur Politik. Er wurde der Gründer und Vorsitzender der Fortschrittspartei, Mitglied des preußischen Abgeordnetenhauses und der Berliner Stadtverordnetenversammlung. Er war ein besonders scharfer Gegner Bismarcks.

Virchow hat eine große Anzahl von Ausgrabungen in Norddeutschland durchgeführt, seine Arbeiten zur Vorgeschichte, meistens in Zeitschriften, überschreiten die Zahl von fünfhundert (Ernst Meyer, Rudolf Virchow, Wiesbaden 1956, S. 136).

In der gleichen Zeit arbeitete der französische Forscher Ernest Chantre (1845—1924) im Kaukasus, und sein Hauptwerk „Recherches anthropologiques dans le Caucase", 5 Bände, 1895—1897, gelten noch heute als eine Glanzleistung der damaligen Forschung. Über die prähistorischen Funde berichtet er vor allem in „Caucase" II, 1885—1887.

Es handelt sich nicht um Kurgane, um Grabhügel, sondern um unterirdische Flachgräber. Sie haben Grabkammern aus Steinplatten, etwa 1—2 m unter der Erdoberfläche. Die Kammern sind 1 m—70 cm groß. Der Tote liegt oft in Hockerstellung.

Die Männer haben als Beigaben eine Schaftlochaxt, ein Dolchmesser, Armringe, Nadeln, Kopfschmuck und eine bestimmte Art von Fibeln, die als Bismantova-Fibeln bezeichnet werden. Es ist das eine Bogenfibel, die dem Ende der Bronzezeit und dem

Anfang der Hallstattzeit zugehört. Der hochgezogene Bügel ist mit einfacher Strichverzierung versehen, die gekerbt ist.

Die Frauen haben Anhänger, Nadeln, Ringe, Halsschmuck. Wohl kommt manchmal Eisen vor, aber es ist noch selten. Die Fibeln datieren die Gräber in das 12. vorchristl. Jahrhundert. Das Gräberfeld gehört dem 13.—9. Jh. v. Chr. an, es hat also nichts zu tun mit skythischen Kurganen und ihrer Kultur im südlichen Rußland. Die Funde sind in das Historische Museum in Moskau, in das Museum von Tiflis, in das Naturhistorische Museum in Wien, in das Museum für Vor- und Frühgeschichte in Berlin, in das Musée von St. Germain bei Paris und in das Museum von Lyon gekommen. 1960 erschien ein russisches Buch über Koban von E. L. Krupnov, Drevnjaja istorija Severnogo Kavkazaja, Moskau.

Eisenzeit

Neben diesen drei großen Umkreisen vorhistorischer Kultur, die so deutlich in der 2. Hälfte des 19. Jahrhunderts aus der Erde traten, steht in Europa noch ein vierter. Er ist von allergrößter Bedeutung, schuf er doch die letzte Klarheit über die Fortsetzung der Bronzezeit bis zur römischen Epoche. Es ist die Entdeckung zweier großer eisenzeitlicher Kulturen, die noch heute mit Recht nach den beiden ersten großen Fundstätten bezeichnet werden: Hallstatt und Latène.

Es war im Jahre 1734, als die Bergleute von Hallstatt im Salzkammergut in den alten Bergwerksstollen einen Toten fanden. Sein Körper war ganz unversehrt erhalten, auch die Haut, die Haare, die Kleidung. Das Salz hatte alles so bewahrt, als wenn der Tote gestern verstorben wäre. Aber seine Kleidung war ganz unbekannt, auch seine Werkzeuge kannte niemand.

Seit undenklichen Zeiten wird in Hallstatt genau wie in Halle an der Saale, in Reichenhall, in Hallein das Salz gegraben, und von dem Salz kommen die Namen der Orte. Das altgermanische Wort ist salt, das keltische Wort ist hal, griechisch lautet das Wort hals, der Fluß Halys in Kleinasien ist der Salzfluß.

Der Einsteigschacht in Hallstatt geht 300 Meter in die Tiefe, und dort laufen die Stollengänge nach allen Seiten, manchmal liegen die Stollen in mehreren Stockwerken übereinander. Vom Ende der Bronzezeit wird hier Salz gegraben bis zu der Völkerwanderungszeit. In dieser Zeit hören die Grabungen auf, im Jahre 1311 werden die Salzlager wieder verwendet, sie sind bis heute in Betrieb.

Der Ort Hallstatt schmiegt sich eng an an den Rücken der Berge. Die vorgeschichtlichen Baue liegen im West- und Ostflügel des Berges. Es fanden sich Pickel aus Bronze, hölzerne Schalen aus Ahorn, Felle, Gewebe, Matten, Rucksäcke aus Schafsfell mit Salzstücken, Pelzmützen, Holzstiele für Lappenbeile, Tragkörbe aus Rinderfellen, Holzgestelle und Werkhölzer.

Ein Bergwerksmeister in kaiserlichen Diensten mit dem Namen JOHANN GEORG RAMSAUER (1797—1876) baute sich im Oktober 1846 in der Nähe des Rudolfsturmes eine Jagdhütte. Er grub Kies aus zum Wegebau und stieß dabei auf einen menschlichen Schädel mit einem Ohrring aus Bronze. Er wunderte sich über den Fund, grub weiter und fand bald das ganze Skelett. Daneben lag ein anderes Skelett mit einem Armband aus Bronze. Neben den Toten stand ein Tongefäß.

Die Funde ließen dem Entdecker keine Ruhe. Er steckte sich ein Gebiet von 4 qm ab und trug die Erde sorgfältig ab. Auf diesem Raum fand er sieben Skelette, alle auf dem Rücken liegend, das Gesicht nach Osten gerichtet, die Arme ausgestreckt. Fast jeder Tote trug ein Armband aus Bronze, meistens mit Ornamenten versehen.

Ramsauer war ein sorgfältiger Beamter, er meldete den Fund seinen Vorgesetzten, und die verwiesen ihn an das Kaiserliche Münzen- und Antiquitäten-Kabinett in Wien. An diesem Kabinett war der Kustos Eduard Freiherr von Sacken (1825—1883). Sein Kabinett enthielt eine Fülle römischer Altertümer, aber fast nichts aus Österreich selbst. Und so stellte er Ramsauer einen Betrag aus dem Kabinett für weitere Grabungen zur Verfügung.

Im Mai 1847 konnte Ramsauer seine Arbeiten fortsetzen. Im Laufe des Sommers grub er auf 200 Quadratmetern 58 Gräber aus, er fand 262 Gegenstände als Beigaben aus Bronze, Bernstein, Eisen. Er führte genau Buch über jede Entdeckung und zeichnete jedes Grab, manche malte er in der Farbe der Funde. So liegt eine genaue Beschreibung und Zeichnung vor, die gerade bei der Niederschrift dieses Buches in einer großen Prachtveröffentlichung von dem Verlag Sansoni in Florenz nach hundert Jahren der wissenschaftlichen Welt vorgelegt worden ist.

Im Jahre 1848 erschien die erste Veröffentlichung von FLORIAN JOSEF GAISBERGER „Die Gräber bei Hallstatt", Linz 1848.

Im Jahre 1848 wurden wieder 44 Gräber freigelegt, 1849 waren es 30 Gräber. In den nächsten fünf Jahren waren es 31, 48, 27, 26, 22. Im Jahre 1855 fanden sich 81 Gräber, 1856 wurden 144 Gräber gehoben. Die Anteilnahme aller Forscher an den Grabungen war groß, auch Sacken besuchte vielfach die Fundstelle. 1863 wurden 10 Gräber gefunden, 1864 noch 13.

In 19 Jahren hat Ramsauer 993 Gräber freigelegt, gezeichnet, vermessen, beschrieben. Er hat dabei 6084 Gegenstände aufgedeckt.

Im Jahre 1868 erschien die zusammenfassende Veröffentlichung von SACKEN: Das Grabfeld von Hallstatt in Oberösterreich und dessen Altherthümer, Wien 1868. Spätere Nachgrabungen erhöhten die Anzahl der Gräber auf 1036. Im Jahre 1888 kamen die Funde in die Prähistorische Sammlung des Naturhistorischen Museums in Wien, einige Funde blieben in Hallstatt selbst, andere wurden in das Oberösterreichische Landesmuseum in Linz gebracht, einzelne Stücke kamen in Sammlungen in Europa und Amerika.

Eduard Freiherr von Sacken erklärt zu den wichtigen Funden das Folgende, S. VII; Einleitung:

„Das Grabfeld bei Hallstatt in Oberösterreich, das von 1847—1864 auf Kosten des k. k. Münz-u. Antikenkabinetes systematisch aufgegraben wurde, bildet weitaus den großartigsten Fund nicht nur in den österreichischen Ländern, sondern überhaupt einen der bedeutendsten, die im nördlichen Europa gemacht wurden und zwar in mehr als einer Beziehung. Schon in Bezug auf die Zahl der Gräber, welche 993 beträgt und den Reichthum ihres Inhaltes, der 6084 Gegenstände ergab, kann sich kein anderer mit ihm messen. Nirgends wurden so verschiedene Bestattungsweisen und von so merkwürdiger Art und in solchen Combinationen (wie die theilweise Verbrennung der Leichen, die gemeinschaftliche Verbrennung und Bestattung) zusammen beobachtet, nirgends in so großartigem Maßstabe die völlige Mischung von Bronze und Eisen bei eigenthümlicher Formgebung, die sich der Wesenheit nach in dem Style der Erzgeräthe bewegt. Sodann muß die außerordentliche Mannigfaltigkeit der Formen und Ornamente bemerkt werden, die hier so reichlich und in den interessantesten Variationen vertreten sind, daß sie eine wahre Fundgrube für die charakteristische Formgebung der späten Erzzeit oder des sogenannten ersten Eisenalters abgeben. Diese Periode repräsentirt unser Fund in so vollständiger und bezeichnender Weise, daß die Gegenstände gewissermaßen als Typen angesehen werden können, die vielfache Vergleichungspunkte für anderwärtige Vorkommnisse darbieten. Was aber den Hallstätter Alterthümern eine ganz besondere Bedeutung verleiht, das ist die Fülle culturhistorischer Beziehungen, über die sie Licht verbreiten; für die Lösung der entscheidentsten Fragen, namentlich das Verhältniss und die Stellung der einheimischen Fabrikation zu den Erzeugnissen fremder Culturvölker, den künstlerischen Zusammenhang und die Handelsbeziehungen mit diesen, gewähren sie wichtige Aufschlüsse, indem sie sowohl für die wenigstens theilweise Herstellung im Lande directe Beweise geben, als den Import italischer Producte außer Zweifel stellen. Selbst für die so dunkle Chronologie gewinnen wir mancherlei bedeutungsvolle Anhaltspunkte und auch bezüglich der Nationalität der Bestatteten herrscht ziemliche Klarheit, indem es fest steht, daß in der Zeit, welcher das Grabfeld zugewiesen werden muß, die Gegend von einem keltischen Stamme bewohnt war. So gestaltet sich dieser Fund zu einem bedeutsamen culturgeschichtlichen Bilde, in dem sich die Zustände sowohl unseres als benachbarter Länder zu einer Zeit darstellen, für welche die den Gräbern entnommenen Denkmäler fast die einzige Quelle sind".

Für die Datierung erklärt von Sacken auf S. 145:

„Ziehen wir alle diese Umstände, sowie die sehr entwickelte Eisentechnik in Betracht, so werden wir, da sich ebenso schwer eine Zeitgrenze als ein einzelnes Jahrhundert bestimmen läßt, die zweite Hälfte des ersten Jahrtausends vor Chr. als die Zeit der Benützung unseres Grabfeldes annehmen müssen und wir werden kaum irren, wenn wir sie bis gegen die Periode der Römerherrschaft ausdehnen".

Aber diese Datierung hat sich nicht bestätigt. Hallstatt gehört der Zeit von 800—450 v. Chr. an.

J. Szombathy (1853—1943) hat 1886 in einer Arbeit „Ausgrabungen am Salzberge bei Hallstatt" in den Mitteilungen der prähist. Kommission, Wien, über Hallstatt berichtet und Moritz Hoernes hat für 340 Gräber eine chronologische Bearbeitung gegeben. Seine Arbeit mit dem Titel: „Das Gräberfeld von Hallstatt, seine Zusammensetzung und Entwicklung" erschien nach seinem Tode im Jahre 1920. Jetzt erst, nach hundert Jahren, konnte die Gesamtveröffentlichung erscheinen, Karl Kromer, Das Gräberfeld von Hallstatt, Florenz 1959.

Von den 993 Gräbern, die in dem Werk von Sacken beschrieben sind, sind 525 Skelettgräber, 455 Gräber sind Brandgräber. An den Beigaben ist ein Unterschied nicht zu erkennen. Auch ein zeitlicher Unterschied ist durch die Bestattungsart nicht gegeben.

Hoernes unterscheidet eine ältere Stufe der Gräber, die er von 900—700 v. Chr. datiert und eine jüngere, die etwa von 700—400 v. Chr. gedauert haben mag.

Die älteren Männergräber haben kurze Bronzeschwerter und lange Hallstattschwerter, teils aus Bronze, teils aus Eisen. Die älteren Frauengräber enthalten kleine Gürtelhaken und kurze Haarnadeln.

Die jüngeren Männergräber bringen eiserne Kurzschwerter, Dolche und große Messer. Die jüngeren Frauengräber haben Brillenfibeln, Kahnfibeln, Scheibenfibeln, Schalenfibeln, Halbmondfibeln.

Nach der späteren Chronologie von Reinecke (1872—1958) bringt der Fundort Hallstatt selbst nur die Stufen C und D. A und B ist nach Reinecke noch späte Bronzezeit.

Als bezeichnende Formen der Stufe C, etwa 800 bis 500 nach heutiger Datierung, lebt das bronzene und eiserne Langschwert mit Vollgriff und glockenförmigem Knauf, das Tüllenbeil aus Bronze oder Eisen, das eiserne Ärmchenbeil, die Spiralkopfnadel, die Schlangenfibel, die Tierfibel. Aus den südlichen, den italischen Kulturen stammt der breite Bronzegürtel aus Blech, meist figural verziert, Bronzesitulen und Bronzeschalen.

Die jüngere Stufe, die Stufe Hallstatt D, hat den Hufeisendolch, dessen Knauf hufeisenartig gebogen ist, das eiserne Hiebmesser, die Kugelkopfnadel und die Paukenfibel.

Die Tongefäße von Hallstatt C haben die immer wiederkehrende S-Schweifung, in der Stufe D erscheint eine Vereinfachung in Form und Gestalt.

Es ist schon von Hoernes bemerkt worden, daß in Hallstatt italische Einflüsse vorliegen, sie sind erkennbar an den italischen Fibeln mit langem Nadelhalter, wie sie in Italien in der Arnoaldi-Zeit leben, benannt nach einer Familie in Bologna, weiter an eingeführten Situlen und Zisten, an importierten Tassen und Kannen. Es kehren unter den Ziermotiven Bilder von Enten und Schwänen immer wieder, sie sind von alter ungarischer Formgebung der Bronzezeit, italisch sind die getriebenen Rosetten und die Vierfußtiere.

Die Entdeckung des Gräberfeldes Hallstatt wird von so großer Bedeutung für die Forschung der Zeit, daß im Jahre 1874 BROR EMIL HILDEBRAND (1806—1884) auf dem Internationalen Kongreß für Anthropologie und Prähistorische Archäologie in Stockholm vorschlägt, die Epoche vom Ende der Bronzezeit bis zu der römischen Eroberung, die Eisenzeit zu nennen und sie zu teilen in zwei Perioden. Die erste sollte benannt werden nach Hallstatt, die Hallstatt-Zeit, und die zweite nach dem in der gleichen Zeit gefundenen bedeutenden Fundplatz La Tène, Schweiz, Latène-Zeit. Die Gliederung von Bror Hildebrand, dem alten Lehrer von Montelius, und dem Vater von Hans Hildebrand, hat sich durchgesetzt in der Literatur der ganzen Welt bis zum heutigen Tage.

Der Stil der Hallstattzeit, zuerst sichtbar geworden am Fundplatz Hallstatt selbst, bedeutet etwas Neues in der Kunst des alten Europa. Es findet sich eine Belebung der Form, eine Ausdruckskraft von starker Steigerung der Elemente, die man als barock bezeichnen kann. Es werden den Schmuckstücken Hängebleche, Tierköpfe, Ketten angefügt. Überall erscheinen Figuren von Pferden, von Menschen, vor allem der so häufig wiederkehrende Hallstattvogel, offenbar ein Einflußelement aus der skythischen Kunst. Auch die späte Bronzezeit Nord- und Mitteleuropas wirkt ein im Formenschatz der Schwert- und Dolchgriffe, aber am stärksten ist die Wirkung des italischen Südens zu erkennen.

Hallstatt ist ein Zentrum des Handels. Das Salz ist eines der wichtigsten Elemente der Wirtschaft, so wie Feuerstein, wie Bronze, Zinn, Bernstein — vielleicht für die damalige Zeit noch wichtiger, weil keine Speise herstellbar ist ohne Salz. In Wien erschien 1925 das Werk von ADOLF MAHR, Das vorgeschichtliche Hallstatt. Besondere Blickpunkte gibt FRIEDRICH MORTON, geb. 1890, in vier Werken über Hallstatt, 1953—1959. I, Hallstatt und die Hallstattzeit. II, Hallstatt, die letzten 150 Jahre. III, Salzkammergut. IV, 4500 Jahre im Bilde. Ferner: J. REITINGER, Oberösterreich in ur- u. frühgeschichtlicher Zeit, Linz 1969, S. 145—198.

Die neben Hallstatt andere bedeutende Entdeckung dieser Zeit ist die von La Tène.

La Tène ist ein Siedlungsplatz im äußersten Osten des Sees von Neuchâtel in der Schweiz, er liegt an der Stelle, wo der Thièle-Kanal, der den Bieler See und den See von Neuchâtel verbindet, in den See einmündet.

Die Fundstelle von La Tène wird im Sommer 1858 entdeckt durch einen Oberst FRIEDRICH SCHWAB (1803—1869).

In dieser Zeit bewegen die Pfahlbauten die geistige Welt. Ihre Entdeckung beginnt 1854. Hundert Jahre später, 1954, trafen sich die Vorgeschichtsforscher ganz Europas am Züricher See, sie feierten ein Jahrhundert Pfahlbauforschung.

Im Jahre 1853 ist der Winter kalt, es fällt wenig Schnee, und als der Frühling kommt, fließt wenig Wasser von den Bergen herunter. Das Jahr 1674 war schon das wasserärmste der Schweiz gewesen. Im Frühling 1854 aber ist der Wasserstand noch tiefer. Die Überreste römischer Bauten werden in den Flüssen sichtbar, man sieht sie in der Rhône, in der Aare. Den tiefen Stand des Wassers nutzen die Bauern. Sie führen Wälle auf aus Stein und Erde und füllen das neu gewonnene Land mit fruchtbarem Schlamm.

Bei Obermeilen am Züricher See tun sie das gleiche, wie überall, aber es gibt plötzlich Hindernisse. Sie finden Pfähle, zwei, drei, vier Meter lang, immer in der Entfernung von 25 Zentimetern. Als sie den Schlamm auffüllen, stoßen sie auf unbekannte Dinge, auf Beile aus Bronze, auf Armbänder aus Bronze, auf Schalen aus Holz, auf Feuersteinbeile. Die Bauern sammeln die seltenen Funde und bringen sie dem Lehrer des Dorfes, Johannes Aeppli. Aeppli ist ein bedachter Mann, er erkennt das Bedeutende der Funde, er geht selbst zu der Arbeitsstelle, er hebt mit eigener Hand Bronzegegenstände, Feuersteinbeile, und wendet sich an die Züricher Gesellschaft der Altertumsfreunde und berichtet über seine Funde.

Der Vorsitzende der Gesellschaft ist PROF. FERDINAND KELLER (1800—1881), er hat Studenten, die mit ihm zusammen das Gelände absuchen. Es finden sich nicht nur Werkzeuge und Geräte aus Stein und Bronze, sondern auch Matten, Gewebe, Körbe, Stoffe, Netze, alles erhalten durch die Wirkung des Wassers.

In diesem Jahre, 1854, beginnt Ferdinand Keller seine Pfahlbauberichte, er setzt sie fort bis 1879. Später werden sie weitergeführt von J. HEIERLI (1847—1912) und

D. Viollier. Und wieder gibt es den Bericht eines griechischen Schriftstellers, der über Pfahlbauten berichtet, es ist wieder Herodot. Er schreibt von Pfahlbauten in Makedonien im 5. Buch, Kapitel 16. Herodot sagt von den Makedoniern wörtlich: „Auf hohen Pfählen stehen mitten in dem See ineinandergefügte Hölzer, die vom Lande aus einen schmalen Zugang haben durch eine Brücke. Hier wohnen sie nun so, daß jeder über den Pfählen eine Hütte hat, in der er lebt. Die Hütten haben eine Falltür, die durch die Pfähle hinuntergeht in den See. Sie binden deshalb die kleinen Kinder mit einem Strick an den Füßen an, damit sie nicht hinunterfallen. Den Pferden und dem Zugvieh geben sie Fische zu fressen. Die Fische sind so zahlreich, daß, wenn jemand die Falltür öffnet und wenn er einen leeren Korb mit einem Seil herabläßt, dann braucht er nicht lange zu warten, um ihn voll mit Fischen heraufzuziehen."

So liegt der Bericht eines Augenzeugen vergangener Zeiten vor, er wird noch ergänzt durch Berichte von Hippokrates. In neuerer Zeit ist es bezweifelt worden, daß es Pfahlbauten gab, zu Unrecht, wie ich meine, denn neben den Berichten gibt es auch noch die prähistorischen Zeichnungen der Pfahlbauten (Herbert Kühn, Felsbilder Europas. 3. Aufl. 1971. Taf. 78. — Emanuele Süss, Le Incisioni Rupestri della Valcamonica. Milano 1960 Taf. 56—90. E. Anati, Val Camonica, 1960, Taf. 22—29.)

Nach den ersten Funden beginnt nun ein Suchen und Forschen, ein Sammeln und Finden, das nicht zu übertreffen ist. Schon 1858 werden 20 Fundstellen bekannt, heute sind es viele Hunderte.

Auch Schwab hat teilgenommen an dem Pfahlbau-Suchen. Im November 1857 entsendet Schwab einen seiner Assistenten, mit Namen Kopp nach der Ostseite des Sees von Neuchâtel, mit dem Auftrag, Pfahlbauten aufzusuchen. Vierzig Meter von der Einmündung des Flusses Thièle oder Zihl entfernt, findet Kopp einen Steinhügel, der anscheinend aufgebaut worden ist von Menschenhänden. Die Einheimischen nennen diese Feldflur La Tène, das Wort bedeutet Untiefe. Kopp fischt um den Hügel, der im Wasser steht, mit einem Greifer und hebt sofort Lanzen, Speerspitzen, Schwerter, die noch in den Scheiden stecken. Viele der Funde sind aus Eisen, und das erscheint seltsam, neu und unverständlich, denn sonst sind alle Pfahlbautenfunde aus Stein oder Bronze. Im nächsten Jahre hilft ein Professor Desor aus Neuchâtel dem Sucher Kopp. 1860 meint Desor, daß die Fundstelle erschöpft ist. Später wird der Wasserspiegel des Sees niedergelegt, und dann erst entdeckt Emile Vouga, der Vater von Paul Vouga die Wohnstätten, die am Rande des Sees von Neuchâtel gelegen haben. Die erste Veröffentlichung ist Emile Vouga, Les Helvètes à La Tène, Neuchâtel, 1885. Die methodische Ausgrabung beginnt erst 1907, sie dauert bis 1917. Das Ergebnis dieser Grabung ist das Buch von Paul Vouga, (1880—1939), La Tène, Leipzig 1923.

Was gefunden wird in den lange dauernden späteren Grabungen und Untersuchungen, ist ein befestigter militärischer Lagerplatz für Waffen, eine Art Zeughaus dieser Zeit. Die Schmucksachen von Frauen fehlen ganz. Es fehlen auch alle Anzeichen der Bewohnung, die Herdstellen, die Speiseabfälle, die Fischereigeräte, das Töpferwerkzeug. Es sind nur Waffen und militärische Gebrauchsgeräte, die sich finden, und sie gehören alle einer kurzen Zeitepoche an, dem Latène II. La Tène ist also nicht ein Pfahlbaudorf, sondern ein Militär-Magazin der Helvetier.

Die Anzahl der gefundenen Gegenstände beträgt 2497 Stück. Davon sind 846 Stücke Waffen, 434 Stücke sind Ringe für technische Zwecke, 90 Stücke sind Teile vom Pferdegeschirr. Die 432 Schmuckgegenstände gehören offenbar zur Kriegerausrüstung.

Häufig ist das Schwert, 166 Stück, es hat eine eiserne Klinge, ihr sind zwei Stahlblätter angeschmiedet, sie dienen als Schneiden. Sie tragen manchmal ornamentale Verzierungen im Stile der Latènezeit.

Es sind 269 Lanzen gefunden worden. Sie liegen in drei Arten vor: Lanzen für Fußsoldaten, Piken für Reiter und Wurfspieße.

Die Schilde sind aus einem elliptischen Brett gefertigt, die Bretter haben ein ovales Loch für den Handgriff. Diese Öffnung ist verdeckt durch einen eisernen Schildbuckel. Er ist walzenförmig gebogen und hat rechts und links zwei Flügel. Weiter finden sich Sicheln und Sensen, Bronzekessel, Wagenreste, Nägel, Schrauben, Messer, Scheren, Äxte. Es findet sich auch eine Ausrüstung eines Sattlers, 19 Werkzeuge liegen in einem Beutel aus Leder.

Die Münzen sind keltische Nachbildungen nach Münzen von Philipp II. von Makedonien (382—336 v. Chr.). Die Ausgräber erkennen sofort, daß die Münzen die Zeit nicht angeben, die Nachprägungen sind so spät, daß Jahrhunderte zwischen den Originalen und den Nachprüfungen liegen müssen. Aus dem vielfachen Vorkommen von Eisen, aus der gewandten Verarbeitung des Eisens schließen die Entdecker, daß es sich bei dem Fund um eine entwickelte Stufe der Eisenzeit handeln müsse. So ist es zu verstehen, daß Bror Emil Hildebrand 1874 die Gliederung der Eisenzeit in die zwei Stufen der gerade neu gefundenen Fundstellen vorschlägt: Hallstatt als ältere Eisenzeit, La Tène als jüngere Eisenzeit, er spricht für La Tène auch schon von der Gliederung in drei Untergruppen.

Die Datierung und Gliederung der Latène-Periode ist nun die nächste Aufgabe. Sie liegt nach 1874 so in der Luft, daß sie von mehreren Gelehrten aufgegriffen wird.

Im Jahre 1885 schlägt Otto Tischler, (1834—1891) der Direktor des Museums von Königsberg, Ostpreußen, vor (Correspondenzblatt f. Anthrop. 1885 S. 157), die Latène-Zeit zu teilen in drei Perioden: Früh-Latène 400—300, Mittel-Latène 300—100, Spät-Latène 100—0. Der Direktor des französischen Nationalmuseums in Saint-Germain bei Paris, S. Reinach empfiehlt 1900 die Bezeichnung Latène I, II, III (Congrès Internat. d'Anthrop. et d'Archéol. préhist. Paris 1900 S. 427). Paul Reinecke (1872—1957) schlägt 1902 die Gliederung in vier Perioden vor. Er teilte die Periode I in zwei Untergruppen. (Festschrift des Röm.-German. Centralmus. Mainz, 1902). Er beginnt die Latènezeit nicht mit 400, sondern mit 500 v.Chr. Joseph Déchelette (1862—1914) in seiner eingehenden Arbeit über die keltische Latèneepoche (Manuel d'Archéologie II, Paris 1914 S. 929) behält die Dreigliederung bei, beginnt aber die Periode I mit 500, er gliedert wie Tischler, so daß Latène I die Zeit von 500—300 umfaßt, Latène II 300—100, Latène III 100—0.

Die Gliederung in drei Perioden hat sich immer am besten bewährt. Sie ist das Naturgegebene, sie entspricht dem menschlichen Leben mit Jugend, Reife, Alter, sie entspricht dem Tageslauf mit Morgen, Mittag, Abend, sie entspricht dem Sonnenweg mit Aufgang, Höhepunkt, Untergang.

Der Stil der Kunst von La Tène ruht auf der Grundlage eines geometrisch geformten Blattornaments mit Anschwellungen und Abschwellungen, mit Einfügung von Palmetten und Ranken und mit dem Vorkommen von Tier- und Menschenkörpern.

Der Entdeckung von Hallstatt und Latène folgten in dieser Zeit, der zweiten Hälfte des 19. Jahrhunderts, bedeutende Funde der Eisenzeit.

Nordöstlich von Bologna im nördlichen Italien liegt, nur 8 km von der Stadt entfernt, ein Dorf mit Namen Villanova. Hier gräbt im Jahre 1854 GRAF GOZZADINI und entdeckt 193 Gräber mit Brandbestattung. Er hält sie für etruskisch, jedoch sie gehören der ersten Hälfte des letzten Jahrtausends an, der Zeit, die seit 1874 als Hallstattzeit bezeichnet wird. Die Bewohner Norditaliens in dieser Epoche sind nicht die Etrusker, sondern eingewanderte Illyrer zusammen mit der Urbevölkerung, jetzt meistens als Villanova-Bevölkerung bezeichnet nach dem namengebenden Fundort Villanova von 1854. Der bezeichnende Fund ist die Graburne. Sie ist einhenklig, schwarz oder rot, hochgezogen mit tiefsitzendem Bauch. Die Haupturne, die den Leichenbrand enthält, ist meistens umstellt von 8 bis 40 Beigefäßen. Die Verzierung ist eine Einritzung in Kreisen und Mäandern, manchmal kommen Tierfiguren vor, auch stilisierte Darstellungen von Menschen. Gozzadini findet 675 Bronzefibeln mit gestrecktem Bügel, weiter Armringe, Fingerringe, Schmucknadeln, halbmondförmige Rasiermesser aus Bronze, Messer, Beile, Lanzenspitzen. Schon im Jahre der Entdeckung legt der Ausgräber seine Funde vor in einem Werke mit dem Titel „Di un sepolcreto etrusco", Bologna 1854. Sein zusammenfassendes Werk ist: La nécropole de Villanova. Bologna 1870. Später hat der britische Forscher MAC IVER die Ergebnisse überschauend dargestellt in seinem Werke: Villanovans and Etruscans, Oxford 1924.

Auch hier war eine neue Welt gefunden, die Welt der Eisenzeit, zeitlich gleich mit Hallstatt, aber doch wieder andersartig, eine eigene Bevölkerung. Wohl erscheint immer wieder die Frage nach dem Volkstum, aber sie läßt sich noch nicht lösen, dagegen ist die Zeitfolge bestimmbar.

Zeitlich gliedert sich die Villanova-Kultur in die Benacci-Gruppe und in die von Arnoaldi. Diese beiden Namen sind nicht die Bezeichnungen von Orten, sondern von den Familien der Grundbesitzer, auf deren Grundstücken die Gräber liegen. Die Epoche von Benacci umfaßt etwa die Zeit von 900—750 und die von Arnoaldi die Zeit von 750—450.

Die Benaccistufe bringt eine typische Fibel im System der Sicherheitsnadel, es ist die Peschiera-Fibel in der langgestreckten Form. Sie bildet sich weiter aus zu der gewölbten Bogenfibel und zu einer einfachen Schleifenfibel. Bezeichnend sind die Bronzeschalen mit hochgezogenem Henkel, und vor allem die Tongefäße in Form eines Doppelkonus mit gut geglätteter Oberfläche. Die Verzierung besteht aus schraffierten Dreiecken, Mäandern, Zickzacklinien und Schleifen. In der späteren Epoche der Benacci-Kultur erscheint als ein neues Bronzegefäß die Situla. Sie wird sehr weit verhandelt und kommt in vielen Stücken nach Mittel- und Nordeuropa. Sie ist hier ein gutes Mittel zur zeitlichen Bestimmung.

In der Epoche Arnoaldi wird diese Bronzesitula noch mehr entwickelt, es gibt die gerippte Ziste, die noch häufiger nach Mitteleuropa gelangt als die ältere Situla. Als ein wesentliches Gefäß wird die Schnabelkanne ausgebildet, und sie macht ihren Weg in über hundert Stücken weit über die Alpen nach Norden hinaus. Auch sie ist besonders geeignet zur Datierung.

Man kann nach der Lagerung ein Arnoaldi I und ein Arnoaldi II unterscheiden. Arnoaldi II wird auch Certosa-Gruppe genannt nach dem alten Kartäuserkloster, dem Begräbnisplatz des etruskischen Felsina, wie der etruskische Name von Bologna heißt. Am Ende des 7. und im Anfang des 6. Jh. übersteigen die Etrusker den Appennin und erobern die Stadt. Sie legen ihr Gräberfeld bei der Certosa an, sie bestatten ihre Toten, während die Villanova-Leute verbrennen. Jedoch beginnt allmählich ein Verschmelzen der Bevölkerung, so daß die Stufe Arnoaldi II oder Certosa im wesentlichen etruskisch, jedoch mit vielen Elementen von Villanova durchsetzt erscheint. Die Stufe Certosa reicht bis in das 5. und in das 4. Jh. v. Chr. hinein.

Ein helles Licht auf die Bedeutung Oberitaliens im Laufe des ersten Jahrtausends fällt in dieser Zeit weiter auf Bologna, als 1877 ZANNONI auf dem Platze S. Francesco den größten prähistorischen Bronzeschatz Italiens heben kann, den Schatz von Bologna. Er umfaßt 15 000 Stücke von Bronze, zerbrochene Altwaren, unfertige Stücke, Gußformen, alles in riesigen Tongefäßen geborgen, über 1400 kg. Es ist das Material eines Bronzehändlers aus dem 8.—7. Jh. (Zannoni, La fonderia di Bologna, 1888), aus der Zeit von Arnoaldi I. Die Verbindung dieser späten Villanova-Kultur mit den eindringenden Etruskern stärkt den Handelseinfluß noch. Er dringt im 6. und 5. Jh. lebendig über die Alpen und bedeutet die Grundlage für die reichen Fürstengräber in Mitteleuropa. Auch sie werden in der zweiten Hälfte des 19. Jahrhunderts aufgedeckt.

Die verschiedenen Probleme der Eisenzeit in Italien, vor allem der Villanova-Kultur, werden aus Anlaß der hundertjährigen Wiederkehr der Entdeckung von Villanova im Jahre 1954 erneut einer Untersuchung unterzogen. Es sind 25 Gelehrte, die zu den Fragen Stellung nehmen. Der Herausgeber des Buches ist GIOVANNI DE VERGOTTINI, Bologna, es erscheint 1959 mit dem Titel: Civiltà del Ferro, Bologna, Editore Arnaldo Forni, 626 Seiten und vielen Abbildungen im Text.

Die Artikel sind nach Problemen geordnet. Der erste Teil ist den Gesamtproblemen gewidmet. Unter ihnen ist von Bedeutung der Artikel von Pia LAVIOSA ZAMBOTTI (1898—1966), Prof. a. d. Univ. Milano, über die Herkunft der Villanova-Kultur. Über die wirtschaftlichen Gegebenheiten der Zeit berichtet GUIDO A. MANSUELLI, geb. 1916, Prof. a. d. Univ. Bologna. Der 2. Teil bringt Berichte über neue Grabungen, wie in Altamura, Bari, in Bolsena und Golasecca. Die Fragen der Kunstgestaltung behandelt der 3. Teil. OLE KLINDT JENSEN spricht über die Goldstatuette eines keltischen Kriegers; RICHARD PITTIONI, geb. 1906, Prof. a. d. Univ. Wien, über die Situla von Kleinklein, Steiermark, Österreich. Die nächsten Teile behandeln sprachliche, naturwissenschaftliche, chronologische und typologische Fragen. Von ihnen sei der Aufsatz von HERMANN MÜLLER-KARPE, geb. 1925, genannt über die absolute Chronologie der ersten Eisenzeit in Italien und im Alpengebiet, und der von

JOHANNES SUNDWALL (1877—1966), Prof. a. d. Univ. Abo, Turku, Finnland über die Fibeln der Villanova-Nekropole von S. Vitale-Savena in Bologna.

Das Buch bedeutet die gegenwärtig beste zusammenfassende Darstellung über die Fragen der Villanova-Kultur.

Ein anderer wichtiger Fundort Italiens aus dieser Zeit ist Este in Venetien. Este war in alter Zeit die Hauptstadt Venetiens, in römischer Zeit wurde es Padua und im Mittelalter Venedig. Este ist ganz eingeschlossen von alten Grabanlagen, von alten Heiligtümern, von alten Straßen und Plätzen. Heute befindet sich in Este mit Recht das bedeutende Museum für Kultur und Kunst des alten Venetiens.

Immer sind um Este bei der landwirtschaftlichen Arbeit Tongefäße, Bronzebeile, Eisenstücke gefunden worden, seit 1876 wurden die Funde besonders beachtet. Seit 1882 berichtete ein Einwohner von Este mit Namen Prosdocimi über die seltsamen Gegenstände in den wissenschaftlichen Zeitschriften, besonders in der Accademia dei Lincei und in den Notizen degli Scavi. Die genaue wissenschaftlich beobachtete Grabung beginnt 1890. Bei den Gräbern von Este ist von etwa 1000 v. Chr. die Leichenverbrennung üblich. Diese Sitte kommt her von der Einwanderung der Illyrer, auch Veneter genannt, offenbar verwandt dem Worte der Wenden in Ostdeutschland. Die Veneter sind die Träger der Urnenfelderbewegung. Die Bestattungssitten sind so gleichbleibend, daß an dem ungestörten Fortbestand der Bevölkerung in Venetien ein Zweifel gar nicht möglich ist. Nur wenig Körperbestattungen ließen sich feststellen, nach der Art der Lagerung sind es die Gräber der dienenden, der unterworfenen Bevölkerung, die von den Urnenfelderleuten sich abheben durch die Art der Bestattung.

Es lassen sich drei Schichten erkennen, Este I, II, III. Zwischen 1000 und 800 liegt noch die späte Urnenfelder-Kultur, Este I umfaßt die Zeit von etwa 800—700, Este II die von 700—500 und Este III die Zeit von 500—400 v. Chr. Rechnet man noch ein Este IV dazu, dann umfaßt diese Gruppe die Zeit von 400—183 v. Chr., bis zu dem Jahre, in dem Rom Venetien erobert. Die Funde dieser letzten Zeit enthalten viele Latène-Elemente.

Die Ergebnisse der Pfahlbauforschung bewegen die Welt so sehr, daß nun auch pfahlbauartige Siedlungen der Bronzezeit in Italien gefunden werden. Im Jahre 1862 entdecken PIGORINI (1884—1925), Chierici und Strobel bei Feldarbeiten auf Gütern der Po-Ebene Siedlungen, Dörfer, die rechteckig oder trapezförmig angelegt sind. Sie sind geschützt von einem mächtigen Erdwall, vor ihm liegt ein Graben. Ein Tor an der Schmalseite führt in die Siedlung und zugleich in die breite, mittlere Straße. Diese Sraße teilt die Dorfanlage in zwei gleiche Teile. Die Anlage entspricht in ihrer Grundform dem römischen Castrum.

Die ersten Grabungen finden statt im Jahre 1862 und dauern bis 1877. Der Fundort ist Castione dei Marchesi, 6 km nordwestlich von Borgo San Domino in Parma. Es finden sich ähnliche Holzanlagen wie bei den Pfahlbauten, jedoch die Pfähle standen nicht im Wasser, sondern auf trockenem Boden. In der untersten

Schicht werden Perlen aus Bernstein gefunden, sicherlich Import durch Handel (Pigorini, Bullettino del Paletn. Ital. 3, 1877, S. 199).

Den genauen Grundriß eines Dorfes kann Pigorini aber erst in Castellazzo di Fontanella aufdecken, 20 km nordwestlich von Parma, in den Jahren 1888—96. Mit Pigorini arbeitet Scotti. Zwanzig Hektar können ausgegraben werden, und das ganze Dorf wird freigelegt. Die gesamte Fläche des Dorfes ruht auf Pfählen, die Häuser, die Straßen, der Platz. Die Begräbnisstellen fanden sich, sie haben Brandbestattung. In den Hütten lagern Tongefäße, Webegewichte aus Ton, bronzene Lappenäxte, Haarnadeln, Schmuckgehänge. Das ganze Dorf gehört ebenso wie auch die vielen anderen, die seit dieser Zeit gefunden wurden, der reinen Bronzezeit an (Pigorini, Mon. Lincei I, 1889 S. 121—154). In dieser Zeit der Ausgrabung wurde der Zusammenhang mit den Pfahlbauten der Bronzezeit nördlich der Alpen vielfach geäußert — er ist unbezweifelbar. Es sind Leute der Urnenfelderkultur Süddeutschlands, die die Grundlage dieser Bevölkerung bilden.

Auf dem Archäologen-Kongreß von Bologna im Jahre 1871 wird vorgeschlagen, diese bronzezeitlichen Siedlungen der alten Italiker als Terramaren oder Terremaren zu bezeichnen. Das Wort ist gebildet aus der italienischen Bezeichnung terra marna, ein Ausdruck, der in Nord-Italien heute verwendet wird, um die fette Erde zu bezeichnen (S. Helbig, Die Italiker in der Poebene, 1879.— v. Duhn, Italische Gräberkunde I, 1923). Die Terramaren bedecken die Lombardei und die Emilia. Gezüchtet wurden Rinder, Schweine, Ziegen, Schafe, Pferde, Hunde. Gejagt wurden Hirsch, Reh, Wildschwein, Bär. Angebaut wurden Weizen, Bohne, Flachs, Rebe, Apfel, Kirsche. Gesammelt wurden Brombeeren, Haselnüsse, Schlehen. Das Korn wurde auf dem Mahlstein zu Mehl zerrieben. Der Bronzeguß wurde in den Orten selbst hergestellt, es fanden sich Gußformen.

Ein wichtiger Fundplatz der Terramare-Kultur ist Rovere di Caorso, 14 km östlich von Padua, ausgegraben von 1891—97 von Scotti. Auch hier die gleiche Anlage, das viereckige Dorf, durchzogen von der Mittelstraße, römisch Decumanus genannt, mit der Umwallung und der Brücke. Offenbar haben die Priester die Städte umschritten, festgelegt nach astronomischen Punkten. Der Eingang, die Brücke, wird von besonderer Bedeutung, und so ist es sicher nicht zufällig, daß später in Rom der Hohepriester, und später, seit 440 der Papst, noch immer die Bezeichnung pontifex trägt, der Brückenbauer.

So bereichert die Forschung der zweiten Hälfte des 19. Jahrhunderts die Kenntnis des vorrömischen Italiens sehr. Es wird deutlich, daß Ströme der nordalpinen Pfahlbaukultur, ursprünglich der Michelsberger Kultur, eindringen in Norditalien, und es ist weiterhin deutlich, daß die Hallstattzeit die Urnenfelderbewegung nach Italien erlebt und dann eine besondere Entfaltung Norditaliens in der Villanova-Kultur, vor allem in ihrer späteren Zeit, der Epoche von La Tène.

Dieses halbe Jahrhundert, 1850—1900, bedeutet auch das langsame Erwachen der Welt der Etrusker. Von Goethe noch nicht als bedeutungsvoll betrachtet, werden die Interessen nach 1850 belebter. Eine Fülle von Gräbern wird geöffnet, immer neue Malereien an den Wänden der Grabkammern werden aufgefunden, immer mehr

Gegenstände an Gold und Silber treten zutage. Der Grabraub blüht, die Entdeckerfreude tritt hinzu, aber die Wissenschaft bleibt stumm. Diese Entdeckungen strahlen noch keine Wirkung aus.

Um 1000 v. Chr. sind die Etrusker aus Kleinasien ausgewandert. (Fritz Schachermeyr, Etruskische Frühgeschichte. Berlin 1929). In vielen, immer neuen Zügen kommen sie zu Schiff an der Westküste von Italien an. Städte werden begründet, den Toten werden große Grabkammern errichtet, es sind Häuser, in denen sie weiterleben nach dem Tode. Bis zum 7. Jahrhundert herrscht das vorderasiatische Element in Fibeln, Bronzegefäßen, Schalen, Armringen, Anhängern. Es leben überall die Motive orientalischer Art.

In dieser Zeit herrscht die Bucchero-Keramik der Etrusker. Sie hat ihren Namen von dem ägyptischen Pharao Bokorinef (Bocchoris), er regierte von 718—712. In einem Grabe in Corneto-Tarquinia fand sich ein ägyptisches Gefäß mit der Kartusche dieses Pharaos zusammen mit vielen Tongefäßen einer eigentümlichen schwarzen Keramik mit Reliefverzierung. Das ägyptische Gefäß ergab die Datierung und zugleich die Bezeichnung dieser Keramikart.

Seit dem 7. Jahrhundert gewinnen die Gestalten, die Skulpturen, an Leben und Wahrheit. Der Weg geht, wie überall in diesem Jahrtausend, weg von der anonymen Form zur individuellen Gestaltung, vom Geometrischen zum Lebensvollen. Man kann die einzelnen Motive verfolgen, wie sie immer mehr an Wirklichkeit gewinnen, etwa bei der Skulptur der opfernden Frau, die mit der Linken das Gewand rafft (Herbert Kühn, Die Kunst Alteuropas, Stuttgart 2. Aufl. 1958 Taf.95) oder bei dem Motiv des Kriegers (ebda. Taf. 96 u. 97).

Es erscheinen zwischen 600 und 575 Steinfiguren, die gewisse Parallelen in der Metopenfigur von Mykenä haben, 1897 gefunden bei dem Athenatempel, von Curtius datiert auf 590 bis 580 (Fr. Gerke, Griechische Plastik, 1938 Taf, 1). Um 500 sind die Skulpturen und die Reliefs noch wirklichkeitsnaher geworden (Herbert Kühn, ebda. Taf. 102). Um 300 ist die völlig lebendige Form erreicht (ebda. Taf. 103).

Die Malereien an den Wänden der Gräber gehen den gleichen stilistischen Weg. Die Bilder sind aufgetragen auf eine dünne weiße Schicht von Kalk. Die Farbe ist aufgelegt worden auf den noch nassen Kalk, eine Freskotechnik. In dem ältesten bisher bekannten Grab, der Tomba Campana bei Veji, einem Grab, das der ersten Hälfte des 6. Jahrhunderts angehört, sind die Farben noch wenig zahlreich, es gibt nur braun, schwarz, dunkelrot und gelb. Im 5. und 4. Jahrhundert treten dazu: blau, grau, weiß, hellrot, grün. Die Farbstoffe sind Zinnober, Rötel, Pozzuoli-Erde, Eisensilikat, Kreidekalk, Graphit und Kobalt (Hermann Leisinger, Malerei der Etrusker Stuttgart, o. J. (1960) S. 25).

In der Malerei ist die gleiche Bewegung zu immer lebhafteren Formen zu erkennen, wie in der Skulptur.

Um 550 erscheinen auf den Bildern Menschen in der Landschaft. Männer halten Pferde an einem Baum, wie in der Tomba dei Tori, Tarquinia. Um 500 bewegen sich singende, tanzende, flötenspielende Menschen unter Bäumen, wie in der Tomba dei Leopardi, Tarquinia. Um 450, in der Tomba del Triclinio, Tarquinia, tanzt ein Jüngling, die Flöte blasend vor einem Baum, die Vögel fliegen um ihn herum (Herbert Kühn, ebda. Taf. 109).

Die lebensvollste Gestaltung, fast im Sinne des modernen Impressionismus, bringt die Tomba François in Vulci, die Bilder sind geschaffen worden in der Zeit von 350—300 (ebda. Taf. 110, 112, 113).

Es gibt Sarkophage aus der Epoche von 300—200 v. Chr., die ganz den Toten im Leben wiedergeben, liegend auf Kissen mit der Trinkschale, mit dem Gewand, mit dem Schmuck und mit den persönlichen Eigentümlichkeiten des Gesichtes.

Die Aufdeckung wichtiger Gräber zwischen 1850—1900 ist diese: 1854 wird die Tomba del Pulcinello gefunden, gearbeitet um 500 v. Chr. 1857 wird die Tomba François in Vulci entdeckt, 1867 bringt die Aufdeckung der Tomba dei Vasi dipinti von 500 v. Chr. Im nächsten Jahre, 1868, wird die Tomba dell' Orco aufgefunden, gearbeitet um 280 v. Chr., und 1870 wird die Tomba degli Scudi geöffnet, gearbeitet um 300 v. Chr.

Besonders ergebnisreich ist das Jahr 1873, mit der Entdeckung von vier bedeutenden Grabstellen. Das erste Grab ist, der Zeit nach, die Tomba della Caccia e Pesca von 520 v. Chr. Das zweite Grab ist die Tomba delle Leonesse, ebenfalls von 520. Das dritte Grab ist die Tomba del Letto funebre von 480. Das vierte Grab ist die Tomba della Pulcella von 450.

Das Jahr 1878 bringt die Tomba degli Auguri von 520 und 1892 die Tomba dei Tori von 550.

Trotz aller dieser großartigen Entdeckungen hat es bis 1900, wie schon oben bemerkt, kein Werk über etruskische Kunst gegeben. Die Bücher von Jules Martha und George Dennis, oben erwähnt, sind ohne Verständnis.

Wenn für die Zeit von 1800—1850 die etruskische Kunst kaum eine Wirkung besaß, dann ebenso nicht für die Epoche von 1850—1900. Diese Zeit war noch nicht reif für eine Kunstart, die nicht als klassisch erscheint. Die großartige Welt der Etrusker, ihre eigenwillige Kunstgestaltung tritt bis zum Ende des 19. Jahrhundert nicht ein in die Weltvorstellung des gebildeten Europäers. Die öffentlichen Stellen, auch in Rom, zeigen wenig Verständnis, wenig Interesse. In den wissenschaftlichen Zeitschriften dieser Zeit wird die Welt der Etrusker kaum beachtet. Die Entdeckungen der bemalten Gräber werden durchgeführt von interessierten Laien, von den Adligen der Gegend und von Kunsthändlern. Es fehlt der Mann, der sich wissenschaftlich dieser Funde annimmt.

Die wenigen Bücher, die über die Etrusker in der Zeit von 1850 bis 1900 berichten sind diese:

Heinrich Brunn, Gustav Körte, I rilievi delle urne etrusche I, 1870; II, 1896; III 1916..

George Dennis, The cities and cemeteries of Etruria, 3. Aufl. London 1883.

Eduard Gerhard, Etruskische Spiegel, I—IV, 1839—1867; Bd. V von Klügmann und Körte 1897.

Jules Martha, L'art étrusque, Paris 1889.

C. O. Müller-Deecke, Die Etrusker, Stuttgart 1877.

Noël des Vergers, L'Eturie et les Etrusques, Paris 1862—1864.

Es sind vor allem die Bauern, die die Grabungen durchführen. Wenn die Jahre schlechte Ernte erbringen, dann untersuchen sie ihre Felder auf unterirdische Erträgnisse. Lange Eisenstangen, eingetrieben in die Erde, künden an, ob sich Hohlräume unter dem Boden befinden. Der größte Teil der etruskischen Funde in den europäischen und amerikanischen Museen und Privatsammlungen stammt aus den Ausgrabungen der Bauern und Laien.

Noch 1958 hat sich ein bekannter Professor für diese Art der Fundgewinnung ausgesprochen (Zitat bei C. W. Ceram, Götter, Gräber und Gelehrte in Dokumenten. Berlin 1965, S. 25). Der Gelehrte erklärte: „Nur durch das Tun der schwarzen Spatenkommandos ist es Tausenden von Gelehrten und Sammlern gelungen, kostbare Fundgegenstände, die Einblick in das Leben einer vergangenen Zeit und eines untergegangenen Volkes gewähren, in ihren Häusern zusammenzutragen. Jeder weiß, daß derlei Zeugnisse antiker Kulturen sonst bis auf den heutigen Tag unbekannt, da sie noch unter der Erde wären oder zumindest weiteren Kreisen vorenthalten blieben, weil sie in italienischen Museen lagerten, wo sowieso schon zuviel Material gehütet wird, wenn es nicht sogar verurteilt ist, verlorenzugehen oder auf andere Art zu verschwinden".

Über eine solche private Grabung berichtet sehr lebendig der Kunsthändler AUGUSTO JANDOLO in seinem Buche: Bekenntnisse eines Kunsthändlers, Wien 1954, S. 51—61. Es heißt dort, in Auszügen gegeben: „Ich war zwölf Jahre alt, als mich mein Vater (der auch Kunsthändler war) nach Tarquinia zu dem Grafen Mancinelli Scotti mitnahm. Der Graf war mehr als ein begeisterter Sucher nach Ausgrabungsgegenständen — er war auch ein Mann, der aus professionellen Gründen Ausgrabungen machte. Er stammte aus der römischen Provinz und war seit seiner frühesten Jugend — mit viel Glück — auf der Suche nach etruskischen und römischen Begräbnisstätten. Damals waren die Gesetze, welche die Ausgrabungen regelten, noch lange nicht so strenge wie heutzutage. Jedermann konnte ohne vorher eingeholte Erlaubnis graben, wo es ihm gefiel, nur mußten die Funde angemeldet werden — was aber niemals geschah."

„Ganz Italien ist eine Nekropolis, die kostbaren Sammlungen in den Museen sind ein Nichts im Vergleich zu den unschätzbaren Kostbarkeiten, die noch unter der Erde in der Umgebung von Rom und im Tiberbett ruhen."

„Ein noch unberührtes Grabmal aufzufinden, ist für den Forscher und Antiquitätenhändler ein hochwichtiges Ereignis. Mein Vater, der mit Mancinelli befreundet war, hatte demselben mehrmals den Wunsch ausgedrückt, bei der Öffnung eines unangetasteten Grabes dabei zu sein. Als mein Vater nun von dem Forscher eine Nachricht erhielt, er solle sich in den ersten Nachmittagsstunden am Bahnhof von Corneto (jetzt Tarquinia) einfinden, um einer Ausgrabung beizuwohnen, wollte mein Vater, der einen an Anregungen reichen Nachmittag voraussah, meinen Wunsch, mit dabei zu sein, befriedigen und nahm mich mit. Ungefähr um 15 Uhr setzte uns ein kleiner Bummelzug an einem winzigen Bahnhof ab, wo uns der Graf mit einem ziemlich schadhaften Strohwägelchen erwartete. Dieser Graf war ein gemütlicher, leutseliger Mensch, der richtige Provinz-Aristokrat und Landedelmann. Als ich ihn kennenlernte, war er schon ein älterer Herr, hochgewachsen, hager, immer schwarz — etwas unordentlich — gekleidet und trug stets einen großen Filzhut. Er war durch und durch Archäologe und wollte und konnte einfach von nichts anderem reden als von Ausgrabungen und Grabgeräten."

„Sór Anto," sagte er feierlich zu meinem Vater, „so habt Ihr auch den Jungen mitgebracht?"

„Es ist doch schon an der Zeit, daß er auch was lernt. Habt Ihr ein gutes Grab gefunden?"

„Ich hoffe! Den Sarkophag habe ich schon freilegen lassen, wie Ihr sehen werdet. Wir warten auf Euch, um ihn zu öffnen. Hoffen wir das Beste."

„Werdet Ihr keine Unannehmlichkeiten haben?"

„Warum? Ich habe doch den Grund gekauft und bin daher beruhigt. Übrigens habe ich mir doch auch die Erlaubnis vom Ministerium verschafft." — Damals erreichte man solche Dinge mit großer Leichtigkeit.

„Es war am Abend, als wir steif vor Kälte, zu einer Böschung kamen, neben der unten die Bahngleise blinkten.... wo sechs Männer saßen und uns rauchend und plaudernd erwarteten. Kaum sahen sie uns, standen sie auf und stellten sich um eine große Urne, einen schweren Sarkophag aus Nenfrostein. Seine Form war die übliche, doch sein Deckel war in Dachform und hatte einen Dreiecksgiebel. Der Sarkophag war einige Meter lang. „Alles bereit?" fragte der Graf. — „Nehmt die Stangen. ... Man muß die Bleiverschlüsse durchsägen."

„Die vier Bleisiegel, die dazu dienten, den Deckel sicher an dem Sarkophag festzuhalten, wurden ohne viel Mühe, aber mit großem Zeitaufwand entfernt, denn das Blei, welches man heiß in die dazu bestimmten Vertiefungen hatte fließen lassen, war im Laufe der Jahrhunderte so eins mit dem Steine geworden, daß es nicht sofort losgerissen werden konnte. Eine volle halbe Stunde mußte man arbeiten; und als die Hebestangen endlich angesetzt werden konnten, war die Sonne lange untergegangen und an der Lehne der Böschung herrschte tiefer Schatten."

„Die Stimme des Grafen gab bei der Arbeit die Kommandos; die langen, schweren eisernen Hebestangen bohrten sich ihren Weg in der Spalte; nun galt es, nur mehr mit einem stärkeren Ruck den Deckel auf der einen Seite senkrecht hochzuheben, um ihn auf der anderen Seite in ein von der ausgegrabenen Erde bereitetes weiches Bett zu stürzen. Aber sechs Männer genügten doch nicht für diese letzte entscheidende Anstrengung; zwei weitere mußten noch hergeholt werden, mittlerweile wurden die Windfackeln hergerichtet und entzündet, sie sprühten Funken und warfen seltsame Schatten."

„Es war kein leichtes Unternehmen, den Deckel zu bewegen, endlich aber hob er sich, stand senkrecht und fiel dann schwer an der anderen Seite nieder. Und da geschah, was ich nie mehr vergaß und bis zum Tode vor Augen haben werde. Ich sah, im Innern des Sarkophags ruhend, den Leib eines jungen Kriegers in voller Kriegsausrüstung, Helm, Speer, Schild und Beinschienen. Wohlgemerkt: ich sah nicht ein Skelett, ich sah seinen Körper, formvollendet in allen seinen Gliedern; steif ausgestreckt, als hätte man ihn soeben in sein Grab gelegt."

„Es war die Erscheinung eines Augenblicks. Dann schien alles sich im Scheine der Fackeln aufzulösen. Der Helm rollte nach rechts, der runde Schild verflachte auf dem eingesunkenen Brustück der Rüstung, die Beinschienen nahmen flach ihren Platz am Grunde ein, die eine rechts, die andere links."

„Bei Berührung mit der Luft war der seit Jahrhunderten unangetastete Leib plötzlich zu Staub zerfallen.... In der Luft aber und um die Fackeln schien ein goldener Staub zu schweben."

„Im nahen Wohnhause des Grafen Mancinelli schloß dann mein Vater das Geschäft ab: Helm, Gürtel, Schwert und Beinschienen wurden in ein großes, rötlich kariertes Tuch gebunden. Nachher aßen wir fröhlich zu Nacht und Vater trank sogar etwas über den Durst... Spät in der Nacht erst machten wir uns mit dem schweren Paket von Bronzen auf den Rückweg...."

In dieser Zeit strahlt Italien stark aus nach dem Norden und dem Nordosten. Der natürliche Weg führt östlich an den Alpen vorbei nach dem heutigen Österreich, der Tschechoslowakei, Jugoslawien, Rumänien.

Es ist weniger die etruskische Welt, die nach dem Norden wirkt, sie ist in dieser Zeit in Verteidigung gegen die Welt von Rom — es ist vor allem die Villanova-Kultur im Gebiet des Po. Jedoch ist die Abtrennung der beiden Gruppen in ihren Kulturelementen fast unmöglich, die beiden Welten Italiens im 8.—3. Jh. durchdringen sich. Einflüsse stoßen vor in die Hallstattkultur, Einflüsse werden aufgenommen von den Skythen, den vorderasiatischen Völkern, von Griechenland. Die viel genannte Situla aus der Certosa von Bologna aus der Mitte des 5. Jh. ist offenbar etruskisch (Jože Kastelic, Situlenkunst, Wien 1964, Taf. 12—25). Die Situlen, mit Figuren getriebene Bronzeeimer, erfassen das ganze Ostalpengebiet bis weit nach Jugoslawien (ebda. Karte S. XXXIV).

Diese späteisenzeitlichen Kulturen Italiens wirken auch nach Norden. Ganz Österreich und Jugoslawien wird durchsetzt mit dem Import aus Italien.

Zwei besonders wichtige Funde, die in dieser Zeit gehoben werden, und die große Fragen und Probleme aufwerfen, sind der Wagen von Strettweg und die Situla von Watsch, Vače.

Der Wagen von Strettweg wird 1851 in der Nähe des Ortes Judenburg in der Steiermark in Österreich gefunden, er wird heute aufbewahrt im Landesmuseum von Graz.

Es ist ein Wagen aus Bronze auf vier Rädern mit einer großen weiblichen Gestalt in der Mitte. Sie trägt auf dem Kopf eine flache Schale und stützt sie mit den Händen. Auf dem Wagen stehen vier Reiter, sie tragen einen Helm, Schild und Speer. Vor ihnen stehen auf jeder Seite zwei menschliche Gestalten mit erhobenen Äxten und zwischen ihnen ein Hirsch. Am Wagen ist an beiden Seiten der Kopf eines Pferdes angebracht. WALTER SCHMID (1875—1951) hat dem wichtigen Fund eine eingehende Bearbeitung gewidmet (Walter Schmid, Der Kultwagen von Strettweg, Leipzig 1934). Der Verfasser stellt durch Vergleiche fest, daß der Wagen im 7. Jh. in Norditalien gearbeitet worden ist. Das Grab selbst gehört dem 5. Jh. an. Die Datierung ergibt sich durch die Beifunde, ein Tüllenbeil aus Bronze, eine Lanzenspitze aus Eisen. Der Wagen ist 35 cm lang, 18 cm breit, die Hauptfigur ist 22,6 cm hoch. Der erste Bericht ist: M. ROBISCH, Mitt. d. Histor. Vereines für Steiermark, 1852, Heft 3. Der neueste Bericht: W. Modrija, Der Kultwagen von Strettweg, IPEK, Bd. 24, 1974—76. —

Das andere bedeutungsvolle Fundstück aus Italien nördlich der Alpen ist die Situla von Watsch, Vače. Der Eimer wurde in Watsch bei Littai, Krain, Österreich auf einem Gräberfeld von 200 Brandgräbern und 10 Skelettgräbern um 1880 ausgegraben. Er gehört dem 6. Jh. an. In drei Zonen umläuft den Eimer zu unterst ein Tierfries mit gehörnten Tieren und Vögeln. Die mittlere Zone zeigt ein Faustkämpferpaar und Männer, bedient von Frauen, beim Festessen. Die obere Zone bringt Reiter, Wagen, offenbar einen kultischen Festzug. Der Eimer ist norditalische Arbeit, er ist Import und deutet auf die engen Beziehungen von Österreich zu Norditalien.

Ein Gürtelblech aus Watsch aus einem anderen Grab stellt auf Pferden kämpfende Krieger dar. Sie sind begleitet von Männern mit Schild und Lanze. (Orsi, Mitt. d. Anthr. Ges. Wien, 14, 1884, Sitzungsber. S. 43f.)

Zu diesen drei Funden sind gegen Ende dieses Jahrhunderts mehrere Entsprechungen gehoben worden wie die Situla von Kuffarn, Niederösterreich, gehoben 1890 von L. Karner (Mitt. d. Anthr. Ges. Wien, Verh. 1891, S. 68—71) oder die Gürtelbleche von St. Marein (Mitt. d. Anthr. Ges. Wien, 24, Taf. III Fig. 1) im Museum von Ljubljana, Jugoslawien. (Jože Kastelic, Situlenkunst, Wien 1964). O.-H. Frey, Die Entstehung der Situlenkunst, 1969. — Ders. IPEK, Bd. 23, 1970—73, S. 41 — 45. —

So treten in der zweiten Hälfte des 19. Jh. zwei Kulturkreise von großer Bedeutung in Mitteleuropa aus der Erde, der von Hallstatt und der von La Tène, und beide Gruppen gewinnen sogleich durch viele ähnliche, räumlich anschließende Funde ihre besondere Bedeutung. Für Italien wird es deutlich, daß eine norditalische illyrische, venetische Bevölkerung in der Zeit des ersten Jahrtausends die Führung hat. Für die Mitte Italiens wird die etruskische Bevölkerung sichtbar und für den Süden die griechische.

In Spanien werden zum ersten Male die Iberer erkennbar, die Urbevölkerung Spaniens. Die Iberer werden 133 v. Chr. von Cornelius Scipio Aemilianus vernichtend geschlagen. Ihr Name ist wie der der Skythen, wie der der Kelten, bekannt aus der Literatur der Antike. Der Periplus des Avienus (Ora marit. 566), geschrieben etwa 530 v. Chr. und Hekataios um etwa 500 v. Chr., nennen ihren Namen oder den ihrer Stämme und auch Herodot spricht um 450 von Iberern, die er Kynesier nennt (II, 33 und IV, 49). Um 230 bezeichnet Eratosthenes die ganze Halbinsel als Iberien. Oft wird das Wort Keltiberer verwendet, so von Plinius (3,1), von Strabo (3,158, 162), von Diodor (5,33). (A. Schulten-Bosch-Gimpera, Fontes Hispaniae Antiquae, Barcelona-Berlin 1922). Als EMILE CARTAILHAC sein großes Werk über die Vorgeschichte Spaniens schreibt, es ist im Jahre 1886, (Les âges préhistoriques de l'Espagne et du Portugal), ist es ihm noch nicht möglich, das Iberische als Fundmaterial abzulösen von der großen Menge der Funde.

Und doch sind schon bis zum Ende des Jahrhunderts wichtige Gegenstände der Iberer aus der Erde getreten.

Der bis 1900 bedeutendste Fundplatz ist Cerro de los Santos bei Montealegre (Albacete). Schon 1830 waren hier Steinbildwerke gefunden worden. Niemand hatte sie beachtet. Im Jahre 1860 tauchten neue Statuen auf, man hielt sie für westgotisch. Die Brüder des Klosters Yecla bemerkten 1870, daß wieder Statuen nach starkem

Regen aus der Erde heraustraten. Die Bildwerke wurden für Figuren von Heiligen gehalten, und daher kommt auch der Name des Berges. Ein Grundbesitzer der Gegend, Graf Vincente Juan y Omat nahm sich der Fundstelle an, und zusammen mit den Brüdern fand er über 200 Statuen. Aber niemand wußte, welcher Kultur sie angehören, man hielt sie für griechisch, für römisch, für gotisch, für karthagisch. Léon Heuzey, der im Jahre 1890 über die Statuen gearbeitet hat, erklärt sie für griechisch-phönizisch. (Comptes Rendus de l'Acad. des Inscr. et Belles-Lettres, Paris 1890, S. 125).

Die Statuen sind gearbeitet aus Stein, sie sind oft über 1 m hoch und stellen opfernde Priesterinnen dar oder die Große Mutter selbst, die Magna Mater. Das Gewand ist streng gefaltet, die Anordnung stilisiert, jedoch von großer innerer Schönheit und Kraft. Die Zeitstellung ergibt sich aus den Fibeln, den Tongefäßen und aus der mitgefundenen griechischen Keramik: es ist das 5. bis 3. Jh. vor Christus. Im Jahre 1915 bearbeitete J. Zuazo y Palacios den Fundplatz und die Funde (Zuazo y Palacios, La villa de Montealegre y su Cerro de los Santos. Madrid 1915).

Der Zeit vor 1900 gehört auch noch der bis heute bedeutungsvollste Fund der Kultur der Iberer zu, es ist die Büste der Frau von Elche. Es handelt sich um den besonders wohlgeformten Kopf einer Priesterin oder Göttin mit großem Kopfschmuck und mit Halsketten, eine Skulptur aus Stein. Die Statue wurde 1897 gefunden und von Pierre Paris geborgen und an den Louvre in Paris verkauft. Heute befindet sie sich im Prado-Museum in Madrid. Im Jahre 1903 erscheint das große Werk von Pierre Paris mit dem Titel: Essai sur l'art et l'industrie de l'Espagne primitive. Paris 1903. In diesem Buch sieht er die iberischen Funde von Cerro de los Santos und von Elche sowie die Bronzestatuetten verschiedener Fundorte als griechisch-phönizisch an. In gewissem Sinne hat er recht, die griechische Kunst ist der strahlende Ausgangspunkt für die Kunst der Etrusker, der Illyrer in Norditalien, der Kelten in Frankreich, England und Süddeutschland und ebenso auch der Iberer in Spanien. Aber jedes dieser Völker hat den großen Einfluß in anderer Weise aufgenommen und verwendet, verarbeitet und durchgeführt. Um 1900 war noch nicht die Zeit gekommen, die verschiedenen Formen und Ausdrucksweisen im einzelnen zu erkennen und zu verstehen, erst im 20. Jahrhundert wurde der innere Zusammenhang der verschiedenen Kulturen der Latène-Zeit erkannt.

Auch in Dänemark stellt sich die große Frage nach der Verarbeitung griechischen Formengutes in eigener Sprache. Es ist ein bedeutender Fund, der diese Frage aufwirft, der Silberkessel von Gundestrup. Gundestrup liegt im Kirchspiel Aar, im Amt Aalborg, Jütland. Hier wurde 1891 beim Torfstechen ein großer Kessel aus Silber gefunden. Er befindet sich heute im National-Museum in Kopenhagen. Mit seinen aufgelegten Silberplatten in getriebener Arbeit, mit den Gestalten, Tieren, Darstellungen, ist er einzigartig. Das Gewicht des Kessels beträgt neun Kilogramm. Götterköpfe sind dargestellt, Opferungsszenen, Reiter- und Kriegeraufzüge, ein Fund, dessen Frage der Herkunft um 1900 nicht gelöst werden kann. Sophus Müller in seiner Nordischen Altertumskunde von 1897 (S. 163) erklärt den Kessel für römisch, er datiert ihn in das 2. Jh. n. Chr. Salomon Reinach in Paris datiert den Kessel in die Völkerwanderungszeit und betrachtet ihn als germanisch (L'Anthropologie 1894, S. 456), ebenso K. Stjerna (Studier tillägnade O. Montelius 1903, S. 109). So unklar ist damals die Bestimmung dieses Kunstwerkes. Erst später, 1915, hat Drexel im Archäologischen Jahrbuch Nr. 30 S. 1ff nachweisen können, daß der Kessel in der Gegend der Morawe und der Save gearbeitet worden ist, daß er keltisch ist und unter skythischem Einfluß steht, und daß er wohl durch die germanischen Bastarnen, die um die Zeit der Herstellung, im zweiten Jahrhundert v. Chr. in dieser Gegend wohnen, nach Dänemark vermittelt worden ist. Livius berichtet über die Bastarnen (40, 5, 57. 58.—41, 18, 19, 23.—44, 26, 27), ebenso Plinius (4, 12) und Ptolomäus (3, 5). Es handelt sich demnach um eine keltische Arbeit, die zu den Germanen kam. Es sind noch drei den Platten des Kessels ähnliche Stücke in Dänemark gefunden worden, nämlich in Illemose, Fünen, die zweite Platte in Stevns, Seeland und die dritte in Langholm, ebenfalls Seeland.

Auch in England kommen seltsame Funde der Latène-Periode in dieser Zeit zutage. Im Jahre 1855 wird in der Themse bei Battersea ein großer, 80 cm hoher Schild aus Bronze gehoben. Er wird von dem British Museum angekauft und gehört noch heute zu den hervorragenden Stücken dieses an Seltenheiten so reichen Museums. Ein großer Mittelkreis und zwei kleinere Kreise bilden die Ornamentierung des Schildes. Die drei Kreise sind unterteilt mit den schwellenden, schwingenden Linienformen der keltischen Kunst. Auf 25 Buckeln findet sich die Einlage von rotem Email. J. M. KEMBLE veröffentlicht das Stück in seinem Werk über die Altertümer Englands von 1863. Es hat den Titel: Horae ferales, London 1863, S. 190, Taf. XV. Doch er kann den Fund nicht bestimmen, nicht nach der Zeit, nicht nach dem Volk.

Auch die keltischen Spiegel bewegen die Epoche sehr. Sie bestehen aus einer flachen Platte aus Bronze und einem schleifenartigen oder geraden Griff. Die Platte ist mit Ornamenten in keltischem Stile verziert. Bis 1900 sind 6 solcher Spiegel bekannt, M. ROMILLY ALLEN behandelt sie in seinem Werk: Celtic Art in pagan and christian times, London 1904, S. 115. Er erkennt um diese Zeit sehr klar den keltischen Charakter des Stiles.

Es war KARL SCHUMACHER, (1860—1934), der in einem Aufsatz in der Zeitschrift für Ethnologie 1891, S. 81 mit aller Vorsicht auf den skythischen Ursprung dieser keltischen Spiegel hingewiesen hat. PAUL REINECKE (1842—1958) hat diese Gedanken unterstützt in einem Aufsatz in der gleichen Zeitschrift 1896, S. 1. Diese Hinweise haben sich bestätigt. Die Kelten ziehen bis Kleinasien, sie stoßen mit den Skythen am Schwarzen Meer zusammen, und sie übernehmen von ihnen eine Reihe von Kunstelementen, andere von den Villanova-Leuten, wieder andere von den Etruskern und den Griechen. Ihre Kunst ist in ihren Wurzeln also zusammengefügt aus vielen verschiedenen Formen, aber die Kelten bringen alle diese Einzelheiten zusammen zu einem eigenen Gefüge, dem Keltischen.

In Deutschland werden in der zweiten Hälfte des 19. Jahrhunderts mehrere bedeutende keltische Funde gehoben. Es werden die Fürstengräber gefunden mit Goldgegenständen, mit Bronzeamphoren, mit Bronzeeimern. Fast alles steht fremd und andersartig im deutschen Raum, und man fragt sich, sind diese Funde römisch, griechisch, etruskisch, und wieder schlagen die Wellen der Stellungnahme, der gegenseitigen Bekämpfung, sehr hoch.

Im Jahre 1849 wird bei Schwarzenbach im Hunsrück, in der Nähe von Birkenfeld, jetzt Rheinland-Pfalz, ein wahrhaft bedeutender Fund gehoben. Ein Grab wird von den Bauern ausgegraben, und sie finden zwei mit Menschengestalten verzierte Amphoren aus Bronze, eine Schnabelkanne mit einem Griff in menschlicher Gestalt, einen goldenen Armring mit reichen Verzierungen und als Wichtigstes eine goldene Schale mit durchbrochenen Ornamenten (L. Lindenschmit, Alterthümer uns. heidn. Vorzeit, Bd. I 1858, H. 2, Taf. 3, 3. — Herbert Kühn, Vorgesch. Kunst Deutschlands, Berlin 1935, Taf. 387). Die Funde kommen in das Landesmuseum in Trier, die Goldschale in das Alte Museum in Berlin. Sie ist verschollen im zweiten Weltkrieg.

Im folgenden Jahr, 1850, wird bei Weißkirchen an der Saar in einem großen Grabe wieder eine bronzene Schnabelkanne mit reicher Verzierung mit Tieren gefunden (Lindenschmit, ebd. Bd. II, Heft 2, Taf. 3). Die Kanne ist heute verschollen, die anderen Stücke sind erhalten, sie werden aufbewahrt im Röm.-Germ. Zentralmuseum in Mainz. Der wichtigste Gegenstand ist ein Schmuckstück aus Gold mit der typisch keltischen Ornamentik.

Im Jahre 1863 wird ein hervorragender Fund gehoben in Besseringen bei Mettlach an der Saar, Saarland. Es ist ein goldenes Diadem von besonderer Schönheit und Einzigartigkeit (Herbert Kühn, Vorgeschichtl. Kunst Deutschlands, Propyläen-Kunstgeschichte, Berlin 1935, Taf. 376). Das Stück kommt auch nach Berlin in das Alte Museum, seit dem 2. Weltkrieg ist es verschollen. Verschollen sind auch die übrigen Funde, eine Bronzekanne, Bronzebeschläge, ein Bronzering (Lindenschmit, Alterthümer, Bd. 1, Mainz 1858, Heft 2, Taf. 3, 1 und Bd. II, Mainz 1870, Text zu Taf. 1, 2 Heft).

Bei Bad Dürkheim, jetzt Rheinland-Pfalz, wird 1864 beim Bau einer Eisenbahn ein Grabhügel angeschnitten. Es findet sich ein goldener Halsring mit Blattverzierung, zwei goldene Armringe mit Menschengesichtern, verziertes Goldblech und ein bronzener Eimer.

Im Jahre 1874 wird in einem großen Grabhügel, genannt Fuchshübel zwischen Rodenbach und Weilerbach bei Kaiserslautern, jetzt Rheinland-Pfalz, ein bedeutender Fund gehoben. Ein eisernes Langschwert findet sich, ein eisernes Hiebmesser, drei eiserne Lanzen, ein Tafelgerät aus Bronze mit einer bronzenen Schnabelkanne, ein goldener verzierter Armring und ein gut erhaltenes griechisches Tongefäß, gearbeitet 450 in Attika (Lindenschmit, ebd. Bd. III, Heft 5 Taf. III. — W. v. Jenny, Keltischer Schmuck, Berlin 1935, Taf. 4). Die Funde befinden sich im Landesmuseum Speyer.

Im Jahre 1879 wird ein großer Grabhügel bei Klein-Aspergle bei Ludwigsburg am Neckar ausgegraben durch O. Fraas (1862—1915). Es findet sich ein Goldblechstreifen, silberne Ketten, eine gerippte Bronzeziste, eine Bronzeamphore, eine bronzene Schnabelkanne und vor allem zwei griechische rotfigurige Henkelschalen aus der Zeit von 450. Die Funde befinden sich heute im Landesmuseum Stuttgart (L. Lindenschmit, ebd. Bd. III, Heft 12, Taf. IV—VI. Mainz 1881. — O. Paret, Das Kleinaspergle. IPEK, 17. Bd. Berlin 1956).

So liegt eine große Anzahl bedeutender Funde aus der Latènezeit in Deutschland vor, gefunden in der Zeit von 1850—1880, datierbar durch Eisengegenstände und griechische Tongefäße. (Herbert Kühn, Vorgeschichtl. Kunst Deutschlands, Berlin 1935, Taf. 375—390)

Und doch ist die Auseinandersetzung über diese Funde sehr hart.

Im Jahre 1871 veröffentlicht LUDWIG LINDENSCHMIT eine Arbeit mit dem Titel: „Über Ursprung und Herkunft einer Anzahl Denkmale des sogenannten älteren Eisenalters" in Alterthümer unserer heidnischen Vorzeit, Mainz 1871, Beilage zu Heft 1 des 3. Bd.

In diesem Aufsatz wendet er sich gegen diejenigen, die diese Altertümer als heimische Arbeit betrachten. Ferdinand Keller hat diese Funde (Pfahlbauten VI) für kelto-helvetisch erklärt, ein Engländer Frank in: Kemble, Horae ferales, 1863, für britisch, bei C. Weinhold, Heidnische Todtenbestattung II, werden sie für alpin gehalten mit etruskischem Einschlag, und E. Aus'm Weerth nennt die Funde gallisch oder germanisch. Lindenschmit selbst erklärt mit der Schärfe, die seinen Arbeiten eigen ist, daß die Fundstücke alle etruskische Einfuhrware darstellen, und daß sie nicht nördlich der Alpen gearbeitet worden seien. „Was immer bei diesen Gold- und Bronzegeräthen als Merkmal eines nordischen Charakters ihrer Ornamente oder der Art ihrer Darstellung hervorgehoben wurde, konnte seine Geltung nicht behaupten". (Lindenschmit, ebd. S. 45). Er sagt weiter, daß sich eine „vielseitige Technik, wie sie in den fraglichen Erzeugnissen vorliegt, nur da ausbilden kann, wo Metallarbeit überhaupt im großen betrieben wird, wo das Material in Fülle vorhanden und leicht zu beschaffen und das Bedürfnis der Fabrikate ein allgemeines ist" (S. 46).

Von den Ausgrabungen und Funden sagt er insgesamt (S. 47): „Die Aufschlüsse, welche von daher (von den Funden) bis jetzt gewonnen wurden, sind von so überaus großer, weittragender Wichtigkeit, daß sie nur um so schmerzlicher die bedeutenden Lücken fühlbar machen, welche die Wissenschaft in der Kenntnis der Denkmale dieses Landes zu beklagen hat, und welche nur aus der geringen Teilnahme zu erklären sind, mit welcher alles außer dem Bereiche der Kunstforschung Liegende seither beachtet wurde". Und er schließt seine Arbeit mit diesen Worten: „Es müßte, denken wir, eine nicht geringe Genugthuung gewähren, die Lücken jener Reihe von Thatsachen zu ergänzen, deren volle Kenntnis die comparative Forschung anstreben muß, und ohne welche unsere vaterländische Alterthumskunde eine fruchtlose Beschäftigung mit Rätseln bleibt".

Die Antwort findet der Kaiser Napoléon III. (1852—1870; geb. 1808, gest. 1873), ein erfolgreicher Altertumsforscher dieser Zeit. Wie bei den dänischen Königen Christian VIII. und Frederik VII., wie später bei Kaiser Wilhelm II., ist auch für Napoléon neben seiner politischen Aufgabe die der Vorgeschichtsforschung ein lebendiges Anliegen in seinem Leben.

Napoléon III., der Sohn des Bruders von Napoléon I., Louis, dem König von Holland, geht 1815 mit seiner Mutter in die Verbannung, zuerst nach Genf, dann nach Deutschland, nach Augsburg. Hier besucht er das Gymnasium, hier macht er sein Abiturium, und hier in Augsburg erwacht seine Liebe zu der Antike. Als Kaiser schreibt er ein großes zweibändiges Werk: Histoire de Jules César, das 1865—1866 französisch und auch deutsch erscheint. Seine Beschäftigung mit Caesar und dem Gallischen Krieg legt ihm immer wieder den Gedanken nahe, die Orte auszugraben, von denen Caesar so eingehend spricht: Alesia, Bibracte, Gergovia.

In Alesia wurde im Jahre 52 v. Chr. Vercingetorix, der Führer der Kelten, gefangen genommen. Caesar berichtet auch von den Standorten der römischen Lager, und es müßte, so denkt Napoléon, eine Ausgrabung an Ort und Stelle die Klarheit bringen. Zwei Orte tragen verwandte Namen, Alaise (Doubs) und Alise-Sainte Reine (Côte d'Or). Zuerst gräbt Napoléon bei Alaise, aber es finden sich nur Hallstatthügel aus der Zeit von 800—500 v. Chr. Sie können nicht der Zeit der Eroberung zugehören, und so beginnt Napoléon seine Grabungen bei Alise-Sainte-Reine, und hier wird seine Vermutung erfüllt.

Alesia war die Stadt des letzten Widerstandes der Gallier gegen die Römer, es war die Hauptstadt der gallischen Mandubier, und hier mußte sich das gallische Oppidum des 1. Jh. v. Chr. finden, dann auch die Belagerungsgräben von Caesar und die römischen Lager.

Das alte Alesia ist der heutige Mont Auxois, seine Fläche ist 2 km lang und 800 m breit. Nach allen Seiten fällt die Anhöhe steil ab, die Gräben und die Wälle sind errichtet mit Trockenmauerwerk. Im Osten des Berges hat sich bis heute die gallische Mauer erhalten. Um den Berg herum findet Napoléon mit seinen Mitarbeitern im Jahre 1861 die ersten römischen Gräben. Die Grabenlänge beträgt 12 km. Der Graben war geschützt durch große Türme. Dieser römische Mauerwall wieder wurde gesichert gegen Angriffe der Gallier von außen durch einen zweiten Wall, er kann auf 20 km Länge festgestellt werden.

Auch die römischen Lager werden entdeckt. Das Hauptlager befand sich im Norden am Fuße des Berges Réa. Hier lagen die Generale Reginus und Rebilus mit ihren zwei Legionen, und hier fand die Schlacht statt zwischen den Römern und den Galliern, über die Caesar so lebendig berichtet. Der Führer der Gallier heißt Vercassivellaunus. Während der Schlacht machte Vercingetorix einen Ausfall aus der Stadt. Aber die Römer erhielten Verstärkungen unter der Führung von Labienus und Caesar selbst, und so siegten die Römer endgültig. Am nächsten Tage übergab Vercingetorix die Stadt den Römern.

Caesar spricht von vier Lagern für die Infanterie und von dem Lager für die Kavallerie. Sie werden alle aufgefunden. Das Kavallerie-Lager befand sich im Westen der Stadt. In seiner Nähe fanden die Reitergefechte statt, von denen Caesar berichtet.

Es liegt hier für Europa nördlich der Alpen der ganz seltene Fall vor, daß ein historischer sehr eingehender Bericht vorhanden ist, daß der römische Feldherr, Caesar selbst, die Lage, die Umgebung, die Wallanlagen, die Militärlager beschreibt, so lebendig, wie es Caesars Gewohnheit ist. Der Zufall will es, daß dieses Buch erhalten ist. Jetzt kann die Ausgrabung, die Archäologie, aufbauen auf historisch überlieferten Grundlagen, auch der Name des Volkes ist da, in dessen Raum die Anlagen gefunden werden, es sind die Kelten, die die Römer Gallier nennen. Der Fall ist ähnlich der Lage im südlichen Rußland, wo der Bericht des Herodot die Grabanlagen der Skythen schildert, und wo die Ausgrabung genau die Ergebnisse bringt, wie sie der Schriftsteller beschrieben hat.

Daß Napoléon nicht irrte, ergeben die reichen Münzenfunde in Alise-Sainte-Reine. Alle römischen Münzen sind die der Zeit der Republik, die jüngste stammt von 51 v. Chr., im Jahre 52 ist Alesia gefallen. Etwa 500 keltische Münzen werden bei den Grabungen gefunden. Die meisten sind geprägt von den Avernern, einem gallischen Stamm, dem vor allem die Krieger des Vercingetorix angehören. Die keltischen Schwerter haben den Typus des Spätlatène mit stäbchenbesetztem Scheidenbeschlag. Es hat sich auch ein spätgriechisches Gefäß, ein Kantharos gefunden, der der Mitte des letzten Jahrhunderts zugehört. Die Lanzenspitzen haben oft die geflammte Form, wie sie genau so in La Tène und in Gard vorkommt (Déchelette, Manuel 1914, Bd. 2, 3 S. 1146 Fig. 479). Die Fibeln von Alise-Sainte-Reine entsprechen ganz denen von La Tène.

Später wurden wegen der großen Bedeutung des Platzes noch einmal genaue kontrollierende Grabungen durchgeführt von Espérandieu in den Jahren 1905—1909. Sie bestätigten die Ergebnisse der Arbeit Napoléons und erweiterten die Kenntnis noch mehr. Die Statuette eines toten Galliers wurde gefunden (Déchelette, ebda. S. 1589). Keltische Inschriften in lateinischen und griechischen Schriftzeichen wurden entdeckt, keltische Fibeln kamen zutage, die ältesten aus Latène III, die Brunnen wurden aufgedeckt, die Abfallgruben, die große Straße durch Alesia, das Pflaster und die Rillen der Räder. Es ergibt sich bei diesen Nachgrabungen auch, daß Alesia nach dem Siege Caesars nicht vollständig verlassen worden ist, sondern daß es als kleiner, unbedeutender Ort weiterbestand bis in die spätere Kaiserzeit.

Diese Funde sind für die Zeit von der allergrößten Bedeutung. Sie klären plötzlich die große Frage, welches Volk der Träger der Latène-Kultur ist: es sind die Kelten. Und da Herodot berichtet (2, 33 und 4, 49), daß die Donau im Lande der Kelten entspringt, ist es gesichert, daß die Kelten in der zweiten Hälfte des letzten Jahrhunderts v. Chr. nicht nur in Frankreich, nicht nur in Nordspanien, wie es neben Herodot (4, 49) auch Avienus bekannt ist (Ora maritima 566) oder Strabo (3, 139), sondern auch in Süddeutschland lebten, und daß La Tène keltisch sein müsse.

In Alesia gräbt Napoléon von 1860—1864. Der Kaiser gibt sich mit diesen Ergebnissen nicht zufrieden, er will auch die anderen großen Orte der Gallier ausgraben, von denen Caesar spricht, Bibracte und Gergovia.

Bei dem Suchen nach Bibracte, der Stadt, die Caesar die Hauptstadt der Häduer nennt, „oppidum maximae auctoritatis apud Haeduos", sucht Napoléon und sein wissenschaftlicher Helfer, Bulliot, zuerst in Autun. Dann aber entscheiden sich beide für den Mont Beauvray im Dépt. Saône-et-Loire. Die Grabung beginnt 1865 und dauert wegen des großen Erfolges lange über die Zeit Napoléons hinaus, bis 1905.

Die Stadt lag 27 km entfernt von dem heutigen Autun auf einem steil aufsteigenden Hügel, sie war besonders wichtig für den Mittelmeerhandel. Ihre Ausdehnung betrug 135 ha. Sie war umgeben von Wall und Graben, eine fest umwallte Stadt mit einer Fülle von Gebäuden.

In dieser Stadt haben sich die Fürsten der Gallier vereinigt und haben Vercingetorix den Oberbefehl übertragen. Nach der Übergabe wohnte Caesar in ihr zusammen mit Marc Anton. Auf Anordnung von Augustus wurde später die Stadt geräumt.

Die Ergebnisse der Ausgrabung waren sehr bedeutend. Es fanden sich die Straßen, die Häuser, das Schloß des gallischen Fürsten. Es hatte nach römischer Sitte eine Zentralheizung, die Hypocauste. Die Fußböden der einfachen Häuser waren belegt mit Holz, auf ihnen lagen Teppiche und Felle. An Möbeln gab es Truhen, niedrige Tische, Betten mit Leinenbedeckung. Auf Anrichten standen Tongefäße, Bratspieße, Kochtöpfe, griechische Amphoren. Alle Funde gehören der Stufe Latène III an. Die Keramik ist die Ware von Spätlatène. In großer Zahl fanden sich griechische und römische Wein- und Ölamphoren, alles dem ersten Jahrhundert oder höchstens dem Ende des zweiten Jahrhunderts zugehörig. Die Stadt kann also erst um etwa 100 v. Chr. begründet worden sein. (Bulliot, Fouilles du Mont Beauvray de 1865—1895, Paris 1899).

Es fanden sich 1006 keltische Münzen, 114 römische, 27 griechische, eine keltiberische, 430 Münzen sind unbestimmbar.

Die Fülle der Funde bei diesen Grabungen veranlaßt den Kaiser, ein Schloß bei Paris als Museum zu verwenden. Er entscheidet sich für Saint-Germain-en-Laye. Der Direktor des Museums von Mainz, 1852 begründet, Ludwig Lindenschmit, wird nach Paris eingeladen, die Pläne zu entwerfen. Im Jahre 1862 wird das Museum eröffnet mit dem Namen: Musée Galloromain. Heute trägt es den Namen: Musée des Antiquités Nationales.

Napoléon sucht noch die dritte große Stadt, ein oppidum der Gallier, von dem Caesar spricht, es ist Gergovia. Er findet auch diese Stadt (Napoléon III. Histoire de Jules César II, Paris 1867, S. 268). Er entdeckt den Berg mit der Stadtanlage, 6 km südlich von Clermont. Hier beginnt er mit den Grabungen 1860 und führt sie durch bis 1864. Der Berg, 744 m hoch, hat eine Hochfläche von anderthalb zu einem halben Kilometer. Die Wohnfläche ist gesichert durch Felsabstürze und einen Wall. Die Hütten und Häuser können festgestellt werden. Bronzegefäße, Tongefäße, Fibeln, Münzen werden gefunden, alles gehört dem Spätlatène an. Auch die beiden Lager Caesars gräbt Napoléon aus. Augustus ließ auch diese Stadt räumen, die Bewohner wurden in dem heutigen Clermont, dem damaligen Augustanemetum angesiedelt. Bei Gergovia erlitt Caesar eine schwere Niederlage im Jahre 52 v. Chr.

Die Grabungen von Napoléon III. werden von größter Bedeutung für die Forschung, ist es doch nun einwandfrei bestätigt, daß die Funde des Latène-Stiles keltisch sind. Die Funde von Südrußland sind damals zu weit entfernt, aber die von Latène werden grundlegend für den Gedanken der Forschung: ein bestimmtes Volk entwickelt einen bestimmten Stil in Keramik, Ornament, Gebrauchsgerät. Er ist verschieden in den wechselnden Zeiten, aber es besteht eine durchgehende Kontinuität, eine gleichmäßige, sichtbare, erkennbare Wandlung, und so ist Latène I zu scheiden von Latène II, und Latène II wieder von Latène III, und doch haben die drei Gruppen zusammen ein einheitliches Formgefüge.

Sehr verwandt den Funden dieser Stadt und ihrer Anlage sind die von Hradischte bei, Stradonice, in Böhmen-Mähren, Tschechoslowakei. Auch Hradischte ist also eine Stadt der Kelten. Die Ausgrabung von Hradischte beginnt 1877. Am 2. August dieses Jahres hat ein Arbeiter ein Tongefäß mit Goldmünzen gefunden, und nun bemächtigt sich die Bevölkerung der Funde. In einem Jahr werden 20000 Fundstücke gehoben. Die Münzen sind keltische Münzen, meistens Nachbildungen einer makedonischen Münze von Philipp II. Der Schwerpunkt der Funde ist Latène III. Der Ausgräber, Josef Pič, (1847—1911) nimmt an, daß die Funde germanisch sind, und daß in der Stadt der Fürst der Germanen, Marbod, lebte. Es war ein Irrtum. Die Stadt war keltisch. (J. Pič, Hradiste u. Stradonice, Prag 1903).

Die Gedanken einer Bestimmung von Kulturen in ihrer räumlichen und auch in ihrer zeitlichen Gegebenheit werden damals theoretisch nicht ausgesprochen — das Systematische der Forschung wird noch nicht überlegt und behandelt, aber die Tatsachen sprechen sehr deutlich, und die Folge ist nun, daß alles, was nicht Stein ist, auch die Bronzezeit, als keltisch gedeutet wird.

So sagt Moritz Hoernes in seiner Urgeschichte des Menschen von 1892, S. 36: „Aber in der Vorstellung der meisten Gebildeten, welche von den letzten Fortschritten der Urgeschichtsforschung keine oder nur ungenügende Kenntnis genommen haben, sind die Kelten das Bronzevolk par excellence, weil es einer ganz willkürlichen culturgeschichtlichen Folgerung widerstrebt, reine Bronzefunde anders zu deuten. Die Kelten sind das älteste historisch bezeugte Culturvolk Mitteleuropas, Bronzefunde aber die ältesten, welche von einem mit höherer Cultur ausgestatteten Volk in diesem Gebiete Zeugniss ablegen; daher müssen die Gräber der reinen Bronzezeit von Kelten herrühren. Aus der Geschichte wollte man die Deutung der vorgeschichtlichen Funde herleiten, welcher Art dieselben immer sein mochten. Darin liegt die Einseitigkeit und Unzulänglichkeit dieser glücklich überwundenen Richtung. Ihr war es nicht so sehr um ein neues Wissen, um die Ausdehnung unseres culturhistorischen Gesichtskreises zu thun, als um die systematische Einschachtelung der nun doch einmal vorliegenden Funde in ein Schema, das die literarischen Geschichtsquellen liefern mußten."

„Ungefähr von 1860 an können wir also die neue Aera der Urgeschichtsforschung datieren. Sie nimmt ihren Ausgang von der Entdeckung und richtigen Beurtheilung der Pfahlbauten in der Schweiz und der Anerkennung der Reliquien des Diluvialmenschen in den Alluvien und Höhlengebieten Frankreichs und Belgiens. Was vorher in Schwerin, Kopenhagen und Stockholm an prähistorischen Untersuchungen geleistet worden war, hatte in seiner Vereinzelung nur den Werth localer Vorstudien und war mehr im Geiste archäologisch-historischer Forschung getrieben worden. Nun aber wendeten sich mit dem lebhaftesten Interesse Naturforscher fast in allen Ländern Europas den neuen Aufgaben zu. Man proclamirte mit Entschiedenheit die Geltung der inductiven — d. h. bei emsiger Detailarbeit zuwartenden, aller subjectiven, von oben herab generalisirenden Einflüsse entkleideten — naturwissenschaftlichen Methode für dieses neue Wissensgebiet. Vor Allem machten sich bedeutende Geologen und Paläontologen ans Werk, der stummen Sprache jener oft so unscheinbaren, der Erde entnommenen Fundstücke Worte zu leihen. Heute haben sich auch Historiker und Archäologen der classischen Richtung bereits vielfach in den Wettbewerb um neue prähistorische Kenntnisse auf dem einzig dahin führenden

Wege — dem der Ausgrabungen — eingelassen. Das Beispiel Schliemann's, des lange verkannten Bahnbrechers vorgeschichtlicher Studien auf classischem Boden, hat da mächtig gewirkt und wird die Nachwelt zu tieferer Einsicht leiten, als ihm selbst vergönnt war."

„Man hat unser Jahrhundert ein „ausgrabendes" genannt, und es ist dies keiner seiner schlechtesten Titel. Diese Eigenschaft kommt der Archäologie und der Paläontologie, im höchsten Maße aber der zwischen ihnen stehenden jüngeren Schwester, der Prähistorie, zugute. Vielfach wenden sich ihr heute die eifrigsten Sympathien der Alterthumsfreunde zu, welche in anderen Jahrhunderten ohne Zweifel den Anhang der Philologie verstärkt haben würden. Das Bedürfnis der Menschheit, sich mit der Vorwelt bekannt zu machen und zu beschäftigen, ist auch in realistischen Perioden, wie die unserige, lebendig; aber es wechselt seine Formen unter dem Einfluß des Zeitgeistes. Früher waren es die Israeliten, die Griechen, die Römer, die Kelten, an denen sich das antiquarische Interesse erschöpfte. Zu den Schutthaufen, die sich über ihren Gräbern und Herdstätten wölbten, erhielten diese Völker noch Bergeslasten von Büchern und Abhandlungen, die man ihrer Sprache, Sitte und Geschichte widmete. Wer die Geschichte der Alterthumsforschung kennt, der weiß, welche Rolle die Philologie, namentlich die biblische und die classische, früher gespielt hat. Sie war die Mutter aller Wissenschaften, die Hüterin aller Schatzkammern des Wissens. Was sie über die Alterthümer einiger welthistorischer Völker beizubringen wußte, wurde unbedenklich auch den Darstellungen der Urzeit anderer Völker, ja der Menschheit überhaupt zu Grunde gelegt."

„Diese Herrschaft hat jetzt ihr Ende erreicht. Daran sind nicht etwa die Philologen schuld, und fern sei es von uns, diese Männer für das lange dauernde Zurückbleiben anderer Wissenschaften verantwortlich zu machen. Aber erst in unserem Jahrhundert hat ihr Reich seine natürlichen Grenzen gefunden. Unser Zeitalter feiert seine größten Triumphe auf dem Gebiete der Technik und der Naturwissenschaften. Das moderne naturwissenschaftliche Princip, das Princip der Induction, welches auch andere Wissenschaften da, wohin es gehört, mit Vortheil anwenden, bevorzugt die greifbaren Zeugnisse der alten Cultur gegenüber der geschriebenen Überlieferung, und die technische Richtung unserer Zeit wendet sich mit einem früher nie dagewesenen Eifer dem Studium desjenigen zu, was die alten Völker durch die Kunstfertigkeit ihrer Hände hervorgebracht haben. Aus dieser Verbindung von Elementen ist die Urgeschichtsforschung unserer Tage hervorgegangen. Darum ist sie ein echtes Kind unserer Zeit, und darum dürfen wir sie nicht ohne eine gerechtfertigte Vorliebe als Fleisch von dem Fleische unseres Jahrhunderts betrachten."

„Die großartige Entwicklung der modernen Erdgeschichte, der Aufbau dieses Riesendenkmals, das dem Forschergeiste unseres Jahrhunderts für alle Zeiten zur Ehre gereichen wird, gehört nicht mehr oder nur zum kleinsten Theile in den Kreis unserer Betrachtung. Es wird nur nothwendig sein, zu erinnern, daß die Wissenschaft vom prähistorischen Menschen da, wo sie heute einsetzt, auf sicherem Grunde ruht. Sie liefert in den Anfangscapiteln ihrer Betrachtung eine Ergänzung zur Paläontologie, und wo sie aufhört, die Vorrede zur Geschichte und Archäologie der verschiedenen Völker und Völkergruppen, deren schriftlich überlieferte Schicksale der Historiker erforscht und erzählt. So steht sie zwischen zwei verwandten Wissenschaften, deren kühnes Vordringen einen Stolz userer Generation bilden darf, zwischen der Kunde von den Lebewesen der Vorzeit und der geschichtlichen Alterthumskunde, als dritte Schwester, als ein nothwendiges Bindeglied, ebenbürtig da. Sie gehört nicht mehr zur Paläozoologie, d. h. zur Zoologie der Vorwelt, weil sich in dem Gegenstand ihrer Betrachtung, im vorgeschichtlichen Menschen, schon Kräfte regen, die dem rein naturwissenschaftlichen Gesichtspunkt entrückt sind, und sie gehört noch nicht zur historischen Archäologie, weil sie zum Theil aus anderen Quellen als diese ihre Belehrung schöpft und anderen Zwecken dient."

Es gibt kaum Worte eines anderen Wissenschaftlers der prähistorischen Forschung dieser Zeit, die die ganze geistige Lage der Epoche so klar umreißen.

Um 1850—1860 wird tatsächlich eine neue Wissenschaft geboren, die prähistorische Archäologie, die Vorgeschichte — die Urgeschichte, wie man in Österreich sagt —, die Forschung der Ausgrabung. Und wirklich liegen die Grabungen und Entdeckungen, die die entscheidenden sind, in dieser Zeit.

1854 werden die ersten Pfahlbaufunde in der Schweiz von Keller beobachtet, 1856 wird der Neandertaler gefunden, 1858 beginnt Schwab die Grabungen in La Tène, 1859 wird in der Royal Society in London Boucher de Perthes mit seinen Funden an der Somme anerkannt. 1860 findet Lartet die ersten Zeichnungen des Eiszeitmenschen, 1860 tagt zum ersten Male der Internationale Kongreß für Anthropologie und prähistorische Archäologie. 1863 schreibt Lyell seine Arbeit über die geologische Sicherung des Alters des Menschen (The Geological Ecidences of the Antiquity of Man). Alle diese Ereignisse lagern sich um das Jahr 1860, man kann es mit Recht als das Jahr der Geburt der wissenschaftlichen prähistorischen Archäologie, der Vorgeschichte, bezeichnen. Gewiß hat es Ausgrabungen immer gegeben, aber sie waren zufällig. Um 1860 dringen diese Untersuchungen so stark in die damals führenden Wissenschaften ein, daß es nun mehr und mehr wissenschaftliche Forscher sind, die ausgraben, sammeln, die das Gefundene verarbeiten. Aus der Medizin, der Naturwissenschaft, der Geschichte, erwacht die neue Wissenschaft, die Vorgeschichte.

KAPITEL VIII

Klassische Archäologie, Völkerwanderungszeit, Wikinger

Klassische Archäologie

Die klassische Archäologie, die Ausgrabung im Mittelmeerkreis, ist in dieser Epoche 1850—1900 noch immer höher bewertet als die prähistorische Archäologie. Wie ständig, wenn neue Wissenschaftsgebiete geboren werden, gibt es Kämpfe, geistige Kämpfe. Sie gehen um das Vorherrschen der griechisch-römischen Welt als die Grundlage Europas oder das Vorherrschen der germanischen Welt. Manchmal geht ein Schmunzeln darüber durch die Bücher, die Zeitschriften dieser Zeit, manchmal gibt es auch die Verbindung, wie in dem Gedanken des Humanismus, wie in der Bauart der Häuser dieser Epoche mit griechischen Säulen und mit germanisch-mittelalterlichen Türmchen und Erkern.

Von 1850—1900 erlebt die klassische Archäologie ihre Blütezeit. Zwar wendet sich der Blick schon nach dem Vorderen Orient und nach Ägypten, aber die Grabungen um das Mittelmeer gewinnen in der europäischen Öffentlichkeit stark an Gewicht und an Bedeutung.

Griechenland, befreit von der Herrschaft der Türken, legt den Schwerpunkt auf Athen. Als König Otto I. 1833 in Nauplia eintrifft, verkleidet, den Widerstand fürchtend, ist Athen ein kleiner Ort mit kümmerlichen Häuschen und höchstens 1000 Bewohnern, ein Dorf.

Die Akropolis liegt begraben unter Sand und Steinen. Nur der Parthenon steht aufrecht, der Tempel der Athena Parthenos, erbaut 448—438 zur Zeit des Perikles, durch die Baumeister Iktinos und Kallikrates. Er war als christliche Kirche, später als Moschee verwendet worden. Dann brachten die Türken ein Pulvermagazin im Tempel unter. Die Venezianer belagerten Athen im Jahre 1687. Am 26. September 1687 beschossen sie die Stadt und dabei explodierte das Pulvermagazin. Große Teile des Tempels wurden zerstört. Viele der heute aufrecht stehenden Säulen lagen zertrümmert auf dem Boden (M. Collignon, Le Parthénon, Paris 1914. — Hege und Rodenwaldt, Die Akropolis, 1930.)

In den Jahren 1852 und 1853 legt der französische Archäologe Ernest Beulé den Aufgang zu den Propyläen frei. Frankreich hatte in Athen 1846 eine französische archäologische Schule begründet, und Beulé, später in Frankreich Minister des Inneren, war ein Mitglied dieser Schule. Der Architekt Titeux hatte schon die Reste des Aufganges gefunden, Ernest Beulé legte nun die Treppe frei.

Von besonderer Bedeutung wurden in diesem halben Jahrhundert die Ausgrabungen auf der Akropolis in Athen. Auf Anregung von Altertumsfreunden und Gelehrten war mit Unterstützung des Königs Otto von Griechenland 1837 die Griechische Archäologische Gesellschaft begründet worden. Sie besteht noch heute und legt in jährlichen Berichten Zeugnis ab über ihre Tätigkeit. Es war immer das Ziel der Gesellschaft, die Akropolis freizulegen, die Festungsbauten der Türken um den Tempel herum zu beseitigen und das Bild der Anlage so, wie es einmal im Altertum war, wieder herzustellen. Die gewaltige Aufgabe erforderte Zeit und vor allem Geld. Der junge griechische Staat war dazu nicht in der Lage, auch nicht der an der Antike so sehr interessierte König Otto I. (1832—1862).

Sein Nachfolger wurde Prinz Wilhelm von Dänemark unter dem Namen Georg I. (1863—1913). Auch er konnte zuerst die nötige Hilfe nicht gewährleisten.

Die Griechische Archäologische Gesellschaft war aber so an Bedeutung gewachsen und auch an finanzieller Kraft, daß der damalige Generalkonservator der griechischen Altertümer, Panagiótis Kavvadías, am 11. November 1885 mit den Grabungen und Ausschachtungen auf der Akropolis beginnen konnte. 1906 erschien sein Bericht in Athen mit dem deutschen Titel: Die Ausgrabung der Akropolis vom Jahre 1885 bis zum Jahre 1890, unter Mitarbeit von dem deutschen Architekten G. Kawerau. Die Grabungen gingen fort bis 1900, in diesem Jahre fand das großartige Werk seinen Abschluß.

Die Grabungen haben alle Bauten neben der Akropolis beseitigt, bis auf den gewachsenen Fels wurde der Boden ausgehoben. Das Ergebnis war die eigentliche Entdeckung der archaischen griechischen Kunst.

Die Perser hatten in den Jahren 480—479 v. Chr. die damalige Akropolis zerstört. Sie hatten die Statuen von ihren Basen herabgestürzt, hatten ihnen Hände, Füße, Köpfe abgeschlagen. Als die Athener nach dem Abzug der Perser wieder zu der Akropolis kamen, haben sie die Statuen, die Inschriften, die heiligen Steine zugedeckt mit Erde und haben die neue, die heutige Akropolis darüber aufgebaut.

Die beiden Verfasser, P. Kavvadías und G. Kawerau, berichten in dem genannten Werk (zitiert nach Wilhelm Kraiker, Funde in Athen, Göttingen 1971, S. 149): „Sogleich nach dem Beschlusse der Archäologischen Gesellschaft begann ich vom 11. November 1885 ab die Ausgrabungen und Arbeiten auf der Akropolis... Durch diese Ausgrabungsarbeiten wurde die Akropolis von jedem noch übrigen Bau späterer Zeit gesäubert und ihr Boden bis auf den Fels aufgegraben und durchsucht... Die Ergebnisse dieser Ausgrabungen waren von ungeahnter Wichtigkeit und riefen das größte Aufsehen hervor. Die bei den Ausgrabungen gemachten Funde, besonders Skulpturen der vorpersischen Zeit, füllten größtenteils das Akropolis-Museum und machten dies zu einem einzigartigen in der Welt... Die wichtigsten von den Akropolis-Funden wurden am 24. und 25. Januar 1886 nordwestlich vom Erechtheion gemacht. Hier fanden sich wie auf einem Haufen im

Ganzen vierzehn archaische, meist weibliche Marmorstatuen mit zahlreichen Baugliedern, Basen von Statuen mit Inschriften... Am 24. Januar war S. M. der König (Georg I. aus dem damals dänischen Hause Sonderburg-Glücksburg), der die Ausgrabungen fast täglich besuchte, gegen Abend, seiner Gewohnheit gemäß, auf die Akropolis gekommen. Ich hatte die Ehre, S. Majestät vom Museum nach dem Ausgrabungspaltz zu geleiten, wo sich uns plötzlich ein überraschender Anblick bot; ein ganzer Haufen von Statuen und verschiedenen Antiken wurde aufgedeckt. Zuerst kam der ganze Kopf einer Mädchen-Statue zum Vorschein, S. M. der König zog ihn voller Hast aus dem Erdboden heraus, ihn an dem Bronzestift oberhalb des Schädels fassend, und säuberte ihn mit eigener Hand."

Insgesamt wurden 56 Mädchenstatuen aus Marmor ausgegraben. Zwar alle verstümmelt, einige aber zum größten Teil erhalten, dazu rund 20 Rumpfteile, rund 20 Köpfe oder Kopfbruchstücke, und über 150 Bruchstücke vom Gewand oder von den Gliedmaßen der Statuen. 1886 wurden die Bruchstücke einer Reiterstatue aufgedeckt. Zu dieser Statue war 1877 der abgebrochene Kopf von dem Sammler Georges Rampin in Athen gekauft worden. Er vermachte ihn 1896 testamentarisch dem Louvre. Es war der fehlende Kopf der Reiterstatue, die Bruchstücke passen genau zueinander. Im Jahre 1899 wurde im Akropolismuseum bei einer Bestandsaufnahme noch der zweite Reiter gefunden, es handelt sich demnach um ein Paar, es sind offenbar Kastor und Polydeukes, bei den Römern Kastor und Pollux, die Retter aus jeder Not.

Der Rumpf des zweiten Reiters war schon 1865 aufgefunden worden, der Kopf an einer anderen Stelle der Akropolis im Jahre 1888. Auch diese Statue war von den Persern zerbrochen worden.

Georg Kawerau hat die Pläne der Bauten gezeichnet, der Bauten von dreizehn Jahrhunderten. Die ältesten sind die des Königspalastes aus dem 12. Jahrhundert v. Chr., die jüngsten die der Tempel für Roma und Augustus, zu der Zeit, als Griechenland eine Provinz des Römischen Reiches war. Wilhelm Kraiker, geb. am 4. 8. 1899, o. Prof. a. d. Univ. Kiel, sagt in dem genannten Werk von 1971, S. 161: „Selten hat eine planmäßig begonnene und kontinuierlich durchgeführte Ausgrabung so vielseitige Ergebnisse gebracht wie die der Griechischen Archäologischen Gesellschaft auf der Akropolis".

Durch diese Gesellschaft wurde nicht nur die Akropolis ausgegraben, sondern auch die im Westen der Stadt gelegene Grabung bei dem Doppeltor, dem Dipylon, durchgeführt. Das Tor trennt den äußeren und den inneren Töpferplatz, Kerameikos genannt. Um 1870 konnte die Gräberstadt gefunden werden, das Jahr 1871 brachte, besonders wichtige Funde von Vasen mit Darstellungen im geometrischen Stil. Antike Grabsteine kamen zum Vorschein, oft mit dem Namen der Bestatteten.

Die griechische Regierung kaufte mit der Archäologischen Gesellschaft die Grundstücke auf. Von 1880—1910 brachten die Grabungen gute Ergebnisse, sie gingen jedoch nur langsam vorwärts. Im Jahre 1907 bot die griechische Regierung dem Deutschen Archäol. Institut das gesamte Gebiet zu Grabungen an. Sie begannen 1913, aber wegen des Krieges 1914—1918 wurden sie 1916 unterbrochen, 1925 wurden sie wieder aufgenommen.

Die Berichte sind vor allem diese: W. JUDEICH, Topographie von Athen, 2. Aufl. 1931. — G. KARO, An Attic cemetery, Philadelphia 1943. — K. KÜBLER, Altattische Malerei, 1950. — Laufende Berichte in Jahrb. d. Deutsch. Arch. Inst., Berlin, vor allem seit 1930. — Deutsch. Arch. Inst.: Kerameikos, 4 Bde seit 1939.

Im Jahre 1858 wird das Odeion des Herodes Atticus (101—177 n. Chr.) in Athen befreit von der darüber liegenden Erde. 1862 wird das Theater des Dionysos freigelegt. Es ist ein Theater mit den Ehrensitzen für die Priester in Athen und mit dem Lehnsessel für den Oberpriester des Dionysos (M. Schede, Die Burg von Athen, 1922). Zur selben Zeit kann auf der Agorá von Athen, auf dem Marktplatz, die Wandelhalle, doppelstöckig und mit Läden versehen, gefunden werden. König Attalos II. Philadelphos (220—138, König 159—138) hatte sie erbauen lassen, sie trägt den Namen Attalos-Stoa. Gerade diese Grabung und die vor dem Dipylon-Tor, konnte Schichtungen mit Datierungen bestimmen.

Heute stellt sich das Bild so dar: Die früheste Phase ist die protogeometrische, 1050—900 v. Chr., herrschend ist die spätmykenische Gefäßform. Lineal und Zirkel werden verwendet. Dem 9. Jahrhundert v. Chr. gehört der streng geometrische Stil an, das Schwarzdipylon. Die reingeometrische Periode umfaßt die Zeit von 800—750 v. Chr., sie bringt Gefäße, dicht von Ornamenten überzogen. Tierfriese und Menschenbilder erscheinen, vor allem die Totenklage. Der spätgeometrische Stil, 750—700, bietet Kriegerzüge, Wagenumfahrten, Schiffsszenen, Schlachtbilder (E. Buschor, Griechische Vasen, 1944, 2. Aufl. — F. Matz, Geschichte der griechischen Kunst, Bd. 1, 1950).

Die geometrische Plastik ordnet sich diesem Bilde ein (H. Himmelmann-Wildschütz, Bemerkungen zur geometrischen Plastik, 1964).

Ein wichtiges Ereignis der klassischen Archäologie dieser Epoche ist die Ausgrabung von Olympia durch das Deutsche Archäologische Institut in den Jahren 1875—1881. Das Reich trug die ersten Kosten von 600000 M, die übrigen Kosten Kaiser Wilhelm II. Die Oberleitung verblieb in Berlin in den Händen von ERNST CURTIUS (1814—1896). Er war der Erzieher des späteren Kaisers Friedrich III. und schuf damit die Beziehungen zum Kaiserhaus.

Olympia ist die uralte Kultstätte des Zeus und der Hera, der Schauplatz der Olympischen Spiele. Sie werden gefeiert seit 776 v. Chr. Olympia liegt in Elis, in der Landschaft Pisatis, im Tale des Flusses Alpheus, 19 km entfernt vom Meere. Die Grabungen wurden von mehreren Wissenschaftlern durchgeführt, Gustav Hirschfeld (1847—1895), Wilhelm Dörpfeld (1853—1940), Adolf Furtwängler (1853—1907).

Der Hauptplan der Kultanlage ist der Tempel des Olympischen Zeus, 64 mal 27 Meter groß im dorischen Stil erbaut im 5. Jahrhundert, um 460 v. Chr. Schon im Jahre 1875 findet sich das Standbild der Nike, ein durch Inschriften gesichertes Originalwerk, eine schwebende, von oben herabsteigende Gestalt.

Im Heraion, dem Tempel der Hera, nördlich vom Zeustempel, im Ausmaß von 50 zu 18 Metern, wird 1877 in der Cella eines der bedeutenden Bildwerke der griechischen Kunst, der Hermes des Praxiteles gefunden. Es ist die Statue, von der

Pausanias berichtet (Gerhard Rodenwaldt, Die Kunst der Antike, Berlin 1927, 3. Aufl. Taf. 380).

Es wurde die Palästra aufgefunden, das Gymnasion, das Philippeion, das Philipp II. von Makedonien oder Alexander d. Gr. errichtet hat, die Exedra des Herodes Atticus, eine Wasserleitungsanlage aus dem 2. Jahrhundert n. Chr. und im Osten der Anlage das olympische Stadion, 214 Meter lang und 32 Meter breit (E. Curtius, Fr. Adler, G. Hirschfeld, Die Ausgrabungen zu Olympia, 4 Bde, 1877—1880. — E. Curtius u. Fr. Adler, Olympia, 5 Bde, 4 Tafelbde, 1890—1897. — Kurt Gallwitz, Olympia und seine Bauten, München 1972).

Von Bedeutung wurden die Ausgrabungen in Pergamon in den Jahren 1878 bis 1886, wieder durch das Deutsche Archäologische Institut. Pergamon liegt bei der heutigen Stadt Bergama in Kleinasien, gegenüber der Insel Lesbos, 40 km entfernt von der Küste des Ägäischen Meeres. Der Entdecker der Ruinen ist Carl Humann (1839—1896). Er war Straßenbau-Ingenieur in türkischen Diensten seit 1861, und vertraut mit Sprache, Land und Leuten. Seit 1869 war sein Arbeitsplatz Pergamon. Dort entdeckte er Reliefs und Skulpturen an den Wänden von Tempeln und Mauern. Humann erlebte, wie die Skulpturen in Öfen verbrannt wurden zu Kalk. Er nahm einige Belegstücke ab und brachte sie nach Berlin, jedoch man war nicht daran interessiert. Es war spätantike, es war nicht klassische Kunst.

In Pergamon hatte sich eines der Herrschergeschlechter der Nachfolger Alexander d. Gr. niedergelassen. Die im Umkreis lebenden Galater wurden besiegt, Pergamon wurde eine Hauptstadt und auch ein Zentrum von Gelehrsamkeit. Die Bibliothek wurde berühmt, die Tempel und das Theater gewannen an Gewicht. Im dritten und im zweiten vorchristlichen Jahrhundert war Pergamon eine Provinzstadt von geringer Bedeutung. In römischer Zeit vergrößerte sie sich, die bewohnte Fläche zog sich mehr in die Ebene hinab, Wandelhallen, Rundbauten, ein großes Theater wurden gebaut.

Als Alexander Conze (1831—1914) in Hannover geboren, 1877 aus Wien nach Berlin kam, als er dort Generalsekretär des Archäologischen Institutes wurde, änderte sich die Stellung gegenüber Pergamon. Conze und Humann arbeiteten nun zusammen, das Berliner Kultusministerium unter Richard Schöne unterstützte den Plan der Grabung.

Der Firman der türkischen Regierung wurde besorgt. Von den Funden sollte Deutschland zwei Drittel, die Türkei ein Drittel erhalten. Am 9. September 1878 konnte Humann mit der Ausgrabung der Burg von Pergamon beginnen. Die byzantinische Burgmauer bestand aus den Reliefplatten des griechischen Altars, man hatte die Platten für die Mauer verwendet. Humann beschreibt die Ausgrabung sehr lebendig in seinem Buch, Humann u. a. Ergebnisse der Ausgrabungen zu Pergamon, 3 Bde. 1880—1885:

„Ich hatte Besuch in Pergamon; meine Frau war von Smyrna herübergekommen und Herr Dr. Boretius aus Berlin, auf einer Orientreise Smyrna berührend, gleichfalls. Es war am 21. Juli (1879), daß ich die Besucher einlud, mit zur Burg zu kommen, um die Platten wenden zu sehen, die mit dem Rücken nach außen und mit der bearbeiteten Seite gegen den Schutt standen. Während wir hinaufstiegen, umkreisten sieben mächtige Adler, Glück verheißend, die Burg. Die erste Platte fiel um. Es war ein gewaltiger, auf seinen Ringelfüßen stehender Gigant, der uns den muskulösen Rücken zeigt, das Haupt nach links gewandt, eine Löwenhaut auf dem linken Arm — ‚sie paßt leider an keine bekannte Platte' sagte ich. Die zweite fiel, ein herrlicher Gott, die volle Brust zeigend, so gewaltig und doch so schön, wie noch keiner dagewesen. Um die Schulter hängt ein Gewand, das dann die beiden weit ausschreitenden Beine umflattert. ‚Auch diese Platte paßt mir an nichts Bekanntes!' Die dritte Platte zeigt einen schmächtigen Giganten, der in die Knie gestürzt ist; die Linke greift schmerzhaft zur rechten Schulter, der rechte Arm ist wie gelähmt — ehe er ganz von Erde gereinigt ist, fällt die vierte Platte: ein Gigant stürzt rücklings auf den Felsen; der Blitz hat ihm den Oberschenkel durchbohrt — ich fühle deine Nähe, Zeus! Fieberhaft umeilte ich die vier Platten. Hier die drittgefundene paßt an die erstgefundene: der Schlangenringel des großen Giganten geht deutlich in die Platte mit dem ins Knie gesunkenen Giganten über. Der obere Teil dieser Platte, wohinein der Gigant seinen fellumwickelten Arm streckt, fehlt; doch sieht man deutlich, er kämpft über den gestürzten hinweg. Sollte er gegen den großen Gott kämpfen? Wahrlich ja, der linke vom Gewand umwallte Fuß verschwindet hinter dem knienden Giganten. ‚Drei passen aneinander' rufe ich und bin schon bei der vierten: sie paßt auch — der blitzgetroffene Gigant fällt vom Gott abwärts. Ich zitterte förmlich am ganzen Leibe. Da kommt noch ein Stück — mit den Nägeln kratze ich die Erde ab: Löwenhaut — es ist der Arm des riesigen Giganten — dem gegenüber ein Gewirr von Schuppen und Schlangen — die Ägis! es ist Zeus! Ein Werk, so groß und herrlich wie irgend eins war der Welt wiedergeschenkt, unseren ganzen Arbeiten die Krone aufgesetzt, die Athenagruppe hatte ihr schönstes Gegenstück erhalten. Tief ergriffen umstanden wir drei glücklichen Menschen den köstlichen Fund, bis ich mich auf den Zeus niedersetzte und in dicken Freudentränen mir Luft machte."

Die Arbeit dauerte zwei Jahre, dann waren die Reliefs geborgen.

Eine eigene Straße mußte nach dem 40 km entfernten Küstenort Díkeli angelegt werden und an der Küste mußte eine Landungsbrücke gefertigt werden.

Die Reliefs und die Skulpturen stellen den Kampf der Götter gegen die Giganten dar. Die Komposition der Körper ist eigenartig, die Körper verschlingen sich, überlagern sich, überschneiden sich. Es ist eine spätantike Kunst in großer Vollendung. Der Altar ist um 180 v. Chr. geschaffen worden. Der Fries läuft an drei Seiten um den Tempel herum, die vierte ist der Aufgang.

OTTO PUCHSTEIN (1856—1911) konnte den Gedankengang des Frieses entziffern. Die Götter, die Olympier, beherrschen die Ostseite. Die Westseite ist die breite Treppe, der Aufgang. Die Nordseite ist den Göttern der Nacht, den Gestirnen und den unheimlichen Geistern gewidmet. Die Südseite beherrschen die Götter des Tages und des Lichtes.

Im Jahre 1883 waren alle Platten und alle Bruchstücke in Berlin im Alten Museum angekommen. Puchstein ordnete und gliederte die einzelnen Reliefs, provisorisch wurde der Altar, wie man ihn nannte, zuerst im Hofe aufgestellt, er sprengte in seiner Größe alle Museumsbauten. Erst 1930 war der eigens für den

Altar gebaute Raum beendet, das Pergamon-Museum konnte eröffnet werden und ich hatte das Glück, an der Feier teilzunehmen zu können.

Auch das Stadttor des Südmarktes von Milet wurde nach Berlin gebracht. Wieder mußte ein Raum für das Tor geschaffen werden.

Die Ausgrabungen begannen 1899 unter THEODOR WIEGAND (1864—1936). Das alte Míletos liegt im westlichen Kleinasien, im Meerbusen von Latmos, an der Mündung des Flusses Mäander. Die Stadt versandete durch die Ablagerungen des Flusses. Heute liegt das kleine Dorf Balad 10 km entfernt vom Meere. Die Grabungen gestalteten sich sehr schwierig, es mußten große Gebiete des Landes angekauft werden und schwierige Abwässerungsanlagen mußten durchgeführt werden. Einen großen Teil der Kosten übernahm Georg von Siemens.

Die beiden Häfen konnten freigelegt werden, das große Theater, das 30000 Menschen faßte, die Hallen, die Bäder, Heiligtümer, Märkte, das Rathaus. Das Tor am Südmarkt wurde wieder vollständig zusammengesetzt, und nach Berlin gebracht. Das Tor ist geschaffen worden im letzten Jahrhundert v. Chr., es ist römisch. Im Pergamon-Museum in Berlin, über den Krieg 1939—1945 erhalten, bedeutet es eine Sehenswürdigkeit (Th. Wiegand u. a., Ergebnisse der Ausgrabungen und Untersuchungen von Milet, 3 Bde, 1906—1922).

Andere Grabungen in dieser Zeit legten Magnesia frei, eine Stadt ebenfalls am Mäander gelegen. Der französische Forscher Charles Texier hatte 1843 von dem großen Tempel der Artemis fast den ganzen Fries, 70 Meter insgeamt, nach Paris bringen lassen. Als Künstler dieses Frieses ergab sich durch Inschriften der Name Hermogenes, um 275 v. Chr. Magnesia war interessant geworden, und so entsandte das Deutsche Archäologische Institut Friedrich Hiller von Gaertringen und Otto Kern im Jahre 1890 nach Magnesia. Das Theater konnte ausgegraben werden, und da die Ergebnisse gut waren, wurde eine Expedition ausgesandt mit Carl Humann, der inzwischen Museumsdirektor geworden war, Rudolf Heyne und Otto Kern.

Der Markt wurde ausgegraben, umgeben von doppelschiffigen Hallen mit einer Fülle von Inschriften aus hellenistischer Zeit, auch ein Werk des Hermogenes. Hermogenes ist die Hauptquelle für Vitruv, den römischen Baumeister zur Zeit des Augustus. Sein Werk „De architectura" umfaßt 10 Bände (Krohn, Vitruv, 1912. — Diels, Antike Technik, 3. Aufl. 1924.) Es ist das Standardwerk für die Renaissance. Die Bauanlagen des Artemistempels ergaben wichtige Erkenntnisse über die Architektur der hellenistischen Zeit.

Danach wurde Priene als Ausgrabungsgebiet ausgewählt. Die antike Stadt liegt im Latmischen Meerbusen, gegenüber Milet. An dieser Stelle hatten schon englische Forscher unter R. Poppelewell Pullan gegraben und 1866 eine Anzahl von Reliefs gefunden, die in das British Museum in London kamen. Im Jahre 1895 begann das Deutsche Archäologische Institut unter der Leitung von Carl Humann mit den Grabungen, besonders an der Stelle des Athena-Tempels. Pullan hatte ihn schon 1866 freigelegt, der Tempel war 330 von Alexander d. Gr. geweiht worden. Diese neuen Grabungen ergaben viele Funde. Die ganze Stadt wurde ausgegraben in der Zeit von 1895—1898. Als Humann 1896 starb, übernahmen die Leitung Theodor Wiegand und Hans Schrader. Diese Grabung war die erste, die die Gesamtanlage einer hellenistischen Stadt ergab, den Marktplatz, die Straßen, die Privathäuser, das Theater, die Tempel, den Fischmarkt, den Fleischmarkt, die Wasserleitung, die Kanalisation, die Klosetts. Der Ort hatte etwa 5000 Einwohner im zweiten vorchristlichen Jahrhundert. Die Berichte über die Grabungen sind: Th. Wiegand u. H. Schrader, Priene, 1904. — F. Hiller von Gaertringen, Die Inschriften von Priene, 1906. — A. von Gerkan, Das Theater von Priene, 1921. — K. Regling, Die Münzen von Priene, 1927.

Eine besonders bedeutungsvolle Grabung dieser Zeit ist die von Delphi. Der Ort liegt in der Landschaft Phokis. Es ist die Großartigkeit der Natur, die an dieser Stelle den Platz für die Götter und ihre Kulte geschaffen hat. Schroffe Felswände steigen steil auf, die Absturzberge des Parnaß bilden feste Mauern. Der Ort ist nur von zwei Seiten auf bergigen Pfaden zugänglich. Nach alter Überlieferung sollen betäubende Dämpfe aus einer Spalte der Erde gekommen sein, die die weissagende Pythia in Verzückung geraten ließen.

Seit 1840 hat der Platz immer wieder wissenschaftlich interessierte Besucher angezogen. 1892 begann das Französische Archäologische Institut in Athen seine Grabungen unter der Leitung von Théophile Homolle (1848—1925).

Homolle war seit 1884 Professor für Archäologie am College de France. Von 1890—1904 und von 1912—1913 war er der Direktor des französischen Archäologischen Instituts in Athen. Dann war er Direktor des Louvre von 1904—1911 und von 1912—1913 Direktor der Bibliothèque Nationale in Paris.

Im Jahre 1880 hatte das Französische Archäologische Institut, oder die Archäologische Schule, in Athen zusammen mit der Archäologischen Gesellschaft das Gelände um Delphi angekauft. P. Foucart, der Direktor des Instituts entsandte Bernhard Hassoullier zu der Fundstelle. Man fand die Feststraße und eine an die Mauer gelehnte jonische Halle. Durch eine Inschrift offenbarte sie sich als Stoa der Athener, bestimmt zur Aufnahme von Siegestrophäen.

Nun entwickelte sich der Plan, das ganze delphische Heiligtum auszugraben, und 1882 konnte der Vertrag mit der griechischen Regierung abgeschlossen werden. Doch es gab in Griechenland einen Ministerwechsel und der Vertrag wurde aufgehoben. Die griechische Regierung bot nun Deutschland die Ausgrabung an. Es war korrekt von der deutschen Regierung, daß sie mit Rücksicht auf Frankreich ablehnte. Die Verhandlungen gingen mehrfach hin und her. Da meldeten 1889 die USA einen Vertrag an, jedoch ohne Erfolg. Erst 1891 kam es zu dem griechisch-französischen Vertrag, er gab Frankreich für zehn Jahre das Recht zu Grabungen. Die französische Regierung bewilligte den Betrag von einer halben Million Francs, damals eine sehr große Summe.

Nun konnten die Grabungen 1892 beginnen, sie dauerten bis 1901. Später, zwischen 1904 und 1906 wurde das Schatzhaus der Athener mit den alten Fundstücken wieder aufgebaut. Der Bau war möglich, weil Pausanias das Schatzhaus beschrieben hat.

Die verschiedenen griechischen Stadtstaaten haben ihren Schatz nach Delphi gebracht. Dort schien er sicher im Schutze der Götter und der Priester. Delphi war ein Heiligtum, allen Stämmen Griechenlands gemeinsam, oft der einzige Halt zwischen den immer rivalisierenden Städten. Der Mittelpunkt dieses Heiligtums ist der Apollon-Tempel, erbaut im 7. vorchristlichen Jahrhundert. Er brannte 548 ab. Alle griechischen Stämme trugen bei zum Wiederaufbau. 513 war der Neubau vollendet, vor allem durch die Unterstützung der Alkmeoniden, einer verbannten Adelsfamilie aus Athen. Aber im Jahre 373 wurde der Tempel nochmals zerstört durch ein Erdbeben. Sein Wiederaufbau geschah in den Jahren 369—323.

In der Mitte des Tempels befand sich ein Stein mit einer Höhlung, er war der Omphalos, der Nabel der Welt. Der Tempel steht auf einer Erhöhung, die Heilige Straße führt zu ihm hinauf. Auf beiden Seiten der Straße standen Statuen als Siegeszeichen der Kämpfe der Griechen untereinander und auch der Kriege mit den Persern. In diesem Apollon-Tempel verkündete die Priesterin Pythia, auf einem Dreifuß sitzend, die Orakel Apolls in vieldeutigen Sprüchen. Die Pythia sprach „rasenden Mundes", die Priester brachten das Gesprochene in metrische, oft in eine kunstvolle, immer in eine vieldeutige Sprache.

Die Ausgrabungen ergaben das große Theater im Norden. Unter dem Theater fand sich eine Skulptur von Lysippos, sie stellt eine Löwenjagd Alexanders d. Gr. dar, in der er durch seinen Freund Krateros gerettet worden ist.

Wichtig wurde in dieser Zeit die Aufdeckung der Lesche, des Verhandlungshauses der Knidier im äußersten Nordosten des Heiligtums. Die Wände waren geschmückt mit zwei großen Gemälden von Polygnot, darstellend die Eroberung von Troja und die Hadesfahrt des Odysseus. Pausanias hat diese Bilder beschrieben, und so ergänzen sich schriftliche Überlieferung und die Ausgrabung der Gegenwart.

Nicht weit von diesem Tempel kam eine große Gruppe von Marmorstatuen zutage. Die wichtigsten Stücke sind der Hermes von Delphi, der Wagenlenker aus Bronze (Gerh. Rodenwaldt, Die Kunst der Antike, Berlin, 1927, 3. Aufl. Taf. 254, 255), jetzt im Museum von Delphi, der Zeit 480—450 zugehörend.

In Delphi sind bis 1900 über 3000 griechische Inschriften gefunden worden. Der Bericht über Delphi ist heute: Pierre de LA COSTE-MESSELIÈRE. Au Musée de Delphes, 1936. — Weitere Bücher von Bedeutung: TH. HOMOLLE, Fouilles de Delphes, seit 1902. — F. POULSEN, Delphische Studien I, Kopenhagen 1924. — G. KARO, Die Gestaltung des delphischen Heiligtums in: Bilder u. Studien aus drei Jahrhunderten, Gothein-Festgabe 1923. — H. W. PARKE, A history of the Delphic oracle, Oxford 1939. — H. BERVE, Gestaltende Kräfte der Antike, 1966, 2. Aufl.

Auch das Österreichische Archäologische Institut hatte viele Erfolge. Man setzte den Spaten an in Samothrake, einer rauhen Felseninsel im nördlichen Ägäischen Meer, westlich der Einfahrt in das Marmara-Meer. Die Stadt war im Altertum berühmt wegen ihrer Mysterienfeiern, ähnlich wie Eleusis. Die erste Campagne fand 1873 statt, die zweite folgte 1875.

Schon 1863 hatte der französische Vizekonsul Champoiseau bei der Stadt Kabálla etwa 200 Bruchstücke einer großen weiblichen Statue gefunden. Alles wurde nach Paris gebracht. Wilhelm Fröhner erkannte 1869 die Bedeutung, und so wurde die Nike von Samothrake ein Prunkstück des Louvre.

Als die Österreicher ihre Grabungen begannen, fanden sie nicht weit entfernt von dem Platze der Nike die Gesamtanlage des Mysterienheiligtums. Es ist im 3. Jahrhundert errichtet worden. Ein Mitglied der österreichischen Grabung, OTTO BENNDORF (1838—1907), hatte das Glück, die Steinblöcke des Unterbaues der Nike zu finden. Sie stand auf dem Vorderteil eines Kriegsschiffes. Sofort wurde die Entdeckung nach Paris gemeldet. Die Stücke, die Nike und das Schiffsunterteil, paßten zusammen. Als der Zar von Rußland 1896 Paris besuchte, konnte ihm die vollständige Statue auf der Escalier Daru des Louvre vorgeführt werden. Auf dieser Treppe steht die Figur noch heute beherrschend da, sie gehört dem Hellenismus an, 300—146. Der Bericht findet sich bei CONZE, HAUSER, BENNDORF, Neue archäolog. Untersuchungen aus Samothrake, 1880. — THIERSCH, Pro Samothrake, Sitzungsber. d. Akad. d. Wiss. zu Wien, Phil.-hist. Klasse. Bd. 212, 1930. — Ders. Göttinger Nachrichten 1931. — G. RODENWALDT, Die Kunst der Antike. Berlin 1927, 3. Aufl. Taf. XXX.

Auch Delos wird in dieser Zeit ausgegraben durch die französische Schule, die auch zuerst in Samothrake gegraben hatte. Die Bezeichnung Delos bedeutet zwei kleine kahle Inseln der griechischen Kykladen, südwestlich von Mykonos. Delos ist dem Mythos nach das Geburtsland von Apollon. Die Insel ist heute verlassen, einsam. Die Stätte des Heiligtums war erkennbar durch Trümmerhaufen. Am Abhang des Berges waren Reste des Theaters erkennbar. Im Jahre 1873 hatte ein Mitglied der französischen archäologischen Schule, Albert Lebègue, eine Grotte am Felsenabhang gefunden, wohl die heilige Grotte des Apollo.

Die Erinnerung an die Höhlen der Eiszeit mit ihren kultischen Malereien hat sich durch Jahrtausende erhalten. Apollo wird in der Höhle geboren, Mithras, Christus. Die Höhle von Bethlehem, unter der Geburtskirche der Kaiserin Helena, war seit Jahrtausenden vorher eine Kulthöhle für Tamuz, den sterbenden und wiederauferstehenden Gott (E. Benz, Die heilige Höhle in der alten Christenheit und in der christlich-orthodoxen Kirche. Eranos-Jahrbuch, Bd. 22, Zürich 1954, S. 365 bis 432).

Der Leiter der französischen Archäolog. Schule wurde 1876 Albert Dumont. Er bestimmte als den leitenden Ausgräber Théophile Homolle, der später in Delphi gegraben hat. Homolle begann die Grabung 1877 mit der Summe von 1300 Francs. Dieser Betrag mag zeigen, wie schwierig Ausgrabungen waren und wieviel Begeisterung sie verlangten, nicht nur in geistigem, auch im materiellen Sinne.

Bis 1879 waren wichtige Teile des Kultplatzes von Delos aufgedeckt, der Heilige See neben der Agorá der Italiker, die Feststraße, die vom Letoon, dem Heiligtum der Leto, zu dem Apollotempel führte. Nach dem Mythos gebar Leto

Apollo und Artemis auf Delphi, wie der Apollohymnus bei Homer berichtet. An der Feststraße fanden sich die Statuen der heiligen Löwen aus dem 7. Jahrhundert.

Die fliegende Nike von Delos wurde aufgefunden, die römische Kopie des Jünglings mit der Siegerbinde, jetzt in Athen, im Nationalmuseum (G. Rodenwaldt, Die Kunst der Antike, Berlin 1927, 3. Aufl. Taf. 299). Wieder bemerkte man bei der Fülle der Hausfundamente, daß die Grabung ohne einen Architekten nicht weiter durchgeführt werden konnte, und so wurde Paul Nénot berufen. Er konnte den genauen Plan herstellen, die Mauern festlegen, die Lage der Heiligtümer, der Schatzhäuser, der Plätze.

Delos erwies sich als so ergebnisreich, daß die Grabungen über die festgesetzte Zeit von 1879 hinaus fortgeführt wurden. Bis 1888 war der Ausgrabungsleiter Homolle, zusammen mit dem Architekten Demierre. 1882 hat Salomon Reinach in Delos gegraben. Er wurde später, 1901, der Direktor des Musée des Antiquités Nationales in Saint-Germain bei Paris. Ich darf bemerken, daß ich mehrmals sein Gast war, und daß er mir noch viel erzählt hat über seine Grabungen auf Delos und über manche andere Fragen, die uns gemeinsam berührten. Das Problem der Stellung Apollos in der Götterwelt der Griechen hat ihn zu zwei Büchern angeregt: Apollo, Histoire générale des arts, Paris 1904, 96. Tausend 1931 und: Orpheus, Histoire générale des religions, Paris 1909, 14. Aufl. 1930.

Später, 1902, sind die Ausgrabungen in Delos wieder aufgenommen worden. Der Herzog von Loubat hat dafür jährlich 50000 Francs zur Verfügung gestellt.

Die wichtigsten Berichte über Delos sind diese: Th. Homolle et M. Holleaux, Explorations archéologiques de Délos, Paris, seit 1909. — P. Roussel, Délos, Paris 1925. — W. A. Laidway, Story of Delos, Oxford 1933. — P. Bruneau et J. Ducat, Guide de Delos, Paris 1965. — E. Kirsten u. W. Kraiker, Griechenlandkunde, 5. Aufl., 1967.

So ist der Ertrag der klassisch-archäologischen Grabungen in der Zeit zwischen 1850 und 1900 besonders groß. Manches bedeutende Kunstwerk der Welt der Griechen ist in dieser Zeit aus der Erde gehoben worden: die Venus von Milo, die Nike von Samothrake, der Hermes des Praxiteles in Olympia. Es wurde auch möglich, die zeitliche Gliederung dieser Kunstwerke zu bestimmen, wie sie etwa Rodenwaldt niedergelegt hat (G. Rodenwaldt, Kunst der Antike, 1927, S. 11—88). Die archaische Kunst 600—480, das Jugendalter 480—450, die klassische Kunst, der erhabene Stil, 450—400, die klassische Kunst, der schöne Stil 400—300, die hellenistische Kunst 300—150. Rodenwaldt sagt in einer Zusammenfassung über das Wesen der Kunst der Griechen diese Worte (ebda S. 49): „Die griechische Kunst ahmt nicht die unvollkommenen Formen bestimmter Individuen nach, sondern gibt der Idee des Menschen Gestalt. In der klassischen Kunst des vierten Jahrhunderts erreicht sie die höchste Stufe, auf der die Verwirklichung der Idee nicht mehr im Gegensatz zur Natur steht, sondern mit ihr insofern übereinstimmt, als die Kunst Gestalten bildet, die in der Natur entstehen könnten, wenn es auch in solcher Vollkommenheit kaum je der Fall ist."

Neben der Welt Griechenlands gewinnt auch die von Rom an Bedeutung. In Rom selber geschahen wichtige Entdeckungen in der zweiten Hälfte des 19. Jahrhunderts. Diese Zeit bedeutet den Übergang von der geruhsamen Stadt der Päpste zu der Hauptstadt des neuen Königreiches Italien. Am 20. 9. 1870 hielten die Truppen Garibaldis in Rom ihren Einzug. Der Rest des Kirchenstaates wurde dem neuen Königreiche eingegliedert, Rom trat in den Mittelpunkt als die Residenzstadt des Königs.

Neue Straßen mußten angelegt werden, neue Plätze geschaffen werden, alte Plätze mußten verbessert und ausgebaut werden.

Auf dem Palatin hatte Napoléon III. 1861 mit Grabungen begonnen. Er hatte von der entthronten Königsfamilie von Neapel die Villa Farnese auf dem Palatin erworben und ließ durch den römischen Architekten Pietro Rosa die alten Kaiserpaläste freilegen. Der Palast des flavischen Kaiserhauses wurde gefunden und 1869 das Haus der Livia. Besonderen Eindruck machten die Wandmalereien in drei gewölbten Räumen dieses Hauses. Der Krieg von 1870—1871 beendete die Arbeiten Napoléons. Sie wurden nach der Errichtung des italienischen Königreiches sogleich wieder aufgenommen. Nun brauchten sich die Arbeiten nicht mehr auf den Privatbesitz des Kaisers zu beschränken, jetzt vermochte man die gesamte Mitte des Palatins zu erfassen. Die Villa Mills konnte beseitigt werden, unter ihren Fundamenten hob sich der Palast des Augustus ab.

Auf dem Forum wurden weite Gebiete freigelegt. Der Titusbogen, vorher nur in seinem oberen Teile sichtbar, wurde vollkommen von den ihn umgebenden Erdmassen befreit, so daß er seit dieser Zeit zu den besonderen Sehenswürdigkeiten der Stadt Rom gerechnet werden kann. Er wurde im Jahre 81 n. Chr. von Domitian zur Erinnerung an den Sieg des Titus über die Juden vom Jahre 70 geweiht. Franz Wickert widmete ihm 1895 eine genaue Untersuchung.

Im Jahre 1878 mußte der Lauf des Tibers reguliert werden und dabei kam das Haus im Garten der Farnesina aus der Zeit des Augustus zum Vorschein. Es brachte bedeutende Malereien im sogenannten zweiten Stil im Sinne von Pompeji.

Damals, 1886, wurde das Museo Nazionale in Rom begründet, es wurde in den Thermen des Diokletian untergebracht. Die Mehrzahl der Funde dieser Zeit wurde in diesem Museum aufgestellt.

Die beiden damals in Rom bestehenden Theater, das Teatro Argentina und das Teatro di Nona, waren nun zu klein, um der schnell anwachsenden Einwohnerschaft zu genügen. Die Stadtverwaltung erbaute ein neues Theater an der neuen Hauptstraße, der Via Nazionale, am Nordhang des Hügels Esquilin. Dabei kamen die Ruinen eines bedeutenden Privathauses zutage. Aus den Stempeln auf den Ziegeln wurde es deutlich, daß das Haus in der Zeit zwischen 138 und 180 errichtet worden war, zu der Epoche des Antoninus Pius. Es ist später im Besitz des Gaius Julius Avita gewesen, des Großvaters des Kaisers Heliogabal, der seine Jugend in diesem Palast verlebte. Dieser Kaiser mit dem orientalischen Namen kam als Vierzehnjähriger auf den Thron im Jahre 218 n. Chr., im Jahre 222 wurde er ermordet. Sein Nachfolger ist Marcus Aurelius Antonius. Über Heliogabal liegt eine Lebensbeschreibung vor: R. VILLENEUVE, Héliogabale, le César fou, Paris 1957.

Aus dieser Villa stammt der Hermaphrodit, eine Statue, über die Plinius berichtet. Bei weiteren Grabungen kamen 1884 zwei kostbare Bronzestatuen zutage, sie wurden in das Thermen-Museum gebracht. Fast bei Beendigung der Arbeiten wurden in den Fundamenten der Villa der berühmte Faustkämpfer in Bronze gefunden. Zola hat über ihn geschrieben, Gerhart Hauptmann hat ihn begeistert dargestellt. Mit einer Höhe von 1,28 Metern ist er ein eindrucksvolles Denkmal römischer Kunst. Es stammt aus der Zeit um 50 v. Chr., gearbeitet wurde er von Apollonios, dem Sohne des Nestor (G. Rodenwaldt, Die Kunst der Antike, Berlin, 3. Aufl. 1927, Taf. 451).

Über den Fundamenten dieser römischen Villa wurde das Teatro Costanzi errichtet, später die Oper von Rom. Die Melodien von Rossini und Verdi erklingen noch über der Stelle, an der einmal der Faustkämpfer lagerte.

Im Jahre 1887 wurde in der Villa Ludovisi die marmorne Thronlehne gefunden, sie zeigt die dem Meere entstiegene Aphrodite. Es ist ein Meisterwerk griechischer Plastik aus der Zeit 480—450 v. Chr. (G. Rodenwaldt, ebd. Taf. 281, 282, XVI, 283).

Das Jahr 1894 brachte unter der Leitung von Eugen Petersen die Aufdeckung der Ara Pacis von Augustus, aus den Jahren 13—9 v. Chr. Schon 1569, und dann wieder 1859, waren Reliefplatten des Altars aufgedeckt worden, sie wurden in Rom und Florenz aufbewahrt.

Der Altar ist von dem römischen Senat für die Heimkehr des Augustus nach der Befriedung aller Provinzen in Rom am Marsfeld im Jahre 9 v. Chr. errichtet worden. Er umfaßt einen rechteckigen Bezirk von 11 × 10 Metern mit einer umlaufenden Reliefwand von 6 Metern Höhe. Der Altar gilt als das kostbarste Denkmal des klassischen Reliefstils in augusteischer Zeit. Nachgrabungen 1903 und 1937 bis 1938 ermöglichten den Wiederaufbau, zwar nicht am alten Platz, aber in der Nähe des Augustus-Mausoleums. Die Berichte über den Altar sind: E. PETERSEN, Die Ara Pacis, 2 Bd. 1902. — G. MORETTI, Die Ara Pacis, Rom 1948. — H. KÄHLER in: Jhb. d. Dtsch. Arch. Inst. Bd. 69, 1954. — E. NASH, Bildlexikon z. Topographie des antiken Rom, Bd. 1, 1961.

Auf dem Boden Deutschlands, bei Hildesheim, wurde im Jahre 1868 ein bedeutender Fund gehoben, der Hildesheimer Silberschatz. Soldaten machen in diesem Jahre eine Felddienstübung, heben Gräber aus, und plötzlich schlägt die Hacke auf Silber. Die Arbeit wird unterbrochen, Unteroffiziere und Offiziere erscheinen, herbeigerufen durch die Erregung der Soldaten. Immer mehr Silber kommt aus der Erde, getriebenes Silber. Es ist ein reich mit Reliefs versehener Silberkessel, drei längliche Teller, drei kleine runde Schüsseln, eine gebuckelte Schale, ein Salzfaß, elf reich verzierte Becher und zwei glatte Becher. Als Besonderes werden zwei Schalen, eine mit dem Reliefbild der Athena-Minerva, die andere mit dem Relief des schlangenwürgenden Herakles aufgefunden. Diese beiden Schalen sind hellenistische Arbeiten, sie gehören dem 3. vorchristl. Jahrundert an. Sie waren demnach eine antike Kostbarkeit, denn alle übrigen Stücke sind römisch aus der Zeit des Augustus. Der Fund hat viele Fragen aufgeworfen, kann er doch nur das Reiseutensil eines bedeutenden Römers gewesen sein. Und das bei Hildesheim, in der Mitte Deutschlands, nicht im Westen des Landes, wie es zu erwarten gewesen wäre. Es wurde an das Reisebesteck des Varus gedacht aus der Schlacht im Teutoburger Wald im

Jahre 9 n. Chr., andere dachten an die Beute des Arminius. Die Frage, wer der Besitzer dieses großen Schatzes war, die Frage, warum der Schatz gerade bei Hildesheim vergraben worden ist, wird immer eine offene Frage bleiben. Genug, daß wir Heutigen den Schatz besitzen. Er ist ins Alte Museum in Berlin gekommen, das Röm.-Germ. Museum in Mainz besitzt genaue Abgüsse. Die Literatur ist diese: H. Holzer, Der Hildesheimer antike Silberfund, Hildesheim 1870. — Pernice u. Winter, Der Hildesheimer Silberfund, Berlin 1901. — A. Köster, Antikes Tafelsilber, Berlin 1923. — P. La Baume, Röm. Kunstgewerbe, 1964. — N. Gehring, Der Hildesheimer Silberfund in: Bilderhefte d. Staatl. Mus. Berlin, Bd. 4, 1967.

In Italien wird im Jahre 1897 ein ähnlicher Fund gehoben. Der Fundplatz ist Boscoreale, ein Dorf am Fuße des Vesuvs. Eine römische Villa wird entdeckt und von Pasqui ausgegraben. In ihr wird ein Schatz gefunden mit Goldmünzen, mit Silber- und Bronzegerät aus der gleichen Zeit wie der Schatz von Hildesheim, aus der frühen Kaiserzeit. Wenn auch nicht so reich, wie der Hildesheimer Fund, ist er aber von gleicher Qualität in der Bearbeitung. Ein Silberbecher zeigt getriebene Störche, ein anderer tanzende Skelette. Eine prächtige Schale trägt als Mittelfeld ein Brustbild, wohl das der Africa. Andere Silbergefäße tragen Darstellungen aus dem Leben des Kaisers Augustus und Tiberius und römische Porträtbüsten. Mit den Gefäßen fand sich ein bronzener Dreifußtisch. Außerdem lagen dabei Bronzebeschäge von einem Möbelstück, das vergangen ist. Die Beschläge dienten dazu, die Silbergefäße in einem Kasten tragbar zu machen und den Kasten zu verschließen. Als Geschenk von Baron Edmund von Rothschild gelangte der Schatz nach Paris in den Louvre.

Der Fund wurde bald nach der Entdeckung veröffentlicht von A. Héron de Villefosse, Le trésor d'argenterie de Boscoreale, Paris 1895. — Ders. in: Monument Piot, Bd. 5, 1899. — A. de Franciscis in: Enciclopedia dell'arte classica, Bd. 3, 1959.

In Frankreich wendet man dem Denkmal der Julier in St. Remy das Interesse zu, als Heinrich Brunn 1869 seine Bedeutung zum ersten Male betonte, nachgedruckt bei Heinr. Brunn und Fr. Bruckmann, Denkmäler griechischer und römischer Skulpturen, München 1888. Das Maison Carrée in Nîmes tritt in den Umkreis des Interesses. Es ist der um das Jahr 1 n. Chr. errichtete Tempel der Prinzen Gaius und Lucius, aus dem Hause des Augustus, er ist bis heute erhalten. Man ergänzt verfallene Stellen des Amphitheaters, das im 2. nachchristl. Jahrhundert errichtet worden war. Das riesige Bauwerk, fast ganz erhalten, ist 133 m lang und 101 m breit, 21 m tief und faßt 30000 Zuschauer. Das Theater wird heute noch für Vorstellungen und Stierkämpfe verwendet.

Aus dem 2. Jahrhundert stammt in Nîmes der Tempel der Diana, ein Saalbau mit einem Tonnengewölbe. Um eine Quelle ist bis jetzt das Nymphaeum erhalten, es ist augusteisch, im 18. und 19. Jahrhundert wurde es wieder hergestellt.

Die Wasserversorgung der römischen Stadt war gesichert durch eine Wasserleitung von 49 km Länge. Von ihr ist die Brücke Pont du Gard erhalten geblieben bis heute. Dieses Aquädukt ist 50 m hoch und 269 m lang.

Die neueren Berichte über die römischen Altertümer in Nîmes sind diese: E. LINCKENHELD, Nemausus, in: Real-Encycl. d. class. Altertumswiss., herausg. v. A. PAULY u. G. WISSOWA, Bd. 16, 1933. — R. NEUMANN, Der Quellbezirk von Nîmes, Vingt Siècles d'histoire, Nîmes 1941. — Ders. Le Pont du Gard, Paris 1956. — J. CHR. BALTY, Etudes sur la Maison Carrée de Nîmes, Brüssel 1960.

Städte wie Arles, Orange, haben eine Fülle römischer Bauten hinterlassen. In Arles wurde das Amphitheater 1846 befreit von der Überbauung mit alten Häusern. Jetzt dient der Bau, Les Arènes genannt, als Stierkampfarena.

In Orange ist der Triumphbogen erhalten, er stammt aus der Zeit des Augustus und ein Amphitheater aus dem Anfang des 2. Jahrundert n. Chr.

Die neuere Literatur ist: E. ROUSSEL, Une ancienne capitale, Orange, Paris 1900. — R. AMY u. a. L'arc d'Orange, 2 Bde, Paris 1962. — A. PIGANIOL, Les documents cadastraux de la colonie romaine d'Orange, Paris 1962.

In England ist für die Zeit der Römer der Ort Bath, City of Bath, in der südenglischen Grafschaft Somerset, von Bedeutung. Viele Baufunde haben sich erhalten, es handelt sich um radioaktive Calciumsulfat-Thermen mit 40—48,9 Grad Celsius.

In Jugoslawien ist in Split, Spalato, der große Palast von Diokletian, beginnend mit dem Jahre 305 n. Chr. errichtet worden. Der Palast umfaßt 38 000 qm. Die Mauern der West- und Ostseite sind 215 m lang, die der Nordseite 175 m, die der Südseite 179 m. In dem Palast stehen noch Wohnhäuser, in der Mitte ist der Kuppelbau erhalten, seit dem 9. Jahrundert eine christliche Kirche, geweiht der Maria. Aus der Literatur sei genannt: NIEMANN, Der Palast Diokletians in Spalato, 1910. — J. STRZYGOWSKI, Spalato, 1912. — BULIČ u. KARAMAN, Der Palast des Kaisers Diokletian in Spalato, Agram 1929.

In Spanien gewinnen in der zweiten Hälfte des 19. Jahrunderts die erhaltenen römischen Bauten an Bedeutung. Sie werden gesichert, ausgebessert, vermessen und wissenschaftlich bearbeitet. Es sind dies die Brücke über den Tajo bei Alcántara, 58 Meter hoch, erbaut im Jahre 105 n. Chr.; das gewaltige Aquädukt zu Segovia, die Brücke über den Guadiana; die Wasserleitung und das Theater und ein Tempel zu Mérida, Prov. Badajóz, das alte Emerita Augusta. Die Wasserleitung ist noch 792 Meter lang erhalten, sie hat 60 Bogen.

Die zusammenfassende Literatur ist: BLAS TARACENA Y AGUIRRE, Arte Romano, in: Ars Hispaniae, Vol. 2, 1950.

In Rumänien gewinnt in dieser Zeit ein römisches Denkmal an Bedeutung durch den Einfluß der österreichischen Forschung. Es ist das Denkmal von Adamklissi, türkisch: Männerkirche.

GRAF HELMUTH VON MOLTKE (1800—1891), der preußische Generalfeldmarschall, stand 1836—1839 als Instrukteur in den Diensten der Türkei. Im Jahre 1837 besuchte er das Denkmal von Adamklissi und beschrieb es, soweit es damals aus der Erde hervorragte. Seine „Briefe aus der Türkei" über Erlebnisse in den Jahren 1835—1839 erschienen 1841, 7. Aufl. 1911, Auswahl Köln 1968.

Das Denkmal wurde auf Veranlassung der Regierung von Rumänien 1882—1890 freigelegt. Die Leitung lag in den Händen von Gregor G. Toscilesco, mitbeteiligt waren O. Benndorf u. George Niemann. Es ist ein runder Turm in der Art des Grabmales der Cäcilia Metella. Im oberen Teil ist der Turm umsäumt von einem Metopenfries. Darüber erhebt sich ein sechsseitiger Sockel mit einer Inschrift Trajans vom Jahre 109. Der Rundbau besitzt einen Durchmesser von 30 Metern, auf der Spitze erhebt sich ein Tropäum. Die Skulpturen mit den Darstellungen besiegter Völker sind in das Museum von Bukarest gebracht worden.

Das Denkmal ist errichtet worden an der Stelle der großen Niederlage der Römer durch die Daker unter Domitian im Jahre 87. Es fielen 4000 römische Soldaten. Als dann die Daker 107 geschlagen worden waren, hat Trajan dem „rächenden Mars" dieses Denkmal errichtet. Den Bericht brachten: G. G. TOSCILESCO, O. BENNDORF, G. NIEMANN, Das Monument von Adamklissi, 1895. — A. FURTWÄNGLER, Adamklissi, 1897, 2. Aufl. 1904.

Völkerwanderungszeit

Wenn so das klassische Altertum bis zum Jahre 1900 bedeutend gewinnen konnte an Farbe und Licht, wenn neue unerwartete Schwerpunkte der künstlerischen Gestaltung und der Architektur in den Blickwinkel getreten waren, so war die der Antike folgende Epoche, die Völkerwanderungszeit bis 1900, noch vom Dunkel umhüllt.

Wohl war die schriftliche Überlieferung bekannt, sie war veröffentlicht worden und vielfach auch übersetzt, so Gregor von Tours, Fredegar, Prokop, die Heiligengeschichten, die Regesten. Die Monumenta Germaniae Historica, die Sammlung der Quellentexte des Mittelalters, hatte vieles geleistet. Das gewaltige Werk war begründet worden vom Reichsfreiherrn Karl vom Stein im Jahre 1819 als Gesellschaft für Deutschlands ältere Geschichtskunde. Von 1823—1873 standen die Monumenta, nun unter diesem Namen, unter der Leitung von G. H. Pertz. Das Deutsche Reich und Österreich unterstützten dieses Werk. Von 1875—1886 stand es unter der Leitung von G. Waitz, 1886—1888 unter der von W. Wattenbach,

1888—1902 unter der von E. Dümmler. In der Reihe: Geschichtsschreiber der deutschen Vorzeit, liegen bis jetzt 96 Bände vor.

Wenn so die archäologische Forschung bis 1900 große Erfolge zu verzeichnen hatte, dann waren die Ergebnisse der Völkerwanderungszeit bis 1900 völlig ungenügend und unzureichend. Wohl waren immer wieder einzelne Gräber zutage getreten, Gräber mit oft reichen Beigaben, aber es fehlte fast ganz die wissenschaftliche Verarbeitung, die Einordnung einzelner Funde in das Gesamtgefüge des Wissens um das Material, das die Menschen der Völkerwanderungszeit in ihren Händen hielten.

Im Jahre 1653 war das Grab des fränkischen Königs Childerich (458—481) aufgefunden worden. Aber dann war die Anteilnahme an den Funden der Völkerwanderungszeit erloschen. Andere Fragen, die der Eiszeit, die der Bronzezeit, die der Eisenzeit vor Christi Geburt traten in den Vordergrund und beschäftigten die Gemüter ganz. Die Völkerwanderungszeit trat zurück vor den anderen Epochen und ihren Problemen. Der Grund dafür liegt vor allem darin, daß die Völkerwanderungszeit nicht mehr Grabhügel aufrichtet, die Toten werden bestattet in großen Reihengräbern, und so sind die Gräber in der Landschaft nicht erkennbar. Sie liegen auch selten auf der Feldflur, so werden sie beim Ackern kaum angeschnitten. In den meisten Fällen liegen sie neben der frühchristlichen Kirche, also inmitten der heute bewohnten Orte und sind seit Jahrhunderten vergangen durch Bauten, Straßen, Plätze. Frühere Jahrhunderte aber haben auf die Funde nicht geachtet, sie sind verloren. Manchmal liegen die Gräberfelder auch an sandigen, für den Feldbau ungeeigneten Stellen, und auch dort sind sie erst spät aufgefunden worden.

So hat Ludwig Lindenschmit recht, wenn er in seinem Buch über „Die vaterländischen Alterthümer der Fürstlich Hohenzollern'schen Sammlungen zu Sigmaringen", Mainz 1860, seine Arbeit beginnt mit diesen Worten: „Erst den letztvergangenen Jahrzehnten war es vorbehalten, durch die Entdeckung einer großen Anzahl altchristlicher Friedhöfe einen sicheren Überblick der Grabalterthümer der deutschen Stämme des 5—8. Jahrhunderts zu gewinnen. Es ist hier ein unverrückbarer Anhaltspunkt für die Forschung gewonnen, der bei keiner Frage, auch der entfernteren Vorzeit, mehr unbeachtet gelassen oder umgangen werden darf. Die merovingischen Alterthümer sind deshalb für die Wissenschaft die wertvollsten unserer seitherigen antiquarischen Entdeckungen, sowohl, weil sie nach allen Seiten hin sicher beglaubigt sind, als auch, weil dasjenige, was bei ihnen fremdem Einflusse anheimfällt, sich von dem weit überwiegenden nationalen Bestandteil leicht erkennbar scheiden läßt" (S. 2).

In diesem Werke wendet sich Lindenschmit scharf gegen die Gewohnheit der Zeit um 1860, alles das, was unter den Funden nicht römisch ist, als keltisch zu bezeichnen. Er sagt auf S. 101 zu dieser Einstellung das Folgende:

„Das sogenannte keltische Erzgeräthe, das hauptsächliche bisherige Scheidungsmerkmal, zeigt, wie schon erwähnt, nicht die Eigenschaften, welche zu einer Trennung der Völker, die wir diesseits und jenseits des Rheins, in Gallien und Germanien finden, berechtigten, und so verhält es sich auch mit allem Übrigen, was man bis jetzt als charakteristisches Kennzeichen des einen oder des anderen Stammes (Kelten oder Germanen) aufzustellen bemüht war."

„Die Feststellung des Charakters dieser Bildungsfortschritte, ihrer Zeitfolge und Zeitbestimmung, sowie des Nachweises über die fremdartigen, dabei betheiligten Einflüsse, gegenüber den Eigenthümlichkeiten des Volkes selbst, bildet das Wesentliche der so schwierigen als wissenschaftlich bedeutenden Aufgabe der Grabforschung ... Der Entdeckung einer bis jetzt noch spurlosen irisch- oder britisch-keltischen Kunst und Kultur wird man jedenfalls noch mit einiger Geduld entgegen sehen müssen. Bis dahin aber sollte man den Ausdruck überschwänglicher Begeisterung und ‚Ehrfurcht' für alles Keltische nach Werth und Bedeutung des Gegenstandes ermäßigen, andererseits aber die Klage und Entrüstung gegen die ‚rohen germanischen Eindringlinge' passender verwenden, gegen die blindäugige Aufnahme ausländischer Phantasien, gegen die selbstgefällige Schnellfertigkeit und Willkür in Sachen der Wissenschaft."

Und so erhellen diese Worte von Lindenschmit die wissenschaftliche Lage zwischen 1850 und 1860 am besten. Sie machen die Schwierigkeiten und Aufgaben klar, vor denen die Forscher damals standen. Dabei muß man immer bedenken, es ist eine Zeit, die weit besser als die heutige die antiken Quellen kannte. Immer wieder werden die lateinischen, die griechischen Schriftsteller zitiert, und jeder der Verfasser ist unermüdlich in der Beibringung der Schriftquellen, der Berichte, der Zitate. Bei den englischen, den skandinavischen und oft auch den deutschen Autoren wird auch das Nibelungenlied herangezogen, die Edda, Beowulf. Im Jahre 1837 hatte Kaspar Zeuß alle antiken Quellen über die Stämme der Frühzeit und ihre Erwähnung zusammengefaßt. Sein Buch, bis heute immer wieder nachgedruckt, hat den Titel: Die Deutschen und die Nachbarstämme, München 1837, Verlag Ignaz Joseph Lentner, der heutige Verlag ist Carl Winter, Heidelberg.

Doch die alten Quellen ergeben fast nichts, sie antworten auf die großen Fragen nicht, nur bei den Skythen und den Kelten besteht diese Möglichkeit. Die germanischen Funde sind nach der Literatur nicht zu bestimmen. Caesar und Tacitus wissen nichts von der Bronzezeit, und für die Völkerwanderungszeit gibt es wohl Berichte bei Gregor von Tours, bei Procop, aber sie sind nicht zu verbinden mit den Funden, sie sind zu allgemein, zu nichtssagend, zu bedeutungslos für die Fundstücke. Die Quellen sprechen von den Kriegen, den Königen, den Kämpfen der Familien untereinander, und wenn sie die Fundstücke erwähnen, Waffen, Schmuck, dann sind die Bezeichnungen nicht bestimmend. Und so sind die Klagen von Ludwig Lindenschmit zu verstehen, die er ausspricht in der Einleitung zu seiner Arbeit: „Über eine besondere Gattung von Gewandnadeln aus deutschen Gräbern des V. und VI. Jahrhunderts" Mainz 1851.

In Deutschland ist der erste Fundplatz von Gräbern mit Gegenständen der Völkerwanderungszeit, der wirklich beobachtet, beaufsichtigt und beschrieben wird, Nordendorf, jetzt Kreis Donauwörth, Bayern. Im Jahre 1843 wird die Eisenbahn von Augsburg nach Nürnberg gebaut. Ende Juli 1843 stoßen die Arbeiter bei der Planierung der Bahnfläche auf menschliche Knochen, Tongefäße, Waffen aus Eisen, auf Schmuckstücke und Gürtelschnallen. Der Eisenbahn-Ingenieur Clemens Feigele setzt für jedes abgelieferte Fundstück einen Groschen aus. Bald befindet sich in seinem Gewahrsam der Inhalt von 27 Grabstätten. Feigele erkennt, daß rechts und links der Bahnstrecke noch viel mehr Gräber liegen, und so läßt er auf eigene Kosten weitergraben. Er machte der Eisenbahndirektion von seinen Funden Mitteilung, und sie entscheidet, daß die Funde dem „Provinziellen Römischen Antiquarium" in Augsburg abzuliefern seien. Diese Sammlung römischer Altertümer ist im Jahre 1823 begründet worden, sie enthält 1843 70 römische Monumente, vor allem Steine mit Inschriften, gefunden in und um Augsburg. Es gibt einen historischen Kreisverein unter der Leitung des Rektors Mezger, auch Metzger geschrieben. Er ist es, der am 26. November 1843 ein genaues Verzeichnis aller Funde vorlegt, es ist abgedruckt in der Arbeit von Dr. von Raiser, „Fundgeschichte einer uralten Grabstätte bei Nordendorf, Augsburg 1844, Lauter'sche Buchdruckerey. Auch Mezger (hier Metzger geschrieben) hat die Funde bekanntgegeben in einer in lateinischer Sprache geschriebenen Arbeit mit dem Titel: „De operibus antiquis ad vicum Nordendorf e solo erutis, Augusta Vindelicorum, 1846.

Bis Dezember 1843 hat Feigele weitere 50 Gräber geöffnet und aus ihnen 25 Gegenstände vorgelegt. Insgesamt waren neun Reihen von Grabanlagen gefunden worden mit 193 Gräbern, davon 66 männlich, 127 weiblich. 150 Fundstücke wurden gezeichnet und die Zeichnungen der Veröffentlichung beigegeben.

Wichtig sind als Schmuckstücke getragene Kupfermünzen von der Kaiserin Helena, der Mutter Constantins des Großen, sie starb 362 n. Chr. in Konstantinopel. Andere Münzen sind die von Augustus, Trajan, Hadrian. Die Schmuckstücke sind Rundfibeln mit Einlagen, Bügelfibeln, Gürtelschnallen, Halsketten aus Glasperlen Die Waffen sind Langschwerter, Kurzschwerter, Lanzen, Pfeilspitzen. Für die Bestimmung bedeutungsvoll wurde ein Kettengehänge mit einem Anhänger mit eingraviertem Kreuz. Raiser schließt daraus, daß in den Nordendorfer Gräbern auch Christen begraben lagen (S. 47). Nach der Überlieferung ist in Augsburg im Jahre 303 unter dem Landpfleger Gaius eine Märtyrerin mit ihrer Familie durch das Feuer getötet worden. Raiser verweist weiter darauf, daß alle Toten von West nach Ost gerichtet lagen, und er sagt, auch diese Begräbnisform deutet auf Christen. Zugleich verweist er auf andere Gräber der Völkerwanderungszeit in der Schweiz, die kurz vorher, 1842 der Schweizer Forscher Troyon veröffentlicht hat (Troyon, Bracelets et agrafes antiques. Mitt. d. Antiquar. Ges. Zürich, Bd. 2, 1842, Taf. 3, S. 29, Fig. 1). — Dort Angabe: Lavigny, es handelt sich aber um Mongifi bei Cossonay und Allens, Kanton Waadt. Das Stück ist erhalten, und befindet sich jetzt im Museum Lausanne (Herbert Kühn, Die Danielschnallen der Völkerwanderungszeit. IPEK, Jahrb. f. präf. u. ethnogr. Kunst 1941—1942, S. 148, Taf. 62, 11). Die Inschrift auf der Schnalle ist in lateinischen Buchstaben graviert: Nasualdus Nansa vivat deo utere felix Daninil, das bedeutet: „Daß Nasualdus Nansa lebe in Gott wie der glückliche Daniel".

Durch diese Inschrift auf der Schnalle aus dem Kanton Waadt ist es gesichert, daß die Bestatteten Christen gewesen sind, und so folgert auch von Raiser (S. 47—48), daß es sich bei Nordendorf um christliche Bestattungen handele.

Aber er ist sich doch nicht klar über das Volkstum der Bestatteten, und so führt er die Meinungen derer an, die er als die Kenner befragt hat. Die Antworten sind diese: Thiersch, München, sagt, Sueben, christlich. Heinrich Schreiber, Freiburg, sagt: Kelten. Carl Wilhelmi, Sinzheim, sagt: Alemannen oder Franken. Friedrich Troyon, Lausanne, sagt: ältere Gräber Helveter, jüngere Alemannen, besonders Burgondionen (Burgunder). Koch-Sternfeld, München, sagt: Alemannen. Der historische Verein Nordendorf sagt romanisierte ältere Bewohner dieser Gegend (S. 53). Die eigene Meinung von Raiser ist (S. 54): Römische Bestandteile, keltische Bestandteile, alemannische und suebische Bestandteile. Keltisch sind die bronzenen Waffen, die Schmuckstücke mit Zelleneinlage, die Gürtelschnallen, die Zierscheiben, die Gold- und Filigran-Arbeiten.

Wir wissen heute, daß Raiser irrte, gerade die als keltisch bezeichneten Stücke sind typisch germanisch, auch römische Fundstücke kommen außer den Münzen nicht vor.

Die Funde sind erhalten, sie befinden sich im Maximilian-Museum in Augsburg und im Nationalmuseum München.

Es ist eine andere wichtige Ausgrabung, die damals weiterführt, es ist die, die die Gebrüder Wilhelm und Ludwig Lindenschmit durchführen bei Selzen, damals Provinz Rheinhessen, jetzt Kr. Mainz, Rheinland-Pfalz. Immer wieder kommen um 1840 auf einem Hügel bei Selzen Menschenknochen und Urnen zum Vorschein. Der Lehrer von Selzen, Krafft, macht Mitteilung an den Historischen Verein von Mainz. Der Verein beschließt eine sorgfältige Ausgrabung und beauftragt mit ihr Ludwig Lindenschmit. Er öffnet im Jahre 1845 7 Gräber und 1846 21. Wilhelm Lindenschmit ist Maler, und so zeichnet und malt er jedes Grab, die Gebeine, die Waffen, die Schmuckstücke, und diese ganz genauen und charakteristischen Bilder gibt er seiner Veröffentlichung bei. Sie trägt den Titel: „Das germanische Todtenlager bei Selzen in der Provinz Rheinhessen, dargestellt und erläutert von den Gebrüdern W. und L. Lindenschmit", Mainz, Verlag Victor von Zabern, 1848, nachgedruckt 1969.

Wieder werden römische Münzen gefunden, und zwar im 12. und im 17. Grabe Münzen von Justinian (526—565 n. Chr.). Auf der Rückseite tragen die Münzen das Monogramm Christi zwischen zwei Sternen (S. 17). Lindenschmit sagt (S. 17): „Und somit ergab sich der kleinste Teil der gewonnenen Ausbeute als einer der wichtigsten, da er für die Zeitbestimmung des Ganzen einen unbestreitbaren Anhaltspunkt gewährt."

Am meisten bewegt Lindenschmit das Ornament auf einem Fibelpaar des Grabes Nr. 11. Es sind zwei Bügelfibeln von vergoldeter Bronze, deren Alter und Zugehörigkeit der Autor damals natürlich nicht bestimmen kann. Die Fibeln gehören zu einer Gruppe, die ich in einer Arbeit von 1940 als den Typ von Müngersdorf bezeichnet habe (Herbert Kühn, Die germ. Bügelf. d. Völkerwdgzt. in der Rheinprov., Bonn 1940, S. 246, Selzen, S. 252. 2. Aufl. Graz, Akad. Verl. Anst. 1965). Die Gruppe lagert sich in 23 Stücken um den Mittel- und Unterrhein, sie ist gearbeitet worden zwischen 575—625. Das Datum ergibt sich durch ein münzdatiertes Grab, Köln-Müngersdorf, Grab 91 b. Dieses Grab mit einer Fibel dieses Typus enthielt eine Münze von Justinian I., geprägt in Ravenna zwischen 555 und 565. Die Münze ist durchbohrt und abgenutzt, sie muß also längere Zeit im Umlauf gewesen sein, die Grablegung wird demnach um 600—650 geschehen sein, die Fibel gehört dem 7. nachchristlichen Jahrhundert an.

Aber ihre Ornamentik ist etwas Besonderes, die Formgebung ist allem Römischen völlig fremd. Die Zeit um 1845 hatte gar keinen Sinn für dieses Ornament. Es ist sehr bezeichnend für uns Heutige, was damals Lindenschmit zu dieser Fibel und ihrer Kunstart sagte.

Lindenschmit drückt sein Empfinden dieser Stilform der Völkerwanderungszeit aus mit diesen Worten (S. 23): „Die Schmuckgegenstände erweisen sämmtlich denselben Styl der Verzierung, welcher den Uebergang der späteren römischen Ornamentik in jenen verwildernden und phantastischen Geschmack der Völkerwanderungszeit bezeichnet, wo das allerdings wieder vortretende nordische Element Veranlassung zu dem bisherigen Irrthum gab, diese Gegenstände in eine viel frühere Zeit hinaufzurücken ... Bei den vorliegenden Zierstücken treten nun besonders die Spiralwindungen und zopfartig geflochtene Bänder als antike Reminiscenz hervor. Dieses Element, sowie jene fremdartigere Zickzack- und Sternform, die Thiergestalt, wie überhaupt der ganze mehr und mehr vom Klassischen abweichende abenteuerliche Styl dieser Ornamentik, ist in den nordischen Sculpturen, Stickereien und Malereien bis ins 11. und 12. Jahrundert heraus noch vielfach zu erkennen und unschwer zu verfolgen. Vorzüglich sind es bei den in Rede stehenden Alterthümern der Drache und die Schlange, welche durch ihre Windungen und phantastisch dargestellten Häupter die häufigsten Motive der Verzierung abgeben."

Lindenschmit wird mit diesem Stil nicht fertig. Er nennt ihn phantastisch, abenteuerlich, verwildernd — und doch ist es der eigentlich germanische Stil.

Diese Ergebnisse, sehr klar von Lindenschmit erkannt, sind sehr schwer, eigentlich gar nicht zu verstehen für diese Zeit. Es ist die Epoche der Romantik, man sucht das Germanische, die Grundlage des Vaterländischen, des Heimischen, ein Ideal, einen Traum, eine Hoffnung — und man findet die Tierornamentik, einen Stil, den diese Zeit, die ja ganz im Gefolge der Antike lebt, diese Zeit, die schwört auf das Römische, auf das Griechische — gar nicht zu begreifen vermag. Das Germanische kann — so schließt man in dieser Zeit, nur etwas Großartiges, Verehrungswürdiges sein — und nun diese Formen.

Lindenschmit findet keinen rechten Weg. Er spricht davon (S. 30), daß von Herrn M. Koch das Nordendorfer Gräberfeld für die keltische Nationalität in Anspruch genommen worden ist. Dann sagt er: „Wenn wir ehrlich sein wollen, so kann von einer evidenten Gewißheit über die nationellen Bestimmungen unserer Gäbermonumente wohl noch nicht die Rede sein. Die kurze Zeit, worin die Aufmerksamkeit auf diesen Zweig der Forschung gerichtet ist, hat uns wohl den Sachverhalt ziemlich deutlich vor Augen gerückt und zwar ganz anders, als man von gewisser Seite her ihn dazustellen sich bemüht; allein zu einer allseitigen Beweisführung läßt sich, da noch mancherlei Zwischenfälle denkbar bleiben, im Augenblick nicht schreiten."

„Man hat es unternommen, die Gräber nach deren äußerer Gestalt an verschiedene Nationen, d. h. Kelten und Slaven, zu verteilen. Die Germanen haben nach diesen Systemen kaum einen Platz in Deutschland gefunden."

Er ist überzeugt, daß er in Selzen germanische Gräber gefunden hat. Er sagt, die Franziska, das Wurfbeil, ist ganz gleich dem Beil, das in dem Grabe von Childerich, 1653 in Tournai gefunden worden ist (S. 46). Lindenschmit läßt eine historische

Betrachtung folgen für die Umgebung von Mainz und sagt dann (S. 47): „Wir schließen diese historischen Betrachtungen mit der Aussicht, daß es uns nicht ganz mißlungen sei, in den Gräbern von Selzen einen festen Punkt für die Archäologie errungen zu haben. Die Bevölkerung dieser Gegend hat seit Justinian nicht mehr gewechselt." Und Lindenschmit schließt (S. 48): „Hier auf der Scheidelinie zwischen Christenthum und Heidenthum, ist uns keine Wahl gelassen: wir müssen die Franken, wir müssen das Volk Childerichs erkennen, das mit derselben Franziska, wie er selbst, bewaffnet ist" (S. 48).

Lindenschmit hat Recht behalten, alle späteren Gräberfunde, und jetzt liegen viele Hunderte vor, haben bestätigt, daß es Gräber der germanischen Völkerwanderungszeit sind. Es sind die Reihengräber, in denen die Toten in älterer, vorchristlicher Zeit nord-südlich gerichtet liegen, in christlicher Zeit, die etwa mit 450 beginnt, aber ost-westlich.

Das nächste große Gräberfeld der gleichen Epoche, der Völkerwanderungszeit, das auf deutschem Boden sorgfältig ausgegraben wurde, ist das von Ulm, am Bahnhof. Die Grabung fand statt in der Zeit vom 5. Dezember 1857 bis Ende Februar 1858. Sie wurde vorgenommen von dem Verein für Kunst und Altertum in Ulm unter der Leitung von Haßler. 300 Gräber konnten aufgedeckt werden. 160 Gräber waren zerstört, KONRAD DIETRICH HASSLER (1803—1873) hat 156 Gräber untersucht. Die Funde kamen in die Altertümer-Sammlung Ulm und in die von Stuttgart. 1861 hat Graf Wilhelm von Württemberg auf der Westseite der Fundstelle weiter gegraben. Er hat über 100 Gräber aufgefunden. Es traten die eisernen Waffen zutage, Glasgefäße, Gürtelschnallen mit Silbertauschierung, Kämme, Scheibenfibeln, Durchbruchscheiben, eine Vogelfibel, zwei Bügelfibeln mit gleichmäßig breitem Fuß und Tongefäße. Den Fundbericht bringt Haßler in den Verhandlungen des Vereins für Kunst und Alterthum in Ulm und Oberschwaben, 12. Bericht, Ulm 1860, Verlag Buchhandlung Stettin. Haßler bezieht sich auf Troyon, Metzger und Lindenschmit, und er erkennt deutlich, daß die Funde germanisch sein müssen, er nennt sie alamannisch. Auch er wundert sich, genau wie Lindenschmit, über die damals fremdartig erscheinende Ornamentik der Germanen, die besonders auf einer Scheibenfibel zu erkennen ist. Er spricht (S. 26) von dem germanischen Stil der Völkerwanderungszeit und sagt, daß „in den Schlangen und Nattern ein neues barbarisches, gleich dem Drachen aus dem Norden stammendes und von dorther mit den germanischen Stämmen eingewandertes Motiv" vorliege. Die Zeit bestimmt er mit dem vierten Jahrhundert beginnend und endigend am Ende des sechsten Jahrhunderts. Die Bügelfibeln ergeben die Datierung. Die eine gehört, wie wir jetzt wissen, zu dem Typ von Westhofen, der sich in die Zeit von 525—550 datiert, (Herbert Kühn, Bügelfibeln, 1940, S. 131) und die zweite zu dem Typ von gleichbreitem Fuß mit umrandendem Kerbschnitt (Herbert Kühn, ebda. S. 136), der Zeit von 500—550 angehörend. Die Funde fallen also nach unserer heutigen Kenntnis in die erste Hälfte des 6. Jahrhunderts.

Als 1865 das Gräberfeld von Schleitheim aufgedeckt und von dem Historisch-Antiquarischen Verein von Schaffhausen sorgfältig ausgegraben wird, kann sich der Verfasser, MARTIN WARNER, in seinem Buche: Das alemannische Todtenfeld bei Schleitheim, Schaffhausen, Verlag Brodtmann, 1867, schon auf die Ergebnisse der Grabungen von Bel-Air, auf Nordendorf, Selzen und Ulm beziehen. Jetzt erkennt der Autor schon, daß es sich um germanische Gräber der Zeit um 600 handelt, er weist sie genauer den Alamannen zu.

Im Jahre 1880 erscheint ein für die damalige Zeit bedeutungsvolles Werk über Funde der Völkerwanderungszeit von LUDWIG LINDENSCHMIT, der Titel ist: „Handbuch der deutschen Altertumskunde. Erster Teil. Die Alterthümer der Merovingischen Zeit". Braunschweig 1880—1889. Das Buch hat 514 Seiten und 37 Tafeln. Dieses Buch ist eine wertvolle Arbeit, die noch immer eine Grundlage der heutigen Forschung bedeutet. Das Buch schließt mit den Worten (ebda S. 514): „Auch an und für sich haben die Entdeckungen auf den Friedhöfen der Franken und Alamannen den hohen Wert, daß sie ein helleres und freundlicheres Licht über eine wichtige Entwicklungszeit unseres Volkes verbreiten und eine leere Stelle unserer Bildungsgeschichte beleben, von welcher seither die Vorstellung einer dumpfen und abschreckenden Barbarei unzertrennlich schien."

1886 werden die Funde von Obrigheim in der Pfalz von W. HARSTER vorgelegt in dem Bericht: Die Ausgrabungen des historischen Vereins der Pfalz 1884—1886, Speier 1886, S. 47—73. Wichtig ist dabei ein Frauengrab, das eine Silbermünze des ostgotischen Königs Badwila, also Totila, erbrachte. Damit ergibt sich das Alter nach 541—552. Harster verweist darauf (ebda S. 51), daß Koehl in Worms eine gut erhaltene Silbermünze von Theoderich d. Großen, 493—526, in einem Grabe gefunden habe und daß sich dadurch der Zeitpunkt ergibt, nach dem die Grablegung stattfand.

Auch in Frankreich ist in der Zeit von 1850—1900 viel über die Völkerwanderungszeit gearbeitet worden. Im Jahre 1855 erschien von ABBÉ COCHET ein Werk über die Funde in der Normandie: „La Normandie souterraine", Paris, von dem gleichen Verfasser 1857 „Sépultures gauloises, romaines franques et normandes", Paris, und wieder von Abbé Cochet das wichtige Werk: „Le tombeau du Childéric I", Paris 1859. Dieses Werk stellt anschließend an das Grab des Childerich, gefunden 1653, das gesamte Wissen um die Funde der Völkerwanderungszeit zusammen. Cochet beginnt sein Buch mit den Worten: «Le tombeau de Childéric est le plus ancien monument de la monarchie française et le point de départ de l'archéologie franque. Déposé dans le sol de la Gaule, avec les racines mêmes de la monarchie, il forme aujourd'hui la pierre angulaire de la France historique et monumentale.»

Im Jahre 1860 erscheint wieder ein wichtiges Werk, das die Funde von Pouan, das Grab des Westgotenkönigs Theoderich, gefallen 451 im Kampf gegen Attila, behandelt. Es hat den langen Titel: „Recherches sur le champ de bataille d'Attila, armes, bijoux et ornements du Théoderic, roi des Visigoths. Les couronnes des rois Visigoths de Guarrazar". Der Verfasser ist PEIGNÉ DELACOURT.

Das gleiche Jahr bringt ein anderes wichtiges Werk, es ist: HENRI BAUDOT, Mémoires sur les sépultures des Barbares de l'époque mérovingienne, découvertes en Bourgogne, Dijon. Das Buch mit 320 Seiten und 30 Farbtafeln ist heute noch von Bedeutung. Der Verfasser schließt mit den Worten (ebda S. 305): «La découverte des sépultures barbares nous a donc révélé un art nouveau pour nous, enseveli dans la tombe et ignoré, quoiqu'il se fût perpétué au grand jour pendant des siècles, amalgamé à l'élément romain: inconnu jusqu'ici, il a été confondu avec les inspirations orientales. L'archéologie est venue l'exhumer et rétablir sa véritable origine. Il est temps de rendre aux conquérants de la Gaule ce qui leur appartient. N'allons donc pas chercher au loin ce que nous trouvons sous nos pas.»

Im Grunde ist bis 1870 die Frage der römischen, der germanischen Gräberfunde geklärt. Als im Jahre 1886 das Werk von J. PILLOY zu erscheinen beginnt: Etudes sur d'anciens lieux de sépultures dans l'Aisne, Saint-Quentin et Paris, 1. Bd. 1886, 2. Bd. 1895, 3. Bd. 1903, ist es dem Verfasser möglich, genau zu scheiden zwischen römischen Funden und germanischen.

Ein wichtiges Buch über die Technik der Goldschmiedearbeit in der Völkerwanderungszeit erscheint 1864. Es ist das Werk von CHARLES DE LINAS, „Orfèvrerie Mérovingienne".

Um 1875 beginnt FRÉDERIC MOREAU seine Ausgrabung von Tausenden von Gräbern im Département Aisne. Er veröffentlicht seine Funde in mehreren Bänden mit hervorragenden farbigen Abbildungen. Das Werk hat den Titel: „Album Caranda". Fünf Bände erscheinen in den Jahren 1877—1893.

In Luxemburg werden die Ausgrabungsergebnisse dieser Epoche veröffentlicht von A. NAMUR 1854 unter dem Titel: „Notice sur les tombes gallo-franques du Grand Duché de Luxembourg".

In Holland werden die Funde im Museum von Leiden 1840 veröffentlicht von J. J. JANSSEN, „De germaansche en noordsche monumenten van het museum te Leyden". Im Jahre 1867 behandelt derselbe Verfasser die Funde von Wieuwerd unter dem Titel: „Der merovingische Goldschmuck von Wieuwerd", Bonner Jahrbücher 1867.

Auch Belgien bringt eine Anzahl von wichtigen Funden. Ein lange bekanntes Gräberfeld ist Lede, Flandre orientale. Die ersten Gräber sind 1846 gefunden worden bei dem Bau der Straße von Lede nach Meerveld. Von 1847—1848 wurden wissenschaftliche Grabungen von der Regierung durchgeführt, die Funde kamen in das Musée Cinquantenaire in Brüssel. Der Bericht ist: A. G. B. SCHAYES, Le cimetière franc mérovingien à Lede. Bulletin de l'Acad. royale de Belge, Bd. 13, 1846, S. 182. — Ders. ebda Bd. 14, 1847, S. 260.

Die Grabungen in Anderlecht, Brabant, begannen im Jahre 1889. Der Fundplatz wurde angeschnitten durch eine Sandgrube gegenüber dem Schlosse Bistebroeck. Die Archäologische Gesellschaft von Brüssel führte systematische Grabungen durch bis zum Jahre 1898. Den zusammenfassenden Bericht brachte CHARLES DENS, Fouilles d'Anderlecht. Annales de la Soc. d'Archéologie de Bruxelles, Vol. 20, 1906, S. 236.

Das Gräberfeld von Pry, Namur, wurde zuerst 1866 angeschnitten, es liegt bei dem kleinen Ort Walcourt. Die Grabungen in der Zeit um 1895 ergaben 293 Gräber. Der wichtigste Bericht ist: ALFR. BEQUET, Le cimetière franc de Pry. Annales de la Soc. Archéol. de Namur, Bd. 21, Namur 1897, S. 311—336.

Das Gräberfeld von Harmignies, Hainault, wird 1866 bemerkt beim Bau der Eisenbahn. Die systematische Grabung geschieht in der Zeit von 1884—1891. Es wurden 350 Gräber gehoben, jedoch nicht veröffentlicht, Angaben finden sich bei BARON DE LOË, Belgique Ancienne, Bd. IV, Période franque, Bruxelles 1939, S. 18, 21—25, 34, 43, 68, 69.

In England waren im Dezember 1843 Stücke einer Goldkette und eine goldene Gürtelschnalle gefunden worden in Roundway Down bei Devizes, Wilts., (Proceedings of the Soc. of Antiqu. Vol. I, 1844, S. 12). In Reculver bei Canterbury, Kent, war 1776 ein Glasbecher mit Rüsseln, ein sogenannter Rüsselbecher entdeckt worden und eine Scheibenfibel mit Filigran und Almandinen in Abington in Berkshire. Weiter waren Tongefäße, Halsketten, Bügelfibeln, Schildbuckel, Waffen und Kämme aus der Erde getreten, besonders in Kent. In Yorkshire hat der Yorkshire Antiquarian Club im Frühjahr 1845 mehrere Gräber gehoben und beschrieben (Journal of the Archaeol. Assoc. Vol. II, 1846, S. 54). Auf 40 farbigen Tafeln bilden die Verfasser alle die Funde ab, die in England nur angelsächsisch genannt werden können, und sie bringen sie in Verbindung zu Beda, Beowulf und anderen Schriftstellern des frühen Mittelalters.

Es erscheint 1852 die Arbeit von W. M. WYLIE über die Gräber von Fairford mit dem Titel: „Fairford graves". Das Jahr 1855 bringt ein wichtiges Werk von JOHN YONGE AKERMAN, „Remains of pagan Saxondom", London 1855. Das Buch hat 84 Seiten und 90 Farbtafeln, es beginnt mit den Worten: "England, however, has not alone been guilty of neglecting an important series of national antiquities. In France as well as in Germany, the attention of archaeologists has but recently been directed to remains of a coaeval period ... This period is supposed to extend from the first settlement of the Saxons in Britain down to their final conversion to Christianity, namely from the middle of the fifth to the middle of perhaps the end of the seventh century, when heathen mode of burial probably ceased in this country."

Das Jahr 1856 brachte ein damals viel beachtetes Buch: BRYAN FAUSSET, Inventorium Sepulchrale, London 1856, mit genauen Angaben über die damals bekannten einzelnen Fundstätten. Ein mehrfach hier genanntes Buch ist das von J. M. KEMBLE, Horae ferales, or studies in the archaeology of the northern nations, 1863, mit vielen Hinweisen auf die Funde der Völkerwanderungszeit in England.

Im Jahre 1845 erschien das Werk von THOMAS WRIGHT, The Celt, the Roman and the Saxon, 5. Aufl., 1888. Der Verfasser versucht, die Fundgegenstände den drei verschiedenen Völkern zuzuschreiben, vor allem werden die schriftlichen Quellen vorgelegt.

Gegen Ende des Jahrhunderts, 1893, erscheint ein wichtiges Werk. Der Verfasser ist ein mit der Völkerwanderungszeit besonders vertrauter französischer Forscher, Baron J. DE BAYE, der Titel ist: The industrial arts of the Anglo-Saxons,

London mit 126 Seiten u. 17 Tafeln. J. de Baye hatte 1888 ein Buch über die Funde der Langobarden in Italien geschrieben: Industrie langobarde, Paris 1888, 144 Seiten, 16 Tafeln. 1892 erschien sein Buch über die Funde von Szilágy-Somlyó mit dem Titel: Le trésor de Szilágy-Somlyó, Paris, 17 Seiten, 4 farbige Tafeln, und 1907 ein Buch: Antiquités franques trouvées en Bohême, Caen, und im gleichen Jahre: Les tombeaux des Goths en Orient, Paris.

Baron J. de Baye beginnt sein Werk über die Angelsachsen mit den Worten: "Ethnographie and Archaeology afford each other much mutual aid, and their reciprocal influence throws a flood of light on the facts of history. A knowledge of the tribes which invaded Great Britain in the fifth and sixth centuries, must assuredly assist, in no ordinary degree, in the study of the industrial arts of the Ango-Saxons..."

"The Jutes, the Saxons and the Angles, are the principal races, coming from the north of Germany, which founded permanent colonies in Britain. The Frisians also established settlements of a lasting character, but of less importance."

Zuerst wird die Geschichte der Landnahme der Jüten dargestellt, dann die der Sachsen, die der Angeln und der Friesen. Nach der historischen Darstellung wird die Übersicht über die Funde gegeben, das Schwert, den Speer, den Angon, also die Lanze, den Skramasax, also das Kurzschwert, die Streitaxt, den Bogen und den Pfeil, den Schild, die Bügelfibel mit Knöpfen, die S-förmige Fibel, die Vogelfibel, die kreuzförmige Fibel, die Fibel mit rechteckiger Kopfplatte, die Schüsselfibeln, die Durchbruchscheiben, die Scheibenfibeln, die Einlagetechnik in England. Dann folgt die Untersuchung der Gürtelanhänger, den Glasperlen, der Kristallkugeln. Darauf wendet sich die Darstellung den Schmuckstücken zu, den Fingerringen, den Haarnadeln, den Kämmen, den Gürtelschnallen, den Beschlägen, den Eimern und dem Glas. Zuletzt wird die Keramik besprochen und dann die Grabanlage. Ständig werden Texte aus Beowulf oder aus anderen Schriftstellern angeführt, die über diese Gegenstände Worte gefunden haben. Mit seinen vielen Abbildungen ist das Werk auch heute noch von Bedeutung.

Das ist die Verarbeitung des Fundmaterials, das in England gehoben worden ist bis um 1900.

So, wie diese Zeit viele bedeutende Bücher zur Archäologie der Völkerwanderungszeit in England geschaffen hat, so ist auch die Anzahl der Grabungen besonders groß. Diese Lage ist ähnlich wie in Deutschland und Frankreich.

Es ist, als wenn eine Sucht, eine Sehnsucht und eine Liebe zu Altertümern der Vorzeit diese Epoche ergriffen hätte. Nicht nur einzelne, von Ausgrabungsfreude Besessene, beteiligen sich an Grabungen, es bilden sich Vereine, die ausziehen um zu graben, es bilden sich Freundeskreise, benommen von dem Gedanken, Gräber zu öffnen, es werden Museen begründet, reiche Familien legen sich Sammlungen von Altertümern an. Es ist eine Welt der Romantik in dieser Sucht zu Grabungen, nicht nur Goethe oder die Familie Napoléon I. ist ergriffen von dieser Ansteckung, auch Familien des Adels in Frankreich, Deutschland, Italien, England. Gewiß wird Vieles zerstört, was heute genauer, gesicherter und wissenschaftlicher ausgegraben würde, aber diese Zeit hat durch ihre Anteilnahme die Grundlage geschaffen für die exaktere aber auch nüchternere Arbeit in unserem 20. Jahrhundert.

In England ist die Ausgrabungstätigkeit in der 2. Hälfte des 19. Jahrhunderts gewaltig. Sicherlich ist es noch ein Nachleben der Wirkung von Lord Byron und von Keats.

Im Jahre 1844 beginnen die ersten Grabungen in Stowting, Kent. Es werden 30 Gräber aufgedeckt, 1866 wieder 25 Gräber, 1881 sind es 7 Gräber. Der erste Bericht erscheint 1845: A brief account of the Parish of Stowting, London. Die späteren Berichte bringt Archaeologia, London, Bd. 39, S. 85 u. Bd. 41, 1867, S. 409 f.

Das Jahr 1850 bringt Ausgrabungen in Richborough, Kent, mit 20 Gräbern. Der Ausgräber ist CHARLES ROACH SMITH, er beschreibt die Grabung in: Journ. of the British Archaeol. Assoc. Bd. 5, S. 374.

Ein wichtiger Fundplatz ist Little Wilbraham, Cambridgeshire, mit 188 Gräbern, gegraben 1852, behandelt von R. C. NEVILLE, Saxon Obsequies, London 1852. Der Fundplatz brachte viele Fibeln, Rundscheiben, 120 Tongefäße.

Linton Heath, Cambridgeshire, wird 1854 ausgegraben. Der Ausgräber ist wieder R. C. NEVILLE. Es wurden 104 Gräber gehoben, der Bericht findet sich in: Archaeological Journal, London, Bd. 11, S. 95.

Ein ergebnisreicher Fundplatz ist Chessel Down, Hampshire, er liegt auf der Isle of Wight. Die Grabung beginnt 1855 durch M. Hillier, er findet über hundert Skelette. Schon vorher, 1815—1818, waren einige Gräber geöffnet worden, aber erst mit 1855 beginnt die rege Tätigkeit. 36 Bügelfibeln sind in Chessel Down gefunden worden, Vogelfibeln, Rundfibeln, 24 Speere, 33 Schildbuckel. Hillier berichtet über seine Funde in: C. Roach Smith, Collectanea Antiqua, Bd. 6, S. 150.

Ein wichtiger Fundplatz dieser Zeit ist Long Wittenham, Kent. Von 1859—1860 hat hier J. Y. AKERMAN gegraben, ein ausgezeichneter Archäologe, der Verfasser des genannten Buches: Remains of pagan Saxondom, London 1855. 190 Gräber und 46 Brandgräber wurden gehoben. Die Ausbeute war sehr reich, viele Fibeln kamen zutage, Rundscheiben, Armringe, und in den Männergräbern die Waffen. Den Bericht gab Akerman in: Journal of the Royal Archaeol. Institute Bd. 38 und 39.

Im Jahre 1863 beginnen die Grabungen in Sarre, Kent, wieder einem reichen Fundplatz, nordöstlich von Canterbury, auf der Westseite der Insel Thanet. Es werden bis 1864 insgesamt 272 Gräber aufgedeckt mit Münzen, die der zweiten Hälfte des 7. Jahrunderts zugehören. Der Ausgräber ist JOHN BRENT, er veröffentlicht die Funde in: Journal of the Royal Archaeol. Institute, Bd. 41, S. 320. Das wichtigste Grab ist Grab 4, in ihm ist eine wohlhabende Frau bestattet. Man fand Goldfäden, einen silbernen Fingerring, sechs Goldbrakteaten, 133 Glas- und Bernsteinperlen von einer Kette, vier Bronzefibeln, Glasgefäß, einen sogenannten Tümmler, drei Messer, zwei Schüsseln, zwei Scheren, einen Silberlöffel, ein Kristall-Amulett, einen Kamm, eine Nadel, zwei römische Münzen und einen fossilen, versteinerten Seeigel, einen Echinus. Die Funde sind veröffentlicht in: Catalogue of the Kent Archaeol. Soc. Collections at Maidstone, London 1892, S. 17. Zu einem Teil sind die Funde in das Museum von Maidstone, Kent, gekommen, zum anderen Teil in das British Museum, London.

Ein wichtiger Fundplatz ist noch Bifrons, Kent. 1866 wurden 20 Gräber aufgedeckt, 1867 waren es 91 Gräber, sie wurden veröffentlicht von GODFREY FAUSSET in: Archaeologiana Cantiana, Bd. 10 u. 13, die Gräber von 1866 sind an derselben Stelle behandelt in Bd. 6, S. 329. Wichtig ist Grab 41 mit einer großen Bügelfibel mit rechteckiger Kopfplatte und barockem Fuß, dem 7. Jahrhundert angehörend abgebildet bei ÅBERG, Anglo-Saxons, Uppsala 1926 Fig. 141, S. 83. Der Fundplatz brachte auch Fibeln der Franken, abgebildet bei HERBERT KÜHN, Bügelfibeln d. Rheinprovinz, Bonn 1940, Taf. 74, 7, 19 oder 2. Aufl., Graz 1965 an der gleichen Stelle.

Das Gräberfeld von King's Field bei Faversham, Kent, an der Straße von London nach Canterbury, ist mehrfach angeschitten worden, schon 1860. Die wichtigsten Grabungen wurden 1894 durchgeführt. Viele Funde kamen in privaten Besitz, nach Faversham, nach Maidstone, manche später in das British Museum. Sie wurden veröffentlicht von CHARLES ROACH SMITH in dem Katalog des British Museum.

Noch viele andere Gräberfelder wurden ausgegraben in der Zeit von 1850 bis 1900. Es war eine reiche Ernte. Fragen, Probleme tauchten auf, sie wurden besprochen und erörtert in den Büchern über die Funde und in den wissenschaftlichen Zeitschriften. Die Probleme waren vor allem die Zuteilung der Funde zu den einzelnen germanischen Stämmen Englands, die Zeitstellung der einzelnen Funde, die Frage nach der Herkunft der Ornamentik. Viele Gedanken und Meinungen wurden kundgegeben, jedoch zu einer wirklichen Klarheit konnte man um 1900 noch nicht gelangen.

Angelsächsische Architektur ist an manchen Stellen aus dem 7. Jh. erhalten, Die älteste, bis heute erhaltene Kirche ist Brixworth in Northamptonshire, sie ist im 7. Jahrhundert errichtet worden, einschiffig im Basilika-Stil mit halbrunder Apsis, zwei Seitenschiffe sind später angebaut worden.

Andere Kirchen dieser Zeit sind Escomb, Durham; Monkwearmouth, Durham. Die neuere Literatur ist: F. M. STENTON, Anglo-Saxon England, London 1943.

Auch in Italien treten gegen Ende des Jahrhunderts Funde der Völkerwanderungszeit aus der Erde, Funde, die von großer Bedeutung sind.

1872 wird bei Castel Trosino, nicht weit von Ascoli Piceno in Umbrien auf dem Berge Colla della Lune ein Grab gehoben mit nicht-römischen, seltsamen Beigaben. Das ganze Gräberfeld wird 1896 ausgegraben und 237 Gräber werden sorgfältig geborgen, die Funde kommen in das Museo Nazionale, das Thermen-Museum in Rom, jetzt im Museo Medievale. Sie werden veröffentlicht im Jahre 1902 von R. MENGARELLI in einem Band der Monumenti Antichi, R. Academia dei Lincei Vol. XII, Roma 1902, S. 1—236, 14 Taf., 243 Abb. Es ist eine Fülle von Funden zutage gekommen: goldene Scheibenfibeln, Halsketten, Bügelfibeln, goldene Schwertgriffe, Goldkreuze, Glasgefäße und viele Münzen. Stempelfrisch sind die Münzen in Grab 115 von Tiberius II. Constantinus, der von 578—582 n. Chr. regierte, und Münzen von Mauricius Tiberius, der von 582—602 herrschte. Das Gräberfeld datiert sich also in die Zeit um 600 und danach. Da die Goten im Jahre 553 am Vesuv vernichtend geschlagen worden sind, kann es sich nur um ein Gräberfeld der Langobarden handeln, die 568 in Italien einfallen. Doch Mengarelli wagt diesen Schluß noch nicht. Die Trennung des Gotischen von dem Langobardischen gelingt erst im Jahre 1923 dem schwedischen Forscher NILS ÅBERG in seinem Werke: Die Goten und Langobarden in Italien. Uppsala 1923.

Am 22. Juli 1878 beginnen die Grabungen auf dem Gräberfeld von Testona bei Torino, Turin. Die Gräber werden ohne genaue Beobachtung gehoben, sogar ohne Angabe der Anzahl der Gräber. Nur die Funde werden beachtet. Sie werden veröffentlicht von CLAUDIO und EDOARDO CALANDRA in Turin im Jahre 1880 unter dem Titel: Di una necropoli barbarica scoperta a Testona, Torino 1880, 39 Seiten, 4 Tafeln. Gefunden werden Eisenschwerter, Schildbuckel, Goldblattkreuze, Tongefäße, vier Bügelfibeln, eine Greifenschnalle, eiserne Gürtelschnallen mit Silbereinlage, auch Münzen von Constantin (306—337), Magnentius (350—353). Die Verfasser überlegen, ob die Funde sarmatisch sind, burgundisch, gotisch, fränkisch oder langobardisch. Es wird die antike Literatur zu Hilfe genommen, aber ein Ergebnis wird nicht erreicht. Zum Schluß werden drei Möglichkeiten genannt (S. 39): entweder sind die Funde sarmatisch, und das heißt slawisch-polnisch (Svavi-Polacchi), oder sie sind fränkisch-merowingisch oder auch langobardisch. Im Jahre 1971 erschien in Torino in der Academia delle Scienze das Buch von Prinz OTTO VON HESSEN, Die langobardischen Funde von Testona und 1974 von demselben Verf. in der Academ. Nazionale dei Lincei, La Civiltà dei Longobardi in Europa.

Bei Civezzano, einem Dorfe östlich von Trento, Trient, werden 1884 zwei Gräber gefunden. Das erste brachte ein langes Eisenschwert, eine Spatha und eine eiserne Gürtelschnalle mit Gegenschnalle. Das zweite Grab war viel reicher, es brachte ebenfalls das Langobardenschwert, auf der Brust ein Goldblattkreuz, ein Bronzebecken, vor allem aber die eisernen Beschlagstücke des Sarges, Tierköpfe und ein eisernes Kreuz. Dann wurden im Herbst 1885 an derselben Stelle wieder zwei Gräber gehoben, sie brachten Gürtelschnallen, Riemenzungen aus Bronze, eiserne Pfeilspitzen.

Die Funde wurden bearbeitet von FRANZ WIESER, Prof. a. d. Univ. Innsbruck. In seinem Buch: Das langobardische Fürstengrab und Reihengräberfeld von Civezzano, Innsbruck 1887, erkärt Wieser, daß die Gräber langobardisch seien, vor allem wegen des Goldblattkreuzes.

Einen großen Fortschritt brachte ein damals sehr wichtiges Buch, eine Zusammenstellung der um 1888 bekannten Fundstücke der Langobarden. Der Verf. ist BARON J. DE BAYE: Industrie langobarde, Epoque des invasions barbares, Paris 1888 mit 144 Seiten u. 16 Tafeln. Baron de Baye sagt in der Einleitung (S. 1): «L'archéologie de l'époque barbare n'a pas été étudiée comme elle le mérite, par les vastes régions, qu'elle interesse. Si on accepte quelques rares études, les mémoires qui ont été publiées se bornent à signaler les localités fréquentes à l'époque franque, à énumérer et décrire les objets trouvés, sans établir leur rapports avec leurs similaires, qui ce rencontrent sur presque tous les points de l'Europe.

En Italie, la situation laisse encore plus à désirer. Il n'y a pas longtemps encore, les produits de l'industrie barbare étaient négligés ou attribué à une autre phase archéologique.»

Das Werk stellt eine Fülle von langobardischen Funden zusammen mit Parallelen aus Frankreich und Deutschland. Vorgelegt werden Waffen, Fibeln, Greifenschnallen, Kämme, Goldblattkreuze, Keramik. Der Text offenbart eine genaue Kenntnis der einschlägigen Literatur, der antiken Texte, der so wichtigen Fragestellung nach der Herkunft des Kunststiles der germanischen Völkerwanderungszeit.

In Spanien wird im Jahre 1858 ein wichtiger Fund gehoben, ein Fund, dessen Bedeutung auch den des Grabes von König Childerich von 1653 überstrahlt. Es ist die Auffindung der Kronen der Westgotenkönige in Spanien. Bei Grabungen für neue Bestattungen neben der Kirche des Dorfes Fuente de Guarrazar bei Toledo sind diese Kronen gefunden worden. Toledo war die Hauptstadt der Westgotenkönige, ihr Königsschatz ist offenbar 711 bei dem Einfall der Araber in Spanien, an dieser Stelle vergraben worden. Es sind zusammen 12 Kronen der Könige, dazu kirchliche Kleinodien und Kreuze aus Gold. Die Kronen hatten Ketten, an denen sie aufgehängt werden konnten. Zwei der Kronen trugen die Namen ihrer ehemaligen Träger: König Svinthila (621—631) und König Recceswinth (649—672). Die Krone von Recceswinth ist in einer eigenartigen wulstartigen Durchbruchtechnik gearbeitet, wie sie ähnlich im 7. Jahrhundert auch auf langobardischen Goldschmiedearbeiten in Italien erscheint.

Von den Kronen sind neun nach Paris in das Musée Cluny gekommen, drei in die Armeria Real in Madrid. Nach dem Kriege 1939—1945 wurden die neun Kronen von Cluny ebenfalls nach Madrid gebracht. Die Funde sind deshalb von so großer Bedeutung, weil Technik, Art und Stil dieser Zeit offenbar wird, offenbar an den damals wichtigsten Gegenständen der Zeit, den Kronen der Könige. Es kamen auch noch die goldenen, mit Edelsteinen eingelegten Gürtel der Könige zutage, sie sind aber verschleudert und eingeschmolzen worden. Darüber J. AMADOR DE LOS RIOS, El arte latino-byzantino en España y las coronas visigodas de Guarrazar, Madrid 1861, S. 124.

Die Literatur über die Kronen ist diese: F. DE LASTEYRIE, Description du trésor de Guarrazar, 1860. — DE LINAS, Les origines de l'orfèvrerie cloisonnée, 1877. — MOLINIER, Histoire générale des Arts appliqués à l'industrie, 1901, S. 10. — LECLERCQ, Guarrazar in: Dictionnaire d'Archéologie chrétienne, Bd. 6, 1925, Spalte 1844. — PIJOAN, Summa Artis, Bd. 8, 1936, S. 415.

Im Museo Arqueológico Nacional in Madrid gab es im Jahre 1875 eine Reihe von Kunstwerken westgotischer Art. Es war FLORENCIO JANER, der sie in einem Artikel bekanntgab unter dem Titel: De las alhajas visigodas del Museo Arqueológico Nacional, in: Museo Español de Antiguedades, Bd. 6, 1875, S. 137—178. Zum ersten Male wurde in dieser Arbeit die westgotische Adlerfibel von Calatayud abgebildet (später Herbert Kühn, IPEK, Bd. 13—14, 1939—1940, S. 126, Taf. 59, 6). Im ganzen war das Interesse an den westgotischen Funden außer denen von Guarrazar nur gering. So war es möglich, daß Amador de los Rios 1899 Beschlagplatten der Westgoten veröffentlichte, und sie für arabisch erklärte, in: Revista de Archivos, Bibliotecas y Museos Bd. 3, 3. ser. 1899, Taf. 23. Es war der deutsche Prähistoriker, JULIUS NAUE (1832—1907), der die Stücke in seiner Zeitschrift: Prähistorische

Blätter, Bd. 12, 1900, S. 81, als westgotisch bestimmte. So wenig Anteil hatte Spanien genommen. Daher waren die Funde auch in Mitteleuropa völlig unbekannt. EDUARD BRENNER, in seiner öfter genannten Arbeit, Der Stand der Forschung über die Kultur der Merowingerzeit, in den Ber. d. Röm.-Germ. Kom. Bd. 7, 1912, erwähnt die westgotischen Funde in Spanien nicht.

In Rumänien wird im Jahre 1889 ein aufsehenerregender Fund gehoben, es ist der Schatz von Apahida, Bezirk Cluj, Klausenburg. Ein Skelettgrab wird aufgedeckt. Neben dem Bestatteten findet sich eine Fülle von Gegenständen, sehr viele aus Gold. Darunter zwei Kannen aus Silber mit römischer Dekoration, bacchische Szenen darstellend. Weiter eine große römische Zwiebelknopffibel, zwei Fingerringe mit römischen Buchstaben, den Namen OMHARUS zeigend. Das Kreuz vor dem Namen bekundet, daß der Eigentümer Christ war. Weiter fanden sich zwei Gürtelschnallen mit Almandinen im Stile des 5. Jahrhunderts, ein Armband mit verdickten Enden, 6 Anhänger mit Strickketten aus Gold, Goldplättchen, eine Silberschnalle. Der Schatz gehört in die Zeit von 450—500 n. Chr. Die erste Darstellung gab J. KOVACS in: Dolgozatok von Cluj, Bd. II, 1911. Dann berichtete über den Schatz J. HAMPEL in: Alterthümer d. früh. Mittelalters in Ungarn, 1905, Bd. I, S. 58, 295, 310, 348, 396, 410; Bd. II, S. 43; Bd. III, Taf. 32—36. — K. HOREDT in: Untersuchungen zur Frühgeschichte Siebenbürgens, Bukarest 1958.

So ist in diesem Jahrhundert in seiner zweiten Hälfte viel neues Gut eingebracht worden. Es ist eine Welt aus der Erde getreten, bis dahin unbekannt, zuerst nur schwer bestimmbar: die Welt der Germanen des frühen Mittelalters, der Epoche der Völkerwanderungen. Eine Zeit, die als die dunkelste galt, the dark ages, wie die Engländer sagen, die Zeit der Nibelungen, die Zeit von Siegfried, Kriemhild, Brunhild, Etzel, sie hat ihre ersten Umrisse in den Funden offenbart. Da sind in den großen Gräberfeldern dieser Epoche die Waffen aus der Erde getreten, die eisernen Lanzen, die Wurfbeile, das Langschwert, das Kurzschwert und dann die Schmuckstücke der Frauen, die Bügelfibeln, meistens Silber, vergoldet, Rundscheiben mit farbigen Glas- und Almandineinlagen, Vogelfibeln, Fibeln in S-Form, Gürtelschnallen, Riemenzungen, Halsketten mit Glasperlen. Es ist eine Fülle von wertvollen Funden, überraschend in ihrer Farbigkeit, überraschend auch in ihrer Ornamentik, der nichts ähnliches bei anderen Völkern an die Seite zu stellen ist.

Die Funde auf deutschem Boden werden den Franken zugewiesen oder den Alamannen. Die Funde auf dem Boden Englands können nur die der Angelsachsen sein. Die Funde in Italien sind nicht bestimmbar, entweder stammen sie von den Goten oder von den Langobarden, die 568 in Italien einziehen. Es ergeben sich Fragen über Fragen. Eine wichtige Frage ist, woher kommt das viele Edelmetall, Silber und Gold und weiter, woher kommt diese eigenwillige Ornamentik. Die schwierigste, aber zugleich die brennendste Frage ist, wie gliedern sich diese Funde, welche sind die früheren, welche die späteren. Diese Frage ist besonders wichtig für die Museen. Bei der Aufstellung der Funde vermag man das Jahrhundert nicht anzugeben. Alte Aufschriften bis 1900 besagen: Völkerwanderungszeit, époque mérovingien, migration period. Erst dem 20. Jahrundert glückt es, auch auf diese Fragen die Antworten zu erbringen.

Wikinger

Die Wikinger, die Normannen, die Leute aus Norwegen, Schweden, Dänemark, in der Zeit von etwa 750—1100, bedeuten die letzte große Welle der Völkerwanderungszeit. Ihr Bild in der Geschichte wird verschieden gesehen. Dem einen Geschichtsschreiber sind sie Helden, sind sie Edelmenschen, dem anderen sind sie Räuber, Plünderer, Eroberer. Beides ist gleichzeitig richtig. Wie im Nibelungenlied, wie im Attilalied, sind diejenigen die Helden, die Beute heimbringen, diejenigen, die sich bewährt haben in der Schlacht, die viele im Kampf erschlagen konnten, diejenigen, die als die Sieger zurückkehren an den heimischen Herd. Immer muß man bedenken, daß andere Zeiten völlig andere ethische Zielsetzungen besitzen, niemals kann man Wertsetzungen der Gegenwart übertragen auf Wertvorstellungen der Vergangenheit.

Die historischen Vorgänge sind so, daß von 787 an bis 1100 die Wikinger eine ständige Gefahr bedeuten für Europa bis Südrußland, und daß sie ihre Reiche begründen in Nordfrankreich, nach ihnen Normandie genannt, daß sie um 860 in Kiew einen Staat errichten, daß sie seit 1057 in Sizilien und Süditalien ein eigenes Reich aufbauen. Um 1000 betreten Wikinger auch den Kontinent Amerika.

Zuerst hat Nordeuropa unter den Wikingern zu leiden, denn 753 sind sie zum ersten Male an den Gestaden von England, im Jahre 787 überfallen sie Städte und Dörfer im Süden Englands. Das berühmte Kloster Lindisfarne wird 793 genommen und ausgeplündert. Im Jahre 795 wird Dublin in Irland überfallen, im folgenden Jahre, 796, geschieht der erste Einfall in Spanien. 798 wird auf der Insel Man geplündert. 810 fallen die Wikinger ein in Friesland, 820 wird Flandern ausgeraubt, 834—838 wird Friesland bei immer neuen Überfällen völlig verwüstet. Ingelheim am Rhein, die Stadt Karls des Großen, wird 839 erobert und im selben Jahre London. Nun beginnt der Angriff auf Frankreich. Die Wikinger fahren die Seine hinauf, die Loire, die Garonne, dann wieder die Elbe. Hamburg wird 845 zerstört, Paris, Orléans, Nantes, Tours. Von 844—845 wird auch Lissabon erobert, Cadiz, Sevilla, Cordoba und in Nordafrika Tunis.

Im Jahre 859 dringen die Wikinger in Rußland ein, das Land erhält von ihnen seinen Namen, von den Ruderern, die sich als Rus bezeichnen. Der Ladoga-See ist ihr Stützpunkt, von ihm aus nehmen sie Novgorod, und fahren die Wolga und den Dnjepr abwärts über Rostov und Bolgar an der Wolga und über Smolensk am Dnjepr nach Kiew. 862 wird das Reich mit diesem Namen der Wikinger begründet in Kiew durch Rurik. Auf all diesen Wegen sind Funde der Wikinger gehoben worden, Holzkammergräber in Kiew unter der Zehntelkirche. In Gnezdowo-

Smolensk ist 1949 ein Schiff der Wikinger als Grab ausgegraben worden mit arabischen Silbermünzen, die jüngste vom Jahre 907 (Eric Graf Oxenstierna, Die Wikinger, Stuttgart 1959, S. 78). Bei Gnezdowo-Smolensk liegt das größte Gräberfeld der Wikinger mit 3850 Grabhügeln, aus ihnen sind 24 Ovalfibeln und 10 Schwerter bisher ausgegraben worden. Über die Wikingerfunde in Rußland berichtet T. J. Arne in: La Suède et l'Orient, 1914. Arne nennt aus Rußland 100 ovale Fibeln, 70 Schwerter und viele Runensteine, die meisten aus der Zeit um 1000 n. Chr.

865 beginnt der Vorstoß gegen Miklagard, in der Sprache der wikingischen Quellen dieser Zeit, ist es Byzanz, Konstantinopel.

Die Jahre 881 und 882 bringen ihr Vordringen bis zum Mittelrhein. Köln, Neuß, Bonn, Trier werden geplündert und ausgeraubt. Zum ersten Male erleben die Wikinger einen Widerstand im Jahre 881 in Nordfrankreich bei Saucourt. Es gelingt ihnen auch nicht 885 Paris erneut zu plündern. Der Herzog Odo verteidigt die Stadt, die Wikinger ziehen ab. Als sie 891 bei Löwen, Louvin, in Belgien vernichtend geschlagen werden, tritt für West-Europa eine gewisse Ruhe ein, bis sie 911 in Nordfrankreich festen Fuß fassen konnten und eigene Siedlungen anlegten. Nach ihnen erhielt das Gebiet den Namen Normandie. Von hier aus eroberten sie im Jahre 1066 Südengland unter Wilhelm dem Eroberer in der Schlacht von Hastings. Der Übergang, die Schiffsfahrt, das Eindringen in das Land, wird dargestellt auf dem Teppich von Bayeux, der im dortigen Museum ausgestellt worden ist. Er ist 70 m lang und 50 cm breit. Berichte über den Teppich sind: André Lejard, Der Bildteppich von Bayeux, Paris 1947. — J. Verrier, La Broderie de Bayeux, Paris 1946. — F. Stenton, Der Wandteppich von Bayeux, 1957.

Die Eroberung Südenglands von 1066 bedeutet das Ende der immer wiederkehrenden Angriffe der Wikinger. Davor wird 980 und 982 Southampton geplündert. Wales wird in den folgenden Jahren verwüstet und 991 segelte das Wikingerheer in die Themse ein, Essex und East Anglia werden verwüstet, 992 Anglesey. 994 werden die Angreifer vor London zurückgeschlagen. Canterbury wurde 1011 erobert und der Erzbischof ermordet. Mit großen Tributzahlungen wurden die Wikinger abgefunden.

Bei den vielen Funden arabischer Münzen, schon seit der Mitte des 18. Jahrhunderts, erwachte naturgemäß die Frage der Beziehungen der Wikinger zu den Arabern. Sie ist gegeben durch die Angriffe auf das arabische Spanien und das arabische Nordafrika auf der Seite des Westens und auch durch die Angriffe der Wikinger auf Konstantinopel.

So hat schon der Anfang des 19. Jahrhunderts nach den historischen Quellen der Araber gefragt, und es ist kein Zufall, daß schon 1823 der Bericht des Arabers Ibn Fozlân in Rußland in die deutsche Sprache übersetzt worden ist, es ist Frähn, Ibn Fozlân's und anderer Araber Berichte über die Russen älterer Zeit, St. Petersburg 1833. Im Jahre 1869 erschien eine norwegische Übersetzung des arabischen Reisenden: C. A. Holmboe, Ibn Foszlân om nordiske Begravelsesskikke, fra det Arabiske oversat, Christiania 1869. In deutscher Sprache gibt es eine Übersetzung von arabischen Texten, Georg Jacob, Arabische Berichte von Gesandten an germanische Fürstenhöfe aus dem 9. und 10. Jahrhundert, Berlin, Verlag de Gruyter, 1927.

Die archäologische Erforschung der Wikinger beginnt mit der Auffindung von Schatzvergrabungen von Silber. Es sind Beutestücke, Schmuckstücke, klein gehackt, dann eigene wikingische Halsringe, Armringe, ovale Fibeln, vor allem aber arabische, fränkische, angelsächsische Münzen in großen Mengen.

Die schwedischen Funde sind naturgemäß am zahlreichsten. Im Jahre 1704 wird bei Näs in Uppland ein Silberschatz von 4,33 kg gefunden; 1729 bei Gärsnäs in Skåne ein Schatz von 2,72 kg; 1739 bei Wible in Gotland ein Schatz von 1,79 kg; 1762 bei Gönstorp, Södermanland, ein Schatz von 0,93 kg; 1768 bei Bredsätra, Öland, ein Schatz von 1,04 kg; 1775 bei Öfre Wagnborga ein Schatz von 2,56 kg; 1779 bei Tronsnäs, Öland, ein Schatz von 2,03 kg; 1781 bei Norr-Nånö, Uppland, ein Schatz von 1,88 kg; 1789 bei Wenngarn, Uppland, ein Schatz von 4,25 kg.

Das sind die wichtigsten Beutefunde der Wikinger bis 1800. Von 1800 bis 1900 werden die Funde so zahlreich, daß sie nur in Zusammenfassung vorgelegt werden können, wie bei OSCAR MONTELIUS, Kulturgeschichte Schwedens, Leipzig 1906, S. 287.

In Schweden bis 1900 Festland: 26 Funde mit 62,83 kg Silber; auf Öland: 5 Funde mit 12,5 kg Silber; auf Gotland: 47 Funde mit 125,79 kg Silber, zusammen von 1800—1900 in 79 Funden 201,13 kg Silber. Unter diesen Funden sind von besonderer Bedeutung diese: 1835, bei Hamra, Gotland, drei Armringe, 261 g; 1858 und 1959 bei Hulte, Kirchspiel Hemse, Gotland, 10 Goldbrakteaten; 1868 bei Östra Torp, Skåne, 2 Goldarmringe; 1875 bei Erikstorp, Östergötland, 7 goldene Armringe und eine runde goldene Fibel, Goldgewicht 785 g; 1896 bei Björke Gotland, 18 Brakteaten aus Gold, Silber und Bronze.

An Waffen wurden eiserne Schwerter gefunden, manchmal ist der Griff umwickelt von Golddraht, hölzerne Schilde mit eisernem Buckel, eiserne Lanzenspitzen und eiserne Äxte.

Der Schmuck sind ovale Fibeln, meistens aus Bronze, verziert im Tierstil III, sie sind auf der Unterseite gewölbt, oft werden zwei Fibeln zusammengehalten durch eine Kette aus Glasperlen und Bergkristall. Es gibt Rundfibeln und Kleeblattfibeln mit Filigran in Flechtwerk, manchmal auch mit aufgenieteten Tierfiguren. Große Nadeln erscheinen mit Radkopf, verziert mit Tier- und Menschenköpfen, halbmondförmige Anhänger aus Silber mit Filigran und Halsringe und Armringe, gedreht, aus Silber und Gold.

In Deutschland ist ein wichtiger Goldfund der Wikinger in den Jahren 1872 und 1874 an der Küste der Insel Hiddensee freigelegt worden durch Sturmfluten. Die Insel Hiddensee liegt westlich von der Insel Rügen. Nahe bei dem heutigen Ort Neuendorf trat der Fund zutage. Es wurden diese Gegenstände aufgefunden: ein goldener geflochtener Halsring mit Stempelornamenten, 153 g schwer; eine Rundfibel aus Goldblech und zwei Silberplatten mit Tierfiguren in Granulation und Filigran, ferner zehn goldene kreuzförmige Hängestücke und vier goldene Zwischenstücke, im Gewicht 20—40 g. Die Schmuckkreuze sind von einem geöffneten Vogelschnabel gehalten. Die Zeitstellung ist um 1000 v. Chr., der Fund ist in das Heimatmuseum Stralsund gekommen. Die erste Veröffentlichung findet sich bei

Rudolf Baier (1818—1907), Die vorgeschichtl. Altert. d. Provinzialmuseums. Stralsund 1880. Eine andere Veröffentlichung ist Peter Paulsen, Der Goldschatz von Hiddensee, Mannus Bd. 26, 1934, S. 82 ff. — Ders. Gleicher Titel, Leipzig 1937.

Aus den Hügelgräbern von Schweden ist ein berühmter Fund 1880 gehoben worden, das Schiff von Gokstad bei Gjerstad, bei Sandelfjord. Es wurde ausgegraben in einem Grabhügel, genannt Kongshaugen, Königshügel. Neben dem Schiff lagen noch drei Boote, und in dem Schiff war auf einem Prunkbett ein Mann bestattet. Unter den Beigaben befanden sich 12 Pferde und 6 Hunde. Das Schiff, heute in Oslo ausgestellt, ist 23,8 m lang, 5 m breit. Der Tiefgang ist 1,1 m, die Wasserverdrängung 28,5 t. Es ist aus Eichenholz erbaut und trug einen Mast von 12 m mit einem Segel von 70 qm Fläche. Es wurde eine genaue Nachbildung des Schiffes 1893 hergestellt, und mit ihm segelte eine Gruppe von Schiffsleuten über den Atlantik zur Weltausstellung in Chicago.

Die neuere Literatur ist: Th. Sjövold, Wikingerschiffe, Oslo 1952. — A. W. Brögger u. H. Shetelig, The Viking Ships, Oslo 1953. — H. Åkerlund, Vikingatidens skepp och sjöväsen, Uppsala 1959.

Ein anderer Fundplatz, in der 2. Hälfte des 19. Jahrunderts ausgegraben, ist Jelling, früher Jellinge, eine Gemeinde bei Vejle in Ostjütland, Dänemark. Hier stehen zwei Runensteine auf dem Friedhof, und bei dem Orte erheben sich zwei große Grabhügel.

Saxo Grammaticus, der Geschichtsschreiber des alten Dänemark, der in der 1. Hälfte des 13. Jahrhunderts lebte, erzählt, daß König Harald Blauzahn, etwa 950—986, unter großen Feierlichkeiten seine Mutter bei Jellinge bestattete, nicht weit von dem Hügel, in dem König Gorm ruhte. Der Name der Mutter ist Thyra. Nun tragen die beiden Runensteine diese Namen, Gorm und Tyra. Ole Wormius hat Jelling besucht und die Steine bekanntgemacht in seinem Werke: Danicorum Monumentorum libri sex, von 1643 in Kopenhagen, damals Hafnia. Auf Seite 328 bildet Wormius die Kirche zwischen den beiden Grabhügeln ab und auf Seite 331 und 332 die beiden Runensteine mit der Übersetzung ins Lateinische: „Haraldus rex iussit hunc tumulum extrui in memoriam Gormonis patris sui et Thyrae matris suae. Haraldus imperator recuperavit Daniam totam et Norvegiam et earum incolas ad fidem christianam convertit."

Harald Blauzahn hatte sich um 963 taufen lassen. Aus der Inschrift geht hervor, daß der König Dänemark einigte, Norwegen eroberte, daß er das Christentum verbreitete und daß er seinem Vater Gorm und seiner Mutter Thyra einen Grabhügel errichten ließ, was im Jahre 985 geschehen sein muß.

Hier lag nun für die Forschung eine seltene Gelegenheit vor. Von den Grabhügeln sind durch die Inschriften die Namen der Bestatteten bekannt, und damit ist eine Datierung gegeben.

Es gibt noch einen Kupferstich der Hügel von Jelling vom Jahre 1591. Der größere Runenstein ist dargestellt, er steht neben der Kirche, der andere Runenstein auf einem der Hügel. Das Bild ist veröffentlicht worden von F. A. WIMMER, De danske Runemindesmaerker, Bd. I, Kopenhagen 1895.

Natürlich hat es seit der Errichtung der Hügel Nachgrabungen gegeben. Auf dem Bild von 1591 ist auf dem linken Hügel ein großes Loch angegeben, ein Loch der Ausgräber. Dort hat sich das Regenwasser angesammelt und SOPHUS MÜLLER erzählt in seinem Buch, Nordische Altertumskunde, Straßburg 1897, S. 249, daß sich dort ein tiefer Teich gebildet habe, aus dem die Bewohner von Jellinge Wasser holten. Er berichtet auch, daß der dänische König Frederik IV. 1704 Ausgrabungen vornehmen ließ. Dadurch sank das Wasser des Teiches, und die Bauern machten sich daran, auf dem Boden des Teiches ein Loch zu graben, um den vermeintlichen Ursprung der Quelle wieder freizulegen. Dabei stießen sie auf eine große, aus Holz gebaute Grabkammer, abgeb. ebda S. 249. Die Entdeckung wurde bekannt, und Finn Magnussen untersuchte die Kammer. Es stellte sich heraus, daß die Raubgrabung im Mittelalter geschehen sein muß, König Frederik IV. hatte an anderer Stelle gegraben. In der Kammer war noch der Sarg enthalten, stark vermodert. Es fand sich noch ein Silberbecher mit Tierornament, innen mit einer goldenen Platte belegt, ferner mehrere kleine Bronzeplatten, Beschläge von einem Holzkasten, Vogelfiguren aus vergoldeter Bronze und ein kleines Stück roten Seidenstoffes, das nur aus China stammen kann.

Das dänische Königshaus war an diesen bemerkenswerten Denkmalen der Geschichte des Landes so interessiert, daß König Frederik VII. (1848—1863) mit eigenen Händen eine Ausgrabung auf dem anderen Hügel im Jahre 1861 begann, zusammen mit Jens Jacob Worsaae. Trotz großer, anstrengender Arbeit, trotz der Anlage von Gängen und Stollen und genauer Minenarbeit in der Mitte des Hügels wurde nichts gefunden. Viele Gedanken wurden geäußert, ob König Gorm vielleicht mit Tyra in einem, dem linken Hügel, bestattet worden sei und ob der neu ausgegrabene Hügel, in dem man Gorm vermutete, vielleicht nur ein leerer Grabhügel wäre.

Ein anderer wichtiger Grabhügel ist der von Mammen im Amt Viborg, Jütland. Er ist 1869 ausgegraben worden, und hier war die Nachforschung ergebnisreicher. Es wurde ein langer Holzsarg gefunden. Der Tote lag auf einem Daunenkissen, völlig bekleidet. Zwei gefütterte Seidenbänder mit eingewebten Mustern in Gold sind um die Handgelenke getragen worden. Menschliche Gesichter sind eingewebt. Sophus Müller bringt in seinem Buch, Nordische Altertumskunde, eine Abbildung auf S. 279, Nr. 179, sie stammt aus Aarböger for nordisk Oldkyndighet 1869. Weiter waren zwei Beile beigegeben, eines verziert mit Silbereinlage in Vogelköpfen. Es fanden sich noch zwei große Holzeimer, ein Bronzekessel und eine ellenlange, unten breite Wachskerze.

BRÖNDSTED hat 1936 noch einmal die Funde behandelt in einer Arbeit: Danish Inhumation Graves of the Viking Age in: Acta Archaeologica, Bd. 7. Auch PETER PAULSEN in seinem Buch: Wikingerfunde aus Ungarn, 1933.

Neben den Grabhügeln gibt es auch flache Gräber, wie in Vendel, einem wichtigen Fundplatz in der Prov. Uppland, Schweden. Die Gräber sind mit Booten eingelegt, die Grabung begann 1881. Es sind 15 Gräber gehoben worden, reich ausgestattet. Sie gehören dem 7. und 8. Jahrhundert an. Es wurden eiserne Helme mit figurgeschmückten Bronzeplatten ausgegraben, Schwerter mit reichverzierten, vergoldeten und almandinbelegten Griffen, Schilde, Speere, Zaumzeug, Gläser, Hausgeräte. Neben den Booten, von denen nur die Eisennieten erhalten waren, waren Pferde, Rinder, Hunde mitbestattet worden. Die Ausgrabung wurde von solcher Wichtigkeit, daß bis heute von einem Vendelstil gesprochen wird, ebenso wie bei der Bedeutung der Grabung von Jelling von einem Jellingstil die Rede ist. Der Vendelstil umfaßt das 7. und 8. Jahrhundert, der Jellingstil das 10. Jahrhundert. Die auch sonst noch verwendeten Bezeichnungen wie Borrestil oder Mammenstil, sind zu lokal, als daß sie für die Forschung brauchbar wären. Auch die Gliederung von G. ARWIDSON in Vendelstil A—E scheint mehr lokaler Natur zu sein. Dazu: G. ARWIDSON, Vendelstile, Email und Glas, Uppsala 1954.

Über Vendel berichten: T. J. ARNE u. HJ. STOLPE, La nécropole de Vendel, 1927. — H. ARBMAN u. a. Vendel, J fynd och forskning, Uppsala 1938. — SUNE LINDQUIST, Vendelkulturens älder och ursprung, Stockholm 1926. — BIRGIT ARRHENIUS, Das Bootgräberfeld von Vendel, in: SVEN B. F. JANSSON u. a., Sveagold und Wikingerschmuck, Mainz 1968, S. 105—120.

In die Epoche der zweiten Hälfte des 19. Jahrunderts gehört auch die Ausgrabung der wikingischen Handelsstadt Birka auf der Insel Björkö im Mälarsee, Kirchspiel Adelsä, Prov. Uppland. Birka liegt etwa 30 km westlich von Stockholm, die Stadt ist im Anfang des 9. Jahrhunderts begründet worden. Im Jahre 830 und dann wieder 853, ist sie von Ansgar, dem Apostel Schwedens, besucht worden. Ansgar, der Erzbischof von Hamburg-Bremen, ist 801 in der Picardie geboren, er ist in Bremen gestorben am 3. 2. 865. Er war Benediktiner, zuerst in Corbie, Frankreich, dann in Corvey in Deutschland, benannt nach Corbie. Er war Missionar in Schleswig, in Dänemark und in Schweden, er wird der Apostel des Nordens genannt. Als Hamburg durch die Wikinger 845 zerstört worden war, wurde er Bischof von Bremen, seit 864 mit Hamburg vereinigt zu einem Erzbistum. Eine neuere Darstellung von Ansgar ist: G. MEHNERT, Ansgar, Apostel des Nordens, 1964. Birka muß eine solche Bedeutung besessen haben, daß Ansgar die Stadt zweimal besucht hat.

Die Ausgrabung wird in den Jahren 1872—1895 durchgeführt von H. Stolpe. Die Stadt ist 9 Hektar groß, sie ist von einem Erdwall umgeben, der 8—15 m breit und 1,50—2 m hoch ist. Es fanden sich Reste von Holzhäusern und von lehmbeworfenen Flechtwerkhäusern. Südlich der Stadt liegt die Burg, ebenfalls umgeben von einem Wall.

Um 970 ist Birka vernichtet worden, ob durch Eroberung oder Brand ist nicht gesichert. Neben der Stadt liegt das große Gräberfeld mit mehr als 2000 Gräbern. Es gibt Hügel, dreiseitige Steinsetzungen und Flachgräber, auch Brandgräber. Es gab einen Marktfrieden, so daß alle Völker aller Religionen Birka besuchen konnten. Der Handel war weltweit, wie die Funde dartun. Es fanden sich Gegenstände aus dem Rheinland, aus England, aus Lettland und Livland, aus Byzanz und aus China. Handelsgüter sind Schmuck, Wein, Tuche, Seide, Silber, Gold, Edelsteine. Über Birka berichten: H. ARBMAN, Birka I, Die Gräber, Stockholm 1940 bis 1943. —

AGNES GEIJER, Birka III. Die Textilfunde, Stockholm 1938. — H. ARBMAN, Birka, Sveriges äldsta handelsstad, 2 Bde, Uppsala 1940—1943. — Ders., The Vikings, London 1961. — Acta Visbiensia, Bd. I. Die Zeit der Stadtgründungen im Ostseeraum, Uppsala 1965.

Über die Wikinger in England berichtet ein großes Werk: HAAKON SHETELIG u. a., Viking antiquities in Great Britain and Ireland, Oslo 1940.

Über die Wikinger in Belgien berichtet A. D'HAENAENS, Les invasions normandes en Belgique au IXe siècle, Louvin 1967.

In Rußland, in der UdSSR, ist eine Fülle von Gegenständen der Wikinger, dort Rus oder Waräger genannt, aufgefunden worden. Im Gouvernement von St. Petersburg, Leningrad, sind bei Novgorod in den Jahren 1878—1884 durch N. Brandenburg 135 Hügel geöffnet worden. Zu den Funden gehören fünfzig orientalische Münzen des 8.—11. Jahrhunderts, ferner Ovalfibeln der Wikinger in großer Zahl. Auch die typischen Rundfibeln und Kleeblattfibeln haben sich gefunden, genau die gleichen Formen wie in Schweden.

Auch die Bestattungen in Schiffen kommen vor, ebenso wie in Schweden. Auf einem archäologischen Kongreß von Novgorod, 1911, wurden alle diese Funde ausgestellt. Brandenburg hat darüber berichtet: Kurani jschnago Priladoscha, Materiali po archeologii Rossii, Bd. 18, St. Petersburg 1895.

Von 1850—1875 haben Graf Uvarov und P. S. SAVELIEV insgesamt 7729 Hügelgräber ausgegraben in den Gouvernements Vladimir und Jaroslaw. Nach den Angaben von A. SPICYN sollen an manchen Tagen 80 Gräber mit Hilfe vieler Arbeiter geöffnet worden sein. Diese Angabe von Spicyn findet sich in: Iw. Archeol. Komm. Bd. 15, St. Petersburg 1905. Wieder sind viele Ovalfibeln gefunden worden, Kleeblattfibeln, andere wikingische Gegenstände in Fülle, aber sie sind nicht einzelnen Gräbern zuzuteilen. Einen Gesamtbericht gibt A. Uvarov: Les Mériens, St. Petersburg 1875.

GRAF ALEKSEJ SERGEOVIC UVAROV (1825—1884) war ein wichtiger Förderer der russischen Archäologie, so hat er im Jahre 1846 in St. Petersburg die Archäologisch-Numismatische Gesellschaft begründet. Im Schwarzmeergebiet grub er zahlreiche Grabhügel aus von 1851—1854. Er war einer der Mitbegründer der Moskauer Archäologischen Gesellschaft, Moskovskoe archeologicescoe obščestvo, 1864 begründet. Die Zeitschriften dieser Gesellschaft wurden Drevnosti mit 25 Bänden; Trudy Moskovsk; archeol. obščestva; Materialy po archeologii Kavkaza, 14 Bde; Materialy po archeologii vostočnych gubernii Rossii, 3 Bde; Archeologičeski izvestija i zametki, 17 Bde; Trudy komissij, Arbeiten der von der Gesellschaft eingesetzten Kommission, 13 Bde. Fast alle diese Unternehmungen, dazu 15 gesamtrussische archäologische Kongresse sind Uvarov zu verdanken. Nach seinem Tode wurde die Arbeit unter der Schirmherrschaft seiner Gattin, Gräfin P. S. Uvarova (1840 bis 1923) fortgesetzt. Natürlich war Uvarov eine Art Raubgräber, zumal in der ersten Zeit seiner Tätigkeit, aber er war der Entscheidende, der den Grundstein legte für die wissenschaftliche archäologische Forschung in der UdSSR.

Die Wikingerfunde im Gouvernement Kiew hat M. B. CHANENKO veröffentlicht in einer Arbeit: Drevnosti prilneprovja, Kiew 1902. Auch in dem Raume von Kiew haben sich Altertümer der Wikinger gefunden, die gleichen Ovalfibeln, die gleichen Kleeblattfibeln, die gleichen Nadeln mit Kreisen am oberen Ende, verziert im Stil der Tierornamentik wie in Schweden.

Auf die engen Zusammenhänge hat WORSAAE hingewiesen in einem Artikel in den Aarböger for nordisk Oldkyndighed, betitelt: Rußland og det Skand. Nordens bebyggelse og aeldste kulturforhold, 1872, S. 420f.

Aus dem Gouvernement Smolensk sind 20 ovale Fibeln der Wikinger in das Historische Museum von Moskau gekommen, ein Paar Bügelfibeln, 15 Rundfibeln, 6 Nadeln mit Kreiskopf und viele andere Schmuckstücke der Wikingerzeit.

T. J. ARNE berichtet darüber in dem Buch: La Suède et l'Orient, Uppsala 1914, S. 54f. Arne, der das große Verdienst besitzt um die Durcharbeitung des archäologischen Materials in Rußland für die Wikingerzeit, ist am 7. 5. 1879 in Drothem, Prov. Östergötland, Schweden geboren. Er war Staatsantiquar seit 1909, Prof. seit 1938, im Jahre 1944 wurde er pensioniert. Außer seiner Arbeit über Schweden und den Orient von 1914 sind seine wichtigsten Werke diese: Östeuropas och Nordbalkans förhistoria, 1926. — La nécropole de Vendel, Stockholm, mit Stolpe, 1934 —, Das Bootgräberfeld von Tuna in Alsike, 1934. — Europa upptäcker Ryssland. 1944. — The excavations at Shak Tepé, Iran, Stockholm 1945.

So ist das Ergebnis der Forschung der Wikingerzeit bis 1900 sehr reich. Viele Arbeiten erscheinen erst nach 1900, die Ausgrabungstätigkeit hat bis zur Jahrhundertwende eine so große Anzahl von Funden erbracht, daß die Verarbeitung erst später erfolgen konnte. Für die Wikinger liegt der Fall vor, daß die historischen Quellen wichtige Hinweise bringen für die archäologische Arbeit, noch eingehender als für die Völkerwanderungszeit.

Probleme der Forschung 1850—1900

Damit ist es in der 2. Hälfte des 19. Jahrhunderts gelungen, zu dem skythischen Umkreis der Funde, zu dem keltischen, noch einen dritten in Europa zu bestimmen und klar zu erkennen in der Formensprache: es ist der der merowingischen Epoche, der Völkerwanderungszeit mit den Wikingern. Alle drei Umkreise haben Anschluß an die geschriebene Geschichte, und wenn die Geschichte auch nicht Auskunft gibt über die Formen und Besonderheiten der Fundstücke, dann allgemein doch über die Völker, die hinter den Funden stehen: es sind die Skythen, die Kelten, die Germanen. Das römische Fundmaterial ist immer bekannt, schon seit der Renaissance, und so lassen sich um 1900 vier verschiedene Völkergruppen des europäischen Raumes festlegen nach ihren Funden, ihren Gegenständen, ihren Gebrauchsgeräten.

Aber dunkel bleibt die Frage der Gliederung des Neolithikums, der Neusteinzeit. Eine Fülle von Funden tritt aus der Erde, aber sie enthüllen ihr Geheimnis nicht.

Da gibt es die Megalithgräber, die Hünengräber, da gibt es die Gräber, die verbrannte Knochen enthalten, alle mit Tongefäßen, mit geschliffenen Beilen, aber auch noch mit behauenen, genau wie in der Eiszeit. Manchmal kommt auch Kupfer vor, Bronze, Gold, und es gibt keinen Hinweis, keinen Bericht, der von dem Alter spräche. Was nützt die Kenntnis von Caesar, von Tacitus, von Plinius. Diese Verfasser sprechen nicht über die Grabhügel und auch nicht über die Funde der Bronzezeit. So ist es für Mittel- und Nordeuropa nicht möglich, die Funde an irgendeine Überlieferung anzuschließen, sie stehen tatsächlich im leeren Raum. Es ist verständlich, daß die Meinungen der Forscher völlig auseinandergehen. Einige Gelehrte gibt es, die von Jahrtausenden vor Christi Geburt sprechen, andere wieder datieren die Megalithgräber in die Jahrhunderte nach Christus.

Montelius in Schweden nimmt an, daß die neolithische Kultur — und er denkt an eine Einwanderung — um etwa 3000 v. Chr. aus Asien nach Europa gekommen sei. Das Ende des Neolithikums und den Beginn der Bronzezeit errechnet er um etwa 1800—1500 v. Chr. Sophus Müller, in Dänemark, datiert die großen Steingräber um 2000—1000 und den Beginn der Bronzezeit um 1500 v. Chr., bei dem langdauerndem Fortleben der Megalithgräber bis in die Bronzezeit hinein. Undset in Norwegen legt etwa die gleichen Datierungen vor.

Doch den drei Forschern stehen nur Schätzungen, Überlegungen, Mutmaßungen zur Verfügung. Es gibt nicht den Anschluß an die geschriebene Geschichte und auch nicht den Anschluß an die alten Hochkulturen von Ägypten und Mesopotamien, und so ist jeder Vermutung Tür und Tor geöffnet.

Die Schwierigkeiten liegen darin, daß weder die Megalithgräber noch die Pfahlbauten ein einheitliches Gesicht offenbaren. In den Megalithgräbern, und damals vor allem in denen Frankreichs um Carnac, werden Gegenstände von Bronze und Gold gefunden, in den Pfahlbauten tauchen Bronzegeräte auf, in La Tène Eisengegenstände, und so verwirren sich alle Begriffe. Wieder und wieder wird das Dreiperioden-System angegriffen.

In England erklärt JAMES FERGUSSON (1808—1866) in einem Werke: Rude stone monuments in all countries, London 1872, daß die Megalithbauten nach der Römerzeit, also nach 400 n. Chr. geschaffen worden seien. Seine Begründung beruht darauf, daß die Schriften der Römer die Steingräber nicht erwähnen, obwohl ihre Straßen in dichter Nähe vorüberziehen. Auch WILLIAM COPELAND BORLASE (1695 bis 1772), der die Megalithgräber von Cornwall untersucht, erklärt in seinem Werke: Antiquities of Cornwall, 1754, daß er bei Beginn seiner sorgfältigen Untersuchung der Bauten an ein hohes Alter gedacht habe, daß er aber im Fortgang der Bearbeitung festgestellt habe, die Gräber gehören in die frühchristliche Epoche, in die Zeit von 500—700 n. Chr. Borlase begründet diese Datierung mit den Funden von römischen Münzen und von römischen Tongefäßen.

Dasselbe geschieht mit den Pfahlbauten. Hier erklärt THOMASSEN in einem großen Überblick über die Ergebnisse der Pfahlbauforschung in der Vierteljahresrevue für Naturwissenschaften 1873, wörtlich: „Die Verschiedenartigkeit der Überreste, welche man in den Pfahlwerken gefunden hat, hat Anfangs zu systematischen

Unterscheidungen geführt. Man glaubte die Pfahlwerke, wo nur Steingeräte gefunden wurden, in eine ganz andere Epoche der Urgeschichte versetzen zu müssen, als diejenigen, in welchen man Bronzegeräte fand. Auch hier haben die neueren Forschungen die Kluft mehr und mehr zusammengerückt. Man darf es heute ruhig aussprechen, daß alle Pfahlwerke ohne Ausnahme einer und derselben Periode angehören, und daß diese in die historische Zeit fällt."

Und Thomassen fährt fort: „Wenn in der einen Anlage bloß steinerne Waffen, in der anderen aber auch solche aus Bronze gefunden werden, so begründet dieser Unterschied für sich keineswegs eine chronologische Auseinanderzerrung beider um viele Jahrhunderte oder Jahrtausende, wie man dies früher meinte. Das Pfahlwerk bei Sipplingen beweist dies schlagend, hier finden sich eiserne Geräthe mehrfach zusammen mit solchen aus Knochen und Stein. Es ist auch naheliegend, zu vermuthen, daß die jeweiligen Besitzer eines Pfahlwerkes keine metallenen Geräthe besaßen oder zurückließen, während in einem anderen, der um dieselbe Zeit bewohnt wurde, dieß allerdings der Fall war. Nach den Untersuchungen von Heer muß man annehmen, daß die Pfahlbauer nicht allein Jäger, sondern auch Ackerbauer gewesen sind; sie haben im Frühjahr ihre Felder bestellt und Ziegen- und Schafdünger benutzt. Woher sie ihre Cerealien erhalten haben, das beweist das Auffinden der blauen Kornblume in den Überresten, deren Heimat Sizilien ist. So deutet alles bezüglich der Pfahlwerke auf eine Zeit, in welcher die südöstlichen Küstenregionen des Mittelländischen Meeres schon der Wohnsitz einer hohen, geschichtlich festgestellten Kultur waren."

Diesen Meinungen schließt sich auch BAER-HELLWALD an in seinem für die damalige Zeit führenden Werk: „Der vorgeschichtliche Mensch", Leipzig 1880. Er sagt (S. 609): „In allen Pfahlwerken, welche nicht zu den oben erwähnten ältesten gehören, hat man reichlich Bronze- und Eisengeräthe gefunden; ja in einigen Seeansiedelungen kommen Waffen vor, die mit jenen identisch sind, welche in den gallischen Kriegen Cäsar's von den Einwohnern geführt wurden. Ganz unvermerkt führen uns also die Pfahlwerke aus der Zeit der großen Steindenkmäler, an deren Ende wol die ältesten entstanden, in die historischen Epochen herüber. Und so wie das Alter dieser ältesten Pfahlwerke auf die ersten Zeiten der römischen Republik zurückleitet, so vermögen wir auch, freilich nur in negativer Weise, annähernd den Zeitpunkt zu ermitteln, welcher das Ende der Pfahlperiode bezeichnet. Nirgends nämlich thun die römischen Schriftsteller derselben Erwähnung, nicht einmal Plinius welcher unter anderen ein Landhaus am Comer See besaß und nichts zu notiren versäumte, was auf die Menschen und die Begebnisse seiner Zeit Bezug nahm. Ist es denkbar, daß dieser Mann von den in seiner nächsten Nähe, vielleicht unter seinen Fenstern befindlichen Pfahlwerke keine Notiz genommen hätte, wenn solche vorhanden gewesen wären? Wir müssen also aus dem Stillschweigen des Plinius schließen, daß zu seiner Zeit (79 n. Chr.) die Pfahlwerke in Italien nicht bloß aus den Seen, sondern auch schon aus dem Gedächtnisse der Menschen verschwunden waren. Bestätigt sich indessen die Vermuthung des Herrn Chantre, daß in Südfrankreich in dem See von Paladru entdeckte und untersuchte Pfahlbauten als solche noch im Mittelalter bestanden haben, dann kann freilich das Schweigen der Zeitgenossen nicht mehr als negativer Beweis dienen. Im Allgemeinen aber dürfte die gesamte Pfahlbautenperiode von ihrem Anfange bis zum Ende kaum mehr denn als ein halbes Jahrtausend umfaßt haben."

Damit sagt Baer-Hellwald, die Pfahlbauten sind in der Zeit der römischen Republik von etwa 500 bis um Christi Geburt geschaffen worden. Er weist sie den Kelten zu (S. 610).

Der energischste Vertreter der Anschauung, die Megalithbauten und die Pfahlbauten fallen in die historische Zeit, ist CHRISTIAN HOSTMANN (1829—1889). Hostmann hatte in Göttingen Naturwissenschaft studiert und lebte als Privatgelehrter. Er ist, wie berichtet, mit Lindenschmit der Bekämpfer des Dreiperiodensystems und er ist auch der Bekämpfer der Aufstellung einer neolithischen Kulturepoche. Seine Lebensbeschreibung findet sich bei Wilhelm Rothert in der Allg. Hannoverschen Biographie I, Hannover 1912, Sl 347.

Nach Hostmann, vor allem dargelegt in seinem Werk: Studien zur vorgeschichtlichen Archäologie, Braunschweig 1890, gibt es überhaupt keine Steinzeit, von Anfang an ist das Eisen bekannt.

Die Steinwerkzeuge der Megalithgräber beruhen nach seiner Auffassung auf einem altertümlichen Steinkult, der bis in die christliche Zeit andauert. Allerdings stellt er die Frage nach dem Ursprung dieses Kultes nicht. Denn wenn es keine Steinzeit gegeben hat, sollte ja auch die Fortdauer der Gebräuche dieser Zeit unverständlich sein. Wörtlich sagt er: „Der Begriff einer factischen Steinzeit ist hiermit für den Bereich unserer heidnischen Gräber vollständig, auch in jenen Fällen negiert, wo keine Spur von Metall in Begleitung der Steingeräte angetroffen wurden."

Und über die Bronzezeit, die so überraschend aus der Erde des Nordens Europas gestiegen ist, sagt Hostmann wörtlich das Folgende: „Jene den Stolz des nordischen Bronzereiches bildenden älteren Fabrikate, von denen selbst Thomsen urtheilte, die Arbeit zeige eine solche Geschicklichkeit, daß man vermuthen müsse, zur Zeit ihrer Anfertigung sei die Schrift bereits bekannt gewesen: die mächtigen, 6 Fuß langen, gebogenen, offenbar zur Tempelmusik benutzten Schallhörner (dänisch Lurer), die wundervollen Schwertklingen und Dolche, die großen, massiv oder hohl gegossenen Streitäxte, die Lanzenspitzen, die scheibenförmigen Buckeln mit eingravirten Spiralkränzen, die kleinen Messer mit dem bekannten Schiffsornament, die merkwürdigen, so reich decorirten Hängegefäße und alles, was sonst noch diesen Gegenständen sich ebenbürtig in Form, Verzierung und Technik anreiht, sowie endlich sämmtliche getriebene und gegossene Goldarbeiten können, wie auch Lisch einräumte, nichts Anderes sein als südländische Fabrikate, an denen die nordische Culturwelt keinen weiteren Anspruch hatte, als den eines mehr oder weniger rechtmäßigen Besitzes. Sie gehören nicht in den Bereich der sogenannten prähistorischen, sondern im wahren Sinne des Wortes in den der classischen Archäologie und entstammen einer Zeit, die nicht nur bereits mit der Schrift vertraut war, wie Thomsen meinte, sondern die namentlich in der bildenden Kunst bereits eine bedeutende Entwicklung erreicht hatte."

Liest man heute diese Sätze, die damals von großer Bedeutung waren, denn ihre Gedanken gingen ein in zusammenfassende Werke, dann versteht man erst, wie schwer diese Wissenschaft zu ringen und zu kämpfen hatte. Die große Bedeutung Roms überlagert und bedeckt in den Vorstellungen alles andere.

Als das Altertum an sich gilt Griechenland und Rom, und nun treten plötzlich Kulturen im Norden und in der Mitte Europas aus der Erde, die großen Steingräber, die großen Steindenkmale, die reiche Bronzezeit, und für alle diese Funde gibt es keinen, auch nicht den geringsten Anschluß an die geschriebene Geschichte, an das bis zu dieser Zeit bekannte Altertum. Es ist eine schwere, scheinbar unlösbare Aufgabe, vor die sich die archäologische Welt im tiefsten gestellt sieht. Wenn die Frage der Bronzezeit und ihre Gliederung bis etwa 1900 gelöst erscheint, dann noch immer nicht die des Neolithikums, die nun die brennendste Frage wird. Montelius hatte die Gliederung Dolmen, Ganggräber, Steinkisten gefunden, jedoch sie kann nur dort Geltung haben, wo es die Megalithbauten gibt, nicht aber in Süddeutschland, Österreich, Rußland, Italien.

Aber gerade das Problematische, das Rätselhafte hat seine wirkende Kraft der Anziehung. Und so wird in dieser Zeit besonders viel Aufmerksamkeit auf die neolithischen Fundstätten gerichtet. Die Grabungen werden unermüdlich fortgeführt. 1852 wird das Römisch-Germanische Zentralmuseum in Mainz begründet, und dieser Gründung liegt der Gedanke zugrunde, die einzelnen Funde, besonders die des Neolithikums an einer Stelle zu vereinen durch Abgüsse und Zeichnungen und so eine wissenschaftliche Forschungsstelle zu schaffen. Durch Vergleichung der Funde, durch Beobachtung der Ähnlichkeiten und der Unterschiede müssen sich einzelne Umkreise herausheben, die gleiche Formen besitzen, und die Verbindung und Beobachtung wird dann eines Tages an der Fülle der Funde die Erkenntnis bringen.

Im Jahre 1865 wird der ständige Congrès International d'Anthropologie et d'Archéologie Préhistorique in Spezia begründet. Der Kongreß tagt seit dieser Zeit alle vier Jahre in einem anderen Lande bis heute, die erste Tagung findet im folgenden Jahre statt in Neuchâtel. 1867 findet in Paris eine Ausstellung aller Funde der Vorgeschichte Frankreichs auf der Weltausstellung statt, und GABRIEL DE MORTILLET (1821—1898) veröffentlicht zu dieser Ausstellung sein Werk: Promenades Préhistoriques à l'Exposition Universelle, Paris 1867.

Im Jahre 1869 wird die Deutsche Gesellschaft für Anthropologie, Ethnologie und Urgeschichte unter der Leitung von Rudolf Virchow begründet. Die Funde werden veröffentlicht in der Zeitschrift für Ethnologie. 1886 wird in Berlin das Museum für Völkerkunde geschaffen, in ihm befindet sich die besondere Abteilung der Vorgeschichte.

Die Grabungen in Deutschland bringen für das Neolithikum besonders wichtige Funde, und langsam wird es wirklich möglich, einzelne Kulturgruppen abzulösen.

Als erster beobachtet FRIEDRICH KLOPFLEISCH (1831—1898) die Eigentümlichkeiten einer Form der neusteinzeitlichen Keramik. Im Jahre 1859 wird er in Jena Privatdozent der Kunstgeschichte, und nun beginnt er mit Ausgrabungen rund herum um Jena und Weimar. Er begründet in Jena das „Germanische Museum", das hauptsächlich aus seinen Ausgrabungen besteht. Er wird sein erster Direktor, Konservator genannt, im Jahre 1863. Seine erste Ausgrabung fällt in das Jahr 1856, seine letzte in das Jahr 1882. Klopfleisch erkennt als einer der ersten, daß die Ornamentformen der neolithischen Keramik bedeutungsvoll sind. Er legt seine Gedanken dar in dem „Katalog der Ausstellung prähistorischer und anthropologischer Funde in

Deutschland", 1880, S. 24—29. Dort finden sich zum ersten Male die Bezeichnungen „Schnurkeramik" und „Bandkeramik", sie werden wiederholt in dem Korrespondenzblatt für Anthropologie, Ethnologie und Urgeschichte, 12. Jahrg., Berlin 1881, Nr. 10, S. 139 ff.

Sein Schüler ALFRED GÖTZE (1865—1948) hat 1891 bei Klopfleisch die erste vorgeschichtliche Doktor-Dissertation in Deutschland vorgelegt. Sie trägt den Titel: „Die Gefäßformen und Ornamente der neolithischen schnurverzierten Keramik im Flußgebiet der Saale", Jena 1891. Die Begriffe Schnurkeramik und Bandkeramik haben sich im Fortgang der Forschung bewährt, sie sind noch heute die grundlegenden Bezeichnungen für zwei große neolithische Gruppen der Kultur. (G. Neumann, Friedrich Klopfleisch, Mannus, Bd. 24, 1932, S. 134.)

Götze erklärt (S. 1): „Die Keramik der jüngeren Steinzeit im Saalegebiet zerfällt in zwei größere Gruppen, die schnurverzierte und die bandverzierte Keramik, welche einen durchgreifenden Gegensatz bilden, denn sie unterscheiden sich nicht nur in der Gefäßform, der Ornamentik, der Technik, sondern auch in der Art des Vorkommens. Bedingt ist dieser Unterschied durch die verschiedenen Centren ihres Verbreitungsgebietes, also durch den verschiedenen Ursprung. Dies möchte ich etwas näher ausführen, denn wenn auch hier und da dieser Gegensatz angedeutet wurde, so ist er doch meines Wissens noch nicht scharf gefaßt und dargestellt."

Ferner auf S. 2: „Die Bandkeramik ist von Klopfleisch so benannt nach ihrer Ornamentik, welche hauptsächlich in verschiedenen Bandmotiven besteht. Die Bänder werden durch zwei parallele, eingeriefte Linien (Vorgeschichtliche Altertümer der Provinz Sachsen, Halle, Heft 2, S. 92 ff.) oder durch flache Stiche gebildet, welche, ohne durch Kanäle mit einander verbunden zu sein, sich zu Bändern gruppieren."

S. 4 sagt Götze: „Es zeigt sich also in der Bandkeramik während der jüngeren Steinzeit bzw. Kupferzeit ein trotz seiner verschiedenen Gruppen mit lokalen Formenbildungen einheitlicher Kulturkreis, welcher sich vom Mittelrhein und Thüringen bis zu den Alpen ausbreitet und vereinzelte Stationen nach Frankreich, der iberischen Halbinsel (?) Italien (?) und Siebenbürgen vorschiebt."

Und auf S. 10: „Indem ich jetzt zur Besprechung der schnurverzierten Keramik übergehe, bemerke ich hinsichtlich dieser Bezeichnung, daß ich hierunter nicht nur die schnurverzierten Gefäße verstehe, sondern die ganze einheitliche keramische Gruppe, deren am meisten charakteristisches Merkmal die Schnurverzierung ist. Die verschiedenen Arten der Verzierung, wie Schnur-, Stich-, Schnitt-, Reifen-, Tupfen- und Quadratverzierung, hat schon Klopfleisch eingehend geschildert; weshalb ich mich mit dem Hinweis darauf begnüge.

Die Fundumstände der schnurverzierten Keramik des Saalegebietes stehen in scharfem Gegensatz zu denen der Bandkeramik, indem die erstere bis jetzt nur in Gräbern, die letztere, wie oben ausgeführt, nur in Ansiedlungsplätzen konstatiert wurde."

Für die Schnurkeramik nennt Götze (S. 32) diese Formen: Amphore, Becher, Kanne, Topf, Napf, Schale, Wanne.

Seine Schlußworte sind auf S. 69:

„Eine eingehende Vergleichung der Gefäßformen und Ornamente der verschiedenen Gebiete ist vorläufig noch nicht möglich; es ist jetzt Sache der Lokalforschung, das Material hierzu zusammenzustellen, wie ich es für das Saalegebiet zu thun versucht habe. Aber man kann jetzt schon sagen, daß die ganze nord- und westeuropäische Kultur der Schnurkeramik — wenn sie auch in den verschiedenen Gegenden ungefähr gleichzeitig ist und in einem gewissen verwandtschaftlichen Zusammenhang steht — doch in mehrere lokale Sondergebiete mit besonders ausgeprägten Formen zerfällt. Erst wenn diese bearbeitet und besonders auch die chronologischen Beziehungen zu den übrigen neolithischen oder diesen zeitlich nahe stehenden Kulturen innerhalb eines jeden Gebietes festgestellt sind, wird eine Vergleichung der verschiedenen lokalen Gruppen von Nutzen sein."

Die Rössener Kultur wird von Götze zur Schnurkeramik gerechnet. Die folgende Forschung ist ihm darin nicht gefolgt. Die Rössener Keramik wird später der Bandkeramik zugerechnet.

Götze erklärt auf S. 9 seiner Arbeit, daß die Schnurkeramik die ältere Gruppe sei und daß die Bandkeramik sich als später erweise. Diese Darlegung hat sich nicht bestätigt. Die Bandkeramik ist durchgehend älter als die Schnurkeramik.

Andere führende Männer dieser Zeit in Deutschland sind die folgenden:

EBERHARD FRAAS (1862—1915). Als Sohn des Prähistorikers Oscar Fraas, der seit 1856 Konservator am Kgl. Naturalienkabinett in Stuttgart ist, wird er früh mit den Aufgaben der Vorgeschichte bekannt. Er leitet die Stuttgarter Vorgeschichts-Ausstellung von 1905, die von 20 000 Menschen besucht wird und führt eine Fülle von Ausgrabungen um Stuttgart durch.

ADALBERT BEZZENBERGER (1851—1922), seit 1880 Professor für Sanskrit an der Universität Königsberg in Ostpreußen. Er gräbt die steinzeitlichen Fundplätze an der Kurischen Nehrung aus, die Hügelgräber der Bronzezeit und der vorrömischen Eisenzeit und die großen Gräberfelder der Völkerwanderungszeit in Samland und Masuren. Bezzenberger hält Vorlesungen über Vorgeschichte an der Universität, er wird Direktor des Prussia-Museums in Königsberg.

OTTO TISCHLER (1843—1891), einer der großen führenden Köpfe der Vorgeschichte zu seiner Zeit, lebt ebenfalls in Königsberg. Er schafft eine Gliederung der Latènekultur, und nach seinem Tode, 1902, erscheint sein Werk: „Ostpreußische Altertümer aus der Zeit der großen Gräberfelder nach Christi Geburt", herausgegeben von H. Kemke.

Eine der bedeutenden Gestalten der Vorgeschichtsforschung dieser Zeit ist JOHANNA MESTORF (1829—1909) in Kiel. Ihr Vater ist schon ein Ausgräber und Sammler. Zuerst veröffentlicht sie ihre Übersetzung der Werke von Montelius, Sophus Müller, Undset, Worsaae, Nilsson. Sie gräbt aus, sammelt. Bei Begründung des Museums in Kiel 1873 wird sie Kustos, von 1891—1908 ist sie Direktorin des Museums. 1885 erscheint ihr großes Werk: „Vorgeschichtliche Altertümer aus Schleswig-Holstein" und 1886: „Urnenfriedhöfe in Schleswig-Holstein". Im Jahre 1899, mit 70 Jahren, erhält sie als erste Frau in Deutschland den Titel Professor.

In Mecklenburg ist der Nachfolger von Georg Christian Lisch ROBERT BELTZ (1854—1942). Er setzt die Ausgrabungstätigkeit fort. Ihm sind zwei große Werke über die Vorgeschichte Mecklenburgs zu danken, „Vorgeschichte Mecklenburgs", 1899 und „Die vorgeschichtlichen Altertümer von Mecklenburg-Schwerin", 1910.

In Mitteldeutschland ist ein führender Forscher PAUL HÖFER (1845—1914). Höfer ist ein bedeutender Ausgräber in Thüringen und Sachsen, Leiter des Museums in Wernigerode am Harz und der Herausgeber und Hauptverfasser des gemeinsamen Werkes: GÖTZE, HÖFER, ZSCHIESCHE, „Die vor- und frühgeschichtlichen Altertümer Thüringens". Würzburg 1909.

In Berlin ist ALBERT VOSS (1837—1906) von Bedeutung für die zweite Hälfte des Jahrunderts. In seiner Heimat in Pommern beginnt er mit Grabungen. Er legt Rudolf Virchow seine Funde vor, und Virchow beteiligt sich an seinen Grabungen. 1874 tritt er in das von Bastian begründete Museum für Völkerkunde ein, in das Museum, das zuerst die Vorgeschichte mitbetreut. 1886 wird die Vorgeschichtliche Abteilung getrennt, und Voss wird ihr Direktor. 1887 erscheint sein Werk: Vorgeschichtliche Altertümer aus der Mark Brandenburg.

In Süddeutschland ist von Bedeutung KARL LUDWIG KOEHL (1847—1929), der Begründer des Paulus-Museums, heute des Museums der Stadt Worms. Koehl ist einer der bedeutenden Ausgräber dieser Zeit. Er gräbt die steinzeitlichen Gäberfelder bei Worms aus, Flomborn, Mölsheim, Monsheim. 1896 erscheint sein Werk: Neue prähistorische Funde aus Worms und Umgebung, und 1903 in der Festgabe zur 34. Anthropologentagung von Worms: „Die Bandkeramik ... in der Umgebung von Worms". Das viel verwendete Wort „Spiralmäanderkeramik" hat er geschaffen und zum ersten Male verwendet für die Keramik von Flomborn. Auf ihn gehen die Unterscheidungen innerhalb der Bandkeramik zurück, bestimmte Typen, die er als Hinkelsteinstil, Rössener Stil, Großgartacher Stil, Flomborner Stil, Plaidter Stil bezeichnet.

JULIUS NAUE (1832—1907) ist neben Ranke und Weber der Begründer der Bayerischen Prähistorischen Staatssammlung in München. 1887 erscheint sein Werk: „Die Hügelgräber zwischen Ammer- und Staffelsee". Von 1889 ab gibt er die „Prähistorischen Blätter" heraus, 1894 erscheint sein Hauptwerk: „Die Bronzezeit in Oberbayern".

ALFRED SCHLIZ (1849—1915) ist der Begründer der Sammlungen in Heilbronn a. Neckar, ein erfolgreicher Ausgräber und Verarbeiter der Funde, vor allem der neolithischen Grabfunde von Großgartach. Er ist einer der Bahnbrecher in der Forschung der Neusteinzeit und der Völkerwanderungszeit in Deutschland. 1901 erscheint sein Werk: „Das steinzeitliche Dorf Großgartach", Südwestdeutsche Bandkeramik 1902. — 1909 seine „Urgeschichte Württembergs".

OTTO SCHOETENSACK (1850—1912) betreut in Freiburg im Breisgau die 1885 von Alexander Ecker begründete Sammlung der Altertümer. Im Jahre 1904 habilitiert er sich an der Universität Freiburg für das Fach der Urgeschichte des Menschen, 1909 wird er Professor. Mit Eduard Krause bearbeitet er die Megalithgräber der Altmark, sein Name ist mit dem Homo Heidelbergensis von 1908 verbunden.

GEORG WOLFF (1845—1929) ist in der Gegend um Frankfurt a. M. ein wichtiger Ausgräber. Seit 1880 untersucht er den Limes mit seinen Kastellen, vor allem Groß-Krotzenburg und Marköbel und Kesselstadt, er gräbt Heddernheim aus, das römische Nidda. 1900 erscheint sein Werk: „Die südliche Wetterau in vor- und frühgeschichtlicher Zeit".

Ernst Wagner (1832—1920) in Karlsruhe hat als Leiter der Abteilung der Badischen Altertümer im Landesmuseum seine Bedeutung als Ausgräber und als Landeskonservator. In den Jahren 1908—1911 erscheint sein Werk in zwei Bänden: „Fundstätten und Funde im Großherzogtum Baden".

Karl Rademacher (1859—1935) hat die Vorgeschichtsforschung um Köln begründet. Im Jahre 1906 schenkt er seine große Sammlung vorgeschichtlicher Funde der Stadt Köln und damit wird das von ihm geleitete Museum für Vorgeschichte geschaffen, das er bis 1931 betreuen kann. Rademacher ist der Ausgräber der Kartsteinhöhle bei Eiserfey in der Eifel mit paläolithischen Funden und einer Fülle von neolithischen Grabhügeln. 1926 erscheint sein Buch: „Vor- und Frühgeschichte des Stadtgebietes Köln" und 1927 „Die Heideterrasse zwischen Rheinebene, Acher und Sülz".

Neben diesen Männern stehen viele andere (genannt bei Gummel, Forschungsgeschichte in Deutschland, Berlin 1938). Die Arbeit dieser Zeit im mitteleuropäischen Raum ist das Ausgraben, Sammeln, Ordnen, Gliedern, Aufzeichnen der Funde. Es ist eine mühsame, aufopferungsvolle Kleinarbeit, die die Generation dieser Zeit durchführt. Als Ergebnis ist um 1900 eine erste Gliederung des Neolithikums zu erkennen, große Kulturgruppen lösen sich heraus, als Wichtigste, die Megalithkultur einerseits, die Bandkeramik andererseits, ferner die Schnurkeramik und die Glockenbecher-Keramik. Jedoch das Problem der Chronologie kann noch nicht gelöst werden. Es sind nicht genügend Überlagerungen da, die das Früher und Später der vier großen Kulturgruppen der Neusteinzeit sichtbar werden lassen. So kommt es nicht zu einer historischen Schichtung der neolithischen Kulturen und einer relativen Chronologie, da keine Anknüpfungspunkte an historische Tatsachen möglich sind, auch nicht zu einer absoluten Chronologie. Man schätzt die Neusteinzeit auf 4000, 3000, 2000 v. Chr., aber irgend eine Sicherheit, irgend einen festen Punkt gibt es nicht.

KAPITEL IX

Außer-Europa

Aus Deutschland kommt jener große Forscher, dessen Name in dieser Zeit vor allem verbunden ist mit dem Worte Ausgrabungen, der größte Forscher dieser Epoche, der erfolgreichste Entdecker, der Mann, der durch seine unermüdliche Tätigkeit, durch seinen Fleiß, seinen Geist und durch sein Feuer, eine Welt in Brand setzt, und der der prähistorischen Archäologie und zugleich auch der klassischen Archäologie einen Antrieb, einen Aufstieg und eine Kraft gibt, wie niemand zuvor, es ist HEINRICH SCHLIEMANN.

Heinrich Schliemann (1822—1890) ist eine beeindruckende und großartige Gestalt unter den Ausgräbern dieser Zeit, der 2. Hälfte des 19. Jahrhunderts. Er ist ein Abenteurer, zugleich ein Mann der genauen Berechnung, ein Mann des Goldes, ein Kenner fremder Sprachen, ein bedeutender Schriftsteller, ein Mann des Erfolges. Emil Ludwig, der sein Leben als Roman beschrieben hat im Jahre 1932, nennt sein Buch „Die Geschichte eines Goldsuchers". H. Brugsch nennt ihn einen Träumer (zitiert bei Ernst Meyer, Heinrich Schliemann, Göttingen 1969, S. 396). Zu mir persönlich hat Wilhelm Dörpfeld einmal gesagt, er war ein wahrhaft großer Mensch, und Ernst Meyer, sein Biograph, bemerkt in dem Nachwort zu Schliemanns Selbstbiographie, 7. Aufl. 1949, S. 149: „er war hart in seinem Willen und rücksichtslos gegen sich selbst bis zum letzten Einsatz. Als willensstarker Mensch hat er sich verzehrt im Ringen um wissenschaftliche Erkenntnis". Peter Goessler spricht von der nie versagenden Begabung, von einer Leistungsfähigkeit ohnegleichen, von Welterfahrung und weltmännischer Gabe. (Peter Goessler, Schliemann und Dörpfeld. IPEK Bd. 17, 1943—1948, S. 25).

Heinrich Schliemann ist geboren worden in Neubuckow, Mecklenburg-Schwerin, am 6. Januar 1822. Er ist gestorben auf einer Reise in Neapel auf der Straße, am 26. Dezember 1890, 68 Jahre alt.

Der erste, der telegraphisch der Witwe sein Beileid ausdrückte, war Kaiser Wilhelm II. An seinem Grab erschien die Kaiserin Friedrich, der griechische König und der Kronprinz, die Minister von Griechenland, der Gesandte der Vereinigten Staaten. Wilhelm Dörpfeld sprach die Abschiedsworte: „Ruhe aus in Frieden, Du hast genug getan".

Schliemann war der Sohn eines mittellosen Pfarrers mit elf Kindern. Seine Schulzeit verbrachte er in der Volksschule, dann auf dem Gymnasium in Neustrelitz, danach auf einer Realschule. Mit 14 Jahren trat er in dem Städtchen Fürstenberg in einen kleinen Krämerladen ein als Lehrling, fünfeinhalb Jahre war er hier tätig in diesem Laden. Beim schweren Heben von Fässern zog er sich eine Krankheit zu, wanderte nach der Heilung nach Hamburg, dort fand er eine Stellung, wurde aber nach kurzer Zeit wieder entlassen. Im Jahre 1841, 21 Jahre alt, verdingte er sich als Kajütenjunge auf einem kleinen Schiff. Es sollte die Fahrt nach Venezuela antreten, aber das Segelschiff erlitt Schiffbruch hinter Helgoland an der niederländischen Küste bei Texel. In Amsterdam erhielt Schliemann eine Stellung in dem Kaufmannsbüro B. H. Schröder. In dieser Zeit, in den Jahren 1841—1846, lernte er in Amsterdam Holländisch, Spanisch, Italienisch, Portugiesisch, Russisch.

Wegen seiner Sprachbegabung und seiner Sprachkenntnisse sandte ihn das Büro 1846 zu geschäftlichen Zwecken im Frühjahr nach Rußland, im Sommer nach England, Frankreich, Belgien, Deutschland. Im Jahre 1830 fuhr er nach Amerika, um seinen Bruder zu besuchen, der aber inzwischen gestorben war. Schliemann war zufällig am 4. Juli 1850 in Kalifornien. An diesem Tage wurde das Land zu einem Teil der Vereinigten Staaten erklärt. Alle diejenigen Personen, die zu dieser Zeit in Kalifornien waren, wurden Bürger der Vereinigten Staaten, so auch Heinrich Schliemann.

Im Jahre 1852 errichtete er in Moskau ein Zweiggeschäft der Amsterdamer Firma. Sein Hauptverkaufsgegenstand war Indigo, ein organischer Farbstoff. Im Krimkrieg, 1854—1856, gelangen ihm große Geschäfte in Salpeter, Schwefel und Blei. In diesen Jahren erlernte er Chinesisch, Polnisch, Slowenisch, Schwedisch, Dänisch. Von 1856 an begann er Neugriechisch, Altgriechisch und Latein zu lernen.

Nach Spanien reiste er im Jahre 1859. Dann arbeitete er wieder in seinem Geschäft in Moskau bis 1864.

Um die gesamte Welt kennenzulernen, unternahm er eine Weltreise in der Zeit von Sommer 1864 bis zum Frühjahr 1866. Er besuchte Tunis, Ägypten, Indien, Java, China, Japan und wieder Amerika.

Nun konnte er sich dem Studium der Antike widmen. Er studierte an der Sorbonne in Paris von 1866—1870. Er hörte Vorlesungen über griechische Philosophie, griechische Literatur, Vergleichende Sprachwissenschaft, ägyptische Philologie und Archäologie, über arabische Sprachen und Dichtung. (Ernst Meyer, Heinrich Schliemann, 1969, S. 226.)

Nun ist er so vorgebildet und auch so vermögend, daß er seinen Jugendplan zu verwirklichen vermag, Troja auszugraben. Nach seinen eigenen Angaben besitzt er damals vier Millionen Mark, für diese Zeit eine sehr große Summe.

Von Mai bis August 1868 besucht er Italien, Griechenland, und dann reist er zu der Stätte von Troja. Für seine geplanten Ausgrabungen entscheidet er sich für Hissarlik.

Der große Ausgräber von Knossos, Arthur Evans (1851—1941), schildert 1932 Schliemann aus seiner Erinnerung. Er sagt (E. Meyer, Heinrich Schliemann, 1969, S. 391): „W. E. Gladstone, — der britische Premierminister (1809—1898) —

wurde sein Prophet ... Sein sichtlicher Mangel an archäologischer Vorbildung war den systematischen Deutschen ein Ärgernis, dagegen fand sein Vertrauen in Glaubwürdigkeit homerischer Gesänge in England ein großes Echo. Ich habe selbst noch eine beinahe unheimliche Erinnerung an den mageren, leichtgebauten, blassen Mann in dunklen Kleidern mit seiner fremdartigen Brille, mit der er, so schien es mir, so tief in die Erde hineingeblickt hatte".

Darf ich aus eigener Erinnerung hinzufügen, daß ich selbst eine solche Erinnerung an Sir Arthur Evans habe? Evans war wie Schliemann ein Mann von kleiner Statur, so stand er vor mir in London im August 1932, er hat mir mit Begeisterung von Schliemann erzählt.

Mit Rudolf Virchow in Berlin machte Schliemann eine Reise auf dem Nil in Ägypten. Er hielt Vorträge in London vor der Society of Antiquaries, besuchte Ludwig Lindenschmit in Mainz, L. Pigorini in Rom, Ernst Curtius bei den Grabungen in Olympia.

Im Jahre 1869 erlangte Schliemann die Doktorwürde an der Universität Rostock mit einer in altgriechisch geschriebenen Arbeit über die vermeintliche Lage von Troja. Die immer wiederholten Bemerkungen in Büchern und Berichten über ihn, daß er kein Fachmann sei, treffen tatsächlich nicht zu. Er hat das Fach der Archäologie in Paris durch Jahre hindurch studiert, er hat seinen Doktorgrad von der Universität Rostock erhalten, er war Ehrenmitglied der Deutschen Anthropologischen Gesellschaft im Jahre 1877 geworden mit den Unterschriften von Schaaffhausen und Virchow, damals die bedeutendste Anerkennung für einen Prähistoriker und Archäologen. Ihn einen Dilettanten zu nennen, ist völlig verfehlt.

Am 11. Oktober 1871 begann Heinrich Schliemann die erste von seinen vier Grabungen auf dem Hügel von Hissarlik. Die Erlaubnis hatte er von der türkischen Regierung durch Vermittlung der Gesandtschaft der Vereinigten Staaten in Konstantinopel erhalten. Im Jahre 1873 findet er den Goldschatz, dann folgt 1874 eine erste kurze Grabung in Mykenä. 1874—1875 führte er einen Prozeß mit der Türkei, denn sie verlangte die Hälfte der Funde. Der Prozeß endete mit der Verpflichtung für Schliemann, der türkischen Regierung 10000 Franken zu zahlen. Schliemann übersandte 50000 Franken.

Die eigentliche Grabung in Mykenä begann 1876, 1878—1879 fand die zweite Grabung in Troja statt, 1882 die dritte, zusammen mit Dörpfeld, dann 1890 die vierte, die letzte.

Im Jahre 1880 grub Schliemann in Orchomenos unter Mitarbeit von A. H. Sayce (1846—1933), einem bedeutenden Sprachwissenschaftler und Kenner des Vorderen Orients.

Im Jahre 1881 schenkte Schliemann die trojanische Sammlung der Stadt Berlin und wurde Ehrenbürger der Stadt. Im Juni 1883 wurde er zum Ehrendoktor der Universität Oxford ernannt.

1874 war der erste Bericht über die Ausgrabungen in Troja erschienen (H. Schliemann, Trojanische Alterthümer), 1878 das Werk „Mykenae", 1881 das Werk „Ilios" mit einer Vorrede von R. Virchow, im gleichen Jahre: „Orchomenos". 1882 brachte das Werk „Troja" mit der Vorrede von Sayce, 1886 „Tiryns" mit Beiträgen von W. Dörpfeld.

An Sprachen lernte er noch in späterem Alter 1858 Arabisch, 1861 Hebräisch, 1864—1866 Hindustani, 1860 Persisch und 1870—1871 Türkisch. Sein Tagebuch führte er meistens in den Sprachen des Landes, in dem er reiste.

In den Jahren 1893—1894 wurden nach dem Tode Schliemanns unter Mithilfe von Frau Schliemann in Troja wieder Grabungen durchgeführt, die Kosten übernahm Kaiser Wilhelm II.

Die Schichtengliederung ist für Troja nach WILHELM DÖRPFELD, „Troja und Ilion", Athen 1902, die folgende:

Troja I	3000—2500
Troja II	2500—2000
Troja III—V	2000—1500
Troja VI, die homerische Stadt	1500—1000
Troja VII	1000— 700
Troja VIII	700— 0
Troja IX	0— 500 n. Chr.

Dieser Schichtenfolge und Datierung schloß sich auch CARL SCHUCHHARDT (1859—1943) an in seinem Buch: Schliemanns Ausgrabungen in Troja, 1890, ebenso TSOUNTAS in seinem neugriechisch geschriebenen Buch über Dimini und Sesklo, erschienen in englischer Sprache unter dem Titel „The Mycenaean Age", 1897, und viele andere.

NILS ÅBERG (1888—1957) hat sich später, in seinen vier Büchern mit dem Titel „Bronzezeitliche und Früheisenzeitliche Chronologie", 1935—1939, Bd. III, S. 123 bis 161, eingesetzt für die zweite Schicht als die homerische Stadt, er datiert sie von 1600—1450. Den Untergang Trojas bestimmt er auf 1450 (S. 158), und stellt Troja in Beziehungen zu den Schachtgräbern von Mykenä.

Eine amerikanische Expedition unter C. W. BLEGEN führte 1932—1933 neuere Grabungen in Troja durch (American Journal of Archaeology 1934ff). Blegen kam zu dem Schluß, daß nicht die VI. Stadt das homerische Troja sei, wie Schliemann und Dörpfeld dargelegt hatten. Blegen erklärt, daß Troja VI im 13. Jahrhundert durch ein Erdbeben zerstört worden sei, und daß das bei Homer geschilderte Troja die Schicht VII A wäre. (C. W. Blegen, Troy, Princeton 1950—1958. — Ders., Troy and the Troyans, London 1963, S. 147f.) Ich darf bemerken, daß mir Dörpfeld mehrfach erklärt hat, daß er diese Auffassung aus seiner genauen Kenntnis der Lage nicht zu teilen vermöge. Bis zu seinem Tode, 1940, hat Dörpfeld an der Bestimmung der VI. Stadt als der homerischen festgehalten.

Auf der Gedächtnisfeier von Schliemann im Rathaus in Berlin am 1. März 1891 schloß Virchow seine Rede mit den folgenden Worten: „Er hat Großes gewollt und Großes vollbracht ... Was er erreicht hat, ist von ihm durch eigne Kraft erzwungen worden. Unter allen Wechselfällen ist er sich treu geblieben. Seine einzige Sorge war das Streben nach höherer Erkenntnis." (E. Meyer, Heinrich Schliemann, Göttingen 1969, S. 387.)

Wie alle Leute von Erfolg hat Schliemann Gegner gehabt. Sein fanatischster Feind war ein Hauptmann a. D. Boetticher. Er erklärte in Artikeln, in Zeitungen und Zeitschriften, Hissarlik sei nicht Troja, sondern ein Feuerbestattungsplatz.

Boetticher legte dem Internationalen Kongreß für Anthropologie und Vorgeschichte vom 19. bis 26. August 1889 in Paris ein Buch über dieses Thema vor. Virchow trat Boetticher scharf entgegen, aber immer neue Kampfschriften verfaßte Boetticher. Da lud ihn Schliemann ein, auf seine Kosten nach Troja zu kommen. Fünf Tage wurde Boetticher alles gezeigt, dann verlangt Schliemann, daß Boetticher seine Beschuldigungen öffentlich zurücknähme. Boetticher lehnte ab. Nun wurde eine Kommission von Wissenschaftlern nach Troja eingeladen, sie gab ihr Protokoll über die Echtheit ab. Kaiser Wilhelm II. schickte das ihm von Boetticher übersandte Buch durch das Kultusministerium zurück.

Die Wirkung von Schliemanns Grabungen auf die Vorgeschichte als Wissenschaft war von größter Bedeutung. Schliemann war das tägliche Gespräch, seine Bücher wurden überall gelesen. Die Bedeutung der Ausgrabung war immer deutlicher sichtbar geworden. Bei Schliemann bestand nicht der so häufig betonte Gegensatz zwischen Ausgrabung und schriftlicher Überlieferung. Er war überzeugt von der Wahrheit und Wirklichkeit des überlieferten Wortes. Homer war sein Führer, sein Leiter bei all seinem Forschen.

Ich darf als ein persönliches Erlebnis hinzufügen, daß ich im Jahre 1932 in Oxford ein Gespräch mit Professor J. L. Myres über Schliemann hatte. Er sagte, in Deutschland wirken heute noch die Angriffe gegen Schliemann nach, anders als bei uns. Wir wissen, daß er ein großer Gelehrter war. Myres stand auf und nahm eines seiner Manuskripte zur Hand und las vor über den Tod von Schliemann: „the spring had gone out of the year". Ein Jahr später erschien das Buch von Myres. Es trägt den Titel: The Cretan Labyrinth, 1933, die Stelle findet sich auf S. 272.

Schliemanns großer Helfer war Wilhelm Dörpfeld (1853—1940). Er ist in Barmen geboren, hatte Architektur studiert und war als Architekt bei den deutschen Ausgrabungen von Olympia unter Ernst Curtius tätig. Schliemann bat ihn, ihm bei seinen Troja-Grabungen behilflich zu sein und Dörpfeld sagte zu. Unter seiner Leitung und mit seiner Hilfe konnten genaue architektonische Lagerungen, die Schichtenfolge und die Hausgrundrisse festgelegt werden. Nach dem Tode von Schliemann wurde Dörpfeld 1887 Direktor des Deutschen Archäologischen Instituts in Athen, er leitete es bis 1911.

Als Schliemann den Berg von Hissarlik 1871 auszugraben begann, hatte niemals jemand vor ihm gewagt, die Grabung eines ganzen Stadtkomplexes in Angriff zu nehmen. Schliemann hatte nicht Vorbilder, nach denen er arbeiten konnte. Er tat das, was das Naturgegebene war, er legte tiefe Querschnitte durch die Stadt. Er hatte dabei das Glück, Häuser anzuschneiden, Wälle, Tore, er hatte weiter das Glück, Tongefäße zu finden, schließlich den Goldschatz. Jedoch die Schichtenfolgen verwirrten sich ihm, er brauchte den Architekten, der zugleich Archäologe, zugleich Ausgräber war. In Dörpfeld hat er den Mann gefunden, den er brauchte. Mit Dörpfeld habe ich bei einem Aufenthalt in Ägypten täglich lange Gespräche führen können, immer wieder über Schliemann, aber auch über alle großen Fragen der Archäologie, die uns beide beschäftigten.

Dörpfeld hatte die Technik des Grabens gelernt in der deutschen Schule der Archäologie von Ernst Curtius (1814—1896). Mit Curtius beginnt seit 1875, seit dem Beginn der Ausgrabung von Olympia, eine neue Welt der Archäologie. Bis zu

Curtius war der Archäologie die Aufgabe gestellt, bedeutende Kunstwerke einzubringen, die Museen zu bereichern und dadurch die Anzahl der Besucher zu steigern.

Mit Curtius stellt sich die Archäologie andere Aufgaben. Sie will die Schichten erkennen, das Früher und Später, die Überlagerungen, die Beeinflussungen. Den Menschen in seiner ihm eigenen Umwelt will sie erfassen. Dazu war es nötig, nicht Gebäude oder Orte leicht anzugraben und aufzuhören, wenn sie nicht reichliche Funde brachten. Jede Einzelheit mußte sorgfältig beobachtet werden, das ausgegrabene Gut mußte katalogisiert, vermessen, mit Nummern versehen werden. Ein genaues Ausgrabungsbuch mußte geführt werden. Die Funde mußten konserviert und ergänzt werden. Die zerbrochenen Stücke mußten in ihrer Lage und in der Tiefe der Verschüttung registriert werden. Die jeweilige Schichtenhöhe mußte vermerkt werden. Eine völlig neue Methode war durch Curtius eingeführt worden in die Welt der Ausgrabung.

Zu dieser Wandlung in der Technik der Grabung bemerkt GLYN DANIEL, A hundred years of Archaeology, 2. Aufl. 1952, S. 164: "From 1870 onwards a new archaeological method was developed in classical excavations which became the pattern of all subsequent excavational technique every where. This development was largely due to the Austrian and German excavators in the Aegean, especially, Conze, Curtius and Dörpfeld."

Diese Sätze sprechen genau das aus, was ich sagen möchte für den Wandel der Ausgrabungstechnik und der Ausgrabungsaufgabe zwischen 1875 und 1880. Dabei hat auch Conze seine Bedeutung. ALEXANDER CONZE (1831—1914) ist in Hannover geboren, wurde 1863 Professor in Halle, 1869 in Wien, ging dann nach Berlin. Er übernahm die Skulpturenabteilung des Alten Museums und 1887 wurde er dort Generalsekretär des Deutschen Archäologischen Instituts. Conze gehört neben Curtius und Dörpfeld zu den Forschern dieser Zeit, die die sorgfältige, wissenschaftliche Grabung einführten.

Bis zu dieser Zeit waren Ausgrabungen gegeben durch Zufallsfunde. Einzelstücke wurden geborgen, wie die antiken Statuen in Italien und Griechenland. Ausnahmen machten nur Pompeji als Stadtanlage oder Knidos, wo CHARLES THOMAS NEWTON (1816—1894) 1858 zum ersten Male in der Geschichte der Archäologie den gesamten Stadtplan aufdecken konnte. (Charles Newton, A history of discoveries at Valicarnassus, Cnidus and Branchidae. 2 Bde. 1862—63.)

Solche Arbeiten verlangen den Architekten mit archäologischen Kenntnissen — damals eine kaum denkbare Verbindung. Conze verhandelte mit der österreichischen Regierung wegen einer Ausgrabung in Samothrake. Er verlangte als Begleiter zwei Architekten und einen Photographen. Auf einem Kriegsschiff wurden die Ausgräber mit ihren Helfern im Mai 1873 nach Samothrake gebracht. Der Erfolg war so bedeutend, die Ausgrabungszeit so genau, daß im Herbst 1875 eine zweite Grabung erfolgen konnte. (Alexander Conze, Archäologische Untersuchungen auf Samothrake. 2 Bde. 1875—1880.)

Conzes Verdienste sind noch größer. Bis 1860 kannte man die klassische griechische Vasenart, davor die korinthische, damals auch die orientalisierende Gruppe genannt. Die Kenntnis der griechischen Vasen reichte bis ins 7. vorchristliche Jahrhundert zurück. Das schien die Grenze der griechischen Kunst überhaupt zu sein.

Zwar sprach Homer von blumenreichen alten Vasen, von gebuckelten Erzschilden. Es bestand die Lücke von 1200, der Zerstörung Trojas bis zur Niederschrift Homers um 700. Im Jahre 1870 bestimmte Conze diesen Stil durch vorgelegte damals neuere Funde. Er war es, der diesen Gefäßen mit geraden Linien, Zickzack, Viereck und Kreis als Ornament einen Namen gab, er nannte ihn den „geometrischen Stil". (A. Conze, Zur Geschichte der Anfänge griechischer Kunst, 1870.)

Als Vasenfunde am Dipylon in Athen 1871 ergaben, daß in dem geometrischen Stil auch Menschen in stilisierter Form dargestellt worden sind, Leichenzüge und Schiffskämpfe, wurde auch das Wort „Dipylonstil" vorgeschlagen. Schon damals ahnte Conze Zusammenhänge mit dem mittleren und nördlichen Europa, und die Gedanken der „dorischen Wanderung" vom Norden Griechenlands her kündigten sich an.

Schliemanns Funde, vor allem die Keramik, hatte damals schon mehrere Parallelen, sodaß Vergleiche möglich waren. ADOLF FURTWÄNGLER und GEORG LOESCHKE (1852—1915) haben die frühen Keramikfunde in Berlin von den deutschen Ausgrabungen in Olympia veröffentlicht: Mykenische Tongefäße, 1879, und Mykenische Vasen, 1886.

ADOLF FURTWÄNGLER war Professor für Archäologie seit 1884 in Berlin, seit 1894 in München, zugleich Direktor der Antikensammlung in München. GEORG LOESCHKE war seit 1878 Professor in Dorpat, seit 1890 in Bonn, seit 1912 in Berlin.

ALBERT DUMONT (gest. 1884), der Leiter der französischen Schule in Athen, hatte 1876 in Delos gegraben, seine Arbeit „Céramique de la Grèce propre" erschien nach seinem Tode 1888. Diese mykenische Vorzeit, angeschnitten von Schliemann in Mykenä selbst und Troja, erschien nun an vielen Orten in gleicher Art. ADOLF MICHAELIS sagt in seinem Werk: „Ein Jahrhundert kunstarchäologischer Entdeckungen", 1905, 2. Aufl. 1908, S. 217: „Kaum war die mykenische Vorzeit in der Argolis erschlossen worden, so fanden sich bald aller Orten — ähnlich wie es beim geometrischen Stil gegangen war — neue Belege. Der Boden schien nur darauf gewartet zu haben, um seine Schätze zu erschließen."

Auf den Kykladen, den griechischen Inseln, hatte Dümmler 1886 Gräber auf Amorgos ausgegraben (Archäol. Mitt. 1886, S. 15). Auf Zypern war bei den Ausgrabungen des British Museum ägäische, mykenische Keramik zutage gekommen, über sie berichteten 1900 Murray Smith und Walters in einer Arbeit: „Excavations in Cyprus". Auf Melos war Phylakopi durch das British Museum zwischen 1894 und 1895 ausgegraben worden durch Cecil Smith.

Sowohl in Griechenland wie auf den Inseln ergab sich bei den Grabungen dieser Zeit bis 1900 (Dietrich Fimmen, Die kretisch-mykenische Kultur, 1924, S. 1—23) eine immer wiederkehrende Schichtenfolge. Zuunterst lagert eine neolithische Schicht, darüber eine mykenisch-ägäische mit oft naturhafter Gestaltung von Wassertieren wie auf der Dolchklinge im 5. Schachtgrab von Mykenä (Fimmen, ebda., S. 203, Abb. 195). Es ist eine lebendige, wirklichkeitsnahe Welt. Auf sie folgt die geometrische, stilistisch fester gebundene Form. Sie erschien unserer Zeit wie ein Abstieg.

Aber das Lebensvollere ist älter, für die Zeit des Fortschrittsgedankens ein schwer verständliches Ergebnis.

Zwischen 1880 und 1900 hat man klar erkannt, daß man unterscheiden muß zwischen der Zeit, in der die jonischen Sänger die homerischen Gedichte verfaßten und der Zeit, in der der Inhalt der Gedichte spielt. Die Sänger fanden den alten Sagenstoff vor. Bei Homer wie in Mykenä spielt das Gold eine große Rolle, weiter das Elfenbein. Beides kommt in Griechenland nicht vor. Auch Löwen oder Papyrusstauden gibt es nicht in Griechenland. Aber auf der Dolchklinge des 5. Schachtgrabes von Mykenä erscheinen sie, ebenso bei Homer.

Es kann sich demnach nur um importierte Waren handeln, um eine Epoche, in der Griechenland reicher war, in der Griechenland und auch Kreta einen weiten Handel besaßen. Die Blicke mußten sich auf Ägypten richten, um die Zusammenhänge zu gewinnen und auch zugleich die Zeitenlagerung.

Schon im Jahre 1866 hatten Salzmann und Biotti bei einer Grabung in Ialysos auf Rhodos ein Grab angeschnitten, das einen Skarabäus von Amenhotep III. (1402—1364 v. Chr.) brachte mit mykenischer Keramik, auf die Zeit um 1400 zu datieren.

Im Jahre 1889 hat der große Ausgräber Ägyptens, Sir William Flinders Petrie in Gurob, Ägypten, mykenische Keramik gefunden zusammen mit Tongefäßen vom Ende der 18. Dynastie, (1555—1447). Schliemann hatte in Orchomenos 1886 einen Stein gefunden mit Spiralen, Lotosblumen und Rosetten, eine Ornamentik wie in den Wandmalereien des Grabes von Amenhotep III. Flinders Petrie grub im Jahre 1887 ägäische Keramik aus zusammen mit der der 12. ägyptischen Dynastie (2000—1790).

Die Ausgräber dieser Zeit stehen vor der Frage, ist die ägäische mykenische Kultur beeinflußt durch die ägyptische. Wenn das der Fall ist, könnte die mykenisch-ägäische Kultur zeitlich genau bestimmt werden.

Im Jahre 1891 besucht Flinders Petrie Mykenä. Sein Gedanke ist es, die Frage der Zusammenhänge zu lösen. In seiner Begleitung ist Ernest Gardner, sein Schüler und Mitarbeiter, ferner Head von der British School in Athen. Alle Beziehungen, die Petrie festzustellen vermag, gehören der 18. Dynastie (1555—1447) an. Diese Epoche muß also die Zeit sein, in der der enge Kontakt zwischen Kreta und Griechenland mit den Inseln einerseits und mit Ägypten andererseits bestand.

Sir William Mathew Flinders Petrie, kurz Flinders Petrie (1853—1942), ist neben Schliemann der andere weltbedeutende Archäologe in dieser Zeit. Er wurde geboren in Charlton-London, damals Kent zugehörig, jetzt ein Teil von London. Er begann seine Arbeit in England. Stonehenge bewegte ihn, die Fragen und Probleme, die sich ranken um diese Anlage der großen Steine. Er grub in Stonehenge zwischen 1875—1880, und dann veröffentlichte er ein Buch über Stonehenge mit dem Titel: „Stonehenge-Plans, Description and Theories", London 1880. Ein späterer Bearbeiter der Steinanlage, E. Herbert Stone, nennt dieses Buch von Flinders Petrie 1924" a remarkable example of careful and accurate work ... in all cases correct to within a quarter of an inch." (E. Herbert Stone, Stonehenge, London 1924, S. 2.)

Flinders Petrie besaß die für einen Archäologen so wesentlichen Eigenschaften: die Genauigkeit der Beobachtung im Feld, die Fähigkeit der sofortigen Wiedergabe in der Veröffentlichung und drittens die unbedingt notwendige Phantasie in der Verknüpfung der historischen Zusammenhänge.

Diese Frage der historischen Zusammenhänge führte ihn 1881, dem Todesjahre Schliemanns, als die Probleme der ägäischen Verbindungen mit Ägypten von größter Bedeutung wurden, in dieses Land.

So wie für die südrussische Archäologie Herodot die große Hilfe war zur zeitlichen und ethnischen Bestimmung, so, wie für die keltisch-gallischen Funde Caesar die Deutung zu geben vermochte, für die Pfahlbauten in der Schweiz ebenfalls Herodot, so ist es jetzt die Geschichte Ägyptens. Sie muß die Zeitbestimmung ergeben können für Troja, für Mykenä, für die ägäische Kulturerscheinung und für die nachfolgende geometrische Epoche.

Als Flinders Petrie 1881 den Boden Ägyptens betritt, ist er voll von Kritik gegen AUGUSTE MARIETTE (1821—1881). Mariette war Professor am College von Boulogne. Er beschäftigte sich mit ägyptischen Studien. Im Jahre 1849 wurde er Assistent am Ägyptischen Museum des Louvre in Paris. Von 1850—1854 reiste er in Ägypten. Auf dieser Reise gelang ihm die Entdeckung des Serapeums in Memphis. Als er im Jahre 1858 wieder nach Ägypten kam, übertrug ihm der Vizekönig die Leitung der Ausgrabungen. Nun begann Mariette eine große Ausgrabungstätigkeit. Die Ruinenstätten des Landes wurden untersucht, Tempel wurden freigelegt, die Statuen wurden gesammelt. Ein Museum besaß damals Ägypten nicht. So wurden die Funde zuerst in einer verfallenen Moschee untergestellt, dann fand sich in Bulak ein Unterkunftsplatz. 1890 wurde eine Art Museum in Gizeh begründet, bis endlich im Jahre 1902 in Kairo das Ägyptische Museum eröffnet werden konnte.

Mariette hat mehr als dreißig bedeutende Ausgrabungen durchgeführt, wie in Karnak, Theben, Tanis, Edfu und Abu Simbel. Eine Fülle von bedeutenden Kunstwerken hat er zusammenbringen können. Man darf nicht vergessen, daß in dieser Zeit es unbedingt üblich war, daß ein Pascha aus dem Museum Goldketten für seine Frauen verlangte, daß der Vizekönig, als Mariette sich bei ihm darüber beklagte, dasselbe für seine Frauen forderte. Auch die Kaiserin Eugénie von Frankreich, die Gattin Napoléons III., war begeistert von einer Ausstellung ägyptischer Altertümer 1867 in Paris. Sie benachrichtigte den Khedive Ismael, daß sie die gesamte Ausstellung als Geschenk erwarte. (Glyn E. Daniel, A hundred years of Archaeology, London 1950, 2. Aufl. 1952, S. 164.) Der Vizekönig fand den Ausweg. Er erklärte, daß er nicht darüber zu bestimmen habe, sondern Mariette. Mariette aber schlug das Ansinnen ab. Dafür erhielt Mariette keine finanzielle Unterstützung mehr aus Paris, denn 1858 hatte Napoléon III. ihn dem Khediven empfohlen — der Vorgang führte auch zu einer politischen Spannung zwischen Frankreich und Ägypten. Aber nach Napoléons III. Sturz im Jahre 1871 stand Mariette wieder in Gunst. Natürlich war es das Ziel von Mariette, so viele Kunstwerke wie möglich, in die Museen zu bringen, und das war der tragende Gedanke bei allen Ausgräbern bis etwa 1880 in Ägypten. Man kann das heute dieser Generation nicht zum Vorwurf machen, es war der Zug der Zeit. Mariette war es, der im Jahre 1858 bei dem Vizekönig erreichen konnte, daß die Ausfuhr ägyptischer Kunstwerke aus Ägypten verboten und unter schwere Strafen gestellt wurde.

Mariette aber hat nicht nur zusammengerafft, er hat auch viel veröffentlicht. Seine wichtigsten Werke sind diese: „Le Sérapéum de Memphis", 1857—1864. — „Abydos", 2 Bde, 1870—1880. — „Catalogue général des monuments d'Abydos", 1880. — „Denderah". 5 Bde, 1873—1880. — „Karnak, étude topographique et archéologique", 1875. — „Deir el Bahari", 1877. — „Les Mastabas de l'Ancien Empire", 1882—1889. — Nach seinem Tode erschienen die „Oeuvres diverses", 1904.

Flinders Petrie war in seiner genauen, sorgfältig arbeitenden Art von Anfang an gegen Mariette eingestellt. Er nennt ihn „most rascally blasted to pieces all the fallen parts of the granite temple by a large gang of soldiers" (Glyn Daniel, ebda., S. 175), und im Jahre 1883, zwei Jahre nach dem Tode von Mariette schreibt Flinders Petrie (ebda., S. 162): „Nothing was done with any uniform plan; work is begun and left unfinished; no regard is paid to the future requirements of exploration and no civilised or laboursaving appliances are used. It is sickening to see the rate at which everything is being destroyed, and the little regard paid to preservation." — „Nichts wurde durchgeführt nach einem einheitlichen Plan; keine Rücksicht wurde genommen auf die künftige Aufgabe der Untersuchung und keine vernünftigen oder arbeitssichernden Mittel sind verwendet worden. Es ist schmerzlich zu sehen, in welchem Umfang alles der Zerstörung entgegengeht und wie wenig Rücksicht darauf verwendet wird, das Bestehende zu erhalten."

Man muß wohl bedenken, daß hier zwei Männer einem vor Augen treten, die beide dasselbe Feld beackern — immer eine der schwierigsten Gegebenheiten — man muß aber auch bedenken, daß zwei völlig verschiedene Ausgrabungsideen einander gegenüberstehen. Bei Mariette, genau so wie in Mesopotamien bei den ersten Ausgräbern, bei Paul Emil Botta (1802—1870), bei Austen Henry Layard (1817—1894), handelt es sich in Wirklichkeit um Sammler, um Sucher von Kuriositäten, von Besonderheiten. Sie wollen der Welt etwas Neues, etwas Unerwartetes zeigen, sie wollen die Museen bereichern. Es ist das für jeden Beginn ein verständliches, ja, ein notwendiges Stadium. Jedoch zu einem bestimmten Punkte wird die eigentlich wissenschaftliche Fragestellung wacher werden. Sie erwartet das Früher und Später, sie erwartet die Einordnung des Gefundenen in das Gesamtgefüge des menschlichen Geschehens, sie erwartet den lebenden, arbeitenden, den ringenden Menschen hinter dem Funde.

Dieses Stadium trat für Ägypten ein um 1870—1880. Das neue Denken und Erleben, die genaue sorgfältige Kleinarbeit ohne Blick auf den sehenswerten Fund wird tatsächlich begründet von den Deutschen, von Alexander Conze, Ernst Curtius und Wilhelm Dörpfeld, und in England von Flinders Petrie.

Flinders Petrie begann seine Grabungen 1880 an den Pyramiden. In den Jahren 1884—1886 grub er zusammen mit Ernest A. Gardner Naukratis aus, eine Stadt im Nildelta, die als Seestadt Beziehungen zur Ägäis besaß. Viele ägäische Tongefäße wurden zusammen mit ägyptischen aufgedeckt. Georg Loeschke gelang es nach der genauen Veröffentlichung der Funde, festzustellen, daß bestimmte Tongefäße aus

Milet stammen, andere aus Samos, wieder andere aus Mytilene. Es lösten sich auch Gefäße heraus, die auf Rhodos, in Kameiros, gearbeitet waren. Georg Loeschke u. A. Furtwängler, Mykenische Tongefäße, 1879. — Loeschke, Mykenische Vasen, 1886.)

Im Jahre 1889 deckte Petrie bei Illahun eine Pyramidenstadt des mittleren Reiches auf. Die Wohnverhältnisse der Ägypter dieser Zeit wurden sichtbar, und bei der Wiederaufnahme der Arbeiten im Jahre 1899 wurde eine Bibliothek von Papyrusrollen gefunden. Einige Papyri machten es möglich, durch genaue astronomische Angaben Datierungen für das Mittlere Reich zu schaffen. Der bedeutende Althistoriker in Berlin, EDUARD MEYER (1855—1930), bei dem ich selbst Vorlesungen über ägyptische Geschichte hören konnte, hat diese Zahlen von Flinders Petrie verwenden können in seinem Werk „Ägyptische Chronologie", 1904, und „Die ältere Chronologie Babyloniens, Assyriens und Ägyptens", 1925.

Von Bedeutung wurde Petris Übersicht über die ersten zehn Jahre seiner Grabungen in seinem Werk: „Ten years digging in Egypt", 1892.

In dieser Zeit begann Flinders Petrie auch Grabungen in Palästina, um die Verbindungen und Beziehungen zwischen beiden Ländern kennenzulernen. Er setzte den Spaten an 1890 in Tell el-Hasi, der alten Stadt Lachisch bei Gaza. Er legte eine 20 m hohe Schicht nieder und konnte vier Straten deutlich von einander abheben. Zu unterst ein prähistorische Schicht, darüber eine vorisraelitische mit allerlei fremden, besonders ägyptischen und babylonischen Einflüssen, darüber die israelitische Schicht und zuoberst die hellenistische.

SIR WILLIAM MATTHES FLINDERS PETRIE ist geboren in Charlton-London am 3. 6. 1853, er ist gestorben in Jerusalem am 28. 7. 1942. Er ist 89 Jahre alt geworden, bis zum letzten Tag hat er ausgegraben und veröffentlicht. Er ist einer der größten Ausgräber von Ägypten und zuletzt auch von Palästina. Seit 1880 grub er in Ägypten, er wurde der Begründer der wissenschaftlichen archäologischen Methode für Grabungen. Von 1898—1933 war er Professor in London. 1906 gründete er die British School of Archaeology in Egypt.

Seine wichtigsten Werke sind: The pyramids and temples of Gizeh, 1883 .— A history of Egypt, 3 Bde, 1894—1905. — Naqada and Ballas, 1896. — Royal tombs of the First Dynasty, 2 Bde. 1900—1901. — Diospolis Parva, 1901. — Abydos, 3 Bde, 1902—1904. — Methods and aims in Archaeology, 1904 .— Arts and crafts of Ancient Egypt, 1909, 3. Aufl. 1923. — Corpus of prehistoric pottery and paletts, 1921. — Prehistoric Egypt, London 1920. — Seventy years in Archaeology, 1931. — The making of Egypt, 1939. Ancient Gaza I, Tell el Ajjul, 1932.

Vierzig Jahre hindurch hat Flinders Petrie in Ägypten gegraben, dann ging er 1914 nach Palästina. Der Krieg 1914—1918 brachte ihm die Gelegenheit zu überschauender, ordnender Darstellung, und so entstanden seine Werke: „Scarabs and Cylinders", 1915, dann: „Tools and Weapons", 1916, ferner: „Corpus of Prehistoric Pottery", 1918.

Von besonderer Bedeutung wurde eine Entdeckung von Flinders Petrie, als er bei seinen Reisen in Ägypten bemerkte, daß die Bauern Ziegel mit Keilschrift zum

Bauen ihrer Häuser verwendeten. Er erkundigte sich nach der Herkunft der Tabletten, es wurde ihm der Raum von Tell-el-Amarna genannt, der Königsstadt, die Amenophis IV., Echnaton (1364—1347 v. Chr.) sich errichtet hatte. Nun beschloß Petrie an dieser Stelle eine Grabung vorzunehmen. Er konnte sie durchführen in den Jahren 1891—1892. Dabei hatte er das Glück, die Staatsarchive Echnatons zu finden mit Tausenden von Keilschrifttafeln. Darunter waren Briefe in hethitischer Keilschrift, ferner Briefe von Echnaton an hethitische Könige. Durch diese Texte gewann das bisher schattenhafte Bild des Hethiterreiches ein historisches Gewicht. (J. A. Knudtzon, Die El-Amarna-Tafeln, 1915. — W. F. Albright, Journ. of American Oriental Soc., Bd. 7, 1923.)

Flinders Petrie gehört zu den führenden Gestalten der Archäologie. Mehrfach haben ihn Schliemann und Virchow besucht. Alle drei verband eine menschliche Freundschaft. Petrie hat von Schliemann 1888 gesagt: „dogmatic, but always ready for facts" (Glyn Daniel, ebda., 2. Aufl., 1952, S. 177).

Ein anderer wichtiger Ausgräber in der 2. Hälfte des 19. Jahrhunderts in Ägypten ist GASTON MASPERO. Er wurde in Paris am 23. 6. 1846 geboren und starb dort am 30. 6. 1916. 1873 wurde er Prof. am Collège de France. In Kairo gründete er 1880 ein archäologisches Institut. Von 1881—1887 und wieder von 1899—1914 war er der Generaldirektor der Staatl. Ägyptischen Altertümer-Verwaltung als Nachfolger von A. Mariette. Seine wichtigsten Werke sind: Les contes populaires de l'Egypte ancienne, 1882. — L'archéologie égyptienne, 1887, deutsch: Die ägyptische Kunstgeschichte, 1889. — Etudes de mythologie et d'archéologie égyptiennes, 8 Bde, 1892—1916. — Histoire ancienne des peuples de l'Orient classique, 3 Bde, 1895 bis 1899. — Histoire générale de l'art: Egypte 1912, 2. Aufl. 1929, deutsch: Geschichte der Kunst in Ägypten, 1913, 2. Aufl. 1925.

Bis zum Jahre 1881 war über das Schicksal der Königsmumien so gut wie nichts bekannt. Die Bestattungen in den Pyramiden haben die Grabräuber seit ältesten Zeiten veranlaßt, in ihnen nach Gold, Schmuck und Edelsteinen zu suchen. In der 18. Dynastie wurden die Mumien, die ja für Grabräuber ohne Interesse waren, die aber für die Tradition der Dynastien die größte Bedeutung besaßen, umgebettet in versteckte Felsengräber im Tale der Könige.

Um das Jahr 1875 erschienen im Handel in Kairo Antiquitäten mit den Insignien der Könige. Auch einige Mumien wurden zum Kauf angeboten. Nach großen Mühen gelang es, die Grabräuber aufzuspüren. Sie gaben die Fundplätze preis. Ein Schacht bei Deir el-Bahri, in der Nähe des Tales der Könige war die Stelle der Königsmumien. Im März 1881 gelang es Gaston Maspero zu dem Platz zu gelangen. Unterstützt von dem deutschen Museumsassistenten Emil Brugsch konnte die berühmt gewordene Ausgrabung durchgeführt werden. Es wurden die Mumien der größten Pharaonen der 18., der 19. und der 20. Dynastie entdeckt, sie konnten in das ägyptische Museum gebracht werden. Als im Jahre 1902 das große Museum in Kairo eröffnet wurde, fanden sie dort ihre Aufbewahrung.

Insgesamt hatte Maspero 40 Mumien gefunden, darunter die von Thutmosis III., von Sethos I., von Ahmose I. und von Ramses II. Er berichtet über seine Entdeckungen in: Rapport sur la trouvaille de Deir el-Bahari, Institut Egyptien Bulletin, Ser. 2, Nr. 2, 1881, übersetzt bei Leo Deuel, Das Abenteuer Archäologie, München 1964, 2. Aufl., S. 33f. gekürzt:

„Schon seit einigen Jahren war bekannt, daß die Araber von el-Qurna ein oder zwei Königsgräber ausgegraben hatten, Angaben über ihre Lage aber verweigerten. Im Frühjahr 1876 hatte mir ein englischer General namens Campbell das hieratische Ritual des Hohenpriesters Pinotem gezeigt, das er für 100 Pfund in Theben erworben hatte. 1877 sandte mir M. de Saulcy im Auftrage eines Freundes in Syrien Photographien eines langen Papyrus aus dem Besitz der Königin Notemit ... Etwa gleichzeitig erschienen die Grabstatuetten des Königs Pinotem — einige in wundervoller Arbeit, andere gröber — auf dem Antiquitätenmarkt. Kurzum, es war nun ganz sicher, daß eine große Entdeckung gemacht worden war, und schon 1878 konnte ich von einer Tafel, die Rogers-Bey gehörte, feststellen, daß sie „aus einem Grabe in der Nähe der bis jetzt unbekannten Hrihor-Familiengräber stamme". Tatsächlich kam sie aus dem Versteck von Deir el-Bahri, und wir fanden dann dort auch die Mumie, für die sie geschrieben war. So war es denn, wenn nicht der erste, so doch der hauptsächlichste Zweck einer von mir im März/April 1889 nach Oberägypten unternommenen Reise, nach der Lage dieser königlichen Grabgewölbe zu forschen"...

„Ich besaß nur einen einzigen Anhaltspunkt. Die führenden Antiquitätenhändler waren ein gewisser Abd-er Rassul Ahmed aus El-Sheik Abd-el-Qurna und ein gewisser Mustapha Aga Ayad, englischer und belgischer Vizekonsul in Luxor. An den letzteren war schwer heranzukommen, denn da er den Schutz diplomatischer Immunität besaß, konnte er seitens der Ausgrabungsverwaltung nicht belangt werden. So schickte ich denn am 4. April dem Polizeichef von Luxor die Weisung, Abd-er-Rassul Ahmed zu verhaften ... Er leugnete aber alles, was ich ihm auf Grund der fast übereinstimmenden Zeugenaussagen europäischer Reisender zur Last legte — die Entdeckung des Grabes, den Verkauf der Papyri und der Grabstatuetten und das Aufbrechen der Särge ..."

„Zwischen Abd-er-Rassul und seinen vier Brüdern kam es zu Meinungsverschiedenheiten. Einige von ihnen hielten die Gefahr für endgültig gebannt und das Direktorat des Museums für geschlagen, andere dagegen hielten es für das klügste, sich mit den Direktoren zu einigen und ihnen das Geheimnis zu offenbaren. Nach Erörterungen und Zänkereien, die einen ganzen Monat währten, entschloß sich der älteste der Brüder, Mohammed Ahmed Abd-er-Rassul, unversehns, reinen Tisch zu machen. Er begab sich heimlich nach Qena und gestand dem Mudir, er kenne den Platz, den man seit Jahren ohne Erfolg suche; das Grab enthalte nicht nur zwei oder drei Mumien, sondern ungefähr vierzig, und die meisten Särge seien mit einer Schlange, gleich der am Kopfputz der Pharaonen, bezeichnet" ...

„Am Mittwoch, 6. Juli, wurden die Herren Emil Brugsch und Ahmed Effendi Kemal von Mohammed Ahmed Abd-er-Rassul geradewegs zu der Stelle geführt, an der sich das Grabgewölbe öffnete. Der ägyptische Baumeister, der es vor langer Zeit ausgehauen hatte, war mit dem größtmöglichen Geschick zu Werke gegangen. Niemals ist ein Versteck wirksamer verborgen worden. Die Hügelkette, die hier das Biban el-Muluk von der thebanischen Ebene trennt, bildet zwischen dem Asasif und dem „Tal der Königinnen" eine Reihe natürlicher Mulden. Von diesen Senkungen war bisher diejenige am besten bekannt, in der das Monument von Deir-el-Bahri steht. In der Felswand, die Deir-el-Bahri von der nächsten Senke trennt, unmittelbar hinter dem Hügel El-Sheik'Abd el-Qurna und einige 60 m über dem Niveau des bebauten Tales, war ein vertikaler Schacht von 2 m Durchmesser bis zu einer Tiefe von 11,5 m hinabgeführt worden . . ."

„Das erste, was Brugsch erblickte, als er den Schachtboden erreichte, war ein weiß-gelber Sarg mit dem Namen der Neschonsu. Er stand ungefähr 60 cm vom Eingang entfernt im Korridor; etwas weiter weg war ein zweiter Sarg zu sehen, dessen Form dem Stil der 17. Dynastie etwa zur Zeit Tiuhathor Henttauis oder Sethos I. entsprach. Zwischen den Särgen lagen über den Boden verstreut Grabstatuetten, Kanopenkrüge (Eingeweide-Gefäße) und bronzene Libationsbecher . . . Die Särge und Mumien, die da im Schein einer Kerze flüchtig auftauchten, trugen historische Namen — Amenophis I., Thutmosis II., in der Nische bei der Treppe Ahmose I. und sein Sohn Siamun, dann Soqnunri, Königin Ahhotpu, Ahmose Nefertari und andere . . ."

„Zwei Stunden genügten für diese Untersuchung, dann begann das Unternehmen der Bergung. Schnell waren durch die Beamten des Mudir 300 Arbeiter zusammengebracht und angesetzt. Das eilig herbeibeorderte Museumsboot war zwar noch nicht eingetroffen; einer der Steuerleute, ein verlässlicher Mann namens Rais Mohammed, hatte sich aber bereits eingefunden. Er stieg in den Schacht hinab und übernahm es, seinen Inhalt heraufzuholen. . . ."

„Aber endlich, am Abend des 11. Juli 1881, waren alle Mumien und Särge, sorgfältig in Tücher und Matten eingewickelt, in Luxor. Drei Tage später traf das Dampfboot des Museums ein, und sobald die Ladung an Bord gebracht war, fuhr es mit seiner königlichen Last nach Bulaq ab. Und nun geschah etwas ganz Seltsames. Von Luxor bis Qift folgten an beiden Nilufern Fellachenfrauen mit aufgelösten Haaren laut klagend dem Schiff, während die Männer, wie bei Beerdigungen üblich, Schüsse abfeuerten."

Schliemanns Arbeiten richteten den Blick auch nach Vorderasien. In den Frageumkreis trat das Problem der Beziehung Mesopotamiens zu Troja. An der kleinasiatischen Küste findet der Engländer J. T. Wood im Jahre 1869 in dem alten Ephesus, dem Felshügel von Ajasoluk, den Tempel der Artemis, eines der sieben Weltwunder. An dieser Stelle setzte das österreichische Archäologische Institut die Grabungen fort, 1896—1913; 1926—1935; 1953 bis jetzt. Die Ergebnisse sind ausgezeichnet. Ein großer Teil der alten Stadt mit dem Theater und den Feststraßen konnte freigelegt werden.

Im Jahre 1872 teilt W. Wright mit, daß er im British Museum in London unter den Tontafeln, die Rassam 1852—1854 in Ninive ausgegraben hat, die vorbiblische Sintflutsage gefunden habe, das Gilgamesch-Epos. Einige Tafeln fehlten allerdings. Darauf reist 1873 G. Smith nach Mesopotamien und findet tatsächlich in Ninive die fehlenden Tafeln. Das Gilgamesch-Epos ist nun vollständig geworden. (George Smith, The Chaldaean account of the deluge, 1872. — Ders., The Chaldaean account of Genesis, 1875.) — A. Schott u. W. v. Soden, Das Gilgamesch-Epos. 3. Aufl. 1962. — H. Schmökel, Das Gilgamesch-Epos. 1966.

In der Zeit zwischen 1877 und 1881 findet Ernst de Sarzec in Tello in Mesopotamien die ersten Kunstwerke der Sumerer ohne sie historisch einordnen zu können.

In Susa, Ruinenhügeln nördlich vom Persischen Golf, macht im Jahre 1850 Loftus Versuchsgrabungen. Die erste Ausgrabung unternimmt 1884—1886 Dieulafoy, er berichtet über die Erfolge in zwei Werken: „L'acropole de Suse", 4 Bde, 1890—1892. — Ders., „Les antiquités de Suse", 1913.

Größere Ergebnisse in Susa waren einer französischen Expedition beschieden, die unter der Leitung von J. de Morgan (1857—1924) stand und die am 18. Dezember 1897 ihre Arbeiten begann, sie dauerten bis 1939. Dabei wird die Festung gefunden, Acropole genannt, der Empfangssaal, Apadana, die Paläste der achämenidischen Könige. De Morgan ging aber auch in die Tiefe, bis zu 20 Metern. Hier fand er die berühmte Keramik von Susa, heute im Louvre in Paris. Es sind Gefäße aus weißem Ton mit schwarzer Bemalung. Dabei lagen steinerne und kupferne Werkzeuge. Diese Gefäße gehören der Zeit um 3500—3000 v. Chr. an.

Die Schicht wird Susa I genannt, über ihr lagert Susa II mit ähnlichen Gefäßen, jedoch in weniger sorgfältiger Ausführung. In Susa II finden sich die ältesten Inschriften, verfaßt in der sogenannten proto-elamischen Sprache. Sie gehören der Dynastie von Akkad an, um 2800 v. Chr.

Im Jahre 1902 wurde in Susa die Gesetzesstele des Hammarbi gefunden und in den Louvre nach Paris gebracht. Die Stele war 1170 v. Chr. durch König Sutruk-Nahhute I. nach Susa mitgenommen worden. (W. Eilers, „Die Gesetzesstele Chammurapi", 1932. — G. R. Driver und J. C. Miles, „The Babylonian laws", London 1952.) J. de Morgan hat mit seinen Mitarbeitern in 24 Bänden über die Ausgrabung berichtet: J. de Morgan, „Mémories de la Délégation en Perse", 1900—1903.

Nun waren die älteren Schichten bis zum Neolithikum in Persien angeschnitten worden, und das bedeutete eine große Erweiterung des Wissens über Europa hinaus.

In der zweiten Hälfte des 19. Jahrhunderts hat auch das Heilige Land, Palästina, seinen Boden geöffnet und eine Fülle neuer Erkenntnisse offenbart. Auf Veranlassung von Gelehrten hat sich in England um 1865—1870 eine wissenschaftliche Gesellschaft gegründet, Palestine Exploration Fund, sie hat sich als Ziel gesetzt, Ausgrabungen in Palästina durchzuführen. Der Leiter ist Sir Charles Warren (1840—1927) Im Jahre 1867 beginnt er mit seinen Helfern die Ausgrabungen auf dem Tempelplatz von Jerusalem, an der Südostecke. Die Ausgräber sind guten Willens, besitzen aber nicht genügend Schulung, die archäologischen Ergebnisse sind gering. (Sir Charles Warren, The Recovery of Jerusalem, 1874. — Ders., Underground Jerusalem, 1874. — Ders., The Temple or the tomb, 1880. — Ders., Jerusalem, 1884.)

Zwischen 1884 und 1894 setzt ein Deutscher, Hermann Guthe, die Grabungen in Jerusalem fort. Es gelingt ihm, längere Strecken der Mauer Salomons und der von Nehemia zu finden.

Der erste, der wirklich wissenschaftliche Erfahrung zu Ausgrabungen mitbrachte, war Sir Flinders Petrie. Über ihn wurde schon eingehend berichtet. Seine Grabungen

1890—1892 in Tell el-Hasi, auch Tell el-Hesi, die er für die biblische Stadt Lachis bei Gaza hielt, ergaben deutlich die vier Schichten.

Der Palestine Exploration Fund grub wieder unter Bliss und Dickie in Jerusalem. Es wurden wieder Bauwerke gefunden, Keramik, Bronzegegenstände, jedoch archäologisch wichtige Ergebnisse traten nicht zutage. (F. J. Bliss, Excavations at Jerusalem, 1894—1897, London 1898.)

Von größerer Bedeutung wurden Hügel-Ausgrabungen, die Aufdeckungen von Tells durch MACALISTER, wieder mit Hilfe des Palestine Exploration Fund, zwischen 1894 und 1900.

Vier Tells in der Umgebung von Bet Gibrin wurden ausgegraben, es ergaben sich deutlich Schichtenlagerungen. Die Keramik der Philisterzeit, 1200—1000, ließ sich feststellen, darunter die Keramik der ägyptischen Epoche. (Bliss and Macalister, Excavations in Palestine during the years 1898—1900. London 1902.)

Noch ergebnisreicher wurden die Grabungen von Macalister im Jahre 1902 im Tell Abu suse. Sie brachten 6 übereinander lagernde Schichten zutage mit ägyptischer Ware, mit Philister-Keramik und mit reichen Gräbern. Durch Inschriften ergab sich, daß Macalister das biblische Gezer gefunden hatte, eine Stadt, die bei der Ankunft der Israeliten um 1200 zerstört worden ist.

In der zweiten Hälfte des 19. Jahrhunderts begann sich auch das Dunkel zu lichten, das über dem Reich der Hethiter in Kleinasien lag. Das Volk wird in den babylonischen Keilschriften Chatti genannt, bei den Ägyptern, ohne Vokale, werden sie H t' geschrieben, wohl Cheta gelesen, hebräisch werden sie als Hittim bezeichnet, in der Bibel ist ihr Name von Luther als Hethiter übersetzt worden, und diese Form fand allgemeine Anwendung, auch in der Übertragung in andere Sprachen.

Öfter schon waren seltsame, in ihrer Formgebung unbekannte Skulpturen aus der Erde getreten, bei starkem Regen oder bei Arbeiten der Bauern. So hatte 1736 Jean Otter ein Relief in Ibriz im südlichen Kappadozien gefunden. Seine Form war undeutbar, nicht ägyptisch, nicht mesopotamisch. Im Jahre 1861 hat GEORGES PERROT (1832—1914), der Kunsthistoriker, der mit CHIPIEZ zusammen die gesamte archäologische Kunstgeschichte zusammenfassend dargestellt hat (G. Perrot et Chipiez, Histoire de l'art dans l'antiquité, Bd. 1—10, 1881—1914) die Türkei bereist. Dabei hat er die Ruinenstätte von Boghazköy aufgesucht, 150 km östlich von Ankara. Sie war schon 1834 entdeckt worden von C. Texier. Perrot hat nicht gegraben, aber er hat Statuen gesehen, halb bedeckt von Sand und Erde, und er hat sie beschrieben als etwas Eigenes, vielleicht hethitisch.

Später im 20. Jahrhundert wurde Boghazköy sorgfältig ausgegraben, 1905—1912 von H. WINCKLER, von MAKRIDI BEY, 1931—1939 und von KURT BITTEL seit 1952. Die Ausgrabungen brachten 20 000 Keilschrifttabletten. (O. PUCHSTEIN, H. KOHL, Boghasköi, die Bauwerke, 1912. — KURT BITTEL, u. R. NAUMANN, Boghasköi-Hattusa, 1952. — K. BITTEL, in: Neue dt. Ausgrabungen im Mittelmeergebiet u. im Vorderen Orient, 1959)

Bis 1900 waren schon an mehreren Stellen Tabletten mit hethitischen Keilschrifttexten zutage getreten, so in Hamath und Karkhemisch. W. Wright, ein irischer Missionar in Damaskus, sandte Inschriften an das Museum in Konstantinopel und London. Im Jahre 1884 erkannte er als erster, daß die Texte, bis dahin unlesbar, von dem in der Bibel genannten Volke der Hethiter stammen müssen. (W. Wright, Empire of the Hittites, 1884.) Er sandte das Buch an den Assyriologen der Universität Oxford, A. H. SAYCE (1845—1933). Sayce bestätigte diese Vermutung, faßte alle damals bekannten Spuren über die Hethiter zusammen, die schriftlichen Berichte, und die archäologischen Ergebnisse. Sein Buch über die Hethiter erschien 1888, in der 4. Aufl. 1925, mit dem Titel: „The Hittites, the Story of a forgotten Empire".

Als im Jahre 1899 MAX FREIHERR VON OPPENHEIM (1860—1946) in Tell Halaf in Nordmesopotamien, im Quellgebiet des Chabur, eines der Quellflüsse des Euphrat, seine bedeutenden Grabungen begann, war der Grund gelegt worden für eine Archäologie der Hethiter.

In Indien war bis zum Ende des Jahrhunderts nur die Kultur der Eiszeit bekannt. In den sechziger Jahren hat ein Privatforscher, R. BRUCE FOOTE in der Gegend von Madras, Südindien, auf der Oberfläche eine Fülle von bearbeiteten Feuersteinen aufgelesen. Dann haben folgende Grabungen mehr und mehr Werkzeuge ergeben. Die Funde sind in die Museen von Calcutta, Bombay, Madras gekommen. Seine Arbeiten erschienen 1865, 1866, 1873. Ich habe die Gelegenheit gehabt, die Funde in den drei Museen studieren zu können. Foote hat seine Sammlung veröffentlicht: R. Bruce Foote, Madras Review, 1865, Bd. III, S. 54—60. — Ders., ebda, 1866, S. 1—35. Ders., Quart. Journ. of Geolog. Soc., Bd. 24, 1868, S. 484—495. — Ders., Catalogue of the Prehistoric Antiquities in the Madras Museum. 1901.

Ein anderer Privatforscher dieser Zeit in Indien ist W. KING. Er hat seine Funde veröffentlicht in Proceedings of the Asiatic Society, 1867, S. 139—142. Im Jahre 1915 hat ALEXANDER REA den Katalog der prähistorischen Funde des Madras-Museums vorgelegt. Der Titel ist: Catalogue of the prehistoric Antiquities, Madras Museum. Madras 1915.

So war es PANCHANAN MITRA möglich, 1923 ein Buch vorzulegen mit dem Titel: Prehistoric India, Calcutta 1923. Die zweite, wesentlich erweiterte Auflage erschien 1927.

Die zusammenfassenden Arbeiten über die Vorgeschichte Indiens erschienen erst nach 1900, aber bis 1900 war schon eine Vorstellung vorhanden. Es konnten Chelléen-Werkzeuge abgelöst werden von Moustérien-Typen. Die Formen des Aurignacien bis Magdalénien waren nicht vorhanden. An die eiszeitliche Schicht schließt sich eine neolithische an mit geschliffenen Feuersteinen aus schwarzem Diorit, manchmal grünlich. In den jüngeren Schichten erscheinen die für Indien typischen Schulteräxte. Vielfach gibt es jetzt schon Kupfer und häufig sogar Bronze und Eisen.

Es wird die Beziehung zu Mesopotamien und Ägypten sichtbar. Auch Felsbilder sind in Indien gefunden worden.

China und Japan sind bis 1900 in ihren prähistorischen Schichtungen noch unbekannt.

Jedoch Amerika hat das Interesse besonders erregt. Nach den Entdeckungen der Bauten der Maya-Kultur durch John Lloyd Stephens und seinen Maler Catherwood, zwischen 1839 und 1843, von denen die Rede war, ist die zweite Hälfte des 19. Jahrhunderts noch stärker an der Erforschung beteiligt.

In Mittel-Amerika spricht die Vorgeschichte lebendig zu dem Menschen der Gegenwart. So wie in Skandinavien die Steindenkmäler an den Straßen von der Vorzeit sprechen, so in Amerika die dort sogenannten Pyramiden der Mayas in Mittelamerika.

Neben dem Werk von Stephens von 1842 über die Bauten im Dschungel gab es noch ein Buch von BARON VON WALDECK (1766—1875), schon 1838 in Paris erschienen mit dem Titel: „Voyage Pittoresque et Archéologique dans la Province de Yucatan et aux Ruines d'Itzalane". Die Bilder, die bei Waldeck und bei Stephens zu sehen waren, zeigten große Bauten mit seltsamen unbekannten Ornamenten. Reliefs, Skulpturen, ein Geheimnis, ein Rätsel für die Zeit der zweiten Hälfte des 19. Jahrhunderts. Diese Bauten können sich neben die der Alten Welt stellen. Woher kamen die Erbauer? Waren sie Indianer?

Wenn die Schöpfer dieser Kultur aber die Mayas waren, wie konnte dann eine der großen Pyramiden, die von Teotihuacan, in der Nähe der Stadt Mexico stehen, nur 40 km entfernt vom heutigen Stadtrand der Hauptstadt, also inmitten der Welt der Azteken. Es waren Fragen über Fragen, die sich ergaben.

Ein Mann, der sich diesen Fragen stellte, war DÉSIRÉ CHARNAY. Er war französischer Staatsbeamter, sein Auftrag war das Studium der amerikanischen Zivilisation. Er reiste in Mittelamerika von 1857—1882. Im Jahre 1887 erschien sein Buch: „The ancient Cities of the New World", London. Sein Werk ist darstellend, immer wieder versucht Charnay die Antworten auf die großen Fragen der Herkunft und des Alters zu geben. Aber zu einem Ergebnis gelangt er nicht.

Erfolgreicher ist die Arbeit von ALFRED P. MAUDSLAY. Er arbeitete im Dschungel dreizehn Jahre hindurch, von 1881—1894. In den Jahren 1889—1902 erschien sein Buch: „Biologia Centrali-Americana", London, in vier Bänden.

Der Name Yucatan geht auf die Zeit der Eroberung durch die Spanier zurück. Als sie zum ersten Male einige dieser Bauten erblickten, fragten sie die Eingeborenen, wie das Land heiße. Die Maya antworteten: „Ci-u-than", „Wir verstehen nicht". Die Spanier glaubten, es sei der Name des Landes und nannten es Yucatan. (Victor W. von Hagen, Sonnenkönigreiche, 1962, S. 132.)

Die wissenschaftliche Erforschung Amerikas begann mit einem Deutschen, EDUARD SELER (1849—1922). Er wurde 1884 Assistent, 1904 Direktor am Museum für Völkerkunde in Berlin. 1899 wurde er Professor an der Universität Berlin. Seit 1887 bereiste er immer wieder mit seiner Frau, Cäcilie Seler-Sachs, Mexiko und das Maya-Gebiet. 1889 erschien sein Buch: „Reisebriefe aus Mexiko", 1895 „Wandmalereien von Mitla", 1899 „Altmexikanische Studien". In den Jahren 1902—1923 „Gesammelte Abhandlungen zur altamerikanischen Sprach- und Altertumskunde", 5 Bände. Seler war es, der den mexikanischen Codex Borgia 1904—1909 in die deutsche Sprache übersetzte.

In derselben Zeit widmete sich auch das Peabody Museum of Archaeology and Ethnology an der Harvard University in Cambridge (Mass.) der Erforschung der mittelamerikanischen Kulturen, besonders seit 1888.

Bis um 1900 war noch Vieles unbekannt. Das Alter der Maya-Pyramiden war nicht gesichert, es gab Funde der Vorzeit, vor allem ausgegrabene Tongefäße, wie die der Grabungen von Max Uhle in Peru, aber eine genauere Altersbestimmung wagte Uhle nicht (Kultur und Industrie südamerikanischer Völker, 2 Bde., Berlin 1889—1890. — Ders., Ausgewählte Stücke zur Archäologie Amerikas, Berlin 1889.)

Für die Mayabauten wird allgemein das elfte nachchristliche Jahrhundert angegeben (Beispiel: Georg Buschan, Völkerkunde, 2. Aufl. 1922, S. 170). Darin wird dann gesagt, daß man im Mayagebiet vorerst noch auf bloße Mutmaßungen angewiesen ist (ebda. S. 172).

In den einzelnen Staaten erschienen in der Zeit bis 1900 mehrere Bücher, die die Vorgeschichte Amerikas behandeln, so von Squier and Davis, "Ancient Monuments of the Mississipi Valley", 1848; Squier, "Aboriginal Monuments of the State of New York", 1849; Lapham, "Antiquities of Wisconsin", 1853. Das Jahr 1855 brachte die erste Darstellung der Archäologie der Vereinigten Staaten: Samuel Haven, Archaeology of the United States. Lord Avebury, vorher Sir John Lubbock, berichtete 1865 in seinem Buch "Prehistoric Times" in einem Kapitel, North American Archaeology, über das Wissen seiner Epoche über die amerikanische Archäologie.

Von Bedeutung wurden die ersten Arbeiten über die Felsbilder Amerikas in dieser Zeit. Sie waren schon von Humboldt bemerkt worden. Die jetzigen Arbeiten verdanken wir einem sehr sorgfältigen Forscher, Garrick Mallery. In den Jahren 1882 und 1883 hat er Reisen durch Pennsylvania, Wyoming, Idaho, Arizona und California unternommen. Sein Ziel war, die Felsbilder zu zeichnen, genau aufzunehmen, und sie zu veröffentlichen. Seine Berichte finden sich im Annual Report of the Smithonian Institute, Washington, unter dem Titel: "Pictographs of the North American Indians", 1886, 256 Seiten. Er unternahm 1888—1889 eine zweite Expedition zur Aufnahme der Felsbilder und veröffentlichte seine Funde im Report des Smithonian-Institute von Washington. Der Titel ist: "Picture Writing of the American Indians", 1893, 822 Seiten.

Die Zeichnungen und Aufnahmen von Mallery konnte ich an Ort und Stelle vergleichen in Arizona, Wyoming und California in den Jahren 1933 und 1963. Die Wiedergaben bei Mallery sind genau und zuverlässig. Die Bilder stellen einmal Tiere dar, wie in Europa, aber stilisierter, fester in der Formgebung, entsprechend dem europäischen Mesolithikum und Neolithikum. Zum anderen geben sie Symbole wieder, Zeichen, Kreise, Zickzacklinien, Spiralen, ebenso wie im europäischen Neolithikum.

Die erste Gruppe wird den Prairie-Indianern zuzuweisen sein, den Jägervölkern, die zweite den Ackerbauern, den Pueblo-Indianern.

Unter den Bildern in Wyoming findet Mallery ein Bild, das einen Menschen wiedergibt, der auf einem Pferd reitet. Nun hat es Pferde in Amerika vor der Ankunft der Europäer nicht gegeben. Mit einem solchen Bild ist ein Datum gesetzt, es kann nur nachkolumbisch sein, nach 1492. Viele Bilder erscheinen aber älter, andere jünger.

In Idaho fand Mallery Bilder von Menschen, stark stilisiert, fast abstrakt, dazu Wellenlinien, Punktkreise, symbolische Zeichen. Auch in Arizona entdeckte er, besonders bei Oakley Springs, wieder symbolische Zeichen, dazu auch Bilder von Bisons, Vögeln, Eidechsen, Schlangen, Züge von Hirschen, Lamas und Tanzszenen.

In California fand er die Bilder von Santa Barbara, geometrische Zeichen, Kreise, Vierecke, stilisierte menschliche Darstellungen. Wieder erschien ihm besonders bedeutungsvoll das Bild eines Pferdes, dem ein Mensch eine Last auflädt. Am Tule River fand er die Bilder von Bibern, Bären und Schlangen. In Death Valley nahm er die symbolischen Zeichen auf, dazu Bilder von Menschen und Vögeln.

Auch in Colorado, South Dakota, Minnesota, Missouri, Pennsylvania, fand er Felsbilder, zumeist stilisierter Art.

Es ergeben sich wirtschaftlich, nicht zeitlich bestimmbare Bilder. Die Lebensform der Jagd hat sich bei den Prairie-Indianern erhalten bis in das 19. Jahrhundert, ebenso bis heute die andere Form der Lebensgestaltung, der Ackerbau. Ein Alter ist damit nicht zu belegen. Die prähistorischen Wirtschaftsformen haben sich in Amerika nicht gewandelt wie in Europa, sie sind gleich verblieben durch Jahrhunderte. Nur Bilder von Pferden, von Reitern, sind sicher in nachkolumbische Zeit zu datieren.

In Afrika werden im 19. Jahrhundert die ersten Felsbilder gefunden. Im nördlichen Afrika, im Sahara-Atlas-Gebiet, haben im Jahre 1847 französische Offiziere Felsbilder bemerkt und über sie berichtet. Felsbilder in der mittleren Sahara hat HEINRICH BARTH auf seinen Reisen 1849—1855 gesehen und beschrieben. (Félix Jacquot, Expédition du Général Cavaignac dans la Sahara Algérien en avril et mai 1847, Paris 1849, S. 149—165. — H. Barth, Reisen und Entdeckungen in Nord- und Zentralafrika, Gotha 1857.)

Für die Zeit von 1880 bis 1900 liegen mehrere Berichte über Felsbilder im Sahara-Atlas-Gebiet vor. (Ch. Tissot, Géographie comparée de la Province romaine d'Afrique, 1884, S. 331 f. — Lucien Jacquot, Dessins rupestres de Thyout. Recueil de la Société Archéologique de Constantine, 1901, S. 128 f.)

Die große Fülle der Felsbilder Südafrikas ist durch J. BARROW bekannt geworden. In den Jahren 1797 und 1798 bereiste er Südafrika, und in seinen Berichten spricht er von Malereien an den Wänden von Höhlen, er nennt Antilopen, Zebras, Quaggas, Gemsböcke, Springböcke, Rehböcke, Elenantilopen, Paviane und Strauße. (J. Barrow, Reisen in das Innere von Südafrika in den Jahren 1797 und 1798. Deutsche Übersetzung, Leipzig 1801.)

Das Buch von HELEN TONGUE, Bushmen Paintings, Oxford 1909, oder das Werk von OTTO MOSZEIK, Die Malereien der Buschmänner, Berlin 1910, berichten eingehend über die Art, die Formgebung und Technik. Die Bilder sind naturhaft, jedoch stilisierender als die Eiszeitkunst Europas, sie sind im Stil und Farbe besonders ähnlich den Felsbildern des ostspanischen Stiles in Spanien. Die Zeitstellung ist denkbar von der Epoche des Mesolithikums bis zur Gegenwart in immer gleicher Gestaltungsart.

Ergebnisse

So stellt sich das Bild des Wissens um den Menschen der Vorzeit dar um das Ende des Jahrhunderts, um 1900. Vieles ist gewonnen worden, viele Fragen sind beantwortet worden, andere Probleme sind dafür neu aufgetaucht.

Die Welt der Eiszeit ist deutlicher geworden durch Funde des Vorneandertalers, des Neandertalers, des Nachneandertalers. Die Kunst des Menschen der Eiszeit mit seiner Kleinkunst in gegrabenen Schichten ist bekannt geworden. Noch nicht die Wandmalereien, die Wandgravierungen.

Das Problem des Neolithikums ist klarer geworden in den Einzelheiten. Die vielen Grabungsergebnisse haben an verschiedenen Stellen Eigenes, Anderes ergeben, eine Gesamtübersicht konnte noch nicht gewonnen werden.

Für die Bronzezeit ist die Klärung erreicht worden in zeitlicher Hinsicht. Die Herkunftsfrage der Motive und auch des Materials ist noch umstritten.

Die Welt der Skythen ist sichtbarer geworden.

Die Eisenzeit hat festeren Boden gewonnen durch die Grabungen von Hallstatt und Latène, durch die italischen Funde und durch die von Napoléon III. in Frankreich.

Durch Schliemann ist die damals ägäisch genannte Kultur aufgetaucht, es ist die kretisch-mykenische Welt und ihr folgend die geometrische Epoche der griechischen vorklassischen Zeit.

Die Völkerwanderungszeit hat ihre ersten Umrisse erreicht im Fundmaterial und in der Lagerung.

Das Gesamtbild des Menschen und seines Werdens in Europa hat an Schärfe und Deutlichkeit gewonnen. Auch außerhalb Europas sind Wissenserweiterungen hinzugetreten. Ägypten ist sorgfältig erforscht worden durch Flinders Petrie. In Mesopotamien begannen die ersten exakten Grabungen. In Mittelamerika fesseln die Pyramiden die Forscher, ohne daß ein sicheres Wissen zu erreichen ist. In Nordamerika sind die Felsbilder aufgenommen worden.

Auswertungen

Überblickt man das Ganze im Gefüge dieser Zeit um 1900, dann sind es drei Wissensgebiete, die sich anschicken, die Bilanz zu ziehen aus den Ergebnissen der Vorgeschichtsforschung. Es ist einmal die Kunstgeschichte, zweitens die Wirtschaftsgeschichte, drittens die Religionsgeschichte.

Es sind so viele Kunstwerke der vorgeschichtlichen Epochen gehoben worden, außer denen der klassischen Archäologie Griechenlands und Roms, daß ein neuer Aufgabenkreis für die Kunstgeschichte entstanden ist. Neben der figuralen Kunst ist auch die Ornamentik zutage getreten, Ornamentik, in sich sehr verschiedenartig gestaltet. Zu der wichtigsten Aufgabe gehört die geistige Bewältigung der Tatsache, daß die naturhafte Kunst der Eiszeit bei den ausgegrabenen Stücken älter ist als die damals sogenannte geometrische Kunst der Neusteinzeit, des Neolithikums.

Eine weitere Aufgabe ist die Frage, gibt es eine Eigenentwicklung der Kunst in Europa oder ist es der Orient, Ägypten und Mesopotamien, die den Anstoß zu der kunstgeschichtlichen Bewegung im vorgeschichtlichen Europa zu geben vermochten.

Die dritte Aufgabe ist die kulturgeschichtliche Gliederung der Funde mit künstlerischen Gestaltungen.

Die prähistorische Kunstforschung hatte das Glück, daß ein Wissenschaftler in dieser Zeit arbeitete, der in der Lage war, die Problemlagerungen für die Kunstgeschichte in Angriff zu nehmen. Es ist MORITZ HOERNES (1852—1917). Hoernes, geboren in Wien am 29. Januar 1852, hat sein Doktorexamen gemacht 1878. Seit 1885 ist er tätig an der Vorgeschichtlichen Abteilung des Naturhistorischen Museums in Wien. Hoernes habilitiert sich 1892 an der Wiener Universität für das Fach der Vorgeschichte, 1899 wird er a. o. Professor, 1911 ord. Professor. Im Jahre 1892 erscheint sein Buch: „Urgeschichte des Menschen", 1895 „Urgeschichte der Menschheit" und 1898 „Urgeschichte der bildenden Kunst in Europa", 1915 die zweite Auflage, 1925 ein Nachdruck mit Zusätzen durch Oswald Menghin. Das Jahr 1903 bringt die Arbeit: „Der diluviale Mensch in Europa", 1909 „Natur- und Urgeschichte des Menschen", 1912 „Kultur der Urzeit".

Hoernes verweist darauf, daß es anfangs des 20. Jahrhunderts „einen solchen Andrang frischer Quellen" gegeben hat, daß sich keine Darstellung der prähistorischen Kunst demgegenüber behaupten kann (Hoernes, Urgeschichte d. bild. Kunst, Vorwort zur 2. Aufl.) Mit Berechtigung erklärt er, daß sein Buch von 1898 bis 1915 das einzige zusammenfassende und ausführliche Werk über die gesamte vorgeschichtliche Kunst Europas geblieben ist. Er sagt weiter mit Recht, „den Prähistorikern ist in der Regel das Gebiet der Kunstgeschichte und Ästhetik, den Kunsthistorikern und Ästhetikern das Gebiet der prähistorischen Altertümer fremd und ungenügend bekannt" (Hoernes, ebda., S. V).

In die Arbeitsaufgaben der Vorgeschichte ist das Gebiet der Kunst eingetreten, es lebt in den Felsbildern, in Statuetten, in Ornamenten. Das Material selber ist es, das nach Bewältigung ruft.

OSWALD MENGHIN (1888—1973), der Fortsetzer seiner Arbeit in der dritten Auflage 1925, sagt im Vorwort: „Der glänzendste Vertreter der österreichischen Urgeschichtsforschung ist am 10. Juli 1917 nach längerem Leiden dahingegangen. Seine Krankheit war ohne Zweifel zum Teile eine Folge der dreijährigen angestrengten Arbeit, die er diesem Buche (Urgeschichte der bildenden Kunst in Europa, 2. Aufl. 1915), das er selbst als sein wichtigstes und reifstes bezeichnete, gewidmet hat." Menghin sagt weiter mit Recht, daß es nicht nur ein wissenschaftliches Werk sei, sondern auch eine großartige künstlerische Komposition von starker persönlicher Prägung bedeutet. Das ist das Buch tatsächlich.

Sein Wert, auch unter den heutigen Gesichtspunkten, liegt darin, daß Hoernes eine geistige Gliederung der Fülle der Erscheinungen in Hinsicht auf die Kunst versucht, damals ein völlig neues Unterfangen, auch für die Kunstgeschichte. Wie alle anderen Wissenschaften ist damals auch die Kunstgeschichte eingestellt auf eingehende Einzelarbeit. Die Gesamtübersicht wird in der Ästhetik gegeben, einem

Zweig der Philosophie, fragend zuletzt nach dem Sinn und Bedeutung der Kunst. Mit den gewaltigen Zeiträumen der vorgeschichtlichen Kunst und mit beiden so deutlich erkennbaren Grundgegensätzen von naturhafter Kunst in der Eiszeit und geometrischer, abstrakter Kunst in der Neusteinzeit, sind aber Begriffsgegensätze in dem Gesamtkunstgeschehen des Menschen sichtbar geworden, die dem Kunsthistoriker bis dahin völlig unbekannt gewesen sind.

Hoernes widmet dieser Fragestellung den ersten Teil seines Werkes mit 115 Seiten. Für unsere heutige Sicht sind diese Darlegungen die wichtigsten, zeigen sie doch einen Forscher, der zwischen zwei Wissenschaften mit je einem unbestimmten Komponenten, ein zusammenklingendes geistiges Ergebnis versucht.

Hoernes erkennt klar, daß sich in der Kunst der Vorzeit zwei Pole gegenüberstehen. So sagt er (ebda, S. 9): „Die beiden Prinzipien naturtreuer und schematischer Kunst sind nicht nur untereinander grundverschieden, sondern einander diametral entgegengesetzt. Sie bezeichnen zwei Pole künstlerischer Auffassung und Darstellung, deren Umgebungskreise sich trotzdem ausdehnen und dadurch einander annäheren könnn."

Seine Gedankenführung beginnt mit der Vorstellung jener Zeit, die sich vielfach bis jetzt erhalten hat, daß die geometrische, die naturabgewandte, die abstrakte Kunst am Anfang stehe. Hoernes beginnt mit einem Hinweis auf K. Th. Preuss, der in seinem Buch über „Die geistige Kultur der Naturvölker", 1914, S. 57) wieder einmal erklärt hatte, „aus den fratzenhaften Anfängen (bei der Kunst der Naturvölker) entwickelt sich endlich die freie bildende Kunst". Hoernes antwortet darauf klar und deutlich (ebda, S. 9). „Dieser letzteren Ansicht laufen die Ergebnisse der prähistorischen Kunstforschung schnurstracks zuwider."

In der Tat ist das so. Diese ganze Epoche ist überzeugt, daß die abstrakte Kunst das Ältere sei, schon weil die Kinderkunst in dieser Form beginnt. Und nun sind die Tatsachen umgekehrt. Im Jahre 1908 erscheint das viel bewunderte Buch von Wilhelm Worringer (1881—1965). Zum ersten Male 1908, 1921 in der 11. Auflage. Es hat den Titel: „Abstraktion und Einfühlung". Einfühlung bedeutet dabei die naturhafte Kunst. Worringer legt mit betonter Sicherheit und in ausgezeichneter Sprache dar: die Abstraktion ist der Anfang, ist das ältere. Die naturhafte Kunst ist immer das Spätere. In Wirklichkeit ist das falsch, die Vorgeschichte hat das Gegenteil erarbeitet.

Ich darf bemerken, daß ich mit Worringer gut befreundet war. Wir beide waren Universitätslehrer an den Nachbaruniversitäten Köln und Bonn. Oft habe ich ihm dargelegt, daß der Grundgedanke seines Buches einfach nicht den Tatsachen entspreche. Bis zu seinem Tode hat er an seiner These festzuhalten versucht, er hat sie noch in einem seiner letzten Werke verteidigt, und dabei war das den so fest gesicherten Tatsachen gegenüber gar nicht möglich. Aber so stark können Gedanken, können Ideen ihre Wirkungen ausüben.

Im Jahre 1959 erscheint ein Neudruck seines Werkes von 1908. Er sandte ihn mir mit seiner handschriftlichen Widmung: „Herbert Kühn mit freundschaftlichen Grüßen und in hochachtungsvoller Opposition, München 1959".

Es ist für ein Werk wie das vorliegende, das von den Menschen handelt, die die Wissenschaft vorwärts bringen, so meine ich, von Interesse, die Argumente vorzulegen, die ein so bedeutender Gelehrter wie Worringer dazu verwendete, immer weiter seine Thesen zu verfechten.

Ich meine, daß an dieser Frage, ob die Abstraktion am Anfang stehe oder der Naturalismus, nicht der Schwerpunkt seiner Wirkung gegeben war. Er war dort gelagert, wo er anerkennende, wo er begeisterte Worte fand für die abstrakte Kunst der Gegenwart (Worringer, ebda, 3. Aufl. 1910, S. 25, 26, 31, 45, 113, 128, 176), die damals, um 1908—1910, gerade ihre Anfänge erlebt. Worringer wurde für die Künstler des Expressionismus und des Kubismus der geistige Leiter, der Bewußtseinsführer, der Deuter. Darin liegt seine Bedeutung, nicht in der Altersfrage.

Worringer suchte Wege, sich anzupassen. Sie finden sich in dem Vorwort zu der Neuausgabe von 1959. Er hält weiter Fragezeichen aufrecht für das Alter der eiszeitlichen Kunst (ebda, S. 26). Die eiszeitliche Menschengattung ist nicht diejenige, die weiterführte. Sie stand nicht innerhalb der menschlichen Entwicklungsreihe (S. 30). Weiter: ist überhaupt die Berechtigung gegeben, die eiszeitliche Kunst als Kunst zu betrachten (S. 32) und so fort. Im ganzen bleibt er dabei, wie er S. 17 sagt: „Insofern kann es gar nicht wunder genug nehmen, wenn schon heute ganz selbstverständlich große Abbildungswerke erscheinen, die den Titel: „Kunst der Eiszeit" tragen. (Er meint: Herbert Kühn, Malerei der Eiszeit, 1. Aufl. 1921; 3. Aufl. 1923.) Also einen Titel, der bei der jüngstvergangenen Forschergeneration nur ein Gelächter ausgelöst hätte und nur als unerhörte Paradoxie empfunden worden wäre."

Ich habe Worringer ein besonders warmes und anerkennendes Nachwort gewidmet (Herbert Kühn, Wilhelm Worringer, IPEK, Jahrb. f. präh. u. ethnogr. Kunst, Bd. 21, 1964—1965, S. 106—107).

Es ist bezeichnend für die geistige Lage der Kunstgeschichte in dieser Zeit, daß die entscheidende Polarität: Naturalismus — Abstraktion wohl zum ersten Mal gesehen worden ist von ALOIS RIEGL (1858—1905) in seinem Buch: „Stilfragen", 1893, 2. Aufl. 1923. Riegl spricht von dem anderen Kunstwollen. Worringer setzt Riegls Gedanken fort mit stärkerer Betonung der Polarität. Sonst aber ist dieser Gegensatz unerwähnt in der kunstgeschichtlichen Gedankenwelt. Er wird nicht bei AUGUST SCHMARSOW (1853—1936) genannt in seinem Werk: „Grundbegriffe der Kunstwissenschaft", 1905, und auch nicht bei HEINRICH WÖLFFLIN (1864—1945) in seinem damals epochemachenden Werk „Kunstgeschichtliche Grundbegriffe", 1915, 7. Aufl. 1928.

Die Kunstgeschichte selbst hat sich erst mühsam herantasten müssen an die Polarität, die doch von entscheidender Bedeutung ist für das Kunstgestalten des Menschen überhaupt. Um die festgelegten Begriffe naturalistisch und abstrakt nicht wiederholen zu müssen, habe ich selbst in dem Buch, das diesen Begriffsgegensatz in den Mittelpunkt stellt, die beiden Gegensätze Stilinbegriffe genannt und habe sie als sensorisch und imaginativ bezeichnet. (Herbert Kühn, Die Grundlagen des Stilwandels in der modernen Kunst, 1918. — Neudruck 1968, Metopen-Verlag, Frankfurt/M. — Ders., Die Kunst der Primitiven, 1923.)

Die Bedeutung von Moritz Hoernes liegt darin, daß er bewußt dieses Gegensatzpaar betont (ebda, S. 8), daß er aber auch zu fragen wagt nach den Gründen dieser Gegensätzlichkeit. Er bemerkt sehr klar, daß das Dreiperiodensystem, die Gliederung in Steinzeit, Bronzezeit, Eisenzeit nicht den Grund anzugeben vermag. Er meint (ebda, S. 104), daß mit den Werkzeugen nur die handwerklichen Unterscheidungen erfaßt worden sind. Dazu erklärt er (ebda, S. 104): „Dabei weiß aber jedermann, daß die ältere und jüngere Steinzeit durch einen viel stärkeren Trennungsstrich voneinander zu scheiden sind, als die jüngere Steinzeit und die ältere Bronzezeit, daß die jüngere Bronzezeit Griechenlands trotz der Unbekanntschaft mit dem Eisen weit mehr bedeutet als irgend eine prähistorische Eisenzeit in einem anderen Lande Europas, daß endlich die Hallstattperiode der jüngeren Bronzezeit Mitteleuropas näher steht als der Latène-Kultur, obwohl sie mit dieser den Besitz des Eisens gemein hat. Mit den technologischen Kriterien ist also nicht viel mehr gegeben, als eine brauchbare äußerliche Grundlage für die chronologische Gliederung, für einen Rahmenbau, zu dessen Füllung andere Seiten der Überlieferung das beste beitragen müssen."

Nun sagt Hoernes weiter (S. 105): „Diese anderen Seiten sind die wirtschaftliche und die ästhetische oder Nahrungsgewinnung und Kunstübung. Diese beiden hängen untereinander eng zusammen, enger als eine von ihnen mit der rein handwerklichen Richtung der Existenz. Dies erhellt daraus, daß man in der Verfolgung jener anderen Richtungen wieder zu Einteilungen der Vorgeschichte (in drei Zeitalter) gelangt, die zwar untereinander, aber nicht mit dem alten Dreiperiodensystem zusammenfallen. Hier scheiden sich die drei Zeitalter des Jägertums, des Bauerntums und des kriegerischen Herrentums. Das erste umfaßt nahezu ausschließlich die ältere Steinzeit; das zweite erstreckt sich über die jüngere Steinzeit, in vielen Ländern auch noch über die Bronzezeit und Teile der Eisenzeit. Das Zeitalter des Herren- und Kriegertums fällt für manche Gebiete des Südostens schon in die spätere Bronzezeit, für andere im Nordwesten erst in die jüngere Eisenzeit."

„Diese Dreiteilung, dieses Dreiperiodensystem ist es, dem die Zeitalter der vorgeschichtlichen Kunst in Europa entsprechen. Denn die Ära des Jägertums (oder die zweite Hälfte der älteren Steinzeit) war das Zeitalter des primären Naturalismus. Die Ära des Bauerntums (vom Beginn der jüngeren Steinzeit bis an das Ende der ersten Eisenzeit Mitteleuropas) war das Zeitalter der primären geometrischen Kunstübung. Das ist nun nichts Neues. Nicht so bekannt und nicht ausreichend gewürdigt sind das Wesen und die Kunst des dritten wirtschaftlichen und künstlerischen Zeitalters, die des kriegerischen Herrentums."

Was Hoernes hier zum Ausdruck bringt, am Ende des 19. und am Anfang des 20. Jahrhunderts, das entspricht in zusammenfassender Schau allem, was bis jetzt erarbeitet worden ist. Das Neue der Gedankenführung war, den Grund für den künstlerischen Wandel zu suchen im Bereiche der Wirtschaft. Das hat sich, so meine ich, tatsächlich im Laufe des 20. Jahrhunderts bestätigt.

Meine Doktorarbeit von 1918 „Die Grundlagen des Stilwandels in der modernen Kunst", Neudruck 1968, Frankfurt/M., und in dem Buch „Die Kunst der Primitiven", 1923 beruhen auf dieser Grundlage, ebenso die folgenden Arbeiten. Eine bestimmte Wirtschaftsform wird eine bestimmte gedankliche Einstellung zum Lebenskreise ergeben und damit eine ebenso bestimmte Ausdrucksform der Kunst und ebenso der Religion. So ist Moritz Hoernes mit seiner Arbeit von 1898, von 1951 in der zweiten Auflage, der Künder und Deuter entscheidender Fragenkomplexe.

Das andere Wissenschaftsgebiet, das durch die Entdeckungen der Vorgeschichte betroffen wird, ist die Wirtschaftsgeschichte. Die zweite Hälfte des 19. Jahrhunderts widmet sich besonders der Frage der Wirtschaftsentwicklung. Es ist einmal der Evolutionsgedanke Darwins, der die Zeit zu dieser Fragestellung anregt, es ist zweitens der von Hegel ausgehende Fortschrittsgedanke, es ist drittens die zunehmende Kenntnis der Naturvölker in dem Gebiet der Völkerkunde.

Der erste, der es versuchte, die verschiedenen Wirtschaftsformen der Naturvölker in ihrer historischen Schichtung zu ordnen, ist der amerikanische Ethnologe LEWIS HENRY MORGAN (1818—1881). In seinem Werk „Ancient society", 1877, deutsch unter dem Titel „Die Urgesellschaft", 1891, unterscheidet er drei Stufen:

1. Savagery mit drei Unterstufen, a) Essen roher Früchte, b) Fischfang, Feuergebrauch, c) Erfindung des Bogens.
2. Barbary mit drei Unterstufen, a) Töpferei, b) Haustierzähmung, c) Gartenbau.
3. Civilization mit Schrift in drei verschiedenen Erscheinungen: a) Ägypten und Mesopotamien, b) Griechenland, c) Europäische Zivilisation.

Das System von Morgan trägt viele Fehler im einzelnen, aber die Dreigliederung ist im Laufe der Zeit durch die Völkerkunde immer stärker ausgearbeitet worden, sie hat sich bestätigt.

EDWARD BURNETT TAYLOR (1832—1917), der englische Völkerkundler widerspricht Morgan mit Recht in vielen einzelnen Punkten. In seinen beiden großen Werken: „Primitive Culture", 1871, und „Anthropology", 1881, deutsch 1883, verwendet er statt des Wortes Barbary den Ausdruck Agriculture und statt Civilization setzt er Schrift.

JOHN LUBBOCK, später Lord Avebury (1834—1913), bezeichnet die Übereinstimmung der drei ethnologischen Stadien mit den prähistorischen als ein entscheidendes Element der Bestimmung. Aber im Fortgang der beiden Forschungszweige haben sich doch Schwierigkeiten ergeben. Die einzelnen Tatsachen sind bei den primitiven Völkern doch immer andere, und nähere Vergleiche haben nicht die zuerst erhofften Übereinstimmungen gebracht.

Die Kulturkreislehre, begründet von LEO FROBENIUS (1873—1939), fortgeführt von BERNHARD ANKERMANN (1859—1943), WILHELM FOY (1873—1929) und FRITZ GRAEBNER (1877—1934), in Wien durch WILHELM SCHMIDT (1868—1954), von Männern, mit denen mich eine persönliche Bekanntschaft verbindet, haben die kulturelle, die wirtschaftliche Dreigliederung in manchen Punkten verbessert, weiter ausgebaut, verändert, im ganzen aber hat sich die Gliederung an Hunderten von Gegebenheiten bestätigt.

Eine größere Klarheit ist für die zweite Stufe, Agriculture, Ackerbau, geschaffen worden. Man erkannte, daß Ackerbau und Viehzucht, beide heute verbunden, ursprünglich getrennt, ja, gegensätzlich waren. Die Erkenntnis geht aus von JOHANN JAKOB BACHOFEN (1815—1887), der das Mutterrecht als ein bedeutendes Element der menschlichen Entwicklung darlegt, vor allem in seinem Werk: „Das Mutterrecht", 1861. Bachofens Gedanke, daß das Mutterrecht ein allgemeines Durchgangsstadium der Menschheit sei, hat sich nicht bestätigt, jedoch, daß es führend in Stadien des Ackerbaues ist. Bei den Hirtenkulturen dagegen ist vorherrschend das Vaterrecht.

Von diesen Erkenntnissen ausgehend, wurde es mehr und mehr deutlich, daß das zweite Stadium, Ackerbau, zu gliedern ist in zwei verschiedene Lebensformen, reiner Ackerbau einerseits, getragen von der Frau, und Viehzucht andererseits, getragen von dem Mann.

Die Vertreter der Kulturkreislehre haben jeder ihre eigenen ethnologischen Erfahrungen in das Dreisystem der Wirtschaft einzugliedern versucht, und das hat der Gesamtschau sehr geschadet. Die erste Stufe, auch Urkultur genannt, wurde gegliedert, für die Ackerbaukultur wurden geographisch gegebene Bezeichnungen verwendet, wie osthamitische Großzüchter oder totemistischer oder exogammutterrechtlicher Kreis, mutterrechtliche Bantukultur und anderes. Heute (1975) hat sie ihren Einfluß verloren.

Geblieben aber ist die Dreigliederung der Kulturbewegung in die Jägerkultur, die Kultur der Ackerbauer oder Viehzüchter, die Kultur der Stadt, Schrift, Handel. (R. THURNWALD, Werden, Wandlung und Gestaltung von Staat und Kultur, 1935, — A. L. KROEBER, Configurations of culture growth, Berkeley, 1944. — Ders., The nature of culture, Chicago, 1952. — E. KLUCKHORN, Universal categories of culture, in: Anthropology today, 1953.)

Die dritte Wissenschaft, die durch die Entdeckungen der Vorgeschichte betroffen worden ist, ist die Religionsgeschichte. Ihre geistigen Wurzeln reichen tief hinab in die Vergangenheit. Immer wird sie das Früher oder Später zu erfassen suchen, vor allem den Anfang des religiösen Erlebnisses. Zur Verfügung standen in der ersten Hälfte des 19. Jahrhunderts die Mythologien der Völker, und so ist das große Werk von GEORG FRIEDRICH CREUZER (1771—1858) zu verstehen, „Symbolik und Mythologie der alten Völker", Bd. 1—4, 1810—1812, 3. Aufl. 1936—1943. Creuzer glaubt aus den Mysterienkulten, den Gottesgedanken und die Vorstellung der Unsterblichkeit, die Anfänge des Religiösen, erkennen zu können. In Wirklichkeit handelt es sich bei den Mysterien um späte Formen der Religion. Ein anderer Forscher von Bedeutung in diesen Fragen ist CHRISTOPH MEINERS. Sein Werk: „Allgemeine kritische Geschichte der Religionen", 1806—1807, führt aus, daß die Mysterien Sondererscheinungen sind und nicht Ausgangspunkte. Er betont als grundlegend für das religiöse Erleben des Menschen den Seelenkult, die Fähigkeit, gedanklich den Begriff der Seele ablösen zu können vom Körper. Herder, Hegel, Schelling versuchen geschichtliche Richtlinien in mehr romantischem Sinne zu finden. Schelling deutet einen Urmonotheismus an in seinem Werk: „Philosophie und Religion", 1804, und in der Nachschrift seiner Vorlesungen, herausgegeben von Paulus, 1843, mit dem Titel: „Philosophie der Mythologie und der Offenbarung".

Wenn die erste Hälfte des Jahrhunderts den Weg zu den Anfängen der Religion in den Mythologien sucht, dann die zweite Hälfte bei den Naturvölkern, der Völkerkunde, und der Vorgeschichte. Nun ist bei den heute lebenden primitiven Völkern die Altersschichtung in Früher und Später schwer zu bestimmen, gibt es doch immer gegenseitige Beeinflussungen und Durchdringungen. Die Vorgeschichte aber vermag durch die Schichtenlagerung viel deutlicher das Älter oder Jünger anzugeben.

Der erste, der auf die Ethnographie als Quelle hinwies, war THEODOR WAITZ (1821—1864). Sein Buch: „Anthropologie der Naturvölker", 6 Bd. 1859—1871, nach seinem Tode herausgegeben von Gerland, gab neue Antriebe für die Forschung. Waitz nimmt an, daß der Polytheismus der Anfang sei. Er sieht die ursprüngliche Gestalt der Religion als einen rohen, systemlosen Polytheismus, dem die Welt eine Geister- und Gespensterwelt ist, in der die Verstorbenen auch als wirkende Mächte auftreten und in das irdische Leben eingreifen. (Zitiert nach Chantepie de la Saussey, Lehrbuch der Religionsgeschichte, 4. Aufl. 1925, S. 13.)

Von Bedeutung für die Zeit wurde das Werk von SIR EDWARD BURNETT TYLOR (1832—1917), dem Museumsdirektor von Oxford, „Primitive Culture", 2 Bände, London 1871, deutsch „Anfänge der Kultur", 1873. Auch Tylor geht aus von den Naturvölkern und findet bei ihnen als ältestes, als ursprüngliches Element eine Erscheinung, die er als Animismus bezeichnet. Es ist der Begriff der Seele. Dem Naturmenschen wird er deutlich durch die Tatsache des Todes, des Zustandes, bei dem die Seele vergangen ist, und dann noch im Traum, im Traum von den Toten. Durch das Buch Tylors wurde der Animismus das Schlagwort der Religionsgeschichte dieser Zeit. Als den Begriff dann HERBERT SPENCER (1820—1903) übernahm in seinem Buch „The Principles of Sociology", 1877, und ihn nach vielen Richtungen weiter ausbildete, wuchs das Interesse an dem Animismus noch stärker an. Allmählich meldeten sich aber auch die Kritiker. An entscheidender Stelle stand JOHN H. KING mit seinem Buch: „The Development of Religion", New York 1910. Von großem Einfluß gegen den Gedanken des Animismus wurde das große Werk von JAMES GEORGE FRAZER, „The Golden Bough", 2 Bde, 1890, 5. Aufl. 1953, deutsch „Der goldene Zweig", 1928, Neuausgabe 1968. In einer Fülle von hervorragend vorgetragenen einzelnen Tatsachen aus dem religiösen Erleben der Naturvölker weist Frazer deutlich nach, daß der Animismus nur einen Bestandteil der frühesten Religion darstellt.

In dieser Zeit taucht noch ein anderer Gedanke als Ursprung der Religion auf, es ist der Totemismus. Zugrunde liegt der Idee das indianische Wort „totem", Schon im Jahre 1791 war das Wort durch J. Long nach Europa gebracht worden. Totemismus bedeutet die Vorstellung, daß ein Klan, eine Sippe, mit einem bestimmten Tier in Verbindung steht. Dieses Tier darf man nicht töten, oder nur zu kultischen Zwecken. Das Tier schützt die betreffende Sippe. Im Jahre 1866 machte JOHN FERGUSON MACLENNAN aufmerksam auf diese kultischen Erscheinungen in seinem Buche: „Primitive Marriage". In dieser Zeit wurde vor allem der Totemismus als Ausgangspunkt der Religion gedacht. Doch nach einigen Jahrzehnten legte sich die Einstellung. Wieder war es vor allem JAMES GEORGE FRAZER, der deutlich erklärte, der Totemismus ist nur bei einigen Stämmen erkennbar, bei den meisten Naturvölkern der Erde aber nicht. Der Totemismus kann nicht der Ausgangspunkt der Religion sein.

Frazer legte damals schon, 1890, einen anderen Gedanken vor. Er erklärt, daß der Zauber, die Magie, die älteste Ausdrucksform des religiösen Erlebens sei. Aber es ist doch überraschend für uns Heutige, zu sehen, daß im Jahre 1890 Frazer das Folgende darlegt: „Die Magie ist das Steinzeitalter des menschlichen Geistes. Alle

Völker der Erde müssen es genauso durchmachen wie das Steinzeitalter der materiellen Kultur". (The Golden Bough, I. 2. Aufl., S. 70.)

Weiter erklärt Frazer, es gibt drei Stufen des menschlichen religiösen Erlebens: Magie, Religion, Wissenschaft. Wir Heutigen sprechen — und das kann ich für mich sagen — von drei Stadien: Magie, Mythos, Logos. (Herbert Kühn, Magie, Mythos, Logos, in: Transparente Welt, Festschr. f. Jean Gebser, Bern 1965, S. 38—49).

Diese Erklärung von Frazer war damals vorausschauend und weitblickend. Mit einigen Änderungen hat sich diese Sicht bestätigt bis heute.

Es ist bezeichnend, daß der Animismus-Idee in derselben Zeit von vielen Wisssenschaftlern zugleich widersprochen wird. Von einer Form des Präanimismus spricht 1900 und 1904 R. R. MARETT in zwei Aufsätzen in der englischen Zeitschrift „Folk-Lore" unter den Titeln: „Pre-animistic Religion" und „From Spell to Prayer". In diesen Aufsätzen erklärt Marett, der Animismus ist eine entwickelte Form des religiösen Erlebens. Die früheste Erscheinungsform ist die Magie, der Zauber. Im Jahre 1909 erscheint sein Buch: „The Threshold of Religion", 2. Aufl. 1914. Marett erklärt, die Magie, der Zauber, ist tatsächlich Religion, ausgesprochen Religion. In derselben Zeit, 1914 — ich greife jetzt zeitlich etwas vor — wendet sich auch THEODOR PREUSS gegen die Idee, der Animismus sei die Frühform des religiösen Erlebens. Von der Magie, dem Zauber, so sagt er, führt der Weg zu der späteren Religion. Er legt seine Gedanken dar in dem Buch „Die geistige Kultur der Naturvölker", 1914.

„Der Zauberspruch wird zum Gebet", so sagt einmal Marett, die Wessobrunner Zaubersprüche bedeuten die Antwort auf diese Gedanken. (G. Ehrismann, Geschichte d. dtsch. Literatur bis zum Ausgang des Mittelalters, Bd. 1, 2. Aufl. 1932.)

In derselben Zeit wendet sich auch ALFRED VIERKANDT gegen den Gedanken des Animismus und verteidigt betont als Ausgangspunkt alles religiösen Geschehens, die Magie. Vierkandt legt seine Gedanken zuerst in einer Zeitschrift vor, „Globus", Bd. 92, 1907, dann, in einem Buch, das auch andere Fragen des Kulturwandels behandelt: „Die Stetigkeit im Kulturwandel", 1908.

Zusammenfassend ist zu sagen, daß der Stand des Wissens um 1900 sehr viel entwickelter, sehr viel durchgebildeter ist, als um 1850. Die Vorgeschichte hat eine Fülle unbezweifelbarer Tatsachen in Dokumenten aus der Erde in das Licht des Tages gehoben. Der Mensch der Vorzeit erscheint klarer in seinen Umrissen. Sein Weg über die Erde ist sichtbarer geworden in seinen einzelnen Schritten.

Der Blick der Forscher um diese Zeit richtet sich auf die Sicherung, auf die Bestätigung der in den großen Sichten gewonnenen Erkenntnisse.

Drei andere Wissenschaften, die Kunstgeschichte, die Wirtschaftsgeschichte, die Religionsgeschichte, nehmen die Entdeckungen auf und verarbeiten sie in ihrem Bereich. Die von diesen Seiten her gewonnenen Ergebnisse stellen die Fundtatsachen in den größeren Rahmen der menschlichen Erkenntnis. Hunderte, und mit ihren Helfern Tausende von Forschern aller europäischen und vieler außereuropäischen Nationen haben an dieser Aufgabe mitgearbeitet. Der Erfolg ist wert der Achtung und der Anerkennung von uns Heutigen. Wir stehen auf den Schultern derjenigen, die vor uns suchten, fragten und ihre Antworten gaben.

KAPITEL X

Die Forschung im 20. Jahrhundert

Tritt man in Gedanken heran an die Zeit von 1900—1950, eine Zeit, die mancher der Heutigen ganz oder zum Teil noch mit Bewußtheit miterleben konnte, dann ist es eine große Fülle von einzelnen Grabungen, die das gesamte Blickfeld erweitern.

Es heben sich aber doch mehrere Schwerpunkte in der Feldforschung hervor, die die entscheidenden wurden für die Epoche.

Das ist erstens die Entdeckung der Wandmalereien und Gravierungen der Eiszeit, wohl das wichtigste Ergebnis, denn eine völlig neue Dimension des geistigen Schaffens des Menschen der Vorzeit ist aus dem Dunkel der Höhlen erwacht.

Zweitens ist es die Auffindung der Ostspanischen Felsmalereien an freien Felswänden, nicht in Höhlen. Zuerst auch als eiszeitlich betrachtet, hat sie sich erst später nach schweren Kämpfen der Wissenschaftler als mesolithisch, als mittelsteinzeitlich herausgestellt.

Drittens ist es die Entdeckung der Südspanischen Malereien an freien Felswänden, völlig abstrakt, ganz losgelöst von dem Naturvorbild. Diese Kunst ist vom Anfang der Bearbeitung an als neolithisch, als neusteinzeitlich, angesehen worden.

Für diese drei Gebiete sind die tatkräftigsten Erforscher Henri Breuil und Hugo Obermaier.

Viertens ist es in Europa die Ausgrabung von Knossos auf Kreta durch Sir Arthur Evans und damit der Gewinn des Zentrums einer eigenen Dimension, der kretisch-mykenischen. Sie war vorher nur durch Strahlungen von Mykenä, Tiryns, Troja erkennbar.

In der ersten Hälfte dieser Epoche ist die Fülle der einzelnen Funde so sehr angewachsen, daß auch der Fachmann sie nicht mehr zu übersehen vermag. So werden große überschauende Werke nötig. Sie werden vorgelegt in Frankreich und in Deutschland.

In Frankreich ist es ein Einzelner, der es übernimmt, das ganze damalige Wissen zusammenfassend darzustellen, es ist JOSEPH DÉCHELETTE. Sein Werk, erschien zwischen 1913 und 1924, es umfaßt vier Bände mit zusammen 2700 Seiten. Der Titel ist: Manuel d'Archéologie préhistorique, celtique et gallo-romaine, Paris 1913—1924.

In Deutschland ist es ein noch weit größeres Werk. Es ist die Arbeit von 128 Mitarbeitern, der Herausgeber ist MAX EBERT. Der Titel ist: Reallexikon der Vorgeschichte. Das Werk, erschienen zwischen 1924 und 1929, Inhaltsband 1932, umfaßt 15 Bände mit zusammen 6862 Seiten, eine gewaltige Leistung, wie sie noch nicht wieder erreicht worden ist.

Die vier Entdeckungen von Schwerpunkten und die Verarbeitung des gesamten prähistorischen Materials in zwei großen Werken gehört Europa an. Es gibt aber auch fünf Schwerpunkte in dieser Zeit außerhalb Europas, die der Forschung wesentliche neue Gesichtspunkte und neue Belebungen eingebracht haben.

Das ist erstens die Ausgrabung in Babylon seit 1899 durch Koldewey, ferner die von Assur durch Andrae, und damit die Ermöglichung eines Einblickes in die babylonisch-assyrische Welt, wie sie vorher nicht denkbar war.

Zweitens ist es die Entdeckung des Königsgrabes von Tut-ench-Amon im Jahre 1923 durch Earl of Carnavon und Howard Carter und dadurch der Blick in die Welt Ägyptens um 1350 v. Chr.

Drittens ist es die Aufdeckung einer neuen, vorher unbekannten Kultur in Indien. 1923 finden Sir John Marshall und Ernest Mackay die Stadt Mohenjo-daro, die früheste städtische Kultur in Indien.

Viertens ist es die Ausgrabung von Alaça Höyük durch Remzi Oguz Arik seit 1935 und die von Boghazköi 1095—1912 durch H. Winckler und später durch Kurt Bittel. Die Welt der Hethiter gewinnt durch diese Grabungen an Klarheit und Bedeutung.

Fünftens sind es die Grabungen von J. G. Andersson in China. Andersson konnte 1921 die neolithischen Kulturen Chinas aufdecken in Yang-Shao-Tsun in der Prov. Honan. Sie ergaben einen sehr frühen Zusammenhang mit Europa. Auch hier war ein neuer Horizont für die vorgeschichtliche Forschung gewonnen worden.

In dieser Zeit erschlossen viele Grabungen auch die frühen Kulturen Japans, das ist das sechste große Ereignis.

Die geistigen Wandlungen nach der Jahrhundertwende sind so tiefgreifend, daß eine Darstellung der archäologischen Entdeckungen, wie die vorliegende, diese Veränderungen in den Blickpunkt zu rücken verpflichtet ist.

Die bildende Kunst erlebt eine Veränderung wie seit vier Jahrhunderten nicht, seit der Renaissance. Damals die Wendung von der gebundenen Kunst des Mittelalters zu der lebensvollen, der wirklichkeitsnahen Gestaltung des Gegebenen.

Mit der Zeit um 1910 löst sich die bildende Kunst von dem Vorbild der Natur, es entsteht der Expressionismus, zugewendet dem Ausdruck, der Begrenzung, der Zweidimensionalität. Um die gleiche Zeit erscheint die Abstraktion, zuerst Kubismus genannt. Es ist die Loslösung von der Natur, es ist die Hinwendung zur geometrischen Kristallisation, es ist eine entscheidende Wandlung in der Stellung des Menschen zum Kosmos.

Gleich starke Wandlung durchlebt die Philosophie dieser Zeit. Sie bedeutet auf das Ganze gesehen die gleiche Loslösung von dem nur äußerlich Gegebenen, von der reinen Logik. Als die führenden Philosophen erscheinen in heutiger Sicht Henri Bergson (1859—1941), Edmund Husserl (1859—1938), Max Scheler (1874 bis 1928). Mit Max Scheler konnte ich viele Stunden des gemeinsamen Gespräches erleben. Wir waren zu gleicher Zeit tätig an der Universität Köln.

Bei diesen drei Denkern, nur als die führenden genannt, tritt ebenso wie in der Kunst, auch im Denken um das Weltganze und den Menschen die Wirklichkeit zurück. Bei Henri Bergson ist es nicht die räumliche Materie, die Dasein und Bewußtsein bestimmt, es ist die Intuition, der „élan vital", der Lebensimpuls, der das Entscheidende bedeutet. Nicht nur logisch ist der Mensch, er lebt ebenso im Mythos, im Magischen, im Unbewußten. Bergson wendet sich, wie er sagt, gegen die „intelligence", er tritt ein für die „fonction fabulatrice". Der Grundgedanke seiner Lebensvorstellung ist, der Mensch ist nicht nur Verstand, nicht nur Gegebenes, er ist viel mehr, er ist Hoffnung, Liebe, Traum und Zuversicht.

Seine Hauptwerke sind: L'évolution créatrice, 1907, deutsch 1912. — L'énergie spirituelle, 1919, deutsch 1928. — La pensée et le mouvement, 1934, deutsch 1948. — Oeuvres 1959. —

In Deutschland geht Edmund Husserl verwandte Wege. Er bezeichnet sein Denken als Phänomenologie. Wieder erscheint die Logik nicht als das Ganze des Menschen. Vor dem Bewußtsein verliert die Realität ihre Eigenständigkeit. Der Verstand zergliedert, zerlegt, ordnet und faßt wieder zusammen. Er ergibt ein Festgestelltsein, eine Tatsache. Der Verstand ist es, der die Dinge als starr behandelt, als feststehend, als unwandelbar. Das Sein ist anders. Es ist Bewegung, Schöpferkraft, Freiheit, Leben. Husserl spricht von der Wesensschau. Seine Hauptwerke sind: Logische Untersuchungen, 3 Bde, 1900—1901. — Ideen zu einer Phänomenologie, 1913. — Formale und transzendentale Logik, 1929. — Erfahrung und Urteil, 1939.

Ähnliche Wege geht Max Scheler. Sein Grundgedanke ist, der Verstand ist blind für die Werte des Daseins, für das wirkliche Erleben. Unendlichkeit, Liebe, Ewigkeit, bedeuten Werte außerhalb des Verstandes, außerhalb der gegebenen Wirklichkeit. Seine Hauptwerke sind: Wesen und Formen der Sympathie, 1923. — Die Wissensformen und die Gesellschaft, 1926. — Die Stellung des Menschen im Kosmos, 1928. —

Das Entscheidende der Philosophie in dieser Zeit ist die gedankliche Loslösung von Materialismus und Positivismus, vom Nurverstandesmäßigen hin zu einem tieferen Verständnis des Menschen als emotionales Wesen, gehalten vom Lebenswillen, von magisch-mythischen Elementen, vom Unbewußten gegenüber dem Bewußten.

Auch in der führenden Literatur dieser Zeit begegnen die gleichen Grunderscheinungen. Bei Werfel, Däubler, Else Lasker-Schüler, Rilke, in Frankreich bei Rimbaud, Péguy, Sartre, Camus, Cocteau, leben dieselben Erlebnisinhalte, die

Sicht auf das Geistigführende des Menschen, auf das Irrationale, auf Gemüt, Charakter, auf Seelisches und auf Unterbewußtes.

In allen drei großen geistigen Dimensionen des menschlichen Gehaltenseins, in bildender Kunst, in der Literatur, in der Philosophie, erscheint als das tragende Element die innere Loslösung von der Naturgegebenheit als ordnender Größe, von dem Nur-Logischen, dem Nur-Gesehenen hin zu einer neuen geistigen Ebene, zum Irrationalen, zum Seelisch-Bestimmten.

In dieser Zeit gerade wird die expressive Kunst Ostspaniens entdeckt und vor allem die abstrakte Kunst in der Felsmalerei des Neolithikums. Auch vorher waren diese beiden Stilarten an den Felsbildern Europas und Außereuropas gesehen worden. Seit Jahrtausenden sind sie vorhanden. Jedoch frühere Zeiten haben nicht den Blick besitzen können für diese Erscheinungsarten der Kunstgestaltung, jenseits der naturnachbildenden Kunst gelagert. Der Zeit, der die Kunst Griechenlands und der Renaissance als allein gültige Werte galten, war diese expressive und diese abstrakte Kunst der Vorzeit ein Ärgernis, ein Nichtkönnen oder eine Dekadenz.

Erst die geistige Wandlung des europäischen Menschen seit 1900—1910, hat den Weg frei gemacht für das Verstehenkönnen der abstrakten Kunst der Vorzeit. Die Wertbegriffe haben sich verändert, und mit ihnen und durch sie die Erkenntnismöglichkeiten für ähnliche Erscheinungen in der Vorzeit.

Der Entdecker der Wandmalereien der Eiszeit ist HENRI BREUIL (1877—1961). Breuil besaß das Temperament, die Lebensenergie, das Wagende und auch die Phantasie, Eigenschaften, die unerläßlich sind für die schwierigen Aufgaben der Forschung in Bergen und Schluchten, in unterirdischen Höhlen und in unwegsamen Gebreiten. Breuil war unermüdlich in seiner Arbeit, wandernd zu Fuß, reitend auf Maultieren, kletternd und kriechend. Er war aber auch ein scharfer, logischer Denker, ein Mann der Genauigkeit, der Zuverlässigkeit, ein Gelehrter von überragendem Geist mit Kenntnissen in den Naturwissenschaften, in Anthropologie, Zoologie, Botanik, Geologie und zugleich in der Kunstwissenschaft. Er war ein begnadeter Maler und Zeichner. Seine Kopien der Bilder besitzen eine Genauigkeit und Sicherheit in der Wiedergabe, die heute noch erstaunlich erscheint.

Breuil war temperamentvoll in der Unterhaltung, schlagend in Wort und Witz. Ich habe Abende mit ihm erlebt, bei denen er der Berichtende und unerschöpflich Erzählende war.

Breuil war mir ein guter Freund. Er hat mir, als ich 1922 zum ersten Mal nach Paris kam, alle Wege zu den Felsbildern gewiesen. Er hat mir Briefe und Empfehlungen gegeben für die Besitzer der Höhlen und für die Kenner der Ostspanischen Felsbilder. Bis zu seinem Lebensende haben wir über viele Probleme diskutiert. In manchen Punkten waren wir anderer Meinung, so in der Frage der Datierung der eiszeitlichen Kunst in den späten Formen, so in der Frage der Datierung der Ostspanischen Kunst als eiszeitlich oder nacheiszeitlich. Wir sind uns manchmal entgegengetreten, so auf dem Internationalen Kongreß von 1954 in

Madrid. Aber immer hat uns eine menschliche, eine gedankliche, eine suchende wissenschaftliche Gemeinschaft verbunden. Unsere großen Fragen waren die gleichen, wenn die Antworten auch manchmal entgegengesetzte waren. Das ist verständlich bei Problemen, für die es nicht Vorbilder und Vergleiche gibt. Man muß sie selbst durchstehen, auch im Gegensatz zu alten Freunden, mit denen einen eine gemeinsame Aufgabe verbindet.

Breuil war katholischer Geistlicher. Sein Arbeitsfeld war sehr ausgedehnt, es waren die Höhlen der Eiszeit in Frankreich und Spanien, es waren die Funde der Eiszeit in der Tschechoslowakei, es waren die Felsbilder der Nacheiszeit in Ostspanien, es waren die neolithischen Felsbilder im Süden von Spanien und es waren die Felsbilder im Süden von Afrika. Die Anzahl seiner Bücher ist ungewöhnlich groß. Er liebte es, seine Bücher herauszugeben unter dem Namen der Lokalforscher der Gegend, vor seinem eigenen Namen. Seine wichtigsten Werke sind diese: Emile Cartailhac et Henri Breuil (Verf. nur Breuil): La caverne d'Altamira, Monaco 1906. — Breuil et Obermaier, The cave of Altamira, Madrid 1935. — Capitan, Breuil, Peyrony (Verf. nur Breuil): La caverne de Font-de-Gaume, Monaco 1910. — Alcalde del Rio, Breuil, Sierra (Verf. nur Breuil), Les cavernes de la région Cantabrique (Espagne), Monaco 1911. — Breuil, Obermaier, Alcalde del Rio, La Pasiega, Monaco 1913. — Breuil, Obermaier, Verner, La Pileta, Monaco 1915. Capitan, Breuil, Peyrony, (Verf. nur Breuil): Les Combarelles, Paris 1924. — Breuil and Burkitt, Rock pictures in Southern Andalusia, Oxford 1929. — Breuil, Les peintures rupestres schématiques de la Péninsule Ibérique, 4 Bde, Paris 1933—1935. — Breuil, La Préhistoire. Paris 1937. — Breuil et Lantier, Les hommes de la pierre ancienne, Paris 1951. — Breuil, Quatre cents siècles d'art pariétal, Montignac 1952. — Breuil, The White Lady of the Brandberg, London 1955. — Insgesamt liegen 900 wissenschaftliche Arbeiten von ihm vor, sie sind zusammengestellt worden von G. Henri-Martin 1957.

Henri Breuil wurde geboren am 28. 2. 1877 in Mortain, Dépt. Manche, er ist gestorben in seinem Haus in Isle-Adam bei Paris am 14. 8. 1961, 84 Jahre alt. Er studierte in dem Seminar von Saint-Sulpice und an der Sorbonne katholische Theologie und Naturwissenschaften. Im Jahre 1910 wurde er Privatdozent für Vorgeschichte an der Universität Fribourg in der Schweiz. Im folgenden Jahre wurde er an das Institut de Paléontologie Humaine in Paris berufen, ein Institut, das der Fürst von Monaco, Albert I. (Fürst 1889—1922) im Jahre 1909 geschaffen hat. Hier wirkte er seit 1911 mit Hugo Obermaier in enger freundschaftlicher Zusammenarbeit. Breuil wurde 1938 Membre de l'Institut Français, und ebenso am Collège de France. Er wurde Ehrendoktor an den Universitäten Cambridge, Oxford, Edinburgh, Cape-Town, Lissabon.

Seine Bedeutung liegt vor allem in seiner Erkenntnis, daß die Malereien in der Höhle Altamira bei Santillana del Mar, Prov. Santander, Spanien, der Eiszeit angehören. Die Veranlassung war die Entdeckung von Gravierungen der Eiszeit durch den Lehrer von Les Eyzies (Dordogne), Denis Peyrony, am 8. September 1901. Breuil wurde von dieser Entdeckung benachrichtigt, ebenwo wie Louis Capitan. Nur einige Tage später, am 12. September 1901, findet Denis Peyrony in demselben Felsmassiv eine andere Höhle, diesmal mit Malereien, es ist Font de Gaume.

Über diese Funde wird Mitteilung gemacht an die Akademie der Wissenschaften in Paris, und nun ist es Breuil, der den Plan nicht aufgibt, in Altamira die Malereien zu untersuchen. Vielleicht haben die Forscher sich damals, 1880, geirrt. Wenn Font de Gaume alt und echt ist, dann muß auch Altamira alt und echt sein. Breuil bemüht sich bei Salomon Reinach, dem Direktor des Musée des Antiquités Nationales in Saint-Germain-en-Laye bei Paris, die Gelder zu erhalten für die Forschungsreise nach Spanien — damals eine große Entfernung. Breuil hat Erfolg, und nun veranlaßt er den bestimmenden Ablehner der Echtheit von Altamira, Emile Cartailhac (1843—1921), Professor für Vorgeschichte an der Universität Toulouse, mit ihm zu reisen und sich an Ort und Stelle die Überzeugung zu verschaffen.

Am 28. September 1902 brechen die beiden auf. Breuil berichtet (Cartailhac et Breuil, Altamira, 1906, S. VI): «Maintes choses vues pour la première fois, excitaient au plus haut notre surprise et notre enthousiasme. De toutes grottes ornées, celle d'Altamira est la plus curieuse et la plus étante».

Emile Cartailhac schreibt einen Brief an einen Freund, Gustave Chauvet, er ist datiert auf den 9. Oktober 1902. In ihm heißt es, übersetzt: „Lieber Freund, Abbé Breuil und ich wünschen, Sie wären hier in der Höhle Altamira. Sie ist die schönste, die seltsamste, die interessanteste von allen Höhlen mit Malereien. Seit acht Tagen kopiert der Abbé in Farben diese Bisons, diese Pferde, diese Hirsche, diese Eber, alle ungewöhnlich. Er hat schon eine große Anzahl von hervorragenden Zeichnungen und Hunderte von Kopien in Farben. Wir leben in einer neuen Welt." (Herbert Kühn, Eiszeitkunst. Die Geschichte ihrer Erforschung. Göttingen 1965, S. 163.)

Sie lebten wirklich in einer neuen Welt. Niemals vorher war es dem Menschen möglich gewesen, die Malereien seiner Vorfahren aus der Eiszeit mit eigenen Augen erblicken zu können. Da sind die Tiere fast lebensgroß in Farbe gemalt, die Tiere, die mit dem Menschen der Eiszeit zusammen gelebt haben, die Bisons, die Wildpferde. Die Tiere sind naturhaft gemalt, so lebendig, als ob sie lebten, im Eilen, in der Bewegung, mit Licht und mit Schatten.

Noch einmal wird die Echtheit bestritten im Jahre 1905 von E. Martel auf dem Kongreß der französischen Prähistoriker von Périgueux. Aber Breuil widerlegt Martel so schlagend und mit so überzeugenden Argumenten, daß seit dieser Zeit in den Kreisen der Prähistoriker die Echtheit unbestritten ist.

Anders war es bei den Kunsthistorikern. Sie konnten sich nur schwer abfinden mit der Tatsache einer Kunst der Eiszeit, noch dazu mit einer naturalistischen Kunst, in der Stilart verwandt dem Impressionismus, gerade der Stilform der damaligen Gegenwart.

So verwendet der Grundriß der Kunstgeschichte von WILHELM LÜBKE in dem ersten Band „Die Kunst des Altertums", 15. Aufl., Esslingen 1921, verfaßt von ERICH PERNICE, bei 480 Seiten des gesamten Bandes für die Kunst der Eiszeit nur eine einzige Seite. Zum Schluß heißt es: „Eine Datierung oder eine Abschätzung der Dauer der einzelnen Perioden ist unmöglich und die Ansätze schwanken durchaus. Da es sich in allen Fällen doch nur um Vermutungen handelt, empfiehlt es sich, überhaupt von Zahlen abzusehen" (ebda. S. 2).

Das wird einem großen Publikum in einer führenden Kunstgeschichte im Jahre 1921 vorgesetzt. Das von FRITZ BURGER 1914 begründete Handbuch für Kunstgeschichte, vollendet von A. E. BRINCKMANN 1930, bringt überhaupt keinen Band über die Kunst der Vorzeit. Noch im Jahre 1952 erwähnt RICHARD HAMANN in seiner „Geschichte der Kunst", Bd. 1: „Von der Vorgeschichte bis zur Spätantike" bei 980 Seiten die Kunst der Eiszeit zusammen mit der Ostspanischen Kunst auf 10 Seiten. Dabei finden sich anerkennende aber auch absprechende Worte. „Da diese Kunst auf Magie beruht, auf Zauberhandlungen, ist es im Grunde nicht Kunst, es ist ein Schaffen ohne ästhetische Absichten" (ebda S. 12) — ein völlig verfehlter Gedanke, der vielfach vorkommt in dieser Zeit. Es ist eine „Vertretung des Magischen ohne künstlerische Absichten" (ebda S. 12). Hamann spricht von Erfindungsarmut und Naturgebundenheit (ebda S. 43), und das „nimmt dem großen Wunder einen Teil seiner Wunderbarkeit" (ebda S. 43). Dann spricht er wieder „von reifen, überraschend gekonnten und sicher getroffen Gestalten" (ebda S. 44). Man muß „sich zunächst von den Überschwänglichkeiten frei machen, denen ihre Beurteilung zur Zeit der Entdeckung dieser Malereien erlegen ist" (ebda S. 49). „Vergebens wird man in diesen Malereien, auch in allem Weißen und Schwarzen, etwas suchen, was mit Sicherheit als modellierende Lichter und Schatten zu denken wäre" (ebda S. 50). Das Gegenteil ist der Fall. Weiter: „So bewundernswert für uns Vorstellungskraft und Treffsicherheit der Zeichnung sind, stilistisch bewegen sie sich in einer flächenhaften Darstellungsweise, die durchaus einem anfänglichen Leben und Darstellen, einem frühen Stil entsprechen" (ebda S. 50), auch diese Worte erfassen nicht die Tatsachen.

So schwankt Hamann zwischen der notwendigen Anerkennung und der Abwehr. Er versucht diese Epoche der Kunst wie etwas Unerwünschtes auszuschalten aus der Kunstgeschichte.

Bei manchen der Spezialbearbeiter drückt sich diese Haltung noch deutlicher aus. FREDERIK ADAMA VAN SCHELTEMA (geb. 1884), der verdienstvolle Darsteller der germanischen Ornamentik, vermag die Kunst der Eiszeit überhaupt nicht einzuordnen in den Begriff der Kunst. Das Buch von Scheltema mit dem Titel: „Die altnordische Kunst", erscheint 1923 in Berlin. Scheltema sagt von der Kunst der Eiszeit: „Zunächst sei festgestellt, daß, ich möchte sagen, instinktive und dadurch vollendete Naturnachahmung nur eine ganz spezielle, in der Entwicklungsgeschichte des menschlichen Geistes und der Kunst einmalige Erscheinung sein kann, die in ihrem Wesen mit keiner wie immer gearteten späteren Kunstübung des geringste zu tun hat" (ebda S. 5). Weiter: „Soweit das bis jetzt (1923) bekannte Material ein Urteil zuläßt, kann von einem allmählichen Werden dieser verblüffend naturalistischen Kunst nicht gesprochen werden" (ebda S. 6). Den Tatsachen gegenüber ist das verfehlt. Weiter: „Es sind (diese Bilder) vielmehr Erinnerungsbilder, optische Eindrücke, die in dem unbeschriebenen Gehirn des intensiv beobachtenden Jägers wie auf der photographischen Platte haften blieben und nachher reproduziert wurden" (ebda S. 7). Es ergibt sich, „daß von geistigen Schöpfungen und damit von einem Stil überhaupt kaum gesprochen werden kann" (ebda S. 7). Und nun folgt, daß die naturhafte Kunst der Eiszeit „ihrer Eigenart gemäß aus der Geschichte der Kunst ausscheiden müßte" (ebda S. 15). Und diese unbegreiflichen Sätze werden noch einmal wiederholt. Scheltma erklärt, es ist richtig „daß man den positiv künstlerischen Willen ausschaltet und die ersten Kunsterscheinungen geradezu als Nicht-Kunst interpretiert" (ebda S. 20). Ich darf bemerken, daß ich Scheltema mehrfach persönlich gesagt habe, daß seine Vorstellungen der Fülle und der Bedeutung der Funde gegenüber nicht zu vertreten sei. Er war nicht zu überzeugen.

Es ist für uns Heutige von Interesse zu sehen, wie schwer sich neue Funde, neue Entdeckungen, in ein altes, in ein festgefügtes Kulturbild einzuordnen vermögen.

Soweit ich sehe, ist es unter den führenden Kunsthistorikern nur einer, der die Bedeutung dieser Entdeckungen begriff, es ist KARL WOERMANN (1844—1933). Seine „Geschichte der Kunst aller Zeiten und Völker" erscheint in Leipzig in der ersten Auflage in drei Bänden 1900—1911, in der zweiten Auflage in sechs Bänden 1915—1922. Es ist eine sachliche, klare, sorgfältig gegliederte und allen wichtigen Einzeltatsachen nachgehende Gesamtdarstellung der Kunstgeschichte der Welt. In der ersten Auflage konnten die Entdeckungen der Eiszeitmalereien an den Höhlenwänden noch nicht mitgeteilt werden, der erste Band erschien vor der Entdeckung von Altamira. In der zweiten Auflage aber, die 1915 mit dem ersten Band erscheint, sagt Woermann wörtlich: „Die Kunstwissenschaft aber hat zu betonen, daß ihr diese ganze Kunstübung der diluvialen Urzeit, wenn sie auch außer allen Zusammenhängen mit jeder nachfolgenden Kunstübung stehen sollte, doch schon durch ihr bloßes Dasein als eine Erscheinung von größter Bedeutung entgegentritt. Zeigt sie doch deutlicher als irgend eine jüngere geschichtliche oder vorgeschichtliche Kunstübung, welche Stufe von Naturwahrheit in schlichten Nachbildungen aus der Welt der Erscheinungen, und welche Höhe des Stilgefühls in der kunstgewerblichen Verwertung solcher Gebilde und einfacher Zierweisen bei den bescheidensten technischen Mitteln und in einer eng umgrenzten Anschauungswelt von der Menschheit im ursprünglichen Zustande unberührter Einfalt erreicht werden konnte" (ebda S. 18).

Der Einwand, der in dieser Zeit, und manchmal auch noch bis heute, gegen diese Kunstleistung erhoben wird, ist der: diese Kunst steht im luftleeren Raum. Sie ist ohne erkennbare Vorläufer, sie ist ohne Nachfolge. Als Nachfolge konnte man damals nur die ägyptische oder die mesopotamische Kunst in Betracht ziehen. Es besteht für das damalige Wissen aber kein Zusammenhang, keine Verbindung. Salomon Reinach sprach von der mater sine prole, von der Mutter ohne Nachkommen. Moritz Hoernes erklärt, die paläolithische Kunst ist auf natürlichem Wege erloschen und abgestorben (Urgesch. d. bild. Kunst, 3. Aufl., S. 127). EDUARD MEYER (1855—1930), der bedeutende Althistoriker bemerkt in der paläolithischen Kunst eine Kultur, die der folgenden neolithischen Zeit überlegen ist. Wörtlich: „Und hier zeigen die Schnitzereien aus Rentierhorn und Mammutzahn und die Zeichnungen und Malereien an den Wänden der Höhlen ... eine Höhe der Kunst, der scharfen Beobachtung und realistischen Wiedergabe der Natur und eine Entwicklung der Technik, der die neolithische Zeit und die heutigen sogenannten

Naturvölker nirgends auch nur Ähnliches zur Seite zu setzen haben. Erst die Schöpfungen der Ägypter kurz vor der ersten Dynastie, die der Babylonier etwa seit Sargon und Neramsin, oder auch die der Kreter auf der Höhe ihrer Kultur lassen sich an künstlerischem Empfinden diesen Erzeugnissen vergleichen." (Eduard Meyer, Geschichte des Altertums, 1926, 2. Aufl. Bd. 1, S. 245). Man sprach von einem Hiatus, eine Erklärung war auch für die größten Gelehrten dieser Zeit nicht zu finden.

Unterdessen gehen die Entdeckungen der eiszeitlichen Wandkunst fort. E. CARTAILHAC, der der stärkste Ablehner auf dem Kongreß von Lissabon 1880 gewesen war, Cartailhac, der jetzt, im Jahre 1902, mit Breuil zusammen die Bilder von Altamira studiert, zeigt die menschliche Größe, seinen Irrtum öffentlich zu bekennen. In der Zeitschrift L'Anthropologie, Paris 1902, Bd. 13, S. 348—354 bringt er einen Aufsatz mit dem Titel: „Mea culpa d'un sceptique". In ihm erklärt er: „Je suis d'une erreur commise il y a vingt ans, d'une injustice qu'il faut avouer nettement et réparer" — „ich bin einem Irrtum erlegen, er wurde begangen vor zwanzig Jahren, und nun muß er ausgemerzt und beseitigt werden." Damit war der Weg frei für weitere wissenschaftliche Arbeit auf diesem Gebiet.

Im Jahre 1903 arbeitet H. Breuil wieder in Altamira, begleitet von Abbé J. Bouyssonie. In dieser Zeit schließt sich ihnen ein Mann an, der von den Entdeckungen beeindruckt ist, es ist der Direktor der Kunstschule von Torrelavega, Hernández Alcade del Rio. Ich möchte persönlich bemerken, daß ich ihm die Möglichkeiten zum Besuch der spanischen Höhlen in den Jahren 1921—1924 verdanke. Damals waren die Höhlen noch nicht geöffnet für die Besucher. Alcade del Rio ist tagelang mit mir und meiner Frau durch die Berge gewandert, die Eingänge der Höhlen wiederzufinden. Manchmal ist es uns nur nach langem Suchen gelungen, wie etwa bei La Pasiega (Herbert Kühn, Auf den Spuren des Eiszeitmenschen, Wiesbaden 1953, 3. Aufl., 1956).

Seit 1911 gewinnt die Forschung dadurch an Gewicht, daß ein bedeutender Wissenschaftler an die Seite von Breuil tritt, es ist Hugo Obermaier, ein Deutscher.

HUGO OBERMAIER ist genau so alt wie Breuil, er ist geboren am 29. Januar 1877 in Regensburg, er ist gestorben am 12. November 1946 in Fribourg in der Schweiz. Obermaier studierte katholische Theologie, zugleich Vorgeschichte bei Hoernes in Wien. 1904 promovierte er mit einer Arbeit über das Quartär in den Pyrenäen. Im Jahre 1909 wurde er Privatdozent für Vorgeschichte an der Universität Wien und 1911 wurde er als Professor berufen nach Paris an das Institut de Paléontologie Humaine, an dem auch Breuil arbeitete. Die beiden Wissenschaftler verband eine enge Freundschaft. Von 1911—1914 haben beide zusammen die Arbeiten an den eiszeitlichen Felsbildern durchgeführt, 1914 in Spanien. Als im August 1914 der Krieg ausbrach, konnte Obermaier nicht zurück nach Österreich oder Deutschland. Bis 1916 erhielt er noch sein Gehalt aus Paris, dann sperrte Spanien die Grenzen. Der Fürst von Monaco, Albert I., wandte sich an den König von Spanien, Alfons XII. Der König stiftete den Betrag für ein Ordinariat an der Universität in Madrid für Vorgeschichte eigens für Obermaier. So wurde er 1916

o. Professor für Vorgeschichte in Madrid. In dieser Epoche, 1916—1936, liegt seine wichtigste Arbeitsleistung.

1922 habe ich ihn in Madrid besuchen können und seit dieser Zeit hat uns eine enge Freundschaft verbunden. Obermaier hat uns mehrfach in Köln besucht, wir haben viele Fragen und Probleme gemeinsam überlegen können. Als 1936 der Bürgerkrieg in Spanien ausbrach, hat er Spanien verlassen. Er erhielt einen Ruf als ord. Professor nach Berlin, er hat ihn aus politischen Gründen abgelehnt. Im Jahre 1939 wurde er ord. Professor an der Universität Fribourg in der Schweiz, wo Jahrzehnte vorher Breuil tätig gewesen war. So war Obermaier Universitätslehrer in Wien, Paris, Madrid, Fribourg. Seine große Sprachbegabung kam ihm zustatten.

Obermaier war ausgeglichen, ruhig, er hatte nicht das Temperament wie Breuil. Offenbar war gerade der menschliche Unterschied das verbindende Element. Die Bücher von Obermaier sind diese: Der Mensch der Vorzeit, Berlin 1912. — La Pasiega 1913, zusammen mit Breuil. — Las pinturas rupestres del Barranco de Valltorta (Castellón), Madrid 1919. — El hombre fósil, Madrid 1924, 2. Aufl. 1925, englisch: Fossil man in Spain, New Haven 1924. — Hadschra Maktuba, Felsbilder in Nordafrika, zusammen mit Leo Frobenius, 1925. — Buschmannkunst, München 1923 zusammen mit Herbert Kühn, englisch: Bushman Art. Oxford 1930. — El hombre prehistórico y los origines de la humanidad, Madrid 1932, 6. Aufl. mit A. García y Bellido und Luis Pericot 1957. — Excavaciones en la Cueva Remigia (Catellón), Madrid 1935, zusammen mit B. Porcar u. H. Breuil. —

Bis 1925 ist ein gewaltiges Material an eiszeitlichen Kunstwerken der Wandbilder in den Höhlen bekannt geworden, etwa 3000 einzelne Bilder.

Auch die Anzahl der Kleinkunst, der Gravierungen auf Knochen und Horn, der Fundstücke aus Ausgrabungen hat sich so stark vermehrt, daß etwa ebenfalls 3000 einzelne Kunstwerke vorliegen. Sie werden vor allem aufbewahrt im Musée des Antiquités Nationales in Saint-Germain-en-Laye bei Paris. Wichtige Funde besitzen auch die Museen von Périgueux, Bordeaux, Toulouse.

In dieser Zeit sind im Verhältnis zu der Bedeutung der Entdeckung von Malereien und Gravierungen an Höhlenwänden nur wenige Bücher erschienen, die die Kunst der Eiszeit überschauend darstellen. Über die einzelnen Fundstellen gibt es Monographien, über weniger wichtige Höhlen Artikel in den wissenschaftlichen Zeitschriften.

Im Jahre 1925 wird eine eigene Zeitschrift für die prähistorische Kunstforschung begründet, sie erscheint bis jetzt (1975) mit dem Titel: IPEK, Jahrbuch für prähistorische und ethnographische Kunst. Herausgeber HERBERT KÜHN. Verlag Walter de Gruyter, Berlin.

Die der Kunst der Eiszeit gewidmeten zusammenfassenden Bücher bis 1950 sind die folgenden, der Zeit nach geordnet:

JUAN CABRÉ AGUILO, El arte rupestre en España, Madrid 1915, 229 Seiten, 31 Tafeln, 104 Abbildungen.

HERBERT KÜHN, Die Malerei der Eiszeit, München 1922, 3. Aufl. 1923. 47 S., 12 Taf.

R. R. SCHMIDT, Die Kunst der Eiszeit, Augsburg 1920, ohne Text.

G. H. Luquet, L'art et la religion des hommes fossiles, Paris 1926. 229 Seiten, 119 Abbildungen.

Hanna Rydh, Grott-Månniskornas Årtusenden, Stockholm 1926.

Baldwin Brown, The art of the cave dweller, London 1928. 273 Seiten, 169 Abbildungen.

Herbert Kühn, Kunst und Kultur der Vorzeit Europas. Das Paläolithikum. Berlin 1929. 529 Seiten, 126 Tafeln, 167 Abbildungen.

René de Saint-Périer, Comte, L'art préhistorique. Paris 1932. 76 Seiten, 60 Tafeln.

Martín Almagro, Arte prehistórico in: Ars Hispaniae, Madrid 1947. 133 Seiten, 115 Abbildungen.

Luis Pericot, Arte rupestre en España, Barcelona 1950. 55 Seiten, 8 Farbtafeln, 26 Abbildungen.

Im Grunde ist diese Anzahl von zehn Büchern über die Kunst der Eiszeit in der Zeit von 1900—1950 eine geringe. Der Grund dafür wird darin zu suchen sein, daß die Problemstellungen noch zu schwierig sind. Wohl ist die innere Bewegung des Stiles in der Eiszeitkunst deutlich geworden, aber das Ende der Kunst ist nicht klar erkennbar, vor allem aber ist die Beziehung zu der sogenannten Ostspanischen Kunst bei den Wissenschaftlern so stark umstritten, daß offenbar das Wagnis der Darstellung zu groß erscheint.

Die Entwicklung des Stiles dieser Epoche hat zuerst Breuil dargelegt (Congrès Intern. d'Anthrop. et d'Archéol. Préhist. 1906, Monaco 1907, S. 367—386). Er nennt vier Perioden. Die ersten drei bringen die Umreißung, die vierte die Mehrfarbigkeit, die Betonung von Licht und Schatten. Mit dieser Epoche endet die Kunst der Eiszeit. Obermaier bestätigt diese Gliederung im Jahre 1922 (Prähist. Zeitschr. Berlin 1922, S. 177—199 u. S. 183—184).

Diese Stileinteilung wurde in alle Bücher übernommen. Jedoch wird sie der Wirklichkeit nicht gerecht, sie hat viel Verwirrung angerichtet. Das Ende der Eiszeitkunst ist nicht die malerische Form, sondern es ist eine neue Form der Umreißung, der Liniengebung, ich habe diesen Stilausdruck den Schwingenden Stil genannt. (Herbert Kühn, Le style du Magdalénien final. Congr. Intern. des Sciences préhist. et protohist. Madrid 1954. Zaragoza 1956, S. 289—294. — Ders. IPEK, Jahrb. f. prähist. u. ethnogr. Kunst, Bd. 21, 1964—1965, S. 112—113.) Der größte Teil der Bilder gehört dieser dritten Periode an, Breuil hat alle Bilder mit Umreißung irrtümlich in das Aurignacien verwiesen.

Die Stilfolge ordnet sich nach dem heutigen Wissen in diesem Sinne: 1. Linearer Stil, einfache Umreißung, Aurignacien und frühes Magdalénien. 2. Malerischer Stil, Tiefenerstreckung, Mittleres Magdalénien. 3. Schwingender Stil, wieder linear. Spätes Magdalénien.

Ohne die Eingliederung des Schwingenden Stils ist der Übergang in die folgende, die stilisierende Form des Mesolithikums, in die Ostspanische Kunst, undenkbar. Der Schwingende Stil ist dadurch zeitlich fest bestimmbar, daß dieselbe Formgestaltung bei den ergrabenen Kunstwerken auf Horn, Knochen oder Stein chronologisch genau erkennbar ist.

Solche datierten Kleinfunde liegen reichlich vor (CHRISTIAN ZERVOS, L'art de l'époque du Renne en France, Paris 1959, Abb. 400, 402, 405, 406, 408, 412, 456, 467, 469, 470, 471, 477, 479, 493, 494, 495, 503, 504, 514, 518, 522, 523, 528, 530, 532, 533, 554, 555, 556, 557, 560, 561, 562). Es gibt eine große Anzahl sicher datierter Stücke des Spätmagdalénien, Magdalénien V und VI, die diese Stilform aufweisen. In diesen Stil ordnen sich auch die großen Urrinder von Lascaux ein, übermalt über Bilder des mittleren Magdalénien, Breuil hat irrtümlich auch Lascaux in das Aurignacien datiert. (Breuil, Quatre cents siècles d'art pariétal. Montignac 1952, S. 149.) Die Bilder gehören tatsächlich dem mittleren und vor allem dem späten Magdalénien an. Nicht ein einziges Bild trägt die Stilelemente des Aurignacien.

Felsbilder 1900—1950

In der Zeit dieser Epoche von 1900—1950, steht für das Paläolithikum zuerst Spanien an der Spitze der Entdeckungen. Die Bestätigung des Alters der Bilder von Altamira hat sogleich eine Fülle von neuen Funden zur Folge gehabt.

Bald nach Altamira wird 1903 die Höhle El Castillo, Prov. Santander, gefunden durch Hernandez Alcalde del Rio. Breuil besucht die Höhle und behandelt sie in seinem zusammenfassenden Werk: H. ALCALDE DEL RIO, H. BREUIL, L. SIERRA, Les cavernes de la Région Cantabrique, Monaco 1911, S. 112—193, Taf. 59—90. In der Höhle finden sich über 50 Handabdrücke in Farbe an den Wänden, rote Punkte, viele sogenannte tectiformes, offenbar Fallgruben für die großen Tiere, ferner Malereien von einem jugendlichen Mammut oder Elefant, von Wildpferden, Hirschkühen, Rindern, Bisons. Einige Bilder mit festen Strichlagen an den Wänden entsprechen im Stil genau den Gravierungen auf Knochen, die in der Schicht des unteren Magdalénien im Eingang der Höhle gefunden worden sind. Durch diese Übereinstimmung von Kleinkunst und Wandkunst ergeben sich feste Datierungen.

Die Höhle besitzt einen großen Eingang. In ihm hat HUGO OBERMAIER in den Jahren 1910—1914 Ausgrabungen durchgeführt. An ihnen beteiligten sich zeitweilig M. C. Burkitt, Teilhard de Chardin, F. Birkner und andere. Es ergab sich zuunterst ein Acheuléen, darüber zweimal oberes Moustérien. Über einer Sinterdecke lagerte dann nach oben zu ein mittleres Aurignacien, darüber ein junges Aurignacien, dann ein Solutréen, ein unteres Magdalénien und zuoberst ein oberes Magdalénien (Hugo Obermaier, Reallexikon d. Vorgesch. Berlin 1925, Bd. 2. S. 290). Diese Schichten, in ungestörter Lagerung, umfassen 20 Meter Höhe.

Im gleichen Jahr, 1903, wurde Hornos de la Peña bei Torrelavega, Santander, entdeckt und ebenfalls bearbeitet von H. Breuil in demselben großen Werk von 1911, S. 85f. In dieser Höhle liegen die Bilder im Eingangsraum. In einem hinteren Teil der Höhle finden sich elf Bilder von Wildpferden, von drei Steinböcken, zwei Bisons, dazu eine menschliche Gestalt mit Tierkopf, offenbar ein Zauberer.

Die Höhle Covalanas bei Ramales, Santander, ebenfalls 1903 entdeckt durch Alcade del Rio, bearbeitet durch H. Breuil (ebda 1911, S. 14), bringt am Ende eines geraden Ganges, etwa 80 m vom Eingang, 19 rot gemalte Tierfiguren und Fallgrubenbilder.

1908 werden die Bilder der Höhle Pindal bei Pimiango, Prov. Oviedo gefunden, wieder von Alcalde del Rio. Breuil bearbeitet sie (ebd. 1911, S. 59f.). Die Höhle ist 300 m tief mit großem weitem Eingang, er öffnet sich zum Golf von Biscaya. An Malereien findet sich ein Mammut, ein roter Pferdekopf, eine Hirschkuh mit Punkten, mehrere Bisons, ein rotgemalter Fisch.

Am 23. Mai 1911 wird die Höhle La Pasiega gefunden. Sie liegt im selben Bergmassiv wie El Castillo. Sie enthält 226 Malereien und 36 Gravierungen. Einige Bilder gehören dem mittleren Magdalénien an, der größte Teil dem späten Magdalénien, dem Schwingenden Stil. Ein Hirsch ist so gezeichnet, daß er in die Tierfalle hineinläuft. 1951 ist die Höhle zugänglich gemacht worden. Breuil und Obermaier widmeten der Höhle eine eigene Monographie. H. BREUIL, H. OBERMAIER, ALCALDE DEL RIO, La Pasiega à Puente Viesgo, Monaco 1913.

Im März 1912 wird eine Höhle gefunden mit seltsamen Malereien und Gravierungen im Süden der Halbinsel, La Pileta, 12 km entfernt von Ronda, Prov. Malaga. Die naturhaften Bilder gehören in ihrem Schwingenden Stil dem späten Magdalénien an, ein großer Teil ist völlig abstrakt, damit neolithisch. Breuil und Obermaier haben auch dieser Höhle eine eigene Monographie gewidmet, H. Breuil, H. Obermaier, Willoughby Verner, La Pileta à Benaoján, Málaga. Monaco 1915.

Die im Jahre 1914 gefundene Höhle Peña de Candamo bei San Roman de Candamo in der Provinz Asturias, bringt 60 Malereien und Gravierungen. Sie ist entdeckt worden durch J. Rodrigues und wurde von E. Hernández-Pacheco bearbeitet. Der Bericht ist E. Hernández-Pacheco, La caverna de la Peña de Candamo, Monaco 1919.

Das Jahr 1916 bringt die Entdeckung der Höhle Buxu, Asturias, bei Cangas de Onis, 71 km entfernt von Oviedo. Der Entdecker ist Graf Vega del Sella. 70 Meter hinter dem Eingang beginnen die 23 Bilder, sämtlich dem späten Magdalénien zugehörig, sie stellen Wildpferde, Steinböcke, Hirsche dar, über 30 sogenannte Tectiformes, Wildfallen. Die Monographie der Höhle, verfaßt von Hugo Obermaier und Conde de la Vega del Sella erscheint in Madrid 1918 mit dem Titel: La cueva del Buxu, Asturias.

Eine wichtige Höhle ist Santimamiñe oder Basondo bei Cortézubi Prov. Biscaya. Sie ist 1917 entdeckt worden durch J. Barandiarán. Es finden sich in ihr 14 sehr lebensvolle Malereien des mittleren und einige des späten Magdalénien. Aus der Zeit der Entdeckung gibt es zwei Bücher, die Gleiches über die Bilder berichten, das eine auch über die Ausgrabungen am Eingang. Die Titel sind: Fernando de la Cuadra Salcedo y Alvaro Alcalá Galiano, La cueva de Basondo, Bilbao 1918. — Telesforo de Aranzadi, José Miguel de Barandiarán y Enrique de Eguren, Caverna de Santimamiñe, Bilbao 1925.

Nach 1918 ruhen die Entdeckungen. Erst 1934 werden wieder zwei Höhlen mit Bildern gefunden, Los Casares und La Hoz.

Los Casares liegt bei Ribas de Saelices in der Provinz Guadalajara, inmitten der Iberischen Halbinsel. Die Höhle wurde gefunden von Layna y Serrano und bearbeitet von Juan Cabré Aguiló in Archivo Español de Arte y Arqueologia 1934

Nr. 30, S. 1—30, ebda Nr. 41, 1940, S. 81—90. Die Bilder liegen 60 m entfernt vom Eingang, es sind Wandgravierungen, Wildpferde, Urrinder, Steinböcke und sieben Zauberer, Menschengestalten mit Tierköpfen.

Die Höhle La Hoz, ebenfalls bei Riba de Saelices, Guadalajara, bringt nur drei Gravierungen von Pferd und Ziege. Sie wurde bearbeitet von Juan Cabré Aguiló und an derselben Stelle beschrieben wie Los Casares.

Von 1934—1950 sind auf spanischem Boden Felsbilder der Eiszeit nicht mehr aufgefunden worden, erst die Zeit nach 1950 hat wieder viele Höhlen mit Eiszeitbildern ergeben.

In der ersten Hälfte des 20. Jahrhunderts waren die Funde in Frankreich besonders ergebnisreich. War es nach der Entdeckung der Echtheit von Altamira 1902 zuerst Spanien, wo die meisten Höhlen mit Malereien aufgefunden worden sind, dann ist es später das südliche Frankreich.

Im Jahre 1906 werden die Bilder der Höhle Niaux gefunden. Die Höhle, gelegen bei Tarascon-en-Ariège, Dépt. Ariège, war immer offen, immer bekannt, aber erst 1906 wurden die Bilder beachtet und 1908 bekannt gemacht von Henri Breuil und Emile Cartailhac. Es gibt Gravierungen von Tieren im Höhlenlehm, die besten Malereien finden sich in dem hinteren großen Saal, 800 m entfernt vom Eingang. Dort gibt es über 20 Bilder vom Bison, mehrere Bilder vom Wildpferd und Steinbock. Dem Stil nach gehören die Malereien, fast alle in schwarzer Farbe, dem mittleren und späten Magdalénien an.

Der Bericht von Cartailhac und Breuil findet sich in L'Anthropologie, Bd. 19, 1908, S. 15f. — H. Breuil, Bull. de la Soc. Préhist. de l'Ariège, 1950, S. 9—34. — L. R. Nougier et R. Robert, Niaux. Toulouse, o. J. (1957).

Das Jahr 1908 bringt die Entdeckung der Bilder von Le Portel bei Loubens, Dépt. Ariège. Der Entdecker ist R. Jeannel zusammen mit H. Breuil. E. Cartailhac berichtet über die Höhle in L'Anthropologie, 1908, S. 112—113. Die Höhle bringt Bilder von Wildpferden und Bisons, von Hirschen und Steinböcken, auch eine menschliche Gestalt. Die Bilder gehören dem Spätmagdalénien an, dem Schwingenden Stil.

Eine bedeutungsvolle Entdeckung ist 1909 die Auffindung einer Steinwand mit fast lebensgroßen Reliefs von Wildpferden, Rentier, Bison an einer Fundstelle, genannt Cap Blanc bei Les Eyzies, Dordogne. Das eine Pferd ist 2,30 m lang, der ganze Fries ist 12 m lang. Die Grabung, die die Wand freilegte, ist durchgeführt worden von G. Lalanne. Die Funde wurden veröffentlicht 1911 in L'Anthropologie, Bd. 22, S. 385f. von Lalanne und Breuil.

1912 wurden dann die Malereien, Gravierungen und vor allem die Skulpturen im Höhlenlehm in der Höhle Tuc d'Audoubert bei Montesquieu-Avantès, Dépt. Ariège aufgedeckt. Ein Fluß, die Volp, fließt durch das Bergmassiv und schafft mehrere Gänge und Etagen. In einem Gang finden sich 20 gravierte Tierfiguren, ferner Herdstellen mit Seemuscheln, Speerspitzen aus Bein, Lochstäbe, Tierzähne. Das Wichtigste in dieser Höhle ist eine schwer zu erreichende Halle mit den Skulpturen von zwei Bisons, einem männlichen und einem weiblichen, überaus lebensvoll gestaltet. Der Entdecker ist Graf Bégouen, auch der Besitzer der Höhle.

GRAF HENRI BÉGOUEN ist geboren in Châteauroux, Dépt. Indre 1863, er ist gestorben, 93 Jahre alt, am 4. November 1956 im Schloß Les Espas bei Montesquieu-Avantès, Ariège. Bégouen war neben Breuil und Obermaier einer der Pioniere der Erforschung der eiszeitlichen Kunst. In Paris hat er Jura und Nationalökonomie studiert, von 1896—1900 war er tätig im Auswärtigen Amt in Tunis. Dort beobachtete er die Megalithbauten, und dadurch begann sein Interesse an der Vorgeschichte. Um 1900 zieht er nach Toulouse und macht die Bekanntschaft von E. Cartailhac, damals Professor für Vorgeschichte an der Universität Toulouse. Bégouen wird der Besitzer eines großen Gutes in der Gegend von Saint-Girond in Südfrankreich, er wird Bürgermeister des Ortes und gleichzeitig leitet er die Zeitung von Toulouse, Le Télégramme. Sein Hauptinteresse aber gilt der Vorgeschichte, und so beginnt er 1911 Ausgrabungen zu machen in der Höhe Enlène, die sich auf seinem eigenen Grund befindet. Im April 1911 entdeckt er beim Graben in der Schicht des Magdalénien in der Höhle eine Anzahl von Skulpturen. Er veröffentlicht sie in der Zeitschr. L'Anthropologie 1912, S. 287—305.

Am 20. Juli 1912 gelingt ihm die Auffindung der Bison-Skulpturen in Tuc d'Audoubert und zwei Jahre später, am 20. Juli 1914 die Entdeckung der Höhle Trois Frères, beide bei Montesquieu-Avantès, Ariège. In dieser Zeit wurde er Professor für Vorgeschichte an der Universität Toulouse. Diese beiden Höhlen sind veröffentlicht in dem Buch: Bégouen et H. Breuil, Les cavernes du Volp, Paris 1958.

Graf Bégouen war mir ein guter Freund, alle Fragen und Probleme der Kunst der Eiszeit konnten wir besprechen. Wir haben gemeinsame Reisen nach Spanien gemacht, und jedes Jahr besuchten wir uns, wir fuhren zu seinem Wohnsitz Les Espas in den Pyrenäen und er kam Weihnachten zu uns nach Köln, wo wir damals lebten.

Bégouen beschreibt so anschaulich die Entdeckung der Skulpturen von Tuc d'Audoubert, daß es lohnend ist, seinem eigenen Bericht zu folgen. Er findet sich in L'Anthropologie, Bd. 23, Paris 1912, S. 657—665 unter dem Titel: Les statues d'argile de la caverne du Tuc d'Audoubert, Ariège. Einzelne Stellen daraus lauten übersetzt: „Es ist ganz am Ende eines der Gänge der Höhle Tuc d'Audoubert, etwa 700 Meter nach dem Eingang, wo wir, meine Söhne und ich, am 10. Oktober 1912 die Statuen aus Ton von zwei Bisons gefunden haben. Der Anstieg zu dieser Galerie ist besonders schwierig. Der Eingang zu der Höhle ist der Austritt des Flusses, die Volp, man kann nur mit einem kleinen Boot eindringen. Man fährt etwa 60 m, bis man zu Sandbänken an der Seite kommt, aber auch sie kann man nur betreten, wenn das Wasser des Flusses niedrig steht. Im Winter und nach starken Gewittern überdeckt das Wasser die Sandbänke. Die Volp kann wild und reißend werden, und dann ist es unmöglich, die Höhle zu betreten."

„Tuc d'Audoubert hat drei Etagen. Es gibt einmal das Niveau, das auch das des Flusses ist. Die zweite Etage kann man etwa 150 m vom Eingang erreichen. Man steigt dort einen steilen Hang empor, etwa 2—3 m, dann öffnet sich der Gang mit wunderbaren Stalagmiten und Stalagtiten in überraschenden Formbildungen, alles ganz weiß. Es ist in diesem Gang, wo wir Gravierungen von eiszeitlichen Tieren gefunden haben und auch Spuren von Malereien. An dieser Stelle führt ein schmaler Gang weiter, er leitet zu einem nach oben laufenden Schacht. Man kann nicht ohne weiteres hinaufsteigen. Der Schacht beginnt 12,50 Meter über dem Boden, es ist nicht möglich, sich festzuhalten an den Vorsprüngen des Felsens, um hinaufzuklettern. Zum Eingang dieses Schachtes mußten wir einen Strick verwenden. Oben angelangt, fanden wir an den Wänden die Gravierungen von Bisons. Der Gang, in den man eintritt, ist steil ansteigend und uneben. An manchen Stellen finden sich Gravierungen von Tieren. Einmal ist es der Kopf einer Hirschkuh, dann zwei Tiere unbestimmbarer Art, wie in einander verbissen, die Schnauzen weit offen, als wenn sie brüllten. An der Seite des Ganges erscheint plötzlich ein kleiner Saal. Auch hier finden wir an den Wänden die Gravierungen von Tieren, ein Wildpferd und Bisons. Wie wir die Wände des Saales ableuchten, sehen wir Säulen von Stalaktiten. Sie sperren jeden Durchgang, aber durch sie hindurch kann man erkennen, daß der Weg ursprünglich weiter ging. Meine Söhne haben drei von den Säulen abgebrochen und sich so eine Öffnung geschaffen. Sie ist 28 cm hoch und 65 cm breit. Man kann nur mühsam hindurchkriechen."

„Wir nennen diesen Durchbruch das Katzenloch, dahinter ist der Gang niedrig und uneben. An der Decke finden wir Netze von Strichen, vom Menschen angebracht mit einem Werkzeug, jedoch Bilder gibt es hier nicht ... Nun folgt ein Saal mit Kratzspuren von Bären, manchmal sind auch noch die Füße und die Krallen im Lehm des Bodens zu erkennen. In den Ecken des Saales liegen Skelette von Höhlenbären, sie sind hier hingegangen, um ihren Tod zu erwarten. Die Menschen der Eiszeit haben manchmal die Zähne herausgebrochen, um sie als Schmuck zu verwenden. Wir finden auch viele Fußspuren von Menschen, hart und fest geworden, es scheinen die Spuren von kleinen Wesen, vielleicht von Kindern zu sein."

„Auf der rechten Seite findet sich wieder ein Saal, wieder menschliche Fußspuren und die Spuren der Höhlenbären. Vielfach finden sich diese Fußspuren, aber jetzt nur Hacken, es muß sich also um einen magischen Tanz, um einen Kulttanz gehandelt haben, bei dem die Menschen wie Tiere gehen."

„Und plötzlich erkennen wir bei dem Licht der Grubenlampen am Ende des Saales die beiden Statuen von Bisons aus Höhlenlehm. Das vordere Tier ist weiblich, das Geschlecht ist deutlich bezeichnet, der Kopf ist kleiner, der Rücken weniger betont, es ist auch weniger groß in den Maßen, es ist 61 cm lang, 29 cm breit, von der Bauchpartie bis zum Rücken. Das männliche Tier mißt 63 zu 31 cm. Nur die Vorderseite der Tiere ist in der Skulptur bearbeitet, die Rückseite ruht auf dem Felsen. Wie die Köpfe wirkungsvoll gestaltet sind, wie die Behaarung gegeben ist, wie die Gruppe in sich von Leben zeugt, das ist von großer Schönheit."

„Weniger durchgebildet als die beiden Bisons sind zwei Entwürfe auf dem Boden der Höhle. Der eine ist eine kleine Statuette eines Bisons von 13 cm Länge, es ist aber nur die Umrißform gearbeitet. Weiter findet sich die Zeichnung eines Bisons auf dem Boden, 41 cm lang, sie scheint noch nicht vollendet zu sein. Unglücklicherweise hat sich ein Stein von der Decke gelöst und hat diese Gravierung getroffen. Wir haben etwas Neues gefunden, etwas Unerwartetes, die beiden gut erhaltenen Statuen, durchgeformt in einem klaren Aufbau."

19 Kühn, Vorgeschichtsforschung

Graf Bégouen hat mir immer wieder von seinem Erlebnis der Entdeckung der beiden Skulpturen erzählt, dann glühte sein Auge. Er hat oft noch Einzelheiten wiedergegeben, die nicht in dem Fundbericht in der L'Anthropologie vorkommen. So, wie es für die drei Söhne leicht war, durch das Katzenloch zu kriechen, wie schwer es aber für ihn selber war, und wie ihn die Söhne vorne gezogen und hinten geschoben haben, bis es ihm gelang, durch den engen Eingang hindurch zu kommen.

Meine Frau und ich besuchten 1923 mit Bégouen und seinen Söhnen die Höhle. Es ist ein gewaltiger Eindruck, vor den beiden Bisonskulpturen zu stehen und die lebendige Wirkung der Tiergestalten beim Schein der Grubenlampen zu erleben. In einer Spalte der Wand steckt noch das Feuersteinmesser, das der Künstler verwendet hat bei der Arbeit.

Die Höhle ist ebenso, wie Trois Frères, nicht öffentlich zugänglich.

Das Jahr 1922 brachte die Entdeckung der Höhle Pech-Merle bei Cabrerets im Dépt. Lot. Der Erforscher ist der Abbé A. Lemozi in Cabrerets. Diese Höhle ist von besonderer Bedeutung, bringt sie doch zwei große Malereien von Wildpferden mit Punkten und dem aus der Felswand heraus gemeißeltem Kopf, ferner viele Bilder in Schwarz-Weiß im Schwingenden Stil des späten Magdalénien. Die Veröffentlichungen sind: A. Lemozi, La Grotte Temple du Pech-Merle, Paris 1929. — A. Lemozi, Ph. Renauld, Pech-Merle, Le Combel, Marcenac. Graz 1969.

Das Jahr 1923 brachte die Entdeckung der Bilder von Montespan, Dépt. Haute-Garonne bei Saint-Gaudens, 7 km entfernt von Salies-du-Salat. Die Bilder wurden von Norbert Casteret gefunden. Er mußte schwimmend eindringen in die Höhle, durch die ein Fluß fließt. Zeitweise ging das Wasser bis zur Decke, und Casteret mußte untertauchen, ohne zu wissen, wohin er in der Dunkelheit gelangt. In den Gängen und an den Stellen, an denen an den Seiten flache Ufer waren, hat er fünfzig Gravierungen von Tieren gefunden und dreißig Skulpturen. Bei einer Bärenskulptur lag ein natürlicher Bärenschädel vor der Skulptur, er war ihr ursprünglich aufgesetzt gewesen.

Casteret beschreibt sein Erlebnis sehr eindringlich in seinem Buche, Dix ans sous terre, Paris 1934, deutsch: Zehn Jahre unter der Erde, Leipzig 1936. Aus diesem Bericht seien die folgenden Stellen angeführt: „Im August 1922, im Verlauf einer schon seit Jahren betriebenen Erkundung der Höhlenwelt der Pyrenäen, kam ich nach dem Dorfe Montespan, das auf dem Hang einer von Burgtrümmern gekrönten Anhöhe liegt."

„Ziehen diese Burgtrümmer, die die Garonne beherrschen, den Blick schon von weitem an, so sind auch die von ihnen erweckten geschichtlichen Erinnerungen nicht minder fesselnd, denn sie sind mit dem Geschlecht der Herren von Montespan verknüpft, die jahrhundertelang in der Gegend herrschten, bevor eine ihrer Frauen das Herz des Sonnenkönigs beherrschen sollte. Dicht bei dieser Burg liegt die Grotte von Montespan, die mir die seltsamsten Entdeckungen vorbehielt. Nach meiner Ankunft in dem malerischen Dorf besuchte ich die Burgruine; dann begab ich mich zum Eingang der Höhle in dem benachbarten Berg, die bisher für unerforschbar galt. Am Fuße des Berges stieß ich auf einen Felsspalt, aus dem Wasser hervorströmte. Nach Angaben der Dorfbewohner kommt man in sehr trockenen

Sommern durch einen natürlichen Gang, stets im Wasser watend, gegen 60 m vorwärts; dort aber endet die Höhle, da der Wasserspiegel die Höhe der Decke erreicht."

„So fand ich diese Höhle tatsächlich vor. Nachdem ich die Kleider abgelegt hatte und durch ein mannstarkes Loch hineingeschlüpft war, sah ich mich in einem waagerechten Gang von 3 bis 4 Meter Breite und 2 bis 3 Meter Höhe. Ich schritt in einem Wasserlauf, dessen Grund aus Sand und Lehm bestand. Nach 40 m wendet sich der Gang scharf rechts, und die sich plötzlich senkende Decke zwingt mich, mich stark zu bücken. Nach etwa 20 Metern in dieser unbequemen Haltung wird das Wasser tiefer und die Wölbung wird bespült vom Wasser."

„Da das unter der Deckenwölbung hervorquellende Wasser mir bis zu den Schultern reichte, überlegte ich mir gleichwohl, wie weit die Absicht, ein so gewagtes Unternehmen allein durchzuführen, sinnlos sein konnte. ... Nachdem ich die verschiedenen Möglichkeiten in der bedrückenden Stille der Einsamkeit erwogen hatte, beschloß ich, mich ins Unbekannte zu stürzen und wenn möglich die Schranke zu überwinden, die Wasser und Fels im Verein unüberschreitbar zu machen schienen."

„Ich stellte mein Licht auf einen Felsvorsprung, sog mich voller Luft für eine Tauchzeit von zwei Minuten (daran bin ich gewöhnt) und tauchte unter, die eine Hand vorwärts gestreckt, mit der andern an der Decke entlang tastend. Sehr genau tastete ich die Vorsprünge und Umrisse ihrer Wölbung ab; denn ich war ja blind, und meine Finger dienten mir als Augen. Ich mußte nicht nur vorwärts kommen, sondern auch auf den Rückweg bedacht sein. Während ich mich vorwärts tastete und weiterzukommen suchte, tauchte mein Kopf plötzlich auf, und ich vermochte zu atmen. Wo war ich? Keine Ahnung, denn es war stockdunkel! Ohne Zweifel hatte ich mich durch einen Wassersiphon hindurchgezwängt. Sofort machte ich kehrt und tauchte in entgegengesetzter Richtung, denn nichts ist in solchen Lagen gefährlicher, als die Richtung zu verlieren ..."

„Am nächsten Tag war ich wieder am Eingang der Höhle mit einem ebenso leichten wie einfachen Werkzeug. Ich kleidete mich völlig aus wie am Vortage, versteckte meine Kleidungsstücke im Gebüsch und schlüpfte in den unterirdischen Wasserlauf, in der einen Hand ein brennendes Licht, in der andern meine Gummikappe mit Streichhölzern und mehreren Ersatzkerzen. Dies einfache, fest verschlossene Behältnis sollte mir nach jedem Untertauchen, oder nach meinem wiederholten Ins-Wasser-Fallen die Möglichkeit geben, mein Licht wieder anzuzünden."

„Als ich den Siphon erreicht hatte, gab ich mir Mühe, genau die gleiche Richtung wie am Vortage einzuschlagen und wieder den Luftsack zu erreichen. Ich tauchte also zum zweitenmal unter die überflutete Deckenwölbung und kam am anderen Ende heraus. Das Wasser reichte mir bis zum Mund. Ich schwenkte meine triefende Gummikappe, damit sie trocken würde, dann zündete ich mit verhaltener Ungeduld und größter Vorsicht mein Licht an. Endlich gewahrte ich in dem flackernden Lichtschein, daß die Decke auf Sehweite, d. h. auf ein paar Meter, waagerecht über dem Wasserspiegel verlief und nur durch eine dünne Luftschicht von der Wasseroberfläche getrennt war."

„Diesmal schien sich meine Vermutung zu bestätigen: ich war in einem unbekannten unterirdischen Wasserlauf. Ich ging weiter, drückte den Kopf gegen die geringsten Vorsprünge des Felsens, um atmen zu können, und erreichte nach 100 Metern eine Tonbank am Eingang zu einem weiten Saal, wo ich mich von meinen Gemütsbewegungen erholen konnte, nicht aber von der Kälte, von der ich völlig erstarrt war ..."

„Ein Jahr darauf sah ich mit Freuden die alte Burg, das Dorf und die benachbarten Berge wieder, von denen einer die in meiner Aufzeichnung schon als „Grotte von Montespan" getaufte Höhle barg. Ich hatte einen meiner Gefährten mitgebracht, Henri Godin, der unterirdische Streifzüge liebte und ein großer Schwimmer war. Der Sommer 1923 war besonders trocken, der Wasserspiegel tiefer als im Vorjahr. Im ersten Siphon stand die dort flach gewölbte Decke nicht ganz unter Wasser, der Scheitel der Wölbung hob sich ein paar Zentimeter darüber hinaus. Dadurch konnten wir, wenn auch nicht den Mund, so doch die Augen über Wasser halten, und unsere Kerzen erloschen nicht. ... Wir drangen bis zu einem gewaltigen Pfeiler vor, dessen Fuß im Wasser steht und dem Besucher ein Halt zuzurufen scheint. Tatsächlich beginnt ein paar Meter weiter die gefährliche zweite Röhre, die ich im Vorjahr nur mit Mühe bezwungen hatte, und die den Zugang zu einem einen Kilometer langen Stück des unterirdischen Wasserlaufes beschützt, das ich bei meiner einsamen Erkundung erforscht hatte. Dort verließen wir den Bachlauf und seine eisige Umarmung und drangen in einen 200 Meter langen wasserlosen Gang ein, wo eine sensationelle Entdeckung mich für meine Mühen und meine Beharrlichkeit entschädigen sollte ..."

„Wir schritten hintereinander in diesem Gang, wo nur das Klatschen unserer bloßen Füße auf dem Lehmboden hörbar war. Die letzten 30 m mußten wir zwischen der zackigen Decke und dem kalten, schlammigen Boden auf dem Bauche kriechen. Dann kehrten wir bis zu einer Stelle zurück, wo man fast aufrecht stehen konnte, und in einer Ausbuchtung des Ganges suchte ich mir einen Winkel, der zu einer Schürfung günstig schien. Da schlug ich mit einem Werkzeug, das ich bei meinen Erkundungen stets mitführte, den zähen Lehm ab. ... Nach jedem Schlag mußte ich meine Hacke von dem anhaftenden Lehmballen befreien. Plötzlich packte meine Hand etwas Hartes. Noch ehe ich es von seiner Erdkruste befreit hatte, fühlten meine Finger schon, daß ich eines jener Feuersteinwerkzeuge in der Hand hielt, über die der Laie manchmal lächelt, die aber die Augen des Archäologen von Hoffnung strahlen lassen. Der schlichte, fast formlose, aber zweifellos bearbeitete und benutzte Stein gab mir die Gewißheit, daß der Urmensch die Tiefe der Höhle aufgesucht hatte ..."

„Sobald ich den Beweis hatte, stand ich auf und leuchtete mit meiner Kerze die Wände ab, um die Malereien zu suchen, die sich nach meiner Meinung dort finden mußten. Von dem gleichen Interesse erfaßt, hatte Godin die Hacke ergriffen und die Schürfung fortgesetzt. Da hielt ich inne, vor mir war die Tonfigur eines Bären, die mir bei der kümmerlichen Beleuchtung bisher entgangen war. Denn in großen Höhlen ist der Schein einer Kerze nur wie ein Glühwurm in tiefer Nacht. Ich war verblüfft und bis auf den Grund meines Wesens aufgewühlt, als ich die trotz so vieler Jahrtausende unveränderte Gestalt erblickte ... Zwei Stunden lang folgte eine Entdeckung der andern, von begreiflichen Ausrufen begleitet. Überall tauchten vor unseren Augen Tierbilder auf, geheimnisvolle Wahrzeichen, das ganze aufregende, wundersame Heldenepos der wilden vorgeschichtlichen Zeiten. Die Ausbeute dieses Tages übertraf jede Erwartung ..."

Am 28. September 1940 wurden die Gravierungen in der Höhle Gabillou bei Mussidan, Dordogne, aufgefunden. In der ganz engen, schmalen Höhle finden sich 206 Gravierungen von Bison, Wildpferd, Urrind, Rentier, Zauberern und einer Menschengestalt mit Bekleidung, in einer Art Anorak mit Kapuze. Der Entdecker ist JEAN GAUSSEN. Die Veröffentlichung erscheint erst 1964 von Jean Gaussen mit dem Titel: La grotte ornée de Gabillou, Bordeaux. Diese Höhle ist wegen des engen Ganges nicht öffentlich zugänglich.

Die wichtigste Entdeckung dieser Zeit ist die der Höhle Lascaux bei Montignac, Dordogne. Sie wurde durch Zufall gefunden am 12. September 1940 von dem damals achtzehnjährigen Marcel Ravidat. Sogleich wurde Breuil Mitteilung gemacht, und so wurden die Bilder sofort unter Schutz gestellt. Die Höhle hat einen Hauptsaal, einen anschließenden Hauptgang, einen Seitengang, eine sogenannte Apsis und einen Schacht.

Im ganzen enthält die Höhle etwa 800 Bilder, gemalt in Gelb, Braun, Rot, Schwarz. Viele Bilder haben Übermalungen. Die Farben sind mit dem Pinsel aufgetragen, manche sind gespritzt, offenbar durch Röhrenknochen.

In dem Saal überlagern die großen, monumentalen Bilder der Urrinder ältere Bilder, die dem Stile nach dem mittleren Magdalénien zugehören. Die großen Urrinder besitzen den Schwingenden Stil des späten Magdalénien.

In dem Schacht findet sich das Bild des Zauberers vor dem Bison. Der Bison ist von einem Speer durchbohrt. Ein Vogel sitzt auf einer Stange. Ein Rhinozeros ist daneben gemalt. Es handelt sich um die Szene eines Zauberers während der Kulthandlung. Die Höhle ist nicht mehr zugänglich wegen der Algenbildung auf den Malereien.

Die wichtigste Literatur über Lascaux ist diese: F. WINDELS, Lascaux, 1948. — G. BATAILLE, Lascaux, 1955. — H. BREUIL, Quatre cents siècles d'art pariétal, Paris 1952, S. 107. —

Eine wichtige Entdeckung auf deutschem Boden war die eines gravierten Wandbildes im Kleinen Schulerloch bei Essing, Kehlheim, Bayern, durch Ferdinand Birkner (1868—1944). Diese Gravierung, dem Stile nach dem späten Magdalénien zugehörig, ist bisher die einzige auf deutschem Boden, um so mehr verdient sie Beachtung. Dargestellt ist ein Steinbock vor einer Wildfalle und eine weibliche Gestalt. Neben dem Bild finden sich Runen des 7. nachchristlichen Jahrhunderts, zu lesen: Birgit liebt Selbrade. Es ist das ein Fall, wie er so häufig vorkommt in der Bildkunst der Eiszeit, spätere Generationen schreiben ihren Namen neben oder über die Bilder. Die Gravierung wurde veröffentlicht von FERDINAND BIRKNER, Direktor der Prähist. Staatsslg. in München und Professor an der Universität, in der Zeitschr.

IPEK, Jahrb. f. präh. u. ethnogr. Kunst, 12. Bd., 1938, S. 157. — HERBERT KÜHN, Die Eiszeit-Gravierung im Schulerloch. IPEK, 21. Bd., 1964—1965, S. 94—105. Bedauerlicherweise hat Lothar F. Zotz die Echtheit bestritten in: Bayer. Vorgeschichtsblätter, H. 18/19, München 1951 S. 102—106. Die Gravierung ist unzweifelhaft echt, wie ich ausgeführt habe in dem genannten Artikel in IPEK.

Italien brachte in der Zeit von 1900—1950 eine Höhle mit Eiszeitgravierungen, es ist die Grotta Romanelli bei dem Orte Diso, in der Provinz Lecce im Süden Italiens. Die ersten Felszeichnungen entdeckte P. E. Stasi um 1905, es handelt sich um die Gravierung eines Urrindes. In der Schicht des Spätmagdalénien fanden sich Gravierungen auf Kalkstein, die genau den Wandgravierungen entsprechen. Die Gravierung des Urrindes in dem Schwingenden Stil gehört demnach dem Spätmagdalénien an. Den ersten Bericht brachte P. E. STASI in Archivio per l'Anthropologia ed l'Etnologia, Florenz, Bd. 34, 1904, S. 17f. — Ebda Bd. 35, S. 113ff. — Über die Gravierung: PAOLO GRAZIOSI, IPEK 1932—1933, S. 26f.

Ausgrabungen bis 1950

Außer durch die Felsbilder wird die Kenntnis der Kunst des Paläolithikums, der Eiszeit, besonders bereichert durch die Ausgrabungen von Kunstwerken in datierbaren Schichten. Diese Kleinkunstwerke, graviert auf Knochen und Stein, bedeuten die Parallelen, die Spiegelbilder zu den Bildern an den Höhlenwänden. Werden sie ausgegraben in gesicherten Schichten, dann muß ihre Stilgestaltung den Stilformen an den Höhlenwänden entsprechen. Die ausgegrabenen Kunstwerke der Eiszeit bedeuten das beste Mittel zur Stilbestimmung der Malereien und der Gravierungen an den Höhlenwänden.

In den Jahrzehnten der Grabungen von 1900—1950 haben sich für die Schichtenfolgen genaue Bestimmungen erarbeiten lassen.

Das Aurignacien läßt sich in drei Schichten gliedern, Aurignacien I—III. Für das Aurignacien I wird nach einem wichtigen Fundplatz die Bezeichnung Châtelperron oder Châtelperronien verwendet, entsprechend dem unteren Aurignacien, für das mittlere Aurignacien verbleibt der Ausdruck Aurignacien, französisch aurignacien moyen, und für das obere Aurignacien wird die Bezeichnung Gravettien gebraucht nach dem Fundort La Gravette.

Auf das Aurignacien folgt nach oben zu das Solutréen, benannt nach Solutré im Dépt. Saône-et-Loire, ebenfalls mit drei Stufen.

Die auf das Solutréen nach oben hin folgende Stufe ist das Magdalénien, benannt nach dem Fundort La Madeleine bei Les Eyzies in der Dordogne. H. Breuil unterschied 6 Stufen, es wäre aber angebrachter von drei Stufen zu sprechen, einem frühen, einem mittleren, einem späten Magdalénien. Eine Fülle von Fundplätzen des Magdalénien ist ausgegraben worden, nicht alle haben Kleinkunstwerke ergeben. Bei ihnen zeigt sich deutlich, daß das mittlere Magdalénien eine malerische Kunstform ausbildet mit Betonung und Bezeichnung der Binnenflächen, während das späte Magdalénien zur Stilisierung übergeht.

In Spanien hebt sich eine Ausgrabung als besonders wichtig heraus. Es ist Parpalló bei Gandia, Prov. Valencia. Die Grabung führte Luis Pericot durch, in den Jahren 1929—1931. Die Veröffentlichung ist: La Cueva del Parpalló, 1942. Die Schichten ergaben zuunterst spätes Aurignacien, darüber lagen Solutréen und darüber 4 Lagen Magdalénien. Es handelt sich um eine Wohnschicht im Eingang der Höhle, sie brachte insgesamt 5000 einzelne Steine mit Gravierungen und Bemalungen. Vorherrschend sind Tiere aller Arten, aber man kann nicht zu viel stilgeschichtliche Fragen an die Zeichnungen stellen, sehr viele sind Entwürfe, wohl auch Zeichnungen von Lernenden, von Schülern der Maler, der Priester. Deutlich ergibt sich aber für die oberste Schicht ein spätes Magdalénien, der Schwingende, der gewandt umreißende Stil.

In Frankreich gelingen an mehreren Stellen wichtige Ausgrabungen.

Diese Fundplätze sind: La Colombière bei Poncin, Dépt. Ain. Grabung 1913 bis 1914 von L. Mayet und J. Pissot, 1948 durch K. Bryan und H. Movius. Der Fundort brachte eine große Anzahl von Steinen mit Gravierungen von Tieren und auch einen Menschen mit Kopfbedeckung. Dem Stil nach handelt es sich um spätes Magdalénien. Diesem Datum entspricht eine C-14 Datierung mit dem Datum $11\,650 \pm 600$, eine andere mit dem Datum $15\,500 \pm 700$. Der Bericht ist: Mayet, Pissot, La Colombière, 1915.

In der Höhle Isturitz, Dépt. Basses-Pyrénées, sind seit 1912 sehr erfolgreiche Ausgrabungen durchgeführt worden. Isturitz liegt nicht weit entfernt von dem Badeort Biarritz. E. Passemard (1876—1945) grub hier zuerst von 1912—1922, ich konnte mich zeitweise an den Grabungen beteiligen. Es handelt sich um zwei Höhlen, jede etwa 100 m tief, verbunden durch mehrere Gänge. Die unterste Schicht ist Moustérien, darüber lagert die Strate des mittleren Aurignacien, und wieder darüber zwei Schichten spätes Aurignacien vom Typ La Gravette. Über dieser Schicht lagert ein Solutréen und zuoberst ein spätes Magdalénien.

Von 1928—1939 hat Graf René de Saint-Périer (18. 8. 1877—12. 9. 1950) in dieser Höhle gegraben und bedeutende Kunstwerke gefunden, Gravierungen auf Knochen, Stein und Horn. 125 Kunstwerke, jedes mit der Zeitbestimmung durch die betreffende Schicht sind in Isturitz gehoben worden, ein wichtiges Ergebnis. Graf Saint-Périer hat mir in seinem Wohnsitz, Schloß Etampes bei Paris, jedes dieser Stücke in die Hand gegeben, es sind ausgezeichnete künstlerische Arbeiten dabei. Mehrere menschliche Darstellungen, darunter ein Mann, die Hände zu einer Frau erhebend, Bilder von Zauberern in Tierverkleidung, Gravierungen von Bisons, Steinböcken, von Wildpferden, das Bild eines Hasen und eines Vogels, wohl eines Raben (Passemard, ebda S. 173, Fig. 118). Wichtig sind die Bilder des späten

Magdalénien, sie zeigen deutlich den Schwingenden Stil (Herbert Kühn, Kunst u. Kultur d. Vorzeit Europas, Berlin 1929, S. 296, Abb. 83). Auffällig sind in Isturitz die vielen Knochenstäbe mit Spiralornamenten.

Die wichtigsten Veröffentlichungen über Isturitz sind: E. PASSEMARD, Les stations paléolithiques du Pays Basque, Bayonne 1924. — COMTE DE SAINT-PÉRIER, IPEK 1925, S. 44f. — Ders. La grotte d'Isturitz, I Paris 1930; II Paris 1936; III Paris 1952.

Auch der Fundplatz Lespugue, Dépt. Haute-Garonne, ist ausgegraben worden von Saint-Périer in den Jahren 1911—1923. Auch in dieser Höhle konnten Knochenstäbe mit Spiralornamenten gehoben werden (L'Anthropologie, Bd. 39, 1929, S. 44—64), ferner eine Lampe aus Stein (L'Anthropologie, 1926, S. 15—40) und vor allem in einer Schicht des Aurignacien die berühmt gewordene weibliche Statuette aus Lespugue (L'Anthropologie, Bd. 32, 1922, S. 361—381). Sie lag nicht tief unter der Oberfläche. Durch den Schlag des Hakens wurde sie leicht beschädigt. Das Material ist Mammut-Elfenbein, es war in den Jahrzehntausenden sehr zerbrechlich geworden. Die Statuette war bei ihrer Entdeckung in neun Stücke zerbrochen, sie paßten aber genau zusammen, und sie ergaben eine der künstlerisch am meisten ausgewogenen weiblichen Statuetten der Eiszeit. Heute wird sie aufbewahrt im Musée de l'Homme in Paris.

Eine andere wichtige Fundstelle von Kleinkunstwerken der Eiszeit aus ergrabenen Schichten ist Limeuil bei Les Eyzies, Dordogne. Der genaue Platz ist an dem Einfluß der Vézère in die Dordogne, zwischen den Orten Le Bugue und Lalinde. Es handelt sich nicht um eine Höhle, sondern um einen Platz mitten im Ort, unter den Häusern. Der Pfarrer von Limeuil fand einen Stein mit Gravierungen beim Bau eines Hauses und behauene Steine. Der Hausbau wurde unterbrochen, auch die Straße wurde noch aufgebrochen, weil der Fundplatz sich weit unter die Straße erstreckte. Im Juli 1909 begann die Grabung, durchgeführt von Jean Bouyssonie. Es ergab sich ein mittleres Magdalénien mit 3000 Feuerstein-Werkzeugen und vor allem mit 137 Steinen, die Gravierungen tragen. Unter ihnen sind 50 Darstellungen von Rentieren und Wildpferden, 20 von Steinböcken, 12 von Urrindern, zwei Menschendarstellungen. Die Veröffentlichung ist: L. Capitan et Jean Bouyssonie, Limeuil, Paris 1924.

In der Höhle La Madeleine bei Les Eyzies, Dordogne, in der seit 1863 gegraben worden ist, hat DENIS PEYRONY (1869—1954) die Grabungen 1910—1916 und 1925—1927 fortgeführt und dabei in den Schichten des mittleren und des oberen Magdalénien eine Anzahl ausgezeichneter Gravierungen auffinden können. Auch ein menschliches Skelett des Crô-Magnon-Typus konnte gehoben werden. Ein in Kalkstein graviertes Rentier ist von Bedeutung (L. Capitan et D. Peyrony, La Madeleine, Paris 1928, Taf. 2) und Gravierungen des Schwingenden Stiles des späten Magdalénien (Peyrony, ebd. Taf. 6, 8—13).

Eine andere Fundstelle mit einer Fülle von gravierten Steinen ist La Marche in der Gemeinde Lussac-les-Châteaux, Dépt. Vienne. Seit 1937 graben dort L. PÉRICARD und S. LWOFF. Die Ausgräber haben in einer Schicht des späten Magdalénien 800 Steinplatten mit Gravierungen von Tieren und Menschen gefunden. Auffällig sind die Menschendarstellungen. Bisher sind nicht alle Gravierungen veröffentlicht worden. Einige Wiedergaben finden sich in Bulletin de la Société Préhistorique de France, Bd. 37, 1940, S. 155f. und ebda. Bd. 38, 1941, S. 145f. Die Gesamtveröffentlichung ist: LÉON PALES, Les gravures de la Marche, Bd. 1, Bordeaux 1969.

Ein weiterer wichtiger Fundplatz ist Le Roc de Sers bei dem Orte Sers, Dépt. Charente. An dieser Stelle hat LÉON HENRI-MARTIN (1864—1936) von 1909—1929 und RAIMOND LANTIER (geb. 1886) seit 1951 gegraben. Die Fundschicht ergab ein Solutréen und in dieser Schicht mehrere Kalksteinplatten mit Tierfiguren (IPEK, 1927, S. 113), dazu 2000 Steinwerkzeuge. Von 1927—1929 fand L. Henri-Martin eine Anzahl bearbeiteter Steinblöcke mit Tierreliefs. Die Blöcke waren umgestürzt, so daß die Bildseite nach unten lag, sie bildeten einen Halbkreis. Nach 1951 hat R. Lantier noch zwei weitere Steinblöcke gefunden, die noch aufrecht standen. Die Anlage macht den Eindruck einer offenen Kultstelle.

Die Literatur ist: L. HENRI-MARTIN, Manifestations artistiques solutréennes dans la Vallée du Roc. Charente, IPEK, 1927, Bd. 3, S. 113—118. — Ders. L'Anthropologie, Bd. 35, 1925, S. 436f. — Ders. ebda. Bd. 38, 1928, S. 1f. — Ders. La frise sculptée et l'atelier solutréen du Roc, Charente, Paris 1928. — R. LANTIER, Archivo Español Arqu. Bd. 25, 1952, S. 321f. —

Die Kenntnis der Epoche der Eiszeit, des Paläolithikums, konnte in der Zeit von 1900—1950 durch wichtige Ausgrabungen auf deutschem Boden bereichert werden.

In den Jahren 1912 und 1913 werden die Klausenhöhlen bei Essig im Altmühltal, Bayern, ausgegraben durch HUGO OBERMAIER. Es sind vier Höhlen, die obere, die mittlere, die untere Klause, übereinander gelagert, und außerdem die Klausennische. Die mittlere Klause ergab in einer Schicht des Magdalénien die Gravierung eines Wildpferdes auf Kalkstein und einen Kommandostab mit der Gravierung des Kopfes eines Zauberers. Die obere Klause brachte in einer Magdalénienschicht die Gravierung eines Mammuts, ausgegraben von J. FRAUNHOLZ.

Obermaier berichtet über die gefundenen Kunstwerke in IPEK, 1926, S. 29 und 1927, S. 1. — Ders., L'Anthropologie, Bd. 25, 1914, S. 254.

Im Jahre 1924 wurde in Mainz an der Straße Am Linsenberg eine Eiszeitsiedlung ausgegraben. Sie ergab vier Steinsetzungen, die Reste von zeltartigen Behausungen. Es wurde ein Spät-Aurignacien gefunden mit 310 Silexfeuersteinen, 24 durchbohrten Muscheln, Holzperlen und zwei weibliche Statuetten, sie sind Bruchstücke aus Sandstein. Die Ausgrabung wurde durchgeführt von ERNST NEEB, P. TH. KESSLER und O. SCHMIDTGEN. Der Bericht erschien in der Mainzer Zeitschr. Bd. 17—19, 1921—1924, S. 108f.

Im Sommer 1927 hat EDUARD PETERS bei Engen im Hegau, Baden-Württemberg, das Glück gehabt, in einer Höhle den Sommerwohnplatz von Eiszeitjägern zu entdecken. Es fand sich der Oberkiefer eines Kindes, die Knochen von 870 Schneehasen, von 640 Rentieren, von 100 Wildpferden, dazu 1500 Silexwerkzeuge und zahlreiche Knochengeräte, darunter 35 Lochstäbe. Das Wichtigste aber waren Kunstwerke auf Knochen und Stein, die Gravierung eines Wildpferdes auf Kohle, die Gravierung von Rentieren auf Knochen, weibliche Statuetten als Anhänger, Knochen mit Wildpferdköpfen und Fischdarstellungen.

Den Bericht brachte E. Peters in IPEK, 1930, S. 1—6; in Prähist. Zeitschr., Bd. 27, 1936, S. 262; in Badische Fundber. 1939, S. 59. Die Monographie von Peters über die Grabung erschien 1930 unter dem Titel: Die eiszeitliche Kulturstätte Petersfels, Augsburg.

Eine andere bedeutungsvolle Grabung war Vogelherd bei Stetten ob Lontal, Kr. Heidenheim, Baden-Württemberg, 25 km östlich von Ulm. Am 4. Juli 1931 begann hier GUSTAV RIEK, geb. 1900 in Stuttgart, seine Ausgrabung. Die Höhle ist über 20 m lang, sie hat mehrere Ausgänge. Sie ergab übereinander Jungacheuléen, Moustérien, unteres, mittleres, oberes Aurignacien, Magdalénien, Neolithikum. Besonders stark entwickelt ist das Aurignacien. Im mittleren Aurignacien wurden sechs Tierskulpturen gefunden, Wildpferd, Panther, Mammut, im oberen Aurignacien wurden Skulpturen von Bison, Höhlenlöwe, die Gravierung eines Mammuts und eine menschliche Gestalt entdeckt. Die Figuren sind aus Elfenbein gearbeitet und aus Knochen. Auch zwei menschliche Schädel konnten gehoben werden. Bei dem einen war der Oberkiefer gewaltsam abgeschlagen worden.

Den Bericht brachte GUSTAV RIEK in IPEK, 1932—1933, S. 1—26. — Ders. Die Eiszeitjägerstation am Vogelherd. Leipzig 1934.

Eine wichtige Entdeckung für das religiöse Erleben des Eiszeitmenschen waren die Funde von Stellmoor bei Ahrensburg, nahe Hamburg, Schleswig-Holstein, in den Jahren 1934—1936. Der Ausgräber, ALFRED RUST, geb. 1900 in Hamburg, konnte in einem eiszeitlichen See, heute von Erde bedeckt, ein sommerliches Lager des Eiszeitmenschen auffinden. Wichtig war ein Opfertier, versenkt im See mit Steinen im Brustkorb. Neben dem See wurde ein bearbeiteter Kultpfahl gefunden, oben mit einem Rentierschädel, ein Kultmal. Rust konnte auch in Ahrensburg mehrere Zeltanlagen feststellen.

Die Funde sind dargestellt in ALFRED RUST, Die alt- und mittelsteinzeitlichen Funde von Stellmoor, Neumünster 1943. — Ders. Die jungpaläolithischen Zeltanlagen von Ahrensburg, Neumünster 1958.

Opferfunde in der Schweiz hat auch der Schweizer Prähistoriker EMIL BÄCHLER (1868—1950), Museumsleiter in St. Gallen feststellen können in den Höhlen Drachenloch, 2445 m hoch und Wildenmannlisloch, 1628 m. Die Schichten ergaben frühes Moustérien mit warmer Fauna der letzten Zwischeneiszeit. Es ist ein Wohn- und Kultplatz des Neandertalers. An den Seiten der Höhle fanden sich kistenartige Steinsetzungen mit Seiten- und Deckplatten, manchmal umgeben von kleinen Steinen. Es kann sich nur um Opferplätze handeln, um Opfer der Bärenschädel. Die Ergebnisse sind mitgeteilt in dem Hauptwerk von Bächler, Das alpine Paläolithikum, Bern 1947.

In Österreich wird in der Zeit von 1900—1950 ein wichtiger Fundplatz, eine Freilandstation, ausgegraben von JOSEF SZOMBATHY (1853—1943), J. BAYER (1882 bis 1931) und Hugo Obermaier (1877—1946). Es ist Willendorf in der Wachau, Niederösterreich. Die Ausgrabung beginnt 1884. Nachgrabungen werden durchgeführt bis 1926. Insgesamt finden sich sieben Wohnplätze. Der wichtigste ist der Fundplatz II mit neun Schichten des Aurignacien. In der Schicht 9, im oberen Aurignacien, wird 1908 die bekannte Frau von Willendorf gefunden. Sie ist aus Kalkstein geschnitzt, 11 cm hoch. Die Figur war bemalt in Rot. Im Jahre 1926 findet J. Bayer eine zweite Statuette, sie ist recht groß, 23 cm lang und besonders schlank. (J. Bayer, IPEK 1926, II S. 288.) Die Radio-Karbon-Datierung ergab für Schicht 5 das Datum 32000, d. h. 30030 v. Chr. Über den Fundplatz berichten: J. Szombathy, Korrespondenzblatt d. dtsch. Ges. f. Anthr. Ethnol. u. Urgesch., Braunschweig 1909, S. 85. — L'Anthropologie 1910, S. 699. — Neuere Abbildung: Christian Zervos, L'art de l'époque du Renne en France, Paris 1959, Taf. 462, Abb. 593—595.

In der Tschechoslowakei ist der Erfolg der Grabungen eiszeitlicher Fundorte zwischen 1900—1950 ebenfalls zu erkennen. Der Fundplatz Pekárna, Backofenhöhle, liegt bei Ochoz, Bez. Brünn, Mähren. Die ersten Grabungen führte Karel Absolon (1887—1960) durch, zusammen mit R. Cžižek in den Jahren 1925—1930. Seit 1963 gräbt dort Bohuslav Klíma (geb. 1925). Die Fundschichten ergaben zuunterst oberes Aurignacien, darüber Magdalénien. Eine größere Anzahl von Kunstwerken hat sich gefunden, gravierte Tierfiguren auf einem Lochstab, Magdalénien, eine Pflanzenzeichnung auf einem Elfenbeinstab, ein Rentierkopf auf Rengeweih, Magdalénien, Pferdekopfgravierungen auf Knochen. Beachtenswert ist eine Pferderippe mit der Gravierung von zwei miteinander kämpfenden Bisonbullen, ein drittes Tier folgt, also eine Gruppe. Aus der Gravettien-Schicht stammt eine stilisierte weibliche Statuette und vom Eingang der Höhle in der Magdalénien-Schicht eine Pferderippe mit der Gravierung von vier Pferden.

Die Berichte brachten Absolon in Časopis Moravského Musea v Brno, Brünn Bd. 24, 1926; Bd. 25, 1927; Bd. 27, 1932. — Ders. Tagungsber. d. dtsch. Anthr. Ges. Hamburg 1928. — B. Klíma, Přehled Vyzkumu, Brünn, 1963 (1964), S. 8 ff.

Ein wichtiger Fundplatz in Mähren ist Dolní Věstonice, Unterwisternitz, Bez. Břeclav, nahe bei dem Fundplatz Pavlov. Unterwisternitz ist eine Freilandstation, 1922 entdeckt. Die ersten Grabungen hat Karel Absolon durchgeführt, seit 1939 A. Bohmers (geb. 1912), seit 1947 B. Klíma. Die Fundfläche umfaßt mehrere Quadratkilometer mit einheitlichem Spätaurignacien, Gravettien. Es fanden sich mehrere zehntausend Steinwerkzeuge. In der Mitte der Fundstätte liegt eine Feuerstelle von 9 mal 14 Meter Größe, eine Hütte. An dieser Stelle fand sich eine weibliche Statuette. 1934 wurde eine zweite gefunden, beide aus gebranntem Ton, vermischt mit verkohltem Elfenbein und pulverisierten Knochen. 1936 wurde von Absolon die Skulptur eines Menschenkopfes entdeckt. Eine Mammutskulptur trat zutage, viele Tierköpfe aus Knochen. 1927 wurde ein Kindergrab gehoben, 1949 das Grab einer etwa vierzig Jahre alten Frau in Hockerstellung, bedeckt mit zwei Mammutschulterblättern.

Den Arbeitsbericht über Unterwisternitz brachte ABSOLON in den Jahren 1938 und 1945 in Acta Musei Moraviae, Brno 1938, 1945. Die zusammenfassende Darstellung gab B. Klíma, Dolní Věstonice, Prag 1963.

Im Jahre 1923 wurde in Italien als Einzelfund eine weibliche Statuette der Eiszeit gefunden in Savignano sul Panaro, Prov. Modena, Reg. Emilia-Romagna. Das Material ist Serpentingestein. Die Figur wurde behandelt von U. ANTONIELLI in IPEK, Bd. 2, 1926, S. 46f.

Eine andere weibliche Statuette kam ebenfalls als Einzelfund 1940 zutage in Chiozza, Com. Scandiano, Prov. Reggio Emilia,Reg. Emilia-Romagna. Das Material ist Kalkstein. P. GRAZIOSI hat die Figur behandelt in L'Anthropologie, Bd. 50, 1941—1946, S. 437f.

In der Sowjetunion fanden sich in der Zeit von 1900—1950 die ersten Kunstwerke der Eiszeit in ergrabenen Schichten.

Der zeitlich erste Fund war der von Kostjenki am Don, Gebiet von Voronez, eine Freilandstation. Die Grabung begann 1879 durch J. S. POLJAKOW, dann grub 1881 A. J. KELSIJEV auf dieser Fundstelle. Die systematischen Grabungen führte PETR PETROVIC EFIMENKO (geb. 1884) durch zwischen 1922 und 1937. Es liegen hier fünf Kulturschichten übereinander, sämtlich Aurignacien. In der Schicht 5, von unten gezählt, ergab sich ein Lagerplatz von 35 m Länge und 15—16 m Breite. Er hob sich deutlich als Wohnschicht von dem Lößboden ab. Das Innere enthielt neun Hüttenanlagen mit Herdstellen. An einer der Herdstellen, Kostjenki I, wurden acht weibliche Statuetten, elf Tierskulpturen und Gravierungen gefunden. Den Bericht gab Efimenko in Kratkije Soobščenija Instituta Istorii Materialnoj Kulturyi, Moskau 1958. — F. HANČAR, Prähist. Zeitschr. Bd. 30—31, 1939—1940, S. 89f.

Der Freilandfundplatz Mezin a. d. Desna, Brjansk-Gebiet, wurde in den Jahren 1909—1913 ausgegraben von P. EFIMENKO. 1917 hat an dieser Stelle M. J. RUDINSKY (1887—1958) gegraben und von 1954—1956 J. G. ŠOVKOPLJAS. Die Werkzeuge ergeben ein Spätmagdalénien. Es fand sich eine Wohnhütte, 5 zu 5 m groß mit schräg gestelltem Stangengerüst. Im Innern ergab sich die Herdstelle, dort lagen Schnitzereien aus Knochen, insgesamt 20 Gegenstände, versehen mit Ornamenten. An Jagdwild konnten 100 Stück Mammut nachgewiesen werden, 80 Rentiere, 56 Wildpferde, 17 Moschusochsen, 3 Nashörner. Den Bericht gab M. RUDINSKY, Industrie en os de la station paléolithique de Mizym, Kyjiv 1931 russisch. — ŠOVKOPLJAS, Kratije Soobščenja Instituta Archeologii, Moskau, Bd. 63, 1956, S. 31f. — Ders. Sovetskaja Archeologija, Moskau-Leningrad 1957, Bd. 4, S. 99f.

Im Jahre 1928 wurde der eiszeitliche Lagerplatz von Maltá bei Irkutsk, Sibirien gefunden. M. M. GERASIMOV (geb. 1907) hat dort fünf Zeltstellen ausgegraben in der Zeit von 1928—1929 und erneut von 1956—1958. Die besterhaltene Hütte hatte einen rechteckigen Grundriß von 4 zu 3 Metern und einen kurzen Gang. Die äußeren Steinplatten standen noch aufrecht, in der Mitte lag der Herd, gebildet aus drei Steinplatten. Im Innern dieser Hütte fanden sich Kunstwerke aus Elfenbein, weibliche Statuetten, die Gravierung eines Mammuts, eines Fisches. Zwei der Statuetten haben Andeutungen der Kleidung mit Kapuzen. Nahe einem Zelt wurde das Grab eines Kindes von etwa 4 Jahren gehoben. Das Skelett lag in Nordost-Südwest-Richtung, den Kopf zur linken Seite gelegt, den Blick nach Osten. Der Körper, vor allem der Kopf, war mit Ocker bestreut. Das Kind trug einen Halsring aus 120 flachen und 6 Hängeperlen, die Mitte trug einen Anhänger. Auf der Mitte des Körpers lag ein viereckiger mit Ornamenten versehener Anhänger, die Mitte durchbohrt, dann ein Anhänger in Vogelform. An dem Arm trug das Kind einen Armring. Die in den Hütten mitgefundenen Werkzeuge sind mittleres Aurignacien. Den Bericht brachte GERASIMOV, Maltá paleolitičeskaja stojanka, 1931. — Ders. Sovetskaja Etnografija 1958, Bd. 3, S. 28f. — Alfred Salmony, IPEK, 1931, S. 1f.

Ein weiterer wichtiger Fundplatz, zwischen 1900—1950 ausgegraben, ist Jelisejeviči im Gebiet von Brjansk. Die Grabung ist durchgeführt worden in den Jahren 1930—1936 durch K. M. POLIKARPOVIČ (18. 3. 1889—20. 2. 1963). Der Fundplatz liegt zwischen Brjansk und Mglin, am rechten Ufer des Flusses Sudost, der zur Desna fließt. Seit 1904 sind hier fossile Tierknochen aufgetaucht. Im Jahre 1930 legte Polikarpovič unter einer Lößdecke einen Gang von 6,50 m Länge und 1 m Breite frei. Er war als Weg in den Löß eingegraben. An beiden Seiten des Ganges fanden sich ziemlich regelmäßig gesetzte Schulterblätter, Becken- und Röhrenknochen von Mammuten. Der Gang führt zu einer ovalen Grube von 1,50 m Länge, 0,75 m Breite und 0,75 m Höhe. An dieser Fundstelle lagen die Knochen von 30 Mammuten, 40 Eisfüchsen, zwei Wölfen, einem braunen Bär, einem Rentier und vielen Nagern. Inmitten dieser Knochen fanden sich über 20 000 Werkzeuge des Aurignacien und frühen Magdalénien aus Stein, Stichel, Klingen, Kratzer, dazu einige Knochennadeln mit Öhr, eine Pfeife aus Knochen. Diese Knochenanhäufung war umgeben von 27 Schädeln von Mammuten, mit den Zahnhöhlen der ausgerissenen Stoßzähne nach unten gerichtet, dazu 30 Stoßzähne von jungen Mammuten. Unter dem Knochenhaufen fand sich eine weibliche Statuette von 15,5 cm Höhe, geschnitzt aus Mammutelfenbein. Es handelt sich, wie FRANZ HANČAR darlegt, nicht um eine Wohngrube sondern um einen Kultplatz der Jäger, denn es fehlt die Herdstelle.

Den Bericht brachte POLIKARPOVIČ in: Pracy Sekcyi Archeologij Akademii Nauk SSSR, Minsk, Bd. 3, 1932, S. 155. — Ders. Sovetskaja Archeologija, Moskau-Leningrad, Bd. 5, 1940, S. 285f. — F. HANČAR, IPEK, Bd. 18, 1949—1953, S. 1—6.

Ein anderer Fundplatz in der Sowjetunion ist Gagarino am oberen Don, im Tarnov-Gebiet, etwa 100 km nördlich von Woronesh. Es handelt sich um einen Lagerplatz, eine Freilandstation, mit Werkzeugen des Aurignacien. Die Ausgrabungen wurden 1927—1929 durchgeführt von S. N. ZAMJATNIN (1899—1958). Es fand sich eine 5,5 zu 4,5 Meter große eingetiefte Wohnstelle, eine Hütte. Die Fläche war rot gefärbt. An den Seiten standen teilweise noch aufrecht die Kalksteinplatten und die großen Mammutknochen, ursprünglich die Stützen der Fellwände. Es fanden sich 600 Feuerstein-Werkzeuge, die Knochen von 7—8 Mammuten, 2 Nashörnern, einem Urrind. Außerdem ergab die Grabung eine Knochennadel, eine

Nadelbüchse und sechs weibliche Statuetten aus Elfenbein, am Rande der Hütte niedergelegt. Zwei Statuetten sind noch unfertig, sie wurden demnach an Ort und Stelle hergestellt. Den Bericht gab S. N. Zamjatnin, La station aurignacienne de Gagarino, Moskau 1934. Die Gesamtliteratur wird angegeben in Materialy i Issledovanija po Archeologii SSSR Moskau-Leningrad, Bd. 81, 1960.

Noch ein anderer Fundplatz im Freiland, nicht in Höhlen, wird in dieser Zeit von Bedeutung, es ist Buret a. d. Angara, in Sibirien, auf der rechten Seite des Angara-Flusses bei dem Dorfe Nižnjaja Buret im Bezirk von Irkutsk. Die Ausgrabungen führte von 1936—1940 ALEKSEY PAVLOVIČ OKLADNIKOW (geb. 1908) durch. Okladnikow selbst hat mir über den Fund erzählt. Die untersuchte Fläche ist 32 zu 16 Meter groß. Auf ihr wurden vier Wohnhütten entdeckt. Sie heben sich stark ab von dem übrigen Grund, sie sind oval, 3 mal 4 Meter und 4 mal 7 Meter groß. Immer war der Eingang erkennbar und bei zwei Hütten auch die Feuerstellen. Die Wand wird sichtbar durch die Großknochen von Mammut und Nashorn und durch Steinplatten, die noch aufrecht stehen. Die Steinwerkzeuge gehören dem Aurignacien an. Nahe dem Herd hat Okladnikow vier weibliche Statuetten gefunden. Eine von ihnen ist mit der Kleidung bezeichnet und mit einer Kapuze, wie in Maltá. Den Fundbericht gab Okladnikow in: Kratije Soobsčenia Instituta Istorii Materialnoj Kulturyi, Moskau, Bd. 5, 1940, S. 50. — Ders. ebda Bd. 10, 1941, S. 16f. — F. Hančar, Prähist. Zeitschr. Bd. 30, 31, 1939—1940, S. 124.

Zwei weibliche Statuetten wurden auch gefunden in einem anderen Lagerplatz, einer Freilandstation, in Avdejevo oder Avdeevo an dem Flusse Ragozna, einem Nebenfluß vom Sejm, im Desna-Bassin, im Kursk-Gebiet. Die Ausgrabung hat M. V. VOJEVODSKIJ (1903—1948) durchgeführt in den Jahren 1946—1948. Sie wurden fortgeführt von A. N. ROGAČEV (geb. 1912) im Jahre 1949. Es ergab sich ein eiszeitlicher Lagerplatz von 20 zu 40 Metern mit sieben Gruben, ursprünglich Zelten, Hütten, die sicherlich überdacht waren mit Tierfellen. In Spuren ließ sich ein Holzbalken feststellen, der offenbar die Spitze der Felle getragen hat. Die Werkzeugindustrie ist Aurignacien. Vier weibliche Statuetten aus Elfenbein konnten geborgen werden, dazu die Skulptur eines Mammuts.

Den Bericht gab VOJEVODSKIJ in: Kratkije Soobsčenija Instituta Istorii Material — noj Kulturyi, Moskau, Bd. 20, 1948, S. 42f. — Ders. ebda Bd. 26, 1949, S. 22. — F. HANČAR, Archaeologia Austriaca, Wien 1956, Bd. 19—20, S. 29f.

Auf sieben Freilandstationen des eiszeitlichen Menschen haben sich immer wieder die Hütten, die Zelte in ihren Grundrissen ergeben, auch Kultplätze. In der Sowjetunion sind von 1900—1950 vierzig weibliche Statuetten gefunden worden. Sie lagen entweder an einer Stelle am Rande der Hütte, so wie die Ikonen in der Nische des Hauses, oder wie die Heiligenbilder in der Herrgottsnische in Bayern. Sie haben sich auch am Herd gefunden, an der Arbeitsstelle der Frau.

Zusammen mit den vielen weiblichen Statuetten aus den übrigen Ländern, insgesamt etwa 150 Statuetten, ergibt sich die religiöse Bedeutung. Es wird die Urmutter sein, die Trägerin der Fruchtbarkeit und des Lebens, die Eva der Bibel. In diesem Sinne urteilten schon G. H. LUQUET, L'art et la religion des hommes fossiles. 1926. M. HOERNES, Urgeschichte der bildenden Kunst in Europa, 1925, 3. Aufl., S. 168f. und TH. MAINAGE, Les religions de la préhistoire, l'âge paléolithique, 1921, S. 286, ferner H. BÉGOUEN, L'aspect de l'humanité préhistorique, 1935, S. 7.

Über die Statuetten in der Sowjetunion und die übrigen Gravierungen und Skulpturen ist 1926 ein Buch in russischer Sprache erschienen: S. A. ABRAMOWA, Paleotesskoe Isskysstwo na territorii SSSR, Moskau 1962, 84 Seiten, 62 Tafeln.

Bis 1950 ist das Bild des Menschen der Eiszeit durch die Grabungen, durch die Funde aus ergrabenen Schichten und durch die Funde der Malereien an den Wänden der Höhlen deutlich geworden. Es hat sich gezeigt, daß der Mensch dieser Epoche der letzten Eiszeit, 108000—10000 v. Chr. und besonders der Mensch des Crô Magnon-Typus, der die Kunstwerke schafft, 35000—10000, in der Lage ist, die Aufgaben seiner Umwelt zu bewältigen.

Dieser Mensch baut sich die Hütten gegen die Kälte. Er schafft sich seine Kleidung aus den Fellen der Tiere mit einer Kapuze, wie bei einem Bild aus Gabillou, Dordogne, und bei weiblichen Statuetten aus der Höhle Bédeilhac oder aus den Freilandstationen der Sowjetunion, wie Buret und Maltá. Der Mensch ist ein Jäger, er jagt die Tiere mit Tierfallen, wie sie hundertfach dargestellt sind auf den Bildern der Höhlen.

Der Mensch dieser Zeit schafft sich das Feuer, er hat in den Hütten seine Herdplätze. Er besitzt einen ausgebildeten Kult der Toten. Sie werden bestattet neben den Herden, damit sie nicht frieren, sie werden bestreut mit Ocker, der Farbe des Lebens, es werden ihnen ihre Schmucksachen mitgegeben, ihre Waffen, ihre Nahrung. (J. Jelínek, Das große Bildlexikon des Menschen in d. Vorzeit, Gütersloh 1972.)

Der Mensch lebt in Familien, in Sippen, in einzelnen Hütten, die auf größeren Flächen zusammen angelegt werden. Es gibt eine Gemeinschaft des Lagerplatzes, somit feste soziale Einrichtungen und Gliederungen.

Für den Kult gibt es den Zauberer, wie er vielfach erscheint bei den Malereien und Gravierungen. Der Zauberer schafft die Bilder vor der Jagd, er beschwört, er bespricht sie, er hat auch seine eigene Hütte, in ihr stellt er die Skulpturen her, vor allem die weiblichen Statuetten, die teraphim, wie sie später in der Bibel bezeichnet werden (1. Mos. 31,19 u. 34). Noch in der Zeit des Propheten Sacharia, um 520 v. Chr., werden die teraphim genannt, bei Luther die Hausgötter (Sach. 10,2). Sie leben das ganze Neolithikum hindurch in ähnlicher Form, sie werden zu Innin, Ischtar, Demeter, Athena, in neuerer Zeit zur Madonna.

Im Vordergrund des religiösen Denkens aber steht der Herr der Tiere, der männliche Gott, der Urvater, wie Adam in der Bibel, wie Jahwe bei den Hebräern, wie zuerst Ziu bei den Germanen, später Wotan, oder wie Zeus bei den Griechen.

Immer wieder erscheint das Opfer, es scheint der älteste Gegenstand des Kultes überhaupt zu sein. Das Opfer hat schon der Neandertaler, wie die Opferfunde dartun in Wildenmannlisloch über St. Gallen, in Stellmoor und Meienburg in der Nähe von Hamburg und an vielen anderen Stellen. Die Opferplätze sind zahlreich. Wenn der Mensch der Gottheit die Tiere nimmt, die sie geschaffen hat, dann hat er die Verpflichtung, der Gottheit das Beste wiederzugeben, das junge

Rentier wie in Stellmoor, die eigene Tochter wie bei Agamemnon und Iphigenie, den eigenen Sohn, wie bei Abraham und Jacob. Auch das Abendmahl der Gegenwart ist noch ein Opferkult. Christus selbst hat sich geopfert für die Menschheit. Es sind uralte Gedanken, auch noch heute, die ihre ältesten Wurzeln besitzen bei dem Denken des Menschen der Eiszeit.

Auch die Bilder, die Skulpturen, die Malereien der Eiszeit, kamen im Dienste der Religion zustande, wie alle Kunstwerke der Menschheit. Die Kunst der Ägypter beruht auf Religion, die der Mesopotamier, der Perser, der Chinesen, der Griechen, der Römer, die Kunst des europäischen Mittelalters, die Kunst der Renaissance. In der Kunst der Eiszeit ist es die Magie, der Zauber, eine Form und eine Ausdrucksweise der Religion, die diese Bilder geschaffen hat.

In den Höhlen mit den Bildern hat niemals der Mensch gewohnt. Niemals gibt es Herdstellen, niemals Speisereste wie die Knochen an Wohnplätzen. Diese Höhlen waren Kultstätten, Tempel, heilige Stellen der Unterwelt, Plätze des Unbekannten, Räume des Geheimnisses. Die Krypta unserer Kirchen trägt noch den gleichen Sinn in sich. In der Höhle wird Mithras geboren, Apollo, Christus, Schiwa.

Jeder Mensch trägt heute noch dieses Stadium der Magie, des Zaubers in sich, der Gleichsetzung von Bild und Gegenstand. Er ist die Schicht von Segen und Fluch, von Beschwörung und Verdammung, von Amulett und Maskott, von Neujahrswunsch und der täglichen Begrüßung mit „Guten Tag", „Gute Nacht".

Felsbilder 1950—1975

Es mag berechtigt erscheinen, bei der Darstellung der Entdeckungen der eiszeitlichen Kunst die Epoche von 1950—1975 abzutrennen von der von 1900—1950. Die Entdeckungen haben in den vergangenen fünfundzwanzig Jahren so stark zugenommen, daß sich diese Zeitepoche als besonders erfolgreich abhebt von den vorhergegangenen 50 Jahren.

In der Zeit von 1950 bis 1975 werden 36 neue Höhlen mit Malereien oder mit Gravierungen aufgefunden. Der Grund liegt darin, daß die Kunst der Eiszeit den geistigen Blick des Menschen auf seine Vergangenheit stark erweitert. Eine neue Dimension des Menschseins ist aus den Bildern in den Höhlen zu uns Heutigen getreten, eine Dimension, die den Verstand und das Gemüt ergreift. Die Folge ist die starke Anziehungskraft der Höhlen, manche werden aufgesucht von Hunderttausenden von Besuchern in jedem Jahr. Es gründen sich Höhlenvereine, Wissenschaftler und Forscher sind aufgerufen, immer wieder neue Höhlen zu entdecken und zu untersuchen.

Die Entdeckungen seit 1950 seien hier in der zeitlichen Folge ihrer Auffindung vorgelegt.

In Frankreich sind es diese:

1950 werden drei Höhlen mit Felsbildern entdeckt: Etcheberri, auch Etcheberriko-Kharbia bei Cahoucihigue im Dépt. Basses-Pyrénées im Gebiete der Basken. Die Höhle liegt 15 km entfernt von dem Orte Oloron, 16 km von Mauléon. Die Bilder wurden am 1. 5. 1950 von Boucher gefunden. Ein rotes Pferd ist gemalt, ein Steinbock, ein Fries von acht Pferden in roter und schwarzer Farbe. Die Länge des Frieses beträgt 3 Meter. Der Bericht ist: LAPLACE-JAURETSCHE, Les grottes ornées des Arbailles, Eusko-Jakintza, Revue d'études basques, Bd. 6, 1952, S. 20.

Die zweite Höhle liegt ebenfalls im baskischen Bezirk mit dem baskischen Namen Jasisiloaga, oder Sasitiloaga. Sie ist 16 km entfernt von Mauléon, Dépt. Basses-Pyrénées, wieder von Boucher entdeckt. Zwei Bisons sind gemalt, die Malerei gehört dem Ende des Magdalénien an. Der Bericht ist derselbe wie bei der vorher genannten Höhle.

Die dritte Höhle ist Baume Pasqualina, auch Pascaline genannt, sie liegt 20 km westlich von Avignon, Gemeinde Saint-Montard, Dépt. Ardèche. Die Bilder sind im Frühjahr 1950 gefunden worden von de Serres. Dargestellt ist ein Mammut, gemalt in rot, ein Rinderkopf, außerdem Pferdeköpfe. Der Bericht findet sich bei H. BREUIL, Quatre Cents Siècles d'Art pariétal, Montignac 1952, S. 207.

1952 wurden in Frankreich wieder drei Höhlen mit Felsbildern gefunden, Tibiran, Oullins, Barabao.

Tibiran liegt im Dépt. Hautes-Pyrénées, 5 km entfernt von Montréjeau. Der Entdecker ist NORBERT CASTERET. Es sind nur wenige Bilder, manche gemalt, manche graviert, Wildpferd, Steinbock, Reste der Malerei eines Mammuts, dazu 6 farbige negative Handabdrücke. Den Bericht gab N. Casteret im Bulletin de la Soc. méridionale de Spéléologie et de Préhistoire, Bd. 5, 1954—1955.

Oullins, auch Oulen geschrieben, liegt im Dépt. Ardèche bei Le Garn, 25 km entfernt von Viviers. Es handelt sich um einen Felsüberhang mit unbedeutenden Gravierungen und Resten von Malereien. Erkennbar ist ein Mammut und ein Bär. Den Bericht brachten COMBIER, DROUOT und HUCHARD in: Mém. de la Soc. Préhist. Française, Bd. 5, 1958, S. 70.

Die dritte Höhle ist Barabao, auch Bara-Bahau, im Dépt. Dordogne, 11 km von Les Eyzies nahe bei Le Bugue. In der Höhle sind 15 nicht sehr geschickte Gravierungen von Tieren zu sehen. Die Bilder gehören offenbar dem späten Magdalénien an. Den ersten Hinweis gab H. BREUIL, Quatre Cents Siècles d'Art pariétal, Montignac 1952, S. 308.

Das Jahr 1952 brachte nur eine Höhle im Dépt. Tarn, es ist La Magdelaine, auch Magdeleine, bei Penne du Tarne, 17 km von Montauban, 3 km von Penne. Es wurden zwei Reliefs von liegenden Frauen gefunden, Gravierungen von Bison und Pferd, spätes Magdalénien. Den Bericht gab B. BÉTIRAC, Les Venus de la Magdelaine, Bull. de la Soc. Préhist. Française, Bd. 51, 1954, S. 125—126.

1953 wurde eine wichtige Höhle gefunden mit 40 Bildern des späten Magdalénien, Bildern von Mammut, Rentier, Steinbock, Riesenhirsch, dazu zwei Zauberern und mit symbolischen Zeichen, offenbar Fallgruben. Der Name der Höhle ist Cougnac, sie liegt bei Gourdon, 25 km entfernt von Sarlat im Dépt. Lot. Die Höhle hat märchenhafte Säle von Stalagmiten. Die Entdecker sind Jean Mazet, Borne,

Gouloumes, Sauvent. Über die Höhle liegt eine Monographie vor, L. Méroc und Jean Mazet, Cougnac, Grotte peinte, Stuttgart 1956, 2. Aufl. 1966.

Erst das Jahr 1956 ergab wieder eine Höhle, und zwar eine der bedeutendsten, eine Höhle, die die gleiche Bedeutung besitzt wie Font de Gaume, wie Niaux, es ist Rouffignac bei Miremont, 19 km entfernt von Les Eyzies im Dépt. Dordogne. Die Bilder wurden entdeckt von L.-R. Nougier und Romain Robert am 26. Juni 1956. Die Höhle enthält etwa 300 Bilder, dargestellt sind Herden von Mammuten, eine Herde von Rhinozerossen, insgesamt etwa hundert Mammute, Wildpferde, Steinböcke, Bisons. Die Bilder sind bekannt seit 1575, dann aber wieder vergessen worden. Die Höhle ist 10 km lang, zur Besichtigung führt eine kleine elektrische Bahn durch die Höhle. Die Literatur ist ausgedehnt, die erste Veröffentlichung ist: L.-R. Nougier et Romain Robert, Nouvelle grotte ornée en Périgord, XV. Congrès Préhist. de France, Poitiers 1956, Paris 1958. — Dies. L'Art préhist. de Rouffignac, IPEK, Bd. 19, 1954—1959, S. 1—6. — Dies. eine Monographie: Rouffignac I, Firenze 1960.

Das Jahr 1958 brachte zwei Höhlen mit Bildern, Villars bei Villars, 39 km nördlich von Périgueux, Dépt. Dordogne. Die Entdeckung geschah durch junge Leute des Spéléoclubs von Périgueux. Sie haben einen Eingang zur Höhle aufgegraben. Wichtig ist das Bild eines Zauberers vor einem Bison, der Zauberer erhebt beschwörend die Hände. Es gibt 30 Bilder, Mammut, Rhinozeros, Wildpferd, Bison, Urrind, fünf Bilder von Zauberern. Den ersten Bericht gaben A. Glory und B. Pierret, La grotte ornée de Villars, Bull. de la Soc. Préhist. Française, Bd. 57, 1960, S. 355—361.

Die zweite Höhle des Jahres 1958 mit Namen Gouy im Dépt. Seine Maritime, 20 km südlich von Rouen, hat nicht die Bedeutung wie Villars. Sie bringt die Gravierung von fünf Pferdeköpfen, einem Hirschgeweih und einem Rinderkopf. Die erste Veröffentlichung ist: M. J. Graindor, Informations archéologiques in: Gallia-Préhistoire, Bd. 2, 1959, S. 87—88.

Zwei Höhlen wurden 1961 in Frankreich gefunden, beide nicht von Bedeutung. Les Fieux bei Miers im Dépt. Lot mit Handabdrücken in Farbe und der Gravierung eines Steinbocks. Zweitens Roucadour bei Thémines im Dépt. Lot mit einem Steinbock, den Gravierungen von runden Hütten und Tierfallen. Die Berichte sind: A. Glory in: Bull. de la Soc. Préhist. Françaises, Bd. 62, 1965, S. 528—538 für Les Fieux, und für Roucadour. Ders. ebda 1964, S. 166—169.

Im Jahre 1964 wurden die Bilder der Höhle Pergouset bei Bouziès-Bas im Dépt. Lot entdeckt. Die Höhle, schwer zugänglich, bringt 20 Bilder des späten Magdalénien. Sie zeigen Bison, Wildpferd, Steinbock, Fisch, Elch. Die Entdecker sind Astruc und Maury. Eine eigene Veröffentlichung liegt nicht vor. André Leroi-Gourhan berichtet über die Höhle in seinem großen Werke: Préhistoire de l'art occidental, Paris 1965, S. 299. Deutsche Ausgabe: Prähistorische Kunst, Freiburg 1971, S. 401.

1967 brachte nur eine Höhle, La Dérouine bei Saulges im Dépt. Mayenne, sie wurde von Mitgliedern des Spéléoclubs von Mayenne-Sciences entdeckt. Die Malereien in Schwarz stellen am Eingang einen Bison dar, drei Pferde, ein Mammut und weiter im Innern wieder drei Pferde. Die Bilder sind spätes Magdalénien. Die

Veröffentlichung ist: R. BOUILLON, Activités spéléologiques, Grotte ornée de La Dérouine, Mayenne Sciences, 1967, S. 24—28.

Im Jahre 1970 konnte eine neue Höhle gefunden werden von nur geringerer Bedeutung, Sous-Grand-Lac, Meyrals bei Les Eyzies, Dordogne, nahe der Höhle Bernifal. 12 Meter hinter dem Eingang findet sich der Kopf eines Hirsches und eine menschliche Figur. Ein Bericht liegt noch nicht vor.

Wichtiger ist die Aufdeckung einer neuen Galerie in der Höhle Niaux. Im Dezember 1970 wurde der See in der Höhle leer gepumpt und dabei ergab sich der Zugang zu einer neuen Galerie, sie ist mehrere hundert Meter lang. Am Ende des Ganges, in einem Saal, finden sich rechts drei Bisons in schwarzer Farbe gemalt, links ein Wildpferd und ein Fabeltier.

Das sind 16 neue Höhlen seit 1950 in Frankreich, dazu die neue Galerie in Niaux.

In Spanien sind in dieser Zeit dreizehn neue Höhlen mit Felsbildern aufgefunden worden. Es sind, zeitlich geordnet: die Höhle Las Monedas bei Puente Viesgo, Prov. Santander, 1952 gefunden. Sie ist 31 km entfernt von Santander. Bei dem Bau einer Straße zu dem Eingang der Höhle El Castillo wurde diese Höhle aufgedeckt von dem Bauingenieur G. Lorenzo. Sie liegt in demselben Felsmassiv wie El Castillo und La Pasiega und sie hatte vielleicht ehemals eine Verbindung zu den beiden Höhlen. Insgesamt bringt Las Monedas 23 Bilder, vor allem Bison, Wildpferd, Steinbock, spätes Magdalénien. Der Bericht ist: J. CARVALLO, Caverne de Las Monedas au Monte Castillo, in: Préhistoire et Spéléologie Ariègeoises, Bd. 8, 1953, S. 69—74.

Im nächsten Jahr, 1953, wurde in demselben Felsmassiv, dem Monte Castillo, noch eine neue Höhle gefunden. Der Ingenieur Lorenzo Garcia war der Entdecker. Sie erhielt wegen der schornsteinähnlichen Kamine im Gestein den Namen Las Chimeneas. Ursprünglich waren die vier Höhlen, El Castillo, La Pasiega, Las Monedas, Las Chimeneas offenbar mit einander verbunden. Las Chimeneas bringt 20 Malereien, Pferd, Hirsch, Steinbock. Den Bericht gab J. GONZALES ECHEGARAY, Les oeuvres d'art de Las Chimeneas, in: Préhistoire et Spéléologie Ariègeoises, Bd. 8, 1953, S. 75—77.

Das Jahr 1954 brachte zwei neue Höhlen in Spanien, El Cuetu und Cullalvera.

Die Höhle El Cuetu oder auch Lledias genannt, liegt bei Posada de Llanes, nicht weit entfernt von Lledias, Prov. Asturias, 15 km von Llanes. Die Bilder wurden schon 1936 gefunden von C. Cardín, aber sie sind in ihrer Echtheit angezweifelt worden. Im Jahre 1939 bestätigte Conde de Vega del Sella die Echtheit der Bilder, 1954 erklärte auch H. Breuil die Bilder für echt. So ist dieses Jahr als das Jahr der Entdeckung zu bezeichnen. Die 40 Bilder von Bison, Rentier, Wildpferd gehören dem mittleren Magdalénien an. Der Bericht ist: J. URIA RIU, La caverna prehistorica de El Cuetu, Lledias, Asturias, Madrid 1944.

Die andere Höhle des Jahres 1954 ist nicht so ergebnisreich, sie trägt den Namen Cullalvera, sie liegt 51 km entfernt von Santander bei Ramales, entdeckt von J. Gonzales Echegaray. Die Bilder sind zwei Wildpferde, Bumerangs, Punkte in Rot, sie gehören dem späten Magdalénien an. Den Bericht brachte der Entdecker J. GONZALES ECHEGARAY, La cueva de la Cullalvera, in: Préhistoire, Spéléologie Ariègeoises, Bd. 14, 1959, S. 18—22.

Im Jahre 1959 wurden zwei bemalte Höhlen gefunden, Maltravieso und Nerja. Maltravieso liegt in der Mitte der Halbinsel, in der Prov. Cáceres, 2 km von der Stadt Cáceres. In dieser Höhle fehlen die Tierbilder, dargestellt sind Hände und Zeichen, die entweder Fallgruben sind für die Jagd oder auch Hütten. MARTIN ALMAGRO schrieb die Monographie: Las pinturas cuaternarias de la Cueva de Maltravieso en Cáceres, Madrid 1960, 45 Seiten, 15 Taf.

Die Höhle Nerja liegt ganz im Süden der Halbinsel, bei Alora, Prov. Malaga, 43 km nordwestlich von der Stadt Malaga. Sie wurde 1959 entdeckt durch Dr. Pellicer, Prof. a. d. Univ. Granada. Bei Ausgrabungen fanden sich neolithische Schichten mit Tongefäßen der El Argar-Kultur, in den hinteren Sälen eiszeitliche Malereien einer Bergziege, eines Hirsches, eines Elefanten, zweier Delphine, schwarz und rot gemalt. Die Monographie schrieb SIMÉON GIMÉNEZ REYNA, La cueva de Nerja, Malaga 1960, 2. Aufl. 1964, 94 Seiten.

1962 wurden wieder zwei Höhlen mit Felsbildern entdeckt, Altxerri und Goikolau.

Altxerri liegt in der Prov. Guipuzcoa, im Distrikt Aya bei dem Orte Orio, nicht weit entfernt von San Sebastian. Die Bilder wurden am 28. Oktober 1962 entdeckt von F. Aranzadi, J. Migliaccio und J. C. Vicuna. Die Höhle bringt eine Fülle von Bildern, insgesamt über 100, teils graviert, teils gemalt. Sie verteilen sich auf sieben Stellen der Höhle. Man erkennt 32 Bisons, 14 Rinder, 12 Hirsche, 3 Füchse, 11 Steinböcke, 2 Rentiere. Die Darstellung des Rentieres ist von Bedeutung, weil man allgemein angenommen hatte, daß das Rentier südlich der Pyrenäen nicht vorkomme. Es gibt auch zwei anthropomorphe Gestalten. Alle Bilder gehören dem Spätmagdalénien an. Eine Monographie berichtet über die Höhle: J. M. DE BARANDIARÁN, La cueva de Altxerri y sus figuras rupestres, San Sebastian, 1964.

Die andere Höhle ist Goikolau in der Prov. Vizcaya bei Berriatúa, 25 km entfernt von Bilbao. Sie wurde entdeckt von J. M. de Barandiarán. Es finden sich fünf Gruppen von Wandgravierungen. Die Arbeiten sind noch nicht abgeschlossen, ein erster Bericht ist: J. M. DE BARANDIARÁN, Excavaciones en Goikolau, Campaña de 1962, Noticiario Arqueológico Hispánico, Bd. 6, Madrid 1964, S. 57—59.

Im Jahre 1963 wurde nur eine Höhle minderer Bedeutung gefunden. Sie bringt nur die Malerei eines Urrindes. Es ist die Höhle La Moleta bei Cárlos de Rapita in der Prov. Tarragona. Im April 1963 fand das Bild Eduardo Ripoll Perelló. Der Stil ist das späte Magdalénien. Den Bericht gaben E. RIPOLL PERELLO u. MIGUEL LEONGERAS, La Moleta de Cartagena, in: Rivista di Scienze Preistoriche, Bd. 19, Firenze 1964, S. 1—6.

Das Jahr 1968 brachte wieder zwei Höhlen mit Felsbildern, Tito Bustillo und Ojo Guareña.

Tito Bustillo oder auch Pozu del Ramu, liegt in Ribadesella, 83 km östlich von Oviedo, 119 km westlich von Santander. Diese Höhle ist eine der großartigsten, die in den letzten beiden Jahrzehnten aufgefunden werden konnte. Sie wurde am 12. April 1968 durch eine Gruppe von Speleologen entdeckt. Die Bilder, über hundert zusammen, liegen vor allem an der Wand eines großen Saales. Die Höhle ordnet sich an Bedeutung ein in die Qualität von Altamira, Niaux, Font de Gaume. Dargestellt sind vor allem Wildpferde, Hirsche, Rinder, Tierfallen. Die Untersuchungen sind noch nicht abgeschlossen, es liegen einige erste Veröffentlichungen vor, so: MAGIN BERENGUER, La caverna de Tito Bustillo, in: Ensidea, Bd. 11, Avilès, 1969, Nr. 1222, S. 15—19. — ANTONIO BELTRÁN u. MAGIN BERENGUER, L'art pariètal de la grotte de Tito Bustillo, L'Anthropologie, Bd. 73, 1969, S. 579—586. — MARTÍN ALMAGRO BASCH, La cueva de Tito Bustillo, IPEK, Bd. 23, 1970—1972, S. 1 f.

Die zweite Höhle des Jahres 1968, Ojo Guareña in der Prov. Burgos, ist nicht von der gleichen Bedeutung. Sie liegt bei Sotoscueva und ist entdeckt worden von einer Gruppe von Speleologen aus Burgos. Die Bilder finden sich in einem Saal, 300 m entfernt vom Eingang, sie bilden einen 30 m langen Fries. Dargestellt sind Hirsch, Urrind, Pferd. Ungewöhnlich sind etwa 30 Dreiecke, gemalt in Schwarz. Der Stil ist spätes Magdalénien. Der Bericht ist: B. OSABA RUIZ DE BRENCHUN und U. L. URIBARRI ANGULO, El arte rupestre en Ojo Guareña. Burgos, Diputatión provincial, 1968, 16 Seiten, 12 Pläne.

Eine wichtige Höhle mit Malereien wurde 1969 gefunden mit dem Namen Ekain in der Prov. Guipuzcoa. Sie liegt in dem Orte Cestona. Zwei junge Mitglieder einer Kulturvereinigung fanden sie am 8. Juni 1969. Die Bilder ordnen sich ein in die der großen Qualität, wie Altamira, Niaux, Lascaux und wie Tito Bustillo. Bis jetzt sind 62 Bilder aufgefunden worden. Sie beginnen 40 m nach dem Eingang. Sie häufen sich an zwei Stellen, einem engen Gang und einem weiten Saal. Ein Fries an dem engen Gang bringt zehn Pferde und einen Bison. Weiter kommen vor: Hirsch, Steinbock, Fisch, Bär. Im Innern bringt ein Fries wieder sieben Bilder von Pferden. Der Stil ist mittleres Magdalénien mit Übergang zum späten Magdalénien. Der Bericht ist: J. M. BARANDIARÁN und J. ALTUNA, La cueva de Ekain y sus figuras rupestres, in: Munibe, Bd. 21, 1969, S. 331—386.

Eine bedeutungsvolle Höhle ist ebenfalls 1970 gefunden worden, El Niño. Sie liegt in der Prov. Albacete, also im südlichen Teile der Halbinsel, südwestlich von Valencia in der Gegend, in der die ostspanischen Felsbilder lagern. Der nächste Ort, 3 km entfernt ist Ayna, 60 km davon liegt Albacete. In 15 km Entfernung liegt der bedeutende Fundplatz ostspanischer Kunst, Minateda. El Niño wurde am 5. Mai 1970 durch zwei junge Leute, Rodríguez Tercero und García Roldán aufgefunden. Die Höhle bringt 17 Bilder, 5 Hirsche, 3 Steinböcke, 2 Pferde, 1 Rind, 1 Schlange. Es ist von Bedeutung, daß in der Höhle auch zwei Figuren im ostspanischen Stile der Nacheiszeit vorhanden sind. Der Bericht ist: MARTIN ALMAGRO GORBEA (geb. 1946) (Sohn von Martin Almagro Basch), in: Trabajos de Prehistoria, Madrid, Bd. 28, 1971, S. 3—56. La cueva del Niño, Albacete. — Ders. La cueva del Niño, IPEK, Bd. 23, 1970—1972.

Am 30. März 1972 wird die Höhle Chuffín gefunden durch MANUEL DE COS BORBOLLA. Sie liegt in der Prov. Santander bei Riclones, 12 km südlich von Unquera. Die Höhle bringt 21 Gravierungen im Späten Stil des Magdalénien. Die Veröffentlichung ist: Martin Almagro-Basch, Las pinturas y grabados de la Cueva de Chuffín, Trabajos de Prehistoria, Bd. 30, 1973, S. 1—50. Ders. IPEK, Bd. 24, 1974—76. — Almagro weist die Bilder dem Aurignacien zu.

Auch in Portugal ist eine Höhle mit eiszeitlichen Felsbildern gefunden worden, Escoural in der Prov. Alentejo. Die Bilder sind 1964 entdeckt worden von M. Farinha Dos Santos, sie kamen bei Arbeiten an den Marmorbrüchen im Innern der Höhle durch Sprengungen zutage. Es wurden 33 Bilder freigelegt, Malereien und Gravierungen von Stier, Pferd, einem Zauberer mit Tiermaske. Darüber berichtet: M. Farinha Dos Santos, Vestigios de pinturas rupestres, descubertos na gruta de Escoural, O Arqueologo Portugues, Nova Seria, Bd. 5, 1964, S. 1f. — Ders. Novas gravures rupestres na gruta do Escoural, Revista de Guimarães, Bd. 77, 1967, S. 18f.

In Italien wurden in der Zeit von 1950—1970 drei Höhlen mit Felsbildern aufgefunden.

Im Jahre 1950 bearbeitete Paolo Grazoisi, Prof. a. d. Univ., Florenz (geb. 2. 11. 1907), die Gravierungen auf der Insel Levanzo, im Westen von Sizilien gelegen. Auf dieser Insel waren 1949 Gravierungen gefunden worden, die dem späten Magdalénien und dem Neolithikum angehören. Öfter abgebildet ist ein Junghirsch, der sich umsieht. Graziosi berichtet über den Fundort: Gravures paléolithiques de style naturaliste en Italie, L'Anthropologie, Bd. 54, 1950, S. 455.

1953 werden in zwei Höhlen auf dem Monte Pellegrino auf Sizilien, nicht weit von Palermo Gravierungen gefunden. Diese Höhlen haben die Namen Addaura und Niscemi.

In Addaura entdeckt Bernabo Brea, der Direktor des Museums von Syrakus, die Gravierungen eines Kulttanzes von Zauberern aus dem späten Magdalénien oder der folgenden Epoche. In der Höhle Niscemi finden sich im Jahre 1954 einige Gravierungen von Tieren und Menschen des späten Magdalénien. Die Berichte sind: J. Marconi-Bovio, Incisioni rupestri all'Addaura, Bull. Paletnol. Italiana, Nuova Seria, Bd. 8, 1952—1953, S. 1—20. — Ders. Nuovi graffiti preistor. nelle Grotta de Monte Pellegrino, ebda Bd. 9, 1954—1955, S. 57—72.

Ein dritter Fund eiszeitlicher Felsbilder glückt in Italien 1961 durch Paolo Graziosi. Der Fundplatz ist Romito bei Papasidero in der Prov. Calabrien. In einem Felsüberhang findet sich die Gravierung eines Stieres von 1,20 Metern Länge, im Stile des späten Magdalénien. Der Bericht ist: Paolo Graziosi, Découverte de gravures rupestres, in: L'Anthropologie, Bd. 66, 1962, S. 262—268. — Ders. Les gravures paléol. de l'abri Romito, IPEK, Bd. 21, 1964—1965, S. 21—22.

Auch in der Sowjetunion sind Malereien der Eiszeit zwischen 1950 und 1975 aufgedeckt worden. Der Fundplatz ist die Kapowa-Höhle im südlichen Ural, in Baschkirien. Die Höhle liegt auf dem rechten Ufer des Flusses Belaja. Die Malereien wurden 1961 gefunden und bearbeitet von Otto Bader. Es fanden sich Bilder in Rot von Mammut, Nashorn, Bison, Wildpferd. Die Berichte sind: Otto Bader, Die Sowjetunion 1961, Nr. 142. — Ders. Die Kapowa-Höhle, Moskau 1965 (russisch).

Otto Nicolaevič Bader ist geboren am 29. 6. 1903 in Aleksandrovskoe, im Poltawa-Gebiet. Er ist Mitglied des Institut archeologii AN SSSR, Moskau und Direktor der Archäol. Abt. des Moskauer Gebietsmuseums. Es liegen von ihm 240 wissenschaftliche Veröffentlichungen vor.

Auch in Sibirien haben sich eiszeitliche Malereien und Gravierungen gefunden, nicht in Höhlen, sondern an Felsüberhängen an den Flüssen Angara und Lena. Die Kenntnis wird dem Erforscher der Felsbilder in Sibirien, Aleksej Pavlovič Okladnikow verdankt.

Okladnikow ist 1908 geboren, er studierte in Moskau und ist heute Mitglied der Akademie der Wissensch. der UdSSR und Prof. a. d. Univ. Nowosibirsk. Von seinen Arbeiten sind zu nennen: Istoričeskij put' narodov Jakutii, Jakutsk 1943. — Dalekoe prošloe Jakutii, Jakutsk 1945. — Tešik-Taš, paleolitičeskij čelovek, Moskva 1949. — Paleolit Zabajkaljá, Arch. sbornik, Ulan-Ude 1959. — The Soviet Far East: in Antiquity, Toronto 1965. — Petroglyphi Angarii, Moskva 1966. — Petroglyphi sabankali, Petrograd 1969. — Olen' zolotye roga, Leningrad 1964, deutsche Ausgabe: Der Hirsch mit dem goldenen Geweih, Verlag Brockhaus, Wiesbaden 1972. — Der Mensch kam aus Sibirien, Verl. Molden, Wien 1974.

Okladnikow meint, daß einige Felsbilder naturhafter Form in Schischkino an der Lena, westlich des Norteiles des Baikalsees, der Eiszeit zuzurechnen seien. Es sind Bilder wie das Pferd und der Bison von Schischkino, bei Okladnikow, 1972, ebda Abb. 1 und 2. Es ist durchaus möglich, daß eiszeitliche Bilder an dieser Stelle vorkommen können, liegt doch nicht weit entfernt in Maltá bei Irkutsk der eiszeitliche Fundplatz mit Werkzeugen des Paläolithikums und auch mit Kleinkunstwerken, wie sie Alfred Salmony vorgelegt hat in IPEK 1930, S. 1f. Die Bilder von Schischkino wären dem Ende des Magdalénien zuzuweisen, sie zeigen die feste Umreißung.

Auch Malereien in der Mongolei, in der Höhle Choit-Zenkjer, 25 km südwestlich von Marichan-Somon, südlich von Kobdo, erkennt Okladnikow als späteiszeitlich, wie ich meine, mit Recht. Okladnikow spricht über diese Bilder in seinem Buch: Der Hirsch mit dem goldenen Geweih, Wiesbaden 1972 auf S. 154 bis 163.

Nach 1950 erscheinen mehrere zusammenfassende Bücher über die Kunst der Eiszeit, so: Herbert Kühn, Auf den Spuren des Eiszeitmenschen, Wiesbaden 1950, auch ital. engl. holländ. — H. G. Bandi u. J. Maringer, Kunst der Eiszeit, Basel 1952. — H. Breuil, Quatre cents siècles d'art pariétal, Montignac 1954. — P. Graziosi, L'Arte dell' antica età della piedra, 1956, deutsch: Die Kunst der Altsteinzeit, Stuttgart 1956. — Ch. Zervos, L'art de l'époque du Renne en France, Paris 1959. — Annette Laming-Emperaire, La signification de l'art rupestre paléolithique, Paris 1962. — Herbert Kühn, Eiszeitkunst, die Geschichte ihrer Erforschung, Göttingen 1965, italienisch: Ritrovamente et arte dell'epoca glaciale, Rom 1966, span. El arte de la epoca glacial, Mexico 1971. — André Leroi-Gourhan, Préhistoire de l'art occidental, Paris 1965, deutsch: Prähistorische Kunst, Freiburg 1971. — Herbert Kühn, Die Felsbilder Europas, 3. Aufl., Stuttgart 1971.

Zu diesen Werken, die oft hervorragende Abbildungen bringen, erscheinen mir einige Worte angebracht. Die beiden Bücher von Annette Laming-Emperaire und André Leroi-Gourhan scheinen mir in der Deutung der Felsbildkunst unklare Wege zu gehen. Sie suchen den Sinn der Bilder nicht in der Magie zu fassen, sondern in dem Sexualtrieb, im Gegensatz von männlich und weiblich. Diese Deutung aber ist den Fundsachen gegenüber nicht haltbar, ebenso nicht die Deutung der Tierfallen und der Wildgehege wiederum als Sexualzeichen. In dieser Deutung vermag ich den beiden sonst so verdienstvollen Forschern nicht zu folgen.

Diese neuen Fundstellen eiszeitlicher Kunstgestaltung seit 1950 bieten die Möglichkeit manche Fragen zu lösen oder einer Lösung näher zu bringen.

Erstens die geographische Frage
Zweitens die Frage der Datierung
Drittens die Frage der Stilbewegung
Viertens die Frage der Bedeutung.

Die erste Frage ergibt andere Tatsachen, als früher angenommen worden ist. Diese Kunst ist nicht nur auf Südfrankreich und Kantabrien beschränkt, sie ergreift das nördliche Frankreich, Italien, Portugal, in einem Fundplatz Schulerloch bei Essing im Altmühltal, schon vor 1950 gefunden, auch Süddeutschland, auch Rußland. Man kann demnach nicht mehr sprechen von franko-kantabrischer Kunst.

Die zweite Frage konnte durch die Entdeckung der C 14-Datierung, durch Radiokarbon, seit 1949 genau geklärt werden. Zwar ist die Karbonbestimmung nicht möglich bei Malereien, aber sie ist möglich bei Knochen und Holz, auf denen sich die Entwürfe zu den Malereien finden. Eine große Anzahl von Untersuchungen ergab die Daten von 35 000 bis 10 000 für die Eiszeitkunst.

Die dritte Frage ist die der Stilbewegung. Entgegen den Vorstellungen der ersten Generation der Forscher ergeben sich drei Stufen. Die erste, das Aurignacien, 35 000—20 000 ist die Epoche der einfachen Umreißung. Die zweite Stufe ist die des frühen bis mittleren Magdalénien, von 20 000—15 000. Die dritte Stufe, die der gewandten Umreißung, des Schwingenden Stils, ist die Zeit von 15 000—10 000.

Die vierte Frage ist die der Bedeutung. Es ergibt sich immer wieder, auch bei den neuen Funden, daß die Höhlen heilige Stellen, daß sie Kultstellen sind. Es sind die Priester, die Zauberer, die die Bilder malen, die damit der Gottheit zeigen, wir brauchen dieses oder jenes Tier, damit wir leben können. Eine Deutung auf sexuelle Inhalte bei den Tierdarstellungen, wie sie in den letzten Jahren vorgeschlagen ist, hat sich nicht durchsetzen können.

Die Entdeckung und Bearbeitung der Höhlenmalereien der Eiszeit ist eine der großen Taten unseres Jahrhunderts. Diese Entdeckung hat uns die Anfänge des Menschengeschlechtes in einer Weise nahe gebracht, wie man es bis 1900 überhaupt nicht zu ahnen vermochte.

Es mag berechtigt erscheinen, ein Wort von Gerhart Hauptmann zu dem Sinn der Felsbilder anzufügen, ein Wort, das er etwa 1928—1929 geschrieben hat in seinem Werk: Buch der Leidenschaft, Berlin, S. Fischer Verlag 1929, Gesamtausgabe Letzter Hand, Band 1942, Bd. 12, S. 360: „Und der alte Höhlenbewohner Mensch braucht auch auf höherer Stufe die Höhle, die ihn umgrenzt, sichert und dadurch auf ihre Weise befreit. Vielleicht half sich nicht nur die Sprache auf den durch den gleichsam spiegelhaften Widerhall von der Höhlenwand, sondern es wurde auch das erste Schriftzeichen, das erste Bild einer Höhlenwand eingeritzt und anvertraut."

Gerhart Hauptmann spricht hier wie vorher Goethe (S. 159) von den Höhlenbildern als Schriftzeichen, und damit trifft er sicherlich das rechte. Die alte Abgrenzung: die schriftlose Zeit, die Zeit ohne Schrift, ist nicht mehr zu vertreten. Es liegen dieser Grenzsetzung zu einfache, zu eng angelegte Vorstellungsbegriffe zugrunde. Es sind die europäischen Vorstellungen, die den Tatsachen über die Welt hin nicht entsprechen. Die Schrift Europas, die griechisch-lateinische Schrift, ist eine Buchstabenschrift. Sie ist aber nicht die allein mögliche Art der Schrift. Es steht neben ihr die Silbenschrift und es steht weiter neben ihr die Bilderschrift. Die Bilderschrift aber wird von dem größten Volk der Erde, den Chinesen, verwendet bis heute. Sie bedeutet neben der lateinischen Buchstabenschrift die verbreitetste Schriftart der Welt.

So entfällt für den weiteren Blick die europäische Grenzsetzung durch die Buchstabenschrift völlig. Dann aber ist auch die Malerei der Eiszeit eine Schrift, eine Bilderschrift. Es wird der Gottheit geschrieben: gib mir, gib uns, dieses Tier in die Gewalt, dieses Tier, das wir brauchen, um leben zu können.

In diesem Sinne hat Károly Földes-Papp die Entstehung, die Wandlung und die Vollendung der Schrift dargestellt in dem Werk: Vom Felsbild zum Alphabet, Stuttgart, Belser Verlag 1966, mit 222 Seiten u. 241 Tafeln. Der Verfasser sagt im Vorwort: „In unseren Tagen mehren sich jedoch die Beweise, daß alle ersten großen Schriftsysteme — das ägyptische, sumerisch-mesopotamische, kretische, hethitische und das chinesische — in ihrem Ursprung auf eine bilderschriftliche Stufe zurückgehen ... Mit anderen Worten es handelt sich darum, daß die Forschung, die das menschliche Bedürfnis an der zeichnenden, bzw. malenden Mitteilung auch als Vorstufe der Schriftentstehung ansieht, sich auf das ganze Gebiet der eiszeitlichen Felsmalerei erstrecken muß. Die Anfänge derjenigen menschlichen Tätigkeit, die schließlich zur Erfindung des Alphabets geführt hat, sind mit den Anfängen der eiszeitlichen Felsmalerei oder der Malerei überhaupt identisch ... Unsere Blicke richten sich in jene fernen Zeiten des Paläolithikums, oder der Altsteinzeit, in denen sich die zeichnende und einritzende Tätigkeit des Höhlenmenschen zum erstenmal geäußert hat." Diese Worte entsprechen der gegenwärtigen Sicht über das Entstehen der Schrift. In diesem Sinne ist die Malerei der Eiszeit der Ausgang aller späteren Schriftsysteme.

Ausgrabungen 1950—1975

Die Ausgrabung eiszeitlicher Kunst, der sogenannten Kleinkunst oder der mobilen Kunst, erhielt seit 1950 ein besonderes Gewicht durch die Entdeckung der Radiokarbon-Datierung.

Es ist im Jahre 1949, als dem amerikanischen Physiker, W. F. LIBBY in Chicago die Möglichkeit der Datierung eiszeitlicher Schichten gelingt. Er legt seine Erkenntnisse dar in der amerikanischen Zeitschrift Science 1949, S. 227.

Der Kohlenstoff besitzt, ebenso wie alle anderen Elemente, aus denen das Weltall besteht, mehrere Isotope. Das sind verschiedene Erscheinungsformen, unter denen ein Grundstoff auftreten kann ohne Veränderung seiner chemischen Eigenschaften. Die verschiedenen Isotope werden benannt nach der Anzahl der Partikel von Protonen und Neutronen, die im Atomkern enthalten sind. Das Carbon, der Kohlenstoff, hat im allgemeinen 13 Isotope, jedoch 14 Isotope Kohlenstoff aus lebendigen Organismen, bei Pflanze, Tier und Mensch. Dieses Isotop 14, benannt C 14, hat die Eigenschaft, Strahlen auszusenden, die mit dem Auge nicht sichtbar sind. Pflanze, Tier und Mensch nehmen aus der Luft C 14 auf. Im System des Atomzerfalles zerfällt die Menge von C 14 in regelmäßigen Abständen ohne Beeinflussung durch Wind, Regen, Wetter. Mit dem Tode von Pflanze, Tier und Mensch, wird C 14 nicht mehr aufgenommen. Damit ist ein Enddatum gesetzt, die Möglichkeit der Zeitbestimmung ist gegeben.

Das C 14 zerfällt zur Hälfte in 5368 Jahren, und so fort, in etwa 70 000 Jahren ist es erloschen. In den ersten Jahren nach 1950 hat nur das Physikalische Institut der Universität Chicago die Radiokarbon-Bestimmung vorgenommen. Jetzt sind es mehrere Institute, die die Geräte besitzen, die mit dieser Methode arbeiten, in Amerika und in Europa.

Die Felsbilder selbst können nicht bestimmt werden, aber die Kleinkunstwerke, die aus Horn oder Knochen bestehen. Wenn die Höhlen seit der Eiszeit abgeschlossen waren, wenn niemand sie betreten konnte, wie etwa Lascaux, dann kann ein Stück Holzkohle unter den Bildern das Datum erschließen. Es liegen viele Daten nach der Radiokarbon-Bestimmung vor, so daß eine absolute Chronologie mit Jahreszahlen für die Kleinkunstwerke möglich ist. Diese Ausgrabungsstücke aus ergrabenen Schichten mit klarer Schichtenfolge ergeben bestimmte Stilgruppen der Kunst, die genauso erscheinen bei den Bildern an den Wänden der Höhlen.

Für das Moustérien, die Zeit des Neandertalers, die Zeit vor dem Erscheinen der Felsbilder in den Höhlen, ergab für Lebenstedt, Hannover, Niedersachsen, eine Station des Neandertalers, kaltes Moustérien 46 300 v. Chr. — Senftenberg bei Krems, Niederösterreich, ergab 46 500 v. Chr.

Das Aurignacien beginnt um 35 000 v. Chr. Es seien folgende Daten für Aurignacien-Schichten mit Kunstwerken genannt:

Willendorf, Niederösterreich, Station II, Schicht 4, 31 840 ± 250 = 29 890 v. Chr.
Schicht 5 = 30 050 v. Chr.

Arcy-sur-Cure, Dépt. Yonne, Frankreich, Frühes Aurignacien
33 600 = 31 550 v. Chr.

La Quina, Charente, Frankreich, Mittleres Aurignacien
31 170 = 29 222 v. Chr.
Les Eyzies, Abri Pataud, Dordogne, Frankreich, Spätes Aurignacien
24 000 = 22 050 v. Chr.
Dolní Věstonice, Unterwisternitz, Mähren, Tschechoslowakei. Aurignacien
25 600 = 23 650 v. Chr.
Pavlov, Pollau, Mähren, Tschechoslowakei, Spätes Aurignacien
24 800 = 22 850 v. Chr.

Für das Solutréen:

Laugerie-Haute bei Les Eyzies, Dordogne, Frankreich,
20 650 = 18 700 v. Chr.

Für das Magdalénien:

Altamira, Prov. Santander, Spanien, 15 500 = 13 540 v. Chr.
Lascaux, Dordogne, Frankreich, 15 516 = 13 566 v. Chr.
La Vache bei Tarascon-en-Ariège, Dépt. Ariège, Frankreich, Spätes
  Magdalénien 12 540 = 10 590 v. Chr.
Saint-Marcel bei La Garonne, Dépt. Indre, Frankreich, Mittleres
  Magdalénien 15 847 = 13 897 v. Chr.
Angles-sur-Anglin, Dépt. Vienne, Frankreich, Spätes Magdalénien
  13 920 = 11 970 v. Chr.
Meiendorf bei Ahrensburg, Schleswig-Holstein, Deutschland, Spätes
  Magdalénien 15 750 = 13 800 v. Chr.
Schußenquelle bei Schußenried, Baden-Württemberg, Deutschland, Spätes
Magdalénien 14 470 = 12 520 v. Chr.

Die Radiokarbon-Datierung ergibt folgende Daten:

    Aurignacien   35 000—20 000
    Solutréen   20 000
    Magdalénien, früh bis mittel   20 000—15 000
    Magdalénien, spät   15 000—10 000

In Frankreich werden von 1950—1975 einige ergebnisreiche Grabungen durchgeführt. In Angles-sur-Anglin, Dépt. Vienne, 19 km von Let Bant, graben Suzanne de Saint-Mathurin und Dorothy Garrod seit 1949. Bei der Grabung wird eine Anzahl von Steinblöcken gefunden, die Reliefs und Gravierungen tragen, ähnlich denen von Cap Blanc, Dordogne, oder Roc-de-Sers, Charente. Die Fundschicht ist Magdalénien III, ein mittleres Magdalénien. Man kann die Reliefs, an festen Steinen angebracht, auch zu den Felsbildern einordnen, wie ich es getan habe in: Herbert

Kühn, Die Felsbilder Europas, 3. Aufl., 1971, S. 138, man kann sie aber mit dem gleichen Recht zu den ergrabenen Funden zählen. Drei Reliefs von weiblichen Gestalten wurden entdeckt, der Kopf eines Pferdes im Relief, ein männliches Gesicht im Relief, dazu Steinbock, Bison, Wildkatze, Ren, insgesamt 30 gut erhaltene Reliefs. Die meisten wurden abgenommen vom Untergrund des Felsens und nach Paris gebracht ins Musée de l'Homme.

Der wichtigste Bericht ist: S. DE SAINT-MATHURIN et D. GARROD, La frise sculptée de l'abri du roc aux sorciers à Angles-sur-l'Anglin, L'Anthropologie, Bd. 55, 1951, S. 413—424.

Ein Fundplatz, an dem noch immer gegraben wird, ist La Vache, Ariège, gegenüber dem Eingang zur Höhle Niaux bei Tarascon-en-Ariège. Der Ausgräber ist ROMAIN ROBERT. Im Jahre 1951 veröffentlichte er einige Kleinfunde, darunter ein Jagdmotiv, ein Bison wird in ein Wildgehege getrieben. Es ist bezeichnet durch aufgestellte Zweige und Steine. Ein anderes Motiv zeigt zwei Wölfe, gegeneinander stehend. Der Bericht ist: G. MALVESIN-FABRE, L.-R. NOUGIER, ROMAIN ROBERT, Engins de chasse et de pêche du Magdalénien de la grotte de la Vache, Ariège, in: Préhistoire, Spéléologie Ariègeoises, Bd. 6, 1951, S. 13—30.

Aus derselben Grabung hat Romain Robert später noch andere Fundstücke bekannt gemacht, ein Knochenstück mit der Darstellung eines Bären in Bd. 9, 1956, ebda S. 15—18, eine Wiedergabe der Saiga-Antilope in Bd. 13, 1958, S. 1—4, eines Löwen in Bd. 20, 1965, ebd. und eines Steinbockes aus der Schicht des späten Magdalénien. Die Radiokarbon-Datierung ergab 9850 v. Chr., bei einem anderen Stück 10 500 v. Chr. So ist die Höhle La Vache ein ergebnisreicher Fundplatz des späten Magdalénien. Die Grabungen werden fortgesetzt.

In der Höhle Bédeilhac, ebenfalls bei Tarascon-en-Ariège, Dépt. Ariège, in der sich Wandbilder finden, wurden 1950 Ausgrabungen von Romain Robert vorgenommen. Dabei wurde eine eigenartige Speerschleuder gefunden. Sie zeigt ein Hirschkalb, das sich umsieht, gearbeitet als Skulptur. Fast das gleiche Stück in der gleichen Anordnung, hat Saint-Just Péquart im Jahre 1941 ausgraben können in der Höhle Mas d'Azil, Ariège. Das eine Stück ist undenkbar ohne das andere. Die Bewegung des Kopfes ist die gleiche, die Rückenpartie, der Ansatz der Schleuder am Schwanzende des Tieres. Die Fundorte der beiden Speerschleudern liegen etwa 70 km auseinander. Der Bericht über die Funde ist: ROMAIN ROBERT, Le faon à l'oiseau, in: Préhistoire, Spéléologie Ariègeoises, Bd. 8, 1953, S. 11—18.

In der Höhle Le Portel, Ariège, hat der Besitzer der Höhle, Joseph Vézian, von 1913—1955 immer wieder an den Stellen gegraben, an denen sich lockere Erde auf dem Höhlenboden fand. 1954 hat er die Funde veröffentlicht, sie gehören dem späten Magdalénien an: JOSEPH VÉZIAN, Les foyers magdaléniennes de la Grotte du Portel, Ariège, in: Préhistoire, Spéléologie Ariègeoises, Bd. 9 und 10, 1954—1955, S. 13—32.

Am 21. August 1958 findet H. L. MOVIUS (geb. 28. 11. 1970), Professor a. d. Harvard University in Cambridge, Mass. USA, in dem Orte Les Eyzies in der Dordogne das Relief einer weiblichen Statuette. Sie ist 1,9 cm hoch und nicht so stilisiert wie manche der weiblichen Statuetten dieser Zeit. Der Körper besitzt naturhafte Formen. Die Grabungsstelle liegt im Orte selbst, sie wird Abri Pataud genannt. Movius veröffentlicht das Relief unter dem Titel: La figure féminine en Bas-relief du Périgordien final in: L'Anthropologie, Bd. 63, 1959, S. 228—232.

HENRI DELPORTE findet 1959 eine weibliche Statuette in Tursac, Dordogne. Sie lag eingebettet in einer Schicht des oberen Aurignacien. Die Figur ist 22 cm groß, ist geformt ohne Kopf, mit nur einem Bein und mit starkem Bauch. Um den Bauch herum sind die Arme gelegt. Die Statuette ist nicht naturhaft, wie sonst die Kunst dieser Zeit. Sie ist ähnlich einer anderen Statuette aus Sireuil, Dordogne, und auch einer weiteren aus Mauern, Kr. Neuburg a. d. Donau, Bayern. Die Statuette aus Sireuil ist 1900 gefunden worden, auch sie hat im Stil eine Verwandtschaft mit den genannten Statuetten, abgebildet bei HERBERT KÜHN, Eiszeitkunst, die Geschichte ihrer Erforschung, Göttingen 1965, Taf. 13. Die Statuette aus Tursac ist behandelt worden von Henri Delporte in L'Anthropologie, Bd. 63, 1959, S. 233—247.

Es ist im Frühjahr 1962, als François Bordes (geb. 30. 12. 1919), Prof. f. Vorgesch. a. d. Univ. Bordeaux, die Gravierung einer weiblichen Gestalt ausgräbt in einer Schicht des Spätmagdalénien, VI, in Couze bei Saint-Sulpice-des Magnats in der Dordogne. Die Gravierung ist völlig stilisiert, so wie sie später in Gönnersdorf in Deutschland vorkommt und an manchen anderen Stellen. Die Veröffentlichung ist: F. BORDES, P. FITTE et P. LAURENT, Gravure féminine du Magdalénien IV de la Gare de Couze, L'Anthropologie, Bd. 67, 1963, S. 269—281. Bordes vergleicht die Gravierung mit Recht mit Darstellungen des gleichen späten Magdalénien in Fontalès, La Roche, in Hohlenstein, Petersfels und Nebra. Über Hohlenstein berichtet J. NARR, in: Bayerische Vorgeschichtsbl. Bd. 30, 1965, S. 1—9, über Fontales berichtet P. DARASSE, in: Quartär 7—8, 1956, S. 171f., über Nebra berichtet V. TOEPFER, in: Fundber. aus Schwaben, N. F. Bd. 17, 1965, S. 103f. La Roche bei Lalinde ist farbig abgebildet bei LEROI-GOURHAN, Prähist. Kunst, 1971, Taf. 56, vorher PEYRONY, L'Anthropologie, Bd. 40, 1930, S. 19—29.

Im April 1970 hat ein Juwelier in dem kleinen Ort Monpazier in der Dordogne, bei privaten Grabungen eine weibliche Statuette von 5,5 cm Höhe gefunden. Ein kleiner Unterschied zu den übrigen Statuetten besteht darin, daß die Augen, die Nase, auch die Beine und Füße angegeben sind. Der Finder hat die Figur in seinem Besitz behalten, bis sie zufällig einem Prähistoriker bekannt geworden ist. Monpazier liegt 40 km südlich von Les Eyzies, 16 km südöstlich von Beaumont. Die erste Veröffentlichung, ist: J. CLOTTES et E. CEROU, La statuette féminine de Monpazier, in: Bull. de la Soc. Franç., Bd. 67, 1970, S. 435—444.

In der Tschechoslowakei glückten einige wichtige Funde, die eiszeitliche Kunstwerke ergaben.

In Ostrava Petřkovice, Ostrau-Petershofen, Mähren, gräbt seit 1952 BOHUSLAV KLÍMA (geb. 1925) mit großem Erfolg. Er hat auf der Freilandstation mehrere Hüttengrundrisse der Eiszeit gefunden mit Herdstellen, mit Aurignacien-Werkzeugen, Ocker, Steinkohle und einer weiblichen Statuette. Der Bericht von B. Klima findet sich in Acta Musei Silesiae Bd. 4, 1955, S. 1ff. und Ders. in Quartär Bd. 9, 1957, S. 103f.

Ein weiterer Fundplatz von Bedeutung ist Pavlov, Pollau, Mähren, Bez. Břeclav. Auch hier hat Bohuslav Klíma gegraben seit 1952. Der Fundort liegt 600 m südlich von Unterwisternitz, Dolní Věstonice. In Pavlov hat B. Klíma 13 Hausgrundrisse gefunden in ovaler, runder und nierenförmiger Form. Der Grubenrand war mit Steinen, Mammutstoßzähnen und großen Tierknochen bedeckt, es ist die Beschwerung der Zeltwände. Die Feuerstellen waren manchmal von Steinen überdeckt, ähnlich einem Backofen. Die 7000 Steinwerkzeuge gehören dem späten Aurignacien, dem Gravettien, an. An Kunstwerken fand sich eine weibliche Statuette, die Relieffiguren eines Mammuts aus Elfenbein. Mehrere Figuren sind aus gebranntem Lehm hergestellt, wie der Kopf eines Nashorns. Den Bericht brachte B. Klíma in Památky Archeologické, Prag, Bd. 46, 1955, S. 7f. — Ders. Quartär, Bd. 9, 1957, S. 118f. Ders. Investigations archéologiques, Prague 1966.

In Dolní Věstonice, Unterwisternitz, 10 km entfernt von der Stadt Mikulov, werden die Grabungen fortgesetzt durch B. KLIMA und seit 1959 durch J. JELINEK. Es werden Reste von zwei Wohnhütten festgestellt. Radiokarbon-Daten ergeben 25.600 gleich 23.550 v. Chr. Eine andere Wohnstätte wird 80 m höher entdeckt. Sie ist 6 m groß im Quadrat. In der Mitte fand sich die backofenartige Feuerstätte. Es fanden sich Figuren von Bär, Wolf und Fuchs. Der Bericht ist: B. Klíma, Dolní Věstonice, Praha 1963

In Deutschland glückt eine besonders erfolgreiche Grabung in den Jahren 1968—1974. Der Fundplatz liegt in Gönnersdorf, Kr. Neuwied, Rheinland-Pfalz. Beim Bau eines Hauses auf dem rechten Rheinufer, 50 m über der Wasserhöhe des Rheins, wird eine Schicht der Eiszeit angeschnitten. Der Architekt bemerkt Steinplatten, Tierknochen, Steinwerkzeuge. Die Nachricht gelangt an das Institut für Ur- und Frühgeschichte in Köln. G. BOSINSKI übernimmt die Ausgrabung. Das Ergebnis übertrifft alle Erwartungen. Ein Ausbruch des Vulkans, heute Maria Laach, fand statt am Ende der letzten Eiszeit. Die Radiokarbon-Datierung ergab das Datum von 9.500. Unter dieser Schicht liegt ein Wohnplatz des Menschen des späten Magdalénien. Die Bimsschicht, 1—2 Meter stark, hat alle Gegenstände, sogar das Holz, ausgezeichnet bewahrt. Unter dem Bims liegt in 20—30 cm ein Löß von einem Meter Stärke, in ihm der Wohnplatz. Wieder unter dem Wohnplatz findet sich eine tiefere Schicht eines Vulkanausbruches, es ist Basalttuff. Die Karbonbestimmung ergab 16 000 v. Chr.

Diese Einbettung zwischen zwei Vulkanschichten von 9500 und 16000 ergibt eine ausgezeichnete Datierungsmöglichkeit. Die Fundstücke gehören der Zeit um 11 000 v. Chr. an. Die sorgfältig in Quadratgliederung ausgegrabene Fläche brachte mehrere Hüttengrundrisse, Zelte. Das größere hat einen Durchmesser von 6 mal 5,40 Metern, das kleinere, runde Zelt, einen Durchmesser von 2,50 Metern, ein anderes Zelt hat die Länge von 10 Metern. Das Innere der Zelte ist belegt mit Steinplatten. Zwischen den Zelten finden sich gepflasterte Verbindungswege, das Ganze macht den Eindruck eines kleinen Dorfes. Mehrere Gruben, ehemals ausgekleidet mit Tierfellen, können Kultplätze gewesen sein, in ihnen fanden sich Frauenstatuetten aus Elfenbein, auch eine Kette aus 40 Holzperlen.

Das wichtigste Fundmaterial sind gravierte Schieferplatten, von ihnen fanden sich 500 Stück. Sie tragen die Darstellungen von Tieren und Menschen. Mehr als 150 Frauendarstellungen sind zu erkennen, manche hintereinander, wie im Tanz. Es fanden sich auch 14 weibliche Statuetten.

Unter den Tierdarstellungen sind 20 Mammutdarstellungen erkennbar, das Wildpferd erscheint in 11 Gravierungen, dreimal das Nashorn, fünfmal das Rentier, einige Male Hirsch, Wisent, Urrind, Löwe, Bär. Bei den Gravierungen erscheinen viele Überlagerungen und Überschneidungen, es scheint sich um Zeichenskizzen zu handeln, die mit Ocker überstrichen wurden und in die man von neuem Zeichnungen eingrub wie in La Marche, wie in Limeuil.

Die Veröffentlichungen sind: G. BOSINSKI, Der Magdalénien-Fundplatz Feldkirchen-Gönnersdorf, Kr. Neuwied, in: Germania Bd. 47, 1969, S. 1—38. — Ders. Die Tierdarstellungen des Magdalénien-Fundplatzes Gönnersdorf bei Neuwied, Eerste Kroonvoordracht, Amsterdam, Mus. voor Anthrop. en Praehistorie, 1971, S. 1—30, 9 Abb. Ders. mit Gisela Fischer, Die Menschendarstellungen von Gönnersdorf, Wiesbaden 1974.

Im Jahre 1970 wurde eine männliche eiszeitliche Statuette aus Hohlenstein, Gem. Asselfingen, Kr. Ulm bekannt gemacht. Die Figur stammt aus einer Grabung von 1939 in der Höhle Stadel. Die Arbeit mußte wegen des Krieges abgebrochen werden, die völlig zerbrochene Statuette wurde erst jetzt im Museum präpariert und veröffentlicht von JOACHIM HAHN in Germania Bd. 48, 1970, S. 1—12. Sie ist aus Elfenbein gearbeitet, ist 28 cm groß und gehört dem Aurignacien an. Der Fund ist deshalb wichtig, weil aus dem Aurignacien in Deutschland nur die Bruchstücke zweier weiblicher Statuetten aus Mainz bekannt sind und eine stark stilisierte Figur aus den Weinberghöhlen bei Mauern. Die Literatur über diese Funde ist: E. NEEB und O. SCHMIDTGEN, Mainzer Zschr. Bd. 17—19, 1921—1924, S. 108f. und L. F. ZOTZ, Das Paläolithikum in den Weinberghöhlen. Quartär. — Bibl. Bd. 2, 1955.

So ist die Erforschung der Welt der Eiszeit in der Zeit von 1900—1950 und weiter bis 1975 von besonderem Erfolg gekrönt.

Vor 1900 ist die Gliederung der eiszeitlichen Funde geschaffen worden, eine große Anzahl von ergrabenen Kleinkunstwerken ist aufgefunden worden. Aber ihre Bedeutung erhielt die Eiszeitforschung erst durch die Entdeckung der Höhlenmalereien und Gravierungen seit dem Jahre 1901. Es ist erst das 20. Jahrhundert, dem es gelungen ist, die Fülle der Höhlenmalereien und Gravierungen aufzudecken und zu verwerten. Bis 1901 war nicht eine Höhle mit Bildern wissenschaftlich anerkannt, im Jahre 1950 waren es 95 Höhlen, im Jahre 1975 waren es 134 Höhlen mit Felsbildern. Ein großer Erfolg der wissenschaftlichen Arbeit.

Mesolithikum

Der Mensch des Mesolithikums lebt in der gleichen Wirtschaftsform wie der des Paläolithikums. Er nimmt auf, was die Natur ihm bietet, er schafft sich seine Nahrung noch nicht selbst. Seine Wirtschaft ist nur Konsumtion, noch nicht Produktion.

Das Entscheidende dieser Zeit ist, daß das Klima sich wandelt. Von 10 000 ab wird es langsam wärmer, die Gletscher schmelzen ab. Das Eis hatte sich während der Eiszeit so stark um die Pole und um die Gebirge aufgehäuft, daß das Weltmeer um 100 Meter niedriger lag als in der Gegenwart. Jetzt schmolzen die Gletscher, und mächtige Wassermassen stürzten auf die Meere zu und bildeten die Urstromtäler. Der Mensch hat die Wandlung mit Erschrecken miterlebt. Nicht nur die Bibel spricht von der Sintflut, auch das Gilgamesch-Epos. Bei fast allen Völkern der Erde hat sich die Erinnerung bewahrt. Mythen und Märchen erzählen bis heute von diesem Vorgang (Joh. Riem, Die Sintflut in Sage und Wissenschaft, Hamburg 1925.)

Seit 9000 verbreitet sich die Kiefer mehr und mehr, ein gemischter Birken-Kiefernwald entsteht. Es gab noch einmal einen Kälterückgang um 8000, dann schmolz das Eis weiter ab. Um 6000 stieg das vorher niedergedrückte Land so stark empor, daß die Ostsee entstand.

Es liegen Radiokarbon-Daten vor für diese Zeit. Eine Siedlung mit dem Namen Star Carr, Yorkshire, an der nordöstlichen Küste Englands mit Funden aus der Maglemose-Zeit ergab das Datum 6854 v. Chr. Die Ausgrabung führte JOHN GRAHAME DOUGLAS CLARK (geb. 28. 7. 1907) durch im Jahre 1949. Die Veröffentlichung mit dem Titel: „Excavations at Star Carr" erschien in Cambridge 1954. Wieder fanden sich die Mikrolithen in Verbindung mit Axtformen, Sticheln und Klingen. Hirsch und Hirschgeweihe haben an den Funden den Hauptanteil. Der Haushund ist vorhanden. Es gibt aber noch nicht den Ackerbau in Europa zu dieser Zeit.

Ein Fundplatz Aamose, ebenfalls Maglemose-Schicht in Dänemark, ergab das Datum 5633 v. Chr. in einer jüngeren Strate, in einer älteren, einer mesolithischen Zeltanlage ergab sich 6680, nach W. F. Libby, W. F. Anderson, E. C. Arnold, Zeitschr. Science, Bd. 109, Nr. 2827, S. 227—229 u. Bd. 114, Nr. 2960, 1951, S. 291—296.

Das Mesolithikum ist bis 1950 auch aus Nordafrika, aus Ägypten, aus Kleinasien, Mesopotamien und Persien bekannt. Die mesolithischen Felsbilder, die Ostspanische Gruppe auf der Iberischen Halbinsel, die Felsbilder Nordafrikas, die Jägerbilder Skandinaviens bringen eine solche Fülle an Gestaltungen von Tieren, von Menschen, von Kämpfen, Kriegern, vom Kultgeschehen, daß das Leben des Menschen in der Zeit vor dem Ackerbau sich deutlich ablesen läßt. Dazu treten die Funde aus den ergrabenen Schichten.

Über das Mesolithikum berichten: J. BRÖNDSTED, Nordische Vorzeit, Bd. I, Neumünster 1960. — J. G. CLARK, Prehistoric Europe, London 1952. — RAYMOND FURON, Manuel de Préhistoire générale, Paris 1943. — HERBERT KÜHN, Der Aufstieg der Menschheit, Frankfurt/M. 3. Aufl. 1957. — Ders. Vorgeschichte der Menschheit, Bd. 1, Köln 1962. — KARL NARR, Abriß der Vorgeschichte, München 1959. — Ders. Urgeschichte der Kultur, Stuttgart 1961. — STUART PIGGOTT, Ancient Europe, Edinburgh 1965. —

Es ist nun für uns von Interesse zu sehen, wie die Forscher in dem ersten Viertel des 20. Jahrhunderts sich um diese neu gefundenen Kulturen bemühen, wie sie versuchen, sie einzuordnen in das damals bekannte chronologische Gefüge.

Es erscheint 1905 das zusammenfassende, hier oft genannte Werk von einem der angesehensten Prähistoriker dieser Zeit, SOPHUS MÜLLER (1848—1934), von 1892—1921 Direktor des Nationalmuseums in Kopenhagen, der Titel ist: Urgeschichte Europas, Straßburg 1905. Paul Reinecke (1872—1958) der Hauptkonservator am Bayerischen Landesamt für Denkmalpflege in München, nennt das Buch ein Werk, das „allen Anspruch darauf hat, als Grundlinien einer wissenschaftlichen Prähistorie zu gelten, als erstes Buch dieser Art, das unsere Literatur überhaupt aufzuweisen hat", Mainzer Zeitschr., Bd. 3, 1908 S. 66, Anm. 55.

Am Anfang seines Buches spricht Sophus Müller von der geistigen Situation seiner Zeit. Und diese Worte sind auch für unsere Epoche noch von Wert. Er beginnt sein Buch:

„Kurz und engbegrenzt war der Rückblick auf das Menschenleben in Europa, solange man sich mit den schriftlichen Quellen begnügte. Wo solche fehlten, gähnte das leere Nichts. Reichte auch die so erworbene Kenntnis für Griechenland tausend Jahre vor Christi Geburt zurück, so begann sie für Nordeuropa erst ebenso spät nach Christo. Man wußte von den europäischen Völkern überhaupt erst dann etwas zu erzählen, wenn sie in den Gesichtskreis literarischer Kulturen getreten waren, und sobald die Zivilisation, die sich von Südosten aus über Europa verbreitete, sie im Laufe der Zeiten nach und nach erreichte."

„Erst als man im vorigen Jahrhundert lernte, die Werke des Menschen als Quelle für die Kenntnis der Urzeit nutzbar zu machen, öffnete sich ein weiterer Ausblick, sowohl nach rückwärts, als auch ringsum über alle Gegenden Europas. Was bis dahin vor aller Geschichte gelegen hatte, wurde nun zur Vorgeschichte, die von den schriftlosen Zeiten handelt und auf den Hinterlassenschaften aus der Urväter Tagen sich aufbaut. Es ist, als ob die Menschheit bis dahin von einer merkwürdigen Blindheit gewesen wäre, daß sie bis zum 19. Jahrhundert geschichtliches Wissen nur aus Büchern zu gewinnen verstand, und die greifbaren Urkunden menschlicher Kulturarbeit, die ebenso deutlich Zeugnis ablegen, gänzlich übersah."

Nach diesen einleitenden Worten spricht Sophus Müller von dem Paläolithikum, und dann wendet er sich der Epoche zu, die wir jetzt das Mesolithikum zu nennen pflegen. Er sagt (ebda S. 15): „Es könnte scheinen, als ob zwischen der Eiszeit und der geologischen Gegenwart eine Lücke klaffte; erst in den letzten

Jahren ist diese scheinbare Lücke durch glückliche Funde in Frankreich ausgefüllt worden."

Sophus Müller spricht von Mas d'Azil und dem Azilien und dann erwähnt er Maglemose, die Ausgrabungen von G. Sarauw. Und er bemerkt dazu (ebda S. 17): „Einer bestimmten Zeitangabe möchte ich am liebsten ausweichen; doch kann man wohl schätzungsweise sagen, daß es schwerlich vor dem fünften oder sechsten Jahrtausend gewesen ist." Er nennt diese Epoche den Beginn der neolithischen Zeit. Das Wort Mesolithikum fällt nicht.

Dieses Wort fällt auch nicht bei dem Darsteller der Funde auf deutschem Boden, bei Paul Reinecke im Jahre 1908. Reinecke nennt seinen Artikel in der Mainzer Zeitschr., Bd. 3, 1908, S. 44—68: „Zur Kenntnis der frühneolithischen Zeit in Deutschland." Er spricht in dem Aufsatz über Maglemose, über die Entstehung der Ostsee nach der Eiszeit, er spricht über Mas d'Azil, auch über andere Funde gleicher Art in Frankreich, und er spricht von den Kjökkenmöddinger Funden von Dänemark, besonders von Ellerbek, den Ablagerungen der Küchenhaufen, und er bemerkt mit Recht, daß sie jünger sind als Maglemose. Bei den Kjökkenmöddingern erscheint eine grobe Keramik, die bei Maglemose noch fehlt. Reinecke spricht über alle Funde in genauer Kenntnis der Tatsachen, aber er spricht von frühneolithischer Zeit.

Der Berichterstatter über die Kjökkenmöddinger Funde auf dem Internationalen Kongreß für Anthropologie und prähistorische Archäologie, Monaco 1906, VALDEMAR SCHMIDT, spricht von altem Neolithikum, „periodes anciennes du néolithiques", Monaco 1907, Tome I, S. 427. GORDON CHILDE (1892—1957) spricht in seinem Buch „The Dawn of European Civilization", London 1925 von „Transitional Cultures" (S. 3 f.).

OSCAR MONTELIUS (1843—1921) wieder ordnet die Funde der Kjökkenmöddinger, auch Ertebölle-Gruppe genannt, ein in die Ältere Steinzeit in seinem Buch: Kulturgeschichte Schwedens, Leipzig 1906, S. 9.

HUGO OBERMAIER sagt in Ebert, Reallexikon d. Vorgeschichte unter dem Artikel „Mesolithikum", Bd. 8, 1927, S. 154, daß es nicht richtig sei, den Begriff Mesolithikum als Sammelbegriff für die Zwischenkulturen aufzufassen, die die Übergangsperiode zwischen Paläolithikum und Neolithikum bedeuten. Er spricht von einem Epipaläolithikum mit Tardenoisien, Azilien und Maglemosekultur und von einem Protoneolithikum mit Campignien und Kjökkenmöddingern. Das war um 1927.

Gewiß sind das nur Fragen der Nomenklatur, Fragen der Typologie. Für eine Wissenschaft als Ganzes sind sie aber doch von entscheidender Bedeutung. Nach 1927 setzt sich langsam der Gesamtbegriff Mesolithikum durch. Das ist nötig, weil die Ostspanische Kunst in diese Epoche sich einordnet und auch die ältere, die naturhafte Felsbildkunst Skandinaviens. Auch aus den übrigen Kontinenten treten Funde des Mesolithikums in Erscheinung.

Um diese Zeit bemerkt man daher die Wandlung. Das Buch von R. A. S. MACALISTER, A Textbook of European Archaeology, Vol. I, The Palaeolithic period, Cambridge 1921, Kap. 10, verteidigt den Sinn des Begriffes Mesolithikum. Macalister sagt, S. 517: "Some convenient single word is wanted by which to denote the phases of civilisation intervening, in time of not in evolutionary sequence, between the full Magdalenian and the full Neolithic: and for this purpose the term "Mesolithic" is as appropriate as any other that can be found."

1927 findet ein Anthropologen-Kongreß in Köln statt. Dabei wird eine Ausstellung veranstaltet, genannt „Die mittlere Steinzeit Deutschlands". Gustav Schwantes schreibt die Einleitung zu dem Führer (Tagungsbericht, Leipzig 1928, S. 120—147). Seit dieser Zeit, um 1927, hat sich der Begriff Mesolithikum, Mittlere Steinzeit, durchgesetzt.

1927 erscheint von Carl Gumpert ein Buch in der Mannus-Bibliothek: Fränkisches Mesolithikum, Leipzig, und 1936 erscheint ein Werk von J. G. D. Clark (geb. 1907) mit dem Titel: The Mesolithic Settlement of Northern Europe, Cambridge.

Das Wort Mesolithikum, ein Wort, die große Epoche zwischen 10 000 und 3000 in Nordeuropa, 10 000—5000 in Südeuropa bezeichnend, hat nun Gewicht gewonnen, es hat sich eingeschoben in die prähistorische Literatur.

Wenn die Fehldatierung von Breuil für die Kunst der Eiszeit schon unglücklich, ja, verwirrend für die Zeit bis 1950 war, dann noch mehr seine Fehldatierung der Ostspanischen Kunst. Hier handelt es sich tieferwirkend um die falsche zeitliche Einordnung einer ganzen Gruppe von Kunstwerken. Breuil und auch Obermaier datierten die Ostspanische Kunst in die Eiszeit. Sie erklärten, diese Kunst sei von einer anderen Volksgruppe geschaffen als die damals sogenannte franko-kantabrische Gruppe. Die franko-kantabrische Gruppe gehört unzweifelhaft der Eiszeit an, nicht aber die Ostspanische Gruppe. Sie ist, wie wir heute wissen, mit Sicherheit nacheiszeitlich, mesolithisch, in Zahlen etwa der Zeit von 10 000 angehörend bis 4000 und 3000.

Die Kämpfe um die Zeitbestimmung der Ostspanischen Kunst waren hart und scharf. Martín Almagro sagt: „La cronología de este arte levantino han promovido crudas discussiones", „Die Chronologie dieser Ostspanischen Kunst hat grausame Diskussionen hervorgerufen." Es stehen zwei verschiedene Meinungen von Anfang an scharf und unüberbrückbar gegeneinander. Die eine, geführt von Breuil und Obermaier, vertritt ohne jedes Zugeständnis das eiszeitliche Alter, also, nach den neueren Daten unserer Zeit die Epoche von 35 000—10 000. Die andere Gruppe, zuerst ohne Vertreter, seit 1924 getragen von dem spanischen Forscher Eduardo Hernández Pacheco, erklärt, die Ostspanische Kunst ist mesolithisch, sie gehört der Epoche nach 10 000 an. Ich darf bemerken, daß ich ebenfalls in einem Buch von 1923 diese Ostspanische Kunst als mesolithisch, als nacheiszeitlich bezeichnet habe: Herbert Kühn, Die Kunst der Primitiven, München 1923, S. 49—54.

Beide Forscher, Breuil und Obermaier, haben mir in Gesprächen immer wieder erklärt, daß die Ostspanische Kunst zeitlich nur der Eiszeit zugehören könne. Ich muß bemerken, daß ich mich gefügt habe, und daß ich in dem Buch von 1929: „Kunst und Kultur der Vorzeit Europas, Das Paläolithikum," die Ostspanische und damit auch die älteste Nordafrikanische Felskunst als eiszeitlich bezeichnet habe. Es ist meine Pflicht, heute zu erklären, daß das ein Irrtum war. Die Ostspanische Felsmalerei ist unzweifelhaft nacheiszeitlich, sie gehört dem Mesolithikum an. Diese Tatsache habe ich seitdem vielfach zum Ausdruck gebracht, so in: Herbert Kühn, Der Aufstieg der Menschheit, Frankfurt a. M. 1955, S. 48—51. — Ders. Die Felsbilder Europas, 3. Aufl. 1971, S. 39. — Ders. Vorgeschichte der Menschheit, Bd. 1, Köln 1962, S. 125f.

Die Hauptstützpunkte von Breuil und Obermaier haben sich um 1930 endgültig als nicht tragkräftig herausgestellt. Der führende Gedanke war, daß die beiden verschiedenen Kunstformen zeitlich gleichzeitig seien, beide der Eiszeit zugehörig, daß sie aber von zwei verschiedenen Bevölkerungsgruppen getragen gewesen wären. Im Raume Frankreichs und Nordspaniens von dem Menschen des Aurignacien bis Magdalénien, in Ostspanien von dem Menschen des Capsien, benannt nach Gafsa in Nordafrika.

Seit 1930 stellte sich deutlich heraus, daß das Capsien nicht eiszeitlich, sondern daß es mesolithisch ist (VAUFREY, Notes sur le Capsien, L'Anthropologie 1933, S. 457—483). Grabungen unter den Felsbildern brachten nur mesolithische Werkzeuge zutage (M. A. ALMAGRO, Manual de Historia Universal, Tomo 1, Prehistoria, Madrid 1960, S. 379—383).

Ein zweiter führender Gedanke von Beuil und Obermaier war, daß auf die Kunst des Magdalénien sofort die Kiesel von Mas d'Azil folgen, das bedeutet, daß sich sogleich an die Mehrfarbigkeit im Magdalénien die völlige Abstraktion anschließe. Dieser Gedanke hat sich ebenfalls als irrtümlich erwiesen. Die Schicht des Azilien in Mas d'Azil ist 1895 von Piette nicht genügend beobachtet worden (ED. PIETTE, Les galets coloriés du Mas d'Azil, Supplément au Numéro 4, 1896 de la Revue L'Anthropologie). Die zeitliche Einordnung durch Piette ist völlig ungesichert, vermutlich handelt es sich um Neolithikum. So haben sich nach 1930 die entscheidenden Argumente von Breuil und Obermaier nicht mehr durchzusetzen vermocht.

EDUARDO HERNÁNDEZ PACHECO hat in seinem 1924 erschienenen Buch: „Las pinturas prehistóricas de las cuevas de la Araña, Valencia," Madrid 1924 die Gründe aufgezählt, die ihn zu der Einordnung der Ostspanischen Kunst in das Mesolithikum, in die Nacheiszeit veranlassen, S. 133 in spanischer Sprache, S. 207 in französischer Sprache.

1. Die Bilder finden sich nicht mehr in Höhlen, sondern an offenen Felswänden.

2. Die Größe der Bilder ist anders als bei denen der Eiszeit. Sie beträgt im Durchschnitt 20—30 cm, manche Bilder sind nur 3—4 cm groß.

3. Häufig wird die menschliche Gestalt wiedergegeben im Gegensatz zu der Kunst der Eiszeit.

4. Es fehlt völlig die eiszeitliche Tierwelt wie Rhinozeros, Elefant, Elch, Ren, Bison. Die Bilder der Tiere in der Ostspanischen Kunst gehören dem Klima der Nacheiszeit an, wie Rind, Pferd, Steinbock, Hirsch, Ziege, Eber, Fuchs.

5. Der Stil ist völlig verändert gegenüber dem der Eiszeit. Die Silhouette, die Umreißung ist herrschend, die Mehrfarbigkeit fehlt. Die Gestalten, Menschen sowohl wie Tiere, sind idealisierend, das heißt stilisierend dargestellt. Es lebt die

Bewegung, der Ausdruck, die Umwandlung der gegebenen Natur in bewußte Veränderungen.

Hernández Pacheco erklärt an dieser Stelle, daß er im Gegensatz stehe zu der Meinung anderer Prähistoriker, er meint Breuil und Obermaier. Im Laufe der Zeiten hat Hernández Pacheco recht behalten gegen die führenden Autoritäten.

Der Kampf drehte sich zum Schluß um die dargestellte Tierwelt. Dazu erklärten Breuil und Obermaier, die eiszeitlichen Tiere sind nicht über die Pyrenäen gekommen, das Klima war südlich der Pyrenäen wärmer. Breuil verteidigte seinen Standpunkt damit, daß es in Alpera die Wiedergabe eines Elches gäbe, in Minateda das Bild von einem Rhinozeros, von zwei Elchen und der Saiga-Antilope. Zu dieser Deutung der Bilder als eiszeitliche Tiere muß ich erklären, daß ich die Bilder an Ort und Stelle aufgesucht habe. Die Tatsache ist, daß diese Tiere nicht erkennbar sind. Ich befinde mich hier in Übereinstimmung mit Martín Almagro, Ripoll-Perelló, Jorda Cerda, Hernández Pacheco.

Entscheidend ist der völlig andere Stil der Gestaltung, die Bewegung gegenüber der Ruhe, die Komposition, die Gruppe als tragendes Element, weiter die Lage nicht mehr in Höhlen, sondern an freien Felswänden. Verloren wird die Gestaltung des Raumhaften, aber gewonnen wird die Fläche, der Ausdruck der Lebhaftigkeit.

Ein wichtiges Argument gegen das eiszeitliche Alter wurden die Bilder von Camforros, bei Breuil Canjorros, in der Provinz Jaén, auf denen Menschen Pferde am Halfter führen. Als in der Gasulla-Schlucht ein Reiterbild erschien, war die Frage noch lebhafter in die Diskussion gekommen. Almagro erklärte auch, daß er bei Ausgrabungen unter den Bildern nur mesolithische Werkzeuge gefunden habe (Martín Almagro, Arte prehistórico, in: Ars Hispaniae, Madrid 1947, S. 88).

Der Kampf hat bis 1960 gedauert. In diesen Jahren hat eine amerikanische Stiftung für die Forschung der Vorgeschichte, die das Schloß Wartenstein in Österreich besitzt, dorthin einen Kongreß berufen, der hauptsächlich dieser Frage gewidmet war. Almagro, Bandi, Ripoll sind Breuil betont entgegengetreten in der Frage seiner Datierung der Ostspanischen Kunst. Der Vortrag von Breuil ist nicht abgedruckt worden. Almagro hat mir gesagt, daß Breuil mit Temperament, mit Fanatismus eingetreten ist für seine Ideen. Er fand leichte, zaghafte Hilfe bei Pericot, Lantier und Bosch-Gimpera. Aber dem einstimmigen Urteil der spanischen Prähistoriker gegenüber hat Breuil erkannt, daß er auf verlorenem Posten kämpft. Er hat seinen Vortrag nicht zum Druck gegeben. Der Bericht dieses Kongresses liegt vor: Luis Pericot García and Eduardo Ripoll Perelló, Prehistoric Art of the Western Mediterranean and the Sahara. Aldine Publishing Company, Chicago 1964, 262 Seiten.

Wichtige Arbeiten über das Alter dieser Kunstgruppe sind diese: H. Breuil, L'Age des cavernes et roches ornées de France et d'Espagne. Revue Archéol. 1912, S. 193—234. — H. Obermaier, Paläolithikum und steinzeitliche Felskunst in Spanien, Prähist. Zschr. 1921—1922, S. 177—199. — Ders. El hombre fósil, Madrid 1916, S. 241 oder dasselbe: Ders. Fossil Man in Spain, New Haven, 1924, S. 254. — H. Obermaier y P. Wernert, La Edad Cuaternaria de las pinturas rupestres del Levante español. Memorias de la Real Sociedad Española de Historia Natural, XV,

Madrid 1929. — M. ALMAGRO, La cronología del Arte Levantino de España. VI. Congresso Arqueológico del Sudeste, Alcoy, 1950, y Cartagena, 1951. —

Heute ist die Frage geklärt. Die Ostspanischen Felsbilder gehören dem Mesolithikum, der mittleren Steinzeit an, demnach, wie gesagt, der Zeit von 10000 bis etwa 4000 und 3000.

Die Entdeckung der nacheiszeitlichen Kunstgruppe beginnt 1903 mit Calapatá bei Cretas, Provinz Teruel, entdeckt von Cabré Aguiló, studiert 1908 von Breuil.

1907 wird Cogul gefunden, Provinz Lerida, entdeckt von Huguet, studiert 1908 durch Breuil.

1909 werden die ersten Bilder bei Albarracín, Provinz Teruel, aufgefunden durch Cabré Aguiló, studiert 1910 durch Breuil.

Das Jahr 1910 bringt den bedeutenden Fundplatz Alpera bei dem Ort Alpera, Provinz Albacete, entdeckt von Pascual Serrano, studiert 1911 von Breuil, ferner Las Batuecas bei Cácares, Provinz Salamanca, entdeckt durch Breuil.

Im Jahre 1911 wird Tortosillas bei Ayora, Provinz Valencia gefunden. Das Jahr 1912 bringt Cantos de la Visera bei Yecla, Provinz Murcia, entdeckt durch Julian Zuazo, 1914 studiert durch Breuil und Burkitt.

1913 werden drei Fundstätten gefunden, es sind: Estrecho de Santonge bei Vélez Blanco, Provinz Almería, entdeckt durch F. de Motos, studiert durch Breuil, ferner Los Lavaderos de Tello, ebenfalls bei Velez Blanco, entdeckt durch Breuil, drittens Charco del Agua Amarga bei Alcañiz, Provinz Teruel, entdeckt durch Carlos Esteban Membrado.

Ein besonders wichtiger Fundplatz wird 1914 gefunden, es ist Minateda bei Hellin, Provinz Albacete, gefunden durch einen Prospektor von Breuil studiert durch Breuil.

Nach 1915 sind die wichtigsten Fundplätze: 1917 Morella la Vella bei Morella, Provinz Castellón, entdeckt durch J. Senent. Von großer Wichtigkeit ist die 1917 gefundene Felsschlucht mit einer großen Anzahl von bemalten Nischen, Barranco de Valltorta zwischen Albocácer und Tirig, Provinz Castellón, entdeckt durch A. Rode studiert durch Obermaier und Bosch-Gimpera.

1918 brachte Els Secans bei Mazaleón, Provinz Teruel und 1919 die Cuevas de la Araña, Provinz Valencia, entdeckt durch J. Poch y Garé, studiert durch Hernández Pacheco.

Das Jahr 1921 brachte drei Fundstellen in der Provinz Tarragona, sie wurden durch Bosch-Gimpera studiert: Tivisa bei La Fuente de Vilella, ferner Vandellos bei Las Porciules, dann Perelló bei Perelló.

1923 brachte Benifallet, Provinz Tarragona, entdeckt durch M. Pallarés und 1926 Tormón bei Albarracín, Provinz Teruel, studiert durch Breuil und Obermaier.

In dem ersten Viertel des 20. Jahrhunderts waren somit zwanzig Fundstellen mit mehr als tausend einzelnen Bildern bekannt geworden, und das Problem dieser Bilder nach Zeit und Zusammenhang mit der Kunst der Eiszeit trat fordernd in den Mittelpunkt.

Nach 1925 sind weitere wichtige Fundorte, vor allem die Gasulla-Schlucht entdeckt worden, 1935, nicht weit entfernt von der Valltorta-Schlucht, wieder mit mehreren bemalten Nischen, bearbeitet von Obermaier. In der Umgebung von Albarracín, Teruel, sind acht Fundstellen gefunden worden, vor allem durch Martín Almagro.

Bis heute 1975, sind 79 Fundstellen Ostspanischer Kunst bekannt (HERBERT KÜHN, Die Felsbilder Europas, Stuttgart 1971, 3. Aufl., S. 145—150). — ANTONIO BELTRÁN MARTINEZ, Arte rupestre Levantino, Zaragoza 1968. Der Verf. zählt 102 Fundstellen auf, dabei sind die Felsnischen mit Bildern einzeln berechnet.

Ein wichtiges Ergebnis dieser Forschung ist, daß die ältesten Bilder anschließen in ihrer Stilgebung an die späten Bilder der Eiszeit, an die Bilder des Schwingenden Stiles, an die des späten Magdalénien. Es sind die am stärksten naturhaften Bilder. Über ihnen lagert die Schicht der bewegten Figuren und wieder über denen beginnt das Abstrakte. Die jüngsten Bilder dieser Gruppe sind schematisch, geometrisch, sie sind losgelöst von der Natur. Der Weg ist an vielen Fundstellen, wohl am deutlichsten in Minateda und Alpera, zu erkennen durch reiche Überlagerungen. Immer wieder verliert sich das Dynamische, ein Statisches tritt an seine Stelle. Kleinkunstwerke aus ergrabenen Schichten, wie bei der Eiszeitkunst, liegen nicht vor.

Mit der Entdeckung dieser Ostspanischen Kunst ist zwischen 1900 und 1950 ein völlig neuer, ein bis dahin unbekannter Kulturkreis in den Blickpunkt getreten. Nach vielen Kämpfen hat er sich als mesolithisch, als nacheiszeitlich offenbart.

In der Epoche des Mesolithikums erscheint nicht nur die Ostspanische Gruppe der stilisierenden Kunst, es gibt noch eine andere Welt des Kunstgeschehens dieser Zeit, ebenfalls von Bedeutung, es ist die nacheiszeitliche naturhafte Kunstgestaltung von Skandinavien und Finnland.

Auf den Felsabhängen finden sich Gravierungen von Tieren, vor allem Rentiere, tief eingeschlagen in den Untergrund, nur die Umrißlinien aufweisend. Die Bilder ziehen sich an der ganzen Küste Skandinaviens entlang bis fast zum Nordkap, in Schweden reichen sie in das Innere des Landes hinein. Es sind Bilder von Jägern, die ihre Jagdbeute bannen, wie in der Eiszeit. Auch der Stil bedeutet eine Fortführung der eiszeitlichen Kunst, es ist die Linie, die Umreißung, die das Wesenhafte dieser Bilder ausmacht. Auch die nacheiszeitliche Kunst Ostspaniens ist eingestellt auf die Umreißung in beidemal noch naturhafter Gestaltungsform. Es lassen sich drei Stufen erkennen, die ältesten Bilder, anschließend an die Formen des Spätmagdalénien, stellen große, tief eingeschnittene, naturhafte Tiere dar. Die zweite Stufe bringt schattenhafte, eckige Formen. Die dritte Stufe wird schematisch, sich langsam entfernend von den von der Natur gegebenen Gestalten. Auf diese Kunst folgt die Felsgravierung der Bronzezeit, in Schweden so besonders stark entwickelt.

Das Eis schmilzt in Mittelschweden ab um 6000. Die Menschen werden den Tieren gefolgt sein, der Norden ist noch heute ein besonders gesuchtes Gebiet der Jagd. Diese naturhafte Kunst der ältesten Perioden in Skandinavien wird die Zeit von 6000—1400 v. Chr. umfassen, bis zu der Epoche, in der die bronzezeitlichen Bilder der Schiffe beginnen.

Es gibt genügend Stellen mit Überlagerungen, wie etwa Bardal in Nord-Tröndelag oder in Sletjord, Nordland. Andere Fundstellen sind Forselv, Nordland; Böla, Nord-Tröndelag; Vingen, Sogn und Fjordane.

Diese Bilder sind besonders bearbeitet worden von GUSTAF HALLSTRÖM in seinem Werk: Monumental Art. I, Stockholm 1938 mit 544 Seiten u. 46 Tafeln, Bd. II, 1960, ferner von GUTORM GJESSING, Arktiske helleristninger i Nord Norge, Oslo 1932 mit 76 Seiten, 54 Tafeln. Ders. Nordenfjelske Ristninger og Malinger, Oslo 1936 mit 207 Seiten, 84 Tafeln. JOHANNES BÖE, Felszeichnungen im westlichen Norwegen, Bergen 1932 mit 70 Seiten, 44 Tafeln. Eine zusammenfassende Darstellung bringt HERBERT KÜHN, Die Felsbilder Europas, 3. Aufl. 1971.

GUSTAV HALLSTRÖM ist 1880 in Stockholm geboren und dort 1962 gestorben. Er war wissensch. Mitarbeiter am Staatl. Hist. Museum in Stockholm, von 1938—45 Reichsantiquar. Sein Lebenswerk sind die oben erwähnten Bücher.

GUTORM GJESSING ist der Verfasser mehrerer Arbeiten: Vom Naturalismus zur Schematisierung, IPEK 1935. — Oestfolds jordbrukristninger, Oslo 1939. — Yngre steinalder i Nord-Norge, Oslo 1942. — Norges steinalder, Oslo 1945. —

JOHANNES BÖE ist 1891 in Ringsaker, Norwegen geboren. Er war Konservator am Bergens Museum seit 1921, Prof. 1942—60. Wichtige Werke sind: Jernalderens keramik i Norge, 1931. — Boplassen i Skipshelleren, 1934. — Le Finmarkien, Oslo 1936. — Norse Antiquities in Ireland, Oslo 1940. — Til hoegfjellets forhistorie, Oslo 1942.

Neolithikum

Die Epoche des Neolithikums, der Neusteinzeit, bedeutet die erste tiefgreifende Revolution der Menschheit. Die Eiszeit ist zu Ende gegangen, zu Ende gegangen ist auch die nachfolgende Zeit, das Mesolithikum. Bis zu dieser Zeit, etwa 4000 im Norden und in der Mitte Europas, hat der Mensch noch immer versucht, wie in der Eiszeit von der Jagd zu leben. Aber die wichtigsten Tiere, von denen er lebte, sind ausgestorben oder sie sind abgewandert in die weiten Steppen Sibiriens.

Der Mensch war gezwungen eine neue Form zu finden, die ihm das Leben ermöglichte. Es waren ihm zwei Wege gegeben, einmal die Züchtung der Tiere, die Viehzucht, und zweitens der Ackerbau, das Säen und das Ernten der Pflanzen und damit die Erfindung des Brotes. Es ist das eine völlig andere, eine völlig neuartige Form der Ernährung. Die Nahrung wird nicht mehr gegeben durch die Natur, es ist der Mensch, der sie sich selber herstellt.

In der Kunst muß sich diese Wandlung der Wirtschaft am deutlichsten ausprägen als ein wesensanderes Gestalten gegenüber der naturalistischen Kunst der Eiszeit und der stilisierenden Kunst des Mesolithikums.

Das Tier, die Lebenswurzel des Menschen der Eiszeit, ist etwas naturhaft Gegebenes, es ist eine Wirklichkeit, es ist eine Sichtbarkeit.

Die Fruchtbarkeit des Feldes ist nicht eine Wirklichkeit, ist nicht Greifbares. Die Fruchtbarkeit des Feldes ist eine Folgerung, ist ein Gedachtes, eine Idee.

So muß sich eine Kunstart herausbilden, die Abstraktes gestaltet, eine Formgebung, die den Sinn, die das Symbol wiedergibt, die Idee, den Gedanken.

Das deutlichste Beispiel dieser Wandlung der Kunst zum Abstrakten ist an der Stelle gelagert, an der in der Eiszeit die naturhafte Kunst ihren Boden besaß, im Mesolithikum die stilisierte Kunst und im Neolithikum die abstrakte: es ist Spanien.

In diesem Lande sind alle drei Stadien der Kunstgestaltung gegeben, und deutlich sind alle Übergänge zu erkennen. Es gibt Höhlen mit Malereien der Eiszeit, die zugleich Ostspanische Kunst enthalten, wie El Niño, Albacete, und es gibt Höhlen, die neben der Malerei der Eiszeit die abstrakte Kunst enthalten.

An die Ostspanische Kunstgruppe schließt sich folgerichtig an die Abstraktion in der Epoche des Neolitikums. Auch sie ist erst ein Gewinn des 20. Jahrhunderts.

Wieder ist Abbé Breuil der unermüdliche Erforscher. Er scheut nicht die Mühen der Reisen, nicht die Schwierigkeiten der Übernachtungen in Zelten in den oft unwegbaren Bergen des südlichen Spaniens.

Die Bilder dieser Gruppe sind völlig abstrakt, sie haben oftmals jede Beziehung zu der Wirklichkeit verloren. Die Endphase der Ostspanischen Kunst führt in die stärkste Stilisierung hinein. Die abstrakte Kunst der Vorzeit vollendet den Prozeß.

Die Bilder der abstrakten Gruppe gehören dem Neolithikum an, der Neusteinzeit und der frühen Bronzezeit, in Zahlen der Zeit von etwa 4000—1000 v. Chr. Diese Bilder bedecken die ganze Fläche der Iberischen Halbinsel, nicht nur den Süden, wie man ursprünglich angenommen hatte. Diese abstrakten Bilder haben ihren Schwerpunkt in der Sierra Morena, dann ganz im Süden zwischen Gibraltar und Cádiz, ein drittes Zentrum liegt im Norden in der Landschaft Galicia, um La Coruña und Pontevedra.

Bei diesen Bildern hat es nicht Gegensätze der Meinungen über das Alter gegeben. Es waren zu viele ebenfalls völlig abstrakte Statuetten in den Schichten des Neolithikums und der Bronzezeit in Spanien ausgegraben worden (MARTÍN ALMAGRO, Manual de Historia Universal, Tomo 1, Prehistoria, Madrid 1960, S. 674, Fig. 742). Auch neolithische Tongefäße bringen gelegentlich die gleichen abstrakten Darstellungen von Menschen und Tieren (MARTÍN ALMAGRO, Arte prehistórico in Ars Hispaniae, Madrid 1947, S. 111, Fig. 90). Dazu kommt, daß auch die Megalithbauten, die Ganggräber, Gravierungen in diesem Stile enthalten, vor allem im nördlichen Frankreich, in der Bretagne. (MARTHE et SAINT-JUST PÉQUART et ZACHARIE LE ROUZIC, Corpus des signes gravés, Paris 1927, Taf. 85, 91, 93, 94.)

Die wissenschaftliche Bearbeitung dieser Bilder in Spanien beginnt im Jahre 1910. Die Veranlassung ist eigentümlich. Es ist eine Komödie von Lope de Vega, dem spanischen Dichter, die zu der Entdeckung der Bilder führt. Lope de Vega lebte von 1562—1635. Die Komödie hat den Titel: „Las Batuecas del Duque de Alba." In ihr wird von Bildern an den Felsen bei Las Batuecas gesprochen, von Bildern, die gefährlich sind, denn bei ihnen hausen Dämonen. Die Bilder werden „figuras de demonios" genannt. Es gibt dort Bilder von Tieren, die heute nicht mehr leben. Der Text lautet: "Esas casas, que pintadas se ven en ese trabón no son en Batuecas halladas, que nuestras casas no son tan polidas fabricadas. Ni esos fuertes animales tan feroces ni tan listos, con garras y lanes tales, son en nuestros valles vistos por mantañas ni arenales. Luego es señal que hay más gente, más mundo y cosas más bellas."

Las Batuecas liegt 75 km entfernt von Salamanca, dem Orte der Alten Universität. Breuil besuchte Las Batuecas zusammen mit Cabré Aguiló und Louis Siret am 6. April 1910. Mit diesem Datum beginnt die Entdeckung der abstrakten Felskunst Europas. Nicht nur an einer Stelle um Las Batuecas fanden sich damals Felsbilder, sondern an elf verschiedenen Plätzen. (H. BREUIL, Les peintures rupestres schématiques de la Péninsule Ibérique. Bd. I, Paris 1933, S. 5—31.)

Zuunterst liegt in Las Batuecas eine Schicht von halbnaturalistischen, von stilisierten Tierbildern, Steinböcken, in brauner Farbe. Diese Bilder schließen an an die Ostspanische Kunst. Über dieser Schicht lagern hellrote Bilder von Tieren, Punkten, abstrakten Menschengestalten. Zuoberst liegt eine Schicht, in weißer Farbe gemalt, mit Fischen und stilisierten Tieren.

Nun war das Interesse erwacht an dieser neuen, bisher nicht bekannten Gruppe von abstrakten Malereien. Breuil erhielt Mitteilung von ähnlichen Felsbildern im Süden Spaniens bei Fuencaliente, Provinz Ciudad Real. Auch über diese Fundstelle gab es eine alte Nachricht. Im Jahre 1783 hat der Pfarrer von Montoro Felsbilder bei Fuencaliente gesehen, er hat darüber mit Zeichnungen Mitteilung gemacht an den König von Spanien, Karl III. (1759—1788). Der Bericht blieb in den Archiven liegen, er wurde aber 1868 verwendet von einem Wissenschaftler, MANUEL DE GÓNGORA MARTÍNEZ, in seinem Werk „Antiguedades Prehistóricas de Andalucía".

Der Pfarrer von Montoro, E. Lopez de Cárdenas, war im Jahre 1783 tatsächlich der erste, der die Bilder von Fuencaliente gezeichnet hat. Im Jahre 1868 wurden seine Zeichnungen veröffentlicht, im Jahre 1911 wurden diese Zeichnungen für Breuil die Veranlassung, die Fundstelle aufzusuchen. Vom 12.—16. Juni 1911 kopierte Breuil die Bilder an Ort und Stelle und photographierte sie. 1912 besuchte er den Fundplatz wieder, zusammen mit Obermaier und Paul Wernert. Der Hauptplatz heißt Piedra Escrita, es wurden aber noch 14 andere Stellen mit Malereien in der Umgebung aufgefunden. Der Bericht erschien in der Zeitschrift L'Anthropologie, Bd. 24, 1913, S. 23—26.

Der wichtigste Fries, Piedra Escrita, hat die Länge von 22 Metern. Diese ganze Fläche ist mit einigen Unterbrechungen bemalt. Die Farben sind gut erhalten, der Grund ist der leichte Überhang des Felsens (Herbert Kühn, Die Felsbilder von Fuencaliente, IPEK, Bd. 20, 1960—1963, S. 28—33). Die Bilder stellen abstrakte menschliche Gestalten dar, das Zeichen Wolke, Kreise mit Strahlen, eine Art Baum, wohl den Stammbaum der Herde.

Gongora hat auch noch von anderen Bildern an Felsen berichtet, von der Cueva de Los Leteros bei Vélez Blanco, Almería. Im März 1912 besuchte Breuil auch diesen Fundplatz, zusammen mit Obermaier und Cabré Aguiló. Auch dieser Ort war ergebnisreich. Der bemalte Hauptfelsen ist 25 Meter lang, ein Felsüberhang. Sieben Gruppen von Bildern lösen sich heraus. Es sind stilisierte Steinböcke dargestellt, eine Fülle abstrakter Menschengestalten, Ahnenreihen, Zickzacklinien, das Wasser bedeutend, und eine große Geisterfigur mit Hörnern, Sichel und Blume.

Seit dieser Zeit erforschte Breuil jedes Jahr die abstrakten Felsbilder Spaniens, oft begleitet von dem englischen Gelehrten Miles C. Burkitt. Das Ergebnis war ein erstes Werk über diese Felsbildgruppe: H. BREUIL and M. C. BURKITT, Rock paintings of Southern Andalusia. Oxford 1929. Auf 32 Tafeln brachte das Buch den ersten Einblick in diese reiche Welt der abstrakten prähistorischen Kunst, bis dahin kaum beachtet.

Heute liegen in Spanien und Portugal mit der Insel Mallorca 71 Fundplätze vor. (HERBERT KÜHN, Die Felsbilder Europas, 3. Aufl., 1971, S. 160—170.) Einen zusammenfassenden Bericht legte BREUIL vor in vier Bänden in seinem Werk: „Les peintures rupestres schématiques de la Péninsule Ibérique. Paris 1933—1935.

Abstrakte Felsbilder haben sich auch in Frankreich gefunden, in Norwegen, Italien, Bulgarien, Finnland, der Sowjetunion. Es handelt sich um eine über ganz Europa verbreitete Stilart. Im Laufe der Forschungsarbeiten des 20. Jahrhunderts ergab sich, daß diese Kunstart ebenso in Afrika erscheint, in Asien, in Amerika, in Australien. (Herbert Kühn, Wenn Steine reden, Wiesbaden 1969, 2. Aufl.) Es muß diesem Stilausdruck demnach ein bestimmtes Menschheitsstadium, eine eigene Wirtschaftsstruktur zugrunde liegen.

Wirtschaftlich ist es der Ackerbau mit seinem Problem der Fruchtbarkeit. Die Fruchtbarkeit ist aber nicht eine Wirklichkeit, darstellbar wie die Tiere der Eiszeit, die Fruchtbarkeit ist ein abstrakter Begriff, ausdrückbar nur im Symbol, im Zeichen Wasser als Zickzack, Wellenlinie oder Spirale, oder in anderen Sinnbildern und Zeichen, die losgelöst sind von der Wirklichkeit.

In geistiger Hinsicht drückt diese Kunstart ein mythisches Denken aus, bestimmt durch das Symbol, das Gleichnis, das Märchen.

Die Epoche des Neolithikums wird für das 20. Jahrhundert die problematischste Zeit. Dem 19. Jahrhundert war es nicht geglückt, die schwierigen Fragestellungen des Neolithikums zu lösen. Das 19. Jahrhundert hatte es fertig gebracht, zwei führende Kulturgruppen herauszulösen, die Megalithkeramik einerseits, die Bandkeramik andererseits. Weiter haben sich als eigene Erscheinungen die Schnurkeramik und die Glockenbecher-Keramik deutlich herausgeschält.

Das Problem der Herkunft dieser Kulturen tritt im ersten Viertel des 20. Jahrhunderts als ein tragendes Problem hervor. Stammt die Megalithkultur aus dem Norden, aus Skandinavien, Deutschland, England und wirkt sie weiter nach dem Süden, bis zum Mittelmeer, bis Mykenä, Kreta, Ägypten, oder ist der Ausgangspunkt Ägypten, Mykenä, und die Bewegung strahlt aus nach Norden über Spanien, Frankreich bis Skandinavien.

Dieselbe Frage gilt für die Bandkeramik. Beginnt sie in Deutschland und zieht sie die Donau hinab bis zum Schwarzen Meer und nach Griechenland, oder kommt sie vom Südosten und endet sie am Rhein.

Die Herkunft der Schnurkeramik ist ebenfalls umstritten.

Die der Glockenbecher-Kultur, ergibt sich seit der sorgfältigen Arbeit von Castillo Yurrita, La cultura del Vaso campaniforme, Barcelona 1928, als ausgehend von Spanien.

Wenn wir heute mit Sicherheit erklären können, daß sowohl die Megalithkultur wie die Bandkeramik, beide Kulturen mit der neuen Lebensform des Ackerbaues, in ihrer Kulturerscheinung Elemente des Vorderen Orients in sich tragen, so waren diese Ergebnisse damals, in der Zeit von 1900—1950, besonders heftig umstritten. Der Kampf berührte Frankreich, Spanien und England weniger. Die Bandkeramik erscheint in diesen Ländern nicht. Sie endigt auf ihrem Wege vom Vorderen Orient nach Europa im Pariser Becken und in Belgien. In Deutschland, in der Mitte Europas also, wurden die Kämpfe um die Herkunft der neusteinzeitlichen Kulturen aus Nordeuropa oder aus Vorderasien zu einem Politikum. Damit verloren sie an wissenschaftlicher Bedeutung, in den Vordergrund traten die gefühlsbetonten Elemente.

Man kann deutlich zwei Kampfgruppen unterscheiden, die eine Gruppe kann man die Orient-Betoner nennen, die andere die Norden-Betoner. Es ist jetzt schwer, sich vorzustellen, mit welcher Härte, mit welchem Fanatismus diese Kämpfe durchgeführt worden sind.

Die Orient-Betoner sind bezeichnet durch die skandinavischen Forscher, wie Worsaae, Montelius, Sophus Müller, die schweizerischen wie Bonstetten (1816—1892), die französischen wie Joseph Déchelette (1862—1914).

Die Norden-Betoner sind bezeichnet durch den österreichischen Forscher Matthäus Much (1832—1909), die deutschen Gustaf Kossinna, Georg Wilke und Hans Hahne (1875—1935). Sie haben nicht recht behalten, nur für die Geschichte der Forschung ist der sehr tief greifende Kampf von Interesse, bezeichnet er doch das Wesen einer Epoche, die uns noch nahe steht, die Viele, auch ich selbst, noch mitzuerleben hatten.

An der Spitze der Orient-Betoner steht Sophus Müller, an der Spitze der Norden-Betoner Gustaf Kossinna.

Bei Sophus Müller liest man das Folgende in seinem Buch: Urgeschichte Europas, Straßburg 1905, S. 40: „Man hat aufgrund der Menge und Größe der nordischen Steingräber angenommen, daß diese Grabbauten zuerst im Norden aufgekommen seien und die Bewegung sich von hier aus nach Süden ausgebreitet habe; man wollte einen Beweis dafür sogar in dem Umstande finden, daß die Steingräber des Nordens vollständig in die Steinzeit fallen, während sie in Frankreich bereits einige Metallaltertümer enthalten, und die Kammern im westlichen Mittelmeergebiete aus einer Stein-Bronzezeit, im östlichen aus einer Bronzezeit herrühren; die südlichen Gräber sollten danach die jüngsten sein. Natürlich ist das Entgegengesetzte der Fall; der Norden stand in der Entwicklung zurück und hatte noch immer nur eine Steinkultur, als der Süden bereits Metall besaß. Das gemeinsame Grab ist zur prämykenischen Metallzeit im östlichen Mittelmeergebiete unter ägyptischen Einflüssen aufgekommen und von der nordischen Steinzeit übernommen worden. Darüber verging lange Zeit. An den Westküsten des Mittelmeeres wurden die Steinsubstanzen wohl in der spätmykenischen Zeit, gegen Schluß des dritten Jahrtausends errichtet; im Norden können sie nicht älter sein als vom Beginn des zweiten Jahrtausends."

„Man kann ganz deutlich erkennen, wie sich das Metall in immer weiteren Kreisen verbreitet; in den entferntesten Gegenden ist es am jüngsten und findet seine Grenze ... Die Steinzeitvölker lernten nach und nach die Metallbearbeitung, und wo sich Metall in den Bergen fand, entstand eine lokale Industrie, die wieder für einen neuen Kreis bedeutsam wurde" (S. 43).

„Es handelt sich bei der Stein-Bronzezeit somit nur um schwache Auswirkungen der Vorgänge in Südost-Europa in der Nachbarschaft des orientalischen Kulturzentrums. Dieser Wendepunkt zwischen dem Stein und dem Metall ist gleichwohl von größter Bedeutsamkeit für die Erfassung des ganzen Kulturganges und insbesondere der merkwürdigen Erscheinung, daß diese Abschlußzeit des Steinalters zugleich die höchste Entwicklung der Steinkultur in sich schließt. Teils gewannen wohl erst jetzt die orientalischen Einflüsse größere Stärke — viele von den in Südeuropa zur jüngeren Steinzeit sich ausbreitenden Neuerungen sind gewiß gleichzeitig mit dem ersten Metall herübergekommen. Teils wurde die Steinbearbeitung selbst durch die neuen Metallformen beeinflußt; sie wurden in Stein nachgeahmt, und so erhielt die Kultur einen neuen Inhalt. Schwerlich läßt sich die Ähnlichkeit der Stein- und Metallformen und der Aufschwung der Steinarbeit, der sich von Süden bis nach Norden gerade zur Zeit des ersten Bekanntwerdens des Metalles bemerkbar macht, anders erklären. Bisher hat man jedoch diese Erscheinung abweichend aufgefaßt, indem man umgekehrt annahm, die Kupfersachen seien den Steinformen nachgebildet. Das hat jedoch sicher nur ausnahmsweise stattgefunden. Wenn Dolche und Beile aus Stein die gleichen Formen zeigen wie die eben besprochenen aus Kupfer, so müssen die Steinsachen Nachahmungen sein; denn für Stein passen die Formen nicht; eine andere Veranlassung für ihr Aufkommen, als die Zufuhr neuer Vorbilder aus Metall, läßt sich nicht nachweisen; entscheidend ist, daß diese Formen im Orient in Metall erscheinen, ehe sie in Europa in Stein aufkommen. Die Metallsachen waren noch selten und kostbar, die Orte, wo sie hergestellt werden konnten, noch spärlich. Man ahmte sie daher in dem alten und leicht zugänglichen Material nach, und selbst in Gegenden, wohin das Metall kaum je vordrang, verbreiteten sich doch die neueren Formen, in Stein ausgeführt, von Volk zu Volk" (S. 45).

„Das oben im einzelnen dargelegte Verhältnis des Nordens zum Süden spiegelt Grundbeziehungen ab, die in der ganzen Vorzeit Europas bestimmend gewesen sind; am stärksten machen sie sich in den älteren Perioden geltend, während sie später, wo die klassische und die barbarische Welt einander gegenüberstehen, abgeschwächt sind. Es ist das Verhältnis zwischen Kulturzentrum und Peripherie. Da dieser Gesichtspunkt für die Erfassung der Kulturentwicklung in den äußeren Zonen von entscheidender Wichtigkeit ist, empfiehlt es sich, ihn in bestimmt formulierten Sätzen klarzulegen."

1. „Der Süden war die leitende und spendende Kulturmacht; der äußere Kreis, besonders der Norden, folgte nach und empfing.

2. Der Inhalt der südlichen Kultur wurde nur vermindert und im Auszuge übermittelt.

3. Gleichzeitig unterlag er Änderungen und Umbildungen.

4. Er trat jedoch in den ferneren Gebieten oft in großer Fülle und mit neuer Eigenart auf.

5. doch erst in anderer und späterer Zeit als der, in welcher dieselben Elemente im Süden sich ursprünglich geltend machen.

Die Erfahrung hat gezeigt, daß es mit sehr großen Schwierigkeiten verbunden ist, diese Verhältnisse klar zu erfassen und namentlich ihre Bedeutung für den archäologischen Stoff voll zu würdigen. Wendet man diese Gesichtspunkte z. B. auf die Beile mit dünnem Nacken an — um eine bereits behandelte Form zu wählen (S. 45) — so kommt es darauf an, sich in Übereinstimmung mit den obigen fünf Punkten zu vergegenwärtigen:

1. daß die Form nicht im Norden entstanden, sondern von Süden her übernommen ist;

2. daß sie zu dem knappen Auszug der südlichen Kultursumme der Stein-Bronzezeit gehört, den der Norden empfing;

3. daß das Kupfervorbild im Norden in Stein nachgeahmt worden ist;

4. daß die Form in weit größerer Fülle auftritt als im Süden, da die Anzahl der nordischen Steinbeile dieser Art in die Tausende, ja Zehntausende geht, und die Beile zugleich eine im Süden ganz unbekannte Größe, bis zu 46 cm, erreichen;

5. daß endlich diese Form im Norden einer späteren Zeit angehört als im Süden, gewiß einer so späten, daß die Form im Süden bereits aufgegeben war, als sie im Norden allgemein in Gebrauch stand."

„Ähnliche Verhältnisse wie bei diesen Beilen, keineswegs aber immer so einfach und leicht übersehbar, sondern oft sehr kompliziert und weitreichend, begegnen uns überall in der Vorzeit. Gute Beispiele im großen und kleinen bieten vollständig bekannte Tatsachen wie etwa die Einführung des Christentums, die Buchstabenschrift, die Münzprägung, die Ziegelbrennerei, die Töpferscheibe, der Spinnwirtel. Die Stein- und die Bronzezeit nicht nur des Nordens, sondern aller Gebiete Europas nördlich der Mittelmeerländer bleibt unverständlich, wenn sie nicht auf Grundlage der oben in fünf Punkten aufgezählten Verhältnisse beurteilt wird."

„Die Begründer der vorgeschichtlichen Altertumskunde im vorigen Jahrhundert, so insbesondere J. J. A. Worsaae, hatten für diese Verhältnisse ein volles und klares Verständnis. In Dänemark hat man denn auch später die oben angegebenen Hauptgesichtspunkte bei der Deutung der Phänomene festgehalten, und auch im Auslande haben sie vielfach Anerkennung gefunden. Andere Archäologen dagegen haben von einem oder mehreren dieser Punkte mehr oder minder abgesehen und sind dadurch zu Schlußreihen geführt worden, die, so weit man sehen kann, in große Irrtümer auslaufen" (S. 49—50).

„So weit die Geschichte zurückreicht, zeigt sie, daß in der Vergangenheit die vorwärtsschreitende Kultur Europas im Süden ihre Heimstätte hatte; das Ergebnis der prähistorischen Studien, daß auch in noch früheren Zeiten dasselbe der Fall war, steht in vollkommener Übereinstimmung damit. Es hat ja in historischen Zeiten immer große Kulturunterschiede in Europa gegeben, wie es auch heute noch solche gibt; zu jeder Zeit gab und gibt es spendende Mittelpunkte und empfangende äußere Kreise" (S. 52).

„Doch hat das peripherische Gebiet auch den gleichen Vorteil wie in der Vorzeit; es empfängt die Erfindung voll ausgebildet, nachdem sie durch viele Hände verbessert worden ist, und kann sie dann selbst noch weiterführen, zu einer Höhe, die am Ursprungsorte weder vorher erreicht worden ist, noch auch später erreicht wird, da die Entwicklung dort durch Aufkommen neuer Ideen abgebrochen sein kann. Daher kommt z. B. die reiche Nachblüte der ägyptisch-griechischen Spiralornamentik in der älteren nordischen Bronzezeit (S. 94), daraus erklärt sich eigentlich die ganze große Entwicklung der nordischen Stein- und Bronzezeit, die die Vorstellung hervorrief, hier sei eine Kulturquelle, während sie in Wirklichkeit der letzte Stromlauf ist, der sich hier zu einem großen und stillen See aufstaute" (S. 53).

Das gleiche sagt Sophus Müller von der Bronzezeit. Es seien nur einige Sätze angeführt S. 90—91:

„Diese östliche Bronzezeit tritt in den ungarischen und österreichischen Ländern sowie in Süddeutschland deutlich hervor, und ihr Kennzeichen ist wiederum die Spiralornamentik, die sowohl auf Bronzeobjekten als auf Tongefäßen erscheint. Diese aus der prämykenischen Zeit ererbte Ornamentik spielte in Griechenland während der älteren Mykenäzeit um die Mitte des zweiten Jahrtausends andauernd eine große Rolle. Goldene und silberne Objekte aus den Gräbern auf der Akropolis von Mykenä sind in reicher Fülle mit Spiralschlingen bedeckt. In reicher Abwechslung erscheinen dieselben Ornamente auf Tongefäßen, Grabsteinen und in der architektonischen Ausschmückung der Kuppelgräber. Die Spiralschlingen bildeten ein Hauptmotiv der Mykenä-Ornamentik; kein Wunder, daß sie in der Außenzone nördlich von Griechenland fortdauernd angewendet wurden und als ein Kennzeichen für Berührungen mit Griechenland dienen können."

Und auf S. 92: „Nur der Umstand, daß der Norden vom östlichen Mitteleuropa einen anderen und weit reicheren Kulturstoff empfing als Frankreich und England von Italien, kann die Größe der älteren nordischen Bronzezeit erklären, die eine der merkwürdigsten Erscheinungen in der Prähistorie bildet."

Für die Eisenzeit spricht Sophus Müller von der gleichen Quelle, dem Orient, der nun auf Italien ausgestrahlt hat, und Italien wieder auf den Norden Europas. Die Vogelbilder, die Gesichtsurnen, die Bronzewagen, sie sind so zu erklären. So sagt Sophus Müller auf S. 144: „Man vergleiche den Inhalt des griechischen Bronzealters im zweiten Jahrtausend mit dem des skandinavischen im ersten Jahrtausend: dort eine frühe, orientalische Kultur, hier eine spätere, europäische Entwicklung, die bereits so viel von der gleichzeitigen südlichen Eisenzeit in sich aufgenommen hat, daß man das jüngere Bronzealter mit einiger Berechtigung eine in Bronze verkleidete Eisenzeit nennen könnte, wie ja die spätere nordische Steinzeit bis zu einem gewissen Grade die in Stein umgesetzte südliche Bronzekultur darstellt."

Von der keltischen Kultur sagt Sophus Müller S. 154:

„Durchsichtiger und verständlicher als die ältere Eisenzeit Mitteleuropas ist die jüngere Eisenzeit in der letzten Hälfte des Jahrtausends vor Christi Geburt. Während Italien nun historisch ist und in Etrurien die klassisch-griechische Kultur die Herrschaft erlangt hat, liegt über den Alpenländern und jenseits derselben noch die Dämmerung der Vorgeschichte. Aber aus diesen Gegenden rücken die Völker auf historischen Grund vor: die Gallier dringen in Italien ein, erobern Rom, und behaupten lange die Herrschaft in den nördlichen Teilen der Halbinsel; keltische Stämme verbreiten sich über Mitteleuropa, heeren in Griechenland und kommen sogar bis nach Kleinasien. Das vierte und dritte Jahrhundert war die Zeit der großen keltischen Herrschaft; dann drangen die Römer vor, und mit der Eroberung Galliens im letzten Jahrhundert vor Christo scheidet das erste Land jenseits der Alpen aus der Vorgeschichte aus."

Das Buch schließt mit folgenden Sätzen, S. 195:

„Die Ergebnisse unter eine Formel zusammenzufassen ist nicht möglich; sie sind so mannigfach als die Zeiten und die Völker, und im vorhergehenden Glied für Glied dargestellt. Soll jedoch ein Hauptergebnis ausgesprochen werden, so kann es nur lauten: die vorgeschichtliche Kultur Europas bildet bis in die fernsten Gebiete eine Einheit, und die Anfänge zu Allem sind aus derselben Richtung gekommen, von der großen Kultur, die sich nach und nach von Osten und Süden nach Westen und Norden ausbreitete. Außerhalb ihrer Sphäre vermochten die Völker nichts aus sich selbst zu schaffen; hatten aber einmal Entlehnungen stattgefunden, so übertraf die Entwicklung oft das Vorbild und führte zu Leistungen von selbständigem Werte und dauernder Bedeutung."

Dieses Buch, 1905 veröffentlicht, spricht Grundtatsachen aus, die der weiteren Forschung stand gehalten haben. Die folgende Forschung hat durch eine Fülle von Einzelheiten, durch eine Fülle von Ergebnissen der Ausgrabungen die Sicherheit erbringen können, daß die Megalithkultur tatsächlich aus dem Vorderen Orient stammt. Jedoch bedeutet sie nicht eine Wanderung, sondern eine Weitergabe von Kulturelementen, wie Steinbau, Ackerbau, Gottesvorstellungen, Grabanlage, Ornament. Der Weg führt an den Küsten entlang.

Das Gleiche hat sich ergeben für die Bandkeramik. Auch hier hat die folgende Forschung deutlich gemacht, daß der Ausgangspunkt der Vordere Orient ist und daß diese Kultur über Land, die Donau entlang, weitergegeben wird bis an den Rhein und in wenigen Ausläufern bis zum Pariser Becken. Ihre Hauptausdrucksform ist das Kumpfgefäß, die Spirale, zuerst gemalt, von Mähren ab graviert. Der Ackerbau ist auch bei dieser Weitergabe von Kulturelementen der entscheidende Faktor. Es gehört die weibliche Gottheit dazu, die Statuette aus Ton.

Die Schwierigkeit für jene Zeit war die, daß zwei gänzlich verschieden geartete Strukturelemente zusammengeworfen wurden. Stellt man ägyptische oder vorderasiatische Elemente im mittleren und nördlichen Europa fest, dann meint man, es muß sich um Wanderungen handeln. Vielleicht war der Gedanke der Völkerwanderungszeit noch zu tief im Denken.

Es wird immer nur von Wanderungen gesprochen, es wird nur in Wanderungen gedacht, die kulturelle Beeinflussung, die Kolonisation als Völkererlebnis wird seltsamerweise nicht in betracht gezogen.

Aber vielleicht wären dieser Epoche sogar die kulturellen Einflußnahmen nicht recht gewesen. Europa sollte die Wurzel der Kultur überhaupt gewesen sein, und innerhalb Europas der Mensch des Nordens, in der Sprache dieser Zeit der nordische Mensch.

Dem nationalen Denken um 1900 und danach, besonders in Deutschland, entspricht das Buch von Sophus Müller nicht. Es wird von Barbaren neben Hochkulturen gesprochen, genau wie bei Montelius, es wird von dem Kulturgefälle zum Norden hin gesprochen, alles entgegen dem in dieser Zeit so betonten Nationalgefühl. So erhält das Buch in Deutschland viele ablehnende Besprechungen. Carl Schuchhardt sagt später in seinem Buch, Aus Leben und Arbeit, Berlin 1944, S. 329: „Sophus Müller hatte unsere Megalithkultur, wie auch die Bronzekultur, aus dem Süden hergeleitet und stand damit der bei uns sich anbahnenden Indogermanisierungsidee im Wege. Der Verlag Trübner in Straßburg, später Walter de Gruyter, Berlin, wollte Sophus Müller nicht neu drucken."

Es ist in Deutschland GUSTAF KOSSINNA, der sich dem Gedanken der Orient-Herkunft und damit auch Sophus Müller auf das schärfste entgegenstellt. Am stärksten äußert sich dieser Kampf in seinem Werk: Die deutsche Vorgeschichte, eine hervorragend nationale Wissenschaft, Würzburg 1912, 2. Aufl. 1914, 3. Aufl. 1921, 7. Aufl. 1936. Schon die Anzahl der Auflagen deutet hin auf die Wirkung dieses Buches.

GUSTAF KOSSINNA ist geboren am 28. 9. 1858 in Tilsit, er ist gestorben in Berlin am 20. 12. 1931. Sein Studium der klassischen und der germanischen Philologie hat ihn an die Universitäten Göttingen, Leipzig, Berlin und Straßburg geführt. Er war ein Schüler des Germanisten KARL MÜLLENHOFF (1818—1884). Dessen Werk, Deutsche Altertumskunde, 1870—1887, wurde von besonderer Bedeutung für Kossinna. Müllenhoff entfaltet mit seiner Arbeit etwas Neues, er verbindet die germanische Sprachgeschichte mit den ergrabenen Funden, mit der Archäologie. Durch die Schriften von Otto Tischler (1843—1891), den Direktor des Museums von Königsberg in Ostpreußen, wird Kossinna angeregt für die Vorgeschichte. Zuerst beginnt er die Laufbahn eines Bibliothekars, dann erhält er 1902 einen außerordentlichen Lehrstuhl für deutsche Archäologie, angeschlossen an die Germanistik, an der Universität Berlin.

Kossinnas Bedeutung liegt in der Begründung der Zeitschrift Mannus, 1909, der Deutschen Gesellschaft für Vorgeschichte, der Mannus-Bibliothek im Jahre 1910, in der bis 1945 insgesamt 73 Bände zur Vorgeschichte erschienen sind. Seine Bedeutung liegt weiter in der Verarbeitung der Fülle von einzelnen Funden in Museen und bei Privatleuten im Raume Nord- und Mitteldeutschlands. Kossinna hat eine große Anzahl von Schülern ausgebildet, nicht nur deutsche, auch Spanier, wie Bosch-Gimpera, Castillo Yurrita, aus Polen Kostrzewski, Deutsche wie Ernst Wahle, Martin Jahn, Ernst Sprockhoff, Walter Matthes und viele andere.

Auch ich selbst habe bei Kossinna in Berlin studiert. Häufig habe ich auf den Tagungen der Deutschen Gesellschaft für Vogeschichte Vorträge gehalten. So ist mir Kossinna persönlich gut bekannt, und ich muß sagen, sein geistiger Umkreis war nicht weit überschauend, sein nationaler Fanatismus hat ihm zu feste Grenzen gesetzt. Er war geboren worden am Rande des Deutschtums, dort, wo das Deutschtum im Kampfe gegen andere Kräfte lag, in Tilsit. Sein Name ist nicht deutsch, er bedeutet litauisch Böckchen.

Kossinnas Hauptwerke sind: Die Herkunft der Germanen, Würzburg 1911. Das schon genannte Buch, Die deutsche Vorgeschichte, eine hervorragend nationale Wissenschaft, 1912, 8. Aufl. 1941. — Der Goldfund vom Messingwerk bei Eberswalde, 1913. — Die Indogermanen, 1921. — Germanische Kultur im 1. Jahrtausend n. Chr., 1932. — Ursprung und Verbreitung der Germanen, 1934.

In seinem Buch: Die deutsche Vorgeschichte, finden sich diese Stellen, die ich ebenso wie bei dem Buch von Sophus Müller, als bezeichnende Sätze wiedergeben möchte: 3. Aufl. 1921, (S. 15)

„Die Übertragung des Megalithbaugedankens kann also nur in umgekehrter Richtung von Westeuropa nach dem Orient hin erfolgt sein. Zwar hängen angesehene Forscher Nordeuropas noch bei der entgegengesetzten, auf ungenügender Sachkenntnis beruhenden Annahme, — weil sie früher oft von ihnen ausgesprochen worden ist. Es ist ja eine Schwäche vieler, namentlich älterer Gelehrter, lange festzuhalten, sozusagen liebgewordene Ansichten selbst dann nicht aufzugeben, wenn sie durch den unaufhaltsamen Fortschritt der Wissenschaft längst ihre Stützen verloren haben. Die vorgeschichtliche Archäologie ist nun aber glücklicherweise in Deutschland eine Wissenschaft von geradezu stürmischem Fortschrittslaufe, wo jeder Tag neue Errungenschaften bringt. Und so mußte sie, gedrängt durch neue Erkenntnisse, auch jene veraltete skandinavische Annahme einer orientalischen Herkunft der Megalithgräber aufgeben."

Und auf S. 54: „Mögen wir die bronzezeitliche Metallindustrie Süddeutschlands und der Schweiz oder Frankreichs und Englands oder Ostdeutschlands und Ungarns oder Österreichs und selbst Italiens untersuchen, keine dieser Industrien kann an die nordisch-germanischen Erzeugnisse heranreichen, bei denen wir eine klassisch schöne Formgebung antreffen und eine Ornamentation, die mit den kleinsten Mitteln durch ausgesucht feinen Geschmack die schönsten Wirkungen erzielt, reich ausgebildet am Schmuck der Frau, sparsamer verwendet bei den Waffen des Mannes. Besonders ist das der Fall in der zweiten der fünf Perioden dieser Epoche, einer Periode (1750—1400 vor Chr.), mit der diese Kultur ihre höchste Blüte erreicht und wo zugleich das schöne Spiralornament die stärkste Vorherrschaft ausübt."

Weiter auf S. 104—105: „Früher leitete man diese germanischen Spiralen kurzweg aus Einwirkungen der mykenischen Kultur her. Als man aber sah, daß die nordischen Spiralen mindestens ebenso früh einsetzen wie die frühmykenische Kultur, sagte man statt mykenisch, „prämykenisch"; man meinte die der mykenischen vorausliegende sogenannte Inselkultur der Cykladen, deren jüngerer Abschnitt die Spirale allerdings schon enthält. Befremden muß hierbei jedoch, daß die an der Donau belegenen Haltepunkte der angeblichen Rückwanderung der Spirale vom ägäischen Meere nach der Ostsee, nämlich Ungarn und Bayern, dieses Motiv erst später aufweisen, als der Norden, nämlich hauptsächlich in der dritten Periode der Bronzezeit, der Norden dagegen bereits zu Beginn der zweiten Periode ..."

„Selbst Sophus Müller, der von Jahrzehnt zu Jahrzehnt mehr geradezu den Sport treibt, alles Nordische als verballhorntes Südliches oder Orientalisches „auszugeben" — so muß man es nennen, denn von Beweisen oder nur von Wahrscheinlichkeiten ist dabei nicht entfernt die Rede — selbst S. Müller, sage ich, muß hier dieser Sucht entsagen und verzichtet darauf, Mykenä als Lehrmeisterin der Spirale für den Norden anzusehen."

Besonders scharf sind die Angriffe Kossinnas gegen Carl Schuchhardt, den Direktor der Berliner Abteilung für Vorgeschichte am Museum für Völkerkunde.

Kossinna schreibt (S. 228): „Dieser Herr, übrigens der frühere Vertreter der klassischen Archäologie zu Berlin, konnte weiter erklären, ohne ein homerisches Gelächter in seinem Kreise auszulösen: seiner Ansicht nach müsse, wer echter Prähistoriker werden wolle, nicht Prähistorie studieren, sondern — klassische Archäologie".

„Ich kann über das ganze Vorgehen jenes Berliner Herrn (Carl Schuchhardt) gegen die deutsche Vorgeschichte nur sagen, daß ich es als pathologisch auffasse ... Ich bin nicht nur der prähistorische Fachmann, der in Deutschland die weitesten Fachinteressen, die umfassendste Stoffkenntnis und eingehendste Personalkenntnis besitzt ... Jener Berliner klassische Archäologe aber hat sein Leben lang über die klassischen Zaunpfähle nicht hinübergeschaut und besitzt über die wesentlichen Aufgaben der Vorgeschichte teils gar keine, teils kindlich urzeitliche Vorstellungen. Und obendrein wird seine Fähigkeit zum Urteil über diese Wissenschaft durch seinen ungezügelten Haß gegen sie und meine Person vollkommen aufgehoben ... Man kommt wirklich in eine peinliche Lage, wenn man von jungen Leuten gefragt wird, was denn dieser Herr eigentlich geleistet habe, und man antworten muß: aus seinen letzten 28 Jahren ist etwas Nennenswertes nicht bekannt geworden". (S. 229—230).

Es erscheint mir doch angebracht, diese so herabsetzenden Worte Kossinnas hier wiederzugeben. Sie machen die tragischen Kämpfe deutlich, die in dieser Zeit bestanden und die der Forschung nur Schaden brachten. Kommende Generationen mögen solche Sätze in einem führenden Buch mit Abschrecken empfinden.

Das Buch hat heute seinen Wert verloren, aber zu seiner Zeit hat es Wirkungen hinterlassen. Dazu muß ich erklären, daß Kossinna eine gute Kenntnis des norddeutschen Fundmaterials besaß, auch der kleinsten Museen. Wir Studierende haben damals Einzelheiten und Tatsachen der Funde kennen gelernt — dem Gesamtblick haben die meisten keine Bedeutung beigemessen.

Der große Gegenspieler von Kossinna ist CARL SCHUCHHARDT, geboren am 6. 8. 1859, gestorben am 7. 12. 1943. Schuchhardt war eine ganz andere Persönlichkeit als Kossinna. Er war gesellig, humorvoll, er hatte ganz Europa bereist und Vorderasien, sein geistiger Umkreis war weit. Er hat über sein Leben ein eigenes Buch geschrieben, noch heute lesenswert wegen der vielen Beziehungen, die Schuchhardt zu bedeutenden Männern seiner Zeit besaß und wegen der lebendigen Schilderung seiner vielen Reisen. Das Buch hat den Titel: Aus Leben und Arbeit. Es ist 1944 erschienen in Berlin, Verl. W. de Gruyter.

Schuchhardt schreibt nicht so angreifende, böswillige Worte über Kossinna, wie Kossinna über ihn.

Schuchhardt sagt in Leben und Arbeit S. 288:

„Als ich nach Berlin kam, (1908) war Kossinna in voller Tätigkeit (seit 1902) ... ich war bestrebt, mit ihm ein leidliches Verhältnis herbeizuführen. Ich machte ihm einen Zylinderhutbesuch, und er erwiderte ihn."

„Auf der Römerschanze (bei Nedlitz, Potsdam) hat mich Kossinna nachher noch besucht, sich da allerdings mit seinem Schüler Blume, den er mitbrachte, eigentlich ausschließlich über die verschiedenen Scherbengattungen unterhalten; die Holzkonstruktionen im Wall und der Torgrundriß wurden mit kurzen Blicken abgetan. Ich sah damals schon: die Beobachtung im Gelände war nicht Kossinnas Sache. Er hat auch, soviel ich weiß, nie eine Ausgrabung gemacht, außer der kurzen Urnensuche bei Lyck (1915), die durch den Besuch Hindenburgs bekannt geworden ist. In seiner „Deutschen Vorgeschichte" hat er kein Haus, kein Grab, keine Burg im Grundriß oder Aufbau abgebildet. Das Museumsmaterial war seine Welt: die Gefäße, Geräte, Waffen und Schmucksachen, und hier hat er Vorbildliches geleistet."

Ich habe mit Schuchhardt manchen Abend verbracht, nach Vorträgen, bei Tagungen. Persönlich hat er schärfere Worte gegen Kossinna gefunden als in der Schrift. Dabei war der Gegensatz in Hinsicht auf die Nord-Süd oder die Süd-Nord Theorien nicht groß. Auch Schuchhardt hat immer wieder von der Nord-Süd-Wanderung gesprochen, so in seinem Buche: Alteuropa, 1941, 4. Aufl., S. IX, S. 169, S. 241. Er sagt in den Einleitung: „Mein Buch bemüht sich den Gang der Entwicklung rein aus den Kultur- und Stilerscheinungen abzulesen. In ihnen findet die alte, auf sprachlicher Grundlage stehende Konstruktion einer indogermanischen Urheimat in Zentralasien oder Südrußland (Kaukasus) keinerlei Stütze, ebensowenig wie die Auffassung skandinavischer Archäologen von einem südlichen Ursprung unserer Kultur"... „Das Buch behandelt zum ersten Male die beiden großen Kulturströmungen, die Lebensadern von Alteuropa, gleichwertig nebeneinander; nur aus dem Gegensatze von beiden läßt sich das in der geschichtlichen Zeit Gewordene verstehen."

Dabei bringt das Buch manche irrtümlichen Darstellungen. Die Vorstellung, daß der Norden indogermanisiert worden sei durch die Einwanderung der Schnurkeramiker mit Einzelgräbern hat sich nicht halten können, auch nicht daß Schnurkeramik und Megalithkultur die Bandkeramik überwunden hätten, (ebd. S. IX) auch nicht, daß die Bandkeramik illyrisch sei (S. XI).

Schuchhardt hat studiert in Leipzig, Göttingen, Heidelberg, klassische Archäologie. Im Jahre 1882 hat er den Doktorgrad erworben. Von 1884—1885 war er Hauslehrer bei dem Fürsten Bibesco in Rumänien. Dabei konnte er die Trajanswälle in der Dobrudscha studieren und 1886 konnte er an den Ausgrabungen von Pergamon teilnehmen. 1887 reiste er zu Fundstätten in Kleinasien, 1888 war er in Athen. Danach wurde er zum Direktor des neu begründeten Kestner-Museum in Hannover ernannt. Er begann mit Ausgrabungen, vor allem der Wallburgen in Hannover und

Westfalen. 1898 machte er wieder eine Reise nach Kleinasien, er suchte die Grabung von Pergamon erneut auf. Darauf folgten Ausgrabungen in Norddeutschland in Haltern-Aliso. Die Jahre 1902—1905 brachten ihn mehrmals zu Studienfahrten nach England. Im Jahre 1908 wurde er zum Direktor der Vorgeschichtlichen Abteilung des Museums für Völkerkunde in Berlin ernannt. Seine Assistenten waren Alfred Götze (1865—1948), Hubert Schmidt (1864—1933) und Max Ebert (1879—1929).

Schuchhardt besuchte Montelius in Schweden, er grub die Römerschanze in Nedlitz bei Potsdam aus, reiste 1912 und 1913 nach Frankreich zu den Fundstellen der Eiszeit, danach nach Italien, Malta, Kreta. In der Kriegszeit konnte er 1915—1918 Polen besuchen, dann wieder in Dobrudscha, Ausgrabungen durchführen in Craiova, Rumänien. Nach 1918 hat er die ostdeutsche Burgenforschung beleben können durch viele Grabungen von Wallburgen, vor allem Arkona, Rethra, Vineta.

Im Jahre 1922 wurde die Vorgeschichtliche Abteilung des Völkerkunde-Museums in Berlin getrennt von der Völkerkunde. Die Vorgeschichte erhielt ein eigenes Museum in der Prinz-Albrecht-Straße, in dem frei gewordenen Museum für Kunstgewerbe.

1928 hat Schuchhardt ein zusammenfassendes Buch über Deutschland geschrieben: Vorgeschichte von Deutschland, München 1928. Im Vorwort heißt es: „Eine richtige Vorgeschichte von Deutschland fehlt uns. Die sich so oder so ähnlich nannten, sind durchweg Vorgeschichten der Germanen, womöglich in chauvinistischer Auffassung." Schuchhardt meint damit Kossinna.

Das Buch gewinnt dadurch an Gewicht, daß es mehr einzelne Funde, einzelne Grabungen bringt. Die so häufig entscheidende Frage der Herkunft, Norden oder Orient, wird nicht in den Mittelpunkt gestellt. Vorgelegt wird das, was an bedeutenden und bezeichnenden Funden vorhanden ist. Schuchhardt will im Gegensatz zu Kossinna nicht nur das Germanische im deutschen Raum vergegenwärtigen, sondern auch das Keltische, das Illyrische, wie er sagt, und er meint damit die Lausitzer Kultur, ferner das Slawische.

Beide Wissenschaftler aber leben in dem Gedanken, daß die Kultur aus dem Norden gekommen ist, Schuchhardt sucht die Einflußsphären der verschiedenen indogermanischen Völker zu erfassen, Kossinna betont immer wieder das Germanische.

Die Bücher von Schuchhardt sind diese: Das Römerkastell bei Haltern, 1900. — Der Goldfund vom Messingwerk bei Eberswalde, Berlin 1914. — Atlas vorgesch. Befestigungen in Niedersachsen (mit A. v. Oppermann), 1916. — Alteuropa, Berlin 1919, 5. Aufl. 1944. — Arkona, Rethra, Vineta, 1926. — Vorgeschichte von Deutschland, München 1928, 5. Aufl. 1943. — Die Burg im Wandel der Weltgeschichte, 1930. — Aus Leben und Arbeit, Berlin 1944. — Schuchhardt-Festschrift, Berlin 1940.

Gegen die Orient-Herkunft, gegen Sophus Müller, wendet sich am Anfang des Jahrhunderts besonders stark der österreichische Forscher MATTHAEUS MUCH (1832—1909). In seinem Buch: Die Trugspiegelung orientalischer Kultur in den vorgeschichtlichen Zeitaltern Nord- und Mitteleuropas, Jena 1907, erklärt er S. 143: „Die in der vorstehenden Ausführung dargelegten Umstände und Tatsachen bringen mich zu der Überzeugung, daß der übermächtige und allverbreitete Einfluß der orientalischen Kultur auf die materielle und geistige Entwicklung während des älteren und jüngeren Steinalters, wie er von vielen Forschern behauptet wird, nicht besteht, jedenfalls aber eines strengen Beweises durchaus entbehrt."

Den gleichen Gedanken legt M. Much dar in seinem Buch: Heimat der Indogermanen, 1901.

So stehen die beiden Gruppen der Forscher im Anfang unseres Jahrhunderts diametral einander gegenüber. Für den jungen Studierenden war es schwer, den eigenen Standpunkt zu gewinnen. Das Denken dieser Zeit ist so stark von der Indogermanenfrage durchsetzt, daß die Vorgeschichte immer wieder neu den Versuch unternimmt, das sprachliche Ergebnis der Herkunft der Indogermanen, besser der Indoeuropäer, in Verbindung zu bringen zu den Ergebnissen der Ausgrabung.

Zu den Vertretern der Nord-Idee gehört auch GEORG WILKE (1859—1938), Generalarzt in Leipzig. Seine Bücher sind vor allem: Spiral-Mäander-Keramik, Leipzig 1910. — Südwesteuropäische Megalithkultur und ihre Beziehungen zum Orient, Leipzig 1912. — Kulturbeziehungen zwischen Indien, Orient und Europa, Leipzig 1913. — Die Religion der Indogermanen in archäologischer Beleuchtung. Leipzig 1923.

Bei Wilke findet sich ein weiterer Blick, das Zusammenfügen entlegener Kulturelemente, ein Verstehen geistiger und religiöser Gegebenheiten in Verbindung mit den Fundtatsachen. Die Sichten reichen weit über das Germanische hinaus. Aber auch ihm gilt es als völlig gesichert, daß die Kultur Europas aus dem Norden kommt. Er erkennt aber Rückströmungen und gegenseitige Beeinflussungen, doch sein Grundgedanke bleibt der Ursprung im Norden. Um nur ein Zitat zu geben, so sagt Wilke in: Südwesteuropäische Megalithkultur, Würzburg 1912, S. 9, gegen Montelius, der die Megalithkultur aus dem Orient herleitet: „Wir aber schließen umgekehrt: Da in West- und im nördlichen Mitteleuropa alle möglichen Übergangsstufen von der „kleinen Stube" zu den voll entwickelten Ganggräbern vorkommen, im Orient dagegen diese Übergangsformen fehlen, so muß die Entwicklung vom einen zum anderen Typus in Europa vor sich gegangen sein, der Orient also die jüngere Architekturform vom Westen Europas übernommen haben ... Diese Auffassung wird durch die Analyse des Grabinventars, wie wir es später noch genauer kennen werden, und die Chronologie der westeuropäischen Megalithbauten in vollem Umfang bestätigt".

In dieser Zeit erscheinen mehrere Werke über die deutsche Vorgeschichte oder über die Vorgeschichte Europas. Es liegen viele Funde vor in den Museen, der Blick über Europa hinaus hat an Gewicht gewonnen. Man drängt auf überschauende Werke.

Im Jahre 1908 veröffentlicht JULIE SCHLEMM ein „Wörterbuch zur Vorgeschichte", Berlin, mit 688 Seiten etwa 2000 Stichwörtern. Dieses Buch, damals von großer Bedeutung, bringt die prähistorischen Bezeichnungen mit Abbildungen. Nicht Kulturzusammenhänge werden behandelt, nicht einzelne Länder, nicht wirtschaftliche oder geistige Elemente, sondern etwas anderes, die verschiedenartigen Fundgegenstände werden vorgelegt mit den Bezeichnungen der prähistorischen Typologie und mit Literaturhinweisen.

Julie Schlemm wird in der vorgeschichtlichen Literatur der Zeit kaum genannt, auch ihre Geburts- und Todesdaten sind mir nicht bekannt. Die Verfasserin beginnt mit diesen Worten:

„Eine Sammlung vorgeschichtlicher Notizblätter verdankt meiner Unwissenheit ihre Entstehung und sollte zunächst nur zu meiner eignen Belehrung dienen. Bei der Lektüre der Berichte und Abhandlungen über prähistorische Funde, beim Hören der Vorträge in den Sitzungen der Anthropologischen Gesellschaft, bei den jährlichen Kongressen derselben, in den Museen und bei privaten Gesprächen mit Fachgelehrten drängten sich mir in Fülle Ausdrücke auf, die ich zunächst nicht verstand, wie S. Lucia-Fibel, Branowitzer Becher, Langdysser, Schalensteine, V-Bohrung, Rössener Typus, Wendelring, Möhringer Schwert und dgl. mehr."

„Auf dieselben Schwierigkeiten im Verständnis und Gebrauch so mannigfacher Bezeichnungen selbst gleichartiger Gegenstände muß jeder stoßen, der aus Passion sich mit vorgeschichtlichen Alterthümern beschäftigt oder, durch Zufall veranlaßt, für diesen Zweig der Wissenschaft sich zu interessieren anfängt."

„Diesen Leidensgenossen einen Dienst zu erweisen, war zunächst meine Absicht, als ich an eine Veröffentlichung meiner Notizen dachte. Besonders denjenigen, für die größere Bibliotheken und öffentliche Sammlungen nicht leicht zu erreichen sind, dürfte ein Sammelwerk wohl willkommen sein."

In derselben Zeit erscheint das „Reallexikon der germanischen Altertumskunde", herausgegeben von JOHANNES HOOPS (1865—1949), in den Jahren 1911—1919. Das Werk ist eine gemeinsame Arbeit von Geschichtsforschern, Sprachforschern u. Vorgeschichtlern. Eine ganze Reihe von Vorgeschichtsforschern hat an dem Werke mitgearbeitet, so Beltz, Ebert, Goeßler, Hahne, Kiekebusch, Hubert Schmidt, Schuchhardt.

Im Sinne der Norden-Betoner ist das Buch von HANS HAHNE gehalten, Das Vorgeschichtliche Europa, Kulturen und Völker, Bielefeld 1910, 2. Aufl. 1935. Hans Hahne ist geboren am 18. 5. 1875 in Belleben-Piersdorf, Mansfelder Seekreis, er ist gestorben am 2. 2. 1935 in Halle. Er war zuerst Arzt in Magdeburg, hat dann in Berlin Vorgeschichte studiert. 1907 wurde er Assistent am Provizial-Museum Hannover, 1912 wurde er Direktor dieses Museums, 1918 Privatdozent an der Universität Halle, 1933 ordentlicher Professor.

Nach dem ersten Buch über das Vorgeschichtliche Europa erschien 1929 das Buch: Totenehre im Alten Norden, 1925 Vorzeitfunde aus Niedersachsen. Hahne legt Wert darauf, im oben genannten Buche nicht nur die Vorgeschichte Europas vorzulegen nach dem damaligen Stande des Wissens, sondern hinzuweisen auf die gleichzeigen Kulturerscheinungen in Babylonien und Ägypten. Wieder spielt die Indogermanentheorie eine große Rolle. Die Indogermanen gehen nach Hahne von Norden aus, zu ihnen gehören die Megalithkulturen und die Bandkeramiker. Beide Gruppen entstammen der Eiszeitkultur am Ende des Diluviums (ebda S. 56).

Im Jahre 1908 erscheint von GUSTAV SCHWANTES (1881—1960) ein zusammenfassendes Werk über die deutsche Vorgeschichte mit dem Titel: Deutschlands Urgeschichte. Das Werk hat 7 Auflagen erlebt, die siebente 1952, stark verändert gegenüber der ersten Auflage. In der Indogermanenfrage ist Schwantes vorsichtiger (ebda S. 197—204) als Kossinna, es fehlt ihm das Angreifende. In der 7. Aufl. 1952 finden sich S. 203 die folgenden Sätze: „Ich habe 1926 zum ersten Male die Ansicht entwickelt, die Schnurkeramiker seien das Volk gewesen, das Europa indogermanisierte. Sie seien aus dem Osten gekommen und hätten sich zu Herrschern über die neolithischen Bauernvölker Europas erhoben. Seitdem hat diese Anschauung viel Anklang gefunden, aber die ihr zugrunde liegende Anschauung läßt sich nicht halten, da die Schnurkeramiker nicht aus dem Osten gekommen sind, wie die jahrelange weitere Erforschung ihrer Hinterlassenschaft gelehrt hat. Die östliche Schnurkeramik ist vielmehr ein Ableger der nordisch-zentraleuropäischen; das konnte man seinerzeit noch nicht erkennen. Sie ist, wie die Mehrzahl der jungsteinzeitlichen Gruppen hier bei uns entstanden, und zwar ebenso wie diese durch den Übergang eines mesolithischen Volkes, wohl der „Oldesloer" zur bäuerlichen Wirtschaft oder in diesem Falle wohl mehr zur Viehzucht, vor allem zur Schafzucht."

„Woher kamen nun die europäischen Mesolithiker, aus denen bei uns anscheinend die vielen jungsteinzeitlichen Gruppen entstanden sind? Sie sind die Nachkommen der Jungpaläolithiker, die einst unseren Boden am Ende der Eiszeit bewohnten. Damals trafen wir in Europa bis weit nach Sibirien hinein eine ziemlich einheitliche Bevölkerung, die Aurignac-Leute. Es wäre nicht unmöglich, daß sie das Volk gewesen sind, aus dem die Indogermanen hervorgingen. Daß man bis in die ältere Steinzeit zurückgehen muß, um ein weitverbreitetes einheitliches Volk zu treffen, das den Anforderungen der Sprachforscher gerecht wird, hat als erster schon vor Jahrzehnten Sophus Müller festgestellt; aber das ist nur eine von den Vermutungen, wie sie dem Forscher während seiner Arbeit vielfach zu Hilfe kommen und die man Arbeitshypothesen nennt."

„Wir würden wesentlich weiterkommen, wenn wir wüßten, ob die Bandkeramiker oder Donau-Leute Indogermanen waren. 1939 habe ich in ihnen zum mindesten ein indogermanenähnliches Volk vermutet ... Aber es fehlt zur Beantwortung dieser Fragen an überzeugenden Andeutungen. Wenn wir aber im Siedlungsbereich der Bandkeramiker später nur indogermanisch redenden Völkern begegnen, so spricht das sehr für das Indogermanentum auch der Bandkeramiker."

GUSTAF SCHWANTES wurde geboren am 18. 9. 1881 in Bleckede, er starb am 17. 10. 1960 in Hamburg. Ursprünglich Lehrer, studiert er aus Interesse an der Vorgeschichte vor allem an der Universität Hamburg. Dort erwirbt er 1923 den Doktorgrad, im selben Jahr wird er Kustos am Museum für Völkerkunde in Hamburg, 1928 habilitiert er sich in Hamburg, 1929 wird er Museumsdirektor in Kiel, 1937 ordentlicher Professor und 1946 wird er emeritiert. Außer dem Buch über Deutschlands Urgeschichte erschien 1911 „Die Urnenfriedhöfe in Niedersachsen". Die meisten seiner Arbeiten hat Schwantes in Zeitschriften und Festschriften veröffentlicht, so eine wichtige Arbeit über die Jastorf-Zivilisation in der Festschrift für Reinecke 1950.

Im gleichen Jahr, in dem das Buch von Gustav Schwantes erschien, veröffentlichte ROBERT FORRER sein beachtenswertes Buch: Urgeschichte des Europäers,

Stuttgart 1908. Im selben Jahre hatte Forrer sein Reallexikon der prähistorischen, klassischen und frühchristlichen Altertümer, Berlin, der Öffentlichkeit übergeben, ein Buch, das auf 943 Seiten in Tausenden von Stichwörtern mit vielen Abbildungen alphabetisch die Auskünfte gibt. Einige Stichwörter sind von persönlicher Bedeutung, so „Clavus", eigentlich lateinisch der Nagel, in koptischer Zeit die auszeichnende Gewandverzierung aus Stoff, gewebt in Farben. Sehr instruktiv ist der Artikel „Fibeln" mit einer Fülle von Abbildungen. Der Vorteil des Lexikons liegt in der Tatsache, daß nicht nur die prähistorischen Gegenstände behandelt werden, sondern auch die klassischen und die frühchristlichen Altertümer. Gewiß ist das gesamte Lexikon nur von einer Hand gestaltet worden, aber dieser Umstand gerade hat in mancher Hinsicht auch wieder seinen Nutzen.

ROBERT FORRER ist geboren 1866, er ist gestorben 1947. Er war Direktor der archäologischen Sammlungen im Palais Rohan in Straßburg. Während des Krieges 1939—1945 lebte er in der Schweiz. Forrer war ein ausgezeichneter Ausgräber, ein Kenner der Münzen, besonders der keltischen. Im Jahre 1908 erschien sein Buch: Keltische Numismatik der Rhein- und Donauländer, Straßburg. — 1925 Les monnaies gauloises ou celtiques, Mulhouse. — 1935 Alsasse Romaine, Paris. — 1948 Die helvetischen und helvetorömischen Votivbeilchen der Schweiz, Basel.

Forrers Buch über die Urgeschichte des Europäers umfaßt 584 Seiten, es hat 1500 Abbildungen. Seltsamerweise wird dieses Werk selten erwähnt, dabei hat es einen weit überschauenden Charakter. Nichts an diesem Buch ist chauvinistisch, der Blick des Verfassers ist ausgleichend, verstehend, begreifend. So liest man überlegene Worte wie etwa S. 314 über die Herkunft der Bronze:

„Wo diese Erfindung zuerst gemacht worden ist, ist eine vielerörterte, aber noch offene Frage. Die Mehrzahl der Forscher denkt an den Orient und nennt Ägypten, Syrien, Chaldäa, wo die Bronzemischung im 3. Jahrtausend bekannt geworden zu sein scheint. Von dort aus hat sie allmählich, von Süd gegen Norden vorstoßend, in der Folgezeit auch Europa erreicht, im Süden früher, im Norden etwas später, zwischen 2000 und 1700 v. Chr. das reine Kupfer verdrängt, ungefähr auf denselben Wegen und in gleicher Weise, wie früher das Kupfer sich bei uns einbürgerte."

„Man hat früher angenommen, daß es ein großes Volk, eine große Völkerinvasion war, die uns die Bronze brachte, aber das genauere Studium der Artefakte schließt diesen Gedanken aus — freilich ohne daß damit zahlreiche kleinere Völkerverschiebungen und Wanderungen während dieser Zeit negiert werden sollen. Die Einführung und Verbreitung der Bronze aber hat sich auf friedlichem Wege und nur ganz allmählich vollzogen." Auf S. 496 sagt Forrer: „Die wissenschaftlichen Gegensätze setzen sich fort in der Zuteilung der archäologischen und sprachlichen Reste. Die Pfahlbauten, die mittelalterlichen Erdburgen, die Dolmen, die Grabhügel, Stein-, Bronze-, Eisenwaffen und einen großen Teil aller alten Volks- und Ortsnamen Europas gab man zu gewissen Zeiten den Kelten. Dann kam der Rückschlag: aus der Keltomanie erwuchs die Germanomanie, alles sollte germanischen Ursprungs sein, nur von Norden alles Licht, alle Kraft, alle Zeugung kommen."

„Prüfen wir vorurteilslos die gegebenen Tatsachen, so kann man nicht umhin, dem Germanentum in der Geschichte der Kultur, wie speziell den Völkermischungen einen gewaltigen Einfluß einzuräumen." Ferner auf S. 498: „Nach Norden gingen diese Wanderungen nicht oder nur selten; stets war es der Süden, der sie lockte, das warme Klima, die guten Äcker, das viele Gold, die feurigen Weine und die schwarzlockigen Weiber."

S. 224 schreibt Forrer: „So eröffnen sich Ausblicke auch in das Geistesleben unserer Neolithiker, doch darf nicht vergessen werden, daß die ägyptischen den europäischen kulturell weit überlegen waren."

Indogermanenfrage

Durch alle Bücher dieser Zeit läuft der Indogermanengedanke. Die Sprachwissenschaft ergibt die Herkunft der Indogermanen oder der Indoeuropäer im nördlichen bis mittleren Raum Europas. Wenn die Sprache einheitlich ist, muß es ein Volk gegeben haben, das diese Sprache gesprochen hat. Da diese gemeinsame Ursprache bis nach Persien und Indien hin zu verfolgen ist, muß die Auswanderung vom Norden nach dem Süden gegangen sein. Die Ausbreitung der kulturellen Elemente, Ackerbau, Viehzucht, Verwendung der Metalle zeigt aber genau den umgekehrten Weg, den Weg von den Kulturländern, Mesopotamien und Ägypten, nach Europa.

Welche Schwierigkeit für diese Zeit, und eigentlich noch bis heute. Einmal Wanderungen von Norden nach Süden, zum anderen Kulturausbreitung von Süden nach Norden.

In Mittel- und Nordeuropa heben sich zwei große Kulturen für das Neolithikum heraus, die Megalithkultur und die Bandkeramik. Sophus Müller und Montelius nehmen für beide Gruppen die Wanderung aus dem Südosten an. Kossinna, Much, Hahne und andere umgekehrt die Herkunft aus dem Norden. Es gibt keine Übereinstimmung, nur härteste Gegensätzlichkeit.

In diese schwierige Lage der Archäologie und der Sprachwissenschaft, zugleich auch der Anthropologie, schaltete sich unter den Prähistorikern ERNST WAHLE ein. Er legt dar, die Megalithkultur und die Bandkeramik sind nicht indogermanisch, sie werden indogermanisiert durch eine dritte neolithische Gruppe, durch die Schnurkeramiker. Sie kommen nicht aus Sachsen-Thüringen, wie man zuerst vermutet hatte, sondern aus Südrußland. Sie bringen die Steppenelemente mit, das Reitpferd, die Streitaxt. Sie besiegen und erobern die beiden anderen neolithischen Gruppen und setzen sich als Herrenvölker über sie. So ist die Darlegung bei Wahle.

Diese Auffassung hat Wahle noch nicht ausgesprochen in der ersten Auflage seines Buches: Vorgeschichte des deutschen Volkes, Leipzig 1924. Auf S. 59 sagt er dort: „Ebenso wie diese (die Sprachforschung) eine Ursprache und damit ein Urvolk ermittelte, hat die Vorgeschichte die Vielheit der Erscheinungen des Vollneolithikums durch deren Tiefengliederung auf einige wenige Wurzeln zurückgeführt. Es fragt sich nun, welche von diesen letzteren mit dem indogermanischen Urvolk zu identifizieren ist. Wenn es auch für die vorgeschichtliche Forschung keinem Zweifel unterliegt, daß sie einmal die Antwort auf diese Frage geben wird, so ist sie doch heute noch weit von ihr entfernt."

Angesichts der scharfen Kämpfe war diese Haltung die weiseste.

In einer späteren Auflage, 1931, mit dem leicht veränderten Titel: Deutsche Vorzeit, Leipzig, erklärt Wahle, daß es die Schnurkeramiker seien, die die Leute der Megalithkultur und der Bandkeramik indogermanisiert hätten. Die Schnurkeramiker seien eingewandert aus dem Osten und hätten die Ursprache der Indogermanen mitgebracht und sie durch Beherrschung den übrigen Völkern übertragen. In dem Vorwort sagt Wahle: „Die in dem Buche vertretene Auffassung, daß die Heimat der Indogermanen in den Steppenländern des Ostens zu suchen ist, verstößt gegen Dogmen unserer prähistorischen Typologie und gegen eine Ansicht, welche auch außerhalb der vorgeschichtlichen Forschung schon fast zu einem Glaubenssatz geworden war."

In der folgenden Auflage, erschienen 1952, wird diese Ansicht genauer begründet und dann als gesichert betrachtet und durch das ganze Buch als feste Tatsache durchgeführt.

Ich möchte einige Stellen aus dem Buche im Texte anführen, weil dadurch die Haltung des Verfassers am deutlichsten sichtbar wird. So S. 61: „Die Indogermanen kommen vom Osten. Hier ist genügend Raum vorhanden für ihre Entwicklung zu einem geschlossenen Volk und für die Herausbildung derjenigen Besonderheiten, welche ihnen die Überlegenheit über die seßhaften Bauernvölker geben. Wohl sind auch sie Ackerbauer, insofern sie mehrere Getreide säen und ernten; aber eine ungleich größere Bedeutung hat bei ihnen die Viehzucht."

„Überall begleitet das einfache, gerne mit einer Streitaxt ausgestattete Grab diese Wege und deutlich bestimmt es den Bestattungsbrauch der Folgezeit. Werden hiernach die bodenständigen Völker überall unterworfen, so sind diese doch nicht mit einem Male tot. Die Beeinflussung der indogermanischen Sprache durch diejenigen der steinzeitlichen Bauernvölker ist die Voraussetzung für die Entstehung der selbständigen Teilvölker des indogermanischen Stammes". (S. 62).

„Diese indogermanischen Herren prägen das ethnische Feld der Folgezeit." (S. 74).

Wahle schließt sich mit diesen Gedanken an an WILHELM KOPPERS (1886 bis 1961), Völkerkundler in Wien. In einem Band „Die Indogermanen und Germanenfrage", Salzburg 1936, 787 Seiten, legt Koppers zusammen mit einigen anderen Wissenschaftlern, vor allem ALFONS NEHRING (1890—1967) und RICHARD PITTIONI (geb. 1906), die Gedanken einer östlichen Herkunft der Indogermanen dar.

Wie scharf die Gegensätze noch in den vierziger Jahren unseres Jahrhunderts die Geister trennen, zeigt, daß im selben Jahr, 1936, in dem der Sammelband von Koppers erscheint, ein anderes Sammelwerk vorgelegt wird, das genau das Gegenteil ausspricht. Es ist die Festschrift für Hermann Hirt (1865—1936), „Germanen und Indogermanen, Volkstum, Sprache, Heimat, Kultur, 2 Bände, herausgegeben von

H. ARNTZ, 1936. In dieser Arbeit wird einheitlich die nordische Heimat der Indogermanen und der Germanen verteidigt.

Es ist die Sprachwissenschaft, die alle diese Fragestellungen aufgerührt hat, und deshalb erscheint ein Blick auf die Linguistik vonnöten.

Es war FRANZ BOPP (1791—1867), der den Zusammenhang verschiedener Sprachen von den Germanen im Westen bis zu den Indern im Osten erkannte. Der Name Indogermanen leitet sich von dem westlichsten und dem östlichsten Volke her. Bopps erste und wichtigste Arbeit ist: Über das Konjugationssystem des Sanskrit etc. 1816. Die später erscheinende „Vergleichende Grammatik", 1833—1852 und die „Etymologischen Forschungen" von A. F. POTT, 1833—1836, schufen die Grundlagen für die vergleichende Sprachwissenschaft. In der englisch sprechenden Welt waren diese Zusammenhänge schon von Sir William Jones (1746—1794), einem Richter am Obersten Gerichtshof in Kalkutta, erkannt worden.

Die indogermanischen Sprachen umfassen das Keltische mit Irisch, Gälisch, Kymrisch, noch heute lebend, Gallisch im Altertum; das Lateinische mit Italienisch, Spanisch, Portugiesisch, Französisch, Rumänisch; das Germanische mit Englisch, Niederländisch, Deutsch, Isländisch, Norwegisch, Dänisch, Schwedisch; das Baltische mit Litauisch, Lettisch; das Preussische, — ausgestorben; das Slawische mit Russisch, Ukrainisch, Bulgarisch, Polnisch, Slowenisch, Tschechisch, Slowakisch; das Illyrische, im 1. Jahrhundert v. Chr. ausgestorben; das Thrakische, um 300 n. Chr. ausgestorben; das Albanische, überliefert seit dem 15. Jahrhundert n. Chr.; das Griechische, überliefert seit dem 15. Jahrhundert v. Chr.; das Phrygische, um 300 n. Chr. ausgestorben; das Hethitische, bekannt aus Texten des 14. und 13. Jahrhunderts v. Chr.; das Armenische, überliefert seit dem 5. Jahrhundert n. Chr.; das Iranische mit Persisch, Altpersisch, d. h. Awestisch, Kurdisch, Ossetisch, Paschto in Afghanistan; das Indische mit Altindisch, Sanskrit, überliefert seit dem 14. Jahrhundert v. Chr.; das Tocharische in Chinesisch-Turkestan, ausgestorben, überliefert in Texten des 1. Jahrtausend n. Chr.

Diese vielfach zeitlich und räumlich aufgegliederten Sprachen müssen aber einen gemeinsamen Urherd besessen haben, die Urheimat. Die Frage nach dieser Urheimat beschäftigt die geistige Welt seit nunmehr 150 Jahren. Drei Wissenschaften sind an dem Versuch der Beantwortung beteiligt, die Linguistik, die Vorgeschichte, die Anthropologie.

Ursprünglich war diese Frage nur ein wissenschaftliches Forschungsgebiet. Die Fragestellung erfaßte aber die Menschen der ersten Hälfte des 20. Jahrhunderts so stark, daß die Rassenidee entstand, besonders gefördert durch populär-wissenschaftliche Bücher, die Annahmen als Sicherheiten darstellten.

Bis um 1870 war es der Gedanke, daß der Kaukasus die Urheimat gewesen sein müsse. Man sprach für die weiße Rasse von dem kaukasischen Menschen. Das war der Grund, weshalb etwa Rudolf Virchow im Kaukasus Ausgrabungen begann, er wollte die anthropologische Urform des europäischen Menschen aufsuchen. Er reiste nach Wladikawkas bei Ordschonikidse im Zentralgebiet des Kaukaus und brachte reiche Ergebnisse mit, aber nicht frühe, etwa neolithische Skelette. Das

Resultat war sein Prachtband „Das Gräberfeld von Koban im Lande der Osseten", 1883.

In England wurde der Gedanke der asiatischen Herkunft erschüttert durch R. G. LATHAM im Jahre 1862 mit seinem Buch: Elements of comparative Philology, London 1862.

Von dieser Zeit an verlagerte sich der Gedanke um die Urheimat der Germanen nach Nordeuropa. In dieses Gebiet verwiesen sprachliche Gleichungen, vor allem die für das Wort Birke. Die Gleichung ist diese: Althochdeutsch birihha, angelsächsisch birce, englisch birch, altnordisch bjork, schwedisch bjork, dänisch birk, tschechisch briza, polnisch brzoza, russisch bereza, litauisch berzas, altpreußisch berse, sanskrit bhurja, ossetisch bärz. Da die Wurzel bhraj ist, was glänzen heißt, ist deutlich damit der Baum mit der hellen Rinde gemeint. Er gedeiht nur in nördlichen Klimaregionen. Das Wort kann nach Indien nur mitgenommen worden sein.

Ein weiteres Argument sind die übereinstimmenden Bezeichnungen für den Fisch Lachs: althochdeutsch lahs, angelsächsisch leax, altnordisch, schwedisch, englisch lax, isländisch, dänisch laks, litauisch laszisza, altpreußisch lasasso, russisch lososi und lochu, tocharisch laks. Der Lachs kommt in den Flüssen, die in das Mittelmeer münden, nicht vor. Er ist ein Meeresfisch, der nur in Nordeuropa in die Flüsse wandert, um dort zu laichen.

In den siebziger Jahren des 19. Jahrhunderts erklärt TH. POESCHE die blonde und blauäugige nordeuropäische schmalköpfige Rasse für den Urtypus der Indogermanen in seinem Buche: Die Arier, ein Beitrag zur historischen Anthropologie, 1878. Um die gleiche Zeit legte KARL PENKA dieselben Gedanken vor in zwei Werken: Origines Ariacae, 1883, und: Die Herkunft der Arier, 1886. Ihm folgte L. WILSER mit dem Buch: Herkunft und Urgeschichte der Arier, 1899.

Im Gegensatz dazu stehen Forscher, die den breitköpfigen, brachykephalen Typus als die Urrasse der Indogermanen betrachten, so CH. DE NJFALVY in seinem Buch: Le berceau des Aryas, 1884 und G. SERGI, Gli Arii in Europa e in Asia, 1903.

Im Jahre 1905 schloß JOHANNES HOOPS (1865—1949) aus der Untersuchung der Namen für Waldbäume und Kulturpflanzen auf Norddeutschland als Ausgangsgebiet der Indogermanen. Sein Buch trägt den Titel: Waldbäume und Kulturpflanzen im germanischen Altertum, Straßburg 1905.

Unter den Sprachforschern trat HERMANN HIRT (1865—1936) für die Länder um die Ostsee ein, der Titel seines Buches ist: Die Indogermanen, ihre Heimat und ihre Kultur, Straßburg 1905—1907.

Dagegen setzte sich OTTO SCHRADER (1855—1919) ein für die Steppengebiete Südrußlands und die Randländer des Schwarzen Meeres. Sein Hauptwerk ist: Sprachvergleichung und Urgeschichte, 1883, 3. Aufl. 1906—1907, ferner das Reallexikon der Indogermanischen Altertumskunde 1901, 2. Aufl. herausgegeben von A. Nehring 1917—1929, 3. Aufl. seit 1970.

Ein wichtiges Element für die Herkunft aus dem Norden wurden die Wortgleichungen für Winter und für Schneien. Die Gleichung für Winter ist diese: sanskrit hemantá und hima; avestisch zyam; armenisch jimern; altbulgarisch zima; hethitisch gimmanza; griechisch cheimón; lateinisch hiems. — Die Gleichung für Schnee ist: altiranisch snaeg; avestisch suaezaiti; gotisch snaiws; litauisch sniegas;

altirisch snigid; mittelirisch snechta; lateinisch nix. — Die Gleichung für Eis ist: pamirdialektisch is; afghanisch asai; avestisch isav; althochdeutsch îs; angelsächsisch îs; altnordisch îss.

Die Gleichungen ergeben, daß die Urheimat ein Gebiet sein muß, das den Winter kennt, Schnee und Eis.

Man kann auch forschungsmäßig so vorgehen, daß man nicht nach den Gebieten fragt, die sich durch die Wortgleichungen als indogermanisch ausweisen, sondern nach denen, die sicher nicht indogermanisch sind. Das sind einmal die weit östlichen Gebiete, Indien, Persien, Kleinasien. Überall hat sich an dieser Stelle in der Überlieferung und in den Mythen und Gesängen die Erinnerung an die Einwanderung und die Eroberung erhalten.

Es scheiden für Europa auch aus die drei südlichen Halbinseln, Spanien, Italien, Griechenland. In Spanien, dem Land der Iberer, offenbar Berber aus Nordafrika, hat sich eine nichtindogermanische Sprache, das Baskische, erhalten. In Italien und Griechenland haben sich Überlieferungen von der Einwanderung bewahrt. Die Griechen nannten die alteingesessenen Stämme die Pelasger.

Es gibt noch eine Möglichkeit zur Bestimmung der Urheimat der Indogermanen, das ist die Hydronomie, die Erforschung der Namen der Flüsse. Dieser Aufgabe hat sich HANS KRAHE (1898—1965) gewidmet in: Sprache und Vorzeit, 1954. — Die Strukturen der alteuropäischen Hydronomie, 1962. — Unsere ältesten Flußnamen, 1964.

Die Namen der Flüsse sind zählebig. Es ergibt sich, daß in Mittel- und Nordeuropa die Flußnamen ihren alten indoeuropäischen Charakter bewahren konnten. Es handelt sich meistens um die Worte für Bach, Fließen, Wasser, oft mit der Endung a oder ach, entsprechend lateinisch aqua, gotisch ahva, althochdeutsch aha, neuhochdeutsch Ache oder Ach, wie etwa Rübenach, ebenso RICHARD FESTER, Sprache der Eiszeit, Berlin 1962, S. 162.

Krahe kommt zu dem Ergebnis, daß die älteste noch faßbare Sprachschicht nördlich der Alpen liegt und daß sie als indogermanisch anzusprechen ist (Hans Krahe, Indogermanisch und Alteuropäisch in: Saeculum 8, Heft 1, 1957, S. 1—16). In dieser Arbeit sagt er abschließend: „Alles in allem: es bleibt dabei, daß die einheitliche alteuropäische Hydronomie (Flußbezeichnung) in allen ihren Teilen auf echt indogermanischem Sprachmaterial aufgebaut ist und daß nördlich der Alpen keine älteren Namenschichten faßbar sind."

So ergeben die entscheidenden Darlegungen der Sprachwissenschaftler als Urheimatsgebiet der Indoeuropäer den Raum nördlich der Alpen bis Nord- und Ostsee, nach Osten hin möglicherweise bis zur Kaspischen Senke.

Die Vorgeschichtsforschung antwortet nicht einheitlich, weil Kulturelemente im neolithischen Europa erkennbar sind, die dem Orient entstammen. Daraus wird dem Denken der Zeit entsprechend auf Wanderungen vom Orient her geschlossen.

Diese Schlußfolgerung hat die Schwierigkeiten in der Frage der Übereinstimmung der beiden Wissenschaften gebracht. Die orientalischen Einflüsse sind unverkennbar, aber sie brauchen nicht Wanderungen oder Indogermanisierungen zu bedeuten, sondern Kolonisierungen, Weitergaben von Kulturelementen zusammen mit den sie bezeichnenden Worten, wie bei dem Wort Beil, wie bei dem Wort Axt.

Die Gleichungen sind: sumerisch balag; assyrisch-babylonisch pilakku; sanskrit paraçu; griechisch peleküs; althochdeutsch bihal; mittelhochdeutsch bihel; neuhochdeutsch Beil. — Die Gleichung für Axt lautet: assyr. hasînu; hebräisch hasin; griech. axine; lat. ascia; gotisch aqisi; althochdeutsch ackus; mittelhochdeutsch ackes; angelsächs. aex; altnord. ox, neuhochdeutsch Axt.

In dieser Zeit, 1925 und 1926, erscheinen zwei Werke eines führenden Prähistorikers, V. GORDON CHILDE, und auch sie sprechen wieder von Wanderungen. Es sind die Werke: The Dawn of European Civilization, London 1925 und The Aryans, London 1926

Diese beiden Werke stellen die Vorgeschichte Europas dar in einer großartigen, weiten Schau. Childe spricht von der Wanderung der Megalithkultur nach dem Norden und von der Wanderung der Bandkeramik vom Südosten bis nach Belgien. Andererseits sind die großen Wanderzüge der indoeuropäischen Völker aus Mittel- und Nordeuropa erkennbar. Sie führen im Südosten über Kleinasien bis nach Persien und Indien und in Europa zu den drei südlichen Halbinseln.

V. GORDON CHILDE wurde geboren in Sydney, Australien, am 14. 4. 1892, er ist gestorben in London am 19. 10. 1957. Childe war zu seiner Zeit der führende Prähistoriker der englischen Welt. Er studierte zuerst Philologie und wandte sich dann der Vorgeschichte zu. 1927 wurde er Professor der prähistorischen Archäologie an der Universität Edinburg, Schottland. 1945—1956 war er Professor an der Universität in London und Mitglied der British Academy.

Seine Problemstellung war zunächst die Frage nach den Indoeuropäern, den Indogermanen, dann nach der wirtschaftlichen Entwicklung der Vorzeit und zuletzt nach der prähistorischen Konzeption der Gesamtgeschichte der Menschheit. Aus der Fülle seiner Bücher seien außer den oben erwähnten genannt: The Most Ancient East, London 1928. — The Danube in Prehistory, Oxford 1929. — Skara Brae, London 1931. — New Light on the Most Ancient East, London 1934, 4. Aufl. 1952. — The Prehistory of Scotland, London 1935. — Man makes himself, London 1936, 6. Aufl. 1954. — What happened in history, London 1942, 9. Aufl. 1960. — Progress and Archaeology, London 1954. — Prehistoric migrations in Europe, Oslo 1950. — The Prehistory of European Society, 1958, Nachlaß.

Ich habe mit Childe viele nette Stunden verbracht, er war ein anregender und unterhaltender Mensch.

Bis 1950 war es deutlich geworden, daß das indogermanische Urvolk nördlich der Alpen bis Nord- und Ostsee gelebt haben müsse, daß die westliche Abgrenzung in der Mitte Frankreichs liege, die östliche war nicht so festgelegt, doch offenbar bis zu der kaspischen Ebene reichend. Das war die Haltung der Linguisten.

Die Ergebnisse der Vorgeschichte stimmten mit diesen Befunden nicht überein. Nicht eine der großen Kulturen des Neolithikums entsprach dem linguistischen Befund. Manche Forscher nahmen die Megalithleute als die ältesten Indoeuropäer an, andere die Bandkeramiker, andere die Schnurkeramiker, auch die beiden anstoßenden Kulturen wurden als Ausgangspunkt genannt, im Osten die Kammkeramik, im Westen die Pfahlbaukultur oder Michelsberger Kultur, in Frankreich Chassey-Kultur genannt.

Die Anthropologie stimmte besser mit der Sprachwissenschaft überein. Im Norden lebt noch heute die nordische Rasse, im Westen die westische oder mediterrane Rasse, man spricht in dieser Zeit weiter von der dinarischen Rasse, der alpinen und der ostbaltischen Rasse.

Bald aber verbanden sich Werturteile mit dem Begriff der Rasse. Die nordische Rasse sei die schöpferische, die kulturschaffende, die herrschende, so konnte man es vielfach lesen.

Der erste, der Wertbegriffe mit der Rassenidee verband, was ARTHUR COMTE DE GOBINEAU (1816—1882). Angesichts der Vertreibung des Adels in der französischen Revolution, erklärte er, dieser Adel, fränkischer, aus Deutschland stammender Herkunft, sei eine Elite-Rasse. Ihr komme die Beherrschung aller anderen Menschen zu. Sein Buch trägt den Titel: Essai sur l'inégalité des races humaines, 4. Bd. 1853 bis 1855. Deutsch: Versuch über die Ungleichheit der Menschenrassen, 1856, 5. Aufl. 1939—1940. Das Buch hatte einen großen Erfolg, vor allem in Deutschland, obgleich Gobineau erklärte, die heutigen Deutschen seien keltisch-slawische Mischlinge.

Ein wenig später legte ein Amerikaner die gleichen Rassengedanken dar: MADISON GRANT (1865—1937). Sein Buch führt den Titel: Passing of the great race, 1916, deutsch 1925. Auch Grant erklärt, die Nordeuropäer, die germanische Rasse, wären das Ideal des Menschen, intelligent, herrschaftsbewußt, herrschaftsberechtigt. Der dritte dieser Gruppe ist neben einem Franzosen und einem Amerikaner ein Engländer, HOUSTON STEWART CHAMBERLAIN (1855—1927). Geboren als der Sohn eines englischen Admirals, studierte er in Genf Philologie, lebte 1885—1889 in Dresden, danach in Wien. Im Jahre 1908 heiratete er die Tochter von Richard Wagner, Eva, und zog nach Bayreuth. Als Wahldeutscher erwartete er von dem deutschen Geist die Heilung der Welt. Sein Werk: Die Grundlagen des neunzehnten Jahrhunderts, München 1899, 11. Aufl. 1915, wurde in der Verherrlichung des Germanentums zusammen mit betontem Antisemitismus eine treibende Kraft des Nationalsozialismus. Ein anderes Buch von ihm ist: Arische Weltanschauung, 1905.

Es gibt ein Wort von Nietzsche: die Denker schreiben mit Tinte, aber die Tinte wird Blut.

Der Deuter der auserwählten Stellung der germanischen Rasse in Deutschland war HANS F. K. GÜNTHER (1891—1968) mit seinen Büchern: Rassenkunde des deutschen Volkes, 1922, 14. Aufl. 1930. — Rassenkunde Europas, 1924. 3. Aufl. 1929. — Der nordische Gedanke unter den Deutschen, 1927. — Rassenkunde des jüdischen Volkes, 1933. — Herkunft und Rassengeschichte der Germanen, 1935. — Seine Schriften wurden die ideologische Grundlage für den nationalsozialistischen Rassismus.

Gegen diese Ideen wandten sich FRANZ BOAS (1858—1942) in: Kultur und Rasse, 2. Aufl. 1922; FRITZ KERN (1884—1950) Stammbaum und Artbild der Deutschen, 1927; LEBZELTER (1889—1936) Rassengeschichte der Menschheit, 1932; EGON FREIHERR VON EICKSTEDT (1892—1965), Rassenkunde und Rassengeschichte der Menschheit, 1934.

Diese Epoche stand unter nationalistischen Gedankengefügen. Der Krieg 1914—1918 war verloren, ein neuer Krieg allein vermag den Deutschen ihre Weltgeltung wiederzugeben, das war bei vielen der herrschende Gedanke. In solchen Zeiten können wissenschaftliche Theorien zu Glaubenssätzen werden. Und oftmals hat sich der Glaube — religiös oder politisch — als stärker erwiesen als die nüchternen Tatsachen der wissenschaftlichen Forschung.

Für die Vorgeschichte in Deutschland war die Lage schwierig. Sie sollte nachweisen, daß die Kultur aus dem Norden gekommen sei, nicht aus dem Süden, nicht oriente lux — sie konnte es nicht. Sie sollte ein Politikum werden, wie die Rassenkunde, aber es war schwer, sie zu dieser Aufgabe zu bringen. Sind nun die Megalithleute die Urgermanen oder sind sie hervorgegangen aus den Kulturelementen des Vorderen Orients. Welche schwere Fragestellung, welche Forderung der Politik an eine Wissenschaft. Viele Vertreter der Forschung sind daran gescheitert. Wir wissen nicht, wieviele wegen dieser Fragestellung und ihrer Beantwortung in nicht gewünschtem Sinne in Konzentrationslager gekommen sind, wieviele ihr Leben geben mußten. So hart können in unseren Tagen, die wir erleben, wissenschaftliche Tatsachen und politische Wünsche gegeneinander stoßen. Niemals vorher sind wissenschaftliche Gegensätze so bis zum Tode führend durchlebt worden wie in der ersten Hälfte des 20. Jahrhunderts. Es ist auch nicht möglich, diese Geschehnisse zu verharmlosen oder zu verschweigen. Zu viele der noch heute Lebenden haben die Kämpfe auf Leben und Tod miterlebt. Auch ich selbst habe meinen Lehrstuhl an der Universität Köln im Jahre 1935 aus politischen Gründen verloren, mit der amtlichen Begründung, daß ich nicht die Germanen als die Träger aller Kultur überhaupt darstellte.

Als im Jahre 1945 die Zeit des Rassenstaates, wie er sich selber nannte, beendet war, entstand für längere Zeit ein Widerstand gegen die Anthropologie, die Vergleichende Sprachwissenschaft und in der Vorgeschichte gegen die Germanenforschung. So schreibt ERNST PULGRAM in einem Artikel: Indo-European and Indo-Europeans in dem Band: The Tongues of Italy, Cambridge, Mass. Harvard University Press, 1958, S. 139—156, übersetzt:

„Wenn wir jetzt die vorangegangene Diskussion zusammenfassen, so müssen wir, so sehr wir das bedauern, zugeben, daß alle Versuche, eine Urheimat und ein Urvolk für die urindoeuropäische Sprache zu einem prähistorischen Nullpunkt festzustellen, aus Mangel an Beweisen fehlgeschlagen sind. Und man kann kaum erwarten, daß die unangebrachten und schlecht fundierten Vermutungen der linguistischen Paläontologie diese Lücke ausfüllen."

Mit einer solchen Ablehnung können sich aber Wissenschaften nicht abfinden. Das Fragen und Forschen, dem Menschen ureingeboren, wird niemals sein Ende finden.

Mein eigener Standpunkt ist dazu der, daß bei der Vorgeschichte zwei völlig unterschiedliche Erscheinungen irrtümlich gleich gestellt worden sind, das ist Wanderung und Handel.

Die Wanderung, so deutlich sichtbar in der Epoche der Völkerwanderungszeit, 375—700 n. Chr. ist tatsächlich die Wanderung von Völkergruppen, von Männern, Frauen und Kindern. Sie ziehen geschlossen aus alten Wohnsitzen fort, sie suchen einen neuen Lebensraum. Natürlich bleiben die Alten und auch manche, die sich selber ausschließen, oder die ausgeschlossen werden, in den alten Bezirken zurück. Diese Wanderungen hatten die damaligen Strahlungspunkte der Welt zum Ziel: Konstantinopel und Rom, zugleich wird der geeignete Boden für den Ackerbau gesucht.

Diese Wanderungen waren nicht kulturbringende Erscheinungen. Das römische Reich war kulturell den andrängenden germanischen Stämmen weit überlegen. Rom besaß als bezeichnende Elemente: Stadt, Schrift und Handel im Sinne von Geld. Diese drei tragenden Elemente waren bei den Germanen für diese Zeit nicht vorhanden.

Völlig andersartig ist der andere Vorgang, der Handelsweg. Er bringt Kulturelemente. Ein Beispiel aus unserer Zeit sei der Handel nach Afrika, zu den Eingeborenen. Es wird ihnen die Zigarette gebracht, die Nähmaschine, das Auto. Der weiße Händler aber will nicht Land erwerben, es ist auch nicht eine Wanderung von Weißen nach Schwarz-Afrika, außer in Südafrika, es sind Handelswege mit Faktoreien.

So erscheint mir der Handel der Megalithleute an den Küsten des Atlantik. In Südspanien finden sich die Faktoreien, in Portugal, bei Carnac in Nordfrankreich, in Holland, in Drenthe, in England um Stonehenge und Avebury. Die Händler bringen ägyptische Perlen, ägyptische Schiffe, die Steinbautechnik, die Kultstraßen, die Kultplätze. Aber Wanderungen sind das nicht. Die alten Bewohner bleiben an Ort und Stelle, sie nehmen Kulturelemente auf, verkaufen dagegen Zinn, Gold, Bernstein. Die alten Lebensgewohnheiten bleiben erhalten, die Bevölkerung verbleibt.

Ähnlich wird der Vorgang bei der Bandkeramik gewesen sein. Ackerbauern, die die Düngung nicht kennen, müssen immer nach fünf bis zehn Jahren ihren Lebensraum verlassen und weiterziehen. Die Vorbewohner lernen von ihnen den Umgang mit Getreide, den Zeitpunkt von Saat und Ernte, die Zerkleinerung der Körner, die Herstellung von Brot. Aber eine Wanderung ist auch das nicht. Es ist Weitergabe von kulturellen Elementen, der Herstellung von Tongefäßen, ihrer Bemalung mit Spiralen. Die Spirale bedeutet das Wasser. Der Gottheit wird durch dieses Symbol, durch dieses Ornament im Kultvorgange gesagt, was der Mensch braucht, um leben zu können. Bei dem Jäger war es das Bild des Tieres, bei dem Ackerbauer ist es das Symbol des Wassers. Die weibliche Statuette, die zu diesem Kult gehört, ist das Sinnbild des Lebens, der Geburt, wie es jetzt die Madonna ist. Alles das verliert sich allmählich auf dem Wege nach dem Norden. In Deutschland sind bei der Bandkeramik nur noch drei weibliche Statuetten gefunden worden. Im Gebiet des Balkans und der unteren Donau sind es Tausende.

Auch dieser Zug kann nicht eine Wanderung sein, es ist die allmähliche Weitergabe von Kulturelementen.

Die Schnurkeramik ist eine Kultur von Viehzüchtern, nicht von Ackerbauern, umherziehend mit Herden, die Weideflächen erzwingend mit der Streitaxt. Auch das ist nicht eine Wanderung, es ist der Zug mit Herden. Solche Züge können auch wieder zurückgehen, wie jetzt noch bei den Kurden im Iraq und im Iran. Diese Bewegung von Südrußland bis nach Schleswig-Holstein mit Einzelgräbern gehört dem späten Neolithikum an.

Es hat eine Zeit gegeben, die eine Gleichung für Erz zu erkennen glaubte, ein Gedanke, den Schrader stark betont und der von Hirt wiederholt wird. Der Gedanke hat sich als irrtümlich herausgestellt. Die früher aufgestellte Gleichung, sanskrit ayas, avestisch-persisch ayah und ayanh, lateinisch aes, gotisch aiz, neuhochdeutsch ehern, hat sich nicht bestätigt. Das Wort Erz verlangt das „r". Dieses „r" ist aber gegeben in dem sumerischen Wort urudu, das Kupfer bedeutet. Im Indogermanischen ist Erz also ein entlehntes Wort aus der Welt der Sumerer. G. Hüsing in der Zeitschrift Memnon I, S. 213 und in der Wiener Zeitschrift zur Kunde des Morgenlandes, Bd. 23, S. 414 und Julius Pokorny in der Zeitschrift für Vergleichende Sprachforschung, Bd. 59, S. 126, haben darauf hingewiesen, daß das Sanskritwort ayas als der alte Name der Insel Zypern in ägyptischen Urkunden erscheint, wo Zypern ajasja heißt. Unser Wort Kupfer kommt ebenfalls von Zypern, Kypros. Sowohl ayas wie lateinisch cuprum sind nicht-indogermanische, vorderasiatische Worte.

Unser Wort Erz, althochdeutsch aruz und erezi, ist entlehnt aus sumerisch urudu. Damit erledigt sich auch der mehrfach geäußerte Gedanke, daß die Schnurkeramiker die ältesten Indogermanen gewesen sein könnten, weil die Indogermanen das Wort für Erz besaßen. Die Schnurkeramiker gehören an das Ende des Neolithikums, wie auch HANS KRAHE (1898—1965) deutlich macht in ANTON SCHERER, Die Urheimat der Indogermanen, Darmstadt 1968, S. 432, Anm. 12.

So bleibt nur das Mesolithikum als die Zeitepoche der Urheimat und als Gebiet nur Nord- und Mitteleuropa, möglicherweise bis nach Südrußland. Dieser Gedanke ist vielfach geäußert worden. Ich habe ihn dargelegt in einem Vortrag: „Herkunft und Heimat der Indogermanen" auf dem Congress of Prehistoric and Protohistoric Sciences, London 1932, veröffentlich in der Oxford University Press, London 1934, S. 237—242, neuer Nachdruck in Anton Scherer, Die Urheimat der Indogermanen, Darmstadt 1968, S. 110—116.

In dieser Arbeit sage ich: „Die Ursitze sind das gesamte Gebiet von Südskandinavien bis zu den Alpen, vom Rheim bis zum Don. Eine wesentliche Verschiebung aus den Ursitzen hat also nicht stattgefunden. Die Arier, als südöstlichste Völker, sind nach Süd-Osten gegangen, die Griechen und Italiker, als südlichere Völker, in die beiden Halbinseln, die westlichen Kelten nach Westen, die östlichen Slawen sind nach Osten gezogen. Die Germanen und Balten haben ihre Sitze behalten bis zur Gegenwart."

„Die Sprachforschung war im Irrtum, wenn sie das ungeteilte Volk im Neolithikum suchte. Es gehört nicht in das Neolithikum, sondern ins Paläolithikum und Mesolithikum."

Immer mehr festigte sich seit 1930 die Vorstellung, daß die Germanen als nördlichste Stämme der Indoeuropäer in ihren alten Gebieten bis heute verblieben sind, daß Wanderungen nach dem Norden nicht erkennbar sind. Deutlich sichtbar dagegen sind die Kultureinflüsse von den Hochkulturen des dritten und zweiten vorchristlichen Jahrtausends nach der Mitte und nach dem Norden Europas.

Noch einmal versuchte in dieser Zeit, 1933, TADEUSZ SULIMIRSKI (geb. 1898 in Kobylany, Polen) den Ursprung der Indoeuropäer in den Osten zu verlegen. Die

Schnurkeramiker seien nach ihm die eigentlichen Indoeuropäer, sie kommen nach den Fundergebnissen aus dem südlichen Rußland, und weiter zurück aus Asien als Steppenvölker. Ein Satz mag genügen: „Somit wird das indoeuropäische Problem endgültig zugunsten der asiatischen Herkunft entschieden." (Tadeusz Sulimirski, Die schnurkeramischen Kulturen und das indoeuropäische Problem in: La Pologne, au VIIe Congrès Intern. des Sciences Historiques, Bd. 1, Warschau 1933, S. 287 bis 308.)

Diese Darlegung hat sich nicht durchsetzen können. Im Jahre 1935 hat sich WALTHER SCHULZ (geb. 1887) gegen sie gewandt in einem Aufsatz in der Zeitschrift für Vergleichende Sprachforschung, Bd. 62, 1935, S. 184—198 mit dem Titel: Die Indogermanenfrage in der Vorgeschichtsforschung. Walther Schulz spricht von mehreren Schüben der Schnurkeramiker, auch von dem Weg bis in die Ukraine und in die Nähe des Steppenrandes. An dieser Stelle erklärt er, die Funde der Schnurkeramiker in Südrußland stellten nicht den Beginn dar. Es handle sich um späte Ausläufer, nicht aber um den Ursprung der Schnurkeramiker. Er beendet seinen Artikel mit diesen Worten:

„Die Ausbreitung der verschiedenen Völkerwellen der nordischen und der binnenländisch-schnurkeramischen Kultur erklärt, wie Specht gezeigt hat, die von der Sprachwissenschaft festgestellten Berührungen bestimmter indogermanischer Sprachen im Wortschatz und in anderen Spracherscheinungen in einleuchtender Weise, so daß wir gewiß mit der Zuweisung sowohl der nordischen Kultur wie auch der schnurkeramischen Kultur an die Indogermanen auf dem richtigen Wege sind."

1934 ergriff GUSTAV NECKEL (1878—1940) das Wort zur Urheimatfrage in seinem Werk: Germanentum, Leipzig 1944, S. 407—422. Seine Arbeit endet mit den Worten:

„Es ergibt sich folglich hier dasselbe wie beim Streitwagen: beide Befunde erhöhen die Wahrscheinlichkeit, daß die Urheimat der indogermanischen Völker im Lande unfern der europäischen Nordmeere zu suchen ist."

Nach dem Ende der nationalsozialistischen Herrschaft äußert sich ERNST MEYER in Zürich (geb. 1898) in einem Buch: Die Indogermanenfrage, Marburg 1948, wie folgt: „Ich schließe mit der Wiederholung, daß alle beweiskräftigen Argumente dafür sprechen, daß wir die Sitze der Indogermanen als geschlossene Völkergruppe noch des 3. Jahrtausends v. Chr. in Mitteleuropa zu suchen haben. Und zwar sind alle drei mitteleuropäischen jungsteinzeitlichen Kulturkreise, Bandkeramik, Schnurkeramik und nordischer Kreis als indogermanisch anzusprechen. Die Herausbildung der indogermanischen Sprachgruppe reicht tief in die ältere Steinzeit zurück. In diese Zeit gehören auch die kulturellen Beziehungen, die die Indogermanen mit den asiatischen Völkern verbinden, abgesehen von manchen späteren Berührungen frühgeschichtlicher und geschichtlicher Perioden, ebenso wie auch die sprachlichen Fäden, die zu den Hamitosemiten hinüberlaufen. Damit löst sich der bisher so unangenehme Gegensatz derjenigen Argumente, die für die europäische, und derjenigen, die für die asiatische Heimat sprechen. Sie stehen nicht mehr als unvereinbar gegeneinander, sondern beziehen sich auf verschiedene zeitliche Schichtungen, aus dem harten Gegeneinander wird ein sich ergänzendes Nacheinander."

Diese Darlegung entspricht völlig meinen eigenen Vorstellungen, wie ich sie mehrfach ausgesprochen habe, so etwa in dem Buch der Propyläen-Kunstgeschichte „Die Vorgeschichtliche Kunst Deutschlands", Berlin 1935.

Oscar Paret (1889—1972) erklärt sich im Jahre 1942 in der Frage der Urheimat für den weiten Raum von der Nordsee bis zu den mittelasiatischen Gebirgen in dem Aufsatz „Die Bandkeramiker und die Indogermanenfrage, in: Welt als Geschichte, Bd. 8, 1942, S. 53—68.

Anton Scherer (geb. 1901) erörtert im Jahre 1950 die Frage der Urheimat in einem Artikel: Das Problem der indogermanischen Urheimat vom Standpunkt der Sprachwissenschaft, in: Archiv für Kulturgeschichte, Bd. 33, 1950, S. 3—16. Er erklärt, daß man die Urheimat suchen müsse auf dem ausgebreiteten Raum von Nord- und Ostsee, von Ungarn und von den innerrussischen Gebieten der Balten und Slawen. Am Ende seines Artikels bemerkt er:

„Wenn auch die Sprachwissenschaft auf die Frage nach der Urheimat noch keine sichere und allgemein anerkannte Antwort geben kann, so ist doch schon mancher der strittigen Punkte heute klarer zu beurteilen, und man darf von der fortschreitenden Forschung eine weitere Präzisierung erwarten."

Das ist der Standpunkt der Indoeuropäer-Frage um 1950. Es ist schwer und hart gerungen worden. Die emotionalen, die nationalen, die politischen Akzente, die sich dabei herauskristallisierten, haben die ernste, die sachliche Forschung erschreckt und gehindert.

Drei verschiedene Wissenschaftszweige, die Vorgeschichte, die Vergleichende Sprachwissenschaft, die physische Anthropologie, hatten die Aufgabe, ihre Forschungsergebnisse auf einander abzustimmen. Das konnte nicht geschehen ohne innere Kämpfe, ohne Gegensätze, ohne Streit.

Die immer erneute Untersuchung der Frage hat um 1950 zu einer gewissen Klärung geführt. Als Urheimatsgebiet kommt nicht in Frage der Westen Europas bis zur Mitte Frankreichs und nicht Spanien, nicht Italien und Griechenland. Es ergibt sich als der Urraum das Gebiet um Nord- und Ostsee bis zum westlichen Rußland. Als Zeit stellt sich deutlicher die Epoche des Mesolithikums heraus, also die Zeit von 10000—4000. Die großen Kulturen des Neolithikums, die Megalithkultur, erweitert nach Osten als Trichterbecherkultur, die Bandkeramik, die Schnurkeramik, erscheinen als Teilgruppen der Indogermanen. Es ist nicht eine Wanderung nach diesen Gebieten erkennbar, wohl aber vielfach Einfluß-Erscheinungen aus den Hochkulturen Ägyptens und Mesopotamiens seit dem 3. Jahrtausend in kultureller Hinsicht.

Das Problem ist viel zu vielgesichtig, viel zu schichtengeladen, als daß es leicht und einfach der Lösung hätte zugeführt werden können. Jede chauvinistische Haltung aber zerstört die sachliche Forschung. Bei der wissenschaftlichen Untersuchung kommt es auf Tatsachen an, nicht auf politische oder nationale Wunschgefühle.

So hat sich der schwere Kampf in der Zeit um 1950 beruhigt. Eine Gesamtsicht ist entstanden, viele Einzelheiten sind noch nicht geklärt.

Aber da stellt die Zeit von 1950—1975 wiederum das Indogermanenproblem stark in den Vordergrund. Es ist die Urnenfelderfrage, die um 1930 auftaucht, und die die Zeit nach 1950 in ihrem Bann hält. Im Jahre 1954 erscheint unter der Leitung von Alexander Randa ein Handbuch der Weltgeschichte, in ihm behandelt Bd. 1, Spalte 397—404 JULIUS POKORNY, (1889—1970), Univ. Prof. a. d. Universitäten Berlin, Bern, Zürich, München, die Frage unter dem Titel: „Die indogermanische Spracheinheit."

In diesem Aufsatz, der nur kurz ist, werden die entscheidenden Ergebnisse der Forschung bis 1950 vorgelegt. Die Indoeuropäer müssen einen gemeinsamen Lebensraum inne gehabt haben. Pokorny sagt: „Die erst später indogermanisierten Länder, wie die drei großen Halbinseln des Mittelmeers, Frankreich und die Britischen Inseln, das nördliche Skandinavien und die Nordhälfte Rußlands, kommen also ebensowenig dafür in Betracht wie Klein- und Vorderasien, Iran und Indien. — So bleibt nach Ausscheiden der späteren Kolonialgebiete nur der breite Landstreifen zwischen Mittelrhein und Ostsee bis weit nach Mittelrußland hinein als ältestes Verbreitungsgebiet übrig."

„Die oberitalischen Veneter sind Einwanderer aus der mitteleuropäischen Urnenfelderkultur (etwa 1200—900 v. Chr.), die genetisch mit der Lausitzer Kultur Ostdeutschlands zusammenhängt. Der Name Veneter erscheint auch an der Ostgrenze der Germanen, daher der später auf die Slawen übertragene Name der Wenden, ebenso am Bodensee (Lacus Venetus) und in der Bretagne (Vannes)."

„Die Urnenfelderwanderung, die auf ihrem Wege nach Westen überall keltische Gebiete überlagert hat und über Mitteleuropa weit nach Westeuropa vorgestoßen ist, können wir also mit Recht als Wanderung der Veneter ansehen."

„Der letzte erkennbare Ursprung beider Kreise (des nordischen und des schnurkeramischen) wird vielmehr in viel ältere Zeit, in die mittlere Steinzeit (8000—3000 v. Chr.) ja vielleicht in die ältere Steinzeit, das Paläolithikum, zurückgehen."

Schon hier künden sich die Betonungen der Urnenfelderbewegung an, derjenigen Zeit, die die Auswanderung brachte und andererseits in der Frage der Herkunft den Hinweis auf das Mesolithikum, und damit zuletzt auf das Paläolithikum.

Etwas Entscheidendes bahnte sich an, die Erkenntnis, daß die Frage nach der Heimat, nach dem Ursprung, völlig abgetrennt werden muß von der Frage nach den Wanderungen. Im Grunde eine einfache Erkenntnis. Die unglückselige Verbindung dieser beiden gänzlich andersartigen Komplexe hat ein ganzes Jahrhundert irregeführt in seinen Folgerungen.

In derselben Zeit wie Pokorny hat ALFONS NEHRING (1890—1967), Prof. a. d. Univ. Würzburg, zu der Germanenfrage das Wort ergriffen in seiner Rektoratsrede, entsprechend seinem Buch: Die Problematik der Indogermanenforschung, 1952. Die Rektoratsrede erschien in den Würzburger Universitätsreden, Heft 17, Würzburg 1954, S. 5—24. Dort heißt es: „Es kommt darauf an, daß Sprach- und Sachforschung sich gegenseitig anregen, neue Wege weisen und erschlossene Tatsachen historisch auszudeuten helfen. Jedenfalls, da nun einmal Sachwissenschaften (Vorgeschichte, Paläozoologie, Anthropologie) ebenso wie die Sprachwissenschaft eifrig an den Indogermanenproblemen arbeiten, ist der Versuch einer Synopsis ihrer Ergebnisse geboten und wird immer von neuem gemacht werden müssen ... Die Probleme haben sich keineswegs vermindert und vereinfacht. Sie werden im Gegenteil immer schwieriger und verwickelter. Zu ihrer Lösung bedarf es einerseits eines vorsichtigen Abtastens und kritischen Abwägens, aber andererseits auch des Mutes zur Hypothese und damit freilich zugleich des Mutes zu einem Irrtum."

Diese klugen Worte des erfahrenen Gelehrten beleuchten die Schwierigkeiten zwischen 1950 und 1975 sehr deutlich. Die Kulturen des Neolithikums werden ständig neu durchforscht, Ausgrabung schließt sich an Ausgrabung, Ergebnis an Ergebnis — aber die von der Sprachwissenschaft erschlossene Wanderung der Indogermanen, der Indoeuropäer durch den Balkan bis nach Indien in dieser Zeit ergibt die ausgrabende Forschung nicht.

Die Skepsis wird nach 1950 noch stärker, die Zurückhaltung der Gelehrten wird größer, man beginnt, von einem Nihilismus zu sprechen.

In einem Artikel, betitelt: „Zum Ausgangspunkt der indogermanischen Sprachen" in der Zeitschrift „Archaeologia Austriaca, Bd. 18, 1955, S. 92—94 bemerkt zum Schluß seiner Betrachtungen WERIAND MERLINGEN (geb. 1907), Dozent a. d. Univ. Wien: „So wird es meines Erachtens nie gelingen die indogermanische Urheimat (oder die Urheimaten) näher zu fixieren. Ein Zusammenhang mit irgendwelchen Bodenfunden wird kaum jemals herzustellen sein, solange nicht einmal die Zeit der Ausgangssprache annähernd bezeichnet werden kann, auch nicht das Jahrtausend; und zumal es nicht einmal sicher ist, ob das Volk dieser Ausgangssprache überhaupt Bodenfunde hinterlassen hat."

1957 veröffentlicht HANS KRAHE (1898—1965), von dem schon die Rede war, einen Aufsatz: „Indogermanisch und Alteuropäisch" in: Saeculum, Bd. 8, Heft 1, S. 1—16. Er zieht die Namen der Flüsse als bezeichnend für die vermutete einheitliche Ursprache heran, und er kommt zu dem Ergebnis, daß die Namen der Flüsse nördlich der Alpen indogermanischer Herkunft sind, daß sie in Südfrankreich und den Mittelmeerländern erst sekundär eingeführt worden sind. Er sagt: „Wichtig ist die Feststellung, daß durch die von uns herausgearbeitete Hydronomie (Wassernamenforschung) als älteste noch faßbare Sprachschicht (der Raum) nördlich der Alpen als indogermanisch anzusprechen ist."

Zu dem gleichen Ergebnis gelangt P. THIEME (geb. 1905), ord. Prof. a. d. Univ. Frankfurt/M., in einer Arbeit „Die Heimat der indogermanischen Gemeinsprache" in Sitzungsber. d. Mainzer Akademie d. Wiss. 1953, S. 11. Er erklärt, die Heimat muß um die Ostsee herum gelegen haben.

Zu einem anderen Ergebnis kommt HEINZ KRONASSER (geb. 24. 2. 1913) Prof. a. d. Univ. Würzburg, im Jahre 1961 in einem Vortrag „Vorgeschichte und Indogermanistik", 2. Österr. Symposion, 1959, Wenner Gren Foundation, New York 1961, S. 117—136: „So komme ich leider zu dem Schluß, daß die gepriesene Zusammenarbeit zwischen Linguistik und Vorgeschichte im Rahmen der linguistischen Paläontologie bisher nur eine Anzahl zwar sehr schöner, aber auch sehr verschiedener Seifenblasen gezeitigt hat, unter denen man nach Geschmack wählen kann."

Auch hier ein völliges Aufgeben, ein Verzweifeln am bisher Erreichten, die Erklärung der Niederlage einer ganzen Wissenschaft. Aber bei dieser Negierung vermag der menschliche Geist nicht zu verbleiben.

Noch einmal hat ein bedeutender Prähistoriker, PEDRO BOSCH-GIMPERA (1891—1975) in einem eigenen Buch zu den Fragen Stellung genommen, El problema indoeuropeo, Mexico 1960, franz. Paris 1961, Edition Payot. Sehr richtig bemerkt er auf S. 263f., übersetzt:

„Wo zwischen den verschiedenen Forschungszweigen — Sprachwissenschaft, Archäologie und Geschichte — Übereinstimmung erzielt werden kann, darf man hoffen, der Lösung des Problems nahe zu sein. Fehlt diese Übereinstimmung, befindet sich die eine oder die andere Disziplin auf falscher Fährte."

Ich meine, das ist es, man befand sich auf falscher Fährte. Wieder sind zwei verschiedene Erscheinungsformen irrtümlich gleichgesetzt worden: Urheimat und Wanderung, ferner Wanderung und Kulturübertragung.

Die Feststellung der Urheimat verlangt auch eine Festlegung auf eine Zeit. Es ergab sich das Neolithikum, weil ein Wort für Erz noch nicht belegt ist. Demnach müssen die Auswanderungen, so folgerte man, im Neolithikum erfolgt sein. Die genauen Grabungen ergaben aber das Gegenteil. Eine Wanderung im Neolithikum aus Europa nach Kleinasien, Persien, Indien, ist nicht erkennbar im Fundmaterial, wohl aber Kulturübertragung aus den damaligen Hochkulturen nach Europa.

So muß man tatsächlich auf falscher Fährte gewesen sein. Die Frage, die man an die Zeitstellung knüpfte, war verfehlt. Das Urvolk ist erkennbar im Neolithikum. Die Auswanderungen liegen aber wesentlich später. Sie fallen in die Zeit um 2000, und das nur im Osten, und in die Blütezeiten der Urnenfelderkultur, in die Epochen um 1200.

Deshalb spricht Bosch-Gimpera, ebenso wie ich es getan habe in „Herkunft und Heimat der Indogermanen", in Proceedings of the First Int. Congress of prehist. and protohist. Sciences, London 1934, S. 237—242, von dem Beginn des Neolithikums im 5. Jahrtausend mit den Wurzeln im Mesolithikum (Bosch-Gimpera, ebda S. 264) als Epoche der Urheimat. Er erkennt sehr richtig, daß es verschiedene Wanderungen gegeben hat, so die der Hethiter um 2000 nach Anatolien aus dem Gebiet des nördlichen Kaukasus, um dieselbe Zeit die der archaischen Gruppen nach Griechenland. Sehr richtig bemerkt Bosch-Gimpera, daß die Gruppenbildung, aus der die keltische, die venetische, die illyrische Sprache hervorgehen sollten, erst gegen Ende der Bronzezeit (um 1200) ihren Anfang nahm.

Bosch-Gimpera unterscheidet verschiedene Wanderungen zu verschiedenen Zeiten. Deutlich hebt sich im Fundmaterial die Urnenfelderwanderung der Zeit um 1200 v. Chr. ab.

So führen die letzten Arbeiten einer Klärung der großen Frage näher. Sie liegt in der entschiedenen Trennung von Wanderung und von Kulturübertragung.

Um 1900 stellte es sich als notwendig heraus, daß mehr Einzelheiten erarbeitet werden müßten. Die weitausholenden Folgerungen über Wanderungen oder über Kolonisation, über den indogermanischen oder den nicht indogermanischen Charakter von Fundgruppen wie Bandkeramik, Megalithkultur, Schnurkeramik, das alles mußte gesichert werden. Das war die Aufgabe um 1900, und ihr ist tatsächlich in großzügiger Arbeit entsprochen worden.

Diese Einzelarbeit, die ständige Ausgrabung immer neuer Fundplätze erfüllt die Zeit von 1900—1975. Die Ausgrabungstätigkeit erstreckt sich nicht auf ein Land, sondern sie umgreift ganz Europa und auch die übrigen Kontinente.

Beschwerlich war die Frage der Zuteilung von einzelnen Fundergebnissen in die großen Komplexe wie Bandkeramik, Megalithkultur, Schnurkeramik. Es sind auch Gruppen hinzugetreten, wie die Michelsberger Kultur, in Frankreich Chassey-Kultur genannt, im Westen Europas gelagert. Weiter die Kammkeramik im Osten, bis weit nach Rußland hinein verbreitet, und die Pontische Kultur Südrußlands, offenbar in Verbindung zur Schnurkeramik. Die Abgrenzung der einen Gruppe gegen die andere wurde zur Aufgabe, wie in allem Lebendigen. Die gleiche Frage etwa bedeutet die nach dem Anfang der Gotik, dem Ende der Renaissance. Immer wieder gibt es Übergänge, gibt es Verbindungen. Schwer ist es dabei, die Grenze zu ziehen. Bis heute etwa ist die Stellung der Rössener Kultur umstritten, gehört sie zur Bandkeramik oder zur Megalithkultur, zu beiden Gruppen bestehen Beziehungen.

Verständlich ist nach der Überbetonung der Rassenvorstellung die Wendung zur Ablehnung des Gedankens der Herkunft der Indogermanen aus dem Norden, verständlich ist auch die völlige Skepsis, aber beides sind zeitgebundene Wirkungen.

Die Tatsache bleibt nach 150jähriger Forschung, daß der Heimatboden, der Urboden der Germanen, nur um Nord- und Ostsee, nur im nördlichen und mittleren Europa gelegen haben kann. Die Mythen und Sagen, die Überlieferungen und die historische Literatur berichten von den Eroberungen der drei Halbinseln Europas, Griechenland, Italien, Spanien. Die Literatur berichtet auch von den Eroberungen nach Osten zu bis nach Indien.

Die Anthropologie kennt den nordeuropäischen Typus mit blonden Haaren und blauen Augen und mit der langen Schädelform.

Die Sprachwissenschaft verweist auf die ältesten Sprachtypen im nördlich gelegenen Raum.

Die Ausgrabung, die Archäologie, kann mit Sicherheit feststellen, daß es Einwanderungen asiatischer Völker nach dem Norden seit der Eiszeit nicht gegeben hat. Die Megalithkultur ist eine Kolonisation nur an den Küsten, nicht eine Völkerwanderung. Die Bandkeramik gelangt nicht nach dem Norden, auch sie ist nur eine Kolonisierung. Bleibt die Schnurbechergruppe, die Einzelgrabkultur, sie liegt am Ende des Neolithikums und bedeutet eine erobernde Wellenbewegung von Südrußland aus, vermutlich auch indogermanisch.

Die Urnenfelderausstrahlung gehört an das Ende der Bronzezeit, auch das eine Bewegung aus dem mitteleuropäischen Raum in verhältnismäßig später Zeit. So ist es nicht so, wie Marija Gimbutas erklärt in einem Aufsatz „The Indo-Europeans, in: American Anthropologist Bd. 65, Nr. 4, 1963, S. 815—836, daß der archäologische Befund gegen die Theorie einer europäischen Urheimat der Indoeuropäer spräche. Im Gegenteil, der archäologische Befund bestätigt klar die Herkunft der Indoeuropäer aus dem nördlichen und mittleren Europa, ebenso die Sprachforschung, ebenso die Anthropologie. Die drei Wissenschaftsgruppen, zuerst so schwer zu verbinden, sind zwischen 1950 und 1976 doch zu einer Einigung gelangt, wenn auch noch Stimmen dagegen stehen.

KAPITEL XI

Aufgaben der Neolith-Forschung

Um das Jahr 1900 legen zwei führende deutsche Prähistoriker zu dem Stand der Forschung über das Neolithikum ihre Stellungen dar, PAUL REINECKE und KARL SCHUMACHER.

PAUL REINECKE wird geboren am 25. 9. 1872, er stirbt am 12. 5. 1958 im München. Von 1908—1937 ist er der Hauptkonservator am Bayerischen Landeamt für Denkmalpflege in München. Reinecke hat für mehrere Perioden der Vorgeschichte eine genauere chronologische Gliederung geschaffen. In einer großen Anzahl von Artikeln hat er die Forschung stark bereichert. Eine Festschrift für ihn erschien in Mainz 1950.

Reinecke veröffentlicht im Jahre 1900 seine Gedanken über den Stand der Forschung des Neolithikums in der Westdeutschen Zeitschrift Bd. 19, 1900, S. 249 ff. und in dem Korrespondenzblatt der Deutschen Gesellschaft für Anthropologie, Bd. 31, 1900, S. 10. In diesen Arbeiten übernimmt er den Begriff der Bandkeramik und führt ihn hinaus über Thüringen. Er verweist auf ähnliche Formen der Gefäße und auf ähnliche Ornamentik bei Fundorten in Bosnien, Siebenbürgen, Kleinasien. Er erwähnt wichtige Fundplätze wie Lengyel, Butmir. Als Ausgangspunkt der Bandkeramik verweist er auf Kreta und zuletzt auf Ägypten mit dem dort häufigen Motiv der Spirale, dem Ornament, das in der Frühzeit der Bandkeramik das führende bedeutet.

KARL SCHUMACHER, geb. am 14. 10. 1860, ist gestorben am 17. 4. 1934. Er hat in Heidelberg in klassischer Archäologie seinen Doktorgrad erworben. Über die Limesforschung gelangte er zur Vorgeschichte. Von 1887—1901 war er Assistent am Museum Karlsruhe, 1901 wurde er Erster Direktor des Römisch-Germanischen Zentralmuseums in Mainz, er verwaltete die Stellung bis 1926. Neben zahlreichen Abhandlungen in Fachzeitschriften stehen seine Bücher: Materialien zur Besiedlungsgeschichte Deutschlands, 1913, und: Siedlungs- und Kulturgeschichte der Rheinlande, 1921—1923. Eine Festschrift für Schumacher erschien 1930. Seine Darlegung erscheint in dem 1. Band der Berichte der Römisch-Germanischen Kommission, 1904, veröffentlicht in Frankfurt/M. 1905, S. 3—12. In ihm sagt Schumacher zum Neolithikum (S. 4):

„Während in der Aufhellung des paläolithischen Kulturnachlasses die deutsche Forschung noch hinter der französischen und österreichischen (jetzt Tschechoslowakei) zurücksteht, kämpft sie in der Frage der neolithischen Kulturentwicklung im Vordertreffen. Dieses Problem erregt schon deshalb unser besonderes Interesse, weil es aufs engste mit der indogermanischen Frage verknüpft ist. Nachdem die heißen Kämpfe um die zeitliche Gruppierung der einzelnen Stufen etwas zur Ruhe gekommen sind — allerdings ohne besondere Einigung — hat eine fleißige Analyse der vorliegenden Materialien begonnen, sowohl nach der stilistischen Seite durch Zergliederung der verwendeten Ornamentsysteme, als nach der formalen Seite durch vorsichtiges Verfolgen der Entwicklung der einzelnen Typen ... Ferner handelt es sich darum, die Grenzen der Ausbreitung der verschiedenen Gattungen genauer festzustellen, als es bisher geschehen ist. Die Bandkeramik, wie Linear- und Rössener Typus in recht unverständlicher Weise oft gemeinsam bezeichnet werden, erstreckt sich in Westdeutschland nach den bisherigen Funden in stärkerer Vertretung südlich etwa bis zur Linie Egisheim-Kaiserstuhl-Regensburg, bzw. Passau, nördlich etwa bis Bonn (Lüttich), Braunschweig, im Süden also bis zur Zone des Pfahlbautypus, im Norden bis zu derjenigen der Megalith-Keramik. Gerade hier an den Grenzen, wo die verschiedenen Kulturen sicherlich ineinander übergingen, dürften sich bei eindringenden Untersuchungen namentlich chronologische Aufschlüsse eröffnen. Auch für die Schnurkeramik und die Zonenbecher, die, wenn auch in verschiedenen Abänderungen von der Nordsee bis zu den Alpen und weit darüber hinaus reichen, sind neue zeitliche Anhaltspunkte gewonnen worden, aber zur völligen Klärung genügen auch sie noch nicht."

Mit diesen Worten hat Karl Schumacher klar den Standpunkt der neolithischen Forschung in Mitteleuropa um 1900 umrissen. Zu genaueren Aussagen genügen die Fundtatsachen dieser Zeit noch nicht.

Im Jahre 1917 hat Karl Schumacher noch einmal über den Stand der Forschung des Neolithikums das Wort ergriffen im 8. Bericht der Römisch-Germanischen Kommission 1913—1915, Frankfurt/M., 1917, S. 30—82. An dieser Stelle führt er aus (S. 30):

„Kaum irgend eine Periode unserer Frühgeschichte hat in dem letzten Jahrzehnt ein so lebhaftes Interesse gefunden wie die steinzeitliche, so daß die in diesem Zeitraum gemachten Fortschritte als ganz namhafte zu bezeichnen sind. In erster Linie ist es gelungen, die so zahlreichen und verschiedenartigen neolithischen Kulturgruppen durch stratigraphische, stilistische, besiedlungsgeschichtliche und somatische Untersuchungen räumlich und zeitlich genauer festzulegen und zum Teil auch auf bestimmte Träger zurückzuführen. Gegenüber der großen Meinungsverschiedenheit in den letzten Jahrzehnten können wir nunmehr mit Sicherheit behaupten, daß die so scharf ausgeprägte Megalith-Kultur des Nordens im ganzen gleichzeitig war mit der nicht minder charakteristischen Pfahlbaustufe des Südens, und daß sich zwischen diesen beiden großen Gruppen allmählich von Osten her die ganz andersartige Bandkeramik (Hinkelstein- und Spiralkeramik), von Westen die Dolmen- und Glockenbecherkultur eingeschoben und allenthalben mannigfache Mischkulturen veranlaßt haben (Rössener, Großgartacher usw.). Einige der letzteren, wie namentlich die in Mittel- und Norddeutschland aus örtlicher Eigenart und benachbarter Kultureinwirkung entstandene Schnurkeramik, haben dann durch Auswanderung der betreffenden Stämme und durch Kulturübertragung eine außerordentlich weite Ausbreitung fast über ganz Mitteleuropa gefunden."

Nach diesen überschauenden Darlegungen spricht Schumacher von den einzelnen neolithischen Kulturgruppen.

Er behandelt erstens die Pfahlbaukultur mit Michelsberger, Schußenrieder, Laibacher, Altheimer, Mondsee-Typus.

Zweitens beschäftigt er sich mit der Megalithgruppe mit nordwestdeutscher Tiefstichkeramik, Molkenberger, Walternienburger, Bernburger, Kugelamphoren, Schönfelder Typus.

Die dritte Gruppe ist die Schnurkeramik mit einem mitteldeutschen Typus, der Oderschnurkeramik und einem östlichen Typus, der ostbaltischen Schnurkeramik. Zu der Entstehung sagt Schumacher (S. 53): „Die Entstehungsweise der Schnurkeramik ist noch nicht ganz gesichert."

Die vierte Gruppe ist der Rössener Typ mit Niersteiner, Heidelberger, Friedberger, Eberstadter, Großgartacher Stil.

Die fünfte Gruppe ist die Bandkeramik mit den Stilen von Jordansmühl, Bschanz, Münchhöfen, Hinkelstein, Spiralkeramik, Plaidter- und Flomborner Stil. Bei dieser Gruppe spricht Schumacher von der Herkunft der Bandkeramik. Er sagt, ebda. S. 65: „Schon der Umstand, daß die Hinkelsteinformen gleichartig längs des Elbtals von Böhmen bis Thüringen und längs der Donau bis Rheinhessen vorkommen, während die thüringischen und rheinischen Weiterbildungen anderwärts fehlen, ebenso wie die Tatsache, daß bei beiden Zügen auch frühe spiralkeramische Formen mit Hinkelstein-Mustern bzw. in Hinkelsteintechnik hergestellten Ornamenten begegnen, lassen mit manch anderem kaum einen Zweifel an der ostwestlichen Wanderung der ganzen Bandkeramik." Damit sagt er, daß die Bandkeramik aus dem Osten komme, jedoch dem Denken der Zeit entsprechend spricht er von Wanderung.

Weiter führt Schumacher aus, ebda. S. 68: „Die Urheimat der letzteren Gattung (der Spiral-Mäander-Gattung) an der mittleren und unteren Donau und der Zusammenhang mit der bemalten Keramik des Balkangebietes wird bestätigt durch die immer häufiger zu beobachtenden Beispiele von Bemalung in verschiedenen Farben."

Die sechste Gruppe ist in diesem Artikel die Dolmen- und Glockenbecherstufe, seltsamerweise zusammengefaßt. Schumacher führt aus, ebda. S. 69: „Die Behandlung dieser und verwandter Gruppen bei Déchelette, Manuel I, 1908, S. 549 f., der sie wie Montelius auf ägyptisch-kleinasiatische Einflüsse zurückführt, bahnt zwar schon eine Scheidung der verschiedenen Elemente an, ist aber noch weit von einer klaren Erkenntnis entfernt. Auch in Frankreich lassen sich meines Erachtens wie im westlichen Deutschland zwei uralte bodenständige neolithische Kulturen erkennen, im Südosten eine dem Pfahlbautentypus, im Nordosten eine der Megalithkeramik verwandte, aus denen im mittleren Frankreich eine Mischung hervorgeht. Zwischen und über diese schiebt sich von Südwesten kommend, die Kultur der Glockenbecher, die ihre Wurzeln in der westmittelländischen Meeruferkultur hat. Wie in der Bandkeramik lassen sich auch bei der Zonenkeramik auf ihrem Marsche von Spanien bis Ungarn mannigfache Lokalgruppen und Mischstile in Gefäßform und Ornament sowohl als in den Grabriten erkennen, schon in Frankreich gegenüber Spanien und noch unterschiedlicher weiter nach Osten hin. In Frankreich sind es die verschieden gestalteten Mischungen mit jenen einheimischen Kulturen, von denen namentlich diejenigen mit der Megalith-Dolmenkultur Nodfrankreichs eigenartige Formen angenommen hat."

Dann wendet sich Schumacher den Siedlungsfunden zu und darauf der indogermanischen Frage. Er sagt (S. 80): „Wir sind damit auf die indogermanische Frage gekommen, zu deren Lösung die prähistorisch-anthropologische Forschung nicht minder als die linguistische berufen ist ... Daß auch hier scharfe Gegensätze unter den Forschern bestehen, ist in Anbetracht der Neuheit und der Schwierigkeit der Probleme begreiflich; bedauerlich ist nur der Ton, mit dem diese Kämpfe öfters ausgefochten werden, bei den Archäologen wie den Linguisten, und zwar nur zum Schaden der Sache, namentlich in den Augen der Fernerstehenden ... Im übrigen bin aber auch ich der Meinung, daß auf diesem Gebiete die größte Vorsicht zu walten hat und der Kulturübermittlung ein größerer Spielraum zuzugestehen ist, als es seitens mancher Forscher geschieht."

Ferner S. 82: „Nach der Konstatierung der Formenkreise und Kulturgruppen und ihrer Ausdehnung wird die schwierigere Feststellung ihrer gegenseitigen chronologischen und genetischen Beziehungen in Angriff zu nehmen sein. Mitten in dieser Arbeit steht jetzt die neolithische Forschung, durch die bisherigen Erfahrungen vorsichtiger geworden, aber mit gleichem Eifer und gleicher Tatkraft dem vielversprechenden Ziele zustrebend."

So ist die Lage der neolithischen Forschung in Mitteleuropa rund um 1900 tatsächlich. Es sind neolithische Kulturen deutlich geworden. Man erkennt Megalithkeramik, Bandkeramik mit vielen Untergruppen, Schnurkeramik, ebenfalls in verschiedenen Gebieten andersartig, man erkennt weiter die Pfahlbaukeramik, auch Michelsberger oder Chassey-Keramik genannt. Aber die Frage ist immer wieder, wo sind die Grenzen, welche Untergruppen, sogenannte Typen, gehören zu welcher Kultur, und wo lagern sich die Ursprungsstellen, im Norden oder im Orient.

Dazu tritt die viel zu früh aufgeworfene Fragestellung, ob die Gruppen: Bandkeramik, Megalithkultur, Pfahlbaukultur indogermanisch sind oder nicht.

Die Epoche zwischen 1900 und 1950 wollte auf alles eine Antwort geben. Sie empfand sich als einen gewissen Höhepunkt der Menschheitsentwicklung, und so war es möglich, daß alle Forschenden um die Frage, ob die Megalithkultur, die Bandkeramik, die Schnurkeramik indogermanisch seien oder nicht, völlig andersgeartete Antworten gaben, je nachdem, von welchem Standpunkte aus sie an die Fragen herangingen.

Die Antwort ist heute, so meine ich, diese: Die Urheimat der Indoeuropäer, d. h. der Indogermanen, lagert sich in dem Raum nördlich der Alpen bis Nord- und Ostsee, nach Osten wahrscheinlich bis zur Kaspischen Ebene.

Wanderungen von Südosten nach Europa hinein, die die Indogermanen als Volk aus Asien nach Europa gebracht hätten, sind nicht erkennbar.

Kulturelemente wie Ackerbau, Pflügen, Säen, Ernten, Axt und Beil, die Verarbeitung der Metalle, sind vom Orient nach Europa gelangt im Sinne einer Kolonisierung, nicht einer Wanderung.

Bandkeramik

Für die Bandkeramik in Deutschland seien als wichtige Einzelfunde genannt: Hinkelstein, ein Gewann, eine Feldflur bei Monsheim, Kr. Worms, Rheinland-Pfalz. Die Fundstelle hat diesem Typ den Namen gegeben. LUDWIG LINDENSCHMIT hat bei Monsheim schon 1866 gegraben und berichtet im Archiv für Anthropologie, Bd. 3, Heft 1, 1868 darüber. Die eingehende Behandlung gab KARL KOEHL (1847 bis 1929), unter dem Titel „Bandkeramik, in der Festgabe zur Versammlung der Anthropologischen Gesellschaft in Worms, 1903, S. 21 f." Seine Darlegungen besagen:

Der Hinkelsteintyp bringt Kumpfgefäße mit Stichbandverzierung in Dreiecken, Rauten, Winkelbandmustern, den blumentopfähnlichen Bechern, den schrägwandigen Fußbecher.

Insgesamt ergibt sich bis 1950: Als älteste Form in der Gruppe der Bandkeramik erscheint überall die Spiralmäander-Keramik, auch Linearkeramik genannt. Dieser Typ findet sich auf den Lößböden von Siebenbürgen in Ungarn und Südrußland bis nach Ostbelgien.

Der am besten gegrabene Fundplatz dieses Typus in Deutschland ist Köln-Lindenthal, ausgegraben 1928—1932 durch WERNER BUTTLER (1907—1940), damals Leiter des Museums für Vorgeschichte in Köln. 1938 wurde er a. o. Professor für Vorgeschichte an der Universität Göttingen. Er führte die Grabung durch zusammen mit WALDEMAR HABEREY (geb. 1901). Da ich in dieser Zeit in der Nähe des Fundplatzes wohnte, in Köln-Rodenkirchen, konnte ich die Grabungen oft besuchen. Es konnte eine Fläche von 30000 Quadratmetern ausgegraben werden mit rund 20 Hausgrundrissen, einem ganzen Dorf. Buttler stieß auf zwei umwallte Plätze. Der Südring, zuerst gegraben, ergab runde Bauten, die Buttler für Wohnbauten hielt. Sie wurden aber später als Ställe für das Vieh erkannt. Der Nordring erbrachte 20 Rechteckbauten von meistens 8 mal 30 Metern, also große Häuser mit mehreren Wohnräumen. Es ergaben sich fünf Reihen von Pfostenlöchern. Die äußere Reihe hielt die geflochtenen Wände, die drei inneren Reihen trugen das Giebeldach, die Firstbalken waren gestützt von der mittleren Reihe. Die Giebelhöhe betrug etwa 4 m. Die Häuser lagen in parallelen Reihen von Nordwesten nach Südwesten nebeneinander.

Die 20 Häuser waren mehrfach erneuert worden. Es ergaben sich 7 Wohnschichten, so daß Buttler als Gesamtdauer des Bestehens dieses Wohnplatzes etwa 400 Jahre errechnen wollte, als Beginn der Siedlung etwa 2500, als ihr Ende rund 2000 v. Chr.

Das reiche Fundmaterial ergab als älteste Schicht Linearkeramik, als zweite eine Übergangsform, als jüngste Stichbandkeramik, übereinstimmend in manchen Formen mit dem Hinkelstein-Typus.

Die Silexwerkzeuge schließen an an die Formen des Mesolithikums. Daraus ergibt sich deutlich, daß es die alte Bevölkerung ist, die die kulturellen Neuformen des Ackerbaues übernimmt (Abb. Buttler, Köln-Lindenthal, 1936, Taf. 68, 69 u. Ders., Donauländische Kreis, 1938, Taf. 33). Die geschliffenen Steinbeile sind die in der Bandkeramik typischen Schuhleistenkeile, offenbar Geräte zur Fell- und Holzbearbeitung. Die Formen der Gefäße sind Vorratstopf, weitmündige Schale, Kumpf, vierfüßige Schale, Flasche.

Die Veröffentlichung über den Fundplatz ist: WERNER BUTTLER und WALDEMAR HABEREY, Die bandkeramische Ansiedlung bei Köln-Lindenthal, Berlin 1936. Von Buttler folgte dann ein zusammenfassendes Werk über die Bandkeramik: Der donauländische und der westische Kulturkreis der Jüngeren Steinzeit, Berlin 1938.

In Bochum-Hiltrop, Nordrhein-Westfalen, hat KARL BRANDT (1898—1974), ehemals Direktor des Emschertal-Museums der Stadt Herne, in den Jahren 1949—1950 zwei große rechteckige Häuser der Bandkeramik ausgegraben. Eines der Häuser ist 7 m breit und 16,50 m lang, das andere 7 m breit und 27,50 m lang. Die Tonware gehört der jüngeren Linearkeramik an. Den Bericht brachten K. BRANDT und H. BECK in Germania, Bd. 32, 1954, S. 260—269 und Brandt, ebda, Bd. 38, 1960, S. 418.

Über bandkeramische Bauten spricht AUGUST STIEREN (1885—1970) in den Berichten der Röm-Germ. Kommission, Bd. 33, 1943—1950, S. 61—88. Im gleichen Band erörtert den Charakter der bandkeramischen Siedlungen EDWARD SANGMEISTER (geb. 1916) auf S. 89—109. Er kommt zu dem Ergebnis, daß die bandkeramischen Häuser und Dorfbauten im Grunde gleichartig sind von Tripolje im Südwesten der Sowjet-Union bei Kiew bis Köln-Lindenthal (ebda S. 108). Es findet sich der Großbau, aber in Tripolje ist es ein im Kreise angelegtes Dorf, während in Köln-Lindenthal die Häuser parallel nebeneinander stehen, eine Art Straßendorf.

In den Jahren 1952—1957 wurde bei Leipzig, in Zwenkau-Hartes ein bandkeramisches Dorf von 7000 Quadratmeter aufgedeckt mit 14 Häusern. Sie sind rechteckig, ihre Länge beträgt 4—7 m bis 12—18 m. Fünf Phasen der Besiedlung lassen sich unterscheiden, von der älteren Linearkeramik bis zur Stichbandkeramik. Den Bericht brachte HANS QUITTA (geb. 1925) in „Neue Ausgrabungen in Deutschland", Berlin 1958, S. 68—74.

Andere wichtige Fundorte der Bandkeramik mit den Untergruppen der Spiralkeramik und der Stichbandkeramik, in der ersten Hälfte des 20. Jahrhunderts ausgegraben, sind:

Flomborn, Kr. Alzey, Rheinland-Pfalz, gegraben von KARL KOEHL (1847—1929) in den Jahren 1901—1903, Berichte in der Festschrift zur 34. Vers. d. Dtsch. Anthropol. Ges. in Worms, 1903, S. 26f. Es konnten 85 Gräber aufgedeckt werden, alle in Hockerstellung, linksseitig. Über 30 ganz erhaltene Gefäße konnten geborgen werden, sie waren Grabbeigaben. Immer wieder erscheint das Kumpfgefäß, verziert mit eingeritzten Spiralen, Mäandern oder Bogen. Seltener ist der flaschenartige Krug, in gleicher Weise behandelt. Als Werkzeuge gibt es sogenannte Schuhleistenkeile, Flachbeile aus Felsgestein, Schmuckstücke aus Spondylus-Muscheln.

In Hinkelstein bei Monsheim, nahe Worms konnten durch Koehl rund 150 Gräber mit Skelettbestattung gehoben werden. Die Toten lagen gestreckt auf dem Rücken, gerichtet von Südost nach Nordost. Die Tongefäße sind der Kumpf, die Fußschale, die Flasche. Die Verzierung ist die Stichbandkeramik in Bogen, Dreiecken, Zickzackmustern, Rauten. Die Steingeräte sind Schuhleistenkeile, durchbohrte Beile, Flachbeile. Der Schmuck für die Frauen sind Spondylus-Muscheln aus dem Mittelmeer, der Schmuck der Männer sind Hirschgrandeln und Eberzähne.

In der Zeit der Grabung hatte man von einem Flomborner Stil, von einem Hinkelsteinstil gesprochen. Das ist bei einem Blick auf die gesamte Bandkeramik mit ihrer Fülle von Einzelformen nicht angebracht, bei der Sonderbearbeitung jedoch nützlich.

Sehr reich an Einzelfunden der Bandkeramik, besonders der Linearkeramik, ist Mitteldeutschland, der jetzige Bezirk Halle, der Bezirk Magdeburg, der Bezirk Erfurt. Das fruchtbare Gebiet der sogenannten Magdeburger Börde hat die Leute der Bandkeramik angezogen.

An Fundplätzen mit Kumpfgefäßen und Flaschen mit Spiral- oder Mäanderverzierung sind zu nennen: Bernburg, Quendlinburg, Derenburg, Dingelstedt, Halle-Trotha, Gatersleben, Merseburg, Erfurt, Zauschwitz, Sondershausen. Eine Übersicht gibt Hermann Müller-Karpe, Handbuch der Vorgeschichte Bd. II. München 1968, Taf. 226—228.

Der Rössener Stil, benannt nach dem Fundort Rössen, Kr. Merseburg, Bez. Halle, wird im allgemeinen mit Recht zur Bandkeramik gezählt. Die Formen der Gefäße sind verwandt, jedoch die Verzierung ist im Gegensatz zu der Linearkeramik innerhalb der Bandkeramik eingestochen, nicht mehr als eingetiefte Linie, sondern als Punktornament. Man vermutet mit Recht in dieser Ornamentgestaltung den Einfluß der nordischen Ornamentik. Es ist nach dem ersten wichtigen Fundort der Name Rössener Kultur geblieben, man verwendet aber auch den allgemeinen Namen Stichbandkeramik.

Am Fundort Rössen ist schon von 1879 an gegraben worden, zuerst von A. Nagel, Hans von Borries (1819—1901), dann von Niklasson.

NILS HERMANN NIKLASSON besitzt besondere Verdienste um Rössen. Er ist geboren am 20. 1. 1890 in Göteborg, er studierte in Stockholm und wurde 1915 Assistent an der Landesanstalt für Vorgeschichte in Halle, Saale, heute Landesmuseum für Vorgeschichte. In Halle blieb er bis 1929. In diesem Jahre wurde er als Direktor des Museums nach Göteborg berufen, 1930 wurde er Dozent an der Universität in Göteborg. 1956 trat er als Museumsdirektor zurück und lebt weiter in Göteborg.

Seine wichtigsten Arbeiten sind: Neue Ausgrabungen in Rössen, Mannus 1919—1920, Bd. 11—12, S. 309 f. — Studien über die Walternienburg — Bernburger Kultur, Jahresschr. Mus. Halle, Bd. 13, 1934. — Kring ett hällristningsmotiv, Göteborg 1947. — Bua, boplats 1962. — En mellanneolitisk boplats i Tossene, Göteborg 1962. — Hensbacka, Göteborg 1965.

Das Gräberfeld von Rössen ergab 73 Skelettgräber, zumeist rechtsseitig liegende Hocker, eine Fülle von Tongefäßen, den Kugeltopf, das Bauchknickgefäß, den kugligen Napf, Fußringgefäße, ovale Wannen, Schalen und Vorratsgefäße.

Viele Gefäße haben eine teppichartige dichte Tiefstichverzierung, in der späteren Epoche ist eine Auflockerung erkennbar. Vorherrschend sind Winkelbänder in breiter Ausführung, hängende Dreiecke, ausgesparte M-förmige Zeichen. Die Ausdehnung umfaßt das Saalegebiet, das Harzvorland, die Altmark, im Westen Würzburg, Rheinhessen, Oberhessen.

Ein wichtiger Fundplatz der Stichbandkeramik, des Rössener Stiles, ist Großgartach bei Heilbronn, Baden-Württemberg. Die Grabung wurde durchgeführt von ALFRED SCHLIZ (1849—1915) in den Jahren 1900 und 1901. Der Bericht ist: Das steinzeitliche Dorf Großgartach, 1901. Es wurden rechteckige Hausgrundrisse gefunden, in den Boden eingetieft, mit Herd und Lehmbänken im Innern, oft mit einem Vorraum. Die Lehmwände waren verputzt und in einem Fall mit buntem Zickzackfries verziert. Die Keramik bringt vor allem Bauchknickgefäße mit Stichbandverzierung. In der Umgebung fanden sich Gefäße der Spiralkeramik.

Ein bedeutender Fundplatz der Stichbandkeramik ist auch Eberstadt, Kr. Gießen, Hessen. Die Grabung erfolgte in den Jahren 1911—1912 durch WALTHER BREMER (1887—1926).

Bremer wurde 1920 Dozent für Vorgeschichte a. d. Universität Marburg, 1922 a. o. Prof., 1925 wurde er als Direktor der Irischen Altertümer des National Museum of Ireland nach Dublin berufen, 1926 ist er verstorben. Den Bericht der Grabung gab Bremer in: Prähist. Zeitschr., Bd. 5, 1913, S. 366—435. Die Keramik erscheint als Bauchknickgefäße mit Stichbandverzierung, als Fußbecher, Schalen mit Standring, Becher mit senkrechten Wänden und als seltenes Vorkommnis, wie in Großgartach, viereckige Teller mit Stichbandverzierung. Bremer vergleicht mit Recht Eberstadt mit Rössen (ebda S. 422f.), ebenso Großgartach (ebda S. 433). Zum Schluß seiner Betrachtung bemerkt Bremer:

„Doch das sei zum Schluß noch hervorgehoben, daß nämlich die chronologischen Ergebnisse dieser stilistischen Betrachtung sich völlig decken mit den Ergebnissen der Bodenforschung Koehls, der durch Überschneidung von Wohnplätzen (s. zuletzt Mannus Bd. 5, 1912, S. 60f.) in 43 Fällen für Rheinhessen die zeitliche Aufeinanderfolge von Hinkelstein, Rössen, Großgartach und Spiralkeramik in dieser Reihenfolge nachweisen konnte. Wie weit an sich in geographischer Beziehung derartige Fundbeobachtungen gelten, das können nur andere gleiche Funde beweisen; denn diese Kultur- und Völkerwellen ergießen sich nicht in ruhiger Regelmäßigkeit über weitere Gebiete, sondern sie wogen hin und her, fluten an entlegeneren Plätzen und Gegenden vorbei, stauen sich wieder in anderen und stagnieren, um sich noch lange zu halten, wenn die eigentliche Welle schon längst vorübergegangen, zurückgeflossen oder von einer stärkeren verschlungen ist."

Die Frage, ob die Spiralkeramik älter als die Stichbandkeramik ist, oder ob es sich umgekehrt verhält, hat zu heftigen Kämpfen geführt, besonders zwischen Karl Koehl und Alfred Schliz. Heute ist es gesichert, daß die Spiralkeramik die ältere Form bedeutet, die Stichbandkeramik die jüngere.

Ein wichtiger Fundplatz ist noch der Goldberg bei Nördlingen, Kr. Aalen, Baden-Württemberg. An dieser Stelle hat GERHARD BERSU gegraben von 1911 bis 1929. Den Bericht gab er in Germania, Bd. 20, 1936, S. 229f. und in: Neue deutsche Ausgrabungen 1930, S. 130—143.

Die unterste Schicht ergab Rössener Kultur, Stichbandkeramik. Ein Dorf konnte ausgegraben werden mit sieben viereckigen Häusern, umgeben von einem Palisadenwall und Graben. Die darüber lagernde Schicht ergab ein Dorf der westeuropäischen Kultur mit Michelsberger Keramik in Aichbühler Art.

Gerhard Bersu ist geboren am 26. 9. 1889 in Jauer in Schlesien, er ist gestorben 19. 11. 1964. Er studierte an den Universitäten Straßburg, Heidelberg, Tübingen, Breslau. Als Assistent von Hubert Schmidt nahm er an den Grabungen in Cucuteni in Rumänien teil, 1913 wurde er Assistent bei Peter Goeßler am Württembergischen Landesamt für Denkmalpflege. Im Kriege 1914—1918 gehörte er zum Kunstschutz an der Westfront, 1918—1924 zur Friedensabteilung des Auswärtigen Amtes. 1924 wurde er Assistent bei der Röm.-Germ. Kommission des Deutschen Archäologischen Instituts, 1929 ihr Zweiter Direktor und 1931 Erster Direktor. 1935 wurde er aus politischen Gründen aus seinem Amt entfernt, aber er konnte im Auftrag des Instituts im Ausland arbeiten. 1947 wurde er Professor an der Royal Irish Academie in Dublin in Irland. 1950 kehrte er nach Frankfurt/M. an die Röm.-Germ. Kommission zurück.

Seine Veröffentlichungen sind: Der Goldberg bei Nördlingen, Deutsch. Archäol. Inst., Bericht über die Hundertjahrfeier, April 1929, 1930, S. 313—318. — Der Breite Berg bei Striegau, 1930. — Das Wittnauer Horn im Kanton Aargau, 1945.

In der Frage des Alters der beiden Gruppen: Rössen und Großgartach, wurde im allgemeinen Rössen als die ältere Gruppe angesehen. Im Jahre 1974 glaubt jedoch Walter Meier-Arendt aus einer Reihe von einleuchtenden Gründen annehmen zu können, daß Großgartach älter sei als Rössen. Er sagt: „Das Entstehungsgebiet (der Rössener Kultur) muß demnach Südwestdeutschland gewesen sein und nicht etwa der sächsisch-thüringische Raum" (Walter Meier-Arendt, Zur Frage der Genese der Rössener Kultur, in: Germania, Bd. 52, 1974, S. 1—15).

Es erscheint im ersten Viertel des Halbjahrhunderts eine Arbeit, die für diese Zeit von Bedeutung ist, weil sie eine Übersicht über das bis dahin Geleistete bedeutet: Hans Reinerth, Die Chronologie der jüngeren Steinzeit in Süddeutschland, Augsburg 1923. Reinerth sagt über die Lage in dieser Zeit, S. 1:

„Die typologische Einstellung, die von der nordischen Schule eines Montelius und Sophus Müller übernommen, auf deutschem Boden ihre höchste Verfeinerung erlebte, hat uns in vielem mehr geschadet als genützt. Dem Norden, der die Erforschung eines einheitlichen Kulturgebietes vor sich hatte, verhalf sie zur Aufstellung eines festen chronologischen Gebäudes und zur Schaffung der siedlungsarchäologischen Methode Kossinnas. Im Süden, wo in geographisch verschiedenen, oft sehr begrenzten Forschungsgebieten das Material von drei Kulturkreisen neben- und übereinander lag, hat die typologische Methode die heilloseste Verwirrung angerichtet. Kaum war die stilistische Verschiedenheit des Fundmaterials erkannt, so ging man daran in jeder andersartigen Gefäßform, bald in jedem Scherben, den Vertreter einer neuen Kultur oder gar eines anderen Volksstammes zu sehen. Wie ein aufgestörter Ameisenhaufen eilten die Kulturgruppen und -grüppchen hin und her, überkletterten einander, kamen auch zu Fall und wurden von anderen überlagert, bis sie nach eingezogenem Frieden ihre wunden Glieder zu neuem Leben aufrafften. Es bedurfte anstrengender Gedankenarbeit, um für alle diese Teilglieder der Jungsteinzeit Namen zu schaffen und es darf uns nicht Wunder nehmen, wenn die unscheinbarsten Örtchen dabei Pate stehen mußten." ... Weiter S. 2:

„Die Gegensätze sind Schumacher und Reinecke, Götze und Koehl. Die Angaben Schumachers beruhen auf gewissenhafter, freilich rein örtlicher Beobachtung, die das gleichzeitige Nebeneinander verschiedener Kulturen erkannt hat, während Reinecke von der Warte des klassischen Archäologen die Kulturentfaltung in ganz Europa übersieht und für eine streng räumliche und zeitliche Trennung der einzelnen Kulturen eintritt. Ist für den einen Forscher (Schumacher), aus typologischen und stratigraphischen Gründen, die durch die Bandkeramik vertretene Kultur die älteste und die der Pfahlbauten jünger, so schließt Reinecke an Hand der primitiven oder vorgeschrittenen Bearbeitung der mitgefundenen Kupfergegenstände und der geringeren oder größeren Beziehungen zum Süden die Zeitfolge: 1. Pfahlbaukeramik, 2. Bandkeramik und schiebt die Kulturen der Schnurkeramiker und Glockenbecherleute dazwischen."

„Ein Ausgleich war hier vorläufig ebenso wenig möglich wie bei den Feststellungen von Götze und Koehl, die, jeder für sich, das entgegengesetzte zeitliche Verhältnis von Band- und Schnurkeramik beobachtet hatten. Der Spaten mußte die Entscheidung bringen."

S. 3: „Das Wort vom ‚Chaos der Jüngeren Steinzeit' wird geprägt, das auf dem althergebrachten Wege nicht zu ordnen war."

Reinerth unterscheidet für Süddeutschland die Schnurkeramik, die Pfahlbaukeramik, die Bandkeramik, die Aichbühler Mischkeramik, die Glockenbecherkeramik. Er behandelt diese Kulturen nach den Tongefäßen, den Steinwerkzeugen, nach der örtlichen Lagerung.

Von der Bandkeramik erklärt Reinerth (S. 22):

„Klopfleisch, der dieser keramischen Gruppe den Namen gab und sie dadurch von der Schnurkeramik schied, hat die unseligen Folgen seiner Namengebung nicht mehr erlebt. Das Gebilde, das er von den übrigen neolithischen Kreisen abtrennte, war einheitlich noch nicht gegliedert. Bald aber begann man Untergruppen zu bilden und gab jeder eine Reihe von Unterabteilungen, die alle einen Namen haben mußten, wenn ihre Gefäßformen und Verzierungsarten auch längst nicht mehr unter den Begriff Bandkeramik fielen. So ist das kaum übersehbare Gemenge entstanden, das wir heute unter dem Namen Bandkeramik zusammenfassen. Der Schliz'sche Vorschlag einer Namensänderung ist nicht mehr möglich, ohne noch größere Verwirrung anzurichten. Wir müssen uns darauf beschränken, die reichen Unterabteilungen nach einheitlichen Gesichtspunkten zusammenzufassen und dadurch wenigstens eine klare Übersicht zu schaffen."

Reinerth unterscheidet innerhalb der Bandkeramik die Hinkelstein-Keramik, Spiral-Mäander-Keramik und süddeutsche Rössener Keramik (S. 22). Von der Rössener Keramik sagt er (S. 24): „Die Formen sind fast ausschließlich bandkeramisch. Nicht minder die begleitenden Steingeräte, unter denen die bandkeramischen Hacken und Arbeitshämmer in der Mehrzahl sind. Diese Umstände veranlassen mich, die süddeutsche Rössener Keramik im Koehl'schen Sinne zur Bandkeramik zu rechnen."

„Es steht also nichts im Wege, die süddeutsche Rössener Keramik als eine unter nordischem Einfluß entstandene Form der späten Bandkeramik aufzufassen."

„Die Spiral-Mäander-Keramik ist im Rheinland als Fremdgruppe aufzufassen, die dem gleichen Quell entspringt wie die Hinkelsteiner Art, ihre Entwicklung aber in einer weitentfernten Gegend (Böhmen, mittleres Donaugebiet) durchgemacht hat. Sie ist, das sagen die Formen, am Rhein jünger als die Hinkelsteiner Keramik. In Böhmen und Mähren ist die zeitliche Folge umgekehrt; in Bayern laufen Spiral- und Hinkelsteiner-Keramik teilweise nebeneinander her."

Am Ende seines Buches erklärt Reinerth S. 74: „Am gleichmäßigsten dringt der Ostkreis (d. h. die Bandkeramik) vor. Seine Träger sind Ackerbauer, die fast ausschließlich Lößland besiedeln. Das mittlere Donauland, Böhmen, Mähren, Schlesien, etwas später Bayern und Sachsen, zuletzt das Main-, Rhein- und Neckarland werden gewonnen."

„Für die fruchtbaren Talgebiete Süddeutschlands sind die Ostleute (d. h. Bandkeramiker) die ersten bleibenden Siedler. In Mittel- und Ostdeutschland trifft ihre Welle bereits auf den nordischen Kreis, der von Jägern und Viehzüchtern getragen, viel rascher vordringt. Eine Zone mannigfacher rassischer und kultureller Vermengung ist die Folge."

„Klar prägen sich diese Verhältnisse in der materiellen Hinterlassenschaft aus."

„Unter den Steinwerkzeugen fehlen die Beile und Waffen. Um so häufiger sind die durchbohrten Pflugscharen und Feldhacken."

„Die Keramik zeigt ursprünglich nur runde Kumpfformen mit freien Spiral- und Mäander-Linienornamenten. Nach dem Zusammentreffen mit der nordischen Kultur entsteht der Hinkelsteiner Stil (d. h. die Stichbandkeramik), der harte, kantische Formen und geometrische Ornamente in nordischer Stichtechnik führt. Noch später entwickelt sich die Rössener Art, die nur noch ganz wenige ostische Kennzeichen in nordischem Gewande zu zeigen hat. Sie ist ein Zeuge der innigen Verschmelzung in der Randzone."

Diese Darlegungen von Reinerth haben in der folgenden Bearbeitung im ganzen ihre Bestätigung gefunden. Allerdings ergab sich, daß die Bandkeramik in Böhmen-Mähren nicht ihren Ausgangspunkt besitzt, sondern nur eine Art Entfaltungsraum. Der Ursprung liegt weiter im Osten, in Rumänien, Südrußland und zuletzt in den frühen Hochkulturen des Orients.

HANS REINERTH ist geboren am 13. 5. 1900 in Siebenbürgen. Er hat in Tübingen studiert und dort 1921 den Doktorgrad erworben. 1925 wurde er Dozent an der Universität Tübingen, 1934 ord. Professor für Vorgeschichte an der Universität Berlin bis 1945, bis zum Ende der nationalsozialistischen Epoche. Er war in dieser Zeit Leiter des Reichsbundes für die deutsche Vorgeschichte. Jetzt ist er Direktor des Freilichtmuseums in Unteruhldingen am Bodensee.

Seine wichtigsten Bücher sind: Pfahlbauten am Bodensee, 1922, 8. Aufl. 1966. — Chronologie der Jüngeren Steinzeit in Süddeutschland, 1923. — Die Steinzeit der Schweiz, 1926. — Die Wasserburg Buchau, 1928. — Das Pfahldorf Sipplingen, 1932,

2. Aufl. 1938. — Herausgeber des Werkes: Vorgeschichte der deutschen Stämme I—III, Berlin 1940.

Nach unserer heutigen Kenntnis ist die Linearkeramik die älteste neolithische Kultur Mitteleuropas. Sie ist vertreten auf den Lößböden von Südrußland bis Belgien in der Zeit etwa 4500—2000 nach der C-14 Datierung. Sie wird in vier Stufen gegliedert, die ältere, mittlere, jüngere Stufe und die Prä-Lengyel-Stufe.

Die neuere Literatur ist diese: W. Buttler, Der donauländische und der westische Kulturkreis, Berlin 1938. — Stieren, Sangmeister, Milojčić, Bandkeramische Studien, 33. Ber. d. Röm.-Germ. Kommission, 1943—1950, 1951, S. 61—124. — Hoffmann, Kultur der Bandkeramik in Sachsen. 1963. — Soudsky, Historica 1960. — Ders. Antiquity 1962. — Ders. in: Investigations Archéologiques en Tchécoslovaquie 1966.

In Belgien wird die Bandkeramik nach dem Fundort Omal bei Brüssel Omalien genannt. Der Schwerpunkt der Funde liegt in der Provinz Hesbaye, unweit Lüttich.

In Holland findet sich Bandkeramik in der Provinz Limburg. Die Fundorte sind Geleen, Caberg, Sittard. Hier wurde 1953—1954 ein bandkeramisches Dorf ausgegraben von PIETER MODDERMANN mit 44 Häusern in rechteckiger Bauart in der Größe von 5—6 m Breite und 7,40—30 m Länge. Moddermann, „De bandceramische cultuur in Nederland in het licht van de opgravingen te Sittard. Honderd euwen Nederland, Bd. 2, 1959, S. 57—74.

PETER J. R. MODDERMANN ist 1919 in Indonesien geboren. Er studierte in Groningen und erlangte 1945 den Doktorgrad. Er wurde Konservator bei der Staatl. Denkmalpflege in Amersfoort und Dozent für Vorgeschichte an der Univ. Utrecht. Jetzt ist er Professor in Leiden. Er führt gegenwärtig Grabungen der Bandkeramik durch in Hienheim, Kr. Kelheim, Bayern. Seine wichtigsten Veröffentlichungen sind: Die angegebene Arbeit. — The Spanjaardsberg, Noord-Holland, Berichten van de Rijksdienst 1960—1961. — Opgravingen in Noord-Brabant, Brabant Heem Bd. 14, 1964, Heft 5—6.

In Frankreich ist die Linearkeramik in den vor 1900 erschienenen Gesamtdarstellungen noch nicht genannt. Weder BARON J. DE BAYE in seinem Buch, L'Archéologie préhistorique, Paris 1888, erwähnt Bandkeramik, noch ALEXANDRE BERTRAND in seinem Werk: La Gaule avant les Gaulois, Paris 1891.

In einem kurz nach 1950 erschienenen Werk über die Kulturen des Neolithikums in Frankreich wird der Bandkeramik ein größerer Raum eingeräumt: G. BAILLOUD et P. MIEG DE BOOFZHEIM, Les civilisations néolithiques de la France, Paris 1955, S. 23—50.

Im Elsaß erscheinen Funde in Koenigshoffen, Lingolsheim, Schiltigheim, Enzheim, Hoenheim, alle Bas-Rhin. Im Pariser Becken liegen Funde vor aus Ante (Marne) und Belloy (Somme) (ebda Taf. 18 u. 19). Über die Funde hat R. FORRER (1866—1947) berichtet in den Cahiers d'Archéologie et d'Histoire de l'Alsace 1939, S. 1—8 und G. CHENET in dem Bulletin de la Société Champenoise 1927.

Der Umkreis der Funde bedeckt verhältnismäßig dünn das Elsaß, im Pariser Becken sind nur vereinzelt Fundstellen bekannt. Diese Tatsache schon macht es deutlich, daß die Bandkeramik links des Rheines ihr Ende findet. Nur letzte Ausläufer haben sich bis Holland, Belgien, Elsaß und bis zum Pariser Becken ausgebreitet.

Völlig anders aber gestaltet sich die Lage im Osten von Deutschland, hier werden die Fundergebnisse immer reicher und immer verbreiteter.

Die Tschechoslowakei bietet eine Fülle von Funden der Bandkeramik, sowohl der älteren Spiralkeramik wie der jüngeren Stichbandkeramik. Drei Werke, die die Vorgeschichte der Tschechoslowakei oder ihrer Teilgebiete zusammenfassend vorlegen, sind in der Zeit von 1900—1950 erschienen. Es ist einmal JOSEF SCHRÁNIL, Die Vorgeschichte Böhmens und Mährens, Berlin 1928, ferner JAN EISNER, Die Vor- und Frühgeschichte des Landes Slowakei, Bratislava, Preßburg 1933 und JAN FILIP, Pravěké Československo, Praha, Prag 1948.

JOSEF SCHRANIL ist am 5. 4. 1893 in Prag geboren und dort am 20. 3. 1940 gestorben. Er hat in Prag studiert und wurde 1922 Dozent an der Karls-Universität in Prag, und dort 1935 Professor der Vorgeschichtlichen Archäologie. Zugleich war er seit 1935 wissenschaftlicher Mitarbeiter des Nationalmuseums Prag und Mitglied der tschechischen Akademie der Wissenschaften. Es liegen sechs Bücher von ihm vor und viele Artikel in Fachzeitschriften.

JAN EISNER wurde geboren am 26. 4. 1885 in Bradlo bei Chrudim, Tschechoslowakei. Er war zuerst Gymnasialprofessor in Böhmen, seit 1919 in der Slowakei. 1924 wurde er Dozent an der Universität Bratislava, Preßburg, dort a. o. Prof. 1929, ord. Prof. 1934. Von 1939—1957 war er an der Karls-Universität in Prag, er ist Mitglied der tschechischen Akademie der Wissenschaften. Außer dem oben genannten Buch sind seine wichtigsten Bücher folgende: Slawische Begräbnisstätten aus dem 7. u. 8. Jahrhundert, tschechisch, 1952. — Kapitel aus der slawischen Archäologie, tschechisch, 1. Teil, 1966. — Spangenhelme des Baldenheimer Typus, deutsch, IPEK Bd. 13—14, 1939—1940.

JAN FILIP ist geboren am 25. 10. 1900 in Chocnějovice. Er war seit 1924 Gymnasialprofessor, 1938 wurde er Dozent an der Karls-Universität in Prag und Mitglied der tschechischen Akademie der Wissenschaften. Eine große Anzahl von Büchern hat er veröffentlicht, wie: Die Urnenfelder und die Anfänge der Eisenzeit in Böhmen, Prag 1936—1937, tschechisch. — Kapitel aus der Kultur unserer Urzeit, tschechisch, 1940. — Der Beginn der slawischen Siedlungen, tschechisch, 1946. — Die Kelten in Mitteleuropa, tschechisch, 1956. — Vorgeschichte Europas, tschechisch, mit Mitarbeitern, 1966. Enzyklopädisches Handbuch zur Ur- u. Frühgeschichte Europas, tschechisch u. deutsch. Prag u. Stuttgart, Bd. 1, 1966 Bd. 2, 1969.

Wichtige Fundplätze der Linearkeramik in der Tschechoslowakei sind Prag-Bubeneč, Prag-Jenerálka, Prag-Sarka, Srbsko bei Beroun, Teplice-Teplitz, Boskovštýn, Bez. Budějovice, Mähren, Domica-Höhle bei Kečov, Bez. Šafárikovo, Slowakei.

Die Stichbandkeramik ist gefunden worden in Bečvary, Kněževes bei Slané, Čelakovice, Prag-Bubeneč, Čáslav, Sedlec bei Prag. Bemalte Keramik in Prag-Šárka, Lužiansky bei Nitra, Slowakei.

Von Bedeutung sind die Hausmodelle aus Ton in den Dörfern der Bandkeramik, in Boskovštýn und Bohušice (Schránil, ebda Taf. VI, Abb. 6).

Über die neolithischen Plastiken Mährens hat Josef Skutil (7. 3. 1904 bis 18. 9. 1965) berichtet in der Zeitschrift IPEK, 1939—1940, S. 36—56.

In Ungarn gibt es über hundert Fundorte der Bandkeramik. Eine zusammenfassende Darstellung des ungarischen Gebietes in der Vorgeschichte gab es bis 1900 nicht.

Im Jahre 1912 legte Lajos von Marton (1876—1934), damals Privatdozent an der Universität Szeged von 1906—1915, später Abteilungsdirektor am Ungarischen Nationalmuseum in Budapest 1914—1934, eine Übersicht vor in der Prähistorischen Zeitschrift, Bd. 4, 1912, S. 175—191.

Ein Buch über die gesamte Vorgeschichte in ungarischer Sprache erschien 1921 von Hillebrand und Bella, Az öskor embere és kultúraja, Mensch und Kultur der Vorzeit, Budapest 1921.

Jenö Hillebrand (1884—1950) war von 1916—1926 Kustos am Ungarischen Landesmuseum, Abteilungsleiter von 1926—1944. Lajos Bella (1850—1937) war Mitarbeiter des Museums von Sorpon.

Eine eigene Arbeit über Bandkeramik in Ungarn legte Ferenc von Tompa vor, „Die Bandkeramik in Ungarn", Budapest 1929. Er veröffentlichte eine große Arbeit mit dem Titel: „25 Jahre Urgeschichtsforschung in Ungarn 1912—1936 im 24.—25. Bericht der Röm.-Germ. Kom. 1934—1935, Berlin 1937, S. 27—127.

Ferenc von Tompa (1893—1945) war von 1920—1923 Direktor des Museums von Szombathely, von 1933—1938 Kustos am Ungarischen Nationalmuseum in Budapest, 1938—1945 Professor für Vorgeschichte an der Universität Budapest. Es verband mich eine gute Freundschaft mit Tompa. In Budapest und in Köln haben wir über viele Fragen und Probleme sprechen können.

Unter den vielen bandkeramischen Fundorten hebt sich nach Tompa eine älteste Schicht ab mit reiner Linearkeramik, auf sie folgt eine durchgebildetere Form, die er Bükker Kultur nennt, und von der er sagt (Ber. d. Röm.-Germ. Kom. 1934—35, 1937 S. 35), „daß die Bükker Kultur lediglich eine Sondergruppe innerhalb des linearkeramischen Kulturkreises bildet." Die nach oben folgende Stichbandkeramik wird von Tompa als Theiß-Kultur bezeichnet. Sie schließt sich an an die Lengyel-Kultur und bringt auch vielfach Bemalung (Tompa, Bandker. Taf. 46—60).

Tompa nimmt nicht die Herkunft der Bandkeramik aus dem Orient an, er denkt an einen Ursprung in der Balkangegend und an eine Ausbreitung nach dem Osten (Tompa, ebda. S. 17, 27, 53, 54, 55, 59). Diese Anschauung hat sich nicht durchsetzen können.

Für die Linearkeramik sind wichtige Fundorte die Höhlen von Szeleta und Istállóskö im Bükk-Gebirge, von Bodrokeresztur im Kom. Zemplén in Nordost-Ungarn, wo an anderer Stelle des Ortes ein kupferzeitliches Gräberfeld aufgedeckt werden konnte, ferner die Aggtelek-Höhle, ebenfalls im Bükk-Gebirge.

Für die Theiß-Lengyelkultur sind wichtige Fundorte Herpály bei Debrecen in Ost-Ungarn, eine große Tell-Siedlung, die von 1925—1955 ausgegraben worden ist.

Weiter Paszab, Kom. Szabolcs, Zelemér und Tócóvölgy, beide Kom. Hajdu, ferner Kökenydomb, Kom. Csongrád.

Die bemalte Keramik ist gleichzeitig mit der Theiß-Kultur und hat ihre wichtigsten Fundstätten in Lengyel, Kom. Tolna, Süd-Ungarn. Hier hat M. WOSINSKY von 1882—1888 ein steinzeitliches Dorf ausgegraben mit 90 Gräbern. Der Fundbericht ist: M. Wosinsky, Das prähistorische Schanzwerk von Lengyel, Budapest 1888—92.

MÓR WOSINSKY (1854—1907) war Pfarrer. Er hat das Museum in Szekszárd 1895 begründet. Ein wichtiges Werk von ihm ist: Die inkrustierte Keramik der Stein- und Bronzezeit, Berlin 1904.

Weitere bemalte Keramik stammt aus Sátoraljaujhely, aus Tiszapolgár, Paszale, Tokaj, Szentes, Zengövarkony.

Jugoslawien brachte viele ergebnisreiche Fundstätten der Bandkeramik. Bedeutend ist Butmir, Kr. Sarajewo, ausgegraben 1893—1896. Die Grabung ergab eine Fülle von Tongefäßen, Schüsseln, Fußschalen, Kumpfen und 72 Tonfiguren oder Bruchteile von ihnen. Die Ornamentik ist vor allem die Spirale, es kommen aber auch Rauten und Dreiecke vor. Die Veröffentlichung ist: V. RADIMSKY und M. HOERNES, Die neolithische Station von Butmir I, 1895, II, F. FIALA u. HOERNES 1898.

VÁCLAW RADIMSKY ist geboren 1832 in Nová Paka in Böhmen, er ist gestorben 1895 in Sarajevo. In Prag hat er von 1850—54 Geologie studiert, danach in Příbram. Von 1885 an war er Berghauptmann in Sarajevo, Bosnien, und Mitarbeiter des Landesministeriums.

Ein anderer wichtiger Fundplatz ist Vinča, ein Dorf am rechten Donauufer im Kreise Mali Mokri Lug, 14 km südöstlich von Beograd. Es handelt sich um einen Tell, einen Siedlungshügel, 150 zu 100 Metern groß. An dieser Stelle hat M. M. Vassić gegraben von 1908—1932.

MILOJE M. VASSIĆ ist geboren 1869 in Gradiste, er ist gestorben 1956 in Beograd. 1905 wurde er Dozent für Archäologie an der Universität Beograd, 1920 a. o. Prof., 1922 ord. Prof. Vassić führte Ausgrabungen durch in Jablanica, Kličevac, Kostolac, Žuto Brdo und vor allem in Vinča. Seine wichtigsten Werke sind: Die neolithische Station Jablanica, Braunschweig 1902. — La nécropole de Kličevac, Revue Archéologique, Paris 1902. — Preistoriska Vinča, 4 Bd. 1932—36. — Berichte über Vinča in: Prähistorische Zschr. 2, 1910, S. 23f. — 3, 1911, S. 126f.

Die Ausgrabung von Vinča war sehr ergebnisreich, die jugoslawischen Prähistoriker sprechen von einer Vinča-Kultur. Das Wort bedeutet eine neolithische Schicht in Serbien, in Siebenbürgen, und in dem westlichen Teil von Bulgarien. Wichtige Stationen der Vinča-Kultur sind Žarkovo und Banjica bei Beograd, Supska und Pavlovac an der Morava, weiter Valač und Priština im Kosovo-Gebiet. Es lassen sich zwei Folgen unterscheiden, die Vinča-Tordos-(oder Turdas) Gruppe als ältere und die Vinča-Pločnik-Gruppe als spätere.

Die Siedlungen der Vinča-Kultur bringen viereckige Häuser, wie immer in der Bandkeramik, Hockerbestattungen, reiche Keramik mit Näpfen, Fußschalen, Pfannen, großen Vorratsgefäßen. Die Dekoration hat Rillenverzierung und Ritzmuster. Die

Idolplastik ist reichlich vorhanden, die Werkzeuge sind Schuhleistenkeile und geschliffene Steinbeile.

Ein anderer wichtiger Fundplatz in Jugoslawien ist Starčevo, östlich von Pančevo, 15 km entfernt von Beograd, Belgrad, nur 10 km entfernt von Vinča. Die Grabungen wurden durchgeführt im Jahre 1930 durch Miodrag Grbić (geb. 1901), Vladimir Jaroslav Fewkes (1901—1941), Robert W. Ehrich (geb. 1908), H. Goldman. Der Bericht erschien im Bulletin of American School of Prehistoric Research, Bd. 9, 1933 unter dem Titel: Excavations at Starčevo.

Die Starčevo-Kultur ist älter als die von Vinča. MILUTIN GARAŠANIN (geb. 1920) datiert sie auf 2700 v. Chr., die Vinča-Kultur auf 2500 im 39. Ber. d. Röm.-Germ. Komm. Berlin 1959, S. 1—130. Diese Grabung machte durch ihre drei Schichten den engen Zusammenhang mit Vorderasien deutlich. Die älteste Schicht brachte eine grobe Ware, wie sie in Vorderasien, etwa in Ras Shamra V, in gleicher Form erscheint. Die darüber lagernde Schicht ergab bemalte Keramik, deutlich anknüpfend an Vorbilder Vorderasiens, die oberste Schicht enthält Gefäße mit Spiralverzierung. Es stellte sich bei dieser Grabung deulich heraus, daß mit mehreren Vorstößen der vorderasiatischen frühneolithischen Ackerbauern zu rechnen ist. Die genaueren Untersuchungen legten vor: DRAGA und MILUTIN GARAŠANIN, Starčevačka Kultura, 1954. — V. MILOJČIĆ in: Reinecke-Festschrift 1950, S. 108—118. — Ders. Chronologie der jüngeren Steinzeit Mittel- und Südosteuropas, Berlin 1953.

In Bulgarien ist die Bandkeramik sehr reich vertreten. Es liegt eine ausgezeichnete, eingehende Arbeit über das Neolithikum in Bulgarien vor, verfaßt von einem Amerikaner, JAMES HARVEY GAUL, The neolithic period in Bulgaria, American School of Prehistoric Research, Bulletin 16, Harvard University, Cambridge, Mass. 1948, 252 Seiten, 69 Tafeln.

Gaul legt 69 gut ausgegrabene Stationen vor, jede einzelne mit eingehenden Angaben. Das Ergebnis der Untersuchungen von Gaul ist, daß die Bandkeramik als etwas ganz Neues in das Land kam. Sie stieß auf die alten mesolithischen Kulturen, auf die Welt der Fischer und Jäger. Sie brachte eine neue Lebensweise mit sich, den Ackerbau und die bäuerliche Viehzucht, verbunden mit dem geschliffenen Beil und dem geritzten oder bemalten Tongefäß. Diese Elemente stammen aus Vorderasien, vor allem aus der Osttürkei, aus Anatolien. Die Vorformen für die Bandkeramik finden sich in türkischen Fundorten wie Alishar Höyük, Mersin, Alaca Höyük, Ahlatlibel, Kusura. Gaul gibt auch eine feste Datierung. Für die Schicht mit geritzter oder mit bemalter Ware errechnet er 3000 v. Chr. Für die Boian-A-Schicht, den zweiten Horizont der Bandkeramik entsprechend Cucuteni A, 2500 v.Chr. und für die Tell-Kultur, die dritte Stufe, entsprechend Cucuteni B, 1900 v. Chr.

JAMES HARVEY GAUL (1911—1945), hat ein tragisches Schicksal erlebt. Im Jahre 1930 begann er seine Studien an der Harvard University in Cambridge, Mass. Er schrieb über die Indianer-Wohnstätten in New England. Im Sommer 1934 arbeitete er auf dem Gebiet der Vorgeschichte in der Tschechoslowakei im Auftrag der American School of Prehistoric Research. 1935—36 setzte er seine vorgeschichtlichen Studien in Persien fort, 1938 in der Türkei, und von 1938—39 in Bulgarien wieder für die American School. Als 1939 die deutschen Truppen Bulgarien besetzten, mußte er das Land verlassen, er kehrte an die Harvard University zurück und erwarb hier seinen Doktorgrad im Juni 1940.

Danach trat er in das State Department ein im Februar 1941, er wurde Leutnant und kam mit der Flotte nach Basra am Persischen Golf als Marine-Beobachter, Naval Observer. Hier blieb er bis 1943. In diesem Jahr und im Jahre 1944 war er Kairo zugeteilt, dann der Tschechoslowakei. Hier wurde er von der deutschen SS gefangen genommen und in das Konzentrationslager Mauthausen in Österreich gebracht und dort getötet. Seine Arbeit, in Amerika erhalten, wurde nach seinem Tode veröffentlicht.

Wichtige Fundorte in Bulgarien sind ferner Kodža Dermen bei Mursalevo, 61 km entfernt von Sofia, mit glatter und bemalter Ware, Denev Mogila bei Salmanovo, Kr. Sumen mit viereckigen Grundrissen von Häusern.

In Nordbulgarien liegt Sultan Selo, 4 km südöstlich von Popovo, 1926 bearbeitet, von V. MIKOV, in Godišnik na Narodnija Bibiloteka i Muzei, Plodiv. Die Häuser sind aus Lehm gebaut, rot bemalt. 24 Tierskulpturen konnten gehoben werden und viele mit weißen Spiralen bemalte Gefäße.

Rusé Rusčuk, Bulgarien, ist ein Fundort an der Donau, am Einfluß des Lom. Hier hat D. KOSTOV in den Jahren 1921 und 1922 gegraben. 1926 erschien seine Veröffentlichung: Predioričeskoto Mogila pri Rusé in Godišnik na Narodnija arheologičeski. Muzei, Sofia, 1922—25, S. 57—71. Es ergaben sich viereckige Häuser mit Lehmwänden, mit unbemalter und bemalter Keramik, mit geschliffenen Beilen, mit weiblichen Statuetten und auch mit 7 Kupfergegenständen, Nadeln und Ringen.

Das Gebiet, das am reichsten Funde und Fundstätten der Bandkeramik ergeben hat, ist Rumänien. So hat das Land die Forscher besonders angelockt, auch die Deutschen. Schon im Jahre 1885 erschien ein Buch über einen wichtigen Fundplatz, Beldiceanu, Antichitateli de la Cucuteni, Jassi. Dieser Fundort hat HUBERT SCHMIDT veranlaßt, hier eingehende Grabungen vorzunehmen. Das Ergebnis war bedeutend. Das Museum für Vorgeschichte in Berlin konnte bemerkenswerte Funde ausstellen, Hubert Schmidt veröffentlichte ein sorgfältiges Werk über den Fundplatz mit dem Titel: Cucuteni, Berlin 1932.

HUBERT SCHMIDT wurde geboren 1864, er starb 1933. Im Jahre 1890 promovierte er an der Universität Halle, Saale, und 1907 wurde er Dozent an der Universität Berlin, 1913 a. o. Professor. Seit 1901 war er wissenschaftlicher Mitarbeiter an der Vorgesch. Abt. der Berliner Museen für Völkerkunde, 1909 wurde er Kustos, 1924 trat er in den Ruhestand. Von 1910—1914 grub er in Cucuteni, 1917—1918 in Sarata-Monteoru, Bez. Ploiesti, Rumänien. Seine Bücher sind: Heinrich Schliemanns Sammlung trojanischer Altertümer, Berlin 1902. — Vorgeschichtliches Europa, Steinzeit und Bronzezeit, Leipzig 1924. — Cucuteni in der oberen Moldau, Berlin 1932.

Auf S. 14—15 des Werkes über Cucuteni sagt Hubert Schmidt über die Form der Ornamentik: „Das die ganze Gefäßornamentik beherrschende Muster ist die ausgesparte Bandspirale, die als negatives Ornament weiß erscheint. In der Regel wird die mit zwei Voluten versehene S-Spirale verwendet; die Größe ihrer Voluten richtet sich nach dem zur Verfügung stehenden Raume. Eine und dieselbe Spirale kann also verschieden große Voluten haben; oder ihre Enden sind verkümmert, so daß sie die Form eines S-förmigen Hakens annimmt. Das Grundmotiv kann als Einzelmuster Verwendung finden oder mit gleichen Spiralen zusammengereiht werden, indem die Enden der nebeneinander folgenden Spiralen ineinander greifen. So entstehen zusammenhängende Spiralreihen. Gerade sie sind für die Anordnung der Muster auf der Gefäßfläche von wesentlicher Bedeutung; denn die Ornamente werden ganz unabhängig von der Gefäßform in freier Anordnung auf die ganze Gefäßfläche verteilt. Das ist ein charakteristisches Merkmal der sogenannten Bandkeramik, die eine der Hauptgruppen neolithischer Keramik Mitteleuropas bildet. Mit ihr hat die bemalte Keramik von Cucuteni sowohl das Grundmuster, die Spirale, als auch die Freiheit der Musteranordnung gemeinsam".

„Trotz der im Wesen der Bandkeramik liegenden Freiheit der Ornamentanordnung macht sich auf den Gefäßen von Cucuteni im gewissen Sinne auch ein auf Raumteilung beruhendes Kompositionsschema geltend. Man muß berechnen, wie viele Spiralen den Umfang des zu dekorierenden Gefäßes ausfüllen, ohne zu einem bestimmten Zierschema gezwungen zu sein. Bei genügend großen Räumen werden die Spiralreihen auch zu mehreren übereinander angeordnet und laufen vielfach schräg über die Gefäßfläche weg. Jedenfalls ist der Künstler allen Schwierigkeiten in der Beherrschung des Raumes immer gewachsen. Fehlt ihm der Raum, so bricht er im Verlaufe der Muster einfach ab und überläßt es dem Beschauer, das Fehlende sich zu denken. So erscheinen Ausschnitte aus größeren Flächenmustern; diese muß man rekonstruieren, wenn man jene verstehen will. Ebenso kommt es zu Teilmustern. Sie dienen zunächst zur Füllung des Raumes; denn man vermeidet es, allzu große Flächen einfarbig zu lassen, da sie wie ein ornamentloser Raum erscheinen würden. Geradezu ein horror vacui macht sich geltend. So erklärt sich auch die Erfindung besonderer, eigentlicher Füllmuster. Als solches ist sehr beliebt das Spitzblatt, das sich in verschiedenster Weise als Zwickelmuster verwenden läßt."

„Für die Entwicklung der Ornamentik ist die Absonderung der selbständigen Einzelmotive aus den Flächenmustern von großer Wichtigkeit. Denn sie führen zu einer planmäßigen Anordnung, zu einer Syntax der Ornamente nach den Regeln von Rhythmus und Symmetrie."

Den Gedanken der Herkunft der Bandkeramik aus dem Vorderen Orient lehnt Hubert Schmidt ab. So sagt er (S. 123): „Jedenfalls wird Vorderasien, so ist zu hoffen, nunmehr endgültig seine bisher geführte Rolle bei der Beurteilung einer so europäischen Kultur, wie der donauländischen Bandkeramik und ihrer östlichen Abzweigungen, in der Vorgeschichtsforschung ausgespielt haben". — Allerdings hat sich dieser Gedanke nicht bestätigt. Diese Stelle aus dem Werke über Cucuteni zeigt jedoch deutlich, den um 1932 noch immer lodernden Streit.

Hubert Schmidt unterscheidet für Cucuteni drei Stadien, Stufe A mit roter Bemalung auf weißen Grund in Spiralen, Gruppe B mit Bemalung in Spiralen, Kreisen, Herzen, Zickzackmustern, Stufe C ohne Bemalung mit eingestochenen Ornamenten, außerdem mit Kupfergegenständen.

Nahe bei Cucuteni, 15 km südöstlich liegt Habasesti, 1949—50 ausgegraben von Vladimir Dumitrescu mit Mitgliedern der Akademie von Rumänien. Der Fundplatz liegt auf einer Bergnase, abgeriegelt durch zwei Gräben. Er ergab 40 rechteckige Häuser, eine Keramik vom Stile Cucuteni A, viele Idole wie in Cucuteni, Tierfiguren in Ton, an Getreide Weizen und Gerste, zuoberst Kupfergegenstände. Der zusammenfassende Bericht ist: V. Dumitrescu, Habasesti, Bucarest 1954, ein Werk von 606 Seiten, rumänisch.

Vladimir Dumitrescu hat auch an einer anderen bedeutenden Fundstelle wertvolle Grabungen durchgeführt, in Gumelnitza an der Donau, im Bezirk Ilfov, 4 km entfernt von dem Ort Oltenita, im Süden von Bukarest. Die Grabungen begannen 1925, sie sind fortgeführt worden bis 1960. Nach den besonders ergebnisreichen Fundtatsachen, wird neuerdings von der Gumelnitza-Kultur gesprochen. Wieder ergaben sich wie bei Cucuteni zwei Schichten, ebenfalls bezeichnet als A und B mit fast gleicher Keramik wie in Cucuteni. Zahlreich sind die weiblichen Statuetten, auch ein Hausmodell aus Ton ist gefunden worden. Dumitrescu berichtet über die Ergebnisse der Grabungen in der rumänischen archäologischen Zeitschrift Dacia, Bd. 2, 1925; Bd. 7—8, 1937—40 und ebda. Neue Folge, Bd. 4, 1960, und über die Statuetten in IPEK 1932—33 S. 49—72.

Der Ausgräber, VLADIMIR DUMITRESCU, ist am 20. 10. 1902 geboren worden in Bukarest. 1925 wurde er Licencié ès lettres. Von 1926—1928 war er Mitglied des Archäologischen Rumänischen Instituts in Rom, 1928 erlangte er den Doktorgrad, 1930 wurde er Dozent an der Universität Bukarest. 1935—45 war er Direktor des Altertumsmuseums von Bukarest. Seine wichtigsten Veröffentlichungen sind: Fouilles de Gumelnitza. Dacia, Bd. 2, 1925. — L'Art préhistorique en Roumanie, Bucarest 1937. — Habasesti, Bucarest 1954. — Les statuettes de l'âge du Bronze de Cirna, IPEK, Bd. 19. 1954—57. — La civilisation de Cucuteni, Berichten van de rijksdienst voor het outheidkundig bodemonderzoek, Bd. 9, 1959. — Hunnen in Muntenien, Dacia, N. F. Bd. V, 1961. — Cirna, Bucarest 1961. — L'Art néolithique en Roumanie, Bucarest 1968.

Ein anderer wichtiger Fundort des Neolithikums in Rumänien ist Cernavoda in der Dobrudscha, im Bezirk Constanza, nahe am Schwarzen Meer. Im Jahre 1917 begann hier CARL SCHUCHHARDT seine Ausgrabungen, er berichtete über sie in der Prähistorischen Zeitschrift Bd. 15, 1924, S. 9ff. Seit 1936 grub dort J. NESTOR, Bericht Prähistorische Zeitschrift Bd. 20, 1929; 1954—58. Ferner D. BERCIU, Bericht in Dacia, N. V. Bd. 4, 1960 S. 423f. Insgesamt konnten über 300 Skelettgräber gehoben werden mit einer Fülle von Tongefäßen mit Winkelband-Verzierung, dazu Knochen von Hund, Rind, Schwein, Schaf, Ziege, Wildesel und Fischen. Auffällig sind sitzende weibliche Statuetten, den Kopf aufgestützt auf die Arme.

Ein Fundplatz von Bedeutung ist Ariusd, Erösd, im Bezirk Sf. Gheorghe, Rag. Brasov, Siebenbürgen, ausgegraben durch FERENC LÁSZLÓ von 1907—1925. Es konnten sieben Kulturschichten festgestellt werden, von denen sechs dem Horizont Cucuteni A angehören. Die oberste Schicht entspricht Cucuteni B. Man bemerkte Hausgrundrisse in viereckiger Form. Ein Töpferofen wurde gefunden in Schicht 4 mit gebrannten, noch nicht bemalten Gefäßen. In allen Schichten kam Kupfer zutage, in einigen auch Gold. Die Formen der Gefäße sind die Fußschale, die geschwungene Standröhre, der Standring, die Schüssel, die Amphore, das Vorratsgefäß. Den Bericht gab der Ausgräber in der Zeitschrift Dolgozatok, Bd. 2, 1911 S. 175—259 in ungarischer Sprache mit französischer Zusammenfassung. In Dacia, Bd. 1, 1924 S. 1—27 behandelte er die Gefäßtypen. Zu dem Fundplatz äußert sich HERMANN SCHROLLER in: Die Stein- und Kupferzeit Siebenbürgens, Berlin 1923 S. 40—48.

Der Ausgräber, FERENC LÁSZLÓ wurde 1873 geboren in Sepsiszentgyörgy in Siebenbürgen, er ist dort 1925 gestorben. Er war Gymnasiallehrer und Mitarbeiter des Nemzéti Museums von Székely, heute Muzeul Regional Sf. Gheorghe. Seine wichtigeren Veröffentlichungen sind: Bemalte Scherben von Erösd und Oltszem, Budapest 1912. — Fouilles à la station d'Erösd Kolozsvár 1914. — Les types de vases peints d'Ariusd, Bucuresti 1924.

Zu den gut gegrabenen Stationen gehört Izvoare, Bez. Piatra-Neamt, Reg. Bacau. Die Ausgrabung wurde von RADU VULPE in den Jahren 1936—48 durchgeführt. Die Veröffentlichung erschien 1957 unter dem Titel: Izvoare, Sapaturile din 1936—1948, Budapest. Vulpe stellte fünf Schichten fest.

RADU VULPE ist geboren am 29. 12. 1899, er ist Chef der archäologischen Sektion der rumänischen Akademie der Wissenschaften. Den Doktorgrad erwarb er 1927, seit 1939 ist er Professor an der Universität Jassy. Seine Hauptwerke sind: Gli Illiri dell'Italia imperiale romana, Rom 1924. — L'Age du fer dans les régions thraces de la Péninsule Balcanique, Paris 1930. — Histoire ancienne de la Dobroudja, Bucarest 1938. — Ivoare, Sapaturile din 1936—1948, Bucarest 1957. — Le vallum de la Moldavie, den Haag 1957.

Andere wichtige Fundorte in Rumänien bis 1950 gegraben, sind: Boian, Bez. Calarasi, Reg. Bukarest; Vadastra, Bez. Romanati; Vidra, Bez. Giurgiu, Reg. Bukarest; Tangiru, Bez. Giurgiu, Reg. Bukarest; Salcuta, Bez. Craiova, Reg. Oltenia.

In Polen sind wenige Fundorte der Bandkeramik zu finden, sie liegen im südlichen und südwestlichen Polen, im nördlichen Polen sind sie seltener. Die Fundstellen lagern ständig auf fruchtbaren Gebieten, besonders auf Löß.

Ein Fundplatz mit 14 Tongefäßen der Stichbandkeramik ist Samborzek, Kr. Sandomierz, sogenanntes Kleinpolen an der Weichsel. Die Grabung wurde 1930 durchgeführt von Kazimierz Salewicz.

KAZIMIERZ SALEWICZ ist geboren am 19. 2. 1907 in Krakau. Dort hat er studiert, auch in Warschau, 1932 hat er den akademischen Doktorgrad erworben. Nach dem Aufstand in Warschau wurde er in das Konzentrationslager Stutthof bei Gdánsk gebracht, 1945 befreit. Er ging nach Dänemark und ist seit 1963 wissenschaftlicher Mitarbeiter am Nationalmuseum Kopenhagen.

Die Ausgrabung ergab außer der Stichbandkeramik bemalte Ware im Lengyel-Stil. Der Fundbericht erschien erst 1964 in: Studia i Materialy do Badan nad Neolitem Malopolski, S. 77f.

Eine wichtige Rolle in der Betrachtung der Bandkeramik, vor allem in der Frage ihrer Herkunft, fällt dem südlichen Rußland zu. Dieses Gebiet, die Ukraine mit dem Kuban-Gebiet, schließt im Südosten an an den Kaukasus und südlich an die Türkei und Persien, an den Vorderen Orient. An dieser Stelle also müssen die Funde gelagert sein, die die Formen der Hochkulturen aufgenommen haben, wenn der Gedanke der Herkunft aus dem Orient sich als richtig erweist. Auf der anderen Seite, nach Westen zu, schließt das südliche Rußland an an Rumänien. Rußland bedeutet demnach die Schlüsselstellung für die große Frage der Herkunft aus dem Orient oder der Herkunft aus dem Norden, in diesem Falle Mitteleuropa.

Ein entscheidender Fundort für diese Frage ist Tripolje in der Ukraine, südlich von Kiew. Im Jahre 1898 tagte der Russische Archäologen-Kongreß in Kiew. Bei dieser Tagung berichtete der Direktor des Museums von Kiew, Vincenc Chvoika (1850—1914), daß er eine Fundstelle in der Nähe von Kiew aufgefunden habe mit Tongefäßen mit in damaliger Zeit in Rußland nicht bekannten Formen. Die Gefäße sind rötlich in der Tönung und tragen aufgemalte Spiralen. Für die Teilnehmer des Kongresses war eine Dampferfahrt auf dem Dnepr vorgesehen und weiter eine Wagenfahrt bis zu dem Grabungsfeld südwestlich von Kiew. Die Teilnehmer konnten bei der Grabung zusehen, wie die Gefäße aus der Erde gehoben wurden. In der Schwarzerde zeichneten sich deutlich mit Lehm gefüllte rechteckige Vertiefungen ab, die Fundamente der Häuser. In ihnen lag der sorgsam geglättete Lehmboden. Um einen erhöhten Stein herum, den Herd, fanden sich die Tongefäße. Es waren große, birnenförmige, sich nach unten verjüngende Gefäße, entweder mit tief eingeritzten Spiralmustern oder mit aufgemalten Spiralen. Auch kleinere Töpfe kamen vor und Schalen, dann seltsame Doppelgeräte, ähnlich einem Opernglas. In besonderen Nischen der Häuser, neben einem Opfertisch, konnte man die weiblichen Statuetten, die Idole, finden. Es gab Feuersteinmesser, Steinbeile, Handmühlen. Schleudersteine.

Diese erste Entdeckung einer Siedlung, eines Dorfes, gab der Bandkeramik in Südrußland den Namen, man nannte sie Tripolje-Kultur.

Kurz darauf wurden andere Siedlungen gefunden mit dem gleichen und ähnlichen Material.

Im Jahre 1905 verzeichnet eine Abhandlung von FEDOR VOLKOV (1847—1917) in der Zeitschrift Matériaux pour l'Ethnographie ukraïno-ruthène, Bd. 6, schon 18 Fundorte der Tripolje-Kultur.

1935 erscheint eine zusammenfassende Arbeit der russischen Prähistorikerin TATJANA SERGEEVNA PASSEK in französischer Sprache in Moskau, sie nennt über 100 Fundstellen im südlichen Rußland. Der Titel der Arbeit ist: La céramique tripolienne. Les éditions de l'état, Moscou 1935. Das Buch umfaßt 163 Seiten und 33 Tafeln.

Die Verfasserin unterscheidet drei Stadien innerhalb der Tripolje-Kultur, von unten nach oben gerechnet, A, B, C. In einer späteren Arbeit von 1949, „Periodizacija tripol'skich plemena Podnestrov'ja, in: Materialien und Untersuchungen zur Archäologie der UdSSR, Bd, 10, nennt sie diese Daten für die Tripolje-Kultur: Stufe A: 3000—2700, Stufe B: 2700—2100, Stufe C: 2100—1700.

Die Ergebnisse eingehender Untersuchungen von T. S. Passek wurden noch erweitert in einer Arbeit von 1963 mit dem Titel: „Kulturdenkmäler der Linearbandkeramik auf dem Territorium der UdSSR (russ.).

Die Folgerungen sind: die Bandkeramik erscheint als etwas Neues, etwas Andersartiges auf dem Raume Südrußlands. In der Periode A ist das Gebiet der Tripolje-Kultur noch klein, es wird größer in der Periode B, es ist am größten in der Periode C. Als Herkunftsgebiet kann nur der Vorderasiatische Raum in Betracht gezogen werden. Die Kultur wirkt fort zur Balkanhalbinsel und zum östlichen Mittelmeer. Das Neue der Bandkeramik ist der Ackerbau, die dörfliche Ansiedlung in der Nähe der Wasserläufe auf fruchtbarem Boden. Die Häuser sind rechteckig von verschiedener Länge, 5 bis 30 Meter. Scheidewände teilen sie in selbständige Räume mit eigenen Feuerstellen. Neu ist die Keramik, gemalt mit weißem, schwarzem und rotem Spiralmuster. Neu ist auch die immer wiederkehrende weibliche Statuette, oft an bestimmter, für den Kult vorgesehener Stelle. Neu sind die geschliffenen Beile und die sogenannten Schuhleistenkeile, verwendet für die Holz- oder Fellbearbeitung. Neu ist auch die Verwendung des Gewebes, die Weberei.

Aus dem Buche von T. S. PASSEK, La céramique tripolienne, Moskau 1935 mögen einige bezeichnende Stellen angeführt sein, S. 160:

«Tout le procès de la culture tripolienne se développe dans l'Europe de l'Est par étapes, en commençant de l'âge énéolithique, auquel on rapporte d'habitude son étape la plus ancienne, jusqu'aux débuts de l'âge de bronze, auquel appartiennent ses dernières étapes. La culture tripolienne a vécu une longue vie qu'il n'est possible de ramener à la chronologie absolue que d'une façon purement hypothétique (3-e à 2-e millénaires). Le progrès s'accomplit lentement, sans changements brusques, sans chocs venant de dehors, sans «influences», sans «emprunts» à d'autres cultures plus avancées.

Tout ce procès s'écoule sur la base économique relativement développée d'une agriculture à la pioche, d'une population dense, économiquement et socialement homogène, paisible, répandue sur un vaste territoire. Plusieurs étapes consécutives, étroitement liées l'une à l'autre, se distinguent chacune si clairement, que tout le procès acquiert le caractère d'un procès par étapes.»

Ferner auf S. 164:

«Si l'apparition du principe de la symétrie et, comme son résultat, de nouveaux schémas étrangers dans l'ornementation est un fait qui nous fait voir l'un des aspects du changement profond du porteur même de la culture tripolienne, l'apparition d'un nouveau rite d'inhumation nous en fait voir un autre, d'une autre nature, quoique, lui aussi caractérisant le monde des idées. Ces deux faits permettent de définir la direction même, dans laquelle procède le changement de la conscience sociale, ce qui le détermine et ce qui l'accompagne: la culture tripolienne avait été isolée dans son épanouissement, dans ses étapes postérieures elle entre en contact avec les autres cultures de l'Europe orientale qui l'engloutissent. Dans la périphérie, sur le Dniepr, ceci arrive plus tôt et va plus vite (étape C), dans le midi, aux bords de Mer Noire, la culture demeure plus concentrée en elle-même, dégénère plus lentement et vit plus longtemps.»

In dem Buch von 1949 sagt die Verfasserin T. S. Passek auf S. 29, übersetzt:

„Bei der Analyse des während der Ausgrabungen der letzten Jahre gewonnenen vielseitigen archäologischen Materials und beim Bemühen, das ganze komplizierte Werden der autochthonen Bildungen des Dnepr- und Dnestr-Gebietes zu verfolgen, muß man gleichzeitig auch die Wechselbeziehungen der Tripolje-Kultur nicht nur mit dem Donaubecken, sondern auch mit den alten Stämmen in Bulgarien, im Südwesten und mit Mazedonien und Tessalien im Süden verfolgen."

Nicht minder wichtig ist das Aufspüren der Wege, die von Kleinasien über das östliche Mittelmeer zum Balkan und weiter nach Norden ins Donaubecken führten."

„So ist die Frage nach der Entstehung der Tripolje-Stämme auf dem Hintergrund des allgemeinen Entwicklungsprozesses der neolithischen Kulturen im Donau- und Dnepr-Becken zu verfolgen, wo im 3. Jt. v. Ztr. die Kultur der Ackerbauerstämme entstand, von der ein Teil als Tripolje-Kultur bezeichnet wurde."

In den Jahren 1940—46 wurde eine besonders wichtige Fundstelle ausgegraben, wieder durch T. S. Passek. Der Ort ist Kolomyjščyna bei Chalepje im Gebiet von Kiew. Der Bericht der Ausgräberin, „Periodizacija tripoljskich poselnii" findet sich in Materialien und Untersuchungen zur Archäologie der UdSSR (russisch) Bd. 10, 1949 S. 55 f. Es konnte eine Fläche von 15 000 Quadratmetern sorgfältig aufgeschnitten werden, 39 Häuser wurden festgestellt. Sie waren im Kreis angeordnet, die Mitte war frei für ein Viehgehege und einen Festplatz. Die Häuser sind rechteckig, ihre Breite ist 6—7 Meter, ihre Länge aber ist verschieden, sie kann 30 m erreichen. Die Wände bestehen aus Stangengeflecht, sie sind mit Hüttenlehm beworfen und überdeckt mit Giebeldächern aus Stroh. Die Dächer der Häuser ergeben sich aus Tonmodellen. Die Mitte des Hauses ist durchgehend gestützt durch Pfosten. Der Fußboden ist gepflastert mit flachen Steinplatten oder er ist gestampft aus Lehm. Jedes Haus hat niedrige, breite Herdöfen und eine Liegebank am Ofen, wie heute noch vielfach in russischen Häusern. Fast immer findet sich ein Opfertisch in einer Kultnische. Auf dem Kulttisch liegen Tonplatten mit Löchern, in sie wurden die weiblichen Idole eingesteckt.

An Getreide fanden sich Körner von Weizen, Gerste und Hirse, weiter Mahlsteine für das Getreide, Getreideschüsseln, und zum Schneiden des Getreides Sicheln aus Feuerstein. In jedem Haus mit abgetrennten Teilen und eigenen Herden konnten bis zu 30 Personen wohnen. Das Dorf umfaßte etwa 500 Personen.

Tatjana Sergeevna Passek, geb. am 15. 8. 1903 in Leningrad, ist wissensch. Mitarbeiterin d. Archäol. Inst. in Moskau. Es liegen 70 Arbeiten von ihr vor, die wichtigsten sind: Periodizacija Tripol'skich poselenij, Perioden d. Tripolje-Siedlungen, Moskau 1949. — Neue Entdeckungen im Gebiet d. UdSSR u. d. Fragen der spätneolithischen Kulturen im Donau-Dnjestr Flußgebiet, russ. in: Sovetskaja archeologija, Moskau 1958 Bd. I. — Kulturdenkmäler d. Linearbandkeramik auf d. Territorium d. UdSSR, 1963, russ.

Ein anderer wichtiger Fundort ist Vladimirowka, ukrainisch Volodymyrivka am unteren Bug, im Bezirk von Kirovograd. Die Ausgrabung, geleitet von E. K. Černyš, fand statt in der Zeit von 1946—47.

Ekaterina Konstantinova Černys ist in Moskau geboren am 11. 8. 1924, sie ist Mitarbeiterin am Archäologischen Institut in Moskau.

Auch in Vladimirovka fanden die Ausgräber große rechteckige, von mehreren Familien bewohnte Häuser. Die Siedlung besitzt einen Umkreis von vier Kilometern und einen Durchmesser von einem Kilometer. Es konnten 162 Häuser aufgedeckt werden, manche 30 m lang. Die Untersuchung der Abfallgruben ergab, daß dreiviertel der Fleischmahlzeiten von Haustieren stammen, von Rind, Schaf, Ziege, Schwein. Das Pferd tritt völlig zurück. An Wildtieren ergaben sich Wildschwein, Hirsch, Elch und Reh.

Den Fundbericht lieferte die Ausgräberin mit dem Titel: Tripol'skie orudija truda usw. Vladimiroki in: Kurze Mitteilungen des Instituts für die Geschichte der materiellen Kultur (russisch) Bd. 40, 1951.

Andere wichtige Fundorte in Südrußland sind Usatovo bei Odessa; Luka-Vrublevetskaja am Dnjester in der Ukraine, gegraben von S. Bibikov 1946—50; Nezvisko um das Gebiet Stanislav, Ukraine, gegraben 1954—62 von Černyš.

Im Jahre 1952 erschien von A. J. Brjussow ein zusammenfassendes Werk über das Neolithikum in der UdSSR, 1957 in deutscher Sprache im Akademie-Verlag, Ostberlin, mit dem Titel: Geschichte der neolithischen Stämme im europäischen Teil der UdSSR, mit 327 Seiten und 68 Abbildungen.

Der Verfasser spricht auf S. 267 davon, daß die Tripolje-Kultur zu einem ganz besonderen Kulturkreis gehört, der von den anderen im Bereich des europäischen Teiles der UdSSR bekannten Kulturen verschieden ist. Auf die Herkunftsfrage geht er nicht ausdrücklich ein, sie ergibt sich aber aus der Bemerkung der Neuartigkeit der Tripolje-Kultur im Verhältnis zu den übrigen Kulturgruppen in Rußland zu der gleichen Zeit.

Die Strahlungswirkungen der Hochkulturen Vorderasiens betreffen aber nicht nur Südrußland zum Balkan und dem Laufe der Donau folgend nach Mitteldeutschland und bis kurz über den Rhein. Es gibt noch einen zweiten Weg, der in den Funden deutlich sichtbar wird, das ist der zum östlichen Mittelmeer, vor allem nach Griechenland.

So ist es nicht verwunderlich, daß Griechenland in der Geschichte der Forschung frühzeitig in den Blickpunkt getreten ist. Die beiden wichtigsten Fundorte für die neolithischen Kulturen sind Sesklo und Dimini.

Sesklo liegt in Thessalien, nicht weit entfernt von Volo, es ist eine neolithische Siedlung mit einer Umwallung und mit zahlreichen Häusern. Die Grabung begann 1901, sie wurde durchgeführt von Ch. Tsountas. Von 1953—57 wurden Nachgrabungen vorgenommen von D. R. Theocharis. Das Buch von Tsountas in neugriechischer Sprache hat den Titel: Hai prohistorikai akropoleis Dimeniou kai Sesklou, Athen 1908. Es umfaßt die Darstellung der Ausgrabungen von Sesklo und Dimini zusammen.

Die von Tsountas in Sesklo erfaßten Schichten gliedern sich in mehrere Horizonte. Man kann seine drei unteren Stufen zu einer Gruppe zusammenfassen, die nach oben folgenden beiden wieder zu einer Gruppe. Die darüber lagernden Straten sind nachneolithisch.

Die Ausgrabungen von Theocharis ergaben eine noch ältere Schicht, eine Vor-Sesklo-Strate, teils ohne Keramik, teils mit einer einfachen geglätteten Ware, buntpoliert, in einheitlicher roter Farbe. Es lassen sich also drei neolithische Horizonte unterscheiden, eine älteste neolithische Stufe, von unten her gerechnet, die zweite neolithische Schicht mit roter Bemalung auf weißem Ton oder mit weißer Bemalung auf rotem Ton. Immer ist es die Spirale, die der Träger des Ornaments ist. Die zweite neolithische Schicht bringt auch die sogenannte Diminiware mit schwarzer Bemalung auf hellem oder auf rotem Grund.

Es gibt fußlose Schalen mit verdicktem Rand, bauchige Amphoren, hohe Fußschalen, viereckige Gefäße. Neben der bemalten Keramik gibt es auch Tonware mit tief eingravierten Spiralen.

Es fanden sich in Sesklo 50 weibliche Statuetten. Je naturnaher sie sind, um so älter sind sie, je jünger, um so schematischer sind sie gestaltet.

Der andere bandkeramische Fundplatz, gegraben im Beginn des 19. Jahrhunderts ist Dimini, ebenfalls seit 1901 erforscht von Ch. Tsountas. Auch Dimini liegt bei Volo in Thessalien. Die Siedlung ist 110 zu 90 m groß, sie ist umgeben von einem Wall. Sie wurde vollständig ausgegraben. Die Schichtenfolge ist die gleiche wie in Sesklo, wieder fanden sich buntbemalte Gefäße neben einer Ware mit eingeschnittenen Spiralen. Es fanden sich 21 Statuetten, manche aus Stein gefertigt.

Andere griechische bandkeramische Siedlungen von Bedeutung sind Argissa-Magula bei Larissa Thessalien; Arapi-Magula; Otzaki-Magula, alle drei Orte wurden 1953—1958 ausgegraben von V. Milojčić. Der Bericht findet sich in: Neue deutsche Ausgrabungen im Mittelmeergebiet und im Vorderen Orient. Deutsches Archäologisches Institut, Verlag Mann, 1959 S. 225—236.

VLADIMIR MILOJČIĆ ist geboren am 7. 2. 1928 in Zagreb, ehemals Agram. Er wurde Universitäts-Dozent 1947 an der Universität München, 1954 a. o. Prof. ebd., 1956 ordentl. Prof. in Saarbrücken, 1958 in Heidelberg. Von seinen Veröffentlichungen seien genannt: Chronologie d. jüng. Steinzeit Mittel- und Südosteuropas, Berlin 1949; Hauptergebnisse der dtsch. Ausgrabungen in Thessalien, Bonn 1961.

Andere wichtige Fundstellen des Neolithikums in Griechenland sind Tsangli in Thessalien, gegraben von Tsountas, von A. J. B. Wace und M. S. Thompson, 1905—1910; Chaironeia, Böotien, gegraben von G. Sotiriadis 1902—1907; Asea bei Tripolis, Arkadien, gegraben 1936—1938 von E. Holmberg; Nea Makri bei Marathon Attika, gegraben 1954 von Theocharis.

Insgesamt sind heute über achtzig gut gegrabene Fundstellen des Neolithikums und der frühen Bronzezeit in Griechenland bekannt.

Der fruchtbare Getreideboden bestimmte die Wahl der Siedlungsplätze. Nachgewiesen wurde Weizen, Gerste, Hirse, ferner Erbsen, Linsen, Mandeln, Birnen und Feigen. Die Siedlungen haben fast immer Umwallungen, sie liegen oftmals auf Höhen. Die Häuser haben einen Steinsockel, oft ist der Fußboden gepflastert. Immer findet sich der runde Herd. Die Wände bestehen aus Lehmziegeln. Im Innern der Häuser finden sich Webstuhlgewichte, Spinnwirtel, Mahlsteine, alle Häuser sind rechteckig. Immer erscheinen an besonderer Stelle in den Kultnischen der Häuser die weiblichen Statuetten.

Im Jahre 1912 erschien ein zusammenfassendes Werk über die Vorgeschichte Thessaliens mit den Hauptfundorten, Sesklo und Dimini: A. J. B. WACE and S. THOMPSON, Prehistoric Thessaly, Cambridge 1912. Nach 1950 ergriff F. SCHACHERMEYR zu den Fragen das Wort: Die ältesten Kulturen Griechenlands 1955, ferner MILOJČIĆ im Jahrb. d. dtsch. Arch. Inst. Bd. 65—66, 1950—51 S. 1 ff.

Von Griechenland ging die Bandkeramik weiter zu den ägäischen Inseln, nach Kreta und auch nach Süditalien. Einzelne Strömungen gehen weiter bis nach Spanien, nach Almeria.

Bemalte und geritzte Bandkeramik erscheint als älteste neolithische Kulturschicht in Sizilien und im südlichen Italien, auch an der Küste von Südfrankreich, Ostspanien, in Libyen, in Tunis, in Algerien.

Die Forschung beginnt mit PAOLO ORSI, er gräbt von 1889—1890 in Stentinello bei Syrakus. Orsi (1859—1935) war Direktor des Archäologischen Museums von

Syrakus und der Denkmalpfleger für Calabrien und Sizilien von 1888—1934. In Stentinello fand Orsi ein neolithisches Dorf mit entwickelter, bemalter Keramik. Die Schicht des Dorfes lag auf paläolithischen und mesolithischen Horizonten. Es zeigte sich kein Übergang von dieser älteren Zeit zum Neolithikum. Es konnte sich also nur um Einwanderung oder um Übertragung handeln, aber die Zusammenhänge waren damals noch nicht bekannt. Die Frage beschäftigte die Forscher sehr, aber eine Antwort war nicht zu erreichen. Orsi hat seine Ergebnisse veröffentlicht in der italienischen Zeitschrift Bulletino de Paletnologia Italiana Bd. 16, 1890 S. 177 ff.

Im Jahre 1899 fand Orsi eine weitere Fundstelle der gleichen Zeit, Matrensa, und 1920 eine dritte, Megara Hyblaea, alle bei Syrakus. Der Typ wurde als Stil von Stentinello bezeichnet. Die Gefäße haben die Kumpfform, manche mit einem Hals, sie tragen rote Bemalung auf weißem Grund oder Einstiche.

1915 wurden mehrere neue Fundstellen des Stentinello-Stiles, einer Form der Bandkeramik, in der Nähe von Syrakus gefunden, darunter Paternó bei Trefontane, Prov. Catania und Gerbini, Sizilien. Als 1957 das zusammenfassende Buch von L. BERNABÒ BREA erscheint, mit dem Titel: Sicily before the Greeks, London, können 26 Fundstellem des Typs von Stentinello aufgezählt werden. Brea ist jetzt der Direktor des Museums von Syrakus. Wir haben eine Reise zusammen gemacht und konnten über alle Probleme, die mit diesen Funden zusammenhängen, sprechen.

Für die Zeit um 1950—60 war es völlig deutlich geworden, daß es sich bei der Bandkeramik von Griechenland und von Sizilien um Einflüsse vom Vorderen Orient handelt.

Brea sagt in dem genannten Buch, S. 40—41:

"The Stentinello pottery fits perfectly, both technically and stylistically, into this wider complex of impressed pottery, and it is perhaps one of its most artistically advanced developments. In fact, this impressed pottery characterizes the earliest neolithic levels so far brought to light in northern Syria (Ugarit, Judeideh, Byblos, Chagar Bazar, Arpachiyah, etc.), and in the south of Anatolia (Sakçe Gözü and Mersin). Hints of it are found, too, in the Balcan peninsula (pre-Sesklo culture on the Greek mainland, Starčevo culture, etc.).

The same types of pottery characterize the earliest Neolithic in Apulia and Abruzzi (Molfetta culture), the lowest neolithic levels in the caves of Liguria (Arene Candide) and southern France (Fontbrégua, Châteauneuf-les-Martigues, caves of the Gardon valley).

Identical pottery decoration is typical of the earliest neolithic culture in Catalonia (Monserrat) and in eastern Spain (Cueva de la Sarsa, etc.). We also find the same kind of pottery all along the North African coast, at Tangiers (Achakar), in Algeria (Caves and snail-middens of the Oran district), in Tunisia (Redeyef), in Libya (Fezzan) and in the Sudan. The coastal distribution of these earlier neolithic Mediterranean cultures with impressed pottery, as well as their presence in small islands (Levkas, Corfù, Tremiti, Malta, Lipari, Elba, Corsica), witnesses to a diffusion by sea perhaps from some centre which today we are inclined to look for in the Near East, for this appears to us more and more to have been the source of neolithic civilization."

Und weiter S. 41: "In the Near East, in Syria and in the south of Anatolia, this earliest neolithic impressed pottery was at some time superseded by painted pottery of a far higher artistic and technical standard, due to the advent of new, more evolved cultures — those of Samarra and Tel Halaf".

Als Datum spricht Bernabò Brea vom Beginn des 4. Jahrtausends.

Auch in Süditalien, in Apulien, sind wichtige Fundorte der Bandkeramik zutage getreten, vor allem in Molfetta, Prov. Bari, und in Matera, Prov. Basilicata. Der Ausgräber ist ein Deutscher, MAXIMILIAN MAYER. Er beginnt im Jahre 1904 seine Grabungen, sie ergeben zwei bandkeramische Dörfer mit reicher bemalter und eingeritzter Keramik, mit Spinnwirteln, Steingerät, Obsidian, Silexspitzen und Bruchstücken aus Kupfer. Die Veröffentlichungen von Maximilian Mayer sind diese: Le stazioni preistoriche di Molfetta, Bari 1904; Molfetta und Matera, deutsch, Leipzig 1924.

In Mittelitalien ist ein wichtiger Fundplatz Ripoli in den Abruzzen, Prov. Teramo, gegraben 1910 von A. Mosso mit einer Keramik, die braun und rot bemalt ist mit gegitterten Dreiecken und Linienmustern, die Spirale erscheint nicht.

Die Radiokarbon-Datierung ergab für die Bandkeramik bei Holzkohle, verkohltem Weizen und anderen vegetabilischen Bestandteilen die folgenden Daten: (Hugo Gross, Eiszeitalter und Gegenwart, Bd. 8, 1957, S. 155):

Westeregeln bei Magdeburg, verkohlter Weizen aus einer frühbandkeramischen Siedlung: 4250 ± 200 v. Chr.

Wittislingen, Lankr. Dillingen a. d. Donau, verkohltes Holz aus früh-bandkeramischer Schicht: 4080 ± 110 v. Chr.

Sittard, Niederlande, Bandkeramik: 4000 v. Chr.

Zwenkau, Kr. Leipzig, Stichbandkeramik: 3500 v. Chr.

Wahlitz, Kr. Burg: 3300 v. Chr.

Diese Daten, in der letzten Zeit noch vermehrt, ergeben ein höheres Alter, als die archäologische Berechnung erschlossen hatte. Sie werden aber gestützt durch diejenigen Daten, die die Radiokarbon-Methode für den Vorderen Orient feststellen konnte.

So ergaben Daten für die neolithische Schicht von Çatal Hüyük in Anatolien 6200, 6010, 5805, 5730, 5680, 5605. Die Daten für Haçilar, Anatolien, sind 6750, 5390, 5400, 5220, 5040. Für Tell Halaf 5620; für Hassuna 5090; für Ras Shamra 6410, 6192, 5740, 5234; für Byblos 5043, 4592; für Tepe Guran 5810; für Beidha 6990, 6815, 6690, 6600; für Jericho 7632, 7220, 7006, 6708, 6660. (JOHN G. NANDRIS, Early neothermal sites in the Near East, Memoria Antiquitatis, Bd. 1, Piatra Neamt, Roumanie S. 11—66).

Um 1950 ist im ganzen die so große Frage der Herkunft und der Bewegung der Bandkeramik gelöst. Es ist das Problem, das die Zeit bis 1900 so tiefgreifend in der prähistorischen Forschungsarbeit bewegt hatte.

Nur die Einzelgrabung konnte die Erklärung bringen. In den Ländern des Balkans, in Griechenland, in Italien, vor allem aber im Vorderen Orient haben die mühevollen Arbeiten so vieler Forscher der verschiedenen Nationen die Antwort erbracht.

Die Bandkeramik und mit ihr die Spirale in Farbe oder eingraviert, das Dreieckzeichen, die weibliche Statuette, das geschliffene Steinbeil, das angebaute Getreide, die Sichel, der Mahlstein für das Getreide: das alles stammt aus dem Vorderen Orient. Sophus Müller hat recht behalten gegen Gustaf Kossinna.

Es waren nicht Wanderungen vom Osten nach dem Westen. In Mittel- und Nordeuropa erscheint nicht der anthropologische Typus des vorderasiatischen Menschen. Es ist eine Kulturübertragung, eine Kolonisation. Der Vergleich bietet sich heute in der Türkei, im Irak, im Iran, weiter im mittleren Afrika. Überall sind die Einwirkungen Europas zu erkennen, wie schon bemerkt: das Auto, das elektrische Licht, die Nähmaschine, die Zigarette, das Flugzeug — aber eine Einwanderung ist das nicht. Wohl kommen Europäer in die Gebiete, sie bringen Waren, sie bauen Staudämme für die Elektrizität, aber sie gehen wieder zurück nach geleisteter Arbeit.

Dagegen bringt die Wanderung, wie die Völkerwanderung, wie die Auswanderung nach Amerika, Frauen und Kinder, Hausrat und Eigentum in fremde Länder. Ganz anders verläuft der Kultureinfluß. Hier werden Neuerungen aufgenommen und weitergeführt. Neue Erfindungen, neue Entdeckungen werden weitergegeben und ordnen sich ein in das Lebensgefüge der vorherigen Formen.

Die großen Kämpfe des vorigen Jahrhunderts und auch noch des ersten Viertels dieses Jahrhunderts wären nicht möglich gewesen, wenn man die einfache Unterscheidung: Wanderung oder Kultureinfluß in ihren Tragkräften, in ihren Bedeutungsinhalten hätte erfassen können.

Wie schwer ist es doch, auch für große Geister, herauszutreten aus den gemeinsamen Denkformen einer bestimmten Epoche. Ein Entweichen scheint fast unmöglich zu sein.

Die Kultureinflüsse gehen von den Vorderasiatischen Hochkulturen nach Europa. Aber sie gerade sind es, die die Gegenwanderungen auslösen. Immer sind es die strahlenden Sterne am Horizont, die die großen Wanderungen entfachen, die der Kimbern und Teutonen nach Italien, die der Urnenfelderleute bis nach Kleinasien, vorher die der Indoeuropäer nach Persien bis nach Indien, die der Hiung-Nu, der Hunnen der chinesischen Texte, nach Peking, und als der Erfolg nicht möglich war, nach Konstantinopel. Am Schwarzen Meere sind sie steckengeblieben. Den Weg zu den großen Sternen zog auch Alarich nach Rom, Theoderich, die Wandalen, die Wikinger. Manchmal haben diese Wanderzüge Erfolge eingebracht, manchmal ergaben sie auch den Untergang.

Wanderungen gehen von armen Ländern aus zu wohlhabenden, den reichen. Daher die Wanderungen aus dem Norden nach dem Süden, von Osten, von Asien, nach dem Westen.

Kultureinflüsse aber laufen umgekehrt. Sie gehen von den wohlhabenden Ländern zu den ärmeren, wie die Züge der Römer nach Germanien, nach Frankreich, nach Britannien.

Beides, Wanderungen oder Kultureinflüsse sind entgegengesetzte Erscheinungsformen des Geschichtsverlaufes des Menschen. Es ist die Tragik der zweiten Hälfte des 19. Jh., und auch des 1. Viertels des 20. Jh., daß diese Gegensätzlichkeit nicht erkannt worden ist. Das Emotionale des Nationalgedankens stand jeder tieferen Erkenntnis entgegen, und das auch bei bedeutenden Denkern.

Megalithkultur

Das gleiche Ergebnis, wie bei der Bandkeramik, hat auch der andere große Kulturkreis erbracht, der der Megalithkultur. Auch er, zuerst als typisch germanisch angesehen mit den großen Steingräbern im Norden, hat sich herkommend aus dem östlichen Mittelmeer erwiesen.

Es bestehen entscheidende Unterschiede im Wesen der Bandkeramik und im Wesen der Megalithkultur. Die Bandkeramik wird getragen von den Vorstellungen und von den kulturellen Errungenschaften Mesopotamiens, eines frühen Mesopotamiens, besonders des 5. und 4. Jahrtausends. Führend ist der Gedanke der Großen Mutter, die weibliche Gottheitsgestalt. Bei den Sumerern trägt sie den Namen Innin, später Ischtar, dann Astarte. Im alten Testament wird sie Astarod oder Aschera genannt (2. Kön. 18,4 u. 23; 23, 6 u. 13—15; 2. Chron. 33, 3 u. 34, 3). In Jerusalem besaß sie ein Heiligtum bis 622 v. Chr. Sie ist die jungfräuliche Gottheit. Ihr Sohn, der stirbt und wiederaufsteht, hat den Namen Tamuz oder Tammuz (Anton Moortgat, Tammuz. Berlin 1949) In den vielen tausend Statuetten der Bandkeramik ist diese Göttin des Vorderen Orients erhalten, oft mit dem Kind auf dem Arm. Sie lebt weiter in Griechenland als Demeter, Athene, zuletzt als Madonna.

Völlig andersartig ist die religiöse, die geistige Welt der Megalithkultur. Sie trägt nicht die Züge Mesopotamiens, sie trägt zutiefst die Züge Ägyptens. In Ägypten wurde das Geheimnis des Lebens anders erfaßt als in Mesopotamien. An die Stelle der Bedeutung der Großen Mutter trat der Glaube an das Weiterwirken der Ahnen. Die Toten halten das Geschick der Lebenden in ihren Händen. Man muß den Toten große Häuser bauen, damit sie nach dem Tode fortleben können, man muß ihnen Opfer und Nahrungsmittel reichen, damit sie die Ernten ermöglichen, damit sie die Fruchtbarkeit der Felder und das Leben der Herden und der Menschen bewahren. Aus der Vorstellung des Fortlebens der Toten erwacht der Gedanke der ma'at, der Ordnung, der Gerechtigkeit, des Gerichtes im Dasein und im Leben nach dem Tode. In Ägypten wird alles Leben auf den Tod bezogen und aller Tod auf das Leben. Darin liegt der grundliegende Unterschied gegenüber Mesopotamien.

Stärker als im Zweistromland ist in Ägypten auch die Verbindung der Gottheit mit dem Tier. Das Tier besitzt mehr Kraft, mehr Stärke als der Mensch, und so wird diese Kraft übertragen auf die Gottheit, die eine männliche ist, Amon, später Aton, als Gott der Toten Osiris.

Die Ägypter sind mehr Viehzüchter, die Nähe der Wüste zwingt dazu. Die Viehzüchter bilden immer die männliche Gottheit aus, weil die Fruchtbarkeit, die Erhaltung der Herde symbolisch gegeben ist in dem männlichen Tier. Die Ackerbauer aber, in Mesopotamien vorherrschend, bilden die weibliche Gottheit aus. Der tragende Gedanke der Fruchtbarkeit, der Erhaltung alles Lebens, lagert sich symbolisch im Niederlegen des Getreidesamens in die Erde.

Naturgemäß durchdringen sich beide Grunderlebnisse als tragende Gewalten des Daseins überhaupt, aber die Hauptakzente bleiben bestehen: in Mesopotamien die weibliche Gottheit, in Ägypten der männliche Gott, der älteste Urahn, der Urvater des Stammes, der Gottvater. Man muß ihm gewaltige Bauten errichten, denn die Ahnen tragen das Leben in ihren Händen. Der Pharao ist der lebende Gott, in seinem Tode geht er ein zu dem Urvater, zu Amon, zu Osiris. So wird ihm die Pyramide gebaut, ein Stein gewordener Gedanke des Lebens. Jede gehobene Familie erbaut dem Ahnen das große steinerne Grabgebäude, den Megalithbau, die Mastabá.

Diese Megalithbauten gibt es nicht in Mesopotamien. Sie erfüllen aber als Mastabás Ägypten. Als gewaltige Grabsteinbauten erscheinen sie in Palästina, Nordafrika, Sizilien, Korsika, Spanien, Frankreich mit dem Zentrum in der Bretagne, weiter England, Irland, Holland, Skandinavien, Deutschland. Allein in Europa sind etwa fünfzigtausend große Steingräber erhalten, es waren bis 1800 mehr als hunderttausend.

Schon die Tatsache, daß dieses Kulturerscheinen den Küsten des Mittelmeeres und des Atlantik folgt, macht es deutlich, daß es sich um eine Kolonisation handelt. Wieder ist es nicht eine Wanderung, wieder ist es eine geistige Durchdringung. Die Bandkeramik als Ackerbaukultur bewegt die neue Lebensstruktur über das Land, folgend der Donau als Leitfaden. Die Megalithbauten, als Viehzüchter- und Händler-Bewegung, folgen den Küsten des Meeres. Für die eine Welt ist der Ausgangspunkt Mesopotamien, für die andere ist es Ägypten und Syrien.

Denksysteme sind es, Religionen, die sich ausbreiten, genau wie später in der Mission das Christentum, der Mohammedanismus, der Buddhismus.

„Dieser Kulturkreis beruhte auf dem Totenkult, er, oder besser gesagt die Verehrung der Ahnen, war sein Hauptinhalt, und auf diesen wurde alles bezogen", so drückt es DOMINIK JOSEF WÖLFEL aus in einer weit ausholenden Arbeit über die Megalithkultur in: F. König, Christus und die Religionen der Erde. Bd. I, Wien 1951, S. 170.

Um das Wesen und den Sinn der Megalithkultur zu verstehen, war es nach 1900 nötig, wie bei der Bandkeramik, zu Einzeluntersuchungen zu gelangen. Das geschah bis 1950 in reichem Maße. Dabei stellte es sich heraus, daß die Keramik nicht einheitlich ist in den Räumen vom östlichen Mittelmeer bis Schweden. Die Tongefäße können nicht als ein einheitliches Element herangezogen werden, einheitlich aber ist der Bau der Totenhäuser. Auch sie sind verschiedenartig, lebt die Kultur doch auch wieder durch Jahrtausende. Da sie vor allem an den Küsten erscheint, wurde es deutlich, daß die Schiffahrt der Träger sein müsse. Daß Ägypten dabei ein entscheidender Ausgangspunkt war, ergaben die immer wieder auftretenden ägyptischen Perlen. Ein bezeichnendes Fundstück in den großen Steingräbern ist eine Perle von grünlicher Farbe, Callais genannt. Sie besteht aus einem Alaunphosphat, geschnitten wie eine Olive, in der Mitte durchbohrt. Diese Perlen kommen in Spanien vor, in Frankreich, in England, in Irland. Es gibt auch die ägyptischen segmentierten Perlen, Kreisformen nebeneinander gereiht.

BECK und STONE, zwei englische Forscher, zählen in England 52, in Irland 9 ägyptische Perlen aus Megalithgräbern. Die Perlen wurden um 2000—1500 v. Chr. in Ägypten gearbeitet, sie entsprechen den Perlen, wie sie in Fuente Alamo bei Almería in Spanien gefunden worden sind (BECK and STONE, Faience beads of the British Bronze Age, Archaeologia, Oxford 1936, S. 203—252. — J. F. S. STONE, A fixed point in the chronology of the European Bronze Age. IPEK, Bd. 17, 1943—1948 S. 43—46). Diese Perlen sind ein immer wiederkehrendes Element in den Megalithbauten Europas (H. KÜHN, Ein wichtiger Fixpunkt für die Chronologie der Bronzezeit, IPEK 1934, S. 163—164). Bilder von ägyptischen Schiffen, wie sie von den ägyptischen Tongefäßen der Negade-Periode bekannt sind oder von Felsbildern am Nil, finden sich auf den Gravierungen von Megalithgräbern bei Carnac in Frankreich (M. et Saint-Just Péquart et Zacharie Le Rouzic, Corpus des signes gravés des Monuments mégalithiques de Morbihan, Paris 1927, Taf. 44, 51).

Neben Ägypten spielt auch Palästina eine große Rolle. In der Bibel finden sich viele Hinweise auf die Steinsetzungen, Gräber und Menhire. Die Steingräber tragen den Namen rephaim, das heißt hebräisch wie phönizisch: Geister der Toten. Das aramäische Wort lautet nefesch, und das heißt Seele, und auch Person, Gestalt (Eduard Meyer, Archäol. Anzeiger 1913, S. 85. — Budde, Oriental. Literaturztg. Bd. 15, 1912, S. 249f.). Die Steinsäulen, die Menhire, wie sie nach einem keltischen Wort bezeichnet werden, tragen den Namen massebá. Von Jacob heißt es 1. Mose 35, 19 aus der Zeit um 1800 v. Chr., daß er seine Frau bestattete in der Nähe von Bethlehem: „Und Jacob richtete ein Mal (Massebá) auf über ihrem Grab; dasselbe ist das Grabmal Rahels bis auf diesen Tag". Dieses Megalithgrab hat sich bis heute erhalten, ich habe es mehrfach besuchen können. Jacob stellte auch einen Menhir auf (1. Mose 28, 18). Er nannte die Stätte Beth-El, das bedeutet Haus Gottes.

An anderer Stelle der Bibel (1. Mose 28, 22) wird der Sinn der massebot, Plural von massebá, klar bezeichnet: „Und dieser Stein, den ich aufgerichtet habe zu einem Mal, soll ein Gotteshaus werden; und von allem, was du mir gibst, will ich dir den Zehnten geben". Der Stein bedeutet demnach die Anwesenheit Gottes, an ihm werden die Opfer gebracht. In der Epoche der Könige wurden viele solche Steine bei den Heiligtümern aufgerichtet so: 1. Kön. 14, 32; 2. Kön. 17, 10; 2. Chron. 14, 2; 31, 1. Jes. 19, 19; Hos. 3, 4; Mich. 5, 12.

Auch die Steinalleen, die Cromlechs nach der keltischen Bezeichnung, werden in der Bibel erwähnt. Da heißt es 2. Mose 24, 4: „Da schrieb Mose alle Worte des Herrn und machte sich des Morgens früh auf und baute einen Altar unten am Berge mit zwölf Säulen nach den zwölf Stämmen Israels und sandte hin Jünglinge aus den Kindern Israels, daß sie Brandopfer darauf opferten und Dankopfer dem Herrn von Farren (Jungstieren). Und Mose nahm die Hälfte des Blutes und tat's in Becken; die andere Hälfte sprengte er auf den Altar".

Erst in späterer Zeit wendeten sich die Propheten gegen den Kult an den Steinen. Die Heiligkeit ihres Gottesgedankens scheint ihnen entweiht. Deshalb heißt es bei Jeremia (um 580 v. Chr.), 2, 26: „Zu Schanden werden die, die zum Holze sagen: Du bist mein Vater, und zum Stein: Du hast mich gezeugt. Denn sie kehren mir den Rücken zu und nicht das Angesicht". Dieses Wort ist aufschlußreich. Der Stein, der Menhir, verkörpert den Ahnen, den Vorfahr, den Gottvater. Darum stand der heilige Stein am Altar, wie es bei Hosea 10, 12 heißt: „wo das Land am besten war, da stifteten sie ihre schönsten Bildsäulen. Ihre Altäre sollen zerbrochen und ihre Bildsäulen sollen zerstört werden". Im 3. Buch Mose 26, 1 heißt es: „Ihr sollt euch keinen Götzen machen noch ein Bild und sollt euch keine Säule aufrichten, auch keinen Malstein setzen in eurem Lande, daß ihr davor anbetet; denn ich bin der Herr, euer Gott".

So gibt es für die Steinsetzungen in ihrer dreifachen Ausprägung: Menhir, Dolmen, Cromlech, den historischen, den schriftlichen Bericht. Es ist dieselbe Lage wie für die Angaben bei Herodot über die Kurgane der Skythen, wie für die von Caesar über die Städte und die Feldlager der Gallier.

Es war auch diesmal Herodot, der ebenfalls über die Menhire berichtet. Er hat in Palästina die Steinsäulen gesehen, seine Angaben finden sich im 2. Buch, Kap. 106. „In dem syrischen Palästina sah ich selbst noch solche Säulen und darauf die oben angegebene Schrift sowie weibliche Zeichen". Auch Lukian (um 125—180 n. Chr.) berichtet über große Steinsäulen in Jerusalem in seinem Buche: De dea Syria, Kap. 16. Er sagt, daß die beiden großen Steine männliche Merkmale tragen.

Im Jahre 1877 begann die Aufnahme der megalithischen Bauten in Palästina. 1925 gab PAUL KARGE in seinem Buche „Rephaim" eine zusammenfassende Darstellung der Megalithbauten Palästinas. Auf S. 422 sagt Karge: „Das mit den dunklen Lavamassen bedeckte Hochland des Golan und der Westrand der Nukra ist das klassische Land der megalithischen Denkmäler in Palästina. Die Dolmennekropolen sind hier so häufig und so ausgedehnt und die Monumente so zahlreich wie nirgends sonst im Lande. Die Zahl der Dolmen, wenn man die zerfallenen Exemplare einrechnet, dürfte bei genauer Durchforschung in die Tausende gehen. Dazu kommen noch megalithische Anlagen anderer Art, Reihen von Menhiren und rechteckige Umhegungen aus orthostatischen Steinblöcken, welche noch der näheren Untersuchung bedürfen. Es müssen eigene Umstände gewesen sein, welche hier die Entwicklung der Megalithkultur in solchem Maße begünstigten."

Weiter auf S. 424: „Ganz ähnlicher Art sind die Dolmen der Nekropolen bei Kefr Juba und Irbid. SCHUMACHER (Zschr. d. deutsch. Palästinavereins, Bd. 20, 1897) schätzt ihre Zahl auf 800—1000." Ferner S. 425: „Wenn vollständig erhalten, bestehen diese Dolmen aus 5 Steinplatten, von denen vier das Dolmenhaus und die letzte die Bedeckung bilden... Die Deckplatte hat, ganz wie bei den Dolmen von Meron und Bet Jahun in Obergaliläa, oft eine solche Größe, daß sie den Dolmenbau an den Seiten bedeutend überragt, so daß der Dolmen den Eindruck eines Steintisches erweckt..."

Seltener finden sich Ganggräber in Palästina, doch sie sind auch vorhanden, wie in Rugm-el-Melfuf (Karge, ebd. S. 491). Dazu erklärt Karge S. 492:

„Alle diese Gräber gehören nun in die Ausgangsphase der palästinischen Megalithkultur. Sie repräsentieren das Ausklingen der großen megalithischen Grabarchitektur, welche sich in weiten Gebieten des östlichen Palästina eingebürgert hatte. Diese letzte und Blütephase der palästinischen Megalithkultur ist besonders eindrucksvoll vertreten durch die großen Rundtürme, Warten und zyklopischen Festungsbauten, welche wir auf dem Hochlande von Amman und am Westufer des Tiberiassees kennengelernt haben... Die Träger dieser Kultur, ursprünglich halbe Nomaden und Viehzüchter, hatten gelernt, auch für die Lebenden feste Wohnungen zu bauen. Sie sind seßhaft geworden und müssen ihr Gebiet angesichts der Wüste gegen die kamelzüchtenden Nomaden (Beduinen) verteidigen. Es ist eine ähnliche altbronzezeitliche, ihrem Wesen nach aber aus der Steinzeit hervorgegangene Kultur, wie wir sie noch charakteristischer auf Sardinien und den Balearen angetroffen haben......
Angesichts dieser Tatsachen ist es ausgeschlossen, die Megalithkultur in Palästina

lediglich als Import eines fremden durchwandernden arischen Volkes anzusehen, wie es oft geschehen ist. Sie ist vielmehr mit dem Lande aufs innigste verknüpft, bodenständig, und stellt eine Kulturschicht dar, die in der Entwicklung des Landes eine breite Stelle eingenommen hat."

Karge meint auch, daß die Sitte der megalithischen Grabbauten unter dem wachsenden Einflusse des Seelengedankens im Ostjordanlande entstanden sei und daß diese Idee „von den großen Kulturländern ausgegangen sein muß" (ebd. S. 501).

Von Bedeutung ist es, daß auch das Seelenloch erscheint (ebd. S. 488) und die Schalenvertiefungen (ebd. S. 510, 594), genau wie in Nordeuropa.

Wohl hat Ägypten nicht Dolmen, Quibell und Green sprechen nur von einem Dolmen bei Hierakonpolis (Hierakonpolis II 1900—02, Taf. 58). Jedoch der Totenkult ist in Ägypten am stärksten durchgebildet worden. Die Denkmäler aus unbehauenen Steinen sind offenbar Nachbildungen nach den Mastabás, den Obelisken, den Stieralleen. In dieser Weise sieht auch D. J. Wölfel die Zusammenhänge. Er möchte die Megalithkultur nicht direkt ableiten von Ägypten, er sagt (ebd. S. 401): „Wohl aber ist der Totenkult Ägyptens eine absolute und ganz enge Parallele zu dem des Megalithikums."

Nach G. Karge hat Moshé Stekelis (1898—1967) ein Gesamtwerk über die Megalithen Palästinas vorgelegt mit dem Titel: Les monuments mégalithiques de Palestine, Paris 1935. Dieses Buch ist die Grundlage für die Megalithforschung in Palästina. Ich hatte in Jerusalem und auch auf mehreren Kongressen Gelegenheit, mit Stekelis über die Megalithfragen zu sprechen. Er war immer sehr vorsichtig, er sprach von dem Todesgedanken, der die Grundlage bedeutet und der am stärksten durchgebildet in Ägypten erscheint. Der Zusammenhang ist deutlich, aber die Frage ist, ist der Megalithgedanke älter, hat er die ägyptische Hochkultur beeinflußt oder hat umgekehrt die Hochkultur die Megalithidee an den Randgebieten Ägyptens entfaltet. Ich selbst gebe dem zweiten Gedanken den Vorzug.

Besondere Bedeutung kommt Arabien zu. Es ist den Europäern, auch den Forschern, der Zugang nicht gestattet. Im Jahre 1951 erhielt eine Gruppe amerikanischer Archäologen die Erlaubnis zu Ausgrabungen in Marib, einer alten Königsstadt, gelegen in 2000 m Höhe im südlichen Teil des Jemen. Man fand die Stadt, die Ausgrabungen begannen. Als die Erforschung des Tempeltores in Angriff genommen wurde, erhob sich eine solche Feindseligkeit der Bevölkerung und auch des Gouverneurs von Marib, daß die Ausgrabung abgebrochen werden mußte. Die Archäologen konnten fliehen, sie mußten aber ihr Eigentum, ihre Papiere, ihre Funde zurücklassen an dem Grabungsplatz.

Einer dänischen Expedition gelang es im Jahre 1960, die Erlaubnis zur Erforschung eines Teiles von Arabien zu erhalten. Die Forscher berichten von einer Fülle von Megalithbauten, genau wie in Palästina. Keramikfunde verweisen die Bauten in das 3. Jahrtausend v. Chr.

Es gibt aber einen aufschlußreichen Bericht eines englischen Forschers. Er durchstreifte 1862 Mittel- und Ostarabien. Sein Name ist W. C. Pelgrave und sein Bericht heißt: Personal narrative of a years journey through Central and Eastern

Arabia, 1862—63. London 1883. In diesem Buche berichtet er von unzähligen Dolmen und Großsteingräbern, von Menhiren und von Steinkreisen. Er sah Tragsteine mit verbindenden Decksteinen bei den Dörfern Ajun und Rass. Bei Ajun standen neben vielen gestürzten Pfeilern noch acht oder neun aufrecht, roh zugehauen, etwa 5 Meter hoch. Zwei Paare trugen noch den verbindenden Deckstein, ähnlich Stonehenge.

Im Mittelmeer bringt Malta eine Fülle megalithischer Elemente. Das bis 1900 bekanntgewordene Material stellte 1901 ALBERT MAYR dar in einem Werk: Die vorgeschichtlichen Denkmäler von Malta, Abh. d. Bayer. Akad. d. Wissensch. 1901 S. 645—726. Im Jahre 1909 legte derselbe Verfasser ein Werk vor: Die Insel Malta im Altertum. Mayr nennt eine Anzahl von Megalithen.

Im Jahre 1901 wurde von TH. ZAMMIT das sogenannte Hypogäum von Hal Saflieni entdeckt. Es ist eine gewaltige Gräberanlage südlich von Valletta mit einer großen Anzahl von größeren und kleineren Räumen in zwei Stockwerken mit menschlichen Gebeinen, Tonwaren und Totenbeigaben. Durch einen Zufall wurde 1915 eine andere megalithische Grabanlage gefunden, ebenfalls südlich von Valletta, Hal-Tarxien (Th. Zammit, Archaeologia Bd. 67, 1916 S. 127 ff.; Bd. 68, 1917 S. 263 ff.; Bd. 70, 1920 S. 179 ff.).

Schon im 19. Jahrhundert, 1839, war Hagar Qim aufgefunden worden, eine andere Nekropole bei dem Dorfe Qrendi mit großen megalithischen Steinbauten. 1954 wurden an dieser Stelle Grabungen unternommen.

Im Jahre 1930 erschien das zusammenfassende Buch von TH. ZAMMIT, Prehistoric Malta, Oxford und 1934 das Werk von L. M. UGOLINI, Malta, Origine della Civiltà Mediterranea, Rom. Ein Buch der Zeit 1950—70, das den Gegenstand am besten darstellt, ist das Buch von JOHN D. EVANS, Malta, London 1959, deutsch: Köln 1963.

Auf Malta und der Nachbarinsel Gozo gibt es neben den großen Gräberanlagen auch 20 Dolmen mit Decksteinen. Der besterhaltene findet sich in Misrah Sinjurah auf Malta mit einem Deckstein von 3,65 Metern im Geviert.

Auch in Süditalien und auf Sizilien finden sich Dolmen. LUIGI PIGORINI (1884—1925), der Begründer und Direktor des prähistorischen Museums in Rom, des Museums Pigorini, nennt schon 1899 eine größere Anzahl von Dolmen in Süditalien. (L. Pigorini, Boll. Paletn. Ital. Bd. 25, 1899 S. 178—182 u. ebd. Bd. 37 S. 6—160). Die Dolmen liegen in der Terra d'Otranto, dort sind 17 Megalithgräber bekannt, auch in der Nähe von Tarent, wo es 5 Gräber gibt und in der Terra di Bari etwa 20 Gräber.

MICHELE GERVASIO (1877—1961) Professor für Archäologie an der Universität Bari veröffentlicht 1913 ein Buch über die Dolmen in Süditalien mit dem Titel: I dolmens e la civiltà del Bronzo in Puglia, Bari 1913. Dabei ist ein Dolmen von Wichtigkeit, der von Biscegli. Es handelt sich um ein Ganggrab mit einer Kammer und einem Zugang, dromos genannt. Die Kammer ist bedeckt mit einer Deckplatte von 7,50 m Länge. In der Kammer fanden sich 5 Skelette, drei Männer, eine Frau, ein Kind. Die Beigaben sind: Feuersteinmesser, Obsidian, Perlen aus Bernstein, Tongefäße, eine Kupferscheibe.

Eingehend über die Dolmen von Süditalien und Sizilien berichtet FRIEDRICH VON DUHN in seinem groß angelegten Werk: Italische Gräberkunde, Heidelberg 1924 S. 45 ff. und S. 66 ff.

Zu der Megalithfrage im Mittelmeer sagt GÜNTHER ROEDER, der ehemalige Direktor des Pelizäus-Museums in Hildesheim, im Reallexikon d. Vorgeschichte von Max Ebert, Bd. 8, 1927 S. 106: „Es ist aber nicht zu verkennen, daß ein gemeinsamer Zug die ägyptische Mastabá mit den euroäpischen Dolmen verbindet, und diese Gemeinsamkeit der künstlerischen Form mag auf Kulturverbindungen zwischen den Völkern um das Mittelmeer herum zurückgehen."

Denselben Gedanken drückt auch L. BERNABÒ BREA aus in seinem Buch: Sicily, London 1957 S. 66: „In the west, however, the dolmen was generally preferred. This spread during the Bronze Age from Sardinia, the Iberian peninsula and southern France along the Atlantic coasts as far as the British Isles and Scandinavia."

Reich an Megalithen ist das südliche Korsika, besonders bei Sartène, bei Niolo, bei Nebbio und in der Balagne, dem Küstenstreifen westlich von Nebbio am Meer.

Diese Megalithen sind durch einen Schriftsteller, PROSPER MERIMÉE, bekanntgemacht worden. Das Geheimnisvolle und das Überraschende der großen Steinsetzungen in einsamer Landschaft hat die Dichter immer wieder angeregt.

Prosper Merimée ist geboren am 28. September 1803 in Paris, er starb in Cannes am 23. September 1870. Er wurde 1831 Inspektor der historischen Denkmäler Frankreichs, 1853 Senator. Er war mit Kaiser Napoléon III. befreundet und war bei ihm ein häufiger Gast. Seine Sprache ist kurz, knapp, treffend, oft getragen von leichter Ironie. Mitte der dreißiger Jahre des vorigen Jahrhunderts hat Prosper Merimée immer wieder Korsika besucht. Das Abenteuer des deutschen Königs von Korsika, Theodor von Neuhoff, der 1736 König der Korsen wurde, und 1749 in England ins Schuldgefängnis kam, hat ihn beschäftigt, dann das Schicksal des Freiheitskämpfers Pasquale Paoli und natürlich die Jugendjahre des großen Korsen, Napoléon Bonaparte, des Kaisers der Franzosen.

Im Jahre 1838 erscheint von Prosper Merimée das Buch: Notes d'un voyage en Corse, und in ihm werden die Dolmen und Menhire von Korsika behandelt, sie werden auch in Zeichnungen wiedergegeben.

Der berühmteste Dolmen Korsikas ist der von Fontanaccia, 14 km entfernt von Sartène. Er wird im Volke Stazzona del Diavolo genannt, Schmiede des Teufels. Sieben steinerne Säulen tragen einen Deckstein von 3,40 m Länge und 2,90 m Breite. Nur 300 m von dem Megalithbau entfernt finden sich 32 Menhire und dicht daneben in einer Reihe wieder sieben Menhire.

Zwei Menhire finden sich bei Propriano, 20 km nordwestlich von Sartène. Sie werden Frate e Suora genannt, Bruder und Schwester, sie sind 3 m und 1,60 m hoch. Die Sage erzählt, daß ein Mönch und eine Nonne aus dem Kloster von Sartène entflohen seien und daß sie am Ufer des Flusses Rizzanèse in Steine verwandelt worden wären.

Erst 1922 und 1923 begann man, sich wissenschaftlich der alten Monumente anzunehmen. Auf Anregung von Abbé Breuil ging im Jahre 1954 ROGER GROSJEAN (geb.

1920) nach Korsika und fand bei Filitosa, nicht weit von Sartène 1956 einen megalithischen Kultplatz und eine Fülle von Menhiren mit menschlichen Gesichtern. Es sind männliche Gestalten, bezeichnet durch ihre Waffen. Grosjean hat über die Funde berichtet in der Zeitschrift: Etudes Corses Bd. 7, 8, 12, 1956, Ajaccio, mit dem Titel: Statues-Menhirs de la Corse. Ich selbst habe nach einem Besuch in Filitosa über die Funde Auskunft gegeben in dem Buch: Wenn Steine reden, Wiesbaden 1966 S. 24—32.

Auch Sardinien ist reich an megalithischen Bauten. Sie werden Tombe dei Giganti, Gräber der Riesen genannt, auch Domus de Janas, Häuser der Feen.

Der bedeutendste Fundplatz ist Anghelu Ruju mit 36 unterirdischen Grabanlagen bei der Stadt Alghero an der Westküste Sardiniens. Die Gräber wurden 1904 und 1905 ausgegraben von Taramelli, dem ehemaligen Direktor des Museums von Sassari. Die Angaben finden sich in den Notizie degli Scavi di Antichità, Rom 1904, S. 301—351. Es ist ein Hypogäum, eine mächtige Grabanlage unter der Erde, ähnlich wie Hal Saflieni auf Malta. Auch Dolmen erwähnt Taramelli bei Birrori, unweit Macomer. Dieses Steingrab trägt zwei Decksteine (v. Duhn, Ital. Gräberkunde, 1924 S. 98). Taramelli berichtet über eine große Anzahl von Dolmen in den Notizie degli Scavi, Rom, 1919 S. 129—131.

Die Tombe dei Giganti sind Ganggräber. Sie haben einen Gang, der auf beiden Seiten aufrechtstehende Blöcke hat. Sie sind gedeckt von acht bis zwölf Decksteinen. Die Tomba bei Norbello ist 11,90 m lang, in ihr fand sich ein Relief mit männlicher Darstellung (v. Duhn, ebd. S. 99).

Die wichtigsten Zeugnisse der megalithischen Kultur aber sind die Nuraghen. Das Wort ist eine einheimische Bezeichnung für turmartige Steinbauten megalithischen Charakters auf Sardinien. Es werden auf der Insel 3000 Nuraghen, ehemals 7000 gezählt. Einige haben ein Obergeschoß und Nebenkammern. Es sind keine Grabanlagen, sondern offenbar Beobachtungstürme, Häuptlingssitze. Manchmal gibt es Nebenkammern, Treppen, Sitzplätze, den runden Herd, den vorgelegten Hof, einen Mauermantel.

Bedeutende Nuraghen sind Santa Barbara bei Villanova, Truscheddu oder Palmavera bei Alghero, weiter Lugherras bei Paulilatino (Taramelli, Monumenti Lincei Bd. 19, 1909 S. 220—303. — Ders. ebd. Bd. 20, 1910—12 S. 153—234. — Ders. ebd. Bd. 24, 1917—18). Über die Nuraghen berichtete M. Pallottino, La Sardegna nuragica, Rom 1950.

Im Jahre 1962 hat G. Lilliu die Nuraghen behandelt in der Zeitschrift Ampurias, Bd. 24, Barcelona. Die Zeitstellung ist nach ihm für die erste Periode 1500—1000 v. Chr., für die zweite 1000—500 und für die dritte Periode 500—238 v. Chr. Die bis jetzt neueste Arbeit ist die von Margaret Guido, Sardinia, Ancient Peoples and Places, London 1962.

Auf den Balearen finden sich megalithische Bauwerke, sie werden von den Einwohnern talayotes, Talayots genannt, das heißt katalanisch Wachttürme. Sie bestehen aus unbehauenen Steinen.

Das erste Werk, das sich wissenschaftlich mit den Bauten beschäftigt, ist das Buch von E. CARTAILHAC, Monuments primitifs des îles Baléares, 1892.

Systematische Ausgrabungen begannen erst 1916 durch das Institut d'Estudis Catalans in Barcelona. Die ersten Veröffentlichungen legte P. BOSCH-GIMPERA vor in den Jahren 1915—20 im Anuari del Institut d'Estudis Catalans, Bd. 6, 1915—20 S. 555f. u. S. 725f.

Die Talayots sind runde oder viereckige Türme. Sie haben meistens einen Innenraum von 5—7 Meter Durchmesser. Das katalanische Institut hat die Talayots von Son Julià, Es Mitjà Gran, Porto Cristo, Son Homs auf Mallorca ausgegraben. Im Innern fand sich häufig ein Steintisch, katalanisch taula. Es gibt auch unterirdische Anlagen, katalanisch coves genannt. Diodor von Sizilien (V, 17) berichtet von unterirdischen Wohnungen der Leute der Balearen. Manche dieser Siedlungen sind mit Wällen umgeben, wie die von Artá, Pedregar, Capocorp Vell bei Llucmayor.

Die Grabungen ergaben bronzene Lanzenspitzen, trianguläre Dolche, einige aus Eisen, Flachäxte von frühbronzezeitlichem Typus. Es fanden sich Rinderfiguren aus Bronze, Rinderköpfe, Rinderhörner aus Bronze, Vogelfiguren aus Bronze oder Eisen.

Die Talayots gehören der Bronzezeit an, sie bewahren für die damalige Zeit an entlegener Stelle Formenarten megalithischer Bauten. MARTIN ALMAGRO datiert die Talayots in drei Perioden, Periode I umfaßt die Zeit von 1200—800, Periode II die Zeit von 800—500, Periode III die Zeit von 500 bis Christi Geburt (Martin Almagro in: Manual de Historia Universal, Bd. 1, Prehistoria, Madrid 1960 S. 660).

Die Megalithbauten finden sich nicht nur an den Küsten des Mittelmeeres auf der nördlichen Seite, auf der europäischen. Auch Nordafrika ist übersät mit Megalithbauten. Auf Reisen in den Küstengebieten Nordafrikas und in der Sahara habe ich eine große Anzahl von Hünengräbern besichtigen können. In Marokko sind Megalithen bekannt bei Oudida, bei Kasser el Kebir. Sie finden sich nicht nur an der Küste, sie reichen weit in die Sahara hinein.

Die größte Anzahl von Megalithbauten findet sich bei Constantine, Algerien. Die wichtigste Station ist Roknia, sie liegt bei den heißen Quellen von Hammam Meskoutine, 12 km nördlich von Constantine. STÉPHANE GSELL hat sie genau behandelt in seinen beiden klassischen Werken: Les Monuments antiques de l'Algérie, Paris 1901 und Histoire ancienne de l'Afrique du Nord, Paris 1928. Gsell spricht von mehr als dreitausend Dolmen im nördlichen Algerien. Ein großer Teil von ihnen war schon ausgegraben von BOURGUIGNAT in der zweiten Hälfte des 19. Jahrhundert (J. R. Bourguignat, Histoire des Monuments mégalithiques de Roknia, Paris 1868). Die Gräber brachten vor allem unverzierte Tongefäße, Armbänder aus Kupfer und Bronze, Schmuckgegenstände aus Kupfer.

Um 1950 hat MAURICE REYGASSE (1881—1965) die Grabbauten von Nordafrika neuerlich untersucht, er hat seine Ergebnisse dargelegt in einem wichtigen Werk: Monuments funéraires préislamiques de l'Afrique du Nord, Paris 1950. Das Werk enthält sehr gute Photographien und es gibt eine klare Übersicht.

Die Dolmen um Roknia sehen genau so aus wie die in Spanien, Frankreich, Deutschland. Sie bestehen aus mehreren Tragsteinen und dem großen Deckstein, manchmal kleiner als in Europa. (Reygasse, ebd. Abb. 14, 18, 20—23). Reygasse erklärt auch (ebd. S. 16): „Les dolmens africains, souvent identiques aux types du bassin méditerranéen occidental, sont cependant de dimensions bien plus réduites."

Zwischen Constantine und Guelma, bei Bou Nouara, finden sich etwa zweitausend Dolmen. Bei Ain Bou Merzoug, 20 km südlich von Constantine, liegen wieder eintausend. In der algerischen Provinz Constantine sind die Dolmen von ungewöhnlicher Zahl, auch in Tunesien sind sie zahlreich, seltener sind sie in Marokko.

Die Datierung der Dolmen ist umstritten. BOURGUIGNAT hatte das Datum 2200 v. Chr. genannt (Histoire des Monuments mégalithiques de Roknia, Paris 1868). REYGASSE wendet sich gegen diese Datierung und spricht von dem 3. Jahrhundert v. Chr. (ebd. S. 16), HENRIETTE ALIMEN (geb. 22. 6. 1900) möchte nicht über das 7. Jahrhundert v. Chr. zurückgehen (H. Alimen, Préhistoire de l'Afrique, Paris 1955 S. 472). Der Grund für diese späte Datierung ist, daß sich in den Gräbern von Dougga, Gastel, Ain el Bey numidische Münzen des 2. vorchristlichen Jahrhunderts gefunden haben, in Sigus eine Münze des Domitian (81—96 n. Chr.), in Sila eine Bronzemünze von Gallienus (253—268). Nun ist dazu zu sagen, daß diese Münzen nicht ein datierendes Element besitzen. Ich selbst habe in Algerien an mesolithischen Felsbildern Araber gesehen, die dort jetzt noch Opfer brachten und auch Münzen niederlegten. Dolmen, die offen sind, können Münzen der Gegenwart enthalten, ohne daß diese Münzen irgend einen datierenden Wert besäßen.

Nach den Funden, die Bourguignat veröffentlicht hat (bei Reygasse Taf. 24—26) handelt es sich wie bei den spanischen Dolmen um Kupferzeit und frühe Bronzezeit, entsprechned der Periode von Almería und El Argar, um 3000—2000. Dabei ist immer anzunehmen, daß rituelle Formen, wie Dolmen und Ganggräber, lange Epochen zu überdauern vermögen.

Neben den Dolmen gibt es, wie immer bei der Megalithkultur, Steinsetzungen und Menhire. Es kommen auch Menhire mit menschlichen Gesichtern vor wie in Tabelbala (HERBERT KÜHN, Vorgesch. d. Menschheit, Bd. 2, 1963 Taf. 21).

Die Pyrenäen-Halbinsel, Portugal und Spanien, ist besonders bedeutungsvoll für die Megalithkultur. Der Süden, der Westen, der Norden ist überzogen von Dolmen und Ganggräbern. Viele Tausende von Megalithen sind erhalten, man rechnet viertausend. Immer haben sich die Blicke der Bewohner auf diese Riesengräber gerichtet. Sagen und Märchen umgeben sie, wie überall, wo sich diese Bauten befinden.

Als EMILE CARTAILHAC sein Buch über die Vorgeschichte Spaniens im Jahre 1886 veröffentlichte, hatte die wissenschaftliche Erforschung der Megalithen gerade erst begonnen. Sein Werk, Les âges préhistoriques de l'Espagne et du Portugal, Paris 1886, nennt eine Anzahl von Megalithbauten, er erkennt schon, daß sie nicht nur Steinwerkzeuge enthalten, sondern häufig Kupfer, Bronze, Gold, so wie auch vielfach auf den Inseln des Mittelmeeres.

Im Jahre 1890 erscheint das Werk von den Brüdern H. und L. SIRET: Las primeras edades del metal en el sudeste de España, Barcelona. In diesem Werke werden viele Megalithbauten genannt, vor allem Los Millares. Dieser Fundort, der in der Literatur eine große Rolle spielt, liegt in der Provinz Almería bei Gádor am Flusse Andarax. Der Fluß umfließt den Berg auf zwei Seiten, so daß eine natürliche Befestigung entsteht. 1870 fanden hier die Brüder Siret eine neolithische Siedlung, abgeschlossen zum Land durch einen Wall mit Tor. Auf der Höhe, außerhalb der Siedlung, lag die Totenstadt, die Nekropole. Sie ergab über 100 Megalithgräber, Dolmen, Ganggräber, Kuppelgräber. Oft lagen die Gräber unter einem Erdhügel, umgeben von Steinplatten. Manches Grab enthielt bis hundert Skelette. Es fanden sich Silberklingen, ähnlich paläolithischen und mesolithischen Steinwerkzeugen, Pfeilspitzen aus Feuerstein, oft mit Stiel und Seitenflügeln. Aus Metall ergaben sich Flachbeile, Meißel, Pfriemen, Messer, Dolche, Nadeln, Pfeilspitzen. Als Schmuckstücke kupferne Armringe, Elfenbeinplatten, Elfenbeinkämme, Callais-Perlen, häufig Bernstein, Muscheln und Stoffreste.

Die Keramik besteht aus schwarzem oder gelblichem Ton, sie ist unverziert oder trägt eingeritzte Linearmuster. Es kommen auf den Gefäßen stilisierte Bilder von Hirschen vor und Augenpaare. Auch abstrakte Idole fanden sich.

Daß der Fundplatz mit dem Bergbau zusammenhängt, hat Louis Siret sogleich mit Recht angenommen. Die bronzezeitlichen Bergwerke lagen in Almería in Spanien, in Andalusien, in Extremadura und in Portugal in Algarve. Siret hat wegen Amethyst, Callais-Perlen und anderen Gegenständen auch von Beziehungen zum östlichen Mittelmeer, vor allem zu Ägypten, gesprochen und auch wegen des Bernsteins zum nördlichen Europa.

Die Datierungen der Brüder Siret waren damals noch nicht gesichert. Später, 1909 hat HUBERT SCHMIDT Los Millares auf die Zeit 3300—2500 datiert, entsprechend der 1.—5. Dynastie in Ägypten (Hubert Schmidt, Der Bronzefund von Canena. Präh. Zschr. Bd. 1, 1909, S. 138).

Die Funde in Spanien mehrten sich, immer wieder wurden einzelne Megalithgräber in eigenen Abhandlungen in wissenschaftlichen Zeitschriften vorgelegt. Wichtige Megalithbauten in Almería sind: Almizaraque, Purchena. Die Kulturgruppe wurde Almería-Kultur genannt.

Als NILS ÅBERG 1921 seine Arbeit über die Vorgeschichte Spaniens im Neolithikum vorlegte, mit dem Titel: La civilisation énéolithique dans la péninsule ibérique, Uppsala 1921, konnte er schon von mehreren Stufen der Megalithkultur sprechen.

Noch klarer gliederte PEDRO BOSCH-GIMPERA die Megalithbauten in einem Aufsatz in der Prähist. Zschr.: Vorgeschichte der iberischen Halbinsel seit dem Neolithikum, Präh. Zschr. 1924, Bd. 15, S. 81—130.

LUIS PERICOT GARCÍA behandelte 1925 die Megalithkultur von Katalanien in einem Buch: La civilisación megalítica Catalana y la cultura pirenaica, Barcelona 1925, 2. Aufl. 1950. Er beschreibt 136 Megalithbauten dieser Gegend. Und in einem zusammenfassenden Buch, La España primitiva, Barcelona 1950, spricht er S. 144 ff. über die Megalithkultur.

Es ergibt sich bis 1950, daß in Spanien und Portugal die älteste Form die Dolmen ohne Gang bedeuten. Sie gehören dem Ende der Steinzeit an, der Epoche vor der Verwendung von Kupfer auf der iberischen Halbinsel.

Die zweite Periode ordnet sich ein in den Anfang der Kupferzeit, auch Äneolithikum, Erzsteinzeit, genannt. Dieser Zeit gehören die Ganggräber an.

Die dritte Periode, volle Kupferzeit, bringt entwickelte Ganggräber mit trapezförmigem Grundriß, wie die portugiesischen Galeries couvertes. Sie gehen allmählich über zu Kuppelgräbern mit falschem Gewölbe und künstlichen Grabgrotten. Ein Zentrum bilden die Kuppelgräber von Alcalár in Algarve in Portugal. Sie haben öfter auch Nebenkammern.

Martín Almagro Basch widmet der Megalithkultur einen guten Teil seiner „Prehistoria", Madrid 1960, S. 639—710.

Ein wichtiges Ganggrab dieser Epoche ist der Dolmen de Soto bei Trigueros in der Provinz Huelva. Er ist eine Galerie couverte. Die Steinplatten bringen stilisierte Gravierungen, drei menschliche abstrakte Gestalten, einen Halbbogen mit Augen und männlichem Symbol. Hugo Obermaier hat diesem Ganggrab eine Arbeit gewidmet: El dolmen de Soto, Boletín de la Sociedad Esp. de Excursiones, Bd. 32, 1924, S. 1—31. (Abgebildet: Herbert Kühn, Die Felsbilder Europas, 3. Aufl. 1971, Taf. 53).

Ein wichtiges Ganggrab in Spanien ist auch Pedra Coberta bei Santiago de Compostela, Prov. Coruña. Das Grab bringt Malereien in Rot und Schwarz mit Wellenlinien und Menschen- und Tiergestalten im Stile der ostspanischen Felsmalerei. Dieser Fund ergibt den Beweis, daß die ostspanische Felsmalerei bis in das Neolithikum und bis zum Anfang der Bronzezeit zu reichen vermag. Der Entdecker, Georg Leisner, hat das Grab veröffentlicht in IPEK, 1934, S. 23 ff.

Ihre Vollendung erhielt die Megalith-Forschung in Spanien durch die mühsame und hingebungsvolle Arbeit zweier deutscher Forscher, des Ehepaares Georg und Vera Leisner.

Georg Leisner (2. 9. 1870—20. 9. 1957) war am Frobenius-Institut in Frankfurt/M tätig. 1943 übersiedelte das Ehepaar nach Lissabon. In jahrelanger Feldarbeit gelang es ihnen, die gesamten Megalithbauten der Halbinsel in zwei großen Werken geschlossen vorzulegen. Der erste Band erschien 1943, der zweite 1956—1963, mit dem Titel: Die Megalithgräber der iberischen Halbinsel, Verlag Walter de Gruyter, Berlin. Ferner: Verbreitung und Typologie der galicisch-nordportugiesischen Megalithgräber, Marburg 1938. — Ausgemeißelte Türen in Megalithgräbern der Pyrenäen-Halbinsel, Marburg 1938. — Antas do arredores de Evora, Evora 1949. Vera Leisner veröffentlichte noch: Antas do concelho de Reguengos de Monsaraz, Lisboa 1951 und Los sepulchros megalíthicos de Huelva, Madrid 1952.

Es waren bedeutende Wissenschaftler, die sich der Frage der Megalithgräber in Spanien widmeten. So mag an dieser Stelle von ihnen auch gesprochen sein.

Pedro Bosch-Gimpera, einer der führenden Prähistoriker Spaniens, ist am 22. 3. 1891 in Barcelona geboren, 1974 verstorben in Mexico. Er hat in Berlin studiert und an spanischen Universitäten. Von 1917—1939 war er ord. Prof. für Vorgeschichte an der Universität Barcelona, er gründete das Muséo Arqueológico in Barcelona 1921. Seit 1942 ist er Prof. an der Universität in Mexico City. Die Anzahl seiner Werke ist sehr groß, die wichtigsten sind: Etnología de la Península Ibérica, Barcelona 1932. — Les Celtes et la civilisation des urnes en Espagne, Préhistoire, Bd. 8, Paris 1941. — El problemiento y la formacíon de los pueblos de España, Mexico 1945. — Historia del Oriente I—II, Guatemala 1947—1951. — Todavía el problema de la ceramica Ibérica, Mexico 1958. — El problema indoeuropeo, Mexico 1960, französisch: Les Indoeuropéens, Paris 1961. — Paletnologia la Peninsula Ibéria. Graz 1974. Eine Festschrift für Bosch-Gimpera erschien in Mexico 1962—1963.

Luis Pericot García ist am 5. 9. 1899 in Gerona geboren. Er war Professor für Vorgeschichte an den Universitäten Barcelona, Santiago und Valencia. Seine Grabungen in der Höhle von Parpalló mit Paläolithikum wurden von besonderer Bedeutung. Er hat die iberische Stadt Livia ausgegraben, die Grotte La Cocina, ferner Monumente auf den Balearen. Seine Werke sind: El hombre prehistórico, Madrid 1932, 6. Aufl. 1957. — España primitiva y romana, Barcelona 1934, 2. Aufl. 1958. — América indígena, Barcelona 1936, 2. Aufl. 1962. — La cueva del Parpalló, Madrid 1942. — El arte rupestre español, Barcelona 1950. — Manual de Prehistoria Africana, Madrid 1962. — Prehistoric Art of the Western Mediterranean and the Sahara, New York 1964, zus. mit Ripoll Perelló.

Martín Almagro Basch ist am 17. 4. 1911 geboren. Er hat in Marburg studiert und an spanischen Universitäten. Er ist ord. Prof. für Vorgeschichte an der Universität Madrid, Direktor des Museo Arqueológico Nacional in Madrid und Leiter des Instituto Español de Prehistoria. Er gibt die Zeitschrift Ampurias heraus. Aus der Fülle seiner Arbeiten seien genannt: Prehistoria del Norte de Africa y del Sahara español, Barcelona 1946. — Arte prehistórico, in: Ars Hispaniae, Bd. 1, Madrid 1953. — Das alte Nordafrika, in: Historia Mundi, Bd. 2, München 1953. — La necrópolis de los Millares, mit A. Arribas, Madrid 1960. 2. Aufl. 1963. — Manual de historia Universal, Bd. 1, Madrid 1960. — Megalíticos de Estremadura, Madrid 1962. — Introducción al estudio de la Prehistoria, Madrid 1961.

Alle drei Forscher sind mir seit Jahrzehnten durch enge Freundschaft verbunden. Mit ihnen habe ich viele Wochen zusammen verleben können. Alle drei sind voll von Leben und Energie, sie besitzen den Sinn für das Abenteuerliche der Grabung und sie besitzen den Sinn für die Genauigkeit, für das Gesicherte der Aussage. Wir unternahmen auch gemeinsame Forschungsreisen, zusammen mit Althin, Burkitt, Movius, mit meinen Studenten aus Mainz und mit denen aus Madrid und Barcelona zu den Felsbildern der Ostspanischen Kunst im Jahre 1950. Auch viele Kongresse verlebten wir gemeinsam.

Die Datierung der Megalithgräber in Spanien hat durch die Radiokarbon-Datierung feste Grundlagen gefunden. Das älteste Megalithgrab Portugals, Moito do Sebastiao de Muge, ergab das Datum 4360 v. Chr. Das jüngste Datum ergab eines der Megalithgräber von Praia das Maças, Portugal mit 1700 v. Chr. In einer Arbeit der letzten Zeit hat Pedro Bosch-Gimpera vier Stadien der Megalithbauten zeitlich bestimmen können, sie heißt: La chronologie de l'art rupestre séminaturaliste et schématique de la culture mégalithique portugaise. Lisboa 1965.

Danach umfaßt das Stadium I, das Anfangsstadium, die Zeit der Rundbauten, der Dolmen, von 4000—3500.

Das Stadium II, das Frühstadium, Rundbauten mit kurzem Gang, die Zeit 3500—3000.

Das III. Stadium, das Mittelstadium, umfaßt Ganggräber von 3000—2000.

Das IV. Stadium, das Spätstadium, bringt allein den Gang, die allées couvertes. Es umfaßt die Zeit von 2000—1700.

In Frankreich sind mehr als viertausend Megalithgräber bekannt. Auch hier sind sie von Sagen und Legenden umwoben. Sie werden „roches aux Fées" genannt, „pierres du Diable", „tombeaux des Géants". Noch heute finden religiöse Kulte an den Gräbern statt, wie mir oft mitgeteilt worden ist, besonders für den Kindersegen. Immer wieder sind die Kulte an den Steinen verboten worden — aber ohne Erfolg.

Das Konzil von Arles, 452, schleudert den Bann gegen diejenigen, die Kulte an den großen Steinbauten vollführen. Das Konzil von Tours, 567, untersagt den christlichen Priestern den Kult an den heidnischen Steinen. Immer wieder wird das Verbot wiederholt, auf dem Konzil von Nantes, 658, von Toledo 681. Karl der Große erläßt 789 ein Edikt von Aachen, das jeden Kult an den Steinbauten verbietet, das sogar die Zerstörung der Steinbauten verlangt. So kommt es, daß manche der Bauten christianisiert worden sind. Einige sind in christliche Kapellen umgewandelt worden, wie die Ganggräber von Plouaret, Côtes-du-Nord, oder ein Dolmen von Saint-Germain-de-Confolens, Charente, der im 12. Jh. verwandelt wurde in einen christlichen Kultraum.

Déchelette in seinem Manuel d'Archéologie, Bd. 1, Paris 1924, zählt auf S. 386 insgesamt für Frankreich 4458 Dolmen und Ganggräber auf, ohne die unterirdischen Steinkisten. Reich an Dolmen ist das Dépt. Aveyron mit 487 Steingräbern, Ardèche mit 400, beide im Süden. Im Norden ist am reichsten Finistère mit 353 Bauten, Morbihan mit 312. Die Verbreitung ergibt, daß ein Zentrum im Süden um die Mündung der Rhône gelagert ist, und ein zweites um Cap Finistère, besonders um Carnac. Es gibt eine solche Fülle von wissenschaftlichen Arbeiten über einzelne Grabanlagen und über Gruppen in den Départements, daß sie die Anzahl von tausend weit überschreiten.

Frankreich ist auch reich an Menhiren mit menschlichem Gesicht oder mit menschlicher Gestalt, vorherrschend männlichen Charakters, kenntlich an den Waffen. Die Funde häufen sich in den Départements Gard, Tarn, Aveyron. Am großartigsten aber sind die Steinreihen, die Steinalleen bei Carnac. Die vier großen Steinreihen, Menec, Kermario, Kerlescan und Petit Ménec, weisen eine Gesamtlänge auf von 3,9 km. Manche dieser Steine sind über 4 Meter hoch. An sie schließt der Cromlech an, ein bretonisches Wort, gebildet aus crom gleich krumm und lech gleich Stein.

Die Steinreihen sind Prozessionsstraßen, die Cromlechs sind Opferplätze. Unverkennbar ist es, daß die Richtung der Reihen in Beziehung zur Sonne steht. Sie sind dem Punkt des Sonnenaufgangs zwischen Tag- und Nachtgleiche zugewandt und dem Punkt des Sonnenuntergangs an der Wintersonnenwende.

Die Ausgrabungen erbrachten einfache unverzierte Gefäße von halbrunder Form, Schalen, auch Glockenbecher wie in Spanien. Vielfach kommt Gold vor, es gibt bronzezeitliche Randleistenbeile und bronzene Dolchstäbe, Bronzefibeln, Bronzearmbänder, Bronzeschwerter.

Die Mehrzahl der Ganggräber gehört genau wie in Spanien der Bronzezeit an. Diese Epoche liegt in beiden Ländern zeitlich früher als in Mittel- und Nordeuropa. Die frühesten Gräber stammen aus dem Neolithikum, um 3000 oder kurz vorher. Die ältere Ganggrabkultur umfaßt in Frankreich die Zeit von 2500—2000, sie ist bronzezeitlich. Die eigenartigen Kragenflaschen, in den Megalithgräbern Deutschlands häufig, kommen im nördlichen Frankreich vor. Die jüngsten Megalithbauten

Frankreichs ordnen sich ein in die dritte Periode der französischen Bronzezeit, in die Epoche von 1600—1000 v. Chr.

Die Forschung gewann an Gewicht, als MARTHE ET SAINT-JUST PÉQUART und ZACHARIAS LE ROUZIC im Jahre 1927 ein Werk veröffentlichten, das die Gravierungen auf den Steingräbern der Bretagne wiedergibt, Zickzackzeichen, Äxte, Fußsohlen, Spiralen, idolartige Zeichen, Augen, Kreise. Das Werk trägt den Titel: Corpus des signes gravés des monuments mégalithiques du Morbihan. Und von Zacharias Le Rouzic, Les monuments mégalithiques de Carnac et de Locmariaquer, 1897, die 10. Auflage erschien 1953.

Das Jahr 1959 brachte eine Zusammenfassung der Megalithen der Bretagne in dem Werk von J. BRIARD, Menhirs and dolmens, monuments mégalithiques de Bretagne.

Eine größere Übersicht legt in den Jahren um 1960 GLYN EDMUND DANIEL vor in zwei Büchern: 1958 The megalithic builders of Western Europe und 1961 The prehistoric chambers of France.

In England ordnen sich alle Megalithbauten ein in die Bronzezeit, genau wie in Spanien und Frankreich. Es sind gegenwärtig 215 Megalithbauten bekannt in England und Wales (GLYN E. DANIEL, The prehistoric chamber tombs of England and Wales, Cambridge 1950, S .28 und Ders. The megalithic builders of Western Europe 1958).

In der Zeit zwischen 1900 und 1950 werden die Grabungen an dem großen megalithischen Denkmal Stonehenge von Bedeutung. Die Flächen um die Tragsteine werden geöffnet, ein Pfostenloch der frühesten Bauperiode Stonehenge bringt Holzkohle. Die Radiokarbon-Untersuchung ergibt das Datum 1847 v. Chr. Im Jahre 1923 konnte man auch die Herkunft der Steine bestimmen, sie stammen aus Pembrokeshire in Südwales, Luftlinie 240 km entfernt von Stonehenge.

Der Ausgräber von Stonehenge, STUART PIGGOTT (geb. 1910) Prof. für Vorgeschichte an der Universität Edinburgh, machte zwischen 1950 und 1954 eine seltsame Entdeckung. Er fand auf den Steinen eingemeißelte Gravierungen von Bronzebeilen und einem Bronzedolch.Es steht nun fest, daß das riesige Bauwerk der Bronzezeit zugehört, und daß es wahrscheinlich errichtet worden ist von Baumeistern aus dem östlichen Mittelmeer in der Zeit um 1500 v. Chr. Ältere Anlagen der Stelle reichen bis 1800 zurück. Diese Tatsache erleuchtet erneut die starke Ausstrahlung von den Hochkulturen dieser Zeit bis nach dem Norden Europas.

So erklärt es sich auch, daß die Keramik auf dem weiten Wege von Palästina nach Nordeuropa nicht die gleiche ist. Die einzelnen Völker des Mesolithikums, der alten Jagdkultur, nahmen auf, was die Seefahrer ihnen boten, Gold, Kupfer, Tongefäße, Perlen, Schmuck, Bronzemesser, Bronzedolche. Diese Dolche wurden nachgeahmt in Stein. Die Herstellung von Tongefäßen wurde erlernt, aber sie wurden in den einzelnen Gebieten andersartig geformt. Einheitlich und gleich aber blieb bei den Seefahrern die religiöse Vorstellung, die Bezogenheit des Menschen auf seine Ahnen, auf den Kult der Toten. Auch diese Sitte wurde übernommen von den Einheimischen, aber niemals ist sie tief eingedrungen in das Innere des Kontinents Europa.

Verschiedene Steinanlagen in Großbritannien tragen Gravierungen. In Irland die Gräber bei Loughcrew, Countac Meath; Dowth bei Drogheda, Countac Meath; New Grange bei Drogheda, Countac Meath; Knockmany bei Clogher und Sess Killgren bei Bally-Gawby, beide Countac Tyrone.

Die Megalithen in England lagern sich entlang dem alten Handelsweg. Sie besitzen ihre größte Dichte im Westen Englands, an den Anlegestellen in Cornwall, Wales, Somerset, Wiltshire, Gloucestershire. Nördlich reichen sie bis Derby, bis Westmoreland und Oxfordshire.

Eine zusammenfassende Darstellung der Megalithbauten von England und Wales gab Glyn E. Daniel in dem schon genannten Werk von 1950.

GLYN EDMUND DANIEL ist am 23. 4. 1914 in Wales geboren. Er ist seit 1945 Lecturer in Archaeology an der Universität Cambridge und er ist der jetzige Herausgeber der Zeitschrift Antiquity. Von seinen Werken ist außerdem zu nennen: The three ages, 1942. — A hundred years of Archaeology, 1950. — Lascaux and Carnac, 1955. — The Megalithic Builders of Western Europe. 1958. — The Prehistoric chamber tombs of France, 1961. — The Idea of Prehistory, 1962. — New Grange (mit O'Riodain) 1964.

In Schottland erreichen die Megalithbauten die nördliche Spitze, sie kommen sogar auf den Orkney-Inseln vor.

In Irland liegen die Megalithbauten vor allem an der Ostküste zwischen Dublin und dem Boyne-Fluß.

Über die Gravierungen an den Megalithbauten Irlands hat M. C. BURKITT berichtet in einem Aufsatz,, Notes on the art upon certain megalithic monuments in Ireland", IPEK 1926 Bd. II, S. 52. Die Bilder stellen genau wie um Carnac die gleichen Zeichen dar: die menschliche, völlig abstrakte Gestaltung, die Zickzacklinie, das Wasser bedeutend, Spiralen, Kreise, auch menschliche Augen.

Über die Vorgeschichte von Irland legte J. RAFTERY (geb. 11. 7. 1913) ein Werk vor: Prehistoric Ireland, London 1952. Im Jahre 1961 erschien ein Werk von R. DE VALERA, Professor an d. Univ. Dublin mit dem Titel: Survey of the Megalithic Tombs of Ireland I, County Clare, Dublin 1961.

Der große Seeweg an den Küsten endigt nicht an den britischen Inseln. Er führt weiter nach Holland, Skandinavien, Norddeutschland.

In Holland wurden 1912 zwei große Ganggräber ausgegraben bei Drouwen von JAN HENDRIK HOLWERDA (1873—1951) ehem. Direktor des Rijksmuseums von Oudheden in Leiden. Drouwen liegt zwischen Gasselte und Borger, Prov. Drente. Bei dem größeren Grab standen 20 Tragsteine aufrecht, von den ursprünglich 9 Decksteinen waren noch 4 erhalten. Die Keramik, Tiefstichkeramik, war ungewöhnlich reich, 228 Stück. Die Steinwerkzeuge sind Klingen und Spitzen, wie die des Mesolithikums, und dabei geschliffene, dünnackige Steinbeile. Den Bericht brachte Holwerda in der Prähistorischen Zeitschrift, Bd. 5, 1913, S. 435—448, dazu in einem eigenen Werk: Die Niederlande in der Vorgeschichte Europas, Leiden 1915. Hierin vergleicht er die nördlichen Megalithbauten mit den großen Steinanlagen von Sizilien, mit den

Kuppelgräbern von Mykene und Spanien. Er kommt zu dem Ergebnis (S. 25): „Auch die keramischen Erscheinungen des sog. neolithischen Europas zeigen uns die Erbauer unserer Megalithgräber und die mit ihnen verwandten Stämme Europas als Abkömmlinge des Südens" und auf S. 39: „Die neolithische Bevölkerung der Megalithkultur unserer nordischen Gegend stammt von der mittelländischen Rasse ab, Menschen und Kultur beide sind aus dem Süden Europas nach dem Norden gekommen."

Man kann heute nach der Fülle der Fundergebnisse deutlich sagen, daß nicht die Menschen, wohl aber die Kultur aus dem Süden nach dem Norden gekommen ist.

Ein wichtiges großes Ganggrab in Holland ist Emmen, Drente, ebenfalls gegraben von Holwerda mit Bericht in der Präh. Zschr. Bd. 6, 1914 S. 57f.

In den Jahren 1925—27 legte A. E. van Giffen ein zusammenfassendes Werk vor über die Megalithen Hollands. Es hat den Titel: De Hunebedden in Nederland. Van Giffen ist geboren am 14. 3. 1884 gest. 1974, er war Professor an den Universitäten Groningen und Amsterdam. Er hat eine Fülle von Grabungen durchgeführt, er war ehemals Direktor des Amtes der prähistorischen Bodenforschung.

In Skandinavien hat die Erforschung der Megalithkultur seit Sophus Müller und Oskar Montelius weitere Fortschritte gemacht.

Ihr Zentrum haben die großen Steingräber auf Seeland, in Dänemark, wo 3400 Gräber gezählt worden sind. Auch im nördlichen und im östlichen Jütland finden sich Megalithbauten. (Shetelig and Falk, Scandinavian Archaeology, 1937 S. 63).

In Schweden erscheinen sie in Götaland, auf Öland und Gotland. Um Göteborg häufen sie sich, sie füllen das ganze Göta-Flußgebiet. Im nördlichen Teile sind sie bis Strömstad vorhanden. Der größte Teil sind Ganggräber. Dolmen kommen vor in Schonen, Halland und Bohuslän. In Norwegen erscheinen Steinkisten.

Über die Bauten in Bohuslän hat Oscar Almgren berichtet (1869—1945). Er war Professor an der Universität Uppsala von 1897—1925. Im Jahre 1917 wurde er blind. Seine Arbeit über die Megalithgräber in Bohuslän ist: Sveriges fasta fornlämningar, Stockholm 1905.

Ein anderer Forscher, der sich um die skandinavischen Megalithbauten verdient gemacht hat, ist Carl Axel Nordman, ein Finne, geb. 28. 1. 1892 gest. 1972. Er war Dozent und Professor für Vorgeschichte an der Universität Helsinki von 1921—36, 1930 wurde er Direktor am Nationalmuseum Helsinki, 1936 Staatsarchäologe. Sein Werk: The megalithic culture of Northern Europe, Helsinki, Helsingfors 1935, wurde für die Forschung von besonderer Bedeutung. Nordman konnte auf einen wichtigen Fund verweisen, auf den von Bygholm bei Horsens in Jütland. Dieser Fund erbrachte das Bruchstück eines Trichterbechers, eines Gefäßes der Ganggräberzeit, zusammen mit vier kupfernen Dolchklingen und drei Armspiralen aus Kupfer. Die kupfernen Gegenstände sind italischer Herkunft und gehören der Zeit zwischen 2000 und 1800 an. Mehrfach haben die Ganggräber im nordischen Bezirk, ebenso wie in Spanien und Frankreich, Kupfergegenstände und Gold erbracht.

Das wichtigste Ganggrab in Schweden ist das von Kivik bei Mellby, Schonen. Es ist schon 1748 aufgedeckt worden. 1931 haben G. Hallström und J. E. Forssander Nachgrabungen vorgenommen. Der Hügel wurde mit kleinen Steinen der Landschaft so wiederaufgerichtet, wie er in der Vorzeit bestanden hat.

Das Grab innen besteht aus neun Steinen. Ein Stein, der verloren war, ist 1915 wiedergefunden worden. Die Steine tragen Gravierungen. Sie machen die Gedankenwelt deutlich. Die beiden Steine rechts und links vom Eingang bedeuten das Leben. In der obersten Reihe stehen menschliche Gestalten, steht das tägliche Dasein. Die beiden nächsten Steine, rechts und links, zeigen die Leichenspiele, das Wagenrennen, den Totenschmaus, das Opferessen, Priester im Ornat und Schiffe. Die beiden letzten Steine rechts und links zeigen die Erhöhung der Toten in das ewige Leben. Der Kosmos wird dargestellt als Radkreis, es ist die Weltordnung, es sind symbolische Zeichen, sie bedeuten den Eingang zu Asgard, der Burg der Asen, zu Wotan. Über Kivik berichten: A. Nordén, Graven i Kivik, 1933, und D.-A. Moberg, Kiviksgraven, 1957.

Die Megalithgräber in Deutschland haben seit 1900 besondere Beachtung gefunden. Am meisten hat sich mit diesem Umkreis Ernst Sprockhoff beschäftigt. 1926 legte er ein Buch vor: Die Kulturen der jüngeren Steinzeit in der Mark Brandenburg, Berlin. Hier behandelt er die Megalithkultur der Mark auf S. 1—25. Von ehemals über hundert Megalithgräbern im nördlichen Teile von Brandenburg konnte er 1926 nur noch zwölf bestimmen.

Ausschließlich mit der Megalithkultur befaßt sich ein anderes Werk von Sprockhoff mit dem Titel: Die nordische Megalithkultur, Berlin 1938. Der Verfasser legt seine Ergebnisse klar und deutlich vor, er sagt auf S. 150: „Mit der Ausbildung des nordischen Kreises tritt hier offenbar ein neues Volk in Erscheinung, denn neu und unvermittelt treten alle seine Kulturäußerungen im Lande auf: das Riesensteingrab, das geschliffene Beil und der Ackerbau. Dazu kommt, daß diese Kultur überall zunächst an den Küsten ansetzt, längs der jütischen Halbinsel, auf den dänischen Inseln und an der Westküste Schwedens. Es handelt sich offenbar um ein westeuropäisches Volk, das über See von Irland kommend, an den Gestaden der westlichen Ostsee erstmalig Fuß faßte. Von der Küste aus dringt dieses Volk nur wenig ins Innere vor, es folgt den Buchten und Förden ins Land hinein und schiebt sich bis an den Rand der Endmoräne vor."

„Die westeuropäischen Ankömmlinge machen sich in ihrer neuen Heimat rasch selbständig, wie es die eigentümliche Form des langen rechteckigen Grabhügels, die Schaffung des dünnackigen Beiles mit rechteckigem Querschnitt und die eigenartige Tonware zeigt. Ihre Grabform ist der Dolmen, dessen Verbreitung die älteste Ausdehnung des nordischen Kreises angibt. Er erscheint wie eine Insel im nördlichen Europa, gekennzeichnet durch eine fortgeschrittene Kultur, umgeben von Völkern, die ringsum, in Schweden, auf Jütland und auf norddeutschem Boden, noch auf der Stufe des mesolithischen Jäger und Fischer stehen."

S. 151: „Zu der mitteleuropäischen Bandkeramik besitzt der nordische Dolmenkreis keine Beziehungen, ja er weiß vielleicht noch nicht einmal von ihrer Existenz, obwohl beide Kulturkreise nur durch die verhältnismäßig schmale Zone des noch mesolithischen Norddeutschland von einander getrennt sind. Und doch müssen bald Verbindungen aufgenommen sein, denn schon zur Dolmenzeit erscheint die Knauf-

axt, eine in Ostdeutschland weitverbreitete Form, die in ihrer vollendeten Ausbildung nicht recht vorstellbar ist ohne Kenntnis mitteleuropäischer Metallvorbilder"...
„Überall treffen die Bauern des nordischen Kreises auf Jäger und Fischer mit mesolithischen Gepflogenheiten, nur in Mitteldeutschland stoßen sie auf eine bereits neolithische Gruppe, die Baalberger Kultur, deren Hinterlassenschaft vornehmlich aus schlichten Krügen und Amphoren besteht. Hier muß auch ihre erste Bekanntschaft mit den Trägern der bandkeramischen Kultur erfolgt sein. Dabei lernen die Nordleute die Höfe des donauländischen Ackerbaues kennen, und das Ergebnis ist der große Aufschwung, den die Bodenbearbeitung im nordischen Kreise erfährt."

Weiter auf S. 153: „Die anfangs kriegerischen Auseinandersetzungen zwischen den Streitaxtleuten und den Erbauern der Riesensteingräber und die später mehr friedliche Durchdringung beider Völker bildet für die deutsche Geschichte einen Vorgang von einzigartiger Bedeutung. Aus der Verschmelzung beider Völker entsteht das Volk der Germanen, und aus der gegenseitigen Durchdringung von jütischer Streitaxtkultur und dem Rumpfkreise der Megalithkultur erhebt sich der neue nordische Kreis der Bronzezeit, der sich dann organisch weiterentwickelt und allmählich vergrößert, bis er ohne weiteren inneren Bruch in die uns bekannte germanische Kultur der frühgeschichtlichen Zeit einmündet."

Als Zeitstellung nennt der Verfasser mit aller Vorsicht, vor allem in Hinblick auf den genannten Fund von Bygholm bei Horsens, Jütland, für die Zeit der Dolmen die Epoche um 2000, für die Ganggräber in Deutschland die Zeit um 1800.

Sprockhoff hat seine eingehende Bearbeitung der Megalithen zu krönen vermocht mit einem Corpus der großen Steingrabbauten auf deutschem Boden. Sein erster Band: Atlas der Megalithgräber Deutschlands, erschien 1966, der zweite Band 1967. In diesem Atlas sind alle Grabbauten erfaßt, ein Ergebnis reicher Forschungsarbeit.

ERNST SPROCKHOFF wurde geboren am 6. 8. 1892, er ist gestorben am 1. 10. 1967. Er hat bei Kossinna in Berlin studiert zu der Zeit, als auch ich selbst dort studierte. Auf manche gemeinsamen Abende aus unserer Studienzeit besinne ich mich gern. Sprockhoff war von ernstem, leicht verschlossenem Charakter. Seine Arbeitsweise war genau und zuverläßig, bis ins Kleinste genau. 1924 erlangte er seinen Doktorgrad, von 1926—28 war er am Landesmuseum in Hannover tätig, von 1928—35 am Röm.-Germ. Zentralmuseum in Mainz. 1935 wurde er Erster Direktor der Röm.-Germ. Kommission des Deutschen Archäologischen Instituts in Frankfurt/M, seit 1947 war er ord. Prof. an der Universität Kiel.

Seine Bücher sind zahlreich. Die Hauptwerke sind: Zur Handelsgesch. d. germ. Bronzezeit, Berlin 1930. — Die germ. Griffzungenschwerter, Berlin 1931. — Niedersächs. Depotfunde d. jüngeren Bronzezeit, Hildeshein 1932. — Die germ. Vollgriffschwerter d. jüng. Bronzezeit, Berlin 1934. — Jungbronzezeitl. Hortfunde Norddeutschlds., Per. IV, Mainz 1937. — Die nord. Megalithkultur, Berlin 1938. — Jungbronzezeitl. Hortfunde, Per. V, Mainz 1956. — Atlas der Megalithgräber Deutschlds. 1966 und 67.

Es ist nicht ohne Bedeutung für die große Frage der Megalithkultur, daß sie von ihrem geistigen Zentrum, Ägypten, Palästina, Arabien, auch ausstrahlt nach dem Osten bis nach Indien, Ozeanien, Korea, Japan und Amerika.

Als wichtigste Werke über diese im Einzelnen sehr auseinander fließenden Gruppen seien genannt: A. AIYAPPAN, The Megalithic Europe of Southern India, Journ. of the Indian Anthrop. Institute I, 1945. — S. PIGGOTT, Prehistoric India, London 1950. — A. RIESENFELD, The megalithic culture of Melanesia, Leiden 1950. — S. UMEHARA, Nippon kofun kyodai iskimuro shusei, Corpus der japanischen Megalithgräber, Tokio 1937. — Ders. Nippon no kofunda, Japans alte Gräbet, Tokio 1947. — CHEVON KIM and MOO-BYONG YOUN, Studies of Dolmens in Korea, Seoul 1967, — H. NACHTIGALL, Die amerikanischen Megalithen, 1958.

Die Bearbeitung der Megalithkultur ebenso wie die der Bandkeramik ist eine vom gesamteuropäischen Standpunkt aus durchgeführte eingehende Analyse. Sie hat zwischen 1900 und 1950 zu entscheidenden Ergebnissen geführt.

Um zuerst in dem Gedanken der beiden Gegensatzpaare Nordherkunft — Ostherkunft zu sprechen, ist das Ergebnis, daß sich die Vorstellungen von Kossinna als irrtümlich herausgestellt haben. Als zurecht bestehend aber die von Sophus Müller. Am tiefsten betroffen ist der Gedanke der Wanderungen. Er war der Zentralgedanke von Generationen.

Beide Erscheinungsformen des damaligen Lebens, Bandkeramik und Megalithkultur, bringen Neues nach Europa: Ackerbau und Viehzucht, die Kenntnis von Kupfer und Gold, das geschliffene Beil. Es ist die produzierende Lebensform gegenüber der älteren, der nur konsumierenden.

Es bestehen aber auch Unterscheidungen zwischen beiden Lebensformen. Sie liegen im Religiösen, einem geistigen Element, das für diese Epochen von größter Bedeutung ist.

Die Bandkeramik bringt als eine dem Ackerboden verwurzelte Kultur die weibliche Gottheit, die Große Mutter. Daher die Tausende von Idolen, die sich in jedem Hause finden. Im Süden Europas hat sich diese tragende Kraft in der Gestalt der Maria als vorherrschend erhalten bis heute.

Die Megalithkultur, erwachsen aus der Viehzucht, bringt mit sich die männliche Gottheit, bezeichnet durch den Menhir. Daß der Menhir ein männliches Symbol bedeutet, ist vielfach betont worden, etwa zuletzt in einer Arbeit von HEINZ GENGE, IPEK, Bd. 22, 1966—69 S. 105—113, betitelt: Sinn und Bedeutung der Menhire. Der männlich betonte Charakter bei Menhiren ist erkennbar in Europa in Ellenberg, Kr. Melsungen, Mus. Kassel oder im Zobtengebiet, Schlesien, der Kiefendorfer Mönch (F. Geschwendt, Zschr. Die Hohe Straße, Breslau Bd. I, 1938, S. 46 ff.), dasselbe gilt für Filitosa auf Korsika. Auch die Darstellung von Waffen auf vielen Menhiren macht den männlichen Charakter deutlich. Die Götter der Kelten sind männlich, ebenso die Götter der Germanen mit Wotan, Thor und Frey.

Es muß nun nicht so sein, daß die weiblichen oder die männlichen Gottheiten von der Bandkeramik oder der Megalithkultur mitgebracht sein müssen. Immer muß für den Aufnehmenden auch die Bereitschaft zur Aufnahme gegeben sein. Die südeuropäischen Völker und auch die des Donaugebietes erleben die Eignung ihres Bodens für den Ackerbau, die nordeuropäischen Völker werden — wie bis heute — der Viehzucht den Vorrang einräumen. Tacitus, wesentlich später, spricht noch davon, daß die Germanen von der Viehzucht leben. (Tacitus, Germania, Kap. 4).

So haben die vielen Grabungen in den Ländern Europas die großen Fragen des vorigen und des Anfangs dieses Jahrhunderts zu einem großen Teile zu lösen vermocht.

Schnurkeramik

Neben Bandkeramik und Megalithkultur spielt in der Problemlage der ersten Hälfte des 20. Jahrhunderts die Schnurkeramik eine besondere Rolle.

Diese Schnurkeramik tritt deshalb so lebendig in das Blickfeld, weil in Deutschland in der Zeit des Nationalsozialismus die Schnurkeramiker oder, wie sie auch genannt wurden, die Streitaxtleute, als die Träger der indogermanischen Kultur angesehen worden sind. Bei OSKAR PARET kann man feststellend, keineswegs zustimmend im Jahre 1946, lesen: „So wurde bisher auch in vielen Schulbüchern gelehrt, daß die Urheimat der Indogermanen in Deutschland lag, daß sie das Gebiet von Thüringen ist, und daß von hier aus um 2200 v. Chr. die Indogermanen infolge Übervölkerung sich nach allen Seiten ausgebreitet und auf diesen Wanderzügen ihre nordische Kultur etwa auch nach Süddeutschland gebracht haben. ... So soll von den Schnurkeramikern halb Europa allmählich ‚indogermanisiert' worden sein, d. h. diese sollen die auf ihren Zügen angetroffenen Kulturen und Sprachen verdrängt oder zum mindesten ihrer indogermanischen angeglichen haben. Die Griechen gelten als solche nordischen Leute. ... Ja selbst in den nach Indien eingewanderten Ariern mit ihrer längst ausgestorbenen Sanskritsprache sieht man Nachkommen der aus Thüringen ausgezogenen Indogermanen. Die Lehrbücher zeigen im Kartenbild mit Pfeilen diese gewaltige, weltgeschichtlich bedeutsame Ausbreitung der Indogermanen aus Mitteldeutschland. Das ist seitens der Vorgeschichtsforschung der derzeitige Stand auf dem Gebiet der Indogermanenfrage, das heißt, es scheint ja keine ‚Frage' mehr, sie gilt als einwandfrei gelöst: Das Indogermanentum ist in der Jungsteinzeit, also im 3. Jahrtausend v. Chr., in Mittel- und Norddeutschland, genauer in Sachsen-Thüringen entstanden und hat sich von hier aus in „riesigen Ausstrahlungsbewegungen" große Teile Europas und Asiens erobert." So stellt Paret die Lage bis 1945 dar und bringt dann dagegen seine Einwände. Das Buch heißt: Das neue Bild der Vorgeschichte, Stuttgart 1946 (aus S. 96—97).

Paret legt dann dar, daß die Bandkeramiker vor den Schnurkeramikern in Thüringen waren, daß eine Entstehung der Schnurkeramik in Mitteldeutschland nicht erkennbar ist und daß ein so kleiner Raum nicht das gesamte Urvolk hervorgebracht haben könne.

OSKAR PARET ist geboren am 14. 6. 1889, er ist gestorben am 27. 6. 1972. Er erwarb seinen Doktorgrad 1919 in Tübingen, 1925 wurde er Konservator, 1938 Hauptkonservator am Landesmuseum Stuttgart und 1948 Honorarprofessor an der Techn. Hochschule in Stuttgart. 1954 trat er in den Ruhestand. Seine wichtigsten

Bücher sind: Urgeschichte Württembergs, Stuttgart 1921, 2 Aufl. 1932. — Die Römer in Württemberg, Stuttgart 1932. — Die frühschwäbischen Gräberfelder von Groß-Stuttgart, 1937. — Das neue Bild der Vorgeschichte, Stuttgart 1946. — Das Steinzeitdorf Ehrenstein bei Ulm, 1955. — Württemberg in der vor- u. frühgesch. Zeit, Stuttgart 1961. — Die Überlieferung der Bibel, Stuttgart 1966.

Paret beschließt seine Gedanken über die Urheimat der Indoeuropäer mit diesen Worten (ebda. S. 117): „So sehen wir also alle grundlegenden Kulturerrungenschaften aus dem Osten, aus Vorderasien nach Mittel- und Nordeuropa gebracht. Der Standpunkt der Forscher des 19. Jahrhunderts: Ex oriente lux! d. h. das Licht, die Kultur, kommt aus dem Osten! war durchaus richtig."

Diese Erkenntnis ergibt sich aus der eingehenden Forschung einer großen Fülle von Einzelfundplätzen in den Ländern von Rußland bis Schweden.

Wenn für die Bandkeramik das bezeichnende Element das Dorf und die weibliche Statuette war, im Osten Europas reich vorhanden und sich verringernd bis zum Rhein — wenn für die Megalithkultur der große Grabsteinbau und der Menhir das entscheidende Element gewesen ist, an den Küsten des Mittelmeeres und des Atlantik verlaufend bis Schweden und Dänemark — dann ist das bezeichnende Element für die Schnurkeramik die Streitaxt.

Das Gesicht der Schnurkeramik ist recht einheitlich. Die Träger dieser Kulturgruppe sind nicht Ackerbauern, auch nicht Viehzüchter mit großen Herden, sie sind Kämpfer, Eroberer. Die Streitaxt ist ihr Kennzeichen. Man findet nur selten ihre dörflichen Wohnplätze, sie überfallen die Ackerbauern, die Viehzüchter, rauben deren Besitz und dann ziehen sie weiter. Sie sind in ihrer Lebensform verwandt den Steppenvölkern, den Hunnen, Awaren, der Goldenen Horde Dschingis-Khans.

Bei der Frage der Herkunft könnte es, so meine ich, im Grunde nur eine Meinung geben: die Heimat einer so gearteten Gruppe kann nur das Gebiet der Steppen Asiens sein. Die nördlichen Steppen bringen nicht irgendwelche Vorstufen, aber Südrußland offenbart sich als der einzig mögliche Herd.

Auf diese Herkunft deutet das wesentliche Werkzeug, die Streitaxt, fast immer gebogen, durchbohrt, eine sonst im neolithischen Europa nicht vorhandene Form. In Stein kann sie nicht ursprünglich sein, das Vorbild muß Metall sein, und so führt auch diese Kultur wieder zu den Hochkulturen des Orients zurück, und zwar zu den Hethitern. Bei den Hethitern gibt es die leicht gebogene Streitaxt in Kupfer, diese Axt ist offenbar der Ausgang der steinernen Streitäxte der Schnurkeramiker.

Die Streitaxt ist etwas Fremdes, etwas Neues im späten Neolithikum Europas, und so wurde sie zu dem Problem der Forschung, denn die Streitaxt ist es, die anscheinend den Aufschluß zu geben vermag über Ausgang und Herkunft der Schnurkeramik. In manchen Ländern tritt so der Begriff Schnurkeramik zurück, es wird der Begriff Streitaxtkultur verwendet. Der Ausdruck in den verschiedenen Sprachen ist Streitaxt, battle-ax, hache de combat, bojevoj topor, in Schweden Bootaxt.

Es war auf dem Archäologenkongreß 1874 in Stockholm, als die Frage der Bootaxt, der Streitaxt, in den Mittelpunkt der Betrachtung trat. Der französische Forscher Soldi erklärte, daß die Bootaxt nur als Nachbildung metallischer Vorbilder aufgefaßt werden könne. Zur Begründung wies er darauf hin, daß bei den Streitäxten oft sogar die Gußnaht des Bronzegusses nachgebildet ist, obgleich sie in Stein keinen Sinn besitzt. Oscar Montelius stimmte zu. Damit war der Blick zu den Hochkulturen des Vorderen Orients gerichtet, ohne daß damals der engere Herkunftsbereich genannt werden konnte.

Der Anfang des 20. Jahrhunderts mit den starken nationalen Gedanken hat diese Idee zurückgedrängt. Da legte der schwedische Forscher J. E. Forssander im Jahre 1933 eine grundlegende Veröffentlichung vor mit dem Titel: Die schwedische Bootaxtkultur. Der Verfasser konnte ältere und jüngere Formen unterscheiden. Die älteren Formen weisen deutlich den Metalltyp auf, die jüngeren entfernen sich mehr und mehr von dem Vorbild. Wieder wurde nun der Blick nach Südrußland, zum Kaukasus gelenkt.

JOHN-ELOF FORSSANDER (1904—1944) war zuerst Dozent, dann Professor der schwedischen Archäologie an der Universität Lund von 1933—44. Seine anderen Werke sind: Der ostskandinavische Norden während der ältesten Metallzeit Europas. Lund 1936. — Skrånsk megalitkeramik, Lund 1936. — Europäische Bronzezeit. Lund 1939. — Koban und Hallstatt. 1942. — Oseberg. Lund 1943.

Den Ursprungsort des Metallvorbildes erkannte als erster der finnische Forscher A. M. TALLGREN. In einer Arbeit in der von ihm herausgegebenen Zeitschrift: Eurasia Septentrionalis Antiqua, Bd. 2, Helsinki 1926, mit dem Titel: La Pontide préscythique après l'introduction des métaux, legte er dar, daß die Bootaxtkultur oder Streitaxtkultur ihre Wurzel habe in der frühmetallischen Kultur von Südrußland, die dort als Fatjanowo-Kultur bezeichnet wird. In ihr ist die metallische Bootaxt führend, sie ist in Kupfer gearbeitet oder in Bronze. Die Fatjanowo-Kultur wieder ist eine Fortsetzung der südrussischen Kuban-Kultur, der Kultur des Pontus am Schwarzen Meer. Diese Kulturgruppe bringt Gefäße aus Gold und aus Silber, Nadeln, Ringe und Lanzenspitzen aus Bronze, Hammernadeln, Kupferdolche, Sicheln aus Bronze.

Die Kuban-Kultur wieder steht unter dem Einfluß der vorderasiatischen Hochkultur der Hethiter, und so führt die Schnurkeramik, mit anderer Bezeichnung, die Streitaxtkultur, auch zurück nach Vorderasien.

Aarne Michael TALLGREN hat besondere Verdienste um die Erforschung der Verbindungswege Asiens zu Europa in der Vorzeit. Dieser Aufgabe widmete er seine genannte Zeitschrift, Eurasia Septentrionalis Antiqua, Helsinki. Sie begann 1926 und endete 1938. Tallgren wurde am 8. 2. 1885 geboren, er starb am 13. 4. 1945. Er studierte an der Universität Helsinki und erwarb den Doktorgrad 1911. Im Jahre 1919 wurde er dort Dozent und war von 1920 bis 1923 Professor für Archäologie an der Universität Dorpat, estnisch Tartu, und bis 1945 wieder an der Universität in Helsinki. Mit Tallgren habe ich viele Fragen der Vorgeschichte besprechen können.

Der größte Teil seiner Arbeiten ist in seiner Zeitschrift erschienen und in der finnischen Zeitschrift: Suomen Muinaismuistoyhdistyksen Aikakauskirja, abgekürzt SMA.

Mitteldeutschland, vor allem Thüringen, bedeutet den Ausgangspunkt der Forschung und der Namengebung. Im allgemeinen sind vier Elemente die durchgehenden Erscheinungen der Schnurkeramik. Erstens die Streitaxt, zweitens das Einzelgrab mit Hockerbestattung, drittens die schnurverzierte Keramik, vorherrschend mit Becher und Amphore, viertens der Mangel an Siedlungen. Aus der Fülle der Arbeiten aus diesem Umkreis seien als neuere genannt: ULRICH FISCHER (geb. 3. 7. 1915) Direktor des Museums f. Vor- u. Frühgeschichte, Frankfurt/M, Die Gräber der Steinzeit im Saalegebiet, Berlin 1957. — Ders. Mitteldeutschland und die Schnurkeramik, Jahresschr. Halle, Bd. 43, 1959. — GERHARD MILDENBERGER geb. 1915, Prof. a. d. Univ. Bochum, Studien zum mitteldeutschen Neolithikum, Leipzig 1953.

Die Schnurkeramik in Südwestdeutschland, in Hessen, Baden, Württemberg zeigt leichte Abwandlungen im Ornament. Es treten häufig schraffierte Dreiecke auf, vereinzelt sind Siedlungen bekanntgeworden. Aus der Literatur: WOLFGANG KIMMIG geb. 1910 in Konstanz, seit 1955 o. Prof. a. d. Univ. Tübingen, Ein schnurkeramischer Fund von Leiselheim, Bad. Fundber. Bd. 18, 1948—50. — EDWARD SANGMEISTER, geb. 1916, ord. Prof. f. Vorgeschichte a. d. Univ. Freiburg mit KURT GERHARDT, geb. 1912, seit 1960 Prof. a. d. Univ. Freiburg. Schnurkeramik und Schnurkeramiker in Südwestdeutschland, 1965. — SANGMEISTER, Grabfunde der südwestdeutschen Schnurkeramik, Bonn 1954.

Die Schnurkeramik in Westdeutschland bringt Becher mit Verwandtschaft zur Glockenbecherkultur in reichen Funden. Aus der Literatur: RUDOLF STAMPFUSS (geb. 1904), Museumsdirektor in Duisburg 1928, Leiter des Hauses der Heimat, Dinslaken. Die jungneolithischen Kulturen in Westdeutschland, 1929. — H. GATERMANN, Die Becherkulturen in der Rheinprovinz, Stuttgart 1943.

In Norddeutschland, vor allem in Schleswig-Holstein, erscheinen die beiden verschiedenartigen neolithischen Gruppen nebeneinander, die Megalithkultur und die Einzelgrabkultur, die Schnurkeramik. Das Nebeneinanderbestehen dieser beiden Kulturen wird im Jahre 1889 zum ersten Male bemerkt von JOHANNA MESTORF (1829—1909), Direktorin des Museums von Kiel. Sie schrieb eine Abhandlung: „Gräber ohne Steinkammer unter Bodenniveau" in den Mitteil. d. Anthropolog. Ver. v. Schleswig-Holstein, 1892. Die Funde vermehrten sich, und 1939 behandelte den Fragenumkreis GUSTAV SCHWANTES (1881—1960) in seinem Werk: Vorgeschichte in „Geschichte Schleswig-Holsteins", Neumünster. Er sagt dort auf S. 237:

„Das Zusammenleben der beiden Bevölkerungen birgt mancherlei Rätsel in sich. Im einzelnen schieben sich aber die beiden Bevölkerungen in merkwürdiger Weise neben- und auch durcheinander...." Schwantes spricht davon, daß die Schnurkeramiker erst in der mittleren Ganggrabzeit eingewandert seien. „Aber erst am Schluß der Ganggräberzeit sind die Gegensätze so gut wie ausgeglichen..." „Der Gegensatz zwischen den Megalithikern und den Schnurkeramikern dürfte innerhalb gewisser Grenzen also doch ein machtpolitischer gewesen sein" (S. 238).

1955 legte KARL W. STRUVE eine zusammenfassende Arbeit über die Schnurkeramiker in Schleswig-Holstein vor, in ihr beschäftigt er sich auch mit der Herkunftsfrage, der Titel ist: Die Einzelgrabkultur in Schleswig-Holstein und ihre kontinentalen Beziehungen. Neumünster 1955. Struve ist 1917 in Elmshorn geboren. In Kiel erwarb er 1952 seinen Doktorgrad, seit 1957 ist er Kustos am Landesmuseum Schleswig in Schloß Gottorp. Struve erörtert die Fragen, die mit der Schnurkeramik zusammenhängen, und er nennt alle Fundstellen mit der Literatur. Auf S. 151 erklärt er, daß die Schnurkeramik nicht in Schleswig-Holstein entstanden ist, daß sie in Verbindung steht zur ostelbischen und nordwestdeutschen Becherkultur und daß sie nach Norden ihre Fortsetzung findet in der Einzelgrabkultur Jütlands und der dänischen Inseln. „Zuerst ist die Schnurkeramik nur wenig differenziert, später kann man eine amphorenführende und eine amphorenarme Lokalgruppe erkennen." Die Verzierung wird das Fischgrätenmuster. Es lassen sich Verbindungen zur Megalithkultur erkennen, es lassen sich aber auch Gründe anführen, „die darauf hindeuten, daß das Einzelgrabvolk die einheimische Bevölkerung zurückdrängte oder weitgehend vernichtete."

Einwirkungen der Glockenbecherkultur machen sich bemerkbar, durch ihren Einfluß verschwindet allmählich die Streitaxt. Die jüngste Gruppe nimmt die Tiefstichverzierung der Megalithkultur auf. Zum Schlusse seines Buches bemerkt der Verfasser S. 152: „Es wäre aber auch denkbar, daß die Träger der Schnurkeramik aus osteuropäischen Steppengebieten einwanderten und die Fähigkeit zur Assimilation mitbrachten, wodurch ihre materielle Kultur sehr bald dem Charakter älterer nord- und mitteleuropäischer Kultureinheiten angepaßt wurde."

Im ehem. Ostdeutschland, an der Oder, und im ehemaligen Westpreußen und Ostpreußen findet sich die sogenannte Oderschnurkeramik. Als Neues treten die aus der Megalithkeramik bekannten geradwandigen Becher hinzu, Blumentopfbecher genannt. Auch das ehemalige Schlesien bringt Schnurkeramik. Für Westeuropa sei genannt: WOLFGANG LA BAUME (geb. 1885, gest. März 1971) Vorgeschichte von Westpreußen, Danzig 1934, S. 13f. — Für die Nordgruppe: R. SCHROEDER, Die Nordgruppe der Oderschnurkeramik, 1951.

Die Schnurkeramik oder Streitaxtkultur in der Tschechoslowakei ist in Böhmen im Raum vom Erzgebirge über Mittelböhmen bis Kolin verbreitet. Führend ist die Streitaxt. Die Keramik ist der Schnurbecher und die Amphore, dazu geradwandige Töpfe. Mehrfach kommt Kupfer vor, vor allem Spiralröhren. Aus der reichen Literatur: M. BUCHVALDEK, (geb. 1930 in Prag) Die Schnurkeramik in Böhmen, Prag 1967.

In Mähren findet man die Schnurkeramik vor allem im Zentralgebiet und in Ostmähren. Es erscheint ein lokaler Typ mit kleinen Krügen und S-förmigen Bechern. Meißel aus Kupfer kommen vor. Die Literatur bringt JIŘI NEUSTUPNÝ, geb. 1905 in Pilsen, Plzeň. Prof. f. Vorgeschichte a. d. Univ. Prag und Direktor d. Vorgeschichtl. Abt. des Nationalmuseums Prag. „Pravěk Československa. Praha 1960", Vorzeit der Tschechoslowakei.

In Polen findet sich die Schnurkeramik häufiger. Die Formen haben Beziehungen zu den Funden der Oder und auch zu Schlesien. An der oberen Weichsel erscheinen vor allem die frühen Formen, diejenigen mit der Streitaxt. Darüber berichtet TADEUSZ SULIMIRSKI. Er ist 1898 in Kobylany, Polen geboren. Seine Studien hat er in London absolviert. Von 1931—1936 war er Prof. f. Vorgeschichte a. d. Universität Lwów, 1936—1939 a. d. Univ. Kraków und seit 1957 ist er Dozent an der Universität London. Sein wichtigstes Buch für diese Fragen ist: Polska przedhistoryczna, London 1955—1959. Ein anderes Werk ist: Corded Ware and Globular Amphorae North-East of the Carpathians, London 1968.

In der UdSSR, finden sich die Gräber der Schnurkeramik vor allem am Mittellauf des Dnjepr. Hier sind auch Siedlungen gefunden worden. (M. M. BONDAR, Archeolohija, Bd. 17, Kiew 1964). Diese Siedlungen lassen auf eine bewegliche, Viehzucht treibende Lebensart der Bewohner schließen.

Die für diese Frage nach der Herkunft der Schnurkeramik wichtigste Kultur Südrußlands ist die von Fatjanowo. Der Ort ist ein Dorf im ehemaligen Kreis Danilov im Wolgatal, im Gebiet von Jaroslav in der Umgebung von Moskau. Die ersten Grabungen geschahen 1873, dann hat sich 1903—1905 der russische Forscher A. A. SPICYN mit den Funden beschäftigt. Eine zusammenfassende, überschauende Arbeit legte 1962 JEKABS OZOLS in deutscher Sprache vor mit dem Titel: Ursprung und Herkunft der zentralasiatischen Fatjanowo-Kultur, Berlin 1962. Ozols hat 1959 seinen Doktorgrad erworben an der Universität Münster. Durch diese Arbeit und die Bearbeitung aller Funde wird wieder deutlich, daß die Streitaxt das tragende Element bedeutet. Die Fatjanowo-Kultur ist in das Wolgagebiet eingewandert, sie ist nicht autochthon. Die Einwanderung erfolgte im Anfang des 2. Jahrtausends v. Chr. Die Kultur bedeutet eine Fortsetzung der Altgrubenkultur im südlichen Rußland. Diese sogenannte Altgrubenkultur ist eine Unterabteilung der Ockergrabkultur, eine Kulturgruppe, über die VASILIJ ALEXEVIČ GORODCOV eingehend gearbeitet hat. Sie erscheint in der Literatur auch unter dem Namen Kuban-Kultur oder Pontische Kultur.

GORODCOV ist geboren am 11. 3. 1860, er starb am 2. 2. 1945. Er ist ein bedeutender russischer Archäologe, ord. Prof. f. Vorgeschichte a. d. Univ. Moskau. Von seinen Büchern ist für diese Frage das wichtigste: Kul'tury bronzovoj épochi v srednej Rossii, Moskau 1915, ferner: Otčet Istoričeskogo Muzeja za 1914, Moskau 1916.

Ebenso wie Gorodcov erklärt Ozols, daß die Streitaxt sicher eine Nachbildung von Kupfer- und Bronzeäxten ist und daß die Wege der Herkunft zum Kaukasus weisen, in die Kuban-Gegend, und zum Vorderen Orient, zuletzt Mesopotamien.

Das Kaukasus-Gebiet wieder ist gut durchgearbeitet worden von FRANZ HANČAR in seinem großen Werk: Urgeschichte Kaukasiens von den Anfängen seiner Besiedlung bis in die Zeit seiner frühen Metallurgie, Wien 1937.

FRANZ HANČAR am 8. 2. 1893 in Wien geboren, starb dort 1970. Er war Privatdozent für Urgeschichte a. d. Univ. Wien von 1938 und er wurde 1944 a. o. Professor. Ich hatte oft Gelegenheit, mit ihm die hier anstehenden Fragen zu besprechen.

Hančar hat immer auf die Herkunft der Streitaxt aus dem Vorderen Orient hingewiesen. Er weiß sich damit in Übereinstimmung vor allem mit A. M. Tallgren und M. J. Rostovtzeff (1870—1952).

In dem oben genannten Werk sagt Hančar (S. 323): „Formbestimmende Einflüsse aus Assyrien, Einfuhr von Fertigware, von Mustern und gebrauchsfertigem Metall aus Zentralasien auf dem südkaspischen Weg, ein Getroffenwerden von jenen Verbreitungswellen, die aus dem „im Osten" gelegenen Enstehungszentrum der Metallbearbeitung westwärts verliefen, brachten die Kenntnis des Metalles... . Die moderne Kaukasusforschung steht auf ähnlichem Standpunkt und findet es selbstverständlich, daß die ergiebigen Kupferminen Transkaukasiens vom Anfang der Metallzeiten an Bedeutung für die bodenständige Metallurgie besaßen, aber auch weitreichenden Handelsverbindungen mit dem nördlichen Steppengebiet, mit Mesopotamien und Anatolien zugrunde lagen".

Ebenso deutlich spricht sich JEKABS OZOLS aus in dem schon erwähnten Buch über die Fatjanowo-Kultur. So sagt er (S. 85): „Tatsache ist, daß im frühen 2. Jt. v. Chr. in Südosteuropa und im Vorderen Orient eine allgemeine, deutlich faßbare Umbruchszeit beginnt. In Kleinasien erscheinen die Hethiter, in Nordsyrien und Mesopotamien die Mitanni, in Babylonien die Kassiten, und, um auf den Ausgangspunkt zurückzukommen, im russischen Waldgebiet, in einer rassisch und kulturell fremden Umgebung, die Träger der Fatjanowo-Kultur".

Die Fatjanowo-Kultur hat ihre Hauptfundplätze in dem Gebiet um Moskau. Ozols unterscheidet vier Räume, die Mittel-Dnjepr Gruppe, die von Moskau, die von Jaroslav und die von Čuwasien.

Wichtige Fundstellen der Mittel-Dnjepr-Kultur sind Wščiž, Gebiet Belinec; Mys-Očkino, Gebiet Sumske.

Fundstellen der Moskauer Gruppe sind Protasowo, Gebiet Moskau; Istra, Gebiet Moskau; Bolšoje Bunkowo, Gebiet Moskau.

Für die Jaroslav-Gruppe sind wichtige Fundorte: Waulowo, Gebiet Jaroslav; Gorki, Gebiet Iwanowo; Fatjanowo, der namengebende Ort, Gebiet Jaroslav. Für die Gruppe von Čuwasien: Balanowo, Bezirk Kozlow, Čuwasische ASSR.

Hiervon brachten kupferne Streitäxte: Waulowo, Gorki, Fatjanowo und Balanowo.

Zum Schluß seiner sorgfältigen Arbeit sagt Ozols: (S. 77): „Alle genannten Prähistoriker, die von dem Gedankengut der nordischen Schule ausgehen, begehen den gleichen Fehler, daß sie mit wenigen und ausgewählten Formen arbeiten und als Ausgangspunkt das gut bekannte nordische Material wählen".

Ozols wendet sich scharf gegen die Nordtheorie. In der Tat ist sie nicht denkbar schon wegen der Streitaxt. Sie ist deutlich Metallvorbildern nachgeahmt. Diese Vorbilder finden sich aber nirgendwo im Norden, jedoch vielfach in Syrien, auch in der Fatjanowo-Kultur kommen Kupferäxte vor. Auf dem Wege nach dem Norden haben sie sich allmählich verloren.

Die Wirtschaftsform der Schnurkeramiker ist vorherrschend Jagd und Fischfang. Die Viehzucht ergibt sich aus einigen Funden, die in Südrußland Rind, Schaf,

Ziege, Pferd, Schwein brachten. (J. J. Artemenko, Sredneprovskaja Kul'tura, Zschr. Sovetskaja archeologija, Moskau 1963, Bd. 2). Im nördlichen Europa findet sich häufig das Schaf in den schnurkeramischen Siedlungen (J. G. D. Clark, Prehistoric Europe. The Economic Basis. London 1952, S. 119). Aber „es sind im allgemeinen nur sehr magere Hinweise, die auf die Viehzucht der Einzelgrabkultur hinzielen" (K. W. Struve, Einzelgrabkultur S. 78).

Das Ergebnis der sorgfältigen Einzelarbeit bei der Untersuchung der Schnurkeramik, der Streitaxt-Kultur, ist um 1975, daß völlig deutlich diese Kultur vom Gebiete des Kaukasus in Südrußland herkommt. Dort liegen die Vorbilder und die Ausgangsformen, die nach Syrien, vor allem zu den Hethitern führen. Von mehreren Forschern wird die Klimawandlung, die Austrocknung der Weideflächen um 2000 v. Chr. als Veranlassung zu einer Wanderung angenommen. So mag der Vorgang der Schnurkeramik auf Wanderung beruhen, nicht nur auf Kultureinfluß. Die Strukturform ist verhältnismäßig gleichartig von Südrußland bis Dänemark. Die Bewegung muß rascher erfolgt sein, fast ohne Siedlungen, sicher mit Zelten. Das Pferd, das dabei so oft genannt wird, ist in den Funden äußerst selten und dann offenbar ein Tier, das zur Nahrung dient. Das Reiten ist um diese Zeit in Europa nicht bekannt, es erscheint frühestens um 700 v. Chr. durch die skythischen Stämme (Franz Hančar, Das Pferd in prähist. u. frühhist. Zeit, Wien 1956), im allgemeinen um 500 v. Chr.

Die Zeitstellung ergibt sich durch eine Fülle von Beziehungen zu gleichzeitigen Kulturen, als vor allem 2000—1600 v. Chr., immer späteste Steinzeit, in Mittel- und Nordeuropa 1800—1500.

Die Erforschung im Einzelnen hat für die Schnurkeramik bis 1975 völlige Klarheit gebracht. Sie geht nicht aus von Thüringen, sie indogermanisiert nicht die übrigen Stämme. Ihre kulturellen Ausgangspunkte, vor allem die Streitaxt, leben bei den Hochkulturen Vorderasiens, aber sie erscheinen in der Schnurkeramik von Anfang an als etwas Übernommenes, nicht als ein selbständig erfundenes Element.

Glockenbecher

Eine vierte wichtige Gruppe des Neolithikums ist die Glockenbecherkultur. Auch sie gehört wie die Schnurkeramik, dem späten Neolithikum an, auch sie bedeutet eine Gruppe von schweifenden Jägern und Eroberern. So überdeckt sie, ebenso wie die Schnurkeramik, weite Gebiete Europas, von Spanien bis nach England, von Nordfrankreich bis an die Weichsel.

Wieder ist eine Angriffswaffe führend, es ist Pfeil und Bogen, dazu eine viereckige aus Stein gearbeitete Armschutzplatte für den Bogenschützen. Das durchgehend herrschende Element der Kulturgruppe ist der Glockenbecher, ein Becher in der Form einer umgestülpten Glocke. Die Verzierung ist bei den einzelnen Untergruppen verschiedenartig. Sie ist umlaufend, den Becher umziehend in Strich- und Punktverzierung. In Böhmen wird gelegentlich die Spirale übernommen, in den Niederlanden kommen Rauten vor, Zickzackmuster, Quadrate.

Im Gegensatz zu der Herkunftsfrage der Schnurbecher gibt es für die Glockenbecher nicht gegensätzliche Ansichten bei den Forschern. Auch die Zeitstellung ist unbestritten, es handelt sich um eine spätneolithische, eine stein-kupferzeitliche Kultur der Zeit, die in Spanien um 2400 beginnt und die in Mittel- und Nordeuropa andauert bis 1600 und 1500 v. Chr.

Das Wort Glockenbecher wurde zuerst verwendet von ALBERT VOSS (1837—1906), dem ersten Direktor der vorgeschichtlichen Abteilung des Völkerkundemuseums in Berlin. Im Jahre 1895 gebrauchte er das Wort in der Zeitschrift für Ethnologie 1895, S. 121, und es hat sich bei allen Völkern durchgesetzt. In Spanien heißt die Kultur vaso campaniforme, in Frankreich vase campaniforme oder vase caliciforme, in Holland Klokbeker, in England bell beaker, in der Tschechoslowakei zvoncovité poháry, in Polen puchary dzwonowate.

Schon Sophus Müller sprach von dem südeuropäischen Charakter der Glockenbecher in seiner Urgeschichte Europas, Straßburg 1905, S. 23. Er sagt, daß die Glockenbecher „in fast unveränderter Form und Ornamentik in Spanien und Italien, in Frankreich und Deutschland, in England und Skandinavien vorkommen, und natürlich überall heimische Erzeugnisse sind".

Die Frage der Glockenbecherkultur wurde auf festen Boden gestellt, als ein spanischer Forscher es unternahm, die damals über Europa bekannten Funde zusammenzustellen. Das tat ALBERTO DEL CASTILLO YURRITA in seinem Werke: La cultura del vaso campaniforme, Barcelona 1928. Dieses Buch bringt eine erste zusammenfassende Überschau über die Funde der Glockenbecher in Europa auf 216 Seiten mit 206 Tafeln. Castillo stellt in genauen Angaben der Fundstellen und der Funde in Abbildungen nicht nur Spanien dar, sondern auch Böhmen und Mähren, Österreich, Ungarn, Deutschland, England und Irland.

ALBERTO DEL CASTILLO ist geboren am 23. 8. 1905. Er studierte in Barcelona bei Bosch-Gimpera und in Berlin bei Kossinna und Hubert Schmidt. Aus dieser Zeit kennen wir uns gut. Wir haben manche Vorlesungen zusammen besucht, und wir haben manchen Abend erzählt über die Mühen und die Schwierigkeiten der prähistorischen Arbeit. Castillo ist jetzt Professor a. d. Univ. Barcelona.

Die spanischen Glockenbecher haben sich nach Castillo in Andalusien und im Gebiet des Guadaquivir entwickelt. Um das Delta des Ebro bilden sie ein Zentrum. Neuerdings hat E. SANGMEISTER die Ansicht vertreten, daß der Ursprung in Portugal liege (E. Sangmeister, La civilisation du vase campaniforme, Actes du premier colloque Atlantique, Brest, Rennes 1963, S. 25—56). In der Tat bildet sich im portugiesischen Estremadura an der Tajo-Bucht eine Insel, auf die auch Castillo hingewiesen hat (ebd. S. 60—71). An dem Gesamtergebnis ändert diese geringfügige Verschiebung nichts.

In Frankreich ist an Glockenbechern reich das Gebiet der Pyrenäen. Wie in Andalusien erscheinen außer dem führenden Glockenbecher kupferne Dolche mit Griffzunge, Pfeilspitzen aus Feuerstein, selten Armschutzplatten. Es gibt Goldplatten mit kleinen Löchern, Knöpfe mit V-artiger Bohrung und kupferne Pfrieme. Über diese Gruppe liegt eine neuere sehr eingehende Arbeit vor: JEAN GUILAINE, La civilisation du vase campaniforme dans les Pyrénées Françaises, Carcassonne 1967 mit 240 Seiten und 9 Tafeln.

In Frankreich finden sich vier Zentren, eins in den Pyrenäen, dann im Gebiet der Rhône, im Dépt. Aude, alle drei im Süden und eins in der Bretagne im Norden. Diese Bretagnegruppe steht in enger Verbindung mit der von Portugal und auch mit der des Rheinlandes. Über die französischen Gruppen berichten: G. BAILLOUD u. P. MIEG DE BOOFZHEIM, Les civilisations néolithiques de la France, Paris 1955, S. 154—158.

Auf den Inseln des Mittelmeeres ist die Glockenbecherkultur nur schwach vertreten. Einige Funde bringt Sardinien. Auf Sizilien sind nur zwei Fundorte bekannt. Die Gefäßformen sind die gleichen wie in Spanien, es gibt ebenfalls kupferne Dolche mit Griffzunge. Berichte bringt LUIGI BERNABÒ BREA, La Sicilia, Zschr. Ampurias, Bd. 15—16, 1953—1954, S. 137.

In Italien erscheinen ebenfalls nur wenige Funde in nördlichen Gebieten. Die Becher können Henkel haben, ein kupferner Dolch ist gefunden worden. Einen Bericht gibt M. O. ACANFORA, Sui vasi campaniformi. Zschr. Rivista di Scienze Preistoriche, Firenze, Bd. 10, 1955.

Sehr reich ist die Glockenbecherkultur im Rheingebiet. Häufig sind die sogenannten Zonenbecher. Sie werden angesehen als Mischungen von Glockenbechern und Schnurbechern. Es gibt kupferne Dolche mit Griffzunge oder mit Nieten, Pfeilspitzen aus Feuerstein, Armschutzplatten, auch Hammeräxte jütländischen Typs. Den Bericht über die Funde gibt R. STAMPFUSS, Die jungneol. Kulturen in Westdeutschland, Bonn 1929. — H. GATERMANN, Die Becherkulturen in der Rheinprovinz, Würzburg 1943. — E. SANGMEISTER, Die Glockenbecherkultur und die Becherkulturen im nordmainischen Hessen, 1954.

In Sachsen-Thüringen sind viele Gräber der Glockenbecherkultur gefunden worden, aber wenig Siedlungen, wie ständig bei den beiden ursprünglich nicht seßhaften Kulturen, den Glockenbecherleuten und den Schnurkeramikern. Die Bestattungen finden sich in der bloßen Erde, manchmal bedeckt mit einer Steinplatte. Es erscheinen neben den Bechern mit umlaufender Verzierung auch Schüsseln mit vier Füßen, und auch mit Standfuß. Aus der Literatur sei genannt: NILS NIKLASSON, Neue Funde der Glockenbecherkultur aus der Prov. Sachsen, Jahresber. f. d. Vorgesch. d. sächs. - thür. Länder, Halle/Saale Bd. 14, 1926, S. 36—48. — ULRICH FISCHER, Die Gräber der Steinzeit im Saalegebiet, Berlin 1957. — E. SCHMIDT-THIELBEER, in Jahresschr. Halle, Bd. 47, 1963, S. 243f.

In Holland ist die Gruppe der Glockenbecher reich vertreten im Delta des Rheins. Es bildet sich hier ein Typus des Glockenbechers aus, der als Veluwe-Typ bezeichnet wird. Der Becher kann eckige Formen annehmen, ein Halsabsatz kann sich ausbilden. Aus der Literatur: A. W. BYVANCK. De voorgeschiedenis van Nederland, Leiden 1946, S. 107f. — J. D. VAN DER WAALS und W. GLASBERGEN, De twe Bekerculturen in: Bogaers u. a. Honderd Eeuwen Nederland, s'Gravenhage 1959, S. 100—124.

In England breiten sich die Glockenbecher aus bis nach Schottland. Sie erscheinen in Hockerbestattungen in bloßer Erde, oft unter Grabhügeln, später auch bei Nachbestattungen in Megalithgräbern. Die englischen Forscher teilen die Becher in drei Gruppen, A, B, C. Die A-Becher haben einen langen Hals, die Gruppe B bringt die allgemein europäischen Formen, die Gruppe C besitzt einen kurzen Hals. Es kommen wie auch in den anderen Ländern kupferne Dolche mit Griffzungen vor, Pfeilspitzen, Armschutzplatten, goldene kahnförmige Schläfenringe. Aus der Literatur: S. PIGGOTT, Proceedings of the Prehistoric Society, Bd. 4, 1938, S. 52.—Ders. Culture and Environment, London 1953, darin: ABERCROMBY and AFTER, The Beaker Cultures of Britain, reexamined.

In der Tschechoslowakei haben die Glockenbecher ihre Hauptverbreitung in Böhmen und Mähren. Auch hier gehören sie dem Ende der Steinzeit und dem Anfang der Bronzezeit an. Die Gräber, manchmal mit Hügeln, bringen Hockerbestattung, gelegentlich erscheint Brandbestattung. Aus der Literatur: A. BENEŠOVA, Archeologické rozhledy, Praha, Bd. 5, 1953, S. 451f. — Ders. Přehled výzkumn, Brno 1962. — M. ZÁPOTOCKÝ, Památky archeologické, Praha, Bd. 51, 1960, S. 5f.

In Österreich finden sich ebenfalls Glockenbecher in der üblichen Form. Aus der Literatur: K. HETZER, Archaeologia Austriaca, Wien ,Bd. 4, 1949 ,S. 98f. — A. OHRENBERGER, ebd. Bd. 19—20, 1956, S. 98.

In Ungarn endet der Weg der Glockenbecherleute. Domsöd bei Budapest, Szentes an der Theiss sind die östlichsten Fundorte. Aus der Literatur: N. KALICZ, Folia Archaeologica, Budapest, Bd. 7, 1955, S. 45.

Die Fragen, die die Funde der Glockenbecherleute aufwerfen für die Kulturentwicklung des europäischen Menschen, sind nicht von der Bedeutung wie die der Schnurkeramiker. Niemals sind sie als der Urtypus des nordischen Menschen angesehen worden. Sie stammen aus Spanien, und Spanien gehört nicht zu den Urgebieten der Indogermanen. Aber überall in Europa stellen sie ein Element des europäischen Menschen dar. Da die Skelette oft gut erhalten sind, hat sich die Anthropologie mit ihnen beschäftigt. Die Glockenbecherleute sind überwiegend kurzschädlig. Sie müssen mit den besonders langschädligen Menschen der Mitte und des Nordens Europas eine Verbindung eingegangen sein. Sie sind, so scheint es, ein Bestandteil der Indogermanen geworden. Mit dem anthropologischen Typus der Träger der Glockenbecherkultur beschäftige sich: KURT GERHARDT, Die Glockenbecherleute in Mittel- u. Westdeutschland, Stuttgart 1953.

KURT GERHARD ist 1912 geboren. Er studierte Anthropologie und war Dozent in Münster, jetzt ist er Professor für Anthropologie an der Univ. Freiburg.

Diese vier entscheidenden neolithischen Kulturen besitzen eine dynamische Kraft, sie tragen in sich ein Bewegungselement.

Chassey-Kultur, Michelsberg, Kamm- und Grübchenkeramik

Die übrigen neolithischen Kulturen sind statisch, nicht dynamisch. Im Westen Europas, vor allem in Frankreich, lebt die Chassey-Kultur, in der Schweiz mit der Untergruppe der Cortaillod-Kultur, in Westdeutschland mit der Untergruppe der Michelsberger-Kultur. Sie werden zusammen auch als westische Kultur bezeichnet.

Der namengebende Fundort für die Chassey-Kultur in der Mitte Frankreichs ist Chassey, Dépt. Saône-et-Loire. Dieser Fundplatz, ausgegraben seit 1880, liegt an einem Hang auf dem rechten Ufer des Flusses Theune. Seine Ausdehnung umfaßt über 1000 Quadratmeter. Es fanden sich Wohnplätze, Tongefäße, Silexgeräte, Steinbeile, Hirschhacken, in den oberen Schichten auch Kupfergeräte, zuoberst Bronze- und Hallstattzeit. Die Funde bewahrt vor allem das Museum von Autun.

Die Gefäße sind fast immer unverziert, sie haben unten runde oder abgerundete Formen ohne Standfläche. Immer finden sich noch die mesolithischen Steinwerkzeuge.

Es lassen sich zwei Schichten herauslösen, A und B. Der Unterschied ist bei B als neue Form die hochgezogene Flasche.

Die Radiokarbon-Datierung ergab für das Chasséen A das Datum 3000 und 2750. Für Chasséen B 2300 und 2100.

Die Schicht B ist verwandt den Funden von Michelsberg in West-Deutschland. Der Fundort liegt bei Untergrombach, Kr. Bruchsal, nordöstlich von Karlsruhe, Baden-Württemberg. Der sogenannte Tulpenbecher ist eine eigene Erscheinung dieser Art.

In der Schweiz erscheint diese Kulturgruppe als die von Horgen oder von Cortaillod. Horgen liegt im Kanton Zürich. Die Fundstelle wurde 1923 untersucht, sie ergab Pfahlbauten mit einer Keramik, die insgesamt zur westischen Kultur gehört, jedoch einige Eigentümlichkeiten aufweist, wie flachbodige Gefäße. Es finden sich Rechteckbauten, wie in Schussenried, wie in Ehrenstein.

Cortaillod liegt am Westufer des Sees von Neuchâtel. Die ältere Schicht gehört in die erste Hälfte des 3. Jahrtausends. Es finden sich die Knochen von Torfrind, Hausschwein, Ziege und Schaf. Die Keramik ist der Chassey-Kultur nahe verwandt.

Es sind kuglige Töpfe, Schüsseln, Schalen. Kupferbeile kommen vor in den oberen Schichten.

Die neuere Literatur ist diese: Für Chassey: G. BAILLOUD (geb. 1919, Docteur en Préhistoire) et MIEG DE BOOFZHEIM, Les civilisations néolithiques en France, Paris 1955 S. 78—132. — G. BAILLOUD, Le néolithique dans le bassin parisien. Paris 1964. — Für Cortaillod: VICTORINE VON GONZENBACH, (geb. 1921), Die Cortaillod-Kultur in der Schweiz. Basel 1957. — Für Michelsberg: A. BAER, Die Michelsberger Kultur in der Schweiz, Basel 1959. — J. SCOLLAR (geb. 1928), Regional Groups in the Michelsberg Group, in: Proceedings of the Prehistoric Society, Cambridge Bd. 25, 1959. — ELLI EICH-FRANKE, Die Funde der Michelsberger Kultur aus dem westl. Oberrheingebiet. Worms 1967. — JENS LÜNING (geb. 1938); Die Michelsberger Kultur. Röm.-Germ. Kom. 48. Ber. 1967, Berlin 1968. S. 1—350.

So wie die Chassey-Kultur den weiten Raum Westeuropas bedeckt, eine stationäre Gruppe des Neolithikums ohne die dynamische Bewegung wie die vier zuerst genannten Kulturen, so erscheint ebenfalls eine weit ausgedehnte stationäre neolithische Kultur im Osten Europas, weite Flächen Mittel- und Nordrußlands bedeckend. Sie wird Kamm- und Grübchenkeramik benannt.

Schon vor 1900 an vielen Stellen des Ostens aufgefunden, hat sie doch erst in der Zeit von 1900—1975 durch eine Fülle ausgezeichneter Grabungen der Forscher in der UdSSR und in Finnland ihr eigentliches Wesen zu offenbaren vermocht. Neben vielen Einzelbearbeitungen ruht unsere Kenntnis jetzt auf den überschauenden Werken zweier führender Forscher: Aleksandr Jak. Brjussow und Ville Luho.

ALEKSANDR JAKOVLEVIČ BRJUSSOW ist am 17. 10 1885 geboren, nach dem gregorianischen Kalender am 29. 10. 1885 in Moskau. Er ist Mitglied des Archäologischen Instituts der UdSSR. In Moskau hat er Vorgeschichte studiert und wurde Prof. a. d. Univ. Moskau. Sein Hauptarbeitsgebiet ist — bei 300 wissenschaftlichen Veröffentlichungen — die Steinzeit in der UdSSR. Seine wichtigsten Werke sind: Istorija drevnej Karelii, Geschichte des alten Kareliens, russisch, Moskau 1940. — Očerki po istorii plemen Evropejskoj časti SSSR v neolitičeskuju épochn, Moskau 1952 (russisch). In deutscher Übersetzung und Erweiterung: Geschichte der neolithischen Stämme im europäischen Teil der UdSSR. Ost-Berlin, Akademie-Verlag 1957.

VILLE LUHO ist am 17. 8. 1911 in Helsinki, Finnland, geboren. Er erwarb 1957 seinen Doktorgrad an der Univ. Helsinki und seit 1958 ist er Prof. f. prähist. Archäologie a. d. Univ. Turku, schwedisch Åbo, der Hauptstadt des finnischen Bezirkes T.-Pori. Seine wichtigsten Werke sind: Suomen kivikauden pääpiirtet, (finnisch). Die Hauptzüge der Steinzeit in Finnland, Helsinki 1948. — Frühe Kammkeramik (deutsch) in SMYA, Bd. 58, 1958. — Die frühmesolithische Steinzeit in Finnland, (deutsch) SMYA, Bd. 57, 1956.

Die Kammkeramik umspannt den Raum vom Eismeer bis zur Weichsel und vom Botnischen Meerbusen bis jenseits des Ural. Die Tongefäße besitzen einen runden oder spitzen Boden. Die Verzierung fehlt oder sie ist mit einem Kamm eingestochen. Es gibt auch Reihen von Grübchen, die nebeneinanderstehen, offenbar mit dem

Fingernagel eingegraben. Brjussow unterscheidet geographisch die Stämme im Flußgebiet der Oka, die Oka-Stämme, die Stämme von Karelien im Norden, die Kargopol-Stämme im Norden, die vom Weißmeer, die der Bolschesemelskaja Tundra und die der Kola-Halbinsel. Weiter die Stämme des mittleren Urals.

Ein wichtiger Fund ist Wolossowo in der Nähe der Stadt Murom nahe der Oka. Den genauen Bericht hat W. A. Gordzow (1860—1945) gegeben, ein bedeutender russischer Archäologe, Prof. a. d. Univ. Moskau, in: Mitteilungen der Russ. Archäol. Ges. Bd. 5, 1903 unter dem Titel: Neue Funde der Station von Wolossowo (russisch). Die Funde kamen in das Hist. Museum in Moskau. Sie umfassen 3000 Stein- und Knochengeräte, Hunderte an Bruchstücken von Tongefäßen. Die Datierung ergibt sich durch Importstücke vom Aunjetitzer Typus und durch Schulteräxte auf die Zeit von 1800—1500 v. Chr. (Brjussow ebd. S. 85).

Ein anderer Fundplatz ist das Gorbunowo-Torflager bei der Stadt Nishni Tagil im Gebiet von Swerdlowsk im mittleren Ural. Die Ausgrabung wurde zuerst durchgeführt von D. M. Eding, dann von A. J. Brjussow. Die Funde umfassen die Zeit vom 3. Jahrtausend bis zum Beginn des 1. Jahrtausend. Eine importierte kupferne Schaftlochaxt ergab eine wichtige Datierungsmöglichkeit (Brjussow, ebd. S. 179 Abb. 37).

In diese einheitliche Welt bricht im Süden die genannte Fatjanowo-Kultur ein, die Bandkeramik.

Für Finnland liegen ebenfalls ausgezeichnete Grabungen vor. Eine eingehende Arbeit von Arne Äyräpää, (geb. 1887) Den yngre stenålderns kronologi i Finland och Sverige, Helsinki 1955, berichtet über sie. Ville Luho spricht für die Kultur der Kammkeramik in Finnland von Stufe I—III.

Stufe I trägt Kammstempel-Abdruck. Stufe II bringt abwechselnd Kammornament und Grübcheneindrücke. Stufe III kennt nur noch Grübchen. Die Zeitstellung ist durch einige Importstücke festzustellen. Sie umfaßt die Epoche von rund 3000 bis 1600.

Diese beiden statischen Kulturen im Westen und im Osten von Europa bleiben sich im Wesen fast gleich oder ähnlich. Es scheint, daß sie sich aus dem Mesolithikum entwickeln, in Beziehung zu den vier dynamischen Kulturen, wie Importstücke ausweisen. Gelegentlich kommen schuhleistenförmige Steingeräte vor, das deutet auf Einflüsse der Bandkeramik. Der Ackerbau ist nicht überall feststellbar, er hat beide Räume offenbar niemals vollständig durchsetzt. Vorherrschend erscheint immer noch Jagd und Fischfang.

Das Gesamtbild bietet sich so dar, daß zwei große Kulturströme, Bandkeramik und Megalithkultur die neuen kuturellen Tragkräfte nach Europa bringen: Ackerbau und Viehzucht. Am Ende des Neolithikums brechen zwei Eroberergruppen in diese Welt der Landbearbeiter ein, beide ebenfalls beeinflußt vom Orient. Aus Spanien bewegt sich über Europa die Glockenbecherkultur mit Pfeil und Bogen. Aus Südrußland überzieht Europa die Streitaxtkultur der Schnurkeramik.

An den Randgebieten Europas bestehen zwei statische, nicht dynamische Gruppen, in Frankreich bis Süddeutschland die Chassey-Kultur, in Finnland und von der

Weichsel bis zum Ural die Kamm- und Grübchen-Keramik. Beide Kulturen haben Formen des Ackerbaues übernommen, leben im Grunde aber fort im Stile des Mesolithikums, wirtschaftlich mit Jagd und Fischfang. Es gibt Importstücke aus den dynamischen Kulturen.

In Mitteleuropa aber verbleiben mehrere einzelne Gruppen, die sich nicht recht einordnen in dieses Gesamtgefüge, die weder zu dieser noch zu jener Gruppe zu rechnen sind. Es sind lokale Mischkulturen, sie haben hier und dort aufgenommen, sie haben dabei eigene Formen der Gefäße und der Ornamente entfaltet.

Das ist in Mitteldeutschland die Walternienburg-Bernburger Gruppe in Sachsen-Thüringen, benannt nach Walternienburg im Kr. Jericho I, Bez. Magdeburg, DDR. Das ist weiter die Schönfelder Gruppe, benannt nach Schönfeld im Kr. Stendal, Bez. Magdeburg. Ferner die Baalberger Gruppe, benannt nach Baalberge bei Bernburg, Anhalt, dann die Gaterslebener Gruppe, benannt nach Gatersleben im Kr. Quedlinburg, Bez. Halle. Es werden noch andere Namen von Gruppen verwendet. Sie alle sind statische Gruppen, die Einflüsse aufnehmen, die einen festen Umkreis des Lebensraumes besitzen, jedoch ohne weiter auszustrahlen.

Es war 1932, als der polnische Forscher, Konrad Jazdzewski für die Keramik der Megalithkultur den Namen Trichterbecherkultur vorschlug. Manche Wissenschaftler sind ihm gefolgt, so Carl Johan Becker (geb. 1915), G. Mildenberger (geb. 1915) und andere.

KONRAD JAZDZEWSKI ist 1908 geboren, er ist Prof. f. Vorgeschichte a. d. Univ. Lodz und Direktor des Museums in Lodz für Archäologie und Ethnographie. Seine erste Arbeit über die Trichterbecherkultur erschien in der Präh. Zschr. Bd. 23, 1932 S. 77—109. In diesem Aufsatz erklärt er: „Das Megalithgrab ist also mit keiner Kultur verbunden, sondern ist größtenteils eine vom Meer getragene, längs den Küsten wandernde, internationale Idee, die von (einem Teil) der Bevölkerung angenommen, unter veränderten Bedingungen wieder abgelehnt oder vergessen wird"(S. 78).

Es wird der Begriff der Kultur von der Keramik her gedeutet, was gewiß möglich ist, jedoch nicht ausschließlich den Begriff Kultur zu bestimmen vermag. Zu dem Begriff Trichterbecher bemerkt Jazdzewski (S. 78): ‚Die Benennung „Trichterbecherkultur' hat dagegen manches für sich. Der Trichterbecher ist nämlich eine auf dem ganzen Verbreitungsgebiet dieser Kultur auftretende Spezialform, die sich von allen Gefäßformen dieser Kultur am weitesten zurückverfolgen läßt und die zugleich von größerer Lebensdauer als manche anderen Gefäßtypen ist. Dazu kommt, daß der Trichterbecher als eine Art Prunkgefäß meistens mit besonderer Vorliebe gestaltet und verziert wurde, was natürlich seine Variationsmöglichkeit gegenüber manchen anderen Gefäßformen stark erhöht hat."

Diese Trichterbechergruppe, unterteilt in Nord- West- Ost- und Südgruppe, umfaßt nach Jazdzewski Jütland, Schleswig-Holstein, Teile von Holland, Mitteldeutschland bis zur Tschechoslowakei, den Osten über die Weichsel weit hinaus bis zur Ukraine.

Jazdzewski hat seine Gedanken weiter ausgeführt in einem Werk in polnischer Sprache: Kultura pucharów lejkowatych w Polsce, Die Trichterbecherkultur in

West- und Mittelpolen, Poznán, Posen 1936, einem Buch von 457 Seiten und 73 Tafeln.

Die Aufstellung dieser Kultur bedeutet etwas Neues, sie brachte ein schwer verständliches Element in die Fülle der Erscheinungen der Neusteinzeit. Sie entspricht zum Teil dem Grundgedanken des vorliegenden Werkes in bezug auf das Neolithikum, daß nicht Völker gewandert sind, sondern Kulturelemente, Ideen, Vorstellungen, Erfindungen.

Und doch bringt diese Konzeption, so meine ich, nicht die Lösung. Der Trichterbecher ist ein Element der Megalithkeramik des Nordens. Er wird mit anderen Formen der Keramik und dem Tiefstichornament weitergeführt nach Mitteleuropa hinein. Eine eigene Kultur vermag man unter seiner Führung nicht aufzustellen. Es scheint sich vielmehr um einzelne Stämme zu handeln, die bald von dieser, bald von jener der vier großen Kulturgruppen dieser Zeit Elemente aufgenommen haben, auch hier und dort eine Gefäßform, eine Formgestaltung des Ornaments. Aber man sollte doch wohl die Bedeutung des Tongefäßes in seiner Form als für Kulturgruppen tragend nicht als ausschließliches Element betrachten.

Auch in Süddeutschland haben sich statische Gruppen ergeben. Sie besitzen einen bestimmbaren Bereich, sie nehmen von hier auf und dort, sowohl Gefäßformen, wie Ornamentik, dazu den Hausbau, die Wirtschaftsform, die Bestattungsart.

Die Rössener Gruppe, im allgemeinen als eine Sondergruppe der Stichbandkeramik betrachtet, hat 1940 eine eigene Bearbeitung gefunden in einem Werk von ARMIN STROH (geb. 1912) tätig am Landesamt für Denkmalpflege in Regensburg, Die Rössener Kultur in Süddeutschland, 28. Ber. d. Röm.-Germ.Kom. 1938, erschienen 1940 S. 8f. Es ist das eine größere Gruppe, ausgedehnt von Mitteldeutschland bis zum Rhein, ein wenig den Fluß überschreitend (Karte bei Lüning, 50. Ber. d. Röm.-Germ. Kom. 1969, Karte 1). Zur Frage der Herkunft der Rössener Kultur hat Walter Meier-Arendt, Köln, (geb. 1938) eine Arbeit vorgelegt: „Zur Frage der Genese der Rössener Kultur", Germania 1974, S. 1—15. Er erklärt, daß Großgartach älter sei als Rössen, auch, daß Rössen nicht in Mitteldeutschland, sondern in Südwestdeutschland entstanden sei.

Eine andere statische Gruppe ist die von Schussenried. Sie ist bekannt geworden durch die erfolgreichen Ausgrabungen von Dörfern mit den Häusern in Schussenried bei Buchau, Baden-Württemberg durch R. R. Schmidt und Hans Reinerth in den Jahren 1919—25. Mehrmals konnte ich mich mit meinen Studenten an den Grabungen durch Wochen beteiligen.

Der Schussenrieder Typ, auch Aichbühl-Typ genannt, hat in der älteren Form starke Anklänge an die Michelsberger Form (H. REINERTH. Das Federseemoor als Siedlungsland des Vorzeitmenschen, Augsburg 1929 Abb. 24), die jüngere Form zeigt selbständige Weiterbildung. So gibt es den Krug mit Henkel und mit Winkelbandverzierung (Reinerth, ebd. Abb. 37).

Die Häuser des Fundplatzes Riedschachen im Federseemoor sind wirkliche Pfahlbauten, wie auch Sipplingen am Bodensee. Das Bestehen der Pfahlbauten ist bestritten worden. Zu Unrecht. Die Pfahlbauten sind auf den Gravierungen der Felsbilder von Valcamonica im Alpengebiet deutlich genug dagestellt (H. Kühn, Die Felsbilder Europas, 3. Aufl. 1971 Taf. 74 a u. b. Taf. 78 d). Von den Häusern sind die Fußböden erhalten, die umgefallenen Seitenwände, auch die Dachkonstruktion. R. R. Schmidt (1882—1950) Prof. a. d. Univ. Tübingen, Begründer des Instituts für Urgeschichte, der Verfasser des wichtigen Werkes: Die diluviale Vorzeit Deutschlands, Stuttgart 1912, hat die Hausbauten des Federsees behandelt in drei Lieferungen: Jungsteinzeitsiedlungen im Federseemoor, Stuttgart, I 1930, II 1936, III 1937. Die Häuser haben einen Vorraum und einen Hauptraum mit Herd. Der Fußboden über den Balken war bedeckt mit Birkenrinde (Reinerth, edb. S. 100).

Bestätigt wurden diese Pfahlbaufunde durch die Ausgrabungen eines Pfahlbaudorfes von Sipplingen am Bodensee. Hans Reinerth berichtet über die schwierige Arbeit der Grabungen in seinem Buch: Das Pfahldorf Sipplingen, Leipzig 1938.

Eine weitere Bestätigung ergab die Ausgrabung des neolithischen Dorfes Ehrenstein bei Ulm, seit 1952 durch Oscar Paret und Hartwig Zürn. Die Ausgräber berichten über ihre Arbeit in zwei Werken, Oscar Paret, Das Steinzeitdorf Ehrenstein bei Ulm, Stuttgart 1955, und Hartwig Zürn, Das jungsteinzeitliche Dorf Ehrenstein Stuttgart 1965. Die Tongefäße sind wie die von Michelsberg (Paret, ebd. Abb. 16), später wie die von Schussenried (Paret, ebd. Abb. 20—22 Taf. XXII).

So bildet sich in Süddeutschland aus dem Michelsberger Stil ohne Ornament doch eine neue Ausdrucksform mit eigener Ornamentierung, angeregt durch die Stichbandkeramik, jedoch in selbständiger Form. Aber diese Gruppe ist statisch, sie ist nicht dynamisch. In neuerer Zeit hat sie, wie schon bemerkt, Jens Lüning dargestellt im 48. Ber. d. Röm.-Germ. Kom. 1967, erschienen 1968 S. 141—145.

Auch die Altheimer Gruppe ist eine Sondergruppe der Michelsberger Kultur. Altheim liegt nordöstlich von Landshut in Niederbayern an der Isar. 1911 wurde der Fundort entdeckt, die Grabungen hat 1912—14 Paul Reinecke (1872—1958) durchgeführt, in neuerer Zeit hat Jürgen Driehaus, geb. 1927, wissenschaftl. Mitarbeiter am Landesmuseum Bonn, die Gruppe bearbeitet: J. Driehaus, Die Altheimer Gruppe und das Jungneolithikum in Mitteleuropa, Röm.-Germ. Zentral-Museum Mainz, Bonn 1961.

Im Jahre 1931 erscheint ein großes zusammenfassendes Werk über die Steinzeit insgesamt, 1940 die 2. Auflage. Der Verfasser ist Oswald Menghin, es trägt den Titel: Weltgeschichte der Steinzeit, Verlag Anton Schroll, Wien, 648 Seiten, 50 Tafeln. Das Werk beginnt mit diesen Worten: „Die geistige Situation unserer Zeit wird vielleicht durch nichts so scharf gekennzeichnet als durch zwei Tatsachen: die absolute Wirrnis der Meinungen über letzte Fragen und das ungeheure Bedürfnis, diese Fragen eindeutig beantwortet zu sehen. Es liegt auf der Hand, daß die zweite Erscheinung eine Folge der ersten ist. Nur Synthese kann die Antithesen überwinden; daher der allgemeine Ruf nach Zusammenfassung der vielzersplitterten und oft so widerspruchsvollen Forschungsarbeit."

„Er wird besonders dringlich auch für das Gebiet der Urgeschichte erhoben. Dies ist kein Zufall. Denn gerade von den brennendsten Fragen der Gegenwart stehen viele in einem sehr engen Zusammenhang mit der prähistorischen Forschung. Anfang, Wesen, Berechtigung von Familie, Staat, Eigentum, Kunst, Religion, — Ursprung, Wert, gegenseitiges Verhältnis von Rasse, Sprache und Kultur, — Gesetzmäßigkeit, Bedeutung, Zweck des Geschehens überhaupt, — dies nur ein paar der modernen Probleme, die ohne Mitwirkung der urgeschichtlichen Forschung wirklich tiefgründige Behandlung nicht finden können. Jedes einzelne davon stellt eine Fülle von Fragen, denen auf Grundlage der üblichen „Geschichtsforschung", d. h. mit Hilfe der geschriebenen Quellen allein, nicht nahezukommen ist."

Es ist ein Buch, das auf großen Kenntnissen beruht, das die Prägung eines Verfassers trägt, der das prähistorische Wissen seiner Zeit völlig beherrscht, doch ist es ein eigenwilliges Buch, verworrene Wege einschlagend, denen schwer zu folgen ist.

Es sind zwei grundlegende Elemente, die dem Buch nicht zu der Durchschlagskraft verholfen haben, die es bei der Fülle der vorgelegten Tatsachen an sich verdient hätte.

Erstens wird eine Nomenklatur, eine Bezeichnungsart verwendet, die völlig allein steht, der sich niemand unter den Wissenschaftlern angeschlossen hat.

Zweitens versucht das Werk die Grundlinien der ethnologischen Kulturkreislehre zu verwenden für die Vorgeschichte. Das hat sich als abwegig herausgestellt. Die Völkerkunde, die Ethnologie, eine für unsere Zeit bedeutungsvolle Wissenschaft, besitzt nicht die gesicherte historische Schichtung in dem Arbeitsmaterial, wie die Vorgeschichte, die deutlich und unbezweifelbar von Früher und Später zu sprechen vermag. Menghin hat sich die ethnologische Kulturkreislehre als Leitmotiv für die Vorgeschichte genommen, und das hat nicht zu einem klaren Ergebnis geführt.

Die Kulturkreislehre, wie schon erwähnt, wurde entwickelt von dem bedeutenden Völkerkundler Leo Frobenius (1873—1939). Die Kölner Schule der Ethnologie mit Wilhelm Foy (1873—1929) und Fritz Graebner (1877—1934) setzte die Gedankenführung fort. Dann übernahm die Forschung die Wiener ethnologische Schule mit Wilhelm Schmidt (1868—1954) und Wilhelm Koppers (1924—1961).

Während bei Frobenius der Begriff der Kultur noch eine ganzheitliche Konzeption bedeutete, wurde dieser Begriff allmählich mehr und mehr in sich aufgelöst, er wurde gedanklich zu einer Wesensform entfaltet, die sich in sich selbst entwickelt und gedanklich in Wanderungen verbreitet. Es wurde eine Urkultur im System ausgebildet, ältere und jüngere Kulturkreise wurden herausgearbeitet. Die einzelnen Autoren bildeten je nach ihren Arbeitsgebieten einzelne Untergruppen der Kulturkreise, etwa Tasmanische, Melanesische Urkultur, Bumerangkultur, Bogenkultur, Schweinezüchterkultur, totemistische Kultur, exogammutterrechtliche Kultur u. a.

Wohl hat die Kulturkreistheorie manche Gedanken geklärt, so den Begriff des Urmonotheismus befestigt, den Gedanken der Dreigliederung in konsumierende, produzierende Kultur und in Hochkultur entscheidend betont. Jedoch die viel zu spezielle Auflösung in Formelemente der Kultur, die nur an einigen Stellen der Erde vorhanden sind und die nicht universale Gültigkeit besitzen, hat zu allmählicher Ablehnung der Kulturkreislehre überhaupt geführt. Sogar ein so objektives Orientierungsorgan wie die Brockhaus Enzyklopädie, 10. Bd. Wiesbaden 1970, S. 738 erklärt: „Heute ist er (der Begriff Kulturkreis) als methodologisches Prinzip aufgegeben worden."

Die Thesen der Kulturkreislehre und zwar einer zu sehr aufgespaltenen Spätform durchdringen das gesamte Werk Menghins, es hat damit viel von seiner Wirkungsbasis verloren bei aller Leistung im einzelnen.

Die typologischen Bezeichnungen, wie Protolithikum, Miolithikum, Knochenkulturen, mixoneolithische Kulturen, Cogulien, haben sich nicht durchsetzen können.

OSWALD MENGHIN ist am 19. 4. 1888 in Meran geboren, er ist 1973 gestorben in Buenos Aires, Argentinien. Menghin hat bei Hoernes in Wien Vorgeschichte studiert, 1910 hat er dort seinen Doktorgrad erworben. 1913 wurde er Privatdozent a. d. Univ. Wien, 1918 a. o. Prof., 1922 o. Prof. und Nachfolger von Moritz Hoernes. Von 1930—33 war er Prof. a. d. Univ. Kairo, beauftragt mit Ausgrabungen im Nildelta. 1938 wurde er Österr. Minister für Kultur und Unterricht, 1945 wurde er entlassen. Nach der Internierung in amerikanischen Lagern von 1945—47 wanderte er 1948 aus nach Argentinien, dort wurde er Prof. a. d. Univ. Buenos Aires und La Plata. Von 1914—1943 war er Herausgeber der Wiener Präh. Zschr., seit 1957 Herausgeber der Acta Praehistorica in Buenos Aires.

Seine wichtigsten Werke sind: Urgeschichte Niederösterreichs, Wien 1921. — Urgeschichte Wiens, Wien 1924. — Anhang zu Hoernes, Urgeschichte d. bildenden Kunst. 3. Aufl. 1925. — Einführung in die Urgeschichte Böhmens u. Mährens, Reichenberg 1926. — Weltgeschichte der Steinzeit, Wien 1931, 2. Aufl. 1940. — Geist und Blut, Wien 1934, 2. Aufl. 1935. — Die vorgeschichtl. Funde Vorarlbergs, Wien 1937. — Die ältere Steinzeit in: Handbuch d. Archäol. I, München 1938. — Einheimische Wurzeln der bandkeramischen Kultur, Zagreb 1940. — Europa und angrenzende Gebiete, in: Handb. d. Archäol. II, München 1950. — Vorgeschichtliche Grundfragen, in: Historia Mundi I, Bern 1952. — Vorgeschichte Amerikas, München 1957 in: Oldenbourgs Abriß der Weltgesch. I.

Das Buch von Menghin besitzt den Vorteil, daß auch die neolithischen Kulturgruppen außerhalb Europas behandelt werden. Bis zu dieser Zeit bedeutete der Begriff Vorgeschichte im ganzen nur die Vorgeschichte Europas. Wohl war schon vorher das Paläolithikum Afrikas in den Blickpunkt getreten, das Neolithikum und und die Bronzezeit Vorderasiens, seit dieser Zeit, um 1930, erfaßt der Arbeitsumkreis mehr und mehr die Aufgabengebiete Chinas, Japans, Koreas, die von Amerika und auch von Australien.

Die Zeit von 1900—1975, das 20. Jahrhundert, bedeutet eine ungemeine Erweiterung des Sichtgefüges über Europa hinaus mit der Zielrichtung, die kulturelle Entwicklung des Menschen über den gesamten Erdball hin zu erfassen.

Am Ende der Betrachtung der Forschungsergebnisse für die Neusteinzeit zwischen 1900 und 1975 ergibt sich, daß Hunderte von bedeutenden Gelehrten aller europäischen Länder sich der Aufgabe gewidmet haben, das schwierige Problem des Neolithikums zu lösen oder auf einem räumlichen kleinen Teilgebiet der Lösung näher zu bringen. Die Mühen, auch die finanziellen Kosten waren enorm. Geistige Kräfte und arbeitende Hände haben sich eingesetzt für das große Ziel, die Herkunft des europäischen Menschen zu ergründen.

Der Überblick macht deutlich, daß eine Wanderung von asiatischen Völkern nach Europa im Neolithikum nicht zu erkennen ist. So, wie der heutige Mensch Europas nicht asiatische Züge anthropologisch aufweist, so lautet auch das prähistorische Ergebnis. Jedoch offenbaren sich auf vier Wegen Kultureinflüsse von dem Vorderen Orient, von Mesopotamien, Ägypten mit Palästina, von Syrien und von dem orientalisch in geistigem Sinne durchdrungenen Südspanien nach dem übrigen Europa. Es ist ein lebendiges, und auch ein überschaubares Bild geworden. Wenn der große Althistoriker EDUARD MEYER (1855—1930) in seinem monumentalen Werke „Geschichte des Altertums, 1884—1902, Bd. I, S. 849 noch erklärt: „Die Neusteinzeit ist eines der allerschwierigsten und verwickelsten Probleme, welche die historische Forschung kennt", dann ist bis 1975 durch eine ungeheure Arbeitskraft, durch Ausgrabungen und durch Ausgräber ein großer Teil dieser Probleme der Lösung zugeführt worden.

Wenn die Probleme des Paläolithikums ihren Schwerpunkt in Frankreich besaßen und in Spanien, dann die des Neolithikums in Deutschland und dem Donaugebiet bis zum Schwarzen Meer. Es sind die fruchtbaren Lößgebiete unseres Kontinents.

Der Einfluß der Hochkulturen Vorderasiens ist sichtbar geworden, nicht aber die Wanderung der indoeuropäischen Völker nach Syrien, Persien, Indien. Und doch muß diese Wanderung vor sich gegangen sein. Die indoeuropäische Sprache ist erkennbar bei den Hethitern, den Armeniern, den Persern, den alten Indern im Sanskrit. Die sprachliche Überlieferung besteht, aber die prähistorischen Fundtatsachen dafür sind bisher nicht erkennbar. Nicht erkennbar im Neolithikum, darum werden sie, weniger deutlich sichtbar, in das Mesolithikum zu verlegen sein, in eine Zeitepoche, in der die Gliederung in einzelne Stämme noch nicht erkennbar ist. Das ist der Gedanke meines Vortrages auf dem Inter. Kongreß f. Vor- u. Frühgesch. in London 1933 gewesen. Es muß später, ab 2000, wirklich eine Wanderung gewesen sein, mit Frau und Kind, wie in der Völkerwanderungszeit. Was aber bei den Grabungen des Neolithikums zutage trat, waren nicht diese Wanderungen, es waren Kulturausstrahlungen — gerade umgekehrt — aus dem Vorderen Orient nach Europa.

Bei der Wichtigkeit des Aufgabenbereiches erschien es angebracht, die bedeutendsten Fundtatsachen und Funde darzulegen. Es ist das Dokument, das allein Illusionen zu entkräften vermag, das allein gesicherte Standorte zu geben in der Lage ist.

Zusammenfassende Werke

So große Ergebnisse der Forschung, im Einzelnen kaum noch überschaubar, verlangen die lexikonartigen Werke, die die dauernde Überprüfung ermöglichen. Diese Werke werden geschaffen von Joseph Déchelette und von Max Ebert.

Joseph Déchelette ist geboren in Roanne, Dépt. Loire, am 8. Januar 1862, er ist gefallen als Capitaine der Infanterie am 5. Oktober 1914. Déchelette besuchte die Schule der Pères Maristes in Saint-Chamond, Loire. Dann führte er seine militärische Dienstpflicht durch und trat ein in das Textilunternehmen seines Vaters. 1899 zog er sich zurück von der industriellen Tätigkeit und widmete sich ganz den archäologischen, den prähistorischen Studien. Diese Wendung in seinem Leben lag unter dem Einfluß seines Onkels, Gabriel Bulliot, einem der Ausgräber von Beuvray, Bibracte, veranlaßt von Napoléon III. Sehr bald wurde Déchelette ein guter Kenner der keltischen und der römischen Funde. Bald beschäftigte er sich mit der Bronzezeit in Frankreich, dann mit dem Neolithikum und zuletzt mit dem Paläolithikum.

In dieser Zeit veröffentlichte er die folgenden Werke: Le Hradischt de Stradonice en Bohême, Übersetzung aus dem Tschechischen, dem Werk von Pič, 1901. — L'oppidum de Bibracte, 1903. — Les vases céramiques ornés de la Gaule romaine. 2 Bände, 1904. — La collection Millon. Antiquités préhistoriques et gallo-romaines, 1913.

Déchelette liebte die Provinz. Er arbeitete zuhause, sehr zurückgezogen, umgeben von seinen Büchern. Er wurde Direktor des kleinen Museums von Roanne, aber diese Aufgabe nahm ihn nur wenig in Anspruch. Marcellin Boule sagt von ihm (L'Anthropologie 1914 S. 583): „Ses amis louaient la loyauté de son caractère, la bonté de son coeur, unie à une parfaite courtoisie et à un fonds d'inaltérable bonne humeur".

Als der Krieg 1914 ausbrach, war er 52 Jahre alt und somit außerhalb der militärischen Verpflichtung. Déchelette hielt es aber für seine Pflicht, freiwillig als Hauptmann der Armee zu dienen. Der Militärbericht über seinen Tod erklärt, daß er an der Spitze seines Bataillons gefallen sei, er habe gesagt: „qu'il était heureux que sa mort servit à la France " (L'Anthropologie, ebda S. 581). In seinem Testament hat er 100 000 Francs dem Museum von Roanne vermacht. Es trägt heute den Namen Musée Joseph Déchelette.

Die Bedeutung seines großen Werkes liegt darin, daß er alle wichtigen Fundplätze und Funde angibt, sowohl für das Paläolithikum, das Neolithikum, die Bronzezeit und auch Hallstatt- und Latènezeit. Jeder Fundplatz wird mit der gesamten Bibliographie vorgelegt. Die Völkerwanderungszeit ist nicht behandelt. Das Werk hat bis heute seine Bedeutung erhalten.

Max Ebert ist geboren am 4. September 1879 in Stendal, Provinz Sachsen, jetzt Bez. Magdeburg. Er ist gestorben am 15. November 1929 in Berlin, 50 Jahre alt. Sein Vater, Chirurg, Dr. Max Ebert, starb aber früh, und sein Sohn wuchs auf als Waise. Er besuchte das Gymnasium in Stendal. Dann studierte er in Innsbruck, Heidelberg, Halle und Berlin Germanistik, Geschichte und Vorgeschichte. Von 1906—1914 war er wissenschaftlicher Mitarbeiter, Assistent, an der Vorgeschichtlichen Abteilung der Staatlichen Museen in Berlin. Im Kriege 1914—1918 war er Soldat im Westen und im Osten, er wurde mehrfach verwundet.

Im Jahre 1919 habilitierte er sich als Privatdozent für Vorgeschichte an der Universität Königsberg, dort wurde er 1921 a. o. Professor. 1922 wurde er als ordentlicher Professor nach Riga berufen, 1923 ging er zurück nach Königsberg und 1927 wurde er nach Berlin berufen als Nachfolger von Kossinna, er bekleidete dort ein persönliches Ordinariat.

Es war der Verlag Walter de Gruyter in Berlin, der ihn veranlaßte, das Reallexikon für Vorgeschichte zu übernehmen. Der Verlag hatte das Reallexikon der Germanischen Altertumskunde von J. Hoops durchgeführt, 1911—1919 in vier Bänden, und in zwei Bänden das Reallexikon der Indogermanischen Altertumskunde, 2. Aufl. 1917—1929 von A. Nehring. Der Verlagsleiter, Dr. G. Lüdtke, hatte nun den Gedanken, das Reallexikon der Vorgeschichte anzuschließen, eine sehr wichtige Aufgabe. Als Herausgeber wurde Max Ebert gewonnen, damals in Königsberg. Lüdtke sagt in seinem Nachruf auf Ebert (Reallexikon Bd. 15, S. VI): „Es soll hier nicht davon gesprochen werden, welche mühselige Kleinarbeit zu leisten war, nicht von den Sorgen, die die immer wachsende Fülle des Stoffes schuf, so daß die Grenzen des Werkes bedroht schienen: die treue und unermüdliche Hilfe seiner Gattin, die seine Schaffenskraft so kongenial ergänzte, trug an diesen Mühen ihr reichlich Teil und half sie mildern... Das Vorwort zum ersten Band war am 1. Juni 1924 gezeichnet worden, das Nachwort zum 14. Band trägt das Datum vom 15. April 1929. In fünf Jahren war das Werk vollendet worden. Aber der, der es an der Spitze der zahlreichen Mitabeiter zu Ende führte, war ein totkranker Mann. Schon im November des Jahres, in dem er „aufatmend und doch nicht ohne leichten Trennungsschmerz" (M. Ebert im Nachwort zu Bd. 14, S. 568) die letzte Lieferung druckfertig erklärt hatte, erlag Max Ebert einem tückischen Leiden, das nur seine ganz ungewöhnliche Energie und das Pflichtgefühl so lange gemeistert hatten".

Ebert selbst sagt in dem Nachwort zum 14. Bd. S. 568, „ich hoffe, daß dieses durch die Zusammenarbeit so vieler tüchtiger Kräfte entstandene Werk unserer Wissenschaft zu wahrhaftem Nutzen und Segen gereichen möge".

Dieses Werk hat der Wissenschaft der Vorgeschichte tatsächlich zu Nutzen und Segen gereicht. Es hat der Wissenschaft den weiten Boden gegeben, auf dem alle Weiterarbeit möglich wurde. Es hat auch den anderen benachbarten Wissenschaften deutlich gemacht, welch einen riesigen Umkreis diese Wissenschaft umspannt, und auf wie festem Boden sie begründet ist.

Albert Kiekebusch endet seinen Nachruf (Prähist. Zschr. Bd. 20, 1929, S. 342) mit den folgenden Worten: „Um seine Schüler als rechter ‚Studentenvater', als der er sich gern bezeichnete, nicht im Stich zu lassen, hat Ebert längere Zeit Doppeldienst in Königsberg und Riga versehen. Dies und die angestrengteste Tätigkeit am Reallexikon haben seiner Kraft nach seiner eigenen Überzeugung übermäßige Anstrengungen zugemutet. So ist er, als er sein Werk vollendet sah, zusammengebrochen. Dem klugen, warmherzigen und feinsinnigen Kollegen und Freunde werden wir alle noch lange nachtrauern".

Ein wichtiges Werk von Ebert ist auch: Südrußland im Altertum, Bonn 1921. Die skythischen Funde vor allem werden in diesem Buche behandelt. Das Reallexikon endet mit Christi Geburt, es bringt nicht die Völkerwanderungszeit.

KAPITEL XII

Bronzezeit

Die Bronzezeit (1600—800 v. Chr.) stand in der ersten Hälfte dieses Jahrhunderts nicht so schwierigen Fragestellungen gegenüber wie die Neusteinzeit. Montelius hatte für den Nordkreis die zeitliche Gliederung geschaffen. Sie hat sich bestätigt bis heute.

Einige wichtige Funde haben das Gesamtbild bereichert. Doch auch für die Bronzezeit ergab sich in der Zeit von 1900—1975 eine neue, bedeutungsvolle Aufgabe. Es ist die Entdeckung, daß die süddeutsche Bronzezeit, die sogenannte Urnenfelderkultur, eine weite Strahlungskraft besitzt. Sie ist erkennbar durch Südfrankreich bis nach Spanien im Westen und im Osten bis nach Griechenland, nach dem Balkan bis Kleinasien. In diesem Falle sind Wanderungen sichtbar, sie sind historisch faßbar wie die mykenische und die dorische Wanderung. Um 1200—1150 werden die mykenischen Burgen zerstört, in Ägypten erscheinen die Seevölker, es ist die große Bewegung von Völkern und Stämmen um 1200 v. Chr. Noch ist bis heute der gesamte Fragenkomplex nicht völlig geklärt. Wieder ist die Zusammenarbeit mehrerer Wissenschaftler erforderlich, der Prähistoriker, der klassischen Archäologen, der Ägyptologen, der Assyriologen. Die Probleme sind es, die das Spannende einer Forschung bedeuten.

Nordischer Kreis

Im Nordischen Kreis, in Schweden, Dänemark, Norwegen, Finnland, Norddeutschland, glücken in der Zeit von 1900—1950 einige bedeutende Funde. Im September 1902 findet ein Bauer beim Pflügen in Nordwest-Seeland, Dänemark, in Trundholm bei Nykjöbing, die Bestandteile eines Bronzewagens, belegt mit einer Scheibe aus Gold. Der Wagen, der die Scheibe trägt, hat zwei Räder, das Pferd steht auf vier Rädern. Das Pferd hat das Gewicht von 2,04 kg, die Goldscheibe wiegt 1,55 kg. Der Wagen besitzt offenbar eine kultische Bedeutung. Ein zweiter Wagen, dem von Trundholm ähnlich, ist im Jahre 1905 bei Hälsingborg in Schweden gehoben worden. Es sind jedoch nur Bruchstücke, zwei Pferde, die verloren sind und Teile des Wagens.

Tacitus spricht von der Bedeutung des Pferdes für die Germanen. Er sagt, daß heilige weiße Pferde vor den Wagen gespannt werden, daß der Priester oder der Fürst des Stammes neben dem Wagen einhergeht, daß aus dem Wiehern des Pferdes die Zukunft geweissagt werde (Kap. 10). Das Pferd ist das heilige Tier Wotans. Die germanischen Völker essen bis heute nicht das Fleisch des Pferdes.

Die Goldscheibe trägt Spiralen in den Mondzahlen. WOLFGANG SCHULTZ hat deshalb dargelegt, daß es sich um einen Mondwagen handele (Wolfgang Schultz, Zeitrechnung und Weltordnung, Leipzig 1924, S. 114). Der Mittelkreis der Goldscheibe trägt acht Spiralen, um die Mittelspirale, also neun zusammen, der innere umlaufende Kreis neun Doppelspiralen um die Mitte, der äußere Kreis 27 Kreise. Es sind dies die Zahlen des Mondes, es handelt sich demnach um einen Kalender, eine Zeitrechnung. Der Monat hat bei den Germanen 27 Nächte, drei Nächte werden gefeiert. Die Neun ist die heilige Zahl, immer wieder genannt in der Edda (KARL WEINHOLD, Die mystische Neunzahl der Deutschen, Berlin 1897). Der Kultwagen gehört nach Ausweis der Art der Spiralen der Per. II (1400—1200) an. Der erste Bericht ist: SOPHUS MÜLLER in Nordiske Fortidsminder, Bd. I, S. 5, Kopenhagen 1903.

Ein anderer wichtiger Fund ist die bronzene Kalenderscheibe von Borkendorf, Kr. Deutsch-Krone, ehem. Westpreußen, gefunden 1899. Die Beifunde datieren die Scheibe in die Per. V, 900—750. Die Scheibe, mit zwei Ösen auf der Oberseite, ist von dem Priester um den Hals getragen worden, sie bringt die Zahlen des Mondes, die Vierteilung in der Mitte, dann nach außen folgend neun Spiralen, dann neun Doppelspiralen und außen wieder neun doppelte größere Spiralen, die Zahlen drei mal neun = 27. Es kann sich nur um die Monatszahlen handeln, die drei Feiernächte sind als Spiralen unter der Scheibe angebracht. Die Literatur ist: Amtl. Ber. d. Westpr. Provinzialmuseums 1899, S. 32, ebda 1900, S. 34. — E. BENINGER, Mondkalender der germ. Bronzezeit. Mitt. d. Anthrop. Ges. Wien 1926, S. 115—120. — HERBERT KÜHN, Vorgeschichtl. Kunst Deutschlands, Berlin 1935, Taf. 306.

Zum nordischen Kreis gehört auch der Inhalt des Königsgrabes von Seddin, Kr. West-Prignitz, ehem. Prov. Brandenburg. Er wurde ausgegraben durch ERNST FRIEDEL (1837—1918), Kreisrichter von Berlin, dem Schöpfer des Märkischen Museums, das im Jahre 1874 begründet worden ist. Das Grab mit reichen Funden, einem germanischen Rasiermesser der Per. V (900—750), einem germanischen Wendelring, bringt drei aus Italien eingeführte Bronzeurnen. Die Funde zeigen die italischen Kultureinflüsse bei einem Fürsten der Germanen der späten Bronzezeit, in Süddeutschland Hallstattzeit genannt. Den ersten Bericht brachte E. Friedel in der Zeitschr. Brandenburgia, Bd. 8, 1899—1900, S. 271, 339 u. 381 und in der Festschrift des Märkischen Museums 1902, „Das Königsgrab von Seddin." — Dann bearbeitete den Fund ALBERT KIEKEBUSCH (1870—1935), seit 1922 Direktor des Märkischen Museums Berlin: Das Königsgrab von Seddin, Augsburg 1928.

Von besonderer Bedeutung wurde der Goldfund von Eberswalde bei Berlin. Am Nachmittag des 16. Mai 1913 wird auf dem Messingwerk der Firma Hirsch ein Tontopf durch einen Arbeiter aus der Erde gehoben. Es wurde eine Fundamentgrube ausgeschachtet für ein neues Arbeiterwohnhaus, dabei war der Spaten des Arbeiters auf ein Tongefäß gestoßen. Durch den Spatenstich brach der obere Teil des Gefäßes ab, gelbe Metallgeräte fielen heraus. Der Maurerpolier trat hinzu, hob das Gefäß aus der Erde und stellte es beiseite. Dem Büro wurde Bescheid gegeben, einer der Direktoren kam und nahm den Fund ins Haus. Der Chef des Hauses, Aron Hirsch, rief am dritten Tag den Direktor des Berliner Museums für Vorgeschichte, damals Vorgesch. Abt. des Mus. f. Völkerkunde, Carl Schuchardt telefonisch an.

Schuchardt selber schreibt (Carl Schuchardt, Der Goldfund vom Messingwerk bei Eberswalde. Berlin 1914, S. 9): „Am vierten (Tage) fuhren wir in aller Frühe im Automobil zusammen nach dem Messingwerk hinaus."

„Dort hatten wir kaum an einem leeren Tisch Platz genommen, als einer der Direktoren hereintrat, in den Händen und Armen goldene Gefäße, gefüllt mit einer Menge kleiner Geräte. Er stellte sie vor uns hin, wir begannen staunend zu betasten und zuzugreifen, aber schon trat ein Zweiter vor uns auf, und so ging es noch ein drittes und viertes Mal. Binnen wenigen Minuten war der Tisch vor uns bedeckt mit Gold. Ich hatte es in solcher Masse nicht mehr gesehen nach den Schliemann'schen Schätzen von Mykenä. Schließlich kam der Topf, der alles enthalten hatte, zertrümmert zwar durch den energischen, heilvollen Schaufelstoß, aber leicht schon in Gedanken wieder aufzubauen."

„Das Ganze war noch fast in dem Zustande, wie es aus der Erde gekommen war. Die kleineren Gefäße standen in den größeren und waren selbst vollgepackt mit Spiralringen und Drahtbündeln . . .

„Um den Bestand des Fundes sicherzustellen, nahm ich sofort ein Inventar auf und ließ auch alle Hauptstücke einzeln, die kleineren in Gruppen wiegen. Es ergab sich ein Gesamtgewicht an Gold von 2,5945 kg, was einem Rohmaterialwert von 7000 Mark entspricht. Als ich mit Herrn Aron Hirsch nach Berlin zurückfuhr, sprachen wir über den Verkaufswert des Fundes, und Herr Hirsch sagte schon damals, daß er ihn am liebsten durch Schenkung in öffentlichen Besitz bringen würde. Das hat er dann auch wenige Tage darauf getan. Seiner Majestät dem Kaiser war der Fund gemeldet worden, wie es mit allen wichtigen archäologischen Funden geschieht. Seine Majestät fand mitten in den Hochzeitsfeierlichkeiten der kaiserlichen Prinzessin eine Stunde, ihn zu besichtigen, und bei dieser Gelegenheit stellte Herr Aron Hirsch ihn dem Kaiser „zur freien Verfügung".

Der Kaiser, Wilhelm II. hat das Geschenk angenommen, den Fund aber als Leihgabe dem Museum zur Verfügung gestellt. Als ich im September 1936 von dem Kaiser nach Doorn eingeladen war, war eine seiner ersten Fragen: Was machen meine Goldschalen aus Eberswalde? Ich konnte damals sagen, daß ich sie kurz vorher im Museum in Berlin gesehen hatte, und daß der Fund in bester Ordnung sei.

Nach den damaligen Ausgrabungsgesetzen des BGB § 984 geht eine Sache, die entdeckt wird und die so lange verborgen gelegen hat, daß der Eigentümer nicht mehr zu ermitteln ist (Schatz) zur Hälfte dem Entdecker, zur Hälfte dem Eigentümer des Bodens zu. Der Arbeiter und der Maurerpolier erhielten also die Hälfte des Wertes, vor einem Notar erklärten sie sich für abgefunden. Herr Aron Hirsch war demnach der alleinige Besitzer.

Schuchhardt sagt weiter (ebda S. 9): „Nicht bloß, daß kein Stück der Goldsachen abhanden gekommen ist, zum ersten Mal ist auch der Tontopf, die interessante Kapsel des Ganzen, mitgerettet worden, und die Sicherung für den vaterländischen Besitz erforderte keine langen Verhandlungen und großen Aufwendungen, sie wurde mit einer vornehmen Handbewegung als etwas Selbstverständliches gewährt."

„Der Tontopf enthielt nur Gold, und zwar zunächst acht Gefäße, Trinkschalen, reich verziert und prachtvoll erhalten, offenbar sehr wenig gebraucht; dann Hals- und Armbänder oder Stücke von solchen, ferner eine Menge Spiralringe aus dünnem, rundem Draht und dazu viele Drahtbündel, in denen ausgediente solche Ringe zu mehreren zusammengewickelt sind, schließlich einige Stücke Rohmaterial, nämlich einen ganzen Barren, ein paar Barrenstücke und einen halben Schmelzkuchen."

In dem Werk werden 23 ähnliche Funde abgebildet, als Zeit wird das 8. bis 7. vorchristl. Jahrhundert genannt, als Kulturgruppe die Lausitzer Kultur (S. 28).

Sofort trat Kossinna den Erklärungen Schuchhardts entgegen. Sein Buch trägt den Titel: Der Goldfund vom Messingwerk bei Eberswalde, Leipzig 1913. Wieder war der Kampf erbittert, die Worte beleidigend, absichtlich herabsetzend. Kossinna stellt noch mehr Funde zusammen als Schuchhardt und erklärt sie alle für germanisch. Die Lausitzer Kultur bezeichnet er als illyrisch, und sein absprechendes Argument ist, daß Schuchhardt diesen Fund als nicht germanisch bezeichnet habe, und dadurch das vaterländische Gefühl verletze.

Schuchhardt antwortet geschickt, daß er die Lausitzer Kultur für germanisch halte. Er betont, die Lausitzer seien Semnonen, denn so bezeichne Tacitus die zwischen Elbe und Oder wohnenden Germanen, eine Gruppe der Sueben. „Kein Zweifel", sagt er, „die Schilderung des Tacitus trifft schon die alten Verhältnisse von Ostdeutschland, die der Lausitzer Kultur. Man darf nicht einwenden, jeder Schriftsteller sei nur zuverlässig für die Verhältnisse seiner Zeit. Tacitus sagt ausdrücklich daß es sich bei den Semnonen um uralte Überlieferung handle, und er hat diese wohl erfahren können, denn abgesehen von seinen sonstigen guten Quellen über Germanien war zu seiner Zeit ein Suebenkönig Masva in Rom erschienen; bei dem konnte er gerade über diese Gebiete sich gut unterrichten." (Carl Schuchardt, Vorgeschichte von Deutschland, München 1928, S. 163.)

Heute, nach über vierzig Jahren, stellt sich die Sicht anders dar als damals für Schuchhardt und Kossinna.

Der nordische Raum wird von den Forschern aller Völker in der Bronzezeit als germanisch angesehen (Jan Filip, Enzyklopädisches Handbuch zur Ur- u. Frühgeschichte Europas, Stuttgart 1970, S. 922, rechte Spalte). Er enthält im Boden aber nicht Kupfer, nicht Gold. Das Gold kann demnach nur Einfuhrware sein. Dann aber ist anzunehmen, daß das Gold nicht nur in Barren eingeführt worden ist, sondern auch als Fertigware, bearbeitet im Stile der Zeit und der Käufer.

Goldgefäße sind auch außerhalb des nordischen Kreises gefunden worden in Villeneuve, St. Vistre, Dépt. Marne; in Rongères, Dépt. Allier; in Apremont, Dépt. Haute-Saône; in Zürich; in Hermannstadt, Siebenbürgen, Ungarn; im Komitat Bihar, Ungarn; in Krottorf, Halle; in Unterglauheim bei Augsburg. In Lavindsgaard, Kopenhagen, lagen die Goldgefäße in ziselierten Bronzekesseln, die der Hallstattperiode angehören.

Als im Jahre 1934 Oscar Paret Hügelgräber bei Cannstatt, heute Stuttgart-Bad Cannstatt, ausgrub, konnte er ein goldenes Gefäß mit Kreisornamenten und senkrechten Riefen heben. Es gehört durch Beifunde gesichert, der Hallstattzeit an (O. Paret, Der Goldreichtum im hallstattzeitlichen Südwestdeutschland. IPEK, Bd. 15 u. 16, 1941—1942, S. 76—85).

Bei der Goldschale von Gönnebek, Kr. Segeberg, Holstein, 1884 gegraben, lag eine Goldfibel, die dem Anfang der Per. III der Bronzezeit angehört.

Die Goldschalen, dazu auch goldene Kopfreifen, goldene Drahtspiralen, goldene Barren, müssen in der Epoche von Bronzezeit Per. II, 1400—1200, bis zur späteren Hallstattzeit, bis 450 v. Chr., ihren Weg nach Nord- und Mitteleuropa gefunden haben. Während der Drucklegung dieses Buches erscheint eine Arbeit von Martín Almagro-Gorbea mit dem Titel: Orfebreria del bronce final en al Peninsula Ibérica, in: Trabajos de Prehistoria, Madrid Bd. 31, 1974 S. 39—100. Diese Arbeit nennt 28 Fundorte, darunter drei in Spanien. Der neueste ist der von Axtroki, Prov. Guipuzcoa, Nordspanien. Es handelt sich um 2 Goldgefäße. Sie entsprechen in Art, Form und Ornament völlig den Gefäßen von Eberswalde. Der Verf. bemerkt, daß von den 42 Goldgefäßen, 2 in Dänemark, 24 in Deutschalnd, 1 in der Schweiz, 3 in Frankreich, 13 in Spanien gefunden sind. Er meint, daß die Herkunft in Spanien zu suchen sei. Die Bewegung der Urnenfelderleute von Mitteleuropa nach Spanien habe die Goldschalen als Gegengaben nach Nordeuropa gebracht. Die Herstellung deute auf Südwestspanien, Prov. Alicante.

Die Frage der Herkunft schien sich zu klären, als 1925 eine Goldscheibe mit Kreis- u. Spiralverzierung vom Röm.-Germ. Zentralmuseum in Mainz im Kunsthandel in München erworben werden konnte. Sie wurde dem Landesmuseum Hannover angeboten, die Untersuchungen ergaben, daß die Scheibe in Moordorf bei Aurich gefunden worden war. Der Direktor des Landesmuseums Hannover, Jacob-Friesen bearbeitete alle Umstände der Auffindung und der Parallelen und legte das Ergebnis 1931 vor in der Zeitschr. IPEK, die ich 1925 begründet hatte, mit dem Titel: Die Goldscheibe von Aurich mit ihren britischen und nordischen Parallelen, S. 25—44. Die Arbeit ergab deutlich, daß die Scheiben dieser Art in Irland gearbeitet worden waren. Von den 31 bekannten goldenen mit Ornament getriebenen runden Scheiben und Lunulae, den halbmondförmigen, sind zwei in Deutschland gefunden worden, drei in Dänemark, vier in England und zweiundzwanzig in Irland. Irland ist in der Bronzezeit eines der Zentren vorgeschichtlicher Goldproduktion wie auch E. C. R. Armstrong nachweist in seinem Buche: Guide to the collection of Irish antiquities, Dublin 1920. Das Gleiche ergibt die Arbeit von Coffey, The bronze age in Ireland, Dublin 1913. Eine neuere Arbeit ist J. Raftery, A brief guide to the collection of Irish antiquities, Dublin 1960. So scheint es zwei Stellen der Goldherstellung von Gefäßen und Schmuckgegenständen gegeben zu haben, Irland einerseits,

Südwestspanien mit Alicante andererseits. Beide Gegenden führen tatsächlich Goldadern.

So waren beide Forscher nicht im Recht, nicht Kossinna, der ohne weiteres germanische Arbeit deshalb annahm, weil die Goldgefäße auch auf germanischem Boden gefunden worden sind. Auch nicht Schuchhardt, denn die Lausitzer Kultur kann nicht als germanisch angesehen werden. Sie liegt in der Bronzezeit nicht auf nordeuropäischem Boden, sie hat ihren Schwerpunkt in Böhmen und Mähren, in Jugoslawien und Ungarn.

Karl Hermann JACOB-FRIESEN ist geboren am 16. 1. 1886, er ist gestorben am 6. 11. 1960. Er erlangte seinen Doktorgrad 1909, seit 1913 war er Assistent am Landesmuseum Hannover, dann Direktor, 1932 wurde er Honorarprof. a. d. Univ. Göttingen. Seine wichtigeren Werke sind: Einführung in Niedersachsens Urgeschichte, Hildesheim 1931, 4. Aufl. 1963. — Grundfragen der Urgeschichtsforschung, Hildesheim 1928.

Zwei Goldfunde neuerer Zeit werden von Bedeutung. Im Herbst des Jahres 1954 wird in Fritzdorf, Landkreis Bonn, beim Ausheben einer Rübenmiete ein Becher aus Gold gefunden, er konnte vom Landesmuseum Bonn erworben werden. Der Becher hat in einem Tongefäß gestanden, nur einige Scherben waren von diesem noch vorhanden.

Der Becher ist gut erhalten, er ist 21,1 cm hoch, der größte Dm. ist 12,2 cm, das Gewicht ist 221 g. Bis auf eine Punktreihe unter dem Rand ist der Becher glatt, unverziert. Der zu den Seiten geschweifte Henkel trägt rechts und links drei durchlaufende Rillen. Am Gefäßrand befinden sich Buckelreihen.

Der Becher von Fritzdorf ist am engsten verwandt zwei Goldbechern aus dem Schachtgrab IV in Mykenä, die G. KARO veröffentlicht hat in seinem Werk, Die Schachtgräber von Mykenä, 1930, S. 95, Taf. 104. Die Schachtgräber gehören der Zeit um 1500 v. Chr. an. Der Becher von Fritzdorf ist offenbar Einfuhrware aus Mykenä, er muß dann derselben Zeit zugehören, der Periode I der Bronzezeit, 1600—1400. Eine entferntere Verwandtschaft hat er mit einem Becher aus Rillaton, Cornwall, England. Mit diesem Becher ist ein Dolch gefunden worden, den STUART PIGGOTT in die Zeit von 1500—1300 datiert in Congrès Internat. d. Sciences Préhist. et Protohist. Zürich 1950, erschienen 1953, S. 225.

Der Becher von Fritzdorf hat deshalb eine besondere Bedeutung, weil er bisher der einzige auf deutschem Boden ist, der der Periode I zuzurechnen ist. Die späteren Goldgefäße beginnen mit der Periode III, 1200—1000, mit der erwähnten Schale von Gönnebek, Holstein.

Über den Becher berichtet RAFAEL V. USLAR (geb. 1908) in Germania, Bd. 33, 1955, S. 319—323.

Ein anderer Goldfund der Bronzezeit auf deutschem Boden ist der Kultaufsatz von Etzelsdorf, Kr. Nürnberg.

Im Frühjahr 1953 stieß ein Maurer beim Roden von Bäumen in einem Waldgelände in Etzelsdorf bei Nürnberg auf eine zuckerhutförmige Goldarbeit. Der Maurer beachtete das Fundstück nicht, es wurde mit Hacke und Spaten zerstückelt. Danach erst konnten die Bruchstücke einzeln aufgesammelt werden. Es handelt sich um insgesamt 310 g Gold.

Das Germanische National-Museum in Nürnberg kaufte die Stücke auf, der Kustos der Vorgeschichtlichen Abteilung, Georg Raschke (1903—1973), stellte sie in mühsamer Arbeit wieder zusammen. Es ergab sich ein Hohlkegel von 95 cm Höhe in einer Wandstärke von 0,1 mm, sich nach unten erweiternd. Der Kegel ist verziert mit Bändern, und zwischen ihnen mit Kreisen, Radzeichen und Rauten.

Zwei ähnliche Fundstücke stammen aus Avanton bei Poitiers, gefunden 1844, heute im Louvre in Paris, das andere aus Schifferstadt bei Speyer, gefunden 1835, heute im Historischen Museum der Pfalz in Speyer.

Es handelt sich offenbar um Kultaufsätze für Heiligtümer. Sie finden sich auch dargestellt in den Gravierungen des Kegels von Etzelsdorf. Die Veröffentlichung legte GEORG RASCHKE vor in: Germania Bd. 32, 1954, S. 1—6. — Ders. Vorgeschichte Frankens, Nürnberg 1962, Taf. 41,4.

Insgesamt sind bis jetzt (1975) 70 Goldgefäße der Bronze- und Hallstattzeit gefunden worden.

Aussehen und Kleidung des Menschen der nordischen Bronzezeit ist deutlich geworden durch die Moorleichenfunde, meistens schon vor 1900 gefunden. Neun Funde sind von größerer Bedeutung, mit Männerkleidung: 1. Guldhöi, Amt Ribe, Dänemark; 2. Trinhöi, Amt Ribe, Dänemark; 3. Muldbjerg, Amt Ringkjöbing, Dänemark; 4. Store Kongehöi, Dänemark; 5. Lynby, Dänemark; 6. Jels, Amt Haderslev.

Frauentrachten stammen aus 7. Borum Eshöi, Amt Aarhus, Dänemark; 8. Egtved bei Kolding, Dänemark, 1921 gefunden; 9. Skrydstrup, Nordschleswig, nahe bei Vojens, 1935 gefunden.

Dänemark allein hat 160 Moorleichenfunde ergeben aus der Bronze- und Eisenzeit. Die ältere Darstellung findet sich bei VILHELM BOYE, L'âge du bronze en Danemark, Copenhague 1896, Taf. 3—23. — Ferner: JOHANNES BRÖNDSTED, Nordische Vorzeit, Bd. 2, Neumünster 1962, S. 63—85. — HANS HAHNE, Vorzeitfunde aus Niedersachsen, Hannover 1915, — K. KERSTEN u. K. SCHLABOW, Moorleichenfund von Osterby, Zschr. Offa, Bd. 8. 1949. — A. DIECK, Die europäischen Moorleichenfunde, Neumünster 1965. — P. v. GLOB, Die Schläfer im Moor, München 1966.

Die Forschung der germanischen Bronzezeit gewann an Gewicht durch die systematische Bearbeitung der Depotfunde, der Hortfunde der Perioden IV und V durch SPROCKHOFF (1892—1967), Jungbronzezeitliche Hortfunde Norddeutschlands, Per. IV, Mainz 1937. — Ders. Jungbronzezeitliche Hortfunde der Südzone des nordischen Kreises, Per. V, Mainz 1956, beide Werke sind bereits vorher erwähnt.

So hat das Bild der germanischen Bronzezeit, 1600—800, im Norden, die Hallstattzeit eingeschlossen, in der Zeit von 1900—1975 eine Reihe von bedeutenden Funden gebracht.

Lausitzer Kultur

Die Lausitzer Kultur, eine Kulturgruppe im Osten von Mitteleuropa gelagert, ebenfalls der Bronzezeit bis zur Hallstattzeit zugehörig, hat bis heute noch nicht völlig ihr Geheimnis offenbart. Es bestehen manche Gegensätze in ihrer Beurteilung. Die Literatur über diese Gruppe ist sehr umfangreich.

Die ältere Schicht ist die von Aunjetitz. Der namengebende Fundort ist Únětice, unweit Prag. Diese Schicht ist in vielen Arbeiten behandelt, sie entspricht Montelius Bronzezeit I, 1600—1400. 1960 hat K. Tihelka die Zeit von 1700—1500 genannt in Památky-archeogické, Praha, Bd. 51, ebenso V. Moucha in Československá Spolecnost Archeologická, Tschechoslowakische Archäol. Ges., Bd. 3, 1963.

Der Name Lausitzer Kultur ist 1871 geprägt worden von R. Virchow. Die reiche Ausgrabungstätigkeit und die Fülle der Funde hat bis 1950 eine zeitliche Gliederung im ehem. Ostdeutschland mit Schlesien erlaubt. Sie ordnet sich folgendermaßen:

1600—1400 Montel. I Aunjetitzer Kultur
1400—1200 Montel. II Vorstufe
1200—1000 Montel. III, Stufe A, Buckelkeramik
1000—900   Montel. IV, Stufe B, Riefenkeramik
900—750   Montel. V, Stufe C, Graphitierte Keramik
           Hallstattzeit A, B
750—450   Montel. VI, Stufe D, Bemalte Keramik,
           Hallstattzeit C

Der Schwerpunkt liegt dabei in der Periode III der Stufe mit der Buckelkeramik. Es werden künstlerisch vollendete Formen ausgebildet, Formen von Klarheit und Ausgewogenheit.

Der entscheidende Unterschied zu der Kultur von Aunjetitz liegt darin, daß sie im ganzen Brandgräber verwendet anstelle der vorherigen Hockerbestattung in Hügeln. Es entsteht eine Urnenfelder-Kultur, ähnlich und sicherlich verwandt der süddeutschen Urnenfelderkultur.

Die polnischen Forscher, vor allem Jozef Kostrzewski, nehmen nicht die Aunjetitzer Kultur als Ausgangspunkt an, sondern eine Hügelgräberkultur Polens, die sie Trzcinice-Kultur benennen. Als tiefste Wurzel glauben sie die Schnurkeramik zu erkennen. Die Trzcinice-Kultur umfaßt Bronzezeit II, 1400—1200. Kostrzewski unterscheidet eine Ost- und eine Westgruppe. Die heute führende Arbeit ist A. Gardawski, Tribes of the Trzcinice Culture, 1959.

JOZEF KOSTRZEWSKI ist am 25. 2. 1885 in Weglewo bei Posen geboren, gest. 1970. Er ist der Begründer der polnischen prähistorisch-archäologischen Schule, Prof. a. d. Univ. Posen und Direktor des Museums für Archäologie und Chef der poln. Museen. Kostrzewski hat in Breslau bei Seger und in Berlin bei Kossinna von 1910 bis 1914 studiert. Die Anzahl seiner Werke ist sehr groß. Ich habe viele anregende Stunden mit ihm verbringen können. Seine wichtigsten Bücher sind: Wielkopolska w czasach przedhistorycznych, 1914, 3. Aufl., 1955 (polnisch), La grande Pologne aux temps préhistoriques, 1955, Großpolen in der prähistorischen Zeit. — Die ostgermanische Kultur der Spätlatènezeit, 2 Bde. Leipzig 1918 (deutsch). — The prehistory of Polish Pomeranie, Torun, Thorn 1936 (englisch). — Dzieje polskich badán prehistorycznych, 1946, (polnisch) — Geschichte der polnischen Forschungen in der Vorgeschichte, Poznán, Posen 1949. — Kultura prapolska, 1947, 2. Aufl., 1949 (polnisch), franz. Übersetzung: Les origines de la civilisation polonaise, Paris 1949. — Kultura luzycka na Pomorzu (polnisch), — Préhistoire de la Pologne, 1965, Die Lausitzer Kultur in Pommern, Poznán 1958. — Pradzieje Polski (polnisch) 1949, deutsch: Vorgeschichte von Polen, 1965, 428 Seiten, zusammen mit W. Chmielewski und K. Jaźdźewski.

Nach der Auffassung von Kostrzewski ist die Lausitzer Kultur urslawisch. Nach der Darlegung von Kossinna ist sie illyrisch-venetisch. Bosch-Gimpera hält sie für wendisch, also auch slawisch, Bosch-Gimpera in: Les Indoeuropéens, Paris 1961. JAN FILIP tritt ebenfalls für Urslawen ein in dem Aufsatz: Lausitzer Kultur in der Tschechoslowakei (tschech.), Pamatky archeologické, Prag, Bd. 41, 1936, S. 38.

In der Periode III und IV, 1200—900, bedeckt die Lausitzer Kultur fast ganz Polen mit Ausnahme des urbaltischen Nordostens.

Die Epoche der späten Lausitzer Kultur, etwa 700—400 wurde besonders sichtbar durch die Grabung der Burganlage von Biskupin, 90 km nordöstlich von Posen. Die Grabung fand statt von 1933—1939, 1946 wurde sie fortgesetzt. Sie ergab zuunterst Stichbandkeramik mit einem Langhaus von 36 m, dann Trichterbecher, Kugelamphoren und Schnurkeramik. Darüber fanden sich Gräber aus der frühen Bronzezeit. Die Wehranlage der späten Lausitzer Kultur hatte einen Wall aus Erde mit Holzpfählen von 463 m Länge. Die befestigte Fläche beträgt 6900 Quadratmeter. Zum Tor führte eine 120 m lange Holzbrücke. Es wurden 106 Häuser ausgegraben. Die Ausgräber rechnen mit einer Gesamtbevölkerung von 1000—1200 Personen.

Die Ausgrabungsberichte tragen den Titel: Gród Praslowiański w Biskupinie, Poznán 1938. — J. Kostrzewski, Osada bagienna w Biskupinie w pow. źnińskim, Zschr. Przeglad archeologiczny, Bd. V, Poznán 1936; 1936—1938; 1946—1950; 1950—1959.

Andere Burgwälle der späten Lausitzer Periode, in Polen Hallstatt C bis Latène, sind Izdebno bei Posen, 1959 ausgegraben; Jankowo, Kreis Mogilno, nordöstl. von Posen, 1954 ausgegraben; Komorowo, Kr. Szamotuly, nordwestl. von Posen, 1926 ausgegraben; Kruszwica, Kr. Inowroclaw, nordöstl. von Posen, 1922 ausgegraben.

In der Tschechoslowakei ist die Lausitzer Kultur sehr verbreitet. Zahlreiche Gräberfelder und Siedlungen sind bekannt in Nordböhmen, im Westen Böhmens besonders um Eger, jetzt Cheb. In Mähren ist der Norden des Landes reich an Funden und in der Slowakei der nordwestliche Teil. Die Funde umfassen die Perioden von der jüngeren Bronzezeit bis zur Hallstattzeit. Es gibt Gräberfelder mit Hügelgräbern wie Jeřice, nordwestl. von Hradec Králové im nordöstlichen Böhmen. Der Fundort wurde 1902 erstmalig ausgegraben, dann wieder 1924, die neuen Grabungen fanden statt von 1960—1963. Es gibt aus späterer Zeit auch Burgwälle wie Mužsky-Hradiště im nördlichen Böhmen. Die Ausgrabung von 1950—1959 ergab Neolithikum, darüber Lausitzer Kultur, Hallstatt A—B, gleich Montelius V, 900—750.

Eine gute Übersicht über die Lausitzer Kultur in Böhmen und Mähren gab 1928 JOSEF SCHRÁNIL in seiner Arbeit: Die Vorgeschichte Böhmens und Mährens, Berlin 1928, S. 149—203.

JOSEF SCHRÁNIL wurde am 5. 4. 1983 in Prag geboren, er starb am 20. 3. 1940 in Prag. Auch ihn kannte ich persönlich sehr gut, wir haben manche Tage über vorgeschichtliche Probleme erzählen können. Er war ein ruhiger, sehr kenntnisreicher Gelehrter. Er studierte in Prag Vorgeschichte, 1929—1935 war er Leiter der Vorgeschichtl. Abt. des Nationalmuseums Prag, 1922 wurde er Dozent an der Univ. Prag, dann Professor. Sein Hauptwerk ist: Československá vlastivěda, 1934.

Seit dem Werk von Schránil, seit 1928, hat es eine Fülle von Ausgrabungen der Lausitzer Kultur in der Tschechoslowakei gegeben. Das größte Gräberfeld der sogenannten Knovizer Kultur, einer Gruppe der Lausitzer Kultur, ist Křepenice, ein Dorf, 7 km nordwestlich von der Stadt Sedlčany, südlich von Prag. Es ist ein Urnengräberfeld mit mehr als hundert Gräbern. Die Ausgrabung wurde 1933—1934 durchgeführt von JAROSLAV BÖHM (1901—1962).

BÖHM war Direktor des Archäologischen Instituts in Prag von 1939—1962 und zugleich Prof. a. d. Univ. Prag. Er war ein unterhaltender, lebhafter Mensch, mit dem mich manche angenehmen Stunden verbinden. Sein Hauptwerk ist: Skythové na Podkarpatské Rusi (tschech.), Die Skythen in Karpatho-Rußland, Praha 1936.

In der Tschechoslowakei ist die Erweiterung des Wissens um die Lausitzer Kultur in der Zeit von 1900—1975 bedeutend gefördert worden.

In Jugoslawien ist von 1900—1975 auch sehr viel gegraben worden, und auch hier ist die Kenntnis der bronzezeitlichen Urnenfelderkultur stark bereichert worden. Die ältere Bronzezeit bildet Hügelgräber aus, mit der Per. III, 1200—1000, erscheinen Urnenfelder. Sie finden sich besonders häufig im Gebiete zwischen Save und Drau. Die Keramik ist verwandt dem sogenannten Typ Baierdorf, Bez. Hollabrunn, Niederösterreich. Führend ist der Doppelkonus, wie vielfach in der Lausitzer Kultur Südosteuropas. Ein wichtiger Fundort ist Martijanec 10 km östlich der Stadt Varaždin, in der Drauebene, Kroatien in Jugoslawien. Die Grabung begann 1957, sie wurde 1963 fortgesetzt. Ein anderer Fundort ist Velika Gorica, 12 km südöstlich von Zagreb, ehemals Agram. Es konnten von 1909—1916 auf einem Urnenfeld 66 Gräber gehoben werden.

Die Urnenfelder Jugoslawiens haben naturgemäß eigene Formen ausgebildet, der Zusammenhang mit der Lausitzer Kultur ist aber deutlich erkennbar.

Ebenso bringt Rumänien in den Urnenfeldern keramische Formen, die offenbar Beziehungen besitzen zu der Lausitzer Kultur, wie die Gruppe, die als Otomani-Gruppe bezeichnet wird. Der namengebende Fundort ist Otomani, im Gebiet von Marghita, bei Crisana in Westrumänien. Die Gefäße sind einhenklige Tassen mit Spiralen und Dreiecken, oft mit starker Schwingung der Wand.

Einen zusammenfassenden Bericht gab JON NESTOR mit dem Titel: Der Stand der Vorgeschichtsforschung in Rumänien. 22. Ber. d. Röm.-Germ. Kom. 1932, erschienen 1933, S. 11—181.

JON NESTOR ist am 25. 8. 1905 geboren. Er hat Vorgeschichte studiert in Bukarest, Berlin und Marburg. Von 1925—1944 war er Konservator am Nationalmuseum der Altertümer in Bukarest, 1945 wurde er Prof. a. d. Universität und 1955 Mitglied der Akad. d. Wiss. in Rumänien. Seine wissenschaftliche Produktion ist sehr groß. Als wichtig seien genannt: La nécropole slave d'époque ancienne de Sărata Monteoru, in: Dacia, Bd. 1, 1957. — Contribution archéologique au problème des Protoroumains, in: Dacia, Bd. 2, 1958. — Zur Periodisierung der spät. Zeitstufen des Neolithikums in d. Rumänischen Volksrepublik, in: Dacia, Bd. 4, 1960.

Ungarn hat eine eigenartige Abwandlung der Keramik der mitteleuropäischen Urnenfelderkultur, in dieser Gegend der Lausitzer Kultur geschaffen, vor allem die Gruppe von Val. Der namengebende Fundplatz liegt im Tal des Val-Baches zwischen Székesfahérvar und Budapest. Die Grabung begann 1930, sie wurde bis 1958 fortgesetzt. Sie ergab eine Fülle von Gefäßen mit einbezogenem Rand, Henkeln und reichem Ornament.

Ein anderer wichtiger Fundort der Urnenfelderkultur ist Tószeg, 12 km südlich von Szolnok, am rechten Ufer der Theiss. Schon 1876 angeschnitten, wurden weitere Grabungen durchgeführt von 1906—1912, von 1926—1928 und von 1948—1949. Es lassen sich vier Schichten unterscheiden, von den Ausgräbern bezeichnet als A—D. Die Kulturschicht ist 5—8 m stark. Tószeg A ergab Wohnhäuser, Tongefäße entsprechend Bronzezeit Per. I, Tószeg B brachte Großhäuser für mehrere Familien, reiche Keramik, entsprechend Bronzezeit Per. II, goldene Ohranhänger, Bronzenadeln. Tószeg C führte Bronzedolche, Bronzenadeln, Buckelkeramik, Fußschalen, Streitäxte mit Schafthülse und geschwungenem Blatt, Absatzäxte, frühe Schwertformen. Tószeg D entspricht der Bronzezeit IV mit Lanzenspitzen, Gefäßen mit reichem Oberflächendekor. Es fanden sich Küchen mit Herdrost und Herdaufsatz, Schwerter mit Schalenknauf. F. VON TOMPA, der Leiter der Ausgrabung, datiert Tószeg A auf 2000—1800, für diese Gegend früher als in Nordeuropa, Tószeg B auf 1800—1400, Tószeg C auf 1400—1200, Tószeg D auf 1200 bis 700, bis zum Einbruch der Skythen. Den ersten Bericht gab Tompa im 24.—25. Ber. d. Röm.-Germ. Kom. 1934—1935, S. 69—102, die chronologische Tafel findet sich auf S. 102. Eine neuere zusammenfassende Übersicht gibt: J. JAKABFFY, Archäol. Bibliographie des Mittel-Donaubeckens bis zum XI. Jahrhundert, Budapest 1961.

Ungarn ist besonders reich an Urnenfeldern und Burgenanlagen der Bronzezeit und Hallstattzeit. Das fruchtbare Gebiet zwischen Donau und Theiss hat immer wieder die Bodenbauern angezogen, genau so wie das fruchtbare Land der Magdeburger Börde und des Rhein-Main-Raumes.

Die Übersicht über die Urnenfeldzeit in Mittel- und Osteuropa ergibt das Bild einer reich entfalteten Kultur. Der Grund ist erkennbar an drei Ereignissen, die ineinander greifen. Erstens ist es der Handel, der Waren aus dem Vorderen Orient, aus Kreta und Mykenä nach Ost- und Mitteleuropa zu bringen vermochte. Zweitens ist es das Auffinden besonders fruchtbarer Gebreiten. Drittens ist es seit Bronzezeit II der Beginn eigener Bergbautätigkeit. Die vielen Grabungen haben eine Unzahl von Material aus der Erde gehoben, eine solche Fülle, daß sich oft bei der Einzelarbeit die Blickrichtung auf das Ganze zu verlieren droht.

Bearbeitungen der drei genannten Kulturelemente wurden erforderlich in der Zeit von 1900—1975, und die Forschung hat ergebnisreich auf diese Forderung die Antwort gegeben.

Handel

Der Handel ist vielfach dargestellt worden. ERNST SPROCKHOFF hat 1930 ein Werk vorgelegt: Zur Handelsgeschichte der germanischen Bronzezeit. Berlin. Er beginnt sein Werk mit folgenden Worten: „Der Handel hat in allen Zeiten eine größere Rolle gespielt als kriegerische Unternehmungen. Er ist für die Blüte und Höhe einer Kultur ein ungleich wertvollerer Faktor als jene. Namentlich in der Vorgeschichte ist die Untersuchung der Handelsbeziehungen zwischen den einzelnen Völkern ein Problem von großer Bedeutung. Die Erforschung des Handels ist sehr häufig eher zur Aufhellung vorgeschichtlicher Verhältnisse in der Lage als mancher anderer Gesichtspunkt, und vor allem führt sie in vielen Fällen zu einer richtigeren Beurteilung der Geschehnisse."

Und sehr richtig sagt Sprockhoff auf derselben Seite (S. VII): „Wenn man mehr die Handel und Kultur verbindenden friedlichen Elemente bei der Beurteilung der jungsteinzeitlichen Verhältnisse in Rechnung gestellt hätte, wäre in vielen Fällen eine gesundere Beurteilung der Vorgänge zu verzeichnen gewesen."

Von den chronologisch festeren Erscheinungen des Südens ausgehend, untersucht und datiert Sprockhoff die bronzenen Rundschilde Nordwesteuropas, die bronzenen Helme, die Henkeltassen und Schalen, die bronzenen hohen Eimer mit seitlichen Griffen, die Amphoren, die Bronzekessel mit kreuzförmigen Henkelbeschlägen, die Kesselwagen, die Bronzekannen, die Bronzeeimer, die gerippten Zisten.

Der Verf. kommt zu dem Ergebnis, daß die Flüsse die wichtigsten Handelswege darstellen. Er sagt (S. 145): „Die breite Basis für die meisten der nach Norddeutschland führenden Handelswege bildet die Donau. Das Rheingebiet kommt nur für Nordwestdeutschland wesentlich in Frage." „Das Rückgrat aller Wege bilden die Flußtäler und die natürlichen Senken" (S. 147). „Im großen gesehen, sind es nur zwei Gebiete, denen der durch die Funde dokumentierte Handel zustrebt: Ostjütland nebst den dänischen Inseln und außerdem der Weichselmündung. Es liegt auf der Hand, an den Bernstein als das Handelsgut zu denken, dem diese intensive Suche nach dem Norden galt. Und in der Tat ist ja auch das Vorkommen nordischen Bernsteins in Italien zu dieser Zeit sehr groß. Die chemischen Untersuchungen haben gezeigt, daß es in der Hauptsache jütischer Bernstein ist, der aus den Gräbern gehoben wurde. Das wird am besten durch die Funde im Norden bestätigt. Wie häufen sich die Funde um den Elbweg" (S. 147).

„Die Untersuchung hat gezeigt, daß sich das verhältnismäßig reichlich vorhandene Material an importiertem Bronzegerät auf alle Stufen der jüngeren Bronzezeit verteilt, wenn man die Perioden von Montelius als Zeitabschnitte betrachtet. Am reichsten fließt der Handelsstrom in der V. Periode, aber noch in der VI. erscheinen neue Formen in Gestalt der gerippten Zisten und der Bronzesitulen. Dann hört die Einfuhr zunächst auf, und es muß besonders darauf hingewiesen werden, daß fast sämtliche der im Norden gefundenen Bronzegefäße dieser beiden Gattungen keine jüngere Datierung als die VI. Per. Montelius bzw. Hallstatt D zulassen. Diese Tatsache muß deswegen hervorgehoben werden, weil man in Italien sowohl wie in Mitteleuropa beide Typen während der Latènezeit weiter benutzt" (S. 148).

„In dem Kulturrückgang der nordischen Verhältnisse wird man die Ursache nicht suchen dürfen, denn dieser ist offenbar nur eine Folge der Störung von anderer Seite, und wenn in Italien die Herstellung und der Gebrauch der bisher ausgeführten Dinge zunächst ungestört bleibt, wird man auch dort die Ursache des Abbruchs vergeblich suchen müssen. So scheint die Quelle der Veränderung in Mitteleuropa zu liegen, und hier vollziehen sich in der Tat Dinge von folgenschwerem Ausmaß. Es handelt sich um die Zeit des Großkeltentums. Die gewaltige Expansion der Kelten beginnt mit dem Ende der Hallstattzeit. Seit etwa 600, das ist das Ende der VI. Periode der nordischen Bronzezeit, rücken die Kelten von Westen her ‚recht merklich' nach Ostthüringen und bis an die schwarze Elster."

„Es ist also bereits während der ersten Latènestufe der ganze mitteleuropäische Donaustreifen in keltischem Besitz. Da es sich um ausgesprochen militärische Ereignisse handelt, kann man nicht anders als von einer Abriegelung des Nordens sprechen. Solche Zeiten sind für die Pflege friedlicher Handelsbeziehungen, wie sie die Funde der jüngeren Bronzezeit klar zum Ausdruck brachten, die denkbar ungünstigsten. Die Kelten haben sich aber nicht damit begnügt, in Mitteleuropa wie ein trennender Keil zwischen den Norden und den Süden zu stoßen, sondern sie sind bekanntlich auch über die Alpen nach Italien gezogen und haben dort im Jahre 390 an der Allia den Römern eine sehr unangenehme Niederlage beigebracht."

Mit der Frage des Handels in der Vorzeit hat sich besonders GRAHAME CLARK beschäftigt. Führend sind seine Bücher: Archaeology and Society, London 1939, 2. Aufl., 1957. — From Savagery to Civilization, London 1956. — Prehistoric Europe, The economic basis, London 1952 (russische u. polnische Übersetzungen). — World Prehistory, Cambridge 1961. Deutsche Ausgabe: Frühgeschichte der Menschheit, Stuttgart 1964.

Zu der Frage der Urnenfelderkultur sagt CLARK auf S. 163 der deutschen Ausgabe von 1964: „Nach all dem Gesagten überrascht es kaum, daß nach einer Zeit der Konsolidierung im nördlichen Alpengebiet, in welchem die Urnenfelder-Menschen ihre Lebensform prägten und ihren Wohlstand durch Kupfer- und Salzgewinnung mehrten, sie in eine Phase der weiteren Expansion traten, die auf Kosten der weniger entwickelten Nachbarn ging. Diese Ausbreitung nahm die Form einer Reihe von Ausfällen an, die sich über Jahrhunderte erstreckten und die bis zu jenen Zeiten andauerten, in denen Eisen für Werkzeuge und Waffen in Gebrauch kam. Die expansive Kraft der Urnenfelder-Leute, die sie in erster Linie aus einer wachsenden Bevölkerung schöpften, wurde durch eine größere Beweglichkeit gefördert, welche mit einem verstärkten Einsatz der von Pferden gezogenen Fahrzeuge gegeben war; auch erhöhten scharfe Schwerter, die aus Kleinasien erstmals während jener Zeit der Störung eingeführt worden waren, die den Zusammenbruch des Hethiterreiches und den Verfall der mykenischen Macht einleitete, die Durchschlagskraft dieser Expansionen. Die Eroberungen der Urnenfelder-Leute verursachten eine Völkerbewegung unter den Stämmen jener Gebiete, in die sie zuerst eindrangen, eine Bewegung, deren Auswirkung größer war als jene, die unmittelbar durch die eigene Wanderung entstand. Darüber hinaus übten sie durch ihre Macht einen bedeutenden Einfluß auf den Handel mit den lebenswichtigen Rohstoffen wie Kupfer und Salz aus und gewannen daraus einen Vorrang als Schmiede und Zwischenhändler."

JOHN GRAHAME DOUGLAS CLARK ist am 28. 7. 1907 in Shortlands, Kent, geboren. Er studierte in der Universität Cambridge und erwarb dort seinen Doktorgrad. Jetzt ist er dort Professor für Archäologie. Seine wichtigsten Werke sind oben genannt, dazu sei erwähnt: The Mesolithic Settlement of Northern Europe. Cambridge 1935. — Prehistoric England, Cambridge 1949.

Die Ackerbaustruktur ist bei den Urnenfelderleuten besonders deutlich erkennbar, vor allem um die fruchtbaren Gebiete in Mitteldeutschland, den Raum um Prag in Böhmen, zwischen Donau und Theiss, und in Rumänien um Moldau und um Bukarest, wo die Funde sich häufen.

Besonders wichtig aber wird der Bergbau auf Salz und Kupfer. Fundplätze für Kupfer sind die Mitterbergalpe bei Bischofshofen, auch Mühlbach-Bischofshofen genannt, und der Einödberg, nicht weit entfernt von Salzburg. Bei modernem Abbau wurden alte Verhaue von großer Ausdehnung entdeckt. Sie gehören der Bronzezeit und der Hallstattzeit an, wie die Geräte deutlich machen, die dort gefunden worden sind. Auch die Holzwerkzeuge haben sich in den Stollen und Gängen erhalten. Ein bronzezeitlicher Bergbau findet sich bei Viehhofen an der Saalach im unteren Glemmtal und auf der Kelchalpe. Viele bronzezeitliche Gänge konnten aufgedeckt werden, dicht bedeckt mit Ruß und Grubenschlamm, mit den Holzstempeln, den Lichtspänen und manchmal auch den Bronzebeilen, so einer mittelständigen Lappenbeilart auf dem Dürrnberg bei Stuhlfelden im Pinzgau. Manche

Gänge führen bis 160 m in die Tiefe. Es war die Arbeitskraft von wenigstens 180 Männern erforderlich, um so große Bergwerksunternehmen durchführen zu können. Die Rohkupfermenge eines Bergwerks, des von Mühlbach-Bischofshofen, ist für die Bronzezeit berechnet worden auf 20000 Tonnen. Ein großer Teil des Materials ist offenbar nach Nordeuropa geliefert worden und bildete die Grundlage der nordischen Bronzezeit-Kultur. Ein anderer Teil wurde von den Urnenfelderleuten selbst verwendet.

Weder für Gold, noch für Zinn ist bisher in Mitteleuropa oder Nordeuropa ein Bergbauplatz aufgefunden worden.

Der Bergbau auf Salz ist bei Reichenhall durchgeführt worden, auf einem Hügel mit dem Namen Langacker. Ein weiterer wichtiger Fundplatz der bronzezeitlichen Salzschürfung ist Dürrnberg bei Hallein, aber der bedeutendste Platz ist Hallstatt. Die Namen der Orte bedeuten schon den Hinweis auf Salz. Das griechische Wort ist hals, lateinisch sal, gotisch salt, althochdeutsch salz. Die Tatsache, daß das griechische Wort übergegangen ist auf die Namen der Orte, verdeutlicht die Wichtigkeit des Handels mit Griechenland in dieser Zeit.

In Hallstatt konnte ich bei der Tagung der deutschen Verbände für Altertumsforschung 1970, so wie viele andere Teilnehmer der Tagung, das noch heute betriebene Bergwerk besuchen und die bronzezeitlichen Gänge besichtigen.

Zu der Wirtschaft insgesamt bemerkt Grahame Clark in dem Werk: Frühgeschichte der Menschheit, 1964, S. 163: „Die Größe und Anzahl der Urnenfelder, der gut organisierte Bergbau und der hohe Stand der Bronzeschmiedekunst lassen an eine größere Bevölkerungsdichte und an eine produktivere Lebensgrundlage denken, als jene, die die früheren Bauerngemeinschaften im größten Teil Europas gehabt haben. Obwohl Beweise vorliegen, daß von Ochsen gezogene Pflüge oder leichte Schurfpflüge bereits im frühen Stadium der Bronzezeit Verwendung fanden, scheint es doch, als ob erst die Urnenfelder-Leute ein System der seßhaften Lebensweise mit Landwirtschaft festigten, das in weiten Teilen Europas bis in die römische Zeit hinein fortdauern sollte."

Die Literatur über den vorgeschichtlichen Bergbau ist sehr groß. Aus der Fülle der Werke seien genannt: Julius Andree, Bergbau in der Vorzeit, Leipzig 1922. — K. Zschocke u. E. Preuschen, Das urzeitliche Bergbaugebiet von Mühlbach-Bischofshofen, 1932. — K. Kromer, Das Gräberfeld von Hallstatt, Florenz 1959. — W. Angeli u. a., Krieger und Salzherren, Mainz 1970.

Es ist verständlich, daß die Forschung nach dem historischen Namen für diese Urnenfelder-Leute im südlichen Mitteleuropa und Südosteuropa suchen mußte. Es können nur die antiken Berichte die Auskunft geben. Im Balkangebiet erlauben die Quellen seit Herodot von Illyrern zu sprechen. Für die Lausitzer Kultur handelt es sich nur um eine Übertragung des Namens, er wurde von Kossinna verwendet und in der Folge von vielen anderen Forschern. Es wird sich sicherlich um viele einzelne Stämme handeln, der Name Illyrer ist wie der der Germanen ein Gesamtbegriff, den die Griechen und die Römer geschaffen haben. Ein Beispiel sei heute das

Wort Allemands für die Deutschen in der französischen und spanischen Sprache, Franki im Arabischen und Türkischen.

Das Wort Illyrer wird zum erstenmal genannt bei Herodot, 4,49. Dort heißt es: „Von den Illyrern kommt in nördlicher Richtung strömend der Fluß Angarus, der in die Triballische Ebene einfällt und in den Fluß Brongus, der sich in den Ister ergießt. Auf diese Weise nimmt der Ister beide Flüsse auf, die bedeutend sind." Der Angarus ist die Morava oder Morawa in Serbien, im heutigen Jugoslawien. Der Fluß Brongus ist die heutige westliche Morava. Die Triballische Ebene ist das fruchtbare Land um Belgrad. Der Ister ist die Donau. Herodot sagt an derselben Stelle, daß der Ister, die Donau, aus dem Lande der Kelten käme. Der viel erwähnte Satz lautet (ebda) „Der Ister (Donau) nämlich fließt durch ganz Europa, nachdem er seinen Anfang genommen hat von den Kelten, die nach den Kyneten unter allen Völkern Europas am äußersten nach Sonnenuntergang zu wohnen."

Von den Kelten und der Donau spricht Herodot auch im 2. Buch, Kap. 33, wo er sagt: „Denn der Ister, der aus dem Lande der Kelten kommt und von der Stadt Pyrene, nimmt seinen Lauf so, daß er Europa in der Mitte spaltet ... Es endet aber der Ister in dem Meer des Pontus Euxinus (Schwarzes Meer), nachdem er ganz Europa durchlaufen hat."

Durch diese Angaben Herodots wird fast von allen heutigen Forschern die östliche Urnenfelder-Kultur mit dem Namen der Illyrer bezeichnet. Man muß sich dabei jedoch vergegenwärtigen, daß Herodot nur von dem ehemals serbischen Gebiet spricht, und daß das Wort Illyrer lediglich als eine Gesamtbezeichnung aufzufassen ist für eine Fülle verschiedener Stämme, genau so, wie das bei den Germanen der Fall ist und bei den Kelten.

Der Streit um diese Bezeichnungen, viele Bücher zwischen 1900 und 1975 füllend, ist ebenso wie manche der Streitigkeiten dieser Zeit, im Grunde aus spezieller Sicht entstanden. Herodot kann natürlich nicht als eine gesicherte Quelle angesehen werden, er stellt lediglich das Wissen der gelehrten Griechen seiner Zeit, um 450 v. Chr. dar. Herodot lebt von etwa 490—425 oder 420.

Urnenfelder-Kultur

Auch die Sprachforschung hat sich sehr bemüht um die Frage der Illyrer und der örtlichen Festlegung ihres Lebensraumes. Ausgehend von der Tatsache, daß die Bezeichnung Illyricum auch in der Römerzeit nicht gleichartig umgrenzt war, wurden illyrische Ortsnamen gesucht. Unter Augustus umfaßt die Provinz mit diesem Namen den Raum von der Save bis zum Mali-Fluß in Albanien. Zur Zeit Diocletians umgriff der Zollraum Illyricum verschiedene Provinzen, vor allem Raetia, Noricum. M. Vasmer bezeichnete eine große Anzahl von Ortsnamen in Ostdeutschland als illyrisch in der Zschr. f. Slaw. Philologie, Bd. V—VII. E.

Schwarz wies illyrische Namen im tschechoslowakischen Raume nach in seiner Arbeit: Die Ortsnamen der Sudetenländer, 1931. Auch die oberitalischen Veneter wurden zu den Illyrern gerechnet, entsprechend dem Worte „Wenden". Diese Tatsache versuchte zu bestätigen P. Kretschmer im Jahre 1943 mit einer Arbeit in Glotta, Bd. 30. Er wollte deutlich machen, daß die meisten Namen nicht illyrisch, sondern venetisch, wendisch seien.

Im Grunde sind das nur Streitigkeiten um Bezeichnungen, um Namen, die schon im Altertum eine feste Bestimmung nicht besaßen.

Eine westliche Urnenfelder-Gruppe ist in Süddeutschland seit langem deutlich geworden. Die süddeutsche Bronzezeit gewann Gestalt durch die Arbeit von GUSTAV BEHRENS, Bronzezeit Süddeutschlands, Mainz 1916, 294 Seiten, 24 Tafeln. Das Buch ist gegliedert in früheste Bronzezeit, Hügelgräberzeit, späteste Bronzezeit, entsprechend Urnenfelderzeit. Das Werk bringt genaue Fundangaben der einzelnen Plätze. Behrens endet mit diesen Worten (S. 276):

„Im engsten Zusammenhang mit der Keramik steht die Frage nach den Rassen der spätesten Bronzezeit, die auch durch Betrachtung der Grabriten gefördert wird. Sowohl der Charakter der Tongefäße der spätestbronzezeitlichen Urnenfelder, die von früheren Gefäßen leicht zu scheiden sind, als die neuartige Sitte, in einer großen Graburne die Toten-Asche und kleine Beigefäße beizusetzen, legt die Vermutung nahe, daß die Urnenfelder-Kultur einem neuen eingewanderten Volksstamm zuzuweisen ist. Diesem oder dem in einzelnen Gebieten, meist im Gebirge sitzengebliebenen älteren Volke Namen zu geben, erscheint verfrüht."

„Die absolute Chronologie wird, je mehr wir uns den historischen Zeiten nähern, um so sicherer und unumstrittener. Das Ende der spätesten Bronzezeit Süddeutschlands wird daher von allen Forschern zwischen 1000 und 900 gesetzt. Für andere Länder Europas gelten andere Daten, denn das neuhinzutretende Eisen erscheint nicht überall gleichzeitig. Während Italien schon um 1100 in die Eisenzeit eintritt, hat Nordeuropa noch bis 800 eine Kultur von ausgesprochenem Bronzezeitcharakter."

Behrens denkt an eine Einwanderung der Urnenfelderkultur. Eine neue Bestattungssitte braucht aber keineswegs eine Einwanderung neuer Stämme und Völker zu bedeuten, sie kann ebensogut eine Veränderung der religiösen Vorstellungen darstellen, oder auch nur eine neue Sitte, wie gegenwärtig in Europa, in Deutschland seit 1911, als die Feuerbestattung gesetzlich gestattet wurde.

Über die Brandbestattung der Vorzeit berichtet in neuerer Zeit T. VOIGT in Jahresschr. f. mitteldeutsch. Vorgesch. Bd. 47, 1969.

GUSTAV BEHRENS wurde geboren am 18. 10. 1884 in Birkenfeld, er starb in Mainz am 20. 8. 1955. Er erwarb seinen Doktorgrad 1902, seit 1910 arbeitete er als wissenschaftl. Mitarbeiter im Röm.-Germ. Zentralmuseum in Mainz und wurde 1927 dort Erster Direktor. Seine wichtigsten Werke sind außer dem genannten Buch über die Bronzezeit, Bodenurkunden aus Rheinhessen, Mainz 1939. — Merowingerzeit, Mainz 1954.

Von GEORG KRAFT erschien 1924 ein Werk mit dem Titel: Die Kultur der Bronzezeit in Süddeutschland, Augsburg mit 152 Seiten und 51 Tafeln. Die Arbeit stellt die Fülle der einzelnen Funde Süddeutschlands dar, vor allem in Württemberg.

Beide Arbeiten haben ihre Bedeutung in der Zusammenstellung der vielfach verstreuten einzelnen Funde.

Georg Kraft bemerkt am Ende seiner Darlegungen, S. 99: „Aus den Aunjetitzern leitet Kossinna die Anfänge von drei indogermanischen Völkerschaften der entwickelten Bronzezeit ab: Illyrer in Ostmitteleuropa, Italiker in Oberitalien, Kelten in Süddeutschland. Eine endgültige Stellungnahme halte ich noch für verfrüht."

Sie war tatsächlich noch verfrüht. Erst nach 1930 ergaben sich Zusammenhänge der süddeutschen Urnenfelderkultur mit Frankreich und Spanien.

Um 1940 veröffentliche WOLFGANG KIMMIG ein größeres Werk: Die Urnenfelderkultur in Baden. Durch diese Arbeit weitete sich der Blick nach Frankreich, und 1954 erschien sein wichtiger Aufsatz: Ou en est l'étude de la Civilisation des Champs d'urne en France, Revue Archéolog. de l'Est de la France, 1951 bis 1954. Für die Festschrift für Goessler schrieb Kimmig einen anderen Aufsatz: Zur Urnenfelderkultur in Südwestdeutschland, Stuttgart 1954, S. 41—98.

Es war dann NANCY KATHARINE SANDARS, die in einer Arbeit die Bronzezeit Frankreichs darlegte, „Bronce age cultures in France. The later phases from the 13. to the 7. century BC." Cambridge 1957 mit 412 Seiten.

Auch die Arbeiten von GEORG KOSSACK trugen zur Klärung bei. Es sind vor allem: Studien zum Symbolgut der Urnenfelder in der Hallstattzeit Mitteleuropas 1954 und Südbayern während der Hallstattzeit, Berlin 1959.

Als von französischer Seite HANS ZUMSTEIN die Kenntnis der Bronzezeit im Dépt. Haut-Rhin darlegte, „L'âge du bronze dans le Haut-Rhin", Revue Archéol. de l'Est et du Centre-Est, Dijon, Bd. 15 und 16, war auch für den an Süddeutschland anschließenden Teil das Fundmaterial übersehbar. Die Artikel erschienen 1966 in Bonn als Buch mit dem gleichen Titel.

Nun wurde es deutlich, daß sich die Urnenfelderbewegung auch nach Westen ausbreitete, nach Frankreich und weiter nach Nordspanien, besonders nach Katalonien, wo sich klar bestimmbare Urnenfelder befinden. A. BELTRÁN bemerkt dazu in: J. Filip, Enzyklop. Handbuch d. Ur- u. Frühgesch. Europas, Prag 1969, deutsch Stuttgart 1970, S. 1349f: „Vers le IXe s., les Pyrénées furent traversées par des peuples européens qui connaissaient la technique du travail du fer mais qui pratiquaient encore celle du bronze. Au VIIIe siècle av. n. è. ils étaient déjà en Catalogne où de véritables champs d'urnes sont le témoigne d'une culture agricole provenant du Rhin à travers la vallée du Rhône et les plaines du Midi de la France; Agullana, Can Missert de Tarrasa et El Molar (Tarragona) ainsi que des groupes sépulcrales comme Janet (Tivissa) nous donnent la preuve de poteries du Hallstatt A—B complétées par d'autres Hallstatt C venant, au VIIe s., de Suisse et de la région alpine. De toutes ces populations proviennent seulement les nécropoles d'incinération sans tumulus."

Die Forscher, die diese neue Erkenntnis nach 1930 anbahnten und durchführten, mögen mit ihren Lebensdaten genannt sein.

Wolfgang Kimmig ist 1910 in Konstanz geboren. Er machte sein Doktorexamen in Freiburg 1935, danach war er wissenschaftl. Assistent am Landesmuseum Trier. 1942 habilitierte er sich in Freiburg und seit 1955 ist er ord. Professor a. d. Univ. Tübingen. Seit 1951 ist er Leiter der Ausgrabung der Heuneburg a. d. Donau. Außer den genannten Werken ist ein überschauender Band: Vorzeit an Rhein und Donau, mit Abbildungen von H. Hell.

Nancy Katharine Sanders ist am 29. 6. 1914 geboren. Sie studierte an den Universitäten London und Oxford, jetzt ist sie tätig im Manon House, Oxford. Ihr letztes, bedeutendes Werk ist: Prehistoric Art in Europe, 1968, mit 350 Seiten und 340 Tafeln.

Georg Kossack ist 1923 in Neuruppin geboren. 1955 erwarb er seinen Doktorgrad in München und wurde dort Privatdozent. Seit 1959 ist er ord. Professor a. d. Univ. Kiel. Von seinen Arbeiten ist außer dem genannten Buch zu erwähnen: Südbayern während der Hallstattzeit, Berlin 1959.

Hans Zumstein, 1929 geboren, ist Assistent am Museum für Archäologie in Strasbourg. Er studierte in Strasbourg und an dem Ecole du Louvre in Paris.

Antonio Beltrán Martinez ist 1916 geboren. Er war Direktor des Archäol. Museums von Carthagena von 1943—1950, seitdem ist er Prof. f. Archäologie a. d. Univ. Zaragoza. Von seinen Büchern sind zu nennen: Arqueología clasica, Madrid 1949. — Prehistoria de Bajo Aragon, Zaragoza 1958. — Hispania Antiqua Epigrafica, 3 Bde., Madrid 1950—1960. — Arte rupestre Levantino, Zaragoza 1968.

Das Ergebnis der Forschung ist seit 1930 recht bedeutend. Es wird eine Ausdehnung der Urnenfelderkultur nach Westen sichtbar, bis weit nach Spanien hinein, und nach Norden zu auch nach England. Diese Bewegung kann nur eine Wanderung gewesen sein. Die spanischen Forscher sprechen von einer Indoeuropäisierung Spaniens. (Beltrán, ebda S. 1350.) Diese Wanderung nach Westen würde die erste Indoeuropäisierung Spaniens bedeuten vor den Griechen, Römern und Germanen. Die Iberer werden allgemein als nicht-indoeuropäisch betrachtet, ihre Herkunft ist nicht geklärt. Die meisten Forscher halten die Basken für die Nachkommen der Iberer und für ihre Herkunft nehmen sie die Berber Nordafrikas an.

Die verhältnismäßig große Einheitlichkeit der Urnenfelderkultur in Osteuropa wird seit 1925—1930 in Beziehung gesetzt zu den historisch genannten starken Völkerbewegungen um 1200 im gesamten östlichen Raum.

Unter Ramses III. (1184—1153) müssen die Ägypter kämpfen gegen die sogenannten Seevölker. Im Tempel von Medinet Habu sind die Ereignisse an die Wände geschrieben. Es wird das achte Jahr der Regierung von Ramses III. genannt, demnach 1176. In dieser Zeit werden in Kleinasien, in Megiddo, Jericho, Byblos, Kadesch, Ugarit, Karkemisch, Tassos bis nach der Osttürkei hinein starke Brandspuren, Reste von Zerstörungen bei den Grabungen beobachtet, wie Claude Schaeffer (geb. 6. 3. 1898) berichtet in seinem Werk: Stratigraphie comparée et chronologie de l'Asie Occidentale, Oxford 1948, S. 43f., S. 128f.

Von 1175 ab findet sich an der Ostküste des Mittelmeeres die Keramik der Philister. Die Urkunden der Hethiter setzen aus um 1200. Um 1200 werden die berühmten Städte Mykenä, Korinth, Pylos, Orchomenos, Theben niedergebrannt. Nur die Akropolis von Athen vermochte sich zu halten.

Daß diese Bewegungen im letzten Grunde ausgelöst worden sind durch die verschiedenen Vorstöße der Urnenfelder-Kultur, das sind Gedankengänge, die seit der Mitte der Epoche 1900—1975 eindringen in die Werke der Vorgeschichte und der Geschichte. In Griechenland ist es die Ägäische Wanderung, auch vielfach Illyrische Wanderung genannt, etwa um 2000 (Ploetz, Auszug aus der Geschichte, 26. Aufl., 1960, S. 65, 158). Nach Italien wandern die Träger der Villanova-Kultur ein. Um 1100 beginnt die Dorische Wanderung mit illyrischen Völkern nach Griechenland, nach antiker Berechnung achtzig Jahre nach der Zerstörung Trojas, die mit heutigen Zahlen nach antiken Angaben anzusetzen ist auf 1184.

Es ist nicht ein Vorstoß, vielmehr sind es mehrere Züge, die ihren Anstoß vom Donaugebiet erhalten, von dem Raum, in dem die Alten die Illyrer und die Thraker sahen. Bestätigt wird die historische Überlieferung durch sichere Funde handgemachter Keramik, die zu Urnenfelder-Tongefäßen gehört, in den zerstörten Städten von Kleinasien. An Literatur dazu: K. Bittel, Grundzüge der Vor- u. Frühgeschichte Kleinasiens, 1945, S. 61f. — W. Heurtley, Prehistoric Macedonia, Cambridge 1939, S. 98f. — Joseph Wiesner, Die Thraker, Stuttgart 1963.

Den großen Erschütterungen dieser Zeit, um 1200, waren die Randgebiete der Bewegung nicht ausgesetzt. Der germanische Raum im nördlichen Europa zeigt nach den Funden eine allmähliche, gleichmäßige Erweiterung hinaus über die vorherigen Randgebiete.

In England schritt die prähistorische Forschung tatkräftig fort. Die Leichenverbrennung erscheint in der mittleren Bronzezeit ebenso wie auf dem Kontinent. Bronzegegenstände werden vom Festland eingeführt, sie nehmen allmählich einen eigenen Charakter an. Im Raum der Wessex-Kultur entsteht die Cinerary-Urns Kultur, bei der die Toten verbrannt und beigesetzt werden in Urnen (G. Childe, Prehist. Communities of the British Isles, 2. Aufl., London 1942, S. 145f.). In der jüngeren Bronzezeit kommen aus dem Rheinland Schwerttypen nach England, um 600 v. Chr. treten Hallstattformen auf.

Stonehenge wird neu vermessen und gegraben. Das Ergebnis legt R. J. C. Atkinson vor: Stonehenge, London 1956. Astronomische Berechnungen auf mathematischer Grundlage werden angenommen von G. S. Hawkins in einem Buch: Stonehenge decoded, New York 1965. Ihm folgt ein deutscher Astronom, Rolf Müller mit dem Buch: Der Himmel über dem Menschen der Steinzeit. Berlin 1970. Auch die anderen Steinsetzungen in England wie Avebury, Woodhenge, werden vermessen und astronomische Stellungen werden herausgedeutet. Es kann nicht Sache des Prähistorikers sein, zu diesen Fragen Stellung zu nehmen, die Problemlagerung sei jedoch erwähnt.

Von den Werken über das vorgeschichtliche England zwischen 1900 und 1975 seien genannt: T. D. Kendrick und C. F. C. Hawkes, Archaeology in England and Wales, 1914—1931. London 1932. — J. and Chr. Hawkes, Prehistoric Britain, London 1942. — R. L. S. Bruce-Mitford u. a. Recent Archaeological Excavations in Britain, London 1956, 2. Aufl. 1957. — GRAHAME CLARK, Prehistoric England, Cambridge 1940, 2. Aufl., 1962.

In Spanien hat die prähistorische Forschung für die Bronze- und Hallstattzeit zwischen 1900 und 1975 ebenfalls eine reiche Ernte eingebracht. Die frühbronzezeitliche Alcalá-Kultur wurde durch Funde in Palmela bereichert, nördlich von Serúbal, in Portugal, im Mündungsgebiet des Tajo. Es ergaben sich Gegenstände aus Gold, Silber, Bronze, Bernstein.

Auch die folgende El-Argar-Kultur, benannt nach dem Fundort in der Provinz Almeria im südöstlichen Spanien, hat eine Fülle neuer Funde in dieser Zeit ergeben. Der Ort selbst ist schon 1881—1887 ausgegraben worden durch zwei belgische Ingenieure, H. und L. Siret. Sie fanden an tausend Gräber, Schachtgräber, belegt mit Steinplatten, Steinkisten und Urnengräber.

Das 20. Jahrhundert brachte eine Fülle von Fundplätzen dieser Kultur, so Almado do Ouro, Castro Marim, Odemira. Immer sind bronzene Äxte und Dolche das führende Inventar. Der Bergbau ist an vielen Stellen deutlich, an einer Anzahl von Orten in Andalusien und Südportugal, in der Provinz Algarve, auch in der Sierra Córdoba, an einem Ort Cerro Muriano, in der Provinz Sevilla in La Preciosa bei Peñaflor, in der Provinz Huelva, ferner im Norden von Katalonien und in Asturien. Die Urnenfelder-Kultur bedeutet offensichtlich den Einbruch fremder Stämme in dieses Gebiet.

Die UdSSR, hat zwischen 1900 und 1975 eine Fülle von Funden der Bronzezeit und Hallstattzeit ergeben. Ein reicher Bergbau wird in der Bronze- und Hallstattzeit im westlichen Kaukasus und im südlichen Ural betrieben. Der Kaukasus und auch das Gebiet südlich des Gebirges ergibt reichlich Kupfer, der Ural auch Gold.

Die neueren sehr gut durchgeführten Grabungen erbrachten reiches Material, so die Ausgrabung bei dem Dorfe Novosilka Kostjukova bei Zaleshchiki am oberen Dnjester. Es fand sich eine Violinbogenfibel wie in Mitteleuropa, Gefäße und Schalen, fast gleichartig denen in Mitteleuropa. Die Zeit ist 1250—1100 v. Chr. Den Bericht gab Sulimirski, betitelt: The problem of survival of the Tripolye-Culture, Proceedings of Prehistoric Society, London 1950, S. 42—51.

TADEUSZ SULIMIRSKI ist am 1. 4. 1898 in Kobylany, Polen, geboren. Er studierte in Lwów, Lemberg, erwarb seinen Doktorgrad 1929 und wurde 1931 Prof. für prähist. Archäol. in Krakau, Kraków. Von 1941—1945 war er Generalsekretär bei der poln. Botschaft in London. Seit 1957 ist er Lecturer an d. Univ. London. Seine wichtigeren Werke sind: Die Skythen in Westpodolien, Lwów 1936. — Polska przedhistyczna, London 1955—1959. — Corded Ware and Globular Amphorae, North-East of the Carpathians, London 1968.

Ein anderer wichtiger Fundplatz ist Gruszka bei Tlumach am oberen Dnjester. Er brachte Bronzesicheln, Speerspitzer und Tüllenäxte, wie sie typisch sind für das Karpathengebiet und für Jugoslawien, Ungarn, die Slowakei (MARIJA GIMBUTAS, Bronze Age Cultures in Central and Eastern Europe, 1965, Fig. 92 u. 93, S. 129 u.

130). Der Fund von Gruszka ist veröffentlicht worden von K. Zurowski unter dem Titel: Skarb brazowy z Gruszky, pow. tlumacki, Ein Bronzehortfund aus Gruska, Distr. Tlumach, in Przeglad Archeologiczny, Posen, Bd. 6, 1939, S. 204—221.

KAZIMIERZ ZUROWSKI (geb. 1909) studierte a. d. Univ. Lwów, ehem. Lemberg, und war dort Assistent von 1937—40. Von 1945—1948 war er Direktor des Stadtmuseums in Zabrze und seit 1966 Prof. f. Archäol. a. d. Univ. Poznan, Posen. Eine andere Arbeit von ihm ist: Les origines des villes polonaises, Paris 1960.

Auffallend ist die Tatsache, daß gleiche Fundarten erscheinen auf dem weiten Raum der Urnenfelderkultur. So etwa die Rasiermesser mit Griff von Loshnev bei Terebovlja und von Goncharivka bei Zolochew, beide Distr. Lwów, Galizien. Sie finden sich ebenso in Jugoslawien, Ungarn, Österreich, Schlesien, Brandenburg (Gimbutas, ebda Fig. 316, S. 471).

Marija Gimbutas bemerkt dazu (S. 471): "In the same cemetery (Goncharivka) a bronze razor was found. Its curved and twisted handle ended in a ring with a protuberance at its outer edge. On the inner side of the blade was a button-shaped bulge. This type of razor is closest to razors from late Urnfield (Urnfield V) central Europe, and is reported from northern Yugoslavia, Hungary, Austria, Silesia and Brandenburg. Related types have been found in Villanovan assemblages from Italy... This shows that cultural uniformity existed over a large area."

Nach 1950 wurde die Frage der Urnenfelder-Bewegungen noch stärker in das Blickfeld gerückt. 1953 erschien das nachgelassene Buch von FRIEDRICH HOLSTE, Die Bronzezeit in Süd- und Westdeutschland, Berlin 1953, 124 Seiten, 13 Karten, 26 Tafeln. Es ist nach dem Tode des Verf. veröffentlicht worden.

FRIEDRICH HOLSTE ist geboren am 30. 4. 1908, er ist im Kriege gefallen am 22. 4. 1942 in Semenowka bei Charkow in Rußland, nur sieben Tage nach seiner Ernennung zum a. o. Prof. für Vorgeschichte a. d. Univ. Marburg. 1937 war er Assistent a. d. Univ. München und 1939 wurde er dort Privatdozent. Weitere Arbeiten von ihm sind: Die Bronzezeit im nordmainischen Raum, 1939. — Hortfunde Südosteuropas, Marburg 1951. — Die bronzezeitl. Vollgriffschwerter Bayerns, 1953.

Holste schreibt, Bronzezeit in Süd- u. Westdeutschland, S. 122:

„Mehr als drei Jahrhunderte darf man der ruhigen mittelbronzezeitlichen Entwicklung einräumen. Dann aber gerät Europa in den Wirbel der umwälzenden Ereignisse vom Ende des 2. Jahrtausends, deren sichtbarer Ausdruck in Süddeutschland das Erscheinen der Urnenfelderkulturen ist. Wir müssen jedoch stets folgendes bedenken: Was sich in den großen Gräberfeldern der Urnenfelderzeit zeigt, ist das Vorhandensein eines zur Ruhe und Seßhaftigkeit gelangten Volkes. Die Zeit der eigentlichen Bewegungen ist nicht die Urnenfelderzeit selbst, sondern jener Abschnitt, in dem die endbronzezeitlichen Fremdkulturen wandern."

Ferner auf S. 123: „Es ist längst erkannt, daß das mittlere Donaugebiet, Böhmen, Mähren und ein Teil Mittel- u. Ostdeutschlands, also der Raum, der rein bronzezeitliche Urnenfelder beherbergte, der Unruheherd ist, und es ist, ganz allgemein gesprochen, hier auch nach den Wurzeln der Bewegungen zu suchen, welche die Fremdkulturen heranführten. Falsch wäre es aber in jedem Falle, von einem Punkt aus die Fäden zu den verschiedenen Gruppe zu ziehen und zu vergessen, daß sich Bewegungen fortpflanzen und Völker erfassen, die aus inneren Gründen ihre Ruhe nicht aufgegeben hätten."

Von französischer Seite liegt eine kleinere Zusammenfassung vor: JACQUES BRIARD (geb. 1933), L'âge du bronze, Paris 1959. Das Buch ist gegliedert in frühe, mittlere, späte Bronzezeit. Der osteuropäische Raum ist nicht berücksichtigt. Doch gibt das Buch einen kurzen, gesamten Überblick ohne die russischen Funde.

Das größte zusammenschauende Werk über die Bronzezeit und frühe Eisenzeit ist von MARIJA GIMBUTAS vorgelegt worden, Bronze age cultures in Central and Eastern Europe, Den Haag, Niederlande 1965 mit 681 Seiten, 462 Abbildungen und 115 Tafeln.

Niemals vorher ist solch eine Arbeit geleistet worden für die Bronzezeit insgesamt. Tausende einzelner Funde werden aufgeführt mit der Literatur, oft auch mit Abbildungen. Der Aufbau ist derart, daß zuerst die chronologischen Grundlagen gegeben werden. Die ältere Bronzezeit wird in ihren zeitlich bestimmenden Elementen vorgelegt, 1800—1650 und 1650—1450. In dieser Zeit erscheinen Verbindungen zur mykenischen Kultur. Darauf die mittlere Bronzezeit von 1450—1250 mit ihren zeitlich bestimmenden Beziehungen zur ägäischen Welt und der des Kaukasus, weiter mit ihren Beziehungen zu Mittel- und Ostrußland, zu Sibirien und China. Die späte Bronzezeit mit Hallstattzeit, 1250—750 wird dargestellt mit den Verbindungen zu Griechenland. Nach dem Überblick im ersten Teil bringt der zweite Teil die einzelnen Gruppen der Kultur dieser Zeit, vom östlichen Mitteleuropa über Polen und ganz Rußland bis Sibirien.

In der westeuropäischen wissenschaftlichen Literatur fehlt fast immer Rußland. In diesem Buch, in englischer Sprache geschrieben, tritt Rußland in den Vordergrund, ein Gewinn für den westeuropäischen Forscher, der nur selten der russischen, polnischen oder ukrainischen Sprache mächtig ist. Frau Gimbutas verbindet die Beherrschung dieser Sprachen mit der Kenntnis der westeuropäischen Vorgeschichtswissenschaft.

MARIJA GIMBUTAS ist in Wilna, Vilnius, Litauen, geboren. Sie studierte an den Universitäten Kaunas, Kowno, und Vilnius, Wilna, jetzt Litauische Sowjetische Sozial. Republik. Ihren Doktorgrad erwarb sie in Tübingen 1946. Im Jahre 1949 ging sie in die Ver. Staaten v. Amerika, zuerst nach Harvard, dann, 1961 nach Stanford, Cal. Seit 1964 ist sie an der Univ. Harvard, Cambridge, Mass., Professorin für Europäische Archäologie. Von ihren Büchern seien genannt: Prehistory of Eastern Europe I. Cambridge 1958. — The Balts, London 1964.

Zu der Frage, ob die Lausitzer Kultur slawisch sei, bemerkt M. Gimbutas (ebda S. 453): " The problem of the origin of the Slavs, as reflected in the literature of the past 30 to 40 years, appears as perhaps one of the most debated issues in all the studies of Indo-European groups in Europe. The principal reason for this debate is that research has taken an unnecessary sidetrack by attempting to identify the Central European Lusatian group as proto- or early Slavic. This has caused great confusion, both from the linguistic and from the archaeological point of view." M. Gimbutas betrachtet die Lausitzer Kultur nicht als slawisch.

Die Verf. meint, ebenso wie LUBOR NIEDERLE (1865—1944) in seinem monumentalen Werk: Slovanské starožitnosti, Slavische Altertümer, Prag 1902—1904, daß die Urheimat der Slawen im Norden der Karpathen liege (ebda S. 457).

Über die zentraleuropäische Bronzezeit erklärt die Verf. als ein Ergebnis genauer Funduntersuchungen (S. 354):

"With this I will end my description of the greatest Bronze Age culture of Europe. At the transition from the Bronze to the Iron Age this powerful culture did not perish. It continued, but the Early Iron Age brought events which moulded this culture into a different shape. The material culture of Central Europe from the end of the eighth century B. C. and onward was strongly influenced by Greeks and Etruscans and, in eastern central Europe, by the Proto-Scythians who brought the oriental elements."

"The western Urnfield people, who in the eighth century B. C. occupied almost all of southern France and parts of Spain and established trade with the Greeks via the Mediterranean Sea, became the largest and strongest Urnfield unit and created the fabulous Celtic Hallstatt and La Tène culture. The eastern Urnfield groups met a different fate: at the end of the eighth century B. C., the Tisza and the large part of the Middle Danube groups were overrun by hordes of steppe horsemen, the Timbergrave people. The heirs of the Middle Danube Urnfield group persisted in the eastern Alpine and the north and east Adriatic area where the Illyrian Hallstatt culture arose in the following centuries best known through its celebrated Hallstatt cemetery and the situla art. In the north, the Lusatian people lived peacefully until the fifth century B. C. when their lands were devastated by Scythian raids, followed in the fourth century B. C. by the Baltic Pot-covered Urn expansion from the lower Vistula area over Poland and in the third century B. C. by the Celtic La Tène expansion to eastern Europe. Soon thereafter the Germanic migrations started which changed completely the ethnic configurations of central Europe."

Als Gesamterkenntnis wird am Ende der Einleitung dargelegt, S. 23:

"The European Bronze Age was a rather tumultuous period not much less stormy than the coming Iron Age, with its further Scythian, Celtic, and Germanic migrations."

Die Fragen der Bronzezeit haben von etwa 1930 an völlig neue Blickpunkte ergeben. Die genaue Einzelforschung, wieder wie für das Neolithikum durchgeführt von Hunderten von Ausgräbern aller europäischen Nationen, hat ein lebensvolles Bild erbracht. Wenn es sich in der Neusteinzeit vor allem um Weitergaben von Kulturelementen handelte und um allmählichen Erwerb und die Verwendung von Ackerland, dann sind es jetzt andere Ausgangspunkte. Aus Vorderasien ist das Wissen um das Graben, das Schmelzen und Verarbeiten des Metalls nach Europa gelangt. Bergwerke sind jetzt in Europa angelegt worden. Der Beruf des Schmiedes hat sich ausgebildet. Ein beweglicher Besitz ist entstanden, nicht wie bei dem Ackerbau der unbewegbare Boden. Mit diesem Besitz ist der Handel verbunden, die Weitergabe. Der Handel schafft die Beweglichkeit, seit etwa 1400 verbunden mit dem Wagen. Der Wunsch nach Besitz muß geschlossene Züge zu den metallführenden Plätzen zur Folge haben — Kriegszüge müssen sich ergeben, um die Quellen des Reichtums, die fernen wohlhabenden Länder und auch die Bergwerke in die Hände zu bekommen.

Die metallführenden Gebreiten müssen eine besondere Anziehungskraft bedeuten. Von gleicher Wichtigkeit, für diese Zeit eines mythischen Denkens ist der Bernstein mit seiner geheimen Anziehungskraft. Der Bernstein findet sich in Ostpreußen und an der Westküste Jütlands. Gold wird in Irland gefunden, im Erzgebirge und in den Karpathen. Gold im südwestlichen Spanien und in England. Kupfer an mehreren Stellen, in Irland, im südlichen Spanien, in den Ostalpen, im Erzgebirge, in den nördlichen Karpathen, im Kaukasus und im südlichen Ural.

Eine gleiche Anziehungskraft besitzen die höheren Kulturen mit Stadt, Schrift und Handel, wie in Italien, im mykenischen Griechenland, auf Kreta und im Vorderen Orient.

In der Mitte des 2. Jahrtausends v. Chr. dehnt sich die Aunjetitzer Kultur von Mitteldeutschland aus nach Norditalien, nach dem Balkan. Das ist die frühe Bronzezeit, noch nicht von starker Bewegung.

Die mittlere Bronzezeit, von etwa 1230—1180 bringt die stärkste Bewegung. Sie strahlt von Mitteleuropa aus nach Westen zu nach Frankreich und Spanien. Sie strahlt aber vor allem aus nach dem Süden und Osten, nach Italien, nach Griechenland, Mykenä, Kreta, Kleinasien und Syrien.

Alle großen Kämpfe in dieser Zeit, rund um 1200, werden ausgelöst durch die Vorstöße der Urnenfelderkultur Mitteleuropas. Vorgeschichtliche Stämme dringen vor in althistorische Räume, die Kämpfe müssen erbittert gewesen sein, wie die Grabungsbefunde deutlich machen.

Ein wichtiges Werk zu diesen Fragen ist: Gero von Merhart, Hallstatt und Italien, Mainz 1969.

Kreta

Der vierte Schwerpunkt in der Erforschung der Vorgeschichte Europas in der ersten Hälfte des 20. Jahrhunderts ist die Ausgrabung des Palastes von Knossos auf Kreta. Der erste war die Entdeckung der Malerei der Eiszeit, der zweite der Ostspanischen Malerei, der dritte der der neolithischen Kunst im Süden Spaniens.

Der Ausgräber ist SIR ARTHUR EVANS (1851—1941). Er ist geboren in Nash Mills, Herfordshire, England, am 8. August 1851. Er ist in Oxford gestorben am 11. Juli 1941. Sein Vater, Sir John Evans, hat sich ebenfalls in der Archäologie betätigt. Arthur Evans hat seine Ausbildung gewonnen in Harrow, Brasenose College in Oxford, und später in Deutschland, an der Universität Göttingen. Im Jahre 1873—1874 reiste er in Finnland und Lappland, 1875 im Balkangebiet. Durch die Ausgrabungen von Napoléon III. gewann er Interesse an der Frage der Kelten. Vor allem zog ihn die Numismatik an, die Münzen der Kelten, der Gallier. Um der Wanderung der Kelten nach Osten zu folgen, bereiste er die Herzogowina und Bosnien. Er setzte sich stark ein für die Slawen. Die Österreicher nahmen ihn deshalb

1881 fest, sie wiesen ihn aus aus Österreich. 1878 hat er geheiratet, seine Frau war Margarete Freeman.

In den Jahren 1883—1886 ist er wieder auf Reisen, diesmal in Griechenland. Die Ausgrabungen von Schliemann in Mykenä fesseln ihn. Er sucht Frau Schliemann auf, um die Möglichkeit zu überlegen, an den Grabungen in Mykenä mit Schliemann teilzunehmen. Aber Schliemanns Ziele sind damals andere. Er hatte den Plan gefaßt, auf Kreta zu graben, auf dem Hügel, der wie eine Stadtanlage oder eine Palastanlage aussah, Knossos. Das war 1886. Die Bodenbesitzer verlangten zu viel Geld. Schliemann war ein reicher Mann, aber in Geldangelegenheiten war er, wie so oft in solchen Fällen, genau berechnend.

Im Jahre 1893, nach dem Tode von Schliemann, ist Evans zum erstenmal auf Kreta. Es werden ihm Tontafeln angeboten mit einer unbekannten Schrift. So, wie er sich für kretische Münzen interessiert hatte, so beeindruckt ihn jetzt diese Schrift. Er erkennt, daß zwei verschiedene Arten von Schrift vorliegen, er nennt sie Linearschrift A und Linearschrift B. Er findet durch die bildhafte Form der Schriftzeichen eigene Deutungen und veröffentlicht sie in einem Buch: „Cretan Pictographics and Prae-Phoenician Script", 1896. Immer wieder zieht es Evans nach Kreta. Im Jahre 1899 glückt es ihm, den Berghügel von Knossos von den Besitzern zu kaufen. Lange, schwierige Verhandlungen waren vorhergegangen. Evans hat dabei sein recht großes Vermögen eingesetzt, er hat es weiter verwendet für die jahrelangen Grabungen, sie beginnen im Jahre 1900.

Evans wird 1909 Professor an der Universität Oxford für Archäologie. Er war ein kleiner Mann mit einem Schnurrbart und lebhaften Augen. Ich darf bemerken, daß er mir manche nette Geschichte von seinen Erlebnissen mit seinen Arbeitern bei den Grabungen erzählt hat, er war liebenswürdig, aber zurückhaltend.

Vor Evans haben auf Kreta andere Forscher gegraben, an anderen Stellen, jeder hat einige Funde zutage gebracht, Evans aber hatte das Zentrum angeschnitten, den Palast des sagenhaften Minos selber.

Viele Engländer hatten auf Kreta Ausgrabungen gemacht, so D. G. Hogarth, D. Mackenzie, J. D. S. Pendlebury, von den Amerikanern R. B. Seager, von den Italienern F. Halbherr, von den Franzosen F. Chapoutier, von den Griechen Hazidakis und Xanthudides.

Knossos aber war vor Evans nicht ausgegraben worden, und so konnte er seine Grabungen bis zum gewachsenen Boden durchführen. Er unterscheidet drei Stadien, er nennt sie Frühminoisch I—III, Mittelminoisch I—III, Spätminoisch I—III. Die absolute Datierung ergibt sich durch eine Anzahl von ägyptischen Fundstücken in den einzelnen Schichten. Unter der frühminoischen Schicht liegt das Neolithikum. Die frühminoische Schicht umfaßt die Zeit von 3500—2000. Die mittelminoische die Zeit von 2100—1580. Die spätminoische Schicht die Zeit von 1580—1425.

Um 1580 fallen die großen Paläste von Knossos und Phaistos einer Katastrophe zum Opfer. Es ist nicht sicher, ob es sich um eine Eroberung oder um ein Erdbeben handelt. Danach werden die Paläste wieder aufgebaut in noch größerer Pracht, und so liegt der Schwerpunkt der minoischen, der kretischen Kultur um

1580—1425. Um 1425 wird diese Welt vernichtet, offenbar von den Mykenern, den Achäern, von denen Homer berichtet. Noch zwei Jahrhunderte lebt sie fort in späten Formen, erlöschend und abklingend, bis sie um 1200 beendet ist.

Was Evans fand, war der große Palast, dreistöckig, Raum neben Raum, Zimmer neben Zimmer (erste Pläne: Arthur Evans, The Palace of Minos at Knossos, London 1921, Bd. 1, Fig. 239 u. 240). Es ist das Labyrinth, von dem die griechische Sage spricht. Theseus findet durch die Überfülle der Räume den Weg nur durch den Faden der Ariadne, der Tochter des Königs Minos.

Unerschöpflich sind die Funde, die bemalten Tongefäße, die Siegel, die Vorratsgefäße für den Wein, die Malereien an den Wänden in naturhafter Art, die Reliefs, die Skulpturen — es ist eine neue, bis dahin unbekannte Welt, die im Anfang des 20. Jahrhunderts aus der Erde tritt. Evans hat immer wieder über seine Ergebnisse berichtet in „Annual of the British School at Athens".

Im Jahre 1921 erscheint das schon genannte große Werk über seine Ausgrabungen: The Palace of Minos at Knossos, Bd. 1. Das Buch umfaßt 721 Seiten mit 541 Abbildungen. Die folgenden fünf Bände sind in der Zeit von 1921—1936 veröffentlicht worden. Um das persönliche Erleben von Evans deutlich zu machen, möchte ich Sätze aus dem Vorwort ohne Übersetzung hier wiedergeben. Evans, Bd. I, Preface p. V: "But to the excavators, entering on what was then in fact a wholly unexplored world, the true relationships of the vast mass of new materials there brought to light could only be gradually elucidated. The finds in many cases necessarily came out piecemeal, and the lacunas in them were often only filled in after intervals of years. The ground-plan of the Palace itself and its successive stages could only be laboriously traced out by means of the cumulative results of successive campaigns. Every step forward was in the dark. There was no existing building of the class to serve as a guide, and logically consecutive exploration was impossible. It became evident, moreover, that, marvellously rich in materials as was the Palace Site of Knossos, its full story could only be told with constant reference to the supplementary light supplied by the parallel excavations which the discovery of the 'Palace of Minos' had called forth on other Cretan sites."

Aus diesen Worten spricht die Freude des Entdeckers, des Abenteurers, wie bei jeder Ausgrabung, die Freude, etwas völlig Neues, etwas bis dahin Unbekanntes aus der dunklen Erde in das Licht des Tages heben zu können. „Jeder Schritt vorwärts war ein Schritt in das Dunkel," so sagt Evans, „kein Beispiel für einen solchen Palast als Ausgrabung lag vor," „die Geschichte dieses Palastes kann nur berichtet werden in vollem Licht mit dem Vergleich zu anderen Funden auf Kreta" und natürlich auch zu Ägypten.

Evans hat in Knossos so viele ägyptische Fundstücke in gesicherter Lagerung heben können, daß die Datierung, nicht nur die relative, sondern auch die absolute, durch solche Hilfen ermöglicht wurde. Die Zeitbestimmung von Evans, gegeben in der Zeit von 1900—1921, hat in der Gegenwart immer wieder ihre Bestätigung gefunden.

Evans war an der Schrift besonders interessiert. Er war es, der zuerst die Worte von den Linearschriften A und B gesprochen hat (Evans ebda S. 612—646). Auch in diesem Punkt hat ihm die folgende Forschung recht gegeben. Die Linearschrift A mit 85 Zeichen hat auf Kreta allgemeine Verbreitung. Die Linearschrift B hat 73 Zeichen und kommt auch auf dem griechischen Festland vor, in Theben, in Orchomenos, Eleusis, Tiryns. Evans war es nicht mehr vergönnt, diese beiden Schriften entziffern zu können. Als aber C. W. BLEGEN bei den amerikanischen Grabungen in Pylos in den Jahren 1939—1952 ein Archiv von 900 Tontafeln auffinden konnte (C. W. Blegen, The Pylos tablets, 1955), gelang es den Engländern Michael Ventris (1922—1956) und John Chadwick 1953 die Inschriften zu entziffern (M. VENTRIS and J. CHADWICK, Journal of Hellenic Studies, Bd. 23, 1953, S. 84ff. — Dies., Documents in Mycenaen Greek, 1957. — E. L. BENNET, A Minoan Linear B Index, 1953. — Ders., The Mycenae tablets, 1953. — J. CHADWICK, Die Entzifferung der minoischen Schrift, Göttingen 1958).

Das Ergebnis ist, daß die Linearschrift A, die nur auf Kreta vorkommt, nicht indoeuropäisch ist. Die Linearschrift B aber, über das ganze östliche Mittelmeer verbreitet, ist indoeuropäischer Art. Es werden also die Achäer gewesen sein, die Leute vom Festland, von Mykenä, von Tiryns, die diese zweite Sprache gesprochen haben, geschrieben in Linear B. Es ist eine Sprache, die um 1700 v. Chr. verwendet wurde, etwa 900—1000 Jahre vor Homer. Es ist eine vorklassische griechische Sprache, die Sprache der Achäer. Sie müssen es gewesen sein, die um 1425 Kreta und seine Paläste erobert haben.

Die bisher entzifferten Texte berichten vor allem von wirtschaftlichen Tatsachen. Es wurde aufgeschrieben, welche Anzahl von Schweinen und Schafen sich bei einer bestimmten Herde befindet. Es werden Orte genannt und die Zahl der Arbeiter auf den Feldern, die Menge des Getreides, die auf diesem bestimmten Felde geerntet wurde, und wie hoch die Steuerabgabe war. Das Schaf gilt als Zahlungseinheit. Die Anzahl der Gefäße wird aufgezeichnet, die bei der Bestellung des Feldes für die Arbeiter nötig ist, die Anzahl der Werkzeuge, der Waffen, der Wagen. Die Sklavinnen mit ihren Kindern werden genannt. Es wird von Weinbau berichtet, von Feigen, Dattelpalmen, von Gerste, Hirse, Weizen, Öl und Honig.

In einem Text von Pylos werden Ärzte, Bäcker, Böttcher, Bogenmacher, Holzfäller, Goldschmiede, Jäger, Köche, Maurer, Ruderer, Schiffbauer, Schmiede, Schneider, Töpfer, Waffenschmiede, Walker und Zimmerleute aufgezählt. Es gibt also eine fest geordnete Arbeitsteilung, ähnlich wie sie bei Homer erscheint. Von vierrädrigen Karren wird gesprochen, von Straßen und von Rasthäusern an den Straßen, von Schiffen und Ruderern.

Die Tontafeln konnte Evans noch nicht entziffern, aber ganz genau zeichnete er jedes Schriftzeichen auf. Seine Ausgrabung und seine genaue Beobachtung hat die Grundlage geschaffen für die Entzifferung, wie sie erst nach 1950 möglich wurde.

Evans war nicht der einzige Forscher, der auf Kreta grub. Der Palast von Phaistos im Westen der Ebene von Massarà wurde seit 1901 ausgegraben von dem italienischen Forscher mit deutschem Namen, F. Halbherr und L. Pernier. Auch die Ausgrabung von Hagia Triada wurde von den beiden Forschern durchgeführt. Der Palast von Phaistos wird begonnen in der Zeit frühminoisch I, gleich 3400 nach Evans, gleich 2600 nach Platon, einem griechischen Ausgräber der Gegenwart

(N. PLATON, Chronologie minoenne, in: Zervos, L'art de la Crète néolithique et minoenne, Paris 1956). Der Palast erlebt seine Glanzzeit in der Periode mittelminoisch II, gleich 1900—1700 nach Evans, 1800—1700 nach Platon. Er wurde zerstört durch Feindeingriff oder durch ein Erdbeben um 1700, danach ist er nicht wieder aufgebaut worden. Es fehlt diesem Palast der Schmuck der Wände, die Fresken und Reliefs wie in Knossos, in der Anlage ist er aber noch größer. Der Bericht erschien in Monumenti antichi della Accademia dei Lincei, Milano, Bd. 12, 1902, S. 6ff. und ebda Bd. 14, 1904, S. 313 und Athenische Mitteilungen, Bd. 30, 1905, S. 257ff., ferner: L. Pernier, Il Palazzo Minoico di Festos, I, Roma 1935; II, Roma 1951.

Die Stadt Gurnia, im Osten von Kreta, ist von 1901—1904 zu einem Teile ausgegraben worden von Miss H. Boyd-Hawes, einer Amerikanerin. Es ergab sich eine unregelmäßig erbaute, winklige kleinere Stadt mit einem unbedeutenden Palast. In der Epoche spätminoisch III, gleich 1400 nach Evans und Platon, wird die Stadt zerstört, offenbar durch die Mykener. Später nur wenig besiedelt, ist sie um 1300 völlig verlassen. Die Grabung ergab viel Keramik, Bronzen, Steingefäße. Der Bericht, H. Boyd-Hawes, Gournia, erschien 1908 in Philadelphia.

Die Entdeckung der Welt Kretas gehört zu den großen geistigen Errungenschaften des beginnenden 20. Jahrhunderts. Vorher waren nur Strahlungen dieser kretisch-mykenischen Kultur erfaßt worden. Eine neue Dimension des europäischen Menschen war erobert worden.

Die Wirkung auf Europa um 1900—1920 war so groß, daß durch diese Entdeckung ein neuer Kunststil entstand, der Jugendstil. Er ist völlig orientiert an den naturalistisch-stilisierenden Formen der Wandmalereien des kretischen Palastes. Die Bilder werden veröffentlicht in Zeitschriften, in Zeitungen. Die Künstler bemächtigen sich dieser Anregungen, sie übernehmen die Formen, die neuartig erscheinen und die doch ganz alte sind: ein Stil dieser Zeit um 1900—1910 wird geboren, benannt nach der Zeitschrift „Die Jugend", der Jugendstil.

Die Steppenvölker

Die größte Unruhe geschieht in der Bronze- und Eisenzeit durch die Steppenvölker zwischen Europa und China. Der gewaltige Raum, die Tundra und die Steppe erlauben Bewegungsmöglichkeiten, die der Mensch immer wieder zu seinem Nutzen verwenden konnte.

Die Griechen, so Herodot, nennen diese Steppenvölker mit einem Namen, die Skythen. Zwar unterscheiden sie auch Unterstämme, aber das Gesamtbild stellen die Skythen dar.

Die Skythen, ein Volk der Grenzen Chinas, dessen gewaltige Gräber mit den Funden von Gold und Silber schon das 18. und das 19. nachchristl. Jahrhundert stark beeindruckt hatte, diese Skythen treten auch nach 1900 wieder in den Mittelpunkt des Interesses, und diesmal ist die Forschung in Westeuropa stärker daran beteiligt, als vor 1900.

Die Geschichte der Skythen wird genau bearbeitet, etwa von RENÉ GROUSSET, dem Direktor des Musée Cernuschi in Paris, dem Museum, das, ebenso wie das Musée Guimet, der Kultur und der Kunst Asiens gewidmet ist. Sein Buch, das 1930 erscheint, trägt den Titel: L'empire des Steppes, Paris.

Es ergibt sich viel mehr, als Herodot wissen konnte, vor allem durch chinesische Berichte. Die Skythen brechen um 700 v. Chr., von den Grenzen Chinas kommend, ein in Assyrien, im Iran. Sie erobern die jonischen Städte am Schwarzen Meer und an der Küste Kleinasiens. Die Staaten in Anatolien werden unterworfen.

Vor den Skythen waren die Kimmerer oder Kimmerier die Herren der Steppen am Schwarzen Meer. Auch sie waren ein nomadisches Reitervolk, ihre Stammeszugehörigkeit ist noch nicht bestimmbar. Als die Skythen in ihr Gebiet einbrachen, um 700 v. Chr., wichen sie aus nach Süden. Im Jahre 714 v. Chr. bedrohten sie das Reich von Urartu, 680 wurden sie besiegt von dem König der Assyrer, Assarhaddon (680—669). Sie wandten sich danach nach Westen, überfielen das Reich der Lyder in Kleinasien. Um 600 besiegte sie der König der Lyder, Alyattes. In letzter Zeit hat sich JOACHIM WERNER mit den Kimmerern beschäftigt, in: Welt als Geschichte, Bd. 17, 1957 und H. KOTHE, in: Klio, Bd. 41, 1963.

Die Skythen werden in den chinesischen Annalen der Chou-Zeit die Hiung-Nu genannt, es ist dasselbe Wort, mit dem später die Hunnen bezeichnet werden. Der Kaiser Huan, er lebt von 827—781 v. Chr., sendet Strafexpeditionen gegen die Hunnen, besiegt sie und wirft sie zurück hinter die Grenze Chinas. Nun wenden sich die Skythen nach Westen, dem leuchtenden Stern Konstantinopel entgegen.

Die assyrischen Berichte melden von den Einfällen der fremden Völker aus dem Osten in den Jahren 722—705. Der König Sargon von Assyrien (721—705) besiegt sie und drängt sie aus den Gebieten Assyriens heraus. Dann erscheinen sie wieder als Verbündete des Assyrerkönigs Assarhaddon gegen die Meder und die Kimmerer. Es werden ihnen Wohngebiete im nördlichen Persien zugewiesen. Sie helfen im Jahre 626 den Assyrern, Ninive zu entsetzen. 611 überfallen sie Syrien und Palästina. Als sie Ägypten angreifen, tritt ihnen der Pharao Psammetich entgegen und besiegt sie 611 bei Philistea.

Die Mehrzahl setzt sich fest am Schwarzen Meer und gewinnt hier die Verbindung zu den Griechen. Andere Teile überziehen die Steppen bis zum Altai-Gebirge in ständigen kriegerischen Zügen.

Mit den Skythen erscheint ein Völkerstamm, der Chinesisches verbindet mit Assyrisch-Persischem und zuletzt auch mit Griechischem.

Den Griechen waren sie ein Rätsel und ein Geheimnis. Herodot kann in dem 4. Buch seiner Musen nicht genug der Verwunderung über sie erzählen. Er spricht von königlichen Skythen, von denen, an deren Spitze ein König steht. Sie sind seßhaft geworden und betreiben Ackerbau. Herodot spricht auch von den nomadischen Skythen, die keine festen Wohnsitze besitzen. So sagt Herodot in Bd. 4, Kap. 23: „Hat man nun eine große Strecke des rauhen Landes durchschritten, so wohnen am Fuße hoher Berge (wohl des Ural) Menschen, die von Geburt an kahlköpfig sein sollen, und zwar Männer und Frauen. Sie sind stumpfnasig, haben ein großes Kinn und sprechen eine eigene Sprache. Sie tragen skythische Kleidung und leben von den Früchten von Bäumen. Der Baum, der ihnen Nahrung bringt, heißt Pontikon (wohl die Vogelkirsche, Prunus padus, die schwarzen Beeren werden mit Milch gekocht) ... Ein jeder wohnt unter einem Baum, über ihn spannt er im Winter eine weiße dichte Decke aus Filz, im Sommer lebt er ohne Decke."

Dann spricht Herodot davon, daß die Griechen mit den Skythen Handel treiben und daß die Skythen sieben verschiedene Sprachen sprechen. Schon aus diesen Worten ersieht man, daß mit dem Namen Skythen mehrere Stämme zusammengefaßt werden. Herodot nennt auch einige Namen, wie Argippäer, Issedonen, Arimaspen, Namen, die uns nichts zu sagen vermögen.

Von Wichtigkeit ist es aber, daß Herodot eine mythische Geschichte erzählt, die heute, nach den Funden, verständlich wird. Im 4. Buch, Kap. 27 sagt er:

„Hinter ihnen, noch weiter hinaus (den Ossedonen, wohl am Altai) sollen nach Angaben der Issedonen die einäugigen Menschen und die goldbewachenden Greifen hausen."

Von diesen goldbewachenden Greifen hat Herodot schon vorher gesprochen, im 3. Buch, Kap. 116: „In dem Norden von Europa (Asien ist eingeschlossen), findet sich offenbar das meiste Gold. Wie es aber gewonnen wird, darüber weiß ich keine bestimmte Auskunft zu geben. Man sagt zwar, daß die Arimaspen, einäugige Männer, es raubten von den Greifen."

In diesen Worten ist etwas Seltsames enthalten, ein Mythos von Greifen, die Gold bewachen. Die Greifen aus Gold gibt es aber nun vielfach bei den skythischen Goldfunden, es ist ein bevorzugtes Motiv dieser Kunstart. Der Greif, lateinisch gryphus, ist ein Fabeltier der mesopotamischen Antike. Der Greif hat den Leib eines Löwen, den Kopf, die Flügel und Krallen eines Adlers. Die beiden gefährlichen, die herrschaftlichen, die machtvollen Tiere werden verbunden, um mythisch die überirdische, die göttliche Kraft deutlich zu machen. Der Greif geht als Symboltier ein in die römische Kunst, in die islamischen Sagen, in die Kunst des Mittelalters, vor allem der romanischen Zeit. Er wird zum Symbol von Christus, so auch bei Dante im Purgatorio 29, 108. Der Greif hütet das Gold, den wichtigsten Besitz, wie später der Drache. Mit ihm geht er eine Verbindung ein.

Die Skythen werden 345 v. Chr. bedrängt von einem neuen Steppenvolk, das zu dieser Zeit herandrängt aus dem Westen der Steppen, den Sarmaten, bei Herodot Sauromaten genannt (Buch 4, Kap. 21). Die Kämpfe zwischen den beiden Völkern ziehen sich hin bis zum 2. Jahrhundert n. Chr., bis die Goten erscheinen und das Schwarzmeergebiet besetzen. Und noch einmal, 375 n. Chr., flutet das Steppenvolk der Hunnen in das Schwarzmeergebiet ein und nach Europa.

Die Kunst der Skythen und auch die der Sarmaten, beide Gruppen oftmals nicht recht zu trennen, werden nach 1900 noch intensiver zu einer wissenschaftlichen Aufgabe, als im 18. und im 19. Jahrhundert. Es ist jetzt eine Zeit, in der wissenschaftliche Verbindungen leichter möglich werden.

Wenn im Jahre 1891 die Veröffentlichung des Werkes zweier gelehrter Russen, N. Kondakof und Graf J. Tolstoi, Ruskia Drevnosti, St. Petersburg 1889 bis 1890, durch Salomon Reinach in Paris unter dem Titel: Antiquités de la Russie méridionale, Paris, noch ein Ereignis ersten Ranges war, dann hat nach 1900 auch die europäische Wissenschaft den inneren Zugang gefunden zu den großen archäologischen Geschehnissen im russischen Raum.

Die Untersuchungen und Überlegungen gewinnen festere Gestalt, als ein englischer Forscher, E. H. Minns sein grundlegendes Werk 1913 vorlegt, betitelt: Scythians and Greeks, Cambridge, mit 720 Seiten und 347 Abbildungen. Er beginnt mit diesen Worten:

"This book offers a summary of what is known as to the archaeology, ethnology and history of the region between the Carpathians and the Caucasus. The region is of varied importance for different branches of knowledge touching the ancient world, yet about is the scholars of Western Europe have had a certain difficulty in obtaining recent information, because each found it unprofitable to master Russian for the sake of pursuing his subject into an outlying corner. The language difficulty, therefore, first suggested this work, and my original intention was merely to supply a key to what has been written by Russian scholars, since they have been insisting upon the right of their language to scientifique use."

Das Buch behandelt jeden einzelnen Fund, auch anhand der russischen Literatur, es ordnet alle griechischen und lateinischen Texte und bedeutet so ein grundlegendes Werk.

Zur gleichen Zeit beschäftigt sich ein russischer Forscher mit den gleichen Fragen und Problemen, es ist M. Rostovtzeff. Sein Vorteil vor der westeuropäischen Forschung ist, daß er das Russische als seine Muttersprache in hervorragender Weise beherrscht, zugleich das Deutsche, Englische und Französische.

Michail Ivanovič Rostovtzeff ist geboren am 28. 10. 1870, er ist gestorben am 20. 10. 1952. Von 1901—1918 war er Prof. f. Archäologie a. d. Univ. Petersburg. Bei Beginn der russischen Revolution wanderte er aus, zuerst nach England, dann in die USA. Er wurde Prof. a. d. Yale University, New Haven, Connecticut. Seine wissenschaftliche Bedeutung ist groß, er gilt als der beste Kenner der Spätantike in seiner Zeit. Seine Werke sind außer denen zur skythischen Kunst folgende: Geschichte der Staatspacht in d. röm. Kaiserzeit, 1904. — Studien zur Geschichte d. röm. Kolonats, 1910. — Mystic Italy, 1927. — Gesellschaft und Wirtschaft in d. röm. Kaiserzeit, 1930. — The Social and Economic History of the Hellenistic World I—III, Oxford 1941, deutsch Leipzig 1942, in: Geschichte der Alten Welt — A history of the Ancient World, 2 Bde., 1926—1927, deutsch: Geschichte der Alten Welt, Wiesbaden 1942.

Sein Werk „Iranians and Greeks in South Russia" erscheint in Oxford 1922, es ist eine genaue Darstellung der skythischen Funde im südlichen Rußland. Sein anderes Buch: Skifija i Bosporus, ist in Leningrad 1925 erschienen, ohne daß der Verfasser, der in der Zeit in Amerika war, ein Exemplar erhalten hätte. Er sagt im Vorwort, daß ihm zu seiner Überraschung Prof. E. H. Minns in Cambridge 1925 das Buch zugesandt habe. Ein deutscher Verlag, Hans Schoetz, hatte eine deutsche Übersetzung herstellen lassen, die mit einer erneuten Überarbeitung 1931 in Berlin erschienen ist unter dem Titel: Skythen und der Bosporus, 651 Seiten umfassend, jedoch ohne Abbildungen.

Die Frage der skythischen Kunst wurde immer brennender, die Frage des Tierstiles immer spannender, und so veröffentlichte Rostovtzeff 1929 ein Buch: The Animal Style in South Russia and China, Princeton, und im gleichen Jahr das Buch: Le Centre de l'Asie, la Russe, la Chine et le style animal, Prag, Seminarium Kondakovianum.

Im Juni 1930 besuchte mich Rostovtzeff in Köln, er schenkte mir das Buch, The animal Style. Es trägt seine Widmung: In Erinnerung an die schönen, leider zu kurzen Stunden in Köln, M. Rostovtzeff, 14. Juni 1930.

In diesem Werk von 112 Seiten und 33 Tafeln werden die Beziehungen des skythischen Tierstiles zu China dargelegt, es werden auch die neu aufgetauchten Bronzen aus Minussinsk und von der chinesischen Landschaft Ordos angeführt. Er sagt S. 105: "We saw how closely connected was the Scythian style with the other animal styles — that of the Near East and that of China ... It spread in its original form all over Central Asia, Siberia, and South Russia; it penetrated into China and influenced one of the aspects of the Chinese art of the Han period; from South Russia and Siberia it entered Central, Eastern and Northern Russia and created here, in the Roman imperial period, a curious offshoot of highly conventionalized animal style. Finally, from Russia or through Russia, the new animal style reached the Scandinavian lands and created, as I firmly believe, the amazing flower of the animal style in the early mediaeval art of Sweden und Norway. In itself, this episode in the history of art is interesting enough to justify my endeaver to follow its destinies through the ages."

Rostovtzeff war der erste, der dem Tierstil der skythischen Kunst durch die Jahrhunderte folgte, nach Griechenland, Assyrien, nach China. Er war auch, so weit ich sehe, der erste, der die innere Verbindung der skythischen, später hunnischen Kunst zu der germanischen Kunst der Völkerwanderungszeit vorauserkannte.

Ein anderer russischer Forscher von Bedeutung widmete sich ebenfalls in dieser Zeit dem immer aktueller werdenden Problem der skythischen Kunst, einem Problem, das auf seltsame Weise Griechisches und Assyrisches verbindet mit Chinesischem. Es war GREGORY BOROVKA, etwa 1895 geboren, ein Schüler von Rostovtzeff. In Leningrad wurde er Abteilungsleiter der skythischen Altertümer der Eremitage. Ich traf Borovka 1926 in Berlin, begeistert erzählte er mir von den großartigen Schätzen in dem Museum. Sein Problem war die Herkunft der skythischen Tierornamentik. Nicht wie Minns oder Rostovtzeff leitete er sie ab von Einflüssen aus China, Assyrien, Griechenland, er sah die Herkunft in den holzgeschnitzten Tierfiguren des Mesolithikums und Neolithikums im nördlichen Rußland und Finnland oder in den Holzfiguren, die 1865 von Radloff in Katanda, im Altai-Gebirge, Sibirien, ausgegraben worden waren. Sie sind in das Historische Museum in Moskau gekommen. Ich entsinne mich, daß wir lange über diese Fragen gesprochen haben und daß Borovkas Argumente mir sehr einleuchteten. Während der Regierung Stalins wurde er verhaftet, seitdem hat niemand mehr etwas über ihn gehört.

Das Buch von Borovka, das die westeuropäische archäologische Welt sehr beeindruckte, ist 1928 in New York erschienen in einer Übersetzung aus dem Deutschen von Gordon Childe mit dem Titel: Scythian Art, mit 111 Seiten und 74 Tafeln.

Den Tierfiguren dieser Art in Finnland hat C. A. NORDMAN, Helsingfors, eine eigene Arbeit gewidmet in IPEK, Jahrb. f. präh. u. ethn. Kunst, 1936—1937, S. 36—49. Der Titel ist: Die steinzeitlichen Tierfiguren Finnlands.

Auch ein deutscher Forscher beschäftigte sich mit diesen Fragen, die weltweit Griechenland, Vorderasien, China betreffen, es ist MAX EBERT. 1921 erschien sein Buch: Südrußland im Altertum, Bonn, es umfaßt 436 Seiten mit 129 Abbildungen. Max Ebert sagt in seiner Vorrede, S. XIII: „Rußland ist heute ein gährendes Ungewiß, von Ideologen an den Rand des Abgrunds geführt. Keine oder nur verworrene Kunde dringt von den Männern und Einrichtungen der russischen Wissenschaft zu uns. Doch das russische Volk hat schlimmere Zerstörung und größere Leiden ertragen und überwunden. Den russischen Gelehrten aber möge dieser Versuch ein Zeichen sein, daß das, was sie und die vor ihnen, oft in enger Zusammenarbeit mit deutschen Forschern geschaffen haben, in allen Bedrängnissen der Zeit auch bei uns nicht verloren und vergessen ist, sondern weiterwirken wird."

Kuban-Gebiet

Die Feldforschung bringt 1903 und 1904 die Ausgrabung der Kurgane von Kelermes im Kuban-Bezirk, Nordkaukasus, gegraben von einem Techniker D. Schulz, bearbeitet von N. J. Veselovskij.

NIKOLAJ IVANOVIČ VESELOVSKIJ (1848—1918) war ein bedeutender Archäologe. Er war Prof. a. d. Univ. Leningrad. Von den skythischen Kurganen hat er auch Solocha und Maikop ausgegraben. Sein wichtigstes Werk ist: Istorija Russkogo archeologičeskogo obščestva 1846—1896, St. Petersburg 1900.

Die beiden Gräber von Kelermes ergaben das Relief eines Panthers aus massivem Gold mit Almandineinlagen, einen silbernen Rhyton mit Darstellungen von Kentauren und einer Göttin, einen bernsteinbesetzten Goldschmuck, ein Diadem, einen silbervergoldeten Spiegel, und viele andere Gegenstände. Die Grabkammer brachte die Bestattung von 24 Pferden, so, wie das Herodot berichtet. Die Funde gehören dem 7. bis 6. Jahrhundert v. Chr. an.

Von 1908—1909 grub Veselovskij die Kurgane von Ul aus, der Ort liegt im Gebiet von Šovgenovsk, im Nordkaukasus. Wieder fanden sich große Grabkammern mit 180 Pferdebestattungen. An wertvollen Gegenständen ein Goldblech mit Darstellungen von Greifen, Kupferkessel, griechische Vasen, goldene Ohrringe, Bernstein, das Relief eines Pferdekopfes, getrieben in Gold und eine Fülle anderer Gegenstände. Auch diese Funde gehören dem 7.—6. Jahrhundert an.

Im selben Jahr, 1908, grub A. Müller, ein interessierter Laie, den Kurgan, den Grabhügel Jelisavetovskaja Stanica aus, er liegt im Don-Delta, in der Ukraine. Schon 1853 war er angeschnitten worden, er ergab aber doch noch Vieles, so einen eisernen Schuppenpanzer, ein skythisches Kurzschwert, den Akinakes, eine goldene Scheibe, Spiegel, Goldbleche, griechische Vasen. Die Funde gehören dem 5. Jahrhundert an.

In den Jahren 1912 und 1913 wurden die Grabhügel von SOLOCHA ausgegraben von Veselovskij. Sie brachten eine Fülle von bedeutenden Gegenständen. Vor allem goldene Reliefs mit Sphinxen, Vögeln, Menschenköpfen, eine zweihenklige Silberschale mit griechischer Inschrift, Reliefs von Fischen in Gold, einen goldenen Kamm mit kämpfenden Kriegern, Goldplatten mit Darstellungen von Löwen, Greifen, Sphinxen, Goldarmbänder, goldene Ringe, einen griechischen Goldhelm, sieben große griechische Silbergefäße mit den Reliefs von Sphinxen um einen Lebensbaum. Die Gräber brachten mehr als zweihundert Gegenstände, darunter viele aus Gold und Silber.

Der Melitopol-Kurgan, schon in den zwanziger Jahren angeschnitten, ist nie veröffentlicht worden außer einigen Hinweisen. Den genauen Bericht brachte 1955 ALEKSEJ IVANOVIČ TERENOŽKIN, geb. 1907, Wiss. Mitarbeiter am Arch. Inst. d. Ukr. Akad. d. Wissensch. Kiew, mit dem Titel: Skifskij kurgan v Militopole, in: Kratkie soobščenia Instituta Archeologii A N SSSR, Moskva Bd. 5, 1955, S. 23f. und EUGENIJA FEDOROVNA POKROVSKAJA, geb. 1904, wiss. Mitarbeiterin am Archäol. Inst. d. Akad. d. Wiss. Kiew unter dem Titel: Melitopol'skij skikskij kurgan, in: Vestnik drevnej istorii, Moskva Nr. 2, 1955.

1969 wurden mehrere Kurgane im Schwarzmeergebiet geöffnet von dem Archäologischen Institut d. Akademie d. Wissenschaften in Kiew. Die Expedition stand unter der Leitung von Aleksandr Michailovič LESKOV, geb. 1933. Verschiedene der ergrabenen Kurgane haben sich als ausgeraubt in alter Zeit herausgestellt, so die Mordwinow-Kurgane, die schon N. F. Makarenko und V. V. Sachanev im Jahre 1914 angeschnitten hatten. MAKARENKO hatte darüber berichtet, in: Gemes 1916, Nr. 12 und M. ROSTOVTZEFF, in: Skythien und der Bosporus, Berlin 1931, S. 373. Die damals nicht zu Ende geführte Grabung wurde 1969 wieder aufgenommen. Es fand sich ein Goldgeschmeide, goldene Ohrgehänge, Glasperlen und anderes. Die Fundstellen liegen im Gouv. Oblast, Cherson.

Noch einmal wird die wissenschaftliche Welt aufgerufen, als im Jahre 1969 ein bedeutungsvolles Grab der Skythen ausgegraben wird in der Nähe von Nikopol in der Ukraine. Der junge Archäologe WASILI BIDZILJA war von der russischen Akademie der Wissenschaften entsandt worden, um bei dem ukrainischen Dorfe Balka die Ausgrabungen von mehreren skythischen Grabanlagen zu übernehmen. Er konnte nicht ahnen, daß er auf einen Skythenschatz von größter Bedeutung stoßen würde. Das Grab trägt den Namen Gaimonova Mogila, es liegt am linken Ufer des Dnjepr.

Den Raubgräbern dieser Hügel sind zwei Geheimkammern unbekannt geblieben, sie wurden erst 1969—1970 geöffnet. Was hier gefunden worden ist, gehört zu den großartigen Ergebnissen der Skythenforschung überhaupt. In der einen Kammer fanden sich Bronzekessel, Schüsseln, ein Weinkrug mit Abbildungen von Satyr und Bacchus, ein Eimer, vier griechische Tonamphoren, ein Ofen und ein Schöpflöffel.

In der anderen Grabkammer fanden die Ausgräber einen vergoldeten Silberbecher mit der getriebenen Darstellung eines Gelages zweier Fürsten der Skythen, begleitet von ihren Dienern. Die Fürsten sitzen auf Stühlen, gestützt auf ihre Schilde, sie halten Kultstäbe als Zeichen ihrer Herrschaft in ihren Händen. Sie sind mit langen Gewändern bekleidet, pelzbesetzt, und tragen Hosen und Lederstiefel. Es wurden mehr als 300 Goldplatten gefunden, die zum Schmuck der Kleidung gehörten. Weiter fanden sich Vasen mit Goldrändern, zwei mit Gold und Silber verzierte Trinkhörner, drei Silbergefäße.

Die Funde sind nach Leningrad gebracht worden, sie werden dort restauriert und dann dem Historischen Museum von Kiew übergeben.

An der Ausgrabungsstelle soll ein Museum eröffnet werden. Die Grabungen werden weitergeführt, es sollen noch drei Grabhügel geöffnet werden.

Der erste Bericht stammt von ALEXANDER KIRPITSCHNIKOW aus dem Unesco-Kurier 1970, Nr. 10, S. 18 ff. Er wurde wiedergegeben, in: Zschr. Antike Welt, Bd. 1, 1970, S. 55 u. ebda Bd. 3, 1972, S. 54. Ein Vorbericht findet sich in der Prähistorischen Zeitschr. Berlin, Bd. 45, 1971, S. 89—97 von RENATE ROLLE.

Im Jahre 1924 verlegte sich die Ausgrabungstätigkeit in die Mongolei. KOZLOV, der Leiter einer mongolisch-tibetischen Expedition, hörte von Funden, die in den Bergen von Noin Ula zutage gekommen waren, nördlich von Ulan Bator. Zusammen mit Borovka und Teplouchov deckte die Gruppe die Grabanlagen auf. Sie ergaben hervorragende Gegenstände. Es fanden sich, eingefroren im ewigen Eis, Teppiche aus Filz mit aufgelegten Tierfiguren. Sie entsprechen genau den Tierreliefs in Bronze und Gold. Am reichsten war der 6. Kurgan (abgebildet bei Rostovtzeff, The Animal Style, Taf. 24). Die ersten russischen Veröffentlichungen brachte Kozlov mit den Mitarbeitern in SSSR, Leningrad 1925. Die erste westeuropäische Veröffentlichung erschien in der englischen Zeitschrift Burlington Magazine, April 1926 und in Deutschland im Archäologischen Anzeiger 1926, S. 341.

Eine besonders wichtige Entdeckung brachten die Kurgane von Pazyryk im Altai-Gebirge, in der Sowjetunion, südlich von Minussinsk, an der Grenze der chinesischen Mongolei. Das Land ist eine Hochebene von 2500—3000 Metern Höhe. Der höchste Berg ist der Belucha mit 4506 Metern Höhe.

An diesen Stellen hatte schon WILHELM RADLOFF, ein in Berlin geborener Bergwerkslehrer, im Jahre 1856 gegraben. 1929 wurden die neuen Ausgrabungen begonnen. Die wichtigsten Kurgane, die Gräber 2—5, wurden 1947—1949 geöffnet. Die Grabungen standen unter der Leitung von S. J. Rudenko und M. P. Grjasnov. Die Erfolge waren erstaunlich, ganz Europa horchte auf, viele Ausstellungen brachten Teile der Originale oder die Reproduktionen.

Wieder hat das ewige Eis alle Gegenstände bewahrt, die mit Ornamenten versehenen Gewebe, wie in Noin Ula, die Ledertaschen, die Holzgeräte, die Musikinstrumente, die Mumie des Häuptlings und seiner Frau mit allem Schmuck in Gold und Holz, mit der Kleidung, mit griechischem Spiegel. Auch die mitbestatteten Pferde konnten gehoben werden. Die Funde wurden zur wissenschaftlichen Untersuchung nach Leningrad gesandt. Es ergab sich, daß der Häuptling ermordet worden war, sein Typus war mongolisch. Bei der Frau jedoch war der mongolische Typus nicht festzustellen. Die Körper sind mumifiziert worden, das Gehirn und der Bauchinhalt sind herausgenommen worden, die verwesbaren Eingeweide wurden ersetzt. Der Tote war tätowiert, Tierornamente in skythischem Stil waren angebracht worden auf seinem Körper.

Eine wichtige Entdeckung war ein Bronzekessel mit schmalem Fuß und seitlichen Henkeln. Das Gefäß war mit Steinen angefüllt, zwischen ihnen fand man Samen einer wilden Hanfart, Cannabis sativa L., besonders in der Form Cannabis ruderalis Janisch, eine Wildform, es war also ein Inhalationsgerät für Haschisch.

Chinesische Einflüsse zeigen im 2. und auch im 3. Kurgan Stücke von gemusterter Seide und von chinesischen Lackschalen. Damit und mit anderen Importstücken ergab sich die Datierung 5.—3. Jahrhundert v. Chr.

Nach diesen Erfolgen untersuchte Rudenko die Kurgane von Bašadar, 180 km weiter westlich an einem Nebenfluß des Katun. Es fanden sich Sarkophage aus Holz, reich geschnitzt im Tierstil der Skythen, eingefrorene Textilien und Pelze, wieder ergab sich als Datum das 5.—3. Jahrhundert v. Chr. Die C-14 Datierung erbrachte das Alter 390 v. Chr. Bald danach grub Rudenko die Kurgane von Tuekta aus, dort befanden sich 197 Hügelgräber. Wieder war das Ergebnis großartig. Die Grabkammern konnten gefunden werden, die Mumien der Bestatteten, die Pferde, oftmals die Tische der Totenkammern mit den Tongefäßen, den Geweben. Die C-14 Datierung ergab für Tuekta I das Datum 520 v. Chr.

Sergej Ivanovič Rudenko ist am 16. 1. 1885 in Charkow geboren. Er studierte in Petersburg, von 1919—1945 war er Prof. für Archäologie a. d. Univ. Leningrad. Es liegen etwa 90 Veröffentlichungen von ihm vor, vor allem „Vtoroj pazyrykskij kurgan", Leningrad 1948, deutsch: Der zweite Kurgan von Pasyryk, Berlin 1951. — The ancient culture of the Bering sea and the Escimo problem, Toronto 1961. — Kul'tura chunnov i Noin-Ulinskie kurgany, Leningrad 1962.

Michail Petrovič Grjasnov ist am 13. 3. 1902 in Berezov geboren. Er studierte an der Univ. Leningrad, wurde 1922 wissenschaftl. Mitarbeiter am Museum Eremitage, er ist Mitglied der Akad. d. Wissenschaften. Seine wichtigsten Veröffentlichungen sind: Pervyi Pazyrykskij kurgan, Der erste Kurgan von Pasyryk, Leningrad 1950. — Drevnee iskusstvo Altaja, Die älteste Kunst des Altai, Leningrad 1958. — Südsibirien, in: Archaeologia Mundi, Genf 1970.

Auch in Ungarn konnten zwei wichtige skythische Funde in dieser Zeit gehoben werden. Der eine Fund ist Tápioszentmárton im Com. Pest, nicht weit entfernt von Budapest, 1923 gefunden. Es handelt sich um das Relief eines Hirsches in Gold von 25 cm Länge. Der Fund ist nach Budapest in das Nationalmuseum gekommen. Die erste Veröffentlichung, ist: NANDOR FETTICH in Archaeologiai Ertesitö, Budapest Bd. 41, 1927.

Der andere bedeutende Fund ist der von Zöldhalompuszta in der Gemeinde Mezökeresztes, Kom. Borsod-Abauj-Zemplén. In einem skythischen Brandgrab wurde 1927 das Goldrelief eines zusammenstürzenden Hirsches gefunden. Seine Länge ist 41,2 cm, seine größte Breite 20,5 cm. Weiter fand sich eine goldene geflochtene Kette mit aufgesetzten Löwenfiguren aus Gold. Nandor Fettich hat die Funde veröffentlicht in ungarischer und französischer Sprache mit dem Titel: La trouvaille scythe de Zöldhalompuszta, in: Archaeologica Hungarica, Budapest 1928.

NANDOR FETTICH, geb. 1900, war Abteilungsleiter des Ungarischen Nationalmuseums in Budapest. Jetzt ist er im Ruhestand. Seine wichtigsten Bücher sind: Die Tierkampfszene in der Nomadenkunst, Prag 1926. — Bestand der skyth. Altertümer in Ungarn, Berlin 1931. — Der zweite Schatz von Szilagysomlyó, Budapest 1932. — Der skythische Fund von Gartschinowo, Budapest 1934. — Zur Chronologie der sibirischen Goldfunde der Eremitage, Budapest 1952. — Das awarenzeitl. Gräberfeld von Pilismarót-Basaharc, Budapest 1965.

In Rumänien sind ebenfalls Funde der Skythen zutage gekommen. Sie gehören den sogenannten königlichen Skythen an, den seßhaften, während die Skythen am Pontus als die nomadischen Skythen bezeichnet werden.

Der Fund von Bîrsesti, Distrikt Focsani, Gebiet von Galati, ist gehoben worden bei einer Grabung von 1955—1958. Mehrere Grabhügel der Eisenzeit wurden angeschnitten, 28 Hügel von insgesamt 40 in der Landschaft der mittleren Moldau. Die meisten Funde gehörten der Epoche Hallstatt D an. Unter den Fundstücken lagerten Dolche typisch skythischer Art, sogenannte Akinakes aus Eisen, auch Beile und dreiflüglige Pfeilspitzen skythischer Art. Die Gräber gehören der Zeit von 550 bis 450 v. Chr. an. Die Mehrzahl von ihnen ist thrakisch, darunter finden sich auch skythische.

Über die Funde berichtet SEBASTIAN MORINTZ, geb. 1927 in Galati, wiss. Mitarb. am Inst. f. Archäol. a. d. Akademie, Bukarest, in: Materiale si cercetari arheologice, Bucuresti III, 1957, ebda V, 1959, VII, 1961 und in Dacia, N. S. Bd. 1, 1957.

Ein ähnlicher Fall liegt vor in Fergile, in der Gegend von Arges, im Gebiet von Horezu, Oltenien in Rumänien. Auch hier sind in den Jahren 1956—1962 Hügelgräber ausgegraben worden. Sie ergaben Tongefäße im Stile von Glasinac und andere Gegenstände, die dem 6.—4. vorchristl. Jahrh. zugehören. Mit ihnen fanden sich Lanzenspitzen dreiflügliger Art, skythisch, und Dolche in Form des skythischen Akinakes. Den Bericht gab ALEXANDER VULPE: Necropola hallstattiana de la Ferigila, Bucuresti 1967.

Der wichtigste skythische Fund in Rumänien ist der von Craiova, einer Stadt von 90 000 Einwohnern in Oltenien. 1917 hat HUBERT SCHMIDT, auf einer Studienreise durch Rumänien im Kunsthandel in Craiova zahlreiche Schmuckstücke aus Silber skythischer Art gesehen und den Ankauf durch die damals Königlichen Museen in Berlin veranlaßt. So kamen 80 einzelne Fundstücke eines skythischen Pferdeschmukkes nach Berlin. Später wurde der Fund zwischen den beiden Museen, Berlin und Bukarest geteilt. Bukarest erhielt 60 Stücke, die wichtigsten, Berlin behielt 20 Stücke. HUBERT SCHMIDT hat den Fund eingehend in allen seinen Einzelheiten beschrieben in der Prähistorischen Zeitschrift Bd. 18, 1927, S. 1—90, er hat auch eine Anzahl von Parallelen herangezogen. Es handelt sich um durchbrochene Silberplatten. Sie stellen in skythischer Stilgebung Tierköpfe dar, Teile von Tierkörpern und in chinesischem Sinne verschachtelte Tierelemente, vor allem Tierköpfe, angeordnet um eine kreisrunde Mitte.

Wenn auch Schuchhardt in „Alteuropa" den Fund mit der Herkunftsbezeichnung Craiova veröffentlicht hat, 1926, 2. Aufl., Taf. 38, so ist doch zu bemerken, daß der Fundort unbekannt ist, er mag in der Nähe von Craiova gelegen haben.

Später hat sich mit dem Funde J. NESTOR beschäftigt im 22. Bd. Ber. d. Röm.-Germ. Komm. 1933, S. 147. Nestor glaubt, den Fundort bestimmen zu können, weil ein Händler in Craiova zwei völlig gleiche Stierköpfe angeboten hatte mit der genauen Fundangabe, Gebiet von Dolj in der kleinen Walachei. Der eine Stierkopf ist in das Museum von Craiova gekommen, der andere in eine Privatsammlung in Bukarest.

Es sind auch noch andere skythische Funde aus Rumänien bekannt, sie sind von VASILE PÂRVAN (1882—1927), in seinem Buche: Getica, o Protoistorie a Dacia, Bukarest 1926 zusammengestellt worden.

Im Museum von Bukarest wird ein skythischer goldener Helm aufbewahrt mit Tierfriesen und Opferszenen. Als Fundort wird Gouv. Prahova genannt. Er ordnet sich stilistisch ein in die Zeit um 500. NANDOR FETTICH hat die Wangenklappen des Helmes behandelt in Acta Archaeologica Hungar. Bd. 1, 1930, S. 221f.

Ein anderer Fund skythischer Goldsachen, eine Halskette, getriebene Goldbleche, ein rückblickendes Tier ist im Gouv. Teleorman zutage getreten und ist zu einem Privatsammler in Bukarest gekommen. Der Fund ist behandelt worden von G. SEVEREANU in Buletinul Societatii romăne, Bd. 23, 1928, S. 5f.

Auch Bulgarien hat skythische Funde gebracht, der wichtigste ist Gartschinowo, der Ort liegt im Nordosten von Bulgarien im Bezirk Popovo. Nach Norden zu liegt in 50 km Entfernung Ruse, Ruščuk, an der Grenze zu Rumänien, nach Osten zu ist der nächst größere Ort Sumen, jetzt Kolarovgrad. Dort wird der Fund im Kreismuseum aufbewahrt. Das Museum ist 1903 begründet worden.

Der Fund wurde 1924 aufgedeckt von einem Bauern mit Namen Koleff Pentscho. Im Jahre 1930 ist er von dem Museum in Kolarovgrad erworben worden. Es handelt sich um das Preßmodel für eine große Platte von 35 cm Länge und 12,3 cm Breite aus getriebener Bronze. Das Gewicht ist 2,45 kg. Dargestellt sind drei große Tiere, ein angreifender Löwe oder Greif links, in der Mitte der angegriffene Hirsch, den Kopf zurückgewandt und rechts ein Adler, ebenfalls mit zurückgewandtem Kopf. Diese Tiere stehen auf einer durchlaufenden Linie. Unter ihr sind sieben kleinere Tiere angebracht, Löwen, Hirsche, Einhorn, Eber. Über den großen Tieren stehen die Geweihe. Ihre Spitzen laufen aus in Tierköpfe. Die Zeitstellung ist nach Fettich das 6. Jahrhundert v. Chr., die frühe skythische Epoche.

Der Fund wird genau bis in alle Einzelheit behandelt von Nandor Fettich in seinem Buch: A Garcsinovói szíta lelet, Die skythischen Funde von Gartschinowo, Budapest 1934, 59 Seiten, 14 Tafeln. Am Schluß seines Buches sagt Fettich (S. 58): „Der Fund von Gartschinowo ist vom Standpunkt der Geschichte des Tierstiles von Bedeutung. Zusammen mit dem Goldhirsch von Zöldhalompuszta bietet er ein frühes Beispiel für eine eigenartige Erscheinung, die sich dann in der Kunst der späteren Steppenvölker und des heidnischen Germanentums wiederholt: für die Zerstückelung der Szenen... Die Tierkampfszene blieb auch weiterhin ein beliebtes Motiv in der Metallkunst der Steppenvölker, was bei Jägerstämmen nicht Wunder nehmen kann ... In der aus Innerasien stammenden Metallkunst der Avaren spielt dieses Motiv eine beherrschende Rolle ... Die Darstellung der Bronzeplatte von Gartschinowo stellt sich aus dieser Perspektive gesehen als die monumentalste und typischste Schöpfung der Steppenkunst dar, die füglich neben die gelungensten Kunsterzeugnisse in eine Reihe gestellt werden kann. Es ist kein Wunder, daß die Tradition eines so bedeutenden Kunstwerkes mehr als tausend Jahre hindurch von stärkster Wirkung auf die Völker verwandter Kulturen gewesen ist."

Andere, nicht so bedeutende skythische Funde aus Bulgarien sind genannt bei Bogdan Filow, Denkmäler der thrakischen Kunst, in: Röm. Mitt., Bd. 32, 1917, S. 21 f. und auch bei Max Ebert, Südrußland im Altertum, 1921, S. 355, und Ders. Reallexikon d. Vorg. Bd. II, 1925, S. 135.

Nach der Bearbeitung des Fundes von Gartschinowo hat sich auch Bogdan Filow mit der Platte beschäftigt. Er kommt zu den gleichen Ergebnissen wie Fettich, nur meint er, daß es griechische Künstler waren, die das Werk hergestellt haben, was nicht wahrscheinlich ist. Der Artikel heißt: Ein „skythisches" Bronzerelief aus Bulgarien, in: Eurasia Septentrionalis Antiqua, Helsinki 1934, S. 197 bis 205.

Bogdan Filow, auch Filov, ist geboren am 10. 4. 1883 er wurde erschossen am 2. 2. 1945 in Sofia. Er hatte in Deutschland studiert, seit 1914 war er Prof. a. d. Univ. Sofia, 1938—1940 war er Unterrichts-Minister, von 1940—43 Ministerpräsident. Nach dem Tode von König Boris III., am 28. 8. 43, war er Mitglied des Regentschaftsrates. Im Sept. 1944 wurde er gestürzt und 1945 erschossen. Seine wichtigsten Werke sind: Die altbulgarische Kunst, Bern 1919. — Geschichte d. altburgar. Kunst, 2 Bde, Berlin 1932—1933. — Starobalgarskito izkustovo, Sofia 1925. — Die archaische Nekropole von Trebenitsche, Berlin 1927. — Neuentdeckte thrakische Hügelgräber von Duvanlii, in: Izvestija na Balgarskija Archeologičeski Institut, Sofia, Bd. 7, 1932—1933.

Bulgarien stellt mit Gartschinowo ebenso wie Deutschland mit Vettersfelde ein Randgebiet der skythischen Funde dar, ein Zeichen, wie weit die Wanderstämme auf ihren Zügen ihre Wellen ausgebreitet haben.

Sino-sibirische Bronzen

Wenn dieser Umkreis der skythischen Kunst und Kultur durch bedeutende Gelehrte systematisch erforscht werden konnte, dann war die Forschung mit einem anderen Umkreis nicht so glücklich gelagert. Nicht wissenschaftliche Untersuchungen, nicht genaue Grabungen machten diesen Umkreis bekannt, sondern Kunsthändler in Paris, New York, London, Berlin, Stockholm. Es sind die sino-sibirischen Bronzen. Bugrovišči heißen russisch die Raubgräber, sie sind es gewesen, die die Fülle von etwa 30000 Bronzen von Tieren, Greifen, Menschen in Bronzereliefs, auf den Markt von Europa und Amerika werfen konnten. Als sie seit rund 1925 in den Kunsthandlungen auftauchten, als die Museen anfingen, die Stücke anzukaufen, wie das British Museum in London, wie das Musée Cernuschi in Paris, da erwachte das Interesse.

Der Leiter der Ostasiatischen Sammlungen in Stockholm, J. G. ANDERSSON, der Entdecker der bemalten neolithischen Keramik in China, kaufte in China an, was er erhalten konnte und veröffentlichte die Stücke in den Bulletins Nr. 1 u. 4 des Museum of Far Eastern Antiquities, Stockholm 1929 und 1932. Es entstand die große Sammlung in Stockholm, die auch heute noch ihre Berühmtheit besitzt. Der damalige schwedische Kronprinz, später König Gustav VI Adolf, seit 1950 König, selbst ein berufsmäßiger Prähistoriker, gestorben 1973, war ein besonders guter Kenner der chinesischen Archäologie, auch er persönlich kaufte sino-sibirische Bronzen.

Jedoch die Datierung der Funde war ein Rätsel, wissenschaftliche Grabungen gab es nicht, die Bauern der Gegend um Minussinsk in Sibirien brachten die Stücke in die Städte Minussinsk und Krasnojarsk. Die Bauern der chinesischen Provinz Suijüan, auch als Ordos bezeichnet, brachten ihre Funde nach Peking. Die Provinz Ordos wird umflossen von dem Hoang Ho, die Große Mauer durchzieht die Provinz. Die Mitte der Provinz liegt 600 km entfernt von Peking.

Die Händler waren in Paris kenntnisreiche Kunsthändler wie C. T. Loo und Wannieck. So große Privatsammler wie Stocklet in Antwerpen und David-Weill in Paris oder Hamlin in Buffalo, USA, Baron v. d. Heydt in Wuppertal, später Ascona, haben ihre Sammlungen aufgebaut durch diese beiden Kunsthändler. Sie wiederum hatten ihre Agenten in Minussinsk und in Peking. Als ich 1931 und 1933 in Peking war, habe ich bei Kunsthändlern viele sino-sibirische Bronzen auffinden können. Auf die Frage nach der Herkunft erhielt ich als Antwort Suijüan oder Shansi, fragte ich nach der Zeitstellung, gab es ein bedauerndes Achselzucken.

In den Jahren von 1930 bis etwa 1935 wußte niemand eine Antwort auf die Frage nach der Zeitbestimmung der Bronzen, nicht in den großen Museen, nicht bei den Gelehrten, die Sinologen oder Kunsthistoriker für Ostasien waren, wie Pelliot in Paris, Hentze in Antwerpen, Salmony in Köln, Kümmel in Berlin, Rostovtzeff in Yale.

Ich hatte oft die Gelegenheit, mit den genannten Wissenschaftlern die Frage besprechen zu können. Jeder äußerte Vermutungen, keiner konnte Gesichertes aussagen. Es war auch nicht möglich, denn es gab eben nicht wissenschaftlich beobachtete und sorgfältig veröffentlichte Grabungen.

Auch Gero von Merhart, der Jahre hindurch am Museum in Krasnojarsk in Sibirien als deutscher Gefangener arbeiten konnte, ein Gelehrter, der das ganze Material von Krasnojarsk in Händen hatte, konnte nicht auf meine Fragen, die ich oft an ihn richtete, mit Sicherheit eine Antwort geben.

GERO MERHART VON BERNEGG war am 17. 10. 1886 in Bregenz geboren, er starb in Kreuzlingen am 4. 3. 1959. Er war ein bedeutender Prähistoriker, ein Mann mit klarem Urteil und mit überschauender Kenntnis. Er hatte in München studiert und 1913 den Doktorgrad erworben. Als Reserve-Oberleutnant der österr. Armee kam er 1914 in russische Gefangenschaft. Er konnte aber als Wissenschaftler in Museen arbeiten, er wurde sogar von 1920—1921 Leiter der Archäol.-Abt. des Museums von Krasnojarsk in Sibirien. Als ihm die Rückkehr nach Deutschland erlaubt worden war, bat er, noch ein halbes Jahr in Krasnojarsk bleiben zu können, um seine Studien zu Ende zu führen. Das Ergebnis ist ein wichtiges Buch: Bronzezeit am Jenissei, Wien 1926 mit 189 Seiten und 12 Tafeln. Merhart datiert die Bronzen von Minussinsk nach stilistischen Merkmalen in das 6. bis in das 1. Jahrhundert v. Chr. (ebda S. 180—182).

Als Merhart nach Deutschland zurückkehrte, wurde er Assistent der Präh. Staatsslg. in München, von 1927—1928 war er Assistent am Röm.-Germ. Zentralmuseum in Mainz. Er habilitierte sich 1924 a. d. Univ. Innsbruck und wurde 1928 ord. Prof. a. d. Univ. Marburg, dort wurde er 1949 emeritiert. Merhart hat eine Anzahl erfolgreicher Prähistoriker herangebildet. Uns verband eine gute Freundschaft.

Auch Tallgren (1885—1945) hat sich in dieser Zeit sehr um die Datierung der sino-sibirischen Bronzen bemüht, und oft hatte ich Gelegenheit, mit ihm diese schwierigen Fragen zu besprechen. Trotz aller Bemühungen gelang Tallgren die völlig gesicherte Datierung dieser Bronzen nicht, auch nicht den eifrigen Bemühungen von Salmony.

ALFRED SALMONY ist 1890 in Köln geboren, er starb auf der Schiffahrt von New York nach Europa im Jahre 1958. Salmony war ein guter Freund von mir, wir waren zur gleichen Zeit in Köln, er war Assistent am Museum für Ostasiatische Kunst und ich Prof. a. d. Universität. Salmony war ein Schüler von Josef Strzygowski (1862—1941) in Wien. 1933 mußte er Deutschland verlassen, er lebte zuerst in Paris, dann in den USA, wo er Prof. a. d. Univ. von San Francisco war, später an der New York University. Für diese Fragen ist sein wichtigstes Werk: Sino-sibirian Art in the collection of C. T. Loo, Paris 1933 mit 111 Seiten, 44 Tafeln und einer Karte.

Auch in diesem Werk, so sorgfältig und eingehend es aufgebaut ist, ist eine gesicherte Datierung nicht möglich geworden. Salmony spricht wegen der stilistischen Beziehungen zur chinesischen Kunst der Chou-Zeit vor allem von der Zeit um 1000 v. Chr. Er sagt auf S. 102: "The fact that we pass the usual limit of many of the dates by a millennium or more takes none of the artistic and documentary value away from the objects."

Auch ein anderes Buch dieser Zeit, das die bedeutende Sammlung sino-sibirischer Bronzen im Besitz von Baron von der Heydt behandelt, kommt nicht zu einem Ergebnis der Datierungsfrage. Der Verfasser ist VIKTOR GRIESMAIER, sein Buch heißt: Sammlung Baron von der Heydt, Wien 1936, Krystall-Verlag, 110 Seiten, 161 Abbildungen.

Baron von der Heydt aus Wuppertal-Elberfeld war einer der kultiviertesten Sammler in dieser Zeit. Ich hatte oft Gelegenheit, seine Sammlung zu besichtigen und mit ihm über seine Probleme und über die schwierige Frage der Datierung zu diskutieren, dadurch entstand eine lange Freundschaft. Für die südrussischen Bronzen und Goldgegenstände sind bestimmend die griechischen Vasen. Sie ergeben die Datierung in das 7.—4. Jahrhundert v. Chr. Für die Bronzen von Minussinsk und der Landschaft Ordos fehlten bis dahin die geschlossenen Funde.

Im Jahre 1934 ergriff JOACHIM WERNER (geb. 1909) das Wort zu den Fragen in einem Aufsatz: Zur Stellung der Ordosbronzen, in: Eurasia Septentrionalis Antiqua, Helsinki, Bd. 9, 1934, S. 259—269. — Werner spricht von den Tierkampfszenen und den heraldischen Tierkompositionen. Er spricht von den datierenden Funden und nennt:

1. Troickosavsk in Transbaikalien mit zwei chinesischen Bronzemünzen der Han-Dynastie, 206 v. Chr. bis 220 n. Chr. im Umlauf von 118 v. Chr. bis 589 n. Chr.

2. Noin Ula, Mongolei, mit chinesischer Lackschale, datiert in das Jahr 2 v. Chr.

3. Pazyryk oder Pazirik, mit chinesischer Lackschale, datierbar in die Zeit von 86—48 v. Chr.

Aus diesen Datierungen schließt Werner auf die Zeit um Chr. Geb., bemerkt aber sehr richtig (ebda S. 266), „Erstes Auftreten, Entwicklung und Verschwinden entziehen sich dagegen unserer Kenntnis, ebenso die Art der Beziehungen zum Minussinsker Kreis und zur Katandagruppe."

In dieser Zeit habe ich mit Joachim Werner die Frage des Beginnes und des Endes dieser seltsamen Gruppe chinesisch-sibirischer Kunst besprochen, von Werner den Hunnen zugesprochen, über dieses mittlere Datum mit durchgebildeter Kunstentwicklung kamen wir damals nicht hinaus, und auch niemand sonst.

Nach zwei Reisen durch China, 1931 und 1933 habe ich eine Zusammenstellung geschlossener Funde mit sino-sibirischen Bronzen veröffentlichen können, in IPEK, Bd. 12, 1938, S. 162—165. Danach ergeben sich in mehreren Gräbern sicher datierende Elemente. Es sind:

1. Troickosavsk in Transbaikalien. Gräber mit sino-sibirischen Bronzen und chinesischen Bronzemünzen der Han-Dynastie, die im Umlauf waren von 118 v. Chr. bis 589 n. Chr. Der terminus post quem ist 118 v. Chr.

2. Noin Ula, 100 km nördlich von Urga, Mongolei. Gewebe im Stil der sino-sibirischen Bronzen mit einer chinesischen Lackschale, durch Inschrift datiert auf das Jahr 2 v. Chr.

3. Pazyryk im Altai-Gebiet mit Satteldecken für Pferde mit aufgenähtem Schmuck im Stil der Ordos-Bronzen. Datierbar um etwa 500—300 v. Chr.

4. Schibe, auch Shibe oder Šibe geschrieben, Altai-Gebiet am Ursul. Pferdeschmuck im Stil entsprechend sino-sibirischen Bronzen mit einer chinesischen Lackschale, datierbar in die Zeit von 86—48 v. Chr.

5. Sino-sibirische Bronzen mit Inschriften in der Si-Hia-Schrift, die nicht vor 1037 n. Chr. verwendet wird.

6. Barsoff Gorodok, Kr. Surgut, Westsibirien. Gräber mit sino-sibirischen Bronzen zusammen mit einer Lackschale in kufischer Inschrift, datierbar auf die Zeit von 814—815 n. Chr.

7. Tomsk, Gräberfeld mit sino-sibirischen Bronzen zusammen mit chinesischen Münzen der T'ang Dynastie, 713—742 n. Chr.

8. Luan-P'ing Hsien, nordöstl. von Peking. Grab mit sino-sibirischen Bronzen und einer Hirschscheibe, die genau so im Kaukasus in der Jelisavetskaja Stanitza vorkommt. Das Grab ist um 400 v. Chr. zu datieren.

9. Hsuan-Hua, ein Grab im nördlichen Hopei, China, nicht weit von Kalgan, mit sino-sibirischen Bronzen und einer chinesischen Messermünze, geprägt in der letzten Zeit der Chou-Dynastie, im Umlauf von 700—250 v. Chr.

10. Elephant Kuang tomb bei Ssu Kung Tsún am Huan Fluß bei Hsiao Ts'un, An-yang, in der chinesischen Provinz Honan. Sino-sibirische Bronzen früher Zeit in einem Grab mit Bronzegefäßen der Shang-Zeit, 1395—1122 v. Chr.

Damit ergibt sich, daß der Stil der sino-sibirischen Bronzen lebendig ist durch über zweitausend Jahre. So ist es verständlich, daß sich lokale Stilarten herausgebildet haben:

1. die Jenissei-Gruppe mit den Zentren Minussinsk u. Krasnojarsk.
2. Die Ordos-Gruppe in der chinesischen Provinz Ordos.
3. Die Perm-Gruppe im Ural.
4. Die pontisch-skythische Gruppe.

Diese vierte Gruppe, die pontisch-skythische, ist die am meisten nach Westen vorgeschobene Gruppe.

Immer mehr verlagerte sich das Interesse der Forscher um die beiden Zentralpunkte dieser Funde, um das Talbecken von Minussinsk in Sibirien einerseits und um die chinesische Provinz Ordos andererseits.

Zuerst war es Sibirien, von dem eine gewisse Antwort zu erwarten war. Dort traten die Funde in ungeahnter Menge aus der Erde, jedoch aus den verschiedensten Zeitepochen, aus den verschiedensten Kulturen.

Schon im Jahre 1877 ist in Minussinsk ein Museum für Archäologie errichtet worden. Der Stifter war der Apotheker N. M. Martjanov. Er hatte rund 30000 Stücke der sogenannten Minussinsker Bronzen, vor allem sino-sibirische Stücke zusammengebracht, jedoch die Funde sind nicht veröffentlicht worden. Entsprechend den Datierungen von Wilhelm Radloff wurden die ausgegrabenen Stücke gegliedert in Kupfer- und Bronzezeit, in ältere Eisenzeit, in jüngere Eisenzeit und in spätere Eisenzeit.

Das Talbecken von Minussinsk, durchflossen vom mittleren Jenissei, ist an drei Seiten begrenzt von hohen Bergplatten. Die Berge tragen dichte Wälder, die Ebene im Tal ist reich an Weideplätzen. Im Südwesten ist das Talbecken offen, hier führt der Weg zum Altai und nach Kasachstan. Diese gewisse Isolierung veranlaßte die verhältnismäßig eigenständige Kultur. Ein Hauptweg führt im Südosten nach Irkutsk, zum Baikal-See, weiter nach Ulan Bator und zu der chinesischen Provinz Ordos, Suijüan.

Da gab es in Minussinsk einen Kupferschmied mit Namen Iwan Petrowitsch Tovostin, geboren um 1850. Seit 1879 arbeitete er in einem kleinen Ort der Umgebung, um 1880 verlegte er seine Schmiede nach Minussinsk. Hier brachten ihm die Einwohner und die Bauern der Umgebung ausgegrabene Bronzegegenstände. Sie wurden von ihm umgeschmolzen in Samoware. Bald aber bemerkte er, daß man die Fundstücke teuer verkaufen könne an Offiziere, Beamte, Reisende. So fuhr er auf das Land zu den Bauern, kaufte die Fundstücke für 10 Kopeken und verkaufte sie für 20 Rubel, wie er selber sagt. Seine Sammlung wurde immer größer. An das Historische Museum in Kiew verkaufte er 800 Stück. Im Jahre 1916 verkaufte er den Rest seiner Sammlung an Dr. Karl Hedman de Vasa in Helsinki für 5500 Finnenmark. In Helsinki lagerten nun die Fundstücke, Messer mit Tierköpfen, Beile, chinesische Spiegel, Tierfiguren als Relief, Reiterfiguren, Gürtelschnallen in Tiergestalt, bronzene und eiserne Kessel.

Die Sammlung wurde dem Nationalmuseum von Helsinki übergeben, 1906 gegründet, mit der Auflage, daß der Professor für Archäologie an der Universität, M. TALLGREN, den Katalog verfasse.

Tallgren widmete sich mit Eifer dieser Aufgabe, die ihn um so mehr fesselte, als er 1911 seine Doktorarbeit verfaßt hatte über die Kupfer- und Bronzezeit in Nord- und Ostrußland. Im Jahre 1915 hatte er die im Museum von Minussinsk vorhandenen Funde studiert. Die Sammlung Tovostin umfaßt 1053 Gegenstände. Das Buch von Tallgren erschien 1917 mit dem Titel: Collection Tovostine, Helsingfors, es hat 93 Seiten und 12 Tafeln.

Für uns ist es heute von Bedeutung, zu sehen, daß Tallgren schon 1918 den größten Teil der Funde in die Zeit von 500 v. Chr. datierte, in die Zeit, die in Europa als Latène bezeichnet wird. Vor dieser Stufe erschienen Fundstücke, die der Zeit von 1000—500 zugehören, dazu rechnet er die Gruppe der Dolche mit Tierkopfendigung und einige wenige kleine Tierreliefs, die später, seit 1930, in großer Fülle als sino-sibirische Bronzen in den Handel kamen. Die chinesischen Spiegel, die deutlich griechischen Einfluß über Alexanders Zug nach Indien dartun, und die der Han-Zeit zugehören (206 v. Chr. bis 220 n. Chr.), konnte man damals noch nicht zeitlich bestimmen. Alle Datierungen konnten nur Vermutungen sein, eine Sicherheit bestand nicht.

Tallgren kam öfter in den Jahren um 1923—1925 zu mir nach Berlin, und wir haben weitere Möglichkeiten zur Datierung gesucht, so die Frage der Herkunft der Tüllenbeile, den Einfluß des achämenidischen Persien, der bei Tierfiguren erkennbar ist, und anderes. Immer wieder erklärte Tallgren, wir brauchen wissenschaftliche Grabungen in dem Gebiete von Minussinsk, es ist ungewöhnlich reich an Gräbern, Steinsetzungen, Funden, die beim Ackern den Bauern zufallen. Eines Tages brachte er mir den Katalog der Sammlung Tovostin nach Berlin mit, und schenkte ihn mir. Das Buch, heute sehr selten, befindet sich noch in meiner Hand. Seine wichtigsten Werke sind: L'époque dite d'Ananino dans la Russie orientale, in: Finska Fornminnesföreningens Tidskrift, Helsinki, Abgekürzt SMYA, Bd. 31, 1919. —

Permian Studies, ESA Bd. 3, 1928. — Etudes sur le Caucase du Nord, ebda Bd. 4, 1929. — Zur nordkaukasischen frühen Bronzezeit, ebda. Bd. 6, 1931. — Inner Asiatic and Sibirian Rock Pictures, ebda Bd. 8, 1933. — The Arctic Bronze Age in Europe, ebda Bd. 11, 1937.

Mit Tallgrens Arbeiten wurde allmählich ein allgemeiner Umriß für die Datierung und für die Kulturbedeutung der Bronzen von Minussinsk und Krasnojarsk gewonnen. Sie konnten bestimmt werden durch die erkennbaren Einflüsse der persisch-achämenidischen Welt, der griechischen Welt, durch den Alexanderzug und den chinesischen Umkreis. Alle diese Elemente führten für die wichtigste Periode zu den fünf Jahrhunderten v. Chr., in Europa der Latène-Zeit. Die Fundstücke vor dieser Zeit, bis 1000 v. Chr. ließen sich ablösen und auch die auf die Zeit nach Chr. folgenden Epochen.

Durch Tallgrens Arbeiten wurde die russische Forschung hingewiesen auf die Notwendigkeit von wissenschaftlichen Grabungen im Talbecken von Minussinsk. Sie wurden in Angriff genommen von S. A. Teplouchov. Er war von der Akademie der Wissenschaften in Leningrad dorthin geschickt worden. Sein Geburtsdatum wird um 1900 liegen, sein Todesdatum ist nicht bekannt, er ist verschwunden in einer der Säuberungsaktionen von Stalin. Seine Hauptwerke sind: Drevnie pogrebenija Minusinskom Kral. In: Materialy po étnografii, Bd. III, 2, Leningrad 1927. — Opyt klassifikacii drevnich metalličeskich kul'tur Minusinskogo kraja. ebda Bd. IV, 2. Leningrad 1929. — Drevnemetalličeski kul'tury Minusinskogo kraja. In: Priroda Bd. 6, 1929, S. 539—552.

Teplouchov stellt zuerst neolithische Schichten fest, die er als Straten 1—2 bezeichnet. Die Strate 3 mit Messern mit Ring- oder Tierkopfabschluß, mit Tüllenbeilen und mit chinesischen Spiegeln, die später als Karasuk bezeichnete Strate, datiert er auf 1000 v. Chr. Nach Tallgren und Salmony ist das zu früh, das wirkliche Datum, so meinen beide Forscher, wäre 500 v. Chr. Die folgende Strate 4 fällt nach Teplouchov um 500 v. Chr. nach Tallgren in die Zeit von 500 bis Chr. Geb.

Von 1930—1937 arbeiteten in diesem Gebiet S. V. Kiselev und L. A. Evtjuchova im Auftrage des Archäol. Instituts der Akademie der Wissenschaften in Moskau. Die beiden Forscher hatten große Erfolge. Sie konnten eine Fülle von Gräbern aufdecken, zumeist mit sino-sibirischen Bronzen, sie konnten die Chronologie genauer festlegen bis um die Zeit von Christi Geburt und darüber hinaus in neuerer Zeit bis zur Türkeneroberung. Im ganzen haben sich die Datierungen von Teplouchov mit einigen Abwandlungen zu kürzeren Daten bestätigt.

Sergej Vladimirovič Kiselev ist geboren am 17. 7. 1905, er ist gestorben am 8. 11. 1962. Er war korresp. Mitglied der Akad. d. Wiss. in Moskau. Im Jahre 1939 wurde er Prof. f. prähist. Archäologie a. d. Univ. Moskau. Er wurde der Leiter der Ausgrabungen in Süd-Sibirien, im Altai-Gebiet und in der Mongolei. Seine Hauptschriften sind: Drevnjaja istorija Južnoj Sibiri, Die alte Geschichte Südsibiriens, Moskau-Leningrad 1949, ein Werk von 364 Seiten. Die 2. Auflage erschien erweitert auf 643 Seiten, 1951. — Drevnie goroda Mongolii, Sovetskaja archeologija, Moskva 1957, Bd. II. — Drevnie goroda Zabajkalja, ebda 1958, Bd. IV. — Iz istorii kitajskoj čerepici, ebda 1959, Bd. III. — Neolit i bronzovyi vet Kitaja, ebda 1960.

LIDIJA ALEKSEEVNA EVTJUCHOVA ist am 31. 8. 1903 geboren. Sie ist Mitglied des Archäol. Instituts d. Akad. d. Wissenschaften in Moskau. Dort hat sie Vorgeschichte studiert. Von 1921—1946 war sie wiss. Mitarbeiterin des Hist. Museums Moskau. Ihre wichtigsten Werke sind: Archaeol. pamjatniki enisejskich kirgizov, Akaban 1948. — Kamennye izvajanija Južnoj Sibiri i Mongolii, in: Materialy i issledovanija po archeologii Latvijskoj, Akad. d. lettischen SSR, Riga, Bd. 24, 1952. — K voprosu o pogrebal'nom obrjade abaševskoj kul'tury, ebda Bd. 97, 1961.

Doch mit den Arbeiten dieser Forscher endete nicht die eingehende Ausgrabungstätigkeit im Gebiet von Südsibirien. Von 1946—1954 untersuchte Michail Grjasnov die prähistorischen Fundstätten am Oberlauf des Flusses Ob.

In derselben Zeit, um 1950, bearbeitete S. J. Rudenko die vereisten Kurgane von Katanda und Berel. Sie waren im 19. Jahrhundert angeschnitten worden von Wilhelm Radloff, wie schon berichtet.

Von 1955—1962 grub L. P. Kyzlasov erneut Fundstätten aus im Talbecken von Minussinsk und in der Tuva.

LEONID ROMANOVIČ KYZLASOV ist geboren am 24. 3. 1924 in Sinjavino, Chakassisches Gebiet der UdSSR. Er studierte an der Univ. Tomsk von 1941—1942 und in Moskau von 1945—1949. Er wurde Prof. f. Archäologie a. d. Univ. Moskau. Sein Hauptwerk ist: Taštyskaja épocha v istorii Chakassko-Minusinskoj, Kotloviny, Moskva 1960.

Von besonderer Bedeutung für die Archäologie wurde der Bau der großen Wasserkraftwerke am Jenissei. Im Jahre 1969 bildete sich der künstliche große See von Krasnojarsk. Um die archäologischen Funde an dieser Stelle sicherzustellen, entsandte die Akademie d. Wissenschaften in Moskau MICHAIL GRJASNOV. Jährlich arbeiten noch jetzt, unter seiner Leitung fünf bis neun wissenschaftliche Abteilungen. In neun Jahren Expeditionsarbeiten wurde eine Fülle von Funden gehoben, vom Paläolithikum bis zum 18. Jahrhundert n. Chr. Grjasnov selber sagt, daß in diesen neun Jahren mehr archäologische Funde festgestellt werden konnten, als in den 250 Jahren vorher (M. Grjasnov, Südsibirien, Nagel-Verlag, Genf, 1970, S. 24).

Durch diese vielfältigen, sorgfältig von besten Kennern durchgeführten Grabungen konnten viele Fragen gelöst werden, die vorher ungeklärt geblieben waren. Es ergab sich eine neolithische-frühbronzezeitliche Schicht, datierbar durch Importfunde auf die Zeit von 2400—2000 v. Chr. Grjasnov bezeichnet sie nach einem wichtigen Fundplatz als Afanasevo-Kultur, gesichert durch jetzt 236 Gräber an 18 Fundstellen. Es handelt sich um eine europide Rasse, verwandt mit den Einwohnern der Wolga-Steppen und des Don-Gebietes, obgleich sie eine Entfernung trennt von 3000 km. Metall wird noch wenig verwendet, ein Armring aus Leder trug Scheiben aus Eisen. Die chemische Analyse ergab, daß es sich um Meteoreisen handelt.

Auf dieser Schicht lagert eine andere neolithisch-frühbronzezeitliche, umspannend die Zeit von 2000—1600 v. Chr., als Okunev-Kultur benannt.

Diese Kultur besitzt keine Verbindung zu der vorhergehenden. Weder in den Grabanlagen, noch in den Fundformen, noch anthropologisch besteht irgend ein

Zusammenhang. Die Bestatteten sind Mongolide von nordsibirischem Typus. Vergleichbare Funde liegen vor aus Tomsk am Flusse Ob, nordöstlich von Nowosibirsk und in Tuva. Es finden sich in dieser Schicht Gräberfelder mit quadratischer Grabeinfassung aus senkrecht in die Erde gesteckten Steinen. Neben Steinwerkzeugen kommen Kupferwerkzeuge vor, Nadeln, Ahlen, Messerklingen, Fischhaken, zweischneidige Messer. Jagd und Fischfang spielen eine führende Rolle in der Wirtschaft. Mehrfach erscheinen kleine weibliche Figuren als Stangen, einzusetzen in die Erde, gearbeitet aus weichem Stein, aus Steatit. Es ist offenbar die Urmutter des Stammes, Nasuschki genannt. Diese Statuetten haben sich auf dem Altai erhalten bis zur Gegenwart. Sie sind die Beschützer der Familie.

Die darüber lagernde Schicht wird als Andronovo-Kultur bezeichnet, sie umfaßt die Epoche von 1600—1300 v. Chr. In dieser Zeit gehen die Stämme der Minussinsk-Ebene über zu einer produktiven Wirtschaft, sie zähmen die Tiere und bauen Nutzpflanzen an. Es entsteht eine Weide- und Ackerbauwirtschaft und damit Seßhaftigkeit. Die Toten werden in Hockerstellung bestattet, in der Stellung der Geburt. Die Tongefäße tragen Ritzverzierung in Mäander-Art.

Die wieder darüber liegende Schicht ist die Karasuk-Kultur, 1300—800 v. Chr. Sie setzt die Andronovo-Kultur fort ohne daß neue Bewohner festzustellen wären. Die Gräber finden sich auf offenen, ebenen Flächen, manchmal hundert, manchmal über tausend Gräber nebeneinander. Jedes Grab besitzt eine eigene Steineinfassung, im Innern Grabmauern. Die Toten werden ausgestreckt bestattet, der Kopf ist nach Südosten gerichtet.

Vorherrschend sind einschneidige bronzene Messer mit Ringgriff, Tüllenbeile. Die Vorlagen der Tüllenbeile sind Importware aus dem Westen, aus Europa. Die Vorformen finden sich nicht in Sibirien, während in Europa alle Entwicklungsstufen vorhanden sind. Sie werden später im Minussinsker Becken selbst gegossen, es sind Gußformen gefunden worden. Es gibt aus Bronze Armreifen, Fingerringe, Ohrringe. Die Pferdeknochen werden in dieser Zeit häufig. Zaumzeuge in primitiver Machart treten auf, ein Beweis, daß man die ersten Versuche macht, das Pferd als Reittier zu verwenden.

Durch diese Entdeckung, durch die Möglichkeit, das Pferd zu reiten, gewann der Mensch der Steppen die große Überlegenheit. Sie gab ihm die Möglichkeit, die Hochkulturen der damaligen Zeiten anzugreifen und tief zu erschüttern, China einerseits, Assyrien und das Schwarzmeergebiet mit den Griechen andererseits.

Der Reiter auf dem Pferd mit der Lanze und dem Bogen bedeutete eine solche Kraft, daß die Fußkämpfer und die Wagenkämpfer dagegen machtlos waren. Bei den Germanen wurde um 500 v. Chr. der oberste Gott Tyr zum Gotte, der reitet, zu Wotan. Ihm ist heilig das Pferd, das Roß.

Ab 800 v. Chr. entwickelt sich im Gebiet der Steppen von Asien das Reiten (Franz Hančar, Das Pferd in prähistorischer und früher historischer Zeit, Wien 1956, S. 561).

In dieser Zeit, um 800—700, geht die Steppenbevölkerung über zum Dasein als Reiternomaden (M. Grjasnov, Südsibirien. Genf 1970, S. 155f.). Grjasnov sagt so (ebda S. 155): „Die Steppenvölker der späteren Bronzezeit waren nach fünf Jahrhunderte dauernden Wanderungen zwischen ihren Winterplätzen und den Sommerweiden durchaus bereit, zum reinen Nomadentum überzugehen. Sie waren vorzügliche Reiter, hatten seit langem den Wagen als Transportmittel benutzt — einen Karren, von einem Ochsenpaar gezogen — und wohl schon stellenweise im Sommer einige Ortsveränderungen vorgenommen. Und plötzlich trennten sie sich im 8. Jahrhundert v. Chr. — irgendein Stamm oder eher wohl mehrere Stämme in verschiedenen Teilen des Steppengebietes — von ihrer Seßhaftigkeit und gingen zur nomadischen Lebensweise über ..."

„Die ersten Nomaden wanderten in Horden ... Die Sippen- oder Stammesgemeinschaft wanderte in Wagen über die Steppe. Jede Familie besaß ein Paar Ochsen und einen Wagen, der als ihre ständige Wohnung diente. Im Wagen wurden die Menschen geboren, lebten, arbeiteten und starben in ihm. Die Männer ritten, während die Frauen die Wagen lenkten, in denen sich die Kinder und aller Besitz der Familie befanden."

„Dieser Versuch zum nomadischen Leben überzuwechseln, erwies sich als sehr erfolgreich, weil durch die häufigen Wanderungen fast unbegrenzte Vermehrung der Weideplätze die Herden zu ungekannter Größe anschwellen ließ, und die von den Reiterscharen im Zusammenprall mit seßhaften Stämmen provozierten Kämpfe endeten stets erfolgreich."

„Da sie in jeder Hinsicht beweglich waren, konnten die Nomaden schnelle, unerwartete Überfälle auf seßhafte Stämme vornehmen und sich, ohne dem Feind Gelegenheit zu geben, Verteidigungskräfte zu sammeln, ebenso schnell der Verfolgung entziehen, wobei sie die Kriegsbeute mit sich nahmen; und das war überdies möglich, ohne den normalen Verlauf des nomadischen Wirtschaftslebens zu stören."

„Die Nomaden wurden mit ihrer nicht faßbaren Reiterei zur Geißel der seßhaften Bevölkerung jedes Gebietes ... Die nomadische Lebensweise veränderte das gesamte Leben der Steppenvölker grundlegend ... Alles mußte an ständiges Umquartieren und an das Lagerleben angepaßt werden. Die Viehherden, die in partielles Eigentum der patriarchalisch organisierten Familien übergegangen waren, machten diese verhältnismäßig reich. Krieg wurde gewissermaßen zu einem festen Geschäft. Es wuchs die gesellschaftliche Rolle der Heerführer aller Ränge, die sich durch Kriegsbeute bereichert hatten."

„Die seßhafte Bevölkerung nicht nur der Steppengebiete, sondern auch der Waldregion begann nunmehr, ihre Wohnorte mit Befestigungen zu umgeben oder auf hohen Landvorsprüngen mit abschüssigen Hängen zu siedeln und die ungeschützte Seite mit Gräben und Wällen zu sichern ... Es wurde ein System von mächtigen Verteidigungsanlagen errichtet, der sogenannte „Schlangenwall" und der „Trajanswall", Erdbefestigungen bis zu 5 Meter Höhe, die sich über Dutzende und Hunderte von Kilometern hinziehen. Im 4.—3. Jahrhundert v. Chr. hat das Ackerbau treibende China, um sich vor den Nomaden zu schützen, in einigen Etappen die größte Verteidigungsanlage der Welt erbaut — die Große Chinesische Mauer."

„Die vorher in der Wirtschaftsform und der Lebensweise differierenden Stämme nahmen mit dem Übergang zum Nomadentum viele gemeinsame Kulturzüge an, die allen Nomadenstämmen eigen sind, unabhängig von ihrem Wohngebiet, von den historisch gewachsenen Formen ihres wirtschaftlichen und sozialen Lebens."

„Die Kultur der frühen Nomaden war auf dem gesamten von ihnen bewohnten Gebiet so originell und in vieler Beziehung homogen, daß die Vorstellung von einer einzigen, für alle Nomaden jener Zeit verbindlichen Kultur aufkam. Deswegen benennen, wie die antiken auch einige zeitgenössische Autoren, alle Nomaden häufig mit einem Namen. Die alten Griechen nannten alle Nomaden am Schwarzen Meer und in Zentralasien Skythen, die Perser benannten nicht nur die Saken selbst mit diesem Namen, sondern hießen auch alle ihnen bekannten Steppennomaden so."

„Im 7. Jahrhundert v. Chr. begannen die Nomaden Südsibiriens, bronzene Gebisse zu verwenden und entwickelten eine besondere Konstruktion des Zaums mit den sogenannten dreilöchrigen Wangenstücken. Dieser Zaum gewann alsbald über die ganze Steppe bis zur Donau hin eine allgemeine Verbreitung. In der Weiterentwicklung dieses Zaums schufen die südsibirischen Nomaden um die Wende des 6. zum 5. Jahrhundert v. Chr. eine neue Form mit zweilöchrigen Wangenstücken, die in den Gebißring eingepaßt wurden. Diese neue Erfindung verbreitete sich wiederum schnell über alle Steppen Eurasiens und blieb dort in verschiedenen Varianten länger als 1500 Jahre in Gebrauch."

All das vollzieht sich in der Zeit der frühen Nomaden seit 800—700 v. Chr. Im Minussinsk-Becken wird diese Kultur die Tagar-Kultur genannt. Sie umfaßt die Zeit von 700 v. Chr.

Dabei sind Untergruppen im Minussinsker Talbecken erkennbar, mit verschiedenen Bezeichnungen nach bedeutenden Fundorten benannt. Der Pazyryk-Phase, 500—300, entspricht die Podgornovo-Phase, die von 500—400 reicht. Auf sie folgt die Saragasch-Phase, die die Epoche von 400—300 umfaßt. Die Zeit von 300 bis Chr. Geb. wird als Tes-Phase bezeichnet.

Die Frage, warum in dieser Zeit, der Eisenzeit, im Minussinsk-Gebiet die Bronze noch immer das Feld beherrscht, und nicht das Eisen, ist eine sehr schwierige Frage. Immer wieder habe ich sie angerührt in den Gesprächen mit Rostovtzeff, Tallgren, Salmony, Borowka.

Grjasnov erklärt diese Frage so (ebda S. 193):

„Es mag scheinen, daß die Nomaden des Altai im Entwicklungsstand der Metallbearbeitung hinter ihren westlichen Nachbarn zurückblieben. Im 7.—6. Jahrhundert v. Chr. lebten sie wie die Massageten und Saken Zentralasiens noch im Bronzezeitalter, gebrauchten und fertigten noch keine Eisenwerkzeuge. Ihre Zeitgenossen, die Skythen aber, schmiedeten schon im 7. Jahrhundert v. Chr. alle ihre Geräte aus Eisen (außer Pfeilspitzen). Das erklärt sich wahrscheinlich daraus, daß das erste Eisen zu jener Zeit noch keine ausreichend hohe Qualität besaß und seine Aufbereitung aus dem Erz ein mühseliger Prozeß war. In Südsibirien schmolz man Bronze im Überfluß, das Metall besaß eine hohe Qualität, und besonders in der Zeit der frühen Nomaden ist ein Aufschwung der Bronzeerzeugung zu bemerken. Einige zehntausend Bronzeobjekte sind uns aus jener Zeit bekannt, sie stammen hauptsächlich aus den Steppen des Minusinsker Talbeckens. Darunter sind viele Dinge aus kunstvollem Guß und solche in der Herstellung komplizierten Sachen wie zusammengesetzte Mundstücke des Pferdezaums und die sogenannten skythischen Kessel. Die altaischen und Minusinsker Stämme erlangten in der skythischen Zeit eine solche Meisterschaft in der Herstellung von Bronzewaren, daß sie sie nicht durch eiserne zu ersetzen brauchten. Obwohl sie schon mit dem Eisen bekannt waren, fuhren sie fort, sogar Waffen aus Bronze herzustellen — Dolche, Speere und Beile."

Über die Bewaffnung bemerkt Grjasnov (ebda S. 197): „Die Waffen der Nomaden waren gleichfalls durch die Besonderheiten ihres Wanderlebens bedingt. In erster Hinsicht waren alle Krieger Reiter. Auf den sibirischen Goldplättchen sind sie mit einem Köcher abgebildet, der am Gürtel hängt. Im Köcher stecken ein kurzer Bogen wie bei den Skythen (100—110 cm) und auch kurze Pfeile (50—60 cm). Ein solcher Bogen gestattete es dem Reiter, ohne das Pferd anzuhalten, in vollem Galopp zu schießen und den Pfeil in eine beliebige Richtung abzusenden, nach vorn, zur Seite oder nach hinten. Im Kurgan Pazyryk II hat man Pfeilschäfte gefunden, die ungefähr 80 cm lang sind. Augenscheinlich haben die altaischen Nomaden neben dem kurzen Bogen auch einen langen (ungefähr 150—180 cm) benutzt, der für andere Zwecke bestimmt war, möglicherweise für den Kampf und die Jagd zu Fuß. Das ist durchaus wahrscheinlich, weil wir durch Herodot von den Skythen wissen, daß sie zu Pferde mit Bogen und Pfeilen kämpften, zu Fuß hingegen mit Speer und Dolch. Die Hunnen Transbaikaliens und die Mongolen benutzten, nach den aus Grabfunden stammenden Knochenbelegen auf Bögen zu urteilen, einerseits einen kurzen Bogen, der etwas weniger als einen Meter lang war, andererseits einen langen (150—200 cm)."

Die Wirkung des Reitens auf dem Pferd, der Beherrschung von Pfeil und Bogen, beschreibt Grjasnov auf S. 198: „Man kann auf einen weithin reichenden kulturellen Austausch zwischen den Stämmen der frühen Nomaden aufgrund dessen schließen, daß sich viele charakteristische Merkmale der Nomadenkultur sehr schnell über alle Steppen verbreiteten. Die Kultureinheit der frühen Nomaden sehen die Archäologen vor allem in den sehr ähnlichen Formen der Bewaffnung, des Zaumzeugs und des Tierstils, die sich über riesige Steppengebiete hin von der Donau bis zur Chinesischen Mauer finden."

„Wesentlich deutlicher und bestimmter sind in den archäologischen Quellen die Kulturbeziehungen der altaischen Stämme zu den altorientalischen Völkern mit fremden Kulturen ausgedrückt, zu China, dem achämenidischen Iran und zum hellenistischen Baktrien. Zu den Importen aus China gehören zwei Antimon-Spiegel vom Ch'in-Typ (einer aus Pazyryk VI, einer ein Zufallsfund), Fragmente von Lackwaren, die man in einigen Kurganen gefunden hatte, und Seidenstoffe."

Der wissenschaftlichen Welt von 1920—1930 waren die Elemente der Kunst der Antike bekannt, die von Vorderasien und Ägypten. Die Kunst Chinas dagegen gehörte nicht zu den allgemein bekannten Umkreisen. Durch meine Unterhaltungen mit Kennern der chinesischen Kunst, durch zwei Reisen durch China in den Jahren 1931 und 1933 wurde mir die chinesische Komponente der Kunst der Steppenvölker immer deutlicher. In Kanton und in Peking konnte ich mit chinesischen Gelehrten über diese Fragen sprechen.

In Europa waren mir viele Gespräche mit Carl Hentze von besonderer Bedeutung, damals war er Professor für chinesische Sprache und Archäologie an der

Universität Gent in Belgien. Hentze war einer der besten Kenner, und seine Erklärungen und Arbeiten waren von großem Wert. Bei den gemeinsamen Betrachtungen der chinesischen Kunstgegenstände in Paris im Musée Guimet, im Musée Cernuschi und in den Privatsammlungen dort und in Antwerpen wurde uns deutlich, daß der Zusammenhang, die Beeinflussung und das Zusammenwirken sino-sibirischer Bronzen mit der Welt Chinas, besonders der Han-Zeit, sehr eng gewesen sein muß. Auch nach vielen Gesprächen mit Alfred Salmony klärte sich langsam die Frage, und so habe ich in der Zeitschrift IPEK mehrfach über die Zusammenhänge der sino-sibirischen Bronzen mit der chinesischen Kunst berichtet, so im Bd. 1927, S. 109 zur Skythenkunst; ferner Bd. 1929, S. 105 Zur skythischen Kunst; Bd. 1934, S. 165 Zur Chronologie der sino-sibirischen Bronzen; Bd. 1935, S. 134 Zum Problem der Chronologie der sino-sibirischen Bronzen; Bd. 1938, S. 162 Die Chronologie der sino-sibirischen Bronzen.

In dem Buch von KARL JETTMAR, Die frühen Steppenvölker, in: Kunst der Welt, Holle-Verlag, Baden-Baden 1964, S. 67 heißt es: „Das Auftreten zumindest des Tierdekors in einer spätbronzezeitlichen Steppenkultur ist natürlich für unsere Problematik von höchster Bedeutung. Vielleicht stehen wir hier überhaupt an der Wurzel des Tierstils? Mit welcher Zeitstellung müssen wir denn zunächst einmal rechnen?"

Weiter heißt es auf S. 68: „Diese Hypothese (der Einfluß Chinas) ist bereits von Kühn geahnt worden. Der Sinologe Karlgren hat ebenfalls ihre Konsequenz gesehen, nämlich die Möglichkeit, den gesamten Tierstil der Steppen von China abzuleiten. Der Verfasser dieses Buches (Karl Jettmar) hat einiges zu ihrer Verbreitung beigetragen. Leider war sie zu einfach. Man weiß inzwischen, daß der überwiegende Teil der Metalltypen einheimischer Herkunft ist."

Karl Jettmar, dessen Buch die gesamte wissenschaftliche Lage sehr kenntnisreich wiedergibt, meint, daß der Hinweis auf den Einfluß Chinas zu einfach sei, weil die Gegenstände im Tal von Minussinsk selber gearbeitet worden sind. Das gerade hat niemand bestritten. Nicht um Importware handelt es sich, obgleich auch sie vorkommt, sondern um künstlerische Stilelemente, die übernommen worden sind, genauso wie Stilelemente des achämenidischen Persien. Das Charakteristische dieses Gesamtstiles vom Schwarzen Meer, von Europa über Persien bis China ist das Komplexe dieser Kunstformen und doch auch wieder das Eigenständige, das aus diesen Verbindungen geschaffen worden ist.

KARL JETTMAR ist in Wien am 8. 3. 1918 geboren. Er war zuerst tätig am Wiener Museum für Völkerkunde und er wurde 1958 a. o. Prof. a. d. Univ. Wien, dann 1958 o. Prof. an der Univ. Mainz, 1964 an d. Univ. Heidelberg. Außer dem genannten Werk hat er die Entstehung des Reiterkriegertums behandelt in Randa, Weltgeschichte 1953 und Die Urgeschichte Chinas, ebda 1953.

CARL HENTZE, geb. 1883 in Antwerpen, gest. 1975, wurde 1926 Dozent a. d. Univ. Gent, 1930 a. o. Prof. und 1942 o. Prof. in Frankfurt a. M., emeritiert 1951. Seine wichtigsten Werke sind: Mythes et symboles lunaires, mit Nachwort von Herbert Kühn, Anvers 1932. — Objets rituels, croyances et dieux de la Chine antique et de l'Amérique, Anvers 1936. — Frühchinesische Bronzen und Kultdarstellungen, Antwerpen 1937. — Die Sakralbronzen und ihre Bedeutung für die frühchinesischen Kulturen, Antwerpen 1941. — Bronzegerät, Kultbauten, Religion im ältesten China der Shang-Zeit, Antwerpen 1951. — Tod, Auferstehung, Weltordnung, Zürich 1955. — Das Haus als Weltort der Seele, Stuttgart 1961.

Bis 1970 hat sich die schwierige Frage der sino-sibirischen Bronzen für die Gegend von Minussinsk geklärt. Die Steppenvölker haben von drei der damaligen Hochkulturen, China, Assyrien, Griechenland, verschiedene Elemente der Kultur und der Kunst aufgenommen und selbständig verarbeitet. Auf der großen Fläche vom Schwarzen Meer bis zur Grenze von China erscheint die Tierornamentik als eine bestimmende, als eine bezeichnende Wesenheit. Neben diesem riesenhaften Raum steht die ungewöhnlich lange Zeitspanne von 2000 Jahren.

Und doch gibt es Unterscheidungen, räumlich wie zeitlich. Die Kunstart in den Kurganen von Südrußland bis zum Altai besitzt zwischen 600 und 200 v. Chr. eine gewisse innere Verwandtschaft.

Die bronzezeitliche Kunstwelt des Kreises um Minussinsk und Krasnojarsk läßt eine reiche Schichtenfolge der Kulturen erkennen. Die Bronzen mit Tierdekor beginnen um 800, sie gewinnen um 600 ihre ausgesprochene Eigenart. Um 400 bis 300 leben die Ordos-Bronzen, die ihren Schwerpunkt besitzen im chinesischen Raum, in der Provinz Suijüan, auch Ordos genannt.

Wenn so die östlichen, die sibirischen Funde in der zweiten Hälfte des 20. Jahrhunderts einen großen Teil ihrer Geheimnisse offenbaren konnten, dann haben auch die westlichen Fundstätten besonders seit 1960 durch die wissenschaftliche Erforschung deutlicher zu sprechen begonnen.

In dem Gebiete der südlichen Ukraine, südlich von Charkow und Kiew, bis hin zum Schwarzen Meer, sind wichtige, sehr erfolgreiche Grabungen durchgeführt worden.

Die Veranlassung war die Errichtung von Staudämmen mit Elektrizitätswerken, um die Gegend fruchtbar zu machen. Das Gebiet ist ganz flach, der Raum ist völlig eben, aber es ragen die Hügel empor, geschaffen von Menschenhand in einer frühen Zeit. Die Anlage der Staudämme zerstört aber diese Hügel, und so verordnete die Regierung, daß sorgfältige wissenschaftliche Grabungen durchzuführen seien. Die Leitung wurde in die Hände von Aleksander Michajlovič Leskov in Kiew gelegt.

A. M. Leskov ist geboren am 19. 5. 1933. Er ist wissenschaftlicher Mitarbeiter am Archäologischen Institut der Ukrainischen Akademie der Wissenschaften in Kiew. Er hat in Charkow studiert und erwarb den Grad als Candidatus Scientiarium, etwa entsprechend der Habilitation, im Jahre 1961. Seine wichtigsten Arbeiten sind, alle in russisch: Die ältesten Trensenknebel aus Horn, Sowjetische Archäologie, Nr. 1, 1964. — Die Kurgan-Ausgrabungen im Süden des Chersongebietes, Kiew 1967. — Kertscher Expedition im Jahre 1967. Kiew 1968. — Vorskythische Periode in den Steppen des nördlichen Schwarzmeer-Gebietes, Archäol. Inst. d. Akad. d. Wiss. der UdSSR, Nr. 177, Moskau 1971.

Insgesamt haben drei Expeditionen die Forschung getragen. Eine südukrainische Expedition arbeitete in der Zeit von 1961—1963, eine Kertscher Expedition von

1964—1967, eine Chersoneser Expedition von 1968—1972. Insgesamt wurden in dieser Zeit sorgfältig und systematisch über 400 Kurgane gehoben.

Das wichtigste Ergebnis war, daß frühere Feststellungen, etwa die von V. A. GORODCOV sich bestätigt haben. In den Jahren 1901—1903 hat GORODZOV im Umkreis von Charkow eine Anzahl von Kurganen ausgegraben. Dabei hat er bemerkt, daß verschiedene Arten von Kurganen erscheinen. Die ältesten bezeichnete er als Grubengrabkultur, das sind kleine Hügel, mit dem Grabeingang an der Seite. Die folgende Gruppe nannte er Katakombengräber, die später erscheinende Gruppe Schachtgräber.

VASILIJ ALEXEEVIČ GORODZOV ist geboren am 11. 3. 1860, er ist gestorben am 2. 2. 1945. Er war Professor a. d. Univ. Moskau und Mitarbeiter am Moskauer Historischen Museum. Über 200 wissenschaftliche Arbeiten hat er veröffentlicht. Er war einer der Forscher, die die genaue Klassifikation der Vorzeit des europäischen Rußland geschaffen haben. Die für die Fragen der Chronologie der Kurgane wichtigen Arbeiten sind: Resultate archäologischer Untersuchungen im Kreis Isium, Gebiet Charkow im Jahre 1901, in: Arbeiten d. 2. Archäol.-Tagung, Bd. I, Moskau 1905, russisch, und: Resultate archäologischer Untersuchungen im Kreis Bachmut, Gebiet Jekaterinoslaw, im Jahre 1903, in: Arbeiten d. 3. Archäol. Tagung, Bd. 1, Moskau 1907, russisch.

Die älteste Schicht der Hügel, die Grubengräber, bringen Mikrolithen, Silexpfeilspitzen, eine Keramik, spitz- oder rundbodig, meist mit eingezogenem Hals. Die Verzierung ist tiefer Einstich. Es gibt geschliffene Steinbeile meist durchlocht. Die Zeitstellung ist neolithisch.

Die in der Zeit folgende Schicht ist die Katakombenkultur. Die Hügel besitzen an der Seite des Grabschachtes eine Nische. Es ist das ein Horizont mit Hammerkopfnadeln aus Knochen. Der Boden ist belegt mit Ocker, ebenso auch die Skelette der Bestatteten. Es gibt Absatzbeile, Funde aus Metall, so Spiralröhren, Perlen. Die Toten ruhen auf der rechten Seite, oft als Hocker. Es erscheinen geographische Varianten, so die Kurgane von Donetz, die der Wolga, die des unteren Dnjepr, die der Krim.

Die Holzkammerkultur bringt Dolche und Pfeilspitzen aus Bronze, breite bronzene Messer, doppelkonische Gefäße aus Ton. Die Hocker lagern auf der linken Seite, Ocker ist selten. Wieder gibt es regionale Unterschiede, so vor allem im Wolgagebiet und im Raume des Don.

Diese Gliederung, erarbeitet von Gorodzov, hat sich völlig bestätigt bei den neueren, sehr eingehenden Grabungen bei über 400 Kurganen.

Es ist einem der Forscher auch möglich geworden, mit Hilfe von Importfunden und der Radiokarbon-Datierung absolute Zahlen zu gewinnen. Diese Arbeit hat N. J. Merpert durchgeführt.

NIKOLAJ JAKOVLEVIČ MERPERT ist geboren am 20. 11. 1922. Er ist wissenschaftlicher Mitarbeiter am archäologischen Institut der Akademie d. Wissenschaften in Moskau. Er erwarb seinen Grad als Candidatus Scientiarium 1950. Seine Hauptarbeiten sind, alle russisch: Materialy po archeologii Srednego Zavolzja, in: Materialy i issledovanija po archeologii Latvijskoj SSR, Riga, Bd. 42, 1954. — Abaševskie kurgany Sev. Čuvasii, in ebda Bd. 97, 1961. — Drevnosti našej zemli, Altertümer unseres Landes, Moskau 1960.

Die Arbeit von N. J. Merpert, die wichtig ist für die Chronologie der Kurgane in der Ukraine, trägt den Titel: Urgeschichte der Bevölkerung der Steppengebiete Osteuropas im 3. und 2. Jahrtausend v. Chr., russisch, Moskau 1968.

Aufgrund der Beigaben, vor allem der Importe, umspannt die Grubengrabkultur die Zeit von 3000—2500, die Katakombenkultur die Zeit von 2500—2000, die Schachtgräberkultur die Zeit von 2000—700, bis zum Einbruch der Skythen. Die Skythen setzten die Bestattung in Kurganen fort. Die Grabhügel werden größer und mächtiger. In ihnen finden sich viele Gegenstände aus Gold. Die Grabungen zwischen 1960 und 1975 haben ausgezeichnete Gegenstände ergeben.

Besonders ergebnisreich war der Kurgan Deev, 50 km westlich von Kachowka; die Kurgane von Mordwinow, 25 km südlich von Kochanowka; der Kurgan von Cherson, 10 km westlich von Cherson; der Kurgan Tschertomlyk, 50 km westlich von Nikopol. Die Grabhügel enthielten neben Ketten aus Gold, neben Beschlagstücken mit Figuren vor allem Tiergestalten, auch römische Amphoren, griechische Tongefäße, Halsketten aus farbigen Glaspasten. Sie gehören dem 5.—4. Jahrhundert v. Chr. an.

So ist das Ergebnis der Grabungen der letzten Jahrzehnte wieder sehr reich gewesen. Über diese Grabungen berichtet außer den genannten Werken zusammenfassend in deutscher Sprache A. M. Leskov in einem Sonderheft der Zeitschrift Antike Welt 1974 mit dem Titel: Die skythischen Kurgane. Die Funde verbleiben in dem Museum von Kiew.

Der größte Teil der skythischen Goldfunde kam in die Kunstkammer der Zaren, er ist bis heute erhalten. Ich konnte im Juli und August 1974 eine Reise durch Polen und Rußland unternehmen. Dabei habe ich viele Museen in kleineren Orten Rußlands besuchen können, vor allem aber die Museen in Moskau und Leningrad. Acht Tage in Leningrad gaben mir die Gelegenheit, die Sammlungen in der Eremitage immer von neuem zu besichtigen. Der jetzige Direktor, Boris Borisovič Piotrovski war mir dabei besonders behilflich. Die Goldschätze der Skythen konnte ich mehrfach studieren unter der hilfreichen Führung der Kustodin dieser Abteilung, Frau Mantzewitsch. Der Eindruck dieser gewaltigen Sammlung ist unvergeßlich in seiner Fülle, in der Eigenart der Formgebung und in der Ausdruckskraft der Gestaltung.

Boris Borisovič Piotrovski ist geboren am 14. 2. 1908 in Leningrad. Er studierte in Leningrad, 1931 wird er wissenschaftl. Mitarbeiter an der Eremitage, seit 1964 der Direktor der Eremitage. Von seinen zahlreichen Werken seien genannt: Istorija i kul'tura wartu, Erevan 1944. — O proischizdenii arnijanskogo naróda, Erewan 1946. — Karmir—Blur, 4 Bd. Erevan 1950—55. — Vanskoe carstvo, wartu, Moskau 1959. — Iskusstvo Wartu, Moskau 1962. — Karmir—Blur, in: IPEK 1974—76.

Als wichtige Arbeiten auf dem Gebiet der Skythen muß das Werk von Tamara Talbot Rice genannt werden, englisch: „The Scyths", deutsch: „Die Skythen".

1957 erschienen im Verlag Dumont-Schauberg in Köln. Das Buch umfaßt 262 Seiten mit 62 Abbildungen auf Tafeln und 70 im Text. Es berichtet über den historischen Hintergrund, über das Volk, über Gegenstände und Waffen, über die Kunst der Skythen, das skythische Erbe und über die Kurgane.

Bei der Überschau über die Forschung gelangt die Verf. zu dem Ergebnis, daß der skythische Tierstil aus den verschiedensten Elementen stammt, von China über Persien bis nach Griechenland und zu den Eskimo-Schnitzereien. Der Schlußteil des Buches berichtet über das skythische Erbe bei den Sarmaten, den Hunnen, in der keltischen und völkerwanderungszeitlichen Welt. In der Völkerwanderungszeit ist es besonders das Motiv des Raubvogels, ein Motiv, das deutlich übernommen worden ist aus der Welt der Skythen (S. 200). Auch Sutton Hoo in England aus der Zeit um 650 verwendet noch diese Vogelgestalten, die ursprünglich skythisch sind.

Ein weiteres wichtiges Buch ist das von MICHAIL ILLARIONOVIČ ARTAMONOV, Les trésors d'art des Scythes, Paris 1968. Der Verf. ist ein besonders guter Kenner des Materials, der ehemalige Direktor der Staatl. Eremitage in Leningrad, des Museums, in dem die Goldfunde der Steppenvölker aufbewahrt werden.

ARTAMONOV ist geboren am 5. 12. 1898, er hat studiert an der Univ. Leningrad und seinen Doktorgrad 1934 erworben. Von 1938—1943 war er Direktor des Instituts für materielle Kultur, von 1948—1951 Prorektor der Universität Leningrad, seit 1949 ord. Prof. für Archäologie und von 1951—1964 Direktor der Eremitage. Seine Hauptarbeiten sind: Postrojki Krasnocholmskogo rajona, 1926. — Kimmerijci i skifi, Kimmerier und Skythen, 1939. — Venedi i lužiskaja kul'tura, Veneter und die Lausitzer Kultur, 1951. — Chazarskaja krepost' Sarkel, Die khasarische Festung Sarkel, 1956. — Istorija chazar, Die Geschichte der Khasaren, 1962. — Eine Festschrift für Artamonov erschien unter dem Titel: Issledovanija po Archeologii SSSR, Sbornik statej 1961 in Leningrad, Universität. Das genannte Werk, Les trésors d'art des Scythes, behandelt eingehend den Schatz der Skythenfunde in der Eremitage mit allen Parallelen.

Ein weiteres Buch von ihm ist: The Dawn of art, Leningrad 1974 mit 195 Seiten und 114 meist ganzseitigen farbigen Tafeln ausgezeichneter Qualität. Das Buch behandelt in russischer und englischer Sprache die wichtigsten Funde, die sich in der Eremitage befinden, von der Eiszeit bis zum frühen Mittelalter.

Artamonov hat auch die Einleitung geschrieben zu einem neueren Buch mit dem Titel: Die Kunst der Skythen, Verlag DuMont — Schauberg, Köln 1974. Die Ausgabe in französischer Sprache erschien in Paris 1971 im Verlag Cercle d'Art. Der Verfasser ist GEORGES CHARRIÈRE. Das Werk umfaßt 258 Seiten mit 379 Abbildungen, oft farbig und ganzseitig mit ausgezeichneten Bildern. Der Text versucht den Inhalt der Skulpturen skythischer Art zu deuten mit Zurückgriff bis zum Paläolithikum. Der Verf. vermeint, die seltsamen skythischen Verbindungen von Mensch und Tier zu deuten und zu erklären durch die Verwendung von Hanf und Haschisch bei den Skythen. Es ist das zwar eine Tatsache, von der auch Herodot berichtet, jedoch sie scheint mir nicht geeignet, die Kunstformen dieser seltsamen Art wirklich zu deuten. Auch die immer wiederkehrende Beziehung auf Marx und Engels führt nicht zu einer Deutung dieser Kunst. So liegt — so scheint mir — der Wert dieses Werkes in seinen Illustrationen mit guten Texten zu den Abbildungen.

Perm

Ein eigener später Typus entwickelt sich zu beiden Seiten des Ural, in der Landschaft Perm. Auf diese Sondergruppe wies zuerst TALLGREN hin mit einer Arbeit in seiner Zeitschrift ESA Bd. 3, 1928: Permian studies. S. 63—92. Wohl hatte schon Appelgren-Kivalo (1853—1937), der Staatsarchäologe Finnlands, die Eigenart des Stiles im Gebiet von Perm erkannt, und über diese Frage ein Buch geschrieben: Die Grundzüge des skythisch-permischen Ornamentstiles, Helsinki 1912, jedoch die Besonderheit der Formengebung hat deutlich erst Tallgren betont. In ESA, S. 75 erklärt Tallgren: „Scythian" motives did not however spread to Perm from ancient Scythia, but from the east and south-east, from the Asian and not from the European side. The date of this spreading was probably the Roman Iron Age, about A. D. 1—400..." das ist die erste Hälfte des nachchristlichen Jahrhunderts.

In diesem Stile von Perm sind die Tierfiguren stark schematisiert. Ein wichtiges Element sind die Kettenhalter. Sie leben später in völlig gleicher Form bei den germanischen Völkern, besonders bei den Franken im rheinischen Raum, in Süddeutschland und in Frankreich, vor allem im 7. Jahrhundert. Beispiele seien die Abbildungen bei Tallgren S. 85, Nr. 6—7 und S. 88, 11—16, für Westeuropa: JOACHIM WERNER, Münzdatierte austrasische Grabfunde, Berlin 1935, Taf. 36 A 2 oder HERBERT KÜHN, Die germanischen Bügelfibeln der Völkerwanderungszeit in der Rheinprovinz, Bonn 1940, S. 269, Abb. 107. Diese Kettenhalter erwähnt Tallgren aus dem Baltikum, aus Schweden, aus Finnland, wir kennen sie in großer Fülle aus Westeuropa. In Finnland leben diese Formen bis in das 9. nachchristliche Jahrhundert.

Hunnen

Ein weiteres Gebiet, das sich für die nachchristliche Epoche heraushebt aus der großen Welt der Steppenvölker ist das der Hunnen. Sie erscheinen 375 am Schwarzen Meer und stoßen dort mit den Goten zusammen. Sie haben von den Achämeniden, ebenso wie die Skythen, die Einlagetechnik übernommen. Der dämonische Tierkopf, bei den Chinesen der tao' t'ieh, wird bei ihnen verwendet. Das Motiv geht über zu den Goten und verbreitet sich von ihnen zu den übrigen germanischen Stämmen. An fast jeder Bügelfibel der Germanen findet sich diese ursprünglich chinesische Motiv. Über diese Zusammenhänge berichtet HERBERT KÜHN, in: Die germanischen Bügelfibeln der Völkerwanderungszeit in Süddeutschland, Graz 1974.

Die Ablösung des Hunnischen von dem Germanischen im Fundmaterial ist sehr schwierig gewesen. Die ersten Hinweise gab ANDRÁS ALFÖLDI, geb. 1895, in: Funde aus der Hunnenzeit und ihre ethnische Stellung in Archaeologia Hungarica, Bd. 9, 1932, 90 Seiten, 36 Tafeln. Ferner: NANDOR FETTICH, geb. 1900, in: La trouvaille de tombe princière hunique à Szeged-Naggszéksós, ebenfalls in Arch. Hungar. Bd. 32, 1953 und JOACHIM WERNER, geb. 1909, in: Beiträge zur Archäologie des Attila-Reiches, 1956 und: MIHÁLY PÁRDUCZ, geb. 11. 9. 1908, Direktor der Archäol. Abt. d. Ungar. Nat. Mus. Budapest, Die ethnischen Probleme der Hunnenzeit in Ungarn, Budapest 1963. — N. FETTICH, Archäologische Studien zur Geschichte der späthunnischen Metallkunst, Archaeol. Hungarica, Bd. 31, 1951.

Der tragende Gedanke in der genannten Arbeit von Alföldi ist, daß die Einlagetechnik, die Verarbeitung der Edelsteine in Gold, der polychrome Stil, wie er häufig genannt wird, nicht nur von den Germanen verarbeitet und verwendet wird, sondern auch von den Hunnen. Alföldi verweist für diese Ansicht auf eine Stelle bei Priskos. Priskos, ein griechischer Gesandter, hat den Hof Attilas besucht und hat seine Eindrücke niedergeschrieben. Er sagt, daß die Schwertriemen, die Schuhbinden und das Zaumzeug der Männer am Hofe von Attila geschmückt waren mit Gold und mit Edelsteinen (Priskos, Excerpta de legationibus, S. 144, 18f., Ausgabe de Boor, 1903. — E. DOBLHOFER, Byzantin. Diplomaten und östliche Barbaren, 1955. — G. Moravcsik, Byzantinoturcia, Bd. 1, 2. Aufl. 1958). Die Bügelfibeln sind selbstverständlich germanisch. Fibeln gehören nicht zur Kleidung der Reitervölker, aber Schwertriemen, Schuhschnallen und Zaumzeug ist auch bei den Hunnen in Goldeinlagetechnik gearbeitet worden. Alföldi sagt: ebda S. 13 „Neuerdings ist es auch offenbar geworden, daß dieser Zierstil nicht nur bei den Germanen und nicht nur bei den pontischen Iraniern beheimatet war. sondern auch nördlich und östlich von ihnen in Ostrußland, Westsibirien und Turkestan Fuß gefaßt hat." Dieser polychrome Stil ist ein bestimmendes Element für diese Zeit, nicht nur für ein Volk. Wenn man auch bei Schuhschnallen und Beschlagstücken oft das Germanische von dem Hunnischen nicht zu trennen vermag, so sind bezeichnend doch vor allem zwei Elemente, der große eiserne Eimer, wie in Höckricht, Schlesien, abgebildet bei Herbert Kühn, Vorgeschichtliche Kunst Deutschlands, 1935, Taf. 489 links oben mit den almandinbelegten Beschlagstücken und den Gürtelschnallen und weiter der Reflexbogen.

Über die Geschichte der Hunnen ist eine neuere Bearbeitung diejenige mehrerer ungarischer Gelehrter, herausgegeben von G. NEMÉTH, 1940 mit dem Titel: Attila és hunjai, Attila und seine Hunnen.

Die chinesischen Quellen zur Geschichte der Hunnen sind vorgelegt von J. J. DE GROOT: Chinesische Urkunden zur Geschichte Asiens, Die Hunnen der vorchristlichen Zeit, Bd. 1 u. 2, Berlin Verlag de Gruyter, 1921 u. 1926. Sie werden auch vorgelegt von L. LIGETI in dem genannten Werk von G. Neméth, S. 273—277. Ferner: E. A. THOMPSON, A history of Attila and the Huns, Oxford 1948. — FRANZ ALTHEIM, Geschichte der Hunnen, 5 Bde, Berlin 1959—1964. — R. GÖBL, Dokumente zur Geschichte der iranischen Hunnen, 4 Bde, 1967.

Awaren

Ein anderes wichtiges Element, das die Kunst der germanischen Völkerwanderungszeit tief beeinflußt hat und das ebenfalls verwurzelt ist in der Welt der Steppenvölker, ist der Anteil der *Awaren*. Noch bis 1900 war es nicht geglückt, das Fundmaterial der Awaren abzulösen von dem der Germanen. Auf mehreren Gräberfeldern kommt es nebeneinander vor. JOSEF HAMPEL, der große ungarische Archäologe (1849—1913), Prof. a. d. Univ. Budapest, vermochte es nicht, die Altertümer der Awaren ethnisch zu bestimmen in seinem großen Werk von drei Bänden: Altertümer des frühen Mittelalters in Ungarn, Braunschweig 1905. Er bezeichnete die Funde, wie es damals allgemein üblich war, als Keszthely-Kultur nach dem Fundort Keszthely im Kom. Veszprém, Ungarn.

Es war ANDRÁS ALFÖLDI, der als erster erklärte, daß diese Funde den Awaren zugehören. Seine Arbeit hat den Titel: Der Untergang der Römerherrschaft in Pannonien, 2 Bde, Berlin 1924—1926. Das gleiche legte er dar in einem Artikel in der Zeitschrift ESA, Eurasia Septentrionalis Antiqua, Helsinki, Bd. 9, 1934, S. 285—307, betitelt: Zur historischen Bestimmung der Awarenfunde. In diesem Aufsatz S. 286 sagt Alföldi:

„Wie die Begräbnisriten und Grabbeigaben, so zeugt auch die anthropologische Untersuchung von einem nordasiatischen Reitervolk, welches, nach den vielen Tausenden der bisher bekannten Bestattungen zu schließen, in großer Zahl ... in Ungarn gelebt haben muß." Die anthropologische Feststellung ist, daß die Awaren nicht nur mongoloide, sondern mongolische Rassenmerkmale tragen. Sie stammen, wie auch die chinesische Literatur dartut, von den Grenzen Chinas.

Die Awaren kommen 568 n. Chr. an in Ungarn, im Karpathenbecken. Sie treffen auf die Langobarden und schließen mit ihnen Verträge. Die Awaren bringen eine bestimmte Tierornamentik mit, Riemenzungen, Durchbruchscheiben. Diese Durchbruchscheiben werden von den Germanen im 7. Jahrhundert übernommen. Sie gelangen bei ihnen zu großer Blüte.

Mit dem Problem der Awaren hat sich in der letzten Zeit ILONA KOVRIG beschäftigt, wissensch. Mitarbeiterin am Ungar. Nationalmuseum Budapest, geb. 1913 in Arad. Ihre wichtigsten Arbeiten zu diesen Fragen sind: Contribution au problème de l'occupation de la Hongrie par les Avares. Acta Antiqua Academ. Scientiarum Hungaricae, Budapest Bd. 6, 1955. — Neuere Forschungen im frühmittelalt. Gräberfeld von Keszthely, Archaeologia Hungarica, Bd. 87, 1960. — Das awarenzeitl. Gräberfeld von Alattyán, Budapest 1963.

In der letztgenannten Arbeit unterscheidet Ilona Kovrig die erste Gruppe der Mitte des 6. Jahrhunderts n. Chr., bestimmt durch byzantinische Münzen mit Riemenbeschlägen, Rosetten, Menschenmasken, Schuppenpanzer, lange Schwerter, Ohrringe mit kugelförmigen Anhängern, Kolbenarmringe, Silbergefäße.

Die zweite Gruppe, Mitte des 7. Jahrhunderts n. Chr. mit Goldohrringen in Granulation, gravierten Flechtbandmustern, Bogen mit breiten Enden, Säbel, Kampfbeile.

Die dritte Gruppe im 8. Jahrhundert n. Chr. mit Greifen-Rankenverzierung, rechteckige Gürtelbeschläge, Pferdezaumzeug, Säbel und Kampfbeil.

Eine Übersicht über alle Fundorte der Awarenzeit ohne Abbildungen gab Deszö Csallány, geb. 11. 10. 1903 in Szentes, Direktor des Landesmuseums Szabolcz-Szatmár in seinem Werk: Archäologische Denkmäler der Awarenzeit in Mitteleuropa, Budapest 1956, 244 Seiten, eine Karte.

Von Bedeutung ist auch das Werk von A. Kollautz, Bibliographie der historischen und archäologischen Veröffentlichungen zur Awarenzeit Mitteleuropas und des Fernen Ostens, Klagenfurt 1956.

Über die zentralasiatische Herkunft der Awaren berichtet H. W. Haussig mit dem Titel: Die Quellen über die zentralasiatische Herkunft der europäischen Awaren, in: Central Asiatic Journal, Bd. 2, 1956.

Ein awarisches Gräberfeld beschreibt T. Horváth, Az üllöi és kiskörösi avar temetö, Die awarischen Gräberfelder von Üllö und Kiskörös. Budapest 1935. Ein wichtiges awarisches Gräberfeld stellt Nandor Fettich dar in dem Werk von 1965, Das awarenzeitliche Gräberfeld von Pilismarót-Basaharc, Budapest.

Über die Kunst der Awaren berichtet István Erdélyi, Die Kunst der Awaren, Budapest 1966, 61 Seiten und 60 Tafeln.

Ein wichtiges Werk, behandelnd die Beziehungen der Awaren zu den Germanen der Völkerwanderungszeit, ist Gyula László, Steppenvölker und Germanen, Kunst der Völkerwanderungszeit, Verlag Schroll, Wien 1970, 152 Seiten, 193 Abbildungen.

Am Ende des 8. Jahrhundert n. Chr. werden die Awaren geschlagen von den Heeren Karls d. Großen. Um 800—810 ist ihre Macht gebrochen. Sie gehören ebenfalls zu der großen Gruppe der Steppennomaden mit Tierornamentik. Ihre Kunstwelt wirkt stark ein auf die Franken.

Von 1950 an wird es deutlicher und deutlicher, daß die gewaltige Kraft der Steppenvölker, lebend von 1000 v. Chr. bis rund 1000 n. Chr., die damalige Welt auf das tiefste betroffen hat. Die Angriffe mit den Reiterheeren waren eine Geißel, waren ein Schrecken, eine Angst und eine Erschütterung für die Chinesen, für die persischen Achämeniden, für die Goten am Schwarzen Meer und für die Franken in Mitteleuropa. Eroberer dieser Art sind Attila, gest. 453 n. Chr. und Tschingis Chan, geb. 1155, gest. 1227.

Luristan-Bronzen

Noch andere archäologische Fundgegenstände kommen um 1920—1930 wie ein Geheimnis aus den Kunsthandlungen von New York und Paris zutage. In New York ist es der Kunsthändler Heeramaneck, in Paris ist es C. T. Loo. Beide Händler geben an, ihre Fundstücke in Persien, dem heutigen Iran, erworben zu haben, besonders von einem Händler, M. Rabenou. Jedoch weiß man weiter nichts um 1930.

Es handelt sich um Bronzen in verschiedener Art der Gestaltung. Es ist eine bezeichnende, eine in sich festgelegte Gruppe. Vorherrschend sind Stangenaufsätze mit einer Menschengestalt in der Mitte, sie hält in beiden Händen die Köpfe von Tieren, vor allem von Bergziegen. Ein weiterer immer wiederkehrender Fundgegenstand sind Pferdegebisse, Trensen, in der Gestalt eines Menschen zwischen zwei Tieren oder mit der Darstellung von Pferd und Wagen. Anhänger kommen vor mit geflügelten Genien, Tierfiguren, Armreifen, Dolche, Schwerter, bronzene Beile.

Weder kennt man das Volk, das diese Gegenstände herstellte, noch die Zeit. Es scheint auch, als ob die Händler beides mit Absicht geheim halten, damit keine Gefahren entstehen für Finder und Händler.

Die ersten Fundstücke habe ich 1928 im Musée Guimet in Paris gesehen, dort bezeichnet als gefunden in Cappadocia, heute südliche Türkei. Ich bat den Direktor des Museums, Pelliot, um Auskunft. Er sagte mir, daß die Stücke ihm eigenartig erscheinen, daß er Parallelen nicht kenne, daß er aber vom British Museum in London Nachricht erhalten habe, dort seien ähnliche Funde aufgekauft worden, angeblich aus der Türkei. Die Stücke sind echt, es scheint sich um eine neue, noch nicht bekannte Kultur zu handeln. Es ist mir in Erinnerung, daß wir die verschiedendsten Möglichkeiten überlegt haben, aber daß wir zu keinem Ergebnis gelangen konnten.

Bei dem nun folgenden Besuch im British Museum in London erging es mir nicht anders. Der Abteilungsdirektor, C. H. READ, sagte mir, daß die Stücke nicht aus der Türkei, sondern aus Persien stammen, aus der Gegend von Hamadan. Ihre Zeitstellung ist aber unbekannt. Die Stücke werden verkauft von Bauern. Ein Engländer, Sir Percy Sykes, habe sie aus Persien mitgebracht. Read zeigte mir in dem von ihm geschriebenen Führer: „British Museum, A guide to the antiquities of the Bronze Age", London, 2. Aufl. 1920, S. 174 die Stelle: „These constitute an important group from South-West Asia, the earliest series being probably those illustrated (Abb. 187 u. 188) from Van and Hamadan, but their date is at present uncertain."

„Their date is at present uncertain", ihr Datum ist zur Zeit ungewiß. An dieser Stelle setzt das Interesse aller derer ein, die wißbegierig sind, die Lücken zu schließen in unserer Kenntnis. Wenn ich von meinen eigenen Erlebnissen berichte, dann ist zu bedenken, daß ich nur einer von Vielen bin, die damals angetan waren von dieser neuen Welt der Funde und die die Lösung suchten.

Erst im Frühjahr 1931 vermochte ich in New York diesen Fragen nachzugehen. Das Metropolitan Museum hatte ebenfalls solche Bronzen angekauft, auch das Pennsylvania Museum in Philadelphia. Mit Rorimer in New York, mit dem Abteilungsleiter in Philadelphia, dem Kenner persischer Altertümer, A. Upham Pope in New York, dem Direktor des Inst. of Persian Art, konnte ich die Frage der Herkunft und des Alters erörtern. Wir wurden einig, daß es assyrische Motive sind, die auf den Bronzen wiederkehren, das alte mesopotamische Motiv des Gilgamesch zwischen zwei Tieren. Es sind aber nicht sumerische oder babylonische Formen des 3. oder 2. Jahrtausends, es handelt sich um abgeleitete, spätere Formgebungen, die persisch-achämenidischen Vorbildern entsprechen, etwa zwischen 700 und 400 v. Chr. Es bestehen aber stilistische Beziehungen zur Kunst der Hethiter, auch wieder nicht vor 900 zu bestimmen. Aber enge, in der Bronzetechnik gegebene Verbindungen sind erkennbar zur Kunst der Skythen. Es kann sich also um die Zeit handeln, in der die Skythen einfallen in Persien, in Iran, und das ist um 700—600 v. Chr. oder um die Zeit der ersten Völker, die um 900 einbrechen, bei Herodot Kimmerer genannt.

Um mich noch mehr zu vergewissern, fuhr ich zu Rostovtzeff nach New Haven zur Yale-University, USA, und meldete mich bei ihm an. Er empfing mich in seiner Wohnung. Hier legte er mir eine Anzahl von Photos der Luristan-Bronzen, wie er sie nannte, auf den Tisch, Aufnahmen aus den Museen, die diese Stücke im Frühjahr 1930 besaßen und eine Fülle von Abbildungen aus den Privatsammlungen. Wir sprachen von den deutlich persischen Motiven, von der skythischen Technik, von den Einflüssen der hethitischen Welt und von den Beziehungen zu neu gefundenen Bronzen des Kaukasus in viereckiger Form mit gleichen Motiven. Immer mehr festigte sich der Gedanke, die Zeit von 700—400 v. Chr. anzunehmen. Die Schwierigkeit lag darin, daß es keine wissenschaftliche Ausgrabung gab. Ich bat Rostovtzeff, den damals besten Kenner dieses Umkreises, einen Artikel über die Luristan-Bronzen für meine Zeitschrift IPEK zu schreiben. Er versprach es, und im Juni 1931 lag der Artikel in Köln vor. Er ist veröffentlich worden im Jahrg. 1931, Bd. 7, S. 45—56 mit dem Titel: Some remarks on the Luristan-Bronzes. Luristan ist eine Landschaft im nördlichen Persien.

Rostovtzeff sagt in dem Artikel: (S. 46) "I am writing this article in order to attract the attention of the readers of the IPEK to this new and important material and to make some comparisons which may help further the study of the bronzes ... We must keep in mind that we have only very vague information on the contents of single graves and not one group of objects known to come from one and the same grave. It must be said, therefore, that as long as no scientific excavations are carried out in the Luristan all statements about time and evolution will remain highly hypothetical. Even a careful study of the ornamental motives used by the Luristan artists and artisans will remain more or less guesswork as long as we have no general publication of all the material scattered in the public and private collections, a sort of catalogue of types ..."

"At what time? The study of the style of our bronzes may help us in dating them. The first thing to note is that while the idea of the group representing a god fighting two animals goes back certainly to early Sumerian and Elamitic times. There is a very little similarity between the style of the Luristan bronzes and that of the few early bronzes of Sumer and Elam. Much closer is the connection between the Luristan bronzes and some Babylonian monuments of the later Cassite period." (ebda S. 52).

"Still another parallel may be drawn between the Scythian and the Luristan bronzes" (ebda S. 54).

"Its beginnings are not before the early centuries of the 1st millennium, its pitch may be dated in the late Assyrian and early Persian (Achaemenid) period, from the end of the VIIth to IVth cent. B. C. I am inclined to regard the IV. century as the latest date for any bronze which I have seen" (ebda S. 55).

Diese Datierung in die Zeit von 800—400 v. Chr. durch Rostovtzeff hat sich nach Jahrzehnten bestätigt.

Als A. GODARD sein Werk verfaßte, Les bronzes du Luristan, Paris 1931, deuteten sich diese Zahlen an, aber Sicherheiten waren nicht gegeben.

Mehrfach hat sich A. U. POPE in New York mit der Frage der Luristan-Bronzen, ihrer Stellung im künstlerischen Umkreis der Zeit beschäftigt, so in einem Artikel: Dated Luristan bronzes, in: Bulletin of the American Institute for Iranian Art and Archaeology, New-York 1934, Nr. 7, S. 19—21 u. ebda Bd. 4, 1936, S. 120—125.

In Deutschland hat H. POTRATZ dem Problem der Luristanbronzen eine Reihe von Arbeiten gewidmet, so in der Prähistorischen Zeitschrift Bd. 30—31, 1939 bis 1940, Die Luristanbronzen im Mus. f. Vorgeschichte in Berlin und: Die Luristanbronzen im Mainzer Zentralmuseum, IPEK, Bd. 15—16, 1941—1942, S. 33—62, ferner in weiteren neun Artikeln in wissenschaftlichen Zeitschriften. Als eigenes Buch erschien von ihm, Luristanbronzen, Istanbul 1968 mit 100 Seiten und 48 Tafeln, ein Werk, das vor allem die ehemalige Sammlung von Prof. Friedrich Sarre vorlegt.

JOHANNES A. H. POTRATZ ist am 18. 11. 1906 geboren. Er studierte Assyriologie, Archäologie u. Kunstgeschichte und wurde nach der Tätigkeit in der prähist. Denkmalpflege 1948 Dozent a. d. Univ. Mainz, später a. d. Univ. Frankfurt. Seine wichtigsten Arbeiten sind: Das Moorgewand von Reepsholt, 1942. — Die Kunst des Alten Orients, Stuttgart 1961. — Einführung in die Archäologie, Stuttgart 1962. — Die Skythen in Südrußland, Basel 1963. — Die Pferdetrensen des Alten Orients, Rom 1966.

Die Bestätigung der von Rostovtzeff gegebenen Datierung wurde erst spät erreicht. Die erste Ausgrabung in dem Gebiet von Luristan führte ERICH F. SCHMIDT 1940 durch, ein amerikanischer Forscher deutscher Herkunft. Die Grabung wurde durch einen Auftrag der Universität Chicago ermöglicht. Den Bericht gab Schmidt in einem Heft: Flights over ancient cities of Iran, University of Chicago 1940. Ich konnte mit Erich F. Schmidt in New York seine Pläne besprechen. Das Anliegen war, genaue Daten für die Luristenbronzen durch Grabungen zu gewinnen. Schmidt wollte zuerst das für die Vorgeschichtsforschung unbekannte Gebiet überfliegen, die Megalithgräber feststellen und die Plätze erkunden, an denen die Bauern die Gräber öffnen. Das gelang, aber die Grabungen wurden immer wieder verhindert durch die Bevölkerung, sie nahm eine feindliche Stellung ein. Es war nicht möglich, zu festen Ergebnissen zu gelangen.

Das glückte erst einer wissenschaftlichen Expedition, die von Iran selber durchgeführt worden ist. Es war im Jahre 1961, daß der Iranischen Mission des Museums von Teheran eine Ausgrabung gelang. Sie wurde durchgeführt in Marlik, in der Nähe von Rudbar, einer kleinen Stadt nicht weit entfernt von dem Fluß Sefid-Rud (Qizil-Uzun) im Berggebiet südwestlich des Kaspischen Meeres. Es ist ein Gebiet, das den Namen Amlasch führt, ein Teil von persisch Luristan.

In Megalithgräbern, gedeckt mit großen Steinen, fanden sich mehrere Goldgefäße, Gegenstände aus Silber und Bronze und eine große Anzahl von Tonstatuetten. Dabei wurde von Bedeutung, daß Scheuklappen für Pferde in Keilschrift die Namen des Königs Menua trugen, er regierte von 810—781 v. Chr. und von König Argischti I., dessen Regierungszeit die Epoche von 781—760 v. Chr. umfaßt. Über die Grabung berichtet ROMAN GHIRSHMAN in: Iran, Paris 1962, deutsche Ausgabe München 1964, S. 37. Prof. Ghirshman hat mir in Teheran im Jahre 1967 sehr eingehend von dieser Grabung, von der Datierung der Luristenbronzen und auch von ihrer ethnischen Zuweisung berichtet.

Schwierigkeiten ergaben sich, weil in Luristan eine Bronzeschale mit der Namensinschrift von Naramsin, um 2300 v. Chr., gefunden worden war (abgeb. ebda S. 281, Abb. 340). Es stellte sich aber bald heraus, daß häufig Altertümer, die nicht der Zeit angehören, den Toten mitgegeben worden sind. Es sind das Gegenstände, die aus sumerischen und akkadischen Heiligtümern von assyrischen Soldaten bei Plünderungen weggeschleppt worden waren. Sie wurden den Toten mitgegeben, weil sie eine magische Kraft besitzen, einen Zauber. Er beruht auf dem Geschriebenen, maktub, genannt (ebda S. 284). Es gibt weiter einen Dolch mit einem Keilschrifttext aus dem 13. Jahrhundert (ebda S. 285, Abb. 344). Auch dies ergibt nicht das Datum. Die Inschrift ist in alter Form später eingefügt worden.

Ghirshman sagt (S. 286): „Wir datieren ihren (der Luristankunst) Anfang in das 8.—7. Jahrhundert v. Chr. und nehmen an, daß sie wenigstens ins 6. Jahrhundert hineinreichte."

Ihre weitere Bestätigung erhielt die Datierung der Luristanbronzen und damit in weiterem Sinne der Kunst der Skythen in diesem Bereich, durch einen bedeutenden Fund, durch den Schatzfund des Fürstengrabes von Ziwije. Im Jahre 1947 entdeckten Bauern im Dorfe Ziwije, 42 km östlich der Stadt Sakkez, südlich vom Urmia-See, durch Zufall eine skythische Grabanlage. Die genaue Darstellung ist RICHARD D. BARNETT zu danken. Sie findet sich in der Zeitschrift Iraq, Bd. 18, 1956, S. 111—116. Dieser Fund, entstammend dem Boden von Kurdistan, nicht weit von Amlasch, westlich von Teheran, brachte keine Luristan-Gegenstände, sondern skythische Fundstücke des 6. Jahrunderts v. Chr.

Es handelt sich um das Grab eines mächtigen skythischen Fürsten. Er ist beigesetzt worden nach den Regeln skythischer Tradition, wie sie Herodot berichtet (IV, 71). Das Grab besitzt den Hügel, die viereckige Holzauskleidung, in der Mitte den Bronzesarkophag mit den Beigaben und an den vier Seiten des Grabes die Bestattungen von zwanzig Pferden. Der Fürst trug einen goldenen Halsschmuck, ein Pektorale mit assyrischen Greifen, eine Schwertscheide, Panzer, Gefäße, vier goldene, 21 silberne und 15 bronzene Schmucknadeln und vier goldene und 38 silberne Fibeln. Diese weiblichen Schmuckstücke deuten offenbar an, daß Frauen mitbestattet worden sind. Zum Schmuck der Frauen gehören mehrere hundert Goldplättchen. Es fanden sich Teile von silbernen Schilden, sieben lange eiserene Lanzenspitzen, Scheinschilde aus Ton, Goldgefäße und Tongefäße.

Eine Elfenbeinplatte mit Bogenschützen, die einen Adler niederschießen, ist assyrisch, ebenso andere Elfenbeinplatten mit Jagdszenen, dem Lebensbaum, schreitenden Kriegern. Offenbar gehörten diese Platten zu einem Thron oder einem Prunkbett. Weiter fand sich eine große Schale aus Silber und Gold, 37,5 cm Dm., jetzt im Archäol. Museum Teheran, vom Ende des 7. Jahrhunderts v. Chr., assyrisch.

Skythisch ist ein goldener Gürtelbesatz, 29 cm lang, 16 cm breit, mit Löwenköpfen, ferner Gürtelverschlüsse und Armreifen aus Gold, jetzt im University Museum von Philadelphia, ein skythischer Steinbock, ein goldener Schwertknauf, jetzt in der Slg. Ernest Erickson in New York, Deichselverzierungen von Wagen, Holzstatuetten und viele Tongefäße. Die Vielfalt dieser Funde macht es deutlich, daß assyrische Elemente mit skythischen in einem Grab des 6. Jahrunderts vereinigt sind. Die Statuetten deuten auf griechische Elemente. Roman Ghirshman sagt (S. 124): „Die Mannigfaltigkeit der künstlerischen Strömungen, die in den Grabbeigaben von Ziwije zusammentreffen, ist bezeichnend für die stürmische Art der Skythen, die im 7. Jahrundert v. Chr. ganz Vorderasien in Unruhe versetzten."

Über den Fundort berichten weiter: A. GODARD, Le trésor de Ziwije, Haarlem 1950. — R. BOEHMER, Baghdader Mitteilungen, Bd. 3, 1963. — B. GOLDMAN, The animal style at Ziwiyeh, in: IPEK 1974—76.

Wenn dieser Fund ethnisch den Skythen zuzuweisen ist, dann erscheint die Frage, welchem Volk gehören die Luristanfunde zu, die älter sind als die skythischen. Als erster hat F. W. KÖNIG 1934 die Kimmerer als Träger der Luristanbronzen genannt. Von diesem Volk erklärt Herodot, daß es vor den Skythen, aus dem fernen Osten kommend, Mittel- und Vorderasien überfallen habe. F. W. König hat diese Ansicht vorgelegt in: Die älteste Geschichte der Meder und Perser, in: Der Alte Orient, Bd. 33, 3—4, Leipzig Verlag J. C. Hinrichs, 1934. F. HANČAR und G. G. CAMERON haben sich diesem Gedanken im ganzen angeschlossen. Hančar spricht die Vermutung aus in den Mitt. d. Österr. Ges. f. Anthrop. Ethnol. u. Prähistorie, Bd. 73—77, Wien 1947, S. 152—167 in dem Artikel: Hallstatt-Kaukasus, ein Beitrag zur Klärung des Kimmerierproblems. G. G. Cameron erwähnt den Gedanken in: History of Early Iran, Chicago University Press 1936. Von russischer Seite hat B. B. PIOTROVSKI die gleiche Meinung geäußert in: Skifi i drewnej vostok, russisch, Die Skythen und der Alte Orient, Sovjetskaja archeologija, Bd. 19, S. 141—158, 1954.

Besonders betont hat diese Zuweisung R. GHIRSHMAN in dem genannten Werk, Iran, 1964, S. 281. Den Ausgangspunkt bildet der Gedanke, daß die Luristanbronzen in ihren frühen Formen älter sind als die ältesten Funde der Skythen, eine Tatsache, auf die auch KARL SCHEFOLD hingewiesen hat in einem längeren Aufsatz in ESA, Helsinki, Bd. 12, 1938, S. 68 mit dem Titel: Der skythische Tierstil in Südrußland. Zeitlich vor den Skythen ist aber nur der Stamm der Kimmerer zu bestimmen.

Die Kimmerer werden bei Homer genannt als Anwohner des Okeanos, des Ozeans, nahe am Eingang des Hades, es herrscht dort ein ewiges Dunkel, es ist der äußerste Rand der Welt.

Herodot (IV, 11—12) berichtet von den Kimmerern, daß sie vor den Skythen aus den pontischen Gebieten geflohen seien, die Skythen hätten das verlassene Gebiet am Schwarzen Meer nach ihnen in Besitz genommen.

Über den Kaukasus stießen die Kimmerer nach Süden vor. Im Jahre 714 griffen sie nach den Keilschrifttexten das Land Urartu an, dann wandten sie sich gegen Assyrien. Die assyrischen Texte berichten über den Sieg des Königs Assarhaddon (680—669) im Jahre 680 über die Kimmerer.

Weil die Kimmerer zeitlich vor den Skythen mit den Assyrern im Kampf und später in gegenseitiger Unterstützung standen, nimmt R. Girshman an, daß das Volk, das die Luristanbronzen geschaffen hat, die Kimmerer waren. Es berichten assyrische Keilschrifttexte, daß sie von den Assyrern im nördlichen Persien angesiedelt worden sind. Diese Frage ist jedoch noch nicht zu lösen. Es handelt sich um einen Vorschlag, um eine These, man kann ihr auch Gegengründe gegenüberstellen.

Wie schwierig die archäologische Arbeit in diesen Gebieten ist, mag der Bericht einer Dame dartun, die von abenteuerlichen und zugleich von Kaufinteressen getrieben, das Gebiet von Luristan in Persien 1931 durchreiste.

Bis zu dieser Zeit war das Gebiet, aus dem die Bronzen kamen, fast unzugänglich für fremde Reisende. Dabei herrschte Schah Resa Pahlewi damals schon fünf Jahre über das Land. Die Dynastie Pahlewi war 1925 begründet worden durch Resa Pahlewi (1925—1941). Sein Nachfolger, der jetzige Schah, ist Mohammed Resa Pahlewi, herrschend seit 1941. Schon der Vater des jetzigen Schahs hatte versucht, die Selbstherrlichkeit der Stämme in Luristan zu dämpfen, doch es war ihm nur zu einem Teil gelungen. Die Stämme kämpften für ihr Recht, die Gräber zu öffnen und die Fundstücke nach Isfahan und nach Teheran an Händler zu verkaufen, die sie dann weitergaben nach Europa und Amerika. Ohne diese Raubgräber-Gilden hätte die westliche Welt schwerlich etwas erfahren von den Bronzen von Luristan.

Die Frau, die den Mut aufbrachte, in das Land zu reisen, war Freya Stark. Ich zitiere aus ihrem Buche: Das Tal der Mörder, Hamburg 1949:

„Das Tal von Gatschenah ist in seinem ganzen Verlauf von Friedhöfen jeder Art und jeden Alters begleitet, und ein paar hundert Meter talaufwärts findet man zu beiden Seiten des Flußgrundes ausgeplünderte und offenliegende Reste alter Gräber ... Die Gräber liegen im allgemeinen an den Hängen der Vorberge in der Nähe der Quellen und nicht tiefer als höchstens einen Meter unter dem Boden."

„Die Sonne war untergegangen, ehe wir bei den Zelten waren, und wir begegneten den verschiedenen Suchgruppen, die am Ende eines ergebnislosen Nachmittags, Schürfstangen und Hacken auf der Schulter, in gedämpfter Stimmung heimkehrten. Sie wollten es am anderen Morgen noch einmal versuchen und zerstreuten sich zunächst in die Zelte, um Bronzen zu holen, die sie mir verkaufen wollten."

„Als ich später an Abdul Khans Kohlenbecken im Kreise der Nurali saß, begann für mich ein schwieriger Handel: Ohne jede Erfahrung, die mich hätte unterstützen können, mußte ich jeden Gegenstand, so wie er gereicht wurde, abschätzen und einen Ausgleich suchen zwischen meiner Lust, ihn zu erwerben, der Notwendigkeit, nicht selbst die Preise zu treiben, der Ratsamkeit, nicht zu zeigen, daß ich über nennenswerte Geldbeträge verfügte, und der Tatsache, daß ich wirklich nur sehr wenig bei mir hatte. Die geltenden Preise kannte ich überhaupt nicht, obwohl die Stammesleute natürlich unterrichtet sein mußten, da ja ganz Europa heute mit Altertümern aus Luristan überschwemmt ist. Abdul Khan wies mich ab und zu mit bemerkenswerter Uneigennützigkeit darauf hin, wenn ich zu viel gab, und schob mir einen Dolch oder eine Schale für einen Schilling anstatt für zwei zu, sehr zum Ärger desjenigen unter seinen Stammesgenossen, dem er gerade gehören mochte.

Indessen widersprach keiner jemals dem Führer, und niemand weigerte sich zu verkaufen, wenn er ihm die Weisung gab" ...

„Die Frage meiner Reise nach Sar-i-Kaschti war noch in der Schwebe. Eine Eskorte konnte mir nicht gestellt werden, da die Polizei sich südlich von Tudaru nur in geschlossenen größeren Gruppen vorwagt. Erst vor Wochen waren zehn von ihnen in der Schlucht ermordet worden, und der Sardari war begreiflicherweise nicht geneigt, mich die Reise allein machen zu lassen. Andererseits waren die Stammesleute alle auf meiner Seite. Sie versprachen, einen ganz zuverlässigen Führer ausfindig zu machen, der mit den Ittiwand bekannt sei. Und gleich darauf kamen sie mit Kiram Khan, einem sanftäugigen Kakawandi mit einem sympathischen Augenzwinkern und einer sorglosen Haltung, die alle Befürchtungen lächerlich erscheinen ließ."

„Dieses Land steckt voller Gefahren. Bei jeder Wegbiegung muß man eine Kugel gewärtigen. Kiram, für den unsere Expedition nichts als ein lustiger Streich war, murmelte im Reiten gelegentlich vor sich hin: ‚Die Hand der Dame hat den Zauber von Luristan gebrochen', und versichert mir, keine europäische Frau habe sich je hier heraufgewagt. Gibt es hier Polizisten? fragt Hadschi, einer unserer Begleiter. Zwei waren da, die sind erschossen worden, sagt Kirsam leichthin, er schien die Bestürzung nicht zu ahnen, die seine Worte hervorriefen. Er hat sich wohl niemals gefürchtet, und doch schien das Land von den Verwandten jener Männer zu wimmeln, die er schon umgebracht hatte, und eben dies setzte seinen Wert als Führer außerhalb des Gebietes seines eigenen Stammes erheblich herab. Andererseits liegt ein gewisser Vorteil darin, mit jemanden zu reisen, der in dem Ruf steht, eher zu schießen als erschossen zu werden: wie Kiram es ausdrückte, und zwar nicht ohne Stolz, sie könnten mich umbringen, müßten sich aber, da er ja mit mir reise, über die Folgen im Klaren sein."

„In den Kämpfen des vergangenen Jahres hatte er die Partei der Regierung gegen Ali Khan von Tarhan ergriffen und schwere Zeiten durchgemacht. Jetzt steht er im Dienst der Regierung als eine Art Verbindungsmann zwischen den Behörden und den Stämmen, aber sehr glücklich fühlt er sich dabei nicht: Sie haben uns zu Weibern gemacht; sie haben uns unsere Waffen genommen, klagte er."

„Wenn ich ein Gewehr mitgebracht hätte, sagte ich, so wäre ich vermutlich längst darum gebracht worden." „Aber gewiß, sagte er, ich selber hätte es als erster gestohlen. Im Stehlen ist uns niemand auf der Welt über, rühmte sich Kiram."

Nun berichtet Frau Freya Stark, wie man sie für einen Spion in Frauenkleidern hielt, wie sie immer wieder vor der Gefahr stand, umgebracht zu werden, Die Einheimischen verkauften die Bronzen, jedoch die Gräber wurden geheim gehalten, an Grabungen war nicht zu denken.

Ich meine, daß es nicht ohne Bedeutung ist, die Worte einer abenteuerlustigen Frau aus diesen Gebreiten wahrzunehmen. Unsere Vorstellungen, daß man Ausgrabungen an irgendeiner Stelle beginnen könne, aus der Funde in Fülle vorliegen, stoßen bei den Eingeborenen auf undurchdringliche Widerstände. Man beraubt die Einheimischen ihrer wichtigsten Einnahmequelle, und auch die amtlichen Wissenschaftler, ausgesandt von der eigenen Regierung, wagen die Grabung nur selten oder nur unter dem Schutze einer starken Polizei. In China wurden auch die

Polizeibeamten bei Grabungen umgebracht. In China sprechen noch religiöse Gedanken mit, es sind die Gräber der Ahnen, die erbrochen, die geschändet werden. Die Ahnen aber bedeuten in China das gleiche, wie in Europa die persönliche Gottheit.

Um 1970 hat sich das große Problem der weiten Welt der Steppenvölker einer Lösung zuführen lassen. Wieder waren bedeutende Forscher vieler Länder an diesem Ergebnis beteiligt. Es hat sich gezeigt, daß diese Steppenvölker nicht ein einziger Volksstamm sind, etwa die Skythen. Wenn wir heute insgesamt von Skythen sprechen, dann mag das nur als Gesamtbegriff berechtigt sein. In Wirklichkeit sind es aber viele Steppenvölker, als Namen seien genannt: Kimmerer, Skythen, Saken, Sarmaten, Hunnen, die Stämme der persischen Provinz Luristan, die Stämme von Perm, von Minussinsk, von der chinesischen Provinz Ordos, und die Awaren.

Der Raum, den diese Steppenvölker durchziehen, umfaßt die Flächen von China bis Vettersfelde bei Berlin, bis Châlons-sur-Marne, den katalaunischen Feldern bis Paris rund 8000 km. Die Zeit umspannt die Epoche von rund 1000 v. Chr. bis rund 1000 n. Chr. Aus diesem Grunde mußte die Darstellung über Europa hinausgreifen.

Als etwa völlig Neues, als etwas bis dahin Unbekanntes sind um 1925 die sino-sibirischen Bronzen aufgetaucht, um 1928—1930 die Bronzen von Luristan, seit 1928 auch die Bronzen von Perm. Neue gewichtige Umkreise des Kunstschaffens und der geistigen Kultur sind in dieser Zeit in die prähistorische Forschung eingetreten. Sie haben eine große Erweiterung des Bildes von der Entfaltung des Menschen geschaffen.

Auch die Kunst und Kultur der Awaren konnte ethnisch bestimmt werden.

Diese reiche, kaum übersehbare Kunstwelt der Steppenvölker Asiens und Europas ist einmal einheitlich in den Grundformen, in den gedanklichen, in den religiösen Grundtatsachen, sie ist aber unter sich wieder andersartig, andersartig bei jedem dieser Stämme, andersartig zu jeder Zeitepoche. Aufgenommen sind künstlerische Elemente aus China, aus Mesopotamien, aus Persien und aus Griechenland.

Es ist in diesem Jahrhundert eine künstlerische Welt vor unsere Augen getreten, die unseren Blick ungemein zu erweitern vermochte sowohl über die Zeit wie über den Raum.

Das Bedeutungsvolle für uns Heutige liegt vor allem darin, daß diese Kunst der Steppenvölker über Hunnen und Awaren besonders betont eingreift in die Kunst der Goten und der Merowinger in der Völkerwanderungszeit, und daß sie in Form, Motiv und Ornament sich fortsetzt in der Kunst der romanischen Epoche Europas.

KAPITEL XIII

Eisenzeit

So wie das Wissen um die Epoche der Eiszeit in der Phase von 1900—1975 eine große Erweiterung erfuhr, so wie die Kenntnis der Mittelsteinzeit und der Neusteinzeit ungeahnt ausgedehnt werden konnte, so wie die Welt der Bronzezeit völlig neue Erkenntnisse erbrachte, so konnte auch das Wissen um die Phase der Eisenzeit, die Epoche von rund 1000 v. Chr. bis Chr. Geb., die Hallstattzeit und die Latènezeit im einzelnen bereichert werden.

Naturgemäß sind die Grenzen fließend, fließend wie in allem Lebendigen, und so mußte für die Kultur der Steppenvölker schon vorgegriffen werden in manchem Belange.

Deutlicher als in den früheren Epochen heben sich in der Eisenzeit einzelne Völker heraus. Die geschriebene Geschichte, in diese Epoche stark eingreifend, bezeichnet Völker und Stämme mit historischen Namen.

Wieder bringt das 20. Jahrhundert von 1900—1975 viele neue Funde, viele neue Grabungen, viele wertvolle Werke der Gelehrten. Viel Wesentliches konnte eingewoben werden in unsere Kenntnis. Die vor 1900 gewonnenen Blickpunkte wurden ergänzt, erweitert und vervollkommnt, Einzelfragen gewannen an Gewicht und an Bedeutung.

Kelten

Die Welt der Kelten hat in der Zeit von 1900—1975 ebenfalls eine große Bereicherung erfahren. Viele bedeutende Grabungen sind durchgeführt worden, Oppida und sogenannte Viereckschanzen, in Wirklichkeit Kultplätze, sind ausgegraben worden, Grabhügel, wertvolle Kunstwerke sind zutage getreten.

Der Gesamtblick hat sich seit 1900 nicht verändert, nur ist die Sicht reicher und voller geworden.

Wählt man aus der Fülle der Grabungen zwischen 1900 und 1975 die wichtigsten aus, dann sind es diese:

1928 Trichtingen bei Rottweil, Baden-Württemberg
1943 Entremont bei Aix-en-Provence, Frankreich
Seit 1950 Heuneburg bei Sigmaringen, Baden-Württemberg
1953 Vix bei Châtillon-sur-Seine, Côte d'Or, Frankreich
1954 Reinheim bei Saarbrücken, Kr. St. Ingbert, Saarland
Seit 1955 Manching bei Ingolstadt, Bayern
1962 Hirschlanden bei Tübingen, Kr. Leonberg, Baden-Württemberg.

Es war am 11. März 1928, als ein Arbeiter bei Entwässerungsarbeiten bei Trichtingen, Kr. Rottweil, Baden-Württemberg, einen Halsring mit Tierkopfendigungen aus Silber fand. Die größte Breite ist 29,4 cm, die Höhe 25 cm, das Gewicht ist 6,74 kg. Der Fund wurde der Staatl. Altertümerslg. Stuttgart übergeben. Der damalige Direktor, Prof. PETER GOESSLER, zeigte mir den Ring, wie vielen anderen Prähistorikern. Er enthielt viele Probleme, denn er verbindet Keltisches mit skytho-iranischen Elementen. Römische Formengebungen sind nicht vorhanden. Der Halsring, der torques, ist ein Charakteristikum bei Persern und vor allem bei den Kelten. Der Ring mit den Tierköpfen ist offenbar gearbeitet worden im Donaubalkankreis und die Donau hinauf gebracht worden, wie zahlreiche Münzen aus Edelmetall. Goeßler, ein guter Kenner der Funde in Europa und im Vorderen Orient, ein Freund von Schliemann und Dörpfeld, erkannte sogleich die skythisch-iranische Ausdrucksform. Er datierte den Ring mit Recht auf das 2. Jahrhundert v. Chr. und sprach als Herstellungsort von griechisch-skythischen Werkstätten, die von Südrußland bis Illyrien bestanden. Goeßler hat den Ring veröffentlicht unter dem Titel: Der Silbering von Trichtingen, als Festschrift der Archäol. Ges. zu Berlin zur Feier des Hundertjährigen Bestehens des Archäol. Inst. d. Dtsch. Reiches, 1929, Verlag de Gruyter und im IPEK 1929, S. 46—52, 3 Tafeln.

PETER GOESSLER (1872—1956) war zuerst Gymnasiallehrer. Er erwarb 1896 seinen Doktorgrad und wurde 1905 wissenschaftlicher Mitarbeiter an dem Stadtmuseum in Stuttgart, 1920 Direktor der Altertümersammlung des Landesmuseums und des Landesamtes für Denkmalpflege. 1934 wurde er aus politischen Gründen seiner Ämter enthoben. Seine wichtigsten Veröffentlichungen sind: Donaukreis, Oberamt Blaubeuren, in: Altert. im Königr. Württ. Stuttgart 1911. — Oberamt Riedlingen, ebda 1928. — Der Silberring von Trichtingen, Berlin 1929. — Dass. in IPEK 1929. — Schliemann und Dörpfeld, ebda Bd. 17, 1943—1948, S. 1—39. — Eine Festschrift für Goeßler erschien in Stuttgart 1954: Tübinger Beiträge zur Vor- u. Frühgeschichte.

Im Jahre 1943 wird das keltische Oppidum Entremont bei Aix-en-Provence entdeckt, 1946 werden die Ausgrabungen begonnen unter der Leitung des Musée Granet in Aix, Direktor Louis Malbos. Das Museum ist 1771 begründet worden durch den Duc de Villars, den damaligen Gouverneur der Provinz. Es enthält antike

Funde und Malereien der italienischen, flämischen, französischen Schulen, darunter zwei Werke von Ingres.

Das Oppidum von Entremont gehört dem 3. bis 2. vorchristl. Jahrhundert an. Die Befestigungsmauer aus Steinblöcken ist an manchen Stellen bis zu 4 m Höhe erhalten. Viereckige Häuser waren eng aneinander gereiht, so daß sich breite Gassen ergaben. Jedes Haus hat Kanalisation, manche Häuser besitzen Mosaiken als Fußböden. Auf der höchsten Stelle des Ortes stand das Heiligtum. Ein 100 Meter langer Weg führte zu ihm hinauf, er war eingesäumt von Skulpturen bedeutender Männer.

Stadt und Heiligtum wurden im Jahre 123 v. Chr. zerstört von den Römern. Es haben sich aber Kalksteinreliefs von Menschenköpfen erhalten, offenbar Bildnisse von kultisch Getöteten (J. Moreau, Die Welt der Kelten, Stuttgart 1958, 3. Aufl. 1961, Taf. 56 u. 57).

Die Berichte finden sich in Gallia Bd. 5, 1947 u. Bd. 12, 1954, ferner in Revue d'Etudes Ligures, Bordighera, Bd. 14, 1948. Eine eingehende Darstellung brachte RAYMOND LANTIER in IPEK, Bd. 22, 1966—1969, S. 77—81, Taf. 51—54 mit dem Titel: La statuaire d'Entremont.

Die Heuneburg, als Erhöhung vor der Grabung sichtbar in der Landschaft, liegt zwischen Sigmaringen und Riedlingen in Baden-Württemberg an einem Steilabhang des Donautales in der Größe von 300 zu 150 Metern. Die Ausgrabung, geleitet zuerst von K. Bittel, W. Kimmig, A. Rieth u. a., ergab nicht kunstgeschichtlich bedeutungsvolle Funde, wohl aber reiche Aufschlüsse über Befestigungstechnik und Architektur dieser Zeit. Es ergaben sich fünf Bauphasen. Die drei ältesten Anlagen gehören der Späthallstattzeit (D 1—D 3) an, die vierte Phase (IV) weist eine andere, besonders entwickelte Art auf. Die V. Phase ist einfacher, es ist ein einheimischer Bau. Bei der vierten Phase erhebt sich auf einer 3 m breiten und 60 cm hohen steinernen Untermauerung eine 4 m hohe Mauer aus luftgetrockneten Ziegeln. Sie ist an manchen Stellen bis zu 2 m Höhe erhalten. Das Mauerwerk trug turmartige Bastionen, in regelmäßigen Abständen aufgesetzt. Die Ziegel sind aus Lehm hergestellt, aus Sand und Häcksel, sie entsprechen Vorbildern in Griechenland. Ein griechischer Architekt muß diese Befestigungsanlage geplant und aufgebaut haben. Es fand sich griechische Keramik, schwarzfigurig, griechische Amphoren mit Weinresten, Ware aus der Provence.

Die Berichte brachten BITTEL, RIETH, Die Heuneburg a. d. oberen Donau, 1956. — W. DEHN in: Germania, Bd. 30, 1952 und Bd. 32, 1954 mit SANGMEISTER und KIMMIG. Berichte finden sich ferner in Antiquity, Bd. 27, 1953 und in Fundber. aus Schwaben, Bd. 14, 1957, sowie in Neue Ausgrabungen in Deutschld. 1958, von W. Kimmig in Fasti Archaeologici Bd. 7, 1954 u. in Revue Arch. de l'Est, Bd. 5, 1954. — W. Kimmig u. E. Gersbach, Die Grabungen auf der Heuneburg 1966—1967, Germania, Bd. 49, 1971, S. 21—91.

Eine besonders bedeutende Entdeckung ist die des Grabhügels von Vix am Fuße des Mont-Lassois bei Châtillon-sur-Seine. Seit 1929 waren an der Stelle

Scherben von Tongefäßen, Fibeln, Waffen gefunden worden. Eine systematische Ausgrabung sollte Erfolg versprechen. Als Joffroy 1947 Leiter des Ausgrabungswesens dieser Gegend geworden war, verfolgte er den Plan, und im Jahre 1953 gelang ihm die Freilegung eines Kammergrabes in dem Hügel. Das Grab war aus Holz errichtet und bedeckte eine Fläche von 9 qm. Es enthielt eine Fülle von wichtigen Gegenständen, auch das zum Teil erhaltene Skelett einer Frau. Sie trug auf dem Kopf ein Diadem aus Gold von 20 cm Länge, an Gewicht 0,480 kg. An beiden Enden hält es zwei goldene Kugeln, über ihnen geflügelte Pferde. Das Diadem selbst, der Goldreif, endet über den goldenen Kugeln in Tierfüßen. Joffroy erkärt, daß dieses Diadem nicht griechischer Art sei, daß es vielmehr skythisch ist, und daß es in Südrußland gearbeitet worden sei (Joffroy, Le trésor de Vix, Paris 1954, S. 48).

Weiter fand sich eine Schale aus Gold mit dem äußeren Durchmesser von 23 cm, an Gewicht 0,33 kg. Sie erinnert an eine ähnliche Schale im Alten Museum in Berlin, Inv. Nr. 30.221, die aus Maikop, Südrußland, stammt. Dann lag in dem Grab eine attische Schale mit Henkeln, Dm. 25 cm, mit schwarzfigurigen Kriegern, gearbeitet zwischen 530 und 520 v. Chr. Eine andere attische schwarze Schale, Dm. 17,3 cm, wird entsprechend den Vergleichsstücken gearbeitet worden sein zwischen 520 bis 515 v. Chr.

Eine Schnabelkanne aus Bronze in dem Grabe, größte Höhe 27,5 cm, ist etruskischer Herkunft, sowie zwei Bronzeschalen mit Henkeln, Dm. 36 cm, Höhe 6,3 cm. Ähnliche Stücke stammen in Deutschland aus Armsheim, Kr. Alzey, Rheinland-Pfalz und aus Hermeskeil, Kr. Trier.

Eine andere große Bronzeschale von 57 cm Dm. mit Spiralverzierung unter dem Rand stand an der Seite des Grabes.

Neben der Toten war der Wagen aufgestellt worden, von ihm sind die vier Reifennaben und Beschlagstücke aus Bronze erhalten. Weiter fanden sich sieben Fibeln, einige aus Eisen, sie gehören dem Ende der Hallstattzeit an und der frühen Latèneperiode. Als Schmuck fand sich ein Halsband aus Bernstein.

Der wichtigste Fund in dem Grabe aber war etwas Außergewöhnliches, ein übergroßer griechischer Krater von 1,64 m Höhe, im Gewicht von 208,6 kg. Dieser Krater übertrifft an Größe und Schönheit alle bisher bekannten Funde dieses Typus bei weitem. Ein im Stil verwandter Krater aus Trebenitsche am Ochrida-See, im Museum Sofia, ist 75 cm hoch, ein zweiter des gleichen Fundplatzes, ist 68 cm hoch (B. Filow, Die archaische Nekropole von Trebenitsche, Sofia 1927). Ein weiterer in der Anlage ähnlicher Krater, jetzt im Museum München, mißt 64 cm Höhe.

Ungewöhnlich ist auch die Ornamentierung mit Löwenfiguren unter den beiden großen Griffen. Der umlaufende Fries stellt umherziehende Krieger und Rosse dar. Auf dem Deckel findet sich eine weibliche Statuette, bekleidet, erinnernd an iberische Bronzestatuetten.

Die Veröffentlichung ist von René Joffroy ausgezeichnet vorgelegt worden in einem Werk: Le trésor de Vix (Côte d'Or), Paris 1954, mit 68 Seiten und 32 Tafeln. Mit dem Fries und seinen Problemen beschäftigt sich J. Delepierre in dem Buch: Le sujet de la frise du cratère de Vix, 1954. Das Diadem wird behandelt von Ch. Picard, Le diadème d'or de Vix, Revue archéologique, 1955.

Der Ausgräber, RENÉ CHARLES LOUIS JOFFROY ist am 10. 6. 1915 geboren. Er ist Docteur ès Lettres. Von 1940—1953 war er Gymnasiallehrer am Lyceum von Châtillon-sur-Seine und 1947 wurde er der amtliche Denkmalpfleger für die Départements Côte d'Or und Haute-Marne. 1953 wurde er Conservateur en chef am Musée des Antiquités Nationales in Saint-Germain, dem wichtigsten Museum für Vorgeschichte in Frankreich. Seine Arbeiten sind außer dem genannten Buch über Vix: Les sépultures à char de l'âge du fer en France, Paris 1958. — L'oppidum de Vix et la civilisation hallstatienne finale dans l'Est de la France, Paris 1960. — Le cimetière de Savoye, Paris 1974.

Es ist das Wesen der Duplizität der Fälle, daß zu einer bestimmten Zeit nicht nur ein bedeutender Fund aufgedeckt werden kann, sondern daß sich auch gleich ein anderer ähnlicher Fund ergibt. Wenn Vix im Jahre 1953 gefunden wird, dann 1954 Reinheim.

Reinheim ist ein Dorf, etwa 15 km südöstlich von Saarbrücken, 9 km nordöstlich von Saargemünd im Saarland, unmittelbar an der deutsch-französischen Grenze, im Kreise St. Ingbert.

Im Februar 1954 meldete der Unternehmer Johann Schiel dem Konservatoramt in Saarbrücken, daß er eine antike Bronzefigur in seiner Sandgrube auf dem sogenannten Katzenbuckel bei Reinheim gefunden habe. Der Konservator, JOSEF KELLER, stellte am 18. Februar 1954 an Ort und Stelle fest, daß Schiel beim Sandgraben mit der Schaufel auf einen Spiegel aus Bronze gestoßen war. Der Spiegel ist dabei in Trümmer gegangen, aber Schiel konnte den Handgriff, eine weibliche Statuette, heben. Der Finder bedeckte alles sorgfältig mit Zeitungspapier und schüttete Sand darüber, bis die amtliche Grabung beginnen konnte. Die Stelle ist heute völlig flach, der Pflug hat in Jahrhunderten den Grabhügel abgetragen. Bald nach der Entdeckung hat mir Josef Keller die Stelle gezeigt. In der Landschaft deutet nichts mehr auf einen Hügel. Er muß nach der Verfärbung des Bodens einen Durchmesser von 100 Metern besessen haben.

Am 19. Februar begann die Grabung, am 4. März war so viel der Fläche abgedeckt, daß die Grabkammer sichtbar wurde. Ein dünner, dunkler Streifen Boden zeichnete sich auf dem sandigen Untergrund deutlich ab als ein Viereck mit rechten Winkeln. An einer Seite aber hatte der Sandgrubenbetrieb schon einen Teil des Grabes erfaßt. Die Nordseite war noch ganz ungestört mit einer Länge von 3,46 m. Von der Südseite aber waren nur noch 2,03 m erhalten. Mit dem Spiegel war die Ost- und Südseite schon angeschnitten worden.

Die Grabkammer war aus Eichenholz gezimmert, die Musterungen der Hölzer hatten sich erhalten. Der Boden des Grabes lag etwa 2 m unter der heutigen Erdoberfläche.

Am 5. März 1954 kamen schon die ersten Fundstücke beim Präparieren zum Vorschein. Für die Nacht wurde das geöffnete Grab durch Gendarmerie bewacht. Am 6. März waren die Funde herausgearbeitet, aber alles blieb in seiner Lage unverändert im Boden. Keller schreibt sehr lebendig (Josef Keller, Das keltische Fürstengrab von Reinheim, Mainz 1965, S. 17): „Blankes Gold, patinierte Bronze, rotbrauner Bernstein und bunte Glasperlen leuchteten in frischen Farben, noch halb im Sande steckend, hervor. Die Überreste der Verstorbenen selbst waren nicht vorhanden. Der scharfe, kalkverzehrende Sandboden hatte das Skelett gänzlich aufgelöst, so daß nicht einmal ein Zahn mehr zu finden war. Nur aus der Lage des Hals- und Armschmuckes, der Fingerringe und Fibeln, die die tote Fürstin bei ihrer Beisetzung am Körper getragen haben mußte, war zu erkennen, daß sie ausgestreckt, auf dem Rücken liegend, den Kopf im Norden, die Füße im Süden ... ins Grab gelegt worden war. Ihre Unterarme waren leicht angewinkelt, die Hände über dem Leib zusammengelegt."

„Man hatte ihr für das Leben jenseits der irdischen Tage den gedrehten Halsreif aus Gold, den Torques, angelegt. Über der Mitte der Brust war ihr Gewand von einer Goldblattfibel zusammengehalten. Eine sogenannte Maskenfibel aus Bronze schmückte die linke Brustseite. Am rechten Handgelenk trug sie einen schweren Armreif aus Gold und an der rechten Hand zwei goldene Fingerringe. Der Schmuck des linken Unterarms bestand aus drei Ringen, einer am Handgelenk aus Gold, der zweite weiter oben aus Glas und der dritte dicht daneben aus Ölschiefer. Wenige Zentimeter unterhalb der rechten Hand befand sich eine dritte Fibel; sie ist aus Bronze mit Koralleneinlagen und stellt einen Hahn dar, dessen Gefieder exakt gezeichnet ist."

„Zu ihrer Rechten lag der Handspiegel aus Bronze. Von der fein gewebten Tasche, in welcher der Spiegel steckte, fand sich nur ein Rest; sonst war das Stoffgewebe noch als Abdruck in der unmittelbar einhüllenden Erde sichtbar. Zu ihrer Linken, neben dem Kopfe, stand offenbar ein Behälter aus vergänglichem Stoff mit einem überaus anziehenden Inhalt. Daß ein Behälter vorhanden gewesen sein muß, ergibt sich daraus, daß die Menge der Bernstein- und Glasperlen sowie der anderen kleinen Dinge kompakt zusammenliegend vorgefunden wurde. Wären ihre zahlreichen Lieblingsbesitztümer, die Ketten und Perlen, die Amulette und Talismane, die anderen Kostbarkeiten und Raritäten nicht in einem Behälter eingeschlossen und von diesem zusammengehalten gewesen, so hätten sie bei der Auffindung viel weiter zerstreut liegen müssen. Der Behälter war vielleicht aus Holz, und es liegt nahe, ihn als ihre Schatulle, ihren Schmuckkasten anzusehen."

„Im östlichen Teil der Grabkammer wurde ein Eß- und Trinkservice aufgedeckt, bestehend aus einer etwa halbmeter hohen vergoldeten Bronzekanne, zwei Bronzetellern und zwei Goldbändern, die aller Wahrscheinlichkeit nach Beschläge von zwei Trinkgefäßen gewesen sind. Die beiden manschettenförmig zusammengebogenen Goldbänder mit getriebener, durchbrochener Ornamentik und drei kleine dazugehörende Goldrosetten sind als Zierrat von Trinkbechern aus vergänglichem Stoff angesprochen worden, weil sie neben der Kanne liegend aufgefunden wurden. Man muß ihre Lage und dazu die Lage der Teller und Kanne einer Prüfung unterziehen, um eine Vorstellung davon zu bekommen, warum diese Gegenstände so und nicht anders gelagert angetroffen wurden. Die Kanne lag umgelegt oder umgefallen ganz am östlichen Rand der Grabkammer, die Goldbänder weiter westlich in geringer Entfernung von der Kanne; die beiden Bronzeteller standen nebeneinander, ungefähr einen halben Meter westlich der Kammerwand."

Unter den 206 einzelnen Stücken, die gehoben werden konnten, ist von besonderer Bedeutung die Kanne mit Röhrenausguß aus Bronze, vergoldet (J. Keller, ebda Taf. 19). Die Kanne war in viele Teile zerbrochen, sie konnte wieder ganz hergestellt werden in dem Laboratorium des Röm.-Germ. Zentralmuseums in Mainz. Der Henkel trägt ein menschliches Gesicht, auf dem Deckel steht ein Pferd mit menschlichem Antlitz. Die Kanne ist 51,4 cm hoch.

Von Bedeutung ist auch der goldene gedrehte Halsring, der torques, mit menschlichen Gesichtern als Endigungen, 17,2 cm Dm. mit einem Gewicht von 187,2 g. Menschliche Gesichter tragen auch die beiden Armringe aus Gold, 8 cm u. 6,7 cm Dm. (ebda Taf. 12, 1 u. 13,2). Der zuerst gefundene Spiegel aus Bronze hat als Griff eine menschliche Figur mit erhobenen Armen. Manschettenförmige Goldbeschläge tragen ein reiches keltisches Ornament. Es fand sich eine runde Scheibenfibel aus Gold, eine längliche mit Rosetten, ebenfalls aus Gold, eine Anhängerfigur aus Bronze, eine Bronzeschale, viele Perlen aus Bernstein.

Die Veröffentlichung erfolgte zuerst in Germania, Bd. 33, 1955, S. 33—42, Josef Keller, Das Fürstengrab von Reinheim. — Dann: Ders. Das keltische Fürstengrab von Reinheim, Mainz 1965, Verlag Röm.-Germ. Zentralmus. mit 77 Seiten u. 34 Tafeln.

JOSEF KELLER ist geboren am 15. 4. 1902, er erwarb seinen Doktorgrad in Tübingen 1931. 1935 wurde er Landespfleger für Bodendenkmäler im Saarland und Direktor des Landesmuseums in Saarbrücken, jetzt lebt er in Cap d'Ail, Alpes Maritimes, Südfrankreich. Seine wichtigeren Veröffentlichungen sind: Die Alb-Hegau-Keramik d. ält. Eisenzeit, Reutlingen 1939. — Seltener Schmuck aus den Keltengräbern von Saint-Sulpice, Schweiz. Ges. f. Urg. Bd. 52, 1965. — Dazu die genannten Veröffentlichungen über Reinheim.

Manching ist ein Dorf von etwa 4000 Bewohnern im Kreise Ingolstadt, Bayern. Der Ort liegt 6 km südöstlich von Ingolstadt. An dieser Stelle befindet sich ein keltisches Oppidum von etwa 380 ha Größe mit einer Umwallung von 7 km, noch heute zum großen Teile sichtbar in der Landschaft. Schon 1858 waren bei dem Dorfe Irsching, etwa 6 km nordöstlich des Oppidums über 1000 keltische Goldmünzen, sogenannte Regenbogenschüsseln, gefunden worden. Trotzdem wurden Ausgrabungen nicht vorgenommen. Erst 1938 hat K. H. WAGNER (1907—1944) eine Untersuchung der Wallanlagen durchgeführt, sie ergaben zwei verschiedene Stadien der Bebauung (Germania, Bd. 22, 1938, S. 157f. und Bayer. Vorg. Bl. Bd. 16, 1942, S. 10f.).

An der Stelle des Oppidums war ein Flughafen erbaut worden, er sollte für die amerikanische Luftwaffe 1955 wieder hergestellt werden. Mit Hilfe des Bayer. Ministerpräsidenten Dr. Hoegner, und der Finanzierung durch Bayern und der amerikanischen Luftwaffe unter Oberst A. Kroeber, gelang es dem Dtsch. Arch. Inst., die Möglichkeiten zu einer planmäßigen Ausgrabung des Ringwalles zu schaffen.

So konnte WERNER KRÄMER am 2. Mai 1955 mit seinen großzügig angelegten Grabungen beginnen, sie zogen sich in der ersten Kampagne hin bis zum 26. 8. 55, sie wurden durchgeführt vom Bayer. Landesamt f. Denkmalpflege. Werner Krämer berichtet über die erste Grabung in Germania Bd. 35, 1957, S. 32—44. Eine zweite Kampagne konnte mit der finanziellen Hilfe des Bundesministeriums für Verteidigung und der amerikanischen Luftwaffe durchgeführt werden im Jahre 1957. Über diese Grabung wird berichtet in Germania, Bd. 39, 1961 u. Bd. 40, 1962, sowie in: Ausgrabungen in Deutschland, Berlin 1958, S. 175—202.

Die Grabung brachte viele zerbrochene Schwerter, Lanzenspitzen, Schildbuckel, Gegenstände aus Eisen, Tonformen für den Guß von Münzen, einen römischen Silberschatz aus der Mitte des 3. Jahrhunderts, dazu viel Schmuck aus Glas und zahllose Tongefäße der späten Latènezeit, der Epochen C und D.

W. Krämer schreibt (Neue Ausgrabungen in Dtschld. 1958, S. 195):

„Zu den zweifellos bedeutsamsten Funden gehören die Stücke von Tonformen, in denen die Schrötlinge keltischer Münzen gegossen wurden, beweisen sie doch das Vorhandensein einer freilich noch nicht genau lokalisierten Münzstätte in dem Oppidum von Manching, wie wir sie etwa in Bibracte, in mehreren englischen, böhmischen und mährischen Oppida durch ähnliche Funde bezeugt finden. Sie veranschaulichen die zentrale Bedeutung des Platzes, wo wohl auch der Sitz des Münzherren selbst zu suchen ist, und die wirtschaftliche Rolle des Oppidums, mit dem man seit langem die beiden großen Schatzfunde goldener „Regenbogenschüsselchen" von Westerhofen und Irsching und andere keltische Münzfunde aus der Umgebung in Verbindung bringt. Ein Schatz von Silbermünzen kam 1936 beim Flugplatzbau zutage."

WERNER KRÄMER ist 1917 in Wiesbaden geboren. Er studierte Vorgeschichte und erwarb seinen Doktorgrad in München. Von 1947—1956 war er Konservator und Abt.-Direktor am Bayer. Amt f. Denkmalpflege in München, seit 1956 ist er Erster Direktor d. Röm-Germ. Kom. am Deutschen Arch. Inst. in Frankfurt/M. Seine Veröffentlichungen sind außer den genannten über Manching die folgenden: Carbodunumforschungen, Kallmünz 1953. — Herausgabe des Buches: Neue Ausgrabungen in Deutschland, Berlin 1958. — Zu den Ausgrabungen 1957—1961, Germania, Bd. 40, 1964. — Das kelt. Gräberfeld von Nehringen, Kr. Böblingen, Stuttgart 1965.

Von Bedeutung ist weiter die Entdeckung der Kriegerstele von Hirschlanden, Baden-Württemberg, Kr. Leonberg, nicht weit entfernt von Tübingen. Im Spätherbst 1962 soll ein Grabhügel wegen der Flurbereinigung beseitigt werden. Die amtliche Denkmalpflege untersucht die Stelle vom 5. Nov. 1962 bis zum 14. Dezember und wieder vom 22. März bis zum 3. August 1963.

Die Untersuchung beginnt an einer Randstelle des Hügels, und gleich am ersten Tag, am 5. Nov. 1962, findet sich eine Statue aus Stein, die Plastik eines keltischen Kriegers. Sie war von ihrer Höhe hinabgestürzt worden, in welcher Absicht, ist unbekannt.

Der Ausgräber, HARTWIG ZÜRN, vermerkt: (IPEK, Bd. 22, 1966—1969, S. 62)

„Ursprünglich hatte das Fundstück sicher als Stele den Hügel gekrönt und verkörperte den im Hügel bestatteten toten Krieger, war dann aber an seiner schwächsten Stelle, an den Knöcheln, abgebrochen und den Hügel hinabgerollt. Beim Sturz über den Steinkranz brachen die Beine in der Kniegegend nochmals und die Figur verblieb hier, auf dem Bauche liegend, im Schutze des Steinkranzes bis auf den heutigen Tag ungestört, von der verfließenden Hügelerde überdeckt."

Der Steinkranz hat 18 m Durchmesser, im Zentrum lagen zwei Bestattungen übereinander.

Die Statue ist 1,50 m groß, ursprünglich 1,70 m. Sie trägt eine spitze Mütze, Augen und Mund sind ausgearbeitet, die Arme liegen auf der Brust. Ein Gürtel und ein Dolch sind angedeutet.

Hartwig Zürn spricht an der genannten Stelle von anderen menschlichen Steinfiguren, die aus dieser Epoche gefunden worden sind, erstens Stockach, Kr. Tübingen, 73,5 cm groß, zweitens Stammheim, Kr. Calw, 1,62 m groß, drittens Waldenbuch, Kr. Böblingen, 1,25 m groß, viertens Holzgerlingen, Kr. Böblingen, 2,30 m groß, also überlebensgroß. Alle diese menschlichen Skulpturen sind aus einheimischen Steinen gearbeitet worden.

Der Ausgräber, HARTWIG ZÜRN, ist am 11. 4. 1916 geboren. Er ist Konservator und Leiter der Abt. Bodendenkmalpflege, Staatl. Amt, Stuttgart.

Seine wichtigsten Arbeiten sind: Zur Chronologie der späten Hallstattzeit, Germania, Bd. 26, 1943. — Zur Keramik der spät. Hallstattzeit, ebda Bd. 27, 1952. — Zur Chronologie der Alb-Salemer Keramik, ebda Bd. 35, 1960. — Neue Ausgrabungen im Jungsteinzeitdorf bei Ehrenstein, ebda Bd. 40, 1965. — Kataloge Heidenheim, Zainingen, Schwäbisch-Hall, Stuttgart 1968. — Eine hallstattzeitl. Stele von Hirschlanden, ebda Bd. 42, 1964. — Eine hallstattzeitl. steinerne Kriegerstele von Hirschlanden, Württ., IPEK, Bd. 22, 1966—1969, S. 62—66. — Das jungsteinzeitl. Dorf Ehrenstein, Kreis Ulm, I, Stuttgart 1965, Verl. Silberburg, 98 Seiten, 89 Taf., 12 Karten.

Das Bild der Kelten, schon im 19. Jahrhundert so deutlich sichtbar geworden (wie schon berichtet), gewinnt an Gewicht nicht nur durch einige neue, bedeutungsvolle Funde, sondern vor allem durch eine Fülle von wissenschaftlichen Werken über die Kelten, ihre Kultur, ihre Kunst, ihre wirtschaftliche Organisation, ihre Religion, ihre Münzen und über ihre Sprache.

Im Jahre 1923 erscheint von PAUL VOUGA (1880—1939), Prof. a. d. Univ. Neuchâtel seit 1910, dem Sohn des Ausgräbers von La Tène, Emile Vouga, die Monographie über den namengebenden Fundort mit dem Titel: La Tène, Monographie de la station. Leipzig, Verl. Hiersemann, 1923. 1934 legt KURT BITTEL ein Buch vor: Die Kelten in Württemberg, Verlag Walter de Gruyter, Berlin, mit 128 Seiten und 35 Tafeln mit den Karten. Es werden die damals bekannten Fundorte vorgeführt, gegliedert nach Latène A—D. Dann werden die Münzen behandelt, die Siedlungen, vor allem die Ringwälle und die Viereckschanzen, der Grabbau, die Geräte, Schmuck und Keramik. Eine Betrachtung über die Chronologie ergibt, daß für das Latène Süddeutschlands nur drei Stufen erkennbar sind, Latène A fehlt, es gehört noch der Hallstatt-Zeit an.

Kurt Bittel ist am 5. 7. 1907 in Heidenheim, Württemberg, geboren. Er studierte Vorgeschichte und erwarb seinen Doktorgrad 1930 a. d. Univ. Marburg. Er wurde Mitarbeiter an der Röm.-Germ. Kom. in Frankfurt a. M., 1933 Referent am Deutschen Arch. Inst. in Istanbul, 1938 ihr Direktor. 1946—1953 war er o. Prof. a. d. Univ. Tübingen, von 1953—1960 wiederum Direktor des Dtsch. Arch. Inst. in Istanbul und zugleich Prof. a. d. dortigen Universität. Seit 1960 ist er Präsident des Dtsch. Arch. Inst. in Frankfurt a. M.

Seine wichtigsten Werke sind: Das genannte Buch über die Kelten in Württemberg. — Präh. Forschg. in Kleinasien, 1934. — Die Felsbilder von Yazilikaya, 1934. — Die Ruinen von Bogazköy, 1937. — Kleinasiatische Studien, 1942. — Grundzüge der Vor- u. Frühgesch. Kleinasiens, 2. Aufl. Tübingen 1950. — Die Heuneburg a. d. oberen Donau, Stuttgart, mit A. Rieth, 1951.

Zur gleichen Zeit erscheint ein Werk über die Münzen der Kelten von R. Poulsen, Die Münzprägungen der Boier, 1933. Wohl bietet das Werk nur einen räumlich begrenzten, aber doch wichtigen Ausschnitt. Die Arbeit wird ergänzt durch das Buch von K. Pink, Die Münzprägungen der Ostkelten, Budapest 1939 und von R. P. Mack, The coinage of Ancient Britain, London 1953.

Die keltischen Münzen bedeuten eine stilistische Auflösung der makedonisch griechischen Münzen von Alexander III. und Philipp von Makedonien. Die ältesten Münzen erscheinen um 150 v. Chr.

Von Bedeutung wird das Buch von Wilhelm von Jenny, Keltische Metallarbeiten, Berlin 1935, 62 Seiten, 64 Tafeln mit Abbildungen. Durch dieses Buch, das besonders dem Bild gewidmet ist, wird es zum ersten Male möglich, die wichtigen Funde geschlossen übersehen zu können.

Wilhelm von Jenny ist 1896 in Linz a. d. Donau in Österreich geboren, am 12. 1. 1960 starb er dort. Er war Kustos am Museum f. Vor- u. Frühgeschichte in Berlin, er wurde zum Professor ernannt, später wurde er Direktor des Landesmuseums für Oberösterreich in Linz. Seine wichtigsten Arbeiten erschienen in der Prähistorischen Zeitschr.

Als 1942 von Paul Jacobsthal das zusammenfassende Werk: Early Celtic Art, Oxford, erschien, bedeutete es das führende Buch über das Keltenproblem. Jacobsthal, Prof. a. d. Univ. Marburg, 1933 ausgewandert nach England, war in dieser Zeit der beste Kenner der Kunst der Kelten. Sein Werk ordnete und gliederte das reiche Material und schuf eine genaue Chronologie. Von ihm war schon in Berlin 1929 zusammen mit A. Langsdorff das Buch: Die Bronzeschnabelkannen, erschienen.

Die Geschichte der Kelten, ohne Bilder, ist das Werk von Henri Hubert, Les Celtes, Paris, Verlag Renaissance du Livre, 1932, mit 403 Seiten. Auch Albert Grenier stellt die Geschichte der Kelten dar in seinem Buch: Les Gaulois, Paris 1945, Verlag Payot Paris, es umfaßt 416 Seiten. Und 1952 erscheint das Werk von J. M. de Navarro, The Celts in Britain and their Art, London, und 1958 von T. G. E. Powel, The Celts, London.

Über die Kelten in Mitteleuropa berichtet Jan Filip in tschechischer Sprache, Prag 1956, Keltové ve středni Evropě, Die Kelten in Mitteleuropa, 552 Seiten, 132 Tafeln und Prag 1960: Keltiská civilisace a jeji dědictvi, deutsch 1961: Die keltische Zivilisation, Prag. Das Buch erschien auch in englischer und ungarischer Sprache.

JAN FILIP ist am 25. 10. 1900 in Chocnějovice, Tschechoslowakei, geboren. Er studierte in Prag, 1939 wurde er Dozent, 1945 wurde er Professor. Er ist Mitglied der Akad. d. Wissensch. in Prag, Berlin, Göttingen, Kopenhagen. Seine Werke sind: Popelnicová pole, Prag 1937. Die Urnenfelder in Böhmen. — Kapitel aus der Kultur unserer Urzeit, Prag 1940, tschech. — Kunsthandwerk in d. Urzeit, Prag 1941, tschech. — The beginning of Slaw settlements in Czechoslovakia, Prag 1946, tschech. mit englischem Résumé. — Die beiden genannten Werke über die Kelten. — Evropský pravěk, Prag 1962, tschech.-Europäische Vorgeschichte. — Enzyklopädisches Handbuch zur Ur- u. Frühgeschichte Europas, Bd. 1 u. 2, Stuttgart 1966—1969 mit vielen Mitarbeitern.

Von Bedeutung ist das Werk von JACQUES MOREAU, Die Welt der Kelten, das 1958 erschien in der Reihe: Große Kulturen der Frühzeit im Verlag J. G. Cotta, Nachf., Stuttgart, mit 268 Seiten und 104 Tafeln. Mit seinen ausgezeichneten Wiedergaben und seiner klaren Darstellung, mit den eingehenden Quellennachweisen der Abbildungen erscheint es jetzt als das übersichtlichste Werk über Kultur und Kunst der keltischen Welt.

Eine kurze, aber treffende Arbeit über die Kunst der Kelten brachte RENÉ JOFFROY in: Eggers u. a. „Kelten und Germanen" in Kunst der Welt, Baden-Baden, Holle-Verlag 1964. Ebenfalls über die Kelten berichtet A. VARAIGNAC u. a. L'Art gaulois, Paris 1961 Verlag Zodique. 321 Seiten, 195 Abb.

Das Ergebnis der Keltenforschung in der Zeit von 1900—1975 ist die Bestätigung und Sicherung der Erkenntnisse aus der Zeit vor 1900. Es haben sich nicht neue, wandelnde Vorstellungen ergeben, wohl aber Vertiefungen und Verdichtungen. Aus der Fülle der Grabungen sind hier sieben als die führenden vorgelegt worden. Aus ihnen ergibt sich, daß es drei Elemente sind, aus denen die Kunstgestaltung der Kelten ihre eigenen Kräfte zu gewinnen vermochte: die Kunst der Griechen, die der Etrusker und die der Skythen, der Steppenvölker. Aus diesen an sich verschiedenen Gestaltungsarten hat sich die eigene Kunst der Kelten entfaltet. Sie ist in ihrer Sonderart bezeichnet durch das Blasenmotiv, die Wellenranke, seit 450 v. Chr. führend geworden. P. Jacobsthal hat diesen Stil als reifen Stil oder als Waldalgesheimer Stil bezeichnet, nach einem Grabfund über Bingen im Hunsrück, Rheinland-Pfalz.

Die vielen Ausgrabungen in Frankreich, England, Deutschland bis zum Balkan haben im Anschluß an Reinecke in der Festschr. Mainz 1902 u. Altert. uns. heid. Vorzt. Bd. V, mit einigen Änderungen diese im allgemeinen anerkannte Datierung für die Epoche der Kelten, die Latènezeit, erbracht:

1. Frühlatène, Reinecke A u. B, rund 500—300
2. Mittellatène, Reinecke C, 300—100
3. Spätlatène, Reinecke D, 100—Chr. Geb.

Es ist von Wichtigkeit zu betonen, daß die keltische Kunst in England in besonderer Kraft und Eigenständigkeit fortlebt durch das ganze erste Jahrtausend n.

Chr. Geb. So bedeutende Stücke, wie die Tarafibel in Dublin, gearbeitet um 750 n. Chr., und andere Funde, tragen noch ganz die keltische Ornamentierung, die keltische Formgestaltung. Es gibt also an dieser Stelle ein Nachleben von rund tausend Jahren, so bedeutungsvoll ist für das vor- und frühgeschichtliche Europa die Kultur und der Lebensausdruck der Kelten.

Iberer

Auch für die Welt der Iberer in Spanien ergeben sich für die Zeit von 1900 bis 1975 nicht wesensverändernde Folgerungen aus den Funden. Lediglich erweitert wird das Bild, das sich bis 1900 herausgebildet hatte.

Durch die Fülle der Grabungen und Funde wird es möglich nach 1900, das Iberische abzulösen von dem Keltischen in Spanien, ein gewiß wichtiges Ergebnis, jedoch die Gesamtsicht auf die Iberer und ihre Kunst verwandelt sich dadurch nicht. Schon durch die Funde von Cerro de los Santos und von Elche (hier S. 188) waren die entscheidenden Akzente gesetzt.

Zu den bedeutenden Funden nach 1900 gehören die Steinreliefs von Osuna. Sie werden 1903 in der Provinz Sevilla gefunden. Es sind Reliefs, die einmal ein Heiligtum schmückten, 1,40 bis 60 cm groß. Es werden Krieger dargestellt mit Schild und Schwert, Frauen mit Schalen und Bechern, Hornbläser und Reiter. Die Reliefs gelangten zuerst in den Louvre, wurden aber 1941 abgegeben an das Museo Arqueológico in Madrid. Sie zeigen römische Formen verbunden mit iberischer Art.

Der erste Bericht ist der von A. ENGEL y P. PARIS, Une forteresse ibérique à Osuna, Nouv. Arch. des Missions Scientifiques Bd. 13, 1906, und Dieselben in: Bulletin hispanique 1905, S. 333f. u. 1907, S. 169f. — ANTONIO GARCÍA Y BELLIDO hat diese iberischen Reliefs in guten photographischen Wiedergaben dargestellt in einer Arbeit: El arte ibérico, in: Ars Hispaniae, Bd. I, Madrid 1947, S. 199—338.

Die Bronzen von Despeñaperros gehören zu den bedeutenden Funden. Der Ort liegt auf einem Paß der Sierra Morena in der Provinz Jaén, heute ist Despeñaperros eine Bahnstation von Madrid nach dem Süden. In der Nähe der kleinen Stadt erhebt sich ein Berg mit Namen Collado de los Jardines. Seit 1905 wird der Stein des Berges abgebaut für Bausteine. Immer wieder finden die Arbeiter bei ihrer Tätigkeit kleine Bronzefiguren. Sie werden den Unternehmern gebracht, aber man erkennt nicht den archäologischen Wert, sondern meint, daß sich alte Kupferminen in dem Berg befinden müßten. Zur Ausbeutung der Minen wird eine Gesellschaft gegründet, aber bald geht ihr das Geld aus, und so wendet man sich an einen vermögenden Herrn der Gegend, Horacio Calvo Sandars. Sandars erkennt den archäologischen Wert der Bronzefiguren, er erwirbt die Aktien der Gesellschaft.

Mit seinen Arbeitern findet er 2500 Bronzen, männliche, weibliche Gestalten, Teile des menschlichen Körpers und Tierfiguren. Es handelt sich um Votivstatuetten, wie sie jetzt noch in Spanien und anderen Ländern nach einer Heilung den Kirchen und Kapellen übergeben werden. In der zweiten Hälfte des letzten Jahrtausends v. Chr. haben Priester die überzähligen Votivgaben vergraben an geweihter Stelle, um Platz zu schaffen für neue Gaben. Horacio Sandars ist so angetan von der Entdeckung, daß er den gesamten Fund dem Archäologischen Museum in Madrid als Geschenk vermacht. Diese Bronzen gehören noch heute zu den bedeutenden Gegenständen des eindrucksvollen Museums. Erst später, im April 1916, veranlaßte das Museum wissenschaftliche Ausgrabungen an dieser Stelle. Sie dauerten vom April 1916 bis Ende Oktober 1918. Die Grabungsleiter waren IGNACIO CALVO SANCHEZ und JUAN CABRÉ AGUILÓ. Die beiden Forscher brachten auch den Bericht über die Grabung: Excavaciones de la cueva y collado de los Jardines, Santa Elena, Jaén. Junta Superior de Excavaciones y Antiguedades, Madrid 1917, 1918, 1919. — SANDARS selbst hatte schon 1906 den ersten Bericht in London veröffentlich mit dem Titel: Preroman bronze votive offerings from Despeñaperros in the Sierra Morena, London 1906. — Im Jahre 1920 erschien eine weitere Arbeit von N. SENTENACH, Bronces ibéricos votivos in: Boletín de la Soc. de Excursiones, Bd. 27, Madrid 1920. Weiter: HERBERT KÜHN, Kunst u. Kultur der Iberer, Mannus, V. Erg. Bd., 1927, S. 145—158, Taf. 21—30.

Nicht weit entfernt von Despeñaperros liegt Castellár de Santistebán, Jaén. Auch hier finden die Einwohner seit 1912 immer wieder kleine Statuetten aus Bronze. Die Funde werden bekannt gegeben der Junta Superior de Excavaciones beim Kultusministerium, Ministero de Instrucción Publica. Ein Dekret wird erlassen, datiert auf den 12. März 1914, das Ignacio Sanchez beauftragt, an der Stelle Ausgrabungen durchzuführen. Aber der Besitzer des Bodens verbietet die amtlichen Grabungen, er verkauft die Statuetten an Privatpersonen. Den größten Teil erwerben zwei Kenner, Juan Cabré Aguiló und Ignacio Calvo Sandars. Sandars übergibt seine Schätze dem Museo Arqueológico in Madrid als Leihgabe.

Auch hier handelt es sich um Votivgaben, von den Priestern abgelegt in einer Höhle. Insgesamt sind es 1500 Bronzen. Die meisten von den dargestellten Frauen tragen eine lange Tunika, die Männer haben Schild und Dolch in den Händen. Manche Figuren sind recht naturhaft gearbeitet, andere sind stärker stilisiert. Sie gehören der Latènezeit an, vor allem dem 4. und 3. Jahrhundert v. Chr.

Den Bericht über die Funde verfaßte RAYMOND LANTIER in spanischer Sprache mit französischem Resumé: El santuario Ibérico de Castellar de Santistebán, Madrid, Museo Nacional de Ciencias Naturales, 1917 mit 127 Seiten, 35 Tafeln.

RAYMOND LANTIER ist geboren am 11. 7. 1886 in Lisieux. Er war von 1925—1956 Directeur en chef du Musée des Antiquités Nationales in Saint-Germain, von 1927 bis 1952 Professeur à l'Ecole du Louvre, er ist Membre de l'Institut de France.

Seine wichtigsten Veröffentlichungen sind: Das genannte Werk über Castillar de Santistebán, 1917. — Inventaire des monuments sculptés préchrétiens de la Péninsule Ibérique, Paris 1918. — Bronzes votives ibériques, Paris 1936. — La verrerie,

Paris 1929. — Le guide par l'image, Angers 1937. — Les origines de l'art français, mit J. HUBERT, Paris 1947. — Guide illustré du Musée des Antiquités 1948. — Die Kelten in: Historia Mundi III, 1954. — La vie préhistorique, 3. Aufl. Paris 1958. — Les hommes de la Pierre Ancienne, mit H. BREUIL, 2. Aufl. Paris 1959.

Mit Lantier verbindet mich eine gute lange Freundschaft, wir haben gemeinsame Reisen gemacht und haben uns immer wieder gegenseitig besucht. Viele wissenschaftliche Fragen konnten wir gemeinsam erörtern und überdenken.

Über die Votivbronzen ist 1941 ein Werk erschienen von P. ALVAREZ-OSSOVIO, Catálogo de los exvotos de bronce ibéricos, Madrid.

Die Architektur der iberischen Städte ist gut bekannt geworden durch eine Reihe wissenschaftlicher Grabungen. So wurde Puig Castellar, Prov. Barcelona, vollständig ausgegraben, ebenso Calaceite und Azaila, Prov. Teruel. Die Ausgrabung der griechischen Stadt Ampurias ergab zuunterst eine iberische Stadt der Zeit um 500. Numantia, Soria, gegraben von A. Schulten, Erlangen, und der Comisión de Monumentos de Soria, von 1905—1912, legte, wie die anderen Grabungen, eine ganze Stadt frei mit den geraden Straßen, mit den Hausgrundrissen, mit Tongefäßen und Geräten, mit Waffen und Schmuck. Die Grabung von Numantia wurde fortgeführt durch B. Taracena Aguirre.

ADOLF SCHULTEN (1870—1960) war Dozent a. d. Univ. Göttingen, dann Prof. a. d. Univ. Erlangen, Gastprof. a. d. Univ. Barcelona und Valencia. Seine Schriften sind: das genannte Werk über Numantia, München 1905—12, 4 Bd. — Fontes Hispaniae Antiquae, Barcelona 1922. — Iberische Landeskunde, Straßburg 1955.

BLAS TARACENA AGUIRRE ist geboren am 1. 12. 1895 in Soria, er ist gestorben am 1. 2. 1951. Er war der Direktor des Museums von Soria von 1915—1935, danach Direktor des Museums von Córdoba und von 1938 Generalinspektor der archäologischen Museen von Spanien, von 1939—1951 Direktor des Museo Arqueológico Nacional in Madrid. Seine wichtigsten Veröffentlichungen sind: La Necrópolis Romana de Palencia, in: Arch. Esp. de Arqueología, 1948. — Noticia histórica de los Museos Arqueológicos Españoles, in: Revista de Arch. Bibl. y Museos 1949. — Excavaciones in Navarra VI in: Revista Príncipe de Viana, 1949. — La Villa Romana de Liédena, in: ebda 1949.

Die Literatur über die Grabungen ist zu ausgedehnt, als daß sie aufgeführt werden könnte, nur einige führende Werke seien genannt: Für Ampurias: MARTÍN ALMAGRO, Ampurias, Barcelona 1951. — Ders. Historia de la Ciudad Barcelona, 1951, deutsch, französisch, englisch mit 275 Seiten. — Ders. La necropolis de Ampurias I u. II, Barcelona 1953—1955, dazu Zeitschr. Ampurias, seit 1939. — Für Numantia: A. SCHULTEN, Numantia, München, 4 Bd. 1905 — 12. — Ders. Tartessos, 2. Aufl. München 1945. — Eine Gesamtübersicht geben ANTONIO GARCÍA BELLIDO in dem genannten Werk: El arte ibérico, in: Ars Hispaniae, Bd. I, Madrid 1947, S. 199 f. — und LUIS PERICOT GARCÍA in „La España primitiva, Barcelona 1950, 374 Seiten.

Durch die sorgfältige Ausgrabung von Numantia wurden 2000 gut erhaltene Tongefäße gehoben, sie befinden sich jetzt vor allem im Museum in Soria, eine Anzahl ist in das Röm.-Germ. Zentralmuseum in Mainz gekommen. Viele Gefäße sind aus rotem Ton hergestellt, etwa 1100, andere besitzen ein schwarzes Äußeres, aber etwa 900 Gefäße haben weißen Grund und sind bemalt. Diese Bemalung gab viele Probleme auf. Eine der ersten Arbeiten über die iberische Malerei auf den Tongefäßen war die von BLAS TARACENA-AGUIRRE in IPEK, Bd. 1, 1925, S. 75—93 mit 14 Tafeln. Die Bemalung ist meistens dreifarbig, in Schwarz, Weiß und Gelb. Dargestellt sind Pferde mit Vogelschnabel, Stiere, Vögel, Fische, Krieger. Ein Datum ist als Ende gegeben, denn 133 v. Chr. wurde Numantia von den Römern bezwungen unter Führung des jüngeren Scipio nach einer Belagerung von 15 Monaten. Die Anfänge der Bemalung liegen um etwa 400 v. Chr.

Dann hat 1929 HUGO OBERMAIER zusammen mit CARL WALTER HEISS der iberischen Bemalung der Tongefäße eine eigene Arbeit gewidmet, sie ist führend geblieben bis in die Gegenwart, in: IPEK 1929, S. 56—73 mit dem Titel: Iberische Prunk-Keramik vom Elche-Archena-Typus, mit 12 Tafeln.

Diese Bemalung erinnert an Einflüsse aus Mykenä, wie PIERRE PARIS vermutet hatte in seiner Arbeit, Essai sur l'art et l'industrie d'Espagne primitive, Bd. II, Paris 1904. Aber es liegen fast 1000 Jahre zwischen diesen beiden Erscheinungen, und so nimmt Obermaier Einflüsse an aus Griechenland über die griechische Kolonie auf spanischem Boden, Hemeroskopeion, bei dem heutigen Orte Denia, Prov. Valencia. Obermaier nennt die Malereien wahre Meisterwerke (ebda S. 72). Vögel mit riesigen Flügeln erscheinen, den Bildraum bedeckend mit starker Bewegung (ebda Taf. 1). Die Problematik dieser Gestaltung ist seit diesen ersten grundlegenden Arbeiten ein fortlaufender Aufgabenkreis der spanischen prähistorischen Forschung.

In den Jahren 1940—1944 wird Carmona, Prov. Sevilla, ausgegraben. Es ergibt sich ein reiches Gräberfeld mit Elfenbeinkästen in künstlerischer Gestaltung, mit Kämmen und Schminktafeln. Den Bericht gibt G. E. BONSOR in: Memorias de los Museos Arqueológicos Provinciales, Madrid Bd. 6, 1945 und BLANCO in den Madrider Mitteilungen des Dtsch. Arch. Inst. Bd. 1, 1960.

Das Jahr 1946 bringt die Ausgrabung der Festung El Cigarralejo, Prov. Murcia, 3 km entfernt von Mula. Das Heiligtum des Ortes, auf der Höhe liegend, konnte bisher vollständig ausgegraben werden. Es fand sich iberische bemalte Keramik vom Elche-Archena-Typ, römische Tonware, römische Amphoren. Das wichtigste sind 200 Votivgaben aus Sandstein, Skulpturen von Pferden, Statuen von Menschen, Fibeln iberischer Art, attische Keramik des IV. Jahrhunderts, iberische Schwerter und Lanzen aus Eisen. Insgesamt konnten bis 1960 239 Gräber ausgegraben werden. Die Ausgrabung leitete EMETERIO CUADRADO DIAZ. Er berichtete an vielen Stellen über seine Grabung, so: Excavaciones en el Cigarralejo, Murcia, in: Cuadernos de Historia Primitiva, Bd. 2, Madrid 1947. — Necropolis ibérica de incineración del Cigarralejo, V. Intern. Kongreß f. Vor- u. Frühgesch. Hamburg 1958, S. 216. — Die iberische Siedlung von El Cigarralejo bei Murcia in: Jahrb. d. Röm.-Germ. Zentralmuseums Mainz 1961, S. 26—37. Im Jahre 1971 wird eine Statue in voller Gestalt, ähnlich in der Kopfbildung wie die Frau von Elche gefunden in Baza bei

Granada, der Ausgräber ist Presedo Velo. Die Ausgrabungsfläche ist die Necrópolis bastetana, die Zeitstellung ist das 4. Jahrhundert v. Chr.

Die vielen sorgfältigen Ausgrabungen der spanischen Prähistoriker, die ganze Stadtanlagen erfassen, die Funde der Bronzen, der Keramik, haben das Bild der Besiedlung der Halbinsel deutlicher werden lassen. Besonders ertragreich war die Zeit von 1900—1975.

Vom 6. Jahrhundert v. Chr. bis zum Beginn unserer Zeitrechnung lebte an der gesamten Mittelmeerküste eine Kultur, die von den Alten als iberisch bezeichnet worden ist. Gewiß gab es einzelne iberische Stämme, die Tartessier, die Mastiener und andere. Sie waren verschmolzen mit kolonisatorischen Einwanderern, die in den Perioden Bronze I und II aus dem Vorderen Orient gekommen waren. Sie hatten dazu beigetragen, die Kulturen von Almería und El Argar zu bilden.

Um etwa 1000 v. Chr. begannen die Einströmungen der Urnenfelderkulturen, indoeuropäische Völker. Sie gelangten über die Pässe der Westpyrenäen entlang der katalonischen Küste zur Ostseite der Insel, bis nach Andalusien, bis in die Gegend von Sevilla.

Seit etwa 600 v. Chr. sind auch die Kolonisationen der Phönizier und der Griechen zu erkennen. Sie gaben der Kunst der Iberer ihren Anstoß.

Die Kultur der Iberer blühte in der Zeit von der Mitte des 5. bis zum Ende des 2. Jahrhunderts v. Chr. Dann verdrängt der Einfluß Roms die Machtstellung Karthagos in Spanien, die militärische Herrschaft der Römer legte sich von der Ostküste Spaniens aus über das ganze Land. In der Zeit um Christi Geburt ist die Kultur und die Kunst der Iberer vergangen.

Etrusker

Die Welt der Etrusker hat bis 1900 ihr Gesicht erhalten, wenn damals auch die wissenschaftliche Berichterstattung noch wenig Anteil genommen hatte. Die Wirkung der klassischen Antike war zu stark. Von 1900 ab verändert sich aber allmählich die Haltung. Die europäische Kunst nach 1910 verläßt das Gegebene, das Naturhafte in seiner Wirklichkeit, eine linear betonte Kunstart erwacht, etwa mit Matisse, Cézanne, van Gogh, Gauguin, in Deutschland mit den Expressionisten wie Kirchner, Heckel, Schmidt-Rottluff, Pechstein, Otto Mueller, Kokoschka.

Noch Jacob Burckhardt (1818—1897) galt als Sinn aller Kunst die Antike und die Renaissance. Zur etruskischen Kunst hatte er keinen Zugang. In der stark linearen Fassung der etruskischen Malerei erlebt der betrachtende Blick des heutigen Menschen ein Gemeinsames, ein innerliches Verwandtes.

Seit 1920 erscheinen Werke in großer Fülle über die Kunst, die Wirtschaft, die Religion der Etrusker. Eines der ersten bahnbrechenden Werke ist FRITZ WEEGE,

Die Malerei der Etrusker, Halle 1921. In München erscheint 1922 von WILHELM HAUSENSTEIN, Die Bildnerei der Etrusker. 1925 bringt das Buch von PERICLE DUCATI, Etruria antica, Torino, und 1927 von demselben: Storia dell'arte Etrusca, Firenze. 1929 erscheint das Buch von HANS MÜHLESTEIN, Die Kunst der Etrusker, Berlin, nur die Fundgegenstände darstellend, nicht die Wandmalereien.

GIULIO QUIRINO GIGLIOLI brachte 1935 ein überschauendes Werk mit 78 Seiten Text und 426 Tafeln, den Bestand der wichtigsten Funde wiedergebend, L'arte etrusca, Roma.

In der ersten Hälfte des 20. Jahrhunderts gelingen bedeutende Entdeckungen. Die Grabungen werden vor allem fortgeführt in Veji, einer etruskischen Stadt, nahe dem heutigen Orte Isola Farnese, etwa 19 km von Rom. Im Jahre 1916 glückt hier der bedeutende Fund einer lebensgroßen mehrfarbigen Terrakottastatue des Apollo, römische Quellen berichten den Namen des Künstlers, der sie hergestellt hat, Vulca. Die Zeit ist 500. Die Statue gelangt in das für die etruskische Kunst so bedeutungsvolle Museum, Villa Giulia in Rom.

Den Bericht bringt M. SANTANGELO unter dem Titel: Veio, Santuario di Apollo, in: Bolletino d'Arte, Bd. 37, Ser. 4, Roma 1952.

Eine etruskische Grabanlage wird 1919 gefunden, die Tomba dei Festoni, gearbeitet um 150 v. Chr.

Seit dieser Zeit sind immer neue Grabanlagen zutage gekommen, bei der Auffindung hilft die photographische Luftaufnahme. Sie zeigt die Stellen an, an denen sich einmal Tumuli befanden. Ein weiteres Hilfsmittel ist der Potentiometer. Der Vorgang verläuft so, daß auf dem zu untersuchenden Gebiet ein Quadrat festgelegt wird, auf dem in regelmäßigen Abständen Elektroden gesetzt werden, die mit dem Apparat durch Kabel verbunden sind. Das Zifferblatt des Potentiometers ist mit einer Gradeinteilung versehen. Die Nadel schlägt bei jedem Aufsetzen eines Elektroden aus und gibt so einen Wert an. Er wird auf einem Millimeterblatt festgehalten. Der Erdwiderstand wird angegeben, deutliche Unregelmäßigkeiten machen sich geltend. Die Grabung kann an der Stelle beginnen, die eine Schwankung der Kurve ergibt. Mit dieser Methode begann 1946 R. C. Atkinson von der Universität Edinburgh die Ausgrabung einer neolithischen Siedlung in Dorchester bei Oxford. Um 1950 fing in Italien ein Ingenieur aus Mailand, C. M. Lerici, an, mit dieser Hilfe zu arbeiten. Die Methode hat zu ausgezeichneten Ergebnissen geführt. Das etruskische Grab bedeutet einen Hohlraum in der Erde von 2 bis 10 Metern. Die elektrische Untersuchung stellt diesen Hohlraum ohne Mühe fest.

Als Lerici 10 Monate auf diese Weise im Gebiet von Toscana gearbeitet hatte, hatte er 500 neue Grabanlagen aufgefunden. Eine große Anzahl war schon vorher ausgeraubt worden, aber viele Gräber lieferten etruskische, italische und griechische Gegenstände, Tongefäße, Bronze- und Goldarbeiten. Auch sie kamen in das Museum der Villa Giulia in Rom.

Die gleiche Methode wurde angewandt 1958 bei der großen Gräberstätte von Tarquinia. Sie ist seit langer Zeit bekannt, und sie ergab in den letzten Jahrzehnten mehrere Gräber mit Wandmalereien. In 18 Monaten wurden mit dieser elektronischen Methode tausend neue Gräber gefunden, darunter sieben mit bedeutenden Freskomalereien: die Tomba degli Olimpiadi, die Tomba della Nave aus der Mitte des 5. Jahrunderts v. Chr., die Tomba del Topolino, die Tomba dei Leoni Rossi, die Tomba di Giada und die Tomba del Teschino.

Auch 1959 wurden mit dieser Methode drei weitere Gräber mit Wandmalereien aufgefunden, von 1960—1970 wurden die Arbeiten fortgesetzt. Die Berichte sind die folgenden: C. M. Lerici, Science et technique du service de l'archéologie, 1956. — Ders. Cosi esploriamo oggi le civiltà sepolte, 1956. — Ders. Prospezioni geofisiche nella zona archeologica di Vulci, 1958. — Ders. Prospezioni archeologiche a Tarquinia, 1959. — Ders. Tomba delle Olimpiadi. 1959, auch engl. u. deutsch, zusammen mit R. Bartoccini und M. Moretti. — Ders. Alla scoperta della Civiltà Sepolte, 1961. — Ders. Italia Sepolta, auch engl. 1962.

Lerici begründete eine Zeitschrift für die neue Methode der Archäologie, sie trägt den Titel: Prospezioni Archeologiche, Roma, erscheinend seit 1966.

Diese Methode wird noch verfeinert durch die Unter-Erde-Photographie. Man kann eine Sonde mit einem Stromgenerator über dem Grabe ansetzen und die Sonde durch die Erde bohren. Mit einem Periskop, an dessen Ende eine Mikrokamera befestigt ist, und mit angebrachtem Blitzlicht vermag man das Innere der Kammer nach allen Seiten zu photographieren, ohne die Grabkammer überhaupt betreten zu müssen. Raymond Bloch sagt dazu in seinem Buch: Die Etrusker, Genf 1970, S. 171: „Diese technischen Methoden und Hilfsmittel der archäologischen Erkundung haben in Etrurien Wunder vollbracht und kostbare Zeit gewinnen lassen. Man sieht jedoch, daß sie nur anwendbar sind, wenn es sich um Kammergräber des toskanischen Typs handelt."

Ein besonderer Erfolg der etruskischen Archäologie waren die Funde in dem Heiligtum von Pyrgi, dem Hafen der etruskischen Stadt Cerveteri, römisch Caere. Die Stadt liegt 40 km nordwestlich von Rom. Das Gräberfeld, auf einem Höhenzug gelegen, brachte das schon 1836 gefundene bedeutende Grab Regolini-Galassi. Seit 1957 arbeitet an diesen Stellen Massimo Pallottino, 1909 in Rom geboren. Er ist ord. Prof. für Etruskologie a. d. Univ. Rom. Seine wichtigsten Werke sind: Testimonia linguare Etruscae, 1940. — L'origine degli Etruschi, 1946. — La religione degli Etruschi, 1950. — La peinture étrusque, 1952. — The Etruscans, 1955. — Tarquinia, Wandmalereien, 1955. — Etruscologia, 4. Aufl. Milano 1963, 458 Seiten. — Etrurien und die Anfänge Roms, Baden-Baden 1963.

Im Jahre 1964 gelang Pallottino im Hafen von Pyrgi ein glücklicher Fund, er fand viele Bruchstücke von Terrakottafiguren aus dem ersten Viertel des 5. Jahrhunderts. Ein Stück brachte die Weihinschrift für eine etruskische Göttin Uni, römisch Juno. Noch wichtiger war der Fund eines Beckens aus Stein, es stand zwischen zwei Tempeln, nur 57 cm unter der Erdoberfläche, angefüllt mit Sand und Steinen. Im Becken lagen zwei Plättchen aus Gold mit Inschriften in phönizischer und in etruskischer Sprache. Die Plättchen sind auf etwa 500 v. Chr. zu datieren. Der phönizische Text ist zu entziffern, er bedeutet eine Weihung an die Göttin Astarte, hier Uni-Astarte genannt. Der Stifter trägt den Namen Thefane Velianas.

Die zweite, die etruskische Inschrift, kann auch gelesen werden, sie ist in frühen griechischen Buchstaben geschrieben, aber wie immer bei etruskischen

Texten, ergeben die Worte keinen Inhalt. Man kann das Etruskische lesen, aber die Worte bleiben bisher noch ohne Sinn. Sicher ist, daß es eine Weihinschrift ist an eine weibliche Gottheit, möglicherweise ist es eine Biligue, eine Übersetzung des phönizischen Textes.

Es gibt mehr als 8000 etruskische Inschriften, die ältesten reichen bis vor das Jahr 600 zurück. Meistens sind es Grabinschriften, die Namen der Verstorbenen werden genannt. Lange Inschriften trägt der Pulena-Sarkophag, die Tontafel von S. Maria di Capua aus dem 5. Jahrhundert mit etwa 300 Worten und der Cippus Perusinus mit 120 Worten.

Der längste etruskische Text ist die Mumienbinde von Agram. Sie wurde 1892 gefunden, als eine ägyptische Mumie im Museum von Agram ausgewickelt wurde. Neben den ägyptischen Texten fand sich, um die Mumie gewunden, ein etruskischer Text mit 1500 Wörtern. Das ist die längste etruskische Inschrift, die bisher bekannt geworden ist. 1932 wurde diese Mumienbinde mit infraroten Strahlen beleuchtet, und es gelang, auch die bisher unlesbaren Stellen zu entziffern. In den Jahren 1934 bis 1936 hat sich ein Gelehrter, Olzscha, mit dem Inhalt des Textes beschäftigt. Man kann ihn lesen, aber die Worte sind nicht zu verstehen. Es handelt sich offenbar um Gebete und Anweisungen für Opfer, aber weiter ist man nicht gekommen.

Etruskische Inschriften haben sich auch bei den Felsbildern von Valcamonica, Prov. Brescia, Norditalien, erhalten. Mehrere Laute können bestimmt werden, aber nicht das Ganze der Sprache.

Die Öffnung der Gräber mit Malereien bringt aber gleichzeitig auch ihren allmählichen Verfall. Die Farben lassen deutlich nach an Stärke und Leuchtkraft. Das geschlossene Grab hat immer die gleiche Temperatur, das geöffnete Grab unterliegt den Schwankungen von Kalt und Warm.

Das Institut für Restaurierung in Rom hat deshalb einen Weg gewiesen, der sich bis jetzt als brauchbar bestätigt hat. Aus mehreren Gräbern sind die Fresken abgelöst worden von ihrem felsigen Untergrund. Die Arbeit ist schwierig, weil die Freskoschicht sehr dünn ist, manchmal ist die Farbe auf die Felswand unmittelbar aufgetragen worden, dann muß eine dünne Schicht des Felsens mit abgeschnitten werden. Die abgelösten Schichten werden auf fester Leinwand aufgezogen. Jetzt kann man diese Bilder an den Wänden des Museums von Tarquinia besichtigen. Für den Besucher ist es ein Verlust, die Bilder nicht in der unterirdischen Grabanlage besichtigen zu können. Wenn es jedoch um die Erhaltung geht, ist der Weg der musealen Aufstellung trotz aller Bedenken vorzuziehen.

Über die Schriftfragen der etruskischen Texte berichten: F. SLOTTY, Beiträge zur Etruskologie I, 1952. — JOHANNES FRIEDRICH, Entzifferung verschollener Schriften und Sprachen, Berlin 1954, S. 113. — KÁROLY FÖLDES-PAPP, Vom Felsbild zum Alphabet, Stuttgart 1966, S. 158f.

Unter den zusammenfassenden Werken über die Kunst der Etrusker seien genannt: PERICLE DUCATI, Die etruskische, italo-hellenistische und römische Malerei, 1942. — v. VACANO, Die Etrusker, 1955. — HERMANN LEISINGER, Malerei der Etrusker, 1963. — M. PALLOTTINO u. H. JUCKER, Etruskische Kunst 1955. —

W. Dräyer u. M. Hürlimann, Etruskische Kunst, 2. Aufl. 1956. — Luisa Banti, Die Welt der Etrusker, 1960. — Guido Mansuelli, Etrurien und die Anfänge Roms, Baden-Baden, 1963. — Raymond Bloch, Die Etrusker, Genf 1970. — Emiline Richardson, Etruscans 1964. — H. H. Scullard, Etruscans Cities and Rome, 1967.

In einer gewissen Beziehung zu den Etruskern und ihrer Kunstgestaltung steht ein Komplex von Funden, die Welt der Situlen. Es sind Bronzeeimer, die in Treibarbeit Motive tragen von Menschen im täglichen Leben, von Feiern und von Tieren. Die Frage nach der Herkunft dieser Gruppe der Situlen, ob etruskisch, griechisch oder orientalisch, hat die Forschung sehr bewegt. Das Schwierige der Fragestellung liegt darin, daß die Situlen nicht in einem geschlossenen ethnischen Raume erscheinen, sondern daß sie weite und volksmäßig verschiedenartige Räume in ihr Umkreisgebiet einbeziehen. Die Situlen werden gefunden in Norditalien, in Österreich und in Jugoslawien. Es wird sich also um einen Handelsgegenstand handeln. (Hier S. 187.)

In Jugoslawien, in Laibach, heute Ljubljana, ist in Vače, ehemals Watsch, eine Situla im Jahre 1882 ausgegraben worden. Sie gehört zu den besten dieser Art, sie ist 23,8 cm hoch. Drei Figurenfriese umgeben den Gefäßkörper. Der obere Fries zeigt Pferdeführer, Reiter, zwei verschiedene Wagen. Der mittlere Fries zeigt eine Festszene, einen sitzenden Mann, drei Trinker, darunter einen eine Syrinx blasend, Männer neben Kesseln, Faustkämpfer, Zuschauer. Der untere Fries zeigt Raubtiere, Hirschkühe, Steinböcke. Die Situla wird aufbewahrt im Nationalmuseum Ljubljana.

Ihr Gegenstück hat diese Situla in einer anderen aus Magdalenenberg, Magdalenska gora, bei Sankt Marein in Slowenien, Jugoslawien. Aus einem Grabhügel, Nr. 2, 1893 gegraben, stammt diese Situla. Sie wurde zusammen mit zwei Schlangenfibeln gefunden, einem mit Figuren verzierten Bronzeblech. Sie ist 24 cm hoch und hat vier Bildzonen mit schreitenden Männern, Beilträgern, Hirschen, Reitern, Faustkämpfern. Sie wird im Naturhistorischen Museum in Wien aufbewahrt.

In dasselbe Museum ist auch die Situla von Kuffarn gekommen. Der Ort, gelegen bei Statzendorf, Niederösterreich, trägt jetzt den Namen Kuffern. Die Situla ist 1891 gefunden worden. Sie besitzt nur einen Fries mit Figuren, es sind Reiter, Wagenfahrer, Kämpfer, ein thronender Mann mit Diener, der einen Trunk darbietet.

Von Bedeutung ist die Situla von Certosa, 32 cm hoch, im Museo Civico in Bologna. Certosa ist ein Bezirk mit einem Gräberfeld im westlichen Bereich der heutigen Stadt Bologna. Es wurden 287 Körperbestattungen und 130 Brandgräber gehoben. Aus dem Brandgrab 68, 1876 ausgegraben, stammt die Situla, als Urne verwendet.

Eine andere Situla aus Bologna mit drei Friesen von Figuren, oben mit Festszenen, in der Mitte mit Kriegern und unten mit Tieren, ist nach Providence, Rhode Island, in USA gekommen. W. Lucke und O.-H. Frey haben ihr eine Monographie gewidmet, Die Situla in Providence, Berlin 1962 mit 90 Seiten, 61 Tafeln u. 15 Farbtafeln.

1961 sind bei den Ausgrabungen in Spina in Norditalien, an der Adriatischen Küste, wohl dem ehemaligen Hafen von Bologna, Fragmente von zwei Situlen zutage gekommen. P. E. ARIAS hat über sie berichtet in der Festschrift für Grenier, Due situle bronzee paleovenete a Spina, in: Hommages à A. Grenier, Bruxelles 1962, Bd. I, S. 141—144, Taf. 21—23.

Die Frage der ethnischen Zuteilung der Situlen zu einem Volksstamm hat viele Überlegungen hervorgerufen. Es verbinden sich etruskische Stilformen mit griechischen und orientalischen.

Die Ausstellungen der Situlen im Jahre 1962 in Jugoslawien, Österreich und Italien haben das wissenschaftliche Interesse neu geweckt. In einem Buch mit 80 ganzseitigen Tafeln spricht JOŽE KASTELIC, Konservator des Museums Ljubljana, der Ausgräber des Gräberfeldes von Bled, über die Fragestellungen, die sich ergeben. Er erklärt, daß es sich um ein kulturelles und künstlerisches Problem handele und daß die ethnische Frage nur eine geringe Rolle spiele (S. VI). Das Buch heißt: Situlenkunst, Meisterschöpfungen prähistorischer Bronzezeit, Wien 1964. Ein Beitrag von GUIDO MANSUELLI, Direktor des Instituts f. Archäologie a. d. Univ. Bologna, geb. 1916, bereichert den Gedankenkreis des Bandes, ebenso ein weiterer Beitrag von KARL KROMER, Prof. a. d. Univ. Innsbruck, geb. 1924. Kromer berichtet über die Chronologie der Situlen. Er legt dar, daß ein verzierter Deckel aus Hallstatt, Grab 696, der Zeit um 600 v. Chr. angehöre, ebenso die Situla vom Gut Benvenuti in Este.

Die Situla aus der Certosa bei Bologna läßt sich durch einen beigegebenen Lekythos auf 500 datieren, die Situla von Vače bestimmt sich durch Beifunde in die Zeit zwischen 500 und 400, die Situla von Kuffarn, Niederösterreich, durch eine Lanzenspitze der Latèneform in die Zeit um 350. Gefäße aus Moritzing, San Maurizio bei Bozen, ital. Bolzano, im Museum Innsbruck, lassen sich durch den mitgefundenen Helm der Mittellatènezeit auf die Zeit nach 300 datieren.

Ein Buch von OTTO-HERMANN FREY, Die Entstehung der Situlenkunst, Berlin 1969, mit 125 Seiten, 50 Abbildungen u. 87 Tafeln, widmet sich dem Problem der Herkunft und bestimmt Este und Bologna als die Ausgangspunktre der Herstellung. In einem Artikel in IPEK, Bd. 23, 1970 — 1973, S. 41—45, spricht Frey über diese Probleme.

OTTO-HERMANN FREY ist geboren am 1. 9. 1929 in Berlin, er erwarb seinen Doktorgrad in Freiburg 1957, wurde Dozent a. d. Univ. Marburg 1958 und später o. Prof. a. d. Univ. Hamburg. Weitere Schriften von ihm sind: Eine etruskische Bronzeschnabelkanne, Ann. Litt. de Besançon, Bd. 2, 1955, S. 1f. — Fürstengrab von Hatten, Germania, Bd. 35, 1962.

Klassische Antike, Imperium Romanum

Die klassische Antike gewann in der Zeit von 1900—1975 bedeutend an Gewicht durch erfolgreiche Grabungen, aus der Fülle möchte ich einige hervorheben.

In Rom selbst wurde 1906 in den ehemaligen Gärten des Sallust, heute zwischen der Via Veneto und der Piazza Barberini eine neue Niobide aufgefunden. Es ist ein junges Mädchen dargestellt, das in die Knie gesunken ist und das versucht, sich einen Pfeil aus dem Rücken zu ziehen. Man hält die Marmorstatue für ein originales griechisches Werk aus der Mitte des 4. Jahrunderts v. Chr. Der römische Geschichtsschreiber Sallust hat als Proprätor von Numidien viel Geld nach Hause gebracht. In seinen Gärten sind schon 1714, 1765, 1808, immer wieder bedeutende Statuen gefunden worden. Sie sind heute im Louvre, im Vatikan, in der Glyptothek Ny Carlsberg in Kopenhagen.

Eine Augustusstatue ist im Jahre 1910 an der Via Labicana zwischen Kolosseum und dem Colle Oppio aufgefunden worden. Augustus ist als Oberpriester dargestellt, als Pontifex Maximus. Er hat die Toga über den Kopf gezogen und vollzieht eine Opferhandlung.

Bei der Hadriansvilla bei Tivoli ist 1914 die Statue einer Tänzerin aufgedeckt worden. Das Werk ist ohne Kopf, wohl die römische Kopie eines hellenistischen Originals.

Das Jahr 1923 brachte die Auffindung einer riesigen Statue, einer thronenden Göttin, die sich den Mantel über den Kopf gezogen hat. Die Skulptur lag in der Erde der ViaMarmorata, nicht weit entfernt von der Cestus-Pyramide. Man hält sie für die Dea Roma, sie gehört der späten Kaiserzeit an. Sie ist aus vielen Arten von Gesteinen zusammengesetzt, aus Basalt, aus rosafarbigem Alabaster, aus Marmor und aus geflecktem Alabaster. Die Statue ist in das Thermenmuseum in Rom gekommen.

Ergebnisreich war das Jahr 1928. In der Hadriansvilla wurde der überlebensgroße Kopf des Hypnos, des Schlaf-Gottes entdeckt. Man nimmt an, daß es sich um die Kopie einer Arbeit des Praxiteles handelt. Im gleichen Jahr wurde an demselben Ort der Kopf einer Amazone aufgefunden, eine gute römische Kopie nach einem Original des Phidias gearbeitet.

Ebenfalls 1928 sind an der Via Ostiense, zwischen San Paolo fuori le mure und Ostia unzählige kleine Fragmente aus Marmor und Alabaster aufgefunden worden. Der Restaurator, Ottorino Paternostro, hat die Bruchstücke wieder zusammengefügt. Es ergab sich die fast lebensgroße Reiterstatue eines Kindes. Die Mähne des Pferdes ist beweglich. Das Innere von Pferd und Kind ist hohl, es ist sicherlich zur Aufnahme der Aschenurnen bestimmt gewesen.

Die Skulpturengruppe einer Amazone, die zu Pferde gegen einen Galater anstürmt, ist 1932 aufgetaucht in Anzio in der Villa von Nero beim Arco Muto. Dort ist um 1510 der Apollo von Belvedere entdeckt worden, und 1878 das Mädchen von

Anzio, eine leicht bekleidete weibliche Gestalt aus griechischem Marmor, in der Rechten eine Waffe schwingend, anstürmend gegen einen nackten, schon am Boden liegenden Krieger. Die Vorderbeine des Pferdes fehlen, wie auch die Füße und der Kopf der Amazone.

Als sich 1933 ein Einwohner Roms in der Via Aventina bei San Saba eine Villa erbauen ließ, fand man die Statue einer verschleierten Frau vom Ende des 2. vorchristlichen Jahrhunderts. Der Besitzer schenkte die Skulptur dem Thermenmuseum in Rom.

Eine gut erhaltene lebendig geformte Büste eines Römers mit Bart, offenbar aus der Zeit des Kaisers Gallienus, also zwischen 218 und 268 n. Chr. gearbeitet, ist 1934 gefunden worden mitten im Herzen von Rom, an der Piazza della Chiesa Nuova. Die Büste wurde beim Neubau für die Telefongesellschaft TETI aufgedeckt.

Im Jahre 1940 wurde in der Via Varese der Kopf eines lachenden jungen Satyrs aus der Erde gehoben. Bei der Stazione Termini in Rom wurde 1941 in der Via Marsala die Statue einer Frau gefunden, mit einem kleinen Knaben an ihrer Seite. Sie sitzt auf einem Thron, das eine Bein über das andere geschlagen und blickt in die Ferne, sie wird dem 2. vorchristlichen Jahrhundert zugehören.

Ein Satyr in ganzer Gestalt wurde 1948 ausgegraben in der Via Alipio, nahe der Via Prenestina. Der Satyr liegt ausgestreckt auf einem Felsen. Den zusammenfassenden Bericht über diese Funde gibt HANS VON HÜLSEN in dem Buch: Römische Funde, Göttingen 1960, S. 234—244.

Auch mehrere antike Gebäude, vor allem Tempel, konnten in Rom aufgefunden werden, die Kaiserfora konnten 1924 freigelegt werden.

In der Zeit Mussolinis wurden neue Straßenzüge durch die Stadt angelegt. Dadurch waren Möglichkeiten zu Ausgrabungen gegeben. Als die neueren Bauten am Südwestabhang des Capitol niedergelegt worden waren, konnte die antike Straße zum Capitol freigelegt werden. Auf dem Capitol wurde der Unterbau des Tempels des Veiovis gefunden. Über die Grabung berichtet A. M. COLINI, Aedes Veiovis inter arcem et Capitolinum, Bulletino della Commissione Archeologica Communale, Bd. 70, 1942, S. 5—56.

Zwischen der Piazza Campitelli und dem Theater des Marcellus wurde 1939 das älteste Apolloheiligtum von Rom wieder aufgedeckt. Teile der Tempelfront konnten gehoben und wieder aufgerichtet werden. Darüber berichtet A. M. COLINI, Il tempio di Apollo (Sosiano), Bulletino della Comm. Arch. Communale, Bd. 68, 1940, S. 9—40.

Auf der Piazza Navona konnten Grabungen durchgeführt werden. Der Platz war ursprünglich das Stadium des Domitian. Die Fundamente und aufsteigenden Wände konnten freigelegt werden und es ergab sich, daß der Bau in der Gliederung der Außenfassade des Colosseums entsprach. Den Bericht gab A. M. Colini in „Stadium Domitiani", o. J. (1941) in: I monumenti romani, Bd. I.

Am Forum Boarium, dem ältesten Marktplatz Roms, heute zwischen Capitol und Aventin, bei der Bocca della Verità, wurden zwei altitalische Tempel des 6. Jahrhunderts entdeckt. Wieder berichtet A. M. Colini darüber in Bulletino Communale, Bd. 68, 1940.

Beim alten Flußhafen von S. Paolo wurden römische Wandmalereien gefunden, über sie berichtet G. JACOPI in Bulletino Communale, Bd. 68, 1940, S. 97—108.

Die wichtigste und erfolgreichste Grabung wurde die von Ostia. Die Stadt, weit vor den Toren Roms, war die Hafenstadt an der Tibermündung. Um 335 v. Chr. begründet unter Ancus Marcius, war sie ursprünglich nur eine Militärkolonie zum Schutze gegen feindliche Flotten. Sie erhielt den Namen Ostia, d. h. Mündung, Tor, Eingang. Bald wurde der Ort ein Hafen- und Handelsplatz und er entwickelte sich zur Grundlage der Getreideversorgung von Rom. Große staatliche und private Kornspeicher entstanden. Es war Sulla, der die Stadt mit einer Mauer aus Tuffblöcken umschloß. Augustus baute das Theater, Claudius begann den Hafen auszubauen. Hadrian und Antoninus Pius errichteten große öffentliche Thermen, ein Kaiserforum mit Tempeln, Säulenstraßen, Brunnen und Tore. Durch das Doppeltor führte die Via Ostiensis nach Rom, eingefaßt von langen Gräberreihen. Um die Stadt herum lagen die Villen inmitten von Gärten.

Durch die Verlegung der Hauptstadt nach Konstantinopel verlor Ostia immer mehr an Bedeutung. Eine Veränderung des Tiberlaufes griff in die Stadt ein, große Teile wurden mit Schlamm überzogen. Die Überfälle der Sarazenen im 8. und 9. Jahrhundert ließen die Stadt mehr und mehr veröden. Um 1800 lebten nicht einmal mehr 100 Menschen in dem Ort.

Die Ausgrabung Ostias lag unter einem besonders glücklichen Stern. Ähnlich wie Pompeji ist die Stadt durch Sand zugedeckt worden, durch den Tiber mit Schlamm. Malaria machte das Leben in ihr fast unmöglich. Teile der Stadt waren schon 1912 ausgegraben worden, ein Buch von DANTE VAGLIERI mit dem Titel: Ostia, Rom 1913, berichtet darüber. 1915 erschien von PASCHETTO das Buch: Ostia, colonia Romana, 1926, und ebenfalls 1926, von A. KÖSTER: Ostia, die Hafenstadt Roms.

Die Vorbereitungen für die Weltausstellung in Rom im Jahre 1942 wurden die Veranlassung zu systematischen Grabungen. Sie lagen in der bewährten Hand von Roberto Paribeni, ihm folgte Guido Calza.

Es wurde der Säulenhof ausgegraben, die Handelsbörse, das Theater, das Pantheon. Vierstöckige Häuser kamen zutage, große Miethäuser, Mosaiken wurden gefunden, Wandmalereien im impressionistischen Stil, ähnlich denen von Pompeji, dazu tausend Inschriften, Listen der Beamten, der römischen Konsuln und Angaben über Ereignisse der Zeit. Auch eine jüdische Synagoge aus der Zeit des 1. nachchristlichen Jahrhunderts wurde gefunden, sie ist die älteste bekannte Synagoge auf römischem Boden.

Der Unterschied von Pompeji und Ostia liegt darin, daß Pompeji eine Villenstadt ist, eine Sommerresidenz der reichen Kaufleute aus Neapel. Ostia aber ist eine Handels- und Hafenstadt mit Speicherbauten und vier- und fünfstöckigen Mietswohnhäusern, mit Kanalisation und Toiletten, mit großen Straßen und vielen amtlichen Gebäuden, Theater und Thermen.

Durch die Ausgrabungen sind so viele Gegenstände gehoben worden, Tongefäße, Marmorstatuetten, Schmuck und Gebrauchsgeräte, daß ein eigenes Museum errichtet werden mußte. Über das Museum erschien ein Buch von G. BECATTI mit dem Titel: Il nuovo museo Ostiense, Roma 1945 und über die Grabungen berichtet G. CALZA in mehreren Abhandlungen im Bulletino Communale, besonders Bd. 69, 1941, S. 129f. — Ders. La necropoli del Porto di Roma nel Isola Sacra, Roma 1940.

Auch außerhalb von Rom konnten in den Jahren 1900—1975 wichtige Grabungen römischer Stadtanlagen durchgeführt werden. Etwa 30 km östlich von Rom liegt der Ort Palestrina, auch als Palaestrina bezeichnet. Er ist das antike Praeneste. Schon im 19. Jahrhundert sind dort wichtige Funde zutage gekommen. Die Familie Barberini hat von 1855—1866 in diesem Ort gegraben in der Tomba Barberini. In dem Grabe wurde ein bronzener verzierter großer Sessel gefunden und ein Bronzekessel. Die Tomba Bernardini, 1876 ausgegraben, enthielt zwei Silberschalen mit Gravierungen in ägyptischer und mesopotamischer Art, eine goldene Schlangenfibel und eine Goldplatte von 17 cm Länge mit aufgesetztem figürlichen Schmuck und viele andere Fundstücke aus Gold. Die Funde sind in die Villa Giulia und in das Museum für Vorgeschichte, Museo Pigorini, in Rom gekommen.

Bei einem Fliegerangriff im Jahre 1944 wurden in Palestrina große Teile der alten Stadt freigelegt. Das antike Heiligtum der Fortuna trat deutlich hervor mit seinen gewaltigen Mauern, mit gepflasterten Rampen, Freitreppen, Hallen. Die Ausgrabungen nach 1946 ergaben einen Platz, umgeben von Säulenhallen, ein Theater mit einer großen Treppe zu dem Heiligtum auf der Höhe.

Die Berichte sind vor allem: C. CURTIUS, The Bernardini Tomb, Memories of the American Acad. in Rome, Bd. III, 1919. — Ders. ebda Bd. V, 1925. — v. DUHN, Ital. Gräberkunde, Bd. I, 1924. — S. AURIGEMMA in: Fasti Archaeologici I, 1946, Nr. 1062. — F. FUSOLO u. G. GULLINI, Urbanistica antica e moderna in Palestrina, in: Arti Figule Bd. 2, 1946, S. 85f.

In Tivoli, 25 km nordöstlich von Rom, ist die Villa von Hadrian, Villa Adriani seit 1948 wiederum archäologisch untersucht worden. Es wurden neue Grabungen unternommen, um die Baugeschichte zu klären. Die Leitung hatten P. ROMANELLI und S. AURIGEMMA. Zu der Literatur: S. AURIGEMMA in: Bolletino d'Arte, Bd. 39, 1954 und Bd. 41, 1955. — Ders. Villa Adriana, Rom 1962. — Über die neuen Statuen: B. ANDREAE in: Jh. d. Dtsch. Arch. Inst. Arch. Anz. Bd. 72, 1957.

Auch in Pompeji wurden die Grabungen fortgesetzt. An einigen Stellen wurde die Mauer der Stadt abgerissen, darunter fand sich eine Villa der ehemaligen Vorstadt mit ausgezeichneten Malereien des dritten Stiles. Am Forum wurden Tiefgrabungen vorgenommen und weiter an der Via dell'Abbondanza gegraben. Es traten zweistöckige Häuser mit einigen Malereien zutage. Im Jahre 1925 entdeckte Amadeo Maiuri die ausgezeichnet erhaltene Bronzefigur eines Jünglings. Der Kopf ist schräg zur linken Seite geneigt, der linke Arm ist erhoben, das rechte Bein ist leicht vorgestellt. Die Statue, wohl eine römische Kopie nach Phidias, war bei dem Ausbruch des Vesuvs im Jahre 79 v. Chr. von ihrem Postament heruntergenommen und mit einem Tuch bedeckt worden. So ist sie gut erhalten geblieben bis zu ihrer Wiederentdeckung. Sie befindet sich heute im Nationalmuseum in Neapel.

1931 konnte Maiuri in Pompeji einen Schatz von 115 gut erhaltenen Silbergeräten bergen. Sie lagen in einem Holzkasten, sorgfältig geordnet, ein ganzes Speiseservice, Parfümflaschen, ein Silberspiegel, Schmucksachen aus Gold und Edelsteinen. Auch dieser Schatz ist in das Nationalmuseum in Neapel gekommen. Es gibt zwei ähnliche geschlossene Funde von Silbergeräten römischer Art des 1. und 2. nachchristlichen Jahrhunderts. Der eine ist am 13. April 1895 in einer römischen Villa ausgegraben worden, in Boscoreale, einem Ort am Fuße des Vesuvs (S. 211).

Der zweite Fund ist der Silberfund von Hildesheim, 1868 von Soldaten beim Anlegen eines Schießplatzes am Galgenberg gefunden. Es ist römische Arbeit des 1.—2. nachchristlichen Jahrhunderts in 69 Stücken (S. 210).

Ein besonders glückliches Ergebnis der Ausgrabungen von Pompeji ist die Entdeckung eines Landhauses. Es liegt außerhalb des Stadtgebietes, in der Richtung zum Vesuv hin über die Gräberstraße hinaus. In dieser Gegend hatte der Besitzer eines Hotels im Jahre 1909 erfahren, daß sich in der Nähe seines Hauses antike Mauerreste befänden. Er erlangte die Erlaubnis der Regierung zu eigener Grabung, und damit begann die Entdeckung jenes großartigen Landhauses, das später die Villa der Mysterien genannt wurde. In die unteren Räume waren die Lavasteine nicht eingedrungen, es zeigten sich daher die ausgezeichnet erhaltenen Malereien von Vorgängen der dionysischen Mysterien. MAIURI, der sich bald in die Arbeiten einschalten konnte, hat diesen Entdeckungen ein eigenes Werk gewidmet, La villa dei misteri, 2 Bd. 1931, 2. Aufl. 1952.

Im Jahre 1938 wurde die indische Statuette der Göttin Lakschmi gefunden, ein Beweis, daß der Handel dieser Zeit bis Indien reichte.

Maiuri hat nicht nur erfolgreich in Pompeji gearbeitet, sondern ebenso in Herculaneum, italienisch Ercolano. Auch diese Stadt liegt am Vesuv, auch sie wurde vom Ausbruch des Vesuvs 79 v. Chr. verschüttet. Über dem antiken Ort liegt heute Resina.

Seit 1709 wird an diesem Ort gegraben, in den Jahren 1738—1765 mit Hilfe eines unterirdischen Ganges. Die Grabungen sind 1927 wieder aufgenommen worden, es wurde der ganze südöstliche Stadtteil freigelegt, er vermittelt jetzt ein wirkliches Bild der alten Stadt. Die beiden Thermen wurden aufgedeckt und große Paläste mit mehrgeschossigen Gebäuden.

AMADEO MAIURI ist in Veroli 1886 geboren, er ist in Neapel gestorben 1963. Von 1916—1924 war er Direktor des Archäol. Museums von Rhodos, seit 1924 Direktor des Nationalmuseums in Neapel. Seine wichtigsten Werke sind: das genannte Werk: La Villa dei misteri, 2 Bde 1931, 2. Aufl. 1952. — L'ultima fase edilizia di Pompei, 1942. — Pompei ed Ercolano, 1959. — Pompei, Ercolano e Stabiae, 1961, 2. Aufl. 1962. — Aspetti ignoti e poco noti di Pompei, 1962.

Nordafrika

Die Ausgrabungen auf römische Funde in Nordafrika haben berühmte Ruinenstätte freigelegt, so Timgad im algerischen Dépt. von Constantine, etwa 37 km östl. von Batna. Unter Trajan ist die Stadt angelegt worden, sie trug den Namen Colonia Marciana Traiana Thamugadi. Im 3. Jahrhundert war sie eine der blühendsten Städte Nordafrikas. Im 6. Jahrhundert haben die Berber sie erobert, die Byzantiner haben manches wieder aufgebaut, dann verödete sie und wurde vom Wüstensand bedeckt.

Wenn man durch diese Ruinen geht, wie ich es mehrfach tun konnte, dann erkennt man, daß das Ganze weit großartiger ist als Pompeji. Timgad ist eine mächtige Stadt mit allen großen Gebäuden einer bedeutenden Handelsstätte. Die Häuser tragen vielfach noch ihre Dächer. Niemals hat es seit dem Altertum mehr Siedlungen an dieser Stelle gegeben, die Steine sind nicht, wie sonst so oft, für Bauten in Nachbarstädten verwendet worden.

Die ersten Grabungen fanden schon 1880 statt, unter R. Cagnat. Die Ausgrabung ist deshalb einfach, weil meistens nur der Wüstensand wegzunehmen ist. Er hat die Häuser gut bewahrt. In neuerer Zeit ist zur Erhaltung viel getan worden. Die Literatur ist: E. BOESWILLWALD, R. CAGNAT, A. BALLUX, Une cité africaine sous l'Empire romain, Paris 1902—1904. — R. CAGNAT, Carthage, Timgad, Tébessa et les villes antiques de l'Afrique du Nord. Paris, 3. Aufl. 1927.

Eine andere bedeutende römische Stadt in Nordafrika ist Leptis Magna in Tripolitanien. Im 7. Jahrhundert v. Chr. von den Karthagern angelegt als Karawanenhafen, gewann sie große Bedeutung, als sie 25 v. Chr. dem römischen Reiche eingegliedert wurde. In der Zeit von 193—217 erlebte die Stadt ihre Blüte, denn Septimius Severus war in ihr geboren. Diocletian machte die Stadt zum Hauptort der Provinz Tripolitanien.

Die Italiener führten die Grabungen und Aufräumungsarbeiten durch von 1920—1964. Amerikanische Forscher schlossen sich 1960 und 1961 an. Tiefgrabungen brachten griechische Tongefäße des 7. Jahrhunderts v. Chr. und punische Grabbeigaben des 4. und 5. Jahrhunderts zutage.

Der Besucher ist auch in dieser Stadt gepackt von der Mächtigkeit der römischen Theater, von den Tempeln der Dea Roma und des Augustus. Die großen Thermen des Hadrian wurden freigelegt, der Ehrenbogen für Marc Aurel, der für Septimius Severus und viele andere Baudenkmäler. Die Literatur ist vor allem diese: P. ROMANELLI, in: Africa Italiana, Bd. 1, 1927. — Ders. Leptis Magna, Bergamo 1930. — R. BARTOCCINI, Le terme di Leptis, Bergamo 1930. — A. v. GERKAN, Leptis Magna, Rom 1942. — J. B. WARD-PERKINS, Severan Art und Architecture at Leptis Magna. The Journal of Roman Studies, London Bd. 38, 1948, S. 59f. — K. D. MATTHEWS, Cities in the sand. Leptis Magna and Sabratha. Philadelphia 1957. — E. KIRSTEN, Nordafrik. Stadtbilder, 1961. — MARIA FLORIANI SQUARCIAPINO, Leptis Magna, Rom 1966. M. Vilímková, Africa Romana, Baden-Baden, o. J. (1974)

Sabratha ist die dritte der Städte, nach denen die nordafrikanische Landschaft der Kleinen Syrte als Tripolis, Dreistadt, benannt wird: Leptis Magna, Oëa, Sabratha. Oëa ist noch nicht ausgegraben worden, aber Sabratha konnte hervorragend wiederhergestellt werden. Vor wenigen Jahren besuchte ich die Stadt. Der Eindruck ist deshalb so groß, weil die Säulen und die Bühne des mächtigen Theaters durchleuchtet werden von dem blauen Meere der nordafrikanischen Küste. Die Stadt liegt unmittelbar am Meer. Das Theater wurde aufgerichtet in drei Etagen mit seinen Säulen, Skulpturen und Reliefs. Die Ausgrabungen fanden statt zwischen 1940 und 1960, ein gut aufgestelltes Museum legt Zeugnis ab von den erfolgreichen Grabungen. Die Literatur ist: R. BARTOCCINI, Guida di Sabratha, Rom 1927. — K. D. MATTHEWS, Cities in the sand, Philadelphia 1957.

Syrien

Sehr groß stehen die Ruinen von Baalbek, auch Balbeck benannt, in 1175 m Höhe am Rande der Begaa-Ebene in Syrien. In assyrischen Inschriften vom Jahre 804 v. Chr. wird Baalbek schon erwähnt, damals unter dem Namen Ba'li. Nach der Eroberung durch Alexander siedelten sich Griechen an in der Stadt und nannten sie Heliopolis. Baal wurde gleichgesetzt mit Helios. Unter Augustus wurde die Stadt römisch, ebenso wie Berytos, das heutige Beirut. Der Gott der Stadt wurde nun Jupiter Heliopolitanus, und ihm wurden gewaltige Tempel geweiht. Von Antoninus Pius (138—151 n. Chr.) bis Caracalla (211—217) wurden große Bauten ausgeführt. Von ihnen stehen noch viele in voller Höhe aufrecht. Es waren also nicht eigentliche Ausgrabungen nötig, sondern Freilegungen von Asche, Schutt und Sand. Der Bezirk der großen Tempel liegt außerhalb der heutigen Stadt, im Westen, bezeichnet als El Qalaa.

Die Gesamtanlage ist derart, daß man zuerst Treppen aufzusteigen hat, dann gelangt man an das Tor, wie in Athen Propyläen genannt, betritt den sechseckigen Vorhof, von Säulen umgeben, danach den offenen viereckigen Vorraum zum Tempel, wieder umgeben von Säulenreihen und Kolonnaden, 135 m lang und 113 m breit. Hat man den Hof mit zwei Opferaltären durchschritten, erhebt sich wieder eine Treppe, und dann tritt man ein in den riesigen Tempel des Jupiter. Er ist 87,75 m zu 47,70 m groß und hatte insgesamt 54 Säulen. Sechs von diesen Säulen sind erhalten, sie sind mit Basis und Kapitell 20 m hoch, sie haben einen Durchmesser von 2,20 Metern. Es sind gewaltige Säulen, die ganze Anlage beherrschend.

Die erste Ausgrabung schuf eine Grabungsexpedition, veranlaßt durch Kaiser Wilhelm II. Er hatte auf seiner Orientreise im Herbst 1898 Baalbek besucht und den Plan zur Ausgrabung gefaßt. Sie stand unter der Leitung von Otto Puchstein (1856—1911) und Bruno Schulz. Zwei große Säulen aus rotem Granitgestein sind nach Berlin gebracht worden, sie stehen noch jetzt im Pergamonmuseum. Den Bericht über die ersten Grabungen brachte THEODOR WIEGAND u. a.: Baalbeck, Ergebnisse der Ausgrabungen in den Jahren 1899—1905, 1921—1925.

Neben dem großen Tempel des Jupiter steht noch der Tempel des Bacchus, verhältnismäßig gut erhalten. Die Säulen sind 19 m hoch, sie tragen reiches Gebälk und eine Kassettendecke, die auch erhalten ist.

Später hat die französische Archäologie die Grabungen übernommen und zu guten Ergebnissen geführt.

Die wichtigste Literatur ist außer dem angegebenen Buch von Wiegand diese: A. v. GERKAN, Die Entwicklung des großen Tempels von Baalbeck in: Corolla, Festschr. f. L. Curtius, 1937. — R. DUSSAUD in: Syria, Bd. 23—24, 1942 bis 1943. — P. COLLART u. P. COUPEL, L'autel monumental de Baalbek, Paris 1951. — F. CASTAGNOLI in: Enciclop. dell'Arte Antica, Bd. 3, 1960.

Freies Germanien

Die Funde auf germanischem Boden in der römischen Kaiserzeit sind in der Epoche von 1900—1975 Gegenstand vieler Ausgrabungen und einiger berichtender Werke geworden.

Der römische Import nach dem freien, dem von römischen Truppen nicht besetzten germanischen Raum, ist naturgemäß von besonderer Bedeutung, nicht nur wegen des Sichtbarwerdens der Strahlungskraft des römischen Imperiums, sondern auch wegen der Datierung bei der Auffindung römischer Stücke im Zusammenhang mit denen der germanischen Stämme.

Diese Forschung gewann ihre Grundlegung, als HEINRICH WILLERS die römischen Bronzeeimer von Hemmoor im Museum Hannover 1901 veröffentlichte. Das Buch trägt den Titel: Die römischen Bronzeeimer von Hemmoor, Hannover 1901. Auf 251 Seiten und 13 Tafeln legt der Verfasser das damals bekannte Fundmaterial vor in gediegener und wissenschaftlicher Verarbeitung. Er schafft als erster eine Typologie und eine Chronologie der auf germanischem Raume gefundenen Bronzegefäße. In dem Buch werden zuerst die Fundumstände dargelegt. Der Ort Hemmoor liegt im heutigen Niedersachsen, im Kreise Land Hadeln, ein Kilometer entfernt von Warstade. Der Fund ist 1892 beim Roden zutage getreten. Es handelt sich um vier Bronzegefäße und neun Tongefäße. Der Verfasser spricht danach von der Entwicklung des antiken Bronzeeimers, dann stellt er den römischen Handel im freien Germanien dar. Es ergibt sich, daß die Eimer von Hemmoor in Capua gearbeitet worden sind. Den Schluß bilden römische Silberbarren, vor allem diejenigen, die in Dierstorf zutage kamen. Eine Art Fortsetzung ist das nächste Buch von H. Willers, Neue Untersuchungen über römische Bronzeindustrie in Capua, Hannover 1905. Das römische Glas, von Willers nicht bearbeitet, findet in dem groß angelegten Werk von A. Kisa, Das Glas im Altertume, Bd. 1—3, Leipzig 1908, seine Darstellung.

Die Münzen werden von dem schwedischen Forscher St. Bolin behandelt in seinem Werke: Fynden av romerska mynt i det fria Germanei, Lund 1926.

Es liegen viele einzelne Fundberichte vor, umfassend ganz Deutschland, Dänemark, Skandinavien, Österreich, Rußland, Litauen, Estland, Finnland.

Die westgermanischen Bodenfunde, besonders wichtig wegen der Nähe zum Limes, legte geschlossen Rafael von Uslar vor: Westgermanische Bodenfunde des ersten bis dritten Jahrhunderts nach Christus aus Mittel- und Westdeutschland, Berlin 1938, 272 Seiten, 58 Tafeln. Das Buch bringt in einem Fundkatalog die gesamten Funde, Tongefäße, Bronzegefäße, Bronzestatuetten, Fibeln, Waffen, Glas, Spinnwirtel, Tierfiguren. Es wird die Datierung gegeben, Wohnbau, Siedlungsweise und Befestigungen werden behandelt. Von Handel und Stammeseinteilung wird gesprochen. Zeitlich begrenzt sich die Arbeitsaufgabe mit dem Fall des Limes im Jahre 260.

Rafael von Uslar ist geboren am 15. 11. 1908 in Kyritz, Ostprignitz. Er war von 1935—1960 tätig am Landesmuseum in Bonn, seit 1960 ist er o. Prof. f. Vor- u. Frühgeschichte a. d. Univ. Mainz. Außer dem genannten Werk ist in diesem Zusammenhang zu nennen: Archäologische Fundgruppen z. german. Stammesgeschichte in: Hist. Jb. 1952.

1951 erschien das grundlegende Werk über den römischen Import nach Deutschland von Hans Jürgen Eggers mit dem Titel: Der römische Import im freien Germanien, Hamburg 1951, 212 Seiten, 65 Karten. Hier wird nicht nur Deutschland behandelt, sondern auch Dänemark, Skandinavien, Tschechoslowakei, Polen, Litauen, Estland und Finnland. Eine große Gesamtkarte ermöglicht einen klaren Überblick. Der Import in der Spätlatènezeit wird dargestellt, der Import der älteren Kaiserzeit und der der jüngeren Kaiserzeit.

Hans Jürgen Eggers ist am 2. 1. 1906 in St. Petersburg geboren. Er ist der Leiter der vorgesch. Abt. am Museum f. Völkerkunde in Hamburg, und seit 1949 Prof. a. d. Univ. Hamburg. Neben dem oben erwähnten Werk ist zu nennen: Zur absoluten Chronologie d. röm. Kaiserzeit im freien Germanien, Jahrb. d. Röm.-Germ. Mus. Mainz, Bd. 2, 1959.

Trier ist einer der wichtigsten Punkte für Ausgrabungen, ist die Stadt doch im ausgehenden 3. Jahrhundert seit der Reichsteilung unter Diokletian (286 n. Chr.) Residenzstadt der römischen Kaiser gewesen. Von Trier aus wurde Gallien, Britannien, Spanien beherrscht. Der römische Dichter Decimus Magnus Ausonius (um 310—395 n. Chr.) nennt Trier in seinem Gedichtband „Mosella" (hg. v. C.

Hosins, 1926) eine Weltstadt, die nur von Rom, Alexandria, Karthago, Konstantinopel und Antiochia an Pracht und Glanz übertroffen werde.

In Trier steht noch, fast völlig erhalten, die Porta Nigra, das Haupttor der spätrömischen Stadtbefestigung, wahrscheinlich erbaut um 258 n. Chr., 29 m hoch und 36 m lang, eines der größten erhaltenen römischen Tore. Napoleon I. hat das Tor wiederhergestellt, heute ist es erneut restauriert worden.

Noch drei römische Bauten stehen heute noch aufrecht in Trier, die sogenannte Basilika, der Empfangsraum der römischen Kaiser, jetzt eine protestantische Kirche, der Mittelraum des heutigen Domes und die Kaiserthermen. Die Brücke über die Mosel ruht jetzt noch auf den römischen Basaltpfeilern, obwohl sie 1715 erneuert und 1931 verbreitert wurde. Ständig treten in der Stadt, die noch die alten römischen Straßenzüge besitzt, bei Neubauten römische Fundamente zutage.

Außerhalb der heutigen Stadt hat Siegfried Loeschcke im Altbachtal, noch innerhalb der spätrömischen Stadtmauer einen römischen Tempelbezirk mit einer Anzahl von Marmorstatuen ausgegraben, darunter die der keltischen Muttergottheit Aveta, des Stiergottes Tarvos und des Mithras. Über die Funde von Trier berichtet S. LOESCHCKE in: G. Rodenwaldt, Neue Ausgrabungen, Münster 1930, S. 199—210. — KRENCKER, Das römische Trier, 1923.

In Köln, der anderen bedeutenden Stadt der Römerzeit, konnte Fritz Fremersdorf (geb. 1894) einen römischen Gutshof in Müngersdorf ausgraben: Fritz Fremersdorf, Der römische Gutshof Köln-Müngersdorf, 1923. Bei dem Wiederaufbau nach 1945 wurden an vielen Stellen der Innenstadt römische Überreste gefunden, noch während des Krieges das Dionysos-Mosaik nahe dem Dom. Unter dem Rathaus wurden die Fundamente des Praetoriums und die des Stadthalterpalastes des 4. Jahrhunderts entdeckt.

Die wichtigste Literatur ist: F. FREMERSDORF, Dionysosmosaik usw. 1956. — P. LA BAUME, Colonia Agrippinensium, 3. Aufl. 1964.

Im Jahre 1965 gelang eine aufsehenerregende Entdeckung. Junge Leute stießen unter einem Haus östlich des Chlodwigplatzes, am Ende der Ubierstraße, auf ein großartiges Grabmal der Zeit um 50—60 n. Chr. mit der ganzen Statue des Bestatteten, mit Namen L. Poblicius. Der Dargestellte trägt eine lange Toga, in der Hand hält er eine Schriftrolle, zu seinen Füßen steht ein Scrinium, der runde Behälter für Schriften. Die Inschrift gibt an, daß Poblicius ein Veteran der fünften Legion war. Sie trug den offenbar keltischen Beinamen Alauda. Poblicius hat gedient unter Kaiser Claudius. Er trägt dieselbe Haarfrisur mit kurz nach vorne geschnittenen Haaren wie Claudius, der im Jahre 54 starb. Die Funde ergaben zusammengesetzt das ganze Grabmal in siebzig Blöcken. In dem Neubau des Röm-Germ. Museums in Köln, 1974 beendet, ist das Grabmal an entscheidender Stelle aufgerichtet worden.

In Bonn hat HANS LEHNER unter der Münsterkirche mit Grabungen 1928 begonnen. Es fanden sich 64 römische Steindenkmale, vor allem Teile von Altären mit menschlichen Figuren, wie die drei Matronen, drei Muttergöttinnen, Aufaniae genannt. Mehrere Steine ließen sich auf das Jahr datieren, auf 164, 204, 212 und 235 n. Chr. Das bedeutendste Denkmal, schon 1885 gefunden, trägt eine Inschrift von Antoninus Pius vom Jahre 160. Den Bericht gab Hans Lehner in den Bonner Jahrbüchern, Bd. 135, Bonn 1930, S. 1—48 mit 27 Tafeln.

In Mainz, dem römischen Moguntiacum, benannt nach dem keltischen Gotte Mogo, sind nach 1900 zwei wichtige römische Funde zutage getreten. Einmal die große Jupitersäule, 1904 gefunden in der Sömmeringstraße 6, und zweitens 1961 der Marmorkopf eines Augustus-Verwandten, Gaius Caesar.

Die Jupitersäule ist eingehend behandelt worden von A. OXÉ in der Mainzer Zeitschr., Bd. 7, 1912, S. 28—35. — Der Augustusfamilien-Kopf von ERIKA SIMON in der Mainzer Zeitschr., Bd. 58, 1963, S. 1—18.

Bei Xanten, Nordrhein-Westfalen, konnten Hans Lehner, F. Oelmann und Petrikovits (geb. 1911) seit 1925 ein römisches Lager ausgraben, Castra vetera, eine Legionsfestung am niedergermanischen Limes. Sie wurde im Jahre 70 n. Chr. bei dem Bataveraufstand zerstört.

Nördlich von Xanten legten die Römer eine Siedlung an, die um 100 n. Chr. unter Kaiser Trajan zu einer Stadt erweitert wurde mit Wehrmauern und einem Amphitheater. Der Name der Stadt ist Colonia Ulpia Traiana.

Über die Grabungen berichten: H. LEHNER, Das Römerlager Vetera bei Xanten, Bonn 1926. — H. v. PETRIKOVITS in: Germania, Bd. 18, 1934 u. Bd. 37, 1959. — Ders. Bonner Jahrb. Bd. 152, 1952, S. 41—161.

Neben dem römischen Xanten ist nur noch ein anderer römischer Ort bis heute nicht bebaut, so daß die Grabungen ohne Behinderungen stattfinden können, es ist Cambodunum bei Kempten, Bayern. Er lag auf dem Lindenberger Ösch gegenüber Kempten. Man konnte hier den gesamten römischen Ort mit den Straßen, dem Forum und den Thermen freilegen. Den Bericht gibt PAUL REINECKE, Cambodunum in: Rodenwaldt, Neue deutsche Ausgrabungen, Münster, Westf. 1930, S. 229—240.

In Straubing, Bayern, ist am 27. Oktober 1950 bei Bauarbeiten im südwestlichen Teile der Stadt, am Hochweg nach Alburg zu der größte römische Schatzfund auf deutschem Boden seit dem Silberschatz von Hildesheim im Jahre 1868 aufgefunden worden. Der Fund kam bei der Anlage einer Grube für die Kläranlage dieses Stadtteils zum Vorschein. Er lag 40 cm unter der Erdoberfläche. Die Arbeiter stießen auf einen umgekehrt im Boden liegenden Kupferkessel. Sie schlugen mit der Spitzhacke ein Loch hinein und erweiterten die Öffnung mit der Blechschere. Der ganze Inhalt des Kessels wurde herausgezerrt, bis der Bauingenieur des Landratsamtes, Tendrich, auf den Fund aufmerksam gemacht wurde. Es wurde Dr. HUNDT (geb. 1909) vom Museum von Straubing benachrichtigt, er arbeitete dort im Auftrag der Röm.-Germ. Kommission des Dtsch. Arch. Inst. Dr. Hundt besuchte die Fundstelle, und es konnten noch andere Stücke außerhalb des Kessels gehoben werden.

Einige der Arbeiter gaben die von ihnen bei der Entdeckung mitgenommenen Stücke wieder zurück. Die Gegenstände wurden in München restauriert, von der Baugenossenschaft wurde der Fund dem Straubinger Landkreis übergeben. Der Landkreis übergab ihn als Leihgabe dem Museum von Straubing. Das Röm.-Germ. Zentralmuseum in Mainz erhielt Abgüsse, HANS KLUMBACH (geb. 1904) vom Mainzer Museum wurde mit der wissenschaftlichen Bearbeitung und mit der Veröffentlichung betraut.

Nahe der Fundstelle sind schon in den Jahren 1914 und 1916 und später 1925 bis 1929 römische Fundamente aufgedeckt worden. Ein römischer Gutshof wurde gefunden, und über ihn berichtet JOSEPH KEIM im Jahresber. d. Hist. Vereins Straubing, Bd, 33, 1930, S. 21—34. Die Funde des Gutshofes ergaben Keramik, Dachplatten, Backsteine, Heizkacheln, Eisensachen, Knochen, durch Brand zerschmolzenes Glas. Die Münzfunde brachten meistens Bronzen von Antoninus Pius, Marcus Aurelius, Lucius Verus. Das Gehöft ist demnach im Markomannensturm im Jahre 166 vernichtet worden.

Im Osten von Straubing ist schon 1802 von J. VON MUSSIAN über römische Funde berichtet worden in einem Manuskript: Die römischen Altertümer in und um Straubing. Es wurde veröffentlicht in den Straubinger Jahresber. 1—2, 1896—1899. Damals erkannte Mussian, daß das Kastell das Sorviodurum der Tafel von Peutinger war.

Seit dieser Zeit sind viele Grabungen durchgeführt worden, bis im Jahre 1909 das Kastell gefunden werden konnte, es lag im Ostgebiet der Stadt zwischen Azlburg und Ostendstraße. Die römische Stadt, Kastell und Zivilniederlassungen bedeckten einen Raum von 40 Hektar. Über diese Ergebnisse berichtet PAUL REINECKE (1872—1958) in den Straubinger Jahresber. Bd. 20, 1917, S. 20 ff. Das Lager hat längere Zeit bestanden, auch noch nach der Zerstörung des Gutshofes, es ist vermutlich, den Münzfunden zufolge, vernichtet worden im Alamannensturm von 260 n. Chr.

Der Fund umfaßt sieben Gesichtshelm-Masken aus Bronze, neun Beinschienen aus Bronze mit Knieschutz, alle ornamentiert, sieben Kopfschutzplatten aus Bronze, vergoldet oder versilbert für Pferde, manche mit Augenschutzkörben, auch immer versehen mit getriebenen Figuren, ferner sieben Götterfiguren aus Bronze, dazu elf Sockel. Der Bericht ist: JOSEF KEIM u. HANS KLUMBACH, Der römische Schatzfund von Straubing, München 1951, 41 Seiten, 46 Tafeln.

Bei Bad Homburg v. d. H. im Taunus liegt das römische Kastell Saalburg. An dieser Stelle hatte schon 1868 A. v. Cohausen (gest. 1894) gegraben und Fundamente gefunden. Danach hat L. Jacobi gegraben bis 1929. In der Zeit von 1897—1907 wurden auf Veranlassung und mit Hilfe des Kaisers Wilhelm II. die Gebäude in der alten Form über den erhaltenen Mauern wieder aufgebaut. Ein Museum wurde im Mittelgebäude untergebracht. Die Literatur ist: L. JACOBI, Das Römerkastell Saalburg, 1897. — Ders. Führer durch das Kastell, 12. Aufl. 1930. — Saalburg-Jahrbuch, seit 1910.

Die Limesforschung beginnt auf Veranlassung des Althistorikers Theodor Mommsen (1817—1903). Er ist es, der die Reichs-Limes-Kommission begründet, sie tritt zum ersten Male 1892 zusammen. Es konnten seit dieser Zeit systematische

Forschungen durchgeführt werden, vor allem unter der Leitung von Felix Hettner (1851—1902), Direktor des Museums von Trier, Ernst Fabricius (1857—1942), Prof. f. Alte Geschichte a. d. Univ. Freiburg, Walter Barthel (1880—1915, gef. im 1. Weltkrieg), Prof. f. Alte Geschichte a. d. Univ. Frankfurt/M., Fr. Drexel (1885 bis 1930), Erster Direktor d. Röm.-Germ. Kom. Frankfurt a. M. Die Veröffentlichungen geschahen fortlaufend in 14 Bänden mit dem Titel: Der obergermanisch-rätische Limes des Römerreiches, abgekürzt ORL, Reihe A in 7 Bänden bringt Beschreibungen, Reihe B in 7 Bänden die Darstellungen der einzelnen Kastelle.

Die Forschungsarbeit am Limes wurde nach 1945 übernommen von der Röm.-Germ. Kommission des Deutschen Archäol. Instituts in Frankfurt/M.

Aus der reichen Literatur mögen genannt sein: WILHELM SCHLEIERMACHER (geb. 1904) Der Römische Limes in Deutschland, Berlin 1959. — Ders. Der Obergermanische Limes, Ber. d. Röm.-Germ. Kom. Bd. 33, 1945—1950, erschienen 1951. — HANS SCHÖNBERGER (geb. 1916) Die neuen Grabungen am obergerm. u. rätischen Limes, 1950—1960, in: Limesforschungen, Bd. 2, 1962, S. 67—137. — ERICH SWOBODA (1896—1964) Der pannonische Limes u. sein Vorland. Röm. Hist. Mitt. Bd. 4, 1960—1961. — Ders. in: Carnuntum Jb. 1959, erschienen Graz 1961.

Zur Gesamtorientierung liegt das schon ältere Buch von F. KOEPP und FR. DREXEL vor mit dem Titel: Germania Romana, Frkf. a. M. 2. Aufl. 1926. Dazu: FR. DREXEL u. G. BERSU, Kunstgewerbe und Handwerk, 1930 und F. KOEPP, Die Römer in Deutschland, Bielefeld, 1926.

Schweiz

In der Schweiz ist der wichtigste Fundplatz römischer Zeit Augst, eine Gemeinde im Bezirk Basel-Landschaft. Der Ort entstand aus der römischen Kolonie Augusta Raurica, gegründet 44 v. Chr. als Grenzfestung Galliens gegen das Alpengebiet. Im Jahre 260 wurde die Festung zerstört, jedoch unter Diocletian ersetzt durch das einen Kilometer östlich gelegene Castrum Rauracense, Kaiseraugst. Der Ort liegt im Bezirk Rheinfelden, Kanton Aargau, mit heute 1000 Einwohnern. Die Ausgrabungen von Augst sind noch nicht beendet, sie haben Funde augusteischer Zeit ergeben, vor allem aber Reste des 2. und 3. nachchristl. Jahrh., die Stadtmauern, die Tempelbezirke, ein Theater, Amphitheater, Thermen, Teile der Wohnbezirke. 1961 wurde ein um die Mitte des 4. Jahrhunderts in eine Grube versenkter Schatz kostbarer Silbergeräte, silberner Münzen und Medaillons aus der Zeit zwischen 294 und 350 entdeckt.

Der Bericht findet sich in den Jahresber. d. Ges. Pro Augusta Raurica, 1936 ff., ferner bei F. STAEHLIN, Die Schweiz in römischer Zeit, 3. Aufl. 1949. — R. LAUR-BELART, Augusta Raurica, 3. Aufl. 1959. — Ders. Der spätrömische Silberschatz von Kaiseraugst, 2. Aufl. 1963. — Ders. Geschichte von Augst und Kaiseraugst, 1962.

Der Leiter der Ausgrabungen, RUDOLF LAUR-BELART ist am 7. 7. 1898 in Brugg geboren. 1932 wurde er Dozent, später Prof. a. d. Univ. Basel. Außer den genannten Büchern ist zu nennen: Aargauische Heimatgesch. Römerzeit, Aargau 1930. — Vindonissa, Lager und Vicus, Berlin 1935. — Augst, Basel 1937. — Über die Colonia Raurica u. d. Ursprung von Basel, Basel 1957.

Vindonissa, jetzt Windisch a. d. Aare, liegt bei Brugg im Aargau, nordwestl. von Zürich. Zuerst eine helvetische Siedlung, wurde der Ort ein römisches Legionslager für etwa 10000—12000 Mann. Es lag dort die 13., dann die 21. und 11. Legion. Das Amphitheater mit 2500 qm ist das größte römische Theater in der Schweiz. Auch die Thermen und das Forum wurden gefunden. Bei Vindonissa besiegte 298 Constantius I. Chlorus die Alamannen. Den Bericht gab R. Laur-Belart: Vindonissa, Berlin 1935. — Eingehende Angaben in den Bänden der Ges. Pro Vindonissa, seit 1906. — H. R. WIEDEMER in Jahrb. Schweiz. Ges. f. Urgeschichte 1966—1967.

Felsbilder

Die Felsbilder dieser Epoche, der Eisenzeit, ergeben das gleiche Bild der künstlerischen Stilbewegung wie die ergrabenen Funde. Es ist die Wandlung von der Abstraktion des Neolithikums zu stärkerer naturhafter Ausdruckgestaltung in der Epoche der Eisenzeit. Die gleiche Bewegung, die in Griechenland zu erkennen ist, in Italien bei den Etruskern, in Spanien bei den Iberern, in Mitteleuropa bei den Kelten, ist ebenso deutlich bei den Felsbildern dieser Zeit. Sie liegen nicht in Höhlen, sie lagern auf den Bergen, auf den Höhen. Das Unterirdische, die Höhle, und das Oberirdische, der Berg, sie sind immer die Gegenstände des Numinosen, des Jenseitigen, des Transzendenten.

Auf dem Berge wird Zeuss geboren, Jahwe gibt Moses seine Gesetze auf dem Sinai, Jupiter lebt auf dem Olymp, Gott Donar auf den Donnersbergen.

Die Felsbilder der Eisenzeit liegen vor allem auf den Bergen, zu ihnen stiegen die Betenden auf, um der Gottheit nahe zu sein.

Schon die Bilder der Bronzezeit liegen auf den Bergen. Da gibt es in den Alpen, nördlich von Nizza, in den Meeralpen, bei dem Col de Tende in 2000 m Höhe unheimliche Berggruppen, sie tragen die Namen Val d'Inferno, Cima di Diavolo, Valmasca, Hexe, Zauberin, zusammen werden sie Mont Bego genannt. Die Wolken jagen hin über die Berge, Nebel verhüllen den Blick, ein Bergsee lagert sich in der Einsamkeit. Dort, an dieser schwer zugänglichen Stelle, finden sich die Bilder. Der letzte Bearbeiter, Robert Hirigoyen, hat 40.000 einzelne Gravierungen gezählt.

Seit 1878 sind sie bearbeitet worden von CLARENCE BICKNELL, einem Engländer, der nach Bordighera gezogen war, da ihm das südliche Klima bekömmlicher war. Als er 1918 starb, hatte er 12.000 Bilder aufgefunden, gezeichnet und photographiert. Er begründete in Bordighera das Musée Bicknell mit Abgüssen und Photographien der Felsbilder.

Die Bilder sind recht einheitlich, sie ordnen sich um vier Grundthemen. Das erste Thema ist das Rind, wie bei uns noch im Alphabet. Aleph heißt hebräisch der Stier, griechisch Alpha. So wie wir das große lateinische A schreiben, ist es deutlich der Stierkopf, der Strich durch den Kopf bezeichnet die Hörner. Der Stier, das Rind, ist der Besitz bei den Viehzüchtern und später auch bei den Ackerbauern. Das Alphabet ist ursprünglich eine Anrufung, ein Gebet an die Gottheit. Das Erste ist die Bitte um den Besitz, um das Rind, um den Stier. Das zweite ist die Bitte um die Sicherheit. Bet oder beth, ist hebräisch das Haus. Unser B bezeichnet die beiden Räume des Hauses.

So ist es mit den Bildern auf dem Mont Bego. Die Mehrzahl stellt das Rind dar, manchmal deutlich erkennbar, manchmal abgekürzt. Das nächste immer wiederkehrende Zeichen ist das Haus, manchmal rund, manchmal viereckig, manchmal oval.

Der dritte Gegenstand ist die Waffe, es ist der Dolchstab, die Bronzeaxt, geschäftet. Das alte Wort für Waffe ist Hellebarde, altfranzösisch hallebarde, englisch halberd, italienisch alabarda, spanisch alabardo. Der Ausgangspunkt heißt mittelhochdeutsch helenbarte. Barte heißt Beil, ein Wort, heute noch gebräuchlich im Österreichischen. Helen ist die Handhabe, die Haube. Hellebarde ist die Streitaxt mit langem Stiel, mit Griff. Mit diesem Zeichen ergibt sich die Datierung, Bronzezeit I, in dieser Gegend 2200—1800 v. Chr.

Der vierte Gegenstand ist die Darstellung des Menschen. Sie ist nicht häufig. Es sind die Zauberer, die Priester, vielleicht die Götter. Es gibt das Bild eines Zauberers oder eines Gottes mit erhobenen Händen und mit zwei Dolchen neben den Händen, abgebildet u. a. bei Herbert Kühn, Die Felsbilder Europas, 3. Aufl. 1971 Taf. 68.

In der Eisenzeit ist auch für Norditalien der wichtigste Platz für die Felsbilder das Berggebiet, wie in der Prov. Brescia um den Ort Capo di Ponte, nahe bei Boario Terme, ein Badeplatz mit heißen Quellen.

Die Fülle der Bilder, der Eingravierungen ist unermeßlich. Anati, der jetzige Bearbeiter, rechnet mit 25.000 einzelnen Bildern. Immer waren sie den Bauern der Gegend bekannt, aber niemand hat von ihnen Meldung gemacht. Erst im Jahre 1931 hat Paolo Graziosi die Bilder von zwei Felsblöcken mit Gravierungen veröffentlicht. Es ist eine Fülle von Tieren dargestellt, Rinder, Hirsche, Ziegen und weitere Dolche. Durch die Dolche datieren sich die Bilder auf die Zeit von 1600—1500 v. Chr. Später, seit 1932, berichtete Rafaelo Battaglia über sie, Altheim und Trautmann im Jahre 1947, Emanuele Süß 1959. Seit 1956 bearbeitet diese Bilder mit einem wissenschaftlichen Stab E. Anati.

EMMANUEL ANATI ist geboren am 14. 5. 1930. An der Sorbonne in Paris erwarb er seinen Doktorgrad, seit 1964 ist er Prof. a. d. Tell Aviv University, 1964 wurde er Direktor des Centro Camuno in Capo di Ponte.

Seine wichtigsten Bücher sind: La civilisation du Val Camonica, Paris 1960. — La grande roche de Naquane, Paris 1961. — Capo di Ponte, Breno 1962. — Palestine before the Hebrews, New York 1963. — La datatione dell'Arte preistorica Camuna, Breno 1963. — Il Masso di Borno, 1966. — I Massi di Camuno 1967. — Arte preistorica in Valtollina, Sondrio 1967. — Arte rupestre nelle Regioni occidentali della

Peninsola Ibérica 1968. — Rock-Art in Central Arabia, 2 Bd. Louvain 1968. — Valcamonica Symposium, Herausgeber, Capo di Ponte 1970. —

Nach der Bearbeitung durch E. Anati ergeben sich für die Bilder von Val Camonica oder Valcamonica, 4 Stadien. Stadium I bringt noch ganz abstrakte Bilder des Neolithikums, etwa 3000—2200. Das Stadium II bestimmt sich durch frühbronzezeitliche Dolche und Dolchstäbe, wie Mont Bego in die Zeit von 2200—1800. Stadium III bringt den zweirädrigen Wagen wie in Mykenä. Dadurch datiert sich diese Epoche auf 1550—1250. In ihr erscheinen aber auch Schwerter, wie in Mitteleuropa, in der Urnenfelder-Kultur. Das Stadium endet um 1000 v. Chr. Das an Bildern reichste Stadium ist IV, es umfaßt die Zeit von 1000 bis Chr. Geb. bis zum Jahre 16 v. Chr., als die Römer das Gebiet besetzten. Unter den Bildern dieser Zeit gibt es den vierrädrigen Wagen, Schilde, Helme, das Antennen-Schwert, Webstühle, Krieger mit Waffen, Fische in Netzen, Menschen bei der Feldbestellung, Szenen, etwa, wie ein Mann Enten zusammentreibt.

Die Bilder des letzten Jahrtausends v. Chr. tragen den gleichen Charakter wie die Skulpturen und Malereien in Italien, Spanien. Es ist die Wiedergewinnung der Wirklichkeitsgestaltung. Die Gravierungen von Valcamonica sind deshalb von so großer Bedeutung für die Geschichte der Kulturbewegung und für die des Kunstgeschehens, weil die Periode von der vollen Abstraktion im Neolithikum bis zum Naturalismus um Chr. Geb. zu verfolgen ist. Die Bilder stellen das Erleben der Welt durch den Menschen dar in der Zeit von rund 3000 Jahren.

Die Berichte für Mont Bego sind: Maurice Louis, Les gravures préhistoriques du Mont Bego, Etudes Ligures 1950. — Robert Hirigoyen, Les pétroglyphes du Mont Bego. IPEK, Bd. 20, 1960—63. S. 36—42 Taf. 21—23. —

Für Valcamonica: Paolo Graziosi, Le incisioni di Val Camonica, in: Archivio per l'Antropologia e l'Etnologia, Bd. 59, 1929, erschienen 1931, S. 1—8, 9 Taf. — M. C. Burkitt, Rock Carvings in the Italian Alps, Antiquity 1929 S. 155—164. — R. Battaglia, Ricerche Etnografiche sui petroglifi della cerchia alpina. Studi Etruschi, Bd. 8, 1934 S. 1—48, 22 Taf. — Emanuele Süß, Le incisioni rupestri della Valcamonica, Milano o. J. (1959). — E. Anati, vgl. oben, dazu: Capo di Ponte, Chronology of the art of Valcamonica, IPEK, Bd. 21, 1964—65 S. 46—55, 6 Tafeln.

Klassische Antike, Griechenland

Ebenso erfolgreich wie die Grabungen auf römische Altertümer waren diejenigen auf griechische Überreste von Bauten.

In Athen wurde die amerikanische Grabung der Agorá, des Marktplatzes, von Bedeutung. Die amerikanische Schule für klassische Studien in Athen, gegründet 1882, führte seit 1930 eine eingehende Grabung durch, zuerst unter der Leitung von T. Leslie Shear v. d. Univ. Princeton. Nach seinem Tode wurde sie fortgeführt von Homer A. Thompson, ebenfalls aus Princeton. Es konnte die ganze Fläche des Marktplatzes freigelegt werden. Dabei ergab sich ein Tempel des Ares aus perikleischer Zeit. Tausende von Inschriften wurden gefunden, Lampen, Bronzen, Münzen. Die alten Kolonaden wurden wieder errichtet, ein Museum wurde 1948 geschaffen.

Am Kerameikos wurden die Arbeiten 1956 wieder aufgenommen. An Literatur ist zu nennen: H. THOMPSON, Athens in: Hesperia, seit 1932. — IDA T. HILL, The ancient city of Athens, London 1953. — H. THOMPSON, The Athenian Agora, 1962. — DIETER OHLY, Kerameikos, in: Deutsch. Arch. Inst. Neue deutsche Ausgrabungen usw., Berlin 1959, S. 249 ff.

In Pylos hat Carl W. Blegen v. d. Univ. Cincinnati den Palast von Nestor, dem „silberzüngigen Redner" der Dichtung Homers auffinden können bei seinen Grabungen seit 1939, vor allem nach 1952. Er fand ein Archiv mit 600 Tontafeln beschrieben in einer Silbenschrift ähnlich der linearen Schrift B, wie Sir Arthur Evans in Knossos auf Kreta gefunden hatte. (Hier S. 459.)

Auf der Insel Kos hat der Tübinger Archäologe Rudolf Herzog von 1898 bis 1907 das Heiligtum des Asklepios ausgegraben.

Das Asklepios-Heiligtum von Epidauros mit einem heute noch gut erhaltenen Theater hat P. KAVVADIAS erforscht seit 1881. Nach 1900 sind neue Freilegungsarbeiten von französischen Archäologen durchgeführt worden.

Unter der Literatur ist von Bedeutung: R. HERZOG, Die Wunderheilungen von Epidaurus, 1931. — FERNAND ROBERT, Epidauros, Paris 1935. — A. v. GERKAN u. W. MÜLLER-WIENER, Das Theater von Epidauros, 1961.

In Ägina haben A. Furtwängler, H. Thiersch und E. Fiechter den Aphaiatempel ausgegraben zwischen 1901 und 1907.

In Brauron, an der Ostküste Attikas, entdeckte der griechische Archäologe Papadimitriou zwischen 1958 und 1961 den Tempel der Artemis. Die Anfänge des Tempels gehen auf die mykenische Zeit zurück. Offenbar spielt hier die Szene der Iphigenie in Tauris von Euripides.

Auf Korfu, griechisch Kérkyra, hat Wilhelm Dörpfeld seit 1911 unter tätiger Mitarbeit Kaiser Wilhelm II. den Artemistempel ausgegraben mit den Gorgoreliefs. Der Kaiser hat darüber berichtet in: Erinnerungen an Korfu, 1924, und Studien zur Gorgo, Berlin 1936.

In Korinth hat die amerikanische archäol. Schule, das archäol. Institut in Athen, seit 1905 gearbeitet, bis 1940 unter der Leitung von O. BRONEER. Die Grabungen wurden 1945 wieder aufgenommen und werden noch jetzt durchgeführt mit Hilfe der Universität Cambridge, Mass. Seit 1930 liegen 16 Bände der Veröffentlichung vor: Corinth, results of excavations, Cambridge, Mass. 1930f. Die laufenden Grabungsberichte finden sich in der amerik. Zschr. Hesperia, seit 1930, besonders S. WEINBERG, ebda Bd. 6, 1937.

Die Stadt wurde von den Römern 146 v. Chr. so vollständig zerstört, daß man selbst noch heute fast einem Nichts gegenüber steht. Aufstehend erhalten sind nur das Quellengebäude Glauké und sieben Säulen des dorischen Apollotempels, um

540 v. Chr. erbaut. Die amerikanischen Ausgrabungen haben die Lechaion-Straße freigelegt, einige Bauteile des Theaters, das Asklepieion und Läden im Süden des Marktes, immer nur die Fundamente.

Lemnos ist durch den italienischen Archäologen L. Brea seit 1956 ausgegraben worden. Die griechische Stadtanlage konnte freigelegt werden.

Auf Rhodos ist das griechische Heiligtum von Lindos auf der Ostseite der Insel ausgegraben worden von C. Blinkenberg zwischen 1902 und 1904 und wieder zwischen 1906 und 1914. Der Tempel der Athena Lindia, 342 v. Chr. errichtet, ist mit mehreren Säulen wieder aufgestellt worden, und die breite, große Treppe wurde freigelegt. Der Ausblick von der Höhe über das Meer ist sehr eindrucksvoll.

Messene, die antike Hauptstadt von Messenien, gelegen bei dem heutigen Dorfe Maurommati, besitzt eine Stadtmauer aus dem 3. Jahrhundert v. Chr. Der griechische Archäologe A. K. Orlandos hat seit 1957 die Mauer, den Stadtkern und das Theater freigelegt.

In Mykenä sind die Grabungen, die Schliemann 1876 begonnen hat, die Tsountas von 1877—1902 fortgesetzt hat, weitergeführt worden von A. J. B. WACE in den Jahren 1920—1923, dann 1939. Von 1950—1955 wurde von griechischen Archäologen wiederum in Mykenä gegraben. Dabei ist das zweite Gräberrund wichtig, das 1951 von englischen Forschern aufgedeckt worden ist.

An neuerer Literatur ist zu nennen: A. J. B. WACE, Mycenae, an archaeological history and guide, Princeton, N. Y. 1949. — G. E. CHYLONAS, Mycenae and the Mycenaean age, 1966.

In Olympia wurde durch E. Kunze seit 1937 das Stadion freigelegt, von 1952 bis 1960 wurden die Arbeiten fortgeführt. Darüber berichten: E. KUNZE, Neue Meisterwerke griechischer Kunst, Olympia, 1948. — Ders. in: Neue dtsch. Ausgrabungen 1959. — A. MALLWITZ u. W. SCHIERING, Die Werkstatt des Phidias in Olympia, 1964. — L. DREES, Olympia, Götter, Künstler und Athleten, 1967. — F. ECKSTEIN, Anathemata, 1969. — A. MALLWITZ, Olympia und seine Bauten, 1971.

Die Stadt Olynth, griechisch Ólynthos, heute Myrióphyton, in der Landschaft Bottiaia auf der Halbinsel Chalkidike, wurde ausgegraben von dem amerikanischen Archäologen D. M. Robinson von 1928—1945. Fast die gesamte Stadtanlage konnte freigelegt werden. Die Literatur ist: D. M. ROBINSON, Excavations at Olynthos, 14 Bde, Baltimore 1929—1950. — M. GUDE, History of Olynthos, Baltimore 1933.

Auf Samos, griechisch Nomos, wurden Ausgrabungen durch Th. Wiegand und E. Buschor in den Jahren 1910—1914 durchgeführt, 1925 wurden sie wieder aufgenommen. Der Heratempel konnte in den Grundmauern aufgedeckt werden, viele Kunstwerke kamen zutage. ERNST BUSCHOR beschreibt diese Ausgrabungen sehr lebendig, Das Heiligtum der Hera von Samos, in: Rodenwaldt, Neue dtsch. Ausgrabungen, Münster 1930, S. 34—41. — Ders. Samos in: Neue dtsch. Ausgrabungen, Berlin 1959, S. 197—224.

Auf Kreta sind in Hagia Triada in den Jahren 1903—1905 Villen ausgegraben worden von L. Pernier und 1910—1914 ebenfalls Villen von Savignoni. An neuerer

Literatur ist zu nennen: J. D. S. PENDLEBURY, The archaeology of Crete, New York 1963. — R. F. WILLETTS, Ancient Crete, London 1965.

Im Sommer 1966 begann der griechische Archäologe Spyridon Marinatos mit Grabungen auf der Insel Santorin mit ihrem italienischen Namen, Thera mit ihrem griechischen Namen. Die Insel liegt 110 km nördlich von Kreta.

SPYRIDON MARINATOS ist 1901 geboren in Lixuri auf der Insel Kephallenia, er verunglückte tödlich bei den Grabungen auf Thera 1974. Seit 1939 war er Prof. der prähistorischen und klassischen Archäologie a. d. Univ. Athen. Vorher war er Direktor der Altertümer der Insel Kreta und war so ein besonders guter Kenner der kretischen, der minoischen Kultur. Außer auf Kreta leitete er Ausgrabungen auch in Thermopylai und Pylos. Von seinen Büchern sind zu nennen: Kretische Kultur, neugriech., Athen 1927. — Frühminoische Gräber, griech. Deltion 1929, 2. Aufl. 1930. — Thermopylai, neugriech. u. engl. Athen 1959. — Kreta u. das mykenische Hellas, zus. mit Hirmer, München 1959, auch griech., ital. engl. — In der Zeitschr. Antiquity 1939: The Volcanic Destruction of Crete. — Die neuen Schachtgräber von Mykene, Gera Keramopullos, griech. 1953. — Über die Grabungen auf Thera berichtete er in neugriechischer Sprache in: Athens Annals of Archaeology, Bd. 3, 1968, S. 213—230.

Die Ausgräber untersuchten vor allem den Ort Akroteri auf Thera. Es ergab sich unter der Humusschicht eine starke Bimsschicht und unter ihr eine Stadtanlage mit Häusern und minoischen Gefäßen der Zeit um 1520 bis etwa 1480 v. Chr.

Um diese Zeit muß der große Ausbruch des Vulkans auf Thera stattgefunden haben. Die Zeitbestimmung durch die Radiokarbon-Methode ergab das Datum 1456 und 1410. Der Endpunkt der Katastrophe des Erdbebens und des Vulkanausbruches muß sich um 1410 gelagert haben. Mit diesem Erdbeben würde sich der Untergang der minoischen Kultur erklären. Der ganze Norden von Kreta ist bedeckt mit einer Schicht von vulkanischem Bimsstein, es ist die gleiche Gesteinsart wie die von Thera.

So herrscht neuerdings die Annahme, daß Knossos und die anderen Städte auf Kreta nicht zerstört worden sind durch den Einbruch der Mykener, der Achäer bei Homer, sondern durch Erdbeben, verbunden mit Vulkanausbrüchen von Thera her. Erst, als Kreta von diesem schweren Schicksal betroffen war und als kaum noch Menschen auf der Insel überlebt hatten, als die Fluten sich wieder geglättet hatten, als die Wirksamkeit des Kraters nachgelassen hatte, sind die Griechen auf der Insel gelandet und haben sich des Raumes bemächtigt, es waren die Achäer. Das wäre dann der tiefste Sinn der Sage von Theseus und dem Minotaurus, der getötet wird.

Das wäre aber auch der tiefste Sinn der Sage von Atlantis. Plato erzählt diese Sage nach Berichten von Solon, die Solon in Ägypten von Priestern gehört habe. Auch bei Plato ist es schon eine Sage, ein Mythos. Er berichtet über ihn in Timaios 20—27 und in Kritias 108—113.

Die Sage von Atlantis bewegt die Welt seit über zweihundert Jahren. Es sind über 2000 Bücher über Atlantis erschienen. E. T. BERLIOUX in seinem Buch, Les

Atlantides, Paris 1955, sprach sich für Marokko aus. Den stärksten Eindruck machte das Buch von IGNATIUS DONNELLY, es erschien in New York 1882 und erlebte bis 1889 insgesamt 18 Auflagen, Atlantis — The Antedilivian World. 1895 wurde das Werk ins Deutsche übersetzt, Neuauflagen erschienen 1911 und 1949. Donnelly sieht Atlantis zwischen Europa und Amerika, sogar auch an den Küsten von Mexiko. Dieses Buch strahlt seine Wirkung aus bis heute, obgleich man genau weiß, daß der Einbruch von Europa und Amerika in geologisch so frühen Zeiten erfolgt ist, daß dieses Ereignis Menschen niemals erlebt haben können. LEWIS SPENCE schrieb: The Problem of Atlantis, London 1925, und Atlantis in America, London 1926 und The History of Atlantis.

Plato spricht in Timaios 20d—27a von der furchtbarsten Flutkatastrophe, die die Erde je heimsuchte und daß vor 9000 Jahren ein Krieg zwischen den Menschen diesseits und jenseits der Säulen des Herkules stattgefunden haben (27e). Aber an keiner Stelle sagt Plato, daß Atlantis nur jenseits der Säulen des Herkules, im heutigen atlantischen Meere gelegen habe. In Timaios 24d spricht er von einer Insel jenseits der Säulen des Herkules, der heutigen Straße von Gibraltar. Aber in Kritias 114c erklärt er: „Sie alle und ihre Nachkommen wohnten viele Menschenalter auf der Atlantis. Sie herrschten über diese und viele andere Inseln, und wie ich schon erwähnte, gehörte auch ein großer Teil des Landes diesseits der Säulen des Herkules zu ihrem Machtbereich, und zwar bis zur Westgrenze Ägyptens und bis Tyrrhenien hin." Hier wird deutlich von dem westlichen Mittelmeer gesprochen.

Daß das Ganze aber eine Sage, ein Mythos ist, sagt Plato ganz deutlich. In Timaios 25a heißt es: „Damit habe ich Dir, mein lieber Sokrates, in aller Kürze berichtet, was Kritias, der damals schon alt war, mir von Solons Geschichte erzählte." 26b: „Als wir dann auseinander gegangen waren, habe ich noch fast die ganze Nacht über sie (die Geschichte von Atlantis) nachgedacht. Doch im Laufe der Zeit fiel mir so ziemlich alles wieder ein ... Allerdings, ich hörte damals meinem Großvater mit einer Begeisterung zu, wie man sie nur als Kind hat, und ihm machte es sichtlich Spaß, mir zu erzählen. Immer wieder und wieder stellte ich ihm Fragen, und er fing mit unerschütterlicher Geduld immer wieder von vorne an, bis ich alles unauslöschlich meinem Gedächtnis eingebrannt hatte."

Plato nennt die Erzählung also Großvatergeschichten, Märchen, Mythen, Sagen, wie sie noch heute erzählt werden von Großvätern und Großmüttern.

Das vorige Jahrhundert mit seinem Glauben an die Wortwahrhaftigkeit der griechischen Literatur hat aber die Wahrheit dort unterlegt, wo die antike Literatur nur ein Märchen berichtet hat. Die 2000 Bücher haben davon gezehrt, in letzter Zeit noch SPANUTH mit seinem Buch: Atlantis, Tübingen 1965. Hier liegt Atlantis auf einem unterseeischen Riff in der Nähe von Helgoland.

Alle Mythen und Sagen sind gehalten von einem großen, von einem gewaltigen Ereignis, von einem Geschehen, das sich eingegraben hat in die Erinnerung von Jahrhunderten. Bei den tausendfachen Weitererzählungen, bei den ungezählten Wiedergaben bleibt wohl das Geschehen, aber zwei Elemente verwirren sich und verschwimmen allmählich, das ist der Raum, und das ist die Zeit.

So liegt auch der Atlantis-Sage ein großes Ereignis zugrunde, aber Raum und Zeit sind verwirrt. Wie alle Mythen, wie auch das Nibelungenlied, wie Homers

Ilias, trägt auch der Mythos von Plato sicherlich eine Wahrheit in sich. Es ist jedesmal ein gewaltiges Ereignis, das die Menschen erschütterte, ein Ereignis, dessen Erinnerung fortlebt. Bei Homer ist es der Untergang Trojas um 1200, aber die Schilderung verlegt das Geschehen in eine spätere Zeit, in die Zeit um 700 mit Streitwagen und Eisenschwertern. So haben die mittelalterlichen Maler die Ereignisse der Geschichte von Christus dargestellt mit Häusern und Menschen in Formen des 14. und 15. Jahrhunderts. So spricht auch das Nibelungenlied, das im 12. Jahrhundert geschrieben worden ist, von den Menschen so, als ob sie in dieser Zeit lebten, obgleich der Hauptteil des Geschehens in das 6. Jahrhundert fällt, es ist der Kampf von Fredegunde, gestorben 597 und Brunhilde, gestorben 613.

Genauso ist es bei dem Mythos von Atlantis. Die Zeit, die Plato angibt, ist völlig unmöglich. Er spricht von 9000 Jahren vor seiner Zeit, also jetzt vor mehr als 12000 Jahren, denn Plato lebt zwischen 427 und 347. Er spricht davon, daß auf Atlantis Bronze und Gold und Silber bekannt waren. Vor 12000 Jahren aber gab es an keiner Stelle der Erde eine Bronzezeit. Die Zeit ist also verschwommen und bedeutungslos. Verschwommen ist auch der Raum. Plato spricht von einer Insel jenseits der Säulen des Herkules. Dort kann niemals eine große, von Menschen einer Hochkultur bewohnte Insel gelegen haben. Durch die Tiefwasserforschungen des Atlantischen Meeres, des am meisten befahrenen Meeres der Welt, weiß man genau, daß der Einbruch zwischen Europa und Asien in geologisch so frühen Zeiten geschehen ist, daß dieses Ereignis Menschen niemals erlebt haben können. Der Raum ist also auch bedeutungslos im Mythos, obgleich er in allen bisherigen Werken eine besondere Rolle gespielt hat.

Von Bedeutung ist allein das Ereignis. Plato spricht in Timaios von der großen Flutkatastrophe, von einer Überschwemmung, und er sagt, daß es die furchtbarste Flutkatastrophe sei, die je die Erde heimsuchte. Es muß sich also um einen Vulkanausbruch handeln, einen Ausbruch, den die Menschen bewußt miterlebt haben, einen Ausbruch, der wirklich große Kulturen zerstören konnte. Erst in diesen Jahren ist die Urwurzel dieses Mythos historisch deutlich geworden. Sie liegt auf der Mittelmeerinsel Santorin, auf Thera.

Das ist der räumliche Umkreis für Ägypten, wie für Kreta und Griechenland. Der Umkreis von Homer reichte nicht hinaus über das Mittelmeer, so kann auch die große Flut, von der Plato immer wieder spricht, nur im Mittelmeer gelegen haben. Eine gewaltige Kultur, Kreta, wurde von dieser Flut zerstört.

So wird das Geheimnis um Atlantis in diesen Jahren seine Mystik aufgegeben haben. Ein Märchen ist vergangen, eine Erkenntnis hat sich an seine Stelle zu setzen vermocht.

Die Ausgrabung erbrachte einen Palast mit Fensterrahmen, Türöffnungen, erbaut aus Marmor von dem Eliasberg. Er liegt 6,5 km entfernt. Auf ihm hatte sich der Vulkan gebildet. Heruntergefallene Steine zeigten an, daß es schwere Erdbeben mit Aschenregen gegeben haben muß. Es fanden sich große Tongefäße, in Reihen aufgestellt, genau wie in Knossos, bemalte Badewannen, Körbe aus verkohlten Weiden, gepflasterte Straßen, Stierskulpturen aus Terrakotta, das große Gemälde eines Affen, eine Vase in Form eines Löwenkopfes. Es fand sich auch 1967 eine Inschrift mit archaischen griechischen Buchstaben.

Über die Ergebnisse gibt es einen kurzen Bericht von James W. Mavor, einem amerikanischen Forscher in: Antike Welt, Bd. 1, 1970, S. 33—45, ferner einen eingehenden Bericht von J. V. Luce, betitelt: The End of Atlantis, Verl. Thames and Hudson, London 1969, deutsch: Atlantis, Legende und Wirklichkeit, Gustav Lübbe Verl. Bergisch-Gladbach, 1. Aufl. 1969, 3. Aufl. 1972 mit 344 Seiten u. 100 Taf., 20 Abb.

Von griechischen Städten im westlichen Mittelmeer sind in der Zeit von 1900 bis 1975 mehrere gut ausgegraben worden. Von Agrigent, italienisch Agrigento, bis 1927 Girgenti, Sizilien, liegen viele Funde vor. Sie sind aufbewahrt im Antiquarium Villa Aurea und im Museo Civico in Agrigent. Fünf griechische Tempel sind vorhanden, einige stehen noch aufrecht. Große Teile von antiken Wohnvierteln wurden freigelegt, auch ein Heiligtum der Demeter. Aus der Literatur: P. Marconi, Agrigento, Firenze 1929.

Bei Gela, an der Südküste von Sizilien, jetzt Terranova, ist ein griechisches Gräberfeld ausgegraben worden von Paolo Orsi (1859—1935), damals Direktor des Museums von Syrakus.

In Syrakus, gegründet 773—771 von den Korinthern, findet sich ein griechisches Gräberfeld. Das Athenaion auf der höchsten Stelle von Ortygia gelegen, war das Haupttheiligtum der griechischen Stadt. Das Museo Archeologico Nazionale wurde 1876 begründet, seit 1884 ist es Nationalmuseum.

Einige der griechischen Tempel von Selinunt, italienisch Selinunte, stehen noch aufrecht. Die Stadt Selinunt wurde von den Dorern des sizilischen Megara gegründet im Jahre 628 v. Chr. Bei der Stadt liegen die Trümmer von acht Tempeln aus ihrer Blütezeit, 628—409 v. Chr. Die Ausgrabungen begannen 1864, sie wurden 1883 fortgesetzt und noch jetzt wird an der Wiederaufstellung der Säulen gearbeitet. Die Literatur ist: Benndorf, Metopen von Selinunt, 1873. — Puchstein, Die griechischen Tempel in Unteritalien und Sizilien, 2 Bde, 1899. — Hulot-Fougères, Sélinounte, 1910. — P. Marconi, Atti e memorie della Società Magna Graecia, Rom 1933. — Bernabò Brea, Museen und Kunstdenkmäler in Sizilien, München 1959.

In Spina, gelegen in dem Delta des Po, ist eine griechische Stadt des 5. Jahrhunderts gefunden worden. Der Hafen behielt auch unter etruskischer Herrschaft seine Bedeutung. Allmählich versandete er. Zur Zeit, als Strabo schrieb, etwa 63 v. Chr. bis 20 n. Chr., war Spina nur noch ein weit vom Meere entferntes Dorf. Die Ausgrabungen, die das Gräberfeld aufdeckten, führt seit 1954 P. E. Arias durch.

Von dem griechischen Ort Ampurias, ehemals Emporion, bei Gerona an der Nordostküste Spaniens, war unter der Darstellung der Iberer die Rede.

Über die Griechen in Spanien berichtet R. Carpenter, The Greeks in Spain, 1925. Eine Gesamtübersicht über die Archäologie Griechenlands geben: Ernst Buschor, F. Koepp, B. Schweitzer in: Handbuch d. Archäologie, Bd. 1, 1939. — A. Rumpf, Archäologie I, 1953. — R. Bianchi Bandinelli u. M. Pallottino,

Archaeologia in: Enciclopedia dell'Arte Antica I, 1958. — E. KIRSTEN u. W. KRAIKER, Griechenlandkunde, 5. Aufl. 1967.

Im griechischen Kleinasien, in Milet, griechisch Milétos, umfaßten die ersten deutschen Ausgrabungen die Zeit von 1899—1914. Im Jahre 1938 wurden sie wieder aufgenommen, sie standen unter der Leitung von Carl Weickert. Es wurde die älteste Schicht der Stadt gefunden, sie reicht zurück bis um 1600 v. Chr., im 13. Jahrhundert war der Ort eine mykenische Faktorei. Die Grabungen wurden 1939 unterbrochen und 1957 mit Hilfe der Deutschen Forschungsgemeinschaft wieder aufgenommen. Es fand sich mykenische Keramik in mykenischen Siedlungen. Den Bericht gibt CARL WEICKERT in: Neue deutsche Ausgrabungen, Dtsch. Arch. Inst. Berlin 1959, S. 181—196.

In Ephesus hat zuerst der Engländer J. T. Ward gegraben, von 1869—1874. Er fand die Reste des großen Tempels der Artemis, der Diana von Ephesus, ein Bauwerk, das als eines der Sieben Weltwunder der Antike galt. Das Ausgrabungsgelände liegt auf versandetem Boden. Der Fluß Kaystros hat in den Jahrhunderten so viel Sand angeschwemmt, daß die ganze Bucht von Erde bedeckt worden ist. So konnten sich die Grundrisse und auch die Straßen und größere Teile der Gebäude unter der Erde erhalten bis heute.

Das Österreichische Archäologische Institut grub von 1896—1913, dann von 1926—1935 und wieder seit 1953 bis jetzt. Die Grabungen erfaßten besonders die hellenistisch-römische Stadt mit Hafenanlagen, mit drei Märkten, mit zwei Gymnasien, mit dem Stadion und dem Theater mit Plätzen für 24000 Besucher. Die letzten Grabungen legten die sogenannte Kuretenstraße frei, sie verbindet das Odeion mit der Bibliothek des Celsus, der 135 n. Chr. starb. Es wurden Kultstätten gefunden für die Kaiser Domitian, Trajan, Hadrian. Die Ausgräber fanden 1956 zwei Statuen der Diana von Ephesos im Bezirk des Pyrtaneion, des Rathauses. Ein Museum gibt eine gute Übersicht über wichtige Funde. Besichtigt man die Grabungen von Ephesus, so ist man gepackt von der Mächtigkeit der Bauten und Straßen und der großen Anlagen.

Die neuere Literatur ist: F. MILTNER, Ephesus, 1958. — W. ALZINGER, Die Stadt des siebenten Weltwunders, 1962. — J. KEIL, Führer durch die Ruinenstätte, 5. Aufl. 1964. — Eingehende Berichte in: Jahreshefte d. Archäol. Inst. Österr., seit 1898. — A. BRAMMER in: Anzeiger d. phil.-hist. Kl. d. Österr. Akademie d. Wiss. Bd. 46, 1961—1963.

Auch in Pergamon wurden die Grabungen fortgesetzt, zuerst 1900—1913, seit 1912 unter der Leitung von Wilhelm Dörpfeld. Von 1927—1938 leitete sie Theodor Wiegand. Wieder mußten sie 1938 unterbrochen werden und erst 1957 konnten sie fortgeführt werden unter der Leitung von Erich Boehringer. Am Asklepieion wurde gearbeitet, ein Teil der Mauern der Stadt aus hellenistischer Zeit konnte erfaßt werden, die Demeter-Terrasse, die Rote Halle, heute Kizil Avlu. Mehrere Reliefs und Inschriften wurden aufgedeckt, Mosaik-Fußböden, Statuen des 6. Jahrhunderts

v. Chr., Münzen. Boehringer beendet seinen Aufsatz in: Dtsch. Arch. Inst. Neue Ausgrabungen im Mittelmeergebiet und im Vorderen Orient, Berlin 1959, S. 121 bis 171, mit diesen Worten:

„Pergamon erlebt das Schicksal von Ephesos. Es wird immer mehr ein Großplatz der Touristik. Während noch vor dreißig Jahren im Laufe einer Kampagne mit Mühe zehn auswärtige Gäste kamen, speien heute vollgeladene Schiffe ... Hunderte von Besuchern aus. Jedes Jahr finden Ende Mai im Theater des Asklepieions Festspiele statt mit beachtlichen Aufführungen antiker Dramen und mit schönen einheimischen Tänzen in bunten Trachten ... Diese Umstände bringen Konsequenzen für den Ausgräber, der seine wissenschaftlichen Ziele erreichen will, und bringen Verpflichtungen für die Antikenverwaltung, die für den Schutz der Monumente durch verstärkte Überwachung und vorsorgliche Konservierung zu sorgen hat. Daß es lohnt, sich um Pergamon weiter zu bemühen, sollten diese Zeilen beweisen."

Aus der neueren Literatur über Pergamon ist zu nennen: Esther Hanson, The Attalids of Pergamon, New York 1947. — K. Bittel, Prähistorische Forschung in Kleinasien, Istanbuler Forschungen Bd. 6, 1934, S. 122. — H. Kähler, Der große Fries von Pergamon, Berlin 1948. — A. Schober, Die Kunst von Pergamon, Wiesbaden 1951. — A. Goetze, Kleinasien in: Handbuch d. Altertumswiss. Bd. III, 1, 3, München 1957.

In Troja hat eine amerikanische Gruppe unter der Leitung von C. W. Blegen von der Univ. Cincinnati neue Grabungen begonnen in der Zeit von 1932—1938, wie schon vorher dargelegt (hier S. 248). Blegen hat sich der von Dörpfeld aufgestellten Schichtenfolge angeschlossen. Er sieht die homerische Stadt jedoch nicht, wie Dörpfeld, in der Schicht VI. Blegen erklärt, daß die Stadt der Schicht VI durch Erdbeben zerstört worden sei. Die homerische Stadt ist nach Blegen die Schicht VIIa, sie wird um 1200 zerstört. Blegen trägt seine Ergebnisse vor in: C. W. Blegen u. a. Troy, Excavations conducted by the Univ. of Cincinnati 1932—1938, 4 Bde, Princeton 1950—1958. — Ders. Troy, London-New York 1963. Dörpfeld hat mir in vielen Gesprächen in Kairo erklärt, daß er Blegen nicht zu folgen vermag.

In Aphrodisias, einer antiken Stadt in Kleinasien an der Grenze des alten Phrygien, hat seit 1904 eine französische Gruppe, seit 1937, dann wieder 1961 eine italienische Gruppe gegraben. Die Stadt erlebte ihre Blüte in der römischen Kaiserzeit. Die Stadtmauern, unter Konstantin erneuert, hatten einen Umfang von dreieinhalb Kilometern. Es wurden die Säulenhallen freigelegt, die den Marktplatz umgeben haben, sie stammen aus der Zeit von 14—29 n. Chr. Der Aphroditetempel wurde bearbeitet, er war in byzantinischer Zeit in eine christliche Kirche verwandelt worden. Die Thermen aus der Zeit Hadrians konnten ausgegraben werden und bedeutende Statuen wurden gefunden. Aphrodisias besaß eine berühmte Bildhauerschule im 1. u. 2. nachchristlichen Jahrhundert. Die Bildwerke gelangten in die Museen von Izmir und Istanbul.

Die Literatur ist: G. Jacobi, Gli scavi della missione archaeologica italiana ad Aphrodisias, in: Monumenti antichi, Bad. 38, Milano 1939. — L. Crema, I monumenti architettonici Afrodiensi, ebda. — M. SQUARCIAPINO, La scuola di Aphrodisias, Roma 1943. — G. BECATI, Afrodisiade, in: Enciclopedia dell'Arte Antica Bd. 1, Roma 1958.

Die vielen Ausgrabungen von Städten und Kunstwerken der Antike haben für das 20. Jahrhundert nicht neue Tatsachen geschaffen. Das Bild, das sich das 19. Jahrhundert an seinem Ende gebildet hatte, hat sich bestätigt. Der Blick auf das Ganze hat durch eine Fülle von oft bedeutenden einzelnen Grabungen an Gehalt und an Dichte gewonnen.

Die heutige Generation hat die Möglichkeit, durch diese Fülle von neuen Funden die Chronologie, die Wesensart und die Bedeutung der antiken, heute noch sichtbaren Welt mit bereicherten Augen betrachten zu können als die um 1900.

KAPITEL XIV

Völkerwanderungszeit. Wikinger

Es ist erst das 20. Jahrhundert, dem es für die Epoche der Völkerwanderungszeit gelingt, festen Boden unter den Füßen zu gewinnen. Bis 1900 war es deutlich geworden, daß die großen Gräberfelder, wie sie mehrfach angeschnitten worden sind, Fundstücke der germanischen Völkerwanderungszeit enthalten. Damit ist der weite Zeitraum 375—700 gegeben, aber nicht mehr. Einige Gräber sind durch Münzfunde in das 6. nachchristliche Jahrhundert zu datieren. Es konnte auch nicht mit Sicherheit gesagt werden, ob Fundstücke fränkisch, alamannisch, suebisch, burgundisch sind. Die Funde in England konnten als angelsächsisch bestimmt werden, aber auch hier war nur das Datum der Landnahme, 450 n. Chr. gesichert, nicht der Verlauf und nicht das Ende. In Italien gab es keine Möglichkeit zu unterscheiden zwischen gotisch und langobardisch.

Um 1900, und auch noch in den Jahrzehnten danach, war die Epoche der Völkerwanderungszeit die uns zwar zeitlich nächste, die zugleich aber auch uns unbekannteste. Genaue Zeitangaben nach Jahrzehnten, wie man es für diese Epoche nach der Römerzeit hätte erwarten können, waren nicht möglich. Es waren Funde da, aber sie schlossen sich nicht zusammen zu einem festgeordneten Bilde. Wie so manches andere große Problem der prähistorischen Archäologie, hat erst das 20. Jahrhundert diese Fragen einer Lösung näher zu bringen vermocht.

Die Prähistoriker, die sich mit der Völkerwanderungszeit beschäftigen, stehen in der ersten Hälfte des 20. Jahrhunderts vor drei verschiedenen Aufgaben. Sie können nicht gleichzeitig und auch nicht von einem einzelnen der Lösung zugeführt werden.

Erstens müssen Ausgrabungen durchgeführt werden, die möglichst ganze Gräberfelder erfassen. Es ist nötig, daß sie außerhalb bewohnter Orte liegen, es ist von Vorteil, wenn sie in Sandböden lagern, so daß die Skelette erhalten geblieben sind. Man braucht den Ausgräber, der die Mühe des Grabens durch Monate, durch Jahre hindurch auf sich nimmt. Dazu ist es erforderlich, die Fundergebnisse genau aufzuzeichnen und zu veröffentlichen. Diese Aufgabe ist die schwierigste für diese Zeit. Die wissenschaftlichen Zeitschriften sind noch klein, sie können nicht lange, eingehende Grabungsberichte aufnehmen. Die Veröffentlichung in Büchern ist zu teuer, der Druck des Buches von Boulanger war erst möglich, als 160 Subskriptionen aus ganz Europa vorlagen. Diese Aufgabe ist mehr technischer Art, die beiden folgenden sind völlig geistiger Art.

Es ist zweitens die Aufgabe, zur Lösung der genauen Chronologie für die einzelnen Funde zu gelangen. Es fehlen die gesicherten Daten.

Drittens ist es die Aufgabe, die Frage der Entstehung der völlig neuen Kunstformen der Völkerwanderungszeit zu lösen, die Frage ihrer Herkunft zu deuten, die Frage ihrer Durchführung und die Frage ihrer Beendigung.

Diese drei Aufgaben werden nur langsam und allmählich einer Lösung entgegengeführt. Einige Forscher beschäftigen sich nur mit einer dieser Aufgaben, andere mit mehreren, ohne sie wirklich bewältigen zu können. Der Blick des Chronisten steht vor einer Fülle von ungelösten Problemen, vor einer Fülle von Fragen, die damals nicht zu beantworten waren. Immer wieder werden Ergebnisse versucht, sie widersprechen sich bei den einzelnen Forschern je nach dem Ausgangspunkt, je nach der Übersichtsmöglichkeit, je nach der vorgefaßten Meinung.

Das in der prähistorischen Forschung am gegensätzlichsten diskutierte Thema in der Zeit zwischen 1900 und 1975 ist das der Völkerwanderungszeit. Die uns Heutigen am nächsten liegende Epoche ist zugleich tatsächlich die dunkelste, und das, obwohl historische Berichte vorliegen.

Die Frage der Ausgrabung und der Veröffentlichung wird im Anfang des 20. Jahrhunderts am meisten bearbeitet von Frankreich, genau wie in der zweiten Hälfte des 19. Jahrhunderts. In dieser Zeit erscheinen wichtige französische Werke, sie haben ihre Bedeutung nicht verloren bis heute.

Im Jahre 1901 erscheint das große dreibändige Werk von M. C. BARRIÈRE-FLAVY mit dem Titel: Les arts industriels des peuples barbares de la Gaule du V. au VIII. siècle. Bd. 1 bringt eine Darstellung der wichtigsten Gräberfelder, Bd. 2 auf 321 Seiten eine Liste aller Fundplätze mit merowingischen Gräbern in Frankreich, Holland, Belgien, Deutschland, Schweiz, Luxemburg, mit der Literatur zu jedem Fundplatz. Bd. 3 bringt auf 81 Tafeln die wichtigsten Funde in Zeichnungen. Das Werk ist noch heute in seiner Genauigkeit, in der Fülle seiner Orts- und Literaturangaben ein unentbehrliches Hilfsmittel für alle Arbeiten auf diesem Gebiete.

Im Jahre 1902 begann das Prachtwerk von CL. BOULANGER zu erscheinen, Le mobilier funéraire Gallo-Romain et Franc en Picardie et en Artois, Paris 1902—1905. Mit diesem Werke von 201 Seiten und 50 farbigen Tafeln ist zum erstenmal ein überschaubares Material eines bestimmten Raumes dargeboten worden. Die farbigen Bilder, sehr genau gezeichnet, ermöglichen einen guten Überblick. Der erste Teil des Buches behandelt die gallo-römische Epoche, der zweite die fränkische, der dritte die karolingische.

In dem Vorwort sagt der Direktor des Musée des Antiquités Nationales in St.-Germain, Salomon Reinach (1859—1932) auf S. XV:

«Il y a vingt ans, ce qu'on appelait l'Orfèvrerie barbare formait encore comme un bloc ou l'on distinguait bien des variétés régionales, mais dont la chronologie était tout à fait vague et flottante».

Man konnte räumliche Unterscheidungen erkennen, die Chronologie aber war unbestimmt und fließend, so erklärt Reinach.

Es ist überraschend zu sehen, daß Boulanger schon in dieser Zeit, in den ersten Jahren des 20. Jahrhunderts, erkennt, daß mit dem Kunstgewerbe der Franken ein völlig neues Element nach Europa gekommen ist, und daß die Wurzeln dieser Kunstgestaltung zu suchen sind bei den Goten. Boulanger bemerkt auf S. XXXVII: «Ce qui frappe les archéologues qui étudient les époques gallo-romaine et franque, c'est que les Francs adapteurs ou imitateurs de l'art industriel artistique des Goths, ont apporté avec eux, en Gaule, une industrie naturellement nouvelle avec sa technique particulière, un mobilier qui recèle un cachet propre en même temps qu'un caractère original et très homogène si l'on en examine l'ensemble, un mobilier, en somme, qui ne ressemble en rien à celui des Gallo-Romains, leurs prédécesseurs sur ce même sol».

In diesen Worten ist das ausgedrückt, was die Forscher um diese Zeit so stark bewegt. Diese Kunst der Völkerwanderungszeit ist gestaltet in völlig anderen Formungsarten als die der Römer. Und dabei sind die Römer diejenigen, die vor den Franken im nördlichen und mittleren Frankreich ihre Wohnsitze besaßen, zusammen mit den Kelten, den Galliern, so daß man in Frankreich das Wort „gallo-römisch" verwendet.

Im Jahre 1903 erscheint der dritte Band des Werkes von J. Pilloy, Etudes sur d'anciens lieux de sépultures dans l'Aisne, Saint-Quentin. Der erste Band war 1886, der zweite Band 1895, schon vorher genannt (hier S. 221) erschienen.

Diese drei Bände bringen eine klare Übersicht über die Gräberfelder des Dépt. Aisne, des Gebietes vom nördlichen Frankreich, das besonders reich ist an merowingischen und karolingischen Gräberfeldern. Der erste Band mit 294 Seiten und 14 Tafeln behandelt die einzelnen Gräberfelder sehr eingehend, darunter Jardin de Cugny, Seraucourt-le-Grand und Abbeville. Der zweite Band mit 348 Seiten und 37 Tafeln bringt ein so bedeutendes Gräberfeld wie Vermand und andere. Der dritte Band ist vor allem dem Gräberfeld Monceau-le-Neuf gewidmet.

Die Funde sind im Besitz von Boulanger und Pilloy geblieben und sind später verkauft worden. Viele Fundstücke sind in die Museen von Saint-Germain, von Berlin, Köln, Oxford, London und New York gekommen. Dort werden sie zumeist mit unbekanntem Fundort geführt. Es ist mir möglich gewesen, viele dieser Stücke nach den Abbildungen bei Boulanger oder Pilloy auf den genauen Fundort zu bestimmen, so Herbert Kühn, A la recherche des fibules mérovingiennes, Revue Archéol. de l'Est, Dijon 1962, S. 39—61. — Ders. Über den Verbleib verschollener Bügelfibeln in: Kölner Jahrb. f. Vor- u. Frühgesch., Bd. 6, 1962—1963, S. 109 bis 115. Ebenso gelang es Joachim Werner, Fibeln nach dem Fundort zu bestimmen, in: Katalog d. Slg. Diergardt, Berlin 1961.

Die Funde des Dépt. Marne wurden im Jahre 1908 vorgelegt von Georges Goury in einem kleineren Buch von 30 Seiten und 4 Tafeln, betitelt: Essai sur l'époque barbare dans la Marne, Nancy 1908.

BOULANGER veröffentlichte 1907 drei Gräberfelder, Cléry, Maurepas, Corbie, in: Bulletin archéol., 1907, S. 25 ff. und in einem eigenen Werk das Gräberfeld von Marchélepot, Somme, 1909, Le cimetière franco-mérovingien et carolingien de Marchélepot, Paris 1909 mit 188 Seiten und 40 Tafeln. Marchélepot liegt nicht weit entfernt von Nesle, im Umkreis von Péronne.

FERDINAND SCHEURER und ANATOLE LABLOTIER machen 1914 das Gräberfeld von Bourogne bekannt, 13 km südöstlich von Belfort. Die Grabungen wurden durchgeführt von 1907—1909. Insgesamt sind 291 Gräber gehoben worden. Der Titel lautet: Fouilles du cimetière de Bourogne, Paris 1914, das Buch umfaßt 122 Seiten und 60 Tafeln in Farbe. Eine Datierung wird nicht versucht.

1922 veröffentliche EDOUARD SALIN das Gräberfeld von Lezéville: Le cimetière barbare de Lezéville, Nancy, 1922, mit 143 Seiten und 16 Tafeln. Der Ort liegt im Dépt. Haute-Marne zwischen Joinville und Vignory. Salin hat 259 Gräber gehoben.

EDOUARD SALIN legt in einem größeren Werk die gesamten Funde von Lothringen vor. Das Buch trägt den Titel: Le haut moyen-âge en Lorraine d'après le mobilier funéraire, Paris 1939. Es umfaßt 324 Seiten mit 44 Tafeln. Die Funde werden mit ihren Grabbeigaben und ihren Fundzusammenhängen dargestellt. Der Verf. verweist auf die Bedeutung der Steppenvölker.

Wenn so für Frankreich die Funde der Normandie durch J.-B. D. COCHET zusammenfassend vorgelegt worden sind in den vorher erwähnten Werken (S. 220), La Normandie souterraine, 1854 und Sépultures gauloises, romaines, franques et normandes, 1857, wenn für das Gebiet der Aisne und der Picardie J. Pilloy die notwendigen Angaben gemacht hat, wenn Burgund vorgelegt ist durch H. BAUDOT mit dem Werk von 1860, Mémoire sur les sépultures des barbares de l'époque mérovingienne découvertes en Bourgogne, wenn M. C. BARRIÈRE-FLAVY den größten Teil von Frankreich dargestellt hat in dem genannten Werk, Les arts industriels des peuples barbares 1901, wenn Edouard Salin die Funde von Lothringen zusammengestellt hat, dann fehlte immer noch die Stelle Frankreichs zwischen der Seine und der Mündung der Loire, das sind die Départments Seine, Seine-et-Oise, Loiret, Cher, Eure-et-Loire, Loire-et-Cher, Indre, Sarthe, Indre-et-Loire, Vienne, Mayenne, Main-et-Loire, Deux-Sèvres, Loire-Inférieure und Vendée.

Dieser Aufgabe hat sich HANS ZEISS gewidmet. Er hat 245 Fundorte merowingischer Kultur zusammengestellt und das Ergebnis veröffentlicht in einer Abhandlung: Die germanischen Grabfunde des frühen Mittelalters zwischen mittlerer Seine und Loire-Mündung im 31. Ber. d. Röm.-Germ. Kom. 1941, S. 5—173, 10 Tafeln.

Ein Ergebnis ist unter manchen anderen, daß die Bügelfibel, sonst so bezeichnend für merowingische Gräberfelder, auf dem Raume zwischen Seine und Loire fast nicht mehr vorkommt. Hans Zeiss sagt (ebda S. 27): „Die Bügelfibeln dagegen, welche für das Kerngebiet der Franken so bezeichnend sind, bleiben zwischen mittlerer Seine und Loire aus, die Aussage der Verbreitungskarten, welche N. Åberg, Franken u. Westgoten 1922, und neuerdings H. Kühn vorgelegt haben, Germ. Bügelfibeln d. Völkerwdgszt. in d. Rheinprovinz 1940, S. 65, wird von der vorliegenden Untersuchung bestätigt."

Ein gewaltiges Werk über die Völkerwanderungszeit, vor allem im Raume Frankreichs, legt EDOUARD SALIN vor in den Jahren 1950—1959. Das Buch trägt den Titel: La civilisation mérovingienne, 1. Teil, Les idées et les faits, Paris 1950, 531 Seiten. 2. Teil, Les sépultures, Paris 1952, 409 Seiten. 3. Teil, Les techniques, 307 Seiten. 4. Teil, Les croyances, Conclusions, Index général, Paris 1959, 579 Seiten. Dieses große Werk von insgesamt 1826 Seiten stellt vor allem die geistige Welt der Germanen der Völkerwanderungszeit dar. Alle großen Fragen werden behandelt, die Bedeutung der Kirche, der Einfluß der Steppenvölker, die Straßen der Zeit, die Wirkung von Byzanz, die Art der Gräber, die Beigaben, das Eisen mit den Waffen, die Bronze, die Einlagetechnik, die Menschengestalt in der Wiedergabe, Christus in der Darstellung, der Mensch zwischen zwei Tieren, der Drache, das Bandgeflecht. Dazu werden 317 lateinische Texte vorgelegt, die die Stellung der Zeit zu den Fragen wiedergeben.

EDOUARD SALIN ist am 9. 1. 1889 geboren. Er war Ingenieur der Bergwerke und kam dadurch mit den Ausgrabungen in Berührung. Im Jahre 1945 wurde er Direktor des Musée historique Lorrain in Nancy, eine Stellung, die jetzt Albert France-Lanord inne hat. Salin wurde Membre de l'Institut de France, Académie des Inscriptions et Belles-Lettres. Seine Bücher sind: Das genannte Werk über Lezéville, Le cimetière de Lezéville, 1922. — Le Haut Moyen Age en Lorraine d'après le mobilier funéraire, 1939. — Le fer à l'époque Mérovingienne, 1943. — Das genannte Buch: La civilisation mérovingienne 1950—1959. — Les tombes gallo-romaines et mérovingiennes de la Basilique de Saint-Dénis, 1958.

Ein vor einiger Zeit aufgefundenes Gräberfeld ist Hérouvillette (Calvados), 10 km nordöstlich von Caen. Die Grabung fand statt in der Zeit von Februar bis Juni 1966, sie stand unter der Leitung von JOSEPH DECAËNS von der Universität Caen. Es wurden 61 Gräber gehoben, manche mit reichen Beigaben, acht Bügelfibeln, vier Scheibenfibeln, zwei Vogelfibeln, zwei S-Fibeln, 18 gleicharmigen Fibeln. Zwei Brakteaten wurden gefunden, mehrere silbertauschierte Gürtelschnallen. Das Gräberfeld datiert sich durch seine Beigaben in die Zeit von 525—725.

Den Bericht gab Joseph Decaëns in: Archéologie Médievale, Bd. 1, 1971, S. 1—125.

Im Jahre 1959 wurde ein besonders wichtiges Grab gefunden, an Bedeutung gleich dem Funde des Grabes des Königs Childerich 1653 in Tournai. Seit 1953 wurden Grabungen unter der Basilika von St. Denis, Paris, durchgeführt, der Kirche, in der die Könige von Frankreich bestattet worden sind. 1959 wurde das Grab der Königin Arnegunde aufgedeckt, sie ist die vierte Gattin von König Chlothar I., er regierte von 511—561. Seine erste Frau ist Guntheuka, die Witwe seines Bruders Chlodomer. Die zweite ist die Tochter des Königs der Thüringer, der 531 vernichtend geschlagen worden war, Radegunde, sie wurde 550 Nonne in Poitiers. Die dritte ist Ingunde, eine Frau aus niederem Stande. Ihre Schwester ist Arnegunde, die Mutter des späteren Königs Chilperich. Er regierte von 561 bis 584. Arnegunde wird etwa um 520—525 geboren sein. Bei ihrem Tode war sie etwa

45 Jahre alt, die Bestattung muß um 565—570 stattgefunden haben. Der König heiratete noch zwei Frauen, Chunsena und Vuldetrada, die Gattin seines Neffen Theudebald.

Der Sarkophag, gelagert unter der Schicht der Karolinger, war völlig unberührt. Er brachte das Skelett der Königin und ungewöhnlich reiche Beigaben. An dem Kopf lagen zwei goldene Haarnadeln, und die goldenen Filigran-Ohrringe. Unter dem Kopf fand sich eine goldene Scheibenfibel mit Almandinen, eine andere unter der Brust. In der Hüftgegend lag die große goldene Gürtelgarnitur mit Silbereinlage, eine lange silberne verzierte Nadel, an einem Finger der linken Hand der Ring mit der Inschrift Arnegundis. Auf dem Körper fanden sich noch Teile des Kleides aus Seide, darüber eine Tunika aus Seide mit Goldstickereien. An den Füßen lagen Teile der Strümpfe, Strumpfschnallen, eine Glasflasche. Der Inhalt des Grabes konnte in einzelnen Schichten abgehoben werden. Sie wurden bearbeitet in dem Laboratorium des Museums von Nancy. Die Ausgräber waren Albert France-Lanord, Nancy und Michel Fleury, Paris.

Die Ausgräber schreiben in ihrem Bericht: Das Grab der Arnegundis in Saint-Denis in: Germania 1962, S. 358—359:

„Das besonders reich ausgestattete Grab dieser Arnegundis, das sich durch seinen Schmuck, die Kleidung aus auserlesenen Stoffen, die unvergleichlichen Goldstickereien und nicht zuletzt durch die einzigartige große Gürtelgarnitur auszeichnet, muß das Grab einer bedeutenden Persönlichkeit sein, zweifellos aus königlichem Geschlecht. In der Tat kennen wir in der Familie der Merowinger eine Arnegundis. Der Name ist gleichbedeutend mit Aregunde, die eine der Frauen des Frankenkönigs Chlothar I. (511—561) und die Mutter des Chilperichs I. (561—584) war."

Gregor v. Tours, Historia Francorum IV, 3 berichtet folgendes „Der König hatte von verschiedenen Frauen 7 Söhne: von der Ingunde: Gunthar, Childerich, Charibert, Gunthram, Sigibert und eine Tochter Chlodosinde, von der Aregunde, Ingundens Schwester, ferner Chilperich, von der Chunsena endlich Chramm. Was aber der Grund war, daß er seiner eigenen Gemahlin Schwester zum Weibe nahm, will ich erzählen. Als er Ingunde schon zur Ehe genommen hatte und seine Leidenschaft auf sie allein richtete, da hörte er eine Bitte von ihr. Mein Herr, sagte sie, hat mit seiner Magd getan, wie ihm beliebte und mich seinem Lager zugesellt. Nun höre, um seine Gunst vollkommen zu machen, mein Herr und König, um was seine Magd ihn bittet. Ich ersuche Euch, erleset gnädig meine Schwester, die Euere Sklavin ist, einen angesehenen und wohlhabenden Mann, damit ich durch sie nicht erniedrigt, sondern vielmehr erhöht, Euch nur um so ergebener diene. Als der König dies hörte, wurde er, da er nur allzu sehr der Lust ergeben war, von Begier nach Aregunde ergriffen, nahm seinen Weg zum Hofe wo sie wohnte, und vermählte sich mit ihr. Als er sie zum Weibe genommen hatte, kehrte er zu Ingunde zurück und sagte: Ich habe gesucht, dir die Gunst zu erwähren, um welche deine süße Liebe mich bat. Und da ich einen reichen und angesehenen Mann suchte, welchem ich Deine Schwester vermählen könnte, habe ich keinen besseren gefunden, als mich selbst. So wisse denn, daß ich sie zum Weibe genommen habe, und dies wird dir, wie ich glaube, nicht mißfallen. Da sagte Ingunde: Was in den Augen meines Herrn gut getan scheint, das tue er; nur möge deiner Magd die Gnade des Königs erhalten bleiben".

Gregor sagt nichts über das Schicksal der Arnegundis. Aber wenn man bedenkt, daß sich dieses Ereignis kurz vor der Geburt Chilperichs I. abspielte — also 539 — so darf man annehmen, daß Arnegundis etwa zwischen 520 und 525 geboren wurde. Wenn wir auf Grund des Siegelringes als sicher unterstellen, daß diese Frau mit der Toten im Sarkophag 49 von St.-Denis identisch ist, die im Alter von etwa 45 Jahren starb, so muß ihre Bestattung etwa 565 oder 570 stattgefunden haben. Unter den Beigaben gibt es nichts, was einer solchen Datierung widersprechen würde.

Die ersten Berichte sind: M. FLEURY, Nouvelle campagne de fouilles des sépultures de la basilique de Saint-Denis. Comptes Rendus, Paris 1958, erschienen 1959, S. 137. — A. PIGANIOL, Informations archéologiques, Gallia, Bd. 17, 1959, S. 69. — In deutscher Sprache: ALBERT FRANCE-LANORD u. MICHEL FLEURY, Das Grab der Arnegundis in Saint-Denis, Germania, Bd. 40, 1962, S. 341—359.

Es gibt in Frankreich wenige Bücher, die ein Gräberfeld geschlossen darstellen mit der bildhaften Wiedergabe der Fundstücke jedes einzelnen Grabes. Erst in neuerer Zeit (1975) hat sich das geändert. Der verdienstvolle Direktor des französischen Nationalmuseums für Vorgeschichte in Saint-Germain bei Paris, Musée des Antiquités Nationales, RENÉ JOFFROY, 1915 geboren, wie angegeben auf S. 503f., legt ein gediegenes Werk vor über das Gräberfeld von Lavoye (Meuse), gegraben durch Dr. Meunier von 1905—1914. Auf 180 Seiten mit 74 Abbildungen werden die 362 Gräber geschlossen behandelt. Die Gräber gehören der ersten und zweiten Hälfte des 6. Jahrhunderts an, auch der ersten und zweiten Hälfte des 7. Jahrhunderts. Es sind im ganzen 121 Münzen gefunden worden. Darunter eine Münze von Theoderich (493—526), dem König der Ostgoten, eine von dem byzantinischen Kaiser Mauricius Tiberius (582—602). Die übrigen Münzen sind Münzen römischer Kaiser seit Augustus über Hadrian bis zu Justinus I. (527). Sie geben keine Daten an, sie beweisen nur, wie lange Zeit römische Münzen im nördlichen Frankreich im Umlauf waren, genau so wie in neuerer Zeit die österreichischen Münzen der Maria Theresia in Afrika bis zur Gegenwart gültig sind. Der Titel dieses Buches ist: René Joffroy, Le cimitière de Lavoye, Paris 1974, Edition Picard.

In Deutschland sind geschlossene Gräberfelder vor 1950 nur selten als eigene Buchwerke veröffentlicht worden. Im allgemeinen haben die Ausgräber Taschenbücher geführt und sie dem nächsten Museum übergeben.

Das Gräberfeld von Gammertingen, Kr. Sigmaringen, Baden-Württemberg, wird in einer Monographie vorgelegt von J. W. GRÖBBELS, Das Reihengräberfeld von Gammertingen, München 1905.

ALFRED GÖTZE (1865—1948) veröffentlicht das Gräberfeld von Weimar 1912: Die altthüringischen Funde von Weimar, 5.—7. Jahrhundert n. Chr. Berlin 1912, 73 Seiten, 18 Tafeln.

HARBAUER berichtet über das bedeutende Gräberfeld von Schretzheim bei Dillingen, Bayern, seit 1890 gegraben, in den Jahren 1901 und 1902 an entlegener

Stelle in den Programmen des Gymnasiums von Dillingen. Später veröffentlicht ZENETTI die folgenden Grabungen in den Bayerischen Vorgeschichtsblättern und in Germania 1935, S. 333—336. Das Gräberfeld mit mehr als 700 Gräbern ist bis heute nicht geschlossen bekannt gemacht worden.

Eine Zusammenfassung der Ergebnisse der verschiedenen Grabungen gibt E. BRENNER unter dem Titel: Der Stand der Forschung über die Kultur der Merowingerzeit, in: 7. Ber. d. Röm.-Germ. Kom. d. Dtsch. Arch. Inst. Frankfurt 1912, erschienen 1915, S. 253—350.

Das Gräberfeld von Obermöllern bei Naumburg, Bez. Halle, wird von FR. HOLTER veröffentlich in: Jahresschrift f. d. Vorgesch. d. sächs.-thür. Länder, Bd. 12, Halle 1925, 114 Seiten, 33 Tafeln.

Das erste größere überschauende Werk ist das von WALTHER VEECK (1886 bis 1941), Die Alamannen in Württemberg, Bd. 1—2, Berlin 1931 mit 380 Seiten und insgesamt 99 Tafeln. Mit diesem Werk wird für Deutschland ein größeres Gebiet, Württemberg, mit allen Fundstätten der Völkerwanderungszeit geschlossen vorgelegt.

Walther Veeck sagt in der Einleitung S. 2: „Erst in jüngster Zeit ist man dazu übergegangen, eine andere Quelle stärker zur Aufhellung des dunkelsten Abschnitts unserer Geschichte heranzuziehen, die archäologische Hinterlassenschaft der germanischen Stämme. Den dabei zu beschreitenden Weg hat allerdings Altmeister LINDENSCHMIT schon in seinem „Handbuch der deutschen Altertumskunde" gezeigt. Aber es hat Jahrzehnte gedauert, bis man den großen wissenschaftlichen Wert unserer archäologischen Funde aus der Völkerwanderungszeit wirklich erkannte."

Veeck bezieht sich auf KAUFFMANN, „Deutsche Altertumskunde" von 1912 bis 1913, DOPSCH, „Grundlagen der europäischen Kulturentwicklung", 2. Aufl. 1923 bis 1924 und SCHUMACHER, „Siedlungs- und Kulturgeschichte der Rheinlande", III. Band 1925. Er sagt dazu: „Wenn nun die Arbeiten der genannten Forscher, soweit sie sich auf die archäologischen Funde stützen, in manchen Teilen anfechtbar sind, so liegt die Schuld vor allem an dem Mangel jeglicher übersichtlicher Sammlung des zur Verfügung stehenden Stoffes. Und diese Materialsammlungen sind doch eigentlich die Grundbedingungen für jede Forschungsarbeit. Aber unser archäologisches Material lagert zerstreut in vielen großen und kleinen öffentlichen und privaten Sammlungen. Die Fundberichte sind teilweise überaus mangelhaft, dazu oft in kleinen und kleinsten Vereinszeitschriften erschienen, die häufig nur über einen ganz bescheidenen Leserkreis verfügen, aber nicht bis in die große Öffentlichkeit dringen. Eine andere Gruppe von Fundgegenständen ist überhaupt nicht veröffentlicht, von ihnen kennen wie nur den Fundort, aber keine Fundumstände. Aber gerade auf die Kenntnis der Fundumstände ist der allergrößte Wert zu legen, nur dadurch erhält das einzelne Stück seinen Wert. Was angestrebt werden muß, ist die Sammlung dieses weit zerstreuten Materials in einer umfassenden Veröffentlichung, welche die kulturelle Hinterlassenschaft aller germanischen Stämme nach und nach der Forschung zugänglich macht. In Gemeinschaft mit dem Württembergischen Landesamt für Denkmalpflege legt die Römisch-Germanische Kommission als ersten Band diese archäologische Quellensammlung vor: Die Alamannen in Württemberg.

Eine Monographie wird dem Fundort Hailfingen gewidmet. Der Verf. ist HERMANN STOLL (1904—1944). Die Alamannengräber von Hailfingen, Berlin 1939, 83 Seiten, 36 Tafeln.

Hailfingen liegt bei Rottenburg Neckar, Kr. Tübingen, Baden-Württemberg. Die Ausgrabung fand statt zwischen 1928 und 1933, es konnten insgesamt 507 Gräber gehoben werden. Wichtig ist das Männergrab 269 mit einem Dreilagen-Kamm, zwei Spitzbechern aus Glas, verziert mit Glasfäden, ferner Frauengrab 32 mit einer Durchbruchscheibe und mit verzierten Riemenzungen. Stoll erkennt, daß die Mehrzahl der Funde dem 7. Jahrhundert zugehört.

Im gleichen Jahre, 1939, erscheint eine zusammenfassende Darstellung über die Funde des Gebietes von Thüringen: KURT ZIEGEL (1911—1959), Die Thüringer der späten Völkerwanderungszeit im Gebiet östl. d. Saale, in: Jahresschr. f. d. Dtsch. Vorgesch. d. sächs.-thür. Länder, Bd. 31, Halle 1939, 117 Seiten, 18 Tafeln.

Im Jahre 1944 veröffentlicht MARLIS FRANKEN das Buch: Die Alamannen zwischen Iller und Lech, Berlin. Behandelt werden die Fundstücke der Völkerwanderungszeit eines Raumes, der an den von Veeck behandelten Teil anschließt, vom Bodensee und Neu-Ulm bis östlich von Augsburg. An wichtigen Fundorten hebt sich heraus Nordendorf, Kr. Donauwörth, Bayern. Es werden 65 Fundplätze behandelt. Das Buch umfaßt 66 Seiten und 34 Tafeln.

1950 berichtet HELMUT SCHOPPA über das Gräberfeld von Eltville unter dem Titel: Der fränkische Friedhof bei Eltville im Rheingau-Kreis, Nassauische Annalen, Bd. 61, 1950, S. 1—62, 41 Tafeln.

Das Gräberfeld liegt an dem westlichen Ausgang von Eltville, die Grabungen mußten im Kriege 1940 vorgenommen werden, und das erschwerte die Aufgabe. Es konnten 169 Gräber freigelegt werden. Es ergaben sich zwei münzdatierte Gräber, Grab 5 brachte einen Triens merowingisch-fränkischer Prägung und einen Brakteaten, gearbeitet nach dem Vorbild einer Münze von Phokas (602—620), also der Mitte des 7. Jahrhunderts zugehörend. Eine andere Münze angelsächsischer Prägung, eine Sceata brachte Grab 33, sie ist zwischen 600 und 750 gearbeitet worden. Zehn Gräber brachten Bügelfibeln, die wichtigste in Grab 144. Es ist eine Fibel vom Typ Chessel-Down (Kühn, Rheinprov. 2. Aufl. 1965, S. 307—313), der vorwiegend dem 7. Jahrhundert zugehört.

Von FRITZ FREMERSDORF erscheint 1955 ein monographisches Werk: Das fränkische Reihengräberfeld Köln-Müngersdorf, Berlin. Im August 1927 waren Arbeiter beim Anlegen eines Weges auf eine Bestattung gestoßen. Fremersdorf übernahm die Grabung. Ein Gräberfeld mit 149 Gräbern konnte aufgedeckt werden in der Zeit bis 1929. Die Schmuckstücke veröffentlichte Fremersdorf im IPEK 1929, S. 79—84. An kursierenden Münzen ergab Grab 90 eine Halbsiliqua von Justinian I., geprägt 555—565, Grab 91b die gleiche Münze. Grab 131 brachte die Nachprägung einer Goldmünze um 600 und Grab 135 eine Nachprägung aus dem Anfang des 7. Jahrhunderts.

FRITZ FREMERSDORF ist geboren am 14. 5. 1894 in Mainz. Er war Kustos am Wallraf-Richartz-Museum in Köln. Seine Bücher sind: Röm. Bildlampen, Bonn 1922. — Der röm. Gutshof Köln-Müngersdorf, Frankfurt/M. 1933, — Neue Beiträge zur Topographie des röm. Köln, Frankfurt/M. 1950. — Figürlich geschliffene Gläser, Frankfurt/M. 1951.

Von JOACHIM WERNER erscheint 1950 die Monographie: Das alamannische Fürstengrab von Wittislingen, München, mit 94 Seiten und 19 Tafeln. Es ist einem bedeutungsvollen Grabfund von 1881 gewidmet mit der großen silbernen Bügelfibel mit Steineinlagen in 16 cm Länge. Der Fund brachte weiter eine goldene Scheibenfibel mit Filigran und Steineinlage, ein langobardisches Goldblattkreuz, Gürtelbeschläge, eine silberne Amulettkapsel, silberne Taschenbeschläge, eine koptische Bronzekanne. Der Verf. datiert mit Recht die Funde in die letzten Jahrzehnte des 7. Jahrhunderts (S. 75).

Im Jahre 1952 veröffentlicht HANS BOTT (geb. 1903), seit 1954 wissensch. Referent am Röm.-Germ. Zentralmuseum in Mainz, ein Buch mit dem Titel: Bajuwarischer Schmuck der Agilolfingerzeit, München, mit 241 Seiten und 21 Tafeln. Das Werk behandelt die Fibeln, die Anhänger, die Goldblattkreuze, die Ohrringe, die Armreifen, die Durchbruchscheiben. Der Verf. erkennt, daß innerhalb des merowingischen Bereiches, zu dem auch Bayern gehört, ethnische Unterschiede nicht zu erkennen sind (S. 198).

Für die norddeutschen Gebiete ist von Bedeutung das Buch von ERNST GROHNE, „Mahndorf", Frühgeschichte des Bremischen Raumes, Bremen 1953. Mahndorf ist ein Vorort von Bremen, er liegt 11 km südöstlich von der Mitte der Stadt. Die Düne bei Mahndorf ist ein Berg mit 160 Brandbestattungen, fast immer in Urnen. Die Fibeln, in manchen Typen den angelsächsischen verwandt, ergeben das Datum von 500 bis etwa 600. Es handelt sich um eine einheimische, kontinentalsächsische Arbeit. Das Buch umfaßt 373 Seiten, 93 Abbildungen und 25 Tafeln.

Das alamannische Gräberfeld von Mindelheim ist der Titel einer Monographie von JOACHIM WERNER, die 1955 in Kallmünz erscheint. Das Buch legt die Funde des Gräberfeldes vor nach den Grabungen von 1934—1951 mit zusammen 160 Gräbern. Aus drei Gräbern liegen Fibeln vor, vorherrschend sind silbertauschierte Gürtelschnallen, einige mit Menschendarstellungen. Alle Gräber gehören dem 7. Jahrhundert an.

1956 erscheint von HERMANN DANNHEIMER und GÜNTHER ULBERT eine Monographie: Die bajuwarischen Reihengräber von Feldmoching und Sendling, Stadt München, mit 44 Seiten und 16 Tafeln. Es handelt sich um Funde der Zeit von 1917—1944. Jedes einzelne Grab wird mit seinen Beigaben vorgelegt.

KURT BÖHNER (geb. 1914) veröffentlicht 1958 das Buch: Die fränkischen Altertümer des Trierer Landes, Berlin, in zwei Bänden. Der erste Band umfaßt 366 Seiten, der zweite Band 194 Seiten und 75 Tafeln. Es werden alle Fundplätze in alphabetischer Folge vorgelegt, nicht nur in Trier, sondern auch im Saarland, dem Moselland, einem Teile der ehemaligen Rheinprovinz. Der Umkreis umfaßt den Raum von Manderfeld in der Eifel im Norden bis Saarlouis im Süden, von Echternach im Westen bis Bernkastel im Osten. Ein wichtiger Fundplatz ist dabei Rittersdorf bei Bitburg.

Für nicht glücklich halte ich es, daß eine Stufenbezeichnung für die Datierung verwendet wird statt der einfachen Jahreszahlen. Diese Stufen sind wieder andere als bei Joachim Werner, später verwendet wieder Renate Pirling andere Stufen, und wieder andere Berthold Schmidt. Dabei handelt es sich um frühgeschichtliche, nachchristliche Epochen, für die man die einfachen Jahreszahlen ohne Schwierigkeiten benutzen kann.

Ebenso halte ich es für nicht glücklich, daß die Bügelfibeln verkehrt herum abgebildet werden, es folgen dieser Art auch spätere Werke. Die Bügelfibel ist nur von oben nach unten zu lesen, zu verstehen. Oben befindet sich die Kopfplatte, der Himmel mit Vogelköpfen oder Knöpfen. In der Mitte lagert sich die Erde, es ist die Fußplatte, und darunter erscheint die Unterwelt, bezeichnet durch den dämonischen Tierkopf. Dieser Tierkopf kann naturgemäß nicht oben sein, er stellt das Unten dar. Die Nadel sticht auch von oben nach unten, nicht umgekehrt. Nun muß Böhner auch andere typologische Bezeichnungen verwenden, für Kopfplatte sagt er Spiralplatte, für Fußplatte sagt er Hakenplatte. Diese Bezeichnungen haben sich nicht durchgesetzt.

Kurt Böhner wurde geboren am 29. 11. 1914 in Halberstadt. Er studierte in Erlangen und München, 1942 erwarb er seinen Doktorgrad. Von 1943—1955 war er Direktorial-Assistent am Landesmuseum in Bonn, danach Direktor des Museums. Seit 1958 ist er Geschäftsführender Direktor des Röm.-Germ. Zentralmuseums in Mainz. Seine wichtigsten Schriften sind: Der fränkische Grabstein von Niederdollendorf, Germania, Bd. 28, 1944—1950. — Das Langschwert des Frankenkönigs Childerich, Bonner Jb., Bd. 148, 1948. — Die Frage der Kontinuität zwischen Altertum und Mittelalter, Trierer Zschr. Bd. 19, 1950.

1959 erscheint die Monographie über den Fundplatz Weilbach von Helmut Schoppa: Die fränkischen Friedhöfe von Weilbach, Maintaunuskreis, Wiesbaden, mit 81 Seiten und 41 Tafeln. Die Grabung fand 1951 und 1952 statt, es konnten 81 Gräber freigelegt werden. Weilbach ist dadurch von Bedeutung, daß einige Gräber in das 5. Jahrhundert, andere in das 6. Jahrhundert, das 7. und auch in das 8. Jahrhundert datiert werden konnten. Münzdatiert ist Grab 21 mit einer Halbsiliqua von Justinus II. (565—578), in Gräberfeld 2, Grab 22 mit einem merowingischen Triens des 7. Jahrhundert.

Helmut Schoppa wurde am 24. 12. 1907 in Kattowitz geboren. Er erwarb seinen Doktorgrad in Heidelberg 1932. Seit 1939 ist er Kustos am Landesmuseum in Wiesbaden, seit 1953 Direktor. Seine wichtigsten Bücher sind: Die Darstellung der Perser i. d. griech. Kunst, 1932. — Die Kunst der Römerzeit in Gallien, Germanien u. Britannien, 1957. — Dasselbe franz. 1958. — Röm. Götterdenkmäler in Köln, 1959. — Das Mithraeum, 1959. — Die Funde des Steinkastells Hofheim, 1961. — Röm. Bildkunst in Mainz, 1963. — Röm. Bildkunst am Rhein, Germania Romana II, 1965. — Aquae Mattiacae, 1974.

Ein Werk, das ein bestimmtes Gebiet zusammenfaßt, ist das von Hermann Dannheimer, geb. 1929, Konservator a. d. Prähist. Staatsslg. München: Die germanischen Funde der späten Kaiserzeit und des frühen Mittelalters in Mittelfranken, Berlin 1962, zwei Bände mit 234 Seiten und 90 Tafeln. Es handelt sich um den heutigen Regierungsbezirk Mittelfranken mit den Städten Ansbach, Erlangen, Nürnberg, Rothenburg, Weißenburg. Der Vorteil des Buches ist, daß nicht nur bedeutende, repräsentative Funde abgebildet werden, sondern daß das gesamte Fundmaterial in Abbildungen vorgelegt wird. Als einen weiteren Vorteil betrachte ich es, daß nicht mehr von zeitlichen Stufen gesprochen wird, wie es bei J. Werner 1935 noch berechtigt war, sondern daß — wie es selbstverständlich sein sollte — die historischen Jahreszahlen verwendet werden. Das Vorwort schließt mit diesen Sätzen (S. 2):

„Diese Arbeit setzt sich vielmehr das Ziel, den Quellenwert des archäologischen Materials unserem heutigen Forschungsstand gemäß zu prüfen, seine Aussagen herauszuarbeiten und die Ergebnisse der bisherigen frühgeschichtlich-archäologischen Bemühungen im mittelfränkischen Gebiet als bescheidenen Beitrag zur Erforschung der germanischen Frühzeit in süddeutschen Landen zugänglich zu machen."

Im Jahre 1966 erscheint das monographische Werk von RENATE PIRLING (geb. 1929), Direktorin des Landschaftsmuseums des Niederrheins in Krefeld, Burg Linn: Das römisch-fränkische Gräberfeld von Krefeld-Gellep, zwei Bände. Der erste Band umfaßt 239 Seiten und 19 Tafeln, der zweite Band 157 Seiten und 133 Tafeln.

Von 1934—1955 hat ALBERT STEEGER an der Aufdeckung des großen römisch-fränkischen Gräberfeldes südlich des Dorfes Gellep im Stadtgebiet von Krefeld gearbeitet. Sein Buch, nur die wichtigsten Fundstücke vorlegend, ist 1937 erschienen unter dem Titel: Germanische Funde der Völkerwanderungszeit aus Krefeld, 23 Seiten u. 60 Abbildungen. Es handelt sich um zwei Gräberfelder, Gellep I oder Gellep-Süd, und Gellep II. Steeger hatte 1200 Gräber aufgedeckt. Als er 1958 starb, übernahm seine Arbeit Renate Pirling, sie war schon seit 1956 mit der Inventarisierung betraut gewesen. Die Grabungen wurden 1959 fortgeführt, sie ergaben bis 1971 3600 Gräber. Viele Gräber waren ohne Beigaben, aber andere brachten bedeutende Gegenstände. Die beiden Bände veröffentlichen das Gesamtinventar von 1248 Gräbern. Es handelt sich nur um die Teilveröffentlichung, sie ist aber deshalb so bedeutungsvoll, weil sie den genauen Überblick über das Material erlaubt. In 105 Gräbern haben sich Münzen gefunden. Die Belegung beginnt im 3. Jahrhundert, sie dauert bis in das 7. Jahrhundert. Der älteste Teil ist römisch, die Belegung geht ohne Unterbrechung weiter mit fränkischen Gräbern.

Im gleichen Jahr, 1966, erscheint die monographische Behandlung des Gräberfeldes von Sontheim a. d. Brenz, Kr. Heidenheim, Baden-Württemberg von CHRISTA MÜLLER-NEUFFER (geb. 1927), betitelt: Ein Reihengräberfriedhof in Sontheim a. d. Brenz, Stuttgart 1966. Der Band umfaßt 104 Seiten u. 73 Tafeln. Die Grabung fand statt in den Jahren 1958—1961, es konnten 196 Gräber geborgen werden. Von besonderer Bedeutung ist Grab 83 mit einem vergoldeten Silberblechkreuz von 6,9 cm Dm. mit der Darstellung eines bärtigen Gesichtes, sicherlich Christus.

Auch in der Form einer Monographie wird 1967 das Gräberfeld von Junkersdorf bei Köln behandelt von PETER LA BAUME. Der Titel ist: Das fränkische Gräberfeld von Junkersdorf bei Köln, Berlin 1967. Das Buch umfaßt 272 Seiten mit 86 Tafeln. Die Ausgrabung fand statt von 1940—1951. Es ergaben sich 587 Gräber. Sie werden einzeln vorgelegt und abgebildet mit dem gesamten Inventar. Die Funde gehören dem 6. und 7. Jahrhundert an. Münzdatiert ist Grab 170 durch einen Triens des merowingischen Münzmeisters Rauchomarus in die erste Hälfte des 7. Jahrhunderts, ferner Grab 199 in die gleiche Zeit durch die Kölner Nachprägung eines Triens von Justinian, 527—565.

PETER LA BAUME, der Sohn von Wolfgang La Baume, ist geboren am 24. 9. 1916 in Danzig. Er studierte in Kiel, Berlin, Königsberg und erwarb seinen Doktorgrad 1950. Von 1950—1953 war er wiss. Assistent am Landesmuseum Schleswig, seit 1953 in Köln. Seine Bücher sind: Vorgeschichte d. nordfriesischen Inseln, Neumünster, mit Kersten, 1958. — Colonia Agrippinensis, Köln 1960. — Keltische Münzen, Braunschweig 1960. — Die Römer am Rhein, Bonn 1962. — Röm. Kleinkunst, Köln 1962. — Röm. Kunstgewerbe, Braunschweig. 1964.

Ebenfalls 1967 erscheint von ROBERT KOCH (geb. 1936) ein zweibändiges Werk: Bodenfunde der Völkerwanderungszeit aus dem Main-Rhein-Gebiet, Bd. 1 mit 247 Seiten, Bd. 2 mit 102 Tafeln. Das Werk behandelt das Main-Gebiet, besonders Unterfranken und Oberfranken. Fünf münzdatierte Funde (S. 92) liegen vor.

Von PETER PAULSEN erschien 1967 die Monographie: Alamannische Adelsgräber von Niederstotzingen, Kr. Heidenheim, Stuttgart, mit 195 Seiten u. 94 Tafeln. Es handelt sich um 12 Gräber mit besonders reichem Inhalt. Ein Helm wurde gefunden und ein Lamellenpanzer. Die Funde gehören dem 7. Jahrhundert an. Das Buch wird durch seine vielfachen Hinweise auf kulturgeschichtlich bedeutungsvolle Parallelen späterer Zeit besonders wertvoll. Das Symbolhafte der Gegenstände wird betont, ihre mythische Kraft und ihr kultischer Gehalt.

PETER PAULSEN ist geboren am 8. 10. 1902, er studierte in Kiel, Berlin, Stockholm und Uppsala. Er erwarb den Doktorgrad 1932 in Kiel, wurde 1934 Dozent in Kiel, 1939 Prof. in Berlin, seit 1961 ist er Konservator am Württ. Landesmuseum Karlsruhe. Seine wichtigsten Werke sind: Studien zur Wikinger-Kultur, Neumünster 1933. — Wikingerfunde aus Ungarn, Budapest 1933. — Der Goldschatz von Hiddensee, Leipzig 1937. — Der Fund von Leckhus, Kiel 1953. — Schwertortbänder der Wikingerzeit, Stuttgart 1953. — Axt und Kreuz in Nord- u. Osteuropa, 1956. — Drachenkämpfer, Löwenritter u. die Heinrichsage, Köln 1966.

Das Jahr 1968 brachte eine Monographie über die völkerwanderungszeitlichen Funde um Regensburg von URSULA KOCH. Die Grabfunde der Merowingerzeit aus dem Donautal um Regensburg, Berlin. Der Textband umfaßt 265 Seiten, der Tafelband 116 Tafeln. Auch dieses Werk bringt jeden einzelnen Fund in Abbildung mit den genauen Angaben. Die Funde um Regensburg waren nur schlecht veröffentlicht, und so schließt dieser Band eine fühlbare Lücke.

Von FRIEDRICH GARSCHA, geb. 1909, Konservator am Bad. Landesmuseum Karlsruhe von 1950—1964, erschien 1970 ein wichtiges Buch über die Funde der Völkerwanderungszeit im südlichen Baden mit dem Titel: Die Alamannen in Südbaden, Berlin, in zwei Bänden mit 308 Seiten u. 116 Tafeln. Es sind zwar nicht alle Funde abgebildet, dazu ist der Umkreis zu groß, aber die Fundliste, der Katalog der Grabfunde ist erschöpfend vorgelegt. Jeder einzelne Fund ist genau angegeben. Der Umkreis umfaßt Rastatt im Norden, Säckingen im Süden, Breisach im Westen und Meersburg im Osten.

Das Jahr 1971 bringt das Buch von RAINER CHRISTLEIN, Das alamannische Gräberfeld von Dirlewang bei Mindelheim, Verlag Lassleben, Kallmünz, mit 43 Seiten und 43 Tafeln. Ferner: GISELA CLAUSS, Reihengräber von Heidelberg-Kirchheim, Badische Fundber. Sonderheft 14, S. 1—89 u. 58 Tafeln, 14 Pläne.

Die wichtigste Entdeckung der letzten Zeit auf deutschem Boden ist die Auffindung des Grabes einer Fürstin unter dem Dom von Köln am 10. April 1959, zugleich mit dem Grab eines Knaben, angelehnt an das Fußende des Frauengrabes. Der Leiter der Ausgrabungen, Otto Doppelfeld (geb. 26. 2. 1907), der Direktor des Römisch-Germanischen Museums in Köln, hat die Tätigkeit bei der Grabung und die Funde lebendig beschrieben in mehreren Darstellungen: OTTO DOPPELFELD, Das fränkische Frauengrab unter dem Chor des Kölner Domes, Germania, Bd. 38, 1960, S. 89—113. — Ders. Die Domgrabung. Kölner Domblatt, 1959, 1960, 1961 bis 1962, 1963. — Ders. Das fränkische Knabengrab unter dem Chor des Kölner Domes, Germania, Bd. 42, 1964, S. 156—188. — Ders. u. RENATE PIRLING, Fränkische Fürsten im Rheinland, Düsseldorf 1966, 74 Seiten, 70 Tafeln.

Die prächtige Ausstattung der beiden Gräber, das Herrschaftszeichen des Knaben, der überreiche Schmuck der Frau, die Lagerung unter dem Dom, deuten auf Mitglieder des fränkischen Königshauses. Otto Doppelfeld denkt offenbar mit Recht an die Prinzessin Wisigarde, langobardischer Herkunft, die dem König Theudebert I. (534—548) vor seiner Thronbesteigung angetraut war. Sie war eine unerwünschte Braut und hat sieben Jahre lang auf die Heirat warten müssen. „Er hatte sie jedoch nicht lange und nahm nach ihrem Tode ein anderes Weib, Quam nec multo tempore habens, defuncta illa, aliam accepit", so schreibt Gregor von Tours im 3. Buch, Abschnitt 27.

Die Münzen in dem Grabe der Fürstin, der Zeit ihres Todes entsprechend, um 535, sind zwei kleine Silbermünzen von Theoderich (493—526) und von Athalarich (526—534). Sie fanden sich im Grabe an der Stelle, wo die Tasche gelegen haben muß. Es war kursierendes Geld und das ergibt das Datum, um 535. Dieses Datum ist deshalb von Bedeutung, weil auf den Schmuckstücken viel Filigran-Arbeit vorkommt und weil es seit E. Brenner und Nils Åberg als gegeben galt, daß die Filigranarbeit auf den Einfluß der Langobarden zurückzuführen sei. Das von den beiden Wissenschaftlern angenommene Datum für die Erscheinung des Filigrans war das Datum der Landnahme der Langobarden in Italien, 568. J. Werner hat deutlich gemacht, daß die langobardische Vermittlung erst 591 möglich sei, Filigran wäre demnach erst denkbar nach dieser Zeit. Das gut datierte Grab von Köln stößt jedoch den Gedanken der Herkunft des Filigrans von den Langobarden gänzlich um. Es ergibt sich, daß Filigran und Cloissonné bei den Franken immer bekannt war, daß es seit der Zeit des Einflusses der Goten, etwa 400—450, von den Franken hergestellt worden ist.

Das Grab der Fürstin enthält fünfundvierzig Gegenstände, das des Knaben vierunddreißig, Die Tote trug eine Kopfbinde, gewebt aus Golddraht, gehalten von einer Nadel mit Almandinen. Am Arm trug sie einen massiven Goldring, an jeder Hand einen goldenen, reich verzierten Fingerring. An dem Kopf lagen die goldenen Ohrringe mit Filigran und Almandinen. Auf der Brust trug sie ein Schmuckgehänge, eine Halskette mit acht goldenen Münzen, Solidi von Honorius (395—423) bis Justinus (518—527), mit fünf Goldscheiben, mit Filigran verziert, mit drei Anhängern in Zellenverglasung mit Almandinen. Zwei Scheibenfibeln mit Almandinen und Filigran und erhabener Mitte zeigen hervorragende Arbeit. In der Bauchgegend lagen zwei goldene Bügelfibeln vom Thüringer Typ mit ausgezackter Kopfplatte, belegt mit Almandinen und Filigran.

Die übrigen Gegenstände sind Schuhschnallen, Riemenzungen, ein Anhänger aus Bergkristall, ein Eimer, zehn Glasgefäße, eine Bulle aus Silber, ein Messer, Perlen.

Das Grab des Knaben von etwa fünf Jahren barg vor allem Waffen, den Helm, Messer in Futteralen, eine Spatha, eine Art Zepter, fünf Silbermünzen, einen Schild.

Der Ausgräber bemerkt dazu in: Doppelfeld, Pirling, Fränkische Fürsten im Rheinland, 1966 S. 46:

„Die prächtige Ausstattung der beiden Gräber, die sicherlich vorher ebenso prächtige Aufbahrung, der überreiche Schmuck der Frau, die Herrschaftszeichen des Knaben und die Bestattung an so hervorragender Stelle werfen die Frage nach dem Namen der Toten auf. Von ihnen selbst sind nur die Zähne erhalten, beim Knaben sogar nur die Schmelzkuppen des Milchgebisses. Er kann höchstens 6 Jahre alt gewesen sein. Das Alter der Frau liegt zwischen 25 und 30 Jahren. Leider können wir noch nicht entscheiden, ob beide am gleichen Tag begraben wurden und in diesem Falle wohl keines natürlichen Todes gestorben sind. Bei den rauhen Sitten im merowingischen Königshaus wäre das nichts Besonderes. Es wäre nicht ausgeschlossen, daß es sich, wie bereits angedeutet, um Nachfahren des von Chlodwig beseitigten Kölner Königs Sigibert des Alten handelt. Eine andere Vermutung geht in Richtung auf die ebenfalls schon genannte langobardische Prinzessin Wisigarde, die als dem König Theudebert angetraute, aber unerwünschte Braut 7 Jahre lang auf die Heirat warten mußte und „dann nicht mehr lange lebte", wie Gregor von Tours trocken feststellt. Die goldene Kopfbinde, das Zeichen der Braut, könnte dafür sprechen. Der Knabe wäre dann vielleicht ihr Brautführer, ein langobardischer Prinz, bei dem die Anzeichen awarischer Einflüsse am Helm und bei den Pfeilen am wenigsten befremden würden. Alle derartigen Vermutungen müssen aber als solche dahingestellt bleiben, solange nicht irgendwelche neuen Funde uns einen Hinweis geben und so lange wir nicht die sehr klar und vollständig erhaltene Inschrift auf dem Schweißleder des Helmes mit ihren lateinischen Buchstaben und merkwürdigen Ligaturen oder Ornamentzeichen entziffern können. Unsere französischen Kollegen hatten mehr Glück, als sie beinahe gleichzeitig mit dem Kölner Frauengrab in St.-Denis eine ähnlich reiche, allerdings nicht ganz so elegant ausgestattete Dame ausgruben, die durch eine Inschrift auf dem Ring eindeutig als die Königin Arnegunde ausgewiesen wird."

Andere Fürstengräber der letzten Jahrzehnte in Deutschland sind Beckum, Nordrhein-Westfalen, nordöstlich von Hamm. Das Grab wurde 1959 gefunden. Um das Grab herum fanden sich zehn Pferdegräber geopferter Pferde. Von 1961—1963 wurden weitere 80 Gräber aufgedeckt. Die Grabung stand unter der Leitung des Landesmuseums für Vor- u. Frühgeschichte in Münster. Das Grab ergab goldene Taschenbeschläge, gearbeitet in Filigran, die silbernen Teile von Tragriemen für einen Trinkbecher aus Holz, den Schild, einen Eimer mit eisernen Reifen, eine Bronzeschale mit Standring, einen zweigliedrigen Kamm aus Bein, einen Spitzbecher aus Glas, die eiserne Axt, das zweischneidige Schwert, 95 cm lang. An kleineren Gegenständen ergaben sich zwei eiserne Messer, Pinzette, Pfriem und Feuerstein. Am Kopf des Toten lag eine Goldmünze, eine Nachprägung nach einem Solidus von Justinus II. (565—578). Der Tote war 50 Jahre alt und hatte die Größe von 1,90 m. Das Grab ordnet sich ein in die erste Hälfte des 7. Jahrhunderts. Den Bericht brachte WILHELM WINKELMANN in: Die Glocke, 1962, Oelde, Westf.

Ein anderes Fürstengrab ist das von Morken im Kreise Bergheim a. d. Erft, Nordrhein-Westfalen. Es wurde 1955 gefunden und ausgegraben von Adolf Herrnbrodt (geb. 1913). Das Grab lag, wie sechs andere Gräber, unter der romanischen Pfarrkirche von Morken in den Grundmauern einer römischen Villa, sie war bewohnt vom 2. bis 4. Jahrhundert. Die Franken haben ihre Toten öfter in den Ruinen eines römischen Gebäudes bestattet. Am Kopf lag ein Solidus von Tiberius II. Constantinus (578—582). Die Münze trägt keine Abnutzungsspuren, das Grab muß demnach in der Zeit um 580 angelegt worden sein. Der wichtigste Fund war der Helm mit einem Metallband in Treibarbeit, vor allem Tiere zeigend. Weiter fand sich das Langschwert, die Spatha, mit Anhänger. Es ist eine Meerschaumperle mit Almandinen auf Goldfolie. Wichtig ist die Gürtelschnalle in Silbertauschierung mit großem Drachenkopf und einem menschlichen Gesicht unter der Riemenzunge. Wieder fand sich der Holzeimer mit Henkelansätzen aus Eisen, eine Bronzeschüssel, ein doppelkonisches Tongefäß, eine Lanzenspitze. Der Bericht ist: A. HERRNBRODT, Der Husterknupp, Köln 1958. — K. BÖHNER, Das Grab eines fränkischen Herren aus Morken im Rheinland. Führer d. Rhein. Landesmus. Bonn, Nr. 4, 1959. — OTTO DOPPELFELD u. R. PIRLING, Fränkische Fürsten im Rheinland, Düsseldorf 1966, S. 66—74.

Ein weiteres Fürstengrab ist das Grab Nr. 1782 von Krefeld-Gellep. Es wurde bei der Gesamtgrabung des Gräberfeldes, hier genannt S. 557, angeschnitten am 25. September 1962. Die Leitung der Ausgrabung lag in den Händen von Renate Pirling. Am Kopfe fand sich eine Goldmünze, ein Solidus von Anastasius I. (491—518), daneben ein Helm, mit der Spitze nach unten. Bei der Auffindung war es ein häßlicher, rostiger Klumpen. Während der Restaurierung im Röm.-Germ. Zentralmus. in Mainz zeigte sich erst sein Aussehen. Der Helm von Morken, ein Spangenhelm, ist dem von Krefeld-Gellep sehr ähnlich. Weiter fand sich ein Bratenspieß, fast 80 cm lang. Aus Gold mit Almandinen und mit Filigran waren Rundscheiben gearbeitet, es waren Riemenverteiler vom Zaumzeug. Der Fingerring besteht aus Gold, er ist belegt mit Filigran, und trägt eine antike Gemme mit zwei menschlichen Figuren. Der Knauf des Schwertes, einer Spatha, ist ebenfalls aus Gold, er ist mit Almandinen belegt. Auch die Griffe der beiden Eisenmesser sind aus Gold gearbeitet, belegt mit Filigran. Der Taschenbügel der vergangenen Ledertasche ist aus Gold gearbeitet und belegt mit flachen Almandinen, an beiden Seiten sind Vogelköpfe angebracht. Es fanden sich zwei Beschläge aus Gold mit Almandinen, 22 cm lang, wohl vom Sattel des Fürsten. Weiter fand sich der Schildbuckel, die Franziska, ein Schmalsax, ein eiserner Dreifuß, eine Bronzeschale, ein Holzeimer mit Bronzebeschlägen, ein Silberlöffel, eine Glasschale, eine Glaskanne, eine

Bronzekanne, ein bronzenes Hängebecken, ein Ango. Das Grab gehört der Zeit von 500—550 an. Den Bericht gab RENATE PIRLING in: Germania, Bd. 42, 1964, S. 188. — Dies. in: O. DOPPELFELD u. R. PIRLING, Fränkische Fürsten im Rheinland, Düsseldorf 1966, S. 50—64.

Durch diese große Anzahl von Funden und von bearbeitenden Werken, die entweder einen Fundplatz in allen Einzelheiten in Bild und Text behandeln, oder die einen größeren geschlossenen Raum vorlegen mit allen Funden, ist für West- u. Süddeutschland eine Grundlage für die Forschung geschaffen worden, die als besonders glücklich bezeichnet werden kann. Das gewaltige Material, so oft gelagert in den Schränken und Kellern der Museen, in Privatsammlungen und bei Kunsthändlern, ist zusammengefaßt worden und erlaubt so einen weiten Überblick.

Die großen Fragen nach der Chronologie sind vielfach schon angeschnitten worden, auch die Fragen nach der Zuweisung an die einzelnen Stämme der Germanen, weiter die Fragen nach der Stilbewegung der Kunst, nach den Einflußzonen, nach der Entstehung der Menschendarstellung — alles Probleme von großer Bedeutung. Ihre Lösung oder der Versuch der Lösung ist nur möglich bei den Veröffentlichungen der Gräberfelder auch in den übrigen Ländern Europas. Ohne die Dokumente schwebt alle Überlegung in einem luftleeren Raum. Nur der Fund, nur die Verbindung, die Zusammenfügung der einzelnen Funde, vermag gesicherte Ergebnisse zu erbringen.

Über Mittel- und Ostdeutschland liegen mehrere überschauende Werke vor: ERNST PETERSEN, Der ostelbische Raum als germanisches Kraftfeld, Leipzig 1939 mit 283 Seiten und 186 Abbildungen. Das Buch hat seinen Wert durch eine Fülle von genauen Angaben über einzelne Grabfunde, über die an zerstreuten Stellen berichtet worden ist.

ERNST PETERSEN ist geboren am 28. 4. 1905 in Berlin, er fiel am 14. 3. 1944. Er wurde 1938 Dozent a. d. Univ. Breslau, 1939 o. Prof. a. d. Univ. Rostock, 1941 Prof. in Posen, Poznán. Ein anderes Buch von ihm ist: Die frühgerm. Kultur in Ostdeutschland u. Polen, Berlin 1935. — Schlesien von der Eiszeit bis ins Mittelalter, Langensalza 1939.

Von GERHARD MILDENBERGER erschien 1959 das Buch: Die germanischen Funde der Völkerwanderungszeit in Sachsen, Leipzig. Das Buch legt nicht die Gräberfelder im einzelnen vor, sondern spricht von den Fundgegenständen, der Keramik, den Fibeln, den Waffen, den Schnallen und Riemenzungen und anderem.

GERHARD MILDENBERGER ist am 26. 4. 1915 in Naumburg/Saale geboren. Er erwarb den Doktorgrad 1939, war von 1947—1949 wissensch. Assistent am Landesmuseum Halle, 1949—1952 a. d. Univ. Leipzig und ist seit 1959 a. d. Univ. Marburg, seit 1965 a. d. Univ. Bochum. Von seinen Büchern seien genannt: Studien zum mitteldeutsch. Neolithikum, Leipzig 1953. — Archäologisches zur slawischen Landnahme in Mitteldeutschland, Halle 1957. — Mitteldeutschlands Ur- u. Frühgesch., Leipzig 1959. — Vor- u. Frühgesch. d. Böhmischen Länder, Stuttgart 1966.

Ein wichtiges Werk ist das von BERTHOLD SCHMIDT mit dem Titel: Die späte Völkerwandgszeit. in Mitteldeutschland, Halle 1961, 271 Seiten, 65 Abbildungen u.

86 Tafeln. Das Buch legt nicht die einzelnen Gräberfelder vor, sondern spricht von den münzdatierten Funden, verwendet ein eigenes Chronologiesystem, benennt die Siedlungen, die Anordnung der Gräberfelder, die Bestattungsbräuche und widmet sich den verschiedenen Arten der Funde, den Tongefäßen, dem Glas, dem Holz, den Eimern, den Fibeln, dem Schmuck, dem Gebrauchsgerät und den Waffen. Den Schluß bilden Betrachtungen über die Beziehungen anderer germanischer Stämme zu Thüringen und dem Siedlungsgebiet der Slawen.

Der zweite Band, bezeichnet als „Katalog", erschien in Berlin, Dtsch. Verl. der Wissenschaften, 1970 mit 102 Seiten und 142 Tafeln. BERTHOLD SCHMIDT ist am 10. 10. 1924 in Gera geboren. Er erwarb seinen Doktorgrad 1955 in Halle, er ist wissensch. Oberassistent am Landesmuseum Halle. Außer dem genannten Werk sind noch zu nennen: Das Gräberfeld von Butzow, Veröff. d. Mus. f. Ur- u. Frühgesch. Potsdam, Bd. 2, 1963. — Zur Keramik des 7. Jahrhunderts zwischen Main und Havel, Präh. Zschr. Bd. 43—44, 1965—1966, S. 167—235.

Ferner: HELGA SCHACH-DÖRGES, Die Bodenfunde der 3. bis 6. Jahrhunderts n. Chr. zwischen unterer Elbe und Oder. Verlag Karl Wachholz, Neumünster, 1970, mit 280 Seiten und 111 Tafeln.

Wenn so die Einzelwerke über Gräberfelder oder über Gebietsumkreise, die für Mittel- und Ostdeutschland besonders in der Zeit von 1940—1970 erschienen, wertvolle Hilfe bieten für die Durcharbeit des ergrabenen Materials, dann gibt es auch eigene Werke und Arbeiten, die die führenden Gegenstände dieser Epoche zusammenfassend behandeln, um auch auf diesem Wege zu einer Chronologie und zu einem Verständnis der geistigen Grundlagen dieser Epoche zu gelangen.

Im Jahre 1907 spricht Alfred Götze (1865—1948) über „Gotische Schnallen", Berlin. Götze legt gotische Gürtelschnallen vor aus Südrußland, Italien, Frankreich, und er betont, daß Südrußland der Ausgangspunkt dieser Schnallen sei, daß ähnliche Stücke aus Italien ostgotisch sein müssen, daß sie der Zeit von 493—554 zugehören. Die nordische Tierornamentik fehlt auf den Schnallen, die Einlagetechnik aber ist entwickelt.

In den Jahren 1934—1956 habe ich, Herbert Kühn, in IPEK, Jahrbuch f. präh. u. ethnogr. Kunst, eine Reihe von Gruppen der Fundstücke behandelt, so 1934 die Greifenschnallen, 1935 die Zikadenfibeln, 1938 die Reiterscheiben, 1939 die Adlerfibeln, 1943 die Danielschnallen, 1953 die Lebensbaum- und Beterschnallen, 1973—1974 die Christusschnallen. Das Ergebnis ist, daß chinesische und mesopotamische Motive in der germanischen Kunst des 7. Jahrhundert erkennbar sind.

HERTHA RUPP hat 1937 die Zelleneinlage untersucht in einem Buch: Die Herkunft der Zelleneinlage und die Almandinscheibenfibeln im Rheinland, Bonn 1937, 144 Seiten, 31 Tafeln.

Es ergibt sich, daß schon im 3. Jahrtausend in Mohenjo-Daro in Pakistan eine Art der Einlagetechnik erscheint, die völlig der der Völkerwanderungszeit entspricht. Die Einlagetechnik stammt aus dem Vorderen Orient, vor allem aus Indien, dem Lande, das die farbigen Steine liefert bis heute. Über den Handel mit Edelsteinen von Indien nach Europa berichtet das Buch eingehend.

Von 1908—1925 behandelt MARC ROSENBERG die Geschichte der Goldschmiedekunst. 1908 erscheint sein Buch über Niello in Frankfurt a. M., 1918 das Werk über Granulation, 1921 über Zellenschmelz. Diese drei Bände sind wohl die wichtigsten über die Techniken der Goldschmiedekunst. Die Einlagetechnik in Eisen behandelt EDOUARD SALIN mit A. FRANCE-LANORD in: Le fer à l'époque mérovingienne, Paris 1943, 291 Seiten.

1939 bringt GERTRUD THIRY das Buch: Die Vogelfibeln der germanischen Völkerwandgszt. Bonn. 144 Seiten, 35 Tafeln. Ihr Ergebnis ist, daß die Vogelfibeln erwachsen aus skythisch-sarmatischen Formen, die chinesischer Herkunft sind. Die verschiedenartigen Vogelformen erlauben nach geschlossenen Gräbern eine ungefähre Datierung.

Im Jahre 1940 erscheint das Werk über die Fränkischen Goldscheibenfibeln von FRANZ RADEMACHER. Sein Ergebnis ist die Herkunft der Einlagetechnik aus dem Raum der Goten im Schwarzmeergebiet. Rademacher sagt (S. 48): „Aus gotischen Wurzeln entwickeln sie sich während des 6. Jahrhunderts und reichen noch erheblich in das nächste Jahrhundert hinein", gemeint sind die Almandin-Scheibenfibeln, die mit den Goldscheibenfibeln eng verwandt sind. „Die stärkere Verbreitung des Filigrans gehört zu den allgemeinen Kennzeichen des 7. Jahrhunderts" (ebda S. 49). Weiter: „Die prächtigen langobardischen Fibeln bilden nicht die Vorstufe zu den fränkischen, sie entwickeln sich vielmehr mit diesen parallel."

Ein wichtiges Element in den völkerwanderungszeitlichen Gräbern ist das Glas, ohne Zweifel eine Fortsetzung der römischen Glasbläsertradition. FRITZ FREMERSDORF legt 1933 eine Arbeit vor über die fränkischen Rüsselbecher in: Wallraf Richartz-Jahrb., N. F. Bd. 2—3, 1933—1934, S. 7, Frankfurt a. M. Das Ergebnis ist, daß diese Form schon in der zweiten Hälfte des 5. Jahrhunderts erscheint und daß sie fortlebt bis ins 7. Jahrhundert.

„Die fränkischen Gläser aus dem Rheinland" heißt eine Arbeit von FRANZ RADEMACHER, erschienen in: Bonner Jahrb. Bd. 147, 1942, S. 285 ff.

Das Jahr 1966 brachte das Buch von OTTO DOPPELFELD, Römisches und fränkisches Glas, mit 80 Seiten und 191 Tafeln, ein Werk, das das so schwer übersehbare Gebiet am deutlichsten und klarsten darzustellen vermag.

OTTO DOPPELFELD ist geboren am 26. 2. 1907 in Essen. Er hat seinen Doktorgrad erworben in Köln, von 1930—1939 war er tätig am Staatl. Museum f. Vorgeschichte Berlin, danach Direktor am Röm.-Germ. Museum in Köln. Von seinen Arbeiten sind zu nennen: Das Praetorium unter dem Kölner Rathaus, in: Neue Ausgrabungen in Deutschland 1959. — Das fränkische Frauengrab unter dem Chor des Kölner Doms, in: Germania, Bd. 38, 1960. — Das fränkische Knabengrab unter dem Chor des Kölner Doms, in: Germania, Bd. 42, 1964. — Fränkische Fürsten im Rheinland, mit Renate Pirling, Düsseldorf 1966.

RUDOLF MOOSBRUGGER-LEU stellt die silbertauschierten Gürtelschnallen des 7. und 8. nachchristl. Jahrhunderts zusammen in einem Buch, Die frühmittelalterlichen Gürtelbeschläge der Schweiz, Basel 1967, 215 Seiten, 31 Abb., 1 Typenkarte. Er unterscheidet vier Stufen, Stufe 1 von 625—650, Stufe 2 von 650—675, Stufe 3 von 675—700 und Stufe 4 von 700 bis ungewiß.

Die Durchbruchscheiben hat Dorothee Renner (geb. 1925) vorgelegt mit dem Titel: Die durchbrochenen Zierscheiben der Merowingerzeit, Mainz 1970, 231 Seiten, 34 Tafeln, 34 Karten. Die Verfasserin gliedert in der sehr genauen und eingehenden Arbeit das reiche Fundmaterial, 699 einzelne Scheiben, in 19 Typen. Die Zierscheiben erscheinen im ausgehenden 6. Jahrhundert, erleben den Hochstand ihrer Entwicklung im 7. Jahrhundert. Der Schwerpunkt der Verbreitung liegt im austrasischen Raum. Die Scheiben wurden von den Frauen auf der linken Seite am Gürtel getragen, manche Scheiben hatten einen Umfassungsring, meistens aus Elfenbein. Zweifellos ist mit den Scheiben ein kultischer Charakter verbunden. Sie sollen im Sinne eines Amulettes die Trägerin und das Haus vor Gefahren schützen. Darauf deuten die solaren Symbole, die Schlangen- und Drachendarstellungen, die christlichen Kreuze, die Reiterscheiben, die deutlich Odhin bedeuten. Im 8. Jahrhundert erlöschen die Durchbruchscheiben.

Ich selbst habe 1940 ein Werk über die Bügelfibeln in der Rheinprovinz mit den gesamten Parallelfunden in ganz Europa veröffentlichen können. 2. Aufl. Graz, 1965. Darauf folgte 1974 das Buch: Die Bügelfibeln in Süddeutschland, 2 Bd, 1364 Seiten, 336 Tafeln.

Die Bearbeitung der Funde der Völkerwanderungszeit in Deutschland hat seit 1940 große Fortschritte gemacht. Viele wichtige Gräberfelder sind in eigenen Werken dargestellt worden, ein weitaus besserer Überblick als vorher ist dadurch ermöglicht worden. Die Grundlagen für kommende Bearbeitung sind geschaffen worden.

Auch bezeichnende Gegenstände, wie Zikadenfibeln, Vogelfibeln, Goldscheibenfibeln, Durchbruchscheiben, figurale Gürtelschnallen, Gläser, haben eigene Bearbeitung erfahren. Der Umkreis des Wissensbestandes ist durch diese Arbeiten dichter und gesicherter geworden.

Der angelsächsischen Keramik wird in England ein eingehendes Buch gewidmet von J. N. L. Myres, Anglo-Saxon Pottery and the Settlement of England, Oxford 1969, 259 Seiten, 8 Tafeln, 51 Abbildungen, 10 Karten. Seit 50 Jahren sammelt Myres die Abbildungen sämtlicher Tongefäße der Angelsachsen. Seine Sammlung umfaßt 3500 Stücke. Das vorliegende Werk bildet nicht alle Tongefäße ab, es bringt aber in 350 Zeichnungen und 30 Photos alle bezeichnenden Formen der Keramik aus 60 Museen. Es heben sich in der Form 10 Typen ab und 40 für das Ornament. Zeitlich ergeben sich fünf Phasen. Erstens 360—410 n. Chr. mit vorwiegend römischer Keramik, zweitens 410—450 mit britischen Formen, drittens die Periode der Einwanderung der Angel-Sachsen 450—500, und viertens 500—550 die Zeit der allmählichen Entfaltung der Keramik, fünftens die Zeit von 550—700, die Epoche der Durchbildung der angelsächsischen Fürstentümer. Die Arbeit ist von großer Bedeutung für die Forschung, ein Corpus Vasorum Anglo-Saxicorum ist geplant, aber noch nicht beendet. Dieses Buch bringt zusammenfassend die Ergebnisse.

In Österreich wird in den Jahren 1928—1930 das Gräberfeld Schwechat bei Wien ausgegraben. Es ergibt 21 Gräber, von denen 14 gestört waren. Zwei Gräber bringen Bügelfibeln. Es handelt sich um langobardische Gräber der Zeit zwischen 489 und 658. Den Fundbericht gibt A. SERACSIN in: Mannus, Bd. 28, 1936, S. 521 bis 533.

Ein anderes Gräberfeld der Langobarden in Österreich ist Nikitsch, Burgenland. Es wurde dort 1925, 1930 und 1936 gegraben von J. Bayer und V. Lebzelter. 26 Gräber wurden gehoben, einen Grabungsbericht gibt es nicht. Hinweise finden sich bei E. BENINGER, Germanenzeit in Niederösterreich, 1934, S. 115, Ders. in: Reinerth, Vorgesch. d. dtsch. Stämme, Bd. 2, 1940, S. 827—864, Taf. 362—364. — H. MITSCHA-MÄRHEIM, in: Burgenländ. Landeskd. 1961, S. 233.

In Poysdorf, nördlich der Stadt Mistelbach, Niederösterreich, sind in den Jahren 1932—1933 von E. BENINGER 7 Gräber gehoben worden. Von Bedeutung ist dabei Grab 6. Es brachte die Bestattung eines Goldschmiedes mit seinen Werkzeugen. Den Bericht gab E. Beninger in: Die Germanenzeit in Niederösterreich, Wien 1934, S. 108, Abb. 52—54.

Das Gräberfeld Neu-Ruppersdorf bei Laa a. d. Thaya wurde 1907 angeschnitten und 1930 ausgegraben von E. Beninger. Es wurden 20 Gräber gefunden, die meisten ausgeraubt in alter Zeit. Eine Teilveröffentlichung findet sich in dem genannten Buch von Beninger, 1934, S. 106f. mit Abb. 49—51.

EDUARD BENINGER (1897—1963) war Direktor der Prähist. Abt. im Naturhistorischen Museum in Wien und Dozent a. d. Univ. Wien. Seine wichtigsten Werke sind: Carnuntum, Wien 1930. — Der westgotisch-alanische Zug nach Mitteleuropa, Leipzig 1931. — Der Wandalenfund von Czéke-Cejkov, in: Annalen d. Naturhist. Museums Wien 1931. — Der Bronzestier aus der Býčiskála-Höhle, IPEK 1932 bis 1933, S. 80f. — Die german. Bodenfunde in Mähren, Reichenberg 1933. — Germanenzeit in Niederösterreich, Wien 1934. — Die german. Bodenfunde in der Slowakei, Leipzig 1937. — Das langobardische Gräberfeld von Nikitsch, Burgenland, zus. mit Herbert Mitscha-Märheim, Eisenstadt 1970.

Über die Ausgrabungen von Lauriacum in Oberösterreich berichtet ÄMILIAN KLOIBER in einem Werk: Die Gräberfelder von Lauriacum bei Ziegelfeld, Linz 1957 mit 192 Seiten, 31 Tafeln. Es wird jedes einzelne Grab behandelt, die Belegung beginnt mit dem 4. Jahrhundert, sie erreicht ihren Höhepunkt im 6. Jahrhundert und ergibt auch noch Gräber aus dem 7. Jahrhundert.

Das wichtige Gräberfeld von Linz-Zizlau wird sehr gut veröffentlicht von HERTHA LADENBAUER-OREL im Jahre 1960, betitelt: Linz-Zizlau, das baierische Gräberfeld an der Traunmündung, Wien. Das Buch umfaßt 94 Seiten, eine farbige Tafel und 48 Schwarzweißtafeln. Die Grabung begann 1941, sie wurde bis 1958 fortgeführt. Es konnten 152 Gräber gehoben werden, jedes Grab wird vorgelegt mit allen Fundstücken. Dabei ist die silbervergoldete Bügelfibel aus Grab 139 von besonderer Bedeutung.

HERTHA LADENBAUER-OREL ist in Linz am 22. 5. 1912 geboren. Sie erwarb ihren Doktorgrad in Wien 1938 und seit dieser Zeit ist sie tätig am Bundesdenkmalamt in Wien, jetzt Staatskonservator. Von ihren Veröffentlichungen sind ferner zu nennen: Der vollneolithische Roggenfund von Wien-Vösendorf, Wien 1935. — Die jungneolithische Keramik der Königshöhle von Baden bei Wien, Wien 1954. — Die neolithische Frauenstatuette von Lang-Enzersdorf bei Wien, IPEK Bd. 19, 1954 bis 1959. — Urnenfelder-Bronzefund von Linz in: Mitt. d. Wiener Anthrop. Ges., Bd. 92, 1962.

Die Schweiz ist reich an Gräberfeldern der Völkerwanderungszeit, gehoben in der Zeit von 1900—1975.

Ein wichtiges Gräberfeld ist Bümplitz-Bern. Hier stieß man 1913 auf das erste Grab. Bis 1916 konnte 291 Gräber untersucht werden. Sie lassen sich durch bestimmende Funde einordnen in die Zeit von 500—700. Den Bericht brachte OTTO TSCHUMI (1878—1960) in: Jahrb. d. Bernischen Hist. Museums, Bern, Bd. 19, 1939.

Ebenfalls in Bümplitz-Bern wurde 1927—1931 ein anderes Gräberfeld aufgedeckt. Es konnten 36 Gräber geborgen werden. Der Bericht von Otto Tschumi erschien in dem Bernischen Jahrbuch, Bd. 20, 1940.

Von 1928—1930 wurde ein Teil des Gräberfeldes von Pieterlen, Amt Büren, ausgegraben, zusammen 88 Gräber, vor allem dem 7. Jahrhundert zugehörig. Otto Tschumi berichtete über die Grabungen in dem Bernischen Jahrbuch, Bd. 22, 1942.

Ein weiteres Gräberfeld ist Basel-Gotterbarmweg, behandelt von E. VOGT (geb. 1906) unter dem Titel: Das alamannische Gräberfeld am alten Gotterbarmweg in Basel, in: Anzeiger f. Schweizerische Altertumskde, Bd. 32, 1930, S. 145f.

In Basel liegt noch ein anderes Gräberfeld, Basel-Kleinhüningen, 1933 gegraben. Der Bericht von KELLER-TARNUZZER (geb. 1891) findet sich in: Jahresber. d. Schweizerischen Ges. f. Urgeschichte, Bd. 25, 1933, S. 124f. Die Belegung beginnt in der ersten Hälfte des 5. Jahrhunderts.

Das Gräberfeld von Bülach, 20 km von Zürich entfernt ist von 1920—1928 ausgegraben worden mit 208 Gräbern. Die Veröffentlichung erfolgte 1953 durch JOACHIM WERNER. Das alamannische Gräberfeld von Bülach, Basel 1953, Es gehört dem 6. und 7. Jahrhundert an.

Ein zusammenfassendes Werk ist: PIERRE BOUFFARD, Nécropoles Burgondes de la Suisse, Genève, 1945, 126 Seiten, 26 Tafeln.

Eine wichtige Grabung in Belgien ist die von TRIVIÈRES, Hainaut, die 1938 durch Madame Faider durchgeführt wurde. Das Gräberfeld ist schon 1865 angeschnitten worden, dann wieder 1900. Es gibt über die Funde dieser Zeit den Bericht im Bull. de la Soc. d'Anthropologie de Bruxelles, Vol. 20, 1901—1902 und 1902 bis 1903. 1908 wurden weitere, sehr ergebnisreiche Grabungen durchgeführt durch Madame Faider. Der kurze Bericht ist in: Annales de la Fédération archéol. et hist. de Belgique, Namur 1938, ebda 1939, S. 1—8. Ich selbst habe über die Fibeln berichtet unter dem Titel: Die Fibeln von Trivières, in: IPEK 1941—1942, S. 268—270.

Die im Musée Cinquantenaire, Musées royaux d'art et d'histoire in Brüssel gesammelten Funde, sind vorgelegt in dem Buch von BARON DE LOË, Belgique Ancienne, Bd. IV, La Période franque, Bruxelles 1939, S. 1—218.

In Holland wurde in Alphen in Nord-Brabant im Jahre 1950 mit Grabungen begonnen. 1951 gelangen die erfolgreichen Grabungen in Rhenen, Utrecht. Es wurden 1100 Gräber gehoben, sie reichen vom 4. bis zum 8. Jahrhundert.

In den Jahren 1953 und 1954 wurden neben der St. Servaaskirche in Maastricht wichtige Gräber aus der Zeit um 600 ausgegraben, durchgeführt vom Rijksdienst voor het Oudheidkundig Bodemonderzoek in Amersfoort unter der Leitung von P. GLAZEMA und J. YPEY. Die Berichte finden sich in: Bijdrage tot de studie von het Brabantse Heem, Bd. 4, 1955 für Alphen, ferner in: P. Glazema und J. Ypey, Kunst en Schoonheid, Amersfoort, 1955. — Dies. Merovingische ambachtskunst, Amersfoort, 1956. — Eine Gesamtübersicht gibt der Ausstellungskatalog: Van Friezen, Franken en Saksen, Den Haag 1960. — J. Ypey, De verspreiding van vroegmiddeleeuwse vondsten in Nederland, Berichten van de Rijksdienst voor het Oudheidkundig Bodemonderzoek, Amersfoort, Bd. 9, 1959, S. 98—118.

PIETER GLAZEMA ist geboren am 26. 2. 1899, er studierte in Amsterdam Kunstgeschichte und Archäologie. Er war Leiter des Staatl. Ausgrabungsdienstes in Amersfoort. Sein Arbeitsgebiet ist mittelalterl. Archäologie u. Kirchenuntersuchungen. Hauptwerke: Gewijde Plaatsen in Friesland, 1948. — Middeleluwse kerken, Limburg 1948.

JAAP YPEY ist 1916 geboren in Amsterdam, 1945 wurde er wiss. Assistent bei der Staatl. Denkmalpflege in Den Haag, seit 1947 ist er bei der Staatl. Bodendenkmalpflege in Amersfoort.

Für Dänemark wurde das führende Werk: NILS ÅBERG, Den nordiska folkwanderungstiden kronologi, Stockholm 1924. Die Datierung ist heute überholt, das Werk bringt aber die bis dahin beste Wiedergabe einer Anzahl von Funden.

Zwischen 1952 und 1958 wird das Gräberfeld von Lindholm Høje bei Nørresundby in Nordjütland ausgegraben durch das Museum Aalborg und das Nationalmuseum Kopenhagen. Es werden 700 Gräber gehoben, meistens Brandgräber, 30 Skelettgräber. Es kommen schiffsförmige Steinsetzungen vor, auch arabische Münzen. Bei der Siedlung finden sich Pfostenhäuser von 17 m Länge, holzgepflasterte Wege, wikingische Broschen. Das Gräberfeld beginnt mit dem Anfang des 7. Jahrhundert und reicht bis ins 10. Jahrhundert. Die Berichte sind: TH. RAMSKAU, Acta Archaeologica, Kopenhagen, Bd. 24, 1953; Bd. 26, 1955; Bd. 27, 1957. — O. MARSEEN, Årbog for Jysk Arkaeologisk Selskab, Aarhus 1959.

In Schweden wird die Völkerwanderungszeit im allgemeinen bezeichnet als Vendelzeit. Der Name stammt von dem Gräberfeld bei der Kirche von Vendel oder Wendel in Uppland, nördlich von Uppsala. Hier wurden in der Zeit von 1881 bis 1893 vierzehn Hügel untersucht, um 1930 der Ottarshügel. Die Toten sind nicht verbrannt, wie so oft in den vorhergehenden Epochen, sie sind bestattet worden in Booten. Die Gräber sind nicht mit Hügeln bedeckt. Die Toten sind mit ihrer Habe bestattet, die Männer mit Speer und Schild, mit Lanze und Schwert, oft auch mit dem Reitpferd, vor allem mit Nahrungsmitteln, der Wegzehrung, einem Schinken, einem Rinderbraten. MONTELIUS, Kulturgeschichte Schwedens, Leipzig 1906, S. 245, spricht davon, daß die reiche Ausstattung der Gräber darauf schließen läßt, daß hier Häuptlinge eines Königsgeschlechtes bestattet worden sind. Es fanden sich nämlich Helme, die im allgemeinen nur von Königen getragen worden sind. Der „Helmgeschmückte" bezeichnet bei den nordischen Sängern den König. Den Bericht über Vendel brachte Hj. Stolpe in einem Aufsatz: Vendelfyndet in: Antiquarisk tidskrift for Sverige, Stockholm, Bd. 8, 1883. — Ders. Om Vendelfyndet, Upplands Fornminnesföreningens tidskrift, Bd. 3, 1884. — T. J. ARNE und Hj. STOLPE, La Nécropole de Vendel, Stockholm 1927. — Holger Arbman u. a., Vendel, i fynd och forskning, Uppsala 1938, 97 Seiten.

Montelius führt die große Anzahl von Goldfunden dieser Zeit in Schweden an, (ebda S. 218). Sie sind in besonders reichem Maße aufgefunden worden in Westergötland, Dalsland, Schonen, Öland. Der größte Goldschatz war im Jahre 1774 bei Tureholm, in der Nähe von Trosa, in Södermanland aufgetaucht. Es waren Goldringe und Stücke geschmolzenen Goldes, alles zusammen 12,3 kg. ebenso die große Anzahl der Goldbrakteaten.

Ein wichtiges Gräberfeld trägt den Namen Tuna. Es liegt im Kirchspiel Badelunda, Prov. Västmanland, auch am Mälarsee aber in einer anderen Provinz. Es ist nicht zu verwechseln mit dem Grabe Tuna der Wikingerzeit, ebenfalls am Mälarsee. Das dicht belegte Gräberfeld wurde 1952—1953 ausgegraben unter der Leitung von M. Stenberger. Der Bericht ist: M. STENBERGER, Tuna in Badelunda, Acta Archaeologica, Bd. 27, Kopenhagen 1956.

Ein anderes Gräberfeld ist Valsgärde, Kirchspiel Gamla Uppsala, Prov. Uppland. Die Gräber umfassen die Zeit von 5. Jahrhundert bis zum Ende des 11. Jahrhunderts. Viele der Toten sind in Booten bestattet worden. Die Grabung wurde in den Jahren 1928—1952 durchgeführt unter der Leitung von S. Lindqvist.

Wichtige Grabungen sind noch im Gange bei Helgö auf der Insel Ekerö im Mälarsee bei Stockholm. Es handelt sich um einen Handelsplatz mit mehreren Gehöften. Die Funde umfassen die römische Epoche, die Völkerwanderungs- und Wikingerzeit. Helgö war anscheinend ein Vorläufer der Wikingerstadt Birka. In Helgö ist eine Buddhastatue gefunden worden, abgeb. bei FILIP, Enzykl. Handbuch, Bd. 2, Taf. 66. Berichte liegen bisher noch nicht vor.

In Norwegen konnten im 20. Jahrhundert nicht so ausgedehnte Gräberfelder gehoben werden wie in Deutschland, Frankreich, im Balkangebiet und Rußland. Es sind aber einige Funde von großer Bedeutung zutage getreten. Ein wichtiger Fund ist der von Snartemo. Der Hof, nicht ein Ort, liegt im Kirchspiel Haegebostad, im Amtsbezirk West-Agder, im Südwesten von Norwegen. Zusammen sind es fünf Gräber, die gehoben werden konnten. Grab 1 ist 1847 ausgegraben worden, Grab 2 im Jahre 1878, Grab 3 1879, Grab 4 1916 und Grab 5 im Herbst 1933. Das Grab 5 ist das wichtigste, es brachte ein Schwert mit einem Handgriff aus gepreßtem Gold mit Tierornamentik, ferner 24 andere Fundstücke, darunter eine Riemenschnalle aus vergoldetem Silber, einen Glasbecher, ein eimerförmiges Tongefäß.

Die Beschreibung der fünf Gräber brachte Björn Hougen 1935 unter dem Titel: Snartemofunnene, Oslo.

Björn Hougen wurde am 15. 9. 1898 in Sandefjord geboren. 1924 wurde er Magister artium, 1936 Dr. phil. Er war von 1918—1919 Ass. am Museum von Bergen, 1919—1924 in Oslo am Museum, 1924—1946 Konservator und seit 1950 Direktor und Prof. Seine wichtigsten Schriften sind: Grav og gravplass, Oslo 1924. — The migration style of ornament, Oslo 1936. — Fra seter til gård, Oslo 1947.

An die Stelle der geschlossenen Gräberfelder treten in Norwegen viele einzelne Gräberfunde. Die Funde von Vestland legt Haakon Shetelig vor: Vestlandske graver fra jernalderen, Bergen 1912 mit 242 Seiten und 533 Abbildungen.

Haakon Shetelig wurde am 25. 6. 1877 in Kristiana-Oslo geboren, er starb am 27. 7. 1955. Er erwarb seinen Doktorgrad im Jahre 1906. Seit 1901 war er Konservator, seit 1914 Prof. und von 1938—1942 Direktor des Museums von Bergen. Seine wichtigsten Veröffentlichungen sind: The cruciform brooches of Norway, Bergen 1906. — Urnes-gruppen, Kristiania 1909. — Osebergfundet I, Kristiania 1917. — Tuneskibet (Das Tuna-Schiff) Kristiania 1917. — Ruskenesset, Bergen 1920. — Osebergfundet III, Kristiania 1920. — Primitive tider i Norge, Bergen 1922. — Préhistoire de la Norvège, Oslo 1926. — Vikingeminner i Vest-Europa, Oslo 1933. — Scandinavian Archaeology, Oxford 1937. — Introduction to the Viking History of Western Europe, Oslo 1940. — Norske Museets historie, Oslo 1944. — Classical Impulses in Scandinavian Art from the Migration Period to the Viking age, Oslo 1949. — The Viking Ships, Oslo 1951. — Viking Antiquities in Great Britain and Ireland (Herausgeber), Oslo 1940—1954.

Ein wichtiger Fundplatz ist Sandar, Vestfold mit Fibeln des 6. Jahrhunderts, mit Glasschalen, Keramik und Goldfunden, noch nicht veröffentlicht, Abb. in Jan Filip, Enzyklop. Handb. zur Vor- u. Frühgesch. Europas, Stuttgart 1969, Bd. 2, Taf. XLV, Der Ausgräber ist Anders Hagen.

Anders Hagen ist 1921 in Vang, Hedmark geboren. Seit 1946 ist er Konservator am Museum in Oslo. Er veröffentlichte: Frå innlandets steinalder, in: Viking, Oslo 1946. — Storhedder, in: Viking, Oslo 1947. — Studier i jernalderens gårdssamfunn, Oslo 1953. — Europeiske impulser i östnorsk bronsealder, in: Viking, Oslo 1954. — Norway, Ancient peoples and places, Oslo 1967.

Zusammenfassende Werke sind: Gutorm Gjessing, Studier i norsk merovingertid, Oslo 1934. — Shetelig, Falk, Scandinavian Archaeology, Oxford 1937. — Th. Sjøvold, The iron age settlements of Artic Norway, Bd. I, Oslo 1962.

In England sind Funde der Völkerwanderungszeit schon im 18. und 19. Jahrhundert bekannt geworden (hier S. 222—225), aber die Forschung gewann erst Gestalt im Beginn des 20. Jahrhunderts.

Im Jahre 1915 erschien ein hervorragendes, ein grundlegendes Werk über dieses Gebiet, G. Baldwin Brown, The arts of Early England, Bd. 3 mit 388 Seiten, 84 Tafeln und Band 4 mit den Seiten 389—825 und den Tafeln 85—158. Dieses Buch in vier Bänden behandelt jedes bis dahin bekannte Gräberfeld der Völkerwanderungszeit, es legt die historischen Vorgänge dar und es erläutert die einzelnen Fundgruppen.

Um dieselbe Zeit, 1913, erscheint von E. THURLOW LEEDS ein zusammenfassendes Werk mit dem Titel: The archaeology of the Anglo-Saxon Settlements, Oxford mit 144 Seiten u. 27 Tafeln. Das Werk setzt sich zum Ziel, die einzelnen germanischen Stämme mit ihren Siedlungsplätzen darzulegen, die Sachsen, die Angeln, die Jüten.

E. Th. Leeds legt noch zwei andere Bücher von großer Bedeutung vor: Early Anglo-Saxon Art and Archaeology, Oxford 1936, 130 Seiten, 33 Tafeln, und Ders. Corpus of early Anglo-Saxon great square-headed brooches, Oxford 1949, 138 Seiten, 152 Abbildungen. Dieses Werk ist deshalb von besonderer Bedeutung für die Forschung, weil hier zum ersten Male ein Corpus vorgelegt wird für die Bügelfibeln Englands. Es wird eine relative Chronologie erarbeitet, S. 108—116, und eine absolute Chronologie, S. 117—122. Die gleicharmigen Fibeln, wie sie auch im nördlichen Deutschland erscheinen, sind nicht älter als 500 n. Chr. Die Fibeln mit rechteckiger Kopfplatte, square-headed brooches, erscheinen am Ende des 5. Jahrhunderts und haben ihre Entwicklung im 6. und 7. Jahrhundert. Kent erlebt starke Einflüsse vom Rheinland, von Belgien und Nordfrankreich.

Insgesamt können die Ergebnisse der absoluten Chronologie nicht scharf genug erarbeitet werden. England, ebenso wie Schweden, liegen zu sehr am Rande der damals beherrschenden Welt, Byzanz. Es fehlen fast ganz die byzantinischen, die wirklich datierenden Funde der Münzen.

Wichtige Grabungen nach 1900 sind diese: 1906 Market Overton bei Rutland, Northampton; Saltburnon-Sea, Northumbria, gegraben 1909—1910 mit 40 Brandgräbern; Alfriston, Sussex, gegraben 1912 mit 140 Gräbern; Petersfinger bei Salisbury, Wiltshire, gegraben 1948—1951 mit 63 Gräbern. Die Ausgräber waren Stuart Piggott und andere. Den Bericht legt E. TH. LEEDS vor, zusammen mit H. DE SHORTT unter dem Titel: An Anglo-Saxon cemetery at Petersfinger, Salisbury 1953, 64 Seiten, 11 Tafeln.

E. TH. LEEDS, geboren 1877, ist gestorben im August 1955. Seine Freunde und Schüler veröffentlichen 1956 eine Denkschrift für ihn, herausgegeben von D. B. HARDEN, Dark-age Britain, London mit 270 Seiten, 36 Tafeln. Wichtige Artikel lieferten N. L. MYRES, T. C. LETHBRIDGE, FRANÇOISE HENRY, F. C. HAWKES, L. S. BRUCE-MITFORD, SIR CYRIL FOX.

Im Jahre 1957 wurde eine eigene Zeitschrift für die Erforschung der Völkerwanderungszeit begründet mit dem Titel: Medieval Archaeology, London, Society for Medieval Archaeology, London W C 2. Im ersten Band erschien noch ein nachgelassener Artikel von LEEDS: Notes on Jutish Art in Kent between 450 and 575. S. 1—26. Im 2. Band, 1958, wird von SONIA E. CHADWICK das Gräberfeld von Finglesham, Kent, 1929 gegraben, im einzelnen behandelt, S. 1—71.

In zwei Bänden erschien 1935 ein zusammenfassendes Werk von R. H. HODGKIN, A history of the Anglo-Saxons, Oxford, 748 Seiten, 81 Tafeln, 3. Aufl. 1952.

Ein neuerer Fundkomplex sind zwei Gräberfelder bei Winnall, Winchester, Hampshire. Winnall I ergab Zufallsgräber mit Schildbuckeln in der Form des 6. Jahrhunderts. Das wichtigere Gräberfeld ist Winnall II mit 45 Gräbern und reichen

Beigaben, sie datieren das Gräberfeld in die Mitte des 7. Jahrhunderts. Die Veröffentlichung ist: AUDREY L. MEANEY and SONIA CHADWICK HAWKES, Two Anglo-Saxon Cemeteries at Winnall, Winchester, Hampshire, London, Society for Medieval Archaeology 1970, 65 Seiten, 6 Tafeln, 15 Abbildungen.

Der wichtigste Fund in England zur Zeit der Völkerwanderung ist der Schiffsfund von Sutton Hoo, Suffolk. Der Fundplatz liegt an der Ostküste, 75 km nördlich des Themse-Ausflusses, bei Woodbridge, 8 km nordwestlich von Ipswich. Die Besitzerin des Gebietes war damals Mrs. E. M. Pretty. Auf ihrem Gut lagen elf Grabhügel, sie wurden im Laufe der Jahre geöffnet und die Funde erhielt das Ipswich Museum.

Im Jahre 1939 entschloß sich die Besitzerin, den größten Grabhügel zu öffnen. Die Arbeiten geschahen unter der Leitung des Direktors des Museums von Ipswich, Guy Maynard. Sehr bald wurden Nägel und die Wände eines Schiffes aufgefunden, das British Museum in London wurde benachrichtigt und unter der Mitarbeit von Stuart Piggott, J. B. Ward-Perkins und O. G. S. Crawford wurde die Arbeit fortgeführt. Bei der Grabung wurde das ganze Schiff gehoben, bestimmt für eine Bestattung. Es ist 89 engl. Fuß lang, also etwa 30 Meter. Das wichtigste aber war der gesamte Schatz, die goldene Gürtelschnalle, die Deckelplatte einer Handtasche, eine Standarte, ein Schild mit goldenem Beschlag, ein Zeremonialstab, eine Bronzeschale, ein Helm mit figürlichen Szenen, ein Schwert, Löffel, Silberschalen, eine mit dem Stempel des byzantinischen Kaisers Anastasius I. (491—518), 37 Goldmünzen und viele andere Gegenstände. Die Funde wurden von Mrs. Pretty dem Staate übergeben, nachdem das Gericht bestimmt hatte, daß Mrs. Pretty die Eigentümerin sei. Sie werden im British Museum aufbewahrt. Die Bestattung ist offenbar die des angelsächsischen Königs Aethelbert um 640—650.

Den ersten Bericht gab T. D. KENDRICK: The Sutton Hoo ship-burial, London 1947, 62 Seiten, 23 Tafeln. — Die eingehendere Darstellung ist: CHARLES GREEN, Sutton Hoo, London 1963, 168 Seiten, 35 Tafeln. Über die Datierungsfrage berichtet CHRISTOPHER HAWKES in: Antiquity Bd. 38, Nr. 152, Dezember 1964, S. 252—257.

So konnte England einen großen Anteil beitragen zu der Erweiterung unserer Kenntnis der germanischen Völker des frühen Mittelalters. England ist ein Gebiet, das abseits liegt von den verschiedenartigen Kulturdurchdringungen in dieser Zeit. Der römische Einfluß ist kaum erkennbar, das Keltische ist deutlich sichtbar, es ist entscheidend abgehoben von dem Germanischen. Die Welt der Angeln, Sachsen, Jüten, seit 450 aus Norddeutschland nach der Insel gezogen, hat sich in hervorragenden Denkmälern offenbart. Der Anteil der englischen Forscher an den Grabungen, an der Erhaltung, der Aufbewahrung, und der geistigen Durchdringung des reichen Fundmaterials ist besonders groß.

In Italien ist der wichtigste nach 1900 veröffentlichte Fund das Gräberfeld von Nocera Umbra. Es liegt 90 km nördlich von Rom an der Via Flaminia, nicht weit entfernt von Orvieto. Die Grabung fand statt in der Zeit von 1897—1898. Die Veröffentlichung ist 1918 erschienen von R. PARIBENI, Necropoli barbarica di Nocera Umbra, in: Monumenti antichi della Reale Academia dei Lincei, Bd. 25, Milano, S. 137—352, Taf. 1—2. Es sind 165 Gräber gehoben worden mit einer Fülle von Funden, ähnlich wie Castel Trosino mit 257 Gräbern, erwähnt hier S. 225. Da gibt es Goldblattkreuze, Schwerter mit goldenen Griffen belegt, mit Filigran, wie in Grab 32, koptische Bronzegefäße, Glasgefäße, Münzen von Justinian, 527 bis 565, wie in Grab 17, S-förmige Fibeln, Bügelfibeln, Gürtelschnallen, Beschlagstücke.

Die Funde der beiden Gräberfelder, Castel Trosino und Nocera Umbra nahmen im Thermen-Museum in Rom einen ganzen Saal ein, ebenso jetzt im Museo Medievale.

Es ist nie daran gezweifelt worden, daß beide Gräberfelder langobardisch sind, sie können daher nur der Zeit nach 568 angehören, zum größten Teil dem 7. Jahrhundert.

Die Welt der Ostgoten ist viel weniger erkennbar. Gut gegrabene Gräberfelder sind bisher nicht bekannt. Wohl liegt eine Anzahl von einzelnen Funden vor, und das ist verständlich, denn die Ostgotenzeit in Italien umfaßt nur die Epoche von 489—554, also lediglich 65 Jahre.

Der bedeutende Fund von Dezana bei Torino, Turin, ist auch wieder ein Einzelfund, der 1940 im Kunsthandel erworben worden ist. Das hervorragende Schmuckstück, eine ganz mit Edelsteinen belegte Bügelfibel gehört zu dem Besten, was ostgotisches Kunsthandwerk geschaffen hat. V. VIALE hat dem Fund eine Arbeit gewidmet mit dem Titel: Il tresoro di Desana, in: Bolletino storico-bibliografico subalpino, Torino, Bd. 43, 1941, S. 144f.

Am 8. Oktober 1957 wird wieder ein Fund gehoben, der von Reggio Emilia. Es ist ein Verwahrfund, ein Hortfund, vergraben bei kriegerischer Gefahr. Als Datum wäre die Zeit der Kämpfe zwischen den Ostgoten und Byzanz, 535—553, denkbar, oder die Zeit der Kämpfe zwischen Theoderich und Odoakar, 489—493. Die erste Zahl ist die wahrscheinliche. Reggio Emilia liegt 20 km nordöstlich von Parma, in der Po-Ebene.

Der Fund bringt 60 Goldmünzen, die älteste von Marcian, 450—457, die jüngste von Basiliscus und Marcius, 476—477, ferner zwei silberne Schalen, eine Goldfibel von spätrömischem Typ, ähnlich der Fibel des Childerich-Grabes in Tournai, eine ostgotische Bügelfibel von einem Typ, den ich den von Reggio Emilia genannt habe in: Herbert Kühn, Die germanischen Bügelfibeln der Völkerwandgszt. in Süddeutschland, Graz 1974, Kap. 28, Typ 63. Von diesem Typ sind 18 Fibeln bekannt, zwei so völlig gleiche, daß sie wohl aus einer Gußform stammen, die eine aus Mainz-Zahlbach, die andere aus Erfurt-Gispersleben. Diese drei Fibeln sprechen von der Politik des Theoderich, die germanischen Stämme innerlich zu verbinden. Die Fibeln zeigen den Kontakt zum Frankenreich und zum Thüringer-Reich. Im Jahre 493 hat Theoderich Audafleda geheiratet, eine Schwester von Chlodowech, dem König der Franken. Im Jahre 510 hat der König der Thüringer, Herminafried, die Nichte Theoderichs, Amalaberga, geheiratet. Der Fund wird demnach nicht vor 500, sondern nach 500 in die Erde gekommen sein.

Er erbrachte weiter vier goldene Halsketten, 15 goldene Fingerringe mit Steineinlagen, 10 goldene Ohrringe oder Anhänger, ein Kreuz als Anhänger, eine byzantinische Schnalle, einen Stein mit dem Namen des Besitzers, Mavarta. Den Bericht gab Mario Degani in einem Buch mit dem Titel: Il tresoro romano barbarico di Reggio Emilia, Firenze 1959, 140 Seiten, 34 Tafeln.

Vom Februar bis April 1960 wurde das langobardische Gräberfeld von Cividale, das schon so viele Funde gebracht hat, erneut angeschnitten. Es liegt im Ort selbst, an der Piazza XX Settembre, auf dem Gebiet der Scuola Materna. Es konnten 14 Gräber gehoben werden, darunter als bedeutendstes Grab 1 mit Spatha, Goldblattkreuz, Gürtelschnallen und Kamm. Fast jedes Grab enthielt ein Goldblattkreuz. Den Bericht brachte Carlo Mutinelli, der Direktor des Museums von Cividale, betitelt: La necropoli longobarda di S. Stefano in Pertica in Cividale, in: Quaderni della Face, 1960, Udine S. 5—51 mit 27. Fig. Diese Kreuze aus dünnem Gold mit gepreßten Tierornamenten und manchmal mit dem Kopf, sicherlich Christus, in der Mitte, sind ein bestimmendes langobardisches Element.

Diese Goldblattkreuze sind der Gegenstand eigener Arbeiten geworden. Von Siegfried Fuchs erschien das Werk: Die langobardischen Goldblattkreuze aus der Zone südwärts der Alpen, Berlin 1938 mit 98 Seiten und 37 Tafeln. Durch münzdatierte Funde ergibt sich, daß sie dem 7. und dem 8. Jahrhundert angehören. Ein Goldkreuz aus Benevent, bei Fuchs Nr. 173, ist mit dem Abdruck einer Goldmünze von Leo III., 717—741 versehen. Zu diesen Kreuzen hat Günther Haseloff, Prof. a. d. Univ. Würzburg, Stellung genommen in einem Artikel: Die langobardischen Goldblattkreuze, in: Jahrb. d. Röm.-Germ. Zentralmus. Mainz, 3. Jg. 1956, S. 143—163, 12 Tafeln. Der Verf. ordnet die Kreuze zu Gruppen, er ist der Meinung, daß der Stil II der Tierornamentik sein Entstehungsgebiet in Italien bei den Langobarden besitze, und zwar in der Lombardei.

Es fehlte noch eine Arbeit über die Goldblattkreuze nördlich der Alpen. Sie ist vorgelegt worden von Prinz Otto von Hessen unter dem Titel: Die Goldblattkreuze aus der Zone nordwärts der Alpen, Milano 1964 in: Economia e Storia, Nr. 12, S. 199—226, 13 Tafeln. Otto von Hessen legt 36 Exemplare vor. Dabei ist Nr. 5 aus Güttingen von Bedeutung, es trägt als Mittelmedaillon den Abdruck einer Nachprägung eines Triens von Mauricius Tiberius (582—602). Das Kreuz von Langerringen, Nr. 32, trägt den Abdruck einer Münze des Phocas (602—610). Die Kreuze sind in Deutschland Import aus Italien, sie erscheinen in der zweiten Hälfte des 7. Jahrhunderts, nach 650, und leben bis in das 8. Jahrhundert hinein.

Prinz Otto von Hessen veröffentlichte die langobardischen Gräber von Offanengo mit drei Gräbern, die dem letzten Drittel des 7. Jahrhunderts angehören. Der Ort liegt bei Crema, 30 km südöstlich von Milano. Der Titel ist: I rinvenimenti di Offanengo e la loro esegesi, in: Rivista des Museo Civico di Crema, Bd. 4, 1965, S. 27—77, 19 Tafeln. Ferner legte er eine Behandlung der langobardischen Keramik in Italien vor, 1967, mit 72 Seiten und 40 Tafeln.

Nach den Vorarbeiten von S. Fuchs brachte J. Werner ein Buch über: Die langobardischen Fibeln aus Italien, Berlin 1950, 72 Seiten, 56 Tafeln.

Die schwierige Frage der Zuordnung der Funde zu den Ostgoten oder den Langobarden ist von Nils Åberg gelöst worden, als er sein Buch veröffentlichte: Goten und Langobarden in Italien, Uppsala 1923 mit 166 Seiten, 305 Abb. Åberg sagt im Vorwort (S. V): „Eine der Hauptaufgaben wird es sein, innerhalb des italienischen Materials gotische und langobardische Altertümer voneinander zu scheiden. Durch eine derartige Bestimmung ließe sich ein fester Ausgangspunkt für die Beurteilung der italienischen und süddeutschen Einschläge in der nordischen Kultur gewinnen."

Es sind vor allem die Bügelfibeln, die den Unterschied deutlich machen, er liegt in der Formgebung und im Ornament. Dieses Ziel ist Åberg gelungen, es war ein bedeutender Fortschritt in der Erkenntnis.

In Spanien und Portugal belebt sich allmählich die Forschung auf die Funde der Völkerwanderungszeit. Bis 1900 war außer den Kronen von Guarrazar fast nichts bekannt, es gab nicht ein einziges sorgfältig ausgegrabenes Gräberfeld.

Dagegen gab es private Ausgräber und Sammler. Der Marques de Cerralbo hatte in Fuencaliente, in Palazuelos, in Renales Fundstücke der Westgoten gehoben, sie verblieben in privatem Besitz und sie wurden nicht veröffentlicht. Ein anderer privater Ausgräber war Luis Vives, auch er behielt die Funde in seinen Händen ohne Veröffentlichungen. Als er starb, kam die Sammlung in das Museo Arqueológico Nacional in Madrid, und nun wurden die Altertümer bearbeitet von José Ramón Mélida in der Revista de Archivos, Bd. 3, Ser. 29, 1913—1914, S. 453f. Die im Museum in Lissabon vorhandenen Funde der Westgoten aus Portugal beschreibt kurz José Leite de Vasconcellos in seinem Werk: Religiões da Lusitania, Bd. 3, Lissabon 1913, S. 577f.

Erst im Jahre 1914 wurde ein Gräberfeld veröffentlicht, es ist das von Pamplona, 1895 gefunden. Das kleine Buch ist: Florencio de Ansoleaga, El cementerio de Pamplona, Navarra, Pamplona 1914. Die Leiter der Ausgrabung waren damals verstorben, das Ganze ist nur ein Hinweis, ohne Grabangaben, ohne Inventare. Es sind zwei Münzen von Swinthila (621—631) in dem Gräberfeld gehoben worden, die Grabzusammenhänge sind unbekannt.

Bei Straßenarbeiten wurden 1916 einige Altertümer aufgefunden in Herrera de Pisuerga, Prov. Palencia. Die systematischen Grabungen unter Leitung von Martinez Santa-Olalla begannen 1925, 1933 konnte der Ausgräber die Veröffentlichung vorlegen unter dem Titel: Necrópolis visigoda de Herrera de Pisuerga, Palencia, Madrid 1933, 44 Seiten, 56 Tafeln. Es werden 56 Gräber behandelt mit allen Beigaben. Santa Olalla hat eine Chronologie der spanischen westgotischen Funde vorgelegt in IPEK 1934, S. 44—50, betitelt: Chronologische Gliederung des westgotischen Kunstgewerbes in Spanien. Der Verf. kommt zu diesem Ergebnis:

Periode I 467—485
Periode II 485—600
Periode III 600—711.

Julio Martínez Santa-Olalla ist geboren am 23. 8. 1905 in Barcelona, er ist gestorben im Februar 1972. Er hat Vorgeschichte studiert bei Hugo Obermaier in Madrid, war Lektor für spanische Sprache a. d. Univ. Bonn. Nach 1946 war er beauftragter Leiter des Instituts für Vorgeschichte a. d. Univ. Madrid, dann Prof. a. d. Univ. Valencia und später Prof. a. d. Univ. Madrid für Historia Primitiva del

Hombre. Seine wichtigsten Bücher sind: Necrópolis visigoda de Herrera de Pisuerga Palencia, Madrid 1933. — Esquema paletnológico de la península hispánica, 2. Aufl. Madrid 1946. — Cerámica incisa y cerámica de la cultura del vaso campaniforme en Castilla la Vieja y Asturias, Madrid 1930.

Die erste Darstellung der wichtigsten, damals bekannten spanischen Westgotenfunde hat NILS ÅBERG (1888—1957) vgl. S. 597, einer der erfolgreichsten schwedischen Archäologen, vorlegen können. Er hat die acht Museen, die westgotische Funde besaßen, in Spanien und Portugal besuchen können, und war dadurch in der Lage, eine Übersicht zu schaffen, wie sie es bis dahin nicht gegeben hatte. Sein mehrfach genanntes Buch: Die Franken und Westgoten in der Völkerwanderungszeit, Uppsala 1922, widmet sich auf den Seiten 206—240 dem spanischen Material. Es werden die Gürtelschnallen behandelt, die Adlerfibeln, die Bügelfibeln, der Fund von Guarrazar.

Die zweite Darstellung der Westgotenfunde in Spanien ist die von HANS ZEISS mit dem Titel: Die Grabfunde aus dem spanischen Westgotenreich, Berlin 1934, 207 Seiten, 32 Tafeln. Das Werk beruht auf einer genauen Durcharbeitung des gesamten Materials in Spanien, vor allem der vielen Funde in Privatbesitz. Hans Zeiss kann 53 Bügelfibeln vorlegen, 5 Adlerfibeln, Hunderte von Gürtelschnallen und viele Tongefäße. Auffällig ist das völlige Fehlen der Vogelfibeln und der S-förmigen Fibeln (S. 105), die Rundfibeln sind selten. Es fehlen auch die Fibeln mit ovaler und mit barocker Fußplatte. Drei Fibeln mit gleichbreitem Fuß sind Import aus dem Merowingerreich. Die Bügelfibeln, erst mit der westgotischen Landnahme um 500 in Spanien erscheinend, tragen noch völlig den gotischen Charakter. Zeiss schließt mit Recht, daß engere Beziehungen zwischen dem westgotischen Reiche in Spanien und den übrigen germanischen Reichen kaum bestanden haben (S. 126).

HANS ZEISS ist geboren am 21. 2. 1895, gefallen 1944. Er wurde Dozent a. d. Univ. München 1931 und 1935 o. Prof. Er war 2. Direktor d. Röm.-Germ. Komm. Seine wichtigsten übrigen Werke sind: Studien zu den Grabfd. aus d. Burgunderreich a. d. Rhône, Sitzber. d. Akad. d. Wiss. Bayern, 1938, 120 Seiten. — Helmut Arntz u. Hans Zeiss, Die einheimischen Runendenkmäler des Festlandes, Leipzig 1939 mit 519 Seiten u. 44 Tafeln.

Im Jahre 1926 beginnt die Grabung des Gräberfeldes von Deza, Prov. Soria, durch BLAS TARACENA AGUIRRE. Über hundert Gräber konnten aufgedeckt werden. Den Bericht gab der Ausgräber in: Excavaciones en las Provincias de Soria Logrono, Junta Superior, Memoria 86, 1927, S. 23—30, Taf. 14—17.

Ein anderes Gräberfeld ist Carpio de Tajo, Prov. Toledo, mit 300 Gräbern. Es ergaben sich Funde der ersten Hälfte des 6. Jahrhunderts, gegraben 1924.

Duratón und Daganzo sind weitere Gräberfelder.

Der erste Bericht ist J. SUPIOT in: Boletín de Seminario de Arte y Arqueología, Valladolid, Bd. 4, Abt. 2, 1933—1934, S. 43f. — MARTÍNEZ SANTA OLALLA in: Archivo Español de Arte y Arqueología, Bd. 10, 1934, S. 156—158. — C. MERGELINA, La necrópoli de Carpio de Tajo. Boletín del Seminario de Arte y Arqueología, Valladolid, Bd. 15, 1949, S. 145—154.

Über Duratón, Prov. Segovia, berichtet: A. MOLINERO PÉREZ, La necrópolis visigoda de Duratón in: Acta Arqueológica Hispánica, Bd. IV, Madrid 1948. —

Ders. Aportaciones de las excavaciones y hallazgos casuales al Museo Arqueológico de Sevilla, in: Memoria 72, Madrid 1972.

Über Daganzo, Prov. Madrid, finden sich die Angaben in dem angegebenen Werk von A. Molinero Pérez, Madrid 1972.

Ein westgotisches Grab mit reichem Inhalt ist 1960 aufgefunden worden in Medellín, Prov. Badajoz. Es berichtet darüber PÉREZ MARTIN, M. JESÚS, Una tumba hispano-visigoda exceptional hallada en el Turuñuelo, Medellín, Badajoz, in: Trabajos de Prehistoria, Bd. 4, Madrid 1961.

Einen Gesamtüberblick der Völkerwanderungszeit in Spanien gibt PEDRO DE PALOL, Demografía y arqueología hispanicas de los siglos IV al VIII, in: Boletín del Seminario de Estudios de Arte y Arqueología, Valladolid, Bd. 32, S. 5—66.

Ein wichtiger Fund gelang Juan Cabré Aguiló. Am 12. September 1945 wurde bei der Ausgrabung einer westgotischen Kirche in Zorita de los Canes, Prov. Guadalajara, in den Fundamenten der Kirche ein Schatz von neunzig Goldmünzen der Völkerwanderungszeit gefunden. Die Münzen legen Zeugnis ab über die wirtschaftlichen Beziehungen dieser Zeit. Unter ihnen sind 6 Münzen merowingisch, eine ist suebisch aus dem nördlichen Spanien, aus dem damals westgotischen Narbonne stammen fünf Münzen. Vierzehn Münzen mit dem Bildnis und der Inschrift Justinians I., 527—565, sind westgotische Prägungen unter den Königen Theudis, 531—548, Theudisel und Athanagild, 554—567. 41 Münzen mit der Inschrift und dem Bild von Justin II. 566—578, sind westgotische Prägungen unter Athanagild, 554—567 und Liuva I., dem Herzog von Narbonne und von Leuvigild, Herzog von Toledo, 568—580. 23 Münzen, ebenfalls mit dem Bildnis von Justin II. sind schwer leserlich, gehören aber offenbar ebenfalls in die Prägung von Leuvigild.

Den Bericht gab FRANZISCO LAYNA SERRANO, El tresoro visigodo de trientes de las excavaciones del plan nacional de 1944—1945 en Zorita de los Canes, Guadalajara. Madrid 1946, 56 Seiten, 15 Tafeln.

Von der Bautätigkeit der Westgoten sind mehrere Kirchen erhalten geblieben bis heute. Ein Bau dieser Zeit ist S. Juan Baños de Cerato bei Palencia, Prov. Palencia in Altkastilien. Die Kirche trägt eine Inschrift von König Reccevinth aus dem Jahre 661. Der König hatte in den Bädern Heilung gefunden und die Kirche dort erbaut. Sie ist eine kurze Basilika mit einem Vorraum, zwei Seitenschiffen und drei Apsiden. Den Bericht gibt: J. AGAPITA Y REVILLA, La basilica de San Juan de Baños de Cerato, Palencia; Valladolid 1902. — Über die Inschrift: JOSEP VIVES, Inscriptiones cristianas de la España romana y visigoda, Barcelona 1942, Nr. 314.

Die Stelle der Inschrift, die Reccevinth erwähnt, lautet:

Quam devotus ego rex Reccevinthus amator
Nomine ipse tui proprio de iure dicavi.

Mehrere Kirchen besitzen einen kreuzförmigen Grundriß, so Saint-Fructueux de Montelios bei Braga, eine kleine Kirche bei dem Dorf Montelios. Ein Text aus dem Jahre 883 bestätigt die frühere Weihung an den Heiligen. Der Text lautet: Monasterium quod fuit edificatus a beato dei vire domino Fructuoso. Der wichtigste Bericht über die Kirche ist: A. FERRANT, Reintegraçao de um monumento Capele de S. Fructuoso, Porto 1932.

Eine andere kreuzförmige Kirche ist San Pedro de la Nave mit einem Mittelschiff und zwei Querschiffen. Die Kirche liegt bei Zamora in der Prov. Zamora, sie wird aus der Zeit 650—700 stammen. Bemerkenswert ist im Innern eine Darstellung des Daniel in der Löwengrube mit der Inschrift: Ubi Daniel missus est in lacum leonum. Die Darstellung erinnert an die ähnlichen Wiedergaben auf den Danielschnallen. Der Bericht ist: MANUEL GOMEZ-MORENO, San Pedro de la Nave, Boletín de la Sociedad Castellana de Excursiones, Madrid 1906. — R. MENÉNDEZ PIDAL, El arte hispano visigodo, Bd. 3, Madrid 1940.

Andere westgotische Kirchen sind: Santa Maria de Quintanilla de las Viñas, Prov. Burgos; Santa Comba de Bande, Prov. Orense; San Pedro de la Mata, Prov. Toledo; San Miguel de Lino bei dem Dorfe Naranco, Prov. Oviedo; Santa Maria de Naranco, Prov. Oviedo; Santa Cristina de Lena, Prov. Oviedo.

Über die westgotischen Kirchen in Spanien schrieb: ALBRECHT HAUPT, Die Baukunst der Germanen, Berlin 1923. 2. Aufl., S. 192—236. — PUIG I CADAFALCH, L'art wisigothique, Paris 1961, 204 Seiten u. 56 Tafeln.

Die Tscheschoslowakei ist seit 1900 für die Völkerwanderungszeit recht gut durchgearbeitet worden. Eine Gesamtübersicht gab HELMUT PREIDEL in zwei Büchern: Die germanischen Kulturen in Böhmen und ihre Träger, 2 Bde, Kassel 1930, Bd. 1 mit 370 Seiten u. 370 Abb. Bd. 2 mit 286 Seiten u. 122 Abbildungen. Es werden alle Fundplätze mit der Literatur genannt. Das keltische Fundmaterial wird getrennt von dem elbgermanischen, dem südgermanischen. Die Funde fremder Herkunft im böhmischen Raume werden genannt.

Ein kürzer angelegtes Buch, ebenfalls von Helmut Preidel ist: Germanen in Böhmen, im Spiegel der Bodenfunde, Reichenberg 1926, mit 100 Seiten u. 73 Abbildungen, ein drittes Werk ist: Germanen in Böhmens Frühzeit, Karlsbad o. J. (wohl 1930). Das vierte: Die vor- u. frühgeschichtl. Siedlungsräume in Böhmen und Mähren, München 1953.

HELMUT PREIDEL ist geboren am 17. 5. 1900 in Podmokly, Böhmen. Er war bis 1938 Gymnasialprofessor in Most und Žatek, von 1939—1945 im Ruhestand, 1945 Univ. Prof., 1952 emeritiert.

Außer den genannten Werken liegen von ihm vor: Die urgeschichtl. Funde und Denkmäler des Kreises Brüx, Reichenberg 1934. — Heimatkunde des Bez. Komotau, 1935. — Die Anfänge der slawischen Besiedlung Böhmens u. Mährens, München 1953. — Slawische Altertumskunde des östl. Mitteleuropa I und II, 1961—1964. — Handel u. Handwerk im frühgesch. Europa, Gräfelfing 1964.

Die völkerwanderungszeitlichen Funde der Slowakei behandelt EDUARD BENINGER, Die germanischen Bodenfunde der Slowakei, Reichenberg 1937. Und derselbe mit HANS FREISING: Die germanischen Bodenfunde in Mähren, Reichenberg 1933.

Eine eingehende Darstellung mit genauer Vorlage der Fundplätze mit den Abbildungen ist das Werk von BEDRICH SVOBODA, Čechy v době stěhování národu in tschechischer Sprache mit deutschem Teil, Böhmen in der Völkerwanderungszeit, Praha 1965, 375 Seiten, 111 Tafeln. Dieses Buch ist jetzt die übersichtlichste Darstellung des reichen Fundmaterials in Böhmen.

BEDRICH SVOBODA lebte von 1910—1975. Er studierte in Prag und erwarb dort 1934 seinen Doktorgrad. Danach war er wissenschaftl. Assistent am Nationalmuseum Prag, 1948 wurde er Dozent a. d. Univ. Prag, er war Mitarbeiter der Tschech. Akademie d. Wissenschaften. Seine wichtigsten Werke sind: Böhmen und das Röm. Imperium, tschech. Prag. 1948. — Platebrooches from the late period of the Roman Empire, in: Památky archeologické, Praha, Bd. 42, 1939—1946. — Einige Edelmetallfibeln aus Böhmen, IPEK, Bd. 15, 16, 1941—1942, S. 100 f. — Probleme d. 5. Jahrhunderts in Mitteleuropa, in: Arbeits- u. Forschungsber. zur sächs. Bodendenkmalpflege, Dresden, Bd. 16, 1967.

Auch Ungarn ist für die Epoche der Völkerwanderungszeit gut bearbeitet worden. Die Grundlage bildet das noch bis heute führende Werk von JOSEPH HAMPEL, Alterthümer des frühen Mittelalters in Ungarn, 3 Bde, Braunschweig 1905. Bd. 1 mit 853 Seiten und 2359 Abb., Bd. 2 mit 1006 Seiten und etwa 800 Abb., Bd. 3 mit 539 Tafeln. Das Buch ist die gewaltige Leistung eines überaus kenntnisreichen Gelehrten.

Der Verfasser gliedert das Fundmaterial in vier Gruppen, die erste ist eine germanische, die zweite ist heute als awarisch erkennbar, doch zur Zeit von Hampel war sie nicht zu deuten. Das erste Gräberfeld dieser Art ist das von Keszthely. Die Grabungen hat W. LIPP (1835—1883) durchgeführt in den Jahren 1874—1883. Die Funde hat er als germanisch bezeichnet und sie datiert in das 4. und 5. Jahrhundert in Lipp: Das Gräberfeld von Keszthely-Dobogó, Budapest 1884. W. Lindenschmit hat das Gräberfeld und damit die Keszthely-Kultur in das 7. und 8. Jahrhundert datiert. Beide Forscher hatten unrecht. Ihr Wissensumkreis war damals noch zu eng. Es hat sehr langer Zeit bedurft, bis die Forscher erkannten, daß es sich um Fundstücke der Awaren handelt, Hampel selber hat an Sarmaten gedacht (ebda Bd. 1, S. 23). Die dritte Gruppe bei Hampel möchte er als awarisch bezeichnen, es handelt sich aber in Wirklichkeit um persisch-sassanidische Funde, wie Nagy-Szent-Miklos, 1799 gefunden am Ufer des Flusses Aranyka im Kom. Tolna in Ungarn. Hampel hat diesem bedeutenden Fund von 23 Goldgefäßen eine eigene Arbeit gewidmet: Der Goldfund von Nagy-Szent-Miklos, Budapest 1885, 190 Seiten u. 136 Abb. Er erkennt, daß es sassanidische Arbeit ist und meint, daß er im Besitz von Hunnen war, und daß man ihn als Schatz des Attila bezeichnen könne. So bleibt die dritte Gruppe in ihrer ethnischen Bestimmung völlig ungesichert. Seine vierte Gruppe hält Hampel auf Grund der Münzen für eine Epoche, die dem 9. und 10. Jahrhundert angehört. Hampel sagt (ebda Bd. 1, S. 37):

„Zunächst stellen wir uns hier die Aufgabe, das durch den Fleiß vieler Fachgenossen seit Jahrzehnten gesammelte Fundmaterial in objektiver Weise den außerungarischen Collegen zugänglich zu machen. Es war uns gegönnt, beinahe sämtliche Objecte aus unmittelbarer Anschauung kennen zu lernen und nach den Originalen zu beschreiben, auch sind beinahe sämtliche Abbildungen, die hier publiciert werden, unter unserer Aufsicht angefertigt worden."

Hampel weiß genau, daß die Kenntnis seiner Zeit nicht ausreicht, endgültige Entscheidungen zu treffen und so sagt er (ebda S. 41): „So wird denn etwa die

Hälfte dieses Bandes eine Art Inventar enthalten von den Fundobjecten in der Gruppierung nach den Zwecken, denen sie einst gedient. Soweit es möglich, soll darin der historische Standpunkt zur Geltung kommen und dem ethnischen Moment mag auch sein Recht gewährt werden, sofern der gegenwärtige Stand unserer Kenntnisse es erlaubt."

Sofern der gegenwärtige Standpunkt unserer Kenntnisse es erlaubt — ein sehr kluges, für seine Zeit ein beschränkendes Wort. Die damaligen Kenntnisse waren nicht geeignet, eine so schwierige Aufgabe, wie die der ethnischen Bestimmung zu lösen. Aber gerade ein solches Werk wie das von Hampel mit den Tausenden von Abbildungen war es, das die Grundlage zu schaffen in der Lage war, auf der eine folgende Forschung aufzubauen vermochte.

JOSEPH HAMPEL ist im Jahre 1849 geboren, er ist gestorben in Budapest im Jahre 1913. Von 1870—1901 war er wissensch. Mitarbeiter am Ungarischen Nationalmuseum, von 1901—1913 Direktor des Museums. Seine wichtigsten anderen Werke sind: Bronzkor emlékei Magyarhonban, Altertümer der Bronzezeit in Ungarn, Bd. 1, 1886; Bd. 2, 1892; Bd. 3, 1896. — A honfoglaláskor hazai emlékei, Denkmäler der Landnahmezeit in Ungarn, Budapest 1896. — Antik szobrászat emlékei, Denkmäler der klassischen Bildhauerei, Budapest 1900. — Lovasistenségek dunavidéki antik emlékeken, Reitergötter auf antiken Denkmälern der Donaugegend, in: Archaeologiai Értesitö, Budapest 1903, 1905, 1911, 1912.

Es war die Rede davon auf S. 488—491, wie schwierig es war, den Anteil der Awaren und der Hunnen abzulösen im Fundmaterial von dem der Germanen, es ist erst nach der Zeit Hampels gelungen.

Die archäologische Erforschung der Germanen in Ungarn ist in der Zeit von 1900—1975 von reichem Erfolg begleitet gewesen.

Die Ebene zwischen Donau und Theiß, zwischen Alth und den Karpathen bietet einen besonders fruchtbaren Boden. Einen solchen Raum müssen Ackerbauvölker immer wieder erstreben, auf ihm müssen sich die Fundstellen des Neolithikums häufen, wie auch die der Völkerwanderungszeit.

Einen ähnlichen Raum bedeutet die nördliche Tiefebene Frankreichs, bedeutet die Rhein- und Main-Ebene, die Ebene des Po in Italien.

Das Mitteldonaubecken in Ungarn ist eine der reichsten Fundplätze der völkerwanderungszeitlichen Kulturen geworden. An Städten ist dieses Becken bezeichnet im Norden durch Großwardein, ungarisch Nagyvárad, rumänisch Oradea, und Budapest, im Süden durch Belgrad, Beograd. Im Westen ist die wichtigste Stadt Maria-Theresiopol, heute Subotica, im Osten ist es Arad.

Etwa in der Mitte des Bereiches, südöstlich von Szeged, ist dieser an sich zusammengehörende Raum geteilt in drei Staaten. Der Teil nördlich von Szeged gehört zu Ungarn. Der Teil südlich von Szeged zu Jugoslawien, der Raum östlich von Szeged mit Arad gehört zu Rumänien. Die Forschungsarbeit auf diesem Raum verteilt sich also auf drei Staaten.

In der Zeit von 1900—1906 gräbt Gabor Csallány in Szentes Berekhát, auf der linken Seite des Theiß. Er bezeichnet die Gräber als gotisch-gepidisch. Es wurden 128 Gräber gehoben. Csallány berichtet über die Grabungen in den Archaeologiai

Értesitö 1903, S. 14—22 und 1904, S. 153—170. Im Jahre 1939 veröffentlicht Gabor Csallány das Gräberfeld von SZENTES-DEREKEGYHÁZA in Fasti Archaeologici, Firenze, Bd. 1—2, 1939, S. 116—120.

GABOR CSALLÁNY, geboren 1871 in Tamási, gestorben 1945 in Budapest, war seit 1897 Leiter und seit 1926 Direktor des Museums von Szentes, Ungarn. Das Museum, mit dem Namen Koszta József Museum, ist 1893 gegründet worden. Auf dem Gräberfeld Szentes-Berekhát hat Deszö Csallány bis 1967 noch Grabungen durchgeführt. In mehreren Gräbern finden sich Bügelfibeln, so in Grab 27, 34, 36, 202, 274. Insgesamt sind 306 Gräber freigelegt worden. Die Grabungen umfassen die Zeit von 1898—1967.

1925 wurde das erste mit einer Münze datierte Gräberfeld in Ungarn gefunden. Es ist das von Csanád-Bäkény am Ufer des Flusses Maros, östlich von Szeged mit Gräbern der Gepiden. Die Münze ist eine Bronze von Zeno (477—491) oder von Leo I. (482—488). Den Bericht gibt J. BANNER in Dolgozatok, Szeged, Bd. 2, 1926, S. 72—122.

1930 bringt die Grabung des Gräberfeldes Hódmezövásárhely-Gorzsa, nordöstlich von Szeged mit 97 Gräbern. Es wird eine Münze von Justinus I. (517—528) gefunden. J. BANNER berichtet darüber in Mitt. d. Anthrop. Ges. Wien Bd. 63, 1933, S. 375—380, über die Münze: J. HUSZAR in: Annales of Archaeology and Anthropology, Liverpool, Bd. 5, 1954, S. 61—109.

Ein wichtiges Gräberfeld mit germanischen Bestattungen ist Szentes-Nagyhegy am Nordostrand der Stadt. Die Ausgrabung begann 1930 unter Gabor Csallány, sie wurde fortgesetzt 1931—1939 durch Dezsö Csallány. Es konnten Gräber der Gepiden freigelegt werden, mehrere Gräber brachten Bügelfibeln, so Grab 6, 8, 15, 22. Grab 15 ergab eine gotische Gürtelschnalle mit Vogelkopf. Den Bericht gibt DEZSÖ CSALLÁNY in: Archäologische Denkmäler der Gepiden im Mitteldonaubecken, Budapest 1961, S. 44—66.

Eine andere ergebnisreiche Grabung ist die von Kiszombor, östlich von Szeged, am Flusse Maros. Die Grabung begann 1929, sie wurde geleitet von Ferenc Móra, 1879—1934, Direktor des Museums von Szeged. Móra konnte 426 Gräber freilegen. Von ihnen gehören 36 den Sarmaten an, 7 den Hunnen, die Mehrzahl den Gepiden, 10 Gräber den Awaren, etwa 100 den Ungarn, den Arpaden. Arpad ist der erste Großfürst der geeinigten ungarischen Stämme, er regierte von 890—907. Den Bericht brachte GYULA TÖRÖK, geb. 1911, seit 1952 wiss. Kustos am Ungar. Nat. Museum Budapest. Seine Arbeit heißt: A kiszombori germán temetö helye a népvándorláskori emlékeink között, Das germanische Gräberfeld von Kiszombor und unsere Denkmäler der Völkerwanderungszeit, Dolgozatok, Szeged, Bd. 12, 1936, S. 101—177.

In der Zeit von 1942—1943 konnten in Szöreg an der Theiß, südlich der Einmündung des Flusses Maros durch Deszö Csallány 118 germanische, gepidische Gräber ausgegraben werden, ferner zwei sarmatische, ein hunnisches, 27 awarische Gräber. Csallány berichtet darüber ebd. S. 146—168

Das gesamte Material der Ausgrabungen und Funde germanischer Gräber, offenbar der Gepiden, im mitteldonauländischen Raum hat DEZSÖ CSALLÁNY in einem ausgezeichneten Werk zusammenfaßt, schon mehrfach genannt: Archäologische Denkmäler der Gepiden im Mitteldonaubecken (454—568 u. Z.) Budapest 1961. Das deutsch geschriebene Werk umfaßt 406 Seiten und 281 ganzseitige Tafeln mit photographischen Wiedergaben.

DEZSÖ CSALLANY ist am 11. 10. 1903 in Szentes geboren. Er ist Dr. phil., 1936 wurde er Direktor des städt. Museums Szeged, 1954 Leiter des Jósa András Museums, Nyiregyhaza, 1962 Direktor des Komitatsmuseums Szabolcs-Szatmár. Von seinen Arbeiten seien genannt: Goldschmiedegrab aus der Awarenzeit von Kunszentmárton, Szentes 1933, ungar. — Grabfunde der Frühawarenzeit, Folia Archaeologica I—II, 1939. — Frühawarische Gefäße aus Ungarn, Dolgozatok, Szeged, Bd. 17, 1940. — L'importance de la circulation monétaire byzantine, Acta Arch. Acad. Scient. Hungaricae, Budapest, Bd. 2, 1952. — Les monuments de l'industrie byzantine des métaux, Acta Antiqua Acad. Scient. Hungaricae, Budapest, Bd. 2, 1954, ungar. — Les bagues à inscription runique en Hongrie, Arch. Ertesitö, 1955. — Ungarische Zierscheiben aus dem 10. Jahrhundert, Acta Arch. Acad. Scient. Hungaricae, Bd. 10, 1959. — Byzantinische Schnallen und Gürtelbeschläge mit Maskenmuster, Acta Ant. Hungaricae Bd. 10, 1962. — Die Bestimmung der archäologischen Hinterlassenschaft der Kuturgur-Bulgaren (Hunnen). Arch. Ert. Bd. 90, 1963. Archäol. Denkmäler der Gepiden im Donaubecken (454—568 u. Z.) Budapest 1961, 406 Seiten, 281 Tafeln.

Ein wichtiger Fundplatz in Ungarn ist Várpalota, nicht wie die bisher vorgelegten Fundorte zwischen Donau und Theiß, sondern auf der anderen, der rechten Seite, westlich der Donau, nicht weit von der Nordspitze des Plattensees, bei Veszprem, in der Bakonygegend. Die Ausgrabung stand unter der Leitung von Gyula Rhé (1871—1938), Leiter der Arch. Abt. des Mus. von Veszprem, sie fand statt 1933. Der Ausgräber fand 7 awarische und 29 langobardische Gräber, der Zeit von 530—568 angehörend. Die Veröffentlichung erfolgte nach dem Tode von Gyula Rhé durch ISTVÁN BÓNA mit dem Titel: Die Langobarden in Ungarn, Acta Arch. Scient. Hungaricae, Budapest 1956, S. 183—244, Taf. 27—56. Es wird der Inhalt der reichen Gräber vorgelegt, dann spricht der Verf. von den übrigen Gräbern der Langobarden in Ungarn und Österreich. Dabei kommt Bóna zu dem Ergebnis (S. 242), daß nach der Abwanderung der Langobarden nach Italien, 568, namhafte Funde der Langobarden nicht mehr vorliegen. Bóna betont, daß die Langobarden niemals im Donau-Theißgebiet gesiedelt haben, östlich der Donau, im Raume der Gepiden, sondern immer nur westlich. Die schriftlichen Quellen sprechen von „Feld", es wird sich um Kisalföld und Burgenland handeln, es ist das Pannonien der Römer. Der Verf. nimmt an, und das aus den schriftlichen Quellen, daß die Langobarden Pannonien in den Jahren 546—548 erobert haben (S. 233). Im Jahre 568 sind sie nach Italien gezogen.

ISTVÁN BÓNA ist geboren 1930 in Heves. Er hat seinen Doktorgrad erworben und ist wiss. Asisstent d. Arch. Inst. d. Univ. Budapest. Außer den erwähnten Arbeiten seien genannt: Der Fund von Káloz, Acta Arch. Acad. Scient. Hung. Bd. 6, 1955. — Le cimetière avar de Ürböpuszta, Arch. Ert. Bd. 84, 1957. — Die Ausgrabungen von L. Martón in Tószeg II, Acta Arch. Acad. Scient. Hung. Bd. 10, 1959. — Chronologie der Hortfunde vom Koszider-Typus, ebda Bd. 9, 1958. — Ungarländische Kunst bis zur Landnahme, Budapest 1959. — Beiträge zur

Archäol. u. Geschichte der Quaden, Acta Acad. Scient. Hung. Bd. 15, 1963. — Der Silberschatz von Darufalva, ebda 1963.

Mit der Frage der Langobarden in Pannonien hat sich danach JOACHIM WERNER beschäftigt. Die Frage ist von besonderer Bedeutung, weil die Langobarden 568 nach Italien ziehen, und weil das langobardische Fundmaterial in Italien seine Vorformen besitzen muß in den Fundgegenständen in Ungarn auf der rechten Seite der Donau, im Pannonien der Römer.

Das Buch von Joachim Werner trägt den Titel: Die Langobarden in Pannonien, Beiträge zur Kenntnis der langobardischen Bodenfunde vor 568, München 1962, 2 Bde. Band 1 umfaßt 195 Seiten, Bd. 2 71 Tafeln. Werner kommt zu dem Ergebnis, daß die Langobarden 489 das ehemalige Rugiland eingenommen haben, das heutige nördliche Niederösterreich, daß sie 526—527 Pannonien eroberten, das heutige westliche Ungarn, westlich der Donau. Werner sagt, S. 15: „Die Geschichte der Langobarden zwischen 489 und 568 läßt sich mit Hilfe der schriftlichen Zeugnisse nicht weiter aufhellen. Eine Vermehrung unseres Wissens ist nur durch Erschließung neuer Quellen zu erwarten, die nicht der literarischen, sondern der archäologischen Überlieferung angehören. Diese Quellen sind bisher zwar noch nicht in einem Denkmälercorpus ediert, lassen sich aber beim heutigen Stande der archäologischen Forschung in gewissem Umfange bereits auswerten. Ein Versuch in dieser Richtung wird mit der vorliegenden Abhandlung unternommen."

Bei der genauen Untersuchung der Funde von Várpalota ergibt sich, nach Werner, daß das Gräberfeld von 526—600 belegt worden ist, daß demnach nicht alle Langobarden 568 nach Italien abgewandert sind (S. 47). Die Zurückgebliebenen haben sich in die Herrschaft der Awaren eingefügt, das Grab 12 ist die Bestattung eines Awaren.

Das Buch ist deshalb von Bedeutung, weil es viele Einzelfunde in einem geschlossenen Zusammenhang bringt, weil es eine Fülle wichtiger Fragenkomplexe anrührt und weil es Klarheit bringt in die Epoche der Langobarden vor ihrer Wanderung nach Italien 568.

Im Jahre 1970 erschien der Bericht: Das völkerwanderungszeitliche Gräberfeld von KÖRNYE, Studia Archaeologica 5, Budapest, Akadémiai Kiadó. Das Buch umfaßt 160 Seiten und 70 Tafeln. Der Ort Környe war einst eine ummauerte spätrömische Siedlung. In seiner Umgebung wurde das Gräberfeld gefunden, es ergab 152 Gräber, unter ihnen 21 mit gezäumten Pferden. Die Pferdebestattung ist eine Sitte, die mehrfach erscheint, so auch in einem Grabe in Krefeld-Gellep. Es fanden sich Reflexbogen, Schwerter, Lanzen, Streitäxte, Schilde. Die Gürtelschnallen haben silbertauschierte Einlagen. Die Verfasser, A. Salamon, J. Erdélyi, J. Lengyel und T. Thóth kommen zu dem Ergebnis, daß dieses Gräberfeld aus dem 6. Jahrhundert von einer in Környe stationierten militärischen Einheit stammt.

Jugoslawien in der Völkerwanderungszeit ist vor allem bestimmt durch einen bedeutenden Fundplatz, Krainburg, jugoslaw. Kranj. Die Stadt liegt in Slowenien, Jugoslawien, auf dem linken Ufer der Save, am Fuße des römischen Kastells Carnium. Im Jahre 1898 kamen Funde zutage, ein Mühlenbesitzer T. Pavšlar, soll

150—200 Gräber geöffnet und ihren Inhalt verschleudert haben. 1901 hat Josef Szombathy (1853—1943), Direktor der vorgeschichtl. Abteilung des Naturhist. Museums in Wien, 66 Gräber gehoben. Im gleichen Jahr hat das Landesmuseum von Laibach, Ljubljana, 58 Gräber geöffnet. Im Jahre 1903 hob der Gymnasialprofessor J. Žmauc 192 Gräber, und 1905 W. Schmid ebenfalls für das Museum von Laibach 213 Gräber, insgesamt 700—750. Die Grabungen von Szombathy sind nicht veröffentlicht worden, die von Žmauc erschienen im Jahrb. d. Zentralkomm. Wien, N. F. 2, 1904, S. 233f., die von W. Schmid im Jahrb. f. Altertumskunde, Wien Bd. 1, 1907, S. 35f.

Das Gräberfeld brachte Fibeln mit gleichbreitem Fuß fränkischer Art, drei Bügelfibeln sind langobardisch.

In Rumänien ist der Raum von Transilvanien, Siebenbürgen, zwischen Klausenburg, Cluj, im Norden, und Karlsburg, Alba Julia, im Süden, ein zweites Zentrum des Lebensraumes der Gepiden. Ein wichtiges Gräberfeld im Gebiet von Siebenbürgen ist Maroßzentana, jetzt rumänisch Sîntana de Mures, auch Singheorghiul de Mures. Der Ort liegt nahe der Stadt Tirgu Mures auf der linken Seite des Flusses Maros. Hier grub 1903 Istvan Kovacs 74 Gräber aus, sie gehören dem 4. Jahrhundert an, sie bringen frühe gotische Fibeln, abgebildet bei E. Brenner, 7. Ber. d. Röm. Germ. Kom. Frankfurt/M. 1912, erschienen 1915, S. 264, Abb. 2. Der Ausgräber, I. Kovacs, hat den Bericht gegeben in Dolgozatok, Cluj, Bd. 3, 1912, S. 250f.

Es steht noch nicht fest, ob die Gräber gotisch sind. In Tirgu Mures sind 14 Gräber gehoben worden, die Kovacs veröffentlichte in Dolgozatok, Cluj, Bd. 6, 1915, S. 226—325. Auf dem Kongreß von Hamburg 1958 hat Bucur Mitrea (geb. 1909) Bukarest, die Funde den Westgoten zugewiesen im Bericht über den Intern. Kongr. f. Vor- u. Frühgesch. Hamburg 1958, erschienen Berlin 1961, S. 544—549. D. Csallány tritt in seinem mehrfach genannten Werk, Archäol. Denkmäler der Gepiden, 1961, S. 204, für Gepiden ein.

Die Frage wird so zu lösen sein, daß in der Frühzeit, im 4. Jahrhundert, die Formen der drei Stämme der Goten, Ostgoten, Westgoten, Gepiden, noch zu ähnlich sind, als daß sich ethnisch genaue Bestimmungen ermöglichen ließen. Dabei erwähnt Mitrea viele neue Funde.

Bei Moresti, Malomfalva, an dem Fluß Maros, nordöstlich der Stadt Aiud, Nagyenyed, ist seit 1951 in planmäßiger Ausgrabung ein gepidisches Gräberfeld und die Siedlung aufgedeckt worden. 1953 sind 66 Gräber, 1954 sind 38 Gräber gehoben worden, insgesamt 104 Gräber. Sie enthielten acht Bügelfibeln, einen Vogelkopf, Tongefäße, Kämme. Den Bericht gab Kurt Horedt unter dem Titel: Die befestigte Ansiedlung von Moresti, Dacia, Bd. 1, 1957, S. 297—308 und Ders. in: Untersuchungen zur Frühgeschichte Siebenbürgens, Bukarest 1958.

Kurt Horedt ist geboren am 30. 3. 1914, er studierte in Cluj, Kiel, Leipzig und Bonn. Er ist Prof. a. d. Univ. Cluj und Leiter des Instituts für Geschichte. Weitere Arbeiten: Völkerwanderungszeitl. Funde aus Siebenbürgen, Germania, Bd. 25, 1941, S. 121—126. — Santierul arheologic Moresti, Materiale si cercetari arheologice, Bd. IV, 1957, S. 175—186.

Ein anderer Fundplatz ist Marosveresmart, Veresmort, am rechten Ufer des Flusses Maros. Er ist ausgegraben worden von MARTIN ROSKA im Jahre 1914, er ergab 17 Gräber, die Funde sind in das Museum Cluj, Klausenburg, gekommen. Den Bericht gab Roska: Das gepidische Gräberfeld von Veresmort-Marosveresmart, in: Germania Bd. 18, 1934, S. 123—130, ferner in: Erdély és a népvándorlások kora, Siebenbürgen und die Zeit der Völkerwanderungen, Budapest 1936.

Die Gepiden, der dritte Stamm der Goten neben den Westgoten und Ostgoten, nahmen nach dem Abzug der Ostgoten aus Pannonien, 473, die frei gewordenen Gebiete östlich der Donau und westlich der Theiß und auch noch Siebenbürgen in Besitz. Sie werden dadurch Nachbarn der Langobarden, die das rechte Ufer der Donau übernommen hatten. Bald kam es zu Feindschaften zwischen den Nachbarn, den Gepiden und den Langobarden. Im Jahre 549 sollte es zum Kampfe kommen, die Heere standen sich sturmbereit gegenüber. Da gab es eine Mondfinsternis. Die beiden Heere wurden so erschreckt, daß sie den Kampf abbrachen, wie Prokop, Bellum Goticum IV, 4—6, berichtet. Aber zwei Jahre später, 551, drangen die Langobarden ein in das Gebiet der Gepiden und brachten ihnen eine Niederlage bei, so erzählt Paulus Diaconus, Hist. Langob. I, 23. Doch nun wollten die Gepiden den Rückschlag unternehmen, es kam zu dem schweren Kriege 565. Die Schlacht war fürchterlich, der König der Gepiden, Kunimund, wurde von dem Langobardenkönig, Alboin, mit eigener Hand erschlagen. Prokop berichtet I, 27, der Kampf war so vernichtend, daß von dem großen Heere der Gepiden nicht einmal ein Bote übrig blieb, das Unglück zu verkünden. Die Gepiden wählten keinen König mehr, der Staat hatte aufgehört zu bestehen. Das Jahr 565 ist demnach ein entscheidender Fixpunkt für die Archäologie. Gepidische Gräberfelder sind nach 565 nicht mehr denkbar.

Ein wichtiger Fund der Völkerwanderungszeit in Rumänien, ist zwischen Apahida und Cluj, Siebenbürgen, zutage getreten in Cluj-Someseni. Er wurde entdeckt durch einen Arbeiter am 7. September 1963, bei Ausschachtungen für ein Gebäude. Es fand sich ein Tongefäß und in ihm ein Schatz, fast ganz aus Gold, etwa 1 kg schwer. Der Arbeiter verkaufte den Fund, ein Teil wurde eingeschmolzen. Der Fund aber wurde bekannt, und so konnten noch 617 g sichergestellt werden. Es sind noch 14 Fundstücke, darunter eine Pektorale mit aufgelegten Kreuzarmen und eingelegten Edelsteinen, eine Goldkette, geflochten, 6 halbmondförmige Anhänger, eine große Gürtelschnalle mit Einlagen, ein Halsring, drei Fingerringe, einer mit einer römischen Gemme. Die Zeitstellung ist die zweite Hälfte des 5. Jahrhunderts, genauer die Zeit der Goten in diesem Raum, 454—471. Den Bericht gaben KURT HOREDT und DUMITRU PROTASE in: Germania, Bd. 48, 1970, S. 85—98.

Im Oktober 1968 wird in Apahida, Siebenbürgen, Rumänien, ein zweites wichtiges Grab der Völkerwanderungszeit gefunden. Über das erste Grab von Apahida ist berichtet worden auf S. 228. Das zweite Grab wird entdeckt am Südrand des Dorfes beim Ausheben einer Grube für den Mast der elektrischen Straßenbeleuchtung. Es fanden sich Gegenstände aus Gold im Gewicht von 900 g. Eine Kontrollgrabung wurde 1969 durchgeführt. Gefunden wurde die Beschlagplatte einer Tasche, goldbelegt mit farbigen Steinen, Gürtelschnallen, Riemenzungen, Knöpfe mit Einlagen, eine Schwertscheide, Zaumzeug, ein Glasbecher, Eisenbeschläge einer Holztruhe, zwei Adlerfiguren, Rosetten, 27 Beschläge in Adlerform. Die Zeitstellung ist 454—471, die Zeit der Anwesenheit der Goten in diesem Raum. Den Bericht geben KURT HOREDT und DUMITRU PROTASE in: Germania, Bd. 50, 1972, S. 174—220.

Das südliche Rußland, die Gegend des Schwarzen Meeres mit der Halbinsel Krim, tritt für die Forschung der Völkerwanderungszeit erst nach 1900 in den Umkreis des Interesses. BERNHARD Salin hatte in seinem mehrfach genannten Werk, Die altgermanische Thierornamentik, 1904, als erster auf die Bedeutung Südrußlands für die Forschung der Völkerwanderungszeit bei den Germanen hingewiesen. Er hatte im Völkerkundemuseum in Berlin eine Anzahl von Bügelfibeln gesehen, die aus Südrußland stammen.

Wohl hatten schon N. KONDAKOV und GRAF J. TOLSTOI in ihrem Buch von 1889—1900 mit dem Titel: Ronsskia Drevnosti, erschienen in Sankt-Petersburg, hingewiesen auf eigentümliche Funde in Südrußland. Das Buch gewann für das westliche Europa an Bedeutung, als SALOMON REINACH, damals Direktor des französischen Nationalmuseums in St. Germain bei Paris, 1891 eine französische Übersetzung des Werkes veröffentlichte. Sie trägt den Titel: Antiquités de la Russie méridionale, Paris 1891, 3 Bde. Im 3. Bd., auf S. 464, wird eine Bügelfibel der Goten abgebildet, Fig. 411, aus Galiate Ratcha bei Kertsch. Die Verf. erwähnen ähnliche Fibeln aus Kamunta und Kabulta und aus Gräbern von Kertsch (S. 465), sie sagen dazu, daß sie gotisch seien. Sie bemerken (S. 464): «Nous citerons encore un autre genre de fibule en bronze, qui réclame tout particulièrement notre attention à cause des biens qui rattachent ce type aux antiquités des Goths.»

Es werden Ohrringe aus der Provinz Kuban abgebildet, S. 468, Fig. 420, die völlig den gotischen und auch fränkischen Ohrringen mit Steineinlage und Filigran entsprechen. Rundscheiben mit Glas- und Steineinlagen, wie sie genauso in Süddeutschland und am Rhein erscheinen, werden wiedergegeben auf S. 497, Fig. 455. Die Verfasser vergleichen die Technik und den Stil dieser Funde mit dem Goldschatz von Pietrossa, Com. Pietroasele, Gebiet Ploesti, Rumänien, 1837 gefunden, und Guarrazar bei Toledo in Spanien, 1858 gefunden. Alle sind gotisch. Es wird auch der Fund von Wolfsheim bei Mainz herangezogen, 1870 gefunden, mit einer Goldmünze von Valens (364—378) und einer Inschrift von Ardaschir I., 224—241.

Nach 1900 machten die Untersuchungen der gotischen Fundstellen in Südrußland große Fortschritte. In den Jahren 1899 und 1901 berichtet Frau W. Chvojka aus Kiew über Grabungen bei dem Dorfe Saburintze im Kreise Kanew und Tschernichow im Gouv. Kiew. Der Bericht findet sich in den SAPISKI, Schriften d. kaiserl. ruß. archäol. Ges. in St. Petersburg, Neue Serien, Bd. 12, 1899 u. 1900, Heft 1—2 u. in: Izvestija Bd. VIII, St. Petersburg 1903, S. 91.

Ein anderer Fundort im Gouv. Kiew ist Romaschki, Kr. Wasilkow. Auch dort wurden Gräber ausgegraben mit Tongefäßen und mit Fibeln. Sie machen ihre Herkunft aus den Spätlatènefibeln deutlich, es sind die Formen der Frühzeit der Goten im südrussischen Raum. Für deutsche Leser hat sie P. REINECKE abgebildet in Mainzer Zschr. Bd. 1, 1906, S. 44, Abb. 2. Sie entsprechen den Fibeln im schwedisch-

gotischen Raum, wie sie C. G. GRAF OXENSTIERNA veröffentlicht hat in seinem Werk:
Die Urheimat der Goten, Leipzig 1945, so S. 73, Abb. 60 u. S. 75, Abb. 62.

Bei dem Aufenthalt der Goten in Ostpreußen (ebda S. 169, Abb. 141) erscheinen
ebenfalls die gleichen Fibeln und dieselben Fibeln in Südrußland.

Ein großer Ausgräber und Sammler von Altertümern in dieser Zeit in Südrußland ist SOBRANJE CHANENKO. Sein Werk: Antiquités de la région du Dnjepr
et des côtes de la mer noire, erscheint in Kiew 1907 in vier Bänden, sie bringen eine
große Anzahl von Funden der Epoche der Goten im südlichen Rußland.

Ein anderer Ausgräber von Bedeutung ist N. RIEPNIKOW. Er berichtet über
seine Grabungen, vor allem die Gräber der Goten, in: Quelques cimetières du
pays des Goths de Crimée, in: Izvéstija Imp. Archaeol. Komm. Bd. 19, St. Petersburg 1906, S. 1—80 und in: Ausgrabungen und Funde, ausgeführt 1907 auf der
Südseite der Krim und im Tal von Baidary, russisch, ebda Bd. 30, 1909, S. 99—126.
Das Buch erlaubt durch viele Abbildungen eine Vorstellung von der Fülle der Funde,
ohne daß genaue Angaben über die einzelnen Gräber gemacht werden.

So ist in Rußland ein reiches Material germanischer, gotischer Funde bekannt
gemacht worden. Viele Hunderte von Stücken, vor allem Bügelfibeln, sind durch
Kauf an das Völkerkundemuseum, Vorgesch. Abt., nach Berlin gekommen. Sie
sind im Kriege 1939—1945 vernichtet. Es ist mir möglich gewesen, den größten
Teil dieser Funde bekannt zu machen in dem Buch: Die germanischen Bügelfibeln
der Völkerwanderungszeit in Süddeutschland, Graz 1974.

In der zweiten Hälfte des 20. Jahrhunderts ist die Tätigkeit der Grabungen auf
völkerwanderungszeitliche Funde in Rußland sehr ergebnisreich gewesen. Aus der
Fülle der Berichte seien einige genannt. B. P. AJEW veröffentlichte 1964 einen Aufsatz über Funde des 4. und 5. Jahrhunderts in Tschernijakowski, Südrußland, in
der Zeitschr. Materialy i Issledovanija po Archeologii SSSR, Moskau, S. 44—117
mit Abbildungen der Fibeln in der Übergangsform zu den glatten Silberblechfibeln
auf Taf. 11 (russisch). 1966 erschien in dem Mitteilungsblatt d. Akademie von
Moskau in der Reihe Archeologie SSSR eine Zusammenfassung über die gotischen
Fibeln von A. K. AMBROS: Fibyli juga europejskoj tschasti SSSR (russisch). Im Jahre
1967 brachten die Berichte: Akademia Nauk SSSR, Moskau, in der Abteilung
Istorija i Archeologia mehrere Artikel über neue Ausgrabungen der frühen Völkerwanderungszeit auf S. 28—61 und S. 144—159.

Diese gewaltige Leistung aller europäischen Völker, auf deren Boden in der
Völkerwanderungszeit germanische Völker lebten oder noch leben, diese gewaltige
Leistung hat eine ungewöhnlich große Ernte eingebracht.

Es ist heute möglich, jeden Fund von Bedeutung zeitlich einordnen zu können.
Es ist auch in fast allen Fällen gelungen, ihn volksmäßig zu bestimmen. Der Weg
zu diesem Wissen, zu dieser Kenntnis war schwer und mühevoll.

Für den Chronisten ist es von großem Interesse, diesen Weg in seinem Werden,
in seinen Einsichten und in seinen Irrtümern zu verfolgen. Ein Werk, wie das vorliegende, sieht es als seine besondere Aufgabe an, einen solchen Weg deutlich zu
machen, vor allem die Männer, die Wissenschaftler sichtbar werden zu lassen, die

an dieser Aufgabe, die an diesen Problemen gearbeitet haben. Es sind keine kleinen Fragen, genauso wie die Aufgaben der klassischen Archäologie keine kleinen Fragen sind.

Griechenland, Rom und Palästina bedeuten tiefe Wurzelkräfte unseres heutigen Lebens, unseres heutigen Denkens und Erfassens der Weltaufgaben, aber ebenso stark ist die Wirkungskraft der germanischen Stämme auf das frühe Mittelalter bis auf unsere Zeit. Die germanischen Völker waren es, die die Grundlagen des mittleren und nördlichen Europa ausgebildet haben. Auch das südliche Europa haben sie beeinflußt, Italien durch die Ostgoten und Langobarden, Nordfrankreich durch die Franken, Südfrankreich durch die Westgoten und Spanien durch die Westgoten und Sueben, die Schwaben.

Mit den Germanen erscheint eine neue Ausdrucksform in der Kunst, etwas völlig Andersartiges als in der Antike. Es ist zuerst die Flechtornamentik, es ist später das Tierornament, es ist die Zelleneinlage, Edelsteine in Gold und Filigran, wie sie noch die deutsche Kaiserkrone trägt, mit der seit 962, seit Otto dem Großen, alle deutschen Kaiser gekrönt worden sind bis 1806, als Kaiser Franz II. (1792 bis 1806) sein Amt als deutscher Kaiser niederlegte.

Das eine große Problem, das jede Ausgrabung immer von neuem stellt, ist die Frage nach der Herkunft dieser in ihrer Zeit völlig neuartigen Ausdrucksformen der Kunst.

Die zweite große Frage ist die der volksmäßigen Abgrenzung der einzelnen Stämme, wie der Ostgoten und Langobarden in Italien und der verschiedenartigen Fundgruppen in Ostpreußen.

Die dritte große Frage ist die der Datierung. Oft laufen beide Problemlagerungen nebeneinander, sie müssen es auch, weil die eine Frage innerlich verbunden ist mit der anderen.

Sehr bald erkannten die Forscher, daß der Gedanke des Anschlusses, der Fortführung der Antike nicht die Lösung zu bringen vermag. Die Literatur entspricht diesen Gegebenheiten. Im Nibelungenlied, dem Gedicht der Ereignisse der Völkerwanderungszeit, ziehen die Helden nicht nach Rom, nicht nach Athen. Es kommt in diesem Gedicht nicht einmal das Wort Rom vor, auch nicht einmal das Wort Athen. Eine ganz andere Welt bedeutet die Strahlungskraft: das sind die Hunnen mit Attila, Etzel.

Wie antwortet nun auf diese Problematik die Forschung, das bedeutet die Frage an die Geschichte der Forschung, an die Geschichte des Werdens und des Verstehens dieser so anders gearteten Ausdruckswelt der Völkerwanderungszeit.

Der erste, der, soweit ich sehe, sich deutlich ausspricht, ist BOULANGER in seinem genannten Buche von 1902, Le mobilier funéraire Gallo-Romain et Franc en Picardie et en Artois, Paris 1902—1905, 201 Seiten, 50 farbige Tafeln.

Boulanger erklärt, daß dieser neue Stil der Germanen seinen Ursprung bei den Goten in Südrußland habe, und sie wieder haben ihn aufgenommen von den Skythen. Es kommt dabei Boulanger zu Hilfe, daß das russische Werk von Kondakov und Tolstoi durch S. Reinach von 1891, wie vorher angegeben, hier S. 586, ins Französische übersetzt worden ist.

So sagt Boulanger S. XLIX: «Ce n'est ni par Rome, ni par Byzance que les Francs ont connu le cabochon, le filigrane et les granules d'or; ils les empruntèrent aux Goths. En effet, cette ornementation apparaissait déjà sur leurs bijoux lorsque, au Ve siècle, ils arrivèrent en Gaule; mais il faut reconnaître cependant que l'influence de l'art byzantin s'est fait sentir vers la fin du VIIe siècle sur la bijouterie et l'orfèvrerie en Italie et en France; il ne faut pas oublier que les Goths et les Scythes, bien avant les Byzantins, employaient cette technique. L'émaillage était aussi connu, à cette époque, dans la Russie orientale.»

Ich setze diese Worte mit Absicht hierhin, weil man in der folgenden Zeit diese Tatsache so oft unbeachtet ließ. Immer wieder, auch bis heute, ist von einigen Forschern versucht worden, die Kunst der Germanen ausschließlich aus der Formenwelt der Römer herzuleiten, doch der Versuch ist nicht gelungen. Aus unserem historischen Denken heraus, aufgebaut auf der Tradition der Griechen und Römer, ist er verständlich. Das von den Hunnen aus China nach Europa gebrachte Denken und seine Auswirkungen, im Symbol und im Kunstgewerbe gestaltet, ist im allgemeinen in Europa nicht bekannt. Boulanger erkennt auch das Fortleben der Einlagetechnik, des Filigrans, der Emaille-Arbeiten bis in das hohe Mittelalter, bis zu der Kaiserkrone der deutschen Kaiser, verwendet im Jahre 1024, in den Hauptbestandteilen zurückreichend auf die Zeit um 900 (ebda S. LXXXIX).

Ein großer Schritt vorwärts wird in dieser Zeit getan durch das Werk von BERNHARD SALIN, Die altgermanische Thierornamentik, Stockholm 1904. 383 Seiten mit 741 Abbildungen.

BERNHARD SALIN ist geboren am 14. 4. 1861, er ist gestorben am 20. 10. 1931. Von 1913—1923 war er Reichsantiquar von Schweden.

Sein Buch beginnt mit den Worten: „Die vorliegende Arbeit ist in der Hauptsache eine Studie über die germanische Ornamentik und speziell der Thierornamentik, wie sie uns in der Völkerwanderungszeit und den nächstfolgenden Jahrhunderten entgegentritt ..."

„Die beste Methode für diese Untersuchung, d. h. wenn man sich auf einen rein archäologischen Standpunkt stellt, was in diesem Falle das allein richtige ist, besteht nach meiner Überzeugung darin, daß man von unbestritten germanischen Altsachen ausgehend, und zwar vorzugsweise von solchen, die mit Ornamenten versehen sind, die Geschichte dieser Formen rückwärts verfolgt, d. h. ihrem typologischen Ursprung nachforscht, und, wenn dieser gefunden ist, ihrer Entwicklung und der geographischen Verbreitung der verschiedenen Formen mehr im Detail nachspürt. Bei Anwendung dieser Methode werden wir im Stande sein zu beobachten, wann überhaupt Ornamente zuerst zur Erscheinung kommen und welche Art von Ornament zuerst zur Anwendung gekommen ist."

Salin findet den Ursprung in der Krim, in Südrußland, bei den Fibeln mit Zelleneinlage und Filigran. Er erklärt (S. 12):

„Wir haben uns bis jetzt ausschließlich an das südliche Rußland gehalten und dort, obschon das Land nichts weniger als systematisch untersucht ist, doch ein Material gefunden, welches den Gang der Entwicklung ausgiebig illustriert. Bei der Fortsetzung unserer Studien müssen wir indessen unsere Aufmerksamkeit auch anderen Gegenden zuwenden, und da werden wir finden, daß von der Krim und dem umliegenden Gebiet zwei Strömungen ausgegangen sind, wovon die eine sich über Süd- und Westeuropa ergoß, die andere in nordwestlicher Richtung bis nach Skandinavien hinaufdrang."

Tatsächlich hat die folgende Forschung diese beiden Wege bestätigt. Der erste ist gegeben durch die Wanderungen der Westgoten nach Italien, Südfrankreich und Spanien, ferner durch die der Ostgoten nach Italien.

Der zweite Strom von Südrußland nach Nordosten, über Ostpreußen nach Skandinavien, ist der der ursprünglichen Wanderung der Goten, auf diesem Wege hat es ständig den Rückstrom zur Heimat gegeben.

Das Arbeitsziel, das sich B. Salin steckt, ist die Bewegung der seltsamen und in sich völlig neuartigen Tierornamentik der germanischen Völker aufzudecken. Seine Arbeit ist sorgfältig und klar erkennend. Er hat 132 Museen besucht, Museen in Belgien, Dänemark, Deutschland, Frankreich, Holland, Italien, Norwegen, Österreich, Ungarn, Bosnien, Rußland mit Finnland, Schweden, Schweiz. Es wurden bei diesen Museumsbesuchen sehr sorgfältige Zeichnungen hergestellt, besonders von Einzelheiten, von den Details des Ornaments. Salin bemerkt in seinem Vorwort: „Deshalb will ich hier vorweg betonen, daß bei Studien über germanische Thierornamentik das größte Gewicht auf Detailuntersuchungen gelegt werden muß."

Für diese Einzeluntersuchung bot sich vor allem die Fibel an, und zwar besonders die Bügelfibel, diejenige Art, die eine Kopfplatte, einen Bügel und eine Fußplatte besitzt. Seit dieser Zeit beherrscht für die Fragen der Ornamententwicklung die Bügelfibel das Feld.

Salin erkennt die Bewegungsrichtung des Ornamentes. Es wendet sich von einfachem Kerbschnitt und von Spirale und Mäander, sicherlich römischen Formen, zu immer stärkerer Auflösung hin, zu einer Auflösung, die allmählich Tierformen einbindet. Diese Tierformen werden immer stärker herausgehoben bis sie schließlich im 7. Jahrhundert eine eigene Selbständigkeit gewinnen.

Die gleiche Bewegung ist bei den Brakteaten zu erkennen. Römische Münzen sind die Vorbilder. Bald ranken sich um die Köpfe Tierfiguren, gewellte Linien, verschlungene Formen.

Salin spricht bei der Ornamententfaltung von Stil I, II, III in der Bewegung der Stilformen der germanischen Tierornamentik. In Stil I entwickeln sich Randtiere, dann ein Tiergewirr, das die ganze Fläche bedeckt. Die Tierköpfe (Salin S. 222 Fig. 515) verlaufen in schwingender, noch übersichtlicher Gestalt. Salin datiert den Stil I von 500—600 (ebda S. 355). Der Stil II, von 600—700 (ebda S. 246, Abb. 542) bringt noch verschlungenere Formen. Der Stil III, von 700—900 (ebda S. 272, Abb. 600) bildet fast ganz aufgelöste Tierformen aus.

Diese Gliederung in drei Ausdrucksformen des Tierstiles hat sich fast in der gesamten Literatur durchgesetzt.

Ich darf dazu meine eigene Meinung bemerken. Nach sehr genauer Bearbeitung des gesamten Materials an Bügelfibeln, nicht nur in Deutschland, sondern in ganz Europa, ist zu erkennen, daß Stil I und II nicht zu trennen sind. Höchstens Stil III läßt seine Eigenart deutlich werden.

Aber für die Zeit um 1904 bedeutete diese Gliederung doch einen Fortschritt. Die gesamte spätere Forschung hat Salin viel zu danken. Er war es vor allem, der die Augen geöffnet hat für die Besonderheit der germanischen Ornamentik in der Völkerwanderungszeit.

Die Frage nach der Herkunft dieses so völlig neuartigen Ornamentes hat die Forscher seit dieser Zeit, seit Boulanger und Salin, immer wieder besonders stark bewegt. Die verschiedensten Ansichten und Meinungen sind geäußert worden, nicht nur von den Prähistorikern, sondern ebenso von den Kunsthistorikern.

Soweit ich sehe, kann man fünf verschiedene Deutungen und Erklärungen unterscheiden.

Erstens: Die Flechtornamentik der Germanen ist spätrömischen Ursprungs, sie erwächst aus dem Mäander. Diese Meinungen vertreten die folgenden Forscher, ZIMMERMANN in: Riegl-Zimmermann, Die spätrömische Kunstindustrie, Bd. II, 1923. — E. TH. LEEDS, in Early Anglo-Saxon Art and Archaeology, Oxford 1936. — J. WERNER, Münzdatierte austrasische Grabfunde, Berlin 1935, S. 49. — W. A. VON JENNY, Kunst der Germanen im frühen Mittelalter, Berlin 1940, S. 26.

Zweitens: Die Flechtornamentik der Germanen ist byzantinisch in ihrem Ursprung. Diese Ansicht vertritt K. WEIZMANN, Byzantinische Buchmalerei, Berlin 1935. — M. DIMAND. Die Ornamentik der ägyptischen Wollwirkereien, Leipzig 1924. — O. M. DALTON, Byzantine Art and Archaeology, Oxford 1911, S. 699. — G. HASELOFF, Die langobard. Goldblattkreuze, in: Jhb. d. Röm.-Germ. Zentralmus. Mainz, 3. Bd. 1956, S. 143—163.

Drittens: Die Flechtornamentik der Germanen ist koptisch in ihrem Ursprung. Diese Ansicht vertritt WILHELM HOLMQVIST, Kunstprobleme der Merowingerzeit. 1939, S. 67. — Ders. Germanic Art, Stockholm 1935.

Viertens: Die Flechtbandornamentik der Germanen ist irisch in ihrem Ursprung. Diese Ansicht vertritt SOPHUS MÜLLER, Die Thierornamentik im Norden, Hamburg 1881, S. 72. — L. BREHIER, L'Art en France, Paris 1930, S. 43. — H. HENRY, La sculpture irlandaise, Paris 1933, S. 89.

Fünftens: Die Flechtbandornamentik der Germanen ist in ihrem Ursprung germanisch. Diese Ansicht vertritt A. HAUPT, Die älteste Kunst, insbesondere Baukunst der Germanen, Berlin 1923, S. 63. — E. A. STÜCKELBERG, Die langobardische Plastik, München 1909. — H. PICTON, Die langobardische Kunst in Italien, Augsburg 1931. — HERBERT KÜHN, in: Mannus, VI. Erg. Bd. 1928, S. 368, Die Entstehung der germanischen Flechtbandornamentik. — Ders. Die germanischen Bügelfibeln d. Völkerwanderungszeit in d. Rheinprovinz, Bonn 1940, 2. Aufl. Graz 1965, S. 29, 58, 61. — Ders. Die germanischen Bügelfibeln d. Völkerwanderungszeit in Süddeutschland Graz 1974, Kap. S. 102, Das Ornament.

Der erste Gedanke über den Ursprung des Flechtbandes oder besser der Verflechtung, abzuleiten aus der römischen Kunst der Spätzeit, ist nach den Tatsachen der Kunstgestaltung nicht möglich. Die Römer haben in den Mosaiken seit dem 3. Jahrhundert n. Chr. ein Flechtband, aber dieses Ornament bedeutet eine Randverzierung, es ist niemals flächendeckend. Das römische Flechtornament ist wesensanders gegenüber dem germanischen, es sind auch nicht die nötigen Übergänge zu der germanischen Ornamentik zu erkennen.

Ebenso ist der zweite Gedanke abwegig, die germanische Verflechtung herzuleiten aus dem byzantinischen Ornament. Das byzantinische Ornament ist ordnend, es ist gliedernd, einteilend, aufbauend in übersichtlicher Gestalt. Auch dieses Ornament ist wesensanders gegenüber der germanischen Verflechtung. Über das byzantinische Ornament berichtet FRITZ VOLBACH, Das christliche Kunstgewerbe der Spätantike, in: Bossert, Gesch. d. Kunstgewerbes, Bd. V, Berlin 1932, S. 46—125. — HEINRICH GLÜCK, Islamisches Kunstgewerbe, ebda Bd. IV, Berlin 1930, S. 353 bis 404.

Der dritte Gedanke, der der koptischen Herkunft, ist ebenso abwegig. Auch das koptische Ornament, verwandt dem syrischen, ist wesensanders. Das koptische Ornament ist wie das byzantinische ordnend, gliedernd, einteilend.

Der vierte Gedanke, der der Herleitung aus dem irischen Flechtwerk, ist aus zeitlichen Gründen nicht tragkräftig. Das Flechtwerk der Germanen beginnt um 550, das der Iren erst hundert Jahre später, frühestens um 650. Über das irische Ornament berichtet ADOLF MAHR, Christian Art in Ancient Ireland, Dublin 1932. — Ders. Ancient Irish handicraft, Limerick 1939.

Es verbleibt tatsächlich nur der Gedanke der eigenen Entstehung bei den Germanen um 550, der Gedanke der selbständigen Entfaltung.

Bei der Frage der Selbstentfaltung oder der Übernahme ist eine Tatsache bestimmend, ohne die die Entscheidung nicht möglich ist. Die Übernahme ist dann gegeben, wenn deutlich sichtbar etwas Andersartiges aufgenommen wird. Die Selbstentfaltung ist dann gegeben, wenn die allmählich innere, die ungebrochene Entwicklung erkennbar ist. Bei der Übernahme muß der Bruch sichtbar sein, bei der Selbstentfaltung muß die Allmählichkeit, muß die Abfolgeklarheit deutlich in Erscheinung treten.

Das aber ist der Fall bei der Entstehung der Verflechtung bei den Germanen. Um 550 wandelt sich das Ornament von den alten aus der späten Römerzeit überlieferten Formen von Ranke, Kerbschnitt, Mäander zum Flechtwerk.

Alle Stufen, alle Schritte, alle Bewegungselemente sind erkennbar. Die Spirale löst sich um 550 auf, sie bildet Kreise, sie bildet überschneidende Linien, Verbindungen, Durchdringungen, und das alles nicht im ordnenden, im gliedernden Sinne, wie im byzantinischen, wie im koptischen Ornament, sondern umgekehrt, in innerer Freiheit, in Selbständigkeit ohne Mittelpunktlagerung, ohne jedwede Ordnung, ohne Geschlossenheit.

Die zweite Frage, die das Kunstgeschehen dieser Zeit an den heutigen Betrachter stellt, ist die Frage der Entwicklung der Tierornamentik. Sie fehlt bei den Westgoten, den Ostgoten, den Wandalen, den Thüringern. Die genaue Untersuchung im einzelnen ist am eingehendsten möglich bei den Bügelfibeln, weil die beiden Flächen von Kopfplatte und Fußplatte einen weiten Raum abgeben für die Formentwicklung. Es wurde zuerst Skandinavien als Ort der Bewegung zur Tierornamentik angenommen. Die genaue Untersuchung hat es aber deutlich werden lassen, daß auch der Ursprung dieser Bewegung bei den Franken im westlichen Deutschland und im nördlichen Frankreich gelagert ist, daß die Langobarden diesen Stil übernehmen, auch die Angelsachsen.

Die politische Herrschaft in Europa liegt in dieser Zeit bei den Franken, und zwar im austrasischen Raum, in West- und Süddeutschland. Die Ostgoten sind vernichtend 553 geschlagen, die Langobarden leben in einem Randgebiet in Österreich, bis sie 568 nach Italien gehen. Auch die Skandinavier, die Angelsachsen in England, leben in Randgebieten. Die zentrale, die führende Stellung lagert in dieser Zeit bei den Franken.

Wieder kann man an den Bügelfibeln nach 550, besonders nach 575, das Eindringen von Vogelköpfen in die Verflechtung erkennen.

In der Geschichte der Forschung ergeben sich für die Frage der Entstehung der Tierornamentik drei gegeneinander stehende Meinungen.

Erstens der römische Ursprung der Tierornamentik. Die Verfechter dieses Gedankens sind: BERNHARD SALIN, Die altgermanische Thierornamentik, Stockholm 1904, ferner NILS ÅBERG, Den nordiska folkvandringtidens kronologi, Stockholm 1924. — Ders. Nordische Ornamentik, Leipzig 1931. — J. E. FORSSANDER, Provinzial-Römisches und Germanisches, Lund 1937.

Eine zweite Gruppe von Forschern vertritt den Gedanken, der Ursprung der Tierornamenetik sei bei den Langobarden zu suchen. Dieser Volksstamm habe nach seiner Landnahme in Norditalien im Jahre 568 so viele byzantinische und andere ostmittelmeerische Elemente aufgenommen, daß bei ihnen die Tierornamentik entstanden sein müsse. JOACHIM WERNER ist ein Vertreter dieser Anschauung. Er drückt diesen Gedanken aus in: Münzdatierte austrasische Grabfunde, 1935, S. 23f. u. S. 41f., ferner in: Der Fund von Ittenheim, Straßburg 1943, dann in: Das alamannische Fürstengrab von Wittislingen, München 1950, S. 77f. Dort sagt J. Werner: „Das Ornament ist eines der in der langobardischen Kunst so überaus häufigen Bandgeflechte mit Tierkopfenden. In der Verschmelzung des mediterranen Bandgeflechts mit Tierköpfen oder Tierfüßen liegt das Charakteristikum des sogenannten Stiles II der germanischen Tierornamentik, einer Schöpfung der Langobarden, die für die germanischen Stammesgebiete nordwärts der Alpen von Burgund bis Schweden und von Bayern bis Südengland im 7. Jahrhundert zur verbindlichen Formensprache wurde."

Am bestimmtesten legt J. Werner diese Gedanken vor auf dem 4. Kongreß der Studi Langobardi in Spoleto 1952, in Atti usw. 1952, S. 521f. Der Vortrag in Spoleto trägt den Titel: Langobardischer Einfluß in Süddeutschland während des 7. Jahrhunderts im Lichte archäol. Funde.

Den gleichen Gedanken drückt auch NILS ÅBERG aus, vor allem in seinem dreibändigen Werk: The Occident and the Orient in the art of seventh century, Stockholm 1943, 1945, 1947. Åberg sagt in Bd. II, Lombard Italy, Stockholm 1945,

S. 112: „The Lombards took with them to Italy the Germanic animal ornamentation of Style I, and its meeting with Mediterranean interlace has been spoken of above. Nowhere does the development stand out as clearly as in Italy, and only there can the further development be consistently traced onward in time to the 8th century. But only Lombard Italy constituted the point of entry for the Mediterranean style influence, and to that extent the new Germanic style was linked up with the invasion of the Lombards."

Der Ansicht dieser beiden Forscher vermag ich nicht zu folgen, wie ich an mehreren Stellen dargelegt habe. Ich bin nicht der Meinung, daß es die Langobarden in Italien nach 568 waren, die den Stil der Verflechtung, mitgebracht aus Österreich und Westungarn, verbunden hätten mit mediterranen Tiermotiven. Gewiß ist der langobardische Einfluß nach Mitteleuropa deutlich zu erkennen an Goldblattkreuzen, Goldmünzen aus dem Exarchat von Ravenna, an koptischem Bronzegeschirr und manchen anderen Gegenständen.

Die Einfügung von Tierköpfen und von Tierbeinen in die damals vorhandene Verflechtung ist jedoch nicht herzuleiten aus mediterranen Quellen, so meine ich, sondern nur aus den Tierformen der Steppenvölker, auch nach 550 noch stark wirksam durch den engen Kontakt der Awaren zu den Franken. So stehen auf der anderen Seite die Forscher, die für den Ursprung aus der Welt Ostasiens eintreten, übergegangen durch die Steppenvölker nach Südrußland und damit zu den Goten. Das ist M. Rostovtzeff, Iranians und Greeks in South Russia, Oxford 1922. — J. Brøndsted, Die Kunst des Ostens und die Entstehung der germanischen Tierornamentik. Congressus secundus Archaeologorum Balticorum, Riga 1931. — G. von Merhart, Bronzezeit am Jenissei, Wien 1926, S. 151. — Herbert Kühn, Vorgeschichtl. Kunst Deutschlands, Berlin 1935, Taf. 413—415, Taf. 447—458.

Der Vogelkopf, der eine so entscheidende Rolle gewinnt, ebenso wie der Dämonenkopf, beide Formen sind skythisch in ihrer Herkunft, sie werden aufgenommen durch die Goten am Schwarzen Meer von den Hunnen seit 375. Von den Goten werden sie als tragende Elemente, Himmel und Unterwelt, weitergegeben zu den übrigen germanischen Völkerstämmen, vor allem zu den Franken. Von 450 ab sind die beiden Elemente lebendig im Raume der Franken, und als die Verflechtung nach 550 entsteht, werden die Tierformen, vor allem die Köpfe der Vögel einbezogen in das Flechtwerk: die Tierornamentik ist entstanden. Sie ist eine eigene, selbständige Gestaltung der Franken in dieser Zeit. Zwar ist das Vogelmotiv hundert bis hundertundfünfzig Jahre vorher von ihnen übernommen worden, es ist aber so stark um 550 eingebunden in die Gestaltungswelt der Franken, daß man um diese Zeit nicht mehr von Übernahme zu sprechen vermag.

Sehr deutlich spricht diese Gedanken Brøndsted aus in dem genannten Artikel, Kongreßbericht von Riga 1931, S. 187: „Ein halbes Jahrhundert leben Römer und Germanen nebeneinander, ohne daß diese Nachbarschaft bei den Germanen irgendwelchen künstlerischen Durchbruch hervorruft ... Man darf also nicht, wie einige Forscher es wollen, auf römischen Ursprung der ganzen germanischen Tierornamentik schließen ... Wichtig ist dagegen, daß die Tierkunst bei den asiatischen Reiter- und Nomadenvölkern auch nach der Römerzeit fortlebte, und daß eine Tierkunst von den asiatischen Scharen der Völkerwanderungszeit mitgebracht, auch Europa erreichte ... Somit können wir die Frage, woher die freien Kunstmotive in der Einleitungszeit zu den Germanen kamen mit einem: aus dem Osten, beantworten. Es geschah diese Übernahme ganz allmählich im Laufe des 4. und 5. Jahrhunderts. Gegen den Schluß des 5. Jahrhunderts fängt diejenige Stilbildung an, die zum eigentlichen germanischen Tierornament der Blütezeit (seit 575, Zusatz) führt. Die Tiere sind jetzt richtig Eigentum der Germanen; sie sind als Ausschmückungsmotive so beliebt geworden, daß sie als das vornehmste Mittel des Kunsthandwerkes dastehen."

Mit diesen Sätzen ist das gesagt, was ich selbst auch immer wieder an mehreren Stellen zum Ausdruck bringen konnte: sowohl die Flechtbandornamentik wie das Tierornament sind eigene Schöpfungen der Germanen, und zwar der Franken. Die Flechtbandornamentik beginnt um 550, das Tierornament um 575. Dieses Tierornament führt hinein in die karolingische Kunst, sie lebt an manchen Stellen fort bis in die Kunst der Ottonen.

Nach meinem Dafürhalten ist die Frage nach der Herkunft der eigenartigen, der so auffälligen Kunstgestaltung der Germanen heute einer gewissen Lösung zugeführt worden, wenn auch die Gegensätze der Anschauungen noch nicht völlig behoben sind.

Über die Kunst der Völkerwanderungszeit als Gesamtkomplex liegt eine Anzahl von Werken vor: BALDWIN BROWN, The Arts in Early England, Bd. III u. IV, London 1915. — F. ADAMA VAN SCHELTEMA, Die altnordische Kunst, 2. Aufl. Berlin 1924. — LÉON COUTIL, L'art mérovingien et carolingien, Bordeaux 1930. — W. A. VON JENNY u. W. F. VOLBACH, Germanischer Schmuck des frühen Mittelalters, Berlin 1933. — JULIUS BAUM, La sculpture figurale en Europe à l'époque mérovingienne, Paris 1937. — BJÖRN HOUGEN, The migration Style in Norway, Oslo 1936. — G. GJESSING, Studier i norsk merovingertid, Oslo 1934. — W. A. VON JENNY, Die Kunst der Germanen im frühen Mittelalter, Berlin 1940. — WILHELM HOLMQVIST, Germanic Art during the first millenium A.D. Stockholm 1955.

Die nächste, die zweite Frage, die sich in dieser Zeit der Forschung stellt, ist die der volksmäßigen Bestimmung von Kunstformen an den Stellen Europas, an denen mehrere germanische Volksstämme den gleichen Raum in Besitz genommen haben. Das ist die Theiß-Ebene und das römische Pannonien mit Goten, Gepiden, Herulern, Langobarden, ein sehr schwieriges Problem. Das ist weiter Italien mit Ostgoten und Langobarden. Das ist drittens Ostpreußen mit den Goten um 200 n. Chr. und mit einer masurgermanischen Gruppe, die der Zeit um 550 angehört.

Die erste, besonders schwierige Frage ist erst um 1950—1975 einer Klärung zugeführt worden, vor allem durch die Arbeit von J. BÓNA, Die Langobarden in Ungarn, Budapest 1946, durch die Arbeit von J. WERNER, Die Langobarden in Pannonien, München 1962 und durch die Arbeit von DEZSÖ CSALLÁNY, Archäologische Denkmäler der Gepiden im Mitteldonaubecken, 454—568 u. Z. Budapest 1961. Diese Arbeiten, hier vorher unter Ungarn, S. 579—583 dargestellt, haben diese Frage aufgehellt.

Es ergibt sich, daß die Langobarden vor 568, dem Jahre der Abwanderung aus Nieder-Österreich und Westungarn, dem römischen Pannonien, eine enge Beziehung besaßen zu dem Kulturkreis der Franken, der Merowinger. J. WERNER spricht mit Recht von einem östlich-merowingischen Reihengräberkreis (Werner, Die Langobarden in Pannonien, 1962, S. 131), er sagt dort:

„Das Jahrzehnt nach dem Tode Theoderichs d. Gr. (526) brachte entscheidende Umwälzungen nördlich der Grenzen des Ostgotenreiches: die pannonische Landnahme der Langobarden, die Einnahme Sirmiums durch die Gepiden, die Angliederung des Thüringer- und des Burgunderreiches an die Franken, die Abtretung der Provence und der noch unter ostgotischem Schutz stehenden Alamannen durch Wittigis an die fränkischen Könige und schließlich die Abwanderung der Germanen aus Böhmen ins Bayerische Alpenvorland. Es kann kein Zweifel sein, daß die Vorgänge überwiegend eine Folge des Zusammenwirkens tatkräftiger, durch gemeinsame Interessen verbundener Persönlichkeiten waren. Zwischen der merowingischen Dynastie von Reims, dem Langobardenkönig Wacho und dem König der Gepiden bestand nicht nur eine Familienverbindung, sondern offenbar auch eine politische Zusammenarbeit."

Diese enge Verbindung der Langobarden und der Gepiden, einem gotischen Stamme, mit den Franken, ist nun deutlich erkennbar am Fundmaterial. Die Führungsrolle des in dieser Zeit, nach 526, so mächtig gewordenen Frankenreiches ist in allen Einzelheiten der langobardischen Funde vor 568 zu erkennen. J. Werner (ebda S. 131) gliedert in zwei Epochen, erstens 530—550, zweitens 550—568. Es ergibt sich dabei, daß nicht alle Langobarden 568 nach Italien abwanderten, sondern daß manche Angehörigen des langobardischen Stammes in Niederösterreich und Westungarn verblieben (ebda S. 47) und daß sie sich der Herrschaft der Awaren einfügten.

Alle diese Tatsachen machen die kulturelle und die politische Überlegenheit, machen die Führungsrolle der Franken in dieser Zeit deutlich, und damit auch die Abhängigkeit der Langobarden von den Ausdrucksformen der Franken. Diese Abhängigkeit besteht auch für den anderen germanischen Stamm in diesem und dem angrenzenden Raum, das sind die Gepiden. Sie sind, wie gesagt, ein dritter gotischer Stamm neben Ostgoten und Westgoten.

Sie sind die Nachbarn der Langobarden und im Fortgang der Geschichte ihre stärksten Feinde. Nach dem Abzug der Ostgoten, 472 aus Pannonien, nehmen die Gepiden die frei gewordenen Gebiete um die starke Festung Sirmium, heute Srijemska Mitrovica, westlich von Beograd, Belgrad, in Besitz, dann vor allem das Theißgebiet, zwischen Donau und Theiß, ein besonders fruchtbarer Bereich, weiter den Raum bis Siebenbürgen. Im Jahre 505 brechen die Langobarden in das Land ein, sie kommen von der oberen Oder und der Weichsel, sie werden nun im Norden die Nachbarn der Gepiden. Sie nehmen das Landgebiet um Budapest.

Es kommt immer wieder zu Kriegen, 547 und 549, Hunnenheere kämpfen als Hilfstruppen auf beiden Seiten. Im Jahre 551 brechen die Langobarden ein in das

Gebiet der Gepiden, sie siegen (Paulus Diaconus, Hist. Langob. I, 23). 565 rächen sich die Gepiden für ihre Niederlage wie oben berichtet S. 585.

Bei dieser schwierigen historischen und auch geographischen Lage, weil die Grenzsetzungen nicht gesichert sind, ist es für die gegenwärtige Forschung besonders schwer, das Langobardische zu trennen von dem Gepidischen.

Den Versuch hat DEZSÖ CSALLÁNY (geb. 11. 10. 1903) gewagt in dem genannten Werk: Archäologische Denkmäler der Gepiden im Mitteldonaubecken, 454—568, mit 406 Seiten u. 281 Tafeln.

Das Fundmaterial der Gepiden ist naturgemäß nahe verwandt dem der Ostgoten, es bestehen aber auch, genau wie in der Geschichte, enge Beziehungen zu den merowingischen Franken. Unter den Bügelfibeln, immer dem bezeichnendsten Gegenstand, herrscht vor die Fibel mit halbrunder Kopfplatte und rhombischem Fuß. Es erscheinen aber auch fränkische Fibeln mit gleichbreitem Fuß, wie in Kiszombor, Grab 247 (ebd. Taf. 142). Das Ornament ist Ranke und Kreis, wie immer vor 550.

So ist auch diese schwierige Abgrenzung zwischen Langobarden und Gepiden im Donaugebiet ermöglicht worden durch die sehr sorgfältige, durch die eingehende Arbeit westeuropäischer und osteuropäischer Gelehrter.

Wenn die erste Frage, die Langobarden und die Gepiden im mittleren Donaubecken betreffend, sehr schwierig zu lösen war, so daß sie erst um 1960 einem Ergebnis zugeführt werden konnte, dann war die zweite Frage, die nach den Germanen in Ostpreußen, leichter zu lösen, weil das Fundmaterial in seiner Wesensart drei verschiedenartige Formensprachen aufweist.

Es war Nils Åberg, der diese Frage im Jahre 1919 zu lösen vermochte. Sein Buch trägt den Titel: Ostpreußen in der Völkerwanderungszeit, Uppsala 1919.

NILS ÅBERG, einer der bedeutendsten Prähistoriker Schwedens in den letzten Jahrzehnten, ist geboren am 24. 7. 1888, er ist gestorben am 28. 2. 1957. Eine amtliche Stellung hat er nicht bekleidet. Die Anzahl seiner Bücher ist groß. Sie haben eine starke Wirkung ausgelöst auf die gesamte prähistorische Forschung Europas. Die wichtigsten Werke sind: Die Steinzeit in den Niederlanden, Uppsala 1916. — Das nordische Kulturgebiet in Mitteleuropa während der jüngeren Steinzeit, ebda 1918. — Die Typologie der nordischen Streitäxte, Würzburg 1918. — Ostpreußen in d. Völkerwzt., Uppsala 1919. — La civilisation énéolithique dans la Péninsule ibérique, ebda 1921. — Die Franken u. Westgoten, ebda 1922. — Die Goten u. Langobarden in Italien, ebda 1923. — The Anglo-Saxons in England, ebda 1926. — Nordische Ornamentik in vorgesch. Zeit, Leipzig 1931. — Vorgesch. Kulturkreise, Kopenhagen 1936. — Bronzezeitl. u. früheisenzeitl. Chronologie, Stockholm 1935—1939. — Kulturmotsettningar i Danmarks stenålder, ebda 1937. — Keltiska och orientaliska stilinflytelser usw. ebda 1941. — The occident and the orient in the art of the seventh century, 3 Bde, ebda 1943. — Nordisk befolkningshistoria under stenåldern, ebda 1949. — Den historiska relationen mellan folkvandringstid och vendeltid, ebda 1953.

Åberg folgt den Gedankengängen von Berhard Salin, er führt sie zugleich an entscheidenden Stellen weiter.

Den nordöstlichen Weg, von dem Salin gesprochen hatte, untersucht er an dem Umschlagplatz in Ostpreußen. In diesem Gebiet erkennt er nach den Funden drei verschiedenartige Kulturen für die Völkerwanderungszeit: erstens die samländische Kultur, zweitens die herulisch-masurische Kultur, drittens die fränkischen Einwirkungen. Diese Untersuchungen werden vorgelegt in dem genannten Buch: Ostpreußen in der Völkerwgzt. Uppsala 1919. 175 Seiten, 203 Abbildungen, 8 Karten.

Die samländische Kultur ist an der Küste verbreitet, in den ehemaligen Kreisen Fischhausen und Königsberg. Es handelt sich um Fibeln mit Ringgarnitur, die der 2. Hälfte des 3. Jahrhunderts zugehören und die bis ins 7. Jahrhundert weiterleben. Es sind die Fibeln, mit denen die Goten, aus Skandinavien kommend, in Ostpreußen erscheinen. Mit diesen Fibeln ziehen sie weiter über die Sumpfgebiete nach dem südlichen Rußland. Am Schwarzen Meer finden sich die gleichen Fibeln wie in Ostpreußen, etwa in Maroszentana.

Einige Stammesfamilien der Goten verblieben in Ostpreußen, so daß diese Art der Fibeln bis ins 7. Jahrhundert erkennbar ist. Allmählich erlischt das Gotische, es wird aufgefangen und überlagert von dem Element der Pruzzen oder Prussen, der alten Preußen, einem nicht germanischen Stamm. Er gehört zu der baltischen Sprachgruppe. Åberg nennt diese Kultur mit Armbrustsprossenfibeln die litauische Kultur. Deutlich ergibt sich das Element der Goten um 200—250 n. Chr., ihre Abwanderung, und das Verbleiben von Resten, die allmählich verschmelzen mit der einheimischen Kultur.

Die masurgermanische Kultur ist etwas völlig anderes. Sie lebt nicht an der Küste, sie lebt im südlichen Teil der Provinz, in den ehemaligen Kreisen Allenstein, Sensburg, Ortelsburg. Die Fibeln besitzen eine andersartige Gestalt. Sie haben die Kopfplatte, den Bügel, die Fußplatte. Åberg erkannte, daß die Formen in die Zeit zwischen 500 und 700 gehören. Dabei lösen sich wieder zwei Gruppen deutlich voneinander ab.

Die eine Gruppe mit ausgezackten Formen der Fußplatte hat ihre Parallelen in Südrußland, vor allem in der Ukraine, das bedeutet das zweite Element. Die andere Gruppe, die dritte in Ostpreußen, hat ihre Entsprechungen am Rhein und in Mitteleuropa, die Fundstücke werden durch den Handel mit den Franken um 500—600 nach Ostpreußen gekommen sein.

Åberg bemerkt dazu (ebda S. 89): „Es ergibt sich also, daß die ostpreußischen Fibeln der betreffenden (masurischen) Art sich in zwei Hauptgruppen aufteilen lassen, von denen die eine (direkte oder indirekte) Verbindungen mit Südrußland, die andere mit Mitteleuropa zeigt. Zur ersteren Gruppe können wir, abgesehen von einigen weniger charakteristischen Funden, 86 Fibeln von 61 Funden zählen, zu der letzteren 79 Fibeln von 53 Funden."

„Woher dieses Volk gekommen ist, wird also schwer zu entscheiden sein ... Aber eines ist sicher, von Skandinavien sind die Masurgermanen nicht gekommen, denn keine einzige Fibel oder irgendein anderer Gegenstand von unzweifelhaft skandinavischem Ursprung ist auf ihrem Gebiet in Ostpreußen gefunden worden."

Mit Ostpreußen hat Åberg sogleich einen besonders neuralgischen Punkt ergriffen. Ostpreußen ist das Land, in dem die Goten um 200 n. Chr. gelandet sind.

Die schwierige Frage, die Åberg nicht völlig beantworten konnte, ist die nach dem Zusammenhang der südrussisch bestimmten Formen mit denen in Ostpreußen. Nun spricht der spätgriechische Schriftsteller Prokop, der um 500 n. Chr. in Caesarea geboren und etwa um 562 gestorben ist, in seinem Buch: De bello Gothico in Buch 2, Kap. 15 von den Herulern, einem gotischen Stamm. Dieser Stamm kommt bei dem Einbruch der Hunnen im Jahre 375 mit den Ostgoten unter die Herrschaft der Hunnen. Nach dem Untergang der Hunnen, 453 siedeln die Heruler am Südfuß der Karpathen. 505 greifen sie unter ihrem König Rodulf die Langobarden an. Sie hatten sich damals angesiedelt zwischen Wien und Budapest. Die Heruler werden geschlagen. Prokop berichtet nun, daß nach der Niederlage von 505 ein Teil der Heruler in das Land der Gepiden, nach dem heutigen Ost-Rumänien zog, ein anderer aber wollte in die alte Heimat, nach Skandinavien zurückwandern.

Bei Prokop heißt es: „Sie (die Heruler) zogen unter der Führung vieler Mitglieder der königlichen Familie zuerst durch die Länder der Sklavenen, dann durch eine Wüste, danach kamen sie zu den Warnen, dann wanderten sie durch das Land der Danen. Und alle diese wilden Völker taten ihnen nichts. Am Ozean angelangt, gingen sie zu Schiff und fuhren nach Thule. Das Volk von Thule vermehrt sich sehr stark, und dort leben die Gauten, unter denen sich die einwandernden Heruler ansiedelten."

Das Problem ist sehr spannend, ein literarischer Bericht aus der Zeit um 550, eine Fülle von Fibeln aus der gleichen Zeit, eng verwandt denen aus Südrußland und den Karpathen. Und auch in Ostpreußen ebenfals eine Fülle von Fibeln dieser Art.

Ich habe mich 1956 mit dieser Frage beschäftigt in einem Artikel: Das Problem der masurgermanischen Fibeln in Ostpreußen, in: Otto Kleemann, Documenta archaeologica, Bonn 1956, S. 79—108, 8 Tafeln. Ich glaube deutlich dargelegt zu haben, daß es sich bei den masurgermanischen Fibeln, die Beziehungen zu Südrußland besitzen, um Heruler handelt, die nach 505 in ihre alte Heimat nach Skandinavien zurückwandern wollten. Prokop hat von ihren Absichten gehört, er berichtet von ihren Zielen. Aber sie sind nicht in Skandinavien angekommen, sie sind im südlichen Ostpreußen verblieben.

Die Literatur dieser Zeit berichtet nichts über Heruler in Ostpreußen, das war am Rande der damaligen Welt. Die ergrabenen Quellen sind deshalb genauer und sicherer. Es gibt Fibeln von Pastyrskoje, Gouv. Kiew, die genau manchen Fibeln von Kellaren, Kr. Allenstein, entsprechen. Åberg war es, der diese Zusammenhänge schon 1919 ahnte, wenn er sagte, ebda S. 10: „Über sie (die masurische Kultur) haben die historischen Quellen nichts zu erzählen, wenn man nicht etwa ihre Träger mit einem Teil der Heruler identifizieren will, die nach Prokop in das Land der Goten zurückkehrten." So deutlich hat Åberg anhand der Funde die Tatsachen zu übersehen vermocht.

Das dritte ethnische Problem ist das der Ostgoten und Langobarden in Italien. Die Lösung dieser Frage gelang NILS ÅBERG im Jahre 1923. Das Werk, das dieses Problem behandelt heißt: Die Goten und Langobarden in Italien, Uppsala 1923. Åberg unterscheidet mit Recht drei Gruppen von Altertümern:

Erstens die Ostgoten, in Italien von 487—553.
Zweitens die Langobarden, in Italien von 568—711.
Drittens die Franken, in Italien auf Eroberungszügen 536, 539, 553—563.

Durch die Feststellung der ethnischen Unterscheidungen ergeben sich gleichzeitig die Datierungen. Für Italien liegt hier ein eigenartiger Fall vor, für die Frage der Chronologie von besonderer Bedeutung.

Die gotischen Fibeln sind entweder noch die glatten Silberblechfibeln, wie in Südrußland oder die almandinbelegten Fibeln wie in Ungarn, oder es sind die Fibeln mit halbrunder Kopfplatte und rechteckigem Fuß, wie ebenfalls in Südrußland.

Die langobardischen Fibeln aus den großen Gräberfeldern wie Castel Trosino, wie Nocera Umbra, Cividale, Testona, erscheinen in völlig andersartigen Formen. Es gibt noch die Fibeln mit halbrunder Kopfplatte und ovalem Fuß, aber sie tragen die Verflechtung oder das Tierornament. Das Ornament macht es deutlich, daß sie nur aus der Zeit nach 550 stammen können. Viele der Gräber enthalten Münzen, so von Justinian I. (527—566), Justinus II. (566—578), Tiberius II. Constantinus (578—582), Mauricius Tiberius (582—602). Viele Fibeln gehören dem 7. Jahrhundert an.

Åberg sagt (ebda S. 67): „Aus stilistischen Gründen ergibt sich auch klar, daß die Fibeln nicht aus der gotischen Kultur, auf welchem Gebiet es auch sein möge, hergeleitet werden können. Hier erhebt sich also gleichsam eine Scheidewand zwischen Gotisch und Langobardisch."

Die Fundgegenstände der Franken sind deutlich erkennbar durch den gleichmäßig breiten Fuß und durch die rechteckige Kopfplatte (bei Åberg Abb. 60—68).

So ist es Åberg in zwei bedeutenden Arbeiten, 1919 und 1923, gelungen, die volksmäßig verschiedenartigen Formen zu bestimmen. Da ist Ostpreußen mit drei Germanenstämmen, und da ist Italien, mit wieder drei Germanenstämmen. Die wissenschaftliche Leistung Åbergs ist bis heute grundlegend geblieben. Åberg war es, der unserer Wissenschaft durch diese beiden Bücher — und natürlich durch viele andere — besonders starke Antriebe zu geben vermochte.

Das dritte Grundproblem dieser Zeit ist die Datierung, die wichtigste Frage.

Bis 1935 gab es keine Möglichkeit, die Funde zu einer genaueren Zeitbestimmung zu bringen, als zu dem Gesamtbegriff: Völkerwanderungszeit. Aus meiner eigenen Erinnerung als Universitätslehrer an der Universität Köln, inmitten des Rheingebietes mit der Fülle der Funde fehlte eine Übersicht über diejenigen geschlossenen Grabfunde, die datierbar sind durch Münzen. Viele der Gräber brachten Münzen, jedoch meistens Münzen der drei nachchristlichen Jahrhunderte. Man hat nicht gerne das kursierende Geld mit in die Gräber gegeben, es bedeutete wohl in der damaligen Zeit einen zu großen Wert. Man gab den Toten die Münzen längst vergangener Zeiten mit, die römischen Münzen des ersten, des zweiten, des dritten Jahrhunderts.

Doch es besteht die Möglichkeit, daß in dieser Sitte eine religiöse Vorstellung gegeben sein mag. Je älter das Geld, um so mehr kommt es den ältesten Vorfahren nahe, um so mehr gefällt es der Gottheit, die in den alten Zeiten lebend gedacht wird.

Für uns Heutige ist es nicht einfach, unser Denken und Erfassen einzuordnen in Epochen, die eineinhalb Jahrtausende vor uns gelagert sind.

Bezeichnend ist, was im Jahre 1899 ein so erfolgreicher Forscher wie PAUL REINECKE (1872—1958) über die Münzfunde in den völkerwanderungszeitlichen Gräbern erklärte, Studien über Denkmäler des frühen Mittelalters, Mitt. d. Wiener Anthrop. Ges. 1899, S. 40: „Vornehmlich dienten die römischen Münzen aus diesen Gräbern in den Augen vieler Autoren als untrüglicher Anhalt. Nichts verkehrter als das! Wie römische Münzen in diese viel späteren Gräber kommen können ... dafür gibt es ja mehr als eine Möglichkeit, sei es, daß sie noch cursierendes Geld waren, sei es, daß sie, was ja auf ehemals römischem Boden erklärlich, in römischen Ruinen oder auf dem Feld gefunden, als Fundstücke durchlocht und der Perlenkette hinzugefügt wurden. Niemand wird es bei uns, wo ja am Rhein und an der Donau in Bezug auf die römischen Münzen in nachrömischen Gräbern die gleichen Verhältnisse wie in Ungarn herrschen, einfallen, eine Chronologie der fränkisch-schwäbischen Reihengräber auf Grund von römischen Münzen zu construieren. Man käme sonst schließlich zu dem Resultate, daß es außer einigen Funden aus Gräbern mit byzantinischen und merowingischen Münzen, überhaupt keine merowingischen Alterthümer gäbe, sondern das, was man früher damit bezeichnete, samt und sonders noch der römischen Periode angehöre."

So schwierig, so völlig undurchsichtig war die Lage noch um 1900, bis 1935 hat sich diese Lage nicht geändert.

Salin wagte überhaupt keine Datierung. ÅBERG gab Anstöße in seinem Buche von 1922: Die Franken und Westgoten, Uppsala. Er gewann ein Früher und ein Später, aber genauere Datierung wagte auch er nicht. Er erkennt, daß die gotischen Silberblechfibeln der Zeit um 400 angehören (ebda S. 55). Der Untergang des ostgotischen Reiches, 553, ergibt das Enddatum der ostgotischen Fibeln an (ebda S. 68). Åberg erkennt weiter, daß Fibeln mit Flechtwerk und Tierornament erst nach der Mitte des 6. Jahrhunderts erscheinen können (ebda S. 128), aber gesicherte Bestimmungen waren um 1923 auch für einen so ausgezeichneten Kenner des Fundmaterials nicht möglich.

Åberg ist der Meinung, daß das germanische Flechtornament in Italien unter byzantinischem Einfluß entwickelt wird, also erst nach 568 (ebda S. 178) und daß der sogenannte Stil II um 600 herum aufhört. Das 7. Jahrhundert wird schon kaum noch als merowingisch betrachtet, es wird der Wikingerzeit zugerechnet (ebda S. 180, 182). Åberg versucht mit Hilfe der Stilbewegungen zu einer Datierung zu gelangen. Ein festes Datum dafür ist das Jahr 568, das Jahr der Einwanderung der Langobarden in Italien. Ein großer Teil der Arbeit ist der Tierornamentik gewidmet und einer Abtrennung von Salins Stil I von Stil II. In Wirklichkeit glückt diese Abtrennung Åberg nicht, es gelingt ihm aber, den voll entwickelten Stil II auf 600 und danach zu bestimmen (ebda S. 182). Åberg erwähnt, daß dieser Stil seinen Schwerpunkt in Süddeutschland und im Rheingebiet besitze (ebda S. 195).

Wenn auch diese Arbeit eine Fülle wichtiger Gedanken und Feststellungen ergibt, so ist ihr Grundanliegen, eine Chronologie zu gewinnen, doch nicht gelöst.

Diese Lösung wurde geschaffen durch JOACHIM WERNER. Sein Gedanke war, nicht ausschließlich auf stilistischem Wege zu einem Ergebnis zu gelangen, auch nicht durch die römischen Münzen, sondern durch die kursierenden Münzen der Zeit selbst. Sie sind seltener gefunden, sie kommen aber doch vor. Diese Münzen, selten durchlocht, meistens im Munde gefunden als Charonspfennig, sie mußten es sein, die den mit ihnen gehobenen Gräbern ein bestimmtes Datum verleihen können. Die Zusammenstellung dieser münzdatierten Gräber mußte dann auch für andere Gräber mit gleichen oder ähnlichen Gegenständen die bestimmte Datierung ergeben können. Im Jahre 1935 erschien sein Werk: Münzdatierte ausstrasische Grabfunde, Berlin mit 157 Seiten, 38 Tafeln, 5 Tafeln der Münzen.

JOACHIM WERNER ist am 23. 12. 1909 in Berlin geboren. 1932 promovierte er an der Univ. Marburg, wurde Dozent a. d. Univ. Frankfurt, 1939, a. o. Prof. a. d. Univ. Straßburg von 1941—1945. Seit 1946 ist er o. Prof. a. d. Univ. München.

Seine wichtigsten Bücher sind: Münzdatierte austrasische Grabfunde, Berlin 1935. — Zierscheiben des Thorsberger Moorfundes, Berlin 1941. — Fund v. Ittenheim, 1943. — Das alamannische Fürstengrab von Wittislingen, München 1950. — Langobardische Fibeln aus Italien, mit S. Fuchs, 1950. — Waage und Geld in d. Merowingerzeit, München 1954. — Das alamann. Gräberfeld von Mindelheim, 1955. — Beiträge zur Archäol. des Attila-Reiches, München 1955. — Katalog d. Slg. Diergardt, Berlin 1961. — Die Langobarden in Pannonien, München 1962.

In dem genannten Buch über die münzdatierten Grabfunde von 1935, geht Werner einen neuen, bis dahin nicht begangenen Weg, und dieser Weg führt zu einem wirklichen Ergebnis in der Datierungsfrage. Werner stellt 53 münzdatierte Funde von Reihengräbern der Völkerwanderungszeit auf deutschem Raume zusammen. Die Reihe beginnt mit Valentinian I. (364—375), erreicht ihren Höhepunkt mit Justinian I. (527—565), sie klingt ab mit Phocas (602—610), mit Heraclius (610—641) und mit Constans II. (641—668).

Die ostgotischen Silbermünzen umfassen die von Theoderich (493—526), Athalarich (527—534), Witigis (536—540) und Totila (541—552). Es liegen viele merowingische Münzen vor, vor allem Münzmeisterprägungen, friesische Prägungen und angelsächsische Sceattas.

Die Münze ergibt den Zeitpunkt, nach dem die Grablegung erfolgt sein muß, den terminus post quem. Im allgemeinen kann man mit rund 25—50 Jahren rechnen, die nach der Prägezeit bis zur Grablegung verlaufen sind.

So gliedert Joachim Werner das Material in fünf Gruppen.

Gruppe 1, etwa 450—520,
Gruppe 2, etwa 520—550,
Gruppe 3, etwa 550—600,
Gruppe 4, etwa 600—650,
Gruppe 5, etwa 650—700.

Die Gruppe 4, in der Zeit von 600—650, ist dabei die reichste an Funden. Es ergibt sich, daß das 7. Jahrhundert, bei Åberg nur selten erwähnt, in Wirklichkeit das an Material und Formgestaltung ausgeprägteste Jahrhundert ist.

Mit dem Werk von Werner ist eine feste datierende Grundlage geschaffen worden, eine Basis, die Jahresdaten ergibt.

Die folgende Aufgabe war nun die Anwendung der zeitlich gewonnenen Fixpunkte auf Einzelfunde. Hierbei mußte die Bügelfibel als eine Art Leitmotiv das Ergebnis bringen.

Dazu darf ich bemerken, daß ich mir diese Aufgabe als das Ziel eines Lebens gesetzt habe. In dem Jahre 1923 habe ich begonnen, eine Kartothek aller Bügelfibeln mit der Literatur herzustellen. In fast 50 Jahren ist sie auf über 6000 Exemplare angewachsen. Es galt nun in einer Fülle von Reisen durch ganz Europa, und auch durch Amerika, wohin manche Fibeln durch Kauf gelangt sind, möglichst den Gesamtbestand an Bügelfibeln zu erfassen. Mein Gedanke war es, von einem fest umgrenzten Raum aus eine eingehende Fundliste zu gewinnen und dann von diesem Raum aus einzelne Typen aufzuzeigen. Sie sind von ihrem Ursprungsgebiet bis zu ihrem Ende zu verfolgen. Das Ziel war, für jede Gruppe ein münzdatiertes Grab zu Verfügung zu haben, oder unter geschlossenen Gräberfunden einen bestimmenden Gegenstand festzustellen, der in einem münzdatierten Grabe belegt ist.

1940 konnte das erste Buch über diesen Fragenkreis von mir erscheinen mit dem Titel: Die germanischen Bügelfibeln der Völkerwanderungszeit in der Rheinprovinz, Bonn. Eine zweite Aufl. erschien in Graz, Akademische Verlagsanstalt 1965. 528 Seiten, 130 Tafeln, 147 Abbildungen. In diesem Buch konnten zum ersten Male gesicherte Daten angegeben werden. 50 verschiedene Typen werden herausgelöst.

Als Ausgangspunkt dienen 216 bekannte Fibeln der damaligen Rheinprovinz. Von jeder dieser Fibel und ihrer besonderen Formgebung ausgehend, werden die verwandten Formen von den Gebieten Europas herangezogen, die einmal das Siedlungsgebiet der germanischen Völker gewesen sind. Auf diese Weise bilden sich Gruppen, Typen, die einheitliches Aussehen besitzen und die einem Volksstamm zugehören müssen. Die Verbreitungskarte ergibt die größte Dichte und damit ein Zentrum. Weit entfernte Stücke der gleichen Art können nur als Export durch Handel, durch Kriege oder durch Heiraten der Fürstenhäuser in entlegene Gegenden gekommen sein.

Die Zeit von 450—500 bringt einheimisch-fränkische Fibeln und außerdem Einflüsse der Goten.

Die Zeit von 500—550 läßt einheimisch-fränkische Fibeln erkennen, Einflüsse der Angelsachsen und Einflüsse der Thüringer.

Die Zeit von 550—600 ist die Epoche der stärksten Entfaltung des fränkischen Elementes. 18 verschiedene einheimische Typen werden deutlich, in 2 Typen auch die Einflüsse der Angelsachsen.

Für die Zeit von 600—700 ergeben sich Einflüsse der Langobarden und 8 verschiedene einheimische Typen.

Jeder Fibeltypus kann dabei bei längerer Lebensdauer festgelegt werden auf 50 Jahre, bei kürzerer auf 25 Jahre, in einigen Fällen auf 10 Jahre.

Ein zweites Buch: Die germanischen Bügelfibeln der Völkerwanderungszeit in Süddeutschland, Graz, 1974, ist während der Arbeit an diesem Buche erschienen. Für Süddeutschland sind 474 Bügelfibeln vorgelegt worden.

Da auch Vorformen vor 450 vorkommen, wird die Epoche von 375—450 als erste dargestellt. Wieder ergeben sich Einflüsse der Goten und einheimische Fibeln.

Die Zeit von 450—500 erbringt drei einheimische Typen, und an Einflüssen der Goten vier.

Von 500—550 erscheinen 11 einheimische Typen, 10 Typen, die Einflüsse der Goten bedeuten, 2 Typen Einflüsse der Gepiden, 3 Einflüsse der Thüringer und 2 Einflüsse der Sachsen.

Die Zeit von 550—600 ist wie in der Rheinprovinz auch für Süddeutschland die reichste, die blühendste Epoche. Es heben sich als einheimisch-fränkische Fibeln 25 Typen heraus, als Einflüsse der Festlandsachsen 3 Typen, als Einflüsse der Angelsachsen 2 Typen.

In der Zeit von 600—650 sind 10 einheimische Typen erkennbar, die Einflüsse der Angelsachsen bringen 8 Typen, die Einflüsse der Langobarden 5 Typen.

Die Epoche von 650—700 ist die des langsamen Erlöschens des Gebrauches von Bügelfibeln. 2 Typen sind als einheimisch-fränkisch, 2 als langobardisch zu erkennen.

Ich, HERBERT KÜHN, bin geboren am 29. 4. 1895 in Beelitz bei Potsdam. 1918 promovierte ich in Jena, 1923 Habilitation für Vorgeschichte a. d. Univ. Köln, 1929 a. o. Prof. 1946 o. Prof. a. d. Univ. Mainz. 1959—1960 Gastprof. a. d. Wayne State Univ. Detroit, 1963 Gastprof. a. d. Univ. of California, Berkeley.

Die wichtigsten Bücher sind: Die Malerei der Eiszeit, München 1921, 3. Aufl. 1923. — Die Kunst der Primitiven, München 1923. — Kunst u. Kultur der Vorzeit Europas. Das Paläolithikum, Berlin 1930. — Buschmannkunst, mit Obermaier, München 1935; engl. Bushman Art, Oxford 1935. — Vorgeschichtl. Kunst Deutschlands, Propyläen-Kunstgesch. Berlin 1935. — Die german. Bügelfibeln d. Völkerwdgszt. 2 Bde, Bonn 1940, 2. Aufl. Graz 1965. — Gegenwart u. Vorzeit, Wiesbaden 1950, 2. Aufl. Frankf. 1968. — Tat u. Versenkung, Wiesbaden 1948, 2. Aufl. Frankf. 1968. — Auf den Spuren d. Eiszeitmenschen, Wiesbaden 1950, 3. Aufl. 1956; ital. L'uomo nell'età glaciale, Milano 1952; 2. Aufl. 1954; engl. u. amerik. On the track of prehistoric man, 1955, 6. Aufl. 1956, New York 1958; holl. Leven en kunst in de ijstijd, Antwerpen 1958, Taschenb. München 1958, 3. Aufl. 1965. — Das Problem des Urmonotheismus Wiesbaden, Akad. d. Wiss. 1951, engl. The problem of primitive monotheism, in: Selection II, London 1954. — Die Felsbilder Europas, Stuttgart, 1952, 3. Aufl. 1970, engl. u. amerik. The rock pictures of Europe, London, New York 1956, 3. Aufl. 1966; schwed. Europas förhistoriska klippkonst, Stockholm 1955; holl. Prehistorische Kunst in Europa, Utrecht 1960; jap. Tunch chü bi choa, Tokyo 1956. — Die Kunst Alteuropas, Stuttgart 1955, 2. Aufl. 1958; span. El arte rupestre en Europa, Barcelona 1957; holl. Kunst van hed oude Europa, Amsterdam 1955. — Das Erwachen der Menschheit, Fischer Bücherei, Frankfurt 1954, 5. Aufl. 1958; ital. L'alba dell'umanità, Milano 1958; franz. L'éveil de l'humanité, Paris 1956; jap. Jen bi wen choa chien sheng, Tokyo 1955; holl. Het ontwaken der mensheid, Utrecht 1958; span. El despertar de la humanidad, Buenos Aires 1961. — Der Aufstieg der Menschheit, Frankfurt 1955, 3. Aufl. 1957; franz. L'ascension de l'humanité Paris 1958; holl. De opgang der mensheid, Utrecht 1959; span. Los primeros pasos de l'humanidad, Buenos Aires 1962; jap. Gu tai wen ming kai choa, Tokyo 1956. — Die Entfaltung der Menschheit, Frankfurt 1958; holl. De outplooiing der mensheid, Utrecht 1959; jap. Du shi wen ming chu, Tokyo 1965. —

Persönlichkeit u. Gemeinschaft, 1959. — Das Antlitz Indiens, Basel 1963. — Vorgeschichte der Menschheit, Bd. 1—3, Köln 1962—1966; holl. Mensen in de oertijd, 1—3, Wassenaar 1969—1969. — Eiszeitkunst, die Geschichte ihrer Erforschung, Göttingen 1965; ital. Ritrovamenti ed arte dell'epoca glaciale, Roma 1966; span. El arte de la epoca glacial, Mexico 1971. — Erwachen und Aufstieg der Menschheit, Frankfurt 1966. — Wenn Steine reden, Wiesbaden 1966, 2. Aufl. 1969. — Die germanischen Bügelfibeln der Völkerwanderungszeit in Süddeutschland, Graz 1974.

Die Ergebnisse des 20. Jahrhunderts für die Forschung der Völkerwanderungszeit sind gewaltig. Eine Fülle von sorgfältigen Grabungen ist vorgenommen worden. Alle Völker, auf deren Gebieten einst germanische Stämme ihre Wohnsitze bezogen hatten, haben zu dieser Arbeit beigetragen. Gute Veröffentlichungen liegen vor. Das Gesamtgefüge ist überschaubar geworden. Die Funde lagern nicht mehr nur in Museen, in Depots, sie sind an das Tageslicht getreten durch Publikationen mit manchmal 200—300 Tafeln, jedes einzelne Grab wiedergebend in dem gesamten Fundzusammenhang.

Die drei großen Grundfragen, die unsere Zeit an diese Funde zu stellen hatte, brachten Ergebnisse, sicherlich noch nicht endgültige, aber doch klärende.

Erstens die Entstehung der für diese Zeit völlig neuartigen Kunstgestaltung, der Verflechtung und des Tierornamentes. Zweitens die ethnische Ablösung von Fundgegenständen verschiedener germanischer Völker auf den gleichen Räumen, so im Theißgebiet und Niederösterreich, Westungarn, in Ostpreußen, in Italien.

Die dritte Grundfrage ist die der Datierung. Auch sie brachte eine Lösung, wobei naturgemäß gelegentliche Einzelfragen offen bleiben müssen.

Das Gesamtergebnis ist von großer Bedeutung.

Wikingerzeit

Die Frage der Wikinger konnte schon bis 1900 deutlich gemacht werden. Die zuerst überraschenden Funde so vieler arabischer Münzen konnten ihre Erklärung finden durch die Entdeckung von Wohn- und Grabstätten der Wikinger in Rußland bis Kiew und bis zum Schwarzen Meer. Es wurden die Berichte der Araber veröffentlicht, Berichte, die von den Rus erzählen, die aus dem Norden kommen.

Die Tatsache, daß die historischen Berichte sich decken mit den archäologischen Ergebnissen, hat die Forschung bis 1900 zu klaren Erkenntnissen gebracht.

Das 20. Jahrhundert konnte die Durchsichtigkeit nur verfestigen und bestätigen durch neue Fundergebnisse. Ein wichtiges Schiff der Wikingerzeit konnte völlig ausgegraben werden, Oseberg. Die Entdeckung des Osebergschiffes wurde zu einem europäischen Ereignis.

Aber auch neue Funde traten aus der Erde. Bei Hon, in der Prov. Buskerud, Norwegen, wird ein Schatz gehoben, der im Gewicht von 2548 Gramm vorwiegend aus Gold besteht. Es sind gewundene Halsringe, Armringe, Fibeln, Anhänger mit Filigran und 19 Münzen, davon 5 fränkische. Die Funde sind in die Universitets Oldsaksamling nach Oslo gekommen. Abgebildet: Anders Hagen and Aslak Liestöl, Ancient Norwegian design, Oslo 1961, Taf. 52, 53.

Im Jahre 1903 wird bei Asarve auf Gotland ein gewaltiger Schatz gefunden. Es sind 47 Armringe, 19 Bruchstücke von Armringen und 19 Silberbarren, zusammen 7 kg, 60 g. Die Armringe stammen aus Rußland, aus dem Gouv. Perm, östlich von Bolgar an der Wolga. Zwei arabische Münzen lagen bei dem Fund.

1936 haben zwei Jungen beim Spielen in einer Kiesgrube bei Stora Velinge Kirchspiel Buttle, Gotland, Schweden, einen riesigen Schatzfund entdeckt, den zweitgrößten Skandinaviens, nämlich 2673 arabische Silbermünzen, sie stammen von 55 verschiedenen Prägeorten des Kalifats. Einige sind geprägt worden im Jahre 708, der größte Teil im 9. Jahrhundert, die fünf jüngsten stammen aus dem Jahre 910.

Bis jetzt sind auf der Insel Gotland 40000 arabische Silbermünzen aufgefunden worden, im übrigen Schweden und in Dänemark sind es 17000, in Norwegen 400.

Der größte Teil des Silbers stammt aus Afghanistan. IBN-JAQUB berichtet darüber (bei ERIC GRAF OXENSTIERNA, Die Wikinger, Stuttgart 1959, S. 94):

„Pendjirs Volk (in Afghanistan) ist ein Mischvolk. Dort herrschen Jähzorn und Bosheit. Morde sind häufig. Die Dirhems (Silbermünzen) sind viel und zahlreich. Keiner will etwas billiger verkaufen als für einen Dirhem, sei es auch nur ein Bund Gemüse. Das Silber findet man am Gipfel des Berges. Er sieht wegen der zahlreichen Grubenlöcher aus wie ein Sieb. Es kommt vor, daß ein einziger Mann beim Graben einen Gewinn von 300000 Dirhems erzielt. Oft findet er genügende Mengen, um sich und seine Nachkommen reich zu machen. Häufig kann er wenigstens seine Ausgaben decken, manchmal wird er auch arm, wenn nämlich das Wasser und andere Widrigkeiten gegen ihn stehen. Es kommt vor, daß der, der am Morgen reich ist, am Abend arm ist, und der, der am Morgen arm ist, am Abend reich ist."

Weiter erzählt Graf Oxenstierna ebda S. 94, daß der Kalif von Bagdad im Jahre 800 in jedem Jahr 1200 Tonnen Silber erhielt, das ist fünfundzwanzigmal die gesamte Weltproduktion an Silber 700 Jahre später, im Jahre 1500.

Dieses Silber floß über die Wikinger nach Skandinavien. Die Karte der arabischen Münzfunde von 800—1000 (Oxenstierna, ebda S. 93) zeigt Zentren um Bulgar an der Wolga, bei dem heutigen Orte Kasan, dann bei dem heutigen Kostroma, weiter an der Bucht von Riga, dann an der deutschen Ostseeküste bis Schleswig, in Schonen, auf Gotland und in der Gegend um Stockholm.

Eine wichtige Grabung in Schweden ist Valsgärde im Kirchspiel Gamla Uppsala, Prov. Uppland, 8 km nördlich von Uppsala, am Frysa-Fluß. Der Leiter der Grabung war SUNE LINDQVIST. Sie umfaßte die Zeit von 1928—1952. Das reiche Gräberfeld brachte Kammer-, Boot- und Brandgräber. Die ältesten Gräber gehören der Völkerwanderungszeit an, dem 5. und 6. Jahrhundert. (Vgl. S. 569) Es sind große Holzkammern für Körperbestattungen. Aus der Zeit vom 7.—11. Jahrhundert, der Wikingerzeit, stammen 15 Bootsgräber. Von ihnen sind, wie in Vendel, nur die Nägel erhalten, das Holz zeichnet sich ab in der umgebenden Erde. Die Boote sind 9—10 Meter lang gewesen. Die Toten sind mit ihren Waffen versehen, ihrem Schmuck, Geräten des Haushaltes und mit Schlachttieren. Aus dem fränkischen Gebiet sind Glasbecher eingeführt worden. In den Booten wurden nur Männer bestattet. Die Frauen wurden eingeäschert, und so finden sich zwischen und neben den Bootgräbern die Brandgräber. Beachtenswert ist ein Schwertgriff aus Valsgärde, Bootgrab 6. Er zeigt in Einlagen und Tiefgravierungen die Tierornamentik im Stil III. Den Bericht gab der Ausgräber SUNE LINDQVIST, Valsgärde gravbacke, Uppsala 1929, Bd. 1 bis Bd. 8, Uppsala 1954. — Ferner G. ARWIDSON, Vendelstile 1942. — P. OLSÉN, Die Saxe von Valsgärde, Uppsala 1945.

SUNE LINDQVIST ist geboren am 20. 3. 1887 in Eskiltuna in Schweden, er erwarb den Doktorgrad 1916 in Uppsala, war zuerst Dozent a. d. Univ. Stockholm von 1916—1927, dann Prof. a. d. Univ. Uppsala von 1927—1962. Seine übrigen Bücher sind: Från Nerikes sten och bronsålder, Örebro 1912. — Der bronzezeitl. Mantel von Gerumsberget in Västergötland, mit L. v. Post u. E. v. Walterstorff, Stockholm 1924—1925. — Gotlands Bildsteine, 2 Bde. Stockholm 1941—1942. — Forntidens Kumla och omvärlden, Kumla 1963. — Herausgeber mehrerer prähist. Zschr., darunter Tor.

Ein wichtiges Gräberfeld ist Tuna, es liegt im Kirchspiel Alsike, in der Prov. Uppland, am Mälarsee. Schon 1893 waren hier Altertümer zutage gekommen, sie gelangten nach manchen Irrwegen ins Museum von Stockholm. 1894 wurden wieder Funde gemacht, Schmuckstücke und arabische Silbermünzen. Hjalmar Stolpe vom Museum Stockholm unternahm im August 1895 und 1896 Nachgrabungen, und er konnte viele Gegenstände heben. Im Jahre 1920 tauchten neue Funde auf und im Frühjahr 1928 begannen amtliche Grabungen unter der Leitung von Nils Åberg und T. J. Arne. Die Grabung war sehr ergebnisreich. Es wurden mehrere Gräber aufgedeckt, vor allem Bootsgräber, daneben Pferdebestattungen. Die arabischen Münzen gehören der Zeit von 708 n. Chr. bis 784 an, also der Epoche der Wikinger. Einige Gräber lassen sich datieren auf die Zeit von 800—850, andere auf die Zeit von 850—900, wieder andere auf die Zeit von 950—1050. Das Grab XIV aber ist völkerwanderungszeitlich, es ergibt sich die Datierung um 600 n. Chr.

Den eingehenden Bericht gab T. J. ARNE in einem Buch: Das Bootgräberfeld von Tuna in Alsike, Uppland, Stockholm 1934, 33 Tafeln und 75 Seiten.

Auf der Insel Gotland, Schweden, ist ein wichtiger Fundplatz der Wikinger Vallhagar, 42 km südlich von Visby. Die Grabung fand in den Jahren 1946—1950 statt, sie stand unter der Leitung von Mårton Stenberger. Die Siedlung umfaßt zehn Hektar Land. Die Funde beginnen mit der Bronzezeit und reichen bis zur Wikingerzeit. Ein eigenes Gräberfeld nordwestlich der Siedlung bringt 92 Gräber der Römerzeit. Acht Hügelgräber gehören der Wikingerzeit, der Vendelzeit, an. Die Veröffentlichung ist: M. STENBERGER, Vallhagar, 2 Bde. Kopenhagen-Stockholm 1955, mit Klindt-Jensen u. a.

MÅRTON STENBERGER ist in Göteborg am 27. 3. 1898 geboren. Er erwarb seinen Doktorgrad 1933 in Uppsala, war Dozent a. d. Univ. Uppsala von 1933—1948 und Leiter des Museums von Visby auf Gotland. Von 1946—1952 war er Abteilungsleiter des Statens Historisk Museum von Stockholm. Seine übrigen Schriften sind: Öland under äldre järnåldern, Stockholm 1933, — Brattahild, mit Nörlund, Kopenhagen 1934. — Das Grabfeld von Västerbjers 1943. — Die Schatzfunde Gotlands der Wikingerzeit, 2 Bde. Stockholm 1958. — Tuna in Badelunda, 1956. — Sweden, London 1962. — Das Gräberfeld bei Ihre auf Gotland, 1962. — Det forntida Sverige, Stockholm 1964. — Herausgeber mehrerer prähist. Zschr.

Als im Jahre 1953 auf einer Insel im Mälarsee, westlich von Stockholm, zufällig Altertümer entdeckt worden sind, begann das Museum von Stockholm jährliche Grabungen seit 1954. Sie stehen unter der Leitung von WILHELM HOLMQVIST. Der Ort ist Helgö, Kirchspiel Ekerö, Prov. Uppland, nahe dem Schloß Drottningholm, nicht weit der Handelsstadt Birka, auch auf einer Insel im Mälarsee erbaut.

Helgö war eine Siedlung mit sieben hallenartigen Gebäuden, vielleicht Verkaufsläden. Es konnten kleinere Häuser ausgegraben werden, Schmiedeöfen, Werkstätten, Gießereien. Es liegen dort mehrere Gräberfelder. Die Verteidigungsanlage war in der Nähe auf einem Berg angelegt worden. In den Häusern haben sich 30 000 Gegenstände gefunden. Der größte Teil gehört der Völkerwanderungszeit an, ein kleinerer Teil der Wikingerzeit. Es konnten die bezeichnenden wikingischen Ovalfibeln und die Kleeblattfibeln geborgen werden. Auch viel Einfuhrware kam vor, so Glasgefäße vom Rheinland, merowingische und karolingische Keramik, ein Krummstab aus Irland, eine koptische Schöpfkelle aus Bronze, 69 Goldmünzen und als seltsamster Fundgegenstand eine Buddhastatue aus Bronze, 8 cm hoch, mit dem Stirnmal aus Gold. Graf Oxenstierna bringt eine Abbildung in seinem genannten Buch, Die Wikinger, Stuttgart 1959, Taf. 47.

Den Bericht über Helgö gibt das Werk von W. HOLMQVIST, B. ARRHENIUS, P. LUNDSTRÖM, Excavations at Helgö, 2 Bde. Stockholm 1961. — W. HOLMQVIST, Helgö, in: Sven B. F. Jansson u. a. Sveagold und Wikingerschmuck, Mainz 1968, S. 121—131.

Ein wichtiger Fund der letzten Zeit ist Eketorp auf der Insel Öland. Der Ort liegt nicht weit entfernt von der Südspitze Ölands, am Osthang der Kalksteinhalde, dem Stora Alvaret, der großen Felsenebene. Das Kirchspiel ist Gräsgård. An dieser Stelle liegt eine fast kreisrunde, stark abgetragene Ringmauer aus gleichmäßig geschichteten Kalksteinen. Der Innendurchmesser ist 80 m. Zehn Meter vor der Mauer findet sich eine Palisade. Die Ringmauer ist an manchen Stellen noch 2 Meter hoch.

Im Anfang der dreißiger Jahre wurde eine kleine Probegrabung vorgenommen, es fanden sich Gegenstände der Wikingerzeit, jedoch die Zeitläufe ließen eine größere Grabung nicht zu. Sie wurde erst 1964 unternommen und dauerte bis 1969. In diesen vier Sommern der Grabungstätigkeit wurden 15 000 Gegenstände dem Erdboden entnommen. Es sind Eisenwaren, Messer, Nieten, Nägel, Hufeisen, dazu Kämme, Spinnwirtel, Pfriemen aus Knochen und Metall, Nadeln, Spielwürfel, Flöten, Schlittschuhe aus Knochen, Ovalfibeln, Riemenschnallen aus Silber, Bronze und Eisen, Perlen aus Glasfluß und Bernstein, geschliffene Bergkristalle und Amethyste,

Schlösser und Schlüssel, Feuerstahle und Scheren, Sensenblätter und Sicheln, Pfeilspitzen, Speerspitzen, Schwerter, Dolchscheidenbeschläge, Sporen, Fußangeln. Wichtig wegen der Datierung sind arabische und frühmittelalterliche Silbermünzen. Die Keramik ist von Bedeutung, sie hat zumeist slavischen Typ. Die obere Schicht, der die Mehrzahl der Funde entstammt, datiert sich in die späte Wikingerzeit, von etwa 950—1000 und fortlaufend bis 1300.

Die Siedlung wurde durch Brand verwüstet. Vermutlich bedeutet der Brand, offenbar eine Eroberung, das Ende der Siedlung in der Burg. Über 100 Pfeilspitzen sind aufgefunden worden. Unter der jüngsten Schicht liegt, getrennt von sterilen Lagen, eine untere Schicht mit Hausfundamenten von 12—15 Metern Länge. Es sind 31 Hausgrundrisse festgestellt worden. Sie sind so angelegt, daß ein einheitlicher Bauplan vorgelegen haben muß. Die Häuser haben zwei Räume mit je zwei Feuerstellen, sie sind im Kreis angebaut an die Ringmauer (Abb. in: Antiquity, Bd. 40, 1966, Taf. 10 u. 11). Die Fundgegenstände, vor allem die Fibeln, Riemenbeschläge und die Keramik, datieren diese Schicht in die Zeit von 500—750, also die Völkerwanderungszeit. Auf einem Platz in der Mitte der Burg konnte ein Schatz gehoben werden von 15 Goldblechen mit eingepreßten Figuren, meistens männliche Gestalten.

Da slawische Keramik gefunden worden ist, auch slawische Dolchscheiden und Gürtelbeschläge, ist zu vermuten, daß die Vernichtung der Burg Eketorp mit den Angriffen der slawischen Wenden im südlichen Ostseeraum zu verbinden ist. Berichte wurden gegeben von MÅRTON STENBERGER, Eketorp's Borg, in: Antiquity, Bd. 40, 1966, S. 50—52. — B. SKARIN-FRYKMAN, in: Zschr. Tor, 1965—1966, S. 198 f.

Das wichtigste Ereignis in der Zeit von 1900—1975 für die Wikingerzeit in Skandinavien ist die Auffindung des Oseberg-Schiffes.

Es war im August 1903, als der Hofbesitzer von Oseberg beim Abgraben eines Hügels auf Holzplatten stieß. Oseberg liegt an der Küste des Oslofjordes, im Kirchspiel Jarlsberg und Larwik. Der Großbauer vermutete einen archäologischen wichtigen Fund und meldete den Vorfall dem Professor Gustafson in Oslo. Nach sorgfältiger Vorbereitung begann Gustafson seine Grabung im Juni 1904, sie dauerte bis zum September 1904. Diese Grabung ist das bisher glänzendste Ergebnis aller nordischen Ausgrabungen überhaupt. Es fand sich ein Schiff, 21,44 Meter lang, 5,10 Meter als größte Breite, eingerichtet zum Rudern und zum Segeln. Ein glücklicher Umstand war es, daß das Schiff geschützt war durch wasserhaltige Torferde, so daß es sich gut erhalten konnte.

Das Schiff lag in der Richtung von Süden nach Norden, nach Norden führt der Weg zu Walhall. In dem Schiff fand sich eine eingebaute Grabkammer. In ihr hatten sich zwei weibliche Skelette befunden, die einer 30jährigen und die einer 40—50jährigen Frau. Die Teile der Skelette waren von Grabräubern verstreut, sie konnten aber wieder zusammengefügt werden. Es wurde vermutet, daß die ältere Frau eine Fürstin war und daß die jüngere als eine Dienerin mit ihr in den Tod ging.

Es gibt den Bericht eines arabischen Reisenden, Ibn Fadhlan, aus dem frühen 10. Jahrhundert. Er berichtet, daß er dem Begräbnis eines in Rußland verstorbenen Fürsten der Wikinger beigewohnt habe. Genau beschreibt er alle Einzelheiten der Bestattung, die Opferung der Hunde und der Pferde und die einer Dienerin. Die Dienerinnen werden gefragt, wer dem Herrn in dem Tod folgen wolle. Darauf antwortet eine: Ich. Diese Dienerin wird dann geehrt, sie bekommt selber zwei Dienerinnen, die sie wie eine Herrin behandeln. Der Bericht schildert, daß die Dienerin besonders gut zu essen und zu trinken erhält, und daß sie fröhlich und guter Dinge ist. Der Vorgang wird als feierlich geschildert. Für den Tod erhält die Dienerin einen Rauschtrank und sie singt dabei. Dann wird sie zu dem toten Herrn — in diesem Falle der Herrin — gebracht, durch den Stich eines Messers in das Herz wird sie getötet.

Die eingehende Darstellung des Arabers ist außer in den arabischen Texten auch zu lesen bei KARL THEODOR STRASSER, Wikinger und Normannen, Hamburg 1928, S. 141—143.

Die Tote ist offenbar die Fürstin Aase, gesprochen Ose, die Tochter des Fürsten im Oslo-Fjord, Harald Rotbart. Ihr Sohn war Halfdan der Schwarze, 820 bis um 860, und ihr Enkel ist Harald Schönhaar, gestorben um 940.

Die Grabkammer war ausgeraubt, sie war ein zeltartiger Bau von 5,5 zu 5 Metern, die Höhe war drei Meter. Alles Edelmetall fehlte, erhalten sind drei Truhen mit Weizenkörnern, Wildäpfeln, Walnußschalen, ferner Scheren, Kämme, eiserne Lampen, Gewebe, ein Bett. Hinter der Grabkammer stand die Kücheneinrichtung der Fürstin mit Trögen, Schöpfkellen, Handbeilen, Mühlen, mit Bratpfanne und Kessel.

Im Vorderschiff standen ein Holzwagen, vier Schlitten mit feiner, holzgeschnitzter Arbeit und drei Betten. Außer der Dienerin waren der Fürstin 15 Pferde und 4 Hunde geopfert worden. Die Holzverzierung ist nicht gleichartig, es haben verschiedene Künstler an der Ornamentik gearbeitet. Einige Formen weisen noch auf das Ende des 8. Jahrhunderts, das meiste auf die Mitte des 9. Jahrhunderts. Die Bestattung fand etwa um 850 statt.

Heute ist das Schiff mit seinen Beigaben aufgestellt in dem Freilichtmuseum der Halbinsel Bygdöy bei Oslo, ebenso wie die Schiffe von Gokstad und Tune. Die Kleinfunde werden in der Universitetets Oldsaksamling in Oslo aufbewahrt.

Der Bericht über die Funde liegt vor in fünf großen Bänden: A. W. BRÖGGER, und H. SHETELIG, Osebergfunnet I—V, Oslo 1917—1932. — Ferner F. ADAMA VAN SCHELTEMA, Der Osebergfund, Augsburg 1929. — H. ARBMAN, The Vikings, 1961.

Derjenige, der die Ausgrabung begann, GABRIEL GUSTAFSON, konnte ihre Beendigung nicht mehr erleben. Er ist 1835 geboren und 1915 gestorben, ein Jahr nach dem Anfang der Neuaufstellung. Er war von 1889—1900 Konservator am Bergens-Museum, 1900—1915 Professor und Leiter der Universitetets Oldsaksamling in Oslo. Die Bearbeitung wurde fortgeführt unter der Leitung von H. Shetelig und A. W. Brögger.

ANTON WILHELM BRØGGER ist 1884 geboren, er starb 1951. Von 1909—1913 war er Konservator und Leiter am Museum Stavanger, 1913—1915 Vize-Direktor der Universitetets Oldsaksamling in Oslo, von 1915—1950 Direktor dieses Museums und Prof. a. d. Univ. Seine Werke sind außer dem genannten: Ökser ab Nöstvetty pen, Kristiania 1905. — Den arktiske stenalder i Norge, Kristiania 1908. — Borrefundet og Vestfoldkongenes graver, Kristiania 1916. — Ertog og Öre, Kristiania 1921. — Det norske folk i oldtiden, Oslo 1925, deutsche Ausg. mit dem Titel: Kulturgeschichte des norwegischen Altertums, Oslo 1926. — Gamle emigranter, Oslo 1928, engl. Ausg. Ancient Emigrants, Oxford 1929. — Nord-Norges bosetninghistorie, Oslo 1932. — Late palaeolithic man in northern most Norway, Oslo 1927. — Engl. Ausg. Early Man, Philadelphia 1938. — Winlandfahrten, Hamburg 1939. — Jernet og Norges eldste ökonomiske historie, Oslo 1940. — Vikingskipene, Oslo 1950, engl. Ausg. The Viking Ships, Oslo 1954. — Herausgeber der Zschr. Oldtiden und Viking u. a.

Neben den Schiffen von Gokstad (S. 232) und Oseberg ist das dritte das von Tune in dem Museum von Bygdöy bei Oslo. Tune liegt 5 km nördlich von Frederikstad auf der Ostseite des Oslofjordes in Vestfold, Oseberg und Gokstad liegen auf der Westseite desselben Fjordes. Alle drei Funde sind gelagert an der Meereseinfahrt nach Oslo, südlich der Stadt.

Das Schiff von Tune wurde 1867 in Nedre Haugen ausgegraben auf der Insel Rolvsöy in damaligen Kreise Tune, nahe dem kleinen Flusse Glomma. Es ist schlechter erhalten als die beiden anderen Wikingerschiffe. Seine Länge beträgt rund 20 Meter, seine größte Breite etwas über 4 Meter. Die Höhe von der Reling bis zur Unterkante des Kieles 20 Meter. Das Schiff war von einem Hügel bedeckt von 80 Meter Breite. Wieder lag es in der Richtung von Süd nach Nord. Im Innern war es gefüllt mit Moos und Wacholder. Im Achterschiff war die Grabkammer aufgerichtet aus Eichenbalken. Von den Beigaben war fast nichts erhalten. Die Restspuren lassen auf ein Eisenschwert schließen, eine Lanzenspitze und einen Schildbuckel. Nur zwei Glasperlen wurden gefunden, einige Stoffreste und ein paar Holzstückchen mit eingeschnitzten Ornamenten. In der Grabkammer lagen die Knochenreste eines Mannes und eines Pferdes. Auch dieses Grab war ausgeraubt worden von Grabräubern. Es ist der Erde übergeben worden in der zweiten Hälfte des 9. Jahrhunderts.

Es gibt noch einen weiteren Schiffsfund der Wikingerzeit in Norwegen, das ist Borre, 5 km nördlich von Oseberg, ebenfalls an der Westseite des Oslofjordes, Vestfold, 2 km südlich von dem Ort Horten. In den Jahren 1850—1852 ist bei Wegearbeiten ein mächtiger Grabhügel abgetragen und der Inhalt wurde achtlos zerstört. Nur Geringfügiges konnte von den Wissenschaftlern gerettet werden. Von dem Schiff fanden sich noch Nägel und Nieten, Beschläge von Wagen, Pferdegeschirr, ein Glasbecher. Einige der Beschlagstücke sind verziert in einem Stil, der bezeichnend ist für die späte Wikingerzeit, für die Epoche des 10. Jahrhunderts. Das Borreschiff wird um 900 in die Erde gekommen sein. Über den Fund berichtet A. W. BRÖGGER, Borrefundet og Vestfoldkongenes graver, Christiania 1916.

In Dänemark ist in der Zeit von 1900—1975 von besonderer Bedeutung die Ausgrabung eines wikingerzeitlichen Militärlagers von Trelleborg bei Slagelse, Westseeland, dicht bei der heutigen Stadt Trelleborg an der Südküste Schwedens. Die Ausgrabung geschieht in den Jahren 1934—1942. Es handelt sich um eine Burg mit kreisförmigem Wall, erbaut zwischen 900 und 1000 n. Chr. Vier Eingänge sind ausgerichtet nach den vier Himmelsrichtungen. Der Wall umschloß vier Vierecke, getrennt durch vier senkrechte Straßen, die sich in der Mitte schneiden. In jedem Viereck der Burg liegen im Quadrat je vier Häuser, also 16 Häuser. Die Burg lagert sich auf einer vorspringenden Landzunge, so daß drei Seiten gedeckt sind durch das Meer. Die vierte Seite zum Land hin ist abgeschirmt durch eine starke Befestigung. Die Häuser, alle gleich angelegt, haben die Länge von 29,5 Metern, die Breite ist 8 Meter.

Es besteht noch eine Vorburg landeinwärts, mit 15 Langhäusern zu 26,3 m Länge. Man nimmt an, daß das Lager für das stehende Heer des dänischen Königs zur Zeit von Sven Gabelbart (986—1014) und Knut dem Großen (1018—1035) angelegt worden ist. Durch einen Brakteaten aus Haithabu und einer Ovalfibel ergibt sich, daß die Burg um 990 erbaut worden ist.

Über die Grabung berichtet: P. NOERLUND, Trelleborg, Kopenhagen 1948. — HOFF-MOELLER, Trelleborghusets rekonstruktion, in Arböger 1952. — J. LARSEN, Rekonstruktion af Traelleborg, Arböger 1957. — BRÖNDSTED, Nordische Vorzeit, Bd. 3, 1963, S. 364.

Die Könige Sven Gabelbart, der Vater, und Knut der Große, sein Sohn, sind historisch gut bekannt. Immer wieder greifen sie England an. Der englische König Aethelred zahlt im Jahre 991 an Tribut an Sven Gabelbart 10000 Pfund Silber und 994 wieder 16000 Pfund. Aber die Wikinger geben keine Ruhe. Als sie im Jahre 1002 wieder in England erscheinen, Städte und Dörfer vernichten und ausplündern, werden sie mit 24000 Pfund Silber abgefunden. Doch König Aethelred läßt am 13. Novembner 1002 alle in England ansässigen Dänen ermorden, und sofort erscheinen die Wikinger, insbesondere die Dänen, wieder in England. Sie brennen und zerstören und erhalten unter der Führung eines Dänen mit Namen Torkel die Summe von 48000 Pfund Silber.

Wieder greift Sven Gabelbart an, er erobert fast ganz England, außer London. König Aethelred flieht. Die Adligen, Magnaten genannt, setzen Aethelred ab und ernennen 1014 ihren Gegner, Sven Gabelbart von Dänemark, zu ihrem König. Da stürzt Sven Gabelbart am 2. Februar 1014 vom Pferde und stirbt. Nun beginnt der Kampf der Söhne Gabelbarts und Aethelreds um die Herrschaft über England vier Jahre hindurch. Es siegt der junge Knut, später der Große genannt, bei Assandun über die Angelsachsen und nun wird er 1017 Herrscher über Dänemark und England. An seine Wikinger zahlt er aus der Beute und den Eroberungen einen Sold von 82500 Pfund Silber. Im Jahre 1028 kommt auch noch Norwegen unter seine Herrschaft. 1027 verbindet sich Knut mit Kaiser Konrad II. gegen die Polen. Dafür erhält er 1035 das Land Schleswig zwischen Schlei und Eider.

So entspricht die Geschichte den archäologischen Entdeckungen. Bis zur zufälligen Auffindung der Festung Trelleborg, weil dort 1934 eine Motorrennbahn errichtet werden sollte, hat man nichts von dem Soldatenlager der wikingischen Dänen gewußt.

Nun aber erwacht das Interesse, und 1945—1948 wurde das wikingische Soldatenlager von Aggersborg am Limfjord im nördlichen Jütland aufgefunden. An dieser Stelle, heute eine Wiese, erkennt die Luftaufnahme den Kreis, der einmal die Umwallung bildete. Das Lager ist viermal größer als das von Trelleborg, es hat nicht vier, er hat 16 Quadrate mit je vier langgestreckten Häusern, zusammen 48. Wieder verlaufen die Straßen genau von Norden nach Süden und von Osten nach Westen. Es ist der Römerfuß als Maßeinheit verwendet worden. Außerhalb der Wallbefestigung gab es noch eine Holzbefestigung. Der Durchmesser des Ringbaus von Trelleborg beträgt 157 Meter, der von Aggersborg 285 Meter. Vermutlich ist Aggersborg zerstört worden im Jahre 1086, so berichtet der Mönch Aelthnoth aus Odense in einer Beschreibung des Kampfes um eine Königsburg, es ist sicherlich Aggersborg. Den Bericht über die Ausgrabung gibt C. G. SCHULTZ, der Leiter der Grabungen, Fra Nationalmuseets Arbejdsmark 1949, S. 91 f.

Noch eine dritte Militäranlage der dänischen Wikinger wurde 1950 entdeckt. Sie liegt in Fyrkat bei Hobro im östlichen Jütland. C. G. Schultz führte die Grabungen von 1950—1958 durch. Die Anlage ist die gleiche wie in Trelleborg und Aggersborg. Ein kreisrunder Burgwall ist 12 m stark, der innere Durchmesser der Anlage beträgt 120 Meter. Wieder ist die Kreisanlage viereckig geteilt. Vor dem Wall befindet sich der Wallgraben. Das Gräberfeld liegt im Norden, es fanden sich 25 Skelettgräber. Die Fundgegenstände beider Anlagen deuten auf die Zeit um 1000. Im ersten Teil des 11. Jahrhunderts wurde die Burg zerstört durch Brand, sicher durch Eroberung. Der Bericht ist: OLAF OLSEN, Fyrkat, Kopenhagen 1959.

Ein viertes Militärlager der Wikinger liegt in der Stadt Odensee, dänisch Odense, Amtsstadt auf der dänischen Insel Fünen. Der alte Platz in der Stadt trägt den Namen Nonnebake. Dort wurde eine Scheibe in Silber mit Filigran in Tierornamentik gefunden (abgeb. bei J. Bröndsted, Nordische Vorzeit, Bd. 3, 1963, S. 369). Probegrabungen haben in der Stadt die gleiche Rundanlage ergeben, jedoch genauere Untersuchungen sind noch nicht durchgeführt worden.

Es ergeben sich regelrechte Militärlager der Wikinger um 1000 n. Chr. mit angelegten Kasernen für die Soldaten. Zu dieser Zeit besitzen die Wikinger ein geschultes Heer mit militärischer Organisation.

Johannes Brøndsted überlegt, woher die Rundanlagen kommen können, (ebda S. 369) und er bemerkt, daß es römische Überlieferung nicht sein könne, die römischen Lager und Kastelle waren niemals rund, sondern immer viereckig. Er kommt zu dem Ergebnis, daß es byzantinische Einflüsse sein müßten, die die Voraussetzung und den Kontakt bedeuten. Vom Ende des 10. Jahrhunderts an stellte der byzantinische Kaiserhof nordische, wikingische Krieger in seinen Dienst. Von der Mitte des 11. Jahrhunderts an sind die wikingischen Münzprägungen in Dänemark nach byzantinischem Vorbild geschaffen worden. So nimmt Bröndsted an, daß byzantinische Architekten oder in Byzanz ausgebildete Wikinger auf Befehl des dänischen Königs die Militäranlagen errichtet hätten.

Die Militärlager der Dänen hatten keine lange Lebensdauer. Bröndsted erklärt das damit, daß das Reich von Knut dem Großen schnell wieder zerfiel. England und Norwegen machten sich frei. Träume von der Wiederbesetzung Englands mußten nach 1066, nach der Schlacht von Hastings, aufgegeben werden. Die große

Zeit Dänemarks unter Sven Gabelbart und unter Knut dem Großen wiederholte sich nicht.

In Rußland ging in der Zeit nach 1900 die Ausgrabung der Wikingerfunde lebendig weiter. Bei dem Dorfe Gnĕzdovo im Gouvernement Smolensk am Dnjepr, 12 km entfernt von Smolensk, wurden zwischen 1902 und 1905 insgesamt 250 Gräber, vor allem der Wikinger, ausgegraben von V. J. Sizow (1840—1904), S. J. Sergĕiev und J. S. Abramov. Die Berichte sind: V. J. Sızow, in: Materiali po archeologii Rossii Bd. 28, St. Petersburg 1902, S. 37. — Sergĕiev und Spitzyn, in: Gnezdovskije kurgany v raskopkach S. J. Sergeva Izv. Archeol. Komm. Bd. 15, St. Petersburg 1905. — Abramov, in: Zap. Russkaro archeol. obscha Bd. 8. Heft 1, St. Petersburg 1906.

In diesen Grabhügeln, Kurgane genannt, erscheinen im 9. Jahrhundert normannische Gegenstände. Es finden sich die wikingischen Ovalfibeln und die Kleeblattfibeln. Vom 10. Jahrhundert an wandeln sich die Formen langsam. Spitzyn sagt:

«Dans ce second Smolensk, c'est Gnĕzdovo, il y avait une nombreuse population suedoise... Plus d'une fois on a trouvé dans le tumulus des ossements d'oiseau, de cheval, de vache, de brebis, de chèvre, de cochon et de chien, brûlés ou non brûlés. Tous ces cas sont analogues à ceux de la vallée du Maelar. Parmi les objets trouvés, il y en a bon nombre d'origine suédoise ou bien fabriqués par la population suédoise de Gnĕzdovo. Surtout il faut remarquer les fibules ovales, qui, selon M. Sizov, sont très nombreuses», (Übersetzt bei T. J. Arne, La Suède et l'Orient, Uppsala 1914, S. 37, 38).

Auch die typischen Nadeln der Wikinger sind in Gnĕzdovo gefunden worden, die Schwerter, Schlüsseln, Pfeilspitzen. Spitzyn sagt: «Je ne prétends pas que tous ces objets aient été fabriqués en Suède. Ils ont pu être faits à Gnĕzdovo par des artisans suédois d'après les modèles traditionnels suédois.» (Arne, ebda S. 41.)

Die Münzen datieren die Funde. Drei sassanidische Münzen sind gehoben worden, sie gehören der Zeit von 532—595 an, eine omejadische Münze von 737—738, acht arabische Münzen aus der Zeit von 908—953, eine angelsächsische Münze, eine byzantinische von Konstantin und eine indisch-hinduistische. Zwei ovale Fibeln stammen aus dem Anfang des 10. Jahrhunderts. Die Funde sind in das Historische Museum in Moskau gekommen.

In Kiew selbst, in der Mitte der Stadt, in ihrem ältesten Teil, sind bei der Kathedrale Santa Sophia Gräber der Wikinger aufgefunden worden, Schwerter, Anhänger, Nadeln mit Kreisrad, manche andere wikingische Altertümer und 6 arabische Münzen, geprägt um 900. Den Bericht gibt M. B. Chanenko in seinem Buch: Drevnosti Pridneprovja, Kiew 1902.

In der Stadt Kiew sind auch an anderen Stellen Funde der Wikinger gehoben worden, so auf dem Marr-Platz bei der Kirche Jordanius. Die Funde sind in die Sammlung der Universität Kiew gekommen. Andere Funde kamen zutage an der

Kirche Desiatinnaja tserkov, gebaut von Vladimir dem Großen. Dabei wurden 1912 neun Gräber aufgedeckt. Auch sie enthielten Altertümer der Wikinger, datiert durch eine byzantinische Münze von Basilius I. und Constantin von 869—870. Die Funde wurden behandelt in: Otschet Archeol. Komm. Bd. 1908, St. Petersburg 1912, S. 132.

In der Umgebung von Kiew ist ein reich verziertes Wikingerschwert gefunden worden, es wird aufbewahrt in Kiew, Zentralmuseum der Ukraine, im Neubau von 1936. Das Museum ist 1899 gegründet worden, sein russischer Name ist Kievskij gos. istoričeskij musej. Das Schwert gehört der Zeit um 1000 an, es ist abgebildet bei T. J. Arne, ebda S. 58, Fig. 42.

In den Jahren 1912—1913 wurden bei Mihailovskoje im ehem. Gouv. Jaroslav an der oberen Wolga, nordöstlich von Moskau, 250 Hügelgräber augegraben von Tihomirov und Gorodcov (1860—1945), Prof. a. d. Univ. Moskau. Es fanden sich die Ovalfibeln der Wikinger, Schwerter, Schmuckstücke, Anhänger, Nadeln und andere Gegenstände. T. J. Arne besuchte den Fundplatz 1913, er hat sich an der Ausgrabung von 18 weiteren Hügeln beteiligt. Es waren Skelettgräber und auch Brandgräber. In einem Grab hat Arne 54 Gürtelschnallen gefunden, dazu Steigbügel aus Eisen, offenbar das Grab eines Händlers. Von den Schnallen tragen einige orientalischen Charakter, die Mehrzahl ist wikingisch. Arne sagt, ebda S. 54: «Parmi ces objets on remarque 5 fibules ovales, dont deux datant au début du XI. siècle, une petite agrafe circulaire en bronze, ornée de l'image d'une bête ressemblant à un cheval, une épingle annulaire, des points de flèches, des polissoirs, des crampons de fer, des bassins de balance pliants et deux épées en fer du type de l'ère des vikings, l'une ayant la poignée en tauchie d'argent et le pommeau divisé en trois pas des fils d'argent.» GORODCOV hat über die Funde zusammenfassend berichtet in: Rukovdstvo dlja archeologičeskich raskopok, Moskau 1914.

TURE J. ARNE, ein besonders guter Kenner der Wikingerfunde in Rußland, ist geboren am 7. 5. 1879 in Drothem, Östergötland, Schweden. Er erwarb seinen Doktorgrad 1914, wurde Assistent am Statens Historiska Museum in Stockholm, dann Erster Direktor, 1944 wurde er pensioniert. Außer dem genannten Werk, La Suède et l'Orient, Uppsala 1914, sind seine wichtigsten Bücher: Det stora Svitjod, Stockholm 1917. — Östeeuropas och Nordbalkans förhistoria, 1926. — La nécropole de Vendel, mit Stolpe, Stockholm 1927. — Das Bootgräberfeld von Tuna in Alsike, Stockholm 1934. — Europa upptäcker Ryssland, Stockholm 1944. — The excavations at Shak Tepé, Iran, Stockholm 1945.

In Deutschland ist ein größerer Fundplatz Haithabu, altnordisch Hedeby, nahe bei der Stadt Schleswig. Der Name ist gesichert durch zwei Runensteine, den Skardstein und den Erikstein. Die Handelsstadt wird schon 804 als Sliesthorp und 850 als Sliaswich, Schleswig, bezeugt. Seit 1900 werden Grabungen durchgeführt.

Außerhalb der Stadtanlage erhob sich ein Hügel. Dort hat im Jahre 1908 F. Knorr ein Bootkammergrab ausgegraben. Im Hügel wurde eine zweiteilige Holzkammer mit dreifacher Bestattung vorgefunden und neben der Grabkammer waren drei Pferde begraben. Über dem Menschen- und Pferdegrab stand ein großes Boot, ehemals etwa 16—20 Meter lang. F. KNORR berichtet darüber in: Mitt. d. Anthropol. Ver. in Schleswig-Holstein. Bd. 9. 1911.

Die Anlage des Ortes entstand im 8. Jahrhundert als eine kleine offene Ansiedlung. Später, um 950, wurde nördlich von ihr der Halbkreiswall gebaut, eine Kaufmannssiedlung von 24 Hektar Größe. Mit 1930 begann die erste planmäßige Ausgrabung, sie wurde durchgeführt bis 1936. Darüber berichtet HERBERT JANKUHN in der Zschr. Nordelbingen, Bd. 9, 1933—1934, S. 341 f. Ders. ebda Bd. 11, 1935, S. 45 f. und in der Zschr. Offa, Bd. 1, 1937, S. 96 f.

Von 1930—1939 wurden die Grabungen von Jankuhn weitergeführt. Dabei wurden mehrere Häuser ausgegraben, die Brücke, einige Brunnen. Vor allem wurde die Wallanlage an mehreren Stellen untersucht. Es wurden Schüsseln gefunden, Schmucksachen, Gebrauchsgeräte und auch datierende Münzen von 850—1046.

Es ergab sich für die untersten Schichten die Zeit um 800, für darüber liegende Schichten, bezeichnet als Schicht 9 und 10, die Zeit um 900, und für die oberen Schichten, bezeichnet als 3 und 4, die Zeit um 1000 und für die oberste Schicht, Schicht 1, die Zeit um 1050. Die Angaben finden sich bei H. JANKUHN, Die Ausgrabungen in Haithabu, Berlin 1943, S. 87.

Über die sorgfältig durchgeführten Grabungen der späteren Jahre berichtet H. Jankuhn in dem Buch: Haithabu, ein Handelsplatz des frühen Mittelalters, Neumünster 1956, 4. Aufl. 1963.

Im Oktober 1953 wurde dicht vor der heutigen Küstenlinie in einer Wassertiefe von 3 m ein Boot entdeckt. Es ist noch nicht gehoben, seine Länge ist 14—18 m, es ist gearbeitet aus Eschenholz. Im Wasser liegen noch die Reste eines anderen Bootes.

HERBERT JANKUHN ist geboren am 8. 8. 1905 in Angerburg, 1931 erwarb er seinen Doktorgrad. Von 1931—1935 war er Assistent am Museum Kiel, 1938 Direktor, 1936 Dozent a. d. Univ. Kiel, 1940 a. o. Prof., 1956 o. Prof. a. d. Univ. Göttingen. Außer den genannten Büchern stammen von ihm die Werke: Denkmäler der Vorzeit zwischen Ost- u. Nordsee, 1956. — Nydam u. Thorsberg, 1956. — Die frühmittelalterl. Seehandelsplätze in: Studien zu den Anfängen d. europ. Seewesens, Konstanz 1958. — Der Ursprung d. Hochkulturen, Propyl. Weltgesch. Bd. 2, 1962. — Haithabu und Danewerk, 1960.

Die Einflußnahme und die Wirkung der Wikinger, der Normannen, ist für Europa und auch für Amerika so groß, daß sich die Forscher immer wieder den spannenden Aufgaben der Gesamtdarstellung zugewendet haben.

Ein älteres Werk ist: J. STEENTRUP, Normannerne, 4 Bde. Kopenhagen 1876 bis 1882. Neuere Werke von überschauender Bedeutung: T. D. KENDRICK, A history of the Vikings, London 1930. — M. MOLLAT, Le commerce maritime normand à la fin du moyen âge, Paris 1952. — ERIC GRAF OXENSTIERNA, Die Wikinger, Stuttgart 1959. — P. H. SAVYER, The age of the Vikings, London 1962. — HOLGER ARBMAN, Vikingarna, 1962. Ders. The Vikings, London 1961, 3. Aufl. 1970. — DAVID M. WILSON, The Vikings and their origins, London 1970. — J. Bröndsted, Die große Zeit der Wikinger, 1964. — RUDOLF PÖRTNER, Die Wikinger Saga, 1971.

Über die Normannen in England, H. SHETELIG u. a. Viking Antiquities in Great Britain and Ireland, 5 Bde, Oslo 1940.

Über die Normannen in Ungarn, PETER PAULSEN, Wikingerfunde in Ungarn, Budapest 1933.

Über die Normannen im Mittelmeer, J. BÉRAUD-VILLARS, Les Normands en Méditerranée, Paris 1951. — J. J. NORWICH, Die Wikinger im Mittelmeer, Wiesbaden 1968, aus dem Engl. — Ders. Die Wikinger in Sizilien, 1971, aus dem Engl.

Über die Wikinger in Osteuropa, M. VASMER, Wikingerspuren in Rußland, 1931. — A. BRACKMANN, Die Wikinger und die Anfänge Polens, 1943. — H. ARBMAN, Svear i Österviking, Stockholm 1955.

Über die nordatlantischen Wikinger, P. NÖRLUND, Wikingersiedlungen in Grönland, 1937. — H. INGSTAD, Die erste Entdeckung Amerikas, 1966.

Läßt man den Blick gleiten über die Gesamtheit der prähistorisch-archäologischen Ergebnisse der Forschung in Europa in den Jahren von 1900—1975, dann ist der Erfolg von wirklicher Größe.

Die gesamte Höhlenmalerei der Eiszeit wurde entdeckt mit bisher rund 150 Höhlen mit Malereien und Gravierungen.

Ebenso wurde die Malerei und Gravierung des Menschen der Mittelsteinzeit, des Mesolithikums, neu aufgedeckt, die 126 Fundstellen der Ostspanischen Kunst und die 40 Fundstellen der Gravierungen in Skandinavien.

Diesem Dreivierteljahrhundert gehört auch die Entdeckung der abstrakten Felsbildkunst der Neusteinzeit an mit 58 Fundstellen in Südspanien, 11 Fundstätten in Nordspanien, 12 Fundstätten in Frankreich und 13 in der UdSSR.

Auch die Bearbeitung der zahlreichen Felsbilder der Bronze- und Eisenzeit, vor allem in Skandinavien, fällt in unser Jahrhundert, in Schweden mit 49, in Norwegen mit 81, in Dänemark mit 16 Fundstellen, in Österreich und der Schweiz mit 21, in England mit 6, in Nordspanien mit 12, in Portugal mit 11 und in der Sowjet-Union in Europa mit 3 Fundstellen.

Die Kenntnis des Neolithikums konnte durch Hunderte von wichtigen Grabungen zu ganz neuer Übersichtlichkeit und Klarheit weitergeführt werden. Die Frage der Kultureinflüsse und der Wanderungen gewann an Gewicht. Man erkannte aus den ergrabenen Funden mit aller Sicherheit, daß es eine Wanderung asiatischer Kulturen, wie sie sich das 19. Jahrhundert gedacht hatte, nicht gegeben hat. Jedoch offenbaren sich Kultureinflüsse aus dem Vorderen Orient, vor allem in der Weitergabe der Kenntnisse des Ackerbaues.

Die Frage der indogermanischen Sprachzusammenhänge konnte einer gewissen Klärung zugeführt werden. Nicht eine kaukasische Rasse ist nach Europa eingewandert, wie das 19. Jahrhundert annahm, sondern umgekehrt, verschiedene Strahlungen, Wanderungen, gehen von Mittel- und Nordeuropa aus, sie erreichen Vorderasien und durchdringen Indien. Der Ausgangspunkt der verschiedenen Wanderwellen, die Zeit der noch einheitlichen Ursprache, wird nicht für das Neolithikum anzunehmen sein, sondern für das Mesolithikum.

Die Bronzezeit, zuerst für den Norden von so großer Bedeutung für die Forschung, ergab in diesem Dreivierteljahrhundert die Wirkung der mitteleuropäischen Urnenfelderkultur und ihre Bewegungen, gerichtet nach Südwesten und nach Südosten im europäischen Bereich und darüber hinaus bis nach dem Vorderen Orient und Ägypten.

Die große Frage der Steppenvölker und ihre Wirkung auf Europa konnte geklärt werden durch wichtige Grabungen im russischen Kubangebiet, in der Mongolei, in Ungarn, Rumänien, Bulgarien.

Als ein völlig neuer Aufgabenkreis traten die Probleme um die sino-sibirischen Bronzen in den Blickpunkt der Forschung. Damit vertiefte sich die Frage nach der Hinterlassenschaft der Hunnen und der Awaren.

Auch als etwas völlig Neues erschienen die Luristan-Bronzen des nördlichen Persien mit all ihren Fragenkomplexen, die Zeitstellung und den Raum betreffend.

Alle diese Fragen gewannen festere Umrißformen durch die russischen Ausgrabungen in Sibirien, vor allem im Becken von Minussinsk.

Für die Epoche der Eisenzeit gewann das Problem der Kelten durch glückliche Grabungsergebnisse an Gewicht und an Gestalt. Die Lebens- und Kunstbereiche der Iberer traten durch bedeutende Funde aus dem vorherigen Schatten in ein helleres Licht der Formen und der Gestalten.

Die Welt der Etrusker wurde deutlicher in ihrer Ausdrucksform und in ihrer Lebensvorstellung.

Die klassische Antike gewann an Gehalt durch eine Fülle von bedeutenden Funden im Bereiche von Rom, in Syrien, Nordafrika, Deutschland, der Schweiz.

Die weite Welt Griechenlands erlebte eine Wiedererweckung durch die Fülle der Funde um das Mittelmeer.

Besonders die Völkerwanderungszeit, bis um 1900 noch eine vom Dunkel bedeckte Epoche, erlebte eine Wiederkehr in das Bewußtsein der heute Lebenden wie kaum eine andere Dimension der Vorzeit. Eine Fülle von Grabungen in all den Ländern Europas, in denen einmal germanische Völkerstämme ihren Wohnsitz hatten, von Rußland bis Skandinavien, ergab neue Sicherheiten in der Bestimmung der Stammesgruppen, in der Bestimmung der Zeitepochen.

Viel helles Licht ist auch gefallen auf die Epoche der Wikinger, der Normannen.

So bedeutet die Forschung in Ausgrabung und in geistiger Durchdringung durch das beschreibende Wort der Forscher dieses Faches eine ungeahnte Bereicherung um das Erkennen des europäischen Menschen in seinen Einflußbereichen und in den Ausstrahlungszentren in den frühen Epochen seines Daseins.

Neben der Fülle der Entdeckungen von der Eiszeit bis zur Wikingerzeit muß neben den Einzeldarstellungen auch die Gesamtübersicht in Erscheinung treten. Das eine vermag nicht zu bestehen ohne das andere. Es werden drei Gebiete des geistigen Erlebens sein, die sich den überschauenden Darstellungen darbieten, es ist Kunst, es ist Religion und Denken, es ist die Wirtschaft, und das jeweils für die gesamte Vorgeschichte Europas, nicht für einzelne Epochen und auch nicht für einzelne Gebiete. Für die Kunst s. S. 595.

Für die Religion und das Denken sind folgende Bücher zu nennen: ERNST CASSIRER, Philosophie der symbolischen Formen, Berlin 1925. — Ders. The Philosophy of symbolic form. Yale and Oxford 1953—1957. — Carl Clemen, Urgeschichtliche Religion, Bonn 1932. — J. Maringer, Vorgeschichtliche Religion, Zürich 1956. — O. James, Prehistoric religion, London 1957, deutsch: Religionen der Vorzeit, Köln 1958, franz. La religion préhistorique, Paris 1959. — Etienne Patte, Les hommes préhistoriques et la religion, Paris 1960. — G. Rachel Levy, Religious conceptions of the Stone age anf their influence upon European thoughts, New York 1963. — L.-R. Nougier, La Préhistoire — Essai de Paléosociologie religieuse, 1963.

Für die Wirtschaft: V. Gordon Childe, Social Evolution, London 1951. — Ders. The Prehistory of European Society, London 1958. — John Grahame Douglas Clark, Archaeology and Society, London 1939, 2. Aufl. 1957. — Ders. Prehistoric Europe, The economic basis, London 1952, dasselbe russisch, polnisch. — Ders. From savagery to civilization, London 1956. — L.-R. Nougier, Géographie humaine préhistorique, Paris 1959. — Karl J. Narr, Urgeschichte der Kultur, Stuttgart 1961. — Leonhard Franz, Die Kultur der Urzeit Europas. Frankfurt/M. 1969.

Am Ende der Darstellung der Vorgeschichte von Europa sind zwei Handbücher zu erwähnen. Sie tragen die Titel: „Handbuch der Urgeschichte" und „Handbuch der Vorgeschichte", das erste herausgegeben von Karl J. Narr, das andere bearbeitet von Hermann Müller-Karpe. Das erste von Karl J. Narr ist 1966 erschienen im Verl. Francke, Bern u. München mit 516 Seiten u. 22 Tafeln.

Karl J. Narr ist geboren am 9. 6. 1921 in Düsseldorf. Er erwarb seinen Doktorgrad in Bonn 1950, habilitierte sich 1959 in Göttingen und wurde 1965 o. Prof. für Ur- u. Frühgeschichte in Münster. Seine wichtigsten Werke sind: Das rheinische Jungpaläolithikum. Bonn 1955. — Deutschland in Ur- u. frühgesch. Zeit, 1957. — Abriß der Vorgeschichte, mit anderen Mitarbeitern, München 1957. — Urgeschichte der Kultur, Stuttgart 1961. — Kultur, Umwelt und Leiblichkeit des Eiszeitmenschen, 1963. — Das Handbuch von Narr bedeutet die Zusammenarbeit mehrerer namhafter Autoren, wie Josef Kälin, Hansjürgen Müller-Beck, Gerhard Heberer, Bohuslaw Klima, Hans-Georg Bandi, Martin Almagro, Josef Haekel und mehrfach Karl J. Narr.

Das Handbuch von Hermann Müller-Karpe ist ein gewaltiges Werk. Bis jetzt, 1975, sind 6 Bände erschienen im Verl. C. H. Beck, München. Der erste Band, Altsteinzeit, umfaßt 389 Seiten u. 271 Tafeln. Der zweite Band, Jungsteinzeit, erschien 1968 in zwei Einzelbänden und enthält 612 Seiten mit 327 Tafeln. Der dritte Band, Kupferzeit, erschien 1974 in drei Einzelbänden mit 1125 Seiten u. 746 Tafeln. Noch ist das Werk nicht abgeschlossen, nach den 6 vorliegenden Bänden ist aber eine Stellungnahme gegeben. Jeder der drei Bände, Altsteinzeit, Jungsteinzeit, Kupferzeit, gliedert sich in die Darstellung, in Regesten und in Tafeln mit Tausenden von Abbildungen. Die Darstellung wieder gliedert sich bei jedem der drei Bände in gleiche Themengruppen: Die Geschichte der Forschung, dann die Theorien zum Paläolithikum, zum Neolithikum, zu den literarischen Quellen, folgend der Fundstoff, Siedlung, Wirtschaft, soziale Verhältnisse regionale Gruppenbildungen, Kunst, Kult und Religion. Die Regesten legen die wichtigen Funde vor mit der Literatur und mit den geographischen Verweisen, zugleich mit der Einzeichnung in Karten.

Dieses große Werk, bewundernswert in der Anlage und Durchführung, berichtet über alle Funde in Europa, Asien, Afrika und bietet damit eine Übersichtsmöglichkeit, wie sie bisher in keiner Sprache gegeben war. Es ist auch von Bedeutung, daß die Funde in Ägypten und Mesopotamien für die jeweils behandelten Epochen einbezogen worden sind, ebenso die Funde in Indien, China und Japan. Mit diesem Werk ist tatsächlich ein Handbuch der Vorgeschichte gegeben.

HERMANN MÜLLER-KARPE ist geboren am 1. 2. 1925 in Hanau. Er erwarb seinen Doktorgrad 1948 in Marburg. Zuerst war er Assistent am Landesmuseum in Kassel, dann Konservator an der Prähist. Staatsslg. in München. Er habilitierte sich für das Fach der Vor- u. Frühgeschichte 1958 und wurde 1963 o. Prof. in Frankfurt/M. Seine Hauptwerke sind: Urnenfelderkultur im Hanauer Land, Marburg 1948. — Hessische Funde, Marburg 1949. — Abriß der Urgeschichte Hessens, Marburg 1949. — Niederhessische Urgeschichte, Melsungen 1951. — Urgeschichte des unteren Werratales, Melsungen 1951. — Münchener Urnenfelder, Kallmünz 1957. — Beiträge zur Chronologie der Urnenfelderzeit, I—II, Berlin 1959. — Vom Anfang Roms, Heidelberg 1959. — Urnenfelderzeitl. Vollgriffschwerter in Bayern, München 1961. — Die Stadtwerdung Roms, Heidelberg 1962. — Das vorgeschichtl. Europa, in: Kunst der Welt, Baden-Baden 1968.

Sämtliche Karten sind nach den Vorlagen des Verfassers hergestellt worden von DR. WOLFGANG SELZER, Mainz, Mittelrheinisches Landesmuseum.

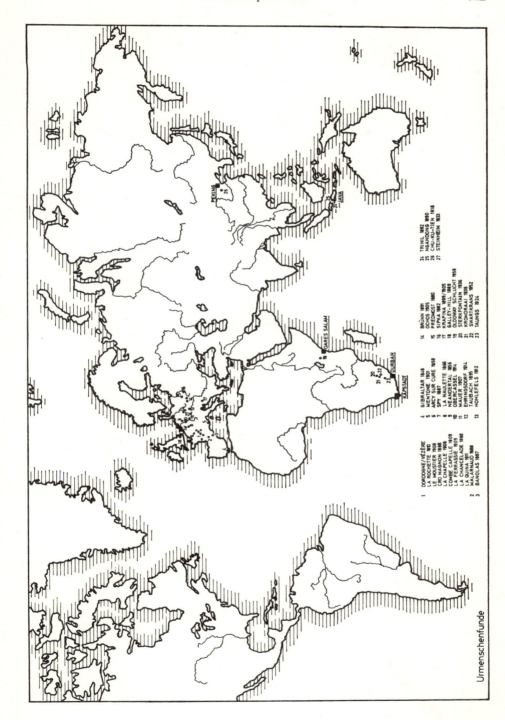

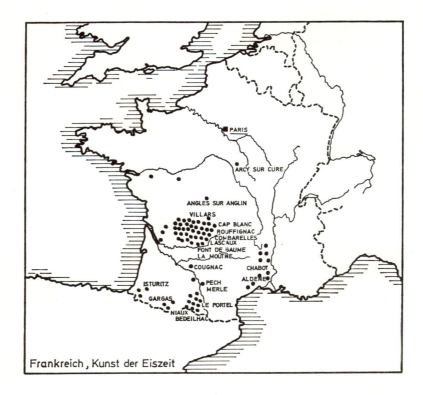

Frankreich, Kunst der Eiszeit

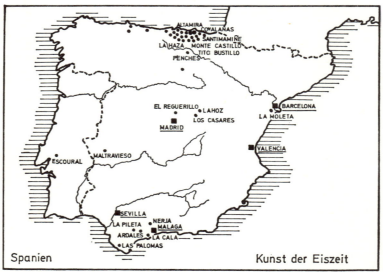

Spanien, Kunst der Eiszeit

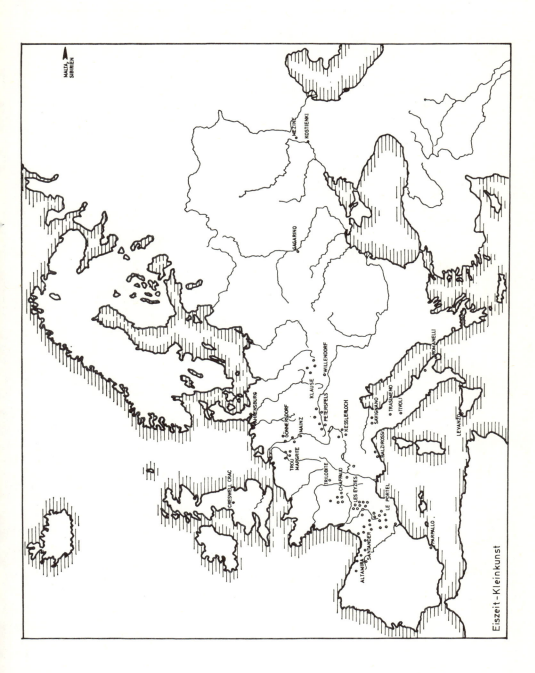

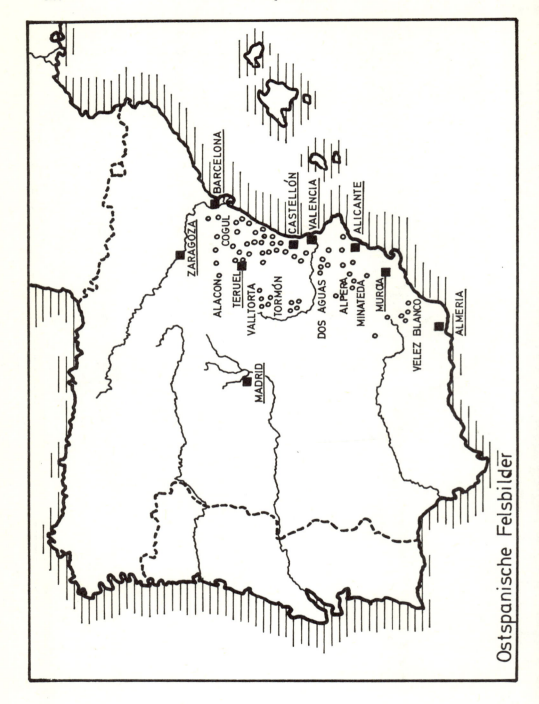

Karten zu Kapitel I—XIV

Europa, Bandkeramik

Europa, Megalithbauten

Europa, Schnurkeramik

Europa, Glockenbecher

Karten zu Kapitel I—XIV

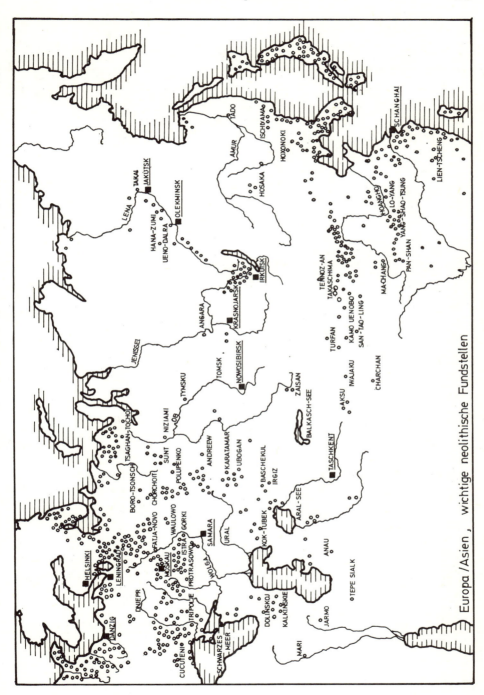

Europa/Asien, wichtige neolithische Fundstellen

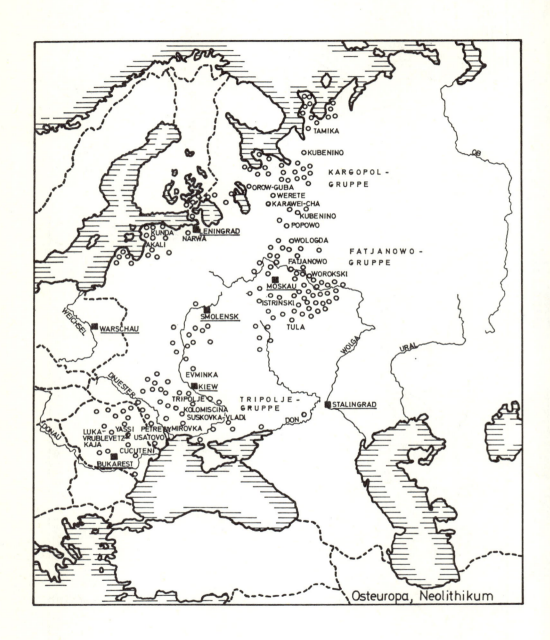

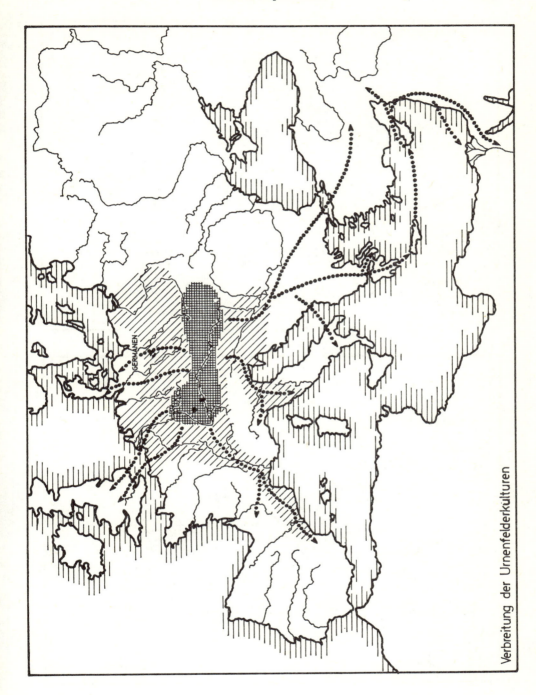
Verbreitung der Urnenfelderkulturen

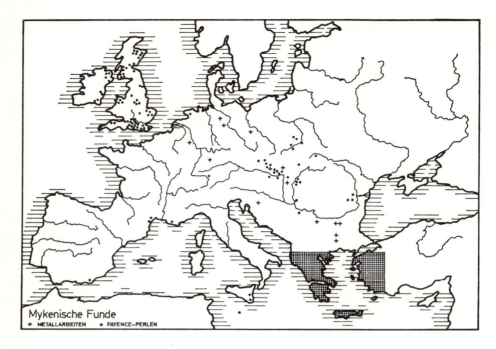

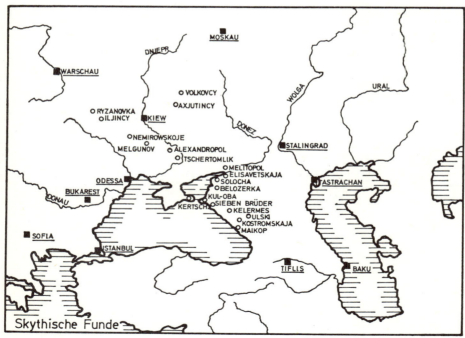

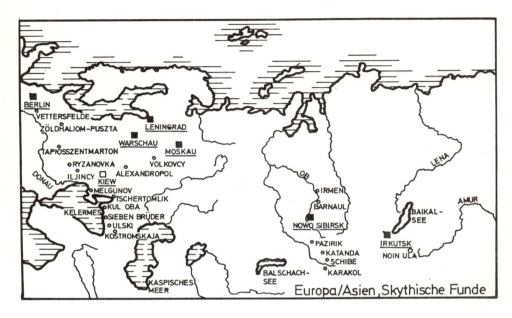

Europa/Asien, Skythische Funde

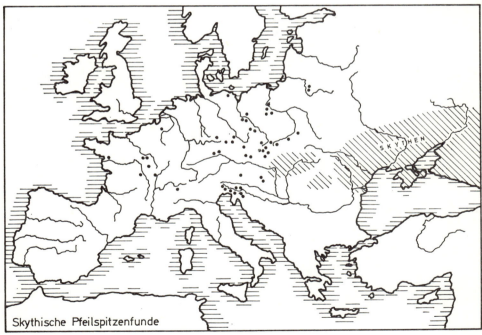

Skythische Pfeilspitzenfunde

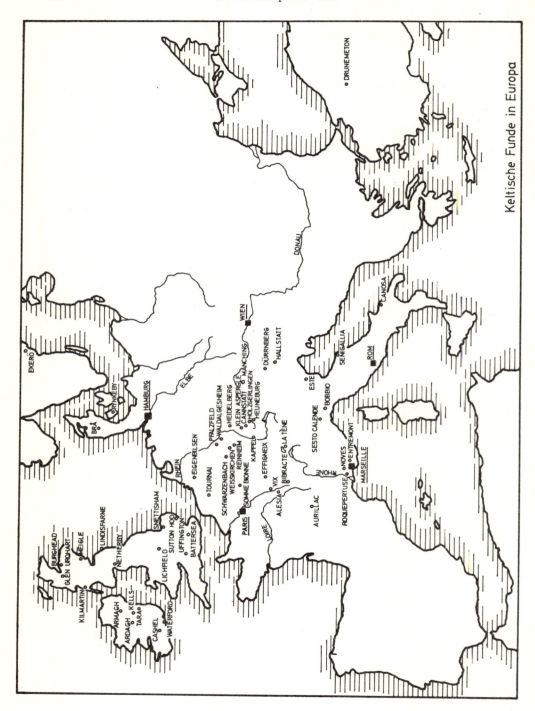

Spanien, Iberische Fundorte

Italien, Etrusker

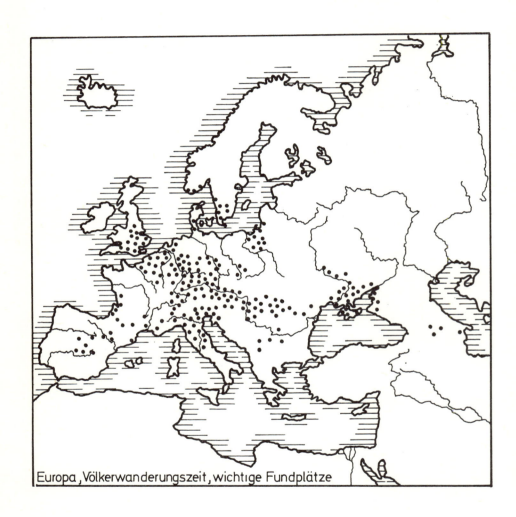

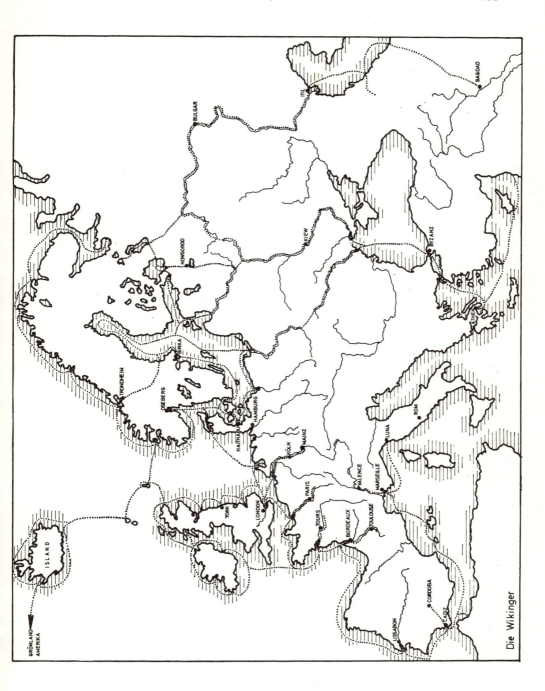

Die Wikinger

KAPITEL XV

Die Forschung im 20. Jahrhundert außerhalb Europas

Vorderasien

Mesopotamien

Wenn die prähistorische Archäologie in der Zeit von 1900—1975 in Europa völlig neue Dimensionen gewann, wenn bedeutende Ergebnisse erzielt werden konnten, wenn viele Fragen ihre Antwort zu gewinnen vermochten, dann haben auch die übrigen Kontinente teil an Grabungen und Erkenntnissen. Naturgemäß steht Asien im Vordergrund.

Die Antike hat immer gewußt, daß vor Griechenland und Rom die Kulturgüter Asiens standen, die Architektur, die Kunstgestaltung, die Schrift, die Mathematik.

Erste Blicke konnte die interessierte Welt Europas in die Kunst und Kultur Asiens gewinnen, als im Jahre 1846 die gewaltigen Reliefs aus Ninive nach Paris gelangten (hier S. 92), im Jahre 1851 nach London. Seit dieser Zeit sind die assyrischen Säle im Louvre und im British Museum bis heute Kleinodien der Kunst. Jedoch Berlin hatte diesen bedeutenden Schätzen nur wenig an die Seite zu stellen. Die Funde von Ninive und Nimrud waren die Ergebnisse von Diplomaten mit Kulturinteressen, mit dem Verständnis für die Archäologie und zugleich mit dem Abenteuergeist, der zu großen Ausgrabungen gehört.

In Berlin wurde eine Gesellschaft gegründet, die die finanziellen Grundlagen zu bieten in der Lage war, die Deutsche Orient-Gesellschaft, gegründet 1898 auf Veranlassung von Kaiser Wilhelm II.

WILHELM II. (1859—1941) war immer angetan von Ausgrabungen, von der Vorgeschichte. Ich selbst habe ihn gesehen bei der Grabung bei Potsdam auf der sogenannten Römerschanze im November 1908, als Carl Schuchhardt ihn führte. Als ich 1936 zu dem Kaiser in Doorn eingeladen war, ging das Gespräch vor allem um Vorgeschichte. Der Kaiser war sehr interessiert. Er besaß viele Bücher über Vorgeschichte, er hatte viele Museen besucht und selber Ausgrabungen durchgeführt in Korfu. Sein Buch über diese Grabung, bei der ein Gorgo-Kopf gefunden worden ist, ist 1936 im Verlage Walter de Gruyter, Berlin, erschienen mit dem Titel: Studien zur Gorgo. Weitere Bücher von ihm zur Vorgeschichte sind: Vergleichende Zeittafeln der Vor- u. Frühgeschichte Vorderasiens, Ägyptens und der Mittelmeerländer, Verlag K. F. Koehler, Leipzig 1936. — Das Königtum im alten Mesopotamien, Verlag Walter de Gruyter, Berlin 1938. — Die chinesische Monade, Verlag K. F. Koehler, Leipzig 1934. Der Kaiser hat die Saalburg bei Homburg v. d. H. ausgraben lassen und sie wieder hergestellt nach den Fundamenten und den Vorbildern. Für Babylon wurde er interessiert durch den damaligen Generaldirektor der preußischen Museen, Richard Schöne. Schöne schlug als den Leiter der Grabungen ROBERT KOLDEWEY vor. Der Kaiser ging auf den Plan ein, er stellte 500.000 Mark, damals eine große Summe, für die ersten fünf Jahre zur Verfügung.

Am 12. Dezember 1898 war Koldewey zu einer Besprechung mit dem Kaiser nach Potsdam ins Neue Palais eingeladen worden. Man wurde sich einig, Koldewey erbat sich als seinen Mitarbeiter Walter Andrae. Der genaue Plan wurde festgelegt, die Karawane konnte zusammengestellt werden. Am 16. März 1899 begannen Koldewey und Andrae ihre Grabungen in Babylon. Sie konnten durchgeführt werden bis 1917, bis zu der Zeit, als im Kriege 1914—1918 die Engländer Bagdad besetzten. Aus der großen Zahl seiner wissenschaftlichen Mitarbeiter seien genannt: B. Meißner: 26. März 1899 bis 13. April 1900. — A. Nöldeke: 8. März 1902 bis 11. Januar 1908. — Julius Jordan: 29. März bis 3. August 1903. — O. Reuther: 16. Oktober 1905 bis 1912.

Vor Koldewey haben sich einige Forscher mit den Ruinen von Babylon beschäftigt: RICH 1811, Bericht: Narrative of a journey to the site of Babylon in 1811, London 1839. — A. H. LAYARD 1850, Bericht: Niniveh und Babylon. Deutsche Ausgabe von Zenker, Leipzig 1852—1854. — OPPERT 1863, Bericht: Expédition scientifique en Mésopotamie, 1863, Paris 1878—1879. — HORMUZD RASSAM, Asshur and the land of Nimrod, New York 1897.

ROBERT KOLDEWEY (1855—1929) war Architekt, Archäologe und Kunsthistoriker. Als Architekt war er besonders dazu berufen, Ausgrabungen von antiken Städten durchzuführen, ebenso wie Dörpfeld. Durch einen amerikanischen Ausgräber in Kleinasien, Francis H. Bacon, wurde er aufgefordert zur Teilnahme an einer Grabung in Assos, an der Südküste der Troas. Die Arbeit begann 1881, Koldewey war damals 27 Jahre alt. Bis 1883 grub er in Assos, von 1885—1886 in Lesbos, südlich der Troas, 1887 in Surghul und El Hibba im Tiefland zwischen Euphrat und Tigris in der Türkei. Man kam auf diesen Platz, weil nicht weit entfernt, in Tello, der französische Konsul von Basra, de Sarzec, aufsehenerregende Skulpturen gefunden hatte, darunter den Steinkopf des Königs Gudea von Lagasch. Das Ergebnis der Grabung war nicht ermutigend. Im Jahre 1889 grub Koldewey in Neandria, einer Berghöhe, nicht weit von Assos in Kleinasien. Ein Stadtplan konnte angefertigt werden. Wichtiger wurden seine Grabungen in Sendschirli zusammen mit Felix von Luschan vom Berliner Museum in den Jahren 1890, 1891 und 1894. Der Ort, jetzt Zincirli, liegt im sumpfreichen Amk, der Talebene zwischen dem hohen Amanus und dem östlichen Kurd-Dagh in den Bergen der Türkei. Es ist eine alte nordsyrische Stadt der Hethiter. Es fand sich die doppelte Ovalmauer der Stadt mit 700 m Durchmesser.

Vorderasien: Mesopotamien

So war Koldewey durch seine Kenntnis des Ausgrabens und auch der Landschaft besonders geeignet für den Plan der Grabung von Babylon. Er hatte auch schon Babylon besucht und Ziegelreliefs mitgebracht nach Berlin.

Der Kaiser wünschte, daß er auf seinem Wege Baalbek aufsuche und genauere Auskunft gäbe über das Alter der großartigen Ruinen. Wilhelm II. hatte sie auf seiner Palästina-Reise besucht und war beeindruckt von der Mächtigkeit der Bauwerke.

So ging der Weg zuerst mit dem Schiff nach Beirut, von dort mit der Zahnradbahn nach Damaskus, nach Baalbek, und weiter mit Kamelen nach Aleppo und schließlich nach Bagdad. Am 3. Februar 1899 kam die Karawane an in Bagdad. Koldewey hat witzig über die Reise berichtet in den Mitteilungen der Deutschen Orient-Gesellschaft, Nr. 2, S. 7ff. von 1899. Man brauchte 22 Tiere für das Gepäck und vier Reitpferde, man übernachtete in Zelten. Am 20. März 1899 kam die Karawane an in dem Dorfe Kowairesch, nahe bei dem Ruinenfeld von Babylon. Dort richtete sie ihren Wohnsitz ein und blieb an dieser Stelle bis 1917.

Im Jahre 1967 konnte ich Babylon besuchen, ebenso wie Ninive, Assur, Nimrud, Ur, Persepolis, Pasargadae. Wenn man heute den Boden der einst gewaltigsten Stadt der Welt betritt, umfaßt der Blick nur Berge von Sand. Das ist die Stadt, und die Worte fallen einem ein, die zu lesen sind bei Jeremias 50,38: „Trockenheit soll kommen über ihre Wasser, daß sie versiegen. Darum sollen Schakale und wilde Hunde darin wohnen und die jungen Strauße; und sie soll nimmermehr bewohnt werden und niemand darin hausen für und für."

Es haust wirklich niemand in der Stadt, es gibt kein Leben, kein bewohntes Haus. Das ist Babylon. Nur die von Koldewey ausgegrabenen Stellen der Stadt, ein kleiner Teil, ist zu begehen. Da, wo vorher der Sand lag, die Erde, dort hat er angefangen zu graben, oft bis 15—20 Meter tief. Er hat tatsächlich das Ischtar-Tor gefunden mit den glasierten Ziegeln, mit den in Glasur geformten Tieren. Da steht der Löwe, das Tier der Ischtar, dort der Drache, der Sirrusch, das Tier, das dem Marduck heilig ist, dort der Stier, das Tier des Wettergottes Ramman. Koldewey hat insgesamt 575 glasierte Reliefbilder von Tieren gefunden.

Die Prozessionsstraße, 900 Meter lang, konnte er ausgraben, im ganzen 10 Quadratkilometer. Eine gewaltige Leistung. Eine Feldbahn aus Deutschland hat geholfen, 200—250 Arbeiter waren zur Hand.

Koldewey hat darauf den Palast des Nebukadnezar II. (605—562) gefunden, die hängenden Gärten der Semiramis, und dann, im April 1900, die Fundamente des Turmes von Babel, in der Mitte der Stadt. Der Turm, viereckig, hatte das Maß von 90 zu 90 Metern. Die Höhe war ebenfalls 90 Meter. Das alles ergab die Vermessung, es fanden sich aber auch Inschriften über Inschriften auf gebrannten Ziegeln. Sie geben die gleichen Maße an, auch die der Höhe.

Koldewey beschreibt seine Grabungen am Ischtar-Tor in nüchterner, sachlicher, nicht recht belebender Form in seinem Buch: Das wieder erstehende Babylon, Leipzig, J. C. Hinrichs Verlag, 1913, S. 32: „Dem großartigen Zugang auf der Prozessionsstraße entspricht die Wucht und die Größe und die Ausstattung des Ischtar-Tores vollkommen. Es ist noch heute mit seinen 12 m hoch anstehenden Mauern, die überall mit Ziegelreliefs bedeckt sind, die größte und eindrucksvollste

Ruine von Babylon und mit Ausnahme des höheren, aber formloseren Turms von Borsippa, auch von ganz Mesopotamien. Es ist ein Doppeltor; zwei dicht hintereinander liegende Torgebäude, die durch kurze Zwischenstücke zu einem Ganzen verbunden sind, führen durch die ebenso dicht hintereinander liegenden Lehmziegelmauern. Letztere bildeten in der späteren Zeit nur ein Transept, das sich quer über die Akropolis hinzog und ihrem innersten Teil, der Südburg, einen ganz besonderen Schutz gewährte. Ursprünglich hingen sie wahrscheinlich direkt mit der bei Homera erhaltenen inneren Stadtmauer zusammen; denn für diese ist nach dort gefundenen Inschriften der Name Nimitti-Bel gesichert und das Ischtar-Tor selbst wird auf anderen Inschriften häufig als zu Imgur-Bel und Nimitti-Bel gehörig bezeichnet. Imgur-Bel und Nimitti-Bel aber sind die beiden oft genannten und berühmten Festungsmauern von Babylon."

Ferner S. 40: „Die Wände des Baues waren über und über mit den Darstellungen von Stieren und Drachen (Sirrusch) bedeckt. Sie sitzen in horizontalen Reihen an denjenigen Teilen der Wände, die dem Eintretenden und Passierenden zugewendet sind und an den Fronten der beiden nördlichen Schenkel — nicht an den vom Passanten weniger oder gar nicht sichtbaren Teilen. Die Reihen wiederholen sich übereinander, und ihre Darstellungen wechseln in der Weise miteinander ab, daß immer eine Reihe nur Stiere, die darauf folgende nur Drachen enthält. Niemals kommen in ein und derselben Horizontalreihe Stiere und Drachen zusammen vor. Die einzelne Tierdarstellung umfaßt eine Höhe von 13 Ziegelschichten, und zwischen den einzelnen Reihen lagen 11 ungeschmückte Schichten, so daß vom Fußpunkt der einen Reihe bis zum Fußpunkt der anderen 24 Ziegelschichten gezählt werden. Diese 24 Schichten haben zusammen die Höhe von fast genau 2 m, das sind 4 babylonische Ellen".....

S. 44: „Zwischen den beiden Torbauten, in der Höhe des oberen Straßenpflasters wurde ein großer Kalksteinblock mit der Weihinschrift vom Ischtar-Tor gefunden, der ebenso wie ein zweiter, dicht dabei liegender dem Gewände oder der Überdeckung der Tür angehört haben wird. Die Inschrift besagt: „(Nebukadnezar, König von Babylon, Sohn) Nabupolassars (des Königs von Babylon bin ich). Das Tor der Nana (-Ischtar) (habe ich) mit (blau-) glasierten Ziegeln ... für Marduk, (meinen) Herrn, (.. gebaut). Gewaltige Bronzestiere (und mächtige Schlangengebilde ... habe ich) an seiner Schwelle (aufgestellt). Mit Platten von Kalkstein (und..) von Stein (habe ich) die Stiereinfassung? Marduk, (erhabener) Herr,... ewiges Leben.. gib zum Geschenk."

Über Etemenanki, den Turm von Babel, den die Juden in der Zeit der babylonischen Gefangenschaft (587—539) verwundert und staunend erblickten, schreibt Koldewey, ebda. S. 191: „Herodot (I 181) nennt den Komplex „das eherntorige Heiligtum des Zeus Belos." Die Zikkurat im Innern des Heiligtums beschreibt er als einen „massiven Turm", auf dem ein zweiter, dritter, bis zu acht Türmen stand, oben darauf ein „großer Tempel." Das ist die alleinige Grundlage für unsere Vorstellung von den „Terrassen-Türmen" Mesopotamiens. Es gab in Chorsabad eine Turmruine, bei der der Ausgräber solche zurücktretenden Terrassen beobachtet haben will. Aber Place stand sicher unter der durch die Ausleger Herodots lange betriebenen Suggestion, und die Ruine selbst existiert nicht mehr. In den Worten

Herodots selbst aber steht von abgetreppten Terrassen nichts. Er spricht nur von 8 Türmen, die aufeinander stehen, aber nicht davon, daß die oberen immer kleiner wären als die unteren. Ich selbst wünschte, mich der landläufigen Vorstellung von Stufentürmen hingeben zu dürfen, erkenne aber keine sichere Grundlage für diese Vorstellung und sehe das einzige Heil in dieser wichtigen Frage in der Ausgrabung der besterhaltenen Zikurrat, die wir haben, nämlich der von Borsippa." Weiter auf S. 192: „Ähnlich Nebukadnezar: „Etemenankis Spitze aufzusetzen, daß mit dem Himmel sie wetteifere, legte ich Hand an."

Koldewey hat sich leider nicht zu dem Gedanken entschließen können, daß die Zikurrat ein Stufenturm war. Sie war es wirklich. Jetzt ist Ur völlig ausgegraben, der wohl bis heute am besten erhaltene Stufenturm. Gerade durch seine Stufen erhält er seine Gestalt, seine Form.

Die vielen aufgefundenen Inschriften ergeben, daß der Bau des Turms von Babylon um 2400 v. Chr. begonnen wurde, in der Epoche des Königs Sargon von Akkad, 2469—2414. Assarhaddon (680—669) hat an ihm bauen lassen, Nebukadnezar (605—562) berichtet, daß er den Turm verbesserte. Koldewey konnte die Fundamente des Turmes freilegen.

Im Jahre 1903 wurden die Funde von Babylon, vor allem das Ischtar-Tor und die Prozessionsstraße, nach Berlin gebracht. Koldewey entschloß sich für den Wasserweg, den Euphrat abwärts mit den Flußseglern bis Basra am Persischen Golf. Dort nahmen deutsche Schiffe die Kunstwerke auf und brachten sie nach Hamburg. Sie wurden umgeladen und über die Elbe, die Havel, die Spree, direkt bis vor die Berliner Museen am Lustgarten gebracht.

Von 1917 an lebte Koldewey in Berlin-Friedenau. Am Museum bekleidete er eine Kustosstelle. 1921 wurde er pensioniert, er nahm teil an den Grabungen von Schuchhardt in Arkona, Rügen, in Rethra auf dem Feldberg und auf dem Höhbek an der Elbe. Er ist 1929 gestorben, er wurde beigesetzt auf dem Lichterfelder Südfriedhof.

Seine Arbeiten veröffentlichte er vor allem in den Mitteilungen der Deutschen Orientgesellschaft. Die Hauptwerke sind: Die antiken Baureste der Insel Lesbos, Leipzig 1890. — Neandria, Leipzig 1891. — Die Architektur von Sendschirli, Leipzig 1893. — Die Tempel von Babylon und Borsippa, Leipzig 1911. — Das Ischtar-Tor in Babylon, Leipzig 1918. — Die Königsburgen von Babylon, Leipzig 1931—32. — Das wieder erstehende Babylon, Leipzig 1913, 4. Aufl. 1925, engl. Ausgabe 1923. Über Koldewey erschien eine interessante Arbeit von seinem Mitarbeiter Walter Andrae mit dem Titel: Babylon, Die versunkene Weltstadt und sein Ausgräber Robert Koldewey, Berlin 1952, Verlag Walter de Gruyter.

In diesem Werk schildert Andrae liebevoll seinen Chef Koldewey als doch einen schwierigen Menschen. So sagt er S. 208:

„Die Lebensweise Koldeweys geriet unter eine Eintönigkeit. Hinsichtlich Ernährung und Bequemlichkeit verhielt er sich ablehnend. Er zeigte sich launisch und gereizt und begann Ärgerlichkeiten zu konstruieren, wo keine waren. Seine gelegentlich zur Schau getragene Lustigkeit erschien forciert und unecht. Jedermann suchte sich diesen Zuständen möglichst wenig auszusetzen. Es war nicht immer möglich, und verletztes Sichzurückziehen der Betroffenen blieb nicht aus." Und auf S. 209:

„In einem Sommer zwang er sich, in seinem Zimmer (anstatt auf dem Dache) zu schlafen, und im Winter darauf vollzog er die entgegengesetzte Kasteiung und schlief auf dem Dache, bis ihn ein Dezemberregen gründlich durchweichte und ihn hinterher ein tüchtiges Rheuma plagte. Ich glaube daß er diese Experimente, wie er es nannte, aus einer Freude an seiner Willensstärke durchführte, so wie es die indischen Fakire oder Yogis auch tun."

Ein anderer Mitarbeiter, Oskar Reuther, berichtet, er rauchte viel, brach das Rauchen aber plötzlich ab, und dann rauchte er wieder. Er trank viel, und auch das brach er ab von einem Tag zum anderen, später trank er weiter. Als er an einer Blinddarmentzündung erkrankte, ließ er niemand in sein Zimmer, er lag rauchend, lesend und stöhnend in seinem Bett. Auch als der Arzt, Dr. Härle aus Bagdad kam, ließ er sich nicht operieren. Erst im nächsten Sommer konnte die Operation in Berlin vorgenommen werden.

Aber er hatte auch Humor. Andrae hat mir einmal in Berlin erzählt, daß Koldewey häufig diese ihn bezeichnenden Worte sagte, die die Gegensätzlichkeit in sich tragen:

„Dunkel sind des Schicksals Wege,
Ungewiß der Zukunft Stern.
Eh ich mich zu Bette lege,
Trink ich einen Cognac gern."

Von 1903 bis 1930, also 27 Jahre hindurch, lagen die großartigen Schätze des Ischtar-Tores in den Kellern der Museen in Berlin. Es mußten erst Räume, Säle erbaut werden. Das Tor ist 12 Meter hoch und für einen Teil der Prozessionsstraße mußten die Räume hergerichtet werden. Der Krieg 1914—18 hat den Bau zurücktreten lassen. Erst 1930 wurden die Säle in Berlin eröffnet, aber Koldewey hat die von ihm so sehr ersehnte Aufstellung nicht mehr erleben können. Heute bedeutet sie für alle Besucher ein Erlebnis.

Der Mitarbeiter von Koldewey, WALTER ANDRAE, hat ihn um 26 Jahre überlebt, er ist 1956 gestorben. Walter Andrae (1875—1956) war ebenfalls Architekt. Er zog mit Koldewey nach Babylon. Aber es gab bei dem schwierigen Charakter von Koldewey wohl gegenseitige wissenschaftliche Achtung, aber doch auch verständliche Mißlichkeiten. So übernahm Andrae die Ausgrabung von Assur. Sie stand zuerst unter der Leitung von Koldewey, der auch die Vorbedingungen regelte, aber nach kurzer Zeit war Andrae der Leiter. Er arbeitete 11 Jahre in Assur von 1903—14. Nach seiner Rückkehr nach Deutschland, war er in Berlin Direktor des Vorderasiatischen Museums. Er hat es selber aufgebaut, gleichzeitig war er Professor an der Technischen Hochschule in Berlin.

Seine wichtigsten Arbeiten sind: Die ionische Säule, 1933. — Das wiedererstandene Assur, 1938. — Babylon, Die versunkene Weltstadt und ihr Ausgräber, Robert Koldewey, Berlin 1952.

Wenn man heute vor Assur steht, dann sieht man das weite, das große mit Sand bedeckte Gelände. Kleine Berge heben sich heraus, es sind die vom Erdschutt zugedeckten Häuser. Ein größerer Berg steigt auf, es ist die Zikkurat, der Tempelturm von Assur. Jede größere Stadt besaß ihren Tempelturm, nicht nur Babylon, es sind 23 solcher Türme bekannt, bis auf einen, Ur, alle noch nicht vollständig ausgegraben.

Ganz anders als die nüchterne, die sachliche Art von Koldewey, ist das Wesen von Walter Andrae. Andrae hat Phantasie, Möglichkeiten der Darstellung, ein schriftstellerisches Talent, die Fähigkeit, das Entscheidende zu sehen. So mögen von Walter Andrae die Stellen seines Buches hier angeführt sein, an denen er den Ausgrabungsverlauf wiedergibt, die Schwierigkeiten darstellt, die Umstände in dem anderen Klima, dem entlegenen Land. Weil heute die Welt ganz anders geworden ist in dieser kurzen Zeit, wird es von Nutzen sein, die Mühen wieder in Erinnerung zu bringen, unter denen noch vor wenigen Jahrzehnten, noch zu meiner Lebenszeit, die Gelehrten zu arbeiten gezwungen waren. Andrae berichtet in seinem Buch: Das wiedererstandene Assur, J. C. Hinrichs Verlag, Leipzig 1938 S. 191 ff:

„Am 14. August 1903 schlug Robert Koldewey in Kal'at Schergât die Zelte auf und begann die Deutschen Ausgrabungen von Assur. In seiner Begleitung war der jüngste seiner Assistenten, Julius Jordan, den er aus Babylon mitgebracht hatte. Die Deutsche Orient-Gesellschaft, für die Koldewey Babylon seit 1899 ausgrub, war 1903 zu dem Entschluß gekommen, eine zweite große Unternehmung in Mesopotamien zu beginnen. Sie wählte von den drei ihr vorgeschlagenen Stätten Kal'at Schergât, das alte Assur. Als dritte blieb Warka übrig, das sie 1913 begann. Der Entschluß, Assur auszugraben, gründete sich auf folgende Überlegung: Babylon hatte bis dahin in der vierjährigen Untersuchung neubabylonische, griechische und parthische, also verhältnismäßig junge Schichten ergeben. Man wünschte älteres. In Kal'at Schergât war es zu erwarten. Überdies kam man in ein anderes Kulturgebiet, nach Assyrien. Dort hatten zwar schon vor fünfzig und sechzig Jahren die großen englischen und französischen Ausgrabungen von Ninive (Kujundschik), Kalchu (Nimrûd), Dur-Scharrukîn (Chorsabad) zu viel bestaunten Ergebnissen geführt und die Museen in Paris und London mit großen Bildwerken und schönen Kleinfunden gefüllt. Man vermißte aber die Vorstufen dieser dem 9. bis 7. Jahrhundert angehörenden Kunstwerke, die überall nur den obersten Schichten entnommen waren. In Kal'at Schergât hatte Sir Henry Layard durch Hormuzd Rassam, einen Mosuler Christen, ebenfalls bereits Ausgrabungen veranstalten lassen. Sie waren aber so geringen Umfanges und so mangelhaft durchgeführt, daß eine systematische Erforschung der Stätte gerechtfertigt erschien, zumal da einige Funde, wie die großen, prismaförmigen Tonurkunden Tiglatpilesar's I. die Hoffnung erweckten, es möchten die gesuchten älteren Epochen sich hier in den Bauwerken und Einzelfunden offenbaren. ..... Für den archäologisch ungeschulten Blick war freilich nicht viel auf Kal'at Schergât zu erkennen. Mehr ergab sich durch die Keilschriftliteratur, die größtenteils in den Ausgrabungen der weiter nördlich gelegenen assyrischen Residenzen gewonnen war. Darin ist Assur mehrfach erwähnt, große Bauten werden beschrieben und von den Kulten in Assur ist die Rede. Das alles war verlockend, es mochten aber auch noch andere Interessen den Entschluß zur Ausgrabung herbeigeführt haben, theologische, philologische, kulturhistorische, vielleicht sogar politische."

„Assur war nicht der erholsame Aufenthalt der mesopotamischen Ausgräber, für die sie ein unbedachtes Gutachten erklärt hatte. Koldewey und Jordan kamen bereits im August über Assur nach Mosul, um dort alles für die Ausgrabung zu regeln, und fanden hier die Sommerhitze des babylonischen Südens so unvermindert wie nur möglich. Dieselbe erhielt sich dauerhaft wie in Babylon während des September und Oktober. Am 29. Oktober 1903 kam Walter Andrae, damals schon im 5. Jahre Koldeweys Assistent, von seinem Urlaub in Deutschland, mit Ernst Herzfeld als neuem Assistenten, auf Assur an und übernahm die Leitung der Grabung" ....

„Mit den heutigen Verhältnissen sind die damaligen gar nicht zu vergleichen. Es gab keine Autos, keine Straßen, keine Eisenbahn und dergleichen moderne Verkehrsmittel. Kal'at Schergât war einer der entferntesten Punkte der asiatischen Türkei. Selten benutzten Kaufmannskarawanen den Weg von Bagdad nach Mosul, der an Kal'at Schergât vorbeiführte. Nur der Verkehr flußabwärts, der mit den vorsintflutlichen Schlauchflößen, den Kelek, betrieben wurde, schloß Assur an den „Weltverkehr" an. Mosul besaß Telegraph, der leidlich arbeitete, war Sitz eines Generalgouverneurs und anderer osmanischer Behörden. Erst viel später wurde ein deutsches Vizekonsulat eingerichtet. Post ging über Land mit Staffettenreiter von Konstantinopel über Mosul nach Bagdad und umgekehrt. Meist brauchte sie vier Wochen von und nach Deutschland. Zwischen Mosul und Assur verkehrte ein eigener Postreiter der Expedition wöchentlich einmal. Die Versorgung der Expedition geschah, soweit sie nicht in der recht armseligen Umgebung von Kal'at Schergât gedeckt werden konnte, von Mosul und Bagdad aus; von Mosul meist mit dem Schlauchboot, von Bagdad mit der Esel-, Maultier- oder Kamelkarawane."

„Die schlecht genährte Arbeitergesellschaft leistete mit europäischem Maße gemessen im einzelnen natürlich nicht viel. Jeder trug ein Körbchen zur Schutthalde oder zu der Förderbahn, die im zweiten Jahr der Grabung aus Berlin eingetroffen war. Langsam und stetig entstanden tiefe Gräben und Gruben; Gebäude und Räume kamen heraus, in denen die Arbeiter oft gänzlich vor den Aufseherblicken verschwanden. Es empfahl sich, sie dauernd anzufeuern, durch Sänger bei guter Laune zu erhalten oder sie sonstwie zur Beschleunigung zu begeistern. Die Arbeitszeit schwankte, da sie sich nach Sonnenauf- und untergang richtete, zwischen acht und zwölf Stunden je nach der Jahreszeit."

S. 197: „Der Transport (der Funde) wurde zu Wasser bewerkstelligt. Das übliche Beförderungsmittel flußabwärts war das Schlauchfloß (Kelek), deren zwölf bestellt waren; überdies hatte die Bagdadbahngesellschaft ihren Flußschlepper und ein großes Tigrislastboot (Muheile) aus Bagdad heraufgeschickt. Es war ein besonders glücklicher Umstand, daß diese sämtlichen, so verschieden gearteten Fahrzeuge von oberhalb und unterhalb Assur etwa gleichzeitig ankamen und beladen werden konnten. Trübe Erfahrungen, die andere Ausgräber im vorigen Jahrhundert gemacht hatten, veranlaßten uns, kein Fahrzeug ohne unsere Aufsicht abgehen zu lassen. Es mußte daher heiß an der Beladung gearbeitet werden, weil überlanges Liegen des Keleks im Wasser die Schläuche undicht macht. Diese hielten die lange Fahrt gerade noch aus. Bei der Ankunft in Bagdad waren die meisten Kelek so sehr versackt, daß die Kisten am nächsten Tage das Wasser berührt haben würden. Wir brachten die ganze „Flotte" in sechs Tagen bis an den Dampfkran der Bagdadbahn, wo die

Kisten dann mit Leichtigkeit in einen eisernen Leichter der Tigris-Flußschiffahrt übergeladen werden konnten. Der Leichter ging als Beiboot eines Flußdampfers nach Basra, wo er längsseits des Hamburger Dampfers „Cheruska" gebracht wurde. Dieser übernahm die Ladung für Istanbul und für Berlin getrennt in zwei Bunkern. Die Ausgrabungsleitung, die bis hierher alle Schicksale der Funde geteilt hatte, glaubte nun den Schatz geborgen und fuhr nach Europa bzw. nach Babylon. Der Dampfer jedoch ging einem unerwarteten Schicksal entgegen. Mit langer Verzögerung in Indien gelangte er nach Port Said, lud dort den Istanbuler Anteil über und kam bei Kriegsausbruch Anfang August in Lissabon an, wo er mit etwa siebzig anderen deutschen Schiffen den Neutralitätsschutz genießen wollte. Als Portugal in den Krieg eintrat, wurde er beschlagnahmt, damit auch unsere Assur-Funde. Diese lagen zuerst in Lissabon, wurden später nach Porto überführt, von wo es erst 1926 dank dem Eingreifen des deutschen Gesandten, Herrn Dr. Voretzsch, gelang, sie nach Berlin freizubekommen. Sie trafen auf dem Wasserweg in Berlin ein."

Die Veranlassung, gerade Assur als Grabungsgebiet zu wählen, war die Hoffnung, ältere Schichten als die der Assyrer zu finden. Die Aufgabe gelang in Assur nur ungenügend. Die Häuser sind immer wieder errichtet auf den alten Fundamenten, und es glückte nur sehr selten, die ältesten Schichten zu erfassen, diejenigen, die aufliegen auf dem gewachsenen Boden.

Andrae schreibt, ebd. S. 71:

„Durch das Eingreifen der Priesterfürsten und späterhin durch das der Könige, die für Paläste und Tempel gewaltige Erdbewegungen anordneten, sind die alten, langsam entstandenen Wohnschichten auf weite Flächen hin tief hinab gestört und vernichtet. Als Tukulti-Ninurta I. die Terrasse für den „Neuen Palast" baute, ließ er, wie urkundlich bezeugt wird, (Wissensch. Veröffentl. d. Dtsch. Orient-Ges. Bd. 23, 1913) allen alten Schutt bis zum gewachsenen Fels hinab beseitigen, um auf durchaus sicheren Baugrund zu kommen. Die Grabung hat uns an verschiedenen Stellen davon überzeugt, daß er diesen Plan gewissenhaft ausführen ließ. Ebenso sorgfältig ist die große Zikurrat des Ellil von ihrem ersten Erbauer gegründet. Unter ihrer Sohle liegt keinerlei Ruinenboden mehr. Für den Alten Palast waren die Baugräben nach Möglichkeit bis zum gewachsenen Sandstein- und Nagelfluhfels hinab und in diesen hineingetrieben. Da, wo der Fels tiefer absank, begnügte man sich mit ebenso tief wie jene geteuften Gräben, füllte aber ihre Sohle metertief mit Nagelfluhkies, so gewissermaßen den gewachsenen Fels vortäuschend. Sehr tiefe, starke Gründungen sind auch am Hauptgebäude des Assur-Tempels gefunden. ..."

„Von der Ursiedlung war also, das ist das Ergebnis dieser Betrachtung, gerade auf diesem wichtigsten Streifen des Stadtgebietes nur ganz wenig übriggeblieben. Ein größerer Zusammenhang ergab sich nicht. Selbst die Baulichkeiten und Wohnschichten des 3. Jahrtausends sind den Großanlagen des 2. und 1. Jahrtausends zum allergrößten Teil geopfert. Zwischen Assur-Vorhof und großer Zikurrat und an der Südseite der letzteren liegen Fundamente von Gebäuden und Kraggrüfte, die noch eben ins Ende des 3. Jahrtausends gehören können, und in den stehengebliebenen Raumkernen innerhalb der Baugräben der archaischen Uranlage des Alten Palastes fanden sich Schichten und Tontäfelchen, die man mit dem ältesten Ischtar-Tempel etwa bis 2700 oder 2600 v. Chr. hinaufdatieren kann. Das ist alles."

Andrae gelang die Ausgrabung mehrerer großer Gebiete auf der weiten Fläche von Assur, so der Assur-Tempel auf der Nordspitze neben dem Tigris, des Assur-Enlil-Turms, südwestlich davon, des Alten Palastes, des Anuthad-Tempels, des Ischtar-Nabu-Tempels, des Sin-Schamasch-Tempels, des Neuen Palastes am alten Flußbett des Tigris, des großen Gurgurri-Tores und der doppelten Mauer mit dem Westtor, dem Südtor und der Erweiterungs-Mauer im Süden.

An der Grabung von Andrae beteiligten sich zu verschiedenen Zeiten die folgenden Wissenschaftler: Julius Jordan, E. Herzfeld, G. Stephan, C. Preusser, W. Bachmann, W.-Th. Hinrichs, H. Lührs, H. Vollrath, H. Prinz.

So ist ANDRÉ PARROT durchaus zuzustimmen, wenn er in seinem Werk: Archéologie mésopotamienne, Paris 1946 auf S. 214 sagt: „Ce n'est pas dénigrer Koldewey, que de dire que l'élève fut supérieur au maître."

Die chronologischen Daten ergeben für den Tempel der Ischtar als Beginn das 3. Jahrtausend, die spätesten Schichten sind die der Epoche der Parther um 256 n. Chr.

Der Tempel von Assur wird begründet um 2000, er wird restauriert unter Salmanassar I. (1280—1261), wieder unter Tikulti-Ninurta (1260—1231), unter Sargon II. (721—705) und unter Sanherib (705—681).

Der Stufentempel, die Zikkurat, 60 zu 60 Meter groß, wird im 3. Jahrtausend begründet, unter Tikulti-Ninurta (1260—1231), er wird dem Gott Assur gewidmet. Salmanassar III. (859—824) stellte ihn wieder her. Bei der Ausgrabung von 1903 war er nicht höher als 20 Meter.

Der Tempel von Anu-Adad, einem Himmelsgott, auch eine Zikkurat von 36 m zu 60 m, ist errichtet worden von Assurreshishi I. (1127—1116). Weiter hat an ihm gebaut Tiglatpilesar I. (1115—1093). Salmanassar III. (859—824) hat den zerstörten Tempel wieder aufgerichtet.

Der Sin-Shamasch-Tempel ist aufgebaut worden von Assurnirâri I. (1550—1531), er wurde restauriert unter Tukulti-Ninurta (1260—1231), dann unter Assurnasirpal II. (883—859), erweitert und verbessert unter Sanherib (705—681).

Als besonders alt erwies sich der Tempel der Ischtar. Die ältesten Schichten, die Schichten H und G, stammen aus der Zeit von 2900—2400. Die Schicht D gehört der Epoche um 2000 an. Durch Tukulti-Ninurta I. wurde bei der Eroberung alles zerstört. Der Tempel ist nun nicht mehr der Ischtar geweiht, sondern der Göttin Assuritu. Er wurde restauriert von Assurreshishi I. (1127—1116) und von dem letzten König von Assur (620—612).

Das sogenannte neue Palais wurde erbaut von Tukulti-Ninurta I. Veränderungen und Erweiterungen brachte Tiglatpilesar (1115—1093) an, danach Assurdan II. (933—912) und Sanherib (705—681).

Das alte Palais war vollkommmen zerstört. Es fanden sich aber Inschriften von Assurbelkala (gest. 1066), von Assurnasirpal II. (883—859) und von der Königin Esharhamat (gest. 673), der Gattin von Assarhaddon.

Der Untergang von Assur ist zu derselben Zeit anzunehmen, als auch Ninive unterging, im Jahre 612 v. Chr. Mit der Eroberung durch die Parther, 140 v. Chr., wurden einige Häuser wieder aufgebaut. Die Assur-Enlil-Zikkurat wurde eine Befestigung. Mit der Eroberung durch die Sassaniden, 256 n. Chr., als Shapur Hatra genommen hatte, verfiel Assur vollständig.

Die Funde, die der Zeit vor dem 3. Jahrtausend angehören, sind sehr gering an Zahl. Andrae veröffentlicht sie auf S. 70 und 76 seines Werkes über Assur, Abb. 31, 32, 36. Es ist ein neolithisches Idol weiblicher Gestalt in Ritzzeichnung, vier Steinplättchen aus Gipsstein. Darunter fällt uns Heutigen eines auf, Abb. 31c, das zwei umrandete Augen zeigt. Fast die gleiche Darstellung findet sich im neolithischen Spanien in Los Millares (Almería) (Martín Almagro in: Ars Hispaniae, Bd. 1, Madrid 1947, S. 111, Fig. 90c) und in Dänemark in Hammer Herred (Sophus Müller, Oldtidens Kunst i Danmark, Bd. 1, Kopenhagen 1918, S. 55, Abb. 164, dasselbe in: Johannes Brøndsted, Nordische Vorzeit, Bd. 1, Neumünster 1960, S. 270 Abb. b).

Die Ausgrabung von Assur war ein bedeutendes Ergebnis, viele kostbare Gegenstände sind in das Vorderasiatische Museum nach Berlin auf die Museums-Insel gekommen.

Das Problem für Vorderasien in dieser Zeit ist es, die Schichtenfolge der Grabungen festzulegen und die Epochen aufzudecken, die vor der Zeit der Assyrer, die vor dem 8. und dem 7. vorchristlichen Jahrhundert liegen.

Die interessierte Welt von Europa ist angetan von den Funden Vorderasiens, die in den Museen zu besichtigen sind. Aber die Frage wird wach, wie ist dieser Hochstand der Kunstleistung gewachsen, was liegt davor? Welche Entwicklung liegt dem Geschehen zugrunde? Welche Völker haben vor den Assyrern, vor den Babyloniern das Land bewohnt und seiner Kultur den Ausdruck gegeben? So entsteht der Gedanke, nicht mehr nur den heimischen Museen große Kunstwerke zu Ausstellungen zu übergeben, sondern die Geschichte des Landes zu ergründen, das Werden zu erfassen, eine große, eine bedeutende Verpflichtung. Sie kann nur dadurch zu erfüllen sein, daß man die Schichtungen durch Grabungen feststellt an den Stellen, an denen die Kulturen in die Tiefe reichen. Das aber ist wieder nur möglich in den großen Städten. Bei ihnen sind nach einer Eroberung, nach einer Zerstörung, immer wieder an derselben Stelle neue Häuser aufgerichtet worden. Das Nacheinander der Gebäude, das Übereinander der Steinsetzungen muß zur Erkenntnis des Alters der Schichten verhelfen.

Es gibt auch noch einen anderen Weg. Findet man eine alte Stadt, die zu einem erkennbaren Zeitpunkt so völlig zerstört worden ist, daß sie nicht wieder aufgebaut werden konnte, dann ist durch die Zerstörung ein Datum gegeben, das ist der Fall etwa bei Mari. Und die Frage ist immer wieder, welches Volk sind die Sumerer, welches Volk die Akkader.

GLYN E. DANIEL sagt mit recht in seinem Buch: A hundred years of Archaeology, London 1950, 2. Aufl. 1952 S. 201:

"In 1900 few people had ever heard of the Sumerians, in 1930 the Sumerians had been added to the collection of prehistoric peoples of whom everyone knew something."

Der Durchbruch gelang einer bedeutenden und ergebnisreichen französischen Expedition, die zu gleicher Zeit in Vorderasien arbeitete wie Koldewey und Andrae. Der Leiter der Expedition war Jacques de Morgan (1857—1924).

Frühere Besucher des Zweistromlandes wie Kinneir (1808—1810), Ker Porter (1817—1820), Rawlinson (1836) hatten von den Ruinen einer alten Stadt im Süden von Assyrien, von Iran, gesprochen, ihr Name ist Schusch. Loftus hatte in den Jahren 1851—53 an dieser Stelle gegraben und eine Anzahl von Funden gehoben. Dann hatte sich M. Dieulafoy zu Grabungen entschlossen, er führte sie durch von 1884—1886. (hier S. 259) Er übergab seine Funde dem Louvre, es waren Friese von Bogenschützen aus der Apadana, dem großen Empfangsraum des Königs. Durch diese Entdeckungen ermutigt, entschloß sich der Louvre, einen Kenner Vorderasiens nach Schusch, Susa, zu entsenden, er sollte die Möglichkeiten einer großen, einer systematischen Grabung untersuchen. So kam J. de Morgan in den Jahren 1889—1891 nach Persien. Er gewann den Eindruck, daß eine solche Grabung an dieser Stelle der vielen Mühen wert sei. So nahm er den Auftrag an, und am 21. Juli 1897 genehmigte das französische Parlament eine erste Summe von 100 000 Franken, dazu eine jährliche Summe von 130 000 Franken.

Es war am 18. Dezember 1897, als zum ersten Mal der Spaten in Susa angesetzt werden konnte. Die Expedition arbeitete bis zum Kriegsausbruch 1939. Es waren mehrere Gelehrte, die sich an der Grabung beteiligten, so V. Scheil, ein Assyriologe (1858—1940), G. Jéquier, ein Archäologe und Linguist (1868—1946), J. E. Gautier, Assyriologe und Historiker (1861—1924), G. Lampre, der Sekretär der Delegation.

Die Ergebnisse waren ausgezeichnet, trotzdem bedauert ein Historiker der Archäologie, ANDRÉ PARROT in seinem mehrfach genannten Werk: Archéologie mésopotamienne, Paris 1946, S. 172, daß J. de Morgan nicht sorgfältig genug gearbeitet habe, daß die Schichtenfolge nicht genügend deutlich geworden sein. Er sagt: „Tout au plus regrettons-nous que de Morgan se soit aussi rapidement avoué impuissant à faire autre chose que ce qu'il appelé une „exploitation générale", c'est-à-dire une évacuation méthodique de déblais, cependant sans discrimination suffisante des niveaux ou des couches."

Die Ruinen verteilen sich auf vier große Plätze, die Acropole, die Apadana, d. h. den Empfangsraum der Satrapen, die Königsstadt, die Stadt der Handwerker.

Wenn auch die Schichtenfolge nicht genau erarbeitet wurde, dann brachte die Ausgrabung doch sehr viele Ergebnisse. Es hob sich eine Schicht vor den Sumerern des 4. Jahrtausend mit einer Fülle gut erhaltener weißer Keramik mit schwarzer Bemalung ab. Sie wurde maßgebend für den Stil und die Chronologie der mesopotamischen Kultur des Neolithikums. Es sind das Tongefäße, bemalt mit symbolischen Zeichen, die heute noch im Louvre zu den Kostbarkeiten gehören. Weiter wurde in der Schicht der Sumerer, damals noch nicht genau bestimmbar, die Stele von Narâm-Sin entdeckt. Sie war in Sippar aufgerichtet worden und wurde von einem König von Elam um 1100 nach dem Siege mitgenommen nach Susa.

Vor allem fand de Morgan die Gesetzesstele von Hammurabi, auch von den Leuten von Elam erbeutet auf einem Kriegszug, und nach Susa gebracht. Sie wurde im Jahre 1902 entdeckt.

Hammurabi, auch Chammurapi (1728—1686), ist König der Kanaanäer, eines semitisches Stammes. Er ist nach 2000 eingewandert in Babylon. Um 1700 schuf Hammurabi die Vereinigung der vielen babylonischen Kleinstaaten zu einem großen einheitlichen Reich. Der Codex Hammurabi ist eine Stele aus Diorit, 2,25 m hoch, heute im Louvre in Paris, er umfaßt 282 Paragraphen. Die Formulierung ist immer gleich: „Wenn ein Mann (das und das tut), dann soll er (so und so bestraft werden). Dabei werden Diebstahl behandelt, Beleidigung, Mord. Die Themenkreise umfasssen Haus und Land, Kaufmann, Schankwirt, Heirat, Familie, Schiff und Schiffer, Ackerbau, Lohnarbeiter, Handwerker, Sklaven. Lange Zeit wurde dieser Codex angesehen als das älteste Rechtsbuch der Welt. Er ist niedergeschrieben worden um 1700 oder 1750. Danach wurden jedoch zwei ältere Codices gefunden, der des Urnammu und der des Lipitischtar, etwa 1870—1860 v. Chr. Der Lipitischtar-Codex ist geschrieben in sumerischer Sprache, er bedeutet eine Art Vorlage für den Codex Hammurabi.

Über die Codices berichten vor allem folgende Werke: W. EILERS, Die Gesetzesstele Chamurapi, 1932. — F. M. Th. DE LIAGRE-BÖHM, King Hammurabi in the setting of his time, Amsterdam 1946. — H. SCHMÖKEL, Hammurabi von Babylon, 1958.— G. DRIVER und J. MILES, The Babylonian Laws, Bd, 1. Oxford 1952, Bd. 2, Oxford 1955. Über den Codex Lipitischtar: F. R. STEELE u. a., The code of Lipit-Ischtar, Philadelphia 1948. — M. CIVIL in: Assyriological studies, Bd. 16, 1965.

Es wurden aus späterer Zeit auch die Paläste der Achämeniden, der Perserkönige aufgedeckt. Sie trugen, wie in Babylon, farbige Ziegelarbeiten, hergestellt in Malerei von Schmelzfarben. Wieder sind es Bilder von Stieren, Löwen, Sphinxen, aber auch von Reihen der Palastgarden.

Nach dem Tode von de Morgan, 1924, wurden die Grabungen fortgesetzt bis 1939 von R. C. THOMSPON und M. E. L. MALLOWAN, Bericht: The British Museum Excavations at Ninive, London 1933.

Im dritten Jahrtausend stand Susa unter der Herrschaft der Sumerer und später der Akkader. Nach 2000 war die Stadt abhängig von Babylon. Im 2. Jahrtausend und in der ersten Hälfte des 1. Jahrtausend war Susa die Hauptstadt des Reiches von Elam. Die Assyrer zerstörten die Stadt unter Assurbanipal um 640 v. Chr. Durch die Perserkönige wurde sie prächtig wieder aufgebaut. Sie residierten oft in Susa und bewahrten dort und in Persepolis ihren Staatsschatz auf.

Die Literatur über Susa ist sehr groß. Zuerst wurde sie dargelegt in den Memoires de la Délegation en Perse unter der Leitung von J. de Morgan in 13 Bänden, I—XIII, Paris 1900—1912. Die folgenden Bände, XIV—XXIX, Paris 1913—43 tragen den Titel: Mémoires de la Mission archéologique de Susiane, später, seit 1921: de Perse. Die Herausgeber sind R. DE MECQUENEM, V. SCHEIL, G. CONTENAU, J.-E. GAUTIER, u. a. Zusammenfassend: CREVEILHIER, Les principaux résultats de nouvelles fouilles de Suse, 1921. — LE BRETON, The early periods of Susa. Zschr. Iraq, Bd. 29, London 1957 S. 79—124.

Durch die weißen Tongefäße einer frühen, einer neolithischen Schicht in Susa, war eine neue Kultur bekannt geworden, eine Kultur, die vor den Babyloniern und auch den Sumerern lag. Es wurde damals viel überlegt, welcher Gruppe diese Kunstwerke mit symbolischen Zeichen zuzurechnen seien. Es ist heute klar geworden, daß diese Schicht dem 5. Jahrhundert angehört und daß sie vorsumerisch ist.

Es wurden auch in Tello-Lagasch Kunstwerke gefunden und langsam erst war es möglich, sie als den Sumerern zugehörig zu bestimmen. Sumerische Kunstwerke aus Susa sind vor allem ein Weihtafel-Fragment, darüber berichten A. MOORTGAT, Die Kunst im Alten Mesopotamien, Köln, Verlag DuMont Schauberg 1967 Abb. 47, ferner das Fragment einer Stele des Sargon von Akkad auf S. 125—129. — E. STROM-MENGER-HIRMER, Fünf Jahrtausende Mesopotamien, München, Hirmer-Verlag 1962, Abb. 114, 115. — ANDRÉ PARROT, Sumer. München 1960, Abb. 102.—

Durch die Entzifferung der Keilschrift, schon seit der Mitte des 19. Jahrhunderts, war man auf den Namen Sumer als Land und auf Sumerer als Volk gestoßen. Zum ersten Mal wurde im Jahre 1869 der Name Sumer richtig gelesen von JULES OPPERT (1825—1905) geboren in Hamburg, lebend in Paris. Er berichtete darüber zusammen mit J. MÉNANT in einem Werk: Documents juridiques de l'Assyrie et de la Chaldée, Paris 1877, Nachdruck 1970.

J. Halévy und Franz Delitzsch (1850—1922) widersprachen energisch, aber die weiteren Funde gaben Jules Oppert recht. Seine These wurde nicht nur sprachlich bestätigt, vor allem durch C. BEZOLD (Zschr. f. Assyriologie. Bd. 4, 1889, S. 435), sondern auch durch die Fülle der Ausgrabungen im Süden des Zweistromlandes. Die Sumerer waren es, die die Keilschrift um 3000 erfunden haben, sie waren es, die große Städte errichteten, sie waren es, die eine eigenartige durchgebildete Kunst zu schaffen in der Lage waren, wie die Grabungen in Kisch, Larsa, Nippur, Ur nachweisen konnten.

Die erste sumerische Stadt, die durch Grabungen gefunden wurde, ist Lagasch, heute El-Hiba in Südbabylonien. Der Fundplatz liegt nordöstlich von Schatra zwischen Euphrat und Tigris. Die zugehörige Kultstadt Girsu, heute Tello, wurde zugleich ausgegraben durch Ernest de Sarzec (1837—1901). Er war im Jahre 1875 zum Vize-Konsul von Frankreich in Basra ernannt worden. Er hatte sich vorher in Ägypten aufgehalten und er besaß eine gute Kenntnis der orientalischen Sitten und Gebräuche. Sarzec hörte von den Erfolgen von Rassam in Kujundschik. Eingeborene berichteten ihm von einem Orte Schatt-el-Hai, das ist Tello, wo Ruinen wären. Aus Paris erfuhr er, daß drei wichtige Fundstücke aus Tello nach Europa verkauft worden seien. Diese Nachrichten veranlaßten ihn, selbst in Lagasch-Tello zu graben. Er gewann die Zustimmung von Nasir Pascha, dem Chef der umwohnenden Stämme, und so führte er elf Kampagnen durch, von 1877—1900.

Tello, auch geschrieben Tell Loh, ist ein Wüstenberg, ein Oval von drei zu vier Kilometern. Gleich bei den ersten Grabungen, zwischen dem 5. März und dem 11. Juni 1878, fand sich das Fragment einer Statue, Keilschriftplatten, Figuren aus Bronze. Eine kolossale Steinfigur war zu schwer, um sie bewegen zu können. Sie wurde wieder mit Erde zugedeckt.

Auf der dritten und vierten Kampagne hatte de Sarzec besonders Glück. Er fand die Statuetten von Gudea und Ur-Babu, ferner Bronzefiguren, eine Fülle von Keilschrifttafeln. Im Mai 1881 waren die Funde im Louvre angekommen, de Sarzec wurde geehrt, er wurde Korrespondierendes Mitglied des Institut de France. 1883 wurde er zum Konsul von Frankreich in Bagdad ernannt.

Bei der fünften und sechsten Kampagne, 1888 und 1890, wurden wichtige Inschriften von dem Könige Ur-Nansche oder Ur-Nina gefunden, von den Königen

Entemena, Eannadu, Urukagina, Namen, die bis dahin unbekannt gewesen waren. In dieser Zeit haben die Araber den Wert der Altertümer kennengelernt, und nun graben sie selbst und finden 60000 Keilschrifttafeln. Sie werden nach Bagdad verkauft.

Danach hat de Sarzec wieder Glück, denn 1894 wurden von ihm 30000 Tafeln mit Inschriften gefunden.

Wohl waren auch vorher Keilschrifttafeln dieser Epoche bekannt geworden, aber sie waren nicht einzuordnen gewesen, sie standen im leeren Raume als Seltsamkeiten. Jetzt aber, seit 1900, begann man die Schriften zu entziffern. Die Namen der Könige konnte man lesen, die kulturelle Gliederung wurde deutlich. Die Funde, Statuen und Gebrauchsgegenstände, gewannen Inhalt, Leben, Charakter. Die Schrift stand neben ihnen, die Geschichte, Dasein und Wirklichkeit.

Mit 1900 beginnt die Welt der Sumerer sich zu offenbaren, ein bedeutendes Ereignis. Eine Kultur, an die weder die Römer noch die Griechen eine Erinnerung besaßen, auch nicht die Ägypter. Eine Kultur begann nun zu sprechen, sich deutlich zu machen, nicht nur mit Gebrauchsgeräten und Kunstwerken, sondern auch mit der Sprache. Es dauerte bis 1930, bis das Wissen um diese Kultur völlig gesichert werden konnte. Wenn man, wie ich, die Tische und Schränke mit den Tausenden von Keilschrifttafeln ansehen konnte, in Paris, London, Berlin, Philadelphia, dann gewinnt man Achtung und Anerkennung für die Leistung der Forscher, die sich der Aufgabe der Entzifferung dieser Schriften widmeten.

Die ersten Übersetzungen sumerischer Inschriften lieferte F. THUREAU DANGIN (geb. 1872): Inscriptions de Sumer et d'Akkad, Paris 1905, deutsche Übersetzung, Leipzig 1907, betitelt: Sumerische und akkadische Königsinschriften. Im Jahre 1923 erschien in Rostock von A. POEBEL das Buch: Grundzüge der sumerischen Grammatik, 1924 von A. DEIMEL, Sumerische Grammatik. Besonderen Antrieb erhielt die Forschung des Sumerischen durch A. FALKENSTEIN, Archaische Texte aus Uruk, Berlin 1936 und: Das Sumerische, Leiden 1959. Wichtig ist auch das Werk von S. N. KRAMER, From the tablets of Sumer, Colorado 1956.

Die sumerische Sprache ist eine im ganzen Umkreis von Babylonien fremde Sprache, sie ist ohne Beziehungen zu den Nachbarsprachen, alo müssen die Sumerer eingewandert sein um etwa 3500—3000 v. Chr. Als lebende Sprache ist sie bald nach Hammurabi (1728—1686) ausgestorben. Aber als die alte Sprache der Gottheiten wurde sie weiter im Kult verwendet von den babylonischen Priestern. In den Klosterschulen wurde sie erlernt, und deshalb fand man Lexika, Wörterlisten, Listen sumerischer Lautwerte und grammatische Hinweise in den babylonischen Texten. Diese Lexika waren es, die das Sumerische lesbar machten. Sumerische Hymnen wurden in den Priesterschulen gelernt, Beschwörungen, Segenswünsche. So erhielt sich das Sumerische als die ehrwürdige Sprache des Kultes, genau so wie das Lateinische heute, eine Sprache, vergangen um 400 n. Chr. und jetzt noch lebend in den Schulen und in der katholischen Kirche, die Sprache einer erloschenen Kultur.

Eine wichtige Stadt der Sumerer ist Kisch, südöstlich von Babylon, die heutigen Namen sind Tell-el-Oheimir und Tell Inghara. Die Stadt war der Sitz mehrerer sumerischer Dynastien. Das Königtum soll zuerst nach Kisch herabgestiegen sein. Diese Wendung wird bedeuten, daß von Kisch aus die Einigung der sumerischen Stadtstaaten erfolgte. Von der Mitte des 3. Jt. an wurde der Titel König von Kisch die Bezeichnung für den König der Gesamtheit der sumerischen Stadtstaaten.

Die Ausgrabungen begannen 1923. Es war eine anglo-amerikanische Gemeinschaftsarbeit. Ein Reisender, Herbert Weld, hatte mehrere Hügel, Tell in der Sprache der Perser, untersucht, er kam nach England und besuchte den Assyriologen Stephan Langdon (1876—1937), Professor in Oxford. Die möglichen Zuschüsse aber reichten nicht aus, und so wandte sich Langdon an das Field Museum of Natural History in Chicago. Langdon war geborener Amerikaner, er stammte aus Monroe, Michigan. In Chicago war Ernest Mackay einer der Mitarbeiter des Museums. Die Finanzierung konnte geregelt werden, und im Januar 1923 begannen Langdon und Mackay ihre Grabungen in Kisch. Die erste Kampagne dauerte bis Mai 1923, die zweite umfaßte die Zeit von Oktober 1923 bis März 1924, die dritte den Winter 1924—1925, die vierte den Winter 1925—1926. Die Leitungen wechselten, Ch. Watelin, ein Mitglied der Expedition von Susa, leitete die Grabung bis 1933. Mit ihm war Henry Field aus Chicago. Mit Henry Field verband mich eine gute Freundschaft, er erzählte mir oft von seinen Grabungen in Kisch.

HERBERT STEPHAN LANGDON hat sich besonders verdient gemacht um die Übersetzung sumerischer Texte. Seine Hauptwerke sind: Sumerian and Babylonian psalms, 1909. — Die babylonischen Königsinschriften, 1912. — Babylonian liturgies, 1913. — Tammuz and Ishtar, 1914. — Oxford editions of cuneiform texts, 1923 ff. — Babylonian Epic of creation, 1924. — Excavation at Kish, Vol. I. 1925.

Das Grabungsgebiet, eine bis auf 18 m gewachsene Bergmasse, umfaßt 4 Kilometer im Durchmesser. Die Grabung war sehr ergebnisreich. Im Tell A konnte ein ganzer Palast ausgegraben werden. Es ist ein sumerischer Palast, mehrere Inschriften ergaben die Namen sumerischer Könige, so den von Lugalmu, einem König der zweiten Dynastie von Kisch. Mackay nahm für diesen Text das Datum von 3500 v. Chr. an, Langdon datierte auf 4000. Parrot sagte 1946 „on ne doit pas être loin de la verité (André Parrot, Archéologie mésopotamienne, Paris 1946 p. 314).

E. Mackay berichtet eingehend über den Palast in einer Monographie: A Sumerian Palace and the „A" Cementery at Kish, Mesopotamia, Chicago 1929.

In Kisch wurde auch die Bergmasse angeschnitten, die heute Ingharra heißt. Gefundene Texte ergaben den Namen Hursagkalama. Es handelt sich um zwei Tempel, den der Göttin Innina und einen kleineren Tempel für den Gott Enlil. Auch in Kisch wurde die Zikkurat, der Tempelturm, aufgefunden. Die Forscher gruben bis 17 Meter in die Tiefe. Sie stießen auf eine Schicht, die vor 3000 v. Chr. lag. Sie wurde Djemdet Nasr benannt.

Der Hügel mit dem Namen Djemdet Nasr liegt 30 km nordöstlich von Kisch in Süd-Irak. Hier gruben Langdon und Watelin während der Winter 1925 und 1926. Dieser Hügel, nur 3,40 m hoch, wurde von besonderer Bedeutung. Man konnte einen Palast und einen Tempel feststellen. Es fanden sich unzählige Keilschrifttexte, Keramik, Gebrauchsgeräte und Siegelzylinder. Die Keramik, fast immer farbig bemalt, erschien als etwas völlig Neues. Die Schrift war die älteste, bisher gefundene, hauptsächlich Bilder darstellend, noch selten Zeichen. Es handelt sich um die früheste Form der Keilschrift, eine Bilderschrift.

So wurde der Name des Fundplatzes zum Namen für eine Entwicklungsstufe der mesopotamischen Kultur. In ihr liegen die Anfänge der Schrift und des Rollsiegels. Die Zeitstellung ist um 3000 v. Chr. Die Bedeutung der Fundstelle wurde gefestigt durch das Werk von E. MACKAY, Report on Excavations at Jemdet Nasr, Iraq, Chicago Anthr. Memoirs 1931 und durch die Veröffentlichung von H. FIELD und MARTIN RICHARD, Painted Pottery from Jemdet Nasr in: American Journal of Archaeology 1935, S. 310—320.

Die bestimmenden Formen von Djemdet Nasr fanden sich später an vielen Stellen in Mesopotamien, so in Ninive, Tepe Gaura, Jorgan Tepe, Uruk III und II, Ur, Lagasch, Fara, Adab, Kisch, Chafadschi.

Seit 1940 ist das Material dieser Schicht mehrfach bearbeitet worden. Einheitliche Züge ergeben sich. Die Wand der Keramik ist mäßig stark, der Brand oft sehr hart. Der Ton ist rot oder gelb, der Untergrund ist fast immer mehrfarbig bemalt. Es kommt auch eine einfarbige Keramik vor, gelb, grau oder schwarz. Die Hauptform ist der bauchige Topf mit Knick am Bauch und mit flachem Boden. Es gibt auch bauchige Flaschen und Töpfe. Die Häuser sind Lehmziegelbauten oder auch Schilfhütten, wie sie öfters dargestellt werden in der bildenden Kunst, so etwa auf einem Gefäß aus Stein aus Uruk, abgebildet bei V. CHRISTIAN, Altertumskunde des Zweistromlandes, Leipzig 1940, Bd. I, Taf. 103,4 und 136,1.

Stark heben sich von den Wohnbauten die großen Kultbauten ab. In dieser Zeit wird schon die große Zikkurat erbaut, der Tempelturm, so wie später der Turm von Babylon, der von Ur, von Assur, von Uruk-Warka, von Borsippa und an anderen Orten. Als Opfer wurden Schafe, Ziegen, Vögel verwendet, ihre Knochen sind an den Kultplätzen gefunden worden.

Die Toten wurden meistens verbrannt. Die Reste des Menschen und der Opfertiere wurden gesammelt und beigesetzt in einem Tongefäß. Auch andere Beigaben fanden sich, so Datteln, Getreide, Schmuck, Äxte und Pfeilspitzen aus Stein.

Die Frauen trugen Perlenketten aus Muscheln, Schnecken, Karneol, Lapislazuli, Bergkristall, Amethyst, Achat, Chalcedon, auch aus Gold. Die Frauen haben sich geschminkt mit kleinen Spateln aus Kupfer. Die Schminke wurde aufbewahrt in steinernen Näpfen, sie ist bis heute erhalten. Neben den Urnen lagen Spiegel. Auch fanden sich in Djemdet Nasr Axtklingen und Angelhaken aus Kupfer. Die Tonmodel einer Tüllenaxt ist gefunden worden, ebenso kupferne Dolche. Die Spinnwirtel ergeben, daß gewebt worden ist. Die Wirtel sind gearbeitet worden aus gebranntem Ton, aus Steatit oder aus Kalkstein.

So ist seit 1925 wieder eine neue Dimension bekannt geworden, die Schicht von Djemdet Nasr. Es ist die allgemeine Ansicht, daß sie zur Kultur der Sumerer gehört, daß sie ihren Anfang bedeutet, wie gesagt, die Zeitepoche um 3000, sie entspricht

Uruk III b. Die Epoche von 2800—2600 wird von manchen Forschern als Mesilim-Zeit bezeichnet. Der namengebende Gegenstand ist das Keulenfragment aus Lagasch mit dem Namen des Königs von Mesilim von Kisch. Aber die Mesilim-Epoche ist so verwandt der von Djemdet Nasr, daß neuerdings mehr und mehr die Untergruppe Mesilim zu Djemdet Nasr gerechnet wird. Es ist eine Frühform der Kultur der Sumerer.

Diese Frühzeit der Sumerer ist deshalb von solcher Bedeutung, weil in ihr ein im Mythos wichtiger Bau begonnen wird, die Stadtmauer von Uruk. Sie besitzt nach der Vermessung unserer Zeit die Länge von 9 1/2 Kilometer. Sie hat 900 Türme. Die Art der Ziegel, plankonvex gearbeitet, bestimmt die Epoche. Diese Mauer in zwei parallel laufenden Linien, umspannt Wohnviertel, Tempelbezirke, Gärten, Weiden und Ackerland. Sie ist offenbar die erste große Mauer um eine Stadt in der Welt, sie ist das Denkmal, von dem das Gilgamesch-Epos berichtet, das große Epos, das dem 3. Jt. angehört. Es spricht von dem Helden Gilgamesch, der auszieht um das ewige Leben zu suchen. Er ist der Nachfolger des Tammuz und der Geliebte der Göttin Inna. Im Laufe der Jahrhunderte wird er zu Adonis, und das bedeutet: Herr. Die Göttin, seine Mutter oder seine Geliebte, wird zu der Göttin Ischtar. Es ist sehr wahrscheinlich, daß die Erscheinung des sterbenden und wieder auferstehenden Mondes die Grundlage für die Gestalt des Tammuz geschaffen hat. Der Lebensbaum wird das Symbol des Tammuz. Von diesen Ideen, die auch eingegangen sind in das Christentum mit dem sterbenden und wieder auferstehenden Gott, der Christus ist, berichtet H. ZIMMERN, Der babylonische Gott Tammuz, 1909. — GRAF BAUDISSIN, Adonis und Esmun, 1911. — H. ST. LANGDON, Tammuz and Ishtar, 1914. — E. EBELING, Tod und Leben nach den Vorstellungen der Babylonier, Teil I, 1931. — ANTON MOORTGAT, Tammuz, Berlin 1949.

Die Kultur der Sumerer zusammen mit der von Djemdet Nasr ist aber schon so entwickelt, daß eine Vorstufe vorhanden gewesen sein muß. Es gibt Tempeltürme, Tempel, Paläste, Städte, Stadtmauern, die Gliederung des Kreises in 360 Grad, einen entwickelten Götterkult, eine durchgebildete Schrift, Kupfer, Gold, Häuserbau. Die ersten Jahrzehnte des 20. Jh. haben immer wieder gesucht nach den Vorformen. Sie wurden tatsächlich aufgefunden, sie erhielten ihre Bezeichnung nach dem ersten bestimmenden Fundplatz, wie immer in der Archäologie, es wurde der Hügel El Obeid oder al-Ubaid.

Es waren die Grabungen in Ur, die zu der Entdeckung von El Obeid geführt haben. Nur 6 km entfernt von Ur liegt El Obeid, die ersten Schürfungen ergaben eine besonders frühe Schicht.

Neben Ur liegt noch ein anderer Fundplatz, nur 15 km entfernt. Er trägt heute den Namen Abu-Shahrain, es ist das alte Eridu, eine bedeutende Stadt der Sumerer, nach 2200 nicht mehr bewohnt. Der Ausgräber war der von den Trustees des British Museums ausgesandte H. R. Hall (1873—1930).

Am 6. November 1918 verließ H. R. Hall London, Anfang Januar traf er in Bagdad ein. Er besuchte Babylon und Nippur, und dann entschied er sich für Grabungen in Ur und Eridu. Noch wichtiger aber wurde ihm ein Hügel, ein Tell, er brachte noch frühere Gegenstände bei den ersten Schürfungen, das ist El Obeid. Der heutige Name ist Al-Maabad. Hall fand bald gebrannte Ziegel einer Form, wie sie Thompson in Eridu ausgegraben hatte. Sie gehören einer prähistorischen, einer vor-sumerischen Schicht an.

Dieses Ergebnis, genau das, was die wissenschaftliche Welt damals suchte, ermunterte Hall. Er beschloß, in El Obeid zu graben und begann seine Tätigkeit am 8. April 1919. Schon nach drei Wochen, am 17. Mai, hatte er einen Tempel gefunden, eine Fülle von Skulpturen, Wandmalereien. Dann wurde die Grabung abgeschlossen.

Erst nach dem Kriege 1914—1918, im Jahre 1922, konnte sie wieder aufgenommen werden. Es war nötig, eine gemeinsame Arbeitsgruppe zu bilden, getragen vom British Museum in London und von der University of Pennsylvania in Philadelphia, USA. Der Leiter der Grabungen wurde nun Sir Charles Leonard Woolley (1880—1960). Mit ihm war ein besonders geeigneter, ein an Ideen reicher Gelehrter gewonnen worden.

Sir Woolley hat in Oxford studiert. Er hatte Ausgrabungen in Vorbridge, England, von 1906—1907 geleitet, dann in Nubien, 1907—1911, danach in Karkemisch in der Türkei, von 1912—1914, danach wieder 1919. Er begleitete 1914 Thomas E. Lawrence, den Lawrence of Arabia, bei seinen Forschungsreisen am Berge Sinai. Woolley beschreibt diese Erlebnisse in seinem Buch: Wilderness of Zin, 1936. Von 1922—1934 leitete er die Ausgrabungen von Ur, von Eridu, und auch die von El Obeid. Später, 1937—1939 grub er in Atchana, Hatay in der Türkei, und nach dem Kriege 1939—1945 wieder an diesen Plätzen von 1946—1949.

Seine wichtigsten Veröffentlichungen sind: Excavations at Jerablus, 1921. — Ur-Excavations, Al'Ubaid (mit Hall), 1927. — The Sumerians, London 1929, deutsch: Vor 5000 Jahren, Stuttgart 1929. — Ur of the Chaldees 1929, deutsch: Ur und die Sintflut, Leipzig 1930. — Digging up the past, London 1930, deutsch: Mit Hacke und Spaten, Leipzig 1932. — The Development of Sumerian Art, 1935. — A forgotten Kingdom, 1953, deutsch: Ein vergessenes Königreich, 1954. — History unearthed, 1958. — Lebendige Geschichte, 1960.

Mit diesen Grabungen seit 1922 gewann El Obeid immer mehr an Gewicht für die prähistorische Epoche, für diejenige Schicht, die vor den Sumerern gelagert ist. Wohl waren schon in Susa neolithische Tongefäße gefunden worden, aber sie waren zeitlich nicht bestimmbar. Jetzt trat in El Obeid eine unberührte Schicht zutage, eine klare bestimmbare Strate. In kurzer Entfernung von dem Hügel, der alten Stadt, im Südwesten des Tell, konnten 94 Gräber gehoben werden. Ein Teil von ihnen ordnete sich ein durch die mitgefundene Keramik in die Zeit zwischen 4500 und 4000. Die Ausgräber verglichen diese frühe Keramik mit Susa I, mit Mussian, Bender-Bushir, Samarra, also mit anderen Orten, an denen dieselbe Art der Keramik schon vorher zutage getreten war. Es konnte auch ein Tempel ausgegraben werden, er lag im Norden des Hügels, in der Mitte die Wohnplätze. (Parrot, Archéologie mésopotamienne, Paris 1946 Fig. 63).

Die Keramik ist bemalt mit geometrischen Formen, teils in Schwarz, wie in Susa, teils in Rot. Die Forscher überlegten damals, soll man diese Keramik, und mit ihr die gefundene Schicht bezeichnen als protosumerisch, als präsumerisch, als elamitisch, die drei Bezeichnungen wurden vorgeschlagen. Aber dann setzte sich unter der Autorität von Woolley die Bezeichnung der Schicht als El Obeid I und die spätere als El Obeid II durch. Woolley dachte an 3800—3600, später aber, durch die Radiokarbon-Datierung, stellte es sich heraus, daß die Schicht sich einordnet in die Epoche 4500—4000. Susa I entspricht dieser Zeitstellung.

Überraschend für Woolley war, daß sich für diese frühe Zeit ein Tempel fand. Er mißt 33 zu 26 Metern und ist etwa rechtwinklig. Er ist errichtet mit plankonvexen Ziegeln, im Innern nicht gebrannt, an den Außenseiten gebrannt. An der Treppe haben Hall und später Woolley eine Fülle von Skulpturen gefunden aus späterer Zeit, 4 Stierfiguren in Kupfer, 4 Köpfe von Vögeln in Kupfer, 4 Löwenköpfe in natürlicher Größe in Bitumen, die Augen eingelegt, die Zunge in rotem Jaspis, 2 kleine Köpfe von Leoparden, 2 Köpfe von Löwen. Das wichtigste Stück ist aber ein Adler zwischen zwei Hirschen, vielfach abgebildet, etwa André Parrot, Sumer, Verlag Beck, München 1960, Abb. 187 S. 158, im British Museum, London. Die Zeitstellung ist die 1. Hälfte des 3. Jt.

Wieder war mit El Obeid eine neue Dimension aufgefunden worden, eine vorsumerische Zeit, zu datieren auf 4500—4000. Aber auch diese Schicht konnte noch nicht die älteste sein. Sie wurde später an mehreren Stellen angetroffen, so in Tepe Gaura in Schicht XIX—XII; in Tell Arpachije, Schicht 5—1; in Tell Hassuna in Schicht XI—XIII; in Ninive, Schicht 3; in Uruk-Warka Schicht XVIII—XV; in Tell Uqair; in Eridu in Schicht XVIII—XI und in den älteren Gräbern von Ur. Es muß sich in Mesopotamien eine verhältnismäßig einheitliche Kultur herausgebildet haben, eben die Schicht von El Obeid. Aber die Obeid Schichten überlagern noch eine andere, diese muß demnach älter sein. Sie wurde zuerst gefunden in Tell Halaf.

Diese noch ältere Schicht, der Zeit um 5000—4500 angehörig, ergab Tell Halaf im nördlichen Mesopotamien, heute Türkei, Samarra am Tigris, Tell Hassuna bei Mossul, Tepe Sialk im iranischen Hochland, Tell-i Bakun in Iran, nahe Persepolis.

Den ersten nach der Schicht bestimmbaren Fund dieser Strate, oft als Schicht von Tell Halaf bezeichnet, machte MAX FREIHERR VON OPPENHEIM. Er ist geboren am 15. 7. 1860 in Köln und ist gestorben auf Schloß Ast bei Landshut am 15. 11. 1946. Seine Hauptwerke sind: Vom Mittelmeer bis zum Persischen Golf, 2 Bd. 1899. — Rabeh und das Tschadseegebiet, 1902. — Der Tell Halaf und die verschleierte Göttin, Der alte Orient, 1908. — Der Tell Halaf. Eine neue Kultur im älteren Mesopotamien, Verl. Brockhaus, Leipzig 1931. — Die Beduinen, mit E. Bräunlich u. W. Caskel, 4 Bd. 1939—1968.

Freiherr von Oppenheim war Resident bei der deutschen Botschaft in Kairo seit 1896. Von Kairo aus machte er Forschungsreisen nach Mesopotamien. Auf einer dieser Reisen, 1899, besuchte er den Beduinenhäuptling Ibrahim Pascha, er lebte mehrere Tage in seinem Zelt zusammen mit seiner Begleitung, etwa 25 Mann. Darüber berichtet Oppenheim in seinem Buch: Der Tell Halaf, Leipzig 1931, S. 12f.:

„Er (Ibrahim Pascha) war eine weit überragende Persönlichkeit. Es war ein Vergnügen, mit ihm zusammen zu sein. Der arabischen Sprache mächtig, unterhielt ich mich stundenlang mit ihm über seine Blutfehden und Kämpfe mit den verschiedenen Stämmen der Wüste; so gewann ich sein Vertrauen und seine Freundschaft."

„Bei dieser Gelegenheit wurde mir von merkwürdigen Steinbildern erzählt, die auf einem Hügel bei dem Dörfchen Ras el Ain, dem „Quellkopf" des Chabur, gefunden worden wären. Das Dorf war von Tschetschen bewohnt, aus dem Kaukasus stammend, mit den Tscherkessen verwandten Mohammedanern, die nach der Eroberung ihrer Heimat durch die Russen als religiöse Flüchtlinge auf islamisches Gebiet nach der Türkei übergetreten waren."

„Die Tschetschen hatten, so wurde mir berichtet, vor einigen Jahren einen Toten auf dem Hügel begraben wollen. Dabei waren sie auf steinerne Tierbilder mit Menschenköpfen gestoßen. Voll abergläubiger Scheu schütteten sie das Loch wieder zu und bestatteten die Leiche an einer anderen Stelle. In demselben Jahr wurde die Gegend durch Regenmangel, Heuschreckenschwärme und Cholera heimgesucht. Dies schrieben die Tschetschen den bösen Geistern zu, die in den Steinbildern gehaust hätten und frei geworden wären. Infolgedessen vermieden sie es ängstlich, von den Steinbildern zu sprechen, aus Furcht, daß man die Fabelwesen nochmals ausgraben und dadurch wieder Unglück über sie bringen könne. Sofort beschloß ich, dieser Angelegenheit nachzugehen."

„In Ras el Ain stieg ich bei dem Muchtar, dem Dorfschulzen der Tschetschen ab. Von den etwa 50 000 Kaukasiern, die hier 30 Jahre vorher angesiedelt waren, waren nur noch etwa 200 Familien übrig... Die Tschetschen waren gefürchtete Scharfschützen und Wegelagerer geworden, aber damals hielt sie Ibrahim Pascha in Abhängigkeit. Da wir aus seinem Lager kamen, wurden wir gastlich empfangen. Der Muchtar duldete nicht, daß wir unsere eigenen Zelte aufschlugen. In seinem Hause waren bald alle Bewohner des Ortes versammelt, um die Fremden zu sehen."

„Erst nachdem wir das Gastmahl eingenommen hatten, begann ich vorsichtig von den merkwürdigen Steinbildern zu sprechen. Wie vorausgesehen, wurde alles geleugnet. Ich ließ aber nicht nach, beschrieb die Steine und versprach den Tschetschen eine reiche Belohnung, wenn ich Führer zu der Fundstelle bekommen könnte."

„Alles war vergeblich. Darauf berief ich mich auf die Rechte der Gastfreundschaft und verlangte, daß man mir, dem Gaste, nicht die Unwahrheit sagen, sondern meine Bitte erfüllen sollte. Da schworen der Muchtar und die Dorfältesten auf den Koran, sie hätten nicht gelogen. Nun spielte ich meinen letzten Trumpf aus. Ich erhob mich und rief mit gellender Stimme meine Leute, die mich begleitenden Soldaten und Beduinenführer herbei. Ich brüllte einen Fluch auf meine Wirte, die auf den Koran falsch geschworen hätten. Ich sagte ihnen auf den Kopf zu, daß sie bei Beerdigung eines Toten dicht bei Ras el Ain auf die Steinbilder gestoßen seien, daß in demselben Jahre eine Mißernte entstanden wäre und daß sie deshalb aus Furcht vor den bösen Geistern schweigen zu müssen glauben."

„Nun gab es eine dramatische Szene: Alle Tschetschen erhoben sich. Einzelne zogen die langen schmalen Dolchmesser: etwas Derartiges war den jähzornigen, stolzen Kaukasiern noch nicht begegnet. Meine Soldaten sprangen mir zu Seite. Die Lage wurde bedrohlich. Ich rief den Tschetschen zu, sie sollten ihrem Falscheid nun noch die Tötung des Gastes im eigenen Hause hinzufügen. Im letzten Augenblick traten drei alte Tschetschen und die Führer dazwischen, die mir von Ibrahim Pascha mitgegeben worden waren. Der Muchtar, sonst ein ganz ordentlicher Mann, schämte sich augenscheinlich des unwürdigen Verhaltens. Es wurde plötzlich still, und ich schickte mich an, mit allen meinen Leuten das ungastliche Haus und das Dorf zu verlassen, als der Muchtar sein Unrecht eingestand und mich bat, zu bleiben; hierauf versprachen die Tschetschen feierlichst, mich auf den Hügel zu führen, auf dem die Steinbilder gefunden worden wären."

„Am folgenden Tage, dem 19. November 1899, brachten sie mich zu dem Tell Halaf. Am Abend vorher waren wir nichtsahnend an diesem Hügel vorbeigezogen, als wir bei einer oberhalb gelegenen Furt den Chabur überschritten, um nach Ras el Ain zu reiten."

„Ich konnte nun die erste Schürfung durch Tschetschen und Beduinen ausführen lassen, Leute eines kleinen, halbnomadischen Stammes, die gerade für die Tschetschen aus Ras el Ain die Ernte heimbrachten. Ungeahnte Überraschungen wurden mir zuteil — es war ein Wendepunkt in meinem Leben. Zunächst wurde der Spaten an der Stelle angesetzt, an der die Tschetschen seinerzeit bei dem Versuche, den Toten zu bestatten, auf jene merkwürdigen Steinbilder gestoßen waren."

„Nur drei Tage lang ließ ich hier arbeiten, aber ich konnte bereits in dieser kurzen Zeit einen Teil der großen Hauptfassade des Tempelpalastes freilegen und — abgesehen von mehreren großen, schönen Reliefplatten — die Reste einiger Rundstatuen entdecken, unter denen sich auch meine verschleierte Göttin befand. Alle diese Steinbilder waren aus Basalt. Die Bloßlegung der verschleierten Göttin war ein Erlebnis. Das große, dunkle Frauenbild mit der fliehenden Stirn, den schmalen Lippen und dem mystischen Gesichtsausdruck, der noch durch einen großen, schwarzen, ovalen Augenkern in ganz schmalem, weißem Rändchen erhöht wurde, zog mich in seinen Bann."

„Wir hatten weder die erforderlichen Gerätschaften, die Zeit, noch eine Grabungserlaubnis, um weitergehende Untersuchungen anzustellen. Sorgsam bedeckten wir daher die freigelegten Steinbilder wieder mit Erde. Nur schweren Herzens trennte ich mich so rasch von diesem Platz, aber gerade meine feste Absicht, später wiederzukehren, um ihn dann systematisch auszugraben, machte dies notwendig."

Oppenheim beschreibt dann, daß er erst viel später die Ausgrabung beginnen konnte. Er zog, wie er sagt (S. 17), seinen Diplomatenrock aus und wurde Ausgräber. Seine beste Hilfe wurde Dr. Felix Langenegger, ein Architekt, der schon mit Koldewey gegraben hatte. Noch andere Architekten, ein Arzt und mehrere tüchtige Eingeborene von seinen früheren Expeditionen waren seine Haupthelfer. Manchmal standen 200 Armenier in seinen Diensten, manchmal auch 550.

Oppenheim fand den Palast, eine Fülle von Reliefs. Die Grabung mit eigenem Expeditionshaus, fand statt bis Ende 1913. Dann unterbrach der Krieg die weiteren Möglichkeiten.

Im Jahre 1927 kehrte Oppenheim zurück zum Tell Halaf, aber erst im März 1929 konnte eine neue Kampagne beginnen. In dieser Zeit beteiligte sich an den Grabungen der erfahrene Ausgräber ERNST HERZFELD, geb. in Celle am 23. 7. 1879, gestorben in Basel am 21. 1. 1948. Von 1918—35 war er Prof. für Altertumskunde in Berlin, von 1936—44 in Princeton (N. Y.). Er hat mit fast allen großen Ausgräbern gearbeitet, er war es, der auch Samarra ausgegraben hat. Seine wichtigsten Werke sind: Iranische Felsreliefs, mit F. Sarre, 2 Bd. 1910, 2. Aufl. 1920. — Archäol. Reise im Euphrat- u. Tigrisgebiet, mit Sarre, 4 Bd. 1910—1920. — Am Tor von Asien, 1920. — Die Ausgrabungen von Samarra, 6 Bd. 1921—48. — Archäol. Mitteilg.

aus Iran, 9 Bd. seit 1929. — Iran. Denkmäler, 4 Bd. 1932—33. Altpersische Inschriften, 1938. — Iran in the Ancient East, London 1941.

Herzfeld hat nach den stilistischen Formen eine Datierung gegeben (in: Frh. v. Oppenheim, Der Tell Halaf, 1931 S. 225—233). Er nennt für die großen Götterbilder die Zeit um 2400 v. Chr., Tell Halaf III. Tell Halaf II mit den großen Reliefs, den Orthostaten, ist die Zeit um 2800 v. Chr. Die Zeit der kleinen Orthostaten ist TH I, die Epoche um 3300—3000 v. Chr.

Nun ist die Zeitbestimmung tatsächlich äußerst schwierig, zumal für die Zeit bis 1950, ehe die Radiokarbon-Datierung zu verwenden war. Herzfeld selbst spricht von der „hoffnungslosen Verwirrung der altbabylonischen Chronologie und der Unbestimmbarkeit der altorientalischen Zahlen" (ebd. S. 231). Die Keramik mit bunter Bemalung muß dann vor 3000 liegen.

Felix Langenegger spricht von 5 Schichten (ebd. S.235) bei einer Durchschnittshöhe des Hügels von 20 Metern.
1. Die Buntkeramik der Urbewohner, unmittelbar über dem Felsen
2. Schicht der Kapara-Dynastie mit zwei Bauepochen
3. die assyrische Schicht
4. die hellenistische Schicht
5. die arabische Schicht.

Eine völlig andere Datierung bringt ein so bedeutender Kenner der altorientalischen Kulturen wie ECKHARD UNGER in: Ebert, Reallexikon d. Vorgeschichte, Bd. 4, S. 580, 1926, unter dem Titel: Gusana, dem alten Namen des Tell Halaf. Unger spricht von zwei Perioden der Bildwerke, 1050 v. Chr. als erster Stufe, um 800 als zweiter Stufe. Es liegen Jahrtausende zwischen diesen Datierungen der beiden erfahrenen Forscher.

Unger belegt seine Daten mit Datierungen auf Keilschrifttexten (E. Unger, Hethitische und aramäische Kunst, Archiv für Keilschr. I, S. 78f). Herzfeld geht aus von stilistischen Gegebenheiten.

Nun ist der Stil von Tell Halaf in den Bildwerken völlig verschieden von dem der Babylonier und dem der Assyrer, auch von dem der Sumerer. Es ist eine festere, mehr starre Kunst am Rande der damaligen großen Welt. Sind es nun Frühformen, sind es Spätformen, oder ist es ein eigenes, andersartiges Schaffen? Unger bezeichnet diese Kunst als syrisch-aramäisch, Oppenheim spricht von subaramäischer Kultur (ebd. S. 65).

So ist es um 1930 völlig unklar um diese Kunstwerke. Man kennt nicht das Volk, das sie geschaffen hat, nicht die Zeit, in der sie hergestellt worden sind. Die führenden Wissenschaftler sind sich nicht einig.

Ich darf bemerken, daß ich mehrmals eingeladen war in der Wohnung von Frh. v. Oppenheim in Berlin. Er hatte die Funde zum Teil der Vorderasiatischen Abteilung des Kaiser Friedrich Museums in Berlin gegeben. Einen anderen Teil hatte er aufgestellt in einem eigenen Privatmuseum in Berlin, Franklinstraße 6. Da standen die Götterstatuen, die Tierkolosse, die Sphinxe, die Reliefplatten, die bunte Keramik, als Zeugen längst vergangener Welten. Wir haben zusammen das Museum besichtigt, und dann, zu Hause, fragte mich Oppenheim nach meiner Datierung. Auch ich konnte natürlich nicht in die Gegensätzlichkeit der Orientalisten eingreifen.

Nur Eines war klar: die Buntkeramik muß wenigstens dem 4. Jahrtausend angehören, vielleicht dem 5., sie lagert sich sicherlich vor die Erfindung der Schrift, ein Datum um 3000 v. Chr.

Das Alter der Reliefs und der Skulpturen hat sich erst sehr spät, erst nach 1940 deuten lassen. Im Jahre 1928 erschien das erste Werk von ALBRECHT GOETZE, Das Hethiter-Reich. Später, in Oslo 1933, sein anderes Buch: A. Goetze, Hethiter, Churriter und Assyrer. Auf S. 81—95 behandelt er das Altersproblem der Reliefs von Tell Halaf. Erst in dieser Zeit wurde die Datierung deutlicher. Goetze weist die Tell Halaf-Reliefs den Churritern zu, er spricht von der Beziehung der Kunstwerke von Sendschirli zu denen von Tell Halaf.

Die Churri, im Alten Testament Chori, sind ein Stamm im nordwestlichen Mesopotamien und Nordsyrien. Sie sind nach den sprachlichen Texten weder indogermanisch noch semitisch. Das älteste schriftliche Zeugnis stammt aus dem östlichen Assyrien, es gehört der Zeit um 2200 an. Aus dem Gebiet des Van-Sees dringen dann die Churriter um 1600 vor nach Mesopotamien und Ägypten. Um 1400 entfaltet der Staat seine größte Macht unter König Tuschratta. Bald danach wird das Volk besiegt von dem König der Hethiter, Suppiluliuma. Gegen 1000 v. Chr. verschwinden die Churriter aus der Geschichte. Die Reliefs von Tell Halaf werden churritisch sein, sie sind aber offenbar zum zweiten Male verwendet worden von dem aramäisch-hethitischen Fürsten Kapara. Sein Name ist zu lesen. Er beherrscht das Gebiet des Tell Halaf im 9. Jahrhundert v. Chr. Unter Adadnirari, 809—782, wird es assyrisch.

Die Sprache der Churriter ist bekannt aus einem Brief des Königs Tuschratta an Amenophis III. von Ägypten, aus Texten von den hethitischen Archiven aus Boghazköy, aus Mari und aus Ugarit. Der zweirädrige Kriegswagen, mit Pferden bespannt, wurde von den Churritern eingeführt nach Vorderasien. Ein Buch über die Behandlung und Wartung der Reitpferde von einem Churriter mit Namen Kikkuli ist erhalten in hethitischer Übersetzung und in einer leicht veränderten Wiedergabe in assyrischer Sprache.

So sind in der ersten Hälfte des 20. Jahrhundert neben den Hethitern auch die Churriter mit den von ihnen beherrschten Mitanni aus dem Dunkel der Erwähnung in der Bibel in das Licht des Wissens getreten. Aber wie bei den Hethitern war ihre Hauptstadt völlig unbekannt.

Die Entdeckung gelang im Jahre 1925. Wieder war es wie ein Abenteuer. Arme Bauern verkauften in der Gegend von Kirkuk, in Nordost-Irak, gebrannte Tafeln mit seltsamen Zeichen. Ein Käufer dieser Tafeln war DR. EDWARD CHIERA, ein amerikanischer Gelehrter, Prof. der Assyriologie an der Univ. Chicago, der Verfasser des Buches: They wrote on clay, Chicago 1953, deutsch: Sie schreiben auf Ton, Zürich, 3. Aufl. o. J. 1956.

Chiera fragte die Bauern nach der Herkunft der Tafeln, und sie gaben an Nuzi, Nuzu, heute Jorgan Tepe südwestlich von Kirkuk, Irak. Die Ausgrabung wurde durchgeführt von E. Chiera, R. F. S. Starr und R. H. Pfeifer von 1925—31. Große Palastanlagen konnten festgestellt werden, mehrere Tempel, Privathäuser, Straßen,

Wandmalereien in den Häusern und Palästen. Das Wichtigste war das große Tontafel-Archiv mit 4000 Tafeln. Sie stammen vor allem aus der Zeit der churritischen Oberherrschaft in Nord-Mesopotamien, der Epoche um 1400 v. Chr. Die Texte sind in akkadischer Sprache mit churritischen Wendungen abgefaßt und berichten über Geschäfte, über Rechtsverhältnisse, über Wirtschaftsfragen. Die Namen sind churritisch. Der Bericht ist: R. F. S. STARR, Nuzi, 2 Bd. Cambridge, Mass. 1937—39.

Heute ist Kirkuk die Hauptstadt der Provinz, das Zentrum der irakischen Ölfelder.

Über die Hethiter ist die Literatur sehr groß. Die wichtigsten Werke sind, neben denen von A. Goetze diese: A. SCHARFF u. A. MOORTGAT, Ägypten und Vorderasien im Altertum, 1950. — O. R. GURNEY, The Hittites, London, 3. Aufl. 1961. — C. W. CERAM, Enge Schlucht und schwarzer Berg, 1968. — F. FRIEDRICH, Entzifferungsgesch. der hethitischen Hieroglyphenschrift, 1940. — I. J. GELB, Hittite hieroglyphs, 2. Aufl. Chicago 1942. — E. LAROCHE, Les hiéroglyphes hittites, Paris 1966. — A. MOORTGAT, Bildwerk und Volkstum zur Hethiterzeit, 1934. — E. AKURGAL, Späthethitische Bildkunst, Ankara 1949. — TH. BERAN, Die hethit. Glyptik, 1965.

Von der Literatur über die Churriter ist zu nennen außer dem Werk von A. Goetze: E. A. SPEISER, Introduction to Hurrian, New Haven 1941. — I. J. GELB, Hurrians and Subarians, Chicago 1944. — H. G. GÜTERBOCK, Kumarbi, Istanbul 1946.

Zu den Bildwerken von Tell Halaf sagt HARTMUT SCHMÖKEL in: Funde im Zweistromland, Göttingen 1963 das Folgende (S. 237): „Zutage kam neben markanter prähistorischer Keramik der aramäische Fürstensitz des Kapara, Sohnes des Chadianu, aus dem 9. Jahrhundert v. Chr., der das Gebiet von Bit Bachiani beherrscht.... und seine Residenz, wenn auch provinziell, so doch kunstsinnig und prachtvoll ausgestattet hatte. Ihren Mittelpunkt bildete der als „chilani-Haus" mit zwei hintereinander liegenden Querräumen und breitem Portal gestaltete Tempel hoch über der Stadt, dessen Sockel an der Ost- und Westfront Relief-Orthostaten bedeckten; den monumentalen Eingang, der beiderseits von geflügelten Sphingen flankiert war, stützten drei auf Tierkolossen stehende, vollplastische Götterstatuen. Nordöstlich vom Heiligtum lag auf einem hohen Lehmziegelmassiv, in dessen Vorderseite zwei riesige Basaltstatuen thronender Göttinnen eingemauert waren, der Königspalast."

„Anders als in Babylonien, konnten die Bildhauer von Guzana (Tell Halaf) über reichliches Steinmaterial verfügen, das neben Kalkstein vor allem aus Basalt bestand; man holte ihn vom einst vulkanischen Berg Kbise im Quellgebiet des Chabur. Aus ihm formten sie jene archaisch-starren, aber gerade darum sehr eindrucksvollen Werke der Rund- und Reliefplastik, die vor allem an den Toren der Tempelmauer und im Heiligtum selbst ans Licht kamen und bis zum 2. Weltkrieg vom Ausgräber in einem eigenen kleinen Museum in Berlin aufgestellt waren. .... Wir nennen neben der 1,8 m hohen „Großen Göttin", die aus einer Gruft im Südteil des Lehmziegelmassivs geborgen wurde, ... Fürsten und Fürstin..."

„Tell Halaf bescherte uns damit eine einzigartige Blütenlese nicht nur des späthethitisch-aramäischen Kunsthandwerkes, sondern einen Eindruck vom Glaubens- und Alltagsleben der weiten nordmesopotamischen und syrischen Gebiete während des 1. Drittels des letzten vorchristlichen Jahrtausends (1000 bis 966). Diese Lande wurden gegen Ende des 8. Jahrhunderts v. Chr. durch Tiglatpilesar III. und Sargon II. dem neuassyrischen Reich einverleibt, und mit ihrer staatlichen Selbständigkeit ging bald auch ihre eigenwillige Kunst verloren."

So sind die Skulpturen und Reliefs von Tell Halaf in der Zeit des Anfanges des letzten Jahrtausends v. Chr. eingebaut worden. Aber sie können doch älter sein, sie mögen eine zweite Verwendung erfahren haben. So bleiben immer noch Dunkelheiten übrig.

Die prähistorischen Funde von Tell Halaf hat HUBERT SCHMIDT (1864—1933) bearbeitet, er war ein besonders guter Kenner des Neolithikums. Seine Arbeit trägt den Titel: Tell Halaf I. Die prähistorischen Funde, 1943. Gerade in dem Jahre, 1943, als das Buch erschien, schlug eine Bombe ein in das Museum von Oppenheim in der Franklinstraße. Alle die wertvollen Funde wurden vernichtet. Erst nach dem Kriege, bei den Aufräumungsarbeiten in Berlin, mußten die Skulpturen und die Keramik von Tell Halaf zum zweiten Male ausgegraben werden. Darüber berichtet JOACHIM REHORK, Faszinierende Funde, Archäologie heute. Gustav Lübbe Verlag, Bergisch-Gladbach 1971. — J. MELLAART, Earliest civilizations of the Near East, London 1965.

Die prähistorischen Funde von Tell Halaf fanden ihre Bestätigung durch Grabungen, die Ernst Herzfeld durchführte in Samarra, zusammen mit Friedrich Sarre (22. 6. 1865—31. 5. 1945). Die Stadt liegt im Irak, am Ostufer des Tigris, 110 km nördlich von Bagdad. Sie ist eine Stadt der Kalifen des 9. Jahrhunderts v. Chr., vor allem in der Zeit von 836—892. 1967 besuchte ich Samarra und der eigenartige schraubenförmige Turm fiel mir besonders ins Auge. Es ist der Überrest der Großen Moschee, die der Kalif Mutawakki (847—861) erbaut hat. Dieser Turm, von den Eingeborenen El Malwiya genannt, besitzt etwas Seltsames: einen schraubenförmigen schräg aufsteigenden Zugang zur Spitze auf einem rund um den Turm verlaufenden Wendelweg. Er ist ohne Gitter. Wahrscheinlich wollte der Kalif einen Turm bauen, wie er sich den von Babylon erdachte. Herodot spricht von der umlaufenden Treppe, jedoch Herodot hat ihn um 455 nur als Ruine gesehen. Xerxes hatte den Turm zerstört im Jahre 480. Vorher hatte ihn schon Sanherib (705—689) vollständig zerstört, aber Assarhaddon (680—669) hatte ihn wieder aufbauen lassen. Nicht einer der heute noch stehenden Zikkurats besitzt den schraubenförmigen Umgang. Aber so können Berichte der Antike wirken.

Herzfeld und Sarre fanden Gräber, und in ihnen eine Keramik, bemalt, ähnlich der von Tell Halaf. Die Bemalung deutet vielfach die vier Weltgegenden an, das Kreuz und das Hakenkreuz erscheinen in der Mitte (HERMANN MÜLLER-KARPE, Handbuch d. Vorgeschichte, Bd. II, München 1968 Taf. 62 Abb. 2, 4, 7 oder: André PARROT, Sumer, München 1960, S. 45.) Diese Keramik ist verbunden mit anderen Gegenständen, mit Steinbeilen und Schmuckketten.

Tell Halaf hatte noch weibliche Statuetten erbracht, ganz ähnlich denen der Bandkeramik im östlichen Europa.

Mit der keramischen Schicht von Tell Halaf und der von Samarra war vor 1914 zum erstenmal eine Schicht angeschnitten worden, die neolithischen Charakter trägt. Sie liegt zeitlich weit vor den Sumerern, also vor 3000. So berichtet André Parrot in seinem mehrfach genannten Werk: Archéologie mésopotamienne, Paris 1946 S. 250: „Tell Halaf et Samarra avaient donc, dès avant 1914, fourni le témoignage de la plus ancienne civilisation mésopotamienne, celle du IV. millènaire." Es ist dazu zu bemerken, daß seit 1950 das 5. Jahrtausend angenommen werden muß, seit die Radiokarbon-Datierung für die tiefste Schicht von Uruk, 4115 ± 160 Jahre ergab. (ADAM FALCKENSTEIN in: Fischer Weltgeschichte, Bd. 2, 1965 S. 32).

FRIEDRICH SARRE war neben Herzfeld der Ausgräber von Samarra. Er war einer der wissenschaftlichen Mitarbeiter des Kaiser Friedrich Museums in Berlin, der Leiter der islamischen Abteilung. Seine wichtigsten Veröffentlichungen sind diese: Denkmäler persischer Baukunst, 1910. — Iranische Felsreliefs, 2 Bd. 1910, mit Herzfeld. — Die Kunst des alten Persien, 1922. — Die Keramik von Samarra, 1925. — Altorientalische Teppiche, 2 Bd. 1926, mit Trenkwald. Frau Sarre habe ich mehrmals in Ascona am Lago Maggiore besuchen können, sie hat mir viele Einzelheiten der Grabung von Samarra mitgeteilt.

So war bis rund 1930 tatsächlich der Wunsch der Forscher dieses Gebietes in Erfüllung gegangen, man hat die Schichtenfolge erkennen können.

In dem Buch von KAISER WILHELM II. vom Jahre 1936: Vergleichende Zeittafeln der Vor- und Frühgeschichte Vorderasiens, Ägyptens und der Mittelmeerländer, Leipzig, K. F. Koehler Verlag, unter Mitarbeit vieler Gelehrter, werden folgende Stufen genannt (abgekürzt):

8000—5000: Entstehung der ersten Kulturen in den hochgelegenen Steppen
5000—4000: Erste Ansiedler in Unter-Mesopotamien. Bemalte Keramik in Uruk, Ur, Lagasch, Nippur
4000—3700: El Obeid-Periode, Stempelabdrücke in Ton. Anfänge von Kupfer (aeneolithisch)
3700—3400: Uruk- Periode, Beginn der Sumerischen Kultur (Uruk XI-VII). Erste Blütezeit (Uruk VI-IV), Anu-Zikkurat.
3400—3100: Dschemdet-Nasr-Periode, Ansätze zur Keilschrift. Allmähliches Eindringen der ersten Akkader
3100—3000: Kultureller Übergang zur früh-dynastischen Periode.
3000: Früh-dynastische Periode (Tell Asmar, Chafadje)
2900—2600: Hohezeit. Königsgräber von Ur. König A-anni-padda
2570: Priesterkönig Urukagina von Lagasch wird besiegt von Lugalzaggisi, König von Sumer
2560—2400: Herrschaft der Akkader, Semiten. Sargon von Akkad
2400—2300: Zerstörung des Akkader-Reiches, Gudea, Priesterfürst von Lagasch
2300—2200: Sumerische Renaissance unter der dritten Dynastie von Ur. König Schulgi 2276—2231
2000: Allmähliches Verschwinden der Sumerer

1955—1913:	Hammurabi, Fürst von Babylon, wird Herr des früheren sumerischen Reiches (neuere Datierung: 1728—1686)
1800:	Indogermanische Völkerwanderung
1758:	Die Hethiter unter Murschilisch I. erobern Babylon (neuere Datierung: 1530)
1700—1200:	Kassitenreich in Babylon
1700—1400:	Churritisches Reich, Subaräer in Ober-Mesopotamien, Tell Halaf
1700:	Hethiter-Reich in Kleinasien, Boghazköy (neuere Datierung: 1370—1200)
1600:	Abraham wandert aus Ur nach Kanaan
1460:	Mitanni-Reich, Verschwägerung mit Pharaonen der XVIII. Dynastie
1400—1350:	El Amarna Periode in Ägypten. In Phönizien Blüte von Ras-Schamra, Ugarit
1385—1345:	Die Hethiter unter Schubbiluliuma vertreiben Ägypter aus Syrien, erobern Mitanni-Reich
1350:	Assurballit I. von Assyrien, Herrscher von Mesopotamien
1248:	Assyrerkönig Tukulti-Ninurta erobert Babylon
1250:	Niedergang des Hethiter-Reiches
1200:	Moses gründet die hebräische Gesetzesgemeinschaft
1000:	David König in Israel
975— 935:	Salomo König in Israel
850:	Salmanassar III. assyrischer König
805— 782:	Militärisches Einheitsreich Assyrien
745— 727:	Tiglatpilesar III. erobert Syrien, Phönizien, Palästina
721— 702:	Sargon II.
705— 681:	Sanherib macht Ninive zur Hauptstadt des assyrischen Reiches. 689 Zerstörung von Babylon
668— 626:	Assurbanipal. Glanzzeit für Ninive
614— 610:	Meder und Babylonier erobern Ninive (612), Zerstörung des assyrischen Reiches
605:	Nebukadnezar I. von Babylon besiegt Ägypter bei Karkemisch
604— 562:	Nebukadnezar II. Neue Blütezeit Babylons. 586 Jerusalem zerstört
539:	Babylon wird erobert von dem Perserkönig Kyros
500:	Herrschaft der Perser in Vorderasien und Ägypten

Überblickt man die gewaltigen Zeitspannen der Kultur Mesopotamiens, dann erkennt man, daß sich der Blick auf diese Welt von 1900 bis 1930 erstaunlich erweitern konnte.

Neue Dimensionen der Geschichte des Vorderen Orients waren gewonnen worden. Vor Babylonien und Assyrien, vor den Sumerern, liegt die Kultur von Djemdet Nasr, offenbar die Anfänge der Sumerer bedeutend. Davor liegt die Strate von El Obeid, aber die Keramik von Tell Halaf und Samarra liegt noch davor. Nach der heute herrschenden Meinung, begründet auf Radiokarbon-Datierungen gehört sie der Zeit um 5000 an. Den Beginn des Chalcolithikums, des Neolithikums mit Verwendung von Kupfer, setzt ein so guter Kenner wie Adam Falkenstein in die Zeit um 5500 v. Chr. (A. Falkenstein in: Fischer Weltgeschichte, Bd. 2, 1965 S. 56).

Die Schichtengrabungen der Archäologen haben ihren Sinn, ihre Bedeutung bestätigt. Die historische Sicht hat sich erweitert von den Assyrern zwischen 700 und 600 bis um 5500 v. Chr.

Nun stellte sich eine neue Aufgabe, und wieder konnte sie ihre Erfüllung finden. Als ein zentrales Problem ergab sich das neu gefundene Volk der Sumerer mit ihrer eigenartigen, völlig andersartigen Kunstgestaltung. Die europäischen und auch die amerikanischen Forscher sahen es als ihr wichtigstes Ziel an, die Welt der Sumerer stärker als bisher zu erfassen, in Ausgrabungen, in Funden und auch in Keilschrifttexten. Die Frage trat in den Vordergrund, wie lebten diese Sumerer, die um fast 1900 noch fast unbekannt waren. Wie war ihr tägliches Leben, wie ihre Religion, wie ihre Kunst, wie ihre Wirtschaft. Es sind vor allem drei Grabungen, die in der Lage waren, die Antwort zu geben: Ur — Uruk-Warka — Mari. Diese Grabungen und Erforschungen umspannten die Zeit rund zwischen 1925 und 1950.

Eine der erfolgreichsten Grabungen war die von Ur im südlichen Mesopotamien, 180 km nordwestlich von Basra am Persischen Golf. Der Berghügel hat die Größe von 1300 Metern zu 900 Metern. Der Fundplatz liegt von weitem sichtbar in der Wüstenebene. Ich habe ihn am 24. April 1967 besuchen können. Der Weg im Autobus war schwer, ein Sandsturm kam auf. Die uns führenden Iraker hatten die Richtung verloren und der Wagen brach ein in eine Salzschicht. Die Räder sanken in den Sand ein, die Nacht kam, und wir sahen keine Hoffnung, den Wagen frei zu bekommen. Allmählich legte sich der Sandsturm, aber die Sterne traten nicht hervor. Die Eingeborenen finden ihre Wege durch die Stellung der Sterne. In der Dunkelheit ist die Wüste unheimlicher als das Meer. Das Meer hat immer Bewegung, immer Leben, aber die Wüste ist endlos, sie besitzt kein Leben. Tot und erstarrt lagert sich die unendliche Weite.

Wir warteten stundenlang, ob nicht irgendwo ein Licht erscheinen könne, ein anderer Wagen, der uns Hilfe brächte. Alles war so still, wie nur die endlos weite Wüste still sein kann. Da, plötzlich, leuchtete ein Licht am Horizont. Unser Wagen blinkte Antwort und langsam kam ein Öltanker näher. Auch er hatte sich verfahren. Aber der Tanker hatte Stricke, sie wurden angebunden an unseren Wagen, ein Ziehen, wieder und wieder, und plötzlich bewegte sich der Wagen und langsam hoben sich die Räder aus Sand und Salz. Dann war er frei.

Aber wir wußten nicht wo Ur liegt, nicht die Iraker, nicht die Führer des Tanks. Die einen wiesen nach vorwärts, die anderen nach rückwärts, die einen nach rechts, die anderen nach links. Dann fuhren wir los, erst gerade aus, dann wieder drehend rückwärts, da erschien ein Stern am Himmel, es entstand ein Palaver, welcher Stern es sei, und dann gab der älteste die Richtung an. Er hatte recht, nach einer halben

Stunde Fahrt erblickten wir die kleinen Lichter der Hütten von Nasirija in der Nähe von Ur.

Als wir ankamen, sahen wir die für uns aufgerichteten Zelte, den langen Tisch im Freien. Es war Hammelfleisch vorbereitet und gebratene Fische. Es war Mitternacht geworden.

Am Morgen lag vor uns der Hügel von Ur, und auf ihm erkannte man die Zikkurat. Dieser Tempelberg, der Stufenturm, steht gewaltig in der Landschaft. Er ist rechteckig, seine Maße waren 62,50 Meter zu 43 Metern. Noch heute ist er 26 Meter hoch. Von 1963—1966 ist er von den amerikanischen Archäologen vollständig freigelegt worden. Die oberste Spitze allerdings fehlt. Eine große Treppe führt in der Mitte hinauf, rechts und links zwei andere Treppen.

Diese Zikkurat ist die heute am besten ausgegrabene überhaupt. Woolley konnte neben dem Tempel die Kapelle der Göttin Nannar feststellen und den großen Hof, er heißt: E-temen-ni-gur. Ein rechteckiger Tempel der Göttin Ningal konnte frei gelegt werden in seinen Fundamenten und zwei andere. Heute sind manche Fundamente eingeebnet, aber der große Turm überragt alles.

André Parrot hat zweifellos recht, wenn er in seinem Buch: Archéologie mésopotamienne, Paris 1946, S. 288 erklärt:

„De toutes les tours à étages de Mésopotamie, la ziggurat d'Ur est certainement la mieux conservée. Elle domine de quelque vingt mètres le champ des ruines. Son origine remonte aux temps de la première dynastie et cette construction primitive constitua le noyau central de la tour élevée par les grands bâtisseurs d'Ur III, Ur-Nammu et Dungi. Elevée sur plan rectangulaire (62,50 m × 43 m) sa masse était en briques crues, enserrée dans un solide coffrage en brisques cuites. Sur la face sud-est, un triple escalier en forme de T assurait l'accès de la terrasse du premier étage, d'où par un autre escalier on montait au deuxième étage et enfin à la plateform supérieure, troisième étage, soubassement du sanctuaire du sommet".

Der Turm ist nach den aufgefundenen Gründungsinschriften das Werk der ersten Könige von Ur um 2700 v. Chr. Unter ihm findet sich ein älterer Tempel aus der Djemdet Nasr-Periode, 3100—2900. Der jetzt sichtbare Bau gehört der Zeit der dritten Dynastie, 2124—2015 an. Von Nebukadnezar II. (605—562) wird in den Inschriften berichtet, daß er den Turm veränderte und erhöhte. Als die Perser die Stadt erobert hatten, im selben Jahr wie Babylon, 539 v. Chr., verlor die Zikurrat an Bedeutung, die Stadt lag nicht mehr am Persischen Golf und auch nicht mehr am Euphrat. Die wichtige geographische Lage hatte sich verändert. Die Flüsse, Euphrat u. Tigris, hatten so viel Land angeschwemmt, daß Ur fast 400 km vom Meere entfernt liegt. So blieb der Turm erhalten, fast ganz in seiner ursprünglichen Form.

Vor Woolley hatten andere Ausgräber den Wüstenhügel von Ur angeschnitten. Der britische Konsul in Basra, J. E. Taylor, war beauftragt vom British Museum in London, einige Fundstätten im Süden Mesopotamiens zu untersuchen. Im Jahre 1853 besuchte er den Hügel, den die Eingeborenen bezeichneten als Tell al Muqajar, Pechhügel. Er fand Inschriften, sie machten es sicher, daß die namenlose Ruine nichts anderes war als Ur, die Heimatstadt Abrahams, wie schon erwähnt.

Dann blieb der Hügel lange Zeit unberührt. Im Jahre 1918 grub R. Campbell Thompson, vor dem Kriege Assistent am British Museum und während des Krieges beim Nachrichtenstab der britischen Armee, in Eridu, wie berichtet, aber auch in dem von Eridu nicht weit entfernten Ur. Danach grub H. R. Hall im Winter 1918—1919 in Ur, Eridu und El Obeid. Aber diese Arbeiten waren nur Voruntersuchungen.

Die erste Kampagne von Woolley fand statt von November 1922 bis Februar 1923, die zweite während des Winters 1924, die dritte bis fünfte 1925, 1926, 1927. Die sechste Kampagne vom 17. Oktober 1927 bis zum 18. Februar 1928 brachte das große Ergebnis, die Entdeckung der Königsgräber. WOOLLEY berichtet darüber zuerst in Antiquaries Journal, Bd. VIII, 1928, S. 415—448.

Die siebente Kampagne vom 24. Oktober 1928 bis Februar 1929 galt der weiteren Erforschung der Königsgräber und dem Tempel der Nannar. Die achte Kampagne arbeitete vom 1. Nov. 1929 bis 19. März 1930. Bei der neunten Kampagne, vom 1. Nov. 1930 bis zum 20. März 1931 wurden die Königsgräber von Dungi (Shulgi) und von Bur-Sin gefunden.

Die zehnte bis zwölfte Kampagne fand statt vom 25. November 1931 bis zum 25. Februar 1934.

Die Ergebnisse waren überraschend. Die Königsgräber brachten Harfen mit blau-rot-weißem Mosaik, den goldenen Kopfputz und den Halsschmuck der Hofdamen und der Königin, den goldenen Helm des Königs Mes-kalam-dug, seine goldenen Dolche und sein Siegel. Von der Königin Schub-ad wurden vier goldene Becher gefunden. Woolley datierte die Funde um 3100 (C. L. Woolley, Ur und die Sintflut, Leipzig 1930, S. 24). Es wird jetzt 2800—2600 angenommen.

Die Welt horchte auf. Etwas Ähnliches war noch niemals vorher aus der Erde getreten. Die Zeitungen aller Welt berichteten darüber, die großen Illustrierten Blätter brachten farbige Abbildungen.

Die Funde konnte ich in London im British Museum besichtigen, im Philadelphia Museum of Art, auch in Bagdad im Iraqi Museum.

Woolley berichtet selber (ebda S. 149 mit leichter stilistischer Verbesserung nach dem englischen Text):

„Das erste der Königsgräber bedeutete eine Enttäuschung, aber ganz am Ende der Saison 1926/27 gab es zwei bedeutsame Entdeckungen. Am Boden des Erdschachtes fand sich unter einer großen Zahl kupferner Waffen der berühmte goldene Dolch von Ur. Es war ein wunderbares Stück mit goldener Klinge und einem Heft aus blauem, mit Goldnägeln verziertem Lapislazuli, während die sehr schön gearbeitete Goldscheide ein Muster in durchbrochener Arbeit nach Art geflochtenen Grases zeigt. Bei ihm lag ein anderer, ebenso beachtenswerter Gegenstand, nämlich ein goldener Behälter in Kegelform mit Spiralmuster. Er enthielt einen Satz kleiner Kosmetikgeräte, und zwar Pinzetten, Lanzetten, sowie einen Stift, alles gleichfalls aus Gold. Noch nie hatte die Erde Mesopotamiens derlei Dinge preisgegeben; nun enthüllten sie eine bis dahin für diese Zeit nicht vermutete Kunstfertigkeit und versprachen für die Zukunft Entdeckungen, wie wir sie nicht zu erhoffen gewagt hatten."

S. 151: „Während der Kampagne 1927/28 und im Verlauf des letzten Winters kamen weitere Königsgräber zutage, von denen eigenartigerweise nie mehr als zwei einander ähnelten. Zwei große Gräber — beide ausgeplündert — bestehen aus einem Bau aus vier Räumen, der den Schachtboden völlig ausfüllt..."

„Nicht lange nach unserer Enttäuschung mit dem ausgeraubten Steingrab fanden wir während der Kampagne 1927/28 in einem anderen Abschnitt in einem flach abfallenden Graben nebeneinander fünf Leichen. Von den Kupferdolchen an ihren Gürteln und einem oder zwei kleinen Tonbechern abgesehen, hatten sie nichts von der üblichen Grabausrüstung, und nur die Tatsache fiel auf, daß sie in solcher Zahl beieinander lagen. Dann erschien unter ihnen eine Lage Matten. Wir folgten ihr und stießen auf eine weitere Gruppe von Leichen. Es handelte sich um zehn Frauen, die genau in zwei Reihen lagen. Sie hatten einen Kopfschmuck aus Gold, Lapislazuli und Karneol und trugen fein gearbeitete Halsketten aus Perlen; auch sie aber besaßen nicht die reguläre Grabausstattung. Am Ende der Reihe fanden sich die Überbleibsel einer wunderbaren Harfe, deren Holzteile zwar zerfallen, deren Verzierungen aber erhalten geblieben waren, was bei sorgfältiger Arbeit eine Rekonstruktion ermöglichte. Das hölzerne Querjoch hatte einen goldenen Überzug, und in ihm saßen Nägel mit Goldköpfen, die einst die Saiten gehalten hatten. Der Schallkasten zeigte einen Mosaikrand aus rotem Stein, Lapislazuli und weißer Muschel und, an der Vorderseite vorspringend, einen wundervollen, goldgetriebenen Stierkopf mit Augen und Bart aus Lapislazuli. Quer über den Resten des Instruments lagen die Gebeine des Harfenisten, dessen Haupt einst ein Goldschmuck geziert hatte."

„Nur wenig vom Eingang entfernt stand im Schacht ein schlittenartiger Wagen, dessen Gestellränder mit rotem, weißem und blauem Mosaik geschmückt waren und dessen Seitenbekleidung goldene Löwenköpfe mit Mähnen aus Lapislazuli und Muschel zeigte. Längs des oberen Querbretts befanden sich Löwen- und Stierköpfe aus Gold, und silberne Köpfe von Löwinnen schmückten die Vorderseite..."

„Nahe beim Wagen befanden sich ein eingelegtes Spielbrett und eine Sammlung von Werkzeugen und Waffen, unter anderem ein Satz Meißel und eine Säge aus Gold, große Schalen aus grauem Speckstein, Gefäße aus Kupfer und ein langes Rohr aus Gold und Lapislazuli — eine Trinkröhre, um Flüssigkeiten aus den Schalen aufzusaugen. Da waren ferner mehrere menschliche Leichen und die Trümmer eines großen Holzkastens, der eine Verzierung in Form eines Figurenmosaiks aus Lapislazuli und Muschel aufwies. Diese Truhe war leer, mochte aber vergängliche Dinge, etwa Kleidungsstücke enthalten haben. Hinter ihr lagen andere Opfergaben, wie z. B. zahlreiche Gefäße aus Kupfer, Silber, Stein, darunter hervorragende Stücke aus vulkanischem Glas, Lapislazuli, Alabaster und Marmor — sowie aus Gold..."

„An der Seitenmauer der Grabkammer lagen die Leichen von neun Frauen. Auch sie trugen einen Galakopfschmuck aus Lapislazuli- und Karneolperlen, von denen Goldanhänger in Form von Buchenblättern herabhingen, ferner große, halbmondförmige Ohrringe aus Gold und silberne Kämme"...

„Oberhalb der Leichen der „Hofdamen" hatte man eine hölzerne Harfe an die Wand gelehnt, von der nur ein Stierkopf aus Kupfer und die Muschelplättchen der Schallkasten-Verzierung erhalten waren. An der Seitenwand des Schachtes, und gleichfalls über den Leichen, fand sich eine zweite Harfe. Auch sie hatte einen schönen Stierkopf, diesmal aus Gold, dessen Augen, Bart und Haarspitzen aus

Lapislazuli bestanden, und eine nicht weniger wunderbare Einlage aus Muschelplättchen mit Ritzzeichnungen..."

„Die Grabkammer des Königs nimmt das eine Ende des offenen Schachtes ein..."

„An dem einen Ende lag auf den Resten einer Holzbahre die Leiche der Königin, neben ihrer Hand ein goldener Becher. Ihr Oberkörper war gänzlich unter einer Menge Perlen aus Gold, Silber, Lapislazuli, Karneol, Achat und Chalzedon verborgen. Von einem Kollier hingen lange Schnüre dieser Perlen herunter; sie hatten einst einen Überwurf gebildet, der bis zur Taille reichte und unten durch ein breites Band aus röhrenförmigen Lapislazuli- und Goldperlen abgeschlossen wurde. Am rechten Arm fanden sich drei lange Goldnadeln mit Köpfen aus Lapislazuli sowie drei fischförmige Amulette, zwei aus Gold und eins aus Lapislazuli; ein viertes, wieder aus Gold, stellte zwei liegende Gazellen dar."

„Wir sind oft gefragt worden, auf welche Weise die Opfer in den Königsgräbern wohl den Tod fanden. Es ist unmöglich, eine endgültige Antwort zu geben..." „Aber ebenso ist gewiß, daß sie tot oder zum mindesten ohne Bewußtsein waren, als die Erde eingeschaufelt und über ihnen festgestampft wurde. Denn anderenfalls hätte ein Todeskampf einsetzen müssen, dessen Spuren an den Leichen zu bemerken wären. Sie lagen aber alle friedlich beieinander; ihre Anordnung und Ausrichtung ist so einwandfrei, daß folgender Schluß sich aufdrängt: nachdem diese Menschen das Bewußtsein verloren hatten, muß jemand den Schacht betreten und letzte Hand angelegt haben. Die Feststellung, daß im Grab des Abargi die Harfen den Leichen zu Häupten lagen, beweist einwandfrei, daß eine Person noch einmal hinabstieg. Am wahrscheinlichsten ist die Annahme, daß das Totengefolge selbst zu seinen Plätzen schritt, dort eine Droge (etwa Opium oder Haschisch) einnahm und sich geordnet zur Ruhe legte. Wenn dann das Mittel seine Wirkung — Schlaf oder Tod — getan hatte, wurde letzte Hand an die Körper gelegt und schließlich die Grube zugeschüttet. Aus der Art, wie diese Menschen starben, ist irgendwelche Brutalität nicht abzulesen."

Durch diese Grabungen in Ur war die Welt der Sumerer plötzlich sichtbarer, faßbarer geworden. Es sind so viele Dinge des täglichen Lebens aus der Erde getreten, daß die Menschen dieser Zeit an Wirklichkeit gewonnen haben. Als Zeitstellung ist 3000—2600 anzunehmen, in diese Zeit gehören die archaischen Tontafeln. Aus der sumerischen Zeit liegen 250000 Tontafeln vor. Sie tragen fast alle einen wirtschaftlichen Inhalt. Sie künden von der Verwendung von Land, Menschen, Tieren, Pflanzen, Gerät und Werkzeug. Es wird in ihnen berichtet von Pflug und Wagen, von Schlitten und Schiff, von Spaten, Axt und Hacke, von Flaschen, Krügen, Bechern, Schalen.

Zuerst waren es Zeichen, dann wurden aus diesen Zeichen Silben. Auch Worte verschiedener Bedeutung wurden mit demselben Silbenwert bezeichnet, wenn sie zufällig gleichlautend waren. Etwa „ti" bedeutet einmal „Pfeil", dann aber auch „Leben". Beidemal wird dasselbe Silbenzeichen verwendet. Die Tafeln besitzen in der Uruk-Zeit, um 3000, die Größe von 4,5 zu 2,5 cm. Später, in der Ur I — Zeit, etwa 2500, erhalten sie die Größe von 11 zu 10 cm. Für die Abrechnung blieb aber die kleine Tafel 4 zu 4 cm erhalten, man konnte sie bequem in der Hand halten.

(H. Schmökel, Keilschriftforschung u. alte Geschichte Vorderasiens, Handb. d. Orientalistik, Leiden 1957, S. 12.)

Woolley glaubte, den Beweis für die Sintflut gefunden zu haben. An einigen Stellen in Ur fand er eine sterile, eine fundleere Schicht. Er meinte, das sei die Sintflut gewesen, und so trägt die deutsche Ausgabe seines Buches über Ur den Titel: Ur und die Sintflut, 1930.

Diese Annahme von Woolley hat sich nicht bestätigt. An anderen Fundstellen in Mesopotamien ist diese sterile Schicht nicht vorhanden. Die Flutsage ist auch nicht beschränkt auf Mesopotamien oder Palästina. Sie ist verbreitet über die Erde. Sie findet sich bei den Indianern, bei den Negern Afrikas, bei den Mongolen Chinas. Es kann sich also nur um ein weltweites Ereignis handeln. Die heutige Annahme ist die, daß die Erinnerung an die große Flut das Ende der Eiszeit ist, der Epoche, als das Eis abschmolz, als weite Teile der damaligen Welt überschwemmt worden sind.

Aus der Literatur über die Sinflut seien genannt: M. WISTERNITZ, Die Flutsagen des Altertums u. d. Naturvölker, 1901. — JOHANNES RIEM, Die Sintflut in Sage und Wissenschaft, Hamburg 1925. — A. HOHENBERGER, Die indische Flutsage, 1930. — WERNER MÜLLER, Die ältesten amerikanischen Sintflut-Erzählungen, 1930.

Eine andere wichtige Grabung ist die von Uruk, heute Warka. Das antike Uruk wird in der Bibel genannt unter dem Namen Erech (Genesis 10,10). Der Siedlungshügel liegt im südlichen Irak, rund 262 km südlich von Bagdad, 250 km nordwestlich von Basra am Persischen Golf.

Nach dem Kriege von 1914—1918 und als die Folgeerscheinungen überwunden waren, schlugen Walter Andrae und Julius Jordan der Notgemeinschaft der Deutschen Wissenschaft vor, in Uruk zu graben.

Schon im Jahre 1902 hatte Andrae die Fundstelle besucht, und vom 14. November 1912 bis 12. Mai 1913 hatte Jordan mit der Gruppe Koldewey in Uruk erste Versuchsgrabungen durchgeführt. Die eigentliche Grabung begann im März 1928, sie dauerte bis Frühjahr 1929, unter der Leitung von Walter Andrae und Julius Jordan. Das war die erste Kampagne.

Die elfte Kampagne fand statt vom 5. Dezember 1938 bis zum 26. März 1939. Verschiedene Leiter haben die Grabung durchgeführt und viele Gelehrte haben vorübergehend an ihr teilgenommen. Es seien genannt: A. Nöldecke (1931—1933), E. Heinrich (1933—1934), H. Lenzen seit 1931, Erik Schott (1932—1934), A. Falkenstein (1930—1938). Nach dem zweiten Weltkrieg wurde die Grabung fortgeführt und ist jetzt noch in Arbeit.

Die Grabung hat ihre Bedeutung dadurch gewonnen, daß sorgfältig mit der exaktesten Methode gegraben wurde. Es konnten nicht so großartige Funde gehoben werden wie in Ur, aber die Art der Grabung war mustergültig. Achtzehn Schichten konnten unterschieden werden bei einer Gesamtheit von 22 Metern.

Schicht XVIII—XVII, etwa 8 m groß, brachte Keramik im Stile der Obeid-Ware von 4500—4000. Radiokarbon-Datierung ergab 4115 (A. Falkenstein, in: Fischer Weltgeschichte, Bd. 2, 1965, S. 32).

Schicht XVI—XIV brachte Häuser aus luftgetrockneten Ziegeln, Keramik ebenfalls in der Art von El-Obeid.

Schicht XIII—IV ergab eine unbemalte Keramik, zuweilen geritzt. In allen Schichten Reste von Lehmziegelbauten.

Schicht VI—V brachte große Bauten mit länglich rechteckigen Ziegeln.

Schicht IV ist eine der wichtigen Straten von Uruk. Mauern wurden errichtet aus sogenannten Riemchen, Format der Ziegel: 16 zu 6 zu 6 cm. In dieser Zeit geschah der Ausbau des Eanna-Tempels, der Zikkurat. Stiftmosaik in Schicht IV b. Diese Strate endete in großer Brandperiode. Gegenstände aus Kupfer und Gold wurden gehoben. Siegelzylinder waren gebräuchlich. Die Zeitstellung ist um 3000.

Schicht III enthielt große Bauten. Kultischer Mittelpunkt ist die Zikkurat, in der heutigen Gestalt erbaut von Urnammu, dem ersten König der 3. Dynastie (2070—1955). Die Schicht erbrachte eine große Anzahl von Siegelzylindern, Tierskulpturen, eine weibliche Statuette.

1934 konnten Jordan und Preusser die Größe der Stadtmauer von Uruk feststellen. Es ergab sich eine Mauerlänge von 9,5 km mit rund 800 Halbkreistürmen bei doppeltem Mauerring. Die Mauerdicke ist 5 m, die Verböschung nach außen beträgt 1,25 m. Die Türme besitzen 4 m Durchmesser. (H. SCHMÖKEL, Keilschriftforschung u. Alte Geschichte Vorderasiens, Leiden 1957, S. 35.) Die Mauer erschien dieser Zeit, um 2700, so gewaltig, so bedeutungsvoll, daß ein Mythos über ihren Bau entstand. Der Gottmensch Gilgamesch, offenbar einer der Könige von Uruk, sollte sie errichtet haben. Darüber berichtet das Gilgamesch-Epos. (A. SCHOTT u. W. v. SODEN, Das Gilgamesch-Epos, 3. Aufl. 1962. — H. SCHMÖKEL, Das Gilgamesch-Epos, 1966.)

Kurz vor dem Abschluß der Grabung am Beginn des Krieges 1939—1945, kam ein viel beachtetes Kunstwerk zutage. Sehr lebendig berichtet HARTMUT SCHMÖKEL über die Aufdeckung in seinem Buch: Funde im Zweistromland, Göttingen 1963, S. 30:

„Beim Aufschlag einer Spitzhacke im Verfallschutt eines freigelegten Gebäudes hatte es jenen alarmierenden hellen Klang gegeben, den die Berührung von Stein und Metall hervorbringt; gut geschult, hatte der arabische Meister, der das Werkzeug führte, sofort eingehalten und H. Lenzen herangeholt. Dieser löste einen Klumpen, der zunächst wie ein großer runder Stein aussah, heraus und drehte das Fundstück um. Es war ein großer Augenblick, denn trotz des anhaftenden Erdreichs ließ die Unterseite ein lebensgroßes Frauenantlitz mit regelmäßigen Zügen erkennen, das nach der Schichtlage in die Dschemdet Nasr-Zeit um 2800 gehören mußte. Die Datierung ließ sich dadurch einwandfrei sichern, daß über der Fundstelle Tontafelreste aus dem jüngsten Teil dieser Periode lagen und sich über diesen wiederum Scherben aus einem Brennofen der — stratigraphisch nächsten — ältesten frühdynastischen Zeit fanden... Die 22 cm hohe Plastik (ist) heute im Irak-Museum..."

Kurze Zeit danach, hatte ich in Berlin Gelegenheit, JULIUS JORDAN zu sprechen, der mit H. Lenzen bei der Entdeckung in Uruk dabei war. Er erzählte mir viel über die Grabungen, wie später auch Frau Jordan, die uns öfters besucht hat. Sie war in dieser Zeit ebenfalls in Uruk, und sie hat die Auffindung miterlebt. Ich habe damals Julius Jordan um einen Artikel für IPEK, Jahrb. f. präh. u. ethn. Kunst gebeten. Er ist erschienen in Bd. 15—16, 1941—1942, S. 25—32. Jordan schreibt S. 29:

„Das Gesicht dieser Frau, vielleicht einer Priesterin, ist von großer Gehaltenheit und Schönheit. Es ist ernst und feierlich zugleich, und dieser Ernst ist ergreifend und zwingend. Es ist ein edles Gesicht, ein Gesicht von innerer Klarheit und Geistigkeit."

Jordan datiert die Skulptur in die Djemdet Nasr-Periode, 3300—3000. Später ist man zu der Datierung von 2800—2600 gekommen.

Die Skulptur ist sehr häufig abgebildet worden, so von JORDAN in IPEK, Bd. 15—16, 1941—1942, Taf. 21. — STROMMENGER-HIRMER, Mesopotamien, München 1962, Taf. 21. A. PARROT, Sumer, München 1960, Taf. 105, mit der Datierung: Anfang 3. Jahrtausend. — A. MOORTGAT, Die Kunst des alten Mesopotamien, Köln 1967, Taf. 26. — H. SCHMÖKEL, Funde im Zweistromland, Göttingen 1963, Taf. 4, mit der Datierung um 2800.

Nach dem Kriege 1939—1945 wurde die Arbeit in Uruk-Warka fortgesetzt. Die Grabungen begannen 1954, der Leiter war HEINRICH LENZEN. Er berichtet über die Grabung, in: Neue deutsche Ausgrabungen im Mittelmeergebiet und im Vorderen Orient, Berlin 1959, S. 13:

„Auch nach dem zweiten Weltkrieg setzten wir die Arbeiten an diesem Heiligtum (E-anna, Himmelshaus, dem Tempel der Innin-Ischtar) erneut fort, wählten aber als Hauptaufgabe zunächst solche Teile des Heiligtums, die dem ersten Jahrtausend vor Christus angehörten."

„Uruk-Warka gehört zu den wenigen Ruinenstätten des Landes, die nicht eine, sondern zwei Zikurrati in ihren Mauern aufzuweisen haben. Die ältere von beiden ist zweifelsohne die Anu-Zikurrat im Südwesten des Stadtgebietes, die andere die Zikurrat In E-anna, Himmelshaus, das Hauptheiligtum der großen Göttin Innana-Ischtar."

Mehrere Inschriften wurden gefunden, so von Marduk apal idinna II., einem König von Babylonien, ferner von Sargon II. (721—705).

Mehrere andere Tempelanlagen wurden untersucht, ein Goldkranz wurde im Westhügel gefunden, auch die Bruchstücke des Kopfes einer Gottheit. Lenzen hält ihn für älter als den 1939 gefundenen Kopf, er sagt, daß er spätestens um 3000 v. Chr. anzusetzen sei (ebda S. 30).

Die Grabung ergab eine Anzahl von Kunstwerken, so die einen Meter hohe Alabastervase, aus der Schicht III von Uruk, IPEK 1941—1942, Taf. 23, weibliche Statuetten, ebda Taf. 24, sowie Tierfiguren, ebda Taf. 25. Der jetzige Leiter der Ausgrabungen ist Prof. Hans-Jürgen Schmidt. Seit 1969 ist die Erforschung der Spätzeit Uruk-Warkas die Hauptaufgabe der Grabungen.

Die Literatur über Uruk-Warka ist sehr groß. Aus ihr seien genannt: Vorläufige Berichte über die von dem Deutsch. Archäol. Inst. u. d. Dtsch. Orient-Ges. aus Mitteln der Forschungsgem. unternommenen Ausgrabungen in Uruk-Warka. 1. Ber. 1928—27. Ber. 1972. Die Autoren sind: NÖLDEKE, HEINRICH, LENZEN, v. HALLER, A. FALKENSTEIN, WIDO LUDWIG, BARTHEL HROUDA. — J. JORDAN, Uruk-Warka, 1928. — H. LENZEN, Die deutschen Ausgrabungen in Uruk von 1954—1957, in:

Neue dtsche. Ausgrabungen im Mittelmeergebiet u. im Vorderen Orient. Dtsch. Archäol. Inst. Berlin 1959, S. 12—30. — E. HEINRICH, Die Stellung der Uruk-Tempel in der Baugeschichte. Zeitschr. f. Assyriologie, N. F. 15, 1950, S. 21 ff.

Der dritte, für die Kunst der Sumerer besonders ergebnisreiche Fundplatz ist Mari. Er liegt im heutigen Syrien, nahe der Grenze zu Irak, am Euphrat, 117 km südöstlich von Deir ez Zor. Der Ort befindet sich auf halbem Wege von Mesopotamien zum Mittelmeer, er war auch wegen seiner Lage im Euphrattal immer von Bedeutung. Nur 20 km nordöstlich liegt die alte Stadt Dura Europos, jetzt Salihiye. Der heutige Name von Mari ist Tell Hariri.

Mari ist erst im August 1933 entdeckt worden. Wieder war es ein Zufall, wie bei Tell Halaf. Die Araber wollten einen Toten bestatten und stießen auf eine alte Statue. Von dem Vorfall hörte ein Leutnant der französischen Armee und durch ihn sprach sich der Vorgang herum. Im Oktober wußte man davon in Paris. R. Dussaud, Konservator der orientalischen Antiken am Louvre, hatte von der Geschichte erfahren und beschloß, Tell Hariri untersuchen zu lassen. Er benachrichtigte André Parrot, der gerade Grabungen durchführte in Larsa, heute Senkere in Südbabylonien, nur 30 km entfernt von Uruk-Warka. Parrot hatte gute Erfolge bei der Ausgrabung in Larsa gehabt. Diese Stadt reicht bis ins 4. Jahrtausend zurück. Ihre Bedeutung hatte sie in der altbabylonischen Zeit zwischen 1950 und 1700 v. Chr. Hammurabi eroberte die Stadt. Parrot hatte gerade in der Revue d'Assyriologie, Bd. 30, 1933 über seine Erfolge berichtet, als er nach Mari gesandt wurde.

Am 14. Dezember 1933 begann Parrot mit der Arbeit. Am 23. Januar 1934 hatte er schon eine große Anzahl von Statuetten gehoben. Auf einer dieser Figuren nannte die Inschrift den Ort Mari. So war es sicher geworden, daß Tell Hariri das alte Mari ist. Nun wurden sechs Kampagnen durchgeführt von 1933—1939.

Bei der zweiten Kampagne vom 26. Dezember 1934 bis 13. April 1935 wurde der Tempel der Ischtar ausgegraben. Eine Fülle von Statuen wurde aufgedeckt und 1600 Tontafeln in Keilschrift.

Die dritte Kampagne, 28. Dezember 1935 bis 20. März 1936 brachte die Ausgrabung des Palastes mit 138 Zimmern, manche mit Wandmalereien, dazu diplomatische Texte, 13000 an der Zahl.

Die vierte Kampagne, vom 30. Dezember 1936 bis 31. März 1937, erbrachte Grabungen an der Zikurrat, viele Statuen und 8000 Inschriften.

Die fünfte Kampagne, 1952, brachte reiches Material aus den Ischtar-Ninchursag-Schamasch- und Ischtarat-Tempeln.

ANDRÉ PARROT ist geboren am 15. 2. 1901 in Désandans, Dépt. Doubs. Er ist Conservateur en Chef am Louvre in Paris. Seine Hauptwerke sind: Archéologie mésopotamienne, 2 Bde., 1946—1953. — Tello, 1948. — Ziggurats et tour de Babel, 1949—1950. — Mission archéologique de Mari, 1958 ff. — Mari, in deutscher Sprache. München 1953. — Sumer, 1960. deutsche Ausgabe, München. — Assur, 1961, deutsche Ausgabe, München 1961.

Die Statuetten sind von starker Ausdruckskraft, allem anderen fremd. Da gibt es Männer im Zottenrock, Männer mit langen Bärten und großen mandelförmigen

Augen, fast immer legen sie die Hände zusammen, es mag Beterstellung sein. Da gibt es Frauenstatuetten mit den großen, weiten Augen, die Pupillen schwarz bemalt.

Die Grabung ist noch nicht ganz in die Tiefe gegangen, so ist Mari im 5. oder im 4. Jahrtausend noch unbekannt.

Parrot berichtet selbst über die Abfolgen der Schichten, in: Mari, München 1953, auf S. 4: „Die Epoche von Djemdet Nasr (31.—29. Jahrhundert v. Chr.) läßt sich in den tieferen Schichten des Ischtar-Tempels nachweisen."

„Die vorsargonische Epoche (28.—26. Jahrhundert v. Chr.) war für Mari eine Zeit der Hochblüte." Mari war eine mit Mauern befestigte Stadt. Am Ende, um 2600, wurde sie zerstört, entweder durch Lugal-Zaggisi, einen König der dritten Dynastie von Uruk, oder durch Sargon von Akkad."

„Die Sargonische Epoche (25.—23. Jahrhundert v. Chr.) hat sicher in Mari Spuren hinterlassen. Doch in Ermangelung von schriftlichen Zeugnissen ist es schwer, die Denkmäler dieser Epoche zu identifizieren."

„In der Epoche der Statthalter von Mari (22.—21. Jahrhundert v. Chr.), in der neusumerischen Zeit, scheint die Stadt unter der Herrschaft der Könige der 3. Dynastie von Ur gestanden zu haben. Statthalter, die allmählich vom Königshaus immer unabhängiger wurden, überwachten Mari."

„Die Epoche des Palastes von Mari (20.—18. Jahrhundert v. Chr.) bedeutet einen Höhepunkt, wie ihn diese Stadt niemals zuvor erreicht hatte. Im Schutze der starken Stadtmauern beherrschen die Könige von ihrem Palast aus einen beträchtlichen Teil des mittleren Orients... Macht und Wohlstand spiegeln sich in den großartigen Bauwerken. Kunstwerke von zeitloser Schönheit gaben den würdigen Rahmen, in dem sich das Leben dieser Epoche abspielte. Um 1750 v. Chr. ereilte die Stadt ihr Schicksal. Hammurabi, der König von Babylon, hatte — vom Willen zur Alleinherrschaft getrieben — alle seine unmittelbaren Nachbarn bereits niedergezwungen und wandte sich gegen den einzigen Mann, der ihm noch den Weg zum Mittelmeer zu sperren vermochte: gegen Zimri-Lin, den letzten König von Mari. Nach einem erbarmungslosen Kampf wurde der Herrscher von Mari besiegt und die Stadt zerstört."

„Die Niederlage war so vollständig, daß wir aus der kassitischen Epoche (18.—14. Jahrhundert v. Chr.) nur ärmliche Häuser, die innerhalb der Ruinen errichtet worden waren, vorfinden."

„In der assyrischen Epoche (13.—8. Jahrhundert v. Chr.) errichteten die Assyrer in Mari eine Garnison, um ihren Handelsweg vom Persischen Golf zum Mittelmeer zu schützen. Die schöpferische Kraft war erloschen."

„Nach dem Zerfall des assyrischen Reiches sank Mari von der neubabylonischen Epoche an (7.—6. Jahrhundert v. Chr.) zur Bedeutungslosigkeit herab. Die Ruinen von Mari wurden vom Wüstensand zugedeckt und der Name entschwand dem Gedächtnis der Nachbarvölker."

Das ist das Schicksal dieser Stadt. Gerade die Tatsache, daß sie nach Hammurabi fast ganz erloschen ist, daß nicht, wie in Rom, das Leben weiter blühte, hat die Möglichkeit zu so genauen Feststellungen gegeben.

Diese drei Grabungen nach der Welt der Sumerer, Ur, Uruk, Mari, haben der Wissenschaft die Grundlagen der Erkenntnis gegeben. Eine große Anzahl kleiner Ausgrabungen, manchmal auch wichtige Gegenstände ergebend, runden das Bild ab. Es ergab sich in dieser Zeit, 1900—1950, die Frage, ist die Schichtenfolge, wie sie sich herausstellte bei den drei großen Fundplätzen dieser Zeit, Ur, Uruk-Warka, Mari, auch an den namengebenden Plätzen, wie Djemdet Nasr, Tell Halaf, Samarra, nur eine jeweils lokale Schichtung oder besitzt sie auch ihre Gültigkeit an anderen Fundplätzen. Das Problem war: ist ganz Mesopotamien, das Zweistromland und mit ihm Syrien, wie bei Tell Halaf und sogar Süd-Persien, wie bei Susa, eine kulturelle Einheit, wenn auch zu gleicher Zeit gespalten in eine große Anzahl von Stadtstaaten.

Von Bedeutung erscheint es, durch Grabungen anderenorts festzustellen, ob auch dort die gleiche Abfolge erscheint,

Sumerisch
Dschemdet-Nasr
Obeid
Tell Halaf.

Tatsächlich ist die Schichtung in dieser Form immer erneut aufgefunden worden.

Eine Fundstelle, Tell Hassuna, ergab eine etwas einfachere Keramik als Tell Halaf und Samarra, sie liegt im Bezirk Mossul, Nordirak, gegraben 1943—1944.

Dieser Fund veranlaßte um 1950 manche Forscher, doch noch eine Schicht anzunehmen vor Tell Halaf und Samarra, das ist die Hassuna-Schicht.

Tell Hassuna liegt bei Schura, Bez. Mossul, rund 50 km südwestlich von Kalach-Nimrud. Der Hügel ist 7 m hoch und 200 zu 150 m groß. Die Grabung wurde durchgeführt von S. Lloyd und F. Safar. Die unterste Schicht, Ia benannt, brachte keine Hausreste, nur Feuerstellen mit Silexgeräten und Speerspitzen, dazu geschliffene Steinbeile, wie sie dem Neolithikum zugehören. Die Keramik ist unbemalt, nur ein Gefäß trägt einen farbigen Rand. Schicht Ib ergab den Grundriß eines rechteckigen Hauses, Schicht Ic die Grundrisse mehrräumiger Häuser, hergestellt aus luftgetrockneten Lehmziegeln.

Schicht II brachte die gleichen Tongefäße wie Ia, unbemalt.

Schicht III brachte geritzte Keramik, daneben auch bemalte im Stile von Tell Halaf und Samarra.

Schicht XI und XII führte Keramik vom Stile El Obeid. Weizen und Gerste ließen sich nachweisen.

Diese Grabung, die noch tiefere Schichten erreichte als Tell Halaf, wird auf die Zeit um 4700 v. Chr. datiert, so in der Liste der Historia Mundi, begründet von Fritz Kern, Bd. 2, München 1953.

Damit ergibt sich, daß das reine Neolithikum im Zweistromland bisher nicht aufgefunden worden ist. Es fehlt die Epoche des Überganges von der Steinzeit zur Steinkupferzeit (Anton Moortgat in: Historia Mundi, 1953, S. 224).

Über Tell Hassuna berichten die Ausgräber, Seton Lloyd und Fuad Safar in Journal of Near Eastern Studies, Bd. 4, 1945, S. 255f.

Ein anderer Fundort, der die gleichen tiefen Schichten anschnitt, ist Tell Matarra, Nordirak. Er wurde ausgegraben von R. J. Braidwood 1948. Die Literatur, ist:

Braidwood, Smith, Leslie, in: Journal of Near Eastern Studies, Bd. 11, 1952, S. 1ff. — Braidwood and Howe, Prehistoric Investigations, in: Iraqi Kurdistan 1960, S. 35f.

Der Hügel ist 200 m groß und 8 m hoch, es konnten 6 Schichten festgestellt werden. Die unteren Schichten enthielten unbemalte Keramik in grober Machart, selten mit Ritzungen. Es fanden sich mehrräumige Häuser. Die beiden oberen Schichten enthielten Keramik in Hassuna-Art, darüber in Tell Halaf- und Samarra-Art.

Ein dritter, ähnlich tief reichender Fundplatz ist Tell-as-Sauwan bei Samarra in Nordirak. Von 1964—1966 wurde er von irakischen Gelehrten ausgegraben, B. Abu-es-Soof, Khalid al-Adhami und Gh. Wahida. Die Literatur, ist: F. El-Wailly, in: Sumer, Bd. 19, 1963, S. 1f. — Ders. ebda Bd. 21, 1965, S. 17f. — H. Helbaek, ebda Bd. 20, 1964, S. 45f. — J. Oates, in: Iraq, Bd. 28, 1966, S. 146f.

Der Hügel ist 3,5 m hoch, er hat den Dm von 230 zu 110 m. Die Kulturschicht ist 5 m mächtig. Die unteren Schichten enthielten unbemalte Keramik in grober Machart, dazu mehrräumige Häuser aus Lehm. Die oberen Schichten ergaben die gleiche Keramik, dazu eine Anzahl bemalter Gefäße in der Art von Tell Halaf und Samarra. Es fanden sich weibliche Figuren, Tierfiguren, Sichelklingen und Steinbeile.

Tiefgrabungen erlaubte der Hügel Djarmo, auch als Qalat Dscharmo oder Garmo benannt. Er liegt bei Chemchemal, im Bezirk Kirkuk, Nordirak, schon im Bergland der Kurden. Die Grabung wurde durchgeführt von R. J. Braidwood in den Jahren 1948—1955. Einen ersten Bericht gab der Ausgräber, in: Antiquity, Bd. 24, 1950, S. 189f. — Die Zusammenfassung erfolgte durch Braidwood and B. Howe, Prehistoric Investigations in Iraqi Kurdistan, Chicago 1960.

Der Hügel ist 7 m hoch und 90 zu 140 m groß. Es ließen sich 16 Kulturschichten unterscheiden, sie brachten sehr verwandtes Material. In den unteren Schichten fanden sich einige Tongefäße einfacher, unbemalter Art, nur 65 Scherben, außerdem Häuser mit Herden. In den oberen Schichten konnten 350 Gefäße geborgen werden. Menschen- und Tierfiguren aus Ton kommen vor. Die Werkzeuge sind Steinbeile und Silexgeräte, beschlagen. An Pflanzen ergaben sich Weizen und Gerste, Erbsen, Linsen. An Tieren Equide, offenbar Onager, Gazelle, Wildziege, Hirsch, Bär, Wildschwein. An gezähmten Tieren die Ziege, Schaf und Schwein.

Diese Siedlung erscheint als die älteste in Mesopotamien. Sie wird datiert um 5000—4700. Die Karbon-14-Daten erlauben neuerdings, den Beginn der ältesten Schicht auf etwa 6750 v. Chr. anzusetzen (A. Falkenstein, in: Fischer, Weltgeschichte, Frankfurt/M. 1965, S. 25). Bisher ist keine ältere Siedlung im Zweistromland aufgefunden worden, es ist kaum zu erwarten, daß eine ältere Schicht noch aufgefunden werden könnte.

Damit ergibt sich jedoch ein Problem. Es kann in Mesopotamien nicht der Übergang vom Paläolithikum über das Mesolithikum zum Neolithikum hin geschehen sein, wie so viele Forscher bis etwa 1950 angenommen hatten.

GORDON CHILDE (14. 4. 1892—17. 10. 1957), eine geniale Gestalt unter den Gelehrten dieser Epoche, hat versucht, die Zeit und den Ort des Überganges von der Nahrungssammlung, dem Jägertum, zur Nahrungserzeugung, dem Bauerntum, zu erfassen. In seinem überschauenden Buch: The Most Ancient East, London 1928, wie in: New Light on the Most Ancient East, London 1934, 4. Aufl. 1952, glaubt er, diesen für die Menschheit so entscheidenden Übergang in Mesopotamien gefunden zu haben. Dieser Gedanken war durchaus berechtigt bis etwa 1950, bis zur Mitte unseres Jahrhunderts.

Seit dieser Zeit hat sich der sogenannte Fruchtbare Halbmond, das Gebiet von Palästina, Syrien bis zur nördlichen Türkei, als der Raum offenbart, der tatsächlich der Ort des Überganges war. Wie mancher andere Bearbeiter dieses Gebietes konnte ich selbst in diesem Sinne berichten in dem Buch: Der Aufstieg der Menschheit, Fischer-Bücherei, Bd. 82, Frankfurt/M. 1955, 3. Aufl. 1957, S. 82.

Die geographischen Gegebenheiten bestätigen die Ausgrabungsergebnisse. Das Tiefland Mesopotamien, die Wüste mit den zwei Strömen, Euphrat und Tigris, konnte für den frühen Menschen nicht lebenerhaltend sein. Das Gebiet ist völlig trocken, durch Jahrzehnte ohne Regen. Die beiden Flüsse haben auf ihrer langen Strecke von 2700 und 1950 km bis zur Mündung nur ein Gefälle von 34 Metern. So sind die Flüsse beweglich in ihrem Lauf, sie ändern ihn, so daß der bebaubare Boden nie gesichert ist. Das Gebiet erlaubt nicht den Regenfeldbau bei 200 Millimeter Regen im Jahresdurchschnitt. Eine solche Landschaft ist nicht geeignet für den Übergang zum Ackerbau, sie verlangt eine viel zu schwierige wirtschaftliche Behandlung des bebaubaren Bodens. Es ist überall die künstliche Bewässerung durch Kanäle erforderlich. Deshalb mußte die Kanalisation, der ständig neue Ausbau der Kanäle, zu dem Königtum der Stadtstaaten führen. Eine übergeordnete gesellschaftliche Gliederung ist nötig. Kein einzelner Bauer wird jemals den Kanal für den Nachbarn erbauen. Nur ein Königtum wird die Macht, die Gewalt und auch die Verantwortlichkeit für die Gemeinschaftsarbeit aufzubringen vermögen.

Es gibt einen sumerischen Mythus, der den Vorgang genau den Tatsachen entsprechend darstellt in mythischer Sprache. Er findet sich bei S. N. KRAMER, Sumerische literarische Texte aus Nippur, N. F. Bd. III, Berlin 1961, S. 10f. Dort heißt es: Der Himmelsgott An hat Weizen, Gerste und Hanf vom Himmel herniedergebracht zur Erde. Der Gott von Sumer, Enlil, häufte das Getreide auf im Bergland und versperrte das Gebirge wie mit einer Tür. Da beschlossen die Götter Ninazu und Ninmada, dem Lande Sumer, das kein Getreide kennt, das Getreide zu bringen.

Hier ist deutlich gesagt, daß es die Ränder der Gebirgsländer gewesen sein müssen, in denen zuerst das Getreide angebaut worden ist. Erst in einem späteren Stadium ist es in das Zweistromland eingebracht worden.

Nun zeigte sich etwas Unerwartetes, sowohl die Gerste wie die Leinpflanze entwickelt sich in dem sonnigen Tiefland bei der immer gleichfließenden Wassermenge durch die Kanalisation weit besser als in den Berggebieten, wo diese Pflanzen wildwachsend erscheinen.

Es ist das ein ähnlicher Vorgang wie in der Gegenwart bei den Wüsten von Kalifornien oder bei den Wüsten von Israel. Die strahlende Sonne ist immer vorhanden, setzt der Mensch das fehlende Wasser hinzu, dann entwickelt sich ein erstaunlich fruchtbares Gebiet.

Die Gerste, zuerst nur in zweizeiliger Form angebaut, mutierte unter der Kanalisation zur sechszeiligen Form. Diese Art hat dann den Siegeszug angetreten über die ganze Welt. Der Leinsamen vergrößerte sich erstaunlich in der Bewässerungswirtschaft, er brachte viel mehr Lein und bessere und festere Fasern. Über diesen verständlichen, aber zuerst nicht in die Gedankenwelt einbezogenen Vorgang berichtet H. HELBAEK, Ecological Effects of Irrigation in Ancient Mesopotamia, in: Iraq, Bd. XXII, London 1960, S. 186—196.

Neben den drei großen Fundplätzen Ur, Uruk-Warka und Mari, wurden noch andere Hügel ausgegraben, die ebenfalls von Bedeutung sind. So wurde Tell Asmar in den Jahren 1930—1937 durch Henri Frankfort erforscht. Die alte Bezeichnung des Fundplatzes ist Eschnunna, er liegt 60 km nordöstlich von Bagdad. Frankfort grub im Auftrage des Oriental Institute of the University of Chicago.

HENRI FRANKFORT ist geboren in Amsterdam am 24. 2. 1897, er starb in London am 16. 7. 1954. Er war Professor in Amsterdam, Chicago und London. Außer Tell Asmar hat er auch in Chorsabad Grabungen geleitet, in Ägypten in Abydos und in Tell Amarna. Seine Arbeiten über Tell Asmar sind: H. FRANKFORT, THEOKILD JACOBSEN and CONRAD PREUSSER, Tel Asmar and Khafaje. Oriental Inst. Communications Nr. 13, Chicago 1932. — H. FRANKFORT, Tell Asmar, Kafaje and Khorsabad, ebda Nr. 16, 1933. — Ders. Iraq Excavations, ebda Nr. 17, 1934. — Ders. Fourth preliminary report, ebda Nr. 19, 1935. — Ders. Progress of the work, ebda Nr. 20, 1936.

Die wichtigsten übrigen Werke von Frankfort sind: Ancient Egyptian religion, 1948. — Kingship and the Gods, 1948. — The birth of civilisation in the Near East, 1951. 3. Aufl. 1954. — The art and architecture of the Ancient Orient, 1954. — Before philosophy, 1951, deutsche Ausg. Frühlicht des Geistes, Stuttgart 1954.

Bei den Grabungen in Tell Asmar, 1930—1937, zeigten sich drei Perioden. Die oberste führt zurück auf Sargon von Akkad, 2550 nach der Datierung von Frankfort, nach neuerer Datierung 2350—2295. Davor liegt die Periode des runden Tempels, etwa 3200—3000. Davor wieder lagert sich der archaische Tempel, er wurde erbaut vor 3200. Er gehört in die Djemdet Nasr-Periode. Von Wichtigkeit sind 12 sumerische Statuetten, in dem runden Tempel gefunden, abgebildet: FRANKFORT, Orient. Inst. Com. Nr. 19, Fig. 63 oder neuerdings A. PARROT, Sumer, München 1960, S. 101. Wieder, wie bei allen sumerischen Statuen, die großen, weiten Augen, die gefalteten Hände, der gottergebene Ausdruck, die eindrucksvolle archaische Gestaltung. Sie werden zum Teil im Museum Bagdad aufbewahrt, zum Teil in Chicago.

Tell Asmar hat eines der Rätsel aufgegeben, an denen die Geschichte der Ausgrabungen so reich ist. Henri Frankfort hatte mir im Oriental Institute in Chicago im Jahre 1934 eine völlig abstrakte Statue gezeigt. Ich habe sie lange betrachten können, und sie hat mir in ihrer Einfachheit und auch in ihrer Ähnlichkeit mit abstrakten Skulpturen der Gegenwart in Europa starken Eindruck gemacht. Sie ist nur 5,5 cm groß, gearbeitet in blau-weißem Marmor. Der Kopf ist eine Art Dreieck nur mit Nase und zwei Augen. Die Arme sind nur angedeutet, die Hüfte ist betont, der ganze Unterkörper ist wieder nur als Dreieck gebildet. Das Material ist nicht üblich im nördlichen Mesopotamien, die Statuen sind dort aus gelbem Alabaster gearbeitet. H. Frankfort schreibt dazu, in: Oriental Institute discoveries in Iraq, 1933—1934, University Chicago Press, 1935, Comm. Nr. 19, S. 27: "Now the Khafaje figurine (bei Frankfort Abb. 24) and the better worked of the Tell Asmar figures found this year are both made of a bluish white marble not used otherwise at our sites, while the coarse figurine (Khafaje) is made in the common yellow "alabaster". Surely this is best explained by assuming the latter to be a local imitation of sacred objects imported from abroad. In publishing the Khafaje example I stated that the type was not otherwise known in Mesopotamia. This seems to hold good for southern Mesopotamia but not for the north. Professor Speiser and Mr. R. F. S. Starr have kindly written to me that similar figurines occur at Tepe Gawra, Tell Billah, and Nuzi; these specimens are not yet published."

"Behind this connection looms the larger problem wether mere trade suffices to explain the presence of these figurines or wether the close relationships with the Highland Zone existing in historical times are also to be assumed for the early period with which we are now dealing. The question is of paramount importance, since its answer will decide to what extent our discoveries may be labeled "Sumerian"."

H. Frankfort meint mit diesen Sätzen, die abstrakte Figur von Tell Asmar kann nur im Handel oder durch andere Weitergaben nach dem nördlichen Mesopotamien, nach Tell Asmar gekommen sein. Sie ist gearbeitet aus blau-weißem Marmor, einem Material, das in Nordmesopotamien nicht vorkommt. Die nördlichen Statuen, gefunden in der Gegend von Bagdad, sind aus gelbem Alabaster gearbeitet worden. Er sagt dann, daß Prof. Speiser und Starr erklärt hätten, sie kennen ähnliche Statuetten in völlig abstrakter Form in Anatolien, in der Türkei aus Tepe Gawra, Till Billah und Nuzi. Also muß es einen Handel gegeben haben, und dieses Problem ist von großer Bedeutung.

Nun geschieht aber etwas Seltsames. Am 15. 7. 1958 wird in Dietenhausen, im Oberlahnkreis, Hessen, in einem Hügel bei Ausgrabungen in Resten eines wahrscheinlich neolithischen Hauses, ein Idol gefunden, das nicht nur dem von Tell Asmar ähnlich, sondern fast gleich ist. Prof. Schoppa wendet sich an Prof. Bittel, Istanbul, und Bittel antwortet, daß tatsächlich das Idol von Tell Asmar dem aus Dietenhausen fast völlig gleiche. Die Antwort von Bittel findet sich, in: Nassauische Heimatblätter, 49. Jahrgang 1959, Heft 1, Wiesbaden 1959, S. 20, dort ist auch der erste Artikel über das Idol von Dietenhausen von Helmut Schoppa, ebda S. 10—21 zu finden. Schoppa bespricht sich auch mit mir, denn ich hatte das Idol aus Tell Asmar abgebildet, in: HERBERT KÜHN, Die vorgeschichtl. Kunst Deutschlands, Stuttgart 1952, 2. Aufl., 1954, Taf. 26,4, ferner, in: Ders. Aufstieg der Menschheit, Fischer-Bücherei, Bd. 82, 3. Aufl., 1957, Taf. 2, Abb. 2a.

Die Tatsache, daß zwei fast gleiche Idole gefunden werden, das eine im nördlichen Irak, 60 km nordöstlich von Bagdad, das andere in Dietenhausen, rund 60 km nördlich von Wiesbaden, diese Tatsache allerdings ist nicht einfach zu verstehen. Ich habe damals Prof. Schoppa gebeten, über das Idol von Dietenhausen einen Aufsatz zu schreiben in der Zeitschr. IPEK. Er ist erschienen in Bd. 20, 1960—1963, S. 16—21, Taf. 9. Das Idol aus Tell Asmar befindet sich jetzt im Museum in Bagdad, Inv. Nr. 18995. Das Idol aus Dietenhausen befindet sich im Museum von Wiesbaden, Inv. Nr. 58/21.

Helmut Schoppa (geb. 24. 12. 1907), ehem. Direktor des Museums Nassauischer Altertümer, Wiesbaden, schreibt in IPEK: S. 16.

„Die Formengleichheit von zwei Idolen, die an zwei räumlich so weit entfernten Orten zutage kamen, macht es verständlich, daß die Fundumstände des Stückes aus Dietenhausen von einigen Kollegen mit Zweifel betrachtet wurden. Es kommt hinzu, daß sich Parallelen in Mitteleuropa nicht nachweisen lassen. Um jeden Zweifel an der Echtheit der Fundumstände auszuschließen, wurden daher alle notwendigen Schritte unternommen. So liegt eine eidesstattliche Erklärung von allen an der Grabung Beteiligten vor, wonach sie ein solches Stück nie gesehen, geschweige denn in Besitz hatten. Ferner wurde das Idol durch das Hessische Landeskriminalamt einer Untersuchung mit dem Elektronenmikroskop unterzogen. Dabei wurde festgestellt, daß sich an den natürlichen oder künstlichen Vertiefungen nichts fand, was nicht der Erde der Fundstelle entspräche. Wenn das Stück längere Zeit in einem Museum oder einem Haus gelegen hätte, wäre Staub gefunden worden. Aus diesen Gründen ist die Echtheit des Bodenfundes absolut sicher. Ein Einschmuggeln während der Grabung ist auch deswegen unwahrscheinlich, da der Typus dieser Idole in seiner ganz bestimmten Stilisierung nicht häufig ist. Bis jetzt ist es noch nicht gelungen, außer den beiden genannten Exemplaren von Dietenhausen und von Tell-Asmar ein drittes vollkommen entsprechendes nachzuweisen."

„Auch in Mesopotamien sind diese Idole nicht einheimisch, sondern unterscheiden sich nicht nur im Stil, sondern auch im Material (bläulich-weißer Marmor oder Kalkstein) von der zeitgenössischen Plastik. Sie sind sicher aus dem Norden, d. h. aus Anatolien in das Zweistromland eingeführt worden. Aus derselben Gegend stammt natürlich auch das Exemplar Dietenhausen."

Weiter S. 20: „Wenn wir zum Schluß die Frage anschneiden, wie das Dietenhausener Idol an seinen Fundort verschlagen wurde, so müssen wir die Antwort darauf schuldig bleiben. Wir können nur sagen, daß es in vorgeschichtlicher Zeit in unsere Gegend gekommen ist, und zwar muß es vor Aufschüttung des Grabhügels in den Boden gelangt sein. Am wahrscheinlichsten dürfte es in seiner Entstehungszeit, d. h. dem Beginn des 3. Jahrtausends hierhergekommen sein, eher durch Handel als durch eine wandernde Horde. Parallelen existieren, soweit wir sehen, nicht, jedoch darf darauf aufmerksam gemacht werden, daß auch der Schmuck aus Spondylusmuscheln, der in der Bandkeramischen Kultur recht geläufig ist, auf eine Verbindung zwischen Mitteleuropa und dem Nahen Osten hinweist. Und in der Bronzezeit kennen wir zwei hethitische Stücke, von denen eines in Ostpreußen, das andere in Mähren gefunden wurde. Vielleicht werden uns später neue Funde den Weg weisen, auf dem unser Stück an seinen Fundort kam."

So bleibt doch nur der Gedanke, daß es einen Handel oder eine Beziehung von Reisenden von der Türkei und Nordmesopotamien nach Mitteleuropa im 3. Jahrtausend gegeben haben muß. Die hethitische Figur aus Schernen in Ostpreußen weist auf den gleichen Weg. Es gibt zu ihr eine fast gleiche Figur aus Tyrus am Fuße des Libanon. WILHELM GAERTE (geb. 1890) hat beide Figuren abgebildet, in: Urgeschichte Ostpreußens, Königsberg 1929, S. 78. Offenbar ist es der Bernstein, ein Zaubergegenstand wegen seiner Anziehungskraft, der als Grund der Verbindung vom Süden zum Norden angesehen werden kann. Noch eine dritte, überraschend ähnliche Figur ist bekannt aus Tokat in der Türkei, Höhe 11,4 cm, abgebildet bei MARCEL BRION, Die frühen Kulturen der Welt, Köln 1964, Abb. 206.

Ein anderer wichtiger Fundplatz ist Chafadje, auch Khafajah. Er liegt am Flusse Djala, 15 km östlich von Bagdad. Es ist ein Siedlungshügel. Die Grabung führte P. Delougaz neben H. Frankfort durch in den Jahren 1930—1937 in sieben Kampagnen. Von Bedeutung ist der Tempel der Mondgöttin Sin. Es konnten zehn übereinander errichtete Tempel festgestellt werden mit 24 Bauperioden. Der erste Tempel, nur 3 zu 11,7 m groß, ergab Keramik der Djemdet Nasr-Art, einen Rollsiegel und Steinanhänger. Der dritte Tempelbau brachte viele Rollsiegel, Amulette in Tiergestalt, einen Anhänger aus Gold in der Form des Mondes. Der vierte Tempelbau brachte eine weibliche Statuette, Amulette, Steingefäße, Rollsiegel.

Die Literatur ist: H. FRANKFORT, Oriental Inst. Commun. Chicago, Nr. 13, 1932 u. Nr. 20, 1936. — P. DELOUGAZ, in: S. Lloyd, Pre-Sargonid Temples in Diyala Region, 1942. — Ders. Pottery from the Diyala Region, 1952. — H. FRANKFORT, Stratified Cylinder Seals from the Diyala Region, 1955.

Tepe Gawra, auch Tepe Gaura, 25 km nordöstlich von Mossul, ist ein wichtiger Fundplatz der sumerischen Epoche. Der Hügel wurde ausgegraben durch die American School of Bagdad und das University Museum of Pennsylvania, Philadelphia. Die Grabung begann 1931, drei Kampagnen werden durchgeführt bis 1938. Der Leiter war E. Speiser mit S. N. Kramer, S. R. Sherman und A. H. Detweiler. Es ließen sich sieben Schichten feststellen.

Schicht I ist eine persische Strate.

Schicht II ist spät-assyrisch, 880—700 v. Chr. mit Ziegeln von Assurnasirpal II. und Salmanassar III. In der gleichen Schicht fanden sich älterassyrische Tafeln der Zeit von 1300—800 v. Chr.

Schicht III ist die churritische Epoche von 1600—1400 v. Chr.

Schicht IV, anatolische Epoche, um 1900 v. Chr.

Schicht V, Epoche der ersten sumerischen Dynastien, 2900—2700 v. Chr.

Schicht VI, protohistorische Zeit um 3000 mit bunt bemalter Keramik.

Schicht VII, Djemdet Nasr-Epoche, 3200—3000 v. Chr. Einfarbige Keramik. Darunter gewachsener Boden.

Bei der letzten Kampagne wurde die Schicht VII untergeteilt in folgende Straten:

VIII—XI   Gleichzeitig Djemdet Nasr
XII—XIX   Gleichzeitig El Obeid

XX—XXV   Gleichzeitig Tell Halaf
XXVI   Neolithisch.

Mehrere Tempel wurden freigelegt, viel Keramik kam zutage.

Die Literatur, ist: E. Speiser, Preliminary Excavations at Tepe Gawra, in: Annual of American Schools of Oriental Research, Bd. 9, 1930, S. 17—94. — Ders. Excavations at Tepe Gawra, Philadelphia 1935. — A. J. Tobler, Excavations at Tepe Gawra, 2 Bde., ebd. 1950.

Aus sumerischer und früherer Zeit stammt ein Fundplatz Tell Arpachije, nahe bei Mossul in Nordirak, nicht weit entfernt von Ninive. Es ist ein Hügel von 5,5 m Höhe und von 67 m Durchmesser. Er wurde 1933 ausgegraben durch M. E. L. Mallowan, er berichtet über die Grabung in der Zeitschr. Iraq, London, Bd. 3, 1935, S. 1—178, ferner in Prehistoric Assyria 1935.

Es konnten 10 Schichten unterschieden werden. Die 5 unteren Schichten ergaben Keramik der Halaf-Art, die darüber liegenden Tongefäße der Obeid-Art. In allen Schichten fanden sich Häuser, Backöfen, Brunnen, Ockerstücke, Malpaletten, Siegelzylinder.

S. Lloyd begann im Jahre 1940 seine Grabung in Tell Uqair, unweit von Bagdad, sie dauerte bis 1941. Die untersten Schichten, V—VII, brachten bemalte Keramik im Stile von El Obeid. Die Schichten I—IV gehören der Uruk-Zeit an. Der Fundort war nur ein Kultplatz. Es fand sich ein großer Tempel mit einer fünf Meter hohen Terrasse aus Stiftmosaiken, wie in Uruk-Warka. Auf weißem Gipsverputz erschienen Malereien in roter, gelber, brauner und schwarzer Farbe. Dargestellt sind Menschen und Tiere, gut erhalten ist ein Löwe.

Darüber berichten S. Lloyd and F. Safar, Tell Uqair, in: Journal of Near Eastern Studies, Vol. II, 1943, S. 132—158.

Im Jahre 1960 gräbt D. Stronach den Hügel Ras El-Amije aus. Er liegt bei Kisch in Südirak. In fünf Schichten ergeben sich Häuser aus verputztem Schilf in Rechteckform mit Öfen. Die Keramik trägt Obeid-Art, die Bemalung ist grauschwarz oder violett.

Der Bericht, ist: D. Stronach, Ras El-Amije, in: Iraq, Vol. 23, 1961, S. 95f.

Nach 1950 wurde auch wieder das Interesse wach für die Schichten der Hochkulturen der Babylonier, der Assyrer. Die frühen Schichten waren erforscht. Es haben sich die Straten vor den Sumerern ergeben. Immer ältere Schichten konnten aufgeschlossen werden, die Welt der Sumerer, als deren Frühschicht Djemdet Nasr, davor Obeid, Tell Halaf, noch davor Tell Hassuna und Djarmo. Doch nirgendwo ergaben sich Daten, die älter sind als 5000 v. Chr. Gewiß ist die Radiokarbon-Datierung von 6750 für die älteste Schicht von Djarmo besonders alt, aber Djarmo liegt schon im Bergland der Kurden. Das eigentliche mesopotamische Tiefland der Wüste und der beiden Flüsse ist Djarmo nicht mehr.

Der Übergang vom Paläolithikum zum Neolithikum, der so wichtige Weg von der aufnehmenden Wirtschaft zu der selbstschaffenden, von der Jagd zur Viehzucht und zum Ackerbau, muß also an anderer Stelle gelagert gewesen sein.

Ein Problem war damit erfüllt, eine Fragestellung hatte um 1950 ihre Antwort gefunden. So wurden alte Grabungen fortgesetzt, wie Uruk-Warka, aber auch dort verlegte sich die Forschung auf die späteren Schichten, auf die Zikkurat und auf das Stadtgebiet. Die Grabungen an den alten Stätten der Hochkultur, wie in Ninive, gewannen wieder an Interesse.

In Ninive hatten A. H. Layard und H. Rassam von 1846—1851 gegraben, wie schon berichtet, dann G. Smith 1873 und folgende Jahre, E. A. Budge 1888, dann wieder 1903—1905 R. C. Thompson und M. E. L. Mallowan von 1927—1932, danach 1950—1953, seit 1965 gräbt dort T. Madhloum.

Am 28. April 1967 konnte ich Ninive besuchen. Die Grabungen waren im vollen Gange. Vorsichtig trugen die Arbeiter den Sand weg. Eine Anzahl großartiger assyrischer Reliefs waren zum Vorschein gekommen. Es war am Morgen, die Sonne ließ die Helligkeiten und die Schatten deutlich erscheinen und man sah einen Wagen, das Pferd war geschmückt. An anderer Stelle führten Hirten Herden von Rindern und Schafen. Eine andere Stelle zeigte Krieger, die eine Mauer erstürmen.

Über die neueren Grabungen berichtet M. E. L. MALLOWAN, in: Mesopotamien und der Iran, in Piggott, Die Welt, aus der wir kommen. München-Zürich 1961, S. 83f.

In Nimrud, hebräisch Kalach, assyrisch Kalchu, einer Stadt an der Mündung des oberen Zab in den Tigris, auch zuerst von A. H. Layard angegraben, arbeitete ebenfalls M. E. L. Mallowan von 1949—1963. Er konnte an der Südwestecke der Stadt sechs Paläste feststellen. Sie sind errichtet worden von Assurnasirpal II. (883—859) bis zu Assarhaddon (680—669). Die Zikkurat ist noch nicht erforscht, jedoch die Tempel der Ischtar und der Ninurta. In dem Tempel des Nabu fand sich ein größeres Tontafelarchiv. Der Palast von Salmanassar III. (858—824) war stark befestigt. Der König war 841 nach Palästina gezogen und hatte Tribut vom König Jehu von Israel empfangen. Ein schwarzer Obelisk, in Nimrud gefunden, stellt diesen Vorgang dar.

Am 16. August 1952 fand Mallowan auf dem Grunde des Brunnens des Palastes von Assurnasirpal in 20 m Tiefe die Statue eines lächelnden Frauenkopfes aus Elfenbein, heute in Bagdad im Iraqi Museum. Die Höhe ist 16,1 cm. Der Kopf war wohl das Zierrat eines Möbelstückes gewesen. Er gehört dem letzten Viertel des 8. Jahrhundert v. Chr. an. Den Bericht brachte MALLOWAN, in: Iraq, Bd. 15, 1953, S. 10, ferner: R. D. BARNETT, The Nimrud Ivories, London 1957, S. 1f. Das lächelnde Gesicht ist vielfach abgebildet, so bei STROMMENGER, Mesopotamien, München 1962, Abb. XLI.

Über seine Grabungen hat der Ausgräber eine dreibändige Monographie verfaßt: M. E. L. MALLOWAN, Nimrud and its remains, London 1966.

Eine andere große Ausgrabung, die auch unser Jahrhundert noch bewegt hat, ist Chorsabad oder Korsabad, 16 km nördlich von Ninive. Der alte Name der

Stadt ist Dur-Scharrukin, der Berg des Sargon. Die Stadt wurde von Sargon II. (721—705) in der Zeit von 713—708 v. Chr. nach seinen eigenen Plänen erbaut. Die Anlage ist quadratisch, die Mauer ist 1,7 km zu 1,68 km groß, sie hat 183 Türme. An der Nordost-Seite liegt der Palast auf einer 15 Meter hohen Terrasse. Mit seinen Tempeln und seinen Wohnungen für die Beamten ist die Stadt durch eine Mauer abgegrenzt. Nach dem Tode Sargons, 705, wurde sie wieder aufgegeben. Die Reliefs, die Kriegszüge des Königs darstellend, seit 1842 ausgegraben, sind in die Museen von London, Paris, Chicago, Leningrad und Bagdad gekommen.

Die neueren Grabungen, 1928—1935 durch H. Frankfort und G. Lloyd durchgeführt, haben eine Fülle guter Funde ergeben. Über sie berichtet G. Loud, Khorsabad, 2 Bde Chicago 1936—1938.

In Mesopotamien sind auch Funde der Eiszeit gehoben worden. Die Grabungen fanden statt von 1957—1960, der Ausgräber war R. L. Solecki. Die Fundstelle ist eine Höhle mit Namen Shanidar bei Mossul, Bezirk Sulaimani, Irak. Es konnten vier Schichten, A—D, von oben nach unten unterschieden werden. Die oberste Schicht A brachte neolithische und jüngere Geräte, die darunter lagernde Schicht B, 0,6—1,5 m, ergab Steingeräte des Jungneolithikums, ähnlich Gravette-Spitzen, Stichel, Kerbspitzen. Die wieder darunter lagernde Schicht C brachte Steinwerkzeuge vom Typ des Aurignacien, Stichel, Kratzer, Bohrer, dazu mehrere Herdstellen.

Die wichtigste Schicht ist die unterste, D mit Steingeräten des Moustérien-Typus, mit dem Skelett eines zweijährigen Kindes vom Neandertal-Typus, auf einer Aschenschicht liegend. Ferner wurden die Skelette von zwei Erwachsenen gefunden, eines unter einem Steinblock, beide tragen Neandertal-Typus.

Die Literatur, ist: R. Solecki, in: Sumer Bd. 8, 1952, S. 127f. — Ders. ebda Bd. 9, 1953, S. 60f. — Ders. ebda Bd. 11, 1955, S. 14. — Ders. ebda 1957, S. 59. — Ders. ebda. Bd. 14, 1958, S. 104f. — Ders. Intern. Congr. on Quaternary, Warsawa 1964, Vol. IV, S. 405—423. F. Bordes, L'Anthropologie Bd. 60, 1956, S. 379f. — H. Vallois, ebda Bd. 61, 1957, S. 570f.

So hat Mesopotamien auch im 20. Jahrhundert ein reiches Bild ergeben. Der Blick hat sich von den babylonischen und assyrischen Hochkulturen zurückgewandt zu den Sumerern, einem wichtigen Volk des Gebietes, bis 1900 noch unbekannt. Auch die vor den Sumerern liegenden Schichten sind bekannt geworden, Uruk IV, El Obeid, Tell Halaf, Hassuna, Dscharmo, bis etwa 5000 v. Chr. reichend. Eiszeitfunde sind zutage getreten, aber der Übergang, die Zeit von 10000—5000 konnte nicht aufgedeckt werden. Der Ackerbau muß an anderen Stellen entstanden sein.

Persien, Iran

Von Europa aus, von weiter Entfernung gesehen, erscheint Persien verwandt und ähnlich Mesopotamien. Wenn man das Land aber durchreist, erkennt man, daß beide Gebiete starke geographische Gegensätze zeigen. Mesopotamien ist das Tiefland, die weite Ebene, die Wüste mit den zwei großen Flüssen. Persien ist das Hochland, Berge, Gebirge. Dabei denken wir entsprechend unseren Gebirgen an blühende Täler, an Höhen, beides abwechselnd und sich ergänzend. Aber Persien ist anders. Es gibt nicht die fruchtbaren Täler, das gesamte Land ist ein Hochland. Teheran, die heutige Hauptstadt, liegt 1150 m über dem Meere, Isfahan 1560 Meter. Einige Berge steigen an bis auf 4276 m wie bei Ke Dinar. Diese Gegensätze, Tiefland und Hochland, schufen die Geschichte beider Gebiete. In Mesopotamien entwickelte sich der Ackerbau, gegeben durch die Sonnenbestrahlung, dazu die künstliche Bewässerung. In Persien mußte sich die Viehzucht entfalten. Beides sind feindliche Brüder, die Bibel hat eine Erinnerung daran bewahrt in der Erzählung von Kain und Abel. „Und Abel ward ein Schäfer; Kain aber ward ein Ackermann", so heißt im 1. Mose, 4,2. Kain schlug Abel tot.

Diese Feindschaft besteht bis heute. Die Ackerbauern besäen ihre Felder, damit sie Frucht und Nahrung bringen, dann kommen die Viehzüchter, die Schäfer, und ihre Herden fressen auf, was die Ackerbauern mühsam zu bestellen wußten.

Der Besuch der beiden Gebiete macht dem Reisenden die Gegensätze sichtbar. Da ziehen im Frühling die Kurden und andere Wüstenstämme aus dem Tiefland aus, um der Hitze zu entgehen, hinauf in die Berge. Es ist heute ebenso wie zu den Zeiten Abrahams, Isaaks und Jacobs. Tausende zogen uns entgegen, auf Kamelen, auf Pferden, auf Wagen, mit den Zelten, mit den Haustieren, mit den Teppichen und dem Schmuck. Diese Stämme sind reich, sind stolz, sie würdigten uns keines Blickes. Sie sind reich durch ihre Herden, die Schafe geben ihnen Wolle, und die Wolle gibt ihnen die Teppiche, die sie brauchen für ihre Zelte. Die Teppiche werden in den Städten verkauft und gehen über die ganze Welt.

Die Kämpfe bestehen bis heute, die großen Herden müssen Weiden haben, und alle Gesetze werden ungültig, wenn sich hungrige Tiere auf bebaute Felder stürzen. Beiden Regierungen, nicht Irak und nicht Iran, ist es geglückt, mit diesen Nomadenstämmen fertig zu werden. Sie bedeuten das Schicksal dieser Gebreiten, der Gebirge einerseits, des Tieflandes andererseits.

Dieser Gegensatz hat die politische Geschichte beider Länder geschaffen. Wenn die Stadtstaaten des Tieflandes in kriegerischen Gegensätzen standen, wenn sie in sich schwach und uneinig waren, dann fielen die Stämme des Berglandes über sie her. In früher historischer Zeit waren es die Assyrer, danach die Perser, die Parther, die Sassaniden. Sie haben das Tiefland besetzt, erobert und beherrscht.

Ein Übergangsgebiet ist das Südende der großen Berglandschaft, das Land Elam, südlich des Zagros-Gebirges, ehemals mit der Hauptstadt Susa. Nicht weit von Susa entfernt liegt Tschoga Zambil. Die Zikkurat dieses Ortes ist die größte aller in Mesopotamien und Persien entdeckten Stufentürme. Die Zikkurat war ehemals 44 m hoch. Von den vorher acht Stockwerken sind die unteren vier erhalten. Ausgrabungsarbeiten nahmen 1936—1939 französische Archäologen vor unter der Leitung von Mecquenem. Nach 1947 hat auch Roman Ghirshman an dem Turm gegraben.

Es ist verständlich, daß die Vorgeschichtsforschung die Ausgrabungstätigkeit für Persien an dieser Stelle beginnen mußte. J. de Morgan begann, wie schon berichtet, in Susa zu graben. Es war der 18. Dezember 1897. Aber die Forschung gewann erst feste Gestalt, als ein bedeutender französischer Gelehrter sie in seine Hände nehmen konnte, ROMAN GHIRSHMAN, damals der Direktor des französischen Archäologischen Instituts in Teheran. Er war es, der neue Grabungen durchführte in Susa, er war es, der Tschoga Zambil freilegen konnte und er war es, der die wichtige prähistorische Grabung in Persien durchzuführen vermochte, Tepe Sialk, wie auch Tepe Giyan.

Am 16. April 1967 war ich zusammen mit meiner Frau eingeladen in Teheran im Hause von Ghirshman. Es war kurz vor seiner Rückkehr nach Paris, manche Gegenstände waren schon für den Transport verpackt. Ghirshman und seine Frau sprachen mit Begeisterung von ihrem über 30 Jahre währenden Aufenthalt in Persien, über die Hilfe, die ihnen der Schah Pahlewi gewähte, über die Hilfe der Bevölkerung im südlichen Persien bei der Arbeit. Er sagte, daß er die Ausgrabung von Tepe Sialk als seinen besten Erfolg bewerte. Mit Tepe Sialk, einer Stelle, an der die Grabung bis zum gewachsenen Boden durchgeführt werden konnte, wurde die älteste Schicht von Iran erfaßt. Der Schichtenaufbau lagert klar übereinander, er reicht von Sialk I, von etwa 4700 v. Chr. über Sialk II um 4000, bis hinauf zu Sialk IV um 3000. Ghirshman war glücklich, daß er gerade diesen Ort gefunden hatte, und daß ihm von Paris aus die finanzielle Möglichkeit gegeben war, einen so reichen Fundplatz heben zu können.

„Aber wir dürfen die historischen Zeiten nicht vergessen, Persepolis ist immer wieder wichtig, Pasargadae und vor allem Hatra, die hellenisierte Stadt. Ich habe auch in Bischapur gegraben, in der Stadt, die Schapur I. in der Mitte des 2. Jahrhunderts n. Chr. gegründet hat, es war eine bedeutende Stadt in der Provinz Fars, auf der Ostseite des Persischen Golfes. Als die Araber 637 Bischapur einnahmen, verlor die Stadt an Bedeutung. Von 1935 bis 1936 konnte ich zusammen mit G. Salles die Spuren der Paläste und der Tempel des alten Bischapur freilegen."

„Wenn zuerst die Erkenntnis der Anfänge der Kultur von Bedeutung war, dann müssen danach auch die späteren Epochen deutlich gemacht werden, die der Achämeniden, der Parther, der Sassaniden, bis ins 7. Jahrhundert n. Chr. Ihre Archäologie in Nordeuropa bezieht ja sogar noch die Wikinger ein in die archäologischen Aufgaben."

Wir haben uns lange unterhalten, weil unsere Probleme spannend waren. Wie seltene und unerwartete Gegenstände oft der Spaten in das Licht des Tages zu bringen vermag, welche Erkenntnis der Menschheitsentwicklung manche Ausgrabung bieten kann — eine aufregende Wissenschaft. Erst sehr spät haben wir uns getrennt.

In der Tat gewinnt die persische Forschung erst feste Gestalt um 1931, als R. Ghirshman seine Grabung beginnt in Tepe Giyan bei Nehavend. Nehavend ist eine kleine Stadt von etwa 8000 Einwohnern, 100 km südöstlich von Bisotun und 470 km südöstlich von Teheran gelegen. Südwestlich von Nehavend erreicht man in zwei Stunden zu Pferde den Fundplatz Tepe Giyan. Die Grabung wurde durchgeführt von G. Conteneau zusammen mit Ghirshman im Frühjahr 1931—1932.

G. CONTENEAU war Chef-Konservator des Louvre. Er ist Verfasser eines Handbuches der orientalischen Archäologie, Manuel d'Archéologie Orientale, Paris 1927—1947. 1928 erschien sein Buch: L'art de l'Asie occidentale ancienne, Paris. ROMAN GHIRSHMAN veröffentlichte mit Conteneau das Werk: Fouilles de Tépé Giyan, Paris 1935.

Die Ausgräber unterscheiden fünf Schichten. Die vier oberen, I—IV, haben 7 Meter Mächtigkeit, sie sind kupferzeitlich. Die Schicht V, 11 m mächtig, ist von besonderer Bedeutung, sie wurde in 4 Straten geteilt, bezeichnet als V A—V D. Die obere Strate ergab bemalte Keramik, wie später Tepe Sialk III. V C führte Stempelsiegel mit Darstellungen von Menschen und Tieren, es fand sich ein Beil aus Kupfer und ein Meißel aus Kupfer. V B brachte Hausreste in Schilftechnik mit Steinsockel und bemalte Keramik wie Sialk II. VA, die unterste, enthielt ebenfalls bemalte Keramik wie Sialk II.

Die wichtigste Grabung aber war Tepe Sialk, ausgegraben 1933—1937 durch ROMAN GHIRSHMAN. Der Hügel liegt in der Nähe von Kaschan, 260 km südlich von Teheran. Eine eingehende Monographie konnte Ghirshman veröffentlichen: Fouilles de Sialk, près de Kashan, 1933, 1934, 1937, Paris 1938—1939.

Bei Tepe Sialk handelt es sich um zwei Siedlungshügel. Die älteste Besiedlung bringt der Nordhügel, Sialk I—II. Sialk III—IV liegt auf dem Südhügel. Die älteste Stufe, Stufe I besitzt die Mächtigkeit von 12 Metern. Innerhalb dieser Schicht konnte der Ausgräber 5 Phasen unterscheiden. In der untersten fanden sich keine Häuserreste, die darüber liegende Phase brachte Schilfhütten mit Hockerbestattungen. Die Toten waren bedeckt mit Ocker, es fand sich ein neolithisches Steinbeil bei einer Hand der Bestatteten. Die Keramik ist hell mit dunkler Bemalung. In der Phase 3 fanden sich die ersten Kupfergegenstände, Pfriemen, Nadeln. Die Gefäße sind oft aus Stein gearbeitet, ebenso Armringe.

Die nach oben folgende Stufe II besitzt die Mächtigkeit von 7 Metern. Wieder konnten Phasen unterschieden werden, diesmal drei. In der untersten ersten Phase waren die Sockel der Häuser erbaut aus rechteckigen, luftgetrockneten Ziegeln. Die Wände bestanden wie vorher aus Schilf. Dasselbe ergab die zweite Phase. Die dritte, die oberste Phase, machte deutlich, daß die Häuser ganz aus luftgetrockneten Ziegeln aufgerichtet waren. Die Wände waren rot bemalt. Die Keramik trägt Bemalung mit Figuren, Steinböcken, Antilopen, Pflanzen. Aus Kupfer sind Pfriemen hergestellt, aus Marmor Armringe. Es fanden sich Mahlsteine, Keulenköpfe, Malpaletten.

Die Stufe III im größeren Südhügel, brachte sieben Phasen. In der untersten wurde ein Töpferofen gefunden, 1 zu 1 m groß mit Zugkanälen und Löchern. In der Phase vier von unten wurden zum ersten Male für die Häuser Steine verwendet. Die luftgetrockneten Ziegel sind in Kästen vorgeformt. Die Phasen 6 und 7 trugen rote Bemalung der Häuserwände. Unter den Häusern fanden sich 19 Hockerbestattungen, die Schädel waren rot gefärbt. In diesen Phasen kommen Fußbecher vor, bemalt mit Tierfiguren oder geometrischen Symbolen. Die letzte Phase nach oben zu ergab Feuerbrände, offenbar eine gewaltsame Zerstörung.

Die Stufe IV stellt nach einiger Zeit der Ruhe eine Neubesiedlung dar, völlig abweichender Art. Die Keramik ist jetzt gedreht und nur einfach bemalt. Es finden sich Siegelzylinder mit Zahlenzeichen und Tier- und Menschengestalten. Es gibt Flachbeile aus Kupfer, Kupferdolche und Kupfernadeln.

Die Grabung erfaßt die Zeit von 4700 mit Sialk I, 4000 mit Sialk II, 3500 mit Sialk III und 3000 mit Sialk IV. Diese oberste Schicht entspricht Uruk IV, in Ägypten der Negade II-Kultur, 3000—2750.

ROMAN GHIRSHMAN ist geboren 1895 in Charkow in der Ukraine, in der heutigen Sowjet-Union, er kam nach Frankreich im Jahre 1923. Er studierte an der Sorbonne, an der École des Hautes Etudes und an der École du Louvre. Er grub in Tello, südlich von Bagdad. 1931 wurde er Direktor der Archäologischen Mission im Iran. Er führte Grabungen durch in Tepe Giyan und Sialk, 1933 und 1934 in Assadad und Luristan, dann wieder in Sialk und von 1935—1941 in Bishapur. Von 1943 bis 1946 arbeitete er an dem Französischen Institut für Orientalische Archäologie in Kairo. Die Grabungen in Susa leitete er von 1946—1967. Zu gleicher Zeit, von 1951—1962 grub er an der Zikkurat von Tschoga-Zambil. Von 1967—1972 arbeitete er an der Masjid-i Solaiman.

Erst nach meinem Besuch bei Ghirshman in Teheran 1967 erfuhr ich von dem schwierigen Leben dieses großen Gelehrten. Am 16. Januar 1974 erhielt er zu seinen vielen sonstigen Ehrungen die Medaille der Freer Gallery of Art in Washington. Bei dieser Gelegenheit sprach Roman Ghirshman über seinen Lebensweg. Im Druck ist die Ansprache erschienen unter diesem Titel: Freer Gallery of Art, Smithonian Institution. Sixth Presentation of the Charles Lang Freer Medal, Washington D. C. 1974. Ghirshman sagt S. 11—18, daß er in Rußland, in der Ukraine geboren sei, daß er 1914 russischer Soldat geworden sei im ersten Weltkriege. Bei der russischen Revolution kämpfte er für die Freiheit, und als die Sache der Freiheit verloren war, mußte er fliehen. Es gelang ihm, über das Schwarze Meer zu entkommen, er erreichte Istanbul. Aber er besaß nichts, nur eine Zahnbürste und ein Handtuch. Es galt, Geld zu verdienen, so spielte er die Violine auf den Straßen, bei Hochzeiten, in Restaurants. Dann schickte ihn die Organisation ORT nach Palästina. Hier arbeitete er in einer Orangen-Farm in Hedera. Es kam zu Kämpfen, und jeden Tag ritt er die Front ab, aber er dachte an die Ruinen von Cäsarea, an den König Herodes, an Mark Anton und an Oktavian. Mit Hilfe von Freunden gelang es ihm, zu Schiff nach Marseille zu gelangen. Sein Gedanke war immer das Studium des Altertums.

Aber was sollte er anfangen mit zehn Pfund Sterling und mit leichtem Gepäck. Er ging nach Paris, und hier wurde er Kassierer in einem Nachtklub in Montparnasse. Doch diese Tätigkeit war die richtige, sie beschäftigte ihn des Nachts, aber am Tage konnte er Vorlesungen hören, Bibliotheken besuchen und Museen. Drei Jahre hindurch lebte er so, von 8 Uhr abends bis 3 Uhr morgens hinter der Kasse im Nachtklub. Wenn keine Leute kamen, lernte er die Entzifferung der Keilschrifttexte. Am Tage hörte er Vorlesungen über Orientalische Archäologie bei Dussaud, Contenau, Delaporte, über Klassische Archäologie bei Charles Picard. Sumerisch lernte er bei Scheil, Babylonisch und Assyrisch bei Virolleaud. Dann machte er seine Abschlußexamina. Er war 35 Jahre alt und wollte zu Ausgrabungen nach Mesopotamien gehen. Das war sehr schwer. Seine Gesundheit war nicht zum besten. Aber er sagt, er hatte ein Lebensprinzip: „life never gives up on you unless you give up on it." Mit diesem Grundgedanken kam er durch. Der Professor für Sumerologie, de Genouillac, verschaffte ihm die Möglichkeit, an Grabungen in Tello teilzunehmen. Das hat dann sein Leben entschieden. 42 Jahre hindurch hat er sich den Aufgaben der Archäologie in Mesopotamien gewidmet, vor allem als Direktor des Französischen Archäologischen Instituts. Er wurde Doktor, Professor, Mitglied der British Academy, Member des Metropolitan Museum in New York und vieles andere. Er sagt, S. 17, daß er noch Sir Aurel Stein persönlich erlebt hat, Ernst Herzfeld, Walter Andrae, Paul Pelliot, John Pope.

Seine Hauptwerke sind: Fouilles du Tépé Giyan, près de Néhavend, Paris 1931—1932. — Fouilles Sialk, près de Kashan, 2 Bd., Paris 1933 — 37. — L'Iran, Bd. I, Paris 1951, engl. 1951, deutsch, Verl. Beck, München 1964. — Ile de Kharg, Teheran 1960. — Parthes et Sassanides, Paris 1962, deutsch, Iran, Parther und Sassaniden, Verl. Beck, München 1962. — Tschoga-Zambil, Bd. I, Paris 1966. Bd. 2, Paris 1968. — Iran, Immortal Kingdom, London 1970. — Fouilles de Châ-pour. Bichâpour I, Paris 1971. — A propos de la Nécropole B de Sialk, IPEK 1974—76.

Im Jahre 1949 führte C. S. Coon eine Grabung durch am östlichen Südufer des Kaspischen Meeres. Sie ergab ein Mesolithikum, eine Kulturschicht, die so lange Zeit gesucht worden war. Die Grabung wurde finanziert vom Museum in Philadelphia, USA. Die Veröffentlichung, ist: C. S. Coon, Cave Explorations in Iran 1949, Philadelphia 1951. Der Fundplatz trägt den Namen Ghar-i-Kamarband.

Es ließen sich 28, jedesmal rund 4 m mächtige Schichten feststellen. Die untersten, auf dem gewachsenen Boden aufruhenden, sind die Schichten 28—22. Coon bezeichnet sie als ältermesolithisch, die Schichten 21—11 als jüngermesolithisch. Die Schichten 10—3 nennt er neolithisch, die Schichten 2—1 nachneolithisch.

In den frühmesolithischen Schichten ist nur Jagdwild gefunden worden, Seehunde, Gazellen, Wildrinder. Die Werkzeuge sind Mikrolithen. Als einziges Haustier erscheint der Hund, gefunden in Schicht 24. Von Schicht 8 aufwärts werden Sichelblätter für die Ernte von Getreide gehoben, von Schicht 7 an Keramik, von Schicht 4 an Steinbeile. Es gibt für diese Grabung Radiokarbondatierungen. Für das Mesolithikum ergab sich 12300 und 11400 Jahre, also rund 10300 und

9400 v. Chr., für die neolithischen Schichten 7800 und 7300, also rund 5800 und 5300 v. Chr.

Die Grabung ist von Bedeutung für die Haustierentwicklung. Es hat sich mit ihr K. J. Narr beschäftigt in Anthropos, Bd. 53, 1958, S. 416f. und H. Pohlmann, Lund, im 35. Ber. d. Röm.-Germ. Komm. 1954, S. 1—20.

Pohlmann sagt ebda S. 17: „Die Ausgrabung in Ghar-i-Kamarband hat uns Material in die Hand gegeben, woraus hervorgeht, daß in einem Gebiet, wo sich Hirtentum und Bauerntum schon sehr früh überschneiden, das Hirtentum sehr viel früher nachweisbar ist als das Bauerntum."

„Ideengeschichtlich sind wir dadurch in einer ähnlichen Lage wie die Archäologen des 19. Jahrhunderts nach einer wesentlich heftigeren Meinungsverschiedenheit, ob die Steinzeit durch die Bronzezeit oder durch die Eisenzeit abgelöst wurde."

„Fest steht eigentlich nur, daß zwischen 7000 und 6000 v. Chr. die Begleiter mit ihrem nichtjägerisch bewirtschafteten Kleinvieh und mit ihren Rindern identifiziert werden können und daß erst 2000—2500 Jahre später — jedenfalls wesentlich später — die Bauern mit Schweinen, Rindern und Kleinvieh auftreten."

„Die frühere Diskussion über den Ursprung der Viehzucht hat in aller Klarheit gezeigt, daß sowohl die Entwicklung Bauern-Hirten als auch die Entwicklung Jäger-Hirten a priori durchaus denkbar ist."

Der Verf. erwähnt die Theorien von E. Hahn, von K. Dittmer, von F. Kussmaul, von P. W. Schmidt und R. Thurnwald.

Es hat wirklich lange theoretische Überlegungen gegeben darüber, ob auf das Jägertum zuerst die Welt der Hirten oder die der Ackerbauern folge. Offenbar sind beide Möglichkeiten je nach den geographischen Gegebenheiten anzunehmen. Auf jeden Fall zeigt die Grabung von Ghar-i-Kamarband in Asterabad, daß in diesem Fall das Hirtentum weitaus älter ist als das Bauerntum.

Ein Fundort, weiter südlich, auf der Ostseite des Persischen Golfes, bei Kheirabad oder Heirabad, 150 km südwestlich von Kirman und 250 km östlich von Persepolis ist Tell-i-Gap, ausgegraben 1959 von den persischen Wissenschaftlern N. Egami und Sono. Der Bericht ist: N. Egami and Sono, The excavation at Tell-i-Gap, Teheran 1962.

Die Ausgräber unterscheiden 17 Schichten, zusammengefaßt zu zwei Hauptabschnitten, I—II von unten an gerechnet. In Strate 4, Schicht II, wurde ein Herd gefunden, 1,6 m zu 1,7 m groß, aus Lehm errichtet. Schicht I, die untere Schicht, ergab reiche Keramik mit figürlicher Darstellung, ähnlich wie die Funde im Tell-i-Bakun bei Persepolis. Die Radiokarbondatierung ergab für Stufe I 5900 Jahre, demnach 3900 v. Chr. und für Stufe II 5400 Jahre, demnach 3400 v. Chr.

Tell-i-Bakun sind zwei Siedlungshügel, nahe bei Persepolis gelegen. Wegen dieser für die Forschung günstigen Lage hat E. Herzfeld 1928 dort gegraben, 1932 A. Langsdorff, 1956 N. Egami und S. Masuda.

Die Literatur ist: Langsdorff and McCown, Tell-i-Bakun A, The Comparative Stratigraphie of Early Iran, 1942, S. 23f. — Erich F. Schmidt, in: Oriental

Inst. Comm. Bd. 21, 1939, S. 121f. — EGAMI and MASUDA, The Excavations at Tell-i-Bakun, 1956, Teheran 1962.

Der Hügel A brachte reiche bemalte Keramik auf hellem Grund, vor allem geometrische Formen, in sich sehr verschiedenartig, seltener Menschen und Tiergestalten. Einige abstrakte Idole wurden aufgedeckt. Die Häuser hatten viele Räume. Die fünf Schichten des 4 Meter hohen Hügels entsprechen der Zeit Sialk IV, um 3000 v. Chr.

Die Forschung in Persien nahm nach 1960 einen gewissen Aufschwung. Die ausländischen archäologischen Institute haben eine interessierte persische Jugend herangebildet. Viele Perser haben in Europa und Amerika studiert und so ist eine eigene Forschergeneration herangewachsen. Aber auch die europäischen und amerikanischen Gelehrten haben bei ihren Arbeiten glückliche Erfolge zu verzeichnen gehabt.

Im Jahre 1961 begann die Grabung an einem Siedlungshügel mit Namen Ali Kosch. Er liegt nördlich vom Persischen Golf, rund 50 km nördlich von Ahvaz in Khusistan, in der Deh-Luran-Ebene. Die amerikanischen Ausgräber waren F. HOLE und K. V. FLANNERY. Die Berichte finden sich in Iranica Antiqua Bd. 2, 1962, S. 97ff. — HOLE, FLANNERY, NEELY, in: Current Anthropology Bd. 6, 1965, S. 105f. — HOLE, FLANNERY, in: Proceedings of the Prehistoric Society, Cambridge, Bd. 33, 1967, S. 147f.

Der Hügel besitzt eine Mächtigkeit von 5 Metern. Es ließen sich drei Hauptkulturschichten unterscheiden. Die unterste erste Schicht brachte Lehmziegelhäuser mit Räumen im Rechteck. Die Pflanzenreste stammen zu 90% von gesammelten Wildpflanzen, Weizen und Gerste sind selten. Die Tierknochen ergaben Onager, Boviden und Wildschweine. Die Keramik fehlt. Die Radiokarbondaten sind 9900 Jahre, also 7900 v. Chr. und 7400, demnach 5400 v. Chr.

Die darüber liegende zweite Schicht brachte mehrräumige Häuser, dazu Getreide, Sichelblätter, Steingefäße, kalt gehämmertes Kupfer. Radiokarbondaten liegen zwischen 7900—5700 v. Chr.

Die dritte, obere Schicht, ergab Lehmziegelhäuser mit Steinsockeln, die Wände rot bemalt. Erst in dieser Schicht tritt Keramik auf, eine glatte Gattung, andere mit rot gemalten geometrischen Mustern. Die Zeitstellung ist etwa 4000—3500.

Nicht weit entfernt liegt ein anderer Siedlungshügel, ebenfalls in Khusistan, in der Deh-Luran-Ebene. Er wurde 1963 ausgegraben von J. A. Neely, Fittole und K. V. Flannery, den amerikanischen Forschern aus Cambridge, USA. Der Name ist Tepe Sabz.

Die Fundschicht ist 11 m hoch, sie ist neolithisch. Es konnten 4 Hauptstufen unterschieden werden. Die älteste brachte wenige Reste von Häusern, nur einige Türangelsteine. Die Keramik ist hell mit schwarzer Bemalung in einfachen geometrischen Mustern. Weiter fanden sich Felsgesteinbeile, Getreidekörner, Mikrolithen, Sichelblätter.

Die nächsten Schichten brachten gemauerte Häuser in Rechteckform, polierte Steinbeile, Knochen von Haustieren, Reste geflochtener Stoffe.

Die oberen Schichten ergaben eine bemalte Keramik mit geometrischen und auch figuralen Motiven, im Stile Susa II ähnlich, nach der neueren Bezeichnung Susa d entsprechend, 3750—3000 v. Chr. Lit.: Hole, Flannery, Proceedings of Preh. Soc. Cambridge, Bd. 33, 1967, S. 183 f.

Eine Grabung von 1963 durch skandinavische Gelehrte erbrachte in Tepe Guran bei Kahrez, in der Provinz Luristan, 120 km südwestlich von Nehavend — nicht in der Gegend der Luristanbronzen — ein reiches Neolithikum. Der Siedlungshügel ist 7 m hoch. Unter eisenzeitlichen Schichten konnten 18 neolithische Straten aufgedeckt werden. In den untersten Schichten kamen Klingen zutage aus Feuerstein und Obsidian, abstrakte Tonfiguren von Tieren und Menschen, Beile aus Felsgestein und Paletten. Es fehlt der Hinweis auf Pflanzenbau, es fehlt auch Keramik. Jedoch schon in der dritten unteren Schicht erschien bemalte Keramik, rote Farbe auf hellem Ton, geometrische Formen. Die Zeitstellung ist um 4000—3500.

Die Literatur ist: P. Mortensen, in: Sumer 20, 1964, S. 28 f. — J. Meldgaard, P. Mortensen und H. Thrane, in: Acta Archaeologica, Bd. 34, 1963, S. 97 f.

Das Ergebnis dieser Grabungen nach heute möglicher Sicht ist, daß der Übergang vom Paläolithikum zum Ackerbau sich nicht in Persien, im Iran, vollzogen haben kann. Wo ein Übergang in Betracht gezogen werden konnte, wie in Ghar-i-Kamarband, handelt es sich um den Weg zur Viehzucht, nicht zum Ackerbau. Die Bebauung des Feldes, auch nur in wenigen Gebieten möglich — ist um 4000—3000 als Einfuhrelement offenbar aus Mesopotamien eingebracht worden. Es könnte auch das östlich an Iran anschließende Land Afghanistan mit Fundorten wie Mundigak in Frage kommen. So haben die Ausgrabungen auch für das vorgeschichtliche Persien reiche Ergebnisse gebracht. Nicht weniger wichtig waren die Grabungen in Persien, die die historische Zeit erfassen.

Achämeniden

Persepolis, persisch Parsa, ist der Platz in dem Lande, der sich am strahlendsten heraushebt. Der Palast der Achämeniden, der Perser, ist ohne allen Zweifel das großartigste Denkmal der Antike überhaupt.

Wohl ist das Colosseum in Rom voll von Größe, wohl ist der Parthenon in Athen ein Denkmal eigener Schönheit, aber Persepolis ist gewaltiger, ist imponierender.

Als ich im April 1967 in Persepolis stand, war ich gefangen von der Mächtigkeit, von der Lebendigkeit, und der Aussagekraft der Bildwerke und Skulpturen, von der

Größe der Anlage, von der Kraft der noch vorhandenen Säulen, Wandanlagen und Treppenaufgängen.

Der Palast ist 80 km entfernt von Schiraz. Das Oriental Institute of Chicago hat in den Jahren 1930—1940 das ganze Gebiet des Palastes freigelegt aus dem Sand der Wüste. Die Leiter waren Ernst Herzfeld, schon mehrfach genannt, und Erich F. Schmidt, ein Deutschamerikaner. Mit ihm habe ich 1934 in Chicago lange über seine Grabungen sprechen können. Er sagte mir, wie aufregend es war, wenn aus dem Sand immer neue Skulpturen, immer neue Reliefs heraustraten. In drei Bänden hat ERICH F. SCHMIDT über die Arbeiten berichtet: Persepolis, 3 Bd., Chicago 1953 bis 1969. — Von MORTIMER WHEELER stammt das Werk: Flames over Persepolis, London 1968, deutsch: Flammen über Persepolis, Berlin 1969. — Ferner: FRIEDRICH SARRE, Die Kunst des alten Persien, Berlin 1923. — ROMAN GHIRSHMAN, Iran, München 1964.

Der Bau des Palastes wurde von Dareios begonnen um 520 v. Chr., er wurde fortgeführt von Xerxes und Artaxerxes I. bis etwa 460. Die westliche der großen Hallen, die Apadana, der säulengeschmückte Audienzsaal, mißt innen 180 Quadratmeter, die Säulen trugen ein Dach, das 18 m hoch war. Etwa 10 000 Menschen sollen in dieser Halle Platz gefunden haben. Östlich von der Apadana stand eine andere Halle, errichtet von Xerxes, mit 207 Quadratmetern, also noch größer, ihr Dach wurde von 100 Säulen getragen.

Es gibt in dieser Zeit an keiner Stelle der Welt solche Riesensäle mit diesen Ausmaßen.

Alexander d. Gr. hat den Palast ohne allen Grund im Frühjahr 330 v. Chr. angezündet, aus Übermut, wie alle drei Berichterstatter des Altertums bezeugen. Diodor, um 50 v. Chr., Arrian, der um 180 n. Chr. schreibt, Plutarch um 150 n. Chr. Alle diese Schriftsteller verwenden ein Werk von Kleitarchos von Alexandrien, offenbar um 282 v. Chr. geschrieben, also bald nach dem Tode von Alexander, 323.

Kleitarchos berichtet, daß Thais, ein Flötenmädchen, die Veranlassung für den Brand gegeben habe. Diodor (XVII, 72) beschreibt später recht genau den Vorgang nach den alten Quellen. Es heißt bei ihm nach der Übersetzung von Dr. Andreas Stroth, Frankfurt/M., 1785, Bd. 4, S. 461: „Alexander feierte seiner glücklichen Taten wegen ein Siegesfest... Bei einem solchen Schmause, den er seinen mit ihm aufgewachsenen Freunden gab, bemächtigte sich, als man tief in die Nacht hinein getrunken und sich ziemlich berauscht hatte, eine Art von Raserei der Trunkenen. Eine der anwesenden Weibspersonen, namens Thais, eine Athenerin von Geburt, sagte: es würde Alexanders schönste Tat in Asien sein, wenn er mit ihnen eine Nachtschwärmerei anstellte, die Residenz ansteckte, und so Weiberhände in kurzer Zeit den größten Glanz der Perser vertilgten. Dies unter jungen Leuten gesprochen, denen noch dazu, wie natürlich, der Rausch den Kopf ziemlich verrückt gemacht hatte, machte, daß einer ausrief: „Wohlan, laßt uns Fackeln anzünden und die an der Griechen Tempel verübte Gottlosigkeit rächen." Die anderen jauchzten ihm Beifall zu und sagten, Alexander allein gebühre es, diese Tat auszuführen. Der König ward durch diese Reden erhitzt, und alle sprangen vom Trinken auf und verlangten, er möchte dem Bacchus zu Ehren, einen nächtlichen Aufzug zur Feier des Sieges anstellen. Gleich ward eine Menge Fackeln zusammengebracht. Die beim

Trinkgelage gebrauchten Sängerinnen wurden mitgenommen. Der König führte nach der Anleitung der Buhlerin Thais unter Gesang, Pfeifen- und Flötenspiel den Zug der Nachtschwärmer an. Thais warf, nebst dem König, zuerst die brennende Fackel in die Residenz. Die übrigen taten ein gleiches, und so machte die große Glut, daß in kurzer Zeit die ganze Residenz verbrannte."

Bei der Ausgrabung haben Herzfeld und Erich F. Schmidt eine Brandschicht gefunden, an manchen Stellen ein Meter stark, an anderen 30 cm.

Mächtig steht noch heute die Treppe da, die hinaufführt von zwei Seiten zu der Apadana, dem Empfangssaal, an den Wänden stehen die Reliefs der persischen Krieger mit Pfeil, Bogen und Speer. Im Thronsaal sieht man das Relief des Xerxes mit einem Diener und immer wieder andere Skulpturen, andere Reliefs.

Im Hundertsäulensaal steht noch mächtig das große Relief des Artaxerxes auf dem Thron, über ihm die geflügelte Sonne, unter ihm die Satrapen. Im selben Saal sieht man die Audienz des Königs mit 66 Satrapen, die sich ihm nahen. Im Schatzhaus findet sich das Relief der Audienz des Dareios. Immer wieder Reliefs von Dienern, die Waren bringen, Kämpfe von Löwe und Stier, Bilder von Armeniern, Babyloniern und anderen fremden Stämmen und ständig die Persergarde, feierlich, ernst und getragen. Persepolis bedeutet einen gewaltigen Eindruck für den heutigen Besucher.

Nicht weit von Persepolis, nur 4 km entfernt, liegt Naqsch-i-Rustem, die großen Gräber der Perserkönige. Sie sind eingehauen in den Felsen in kreuzförmiger Fassade. Oben erhebt sich das Bild der Gottheit, Ahura Mazda, darunter das Bild des Königs und darunter die unterworfenen Völker. Von rechts nach links liegen die Gräber von Dareios II. (424—405), von Dareios I. (521—485), von Xerxes (485—465), von Artaxerxes I. (465—424).

Unter diesen Gräbern sind Reliefs der Sassaniden angebracht, über 600 Jahre später. Wieder von rechts nach links das Relief von Bahram II. (275—283 n. Chr.). Reiterkampfszenen und der Triumph von Schapur I. über den römischen Kaiser Valerian. In der Schlacht von Edessa im Jahre 260 n. Chr. wurde Valerian gefangen genommen von den Sassaniden. Man sieht ihn kniend vor dem Sassanidenherrscher. Ein anderes Bildwerk zeigt die Einsetzung des Königs Ardaschir I. (226—240) durch den Gott Hormuzd. Meine mehrmaligen Besuche von Persepolis und Naqsch-i-Rustem werden mir immer unvergeßlich bleiben.

Pasargadae liegt rund 50 km nordöstlich von Persepolis und 100 km nordöstlich von Schiraz. Der Palast ist nicht entfernt so groß wie Persepolis und auch nicht so gut erhalten. Die Überlieferung besagt, daß sich Kyros der Große seinen Palast erbauen ließ an der Stelle seines Sieges über den Mederkönig Astyages im Jahre 550 v. Chr. Der Name bedeutet Perserlager. Die Stadt war Hauptstadt der beiden ersten großen achämenidischen, persischen Herrscher, Kyros (559—529) und Kambyses II. (529—521). Kambyses zog nach Ägypten 525. Er eroberte Memphis und nahm den König Psammetich gefangen. In Persien hatte sich der

Magier Gautama zum rechtmäßigen König erklärt. Kambyses wurde von seinen Truppen verlassen, er starb in Ägypten an einer Verletzung. Gautama gab sich als Bruder von Kambyses aus mit Namen Bardiya, Kambyses aber hatte den Bruder beseitigen lassen. Gautama wurde ausgerufen als König. Deshalb verlegte der rechtmäßige König, der Sohn des Kambyses, Dareios, die Hauptstadt nach Persepolis, an die Wiege des Geschlechtes der Achämeniden. Damit verfiel Pasargadae. Als Kyros 529 gestorben war, wurde sein Grabmal gegenüber dem Palaste von Pasargadae errichtet.

Dieses Grabmal, viereckig, auf sechs Steinstufen, steht noch heute dort. Einst war die Grabkammer geschlossen durch ein schweres, nur von Innen zu öffnendes Tor. Von Grabschändern wurde die Schwelle abgelöst. Alexander besuchte das Grab, um Kyros zu ehren. Nach seiner Rückkehr aus Indien ließ er den Grabräuber hinrichten. Es war ein iranischer Satrap mit Namen Orxines. Das Grabmal ist heute ganz leer. Zu arabischen Zeiten ist es als Tempel verwendet worden. An der Südwand ist ein kleiner Mihrab eingehauen worden.

Von dem Palast von Pasargadae sind noch ein paar hohe Säulen erhalten. Es lebten Störche auf ihnen, als wir dort waren.

Ausgrabungen haben F. Sarre und E. Herzfeld durchgeführt, es waren mehr Freilegungen von dem Sand. Wesentliche Fundstücke wurden nicht mehr aufgefunden.

Die Literatur ist: F. Sarre und E. Herzfeld, Iranische Felsreliefs, 1910, 2. Aufl. 1920. — E. Herzfeld, Archäol. Mitt. aus Iran, Bd. 1, 1929. — D. Stronach, in: Iran Bd. 1 u. 2, 1963—1964.

Parther

Seit 1921 ist auch die Kunst der Parther in den Blickkreis der Forschung getreten. Es waren vor allem die Grabungen an drei wichtigen Punkten, die das Bild der Parther archäologisch deutlich machten: Dura-Europos, Palmyra und Hatra.

Alle drei Orte liegen nicht in Persien, sondern zwei in Syrien, einer, Hatra, in Irak bei Mossul. Die Berichte mögen aber an Persien angeschlossen werden, weil es sich bei den Parthern um ein Volk aus Persien handelt. Die heutigen Gliederungen der Länder entsprechen nicht den alten Zeiten, die Kulturlagerungen und die inneren Zusammenhänge waren damals anders.

Die Parther, altpersisch Parthawa, sind ein persisch-iranischer Stamm aus dem Gebiet des westlichen Chorassan.

Nach dem Tode von Alexander, 323, bekämpften sich seine Nachfolger durch 40 Jahre hindurch. Aus diesen Kämpfen entstanden drei Königreiche, die Monarchie der Makedonen in Europa, die der Ptolemäer in Ägypten, die der Seleukiden in Vorderasien.

Seleukos I. (358—281), eine General Alexanders, der Erbe fast des gesamten Reiches der Perser, der Achämeniden, besiedelte das Land mit Griechen und Makedonen. So vollzog sich der Prozeß der Hellenisierung in diesem Gebiet. Jedoch dieser Vorgang schuf auch Verschiedenheiten zwischen den hellenisierten Städten und den iranisch gebliebenen Dörfern, es gab politische Spannungen.

Wieder griff ein Stamm von Iran, von den Gebirgen Persiens aus, über auf die Ebenen, es waren die Parther. Sie drängten im Westen bis in die griechisch-römische Welt, im Osten bis nach Indien, ihr Einfluß zeigt sich bis China. Das ist das Wirkungsgebiet der Parther, zuerst in der Zeit von 250 v. Chr. bis 120 v. Chr. Mit dem Regierungsantritt von Mithridatis II. um 120 v. Chr. bedeuten die Parther eine neue Macht in der damaligen Welt. Sie mußten naturgemäß zusammenstoßen mit dem Herrschaftsanspruch von Rom. Es gab die Mithridatischen Kriege. Im ersten Kriege 89—85 v. Chr. eroberte Mithridates die römische Provinz Asia und griff über nach Griechenland. Danach wurde er besiegt von Sulla in dem zweiten Mithridatischen Kriege, den Rom gegen ihn führte, 83—81 v. Chr. Mithridates wurde geschlagen von Lucullus, endgültig besiegt von Pompejus. Er fand sein Ende durch den Aufstand seines Sohnes Pharnakes II. Das Ende der Partherzeit liegt um 224 n. Chr. Sie gingen auf im Reich der Sassaniden.

Aus der Literatur über die Parther seien genannt: N. C. DEBEVOISE, A political history of Parthia, Chicago 1938. — P. J. JUNGE und W. SCHUR, in: Real-Enc. d. class. Altertumswiss., PAULY-WISSOWA, Bd. 18, 2, 1949. — N. KAHRSTEDT, Artabanos III. u. seine Erben, 1950. — K. H. ZIEGLER, Die Beziehungen zwischen Rom u. d. Partherreich, 1964. — M. A. COLLEDGE, The Parthians, London 1967. — J. WIESNER, Die Kulturen der eurasischen Völker, in: Handbuch d. Kulturgesch. Bd. 2, 10, 1968.

Die erste parthische Stadt, die ausgegraben wurde, ist Dura-Europos. Sie liegt am mittleren Euphrat, 40 km nördlich von Abu-Kemal. Ihr heutiger Name ist Essalihije. Die Ausgrabung begann 1921 und reichte bis 1923. Sie lag in den Händen von JAMES HENRY BREASTED, einem nordamerikanischen Orientalisten.

BREASTED ist geboren in Rockford, Illinois, am 27. 8. 1865, er ist gestorben in New York am 2. 12. 1935. Er hat studiert in Berlin und war seit 1903 Prof. a. d. University of Chicago. Seit 1919 leitete er die Ausgrabungen des Oriental Institute der Univ. Chicago in Luxor und Megiddo. Seine Hauptwerke sind: Ancient records of Egypt, 5 Bd. 1905—1907. — A history of Egypt, 1902, 2. Ed. 1950, deutsch 1936. — Development of religion and thought in ancient Egypt, 1912. — Ancient times, 1916. — The conquest of civilization 1926. — History of Europe, 1920. — The dawn of conscience, 1933, deutsch 1950.

Die Kosten der Grabung in Dura-Europos trug die Yale University und die Académie des Inscriptions et des Belles Lettres in Paris. An der Grabung hat lange Zeit M. Rostovtzeff teilgenommen.

Die Stadt Dura-Europos wurde begründet von Seleukos Nikator (358—281 v. Chr.) um 300 v. Chr. Um 100 v. Chr. wurde sie erobert von den Parthern, 165 n. Chr. von den Römern und 256 von den Sassaniden. Die Funde tragen den Charakter der Verbindung griechisch-römischer und orientalischer Elemente.

Die Wiederentdeckung der Stadt ist sehr eigentümlich. Während der Besetzung durch die Engländer im Jahre 1921, mußten Befestigungen angelegt werden. Dabei fand ein Hauptmann mit Namen Murphy die ausgezeichnet erhaltenen

Wandmalereien des Tempels der palmyrischen Göttinen Hadad und Atargatis. Murphy machte Mitteilung an das Hauptquartier in Bagdad. Es wurde Miss Gertrude Bell zur Besichtigung an die Fundstelle gesandt, sie erkannte die Bedeutung, und sofort wurde J. H. Breasted benachrichtigt. Er führte mit seinen Mitarbeitern gerade Ausgrabungen durch in Untermesopotamien. Breasted konnte zuerst nur einen Tag die Funde besichtigen, denn die englische Besatzung erhielt die Aufgabe, den Ort aufzugeben. Mit einer größeren Truppeneinheit konnte 1922 und 1923 F. Cumont die Grabungen beginnen. Der Artemistempel wurde freigelegt. Vor allem zwischen 1928 und 1936, unter der Leitung von Maurice Pillet, hatten die französischen Forscher große Erfolge. Dabei wurde eine jüdische Synagoge aufgefunden, gebaut um 200 n. Chr., ausgemalt mit Fresken aus dem Alten Testament. Es fanden sich Bilder von Moses, David, Esther. Sie sind in das Museum von Damaskus gebracht worden. Auch eine christliche Kirche wurde gefunden, erbaut um 250 n. Chr. Die Bilder sind in die Yale Gallery, New Haven, USA, gekommen.

Die Literatur über Dura-Europos ist sehr groß. Aus der Fülle sei genannt: F. CUMONT, Fouilles de Doura-Europos, Paris 1926. — P. BAUR, M. ROSTOVTZEFF u. a., The excavations of Dura-Europos, 18 Bd., New Haven, Conn. 1929—1963. — T. EHRENSTEIN, Über die Fresken der Synagoge von Dura-Europos, 1937. — M. ROSTOVTZEFF, Dura-Europos and its art, Oxford 1938. — DU MESNIL DU BUISSON, Les peintures de la synagoge de Dura-Europos, Rom 1939. — E. R. GOODENOUGH, Jewish symbols in the Greco-Roman period, Toronto 1964.

Palmyra, heute semitisch Tadmor, arabisch Tudmur, liegt von Damaskus 230 km entfernt, von Homs 158 km. Palmyra ist heute eine Stadt von 13 000 Einwohnern, verbunden durch eine Asphaltstraße mit Homs. Die Stadt liegt am Karawanenweg zwischen dem mittleren Euphrat und Damaskus.

Im 19. Jahrhundert v. Chr. wird die Stadt auf einer kappadonischen Keilschrifttafel genannt, als Ansiedlungsplatz assyrischer Händler im Gebiet der Hethiter. Auch eine akkadische Inschrift aus Mari nennt die Stadt im 18. Jahrhundert v. Chr. Unter Nebukadnezar II. (605—562) zogen die assyrischen Truppen auf dem Marsch nach Jerusalem durch Palmyra. Nach Alexanders Tod kam Palmyra zu den Seleukiden. Im Jahre 64 v. Chr. wurde Syrien römisch, aber Palmyra blieb selbständig. Erst unter Tiberius (14—37 n. Chr.) kam die Stadt unter römische Herrschaft. Die Römer gaben ihr den Namen Palmyra, Stadt der Palmen. Hadrian besuchte Palmyra im Jahre 120 n. Chr., 212 wurde Palmyra unter Septimius Severus eine römische Kolonie. In dieser Zeit liegt die Blüteepoche der Stadt. Die Karawanen kamen aus Arabien, Persien, Indien, China, sie zogen durch Palmyra. Die Stadt wurde reich, sie erhob sich gegen Rom.

Kaiser Aurelian unternahm einen Feldzug, Palmyra fiel Mitte 272 n. Chr., aber die Stadt erhob sich von neuem, Aurelian kehrte zurück, die Stadt wurde völlig ausgeplündert und zerstört, die Mauern wurden geschleift.

Später baute Diokletian eine neue Mauer und eine Kaserne. Justinian errichtete neue Bauten.

634 n. Chr. besetzten die Araber die Stadt, und da es wieder Aufstände gab, wurde sie 745 n. Chr. geschleift. Erst im Jahre 1678 entdeckten englische Kaufleute die Ruinen. Die ersten Pläne der Ruinen wurden 1751 angefertigt von den Engländern Wood und Danokins.

Im 19. Jahrhundert wurden manche Ruinen ausgegraben, die Lage der Stadt zwischen Europa und dem Orient war immer von besonderem Interesse.

Bedeutendere Ausgräber waren: Sachau, Huber, Sobernheim, Puchstein, Wiegand. Während der Völkerbundsmandatzeit haben kleinere Ausgrabungen durchgeführt: Amy, Ingholt, Sauvaget, Seyrig, Schlumberger. Nach 1945 hat der Syrische Altertumsdienst und schweizerische und polnische Archäologische Institute dort Ausgrabungen durchgeführt.

Seit 1945 ist der Tempel des Baal Schamin aus der zweiten Hälfte des 1. Jahrhundert n. Chr. ausgegraben worden durch Schweizer Archäologen. Der große Baalstempel liegt in der Ostseite der alten Stadt. Rechts vom Eingang zu der Cella stehen zwei Betende in Partherkleidung mit langen, bauschigen Hosen.

Die Agorá, der Marktplatz, besitzt eine Säulenhalle. Eine Säule trägt eine Inschrift, datiert auf das Jahr 137 n. Chr. mit einem Festpreistarif. Sie ist in die Eremitage in Leningrad gekommen. Die Säulenstraße ist frei gelegt worden mit dem dreitorigen Durchgangsbogen. Das Theater wurde entdeckt, erbaut um 200 n. Chr.

Es gibt in Palmyra eine große Anzahl parthischer Reliefs, auch parthischer Skulpturen, so das Grabmal des Yarkai, aus der Zeit von 175—200 n. Chr. abgebildet bei R. Ghirshman, Iran, München 1962, Abb. 82, heute im Museum von Damaskus. Dort ist auch die Büste des Zabdibol, um 100 n. Chr., stammend aus Palmyra, abgebildet bei Ghirshman, ebda Abb. 81.

Über Palmyra gibt es viele Berichte, vor allem seien genannt: H. DAWKINS and R. WOOD, Les ruines de Palmyre, Paris 1753. — J. STARCKY and S. MUNAIJED, Palmyre, Beirut 1952. — A. CHAMPDOR, Les ruines de Palmyre, 3. Aufl. Paris 1953. — K. MICHALOWSKI, Palmyra. Fouilles Polonaises 1959—1964, 5 Bd., Warschau, 1960—1966, deutsche Ausgabe, Palmyra, 1968.

Hatra ist die dritte der ausgegrabenen Städte mit Funden der Parther. Hatra liegt 133 km südwestlich von Mossul, in Irak, 80 km westlich von Assur. Der heutige Name ist El Hadr.

Ihre Hauptblüte hatte die Stadt von der Mitte des 1. Jahrhunderts n. Chr. bis 256 n. Chr. Sie war der Sitz eines aramäischen Königsgeschlechtes namens Sanatruq. Aber die Oberherrschaft der Parther mußte anerkannt werden. Zweimal haben die Römer versucht, Hatra einzunehmen, aber die starken Mauern haben das unmöglich gemacht. Im Jahre 116 rannte Trajan vergeblich gegen sie an, in den Jahren 198—199 gelang auch Septimius Severus die Einnahme nicht. Erst als an die Stelle der Parther die Sassaniden getreten waren, 224 n. Chr., schlug sich Hatra auf die Seite Roms. Um 250 nahm der König der Sassaniden Schapur I. (242—271) die Stadt im Sturm ein. Damit war Hatras große parthische Zeit vorbei. Seit dieser Zeit ist das Gebiet der Stadt kaum noch besiedelt worden.

So findet an dieser Stelle die Archäologie eine besondere Geschlossenheit der Kultur der Parther. Der Grundriß der Stadt ist polygonal. Hatra war umgeben von einer festen Mauer mit Türmen. In der Mitte, an einem großen Platz, stehen der Palast und der Tempel. Die Mauer beschreibt einen Kreis von über 3 km Durchmesser, der Wall war verstärkt durch Basteien und durch runde Türme. Um die Mauer führte ein tiefer Graben.

Die Ausgrabungen von 1951—1955 ergaben die Überreste von 12 kleinen Tempeln, dem 1. und 2. Jahrhundert n. Chr. zugehörig. Die Grabung wurde durchgeführt vom Irakischen Altertümerdienst. Es wurden mehrere Statuen gefunden, Apollo, Poseidon, Eros, Hermes, Aphrodite, alle in graeko-parthischer Form. Im Jahre 1961 wurden in einem Tempel, geweiht der Göttin Schahiro, mehrere Standbilder von Fürsten, Hohenpriestern und anderen Würdenträgern in parthischem Stile ausgegraben.

Schon WALTER ANDRAE hatte in Hatra erste Grabungen durchgeführt. Ein Buch von ihm in zwei Teilen berichtet darüber mit dem Titel: Hatra, 1908—1912. Eine neuere Arbeit ist: D. HOMÈS-FRÉDÉRICQ, Hatra et ses sculptures parthes, Istanbul 1963.

Außer den drei Städten, Dura Europos, Palmyra, Hatra, bringt eindrucksvolle Kunstwerke der Parther Nemrud Dagh oder Nimrut Dagh aus der Zeit von Mithridates III. um 57 v. Chr. Es ist das Denkmal von Antiochos I. von Kommagene (69—34 v. Chr.), errichtet auf einem Berge, nahe dem Tigris, etwa 200 km nordwestlich von Mossul. Der Berg liegt 2150 m über dem Meere. Da steht der Kolossal-Kopf von Apollo-Mithra, beide Gottheiten vereint zu einer Gestalt. Da steht gewaltig der Kopf von Zeuss-Ahuramazda aus der gleichen Zeit, dann der Kopf von Herakles-Verethragna, der Kopf einer parthischen Göttin von Kommagene, und auch der Kopf von Antiochos I. Kommagene, alle abgebildet bei Ghirshman, Iran, 1962, Taf. 71—77. Naturgemäß ist hier die spätgriechische, die hellenistische Kunstart das tragende Element. Und doch ist alles ganz anders, es ist parthisch.

Ein so guter Kenner dieser parthischen Kunst wie ROMAN GHIRSHMAN sagt in seinem öfters genannten Buch, Iran, München 1962, S. 257: „Vom 3. Jahrhundert v. Chr. an wird die Geschichte der Menschheit fast ein halbes Jahrtausend lang vom Siegeszug der iranischen Welt unter parthischer Herrschaft bestimmt, der weite Teile zweier Kontinente — Asiens und Europas — erfaßte. Von der Donau bis zur Indusmündung, vom Euphrat bis an die Grenzen Chinas: überall drängten die Iranier (Parther) die Vorposten der griechischen Welt zurück und überlagerten die alten orientalischen Zivilisationen. Ursprünglich Nomaden, hielten sie in den eroberten Ländern an den Überlieferungen ihrer Vorfahren fest."

„Im iranischen Kerngebiet saßen die Parther, in Südrußland wurden sie von den Sarmaten, im östlichen Iran und in Indien von den Kuschanen flankiert. So verschieden die Länder, Völker, Sprachen und Kulturen auch waren, in deren Mitte sich der Aufmarsch dieses kriegerischen Reitervolkes abspielte, in der Kunst bildete sich trotzdem eine Einheit heraus. Das Weltbild der Parther ergibt sich aus ihrem Leben zu Pferde. Der Kampf gegen den Feind und gegen die wilden Tiere regt sie zu Bildern an, die den Formenschatz bereichern und eine Tierkunst par excellence erstehen lassen. Zwischen Mensch und Tier stellt sich etwas wie eine Gemeinschaft ein, beide suchen Sieg und Herrschaft zu erringen."

Die Funde von Nemrud Dag gewannen weiteres Gewicht, als FRIEDRICH KARL DOERNER zusammen mit der amerikanischen Archäologin TH. GOELL im Sommer 1955 Ausgrabungen vornahm an der Felswand von Arsameia, dem heutigen Kahtacay, auf der Südseite des großen Berges. Doerner fand eine griechische Inschrift, auf der sich der König Antiochos II, aus der ersten Hälfte des 1. Jahrhunderts v. Chr. darstellt als der Gott, der Gerechte, der Erscheinende, Freund der Griechen und der Römer. Er berichtet, daß sein Vater, Mithridates Kallinikos, diesen Ort als seine Ruhestätte erwählt habe. Es wurde das Relief von Mithridates mit Herakles gefunden und der Kopf einer Königin von Kommagene. Weitere Untersuchungen ergaben die großen Felsenhalle mit angrenzenden Räumen. Der Bericht findet sich, in: Deutsches Archäol. Inst. Neue deutsche Ausgrabungen im Mittelmeergebiet und im Vorderen Orient, Berlin 1959, S. 71—88.

Die Parther waren es, die durch ihre weitgespannten Beziehungen zu Indien die farbigen Steine nach Europa brachten, mit ihnen den polychromen, den farbigen Stil, den Stil der Einlage farbiger Steine in Gold und Silber. Die Wirkung dieser neuen Stilart war so groß, daß sie auch in einigen Stücken das späte Rom erreichte, daß später, nach 375 n. Chr. die Hunnen diesen Stil übernahmen, und mit ihnen die Goten am Schwarzen Meer, und nach ihnen alle germanischen Stämme der Völkerwanderungszeit bis zum hohen Mittelalter. Die deutsche Kaiserkrone, mit der alle deutschen Kaiser gekrönt worden sind, durch fast tausend Jahre, heute in der Hofburg in Wien, sie ist gearbeitet in diesem Stile.

Am Ende der Partherzeit und zu Beginn der Herrschaft der Sassaniden gelangen zwei Schmuckstücke dieser Art an den Rhein, in die Nähe von Mainz, nach Wolfsheim, Rheinhessen, Kr. Alzey (erwähnt S. 586), und nach Altlussheim bei Schwetzingen, Kr. Mannheim.

Im Jahre 1870 ist der Fund von Wolfsheim bei Landarbeiten zutage gekommen. Er enthielt einen hohlen, goldenen Halsring mit einem Anhänger, ein goldenes Pectorale, das parthisch ist. Dieses Pectorale ist viereckig, mit Kleeblatt zum Schliessen und trägt farbige Einlagen, Almandinen, wie sie in Indien vorkommen, teils viereckig, teils rund, an den Rändern dreieckig. Insgesamt sind es 22 Almandine. Dieser Anhänger, in der Form für Westeuropa ungewöhnlich, trägt die Inschrift Artachschatar. Es ist nach den Gutachten der Sachkenner, damals Prof. Delitzsch und Prof. Euting, die auch auf Münzen vorkommende Namensform von Ardaschir I., dem Begründer der Herrschaft der Sassaniden. Ardaschir I. regierte von etwa 226—241. Die übrigen Gegenstände sind germanisch, eine goldene Fibel, ein goldener Armring, eine goldene Schnalle mit Almandineinlage, eine kleine goldene Schnalle, eine Bernsteinperle und eine Goldmünze von dem römischen Kaiser Valens (364—378). Der Fund wird heute im Museum von Wiesbaden aufbewahrt. Zuerst hat sich mit dem Fund CARL AUGUST VON COHAUSEN beschäftigt in den Annalen d. Ver. f. Nassauische Altertumskunde u. Geschichtsforschung, Wiesbaden 1873, S. 9 u. Taf. 1, Abb. 3. — Ferner: CH. DE LINAS, Les origines de l'orfèvrerie cloisonnée, Paris 1877, Bd. I, S. 5, Taf. 1, 2.—MAX EBERT, Die Wolfsheimer Platte usw. Balt. Studien zur Archäologie u. Geschichte. Berlin 1914. — G. BEHRENS, Aus der frühen Völkerwanderungszeit d. Mittelrheins, Mainzer Zschr. Bd. 17—19, 1921—1924, S. 69. — HERBERT KÜHN, Vorgeschichtl. Kunst Deutschlands, Propyläen-Kunstgesch., Berlin 1935, Taf. 403. — NÁNDOR FETTICH, La trouvaille de tombe princière hunnique à Szeged-Nagys-Zéksós, Budapest 1953. — JOACHIM WERNER, Beiträge zur Archäologie des Attila-Reiches, München 1956, Taf. 4, Text S. 88. —

Das Ergebnis aller dieser Untersuchungen und Betrachtungen ist es, daß am Ende der Herrschaft der Parther, beim Beginn der Sassaniden, ein Pectorale, ein Reliquiar für Papierinschriften mit dem Namen des ersten Sassaniden-Herrschers nach der Gegend von Mainz gelangt ist. Als besonders wertvolles Stück ist das Reliquiar in die Erde gekommen, 150 Jahre später, als Besitz eines vielleicht hunnischen oder germanischen Großen. Völlig unverstanden ist das Reliquiar als Anhänger an einer goldenen Kette getragen worden. So tiefgreifend ist die Wirkung der Parther oder der frühen Sassaniden gewesen.

Der Fund von Altlussheim bei Schwetzingen, Kr. Mannheim ist 1930 gefunden worden. Über ihn berichtet F. GARSCHA, in: Germania, Bd. 20, 1936, S. 191f. Ders., in: Jahrb. d. Röm.-Germ. Zentralmus. Mainz, Bd. 7, 1960, S. 315f.

Joachim Werner hält das Grab von Altlussheim, wie das von Wolfsheim für hunnisch. Er berichtet darüber in dem oben genannten Werk S. 87:

„Was diese zwei mittelrheinischen Gräber auf so erstaunliche Weise miteinander verbindet, sind die Objekte persischer Herkunft, die man eher in den Fürstengräbern Kasakstans oder an der unteren Wolga erwarten würde: das goldene Pectorale von Wolfsheim und das Querstück eines persischen Schwertes aus Lapislazuli in Altlussheim. Das mit Almandinen ausgelegte Pectorale, das in den Halsring eingehängt getragen wurde, ist eine parthisch-sassanidische Goldschmiedearbeit. Die Platte ist stark abgenutzt und trägt auf der Rückseite eingepunzt in Pehlevi-Inschrift 'rtxštr (Ardašir). Der persische Personenname, den auch der Begründer der Sassanidendynastie Ardašir I. (226—241) führte, gibt keinen direkten Anhalt für die Datierung (G. László vermutet in Acta Arch. Acad. Hung. 1, 1951, S. 102, Anm. 70, daß die Inschrift sich auf einen sassanidischen Statthalter der nördlichen persischen Provinzen im 4. Jahrhundert beziehen könnte). Man kann nur soviel sagen, daß das Schmuckstück, bevor es in den Besitz der in Wolfsheim Bestatteten kam, einem Perser namens Ardašir gehört haben muß, falls man die Inschrift als Besitzerinschrift auffaßt... Die Duplizität des Befundes: zwei donauländisch-südrussisch ausgestattete, wohl zwischen 420 und 450 n. Chr. am Rhein gefallene oder verstorbene vornehme Krieger, die beide Kostbarkeiten persischer Herkunft besaßen, ist so erstaunlich, daß hier die anonyme archäologische Aussage einmal individuelle Schicksale zu fassen vermeint... Vielleicht waren sie beide Teilnehmer am hunnischen Feldzug gegen Persien um 415—420 (E. Thompson, A history of Attila and the Huns, 1948, S. 66), oder erhielten Pectorale und Lapislazuliquerstück später aus der Beute dieser Expedition. Haben diese Männer 430 unter Attilas Oheim Octar gegen die Burgunder gekämpft, oder gehörten sie zu jenem hunnischen Heer, das 437 das burgundische Königreich vernichtete oder zu Attilas Scharen von 451?"

So seltsam diese persischen Funde am Mittelrhein sind, so sprechen sie doch von der Bedeutung der Perser im 5. Jahrhundert, mögen es Parther oder Sassaniden gewesen sein.

In den letzten Jahrzehnten haben russische Forscher große Erfolge erzielt mit den Ausgrabungen von zwei Städten, die im Heimatgebiet der Parther liegen, Nisa und Merw. Beide Orte sind in der heutigen UdSSR gelegen, in der Turkmenisch-Usbekischen SSR. Beide Fundplätze finden sich bei Aschchabad in Kara-Kum, südlich des Aral-Sees und östlich des Kaspischen Meeres.

Nisa liegt 18 km nördlich der Stadt Aschchabad. Die Grabung führte der russische Archäologe A. A. Maruschtschenko seit 1930 durch, danach setzten die Ausgrabungen fort von 1946—1949 V. M. Masson und G. A. Pugatschenkowa. Die Ausgrabung ergab, daß das parthische Nisa aus drei Hauptteilen bestand, einer Burg aus der eigentlichen Stadt und aus dem Bereich der Vorstadt. Alle Bezirke waren umschlossen von einem Verteidigungswall. Nahe bei der Stadt befand sich eine andere Festung mit Namen Mithridatkert. Sie war die Begräbnisstätte und das Schatzhaus der parthischen Könige.

Von den freigelegten Gebäuden ist eines offenbar ein Tempel, er mißt 20 zu 20 m. Im Oberteil der Wände sind Nischen angebracht, sie tragen Tonstatuen der parthischen Könige und Götter. Die Decke ist von Säulen getragen mit antiken Kapitellen, als Ornamente der Wände erscheinen Akanthus-Blätter, Herkuleskeulen, Löwenköpfe. In einem anderen Hause fanden sich antike Marmorstatuen, offenbar von der Beute aus den Kriegen in Syrien.

In dieser Halle, der sogenannten Viereckshalle, lagen viele Rhyta, Kultgefäße, hergestellt aus Elefantenzähnen. Während der Grabung gab es ein furchtbares Erdbeben in der Gegend von Aschchabad, und dieses Aufbrechen der Erde brachte die Rhyta zutage im Jahre 1948. Insgesamt wurden 40 Rhyta gefunden, manche in Stücke zerfallen, sie konnten jedoch wieder hergestellt werden. Sie sind in die Museen von Moskau, Leningrad und Taschkent gekommen. Ihre Ornamentik zeigt Kentauren und Greifen, Götter und Göttinnen der Antike. Einige der Rhyta tragen Einlegeschmuck aus buntem Glas, aus Silber, aus Bronze.

Die Sassaniden haben die Stadt von den Parthern übernommen.

Über Nisa berichtet Wladimir G. Lukonin, Iran v epochu pervych Sassanidov (Iran unter den frühen Sassaniden) Leningrad 1960. — Ders. Persien II, Nagel Verlag, München, in: Archaeologia Mundi, Genf 1967. — R. Ghirshman, Iran, Parther und Sassaniden, München 1962, S. 29—34.

Eine andere wichtige Stadt der Parther ist Merw, östlich von Aschchabad, am Flusse Murgab, heute Mary. Sie liegt im russischen Turkestan. Bei den Seleukiden trug die Stadt den antiken Namen Antiochia Margiana. Die Ausgrabungen seit

1946 durch V. M. Masson ergaben die Burg des Königs oder Statthalters, die Herrenhäuser der Adligen und Handwerkerviertel, so wie auch in Europa getrennt nach Zünften. Das Viertel der Metallarbeiter hebt sich ab von dem der Müller und dem der Holzarbeiter. Der Befestigungswall konnte gefunden werden, die Tore und Türme. Die von der Mauer umgebene Fläche beträgt 60 Quadratkilometer. Die Mauer ist über 6 km lang, 15 m breit und war 20 m hoch.

Seine Blüte erlebte Merw in der Zeit vom 2. Jahrhundert v. Chr. bis zum 3. Jahrhundert n. Chr. Im 3. Jahrhundert n. Chr. wurde die Stadt einverleibt in das Reich der Sassaniden. Im 7. Jahrhundert eroberten sie die Araber. Im 11. u. 12. Jahrhundert war sie eine wichtige Stadt des Reiches der Seldschuken. Vom 16. bis zum 18. Jahrhundert gehörte sie zu Persien. Merv, jetzt Mary, hat heute 61 000 Einwohner. Die antike Stadt ist zum archäologischen Schutzgebiet erklärt worden. Über Merv berichtet V. M. Masson, Neue Fakten zur alten Geschichte von Merv, russisch, in: Vestnik Drevnej Istorii, 1951, S. 89—101. — G. A. Pugatschenkowa, Puti raswitija architekturi etc., in: Tjutaks, Nr. 6, Moskau 1958, russisch.

Vladimir Michailovič Masson ist geboren am 3. 5. 1929 in Samarkand. Er ist wissenschaftlicher Mitarbeiter am Archäol. Inst. d. Sowjet. Akademie d. Wissenschaften in Leningrad und dort an der Universität Professor. Seine wichtigsten Veröffentlichungen in russischer Sprache sind: Raspisnaja keramika Juž. Turkmenii po raskopkam in: Trudy Južno-Turkm. Bd. VI, Ašchabad 1956. — Kara-depe u Artyka, in: Trudy Južno-Turkm. Bd. X, Ašchabad 1960. — Drevnij Vostok. Mittelasien und der Alte Orient, Moskau-Leningrad 1964. — In englischer Sprache: Neolithic farmers in Central Asia, Moscow 1962. — The first farmers in Turkmenia, in: Antiquity 1961.

So ist die Welt der Parther, von 238 v. Chr. mit dem König Arschak, Arsaces über Mithridates I. (171—138 v. Chr.) bis zu Artabanus IV. (222—227 n. Chr.) durch Ausgrabungen in unserem Jahrhundert aus der Erde getreten. Was die römischen Quellen in ihrer Sicht berichtet haben, es hat jetzt lebendige Gestalt gewonnen. Wir können die ausgegrabenen Städte besuchen, wir können in den Museen die Funde betrachten, die Skulpturen und Reliefs in den Museen von Bagdad und Teheran.

Sassaniden

„Im sassanidischen Reich ersteht noch einmal die Kultur der altorientalischen Welt in ihrem geheimnisvollen, prunkhaften Glanz und ihrer machtvollen Erhabenheit." So drückt es Hans Henning von der Osten aus, der erfolgreiche Ausgräber Vorderasiens in seinem Buch: Die Welt der Perser, Stuttgart, 2. Aufl. 1956, S. 123. Und weiter:

„Der König der Könige tritt uns in der Tradition als absoluter Despot entgegen, bei dem sich Gerechtigkeit nur allzu oft mit unmenschlicher Grausamkeit paart und — der gleichzeitig das Ideal des indoiranischen Ritters ist, mit seinesgleichen jagte und Reiterspiele pflegte. Von unermeßlichem Reichtum und Macht umgeben, förderte er an seinem Hofe die Entfaltung der bildenden Künste und Wissenschaften, der Musik und der Dichtung."

Weiter sagt der Verfasser: „In seinen Einzelheiten liegt der Aufstieg der sassanidischen Dynastie zur Herrschergewalt genau so im Dunkel wie vormals der der medischen, achämenidischen (persischen) und arsakidischen (parthischen) Fürstenhäuser."

Es sind Fürstenhäuser, die die Herrschaft erringen, bei den Persern d. h. den Medern, sind es die Achämeniden, bei den Parthern die Arsakiden. Ein Vergleich ist möglich mit dem Europa des Mittelalters. In Deutschland sind es die Hohenstaufen, die Habsburger, die Hohenzollern, in Frankreich sind es die Karolinger, die Kapetinger, die Vallois.

Die wichtigsten Grabungen auf Fundstätten der Sassaniden sind Bishapur und Ktesiphon.

Bishapur oder Schapur wurde ausgegraben von ROMAN GHIRSHMAN in den Jahren 1935—1936. Der Ort liegt 136 km westlich von Schiraz, auf halbem Wege zwischen Persepolis und dem Persischen Golf, 110 km nordöstlich von Buschir am Golf. Die Stadt wurde in der Mitte des 2. Jahrhundert n. Chr. errichtet von Schapur I. (242—271) König der Sassaniden, an der Stelle einer von Alexander gegründeten, aber verlassenen Stadt. Durch Schapur wurde sie zu einer der größten damaligen Städte im Gebiete von Fars, dem südlichen Iran. Im Jahre 637 eroberten die Araber die Stadt, seitdem ist sie verfallen. Daher bestand an dieser Stelle die Möglichkeit, eine Stadtanlage zwischen rund 250 und 650 freizulegen.

Die Stadt besaß vier Tore. Zwei Hauptstraßenzüge schnitten sich rechtwinklig inmitten der Stadt. Hier fanden R. Ghirshman und sein Mitarbeiter G. Salles ein Weihedenkmal, zwei Säulen von 6,60 m Höhe in korinthischem Stil auf zwei Stufensockeln aufgerichtet. Die Säulen trugen eine zweisprachige Inschrift, daß König Schapur I. das Baudenkmal im Jahre 266 n. Chr. errichtet hat. Weiter fand sich der sassanidische Feuertempel, quadratisch mit einem Hauptsaal von 14 m Seitenlänge. Auch die Mauer der Stadt konnte festgestellt werden, sie hatte 14 m Höhe.

Der Palast besaß einen kreuzförmigen Saal von 6 m Höhe, gekrönt von einer Kuppel. An den Seiten fanden sich Mosaiken in spätantikem Stil, abgebildet bei Ghirshman, Iran, München 1962, Taf. 181—186. Nach Osten zu lag ein anderer Palast, er wurde nur teilweise freigelegt. In der Nähe der Stadt erheben sich zwei Reliefs aus der Zeit der Sassaniden. Das eine zeigt Schapur I. nach der Schlacht von Edessa von 260 n. Chr. Vor ihm kniet der geschlagene römische Kaiser Valerian. Das Denkmal ähnelt dem von Naqsch-i-Rustem. In Bischapur kniet der römische Kaiser auf der rechten Seite, hinter ihm stehen sassanidische Krieger, abgebildet ebda Taf. 197. Auch das zweite Relief feiert diesen Sieg, es zeigt eine Fülle von Kriegern in vier Etagen. Vier weitere Reliefs mit Schapur I. finden sich auf der anderen Seite des Flusses.

Ktesiphon liegt auf dem linken Tigrisufer gegenüber dem alten Seleukia, 32 km südöstlich von Bagdad. Als die Parther 144 v. Chr. in Babylon einfielen, errichteten sie an der Stelle des heutigen Ktesiphon ihr Zeltlager, gegenüber der griechischen Stadt Seleukia. Ktesiphon wurde zur Hauptstadt des Reiches der Parther bestimmt unter Mithridates I. (171—137 v. Chr.). Als im Jahre 224 n. Chr. die Sassaniden die Macht in Vorderasien ergreifen konnten, übernahmen sie Ktesiphon als eine wichtige Stadt. In ihr errichtete Schapur I. seinen gewaltigen Palast. Noch heute steht das mächtige Tor und die linke Seitenwand, der Taq-i-Kesra. Als wir vor dem Palaste standen, war der Eindruck des Baues gewaltig. Die gigantische Wölbung des Toreinganges ist 43 Meter hoch und 30 Meter breit. Hinter dem Tor befand sich der Thronsaal. H. Lacoste, der über den Bau gearbeitet hat, sagt: „Die Freizügigkeit der Gestaltung zeigt, daß der Bau des Gewölbes von einem Orientalen stammt, der nicht darauf bedacht war, die tragenden Bogen mit Säulen und Gebälk einzurahmen, wie es am Kolosseum geschah... Mit Absicht läßt der Architekt an den Seiten nebensächliche Achsen über den Gewölbejochen fort... Die Römer haben nichts Derartiges gebaut." (H. LACOSTE, L'art de Ctésiphon ou Taq Kesra, Mésopotamie, in: Sumer, Bd. X, S. 3f., Bagdad 1954.)

Im Jahre 1909 wurde der nördliche Palastflügel bei einer Überschwemmung des Tigris durch die Wellen niedergerissen. Abbildungen vor dieser Zeit zeigen noch beide Flügel, so wiedergegeben in dem Buch von H. H. V. D. OSTEN, Die Welt der Perser, Stuttgart 1956, 2. Aufl., Taf. 95, oder R. GHIRSHMAN Iran, Parther u. Sassaniden, München 1962, S. 136, Abb. 172.

Der Thronsaal ist 28 m breit, 43 m tief und 37 m hoch. Er ist bedeckt mit einem elliptischen Gewölbe ohne Träger. Der Südflügel ist erbaut aus Ziegelsteinen, er ist 35 m lang und 35 m hoch. Ein einziges Rundbogentor öffnet sich zu einem früher vorhandenen Gang.

Als der letzte große Herrscher der Sassaniden, Chosroes II. (590—628), bei Ninive am 12. Dezember 627 geschlagen war, wurde Ktesiphon ein Jahr danach zerstört von dem Kaiser von Ostrom, Heraklios (610—641). Endgültig vernichtet wurde die Stadt durch den Einfall der Araber in Mesopotamien, im Jahre 637. Nun wurden die Häuser und Paläste verwendet als Steinbrüche. Auch die heute noch stehenden Teile des Palastes, vor allem das gewaltige Tor, wäre ebenfalls vernichtet worden, wenn sich nicht der persische Berater des Kalifen Medinet es Salam, mit Namen Khalid, im 8. Jahrhundert für die Erhaltung eingesetzt hätte.

Zu den bedeutenden Kunstwerken der Sassaniden gehört die Schale des Chosroes I. (531—579), heute in Paris, in der Bibliothèque Nationale im Cabinet des Médailles unter Katalog-Nummer 2538. Die Schale, im Durchmesser 28 cm groß, ist aus Gold gearbeitet, eingelegt mit farbigen, weißen, roten, grünen ornamentierten Steinen. Die Mitte trägt ein Relief von Chosroes I. Der König sitzt auf dem Thron, der gehalten wird von den Protomen zweier Flügelpferde. Neuerdings ist die Darstellung von Chosroes I. angezweifelt worden. FRIEDRICH SARRE glaubt Chosroes II. (590—628) zu erkennen, wie er es in seinem Buch, Die Kunst des alten Persiens, Berlin 1925, Taf. 144 angibt. Nach der Überlieferung soll diese sogenannte Schale Salomons Harun-al-Raschid (786—809) Karl dem Großen als Geschenk gesandt haben. Sie war tatsächlich zuerst im Schatz von Saint-Denis, ehe sie in das Cabinet des

Médailles gelangte. Die Schale, viefach abgebildet, wird in Farbe wiedergegeben bei GHIRSHMAN, Iran, Panther u. Sassaniden, 1962, S. 205, Abb. 244.

Schalen sind es, die vor allem das Kulturgut der Sassaniden bedeuten. Es gibt in den verschiedenen Museen über 200 solcher Schalen. Sie sind in Silber gearbeitet, anders als die Schale von Chosroes, und zeigen lebhafte, ausdrucksvolle Gegebenheiten.

Eine Schale in Leningrad aus dem 6. Jahrhundert zeigt in Silber getrieben den gleichen Herrscher, Chosroes I. sitzend auf dem Thron, das Schwert in der Hand, neben ihm auf beiden Seiten je zwei Große seiner Umgebung. Die Schale ist abgebildet bei Ghirshman, Iran, 1962, S. 206, Abb. 245. Und ebenfalls erscheint das Bild dieses Herrschers auf einer aus Silber getriebenen Schale im Museum Teheran, abgeb. ebda S. 206, Abb. 246. Als einer der ersten hat KURT ERDMANN die Fülle dieser Schalen zusammengestellt in seinem Buch: Die Kunst Irans, Berlin, Verlag Florian Kupferberg, 1943. Erdmann sagt auf S. 87:

„Gefäße aus edlem Metall, meist aus vergoldetem Silber, seltener aus reinem Gold spielten eine bedeutende Rolle am Hofe der Sassaniden. Quellen berichten von einem geradezu märchenhaften Reichtum. Selbstverständlich sind ihre Zahlen nicht wörtlich zu nehmen. Immerhin haben sich nahezu hundert Stücke erhalten (jetzt, 1975, über 200), und die Funde der letzten Jahre lassen auf weitere Vermehrung hoffen."

Die Themen der Darstellung auf den Schalen in Treibarbeit, sind der König, und dann vor allem die Jagd, Jagd auf Löwen, Panther, Bären, Eber, Hirsche, Büffel, Stiere, Wildesel.

Von den Reliefs der persischen Könige in Taq-i-Bostan war die Rede, sie sind angebracht unter den Gräbern der Königsfamilien. Es gibt Teppiche der Sassaniden, Reliefs, Skulpturen. Es ist eine reiche Welt, eine Welt mit Beziehungen zu Ostrom, zu Indien, zu China.

Die Epoche der Sassaniden beginnt mit dem sagenhaften Urvater des Stammes, Sasan. Historisch faßbar ist der erste Herrscher der Sassaniden, Ardaschir I. (226 bis 241). Von Bedeutung ist Schapur I. (241—271), dann Schapur II. (309—379) und der letzte Herrscher ist Yezdegerd III. (632—633) er stirbt 651.

Die Literatur ist recht groß, als neuere Arbeiten seien genannt: FRANZ ALTHEIM u. RUTH STIEHL, Ein asiatischer Staat. Feudalismus unter den Sassaniden und ihren Nachbarn, 1954. — J. GAGÉ, La montée des Sassanides et l'heure de Palmyre, Paris 1964. — Unter den Büchern über die Kunst wären zu nennen: FRIEDRICH SARRE, Die Kunst des alten Persien, Berlin 1923. — KURT ERDMANN, Die Kunst Irans zur Zeit der Sassaniden, Berlin 1943, Neudruck 1969. — EDITH PORADA, Alt-Iran, Die Kunst in vorislamischer Zeit, 1962. — R. GHIRSHMAN, Iran, Parther u. Sassaniden, München 1962. — W. LUKONIN, Persien I—II, deutsch, bearb. v. W. Hinz, Genf 1967. —

Arabien

Arabien war bisher archäologisch gänzlich unbekannt. Die Araber haben sich durch Jahrhunderte, ja, durch Jahrtausende völlig isoliert. Fremde wurden nicht in das Land hinein gelassen.

Die eigentliche Erforschung beginnt mit einer gefährlichen Reise von Carsten Niebuhr nach Jemen im Jahre 1762. Erst 1809 erreichte N. J. Seetzen die Stadt Mekka. Dann gelang A. von Wrede 1843 ein Vorstoß bis Hadramaut. Das nördliche Arabien durchzog der Engländer Palgrave im Jahre 1862. Von den Deutschen konnte E. Glaser in den Jahren 1882—1894 sowohl Süd- wie auch Ostarabien bereisen. Es war vor allem T. E. Lawrence, der im ersten Weltkrieg weite Teile Arabiens erkundete. Aber das alles waren Reisen, nicht Forschungen. Die erste wissenschaftliche Durchquerung vom Persischen Golf bis zum Roten Meer unternahm 1917—1918 J. B. Philby, es folgten seine Reisen 1920 in die Wüste Dahna und 1932 in das südliche Nedschd. Erst seit 1931 gelang es einigen Forschern, wie von Wissmann, C. Rathjens und H. Hellfritz, das Binnenland von Jemen und Hadramaut zu besuchen.

Die archäologischen Untersuchungen beginnen erst 1937 unter Caton Thompson. Dann ist es Brian Doe, der 1950 die erste Altertümer-Verwaltung Süd-Arabiens begründet, ein Department of Antiquities. Im Jahre 1966 konnte die Grundsteinlegung stattfinden für ein Museum der Altertümer am Steamer Point in Aden. Die Bevölkerung empörte sich gegen die Errichtung dieses Museums. SIR MORTIMER WHEELER berichtet, daß die Messingtafel mit der Stiftungsurkunde abgerissen wurde und daß die Eröffnung durch Militär gesichert werden mußte (M. Wheeler, in: Brian Doe, Südarabien, Bergisch Gladbach 1970, S. 8).

Arabien ist für die Antike und das Mittelalter von besonderer Bedeutung wegen Weihrauch und Myrrhe. Beide Duftstoffe waren schon notwendig im alten Ägypten für Kult und Heilkunde. Die jüdische und christliche Kirche kann nicht verzichten auf Weihrauch. Arabien ist auch wichtig als Umschlagsland für die Güter aus Indien und China und umgekehrt aus Europa zu diesen Ländern. In der Bibel, Numeri 16, 17, wird von dem Räucherwerk gesprochen und auch in Exodus 30,1.

Unter den verschiedenen Königreichen Arabiens im Altertum ist das von Saba das bedeutungsvollste. Nach der Überlieferung der Bibel kommt die Königin von Saba um 950 nach Palästina und trifft sich dort mit König Salomon (etwa 965—926).

Salomons Handelsflotte, gebaut von den Phöniziern und auch von ihnen bemannt, lief im Beginn des 1. Jahrtausends v. Chr. aus von dem Hafen von Ezion-Geber und fuhr nach dem südlichen Arabien, auch nach dem Lande Ophir, vermutlich Afrika, Somaliland.

Die Ausgrabungen begannen in den Jahren 1951 und 52 durch William Foxwell mit W. F. Albright in der Nähe von Marib, der alten Hauptstadt des Reiches der Sabäer. Sie fanden den im Altertum berühmten Staudamm. Die Vorhalle des Awwam-

Tempels konnte ausgegraben werden, sie war dem Mondgott Almaqah, dem Hauptgott von Saba geweiht. Der Grundriß der Anlage ist oval, aus Steinen errichtet, sorgfältig behauen. Die Decke wird getragen von Säulen, das Ornament zeigt Muster verschlungener Weinranken.

Albright berichtete darüber in einem Werk: Excavation at Marib in Yemen, Archaeological Discoveries in South Arabia, Baltimore 1958, ferner, in: Bull. of the American Schools of Oriental Research, Bd. 128, 1952, S. 25—38.

W. F. ALBRIGHT, amerikanischer Archäologe, ist geboren 1891 in Coquimbo, in Chile. Er erhielt seinen Doktorgrad an der Hopkins University im Jahre 1916. Er war Direktor der American School of Oriental Research in Jerusalem von 1920—1929, und wieder von 1933—1936. In dieser Zeit führte er Ausgrabungen durch in Palästina, Transjordanien und von 1951—1952 auch in Arabien. Von seinen vielen Büchern seien genannt: The Excavation of Tell Beit Mirsim, 1933 bis 1943. — From the Stone Age to Christianity, Baltimore 1940, 2. Aufl. 1946, deutsch: Von der Steinzeit zum Christentum, München 1949, Verlag Leo Lehnen.

Der Epoche der Eiszeit gehört die Fundstelle Gabal Tala an. Sie liegt in Südarabien, westlich des Wadi Abrain, etwa 20 km nördlich der Hauptstadt Lahej. Es haben sich viele Werkzeuge, Faustkeile aus Stein gefunden vom Acheuléen-Typus. Brian Doe spricht von rund 300000 Jahren (S. 150), er nennt die Bewohner dieser Gegend die ersten Menschen Südarabiens.

Eine Grabung in der Nähe von Aden, durchgeführt von Brian Doe um 1960 in der Nähe des Ortes Lahej an einem Platz mit Namen Kawd Am-Sailah, ergab Brennöfen und Glasscherben. Hier wurden die im Orient bekannten Glasarmbänder gegossen. Sie finden sich in den Küstenländern des Indischen Ozeans, am Persischen Golf und bis nach China. Sie gehören der Zeit vom 5.—16. Jahrhundert unserer Zeitrechnung an.

Eine andere Fundstelle, nur 10 km von der ersten entfernt, mit dem Namen Subr-Lahej, erbrachte ebenfalls Glasbrennöfen und Keramik der Zeit von Anfang des 1. Jahrtausends bis zum Beginn des 3. Jahrhunderts n. Chr. Die Grabung fand 1960 statt. Subr hat seine Bedeutung als Handelsstadt verloren, als der Hafen von Aden zerstört worden war. Der Periplus Maris Erythraei berichtet, daß diese Zerstörung nicht lange vor seiner Zeit stattgefunden habe, demnach zum Beginn des 3. Jahrhunderts n. Chr. BRIAN DOE berichtet darüber, in: Department of Antiquities Reports, 1960—1966. Bulletin 1—7, Aden 1961—1967.

Ein anderer wichtiger Fundplatz in Südarabien ist Dana, der alte Hafenplatz von Hadramaut im Süd-Yemen, 100 km westlich von Mukalla. Der heutige Name ist Husn-al-Ghurab, das heißt Krähenfestung. Offenbar ist dieser Hafen erwähnt bei Hesekiel 27, 21—23. Dort heißt es nach dem Text von Luther: „Arabien und alle Fürsten von Kedar haben mit dir gehandelt (mit Tyrus) mit Schafen, Widder und Böcken. Die Kaufleute aus Saba und Ragma haben mit dir gehandelt und allerlei köstliche Spezerei und Edelsteine und Gold auf deine Märkte gebracht. Haran und Kanne und Eden samt den Kaufleuten aus Saba, Assur und Kilmad sind auch deine Händler gewesen."

Es handelt sich um die Zeit um 600 v. Chr. Mit Kanne und Eden ist sicherlich Qana und Aden gemeint. Das waren die wichtigsten Handelsplätze am Indischen Ozean für Europa, Somaliland, Ostafrika, Indien. Die Weihrauchstraße verband Qana mit Saba, Hadramaut, Oataban und dem Mittelmeer. Der Handel bestand bis zur Zerstörung von Aden, etwa im 2. Jahrhundert n. Chr.

Von der Stadt Qana konnten die Grundrisse vieler Häuser aufgefunden werden, die Wege, die zu dem Felsenberg hinaufführten, weiter viele Teile Festungsanlagen. Manche Inschriften aus dem 6. Jahrhundert n. Chr. wurden festgestellt. (H. WISSMANN, RATHJENS u. HÖFER, Beiträge zur Hist. Geographie d. vorislamischen Arabien, Abhandlg. d. Akad. d. Wiss., Mainz 1952, 4, Mainz 1953, S. 474.)

Mehrere andere vergangene Städte hat Brian Doe auffinden können, so Wadi Jirdan, Al-Bina, Timna im Wadi Baihan und Shabwa, die alte Hauptstadt von Hadramaut. Das heutige Shabwa besteht aus drei Dörfern, sie liegen auf den alten Fundamenten. Die Steine der Vorzeit sind verwendet worden für die Gegenwart. An dieser Stelle hat ein Major A. HAMILTON während der englischen Besatzungszeit Aufzeichnungen gemacht und auch Grabungen durchgeführt. Hamilton, später Lord Belhaven, hat zwei Bücher über seine Zeit in Südarabien geschrieben: The Kingdom of Melchior, London 1949, und The Uneven Road, London 1955.

Im Gebiet des Wadi Hadramaut ist seit 1937 an einigen Stellen gegraben worden. Frau Dr. Caton-Thompson hat aus dieser Gegend paläolithische Werkzeuge veröffentlicht. Neolithische Werkzeuge hat F. E. Zeuner aus der Gegend 300 km östlich von Tarim aus dem Fort Habarut bekannt gemacht. (F. E. ZEUNER, Neolithic sites from the Rub al-Khali, Southern Arabia, in: Man, 1954, S. 133—136.) Zeuner hat mir in London diese Werkzeuge gezeigt, sie entsprechen den ägyptischen Geräten des Neolithikums.

Zwischen 1959 und 1960 hat G. Lankester Harding bei Habarut, nordwestlich von Al-Abr auch Werkzeuge neolithischer Formart aufgefunden, sie ähneln ebenfalls neolithischen Werkzeugen Ägyptens. Die Veröffentlichung, ist: G. LANKESTER HARDING, Archaeology in the Aden Protectorate, London 1964, S. 49 u. Abb. 24 u. 51.

Südlich von Wadi Hadramaut liegt der kleine Ort Huraidhah. Hier hat Frau Caton-Thompson bei der ersten archäologischen Untersuchung 1937 einen Tempel gefunden, geweiht dem Mondgott Sin. Die Verf. berichtet darüber: The Tombs and Moon Temple of Hureidha, Hadramaut, in: Reports of the Research Committee of the Society of Antiquaries of London, Bd. XIII, Oxford 1944.

Die früheste Phase des Bauwerkes gehört dem 5. Jahrhundert v. Chr. an. Der antiken Welt war der Ort bekannt, er trug den Namen Madabum. Der Tempel ist 12,35 m lang und 9,71 m breit. Um ihn herum lief eine Mauer von 3,60 m Höhe. Aus der frühesten Zeit des Tempels sind 21 Inschriften zutage getreten. In den Apsiden-Schreinen fanden sich Weihrauchbrenner aus Kalkstein mit vier Füßen. Unter dem Fundament kamen Gräber zutage mit Tongefäßen mit einem Fuß und breitem Rand mit frühen südarabischen Inschriften. Bei einigen Skeletten fanden sich Ringe, Nadeln und Armringe aus Bronze, Schmuckperlen aus Glas, durchbohrte Muscheln und Scheiben aus Fayence.

In der Welt Arabiens sind seit 1950—1951 auch Felsbilder bekannt geworden. Es ist die Expedition Philby-Ryckmanns-Lippens, die 5000 km in Arabien reiste, um Felsbilder aufzusuchen, zu zeichnen und zu photographieren. Den Bericht erstattete EMMANUEL ANATI, in zwei Büchern: Rock art in Central Arabia, Bd. 1 u. 2, Louvain, Leuven 1968, Inst. voor Orientalistiek. Die Expedition nahm den Weg von Jidda über Riyadh, durch Mecca, Taif, Abha nach Qarya. Anati hat die Photos studiert in den Jahren 1957—1961 im Auftrag der Belgischen National-Stiftung für Wissenschaftsforschung. Es lagen 232 Negative vor von 200 Stationen, mehrere Tausend einzelne Bilder umfassend.

Das Datum der Bilder umschließt mehrere Jahrtausende von etwa 3000 v. Chr. bis zur Gegenwart. Die älteste, die erste Periode, bringt die großen Wildtiere wie in Nordafrika, aber diese Bilder sind selten. Vor allem erscheinen Strauße. Die nächste Periode nennt Anati nach Lhote die der Rundkopfmenschen oder Ovalkopfmenschen, wie schon gesagt, kein glücklicher Ausdruck. Die Bilder entsprechen der zweiten Stufe der nordafrikanischen Felsbilder, der Zeit etwa um 2000 v. Chr. Es ist die Gruppe der Hirten, der Viehzüchter, sie reicht bis zur Hedschra, 622 n. Chr. Die nächsten Bilder umfassen die folgenden Epochen bis zur Gegenwart, wieder erscheinen viel arabische Inschriften.

Wohl ist noch viel zu erarbeiten, um die wirtschaftliche und geistige Situation der Vorzeit der Welt Arabiens zu erkennen, aber schon diese Arbeit an den Felsbildern hat reiche Ergebnisse zu bringen vermocht.

So ordnet sich seit wenigen Jahrzehnten auch Arabien ein in den Umkreis der archäologischen Forschung. Noch sind die Ergebnisse gering, noch sind es einzelne Funde vom Paläolithikum bis zum Mittelalter nur im Süden Arabiens, in dem alten Mandatsgebiet Englands. Aber es steht zu hoffen, daß für kommende Zeiten nicht nur Südarabien der Gegenstand der Forschung sein kann, sondern auch andere Bereiche der großen Halbinsel, deren Einwohner nach Mohammed einmal die damals bewohnte Erde erschüttert haben. Über den Stand der Forschung berichtet BRIAN DOE in seinem Werk: Southern Arabia, London, Verl. Thames and Hudson 1970, deutsch: Brian Doe, Südarabien, Gustav Lübbe Verl. Bergisch Gladbach 1970. — H. v. WISSMANN, Zur Geschichte u. Landeskunde von Alt-Süd-Arabien, 1964.

Palästina

Das Heilige Land, Palästina, heilig den Juden, den Christen, den Mohammedanern, hat im 20. Jahrhundert durch die Ausgrabungen eine Fülle neuer Erkenntnisse offenbart.

Die Religion des Abendlandes, das Christentum, ist geboren worden in diesem Raume. Es ist nur zu begreifen, daß sich die Blicke der europäischen Welt immer wieder auf dieses Land richteten, von dem die Bibel, das Buch der Bücher, berichtet.

Ausgrabungen sind aber besonders schwer durchzuführen in diesem Land. Bevor der Spaten angesetzt werden kann, müssen die Eigentumsrechte des Bodens geklärt worden sein. Oftmals betonen mehrere Familien ihr Anrecht auf den gleichen Raum. Trotz vieler äußeren Schwierigkeiten hat aber das 20. Jahrhundert bedeutende Erfolge erzielt mit Ausgrabungen an vielen Stellen des Landes.

Wichtige eiszeitliche Funde sind gehoben worden auf dem Berge Karmel bei Haifa, Israel. Der Name der einen Fundstelle ist Mugharet El Wad. Die Ausgrabung wurde durchgeführt von Miss D. A. E. Garrod in den Jahren 1929—1933. Es ergaben sich sechs Schichten des Paläolithikums, sie lagen unter zwei mesolithischen Straten des Natoufien, einer Schicht, die ihren Namen besitzt von der Grabung in Israel, in Wadi-en-Natouf, etwa 9000—8000 v. Chr. Die unterste Schicht G, bis 7 m mächtig, enthielt Herdstellen des Moustérien. Die darüber liegende fünfte Schicht E von unten ergab unteres Aurignacien mit Kleinkratzern im Stile des Châtelperron. Die darüber liegenden Schichten enthielten verschiedene Straten des Aurignacien. Miss Garrod hat über die Grabung berichtet, in: GARROD and BATE, The Stone Age of Mount Carmel I, 1937.

Eine andere Fundstelle, nur 70 m weit entfernt von der ersten, ebenfalls im Berg Karmel, trägt den Namen: Et Tabun. Auch diesen Platz grub Miss Garrod aus in den Jahren 1929—1934. Die Forscherin berichtet darüber in demselben Buch, The Stone Age of Mount Carmel I, 1937, S. 57 ff. Unter den 7 Schichten, G—A von unten nach oben des Paläolithikums, ist die sechste, F, die reichste. Sie erbrachte 1200 Faustkeile vom Typus des Clactonien, des Acheuléen. Die Schicht D ergab Moustérien vom Levallois-Typus. In der oberen Lage der Schicht C wurde ein Skelett gefunden, eine Frau von 1,54 m Größe. Die Erde um das Skelett war dunkelrot gefärbt. Weiter fand sich ein menschlicher Unterkiefer.

Die bedeutendsten Funde im Berge Karmel brachte die Höhle Mugharet es-Skhul. Das Wort Skhul bedeutet Ziegen. Sie liegt 200 m von Et-Tabun entfernt. Zusammen mit Miss Garrod arbeitete McCown (1908—1969). Die obere Schicht A ergab Einschlüsse des Jungpaläolithikums. Die Schichten B und C sind Straten des Moustérien, hier wurden zehn menschliche Skelette aufgedeckt. Skelett I ist ein Mädchen von drei Jahren, Skelett II ist eine weibliche Erwachsene, nur in Resten erhalten. Skelett III ist ein Erwachsener, ebenfalls schlecht erhalten. Skelett IV ist ein Mann von 40—50 Jahren in rechtsseitiger Hockerlage. Skelett V ist ein Mann von 50 Jahren, bestattet in einer Grube auf dem Rücken. Als Grabbeigabe fand sich der Unterkiefer eines Wildschweines. Skelett VI ist nicht gut erhalten. Skelett VII ist eine 35 Jahre alte Frau, Skelett VIII ein Kind von 8—10 Jahren. Skelett IX ist ein Mann von über 50 Jahren, Skelett X ein Knabe von 4 Jahren. Die Skelette sind Neandertal-Typen, jedoch finden sich am Schädel Formen, die dem Crô-Magnon-Typus nahe stehen.

Die Bearbeitung ist: T. McCown und A. Keith, The stone age of Mount Carmel II. Oxford 1939.

Immer wieder sind persönliche Erinnerungen belebend und bezeichnend, und so möchte ich über meine Unterhaltung mit McCown berichten. Es war in Berkeley in Kalifornien. Ich war dort Gastprofessor an der University of California. Am 4. Mai 1963 war ich mit meiner Frau bei McCown eingeladen. Es war noch Leakey aus Nairobi zugegen, Frau Kroeber, Frederica de Laguna und andere Freunde des Hauses. Ich benutzte die Gelegenheit, McCown zu befragen über die von ihm gefundenen Skelette in Mugharet es-Skhul. McCown sagte mir, daß die Skeletteile sehr schwer herauszulösen waren aus der Breccie, daß manchmal Teile der Knochen an dem Gestein so fest hafteten, daß sie bei der Herauslösung zersplitterten. Aber das Überraschende war, daß die Skelette, besonders Skelett V, das besterhaltene, gar nicht deutlich den Typus des Neandertalers trug, wie doch zu erwarten war. Das Skelett stammt, wie auch die anderen, aus einer klar zu bestimmenden Schicht des Moustérien, der Schicht des Neandertalers. Aber dieses Skelett ist 1,79 m groß, der Schädel besitzt eine Kapazität von 1518 ccm. Die Stirn verläuft mehr senkrecht, die Augenhöhlen sind niedrig, der Unterkiefer zeigt ein deutliches Kinn.

„Das alles ist anders als bei dem typischen Neandertaler", sagte McCown, „dieser Mensch, und auch die anderen zehn Skelette stehen dem Crô-Magnon-Menschen näher als dem Neandertaler. Aber das Skelett von Tabun ist wieder deutlich Neandertal-Typus, es stammt auch aus einer Schicht des Moustérien. Es muß also doch wohl Übergänge vom Neandertaler zum Crô-Magnon-Menschen gegeben haben. Dann stimmen aber die Meinungen nicht, daß es sich um zwei verschiedene Rassen handele. Dann hat sich doch die eine Gruppe aus der anderen entwickelt und der Ort dieser Entwicklung wird der Raum des östlichen Mittelmeeres sein."

„Sehen Sie," fuhr McCown fort, „in den Jahren 1934 und 1935 haben R. Neuville und Stekelis in der Grotte des Djebel Kafzeh nahe bei Nazareth in Schichten des Moustérien die Überreste von fünf Individuen gefunden, Erwachsene und Kinder. Auch bei diesen Skeletten zeigte sich derselbe Übergang vom Neandertaler zum Crô-Magnon-Menschen. Das Schädeldach ist hoch, nicht flach, wie bei dem Neandertaler, das Hinterhaupt zeigt nicht den charakteristischen Wulst des Neandertalers. Das Gehirn besitzt sogar die Kapazität von 1560 ccm, es ist also noch stärker entwickelt als bei Skelett V aus Mugareth. Keith und ich haben die Tatsachen lange überlegt, und dann erst haben wir sie 1939 bekannt gegeben. Es handelt sich offenbar um Mutationen vom Neandertaler hin zum Homo sapiens."

Später hatte ich dann die Gelegenheit, mit Moshe Stekelis (1898—1967) von der Hebräischen Universität in Jerusalem über die Frage zu sprechen. Auch er hat mir diese Angaben bestätigt.

Es sind noch mehrere Höhlen in Palästina ausgegraben worden, so Abu Sif, südöstlich von Jerusalem. Die Grabung leitete 1928—1949 R. Neuville. Es fanden sich fünf Schichten mit Faustkeilen in der unteren Schicht, darüber Jungpaläolithikum im Typ des Aurignacien.

Eine andere Höhle, ebenfalls südöstlich von Jerusalem, trägt den Namen Erq El-Ahmar. Auch sie ergab 6 paläolithische Schichten, vor allem Jungpaläolithikum. Eine andere Höhle derselben Gegend, Umm-Quatafa, ergab 11 Meter Schichten, zuunterst Faustkeile des Acheuléen, insgesamt 580 Stück, darüber Jungpaläolithikum.

Den Bericht über die Grabungen gibt R. Neuville, in: Archives de l'Institut Paléontol. Humaine, Paris, Bd. 24, 1951.

Eine Höhle nahe dem See Genezareth, Israel, mit Namen Mugaret El-Emireh brachte eine Fülle von Werkzeugen des Jungpaläolithikums. Die Grabung führte im Jahre 1926 der englische Forscher F. Turville-Petre durch. Er berichtet über die Ergebnisse, in: British School of Archaeology, Jerusalem 1927, S. 119f. Später hat sich mit den Funden Miss Garrod beschäftigt, in: Journal of the Royal Anthrop. Inst., Bd. 85, 1955, S. 1f. und F. C. Howell, in: Proceedings of Americ. Philos. Society, Bd. 103, 1959, S. 26f.

Das Ergebnis dieser Grabungen ist, daß in Palästina ein stark ausgebildetes Paläolithikum vorliegt, reichend vom Acheuléen, dem Clactonien, bis zum Magdalénien. Auch das Mesolithikum in der Form des Natoufien ist vorhanden. Es ist demnach durchaus denkbar, daß sich in diesen Gebreiten die Wandlung vom Neandertaler zum Menschen von Crô-Magnon vollzogen haben kann. Es ist auch denkbar, daß an dieser Stelle — gewiß in größerem Raumgefüge — sich das Neolithikum entwickelt haben kann, jener bedeutende Schritt, der den Menschen von einem konsumtiven Wesen zu einem produktiven zu führen vermochte.

Die Megalithkultur, die Europa in der Forschung tief bewegt hat, besitzt nach den gegenwärtigen Kenntnissen ihren Ursprung in Palästina, und zwar im Ostjordanland.

Die Megalithkultur muß ihr Leben entfalten bei Viehzüchterkulturen. Die Menschen mit ihren Herden ziehen von Ort zu Ort, geschieht ein wichtiges Ereignis, dann muß dieser Ort bezeichnet werden: ein großer Stein wird aufgestellt oder auch Steinkreise werden errichtet. Die Bibel berichtet an vielen Stellen über die Aufstellung der großen Steine, der Menhire. So heißt es von Jakob, 1. Mose 35,19, aus der Zeit um 1200: „Und Jakob richtete ein Mal (Massebá) auf über ihrem (Rahels) Grab; dasselbe ist das Grabmal Rahels bis auf den heutigen Tag." Der Besucher Palästinas kann das Megalithgrab noch heute aufsuchen. Weiter heißt es von Jakob: (1. Mose 28,18) „Er stellte einen Stein zu einem Mal auf und goß Öl obenauf und hieß die Stätte Beth-El. Das bedeutet Wohnort Gottes." In der Epoche der Könige werden viele solcher Steine genannt, so: 1. Kön. 14,23. — 2. Kön. 17,10. — 2. Chron. 14,2—31,1. — Jes. 19,19. — Hos. 3,4. — Mich. 5,12.

Erst in späterer Zeit wenden sich die Propheten gegen den Kult an den Steinen, so bei Jerem. 2,26.

Herodot, der um 480—470 v. Chr. schrieb, berichtet, daß er in Palästina solche Steinsäulen gesehen hat (Herodot II, 106).

Die Erforschung der Megalithbauten in Palästina begann 1877 im Verlauf der englischen Landesaufnahme. Paul Karge legte 1925 in seinem Buche, Rephaim, eine zusammenfassende Darstellung der Bauten vor. Es gibt Dolmen, Ganggräber, Steinkisten, Menhire und Cromlechs, Steinsetzungen zu mehreren Steinen. Tausende von Dolmen liegen auf dem Plateau östlich des Jordan. Auf S. 492 sagt Karge in dem genannten Buch: „Angesichts dieser Tatsachen (der Fülle der Megalithbauten in Palästina) ist es ausgeschlossen, die Megalithkultur in Palästina lediglich als Import eines fremden durchwandernden arischen Volkes anzusehen, wie es oft geschehen ist. Sie ist vielmehr mit dem Lande aufs innigste verknüpft, bodenständig, und stellt eine Kulturschicht dar, die in der Entwicklung des Landes eine breite Stelle eingenommen hat."

Eine Monographie über die Megalithkultur Palästinas hat MOSHE STEKELIS vorgelegt: Les Monuments mégalithiques de la Palestine, Paris 1935.

Die Ausgrabungstätigkeit nach den späteren, den auf das Paläolithikum folgenden Epochen ist in Israel und Syrien nach 1900 sehr groß. Zu den ersten Grabungen gehört diejenige, die die alte Stadt Megiddo hat wiederauffinden lassen. Der heutige Name ist Tell el-Mutesellim, sie liegt 25 km südöstlich von Haifa. Die Grabung dieser Stadt besaß ihren besonderen Sinn und ihre eigene Aufgabe.

Im Jahre 1468 v. Chr. wurde sie erobert von Pharao Thutmosis III. von Ägypten. In den Amarna-Briefen wird sie mehrfach genannt. Erst unter König David, 1004—965, kam sie unter die Herrschaft Israels. Von Salomo wurde sie als Hauptstadt eines Gaues ausgebaut (1. Kön. 4,12; 9,15). Im Jahre 733 v. Chr. eroberten die Assyrer die Stadt. Der König Josia von Juda fand 609 v. Chr. vor der Stadt seinen Tod (2. Kön. 23,29 u. 2. Chron. 35,20—25).

Vom Deutschen Palästina-Verein wurden in den Jahren 1903—1905 Grabungen durchgeführt unter der Leitung von G. Schumacher und C. Watzinger. Den Bericht lieferten G. SCHUMACHER und G. STEUERNAGEL in dem Werk: Tell el Mutesellim, Bd. I, Leipzig 1908 und C. WATZINGER, Bd. II, Leipzig 1929.

Im Jahre 1938 setzten die Amerikaner die Grabungen fort und darauf die Israeli 1960 und 1966—1967. Die Funde reichen zurück bis ins 5. Jahrtausend v. Chr. Sie ergaben die Toranlagen der Stadt zur Zeit Davids und Salomons, die Kasemattenmauern, den Palast. Die frühere Annahme war, daß die Pferdeställe Salomon zuzuweisen seien. Es ergab sich aber, daß sie von König Ahab (871—852 v. Chr.) erbaut worden sind. Es fand sich der Wassertunnel bis zur Quelle hin, auch in dieser Zeit erbaut. Nach der Perserzeit ist der Hügel nicht mehr besiedelt worden. Gerade dieser Umstand gab in Megiddo eine Möglichkeit zur Grabung, wie sie in Palästina selten ist.

Die Literatur über Megiddo ist sehr reich. Es seien nach dem erwähnten Buch von G. Schumacher u. C. Watzinger noch folgende Werke genannt: P. O. GUY, Megiddo tombs, Chicago 1938. — R. S. LAMON and G. M. SHIPTON, Megiddo I, Chicago 1939. — G. LOUD, Megiddo II, 1948. — KATHLEEN M. KENYON, Eretz Israel, Bd. 5, 1958. — Dies. Levant I, 1969. — Y. YADIN, in: Biblical Archaeologist, Bd. 23, 1960. — Ders. in: Revue Biblique, Bd. 74, 1968.

Wichtig wurden auch die nach 1900 wieder einsetzenden Grabungen der biblischen Stadt Lachis, dem heutigen Tell ed-Duweir. Flinders Petrie hatte 1890 bis 92 in Tell el-Hesi gegraben, und diesen Ort für Lachis gehalten (hier S. 260). Später, als die Grabungen in Tell ed-Duweir von 1932—1935 von J. L. STARKEY u. a. durchgeführt wurden, erkannten die Ausgräber aus aufgefundenen Briefen, daß dieser Ort tatsächlich das alte Lachis sei. Der Hügel liegt 25 km nordwestlich von Hebron, 30 km westlich von der Mitte des Toten Meeres. Die Grabungen wurden von einem israelischen Forscher, Y. Aharoni von 1966—1968 fortgeführt.

Es ergab sich, daß die Siedlung bewohnt war seit der Frühbronzezeit II, in Palästina seit 2800, und daß die Besiedlung sich verfolgen läßt bis zur Zeit des Hellenismus. Die älteste Befestigungsanlage läßt sich datieren auf 1700—1650. Seit 1450 stand der Stadtstaat unter der Herrschaft der Ägypter. Um diese Zeit wurde ein Tempel errichtet, der sich in verschiedenen Phasen des Baues bis um 1200 v. Chr. verfolgen läßt. Es fanden sich Skarabäen, Elfenbeinschnitzereien, Alabastergefäße. Zur Zeit Davids, um 1000, wurde Lachis besiedelt von Israeliten. Unter König Rehabeam erhielt die Stadt einen doppelten Mauerring wie in 2. Chron. 11,9 berichtet wird. Im Jahre 701 wurde Lachis zerstört durch Sanherib von Assyrien (704—681 v. Chr.), wie die Bibel wiedergibt: 2. Kön. 18,13—17 und 19,8. Im 7. Jahrhundert ist Lachis wieder jüdisch geworden (Josua 15,39), dann wurde die Stadt erneut zerstört 586 durch Nebukadnezar II. (605—562). Die Ausgrabung ergab den Brandschutt und auch Inschriften aus dieser Zeit. In nachexilischer Zeit, nach 539, wurde Lachis neu besiedelt von Judäern.

Die Fundberichte sind: H. TORCZYNER u. a. Lachish I. The Lachish Letters, London 1938. — OLGA TUFNELL u. a. Lachish II, London 1940. — Dies. u. a. Lachish III, 2 Bd., London 1953. — Dies. u. a. Lachish IV, London 1958. — Y. AHARONI, Israel Exploration Journal, Bd. 18, Jerusalem 1968.

Von besonderer Bedeutung wurden die Grabungen in Jericho. Durch sie ergab sich tatsächlich der so lange gesuchte Übergang vom Paläolithikum über das Mesolithikum zum Neolithikum, der Weg zur Produktion, zum Ackerbau.

Der Ort ist auch deshalb bedeutungsvoll, weil in seiner Nähe eine Quelle liegt, sie wird in der Bibel genannt, 2. Kön. 2,19.

Heute ist der Name des Ortes arabisch Eriha. Der Hügel, auf dem die Ausgrabungen durchgeführt wurden, heißt: Tell es-Sultan, er liegt 250 m unter dem Meeresspiegel. Es leben heute dort 13 000 Einwohner. Jericho hat in der Vergangenheit mehrfach seinen Ort gewechselt. Die ältesten Überreste finden sich unter dem Hügel Tell es-Sultan, 2 km nordwestlich der Quelle. Sie umfassen die Zeit von 800 bis etwa 600 v. Chr. Die Siedlung der hellenistischen und der römischen Zeit lag an der Mündung des Wadi el-Kelt in der Oase, auf dem Hügel Tulul abu'l Alajik. Das heutige Eriha liegt zwischen den beiden Orten, es wird in der Zeit der Kreuzfahrer gegründet worden sein.

Es waren die Deutschen, die die so berühmt gewordenen Grabungen im Jahre 1907 begannen, sie dauerten bis 1909. Die deutsche Orientgesellschaft unterstützte die Arbeit, die Leitung hatten Ernst Sellin (1867—1946) und Carl Watzinger.

Die beiden Forscher berichteten über ihre Arbeit: ERNST SELLIN, Einleitung in das Alte Testament, 1910, 11. Aufl., 1969. — Ders. Geschichte des israelitisch-jüdischen Volkes, 2 Bde, 1924—1932. — C. WATZINGER u. SELLIN, Jericho, Ergebnisse der Ausgrabungen, 1913. — Ders. Denkmäler Palästinas, Leipzig 1933.

Die Grabung mußte abgebrochen werden, aber 1925 wurde sie wieder aufgenommen durch das British Department of Antiquities. Zuerst stand sie unter der Leitung von J. GARSTANG. Er berichtete mehrmals über seine Ergebnisse, so im Annual of the Institute of Archaeology, London, Bd. 19, 1932; Bd. 20, 1933; Bd. 21, 1934; Bd. 22, 1935; Bd. 23, 1936, zusammenfassend: The story of Jericho, 1940.

Von 1952—1956 grub in Jericho MISS K. M. KENYON. Sie hatte besonders große Erfolge. Ihre Arbeiten über Jericho sind vor allem: Digging up Jericho, London 1957. — Excavations at Jericho I, The Tombs, excavated in 1952—1954, London 1960. — Archäologie im Heiligen Land, 1967.

So sind die Ergebnisse der Grabungen von 1907—1954 besonders ergebnisreich. Es kam eine der ältesten Dorfkulturen zutage und tatsächlich der Übergang zum Ackerbau und zur Dorfkultur.

Die älteste Schicht gehört dem Natufien an, einer mesolithischen Kultur. Wie schon erwähnt, stammt der Name von dem Fundort Wadi en-Natuf in Palästina. Die Kultur ist getragen von Jägern und Fischern. Von Haustieren ist der Hund nachgewiesen. Das Vorkommen von Erntemessern aus Knochen spricht für das Sammeln von Wildgetreide, es deutet auf die Anfänge des Pflanzenbaues.

Das Natufien, oder Natoufien, wird beschrieben von D. A. GARROD, in: Proceedings of the British Academie, Bd. 43, 1957, ferner von E. ANATI, Palestine before the Hebrews, New York 1962.

Es gibt eine Radiokarbon-Datierung für das Natufien in Jericho, sie nennt das Jahr 9850 ± 240 Jahre = 7850 v. Chr. Die nächste höhere Strate bezeichnet Miss Kenyon als Protoneolithikum. Sie ergab Hausfundamente aus Holz und aus Lehmstücken.

Die nächsthöhere Schicht bringt eine Umfassungsmauer aus übereinandergelegten Steinen, sie wird etwa 5 m hoch gewesen sein. Vor der Mauer verlief ein Graben, 9 m breit und 3 m tief. Die Häuser haben runden Grundriß. Die Wände sind gearbeitet aus luftgetrockneten Ziegeln, die Fußböden bestehen aus Lehm.

Unter den Häusern liegen Bestattungen. Mehrmals ist der Kopf abgetrennt. Ein Rundbau aus Trockenmauerwerk hat sich gefunden, seine Verwendung ist nicht deutlich.

Wieder die nächsthöhere Schicht, getrennt durch eine sterile Strate von der unteren, ergab Steingefäße, Silexgeräte, Pfeilspitzen, Knochennadeln, Malachitperlen. Keramik fehlt. In den Höfen fanden sich Herdstellen, nicht in den Häusern. Unter den Häusern ergaben sich die abgetrennten Köpfe von Toten, sie sind mit Gips überzogen, ein Kopf ist bemalt. Die Radiokarbon-Datierungen ergaben 8700, 8100, 7700 Jahre vor unserer Zeit, also rund 6700, 6100, 5700 v. Chr.

Erst in der nächsten Strate, nach oben zu, erscheint Keramik. Es ist eine grobe, schlecht geformte Ware. Es gibt aber auch eine feintonige Ware. Diese Keramik trägt Bemalung, das Zickzack-Muster, das Zeichen des Wassers. Das Überraschende ist, daß sich Teile von Menschenfiguren in Ton gefunden haben. Gut erhalten ist der Tonkopf eines Mannes, seine Augen sind eingelegt mit Muscheln.

Auf diese Schicht folgt nach oben zu eine sterile Schicht. Danach ergibt sich eine Strate mit reicher Keramik. Miss Kenyon bezeichnet diese Schicht als protourban. Sie ergab Grabkammern. Bezeichnend ist Grab A 94, in ihm lagen 113 Schädel, sorgfältig nebeneinander gesetzt. Grab 251 enthielt den Toten mitgegebene Gefäße, Schalen, Henkelgefäße, Gefäße mit Ausguß. Die Radiokarbon-Daten erbrachten das Datum 5100 Jahre, also 3.100 v. Chr.

Aus dieser Grabung ergab sich tatsächlich der Übergang von der Konsumtion zur Produktion. Zum ersten Male hat sich ein keramikloses Neolithikum, eine Art Protoneolithikum ergeben, eine für die Menschheitsentwicklung sehr wichtige Tatsache. Zeitungen und Zeitschriften berichteten über die Grabung, hatte doch Miss Kenyon Jericho als die erste Stadt der Welt bezeichnet. Nun ist das Wort Stadt nicht berechtigt, es handelt sich eher um ein Dorf, und ob nicht andere Dörfer der gleichen Zeit zuzurechnen sein werden, wird erst die Zukunft ergeben.

In jedem Falle hat aber diese Grabung das Ergebnis gebracht, daß an dieser Stelle, von Israel über die Türkei bis Persien, in dem sogenannten Fruchtbaren Halbmond der Übergang vom Paläolithikum und Mesolithikum zum Neolithikum zu suchen ist.

Um dieselbe Zeit, als die Grabungen in Jericho begannen, 1907, entschloß sich die Universität Harvard, Cambridge, Mass. USA, Grabungen auf einem Hügel bei Sebastije, in der alten Hauptstadt von Samaria durchzuführen. Hier gruben von 1908—1910 D. G. Lyon und G. A. Reisner. Bald stellte es sich heraus durch die Inschriften, daß das biblische Samaria gefunden war. In den Jahren 1931—1935 wurden die Grabungen fortgeführt von J. W. Crowfoot. Es ergab sich, daß der Ort schon im 3. Jahrtausend besiedelt war. Neben Inschriften und Elfenbeinarbeiten fanden sich Tonscherben, beschrieben in altsemitischer Schrift.

Über die Grabungen berichten D. G. Lyon and G. A. Reisner, The Harvard Excavation at Samaria, 2 Bde, Cambridge 1924. — J. W. Crowfoot, in: Palestine Exploration Fund, Quaterly. London 1931, S. 139f. — 1932, S. 8f. — 1933, S. 62f., 129f. — 1935, S. 182f.

Eine ergebnisreiche Grabung ist die des Päpstlichen Bibelinstitutes in Rom von 1930—1938 in Teleilat Ghassul, 10 km östlich der Nordspitze des Toten Meeres. Die Grabung unterstand A. Mallon, R. Köppel und R. Neuville. Der Bericht ist: Dieselben, Teleilat Ghassul I, Rom 1934. — R. Köppel, H. Senes, J. W. Murphy, G. S. Mahan, Teleilat Ghassul II, Rom 1940.

Es fanden sich vier deutlich von einander geschiedene Schichten in Kulturablagerungen von 6—7 Metern. Zwischen ihnen ließen sich große Brandlagerungen feststellen. Die unterste Schicht ist ein Chalkolithikum II, 3700—3400. Es ergaben sich viele Hausgrundrisse, meist rechteckig. Das größte Haus ist 15 m lang. Die Häuser besitzen offene Herde, Öfen und ein Steinpflaster, überstrichen mit Lehm. Einige Häuser tragen auf den Innenwänden Malereien, so einen großen Stern, 1,85 m im Durchschnitt. Mahlsteine für Getreide fanden sich, Keulenköpfe aus Stein, kupferne Flachbeile, große Tongefäße, darunter 250 mit unteren Spitzen, um die Gefäße in den Sand zu stecken. Manche Gefäße sind einfach bemalt mit Dreiecksmustern.

Im Jahre 1933 hat Moshe Stekelis zu dem Ort den Friedhof gefunden in dem nahe gelegenen El-Adeime. Stekelis berichtet darüber, in: Les monuments mégalithiques de la Palestine, Paris 1935. Er hat mir selbst öfter über seine Arbeiten berichtet.

Die Anzahl der Grabungen in Palästina ist groß. Von ihnen seien einige angedeutet. R. A. S. Macalister grub auf dem Tell Jezer, dem alten Gezer, 30 km südlich von Jaffa von 1902—1909. Es ergab sich, daß der Ort seit dem Chalkolithikum II, 3700—3400, besiedelt war. Als wichtiger Fund hob sich eine Kalender-Inschrift mit 12 Monaten heraus. Der Bericht ist: R. A. S. Macalister, The excavation of Gezer, I—III, 1912.

Das alte Betschean, Beth-Sean der Bibel, gelegen im Jordantal, südlich des Sees Tiberias, wurde 1921—1923 von Cl. S. Fisher, 1925—1928 von A. Rowe und dann, 1930—1933 ausgegraben von G. M. Fitzgerald. Es ergab sich der seltene Fall, daß eine alte Siedlung vom Chalkolithikum I, 4000—3700 bis zur hellenistischen Zeit besiedelt war. Es fanden sich Tempelanlagen, Inschriften und Stelen der ägyptischen Könige Sethos I. (1304—1290) und Ramses II. (1292—1225) und viel Keramik. 1959 wurden israelische Grabungen in der Unterstadt vorgenommen. Der Bericht ist: A. Rowe, The Topographie and History of Beth-Shan, 1930—31. — G. M. Fitzgerald, The four Canaanite Temples of Bethshan, Philadelphia 1931.

Bei der syrischen Stadt Hama, dem alten Hamath der Bibel, (2. Sam. 8,9) grub H. Ingholt in den Jahren 1931—1938 einen Hügel aus. Er war besiedelt vom Neolithikum an bis zur späten Eisenzeit. Es fand sich der Friedhof mit 1670 Gräbern. Der Bericht ist: H. Ingholt, Rapport préliminaire sur sept campagnes de fouilles à Hama en Syrie, Kopenhagen 1931—1949. — P. J. Riis, Hama, Les cimetières à crémation, Kopenhagen 1948.

Einen besonderen Erfolg hatte in den Jahren 1938 und 1939 Nelson Glueck, ein Schüler W. F. Albrights. Glueck hat in Jena sein Doktorexamen gemacht. Bei einer gemeinsamen Expedition der American School of Oriental Research in Jerusalem und des Hebrew Union College in Cincinnati fand er die alte Siedlung Ezjon-Geber, den ehemaligen Hafen Salomons. In der Bibel heißt es in 1. Kön. 9,26 und 10, 11 u. 22: „Und Salomo baute auch Schiffe zu Ezjon-Geber, das bei Eloth liegt, am Ufer des Schilfmeeres, im Lande der Edomiter". Und weiter: „Die Meerschiffe des Königs kamen in drei Jahren einmal und brachten Gold, Silber, Elfenbein, Affen und Pfauen ... sehr viel Sandelholz und Edelsteine."

Nelson Glueck berichtet darüber in seinem Buche: The other Side of the Jordan, New York 1940, American School of Oriental Research. Aus diesem Buch sei die folgende Übersetzung gegeben nach Leo Deuel, Das Abenteuer der Archäologie, München, Verl. C. H. Beck, 1964, S. 195f.:

„Einem deutschen Forscher namens Fritz Frank gelang dann die Entdeckung des zunächst wenig imponierenden Trümmerhügels Tell el-Chlefi, der etwa 500 m entfernt vom Strand ungefähr in der Mitte der Golfspitze liegt. Auf seiner Oberfläche fand er große Mengen ihm alt erscheinender Tonscherben. Als eine Expedition der American School of Oriental Research in Jerusalem die Keramik des Platzes prüfen konnte, ergab sich sofort, daß sie der Tonware von den alten Minen im Nordteil des Wadi Araba entsprach und die Hauptbesiedlungszeit des Tell el-Chlefi in der Periode König Salomos und den folgenden Jahrhunderten gelegen hatte. Die Expedition konnte danach dem Vorschlag Franks zustimmen, daß Tell el-Chlefi mit Ezjon-Geber zu identifizieren sei." ... Im März 1938 begann die American School mit den Ausgrabungen, die bis zum Mai dauerten. Eine zweite Kampagne fand von April bis Mai 1939 statt."

„Aus verschiedenen Gründen, nicht zuletzt in Anbetracht der Windrichtung, begannen wir mit der Ausgrabung am Nordwestende des Hügels. Wie sich ergab, bestanden alle Häuser aus Lehmziegeln. Ein großes Gebäude mit 10 Räumen, das die ganze Nordwestecke einnahm, wurde freigelegt; dabei zeigte sich bald, daß es sich um keins der üblichen großen Bauwerke oder Paläste, sondern um einen völlig neuen Bautyp handelte, wie er bisher im ganzen Vorderen Orient noch nicht entdeckt worden war. Die Raumwände wiesen zwei Reihen Rauchfänge auf, und die Hauptmauern waren durch ein System von Luftkanälen verbunden, in die die oberen Heizröhren mündeten, während die unteren Rohrreihen die Mauern zwischen den Räumen in ihrer ganzen Dicke durchbohrten. Die ursprünglich nur sonnengetrockneten, gelblichen Lehmziegel waren durch die Hitze der Feuer in den Räumen in feste Backsteine verwandelt. Mengen hartgebrannten Ziegelschutts, auf dem Schmelztiegel gestanden hatten, vervollständigten das Bild. Unverkennbar war das Gebäude ein wohldurchdachtes Schmelzwerk — eine Raffinerie, in der vorher „geröstete" Erze zu Barren aus reinerem Metall verwandelt wurden. Aus der schwefligen Verfärbung der Wände und aus Bruchstücken von Rohmetall sowie zahlreichen fertigen Objekten, die aufgefunden wurden, ergab sich einwandfrei, daß die Schmelze von Ezjon-Geber hauptsächlich für Kupfer bestimmt war. Wir hatten schon gehört, daß es dieses Metall sowohl in unmittelbarer Nähe als auch fast überall im ganzen langen Wadi Araba und ebenso im angrenzenden Sinai reichlich gab. Daneben wurde in dieser Anlage auch Eisen verarbeitet."

„Während der zweiten Ausgrabungskampagne stellten wir fest, daß das Schmelzwerk an der Nordwestecke des Hügels nicht das einzige von Ezjon-Geber war, sondern zu einem wohldurchdachten Komplex industrieller Anlagen ähnlicher Art gehörte. In ihnen allen wurde Kupfer und Eisen geschmolzen und gereinigt sowie Metallwaren für den inländischen Markt und für den Export hergestellt. Die gesamte Stadt war in ihrer ersten wie auch den folgenden Perioden ein großer Industrieort. Für die Schmelzöfen war ein fein ausgedachtes Belüftungssystem in Anwendung, das später aufgegeben und vergessen wurde; erst in moderner Zeit erfand man es neu. So erscheint Ezjon-Geber sowohl als Palästinas bedeutender Hafen wie auch als sein größter Hüttenort; seine Anlagen waren sozusagen air conditioned für Hitze."

„Die Ursache dafür, daß die Begründer von Ezjon-Geber für die Anlage ihrer Stadt einen so wenig einladenden Platz wählten, liegt also in ihrer Absicht, die starken, aus stets gleicher Richtung wehenden Winde als Zugluft für die Schmelzräume der Verhüttungsanlagen auszunutzen. Indem sie das taten, konnten sie auf ein ganzes System großer und teurer Blasbälge verzichten. So wurden hier tatsächlich bereits Naturkräfte für industrielle Zwecke ausgenutzt.

„Nachdem der Ort gewählt war, mußten die genauen Pläne einer komplizierten Fabrikanlage entworfen werden. Dicke, hohe Mauern aus Lehmziegeln mit Rauchfängen und Windkanälen waren unter Berücksichtigung des Gewichts der aufliegenden Wände zu errichten. Die Ecken der Gebäude mußten so liegen, daß der aus Norden kommende Wind voll ausgenutzt wurde. Es galt, Tausende von Ziegeln herzustellen, und sie mußten von erfahrenen Maurern verlegt werden. In keiner der auf dem Trümmerhügel Schicht nach Schicht aufeinander folgenden Städte sind die Ziegel so vorzüglich geformt und so geschickt verlegt wie in der ältesten Periode — und noch viel weniger in dem ärmlichen, einige Kilometer östlich gelegenen Flecken Aqaba, der in moderner Zeit Ezjon-Geber überflügelt hat."

„Man kann sich unschwer vorstellen, welche Bedingungen bestanden, als vor 3000 Jahren zum ersten Mal der Plan zur Anlage einer Stadt an diesem Platz auftauchte und dann so großartig in die Tat umgesetzt wurde. An der vorgesehenen Baustelle waren Tausende von Arbeitern zu sammeln, unterzubringen, zu verpflegen und zu schützen. Ohne Zweifel handelt es sich bei ihnen in der Hauptsache um Sklaven, die bewacht und zur Arbeit angetrieben werden mußten. Es galt, geschickte Techniker jedes Fachs auszuheben. Große Karawanen für den Transport des Materials und der Verpflegung waren zusammenzustellen. Eine wirksame Geschäftsorganisation, die die Lieferung des Rohmaterials sowie Abtransport und Absatz der fertigen oder halbfertigen Erzeugnisse zu regeln verstand, mußte ins Leben gerufen werden. Es gibt unseres Wissens nur eine Persönlichkeit, die genug Energie, Kapitalkraft und Umsicht besaß, um ein so vielfältiges und spezialisiertes Unternehmen zu planen und durchzuführen: König Salomo. Als einziger seiner Zeit verfügte er über die Fähigkeit, Vorstellungskraft und Macht, um in so großer Entfernung von seiner Hauptstadt Jerusalem einen mächtigen Industriemittelpunkt und Seehafen zu schaffen. Israels weiser Herrscher war Kupferkönig, Großreeder, Handelsherr und Baumeister in einem..."

„Das salomonische Megiddo wurde durch Pharao Sisak (954—924 v. Chr.) zerstört. Daraus kann zwar nicht unbedingt gefolgert werden, daß auch Ezjon-Geber I zur gleichen Zeit sein Ende fand, aber die Möglichkeit besteht...

„Nachdem auch die zweite Siedlung in einer Feuersbrunst untergegangen war, wurde über ihren Trümmern eine dritte errichtet, die später den Namen Elath oder Eloth erhielt. Diese dritte Stadt, in der sich wiederum zwei Schichten unterscheiden lassen, wurde ohne Rücksicht auf die früheren Grundmauern nach einem ganz anderen Plan angelegt und ist, aufs Ganze gesehen, am besten erhalten. Viele Mauern stehen hier noch fast in ihrer ursprünglichen Höhe, und in einer Anzahl von Fällen ließen sich die Häuser zeichnerisch vollständig rekonstruieren."

„Wie für den See- und Landhandel mit Arabien, so ergaben sich auch zahlreiche Hinweise auf Handelsbeziehungen mit Ägypten und der Sinaihalbinsel. Insbesondere erbrachte die — vom Boden aus gezählt — dritte Stadt des Siedlungsplanes mannigfache, aus Ägypten oder dem Sinai stammende Objekte wie Perlen aus Karneol, Achat, Amethyst und Kristall, kartuschenartige Siegelabdrücke, ein winziges Fayence-Amulett, das den Kopf des Gottes Bes darstellt, ein kleines ägyptisches Katzen-Amulett, Fragmente von Bechern, Tellern und Knäufen aus Alabaster sowie das Stück einer Perle in Skarabäusform. Das Katzenamulett weist auf den Kult der Göttin Bastet hin, deren Tempel in Bubastis stand. Diese Stadt war der Sitz der von dem vorhin genannten Scheschonk I. (Sisak) gegründeten 22. Dynastie..."

„Meist nur wenige Zentimeter unter der Oberfläche der höchsten Schicht fanden wir einige Scherben importierter griechischer Keramik, die wahrscheinlich in die letzte Phase der vierten Stadt gehören. Es waren Stücke der rotfigurigen sowie der spätesten schwarzfigurigen attischen Ware etwa aus der Mitte des 5. Jahrhunderts v. Chr...."

„Mit dieser letzten Siedlung endet die Geschichte Ezjon-Geber=Elaths. Sie umfaßte die Zeit vom 10.—5. Jahrhundert v. Chr. und vielleicht noch hundert Jahre mehr. Als später die Nabatäer zur Macht kamen, schufen auch sie für ihren Handel an der Nordküste des Golfs von Aqaba einen Umschlagplatz und Hafen, verlegten diesen aber um etwa 3 km weiter nach Osten; er war in der Römerzeit als Aila bekannt. Ezjon-Gebers Blüte aber lag im 10. Jahrhundert v. Chr. — damals, als Salomo über Israel herrschte."

Natürlich sind die Grabungen in Jerusalem die wichtigsten für das Heilige Land. Aber der Boden ist bebaut durch Jahrtausende, und so konnte der Spaten nur angesetzt werden an zufälligen Stellen, an den Häusern, die verfallen waren.

Vor mehr als einem Jahrhundert, im Jahre 1865, wurde der Palestine Exploration Fund ins Leben gerufen. Er sah seine erste Aufgabe in der Erforschung Jerusalems, und so begann Captain Charles Warren seine ersten Ausgrabungen im Jahre 1867. (Hier S. 259) Sie brachten keine bedeutenden Ergebnisse. Viele andere kleine Grabungen folgten, geleitet vom Palestine Exploration Fund und dessen Tochtergründung, der British School of Archaeology in Jerusalem. Andere Unternehmungen standen unter französischer, deutscher und palästinensischer Leitung. Über diese gelegentlichen Grabungen berichtet zusammenfassend F. J. BLISS and E. C. DICKIE, Excavations at Jerusalem 1894—1897, London 1898.

Nun ruht Jerusalem auf zwei Höhenzügen. Zwischen ihnen erstreckt sich ein Tal, es ist aufgefüllt im Laufe der Jahrtausende. FLAVIUS JOSEPHUS (37—100 n. Chr.) bezeichnet in „Antiquitates Judaicae" die westliche Erhebung als Berg Zion, die östliche als Ophel. Zuerst wurde Zion als die älteste Siedlungsstätte Jerusalems angesehen. Seit einigen Jahrzehnten hat sich aber die Ansicht bei den Archäologen durchgesetzt, daß der älteste Platz die Anhöhe Ophel ist. So hat R. A. S. Macalister in den Jahren 1923—1925 auf dem Hügel Ophel gegraben. Sein Bericht ist: MACALISTER and J. G. DUNCAN, Excavations on the Hill of Ophel, Jerusalem, in :Annual of the Palestine Exploration Fund, London 1926.

Jerusalem wird nicht nur in der Bibel viel genannt. Der Name der Stadt erscheint um 1850 v. Chr. in den ägyptischen Ächtungstexten und später in den in Tell el-Amarna gefundenen Briefen des Königs von Urusalimmu, Jerusalem, an Amenophis IV. um 1360 v. Chr.

In den Jahren 1961—1967 hat Miss K. M. Kenyon ihre Ausgrabungen in Jerusalem durchgeführt. Das bei diesen Ausgrabungen gewonnene Ergebnis ist, daß die Ostmauer der vorisraelitischen, der jebusitischen Stadt und auch das Jerusalem der Königszeit weit unten am steilen Abhang zum Kidrontal verlief und nicht, wie bis dahin angenommen, auf der Höhe des Südost-Hügels. Der älteste Kern der Stadt bestand in gesicherter Lage, abgeschirmt im Norden durch eine Senke, und im Südosten durch das Kidrontal.

Um 1000 eroberte König David die Feste der Jebusiter und machte sie zu seiner Stadt (2. Sam. 5), zur Davidsstadt. David erweiterte Jerusalem und baute sie aus zur Akropolis. Burg und Tempel erhielten den Namen Zion.

Der Plan der Grabung von Miss Kenyon war, die Mauern der Jebusiter-Stadt vor David aufzufinden und vielleicht auch Hausfundamente. Die große Arbeit hat bemerkenswerte Ergebnisse gebracht.

KATHLEEN M. KENYON berichtet über die Tätigkeit in ihrem Werk: Jerusalem-Excavating 3000 years of History, 1967, deutsche Ausgabe 1968: Jerusalem, Verlag Gustav Lübbe, Bergisch Gladbach. Es heißt auf S. 15:

„Ohne Frage stellte das in Angriff genommene Unternehmen eine gewaltige Aufgabe dar. Das Gebiet, das durchforscht werden mußte, bedeckte etwa 260 ha, darüber hinaus galt es weitere Grabungen außerhalb dieses Geländes durchzuführen. Demgemäß ist seit Jahren die Erforschung Jerusalems eine internationale Angelegenheit gewesen. Wenn auch die größeren Forschungsarbeiten in britischer Hand lagen, hat die Zusammenarbeit mit den Franzosen eine sehr wichtige Rolle gespielt ... Eine derartige Ausgrabung ist Teamwork. Beteiligt war eine große Anzahl von Assistenten und Studenten aus vielen Ländern. Selbstverständlich kam die Mehrzahl von ihnen aus den Ländern der drei Körperschaften, die das Unternehmen trugen: aus dem Vereinigten Königreich, aus Frankreich und aus Kanada. Hinzuzuzählen sind jedoch die Helfer aus unserem Gastland Jordanien, aus USA, Australien, Neuseeland, Dänemark, den Niederlanden, Belgien, Spanien, Deutschland, Argentinien, Japan und Saudi-Arabien. Nicht unerwähnt bleiben dürfen schließlich unsere Arbeitskräfte. Es war eine wahre Armee. Im Jahre 1966 war ihr Bestand auf nicht weniger als 525 Mitglieder angestiegen." Und weiter auf S. 58 heißt es:

„Was die Grabungen bisher ans Tageslicht gebracht haben, läßt sich als das Skelett der Jebusiterstadt Jerusalem im zweiten Jahrtausend v. Chr. bezeichnen, als den Rahmen, den die Stadtmauern bilden, die man sich — um bei dem anatomischen Vergleich zu bleiben — als Rippen vorstellen kann, die den Leib zusammenhalten. Das Fleisch des Stadtkörpers hätte aus den Häusern bestanden, die sich einst auf ihren Unterbauten erhoben, deren Spuren man fand. Von ihnen blieb im Bereich der bisherigen Grabungen nichts erhalten. Menschenkraft und Naturgewalten haben ein solches Zerstörungswerk vollbracht, daß man darauf gefaßt sein muß, auch sonst im Bereich Alt-Jerusalems keine anderen Ergebnisse zu erzielen."

„Nach allem, was sich der Bibel und dem archäologischen Befund entnehmen läßt, eroberte David zwar das Jebusiter-Jerusalem und machte es zu seiner Hauptstadt, doch erweiterte er es nicht. Wie die Bibel berichtet, baute er Jerusalem wieder auf. Insbesondere errichtete er die Stadt „von Millo an nach innen" bzw. „vom Millo an und im Umkreis" (millo bedeutet Füllung)."

In der Zeit von 1955—58 wurde ein wichtiger Fundplatz Hazor, Chazor, ausgegraben. Die Kosten trug die James A. de Rothschild-Stiftung. Der Ausgräber war Dr. Yigael Yadin, geb. 1917 in Jerusalem, Prof. a. d. Univ. von Jerusalem, Generalstabschef im Kriege 1948—49. Die alte Stadt liegt 30 km nordwestlich vom See Genezareth. Sie wird in der Bibel viel genannt, so Josua 11, 1f. — Josua 12, 19, — 1. Kön. 9,15, 2. Kön. 15,29. Auch ägyptische Quellen aus der Zeit um 1800 erwähnen Hazor, die Stadt wird auch in den Briefen aus Mari um 1700 genannt. Josua hat Hazor zerstört, aber von Salomon wurde sie neu befestigt und der Tempel wurde wieder aufgebaut, wie in Megiddo und Gezer.

Schon Garstang hatte erklärt, daß der Hügel mit dem heutigen Namen Tell el-Quedah das alte Hazor sei, er machte 1928 einige Schürfungen, ließ dann aber von Grabungen ab. Die Siedlung ist riesig ausgedehnt, Yadin hat einmal gesagt, daß er 800 Jahre brauche, um die Stadt vollständig und sorgfältig auszugraben. Die Schichten führen von der mittleren Bronzezeit, von 1750—1550 bis zum Ende der Epoche der Makkabäer, 63 v. Chr.

Eine wichtige Schicht ist die der mykenischen Epoche, zwischen 1400 und 1260 v. Chr. Hier fand sich eine Fülle mykenischer Keramik, darüber lag eine Brandschicht, und das muß die Zeit der Zerstörung durch Josua sein. Es heißt Josua, 11,13: „Doch verbrannten die Kinder Israel keine Städte, die auf Hügeln standen, sondern Hazor allein verbrannte Josua." Die Eroberung des Gebietes von Kanaan durch Josua liegt zwischen 1250 und 1200.

Unter dieser Schicht liegt die der Stadt, die die Amarna Briefe um 1360 erwähnen. Darunter wieder fand sich eine Schicht des 19. bis 16. Jahrhundert v. Chr. Auch diese Stadt ist zerstört worden durch Feuer, offenbar durch die Pharaonen der 17. Dynastie.

Die Grabungen ergaben eine Oberstadt auf dem Hügel und eine Unterstadt. In der Unterstadt fand sich ein Heiligtum mit Stelen aus Basalt, wie die Statuen der Cherubim (1. Kön. 6,23) im Tempel von Jerusalem. Weiter ergaben sich Altäre, Schalen, Votivfiguren, Reliefs aus Basalt, ein Löwenrelief. Es wurden die Anlagen zur Wasserversorgung gefunden und die Toranlage Salomons. Auch Palastbauten konnten gefunden werden von der Eisenzeit bis in die Perserzeit. Viele Keramik wurde aufgedeckt, Elfenbeinschnitzereien und Bronzefiguren. Hazor war bei der Landnahme der Israeliten der wichtigste Ort. Bei Josua 11,10 heißt es: „Denn Hazor war vormals die Hauptstadt aller dieser Königreiche."

Die Literatur ist: Garstang, Josua judges, London 1931. — Y. Yadin, James A. de Rothschild expedition at Hazor I, Oxford 1958, II ebda. 1960, III-IV ebda. 1961.

In der Welt erregten die Entdeckungen der Schriftrollen vom Toten Meer besonderes Aufsehen. Auch diese Funde sind Ausgrabungen, Ausgrabungen von Schriften. Sie haben starke theologische und kulturgeschichtliche Probleme ausgelöst.

Es ist zu Beginn des Frühjahrs 1947, als ein Beduinenjunge mit Namen Muhammed ab-Dib, der Wolf, am westlichen Ufer des Toten Meeres Ziegen hütete. Eine Ziege hatte sich verstiegen in den Bergen, der Junge folgte ihr. Die Ziege war in eine Höhle gelaufen und der Junge warf einen Stein hinein. Es gab ein merkwürdiges Geräusch, als ob etwas zerbräche. Der Junge bekam Angst und lief davon. Später kehrte er mit einem anderen Jungen zurück und nun untersuchten sie zusammen die Höhle und entdeckten unter Scherben verschiedenster Gefäße einige große Tontöpfe. Als sie die Deckel abhoben, stieg ihnen ein übler Geruch entgegen. Er kam von dunklen, rechteckigen Klumpen, die sie in den Töpfen fanden. Sie brachten die Töpfe ans Tageslicht. Die Klumpen waren in Leinenstreifen gewickelt, überzogen mit einer schwarzen Masse, Wachs oder Pech. Neugierig lösten sie die Umhüllungen ab und hatten nun alte Schriftrollen in Händen, dünne, zweispaltig beschriebene Blätter, die zusammengeheftet waren. Verwundert betrachteten sie ihren Fund, dann packten sie die Handschriften zusammen und nahmen sie mit.

Mit diesen Worten beginnt ein Buch über die Schriftrollen am Toten Meer von EDMUND WILSON. The Scrolls from the Dead Sea, New York, Oxford University Press 1955, deutsche Ausgabe, Winkler Verlag, München 1956.

Diese ersten Schriften hatten ein romantisches Geschick. Sie wurden von den Jungen an Händler angeboten, aber niemand wollte Geld für die alten Schriften geben. Schließlich kamen sie zu dem syrischen Metropoliten des St. Markusklosters in Alt-Jerusalem. Aber auch er wußte nichts anzufangen mit den Texten. Alle Wissenschaftler, die er kannte und befragte, erklärten sie für Fälschungen. Nur ein in Jerusalem zu Besuch weilender holländischer Gelehrter, Pater van der Ploeg erkannte, daß es sich um einen Jesajas-Text handele. Aber auch das führte nicht weiter. Später erklärte der Metropolit: „Ich brauche nicht zu sagen, daß ich recht entmutigt war, und dennoch wurde ich das Gefühl nicht los, alle hätten sich geirrt" (Wilson, Die Schriftrollen. München 1956 S. 14).

Wirklich hatten sich alle geirrt. Die Lage war besonders schwierig, weil es immer Kämpfe gab zwischen Arabern und Juden. Erst als die Schriften in das amerikanische Institut für Orientforschung in Jerusalem gelangten, und dann Photos zu Prof. William F. Albright an der John-Hopkins University in Baltimore, USA, wurde die Echtheit bestätigt, und die Erforschung der Höhle Chirbet Qumran, arabisch Ruine von Kumran, wurde allmählich in die Wege geleitet.

Im Jahre 1949 konnten Pater de Vaux und Lankester Harding die Kumran-Höhle systematisch erforschen.

G. W. LANKESTER HARDING hatte als junger Mann vor 25 Jahren mit Flinders Petrie in Gaza gegraben, danach von 1932—1938 in dem biblischen Lachisch, dem heutigen Tell el-Duweir. Von 1936—1956 war er Direktor des Department of Antiquities von Jordanien. Seine Ausgrabungen in Kumran haben die Grundlage geschaffen zu der Bewertung der Schätze, die als die kostbarsten Funde im Bereiche der biblischen Archäologie zu gelten haben.

Harding schreibt selbst in: Illustrated London News vom 3. 9. 1955, übersetzt von Leo Deuel, Das Abenteuer der Archäologie, Verl. C. A. Beck, München, 2. Aufl. 1964 S. 235f.: „Die Siedlung zeigte den Charakter eines sich selbst erhaltenden Klosters. Sie besaß Töpferwerkstatt, Getreidemühlen, Backöfen, Speicher und ein wohldurchdachtes, aus zwölf großen Zisternen bestehendes System der Wasserversorgung. Über 400 Münzen geben die obere und untere Grenze der Geschichte des Bauwerks, die sich wie folgt zusammenfassen läßt: entstanden um 125 v. Chr., durch ein Erdbeben 31 v. Chr. vernichtet, etwa 5 v. Chr. wiederaufgebaut und endgültig 68 n. Chr. durch die Zehnte römische Legion zerstört. Während des zweiten jüdischen Aufstands 132—135 n. Chr. hatten noch einmal einige wenige Siedler hier gehaust, dann wurde der Platz aufgegeben. Aus diesem Datum wird deutlich, daß die Manuskripte nicht jünger sein können als 68 n. Chr. ...."

„Die heute vollständig freigelegte Siedlung besitzt ein Hauptgebäude von etwa 37 qm mit einem festen Turm an der Nordwestecke. Südlich und westlich schließen sich Wohn- und Werkräume sowie die meisten Zisternen an. ...."

„Während des Freilegens fanden sich im Schutt tönerne bronzene Tintenfäßer. Man hat daher angenommen, daß es sich hier um das Scriptorium handelt, wo wahrscheinlich viele der Rollen geschrieben wurden. ...."

„Die frühesten Münzen stammen aus der Zeit von Johannes Hyrkanos; es fanden sich reichlich weitere bis zur Zeit des letzten Makkabäers Antigonos II. (40 bis 37 v. Chr.). Von Herodes dem Großen wurde eine einzige Münze gefunden; danach ist eine Lücke bis zum „Ethnarchen" Archelaos (4 v. Chr.—6 n. Chr.). Die letzten in größerer Anzahl gefundenen Geldstücke stammen aus Caesarea, aus der Zeit Neros (67—68 n. Chr.). Die Siedlung wurde dann niedergebrannt, auf dem Trümmerhügel aber errichtete man einige Gelasse, in denen Münzen der 10. Legion angetroffen wurden. Die letzte stammt von Agrippa II., etwa 86 nach Christus".

„In diesem Jahr (1955) entdeckten wir einen Schatz von 563 Silbermünzen in drei kleinen Töpfen auf dem Fußboden eines nach Westen gelegenen Raumes dicht bei der Tür. In ihm sind nur zwei Prägungen vertreten, nämlich einmal die des Seleukiden Antiochos VII., die 135 v. Chr. beginnen, zum anderen die des autonomen Tyros, deren letzte aus dem Jahr 9 v. Chr. stammt. Dieses Geld dürfte das geheime Vermögen eines Unbekannten gebildet haben und hier verborgen worden sein, als das Gebäude noch in Trümmern lag; der Platz des Verstecks ist für jemanden, der hier selbst wohnt, durchaus unwahrscheinlich. ...."

„Es hat den Anschein, als seien die Klosterinsassen vor dem Anmarsch der römischen Legion 68 n. Chr. gewarnt worden und hätten ihren wertvollsten Besitz, die große Bibliothek, in zahlreichen benachbarten Höhlen versteckt. Ohne Zweifel hatten sie die Absicht, später zurückzukommen und die Rollen wieder zu bergen, — offenbar aber hatten die Römer bei der Zerstörung allzu gründliche Arbeit geleistet".

„Das Studium der Rollen selbst hat so gut wie gewiß gemacht, daß die Gemeinschaft, die das Kloster bewohnte, die von Flavius Josephus und Plinius dem Älteren so gut beschriebene Sekte der Essener war. Der Bericht von Plinius über ihre Niederlassung und deren Lage paßt tatsächlich aufs beste zu den von uns entdeckten Ruinen. Johannes der Täufer war fast sicher Essener und wird dann in diesem Haus studiert und gearbeitet haben; ohne Zweifel stammt seine Übung des rituellen Untertauchens, das heißt der Taufe, von den Essenern. Viele Fachgelehrte ziehen die Möglichkeit in Betracht, daß sich auch Jesus selbst eine Zeitlang in ihren Lehren unterweisen ließ. Trifft diese Annahme zu, so besitzen wir in dem kleinen Bauwerk von Chirbet Qumran ein schlechterdings einzigartiges Denkmal, denn unter allen antiken Ruinen Jordaniens blieb nur dieses Denkmal allein, den Augen und der Erinnerung entschwunden, bis in unsere Tage unberührt. Dies hier waren dann wirklich die Mauern, auf die der Herr geblickt hat, dies die Gänge und Räume, durch die er ging und in denen er saß. Nach eintausendneunhundert Jahren traten sie noch einmal zutage".

Die Handschriften gehören zur Bibliothek einer jüdischen religiösen Sekte, der Essener. Sie bestand seit dem 2. Jahrhundert v. Chr., sie hat orientalische Elemente, besonders persische aufgenommen mit dem Gegensatz von Gut und Böse, Ahriman und Ormuzd. Ihr Gründer war der sogenannte Lehrer der Gerechtigkeit. Die Gemeinschaft versteht sich als die Söhne des Lichtes, die übrigen Israeliten mit dem Hohen Priester, dem Frevelpriester, sind Söhne der Finsternis. Die Organisation des Klosters Kumran ist straff hieratisch, es gibt Aufseher, Lehrer, Priester, Leviten, einfache Mitglieder, Novizen. Mahlzeiten mit Brot und Wein, wie beim Abendmahl, sind üblich. Der Neuaufgenommene unterzieht sich der Taufe. Es herrscht Gütergemeinschaft. Der Erwählte der Endzeit wird erwartet. Der Zusammenhang dieser Sekte mit dem Urchristentum ist offen sichtbar.

Die bisher gefundenen Texte sind ein vollständiges Jesaja-Buch, um tausend Jahre älter als die biblischen Texte mit manchen Abweichungen. Ferner das 1. Buch Moses, hebräische und aramäische Bruchstücke der Apokryphen, so Tobias, Henoch. Weiter fanden sich Kommentare zu biblischen Büchern wie Habakuk, Psalmen, dann Schriften über Wesen und Lebensform des Ordens der Essener, eine Sammlung von Hymnen, eine Darstellung des letzten Krieges zwischen den Söhnen des Lichtes und der Finsternis. Das Kloster wurde den Münzfunden nach im Jahre 68 zerstört von den Römern.

In Jerusalem ist jetzt ein Museum für die Kumran-Funde errichtet worden. Es liegt unter der Erde in einem runden Raum, in dem die Schriften aufgerollt zu besichtigen sind.

Über die Ausgrabung, die Funde und die Ergebnisse berichten: EDMUND WILSON, The Scrolls of the Dead Sea, New York 1955, deutsch: Die Schriftrollen vom Toten Meer, München 1956. — M. BURROWS u. a., The Dead Sea scrolls, New Haven, Bd. I-II, 1950—1951. — E. L. SUKENIK, hebräisch: Ozar hammegillot haggenuzot, deutsch: Der Schatz der verborgenen Buchrollen, Jerusalem 1954. — D. BARTHÉLEMY, J. T. MILIK u. a. Discoveries in the Judean desert, Bd. 1, Oxford 1955. — N. AVIGAD u. Y. YADIN, A genesis apocryphon, Jerusalem 1965, deutsche Übersetzung von E. LOHSE, Die Texte von Qumran. — F. M. CROSS, Die antike Bibliothek von Qumran, 1967. — Übersetzungen: H. BARDTKE, Die Handschriftenfunde vom Toten Meer, 2 Bde. 1953—1958. — J. MAIER, Die Texte vom Toten Meer, 2 Bde. 1960.

Die imposanteste Grabung der israelischen Gelehrten in diesen Jahren ist die von Masada, oder Massada, auf der Westseite des Toten Meeres. Es ist die Festung des Herodes, später eine Festung der Römer. Der jüdische Aufstand von 66 n. Chr. veranlaßt Rom zu einem erbitterten Krieg gegen das jüdische Land. Der römische Feldherr Titus, der Sohn von Vespasian, erobert im Jahre 70 Jerusalem. Der Tempel wird zerstört, der größte Teil der Juden wird aus dem Lande getrieben. Nur eine einzige Festung hielt sich noch drei Jahre hindurch, bis 73 n. Chr., es ist die Festung Masada.

Nach Flavius Josephus, dem Geschichtsschreiber der Juden des ersten Jahrhunderts n. Chr. hatte Jonathan, einer der Hohen Priester, die Festung errichtet. Aber ihren eigentlichen Charakter erhielt Masada erst, als in den Jahren 36 bis 30 v. Chr. der König Herodes auf Masada große Anlagen schuf, eine Art Sommerpalast in drei Etagen, eine feste Mauer, Verteidigungstürme, große Zisternen, Kasernen und Arsenale. Nach seinem Tode wurde es eine römische Festung.

Im Beginn des Aufstandes, 66 n. Chr., hatte eine Gruppe fanatischer jüdischer Aufständischer die römische Garnison zerstört und die Festung gehalten während des ganzen Krieges. Ihnen schlossen sich andere Fanatiker nach dem Fall Jerusalems an. Von Masada aus überfielen sie immer wieder die Römer in Dörfern und Städten. So entschloß sich der römische Statthalter Flavius Silva im Jahre 72. n. Chr. zur Vernichtung dieser Festung des Widerstandes. Mit der zehnten Legion und einer Fülle von Hilfstruppen wurde der Angriff auf sie vorbereitet.

Die Juden in Masada richteten sich ein auf die Verteidigung unter der Leitung von Eleazar ben Yair. Die Römer legten am Fuße der Festung Lager an, umgaben sie mit einem Wall und errichteten auf der Westseite eine Rampe aus Erde. Auf ihr konnten sie die Belagerungsmaschinen gegen die Mauer treiben. Es gelang den Römern, eine Bresche in die Mauer zu schlagen.

Nun beginnt ein tragisches Geschick für die Belagerten. Eleazar erklärte den Juden die Lage. Es war sicher, daß am nächsten Morgen die Römer die Festung nehmen würden. Eleazar legte dar, daß es nur ruhmvollen Tod oder die Schande gäbe. Es waren 960 Verteidiger in der Festung, Männer, Frauen, Kinder. Sie beschlossen, sich gegenseitig zu töten. Sie taten es. Als die Römer am nächsten Morgen die Festung nahmen, empfing sie völlige Stille, dann bemerkten sie die Toten.

Es gibt über diesen Vorgang den Bericht des FLAVIUS JOSEPHUS. Er ist ein hervorragender Schriftsteller, und so mögen seine Sätze über das Geschehen hier mitgeteilt sein nach der Übersetzung von Dr. Heinrich Clementz, Flavius Josephus, Geschichte des jüdischen Krieges, Berlin 1900 S. 657f.:

„An Flucht jedoch dachte Eleazar nicht im entferntesten, wie er dieselbe auch keinem anderen gestattet haben würde; vielmehr stellte er sich, da er die Mauer vom Feuer zerstört sah und kein weiteres Mittel zur Rettung oder Verteidigung ausfindig machen konnte, die Behandlung vor Augen, welche die Weiber und Kinder von den Römern erfahren würden, wenn sie in deren Hände fielen, und kam so zu dem Entschluß, daß alle in den Tod gehen müßten".

S. 667: „So setzten sie denn, indem sie ihre Frauen liebevoll umarmten, ihre Kinder herzten und unter Tränen die letzten Küsse auf deren Lippen drückten, ihren Entschluß ins Werk, als stände ihnen eine fremde Hand zu Gebot; ihren Trost aber fanden sie bei diesem notgedrungenen Morden in dem Gedanken an die Mißhandlungen, die ihre Angehörigen erleiden müßten, wenn sie in Feindeshand fallen würden. Schließlich erwies sich keiner als zu schwach für das grausige Werk, sondern alle machten ihre Lieben der Reihe nach nieder. ... Sie schleppten alsdann eiligst alles Wertvolle auf einen Haufen zusammen, steckten es in Brand und wählten hierauf zehn ihrer Genossen aus, welche die Mörder aller übrigen werden sollten. Hingestreckt an der Seite seines Weibes und seiner Kinder und die Arme über sie ausbreitend, bot nun jeder von ihnen aufs bereitwilligste seine Kehle den zehn dar, welche den traurigen Dienst vollzogen. Kaum aber hatten die Letzteren ohne Zittern und Zagen ihre sämtlichen Gefährten Mann für Mann durchbohrt, als sie durchs Los die gleiche Entscheidung bezüglich ihrer selbst trafen: derjenige, auf den das Los fiel, sollte die anderen neun und endlich auch sich selbst umbringen; hegten sie doch alle das feste Vertrauen zueinander, daß jeder von ihnen der Ausführung des Beschlusses in tätiger wie leidender Hinsicht gleich freudig sich fügen werde. So unterzogen sich denn die neun dem Tode durchs Schwert; der eine aber, der zuletzt noch am Leben war, besichtigte nur noch den Haufen der Daliegenden, ob nicht etwa bei dem großen Gemetzel einer übrig geblieben sei, der zum Sterben seiner Nachhilfe bedürfe, und als er sie alle wirklich tot fand, legte er Feuer an den Palast, durchbohrte dann sich selbst mit kräftiger Faust und sank neben seinen Unglücksgefährten nieder. Also starben sie in der Überzeugung, keine Seele übriggelassen zu haben, die in die Gewalt der Römer geraten könnte. Eine bejahrte Frau jedoch sowie eine Verwandte Eleazars, letztere eine an Verstand und Bildung die meisten ihres Geschlechtes weit überragendes Weib, hatten sich, während die Gedanken der anderen von der Ermordung der Gefährten ganz in Anspruch genommen waren, heimlich nebst fünf Kindern in eine unterirdische Trinkwasserleitung verkrochen. Die Zahl der Toten, Weiber und Kinder mit eingerechnet, belief sich auf neunhundertsechzig. Diese Schreckenstat geschah am fünfzehnten des Monats Xanthikos (73 n. Chr.)".

„Früh morgens nun setzten sich die Römer, die auf bewaffneten Widerstand rechneten, in Bereitschaft, verbanden ihren Wall und die Mauer durch Fallbrücken und betraten die Festung. Als sie jedoch keinen Feind erblickten, sondern überall eine unheimliche Leere, im Innern des Kastells Feuer, sonst aber tiefe Stille gewahrten, konnten sie sich nicht denken, was geschehen sei. Endlich stimmten sie, als sollten die Geschosse eben abfliegen, den Schlachtruf an, um dadurch den einen oder anderen von den Bewohnern hervorzulocken. Dieses Geschrei vernahmen die Weiber krochen sogleich aus den unterirdischen Gängen heraus und berichteten den Hergang mit allen seinen Einzelheiten; besonders die eine der Frauen wußte alles, was gesprochen und getan worden war, aufs genaueste zu erzählen. Die Römer indes schenkten ihr, weil sie die ungeheuerliche Tat nicht glauben wollten, nur wenig Aufmerksamkeit, sondern bahnten sich, indem sie den Brand zu löschen versuchten, einen Weg durch die Flammen und drangen in das Innere des Palastes ein. Als sie aber hier in Wirklichkeit die Menge der Gemordeten entdeckten, freuten sie sich nicht wie über den Untergang von Feinden, sondern zollten dem hochherzigen Entschluß und der unerschütterlichen Todesverachtung so vieler bei der Tat beteiligten Personen ihre volle Bewunderung".

Flavius Josephus, eigentlich Joseph ben Mathitjahu, ist geboren in Jerusalem etwa 37 n. Chr., er ist gestorben in Rom im Jahre 100 n. Chr. Bei dem Aufstand der Juden gegen Rom im Jahre 66 n. Chr. wurde er der Kommandant von Galiläa. Ihm oblag als Feldherr die Verteidigung der Festung Jopatata. Als die Festung von den Römern genommen wurde, kam er in römische Gefangenschaft. Vespasian selber empfing ihn, gewann Vertrauen zu ihm, dem gegnerischen General. So konnte Josephus auf römischer Seite der Belagerung von Jerusalem beiwohnen. Ihm wurde die Kriegsberichterstattung übertragen. Vespasian schloß sich enger an ihn an, zumal Flavius dem Feldherrn vorausgesagt hatte, daß er Kaiser würde, und als das wirklich 69 n. Chr. geschah, wurde er sogar aufgenommen in die Familie der Flavier, in die Familie des Kaisers. So erhielt er den Namen Flavius. Nach der Eroberung von Jerusalem im Jahre 70 n. Chr. ging er mit Vespasian nach Rom und widmete sich dort der Geschichtsschreibung. Von ihm sind zwei Werke erhalten, erstens: Bellum Judaicum, Der jüdische Krieg in 7 Büchern bis zum Fall von Masada, also bis 73 n. Chr., zweitens Antiquitates Judaicae, Jüdische Altertümer in 20 Bänden von der Urzeit bis 66 n. Chr.

Es liegt hier ein archäologisch seltener Fall vor, es gibt den Bericht eines antiken Schriftstellers, der an entscheidender Stelle den Vorgang nach den Berichten der Zeitgenossen miterlebt hat. Das Besondere ist, daß die Ausgrabung diesen Bericht auf das genaueste bestätigt. Der Ausgräber entdeckt tatsächlich die verstreuten Skelettknochen, auch die Ostraka, die Scherben mit den Namen derjenigen, die sich gegenseitig töteten. Unter ihnen fand sich auch der Name des Verteidigers, Eleazar ben Yair, mit der Inschrift „Ben Yair". Selten ist es bei Grabungen möglich, den überlieferten Tatsachen so nahe zu kommen.

Die Ausgrabung wurde im Jahre 1963 übertragen an Dr. JIGAEL YADIN, sie dauerte bis 1966. Über Yadin wurde berichtet auf S. 723. Von 1960—1961 leitete er die Forschungsgemeinschaft, die die Höhlen in der jüdischen Wüste untersuchte. Dabei wurden viele Dokumente von dem Aufstand des Bar-Kochba, 132—135 n. Chr. gefunden in der Höhle von Wadi Murabba und Briefe an zwei seiner Kommandanten. Yadin hat über diese Grabungen berichtet in dem Buche: The finds of the Bar Kochba Period, 1963.

Die Grabung von Masada wurde durchgeführt im Namen der Hebräischen Universität Jerusalem, der Israel Exploration Society und der Altertümer-Verwaltung der Regierung. Yadin, der Leiter der Grabung, berichtet darüber in seinem Werk: Masada, Herod's Fortress and the Zealot's Last Stand, London, Verl. Weidenfeld u. Nicolson, die deutsche Ausgabe erschien 1966, die 2. u. 3. Aufl. 1967 im Verl. Hoffmann u. Campe, Hamburg. An der Grabung waren ständig 300 Personen beteiligt.

Wenn man vor Masada steht, erkennt man den großen Tafelberg, der sich wie ein gewaltiger Bergrücken am Toten Meer erhebt. Naturgemäß lädt er ein zu Befestigungsanlagen.

Die Grabungen ergaben diese Gesamtergebnisse: im 4. Jahrtausend bewohnte Höhlen im Felsmassiv. In der Epoche des 10. bis 7. Jahrhundert v. Chr. wurde ein Tempel errichtet. Aus der Zeit von 103—40 v. Chr. wurden Münzen des Alexander Jannäus gefunden. Herodes der Große (40—4 v. Chr) errichtete seine Paläste und Vorratsgebäude, Thermen, Zisternen, Festungen. Von 4 v. Chr. bis 66 n. Chr., aus der Zeit der Dynastie des Herodes und der römischen Statthalter, wurden Hunderte von Münzen gefunden und Bauten. Die Zeit von 66 bis 73 n. Chr. ergab eine Synagoge, rituelle Bäder, neue Unterkunftsplätze, Schriftrollen, Ostraka, Münzen und Hausrat. Nach dem Fall der Feste im Jahre 73 bis 111 n. Chr. lag in Masada wieder eine römische Garnison, viele Münzen dieser Zeit wurden gefunden. In der byzantinischen Epoche, im 5. und 6. Jahrhundert, wurde eine christliche Kapelle erbaut und Zellen für die Mönche.

Yadin selbst schreibt über die Freilegung des Palastes von Herodes in dem genannten Buch S. 43: „Nachdem wir den Schutt weggeräumt hatten, erreichten wir den Grund, von dem aus wir die Wandmalereien freizulegen hofften — wenn es dort überhaupt noch etwas aufzudecken gab. Die Spannung stieg. Eine Aufnahme, die einige Tage später gemacht wurde, zeigt diese Stelle der Terrasse, nachdem die Grabung abgeschlossen war. Die Wandmalereien haben sich die letzten 2000 Jahre hindurch gut gehalten.... Ähnliche Malereien, obwohl schlechter erhalten, sind in anderen Bauten des Herodes entdeckt worden, so besonders in Samaria, Jericho, Caesarea und auch in Herodion, dem befestigten Grabmal des Herodes in der judäischen Wüste unweit Masadas. Es war das Hauptanliegen der Künstler, den unteren Teil des Mauerbewurfes echtem Marmor anzugleichen....

S. 47: Wir waren gerade damit beschäftigt, die großen Schuttberge auf der Ostseite der Terrasse wegzuräumen und hatten eben begonnen, die unterirdischen Räume freizulegen, welche man bei ihrer Entdeckung während der Kampagne 1955—1956 für Vorratskammern gehalten hatte, als uns plötzlich klar wurde: hier am Abhang des Steilfelsens, 350 m über dem Toten Meer, hatte Herodes ein privates Bad errichtet, mit einem Kaltwasserbassin, einem lauwarmen und heißen Raum mit Warmluftheizung — einem doppelten Boden, dessen oberer von Säulchen getragen wurde. Einige dieser kleinen Säulen standen noch. Damit war der architektonische Plan der unteren Terrasse erforscht. Hier hatten Herodes und seine Gefährten ihre Mußestunden verbracht, sich im kleinen Badehause erfrischt und danach getafelt".

Der Westpalast des Herodes erhebt sich am Westrand des Felsens, nahe der alten römischen Rampe. Er bedeckt 4000 Quadratmeter. Yadin bemerkt dazu, ebda. S. 117: „Während die Umrisse in groben Zügen bereits vor der Ausgrabung sichtbar waren, wurden die Details und der Zweck der Räume erst dann klar, als wir die Grabung abgeschlossen hatten".

„Aus dem Grundriß geht hervor, daß der Bau aus drei großen Teilen bestand. Im Südostflügel lagen die Wohnräume, große Zimmer mit kleinen Nebengelassen, um einen zentralen Hof herum angelegt. Im zweiten Flügel, nach Norden anschließend, befanden sich weitere Räume, die gleichfalls einen Hof umgaben. Offenbar hatten sie als Wirtschaftsräume des Palastes gedient.... Wir begannen bei der Grabung mit dem ersten Flügel, an der Südostecke. Der Raum hatte drei Eingänge. Vier verputzte Vertiefungen im Boden hatten wohl einen Baldachin oder Thron getragen. Aus einer beträchtlichen Aschenschicht, die alles bedeckte, kamen Hunderte von bemerkenswerten Bronze- und Knochengefäßen zutage, die offensichtlich im Palast verwendet worden waren. Die Reste zweier stuckierter und bemalter Säulen stellten den nächsten bedeutenden Fund dar. Wir entdeckten sie innerhalb des Hofes, dessen Mauern mit weißem Stuck überzogen waren und Steinplatten imitierten. Brandspuren zeigten, daß hier eine Feuersbrunst gewütet hatte. Auf dem Boden unmittelbar nördlich davon häuften sich riesige Stein- und Schuttberge, was darauf hinwies, daß Teile des Gebäudes ursprünglich zwei Stockwerke besessen hatten."

„Die Grabung an dieser Stelle nahm zwei Kampagnen in Anspruch. Gruppen von durchschnittlich 50 bis 60 freiwilligen Mitarbeitern mußten kräftig zupacken — ja, häufig benutzten sie sogar Kräne — um die Steine wegzuräumen. Als wir den Platz freigelegt hatten, stellten wir fest, daß es sich nur um einen Hof mit verputztem Boden handelte. Heute wissen wir, daß dieser den zentralen Hof des Wohnflügels gebildet hatte, wie aus dem Grundriß hervorgeht. Von ihm aus gelangte man durch eine Halle, an deren Eingang die beiden stuckierten Säulen gestanden hatten, in den Thronraum."

„Unsere Grabung erbrachte den Nachweis, daß diese Palastanlage einst ein Beispiel für die Pracht der Herodianischen Zeit gewesen sein muß. Josephus hat sich in seiner Beschreibung auf die Palastvilla am nördlichen Ende beschränkt — sie erweckt noch größeres Staunen — aber zweifellos war der eigentliche offizielle Palast des Königs der westliche. Das zeigen nicht nur seine Ausmaße und der Grundriß, sondern auch die prunkvolle Bauweise und der im einzelnen feststellbare Luxus. Von den Wirtschaftsräumen zum Beispiel gruben wir die Küche aus, und in ihr fanden sich gewaltige Herde, die größten, die in Masada je gewesen; auf jedem hatten zehn oder zwölf Töpfe auf einmal Platz". . . .

S. 168: „Schon vor Beginn der Grabung in Masada träumten wir von der Möglichkeit, Schriftrollen aufzufinden. Absichtlich sage ich „träumen", denn die Wahrscheinlichkeit war gering, da bisher alle Schriftrollen aus der Umgebung des Toten Meeres in Höhlen entdeckt worden waren, wo man sie einst versteckt hatte. Daher waren diese Rollen auch nur vergleichsweise leicht beschädigt. . . . Man kann sich also unsere Aufregung kaum vorstellen, als wir schon wenige Wochen nach Beginn der Grabung einige Schriftrollen im Raum 1039 der Kasematten-Mauer entdeckten. Nachdem der Schutt in einer Höhe von mehr als 2 m beiseite geräumt worden war, hatten wir fast das Bodenniveau erreicht. Dieser Raum wies keine Brandspuren auf und enthielt Gefäße, Stoffreste, Matten, Körbe und Lederreste. Wahrscheinlich hatten die römischen Garnisonssoldaten hier verschiedenes zusammengetragen, was sie in der nächsten Umgebung aufgesammelt hatten. . . . Etwa 1 m von den Sekeln entfernt lag nun die erste Schriftrolle. Die Einzelheiten dieser Entdeckung sind mir lebhaft im Gedächtnis geblieben. In den frühen Nachmittagsstunden, als ich gerade in den nördlichen Vorratsgebäuden zu tun hatte, kam Shmaryahu Guttman mit einigen ihm zugeteilten freiwilligen Helfern herbeigelaufen und schwenkte triumphierend ein Pergament. Es war schwarz und so zerknittert, daß darauf kaum etwas zu erkennen war. Aber eine rasche Untersuchung an Ort und Stelle ergab, daß es sich um eine Passage aus dem Psalter handelte. Es gelang uns sogar, die Psalmen 81 bis 85 zu identifizieren. Wenig später fanden wir einen weiteren Teil der Rolle, der den ersten Fund im oberen Abschnitt vervollständigte. Nachdem das Fragment schließlich von dem Experten, Prof. Bieberkraut, behandelt und von seiner Frau mit einem Infrarot-Film photographiert worden war, konnte man die Schrift auf dem Pergament mit Leichtigkeit lesen."

„Diese Entdeckung ist für die Schriftrollen-Forschung von außerordentlicher Bedeutung. Zum ersten Mal war damit ein Schriftrollenfragment nicht in einer Höhle gefunden worden. Außerdem besaßen wir einen sicheren Anhaltspunkt für die Datierung; denn die Schrift kann unmöglich später als 73 n. Chr., da Masada fiel, entstanden sein. Diese Rolle wird jedoch wahrscheinlich noch bedeutend früher, wohl 20 oder 30 Jahre vorher beschrieben worden sein. Ihre Bedeutung liegt also darin, daß wir einen Terminus ante quem besitzen, und zum anderen, daß dieser Teil des Psalters, von geringfügigen Abweichungen abgesehen, mit dem Text der heute benutzten biblischen Bücher indentisch ist. Sogar die Psalmen- und Kapiteleinteilung stimmt überein. Darin zeigt sich die erstaunliche Kraft der jüdischen Tradition. Daneben aber können aus der Schriftrolle von Masada wichtige Erkenntnisse über die Entwicklung der biblischen Texte gewonnen werden. Die Schriften mit biblischen Texten aus Qumran und den Höhlen nördlich von Masada weisen nämlich zum Teil gegenüber den anerkannten traditionellen Texten bedeutende Veränderungen auf. Auf dem zweiten Teil des genannten Fragments lagen einige Kupfermünzen aus dem zweiten und dritten Jahr des Aufstandes. Ein stichhaltigeres Datierungsprinzip hätten wir uns kaum wünschen können. Im gleichen Raum der Kasematten-Mauer fanden wir weitere Schriftrollen-Fragmente, darunter einen Text aus dem Leviticus (3. Buch Mose).''

So haben die Ausgrabungen in Israel und Jordanien, dem alten Palästina, ausgezeichnete Ergebnisse gebracht, vom Paläolithikum bis zur byzantinischen Zeit. Die Beziehungen zu den beiden Großstaaten Ägypten und Mesopotamien wurden deutlich, die Schriftrollen vom Toten Meer berichteten über die Ursprünge des Christentums, und die Ausgrabung von Masada brachte lebendiges Licht in die Darstellung von Flavius Josephus.

Aus der zusammenfassenden Literatur seien genannt: H. GRESSMANN, Die Ausgrabungen in Palästina und das Alte Testament, Tübingen 1908. — R. A. ST. MACALISTER, A century of excavation in Palestine, London 1925. — PAUL KARGE, Rephaim, Die vorgeschichtliche Kultur Palästinas und Phöniziens. Paderborn 1925.— J. BENZINGER, Hebräische Archäologie. 3. Aufl. Leipzig 1927. — CARL WATZINGER, Denkmäler Palästinas, Teil I u. II. Leipzig 1933f. — ELIAS QUERBACH, Wüste und Gelobtes Land, Berlin 1932. — M. STEKELIS, Les Monuments mégalitiques de la Palestine, Paris 1935. — ANTON JIRKU, Die Ausgrabungen in Palästina und Syrien, Halle/Saale 1956. — Ders. Die Welt der Bibel, Stuttgart 1957. — G. LANKESTER HARDING, The antiquities of Jordan, London 1959, deutsch: Auf biblischem Boden, Die Altertümer in Jordanien. Wiesbaden F. A. Brockhaus Verl. 1961. — JARRY M. LANDAY, Schweigende Städte, Heilige Steine. Bergisch-Gladbach, Lübbe Verlag 1973. Engl.: Silent Cities, Sacrad stones, London, Edit. Weidenfeld and Nelson, 1971.

Syrien

In Syrien sind es zwei bedeutende Ausgrabungen, die das prähistorische Bild beherrschen: Byblos und Ras Schamra.

Aber auch Paläolithikum ist in Syrien aufgefunden worden. Es war ein damals junger deutscher Prähistoriker, der bei Gustav Schwantes in Kiel Vorgeschichte studiert hatte, und der über den deutschen Raum seinen Blick erweitern wollte, ALFRED RUST, geb. am 4. 7. 1900 in Hamburg.

Er setzte den Spaten an in Jabrud, einem Dorfe im syrischen Antilibanon, in den Jahren 1930—1933. Rust berichtet darüber in einer Monographie: Die Höhlenfunde von Jabrud, Neumünster 1956.

Die Länge der Grabungsstätte beträgt 35 m, die Tiefe 11 m. Rust konnte 25 Schichten unterscheiden vom Typ des Clactonien in der Schicht 25 zu unterst, über Handspitzen und Schabern in den Schichten 24—11, sämtlich im Stile des Clactonien-Moustérien. Von Schicht 10 ab erscheinen Geräte im Stile des Aurignacien, vom Typ Châtelperron. In einem anderen Felsüberhang, Abri II, in der Länge von 20 m ergaben sich Geräte späteren jungpaläolithischen Charakters.

Byblos ist das alte phönikisch-hebräische Gebal, assyrisch Gubla, gegenwärtig Dschebeil, auch Djebail, 25 km nördlich von Beirut gelegen. Es war der Umschlagplatz für den ägyptischen Papyrus. Daraus erklärt sich die griechische Benennung der Stadt nach dem aus Byblos stammenden Gegenstand zum Schreiben. Sie erhielt den Namen Byblos, so wurde auch das Buch genannt, daraus ergab sich über das lateinische Wort biblia das in der ganzen Welt gebräuchliche Wort Bibel.

1919 begann M. Dunand in Byblos Ausgrabungen mit Hilfe französischer Institutionen. Der Ausgräber stieß auf ein Neolithikum und vor allem auf einen Kultbau, einen Tempel des Adonis, den phönizischen Gott der Vegetation. Doch der Tempel war im Laufe der Jahrtausende so stark verändert, umgebaut, zerstört und wieder aufgebaut worden, daß es nicht möglich wurde, den ursprünglichen Zustand klar zu erkennen. Es ergab sich nur, daß das Fundament dem 4. Jahrtausend zugehört. Auffällig waren in den Resten des Tempels hohe viereckig beschlagene Steine, sie erinnern an Megalithen. Eine Abbildung findet sich in der neueren Literatur bei MARCEL BRION. Die frühen Kulturen der Welt, Köln 1964 Abb. 215. Die Steine gehören dem 2. Jahrtausend an. In dem Tempelbezirk fanden sich ferner zahlreiche Schmuckstücke, darunter ein wertvoller Dolch mit Elfenbeingriff und mit Gravierungen (ebda. Abb. 216). Auch einige Götterfiguren konnten gehoben werden.

Die Grabungen ergaben, daß Byblos seit Ende des 4. Jahrtausend das große Handelszentrum war, größer als Tyros und Sidon. Hier verluden die Ägypter das Zedernholz vom Libanon, Holz, das nötig war für ihre Schiffe. Noch ein anderes wichtiges Material wurde verladen, das Kupfer aus dem Kaukasus.

Der Tempel wird in ägyptischen Texten erwähnt in der Zeit um 2600 v. Chr. Von den Pharaonen wurde er gefördert, es fanden sich ägyptische Gaben mit dem Namen des Pharao Kha Skhm-uj, einem der Gründer Ägyptens zur Zeit von Cheops und Mykerinos (2600—2480).

Um 2150 v. Chr. wurde der Tempel zerstört durch eine Feuersbrunst, um 1950 v. Chr. wurde er wieder hergestellt. Aus dem 14. Jahrhundert besteht ein Briefwechsel mit den Pharaonen Amenophis III., 1413—1377, und Amenophis IV., Echnaton, 1377—1358, nach anderer Datierung 1364—1347. Der König von Byblos, Ribaddi, bittet Echnaton um Truppenhilfe. Im 13. Jahrhundert hieß ein König Ahiram, sein Grab wurde 1924 aufgefunden.

Im 12. Jahrhundert wurde Byblos einverleibt dem assyrischen Reich und es blieb bis zum 7. Jahrhundert unter dieser Herrschaft. Im Jahre 537 v. Chr. wurde das Gebiet erobert von den Persern. Byblos behielt seine einheimischen Fürsten, sie unterstanden einem persischen Satrapen. Dann wurde Byblos erobert von Alexander dem Großen. Unter Pompejus kam Byblos zu Rom.

Das wichtigste Ergebnis der Grabungen waren Texte von Schriften. Es handelt sich um zwei gut erhaltene Bronzetafeln mit Schriftzeichen, um vier Bruchstücke von

Steintafeln und um vier Bronzespateln, insgesamt um neun linksseitig beschriebene Denkmäler. Mit der Entzifferung hat sich Edouard Dhorme, beschäftigt, geb. am 15. 1. 1881, seit 1945 Prof. am Collège de France. Er konnte am 2. 8. 1946 der Pariser Akademie seine Ergebnisse vorlegen. Die Inschriften sind veröffentlicht worden von M. Dunand in seinem Werk: Byblia Grammata, Beirut 1945. Sie gehören der Zeit um etwa 2000 an. Dhorme konnte nachweisen, daß es sich um eine Übergangsform in phönikischer Sprache handelt von der Silbenschrift zur Konsonantenschrift. Nach der Lesung von Dhorme berichtet die größere Inschrift auf Bronze über den Hersteller der Bronzearbeiten im Tempel, über das Walzen der Bronze und über die Zeit des Gouverneurs, in der die Arbeit hergestellt worden ist. Johannes Friedrich bemerkt dazu in seinem Buch: Entzifferung verschollener Schriften und Sprachen, Springer Verlag, Berlin 1954 S. 112, daß die Lesung von Dhorme sinnvolle Texte ergebe. Ein anderer Bearbeiter verschollener Schriften, Karoly Földes-Papp, erklärt in seinem großen Werk: Vom Felsbild zum Alphabet, Stuttgart, Belser-Verlag 1966 S. 97—99, daß diese Schrift mit 114 Schriftzeichen dem ersten Buchstabenalphabet von Ugarit weichen und schließlich doch untergehen mußte.

Die Ausgrabungsberichte sind: M. Dunand, Fouilles de Byblos, 2 Bde. Paris 1937—1959. — E. J. Wein u. Ruth Opificius, 7000 Jahre Byblos, 1963.

Die Lösung der so bedeutenden Frage der Schriftentwicklung, von der Bilderschrift über die Silbenschrift zur Buchstabenschrift, brachten die erfolgreichen Grabungen von Claude Schaeffer in Ugarit, in Ras Schamra. Der Ort liegt an der Küste, nördlich von Lattakia.

Claude F. A. Schaeffer, geb. am 6. 3. 1898 in Straßburg, ist der Schwiegersohn des Museumsdirektors Robert Forrer (1886—1947) in Straßburg. Er ist Prof. am Collège de France und ehem. Konservator des französichen Nationalmuseums, Musée des Antiquités Nationales in St. Germain-en-Laye. Seine Werke sind: Stratigraphie comparée et Chronologie de l'Asie occidentale, London 1948. — Rapport des fouilles, in: Syria 1929—1955. — Ugaritica I-IV, Paris 1939—1963.

Claude Schaeffer begann seine Ausgrabungen 1929, sie wurden 1939 unterbrochen, nach einigen Jahren wieder fortgesetzt bis 1960. Die Ergebnisse wurden von großer Bedeutung für die Forschung.

In der englischen Zeitschrift "Illustrated London News" vom 2. Nov. 1929 und vom 29. Nov. 1930 beschreibt Schaeffer, wie er zu dieser Ausgrabung kam. Wir veröffentlichen daraus Stellen in der deutschen Übersetzung von Leo Deuel in: Das Abenteuer der Archäologie, München, Verl. C. H. Beck, 2. Aufl. 1964 S. 184—192.

„Die Geschichte wurde mir im Serail von Latakije, der Hauptstadt des Alawitenstaates in Nordsyrien, erzählt. Lange vor dem ersten Weltkriege hatte ein englischer Kapitän bei der Durchreise in Latakije den Vertreter seiner Gesellschaft eingeladen, ihn zu seinem Schiff nach Alexandrette zu begleiten. Ungefähr 16 km nördlich von Latakije machte er ihn auf eine von weißem Fels eingerahmte Bucht aufmerksam, die an Steuerbord zu sehen war. In der Nähe der heute verlassenen, aber einen guten Hafen bietenden Bucht zeigten sich einige niedrige Hügel. Einer seiner beiden Großväter, gleichfalls Seemänner, hatte ihm einmal den Rat gegeben, sie nach seinem Ausscheiden aus der Navy auszugraben. „In den Hügeln da muß es allerlei wertvolle Dinge geben", so hatte der Kapitän gefolgert. Diese Erzählung ist zweifellos keine Erfindung. Während meiner Einkäufe in den Suks von Latakije hatte sich die Nachricht, daß ein französischer Archäologe in der Nähe von Minet-el-Beida Ausgrabungen plane, mit Windeseile verbreitet, und mehrere Händler erzählten mir, daß in der Nähe der Bucht wohnende Eingeborene dort Antiken aus Gold gefunden hätten."

„Diese Berichte erhielten zuerst im März 1928 ihre Bestätigung. Bei der Arbeit auf seinem unweit der Bucht gelegenen Feld fand ein Eingeborener eine Steinplatte, die zum Verschluß eines unterirdischen Ganges gehörte, dieser führte zu einer rechteckigen, mit Kragsteinen überwölbten Kammer. Als er sie ausräumte, fand er verschiedene Gegenstände, darunter einige aus Gold, die aber niemand je zu Gesicht bekommen hat, da sie spurlos im illegalen Antiquitätenhandel verschwanden." ...

S. 188: „Nun ging es darum, den Palast und die Stadt, zu der die Nekropole von Minet el-Beida gehörte, zu finden. Ungefähr 1 km von der Küste entfernt liegt ein Trümmerhügel (tell) von 20 m Höhe, 1000 m Länge und 500 m Breite, den die Eingeborenen Ras Schamra, „Fenchel-Höhe" nennen. Für die Ausgrabung wählte ich den höchsten Punkt des Hügels mit Blick aufs Meer, an dem ich den Palast vermutete. Nach Abtragung der oberen Schichten erschienen alsbald mächtige Grundmauern aus festem Stein; zwischen ihnen fanden wir einen Bronzedolch, die Reste einer Pharaonenstatue aus Granit und ägyptische Stelen mit Hieroglyphen des Neuen Reiches, deren eine dem Gott Seth von Sapuna geweiht ist. Diese Entdeckungen gestatteten uns die sofortige Datierung des Palastes auf das 2. Jahrtausend v. Chr., und überdies die Feststellung, daß die hier regierenden Könige Freunde oder Verbündete Ägyptens gewesen waren. Über das Maß ihrer diplomatischen Beziehungen sollten wir bald Näheres erfahren, denn wir entdeckten eine ganze Bibliothek von Tontafeln, die mit Keilschrifttexten bedeckt waren. Unter diesen Urkunden befanden sich Briefe, die denen von Tell el-Amarna — bekanntlich der diplomatischen Korrespondenz zwischen den Pharaonen der 18. Dynastie und den syrischen Fürsten — sehr ähnelten." ...

Die Schicht, die sich datieren läßt auf die Zeit von 2000 bis 1800 v. Chr. brachte vor allem ägyptisches Material. Die Stadt, ein Handelszentrum dieser Zeit, stand ganz unter dem Einfluß Ägyptens. Wie es später war mit Genua, mit Venedig, so war es von 1800 bis 1600 v. Chr. mit Ugarit. Es war die Handelsstadt an den Gestaden des Mittelmeeres. Die fremden Händler besaßen hier ihre eigenen Wohnungen, ihre eigenen Geschäftshäuser, ihre eigenen Tempel. Am wichtigsten war der Handel mit Kreta. Die minoische Ware findet sich überall bei den Grabungen aus diesen Schichten. Schaeffer fand 4 m unter den Fußböden mancher Häuser große, überwölbte Grabkammern aus sorgfältig behauenen Steinen. Die Beigaben stammen aus Äypten, Kreta, aus Mykenä, aus Zypern.

Im 19. und 18. Jahrhundert verwüsteten fremde Stämme die Stadt und das Land. In der Zeit von 1500—1300 v. Chr. kam aber Ugarit wieder zu neuer Blüte. Schaeffer fand im Hafenviertel große Warenlager mit Krügen für Wein und für parfümiertes Öl. Die Häuser sind steingebaut, die Wohnräume sind groß und geräumig. Manche Häuser besitzen bis zu 20 Zimmer mit einem Innenhof und einem Springbrunnen in der Mitte. Eine breite Treppe führt zum ersten Stock. Im Badezimmer findet sich die Wanne aus Stein. Das Wasser lief ein und aus durch geschickt angelegte Kanäle.

Die Keramik dieser Zeit ist bemalt mit Tintenfischen, wie in Mykenä, es gibt aber ebenso ägyptische Motive und auch assyrische. Die Kleidung ist phönizisch.

Bei den neueren Grabungen konnte ein Turm mit 5 m starken Wänden festgestellt werden, vor allem ein Palast von etwa 10000 Quadratmetern Umfang. Dieses mehrstöckige große Gebäude enthielt 70 Räume, Prunkgemächer, einen großen Hof, Verwaltungszimmer, Archive, Werkstätten. Unter zwei großen Räumen fanden sich die Grabkammern, jedoch ausgeraubt in alter Zeit. Besonders wichtig wurde das Archiv. Da lagen die Aufzeichnungen über Landbesitz, über Abgaben, über diplomatische Beziehungen zu anderen Staaten.

Ein Brennofen für die Tafeln befand sich im Hof vor dem Archiv. Er enthielt noch die letzte Füllung mit 75 Tafeln. Sie waren in Arbeit, als der Palast der Zerstörung anheim fiel.

Neben dem Archiv lag das Zimmer der Schreiber. Sie mußten mehrere Sprachen beherrschen und auch schreiben können. So finden sich Texte in ägyptischer, in akkadischer, in hethitischer, in kretischer und in phönizischer Schrift. Es fanden sich Alphabete für die Schreibschüler und das ergab die Möglichkeit zur Entzifferung. Es war die erste Buchstabenschrift der Welt gefunden worden, ein Alphabet mit 30 Zeichen.

Es war Prof. HANS BAUER (1878—1937) in Halle, Saale, dem im April 1930 die Entzifferung der ugaritischen Texte gelang. Er berichtet darüber in dem Werk: Die Entzifferung der Keilschrifttafeln von Ras Schamra, Halle 1930. — Ders. Das Alphabet von Ras Schamra, Halle 1932. — Ders. Die alphabetischen Keilschrifttexte von Ras Schamra, Halle 1936. — Ders. Der Ursprung des Alphabets, in: Der Alte Orient, Bd. 36, Leipzig 1937.

Auf dem Internationalen Kongreß der Prähistoriker konnte ich Claude Schaeffer fragen, wie es wohl kam, daß er einen so großen Erfolg bei seinen Grabungen hatte. Er lachte und sagte, schon viele haben mich das gefragt. Weiß ich das? Wenn man anfängt zu graben, ist nichts da als der Erdboden. Aber was sich dann findet unter diesem Boden, das ist die Sache des Glückes. Es ist nichts weiter. Ich habe Glück gehabt, das ist alles.

Die wichtigste Literatur über Ugarit, Ras Schamra, ist folgende: C. F. A. SCHAEFFER, Ugaritica, 6 Bd. Paris 1939—70. — J. NOUGAVROL u. a. Le palais royal d'Ugarit, 4 Bd. Paris 1955. — A. HARDNER, Corpus des tablettes en cuneiformes alphabétiques, Paris 1963. — J. AISTLEITNER, Die mythologischen u. kultischen Texte aus Ras Schamra, Budapest, 2. Aufl. 1964. — Ders. Wörterbuch der ugaritischen Sprache, Budapest 1963. — A. S. KAPELRUND, Die Ras Schamra-Funde u. das Alte Testament, 1967.

Andere Grabungen in Syrien, nicht von der Bedeutung wie Byblos und Ras Schamra sind: Tell Brak; Tell Tschagar Bazar, Tell Ramad.

Tell Brak liegt bei El-Haseke im nördlichen Syrien. Die Ausgrabung leitete M. E. L. MALLOWAN von 1937—1938. Der Bericht findet sich in der Zeitschrift Iraq, Bd. 9, 1947 S. 11ff.

Mehr als 500 prähistorische Siedlungshügel liegen in dieser Gegend. Mallowan hat sich zur Grabung entschieden für einen Hügel, der 40 m hoch ist und einen Umfang von 800 zu 600 Metern besitzt. Die Siedlung beginnt mit Halaf-Keramik, 3800—3300 v. Chr. Darüber lagert eine Schicht im Stile von Dschemdet-Nasr, etwa 2800. Diese Strate ergab einen Tempelbau, er gehört der Uruk-Zeit an, um 3000. Das Eigenartige waren Tausende von Votivgaben in dem Tempel. Sie tragen menschliche abstrakte Gestalt, meistens viereckig, aber mit Augen. Auch Geierfiguren fanden sich, Fayence-Perlen, Stempelsiegel. Der oberste Tempel, etwa aus der Zeit um 2600, brachte eine Mosaikverzierung von bunten Stiften aus Ton. An einer Stelle war der Fries mit Silbernägeln und Goldknöpfen ausgelegt.

Tell Tschagar Bazar liegt bei Amuda im nördlichen Syrien, inmitten fruchtbaren Ackerlandes. Auch hier führte M. E. L. Mallowan die Grabungen durch in den Jahren 1934—1936. Die Literatur ist: MALLOWAN in: Iraq, Bd. 3, 1936 S. 1f. — Ders. ebda. Bd. 4, 1937 S. 91f. — Ders. ebda. Bd. 9, 1947 S. 81f.

Der Hügel ist 21 m hoch und 400 zu 300 m breit. Die obere Schicht gehört dem 3. und der ersten Hälfte des 2. Jahrtausends an, die untere Schicht ist gekennzeichnet durch Halaf-Keramik, demnach ergibt sich als Alter 3600—3200 v. Chr. Es fanden sich abstrakte weibliche Figuren aus Ton. Es konnten 15 Schichten festgestellt werden.

Tell Ramad ist ein Siedlungshügel bei Kattana, unweit von Damaskus. Er ist 150 zu 175 Meter groß. Die Grabung führte H. de Contenson durch zusammen mit W. J. van Liere von 1962—1963. Die Literatur ist: DE CONTENSON, VAN LIERE in: Les Annales Archéologiques de Syrie, Damaskus, Bd. 13, 1963 S. 179f. — Dies. ebda. Bd. 14, 1964 S. 109f. — Dies. ebda Bd. 16, 1966 S. 167f.

Es ergaben sich drei Schichten bei 5 m Mächtigkeit. Es fanden sich Reste von Rechteckhäusern auf Steinsockeln, Menschen- und Tierfiguren. Die Mittelschicht brachte neolithische Beilformen. Die Keramik ist öfter geritzt.

Andere Fundstätten sind das alte Qatna, heute Mischrifé, 20 km nordöstlich von Homs. Die antiken Baudenkmäler, zu einem Teil offen stehend, bilden in der Königsstadt, der Innenstadt, einen Tempel in sumerischem Stil aus der 3. Dynastie von Ur, aus der Zeit um 2100. Ein wertvoller Fund ist eine Bibliothek. Sie enthielt in Keilschrift Texte von Mythen über die Göttin Ningal, die Herrin von Qatna. Der Palast mit einem Thronsaal wurde durch einen Brand stark zerstört.

Eine Stadt der Mitanni aus dem 2. Jahrtausend wurde freigelegt durch GRAF DU MESNIL DU BUISSON in Suran, 64 km nördlich von Homs auf dem Wege nach Aleppo. Die Mitanni waren eine indo-iranische Gruppe der Churriter oder Hurriter. Sie führten Kriege gegen Assyrien und gegen Ägypten. Um 1500 v. Chr. kam es zu einer Versöhnung, königliche Prinzessinnen der Mitanni heirateten ägyptische Pharaonen. Um 1350 wurden die Churriter unterworfen von den Hethitern. Die Ruinen liegen auf dem Tell Massin, 3 km nordwestlich von Suran. Sie gehören der Mitte des 2. Jahrtausends an, ältere Teile zeigen Spuren des 3. Jahrtausends. Außerdem finden sich hellenistische und römische Ruinen.

Eine andere Grabung ist die von Karkemisch, an der Grenze zur Türkei, schon auf türkischem Boden gelegen. Der heutige Ort Djerablus liegt 118 km nordöstlich von Aleppo. Karkemisch ist die ehemalige Hauptstadt eines der hethitischen Teilreiche des frühen zweiten Jahrtausend v. Chr., in der Zeit von 1340—1200. Die Stadt liegt am Unterlauf des Euphrat an einer Furt.

Die Ausgrabungen leitete L. WOOLLEY im Auftrage des British Museums in London. Es konnten drei Stadtmauern freigelegt werden. Die Stadttore waren geschmückt mit Reliefs nach hethitischem Brauch. Sie zeigen mythologische Szenen und Umzüge von Kriegern. Auch das Standbild eines Gottes wurde gefunden. Der größte Teil der Kunstwerke ist in das Museum von Ankara gekommen. Die Grabungen begannen schon 1876, sie wurden 1908 fortgesetzt von Woolley 1912—1914, dann wieder 1919.

In der Innenstadt wurde der Palast aufgedeckt. Den Zugang bildete eine Prozessionsstraße mit Reliefs. Woolley fand in Karkemisch eine große Anzahl von hethitischen Schriften. Er berichtet über seine Grabung in: The Iron-Age Graves of Carchemish, Liverpool, Univ. College, Inst. of Archaeology, Annals XXVI, 1—2, 1936 S. 11f.

Karkemisch wurde 717 v. Chr. erobert von Sargon II. und dem assyrischen Reiche eingegliedert. Im Jahre 605 besiegte an dieser Stelle Nebukadnezar II. die Armee der Ägypter.

Kleinasien

Die Ausgrabungen in Kleinasien nach 1900 stehen unter dem Problem, das Volk der Hethiter zu erfassen, den Umkreis ihrer Welt, ihre Hauptstadt, ihre Paläste und Tempel und vielleicht ihre Staatsarchive in Keilschrift-Texten. Es ergaben sich für die Ausgrabungen vier Schwerpunkte: Boghazköy, Alaça Höjuk, Çatal Höjuk, Karatepe.

Das Problem der Hethiter klingt am Ende des 19. Jahrhunderts (hier S. 260) an, es erwacht aber betont im Anfang des 20. Jahrhunderts. Die Forschung ist durch diese Fragestellung besonders angesprochen, tritt doch eine dritte Hochkultur neben Babylon und Ägypten in dieser Zeit ein in das Bewußtsein der interessierten Welt. Was ist das für ein Volk, von dem in den Amarna-Briefen die Rede ist, was ist das für ein Volk, das in der Bibel erwähnt wird, das dort aber ohne Bedeutung erscheint, was ist das für ein Volk, wo kommt es her, wo ist seine Hauptstadt, wo sind seine Tempel, seine Paläste, wie ist seine Kultur?

Die geschriebene, die überlieferte Geschichte vermag darüber keine Auskunft zu geben. Der Archäologie, der Ausgrabung bleibt es vorbehalten, alle diese Fragen in die Hand zu nehmen. Und die Archäologie hat sie tatsächlich mit Erfolg zur Lösung zu bringen vermocht.

Wieder waren die Männer nötig, die ihr Wissen und oft auch ihr Leben einzusetzen bereit waren, wieder gab es auch die Mäzene, die die finanzielle Grundlage zu schaffen in der Lage waren, wieder hat der Boden gesprochen und hat seine Geheimnisse offenbart.

In den Keilschrifttexten von Tell el-Amarna in Ägypten, von Flinders Petrie, dem englischen Archäologen ausgegraben in der Zeit vom November 1891 bis zum März 1892, hatten sich zwei Briefe von Königen der Hethiter an den Pharao Amenophis IV., Echnaton, aufgefunden. So ein Brief des Königs von Hatti mit Namen Suppiluliuma. Die Hatti oder Chatti, müssen demnach eine Großmacht im 14. Jahrhundert v. Chr. gewesen sein. Wer waren diese Hatti, die Luther in der Bibel übersetzt hatte mit dem Namen Hethiter? In der Vulgata, der lateinischen Bibel, werden sie Hittim genannt. Bei Josua 3,10 und 1. Mose 19—21, ferner 1. Mose 23,3 und 4. Mose 13,29, werden die Hethiter nur erwähnt neben anderen Stämmen. Jedoch eine Stelle gibt es, in 2. Kön. 7,6, dort heißt es: „Denn der Herr hatte die Syrer lassen hören ein Geschrei von Rossen, Wagen und großer Heereskraft, daß sie untereinander sprachen: Siehe, der König Israels hat wider uns gedingt die Könige der Hethiter und die Könige der Ägypter, daß sie über uns kommen sollen".

An dieser Stelle werden die Hethiter als ebenso wichtig bezeichnet wie die Ägypter. Nach 2. Chron. 1,17 bringt Salomo Rosse den Königen der Hethiter.

Im Jahre 1905 hatte Hugo Winckler in Boghazköy auf einem Hügel, 150 km östlich von Ankara, Schürfungen vorgenommen. Der Fundplatz war schon 1834 einmal angeschnitten worden von C. Texier (hier S. 260), aber Winckler erhielt von Eingeborenen Keilschrifttafeln, und dadurch wurde der Platz von Bedeutung. Als Winckler nach Berlin zurückkehrte, berichtete er über seine Ergebnisse und darauf beschloß die Orient-Gesellschaft in Berlin, das Geld zu besorgen, um eine Expedition zu finanzieren.

Wieder war es Kaiser Wilhelm II., der aus seinem Dispositionsfonds den Betrag von 30 000 Mark zur Verfügung stellte. Den gleichen Betrag gab der Berliner Bankier James Simon, ein Sammler mittelalterlicher Kunst. Der Kaiser hat aber nicht nur das Geld gegeben, er hat sich auch in Verbindung gesetzt mit dem Sultan Abdul-Hamid II. (1876—1909), um die Grabungsgenehmigung für Boghazköy zu erlangen. Der Sultan war Wilhelm II. sehr zugetan, er hat dem Kaiser die Mschatta-Fassade geschenkt, erbaut unter Kalif Al-Walid in den Jahren 743—744. Der Kaiser übergab sie dem Museum am Kupfergraben, wo sie nach schweren Beschädigungen im Kriege 1939—1945, und nach der Wiederherstellung noch heute zu besichtigen ist. Der Kaiser wieder hat einen Brunnen gestiftet für Istanbul im Jahre 1898, er steht noch heute auf der Nordseite des Hippodroms. Das wichtigste aber war der Bau der Bagdadbahn, des damals größten Eisenbahnprojektes der Welt, sie umfaßt 3200 km. Nach der Orientreise des Kaisers, 1898, wurde der Bau begonnen. Diese Bahn hat die Türkei angeschlossen an Europa.

So ist es zu verstehen, daß England damals nicht die Grabungserlaubnis erhielt, obgleich sie einer der besten englischen Archäologen erbeten hatte. Winckler konnte 1906 seine Reise antreten, genau so wie vorher, 1899, Koldewey.

Hugo Winckler war ein Assyriologe. Er war geboren in Gräfenhainichen in Sachsen am 4. Juli 1863, er ist in Berlin gestorben am 19. April 1913. Im Jahre 1891 wurde er Privatdozent in Berlin, 1904 a. o. Prof. Von 1903—1904 leitete er Ausgrabungen im alten Sidon, heute Saida. Von 1906—1912 grub er in Boghazköy. Dort fand er die Bestätigung, daß diese Grabungsstelle die alte Hauptstadt des Reiches der Hethiter war, Hattusa, Chattusa. Die Fülle der von ihm aufgefundenen Tontafeln in hethitischer und in anderen Sprachen, über 10 000 Stück, erschloß ein neues Gebiet der Orientalistik, die Hethitologie.

Von seinen Schriften seien genannt: Die Keilschrifttexte Sargons, 2 Bde. 1898. — Keilschriftliches Textbuch zum Alten Testament, 1892, 3. Aufl. 1909. — Altorientalische Forschungen, 3. Bd. 1893—1906. — Geschichte Israels in Einzeldarstellungen, 2 Bde. 1895—1900. — Die Gesetze Hammurabis, König von Babylon, 1902, 4. Aufl. 1906. — Die babylon. Geisteskultur in ihren Beziehungen zur Kulturentwicklung d. Menschheit, 1907. — Vorderasien im 2. Jahrtausend auf Grund archivalischer Studien, 1913. — Nach Bogbasköi! 1913.

Hugo Winckler war ein Sprachforscher, ein Kenner der Keilschriften, aber nicht ein Ausgräber. Zu seiner ersten Reise nach Kleinasien, zu der Erkundung im Jahre 1905, zog er aus wie ein Sonntagsjäger, er kannte nicht die Gewohnheiten, nicht die Sitten des Orients. Er kaufte erst sämtliche Gebrauchsgegenstände in dem damals kleinen Ort Angora. Dieser winzige Ort wurde später zur Hauptstadt der Türkei. In diesem Land empfand Winckler alles als feindlich, das Einkaufen, dabei das Feilschen, die Karawansereien mit ihren Ungeziefern, die schlechten Betten. Am 17. Juli 1906 traf er ein in Boghazköy zusammen mit seinem landeskundigen Begleiter, Makridi Bey. Sie wurden aufgenommen von einem einheimischen Großgrundbesitzer, Zia Bey.

Als LUDWIG CURTIUS (1874—1954), der spätere Präsident des Deutschen Arch. Inst. in Berlin, 1907 an den Grabungen teilnahm, war er erschüttert von den Gewohnheiten Hugo Wincklers. Winckler hielt sich den ganzen Tag auf in seinem Arbeitsraum. Es war zuerst eine Laubhütte, später, seit 1908 ein neu gebautes, kleines Steinhaus. Hier studierte er die Tontafeln, sie wurden ihm in großen Körben gebracht von seinem Vorarbeiter, einem kurdischen Aufseher. Es wurden weder Listen geführt, woher die Tafeln kamen, noch wie viele vorhanden waren. Winckler las die ägyptischen, die babylonischen Texte, die hethitischen waren noch nicht entziffert, um die Grabung kümmerte er sich nicht.

Curtius schreibt, berichtet bei C. W. Ceram, Enge Schlucht und Schwarzer Berg, Hamburg 1955, S. 19: „Mir war es peinlich, daß die Ausgrabung an diesem wichtigen Fundorte nur dem Kurden Hassan überlassen blieb. Aber mit meiner Bitte, diesem beizustehen, den Fundplatz aufzunehmen und auf das Vorkommen von Keramik achten zu dürfen, kam ich bei Macridy schlecht an. Vertragsgemäß hätte ich dort nichts zu suchen, erwiderte er mir. Über die Ausgrabungen von Tontafeln werde er selber berichten. Er hat es nie getan."

Und doch war Wincklers Erfolg in der Forschung gewaltig. Er hatte wirklich Hattusa gefunden, die Hauptstadt der Hethiter. Er hatte wirklich das Staatsarchiv aufgedeckt. Mehr als zehntausend Tontafeln waren an das Licht des Tages getreten. Das war die größte Ausbeute von Tontafeln nach dem Fund der Bibliothek des Königs Assurbanipal in Ninive und nach der Entdeckung des Archivs von Tell el-Amarna in Ägypten. Die Tontafeln von Boghazköy kamen nach Berlin.

Winckler selbst beschreibt die Ausgrabung in einer nachgelassenen Arbeit: Nach Boghazköy!, in: Der Alte Orient, Leipzig, Bd. XIV, 1913, S. 3:

„Am 17. Juli 1907 ritten wir frühmorgens wieder in Zia-bey's Konak ein und wurden schon als alte Bekannte (mit angenehmen Bakschisch-Erinnerungen) empfangen. Der Bey genießt als Erbe eines alten Fürstengeschlechtes noch großes Ansehen, und man muß mit seinem Einfluß rechnen, wenn man ohne Schwierigkeiten in der Gegend arbeiten will.... Wir haben gute Freundschaft mit dem Bey gehalten — er hat viele Anliegen gehabt, von einer guten Flasche Kognak bis zur Aushilfe aus augenblicklicher Verlegenheit — er hat uns dafür auch in seiner Art Dienste erwiesen. Ein Arbeiteraufstand wurde durch sein Machtwort ohne weiteres beigelegt — kleine Freundschaftsdienste lohnen sich im Orient schon!"

„Wir rechneten auf acht Wochen Arbeit und wollten diese, da es ja Hochsommer war, unter Zelten oder Laubhütten verbringen. Mir schwebten dabei Erinnerungen an Sommerfreuden im Libanon vor!... Wir konnten unser Zelt am Fuße des eigentlichen Bergkegels der Büyük-kale aufstellen, wo eine genügende Quelle entspringt. Es ist die Stelle, wo im nächsten Jahr unser Haus errichtet wurde. Das bescheidene Zelt, das uns beiden genügen mußte, bot unter der brennenden Tagessonne die Temperatur, welche man im türkischen Bade nicht unangenehm empfindet, die aber für eine Mittagsruhe nicht gerade das ist, was erquickend wirkt. Bald nach Sonnenuntergang macht sich eine starke Abkühlung der Luft bemerklich, und darauf pfeift von den kalten Bergen ein starker Abendwind, der zu einer Nacht überleitet, in der schon sehr zwingende Gründe wirken müssen, um einen zum Verlassen des wärmenden Lagers zu überreden. So saßen wir des Abends im heulenden Wind vor unserem Zelte, um unsere Mahlzeit zu verzehren, während der Mantel sich blähte. Dann war man in der Regel abgekühlt genug, um ohne allzu ausgedehnte Förmlichkeit in das Zelt zu kriechen, das gerade für zwei Mann Raum bot, die unverdrossen an ihrer Arbeit waren, und zwischen denen bei diesem engen Zusammensein nie ein gereiztes Wort oder nur ein ungeduldiger Gedanke sich geregt hat, trotzdem beide in dieser Zeit körperlich schwer zu leiden gehabt haben"....

„Eine zweite Hütte mußte mir den Schatten für meine Tontafelstudien geben und konnte bald in ausgiebige Benutzung genommen werden. Der ganze Lagerplatz war mit einem aus Laubwerk geflochtenen hohen Zaun umgeben, der zugleich den nötigen Windschutz abgab... Die Nachbarschaft der Pferde hatte natürlich einen gewaltigen Fliegenüberfluß zur Folge, und für mich hatte das die Annehmlichkeit, daß ich mit bedecktem Kopf und Nacken und Handschuhen an den Händen meine Tontafeln abschreiben mußte, wenn ich nicht bei jedem Zeichen aufhören wollte, um dem übermäßigen Interesse zu wehren, welches die zutraulichen Tierchen an meiner Arbeit nahmen"....

„Diesmal aber sollte das nicht zu hoffen Gewagte Tatsache werden. Am 20. August, nach etwa zwanzigtägigem Arbeiten, war die in das Geröll des Bergabhanges gelegte Bresche bis zu einer ersten Abteilungsmauer vorgerückt. Unter dieser wurde eine schön erhaltene Tafel gefunden, welche schon durch ihr Äußeres einen Gutes verheißenden Eindruck erweckte. Ein Blick darauf und — alle meine Lebenserfahrungen versanken in Nichts. Hier stand es, was man sich sonst vielleicht im Scherz als frommen Wunsch ersehnt hätte: Ramses schrieb an Chattusil — ci-devant Chetasar — über den beiderseitigen Vertrag. Wohl waren in den letzten Tagen immer mehr kleine Bruchstücke gefunden worden, in denen von dem Vertrage zwischen den beiden Staaten die Rede war, allein hier war es nun besiegelt, daß wirklich der berühmte Vertrag, den man aus der hieroglyphischen Überlieferung auf der Tempelwand von Karnak kannte, auch von der anderen vertragsschließenden Seite aus seine Beleuchtung erhalten sollte. ..."

„Die „Stadt" ist der Sitz des Gottes der Landschaft, dessen Gegenwart eben die Stärke des Ortes ausmacht, hier ist darum auch der natürliche Sitz des Herrschers, der ja der Statthalter des Gottes ist. Das führt auf die Vermutung, daß der Name der Hauptstadt der gleiche wie der des Landes gewesen wäre, also Chatti, und in der Tat fanden sich dann auch Erwähnungen der „Stadt Chatti", so daß kein Zweifel an der Richtigkeit des Schlusses blieb."

Die Geschichte der Entzifferung des Hethitischen ist eine Geschichte von Mühen, Qualen, Irrtümern. Durch 60 Jahre hindurch haben sich Gelehrte mit der Deutung dieser Schrift beschäftigt. Der erste Bearbeiter ist der englische Forscher Sayce 1888 (hier S. 261). Nach den wenigen damals bekannten Tontafeln mit einer Schrift, die nicht ägyptisch, nicht babylonisch-assyrisch war, wies Sayce die Schrift den Hethitern zu. Immer wieder sind Lesungen und Deutungen vorgenommen worden, aber die meisten erwiesen sich als irrtümlich. Die wirkliche Entzifferung gelang erst im Jahre 1915 dem tschechischen Forscher BEDRICH HROZNÝ, 1879 geboren. Mit 26 Jahren wurde er 1905 Professor in Wien, 1919 in Prag. Dort starb er am 12. 12. 1952.

Am 24. November 1915 hält Hrozný einen Vortrag in Berlin vor den Mitgliedern der Vorderasiatischen Gesellschaft. Er erklärte, daß er einzelne Worte zu lesen vermöge. Zwei Monate später erscheint seine Arbeit im Januar 1916. Immer mehr arbeitete sich Hrozný in die Fragen ein, und als er 1917 in Leipzig einen Vortrag hält, sagt er das Entscheidende. Der Vortrag trägt den Titel: Die Sprache der Hethiter, ihr Bau und ihre Zugehörigkeit zum indogermanischen Sprachstamm. In der gedruckten Ausgabe, Leipzig 1917, mit 246 Seiten, lauten die ersten Worte: „Die vorliegende Schrift stellt sich zur Aufgabe, das Wesen und den Bau der bisher rätselhaften Sprache der Hethiter festzustellen, die Sprache dieses Volkes zu entziffern. ... Hierbei wird es sich ergeben, daß das Hethitische eine indogermanische Sprache ist."

Eduard Meyer, der bedeutende Althistoriker der Berliner Universität, ein Gelehrter, von dem schon die Rede war, erklärt in seiner Einleitung zu der Arbeit von Hrozný folgendes:

„Unter all den gewaltigen, unsere Kenntnis der ältesten Geschichte und Kultur der Menschheit nach allen Richtungen hin erweiternden und vertiefenden Ergebnissen, welche aus den von der Deutschen Orientgesellschaft unternommenen Ausgrabungen erwachsen sind, dürfte an Bedeutung und Tragweite keines an die Entdeckung heranreichen, welche Herr Professor Hrozný an dieser Stelle veröffentlicht".

Es sei die Stelle der Texte genannt, an der Hrozný zu dem Schlusse gelangte, daß das Hethitische eine indogermanische Sprache sei. Es ist dies: „Nu ninda-an ezzatti vádarma ekutteni".

Das Wort ninda kann nach einem sumerischen Wort zu urteilen, nur Brot heißen. Dann aber mußte ezzan das indoeuropäische Wort für essen sein, althochdeutsch ezzan, angelsächsisch etan, englisch eat, altnordisch eta, gotisch itan, altindisch admi, griechisch édomai, lateinisch edo, littauisch edmi.

Weiter muß den Sinn des Satzes das Wort vâdar deutlich machen. Es bedeutet Wasser, angelsächsisch water, mittelhochdtsch. wazzer, althochdtsch. wazzar, gotisch wato, gemeingermanisch watan. Hrozný übersetzt den Satz: „Jetzt wirst du Brot essen, und dann wirst du Wasser trinken". So konnte er wirklich von sich sagen, ich habe eine der ältesten, vielleicht die älteste indogermanische Sprache entziffert, denn sie gehört dem 14. bis 13. Jahrhundert v. Chr. an.

Weitere Bücher von Hrozný sind: Das Getreide im alten Babylonien, 1914. — Code hittite, Paris 1922. — Les inscriptions Hittites hiéroglyphiques, Prag 1933 bis 1937. — Bibliographie, in: Archiv Orientálni, Bd. 17, 1949.

Gewiß haben noch andere Forscher an der Entzifferung gearbeitet, so JOHANNES FRIEDRICH mit einer Arbeit: Hethitisches Elementarbuch I–II, 1940—1946. Ferner der Italiener MERIGGI, der Amerikaner GELB, die Deutschen EMIL FORRER und HELMUTH TH. BOSSERT.

Helmuth Bossert gelang am Schluß der Forschung, im September 1947, die Auffindung einer Bilingue, einer Tafel mit der Inschrift in zwei verschiedenen Sprachen, hethitisch und phönizisch. Er fand zwei Tafeln in Karatepe, 350 km südlich von Boghazköy. Die Tafeln erregten großes Aufsehen. Photographien wurden an die bekanntesten Kenner der Keilschriften entsandt, nach Berlin, Paris, Rom, London. Alle Antworten ergaben das gleiche: die Schrift der Hethiter ist durch die doppelsprachigen Tafeln ersichtlich, richtig entziffert worden. Man vermag die Texte zu lesen und zu verstehen. Es ist eine indogermanische, eine indoeuropäische Sprache, und noch dazu die älteste, die bisher bekannt geworden ist.

Man kann verstehen, welche Erregung dieses Ergebnis hervorrufen mußte. Man erinnerte sich der großen Kämpfe, der vielseitigen Bemühungen um das Indoeuropäische, hier wiedergegeben auf S. 346—361. Das Verwunderliche war, daß eine indoeuropäische Sprache und Kultur auftauchte inmitten der ägyptischen und der mesopotamischen Welt. Sofort erhob sich die Frage, wie ist diese Kultur, die beheimatet ist in Europa, nach Kleinasien gekommen.

Noch einmal, im Jahre 1953, wurde Bossert vom Glück begleitet. Im Dornengestrüpp am Fuße des einen Berges von Karatepe fand er wieder Bilinguen mit neuen Texten. Sie bestätigten wiederum die Richtigkeit der Lesung.

HELMUTH BOSSERT hat einen seltsamen Lebensweg durchgemacht. Er ist geboren am 11. 9. 1889 in Landau in der Pfalz, er ist gestorben in Istanbul am 5. 2. 1961. Zuerst war sein Arbeitsgebiet die europäische Kunst des Mittelalters, die Ornamentik, das Kunstgewerbe. Als Lektor des Verlages Wasmuth, Berlin, gab er die Geschichte des Kunstgewerbes heraus. Der erste Band erschien 1928, Bossert bat mich, die Kapitel über das Kunstgewerbe der Eiszeit und der Völkerwanderungszeit zu schreiben. Das habe ich getan, die Kapitel sind erschienen in Bd. 1, 1928 S. 1—17 und S. 69—100. Damals habe ich manche Stunde mit Bossert gearbeitet über den Text und über die Bilder, über die Einordnung in das Ganze des Werkes. Es war eine besonders angenehme Arbeit.

Danach wandte sich Bossert den Problemen des Vorderen Orients zu, vor allem der damals so brennenden Frage der Schrift der Hethiter. Im Jahre 1933, dem Schicksalsjahre Deutschlands, ging er in die Türkei. 1934 wurde er Prof. a. d. Univ. Istanbul und Direktor des Archäologischen Instituts in Istanbul. Er nahm die türkische Nationalität an und heiratete eine Türkin. Er arbeitete in Boghazköy, und 1946—1947 in Karatepe, danach nochmals 1953. In dieser Zeit war es, daß er die zweisprachigen Tafeln, die Bilinguen fand, und mit diesen Funden waren die Fragen um die Schrift der Hethiter geklärt.

Seine wichtigsten Werke sind: Die Geschichte des Kunstgewerbes, Bd. I–V, 1928 bis 1932, Herausgeber. — Altkreta, 1921, 3. Aufl. 1937. — Altanatolien, 1942. — Altsyrien, 1951. — Santas und Kupapa, Neue Beiträge zur Entzifferung der kret. u. hethit. Bilderschrift, in: Mitt. d. Altorient. Ges. Bd. 6, 1932. — Die Ausgrabungen auf dem Karatepe, Ankara 1950. — Ornamente der Völker, 3 Bde. 3. Aufl. 1964f. — Ornamente der Volkskunst, 4. Aufl. 1962.

Boghazköy, das alte Hatussa oder Chattusa, war durch die reichen und bedeutungsvollen Funde so stark in den Mittelpunkt der orientalischen Forschung gerückt, daß das Archäologische Institut in Berlin Kurt Bittel im Jahre 1931 zu der Grabung entsendete. Er leitete die Arbeiten bis 1939. Die neuen Forschungen, 1952—1972 vor allem unter der Leitung von Th. Beran, E. M. Bossert, P. Neve u. a. ergänzten und erweiterten das Bild.

KURT BITTEL behandelt Kleinasien: Vorl. Ber. über Ausgrabungen in Bogazköy, in: Mitt. d. Dtsch. Orient-Ges. Bd. 86—91, 1953—58. — Die hethitischen Grabfunde von Osmankayasi 1958. — Bogazköy III, 1957. — Hatussa, in: Reallex. d. Assyriologie, Berlin 1973.

Nach den älteren und neueren Grabungen ergibt sich dieses Bild von Boghazköy: Die Stadt Hatussa war geteilt in eine Oberstadt und eine Unterstadt. Die Mauer besitzt eine Länge von 6 Kilometern, sie ist bewehrt mit vielen Türmen. Mehrere Tore führen in die Stadt hinein. Fünf Tempel konnten freigelegt werden, darunter der große Tempel von Hatti. Die Königsburg lag auf dem Felsen von Büyükkale im Osten des Bezirkes. Es fanden sich Spuren des 3. Jt. v. Chr. Im 18. Jh. war die Stadt ein anatolischer Herrensitz. Assyrische Kaufleute hatten ihre Niederlassung in der Stadt. Sie wurde durch einen Großfürsten Anitta um 1800 zerstört. Später wurde Boghazköy wieder aufgebaut und zur Hauptstadt des Reiches der Hethiter erhoben. Die Palastanlagen auf der Burg wurden mehrfach umgebaut, auch eine Brücke über eine Schlucht wurde errichtet. Um 1200 fiel die Stadt dem Einbruch der Seevölker zum Opfer. Es ist die Zeit des Trojanischen Krieges, der Seemacht Agamemnons und des Beginnes der griechischen Kolonisation.

Auch die Namen der Herrscher ergaben sich aus den Texten, ebenso wie ihre Regierungszeiten im Vergleich mit denen Ägyptens oder Babylons. Wichtige Herrscher waren der Begründer des Reiches, Labarna Hattusili I., um 1550; sein Nachfolger Mursili I. um 1530. Dieser Herrscher eroberte sogar Babylon. Er starb durch Mord, es gab Regierungsstreitigkeiten. Ein wichtiger Herrscher ist Tuthalija II. um 1460. Er erobert Aleppo und Hanigalbat. Am bedeutendsten ist Suppiluliuma, von 1370—1332. Er bildet das neuhethitische Reich. Der Herrscher von Mitanni wird besiegt und große Teile Kleinasiens werden dem Reiche einverleibt. Diese Zeit ist es, in der neben Ägypten und Babylon, das Reich der Hethiter eine dritte Macht bedeutet.

Sein Sohn Mursili II., um 1330—1292, bewahrt die Großmachtstellung, die Gebiete des südlichen Kleinasien werden erobert. Dessen Sohn Muwatalli, von 1291—1280, gerät in den Kampf mit den Ägyptern. Es kommt zur Schlacht von Kadesch, 1286 mit Ramses II. von Ägypten (1290—1224). Beide Staaten behaupten, gesiegt zu haben. Erst unter Hattusili III. (1273—1248) wird der Friede mit Ägypten geschlossen. Der Bündnisvertrag von 1265, 21 Jahre nach der Schlacht von Kadesch, ist erhalten in ägyptischen Hieroglyphen und auch in hethitischer Schrift. Ägypten überläßt das nördliche Syrien den Hethitern.

Unter Suppiluliuma II., um 1200, erlischt das Reich der Hethiter durch den Einbruch der Seevölker. Nur in Nordsyrien bestehen noch Kleinfürstentümer, bis auch sie im 8. und 7. Jh. den Assyrern erliegen.

Das Wissen um diese Geschehnisse, so bedeutungsvoll für die geschichtliche Erkenntnis des 2. Jt. ist tatsächlich erst in den Jahrzehnten um 1950 in das Bewußtsein des europäischen Menschen eingedrungen. Die Sicherheit ergab sich erst nach der Lesung der zahllosen Dokumente und nach der Auffindung der Bilinguen durch Prof. Bossert, 1947 und 1953.

Wie schwach das Wissen noch um 1934 war, mögen Worte gerade des Mannes dartun, der so viel geleistet hat für die Erkenntnis der Hethiter, ihres Lebens, ihrer Kultur, PROF. BITTEL. In dem Buch von 1934, Prähistorische Forschung in Kleinasien, Istanbul, sagt er auf S. 118:

„Wir dürfen uns nicht darüber hinwegtäuschen, daß wir zwar eine gewisse Kenntnis der materiellen Kultur vorhethitischer Zeit im Osten und vorgriechischer Zeit im Westen haben, daß wir sogar auf Grund der Kültepe- und Boghazköytexte ahnen können, wie gemischt die Bevölkerung, wie reich die Mythologie, wie verschieden die Sprachen wohl auch schon früher im 3. Jt. gewesen sein müssen, daß wir aber die eigentlichen Wurzeln der Kultur nicht kennen: die Völker selbst, ihre Sprache ihre geistige Haltung, ihr politisches und religiöses Leben und ihre Beziehungen untereinander. Die Erkenntnisse darüber sind uns vorläufig noch so gut wie völlig verschlossen".

Nach solchen Worten vermag man erst zu ermessen, wie groß der Fortschritt, wie bedeutungsvoll die Erweiterung unseres Wissens nach 1950 ist. Die Vorgeschichte ist eine dynamische Wissenschaft.

Durch die Auffindung der Texte wird nicht nur die Geschichte der Hethiter herausgehoben aus der Dunkelheit der verbergenden Erde, sondern auch die Kultur der Hethiter wird deutlich, ihre Religion, ihre Literatur, ihre Kunst.

Die Kultur ist völlig anders als die der autoritären Staaten, Ägypten und Babylon. Neben dem König steht eine Art Parlament, eine Versammlung des Adels, genannt „panku". Das entspricht den nordeuropäischen Sitten und Gewohnheiten bis auf unsere Tage. Die Königin besaß eine eigene diplomatische Kanzlei, sie stand mit ausländischen Fürstenhöfen in brieflicher Verbindung. Der König, vor allem im alten Reich, wurde ernannt und bestätigt von dem panku, der Versammlung des Adels. Wie im alten Europa vergibt der König an den Adel weite Ländereien als Lehen. Es gab Gesetze für die Stellung des einzelnen.

Das Heer bestand aus der Leibwache des Königs und aus den Bürgern, die zum Heeresdienst verpflichtet sind. Es gab Fußtruppen und Kämpfer auf Streitwagen. Kriege waren erforderlich zur Belebung der Wirtschaft, zur Gewinnung neuer Ländereien, wie auch im Mittelalter in Europa.

Es gab Schulen der Schreiber. Sie mußten in mehreren Sprachen zu schreiben imstande sein, in Protohattisch, in Hethitisch, in Luwisch, Churritisch und Akkadisch. Akkadisch war die lingua franca, die Verbindungssprache zwischen den Völkern dieser Zeit. Beamte sorgten für das Funktionieren des Staates.

Die Literatur umfaßt Werke medizinischen, philologischen und theologischen Inhaltes. Wichtig war die Aufzeichnung der Geschichte. Es werden nicht nur Tatsachen berichtet, sondern es wird auch über die Bedeutung gesprochen. Rede und Gegenrede werden bei historischen Ereignissen mitgeteilt, es gibt ein Für und ein Wider.

Die Religion kennt als Hauptgott den Wettergott Taru, offenbar verwandt dem Gott der Germanen Thor, und eine Göttin mit Namen Wurusemu. Daneben gibt es den Mondgott und Götter lokaler Bedeutung. Die Mythen sind meistens entlehnt aus dem kanaanäischen oder babylonischen Ritual. Der König besitzt ein besonderes Privileg. Nach seinem Tode wird er verbrannt und die Asche beigesetzt. Damit wird er zur Gottheit. Es gibt Beschreibungen der Feste, es gibt Orakel, Hymnen und Gebete.

Die Kunst der Hethiter in Kappadokien ist von der der Churriter nicht genau zu trennen. So kann die Kunst von Tell Halaf auch als späthethitisch betrachtet werden. Die Architektur ist besonders deutlich geworden in Boghazköy. Die Plastik gewann ihre beste Verdeutlichung in Yazilikaya, gelegen neben Boghazköy, und in Alaça Höyük. Die Keramik erschien am deutlichsten in Alishar Hüyük.

Aus der Literatur über die Hethiter seien genannt: A. Götze, Das Hethiter-Reich, 1928. — H. G. Güterbock, Hittite religion, in Forgotten Religions, hg. von V. Ferm, New York 1949. — O. R. Gurney, The Hittites, London 3. Aufl. 1961. — G. Walser, Herausgeber: Neuere Hethiterforschung, 1964. — J. Friedrich, Entzifferungsgesch. d. hethitischen Hieroglyphenschrift, 1940. — I. J. Gelb, Hittite hieroglyphs, Chicago 1942. — C. W. Ceram, Enge Schlucht und schwarzer Berg, 1968. — E. H. Sturtevant, A comparative grammar of the Hittite language, New Haven, Conn. 2. Aufl. 1951. — H. Kronasser, Etymologie der hethit. Sprache, Bd. I, 1966. — E. Akurgal, Späthethitische Bildkunst, Ankara 1949. — E. Akurgal u. M. Hirmer, Die Kunst der Hethiter, 1961. — M. Riemschneider, Die Welt der Hethiter. Verl. Kilpper, Stuttgart 1954.

Die großen Erfolge in Boghazköy, der Aufstieg der neuen Hauptstadt Ankara seit 1920, die Gründung der Universität und vieler wissenschaftlicher Institute hat das geistige Leben in der Türkei stark gefördert. Seit 1930 gibt es türkische Archäologen. Die türkische Gesellschaft für Geschichte beschließt 1935 auch Ausgrabungen durchzuführen. Man wählt dafür einen Siedlungshügel mit Namen Alaça Höyük, auch geschrieben Aladscha Hüyük. Der Ort liegt 160 km nordwestlich von Ankara, Boghazköy liegt nur 25 km südlich von dem Platz. Die Entscheidung hier zu graben, wird durch die Tatsache veranlaßt, daß noch eine alte Statue aufrecht steht in der Mitte, Sphinx genannt. Störche nisten auf ihr. Die Ausgrabung dauert vom 22. August 1935 bis zum 30. November 1935. Die Leitung war in den Händen von Hamit Kosay als Schriftenkenner und von REMZI OGUZ ARIK, als Archäologen.

Auf dem Internaionalen Kongreß für Vor- u. Frühgeschichte, in Oslo 1936, habe ich Arik getroffen. Er hat mir von seinen Grabungen und Funden erzählt. Seine Photos, die er mir zeigte, waren so eindrucksvoll, daß ich ihn bat, für die Zeitschr. IPEK, einen Artikel zu schreiben. Das ist geschehen, der Aufsatz erschien in Bd. 13—14, 1939—1940, S. 23—25 mit den Tafeln 4—15.

Die Grabung ergab erstens eine obere Schicht bis zu 2,50 m Tiefe mit Scherben und Tongefäßen der ottomanischen, byzantinischen, römischen und posthethitischen Periode bis 13. Jh. v. Chr.

Die zweite Schicht von oben gerechnet, 2,50 m — 4 m, Bronzezeit II, brachte die hethitische Epoche, übereinstimmend mit Boghazköy und Alishar III. Es ergab sich eine große Architektur vom 13. bis 22. Jh. v. Chr.

Die dritte Schicht, 4—6 m, Bronzezeit I, ebenfalls hethitische Periode, brachte in der Keramik Beziehungen zum Westen und Süden Anatoliens, 22. Jh. v. Chr.

Die vierte Schicht, 6—10 m, ist die protohethitische Zeit, die Kupferzeit. Es ist die reichste Periode von Alaça Höyük. Eine starke Aschenschicht zwischen 5,80 und 6,35 m deutet daraufhin, daß Alaça Höyük durch Brand zerstört worden ist. Drei Gräber, bezeichnet als BM, RM und TM, enthielten Gegenstände aus Gold und Silber aus der Zeit zwischen 3000 und 2200.

Die älteste Schicht, 10,20 m tief, ist chalkolithisch, steinkupferzeitlich, sie liegt vor 3000 v. Chr.

Die drei Gräber sind von besonderer Bedeutung, sie entsprechen den Königsgräbern von Ur. Das wichtigste ist das Grab BM. Es hatte eine rechteckige Form von 2,75 zu 5,25 m. Die Kammer war errichtet aus kleinen Steinen und Mörtel. Der Tote war von großer Statur, die Beigaben waren Teile von Schafen und Rindern, außerdem Hunde. Neben dem Toten lagen sechs große Weltsymbole als Stangenaufsätze, als Standarten aus Kupfer. Eine von ihnen trägt in vielfacher Wiederholung das Hakenkreuz, andere Vierecke mit Kreuzen, eine Standarte zeigt drei Stiere. Eine andere einen Hirsch aus Kupfer mit Silbereinlagen, am Hals das Winkelband, dahinter zwei Kreuze, auf dem Körper Doppelkreise. Besonders wichtig ist ein Goldbecher, 14 cm hoch, und eine Kanne aus Gold, 14,3 cm hoch und kleinere Goldgegenstände.

Das zweite Grab, RM, ergab zwei Goldohrringe, mehrere Nadeln, ein kugliges Gefäß aus Kupfer.

Das dritte Grab TM, enthielt fünf Standarten aus Kupfer, zwei Dolche aus Bronze, ein Gefäß aus Silber mit Goldauflage, ein Gefäß, ganz aus Gold und die Statuette eines Rindes, silberne Griffe von Dolchen und Tongefäße.

Die Literatur ist außer dem genannten Artikel in IPEK: HAMITT ZÜBEYR KOSAY, Ausgrabungen von Alaça Höyük, türkisch, Ankara, 3 Bd. 1937, 1938, 1951. R. O. ARIK, Les fouilles d'Alaça Höyük, Société d'Histoire Turque, Ankara 1937. — A. Götze, Kleinasien, in: Hb. d. Altertumswiss. 3, I, 2 Aufl. 1957.

Neue Perspektiven eröffnete die Ausgrabung von Çatal Höyük von 1961—63 durch JAMES MELLAART. Die Finanzierung führten mehrere Organisationen durch, darunter University of London, University of Edinburgh, The Wenner-Gren Foundation, New York u. a. Der Fundort liegt 50 km südöstlich von Konya.

JAMES MELLAART ist 1925 in London geboren. Er studierte Ägyptologie in Leiden, Holland und in London. Nach Abschluß der Studien wurde er Mitglied des British Institute of Archaeology in Ankara. Er führte Grabungen durch in Can Hasan 1951, in Beycesultan 1952, in Hacilar 1956, in Çatal Höyük 1958.

Das Wesentliche bei der Grabung von Çatal Höyük ist, daß der Fundort so wie Jericho zurückführt bis zum Ende des Mesolithikums. Wie in Jericho wird der Übergang deutlich von der Konsumtion zur Produktion, von der Jagd zum Ackerbau. Das Dorf, oder wie mancher Forscher sagt, die Stadt, wird sichtbar. Die unterste ausgegrabene Siedlungsschicht führt bis in das siebente vorchristliche Jahrhundert zurück. Es ergibt sich durch die Grabungen von Jericho und Çatal Höyük, daß sich der Übergang zu Ackerbau oder Viehzucht nicht in Mesopotamien und Ägypten vollzogen hat, wie man allgemein annahm bis etwa 1960, sondern daß dieser so wesentliche Schritt des Menschen sich durchgesetzt hat in dem Fruchtbaren Halbmond, von Palästina über Syrien bis Kleinasien.

James Mellaart sagt im Anfang seines Buches über Çatal Höyük, englisch Verlag Thames and Hudson, London 1967, deutsch Verl. Gustav Lübbe, Bergisch Gladbach 1967, S. 17:

„Çatal Höyük hat sich nicht nur als eine größere jungsteinzeitliche Fundstätte erwiesen, die reiches Beweismaterial für eine bemerkenswert fortgeschrittene Kultur erbrachte, die im siebenten und im frühen sechsten Jahrtausend auf der anatolischen Hochebene blühte, vielmehr war es auch ein Kunstzentrum in einer Periode, welche bisher für kunstlos gehalten wurde. Çatal Hüyük ist bemerkenswert sowohl durch seine Wandmalereien und Gipsreliefs, seine Steinskulptur und Tonplastik als auch wegen seiner fortgeschrittenen Technik in den Handwerken der Weberei sowie der Holz-, Metall- und Obsidianbearbeitung. Seine zahlreichen Heiligtümer legen Zeugnis ab für eine entwickelte Religion mit Symbolik und Mythologie, seine Gebäude für die Geburt von Architektur und bewußter Planung, seine Wirtschaft für fortgeschrittene landwirtschaftliche Verfahren bei Ackerbau und Viehzucht und die zahlreichen Importe für einen blühenden Handel mit Rohmaterialien...."

„Bereits nach drei Grabungsperioden (1961—63) können die Ergebnisse als aufsehenerregende Bereicherung unseres Wissen über die frühen Entwicklungsstufen des schöpferischen Menschen im Rahmen städtischer Ansiedlung bezeichnet werden, denn Çatal Hüyük zählt — zusammen mit Jericho in Jordanien — zu den ersten Versuchen des Menschen, städtisches Leben zu entfalten. Bereits im siebenten vorchristlichen Jahrtausend war Çatal Hüyük ein stadtähnliches Gebilde — vielleicht sogar eine wirkliche Stadt —, und das in einer bemerkenswerten und ausgeprägten Form." (S. 21).

„Botaniker haben nachgewiesen, daß die Landwirtschaft, die Grundlage für die Entwicklung jeglicher Zivilisation, nicht von den Flußtälern des Euphrats, des Tigris oder des Nils ausging, sondern von den Hochlandtälern, wo die wilden Vorgänger der kultivierten Getreidearten ihre natürliche Heimat hatten." ...

„Obwohl die frühesten Funde von Resten angebauter Pflanzen (aus dem akeramischen Neolithikum zu Haçilar, Beidha, Alikosh) noch nicht viel über das Jahr 7000 v. Chr. zurückweisen, setzen der erreichte Grad der Domestikation und die Vielfalt der Ernteerträge eine lange Vorgeschichte früheren Ackerbaus voraus, die gut bis zum Anfang des Protoneolithikums (um 9000 v. Chr.) zurückgehen kann. Wenn auch frühere Pflanzenreste noch nicht gefunden worden sind, so weisen doch Mahlsteine und Mörser, Sicheln und Speichergruben auf die Anfänge der Agrikultur hin." (S. 25.)

„Çatal Hüyük kann sich den Luxus von Obsidianspiegeln, Zeremonialdolchen und Metallschmuckstücken leisten — einen Luxus, in dem es seine Zeitgenossen übertrifft. Kupfer und Blei wurden geschmolzen, und zu Schmuckperlen, Zylindern, ja möglicherweise kleinen Geräten verarbeitet; damit gehen die Anfänge der Metallverarbeitung bis ins siebente Jahrtausend zurück.... seine textile Wollverarbeitung ist voll entwickelt." (S. 30.)

S. 31: „Schließlich trifft man auf Zeugnisse jungsteinzeitlicher Religion in Form zahlreicher Kultstätten. Diese Heiligtümer sind kunstvoll ausgeschmückt — teils mit Gipsreliefs, die entweder an den Wänden selbst modelliert oder in deren Gipsbewurf eingeschnitten wurden, teils mit ein- oder mehrfarbigen Wandmalereien. Sie erstrecken sich über einen Zeitraum, der durch zahlreiche Radiokarbondaten zuverlässig auf die Jahrhunderte zwischen 6500 und 5700 v. Chr. festgelegt ist. In den Heiligtümern fanden sich Kultbilder männlicher und weiblicher Gottheiten."

Es haben sich zehn Schichten ergeben. Die oberste Schicht, benannt I, brachte in der Radiokarbon-Datierung die Zeitstellung 5720 v. Chr. Die Schichten II—V ergaben 5807—5920. Eine wichtige Schicht als VI B bezeichnet, lagert sich zwischen 5908 und 5986. Die Schichten VII und VIII umfassen den Zeitraum von 6200—6400. Die Schicht X lagert sich um 6500.

In den Schichten II—X erbrachte die Grabung 101 Wohnhäuser und 40 Kultstätten. Diese Kulträume in Schicht VI besaßen an den Wänden Stierköpfe und geometrische Malereien. In der gleichen Schicht fanden sich auch figurale Malereien, Menschen und Tiere, ähnlich der ostspanischen mesolithischen Kunst. Man sieht Jäger mit Pfeil und Bogen, Menschen im Tanz (Mellaart, Taf. 61—63, Farbtaf. XI, XII). Damit gewinnt die ostspanische Malerei eine Sicherung für ihre Datierung. Die Farben sind wie in der paläolithischen Kunst, roter bis gelber Ocker, Quecksilberoxyd, Manganerz, Hämatit. Die Farben wurden in Mörsern zerstampft und angesetzt mit Tierfett oder Pflanzenöl. Feine Pinselstriche deuten auf den Gebrauch von Pinseln hin. Es gibt auch eine Landschaftsmalerei der Häuser, die viereckig sind, darüber steht ein Vulkan.

Auch eine Fülle von weiblichen abstrakten Figuren wurde gefunden, besonders in der Schicht II.

Da nach 5720 der Ort nicht mehr bewohnt war, konnte die Grabung diese bedeutenden Ergebnisse erbringen.

Die Literatur ist: JAMES MELLAART, Çatal Hüyük, in: Anatolian Studies, Bd. XII, 1962; XIII, 1963; XIV, 1964. — Ders. Çatal Hüyük, London 1967, deutsch Verl. Gustav Lübbe, Bergisch Gladbach 1967.

Karatepe, 400 km südöstlich von Ankara gelegen, 20 km entfernt von Sendschirli, Zinyirli, wurde 1946 ausgegraben von Helmuth Th. Bossert. Er fand die Ruinen einer späthethitischen Stadt von rund 720 v. Chr. Die Torwege zu der Stadt waren mit Reliefs geschmückt im hethitischen Stil. Es fanden sich drei phönizische Inschriften eines Herrschers mit Namen Azitawadda. Aus ihnen ergab sich, daß er die Stadt nach seinem Namen Azitawaddija benannt hatte. Durch die Erwähnung des Herrschers Urikki konnte die Gründung bestimmt werden auf die Zeit von Tiglatpilesar III. (745—727). Zu diesen Inschriften fanden sich die Übersetzungen in hethitischer Sprache, die erwähnten Bilinguen. Aus ihnen ersah man die Richtigkeit der Entzifferung der hethitischen Schrift durch Hrozný.

Die Literatur ist: HELMUTH TH. BOSSERT, u. a. Die Ausgrabungen auf dem Karatepe, Ankara 1950. — Ders. Karatepe, in: Jahrb. f. kleinasiatische Forschung Bd. 1, 1951. — Ders. Die hieroglyphen-hethitischen Inschriften von Karatepe, in: Belleten, Bd. XVIII, S. 69, Ankara 1954. — U. B. ALKIM, Excavations at Karatepe (Turquie). Third campagne. Belleten, Ankara 1948.

Noch einige andere Fundstätten sind der Erwähnung wert, vor allem Alishar Hüyük, ein Siedlungshügel, 200 km südöstlich von Ankara. Die längere Zeit dauernde Grabung wurde von zwei Forschern geleitet, Erich F. Schmidt und Hans Henning von der Osten, die in Amerika arbeiteten am Oriental Institute of Chicago.

ERICH F. SCHMIDT beschreibt seine Erlebnisse von der Grabung von Alishar Hüyük mit diesen Worten in seinem Werk: Anatolia through the Ages, Chicago University Press 1931 S. 36:

"There is an immense fascination about an archaeological "dig", penetrating into the buildings of long-forgotten people and handling the things they once used. To be sure, sometimes there are days and weeks without any interesting or instructive finds. There are sudden thunderstorms that injure structures carefully prepared for surveying, and often the mound is wrappeed in clouds of dust whipped by strong winds and blinding the staff and the laborers. But the enthusiasm of every real "digger" carries him over such periods. Once he has the "mound fever" only the smell of old dust, the tinkling of potsherds, picks, and shovels, the curses and laughter of the panting and hustling workers will satisfy him; and, when he works up his material in the laboratory, the "breath of the mound" is about the old things and helps him through the sometimes tedious detail work".

Die Grabung begann 1927, sie wurde bis 1932 fortgesetzt. Die Veröffentlichung geschah in drei großen Bänden mit allen Einzelheiten in vollendeter Form.

Der Hügel ist 30 m hoch. Es ergaben sich vier Schichten, bezeichnet als Alishar A-D, von unten nach oben. Alishar A ist neolithisch bis chalkolitisch, versehen mit schwarz und rot bemalter Keramik.

Alishar B ist kupferzeitlich, mit fünf Straten in 11 Metern Höhe, datiert von 3000—2400 v. Chr.

Alishar C ist bronzezeitlich und später, datiert von 2400—1000 v. Chr.

Alishar D datiert sich von 1000 v. Chr. bis 500 v. Chr.

H. v. d. Osten beginnt sein Werk, The Alishar Hüyük, 1937, S. 1 mit diesen Worten:

"When we started excavation in 1927 at the Alishar mound we did not know what we could expect to find..... We had no idea how many superimposed cultures we might find. Nor did we know what kind of architectural remains to expect, since no traces of buildings showed on the surface of the mound except shallow depressions and low elevations. Nevertheless, it seemed improbable that we should find here monumental architectural remains such as those which characterized the sites of Akalan, Bogazköy, and Alaça Hüyük, as well as the North Syrian sites of Zincirli, Sakçagözü, and Carablus." Ferner S. 2: "The main objective of the first season was to find out as much as possible about the structure of the Alişar mound and to prepare the ground for establishing a relative chronology of pottery, the framework for archeological investigation. As it was not yet assured that several seasons could be spent on such investigation, it was necessary to get material from the largest possible area without destroying any possibly important evidence which at that time we would not have been able to identify. We sought to accomplish this aim by carefully excavating plots of irregular shapes, determined by the topography of the mound."

Die Literatur ist: ERICH F. SCHMIDT, Anatolia through the ages, Chicago 1931. — VON DER OSTEN UND SCHMIDT, The Alishar Hüyük Excavations, Chicago, 8 Bd. 1930—37. — H. v. D. OSTEN, Discoveries in Anatolia 1930—31, Chicago 1933. — Ders. The Alishar Hüyük, Bd. 1—3, Chicago 1937.

So hat Kleinasien in der Zeit seit 1900 eine Fülle neuer Tatsachen erbringen können. Die Kultur der Hethiter ist aus dem Dunkel in helles Licht getreten, frühe neolithische Kulturen bis um 7000 v. Chr. haben sich ergeben. Ein Zusammenhang vom Paläolithikum über Mesolithikum bis zum Neolithikum machte sich deutlich. Es offenbarte sich, daß der Fruchtbare Halbmond, Palästina, Syrien, Kleinasien, das Geburtsland des Ackerbaues ist, daß erst Osteuropa, dann Süd- und Nordeuropa kulturell beeinflußt worden sind von Vorderasien.

Diese Einflüsse untersuchte eine Abhandlung von HANS QUITTA, geb. 13. 3. 1925 in Berlin, betitelt: Zur Frage der ältesten Bandkeramik in Mitteleuropa, in: Prähistorische Zeitschr. Bd. 38, 1960 S. 1—38 u. S. 153—188 mit den Radiokarbon — Daten. Aus dieser Arbeit ergibt sich, daß das frühe Neolithikum, die Linearkeramik, in Ost- und Mitteleuropa älter ist, als man in der ersten Hälfte des Jahrhunderts angenommen hatte. Mehrere C 14-Daten ergaben Zeiten um 4000 und darüber (Quitta, ebd. S. 184). Damit treten die Zeitstellungen in Kleinasien und Osteuropa in engere Verbindung. Zu der gleichen Frage nahm der Verf. nochmals das Wort: Zur Herkunft des frühen Neolithikums in Mitteleuropa, Varia Archeaologica, Unverzagt-Festschrift, Berlin 1964.

Jedoch bleibt noch immer der Zusammenhang mit dem Paläolithikum nicht völlig geklärt. Dabei sind paläolithische Funde nicht nur in Palästina, sondern auch in Kleinasien bekannt. HANSJÜRGEN MÜLLER-BECK (geb. 13. 5. 1927) hat diese Funde zusammengestellt in einer Arbeit: Neufunde aus dem Paläolithikum Anatoliens, in: Prähistorische Zeitschr. Bd. 38, 1960 S. 111—118. Es sind über 50 Fundstellen paläolithischer Art vorhanden. Eine erste Zusammenfassung gab M. PFANNSTIEL

1940, Die altsteinzeitlichen Kulturen Anatoliens, in: Istanbuler Forschungen, Bd. 15, Istanbul 1941. Menschenfunde des Paläolithikums sind bisher nicht gehoben worden, abgesehen von zwei menschlichen Zähnen neandertaloider Art aus der Höhle Karain. Darüber berichtet M. Senyürek, in Belleten, Bd, 13, Ankara 1949 S. 835—836.

Bisher ist Levalloisien-Moustérien bekannt und auch Jungpaläolithikum. Der Mensch der Eiszeit hat also Kleinasien ebenso bewohnt wie Palästina, und ein ungestörter Übergang vom Paläolithikum zum Mesolithikum, in dieser Gegend Natoufien genannt, und weiter zum Neolithikum ist durchaus denkbar. So bleiben immer noch Probleme übrig, jedoch das, was die Forscher des 20. Jahrhundert bisher an Erkenntnissen gewonnen haben, hat das Wissen bedeutend erweitert.

KAPITEL XVI

Inner-Asien und Ostasien

Im Laufe des 20. Jahrhunderts ist es deutlicher und deutlicher geworden, wie stark die Verbindungen zwischen Ostasien und Europa durch Jahrtausende hindurch gewesen sind. Nicht nur die Hunnen Attilas, 451, oder die Scharen Tschingis Khans, die bis zur Krim gelangten im Jahre 1233, haben die Erinnerungen an die Mongolenstämme bewahrt, auch schon in den Jahrtausenden vor Chr. Geb. hat es diese gewaltigen Bewegungen über die Steppen gegeben. Das zeigen die Übereinstimmungen im Neolithikum und in der Bronzezeit. Es sind vor allem kriegerische Begegnungen. Daneben stehen die Begegnungen friedlicher Art, des Handels. Es ergeben sich zwei Wege, der nördliche über die Steppen, und der südliche über die Gebirge und ihre Pässe. Dieser südliche Weg, die Seidenstraße, begann am Mittelmeer, in Antiochia, führte über Palmyra nach Seleukia, durch das Elburs-Gebirge nach Merw und weiter in den Altai nach Kaschgar, Turfan, Tunhuang nach Langschou und Loyang in China. Eine Reise vom Mittelmeer nach China und zurück dauerte etwa sechs bis acht Jahre. Der Handel brachte Glas, Edelmetalle, gewirkte Stoffe nach China. China lieferte Seide, Seta genannt nach Sina für China, Gold und Pflanzen, die Magnolie u. a.

Marco Polo (1254—1324) reiste mit seinem Vater Nicolo und dessen Bruder Matteo im Jahre 1271 über Bagdad zum Persischen Meer, von Hormus durch Iran zum oberen Oxus und durch den Pamir nach China, damals Kathai genannt, bis nach Kambuluk der Hauptstadt, die später den Namen Peking erhielt. Der Bericht von Marco Polo hat lebendig eingewirkt auf das Zeitalter der Entdeckungen bis in neuere Zeiten, bis zu Sven Hedin und anderen.

Die Bewegungen über die Steppen in ihren archäologischen Erscheinungen habe ich dargestellt in den Kapiteln über die Steppenvölker, das Kuban-Gebiet, die sinosibirischen Bronzen, die Bronzen aus Perm, aus Luristan, auf den Seiten 460—499. Die Funde waren auf den Kunstmärkten Europas und Amerikas erschienen, und so wurde die Bewertung, Einordnung und Gliederung ein Problem für die Forschung in Europa und Amerika. Diese Funde sind den Weg der Steppen im Norden gegangen.

Es muß aber auch auf dem Südwege, der Seidenstraße, reiche archäologisch wichtige Gegenstände, Gebäude, Kulträume, Karawansereien gegeben haben, auch sie müssen diese seltsame Verbindung zur Schau tragen, ein Zusammen von Europäischem, von Altaiischem, von Sassanidischem, von Chinesischem.

So richtete sich der Blick der Forscher nach 1900 auf die Seidenstraße. Das Berliner Völkerkunde-Museum entsendete mit Hilfe vieler finanzieller Unterstützungen zwei Wissenschaftler, Grünwedel und Le Coq nach der chinesischen Provinz Sinkiang in den Jahren 1902—1914. Dort gibt es den berühmten Ort der Seidenstraße Turfan. Dieser Platz liegt 150 km südöstlich von der Hauptstadt der Provinz, Urumchi, und 1000 km westlich von Alma-Ata in Sowjetisch Kasachstan. Turfan war der Knotenpunkt für die Seidenstraße nach Europa einerseits und nach Indien andererseits. Heute hat die Stadt, die 15 m unter dem Meeresspiegel liegt, etwa 10 000 Einwohner.

ALBERT GRÜNWEDEL, Indologe, ist in München geboren am 31. 7. 1856, er ist gestorben in Lenggries am 28. 10. 1935. Er war Leiter der Abteilung Indien am Berliner Völkerkunde-Museum. Seine wichtigsten Werke sind: Bericht über archäol. Arbeiten in Idikutschari und Umgebung, 1903. — Ders. Altbuddhistische Kultstätten in Chinesisch-Turkestan, 1912. — Ders. Alt-Kutscha, 1920.

ALBERT VON LE COQ ist geboren in Berlin am 8. 9. 1860 und dort auch gestorben am 21. 4. 1930. Seit 1925 war er Direktor des Völkerkunde-Museums in Berlin. Seine wichtigsten Werke sind: Die buddhistische Spätantike in Mittelasien, 7 Bd. 1922—33, zusammen mit E. WALDSCHMIDT. — Ders. Bilderatlas zur Kunst- und Kulturgeschichte Mittelasiens, 1925. — Ders. Auf Hellas' Spuren in Ostturkestan, 1926. — Ders. Von Land und Leuten in Ostturkestan, 1928.

Die beiden Forscher fanden hervorragende Malereien in den Höhlen von Turfan. Die Bilder konnten von den Wänden abgenommen werden, sie wurden nach Berlin in das Museum für Völkerkunde gebracht und dort ausgestellt in weiten Sälen. Ihre Aussagekraft hat sie berühmt gemacht. Die lebendige Darstellung des 8. bis 9. Jahrhundert n. Chr. zeigt eine seltsame Vereinigung hellenistischer Formengestaltung mit buddhistischen Inhalten.

Recht deutlich stellte das Wesen dieser Kunst E. WALDSCHMIDT dar in seinem Werk: Gandhara, Kutscha, Turfan. Leipzig 1925. Die Bilder wurden im Kriege 1939—45 in Berlin zerstört, nur einige Gemälde konnten wieder hergestellt werden.

Andere wichtige Orte dieser buddhistischen Kunst des 8.—9. nachchristl. Jahrhundert sind Freskomalereien in Qysil bei Kutscha in Sinkiang, Chotcho, Tumschuk, Schortschuk, Chotan und Tun-huang.

Nach 600 n. Chr. sind buddhistische Themen nach sassanidischer Weise behandelt worden. Manchmal erkennt man auch die Einflüsse manichäischer Manuskripte und auch christlicher, nestorianischer Handschriften. Es erscheinen auf den Bildern Asketen, Heilige, Dämonen, Frauen, Reiter, Betende, Liebende. Wohl vermag man oft die verschiedenen Ursprungsorte der Darstellungen zu erkennen, und doch bildet alles in sich eine eigentümliche Einheit.

Viele Fundorte liegen im heutigen China, vor allem in der Provinz Sinkiang, andere aber auf dem anstoßenden Boden des heutigen sowjetischen russischen Staates.

Die Geschichte Mittelasiens ist eine gewaltvolle Geschichte. Vom 3. bis zum 8. nachchristlichen Jahrhundert kämpfen um dieses Land die Chinesen, die Sassaniden, die Hunnen, die Türken. Dabei ist das Gebiet keineswegs anziehend durch seine Fruchtbarkeit, es ist anziehend wegen der Seidenstraße, wegen der Bewegungen des Handels, wegen der Raubmöglichkeiten auf die Warenzüge. Es mußten Karawansereien begründet werden, Stadtanlagen für die Stapelhäuser, auch für die seßhaften Händler, Kultgebäude, Ställe für Pferde und Kamele. Es bildeten sich auf dem Wege der Seidenstraße Städte aus, genau so wie an den wichtigen Häfen des Mittelmeeres. Und diese Städte waren reich, waren angefüllt mit den wertvollsten Gegenständen aller Arten, mit Gold, Silber, Seide, Gobelins und Teppichen.

Das Gebiet umfaßt den Raum zwischen Tienschan und Hindukusch, zwischen Altai und der Wüste Gobi. Im 4. Jahrhundert n. Chr. beherrschten das Land die Sassaniden, etwa gegen 370 brachen die Hunnen ein, in den chinesischen Quellen bezeichnet als Hiung-nu. Diese Quellen berichten genau über die Kämpfe und auch wieder über die Heiraten der königlichen Familien mit den Hiung-nu. Eine gute Übersicht von der Seite Chinas bietet das Werk von J. J. M. DE GROOT, Chinesische Urkunden zur Geschichte Asiens, Bd. 1 u. 2, Berlin 1921 u. 1926, Verlag Walter de Gruyter.

Der Verf. de Groot beginnt seine eingehende Arbeit mit diesen Worten: „Bis zum dritten Jahrhundert nach Chr. nimmt in den chinesischen Urkunden über ausländische Völker und Reiche eines den Hauptplatz ein, dem durchweg der Name Hung-Nö beigelegt wird, wahrscheinlich eine Transkription von Hunor, Hungnoch, Hunoch. Dieses Volk war in der jetzigen Mongolei die überlegene Macht und dehnte schon im zweiten Jahrhundert v. Chr. seine Herrschaft weit nach Westen über das jetzige chinesische Turkistan, die Dsungarei und andere Teile des westlichen und nordwestlichen Asiens aus. Die Auffassung, daß dieses Volk das der mysteriösen Hunnen sei, die in der gewaltigen, das römische Reich stürzenden Völkerwanderung die Hauptrolle spielten, war bisher im Abendlande stets herrschend, und die chinesischen Quellen enthalten nichts, was die Anzweifelung ihrer Richtigkeit rechtfertigen könnte."

Um 370 drangen die Hunnen ein in das Land. Sie hatten schon vorher als Soldtruppen der Sassaniden gedient. Aber auch die Hunnen wurden wieder vertrieben und von 562 an regierten die Türken. Immer wieder gab es Kämpfe. Zerfallene und zerstörte Städte und Burgen sprechen von diesem ständig wiederkehrenden Zerstören und Wiederaufbauen.

Über das Gebiet der Seidenstraße gibt es mehrere, gut durchgearbeitete Werke: A. HERRMANN, Das Land der Seide und Tibet im Lichte der Antike, 1939. — H. YULE, Kathay and the way thither, 4 Bd. London, 2. Aufl. 1913—16. — SVEN HEDIN, Die Seidenstraße, 6. Aufl. 1940. — L. BOULNOIS, übersetzt aus d. Franz. Die Straßen der Seide. 1964.

Seit 1875 wird in diesen Gegenden von Laien gegraben, so von J. Weselowski. Er begann bei Samarkand, auf dem Siedlungshügel Alt-Samarkand, genannt Afrasiab. Nach moderneren Methoden grub seit 1920 V. L. Wjatkin. Im Anfange des 20. Jahrhundert wurde das Interesse an Ausgrabungen in wissenschaftlichen Kreisen lebendig. Eine Gesellschaft für Archäologie, schon 1894 begründet, wirkte zwischen 1900 und 1916. In Samarkand ist 1896 das Historische Museum eröffnet worden und in dieses Museum kamen die Funde von Afrasiab.

Die russische Revolution warf die Arbeiten zurück, politische Aufgaben traten vorerst in den Vordergrund. Es war im Jahre 1928, als M. P. Grjasnow (geb. 13. 3. 1902 in Berezov) in Kirgisien mit Grabungsarbeiten begann. Wichtig für dieses Gebiet wurde die wissenschaftliche Expedition, geleitet von ALEKSANDR JUREVIC JAKUBOWSKY geboren am 8. 3. 1886, gest. am 21. 3. 1953. Er war Mitglied der Historischen Abteilung der Akademie d. Wiss. in Leningrad, GAJMK. Er grub in Alt-Samarkand, Afrasiab, und veröffentlichte darüber ein Werk mit dem Titel: Iz istorii archeologičeskogo izučenija Samarkanda in: TOVÉ, Trudy Otdela Vostoka Gosudarstvennogo Ermitaža, Leningrad, Bd. 2, 1940.

In Alt-Samarkand, AFRASIAB, konnte ein Teil der Zitadelle ausgegraben werden und ein großes Stück der Mauer. Viele Kunstwerke, vor allem Reliefs, kamen zutage. Die ältesten Fundschichten stammen aus achämenidischer Zeit, die jüngsten aus dem 13. Jahrhundert n. Chr.

Nach 1945 wurden in den fünf mittelasiatischen Sowjetrepubliken Akademien der Wissenschaft begründet. Drei große Expeditionen wurden zu archäologischen Untersuchungen ausgesandt. Es sind diese:
1. die Choresm-Expedition mit dem Aufgabenbereich von der Ostküste des Aral-Sees bis zum Syr-Darja,
2. die Tadskikische Expediton mit dem Aufgabenbereich östlich von Samarkand,
3. die Südturkmenische Expedition mit dem Aufgabenbereich nördlich von Aschchabad.

Über die Expeditionen berichtet N. N. Woronuna, Archeologitscheskije skspezizii Gosudarstwennoi Akademii etc. Moskau 1962, russisch.

Die Grabungen in Altsamarkand, Afrasiab, konnten 1965 fortgesetzt werden unter der Leitung von W. A. Schischkin. Es ergab sich, daß der Zitadelle vier Befestigungen vorgelagert sind. In einem Palast der Stadt fand sich in einem 10 m langen Saale eine Lehmmauer mit Wandgemälden. Es ist eine Prozession dargestellt mit Kamelen, Reitern und Reiterinnen im sassanidischen Stil. Gut erhalten sind zwei weiße Strauße, abgebildet in dem Buche von L. J. ALBAUM und B. BRENTJES, Wächter des Goldes. Zur Geschichte und Kultur mittelasiatischer Völker vor dem Islam, Deutscher Verl. d. Wiss. Berlin Ost 1972, Taf. 152—158.

Bedeutungsvoll ist die Darstellung des Empfanges einer hunnischen Gesandtschaft durch den Herrscher von Samarkand. Eine 16zeilige Inschrift gibt die Ansprache des Herrschers der Hunnen wieder. Der Text beginnt:

Als der Botschafter des Herrschers der Hunnen ankam, öffnete er den Mund und sprach: „Ich, der Leiter der Kanzlei von Tschaganian, mit Namen Bur-Satak, Sohn des Bura, bin aus dem Tschaganianer Reich Turantasch nach Samarkand gekommen, mit großer Hochachtung für den Herrscher Samarkands. Und nun erscheine ich vor dem Herrscher, erfüllt von Ehrfurcht. Und Ihr braucht keinerlei Argwohn gegen mich zu haben. Ich bin wohl unterrichtet über die Samarkander

Götter und Schriften und bin von der Verehrung für Ihren mächtigen Herrscher erfüllt und verbleiben Sie in vollem Wohlergehen, wie auch der Hunnen-Herrscher". So sprach der Leiter der Tschaganianer Kanzlei.

Bei den Arbeiten fanden sich Skulpturen im hellenistischen Gandhara-Stil. Über sie berichtet J. M. Mysmaros, Istorija Samarkana, Bd. 1, Taschkent 1969, russisch. Auch Apollo-Statuen sind aufgefunden worden, andere Kunstwerke tragen sassanidischen Stil.

Es haben sich um Samarkand auch buddhistische Klöster aus der Zeit 769 n. Chr. gefunden, dazu ein Stupa. In dem Siedlungshügel von Adshina-Tepe, 17 km östlich von Kurgan-Tjube, wurde die gewaltige Skulptur von Buddha gefunden, 12 m hoch. Um 400—450 n. Chr. verlor der Buddhismus in Indien seine Kraft, und die Mönche wanderten aus nach Hinterindien und China. In Korea wurde der Buddhismus im Jahre 372 eingeführt, in Japan 552.

Ein anderer wichtiger Fundplatz ist Warachscha, 30 km entfernt von Buchara, in dem heutigen Staat der Sowjetunion Usbekien. Warachscha liegt jetzt in der Wüste, die Stadt ist im 12. Jh. endgültig aufgegeben worden. Vom 5. bis zum 10. Jh. war sie die Hauptstadt eines großen Gebietes. Die bewohnte Fläche ist 9 Hektar groß. Der Siedlungshügel hat noch die Höhe von 19 Metern. Bei der Ausgrabung 1937 und den folgenden Jahren konnte der Palast festgestellt werden. Drei Säle wiesen Wandmalereien auf. Besonders bemerkenswert sind die Gemälde im Roten Saal. Er mißt 12 m zu 7,85 Metern. Die Bilder stellen den Kampf eines Helden dar gegen wilde Tiere. Der Held reitet auf einem Elefanten, ihn greifen Tiger an, Leoparden, Löwen und Greifen. Der Thronsaal, ebenfalls mit Gemälden, ist 15 m zu 11 m groß. Leider sind die Bilder hier stark beschädigt, aber man erkennt Ritter in Panzern mit spitzen Helmen. Über die Funde berichtet W. A. Schischkin, Warachscha, Moskau 1963, russ.

Eine andere Ausgrabung ist Pjandshikent, am oberen Serawschan, zwischen Buchara und Samarkand in dem sowjetischen Staat Usbekien. Die Grabung hat 1946 begonnen, sie ist fortgeführt worden bis 1960. Die Stadt ist verlassen worden zwischen 770 und 780 n. Chr. Die Grabung ergab die Zitadelle, die Wohnstadt, eine Vorstadt und die Nekropole. Die Blütezeit des Ortes lag im 5. nachchristl. Jh. Die Befunde deuten auf einen großen Reichtum der Stadt. Die Häuser besaßen Vorhallen und Loggien. Die Tempel hatten ein Ausmaß von 45 mal 37 Metern. Wandmalereien zeigen Totenklagen, Kampfszenen, Tierfabeln, Heldenepen. Indische und iranische Elemente mischen sich in der Gestaltungsart der Malereien. Der Fundbericht ist von Jakubowsky, Drewnii Pjandshikjont, Moskau 1961, russisch.

Im Jahre 1967 fand der Forscher Nebschamos in Kalai-Kachkacha in dem Sowjet-Staat Turkmenien in einem großen Gebäude in dem Siedlungshügel die Malerei einer Wölfin, die nach dem römischen Mythos zwei Knaben, Romulus und Remus säugt. Die Wölfin wendet den Kopf zurück. So wirken die Enflüsse des späten Rom in Mythen und Sagen offenbar bis nach Mittelasien. Der Bericht darüber stammt von N. N. Nebschamos, Emblema Rima w shibopis Ustruschanyi, in: IOONANT,

Izvestija Otzelenii obtschetwennig nauk an Tadshikskoi SSR, 2, 52, Duschanbe 1968, S. 21—32, russisch.

Weil die Seidenstraße für dieses Gebiet, für Mittelasien, von tragender Bedeutung ist, mögen die Ausgrabungen, die sie betreffen, am Anfang vorgelegt sein.

Aber auch das Paläolithikum ist aufgefunden worden. Ein Acheuléen kam bei dem Bau der Bahnlinie Krasnowodsk bis Aschchabad zutage zwischen den Stationen Jangadsha und Kara-Tengir.

Im Jahre 1953 wurden in Tienschan hoch in den Bergen, zwischen 2400 und 2500 m über dem Meeresspiegel bei On-Artscha Werkzeuge entdeckt, die dem Moustérien ähneln, dem mittleren Paläolithikum.

Andere Moustérien-Geräte wurden 1938—1939 in Usbekistan in der Höhle Teschik-Tasch gefunden durch A. P. Okladnikow (geb. 1908), ein bedeutender russischer Prähistoriker, über ihn wird auf S. 762 berichtet. Das Skelett eines Neandertal-Kindes konnte geborgen werden. Der Bericht ist: A. P. OKLADNIKOW, Tešik-Taš, paleolitičeskij čelovek, Moskva 1949, russisch.

Die Höhle liegt südwestlich der Stadt Duschanbe im Tale des Flusses Turgan-Darja. Er ist ein Nebenfluß des größeren Flusses Amu-Darja. Diese Höhle hat vor etwa 40.000 Jahren dem Urmenschen als Lagerplatz gedient. Fünf Schichten ergeben, daß sie wiederholt besucht worden ist. Die Knochenreste zeigen Wildziege, Pferd, Hirsch, Bär, Leopard, Hyäne. Eine richtige Bestattung eines Knaben von 8—9 Jahren zeigte, daß das nur zum Teil erhaltene Skelett von Ziegenhörnern umgeben war.

Ein ausgebildetes Moustérien ergaben auch Funde aus der Höhle Kairak-Kum bei Leninabad, im Staate Tadshikistan der Sowjet-Union. Die Geräte ähneln den palästinensischen Formen von Skhul und Tabun.

Funde des Mesolithikums im Pamir lassen sich datieren durch Radiokarbon-Daten, sie ergaben 9530 ± 130 v. Chr. Viele Funde dieser Zeit stammen aus dem Süden von Tadshikistan. Malereien des Mesolithikums sind bekannt aus der Grotte von Schachty im Osten von Pamir. Sie zeigen fest umrissene Rinder mit Pfeilen, die auf sie zufliegen. Andere Malereien sind gefunden worden in Alatau in Kasachstan. Sie stellen Hirsche und Ziegen dar, aber auch Jadgszenen. Durch die Waffen datieren sich diese Bilder in das 2. und 1. Jt. v. Chr.

Das Neolithikum Inner-Asiens ist zuerst erfaßt worden durch eine amerikanische Expedition im Auftrage der Universität Philadelphia und der Carnegie Institution von Washington in den Jahren 1904—1905, in Anau in Turkestan. Die Leitung lag in den Händen von R. Pumpelly und Hubert Schmidt. Die ausgegrabenen Kurgane liegen unweit von Aschchabad in dem heutigen russischen Turkmenien, rund 300 km von der Ostseite des Kaspischen Meeres entfernt. Es konnten vier Schichten festgestellt werden. Die unterste ist rein neolithisch mit mehrfarbigen bemalten Tongefäßen. Die Motive sind Dreiecke und Zickzacklinien. Es gibt Spinnwirtel, Handmühlen, Pfeilspitzen, Feuerstein, Weizenkörner. Die zweite, darüberliegende Stufe, bringt schon Kupfer, Nadeln, Ringe, Dolche. Die Keramik ist einfarbig. Die dritte Stufe bedeutet die vollentwickelte Kupferkultur. Für die Keramik gibt es die Drehscheibe. Die Gefäße sind bemalt in figuralen Formen. In dieser Schicht erscheinen viele abstrakte Statuetten von Frauen und auch von Tieren. Die vierte, die oberste Schicht ist skythisch. Die Literatur ist: R. Pumpelly, Hubert Schmidt u. a. Explorations in Turkestan. Prehistoric civilisations of Anau, Bd. I, II. Carnegie Institution of Washington, Bd. 73, 1908.

Bis um 1935 war diese Grabung die einzige für das neolithische Turkestan. Seit dieser Zeit ist eine bedeutendere Grabung an die Stelle von Anau getreten, Namasga Tepe, ein Siedlungsberg von 34 m Höhe. Namasga I und II gehören dem 4. Jt. v. Chr. an. Die erste Stufe brachte rote Bemalung der Gefäße in geometrischen Mustern. Die zweite Stufe ergab rote und schwarze Bemalung. Die dritte Stufe, dem frühen 3. Jt. zugehörend, schuf vielfarbig bemalte Gefäße mit Tieren und Vögeln. Diese Gefäße besitzen Verwandtschaft zu Halaf-Gefäßen und zu denen aus Tepe Gawra. Vermutlich ist die Datierung zu spät. Der Ausgräber ist Lumbsunskiy, sein Bericht ist: Namasga Tepe, Bd. 1, Moskau 1952, russisch.

Die älteste neolithische Schicht in Turkmenien wird bezeichnet als Dsheitun-Kultur. Der namengebende Fundplatz ist Dsheitun, 30 km nordwestlich von Aschchabad mit der Radiokarbon-Datierung von 5036 ± 110 v. Chr. Die Keramik dieses Fundplatzes ist handgearbeitete monochrome Tonware. Erst eine obere Schicht bringt Bemalung in geometrischen Mustern, vor allem im Zickzack-Symbol, dem Zeichen für Wasser. Es berichtet darüber W. M. Masson, Srednjaja Asija i drewnii wostok, Moskau-Leningrad 1964, russisch, und Ders. 1966, russisch.

Es hat eine feuchte Klimaperiode in diesen Gebreiten gegeben vom 6. bis ins 2. Jt. v. Chr. Man erkennt das an den Tälern der Flüsse, vor allem an Tedshen und Murgab. Sie waren weiter und größer als heute. An ihren Ufern standen Wälder mit Tamarisken, mit Ahorn, Birken, Pappeln und Weiden.

Im Übergang vom Neolithikum zu der frühen Bronzezeit, dem Chalkolithikum, im 6. bis 4. Jt., gab es kleine Dörfer mit zuerst kreisförmigen, später rechteckigen Häusern und Umwallungen. Im 4. und im 3. Jt. gibt es Häuser mit vielen Räumen mit gegliederten Wohnvierteln, mit gepflasterten Straßen, mit Kultgebäuden und mit Getreidespeichern. Allmählich treten im 4. und 3. Jt. Städte an die Stelle der Dörfer, oft ist der Unterschied schwer zu bestimmen. Es gibt für die Äcker Anlagen der Bewässerung, Kanäle bis 15 km Länge, auch Staubecken für 3500 Kubikmeter Wasser wie etwa bei Mullali-Tepe.

Ein Halbedelstein, der Lapislazuli, ist ein viel geschätzter Stein in ganz Vorderasien und Ägypten im ausgehenden 4. Jt. v. Chr. Er kommt nur am Baikal-See, und an den Quellen des Amu-Darjas vor. Er gilt als beschützender Stein, als Feinde und Böses abwehrendes Juwel. In dieser Zeit wird er gehandelt nach Mittelasien, nach Mesopotamien, Persien und nach Ägypten. Es muß also ständig Handelsbeziehungen schon damals gegeben haben. Das gleiche ergibt die Keramik, sowohl in bezug auf die Form wie auf den Dekor. Weiter sind die weiblichen Statuetten, die Schutzmütter des Hauses, in all diesen Ländern fast gleich. Vor allem aber sind es die dreieckigen und viereckigen Siegel, die völlig übereinstimmend sind in Belutschistan, in Turkmenien, in Mohenjo Daro in Indien und in Mesopotamien.

Für die engen Kontakte zwischen Turkmenien und Mesopotamien spricht auch der Stufentempel, entdeckt in Altyn-Tepe in Südturkmenien, in einer Form, wie sie nur bekannt ist aus Mesopotamien. Der Tempel ist mehrfach erweitert worden, zuletzt war er ein Bau von 26 m Breite und 12 m Höhe.

Am Ende des 3. und im Beginn des 2. Jt. v. Chr. sind entlang den Bergen Inner-Asiens Bergwerke nachweisbar. In ihnen wird nach Kupfer gegraben. Um diese Zeit erscheint auch Bronze, die Mischung von Kupfer und Zinn. In der Landwirtschaft gibt es Hirse, Roggen, Gerste, Wein. In der Tierhaltung wird das Kamel gezähmt, es kommt sicherlich aus den Steppen des Nordens.

Um 1200 v. Chr. erfolgt die große Erschütterung. Die Hethiter verwüsten Kleinasien, die Indus-Kultur in Indien geht zugrunde. In Turkmenien und im Ostiran brechen große Stadtkulturen jählings ab. Die Eroberung von Troja fällt in diese Zeit. Mit den Mitanni dringen indoeuropäische Stämme ein in Nordirak.

Dem letzten Jt. v. Chr. gehört ein berühmter Fund an, der Oxus-Schatz. Oxus ist der antike Name für den Fluß, der heute Amu-Darja heißt, er bildet die Grenze zwischen Turkmenien und Usbekistan, er kommt aus den Bergen des Hindukusch, er fließt in den Aral-See. Der Schatz ist 1877 gefunden worden, es ist aber nicht bekannt, an welcher Stelle des Flusses, bei welchem Ort, auch nicht wer der Finder war. Auf Handelswegen kam er in das British Museum in London, dort befindet er sich noch jetzt. Der Schatz umfaßt 175 Stücke, die meisten aus Gold, manche aus Silber. Fast alle Stücke sind Schmuck, Geschirr, Kleinplastiken, dazu 1500 Münzen. Sie umfassen den Zeitraum vom 5. bis zum 2. Jh. v. Chr. Unter ihnen befinden sich 200 Münzen von Alexander d. Gr., andere von Seleukos Nikator, von Antiochus I. bis III.

Wichtig ist eine Akinakes-Scheide vom iranisch-skythischen Typus, 27,6 cm lang mit den Darstellungen von Reitern auf der Löwenjagd, ähnlich den Scheiden von Kelermes und Melgunov. Durch die Mischung assyrischer, altgriechischer und skythischer Elemente datiert sich das Stück in das 6. Jh. v. Chr.

Ein anderer Fund ist eine goldene Kanne mit horizontal gerieftem Bauch, ähnlich einer Kanne im Sieben-Brüder-Kurgan am Kubanfluß in Südrußland.

Ein weiteres Stück ist eine rechteckige Goldplatte mit der Darstellung eines Mannes in skythischer Kleidung. Am Gürtel trägt er einen Akinakes, in den Händen ein Bündel Ruten.

Ein goldener Armring, Dm 12,3 cm, ist viel beachtet worden. Er trägt farbige Steine als Einlagen, er ist offen und endet in zwei Fabeltieren.

Über diesen bedeutenden Schatz gibt es eine reiche Literatur. Da er über Indien nach Europa gekommen ist, wird er zuerst in einer indischen wissenschaftlichen Zeitschrift behandelt von CUNNINGHAM in: Journal of the Asiatic Society of Bengal, Calcutta, Bd. 50, 1881 S. 151f. und Bd. 52, 1883, S. 64f. — N. P. KONDAKOFF, Antiquités de la Russie méridionale Bd. 1—6, 1889—1899. — MINNS, Scythians and Greeks, 1913, S. 254f. — O. M. DALTON, The treasure of the Oxus, London, 4. Aufl. 1964.

In neuerer Zeit sind viele Kurgane im Pamir-Gebiet ausgegraben worden, vor allem in den Bezirken Koktschetawks und Karkaralinsk. Die Beigaben sind sino-sibirische Dolche und Tierfiguren, genau wie an der Grenze von China (vgl. S. 472). Über sie berichtet M. P. GRJASNOW, Sewernyi Kasachstan usw. in: Kratkie Soobšcenija o dokladach i polevych issledovanijach Institute archeologii Nr. 61, Moskau 1956, S. 8—16, russisch.

Die Zeit von 330 v. Chr. bis zum Ende des 2. Jh. v. Chr. in Mittelasien erlebt die Kämpfe der Diadochen und auch die Aufstandsbewegungen der eingeborenen Völkerstämme. Alexander d. Gr. war vorgestoßen bis an den Fluß Syr-Darja, weit westlich des Aral-Sees. Danach besetzten die Parther das Gebiet, die baktrischen Könige hielten es lange in ihrer Hand. Die Königstadt der Parther ist Nisa, über sie wurde auf S. 702 berichtet. Auch von Merw, der anderen Stadt der Parther war die Rede, S. 703.

In den Jahren 1951—1957 wurde Koi-Krylgan-Kala ausgegraben. Die Stadt lag am Ostufer des Flusses Amu-Darja in Usbekien. Die chinesischen Quellen nennen die Stadt Kang-Gü, in der Überlieferung der Perser heißt sie das heilige Kangha. Es hat sich eine völlig rund angelegte Stadt ergeben (Abb. bei L. J. ALBAUM u. B. BRENTJES, Wächter des Goldes, Berlin Ost 1972 Taf. 69). Im 4. Jh. v. Chr. war die Stadt begründet worden, im 1. Jh. v. Chr. erfuhr sie ihre Glanzzeit, um 400 n. Chr. erlebte sie ihr Ende. Das Seltsame dieser Stadtanlage ist, daß sich in der Mitte der runden Stadt ein rundes Gebäude findet von 42 m Durchmesser in zwei Etagen von 8 m Höhe. Es ist die Grabstätte der Choresmier, eines nordiranischen Stammes. Auf den Längsgang zugeordnet, enthielt das Gebäude zwölf Totenkammern der Könige. In ihnen standen ihre Skulpturen. Die Skelettreste wurden hier aufbewahrt. Die Religion des Zoroaster, Zarathustra, verbietet die Bestattung, denn die Erde würde verunreinigt. Die Toten werden den Geiern überlassen, die Skelettreste werden beigesetzt in Totenkammern, Ossuarien. Der Ausgräber ist SERGEJ PAVLOVITSCH TOLSTOV, geb, 1907, Mitglied d. sowjet. Akad. d. Wiss. Seine Veröffentlichung ist: Wanbere, Koi-Krylgan-Kala, Moskau 1967, russisch.

In der Zeit zwischen dem 1. Jh. v. Chr. und dem Ende des 4. Jh. drangen die Hunnen, die Hiung-no oder Hiung-nu, ein in das Land. Der stärkste Einbruch geschah um 209—174 v. Chr. Der Khan Maodun dehnte die Macht der Hunnen aus bis zum gelben Meer in China einerseits und bis zum Altai andererseits. Auch die Yüe-tschi der chinesischen Quellen, offenbar die Skythen, mußten den Hunnen weichen. Bei Ausgrabungsarbeiten neuerer Zeit im Tal von Bischkent in Tadshikistan sind 348 Kurgane gefunden worden, genannt Kurgane von Tulchar. Den Münzen nach gehören diese Kurgane in das 2. und 1. Jh. v. Chr. Das Wichtige für den europäischen Forscher ist die Tatsache, daß Einlagearbeiten erscheinen, die völlig denen der Germanen der Völkerwanderungszeit entsprechen. So Ohrgehänge, eine Schnalle mit Rundscheibe, wie sie immer wieder vorkommt in den germanischen

Gräbern. Über Hunnen, Sarmaten und Goten hat sich dieser Stil der Einlagetechnik ausgebreitet zu den Germanen.

Über die Ausgrabung der Kurgane berichtet A. M. MANDELSTAM, (geb. am 11. 8. 1920), Kounewniki na puti w Inio, in: Materiali i issledovanija po archeologii SSSR Nr. 136, Moskau-Leningrad 1966, russisch.

Ein bedeutungsvoller Fund der hunnischen Kultur ist das Grab einer Schamanin von Kargaly in Tienschan, denn es ergab ein Diadem aus Gold in durchbrochener Arbeit. Es erinnert an chinesische Diademe der Han-Zeit (206—220 n. Chr.).

Felsbilder

Die Funde und Ausgrabungen in Sibirien gewannen an Gewicht und an Bedeutung durch die Felsbildforschung in diesen Gebieten Asiens. Sie ist besonders zu danken einem unermüdlichen Forscher von großen Verdiensten, ALEKSEJ PAVLOVIČ OKLADNIKOV, geb. 1908. Ich darf bemerken, daß uns eine gute Freundschaft verbindet. Wir trafen uns 1969 in Salzburg und Linz und wir haben über die vorgeschichtlichen Fragen und Probleme zusammen eingehend sprechen können. Auch tauschten wir unsere Bücher aus und Okladnikov hat mir für meine Zeitschrift IPEK zwei wichtige Aufsätze übergeben. Der erste erschien in Band 22, 1966—1969, S. 18—29 mit dem Titel: Die Felsbilder am Angara-Fluß bei Irkutsk, Sibirien, und im nächsten Band, 23, 1970—1973 ist der Artikel: Die Felsbilder am Amur und am Ussuri, erschienen.

Okladnikov ist Mitglied der russischen Akademie der Wissenschaften in Moskau und der Beauftragte für die Erforschung der prähistorischen Kulturen im östlichen Sibirien. Seine wissenschaftlichen Erfolge sind bedeutend.

Die Felsbilder dieses sibirischen Gebietes beginnen mit dem späten Paläolithikum, sie umfassen das Neolithikum, die Bronze- und die Eisenzeit. Durch ihre unmittelbare Aussage als Bild und Gestalt sprechen sie deutlich von dem Leben der Völker um Minussinsk und Krasnojarsk, an der Angara, an der Lena.

Die wichtigsten Bücher von Okladnikov sind: Petroglifi Angari, Moskau 1966. Die Felsbilder der Angara. — Petroglifi Zabajkalja, I—II, Leningrad 1969 bis 1970. Die Felsbilder Transbaikaliens. — Olenj zolotyje roga, Moskau 1964. Der Hirsch mit dem goldenen Geweih, deutsch: Wiesbaden, Verlag Brockhaus, 1972.— Nidschnego Amura, Leningrad 1971. — Zentralnoasiatski otschag ierwobitnogo isskusstwa, Novosibirsk 1972. — Ders. u. Martinow, Sokrowitscha tomskich pissaniz, Moskau 1972. — Ders. Der Mensch kam aus Sibirien, 1974.

So ist Mittelasien reich an Fundergebnissen von der Eiszeit über das Neolithikum bis zu dem ersten nachchristlichen Jahrtausend. Zusammenfassende Werke sind: GHIRSHMAN, Iran, Parther u. Sassaniden, München 1962. — A. BELENICKI, Zentralasien, deutsch v. G. Doerfer, München, Genf, Paris 1968. — R. GROUSSET, L'empire des steppes, Paris 1960. — K. JETTMAR, Mittelasien und Sibirien in vortürkischer Zeit, in: Handbuch d. Orientalistik, Bd. 1,5,5. Leiden 1966, S. 1—104. — A. P. und A. OKLADNIKOW, Lebende Vergangenheit, Berlin 1954. — L. J. ALBAUM u. B. BRENDJES, Wächter des Goldes, Berlin Ost 1972.

Indien

Indien hat früher als andere Gebiete Asiens das Geheimnis seiner Vergangenheit offenbart. Die englische Verwaltung hat gesorgt für die Wissenschaft und die Kultur des Landes. Es wurden Universitäten begründet. In Bombay, Calcutta, Madras wurden Museen geschaffen, in ihnen wurde das Kulturgut des Landes gesammelt. Ich darf bemerken, daß ich die Gelegenheit hatte, in den drei Museen arbeiten zu können.

Der Schwerpunkt der Vorgeschichtsforschung in Indien ist die Entdeckung der Induskultur zuerst von Mohenjo-daro in Sind im Jahre 1922, dann von Harappa im Pandschab, folgend bis zur Gegenwart mit rund 100 Fundstellen.

Die paläolithischen Sammlungen in Bombay sind recht groß, über sie wurde berichtet auf S. 261. Das 20. Jh. hat viel Neues dazu gewinnen können. Es lassen sich unterscheiden: Geröll-Geräte auch Choppers genannt, Abschlag-Kulturen, Faustkeil-Kulturen.

Wohl hatte schon R. Bruce Foote vom Geological Survey of India im Jahre 1863 in einer Kiesgrube in Pallavaram bei Madras altsteinzeitliche Geräte gefunden, aber dann hat sich niemand ernsthaft mit dem Problem beschäftigt. Als ich 1933 das paläolithische Material in den Museen von Bombay und Madras bearbeitete, gab es nur die alten Funde von Bruce Foote.

Von 1936—1937 startete die Expedition des Carnegie-Institutes of Washington unter der Leitung von Helmut de Terra, einem deutsch-amerikanischen Forscher und T. T. Paterson nach Nordindien, Kaschmir und zum Pandschab. Es ergaben sich bearbeitete Geröllsteine. Die Funde wurden gehoben in den Tälern südlich des Himalaya, vor allem in den Schichten des Soan (Sohan) -Flusses. Er ist ein Nebenfluß des Indus. Der nächste Ort ist Rawalpindi. Es fanden sich mit den Geräten Knochen des elephas nomadicus. Damit wird es wahrscheinlich, daß die Funde in die zweite Eiszeit gehören, etwa 480.000—430.000. In Indien gab es damals eine Regenzeit mit sehr starken Niederschlägen. Die Werkzeuge sind Kernstücke mit Abschlagstellen. Nach dem Fluß Soan wird diese Industrie bezeichnet als Vor-Soan. Darauf folgt in den Schichten nach oben das Früh-Soan, im ganzen ähnlich dem Vor-Soan, Hau- und Schabwerkzeuge. Die dritte, die obere Schicht bringt Faustkeile, die zu der zweiten Warmzeit gehören, 430.000—230.000.

Helmut de Terra hatte mich damals in Washington aufgefordert, an der Expedition teilzunehmen, der Plan lag jedoch nicht in meinen Zielen. Nach der Expedition hat mir aber de Terra über alle Einzelheiten Mitteilung gemacht.

DE TERRA und PATERSON berichteten über die Expedition in dem Buche: Studies on the Ice Age in India and Associated Human Cultures, Carnegie Inst. of Washington, 1939.

In den Jahren 1951—1955 wurden wieder in den Himalaya-Ausläufern des Pandschab neue Funde des Soan gehoben. Die Fundstelle liegt 48 km westlich von Simla. Eine andere findet sich bei Daulatpur, 40 km nördlich von Jullundur Dschalandar. In denselben Jahren hat B. B. Lal im oberen Tal des Flusses Beas, im Kangra-Distrikt, 368 km nordwestlich von Delhi, Werkzeuge des Paläolithikums gefunden. Er konnte an vier Stellen graben, sie tragen die Namen Guler, Dehra, Dhaliara und Kangra. Der Bericht ist: B. B. LAL, Paleoliths from the Beas and Banganga Valleys, Punjab, Zeitschr. Ancient India, Nr. 12, 1956, S. 58f.

Die drei oberen Terrassen der Flüsse ergaben paläolithische Funde. Terrasse 1 brachte einseitig bearbeitete Geröllsteine, Choppers, und andere Steine mit Abschlägen im Stile des Clactonien, 2. Eiszeit, 480.000—430.000. Terrasse 2, darüber gelagert, enthielt späte Geröllsteine, daneben auch Clactonien-Abschläge. Es handelt sich offensichtlich um die 2. Warmzeit, 430.000—230.000. Die 3. Terrasse führte neben Clactonien-Abschlägen einige Faustkeile des Acheuléen, offenbar der 3. Eiszeit, Riß-Zeit, zugehörig, demnach rund 240.000 bis 180.000. Es fehlt das Material der 4. Eiszeit, der Würmzeit, das Aurignacien bis Magdalénien.

In Zentralindien ist die Lage nicht anders als im nördlichen Indien. Ein wichtiger Fundplatz ist das Narbadā-Tal. Der Fluß Narbadā kommt aus Mittelindien, aus der Gegend von Jabalpur, er fließt in den Golf von Cambay, 250 km nördlich von Bombay. Es fand sich das Geröllstein-Material im Stile des Vor-Soan, aber auch Faustkeile im Stile des Acheuléen. Die Ausgräber waren H. de Terra und Paterson, ebd. 1939.

Im Jahre 1945 hat der indische Archäologe H. D. Sankalia Ausgrabungen auf paläolithische Werkzeuge durchgeführt im Tale des Flusses Sabarmati, etwa 100 km nördlich von Cambay, an der Westseite von Indien. Auch er hat Geröllsteine gefunden mit einfachen Beschlagstellen und auch Acheuléen-Faustkeile. Der Bericht ist: H. D. SANKALIA, Investigations into the Prehistoric Archaeology of Gujarat, Baroda 1946.

Ebenso gelagert sind die Fundergebnisse im Gebiet von Mirzapur, innerhalb der Kaimur-Region, südlich von Benares. Dort haben im Jahre 1950 zwei indische Gelehrte gegraben und eine große Anzahl von Faustkeilen entdeckt im Stile des Abbevillien, früher Chelléen genannt, dazu die einfachen Geröllabschläge. Den Bericht gaben: V. D. KRISHNASWAMI und K. V. SOUNDRA RAJAN, The lithic tool-industries of Singrauli Basin, District Mirzapur, in: Ancient India, Nr. 7, 1951 S. 40—59.

In Südindien ist die Lage im Paläolithikum nicht anders. Die in Europa so bedeutenden Schichten vom Aurignacien bis zum Magdalénien, das Jungpaläolithikum, erscheinen nicht. Dagegen immer die Geröll-Industrie und die Faustkeile.

Nördlich Madras liegt ein Fundort im Nallamalais-Gebiet, er ist 1930 ausgegraben worden von L. A. Cammiade. Den Bericht verfaßten CAMMIADE und M. C.

Burkitt in einem Aufsatz: Fresh Light on the Stone Ages in Southeast India in: Antiquity Bd. IV, 1930 S. 327f. — Der eingehende Bericht ist: M. Seshadri, The stone-using Cultures of prehistoric and protohistoric Mysore. Mysore 1956. Wieder fanden sich Geröll-Abschläge, Spalter und Faustkeile.

Der gleiche Fall liegt vor bei einigen anderen Fundstellen nördlich von Madras, wie Plätze im Nellore-District, im Kortalayar-Tal, und südlich von Madras im unteren Kavery-Tal.

Das große Problem in Indien für die Zeit des Paläolithikums ist das Fehlen der jüngeren Altsteinzeit, der Würmzeit. Zwar sind in den letzten Jahrzehnten Schichten mit einer Klingenindustrie aufgefunden worden, jedoch sind die Werkzeuge im Stil so andersartig gegenüber dem von Europa, daß immer wieder Zweifel laut geworden sind. So sagt ein so guter Kenner wie Mortimer Wheeler in seinem Buch: Early India and Pakistan, London 1959, Verl Thames & Hudson, deutsch: Alt-Indien und Pakistan, Köln, Verl. Du Mont-Schauberg, 1960 S. 54: „Die gegenwärtige, etwas unsichere Forschungssituation kann unter zwei Aspekten gesehen werden. Zum ersten muß man fragen, welche Beweise es in Indien für eine deutlich bestimmte jüngere Altsteinzeit gibt, die der Phase in Europa und Afrika entspräche. Ferner: gibt es in Indien ähnlich wie in anderen Regionen eine erkennbare mittlere Steinzeit zwischen der Alt- und Jungsteinzeit und können wir im indischen Raum überhaupt von einer Jungsteinzeit reden? Unter anderem wirft die Frage das Problem der mikrolithischen oder Kleinstein-Industrien auf, die in verschiedenen Teilen des Subkontinents überreich gefunden wurden und sich bis jetzt jeder Einordnung widersetzen."

Das ist die Haltung eines guten Kenners der Vorgeschichte Indiens.

Genau so spricht sich Panchanan Mitra aus, ein indischer Gelehrter, Prof. a. d. Universität von Calcutta. In Calcutta hatte ich die Gelegenheit, mit Mitra diese Fragen zu besprechen. Es fehlt in Indien tatsächlich bis heute ein sicher gelagertes Jungpaläolithikum, ebenso das gesicherte Mesolithikum. Dabei kann man in den Flußtälern leicht Mikrolithen auflesen, wie ich es mehrfach getan habe und wie es jeder aufmerksame Besucher zu tun vermag.

So sagt Mortimer Wheeler in dem genannten Buch, S. 60: „An vielen Stellen in Indien kann selbst der Zufallssammler schnell seine Taschen mit den kleinen Abschlägen und Werkzeugen füllen, so vor allem an den Ufern des Narbadā... Viele Stücke sind zweifellos Überreste von zusammengesetzten Geräten, die zum anderen Teil aus Knochen oder Holz bestanden, etwa Pfeilschäften mit Widerhaken aus kleinen, scharfen halbmondförmigen Abschlägen... Die Datierung der indischen Industrien ist im Augenblick noch sehr unsicher. Vorläufig kann man eine Grenzlinie ziehen zwischen den früheren mikrolithischen Industrien, die noch keine Keramik besaßen, und jenen späteren, die bereits Töpferei kannten. Indessen sind diese Daten für das Auftreten der Keramik nicht nur schwankend, sondern auch zufällig... Einige Keramikfunde in Indien, die zusammen mit Mikrolithen auftauchten, sind der Bronze- oder sogar der Eisenzeit zuzuschreiben, d. h. der Mitte des 1. Jahrtausends v. Chr."

Ebenso sagt Panchanan Mitra in seinem Buch: Prehistoric India, Verl. University of Calcutta, Calcutta 1927, 2. Aufl. S. 174: "It is rather a misfortune for

Indian science that caves with art have yielded no fossil-remains and the only cave with fossil-finds has yielded dubious types of Paleolithic industry."

Dann spricht Mitra von drei neolithischen Kulturen (S. 231) in Indien, er spricht von 77 neolithischen Fundstätten (S. 232), alle jedoch ohne Tongefässe.

Eine zeitlang glaubte man, eine rein neolithische Station mit Mikrolithen gefunden zu haben. Im Gujarat-Gebiet in dem Ausgrabungsort Langhnaj erschloß der Ausgräber H. D. SANKALIA in den oberen Kieslagen des Flusses Pravara in den unteren Schichten Acheuléen-Faustkeile, darüber Klingengeräte. Er berichtet darüber in der Zeitschr.: Ancient India, Nr. 12, 1956 S. 35f. betitelt: Animal fossils and Palaeolithic Industries from the Pravara Basin at Nevasa.

Ein anderer Fall ist eine Fundstätte, 35 km nördlich von Bombay, mit dem Ortsnamen Khandivli, ausgegraben 1949—50. Der Erforscher ist K. R. U. TODD. Er berichtet darüber in Ancient India, Bd. 6, 1950 S. 4—16, The Microlithic Industries of Bombay. Ferner: D. H. GORDON, The Stone Industries of the Holocene in India and Pakistan, in: Ancient India, Nr. 6, 1950 S. 64—90. Diese Grabung hat besonders Aufsehen erregt. Es ist ein Felsboden, auf dem die untere Schicht gelagert ist. Sie ist 7,50 — 12,50 m stark, sie besteht aus bläulich-braunem Ton. Es ergaben sich Werkzeuge des Vor-Soan, grobe Werkzeuge mit einfachem Abschlag. Im oberen Teil dieser Schicht erscheinen Faustkeile. Über dieser Schicht lagert eine Strate Kies, 30—180 cm stark, wieder mit Geröll-Werkzeugen und Geräten im Stile des Acheuléen und des Clactonien. Über dieser Schicht findet sich Ton mit einer Klingen-Industrie mit Kratzern und Sticheln, aber auch mit Faustkeilen. Am oberen Rand lagen Mikrolithen.

Jedoch bei weiteren Grabungen in den Jahren 1952 und 1954, ergab sich, daß zwischen den Mikrolithen Tonscherben lagen, anscheinend aus der Bronzezeit. Es scheint keine Keramik zu sein, sondern gebrannte Korbverschalung.

So sagt Mortimer Wheeler zu dem Ergebnis, ebd. 66: „In dieser Unsicherheit befinden wir uns oft, wenn Scherben zusammen mit Mikrolithen ausgegraben werden. Der einzige Wert des Beieinander liegt in dem Hinweis, daß den in Frage kommenden Industrien kein hohes Alter zukommt. Die meisten stammen aus einer Epoche, die noch vor dem 1. Jahrtausend v. Chr. liegt."

F. E. ZEUNER hat sich mit diesen Problemen beschäftigt und ebenfalls die Schwierigkeiten der Datierung der Schichten in Indien betont. In einer Arbeit mit dem Titel: The Microlithic Industrie of Langhnaj, Gujarat, in: Man 1952, S. 182, betont er, daß die Datierung zu ungewiß sei, weil immer wieder durch Wegwehungen Geräte der einen Schicht in die andere gekommen seien. Es ergibt sich nirgendwo eine genügende stratigraphische Sicherung.

Nun darf ich sagen, daß ich mit Zeuner sehr befreundet war. Wir haben zusammen Fahrten zu Fundstellen in Frankreich gemacht und ich habe ihn in London öfters besucht.

FREDERICK EVERHARD ZEUNER ist in Berlin geboren am 8. März 1905. Er wanderte nach England aus und wurde dort Professor für Vorgeschichte und Geologie an der Universität London, schließlich Nachfolger von Gordon Childe. Am 6. Oktober 1963 ist er in London verstorben. Sein großes Werk ist: Dating the past, 1. Aufl. 1946, 3. Aufl. 1952, ein anderes Werk erschien in London 1963: A history of domesticated animals, deutsch: Die Geschichte der Haustiere, B. L. V. Verlag, München o. J. (1966). Zeuner hatte auch Indien besucht und dort an Grabungen teilgenommen.

Als ich ihn einmal über die Vorgeschichte Indiens fragte, wie die Mikrolithen und das Neolithikum einzuordnen seien, da sagte er mir, es gibt keinen Erdteil, bei dem der Übergang vom Altpaläolithikum bis zur Bronzezeit so schwer zu verstehen ist, wie in Indien. Wahrscheinlich haben in vielen Bezirken Menschen der frühen Altsteinzeit weiter gelebt in den ältesten Formen der Jagd. Auf sie ist ohne Übergang zur Jungsteinzeit durch Import von Bronze und Eisen eine andere Dimension eingeführt worden. Das Land ist im ganzen eine Wüste. Die Kanalisation der wenigen Flüsse ist niemals geschaffen worden. Von außen drangen Megalithkultur ein und die Bronzezeit mit den Schulteräxten.

Nun gibt es in Indien tatsächlich spitznackige, geschliffene Feuersteinbeile. Zwar sind sie an Zahl gering, bis 1947 waren es nur Zufallsfunde. Erst 1947 wurden bei einer Grabung in Brahmagiri, im nördlichen Mysore, 48 km südlich von Bellary, geschliffene spitznackige Steinwerkzeuge gehoben. Es ergaben sich drei Schichtenfolgen. Die beiden unteren altsteinzeitlich mit bearbeiteten Geröllsteinen und gelegentlich Faustkeilen. Darüber gelagert ergab die oberste Schicht spitznackige Beile und eine Keramik, hergestellt mit der Töpferscheibe in braunrotem Überzug. Die Datierung dieser Schicht ergab das 1. vorchristl. Jahrtausend — demnach wieder nicht das Neolithikum. Es ist eine importierte, sehr verspätete Kultur, offenbar aus Burma stammend. In derselben Schicht lag unter den Tongefäßen die Megalithkultur mit Eisen, dadurch datierbar auf rund 300 v. Chr.

Der Ausgräber ist der indische Forscher B. Subbarao, sein Bericht ist: Stone Age Cultures of Bellary, Poona 1948. — Ferner: R. E. M. Wheeler, Brahmagiri and Chandravalli, in: Ancient India, Nr. 4, 1947—48 S. 180—310.

M. Wheeler erklärt als Ergebnis auf S. 75, ebd.: „Es gibt keine Anzeichen dafür, daß die Steinbeile schon vor dem Aufkommen von Kupfer und Bronze produziert wurden... Jedenfalls wissen wir, daß die Beilkultur von Brahmagiri die Metallverarbeitung kannte. Ähnlich liegen die Dinge in der untersten auf die Altsteinzeit folgenden Phase von Nevāsa im oberen Godāvari-Pravara-Becken, wo man neben spitznackigen Beilen und den Schlagsteinen zwei Meißel, eine Nadel, einen Speer und vier Perlen aus Kupfer und Bronze antraf, dazu mikrolithische Industrie mit ihren Segmenten, Dreiecken und rückengestumpften Klingen, die ja in der Regel die Beile begleiten." Ein zweiter Bericht findet sich in: Indian Archaeology 1955—56 S. 8.

In den gleichen Gebieten, südlich des Ganges, im Osten Indiens, finden sich die Schulterbeile. Es ist das eine Abart der Beile mit scharf abgesetzter Schulter. Sie haben ihren Schwerpunkt in China, in Setchuan (Szechwan), und in Burma. Es kann sich also nur um eine Kulturwanderung handeln. So sagt auch Wheeler in: Alt-Indien und Pakistan S. 76: „Jedenfalls weisen die Funde insgesamt darauf hin, daß das Ursprungsland für das Schulterbeil im Chinesischen Raum zu suchen ist, wahrscheinlich in der ersten Hälfte des 1. vorchristl. Jahrtausends. Von dort aus verbreitete es sich durch die chinesischen Niederungen bis nach Laos und Burma."

Über die chinesischen Schulterbeile berichtet CHENG TE-K'UN in: Archaeological Studies in Szechwan, Cambridge 1957 S. 54f. PROF. R. von HEINE-GELDERN wollte Wanderungen von Sprachgruppen mit der Bewegung der Schulterbeile verbinden, in: Anthropos, Bd. 27. S. 543, doch der Gedanke erscheint fast allen Forschern als zu sehr zugespitzt.

Ein ähnliches Problem wie die Frage der Schulterbeile ist das der Megalithbauten in Indien. Ihre Zahl geht in die Tausende. Dabei sind sie in der Form und im Aufbau völlig gleich mit den Bauten von Palästina bis Nordeuropa (etwa bei Wheeler, ebd. Taf. 33 u. 34). Es erscheinen auch wie in Indien Dolmen, Ganggräber, Steinkisten, Menhire, Steinkreise. Die Verbreitung betrifft ganz Südindien und große Teile des Dekkan.

In den Megalithgräbern wird eine rote und schwarze Keramik gefunden, gearbeitet auf der Töpferscheibe. Mit dieser Keramik sind sehr oft auch Eisenfunde verbunden. Die Megalithkultur fällt vor allem in die 2. Hälfte des 1. Jahrtausend v. Chr. Die Megalithbauten sind in Indien, ebenso auch wie in Hinterindien, etwa in Korea, nicht neolithisch, sondern gehören der Eisenzeit an, bis um Chr. Geb. und auch noch später. Über die Megalithkultur berichtet A. AIYAPPAN, The Megalithic Culture of Southern India, in: Journal of the Indian Anthropological Institute, Vol. I, 1945 S. 31—47.

Das Ergebnis ist schwer verständlich von den Begriffen der Vorzeit Europas aus. Es fehlt tatsächlich das Jungpaläolithikum ganz. Es gibt auch nicht ein eiszeitliches Skelett aus Indien, nicht einmal einen Zahn. Die von Mitra abgebildeten Schädel, Taf. XVI-XIX, haben sich als nicht eiszeitlich ergeben.

Die Mikrolithen, in Europa mesolithisch, sind oft verbunden mit Gegenständen aus Eisen.

Das Neolithikum ist ebenfalls nicht vorhanden. Es gibt keine eigene Keramik. Die selten aufgefundenen Scherben sind eingeführte, auf der Töpferscheibe hergestellte Gefäße, auch die Schulterbeile sind eingeführt und ebenso die wenigen Walzenbeile. Die Megalithkultur ist eisenzeitlich.

Dieses Bild von dem prähistorischen Indien ist zu vergleichen mit Afrika, wo etwa im Süden geschlagene Steine, Werkzeuge paläolithischer Form gefunden werden zusammen mit europäischen Glasperlen und Scherben von europäischen Tongefäßen.

SIR MORTIMER WHEELER ist geboren im Jahre 1890. Er war von 1948—55 Professor der Archäologie an der Univ. London, auch Direktor des London-Museum. 1944 wurde er Generaldirektor der archäologischen Funde in Indien. Seine wichtigsten Veröffentlichungen sind: Maiden Castle, Dorset 1943. — Brahmagiri and Chandravalli, 1947. — Megalithic and other Cultures in the Chitaldrug District, in: Ancient India, Nr. 4, 1948 S. 180—310. — The Indus Valley Civilization, Cambridge 1953. — London and the Vikings, London Museum Catalogue. — Early India and Pakistan, London 1960. — Charsada, London 1962. — Roman Art and Architecture, London 1964. — Civilizations of the Indus Valley, London 1966. — Flames over Persepolis, London 1968, deutsch Propyläen-Verl. Berlin 1969.

Felsbilder sind in Indien bekannt geworden, allerdings nicht in großer Zahl. P. Mitra veröffentlicht in dem genannten Werk einige Bilder auf seinen Tafeln 22—47. Vorher hatte schon JOHN COCKBURN 1883 Felsbilder aus Mirzapur bekannt gemacht in der Zeitschrift Journal of Asiatic Society of Bengal, Bd. I u. II, Taf. 7 und ebd. 1899 Taf. 1 gegenüber S. 88. Ebenso hatte SILBERRAD Bilder veröffentlicht in der gleichen Zeitschrift 1907 S. 566—570.

Mitra schreibt dazu, ebd. S. 211: "Herbert Kühn in his masterpiece, Die Kunst der Primitiven, (München 1923), comparing Palaeolithic art with the art of the Bushman thus raises the question of the "urphänomenon of art"... He compares mesolithic art with that of the Australian. In India perhaps we would get a direct clue to the relation of prehistoric with primitive art. The horse, the ladder-men, the dance, the hunts of Singanpur have all been found to be wonderfully similar to Eastern Spanish art by Obermaier. The human figures from Mirzapur tracts are Azilian in type. These are connected in style with the other rock-carvings whose marked similarities with Australian paintings and petroglyphs have been pointed out."

Nun sind manche Bilder, wie etwa Taf. 24 bei Mitra, mit verhältnismäßig naturhaften Tieren und mit stilisierten Menschengestalten aus Singanpur tatsächlich den ostspanischen Felsbildern vergleichbar. Die vielen Mikrolithen lassen auf eine ähnlich geartete Wirtschafts- und Geistesform schließen, jedoch es gibt auch andersartige Bilder. Manche Malereien sind völlig abstrakt, wie Taf. 34—37 u. 40 bei Mitra, sie müßten sich also einer neolithischen Ackerbauwirtschaft eingliedern lassen. Alle diese Fragen sind noch ganz im Fluß. Neuerdings gezeigte Felsbilder aus Indien bringen auch Reiter und gezähmte Pferde.

D. H. GORDON hat in IPEK 1935 S. 107—114 Felsbilder aus Indien behandelt unter dem Titel: Indian cave paintings. Die Bilder stellen kämpfende Reiter dar, sie haben Schwerter und Lanzen. Daneben gibt es auch Kämpfer mit Pfeil und Bogen. Die Bilder finden sich in den Mahadeo Bergen, 200 km nördlich von Nagpur, und auch in der Gegend von Mirzapur. Gordon datiert die Bilder entsprechend den Malereien von Ellora, Höhle 9, wo auch Reiter mit Lanzen erscheinen, auf das 8. Jahrhundert n. Chr. Auf jeden Fall lehnt der Verf. das Alter der Eiszeit, wie in Europa, völlig ab. Er meint, wenn man 1500 Jahre für alle Bilder Indiens insgesamt annimmt, gelangt man höchstens bis zu 700 v. Chr. Ich meine, daß Gordon zu recht das paläolithische Alter der Bilder abweist.

In IPEK, Bd. 18, 1949—53, S. 59—60 veröffentlicht D. H. Gordon wieder Felsbilder aus Indien unter dem Titel: Rock engravings of the upper Indus. Die Bilder liegen am Zusammenfluß des Flusses Haro und des Indus, im heutigen Pakistan. Sie zeigen wieder Reiter, Wagen, stilisierte Menschen, auch fast abstrakte Tiere. Der Vorteil für die Datierung ist, daß sich zwei Inschriften in der Sprache der Kharoshti finden. Es handelt sich um einen Teilstamm der Yueh-chi, der Skythen, der sich Arsi oder Asii nennt. Die Inschrift gehört der Zeit zwischen 100 v. Chr. und 100 n. Chr. an.

Der Verf. bemerkt (S. 60): "By reason of the European examples, most rock engravings and paintings are usually considered to be of great antiquity. This is not the case in India, where all the known rock paintings and engravings in the Hoshangabad district, Raigarh, Mirzapur and those described above date from not earlier than the 6 th century B. C. at the very earliest."

49 Kühn, Vorgeschichtsforschung

Danach hat V. S. Wakankar in IPEK einen Aufsatz veröffentlicht über Felsbilder in Indien Bd 21, 1964—65, 1966 S. 78—80. Der Verf. spricht von zwei neuen Fundstellen von Bildern, Modi im Staat Madhya Pradesh und Hoshangabad, beide in der Mitte Indiens, mit 400 bemalten Felsnischen.

Unter den Tieren ist dargestellt Bos nomadicus, Bos bubalus, Elefant, Löwe, Rhinozeros, es gibt auch Tanzszenen. Wenn der Verf. die Bilder gliedert in vier Phasen, ebd. Taf. 58, dann ist dem schwer zu folgen. Allerdings wird kein Bild dem Paläolithikum zugeordnet, zwei Stufen der Epoche der Mikrolithen, eine dritte Stufe dem Chalcolithikum, die vierte, die letzte Stufe mit Reitern, der historischen Zeit.

Offenbar ist auch bei den Felsbildern, ebenso wie bei den Ausgrabungen, die Datierung nicht zu erreichen. Die wirtschaftliche Lage, ein spätes Jägertum mit primitivem Ackerbau, lebt gleichmäßig durch Jahrtausende. Im Grunde ist dieses Ergebnis verständlich bei der geographischen Lage Indiens. Fast das ganze Land ist unfruchtbar. Es ist nicht überall eine Wüste, aber es besitzt Steinboden, der nicht ertragfähig ist. Lediglich das Industal im Westen hat im Anschluß an Mesopotamien eine Kultur von Stadt, Schrift und Handel in der Vorzeit erreichen können. Das andere fruchtbare Gebiet ist das Tal des Ganges, Bengalen. Dieses Gebiet gewinnt Kultureinflüsse von China, wie das Walzenbeil, das Schulterbeil, wie Gegenstände aus Bronze, Kupfer und Gold, und auch Münzen.

Der Mittelteil des Landes, von Rajastan bis Mysore konnte in der Vorzeit nicht zum Ackerbau gelangen, auch nicht zu Bronze- und Eisenzeit, die geographischen Bedingungen waren nicht gegeben.

Bei meinen zwei größeren Reisen durch ganz Indien, habe ich, ebenso wie jeder andere, die entsetzliche Armut, das schreckliche Elend wahrgenommen. Man reist durch eine Landschaft, die kahl ist, eintönig, trostlos. Wohl gibt es hier und da Oasen, aber es fehlen die größeren Flüsse, außer den beiden am Rande des Landes, Indus und Ganges. Dazu die klimatisch ungünstigen Bedingungen.

Das größte Ereignis bei der Erforschung der Vorgeschichte Indiens ist die Auffindung der Indus-Kultur im Bereiche des Flusses Indus aus der Zeit um 2400—1400 v. Chr.

Die Entdeckung ist einem Zufall zu verdanken. Es ist im Jahre 1922, als ein indischer junger Gelehrter, Dr. Anerji, im Auftrage des englischen Ausgrabungsdienstes einen buddhistischen Stupa ausgräbt. Das Gebäude ist errichtet zwischen 300 und 150 v. Chr. Als der Spaten tiefer greift, unter die Schichten des Stupa, ergibt sich etwas Unerwartetes: unter dem Stupa liegt eine ganze Stadt mit geordneten Straßen, erbaut mit gebrannten Ziegeln. Anerji macht dem Generaldirektor des Ausgrabungsdienstes Mitteilung, es ist Sir John Marshall. Marshall erkennt sofort die Bedeutung des Fundes, er nimmt selbst die Grabung in die Hand. Bis Ende 1931 war die alte Stadt, Mohenjo-daro, im ganzen freigelegt.

Mohenjo-daro gleicht einer anderen Stadt, Harappa, die 600 km nördlich sich erstreckt. Im Jahre 1935 ist eine dritte Stadt der gleichen Art bekannt geworden, Chandudaru, 130 km südostwärts von Mohenjo-daro. Alle Städte liegen in Sind, am

Indus, sie stammen aus der Zeit, in der in Ägypten noch Pyramiden erbaut worden sind, und in der in Europa das Neolithikum bestand.

In Mohenjo-daro fanden sich Straßen, Häuser, Wasserleitungen, Bäder, Kunstwerke, Schmuckstücke. Es ist eine geheimnisvolle Kultur mit Stadt, Schrift und Handel. Sie ist drawidisch, sie liegt vor der indoeuropäischen Landnahme.

Sir John Hubert Marshall ist 1876 geboren worden, er ist gstorben 1958. Er war der Director General of Archaeology in India. Seine Hauptwerke sind: Mohenjo-Daro and the Indus Valley Civilization 1939. — Taxila 1951.

Ich selbst war 1931 zum ersten Mal in Indien und konnte das ganze Land durchstreifen, vom Westen zum Osten und vom Norden zum Süden. Nur von Mohenjo-daro habe ich damals nichts gehört. Die Grabungen waren noch im Gange und die Probleme noch ungelöst. Das zweite Mal bereiste ich Indien im Jahre 1933. Im Museum von Bombay sprachen die wissenschaftlichen Mitarbeiter von der so rätselhaften Indus-Kultur. Jedoch Indien ist groß, ist weit. Die Fahrt dauerte von Bombay 5 Tage hin, 5 Tage zurück mit der Eisenbahn und zuletzt mit einem Auto. Aber ich war jung, meine Frau auch, und unser Interesse war groß, so entschlossen wir uns zu dieser Reise. Den ersten Tag fuhren wir in 13 Stunden nach Ahmadabad und blieben dort über Nacht. Am nächsten Tag ging die Fahrt über Ajmer nach Jaipur, wieder 15 Stunden. Dort besuchten wir das Museum und haben das märchenhafte Schloß des Maharadscha angesehen und sind dann weitergefahren mit dem Kalkutta-Karachi-Express. Er fährt bei größter Schnelligkeit 82 km die Stunde. Er braucht auch für unsere Strecke noch einen ganzen Tag und die halbe Nacht. Und noch einen Tag benötigten wir, um von Haiderabad-Sind nach Larkhana zu gelangen. Dann bekamen wir ein Auto, es wurde aus dem größeren Ort Sukkur herbeigeholt.

Über das Erlebnis habe ich berichtet in einem Buch: Herbert Kühn, Das Antlitz Indiens, Verlag Benno Schwabe, Basel 1963. Dort heißt es auf S. 28:

„Und dann stehen wir auf den Ruinen der Stadt, die die großen Geheimnisse birgt: Mohenjo-Daro... Aber diese Stadt ist 5000 Jahre alt, und keine Überlieferung, kein Bericht spricht von ihr, keine Erinnerung an sie hat sich bewahrt. Die Stadt sieht ähnlich aus wie Pompeji, große Häuser stehen da, nicht nur die Fundamente, nein, ganze Häuser bis zum Dach. Alle sind sie aus Ziegeln erbaut, die Straßen verlaufen von Nord nach Süd und von Ost nach West, und sie kreuzen sich im rechten Winkel. Die Bevölkerung lebte in bedeutendem Wohlstand, jedes Haus hat sein Badezimmer, seinen Brunnen, seine Kanalisation. Daneben gibt es ein großes Badegebäude, mit einem Schwimmbad von 12 m Länge und 7 m Breite, einem Dampfbad und einer Heißluftheizung."

„Die Ziegel sind fest und kräftig. Trotzdem sind sie luftgetrocknet. Silbervasen sind gefunden worden, in ihnen Gewebe aus Baumwolle, die weder Ägypten noch Babylon damals kannte, Weizenkörner sind gehoben worden, dazu an Haustieren Schaf, Zebu, Elefant, Kamel, Hund. Das Pferd war nicht bekannt, wohl aber der Wagen."

„Viele Skelette lagen in den Häusern, auf den Treppen. Ob die Stadt erobert und verlassen wurde, ob sie durch Erdbeben zerfiel? Die Menschen sind schmalgesichtig und haben lange Schädel, einige von ihnen haben mongoloiden Einschlag. Tierfiguren fanden sich aus Ton, aus Gold, aus Bronze. ... Überall fanden sich Siegel mit Darstellungen von Tieren, mit Zeichen aller Art, mit Sternen, Winkelmustern, Hakenkreuzen und mit einer Schrift, die niemand lesen kann. Sie hat — und das ist seltsam genug — Ähnlichkeit mit der alten Schrift der Osterinsel im Stillen Ozean, Tausende von Kilometern entfernt."

„Als die Indoeuropäer, die Arier, wie sie sich selber nennen, zwischen 2000 und 1500 in das Land einwandern, treffen sie auf eine hochkultivierte reiche Bevölkerung. Der Reichtum gerade war es, der sie anzog. In den Veden, den heiligen Liedern der arischen Inder wird von den Kämpfen gesprochen, die Jahrhunderte dauerten. Die alte Bevölkerung Indiens, die Urbevölkerung werden die Leute von Mohenjo-Daro, von Harappa sein.... In Mesopotamien grub in einem Fundort Tell Asmar Dr. Frankfort aus Chicago. Er fand hier Siegel der Induskultur. Sie lagen in völlig fremder Umgebung, Importstücke aus der Kultur vom Indus. Es hat also Handel gegeben zwischen beiden Gruppen, zwischen der Induskultur und der von Mesopotamien. Und die Schicht in Tell Asmar ließ sich zeitlich bestimmen, sie gehört der Zeit um 2500 v. Chr. an. Auch indische Tongefäße sind nach Mesopotamien gekommen, sie unterscheiden sich von den mesopotamischen Stücken durch bestimmte Knöpfe und Erhebungen auf der Fläche. Sie fallen in Mesopotamien in die Zeit 3000—2500. In Kisch und Susa sind Importstücke aus Sind gefunden worden, sie gehören der Zeit um 2800 v. Chr. an. Aber auch Stücke aus Mesopotamien, aus Elam, sind nach dem Indus gekommen, so eine Vase aus Speckstein."

„Es hat also Handel hin und her gegeben, vielleicht sogar bis Kreta und Griechenland, darauf deuten Steinperlen, die in gleicher Gestalt in Griechenland vorkommen und am Indus. Auf einer Scherbe in Mohenjo-Daro ist ein Schiff eingraviert. Der Handel ging also wohl den Weg zur See. Ganz Südasien wurde von diesem Handel erfaßt. Jadeit kam nach Mohenjo-Daro aus Mittelasien, Gold aus Südindien, Nephrit aus Mysore, Lapislazuli und Blei aus Afghanistan."

„Ständig müssen also die Karawanen ausgezogen sein, die damals seltenen Gegenstände zu holen, ständig müssen die Schiffe an der Küste entlang gefahren sein, um das herbeizuzubringen, was die Bevölkerung wünschte und kaufte."

Wieder war eine neue unbekannte Kultur aufgefunden worden, ähnlich dem Vorgang der Entdeckung von Boghazköy. Von den Hethitern gab es einige Worte in der Bibel, an Mohenjo-Daro aber erinnerte nichts, gar nichts.

Die Entdeckung einer vollständigen gepflegten Stadt im Norden Indiens, im Tale des Indus, heute Pakistan, war so bedeutungsvoll, daß immer weiter gesucht werden mußte. Eine solche Stadt steht nicht alleine.

Immer neue Städte und Dörfer sind seit meinem Besuche aufgedeckt worden, insgesamt rund 100 Siedlungen. Die nördlichste ist Rupar, südöstlich von Lahore, die südlichste ist Sutkagen-dor, nahe der Küste des Arabischen Meeres bei Gwadar, 500 km westlich von Karachi.

Daß die Indus-Kultur nicht plötzlich entstanden sein kann, wie man zuerst vermutete, ergab eine Grabung von 1955—57, 40 km östlich von Mohenjo-Daro, 24 km südlich von Khaipur, mit dem Namen Kot-Diji. Dieser Ort mit einer Zitadelle, mit mächtigen Mauern, mit Wehrtürmen, ist älter als der Höhepunkt der Indus-Kultur. Die Mauern und die Zitadelle wurden in alter Zeit überdeckt mit einer Lage aus gebrannten Ziegeln. Über diese Schicht wurde eine Stadt im Stile der Indus-

Kultur erbaut. Die Radiokarbon-Datierung der höchsten Stellen der unteren Stadt ergibt im Mittelwert 2400 v. Chr.

Die Indus-Kultur lebte fast gleichmäßig durch rund tausend Jahre. Um 1400 gab es die eine große Erschütterung der alten Welt. Indoeuropäische Stämme, sich im Osten selbst als Arier bezeichnend, drangen ein und zerstörten die Städte, vernichteten die Mauern, verbrannten die Häuser. In Mohenjo-daro kam das Ereignis unerwartet. Man fand die Skelette der niedergemetzelten Einwohner in den Häusern und in den Straßen, so, wie sie unter dem Schutt der zusammenbrechenden Gebäude ihr Leben haben lassen müssen.

Die Veden, die heiligen Schriften der indoeuropäischen Stämme, die in West-Indien einbrachen, sprechen von der Eroberung der Städte, von der Besiegung der Feinde. Vor allem der Rigveda spricht von diesen Taten. So heißt es etwa im Gesang des Indra nach der Übersetzung aus dem Sanskrit von Hermann Lommel, Gedichte des Rig-Veda, Verl. O. W. Barth, München 1955, S. 50:

„Den schlimmsten Feind, Vitra den schulterlosen (die Schlange) hat erschlagen Indra mit der Keule, seiner großen Waffe; wie Äste, abgehauen mit der Axt, liegt hingestreckt der Wurm am Boden."

„Kein wahrer Kämpfer, forderte im Wahn des Rausches ja den großen Helden er (Vitra) heraus, den erdrückend gewaltigen;
er hielt nicht Stand dem Andrang seiner Waffen;
der Indra-Befeindete ward zermalmt, zerschmettert."

„Von dem all diese Machttaten verrichtet wurden,
der die Barbaren-Farbe (die schwarze Haut, die schwarzen Haare der Feinde) unterwarf und verschwinden ließ,
der des Gegners Wohlstand an sich genommen hat,
wie ein siegreicher Spieler den ausgesetzten Preis, ist Indra."

Es ist sogar durchaus möglich, daß der Sieg über Harappa erwähnt wird in den Veden. In dem Gesang an Indra, dem Siegesgedicht, in der Übersetzung von Hermann Lommel, ebd. S. 64 heißt es:

„Es schlug Indra des Varashika Abkömmlinge
und half dem Aghyāvartin Cayamāna
als an der Hariyupiya die vordere Hälfte der Vricivants
er schlug, die hintere aus Furcht zerbrach."

„Es ist wahrscheinlich, daß sich in dem Namen „Hariyupiya" der in der Rigveda als Schlachtfeld erwähnt wird, die Stadt Harappa verbirgt", so heißt es bei M. Wheeler, Harappa, in Ancient India Nr. 3, 1947.

Die Schrift der Induskultur auf den Siegeln ist bisher noch nicht entziffert worden. (Johannes Friedrich, Entzifferung verschollener Schriften und Sprachen, Berlin 1954, S. 136).

Die Vernichter dieser Kultur waren indoeuropäische Stämme. Sie waren militärisch die Sieger, aber sie waren in ihren Lebensformen viel einfacher, viel primitiver. Die Städte waren für sie ohne Bedeutung. Sie suchten Schmuck und Gold, so wie die Veden es ausdrücken, des Gegners Wohlstand.

Über den Städten liegen ganz einfache Häuser, errichtet aus den Ziegeln der Indusstädte. Auch Friedhöfe der Eroberer wurden gefunden. Man gab den Toten Tongefäße mit, meistens ausländischer, vor allem mesopotamischer Art. Gräber in Moghul Gundai im Tale des Flusses Zhob, im heutigen Belutschistan, ergaben dreifüssige Krüge, Pferdeglocken, Ringe und Spangen, wie in Sialk, in Mittel-Iran. Im Fort Munro im Gebiet von Sulaiman wurden Bronzedolche und kupferne Zapfenbeile gefunden, dieselben Stücke wie im Kurram-Tal an der Grenze zu Afghanistan. Robert von Heine-Geldern berichtet darüber in der Zeitschrift Man, London, Bd. 56, 1956 S. 151. Heine-Geldern hat sich sehr verdient gemacht um die Erforschung der Zusammenhänge der Kulturen in dieser Zeit.

Baron von Heine-Geldern ist geboren in Grub, Österreich am 16. 7. 1885, er ist gestorben in Wien am 25. 5. 1968. Er lehrte an der Univ. in Wien und auch in den USA. Er gilt als einer der besten Kenner der südostasiatischen und indischen Kulturen in ihrem Zusammenhang mit Iran, China und Ozeanien. Wir haben uns oft getroffen, in Wien, in Buffalo, in New York. Immer war er anregend, voll von Fragen und Problemen. Seine wichtigsten Werke sind: Die Megalithen Südostasiens usw. in: Revue Internationale d'Ethnologie, Paris, Bd. 23, 1928. — Prehistoric research in the Netherlands Indies, New York 1945. — China, die Ostkaspische Kultur usw. in: Festschrift Frobenius-Inst. 1950. — Heyderdahl's hypothesis usw. in: Geographical Journal, New York, Bd. 116, 1950.

Über die Induskultur ist die Literatur reich. Über Mohenjo-daro: J. Marshall, Mohenjodaro and the Indus Civilization, 3 Bd. London 1931. — E. Mackay, Early Indus Civilization, London 1938, deutsch: Die Induskultur, 1938. — M. Wheeler, The Indus civilization, Cambridge 1953. — G. F. Dales, in: Archaeology, Bd. 18, 1965. — Bridget and R. Alchin, The birth of Indian civilization, Hardmondsworth 1968. — Über Harappa: M. S. Vats, Excavations at Harappa, 2 Bd. New Delhi 1940. — Insgesamt: H. D. Sankalia, Indian archaeology today, New York 1962.

Auch der fruchtbare Umkreis des anderen großen Flusses in Indien, des Ganges, Ganga, wie die Inder sagen, hat in den letzten Jahren seine Vorzeit an manchen Stellen offenbart, es ist die Ganges-Kultur. Dieses fruchtbare Gebiet reicht von Delhi im Westen bis Calcutta und Tripua im Osten, es umfaßt noch das ehemalige Ost-Pakistan, das jetzige Bangladesh.

Es sind die Kupferhortfunde, die Beachtung verdienen. Gewiß sind es zufällige Funde auf den Äckern, aufgedeckt bei der Feldarbeit, aber sie sind jetzt bekannt von 34 Plätzen. B. B. Lal hat über sie berichtet in seiner Arbeit: Further Copper Hoards from the Gangetic Basin and a review of the problem, in: Ancient India, Bd. 7, 1951 S. 20f. Es handelt sich um seltsam geformte Gegenstände, Harpunen aus Kupfer. Sie besitzen auf beiden Seiten Widerhaken mit einer Öse zum Befestigen der Schnur. Dann gibt es seltsam geformte Doppelbeile, ferner Schulterbeile mit geschweifter Schneide, Flachbeile, Schwerter, oben mit gegabelten Spitzen und abstrakte Menschenfiguren aus Kupfer. Sie sind besonders eigentümlich. Der Kopf ist rund, die Beine sind gespreizt, die Arme sind in Bogen untergeschlagen.

Kupferwerkstätten gibt es in Rāstjasthān und Singhbum, südlich von Bihar, 100 km südöstlich von Patna.

Das Material der Hortfunde ist Kupfer mit einer geringen Menge von Nickel und Arsenik. Nur eines der Schwerter enthielt 9,5% Zinn.

Der am besten gegrabene Fundort ist Hastinapura im Gebiet des oberen Ganges, rund 100 km östlich von Dehli. Die Grabung wurde durchgeführt in den Jahren 1950—52 von B. B. Lal. Der Bericht findet sich in: Ancient India, Nr. 10—11, 1955 S. 5—151.

Die untere Schicht, Periode I, auf dem natürlichen Ton auflagernd, brachte Scherben einer Ockerware. Die Schicht kann auf 800 v. Chr. datiert werden.

Die Periode II enthielt bemalte graue Ware, immer zusammengehend mit Bronzegegenständen. Die Gefäße tragen als Ornament konzentrische Kreise, Spiralen, Hakenkreuze.

Die Periode III bringt Eisen und die sogenannte Nördliche Schwarzpolierte Ware. Unter den gefundenen Gegenständen waren zwei Glas-Armringe, sonst unbekannt im indischen Raume des Ganges-Gebietes. Viele Terrakotta-Figuren weiblicher Gestalten kamen zutage. Die Knochen waren die von Büffel, Pferd, Schaf und Schwein. Auch verkohlte Reiskörner fanden sich. Diese Schicht lagert sich zwischen 500 und 200 v. Chr. Es ist ein Stadtleben, das zugrunde liegt. Die Stadtgrabung ist aber erst in den Anfängen. In der Schicht III wurde das Eisen regelmäßig benutzt. Jetzt gibt es eiserne Pfeilspitzen, Meißel und Sichel. Daneben erscheinen auch Kupfergegenstände. Fünf Münzen des Herrschers von Mathura aus dem 2. vorchristl. Jahrhundert geben das Datum an.

Die Periode IV reicht bis zum 3. nachchristl. Jahrhundert, wieder durch Münzen bezeugt.

Die oberste Schicht V ergab Gegenstände vom 11. bis 15. Jh. n. Chr.

Das ist eine erfolgreiche Grabung. Sie reicht zwar höchstens bis ins 8. Jahrhundert v. Chr. hinauf, sie offenbart aber, daß es um 500 v. Chr. im Ganges-Gebiet städtische Siedlungen gegeben hat, wie fast 2000 Jahre früher im Industal. Die Einflußzone ist vornehmlich Burma und China. Die Einführung der Eisentechnik scheint aus Persien zu stammen. Sie besitzt ihren Schwerpunkt im Gangestal um 500 v. Chr. Bereits 500 Jahre früher wurde in Persien Eisen verarbeitet. Auch die Einführung des Geldes stammt aus Persien.

Eine andere wichtige Ausgrabung aus den Jahren 1945—50 ist Ahichchhatrā bei Ramnagar im Distrikt von Bareilly bei Uttar Pradesh, 200 km westlich von Delhi. Es ist der westlichste Raum des Gangesgebietes. Die Stadt war einstmals die Hauptstadt eines kleinen Königreiches von Nord-Panchala. Heute liegt in der Nähe des verlassenen Siedlungshügels der kleine Ort Badaun. Dieser Siedlungshügel besitzt eine Umfassungsmauer von 5,5 Kilometern Länge. In der Mitte steht die eindrucksvolle Ruine eines mittelalterlichen Tempels. Die Grabungen sind noch unvollständig. Die Ausgräber konnten neun Schichten unterscheiden, die älteste mit bemalter Keramik. Dann ist die Stadt nicht älter als 500 v. Chr. Spätere Schichten brachten die sogenannte Nördliche Schwarzpolierte Ware mit runden und rechteckigen Münzen von chinesischem Einfluß.

Die Berichte über die Grabung sind: A. GHOSH und K. C. PANIGRAHI, Pottery of Ahichchhatra, in: Ancient India, Nr. 1, 1946 S. 37—59. — V. S. AGRAWALA. The terracottas of Ahichchhatra, ebd. Nr. 4, 1948 S. 104—179. — M. G. DIKSHIT, Beads of Ahichchhatra, ebd. Nr. 8, 1952 S. 33—63.

Das Ergebnis ist, daß das fruchtbare Ganges-Gebiet bisher keine ältere Siedlung als rund 800—500 v. Chr. ergeben hat, nur das letzte Jahrtausend v. Chr. Alle diese Siedlungen, manchmal schon Städte, zeigen Einflußelemente aus Burma, zuletzt aus China. Das Eisen ist eingeführt worden aus Persien. Es ist die Zeit von Buddha, er wird geboren 560 v. Chr., in Kapilawastu, und er stirbt 480 in Kusinara.

Neben der Indus- und der Ganges-Kultur besitzt Indien noch einen anderen Schwerpunkt von großer Bedeutung. Es sind die Felsentempel von Ajanta und Ellora. Auch sie sind eine Art Ausgrabung, denn sie waren völlig vergessen und verloren. Erst durch ein Manöver britischer Truppen im Jahre 1819 in dieser Gegend wurden sie wieder aufgefunden. Zehn Jahre später, 1829, gab es die erste Darstellung der Tempel, ihrer Skulpturen, ihrer Malereien in den Transactions of the Royal Asiatic Society. Im Jahre 1843 hielt Sir James Fergusson in dieser Gesellschaft den ersten Vortrag über die Höhlentempel.

SIR JAMES FERGUSSON wurde geboren in Ayr in Schottland am 22. 1. 1808, er ist dort gestorben am 9. 1. 1886. Sein Hauptwerk ist: History of architecture in all countries, 3 Bd. 1865—67, 5 Bd. 3. Aufl. 1893.

Nun galt es, die Malereien von hoher Qualität und die eigenartigen Skulpturen in Europa bekannt zu machen. Es wurde der Major Robert Gilles 1844 damit beauftragt, Kopien aller Gemälde von Ajanta herzustellen. Gilles arbeitete bis 1863. Es waren 30 Kopien in natürlicher Größe, die er nach London senden konnte. Sie wurden ausgestellt im East India Museum in der Leadenhall Street. Im Jahre 1866 wurden sie zu einer Ausstellung gesandt in den Kristallpalast von Sydenham. Dort verbrannten sie alle bis auf fünf Stück.

Nun mußten neue Kopien hergestellt werden, und das geschah mit der finanziellen Hilfe des indischen Staates in den Jahren 1877—85. Der Maler war Mr. Griffiths. Die 125 Kopien wurden in dem South Kensington Museum in London ausgestellt. Am 12. Juni 1885 verbrannten wieder fast alle Bilder. Es schwebte ein Unstern über diesen Malereien.

Die erste Veröffentlichung mit Bildern ist: GRIFFITHS, The Paintings in the Buddhist Caves at Ajanta, London 1896. Dann folgte eine andere Ausgabe: LADY HERRINGHAM, Ajanta Frescoes, Bombay 1915. Der Nizam von Hyderabad, einer der großen indischen Fürsten, hat dafür gesorgt, daß die Bilder gut erhalten wurden, er hat Straßen gebaut, Rasthäuser eingerichtet. Er hat zusammen gearbeitet mit SIR JOHN MARSHALL, und den Mühen beider ist das Buch zu verdanken: Guide to the Ajanta Frescoes, Hyderabad 1930, dazu ein zweites Werk: JAMES BURGESS, A Guide to Elura Cave Temples, Hyderabad 1929.

Wohl gibt es noch andere Felsentempel dieser Art, Elephanta im Hafen von Bombay, Kuda, Karle, Kanhairi, Jumar, Nasik, Bagh, aber die Höhlen von Ajanta und Ellora sind doch die großartigsten und die am besten erhaltenen.

Ellora hat 33 Tempel. Sie sind nicht erbaut, sie sind nicht aufgerichtet worden, sie sind herausgeschlagen aus dem Felsgestein. Es ist der Gedanke der Höhle, in der die Gottheit wohnt.

Als wir 1933 zum zweiten Male in Indien waren, entschlossen wir uns, von Bombay aus die Höhlen zu besuchen. In dem genannten Buch: Das Antlitz Indiens, Basel 1963, habe ich über die Reise berichtet, S. 32—64. Über Ellora heißt es auf S. 41:

„Und dann kommt das Gebirge, die Berge werden höher, und wir fahren ein in ein Tal, steil steigt die Straße an. Rechts und links liegen Felsen. An einem Bungalow hält das Auto und wir steigen zu Fuß den steilen Pfad aufwärts zu den Höhlen. Jetzt hat man einen Überblick: soweit man sieht, liegt Höhle neben Höhle, Eingang neben Eingang."

„Wir steigen weiter und weiter, und plötzlich liegt das Wunder vor uns; der Kailasa-Tempel, der schönste aller Höhlentempel in Indien überhaupt. Seltsam, ganz seltsam, und uns in Europa völlig fremd: der Tempel ist nicht gebaut, er ist aus dem Felsen herausgehauen, ein Gebäude von riesigen Maßen, negativ gebaut, befreit aus dem Fels, hervorgehoben aus dem Grund; Kraft und Gestaltung des Menschen, der aus dem Berg ein Haus erschuf. Und mehr als ein Haus, einen Tempel, Hallen mit Skulpturen, Stein gewordene Gestalten, Götter, Menschen, Tiere."

„Wir treten ein: tief ist der Hof herausgehoben, mehr als 30 m sind es vom Boden bis zum Rand des Felsens. Das Tor des Einganges hat die Form der Pyramide, und sie erinnert an die Tempelbauten im Süden des Landes. Nun sieht man die großen Elefanten, ausgespart aus Stein, dort Schiwa, hier Wischnu. Geht man über die große Brücke, tritt man ein in ein Heiligtum mit dem Nandi-Bullen. Steinpfeiler stehen im Hof, mit Ornamenten verzierte Treppen führen hinauf und hinab, man geht durch mehrere Etagen, überall wachsen aus der Wand die Figuren, treten die Götter heraus aus dem Fels. Halb sind sie in ihm verborgen, halb sind sie ins Licht getreten, aber das Dunkel der Räume ist um sie und das Gespenstische des Wachsens und das Unheimliche des Geboren-Werdens aus dem Berg, aus der Erde selbst. Der Tempel, der eigentliche Raum des Kults ist mächtig, 50 m lang, 30 m breit und 30 m hoch. Das Mittelschiff löst sich von den Seitenschiffen. Hier ist die heilige Zelle für das Lingam, rechts und links stehen die Götter der Flüsse, sie bewachen das heilige Zeichen, Symbol der Zeugung, Sinnbild des Geschlechtes, das das Leben gebiert, das das Leben erhält, das das Leben weitergibt an die Folge der Kinder; Urbild des Bleibenden, des Ewig-Schaffenden, des Ewig-Gleichen. An den offenen Umgang schließen sich Kapellen, in ihrem Dunkel stehen Bilder der Götter Wischnu, Schiwa, Parvati, Ganescha, der Gott mit dem Kopf des Elefanten, und die Fülle der Genien, der himmlischen, der irdischen, der unterirdischen Götter. "....

„Wir gehen an den Höhlen entlang und wir betreten von den Tempeln den ältesten. Er trägt die Nummer 1. Der Brahmane erklärt: die Tempel 1—12 sind buddhistisch, sie sind in den Jahren 350—750 n. Chr. gebaut. Zwischen 600 und 800 starb der Buddhismus in Indien, die Mönche wurden vertrieben, die alte Religion des Wischnu, Schiwa, Brahma trat wieder hervor, so gehören die Höhlen 13—29 dem brahmanischen, hinduistischen Kult an, sie sind gearbeitet in der Zeit vom 7. bis zum 9. Jahrhundert. Die letzten Höhlen, 30—31, dienten dem Djaina-Kult, sie fallen in das 9. und 10. Jahrhundert. Diese Höhlen allein haben keine Klosterräume."

Danach besuchten wir die Höhlen von Ajanta bei dem Orte Fardapur. Ajanta besteht aus 24 Klöstern, Vihara genannt und 5 Tempeln, Tschaitya. Wieder sind alle Anlagen herausgeschlagen aus dem Fels. Die älteste Höhle stammt aus dem 3. Jahrhundert v. Chr., die jüngste aus dem 5. Jahrhundert n. Chr.

In dem Buch habe ich geschrieben auf S. 60:

„Wir gehen von Höhle zu Höhle, von Tempel zu Tempel. Sie sind wie große Kirchen bei uns. Auf dem Altar, hier dem Stupa oder der Dagaba, steht der Buddha, mild, verklärend; oder er sitzt, die Beine nebeneinandergestellt. Wieder überall Rippen und Bogen, nach oben zusammen laufend, unten Pfeiler und darüber Bänder mit Bildern im Relief. ... Vorhallen sind vor den Tempeln und in ihnen die Malereien an den Decken. Welche Fülle der Bilder! Kreise, Vierecke, Dreiecke sind gebildet, und in ihnen lebt die Welt von Indien. Buddha lehrend, Buddha segnend, Buddha predigend, aber daneben Szenen des täglichen Lebens, Szenen der Liebe, Szenen der Toilette, Szenen des Spiels, Szenen der Jagd, Szenen des Frauenlebens, Szenen der Arbeit.

Reich, überquellend, blumig die Malerei, tief braun, rot und gelb die Farbe, erdfarbig. Manches ist zerstört, aber das Meiste ist erhalten."

Die neuere Literatur über Ellora ist: H. v. GLASENAPP, Heilige Stätten Indiens, 1928. — Über Ajanta: G. YAZDANI, Ajanta, 4 Bde. Haiderabad-Oxford 1930—55. — MADANJEET SINGH u. B. ROWLAND, Ajanta, Unesco-Bände, 1954.

Das ist die Welt Indiens. Sie ist großartig und gewaltig, und sie ist ärmlich, quälend und bedrückend. Der große Unterschied zwischen den beiden fruchtbaren Gebieten und dem unfruchtbaren Mittelteil, der eigentlichen Weite des Landes, wird der tiefere Grund dafür sein. Indien, das ist eine Welt für sich, eine gewaltige Welt, die den Menschen ergreifen und auch abzustoßen vermag.

Hinterindien und Indonesien

In dem großen Gebiete zwischen Indien und China sind naturgemäß die Einflüsse von beiden Seiten, von Indien und von China zu erkennen. Für die Ausgrabung heben sich in diesen Räumen zwei Schwerpunkte heraus, der Tempel Borobodur auf Java und der Tempel Angkor Wat in Kambodscha. Zeitlich lagern sich diese gewaltigen Bauten in die Epochen um 800—1150 n. Chr. Wie immer erhebt sich die Frage, wo beginnt, wo endet die Archäologie, die Vorgeschichte. In allen Gebieten der Erde lagert sich das Ende dieser Forschungsaufgaben zu anderen Zeiten, in vielen Gegenden reicht die Vorgeschichte bis in unsere Zeit hinein. In anderen Gebreiten wieder fällt die geschriebene Geschichte und die Ausgrabung zusammen, wie in Mesopotamien, Ägypten, wie in Europa der Völkerwanderungszeit der Wikingerzeit. Oft ist es gerade wieder die Ausgrabung, die die Schrift zutage bringt, wie in Mesopotamien, in Ägypten, wie bei den Etruskern, den Hethitern.

Die Insel Java war der Ort, an dem Eugen Dubois 1894 den Pithecanthropus gefunden hatte, in Trinil, wie auf S. 115 dargelegt. Für das 20. Jahrhundert ist zu berichten, daß Gustav von Koenigswald in den Jahren von 1935—1941 an dem alten Fundplatz Nachgrabungen vorgenommen hat. Auf dem Abhang einer Bergkuppe von Sangiran, in 60 km Entfernung von Trinil, hat er 1936 einen halben Unterkiefer, 1937 eine Schädelkalotte, gefunden. Sie wurde Pithecanthropus II benannt. Dann fand Koenigswald 1938 ein rechtes und linkes Scheitelbein und das Hinterhaupt, Pithecanthropus III, und das Jahr 1939 brachte wieder Teile eines Schädels, Pithecanthropus IV. Alle diese Funde gehören der zweiten Warmzeit an, der Mindel-Riss-Zeit, in Zahlen: 430000 bis 230000.

Im Februar 1936 hat Koenigswald an einer anderen Stelle, bei Modjokerto in der Nähe von Surabaja den Schädel eines Kindes gefunden. Dieser Fund wird als noch älter angesehen als der von Trinil. Er wird, mehreren Merkmalen entsprechend, der ersten Eiszeit zugerechnet, 600000—550000. Er wird bezeichnet als Pithecanthropus robustus im Gegensatz zu dem von Dubois gefundenen Menschen, der bezeichnet wird als Pithecanthropus erectus. In diesen frühen Zeiten waren die Inseln Java, Sumatra, Borneo verbunden durch eine Landbrücke mit Asien.

Eine andere Gruppe von prähistorischen Menschen, in Java gefunden, gehört der Stufe des Neandertalers an, demnach der Dritten Warmzeit und dem Beginn der Vierten Eiszeit, der Epoche um 100000.

30 km flußabwärts von Trinil, am Flusse Solo bei Ngandong, finden sich alte Terrassen, Flußablagerungen. Der geologische Landesdienst von Java hat an dieser Stelle Grabungen unternommen unter der Leitung von W. Oppenoorth in den Jahren 1931 und 1932. Das Schicksal war dem Ausgräber günstig, es gelang ihm, fünf Schädel oder Schädelreste, allerdings ohne die Gesichtsknochen, aufzufinden. Später grub an derselben Stelle, 1933, G. von Koenigswald, er fand sechs Schädel. So stehen elf Schädel der Forschung zur Verfügung. Zugleich kamen Werkzeuge zutage, die denen des Moustérien in Europa ähneln. Marcellin Boule, der bekannte Anthropologe in Paris, (1881—1942) erklärt in seinem Buch: Les hommes fossiles, Paris 1921, 2. Aufl. mit H. V. Vallois, deutsch von Falkenburger, Baden-Baden 1954, S. 342: „Wenn die Menschen von Ngandong auch nicht den europäischen Neandertalern identisch sind, so können sie doch mit diesen und den Menschen von Galiläa und Rhodesia in die große Art des Homo Neandertalensis eingeordnet werden, von der sie eine Sonderrasse darstellen."

Noch eine andere Entdeckung verdient Erwähnung. Es ist der Homo wadjakensis. E. Dubois hat das erste Skelett dieser Art vor dem Menschen von Trinil auf Java gefunden bei dem Orte Wadjak. Er berichtet darüber in einem Aufsatz: The Proto-Australian fossil Man of Wadjak, Java. Kongl. Akad. van Wetenschappen te Amsterdam, Bd. 22, 1921.

Wadjak I ist ein weiblicher, Wadjak II ein männlicher Schädel. Dieser Menschentypus ist aus mehreren Funden des Malaiischen Archipels bekannt. P. van Stein-Callenfells sprach in einem Artikel von 1936 von einer melanesischen Zivilisation im östlichen Asien. Der Artikel heißt: The melanesoid civilisation of Eastern Asia, in: Bull. of the Raffles Museum, Serie B, Nr. 1, Singapur 1936.

Das Neolithikum ist ebenso wie in Indien offenbar nicht, oder nur schwach vorhanden. Wohl gibt es Oberflächenfunde im gesamten Malaischen Archipel, es sind geschliffene Beile aus Feuerstein in viereckiger Form, Vierkantbeile genannt, Sie sind aus Java bekannt, aus Burma, Annam und Malaysia. Es ist sehr zweifelhaft, ob man sie als neolithisch bezeichen kann. Hier, ebenso wie in Indien, lebt die mikrolithische Steinform. Die wenigen Steinbeile erscheinen auch hier als Import, als Import zu möglicherweise viel späteren Zeiten als das Neolithikum.

Auch die Walzenbeile kommen vor, genau so wie in der Ganges-Kultur von Indien. Diese Beile besitzen einen ovalen Querschnitt und spitzen Nacken. Sie sind in Nordeuropa weit verbreitet, vor allem in Norwegen, Dänemark und Schweden. Möglicherweise gibt es eine Verbreitung dieser Beilart über die Steppen Asiens bis China, ähnlich der bemalten Keramik.

Die Walzenbeile und gelegentlich Schulterbeile, eine chinesische Art, sind aber das einzige, was einen Hinweis geben könnte auf ein Neolithikum, eine Ackerbaukultur. Einige Scherben sagen gar nichts, solange nicht feste stratigraphische Zusammenhänge in Bodenfunden erkennbar sind. Ein guter Kenner der vorgeschichtlichen Situationen dieser Gegenden, C. von FÜRER-HAIMENDORF sagt in seinem Beitrag über die Vorgeschichte Indonesiens in: KARL J. NARR, Abriß der Vorgeschichte, München 1957 S. 124: „Obgleich in Java und Sumatra verschiedene Arten vorgeschichtlicher Keramik vorkommen, sind Topfscherben nirgends in stratigraphischem Zusammenhang mit Steinwerkzeugen gefunden worden, und ihr Nutzen zur Charakterisierung neolithischer Kulturen ist daher gleich Null... Ebenso wie in einigen Gebieten Indiens neolithische Werkzeuge noch zu einer Zeit in Verwendung standen, als anderswo schon eine hochentwickelte, historische Stadtkultur herrschte, so überschnitten sich auch in Indonesien metallzeitliche Hochkulturen und primitive Lebensformen neolithischen Gepräges. Viele der Völker in Ostindonesien verharrten trotz der Kenntnis von Metallen bis zur jüngsten Gegenwart in „neolithischen" Wirtschaftsformen."

Ebenso steht es mit dem Beginn der Bronzezeit in Indonesien. Es ist eine Entwicklung, ein Werden dieser neuen Technik nicht zu erkennen. Lediglich einzelne eingeführte Geräte aus Bronze sind gefunden worden, sie stammen von der Dongsong-Kultur in Annam. Vorherrschend sind Tüllenbeile. Diese Beile sind innen hohl und haben dadurch eine stärkere Festigkeit gewonnen. Sie sind am besten ausgebildet in den Perioden III bis V der germanischen Bronzezeit in Nordeuropa, demnach 1200—750 v. Chr. Es ist das eine Form, die vorher unbekannt war in Ostasien. R. von HEINE-GELDERN hat in viel beachteten Erklärungen darauf hingewiesen, daß diese Tüllenbeile ohne Vorformen auch in China erscheinen. Er zeigte den Weg dieses wichtigen Gebrauchsgegenstandes auf von Nordeuropa über Sibirien bis nach China und von China nach Indochina und schließlich nach Indonesien. Seine Darlegungen waren zuerst überraschend, dann aber doch überzeugend durch die Gegebenheiten der Funde. Oft besitzen diese Tüllenbeile Chinas sogar die gleiche Öse wie die Beile Europas. Heine-Geldern legte seine Entdeckungen dar unter dem Titel: Vorgeschichtliche Grundlagen der Kolonial-Indischen Kunst, in: Wiener

Beiträge zur Kunst- und Kulturgeschichte Asiens, Bd. 8, 1934 S. 5—40 und: Prehistoric research in the Netherlands Indie, in: Sciences and Scientists in the Netherlands Indies, New York 1945.

Aber diese eine an sich eigenartige Form ist nicht das einzige Element, das den Austauschweg von Europa nach China bezeichnet. Ein zweites Element sind die gekreuzten Bronzeröhren, die zum Pferdegeschirr gehören. Sie dienen zum Festhalten von zwei Riemen, die einander kreuzen. Diese Bronzeröhren kommen vor in der Hallstattzeit in Süddeutschland, in Österreich, Ungarn, Jugoslawien, Bulgarien. Die völlig gleichen Stücke erscheinen in China seit dem 9. Jahrhundert v. Chr. Der Bericht ist: Olov Janse, Tubes et boutons cruciformes etc. in: The Museum of Far Eastern Antiquities Bull, 4, Stockholm 1932, S. 187—209.

Eine dritte Parallelerscheinung sind die Ärmchenbeile. In Österreich ausgebildet, entsprechen sie denen der Mongolei und dem Westen Chinas.

Es gibt also im letzten Jahrtausend v. Chr. Kulturberührungen von Europa über die Steppen durch die Vermittlung der Steppenvölker hin und her, von China nach Europa und von Europa nach China und weiter oftmals bis Indochina.

Die Bronzezeit wird in Indochina bezeichnet als Dong-son-Kultur. So benennt sie GOLOUBEW in seinem Buch: L'Archéologie de Tonkin et les fouilles de Dongson, Hanoi 1937. Der Ort Dong-son oder Dongson, liegt südlich von Hanoi im Golf von Tongking im heutigen Nord-Vietnam. Die Grabung erbrachte Beile, Dolche, Speerspitzen aus Bronze. Dazu als eine Eigenart Bronzetrommeln, graviert. Die Gravierungen zeigen kultische Szenen. Alle Bronzegeräte besitzen einen hohen Bleigehalt. Chinesische Importfunde ergeben das Datum 150 v. Chr. bis 50 n. Chr. Der Beginn der Dong-son-Kultur liegt um 600 v. Chr., ihr Höhepunkt um 300 v. Chr., ihr Ende um 100 n. Chr.

Über die Kultur berichtet auch L. BEZACIER, Manuel d'Archéologie d'Extrême-Orient, Bd. 1, Abb. 2, Le Vietnam, Paris 1967. — STUART PIGGOTT, Die Welt, aus der wir kommen, 1961. — B. PH. GROSLIER. Hinterindien, Baden-Baden 1960 S. 29.

Häufig finden sich Megalithbauten auf dem indochinesischen Hochplateau, von Tran Ninh über das Me-kong-Delta bis zum Hochland von Roi Et. Der gesamte Komplex der Megalithen reicht von Indien über Malaysia, Korea bis nach Sumatra und Java.

Die Megalithbauten besitzen nach der gegenwärtigen Kenntnis ihren Ursprung in Palästina und Syrien, sie breiten sich aus nach Europa auf beiden Seiten des Mittelmeeres, sie überziehen Spanien, Portugal, Frankreich, Schweden, England, Deutschland. Auf der anderen Seite erreichen sie Indien, Korea, Japan, Hinterindien.

Nur wenige der Megalithgräber in Hinterindien sind ausgegraben worden. Eine wichtige Grabung führte die Ecole française de l'Extrême-Orient von 1940—41 durch unter der Leitung von M. Colani. Der wichtigste Fundplatz ist Samrong Sen. Man fand die Asche der Toten in Steinkrügen aus weichem Sandstein. Die Krüge sind 1 bis 3 Meter hoch, sie sind mit einem Steindeckel verschlossen. Es ergaben sich auch viele Gegenstände aus Bronze und sogar aus Eisen. Es sind die gleichen Bronzefiguren, Glocken, kleine Statuen, wie sie auch in der Dong-son-Kultur erscheinen. Damit ergibt sich auch die Datierung der Megalithgräber in Indonesien. Sie gehören nicht der Steinzeit an, wie in Vorderasien und Europa, sondern der Bronze- und Eisenzeit, der Epoche um 300 v. Chr. bis um 100 n. Chr.

Der Bericht ist: M. COLANI, L'école française d'Extrême-Orient de 1940 à 1945. Saigon 1946.

In Malaysia ist es im Jahre 1954 gelungen, einen Felsüberhang aufzufinden, der vorher nicht bekannt war. Alle der Bevölkerung erreichbaren Höhleneingänge und Felsüberhänge sind vollständig ausgebeutet worden. Sie enthalten durch den Aufenthalt von Tieren Guano, das Düngemittel für die Felder. Da wurde ein Felsüberhang durch eine Banditenbande entdeckt, der noch unberührt war. Die Sache kam der Regierung zur Kenntnis, und so konnten Herr und Frau Sieveking vom National Museum in Kuala Lumpur, 300 km nördlich von Singapur, die Grabungen beginnen, zusammen mit einigen Helfern, darunter W. F. Tweedie. Der Ort trägt den Namen Gua Cha. Die Grabung dauerte sechs Wochen, sie konnte nur mit Hilfe einer Polizei-Eskorte durchgeführt werden. Es wurde ein Platz von 800 qm ausgegraben.

In der unteren Strate fanden sich die Mikrolithen wie in Indien, in der Form ähnlich dem europäischen Mesolithikum. Vermischt ist diese Strate mit beschlagenen Werkzeugen im Stile des Acheuléen, auch ähnlich wie in Indien. Es wurden aufgeschlagene Menschenknochen gefunden, aber auch Bestattungen in Hockerstellung, der Lage des Körpers vor der Geburt. Die Skelette waren groß, zwischen 1,65 und 1,80 Meter.

Über dieser Schicht lag eine andere mit Skeletten ganz anderer Art. Sie waren nicht größer als 1,50 m, offenbar die Vorfahren der heutigen Eingeborenen. Man kann diese Schicht mit Vorsicht als neolithisch bezeichnen, nicht in bezug auf die Stellung der Zeit, nur in bezug auf den wirtschaftlichen Zustand. Es fand sich Keramik, erscheinend als runde Schalen, Fußschalen, Näpfe und Tonuntersätze für größere Gefäße. Das Ornament ist eingestochen, es sind Winkelmuster und Spiralen. Auch Meermuscheln wurden gefunden, Armbänder aus Stein, aus Jadeit, gut geschliffen, erinnernd an chinesische Formen. Bronze oder Eisen kam nicht vor.

So hat sich doch ein Neolithikum mit Tongefäßen ergeben, noch selten in dieser Gegend. Die Angaben finden sich bei: EDWARD BACON, Digging for history, New York 1960 S. 225.

Zu der zeitlich ebenso schwierigen Lage wie in Indien, bemerkt BERNARD PHILLIPP GROSLIER, in: Ang Kor, Edition B. Arthaud, Paris 1956 S. 28 ff.

„Ebenso schwierig wie bei den vorangegangenen Perioden (Paläolithikum) ist es, den Übergang vom Neolithikum zum Metallzeitalter genau nachzuweisen. So sehen wir zwar zwischen Mesolithikum und Neolithikum das Metall unvermittelt auftauchen, ein untrügliches Zeichen für seine fremde Herkunft, doch die Kulturen, die es aufnehmen, bleiben unerschüttert neolithisch und werden es noch für Jahrhunderte bleiben. Dies kennzeichnet in hohem Maße den besonderen Charakter Indochinas als einer Landschaft, in der jeder große Fortschritt im allgemeinen von außen übernommen wird, dann eine gewisse Zeitspanne braucht, um assimiliert zu werden, und schließlich, einmal einverleibt, die frühere Ordnung vollkommen verwandelt. — Ebenso finden wir die Bronze, zweifellos aus China eingeführt... gegen Anfang des 1. Jahrtausends vor unserer Zeitrechnung an fast allen neolithischen Siedlungsstellen der Halbinsel, doch vollkommen durchsetzen wird sie sich erst im 6. Jahrhundert vor unserer Zeitrechnung."

In den letzten Jahren sind in Thailand, Siam, einige Ausgrabungen durchgeführt worden, vor allem bei einem Fundort Ban Chiang. In der Tiefe von 1,90 bis 2 Metern wurden 180 Tongefäße entdeckt, offenbar der Platz der Herstellung oder der Aufbewahrung. Es sind Fußschalen zu unterst in schwarzer Ware, darüber in grauer Ware mit Schnurabdrücken. Die Bronzezeit ergab einen kremfarbigen Untergrund mit roter Spiralbemalung. Der Bericht ist Chin Yudi, Die Ban-Chiang-Kultur in prähistorischer Zeit, Bangkok 1972, in thailändischer Sprache. Viele der Stücke sind in das Museum in Bangkok gekommen.

Auch Forscher aus Dänemark haben Grabungen durchgeführt von 1960—62. Auch sie haben Neolithikum gefunden. Radiokarbon-Daten ergaben Zahlen um 4000—3400, demnach um 2000 v. Chr. Die Literatur ist: Per Svensen u. a. Archaeological Excavations in Thailand, Bd. II, Ban Kao, The Thai. Danish Prehistoric Expedition 1960—62, Kopenhagen 1967.

Der großartigste Eindruck auf der Insel Java ist der Borobodur, der gewaltige Tempel aus der Zeit um 800 n. Chr. Das ist die Zeit Karls des Großen.

Auch dieser Tempel ist eine Ausgrabung. Es war im Jahre 1814, als ihn Sir Stamford Raffles entdecken konnte. Raffles lebte von 1781—1826. Er war britischer Generalgouverneur, er ist der Begründer der Stadt Singapur. 1805 trat er ein in die East India Company, half bei der Eroberung von Java gegen die Holländer. Sie haben die ersten Eroberer, die Portugiesen, verdrängt im Jahre 1599. Die Holländer erbauten Batavia 1611 mit Hilfe der Ostindischen Handelskompagnie. Die holländische Regierung übernahm 1798 die Kolonie. 1811 geriet Java in den Besitz Englands, wo Raffles englischer Gouverneur war von 1811—1816. In diesen Jahren bereiste er immer von neuem die Insel. Dabei erblickte er einen Berg, bedeckt mit Bäumen, aber an einigen Stellen schauten Statuetten aus dem Sand des Hügels. Raffles vermutete Altertümer. Er ließ den Sand abtragen, und nun enthüllte sich der gewaltige Tempel. Ganz allmählich trat alles hervor, die großen sechs viereckigen Terrassen, die drei kreisrunden Balustraden. Aus dem Dunkel der Erde traten 1600 Steinplatten mit Reliefs und 441 Statuen von Buddha. Die Grundfläche bildet ein Quadrat von 151,5 Metern Seitenlänge. 36 architektonische Vorsprünge treten vor und beleben die langen Flächen. Der Bau ist 36 Meter hoch. Im 15. Jh. war der Islam in das Land gekommen. Der Sultan, der damals regierte, hat den Borobodur mit Sand und Erde zuschütten lassen. Aber so ist er erhalten geblieben bis heute. In den Jahren 1907—1911 wurde zur Sicherung des Baues eine breite Stützmauer errichtet unter dem Architekten Th. van Erp.

Der Tempel liegt bei Djokjarkata im mittleren Java. Wir haben ihn mehrmals besuchen können und immer ist der Eindruck gewaltig. In dem genannten Buch, Herbert Kühn, Das Antlitz Indiens, Basel 1963, schreibe ich über das Erlebnis S. 205: „Wir fahren weiter zum Borobodur. Das Wort heißt „Tempel unzähliger

Buddhas". Wieder geht es durch Felder von Reis, durch Kokospalmenhaine, durch Bananenwälder, und dann steht nach einer Biegung des Weges, wie durch ein Zauberwort gehoben aus der Erde, vor uns die Pyramide des Borobodur."

„Eine riesenhafte Pyramide, doch flacher auf dem Boden liegend, breit gelagert, Pyramide mit Spitzen und mit Zacken, mit Tausend Antennen, die aufwärts greifen, mit Ecken und Rundungen, barock im Aufbau und in der Gestalt. Ein breiter Berg, der herrschend in der Landschaft steht, und den das Auge nicht begreift in aller seiner Vielfalt, seiner Splitterung, Doch über dem Ganzen in der Mitte der runde Bau, der Himmel mit der Spitze, die das ganze Bauwerk krönt."

„Diese Mantra ist der Weltenberg, der Meru heißt; sie ist nicht jedem verständlich in seinen Quadraten, in seinen Kreisen, in seinen Symbolen, in seinen Zahlen, die im Verhältnis der Seiten, in der Beziehung der Größen liegen; immer aber ist es dem Gläubigen Kraft und Begnadung.... Die Grundform des Quadrates ist das Sinnbild der Erde, die des Kreises ist das Symbol des Himmels. Beide vereinen sich magisch, und aus Erde und Himmel, aus der Verbindung der beiden, erwächst der Mensch. Die Erde als Viereck, der Himmel als Kreis, es sind auch die Symbole in China, nicht nur in Java, und wie auch in China die Zahlen des Baues symbolisch sind, genau so beim Borobodur. Wir steigen empor, umgehen die erste Terrasse mit ihren Reliefs, und steigen weiter auf steilen Treppen hinauf bis zur sechsten Terrasse. Sie alle quadratisch, sie alle mit Ornamenten, mit Hunderten von Reliefs, mit Himmel und Hölle, mit Buddhageschichten aus der Zeit vor seinem Leben, mit den Legenden des Lebens Buddhas und mit den Weissagungen der künftigen Buddhas. Und immer klarer, immer tiefer breitet sich nun die Lehre aus."

„Dann aber, auf der 6. Terrasse, hört alles Quadratische auf, der Kreis tritt an seine Stelle, der Pilger steigt zum Himmel auf. Hier gibt es keine Bilder mehr, hier gibt es nur Sinnbildhaftes.... Das alles ist Mantra, ist Zauberformel, ist Symbol, ist Gedanke des Alls."

„Auf der ersten Terrasse erheben sich 36 Glocken, in jeder ein Buddhabild, kaum sichtbar, nur durch Öffnungen, wie durch Wolken zu erkennen. Auf der zweiten Terrasse sind es 24 und auf der dritten 16 Zahlen, in denen die 4 von Bedeutung ist, die vier Gegenden der Welt, die vier Himmelsrichtungen, die vier Winde....."

„Ganz auf der Höhe aber steht das Allerheiligste, vermauert, unzugänglich und geheimnisvoll. Es ist genau so klar gebildet wie die Glocken, doch größer, mächtiger und wirkungsvoller. Krönend überragt es den Bau. In ihm soll ein nicht ganz vollendetes Bild des Buddha stehen, des Buddha mit der bhumi-sparsa-mudra, des Buddha, der urmystisch ist, des Adi-Buddha, des Ur-Buddha...."

„Der Borobodur ist geschaffen worden um 800 n. Chr.; so konnte er aufbauen auf der ganzen Kenntnis der Kunstgestaltung früherer Zeiten. Java führt Indien fort, die Mönche verließen das indische Festland, der Buddhismus starb aus in Indien, die Mönche gingen nach Java, nach Tibet, nach China. Sie nahmen die Kenntnis der Lehre und auch die Kunstgestaltung mit in andere Länder".

Die Literatur über den Borobodur ist: N. J. Krom u. T. Van Erp, Beschrijving van Borobodur, 2 Bd. Den Haag 1920—1931. — A. Hoenig, Das Formproblem des Borobodur, Batavia 1924. — N. J. Krom, The Life of Buddha on the Stupa of Borobodur, Den Haag 1926. — D. Mus, Barabudur, Paris 1935.

Nur 15 km entfernt von Djokjakarta liegt ein anderer Tempel dieser Art, Prambanan oder Parambanan. Auch er wurde ausgegraben, gereinigt von Erde, Sand und Schutt. Das war später als die Ausgrabung des Borobodur, es geschah in den Jahren 1885—1890. An dieser Stelle lagern 32 Tempel nebeneinander. Der Ort muß ein besonders weihevoller Platz des Buddhismus gewesen sein. Hier muß eine Stadt gelegen haben, doch sie ist vergangen. Die Häuser waren aus Holz, strohgedeckt, sie sind verschwunden. Sagen und Märchen haben sich bei den Eingeborenen erhalten von der großen Stadt. Sie blühte in der Mitte des 9. Jh. n. Chr., sie war die Hauptstadt eines Reiches der Tschailendra. Darüber berichtet eine Inschrift an einem Tempel, diese Schrift ist in Sanskrit abgefaßt. Ein deutlicher Beweis dafür, daß alle diese großen Bauten aus Indien gekommen sind in Idee, Form und Gestalt. Die Inschrift besagt, daß dieser Tempel vollendet wurde im Jahre 779 n. Chr. Die Bauten wurden geschaffen von den buddhistischen Mönchen und ihren Architekten in der Zeit, als die Buddhisten Indien verlassen mußten, als die alte Religion des Schiwa, Wischnu, Parvathi sich wieder an die Stelle des Buddha zu setzen vermochte. Diese Zeit beginnt in Indien um 400 n. Chr., sie ist abgeschlossen um 800 n. Chr. Danach gibt es in Indien, in dem Geburtsland des Buddhismus, keine Buddhisten mehr.

Auch Prambanan ist ein Weltenberg, im Grunde wie die Turmbauten Mesopotamiens und sehr wahrscheinlich im letzten Sinne von dorther geprägt. Auch der indische Stupa ist ein Weltenberg, oft mit den Reliquien von Buddha, so die ältesten Stupas in Indien, die von Barhut, von Santschi, von Amaravati.

Die Tempel lagern auf einer erhöhten Terrasse, umgeben von einer Mauer. Auf der Terrasse erheben sich acht Tjandis. Tjandis sind Tempelbauten, entstanden aus dem Einströmen der indischen Kultur zwischen 600 und 800 n. Chr. Zuerst wird noch die rein indische Form gewahrt, dann bilden sich eigene javanische Formen aus. Auch der geistige Gehalt wird hineingesehen in die Tjandis. Der alte Ahnenkult Javas macht es möglich, daß in den Tempeln bestattet wird, daß sie zuletzt Grabmonumente werden können.

Der Haupttempel, mit Namen Lara Djonggrang, soll von König Daksha aus der Dynastie der Shivaiten erbaut worden sein im Jahre 915 n. Chr. Das 19. Jh. benutzte die Steine zur Pflasterung von Straßen und zum Bau einer Zuckerfabrik. Um 1930 wurde die Wiederherstellung in Angriff genommen. Jetzt erkennt man den Haupttempel wieder, wie ehemals, auf 40 Meter Höhe.

Im Mittelpunkt des Tempels erhebt sich die Statue des Shiwa, links die des Brahma, rechts die des Vishnu. Der Buddhismus ist vergangen, die alte Trinität der hinduistischen Götter ist wieder an seine Stelle getreten.

Die Literatur ist: KARL WITH, Java, Hagen 1920. — FRITZ A. WAGNER, Indonesien, Holle-Verlag, Baden-Baden 1959, S. 106f.

Es gibt noch viele andere Tempelanlagen. Im Jahre 1944 wurden die Ruinen von Angkor Borei entdeckt. Es war das eine reiche Stadt im hinterindischen Gebiet des Tropenwaldes. Immer sind es zwei Hochkulturen, die hier ihre Fänge ausstrecken, Indien einerseits, China andererseits. Aus den Einflüssen von beiden Seiten entwickelte sich ein Staat, den die Chinesen in dieser Zeit als Fu-nan bezeichneten. Er war ein Vorläufer des Staates der Khmer.

Über die Entdeckung dieser Stadt im Urwald berichtet L. FAUCHEUX, Une ville cité indienne près de Pondicherry. Pondicherry 1946.

Die chinesischen Quellen sprechen von großem Reichtum an Gold und Silber, an Perlen und Spezereien in Fu-nan. Die Chinesen gaben die Anleitungen zur Bewässerung des Schlammgebietes im Delta des Flußes Mekong. Noch jetzt zeigen die Luftaufnahmen die gerade oder sternförmig angelegten Kanäle. Auch die große Stadtanlage läßt sich erkennen. Es zeigen sich gerade Straßenzüge, Erdwälle, die die Stadtanlage umgeben, Kanäle, die in die Stadt hineinführen. Die Häuser standen auf Pfählen, wie heute noch der alte Stadtteil in Bangkok.

Durch das Flugzeug wurde 1944 auch noch eine andere Stadt entdeckt. Es ist Oc-eo in Kochinchina, Hinterindien, jetzt Süd-Vietnam. Die Stadtanlage erscheint vom Flugzeug aus wie ein riesiges Rechteck von etwa 3 km Länge und 1,5 km Breite. An dieser Stelle wurden vor dem Vietnam-Kriege Ausgrabungen vorgenommen. Dabei fand man gravierte Siegel mit Namen in Sanskrit-Schrift des 2. und 4. Jh. n. Chr. Daneben lagen die Walzenbeile und Schulterbeile, wie sie dem Neolithikum zuzurechnen sind. Es ergibt sich für ganz Hinterindien das gleiche: auf eine einfache Bauernkultur legen sich viel entwickeltere Elemente, Bauten der Hochkulturen im Stile von Indien einerseits, von China andererseits.

Im Grunde ist es nicht anders als im Afrika der Gegenwart. Inmitten ganz einfacher, oft noch paläolithisch oder mesolithisch anmutender Lebenserscheinungen erheben sich die Städte mit Hochhäusern und Fabriken, mit modernen Geschäften und großen Hotels.

So war es den Ausgräbern zuerst überraschend, neben Mikrolithen erschien erlesener Schmuck, Medaillen, kostbare Broschen. Diese Stadt liegt heute 25 km entfernt vom Meere. Im Beginn unserer Zeitrechnung war das Gebiet mit dem Meer verbunden, also eine Seehandelsstadt. Der Ausgräber, Malleret, fand die Fundamente von Backsteinen für einen Stupa, er fand Hausüberreste aus Ziegeln und Pfahlbauwohnungen.

So kann man von hinduisierten Reichen sprechen. Eines dieser Reiche im Urwald trägt in den chinesischen Berichten den Namen Tschen-la. Den Thron hatte ein Fürstengeschlecht inne mit dem Namen Kambaju, nach ihm wird das Land als Kambodscha bezeichnet. Das Volk benennt man als die Khmer. Die Erinnerung an dieses Reich, an dieses Volk war völlig verloren. Nur einige chinesische Gelehrte hatten Kenntnis, aber ihre Berichte waren damals in Europa unbekannt.

Da war es wieder ein Zufall, der zu der Entdeckung der Hauptstadt dieses Landes führte. Im Jahre 1863 erhielt Frankreich nach längeren Verhandlungen das Protektorat über Kambodscha. So kam es, daß ein frazösischer Naturforscher HENRI MOUHOT 1861 den weglosen Urwald durchzog. Er will neue, unbekannte Pflanzen finden, vor allem die Orchidee in ihren vielen Formen, er will auch die seltsamen Tiere studieren. Plötzlich steht er vor einem gewaltigen Tempelberg. Treppen führen zu ihm hinauf, aber die Bäume haben die Steine auseinandergerissen, haben sie zugedeckt und eingeschlossen. Mouhot ist ergriffen von den Monumenten, den Reliefs, den gewaltigen Buddhabildern. Sie erheben sich riesengroß über die Bäume. Mouhot zeichnet, notiert, er kehrt nach Paris zurück und berichtet seine Erlebnisse der Akademie der Wissenschaften. Er erwähnt die Bauten auch in seinem Buch: Voyages etc. Paris. Edit. Hachette 1868. Aber andere Dinge traten in den Vordergrund, der Krieg 1870—1871 und die inneren Kämpfe in Frankreich. Die Bauten im Urwald wurden vergessen. Die Ecole française d'Extrême-Orient wird erst im Jahre 1898 begründet, und damit beginnt das Studium der Stadt, von der sich nun auch der Name ergeben hatte, Angkor Wat.

Es dauerte noch lange, bis Berichte erschienen über Angkor Wat. Das erste Buch, nicht nur über das Gebiet, sondern über Angkor Wat selbst ist das Werk eines genialen Schriftstellers, PIERRE LOTI. Es erschien 1912 mit dem Titel: Un pélerin d'Angkor, Paris, Edit. Calmann-Lévy.

Pierre Loti, eigentlich Julien Viaud, ist in Rochefort am 14. 1. 1850 geboren er ist gestorben in Hendaye am 10. 6. 1923. Als Marineoffizier bereiste er den Nahen und den Fernen Osten. Seine Romane hatten bedeutende Wirkung, so: Madame Chrysanthème, 1887. — Le Desert, 1895. — Les derniers jours de Pékin, 1901. — Das Gesamtwerk, Oeuvres complètes, erschien von 1893—1911 in 11 Bänden in Paris.

Natürlich ist das Buch von Loti nicht ein wissenschaftliches Werk, es ist der Roman eines Schriftstellers. Er erspürt an Angkor Wat den ewigen Wandel und das Vergehen.

Das erste Buch von wissenschaftlicher Bedeutung im Sinne der damaligen Kenntnis ist G. GROSLIER, A l'ombre d'Angkor, Paris, Edit. A. Challamel, 1916. — Ferner: V. GOLOUBEW, Le temple d'Angkor Vat, 7 Bd. Paris 1929—1932. — G. COEDÈS, Pour mieux comprende Angkor, Paris 1947. — M. GLAIZE, Les monuments du groupe d'Angkor, Saigon 1948. — BERNARD-PHILIPPE GROSLIER, der Sohn von G. Groslier, Angkor, Edit. B. Arthaud, 1956. — MADELEINE GITEAU, Khmer, Kunst und Kultur von Angkor, 1966.

Naturgemäß war es unser großer Wunsch, Angkor Wat mit eigenen Augen erleben zu können. Im Februar 1931 legte das Schiff an im Hafen von Penang, an der Straße von Malakka. Wir waren 18 Personen, die sich zu dem damals schwierigen Ausflug entschlossen hatten. Spät am Abend erreichten wir Padang Besar, die Grenzstation zwischen Malaya und Siam, Thailand. Der Zug fuhr durch Siam zwei ganze Tage und eine Nacht. Am Morgen kamen wir in Aranya Prades an, der letzten Station von Siam. Hier begann Kambodscha, damals französische Kolonie. Die Bahn endete, eine Straße wurde erst gebaut. Es mußten Autos bestellt werden aus der nächsten größeren Stadt, aus Saigon, 750 km entfernt. Die Autofahrt war schwer, der Weg hörte bald auf. Die Wagen fuhren über Hügel, durch ausgetrocknete Flußtäler. Die Hitze war ungeheuer. Hielten die Wagen, kamen die Affen von den Bäumen zu uns. In der Nacht versagte unser Wagen, der Ventilator am Motor war gerissen. Mit dem Fahrer konnten wir uns nicht verständigen, und die anderen Wagen waren weit voraus gefahren. Die Nacht war heiß und unheimlich und im Urwald hörte man die Schreie der Tiere. Endlich, nach einigen Stunden sahen wir das Licht eines anderen Wagens, der uns suchte. So erreichten wir den Bungalow, der nur einige Gastzimmer besaß. Nur eine Gazetür trennte uns von dem Urwald. Am Morgen sahen wir die Tempel vor uns wie im Wunderland.

In dem schon genannten Buch, H. Kühn, Das Antlitz Indiens, 1963, schreibe ich auf S. 191: „Vor uns liegt Angkor Wat, der größte Tempelbau der Welt. Die Sonne beleuchtet ihn, hell und blendend strahlt der Stein, die breite Straße, mit grossen Platten gedeckt, wirft das Licht zurück. Rechts und links Wasser, von Steinen umsäumte Seen, viereckig, klar gebaut. Und klar gebaut der Tempel selbst. Die breite Front ist einen Kilometer lang. Mächtig ragen die drei Türme auf. Auf der alten Feststraße gehen wir dem Tempel zu, auf beiden Seiten läuft das Geländer als Schutz gegen das Wasser: zwei große Naga-Schlangen, die das Böse töten sollen. Der Tempel wächst im Gehen, jetzt tritt die Front deutlicher heraus, man erkennt Arkaden, Galerien, Säulen, Gänge, und dann das Tor, das den Besucher empfängt."

„Wir steigen die erste Treppe empor, sie ist steil, und die Stufen sind hoch. Jetzt stehen wir auf der ersten Terrasse, der ersten Stufe der Weisheit entsprechend. Mauern, Türme, Gänge, Tore, Arkaden und Buddhabilder. Wir steigen die zweite Treppe empor und kommen dem Allerheiligsten näher. Wieder öffnet sich die Terrasse, weit und ausgedehnt, Mönche in gelben Gewändern beten vor den stillen Statuen des Buddha, beten wie vor Jahrhunderten. Sie bewegen nicht den Kopf, wenn sie uns kommen hören, sie sind versunken im Gebet. Wir gehen durch die Gänge, durch die Tore, lächelnd sitzt der Buddha dort, die Füße untergeschlagen, das Haupt gesenkt, die Hand leicht erhoben in segnender Gebärde, ein paar Blumen liegen vor ihm, von den pilgernden Mönchen mitgebracht."

„An den vier Ecken der Terrasse stehen vier Türme, sie begrenzen den quadratischen, genau gegliederten Bau. Nun steigen wir auf zur dritten Terrasse, symbolisch zur Stufe der höchsten Weisheit, zum Buddha selbst. Die Treppe ist steiler als die beiden ersten, die Stufen sind höher — nur mit Mühe soll der Pilger zu dem Erhabenen gelangen. ... Nun liegt vor uns das Ende des Weges, die enge, schmale Treppe im Turm, der Weg empor zum Allerheiligsten, zum goldenen Bild des Buddha. Es ist geraubt oder zerstört, gestohlen oder vernichtet, aber wir sehen, hier stand das Bild, hier beteten die Priester in tiefster Versenkung, hier standen die Könige, hier war das Herz im Leben dieser Stadt. Fledermäuse hängen an den Wänden des Turms, sie huschen gespenstisch durch den engen Raum, eine Eidechse kriecht vorbei."

„Wir blicken über den Tempel, über das Land, über den endlosen Urwald. Ein riesiges Quadrat liegt der Bau unter uns, jede Seite fast einen Kilometer lang. Von hier oben erkennt man genau die dreifache Stufung, wie sie im inneren Aufbau des Buddhismus begründet liegt. Von hier oben erkennt man das Unermeßliche, das Riesenhafte, das Gewaltige des Baues, und zugleich das Wunderbare. Um ihn herum dehnt sich endlos — nach allen Seiten bis zum Horizont — wie ein Meer der Wald. Nur einige andere Bauten tauchen noch auf aus dem grünen Meer, dort Angkor Thom, dort der ältere Tempel Ba Yon genannt, dann der Palast des Königs, hier und dort kleinere Tempel, der Badeplatz, die Tore der Stadt — alles überwuchert vom ewigen Wald. Er dringt ein in die Gebäude. Die großen Bäume brechen sie auf, der Wald frißt das Werk des Menschen, er zerstört und vernichtet es."...

„Jetzt sind wir bis zur ersten Etage herabgestiegen, und nun gehen wir in die Galerie um den Tempel herum: ein fünf Meter hohes Relief läuft um die vier Seiten: ein Relief von 4 Kilometern Länge. Maßlos und unermeßlich, wie die tropische Vegetation, wie der Wald, wie dieser Tempel ist dieses Relief, man braucht eine Stunde, um an ihm entlang zu gehen. Die Geschichte des Volkes der Khmer ist dargestellt, man sieht Soldaten in den Krieg ziehen, man sieht den König auf dem Elefanten, man sieht Pferde und Reiter, Streitwagen, dann wieder brahmanische Gottheiten, Schiwa tanzend, weibliche Gestalten mit hohen Kronen, mit schlanken Hüften und wehenden Gewändern.... Man sieht Handwerker bei der Arbeit, Tischler, Zimmerleute, Fischer, Jäger, Rudersklaven, Männer auf dem Feld und den König in seinem Palast. Lange Szenen zeigen den Kampf der Götter und Dämonen."

Das Eindrucksvollste sind die gewaltigen Kolossal-Köpfe des Buddha in dem Tempel von Ba Yon. Vier Köpfe blicken nach vier Seiten, sie steigen auf zu 45 m Höhe, ein unvergeßlicher Anblick.

Als wir damals im Jahre 1931 in Angkor waren, wußte auch Dr. H. Marchal, der Leiter der Ausgrabungen noch wenig über das Alter, über die Könige, über die Geschichte des Landes. Erst allmählich wurde es möglich, die Inschriften zu entziffern, die Zeit genauer zu bestimmen, die in den Inschriften genannten Daten anzugliedern an unser System.

Um 550 n. Chr. wird Fu-nan erobert von den Khmer. Es ist ein König Bhavavarman, der den Sieg gewinnt. Er ist es, der die Khmer-Kunst schafft. Von ihm und seinen Nachfolgern werden die Tempel im Urwald errichtet, Prei Kmeng, Prasad Andet, Kompong Preah.

Zwischen 802 und 850 macht der König Jayavarman II. Angkor zum Zentrum des Landes. Jasovarman (889—900) macht Angkor zur Hauptstadt. Auch andere Städte werden errichtet, wie Kulén, Preah ko, Bakheng. Von 921 bis 941 regiert Jayavarman IV., er verlegt die Hauptstadt nach Koh Ker, er baut diese Stadt aus. Aber unter seinem Nachfolger Rajendravarman, (944—968), wird wieder Angkor die Hauptstadt. Es gibt Angriffe der Stämme der Cham um 1080. Unter Suryavarman II. (1113—1150) wird der Haupttempel von Angkor errichtet. Aber erneut kommt das Unglück über die Stadt und das Land. 1177 wird Angkor wieder zerstört durch die Cham. Das Reich der Khmer erholt sich von neuem und Jayavarman VII. erbaut Angkor in glänzender Pracht. Bayon in Angkor wird errichtet, Ta Prohm, die königlichen Terrassen. Noch einmal wird Angkor erobert 1353 und dann endgültig zerstört 1431 durch das Volk der Thai, die Siamesen. Das ist das Ende von Angkor Wat. Seit dieser Zeit hat kein Mensch mehr in der Stadt gewohnt, seit dieser Zeit ist die Stadt ausgelöscht, seit dieser Zeit ist sie vergangen, vergessen. Erst 1863 wurde sie wieder aufgefunden und langsam seit 1910 wieder ausgegraben, ausgegraben von dem Urwald, der die Gebäude, die Tempel und Paläste zerfressen hat.

Ostasien

China

Die prähistorische Forschung in China ist noch jung, sie beginnt in der ersten Hälfte des 20. Jahrhunderts, aber es haben sich sehr bald bedeutende Tatsachen ergeben.

Die Ausgrabung ist in China schwerer durchzuführen als in Europa. Das Öffnen der Erde auf größerer Fläche widerspricht den religiösen Vorstellungen von Jahrtausenden. In China gibt es nicht den Begriff des persönlichen Gottes. Jeder Clan, jede Familie erlebt die Hilfe der Ahnen, der Vorfahren. Ihnen wird die Geburt des Kindes mitgeteilt, die Heirat, der Tod. Wenn man das Land durchreist, erkennt der Blick Tausende und Tausende von kleinen spitzen Hügeln auf dem Land, es sind die Gräber der Ahnen. Ein Fünftel des Landes sind Gräber, sie werden gepflegt und geschützt. Darum ist der Bau einer Eisenbahn so schwierig, es müssen Gräber, die auf den Wegen liegen, beseitigt werden. Immer wieder haben die Bauern des nachts den Bau der Bahnen zerstört. Bei den Ausgrabungen von Chou-kou-tien mußten Soldaten eingesetzt werden, um die Grabungen zu schützen.

Die Forschung begann in den zwanziger Jahren, und wieder ist die Geschichte der Entdeckungen wie ein Roman.

In Europa wie in China galten prähistorische Knochen als Heilmittel für Krankheiten aller Art. Besonders Pulver aus den Stoßzähnen diluvialer Elefanten war sehr gesucht. Man hielt diese Zähne für das Horn des sagenhaften Einhorns, und heute noch tragen auch bei uns manche Apotheken den Namen: Einhornapotheke.

In China wurden die Zähne von ausgestorbenen Tieren von Bauern beim Pflügen ihrer Felder gefunden, sie gelten als heilbringend. Für die Bevölkerung sind es Drachenzähne, und der Drache ist das Symbol des Glückes.

Es war im Jahre 1900, als ein deutscher Arzt mit Namen K. A. Haberer in Peking in Apotheken die Zähne ausgestorbener Tiere aufkaufte. Er schickte sie an das Deutsche Museum in München. Dort bearbeitete sie der Paläontologe M. Schlosser. Er fand einen Backenzahn, der das Aussehen eines Affenzahnes oder eines vorzeitlichen Menschen besaß. Natürlich wurde nun die Frage wach, woher stammt dieser Zahn, und der Apotheker in Peking gab an, aus dem Ort Chou-kou-tien, 40 km südwestlich von Peking.

Zur gleichen Zeit war ein schwedischer Wissenschaftler in Peking, Dr. Johan Gunnar Andersson. Auch er hatte von diesen Funden gehört und seit 1921 suchte er immer wieder die Fundstelle ab. Es fanden sich tatsächlich Überreste von menschlichen Knochen und Zähnen. 1927 wurde der Backenzahn eines Kindes gefunden. Ein kanadischer Anatom, Dr. Davidson Black erkannte den Zahn als den eines Urmenschen, er veröffentlichte ihn und erklärte, daß der Mensch, der diesen Zahn besaß, zwischen Schimpanse und Urmensch einzureihen sei. Er gab ihm auch einen Namen: Sinanthropus pekinensis. Seine Veröffentlichung ist: Davidson Black, The lower molar from Chou-Kou-Tien Deposit, Palaeontologica Sinica, Bd. 7, Peking 1927. Auf diesen Aufsatz hin wurde die Rockefeller-Stiftung in New York veranlaßt, die Kosten der Grabungen zu tragen. Sie dauerten von 1927—37. Aber die Ergebnisse ließen auf sich warten. Als Black starb, übernahm sein chinesischer Mitarbeiter, Wen Chung Pei die Leitung. Am letzten Tage des Jahres 1929 hatte Pei das Glück, tatsächlich einen Urmenschen-Schädel zu finden. Der Schädel besaß große Ähnlichkeit mit dem Pithecanthropus von Trinil auf Java. Er wurde bezeichnet als Sinanthropus I. Bei der Ausmeißelung eines Steines wurde ein zweiter Schädel gefunden, Sinanthropus II. Es war im Januar 1930.

Nun wurden die Grabungen fortgesetzt bis 1939. Damals drang die Armee der Japaner bis nahe Peking vor, und die Grabungen mußten aufgegeben werden. Das Ergebnis bis dahin war so groß, daß man 150 einzelne Zähne gefunden hatte und die Reste von 40 Urmenschen. Seit 1931 hat Franz Weidenreich, ein deutscher Forscher aus Frankfurt/M., geb. am 7. Juni 1873 in Edenkoben, Pfalz, die Grabungen fortgeführt.

Am 5. April 1933 konnte ich die Funde in Peking aufsuchen. Sie befanden sich im Schwedischen Institut, und Professor Teilhard de Chardin hat mir Stück für Stück in die Hand gegeben. Einen Schädel, bald einen Oberschenkelknochen, bald ein Brustbein, bald Rippen, und die ausgegrabenen Werkzeuge, die behauenen Steine. Es ist ein unvergeßliches Erlebnis, den Schädel eines der frühesten Vorfahren des Menschen in der Hand zu halten. Er wiegt schwer, die Knochen sind mächtig, und man denkt, hier lag das Gehirn, hier war die Fähigkeit des Denkens, das Zentrum des Lebens. Den Abend haben Teilhard de Chardin, meine Frau und ich im Hotel de Peking zusammen verbracht, und wir konnten über alle die Fragen der Menschheit sprechen, über das Woher und Wohin. Die Gedanken klangen an, die später Teilhard de Chardin nach seinem Tode der Welt vorlegen konnte. Durch den Krieg sind die Originale der Schädel verloren, jedoch es bestehen von allen Stücken Abgüsse.

PIERRE TEILHARD DE CHARDIN ist 1881 geboren, er ist 1955 gestorben. Im Jahre 1912 wurde er zum Priester ordiniert und 1922 erwarb er seinen Doktorgrad in Paris an der Sorbonne. Er wurde Professor für Geologie am Katholischen Institut von Paris. In den Jahren 1923—24 wurde er nach Peking gesandt zum Studium des Sinanthropus. Nach einiger Zeit in Paris kehrte er 1929 nach Peking zurück und lebte dort bis 1939. Sein wichtiges Werk, The Phenomenon of Man war 1938 beendet, es konnte aber nicht veröffentlicht werden, wie auch kein anderes Werk von ihm bei Lebzeiten erschienen ist. Forschung und Lehre wurden ihm verboten durch die kirchlichen Vorgesetzten. Im Jahre 1951 ging er nach den Vereinigten Staaten, er starb in New York am 11. April 1955. Seine wichtigsten Werke sind: Le phénomène humain, Paris 1955, deutsch: Der Mensch im Kosmos, München 1959. Le groupe zoologique humain, 1956, deutsch: Die Entstehung des Menschen 1961 — L'énergie humaine, 1962.

Wichtige Arbeiten über den Sinanthropus pekinensis sind: F. WEIDENREICH, in: Palaeontologia Sinica, N. S. 10, 1943. — H. VALLOIS u. H. L. MOVIUS, Catalogues des hommes fossiles, Algier 1952. — WOO und CHAO in: Vertebrata palaeasiatica, Bd. 3, Peking 1959.

Nach dem Verluste der Funde von Chou-Kou-Tien wurden 1949 und 1951 wieder fünf Zähne gefunden, ferner aus dem Gesteinsmaterial von den Grabungen von 1927 bis 1937 noch ein Oberarm und ein Scheitelbeinrest und ein Unterkiefer. Der Mensch von Chou-Kou-Tien hat das einfach beschlagene Werkzeug gehabt und das Feuer. Die Funde gehören dem Beginn der zweiten Warmzeit zu, der Zeit vor 400 000 Jahren.

Im Jahre 1954 wurde ein anderer Wohnplatz des Menschen des unteren Paläolithikums gefunden im Tale des Flusses Huang Ho in der Mitte von China. Der Fundplatz ist Ting-ts'un in Hsiang-fen-hsien in der Provinz Shansi. Die Grabung wurde durchgeführt von der Chinesischen Akademie der Wissenschaften unter Leitung der Professoren Pei Wen-chung und Chia Lan-po. Es wurden in 14 nebeneinander liegenden Fundstätten mehr als 2000 bearbeitete Steinwerkzeuge gefunden. Die Bearbeitung entspricht im ganzen dem Abbevillien und dem Acheuléen in Europa.

Der Bericht findet sich bei PEI WEN-CHUNG, Yên-pei wên wu k'an cha t'uan pao kao, Peking 1951, chinesisch, und bei CHENG-TE-K'UN, Archaeology in China, Cambridge, Bd. 1, 1959 S. 24—29.

Das Schicksal war der chinesischen Forschung hold, im Jahre 1963 wurde der Schädel eines anderen Menschen der Epoche des älteren Paläolithikums aufgedeckt in dem Orte Lan-t'ien auf einem Berge, genannt Kong-wang. Der Fundplatz liegt 50 km südwestlich von Si-ngang, auch Sien yang, der Hauptstadt der Provinz Shensi. Dieser Typus Mensch wird bezeichnet als Sinanthropus Lantianensis.

Es wurde in einer Schicht roter Erde in der Tiefe von 30 Metern der Kiefer einer Frau gefunden mit allen Zähnen, außer dem Weisheitszahn. 1964 konnte ein großer Teil des übrigen Schädels gehoben werden, 1972 war es möglich, den ganzen Schädel in der Rekonstruktion zusammenzusetzen. Dieser Schädel ist größer als der eines Affen, er hat stärkere Seitenteile und einen Inhalt von 780 Kubikzentimeter. Die Menschenaffen besitzen höchstens einen Rauminhalt von 620 Kubikzentimetern. Dieser Urmensch wird als der älteste bisher bekannte Hominide betrachtet. Er lebte in der ersten Eiszeit, demnach zwischen 600 000 und 500 000 Jahren.

Die Kapazität des Schädels beim Sinanthropus Pekinensis schwankt zwischen 850 und 1220 Kubikzentimetern. Unser Index des heutigen Menschen ist 1350 Kubikzentimeter im Durchschnitt.

Auch der Sinanthropus Lantianensis besaß beschlagene Werkzeuge, einige aus Silex. Mehrere dieser Geräte zeigen Feuerspuren, sodaß es gesichert ist, daß dieser Mensch das Feuer besaß.

Der Schädel wurde in Europa zuerst gezeigt auf der Ausstellung: Trésor d'Art Chinois, récentes découvertes archéologiques de la République Populaire de Chine, Paris, Mai bis September 1973, Abb. im Katalog unter D 9.

An Literatur ist zu nennen: Palaeovertebrata et Palaeoanthropologia, Pékin I, 4, 1959. — VI, 3, 1962. — VIII, 1, 1966. — WOO JU-KANG, The skull of Lantien man, in: Current Anthropologie, Bd. 7, 1966.

Von den Menschen des jüngeren Paläolithikums, in Europa Typ von Crô Magnon genannt, gibt es in China fünf Funde. Drei sind im südlichen China gehoben worden, zwei im Norden.

Aus dem Süden stammt der Fund von Liu-chiang in Kwangsi, der Fund von Lai-pin, ebenfalls in Kwangsi und der von Tzu-yang in Szechuan. Sie alle tragen mongolischen Typus.

Zu diesen Funden treten noch die 10 Skelette oder Teile von Skeletten in der oberen Höhle von Chou-k'ou-tien. Von diesen Skeletten sind drei vollständig erhalten, ein alter Mann, ein Mann im mittleren Alter und eine junge Frau. Alle drei sind gewaltsam getötet worden, man kann noch die Schlagstellen erkennen. Bei den beiden Männern liegen sie an der Seite, bei der Frau am Hals. Viele Werkzeuge sind bei den Skeletten gefunden worden, Klingen, Schaber, darunter eine Nadel aus Knochen von 8,2 cm Länge, durchbohrt, alles belegt mit roter Farbe. In den Gräbern fanden sich auch Muscheln aus dem Meer, besonders von der Küste von Hoangho, mehrere 100 km entfernt von dem Fundplatz.

Auch aus dem Mesolithikum gibt es Funde in China. So haben die American Asiatic Expeditions von 1922—30 unter der Leitung von N. C. NELSON 50000 Artefakte, bearbeitete Feuersteine auf der Reise von 1600 km in der Mongolei von der Oberfläche aufgelesen. Das berichtet N. C. Nelson in Prehistoric Archaeology of the Gobi desert, in: American Museum Novitates, Bd. 222, 1926, S. 10—16 und The dune-dwellers of the Gobi in: Natural History, Bd. 26, 1926, S. 246—251.

Eine schwedische Expedition unter F. BERGMAN vermochte von 1930—33 an 335 Stellen in der Wüste Gobi 50000 Artefakte aufzulesen. F. Bergman berichtet darüber in seinem Buch: Archaeological researches in Sinkiang, Stockholm 1939.

Eine Ausgrabung, die reiche paläolithische und mesolithische Funde ergab, ist Ku-hsiang-t'un, 5 km südwestlich von Harbin in der Mandschurei. Die Grabung leitete zuerst A. S. Lukashkin vom Nord-Mandschurischen Museum 1931. Ein Gebiet von 400 Quadratmetern wurde ausgegraben, und dabei wurden 10000 Stücke von Tierknochen gefunden. Teilhard de Chardin besuchte die Station während der Arbeit.

Danach wurde das Gebiet besetzt durch die Japaner, und sie setzten die Grabungen fort unter der Leitung von S. Tokunaga und N. Naora in der Zeit von 1933—34. Sie fanden die Wohnplätze mit dem Material. Die Überreste der Tiere waren Elch, Mammut, wollhaariges Nashorn, zugleich aber fanden sich die Reste von Hase, Bison, Antilope, Strauß, weiter die Tierformen des Waldes, Rind, Elch, Rentier, Bär. Viele Steinwerkzeuge wurden gefunden, ebenso Knochengeräte.

Die Berichte sind: A. S. LUKASHKIN, Some observations on the remains of a Pleistocene fauna etc. in: The Early Man, 1937, S. 327—340. — TEILHARD DE CHARDIN, Some observations on the archaeological material, collected by Mr. Loukashkin, in: Bulletin of the Geological Society of China, Peking, Bd. 9, 1931 S. 183—193. — S. TOKUNAGA and N. NAORA, Palaeolithic artifacts excavated at Ho-chia-kou in Ku-hsiang-t'un, Tokyo 1936. — V. V. POSONOV, Evidences of prehistoric man on the bones of fossil mammals from Ku-hsiang-t'un, Harbin 1933.

Die wissenschaftliche Welt wurde in den zwanziger Jahren dieses Jahrhunderts inbezug auf China am stärksten bewegt durch die Entdeckung bemalter Tongefäße des Neolithikums, bezeichnet nach dem Fundort als Yang-Shao-Kultur. Es war Johan Gunnar Andersson, dem diese große Bereicherung unseres Wissens gelang.

J. G. ANDERSSON ist geboren am 3. 7. 1874 in Knista, Län Örebro in Schweden, er ist gestorben in Stockholm am 29. 10. 1960. Er hat selbst seinen Lebenslauf beschrieben in dem 15. Band der Zeitschrift: The Museum of Far Eastern Antiquities, Stockholm 1943 S. 7—20.

Im Jahre 1898, 24 Jahre alt, nahm er teil als geologischer Assistent von Prof. Nathorst an einer Expedition nach Spitzbergen und König Karls Land. Im Jahre 1901 machte er eine weitere Expedition mit Otto Nordenskjöld in die Antarktis, eine andere, ebenfalls in die Antarktis, in den Jahren 1920 und 1923. 1906 wurde er Generalsekretär des Intern. Geologie-Kongresses, der 1910 in Stockholm stattfand.

Es war im Jahre 1914, als Andersson von der chinesischen Regierung aufgefordert wurde, in China eine Stellung anzunehmen als Minenspezialist, besonders für Kohle-Vorkommen und für Eisen. Von 1916 ab leitete er diesen Posten.

Er kam auf die Spur des Sinanthropus im Jahre 1921, und ohne seine bereitwillige Hilfe, ohne seine Kenntnis der Behandlung der chinesischen Mitarbeiter, hätten die Ausgrabungen nicht diese Erfolge gewinnen können.

In dieser Zeit kaufte Andersson von Bauern und in Kunstläden in Peking alles, was an prähistorischen Antiquitäten vorhanden war. Nun muß ich bemerken, daß Peking die an Kunsthandlungen reichste Stadt war. Ich konnte sie zweimal besuchen, 1931 und 1933, und man sagte mir damals, daß sich in der Stadt 2000 Kunsthandlungen befänden. Der Grund liegt darin, daß bei den Opfern für die Ahnen möglichst alte Gefäße verwendet werden. Dann kennen die Ahnen die Art und die Form der Gefäße, aus denen das Opfer dargebracht wird. Dieser Gedanke fördert die Grabräuberei, die von einzelnen immer betrieben worden ist, wenn auch bis jetzt die Todesstrafe darauf steht.

Andersson sammelte zuerst die Knochen von fossilen Tieren. Sie wurden nach Uppsala gesandt und Uppsala zahlte die Kosten. Bald aber gewann man in Schweden auch Interesse an prähistorischen Ausgrabungsgegenständen. So konnten mit Hilfe der schwedischen Regierung große Privatsammlungen von Shang-Bronzen und von Huai-Bronzen angekauft werden. Der schwedische Kronprinz, seit 1950 König Gustav VI. Adolf, gestorben im September 1973, hatte Vorgeschichte studiert und sein Doktorexamen abgelegt. Sein besonderes Interesse galt der chinesischen Archäologie, und er unterstützte vor allem die Ankäufe.

Im Jahre 1920 sandte Andersson einen chinesischen Kenner aus, der alte Steingeräte kaufen sollte, sein Name war Liu. Liu kam zurück mit 600 neolithischen Steinbeilen, die von dem Orte Yang Shao Tsun in der Provinz Honan stammten. Andersson sagt selbst in Bd. 15 der Zeitschr.: The Museum of Far Eastern Antiquities, Stockholm 1943 S. 13:

"When Liu returned of Peking in January 1921 he brought with him a remarkable material consisting of about six hundred stone implements of varied types, many of them very beautiful specimens. As all the stone utensils had been collected in the village of Yang Shao Tsun, it seemed very likely that here was a Neolithic site of considerable volume. When I visited that village in April of the same year, this suggestion was fully confirmed and a further rather startling discovery was made of beautiful painted pottery in the "ashy earth" containing the stone implements. This was the first find of a prehistoric village in China proper and at the same time the first indication of a cultural connection of Chinese prehistory with the rich aeneolithic cultures of the Near East. The Yang Shao village-site with its cemetery was surveyed by me in the late fall of 1921 in cooperation with Mr. P. L. Yuan, of the Geological Survey, and Dr. O. Zdansky."

"Later on during the years 1921—22 my collectors Yao and Pai discovered at the Yellow River in Ho Yin Hsien near Cheng Chou a number of rich sites, Chi Kou Chai, Niu K'o Yü and Chin Wang Chai, revealing a very rich and beautiful painted pottery which seems to be somewhat more advanced than that of Yang Shao Tsun."

Im November 1926 kam der Kronprinz von Schweden nach China und besuchte die Fundstellen mit Andersson. In dieser Zeit beginnt die große Sammlung chinesischer Kunst, heute ausgestellt in Stockholm im Museum of Far Eastern Antiquities, Östasiatiska Samlingarna.

Andersson datiert die Yang Shao-Kultur in die Zeit von 2200—1700 v. Chr., die Funde von An-yang auf 1400 v. Chr. Neuerdings wird die Yang Shao-Kultur auf 2500 v. Chr. datiert.

Nach der Entdeckung von Yang Shao wurden noch in der Provinz Kansu mehrere Plätze gefunden, die ebenfalls reich an neolithischer Keramik waren, vor allem die Orte Hsin-tien, Ch'i-chia, Lo-han-t'ang, Pan-shan und Ma-chia-yao. In der Provinz Schan-si sind zwei wichtige Fundorte Chig-ts'un und Hsi-yin-ts'un.

Wie in Europa liegen die Fundplätze auf Lößboden, immer nahe den Flüssen, manchmal auch auf Lößterrassen. Ganze Dörfer und Siedlungen wurden aufgedeckt, in ihren Anlagen genau denen in Europa entsprechend. Auch die einzelnen Häuser, Keller, Abfallgruben und Gräber sind die gleichen.

Diese Kultur erhielt nach dem ersten Fundplatz Yang-shao ihren Namen. Die Keramik ist von der in Cucuteni, Schipenitz oder Petreny fast nicht zu unterscheiden. Dieselben kugligen Gefäße sind führend, sie haben einen abgesetzten Hals und sind rot, gelb und weiß bemalt. Auch die gleichen Motive wie in Europa erscheinen, Spirale, Viergliederung des Raumes, Zeichen des Mondes und des Wassers. Manche Gefäße haben zwei vorspringende Knubben oder Henkel auf der Bauchmitte, wie das auch in der bemalten Bandkeramik Osteuropas üblich ist. An Haustieren lebten Hund, Schwein und Schaf. Man fand aus Jade gearbeitete Armringe, Knochenmesser mit eingelegten Flintstücken, Perlen und Anhänger. Auf Grund von Abdruckspuren auf Tongefäßen ist der Anbau von Reis und Weizen nachweisbar. Spinnwirtel aus Stein, geschliffene Beile, Meißel, halbmondförmige Messer für Sicheln, ferner Mörser und Mahlsteine kommen vor. Überall lagert die Schicht auf den mesolithischen Straten der einheimischen Gobi-Kultur. Es besteht deshalb kein Zweifel, daß genau wie in Europa die Bandkeramik Chinas als etwas Neues und Andersartiges eindrang. Die überraschenden Übereinstimmungen in beiden Teilen der Welt lassen auf eine gemeinsame Wurzel schließen: es ist der Vorläufer der Hochkultur Mesopotamiens. Der naturgegebene Weg verlief über Iran, Russisch-

Turkestan, den Nordrand von T'ien-schan, Turfan, Hami bis Kansu. Neuere russische Funde aus Fergana und T'ien-schan bestätigen diese Verbindung.

Bezeichnend ist, daß wie in Europa auch Idole und vereinzelt Metallgegenstände, meistens als Schmuck, auftreten, so in Hsin-tien, Sha-ching, Ssu-wa-shan, Ch'ia-yao und Hsia-shi-ho.

Auf die frühe Bandkeramik, die von Yang-shao, folgt eine jüngere Schicht mit dem Namen Ma Chang. Die Spirale tritt als Muster hinter gemalten Kreisen und Zickzacklinien zurück. Die Formen der Gefäße sind vielfältiger, weitmundige Amphoren mit niedrigem Hals werden führend, Kupfer ist häufiger. Noch jüngere Stufen der Bandkeramik wurden von der Forschung als Hsin Tien, Ssu Wa und Sha-Ching bezeichnet. Es handelt sich um Spätformen der bemalten Keramik, bevor sie in der schwarzen Keramik aufging, die zuletzt ganz China beherrschte.

Der erste Fundort dieser Ma Chang-Kultur war Lungshan. Grabungen wurden hier 1930—31 durchgeführt. Der chinesische Forscher Wu Chin-ting stieß auf eine Siedlung mit einer Ausdehnung von 450 zu 390 Metern, mit einer Umwallung von 10 m Breite, mit Hausgrundrissen und Bestattungen. Der Platz ergab die wichtige Erkenntnis, daß neben der bemalten Keramik mit den Errungenschaften des Ackerbaus, der Viehzucht, der Tongefäße und des Steinschliffs, eine andere Gruppe mit schwarzer Keramik China erreichte und daß sie an vielen Stellen, besonders im Westen und Norden Chinas die ältere ist. An anderen Plätzen, wie in Yang-shao-t'sun, Honan; in Hsi-yin-ts'un, Shansi; und in Liang-Ssu-yung, Shansi; bestand sie von Anfang an zusammen mit bemalter Keramik. Die schwarzfarbigen Gefäße herrschen vor, daneben erscheint eine feine rötliche und weiße Keramik aus porzellanerdhaltigem Ton, manchmal auch mit Malereien, vor allem stilisierten Menschen.

Es gibt mehrere Gebiete in China, in die die Buntkeramik nicht eindrang, sondern nur die Schwarzkeramik. Nach dem heutigen Stand der Kenntnis sind es die Provinzen Schan-tun, An-hui, Kiang-su und Tsche-kiang, also die östlichen Länder am Rande des Gelben Meeres.

Auch die sehr eigenartige Schwarzkeramik liegt immer direkt über mesolithischen Schichten und muß wie die Buntkeramik eine Ausstrahlung des Vorderen Orients sein. Den Nachweis erbrachten vor allem S. M. Kaplan und Heine-Geldern. Neben dem Li, dem Dreifuß, ist eine Schale mit hohem Fuß führend in dieser Kultur. Sie erscheint auch in Nord-Iran, an dem Fundplatz Tepe Hissar II und in den ostkaspischen Orten Shah Tepe, Tureng Tepe und Anau. Andere Fundorte der Schwarzen Keramik sind Hou-kang und Ssu-p'an-mo, beide im Jahre 1931 ausgegraben, sowie Wang-yü-k'ou, 1932 bearbeitet.

In den späteren Schichten der Lung-shan-Stufe mit Ma Chang-Keramik fand man Messer und Pfeilspitzen aus Bronze. Auf Gefäßen erscheint eine Bilderschrift, die lesbar ist, beispielsweise auf einem Topf: „Ein Mann aus Ch'i fing sechs Fische und eine kleine Schildkröte in einem Netz." Zum erstenmal findet sich auch die Orakelschrift auf Schildkrötenschalen.

Die verbindenden Fundstellen im Kaspischen Raum gehören der Zeit von 3000—2000 an. Für die bemalte Keramik in China wurde die Zeit um 2500—2000 genannt, eine Datierung, die zutreffen dürfte. Genaue Ergebnisse werden die Radiokarbon-Untersuchungen bringen. Die Keramik von Ma Chang läßt sich datieren auf 1700—1300.

Die Datierung nach Andersson, ebd. S. 295 ist diese:

Steinzeit:	Ch'i Chia	2500—2200
	Yang Shao	2200—1700
	Ma Chang	1700—1300
Bronzezeit:	Hsien Tien	1300—1000
	Ssu Wa und	
	Ch'ia Yao	1000— 700
	Sha Ching	700— 500.

Die wichtigsten Veröffentlichungen von ANDERSSON sind: On early Chinese Culture, in: Bull. of Geolog. Survey of China, Bd. 5, 1923. — Preliminary Report on Archaeological Research in Kansu Men. Bull. of Geolog. Survey of China, Ser. A Nr. 5, Peking 1925. — Hunting magic in the animal style, in: The Museum of Far Eastern Antiquities, Bull. Nr. 4, Stockholm 1932, S. 221. — Prehistoric sites in Honan. Bull. of Geolog. Survey of China, Bd. 10, 1947.

Im Jahre 1939 wurde Andersson pensioniert, aber die Grabungen in Yang Shao und den anderen Orten, die die gleiche Kultur ergaben, gingen fort. So wurde 1953—55 gegraben in Pan-po-ts'un in Shensi und in Mia-ti-keou, später 1956—57.

Auch die Kultur von Ma Chang, oder Lo Chan, wie sie ebenfalls benannt wird, die schwarze Keramik, hat bei vielen neueren Funden ein reiches Material ergeben. Wichtig war eine Grabung von 1960 in Yao-kuan-tchuang im Distrikt von Wei-fang, Provinz Shantung. Die Literatur ist chinesisch: K'ao ku shueh, pao, Peking, Bd. VII, 1963 S. 348 ff.

Von Bedeutung ist es, daß auch ein neolithisches Dorf vollständig ausgegraben werden konnte. Es ist das eben genannte Pan po-ts'un. Der Ort liegt 7 km ostwärts von Hsian-fu im Wei-Tal in der Provinz Shensi. Die Ausgrabung hat der chinesische Forscher Cheng Cheng-to durchgeführt mit mehreren Mitarbeitern im Auftrage der Chinesischen Akademie der Wissenschaften. Die Arbeit umfaßte die Jahre 1953—55.

Es fand sich eine Siedlung von 20 Hektar mit einer Schicht von 3 m Höhe. Eine Mauer aus Stampflehm umgibt den Ort. Die Schicht ergab keine wechselnden Formen. Von der oberen bis zur unteren Lage gehört der gesamte Inhalt der Schicht der zweiten Stufe der Yang-shao-Kultur an, demnach der Zeit um 2000 v. Chr.

Die Häuser haben einen rechteckigen, meistens aber einen runden Grundriß. Bei dem vorherrschenden runden Grundriß steht in der Mitte der tragende Pfahl des schrägrunden Daches, es ist der Pfahl des ursprünglichen Zeltes, daher die Bedeutung der Zahl 5 bei den Chinesen. Es sind die vier Himmelsrichtungen, und in der Mitte der Himmel, t'ien, bezeichnet durch den Polarstern. Er unterliegt keiner Wandlung, keiner Bewegung. Die Rechteckhäuser haben die Größe von 7,60 zu 16,20 Metern. Nur ein Gebäude ist größer, ein Rechteckhaus in der Länge von 20 Metern.

Es scheint also, als wenn es einen König, einen Leiter des Dorfes gegeben habe. Der Eingang der Häuser liegt im Süden, auch das wird seine Bedeutung besitzen, die Ordnung zum Licht. Neben den Häusern liegen die Vorratsgruben.

Die Beigaben in Häusern und Gruben ist die feintonige Ware der Yang Shao-Kultur. Sie trägt zumeist schwarze Bemalung, es zeigt sich aber auch Schnureindruck, Ritzlinienverzierung. Das Ornament der Bemalung sind geometrische Muster, tierhafte und pflanzliche Motive, seltener stilisierte Menschengestalten.

An Geräten erscheinen Nadeln, Pfeilspitzen, Dolche, Angelhaken und Meißel aus Knochen. Aus Stein sind gearbeitet Beile, Meißel, Keulenköpfe, Mörser, Messer, Pfeilspitzen, Mahlsteine. Nördlich der Siedlung liegt das geschlossene Gräberfeld, 130 Gräber konnten aufgedeckt werden. Die Toten liegen in Reihen nebeneinander in gestreckter Haltung, bedeckt mit rotem Ocker. Die üblichen Beigaben sind Gefäße. Bei jedem Grab fanden sich 5 bis 6 Tongefäße, nur einmal 17.

Die Literatur ist chinesisch: Hsia Nai, K'ao ku t'ung hsün, Peking 1956 S. 24 f. — Cheng Cheng-to, China Reconstructions, Bd. 6, 1954. — Englisch: Cheng Te-k'un, Archaeology in China, Bd. 1, Cambridge, Edit. W. Heffer, 1959, S. 75—86. — Deutsch: Werner Speiser, China, Baden-Baden, Holle Verlag 1959, S. 21—23. — Hermann Müller-Karpe, Handbuch d. Vorgeschichte, München 1968, Verlag C. H. Beck, Bd. 2, Text S. 544.

Auf die prähistorischen Epochen folgt die Dynastie Shang von 1650—1111 v. Chr. Die Zeit der Hia von 2100—1700 ist legendär. Wohl hat die Legende die Erinnerung bewahrt an fünf Kaiser, unter ihnen ist Yu der Große der bedeutendste. Klarer ist der Blick auf die Dynastie Shang. Es erscheint die Bronze und die Schrift, und viele Bronzegefäße mit tief eingegrabenen Ornamenten und Zeichen legen Zeugnis ab von der Größe dieser Epoche.

Im Jahre 1928 wurde die Hauptstadt dieser Dynastie gefunden, Ngan-yang oder An-yang in der Übertragung. In diesem Jahr bringen Bauern Fundstücke aus Bronze und Ton zu den europäischen archäologischen Stellen in China und erklären, die Funde stammen aus An-yang, im Norden der Provinz Honan. Sie bringen auch etwas Ungewöhnliches, Schalen von Schildkröten mit seltsamen frühchinesischen Zeichen. Die Funde kommen zu Carl Whiting Bishop, dem Leiter der Freer Gallery of Art in Chicago, der damals in China weilt. Sein Helfer ist James M. Menzies. Bishop besucht den Ort und beschließt, an dieser Stelle den Spaten anzusetzen. Die beiden Forscher finden dabei die Hilfe eines chinesischen Gelehrten, Dr. Li Chi. Im Herbst 1928 beginnen Bishop und Menzies mit den ersten Untersuchungen an Ort und Stelle. Die eigentliche Grabung fängt an im Frühjahr 1929 und dauert bis 1935. Die Ergebnisse sind von größter Bedeutung für die Archäologie Chinas.

Bis 1929, bis zu der Grabung von An-yang, nahm man allgemein an, daß die alten chinesischen Bronzen der Han-Zeit (206—220 n. Chr.) angehören. Es handelt sich um bronzene Gefäße mit plastischen Darstellungen, wie sie häufig in den Kunsthandlungen von Peking, Hongkong, Shanghai, angeboten werden. Sie tragen das Zeichen des T'ao-t'ieh.

Die Überraschung ist daher groß, als Bishop dieselben Bronzen in An-yang ausgräbt. Bald ergibt sich deutlich, daß die Stadt um 1400 v. Chr. bestand, daß sie die Hauptstadt Chinas, die Hauptstadt der Shang ist. Die Große Stadt Shang, von der die Quellen sprechen, ist gefunden.

Die Ausgrabung legt die Grundrisse der Häuser frei, die Keller, die Straßen, die Plätze. Alle Häuser sind nach einem festen Plan gebaut, ausgerichtet nach Nord und nach Süd, denn die Stadt ist das Sinnbild des Kosmos, genau wie später Peking.

Der Königspalast bedeckt eine große Fläche, 64 Ar. Im Palast, in dem sich der Schmelzofen für die Bronzen befindet, werden auch die Gefäße aufbewahrt, die Bronzebeile, die Schmuckstücke aus Bronze. Man entdeckt auch die Werkstätte zur Herstellung der Steinmesser. Es gibt Teiche für Muscheln mit Perlen. In den Kellern findet sich ein verlassener Schatz von 5800 Gegenständen: Tongefäße, Perlen, Schildkrötenschalen, Kaurimuscheln, Bronzegegenstände, Gold und Jade. Auch Spuren von Seide lassen sich nachweisen. Überraschend ist der Fund einer Okarina, sie ergibt beim Blasen die Tonleiter: do, re, mi, fa, sol.

Die Häuser sind aus Holz gebaut, ihre Innenwände sind bemalt. Die Mauer um die Stadt fand man nicht, sie war aus Erde aufgebaut und ist abgesunken. Um die Stadt herum verliefen die Befestigungen zum Schutz der Bürger. Die Bevölkerung lebt von Ackerbau, Viehzucht und Jagd. An Getreide gibt es Hirse, Weizen, Reis. Hanf wird angebaut und für die Kleidung verwendet. Die größte Rolle für Stoffe aber spielt die Seide. Der Name der Seide lautet bei uns althochdeutsch sida, italienisch seta, spanisch seda, französisch soie. Das Wort kommt von dem mittellateinischen seta serica, chinesisches Tierhaar. Das Englische verwendet das Wort silk, es ist das nordische Wort für Seide. Es gab also auch nach Europa einen nördlichen Weg für die Seide über die Steppen, nicht nur die südliche Seidenstraße. Litauisch heißt Seide silkai, altslawisch selku, mongolisch sirkek — wobei r und l wechseln, koreanisch sir. Der Ausgangspunkt für diese Wörter ist das chinesische Wort ssi. Von den mongolischen Sprachen ist das Wort sirkek in das Griechische eingegangen, es wurde zu serikón, und daraus ist lateinisch sericum geworden. Die Chinesen werden von den Griechen die Leute des Seidenlandes, Séres genannt, in Rom Seres. In der Blütezeit Roms gilt die Seide aus China als die größte Kostbarkeit.

Die Seide ist in China schon im Neolithikum verwendet worden. Häufig haben sich in Gräbern der Neusteinzeit, des dritten Jahrtausends, als Beigaben Kokons der Seidenraupen gefunden. In den Gräbern der Shang-Zeit werden die Kokons in Jade nachgearbeitet. Die Grabungen in An-yang bringen viele solche Jadearbeiten, und dadurch ist es gesichert, daß in der Mitte des zweiten Jahrtausends die Seide in China schon eine große Bedeutung besaß.

Die wichtigste Entdeckung jedoch ist die der ältesten chinesischen Schrift. Nach der Überlieferung wurde die Schrift in China erfunden um 2600 v. Chr. Für ein so hohes Alter fehlt bis jetzt der archäologische Nachweis. Die älteste bisher bekannte chinesische Schrift ist die der Orakelknochen um 1400 v. Chr. Von ihnen wird in An-yang eine große Anzahl aufgefunden.

Seit 1899 tauchen Schildkrötenschalen mit alten Schriftzeichen auf in den Kunsthandlungen von Peking. James M. Menzies erwirbt sie, aber er kann nicht erfahren, woher diese Schalen mit den seltsamen Schriftzeichen stammen, bis er bemerkt, daß ein chinesischer Händler, Lo Chen-yü, sie mitgebracht hat aus der Nähe der Stadt Chang-te Fu, Honan, und das ist der Raum von An-yang.

Heute liegen mehr als 100 000 Schildkrötenschalen mit Inschriften vor. Diese Funde sind von der gleichen Bedeutung wie die Papyri in Ägypten, wie die Tontafeln mit Keilschriftzeichen in Mesopotamien. (Li Chi, Preliminary Reports of the Excavations at An-yang, 1929—35).

Die Inschriften berichten von dem Denken des chinesischen Menschen im 2. Jahrtausend, von seinem Erleben der Welt, von seinem sozialen Gefüge, von seiner Stellung zum Kosmos.

Die ersten Funde brachten die beiden Forscher nach Kanada, nach Toronto. Sie waren damals für die Forschung von solcher Bedeutung, daß ich im Jahre 1934 die beiden Forscher in Toronto aufgesucht habe. Mit großer Liebenswürdigkeit zeigten sie mir alle Fundstücke und berichteten über die Entdeckung der großen Stadt der Shang, heute An-yang. Ich erhielt auch die wichtigsten Arbeiten von ihnen, und so konnte ich nach eigener Anschauung berichten über An-yang in dem Buche der Fischer Bücherei: Die Entfaltung der Menschheit, Frankfurt 1958 S. 123 und Vorgeschichte der Menschheit, Bd. 3, Verl. DuMont Schauberg, Köln 1966 S. 80—86.

Die Grabungen nach 1950 haben das Bild der Zeit des 2. Jahrtausends in China weiter bedeutend aufzuhellen vermocht. In dieser Zeit waren es nicht mehr europäische Forscher, die die Grabungen durchführten, sondern chinesische Gelehrte. Die Archäologie hatte sich als eigene Wissenschaft an der Universität Peking durchsetzen können. Mancher junge Archäologe wartete auf seine Aufgabe.

Naturgemäß war es wieder An-yang, das die Forscher anzog. Die Grabungen durch Menzies und Bishop Whiting hatten längst nicht die ganze Stadt erfassen können. Nun, nach 1950, begann die genaue, die systematische Erforschung von An-yang.

Die Grabungen von 1955 leitete Liu Hsia-ch'un. Er berichtet darüber unter dem Titel, übersetzt: The excavation of Yin-hsü, An-yang, in the autumn of 1955, in der Zeitschr.: K'ao ku hsueh pao, Peking, Bd. 3, 1958, S. 63—72.

Im Jahre 1958 wurden wieder Grabungen durchgeführt unter der Leitung von Liu Tung-ya. Der Bericht darüber, übersetzt: A report on the excavation of the yin site, An-yang, findet sich in: K'ao ku, Peking 1968, Bd. 8, S. 23—25.

Die Grabungen wurden in moderner Methode durchgeführt mit der Gliederung in Quadrate. 30 000 Stück von beschrifteten Knochen und Muscheln konnten neu aufgefunden werden. Dabei ergaben sich 117 Namen, oftmals der Könige, so daß auch die Chronologie der Herrscher dieser Epoche in der großen Stadt der Shang, An-yang, deutlich werden konnte. Es hat der chinesische Forscher Jao-Tsung-i diese Tatsachen bearbeitet in einem eigenen Buch: Yin tai chêng pu jên wu t'ung k'ao, Hongkong 1959. Danach ergeben sich die folgenden Daten:

Die große Stadt Shang, An-yang, die Hauptstadt der Shang-Dynastie (etwa 1650—1027), bestand zwischen 1384—1111, also 273 Jahre.

Es ergeben sich diese historischen Daten:

    I. 1384—1281 v. Chr. mit vier Königen: P'an-kêng, Hsiao-hsin, Hsiao-yi, Wu-ting,
   II. 1280—1241 v. Chr. mit zwei Königen: Tsu-kêng und Tsu-chia,
  III. 1240—1227 v. Chr. mit zwei Königen: Lin-hsin und Kêng-ting,
  IV. 1226—1210 v. Chr. mit zwei Königen: Wu-yi und T'ai-ting,
   V. 1209—1111 v. Chr. mit zwei Königen: Ti-yi und Ti-hsin.

Die Grabungen erbrachten neben den Inschriften Bronzegefäße in der Form des „kuei", rund mit einem Untersatz, Darbringungsgefäße für Opferfleisch, oder andere in der Form „chüeh" mit drei Füßen und einem Ausguß, oder in der Form „ku", ein rundes Gefäß mit weitem Ausguß zur Darbringung von Opferwein. Alle diese Gefäße tragen eingravierte Symbole, vor allem T'ao-t'ieh, den Drachen, das Tier der Unterwelt. Es wird zum Symbol des Kosmos, wenn es geflügelt ist, dann vereinigt es Oberwelt und Unterwelt, und wird damit zum Sinnbild des Ganzen, des Weltganzen. Noch heute ist der Drache das Symbol des Glückes in China.

Über Sinn und Bedeutung dieser Kultgefäße der Shang-Zeit, nicht nur derjenigen aus An-yang, sondern über die der Epoche insgesamt, berichtet CARL HENTZE in: Frühchinesische Bronzen und Kultdarstellungen, Verlag De Sikkel, Antwerpen 1937, und ders.: Bronzegerät, Kultbauten, Religion im ältesten China der Shang-Zeit, 1951, Verlag De Sikkel, Antwerpen.

An mehreren anderen Stellen der Provinz Honan wurden nach 1950 rund 2000 Gräber der Shang-Zeit ausgegraben. Die Namen der wichtigen Fundstellen sind: Hsiao-t'un, ausgegraben 1951 von SHIH CHANG-JU, Bericht in: Bulletin of the Institute of Academia Sinica, Peking, Bd. 23, 1952, S. 447—487. Ferner: TA-SSU-K'UNG-TS'UN, Honan, mit dem Bericht von MA TÊH-CHIH in: K'ao ku hsueh pao, Peking, Bd. 9, 1955, S. 25—90.

Die Ausgrabungen haben seit 1950 ein viel klareres Bild für die Kultur der Shang ergeben, als es vorher möglich war. Vor allem ist von Bedeutung die Entwicklung der chinesischen Schrift. Es ist eine Bilderschrift, ebenso wie die frühe Keilschrift Mesopotamiens, ebenso wie die frühen Hieroglyphen Ägyptens. Die Bilder werden allmählich vereinfacht (KÁROLY FÖLDES-PAPP, Vom Felsbild zum Alphabet, Stuttgart, Belser-Verlag 1966). Es sind für die Shang-Zeit 2000 Zeichen bekannt, von ihnen ist die Hälfte entzifferbar.

So ist die Welt der Shang deutlich geworden in ihrem materiellen Bestand, aber auch in ihren geistigen Vorstellungselementen. Es gibt den Drachen der Unterwelt, dargestellt als t'ao-t'ieh in der Form eines aufgeteilten Tierkopfes, des mythischen Erddämons. Der Geist, der Himmel, das Spirituelle, wird wiedergegeben durch den Vogel, vor allem die Eule. So entwickelt sich in dieser Zeit der tragende Gedanke der Welt Chinas überhaupt: des Yin und Yang, des Dunkel und Hell. Es wird zu Nacht und Tag, Weiblich und Männlich, Unten und Oben. Aber diese Begriffe erscheinen nicht als Gegensätzlichkeiten, sondern als die Polarität des einen Ganzen, des Menschen und damit des Kosmos.

Auch der Gedanke eines Fortlebens nach dem Tode wird deutlich in der Shang-Zeit. Diese Vorstellung wird symbolisch dargelegt durch das Zeichen der Zikade, des Tieres, das verschwindet und ungesehen wiederkehrt. Die Bilder der Zikade in Jade oder in Bronze werden den Toten auf die Augen gelegt.

Wenn das Bild der späten Epoche der Shang besonders deutlich wurde durch die Ausgrabung von An-yang, vor allem nach 1950, dann wurde auch die frühe Epoche der Shang sichtbar durch die Entdeckung ihrer ersten Hauptstadt, in der Zeit von 1650—1384 v. Chr..

Eine Grabung in Chêng-chou in Honan, beginnend mit 1952, erschließt die erste Hauptstadt der Shang. Damit ist der entscheidende Punkt der frühen Epoche der Shang entdeckt. Es wird die Mauer gefunden, ursprünglich 5 m hoch. Die Grundrisse der Häuser werden festgestellt, es ergeben sich die ersten Gebrauchsgeräte in Bronze. Die Stadt war viereckig angelegt, 2 km weit von Nord zu Süd und 1,7 km von Ost zu West. Der alte Name der Stadt war Ao. Der heutige Name Cheng-chou bezeichnet eine kleine Stadt, erbaut auf den Ruinen der Shang-Epoche. Sie umfaßt aber nur zwei Fünftel der Größe der alten Stadt.

Sowohl in der Stadt, wie auch in ihrer Umgebung fanden sich vielerlei Werkstätten, Bronzegießereien mit Gußformen, Töpfereien, Knochenschnitzereien. Die Straßen waren gepflastert. Es fanden sich auch die Kultgefäße aus Bronze, allerdings in wenigen verschiedenartigen Typen.

Die Arbeitsstätten für Geräte lagen außerhalb der Mauern. Eine Werkstätte für Bronzebearbeitung findet sich 1 km nach Süden zu, die Werkstätte für Knochenbearbeitung liegt 1/2 km vor den Mauern im Norden, die Keramik-Werkstatt 1 km im Westen.

Die Stadt ist errichtet auf einer älteren Siedlung der Schwarzen Keramik. Für die Besiedlung in der älteren Shang-Zeit konnten vier Schichten beobachtet werden.

Der Begründer der Stadt war der König Chung-ting. Nach den alten Berichten, der zehnte König der Shang-Dynastie. Die Stadt wurde als Hauptstadt aufgegeben von König P'a-keng im Jahre 1384 v. Chr. nach dem Ausweis der Knocheninschriften und ihrer Beziehung zu unserer Datierung. Dieser König verlegte die Hauptstadt nach An-yang.

Die Literatur über die Grabung von Chêng-chou ist sehr groß, alle Arbeiten in chinesischer Sprache. Es seien genannt: AN CHIH-MIN, übersetzt: A report of the excavation of Êrh-li-kang, Chêng-chou, in autumn of 1952, in: K'ao ku hsueh pao, Bd. 8, Peking 1954, S. 65—108. — AN CHIN-HUAI, übersetzt: The ancient remains of Chêng-chou, in: Wên wu, Peking 1957, Bd. 8, S. 16—20. — MA CH'UAN, übersetzt: Some ancient pottery kilns of Chêng-chou, in: Wên wu, Peking 1957, S. 10 u. S. 58—59. — TSAO CH'ING-YUN, übersetzt: Excavations at Chêng-chou, in: K'ao ku hsueh pao, Peking 1958, Bd. 3, S. 41—62. —

Auf die Dynastie der Shang, etwa 1650—1027 v. Chr. folgt die Dynastie der Tschou von etwa 1027—256 v. Chr., die der West-Tschou von 1027—771, die der Ost-Tschou von 770—256 v. Chr. Man kennt 37 Könige dieser Dynastie. Im Jahre

1027, nach anderer Chronologie war es 1050, brach das Volk der Tschou oder geschrieben Chou, mit Kampfwagen und Fußkriegern auf nach An-yang. Der Zug hatte Erfolg. Der letzte König der Shang beging Selbstmord. Die Tschou-Dynastie als Ganzes herrschte bis 256 v. Chr., also 771 Jahre lang.

Schon seit längerer Zeit hat es im Kunsthandel in China und Europa die Bronzegefäße dieser Epoche gegeben. Sie ähneln denen der Shang-Zeit, sind aber einfacher, im Ornament übersichtlicher gearbeitet.

Nach 1950 wurden auch für diese Epochen systematische Grabungen durchgeführt von chinesischen Gelehrten. Wichtige Unternehmungen waren die in Ts'i-kia-tsun in der Provinz Shensi in den Jahren 1960 und 1963. Dort wurden zwei Gruben gefunden mit einer großen Anzahl von Bronzegefäßen. Es handelt sich sicherlich um ein Versteck, als die Nomaden-Völker des Westens die Hauptstadt der Tschou belagerten und bedrängten. Das war im Jahre 771 v. Chr. Drei Bronzen tragen Inschriften, viele die Maske des T'ao-t'ieh.

Der Bericht findet sich in der Zeitschrift K'ao ku, Peking 1963, Bd. 8, S. 14f. — Ferner in: Sin Tschong kuo tch'u-t'u wen wu, Fig. 58, ein Buch, das in chinesischer Sprache die Forschungen des Neuen China darstellt. Man kann den Titel übersetzen mit: Neue Archäologische Entdeckungen im Neuen China, Peking 1972.

Auch die Zeit der Kämpfenden Staaten von 472—221 v. Chr. und die Epoche der Einigung durch die Ts'in, 221—206 v. Chr., ist durch neuere Funde nach 1950 archäologisch stärker gefestigt worden. Im Jahre 221 einigte der Kaiser Ts'in Chi Huang ti das Land. Nach seiner Dynastie wird China bis heute als das Land der Ts'in, China, benannt.

Ein bezeichnendes Kunstwerk, eine sitzende Frau aus Ton gearbeitet, in der Größe von 64,5 cm, ist 1964 gefunden worden in Tsiao-kia-ts'un, im Distrikt von Lin t'ong, Provinz Shensi. Die Figur war 1973 in Paris im Petit Palais ausgestellt auf der Ausstellung: Trésors d'art chinois. Eine Abbildung bringt der Katalog S. 132. Der chinesische Bericht findet sich in der Zeitschrift Wen wu, Peking 1964, Bd. 9, S. 55, Fig. 1—2, ferner in dem schon genannten Werk: Sin tschong kuo tch'u-t'u wen wu, Peking 1972 Fig. 81, übersetzt: Die archäologischen Entdeckungen im Neuen China, Peking 1972.

Die Zeit der Han-Dynastie, 206 v. Chr. bis 220 n. Chr. ist eine der einheitlichsten Epochen Chinas. Die Dynastie wurde begründet durch den Kaiser Kao-Tsu (206—195), er vereinigte das ganze damalige China. In der Kunst sind deutlich Einflüsse der Nomadenstämme des Ostens zu erkennen, auch Einflüsse von Rom und Konstantinopel im Ornament der Spiegel dieser Zeit.

Eine wichtige Entdeckung war die Auffindung zweier Grabkapellen im Jahre 1968. Sie liegen etwa 150 km südwestlich von Peking, in Man-tch'eng. Sie stammen aus dem 2. Jh. v. Chr. Die Inschriften geben an, daß es sich um die Grabkammern des Prinzen Liu Cheng handelt, 155—113, und die seiner Gattin, der Prinzessin Tu Wan. Die beiden Gräber enthielten 2800 Gegenstände. Auffallend ist das Totengewand aus 2156 Jadestücken, die den Körper völlig bedecken. Die Beigaben sind Bronzegefäße, Tierfiguren aus Bronze, Bronzelampen und anderes.

Der Bericht ist: Zeitschrift Wen wu, Peking 1971, Bd. 1, Taf. 2 — Ferner: Zeitschrift K'ao ku, Peking 1972, Bd. 1, S. 15f Taf. III, 2. — In Farbe werden mehrere Fundstücke wiedergegeben in dem Werk: Si tschong kuo tch'u-t'u wen wu, Peking 1972, Bd. 1, Fig. 96.

Auch die Epoche der Sui, 581—618 n. Chr., wurde gesicherter durch einige neue, bedeutende Funde. Im Mai 1959 wurde die Grabkammer des Tschang Tscheng, eines Generals der Dynastie der Sui entdeckt. Das Grab ist ein langer Gang, er führt zu auf die eigentliche Grabkammer. Der Fundplatz liegt südlich von An-yang in der Provinz Honan. Der Sarkophag trug das Datum 595 n. Chr., übertragen in unser Chronologie-System. Es fanden sich 192 Gegenstände. Darunter waren 92 bemalte Statuetten aus Ton von Frauen, wie sie auch aus der späteren Zeit der Tang zu Tausenden aus der Erde gehoben worden sind. Der Gedanke ist, daß sie dem Toten helfen und dienen sollen im Jenseits, daß sie ihn erfreuen durch Tanz und Gesang. Offenbar hat es in früheren Zeiten die Totenopfer von Lebenden gegeben, sicherlich ebenso wie in den Königsgräbern von Ur. In China bildete sich die Sitte heraus, anstelle der Opfer die Tonstatuetten dem Toten beizugeben.

Die Statuetten dieser Zeit sind steifer, fester in der Form, sie besitzen noch nicht die Gelockertheit und Lebendigkeit der Tang-Figuren. Sechs der Figuren sind schon glasiert. Auch Porzellan-Gefäße in Seladon-Porzellan fanden sich unter den Beigaben. Seladon ist eine grünliche, jadeähnliche Glasur, mit der das chinesische Porzellan besonders seit der Sung-Zeit, 960—1279, überzogen worden ist. Es war für die Ausgräber überraschend, Seladon-Porzellan mit der Datierung durch die Grabkammer von 595 vorzufinden. (G. S. G. Gompertz, Chinese Celadon wares. London 1958).

Die Bearbeitung des Fundes findet sich in der Zeitschr. K'ao ku, Peking 1959, Bd. 10, S. 541f, und in dem Werk: Sin Tschong kuo tch'u-t'u wen wu, übersetzt: Achäologische Entdeckungen im Neuen China, Peking 1972.

Die Epoche der Tang, 618—907 n. Chr., gegründet 618 durch König Li Schimin ist historisch von Bedeutung, weil damals Turkestan und Korea unterworfen wird, im Süden Annam und Tschampa, Champa. Im Material der Ausgrabungen zeigt sich daher ein gewisser Reichtum. Viele weibliche Tonstatuetten sind in die Museen von Europa und Amerika gekommen, auch Pferdestatuen in Ton. Die Malerei, gearbeitet seit der Han-Dynastie, erreicht ihre erste Blüte. Dichter wie Li Tai pe und Tu-Fu lebten in dieser Zeit. Es wird auch das erste chinesische Buch 868 gedruckt.

Auch diese Zeit ist durch neue Funde bereichert worden. Es ist von Bedeutung, daß 1970 die alte Hauptstadt der Tang aufgefunden werden konnte. Sie liegt im Süden der Stadt Si-ngan, in der Provinz Shensi. Der Name des heutigen Ortes in nächster Nähe ist Ho-kia-ts'un. Der alte Name der Hauptstadt der Tang war Tch'angngan.

Die sorgfältigen Ausgrabungen ergaben mehr als tausend Gegenstände. Es sind darunter Gefäße aus Gold und Silber. Einflüsse der Sassaniden sind zu erkennen, auch byzantinische Formgebungen. Es fanden sich Münzen des sassanidischen Königs Chosroes II. (590—628), byzantinische Münzen von Heraclius (610—641), Münzen aus Japan, geschlagen im Jahre 708. Der vergrabene Schatz des Prinzen Pin wurde entdeckt. Er mußte fliehen mit dem letzten König oder Kaiser Hi uan-tsong im Jahre 906.

Der Bericht über diese wichtige Ausgrabung findet sich in der Zeitschr. Wen wu, Peking 1970, Bd. 1, S. 30. — Ferner in dem Gesamtwerk über die Funde während der Kulturrevolution in China, mit dem Titel: Wen-hua ta-ke-ming k'i - kien tch'u t'u wen wu, Peking 1972.

Über das prähistorische China berichten folgende Werke in europäischen Sprachen: H. G. CREEL, The birth of China, London 1936. — CHENG TE-K'UN, Bd. 1, Prehistoric Chine, Bd. 2, Shang Chine, Bd. 3, Chou Chine. Cambridge, Verlag W. Heffer & Sons, 1959—1966. — Ders. The beginning of Chinese civilization, in: Antiquity, Bd. 47 Nr. 187, 1973, S. 197—209. — W. WATSON, La Chine ancienne, Verl. Sequoia Elsevier, Paris-Bruxelles, 1969. — V. ELISSEEFF, Paléolithique et Néolithique chinois, in: L'Homme avant l'écriture, Verl. Armand Colin, Paris, 2. Aufl. 1968. — HAI NAI, Les nouvelles découvertes archéologiques en Chine depuis dix ans. Archäol. chines. Zeitschr. K'ao ku, Bd. X, 1959. — Übersetzung ins Französische in: T'oung pao, Bde. 49, Verl. E. J. Brill, Leiden, 1962.

Über die Archäologie und Kunst berichten: O. SIRÉN, Kinas konst under tre Årtusenden, 2 Bde. Stockholm 1942—1943. — Ders. Chinese Painting, London 1956—1958. — WERNER SPEISER, Die Kunst Ostasiens, Berlin, Safari Verl. 1946. — Ders. China, in: Kunst der Welt, Holle Verlag, Baden-Baden 1959. — R. GROUSSET, La Chine et son Art. Verl. Plon, Paris 1951. — ELEANOR V. ERDBERG CONSTEN, Das alte China, Stuttgart, Kilpper Verl. 1958. — W. SPEISER, R. GOEPPER, J. FRIBOURG, Chinas Kunst, 1965. — W. WILLETTS, Foundations of Chinese Art, London 1965.

Korea

Die Halbinsel Korea liegt zwischen China und Japan, sie ist die natürlich gegebene Brücke zwischen den beiden Staaten. So haben diese Länder seit Jahrtausenden eingewirkt auf Korea, kulturell und auch kriegerisch. Sie haben Korea erobert, besetzt, geplündert, ihm aber auch ihre geistige und künstlerische Prägung gegeben.

Nach den Mythen reicht die Geschichte von Korea zurück bis zu der Zeit von 2333 v. Chr. Die Chinesen bezeichneten Korea als Chao-hsien, das Land der Morgenfrische, in altkoreanischen Texten wird es Choson genannt. In dieser Zeit soll ein mythischer Kulturschöpfer, Tan' gun, göttlichen Ursprunges, das Land gegründet haben. Die Legende berichtet weiter, im Jahre 1122 v. Chr. sei der Prinz Chi-tzu aus dem Kaiserhaus der Shang-Dynastie Chinas (1650—1027), mit Tausenden von Kriegern aus China nach Korea gezogen. Chi-tzu habe in Korea die Herrschaft übernommen und sein Geschlecht habe bis 194 v. Chr. geherrscht.

Diese Legende deutet an, daß Korea in früher Zeit unter der Herrschaft Chinas stand. Historisch ist überliefert, daß am Ende der Ts'in-Dynastie (221—206 v. Chr.)

der Nordteil von Korea regiert worden ist von einem Chinesen mit Namen Wei Man, koreanisch Wi Man. In der Han-Zeit (206 v. Chr. — 220 n. Chr.) war das Land eine Präfektur von China mit vier chinesischen Präfekten.

Es war im Jahre 313 n. Chr., als Korea sich selbstständig machen konnte. Die chinesische Besatzung wurde vertrieben, ein eigener Staat wurde errichtet. Er umfaßte allerdings nur Nordkorea unter dem Namen Koguryo. Die Einwohner gehörten einem tungusischen Volk an mit mandschurischen Einschlägen.

Das Gebiet von Südkorea war vom 4. bis 6. Jh. nach den japanischen Quellen japanisches Protektorat, es trug den Namen Mimana.

Erst im 5. Jh. konnten sich eigene koreanische Staaten bilden, es waren drei: Koguryo, Paekche und Silla. Unter schweren Stammeskämpfen, mit der militärischen Hilfe Chinas in der T'ang-Zeit (618—907), konnte der Staat Silla die beiden anderen Staaten niederwerfen. 663 fiel Paekche, 668 Koguryo. Silla wurde der Einheitsstaat Korea mit der Hauptstadt Kjöndschu, und blieb es bis 935. Das Land war buddhistisch. In dieser Epoche formte sich eine koreanische Nation und eine eigene Sprache entstand, das Altkoreanische, es wurde in chinesischen Schriftzeichen geschrieben.

Aber die Zwistigkeiten des Adels, lokale Aufstände, Unruhen, führten im 10. Jh. zum Niedergang Sillas, und damit zum Ende des Einheitsstaates. Durch Kriege untereinander hoben sich Teilstaaten heraus. Im Jahre 918 proklamierte Wang Kon in Nordkorea das Königreich Koryo in Anlehnung an den Namen des alten Reiches Koguryo. Bis 936 brachte er ganz Korea unter seine Herrschaft. Dieses Reich bestand bis 1231. In diesem Jahre eroberten die Mongolen das Land, dieselben Mongolen, die später in China die Yüan-Dynastie (1278—1368) begründeten. Aber 1392, unter der chinesischen Ming-Dynastie (1368—1644), erhob sich in Korea ein General Yi Songgye. Er gab dem Lande Korea den Namen Choson. Zur Hauptstadt erhob er Hanjang, das spätere Söul, ein Name, der Hauptstadt bedeutet. Damit begründete sich eine koreanische Dynastie, die sich Yi benannte. Sie beherrschte das Land von 1392 bis 1592. Es war das eine Zeit des wirtschaftlichen und kulturellen Aufstiegs. Der Buddhismus wurde beseitigt, an seine Stelle trat der Konfuzianismus und der alte Schamanismus mit einigen Neuerungen.

Da setzte eine Invasion aus Japan ein unter Toyotomi Hideyoshie. In zwei Feldzügen, 1592—1597, und danach 1598, wurde das Land grausam verwüstet. Fast alle Tempel, Paläste, Gemälde, Skulpturen wurden vernichtet. Bis heute ist dieser Schlag gegen Korea erkennbar in der Seltenheit der Kunstwerke bis zu dieser Zeit.

Jedoch gelang es Korea mit der Unterstützung des Militärs der Ming-Dynastie, die Japaner zu besiegen.

Dann drangen die Mandschu ein in Korea, 1627, sie hatten die Herrschaft inne bis 1894, in China von 1644—1911 unter dem Namen Ch'ing-Dynastie.

Aber von neuem kam es zu Auseinandersetzungen mit Japan. Japan erzwang 1876 die Öffnung der Häfen und dann begann der Krieg wegen des Eindringens japanischer Militärs. Japan siegte 1895. Korea bat Rußland um Hilfe und russisches Militär rückte ein in Korea. Es entspann sich ein Machtkampf um Korea zwischen den beiden Mächten. Dieser Gegensatz führte zu dem großen russisch-japanischen Krieg von 1904—1905. Japan siegte gegen Rußland, und so verblieb die japanische Oberhoheit über Korea.

Doch unter der Decke schwelte der Widerstand gegen Japan. Der japanische Generalresident Ito Hirobumi wurde 1909 ermordet in Harbin. Als Gegenschlag wurde die koreanische Yi-Dynastie 1910 endgültig beseitigt. Am 22. 8. 1910 wurde Korea dem japanischen Kaiserreich vollständig einverleibt, es wurde eine Kolonie von Japan.

Als wir, meine Frau und ich, Korea besuchten, das erste Mal 1931 und noch einmal 1933, trugen alle Männer eine weiße Kleidung und einen Hut, ähnlich einem kleinen Zylinder. Wir fragten nach dem Grund dieser seltsamen Kleidung, und man erklärte uns, Weiß ist die Farbe der Trauer im Fernen Osten. Das Volk trauert, weil es von den Japanern unterworfen worden ist.

In Jalta teilten die Vereinigten Staaten von Amerika und die Sowjet-Union Korea auf. Am 8. 8. 1945 besetzten sowjetische Truppen den Norden des Landes, am 8. 9. 1945 amerikanische Einheiten den Süden. Die Vereinigten Nationen beschlossen 1947 freie und geheime Wahlen für ganz Korea. Am 15. 8. 1948 wurde die Republik Südkorea begründet mit dem Namen Tachan-Minguk mit freiheitlichen Prinzipien. In Nordkorea wurde unter dem Einfluß der Sowjetunion Rußland eine kommunistische Regierung begründet, sie begann ihre Tätigkeit am 9. 9. 1948. Aus den Gegensätzen beider koreanischer Staaten entstand der Korea-Krieg, 1950-1953. Die Kämpfe gingen hin und her, 1958 zogen die USA ihre Truppen zurück. Nordkorea ist kommunistisch geblieben, Südkorea hat schwere innere Kämpfe durchzuführen gehabt, es hat aber festgehalten an der freiheitlichen parlamentarischen Regierung.

Die Geschichte Koreas ist es, die das Verständnis der Vorgeschichte des Landes möglich macht. Dieses Land stand immer zwischen zwei mächtigen Kraftzonen, zwischen China und zwischen Japan. Beide Mächte haben es beherrscht, haben ihm ihre Stempel aufgedrückt, so war es in den beiden letzten Jahrtausenden seit Chr. Geb., so war es schon in der Vorgeschichte.

Im Neolithikum können drei verschiedene Kulturen unterschieden werden. Die erste Art ist die Kammkeramik. Über ihr Wesen, ihre Ausbreitung, ihre Ornamentik wird berichtet auf S. 422. Die Kammkeramik ist erkennbar auf dem östlichen Ufer der Ostsee, in Deutschland im ehemaligen Ostpreußen, in Nordrußland bis zum Ural. Darüber hinaus bedeckt sie den Steppenraum bis nach China und ist auch vorhanden in Korea.

Die Keramik ist im allgemeinen derart, daß ein großes Gefäß auf spitzem Boden in den Erdboden gesteckt werden kann. Es gibt daneben Tongefäße, die die Formen von Blumentopfbechern besitzen. Diese Keramik wird mit Fingertupfen verziert, daher die Grübchen, oder das Ornament wird mit einem Kamm eingestochen. Der Name Kammkeramik bezeichnet die entsprechende Technik der Verzierung. Die Gefäße besitzen meist einen grauen Farbton, er kann bis zu Braun wechseln. Als Zusatz zum Ton wird Kalksplitt, Glimmer oder Muschelsplitter verwendet. Neben den Tongefäßen erscheinen Äxte, Pfeilspitzen, Fischereigeräte.

In Finnland ist die Kammkeramik zu datieren auf die Zeit von 3000—1600 v. Chr., nach VILLE LUHO in: Jan Filip, Enzyklopädisches Handbuch zur Ur- und

Frühgeschichte Europas, Stuttgart 1966 Bd. 1, S. 575. Sie ist nicht eine neolithische Kultur im Sinne der Ackerbau-Wirtschaft. Sie ist eine mesolithische Kultur, sie lebt ohne Ackerbau, nur vom Fischfang. Das ist der Grund ihrer langen Dauer, ihrer statischen Lebensform. Durch Jahrtausende hindurch gibt es keine Veränderung. So kann man auch nicht die Daten von Finnland übertragen auf Sibirien oder auf Korea. Hier mag der Zeitstand Jahrtausende später anzunehmen sein.

Räumlich erscheint die Kammkeramik in Korea auf der ganzen Halbinsel vom Tumen-Fluß entlang der Küste des Japanischen Meeres bis nach Pusan, und von da aus nordwärts an der Küste des Gelben Meeres bis zur Halbinsel Liao-tung in der Mandschurei.

Diese Verbreitung erklärt die Tatsache, daß die Sprache der Koreaner zur Ural-Altai-Gruppe gerechnet wird. Der Begriff Ural-Altai stammt von Castrén. In seinem Buch: Ethnologische Vorlesungen über die altaischen Völker, Petersburg 1857, faßt er das Finno-Ugrische, das Samojedische, Türkische, Mongolische und Tungusische zusammen als eine eigene Sprachengruppe. Gegen diese große Zusammenfassung wandte sich HEINRICH WINKLER in seinem Werk: Die altaische Völker- und Sprachenwelt, 1921.

Von anthropologischer Seite ist aber doch auf die starke Durchsetzung der Koreaner mit Ural-Altaischen Elementen hingewiesen worden, so von BARON EGON VON EICKSTEDT in seiner Rassendynamik von Ostasien, 1944, und C. B. OSGOOD, The Koreans and their culture, Oxford 1957.

Nach den beiden Autoren setzt sich das Volk zusammen aus zwei rassisch unterschiedlichen Elementen. Das eine ist die in prähistorischer Zeit vom Norden eindringende Volksgruppe mit altaisch-tungusischen Sprachen. Das wird die Bevölkerung der neolithischen Kammkeramik sein. Im Süden des Landes erkennt man indonesische Volksgruppen mit mongolischem Einschlag, offenbar japanischer Herkunft.

Wieder sind es die beiden Nachbarstämme, die Korea zu formen vermochten, die Mongolei mit China auf der einen Seite, Japan auf der anderen.

Das chinesische Element offenbart sich prähistorisch in einer unverzierten, groben, dickwandigen Ware mit flachem Boden. Sie wurde bei niedriger Temperatur gebrannt und weist rote und braune Farbe auf. Die gleiche Art der Keramik wird in der Mandschurei gefunden. Das andere chinesische Element, die dritte Art der Keramik, ist eine polierte, rote, dünnwandige Ware, eng verwandt mit der chinesischen Yang-shao Kultur.

Das Metall wird aus China eingeführt um 400—300 v. Chr., allmählich auch die Kenntnis der Verarbeitung des Metalls. Vielfach finden sich die chinesischen Münzen in der Form von Messern, besonders in den bergigen Gegenden des Yalu-Flusses im Norden. Sie gehören der Zeit kurz vor der Han-Epoche (206 v. Chr.—220 n. Chr.) an. Es fand sich auch in dem Gebiet, in dem die messerförmigen Münzen gehoben wurden, die alte Straße, die um Chr. Geb. das chinesische Festland verband mit Korea.

Auch skythische, sino-sibirische Funde kamen zutage in Korea, so zwei Bronzeschnallen aus Yongch'on, in der Provinz Nord-Kyongsang aus dem 3. bis 1. Jh. v. Chr., abgebildet bei CHEWON KIM, in: Kunst der Welt, Bd. Burma, Korea, Tibet,

Holle-Verlag, Baden-Baden, 1963, S. 65 Fig. 2. Auch skythische Eisenkessel, die sogenannten Hsiungnu-Kessel sind in der Nähe von Pyongyang in Nord-Korea gefunden worden.

So sind die chinesischen Einflüsse seit den alten Zeiten erkennbar in Korea.

Die Fülle der Megalithgräber ist ein großes Problem des vorgeschichtlichen Korea.

CHEWON KIM zusammen mit MOO-BYONG YOUN hat diesen Fragen neuerdings ein großes Werk gewidmet mit dem Titel: Studies of Dolmens in Korea, Seoul, 1967, koreanisch mit englischem Resümee, 200 Seiten u. 300 Abb. in Fotos. Das Buch beginnt mit diesen Worten:

"The number of dolmens in Korea may reach at least to many thousands and they are considered as the most typical prehistoric remains in Korea."

"The dolmen can be found also in the Liaotung area in China, but their number is very small in comparison with those in Korea. No dolmens were reported to have been found from either Jehol, Inner Mongolia or Manchuria; and it is even interesting to note that China proper has been known as an area generally without dolmens. A few have been reported, however, from Shantung and the coastal areas of Chekiang province. But those areas are not yet studied sufficiently in this respect."

"In Japan a few dolmens were found since the end of World War II but the discovery is rather confined to the northern part of Kyushu. This fact clearly indicates that they may have been introduced from Korea. The Japanese dolmens are very small, not to be compared in size with Korean dolmens, thus constituting very poor imitations of the Korean dolmen, although there is certain similarity of shape."

"It is an interesting phenomenon of the prehistoric culture of Korea that Korea forms a kind of center of dolmen society in East Asia."

Die Megalithbauten in Korea können nach Chewon Kim nicht hergeleitet werden aus China, auch nicht aus Japan, sondern aus Indonesien, besonders vom Mekong-Delta in Hinterindien, von Malaysia, Sumatra und Java. Über die Megalithbauten in diesen Regionen wurde berichtet hier S. 408—409. Kim erklärt in dem Werk und ebenso in einem Artikel in IPEK, 23. Bd. 1970—1973, S. 112—117, betitelt: Studies of dolmens in Korea, daß man zwischen zwei Arten von Dolmen unterscheiden muß, den nördlichen und den südlichen. Die nördlichen erinnern an die Dolmen Europas. Ebenso wie in Europa bestehen sie aus vier oder fünf senkrecht gestellten Steinen, über ihnen lagert waagerecht die große Platte. Der eindrucksvolle Dolmen von Unyul in der Provinz Hwanghae besitzt eine waagerechte Deckplatte von 8,50 Metern Länge. In der Provinz Süd-Pyongyang befindet sich eine reiche Dolmengruppe. Der größte Dolmen ist 1,50 m hoch, er ist bedeckt von einem Stein von 5,50 m zu 3,70 m.

Der südliche Typ der Dolmen besteht manchmal nur aus einem großen Stein. Unter ihm lagern die Totengaben. Nach den Beigaben, unter ihnen Steinbeile, aber auch Metallgegenstände, nennt Kim für den Beginn der Dolmen das 8. Jh. v. Chr. und als das Ende das 2. Jh. v. Chr.

CHEWON KIM ist geboren am 22. 2. 1909 in Korea. Er besuchte die Höhere Schule in Hamhung, Korea. Von 1929—1934 studierte er an der Universität München, von 1934—1940 war er Assistent bei Prof. Carl Hentze in Gent, Belgien. 1940 ging er nach Korea zurück und war zuerst von 1940—1945 Lecturer am Posong College, Seoul, und von 1945—1970 Direktor des National Museums von Korea in Seoul; 1970—1971 Visiting Professor am Muhlenberg College, Allenton, Pa. USA.

Mich verbindet mit Chewon Kim eine lange Freundschaft seit seiner Zeit in Gent. Oft besuchte er uns in Köln und wir verbrachten viele Tage zusammen und konnten über alle wichtigen Fragen der Vorgeschichte und der Kunstgeschichte sprechen. Kim spricht ein sehr gutes Deutsch, er hat ein besonderes Interesse auch an europäischer Vorgeschichte.

Seine Hauptwerke sind: Ko und Ch'i Waffen in China und Amerika, Antwerpen 1943. — Ho-u Chong kwa Unyong Chong, Das Hu-o Grab und das Silber-Glocken-Grab, Seoul 1947. — Hankuk-sa, Geschichte von Korea, Bd. 1, Seoul 1959. — The Ceramic Art of Korea, Co-Author London 1961. — Korea, Kunst der Welt, in Engl. Deutsch, Französ., Italien., 1963—1964. — Hankuk Chisokmyo Yongu, Studien von Dolmen in Korea, Seoul 1968. — Kankoku Bijutsu, Koreanische Kunst, 2 Bde. Tokyo 1970, engl. Ausg. Tokyo 1974. —

Die Religion von Korea ist bis heute der Schamanismus. Am Rande der Stadt Seoul konnten wir schamanistische Tempel besuchen. Das berühmteste schamanistische Heiligtum liegt auf halbem Wege zwischen Seoul und Kaesong, auf dem Berge Tongmul. Aus allen Teilen des Landes pilgern Gläubige dorthin, das ganze Jahr hindurch findet der Kult in einer Höhle statt.

Zwischen 400 und 600 n. Chr. wurde in Korea der Buddhismus eingeführt, er hat sich gegen den alt eingewurzelten Schamanismus nie wirklich durchsetzen können.

Aus der Zeit der chinesischen Herrschaft in der Han-Zeit (206 v. Chr.—220 n. Chr.) stammt in der Provinz Lo-lang die Hauptstadt Pyongyang. Im Anfang dieses Jahrhunderts sind viele Gräber der Lo-lang-Zeit ausgegraben worden in dem Raume um Pyongyang. Dabei fanden sich rein chinesische Gegenstände, Lackarbeiten, Gold- und Silberwaren in Filigran-Technik.

Von den drei Staaten des 5. Jh. n. Chr., Koguryo, Paekche und Silla ist Koguryo besonders durch Ausgrabungen bekannt geworden. Auf einer großen Ebene mit dem Namen T'ung Kou finden sich noch Tausende von Gräbern. Sie wurden ausgegraben zwischen 1930 und 1940. Die meisten Gräber waren in alter Zeit beraubt, nach den von den Grabräubern verlorenen Stücken schon im 7. Jh., zur Zeit des Unterganges des Koguryo-Reiches. Die Mehrzahl der Gräber sind Hügelgräber mit einer Steinkammer im Innern. In manchen Grabanlagen ist die Steinkammer überzogen worden mit Putz und auf ihm haben sich Malereien erhalten. Das besterhaltene Grab ist das sogenannte Grab der Tänzer in T'ung-kou, auf der Nordseite des mittleren Yalu-Flusses, heute Mandschurei. Es bringt Malereien von Männern im Tanzschritt. WERNER SPEISER bildet in dem Buche der Kunst der Welt, China, Baden-Baden 1959, S. 108, die Malereien ab und weist sie dem 4. nachchristlichen Jh. zu, ein anderes Bild desselben Grabes findet sich bei Chewon Kim, ebd. Burma, Korea, Tibet. Baden-Baden 1963, S. 69. Man sieht Reiter auf Pferden mit Pfeil und Bogen. Sie schießen auf Hirsche und Tiger. Die Farbe war nur wenig verblichen, als das Grab nach 1600 Jahren wieder geöffnet worden ist.

Von der Paekche-Dynastie sind ebenfalls einige Kulturgüter erhalten. Bei Kyongju, einer der Hauptstädte, wurde um 1930 ein Königsgrab gefunden mit Namen Grab des Songsan-ni. Die Grabkammer besteht aus glasierten Kacheln, sie zeigen Landschaften, Berge, Bäume.

Im Jahre 1959 konnte Chewon Kim drei Felsplastiken entdecken, die von großer Bedeutung sind. Sie liegen bei Sosan in der Provinz Ch'ungch'ong. Dargestellt ist Buddha mit dem Strahlenkranz, 2,80 m hoch. Rechts und links von ihm steht ein Bodhisattva, links von ihm sitzt mit gekreuzten Beinen Maitreya. Die Skulptur wird um 580 n. Chr. geschaffen worden sein. Kim bemerkt, ebd. S. 75, „daß es sich um die älteste in Korea erhaltene Felsskulptur handelt".

Von der Silla-Dynastie in Südkorea mit der Hauptstadt Kyongju konnten ebenfalls neue Grabungen bedeutende Funde ergeben. Um diese alte Hauptstadt lagern sich 50 Gräber, das größte besitzt die Höhe von 21 Metern.

Im September 1921 stießen Arbeiter in Kyongju beim Bau eines Hauses auf eine Grabkammer. Die Regierung wurde benachrichtigt und zwei bedeutende japanische Gelehrte von der Universität Kyoto, Kosaku Hamada und Sueji Umehara führten die Grabung durch.

Später wurde noch das Ho-U-Grab bei Kyongju ausgegraben, ferner das „Glücksphönix-Grab", das „Grab mit den verzierten Schuhen", das „Grab mit der goldenen Krone". Alle diese Gräber gehören der Zeit von 450 bis 500 n. Chr. an. In dem Goldkronengrab fand sich eine goldene Krone, 44 cm hoch und 18,3 cm im Durchmesser. Die Krone besteht aus einem Reif aus Goldblech, verziert mit Punzungen. Auf dem Reif erheben sich goldene Träger in Gestalt von stilisierten Menschen, alles ist mit Steinen verziert aus grüner Jade mit 130 Goldplättchen. Chewon Kim bildet die Krone ab in dem genannten Buch, ebd. S. 82 und bemerkt dazu:

„Die Krone ist von faszinierender barbarischer Pracht und im Fernen Osten einmalig. Zwar wurde in Japan eine ähnliche Krone aus vergoldeter Bronze gefunden, aber sie weist koreanischen Einfluß auf. Höchst interessant ist auch die Vermutung, daß zwischen der Goldkrone aus Silla und dem in Novotscherkask, Südrußland, gefundenen goldenen Diadem Beziehungen bestehen. Letzteres zeigt ein ganzes Rentier, einen Adler und baumförmige Ornamente. Die Ähnlichkeit der ornamentalen Motive kann kein bloßer Zufall sein. Das südrussische Diadem wird in das 3. Jh. n. Chr., die Silla-Krone hingegen ins 5. bis 6. Jh. datiert".

Aus dem 7. Jh. stammen Maitreya-Statuen, ein Gefäß in Form eines Reiters zu Pferd und einige Statuen des stehenden Buddha.

In der Groß-Silla-Zeit, als mit Hilfe der chinesischen Armee der T'ang, Korea geeinigt war, als die chinesischen Truppen danach vertrieben waren, 668 n. Chr.— 935, zeigt sich der Stil der chinesischen T'ang-Periode. Aus dieser Zeit stammt ein Stupa von Pulguksa in Kyongju, 8. Jh., er ist 9,50 Meter hoch. Er ist errichtet aus Holz und ist einer der ältesten erhaltenen Tempel in Korea. Das Holz ist so, wie bei allen alten Tempeln in Korea und Japan, später erneuert worden, aber das Fundament ist alt und ebenso zwei große Plastiken des Buddha.

Eine andere Tempelanlage des 8. Jh. findet sich ebenfalls in Pulguksa, auch mit erneuerten Holzteilen.

Es gibt auch Höhlentempel, errichtet nach den Vorbildern von Yün-kang und Lung-men in China. Es ist der künstlich aufgebaute Höhlentempel von Sakkuram in Kyongju aus dem 8. Jh. Es ist eine Kreisanlage mit rechteckigem Vorraum. Die Vorkammer trägt die Reliefs von acht Parivāra-Figuren, vier auf jeder Seite. Am Eingang zum runden Haupttheiligtum stehen zwei drohende Wächter, indisch Vajrapani benannt. Im Hintergrund der Haupthalle erhebt sich die große Skulptur des sitzenden Buddha, 5,15 m hoch. Um ihn herum finden sich die Reliefs der Devas und der Arhats.

Noch andere Tempel dieser Zeit sind erhalten, so die Kuhwang-ni-Pagode in Kyongju mit zwei rein goldenen Buddhafiguren mit einem Reliquienschrein. Er trägt eine Inschrift aus dem Jahre 706 n. Chr.

Auch aus der Koryo-Dynastie (918—1392) gibt es Pagoden, Tempel, Buddhafiguren. Jedoch sie stehen in freier Natur, sie sind keine Ausgrabungen. Die neueren Ausgrabungen, besonders seit 1930 bis zur Gegenwart, haben das vorgeschichtliche Bild dieses Landes stark erweitert.

Über die Kunst von Korea berichten in der Überschau: A. ECKARDT, Geschichte der koreanischen Kunst, 1930. — W. FORMAN und J. BARINKA, Alte koreanische Kunst, 1962. — EVELYNE MCCUNE, The arts of Korea, London 1962. — A. B. GRISWOLD u. P. H. POTT, Burma, Korea, Tibet, 1964. — J. FONTEIN u. ROSE HEMPEL, China, Korea, Japan, 1968.

Über den Stupa allgemein: A. H. LANGHURST, The story of the Stupa, Colombo, 1936. — G. COMBAZ, L'Évolution du Stupa en Asie, Paris, 1937.

Japan

Die vier Hauptinseln zusammen mit Hunderten kleineren Inseln bilden den heutigen Staat Japan. Der Raum umfaßt über 1800 km vom Norden der Insel Hokkaido bis nach Okinawa im Süden.

Die prähistorische Archäologie dieses Landes ist im 20. Jahrhundert gewaltig angewachsen, kennt man doch nahezu an hunderttausend Fundstätten. Mit der Restauration des Kaisers Meiji (1867—1912), ab 1868, erhielt das Land die Offenheit zu der übrigen Welt, besonders zu Europa.

Die japanische Vorgeschichtsforschung beginnt mit EDWARD E. MORSE. Im Jahre 1879 konnte er nachweisen, daß die Muschelreste an der Küste Steinwerkzeuge bergen, bearbeitet von Menschen. Sein Buch erschien 1879 unter dem Titel: „Shell Mounds of Omori", in: Memoirs of Scient. Department, Tokyo University, Bd. 1, englisch.

Im Jahre 1884 wurde bei Yayoi-machi im Bezirk von Tokyo eine Gruppe von Keramik entdeckt. Die Tongefäße sind auf der Drehscheibe geformt und mit den

Gefäßen wurde auch Bronze gefunden. Dies machte deutlich, daß die Kulturschicht der Bronzezeit zugehört, sie wurde nach dem Fundort Yayoi-Zeit genannt. Spätere genaue Untersuchungen ergaben, daß diese Epoche um 250 v. Chr. beginnt. Die Bronzen kamen vom Festland, aus China.

In den zwanziger Jahren, erhielt Shogoro Tsuboi den ersten Lehrstuhl an der Universität Tokyo für Anthropologie. Jedoch die eigentliche prähistorische Forschung wurde begründet 1929 durch Kashiva Oyama. Er schuf das Institut für Vorgeschichte an der Universität Tokyo und er begründete die grundlegende Zeitschrift für Vorgeschichte 1929 mit dem Namen: Shizengaku Zasshi mit dem deutschen Untertitel: Zeitschrift für Prähistorie. Sein Institut hat viele japanische Prähistoriker ausgebildet. Durch etwa 20 Jahre hat Oyama Ausgrabungen durchgeführt, vor allem auf neolithischen Fundstätten. Im letzten Krieg, 1939—1945 ist sein Institut völlig vernichtet worden.

KASHIWA OYAMA ist der Sohn des Generalfeldmarschalls Fürst Iwao Oyama (1842—1916). Sein Vater wurde 1903 Chef des japanischen Generalstabes und war im russisch-japanischen Krieg 1904—1905 der Oberbefehlshaber der ganzen japanischen Armee. Kashiwa Oyama hat in Berlin Vorgeschichte studiert. Ich habe ihn oft getroffen bei Vorlesungen und Vorträgen. Im Jahre 1931 erhielt ich eine Einladung, an der Universität Tokyo Vorträge zu halten. Ich nahm sie gerne an und fuhr mit meiner Frau nach Japan.

Dazu darf ich eine nette Geschichte aus der Erinnerung berichten. Oyama hatte mich und meine Frau zum Essen eingeladen. Er fragte uns, ob wir auf japanisch oder auf europäische Weise zu Abend speisen wollten. Wir sagte beide: japanisch. Oyama lächelte etwas und antwortete, sehr gerne. Am Abend gab es das Essen. Wir saßen an dem niedrigen langen Tisch auf der Erde, Geishas servierten, aber das Essen war so fremdartig, uns so unbekannt, daß wir eine Speise nach der anderen vorüber gehen ließen, oder nur kosteten. Oyama und seine Frau lächelten wieder. Sie sagten, es ist Ihnen doch wohl schwierig, aber wir haben es gewußt. Er klatschte in die Hände, die Geishas öffneten die Tür, sie führten uns in ein anderes Zimmer. Da waren wir plötzlich in einem Raum wie in Europa um 1900, mit großen Plüschsesseln, mit der Hängelampe, mit den schweren Vorhängen vor den Fenstern. Der Tisch war schon gedeckt, es gab eine Suppe, das deutsche Schnitzel, eine Nachspeise. Auf dem Tisch stand Wein aus Nierstein. Und Oyama sagte: das wird ihnen besser schmecken, ich habe das vorher gewußt.

Oyama war ein glänzender Unterhalter, ein Mann, der die Welt kannte. Am nächsten Tag führte er uns durch sein Institut mit Hunderten von neolithischen Tongefäßen, mit Steinbeilen und Gebrauchsgeräten.

Oyama war es, der die Kenntnis des Neolithikums in Japan begründet hat. Die meisten neolithischen Tongefäße sind verziert durch Auflegen von Schnüren, ähnlich der Schnurkeramik in Europa, jedoch ohne inneren Zusammenhang mit dem Westen. Das deutsche Wort Schnur lautet japanisch Jomon, und so bezeichneten Oyama und andere diese gesamte neolithische Kultur als Jomon-Kultur. Ich fragte ihn nach seiner Meinung über das Alter. Er antwortete mir, daß diese Frage noch zu früh gestellt sei. Auf jeden Fall liegt die Epoche vor der Bronzezeit. Die Bronzezeit beginnt in Japan etwa um die Mitte des 3. Jh. v. Chr. Aber wie lange diese neolithische Kultur bestanden hat, wann ihr Anfang war, wann ihr Höhepunkt, das war um 1931 nicht zu bestimmen.

Nun ist das Aussehen dieser neolithischen Keramik auch völlig verschieden von der in Europa. Bei uns erscheinen gleichförmige Typen mit geringen Wandlungsmerkmalen, in Japan bringt jede Ausgrabung völlig andere Gestaltungsformen. Da gibt es die Becher mit geradem Boden, dann die mit spitzem Boden. Wieder andere Gefäße der gleichen Zeit besitzen ausgezackte Ränder, Ränder mit Spitzen, mit gewellten Linien, mit seltsamen Vorsprüngen. Dazu kommt, daß die vier Inseln wieder verschiedene Formungen ausgebildet haben.

Oyama sagte zu mir, diese Vielfalt der Formen, diese Phantasie der Hersteller ist verwirrend, in Europa kann man trennen, etwa Schnurkeramik, Bandkeramik, hier aber ergibt jede Ausgrabung völlig andersartige Formen. Wie soll man da zu einer Gliederung gelangen? Wenn ich die einfachen Formen, die primitiveren, als die älteren annehme, ist auch das verfehlt. Sehen Sie, dieses ganz einfache, gar nicht verzierte Gefäß aus Yusu, Kanton Fukoaka, ist sicher spätestes Jomon, es fanden sich mit dem Gefäß sogar Nadeln aus Bronze. Nach den Formen ist die Datierung nicht möglich. Natürlich haben wir Schichten, Überlagerungen, aber auch da sind alle Gestaltungen verschieden. Wie gut haben es doch die europäischen Forscher. Wir stehen vor unüberwindlichen Schwierigkeiten.

Die wichtigsten Arbeiten von Oyama sind: K. OYAMA u. a. Korekawa-Studien, japan. in: Shizengaku Zasshi, Bd. 2, 1930. — Ders. u. a., Ausgrabungen im Muschelhaufen von Kasori bei dem Dorf Miyako, Prov. Chiba, japan. ebd. Bd. 11, 1937, S. 1—68. — Ders. u. a. Die Chronologie der Jomon-Kultur der Steinzeit im Kantō, japan. ebd. Bd. 2, 1931, S. 1—84.

Aber gerade die Schwierigkeiten dieser Arbeiten wieder, haben das Interesse vieler seiner Schüler geweckt. Auch an der Universität Kyoto wurde ein Lehrstuhl für Vorgeschichte begründet. Er wurde besetzt mit KÓSAKU HAMADA, (1871—1938) einem erfolgreichen Gelehrten. Um die gleiche Zeit beginnt auch an der Universität Kyoto SNEJI UMEHARA (geb. 1900) wichtige Untersuchungen. Die Hauptwerke dieser beiden Gelehrten, die großen Einfluß auf die Erforschung der Vorgeschichte in Japan gewonnen haben, sind diese: K. HAMADA, Bericht über die Ausgrabung einer neolithischen Fundstätte bei Kō in der Prov. Kawachi, japan. mit engl. Res. in: Kyoto Teikoku Daigaku Kokogaku Kenkyu Hokoku, Ber. über archäol. Forschungen d. Kais. Univ. Kyoto, Bd. 2, 1918 u. ebd. Bd. 4, 1920, Die zweite Ausgrabung bei Kō, japan. mit engl. Res. — Ders. Das Megalith-Grab Ishibutai bei Shimanoshō in der Prov. Yamato, japan. mit engl. Res., ebd. Bd. 14. 1937. — Ders. Hügelgräber mit Verzierungen in der Prov. Higo, japan. mit engl. Res., ebd. Bd. 1, 1917. — Ders. Alte Grabmäler bei Mizuo, Kreis Takashima, Prov. Omi, japan. mit engl. Res. ebd. Bd. 8, 1923.

Der Versuch von Oyama, im Jahre 1931 eine Chronologie des japanischen Neolithikums zu erreichen in seiner genannten Arbeit, die Chronologie der Jomon-Kultur brachte nur Ansätze, noch nicht ein sichtbares Ergebnis. Erst 1937 legte S. YAMANOUCHI ein Werk vor mit einer Gliederung der Jomon-Kultur, betitelt:

The Main Divisions and Subdivisions of Jomon Pottery, in: Senshikakogaku, Zschr. Vorgeschichtliche Archäologie, Bd. 1, 1937, japan. S. 29—32. Ferner: Atlas der vorgeschichtlichen Keramik von Japan, 12 Teile, Tokyo 1940, japan.

Yamanouchi gliedert in 5 Stufen: Frühest-Jomon, Früh-Jomon, Mittel-Jomon, Spät-Jomon, Spätest-Jomon. Nun sind 3 Stufen naturgemäß vorzuziehen, wie auch J. EDWARD KIDDER bemerkt in seinem Werk: Alt-Japan, engl. London 1959, deutsch Köln, o. J., 1961, S. 25.

Seitdem Radio-Karbon-Daten vorliegen, ergeben sich diese Daten:

Früh-Jomon etwa 4500—3000 v. Chr.
Mittel-Jomon etwa 3000—2000 v. Chr.
Spät-Jomon etwa 2000—250 v. Chr.

Die älteste Jomon-Keramik trägt die Züge der nordasiatischen Kammkeramik, danach entwickelt die Kultur die selbständigen Formungen.

Die Gliederung ergibt sich lediglich durch Überlagerungen und durch Beigaben. Im ganzen bleibt die Jomon-Kultur durch rund 3000 Jahre hindurch in der Wirtschaftsform fast gleich. Es ist Fischfang. Japan ist von anderer Struktur als andere Länder. Die gewaltig langen Strände führen von selbst zum Fischfang, zur aufnehmenden, nicht zur schaffenden Wirtschaft.

Die Jomon-Kultur trägt trotz der reichen Keramik und auch der Statuetten im wesentlichen den Charakter des Mesolithikums. Ackerbau und Viehzucht sind nur im späten Jomon nachweisbar. Es gibt roh behauene Geröllsteine, auch geschliffene Walzenbeile, rechteckige Beile, Pfeilspitzen aus Haifischzähnen, Harpunen, Angelhaken, Senker aus Stein oder Ton, Keulenköpfe, und Einbäume. Auch Ruder sind gefunden worden. Der Hund wurde als Haustier gehalten. Es wurde Wildgras geschnitten, Eicheln auf Mahlsteinen zerrieben, Matten wurden hergestellt aus Pflanzenfasern. Hinweise auf Ackerbau sind bisher nicht zutage getreten. Es liegt der seltsame Fall eines Neolithikums vor mit Tongefäßen und weiblichen Statuetten, wie sonst bei Ackerbauvölkern, aber der Ackerbau selber fehlt. Es kann sich also nur um Übernahmen der Tonarbeiten aus anderen Ackerbaukulturen, sicherlich über die Kammkeramik der Mandschurei handeln, offenbar war es nicht nötig, den Ackerbau in seiner schwierigen Art auch zu übernehmen. Die Meere um die japanischen Inseln sind sehr fischreich. Die größte Breite der Inseln beträgt an keiner Stelle mehr als 400 km. Die Bevölkerung brauchte sich der Mühe des Ackerbaues nicht zu unterziehen, das Meer gab genügend Nahrung her.

Zu der vielgestaltigen Jomon-Keramik gehören die neolithischen Statuetten. Sie sind in sehr großer Zahl vorhanden, in mehr als 1000 Exemplaren. Sie besitzen die gleiche Vielgestaltigkeit in der Form und im Ornament wie die Keramik. Die Statuetten finden sich in den Häusern als die Penaten, die Schützerinnen des Hauses. Oftmals lagern an den Fundstellen kleine Steine um die Figuren, wie in einer Wohngrube bei Togarnishi oder in Koshigo, beide Orte bei Nagano. Bei einer Figur in Sugisawa, Jamagata, standen drei kleine Steine aufrecht um die Figur, ein vierter, größerer Stein bedeckte die Statuette. Im Früh-Jomon gibt es Skulpturen von Tieren, im Mittel-Jomon herrschen die weiblichen Statuetten vor. Seltener werden die Statuetten im Spät-Jomon.

Manche dieser Figuren sind im Sinne des abstrakten Stiles von großer Schönheit, wie etwa die bei J. Edward Kidder, Japan, Frühe Kunst, München 1964 abgebildeten Figuren, Taf. II Abb. 11, 12, 21, 24, 25.

Eine erste Statuette kam nach Deutschland in das Museum f. Völkerkunde in Berlin, etwa 1890, als Vermächtnis des Leibarztes des Tenno, des japanischen Kaisers, Prof. Baeltz. Das Stück trug in Berlin die Inv. Nr. ID 32577, 22, abgeb. bei Herbert Kühn, Die Kunst der Primitiven, München, Delphin-Verlag 1923 Abb. 26.

Ein früher Artikel über die Statuetten des japanischen Neolithikums erschien in der Zeitschr. IPEK 1930, S. 19—30 von Jiujiro Nakaya, Tokyo, mit dem Titel: Introduction à l'étude des figurines de l'âge de pierre au Japon.

Es gibt eine große Anzahl von menschlichen Skeletten aus der Jomon-Epoche. Das Skelett des bisher ältesten vorgeschichtlichen Menschen kam im Küchenabfallhaufen in Hirasaka bei Yakosuka zutage aus der Schicht des Früh-Jomon. Es hatte die Größe von 1,65 Metern. Andere Skelette wurden aufgefunden in Ota und Ko, auch in Yoshigo und Tsugumo. Sie alle tragen nur geringe mongolische Merkmale, dieses Element wird erst vorherrschend in der Yayoi-Epoche.

Die Toten der Jomon-Zeit sind begraben als Hockerbestattung mit Rötel, häufig aber auch als langgestreckte Skelette in den verschiedensten Lagen.

Nach dem Paläolithikum in Japan hatte Oyama 1932 die Frage aufgeworfen in seiner Arbeit: Zur Frage der Existenz einer paläolithischen Kultur in Japan, in: Shizengaku Zasshi, Bd. 4, 1932, Heft 4—6. Ein Fund von Sapporo auf Hokkaido hatte Skelettreste eines Mammutes erbracht. So wäre es denkbar, daß Paläolithfunde des Menschen auch zutage treten könnten. Das ist aber bisher nicht der Fall. Im Jahre 1940 sind bei Iwajuku in der Präfektur Gumma roh behauene Steinwerkzeuge ähnlich den Faustkeilen gefunden worden, doch sagen Steinwerkzeuge allein gar nichts aus, wenn nicht auch Skelette von Menschen vorliegen. Eine Höhle bei Kyugo bei Gifu wurde ausgegraben von der Universität Nagoya mit zehn verschiedenen Keramikarten, vom frühen Jomon bis zum späten und auch bis zu Bronzezeitschichten, der Yayoi-Kultur, aber Paläolithikum ergab sich darunter nicht.

Die Bronzezeit, in Japan die Yayoi-Kultur, beginnt um 250 v. Chr. Sie ist stark von China beeinflußt. In den chinesischen Annalen der Wei-Dynastie (386—550) in den Wei Chih, gibt es genaue Hinweise auf Japan. Die Namen der Inseln sind fast die gleichen bis heute. So wird eine Insel I-tu genannt, japanisch Ito, eine andere Pu-mi, heute japanisch Fumi. Es gibt in dieser Zeit in Japan den Reisanbau, demnach einen Bauernstand und auch Händler. Man bearbeitet Bronze und Eisen. Es finden sich alle Übergänge von der einfachen Jomon-Kultur zur Yayoi-Kultur. Die Funde brachten chinesische Münzen und chinesische Spiegel. Nur langsam setzte sich die entwickelte Kultur Chinas in Japan durch. In den chinesischen Texten wird viel von Einwanderern nach Japan gesprochen. Um 200 v. Chr. war die chinesische Einwanderung von Kyushu nach Chugoko sehr stark, wenig später wandte sie sich nach Kansai. Nach weiteren hundert Jahren war die südliche Linie von Aichi und Shizuoka erreicht, und um Christi Geburt langte der chinesische Einfluß bis Kanto. Um 100 n. Chr. ist der Mittelteil von Tohuko erreicht.

Auch aus Korea ist die Einwanderungswelle in dieser Zeit zu erkennen, besonders auf die Insel Honsu.

Die Keramik ist jetzt auf der Drehscheibe gearbeitet, es gibt chinesische Bronzedolche, vor allem aber chinesische Spiegel. Sie sind besonders der Zeit der Sechs Dynastien von China, 220—588 n. Chr. zugehörig. Hunderte dieser Spiegel sind aus den Gräbern zutage gekommen, sie stammen vor allem aus den Präfekturen Saga, Fukuoka und Nagasaki. Wie chinesische Quellen berichten, besaßen die Spiegel magische Kräfte. Da Japan nicht die Rohstoffe für Bronze besitzt, gibt es vielfach Nachbildungen aus Stein.

Auf den Töpferwaren erscheinen in dieser Zeit Spuren von Reis. Auch in den Tongefäßen findet sich Reis, so in Uriwari, in Urigo, Karako. Dörfer konnten ausgegraben werden, wie besonders in Toro. Zu der Reiskultur gehört der kleine Steinschneider, wie er häufig aufgefunden worden ist.

Die besten Belege brachten die Ausgrabungen von Toro, 1936, in der Nähe Dorfes Kawahigashi im Kreise Shiki bei Nara. An dieser Stelle wurden Hunderte von Tongefäßen gefunden, dazu Körbe, landwirtschaftliche Geräte aller Art. Der Fundplatz gehört der mittleren Yayoi-Periode an.

Im Jahre 1943 wurde in Toro beim Bau einer Flugzeugpropellerfabrik eine Siedlung der mittleren und späten Yayoi-Kultur aufgedeckt. Die Grabungen zogen sich bis 1947 hin. Sie ergaben elf Wohnhäuser und zwei auf Pfosten erbaute Lagerhäuser. Die Häuser haben die Größe von 7,30 zu 6,40 Metern, sie hatten Firstbalken. Bei dem Orte lagen 33 Reisfelder, sie waren regelmäßig angelegt, sie messen 1320 bis 2312 Quadratmeter. Es fanden sich Spaten, Harken, Hacken, Stößel zum Zerstoßen von Reis, Holzhämmer, Schalen, Tassen und Löffel. Auch Spinnwirtel und Webeschiffchen wurden gefunden.

Die Bronzeschwerter werden in dieser Zeit nachgebildet nach Vorlagen aus China und allmählich umgewandelt. Die japanischen Prähistoriker sprechen von vier Hauptgruppen der Schwerter. Die Klingen können breit werden, andere Formen sehen wie Dolche aus mit breiten Heftbändern. Es gibt auch Bronzeglocken, sie wurden zu besonderer japanischer Eigenart ausgebildet.

Die Keramik der Yayoi-Zeit, immer auf der Scheibe geformt, ist längst nicht so vielgestaltig wie in der Jomon-Periode. Sie besitzt eine rötliche Färbung, die Wand ist dünn. Die Formen sind Krug, Schale, Ständer. Man kann die Keramik der ersten beiden Jahrhunderte v. Chr. unterscheiden von der des ersten oder dritten Jh. n. Chr. Die Tabelle von EDWARD KIDDER, Alt-Japan, Köln o. J. 1961, S. 111 gibt die Typen und ihre Zeitstellung an, ebenso wie die der Jomon-Keramik ebd. S. 51.

Es ist ein Spiel des Zufalls, daß die erste Yayoi-Keramik unmittelbar bei der Universität von Tokyo entdeckt worden ist.

Die Hügelgräber, die Tumuli dieser Zeit, bringen chinesische Spiegel der Epoche um 200—300 n. Chr. In einem Grabhügel in der Nähe von Osaka wurde ein Spiegel gefunden mit einer Inschrift, die das Jahr 240 n. Chr. ergibt. Der Hügel wird in die Zeit um 400 zu datieren sein, weil derartige Spiegel wertvolle Erbstücke waren.

Die meisten Beigaben sind Kopien aus Stein nach Metallgegenständen, Armreifen, Meisseln, Stößeln, Messern, Äxten, Spindeln.

Die frühen Hügelgräber gehören in dem Gebiet von Kinki dem 4. Jh. n. Chr. an. Die Mittelperiode der Grabhügel umfaßt das 5. Jh. Die späten Hügelgräber gehören dem 6. und 7. nachchristlichen Jahrhundert an. Im 7. Jh. erließen die japanischen Herrscher ein Edikt, das die Errichtung der Hügelgräber und die Sitte der Beigaben verbot. Kaiser Kotoku erklärte in dem Edikt, Nilkonshoki genannt, daß das Volk durch die Beigaben verarme.

Für die Grabbeigaben wurden die Haniwa gearbeitet, entweder Nachbilder von Häusern oder von Menschen in Ton. Besonders die Menschengestalten mit ihrer Kleidung, mit ihrem Schmuck, mit ihren Waffen, haben das Interesse der Gelehrten gefunden.

Das größte aller freigelegten Gräber dieser Epoche wurde 1935 geöffnet. Es trägt den Namen Ishibutai, d. h. Steinbühne, es liegt in der Nähe des Asuka-Tempels bei Shimanosho in der Präfektur Nara. Das Grab ist wie ein gewaltiges Ganggrab in Europa, aufgebaut aus riesigen Blöcken von Steinen. Den Bericht gibt die genannte Arbeit von Hamada.

Manche der Hügelgräber bringen auch Wandgemälde, meistens in ornamentaler Form. Einige Gemälde zeigen Menschen, andere Schiffe.

Ein gut ausgemaltes Hügelgrab ist das von Osuka in Fukuoka. Zwei Bilder von Reitern auf Pferden flankieren den Eingang zum Hauptraum. An den Wänden sind Schilde und Köcher gemalt. Die Ritter dieser Epoche tragen Eisenrüstungen. Eine dieser Rüstungen ist erhalten in einem Hügelgrab von Nagamochiyama bei Osaka, abgebildet bei Kidder, ebd. Taf. 78. Es finden sich auch Helme aus Eisen, wie ebd. Taf. 79.

Die Haniwa sind Tonskulpturen, Darstellungen von Menschen, die um die Hügelgräber außen herum aufgestellt worden sind. Die Legende berichtet, daß beim Tode des Onkels des Kaisers Suinin, wahrscheinlich im 3. Jh. n. Chr., die persönlichen Diener sich versammeln mußten, und daß sie um das Misasagi, den Grabhügel, bei lebendigem Leibe eingegraben wurden, bis zum Gürtel. Mehrere Tage starben sie nicht, aber sie weinten und wehklagten Tag und Nacht. Endlich starben sie und Hunde und Krähen fraßen sie auf. Der Kaiser befahl, diesen unmenschlichen Brauch abzuschaffen. Die Töpfergilde wurde beauftragt, Skulpturen der Diener herzustellen in Ton. Als die Kaiserin fünf Jahre später starb, wurden statt der Diener die tönernen Figuren um das Grab aufgestellt. Der Name, der nach diesem Berichte den Tonfiguren gegeben wurde, lautet: Haniwa, er hat sich bis heute erhalten.

Die Haniwa sind am meisten verbreitet in den Gegenden von Yamato und Okayama, selten sind sie auf Kyushu, sie gehören vor allem dem 5. und 6. Jh. n. Chr. an. Die Archäologen nehmen an, daß die älteren Haniwa, die des 3. Jh. n. Chr. Zylinder waren. Auch sie finden sich um die Grabhügel. Die Haniwa des 5. und 6. Jh. sind 1,35 bis 1,60 Meter hoch. Es sind Krieger in Rüstungen und mit den Waffen, es sind Frauen in reicher Kleidung mit dem Halsschmuck, der Magatama heißt. Auch Pferde und Hunde kommen vor.

Steinfiguren sind selten, aber sie erscheinen auch, wie bei Sakaai, nicht weit entfernt von Nara. Dort stehen heute noch vier Figuren aus Stein, zwei männliche und zwei weibliche, 1 m und 72 cm hoch.

Die Schreine, so reichlich in Japan vorhanden, reichen bis in das 5. Jh. n. Chr. zurück. Der heiligste aller Schreine ist der von Ise bei Uji-Yamada an der Ostküste der Halbinsel Kii. In diesem Schrein wird der Spiegel der Sonnengöttin aufbewahrt. Der Schrein soll einst bei Kyoto gestanden haben, im Jahre 478 n. Chr. ist er von Kaiser Yurieku an seinen heutigen Ort gebracht worden. Immer wieder werden die Zedernhölzer erneuert, zum 59. Male wurden sie 1954 neu hergestellt. Der Schrein ist rechteckig mit einer Treppe als Eingang.

Die japanische Geschichtsschreibung legt die Gründung des Einheitsstaates fest auf 660 v. Chr. Die Einführung des Buddhismus wird auf 552 festgesetzt. Nach dieser Zeit sind Gegenstände, die Ausgrabungen verlangen, nicht mehr geschaffen worden. Die Schreine aus Holz stehen frei zutage und werden bis heute ständig gepflegt.

Übersieht man das Ganze der Vorgeschichtsforschung, der Ausgrabungen in Japan, dann erkennt man, daß sie sich nicht einfügen läßt in das aus Europa gewohnte Bild: Paläolithikum, Mesolithikum, Bronzezeit, Eisenzeit. Alles ist anders. Ein Paläolithikum besteht nicht. Das Neolithikum ist sehr reich, die Jomon-Kultur, enthält entgegen den europäischen Gegebenheiten stark gegliederte, sehr ornamentierte Tongefäße und weibliche Statuetten, ebenfalls reich verziert. Auf dieses Neolithikum folgt ohne jeden Übergang die Bronze- und Eisenzeit als eine Einheit, und zwar um 250 v. Chr. mit deutlich chinesischen Einflüssen. Eine Hochkultur mit Stadt, Schrift und Handel bricht ein in eine aufnehmende, in eine konsumierende Wirtschaftsform neolithischer Struktur.

Als zusammenfassende Werke sind zu nennen in japanischer Sprache: S. MITSUMORI, Die vorgeschichtliche Kultur Japans, Tokyo 1941. — S. MIZUNO u. K. IMANISHI, Das Leben in der Frühzeit, Tokyo 1950. — R. MORIMOTO, Studien zur japanischen Archäologie, Kyoto 1943. — K. KODAMA u. a. Illustrierte Kulturgeschichte Japans, Bd. I, Tokyo 1956. — J. NAKAYA u. S. UMEHARA, Handbuch der Steinzeit in Japan, Tokyo u. Kyoto 1943.

In europäischen Sprachen: N. G. MUNRO, Prehistoric Japan, Yokohama, 2. Aufl. 1911. — G. J. GROOT, The Prehistory of Japan. New York, Columbia Univ. Press 1951. — R. K. BEARDSLEY, Japan before History in: The Far Eastern Quaterly, Bd. 14, 1955, S. 317—346. — J. EDWARD KIDDER, Japan before Buddhism, London, Thames & Hudson, 1959, deutsch: Alt-Japan, Köln o. J. 1961. — Ders. Japan, Early Art, deutsch: Japan, Frühe Kunst, München 1964. —

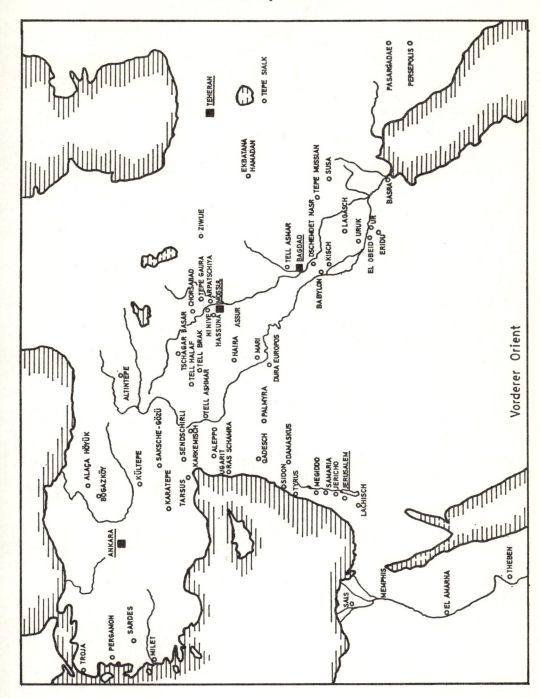

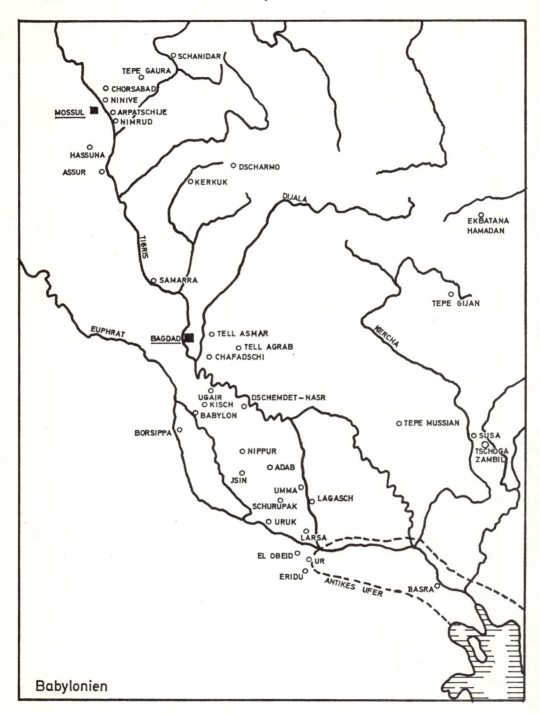

Karten zu Kapitel XV—XVI

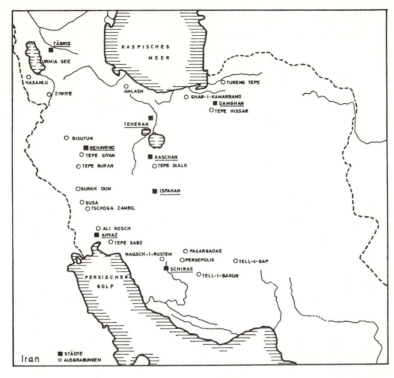

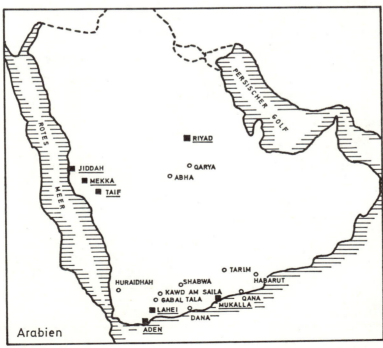

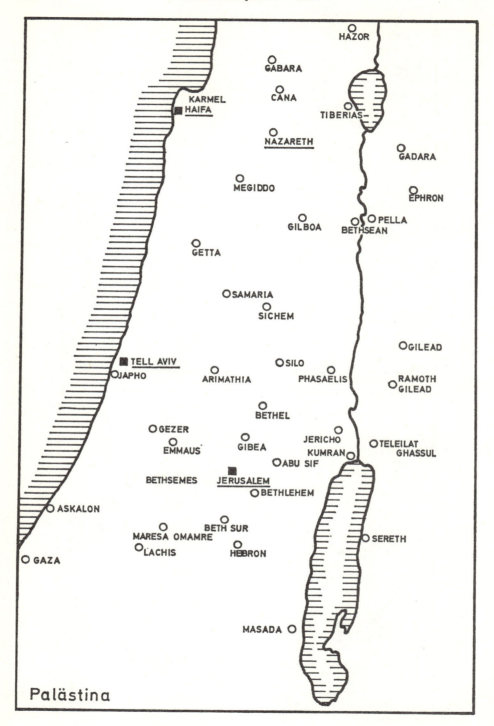

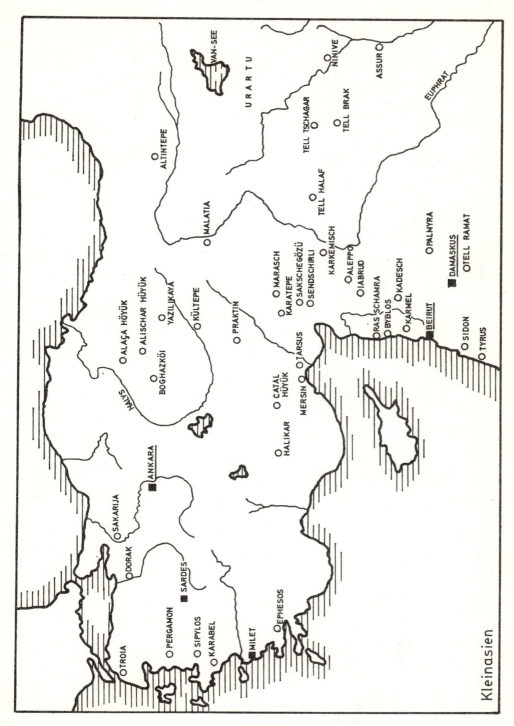

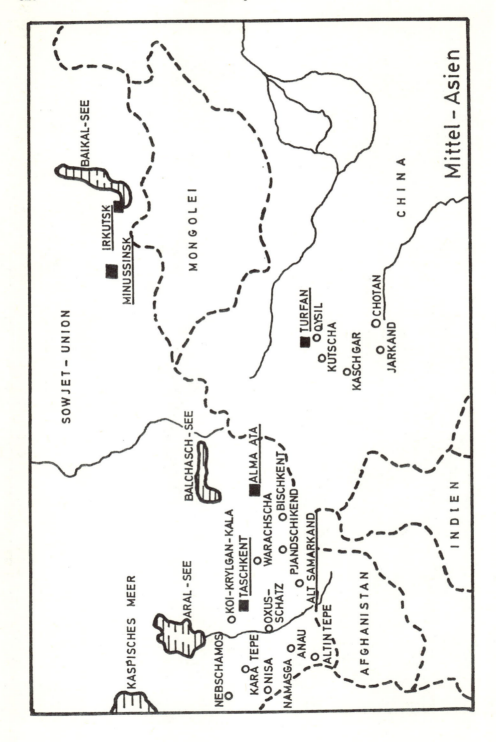

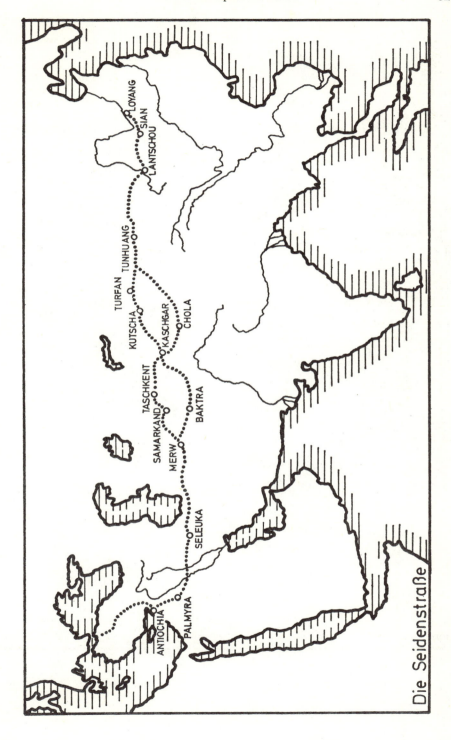

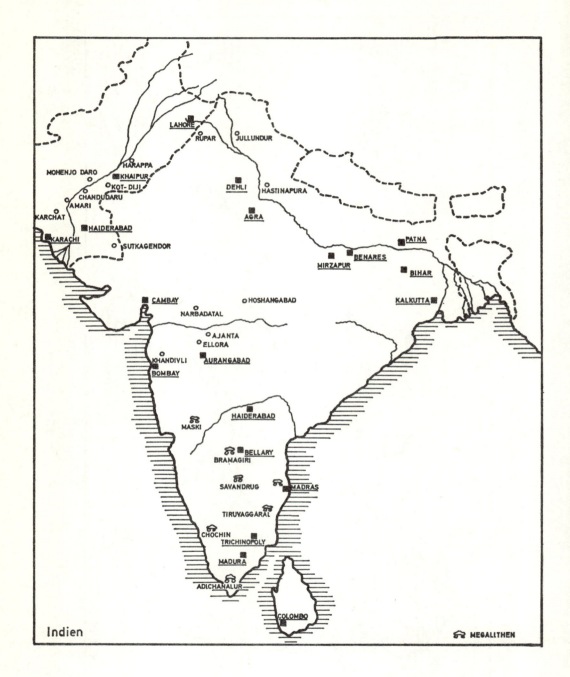

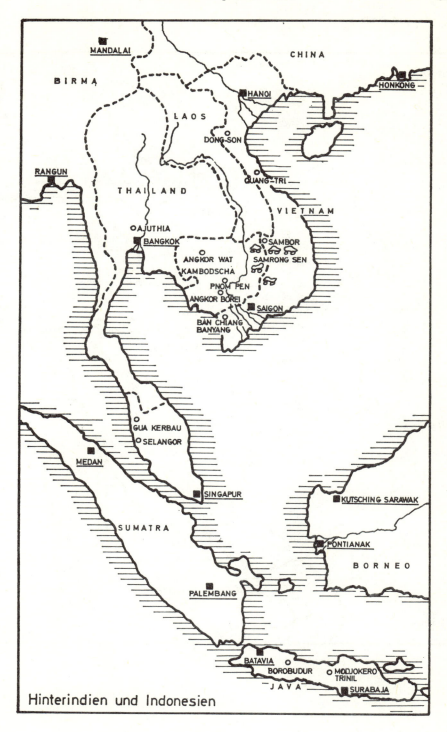

Hinterindien und Indonesien

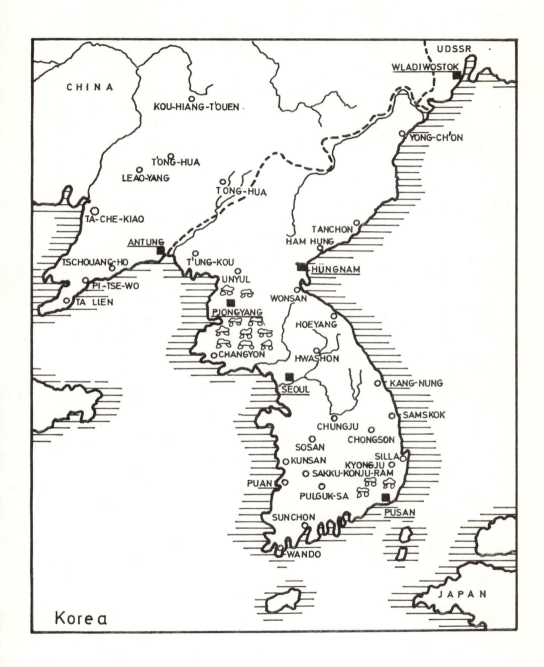

Karten zu Kapitel XV—XVI

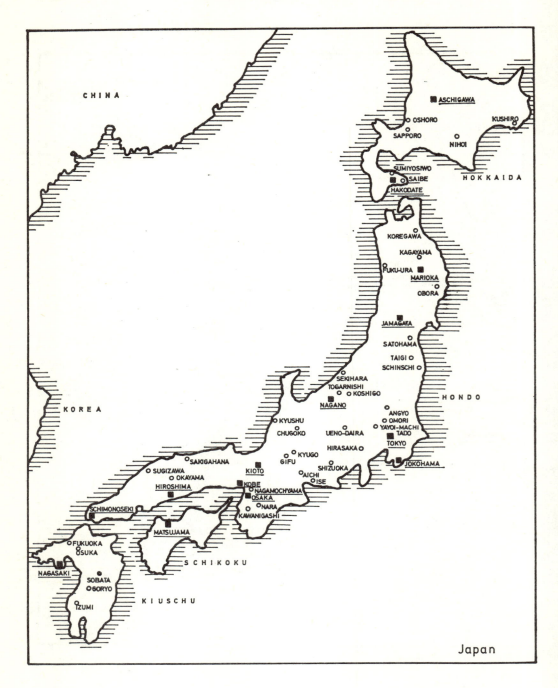

Japan

KAPITEL XVII

Afrika

Ägypten

Ägypten ist ein Land, voll von Altertümern, voll von Funden. Fährt man durch das Land, liegt plötzlich die riesengroße Statue eines Pharaos auf der Erde neben der Straße, dann wieder erscheinen antike Tempel, dann wieder Ausgrabungsstätten, an denen gearbeitet wird. Die Fülle der Grabungen, der Funde ist gewaltig, das Museum von Kairo erfüllt den Besucher mit Bewunderung.

Die bis heute größte Entdeckung im 20. Jahrhundert in Ägypten ist die Auffindung des Grabes von Tut-ench-Amon im Tal der Könige im Jahre 1922. Selten hat eine archäologische Grabung die Welt so stark bewegt wie dieses Ereignis. Als in London 1972 die Funde ausgestellt worden sind im British Museum, standen jeden Morgen schon Hunderte von Besuchern vor den Toren des Museums. Man mußte Stunden warten, bis man in einzelnen Gruppen eingelassen werden konnte. Es sind Hunderttausende gewesen, die in Stille und Bewunderung die Beigaben des Grabes dieses Pharao von Ägypten besichtigen konnten.

Dabei war der Name des Königs bis zu der Entdeckung seines Grabes völlig unbekannt. Er war ein König der 18. Dynastie (1552—1306), der Schwiegersohn des Ketzerkönigs Amenophis IV., Echnaton (1377—1358) nach anderer Datierung 1364 bis 1347. Sein erster Name war Tut ench-Aton, Hold an Leben ist die Sonne. Nach dem Tode von Echnaton, 1358, und nach dem Zusammenbruch der Aton-Religion seines Schwiegervaters änderte er seinen Namen in Tut ench-Amon. Er regierte rund 10 Jahre, von 1358—1349, nach anderer Datierung 1347—1339. Verheiratet war er mit der dritten Tochter von Echnaton, sie hatte den Namen Anchsenpaaton. Als etwa neunjähriger Knabe ist er auf den Thron gekommen und er war 19 Jahre alt, als er starb. Die Stadt von Echnaton, El Amarna, hat er aufgegeben und ist zurückgekehrt nach Theben. Die Öffnung seines Grabes im November 1922 durch die Engländer Howard Carter zusammen mit Lord Carnarvon gehört zu den großen Ereignissen der Archäologie.

HOWARD CARTER ist geboren in Swattham, Norfolk, England, am 9. 5. 1873, er ist gestorben in London am 2. 3. 1939. Als Schüler von Flinders Petrie wurde er nach mancher Ausgrabungstätigkeit in Ägypten 1902 zum Generalinspektor der Ausgrabungen in Theben ernannt. Dabei entdeckte er zusammen mit Theodore Davis die Königsgräber von Amenophis I., der Königin Hatschepsut und Thutmosis IV. Sein Hauptwerk ist: The tomb of Tut-Ankh-Amen, 3 Bde., Bd. 1 mit Mace, 1923—1933, deutsch: Tut-ench-Amun, 3 Bde. 1924—1934. Neue Aufl. 1973.

Die Ausgrabung des Grabes von Tut-ench-Amon ist wie so oft in der Archäologie eine spannende Abenteuergeschichte. Langes Suchen, Zweifeln, neue Hoffnung und in dem Augenblick des Aufgebens das Ergebnis, das Ergebnis, das nicht mehr erwartet werden konnte. Die Spezialisten hatten sich ausgesprochen gegen jede Möglichkeit, noch mehr finden zu können im Tal der Könige. Es war die Anlage zur Geduld, die Howard Carter dieses gewaltige Ergebnis ermöglichte.

Theodore Davis, ein an Archäologie interessierter Amerikaner, besaß in dieser Zeit die Konzession zu Grabungen im Tal der Könige. Er hatte jede Stelle untersucht, es gab für ihn keine mögliche Spur mehr für einen Eingang zu einem Grabe. Auch Giovanni Belzoni, der so große Verdienste um die Ausgrabungen an dieser Stelle besaß, auch Belzoni war überzeugt, daß im Tal der Könige alles aufgefunden worden war.

Da war aber GEORGE HERBERT, der FÜNFTE LORD CARNARVON, geb. 1866 aus der Familie der Carnarvons. Ihr Besitztum ist das große Schloß in Nord-West Wales am Snowdon-Gebirge. Es ist völlig unbewohnt. Der Name wird heute Caernavon geschrieben. Ich habe das Schloß 1973 besuchen können, und schon durch seine Lage am Meer beeindruckt es den Besucher. Die Gesundheit von Lord Carnarvon verlangte ein warmes Klima. Er hatte einen schweren Autounfall erlebt auf einer Reise durch Deutschland bei Bad Schwalbach im Taunus, einen Unfall, von dem er sich nie mehr recht erholen konnte. 1903 ging er von Wales nach Ägypten in die wärmere Sonne. In Ägypten begannen ihn die Altertümer zu interessieren, die Funde, die Ausgrabungen. Er wollte sich selbst an Grabungen beteiligen und auch sein Vermögen dafür einsetzen. Und so begann er 1906 in Theben zu graben. Er hatte Gaston Maspero, den damaligen Direktor des Kairoer Museums um einen Helfer gebeten, der der Leiter der Ausgrabungen sein könnte. Maspero empfahl ihm Howard Carter. Lord Carnarvon erwarb die Konzession, und so wurde Carter der entscheidend Verantwortliche für die Forschungen in diesem Tal.

Es gab aber keine Stelle, an der man den Spaten hätte ansetzen können. Carter wußte wohl um einige kleine Einzelfunde mit der Kartusche, mit der Inschrift eines Pharao, doch der Name des Pharaos war unbekannt. In der Literatur der Ägypter erscheint er nicht. Nach den Inschriften auf der Kartusche lautete sein Name Tut-ench-Amon. Carter vermutete das Grab dieses Königs irgendwo in dem Tale, aber er wußte nicht den genauen Platz. Überall machte er Versuchsgrabungen, sechs Jahre hindurch, ohne jeden Erfolg. Es gehört viel Geduld, es gehört viel Vertrauen zu der selbst gestellten Aufgabe, um nach sechs ergebnislosen Jahren noch immer nicht aufzugeben. Der Krieg 1914—1918 unterbrach die Arbeiten. Erst 1917 wurde die Tätigkeit wieder aufgenommen. Aber 1921 wollte Lord Carnarvon die notwendigen Zahlungen bei der ergebnislosen Situation nicht mehr zur Verfügung stellen.

Aber Carter war so von dem Erfolge überzeugt, daß er Lord Carnarvon erklärte, er werde selber die Kosten tragen. Daraufhin stellte der Lord die Summe wieder für ein Jahr zur Verfügung. Am 28. Oktober 1922 wurden die Grabungen erneut aufgenommen. Und nun geschah das Unerwartete: am 4. November 1922 fand Carter eine Treppe, die hinabführte. Das konnte nur der Gang zu einem Grabe sein. CARTER berichtet darüber sehr lebendig in seinem Buche: The Tomb of Tut-Ankh-Amen, 1923, deutsch: Tut-ench-Amun, Verl. Brockhaus, Leipzig 1924 S. 83 ff. mit Kürzungen:

„Sofort, als ich am nächsten Morgen, dem 4. November 1922, zur Grabungsstelle kam, sagte mir die ungewohnte Stille, die durch das Ablassen von der Arbeit entstanden war, daß etwas Außergewöhnliches vorgefallen sein mußte. Ich wurde mit dem Zuruf begrüßt, daß unter der ersten in Angriff genommenen Hütte eine in den Felsgrund eingehauene Stufe entdeckt worden sei. Diese Nachricht schien zu schön, um wahr zu sein; indes bestätigten einige weitere Spatenstiche, daß wir tatsächlich am Anfang einer in den Fels geschnittenen Treppe standen, die etwa 4 m unter dem Eingang zum Grabe Ramses VI. in der ungefähren Tiefe des jetzigen Talgrundes angelegt worden war. Die Art des Einschnittes entsprach den im Tal üblichen, in die Tiefe führenden Eingangstreppen — und bereits keimte in mir die Hoffnung, daß wir am Ende doch noch „unser" Grab gefunden hatten. ... Mit nur mühsam unterdrückter Erregung wartete ich ab, wie eine der abwärts führenden Stufen nach der anderen zum Vorschein kam. ... Als die Sonne sank, enthüllte sich am Fuße der zwölften Stufe der obere Teil einer Tür. Sie war geschlossen, vermörtelt und versiegelt".

„Der nächste Tag — es war der 26. November — wurde zum „Tag der Tage", wie ich ihn schöner niemals erlebt habe und gewiß auch nie wieder erleben werde. ... Es brachte uns, als wir so warteten, fast zur Verzweiflung, wie langsam der restliche Schutt des Ganges, der den unteren Teil der Tür versperrte, weggeräumt wurde. Endlich aber hatten wir die ganze Tür frei vor uns. Der Augenblick der Entscheidung war da. Meine Hände zitterten, als ich in die obere linke Türecke eine kleine Öffnung machte. Darin war es dunkel und, soweit eine eingeführte Eisenstange reichte, leer; also war der dahinter liegende Raum, welcher Art er auch sein mochte, nicht wie der eben ausgeräumte Gang ausgefüllt. Wir machten wegen der möglicherweise vorhandenen giftigen Gase die Probe mit einer brennenden Kerze, dann erweiterte ich das Loch etwas, führte die Kerze ein und spähte hindurch, während Lady Evelyn, Lord Carnarvon und Callender voller Spannung neben mir standen und auf meinen Urteilsspruch warteten".

„Zuerst konnte ich nichts erkennen, da die der Kammer entströmende heiße Luft die Kerzenflamme flackern machte. Dann aber, als sich meine Augen allmählich an das Licht gewöhnten, tauchten langsam Einzelheiten des Raumes da drinnen aus dem Dämmer hervor — fremdartige Tiere, Statuen und Gold, überall schimmerndes Gold! Im ersten Augenblick — der für die neben mir Stehenden eine Ewigkeit gedauert haben mag — war ich starr und stumm vor Staunen. Dann konnte Lord Carnarvon die Ungewißheit nicht mehr ertragen und fragte ängstlich: „Können Sie etwas sehen?" Alles, was ich zu antworten vermochte, war: „Ja, wunderbare Dinge!" Dann erweiterten wir das Loch noch ein wenig mehr, so daß wir beide hindurchsehen konnten, und führten eine elektrische Taschenlampe ein."

„Wohl fast jeder Ausgräber wird zugeben, daß ihn beim Eindringen in eine von frommer Hand vor so vielen Jahrhunderten verschlossene und versiegelte Kammer Scheu, ja, fast Scham ergreift. In einem solchen Augenblick scheint die Zeit, jener entscheidende Faktor des Menschenlebens, ihre Bedeutung verloren zu haben. Drei- oder viertausend Jahre mögen dahin gegangen sein, seit eines Menschen Fuß den Boden betrat, auf dem man steht — und dennoch vermeint man, es sei erst gestern gewesen, wenn man die noch frischen Spuren des Lebens ringsum sieht: vor der Tür der noch halb gefüllte Eimer mit Mörtel, eine berußte Lampe, den Abdruck von Fingern auf der frisch gemalten Wand oder ein als letzter Gruß auf die Schwelle gelegtes Blumengewinde. Sogar die Luft, die man einatmet, blieb durch all die Jahrhunderte die gleiche; man hat sie mit denen gemein, die einst die Mumie zu ihrer letzten Ruhe bestatteten. Derlei kleine, intime Einzelheiten schalten den Begriff der Zeit aus und zwingen uns das Gefühl auf, Eindringlinge zu sein". . . .

„Allmählich wurde das Bild deutlicher, und wir vermochten einzelne Gegenstände zu unterscheiden. Zuerst standen da, genau uns gegenüber — schon die ganze Zeit hatten wir sie in unserem Bewußtsein registriert, konnten aber nicht daran glauben — drei große vergoldete Bahren, deren Seiten in der Form von Tiermonstren geschnitzt waren. Wie es ihre Verwendung verlangte, waren ihre Körper merkwürdig langgezogen, während die Köpfe erstaunlich realistisch wirkten. Zu jeder Zeit hätte der Anblick dieser Tiere unheimlich gewirkt; so aber, wie wir sie sahen — als die Taschenlampe blitzlichtartig ihre goldglänzenden Umrisse aus der Finsternis hervorholte und ihre Häupter grotesk verzerrte Schattenbilder auf die Wand hinter ihnen warfen — jagten sie Schrecken ein. Als nächstes erregten und fesselten zwei Statuen weiter rechts unsere Aufmerksamkeit, lebensgroße Figuren eines Königs in schwarz, die wie Schildwachen einander gegenüberstanden, mit goldenem Hüftschurz und goldenen Sandalen, bewaffnet mit Schlachtkeule und Stab und mit der schützenden heiligen Kobra über ihrer Stirn."

„Das waren die wichtigsten Gegenstände, die zuerst unseren Blick einfingen. Ungezählte andere lagen zwischen ihnen, um sie herum, über sie gestapelt: Eingelegte Kästen mit wunderbarer Bemalung; Alabastervasen, schön geschnitten und zum Teil mit durchbrochenen Mustern; merkwürdige schwarze Schreine, bei deren einem aus der offenen Tür eine große vergoldete Schlange herausschaute; Blumen- und Blättersträuße; Betten; herrlich geschnitzte Sessel; ein mit Gold eingelegter Thron; ein Haufen seltsamer weißer Schachteln in Eiform; Stäbe aller Art und in verschiedenen Mustern; dicht vor unseren Augen, unmittelbar auf der Kammerschwelle, ein schöner lotosförmiger Becher aus durchscheinendem Alabaster; auf der linken Seite ein wirres Durcheinander umgestürzter Streitwagen, von Gold und Einlagen glitzernd, und, über sie weg herschauend, ein anderes Bildnis des Königs". . . .

„Dann aber kam uns in all unserer Verwirrung zum Bewußtsein, daß es in diesem ganzen Durcheinander von Gegenständen vor uns weder einen Sarg noch die Spur einer Mumie gab — und wiederum begann uns die viel diskutierte Frage zu quälen, ob wir vor einem Grabe oder einem Versteck standen. Im Hinblick auf diese Frage durchmusterten wir aufs neue das Bild, das sich uns bot, und da bemerkten wir zum ersten Mal, daß sich zwischen den zwei schwarzen Wächterfiguren zur Rechten eine andere versiegelte Tür befand. Allmählich dämmerte uns, daß wir erst am Anfang unserer Entdeckung standen. Was da vor unseren Augen lag, war nichts weiter als eine Vorkammer".

Was dann gehoben wurde, war der Sarg, der aus reinem Gold bestand im Gewicht von 200 kg, der Thronsessel, das Szepter, die Halskette, die mit Gold verzierten Sandalen, die Ringe, die Bahre mit Nilpferdköpfen, Statuen der Wächter, die Truhe, die Büste des Königs.

LORD CARNARVON ist verstorben am 6. April 1923. Er hat über seine Grabungen in Theben ein Buch veröffentlicht: Five Years Explorations at Thebes, London 1912. Über das Grab von Tut-ench-Amon, nach dem Werk von CARTER: J. CAPART, Tout-ankh-Amon, Brüssel, 2. Aufl. 1950. — ARTHUR WEIGALL, Echnaton, Basel 1923, Verl. Benno Schwabe. — PENELOPE FOX, Der Schatz des Tut-ench-Amon, aus d. Englischen, 2. Aufl. 1961. — CHR. DESROCHES-NOBLECOURT, Leben und Tod eines Pharao, Tut-ench-Amon, aus d. Französischen, 1963. — J. R. HARRIS, Tutankhamun's Tomb Series, 5 Bde., Oxford 1963—1972.

Durch Jahrzehnte des 20. Jahrhunderts hindurch war es die Pyramide von Sakkara bei Memphis, die das Interesse der Forscher erregte. Die Ausgrabung begann 1851, sie wurde weitergeführt in den Jahren 1907—1923 durch J. E. QUIBELL. Sein Bericht ist: Excavations at Sakkara, 6 Bde. Kairo 1907—1923. Über noch spätere Ausgrabungen berichtet W. B. EMERY, Great tombs of the first dynasty, 3 Bde., Kairo und London 1949—1958.

Prof. G. Reisner von der Harvard-University in Boston konnte bedeutende Erfolge verzeichnen bei seinen Arbeiten an den Pyramiden von Gizeh. Um 1903 fand er den unvollendeten Totentempel des letzten Königs der 4. Dynastie, Menkaura, Mykerinos, wie ihn die Griechen nannten. Prachtvolle Statuen aus Alabaster dieses Königs wurden aufgedeckt. Sie sind nach Boston gekommen.

Nach dem ersten Weltkrieg nahm Reisner die Ausgrabungen wieder auf, und von 1924—1925 gelang ihm eine große Entdeckung. Am Ende eines tiefen Schachtes fand er das Grab der Königin Hetep-Heres, der Gemahlin des Pharao Snofru, des Begründers der 4. Dynastie, um 2550 v. Chr., Vater des Cheops, des Erbauers der größten Pyramide von Gizeh. REISNER berichtet darüber in: Bulletin of the Museum of Fine Arts in Boston, May 1927 und Oktober 1928. In dem Grabe fand sich das Bett der Königin, ein Sessel, zwei Lehnsessel, Alabastergefäße, Toilettengegenstände. Reisner war es auch, der um 1934 die Sphinx freilegte, sie ist 20 m hoch und 73,5 m lang.

GEORGE ANDREW REISNER ist geboren in Indianapolis, USA, am 5. 11. 1867, er ist gestorben in Gizeh am 6. 6. 1942. Seine Hauptwerke sind: The early dynastic cemeteries of Naga-ed-Dêr, 3 Bde. 1908—1932. — Excavations at Kerma, 2 Bde. 1923. — Mycerinus, 1931. — The development of the Egyptian tomb, 1936. — A history of the Giza Necropolis, 2 Bde. 1942—1955.

Von 1903—1906 grub G. Steindorff zusammen mit dem Architekten Uvo Hölscher auf Veranlassung des Industriellen Ernst von Sieglin in Stuttgart den Totentempel des Pharao Chefren aus.

GEORG STEINDORFF ist in Dessau geboren am 12. 11. 1861, er ist gestorben in Hollywood, Kalifornien am 28. 8. 1951. Von 1893 bis 1932 war er Professor in Leipzig, seit 1935 lebte er in Hollywood. Seine Hauptwerke sind: Die Blütezeit des Pharaonenreiches. 1900, 2. Aufl. 1926. — Die Kunst der Ägypter, 1928. — Aniba, 2 Bde. 1935—1937. — Catalogue of the Egyptian sculptures in the Walters Art Gallery, Baltimore 1946. — Über die Ausgrabung: Uvo Hölscher u. Georg Steindorff, Die Ausgrabung des Totentempels der Chefrenpyramide, in: Zschr. f. Sprache u. Altertumskunde Ägyptens, Leipzig, Verl. Hinrichs 1909—1910.

Das Totenfeld von Gizeh ist so bedeutend, daß es auch andere Ausgräber anzog. Das Gebiet wurde von der ägyptischen Regierung aufgeteilt an amerikanische, deutsche, italienische wissenschaftliche Gesellschaften. So grub die Wiener Akademie der Wissenschaft dort seit 1911, zusammen mit dem Kaufmann Pelizaeus aus Hildesheim, gestorben 1930. Er schenkte die Funde dem Museum von Hildesheim, es ist heute ein bedeutendes Museum für Funde aus Ägypten.

Nach dem ersten Weltkrieg wurden die Grabungen an diesen Stellen fortgeführt von der Notgemeinschaft der deutschen Wissenschaft, geleitet von Hermann Junker aus Wien, Oswald Menghin auch aus Wien.

HERMANN JUNKER ist geboren in Bendorf, Rhein, am 29. 11. 1877, er ist in Wien gestorben am 9. 1. 1962. Er war Prof. in Wien und von 1929—1945 Direktor des Deutschen Archäol. Inst. in Kairo. Auf dem Pyramidenfeld in Gizeh grub er von 1912—1914 und 1925—1929. Seine wichtigsten Arbeiten sind: Die Ägypter, in: Gesch. d. führenden Völker, 3, 1933. — Giza, 12 Bde., 1929—1955. — Die Geisteshaltung der Ägypter in der Frühzeit, 1961. — Philä, 2 Bde., 1958, 1965.

Nun ergab sich aber ein neues Problem. Jede Epoche bekommt andere Augen. Die Pyramiden der Zeit von 2650—2190 v. Chr. sind geöffnet worden. Die Grabanlage des Königs Djoser, griechisch Tosorthos, ist gefunden. Er ist der Begründer der dritten Dynastie, er lebte um etwa 2650. Herodot erwähnt als den Einiger des Reiches den König Menes, er soll die Stadt Memphis gegründet haben. Seine Regierungszeit wird um 2850 gelegen haben, das wäre nach der Ersten Dynastie, im alten Reich.

Aber was liegt davor, das ist wieder die Frage, die sich stellt, es ist die Frage nach der Vorgeschichte des Landes. Diese Frage liegt in der Luft dieser Zeit, um 1920—1930. Der Mitarbeiter Junkers, Oswald Menghin, ist ein Spezialist des Neolithikums. Sein Buch: Weltgeschichte der Steinzeit erscheint 1930. Er war es besonders, der den Blick der Ausgräber weg von den Pyramiden, fort von Gizeh richtete auf das Delta des Nils. Wohl hatte in Oberägypten Sir Flinders Petrie Nagade, Negade, ausgegraben, nicht weit von Luxor gelegen (vgl. hier S. 252). Petrie hatte unterschieden ein Negade I, Amrah-Kultur und Negade II, Gerzeh-Kultur, nach den Formen der Keramik. Er hat noch keine Daten genannt, aber er hat von einem Neolithikum gesprochen.

Da wurde von G. BRUNTON und GERTRUDE CATON-THOMPSON in den Jahren 1926—1927 eine noch ältere Schicht entdeckt, sie liegt auf dem Gelände von Badari in Oberägypten. Es handelt sich um Gräberfelder, offenbar immer wieder zur Bestattung verwendet von wandernden Nomaden. Es finden sich Steingeräte, Keramik, Gebrauchsgeräte. Diese Kultur ist älter als Negade I und II. Die beiden Entdecker berichten darüber: The Badarian Civilisation, London 1928.

Nachdem Oberägypten diese drei neolithischen Straten ergeben hatte, erwartete man neolithische Schichten auch in Unterägypten, im Delta, im Fayum. JUNKER selber berichtet darüber in: Neue deutsche Ausgrabungen, Münster, 1930 S. 100:

„Durch die Hilfe des Herrn Albert Rothbart aus New York wurde es nun der Wiener Akademie der Wissenschaften ermöglicht, die Erforschung des Deltas zu beginnen. Im Frühjahr 1928 zog von Giza eine Karawane aus, deren Aufgabe es war, den westlichen Wüstenrand Unterägyptens nach Spuren der Vorgeschichte zu untersuchen. Auf dem zwei Monate dauernden Marsche gelang es ihr, neben zahlreichen Fundplätzen der verschiedenen historischen Epochen auch solche der Urzeit zu entdecken. Von größter Bedeutung war dabei der Nachweis einer spätmesolithischen Siedlung bei Abu-Ghalib und einer weitausgedehnten neolithischen in Merimde-Benisalâme, ungefähr 60 km nördlich von Kairo. ... Es fand eine vierwöchige Probearbeit statt. Ihr Ergebnis übertraf die Erwartungen. Der untersuchte Abschnitt zeigte eine Schuttiefe von über 2 m; es lagen hier mehrere Wohnschichten übereinander, meist durch Sandüberwehungen getrennt. Die einzelnen Lagerplätze traten klar zutage: die Herdstellen mit Küchenresten, die Getreidebehälter in Form von Schilfkörben noch mit Resten der Körnerfrucht, die ovalen Vorratskammern aus Nilschlamm aufgeführt und manche Krüge und Näpfe in situ. Herumliegende Tierknochen zeigen, daß die Merimdeleute Nilpferd und Krokodil jagten, daß sie Schildkröten und Fische fingen, Rinder, Schafe, Ziegen und Schweine hielten".

„Die Kultur, die sich hier uns aus zahlreichen Kleinfunden erschließt, ist von der oberägyptischen wesentlich verschieden, so in den Steinwerkzeugen und in der Tonware. Daß die Unterschiede nicht mit dem Hinweis auf lokale Eigenentwicklung erklärt werden können, wird durch eine Feststellung von weittragender Bedeutung erwiesen: während nämlich in Oberägypten, auch in der Badari-Kultur, die Friedhöfe abseits der Siedlungen angelegt wurden, fanden wir in Merimde die Leichen bei den Wohnungen bestattet, in der Nähe der Herdstellen, das Gesicht, wie es scheint, diesen zugekehrt. Die sonst üblichen Beigaben fehlten; denn die Toten bedurften ihrer nicht, sie blieben ja mit ihrer Familie vereint und konnten an dem Mahl der Lebenden teilnehmen. Diese wesentliche Abweichung in der Behandlung der Toten dürfte wohl nur aus einer Verschiedenheit der Stämme zu erklären sein; damit aber eröffnen sich für die Entwicklung Ägyptens in der Frühzeit ganz neue Gesichtspunkte". JUNKER hat über die Grabung berichte in: Anz. Akad. Wiss. Wien, Bd. 66, 1929—1934 (1935).

So war um 1930 auch das Neolithikum von Ägypten erschlossen, in Oberägypten drei Stadien von unten nach oben: Badari, Negade I, Negade II, in Unterägypten Merimde.

Die Badari-Kultur bringt Silexabschläge, Klingen und Spitzen. Die Keramik ist rot poliert mit breitem schwarzem Rand. Es gibt Tassen, Schalen, Krüge, Kochgefäße, rechteckige Teller. Flachs wurde verwendet für grobes Leinen. Der Bumerang aus Holz ist vorhanden, zahlreich sind Perlen aus Steatit. Löffel kommen vor, Nadeln mit Öhren, Angelhaken aus Elfenbein. Von besonderem Interesse sind Statuetten aus Ton und Elfenbein.

Mit Negade I, auch Kultur von Amrah genannt, beginnt die neolithische Kultur, die Flinders Petrie gefunden hat. Von ihm war die Rede auf S. 252. Die Grabungen in Naqada, Nagade oder Negade, begann Petrie 1894 zusammen mit Quibell. Bis 1895 konnten 540 Gräber gehoben werden, von denen 450 unberaubt waren. Der Bericht ist: Fl. Petrie and J. E. Quibell, Naqada and Ballas, London 1896.

In den Jahren 1899—1901 wurden in El-Amrah, einem Dorf in Oberägypten, 9 km südöstlich der Königsgräber von Abydos, zwei prähistorische Gräberplätze ausgegraben. Ein Platz umfaßt 600 Gräber, der andere 400. Die Beigaben waren ungewöhnlich reich, es fand sich auch ein Hausmodell aus Ton. Die Gräber reichen zeitlich bis in die zweite Dynastie. Die Fundarten entsprechen denen von Negade I. Erst 1920 veröffentlichte Flinders Petrie seine Funde von Negade in dem Werk: Prehistoric Egypt, London. Dieses Buch faßt die Ergebnisse zusammen, S. 47—48:

"The women wore a linen skirt or a waist fringe, while the men only used the sheath. Some shaved the head, doubtless with flint flakes, and wore wigs, so that there was much care of the person and cleanliness. Leather sandals were in use. For decoration the long wavy hair was fastened up with longtoothed ivory combs, usually having the figure of an animal in open work on the top. Hair-pins, with figures of birds on the head, were usual. Armlets and rings of shell and ivory were worn. They carried bags of painted leather, and these — or water skins — were decorated with ivory tusks or tags stopping the leg holes".

"The art of figure carving was well advanced. The ivory figures give a good idea of the type of the people, without exaggeration. Figures were also made in clay and paste. The slave women of the previous steatopygous race were also represented, with their characteristic tatuing patterns."

"Pottery was the favourite product of these people. The care lavished on the perfection of shape and outline, the polish of the surface, the thinness of the body, the great variety of form, all show a love of artistic treatment. The whole of it was built up by hand, without any wheel or circular motion, yet it is rarely that a lack of symmetry, or any irregularity, is obvious. Square boxes of pottery were sometimes painted".

"Glazing was an art brought in with the invasion; glazed figures and beads were a usual decoration. This implies the skilful art of making the green or blue frit, which needs prolonged and precise heating, and the application of it to coat stone and siliceous paste with a continuous smooth glaze."

"The artistic sense also appears in the vases of ivory and of stone, which were all entirely of handwork, beautifully finished. With all this fine production of small objects there must have been an equivalent care in the houses and surroundings of the people". . . .

"Copper was not common, but was employed for harpoons, for pins to fasten the skins on the person, and for small chisels used in carving".

"Ships were already in use in the earlier part of the first civilisation. They were provided with square cabins, and rowed by a bank of oars. These imply a system of trading, and not merely small fisheries. As emery probably was brought over in the first period, this points to traffic with the Smyrna coast".

Wenn Petrie Negade I noch auf die Zeit von 10000 oder 8000 v. Chr. schätzte, so in dem genannten Werk S. 5 u. 6, so ergab die C 14-Datierung viel niedrigere Daten. Die Untersuchung von Haaren und von menschlicher Haut brachte Daten zwischen 3800 und 3600 v. Chr. Es berichtet darüber R. J. BRAIDWOOD in: Antiquity, Bd. 31, 1957 S. 80. Über El-Amrah berichten auch: D. RANDALL-MACIVER and MACE El-Amrah and Abydos, 1902.

Die Kultur von Negade II oder auch die von Gerzeh genannt, weist einen fortgeschrittenen Charakter auf. Der Name Gerzeh stammt von einem neolithischen Gräberfeld in Mittelägypten auf dem westlichen Nilufer, nicht weit von Medum. G. A. Wainwright deckte hier in den Jahren 1910—1911 ungefähr 290 Gräber auf. Den Bericht gaben W. M. FLINDERS PETRIE, G. A. WAINWRIGHT and E. MACKAY in dem Werk: The Labyrinth, Gerzeh and Mazghunet, 1912.

Die wichtigste Wandlung gegenüber Negade I offenbart die Keramik. Die Tongefäße besitzen einen weißen Grund und darauf lagert eine rote figurale Bemalung. Sie ist äußerst reichartig in ihrer Formgebung. Besonders häufig ist das Schiff dargestellt, das Schiff mit Deckaufbauten, mit Masten und Wimpeln. Menschliche Gestalten kommen vielfach vor. Sie sind stark stilisiert, wie immer im Neolithikum. Zwischen den Schiffen wird das Wasser durch eine Zickzack-Linie bezeichnet. Auch Pflanzen werden dargestellt, Vögel, Krokodile, Schlangen, Skorpione. Viele Gefäße sind aus Stein gearbeitet, Feuersteinmesser sind gut durchgebildet.

Lebendige Handelsbeziehungen macht Grab 1863 aus Negade deutlich, das Grab eines jungen Mädchens. Es enthielt einen Rollsiegel aus Djemdet-Nasr, Mesopotamien, daneben eine schwarze Keramik vom Sudan. In einigen Gräbern sind Perlen aus Lapislazuli gefunden worden, die aus Afghanistan über den Irak nach Ägypten gelangt sein müssen. Über diesen Handel berichtet H. J. KANTOR, Early Mesopotamien Relations with Egypt, in: Journal of Far Eastern Studies, II. Oriental Institute, Chicago, 1952 S. 239—250.

Nach 1930 wurden mehrere neolithische Stationen ausgegraben, so Armant, auch Erment genannt, nahe bei Luxor. Die Grabung, 1932—1933, führten durch R. MOND und O. MYERS, ihr Bericht ist: Cemeteries of Armant, Bd. I. 1937. Das Gräberfeld ergab 170 Bestattungen. Der ältere Abschnitt brachte Gräber des Stiles Negade I mit meistens nur einem Gefäß. In 8 Gräbern fanden sich Schminkpaletten. Der jüngere Abschnitt ergab Gräber von Negade II. In dieser Zeit werden den Toten 2 bis 4 Gefäße beigegeben. Sie sind aus weißem Ton, die Bemalung ist rot.

Ein anderer Fundplatz ist Mostageda bei Assiut in Mittelägypten. Er wurde ausgegraben von G. BRUNTON in den Jahren 1927—1931. Der Bericht ist: Mostageda and the Tasian Culture, London 1937. Die ältesten 60 Gräber werden von dem Verfasser als Tasian bezeichnet, nach einem Fundort Deir Tasa. Die Bezeichnung dieser Epoche als Tasian, vermutlich älter als Badari, hat sich nicht durchgesetzt. Der Unterschied zur Badari-Kultur, der ältesten neolithischen Schicht Ägyptens, ist zu gering, als daß man eine eigene Stufe aufstellen könnte. Die Badari-Stufe ist gut durchgebildet mit 300 Gräbern. Die Toten werden auf einer Matte gebettet. Die Keramikbeigaben finden sich in einer Nische, in einigen Gräbern waren noch die Haare erhalten. In 48 Gräbern war noch die Kleidung in Resten vorhanden. Weiter fanden sich Perlen aus Steatit, Armringe aus Elfenbein, Löffel aus Elfenbein, Schieferpaletten, drei weibliche Tonfiguren.

Der jüngere Teil des Gräberfeldes ergab den Typus Negade I. In dieser Zeit kommen Holzsärge vor, Gefäße aus Basalt, wie auch vorher, aber auch weißtonige Ware mit roter Bemalung von Schiffen und Vögeln. Ein Schiffsmodell erscheint, Kämme mit Tierköpfen, Nadeln aus Kupfer und drei weibliche Statuetten. Einige Gräber gehören der frühdynastischen Zeit an.

Ein weiterer Fundort ist Matmar bei Assiut in Mittelägypten. Er wurde auch von G. Brunton von 1929—1931 gegraben. Die Literatur ist: G. BRUNTON, Matmar, London 1948. Das Gräberfeld ergab in seinem älteren Teile Funde der Badari-Kultur, in seinem jüngeren Funde von Negade I und II. Es kamen 100 Gräber zutage.

Die Tongefäße der Badari-Kultur sind rot, mit schwarzem Rand, ohne figurale Bemalung. Negade II datiert sich zwischen 3500 und 3000.

In den Jahren 1930—1933 wurden von CATON-THOMPSON am Nordufer des Birket-Karun, eines Sees, mehrere Siedlungen ausgegraben, sie werden bezeichnet als Fayum. Sie sind neolithisch, die Forscherin hält sie für die bisher ältesten bekannten neusteinzeitlichen Fundstellen in Ägypten. Sie berichtet darüber zusammen mit E. W. GARDNER, The desert Fayum, London 1934. Der See war offenbar trocken in paläolithischer Zeit. Im Neolithikum füllte sich die ursprüngliche Erdmulde mit Wasser durch die große Feuchtigkeit der Nacheiszeit. Der See gab die Möglichkeit zum Fischen. An Getreide wurde Emmer und Gerste angebaut, es wurde in Vorratsgruben gesammelt. In Holzgriffe waren Mikrolithen eingesetzt, sodaß Sicheln entstanden. Die Knochen von mehreren Tieren wurden gefunden: Schaf, Rind, Schwein, Flußpferd, Elefant, Antilope, Gazelle, Krokodil, Fische. Perlen aus Halbedelstein fanden sich, auch das geschliffene Beil, von den Ausgräberinnen als Querbeil, gougeadze, bezeichnet. Es fand sich auch Keramik aus grobem Ton. Der Boden ist rund oder abgeflacht, auch versehen mit einem Standring. Es gibt Schalen, Kochgefäße, Tassen, Kielvasen, rechteckige Teller mit ausgezogenen Ecken. Manche Gefäße zeigen einen roten Überzug und sind gut poliert. Eine Verzierung der Gefäße gibt es nicht.

Die beiden Radiokarbon-Daten für Fayum A, eine ältere Schicht, die sich trennen läßt von Fayum B, ergeben 4400 und 4145 v. Chr.

Die Radiokarbon-Daten für die Grabungen in Unterägypten in Merimde, ergeben 4180 bis 3817, demnach rund um 4000. Es wurde an dieser Stelle Gerste, Emmer und Weizen angebaut, offenbar aus Asien eingeführt. So nimmt H. HELBAEK an in einem Aufsatz in: Proceedings of Prehist. Society, Bd. 21, 1955, S. 93—95.

Das Paläolithikum ist in Ägypten seit 1868, seit den Beobachtungen von Arcelin, Hamy und anderen bekannt durch Oberflächenfunde, es sind vor allem Faustkeile, die die Forscher aufgelesen haben bei den oberägyptischen Orten Toukh, Abydos, Esneh.

Darüber berichten J. u. H. DE MORGAN in einem Buch: Préhistoire orientale, Bd. II, Egypte et l'Afrique du Nord, Paris 1926.

Einen festen Boden erlangte die Forschung erst durch Terassen-Grabungen von K. S. SANDFORD und W. J. ARKELL von 1929. Sie wurden veröffentlicht 1943 in dem Werk: Paleolithic Man and the Nile-Valley in Upper and Middle Egypt, Oriental Institut Publ. of the University of Chicago, 1943. In dieser Arbeit werden die Ergebnisse der Untersuchung der Nilterrasse vorgelegt. Sie sehen so aus: Die unterste Schicht, 150 Fuß tief, enthielt kein menschliches Werkzeug. Die Schicht darüber, 100 Fuß tief, ergab primitives Chelléen, Acheuléen und die ägyptische Form des Clactonien. Die nächsthöhere Schicht, 50 Fuß tief, brachte fortgeschrittene Formen des Acheuléen. Die Schicht mit 30 Fuß Tiefe führte Acheuléen-Werkzeuge und ein frühes Moustérien. Auf diese Schicht folgt nach oben zu in 10—15 Fuß Tiefe ein ägyptisches Moustérien. Darüber lagert ein Atérien und ein Sébillien.

In einer Bemerkung zu diesen Funden sagt L. S. LEAKEY in seinem Buch, Steinzeit-Afrika, Stuttgart 1938 S. 114: „Diese Nordafrikanischen Kulturverhältnisse sind denen von Europa oder Ost- und Südafrika unähnlich".

Im Jahre 1931 grub Miß G. CATON-THOMPSON in der Oase Kharga, Libyen. Sie fand eine Acheuléen-Fundstätte mit über 500 Acheuléen-Handäxten. Über dieser Schicht lagerte ein Atérien. Ihr Bericht ist: The Aterian Industry in: Journal of the Royal Anthrop. Inst. London Bd. 44, 1946.

Es war am 24. Juli 1922, als auf dem französischen Kongreß: Pour l'Avancement des Sciences in Montpellier M. Reygasse die Bezeichnung Atérien vorschlug. Dies war eine neue Benennung für eine paläolithische Industrie, die sich nur in Afrika findet. Der namengebende Ort ist Bir el-Ater, etwa 1500 m südwestlich von Oued Djebbana in Algerien bei Constantine. Der Kongreßbericht erschien 1922 in Montpellier, der Artikel findet sich auf S. 467—472.

Das Atérien wird nach Balout in drei Phasen gegliedert (L. BALOUT, Préhist. de l'Afrique du Nord, Paris 1955, S. 269—335). Es handelt sich um Handspitzen, um doppelseitig bearbeitete Spitzen aus Feuerstein sowie um Stielspitzen. Sie wurden für Pfeile verwendet. Das Atérien lagert unter dem Acheuléen, es lebt aber bis in das Neolithikum. So sagt Lionel Balout in seinem oben genannten Werk S. 335: «En bref, l'Atérien disparait tôt sur le litteral algérien, à moins que ses stades évolutifs ne soient immergés... il perdure au Maroc et au Sahara jusqu'au Néolithique, ou presque. Würmien à ses origines, l'Atérien paraît bien traverser toute la décrue de la glaciation de Würm, c'est-à-dire la transgression flandrienne et subsister, à Tanger comme au Tidikelt ou au pied du Tassili-n-Ajjer, jusqu'à quelques millenaires avant notre ère».

Auch ein Moustérien ist ergraben worden im Jahre 1931 von R. P. BOVIER-LAPIERRE bei dem ägyptischen Ort Abbassieh. Er konnte ein Steinbearbeitungs-Atelier auffinden und berichtet darüber in: Précis de l'Histoire d'Egypte, Bd. I, Le Caire 1932.

Eine mesolithische Schicht grub 1923 E. Vignard aus bei dem Dorfe Sebil in der Umgebung von Kom Ombo, Prov. Assuan. Der Ausgräber unterscheidet drei Straten, die er als Sébillien bezeichnet, ein unteres, ein mittleres, ein oberes. Die beiden unteren Schichten zeigen Formen des Moustérien, die obere Schicht bringt Mikrolithen, entsprechend dem Tardenoisien. Das Sébillien erscheint als eine lokale Form in Ägypten. An Tierknochen fand sich das Wildpferd, der Esel, das Rind, die Hyäne, alles Tierformen des Überganges von der Eiszeit zur Nacheiszeit.

Über die Grabung berichtet E. VIGNARD, Une nouvelle industrie lithique, le Sébillien, in: Bull. de l'Institut franç. Arch. orient. Bd. 21, 1923 und im: Bull. de la Soc. préh. française, 1928, S. 200—220.

Über die Einzelheiten gibt H. ALIMEN Angaben in: Préhistoire de l'Afrique, Paris 1955 S. 100—160.

Das Paläolithikum in Ägypten ist vorhanden, aber es ist nicht reich. Die Gerätformen sind andere in ihrer Abfolge als in Europa, wie in ganz Afrika. Das erschwert dem heutigen Betrachter die Übersicht, deutet aber zugleich auf eine Sonderentwicklung Afrikas. Das Atérien, eine Kultur, verbreitet durch ganz Nordafrika, eine Jägerkultur, ist ähnlich wie in Indien, wie in Hinterindien, eine fortlebende eiszeitliche Kultur in der Formgebung der Werkzeuge, eine Kultur, die nicht geprägt worden ist durch die in Europa und in Vorderasien neuen kulturellen Elemente, den Ackerbau. Die Kultur der Ägypter, der Phönizier, später der Römer, stieß direkt auf diese langdauernde jägerische Kulturform Nordafrikas.

Aus Khartum in Oberägypten ist ein Neolithikum bekannt mit dem C 14-Datum 3300 v. Chr. Es fanden sich Perlen aus Halbedelsteinen, eingeführt aus Tibesti, einem Ort, der diese Steine führt, Eghei Zumma. Die Keramik ist rot poliert, die Beile sind überschliffen, die Ziege ist domestiziert.

In Early-Khartum hat W. J. Arkell von 1945—1948 Grabungen durchgeführt und ein Neolithikum gefunden mit einer Keramik in Schnurform und in gewellten Strichlinien. Es fanden sich auch Harpunen und Angelhaken, Reibsteine, geschliffene Feuersteine. Es ist nicht an ein Mesolithikum zu denken, wie mehrmals der Verfasser vorschlägt, aber an ein durchgebildetes Neolithikum mit Keramik und geschliffenen Beilen. Die C 14-Datierung von 3300 v. Chr. entspricht den Funden. Arkell berichtet über seine Grabungen in zwei Werken: A. J. ARKELL, Early Khartoum, London 1949 und Ders.: Shaheinab, London 1953.

Um etwa 4500—4000 erscheinen in Ägypten die neolithischen Kulturen. Sie sind ihrem Wesen nach im einzelnen recht verschieden, es wird sich um verwandte, aber doch besondere Stämme der Bevölkerung handeln. Da keine Überlagerungen vorliegen, ist es schwer, eine der neolithischen Fundstätten als älter zu bezeichnen als die andere.

Ähnliche Bilder wie auf den neolithischen Tongefäßen von Negade II sind auch auf den Felsbildern von Oberägypten zu finden, so etwa bei WALTER F. E. RESCH, Das Alter der Ostägyptischen und Nubischen Felsbilder, in: IPEK, Bd. 22, 1966 bis 1969 S. 114—122, und Ders. Die Felsbilder Nubiens, Graz 1967.

Es ergaben sich für Negade I die C 14-Daten von 3794, von 3627, insgesamt die Epoche von 4000—3500. Für Negade II sind es die folgenden Zahlen: 3070 und 3669 und 2770, demnach die Zeit von 3500—3000.

Für diese Zahlen: REYNOLD ARNOULD, L'Egypte avant les Pyramides, 4. Millenaire, Paris, Editions des Musées nationaux, 1973 S. 39. Ferner: J. VANDIER, Manuel d'archéologie égyptienne, Tome I, Vol. I, Paris 1962.

Von Bedeutung sind die menschlichen Skulpturen dieser Zeit. Schon 1905 erscheint das Buch von Jean Capart, Primitive Art in Egypt, London mit 304 Seiten u. 207 Abbildungen. Das Buch beginnt mit diesen Worten:

"The extreme antiquity of Egyptian civilization lends a very special attraction to the study of its productions. Our minds are so constituted that, reaching back into the past, we welcome every fresh clue that will guide us to the startingpoint whence we can trace the first feeble steps taken by man on paths which have led to more or less brilliant civilization".

"From this point of view Egypt has proved itself to be a mine of information. Its numerous monuments of antiquity witness to the existence of an advanced art at a period when the rest of the world was still plunged in the deepest barbarism. Until the last few years, however, Egypt has not satisfied our curiosity; she only rendered it more intense from day to day, setting before us a riddle the solution of which appeared unattainable".

Im Jahre 1926 erschien von Günther Roeder, Hildesheim, ein Artikel im IPEK S. 64 ff.: Die vorgeschichtliche Plastik Ägyptens und von Alexander Scharff 1929 das Werk: Die Altertümer der Vor- und Frühzeit Ägyptens. Es handelt sich um abstrahierende Gestalten, männlich und weiblich, auch um Tierfiguren, wie einen Löwen aus Granit, ebd. Fig. 94 Taf. 18.

So konnte das Problem der Vorzeit für Ägypten der Lösung zugeführt werden. Es ergab sich, daß ein Paläolithikum auch bekannt ist, auch ein durchgebildetes Mesolithikum. Das Neolithikum mit Keramik und mit geschliffenen Beilen beginnt um 4000.

Einflüße sind besonders aus dem Vorderen Orient zu erkennen. Alexander Scharff kann in seinem genannten Werk zusammen 20 Rollsiegel nur aus dem Berliner Museum vorlegen, die aus Mesopotamien stammen und die in Ägypten gefunden worden sind.

So erweist sich auch für Ägypten Mesopotamien und der Fruchtbare Halbmond als das Land, das für das Neolithikum das Gebende ist, genauso wie für Europa.

Wenn so die Vorzeit von Ägypten um die Mitte des 20. Jahrhunderts einer Klärung zugeführt werden konnte, dann blieb daneben immer die Fülle der Denkmale aus historischer Zeit. Auch sie durften nicht vernachlässigt werden.

Ein wichtiger Fundplatz war im Anfang des 20. Jahrhunderts Tell el-Amarna in Mittelägypten. Die Stadt war begründet worden von Amenophis IV., Echnaton (1364—1347). Sie wurde bald nach dem Tode des Königs verlassen und nicht wieder bewohnt. Flinders Petrie hatte von 1891—1892 dort gegraben, wie auf S. 256 schon berichtet wurde, er hatte Tausende von Keilschriften des Staatlichen Archivs aufgefunden.

Die Ergebnisse waren so bedeutend, daß die Deutsche Orient-Gesellschaft die Grabung fortsetzte in den Jahren 1911—1914. Der Krieg unterbrach die Arbeiten. Im Jahre 1923 hat sie die Egypt Exploration Society fortgeführt.

Der Leiter der deutschen Ausgrabungen von 1911—1914 war Ludwig Borchardt. Er war geboren in Berlin am 5. 10. 1863, er ist in Paris gestorben am

12. 8. 1938. Seit 1895 leitete er Ausgrabungen in Ägypten, von 1898—1901 die in Abusir. 1906 wurde er Professor und 1907 Erster Direktor des Deutsch. Archäol. Instituts in Kairo. In Tell el-Amarna war es, daß er die Kunstwerkstatt der Künstler fand. Die ganze Werkstatt war erhalten mit einer Fülle von Skulpturen. Auch die Namen von zwei Bildhauern konnten gelesen werden: Auta und Bek. Unter den Büsten gab es eine ganze Anzahl von Skulpturen des Königs Echnaton und auch die Büste seiner Gattin Nofretete, gefunden 1912. Diese Statue wurde weltbekannt. Borchardts wichtigste Werke sind: Das Grabdenkmal des Königs S'abu-re, 2 Bde. 1910—1913. — Tell el-Amarna, Mitt. d. Dtsch. Orientges. Nr. 46, 50, 52, 55, 1911—1914. — Quellen und Forschungen zur Zeitbestimmung der ägypt. Geschichte, 3 Bde. 1917—1938. — Porträts der Königin Nofretete, 1923, Nachdruck 1968. Die Entstehung der Pyramide, 1928. — Ägypt. Tempel mit Umgang, 1938.

Am 1. Februar 1933 waren wir beide, meine Frau und ich, eingeladen bei Prof. Borchardt in Kairo. Ich fragte ihn nach dem Erlebnis des Auffindens der Nofretete. Er sagte uns, die Bedingungen der Grabung mit der ägyptischen Regierung waren so, daß am Ende jeder Bataille die Funde im Museum von Kairo ausgestellt werden mußten. Der ägyptische Staatsvertreter hatte dann das Recht, die Hälfte auszuwählen für Kairo, der andere Teil durfte nach Berlin gebracht werden. Da standen nun alle Sachen. Ich zitterte innerlich, ob der Beamte nicht doch die Nofretete nehmen würde, aber er zog die Goldgegenstände vor, er zeigte auf dies, auf das. Immer noch zitterte ich für die Nofretete. Dann war die Wahl beendet, und die Nofretete blieb für uns erhalten. So kam die Statue nach Berlin. Sowie sie im Museum ausgestellt worden war, erregte sie das größte Aufsehen. Alle Zeitungen berichteten über sie, die Illustrierten, damals wenige, brachten Bilder von ihr. Das Museum stellte Abgüsse her, es wurden so viele verkauft, daß die Abgußherstellung gar nicht nachkommen konnte. Dann gab das Museum Lizenzen an Porzellan-Fabriken.

„Wissen Sie", sagte er, „das Geheimnis liegt darin, daß die Statue gar nicht die traditionelle Kunst von Ägypten darstellt, daß sie nicht die starre und feste Senkrechthaltung, die Richtungsgradheit, wie Heinrich Schäfer sagte, besitzt, sondern daß sie durch Echnaton eingestellt worden ist auf eine naturhafte Formgestaltung. Selbstverständlich kommt das aus Kreta. Die Malereien im Palastsaal in Tell el-Amarna sind genau so gehalten im Stile wie die Malereien in Knossos. Echnaton war eben nicht nur ein Revolutionär in der Religion mit seinem Monotheismus, er war auch ein Revolutionär in der Kunst. Daß er auch ein Revolutionär in militärischer Beziehung war, ein Pazifist, der keine Kriege führte, weil sein Gott Aton ein Gott der Liebe und nicht der Kriege war, das hat ihm den Thron und das Leben gekostet. In Tell el-Amarna hat Flinders Petrie und haben wir die Briefe der Landpfleger der um Ägypten liegenden Gebiete gefunden. Sie bitten den Pharao immer wieder, Soldaten zu schicken, sie bitten, sie zu schützen gegen die Angriffe der umwohnenden, der angreifenden Stämme. Der König hat keine Soldaten entsandt. Ägypten ist innerlich zerbrochen. Es war erst Sethos I. und Ramses II., die Ägypten wieder zu der alten Größe verhelfen konnten".

Borchardt hat lange gesprochen und wir beide haben ihm andächtig zugehört. Dann verabschiedeten wir uns, aber noch heute, nach Jahrzehnten, ist mir die Unterhaltung so nahe, als wenn es gestern gewesen wäre.

Über das Bildnis der Nofretete: L. Borchardt, Porträts der Königin Nofretete, 1923, Nachdruck 1968. — R. ANTHES, Die Büste der Königin Nofretete, 2. Aufl. 1968.

Noch waren die Gräber der ersten Dynastie nicht gefunden worden. Der ägyptische Priester Manetho aus Sebennytos, heute Sammanud im Niltal, hat um 280 v. Chr. eine Geschichte Ägyptens verfaßt in griechischer Sprache. Sein Werk beruht auf älteren Königslisten und Annalen. Erhalten sind nur Auszüge, angefertigt von anderen Schriftstellern der Antike. Die Teile, die die Anfänge der Dynastien darstellen, sind aber vorhanden.

Als Könige der ersten Dynastie benannte er: Nama, der um etwa 3100 v. Chr. regierte, dann Aha, Zer, Uadji, Udimu, Anezib, Semerkhet und Ka'a. Manetho sagt, diese Dynastie habe 253 Jahre regiert.

Im Jahre 1942 begann der ägyptische Archäologe Zaki y Saad Effendi Grabungen bei Helwan-les-Bains, etwa 7,5 km entfernt von der Stadt. Wegen des Namens wurde dort die alte Hauptstadt Heliopolis vermutet, ägyptisch Iunu, im Alten Testament On genannt. Die großen Tempelanlagen wurden in islamischer Zeit als Steinbruch verwendet. Nur ein Obelisk von Sesostris I., 1971—1926 v. Chr., ist erhalten geblieben.

Der Platz der Grabung ergab sich als Königsgut, und so unterstützte der damalige König Faruk I. (1936—1952) die Arbeiten finanziell. Es konnten 5000 Gräber gehoben werden, alle angehörig der ersten und der zweiten Dynastie. Darunter war das Grab eines Beamten des Königs Anezib, des sechsten Königs der Ersten Dynastie. Das Grab war mit Sandstein ausgelegt. Auffällig waren in manchen Gräbern die großen leicht geschwungenen Steinmesser aus Feuerstein. Einige sind 19 cm lang, andere 45, 48 und 50 cm. Zum praktischen Gebrauch sind sie ungeeignet, sie können nur kultischen Zwecken gedient haben oder als Herrschaftssymbole verwendet worden sein. Besonderes Interesse erweckten Lotusblüten mit Stängeln aus Elfenbein, sehr sorgfältig ausgeführt.

Noch bedeutungsvoller für die Archäologie der Ersten Dynastie wurde eine Grabung im Norden von Sakkara bei Gizeh, durchgeführt von W. B. Emery, getragen von der Egypt Exploration Society im Zusammenhang mit dem Egyptian Antiquities Service. 1946 wurde das Grab der Königin Merneith, der Gattin eines der Könige gefunden. Schon dieses Ergebnis war von großer Bedeutung, aber im Jahre 1953 gelang eine Entdeckung von großem Wert. Eine Mauer wurde aufgedeckt und hinter ihr das Grab eines Königs der Ersten Dynastie. Eine Fülle von Gegenständen trug die Kartusche des Königs Uadji, des 4. Königs nach Manetho. Das Grab lag 6 m unter der heutigen Oberfläche, es war 50 m lang und 23 m breit. Die Wände waren bedeckt mit Skulpturen von Stierköpfen. Zwischen den Köpfen fanden sich Malereien in Rot, Grün und anderen Farben. Neben dem Hauptraum lagen 62 kleinere Räume, in jedem entdeckte man den Körper eines der Diener des Königs. Sie sollten ihm in das Jenseits folgen. Unter ihnen waren 8 junge Mädchen und ein Zwerg. Bei allen diesen Körpern fanden sich keine Spuren von Gewaltanwendung, der Ausgräber nimmt an, daß sie durch Gift getötet worden sind.

In dem Hauptgrab fanden sich 45 Kästen, angefüllt mit den Gebrauchsgeräten des Königs für das jenseitige Leben. Wieder ergab sich, daß Grabräuber bald nach dem Tode des Königs die wertvollsten Gegenstände gestohlen hatten. Die Räuber hatten Feuer angelegt, jedoch die Zerstörung wurde bemerkt und der 8. König der Ersten Dynastie, Ka'a hat die Magazine wieder füllen lassen. Viele Gegenstände trugen die Kartusche mit seinem Namen. So konnten 1000 Gegenstände aus Stein, Diorit, Basalt, Kristall gehoben werden, ferner 3000 Tongefäße, oftmals gefüllt mit Lebensmitteln, jetzt den Knochen von Tieren. Es fanden sich Spiele, Würfel, Bälle, Spielplatten und Stierhörner. Sandalen und geflochtene Körbe haben sich bei dem trockenen Klima erhalten über 5000 Jahre.

Prof. Emery konnte zwischen 1954 und 1955 das Grab des Königs Udimu ausgraben, des 5. Pharao nach Manetho, des Nachfolgers von Uadji. Das Grab ist 65 zu 27 Meter groß. Es fanden sich Gefäße für Wein, Kupfergegenstände, die Siegel des Königs Udimu und die Namen mancher Großen des Reiches. Neuartig war die Entdeckung des Todesbootes des Königs. Es sollte ihn in das Jenseits tragen, das Schiff ist 38 m lang, gearbeitet aus Zedern- und Akazienholz.

Es war ein Zufall, daß in demselben Jahre, im Mai 1954, auf der Südseite der großen Pyramide von Cheops ein anderes Totenschiff, 36 m lang gehoben worden ist. Es ist das Totenboot für den Pharao Cheops (etwa 2551—2528), ausgezeichnet erhalten. Die Ausgräber waren die Ägypter Zaki Nour und Kamel el-Malakh.

Die gebogene Pyramide bei Dashur wurde 1947 von dem ägyptischen Gelehrten Abd Essallam M. Hussein ausgegraben. Seit 1837 ist sie untersucht worden, aber jetzt wurden neue Gänge entdeckt und zwei übereinanderliegende Totenkammern. In einer Kammer fand sich der Name von Senefru, dem 1. König der Vierten Dynastie. Der andere Raum ergab den Namen von Hetep-Heres der Frau von Senefru. Aber die Räume waren leer, denn Cheops hatte die Gräber zu seiner eigenen großen Pyramide bringen lassen.

Walter Bryan Emery, der erfolgreiche englische Ägyptologe ist am 2. 7. 1903 in New Brighton in Cheshire geboren worden. Von 1929—1935 leitete er Grabungen in Nubien, die Erforschung der Königsgräber von Ballana und Oustol, von 1935 bis 1956 grub er die Königsgräber in Ägypten aus. Von 1957—1964 arbeitete er in Buhen, einer altägyptischen Festungsanlage auf dem westlichen Nilufer am zweiten Katarakt. Diese Anlagen wurden 2000 v. Chr. erbaut gegen die Nubier und um 1600 v. Chr. erweitert. Buhen ist die mächtigste erhaltene Festungsanlage aus dem Altertum. Die Hauptwerke von Emery sind: Nubian treasure, 1948. — Great tombs of the First Dynastie, 3 Bde. 1949—1958. — Archaic Egypt, 1961. — Egypt in Nubia, 1965. — Kush Sudan antiquities service, Khartum 1953—1964. — Ägypten, Geschichte u. Kultur der Frühzeit, 3200—2800 v. Chr., 1964.

In den Jahren 1955—1957 wurde vom Deutschen Archäol. Inst. zusammen mit dem Schweizerischen Institut unter der Leitung von Hanns Stock und Herbert Ricke das Sonnenheiligtum von Abusir ausgegraben. Es handelt sich um den ältesten Sonnentempel, den wir kennen. Von dem ehemaligen Sonnenheiligtum von Heliopolis sind keine Spuren erhalten. In Abusir ergab sich der rechteckige Sonnentempel des

Pharao Userkaf aus der V. Dynastie, etwa um 2500 v. Chr. Bauinschriften nennen das 5. Regierungsjahr des Pharao Userkaf. Bedeutend ist der Fund eines Königskopfes der V. Dynastie aus Stein. Er trägt die Krone von Unterägypten. Über die Grabung berichtet Hanns Stock in: Neue deutsche Ausgrabungen im Mittelmeergebiet und im Vorderen Orient, Berlin 1959 S. 1—11.

Ältere Arbeiten von Bedeutung sind: J. E. QUIBELL, Antiquités Égyptiennes, Archaic Objects, Le Caire 1904—1905, 2 Bde. — JEAN CAPART, Primitive Art in Egypt, London 1905. — FLINDERS PETRIE, Prehistoric Egypt, London 1920.

Neuere Arbeiten über die ägyptische Archäologie sind: E. MASSOULARD, Préhistoire et Protohistoire d'Egypte, Paris 1949. — E. BAUMGÄRTEL, The cultures of prehistoric Egypt, 1947. — MC BURNEY, The stone age of Northern Africa, 1960. — M. C. HAYES, Most ancient Egypt, Chicago 1964. — J. E. S. EDWARDS, The early dynastic period in Egypt, in: Cambridge Ancient History, Bd. 25, Cambridge 1964.

Über die geistige Welt Ägyptens hat die 2. Hälfte des 20. Jahrhunderts wertvolle Ergebnisse vorzulegen vermocht. Wenn in der 1. Hälfte das Werk von GÜNTHER ROEDER von 1915 die Grundlage zur Erfassung der Gedankenwelt des Alten Ägypten war mit dem Titel: Urkunden zur Religion des Alten Ägypten, Verl. Eugen Diederichs, Jena, 2. Aufl. 1923, dann haben Arbeiten von Günther Roeder in der 2. Hälfte des Jahrhunderts tiefere Einblicke ermöglicht. Es sind seine Werke: Volksglaube im Pharaonenreich, 1952, Verl. Spemann, Stuttgart. — Die ägyptische Götterwelt, 1959, Artemis Verl. Zürich-Stuttgart. — Ägyptische Mythen und Legenden, ebd. 1960. — Kulte und Orakel im alten Ägypten, ebd. 1960. — Zauberei und Jenseitsglauben im alten Ägypten, ebd. 1960. — Ausklang der ägyptischen Religion, 1961.

GÜNTHER ROEDER ist geboren am 2. 8. 1881 in Schwiebus, Brandenburg. Er wurde 1911 Privatdozent an d. Univ. Breslau, er war Direktor des Pelizaeus-Museums in Hildesheim von 1915—1945, Honorar-Prof. in Berlin 1940 und Direktor der Ägypt. Abt. d. Staatl. Museen in Berlin 1940—1945.

Das Buch von JOACHIM SPIEGEL, Soziale und weltanschauliche Reformbewegungen im alten Ägypten, 1950 Verl. Kerle, Heidelberg, bringt aufschlußreiche Tatberichte über die Revolutionen. Der Verf. zeigte Teile aus dem Papyrus Nr. 344 in Leiden, Holland, betitelt: Prophezeiungen eines ägyptischen Weisen. Der Papyrus war übersetzt worden von H. O. Lange 1903 in den Sitzungsberichten der Berliner Akademie der Wissenschaften. Joachim Spiegel veröffentlichte Teile dieses Textes. Er stammt aus der Zeit der Revolutionen zwischen 2270 v. Chr. und 2240 v. Chr. Der Text hört sich an, als wäre er in unseren Zeiten, rund 4000 Jahre später, geschrieben worden für manche Gebiete der Erde, die das Gleiche betroffen hat. J. Spiegel, ebd. S. 9—23:

„Es ist doch so: Das Land ist voll von Banden. Man geht zum Pflügen, bewaffnet mit dem Schild. Es ist doch so: Übeltäter sind überall. Es ist doch so: Bettler sind zu Herren von Schätzen geworden. Wer sich keine Sandalen machen konnte, ist jetzt begütert. . . . Es ist doch so: Hallen, Säulen und Mauern sind in Asche gelegt. . . .

Es ist doch so: Der Sohn eines vornehmen Mannes ist nicht mehr zu erkennen. Der Sproß seiner Gemahlin ist nicht besser dran als der Sohn seiner Dienerin. Es ist doch so: Das Lachen ist beendet. Man lacht nicht mehr. Klage ist über das Land verbreitet, vermischt mit Jammer. ... Es ist doch so: Der Tumult kommt nicht zur Ordnung. Es ist kein Ende des Aufruhrs. Es ist doch so: Alte und Junge sagen, wäre ich doch tot. Kleine Kinder sagen: Man hätte mich nie ins Leben rufen sollen. ... Es ist doch so: Alle Dienerinnen dürfen jetzt sagen, was sie wollen. Aber wenn die Herrinnen sprechen, scheint es dem Gesinde schwer zu ertragen. ... Es ist doch so: Ein Mann erschlägt seinen eigenen Bruder. ... Es ist doch so: Die Straßen sind unsicher. Die Wege werden belauert. Es ist doch so: Man ißt Gras und spült es mit Wasser hinunter. ... Es ist doch so: Getreide fehlt überall. Man ist entblößt von Kleidungsstücken, Reinigungsmittel und Öl. Alle Leute sagen: Es gibt nichts. Der Speicher ist erbrochen, sein Hüter zu Boden gestreckt. Es ist doch so: Die Geheimarchive sind bloßgelegt. ... Es ist doch so: Die Amtsstuben sind geöffnet und die Einwohnerlisten daraus fortgenommen. ... Es ist doch so: Die Gesetzbücher des Gerichtshofes werden auf die Straße geworfen. Man tritt darauf herum in den Stadtvierteln. ... Es ist doch so: Der Pöbel geht in den Gerichtshöfen ein und aus. ... Es ist doch so: Die Kinder der Vornehmen werden auf die Straße gesetzt. Der Wissende sagt: Ja, so ist es. Der Törichte sagt: Keineswegs. Der, der die Lage nicht durchschaut, dem scheint sie schön".

Noch andere Stellen führt J. Spiegel an, so „Das Gespräch des Lebensmüden" mit den immer wiederkehrenden Worten: Zu wem soll ich heute noch sprechen? (ebd. S. 50):

Habgierig sind die Herren.
Ein jeder raubt die Habe seines Nächsten.
Zu wem soll ich heute noch sprechen?
Die Sanftmut ist zugrunde gegangen,
Der Hochmut breitet sich bei allen Menschen aus.

Es ist seltsam, wie gegenwärtig sich diese Worte anhören für diejenigen, die ähnliche Lebenslagen zu durchstehen hatten, auch für diejenigen, die heute noch geschüttelt werden von Aufruhr, Hunger und Verbrechen in so manchen Ländern unserer Erde.

JOACHIM SPIEGEL ist in Berlin geboren am 16. 6. 1911. 1945 wurde er Privatdozent in Göttingen, 1957 Prof. Ein weiteres Buch von ihm ist: „Das Werden der ägyptischen Hochkulturen, 1953.

Über die geistige Welt der Ägypter liegt eine Fülle von Werken vor. Wichtigste Grundlage ist das Totenbuch, besser die Totenbücher. Es sind Sprüche, sie beziehen sich auf das Leben nach dem Tode und auf die Überwindung der jenseitigen Gefahren. Die ältesten Überlieferungen der Texte stammen aus der Pyramide des Pharao Unas, des letzten Königs der 5. Dynastie, um 2350 v. Chr.

Die Berichte darüber sind: K. SETHE, Die altägyptischen Pyramidentexte, 4 Bde. 1908—1922, Nachdruck 1960. — Ders. Übersetzung und Kommentar zu den altägyptischen Pyramidentexten, 6 Bde., 1935—1962. — A. B. MERCER, The Pyramid texts in translation and commentary, 4 Bde. New York 1952. — P. PIANKOFF, The pyramid of Unas, New York 1968. — R. O. FAULKNER, The ancient egyptian pyramid texts, 2 Bde. New York 1969.

Spätere Totenbücher sind auf Papyrus geschrieben, sie wurden den Toten beigegeben. Jetzt sind 193 Texte bekannt, alle verwandt, verfaßt in ähnlicher Form. Seit dem Neuen Reiche wurden sie nicht nur königlichen Personen, sondern vielen Toten mitgegeben.

Die älteste Bearbeitung ist die von Karl Richard Lepsius, Das Totenbuch der Ägypter, 1842.

KARL RICHARD LEPSIUS ist geboren in Naumburg am 23. 12. 1810, er ist gestorben in Berlin am 10. 7. 1884. Er wurde 1842 Professor in Berlin und Leiter der ägyptischen Expedition, die das Niltal bis in den Sudan hinein verfolgte von 1842—1846. Die reichen Funde wurden nach Berlin gebracht in das Ägyptische Museum. Lepsius wurde 1855 der Direktor dieses Museums. Er unternahm 1866 eine weitere Expedition in Ägypten. Er gilt als einer der Begründer der Ägyptologie. Über das Totenbuch hat er im Jahre 1867 noch einmal berichtet: Älteste Texte des Totenbuches.

Neuere Bearbeitungen der Totenbücher sind diese: K. SETHE, Die Totenliteratur der alten Ägypter, 1931. — PAUL BARGUET, Le Livre des Morts des Anciens Egyptiens, Paris, Ed. du Cerf, 1967. — G. THAUSING u. G. KERSZT-KRATSCHMANN, Das große ägyptische Totenbuch, Österr. Kulturinstitut, Kairo 1969.

Die Frage des Überganges des Toten in das Totenreich wurde Gegenstand neuerer Untersuchungen an den Malereien in dem Grabe der Nofretari, der Gattin von Ramses II. (1290—1224). Sie ist bestattet worden im Tal der Königinnen, dem „Biban-el-Harim". Das Grab war 1904 aufgefunden worden von Schiaparelli. Es bekam die Nummer 66. Das Todesdatum der Königin ist zu bestimmen. Im kleinen Tempel von Abu Simbel ist sie noch abgebildet als lebend mit der Unterschrift: Möge sie ewig leben. Die Ausgestaltung der Fassade des Tempels geschah zwischen 1264 und 1256. Im Jahre 1260 fand ein Fest für Ramses II. statt. Bei den Inschriften dieses Festes wird sie nicht mehr erwähnt, so muß sie zwischen 1264 und 1260 verstorben sein.

Ihr Grab, wohlerhalten, besitzt einen Vorraum. Seine Darstellungen betreffen das Diesseits. Der Nebenraum und die Kultkammer bedeuten das Leben. Der lange Korridor mit den Treppenstufen bedeutet den Übergang zum Jenseits. Das Jenseits, die Auferstehung, ist wiedergegeben in vielen Bildern in diesem Raum.

Die anschauliche Wiedergabe des Überganges vom Leben zum Tode ist der Gegenstand neuerer Arbeiten zur Religion des alten Ägypten. G. THAUSING und H. GOEDICKE haben 1971 ein Werk veröffentlicht mit den farbigen Wiedergaben der Abbildungen in dem Grabe der Nofretari unter dem Titel: Nofretari. Eine Dokumentation der Wandgemälde ihres Grabes, Verl. Akadem. Druck- u. Verlagsanstalt Graz, 1971. EDMUND DONDELINGER legt ein Werk vor, betitelt: Der Jenseitsweg der Nofretari, im gleichen Verlag 1973, mit 125 Seiten u. 29 farbigen Tafeln. Es ergibt sich, daß die Tote eingeht auf ihrem Pfade in das Reich des ewigen Jenseits, in den Schönen Westen. Dort besitzt sie Sicherheit, sie hat Anteil am Schöpferwort. Sie ist gesichert durch die magische Aufnahme in die Gemeinschaft des Stammes.

Als neuere Literatur zur Religion des alten Ägypten sei genannt: SIEGFRIED MORENZ, Ägyptische Religion, 1960, Verl. Kohlhammer, Stuttgart. — ERIK HORNUNG, Ägyptische Unterweltsbücher, 1971, Verl. Artemis, Zürich. — EDOUARD NAVILLE, Das ägyptische Totenbuch der 18. bis 20. Dynastie, 1971, Akadem. Druck- u. Verlagsanstalt Graz, Nachdruck.

Nordafrika

Der Schwerpunkt der Vorgeschichtsforschung in Nordafrika außerhalb von Ägypten liegt in der Entdeckung und Bearbeitung der Felsbilder im Osten, in der Mitte und im Westen des Landes.

Die Felsbilder im Westen in Marokko und Algier, im Sahara-Atlas-Gebiet, waren die ersten, die gefunden worden sind. Die Entdeckungsgeschichte der Felsbilder in diesem Raume beginnt mit dem Jahre 1847. Die Generale Cavaignac und Pélissier unternahmen damals eine Expedition gegen die Ksour, die Stämme dieser Gegend. Dabei fanden die Offiziere Felix Jacquot und Koch von der Fremdenlegion die Gravierungen von Tiout und Moghar-el-Taghtani. Die beiden Stationen, die ich 1927 besuchen konnte, machen einen tiefen Eindruck. Ich habe über sie berichtet in IPEK 1927 S. 13—30 und in: „Wenn Steine reden", Verl. Brockhaus, Wiesbaden 1966, 2. Aufl. 1969 S. 190—212.

Die Forschung gewann erst einen festen Boden, als 1890 G. B. M. FLAMAND als Geologe nach Algerien gesandt worden war. Er blieb dort bis zu seinem Tode im Jahre 1910. In diesen 20 Jahren widmete er neben seinen geologischen Arbeiten alle seine Zeit der Erforschung der Fülle der Felsbilder. Schon 1892 meldete Flamand der Académie des Sciences in Paris das Vorhandensein der Gravierung eines Altbüffels, Bubalus antiquus, eines ausgestorbenen Tieres an der Fundstelle Ksar-el-Ahmar. Er glaubt, neolithisches Alter zu erkennen. Der Bericht findet sich in den Tagungen der Académie vom 19. Februar 1892 und in: L'Anthropologie 1892 S. 145 bis 156.

Flamand entdeckte 1897 die Station Bou Alem, südöstlich von Gérijville mit dem Bilde eines Widders, der eine große Scheibe um den Kopf trägt. Dieses Bild wurde sogleich mit den bekannten ägyptischen Darstellungen des Ammon Re zusammengestellt, sodaß es frühestens dem 3. Jahrtausend zugehören könne.

Im Jahre 1902 wurde der Zeichenberg von Zenaga bei Beni Ounif entdeckt von dem Hauptmann Normand. Auch diese Fundstelle habe ich besucht und über sie berichtet, wie über Tiout, in: Wenn Steine reden, Verl. Brockhaus, Wiesbaden 1966, 2. Aufl. 1969 S. 190—212.

Erst 1921 erschien das große zusammenfassende Werk von G. Flamand unter dem Titel: Les pierres écrites, Paris, Verl. Masson. Dieses Buch hatte eine starke Wirkung, legte es doch eine Fülle von Bildern vor aus der Zeit des naturhaften, des sensorischen Stiles über die Abstraktion bis zu den Schriftzeichen der Araber.

Ein wichtiges Ergebnis war die Tatsache, daß sich die gleiche Stilbewegung der Kunst der Vorzeit in Afrika ergibt wie in Europa. Innerhalb der sensorischen, der naturhaften Kunst, in Europa paläolithisch, erscheint die Bewegung von der einfachen Umreißung zur Binnenzeichnung und wieder zu einer umreißenden Form, aber durchgebildeter. Auf diesen sensorischen Stil folgt die Abstraktion, der imaginative Stil, in Europa neolithisch. Nach dieser abstrakten Stilform erscheint ein neuer sensorischer Stil, allmählich mehr und mehr naturhaft werdend seit der Epoche von Stadt, Schrift und Handel, im südlichen Europa in Kreta-Mykenä, bei den Etruskern, den Iberern, den Kelten.

Dieselbe Bewegung der Stilarten ist erkennbar bei den Felsbildern Nordafrikas. Jedoch ist durch die Parallele nicht die gleiche Zeitstellung gegeben. Es ist die Form der Wirtschaft, die die Kunstform begründet. Die Jägervölker werden die Tiere naturhaft wiedergeben, denn sie leben in der Natur, mit der Natur, ihr Leben und Erleben ist das Tier, es bedeutet ihre Nahrung, ihre Kleidung, ihr Werkzeug. Die Existenz dieser Menschen beruht auf dem Tier.

Die Existenz der Ackerbauern aber ist die Fruchtbarkeit des Ackers. Die Fruchtbarkeit aber ist nicht eine Wirklichkeit, wie sie das Tier bedeutet. Die Fruchtbarkeit ist eine Idee, ein Gedanke, eine Abstraktion. So wird die Kunstgestaltung dieser Zeit sich ausdrücken in der abstrakten Formgestaltung.

In Europa erscheint eine fortlaufende Bewegung, ausdrückbar in Zeitzahlen, absolute Werte bedeutend. Dieselbe rhythmische Bewegungsform, beruhend auf dem Wechsel von aneignender Lebensgestaltung zu produzierender, ist in allen übrigen Kontinenten gegeben — aber die Zeiten sind andere. Datierungen von Europa auf die übrigen Kontinente zu übertragen, ist nicht angemessen. Ein Beispiel mag genügen: die Buschmänner in Südafrika, bis heute lebend, schaffen ihre Kunst in einem Stil, der dem Mesolithikum so ähnlich ist, daß Unterschiede kaum erkennbar sind. Diese Kunstart ist in Europa geschaffen worden um 10000—4000 v. Chr., die gleiche Art wird jetzt noch in Afrika verwendet. Manche Forscher, wie Moszeik, haben die Buschmänner noch an der Arbeit an den Kunstwerken beobachten können.

Die gleiche Gegebenheit liegt vor für die Steinwerkzeuge. In Europa zeitlich bestimmbar durch Überlagerungen in stetiger Weiterbewegung, können Steinformen, die in Europa der letzten Eiszeit zugehören, in anderen Erdteilen leben bis zur Gegenwart. Durch Ähnlichkeiten mit Formen in Europa sind demnach in anderen Kontinenten Datierungen nicht gegeben. Eine Datierung ist nur dann erkennbar, wenn die Ausgrabung zusammen mit Steinwerkzeugen auch eine steinzeitliche Fauna ergeben hat.

Diese Tatsache, die Unmöglichkeit durch Stilformen im Bild und im Steinwerkzeug Zeitbestimmungen zu erlangen, hat in der Forschung zu großen Gegensätzen geführt. Eine Gruppe der Forscher bezeichnete die naturhaften Bilder Nordafrikas als paläolithisch oder als mesolithisch, die andere Gruppe bezeichnete sie als neolithisch. Jedoch beide Datierungen sind nicht berechtigt. Neolithisch im Sinne Europas bedeutet Ackerbau mit geschliffenen Steinwerkzeugen und mit Keramik, das aber wieder ist bei den naturhaften Felsbildern Nordafrikas nicht gegeben.

Den Aufschluß konnte nur die Geologie einerseits geben, andererseits die Darstellung der Tierarten. Die Sahara ist heute, und schon seit Jahrtausenden eine Wüste, ein unbewohnbares, völlig trockenes Land. Weder Tiere noch Menschen vermögen dort zu leben, außer in den wenigen Oasen. Wenn man aber die Fülle der Bilder antrifft, viele Tausende, die Tiere darstellen, Tiere wie Bubalus antiquus, Krokodil, Rhinozeros, Elefant, Flußpferd, dann muß es sich um eine Zeit handeln, in der die Sahara viel Wasser besaß um eine Zeit der Pluvialepoche. Die Hauptfrage ist, wann begann diese wasserreiche Zeit, wann endete sie. Das ist eine Frage der Geologie, und diese Wissenschaft konnte in letzter Zeit die Antwort erbringen. Viele Forscher verschiedener Nationen haben an dieser Frage gearbeitet. Das Ergebnis stellte nach eigenen Untersuchungen Karl W. Butzer zusammen in drei Bänden der Akademie d. Wissenschaften in Mainz unter dem Titel: Studien zum vor- und frühgeschichtlichen Landschaftswandel der Sahara, Wiesbaden 1958, I-II, und 1959, III.

Butzer sagt auf S. 6: „Nach der letzten Feuchtzeit im mittleren Paläolithikum setzte in den subtropischen Breiten eine allmähliche Austrocknung ein, die etwa zwischen 15000 und 5000 v. Chr. ihren Höhepunkt erreichte. Während des Subpluvials, von etwa 5000 bis 2400 v. Chr., war aber der Niederschlag in den Randgebieten der großen Passatwüsten erhöht, so daß die Wasserverhältnisse erheblich günstiger als in der Neuzeit waren, trotz der Andeutungen, die für eine etwas höhere Temperatur sprechen. Dies war während des Neolithikums, der Hauptepoche der Felsbilder, und der Zeit des Werdens der ersten Hochkulturen. ... Im gesamten Saharagebiet und Mittelmeerraum muß das Klima der letzten 4000 Jahre dem jetzigen sehr ähnlich gewesen sein. ... Das Aussterben des Elephanten, der bis ins 3. bzw. 6. Jahrhundert in Tunesien, Algerien und Marokko historisch belegt ist, ist mit seiner rücksichtslosen Ausrottung durch den Menschen zu erklären".

Ferner Ders. S. 40:

„Wenn man einen Überblick über den Gesamtkomplex der jungsteinzeitlichen Felsbilder gewinnen will, kann man dies auf Grund der Arbeiten von Frobenius (1937), Winkler (1938), Graziosi (1942, 1952) und besondres H. Rhotert (1952) tun. Die ältesten Zeichnungen, fast ausschließlich Gravierungen, reichen über den Maghrib durch die Zentral-Sahara bis zum Arabischen Kettengebirge. Sie gehören einem frühen Jägervolk an, das wahrscheinlich einmal ein größeres Kontinuum über die Sahara aufwies. Aus dieser Zeit stammen die Darstellungen einer anspruchsvollen Fauna mit Hippopotamus, Bubalus antiquus, Krokodil, Rhinozeros, Elefant usw. Im Verlaufe des Frühneolithikums wird dieses Jägervolk von nomadischen Rinderzüchtern, die von Osten nach Westen sowie von Süden nach Norden drangen, in den Bergländern der Zentralsahara angetroffen und überlagert bzw. verdrängt. Erst zweitausend Jahre später dringen neue Völker, in Besitz des Pferdes, von Nordosten her nach Ägypten, den Fezzan, Tibesti und Tassili ein. Ihnen folgen etwa ein Millenium später die Kamelnomaden".

Dazu: Frobenius, Ekade Ektab. Die Felsbilder Fezzans. Leipzig 1937. — Winkler, Rock-Drawings of Southern Upper Egypt, London 1938—1939. — Paolo Graziosi, L'arte rupstre della Libia, Napoli 1942. — Ders. Les problèmes de l'art rupestre Libyque. Bull. Inst. Desert, Cairo 1952. — Hans Rhotert, Libysche Felsbilder. Darmstadt 1952.

Nun gibt es noch eine Möglichkeit der Datierung, sie liegt in dem Vorkommen bestimmter Tierarten. Das Pferd mit dem Streitwagen erscheint in Nordafrika zur

Zeit der Hyksos, etwa 1700—1570. Aus der Zeit von 1570—1200 gibt es in Ägypten eine große Anzahl von Darstellungen der Streitwagen, vor allem aus der 18. und 19. Dynastie.

Das Reiten auf dem Pferd ist erst nach dem Einbruch der Skythen in Vorderasien, etwa um 700, bestimmbar. In Afrika kann es, ebenso wie in Nordeuropa, nicht dargestellt sein vor 500 v. Chr. Das Kamel wird erst um Christi Geburt eingeführt in die Sahara. So stellt Karl Butzer diese Chronologie auf, ebda S. 43:

1. Jäger, 4500—3600. Überwiegend naturhafte Darstellungen von Hippopotamus, Krokodil, Rhinozeros, Elefant, Altbüffel, Giraffe, Strauß, Antilope.

2. Viehzüchter und Jäger, 4000—2000. Gruppendarstellungen, weniger naturhaft, heller patiniert, kleines Ausmaß. Allmähliches Seltenwerden von Hippopotamus, Rhinozeros, Elefant. Sie verschwinden spätestens um 2000.

3. Streitwagen, Krieger, etwa 1500 in der Ostsahara, 1200 in der Mittelsahara. Pferde, Giraffen, Strauße, Antilopen. Hell patiniert, fast immer eingehämmert.

4. Kamelnomaden, seit Christi Geburt. Primitive, schematische Darstellungen.

Mit dem Jahre 1913 trat eine geniale Gestalt ein in die Forschung der Felsbilder Afrikas. Es ist Prof. LEO FROBENIUS. Er ist geboren in Berlin am 29. 6. 1873, er ist gestorben in Biganzolo am Lago Maggiore am 9. 8. 1938. Er studierte Völkerkunde in Basel und Leipzig bei Friedrich Ratzel. 1925 wurde er Prof. in Frankfurt/M. Im Jahre 1913 bearbeitete er und seine Mitarbeiter die Felsbilder des Atlas-Gebietes. Sein Buch darüber erscheint 1925 mit dem Titel: Hadschra Maktuba, zusammen mit HUGO OBERMAIER, Verl. Kurt Wolff, München, 2. Aufl. Akad. Verlagsanstalt Graz 1956 mit 159 Tafeln. In ausgezeichneter Wiedergabe werden die Felsbilder Westafrikas dargestellt südlich von Oran bis südlich von Tunis.

Eine Datierung wagt Obermaier noch nicht (S. 57). Er meint aber, daß für ein eiszeitliches Alter das Vorkommen des Altbüffels, des Nashorns, der Giraffe spreche (S. 58). Ich selbst habe mich 1929 dieser Ansicht angeschlossen in dem Buch: Kunst und Kultur der Vorzeit Europas, Berlin Verl. Walter de Gruyter 1929. Im Fortgang der Forschung haben sich diese Datierungen nicht bestätigt.

Frobenius hat 12 Expeditionen nach Nord-Afrika unternommen. Nicht alle konnten veröffentlicht werden. 1932 wurde die Expedition durch Fezzan durchgeführt, südlich von Tripolis, mit der wichtigen Station In Habeter. Das Buch von Frobenius erschien im Verl. Harrassowitz, Leipzig, 1937: Ekade Ektab, Die Felsbilder Fezzans. — Madismu Dsangara, Südafrikanische Felsbilder, 1931, 2. Aufl. Graz 1962. Ferner: Und Afrika sprach, 3 Bde, 1913. — Paideuma 1921, 3. Aufl. 1953. — Atlas Africanus, 1922—1930. — Das sterbende Afrika, 1923. — Kulturgeschichte Afrikas, 1923. — Das unbekannte Afrika, 1923.

Die Felsbilder in Nordafrika haben vier Schwerpunkte ihres Erscheinens. Erstens diejenigen auf dem Ostufer des Nils und in Nubien. Zweitens die Felsbilder von Libyen, drittens die von Tassili und viertens die des Sahara-Atlas-Gebietes.

Über die Felsbilder Nubiens hat Hans Alexander Winkler berichtet: Völker und Völkerbewegungen im vorgeschichtlichen Ägypten im Lichte neuer Felsbilderfunde. Verl. Kohlhammer, Stuttgart 1937 mit 59 Tafeln und Ders. Rockdrawings of Southern Upper Egypt, 2 Bde. Oxford Univ. Press 1938 u. 1939. Dargestellt sind stilisierte Menschen, Hirten, die Rinder am Halfter führen, Strauße, Elefanten, Rinderherden, Schiffe, entsprechend den Schiffen Negade II in Ägypten.

Die ersten Berichte über diese Felsbilder stammen von Georg Schweinfurth (1836—1925) aus dem Jahre 1912. Der Bericht findet sich in der Zeitschrift f. Ethnologie, Bd. 44, Berlin 1912. Wohl hatte schon 1909 ganz kurz A. E. P. Weigall Bemerkungen über Felsbilder in der Wüste Oberägyptens gemacht: Travels in the Upper Egyptian Deserts, London 1909. Aber die genauen Untersuchungen fallen in die Zeit nach 1930. Die Datierung ergibt sich aus der Parallelität der stilisierten Menschendarstellungen mit den Bildern von Negade I in Ägypten, 4000—3500 (hier S. 840).

Die Bilder von Schiffen entsprechen denen der Tongefäße in der Periode Negade II, 3500—3000. Die Bilder, auf denen das Reitpferd erscheint, können nur der Zeit um 500 v. Chr. und danach angehören. (Franz Hançar, Das Pferd in prähist. u. früher hist. Zeit, Wien 1956). Das Kamel kommt erst um die Zeit um Chr. Geb. und später nach Afrika. Bilder mit Kamelen datieren sich in die erste Hälfte des ersten nachchristl. Jahrhunderts. Zu den gezähmten Rindern bemerkt Walther F. E. Resch mit Recht, daß die Darstellungen nicht vor 4000 möglich sind (Ders. Das Rind in den Felsbilddarstellungen Nordafrikas, Wiesbaden, Verl. Steiner, 1967 S. 98).

Einen wichtigen Schritt vorwärts in der Erkenntnis ägyptisch-nubischer Felsbilder erreichte eine österreichische Expedition im Winter 1960—1964. Die Expeditionsleiter waren Dr. K. Kromer und Dr. Ehgartner. Es konnten 4700 Felsbilder aufgenommen werden. Die Berichte sind: M. Bietak und R. Engelmayer, Eine frühdynastische Abri-Siedlung mit Felsbildern aus Sayala, Nubien, Wien 1963 und R. Engelmayer, Felsgravierungen im Distrikt Sayala, Nubien, Wien 1965. Engelmayer gibt in diesem Buch auf S. 70f. eine chronologische Übersicht. Er sagt, die älteste Gruppe der Felsbilder beginnt in der Zeit um 5000—4000 v. Chr. Die ersten Einwanderer waren reine Jäger. Sie stellten ihre Jagdtiere dar, vor allem Elefant und Giraffe. Später treten Strauß und Antilope an die Stelle der Jagdtiere. Darstellungen von Booten oder Schiffen sind in dieser Periode nicht vorhanden.

Die zweite Stufe entspricht Negade I, 4000—3500. In dieser Zeit wird das Kupfererz abgebaut im Wadi Allaqi, 20 km nördlich von Sayala.

Die dritte Stufe entspricht Negade II, 3500—3000 mit vielen Schiffsdarstellungen. Gegen Ende von Negade II wird der Kupferbergbau bei Sayala aufgegeben, er wird verlagert auf die Kupferminen der Sinai-Halbinsel. Die Schiffsdarstellungen zeigen Boote aus Holz.

Die vierte Stufe entspricht der Epoche der ersten und zweiten Dynastie, 2850 bis 2660. Die Schiffsbilder besitzen reinen ägyptischen Typus. In die Zeit der 4. und 5. Dynastie, 2590—2320 fällt die Epoche der Steinbrüche in Nubien. In dem Orte Tomas haben sich Felsinschriften gefunden, die Beamte nennen, die Schiffsvorsteher und Schiffschreiber sind (A. E. P. Weigall, A Report on the Antiquities of Lower Nubia, Oxford 1907, Taf. 57 u. 58). Eines der Schiffsbilder in Sayala ist durch eine ägyptische Inschrift datiert auf die 12. Dynastie, 1991—1785. Die größte Anzahl der Schiffsbilder gehört dem Neuen Reich an, 1552—1070. Einige Bilder lassen sich durch das Zeichen des Gottes Chonum in die ptolomäische Zeit datieren, 323—30 v. Chr.

Ein Schiffsbild (R. Engelmayer, Felsgravierungen, Wien 1965 Taf. 29,7) ist durch das Kreuzzeichen zu datieren auf die christlich-koptische Zeit, 300—700 n. Chr. Auch dem hohen Mittelalter gehören viele Schiffsbilder an, die das lateinische Dreieckssegel tragen und die schräggestellte Rahe.

Über die Datierung nach der Patina berichtet Pavel Červíček in IPEK, Bd. 23, 1970—1973, S. 82—87.

Mit den Arbeiten der österreichischen Expedition hat die Datierung der ägyptisch-nubischen Felsbilder viel an Aussagekraft gewonnen.

Das zweite große Felsbildgebiet Nordafrikas umfaßt die Bilder von Libyen. Auch hier gibt es Elefanten, Rinder, Giraffen, Strauße, stilisierte Darstellungen von Menschen, Pferde, Vögel und auch Schiffe, ebenso Streitwagen und Reiter. Der Stil verläuft von naturhaften, sensorischen Formen zur Abstraktion und danach zu einem gewissen neuen Naturalismus. Die wichtigsten Bilder finden sich in Djebel Quenad oder Auenat, Ounad, mit großen gemalten Rinderherden.

Die Entdeckungsgeschichte dieser Bildergruppe beginnt mit dem Afrikaforscher Heinrich Barth (1821—1865). In seinem Werke: Reisen und Entdeckungen in Nord- und Zentralafrika, 5 Bde., 1855—1858 finden sich Wiedergaben von Felsbildern. Sie zeigen Rinder und Menschen auf der Jagd aus einem Fundort, den er Tilizzaghen benennt. Auch der Afrikaforscher G. Nachtigal meldet im Jahre 1869 Felsbilder in Libyen in seinem Buch: Sahara und Sudan, Bd. 1, Leipzig 1879 S. 307.

Weitere Erwähnungen liegen vor von Von Bary, 1877 und von G. Rohlfs 1874 in dem Buch: Quer durch Afrika, Verl. Brockhaus, Leipzig 1874 Bd. 1, S. 52. F. Foureau berichtet über einige Bilder: Rapport sur une mission au Sahara, in: Comptes rendus de l'Académie etc. 1894 S. 92.

Im Anfang des 20. Jahrhunderts vermehren sich die Berichte. In der Zeitschrift L'Anthropologie Bd. 36, 1926 S. 409 legen P. Duran, L. Lauvaden und Henri Breuil einige Felsbilder aus In Fezzan vor, 170 km südlich von Gat. Die Felsbilder von Djebel Quenad behandeln Kemal el Dine und Henri Breuil in: Revue Scientifique 1928, Nr. 4, S. 105.

Die Arbeiten an den Felsbildern von Fezzan, Libyen, gewannen an Gewicht, als Leo Frobenius mit einer Gruppe von Helfern, Agnes Schulz, Assisa Cuno, Dr. Jensen im Jahre 1932 die Bilder systematisch aufnehmen konnte und 1937 veröffentlichte in dem genannten Werk: Ekade Ektab, Die Felsbilder Fezzans, Leipzig, 1937.

Eine italienische Expedition erneute die Untersuchungen von 1933—1939. Der Leiter und spätere Verfasser ist Paolo Graziosi, L'arte rupestre della Libia, Firenze 1942, 2. Bd. Verl. La nuova Italia. Graziosi bemerkt in diesem Buch auf S. 27: „Lo studio cronologico dell'arte rupestre libica trova quindi la sua base più salda nell'esame dei soggetti rappresentati: se il solo esame della tecnica e dello stile, e tanto più della patina, può lasciarci dubbiosi in una determinazione cronologica sia pure approssimativa, quello dei soggetti può invece in molti casi fornirci anche da solo degli elementi relativamente sicuri".

Graziosi gliedert die Bilder chronologisch in vier Formationen S. 271. Erstens die Bilder der Jäger, zweitens die der Viehzüchter, drittens in die der stilisierten Menschendarstellungen, viertens in die eines neuen Naturalismus mit Streitwagen und Reitern.

Im Jahre 1954 hat Paolo Graziosi zusammen mit einigen Mitarbeitern wieder neue Felsbilder entdeckt im Wadi-el-Kel in Libyen, 160 km südlich von Tripolis. Der deutsche Afrikareisende Gerhard Rohlfs (1831—1896) hatte 1874 an dieser Stelle einige Felsbilder erkannt, und hat sie bekannt gemacht in seinen Büchern, Quer durch Afrika, 2 Bde. 1874—1875 und: Drei Monate in der Libyschen Wüste, 1875. Diese kurzen Notizen veranlaßten Graziosi, die Bilder aufzusuchen und zu bearbeiten. Die Expedition fand Hunderte von Gravierungen verschiedenen Alters, vom Neolithikum an.

PAOLO GRAZIOSI ist geboren in Firenze am 2. 11. 1907. Er ist Prof. der Vorgeschichte und Anthropologie an der Univ. Firenze. Seine wichtigsten Bücher sind: L'età della Pietra in Somalia, 1940. — L'arte rupestre della Libia, Firenze 1942. — Preistoria della Libia, 1943. — Gli Uomini paleolitici della Grotta di S. Teodoro, 1947. — I Blazi Rossi, 1951. — L'arte dell' antica età della pietra, 1956, deutsch: Die Kunst der Altsteinzeit, Stuttgart 1956, engl. 1960. — Levanzo, 1962. — Anthropology of Chitral, 1962. — Prehistoric research in Northwestern Punjab, 1964.

Mit Graziosi verbindet mich eine lange Freunschaft, er hat oftmals im IPEK seine Artikel veröffentlicht.

Die wichtigsten Felsbilder in Libyen sind die von Uadi Zigza mit Elefant, Strauß, Giraffe, Rind, Menschen mit Speer und Schild, Wagen, Schiffen. Ferner Arréchin, wieder mit Bildern vom Elefant, Rhinozeros, Giraffe, Antilope, Rind, Menschen.

Es liegen in diesem Bereich die gleichen Überlagerungen vor wie im ägyptisch-nubischem Raum. Deutlich heben sich die einzelnen Tiere der Jägerepoche ab von den folgenden, den Rinderherden der Viehzüchter. Die nächst folgende Gruppe ist die der Streitwagen und dann schließt sich die der Kamele an. Im ägyptischen Raume ergeben sich Jahreszahlen, sie müssen die gleichen sein wie in Nubien, beginnend mit 5000, besser vermutlich 4000 v. Chr. bis um Christi Geburt.

Der dritte bedeutende Raum von Felsbildern in Nordafrika ist der von Tassili n'Ajjer und im Hoggar Gebirge, 1200 km südlich von Tunis, in der Mitte der Sahara.

Der erste, der über Tassili berichtet im Jahre 1933 ist ein französischer Leutnant mit Namen Brenans. Er untersuchte im Auftrag der französichen Regierung die Gegend 200 km südlich von Fort-Polignac und dabei kam er nach Tassili n'Ajjer, nordöstlich vom Hoggar-Gebirge. Die Berge steigen bis zu 2150 m an, es ist das südliche Algerien. Brenans erklärt, daß bis zu dieser Zeit kein Europäer dieses Gebirgsgebiet bereist habe. Plötzlich sah er an den Wänden der Felsen seltsame Figuren, er sagt: „ich sah an den Felswänden, die das Bett des Wadi einschließen, seltsame Figuren, wie ich sie noch auf keinem seiner früheren Ritte bemerkt hatte. Ich stieg sofort ab und glaubte zu träumen, denn vor meinen Augen entfalteten sich tief in den Stein gegrabene Darstellungen großer Tiere: Elefanten mit erhobenem Rüssel, Flußpferde, die aus einem Sumpf aufsteigen, Rhinozerosse mit drohenden Nasenhörnern, Giraffen, die den Hals recken, als wollten sie die Spitzen der Dornbüsche abfressen. Es war ein überwältigender Anblick in diesem von der Sonne versengten Felsengang, über dem das drückende Schweigen der Wüste lag, in der seit Jahrhunderten jedes menschliche Leben ausgelöscht war. Als ich nach etwa 10 km auf eine Geröllhalde stieß, die ich unmöglich überschreiten konnte, hatte ich eine der bedeutendsten Fundstätten vorgeschichtlicher Kunst in der Sahara entdeckt."

„Die Fachgelehrten in Paris und Algier horchten auf. Vier Monate später stand ich (H. Shote) an der Fundstelle, mit den Professoren Gautier, Reygasse und Perret. Sie blieben mehrere Wochen im Tassili. Ich selbst verließ dieses Gebiet erst anderthalb Jahre später. Eine neue Seite in der Geschichte der Sahara hatte sich eröffnet." (Henri Lhote, A la découverte des fresques du Tassili, Paris 1959 S. 26, nach d. deutschen Übersetzung: Die Felsbilder der Sahara, Verl. Zettner, Würzburg—Wien 1958 S. 34—35).

MAURICE REYGASSE hat über seine Eindrücke berichtet in der Zeitschrift L'Anthropologie Bd. 45, 1935 S. 533—571. Er sagt auf S. 570: «Ces oeuvres me paraissent toutes appartenir à des peuples pasteurs; ce fait est établi assez clairement par l'ensemble de la faune représenté: Chiens, Bovidés, Chèvres, Chevaux domestiqués accompagnés de rares Girafes, Sangliers, Mouflons et Eléphants».

«La présence de polissoirs néolithiques à proximité de plusieurs peintures laisse supposer que les plus anciennes appartiendraient à la période néolithique; d'autres, celles qui représentent des chars, sont indiscutablement de l'âge des Métaux».

«Nulle région ne parait aussi riche en gravures et peintures primitives que cette zone aujourd'hui désertique du Tassili des Ajjers».

HENRI LHOTE ist der Bearbeiter dieser ungeheuren Fülle von Felsmalereien. Seine eigentliche Expedition begann im Januar 1956 mit vier Malern und einem Photographen. Brenans wollte sich der Expedition anschließen, aber er starb kurz vor Beginn an einem Herzinfarkt. 3000 Kilo Material und Ernährung mußten 4000 km weit befördert werden. Das Musée de l'Homme in Paris bereitete alles vor. Im Januar 1958 konnten die Kopien der Bilder ausgestellt werden in Paris und im gleichen Jahr auf der Weltausstellung in Brüssel. Die Hauptfundplätze sind: Jabaren, Tin Teferiest, Tin Tazarift, Sefar und Tin Abotéka.

Lhote spricht in seinem genannten Werk von 4 Stadien der Bilder auf S. 224—231.

Die älteste Schicht ist die der großen Wildtiere, er nennt sie die Epoche der Rundköpfe, eine nicht sehr glückliche Bezeichnung. Er datiert sie von 8000—5000 v. Chr. Die zweite Epoche nennt er die der Hirten, der Viehzüchter, er datiert sie von 5000—1200 v. Chr. Die dritte Epoche ist die der Krieger mit Streitwagen, um etwa 1200 v. Chr. Die vierte Epoche ist die, in der das Kamel erscheint, etwa 50 v. Chr. bis 500 n. Chr. Die späteren Gravierungen und Malereien sind die der Araber mit arabischen Inschriften, laufend bis zur Gegenwart.

Später hat Lhote zu der Frage der Chronologie dieser Bilder Stellung genommen in einem Artikel in IPEK, Bd. 20, 1960—1963 S. 62—71. In dieser eingehenden Arbeit gelangt er für die älteste Stufe zu der Zeit von 4000, für die zweite Stufe, die Rinderdarstellungen, zu der Epoche von 2500. Die dritte Stufe ist die der Streitwagen um 1200. Reiterbilder sind in dieser Gegend bisher nicht gefunden worden. Die zuerst von Lhote angenommene Zahl um 8000 für den Anfang der Bilder hat sich nicht bestätigt.

Ein besonders gut mit Bildern versehenes Buch über diese Gebiet ist das von JEAN-DOMINIQUE LAJOUX, Merveilles du Tassili n'Ajjar, Paris 1962, Verl. du Chêne.

Die Bilder von Tassili ordnen sich folgerichtig ein in die Gesamtgruppe der prähistorischen Felsbilder von Nordafrika. Ihr Beginn kann in keinem Fall vor 5000 v. Chr. liegen, den Tatsachen besser entspricht das Datum von 4000.

Die Streitwagen um 1200 v. Chr. sind vorhanden, aber die Reiter aus der Zeit von etwa 500 v. Chr. oder die Kamele aus der Epoche um Christi Geburt kommen nicht mehr vor. Die Mitte der Sahara bot in den letzten Jahrhunderten v. Chr. schon nicht mehr irgendwelche Lebensmöglichkeiten.

So sprechen diese Felsbilder von Tassili nicht nur in ihrer Farbigkeit und Lebendigkeit zu dem heutigen Beobachter, sie antworten auch auf die Frage der Existenzgegebenheit in der Sahara.

Das vierte große Gebiet der Felsbilder in Nordafrika ist der Raum des Atlas-Gebirges. Es war der Umkreis, in dem zum ersten Mal Felsbilder beobachtet worden sind, wie auf S. 852 bereits erwähnt.

Seit den großen Werken von FLAMAND, Les pierres écrites, 1921 und von FROBENIUS-OBERMAIER, Hadschra Maktuba, 2. Aufl. 1956, erschienen mehrere neue Arbeiten, so ein überschauendes Corpus von THÉODORE MONOD, Contributions à l'étude du Sahara Occidental, Paris, Verl. Larose, 1938 mit 1846 Abbildungen von den Großtieren der ältesten Zeit bis zu den Inschriften der Araber, bezeichnet als tifinagh.

1928 erschien ein Werk von M. SOLIGNAC, Les pierres écrites de la Berberie orientale, Tunis, Verl. Barlier. R. VAUFREY veröffentlichte das Buch: L'art rupestre nord-africain, Paris, Verl. Masson, 1939. Und über die Felsbilder der Gegend von Constantine berichten GILLETTE u. LOUIS LEFEBVRE, Corpus des gravures et des peintures rupestres de la Région de Constantine, Paris 1967. Die Einleitung dieses Werkes schließt mit den Worten: «Cependant, nous espérons que la confrontation des études réalisées dans ce Corpus sur la technique, le style, les espèces animales, la recherche de signification permettra ultérieurement de definir certaines civilisations, et peut-être d'aboutir à une chronologie».

Ich meine, daß die Chronologie jetzt gewonnen ist. Man kann sie nicht begründen auf kleinem Raume, jedoch bei dem Überblick über das große Gebiet von Ägypten bis zum Atlas ergibt sich deutlich die zeitliche Folge. Bei den Felsbildern Ägyptens und Nubiens ergeben sich Verbindungen und Beziehungen zu den prähistorischen und frühdynastischen Gegebenheiten in Ägypten. Bestimmte Zeitfeststellungen sind erkennbar durch C 14 und auch durch die Überlieferung Ägyptens. Die Daten von drei prähistorischen Kulturen haben sich herauskristallisiert:

1. die Badari-Kultur als älteste: 4500—4000
2. Negade I: 4000—3500
3. Negade II: 3500—3000, genauer 2850
4. Frühdynastische Zeit: 2850—2660.

Da eine Regenperiode für die Sahara nach den geologischen Feststellungen um 5000—4500 beginnt, ist erst seit dieser Zeit eine Lebensmöglichkeit für Pflanzen, Tiere und Menschen gegeben.

Zuerst sind es die Jäger, die zusammen mit dem Großtierwild die Szene ergeben, etwa 4500—3500. Dann sind es die Nomaden, die Hirtenstämme, die Viehzüchter mit Rindern, die das Feld beherrschen, 3500—1200. Um 1200, im ägyptisch beeinflußten Raum erscheinen die Streitwagen mit Pferden, um 500 v. Chr. erkennt man das Reiten auf Pferden. Um Chr. Geburt wird das Kamel eingeführt und von 630 n. Chr. an erscheinen die arabischen Inschriften. Sie werden bis heute an den Felsen angebracht, zumal an denen, die prähistorische Bilder tragen.

Bei meinen Reisen durch die westliche Sahara habe ich oft an den Felsbildern die Opfer der Karawanentreiber gefunden. Jetzt noch schreiben sie ihre Gravierungen neben den Bildern ein, um der Gottheit zu bedeuten, daß sie den Platz geehrt haben, daß sie Allah ihr Opfer dargebracht haben.

So haben die Forschungen um die Felsbilder viele Fragen zu klären vermocht, die bis 1930 noch völlig im Unklaren sich befanden. Die Arbeit war mühsam gewesen und schwer, aber sie hat reiche Ergebnisse gebracht, die die Vorgeschichte Nordafrikas deutlicher werden ließen, Ergebnisse, die die Lebensformen der Menschen in diesem Raume erschlossen haben und die auch die so schwierige Datierung erlaubten.

Die Vorgeschichte Nordafrikas nach den Funden ist in den letzten Jahrzehnten der Gegenstand vieler Bearbeitungen gewesen. Die Schwierigkeiten und auch die Gegensätzlichkeiten in den Auffassungen vieler Autoren liegen darin begründet, daß für das Gebiet der Sahara fast nur Oberflächenfunde vorliegen. Wer einmal durch die Sahara oder durch Teile dieser Wüste auf Kamelen geritten ist, wie ich es 1927 tun konnte, der erkennt auf der Oberfläche liegend die Fülle der bearbeiteten Steine. Sammelt man sie, dann ergeben sich die verschiedensten Formen. Verglichen mit den typischen Funden von Europa ist man geneigt, von Geröllsteinen zu sprechen, dann von Acheuléen, Moustérien, Magdalénien. Doch dieser Vergleich kann nicht zu chronologischen Ergebnissen führen. Es mahnen die Erkenntnisse aus der Lage in Indien und Hinterindien. In diesen Ländern leben diese scheinbar eiszeitlichen Industrien bis zur Gegenwart oder bis zum Einbruch von Hochkulturen aus Nachbargebieten. Auch der Buschmann, bis heute lebend, verwendet Werkzeuge eiszeitlichen Charakters bis jetzt. Es ist also Vorsicht geboten bei der Zuweisung solcher Werkzeuge zu Datenbestimmungen nach den Parallelen in Europa. Trotzdem ist es nicht ausgeschlossen, daß die an der Oberfläche aufgelesenen Werkzeuge ein hohes Alter besitzen können, aber das sind nur Wahrscheinlichkeiten.

Bis 1930 waren die führenden Bücher die von Obermaier, Breuil, Reygasse. Nach 1930 erschienen die führenden Werke von F. R. WULSIN, The prehistoric archaeology of Northwest Africa, Cambridge USA, 1941. — MARTIN ALMAGRO, Prehistoria del Norte de Africa y del Sahara español, Barcelona 1946. — H. ALIMEN, Préhistoire de l'Afrique, Paris 1955. — LIONEL BALOUT, Préhistoire de l'Afrique du Nord. — C. B. M. MCBURNEY, The Stone Age of Northern Africa, Harmondsworth, Middlesex, England 1960. — L. BALOUT u. H. ALIMEN in: Fischer ‚Weltgeschichte' Bd. Vorgeschichte, Frankfurt/M 1966 S. 148—182. — Daneben gibt es eine Fülle von Einzelarbeiten, Lionel Balout führt 1046 Schriften auf, ebda S. 493—522.

MARIE-HENRIETTE ALIMEN ist geboren am 22. 6. 1900. Sie ist Directeur des Laboratoriums für Quaternäre Geologie von CNRS in Bellevue, Seine-et-Oise. Ihre Hauptwerke sind außer dem genannten Buch: Les temps préhistoriques, mit Toleaud, Paris, Verl. Flammarion 1945. — Station de gravures rupestres de Marhouma, Sahara occid. 1954. — Atlas de Préhistoire I, Paris 1950. — Le Quaternaire de France, Helsinki 1963. Mit ihr und anderen Kollegen habe ich eine Reise durch die Fundstätten von Mittelfrankreich machen können.

LIONEL FERDINAND BALOUT ist in Nantes geboren am 18. 4. 1907. Er ist Prof. am Inst. de Paléontologie humaine in Paris. Vorher war er Prof. für Vorgeschichte an der Univ. Alger. Seine Hauptwerke sind außer den schon erwähnten: Collections préhistoriques du Musée du Bardo, Paris 1956. — Algérie préhistorique, Paris 1958. — Les hommes fossiles du Maghreb et du Sahara, in: Zschr. Libyca 1955. — Actes du 2. Congrès panafricain de Préhistoire, 1952—1955.

Die geologische Forschung hat in den letzten Jahrzehnten ergeben, daß die vier Eiszeiten, zuerst festgestellt in Europa, sich auch auffinden lassen in Afrika und ebenso in Amerika. In Afrika erscheinen die Epochen der Eiszeiten als Regenzeiten, als Pluvialepochen. Wie in Europa die vier Eiszeiten bezeichnet werden als Günz-, Mindel-, Riss-, Würmeiszeit, so in Afrika als Kagera-, Kamasia-, Kanjera-, Gamble-Pluvial. Den Interglazialen, den Warmzeiten in Europa, entsprechen in Afrika Trockenzeiten. Es galt für die Forschung durch gesicherte, durch systematische Grabungen den Lauf der Entwicklung in der Vorzeit festzustellen. Heute kann diese Aufgabe als im ganzen gelöst bezeichnet werden. Sicherlich wird die Zukunft noch gesichertere Erkenntnisse zu bringen vermögen, aber die entscheidenden Punkte läßt die bisherige Forschung schon erkennen.

Der Maghreb ist der arabische Ausdruck für Westen im Unterschied zum Osten, Maschrik. Dieses Wort Maghreb umfaßt den arabisch-muslimischen Teil Nordwestafrikas, Marokko, Nordalgerien, Tunesien. In dieser Gegend, die fruchtbarer ist als die Sahara, haben Schichtengrabungen gute Ergebnisse gebracht, wenn auch nicht so aussagekräftig wie in Europa.

In den Schichten von Ain Hanech bei Constantine, Algerien, konnte C. ARAMBOURG im Jahre 1948 zuunterst eine sehr alte Industrie feststellen, die Geröll-Industrie die pebble-Industrie. In alter Zeit befanden sich hier Seen. Die Knochenfunde ergaben archaische Elefanten und Wildpferde mit noch drei Zehen. Die Werkzeuge sind runde Steine, einfach an einer Stelle behauen. Über der untersten Schicht lagerte eine andere mit Faustkeilen im Stile des Acheuléen. Arambourg berichtet darüber in: Académie des Sciences, Paris, Bd. 236, 1953 S. 2419—2420.

Die gleiche Werkzeug-Industrie fand P. BIBERSON in Marokko und auch in den Fundstätten Mansourah und Ouled Rahmoun bei Constantine, Algerien, im Jahre

1960. Sein Bericht ist: Le Paléolithique inférieure du Maroc atlantique, in: Publ. Serv. Ant. Maroc, Bd. 17, 1961. Der Verf. verweist auf Knochenfunde des archaischen Elefanten und damit auf die Schicht vor der Epoche der ersten Eiszeit, die Strate der Australopithecinen, etwa eine Million Jahre vor unserer Zeit.

Der Ausdruck Pebble-Culture, deutsch Geröll-Industrie, ist geschaffen worden von E. J. WAYLAND, ehem. Direktor des Geological Survey des Uganda Protektorates. In der Kenia-Kolonie fand er zuerst 1934 diese Kultur, später auch im Tanganyika-Gebiet. Seine Arbeit darüber trägt den Titel: Rifts, Rivers, Plans and Early Man in Uganda in: Journ. of the Royal Anthrop. Inst. London, Bd. 64, 1934 S. 333. Wayland schlug gleichzeitig vor, nach der Fundstelle Kafu, an der er damals arbeitete, die untere Schicht als Kafuan zu bezeichnen, L. S. LEAKEY sprach in seinem Werk: Stone age Africa, Oxford Univ. Press 1936, S. 39—40 von Oldoway-Culture. So viele Bezeichnungen für dieselbe Sache, für eine Kultur vor dem Chelléen, haben sich nicht bewährt. Nach Leakeys Erfolgen hat sich der Name Oldoway-Culture bei den afrikanischen Forschern einen gewissen Raum geschaffen. Außerhalb Afrikas, vor allem in Indien, aber hat sich die Bezeichnung Pebble-Kultur durchgesetzt.

Im Jahre 1962 hat sich J. D. CLARK (geb. 28. 7. 1907) Prof. a. d. Univ. Cambridge, England, gegen den Ausdruck Pebble-Kultur gewandt auf dem Internat. Prähistoriker-Kongreß in Rom in einem Vortrag: The Problem of the Pebble Cultures, in: Atti del VI Congresso, Edit. Sansoni 1962, Firenze Bd. I S. 265—271. Er schlug den Ausdruck Oldoway-Kultur vor. Das mag für Afrika berechtigt sein, aber nicht für Asien. So hat sich doch, besonders bei den asiatischen Forschern, die Bezeichnung Pebble-Culture behaupten können, und das ist der Grund, warum ich ihn in diesem Buche öfters verwendet habe. Das Alter lagert sich um 1 Million Jahre und davor, die Kultur lebt aber durch Jahrzehntausende.

Die Werkzeuge der nach oben folgenden Schicht sind in Nordafrika ähnlich dem Acheuléen in Europa, es finden sich Faustkeile. Wichtig sind darunter die Fundstätten von Karar bei Tlemcen, Algerien, vor allem aber Ternifine bei Mascara, Algerien. Schon 1878 wurden hier Knochen des Elefanten und des Flußpferdes an der Oberfläche aufgefunden, P. PALLARY hat auf dem Kongreß der Association Française pour l'Avancement des Sciences 1891, Bd. 2, S. 609 darüber Mitteilung gemacht. Wichtig wurde die Fundstelle erst, als C. ARAMBOURG 1931 und später 1954—1956 dort systematische Ausgrabungen vornahm. Die Grabung war so ergebnisreich, daß das Institut du Paléontologie Humaine in Paris drei Bände vorbereitet. Der erste Band ist 1963 erschienen. Es fanden sich Faustkeile, Knochen des Elephas Atlanticus, des Machaidorus und Frühformen von Affen. Die Werkzeuge tragen den Typus des Acheuléen. Vom Menschen hat Arambourg drei Unterkiefer heben können, ein Scheitelbein und andere Teile. Sie legen es nahe, den Menschentypus einzuordnen in die Schicht des Sinanthropus, demnach in die zweite Warmzeit, um 400 000 bis 250 000.

In Marokko ist das ältere Paläolithikum in der letzten Zeit besonders deutlich geworden. Steinbrüche im Gebiet von Casablanca haben die Möglichkeit ergeben, in tiefe Schichten vordringen zu können. Der Steinbruch von Sidi Abderrahman war besonders aufschlußreich. R. NEUVILLE und A. RUHLMANN haben 1941 darüber berichtet: La place du Paléolithique ancien dans le Quaternaire Marocain, in: Inst. des

Hautes-Etudes Marocaines, Bd. 8, 1941, ferner A. RUHLMANN in: Le Maroc préhistorique, Bull. de la Soc. des Sciences nat. du Maroc, 1948 S. 347—360. Die Werkzeug-Industrie trägt den Typus des Acheuléen mit Einflüßen des Clactonien, es gibt Faustkeile, aber immer noch erhält sich die Geröll-Industrie. Auch Menschenknochen haben sich gefunden, zwei Bruchstücke von Unterkiefern. Die Schicht ordnet sich ein in die zweite Warmzeit, 400 000—250 000.

Das Atérien, dem Mittelpaläolithikum und späteren Epochen zuzuweisen, ist in Marokko besonders deutlich zutage getreten seit 1962. Bei der Bearbeitung eines Barytin-Bergwerkes bei Djebel Irhoud, konnten tiefe Schichten angeschnitten werden. Die Fundstelle liegt zwischen Dafi und Marrakesch. Dabei ergab sich eine Industrie, gelagert zwischen Moustérien und afrikanischem Atérien. Es wurden auch menschliche Knochenreste, Calvarien des Neandertalers, aufgefunden, von Tieren die Gazella atlantica. Es wird sich um den Beginn der letzten Eiszeit, der Würmzeit handeln, zwischen 118 000 und 80 000.

Das Epipaläolithikum, die Nacheiszeit, bringt zwei Kulturen, bezeichnet als Iberomaurusien und Capsien. Für beide Kulturen gibt es C 14-Daten. Das Iberomaurusien ergab 10 120 v. Chr., das Capsien 8550, 6450 und 5000. Das Iberomaurusien entspricht dem Endmagdalénien, das Capsien dem Mesolithikum in Europa.

Der wichtigste Fundplatz des Iberomaurusien ist Mouillah im Norden von Marnia an der Grenze von Algerien und Marokko. Die Ausgrabung leitete seit 1910 A. Barbin, er ist gestorben 1932, sodaß die Fundberichte von anderen Händen stammen. Es liegen 3000 Steinwerkzeuge vor, jetzt im Bardo-Museum in Algier. Eine Übersicht gibt LIONEL BALOUT, Préhistoire de l'Afrique du Nord, Paris 1955 S. 339—348. Die Werkzeuge sind Klingen mit abgestumpftem Rücken, es gibt auch Mikrolithen.

Ein anderer Fundplatz ist Columnata zusammen mit Tarofalt in Marokko. Im Jahre 1948 erschien die Monographie von P. CADENAT unter dem Titel: La station préhistorique de Columnata, in: Bull. de la Soc. de Géogr. et d'Archéol. d'Oran, Bd. 70, 1948 S. 3—66. Der Verf. unterscheidet zwischen unterem Iberomaurusien, dem 2079 Werkzeuge zugehören und dem oberen Iberomaurusien mit 872 Werkzeugen. Auch Knochenreste von Menschen haben sich gefunden. Die Werkzeuge sind wieder Klingen mit abgestumpftem Rücken und Mikrolithen. Diese Kultur geht entlang der Küste von Algerien, sie dehnt sich aus bis zum Atlas.

Das Capsien, nicht wie Obermaier und andere annahmen, eine Industrie parallel dem Aurignacien bis Magdalénien, hat sich als nacheiszeitlich bis neolithisch ergeben. Der Name stammt von dem Orte Gafsa, dem antiken Capsa in Tunesien. In der Nähe liegt die Hauptfundstelle mit Namen El Mekta oder Mechta el-Arbi. JACQUES DE MORGAN hatte 1909 den Namen Capsien geschaffen in seinem Buch: Les premières civilisations, Paris, Edition Leroux, S. 135—136. Viele Autoren haben immer neue Funde des Capsien gehoben, das Alter wurde oftmals diskutiert. R. VAUFREY hat sich besonders mit dieser Frage beschäftigt und sein Artikel in der L'Anthropologie, Bd. 43, 1933 S. 457—483 war es, der die lange behandelte Frage endgültig zu lösen vermochte. Vaufrey spricht von drei Stadien, dem typischen Capsien, dem entwickelten Capsien, dem neolithischen Capsien. Das Ergebnis der Arbeit war, das Capsien ist nicht paläolithisch, sondern nacheiszeitlich, mesolithisch bis neolithisch. Sein Schwerpunkt liegt in Mitteltunesien und im Gebiet von Tebessa in Algerien. Das entwickelte Capsien greift nach Westen vor bis in die Hochebene von Algerien und Oran.

Im Jahre 1928 hat C. ARAMBOURG in der Höhle Afalou bei Bougie einen Bestattungsplatz gefunden. Er veröffentlichte darüber zusammen mit M. BOULE, H. VALLOIS, R. VERNEAU: Les grottes paléolithiques des Béni-Ségoual. Paris 1934. Da ganz ähnliche Menschentypen schon vorher in Mechta el-Arbi gefunden worden waren, wurde der Typus als der von Mechta bezeichnet.

Es handelt sich um einen Menschentypus, der dem Crô Magnon-Menschen nahe verwandt ist. Er ist groß, 1,72 bis 1,80 m, er besitzt ein spitzes Kinn. Von den meisten Forschern wird er dem Iberomaurusien zugeordnet, von manchen dem Capsien, auf jeden Fall einem späteiszeitlichen und nacheiszeitlichen Typus.

Aus dieser Zeit sind auch Straußeneier mit Gravierungen von Tieren gefunden worden, ebenso eine Kleinplastik. Die Formgebungen in naturhafter Gestalt setzen sich fort im Neolithikum und erreichen in dieser Zeit ihre höchste Entwicklung in der Felsbildkunst des Atlasgebietes. Man spricht von einem Neolithikum mit Capsien-Tradition. Aus einem Fundort, Arbi de Jaatscha, Südtunesien, liegt eine C 14-Datierung vor, sie ergibt die Zeit um 3000 v. Chr.

Gegen Ende des 3. Jahrtausends sind im Maghreb Haustiere und Getreide nachzuweisen, offenbar von Europa hereingebracht. Das ist die Epoche der Rinderhirten, so lebendig dargestellt in Tassili und Beni Ounif. Dazu gehören Krieger, bewaffnet mit Speeren.

Im Maghreb finden sich aus dieser Zeit Dolmen und Steinkisten, auch die Keramik der Glockenbecher kommt vor, ähnlich dieser Kulturgruppe in Spanien.

CAMILLE ARAMBOURG ist geboren am 3. 2. 1885 in Paris. Er war Prof. für Paläontologie am Museé Nat. d'Histoire in Paris. Seine wichtigsten Werke sind: Les grottes paléolithiques des Beni-Ségoual, Alger, Paris 1933. — La genèse de l'Humanité, Paris 1946, 6. Aufl. 1962. — La classification des Primates, Paris 1948. — Origine de l'Homme 1956. — The fossil human remains of Sidi Abderah-man, Washington 1956. — L'Homme avant l'écriture, 1959. — Le gisement de Ternifine, Bd. I, 1963.

RAYMOND VAUFREY ist 1890 geboren, er starb am 23. 1. 1967. Er war Prof. am Institut de Paléont. humaine in Paris. Seine Hauptwerke sind: L'art rupestre nord-africain, Paris 1939. — Préhistoire de l'Afrique, Bd. 1, Maghreb, Tunis 1955. — Notes sur le Capsien, in: L'Anthropologie Bd. 43, 1933 S. 457—483. — L'âge des peintures rupestres nord-africaines, in: L'Antrhopologie Bd. 56, 1952, S. 559 bis 562. — L'âge de la pierre en Afrique, in: Journ. de la Soc. des Afric. Bd. 1953 S. 103—138. — Mit Vaufrey verband mich eine lange gute Freundschaft, wir haben viele der Fragen der Vorgeschichte Afrikas miteinander besprechen können.

Auch die Sahara hat in den letzten Jahrzehnten vieles von ihrer Vorgeschichte offenbart. Die Sahara ist das Wüstengebiet Nordafrikas, es reicht von den Grenzen des Maghreb im Westen bis zum Niltal im Osten. Von der Cyrenaika im Norden dehnt es sich aus im Süden bis zum Tschad-See. Heute ist dieses Gebiet nicht bewohnbar. In der Vorzeit aber war es in den Pluvialperioden, parallel den Eiszeiten in Europa, ein sehr fruchtbares Gebiet. Pflanzen, Tiere und Menschen fanden reichlich ihre Nahrung. Von ihnen aber müssen sich Überreste erhalten haben bis heute, und sie aufzufinden und aus ihnen ein Gesamtbild der Vorgeschichte der Sahara aufzubauen, das ist die Aufgabe der heutigen Forschung.

In den Jahren 1950—1963 haben H. ALIMEN und J. CHAVAILLON die Terrassen des Wadi, des Flußbettes Saoura im Nordwesten der Sahara untersucht, etwa 800 km südlich von Oran gelegen. Es stellten sich fünf Terrassen heraus. Die Pflanzensporen ergaben für die Regenepochen eine Fülle von verschiedenen Formen. Die Untersuchung legte F. BREUCHER vor in einer Abhandlung der Akademie der Wissenschaften in Paris unter dem Titel: Flores quaternaires au Sahara etc. Comptes rendus de l'Acad. des Sciences Paris 1963, Bd. 256, S. 2205—2208. Die Ablagerungen des Saoura ergeben zuunterst Geröll-Steine, die Pebble-Kultur. Darüber lagert ein Mittel-Quartär mit Werkzeugen in Acheuléen-Formen. Das Jung-Quartär ist bestimmt durch das Atérien, darüber lagert das Neolithikum. Für das Atérien ergab eine C 14-Datierung das Datum von 20 300 v. Chr. und für die Schicht nach dem Paläolithikum 6160 v. Chr. H. Alimen legt ihre Ergebnisse dar im Bull. de la Soc. Géol. Franç. Bd. 5, 1963 S. 627—634.

Die älteste Schicht ist, wie schon öfters erwähnt, die der Pebble-Kultur, sie findet sich über die ganze Sahara ausgebreitet. Es ist das eine Kultur, die der Zeit um eine Million Jahren entspricht, gelagert vor dem Chelléen. In einer solchen Schicht konnte Y. Coppens 1960 den Schädel eines Australopithecinen nördlich des Tschad-Sees aufdecken. Die Meldung brachte die Zeitschr. Bull de la Soc. préhist. franç. 1961, Bd. 58 S. 756—757. Andere Fundstellen erbrachten die gleichen Ergebnisse.

Auf die Pebble-Kultur, oder die Kultur von Oldoway, folgt in der Sahara das Acheuléen mit Werkzeugen, die weite Strecken der Sahara zu Tausenden bedecken, etwa bei El Beyyed, Tarhamanant, Adrar Bous und an anderen Plätzen. Über die Stratigraphie des Acheuléen in der Nordwest-Sahara berichten J. u. N. CHAVAILLON im Bull. de la Soc. préhist. franç. Bd. 59, 1962 S. 440—444. Es ergibt sich, daß das Acheuléen unter dem Atérien gelagert ist.

Im Jahre 1963 wurde eine reiche Fundstätte des Acheuléen entdeckt von H. ALIMEN in Adrar des Iforas. Die Verfasserin berichtet darüber im Bull. de la Soc. préhist. Franç. Bd. 60, 1963 S. 352—363.

In der Oase Kharga, Libysche Wüste, heute Ägypten, wurde 1951 ein ausgebildetes Jung-Acheuléen zutage gefördert. Die Angaben finden sich bei G. CATON-THOMPSON und E. W. GARDNER, Kharga oasis in Prehistory, London 1952. Die unterste Schicht ergab Faustkeile im Stile des Acheuléen, darüber lag ein sogenanntes Levalloisien, eine entwickelte Form des mittleren Paläolithikums, der Riss-Eiszeit zugehörig, der Zeit um 200 000. Diese Levalloisien-Kultur lebte an dieser Stelle bis zum Neolithikum. Die obersten Schichten brachten Mikrolithen, wie sie üblich sind in der prädynastischen Zeit in Ägypten.

Das Atérien ist über die ganze Sahara verbreitet. Aus Ausgrabungen stammt diese Kultur aus der Umgebung des Hoggar in Tihodaine. Dort haben es ARAM-

Bourg und Balout gehoben im Jahre 1950, und 1952 veröffentlicht in den Actes du Congrès Panafric. Préhist. II. Sess. Algier 1952 (1955) S. 218—292.

Das Capsien, dem Mesolithikum bis Neolithikum zugehörig, ist ebenfalls weit verbreitet in der Sahara. L. Balout hat es in Tademait gefunden und darüber 1950 berichtet: Du Capsien au Tademait in: Inst. de Recherches sahariennes d'Univ. d'Alger, Bd. 7, 1951 S. 216—218.

Das Neolithikum ist in der Sahara reichlich aufgefunden worden. Es bestimmt sich durch Stielspitzen verschiedener Formen. Das deutet mehr auf Jagd als auf Ackerbau. Es ist in Schichten gehoben worden von J. Tixier bei Bou Saada in der Nord-Ost-Sahara. Der Verf. berichtete darüber auf dem 2. Panafrikanischen Kongreß in Algier 1952. Über die Vielfalt der Formen der neolithischen Stielspitzen hat H. J. Hugot in der Zschr. Libyca, Bd. V, 1957 S. 89—236 gesprochen.

In der Ostsahara gibt es für das Neolithikum eine C 14-Datierung von 3180 v. Chr. bei der Fundstelle Adrar Bous.

Ein Leben in der Sahara war nur möglich in den feuchten Perioden, in den Pluvialzeiten. Dadurch ist die vorgeschichtliche Entwicklung immer wieder unterbrochen worden. Durchlaufende Stratigraphien wie in Europa sind nicht zu erwarten. Aber in den wasserreichen Perioden ist die Sahara immer wieder bewohnt gewesen. Das weisen schon die vielen Feuersteine aus, die sich an der Oberfläche befinden.

Das vorgeschichtliche Bild der Sahara beginnt sich erst wirklich zu offenbaren zwischen 1930—1960. Es wird noch mancher Arbeit bedürfen, um eine größere Klarheit zu schaffen.

Mittelafrika

Für Mittelafrika sind es drei Schwerpunkte, die sich für die Vorgeschichtsforschung herausheben, erstens die Urmenschenfunde von Oldoway, zweitens die Funde von Ife und Benin in Westafrika und drittens die Erforschung von Simbabwe in Ostafrika, in Rhodesien.

Die überraschendsten Ergebnisse brachte die Kenia-Kolonie und das Gebiet von Tanganjika in Ostafrika. Die älteste menschliche Stufe wird nach dem Vorgang von L. S. B. Leakey bezeichnet als Oldowan, die er 1931 in der Oldoway-Schlucht in Tanganjika aufgefunden hatte. Die Werkzeuge gehören zu der Geröll-Industrie. Die Geröllsteine tragen an einer Stelle einen Abschlag, roh behauen. Die Kultur ist weit verbreitet über Afrika, es ist eine Kultur vor dem Chelléen oder dem Abbevillien, wie Breuil die älteste Kultur umbenannt hat. Leakey wendet sich gegen die Bezeichnung Geröllkultur, pebble-culture, in Fischer, Weltgeschichte, Bd. Vorgeschichte, Frankfurt/M. 1966 S. 215, er möchte mehr von Oldoway-Kultur sprechen. Mögen die Namen verschieden sein, die Funde selber bedeuten das gleiche.

Die Oldoway-Kultur ist begleitet von Frühformen von Säugetieren, Vögeln Fischen, Reptilien. Das Alter ergibt sich an dieser Stelle durch die Untersuchung der

Potassium-Argon-Methode, durchgeführt in Deutschland und ebenso in Kalifornien, auf die Zeit von 1 860 000 Jahren, also fast 2 Millionen, so berichtet L. S. B. Leakey in Fischer, Weltgeschichte, 1966 S. 215.

Die Oldoway-Schlucht ist eine Trockenschlucht am Rande der Serengeti in Tansania. Hier fand H. Reck 1913 ein menschliches Skelett vom Typ des Homo sapiens, etwa dem Aurignacien zugehörig. Danach untersuchte Leakey die Schichten und gelangte zu bedeutenden Ergebnissen. Die Schlucht ist deshalb von Bedeutung für die Prähistorie, weil sie früher ein Binnensee war. Das Tal wurde immer wieder von außen mit dem Material aufgefüllt, das aus den umliegenden Vulkanen stammte. Heute gibt die Schlucht durch ihre Terrassen und ihre Schichten Auskunft über Jahrhunderttausende. Die Tiere der frühesten Zeiten kamen an diese Stelle, um ihren Durst zu stillen. So haben sich die Reste eines Riesenstraußes gefunden, die eines gigantischen Rhinozeroßes und die eines Riesenwildschafes. Diesen Tieren folgten die Raubtiere und auch der jagende Urmensch. Er verzehrte seine Beute an Ort und Stelle und so finden sich auch seine Lagerplätze. Deutlich treten im Profil der Schichten dunkel diese Lagerplätze hervor, von Leakey living floors genannt. Auf den Böden dieser Lagerplätze hat immer wieder Leakey gegraben. Die Schichten werden eingeteilt in Quadrate und mit Nadeln abgetrennt.

Es war am 15. August 1959, als Mary Leakey auf einem Fundort, bezeichnet mit der Arbeitszahl FLK auf einen hominiden Schädel stieß, es war ein Oberkieferteil. Der Schädel war nicht zerschlagen, sondern er war zerbrochen durch den Druck der Erde. Bald fanden sich andere Teile. Es war ein Urmensch gefunden, ein Typ wie der Australopithecine. GERHARD HEBERER (1901—1973) sagt: „Es war eine wahrhaft epochale Entdeckung für die Erforschungsgeschichte der Abstammung des Menschen" in: Homo, unsere Ab- und Zukunft, Stuttgart 1968, S. 60. Im Jahre 1967 hat P. V. TOBIAS in seinem Buche: Olduvai Gorge, Cambridge Univ. Press, den Fund beschrieben in einem Werk von 251 Seiten und 42 Tafeln. Leakey bezeichnet den Urmenschen als Zinjanthropus boisei, der Zuname nach einem der Geldgeber für die Grabung. Dieser Menschheitstypus gehört tatsächlich zu den Australopithicinae. Er lebte hauptsächlich von Pflanzen, wie sich aus dem Gebiß ergibt. In derselben Schicht fanden sich die Knochen der erlegten Tiere und Werkzeuge der Pebble-Kultur, insgesamt 2275 beschlagene Steinwerkzeuge.

Diese Pebble-Kultur muß besonders lange gelebt haben. Wenn die Potassium-Argon-Methode für den Menschen von Oldoway das Datum von 1,86 Millionen ergab, dann für den ältesten Australopithecinen, den von Kanapoi in Südafrika, das Datum von 2,60 Millionen Jahren, nach Heberer, ebda S. 80.

Leakey fand 1962 in der Oldoway-Schlucht wieder ein menschliches Skelett. Er bezeichnete ihn als Homo erectus leakeyi. Dieser Typus entspricht dem Neandertaler wie noch drei andere Schädel aus Südafrika, der Seldanha-Schädel, 80 km nördlich von Kapstadt gefunden, der Schädel von Broken Hill in Rhodesien, und der Schädel vom Eyasi-See.

Der Schädel, den Leakey im Jahre 1960 gefunden hat, lag in einer Schicht des Acheuléen, einer Schicht mit Faustkeilen. Über ihn hat LEAKEY ein großes Werk vorgelegt: Olduway Gorge, Bd. 3, Cambridge, Univ. Press 1971, mit 298 Seiten und 41 Tafeln.

Die Zeitstellung ist das mittlere Pleistozän, um 500000. Dem gleichen Typus gehört ein Fund zu, der in Ternifine, in der Nähe von Oran, wie gemeldet, drei Unterkiefer und einen Scheitelbeinrest ergab. Ein anderer Fund der Erectus-Gruppe stammt in Afrika aus KoroTora in der Nähe des Tschad-Sees. In diese Reihe gehört auch der Unterkiefer aus Mauer bei Heidelberg, 1907 gefunden.

Ebenfalls 1960 wurde in der Oldoway-Schlucht, auf dem Gelände, bezeichnet als FLKNN, noch ein menschlicher Schädel gehoben. Leakey bezeichnete ihn als Homo habilis. Auch dieser Typus gehört in die Schicht des Chelléen-Acheuléen. Sein Gehirnvolumen beträgt 680 cm^3, der Homo erectus erreicht die Werte von 775 cm^3. Der Neandertaler besaß 1400—1600 cm^3, der Crô Magnon-Mensch 1400 cm^3. Nach Heberer lebte dieser Mensch, der Homo habilis, zwischen 1500000 und 900000 Jahren. Er bearbeitete Geröllsteine, Pebbles, ebenso wie der Zinjanthropus. Er wird in der Literatur als Oldoway-Mensch bezeichnet.

LOUIS SEYMOUR BAZELT LEAKEY ist geboren in Kabete, Kenia, am 7. 8. 1903. Er war Kurator des Corydon Memorial Museum in Nairobi, Kenia. Im Jahre 1932 entdeckte er bei Kanam und Kanjera in Ostafrika am Victoriasee menschliche Schädelreste von neanthropinem Typ. Später, 1949, fand er auf der Rusinga-Insel im Victoriasee einen fossilen Affenschädel vom Typ Proconsul.

Seine Hauptwerke sind: The stone age races of Kenya, 1935, 2. Aufl. 1963. — Stone age Africa, 1936, deutsche Ausg. übersetzt von H. Reck: Steinzeit-Afrika, Verl. Schweizerbart, Stuttgart 1938. — Olduwai Gorge, 1951. — Adam's ancestors, 4. Aufl. 1953. — Olduway Gorge, 1951—1961, Bd. 1, Cambridge, Engl., Univ. Press 1965. — Olduway Gorge, Bd. 3, 1960—1963, Cambridge, Engl., Univ. Press 1971. — Homo habilis, Homo erectus and the australopithecines, Nature, London 1966. Von HANS RECK ist das Buch: Oldoway die Schlucht des Urmenschen erschienen 1933 im Verl. F. A. Brockhaus.

Es war mir eine große Freude, daß ich im Hause von Professor McCown in Berkeley, Kalifornien 1963 mit Leakey zusammentraf. Er hat mir viel erzählt von den Mühen und den Schwierigkeiten seiner Arbeit in der Oldoway-Schlucht.

Im westlichen Raum von Mittelafrika, vom Senegal bis zum Kongo, ist die Geröll-Kultur, die Pebble-Kultur, weit verbreitet. Sie ist besonders aufgefunden worden im Kongobecken. In Katanga hat G. MORTELMANS eine ergiebige Fundstelle bei Mulundwa aufgedeckt. Er behandelt die Funde in der Festschrift für Hamal-Nandrin 1952, S. 156—164. Andere Stellen nennt J. D. CLARK in seinem Werk: Prehistoric cultures of North-East Angola etc. Lissabon 1963, S. 94f.

Das Acheuléen findet sich reichlich in diesem Raume. Es gehört in die 2. Pluvialzeit, entsprechend der zweiten Eiszeit in Europa, dem Kamasien in Afrika. Es gibt Fundstellen im Senegal, in Mali, in Nigeria, in Ghana. Auch im Kongobecken liegen Fundstellen des Acheuléen, der Industrie der Faustkeile.

Eine Spätgruppe des Acheuléen wird von den afrikanischen Forschern, wie bemerkt, Sangoan genannt. Es ist das eine Struktur, die bei dem Faustkeil eine facettierte Schlagfläche erscheinen läßt. In Europa wird diese Form als Levalloisien bezeichnet. Besonders O. DAVIES, der Prähistoriker von Ghana, hat sich für die Bezeichnung Sangoan eingesetzt in mehreren Schriften, wie etwa: Le paléolithique sangoen de Gold Cost, Dakar 1954 S. 65f. Der Name stammt von einer Fundstelle oberhalb der Sango-Bucht in Uganda an der Westseite des Victoria-Sees. Die frühe Bezeichnung Tumbien nach Oberflächenbefunden bei Tumba, Belgisch-Kongo, durch OSWALD MENGHIN (Anthropos Bd. 20, 1925 S. 516—557) hat sich nicht durchgesetzt.

Man unterscheidet ein Unteres Sangoan aus der Endphase des Kanjera-Pluvial, in Europa der Riss-Eiszeit, der dritten Eiszeit. Es ist am Victoriasee gefunden worden mit großen, unförmigen Faustkeilen, mächtigen Schabern, verbunden mit Geröll-Industrie.

Das Mittlere Sangoan gehört dem dritten Interpluvial an, es hat kleine Faustkeile und Picken.

Das Obere Sangoan, der letzten Pluvialzeit, der Gamble-Zeit zugehörig, entsprechend der Würmeiszeit in Europa, besitzt zweiseitig retuschierte Faustkeile, wie Lanzenspitzen, oft sind sie retuschiert über die ganze Oberfläche.

Das Moustérien mit Handspitzen erscheint in Fundstellen von Senegal, bei Bel-Air in der Nähe von Dakar. Es gibt eine C 14-Datierung von Tafassasset bei Fachi mit dem Datum 19 400.

Im Jahre 1930 hat RAYMOND FURON, der Verf. des Buches: Manuel de Préhistoire générale, 3. Aufl. 1951, über Moustérienfunde berichtet, die er in Ouassadan, Senegal gehoben hat. Sein Bericht ist in: L'Anthropologie Bd. 40, 1930, S. 31f. erschienen.

Die dem Magdalénien in Europa in gewissem Sinne verwandte Kultur wird in dieser Gegend bezeichnet als Lupembien oder englisch als Lupemban Culture. Eine C 14-Datierung erbrachte das Datum von 10 540 v. Chr. nach H. Alimen, ebda S. 205.

Das Mesolithikum ist bisher noch nicht deutlich zutage getreten, ein Neolithikum ist nur an wenigen Stellen bekannt geworden. Die Bezeichnung Neolithikum ist dann gegeben, wenn sich Ackerbau nachweisen läßt, wenn geschliffene Steinbeile vorliegen und Keramik.

Die Sahara war mehr geeignet für die Viehzucht als für den Ackerbau, daher auch die Fülle der Felsbilder dieser Struktur. Auch der fast undurchdringliche Wald des Kongogebietes ist nicht der Boden für die Entwicklung des Ackerbaues. Bisher sind Andeutungen für den Ackerbau nicht gesichert worden. Offenbar fehlt in der Vorzeit die Aufzucht von Getreide und anderen Pflanzen in dieser Gegend, ebenso wie an vielen Stellen in Indien und Hinterindien.

Die Bewegung des Menschen von der Konsumtion zur Produktion ist scheinbar eine Erfindung an einer Stelle dieser Erde, im Fruchtbaren Halbmond von Kleinasien bis Mesopotamien seit etwa 8000—7000. Diese Erfindung breitet sich sehr langsam aus nach Europa und braucht dafür Jahrtausende, bis etwa 4000—3000.

Die geographische Lage Afrikas hat die Ausbreitung der Entdeckung des Ackerbaues sehr verspätet. Wenn das Mittelmeer eine Verbindung zu Vorderasien und zu Europa bedeutet, dann bildet die Wüste der Sahara und nach Süden sich anschließend, der undurchdringliche Urwald, zwei naturgegebene Grenzsetzungen. Niemals sind in der Vorgeschichte Negerstämme nach Europa eingedrungen.

In der Geschichte kommen die Portugiesen seit Heinrich dem Seefahrer (1394 bis 1460) nach Westafrika in den Jahren 1444—1446, an die Elfenbeinküste, an den Golf von Benin bis zur Nigermündung. 1484 kommen sie nach Benin. Sie bringen Eisenspitzen mit.

Auf der Ostseite von Mittelafrika erscheinen die Perser und Inder, seit 1000 n. Chr. auch die Araber. Sie bringen die Kokospalme mit, das Zuckerrohr, Citrusarten, Mango, Areka. Aber diese Pflanzen verbleiben im Gebiete der Küsten.

Einheimisch in Afrika ist die Dumpalme, ihre Blätter werden zum Mattenflechten verwendet. Einheimisch ist auch die Raphiapalme, ihre Blattrippen werden verwendet zum Bau der Hütten. Die Früchte beider Arten werden verzehrt, der Saft des angeschlagenen Stammes bildet einen Rauschtrank, den Palmenwein. In den Graslandschaften ist der Affenbrotbaum heimisch, Baobab, ferner der Baumwollbaum, er liefert Fettkerne und Holz. Die Sykomore wird zu Rindenbast verarbeitet. Der Indigo gibt die Farbe, Hanf wird als Narkotikum verwendet. Die Banane ist erst in geschichtlicher Zeit eingeführt worden aus Südasien. An vielen Stellen, besonders in den Küstengebieten bildet sie die Hauptnahrung bis heute. Das Huhn, in Afrika sehr verbreitet, besitzt seine Urheimat nicht in Afrika. Es erscheint zuerst im Neuen Reich in Ägypten, offenbar ist es aus Indien dorthin eingeführt worden.

In den Waldgebieten konnten die Menschen von dem leben, was die Pflanzen boten und von den wildlebenden Tieren. In den Steppengebieten steht bis heute eine Wildtierwelt zur Verfügung.

Der Mensch konnte also von dem leben, was die Natur ihm bot, er war nicht verpflichtet, von der aufgenommenen Nahrung überzugehen zu selbst hergestellter Ernährung. Daher fehlt das Neolithikum fast ganz. Es gibt nur an wenigen Stellen Keramik. So etwas, wie die reiche Keramik in Vorderasien oder in Europa, mit den vielfältigen Formen gibt es in Afrika nicht. Die Gefäße sind aus Holz verfertigt. Das Museum für Völkerkunde in Berlin besaß einige schwarz polierte Tongefäße aus Nordwestkamerun, abgebildet bei GEORG BUSCHAN, Illustrierte Völkerkunde, Stuttgart 1922 S. 509. Auch aus Yoruba und Lagos sind Tongefäße bekannt, aber auch sie stammen aus den alten Einfuhrgebieten der Europäer, vor allem der Portugiesen.

Auch geschliffene Steinbeile sind bekannt aus der Gegend der Elfenbeinküste und des Golfes von Benin.

Wohl gibt es an einigen geeigneten Stellen den Hackbau. Im Sudan wird unter dem Einfluß Ägyptens Hirse angebaut, Mais und Sorghum.

Im Nigerbecken baut man, offenbar unter dem Einfluß der Europäer, in den grasigen Landschaften Hirse und Mais, gelegentlich auch Reis, in Kamerun Yams.

So ist bisher ein eigenständiges Neolithikum kaum zu erkennen, ebenso nicht eine eigenständige Bronzezeit. R. MAUNY hat 1952 das Wissen um die Metallverarbeitung im westlichen Afrika zusammengestellt in einem Artikel: Essai sur l'histoire des métaux en Afrique occidentale, Bull. IFAN, Bd. 14, 1952, S. 545—595. Über die alte Einflußzone der Europäer um das Niger-Delta hinaus erstreckt sich der Ackerbau nicht, auch nicht die Verarbeitung der Metalle.

Wohl sind Bronzeäxte in Maghreb ausgegraben worden, eingeführt aus Europa, teils auch vearbeitet an Ort und Stelle. Diese Bronzeäxte sind in letzter Zeit sogar in der Südsahara, in Agadès gefunden worden, wie J. MALHOMME mitteilt in einem Aufsatz: Représentation de haches de bronze, Bull. de la Soc. Préhist. Marokko 1953, S. 105—109, und G. CAMPS, Les traces d'un âge de cuivre au Sahara occidentale, Bull. IFAN, 1951 S. 168—180 u. S. 1301—1302. Aber alles das sind deutlich prähistorische Einflüße aus Europa, sie erbringen nicht die Möglichkeit, von einer Bronzezeit in Afrika zu sprechen.

Dagegen mag es angebracht sein, von einer Eisenzeit in Afrika zu sprechen. Das Eisen ist in Afrika unmittelbar auf den Stein gefolgt. Es wird entdeckt bei den Hethitern in Kleinasien um die Mitte des 2. Jahrtausend v. Chr. Um 1300 wird es in Ägypten bekannt, aber erst nach dem 7. Jahrhundert, nach der Epoche der Einfälle der Assyrer, wird es in Ägypten selbst verarbeitet. In Oberägypten und Nubien setzt sich die Fertigkeit der Verarbeitung durch im 5. u. 4. Jahrhundert v. Chr. Dort aber stieß diese Erfindung auf besonders günstige Voraussetzungen. Nördlich von Khartum finden sich Berge mit Eisen. Der Ort Merowe am mittleren Nil wird ein Zentrum der Eisenverarbeitung. Von dort aus wirkt sie hinein auf das schwarze Afrika. In der Nähe des Tschad-Sees, südlich der Sahara, sind in der letzten Zeit Schmiede-Dörfer gefunden worden. Es fand sich auch eine Keramik mit nilotischer Tradition, so H. ALIMEN in: Fischers Weltgesch. Bd. 1, Frankfurt/M 1966 S. 211. Die Einführung des Eisens in dieses Gebiet wird zwischen 400 v. Chr. und 200 n. Chr. anzusetzen sein. In der Hochebene von Bauchi, im Gebiet von Nok, befindet sich eine moderne Zeche. Sie steht an der Stelle, an der schon vor 2000 Jahren Eisen, Kupfer und Zinn gewonnen worden sind.

Im östlichen Raum von Mittelafrika liegen die Fundverhältnisse ganz ähnlich. Zuunterst lagert die Geröll-Industrie, die Pebble-Industrie, darüber eine Art Acheuléen mit Faustkeilen. Eine dem Moustérien verwandte Form liegt darüber, das ist in Europa das mittlere Altpaläolithikum.

Nach den Pluvialzeiten erscheint das Mesolithikum, in Afrika bezeichnet als Sangoan, Sango-Kultur oder mehr im Süden als Wilton-Kultur. Im nördlichen und mittleren Ostafrika erscheint darauf folgend an geeigneten Stellen der Hackbau, aber als ein Neolithikum kann man das nicht bezeichnen. Es fehlt das selbsthergestellte geschliffene Steinbeil, es fehlt vor allem — bis auf wenige Stellen im Niger-Delta — die für das Neolithikum so bezeichnende Keramik.

Leakey sagt für Ostafrika in Fischer Weltgesch. Bd. 1, ebda S. 227:

„Im übrigen Ost- und Zentralafrika, aber auch in ganz Südafrika gibt es kein wirkliches Neolithikum. Statt dessen lebten mesolithische Jägervölker — wie die Träger der Wilton-Kultur, des Natchikufans und der Smithfield-Kultur — während der mesolithischen Zeiten, die dort erst vor wenigen Jahrhunderten endeten, unter unveränderten kulturellen und zivilisatorischen Bedingungen weiter".

Im östlichen Nigeria, südlich des Tschad-Sees, haben französische Forscher, Jean-Paul Leboeuf und Annie Masson Detourbet bei Grabungen in den Jahren 1948 und 1949 ein Gräberfeld des 16. Jahrhundert n. Chr. ausgegraben mit Skeletten, die arabische Gegenstände trugen, vor allem Bronzeringe und Halsringe. Manche arabischen Gegenstände ließen sich auf das 9. nachchristliche Jahrhundert datieren. Es hat demnach bis in die Mitte des Kontinents einen Handel der Araber gegeben.

Im Jahre 1953 hat J. Desmond Clark, der Kurator des Rhodesi Livingstone Museums in Livingstone, Nord-Rhodesien, Ausgrabungen durchgeführt am Kalambo River, an der Grenze von Nord-Rhodesien und Tanganjika. Dort liegt ein großer Wasserfall, die Erde ist tief aufgewühlt. Aus der Gamble-Zeit, der Pluvialepoche, parallel der Würm-Zeit in Europa, fanden die Ausgräber Werkzeuge, die dem Moustérien bis Magdalénien entsprechen. Die Forscher datieren die Schicht auf 100000 bis 41000 v. Chr., darunter lag eine Schicht mit Faustkeilen des Acheuléen. Über diese Funde berichtet EDWARD BACON, Digging for History, New York 1961 S. 265—267.

Die bedeutendsten Funde liegen im Raum von Nigeria. Bis zum Jahre 1897 wußte man nichts von der Bronzekunst von Benin. Benin ist ein Negerstaat. Er wurde im 12. Jahrhundert n. Chr. gegründet von Sudannegern, den Edo. Im 17. Jahrhundert hatte der Staat seine Blütezeit mit einem geistlichen Oberhaupt, angesehen als Gott. Er wurde bezeichnet als Oni. Er lebte in der Stadt Benin, ein anderer in der Hauptstadt Ife, der Stadt der Yoruba. Ife liegt östlich von Ibadan im Südwesten von Nigeria.

Die Europäer kamen im 16. und 17. Jahrhundert an die Goldküste, raubten Frauen und Männer und führten sie in die Sklaverei nach Amerika. Die Folge war, daß mächtigere Negerstaaten, wie Benin im Delta des Niger, sich völlig abschlossen gegen die Weißen. 1897 wurde der englische Regierungskommissar Mr. Phillips, nahe der Grenze von Benin von den Schwarzen niedergemetzelt. Nach dem englischen Weißbuch, Africa 6, 1897, war der Kommissar, gleichzeitig stellvertretender Generalkonsul für das Niger-Coast-Protectorate, Mr. Phillips, aufgebrochen mit 6 britischen Beamten, 2 Kaufleuten, 2 Dolmetschern, einem farbigen Beamten, 11 Dienern und 215 Trägern, um dem König von Benin einen Besuch zu machen. Nun hatte seit mehr als hundert Jahren kein Weißer den König von Benin zu Gesicht bekommen. Es ging das Wort um, wer das Anlitz des Königs von Benin erblickt, der muß sterben. Das war die Antwort auf den Sklavenhandel. Benin hatte sich völlig abgeschlossen. Jeder Weiße, gleich ob Kommissar oder Reisender, wurde an der Grenze getötet.

Der König hatte sich mehrfach den Besuch von Mr. Phillips verbeten, aber Phillips bestand darauf. Kurz vor Anbruch der Reise traf noch einmal die Nachricht ein, der König könne den Kommissar nicht empfangen, er leiste gerade die Totenzeremonien für seinen Vater. Ein den Engländern befreundeter Häuptling mit Namen Dore, erklärte Mr. Phillips, diese Reise sei der sichere Tod. Aber Phillips gab nicht nach. Am Vormittag des 3. Januar 1897 begann die Expedition sich in Bewegung zu setzen. Am Nachmittag war sie schon völlig niedergemetzelt bis auf den letzten Mann. Jedoch zwei Mitglieder waren zwar schwer verwundet, sie waren für tot gehalten worden, aber in der Dunkelheit der Nacht vermochten sie sich in den Busch zu flüchten. Es war der Capitain Boisragen und Mr. Locke. Fünf Tage und fünf Nächte irrten sie umher, ohne jede Nahrung, und ohne zu wissen, wo sie waren. Sie konnten nur den Tau von den Gräsern schlürfen. Am 6. Tag fanden sie ein Dorf, das sie aufnahm. Am 10. Januar konnte die Nachricht von der Katastrophe nach London gesandt werden. London telegraphierte nach Malta, Gibraltar und nach Kapstadt um Absendung von Kriegsschiffen.

Am 7. Februar 1897 lag vor dem Golf von Benin eine englische Flotte von neun Kriegsschiffen und einem Hospitaldampfer. Am nächsten Tage begann der Einmarsch, und am 18. Februar, 46 Tage nach dem Massaker, wurde Benin genommen und völlig dem Erdboden gleichgemacht. Unmittelbar nach der Eroberung wurde das ganze Landungskorps wieder eingeschifft. Es gibt daher keinen Plan der Stadt, keine photographische Aufnahme und keine wissenschaftliche Untersuchung.

In dem Weißbuch berichtet Commander Bacon: „Die eine bleibende Erinnerung an Benin für mich ist der furchtbare Geruch. An die vielen Gekreuzigten, an die Menschenopfer und an jegliche andere Schrecken konnten sich unsere Augen bis zu einem gewissen Grad gewöhnen, aber keines weißen Mannes Nerven konnten diesem schrecklichen Geruch widerstehen. Viermal an einem Tag war ich wirklich seekrank geworden und noch viele Male wurde ich beinahe krank. Es schien, als ob jeder Eingeborene, der es nur irgend konnte, sich ein Menschenopfer geleistet hätte, und die, die das nicht konnten, hatten wenigstens Tiere geopfert, und die Reste vor ihrem Haus liegen lassen. Am nächsten Tag schien die ganze Stadt ein einziges Pesthaus zu sein".

„Alles war voll Blut, die Bronzen, das Elfenbein, selbst die Mauern waren mit Blut bedeckt und erzählten so die Geschichte dieser schrecklichen Stadt klarer, als dies je durch Schrift geschehen könnte. Und das war durch Jahrhunderte so gegangen. Nicht die Grausamkeit eines einzelnen Königs, nicht eine einzelne blutige Regierung, aber des Volkes Religion, wenn man dies Wort hier gebrauchen darf, war dafür verantwortlich".

Und R. Allman berichtet in demselben Weißbuch: „Auf dem großen Opferbaum gegenüber dem Haupteingang in das Gehöft des Königs befanden sich zwei gekreuzigte Leichen und unter dem Baum lagen siebzehn frisch enthauptete Leichen und dreiundvierzig andere solche in verschiedenen Stadien der Verwesung. Auf dem Opferbaum im Westen des Haupteinganges lag die gekreuzigte Leiche einer Frau und unter dem Baum lagen vier enthauptete Leichen. Auf dem freien Platz gegen die Straße nach Gwato hin lagen 176 Leichen, von denen ein so unerträglicher Gestank ausging, daß meine Sanitätspatrouille mehrmals umkehren mußte.... Alle diese Leichen und außerdem über dreihundert Skelette ließ ich beerdigen. In verschiedenen Teilen der Stadt, besonders aber in der unmittelbaren Nachbarschaft des königlichen Palastes, fanden sich große ausgehobene Schächte, vier bis fünf Meter im Durchmesser und gegen 15 m tief, von denen sieben menschliche Leichen enthielten, fünfzehn oder zwanzig in jeder dieser Gruben, aber auch einige Lebende und Sterbende fanden sich in den Löchern. Sechs von diesen Unglücklichen konnten gerettet werden. Nachdem sie in Sicherheit gebracht waren, ließ ich sämtliche Schächte mit Erde füllen".

Weiter heißt es: „In einem der Häuser (Vorratshäuser des königlichen Palastes) aber fanden sich begraben unter dem Schmutz von Generationen, mehrere hundert in ihrer Art einzige Bronzeplatten, die fast an ägyptische Vorbilder erinnerten, aber in wunderbarer Weise gegossen waren. Auch andere Gußwerke von bewundernswerter Art und mehrere prachtvoll geschnitzte Elefantenzähne fanden sich da, aber die meisten von ihnen waren verwittert (dead from age) und nur ganz wenige aus neuerer Zeit wurden gefunden, diese aber fast unbeschnitzt".

„Da es Silber und Gold nicht gab, blieben die Platten zuerst liegen, schließlich nahmen englische Offiziere und Seesoldaten einige als Andenken mit, doch nach wenigen Tagen wurde der größte Teil schon wieder an Händler in Lagos verkauft. Von dort kamen die meisten Stücke nach London in Auktionshäuser und zu Händlern, und nur der Initiative des Direktors des Berliner Völkerkundemuseums, Professor von Luschan, ist es zu verdanken, daß sofort telegraphisch alle erreichbaren Beninkunstwerke gekauft und nach Berlin gebracht wurden".

Luschan hat über diese Bronzekunst von Benin ein Werk von 522 Seiten und 129 Tafeln veröffentlicht, zusammen drei Bände, Verlag Walter de Gruyter, Berlin 1919, mit dem Titel: Altertümer von Benin. Er sagt auf S. 15: „Der Stil der Erzarbeiten aus Benin ist rein afrikanisch, durchaus und ausschließlich ganz allein afrikanisch. ... Benvenuto Cellini hätte sie nicht besser gießen können und niemand weder vor ihm noch nach ihm, bis auf den heutigen Tag. Diese Bronzen stehen technisch eben auf der Höhe des überhaupt Erreichbaren. Es handelt sich bei fast sämtlichen mir bekannt gewordenen Stücken um sogenannten Guß in verlorener Form, also um das, was die Italiener cera perduta, die Franzosen cire perdue nennen".

Goethe spricht in seinem Buche Benvenuto Cellini über diese Technik, es werden Wachsmodelle hergestellt, und über sie wird die Bronze gegossen. Die Form geht bei dem Guß verloren.

Einige Bronzen sind geschaffen worden um 1500. Es gibt eine große Anzahl von Bronzeplatten, die Europäer darstellen, Europäer in der Tracht der Zeit von Kaiser Maximilian I. (1493—1519). Da gibt es Bronzen mit der Darstellung der Europäer mit der Armbrust, andere mit dem Gewehr, es gibt auch Bronzen mit Europäern zu Pferde reitend, mit der Lanze in der Hand. Die Europäer tragen die langen Haare dieser Zeit, viele auch Bärte. Die Neger selbst sind deutlich dargestellt, oft mit ihren Waffen, mit Kleidung oder unbekleidet. Es kommen sogar Skulpturen von Eingeborenen vor, die das Tempelkreuz des damaligen Christusorden von Portugal tragen.

Der Bronzeguß hat sich bis heute erhalten in dieser Gegend. Die Aschanti sind bekannt als Bronzegießer bis jetzt.

Luschan gelang es, 2400 Bronzen von Benin nach Berlin zu bringen. Ein großer Teil ist bei dem Brande des Völkerkundemuseums im Kriege 1939—1945 verlorengegangen.

Luschan nahm an, daß es die Portugiesen waren, die die Kenntnis des Bronzegußes und der Kunst der Skulptur nach Benin gebracht hätten. Die neuere Forschung konnte aber deutlich machen, daß die naturhafte Kunst und die Kunst des Bronzegießens in dieser Gegend sehr alt ist.

Felix von Luschan ist geboren in Hollabrunn bei Wien am 11. 8. 1854, er ist gestorben in Berlin am 7. 2. 1924. Seit 1880 unternahm er Forschungsreisen nach dem Balkan, Kleinasien, Nord- und Südafrika. Von 1883—1902 beteiligte er sich an den Grabungen von Sendschirli, Südost-Anatolien. Seit 1904 war er Direktor am Museum für Völkerkunde in Berlin. Seine Hauptwerke sind: Reisen in Vorderasien, 1886. — Reisen in Kleinasien, 2 Bde., 1889. — Sendschirli, 5 Bde., 1893—1925. — Völker, Rassen, Sprachen 1912, 2. Aufl. 1927. — Die Altertümer von Benin, 3 Bde., Berlin 1919. — Bei der Abfassung meines Buches, Die Kunst der Primitiven, München, Delphin Verlag 1923, war er mir sehr behilflich, besonders in der Auswahl der

Bronzen von Benin für den Bilderteil. Seine große Kenntnis von Benin war mir eine wichtige Stütze, ich habe Luschan Vieles zu verdanken.

Ein anderer wichtiger Fundplatz für Bronzen, besonders Bronzeköpfe und auch für Terrakotten und Steinköpfe ist der Ort Ife. Auch hier sind es Ausgrabungen, die die Funde aus damals unbekannter Zeit erbracht haben. Das erste Stück hat LEO FROBENIUS ausgegraben im Jahre 1910.

Die Sachlage war damals diese: Leo Frobenius hat 1910 Ife besucht, die Regierung von Yoruba hatte ihm drei Wochen zur Arbeit zugestanden. Dann wurde er drei Wochen von der Polizei zurückgehalten, sie überprüfte seine Forschungsergebnisse. Frobenius war es erlaubt worden, Grabungen durchzuführen. Dabei fand er in Schächten, die ihm Eingeborene wiesen, sieben Terrakottaköpfe und eine Anzahl von Fragmenten. Er konnte alles nach Berlin mitnehmen. Das Interesse der Wissenschaftler an diesen Funden war groß. Die Köpfe entsprachen ebenso wie die Kunst von Benin, nicht der sonst so stark imaginativen Kunst der heutigen Negervölker, sie waren sensorisch, naturhaft, ausdrucksgeladen. Frobenius hat die Köpfe in seinem Buch veröffentlicht: Und Afrika sprach, 1913, und auch in: Kulturgeschichte Afrikas, 1923 Taf. 83—86 u. Vorsatztafel. Das British Museum in London besitzt noch einen Bronzekopf und einen Terrakottakopf, sowie drei Bruchstücke von Plastiken. In dem Besitz des Amerikaners W. R. Bascom befindet sich der Vorderteil eines Terrakottakopfes. Das sind alle Kunstwerke von Ife, die sich außerhalb von Afrika befinden.

Es war im Jahre 1938, als bei der Ausschachtung einer Baugrube inmitten von Ife durch den Bagger eine Reihe von Bronzeplastiken gehoben wurden. Die Köpfe waren in natürlicher Größe und von lebendigem Ausdruck. Und 1939 fand man wieder vier weitere Bronzeköpfe, und fast zu derselben Zeit, am Ende des Jahres 1939, wurden in der Nähe des alten Palastes von Ife 13 Bronzeköpfe ausgegraben, alle gleich in Stil und Form, wirklichkeitsgetreu und nicht der übrigen Kunst Afrikas entsprechend. Man besann sich darauf, daß in Esie, Prov. Ilorin in Nigeria, im Jahre 1934 etwa 800 Steinfiguren, manche von 50 cm Höhe gefunden worden waren, Esie liegt rund 100 km nördlich von Ife.

Es ist verständlich, daß bei der Tatsache dieser seltsamen sensorischen Kunst das Interesse der Forscher erwachte, die bereit waren, in diesem schwierigen Raume ihre Arbeitskraft einzusetzen. Seit 1945 beschäftigen sich zwei Brüder, Bernard und William B. Fagg mit der Kunst von Ife. Von B. FAGG erschien ein Aufsatz in der Zeitschr. Africa, Bd. 15, 1945 S. 21—22, A preliminary note on a new series of pottery figures of Northern Nigeria. Seitdem sind 31 Artikel der Brüder Fagg erschienen, die sich mit den ausgegrabenen Skulpturen, ihrer Beschaffenheit und ihrem Alter beschäftigen. Das wichtigste Buch ist das von WILLIAM FAGG u. MARGARET PLASS, African Sculpture, An Anthology, London u. New York 1964.

An der Westseite des Missionskrankenhauses in Ife fanden sich im Jahre 1960 bei Bauarbeiten mehrere Terrakottaplastiken und 1963 wurde hinter dem Palast der Kopf eines modellierten Elefanten aufgedeckt. In der Nähe von Ife liegt der Osongongon-Obamakin Hain. Hier grub Bernard Fagg von 1953—1960 eine ganze Reihe von Terrakotta-Köpfen aus. Heute, 1976, sind etwa 80 Köpfe und andere Skulpturen der Ife-Kunst bekannt, und es stellt sich die Frage nach der Herkunft dieser stilistisch von der sonstigen afrikanischen Kunst, abweichenden Form, auch die Frage nach der Herkunft des Kupfers.

Bei der Fülle der naturhaften Kunstwerke in dieser Gegend Nigerias wurde der Gedanke, daß die Portugiesen diese Kunst und auch die Bronze gebracht haben könnten, immer zweifelhafter.

Es konnten auch Radiokarbon-Daten gewonnen werden. Auch in Nordnigeria gibt es eine alte Kultur, ihre Hinterlassenschaft ist ebenfalls reich an Terrakotten. Diese Kultur liegt bei dem Dorfe der Zinngrabungen aus sehr alter Zeit, mit Namen Nok. So bezeichnet Bernard Fagg sie als Nok-Kultur. In den alten Bergstollen stieß man auf große Mengen verkohlten Holzes, Proben ergaben das Datum 207 n. Chr. Eine andere Probe erbrachte 918 v. Chr. Fagg nahm als Mitte 500 v. Chr. an in: The Nok culture in Prehistory, Journal of the Historical Soc. of Nigeria, Bd. 1, 1959 S. 288 bis 293.

Im Dezember 1960 fand Bernard Fagg in Taruga, östlich von Abuja, Nigeria, wieder Terrakottaplastiken in einer Lagerung von Holzkohle. Die C 14-Datierung der Kohle erbrachte das Datum von 280 v. Chr. Nun gibt es den Bericht des Arabers Ibn Battuta vom Jahre 1353. Er erzählt, daß Kupfer aus einer Mine in Nordnigeria ausgeführt werde. Die Angabe erscheint bei FRANK WILLETT, Ife. Gustav Lübbe Verl. 1967 S. 79. Das allerdings wäre 100 Jahre vor der Ankunft der Portugiesen. Die Minen werden viel älter sein.

Somit ergibt sich ein neuer Gesichtspunkt. Die Kunst von Ife und von Benin scheint nunmehr nicht von den Portugiesen mitgebracht worden zu sein. Die Kunst Spaniens und Portugals ist in dieser Zeit auch völlig andersartig in Gestalt und Stil. Die realistische, die sensorische Kunst des Golfes von Guinea, die Kunst von Nigeria, scheint zurückzuweisen in die Zeit um Chr. Geb., sogar noch davor.

Doch es gibt noch andere Daten. Thurstan Shaw begann 1959 an einer Stelle in Nigeria zu graben, an der im Jahre 1939 ein Eingeborener mit Namen Isaiah Anozie auf seinem Grund und Boden in Igbo Ukwu, bei Awka beim Ausschachten einer Grube Bronzegegenstände gefunden hatte. Thurstan Shaw gelang es, an dieser Stelle bei wissenschaftlichen Grabungen weitere Bronzen zu finden. Der Ort war ein Lagerplatz. Es war das Grab eines religiösen Würdenträgers zugleich eines Häuptlings. Im Grabe fand sich Kohle, und sie ergab bei der C 14-Feststellung die Daten 840 n. Chr. und 850 n. Chr. Auch diese Daten liegen lange vor der Ankunft der Portugiesen, 600 Jahre vor ihrer Zeit.

THURSTON SHAW legt seinen Bericht vor unter dem Titel: Nigeria's past unearthed, in: West African Review, December 1960, S. 30—37 und in: Man, Bd. 60, 1960, S. 210, Excavations at Igbo-Ukwu, Eastern Nigeria. Die C 14-Daten finden sich bei Frank Willett, Ife, ebda S. 237.

Es scheint sich demnach für Benin und Ife um eine eigenständige Kunstleistung Afrikas aus der Zeit um Chr. Geb. zu handeln. Die Portugiesen haben ihr nicht einmal den Charakter, die Form und den Ausdruck geliehen. Die Kunst von Benin und Ife war vorher da, sie war da, weil es Minen gab, die Kupfer und Zinn noch heute ergeben. Es muß auch den Handel mit Kupfer gegeben haben, aber noch sind die Wege nicht bekannt.

Den Gedanken, daß die Kunst von Benin und Ife sehr alt und daß sie eigenständig ist, haben die Brüder Fagg geäußert, ELSY LEUZINGER schließt sich dieser Meinung vorsichtig an in ihrem Buche: Kunst der Welt, Afrika, Holle-Verl. Baden-Baden 1959 S. 108. Die völlige Zustimmung findet der Gedanke bei dem Werk des ausgezeichneten Kenners dieser Gegend, FRANK WILLETT, Ife in the History of West African Sculpture, Verl. Thames and Hudson, London 1967. Deutsche Übersetzung, Ife, Metropole afrikanischer Kunst, Verl. Gustav Lübbe, Bergisch-Gladbach 1967.

FRANK WILLETT studierte am University College in Oxford, England. Er war Kustos des Manchester University Museums von 1950—1958. In dieser Zeit führte er Grabungen durch in Nigeria, in Ife und Old Oyo. Von 1958—1963 arbeitete er als Archäologe an der Regierung von Nigeria und wurde Kustos des Museums von Ife. Er übernahm 1966 den Lehrstuhl für die Kunst Afrikas an der Northwestern University in Illinois, USA.

So haben sich um das alte Rätsel von Benin neue Ergebnisse herausgelöst. Der Forschung in Afrika sind aber noch reiche Aufgaben gestellt. Die Kunstwerke von Benin und die von Ife heben sich stark heraus aus der übrigen Kunstgestaltung Afrikas. Es ist eine nach der Abstraktion neu erscheinende Kunstgestaltung naturhafter Form, wie sie erkennbar ist bei der Wirtschaftsstruktur Stadt, Schrift und Handel. Die Schrift fehlt an dieser Stelle, sie fehlt aber auch in Peru. Aber Stadt und Handel sind vorhanden. Über die Stadt Benin berichtet Olfert Dappers im Jahre 1668, daß sie befestigt sei von einem 3 Meter hohen Wall, daß es dreißig breite Straßen gäbe, eingefaßt von gut gebauten Häusern. Die Wohnungen besitzen große Innenhöfe und Holzpfeiler, verziert mit Bronzeplatten. Der König besaß des Handelsmonopol mit den Europäern.

Die Ergebnisse der Grabungen erlauben jetzt diese Überlegungen: Durch die Bergwerke war Nigeria verbunden mit Ägypten und vielleicht auch mit Indien. Die Portugiesen haben Bronzetechnik und Stil nicht nach Benin gebracht. Schon W. Foy trat diesem Gedanken von Luschan entgegen in einer Arbeit: Die Geschichte der Eisentechnik, in: Ethnologica, Bd. 1, Leipzig 1909. Foy machte geltend, daß die Gebläsetechnik der Leute von Benin anders ist als die der Metallarbeiter von Portugal. Es scheint, daß Frobenius recht gesehen hat, wenn er bemerkt, daß die Bronzetechnik in diesen Gegenden weit zurückreicht in prähistorische Zeiten.

Der Stil dieser Kunst von Benin und Ife ist von keiner anderen Kunstart dieser Erde abzuleiten. Solche Köpfe, wie sie in schwarzen und farbigen Wiedergaben Frank Willett, ebda, vorlegt auf Tafeln 3, 4, 5, 21, I, II, IV, V, VI, 24, 26, 29, VII, VIII, IX, XI, stehen in der naturhaften Wiedergabe des Gesichtes und seines Ausdrucks völlig einzigartig da. Jeder Versuch, den Stil von diesen oder von jenen Vorbildern abzuleiten, wäre verfehlt.

So stehen noch große Fragen vor der Forschung im Gebiete von Afrika. Aber das, was bis jetzt erreicht worden ist, bedeutet schon viel.

In Mittelafrika liegt auf der Ostseite, in Rhodesien, noch ein Problem, das ist Simbabwe. Es findet sich auch die Schreibweise Simbabya, Zimbabwe, ein Wort der Bantu-Sprache, es bedeutet Steinhäuser. Am oberen Sabi, südöstlich vom Fort Victoria, findet sich ein Ruinenfeld mit Steinhäusern, aufgebaut aus Granit ohne Mörtel. Da stehen große Umfassungsmauern zur Befestigung. In sie sind einzelne emporragende Pfeiler eingelassen. Im Innern erkennt man runde Grundmauern für Gebäude, massive, kugelförmige Steinbauten. Das Granitmaterial stammt von dem Hügel, auf dem sich die Bauwerke erheben.

Es gibt mehrere solche Ruinenstätten, man zählte über 500 im Gebiet von Rhodesien, und im Osten und Süden auch darüber hinausgehend. Es muß sich also um eine Kultur handeln, die feste Burgen zur Verteidigung anlegte, eine Art Städte.

Nach Livingstone und Holub sprach als einer der ersten K. Mauch über Simbabwe und ähnliche Burganlagen. Sein Buch erschien mit dem Titel: Reisen im Innern von Südafrika, 1865—1872, ein Nachdruck 1874. In neuerer Zeit hat sich D. RANDALL-MACIVER mit Simbabwe beschäftigt in seinem Werk: Mediaeval Rhodesia, London 1906, 2. Aufl. ebda 1971. — P. SCHEBESTA hat in Anthropos, Bd. 21, 1926 über Simbabwe berichtet und LEO FROBENIUS in: Erythräa, 1930. Ein eigenes Buch verfaßte über dieses Thema G. CATON-THOMPSON: Zimbabwe culture, Oxford 1931, und P. M. STEVENS: Zimbabwe culture, a bibliography, Kapstadt 1950. — Im Jahre 1953 hat A. J. H. GOODWIN das Wissen über die Simbabwe-Kultur zusammengefaßt in: South African Archaeological Bulletin, Bd. 8. Über die dortigen Ausgrabungen berichten R. SUMMERS, K. R. ROBINSON u. A. WHITE in dem Buch: Zimbabwe excavations, Johannisburg, Südafrika 1958. Einen Überblick gibt P. L. SHINNIE in: The african iron age. Oxford 1971.

Bei den Ausgrabungen ergaben sich Bewässerungssysteme, verschüttete Schächte, Stollen, Bergwerksanlagen. An manchen Stellen wurde Gold gefunden. Wichtig waren chinesische Porzellanscherben, arabische Gläser, indische und malaiische Perlen. Arabische Berichte sprechen davon, daß im 10. Jahrhundert die Araber in Sofala, in dem nächstgelegenen Hafenort, Gold in großen Mengen einhandelten. Sie verschifften es von dort nach Arabien, wohl auch nach Indien, offenbar auch in die chinesische See.

Natürlich dachte man an das Goldland Ophir, an Salomos Schiffe, wie besonders K. Mauch. Die allgemeine Meinung heute ist die, daß seit dem 10. Jahrhundert, besonders seit dem 12. Jahrhundert, arabische Schiffe immer wieder nach Rhodesien kamen. Die Bauten werden von den einheimischen, reichen Fürsten geschaffen sein, entstanden unter dem Einfluß der Araber, zugleich zum Schutz gegen sie. Radiokarbon-Teste haben das 5. und das 7. Jahrhundert ergeben. Es müssen also arabische Einflüsse im frühen Mittelalter vorhanden gewesen sein. Die Bergwerke haben Gold und Zinn gebracht, auch Elfenbein ist gehandelt worden. Auf diesem Wege ist das Eisen nach Afrika gekommen, in Form von Pfeilspitzen, Hacken, kurzen Säbeln. Ähnliche Fundorte wie Simbabwe sind Mapoungoubwé im Tale des Flusses Limpopo, im Osten von Nigeria Inyanga, Niekerk, Panhalonga.

Afrika ist demnach an der Ostküste und an der Westküste seit langen Zeiten Einflüßen der Seefahrer ausgesetzt gewesen. Sie brachten die Elemente der Hochkulturen in eine Welt, die stehen geblieben war in der Lebensform des Mesolithikums. Es ist das ein ähnlicher Vorgang wie in Indien und Hinterindien.

Äthiopien oder Abessinien ist in den letzten Jahrzehnten auch in den Umkreis der archäologischen Forschung eingetreten. Im Jahre 1952 rief Kaiser Haile Selassie eine archäologische Abteilung ins Leben, angeschlossen an die Äthiopische Nationalbibliothek. Aufgabe und Ausmaß der Tätigkeit wurden bald so groß, daß das Äthiopische Archäologische Institut 1953 begründet wurde.

Felsmalereien und Gravierungen wurden festgestellt in der Gegend von Hara und Derredawa im Norden des Landes, in den Provinzen Tegre und Erytrea, und auch in Sidamo.

Bis 1963 waren altsteinzeitliche Industrien in Äthiopien nicht bekannt. Seit dieser Zeit hat eine Fundstelle mit Namen Malka Qunture vier altsteinzeitliche Horizonte ergeben mit Werkzeugen, Siedlungsspuren und Resten von Tieren. Die Kulturen reichen von der Pebble-Kultur, der Geräte-Kultur, bis zum Anfang des Mesolithikums. Die Mächtigkeit der Schichten umfaßt 30 m, eine ungewöhnliche Zahl.

Seit 1960 besitzt Addis Abeba ein Museum, 1961 wurde die Universität begründet.

Die Vorgeschichte Äthiopiens bietet zur Zeit dieses Gesicht: nach den paläolitischen Kulturen, die Afrika in so reichlichem Maße überziehen, zeigen die Funde zwischen 3300 und 2650 v. Chr. einen starken Einfluß Ägyptens. Man kann von einer ägyptisch-nubischen Kultur sprechen. Es gab Ackerbau und die Aufzucht von Kleinvieh. Die ägyptische Epoche der Badari-Kultur ist nur schwach bezeugt. Bei dem Niedergang des ägyptischen Reiches um 2200 v. Chr. wanderten viele Ägypter aus nach Äthiopien. Die Steinkreise und runde Tumuli, als Gräber, geben dem Lande um diese Zeit das Gesicht. Damals besteht Ackerbau und die Zucht von Rindern. Das Land trug den Namen Kusch, so wird es auch in der Bibel genannt. Das Wort bezeichnete das Gebiet südlich des ersten Kataraktes, Assuan, etwa das gesamte heutige Nubien. In griechisch-römischer Zeit wurde der Name übertragen auf alles Land südlich von Ägypten. Die Hauptstadt war Napata, später Aksum, 15 km westlich von Adua, 600 km nördlich von Addis Abeba. Heute hat Aksum rund 5000 Einwohner, darunter 1000 Mönche und Priester. Die Ausgrabung der Deutschen Aksum-Expedition, seit 1906, veröffentlicht 1913 in fünf Bänden von LITTMANN und KRENCKER, hat Bauten aus dem letzten Jahrtausend ergeben. Aus dem 1. bis 5. Jahrhundert n. Chr. fanden sich Reste von Palästen, von Grabanlagen, von Sarkophagen. Als bedeutend ergaben sich große Stelen, darunter befindet sich der größte Monolith der Welt. Während des italienischen Krieges gegen Abessinien, 1935—1936, wurde diese Stele von 21 m Höhe nach Rom gebracht.

Über die Ausgrabungen insgesamt berichtet U. MONNERET DE VILLARD, Aksum, Rom 1938.

Es gab auch eine Zeit, in der die Könige des äthiopischen Reiches Ägypten beherrschten. In der 25. Dynastie, von 712—655 v. Chr., saßen die Könige Äthiopiens auf dem Throne der Pharaonen in Theben. Die Priesterherrschaft in Äthiopien war ägyptisch oder ägyptisiert. Um 200 v. Chr. wurde eine äthiopische Schrift aus der ägyptischen demotischen Schrift entwickelt, die Meroitische Schrift. Sie verwendet auch Zeichen für die Vokale und ist benutzt worden von 200 v. Chr. bis 400 n. Chr. Ihre Entzifferung glückte F. L. GRIFFITH, seine Arbeiten tragen die Titel: Karanôg, Meroïtic inscriptions of Shablûl and Karanôg, Philadelphia 1911; ders. Meroitic inscriptions, 3 Bde., London 1911—1912; ders. Meroitic studies, in: Journal of Egyptian Archaeology, Bd. 3, 4, 11, 15, 1926—1929. — Ferner F. HINTZE, Studien zur meroitischen Chronologie, 1959.

Nach 200 v. Chr. nahm der ägyptische Einfluß ab. Die hellenische Einwirkung gewann an Gewicht. Diese Lage wird deutlich durch den Fund des Goldschatzes der Königin Amani-Schachete in ihrer Pyramide von Meroë, er gehört der 2. Hälfte des 1. Jahrhunderts v. Chr. an. Der Schatz ist nach Berlin und München gekommen. Natürlich gibt es auch Einflüße aus Arabien und aus Indien.

Für Äthiopien ist von Bedeutung, daß das Land zu den ältesten christlichen Staaten gehört. In der 2. Hälfte des 4. Jahrhundert n. Chr., um 350, kam die neue Religion über Ägypten nach Äthiopien in das Reich von Aksum. Der damalige König Ezana, griech. Aizenas, erhob das Christentum zur Staatsreligion. Nach dem Konzil von Chalcedon, dem 4. ökumenischen Konzil von 451 n. Chr., auf dem die Lehre von der göttlichen und der menschlichen Natur in Christus als unvermischt und unzertrennlich bezeichnet wurde, ist trotzdem sowohl Ägypten wie Äthiopien bei dem Monophysitismus verblieben. Diese Lehre besagt, daß Christus nicht zwei Naturen besitze, sondern nur eine, die göttliche. Die äthiopische und die koptische, die syrisch-orthodoxe und die armenische Kirche bekennen sich bis heute zum Monophysitismus. Neben der Taufe kennt die äthiopische Kirche auch die Beschneidung.

In den Schulen Äthiopiens verlegt die dort gelehrte Geschichte den Anfang des äthiopischen Staates in die Zeit Salomos, also etwa 965—926 v. Chr. Die Geschichtsquelle ist der historische Roman „Kebra Negest" aus dem 14. Jahrhundert n. Chr. Danach ist die Königin von Saba (1. Kön. 10) eine Fürstin aus Äthiopien. Der Sohn von ihr und König Salomon ist Menelik I., der Begründer der noch heute herrschenden Dynastie. Das ist der Grund, weshalb der 1975 verstorbene Kaiser Haile Selassie in seinen offiziellen Titeln die Bezeichnung führt: Löwe von Juda.

In der Geschichte des Staates sind einige Ereignisse von Bedeutung. Die Salomonische Dynastie von Aksum wurde um 1100 beseitigt durch den Islam. Im Jahre 1270 konnte sie wieder zurückkehren. Die Hauptstadt wurde Gondar. Aksum blieb die heilige Stadt, in ihr wurden die rechtmäßigen Kaiser gekrönt durch den koptischen Patriarchen.

Im 18. Jahrhundert machten sich die Statthalter der Provinzen unabhängig, der Einfluß des Kaisers trat zurück. 1853 warf sich ein Provinzstatthalter zum Herrscher von ganz Äthiopien auf, er unterlag 1868 im Kampfe gegen die Engländer. Die alte Dynastie, so sagt die abessinische Geschichte, kam mit Johannes IV. wieder auf den Thron.

Seit 1882 setzten sich die Italiener in Erythrea fest. Von Westen drangen andere afrikanische Stämme ein, Johannes IV. fiel im Kampf. Ihm folgte der mit der Salomon-Dynastie verwandte Menelik II. Unter seiner Herrschaft wollten die Italiener das ganze Land besetzen. Die Italiener wurden aber am 1. 3. 1896 bei Adua geschlagen. Der Friede von Addis Abeba vom Oktober 1896 sicherte Äthiopien seine Unabhängigkeit. Addis Abeba wurde nun die Hauptstadt. Menelik II. schloß Verträge mit den europäischen Staaten, sie errichteten Gesandtschaften in Addis Abeba. Nach der Regierung einer Tochter Meneliks und eines Enkels, kam mit englischer Hilfe der Großneffe Meneliks, Ras Tafari im Jahre 1928 durch einen Staatsstreich auf

56 Kühn, Vorgeschichtsforschung

den Thron. Er gab sich den Namen Haile Selassie I. 1923 wurde Äthiopien aufgenommen in den Völkerbund.

Unter Mussolinis Herrschaft in Italien wurde 1936 das Land erobert von den Italienern, mit Somalia und Erythrea schufen sie einen Staat: Italienisch Ostafrika. Kaiser Haile Selassie emigrierte nach London, im Mai 1941 kehrte er zurück in sein Land.

Es sei erlaubt, ein persönliches Erlebnis einzuflechten. Es war am 5. Februar 1933, als unser Schiff, mit dem meine Frau und ich, eine Reise nach Ostasien durchführten, im Hafen von Djibuti anlegte. Wir hatten das Rote Meer durchfahren, es war Tage und Nächte lang übermäßig heiß. Wir standen an der Reeling und blickten über das Meer. Da sahen wir ein Motorboot zusteuern auf unser Schiff. Als es näher kam, bemerkten wir in dem Boot einen großen Baldachin, getragen von weiß gekleideten Gestalten. Ein Offizier des Schiffes berichtete uns, daß in dem Boot der Kaiser von Abessinien, Haile Selassie ankomme, um das Schiff zu besichtigen. Der Kaiser hatte telegraphieren lassen, daß er die Mittagstafel auf dem Schiff einnehmen wolle. Der Kapitän bat auch uns, an der Tafel teilzunehmen, und wir nahmen dankend an.

Das Motorboot legte an, zuerst stiegen die Hofbeamten aus, zuletzt der Kaiser, gekleidet in weißer Seide, der Baldachin wurde feierlich über ihn gehalten. Der Kaiser wurde zuerst durch das Schiff geführt, alle Räume wurden ihm gezeigt, die Speisesäle, der Wintergarten, der Teeraum, die Kabinen und dann ging es zur Tafel. Alle, die an dem Tisch Platz nahmen, der Kapitän, die älteren Offiziere, dann wir und noch ein Ehepaar, wurden dem Kaiser vorgestellt. Der Kapitän erwähnte, daß ich Prähistoriker, Archäologe sei.

Der Kaiser sprach erst mit meiner Frau, er erzählte ihr von Addis Abeba. Er sprach langsam und würdevoll. Dann wendete er sich an mich und sagte, daß ihn mein Beruf sehr interessiere. „Äthiopien ist reich an Funden für Sie, außer in Aksum sind Ausgrabungen noch nicht durchgeführt worden. Dabei ist das Land sehr alt. Unsere Kultur ist weitaus älter als die Mittel- und Nordeuropas. Wir haben auch Jahrhunderte länger das Christentum. Es ist zwischen 300 und 350 zu uns gekommen, Jahrhunderte bevor es nach Nordeuropa kam. Unser Land besitzt eine Fülle von alten Kirchen der ersten Jahrhunderte. Großartige Malereien finden sich in ihnen. Im allgemeinen sind die Gemälde gut erhalten, eineinhalb Jahrtausende hindurch. Der Grund ist, daß das Volk von Äthiopien die Religion, das Christentum, niemals aufgegeben hat, nicht unter dem Einfluß des Moslems und auch nicht unter dem andersartigen Christentum der Jesuiten. Die Moslems und die Jesuiten sind vertrieben worden".

„Sie sehen, wir brauchen ein archäologisches Institut. Wenn Ihre Arbeiten die Felsbilder umfassen und auch die Völkerwanderungszeit, die Epoche von 375 bis 700 n. Chr., dann finden Sie hier eine Fülle aus diesen Zeiten. Wir haben jetzt lange erzählt, über eine Stunde, ich möchte Ihnen einen Vorschlag machen. Geben Sie Ihre Professur an der Universität Köln auf und kommen Sie nach Addis Abeba. Ich richte Ihnen ein viel größeres wissenschaftliches Institut ein, Sie erhalten alles, was Sie wünschen, auch an Büchern und Assistenten. Die Frage des Gehaltes liegt in Ihrer Hand".

So verführerisch der Vorschlag war, ich habe ihn nicht angenommen. Mein Arbeitsgebiet war Europa, die Felsbilder der Eiszeit, die Funde der Völkerwanderungszeit, auch die großen, damals noch so ungeklärten Fragen des Neolithikums, der Bronzezeit. Auch meine Frau wollte Europa nicht aufgeben. Gewiß, große Möglichkeiten hätten sich geboten, aber Aufgaben ganz anderer Art, ganz anderer Inhalte. Ich habe dem Kaiser mit Dank abgelehnt. Nach dem Essen als er aufstand, drückte er mir noch einmal die Hand und sagte: „Überlegen Sie es sich genau".

Erst 1953 wurde in Addis Abeba das Archäologische Institut eröffnet, wie vorher erwähnt. Dieses Institut hat Bedeutendes geschaffen. 1955 wurde eine archäologische Zeitschrift begründet, Annales d'Ethiopie, Addis Abeba. Es haben Gelehrte wie Leclant, Aufray, Contenson, Balout, Ernst Hammerschmidt, Georg Gerster archäologisch gearbeitet in Äthiopien. Georg Gerster hat sich besonders den Felsenkirchen gewidmet, und sein Buch: GEORG GERSTER, Kirchen im Fels, Entdeckungen in Äthiopien, Stuttgart, Verl. Kohlhammer 1968 mit 148 Seiten u. 211 Tafeln, legt lebendig Zeugnis ab von seinen Erfolgen. Ein anderes Werk ist: O. A. JÄGER, Antiquities of North Ethiopia, Stuttgart 1965. Über Aksum berichten außer dem genannten Werk von LITTMANN und KRENCKER, ferner: LECLANT, Les fouilles d' Axoum, Paris 1959, und: H. DE CONTENSON, Les fouilles à Axoum, Paris 5. Bd. 1959—63.

Die Felsbilder, an denen der Kontinent so reich ist, finden sich auch in Mittelafrika. Sie sind nicht in solcher Fülle vorhanden, wie in Tassili, aber sie finden sich in reichem Maße vor allem in Tanganyika. Diesen Bildern haben sich besonders LUDWIG und MARGIT KOHL-LARSEN gewidmet. Auf einer langen Forschungsreise, 1933—1936, haben sie das Tanganyika-Gebiet bereist und Hunderte von Malereien gefunden. Ihre Ergebnisse haben sie dargelegt in zwei Büchern, Felsmalereien in Innerafrika, Stuttgart 1938, und: Die Bilderstraße Ostafrikas, Kassel, 1958. Die Bilder tragen die Formen des Mesolithikums in Europa, sie besitzen Ähnlichkeiten mit der ostspanischen Kunst. Die Tierbilder sind naturhafter, die Menschenbilder stark stilisiert bis abstrakt. Zu dieser Kunstart gehören die mesolithischen Werkzeuge. Die Verf. Kohl-Larsen sagen auf S. 56 ihres Buches, Bilderstraße: „Von dieser Stelle (Kongoni-Wand im Issansuland) sammelten wir als Belegstücke Oberflächenfunde einer mesolithischen Kleinkultur auf. Aber nicht nur hier, sondern in der ganzen Landschaft, sowohl auf alten Flußterrassen als unmittelbar vor den Wänden der Höhle, hatten gar oft die Steinzeitmenschen in Form ihrer Steingeräte ihre Spuren hinterlassen".

Die Entdeckung der Felsbilder Ostafrikas beginnt im Jahre 1908, als Missionare bei Buanja, nahe Bukoba, am Westufer des Victoria-Sees Malereien schematischer menschlicher Figuren aufdecken konnten. Die Bilder wurden später der wissenschaftlichen Expedition des Herzogs von Mecklenburg gezeigt. Sie wurden danach durch den Ethnologen der Expedition, Dr. CZEKANOWSKI beschrieben in seinem Werk: Forschungen im Nil-Kongo-Zwischengebiet, 5 Bde. 1911—1927. Danach hat 1923 F. B. BAGSHAWE in der Zeitschr. Man, London, einige Bilder bekannt gemacht unter dem Titel: Rock paintings of the Kangeju Bushmen, Tanganyika Territory. Einige Jahre später, 1929, veröffentlichte T. A. M. Nash im Journal of the Royal Anthrop. Inst. London, einige Felsbilder der Gegend von Tanganyika.

Erst L. S. Leakey befaßte sich mit Überlagerungen und damit mit Altersschichtungen. Er berichtet darüber in: Steinzeit-Afrika, Stugttart 1938 S. 148f. Leakey meint, die älteste Schicht seien Tierdarstellungen in Rot mit völliger Ausmalung der ganzen Fläche in einem Farbton, dazu menschliche Figuren, stark stilisiert. Über dieser Schicht lagern Bilder, vor allem von Straußen und Giraffen, aber nur in Umrissen wiedergegeben. Leakey spricht von 13 Schichten. Ich meine, das ist zu vielfältig gegliedert und das gibt nicht die stilistische Abfolge wieder. Auf die älteste Schicht folgen andere, noch naturhafte Tierbilder, zuoberst lagern schematische Menschengestalten.

Über die Felsbilder von Belgisch-Kongo hat H. Breuil berichtet in einem Artikel in: Préhistoire, Bd. 1, 1952 S. 1—32. Die Bildfolge ist die gleiche wie in der Gegend von Tanganyika.

Südafrika

Für Südafrika ergeben sich zwei Schwerpunkte für die Erforschung der Vorgeschichte. Erstens die Funde des prähistorischen Menschen, zweitens die Malereien und Gravierungen an den Felsen. Diese Entdeckungen gehören zu den wichtigen der Menschheit, sie haben unser Wissen um die Entstehung des Menschen in einer Weise bereichert, wie sie sich Ernst Haeckel noch nicht vorstellen konnte. Es ergab sich, daß Südafrika besonders reich ist an prähistorischen Menschenfunden.

Im Jahre 1913 wurden bei Boskop in Transvaal bei der Anlage eines Abzugsgrabens auf der Farm eines Herrn Botha Teile eines menschlichen Schädels, nämlich das Schädeldach und ein Teil des Unterkiefers gefunden. Der Schädel lag zusammen mit Steinwerkzeugen im Stile des Moustérien. Es handelt sich um einen Neandertal-Typus. Der Fund wurde behandelt von R. Broom, The Boskop Skull, in: American Mus. of Nat. History, Anthropological Papers, Bd. 23, 1918.

Einige Jahre danach, 1921, wurden 100 km westlich von Port Elizabeth von Herrn Fitzsimons bei Tzitzikama, an der Küste Südafrikas in Höhlenablagerungen mehrere Schädel des gleichen Typus, des Neandertalers aufgedeckt, über sie berichtet R. A. Dart, Boskop remains from South East African Coast, in: Nature, 27. Okt. 1923. Ein wichtiger Fund, auch von 1921, war der von Broken Hill in Nord-Rhodesien. Dort gibt es einen Hügel mit einer Höhle. Sie enthielt Zinn und Blei, zerbrochene Knochen, Steinwerkzeuge. Alles wurde bergbaumäßig abgetragen ohne Rücksicht auf die Funde. Da erkannte ein Arbeiter, ursprünglich aus der Schweiz, mit Namen Zwiglar, unter dem abzubauenden Schutt einen menschlichen Schädel. Das ganze Gesicht war erhalten, auch der Schädel. Er steht dem Neandertaler in Europa nahe, sein Gehirnraum ist 1300 cm³. Mit dem Schädel wurden Werkzeuge gefunden, sie entsprechen dem Levallois, also dem späten Moustérien. Der Schädel stammt entweder von dem letzten Interpluvial oder von dem Anfang des letzten Pluvial, der Gamble-Zeit. Nachgrabungen waren nicht möglich, weil die gesamte Schicht im Bergbaubetrieb abgebaut worden war. Die Literatur ist: L. H. WELLS, III. Panafr. Congr. Prehist. 1955 (1957), S. 172 f. — J. D. CLARK, The Prehistory of Southern Africa, 1959 S. 74 f. 85 f., 128. —

Der Typ von Boskop und der von Broken Hill sind nicht die einzigen, die zu der Neandertalerart in Südafrika zu rechnen sind. Eine etwas verschiedene, ein wenig ältere Form brachte ein Schädel, der 1933 in Florisbad, Oranje Freistaat, gefunden worden ist. T. F. Dreyer hatte ihn gehoben in einem sandigen Auswurf aus einer alten Quelle. Mit dem Schädel fanden sich viele Skelettreste von ausgestorbenen Tieren, dem Riesenbüffel, Bubalus antiquus, und zwei Pferdearten, Equus Helmei und Equus Lylei. Der Schädel, von dem nur Teile erhalten sind, wird einer Frühform des Neandertalers zuzuweisen sein. Den ersten Bericht brachte T. F. DREYER, A human skull from Florisbad, Oranje Free State, in: Kon. Akad. van Wetenschappen, Amsterdam, Proceedings 38, 1935.

Ein anderer bedeutender Fundort ist Makapan bei Pietersburg, Transvaal, Südafrik. Union. In einer Höhle nahmen drei Forscher, B. D. Malan, R. Mason und C. van Riet Lowe im Jahre 1945 Grabungen vor. Es ergaben sich 12 Kulturschichten bis zur neueren Zeit. Die drei unteren Schichten in einer Mächtigkeit von 10 m erbrachten Faustkeile, Geröllsteine. In der dritten unteren Schicht ergaben sich menschliche Skelettreste. R. A. Dart bezeichnet sie als neandertaloid, L. H. Wells möchte sie als buschmannartig bezeichnen. Über den Fund berichtet: R. A. DART, American Journ. of Phys. Anthr. N. S. Bd. 7, 1949, S. 1 f. — C. K. BRAIN, C. VAN RIET LOWE, DART, in: Nature, Bd. 175, 1955, S. 16 f.

Aber die bedeutendsten Entdeckungen in Südafrika waren jene Funde, die in eine Zeit fallen, die zwischen einer Million Jahren und 600000 Jahren liegt. Es war ein großes Ereignis, als seit 1924 Menschenfunde zutage kamen, die noch vor dem Pithecanthropus in Java liegen, die noch näher heranführen an den Ursprung des Menschen. Das sind die großen Funde der Australopithecus-Gruppe in Südafrika. Der Name bedeutet Südmenschenaffe, und darin liegt sowohl geographisch wie zoologisch die treffende Bestimmung. 1936, 1938, dann wieder 1948, 1949, 1952 und 1953 sind so viele neue Schädel aufgefunden worden und übrige Überreste von Urmenschen, daß das Material etwa 100 Individuen umfaßt.

Es war im Jahre 1924, als in Taungs, ungefähr 100 km nördlich der Diamantenstadt Kimberley in einem Kalksinter ein Gesichtsschädel und der vordere Teil eines Unterkiefers aufgedeckt wurden durch den Geologen R. B. Young. Der Schädel hatte noch das Milchgebiß, dazu den ersten Mahlzahn, er gehörte demnach einem Kinde etwa im 6. Lebensjahre an. Der Fund wurde sorgfältig untersucht, auch durch den Anatomen R. A. Dart in Johannisburg. Er nannte diesen Typus Australopithecus africanus, südafrikanischer Menschenaffe. Zwar springt der Unterkiefer stark vor, aber das Gebiß ist menschlich.

Ein verwandter Fund wurde 1936 gehoben durch den südafrikanischen Paläontologen R. Broom, der ihn Australopithecus transvaalensis und später Plesianthropus benannte. Er wurde gefunden bei Krügersdorp bei Sterkfontein in Transvaal. Auch dieser Schädel stammte aus Kalksinter. Zwar war er zertrümmert, aber das Schädeldach war erhalten, ebenso die Schädelbasis, der rechte Oberkiefer und ein Stück Unterkiefer.

Dann wurde 1938 ein altertümlicher Schädel gefunden bei Sterkfontein. Bei dem eifrigen Suchen der Gelehrten fanden sich immer mehr Knochen des Urmenschen. Bis 1947 waren Reste von 12 Individuen bekannt.

Auch in Kromdraai, 3 km östlich von Sterkfontein, sind Menschenschädel gehoben worden, sie wurden bezeichnet als Paranthropus robustus. In Swartkrans bei Sterkfontein erschien 1948 eine Form des Urmenschen, die bezeichnet wurde als Paranthropus crassidens. 1947 wurden in der Gegend von Makapan, 16 km nordwestlich von Potgietersrust, wieder Überreste des Urmenschen aufgedeckt, sie wurden Australopithecus prometheus genannt. Bis 1953 waren über 30 Typen des Urmenschen bekannt.

Die Literatur über diese Funde ist sehr groß, eine gute Übersicht bietet: R. BROOM und G. SCHERENS, The south african fossil Ape-Man, the Australopithecinae, Pretoria 1946, oder LE GROS CLARK, New Palaeontological Evidence bearing on the Evolution of the Hominidae. Quat. Journ. Geol. Soc. London, März 1950.

Die Bedeutung dieser südafrikanischen Funde liegt darin, daß hier wirklich das missing link, das fehlende Glied in der Entwicklungsgeschichte des Menschen gefunden worden ist. Diese Australopithecinen stehen etwa in der Mitte zwischen dem Affen und dem Menschen. Die Entdecker haben das Alter im Tertiär angenommen, also zwischen 1 000 000 und 600 000 Jahren. GERHARD HEBERER spricht in seinem Buch, Homo — unsere Ab- und Zukunft, Stuttgart 1968 S. 113, von zwei Millionen bis 600 000.

Die Hauptmerkmale des Australopithecinen sind vor allem die Ähnlichkeit des Schädelbaues mit dem eines neuzeitlichen Schimpansen. Und doch ist es nicht ein Schimpanse, es fehlen die massigen Augenbrauenwülste, wie sie der Schimpanse besitzt. Das wichtigste Merkmal, daß es sich um die Frühform eines Menschen handelt, liegt darin, daß das Hinterhauptsloch, die Eintrittsstelle des Rückenmarks in die Wirbelsäule, beim Australopithicus und beim Menschen abwärts gerichtet ist. Der Australopithecine ist aufrecht gegangen. Ein weiteres Merkmal sind die Zähne. Sie sind, wie bei dem Menschen, angeordnet in gleichmäßigen Bogen. Es fehlen die vorspringenden Eckzähne des Affen. Die Größe des Australopithecinen ist etwa 1,50 m, der Hirnraum mit 450—600 cm^3, ist noch gering. Daß diese Wesen aber doch Menschen waren, ergibt sich nach der Meinung von Broom daraus, daß sich 15 Tierarten als Jagdbeute der Urmenschen gefunden haben, Tiere, die von den Menschen eingeschleppt worden sind in die Kalkhöhlen. Es sind vor allem kleine Paviane, Antilopen, Springhasen, Nager, Schildkröten, Eidechsen, Flußkrabben. Nach Broom hat sich bei den Menschenknochen Asche gefunden. Dann handelt es sich um ein Wesen, daß sich Feuer herstellt, und das ist nur der Mensch. Deshalb hat Dart den Namen Australopithecus prometheus gewählt. Nach der griechischen Sage hat Prometheus den Menschen das Feuer gebracht. Später wurde der Aschenfund angezweifelt, es gab Deutungen auf schwarze Manganerde. Es finden sich weiter Tierknochen, die Spuren des Gebrauches, der Verwendung als Geräte zeigen. Der

Prähistoriker C. K. Brain und ebenso J. T. Robinson fanden bearbeitete Steinwerkzeuge an südafrikanischen Fundorten. Der Geist ist entfaltet, der Geist ist es, der dem Menschen die Möglichkeit gibt, Werkzeuge herzustellen, auch das Feuer, und mit Feuer und Werkzeug tritt der Mensch heraus aus der Reihe der Tiere.

Südafrika wurde im 20. Jahrhundert ein besonders wichtiger Fundplatz für die Suche nach dem Urmenschen. Das Bild der Entwicklung des Menschen aus der Reihe der Tiere konnte auf feste Ergebnisse gegründet werden.

Unerschöpflich ist die Anzahl der Felsbilder in Südafrika. Man schätzt auf 100000 einzelne Bilder bei etwa 2000 Fundstellen. Unerschöpflich ist auch die Möglichkeit der Bearbeitung dieser Bilder. Und trotzdem beginnt sie erst in diesem Jahrhundert. Das erste Buch, das ganz diesen Bildern gewidmet ist, ist das von M. Helen Tongue von 1909 mit dem Titel: Bushman Paintings, London Clarendon Press. Das Buch ist großformatig mit 47 Textseiten und 53 Farbtafeln. Schon auf diesen Tafeln ist alles das wiedergegeben, was das Bezeichnende der Buschmannkunst darstellt, die elegant gestalteten Tiere, im Laufen, im Stehen, von der Rückseite und den Kopf wendend, oftmals Bilder von wirklicher Schönheit, auch im Sinne der Kunst Europas. Die Menschengestalten sind stark stilisiert, ähnlich der Kunst Ostspaniens, die dem Mesolithikum zugehört. Manche Bilder zeigen Menschen in Tierverkleidung, Zauberer, Schamanen, andere Bilder zeigen Gruppen von Menschen auf der Jagd mit Pfeil und Bogen und mit Schilden. Die Bilder dieses Buches liegen östlich von Durban in der Südafrikanischen Union, im Oranje-Freistaat zwischen Kimberley, Bloemfontein im Norden und Dordrecht im Süden.

Das Buch beginnt mit diesen Worten:

"In many parts of the Cape Colony, where there are caves and rockshelters, the Bushmen have left paintings, sometimes rude, sometimes spirited and charming examples of their artistic skill. These paintings represent antilopes, elephants, leopards, lions, and other animals, that roamed over South Africa before the advent of the white man. Sometimes instead of drawing animals, they drew themselves in hunting disguise, dancing, with digging-sticks, fighting, etc."

Henry Balfour, der zu dem Buch die Einleitung geschrieben hat, unterscheidet drei Stadien der Entwicklung: erstens eine Epoche der einfachen, der roheren Darstellung, zweitens eine Epoche der höchsten Durchbildung und drittens eine Epoche des Abstiegs, der Zeit, als der Buschmann fast ausgerottet war durch den weißen Mann.

Das zweite Buch in der Geschichte der Erforschung der Buschmannkunst ist das von Otto Moszeik von 1910 mit dem Titel: Die Malereien der Buschmänner in Südafrika, Berlin, Verl. Dietrich Reimer, mit 100 Seiten, 170 Abbildungen und 3 farbigen Tafeln. Alle Fragen, die die Bilder aufgeben, werden in dem Werk behandelt, das Alter, die Farbanwendung, die Motive, Sinn und Bedeutung. Weil öfters die Urheberschaft der Buschmänner angezweifelt worden ist, möchte ich die Stellen von Moszeik anführen, an denen er davon spricht, daß er selber Buschmänner bei der Arbeit, beim Malen beobachtet hat. Moszeik verweist darauf, daß schon Theophiles Hahn im Jahre 1878 die Buschmänner beim Malen beobachten konnte. Er berichtet darüber in der Zeitschr. für Ethnologie, Bd. 16, 1879. Dort sagt er: „alle diese Buschmänner befleissigen sich noch heute der Malerei; dieses Malen nennen sie „hai". Die alten Leute, Frauen und Männer, lehren es die Kinder; sie üben diese Kunst aus Lust am Darstellen".... und weiter noch: „Im Khoichabfluß ist ein Platz, Horab, etwa 30 engl. Meilen südlich von der Missionsstation Bethanien, wo ebenfalls noch heute von den Buschmännern munter gemalt wird. Zu den Malereien gebrauchen sie Kohle, gelben Mergel, fettigen Rötelstein und Kalk, und um die Farben haltbar zu machen, mengen sie sie mit Fett, Harz und Gummiarabikum".

Moszeik sagt auf S. 12 seines Buches, ebda: „Die Figuren 4—8 wurden in meiner Gegenwart in Rietfontein (Distr. Mier) von Kalaharibuschmännern angefertigt. Fig. 6, 7, 8 rühren von Amgha her, einem Greise von etwa 60 Jahren, Fig. 4, 5 von Soreep, einem jüngeren, etwa 28 jährigen Individuum".

Danach erwähnt Moszeik S. 14 die Tatsache, daß G. W. Stow, ein guter Kenner Südafrikas, einige Buschmänner vor den Bildern gefragt habe. Sie haben sofort erklärt, daß das ihre eigenen Bilder seien. Ähnliches erlebte auch Th. Hahn, als er Buschmännern die Bilder zeigte. Ein alter Buschmann sagte ihm, daß er selber diese Kunst ausübe.

Über das Alter der Bilder sagt Moszeik S. 26, daß sich die Bilder zeitlich bestimmen lassen, auf denen Pferde vorkommen. Das Pferd ist erst um 1800 in Südafrika eingeführt worden, solche Bilder können demnach nur später sein. Auch das Merino-Schaf ist erst um 1800 eingeführt worden, Esel und Angoraziege sind 1689 aus Persien nach Südafrika gekommen.

Erwähnungen der Buschmannbilder in Reiseberichten gibt es naturgemäß schon vor dem ersten, nur der Buschmannkunst gewidmeten Buch von Helen Tongue.

In Theals History of South Africa von 1760, Nachdruck London 1897, erzählt Aug. Ferd Butler, daß er im Jahre 1752 viele Bilder von Buschmännern am Flusse Tarka in Südafrika gesehen habe.

In den Jahren 1797 und 1798 reiste J. Barrow im Innern von Südafrika und er berichtet von den Buschmännern in seinem Buche, Reisen in das Innere von Südafrika in den Jahren 1797 und 1798, deutsche Übersetzung Leipzig 1801: „In einem dieser Schlupfwinkel entdeckte man ihre frischen Spuren. Die Feuer waren kaum ausgegangen und das Gras, worauf sie geschlafen hatten, war noch nicht verwelkt. An den glatten Seiten der Höhlen befanden sich Gemälde von verschiedenen Tieren, die diese Wilden von Zeit zu Zeit gemacht hatten. Viele darunter waren Zerrbilder, allein andere waren zu gut ausgeführt, als daß sie keine Aufmerksamkeit hätten erregen sollen. Die verschiedenen Antilopenarten, die hier abgezeichnet standen, hatten jede ihren besonderen Charakter, der so gut getroffen war, daß man die Originale, nach denen die Zeichnungen gemacht waren, ohne Schwierigkeit wiedererkennen konnte.... Die Materialien, mit denen man die Gemälde verfertigt hatte, waren Holzkohle, Pfeifenton und die verschiedenen Ockerarten. Die abgebildeten Tiere waren Zebras, Quaggas, Gemsböcke, Springböcke, Rehböcke, Elenantilopen, Paviane und Strauße; alle diese Tiere, außer dem Gemsbocke, werden hier an Ort und Stelle angetroffen. Verschiedene Kreuze, Zirkel, Punkte und Linien standen in einer langen Reihe, als wenn sie irgend einen Begriff ausdrücken sollten; allein man bemerkte keinen Versuch weiter, der etwa leblose Gegenstände hätte bezeichnen sollen. ... Man bemerkte, daß einige von den Malereien noch neu waren, vieler aber konnte man sich von der ersten Ansiedlung her in diesem Teile der Kolonie entsinnen".

Die Buschmänner haben wirtschaftlich immer im Stadium der höheren Jäger gelebt. Mit Pfeil und Bogen haben sie die Tiere erlegt, Ackerbau oder Viehzucht haben sie niemals gekannt. Da es die wirtschaftlichen Grundlagen sind, die den Stil und den Gegenstand der Kunst bestimmen, gibt es nicht eine erkennbare Wandlung in Stil und Art der Buschmannkunst, seit dem Mesolithikum bis heute. Das Problem ist also die Datierung. Um 1750 werden Bilder gemeldet, sie werden geschaffen bis zur Gegenwart — aber wann beginnen sie, das ist die Frage. Die Beantwortung vermag nur die weitere Durcharbeitung der Bilder zu erbringen.

Ein anderes Buch aus dieser frühen Zeit über Buschmannkunst ist das von FRÉDÉRIC CHRISTOL, L'art dans l'Afrique australe, Paris, Verl. Berger-Levrault, 1911, mit 144 Seiten und rund 100 Abbildungen u. 6 farbigen Tafeln. Dieses Buch ist mehr ein Reisebericht.

Im Jahre 1925 erschien das Buch von J. V. ZELISKO, Felsgravierungen der südafrikanischen Buschmänner, Verl. Brockhaus, Leipzig, mit 28 Seiten u. 27 Tafeln. Das Buch gibt in Abbildungen die Skulpturen wieder, die der Afrikaforscher Dr. EMIL HOLUB (1847—1902) in elfjährigen Forschungen in Südafrika 1872—1879 und 1885 bis 1887 von den Felsen abgenommen und nach Europa gebracht hat. Die meisten Originale, 161 Stücke, sind nach Wien in das Naturhistorische Museum gekommen, einige nach München in das Völkerkunde-Museum, einige in das Musée de l'Homme in Paris, früher Musée d'Ethnographie. Holub hat zwei Bücher geschrieben: Sieben Jahre in Südafrika, Wien 1881, und: Von der Capstadt ins Land der Maschukulumbe, Wien 1890. Der Text der Bücher von Zelisko ist nur kurz, über Wesen und Ausdruck der Buschmannkunst sagt er nichts aus.

Durch einen Zufall wurde ich selbst in diese Arbeit über die Kunst der Buschmänner mit einbezogen. 1923 war ich mit meiner Frau in Madrid, um Obermaier zu besuchen, und um die Felsbilder der Ostspanischen Kunst zu besichtigen. Wir haben damals Alpera besucht, Minateda, Cantos de la Visera, Valltorta-Schlucht u. a. In Madrid haben wir mit Obermaier viele Fahrten in einer Kutsche durch die Stadt unternommen. Der Wagen fuhr langsam, man konnte gemütlich Geschäfte und die Spaziergänger beobachten, man konnte plaudern, man konnte über Erlebnisse berichten. Eines Tages sprachen wir nach der Rückkehr von Minateda, von der Ähnlichkeit dieser Bilder mit denen der Buschmänner. Ich hatte gerade in dem 1923 erscheinenden Buch, Die Kunst der Primitiven, Delphin-Verlag, München, über diese Ähnlichkeiten berichtet. Plötzlich sagte Obermaier, ich habe eine Idee, sollten wir nicht zusammen ein Buch über Buschmänner veröffentlichen? Ich entsinne mich, daß ich antwortete, wie könnte man denn jetzt, nur wenige Jahre nach dem Kriege 1914—1918, nach Südafrika gelangen? Obermaier erwiderte, das ist gar nicht nötig. Ich habe von einem der deutschen Landmesser in Südafrika mit Namen Reinhard Maack die Originalkopien von Felsbildern am 13. November 1922 erhalten mit voller Publikationserlaubnis. Noch am selben Tage hat mir Obermaier die Farbtafeln von Maack gezeigt, die Bilder waren ausgezeichnet. Sie stellten bis dahin unbekannte Malereien vom Brandberg im ehemals deutschen Südwestafrika dar. Die Herausgabe des Buches wurde übernommen von dem Pantheon-Verlag, Kurt Wolff in München. Das Buch erschien in Großformat in deutscher Ausgabe mit dem Titel: Buschmannkunst, im Jahre 1930 und im gleichen Jahre in englischer Ausgabe: Bushman Art, im Verlage Humphrey Milford, Oxford University Press. Das Werk umfaßt 64 Seiten und bringt 39 meist farbige Tafeln. Der Druck hatte sich lange Zeit hingezogen und so erschien zwei Jahre vor dem Erscheinen des Buches ein anderes von MILES C. BURKITT, Prof. a. d. Universität Cambridge, betitelt: South Africa's Past in Stone an Paint, Cambridge, Univ. Press 1928. Dies ist ein wichtiges Buch, das wir beide Obermaier und ich, noch berücksichtigen konnten. Burkitt war mir ein guter Freund. Wir haben manche gemeinsame Reise gemacht zu den Felsbildern in Spanien, wir haben uns getroffen in London, in Paris, Madrid, und immer konnten wir Probleme, auch die von Afrika, miteinander besprechen.

BURKITT ist geboren am 27. 12. 1890, er ist gestorben im Juni 1972, er war 82 Jahre alt. Seine wichtigsten Werke sind, außer dem oben genannten Buch: Prehistory, Cambridge 1912, 2. Aufl. 1925. — Our Early Ancestors, 1926, 2. Aufl. 1929. — The Old Stone Age, 1933, 2. Aufl. 1949. — Breuil and Burkitt, Rock paintings of Southern Andalusia, Oxford 1929.

Burkitt ist viel in Südafrika gereist, er kennt die Museen und die Fundstellen. Sein Buch ist so angelegt, daß der erste Teil der Vorgeschichte und den Ausgrabungen gewidmet ist, der zweite Teil der Kenntnis der Felsbilder. Das Buch umfaßt 183 Seiten, 30 Abbildungen und 8 Tafeln. Das Problem des Alters der Buschmannkunst sucht Burkitt zu lösen, aber es konnte nicht gelingen.

In der Vorgeschichte ist eine Grabung von Bedeutung in der Montagu-Höhle bei Ashon, etwa 150 km östlich von Kapstadt. Der Ausgräber, A. J. H. Goodwin berichtet darüber in seinem Artikel: The Montagu Cave in: Annals of the South African Museum, Bd. 24, I. Es ergab sich eine untere Schicht mit Faustkeilen im Stile des Acheuléen, in Südafrika nach einem Fundort Stellenbosch in Kapland bezeichnet als Stellenbosch-Industrie. Darüber lagert eine sterile Schicht, so daß an Übergänge nicht gedacht werden kann. Über dieser Schicht wieder findet sich die sogenannte Wilton-Industrie. Sie entspricht dem europäischen Mesolithikum. Es handelt sich um kleine Werkzeuge, um Mikrolithen, Halbmonde in Stein, Kreissegmente, Trapeze, Spitzen in der Größe von Daumennägeln. Die Werkzeuge sind zum Einsetzen in Pfeile bestimmt. Es gibt auch Mahlsteine, Steinringe, Herdsteine. Der namengebende Ort ist Wilton, rund 8 km östlich von Alicedale in der Kap-Provinz.

Eine der Wilton-Schicht gleichzeitige Industrie wird bezeichnet als Smithfield-Kultur. Es wäre sicher glücklicher für die Forschung, wenn nur eine Bezeichnung verwendet würde. Aber die Geschichte der Forschung in Südafrika hat diese beiden Namen geschaffen. Smithfield ist ein Fundplatz im Oranje-Freistaat. Der Name ist gebildet worden von einem Sammler von Steinwerkzeugen, Dr. Kannemeyer (Burkitt, ebda S. 93). Er unterscheidet drei Stadien, sie lassen sich aber praktisch nicht trennen. Von der Wilton- und der Smithfield-Industrie sagt Burkitt (ebda S. 92): "Wilton industries are found in Southern Rhodesia and thence sporadically as far south as Kimberley. They seem to be absent throughout most of the Orange Free State, where their place is apparently taken by the Smithfield industries, with which, in all probality, they were contemporary".

Die beiden Kulturen sind gleichzeitig, erklärt Burkitt, und weiter sagt er (S. 92, Anm.), es ist nicht möglich, die Werkzeuge beider Kulturen praktisch zu trennen. Für eine Ausgrabung in der Phillips Cave bei Ameile, im Erongo-Gebirge gibt es eine Radiokarbon-Datierung, mittlere Schicht der Smithfield-Industrie mit dem Datum 3368 $\pm$ 200 Jahre, gleich 1340 v. Chr. (Willy Schulz-Weidner in: K. J. Narr, Abriß der Vorgeschichte, München 1957 S. 104). Daraus ergibt sich, daß die Wilton- oder Smithfield-Industrie, im europäischen Sinne ein Mesolithikum, von der Epoche nach der Eiszeit über alle Jahrtausende hinweg bis zur Gegenwart in gleicher Form lebendig geblieben ist. Die europäische Vorstellung von der Entwicklung in verschiedene zeitliche Stadien ist an dieser Stelle nicht gegeben, wie ebenso nicht in Indien. Die Buschmänner verwenden bis heute diese Mikrolithen. Die Menschen der Vorzeit, seit dem Mesolithikum, etwa seit 10000, haben die gleichen Werkzeuge benutzt. Wie ist bei dieser Sachlage eine Datierung möglich?

Immer wieder sind die Fragen behandelt worden, ob die Buschmänner aus dem Norden Afrikas gekommen sind, immer wieder die Fragen, ob die Bilder in Libyen mit den gleichen stilisierten Menschengestalten auch von Buschmännern geschaffen worden seien.

Im Jahre 1930 erschien das Buch von Dorothea F. Bleek und G. W. Stow, Rock-Paintings in South-Africa, London, es bringt eine Fülle von Felsbildern und auch Sagen und Märchen der Buschmänner.

Die Problematik dieser Felsbilder liegt in dieser Zeit in der Luft, und so unternimmt im Sommer 1928 Leo Frobenius eine Forschungsreise zu den Felsbildern Südafrikas. Sie dauert bis zum Frühjahr 1930. Sieben Kameraden sind mit ihm, darunter Adolf Jensen, Agnes Schulz, Maria Weyersberg. Es konnten 1100 Bilder aufgenommen werden. Einen großen Teil dieser Aufnahmen und Kopien legte Leo Frobenius vor in dem Werk: Madsimu Dsangara, im Atlantis-Verlag Berlin, Zürich 1931, die 2. Aufl. veröffentlichte die Akadem. Druck- u. Verlagsanstalt in Graz 1962. Das Werk erschien in zwei Bänden mit 60 Seiten und 144 Tafeln. Der erste Teil ist Süd-Rhodesien gewidmet, der zweite Teil Südwest-Afrika. Frobenius bringt mehrere Bilder in Zusammenhang mit Mythen und Sagen der Buschmänner, er sagt (S. 29): „Was alle diese Bilder im einzelnen auszusagen haben, wissen wir nicht und werden erst sorgsame und eingehende Spezialuntersuchungen festzustellen vermögen". Und S. 33: „Wir sind nach gründlicher Prüfung der Formsprache sowie der Sinntiefe dieser Werke berechtigt zu sagen, daß alle wesentlichen Bilder des Keilstiles diese Kunst als eine sakrale charakterisieren".

Frobenius spricht davon, daß die Felsbilder Südafrikas bis zur Eiszeit zurückreichen können, wörtlich auf S. 8: „Also dürfen wir annehmen, daß diese Kunstübung zurückreicht bis in eine Periode, die unserer Eiszeit entspricht".

Alle diese Fragen gewannen so viel Gewicht, daß mir Abbé Breuil bei einer Einladung in seiner Wohnung in Paris erklärte, das sind zu viele Probleme, ich muß nach Südafrika reisen und die Felsbilder studieren an Ort und Stelle. Ich habe mich an Feldmarschall Smuts gewandt, er hat mit Freuden zugesagt und mir alle Hilfe versprochen. Von 1942—1948 war Breuil, der große Erforscher der Felsbildkunst in Europa, auf Forschungsreisen in Südafrika. Er hat Süd-Rhodesien besucht, das ehemalige Deutsch-Südwest-Afrika, das Basutoland, Südost-Afrika. Seine große Frage war die weiße Dame, wie er sagte, vom Brandberg bei Windhoek in der Tsisab-Schlucht, die Obermaier und ich veröffentlicht hatten auf S. 8 unseres Buches.

Auch Frobenius hat dieses Bild wiedergegeben in Madsimu Dsangara auf Taf. 79.

Breuil erklärt zu unser aller Erstaunen, der Krieger in der Tsisab-Schlucht auf dem Brandberg, 150 km nordwestlich von Windhoek ist kein Krieger, sondern eine Frau, eine Dame, eine weiße Dame, sicherlich kretischer Herkunft aus der Zeit um 1350—1300 v. Chr. Sein Buch erschien 1955 mit dem Titel: The White Lady of the Brandberg, London, The Trianon Press. In dem Buch erwähnt Breuil das Werk über Buschmannkunst von Obermaier und von mir mit Achtung und Anerkennung, aber in dem Krieger erkennt er eine weiße Dame. An Marschall Smuts schrieb er diese Worte (S. 3): "I send you the portrait of a charming young girl, who has been waiting for us on a rock in the Brandberg range for perhaps three thousand years; do you think it well to keep her waiting much longer?" Marschall Smuts antwortete, wir sind im Krieg, es war 1941. So kehrte Abbé Breuil mit seiner Sekretärin, Miß Boyle, zurück nach Europa. Nach dem Kriege, 1946, kam Marschall Smuts nach Paris, und Breuil bemerkt, daß er mehrmals zum Essen mit Miß Boyle bei ihm eingeladen war. „Wann kommen Sie wieder zu unserer Lady auf dem Brandberg?" fragte ihn der Marschall, Breuil antwortete: "I await your orders." "Come then during the next South African winter, 1947", war die Antwort. So berichtet Abbé Breuil, ebda S. 3.

Am 1. August war er und Miß Boyle in Windhoek angekommen, am 3. August begann die Reise zum Brandberg mit Dr. Scherz und Dr. Martin. Breuil beschreibt die Schwierigkeiten des Weges, die Zeltlager, auch daß ein Löwe kam, eine Python-Schlange, Giraffen, Antilopen. Er nahm die Bilder auf, vor allem das der Weißen Dame, Frontbild des Buches.

Im August 1948 besuchten Breuil und Miß Boyle die Maack-Schlucht am Brandberg zum zweiten Male, begleitet von Dr. Scherz aus Windhoek und Dr. Strey, einem Farmer und Botaniker. Wieder wurden alle Bilder genau kopiert. BREUIL schreibt dann in dem Buch in Kap. III unter dem Titel: Foreign influences in the Maack shelter painting, die weiße Dame besitzt Ähnlichkeiten zu den weiblichen Gestalten im Palast des Minos von Knossos, so heißt es auf S. 9. Ägyptische Malerei wird herangezogen, Apulejus mit dem Goldenen Esel wird bemüht. Breuil ist sicher, daß es sich bei dem Bilde um eine Frau aus Kreta handelt. Als Datum gibt er 1300 v. Chr. an (S. 13), an anderer Stelle 1500 v. Chr. (S. 15), sogar bis 3000 v. Chr. (ebda). Zum Schluß sagt er (S. 31): "Miß Boyle and I are more inclined to look to Crete or to Egypt. It is recognised that Egyptian civilisation, though it received material and spiritual gifts from Asia and Crete, yet had its roots firmly planted in Africa. It is, therefore, reasonable to seek some clue to the enigma in the affinity of that civilisation to this magnificent flower of African Art".

Ein so bedeutender Gelehrter von so großer Kenntnis, von so überlegenem Wissen konnte so tief irren. Niemand von allen Wissenschaftlern ist ihm gefolgt.

Die Figur ist überhaupt keine Dame, sondern ein Krieger. Dr. Scherz hat mir die Farbphotographie übersandt, sie entspricht ganz der Kopie von Maack, so wie Obermaier und ich sie veröffentlicht haben, und auch Frobenius in Madsimu Dsangara, Taf. 79. Die Figur hat keine Brüste, immer ein betontes Zeichen für eine weibliche Gestalt, sie trägt Pfeile und einen Bogen. An eine Dame zu denken, ist tatsächlich unmöglich. Sie trägt allerdings nicht die Merkmale der Buschmann-Krieger, es mag sich um einen Neger handeln, vielleicht einen Herrero.

Als ich mit meiner Frau einmal wieder bei Breuil eingeladen war, etwa 1956, wagte ich nur anzudeuten, daß die Gestalt doch keine Dame sei. Breuil ließ meine Einwände nicht gelten, und es blieb mir nichts, als das Thema zu wechseln.

Im Jahre 1965 veröffentlichte ich im IPEK, Bd. 21, 1964—1965 einen Artikel von H. R. MacCalman in Windhoek über die Bilder vom Brandberg. Über die Weiße Dame, den Krieger, erklärt der Verf. (S. 91): "Maack also discovered and copied the famous 'White Lady of the Brandberg' which he described as representing a young man. From 1947 the Abbé Breuil made several visits to South West Africa which resulted in a series of books on the rock art published by the Trianon Press. Breuil suggested that the White Lady frieze represented a Cretan princess with her entourage but many authorities today believe it represents a young man undergoing a tribal initiation ceremony".

MacCalman berichtet in diesem Aufsatz von neuen Entdeckungen von Felsbildern auf dem Brandberg in der Großen Domschlucht, und er erzählt von neuen Expeditionen zusammen mit Prof. A. B. Elsasser von der University of California. Er meint, daß die Buschmänner mit der Wilton-Industrie um 5500 v. Chr. nach Südafrika gekommen seien, und daß dieses Datum als das älteste für Buschmann-Bilder anzunehmen sei. Die jüngsten stammen aus unserer Zeit.

Die Große Domschlucht auf dem Brandberg, gegenüber der Tsisab-Schlucht bringt aber auch andere Bilder, Gravierungen von Kreisgruppen, Hütten und Dörfern. Der Verf. erklärt mit Recht, das seien Dörfer der Bergdama, nicht von den Buschmännern. Sie lebten an dieser Stelle des Brandberges bis 1920. Bei diesen Bildern finden sich blaue Glasperlen, Tongefäß-Scherben und Kupfer.

Die Bergdama oder Bergdamara sind nicht Buschleute, sie sind ein kleiner zurückgedrängter negroider Volksstamm von etwa 40 000 Menschen in Südwest-Afrika. Die meisten von ihnen leben jetzt in Reservaten oder arbeiten auf Farmen oder in Minenbetrieben. Sie hatten Dörfer, einfachen Ackerbau und auch Viehzucht. Ein Buch berichtet eingehend über diesen Stamm, H. Vedder, Die Bergdama, 2 Bde. 1923.

Das Thema der Buschmannbilder in Südafrika wurde wegen der Problemlagerungen so wichtig, daß eine Reihe von sehr guten Büchern erschienen ist neben vielen Artikeln in wissenschaftlichen Zeitschriften. So: A. R. Willcox, Rock Paintings of the Drakensberg, London 1956, Ders. The rock art of South Africa, London Verl. Nelson, 1963 mit 95 Seiten u. 33 Farbphotos. Auch Willcox wendet sich gegen die Deutung des Kriegers auf dem Brandberg als weiße Dame. Auf S. 51 nennt der Verf. Radiokarbon-Daten von Fundschichten in einer Höhle am Matjes River mit Knochen unter den Felsbildern, natürlich kein gesicherter Beweis, 5750 Jahre, also rund 3700 v. Chr., dazu 5400 Jahre, demnach 3400 v. Chr. Das älteste Datum der untersten Schicht, bezeichnet als D in dieser Höhle, ergab 10 500 gleich 8500 v. Chr. Ob diese Schicht aber zu einer Buschmann-Bevölkerung gehört, ist durchaus zweifelhaft. Auch ein neueres Werk über die Buschleute, G. B. Silberbauer, Bushmen survey report, Mafeking 1965, gelangt noch nicht zu einem sicheren Ergebnis über den Zeitpunkt der Einwanderung der Buschleute nach Südafrika.

Von Wert wegen der genauen und sorgfältigen Angaben ist ein Buch von M. Wilman, The rock-engravings of Griqualand West and Bechuanaland, South Africa, Kimberley and Cambridge 1933, 2. Aufl. Cape Town 1968, mit 77 Seiten und 70 Tafeln.

Im Jahre 1655 werden die Buschmänner zum ersten Male beobachtet durch eine Expedition von Jan Wintervogel. Auch 1661, 1676, 1685, 1689, 1694 werden Buschmänner von Weißen angetroffen. 1701 berichtet Theal, History of South Africa, Bd. 1, S. 385, daß Buschleute Rinder stehlen von Riebeecks Farm. Seit dieser Zeit gibt es immer wieder die Kämpfe und gegenseitiges Morden. Es stehen sich zwei völlig verschiedene Grundvorstellungen gegenüber. Die Buschleute sind Jäger, nach ihren uralten Begriffen gehören die Tiere ihnen. Seit Jahrtausenden leben sie von und mit ihnen, die Gottheit hat die Tiere für sie geschaffen.

Die Europäer aber besitzen die Vorstellung, daß die Herden ihr besonderes Eigentum sind, ihr ganz eigener Besitz. Wenn die Buschleute ihre Tiere nehmen, dann sind sie Diebe. So berichtet die Geschichte immer wieder von Kämpfen zwischen den Weißen und den Buschmännern, Kriege werden gemeldet unter den Jahren 1747, 1758, 1763, 1764, 1770. Von 1800 ab berichtet H. Lichtenstein in: Travels in Southern Africa, 1804, Bd. II S. 212, 223, 226 über weitere Kämpfe. G. W. Stow sagt auf S. 219 seines Buches, Native Races of South Africa, London 1905, daß in mehreren Gegenden die Buschmänner völlig ausgerottet worden sind. 1839, 1854, 1855 hat es immer wieder Kämpfe gegeben, bei denen die Buschmänner an immer anderen Stellen völlig vernichtet wurden. Die Berichte finden sich bei James Backhouse, A Narrative of a visit to the Mauritius and South Africa, 1860. Auch G. Fritsch, Die Eingeborenen Südafrikas, Breslau 1872, berichtet S. 465—467 über die Vernichtung der Buschmänner. Ein Farmer bestätigte, daß unter seiner Anführung 3200 Buschmänner getötet worden seien, ein anderer sprach von 2700.

Erik Holm hat in IPEK, Bd. 19, 1954—1959 S. 77—84 seine Gedanken dargelegt über die Kunst der Buschmänner, ferner in: Kunst der Welt, Bd. Die Steinzeit, Baden-Baden, Holle Verlag 1960 S. 155—207.

Ein neueres, sehr sorgfältig gearbeitetes Buch ist das von Ernst R. Scherz Felsbilder in Südwest-Afrika, Böhlau-Verlag, Köln, Teil I, 1970 mit 135 Seiten und 96 Tafeln. Teil II, Die Gravierungen, mit 130 Seiten, 31 Textabb. u. 110 zum Teil farbigen Tafeln. Wien Verl. Böhlau 1974. Der Verf. erklärt, daß das Buch von Obermaier und mir von 1930 ihn zu der Arbeit angeregt habe. Seine praktische Einführung in dieses Gebiet war, als er Frau Bowler-Kelley, aus der Schule von Breuil, zu den Felsbildern begleitete und später, 1947, 1948 und 1950, Henri Breuil und Miß Boyle. Er sagt, daß eine feste Freundschaft in diesen Jahren zwischen ihnen entstand. Seine große Photosammlung der Felsbilder konnte er auf einer Reise nach Deutschland 1961 zu Vorträgen und Besprechungen verwenden. Prof. H. Schwabedissen vom Institut für Ur- u. Frühgeschichte a. d. Univ. Köln konnte ihm von der Forschungsgemeinschaft ein mehrere Jahre umfassendes Stipendium bewirken. Nun konnte er sich ganz der Forschung und der Aufnahme der Felsbilder widmen. 20 000 Gravierungen konnte er und seine Frau photographisch aufnehmen, 4000 Bilder konnte er sammeln, sie stammen von 120 Fundplätzen.

Das erste Ergebnis dieser Arbeiten ist das genannte Werk, es legt die Gravierungen mit genauen Karten und Angaben jedes Fundplatzes vor. Eine so genaue Verarbeitung hat es bisher noch nicht gegeben. Über das Alter vermerkt der Verf. (S. 121) „Das Alter der Gravierungen ist also kaum anzugeben. Eine fünfzig Jahre alte, datierte Gravierung auf Dolomit (Taf. 27,1) erscheint noch ganz frisch. Die jüngsten Arbeiten an diesem Fundort sind schon wesentlich verwitterter und demnach wohl wenigstens 200 Jahre alt. Die völlig patinierten Gravierungen müssen sehr viel älter sein. Die Entstehungszeit der ältesten und besten reicht wohl 1000 bis 4000 Jahre zurück".

Für Sinn und Bedeutung der Bilder zählt Scherz zwölf verschiedene Annahmen auf (S. 17), darunter erscheint bei Nr. 9—12 als Grund die Magie.

Wenn dieses Buch dem alten Deutsch-Südwest-Afrika gewidmet ist, dann ein anderes neuerer Zeit wieder einem geschlossenen Raum Südafrikas, Natal, in der Republic of South Africa. Dort liegt der Drakensberg, ein Berggebiet, ganz überzogen mit Malereien und Gravierungen. Das Buch behandelt nur eine Schlucht dieses Berges, mit Namen Ndedema. Der Verf. hat dort 12762 einzelne Bilder gezählt, darunter 3909 Malereien. Der Titel des Buches ist: HARALD PAGER, Ndedma. A documentation of the paintings of the Ndedema Gorge. Reihe: Die afrikanischen Felsbilder, Akad. Druck- u. Verlagsanstalt Graz, 1971. Es umfaßt 375 Seiten, 395 Figuren u. 147 Tafeln.

Die Bilder zeigen Menschendarstellungen wie in der mesolithischen Kunst Ostspaniens. An Tieren wird das Elentier am meisten abgebildet, Taurotragus oryx, in 1343 Wiedergaben. Auch die Antilope ist häufig mit 1345 Bildern. Es kommen aber auch andere Tiere vor, Affen, Elefanten, Leoparden, Löwen, Zebras, Buschböcke, auch Insekten, Vögel und Fische.

Die Urbevölkerung sind die Buschmänner, so sagt der Verf. Die ersten historischen Berichte sind nicht mehr als 500 Jahre alt. Um 1500 n. Chr. erreichen die Bantuneger das Land, die Buschmänner ziehen sich zurück in die Berge. 1873 dringen die ersten Europäer ein in Natal.

Pager versucht eine Datierung. Die Steinwerkzeuge besitzen große Ähnlichkeit mit Funden aus der Val-Limpopo-Senke. Dort haben an vegetabilischen Gegenständen die C 14-Daten die Zeit von 780—1230 n. Chr. ergeben. Der Verf. errechnet für die frühesten Bilder die Daten von 970—1370 n. Chr. Die Mehrzahl der Bilder muß zwischen 1600 und 1800 n. Chr. gemalt worden sein, so meint der Verf.

Das Buch bringt sorgfältige und eingehende Angaben über jeden Fundplatz, über jede Bildergruppe. In IPEK, Bd. 23, 1970—1973, S. 88—89 bringt Harald Pager einen Aufsatz mit dem Titel: An experiment with film animation, mit Bildern von Menschengruppen.

So haben besonders diese beiden neueren Bücher über die einzelnen Fundplätze die Forschung bedeutend weitergeführt. Das Problem der Datierung ist für die Anfänge aber noch nicht als gelöst zu betrachten.

Man weiß, daß die Bilder vorhanden waren 1797, und sie sind geschaffen worden bis in die Gegenwart. Aber wann beginnen diese Bilder in Südafrika, bestehen ferner Beziehungen zu der Bilderwelt in Mittelafrika, zu der in Nordafrika, wie besonders zu Tassili? Und wie steht es mit der Beziehung zu der Kunst von Ostspanien, datierbar in das Mesolithikum? Noch sind es Fragen über Fragen. Aber gut ist es, wenn in einer Wissenschaft Fragen bestehen, sie fordern den Wunsch zur Lösung heraus. Nur eine sorgfältige Bearbeitung überschaubarer Bezirke, wie bei den Werken von Scherz und Pager, wird, so ist zu hoffen, allmählich einem Ergebnis näherführen.

Aber nicht unlösbar ist die Frage der Bedeutung der Bilder. Mehrere Autoren berichten darüber, daß sie Buschmänner vor den Bildern befragen konnten. Die Antworten sagen nichts aus, die Eingeborenen scheuen die Bilder, manchmal gaben sie an, Gott selber habe sie gemalt, manchmal waren es Geister.

Es sind heilige Stellen, an denen die Bilder vereinigt sind, die Valltorta-Schlucht, die Gasulla-Schlucht in Spanien, die Tsisab-Schlucht auf dem Brandberg, die Ndedma-Schlucht auf dem Drakensberg, dem Drachenberg.

Zur Verschönerung der Landschaft sind die Bilder sicherlich nicht geschaffen worden, solche Gedanken vermag nur ein rationelles Vorstellen unserer europäischen Welt zu entwickeln. Das Denken dieser Epochen steht unter der Kategorie der Magie.

Magie bedeutet, daß Abgebildetes und der Gegenstand gleich sind. Das Christusbild ist Christus selbst, das Buddhabild ist Buddha selbst. Die jüdische und die mohamedanische Religion verbieten das Abbild. Der Bilderstreit in der christlichen Kirche spricht deutlich von der Bedeutung der Magie. Auch Beschwörung, Segen und Fluch ist Magie.

Bei V. Lebzelter, Rassen und Kulturen in Südafrika, Bd. II, Leipzig 1934, S. 33, kann man lesen: „Bevor sie auf die Jagd gehen, zeichnen sie den Umriß des Tieres in den Sand, und unter allerhand Zeremonien schießen sie einen Pfeil auf die Zeichnung. Dort, wo die Figur getroffen wurde, wird auch das Wild getroffen werden".

Mit dieser Beobachtung ist bei den Buschmännern deutlich der Sinn der Magie gegeben. Diese Beobachtung beschreibt auch Leo Frobenius in seinem Buche: Kulturgeschichte Afrikas, Wien 1933, S. 127. Dort kann man über Zentralafrika lesen:

„Im Jahre 1905 traf ich in dem Urwaldgebiet zwischen Kasai und Luebo auf Vertreter jener vom Plateau in die Zufluchtsorte des Kongo-Urwaldes verdrängten Jägerstämme, die als Pygmäen so berühmt geworden sind. Einige der Leute, drei Männer und eine Frau geleiteten die Expedition etwa eine Woche lang. Eines Tages — es war gegen Abend, und wir hatten uns schon ausgezeichnet miteinander angefreundet — war einmal wieder große Not in der Küche, und ich bat die drei Männlein, uns noch heute eine Antilope zu erlegen, was ihnen als Jäger ein leichtes sei. Die Leute sahen mich ob dieser Ansprache offenbar erstaunt an, und einer platzte dann mit der Antwort heraus, das wollten sie schon sehr gern tun, aber für heute sei es natürlich ganz unmöglich, da keine Vorbereitungen getroffen seien. Das Ende der sehr langen Verhandlung war, daß die Jäger sich bereit erklärten, am anderen Morgen mit Sonnenaufgang ihre Vorbereitungen zu treffen. Damit trennten wir uns. Die drei Männer gingen dann prüfend umher und zu einem hohen Platze auf einem benachbarten Hügel".

„Da ich sehr gespannt war, worin die Vorbereitungen dieser Männer denn nun bestehen würden, stand ich noch vor Sonnenaufgang auf und schlich mich in das Gebüsch, nahe dem freien Platze, den die Leutchen gestern abend für ihre Maßnahmen ausgewählt hatten. Noch im Grauen kamen die Männer, aber nicht allein, sondern mit der Frau. Die Männer kauerten sich auf den Boden, rupften einen kleinen Platz frei und strichen ihn glatt. Dann kauerte der eine Mann sich nieder und zeichnete mit dem Finger etwas in den Sand. Währenddessen murmelten die Männer und die Frau irgendwelche Formeln und Gebete. Danach abwartendes Schweigen. Die Sonne erhob sich am Horizont. Einer der Männer, mit dem Pfeil auf dem gespannten Bogen, trat neben die entblößte Bodenstelle. Noch einige Minuten, und die Strahlen der Sonne fielen auf die Zeichnung am Boden. Im selben Augenblick spielte sich blitzschnell folgendes ab: Die Frau hob die Hände wie greifend zur Sonne und rief laut einige mir unverständliche Laute; der Mann schoß den Pfeil ab; die Frau rief noch mehr; dann sprangen die Männer mit ihren Waffen in den Busch. Die Frau blieb noch einige Minuten stehen und ging dann in das Lager. Als die Frau fortgegangen war, trat ich aus dem Busch und sah nun, daß auf dem geebneten Boden das etwa vier Spannen lange Bild einer Antilope gezeichnet war, in deren Hals nun der abgeschossene Pfeil steckte".

„Während die Männer noch fort waren, wollte ich zu dem Platze gehen, um den Versuch zu machen, eine Photographie von dem Bild zu gewinnen. Die immer in meiner Nähe sich aufhaltende Frau hinderte mich aber daran und bat mich inständigst, dies zu unterlassen. Wir marschierten also ab. Am Nachmittag kamen die Jäger mit einem hübschen Buschbocke uns nach. Er war durch einen Pfeil in die Halsader erlegt. Die Leutchen lieferten ihre Beute ab und gingen dann mit einigen Haarbüscheln und einer Fruchtschale voll Antilopenblut zu dem Platz auf dem Hügel zurück. Erst am zweiten Tage holten sie uns wieder ein, und abends bei einem schäumenden Palmwein konnte ich es wagen, mit dem mir vertrautesten der drei Männer über die Sache zu sprechen. Der schon ältere — jedenfalls von den dreien der älteste — Mann sagte mir nun einfach, daß sie zurückgelaufen waren, die Haare und das Blut in das Antilopenbild zu streichen, den Pfeil herauszuziehen und dann das Bild zu verwischen. Vom Sinn der Formeln war nichts zu erfahren. Wohl aber sagte er, daß das „Blut" der Antilope sie vernichten würde, wenn sie das nicht so machten. Auch das Auslöschen müßte bei Sonnenaufgang geschehen. Inständig bat er mich darum, der Frau nichts zu sagen, daß er mit mir darüber gesprochen habe. Er schien große Furcht vor den Folgen seines Schwätzens zu haben, denn am anderen Tage verließen uns die Leutchen, ohne sich zu verabschieden".

Das Bild des vorgeschichtlichen Afrika hat in den Jahren von 1900 bis 1975 an Kraft gewonnen. Viel Arbeit ist geleistet worden und mancher Tropfen Schweiß ist in den Boden dieser dürren Erde gefallen. Unser Wissen um die ältesten Menschenformen, unser Wissen um das Übergangsfeld vom Tiere zum Menschen hat gerade in Afrika in den letzten Jahrzehnten sich besonders bereichert. Die Bilderwelt der Buschmänner konnte viel deutlicher zu uns sprechen. Daß die Buschmänner es waren, die diese Bilder gemalt haben, ist deutlich gesichert. Auch diese Tatsache ist bezweifelt worden, völlig zu unrecht. Ein ungeheuer großes Feld der Buschmann-Malereien lagert sich im Süden von Afrika, ein großer Aufgabenkreis für die kommende Forschung.

Karten zu Kapitel XVII

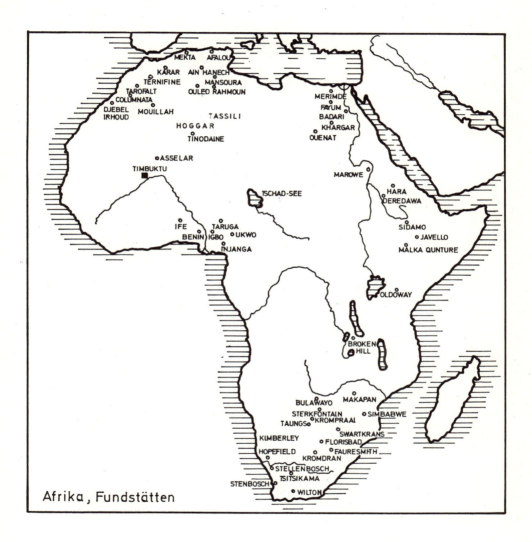

Afrika, Fundstätten

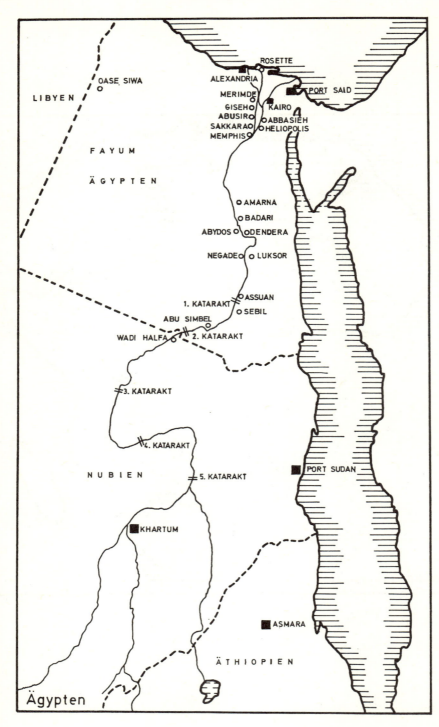

Ägypten

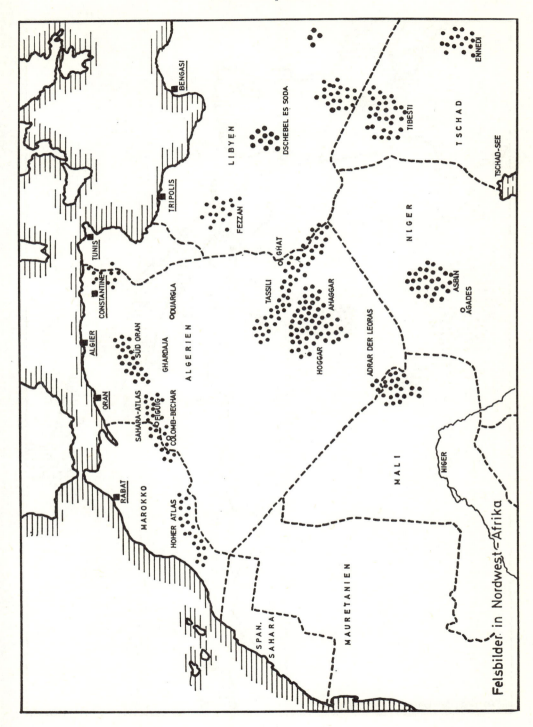

Karten zu Kapitel XVII

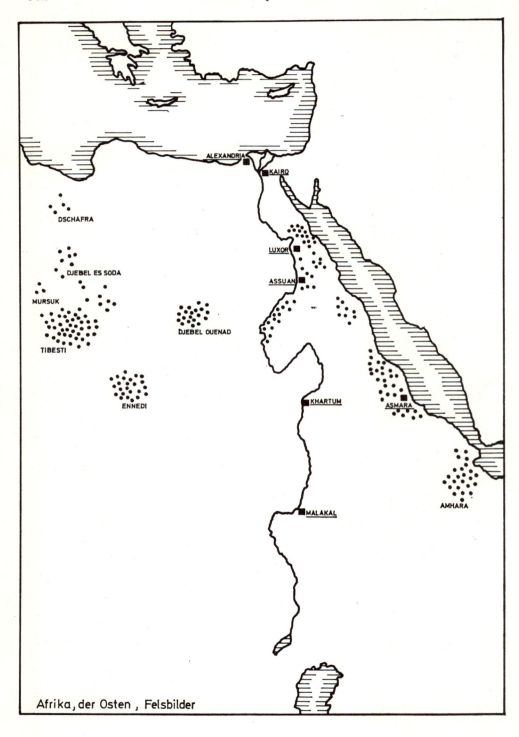

Afrika, der Osten, Felsbilder

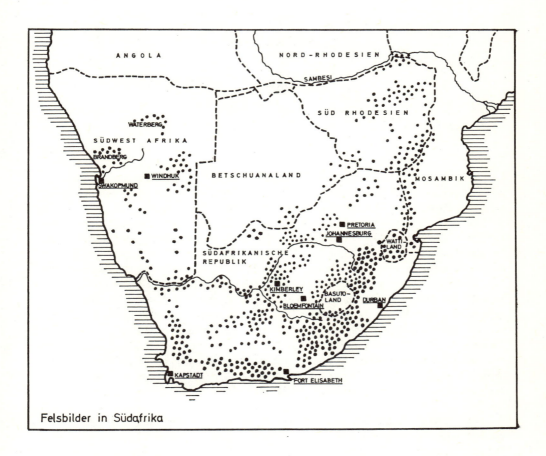

Felsbilder in Südafrika

KAPITEL XVIII

Amerika

Nordamerika

Die Vorgeschichte Amerikas ist getragen von zwei Schwerpunkten. Erstens von der Frage nach der Herkunft des Menschen in Nordamerika, zweitens von der Frage nach der Entstehung der Hochkulturen in Mexiko und in Peru.

Beide Fragen bewegen die Menschheit seit Jahrhunderten, und auch heute noch sind in beiden Fragen Gegensätze und Widersprüche nicht völlig ausgeglichen. Wohl hat die Entdeckung der Radiokarbon-Datierung, des C 14, manches Licht in die Probleme zu bringen vermocht, aber gerade auch durch diese Methode konnten neue Unklarheiten entstehen. Werden Proben aus der Schicht mit Knochen von Menschen und Tieren gehoben, müssen sich genaue Daten ergeben. Oftmals aber sind an demselben Fundplatz Proben aus unteren Schichten entnommen worden, aus Schichten, die nichts zu tun haben mit der Kulturstrate, um die es geht. Dann ergeben sich Zahlen über 10 000, und die Folgerungen daraus sind irreführend. Das hat es immer wieder in Amerika gegeben. Sofort folgern dann die Zeitungen und Zeitschriften ein Alter über das Ende der Eiszeit hinaus in frühere Epochen. Dann scheint der wissenschaftliche Erweis erbracht, daß der Mensch schon in der letzten Eiszeit, also vor 10 000 in Amerika gewesen sei.

Die Tatsache aber ist, daß bis heute ein Skelett oder auch nur Teile eines Skelettes des Menschen der Eiszeit in Amerika nicht gefunden worden sind. Es haben sich auch nicht Schichten mit gesicherten Überresten des Menschen der Eiszeit ergeben, wie so vielfach in Frankreich und Spanien.

Es ist auch oft der Gedanke geäußert worden, daß gerade während der letzten Eiszeit der Mensch die Beringstraße habe überschreiten können, weil sie mit Eis bedeckt war. Dieser Gedanke ist abwegig. Nicht auf die Möglichkeit des Überschreitens kommt es an, sondern auf die Möglichkeit der Ernährung. Der Mensch lebt von der Jagd, es müssen also Tiere dagewesen sein. Das aber gerade ist unmöglich. Das Rentier, auch die anderen Tiere der Eiszeit brauchen zum Leben Kräuter, Gras, Pflanzen. Da, wo nur Eis besteht, gibt es den Pflanzenwuchs nicht. So ist der Gedanke, daß der

Mensch während der letzten Eiszeit über das weite Eis vom Süden Europas über ganz Nordeuropa und Nordasien bis zur Beringstraße und weiter über das Eis nach Nordamerika gewandert sei, tatsächlich unwirklich. Noch mehr natürlich der Gedanke, der auch geäußert worden ist, daß der Mensch in der Eiszeit den Atlantischen Ozean auf dem Eise überschritten habe.

Es gibt eine Anzahl älterer Werke, die über die Vorgeschichte Amerikas berichten. LORD AVEBURY, vorher Sir John Lubbock, veröffentlichte 1865 sein damals bedeutendes Werk: Prehistoric Times. Hier widmet er ein ganzes Kapitel der nordamerikanischen Archäologie. Es ist dort die Rede von den Mounds, von Präsident Jefferson, der als erster einen Mound ausgrub. Lord Avebury erklärte, daß die Vorgeschichte Amerikas ebenso ergebnisreich sei, wie die von Europa und dem Nahen Orient, was natürlich nicht den Tatsachen entspricht. Aufsehen erregten am Ende des 19. Jahrhundert Bücher wie CHARLES JONES, Antiquities of the Southern Indians, 1873, und ABBOTT, Stone Age in New Jersey, 1877.

Nach 1900 wurde von Bedeutung das Buch von H. BEUCHAT, Manuel d'Archéologie Américaine, Paris 1912. — W. H. HOLMES, Handbook of Aboriginal American Antiqities, in: Bureau of Amer. Ethnol. Bulletin 60, 1919. — S. CANALS FRAU, Prehistoria de América, Buenos Aires 1950. — J. W. GRIFFIN, United States and Canada, in: Program of the History of America I, Mexico 1955. — Ders. Archaeology of Eastern United States, Chicago 1952. — A. D. KRIEGER, New World Culture History: Anglo-America, in: Anthropology To-day, Chicago 1953. Aber alle diese Werke konnten die C 14-Datierung noch nicht verwenden, und so sind die zeitlichen Bestimmungen ungesichert.

Geologisch sind die vier Eiszeiten auch in Amerika deutlich erkennbar. Die erste Eiszeit wird Nebraska-Zeit genannt, die zweite Eiszeit Kansas-Zeit, die dritte Illinois-Zeit, die vierte Wisconsin-Zeit. Die bezeichnenden Tiere dieser Epochen wurden gefunden, so die Bodenfaultiere, oft in riesiger Größe, Megatherium, Mylodon, Megolonyx, dann Gürteltier, Grypotherium, das lamaartige Kamel, Camelops, weiter das Mammut, der Bison, die ausgestorbene einzehige Pferdeart und der Hirsch. Aber Funde von Menschen aus diesen Epochen sind nicht zutage getreten.

Im Jahre 1926 gewann die prähistorische Forschung in den Vereinigten Staaten einen Aufschwung durch die Entdeckung von prähistorischen Werkzeugen an dem Orte Folsom. Der Platz liegt in dem nordamerikanischen Staat New Mexico in den Guadalupe Mountains, 210 km nordöstlich von Santa Fe. Der Fund ist einem Zufall zu verdanken. Im Frühjahr 1925 bemerkte ein Neger-Cowboy mit Namen George Mc Junkin in einem ausgetrockneten Flußbett etwas Weißes. Als er mit seinem Reitpferd näher heranritt, ergab sich, daß es ein Knochen war. Neben dem Knochen lag eine Feuerstein-Spitze. Der Cowboy löste alles aus der Erde und steckte es in seine Tasche. Mehreren Freunden erzählte er von seinem Fund, und so kam die Nachricht im Sommer 1926 zu dem Direktor des Colorado Museums of Natural History in Denver, J. D. Figgins. Die Knochenstücke wurden ihm übergeben und er erkannte sie als Teile eines am Ende der Wisconsin-Eiszeit ausgestorbenen Bisons, Bison antiquus figgensi, bearbeitet von ihm selbst und auch nach ihm benannt.

So entschloß sich Figgins im Sommer 1926 an dem Platz Grabungen durchzuführen. Bei den ersten Untersuchungen fand er zwei Feuersteinspitzen neben einem Bisonknochen, Bison antiquus figgensi. Andere Wissenschaftler aber zweifelten, ob Knochen und Feuersteinspitzen derselben Zeit angehören. So lud Figgins führende Forscher ein, selber an der Grabung teilzunehmen. Unter ihnen waren Frank H. H. Roberts und Alfred Vincent Kidder.

Frank H. H. Roberts legte später seine Eindrücke dar, übersetzt in: A Folsom Complex, Smithsonion Miscellaneous Collections, Vol. 94, Nr. 4, Washington D.C. 1935, er schrieb: „Als ich an der Grube in dem Tale von New Mexico ankam, war dort Mr. Figgins, andere Mitglieder des Museums von Colorado und vor allem Dr. Barnum Brown vom Museum of Natural History in New York. Gerade, als ich ankam, hatte Dr. Brown eine Feuersteinspitze freigelegt. Die Spitze stak noch zwischen zwei Rippen des Tierskelettes. Es war nun deutlich, daß zwischen der Spitze und den Tierfunden ein tatsächlicher Zusammenhang bestand".

Im nächsten Jahre, 1927, arbeitete Dr. Brown wieder an der Fundstelle. Er vermochte 19 Folsom-Spitzen zu heben.

Die Spitzen sind so gearbeitet, daß der Rand beschlagen ist, daß er Retuschen besitzt. Die Seite der Spitze gegenüber, die Rückseite, ist ausgebuchtet gearbeitet, dadurch ergeben sich zwei Rückspitzen. Sie können das Steinwerkzeug festhalten an der Speerstange. Die Spitze entspricht entfernt mesolithischen Feuersteingeräten in Europa, auf keinen Fall kann man sie als paläolithisch bezeichnen. Die Radiokarbondatierung von Knochen neben der Spitze ergab 1950 das Datum von 7033 v. Chr. Über diese Radiokarbon-Bestimmung berichtet G. A. Agogino, New Radiocarbon Date for the Folsom Complex, in: Current Anthropology, Chicago 1963 S. 113 bis 114. — Ferner: A. J. Jelinek, An Index of Radiocarbon Dates, in: ebda 1962, S. 451—477.

Der erste Bericht über Folsom ist F. H. H. Roberts, The Folsom problem in American archaeology, Washington 1939. Und: Hannah M. Wormington, Ancient man in North America, Denver, 4. Aufl. 1957, deutsch im Auszug in: Quartär, Bd. 6, 1953. — J. D. Jennings and E. Norbeck, Prehistoric man in the New World, Chicago 1964.

Eine andere wichtige Grabung ist Sandia Cave, die Sandia-Höhle. Auch sie liegt im Staate New Mexico, USA. Es handelt sich um eine Höhle in den Bergen, 2210 m hoch über dem Rio Grande. Es war ein Student der Universität in Albuquerque mit Namen Kenneth Davis, der im Frühjahr 1936 als erster die Höhle nach prähistorischen Gegenständen untersuchte. Er fand eine Pfeilspitze, ein bearbeitetes Stück Hirschgeweih, prähistorisches Flechtwerk und einige Keramikscherben. Davis brachte die Gegenstände zur Universität und nun beschloß der Prof. f. Anthropologie, Frank C. Hibben, die Höhle systematisch zu untersuchen. Die Grabung war besonders schwierig. Die Höhle hat 138 m Tiefe und fällt dabei 22 m ab. Der Gang ist im Durchmesser 3 m breit. Aber die herabgefallenen Felsbrocken und ein undurchdringlicher Staub erschwerten jede Arbeit. Als aber während der Tätigkeit ein Student die Klaue eines Riesenfaultieres, des Megatheriums fand, wurde die Forschung interessanter. Man nahm damals an, daß das Tier um etwa 10000 v. Chr. ausgestorben sei, und so wurde die Grabung als eine besondere Möglichkeit zu wichtigen Ergebnissen betrachtet.

FRANK C. HIBBEN schrieb in Saturday Evening Post vom 17. April 1943 den Artikel: "We found the horne of the First American".

Die Grabung wurde gut organisiert. Ein Camp wurde errichtet, Staubmasken wurden angeschafft, ein großes Staubsaugersystem wurde aufgebaut mit Gummischläuchen, die den Staub absaugten. In einer Arbeit von 1941: Evidence for early occupation in Sandia cave, Smithsonian Miscellaneous Collection Vol. 99, Nr. 23, Washington D.C. erklärte Hibben, in der Höhle liegt der glückliche Fall vor, daß sich deutlich Schichten unterscheiden lassen, Schichten, die nicht gestört worden sind durch äußere Einflüsse, nicht durch Flußablagerungen und nicht durch späte menschliche Zerstörungen. Hibben konnte 6 Schichten unterscheiden. Die oberste Schicht war die Staubschicht mit Fledermaus-Exkrementen, die zweite von oben bestand aus hartem Kalzium-Karbonat, die dritte entsprach der Strate von Folsom mit Feuersteinspitzen wie in Folsom. Die vierte Schicht ergab gelben Ocker. Unter ihr lag die fünfte, die wichtigste. Sie brachte 19 Feuersteinspitzen zusammen mit Knochen von einem ausgestorbenen Pferd, Equus excelsus, ferner Kamel, Bison, Mastodon, Mammut. Mit dieser Schicht war eine Strate vor dem Folsom-Menschen aufgefunden worden. Darunter lagerte die 6. Schicht, Lehm ohne Einschlüsse und dann der gewachsene Fels.

Es war das ein wichtiges Fundergebnis. Hier war der Mensch vor der Folsomschicht erfaßt worden. Zwar gab es keine menschlichen Knochen, aber Feuersteinspitzen, geschaffen von dem Menschen, einfacher, primitiver als die Folsomspitzen.

Es gab damals, 1941—1943, noch nicht die Radiokarbon-Bestimmung, sie wurde erst 1949 entdeckt durch Libby. So wurde die Geologie befragt. Der Geologe KIRK BRYAN legte 1941 das Ergebnis seiner Untersuchungen vor in einem Artikel mit dem Titel: Correlation of the Deposits of Sandia Cave, als Anhang zu dem genannten Buch von Hibben. Bryan erklärte, daß die fünfte Schicht der Zeit vor 25000 Jahren zugehöre.

ROBERT F. HEIZER, Prof. f. Anthropologie a. d. University of California, Berkeley, ein Gelehrter, mit dem ich ein halbes Jahr lang 1963 an dieser Universität zusammen war, und mit dem ich über alle diese Fragen sprechen konnte, zitiert in seinem Buche: Archaeologist at work, New York, Verl. Harper & Brothers 1959, S. 268 nach dem anderen Werk von HIBBEN: Evidences of Early Occupation in Sandia Cave, New Mexico, in Smithsonian Institution, Vol. 99, No 23, p. 11—15 and 16—18: "The deposits accumulating during the subsequent dry period formed the stratum which is designated 'recent'. This succession of dry and wet periods has an important bearing on the chronological significance of the entire sequence in that it provides the basis for a geologic interpretation of the deposits and their correlation with Wisconsin glacial chronology. From the latter Professor Bryan concludes that the sterile ochre deposits correspond to the last ice advance of the Wisconsin and have a nominal date of 25000 years. The Sandia group lived in the cave just before this nominal date and the Folsom just after it".

So gut fundiert diese Angabe erschien, sie hat sich nicht bestätigt. Zwar hatte sich Bryan vorsichtig ausgedrückt und erklärt, daß die geologischen Kenntnisse noch unvollständig begründet seien, aber seine Zeitbestimmung in die letzte Eiszeit hinein hatte bedeutende Folgen. Alle Zeitungen jubelten über das hohe Alter des Menschen in Amerika.

Viele Gelehrte konnten Bryan nicht folgen. Die Gegensätze habe ich in USA immer wieder bei Vorträgen erlebt. Die Frage war, hat der älteste Mensch in Nordamerika schon in der letzten Eiszeit gelebt oder ist er erst nach dem Ende der Eiszeit, nach 10000, über die Beringstraße nach Amerika gekommen? Tatsächlich ist das keine kleine Frage für das Land, es ist eine Frage, die an den Ursprung greift.

Die Radiokarbondaten waren abzuwarten. Sie ergaben für die unterste Schicht, die sechste, 17000 Jahre. Wieder schien das der Gruppe der Wissenschaftler zu entsprechen, die die Einwanderung in den Kontinent in die letzte Eiszeit verlegten. Jedoch es zeigte sich, das auch das auf einem Irrtum beruhte. Die unterste Schicht, die sechste, enthält nicht Spuren des Menschen. Die fünfte Schicht aber, die wichtigste, diejenige mit den frühesten menschlichen Spuren ergab nur Daten von 9000 und 8000 v. Chr.

In die Epoche der fünften Schicht von Sandia ordnen sich die sogenannten Clovis-Spitzen ein, gehoben seit 1932 bei Clovis in New Mexico, nahe der Grenze zu Texas. Es sind retuschierte Spitzen, fluted points, wie sie häufig vorkommen bei den Jägern der nordamerikanischen Prärien. Die Schicht der Clovis-Spitzen ergab in der Radiokarbon-Untersuchung das Alter von 8820 v. Chr. Auch die 5. Schicht der Sandia-Höhle fällt also nicht in die Eiszeit, sondern nur in die Nacheiszeit, in die Epoche nach 10000 v. Chr.

Der Fundort Clovis in New Mexico wurde von Laien entdeckt, die die Fundstelle bemerkten und ihre Entdeckung dem Prof. Edgar F. Howard von der Univ. of Pennsylvenia meldeten. Howard grub vier Jahre hindurch an den Ufern ausgetrockneter Seen, dann folgte ihm John L. Cotter. Es fanden sich Hunderte von Speerspitzen der frühen Einwohner Nordamerikas. Manche steckten noch in den Rippen der Tierskelette. Über die Grabung berichtet JAMES S. COPLEY als Herausgeber eines Werkes: Ancient hunters of the Far West, Union-Tribune Publishing Comp., San Diego 1966.

In der Zeit von 1949—1951 führte die Arbeiten E. H. Sellards weiter. Es war nun nicht mehr nur der Ort Clovis, es ging um viele Fundstätten in New Mexico. Dabei ergab sich an mehreren Stellen, daß die Clovis-Kultur älter sein mußte als die Folsom-Schicht, sie lag mehrmals unter Folsom. Es wurden vier Mammut-Skelette aufgefunden, sehr gut erhalten. Die Geologen sprachen für die Clovis-Schicht von einem Alter von 13000 Jahren, also wieder in der letzten Eiszeit. Die Radiokarbon-Daten ergaben aber für die gleiche Strate der Naco Site im Staate Arizona, nahe der mexikanischen Grenze, die Daten von 9250, also rund 7200 v. Chr.

An einem anderen Fundort der gleichen Strate, in Lehner Site entdeckte Edward F. Lehner 18 km nordwestlich von Naco Site, am San Pedro River, große Knochen von Tieren zusammen mit Clovis-Speerspitzen. Es wurden drei Institute befragt, die die Radiokarbondatierungen durchführten, die Universität von Arizona, Wayne State Univ. Detroit, Michigan, und Kopenhagen. Das Ergebnis war 7205 ± 450, also 5200 v. Chr. und 8330 ± 450, demnach 6300 v. Chr. Der Bericht findet sich in: American Antiquity, Bd. 25, No. 1, July 1959.

In Wirklichkeit führen alle Daten in die Zeit nach 10000, also sie fallen in die Epoche nach der letzten Eiszeit.

Die Radiokarbon-Datierung brachte weitere Schwierigkeiten. So ergab etwa der Fundort Tule Springs in Nevada, den ich selbst besuchen konnte, große Probleme. Fenley Hunter vom American Museum of Natural History in New York fand an dieser Stelle Tierknochen ausgestorbener Tiere und ein Werkzeug aus Obsidian, Bericht bei H. M. Wormington, Ancient Man in North America, Denver Museum of Natural History, 1957.

Die Radiokarbon-Datierungen ergaben durch Libby selbst im Jahre 1955 das Datum von mehr als 23000 Jahren. Später brachte eine neue Untersuchung sogar das Datum von 26000—28000 Jahren. Dann wurden sehr sorgfältig aus der Schicht der Steinwerkzeuge neue Proben an die Institute gesandt, sie brachten die Daten 9200 und 8000 v. Chr. Der Bericht findet sich bei H. M. Wormington, A Summary of what we know today, in: J. S. Copley, Ancient Hunters of the Far West, San Diego 1966. So haben sich die hohen Daten nicht bestätigt. Es waren Proben entnommen worden, die unteren Schichten angehörten als denen mit Feuerstein-Messern, die die Menschen hergestellt haben.

Eine alte Schicht wurde auch bei Cochise County ausgegraben, im Staate Arizona. Der Name stammt von einem Häuptling der Apachen, dem Stamme der Chiricahua. Er führte im 19. Jahrhundert Kriege gegen die Einwanderer im südlichen Arizona. 1861 wurde er gefangen genommen und ins Gefängnis gebracht. Aber ihm glückte die Flucht, und neue Kriege entbrannten. In den undurchdringlichen Bergen gelang es den amerikanischen Soldaten nicht, ihn und seine Truppen zu besiegen. Durch die Vermittlung von Thomas Jefferson gelang es, mit Cochise 1872 Frieden zu machen.

Der Ort ist ein bedeutender Fundplatz. Viele Feuersteinspitzen konnten gefunden werden, die Radiokarbon-Datierung ergab rund 8000 v. Chr. Darüber berichten J. D. Jennings u. E. Norbeck, Prehistoric man in the New World, Chicago 1964.

Eine weitere wichtige Fundstelle ist Gypsum Cave, Gipshöhle. Sie liegt in Nevada, 26 km von Las Vegas entfernt. Im Jahre 1924 hatte sie Mark R. Harrington besucht, ein begeisterter Amateur-Archäologe. Durch Jahre hindurch lebte er mit den Indianerstämmen zusammen und sprach ihre Sprachen. 1882 ist er geboren. Im Jahre 1929 begann er seine Grabungen in der Höhle. Er fand eine seltsame harte Masse, die er nicht deuten konnte. Es ergab sich, daß es Fäkalien, Kothaufen waren. Sie konnten nur von einem riesenhaften Tiere stammen, von einem Tier, das längst ausgestorben ist, es ist das Riesenfaultier, Megatherium. Die weitere Suche erbrachte die riesigen Klauen des Tieres und sogar seine Haare. Dann fanden sich auch Speerspitzen. Aber ob der Mensch noch mit diesem Riesentier zusammen gelebt hat, ist nicht deutlich geworden. Die Speerspitzen sind rhombisch mit einem kurzen spitz zulaufendem Stiel. Harrington hat seine Grabungen beschrieben: Gypsum Cave, Nevada, in: Leo Deuel: Conquistadores without Swords, St. Martin's Press, New York 1967.

Der Faultierdung ergab in der Radiokarbon-Untersuchung 10 445 Jahre, rund 8500 v. Chr. Der gleiche Dung aus höherer Schicht ergab 8527, also rund 6500 v. Chr.

Dieselben Zeitbestimmungen erbrachten andere Ausgrabungen, so Lime Creek in Nebraska 7574 v. Chr.; Fort Reck Cave, Oregon, 6577 v. Chr.; Leonard Rock, Nevada, 6577 v. Chr.; Medicine Creek, Nebraska, 6324 v. Chr.; Sulphur Spring, Arizona, 5806 v. Chr.; Augustura Reservoir, South Dakota, 5765 v. Chr.; Bat Cave, New Mexico, 5500 v. Chr.; Naco Site, Arizona, 7250 v. Chr.; Ventana Cave, Arizona rund 5000 v. Chr.; Yuman Camp bei Cody, Wyoming, ebenfalls rund 5000 v. Chr.

Nun setzte sich die Meinung durch, daß die Gebiete im Westen von USA früher besiedelt gewesen waren als der Osten. Spätere Ausgrabungen schienen dieses zu begründen. Die Universität von Chicago und das Illinois State Museum begannen Grabungen in Randolph County, Illinois. Es ergaben sich Kulturschichten von 8 m Tiefe. Die unterste Schicht erbrachte das C 14 Datum von rund 9000 v. Chr. Die 7 m tiefe Schicht ergab 6000 v. Chr., die 5 m tiefe Schicht 4000 v. Chr.

Grabungen in Pennsylvania, in Kentucky und in New York ergaben 3500 und 3000 v. Chr. Die Angaben bringt FAY-COOPER COLE in: The American peoples Encyclopedia, Verl. Grolier, New York 1970, Bd. 2, S. 72. Und über die Radiokarbondaten berichtet H. MOVIUS, Radiocarbon Dates, in: Current Anthropology, Chicago 1960 S. 355—375, ferner A. J. JELINEK, An Index of Radiocarbon Dates, ebda. 1962 S. 451—477. Doch ein Skelett des Menschen der Eiszeit hat sich bis heute noch nicht gefunden.

Aber auf eine erstaunliche Weise gelang ein Menschenfund der Nacheiszeit in Mexico bei der Stadt Tepexpan. Der Ausgräber ist HELMUT DE TERRA, in Deutschland geboren und aufgewachsen. Er studierte in München. Er besuchte Indien, Burma, Java zu geologischen und prähistorischen Studien. Immer wieder arbeitete er in Amerika. In Chicago machte ich seine Bekanntschaft. Wir haben uns oft wiedergetroffen, auch in Deutschland. Seine Bücher in deutscher Sprache sind: Durch Urwelten am Indus, Brockhaus-Verlag, Wiesbaden 1939, und: Urmensch und Mammut, ebda. 1954.

Beim Bau der Autostraße nach Mexico City, 10 km südlich von den Tempeln von Teotihuacan war 1946 das Skelett eines Elefanten zutage getreten, eines riesigen Tieres mit Namen Elephas imperator. Das Tier war in einen Sumpf eingebrochen und dort verendet. De Terra führte mit dem Geologen der Universität Mexico, Arellano, Untersuchungen durch. Es fanden sich Feuersteinspitzen. Menschen der Vorzeit hatten von dem verendeten Tier Teile des Oberschenkels und Rückenwirbel entnommen. Insgesamt waren um Tepexpan acht verschiedene Fundstellen von Elefantenresten bekannt geworden. Eine ganze Herde muß in den großen Sumpf eingebrochen sein. Wenn aber Skeletteile fehlen, die nur der Mensch genommen haben kann, dann muß auch der Mensch zu finden sein. Wie aber kann man auf den weiten heutigen Feldern den Menschen aufsuchen? So fragte sich De Terra, wie er mir öfters erzählt hat. Wo soll man die Untersuchung beginnen? Welchen Boden soll man aufschneiden?

De Terra kehrte nach New York zurück und wußte sich keinen Rat. Er besprach die Frage mit Dr. Paul Fejos, dem Direktor des Forschungsinstitutes der Wenner-Gren-Stiftung. Aber auch Fejos wußte keine Möglichkeit. Dann aber fiel ihm ein, daß der in Canada lebende schwedische Geophysiker, Dr. Hans Lundberg in Toronto vielleicht einen Rat wissen könne. So fuhr De Terra nach Toronto und besprach mit Lundberg die Möglichkeit der Bestimmung von Gegenständen in der Erde, Möglichkeiten, wie sie angewendet werden beim Auffinden von Minen, beim Suchen nach Metall in der Erde, auch nach Wasserquellen. Aber Menschenskelette in der Erde hatte man noch nicht gesucht. Lundberg versprach, den Versuch zu unternehmen und auf 10 Tage nach Mexico zu kommen. Im Januar 1947 trafen beide Wissenschaftler in Mexico City ein. Beide waren sich nicht sicher, ob man mit physikalischen Methoden ein Menschenskelett in der Erde aufzufinden vermag. Es war für die Vorgeschichtsforschung der erste derartige Fall, aber man mußte ihn wagen. Es gab noch Schwierigkeiten an der Grenze wegen der unbekannten Apparate, dann aber konnte die Arbeit begonnen werden in dem ehemaligen Sumpfgebiet von Tepexpan. De Terra schreibt darüber in seinem Buch, Urmensch und Mammut, 1954 S. 168:

„Endlich kam der Tag, an dem Dr. Lundberg mit seinen Assistenten in meiner Begleitung bei Tepexpan mit der Arbeit beginnen konnte. Der Morgen war klar und sonnig. Die Indianer, die ich als Hilfsarbeiter rekrutiert hatte, standen am Eingang des Dorfes. Manuel, ihr Vorarbeiter, nahm die Instrumente aus dem Wagen. Wir rollten die Drähte ab und legten zwei Leitungen, 300 m lang im Abstand von etwa 200 m. Sie wurden durch eine einfache Trockenbatterie mit einem Induktor mit schwachem Wechselstrom niedriger Frequenz geladen. Dank der Bodenfeuchtigkeit entstand ein elektrisches Feld, dessen Strom durch Drähte in einen Tonverstärker geleitet wurde, sobald der Träger der Apparatur die Leitung durch Einstecken von Metallstäben in den Boden hergestellt hatte. Es war die von Dr. Lundberg konstruierte Apparatur, die aus einem Metallstab, dem Tonverstärker und der an beiden Ohren zu tragenden Hörmuschel bestand. In diesen war ein leises singendes Geräusch zu vernehmen, das jeweils dort aufhörte, wo der Träger auf einer Linie gleicher Spannung stand. Auf die genaue Erkundung dieser Linien kam es an, denn ihr Verlauf deutete etwaige Störungen in der Leitfähigkeit des Untergrundes an. Aus den Unregelmäßigkeiten der Linien ergaben sich Schlüsse auf Objekte höherer oder niederer Leitfähigkeit, die im Boden verborgen waren".

„Sobald Dr. Lundberg den Verlauf der Linien gleicher Spannung ungefähr festgestellt hatte, wurden sie systematisch abgesucht. Hierbei wurden alle 5 m Hochstationen eingerichtet und jede von ihnen durch einen Holzpflock am Boden vermerkt. Der Topograph verzeichnete diese Punkte auf einer besonderen Karte...."

„Inzwischen waren Geophysiker und einige Archäologen aus der Stadt zu Besuch gekommen, um sich den Verlauf unserer Arbeiten anzusehen. Obwohl die Methode der Linearelektroden schon längst bekannt und erfolgreich bei Erzschürfungen erprobt worden war, mußte diese neuartige Anwendung einigermaßen überraschen...."

„Auf dem Kartenbild verdichteten sich die Linien. Deutlich kam es an drei Stellen zu sichtlichen Störungen der elektrischen Leitfähigkeit. Was mochte sie verursacht haben? Knochenansammlungen oder geologisch bedingte, aus der verschiedenartigen Bodenschichtung entstandene Differenzen? Nur eine Ausgrabung konnte die Antwort bringen".

„Am zehnten, also dem letzten Tage von Dr. Lundbergs Mitarbeit, steckte ich drei Quadrate auf dem Boden dort ab, wo die Störungen auf der Karte verzeichnet waren. Sie lagen je etwa 20 m voneinander entfernt. Bei der ersten Grabung stießen wir auf feuchten Sumpfton, aber nicht auf die harte Kalkkruste, die bei den Elefantenfundstellen so deutlich in der Schichtbildung zu erkennen gewesen war. Das Fehlen jeglicher Knochen mußte jeden Zuschauer enttäuschen, der bei dieser Grabung eine Sensation erwartet hatte".

„Die zweite Grabung erwies sich als ungleich schwieriger als die erste, woran die Kalkkruste Schuld war, deren Härte die Arbeiter zur Verzweiflung brachte. Als wir auch sie bis zur üblichen Tiefe von etwas über einem Meter getrieben hatten, wußte ich, daß auch diese Stelle keine Knochen enthielt".

„An diesem Nachmittag blieb uns noch so viel Zeit, um die Grabung bis zur Kalkschicht auszuführen. Ein Staubsturm verdunkelte die Landschaft, und dann begannen die ersten Regentropfen zu fallen. An Weiterarbeit war nicht mehr zu denken. So verließ ich die Arbeiter mit der ausdrücklichen Anweisung, bis zu meiner Rückkehr am nächsten Morgen nicht weiterzugraben. Ich konnte nicht ahnen, daß sie meinen Befehl nicht ausführen würden. Am folgenden Morgen kehrte ich in Begleitung meines Sohnes und meines Freundes Arellano zur Ausgrabung zurück. ... Kaum, daß die ersten Häuser von Tepexpan in Sicht kamen, sah ich unsere Arbeiter genau dort, wo ich sie gestern Abend verlassen hatte. Manuel winkte mir von weitem zu, als ob ich mich beeilen solle. „Es sind Knochen da", rief er mit strahlendem Gesicht und wies in unsere letzte Ausgrabung. Von oben konnte ich einen dunklen, rundlichen Gegenstand erkennen. Im Augenblick wußte ich nicht, ob ich Manuel auf der Stelle umarmen oder ihn aus Wut über die Mißachtung meiner Anweisung beschimpfen sollte. Die Leute hatten die Kalkschicht durchstoßen und den darunterliegenden Seeton erreicht. Das Fundstück, was immer es auch sein mochte, lag unter der Kalkschicht in der gleichen Tiefe wie die Elefantenskelette".

„Meine Finger glitten über die feuchte Oberfläche des runden Gegenstandes und blieben in einer Höhlung stecken. Das Grundwasser war über Nacht gestiegen und hatte den Ton in Schlamm verwandelt. Arellano half mir, den Fund zu säubern. Es war das Schädeldach eines Menschenkopfes! Mit größter Vorsicht legten wir den ganzen Schädel frei und hoben ihn aus, um uns die Trophäe anzusehen. ... Der Schädel lag genau in der Tiefe der Elefantenfunde; die Schicht, ein sandiger Ton, war dieselbe, die wir bereits von den anderen Grabungen und besonders aus den Aufschlüssen des langen Entwässerungsgrabens kannten. ... Plötzlich sahen wir bei weiterem Ausheben des Schlammes andere Skeletteile. Wir ließen sie vorerst unberührt, bis wir weitere fachmännische Hilfe geholt hatten".

„Wir konnten dem geologischen Befund nach an dem hohen Alter des Entdeckten nicht zweifeln; es mußte so alt wie die übrigen Fossilfunde sein. Der erste Mensch aus späteiszeitlichen Schichten in Mittelamerika! Der geologische Anfang vorspanischer Geschichte war in dieser aufregenden Stunde endlich zum Vorschein gekommen. ..."

„Am nächsten Tag, einem Sonntag, schritten wir zur Ausgrabung der anderen Skelettreste. Hierzu hatte ich den Anthropologen Professor Xavier Romero gebeten, da ich zu dieser heiklen Arbeit eine Hilfe brauchte, die sich auf die Anatomie eines Menschenskeletts verstand. Romero und Arellano sollten als Mexikaner die Ehre haben, den ältesten Menschen ihres Landes aus seiner feuchten, geologischen Lage selbst auszugraben....."

„Schon bei der damaligen Deutung des Fundes war gerade die örtliche Beziehung zu den umliegenden Elefantenskeletten wichtig. Der Urmensch war auf der Jagd nach Dickhäuertn, wahrscheinlich in Begleitung anderer Jäger, umgekommen. Wie die Elefanten mochte er in einer Untiefe des sumpfigen Seeufers, verendet sein. Diese Hypothese wurde denn auch durch einen späteren Fund bei Ixtapan in unmittelbarer Nachbarschaft bestätigt".

Die Radiokarbon-Datierung ergab 9000 v. Chr., also nacheiszeitlich. De Terra hatte zuerst an 11 000 nach der geologischen Struktur gedacht. In der gleichen Sumpfschicht, nur 2 km entfernt, fanden im Jahre 1952 die mexikanischen Prähistoriker, Dr. Manuel Maldonado-Koerdell und Luis Aveleyra bei Ixtapan das vollständige Skelett eines Elefanten zusammen mit Steinwerkzeugen. Zwei Lanzenspitzen zwischen den Rippen. Die Radiokarbon-Bestimmung ergab ebenfalls das Alter von 9000 v. Chr.

Endlich war der Mensch der ältesten Schicht in Amerika gefunden. Das Skelett ist 1,72 m groß. Der Mensch von Tepexpan besitzt eine hohe Stirn, er hat schmale Gelenke, er war bei seinem Tode, offenbar bei dem Ertrinken im Sumpf, zwischen 55 und 65 Jahre alt. Seine Zähne waren fast ganz abgekaut. Er ist nicht ein Mensch der letzten Eiszeit, er ist ein Mensch der Nacheiszeit, derjenigen Epoche, die in Europa bezeichnet wird als Mesolithikum.

Noch ein Menschenfund hat die Zeitungen in Amerika sehr bewegt. Es ist der Schädel eines Frühmenschen, das sogenannte Laguna-Mädchen. Ein Amateur-Archäologe, Howard Wilson hat ihn 1933 mit der Spitzhacke grabend aufgefunden nahe bei seinem Wohnort, St. Ann's Drive, Laguna Beach in Kalifornien. Zuerst bewahrte Wilson den Schädel in einer Schuhschachtel auf, dann brachte er ihn zu den Museen nach Santa Barbara und in das Southwest Museum in Highland Park. Niemand gab eine klare Antwort. Dann wurde der Schädel nach Paris gesandt, in das Musée de l'Homme, er kam nach Rom, Madrid, Brüssel, London. Keiner der Anthropologen konnte zu einer Klarheit gelangen.

Ich besinne mich noch auf eine Unterhaltung mit Louis S. B. Leakey aus Nairobi, als ich Gastprofessor an der University of California war. Wir trafen uns in dem Hause des Anthropologen McCown. McCown glaubte nicht an ein Eiszeitalter des Schädels, Leakey, der den Schädel kannte, sprach aber von einem hohen Alter, offenbar eiszeitlich. Doch er riet, den Schädel von Dr. Berger, einem Physiker der Universität, untersuchen zu lassen. Das Ergebnis war 17 150 Jahre mit Spannweiten von 1470 Jahren. Also schien es doch ein eiszeitlicher Schädel zu sein. Aber die Zweifel blieben. Der Schädel war an viel zu vielen Stellen gewesen, er war mit Äther, mit Salzsäure, behandelt worden, seine Knochenmasse war nicht mehr original.

So waren neue Ausgrabungen an der Stelle nötig, sie wurden 1968 vorgenommen. Dabei fanden sich Muschelschalen in derselben Schicht. Sie ergaben in der unteren Strate 8950 Jahre, in der oberen 8300 mit Spannbreiten von 80 und 70 Jahren.

Somit ergab sich, auch dieser Schädel ist nicht eiszeitlich, er gehört der Nacheiszeit an. Aus den Berichten hierüber seien genannt: RAINER BERGER und JAMES R. SACKETT, Final Report on the Laguna Beach, Publication of the Univ. of California, Los Angeles, 1969 und: C. W. CERAM, Der erste Amerikaner, Rowohlt Verl. Rheinbeck b. Hamburg 1972, 5. Aufl. 1972 S. 301—308.

Nach den Funden bestätigt sich der Gedanke, daß der Mensch Amerikas am Ende der Eiszeit, als das Eis abgeschmolzen war, und eine Regenzeit begann, über die 45 km breite Beringstraße eingewandert ist nach Amerika. So würde sich auch erklären, daß die Funde im Westen der Staaten ein höheres Alter ergeben, als die im Osten. Diese Stufe der Großwildjäger wird bezeichnet als Paleo-Indian Stage, als Paläoamerikanische Stufe. Sie beginnt um 9000 v. Chr. und reicht an manchen Stellen bis 7000 v. Chr., an anderen noch weiter. Viele Stämme der Indianer Amerikas blieben Jäger bis zur Ankunft der Europäer, das ist im Nord-Westen im 18. Jahrhundert. Sie werden Prärie-Indianer genannt. Zu gleicher Zeit, lange nach der Eiszeit, erst um etwa 300 v. Chr. bilden sich an mehreren Stellen Nordamerikas ackerbautreibende, seßhafte Völkerstämme aus, die Pueblo-Indianer, benannt nach dem spanischen Wort für Dorf, pueblo.

Die entscheidende Epoche, die der Nacheiszeit, ist weiterhin bestimmt durch Jägervölker. Etwa um 3000 v. Chr. beginnt an einigen Stellen der erste Anbau der Maispflanze, d. h. der Ackerbau. Diese Zeitstufe wird bezeichnet als Basketmaker-Kultur, Kultur der Korbflechter.

Alle Untersuchungen über die frühen Schichten eines Mesolithikums und Neolithikums im Sinne Europas sind noch recht neu. Oft sind sie verbunden mit der Erforschung des Westens Amerikas, mit der Beschäftigung mit den Indianern. Es ist nicht möglich, an dieser Stelle die ethnologische Forschung zu trennen von der prähistorischen.

Ein führender Forscher ist JOHN WESLEY POWELL, 1834—1902. Er wurde in Mount Morris, im Staate New York geboren und studierte an den Colleges von Oberlin und Wheaton. Er wurde Prof. f. Geologie am Illinois College und lehrte dort von 1865—1868. 1869 leitete er eine Expedition, die den Colorado River erforschen sollte. Im Jahre 1875 erschien sein Buch: Explorations of the Colorado River und 1895 das Werk: Canyons of the Colorado. Von 1879—1902 leitete er das Büro für Ethnologie in der Smithsonian Institution und er begründete im selben Jahr die Zeitschrift Annual Reports, eine Bücherreihe, die nun über ein Jahrhundert der Forschung immer wieder neue Antriebe zu geben vermochte.

Der Begründer der Smithsonian Institution, der wohl bis heute bedeutendsten Forschungsstelle für die altamerikanischen Kulturen, bestehend in Washington, D.C. ist JAMES SMITHSON, 1765—1829. Er ist der illegitime Sohn von Lord Percy, dem Ersten Herzog von Northumberland in England. Er wurde in Frankreich geboren, wurde aber als englischer Bürger anerkannt. Er studierte in Oxford Chemie und

Mineralogie. 1786 wurde er aufgenommen in die Royal Society. Er starb in Genua, und in seinem Testament vermachte er sein Vermögen seinem Neffen mit der Auflage, in Washington das Institut zu begründen, wenn der Neffe kinderlos sterben sollte. Der Fall trat ein, das Smithsonian Institut wurde 1846 eröffnet. Der Körper von Smithson wurde 1904 in das Institut überführt.

Ein anderer wichtiger Erforscher der Vorzeit Nordamerikas, noch ganz dem 19. Jahrhundert verhaftet, ist ADOLPH FRANCIS ALPHONSE BANDELIER, 1840—1914. Er ist in der Schweiz geboren, studierte an der Universität Bern, die Familie wanderte aus nach USA. Im Jahre 1880 begründete er das Archäologische Institut von Amerika, The Archaeological Institute of America. Seine Forschungen richteten sich auf New Mexico, Arizona und Mexico. Er untersuchte die Indianer-Ruinen von Pecos bei Santa Fe in New Mexico, vermaß sie genau, arbeitete dann in New York und später in Mexico City. Er war es, der als erster Schichten erkannte bei Grabungen, der die Bedeutung der Tongefäße verwendete, er ist der eigentliche Vater der Archäologie Nordamerikas. Auf einer Reise nach Spanien starb er 1914. Von seinen vielen Büchern seien genannt sein Bericht über Pecos: Historical Introduction of Studies among the Sedentary Indians of New Mexico, Report on the Ruins of the Pueblo of Pecos, in: Papers of The Archaeological Institute of America, American Series I, Boston 1881. Über diese Ruinen konnte Bandelier noch nicht zu einem datierenden Ergebnis gelangen.

Später hat sich Kidder mit den Fundamenten beschäftigt. Ich selbst habe sie im Frühjahr 1933 bei meinem Aufenthalt in Santa Fe aufgesucht. Die Ruinen sind Steinhäuser, cliff dwellings, übereinander gebaut, oft angelehnt an einen natürlichen Felsen. Die Häuser sind auch heute nur mit Leitern zu ersteigen. Haben die Einwohner die Leitern hochgezogen, waren sie geschützt vor Angriffen, außerdem bestand noch ein Schutzwall um die Häusergruppe.

Andere Bücher von Bandelier sind: Final Report of Investigations among the Indians of the Southwestern United States, 2 Bde Cambridge 1890 u. 1892. — The Delight Makers, 1890, neue Aufl. Dodd, Mead & Co. New York 1918. — The Gilded Man and other pictures of Spanish Occupancy of America, 1893. — The Islands of Titicaca and Koati, 1910. Über Bandelier gibt es ein Werk von JACK SCHAEFER, A. F. A. Bandelier, 1966.

Ein anderer wichtiger Forscher ist ALFRED VINCENT KIDDER, 1885—1963. Er ist geboren in Marquette, Michigan USA und studierte an der Harvard University. Danach widmete er sich der prähistorischen Forschung in Amerika. Von 1930—1950 war er Chairman der Abteilung für Historische Forschung an der Carnegie Institution von Washington, D.C. Von seinen Büchern sind zu nennen: The Pueblo of Pecos, in: Papers of the School of American Archaeology, Nr. 33, Santa Fe, 1916. — An Introduction to the Study of Southwestern Archaeology, Yale Univ. Press, New Haven 1924. 2. Aufl. 1962.

Seine bedeutende Arbeit war die Grabung der Ruinen von Pecos. Er arbeitete dort von 1915—1929, abgesehen von den drei Jahren Kriegsunterbrechung 1915 bis 1918. Über diese Hausanlagen gibt es ältere Überlieferungen. Im Dezember 1590 zog durch die Gegend eine Gruppe von Spaniern unter der Leitung von Castano de Sosa. Sie kamen an die Indianer-Ortschaft Cicuyé, wie die Indianer sie bezeichneten. Als sie wegen der Kälte um Aufnahme baten, wurden sie eingelassen, jedoch ohne Waffen. Am nächsten Morgen aber überfielen die Indianer die Spanier und raubten ihre Waffen. Die Spanier entkamen und flohen zu ihrem Leiter Sosa. Auch Sosa hatte es nicht leicht, die Indianer zu besiegen, obgleich er zwei kleine Kanonen besaß. Die Indianer zogen sich zurück und Sosa konnte mit seinen Leuten eindringen in die Cliff Ruins. Er erkannte, daß dort etwa 2000 Menschen gelebt haben müssen. Sie besaßen große Ackerbauflächen und geschickte Bewässerungen. Später haben immer wieder Indianer an der Stelle gewohnt.

Kidder fand eine Fülle von Tonscherben, er sagt, mehr als hunderttausend. Nach vier Grabungskampagnen hatte er 700 Skelette heben können. Mit den Tonscherben konnte er nach der Lagerungsart Schichtengruppen aufstellen. Es ergab sich auch, daß die Häuser auf den Fundamenten zweier älterer Schichten errichtet worden waren. Darunter lag die Strate der Basket-maker, ohne Tongefäße.

Im Jahre 1927 fand in Santa Fe ein Kongreß der spanischen Prähistoriker statt. Kidder konnte seine Ergebnisse vorlegen, die Pecos-Klassifikation. Damals war es nicht möglich, die absoluten Daten anzugeben. Aber dann ergab die Jahresring-Datierung der Bäume wirkliche Jahreszahlen. Sie wurden später durch Radiokarbon-Datierung gestützt.

Korbflechter I gehört der Zeit um Christi Geburt an. Korbflechter II umfaßt die Epoche von 100 n. Chr. bis 400 n. Chr. Korbflechter III von 400—700 n. Chr., die Keramik entsteht.

Um 700 n. Chr. vollzieht sich ein Wandel in der Jagdweise. Das Atlatl, der Speer, geworfen durch einen Speerwerfer, wird ersetzt durch Pfeil und Bogen.

Mit 700 n. Chr. beginnt zugleich eine neue Epoche, die Zeit der Städtebauer, der Pueblos. Dörfer mit rechteckigen Wänden werden errichtet in Steinbauweise. Die erste Schicht, Pueblo I genannt, umfaßt die Epoche von 700—900. In Pueblo II, 900—1100, werden die Häusergruppen enger zusammengezogen, dadurch entsteht das Dorf oder die kleine Stadt. Sie besitzt eine hieratische Gliederung, bestimmt durch die Priester. Die Keramik zeigt schwarze Malerei von Tieren auf weißem Ton. Die ersten Keramikformen mit Henkel tauchen auf. Pueblo III mit mehrstöckigen Wohnhäusern ist die Goldene Zeit der Pueblo-Indianer des Südwestens. Hunderte von Familien wohnen zusammen in einer Art von Hochhäusern bis zu 7 Stockwerken. Die Keramik, vor allem in rotem Ton, erreicht eine hohe Blüte. Es gibt Einlegearbeiten mit Türkis, Skulpturen von Tieren aus Stein, Halsketten aus Muschelplättchen, kunstvolle Webereien.

Um 1300 erscheint eine große Dürre, sie dauert zehn Jahre hindurch. Mehrere Pueblos verfallen. Pueblo IV umfaßt die Epoche von 1300—1600. Im Jahre 1540 erobern die Spanier mehrere pueblos unter Coronado. Man sucht nach Gold. Es findet sich aber nicht in den Häuserstätten. Pueblo V wird die Zeit von 1600 bis heute genannt.

So war es Kidder gelungen, eine Chronologie, eine Schichtenfolge zu gewinnen. Sie ist bis heute gültig geblieben.

Der Häuserblock von Pecos erlebte ein trauriges Schicksal. Um 1700 erobern Prairie-Indianer, die Komantschen, den Ort, vernichten den größten Teil der indianischen Einwohner, nur ein Bewohner von Pecos soll entkommen sein. 1780 brach eine Pockenepidemie aus und nur 180 Menschen überlebten. Der Komplex umfaßt mehrere hundert Räume, aber nur wenige Indianer lebten um 1800 noch in ihnen. Es gibt einen Bericht von 1845 von einem Reisenden mit Namen Gregg, er berichtet, daß nur noch 50—100 Indianer in dem riesigen Komplex ihr Leben fristen. 1839 war ein Bergfieber ausgebrochen, eine Krankheit, bei der nur 5 Menschen überlebten.

Als ich im Frühjahr 1933 den Ort besuchen konnte, war er ganz leer. Ich ging durch verfallene Räume, durch Häuser, wie geformt von Geisterhänden. Mit Leitern stieg ich auf von einer Etage, von einem Haus, zu dem anderen. Um den Ort lagen noch Scherben der Tongefäße, besonders von Pueblo III. In Santa Fe konnten wir neu gearbeitete Tongefäße in den Läden kaufen. Über meinen Aufenthalt in Santa Fe und Taos habe ich berichtet in: Wenn Steine reden, Verl. F. A. Brockhaus, Wiesbaden 1966, 2. Aufl. 1969.

Auch Taos bei Santa Fe ist solch eine Dorfsiedlung der Indianer. Sie leben dort in Reservationen, der amerikanische Staat sorgt für sie.

Viele Pueblos der Indianer sind im 20. Jahrhundert ausgegraben worden, wie Aztec Pueblo, seit 1916 gegraben durch Earl H. Morris in New Mexico nahe dem heutigen Orte Cortez. Die Häuser boten Raum für 1500 Personen. Es konnten viele Skelette geborgen werden. Sie waren oft so gut erhalten, daß die Krankheit noch festgestellt werden konnte, die ihnen das Leben genommen hatte. Es ist meistens Lungentuberkulose gewesen. Es fanden sich Perlen und viel Zierrat. Auch polierte Steinäxte konnten geborgen werden. Die Stoffe bestehen aus Yucca-Fasern.

Morris ist 1898 geboren und 1963 gestorben. Seine Liebe galt der Ausgrabung. Seine Sammlungen sind übergegangen an die University of Colorado.

Der Pueblo Bonito liegt im Chaco Canyon, New Mexico. Er ist halbrund angelegt, die Häuser gruppieren sich um einen halbrunden Platz. Die ersten Siedler haben um etwa 500 n. Chr. mit dem Bau begonnen. Sie haben noch runde Steinbauten erstellt. Um 1300 wurde der Ort verlassen, wohl wegen der damals herrschenden großen Dürre. Die erste Ausgrabung begann 1896, erst 1921 wurde sie fortgesetzt. Viele Häuser wurden wieder hergestellt. Um 1000 n. Chr. hat es 500 Räume gegeben. Es werden in dieser Zeit, in Pueblo II, etwa 1000 Menschen dort gewohnt haben. Die Wohnzimmer besaßen eine Fläche von 4 mal 3 m und eine Höhe von $2^1/_2$ m. Die Wände bestehen aus Stein und aus gebrannten Ziegeln. Der Bericht ist: N. M. JUDD, The architecture of Pueblo Bonito, Washington 1964. — Ferner: CLARK WISSLER, Das Leben und Sterben der Indianer, Wien 1948 S. 59f.

In den Schluchten des Chaco Canyon in New Mexico gibt es noch 11 größere Pueblos. Fast alle besitzen einen in die Erde gegrabenen runden Raum, von den Indianern genannt Kiva. Hier finden die kultischen Feiern statt, es ist die alte Höhle der Vorzeit, der Schöpfungsmythos wird hier gefeiert. Ich habe eine solche Kiva 1933 in Santa Fe besuchen können. Sie war von einer alten Wohnstätte der Indianer mitgenommen worden und im Museum von Santa Fe aufgestellt. Der damalige Direktor, Dr. Nussbaum, ein Deutsch-Amerikaner, hat uns zu dem sonst unzugänglichen Raume in die Tiefe geführt. Da standen die heiligen Tongefäße, übergroß, bemalt mit symbolischen Zeichen. Dr. Nussbaum sagte uns, daß die umwohnenden Indianer nicht wissen dürfen, daß die Kiva hier vorhanden ist, sie könnten den ihnen heiligen Ort, den Weiße nicht betreten dürfen, aus religiösen Gründen zerstören.

Ein anderer Pueblo ist Mesa Verde in Colorado, eine Stadt in den Klippen im Tale des Walnut, oder der Pueblo Hawikuh in New Mexico. 1917 begannen hier Grabungen. Es ergab sich Keramik, Gewebe aus Baumwolle, Mosaiken aus Türkis. Darüber berichtet PAUL RADIN, Histoire de la civilisation indienne, Paris 1948 S. 22f.

In Arizona, in der Nähe von Flagstaff wurde 1926 der Pueblo Elden gefunden. Beim Fällen eines Baumes wurden die Spuren der Häuser freigelegt. Als Datum ergab sich das 12. Jahrhundert n. Chr. Die Ausgrabung brachte Haushaltungsgegenstände, Küchengeräte aus Ton, Tongefäße, bemalt. Dazu fanden sich die Grabstätten. Den Bericht gibt J. C. MCGREGOR, Winona Village, Museum of Northern Arizona, Flagstaff 1937, Bulletin 12.

Ebenfalls in Arizona liegt der Pueblo Rito de los Frijoles, eine Siedlung im Halbkreis mit einer großen Anzahl von rechteckigen Steinhäusern.

Eine andere alte Kultur der Indianer, bezeichnet als Hohokam-Kultur, wurde aufgefunden seit 1930. In diesem Jahr war Charles Bergen bei der Untersuchung des Flußes Casa-Grande im Süden von Arizona auf eine vorgeschichtliche Wohnstätte gestoßen. Die ersten Entnahmen von Tongefäßen ergaben, daß die Wohnanlage vor der Kultur der Pueblos liegt, daß sie im Ganzen der Zeit um Christi Geburt und danach zuzuweisen ist. Die Kultur wurde nach einem indianischen Wort als Hohokam-Kultur bezeichnet, das Wort bedeutet: Die, die spurlos verschwanden.

Im Jahre 1934 begann die Grabung dieses Platzes mit einem Expeditionshaus bei der Indianersiedlung Snaketown, sie dauerte bis 1965. Es arbeiteten dort mehrere Spezialisten für die Vorgeschichte Amerikas, so Emil W. Haury, Harold S. Gladwin, Paul S. Martin. Der entscheidende Unterschied zu den Pueblo-Erbauern, den Cliffdwellern ist der, daß die Leute von Hohokam ihre Toten nicht bestatteten, sondern sie verbrannten. Ein weiterer Unterschied ist, daß sie das Ballspiel übten. Dieses Spiel ist ein bezeichnendes Element der Maya-Kultur. Die Zukunft wird mit dem Spiel befragt. Ein Ball aus Gummi, aus Guayle-Kautschuk, muß durch ein eigens aufgebautes Loch an einer Wand geworfen werden.

Die germanischen Völker besaßen auch ein Ballspiel mit neun Kegeln zur Befragung der Zukunft des Glückes oder des Mißerfolges. Das Kegelspiel wird noch heute viel gespielt.

Dieses Beispiel der Indianer deutet mit Sicherheit auf kulturelle Beziehungen zu den Mayas. Es wird Mais angepflanzt, offenbar auch aus Südamerika stammend, und es werden große Wasserkanäle gebaut. Reicher als bei den Pueblo-Leuten ist auch die Herstellung von Tierfiguren aus Ton, rot bemalt mit Symbolen. Als Haury eine Grube öffnete, fand er eine Fülle von Tierkeramiken, Hirsche, Schlangen und andere Tiere.

Die heutigen Indianer dieser Gegend, die sich als Nachkommen der Hohokams bezeichnen, sind die Pimas-Indianer. Sie haben sehr interessiert bei den Grabungen geholfen. Über Snaketown berichten: H. S. GLADWIN, E. W. HAURY, E. B. SAYEES, Excavations at Snaketown, Gila Pueblo, Arizona 1937 S. 79—84. Emil W. Haury gibt folgende Datierungen: Von 300 v. Chr.—500 n. Chr. die Pionierzeit, von 500—900 n. Chr. die Kolonialzeit, von 900—1200 n. Chr. die Zeit der Seßhaftigkeit, von 1200—1450 die klassische Zeit, von 1450 bis heute der Ausgang, die moderne Zeit.

Über die Grabungen von Hohokam insgesamt berichten EMILE W. HAURY, A possible Cochise-Mogollon-Hohokam Sequence, in: Proceedings of the American Philosophical Society, Bd. 86 Nr. 2, Philadelphia 1943. — Ders. The Hohokam, in: The National Geographic Magazine, Bd. 131, Mai 1967. — P. S. MARTIN, G. J. QUIMBY, D. COLLIER, Indians before Columbus, Chicago 1947. — E. K. REED, in: J. D. JENNINGS u. E. NORBECK, Prehistoric man in the New World, Chicago 1964.

So haben zwei Kulturen in Nordamerika Klarheit zu bringen vermocht über den prähistorischen Menschen, einmal die Kultur der Cliff-Dwellings, die Pueblos im Südwesten der Staaten, zweitens die Hohokam-Kultur in Arizona.

Noch eine dritte Kultur hat sich ergeben, das ist die der Mound-Builder der Hügel-Errichter, gelagert im Osten der Staaten. Mehr als hunderttausend solcher Hügel nennt der zusammenfassende Bericht. Nur wenige sind ausgegraben worden. Bei Reisen durch den Osten habe ich immer wieder diese Hügel erblicken können, ebenso wie jeder andere Reisende, der die großen Städte verläßt und der das Land beobachtet. Der Mensch besitzt das Bedürfnis, die Grabstätten seiner großen Toten auf der Erde zu bezeichnen, der Nachwelt deutlich zu machen. Mögen es Grabsteine sein auf unseren Friedhöfen, mögen es Steinsetzungen sein, mögen es Hügel sein. Je bedeutender der Tote war, um so größer werden seine Grabmale errichtet. Und das besonders bei den nicht seßhaften Völkern, den Viehzüchtern, die weiterziehen und die keinen festen Wohnsitz besitzen.

Daß der Präsident der Vereinigten Staaten Jefferson, der erste Ausgräber eines Mound war, darüber ist auf S. 100 Mitteilung gemacht worden. Bis vor wenigen Jahrzehnten wurden die Mounds, die ja Privatbesitz sind, einfach abgebaut, wenn Farmer den Grund und Boden verwenden wollten. Genau das gleiche geschah auch in Norddeutschland, in Dänemark, in Schweden. Wenn die Mounds Skelette enthielten, wurden sie weggeworfen, und mit Beigaben, meistens Ketten und Schmuck, spielten die Kinder.

Im Jahre 1925 kaufte der Staat Illinois einen der größten Hügel, den Monk Mound in der Nähe von St. Louis. Er hat seinen Namen von Trappisten-Mönchen. Sie züchteten auf dem Hügel Gemüse. Der indianische Name ist Cahokia. Die Höhe des Hügels ist 30 Meter, die vier regelmäßigen Seiten sind je 330 m lang. Bei der Cheops-Pyramide in Ägypten hat jede Seite nur 230 m. Im Umkreis des Monk Mound liegen in 11 km weiter 300 kleinere Hügel.

Der Seip-Mound im Ross County, Ohio, benannt nach den Besitzern, den Brüdern Seip, ist 9 m hoch, 76 m lang und 45 m breit. Der Ausgräber ist Henry Clyde Shetrone. Er arbeitete drei Jahre an dem Hügel, von 1926—1928. Dabei fand er 99 Skelette. Im Innern fand sich eine Grabkammer, hergestellt aus Holz, und in ihr lagen die Toten ausgestreckt auf dem Rücken. Es wurden Tausende von Perlen, Werkzeuge und Schmuck aus Kupfer, Schildpatt, Silber und Glimmer gefunden. Den Bericht gab der Ausgräber H. C. SHETRONE, The Mound-Builders, Verl. Appleton, New York 1930.

1926 wurde der Fisher Mound bei Chicago ausgegraben. Es fanden sich rund 500 Skelette und eine Fülle von Grabbeigaben.

Andere Mound-Grabungen fanden statt in Etowah, Georgia; Moundville; Macon, Arkansas. Eine ergebnisreiche Grabung ist die im unteren Mississippi-Tal, durchgeführt von P. Phillips, J. A. Ford und J. B. Griffin in den Jahren 1940 bis 1947. Die drei Forscher geben den Bericht in: Archaeological Survey in the Lower Alluvial Valley 1940—1947. Papers of the Peabody Museum, Harvard University, Cambridge 1951, Bd. 25, S. 39—43. In dem Bericht heißt es:

"There is a general agreement among students of Southeastern archaeology that the climax of the late prehistoric cultures is the archaeological facies long recognized under the designation 'Middle Mississippi'. At a comparatively late date — A. D. 1400—1500 is probably not too late for its peak of development — this culture type was firmly established over an immense area. ... By 1939, when the present Survey was first discussed, an immense amount of data on Middle Mississippi had accumulated, but the problem of its origins and development appeared to be as far from resolution as ever. There was a general impression, shared by many students of Southeastern culture, that this was because the 'central' Mississippi Valley, the assumed center of distribution of the culture, had not been sufficiently investigated. It was primarily to make good this lack that the present Survey was undertaken".

Nach dem Vorbild von Frederick Johnson von der Peabody Foundation werden folgende Daten für die Mounds angenommen. Die ältere Schicht wird Adena-Epoche genannt, sie umfaßt die Zeit von 500—900 n. Chr., die nach oben folgende Schicht, mit Namen Hopewell-Epoche, umfaßt die Zeit von 900—1150 n. Chr. in den nördlicheren Gegenden. Im Süden der USA reicht sie bis 1400. Johnson hat seine Gliederung vorgelegt in: Radiocarbon Dating and Archaeology in North America, Science, Bd. 155, 13. Januar 1967.

In der Adena-Zeit gibt es den Maisbau, die Herstellung von Keramik, Schmuck und aus Stein gearbeitete Pfeifen.

In der Hopewell-Zeit wird Kupfer gehämmert, Schildpatt wird bemalt. Silber wird offenbar aus Mexico eingeführt. Aus dem Osten von Nordamerika führte man Obsidian ein. Es gibt in der Hopewell-Zeit einen reichen Handel.

Heute sind 222 Mounds der Adena-Zeit katalogisiert worden, von den Hopewell-Mounds gibt es noch viele Tausende.

Seit 1938 ist es bekannt, daß im Süden der Vereinigten Staaten auch Tempel-Mounds vorhanden sind. Es sind das hohe Erdhügel, die nicht Tote bergen, die Kultplätze bedeuten, wie in Mexico. Die Sicherheit ergab eine Grabung von A. R. Kelly östlich vom heutigen Macon in Georgia. Seine Veröffentlichung ist: A Preliminary Report on Archaeological Explorations at Macon, Ga. Smithsonian Institution Bureau of American Ethnologie, Bulletin 119. Washington D.C. 1938.

So ist die Forschung über die Pueblo-Indianer heute, bis 1976, weit gediehen, es haben sich zeitliche Abschnitte ergeben, räumliche Zusammenhänge. Auch die Mounds, die Grabhügel haben ihre Geheimnisse offenbart. Sie gehören sicherlich den Prairie-Indianern an, den Nomaden, den Viehzüchtern. Sie ziehen auf den Prärien, den Steppen, von Ort zu Ort, ihren Tieren Nahrung zu geben, so, wie es bei den Skythen war, den Hunnen, den Awaren in den Steppen Nordasiens, so, wie es heute noch der Fall ist bei den Kurden und anderen nomadischen Stämmen in Persien und Mesopotamien.

Wenn es leicht möglich ist, die Wohnstätten der Pueblo-Indianer zu finden, wenn es leicht ist, die Grabstätten, die Mounds der Prärie-Indianer aufzudecken, dann ist es schwierig, ihre Wohnstätten wieder aufzuspüren. Sie wohnen in Zelten, bauen sie auf, brechen sie ab, nur schwer erkennbare Spuren verbleiben im Boden der Erde. Immer wieder werden sie von dem Wehen der Winde, von Sand und Erde zugedeckt. Es können nur Zufälle sein, die auf diese Wohnplätze die Aufmerksamkeit der Forscher lenken, Erdbewegungen zum Bau von Häusern, Straßen, Eisenbahnen. Aber auch dann ist derjenige vonnöten, der die Augen besitzt zu sehen, derjenige, der die Mitteilung macht an die entscheidenden Stellen. Wohnplätze der Eiszeit sind auf diese Weise gefunden worden, Wohnplätze des Neolithikums in Europa, Wohnhütten, Zeltanlagen in den Steppen Asiens. Aber Amerika ist noch arm an Hüttenplätzen der Prairie-Indianer aus prähistorischer oder frühgeschichtlicher Zeit.

Doch gibt es einige Funde. Der am besten gegrabene Platz liegt auf dem Seven Mile Island in Tennessee. Drei Jahre hindurch hat eine besondere Kommission unter Leitung von W. S. Webb und D. L. de Jarnette auf Veranlassung der Tennessee Valley Authority gearbeitet. Die Kommision konnte eine ganze Anzahl von Zeltstellen freilegen. Sie berichtet darüber in: W. S. WEBB and D. L. DE JARNETTE, An Archaeological Survey of Pickwick Basin in the Adjacent Portions of the States of Alabama, Mississippi and Tennessee, Smithsonian Institution, Bureau of American Ethnology, Washington D.C. 1942, Bulletin 129, S. 46—48. Darin heißt es nach ROBERT F. HEIZER, The Archaeologist at Work, New York, Harper & Brothers 1959 p. 130:

"This reconstruction is an attempt to show how a building might have been built using the following observed specification:

1. Four large corner post molds.
2. Outside lines of small post molds
3. Outside clay gutter
4. Inside banquette of clay
5. Door in east end of north side
6. Nonsymmetrically placed fire basin.

The fire basin may have been off center because of the diagonal logs overhead. This type of bracing would have been very effective engineering for posts set in holes dug nonsymmetrically as was the case here. The artist in this restoration used cane thatching, since there was no evidence of earth covering and no evidence of wattle walls at this floor level". Manche Hütten waren viereckig mit zwei Eingängen, andere waren rund mit einem Eingang.

Ein bedeutender Erforscher der Vorzeit der Indianer und auch der Indianer von heute war ALFRED LOUIS KROEBER. Er ist geboren in Hoboken, N. J. am 11. 6. 1876, er ist gestorben in Paris am 5. 10. 1961. Er war ein besonderer Kenner der Indianer von Kalifornien, aber auch Mexico und Peru waren Gegenstand seiner Forschungen.

Von 1901—1946 war er Prof. a. d. University of California, Berkeley, Gastprof. in Harvard 1947—1948 und in Columbia Univ., New York von 1948—1952. Seine Hauptwerke sind: Zuñi kin and Clan, 1917. — Anthropology, 1923, 2. Aufl. 1948. — Handbook of the Indians of California, 1925. — Peruvian Archaeology, 1944. — The nature of culture, 1952. — Cultural and natural areas of native North-America 1953 bis 1954. — Style and civilisations, 1963, Nachlaß.

So hat die Vorgeschichtsforschung auch das Problem des Ursprungs des Menschen von Amerika zu klären verstanden. Es ist gewiß geworden, daß der Mensch erst in der Epoche nach dem Ende der letzten Eiszeit, den Boden dieses Kontinents zu betreten vermochte.

Die Prärie-Indianer, bis in die Gegenwart lebend, haben ihre Lebensformen und ihre frühen Zeltanlagen zu erkennen gegeben. Die Pueblo-Indianer sind durch Jahrhunderte zurück deutlicher geworden in Hausbau, Brauch, Sitte, Gewohnheit. Die Korbflechter haben sich abgehoben von den späteren Pueblo-Indianern, und die Gruppe von Hohokam, die Beziehungen besaß zu den frühen Kulturen Mittelamerikas hat ihre Eigenart deutlich gemacht.

Das Bild der Vorgeschichte Amerikas, bis 1900 nur geahnt in Umrissen und ersten Sichten, hat gewonnen an Klarheit und Gewißheit.

Auch die Felsbilder Nordamerikas sind im 20. Jahrhundert Gegenstand reicher Untersuchungen gewesen. Überraschend sind die Hügelbilder der Mound-Dwellers, große Bildwerke von Tieren, aufgeschüttet aus Erde. In der Nähe von Newark, 50 km östlich von Columbus, der Hauptstadt des Staates Ohio, gibt es das Bild einer riesigen Schlange, 427 m lang.

Die Bildwerke der Erdhügel von Sauk County, Wisconsin, bei Madison, zeigen aus Erde aufgeworfene drei Adler. Es gibt Bildwerke von Menschen, von Schildkröten, Füchsen, Bisons. Das Bild eines Bären mißt 17 m, das einer Schildkröte 46 m. Diese Bilder-Mounds werden Effigy Mounds genannt. Wahrscheinlich handelt es sich um Bildzeichen für die Gottheit, besonders groß, damit die Gottheit sie erkennt. Es werden Opferstätten, Kultplätze gewesen sein.

Scharrbilder, bei denen Wiesenflächen weggescharrt werden, Bilder in vielfach übernatürlicher Größe gibt es auch in England, wie schon erwähnt, etwa das Pferd von Uffington, Wessex, oder Scharrbilder in Peru, über die MARIA REICHE berichtete in ihrem Buch: Geheimnis der Wüste, 1968, Privatverl. Stuttgart-Vaihingen.

Reich an Malereien und Gravierungen ist der Osten der USA, der Mittelwesten an den Seen und am Mississippi, der Südwesten und im Süden das Gebiet am Rio Grande in Texas.

Über die Arbeiten zu den Felsbildern Nordamerikas im 19. Jahrhundert wurde vorher berichtet (hier S. 263). Wohl hatte schon Garrick Mallery in seinen erwähnten Büchern von 1886 und 1893 wichtige Punkte herausgearbeitet, wohl hatte er Hunderte von Fundstellen genannt, aber im 20. Jahrhundert konnte alles noch genauer und umfassender sichergestellt werden.

Da erscheint 1929 das noch heute führende Werk von JULIAN H. STEWARD betitelt: Petroglyphs of California and adjoining States, Univ. of California Publications in American Archaeology and Ethnology, Vol. 24, Nr. 2 mit 238 Seiten u. 94 Tafeln. Für Kalifornien, Nevada und Arizona werden 280 Fundplätze genannt, jeder Ort mit genauen Angaben.

Über die Datierung sagt J. H. Steward auf S. 224:

"We know that petrography was done by Indians. And, as pointed out above, even the oldest petroglyphs do not date back more than a few thousand years at the most. Most of the groups were probably made by the ancesters of present tribes living at or near the regions of the groups". . . .

"It has frequently been stated that petroglyphs and pictographs are but meaningless figures made in idle moments by some primitive artist. The facts of distribution, however, show that this cannot be true. Since design elements and style are grouped in limited areas, the primitive artist must have made the inscriptions with something definite in mind. He must have followed a pattern of petrography which was in vogue in his area. He executed, not random drawings, but figures similar to those made in other parts of the same area. The elements of design, then, must have had some definite significance which was the same over wide areas.

We can probably never know precisely why many of the petroglyphs and pictographs were made. But we can guess that many of them were made for some religious or ceremonial purpose".

Und weiter auf S. 229 erklärt Steward:

"The petrographs of area B (Ostkalifornien und Nevada) seem on the whole to be fairly old. They probably date from the Basket Maker to Cliff Dweller or early Pueblo culture. For example, Fewkes found petroglyphs of geometric forms, spirals and rectangular figures, bird tracks, human hands, bear claws, birds, animals, snakes, and humans apparently contemporaneous with the cliff dwelling at Yellow Jack canyon, Colorado, site 242. At Sandstone canyon, site 243, however, he found similar painted figures associated with the cliff houses. And Guernsey and Kidder found pictographs of this general type at Kayenta associated with Basket Maker culture. These included square-shouldered, kachina-like figures, which he also find in petroglyphs in southern Utah and southern Nevada, and which are also associated with bear or human tracks, human hands, quadrupeds, and other realistic or semi-realistic figures".

Es ergeben sich also Datierungen dadurch, daß gleiche Figuren und Zeichen auf den Felsbildern erscheinen wie in den Hausbauten der Cliff Dwellers und auch auf Tongefäßen. Die aber sind datierbar durch Überlagerungen.

Steward sagt auf S. 231:

"Representations of mountain sheep which are clearly very old, occur intimately associated with excellent representations of men and horses. These figures, then, are less than four hundred years old".

Über die Felsbilder von Texas liegt ein Werk vor von A. T. JACKSON, Picture-Writing of Texas Indians, Verl. The Univ. of Texas, Austin, 1938. Wie überall in Amerika gibt es auch in Texas nicht die völlig naturhafte, die ganz sensorische Kunst wie im Paläolithikum in Europa. Auch dies ist ein weiterer Beweis dafür, daß der Mensch in der Eiszeit in Amerika nicht gelebt haben kann.

Das Pferd ist vor den Europäern nicht in Amerika vorhanden gewesen. Bei Ausgrabungen haben sich Vorformen des Pferdes gefunden, mehrzehige, kleinwüchsige Formen, die ausgestorben sind, aber niemals unsere Art von Pferd. So bietet das Vorkommen von Pferden auf den Felsbildern eine Datierung. Ein solches Bild kann nur nach 1492, im Westen nach rund 1550 geschaffen worden sein.

Die Bilder von Texas entsprechen in Form und Gestaltung dem Mesolithikum und Neolithikum in Europa. Es gibt Bilder von Tieren, nicht mehr völlig naturalistisch, sondern mehr oder weniger stilisiert, wie entsprechend in der mesolithischen Malerei von Ostspanien oder Skandinavien. Vorherrschend aber sind die Symbole, die Zeichen, die Formen der Abstraktion, wie sie immer erscheinen bei Ackerbauvölkern. Die Bilder werden also geschaffen worden sein von den Pueblo-Indianern.

Die Forscher der ersten Zeit des 20. Jahrhunderts haben die Fragen nach Bedeutung und Sinn der Felsbilder nicht gestellt. Sie sahen ihre Aufgabe erfüllt, wenn die Stationen mit Bildern aufgezeichnet waren, wenn die Größenverhältnisse registriert worden waren, wenn die Farbe oder die Art der Gravierung angegeben war. Damit war das Anliegen dieser Zeit erfüllt.

So sagt A. T. Jackson auf S. 1 seines Buches: "Definitive information is available on 195 Texas sites where picture-writings now exist. The term site as here used refers to what appears to be a unit; wether it be a single picture on a small bluff, scores of pictures on a cave wall or closely grouped ledges, or numerous carvings on boulders scattered over an cave or more of ground".

Ein neueres Werk ist das von Robert F. Heizer u. Martin A. Baumhoff, Prehistoric Rock Art of Nevada and Eastern California, 1962, Univ. of California Press, Berkeley, 420 Seiten, 200 Abb. Hier werden, anders als in den vorhergehenden Büchern die Stilarten behandelt, Alter, Überlagerung, Patinierung. So heißt es auf S. 239:

"We feel that for the first time we have demonstrated that petroglyphs in Nevada and eastern California are evidence of the purposeful and rational action of prehistoric peoples. They are not aimless 'doodling', nor are they deliberate and planned expressions of the artistic impulse. We think that we have proved that petroglyphs in the area we have studied are to be understood as a part of the economic pursuit of hunting large game (deer, antelope, and mountain sheep). We have found few or no indications that suggest an association with seed collecting, rabbit hunting, or fishing. Thus, petroglyphs are part of the magical or ritual aspect of taking large game. The petroglyph designs themselves must have had some meaning to their individual makers, but what a spiral, a snake, a lizard, or a grid design actually signified in the maker's mind at the time he fashioned it we are not, and probably never will be, able to say".

S. 11: "The burden of our argument is that most Nevada petroglyphs have 'meaning' in terms of one of the hunting patterns of the prehistoric inhabitants of the state. What more specific meaning may be attributed to them it less certain and less subject to proof. The most reasonable assumption, we feel, is that the glyphs themselves, or the act of making them, were of magico-religious significance, most probably a ritual device to insure the success of the hunt". . . .

Heizer gibt auf S. 234 eine Datierung der Felsbilder. Die verhältnismäßig naturalistischen datiert er auf 6000—4000 v. Chr. Die Pueblo-Bilder auf 500 v. Chr. bis 1000 n. Chr., die abstrakten Bilder von 1000 v. Chr. bis 1500 n. Chr.

ROBERT HEIZER ist geboren am 13. 7. 1915 in Denver, Colorado. Dort erwarb er seinen Doktorgrad im Jahre 1941. Seit 1945 ist er Prof. a. d. Univ. of California in Berkeley. Seine wichtigsten Bücher sind: Francis Drake and the California Indians. — The Four Ages of Tsurai, 1952. — The Archaeologist at Work, New York, Verl. Harper & Broth. 1959, 2. Aufl. 1967. — Man's discovery of his Past, Palo Alto 1962. — Prehistoric Rock Art of Nevada and Eastern California, with Baumhoff, Berkeley 1962. — An introduction to Prehistoric Archaeology, 1965, 3. Aufl. 1973. — Languages, Territories and Names of California Indian Tribes, Berkeley 1966. — A Guide to Field Methods in Archaeology, Palo Alto 1967. — Prehistoric Rock Art of California, 2 Bd. 1973. — The Destruction of California Indians, Santa Barbara, 1974.

Oftmals habe ich mit ihm über die Felsbilder und ihre Probleme sprechen können.

Ein anderer Forscher der Felsbilder dieser Gegend ist CAMPBELL GRANT, Mitarbeiter am Museum von Santa Barbara, Kalif. Seine Bücher sind: The Rock Paintings of the Chumash, Univ. of Calif. Press, Berkeley 1966. Der Verfasser datiert die Bilder auf die letzten tausend Jahre. (S. 96).

Im IPEK 1964—1965, Bd. 21, hat Campbell Grant einen Aufsatz veröffentlicht: Rock Painting in California, S. 84—90. Er bemerkt dazu: "The naturalistic pictures were the work of the nomads and the hunters. . . . With few exceptions, the creators of abstract paintings were the people in permanent settlements. These were the food gatherers, the fishing people and the primitive agriculturalists".

Ein anderes Buch von ihm trägt den Titel: Rock Art of the American Indian, Verl. Thomas J. Crowell Comp. New York 1967 mit 178 Seiten u. über 100 Abb. Der Verfasser beschreibt auf S. 4, daß im Jahre 1673 Pater Jacques Marquette Felsbilder in Nordamerika gesehen habe. Dann wurden sie erwähnt 1680, 1711, 1776. Zu der Datierung erklärt er, daß sich dem Stile nach drei Stadien unterscheiden lassen: Jäger, Primitiv-Ackerbauer, Dorf-Bewohner. Die Radiokarbon-Datierung ergab bei der Entnahme von Farbe aus Vegetabilien 2700 = rund 700 v. Chr. Die Datierung eines Palmenstückes unter Malereien ergab 530 Jahre, also etwa 1400 n. Chr. (S. 46).

Weitere Möglichkeiten der Datierung bieten die Darstellungen. Der Atlatl, der Speerwerfer ist die älteste Waffe, sie ist Jahrtausende alt. Um 500 v. Chr. wird der Bogen eingeführt. Bilder, die Pfeil und Bogen zeigen, können nur nach 500 v. Chr. gearbeitet sein.

Im 16. Jahrhundert erscheint in Kalifornien der Weiße Mann. Er bringt mit sich die Pferde, Gewehre, Schiffe. Wo das Pferd auf den Bildern erscheint oder der Reiter, kann das Bild nur nach 1598 geschaffen worden sein (S. 50). Das Pferd erscheint in den Central Plains, den großen Prärien zuerst 1780. Segelschiffe werden in Kalifornien erst seit 1860 verwendet (S. 53).

Ein anderes Buch von Campbell Grant ist: Rock Drawings of the Coso Range, Verl. Maturango Museum, China Lake, Calif. 1968 mit 145 Seiten u. über 100 Abb.

Die Felsbilder von Wyoming sind behandelt worden von DAVID GEBHARD mit H. A. CAHN, betitelt: The Petroglyphs of Dinwoody, Wyoming, in: American Antiquity, Vol. 15, 1950 S. 219—228. — Ders. Rock Drawings in the Western United States, in: IPEK 1960—1963, 20. Bd. S. 46—54. — Ders. Prehistoric Paintings of the Diabolo Region of Western Texas, Roswell Museum, Bd. 3, 1960.

Bei meinem Aufenthalt als Gastprofessor an der University of California, Berkeley, im Winter und Frühling 1963, konnte ich zusammen mit Campbell Grant u. David Gebhard mehrere Felsbildstationen bei Santa Barbara besuchen. Am Ende des Semesters stellte die Universität uns einen Expeditionswagen zur Verfügung, um die Felsbilder in Kalifornien und Nevada zu studieren. Unsere Begleiter waren Prof. A. B. ELSASSER und ALLAN BASCON. Elsasser war ein guter Kenner der Felsbilder, sein Artikel, Modern Petrography in Central California and Western Nevada, in: Reports of the Univ. of Calif. Archaeological Survey, Nr. 41, Berkeley, 1958, legt Zeugnis davon ab.

Wir haben viele Fundstätten besucht. Wir fuhren von Berkeley südlich nach Merced, Madera, Fresno bis Bakersfield im Süden und dann nach Norden in das Inyo-Gebiet. Der Weg führte uns nach Nevada über Luning zum Walker Lake, Fallon, nach Carson City und Reno.

Wichtige Plätze für die Felsbilder liegen im Inyo County, am China Lake, bei Grimes Site, am Walker River, bei Mud Spring, Hospital Rock, Potwisha, Tule River und Little Lake. Die meisten Bilder sind Kreise, viereckige Felder, Zickzack-Linien, Baum-Zeichen, Kreuze, abstrakte Darstellungen von Menschen. Eindrucksvoll sind die Malereien von überirdischen Menschengestalten, langgezogene Wesen mit Zickzackzeichen, die Bringer des Wassers, oder mit Kreisen als Köpfen oder mit Strahlen, die von den Köpfen ausgehen. Es sind die Urahnen, die Gottväter der Stämme, die Bringer des Lebens. Über diese Erlebnisse habe ich berichtet in dem Buch, Wenn Steine reden, Wiesbaden 1966, S. Aufl. 1969. Ferner in einem Artikel in der Zeitschrift Symbolon, Schwabe u. Co Verlag Basel, Bd. 6, 1968, S. 9—24, mit dem Titel: Das Symbol an den Felsbildern Amerikas.

Über die Felsbilder an den Großen Seen in Canada berichtet das Werk von SELWYN DEWDNEY und KENNETH E. KIDD, Indian Rock Paintings of the Great Lakes, Univ. of Toronto Press 1962 mit 217 Seiten u. rund 100 Abb. Diese Bilder unterscheiden sich von den abstrakten Malereien und Gravierungen der Pueblo-Indianer im Westen und Süden Nordamerikas.

Die Forschung beginnt erst 1957 mit der Bearbeitung der Bilder an den Felsenwänden durch Selwyn Dewdney, einen kanadischen Kunstmaler. Er studierte an der Univ. Toronto, Canada, war dann Lehrer an Höheren Schulen.

Der Gedanke, Felsbilder aufzusuchen in Kanada, wurde angeregt durch A. E. Kundert aus Madison, Wisconsin USA. Er hatte 1946 einige Farbfotos von Felsbildern in Kanada an das Royal Ontario Museum in Toronto gesandt.

Durch die Nachricht von Felsbildern veranlaßt, konnte der Kurator für Ethnologie am Museum, Kenneth Earl Kidd, Wege suchen für die Feldforschung. Kidd hat das wissenschaftliche Nachwort zu dem Buche verfaßt, er sagt mit Recht auf S. 107, daß die Einwohner dieser nördlichen Gegenden bis zur Gegenwart Jäger und Fischer waren. So bemerkt er:

"This land of shining waters and gloomy forest was the general environment in which the painters of the rock pictures were born, lived their lives and went finally to their happy hunting ground".... "Hunting and fishing were thus the only available means of subsistence in most areas"....

Die Bilder besitzen nicht die Qualität wie die von Altamira und Lascaux, obgleich die Autoren mehrfach auf die paläolithische Kunst von Europa verweisen, aber das entspricht nicht den Tatsachen. Diese Kunst vom Norden Amerikas ist nicht eiszeitlich, sie ist vergleichbar im Stil der mesolithischen Kunst von Ostspanien, der mesolithischen Kunst von Skandinavien, der von Nordafrika und der von Sibirien. Alle diese Kunstarten, verhältnismäßig naturhaft in der Gestaltung, gehören der Epoche nach der Eiszeit an, aber sie stammen von Jägervölkern, nicht von Ackerbauern.

Jägervölker bitten die Gottheit um ein bestimmtes Tier vor der Jagd, ihre Kunst muß naturhaft sensorisch sein. Ackerbauern aber bitten um die Fruchtbarkeit der Felder. Fruchtbarkeit aber ist ein abstrakter Gedanke, er kann nur wiedergegeben werden in Symbolen, in Zeichen. Das Symbol sucht das Beharrende, das Gleichbleibende, das Gesetzliche. Diese Gedankenwelt umschließt das Jetzt und das Hier, das Ehemalige und das Kommende, Urzeit und Endzeit. Der Kreis wird der Ausdruck dieser Erlebniswelt sein. Er ist ohne Anfang, ohne Ende, er ist das Sein in sich selbst, er ist Ordnung und Leben. Das Kreuz wird das Zeichen des Menschen sein im Weltall, Kopf und Fuß, rechter und linker Arm. Der Baum wird das Symbol des Lebens sein, der Zickzack in seiner Bewegung das Wasser, ebenso auch die Spirale, und Kreise übereinander, verwoben in sich selber, werden die Reihe der Ahnen darstellen, das Weiterleben, getragen von der Mutterschaft. Der älteste der Ahnen muß als der Stammvater angesehen werden, der Urvater, als Gottvater, als die tragende Kraft des Stammes. So werden die Bilder der Gottheit erscheinen, der Mensch in göttlicher Gestalt, bezeichnet mit verschiedenen Urzeichen der Kraft, des Lebens, der Flügel, des Wassers, desjenigen, was größer ist als der Mensch, und was doch der Mensch ist, der Vater.

Bei dem Anblick dieser vielen Bilder an den Felsen, der Malereien und der Gravierungen in USA mußte ich die Frage stellen nach Sinn und Bedeutung der abstrakten Bilder. Soweit ich sehe, hat diese Frage bisher niemand von den Forschern Amerikas angerührt. Es wird wohl auch nicht möglich sein, sie allein aus den amerikanischen Bildern zu beantworten. Das ganze Material Europas, die gleichen Bildzeichen an den neolithischen Tongefäßen, auf denen Ägyptens, Griechenlands und Vorderasiens sind dazu vonnöten.

Zuerst sind es allgemeine Gedanken, die die Voraussetzung bilden. Dann aber sind es die überzeugenden Parallelen bei den gleichen Gegebenheiten der Wirtschaft. Die Wirtschaftsform ist es, die in der Lage ist, in verschiedenen menschlichen Strukturen der wirtschaftlichen Tatsachen das Denken und das Erleben des Menschen zu formen. Das aber wieder muß seine Gestaltungsart verändern, seine geistige Beziehung zu den ewigen Fragen des Diesseits und der Transzendenz. Wie in Europa, wie in Asien, wie in Afrika, sind diese Erscheinungsformen deutlich erkennbar, sind sie klar sichtbar an den Bildern auf den Felsen: die naturhafteren Gestaltungen bei den Völkern und Stämmen der Jäger und Fischer, bei den von der Natur aufnehmenden Gruppen, und die Abstraktion in der Gestaltung bei den Ackerbauern, bei den seßhaften, bei den dorfhaften Gruppen, nicht bei den schweifenden Jägern. Die Nomaden, die Viehzüchter, völlig verschieden von den Jägervölkern, bewahren noch länger die naturhafte Formgebung, sie gehören mehr zu der Ordnungsgruppe der Jäger, denn ihr Lebenselement ist ebenso das Tier.

So haben die Felsbilder die Fenster zu der Vorzeit, zu der alten Welt Nordamerikas aufzuschließen vermocht, auch in geistigem Sinne. Es ergeben sich die gleichen Symbole wie in Europa, wie in Afrika und Asien in der entsprechenden Wirtschaftsstruktur, in der konsumierenden Wirtschaft, der Jagd einerseits, und der produzierenden Wirtschaft andererseits.

Damit eröffnet sich ein neues Problem, nämlich die immer wiederkehrende Frage, ist solche Übereinstimmung Übertragung oder ist es der Elementargedanke der Menschheit, wie es ADOLF BASTIAN (26. 6. 1826—2. 2. 1905) ansah in seinen großen Werken: Der Mensch in der Geschichte, 3 Bde 1860. — Beiträge zur vergleichenden Psychologie, 1868. — Der Völkergedanke, 1886. — Das Beständige in den Menschenrassen, 1868. Ich meine, daß Bastian das rechte getroffen hat mit seiner Vorstellung von dem Elementargedanken. Unter ihm steht als eine Untergruppe, als eine jeweilige Besonderung der Völkergedanke.

Mittelamerika

Das gewaltigste in Mittelamerika sind die mächtigen Pyramiden, die Tempelberge. Wie sie aufragen von der Erde, wie sie sich erheben, wie sie den Blick vom Boden hinlenken zum Himmel, das ist von unvergeßlichem Eindruck. So wie der Anblick der Pyramiden in Ägypten sich dem Betrachter unverlierbar eingräbt, der Anblick des Borobodur auf Java, des Tempels von Angkor Wat in Kambodscha, so gehört das Erlebnis der Pyramiden, wie Teotihuacán, wie Chichen Itzá, wie Uxmal in Yucatan zu den großen Erlebnissen jedes Besuchers.

Mögen die Pyramiden flacher aufsteigen, wie Teotihuacán, mögen sie sich steiler aufrichten wie Chichen Itzá, immer ist das Tragende des schauenden Blickes der Aufstieg zum Himmlischen, die Erhebung hinauf in das Unbekannte, in das Ewige, in die Schichten, auf denen der Mensch sich hinaus hebt über sich selbst. Darin liegt das Geheimnis dieser Bauten, darin liegt ihr letzter Sinn.

Nur 40 km entfernt von Mexiko City liegt die Pyramide von Teotihuacán. Bis 1905 war sie nur ein Berg, nichts als ein Berg. Zwischen 1905 und 1910 wurden die ersten Freilegungen begonnen von Leopoldo Batres. Der Ausgräber war aber seiner Aufgabe nicht gewachsen, die Anforderungen waren zu groß. Von 1917—1922 führte ein guter Kenner, Manuel Gamio, die Arbeiten durch. Er legte einen Tunnel durch die Sonnenpyramide, er grub die sogenannte Zitadelle aus, er stellte die Frage nach dem Beginn des Pyramidenbaues und nach dem Ende, ohne allerdings wirkliche Daten finden zu können.

Von 1932—1935 grub an den beiden Pyramiden, der Sonnen- und der Mondpyramide, der schwedische Forscher Sigvald Linné und von 1942—1945 der Mexikaner Pedro Armillas. Seit 1950 graben an den Pyramiden nordamerikanische Forscher, den genauen Bericht gab J. BERNAL, Teotihuacán, Mexiko 1963.

Im Frühjahr des Jahres 1963 stand ich vor den beiden Pyramiden. Der Eindruck in gewaltig. Nur eine Treppe führt hinauf zur Höhe der Sonnenpyramide. Sie steigt nicht nur auf in einer Linie, sie ist gebrochen durch vier Plattformen. Die mittlere Treppe ist die breiteste, sie ist einheitlich. An zwei Stellen aber teilt sich die Treppe zu zwei getrennten Aufgängen. Es ist mühsam, alle Stufen hinaufzusteigen, sie sind hoch, und das ist der Gedanke der Treppenführung, auch am Borobodur in Java und am Tempel von Angkor Wat . Je weiter der Pilger aufsteigt zum Allerheiligsten, umso höher werden die Stufen, umso mehr muß er sich mühen, umso mehr muß er das persönliche Opfer der Anstrengung bringen. Die Grundfläche der Sonnenpyramide ist fast genau im Quadrat 222 Meter zu 225 Metern. Die Höhe ist 63 m, der Rauminhalt beträgt über eine Million Kubikmeter. Die Cheops-Pyramide ist wesentlich höher, sie ist 146 m hoch, aber ihre Kantenlänge ist fast die gleiche, 233 m im Quadrat.

Die Mondpyramide hat einen rechteckigen Grundriß von 120 m zu 150 m, sie ist 20 m niedriger als die Sonnenpyramide.

In dem riesigen Baukomplex von Teotihuacán erheben sich viele andere Bauten. Der Kultplatz hat die Länge von 6 Kilometern und die Breite von 3,5 Kilometern. Der Tempel der Zitadelle ist bedeckt mit 366 Schlangenköpfen und Götterköpfen. Sie springen vor aus der aufsteigenden Fassade, ein seltsam fremder, aber doch ein mächtiger Eindruck.

Es gibt noch den Tempel des Ackerbaues, auf halbem Wege zwischen Sonnen- und Mondpyramide.

Die Radiokarbon-Bestimmungen haben seit 1950 genaue Datierungen ergeben können. Die ältesten Daten für den Tempelplatz liegen um 1500 v. Chr. So sprechen die Ausgräber von einer Stufe Teotihuacán I. Sie umfaßt die Epoche um 1500—200 v. Chr. In dieser Zeit werden die beiden Pyramiden angelegt, und zwar in einer einzigen Bautätigkeit. Die anderen Pyramiden ergaben Überlagerungen von Schichten, Erhöhung und Neuauflage von Steinmaterial. Teotihuacán aber zeigt eine einheitliche, eine durchgehende Struktur aus Adoben, luftgetrockneten Ziegeln und Steinen.

Das Wort Teotihuacán stammt aus der Nahuatl-Sprache und bedeutet: Der Ort, wo man zum Gott wird. Die Bezeichnung Sonnen- und Mondpyramide stammt von den Azteken, also den später das Gebiet erobernden Stämmen. Die alten Namen, die alten Bezeichnungen, sind unbekannt. Vermutlich waren es die Olmeken, die die Bauwerke errichtet haben.

Olmeken ist der Name für die Bewohner an der mexikanischen Golfküste zur Zeit der spanischen Eroberung. Sie sprachen eine nicht aztekische Sprache. Seit 1938 ist an dieser Stelle viel gegraben worden. Durch die Archäologen wurde eine bedeutende Kultur entdeckt. Nach dem Hauptfundplatz wird sie als La Venta-Kultur bezeichnet. Die Radiokarbon-Datierungen ergaben die Zeit von 1154—693 v. Chr. Auffällig sind die großen monolithischen Basaltköpfe, von 1,50 m bis 2,90 m hoch und 15—30 Tonnen schwer. Über die Olmeken berichtet ELISABETH P. BENSON, in: Dumbarton Oaks Conference on the Olmek, Washington 1968.

Die zweite Epoche von Teotihuacán umfaßt nach den Radiokarbon-Daten die Zeit von 200 v. Chr.—250 n. Chr. In dieser Zeit wird der Quetzalcouatl-Tempel auf der sogenannten Zitadelle und der Tempel des Ackerbaues errichtet.

In der Stufe Teotihuacán III, von 250—650 n. Chr. werden alle Tempel erweitert und ausgebessert. Die Gebäude für die Priester werden erbaut. Die Tempelfläche umfaßt in dieser Zeit den Raum von 5,5 km Länge und 3 km Breite. Der sogenannte Totenweg wird angelegt, es ist eine schnurgerade heilige Straße, bedeckt mit einer Art Zement, gemahlenem Auswurf eines Vulkans. Die Straße ist 1,7 km lang. Die Wohnviertel lagern sich um die Sonnenpyramide herum und bedecken nach den Grabungen 7,5 Quadratkilometer. Diese Zeit, entsprechend der Spätantike und der Völkerwanderungszeit in Europa, ist die große Zeit von Teotihuacán. Jetzt werden die Schlangenköpfe und die Köpfe des Gottes Tlaloc, des Regengottes, angebracht. Es sind 366. Immer spielt die Zahl der Tage des Jahres eine Rolle. Die Zahl 365 wird der Symmetrie wegen auf 366 erhöht, zumal die Zahl 365 nicht genau stimmt. Das Julianische Jahr umfaßt 365,25 Tage, das Gregorianische 365,2425 Tage.

Die Stufe Teotihuacán IV umspannt die Zeit von 650—900 n. Chr. Datierbar sind Maya-Erzeugnisse mit Datenangaben. J. E. S. Thompson spricht von den beiden Daten 435 und 623. Diese Periode bedeutet einen Niedergang. Um 900 wird die Stadt erobert, vermutlich von den Chichimeken, einem anderen mexikanischen Stamm. Aber auch er ging um 1200 zugrunde.

Auf der Halbinsel Yucatan ist der wichtigste Fundplatz Chichen Itzá. Daneben sind noch 68 andere Pyramiden und Tempelplätze bekannt. Über die Entdeckung der Bauten in dem undurchdringlichen Urwald durch John Lloyd Stephens ist vorher auf S. 97 und 262 berichtet worden.

Yucatan ist die Halbinsel zwischen dem Golf von Mexico und der Karibischen See. Das Land ist ohne einen Fluß, ohne Seen. Der Boden ist Kalkstein, er ist mit einem dünnen Humus bedeckt. Auf ihm wächst ein undurchdringlicher Urwald. Hernández de Cordoba hat das Land Yucatan im Jahre 1517 betreten. Die Eroberung begann 1527 durch Francisco de Montejo, sein Sohn beendete sie. Er gründete die Städte Campeche 1541 und Merida 1542. Noch heute bestehen diese Städte, sie haben ihre spanische Eigenart bewahrt. Die Steine der alten Tempelbauten wurden für den Aufbau der Häuser verwendet.

Die Ausgrabungsarbeiten begannen 1924, sie dauern noch an. Die Archäologie Mexikos gewann seit 1923 an Gewicht. In diesem Jahre wird ein Abkommen geschlossen zwischen den Vereinigten Staaten und Mexiko, ein Abkommen, das nordamerikanische Gelder Mexiko zur Verfügung stellt. Es ist das Carnegie-Institut in Washington, das die finanziellen Mittel bereit stellt.

Im Jahre 1907 besuchte EDUARD SELER, der Prof. a. d. Univ. Berlin und Abteilungsdirektor am Museum für Völkerkunde in Berlin die Ruinen von Chichen Itzá. Er berichtete über seine Ergebnisse auf dem 16. Internat. Amerikanisten-Kongreß in Wien 1908, im 5. Bd. seiner Gesammelten Abhandlungen, Berlin 1915, S. 197—388 mit 46 Tafeln.

Es ist seltsam, heute diese Tafeln zu durchblättern. Die Gebäude sind überwachsen von Bäumen. Die große Pyramide (Taf. 11) ist bis auf das Obergeschoß völlig zugedeckt von Erde und Wald. Auch der sogenannte Tempel der Jaguare und Schilde (Taf. 12a) ist noch völlig überdeckt von Bäumen. Aber Eduard Seler fand einen Eingang und in dem Bau eine große Anzahl von Malereien. Er bildet sie ab und beschreibt sie eingehend. Heute ist vieles von diesen Bildern verschwunden, es ist für die wissenschaftliche Forschung von großem Wert, daß Seler die Malereien genau wiedergegeben hat.

Der Brunnen Itzá, in der Sprache der Indianer, der heilige tz'onot, im spanischen Cenote, der Brunnen, der dem Ort den Namen gegeben hat, auch er ist bei Seler abgebildet.

Die Ausgrabungen begannen dort 1924. Der Leiter war SYLVANUS GRISWOLD MORLEY, ein hervorragender Kenner der Maya-Kultur. Mehrmals habe ich in New York seine Vorträge gehört und manchen Abend konnten wir zusammen verbringen.

MORLEY ist geboren in Chester, Pennsylvania, am 7. 6. 1883, er ist gestorben in Santa Fe, New Mexico, am 2. 9. 1948. Er ist neben Spinden derjenige, dem es geglückt ist, die schwer verständlichen Datumsangaben auf den Maya-Stelen in Verbindung zu bringen mit den europäischen Zeitangaben. Seine Hauptwerke sind: Inscriptions at Copan, 1920. — The ancient Maya, 1946, 2. Aufl. 1947.

17 Jahre hindurch hat Morley die Grabungen in Chichen Itzá geleitet. Das Ergebnis ist ausgezeichnet. Wohl ist die Pyramide noch auf der Hinterseite bedeckt mit Erde, aber drei Seiten sind freigelegt. Der Aufstieg auf der Treppe gehört zu den großen Erlebnissen eines Menschen unserer Zeit, der sich bemüht, einzudringen in die Gedankenwelt der Menschen, die vor mehr als tausend Jahren diesen Tempelberg errichteten mit der Aufbietung aller ihrer Kräfte.

Auf jeder der vier Seiten finden sich je 91 Stufen, das sind zusammen 364 mit dem Untersatz des Tempels 365, die symbolische Zahl der Tage des Jahres. Der Bau ist ein Weltenberg, ein Symbol von Erde und Himmel. Jede der vier Seiten ist 55,50 m lang, die Höhe ist 24 m, ein steiler Anstieg führt hinauf. Der Name der Stufenberge ist aztekisch tlachihualtepetl, künstlicher Berg, Zeichen des Himmels. Die Pyramide besitzt neun Absätze, entsprechend der mythischen Neunzahl, die zum Mond gehört.

Auf diesen Berg stieg der zum Opfer bestimmte Kriegsgefangene langsam und feierlich empor. Nach den Worten des spanischen Geschichtsschreibers Durán stellte er die Sonne dar. Durch seinen mühsamen Aufstieg sollte er der Sonne ihren Weg erleichtern und verhüten, daß sie zum Stillstand komme.

Wenn man die steile Vordertreppe heute als Besucher erklommen hat, tritt man in die Cella ein, den Gottesraum über der Pyramide. Den Eingang flankieren zwei gewaltige Säulen mit gefiederten Schlangen.

Neben der Pyramide stehen noch andere Bauwerke wie der sogenannte Kriegertempel mit nur einer breiten Treppe, umgeben heute nach der Wiederherstellung von Hunderten von steinernen Säulen. Die Eingangshalle schmücken große Pfeiler mit Schlangenreliefs. Da ist der Tempel der Wandtafeln, dort Caracol, die Schnecke in spanischer Sprache, eine runde Sternwarte. In ihr finden sich schmale Öffnungen, sie dienten zur Feststellung der Tag- u. Nachtgleichen. Der Turm besitzt einen Durchmesser von 11 m. Er ist zweigeschossig und erhebt sich über einer zweistufigen Plattform in die Höhe von 9 m, ehemals war seine Höhe 13 m.

Da gibt es weiter den Tempel der Jaguare, das Haus der Nonnen, das Chac-Mool-Grab, den Adlertempel, den Nordtempel, das Grab des Hohen Priesters. Die gesamte Anlage umfaßt 5,16 Quadratkilometer.

Zu dem Bereich von Chichen Itzá gehören zwei natürliche Zisternen, Einbrüche in den felsigen Boden. Sie gehören zu den Seltenheiten in diesem wasserarmen Land. Im Norden, 1 km entfernt von der Umfassungsmauer, liegt die Cenote der Opfer. Im Süden liegt die Cenote für Trinkwasser.

Die Opfer-Cenote wurde in den Jahren 1904—1907 mit Hilfe von Tauchern und Greifbaggern untersucht. Es ist eine ovale Öffnung von 60 m Durchmesser mit einer Tiefe von 20 Metern. Es wurden die Skelette von 30 geopferten Männern gehoben, von 8 Frauen und 21 Kindern im Alter von eineinhalb Jahren bis zu 12 Jahren. Dazu konnten Jadeschmuckstücke mit Türkis eingelegte Arbeiten, Statuen, Töpferwaren, Speerspitzen, Wurfstöcke und Goldarbeiten gehoben werden. Die sehr mühsame Grabung, eine Ausbaggerung, wurde durchgeführt von dem nordamerikanischen Konsul Edward H. Thompson. Er war es auch, der 300 m südöstlich der Pyramide das Grab des Hohen Priesters auffinden und ausgraben konnte. 27 m unter der Erde entdeckte er das Grab. In ihm lag eine Jadeperle von 10 cm Umfang. Jade war für das alte Amerika ein wertvoller Schatz, sie besaß mythische Beziehungen zu der Schlange durch die grüne Farbe.

EDWARD H. THOMPSON berichtet über seine Funde in einem Buch, The High Priest's grave, Chichen Itzá, Publications of the Field Museum of Natural History, Series XXVII, 1, Chicago 1938.

Das Problem der Opfer in der Cenote war so groß und von solcher Bedeutung, daß nach Thompson noch andere Ausbaggerungen vorgenommen worden sind. Hierüber berichtet A. TOZZER, Chichen Itzá and its Cenote of sacrifice, Cambridge, Mass. 1957.

Es gibt auch einen Bericht aus der Kolonialzeit über die Opferung in der Cenote von Chichen Itzá. Er stammt von dem 2. Bischof von Yucatan, DIEGO DE LANDE. Im Jahre 1566 berichtet er über die Maya, aber er war so fanatisch gegen die Bücher der Maya, daß er 1562 alle Bücher, deren er habhaft werden konnte, in der Stadt Mani, südlich von Merida, öffentlich verbrennen ließ. So kommt es, daß nur drei Handschriften der Maya erhalten sind. De Landa schreibt in seinem Werk: Relación de las Cosas de Yucatan, das Folgende: „Sie hatten ursprünglich die Gewohnheit, und hatten sie auch noch zu meiner Zeit, bei Dürre in diesen Brunnen lebende Menschen als Opfer für die Götter zu werfen. Sie glaubten, daß diese Menschen nicht stürben, obwohl sie sie nie wiedersahen. Sie warfen auch viele Gegenstände hinein, Edelsteine und andere Dinge, die ihnen teuer waren".

Die Schrift von Diego de Landa von 1566 ist 1941 neu herausgegeben worden mit ausführlichen Anmerkungen in dem Orginaltext und in guter Übersetzung von ALFRED M. TOZZER: Landa's Relacion de las Cosas de Yucatan, Papers of the Peabody Museum of Archaeology and Ethnology, Bd. 18, Harvard Univ. Cambridge, Mass. 1941.

Über die Goldfunde in der Cenote berichtet Samuel Kirkland Lothorp unter dem Titel: Metals from the Cenote of Sacrifice, Chichen Itza, Yucatan. Memoirs of the Peabody Museum, Bd. X, 2. Cambridge, Mass. 1952.

Wir haben im Jahre 1963 Chichen Itzá besuchen können und andere bedeutende Pyramiden in Yucatan. Wie wir den Weg gingen zu der heiligen Zisterne, wie wir an die Opfer dachten, die dort den Göttern dargebracht worden sind, begegneten uns einige Indianer, ein Mann, eine Frau und ein Mädchen. Sie hielten Blumen in ihren Händen. Wir standen am Rande der Zisterne und blickten auf das Wasser, auf der anderen Seite standen die Indianer. Da sprach der Mann Gebete in seiner Sprache, er erhob die Hände, auch die Frau erhob die Hände, und dann warfen sie die Blumen in das Wasser.

Wir gingen zum Ballspielplatz. Er liegt 200 m nordöstlich von der Pyramide. Rechts und links ist er von Mauern umgeben, die 9 m hoch und 82 m lang sind. Sie sind 33 m voneinander entfernt. Am Ende erhebt sich ein Gebäude mit Treppen und hohem Eingang. Auch auf der rechten Seite steht über der Mauer ein Gebäude mit drei Türen. Hier werden die Priester gestanden haben, hier werden sie von zwei Seiten aus den Erfolg des Spieles beobachtet haben. In der Mitte der rechten Mauer ist noch der steinerne Ring erhalten. Durch ihn mußte der Ball geworfen werden. Auf dem Platz fand sich ein gravierter Stein, der das Ballspiel mit den Spielern darstellt. Der Ball wurde wahrscheinlich mit dem Knie geworfen. (Abb. bei: Paul Rivet, Cités Maya, Paris, 5. Aufl. 1954, S. 139, Fig. 128).

Vor dem Tempel der Krieger liegt ein weiterer Opferplatz. Ein großer Steintisch von etwa 10 m Breite erhebt sich über Skulpturen von Menschen. Sie erheben die Hände und tragen mit ihnen den Tisch. Rechts und links sind große Säulen aufgerichtet mit symbolischen Gravierungen. Die Rinne für das Blut auf dem Steintisch ist deutlich erkennbar. Es fließt durch eine Ablaufstelle in die Erde. Vor der Pyramide ist eine liegende Skulptur eines Mannes errichtet, sie trägt in der Mitte eine Schale für das Blut der Geopferten.

Alle Gebäude sind übersät mit Ornamenten, mit Zeichen, mit Spiralen, mit vortretenden Haken, die wie Hörner von Tieren erscheinen, Schlangenköpfe, Menschenfiguren. Es ist eine fremdartige Kunstgestaltung, die nichts mit dem Kunstgeschehen Europas zu tun hat, auch nicht mit dem Asiens oder Afrikas. Es ist eine andere Welt, die sich stark ausprägt, wenn man an den Tempeln vorübergeht, an den Säulen, an den Opferplätzen, an den Statuen.

Danach besuchten wir die gut erhaltene Tempelstätte in Yucatan, Uxmal. Sie liegt 150 km in südlicher Richtung entfernt von Chichen Itza. Michael D. Coe sagt in seinem Buche „The Maya", London 1966, deutsch: Die Maya, Gustav Lübbe Verl. 1968, S. 131:

„Uxmal ist die bei weitem größte Fundstelle im Puuc-Stil und eine der größten Leistungen der Maya überhaupt. Nach der Überlieferung war es der Sitz der Xiu-Familie, die jedoch nur ein spätes Geschlecht mexikanischen Ursprungs ist und den Ort unmöglich erbaut haben kann."

Nach den Datierungen von Morley ergibt sich auf den ältesten Stelen von Uxmal das Datum „Baktun 9", gleich 905 n. Chr. Der Stil dieser Zeit wird als Puuc-Stil bezeichnet, er lebt nach den Inschriften der Stelen bis 987 n. Chr.

Der Eindruck der Bauten von Uxmal ist genau so gewaltig wie der von Chitzen Itza. Wohl gibt es nicht eine so mächtige Pyramide wie dort, aber der Eindruck ist dadurch so eindrucksvoll, daß die Gebäude noch stärker überdeckt sind von Ornamenten, von Skulpturen, von Schlangenmustern. 18 Gebäude sind gut erhalten, jedes besitzt seinen eigenen Charakter, seinen eigenen Stil. Es ist eine wahre Symphonie aus Stufenmustern, Mäandern, Gittern, Schlangenköpfen. Wir gehen auf dem riesigen Platz herum, der die Monumente umspannt. Er ist 1 km lang und 600 m breit. Uns fesselt ein großes viereckiges Haus, von den Spaniern Nonnenkloster benannt. Es ist ein Bau, der auf den vier Seiten von Gebäuden umgeben ist, in der Mitte liegt der Hof. Die Längsseiten haben 100 m Länge, die beiden Querseiten 50 Meter.

Wenn man die Fassaden erblickt, stockt das Auge vor den vielen Reliefs, den herausgearbeiteten Ornamenten, den vorspringenden Figuren. Es ist ein Spiel in Bewegung, Dynamik, in Gliederung und Auflösung. Fällt die Sonne auf diese lebenden Wände, dann tritt das Hervortretende und das Zurückspringende der Skulpturen und der dreidimensionalen ornamentalen Formengebungen noch gewaltiger in den Umkreis des Blickes. Dreieckige Tore stehen mächtig in der Landschaft.

Tritt man ein in diesen Komplex der Gebäude, dann öffnen sich Säle um Säle, Gänge um Gänge, Treppen von 47 m Höhe. Der Platz besitzt zwei Pyramiden, die Spanier benannten sie als Tempel des Zauberers und Tempel des Zwerges. Der Tempel des Zwerges ist 50 zu 70 m im Quadrat, er erhebt sich in drei Etagen. Die oberste ist 20 m hoch, die zweite 6 m, die dritte 2 m. Die Gesamthöhe ist also 28 Meter.

Die große Pyramide mißt 80 m im Quadrat. Sie ist ausgegraben worden durch S. G. Morley um 1940. Er berichtet darüber in: The ancient Maya, London 1946.

Besonders eindrucksvoll ist der sogenannte Palast des Gouverneurs, ein Gebäude, gelegen auf der Westseite der gesamten Anlage. Er ist 98 m lang, 30 m breit und 8,60 m hoch. Auch bei diesem Gebäude sind die Skulpturen, die Ornamente faszinierend in ihrer Mächtigkeit, in ihrer Eigenwilligkeit, in ihrer Willkür.

Dann standen wir vor dem Haus der Schildkröte, auf dem Ballplatz, vor dem Südtempel, vor dem Hause der Alten. Bei der scharfen Sonne und bei dem tiefen Schatten verstärkt und erhöht sich die Wirkung der abstrusen Ornamente.

Über Uxmal berichtet J. H. Spinden, Ancient civilisations of Mexico and Central America. 3. Aufl. New York 1928. — Paul Rivet, Cités Maya, Paris 5. Aufl. 1954. — H. Stierlin, Maya, 1964.

Viele andere bedeutende Fundstellen der Maya-Bauten sind zu nennen, so Palenque in dem mexikanischen Staat Chiapas, 1746 entdeckt. Der Tempelplatz besitzt einen viereckigen Turm mit vier Etagen. Das Schriftzeichen der Venus auf einem der Absätze der Treppe läßt vermuten, daß der Turm als Observatorium verwendet worden ist. Der Palast mißt 100 zu 80 m und besteht aus einem wahren

Labyrinth von überwölbten Galerien und Räumen, angeordnet über einem Innenhof. An dem Ort finden sich drei Tempelpyramiden, der Sonnentempel, der Kreuztempel, der Tempel des Blätterkreuzes. Sie sind im 7. Jh. n. Chr. errichtet worden nach einem gleichen Plan. Nur eine Treppe besitzen sie auf der Vorderseite. Oben ist die Cella, das Sanktuarium, das Allerheiligste, der Wohnraum der Gottheit. In ihm stehen Hieroglyphen, auch der Weltenbaum ist angebracht, darüber der Quetzalvogel.

Seit 1918 wird in Palenque gegraben. Dem mexikanischen Archäologen Alberto Ruz, geb. 1906, gelang im Juni 1952 eine wichtige Entdeckung. Im Tempel der Inschriften, gegenüber dem großen Gebäude, das den Namen „Der Palast" erhielt, begann er zu graben. Der Tempel wurde dadurch von Bedeutung, daß sich an den Wänden des Vorraums und der Zentralkammer drei Platten mit 620 Hieroglyphen befinden. Sie tragen viele Daten, das späteste Datum entspricht dem Jahre 692 n. Chr. Der Boden des Tempels ist mit großen Steinplatten bedeckt. Eine Platte besitzt eine Reihe von Löchern, zugedeckt mit Pfropfen aus Stein. Ruz meinte, daß diese Platte eine Bedeutung habe. Er ließ sie aufheben und es ergab sich, daß sie zu einer Treppe führte. Aber alles war zugeschüttet mit Geröll. Die sorgfältige Öffnung verlangte vier Grabungskampagnen. Es zeigte sich, daß die Treppe auf halbem Wege umbiegt. Auf der Höhe der Basis des Tempels war eine Kammer, wieder angefüllt mit Geröll. Auf dem Boden lagen die Skelette von sechs Jugendlichen, sicherlich Opfer bei der Bestattung. Darunter fand sich eine große Steinplatte. Sie wurde aufgehoben, und nun erblickte der Forscher die eigentliche Grabkammer. Sie ist 10 m lang und 7 m hoch, sie liegt 27 m unter dem Boden des Tempels. Da stand der Sarkophag, gearbeitet aus einem einzigen Stein. Der Sarkophag war bedeckt mit einer Steinplatte, mehr als vier Meter lang, reich verziert mit Reliefs und Ornamenten. Über dem Gesicht des Bestatteten lag eine Gesichtsmaske, aus Mosaiken gearbeitet. An den Ohren lagen Jadestücke, und in jeder Hand hielt der Tote Stücke aus Jade, an den Fingern trug er Ringe aus Jade. Jade lag in seinem Mund — eine Sitte, wie in China, wo den Toten eine Zikade, vielfach aus Jade, in den Mund gelegt wird. Zwei Jadefiguren lagen neben dem Bestatteten.

Mit dieser Entdeckung war der oft wiederholten Auffassung der Boden entzogen, daß die ägyptischen Pyramiden Gräber seien, die mexikanischen aber Tempel. Das eine schließt nicht das andere aus. Auch unsere Kirchen sind zugleich Grabstätten. In der Kathedrale von St. Denis bei Paris wurden die Könige Frankreichs bestattet. Die Könige und Kaiser von Deutschland im Dom zu Speyer.

Über die Entdeckung berichtet ALBERTO RUZ, Exploraciones en Palenque, in: Proceedings of the 13th Intern. Congr. of Americanists, Cambridge 1954, S. 5—22, ferner Ders. Palenque. Official Guide, Instituto Nacional de Antropologia e Historia, Mexico 1960.

Eine für die geistig interessierte Welt bedeutende Entdeckung war die der Wandgemälde von Bonampak. Es war im Jahre 1946, als zwei amerikanische Abenteurer von Maya-Indianern zu einer Ruinenstätte geführt worden sind, einer Stätte, die bis dahin keinem Europäer bekannt geworden war. Der Ort liegt in dem undurchdringlichen Urwald der mexikanischen Provinz Chiapas, 130 km südöstlich von

Palenque, 250 km südlich von der Laguna de Terminos. In der Nähe fließt der kleine Rio Lacanhá, ein Nebenfluß des größeren Flusses Usumacinta. Den beiden Amerikanern wurden seltsame Wandmalereien gezeigt, jedoch sie waren nicht an ihnen interessiert. Aber drei Monate später führten die Indianer einen Photographen mit Namen Giles Healey an diese Stelle. Er begriff die Bedeutung der Entdeckung und machte der Carnegie Institution in Washington Mitteilung. Jetzt konnten die Untersuchungen durchgeführt werden. Sie lagen in den Händen von Karl Ruppert, Eric S. Thompson und Tatiana Proskouriakoff. Die Ergebnisse waren erstaunlich. Die Wände von drei großen Räumen des Gebäudes waren ganz bedeckt mit glänzend erhaltenen lebensgroßen Malereien in einem Stil, der naturhaft, wirklichkeitsnah wichtige Ereignisse aus dem Leben der Maya wiedergibt.

Da ist auf der Nordwand die Zusammenkunft von Fürsten der Maya dargestellt (Rivet, ebd. Taf. VI). Auf derselben Wand sitzen auf der Erde Menschen in Beratung, darunter Musikchöre mit großen Blasinstrumenten. Auf der Westseite ist unter Blättern und Zweigen der König dargestellt mit seinen Hofbeamten und im Zimmer 2 ein Kriegsvorgang mit dem Siege der Maya. Der Siegestanz bildet ein Hauptstück der Malereien. Große Männer mit gewaltigem Kopfputz aus Quetzalfedern bewegen sich zur Musik. Die Instrumente zeigen lange Trompeten, Trommeln, Rasseln. An keiner Stelle konnte man vorher so nahe, so lebensvoll, so dem Tage zugewandt das Leben der Maya erblicken.

Die Radiokarbon-Datierungen unter den Bildern ergaben die Zeit kurz nach 800 n. Chr., es ist die Epoche Karls d. Gr. Den Bericht gaben KARL RUPPERT, ERIC S. THOMPSON u. TATIANA PROSKOURIAKOFF, Bonampak, Chiapas, Mexico, Carnegie Inst. of Washington, Publ. 602, 1955. — Eine Übersicht gibt J. BERNAL, Mexiko, Präkolumbianische Malereien, 1958, und Ders. Wandmalereien der Mayas in Mexico, 1963.`

Eine andere wichtige Grabungsstätte ist Tikal im Herzen des Dschungels von Guatemala. Der Ort liegt bei Petén Itza, 220 km im Vogelflug westlich von Palenque. Es war im Jahre 1695, als ein katholischer Pater mit Namen Avendaño die Absicht hatte, die Eingeborenen in den dornigen Wäldern vom Norden Guatemalas zu bekehren. Auf dem schwierigen Wege durch den Dschungel entdeckte er die Ruinen. Er bemerkte Räume, Gemächer, Säle, aber es gab für ihn keine Erklärung.

Im Jahre 1840 bemerkte der Ire John Gallagher, in Guatemala als Colonel verpflichtet, daß der Fluß Copán den Abhang eines Hügels freigelegt hatte. Auf ihm stand eine gigantische Mauer von 300 m Länge und 30 m Höhe. Auch dieser Colonel wußte keine Erklärung. 1848 hat der Oberst Modesto Méndez, der Verwalter der Stadt Flores in Guatemala durch die Eingeborenen etwas erfahren von einer großen unbekannten und unbewohnten Stadt im Urwald. Er rüstete eine Expedition aus, 23 Personen, und zog mit ihnen den langen und mühsamen Weg durch die tropische Vegetation. Es war am 23. Februar 1848, als die Gruppe die Ruinen erblicken konnte. Méndez zeichnete einen Plan und berichtete über die Stadt im Urwald in der Gazette von Guatemala. Dieser Bericht kam durch Eduard Seler, den Amerikanisten von der Univ. Berlin zur Kenntnis der Akademie d. Wissenschaften in Berlin. Die Akademie organisierte 1856 eine Expedition, an ihr nahmen auch Schweizer, englische sowie amerikanische Archäologen teil. Später, im 20. Jh. lagen die Arbeiten in den Händen der Archäologen der Univ. von Pennsylvania mit den Ausgräbern William R. Coe, William R. Bullard, Teobert Maler, Alfred M. Tozzer, Alfred Percival Maudslay. Die Grabungen dauern jetzt noch an, sie werden noch viele Jahre erfordern. Für Flugzeuge wurde ein Landeplatz angelegt, das Museum am Ort wurde nach dem Mexikanisten Sylvanus Griswold Morley als Morley-Museum benannt.

Tikal hat sehr große Tempelpyramiden, nach der Freilegung erscheinen sie wie Wolkenkratzer. Die Pyramide IV, die größte, ist 70 m hoch. Die Treppenstufen sind sehr hoch, schwer zu ersteigen. Über dem Bau erhebt sich, wie so oft, die Cella, das Allerheiligste. Die Pyramide II ist 38 m hoch. Tikal war nicht nur ein Heiligtum, Tikal war eine bewohnte Stadt, man rechnet mit 500 000 Einwohnern.

Als im Jahre 1962 Aubrey Trik von der Univ. von Pennsylvania, den Tempel I ausgrub, entdeckte er unter dem Tempel ein reich ausgestattetes Grab mit bedeutenden Beigaben. Da lagen Schmuckstücke aus Jade, aus dem Email der Muscheln, da standen zahlreiche Gefäße, ehemals mit Nahrungsmitteln gefüllt. Aber das Wertvollste war ein Doppelgefäß mit der Figur eines opfernden Mannes und gegenüber ein Gott in Gestalt eines Vogels (Abb. bei Michael D. Coe, Die Maya, Bergisch-Gladbach 1968, Taf. 23).

Nach den neuesten Feststellungen der Maya-Datierungen, entsprechend unserer Zeitrechnung, wurde der Tempel erbaut um 700 n. Chr. Das letzte Datum von Tikal ist 879 n. Chr.

Im Museum von Tikal finden sich Stelen mit den Daten 292 v. Chr., wie die Stele Nr. 29. Die Stadt hat also bestanden von rund 300 v. Chr. bis rund 900 n. Chr.

Die Berichte über die Ausgrabungen von Tikal sind: SYLVANUS GRISWOLD MORLEY, The inscriptions of Petén. Carnegie Institution of Washington 1937—1938. — ALFRED M. TOZZER, A preliminary study of prehistoric ruins of Tikal, Guatemala. Memoirs of the Peabody Museum, Harvard Univ. Bd. 5, Nr. 2, Cambridge 1911. — TEOBERT MALER, Explorations in the Department of Petén, Guatemala, ebd. Bd. 5, Nr. 1, 1911. — WILLIAM R. COE, Tikal, ten years of study etc. Expedition, Bd. 8, Nr. 1, S. 5—56. Philadephia 1965. — ROBERT T. CARR and JAMES E. HAZARD, Map of the Ruins of Tikal, Guatemala, Tikal Reports, Nr. 11, Philadelphia 1961.

Eine weitere wichtige Station ist Copán in Honduras, etwa 40 km westlich von der Stadt Sta. Rosa. Die Ruinenstätte ist schon im Jahre 1576 beobachtet worden von Diego Garcia de Palacio, dann aber wurde sie völlig vergessen. 1839 ist sie wieder aufgefunden worden von Stephens, dem Forscher, von dem unter dem 19. Jh., S. 97, berichtet worden ist. Er hatte die seltsame Idee, die Ruinen für 50 Dollar von den Eingeborenen zu kaufen.

Das ehemalige Stadtgebiet umfaßt 30 Hektar Bodenfläche. Mit seinen fünf Hauptplätzen und mit 16 Gebäudegruppen ist Copán die zweitgrößte Stadt der Maya. (Plan bei Rivet, Cités Maya, Paris 1954, S. 82). Das Hauptgebäude, Akropolis genannt, gehört zu den eindrucksvollsten Bauwerken der mittelamerikanischen Kulturen. Der Tempel der Hieroglyphen, vollendet im 8. Jh. n. Chr., bringt auf den 63

Stufen der Haupttreppe einen langen eingravierten kultischen Text von 2500 Zeichen. Sie erlauben die Datierung auf die Zeit von 545—745 n. Chr.

Der Ballplatz ist gut erhalten. Die Markierungen sind hergestellt in Form von Papageienköpfen. Die angegebenen Daten sind 514 und an anderer Stelle 775 n. Chr. In Copán fand man besonders schöne Stelen, sie tragen die Daten von 460 bis 801 n. Chr. Die Skulptur des jungen Maisgottes, abgeb. bei H. Trimborn, Das alte Amerika, Stuttgart, 2. Aufl. 1963,Taf. 33, stammt aus Copán. Die Ausgrabungen seit 1915 sind geleitet worden von Sylvanus G. Morley und J. E. Thompson. Morley berichtet darüber in: The inscriptions of Copan. Carnegie Inst. of Washington, Publ. 219, 1920. — J. Eric Thompson, Excavations at San Jose, British Honduras, Carnegie Inst. of Washington, Publ. 506, 1939. — Ders. The rise and fall of Maya civilisation, London 1956. — Gustav Strömsvilk, Guide book to the ruins of Copan. Carnegie Inst. of Washington, Publ. 577, 1947. — T. Proskouriakoff, An album of Maya architecture, Oklahoma City 1963.

Etwa 80 km nordwestlich von Mexico City entfernt liegen die Ruinen von Tula im mexikanischen Staat Hidalgo. Tula ist nicht wie viele andere Plätze ein vergessener Ort, Tula ist seit langem bekannt. Bei gelegentlichen Grabungen 1872 waren Bruchstücke riesiger Plastiken entdeckt worden, und 1880 hatte der französische Reisende Désiré Charnay Grundmauern von Häusern freilegen können. Die wissenschaftlichen Grabungen führte seit 1940 der mexikanische Gelehrte Jorge R. Acosta durch.

Der Ort Tula erwies sich bei der neueren Untersuchung als die alte Hauptstadt der Tolteken, einem mexikanischen Stamm, der die Nahua-Sprache sprach. Oft erscheint dieser Stamm in den Sagen als ein Märchenvolk. Sahagun sagt von den Tolteken, sie waren „die ersten, die in diesem Lande die Menschensaat ausstreuten". Sie werden als die ältesten der Menschen angesehen. Immer wird in allen Mythen die Vergangenheit zum Paradies, und so wird auch das Land „Tollan" als ein Schlaraffenland geschildert. Die Baumwolle wuchs in allen Farben, die Maiskolben waren so groß, daß man sie nicht tragen konnte, die Gemüsepflanzen wurden so gewaltig wie Palmen. Es gab in Fülle Edelsteine, Gold, Perlmutter, der Reichtum war übergroß.

Die Ausgrabungen haben ergeben, daß sich die Tolteken um 900 n. Chr. in dem Ort Tula niedergelassen haben. Ihr Priesterkönig war Topiltzin. In den Sagen wurde er zu einem Gott, schließlich wurde er verbunden mit dem Gott Quetzalcouatl, Gefiederte Schlange, später der Hauptgott der Azteken. Es gab Kriegerorden, die Adler, die Jaguare, die Koyoten. Sie huldigten ihrem Gott Tezcatlipoca, was Rauchender Spiegel bedeutet. Topiltzin aber war ein friedliebender Herrscher. Es kam zum Kampf zwischen beiden Gruppen, wie die Sagen berichten. Durch schwarze Magie wurde Topiltzin besiegt, er mußte fliehen, offenbar um 987 n. Chr. Die Sage berichtet, daß er bis zur Golfküste kam und daß er sich einschiffte auf einem Floß aus Schlangen. Eines Tages wird er zurückkehren aus dem Osten und sein Volk erlösen. Diese Sage, allen mexikanischen Stämmen bekannt, auch später den Azteken, diese Sage war es, die den Sieg der Spanier 1519 ermöglichte. Zusammen mit den Priestern und mit ihrem König Moctezuma (Montezuma), glaubten sie in den

Spaniern mit den in Amerika unbekannten Bärten, mit den Schiffen, den Gewehren, den Kanonen, dem starken Klirren der Waffen, den wiederkehrenden Gott Quetzalcouatl zu erkennen.

Der große Kopfputz des Gottes Quetzalcouatl aus Federn des Quetzalvogels, im Jahre 1519 von Montezuma an Cortes übersandt, befindet sich noch heute im Burgmuseum in Wien. (Abb. farbig bei Viktor von Hagen, Sonnenkönigreiche, Berlin 1962, S. 103).

In Tollan, Tula, der Hauptstadt der Tolteken, hat Acosta den Morgensterntempel ausgraben können, eine fünfstufige Pyramide, 10 m hoch. Sie war umgeben von Pfeilerhallen und Säulenhöfen. Das Dach des Tempels war von Säulen getragen, die Krieger darstellen, sie sind 4,50 m hoch. Die Köpfe mit den großen Augen tragen einen zylinderförmigen Helm. Diese Karyatiden sind wieder aufgestellt worden, allerdings ohne das Dach. (Abb. etwa bei H. D. Disselhoff, Gesch. d. altamerikanischen Kulturen, 1953, Taf. 7).

Die Veröffentlichungen des Ausgräbers sind: Jorge R. Acosta, Exploraciones en Tula, Revista Mexicana de Estudios antropológicos, Bd. IV, Mexico 1940. — Ders. Los últimos descubrimientos arqueológicos en Tula, ebd. Bd. V, 1941. — Ders. La tercera temporada de exploraciones arqueológicas en Tula, ebd. Bd. VI, 1943. — Ders. Los colosos de Tula, Cuadernos Americanos, Bd. XII, Mexico 1943. — Ders. La cuarta y quinta temporada de exploraciones arqueológicas en Tula, 1943—1944, Revista Mexicana de Estudios Antropológicos, Bd. XII, Mexico 1945.

Monte Albán liegt bei der Stadt Oaxaca, der Hauptstadt der mexikanischen Provinz Oaxaca, 300 km Luftlinie südöstlich von Mexico City. Der Fundplatz lagert sich auf einem Berg, die Spanier haben ihm den Namen Monte Albán gegeben. Drei Täler laufen an dieser Stelle zusammen, der Berg hat die Höhe von 2000 m über dem Meere. Auf dem Berg erhebt sich eine künstliche Plattform. Das ist der alte Platz des Kultes, er ist 700 m lang und 250 m breit. Die Ausgräber vermochten 16 verschiedene Gebäude festzustellen. Aber noch längst ist nicht alles freigelegt und ausgegraben worden.

Die Ausgrabung begann 1931, der Leiter war der mexikanische Wissenschaftler Alfonso Caso. Der Ort war eine Tempelstadt, die Anfänge reichen zurück in die Zeit um 600 v. Chr. Monte Albán bestand als Kultplatz bis 1469. In diesem Jahr eroberten die Azteken den Platz, sie unterwarfen das ganze Gebiet. Die Grabungen ergaben fünf Perioden. Das erste Stadium, 600 bis 300 v. Chr., ist bezeichnet durch Statuen, die sogenannten Danzantes. Sie besitzen ihre Parallelen in der La Venta-Kultur. Albán II gehört der Zeit von 100 v. Chr. bis 300 n. Chr. an. Albán III umspannt die Periode von 300—700 n. Chr., Albán IV die Zeit von 700—1000 n. Chr., diese beiden Perioden bedeuten die große Zeit von Monte Albán.

In dieser Epoche herrschen in diesem Gebiet die Zapoteken, ein mexikanischer Stamm, der heute noch eine Viertelmillion Einwohner besitzt. Sie bilden jetzt noch den Hauptteil der Bevölkerung von Oaxaca, Mexico. Sie sind der wohl am meisten indianische Teil der Bevölkerung überhaupt. Aus ihren Reihen stammt der große Staatsmann Benito Juárez Garcia, ein Vollblutzapoteke aus den Bergen des nördlichen Oaxaca. Er wurde am 21. 3. 1806 geboren und starb am 18. 7. 1872. Von 1847—1852 war er Gouverneur des Staates Oaxaca, er wurde der Begründer der mexikanischen Verfassung von 1857. Im Jahre 1858 übernahm er die Regierung von ganz Mexico. Er schuf Reformgesetze, erließ die Religionsfreiheit, er hob die Klöster auf und übernahm die Kirchengüter für den Staat.

Als Mexiko 1861 die Zinszahlungen für Schulden an auswärtige Mächte einstellte, erfolgte die Militärische Intervention von Großbritannien, Spanien und Frankreich. Großbritannien und Spanien zogen sich 1862 nach dem Abkommen von Soledad zurück. Frankreich aber marschierte am 7. 6. 1863 ein in Mexico City. Es wurde eine Notablenversammlung einberufen. Sie erklärte den Staat zur Monarchie und auf Veranlassung von Napoléon III. wurde der Erzherzog Maximilian von Österreich zum Kaiser von Mexico ernannt. Am 12. 6. 1864 zog Maximilian ein in die Hauptstadt. Juárez wurde zurückgedrängt in die Gebirge des Landes. Es gab den Guerillakrieg. Als die französischen Truppen abgezogen waren, gewann Juárez den Sieg. Kaiser Maximilian wurde am 19. 6. 1867 erschossen in Querétaro. Juárez wurde wieder Präsident des Staates Mexiko. Das Schloß des Kaisers ist zu besuchen, es war ein tragisches Schicksal, aber noch tragischer für seine Gemahlin, die seit der Ermordung Maximilians geisteskrank wurde und in der Kapuzinergruft in Wien erst im Jahre 1927 ihre Ruhestätte fand.

Dieses für Mexiko so wichtige Ereignis ist deshalb so erwähnenswert, weil es deutlich macht, wie stark heute der Einfluß der Indianer ist. Die Geschichte des Landes und die Vorgeschichte fließen eng zusammen.

Als Alfonso Caso seine Ausgrabungen in Monte Albán begann, fand er in den oberen Schichten moderne Tongefäße, Statuetten unserer Zeit. Bis heute werden an den alten Orten den heimischen Göttern Opfer dargebracht, ebenso wie in der Cenote von Chichen Itzá.

Am 9. Januar 1932 gelang Caso ein bedeutender Fund. Auf den Abhängen um die Kultstadt stieß er auf 200 gut erhaltene Gräber. Als besonders wichtig erwies sich Grab 7. Hans Dietrichs Disselhoff, einer der besten Kenner der altamerikanischen Kulturen, sagt auf S. 50 seines Buches Alt-Amerika, Holle Verl. Baden-Baden, 3. Aufl. 1964: „Der Schatz ist der größte und kostbarste, den je ein Archäologe in Amerika entdeckte". Es fanden sich über 500 Gegenstände. Walter Krikkeberg bemerkt auf S. 454 seines Buches: Altamerikanische Kulturen, Berlin 1956, daß die Entdeckung des Grabes 7 für die mexikanische Altertumskunde eine ähnliche Sensation bedeute wie zehn Jahre früher die Entdeckung des Tut-ench-Amon-Grabes für die Ägyptologie. Unerschöpflich war in dem Grabe die Fülle der Schmuckstücke aus Gold, Perlmutter, Jadeit, Achat, Türkis, Bergkristall, Onyx, Silber und Alabaster, verfertigt von Mixteken, einem anderen mexikanischen Stamm. Er besaß um diese Zeit die Herrschaft über Monte Albán, das war um etwa 1300 n. Chr. Bis zur Ankunft der Spanier, 1521, war das Gebiet im Besitz der Mixteken. Auch Malereien haben sich in Monte Albán gefunden, besonders in Grab 105, Götter darstellend. Die Ausgrabungen brachten auch ein Albán V zutage, die Zeit von 1000—1400. In dieser Epoche machen sich die Einflüsse der Mixteken geltend. Sie haben offenbar viele Städte in ihre Gewalt gebracht. Erst nach 1400 erobern die Azteken das Gebiet von Oaxaca. Hierüber berichtet der Ausgräber Alfonso Caso: Monte Albán, richest archeological find in America, in: The National Geographic Magazine, Bd. 57, Washington 1932. — Ders. Las exploraciones de Monte Albán, 3 Bd. Mexico 1932—1938. — Ders. Mexico 1934—1935. — Ders. Exploraciones en Oaxaca, 1936—1937, Mexico 1938. — La Correlación de los años Azteca y Cristiano, in: Revista Mexicana de Estudios Antropológicos. Bd. III, Mexico 1939. — Ders. Base para la sincronología Mixteca y Cristiano, Memoria de el Colegio Nacional, Bd. VI, Mexico 1951.

40 km südlich von Monte Albán liegt Mitla, in der Sprache der Zapoteken Yoo-paa, Stätte des Ausruhens. Der Platz befindet sich 1650 m über dem Meere, ebenfalls in dem mexikanischen Staat Oaxaca. Ursprünglich war er die Residenz der Zapoteken, dann wurde er um 1300 v. Chr. erobert von den Mixteken. Bis zur spanischen Eroberung, 1521, war Mitla die Grabstätte der Mixteken.

EDUARD SELER, der schon öfter genannte Prof. für Amerikanistik a. d. Univ. Berlin, hat über Mitla eingehend berichtet auf dem 10. Kongreß für Intern. Geologie in Mexico City im Jahre 1906 (Eduard Seler, Gesammelte Abhandlungen, Berlin 1908, Bd. 3, S. 469—486). Auf den 20 Tafeln, die dem Vortrag beigegeben sind, sind die Bilder von Mitla vor der wissenschaftlichen Ausgrabung vorgelegt. Auch die Malereien sind abgebildet. Heute ist nur noch ein Teil der Bilder vorhanden.

Sechs große Gebäudekomplexe sind erhalten, der sogenannte Säulenpalast, die Westgruppe, die Südgruppe, der Komplex mit der katholischen Kirche, der Arroyo-Komplex. Die Ausgrabung leitete wieder Alfonso Caso zusammen mit Daniel F. Rúbin de la Borballa von 1934 bis 1935. Die Paläste konnten freigelegt werden. Die Ornamente sind andersartig, nicht so verwoben, nicht so durchschlungen, nicht so in sich durchzogen wie die der Tempel und Paläste an anderen Orten. Sie sind geordnet in ornamentalem Sinne. Ein gutes Beispiel bietet der Innenhof des Säulenpalastes von Mitla. Dort gibt es Mäander, erinnernd an griechisches Ornament. Aldous Huxley bemerkte mit Recht, „diese Gebäude sind ganz anders als alle anderen präkolumbischen Ruinen... Die Mauern der Tempel sind mit geometrischen Mustern geschmückt.... offenbar beeinflußt von Textilentwürfen, ...steingewordene Weberei". ALDOUS HUXLEY, Beyond the Mexique Bay, London u. New York 1934.

Über die Forschungen in Mitla berichten beide Ausgräber in: Exploraeiones en Mitla, 1934—1935, Mexico 1936.

Unter der Fülle der Pyramiden im Gebiete von Mexico, Guatemala und British Honduras ist noch ein Kultplatz erwähnenswert, El Tajín, auch Papantla genannt. Er liegt in der Bucht von Campeche, 8 km entfernt von der heutigen Vanille-Stadt Papantla de Olarte, 200 km nordwestlich von Vera Cruz, 250 km nordöstlich von Mexico City. Die Pyramide wird zum ersten Male 1785 beschrieben. Ihr Name bedeutet in der Sprache des indianischen Stammes der Totonaken „Blitz". Der Ort umfaßt nicht nur die Pyramide, sondern auch Paläste, umwallte Höfe, Wohnhäuser, Terrassen, Ballspielplätze.

Jesus Galindo y Villa hat die Ruinen 1912 beschrieben zusammen mit denen des benachbarten Cempoala, Las ruinas de Cempoala y del templo del Tajín, Mexico 1912. Danach hat sich Ellen S. Spinden beschäftigt mit El Tajín in: Totonac Archaeology, in: American Anthropologist, New ser. Bd. 35, Menasha 1933.

Vom Jahre 1935 bis 1951, also 16 Jahre hindurch, leitete die Ausgrabung der mexikanische Archäologe Garcia Payon, Prof. a. d. Univ. Veracruz. Er berichtet über seine Tätigkeit in dem Buche: La ciudad arqueológica del Tajín, Xalapa, Veracruz 1951. Seit diesen Grabungen hat sich ergeben, daß El Tajín die Hauptstadt der Totonaken war, daß sie zu den wichtigsten Kulturzentren des Landes neben Teotihuacán und Monte Albán gehörte. Ein tropischer Urwald hat die Ruinen geschützt vor der Vernichtung durch Menschen, die immer die Steine alter Bauwerke verwenden für ihre eigenen Bauten. Um die Bäume ranken sich noch heute die Reben der Vanille. Ihre Schoten bedeuten das wertvollste Erzeugnis des Landes.

Nach der Ausgrabung konnten erst die Maße der Pyramide festgestellt werden. Die Grundfläche beträgt 35 zu 35 Metern. Die Höhe ist 25 m. Der Kultplatz auf der Spitze ist nicht mehr vorhanden, die Gesamthöhe wird 30 m betragen haben. Das Bauwerk steigt auf in sieben Etagen. Aber das Abweichende von den übrigen Pyramiden Mexicos, abgesehen von Misantla und Cempoala, ist der seltsame Ausbau von 364 Nischen mit bemaltem Stuck. In der Mitte erhebt sich eine breite Treppe, sie ist viermal unterbrochen durch Vorsprünge, wieder mit Nischen. Beiderseits der Treppe findet sich ein Ornament in Form von Schlangenkörpern. Walter Krickeberg sagt in Altamerikanische Kulturen, 1956 S. 471: „In der Blütezeit der Stadt muß dieser stolze Bau in seiner fremdartigen Schönheit und Pracht wie ein Erzeugnis der tropischen Wälder gewirkt haben, in deren Mitte er aus dem Boden gewachsen war."

Im Süden und im Norden liegen zwei Ballspielplätze. Neben der Pyramide findet sich ein Säulenbau, er bedeckt 33 600 Quadratmeter Fläche. Der Ausgräber nennt ihn „den bedeutendsten und majestätischsten Gebäudekomplex". Alle Bauwerke waren mit farbigem Stuck verkleidet. In den Nischen waren bunte Ornamente angebracht, aber auch Szenen des täglichen Lebens, eine Prozession von Menschen in prunkvoller Kleidung, Geier, die einen Toten zerreißen, dazu Götterbilder.

Garcia Payón berechnet die Zeit, in der das Leben in dieser Stadt blühte auf die Epoche von 600 n. Chr. bis 1200 n. Chr. Die Ausgrabung erbrachte Tongefäße, Tonskulpturen, sogenannte Palmas, aus Stein gearbeitete Votivfiguren mit menschlichen Gesichtern.

Auf dem halben Weg zwischen der Stadt Oaxaca und Mitla führt die interamerikanische Straße durch ein Gelände mit vielen kleinen Hügeln. An dieser Stelle begann John Paddock mit Grabungen im Jahre 1953. Sehr bald ergaben sich unter dem Humus Hausgrundrisse. So wurde eine größere Grabung 1961 begonnen. Nach Angaben der Eingeborenen heißt der Ort Lambityeco.

Ein Erdhügel, Hügel 195 von den Ausgräbern benannt, ergab eine Pyramide von 32 zu 32 m Grundfläche. Vor ihr lag der Vorplatz von 27 zu 30 m. Die Pyramide besaß mehrere Baukörper übereinander. Zur weiteren Unterstützung wurde der

Architekt Horst Hartung aus Guadalajara, Mexico, hinzugezogen. Bei der Grabung von Hügel 190 stieß man 1968 auf eine Grabkammer mit reichem Inhalt an Keramik und auf einen Hof mit überlebensgroßen Stuckplastiken des Regengottes der Zapoteken.

Die Schicht entspricht Albán IV, 700—1000 n. Chr. als die große Zeit der Zapoteken in diesem Gebiet. In Albán V, 1000—1400, dringen die Mixteken ein in Oaxaca, ihr entscheidender Einfluß ist nach 1200 erkennbar. Über die Grabungen berichtet in einer vorläufigen Darstellung HORST HARTUNG: Lambityeco und Mitla, in der Zeitschr. Antike Welt, Raggi Verl. Bd. 4, 1973, Sondernummer Altamerika, S. 14—23.

Das Ontario-Museum von Toronto, Canada, von dem mehrfach hier die Rede war, hat 1964 mit Grabungen begonnen im Küstenbereich von British Honduras, nahe dem Ort Belice. Der Fundplatz trägt den Namen Altun Ha, er liegt 40 km nordöstlich von Belice, 200 km nördlich von Puerto Cortés am Golf von Honduras, 10 km vom Meere entfernt. Die Ausgrabung unter der Leitung von DAVID M. PENDERGAST wurde bis 1970 fortgesetzt in 7 Grabungskampagnen. Die Veranlassung, gerade diesen Platz auszuwählen an der Küste des Karibischen Meeres, einer Gegend, die bisher nichts an Funden altmexikanischer Kulturen ergeben hatte, war das Anschwemmen einiger Tonstatuetten nach Regengüssen von dem Berg, der mit niedrigen Sträuchern bewachsen war. Niemand hätte ihm anzumerken vermocht, daß er eine große Pyramide barg. Der Ausgräber sagt: „Da ich wußte, daß dieser Platz in einem bisher unerforschten Territorium lag, ging ich an diese Aufgabe ohne Hoffnung auf große Entdeckungen heran. Aber ich sollte mich geirrt haben. Altun Ha erwies sich als eine reichere Quelle an Fundgut und Information, als sich jemals hätte voraussehen lassen".

Insgesamt wurden 9 Quadratkilometer freigelegt, mehr als 500 Gebäude konnten festgestellt werden. Von ihnen wurden 55 teilweise oder ganz ausgegraben. Es fand sich der Haupttempel, die Pyramide, und dann weitere Kultbauten, Grabplätze, Wohngebäude.

Der früheste in Altun Ha faßbare Bau geht zurück auf die Zeit um 600 v. Chr., das ergab die Radiokarbon-Untersuchung. Die Probe war einer Stelle unter dem Fußboden entnommen worden.

Die Stadt errang ihre Bedeutung um 200 v. Chr. Zwischen 200 v. Chr. und 200 n. Chr., dem Ende der archaischen Periode, wurde die Pyramide zweimal erhöht und überbaut, sodaß sie zuletzt die Höhe von 17 m erreichte. Eine wichtige Entdeckung war, daß sich auf der Plattform oben die Bestattung eines Priesters fand. Es waren ihm reiche Beigaben mitgegeben worden. Auch hier also war die Pyramide zugleich eine Bestattungsstätte. Zahllose Muschelschalen von der Pazifikküste waren unter den Beigaben, auch Obsidian. Es muß also in dieser Zeit wirksamen Handel gegeben haben. Der Obsidian scheint aus Teotihuacán zu stammen, aus einer Stadt, 1800 km entfernt.

Besonders große Gebäude sind in der Zeit von 300—400 n. Chr., in der ersten Zeit der mexikanischen Klassik, errichtet worden. Dieser Epoche gehören fünf

Haupttempel an, zwei Zentralhöfe und große Wohnbauten für die Priesterhierarchie. Die Abfallgruben sprechen von einem besonderen Reichtum des Klerus. Er hatte die staatliche Führung in seinen Händen. Der Ausgräber sagt: „Die Priester und ihr Wissen um das geheimnisvolle Ritual in Verbindung mit Zeitrechnung und Jahreszeiten, um die Bedeutung der Bewegung von Himmelskörpern, selbst um die Struktur und Anlage der Stadt, waren für die harmonische Existenz und selbst für den Fortbestand der Kultur notwendig. Die Unterstützung der Priester war die Sicherheit gegen Unglück, und der Glaube an die Priesterliche Macht und an die Legion von Gottheiten des Pantheons der Maya war das Bindemittel, das die Gesellschaft zusammenhielt. Mit diesen festen Banden und der Basis einer vielfältigen Wirtschaft erfreute sich Altun Ha fast sechs Jahrhunderte hindurch eines allem Anschein ungebrochenen Wohlstandes". (S. 32)

Mit dem 9. Jh. n. Chr. trat allmählich ein Wandel ein. Es werden kleinere, bescheidenere Bauten errichtet. Die Blüte der Stadt zerfällt, um 900 n. Chr. liegt das Ende.

Der Ausgräber, und neuerdings mehrere Forscher nehmen an, daß der Untergang der Maya-Kultur, der um 900 n. Chr. über das Land hin zu beobachten ist, auf einer Bauernrevolte beruhte, auf einer sozialen Revolution. Die Ausgrabung ergab, daß vier Gräber der Priester, alle nahe den großen Tempeln, ausgeraubt und ausgeplündert waren. Selbst die Skelette waren zerstört worden. Es handelt sich also nicht um Grabraub, sondern um eine völlige Vernichtung, um eine Art Rache an den Toten. Dazu sagt der Ausgräber: „Es ist klar, daß die Zerstörung der Gräber nahe bei jenem Zeitpunkt stattgefunden hat, an dem die Kultur zerfiel. Dieses Beweismaterial bildet einen genügend gesicherten Grund für die Annahme, daß die Priesterschaft am Ende für die ihr durch Jahrhunderte hindurch gewährte Unterstützung einen furchtbaren Preis zu bezahlen hatte" (S. 39). Damit wird zum erstenmal der bisher so rätselhafte Untergang der Maya-Kultur verständlich gedeutet. Man hat ihn in Mißernten gesucht, in Epidemien, in verlorenen Schlachten, im Wechsel der Temperaturen, in unfruchtbar gewordenen Feldern — der Gedanke an eine tiefgreifende Revolution gegen die Priesterschaft, die Theokratie, erscheint heute nach den Fundumständen als der wahrscheinlichste Grund des Unterganges.

Der Ausgräber berichtet davon, daß der Reichtum der Grabkammern aus der klassischen Periode, 300—900 n. Chr. wahrhaft eindrucksvoll ist und daß die endgültige Verarbeitung dieses Materials noch einige Zeit auf sich warten lassen muß.

Das reichste Ergebnis brachte ein Grab unter der Pyramide im Zentralbezirk, gehoben 1968. Es erwies sich als das Grab des Hohenpriesters des Sonnengottes der Maya, Kinich Ahau. Es gehört der Zeit um 600 n. Chr. an. So S. 40: „Zunächst mußte Schutt und Erde weggeräumt werden, ohne daß jemand ahnte, was darunter lag. Bald aber zeigte sich der hier verborgene Reichtum, der jenen anderer Anlagen verblassen ließ". Das Grab enthielt Muschelschalen, Jadestücke in Relief, Abdrücke von Textilien, Abformungen von hölzernen Geräten. „Doch alle diese Dinge waren gering im Vergleich zu dem Kopf des Sonnengottes, einer großen Jadekugel mit Reliefs von fast 15 cm Durchmesser und einem Gewicht von 4,42 kg. Hätten wir nur dieses eine Objekt gefunden, so würde es genügt haben, um als Beweis für die Bedeutung von Altun Ha in der großen Zeit der Maya-Kultur zu dienen" (S. 40).

Auch dieses Grab bestätigt wieder, daß die Pyramiden Mexikos auch Grabstätten waren.

Die Zitate entstammen dem Vorbericht des Ausgräbers David M. Pendergast, in: Antike Welt, Raggi Verl. Küssnacht, Jg. 4, 1973, S. 24—40 mit dem Titel: Altun Ha, Die Maya-Stadt der Sonne.

Auch die Deutschen haben sich nach Jahren der aufgezwungenen Stille durch die zwei großen Kriege wieder der Forschungsarbeit in Mexiko zugewendet. Dazu besteht umso mehr Verpflichtung, als die wissenschaftliche Amerikanistik im eigentlichen Sinne mit einem Deutschen beginnt, Eduard Seler. Seine gewaltige Arbeit wurde fortgeführt von seinen Schülern Walter Lehmann und Walter Krickeberg.

Die deutsche Grabung, gefördert von der Deutschen Forschungsgemeinschaft, begann in den Jahren 1964—1967, sie wurde 1970—1973 fortgeführt und läuft jetzt noch weiter. Ausgesucht wurde unter den vielen Möglichkeiten ein Ort, für den eine historische Überlieferung vorhanden ist und der gute archäologische Ergebnisse erhoffen läßt. Verschiedene Orte wurden 1963 aufgesucht, und die Wahl fiel auf einen Berghügel mit dem Namen Totimehuacán. Er war vollständig zugedeckt von Sand und Erde. Nach der Überlieferung haben sich toltekische Stämme nach der Zerstörung der Stadt Tollan oder Tula im 9. Jh. n. Chr. an dieser Stelle niedergelassen. Der Ort liegt gegenüber dem Hochtal von Mexiko, 6 km südöstlich der Stadt Puebla im Staate Puebla, an der Grenze zu Taxcala.

Schon die ersten Grabungen im Oktober 1964 ergaben, daß die Anlage 8 verschiedene Bauwerke umfaßt. Die Nordpyramide erwies sich als das größte Gebäude, es besitzt eine Grundfläche von 160 zu 100 m und eine Höhe von 24 m. Auf der Südseite dieser Pyramide erheben sich zwei kleinere Pyramiden. Die eine ist später für den Maisanbau eingeebnet worden.

Bald ergaben die Funde, daß die Pyramiden älter sind, als man nach der Überlieferung angenommen hatte. Im Innern wurden mehrere Gänge aufgeschnitten und die Holzkohle erbrachte in der Radiokarbon-Untersuchung das Datum 200 v. Chr. In den Gängen wurde ein großes Basaltbecken entdeckt. Es stammt von einem einzigen Block, 30 Tonnen schwer. Der Stein kommt von der Küste von Veracruz, aus den Bergen von San Andrés Tuxla, er ist mehr als 300 km von der Höhe der Berge, 2500 m, herbeigeschafft worden.

Über die ersten Kampagnen der Grabung berichtet Franz Tichy in einem Buch: Das Mexiko-Projekt der Deutschen Forschungsgemeinschaft, Bd. I, Wiesbaden 1968. Ein Vorbericht von Bodo Spranz in Antike Welt, Jg. 1, H. 2, 1970, S. 22—29 schließt mit den Worten: „Viel Arbeit ist noch zu leisten, bis auch das Bild der älteren Geschichte Mexikos klarer sein wird. Die deutsche Forschung hat eine lange Tradition in diesem Land, aber zwei verlorene Kriege haben sie für lange Zeit unterbrochen. Das Puebla-Tlaxcala Projekt der Deutschen Forschungsgemeinschaft ist ein vielversprechender Wiederbeginn".

Der Vater der mittel- und südamerikanischen Archäologie ist EDUARD GEORG SELER. Er ist geboren in Crossen a. d. Oder am 5. 12. 1849, er ist gestorben in Berlin am 23. 11. 1922. Seit 1884 war er Abteilungsleiter für Amerikanistik am Museum für Völkerkunde in Berlin, seit 1899 Prof. a. d. Univ. Berlin, 1910—1911 war er Direktor des Archäol. Instituts in Mexiko. Von 1887—1911 erforschte er auf sechs Reisen Mexiko, besonders das Gebiet der Maya.

Sein großes Werk, hervorgegangen aus Artikeln in wissenschaftliche Zeitschriften ist: Gesammelte Abhandlungen zur amerikanischen Sprach- und Altertumskunde, 5 Bde. Berlin 1902—1923, Nachdruck Graz 1960—1967. Weitere Bücher sind: Erläuterungen zum Codex Borgia, 3 Bd. 1904—1909. — Fray Bernardino de Sahagun, 2 Bde. Stuttgart 1926.

Der 1. Band der Gesammelt. Abhandl. 1902 erschienen, umfaßt 862 Seiten. Er bringt unter anderem eine Arbeit über das Konjugationssystem der Maya-Sprachen, einen Bericht über den Codex Borgia, eine Entzifferung der Maya-Handschriften, und einen Aufsatz über den Maya-Kalender und die historische Chronologie.

Der 2. Band umfaßt 1107 Seiten, er ist 1904 in Berlin erschienen. Aus ihm sei besonders erwähnt die Arbeit über den Federschmuck im Wiener Burgmuseum und über die Ruinen von Xochicalco.

Der 3. Band hat 729 Seiten, er ist 1908 erschienen in Berlin. Dieser Band enthält: Les ruines de Mitla, und: Die natürlichen Grundlagen mexikanischer Mythen.

Der 4. Band umfaßt 758 Seiten, er ist 1923 in Berlin erschienen. Wichtig ist in diesem Band die Abhandlung: Mythus und Religion der alten Mexikaner, und: Zur Toltekenfrage.

Der 5. Band ist vor dem 4. erschienen im Jahre 1915. Er umfaßt 585 Seiten und 94 Tafeln. In ihm sind von Bedeutung: Die Ruinen von Chich'en Itzá in Yucatan und: Die Teotiuacán-Kultur des Hochlands von Mexico.

Ein Registerband von 360 Seiten schließt das bedeutende Werk ab.

Sein wichtiger Schüler und Fortsetzer seiner Arbeit ist WALTER KRICKEBERG. Er ist geboren in Schwiebus, Neumark am 27. 6. 1885, er ist gestorben in Berlin am 15. 7. 1962. Von 1945—1954 war er Direktor des Museums für Völkerkunde in Berlin-Dahlem. Seine Werke sind: Indianermärchen aus Nordamerika, 1924. — Felsplastik und Felsbilder bei den Kulturvölkern Altamerikas, 1949. — Mittelamerikanische Denkmäler, 1950. — Altamerikanische Kulturen, 1956. — Die Religionen des alten Amerika, 1961, zus. mit H. Trimborn und W. Müller.

Das Buch Altamerikanische Kulturen, ist das große Werk eines Kenners, der sein Leben dieser Aufgabe gewidmet hat. Es umfaßt 616 Seiten mit 6 Farbtafeln, 120 Tafeln, 309 Zeichnungen.

Ein anderer Schüler von Seler ist WALTER LEHMANN. Seine wichtigsten Werke sind: Zentral-Amerika, Berlin 1920—1921, 2 Bde. — Aus den Pyramidenstädten in Alt-Mexiko, Berlin 1933, — Sterbende Götter und christliche Heilsbotschaft. Wechselreden Vornehmer u. spanischer Glaubensapostel in Mexiko 1524. Stuttgart 1949. — Die Geschichte der Königreiche von Colhuacan und Mexico. Text u. Übersetzung. Berlin 1938, und viele Artikel in wissenschaftlichen Zeitschriften.

Ein französischer Forscher für die altamerikanische Kultur war PAUL RIVET, geb. am 7. 5. 1876 in Wasigny in den Ardennen, gestorben in Paris am 21. 3. 1959.

Seit 1928 war er Prof. a. d. Sorbonne in Paris und später Begründer des Musée de l'Homme in Paris. Mit ihm, den ich oft in Paris besucht habe, konnte ich eine gemeinsame Reise nach Nordafrika unternehmen. Seine Hauptwerke sind: Les Incas, 2 Bd. 1908. — La culture des Mexicains, 2 Bde. 1909. — Langues de l'Amérique, in: Meillet u. M. Cohen, Les langues du monde, 1924, 2. Aufl. 1952. — Bibliographie des langues aymará et kičua, 3 Bde. 1951—1953. — Cités Maya, 1954.

In England ist es THOMAS ATHOL JOYCE, der sich der Erforschung der amerikanischen Altertümer widmete. Er ist in London geboren am 4. 8. 1878 und ist dort gestorben am 3. 1. 1942. Er war Abteilungsleiter am British Museum und Sekretär der Hakluyt Society seit 1923. Seine Hauptwerke sind: South American Archaeology, London 1912. — Mexican archaeology, London 1914. — Central American and West Indian Archaeology, London 1916. — Maya and Mexican Art, London 1926.

ALFRED PERCIVAL MAUDSLAY, geb. 1850, gest. 1931, war ein bedeutender Forscher Mittelamerikas. Schon 1894 hatte er sieben Expeditionen auf eigene Kosten durchgeführt, er hat Chichen Itza besucht, Quirigua, Palenque. Er entdeckte die Ruinen von Yaxchilan. Seine Ergebnisse, gute Photographien und genaue Vermessungen veröffentlichte er in vier Büchern, Biologia Centrali-Americana, Bd. 1—4, London 1889—1902.

Die großen Grabungen des 20. Jh., erfassend die monumentalen Bauten der Olmeken, der Zapoteken, der Chichimeken, der Mixteken, Azteken und der Maya, haben eine neue, in Europa fast unbekannte Welt aus der Erde gehoben.

Wie immer bei großen Entdeckungen und weiterführenden Erkenntnissen tauchen neue Fragen, neue Probleme auf. Stand die Forschung noch am Anfang des Jahrhunderts den Funden völlig ohne Zeitbestimmung gegenüber, so noch bei Eduard Seler, dann haben sich nach 1950, nach der Entdeckung der Radiokarbon-Datierung, feste Daten ergeben. Es stellte sich durch viele Proben deutlich heraus, daß die Klassische Zeit, die Zeit der Erbauung der Pyramiden, die Epochen von 300—900 n. Chr. umfaßt. Diese Zeit wird als Klassikum bezeichnet. Dabei kann man teilen in ein frühes Klassikum von 300—600 n. Chr. und in ein spätes Klassikum von 600—900 n. Chr. Aber nun entsteht die Frage, was geschah in Mexiko nach 900, nach dem Verlassen so vieler Orte, Städte, Plätze des Kultes? Von 900 bis zur Eroberung durch die Spanier, der Landung von Cortés in Mittelamerika 1519, der Eroberung von Yucatan 1527—1546 durch Francisco de Montejo und durch Pedro de Alvarado 1524—1525, ist die Zeit bestimmbar durch 18 mexikanische Codices. Es gibt auch die Berichte von Hernán Cortés. Er schrieb zwischen 1520 und 1526 vier umfangreiche Angaben für den spanischen Hof. Auch sein Kriegsmann Bernal Diaz de Castillo sandte Mitteilungen nach Europa.

Der Franziskaner Bernadino de Sahagun versammelte um sich führende indianische Fürsten und ließ sich von ihnen Berichte über die Geschichte, die Religion, das Leben der Maya und anderer Stämme diktieren. Eduard Seler hat 1927 die wichtigsten Kapitel aus diesem Werk im Originaltext und in deutscher Sprache veröffentlicht. SAHAGUNS Werk, Historia general de las cosas de Nueva España, ist 1938 in Mexiko neu erschienen, die medizinischen Bücher, übersetzt ins Deutsche von

August Freiherr von Gall sind 1940 in Berlin veröffentlicht worden. Das Buch über Wahrsagerei von Sahagun erschien 1950 in Stuttgart, ebenfalls das Buch über die Gliederung des alt-aztekischen Volkes, 1952.

Es gibt auch drei indianische Schriftsteller dieser Zeit, die die Geschichte ihres Volkes aufgeschrieben haben in spanischer Sprache, es sind: Tezozomoc, Ixtlixochitl und Chimalpahin. Alle drei Werke sind in neuerer Zeit wieder verlegt worden: Tezozomoc, Crónica Mexicana, in Mexico 1878; Ixtlixochitl 1891—1892 in Mexico; Chimalpahin 1889 in Paris.

Unter den 18 mexikanischen Codices die erhalten sind, sind für die Frage der Datierung nur diejenigen zu verwerten, die einen profanen, nicht nur religiösen Charakter besitzen. Der wichtigste ist der Codex Mendoza. Er stellt eine Bildersammlung dar, die der erste Vizekönig von Mexico, Antonio de Mendoza, herstellen ließ. Er regierte Mexico von 1535 bis 1550. Der Codex berichtet über die Geschichte Mexicos von 692 n. Chr. an.

Von den Mixteken, einem Stamm, der heute im Staat Oaxaca lebt, sind 8 Codices erhalten. Um 1930 gelang es ALFONSO CASO diese Texte zu enträtseln, Alfonso Caso, La correlación de los años Azteca y Cristiano, Revista Mexicana de Estudios antropológicos. Bd. III, Mexico 1939, erwähnt S. 941.

Von den Maya sind drei Codices erhalten, der eine wird aufbewahrt in Dresden, Codex Dresdensis, der Zeit um 1000 n. Chr. zugehörend. Der zweite ist in Paris, er wurde aufgefunden 1860 in der Bibliothèque Nationale, dort lagerte er in einem unbenutzten Kamin. Er trägt den Namen Codex Peresianus. Der dritte Codex, Codex Cortesianus, wurde zwischen 1860 und 1870 in Spanien an zwei verschiedenen Orten in zwei Teilen entdeckt. Die beiden Teile wurden vereint, sie kamen nach Madrid in das Museo Arqueológico.

Der Dresdner Codex behandelt die Astronomie, Codex Peresianus ist ein kultisch-ritueller Text, der Codex Cortesianus ist ein Text für die Priester, die Zukunft zu bestimmen. Für die Geschichte der Maya-Völker ergeben diese drei Bücher keine Handhabungen.

Der Grundstoff der Bücher wurde von den Maya schon in alter Zeit hergestellt, vermutlich seit 500 v. Chr. Der wilde Feigenbaum, Ficus petriolaris, besitzt Bastfasern. Aus ihnen wurden flache Platten hergestellt, mit einer Farbschicht belegt, bemalt und beschrieben. Die Bücher wurden gefaltet. Eine Überschau über diese Codices bildet das Buch von HANS BIEDERMANN, Altmexikos Heilige Bücher, Graz, Akad. Verlaganst. 1971. Dort finden sich auch die Hinweise auf Nachdrucke der Codices. Der Codex Peresianus ist nachgedruckt worden in Graz, Akad. Verl. Anst. 1968.

Das Chilam Balam Buch gibt ebenfalls einige Auskünfte. Es ist ein Werk, abgefaßt in der Maya-Sprache, aber niedergeschrieben in spanischen Buchstaben. Es ist 1973 nachgedruckt worden von der Akad. Verlagsanst. in Graz. Eine andere Ausgabe besorgte M. W. MAKEMSON in New York 1951 mit dem Titel: A translation of the book of Chilam Balam.

So ist unser Wissen um die klassische Zeit durch Ausgrabungen und durch die Radiokarbondatierung gesichert. Aber die Maya hatten selber Zahlenangaben, Zeitbestimmungen. Sie müssen sich einfügen in diejenigen, die die Archäologie erarbeiten konnte.

Als ich im Jahre 1935 vom Metropolitan Museum in New York berufen worden war, als Wissenschaftlicher Mitarbeiter die Sammlung Pierpont Morgan der Völkerwanderungszeit aus Europa zu ordnen und zu katalogisieren, habe ich die Bemühungen der amerikanischen Forscher um genaue Bestimmungen der Maya-Zahlen miterleben können. Sowohl S. G. Morley wie Herbert J. Spinden legten ihre Versuche dar zum Lesen auf den Maya-Stelen in mehreren Vorträgen. Die Stimmung in dem großen Hörsaal des Metropolitan Museums war spannend. Im Lichtbild erschienen die Zeichen, Punkte, Striche, viele Punkte, einzelne Striche. Beide Forscher nannten dazu ein Datum unserer Zeitrechnung, das Jahr 320 n. Chr. für eine Platte aus dem Museum in Leiden, sie trägt die Zahlen 8. 14. 3. 1. 12. Für die Stele 29 aus Tikal das Datum 292 n. Chr., sie trägt die Zahlen 8. 12. 14. 8. 15.

Wie ist es möglich, diese Zahlen zu verstehen, zu ordnen, zu gliedern, einzufügen in unser Zeitsystem? Nach den Sitzungen haben wir oft zusammen gesessen, ich entsinne mich, wie Morley den Versuch unternahm, den Weg zu erklären.

Unsere Zeitrechnung bezieht sich auf eine Zahl Null, Christi Geburt, sie stimmt nicht genau. Im Jahre 525 hat der Abt Dionysius Exiguus das Jahr 1 festgelegt als Geburtsjahr von Christus. Sein Ausgangspunkt war Matth. 2,1 mit der Regierungszeit des Herodes. Herodes aber hat regiert von 40—4 v. Chr. Die Volkszählung war erst 6 n. Chr. Erst in diesem Jahr 6 ist P. Sulpicius Quirinus Stadthalter in Syrien geworden. Die Geburt Jesu wird demnach um 6—7 n. Chr. anzusetzen sein. Aber unsere Zeitrechnung ist seit 525 im Sinne von Dionysius geordnet.

Die Römer begannen ihre Zeitrechnung mit dem Jahre 753, der mythischen Zahl der Gründung der Stadt. Die Mohammedaner beginnen ihre Zeitrechnung mit der Hedschra, 622 n. Chr.

Es galt, den Beginn der Zeitrechnung der Maya zu gewinnen. Zuerst war es notwendig, den Sinn der Maya-Zahlen zu verstehen. Die Zahlen bestehen nur aus drei Symbolen, dem Punkt für die Eins, dem Strich für die Fünf und einem Oval für die Null. Die Maya haben den Stellenwert verwendet und auch die Zahl Null. Beides haben die Griechen nicht gekannt, nicht die Römer, nicht das frühe Mittelalter. Erst im 12. Jh. kam durch die Kreuzzüge die Null nach Europa über die Araber. Die Araber wieder hatten die Null von den Indern erhalten, diese möglicherweise von den Chinesen. Bei den Indern erscheint die Null als Ziffer zuerst auf einer Tempelinschrift in Gwalior vom Jahre 870 n. Chr. Das indische Wort sunya, leer, aus dem 6. bis 8. Jh., übersetzten die Araber im 9. Jh. mit as-sifr, die Leere. Daraus entstand über das mittelalterliche Latein im 13. Jh. das Wort cifra, französisch im 14. Jh. chiffre, deutsch im 15. Jh. Ziffer. Das Wort Ziffer, eigentlich nur Null bedeutend, ging damals über auf alle Zahlen. Die Zahlen aber wurden im Mittelalter bezeichnet mit dem Wort figura, nulla figura, keine Zahl. Das ist der Ausgangspunkt für unser Wort Null. Im Grunde ist die Anerkennung der Null als Zahl erst bei Descartes, endgültig 1637 vollzogen. (K. Menninger, Zahlwort u. Ziffer, 2 Bde. 2. Aufl. 1957—1958).

Die Darlegung der so späten Verwendung der Null und des Stellenwertes der Zahlen in Europa erscheint mir deshalb sinnvoll, weil dieser Vorgang, der bei uns nur drei bis vier Jahrhunderte zurückliegt, fast ganz vergessen worden ist. Unsere moderne Wirtschaft könnte nicht bestehen ohne den Stellenwert und die Null. Die Maya haben diese Rechnungsart besessen um 300 v. Chr. Es ist möglich, daß schon die Olmeken in der Zeit zwischen 600 und 300 v. Chr. die Null verwendeten. Das Problem stellt sich nun, ist das Wissen um die Zahl Null aus Indien oder China nach Mittelamerika gekommen oder nicht.

Die Bedeutung der Zahlen für die Maya ist verständlich wegen des Kalenders. Der Kalender ist unentbehrlich für den Ackerbau, für Säen und Ernten, er ist aber vor allem unentbehrlich für das System der Wahrsagungen, für die Vorhersage von Kriegsunternehmen, für den Beginn der Bauten, der Feiertage, der Kulttage für Geburt, Hochzeit, Tod.

Die Mayas besaßen zwei Kalender, der eine umfaßte 260 Tage als ein Jahr. Bei den Azteken hieß dieser Kalender tonalpohualli. Der andere Kalender, nach der Sonne gerichtet, umfaßte 360 Tage mit 18 Monaten zu 20 Tagen. Er hieß bei den Azteken Xiuhmolpilli. Die übrigen 5 Tage hießen nemontemi, es waren die leeren Tage, die Tage des Unglücks. Die 18 Monate besaßen Namen, so calli Haus, couatl Schlange, malinalli Gras, tochtli Kaninchen. Die Tage wurden mit den Zahlen gerechnet, 1 Haus, 2 Schlange, 3 Gras. Die Zahlen wurden so geschrieben, daß 4 Punkte die Zahl 4 ergaben, der Strich die Zahl 5. Die Zahl 19 bestand aus drei Strichen übereinander und darüber vier Punkte. Da das System wegen der 20 Monate auf 20 eingerichtet war, wurden die Zahlen übereinander verzwanzigfacht. Unser System, von den Indern entlehnt, ist dezimal. Die Zahlen nehmen im Wert um 10 zu von links nach rechts. Das System der Maya ist vigesimal, der Wert nimmt in senkrechten Säulen zu von unten nach oben. Die erste und niedrigste Stelle hat den Wert von eins, die nächste Stelle darüber den Wert von zwanzig, die darüber den Wert von vierhundert, dann achthundert. Man konnte mit diesen Zahlen von 2 mal 360 = 720 weiterrechnen zu 20 mal 720 = 14.400 usw. Dabei war die Berechnung für das Jahr so genau, daß die Maya den Sonnenumlauf auf 365,24 Tage festzulegen vermochten. Bei beiden Kalendersystemen fallen die Zahlen und Zeichen alle 52 Jahre zusammen. Dadurch ergibt sich die Bedeutung der Zahl 52. Sie bedeutet die höhere Zeiteinheit als das Jahr, etwa wie bei uns das Jahrhundert. Auch die Zahlen der Venus wurden berechnet, das Venusjahr umfaßt 584 Tage. Alle 104 Jahre, also 2 mal 52, fallen die beiden Jahresberechnungen zusammen. Acht Sonnenjahre entsprechen fünf Venusjahren.

Über die Entdeckung der Mathematik der Maya berichten: JOHN ERIC S. THOMPSON, Maya arithmetic. Carnegie Institution of Washington, Contributions to American Anthropology and History, Nr. 36, Washington 1942. — Ders. Maya hieroglyphic writing, ebd. Publ. 589. Washington 1950. — GEORGE J. SÁNCHEZ, Arithmetic in Maya, Austin, Texas 1961.

Nun galt es aber, das Ausgangsdatum für die Zeitrechnung zu gewinnen. Auch das gelang. Es ergab sich das Jahr 3113 v. Chr. Von diesem Punkte aus wurde es Morley und Thompson möglich, genaue Zahlenwerte für wichtige Daten zu gewinnen. Durch die Radiokarbon-Datierung konnten sie nach 1950 bestätigt werden.

Der Kalenderstein, 1790 beim Neubau der Kathedrale von Mexico City im ehemaligen Bezirk des aztekischen Tempels aufgefunden, ergab eine neue Bestätigung der gewonnenen Zahlen und Daten.

So wurden bei der Gründung neuer Städte Stelen aufgestellt mit der Jahreszahl der Begründung. Für Copán ergibt sich 465 n. Chr., für Tula 564 n. Chr., für eine Stadt Cobá 623 n. Chr., für Oxkintók 475 n. Chr. für Chichen Itza gibt die Überlieferung das Gründungsdatum 534 n. Chr., als Zeitpunkt der ersten Räumung 692 n. Chr. und für die Neubesiedelung als Tempelstadt errechnet sich 987 n. Chr.

Um 1007 wurde die Liga von Mayapan begründet, die Zusammenfassung der Stadtstaaten. Sie bestand bis 1194 n. Chr. In diesem Jahre eroberten mexikanische Stämme, die Cocom, mit toltekischen Söldnern Chichen Itza. 1441 bringt den Untergang von Mayapan. Die Itzá ziehen sich zurück in das Gebiet von Petén.

Um 1325 gründen die Azteken die Inselstadt Tenochtitlán im See von Texcoco. Es ist die heutige Stadt Mexico City.

Auch für die Azteken liegen Zahlen vor. Ihr Herrscher Huitzilhuitl, lebt 1395, er vergrößert die Hauptstadt. 1428 übernimmt die Herrschaft Izcoatl, er beginnt Kriege gegen alle Nachbarstämme. 1440 wird Moctezuma I. zum Herrscher ernannt. Von 1450—1454 gibt es Mißernten und Auswanderungen. Der nächste Herrscher ist Axayacátl, der Sohn Moctezumas I., er erobert 1468 Tarasco. Sein Nachfolger wird 1481 sein Bruder Tizoc. Unter seiner Herrschaft wird der Kalenderstein geschaffen, 1790, wie vermerkt, wiedergefunden. 1486 wird Tizocs Nachfolger Ahuitzol. Er opfert 20.000 Gefangene zur Weihe des Tempels. 1502 kommt Moctezuma II. zur Regierung. Unter seiner Herrschaft wird 1507 die Ankunft weißer Männer mit Bärten und mit Hirschen ohne Hörner, gemeldet. Gemeint sind Pferde, die es in Amerika vor den Europäern nicht gab. 1519 zieht Cortés ein in Tenochtitlán, er nimmt Moctezuma gefangen. 1520 wird Moctezuma, weil er sich Cortés unterordnete, von dem eigenen Volk getötet durch Steinwürfe. 1521 zerstört Cortés Tenochtitlán.

Ein zusammenfassendes Werk über die Azteken ist: NIGEL DAVIES, The Aztecs, A History, London 1973, Verl. Macmillan, deutsch, Die Azteken, Econ Verl. Düsseldorf 1974.

Von der Fülle der wissenschaftlichen Arbeiten über die Maya seien genannt: SYLVANUS GRISWOLD MORLEY, The ancient Maya, London 1946. — J. E. S. THOMPSON, The rise and fall of Maya civilisation, London 1956. — PAUL KIRCHHOFF, The Mexican calendar and the founding of Tenochtitlán-Tlatelolco, New York 1950. — ALFONSO CASO, Base para la sincronología Mixteca y Cristiana, Mexico 1951. — HERBERT J. SPINDEN, Maya Art and Civilization, Indian Hills, Coll. 1957. — WALTER KRICKEBERG, Altmexikanische Kulturen, Berlin 1956. — HANS D. DISSELHOFF, Geschichte der altamerikanischen Kulturen, München 1953. — Ders. u. SIGVALD LINNÉ, Alt-Amerika, Baden-Baden 1960, 3. Aufl. 1964. — MICHAEL D. COE, Die Maya, Bergisch-Gladbach 1968. — HERMANN TRIMBORN, Das Alte Amerika, Stuttgart 1959, 2. Aufl. 1963. — M. A. ASTURIAS, Maya, Wiesbaden 1974.

Wenn so die Epoche des Klassikums 300—900 n. Chr. gewonnen worden war, wenn auch die Jahreszahlen der nachklassischen Epoche festgelegt werden konnten, dann wurde es die Aufgabe der Zeit seit rund 1940 und 1950, auch die Anfänge der mexikanischen Welt zu erfassen, und dieses Problem konnte in den Grundzügen einer Lösung zugeführt werden.

Als ich im Jahre 1963 in Mexico City mit meiner Frau eingeladen war im Hause von Pedro Bosch-Gimpera, Prof. f. Vorgeschichte a. d. Univ. Mexico, unterhielten wir uns natürlich auch über die großen Ergebnisse der amerikanischen Archäologie und über die Datierung der Pyramiden Mittelamerikas.

Ich fragte Bosch-Gimpera, mit dem ich schon seit meiner Studienzeit befreundet war, was war vor 300 n. Chr., wie ist wenigstens der Ausgang der Archaischen Epoche? Und Pedro Bosch erzählt mir: „Wir haben eine Pyramide, von der nehmen wir an, daß sie die älteste des Landes ist. Sie liegt nicht weit von der Stadt, neuerdings ist der Bezirk sogar eingemeindet worden in die Stadt Mexico City. Ich fahre Sie morgen hin und wir sehen sie uns zusammen an." Erfreut sagen wir zu. „Die Pyramide besitzt einen eigenen Reiz, sie ist datierbar durch einen Zufall. Sie war zugedeckt mit Lavamassen, ein Vulkanauswurf hat sie vollständig verschüttet. Der Ausbruch ist datierbar durch Holzkohle, die in der Lava gelagert war. Die Radiokarbon-Datierung ergab das Jahr 476 v. Chr. Die Pyramide aber ist vor diesem Ausbruch hergestellt worden, ebenso wie viele Gräber, die unter der Lava liegen. Die Gräber haben reiche Funde gebracht, besonders von weiblichen Tonstatuetten. So wird neuerdings für die vorklassische Zeit von diesen Zahlen gesprochen: oberes Präklassikum 600 v. Chr. — 300 n. Chr., mittleres Präklassikum 1000—600 v. Chr. und unteres Präklassikum 1600—1000 v. Chr."

Am nächsten Tag fuhren wir ab, zuerst durch die Außenstadt von Mexico City, dann die Avenida Insurgentes entlang zu den großartigen Gebäuden der Universität, Ciudad Universitaria, mit den farbigen Mosaiken an der Bibliothek. Bald standen wir vor der Pyramide von Cuicuilco.

Sie ist aufgebaut aus unbehauenen Steinen, ihr Grundriß ist rund, nicht viereckig. In vier Etagen erhebt sie sich, auf der Ostseite führt eine Treppe zu dem Altarraum. Die Grundfläche beträgt 135 m im Durchmesser. Die Gesamthöhe ist 20 m. Wir besichtigten die Pyramide sehr genau, und Bosch-Gimpera erklärte uns, daß die Pyramide aufgefunden worden war bei Straßenbauanlagen. 1922 hat sie der Archäologe Cummings entdeckt. Über sie hat berichtet der mexikanische Archäologe Dr. Ignacio Marquina, Arquitectura prehispánica, erschienen Mexico 1951. Neben der Pyramide befindet sich ein kleines Museum mit vielen Tonstatuetten, alle aus der Zeit vor dem Lavaausbruch, also vor 476 v. Chr.

Marquina schreibt in seinem Buch: „The colossal impression on visitors is produced by the sobriety of form and the enormous bulk of the structure. In the facing, though, it is possible to perceive the part pertaining to the nucleus, which has been preserved, just as the side slope of the last terrace, for which the slabs were chosen with care, so that the facing is quite smooth. As to the exterior finish, we know only that of the altars, which were covered completely with red color".

Pedro Bosch-Gimpera ist in Barcelona geboren am 22. 3. 1891, er studierte in Barcelona und Berlin. Im Jahre 1916 wurde er Prof. a. d. Univ. Barcelona und

Direktor des Archäolog. Museums. 1931 war er Minister der Katalanischen Regierung. Er emigrierte im spanischen Bürgerkrieg zuerst nach Paris, später nach Mexico City, wo er seit 1941 Prof. a. d. Universität war. Er starb dort am 9. 10. 1974. Seine Hauptwerke sind: Prehistoria catalana, 1919. — Arqueologia preromana hispanica, 1920. — Etnología de la peninsula ibérica, 1932. — El hombre primitivo y su cultura, 1945. — Les Indo-Européens, 1960. — Paletnología de la Peninsula Iberica, Graz, Akadem. Verl. Anstalt 1974, mit 1292 Seiten.

Mit Cuicuilco war die Zeit um 500 v. Chr. erfaßt. Aber diese Zeit ist schon eine Hochkultur mit großen Tempelbauten, mit Städten, mit Grabanlagen, mit Tongefäßen, mit Handel von Edelsteinen. Das kann nicht der Anfang sein, besonders dann nicht, wenn die Maya als Beginn ihrer Zeitrechnung ein Datum von 3113 v. Chr. besitzen. Dann muß ihre Kultur älter sein als die der Griechen und Römer, auch als die der Perser. Und das Problem unserer Zeit ist es, frühere, ältere Schichten zu gewinnen. Vor allem erhebt sich die Frage, wann beginnt der Ackerbau und weiter, wann beginnt die Hochkultur, bestimmt durch Stadt, Schrift, Handel. Schwierige Fragen in einem so weiten Land, und große Anforderungen an die Archäologen.

GEORG C. VAILLANT hatte von 1928—1932 an dem Ort Zacatenco gegraben, gelegen am ehemaligen Nordufer des Sees von Tezcoco. Er berichtet über seine Funde: Excavations at Zacatenco in: Anthropological Papers, American Museum of Natural History, Vol. 30, New York 1930, S. 606—616. Die Ausgrabung war deshalb von großer Bedeutung, weil vorgeschichtliche Siedlungen auf einer ehemaligen Halbinsel gefunden wurden. Sie ergaben Messer aus Obsidian und Quarz, Pfriemen und Nadeln aus Knochen, Reste von Geweben und von Leder. Weiter fanden sich dreifüßige Mahlsteine für Getreide und dreikantige Handwalzen. Das Grab eines alten Mannes enthielt das Arbeitsmaterial eines Lederarbeiters. Es mußte also den Stand der Handwerker gegeben haben.

Nahe bei Zacatenco, nur 1 km entfernt, liegt an dem Seeufer ein anderer Fundplatz, Ticoman. Er brachte genau die gleichen Ergebnisse, und noch 1 km nordwärts liegt der Ort El Arbolillo mit gleichartigen Funden. Bei den Wohnplätzen fanden sich große Abfallgruben. In ihnen war es möglich, drei Schichten zu erkennen, dadurch konnten drei Perioden des Archaikums unterschieden werden.

Auf der anderen Seite des vergangenen Sees liegt wieder ein Ort der Ausgrabungen möglich machte, Tlalico. Hier ergaben sich Wohnhäuser der Menschen des Archaikums. Die Gebäude hatten Steinmauern, sie waren rechtwinklig und mit Balken bedeckt. Vaillant berichtet über seine Grabungen mit dem Titel: Excavations at Ticoman, ebd. Vol. 32, 1931. Während der Ausgrabungszeit war es für Vaillant unmöglich, eine Datierung zu gewinnen. Daß die Grabungsstellen dem Archaikum zugehören würden, das war sicher, aber nicht gesichert war irgend eine Zeitangabe, außer rund 500 v. Chr. Erst mit der Entdeckung der Radiokarbon-Methode durch Libby 1949 ergab sich die Möglichkeit, exakte Daten zu gewinnen. Es war Helmut de Terra, von dem hier öfters die Rede war, der Holzkohlenreste sammelte aus der untersten Schicht von Zacatenco und Ticoman. Das Ergebnis der Untersuchung von Libby selbst war überraschend. Er nannte das Datum von 3500 Jahren,

d. h. 1450 v. Chr. Die Holzkohle aus Tlalico ergab das Datum 1450 v. Chr., und die aus Zacatenco 1360 v. Chr.

Eine andere C 14-Untersuchung in Tlalico in der ältesten Kulturschicht über dem gewachsenen Boden ergab 4440 v. Chr. So wurde es deutlich, Mittelamerika ist besiedelt an dieser Stelle seit dem 5. Jt. v. Chr.

Seit 1938 grub Matthew W. Stirling an der Golfküste, an der Laguna de Terminos. Seine Grabungsplätze waren La Venta, Cerro de las Mesas, Tres Zapotes. Die Stadt Veracruz liegt 80 km nordöstlich. In La Venta fanden sich Steinbauten, aber das Überraschende war die Auffindung übergroßer menschlicher Köpfe aus Stein. In Tres Zapotes hat ein Kopf die Höhe von 1,80 m und 5,5 m Umfang. In La Venta besitzt der größte Kopf die Höhe von 2,46 m mit einem Umfang von 6,35 m. (Abb. etwa Franz Feuchtwanger, Kunst im alten Mexico, Freiburg, Atlantis Verl. 1953 Taf. 12). Auf Sarkophagen, auf Stelen, auf Altären fanden sich Skulpturen, vor allem vom Jaguar. In dieser Gegend lebten die Olmeken, ein Stamm, den auch die Maya, wie berichtet, in ihrer Überlieferung als die Urväter ansahen, als die Bringer der Zivilisation. Eine Grabkammer von 7,3 m Länge ergab einen ganzen Schatz wertvollster Gegenstände aus Jade. In Cerro de las Mesas vermochte Stirling 782 Skulpturen aus Jade zu heben. Alle diese Bildwerke sind verhältnismäßig naturhaft, lebensnah.

Das Datum auf einem Stelenfragment von Tres Zapotes ist 31 n. Chr. Das älteste C 14-Datum von La Venta ist 1154 v. Chr. Es sind jetzt mehr als 20 dieser überlebensgroßen Menschenköpfe bekannt geworden. MATTHEW W. STIRLING berichtet darüber: Expedition unearths buried masterpieces of carved jade, Cerro de las Mesas, in: The National Geographic Magazine, Bd. 80, Washington 1941. — Ders. Finding jewels of jade in a Mexican Swamp, La Venta, ebd. Bd. 82, 1942. — Ders. Stone monuments of Southern Mexico, Bull. of the Bureau of American Ethnology, Bd. 138. Washington 1943.

In Mittelamerika sind somit entwickelte Kulturen aus der Zeit des letzten Jahrtausends v. Chr. bekannt geworden. Jedoch die Anfänge sind bisher nicht zu erkennen. Man könnte sich die Anfänge in Nordamerika vorstellen, aber auch dort sind keine Übergänge vorhanden.

Somit entsteht seit 1940 ein weiteres Problem. Noch ist unter den Forschern nicht eine völlige Einigkeit zu erkennen, aber mehr und mehr neigt man zu der Meinung, daß es die alten Kulturen Asiens gewesen sind, die in einer Fülle von Zügen über den Pazifik ausgestrahlt haben nach Mittelamerika.

Der 29. Internationale Kongreß der Amerikanisten im September 1949 in New York hatte dies Problem als Gegenstand seiner Beratungen bestimmt. Seitdem ist diese Vorstellung allgemein geworden, daß Ostasien das Gebiet war, das Mittelamerika die tragenden Kräfte der Kultur übergeben hat.

Da ist naturgemäß die Frage der Pyramide. Wie ist es möglich, das zwei einander so nahe verwandte Ausdrucksformen die das gesamte Weltbild tragen, die Pyramiden, in Ostasien die Grundkraft der kultischen Architektur bedeuten, und ebenso in Mittelamerika.

Weiter, wie ist es möglich, daß so entscheidende kultische Weltvorstellungen wie die Schlange mit Flügeln, der chinesische T'ao t'ieh, Unterwelt und Oberwelt, damit der Kosmos, von gleicher Bedeutung erscheinen in Ostasien und in Mittelamerika. Der Name des führenden Gottes der Azteken ist Quetzalcouatl, Quetzal bedeutet die Feder, couatl die Schlange.

Weiter, wie ist es möglich, daß ein so seltsamer Ritualkalender von 260 Einheiten bei den Maya vorhanden ist und zugleich im China der Shang-Zeit, in der zweiten Hälfte des 2. vorchristlichen Jahrtausends (THOMAS S. BARTHEL, Kunst der Maya. Katalog der Ausstellung Köln, 1966, S. 30).

Weiter, wie ist es möglich, daß die Tonstatuetten der präklassischen Zeit völlig entsprechen den Jomon-Plastiken aus Japan. Auf dem Amerikanisten-Kongreß im September 1964 in Madrid stellte der nordamerikanische Wissenschaftler Clifford Evans japanische Tonfiguren von Menschengesichtern und menschlichen Gestalten neben diejenigen aus Mexiko. Sie sind völlig übereinstimmend (ALEXANDER V. WUTHENAU, Altamerikanische Tonplastik, Holle Verl. Baden-Baden 1965, S. 70).

Weiter, wie ist die hohe Wertschätzung der Jade bei den Chinesen und ebenso in Mittelamerika zu erklären?

Weiter, wie ist es zu deuten, daß die großen Steinskulpturen der Olmeken an der Goldküste überzogen sind mit Bandmustern, die in gleicher Form wiederkehren auf den Bronzen der Chou-Zeit?

Weiter, wie ist es möglich, daß der Mais, das Hauptnahrungsmittel der amerikanischen Indianer nach der Bestimmung der Paläobotaniker seinen Ursprung in Asien besitzt, ebenso die Baumwolle. (PAUL C. MANGELSDORF, New evidence on the origin and ancestry of Maize, American Antiquity, Vol. 19, 1954, S. 409—410).

Weiter, wie ist es zu erklären, daß das Patolli-Spiel, das in Mexiko noch jetzt ausgeübt wird, völlig übereinstimmt mit dem Pachisi-Spiel, wie es noch lebendig ist in ganz Ostasien? Es ist ein Brettspiel, gespielt mit Kieseln und Holzstückchen als Würfel. Es wird mit 104 Steinen gespielt, entsprechend dem Hauptzyklus von 52 Jahren. Es bedeutet ein Weltsymbol, so wie bei uns das uralte Mühlespiel, geordnet auf die Mondzahl 9.

Ich bin selbst stark mit dieser Fragestellung verbunden worden. Ich kam mit Carl Hentze zusammen, dem Professor für Sinologie an den Univ. Gent und Brüssel. Durch meine Arbeiten über die germanische Völkerwanderungszeit war ich auf Beziehungen der Germanen zu China gestoßen, auf Ähnlichkeiten in der Kunstgestaltung. Sie sind durch den 100 Jahren dauernden Kontakt der Ostgoten mit den Hunnen am Schwarzen Meere zu verstehen. Dadurch brauchte ich die Verbindung zu Sinologen. Ich traf mit Carl Hentze in den zwanziger Jahren in Paris zusammen und seitdem verband uns eine enge Freundschaft.

Carl Hentze war wohl der erste, der die engen Zusammenhänge zwischen China, Indien und Mittelamerika in Mythen, Symbolen, Zeichen, Kultdarstellungen, erkannte. Damals hatte Hentze ein Buch beendet über diese Beziehungen: Mythes et Symboles lunaires, Untertitel: Chine ancienne, civilisations anciennes de l'Asie, peuples limitrophes du Pacifique. Er bat mich, zu dem Buch das Nachwort zu schreiben. Das Buch ist erschienen in Anvers, Antwerpen, Verl. De Sikkel, 1932, mein

Nachwort umfaßt die Seiten 235—250. Es umgeht noch das große Problem Amerika-Ostasien, dagegen spricht es von den Ursymbolen der Menschheit insgesamt.

Auch in der Zeitschr. IPEK hat Carl Hentze eine Reihe von Aufsätzen veröffentlicht, die dieses Thema zum Gegenstand haben, so in IPEK, Bd. 20, 1960—1963, S. 55—61 über die Schamanentracht, in IPEK, Bd. 23, 1970—73 Antithetische T'ao-t'ieh-Motive, S. 118—137.

Die Übereinstimmungen zwischen China, Hinterindien einerseits und Mittelamerika und Südamerika andererseits waren so deutlich sichtbar, so überzeugend, daß ich mich diesen Argumenten nicht verschließen konnte.

Noch ein anderer Forscher kam hinzu, Baron Robert Heine-Geldern in Wien. Wenn ich zu Vorträgen in Wien war, bin ich öfters Gast im Hause von Heine-Geldern gewesen und wir nutzten die Gelegenheit, um dieses wichtige Thema der Kulturbewegung zu überdenken. Heine-Geldern führte die ähnlichen Argumente an wie Hentze, in manchen Punkten noch überzeugender. Später traf ich Heine-Geldern in New York, auch in Buffalo im Hause einer Familie, die an diesen Fragen ein besonderes Interesse besaß. Er hielt mehrere Vorträge in dem Hause über dieses Problem und mehr und mehr haben Hentze und Heine-Geldern nicht nur mich, sondern den größten Teil der Forscher überzeugt. Auch Walter Krickeberg hat sich nach längerem Zögern diesen Gedanken angeschlossen. In seinem Werk, Altamerikanische Kulturen, Berlin 1956 beschäftigt er sich auf S. 567—575 eingehend mit diesen Fragen. Auf S. 567 steht zu lesen: Die ältesten amerikanischen Kulturen „sind plötzlich einfach da. Um bei Mesoamerika zu bleiben: niemand weiß, woher die Olmeken die hochentwickelte Technik ihrer Jadebearbeitung, die erstaunliche Fähigkeit, als Bildhauer souverän mit riesigen Steinblöcken umzugehen, und die hohe Kunst ihrer Menschendarstellungen hatten... Es bleibt immer noch die große Rätselfrage zu beantworten: woher stammt ihr geniales Schrift- und Kalendersystem, das älteste, das wir aus Mesoamerika kennen. Man ist heute zwar nicht mehr der Ansicht, daß Hochkulturen unendlich langer Zeit bedürfen, um zu entstehen, sich zu entwickeln und dahinzuschwinden; die mesopotamische und die altägyptische brauchten dazu nur 3000 bis 4000 Jahre. Aber es ist natürlich völlig undenkbar, daß sie sozusagen aus dem Nichts auftauchen, wenn man in diesem Falle unter einem Nichts die primitiven Kulturformen der Cochise-und Korbflechter-Stufe versteht, die dem Archaikum vorausgingen". Dann folgt die verständliche völlige Ablehnung der Atlantistheorie, darauf fährt Krickeberg fort: „Ganz andere Möglichkeiten zur Lösung des Problems eröffnen sich, wenn man von den Kulturvölkern Ost- und Südostasiens ausgeht. Schon ein flüchtiger Blick läßt zwischen ihnen und den altamerikanischen Völkern zahlreiche mehr oder weniger große Übereinstimmungen auf kulturellem Gebiet erkennen."

„Es steht fest, daß sie in ihrer Staatsverfassung, Weltanschauung und Kunst, ihrem religiösen Ritual, ihrer Symbolik und priesterlichen Wissenschaft Übereinstimmungen aufweisen, die viel zu weit gehen, um noch durch „Konvergenz", das heißt von einander unabhängiger Entwicklung in der gleichen Richtung und mit dem gleichen Ergebnis, erklärt werden können"...

„Von Asien her wurde das Problem zunächst von dem Sinologen Carl Hentze in Angriff genommen. Er beschränkte sich auf einen bestimmten Komplex von Elementen der Mythologie, des Rituals und der Ikonographie, die auf beiden Seiten des Pazifiks in ähnlichen oder gleichen Formen verbreitet waren, in China vor allem in der neolithischen Epoche, der Shang- und Chou-Zeit (15. bis 3. Jh. v. Chr.)..."

Dann spricht Krickeberg von Heine-Gelderns Wirkung auf dem genannten Kongreß der Amerikanisten im Sept. 1949 in New York und sagt weiter: „An erster Stelle der Forscher, die sie (Kulturgeschichte der Menschheit) mit dem ganzen Rüstzeug moderner Wissenschaft zu beantworten versuchten, steht der österreichische Ethnologe Robert v. Heine-Geldern, der gemeinsam mit dem schon wiederholt genannten nordamerikanischen Ethnologen Gordon Ekholm vor allem die zahlreichen, in den Ländern des indischen Kulturkreises auftretenden Parallelen zur mesoamerikanischen Symbolik und Ikonographie, aber auch zu manchen für das staatliche und religiöse Leben des alten Mesoamerika typischen Gebräuchen untersuchte. Er begnügte sich nicht damit, lediglich Übereinstimmungen nachzuweisen, die oft bis in die letzten, scheinbar belanglosesten Einzelheiten gehen und weder durch Konvergenz noch aus einer angeblich gleichartigen geistigen Veranlagung erklärt werden können, sondern prüfte auch die technischen Möglichkeiten einer transpazifischen Übertragung der Kulturformen und versuchte die Zeit, in der sie erfolgte, und das Land sowie den Personenkreis, von dem sie ausgegangen sein konnten, näher zu bestimmen".

Auch Krickeberg betont, daß die Pyramiden Mittelamerikas nicht aus eigener amerikanischer Entwicklung zu erklären seien, sondern nur aus den Stufenpyramiden von Angkor Wat in Kambodscha, und diese wieder nur aus der babylonischen Zikkurat. Der in Stockwerken aufsteigende künstliche Berg ist der hindubuddhistische Berg Meru (S. 572). Das Seeungeheuer mit Fischkörper, Rüssel und Reißzähnen erscheint völlig gleichartig in Indien an den Tempeln von Amaravati wie in Chichen Itzá in Yucatan. Krickeberg stellt in Abbildungen nebeneinander eine mehrstufige Tempelpyramide aus Angkor Wat aus der Zeit um 900 n. Chr. und die Tempelpyramide der Maya-Kultur aus Tikal aus der Zeit 300—900 n. Chr. Beide Bauten sind im Aufbau, in der Gestalt, in den Einzelheiten völlig übereinstimmend (S. 571). Auch die Ornamentik entspricht sich, wie auf S. 573 zwei Ornamente dartun, das eine aus Amaravati, Indien, das andere aus Chichen Itza, Yucatan. Wie in Indonesien, wie in Siam und an anderen Stellen Asiens, lagert sich auch in Mittelamerika und ebenso in Peru eine Hochkultur über alte prähistorische Schichten. Ein langsamer Übergang ist nicht zu erkennen.

Nun ist dieser Vorgang auch geographisch völlig deutlich sichtbar. Wenn wir in Nordeuropa an Ozeane denken, dann umgreift unser Gedanke den Atlantischen Ozean. Anders aber liegen die Bedingungen auf dem Pazifik. Dieses Meer liegt in bestimmten Monaten während der sogenannten Kuroschio-Drift vollkommen still, so still wie eine Waschschüssel. Die kleinsten Boote vermögen in diesen Zeiten das Meer zu überqueren, wie es Heyerdahl 1948 getan hat auf dem Boot Kon-tiki in umgekehrter Fahrt.

In dem Buch, Die Entfaltung der Menschheit, Fischer Bücherei 1958 habe ich mich für die Beeinflussung Mittel- und Südamerikas durch China und Hinterindien ausgesprochen (S. 173). Auch in dem Buch, Vorgeschichte der Menschheit, Bd. 3, Köln 1966, S. 144 habe ich die gleichen Gedanken dargelegt.

Über ROBERT HEINE-GELDERN ist auf S. 95 schon berichtet worden. Seine wichtigsten Arbeiten über den Zusammenhang Hinterindiens und Amerikas sind: Significant parallels in the symbolic arts of Southern Asia and Middle America, Selected Papers of the XXIX. Intern. Congreß of Americanists, Bd. I, Chicago 1951. — Lungshan Culture and East Caspian Culture, a link between Prehistoric China and the Ancient Near East, Intern. Symposium on History of Eastern and Western Cultural Contacts, 1957.

Von den Gegnern des Übertragungsgedankens ist angeführt worden, daß der Wagen und der Pflug, die Töpferscheibe, der Blasebalg, nicht aus Asien nach Amerika übertragen worden wären. Das ist richtig. Es ist aber zu bedenken, daß in dieser Zeit religiöse Vorstellungen als viel bedeutungsvoller erachtet worden sind. Der Mensch fühlt seine Abhängigkeit von Umständen, die er nicht zu beherrschen vermag. Nur eine überirdische Macht vermag ihm in solchen Lagen die notwendige Hilfe zu geben. Timor fecit religionem, hat Lukian gesagt.

Auch MICHAEL D. COE folgt diesen Vorstellungen nicht in seinem hier oft genannten Buch, Die Maya, 1968. Auf S. 64 heißt es: „Es gibt eine Reihe sich widersprechender Hypothesen, die den Aufstieg der Maya-Kultur erklären wollen. Eine der am hartnäckigsten vertretenen besagt, daß die vorher unbedeutenden Maya unter den Einfluß fremder Einwanderer gerieten, die nach manchen sogar aus China gekommen sein sollen. Für Nichtfachleute muß hier festgehalten werden, daß keinerlei Gegenstände aus der alten Welt je an einer Maya-Fundstelle aufgetaucht sind und daß seit den Tagen Stephen's und Catherwoods Theorien, die transatlantische oder transpazifische Kontakte vorauszusetzen, nie einer wissenschaftlichen Überprüfung standgehalten haben."

So entschieden werden hier die Kontaktgedanken abgelehnt. Es ist aber zu bemerken, daß Coe hier nach der Auffassung der Mehrzahl der Amerikanisten, einem Irrtum unterliegen könnte. Gerade die Übertragung von Gegenständen, wie etwa der Statuetten von Japan nach Amerika, ist die Grundlage der Überlegungen gewesen, sie haben jeder wissenschaftlichen Überprüfung standgehalten.

So steht die Amerikanistik nicht an einem Ende der Erkenntnisse. Gerade die Ausgrabungen waren es, die einerseits Sicherheiten und Klarheiten zu schaffen in der Lage waren. Aber gerade durch die Erkenntnisse unseres Jahrhunderts haben sich neue Fragen, haben sich neue Probleme ergeben. Die wohl wichtigste Fragestellung für die kommende Forschung wird die Frage der Übertragung sein.

Kolumbien und Panama

Es war das Gold, das die Spanier nach Amerika geführt hat. Kolumbus suchte den Seeweg nach Indien, nach dem Wunderland, in dem es Gold gibt, Silber und Edelsteine. Leib und Leben haben die Conquistadores, die Eroberer, eingesetzt, um Gold zu erlangen. Namen wie Costa Rica, die reiche Küste oder Castilla de Oro,

Goldkastilien, sprechen noch heute von dem Klang des Goldes. Kolumbus selber hat an Karl V. geschrieben: „Gold ist das köstlichste von allen Dingen. Mit Gold lassen sich Schätze erwerben, und wer Gold besitzt, kann alles gewinnen, was er in dieser Welt begehrt. Ja, für Gold kann er die Seele ins Paradies bringen". (Disselhoff, a. a. O. 1953, S. 240).

Wohl gab es den goldenen Schmuck bei den Azteken, den Mayas, aber gewonnen wurde das Gold an anderer Stelle, gewonnen wurde es in Kolumbien. Dort wohnten die Tairona, und dieser Name bedeutet Schmiede des Goldes.

Im Jahre 1515 kamen die Spanier in das Land unter der Führung von Gonzalo de Badajoz. Der Häuptling Parita sandte ihnen als Willkommensgruß mehrere Körbe voll von Schmuck aus Gold.

Im Jahre 1936 begann S. Kirkland Lothorp in Panama zu graben. Er stieß auf eine Anzahl von Gräbern, darunter fand er die reiche Grabstätte eines Fürsten. Sein Körper war sitzend bestattet auf einer großen Steinplatte. Um ihn lagen die Skelette seiner im Tode geopferten Diener. Um ihn herum lagen Helme aus Gold, goldene Platten mit mythischen Szenen, goldener Schmuck und goldener Zierrat. Lothorp hat die Grabungen sehr genau beschrieben, für das Alter kommt er zu dem Ergebnis, daß die Stücke dem 14. und dem 15. Jh. unserer Zeit angehören. Sein Bericht ist: Cocle, an archaeological study of Central Panama, Harvard University, Cambridge 1937.

In Panama sind seit 1961 Felsbilder aufgefunden worden. Sie liegen vor allem in der Provinz Chiriqui, bei dem Orte Remedros in den Bergen Chavis-Hill am Ufer des Flusses Sta. Lucia. Andere Felsbilder finden sich in den Provinzen Herrera, Veraguas und Cocle. Alle Bilder zeigen den gleichen Stil, es sind abstrakte Gestalten, Kreise, Winkel, Schwingungen. Es kommen auch menschliche Gesichter vor mit Strahlungszeichen wie bei Calobre, Prov. Veraguas. Die Bilder liegen an den Stellen, an denen Maisanbau möglich ist. Es sind Bilder von Ackerbauern, Darstellungen von Tieren sind selten. Die Veröffentlichung stammt von Neville A. Harte, Panorama of Panama Petroglyphs, ohne Verl. und ohne Datum (1967).

In Kolumbien befindet sich der größte Bestand an Goldfunden Amerikas. Er wird aufbewahrt in der Staatsbank von Bogotá. Perez de Barradas hat die Funde bearbeitet in zwei hervorragend ausgestatteten Bänden unter dem Titel: Orfebreria prehispánica de Columbia, Talleres Graficos Jura, Madrid 1954. Der erste Band umfaßt 367 Seiten mit 201 Tafeln, der zweite Band 19 Seiten mit 200 Tafeln. Auf diesen rund 400 Tafeln werden Kostbarkeiten besonderer Art vorgelegt. Da sieht man Menschensculpturen in Gold, Schmuckstücke, Adlerköpfe, Schlangenbänder, Goldhelme, alles in natürlicher Größe mit genauer Angabe des Gewichtes. Blättert man die Bände durch, dann denkt man mit Jammer und mit Verzweiflung daran, daß alles in diesem Sinne verarbeitete Gold, das nach Europa kam, einfach eingeschmolzen worden ist.

Es war Albrecht Dürer, der auf seiner Reise nach Antwerpen im Jahre 1520—1521 die Kunstwerke von Amerika besichtigen konnte. Er sah diese Schätze, damals noch nicht eingeschmolzen, sie waren an Karl V. gesendet worden. Dürer schrieb in sein Tagebuch: „Die Ding aus dem neuen gulden Land, die man dem König hat gebracht, ein ganz gulden Sonne, ein Klafter breit, desgleichen ein ganz silbern Mond, auch also breit; desgleichen zwo Kammern voll desselbigen Rüstung, desgleichen ihrer Waffen, Harnisch, Geschütz, wunderbarlich Wahr, seltsamer Kleidung, Bettgewand und allerlei wunderbarlich Ding zu manniglichem Brauch, das so viel schöner anzusehen ist; dann Wunderding. Diese Dinge sind alle köstlich gewesen, daß man sie geschätzt um hunderttausend Gulden wert. Und ich hab aber all mein Lebtag nichts gesehen, das mein Herz also erfreut hat, also dies Ding. Dann ich hab gesehen, wunderlich kunstlerische Ding und hab mich verwundert der subtilen Ingenia der Menschen in fremden Landen und der Ding weiß ich nicht auszusprechen, die ich do gehabt hab."

Eine andere Sammlung südamerikanischer Goldsachen besitzt das Museo Nazionale in Madrid. Manche der Goldfiguren haben eine Höhe von 30 cm und haben ein Gewicht von 1150 g Gold mit einem Feingehalt von 80%.

Das Gold wurde aus den Flüssen gewaschen, und auch aus Erzen gewonnen. Die Arbeitsgeräte waren Holz, Kupfer und Stein. Geringer an Bedeutung war der Betrieb der Minen. Schräge Schächte wurden in den Boden getrieben, so eng, daß gerade ein Mensch hinabsteigen konnte. Es gab keine Seitenstollen, sondern immer nur andere schräge Schächte. Eines der alten Bergwerke, das von Buritica, ist untersucht worden von Pedro Simón. Der Guß geschah in verlorener Form. Die Skulpturen sind hohl. Sie wurden über einem Tonmodell gearbeitet, überzogen mit Wachs. Das Innere löste sich beim Gießen auf. Bis heute hat sich Ton oder Wachs in den Figuren erhalten, auch die Stäbchen sind noch vorhanden, die Kern und Mantel verbunden haben.

Es ist nicht wahrscheinlich, daß die Tairona diese Technik erfunden haben. Ihr übriges Wirtschaftsleben ist viel zu einfach für eine so entwickelte Technik. Auch hier wird vermutet, daß Hinterindien das gebende Gebiet gewesen ist.

PAUL RIVET, der französische Gelehrte, hat in einem Artikel in IPEK 1926, S. 128—141 Taf. 42—45, angenommen, daß die Kenntnisse der Goldbearbeitung aus Peru nach Mittelamerika gekommen sind. Mit MAX UHLE nimmt er das 2. Jh. n. Chr. an. Auf dem 21. Intern. Kongreß der Amerikanisten 1924 in Den Haag hat Rivet über die Goldbearbeitung in Kolumbien gesprochen: L'orfèvrerie colombienne, technique, aire de distribution, origine, La Haye, 1924, S. 15—28.

Kolumbien steht an der Spitze der Goldgewinnung nach der Entdeckung Amerikas. Nach den Berechnungen hat das Land in den Jahren 1537—1560 insgesamt 48.000 kg Gold geliefert, 1641—1700 insgesamt 230.000 kg, 1741—1800 insgesamt 270.000 kg. Nach 1900 geht die Anzahl zurück. 1900—1910 wurden von Kolumbien 42.177 kg geliefert, 1931 nur noch 6043 kg, 1941 wieder 20.401 kg und 1944 insgesamt 17.221 kg. So berichtet HEINRICH QUIRING in seinem Buche: Geschichte des Goldes, Stuttgart, Verl. Ferd. Enke, 1948, S. 213.

Ein weiteres Rätsel gaben die großen Steinskulpturen auf. Sie sind vor allem an zwei Orten im Süden von Kolumbien aufgefunden worden, in der Nähe des Dorfes San Agustín und in der Landschaft Tierradentro in der südlichen Zentralkordillere.

Die Steinbildwerke von San Agustín hat zuerst der kolumbianische Gelehrte Francisco José de Caldas gemeldet im Jahre 1797. Danach hat sich 1857 der italienische Forscher Codazi mit den Skulpturen beschäftigt und darauf der Deutsche Alfons Stübel 1869. Wissenschaftlichen Gewinn erreichte die Arbeit durch Konrad Theodor Preuss (1869—1938). Er beschrieb in seinem Buch, Monumentale vorgeschichtliche Kunst, 2 Bd. Göttingen 1929, 120 Monumente. Inzwischen sind 328 Denkmäler bekannt geworden.

Diese Skulpturen sind gewaltige Steinblöcke mit menschlichen oder wohl göttlichen Gesichtern. Manche erreichen die Höhe von 4 Metern. Oft sind auch die Arme eingearbeitet, sie tragen Waffen oder Totenschädel. Es kommen auch die Darstellungen großer Adler vor. Einige dieser Steinskulpturen stehen in Megalithgräbern, andere bedecken die Gräber, manchmal sind sie Karyatiden, sie tragen die großen Blöcke der megalithischen Steinbauten. Die Augen sind rund oder spitz an den Seiten, allen Bildwerken wohnt etwas Unheimliches inne. Sie sind mit Hammer und Meißel gearbeitet wie die Taf. 75—81 bei Hermann Trimborn, Das alte Amerika, 2. Aufl. 1963, erkennen lassen.

Bisher haben die Bildwerke ihre Herkunft nicht offenbart, sie stehen fremdartig in Mittelamerika. Ich meine, daß die Megalithgräber auf Korea deuten, die Herkunft der Skulpturen ist sehr schwer zu bestimmen. Über die Megalithbauten hat Chewon Kim berichtet, wie dargelegt auf S. 409, 809.

So ist die Frage der Herkunft nicht gelöst, ebenso nicht die der großen Menschenköpfe aus Stein aus La Venta im Lande der Olmeken in Mexiko. Das Rätsel gewinnt noch mehr an Bedeutung, als verwandte Steinskulpturen auch in Tierradentro in den letzten Jahren bearbeitet worden sind.

Die ersten Berichte über Tierradentro brachte der kolumbianische General und Geograph Carlos Cuervo Marquez 1882. Er bemerkte die großen Grabstätten mit unterirdischen Räumen, mit Säulenreihen und Nischen und mit menschlichen Gestalten aus Stein gehauen. Sein Bericht ist: Estudios arqueológicos y etnográficos, 2 Bd. Madrid 1920, Bd. 1, S. 273—277, 2. Aufl. Ein weiterer Bericht stammt von Marquis de Wavrin Villers mit dem Titel: Contribución al estudio de la civilización llamada de San Agustín, Huila Histórico, Nr. 1, Neiva 1932. Danach hat sich der deutsche Geologe Georg Bürg, in der Zeit Prof. a. d. Univ. Popayán um die Bildwerke bemüht und über sie berichtet im Ibero-Amerikanischen Archiv, Bd. 11, Berlin 1937—1938, unter dem Titel: Beitrag zur Ethnographie Südkolumbiens. Auch der spanische Forscher José Perez de Barradas hat sich 1937 mit den Skulpturen beschäftigt in einem Buch: Arqueología y antropología precolombinas de Tierra Dentro, Bogotá 1937. Eingehend hat Horst Nachtigall in diesem Gebiet gearbeitet. Er hat die Grabkammern aufgenommen und vermessen, die Steinbildwerke hat er photographiert. Es gibt unter seinen Abbildungen eine Skulptur, die den Stelen von Filitosa ähnelt, den Stelen im Süden von Korsika. Das kann natürlich nur Zufall sein. Horst Nachtigall, Tierradentro, Verl. Origo, Zürich 1955 mit 327 Seiten u. 107 Tafeln.

Horst Nachtigall ist geboren am 4. 2. 1924. Er studierte a. d. Univ. Mainz und ist Prof. a. d. Univ. Marburg. Von 1952—1953 war er Prof. a. d. Univ. Bogotá, 1961—1962 a. d. Univ. Buenos Aires. Weitere Werke von ihm sind: Die amerikanischen

Megalithkulturen, 1958. — Alt-Kolumbien 1961. — Indianerkunst der Nord-Anden, 1961.

Alle genannten Autoren nehmen zu der Frage der Herkunft dieser Skulpturen keine Stellung. Als Datum hat Max Uhle die Zeit um 600—700 n. Chr. angenommen. So bleiben die Fragen offen, geeignet, die zukünftige Forschung zu beleben. Es bleibt dabei nicht ohne Bedeutung, daß sowohl San Agustín wie Tierradentro nur etwa 100 km entfernt liegen von der Küste des Pazifischen Ozeans.

Peru

Peru ist in Südamerika das Gebiet, in dem die Spanier auf eine Hochkultur stießen mit Stadt, Schrift und Handel wie in Mexiko.

Den Eroberern lag nur an den Schätzen der Eingeborenen. Die Schönheit und die Größe der Bauwerke, der Malereien an den Tongefäßen, die Gewebe, künstlerisch mit Bildern versehen, das alles galt ihnen nichts. Sie blickten ausschließlich auf die Menge des Goldes, das sie vorfanden, aber auch bei dem Gold erkannten sie nicht die Kunstwerke, die von den Indianern hergestellt worden waren — alles wurde eingeschmolzen.

Am 15. November 1532 traf Francisco Pizarro zusammen mit dem Herrscher der Inka, Atahualpa in Cajamarca. Am 29. August 1533 wurde Atahualpa von ihm getötet. Am 15. November 1533 zog Pizarro ein in die Hauptstadt der Inka, in Cuzco.

In Peru erscheint die Verarbeitung von Gold als besonders alt, immer wieder werden bei den neuen Ausgrabungen Goldgegenstände gefunden, die Goldverarbeitung scheint zurückzureichen bis um 800 v. Chr.

In Peru war es besonders schwierig, zu einer zeitlichen Tiefenerstreckung zu gelangen. Es fehlen die beschriebenen und bemalten Bücher wie in Mexiko. Wohl haben bald nach der Eroberung die Indianerpriester und die Prinzen des Königshauses von alten Kulturen der Vergangenheit gesprochen. Die Aufzeichnung dieser Berichte durch Pedro de Cieza de León von 1550 ist erhalten. Von diesem Werk gibt es einen spanischen Nachdruck von 1880 in Madrid mit dem Titel: Segunda parte de la crónica del Peru. Aber dieses Buch spricht nur von den letzten Jahrhunderten der Inka-Zeit, es berichtet über die Lebensweise der Inka, über ihre Häuser, ihre Trachten, ihre Religion. Vor die Zeit der Inka führen diese Berichte nicht zurück, und die Herrschaftszeit der Inka war verhältnismäßig kurz, sie umfaßt die Epoche von 1430 bis 1533.

Es gibt aber noch eine Schrift der Inka, sie wurde hergestellt durch Knoten in Schnüren, genannt quipus. Diese Knoten bezeichnen Zahlen. Die Schnüre besitzen verschiedene Farben, die Zahlen werden in Stellenwerten ausgedrückt. Sie sind zwar zu entziffern, aber ihre Bedeutung, ihre Beziehung ist nicht erkennbar für den heutigen Forscher. Die spanischen Autoren des 16. Jh. weisen auf ihren historischen Inhalt hin, aber ihr Sinn ist verlorengegangen. Im Jahre 1583 wurden nach dem Be-

Nach dem Abschluß des ersten Konzils von Lima wurden alle Knotenschnüre, die damals noch in Verwendung waren, öffentlich verbrannt. Sie enthielten nach Meinung der Patres Rezepte des Teufels. So gibt es keine Möglichkeit, über die lange Geschichte des Landes eine Auskunft zu gewinnen. Es verbleibt nur die Archäologie, die Ausgrabung, die Ergebnisse zu gewinnen vermag.

Funde der Vorzeit in diesem Lande in ungezählter Menge aus [...] Süden flutende Meeresstrom, er trägt den Namen von Humboldt, [...] Luft ab, er nimmt aber auch den Regen. Regen gibt es nur alle 7, [... Jahr]e. Wenn aber der Regen fällt, wird er zu einer Katastrophe für die [...]. Die leichten Häuser brechen zusammen, die Feldanlagen werden zerstört, [das Vi]eh ertrinkt.

[Die w]enigen Flüsse fließen von der Kordillere nach Westen zum Meere. Aber [die Mens]chen leiten die kleinen Flüsse ab, weil sie das Wasser brauchen für ihre Pflanz[ungen]. Die Flüsse gelangen nicht zum Meere. In älteren Zeiten siedelten die Fischer [an d]en Mündungen der Flüsse, die fruchtbares Schwemmland brachten. Und so konnten in der Nähe der Flußmündungen prähistorische Wohnstätten aufgefunden werden. An der Küste oder in ihrer Nähe liegen die durch die Funde berühmt gewordenen Orte: Chimú, Mochica, Nazca, Aymará.

Das regenlose Gebiet hat die Spuren der alten Bewohner ausgezeichnet bewahrt. Die Bemalung der Tongefäße hat nichts verloren von ihrer Farbenkraft. Die Gewebe sind so lebensvoll, als wenn sie soeben hergestellt worden wären. Es ist verständlich, daß die Einwohner bis heute am Strande an Seltsamkeiten aufsammeln, was sie zu finden vermögen. Alles wird in den nächsten größeren Orten an Kunsthändler verkauft, vor allem nach Cuzco. Von dort aus gelangt das Material zu den Kunsthändlern nach New York, London, Paris, Berlin, und wird angekauft von den Privatsammlern und auch von den Museen. Natürlich führten Wissenschaftler Ausgrabungen durch und versuchten Daten zu gewinnen für dieses ungewöhnlich reiche Material, aber bisher gab es keine Möglichkeit der Zeitbestimmung.

Der geistige Vater dieser Archäologen ist ein Deutscher, MAX UHLE. Er ist geboren in Dresden am 25. 3. 1856, er ist gestorben in Loben, Oberschlesien, am 11. 5. 1944. Er führte als erster Grabungen in Peru durch zwischen 1896 und 1933. Er grub auch in Chile und Ecuador. Besonders bewegte ihn die Frage nach der Herkunft der Hochkulturen in Peru und Chile. Seine Hauptwerke sind: Pachacamac, Philadelphia 1903. — Über die Frühkulturen in der Umgebung von Lima, in: 16. Intern. Amerikanistenkongreß, Wien 1908. — Zur Chronologie der alten Kulturen von Ica, in: Journal de la Soc. des Américanistes Bd. 10, 1913. — Los elementos constitutivos de las civilaciónes andinas in: Anales de la Univ. Central del Ecuador, Quito 1926. — Die alten Kulturen Perus, 1935. — Wesen und Ordnung der altperuanischen Kulturen, hg. von G. Kutscher, aus dem Nachlaß, 1959.

Max Uhle war der Meinung, daß die höhere Kultur von Peru vielleicht ein Jahrtausend alt sein könne, nicht mehr. Aber immer war seine Frage, woher kommt diese Kultur, die an den Küstenorten die der ersten Pflanzer überlagert. Er hat die

Frage nicht zu lösen vermocht. Seine letzte Vorst... ...llung war, daß die Einflußwelle von den Maya ausgegangen sei. Disselhoff sagt dazu in Altamerikan. Kulturen, 1955, S. 263: „Seine Hypothese, die sich nur auf angebliche ...ila... ...iten keramischer Erzeugnisse stützte, ließ sich nicht halten."

Im Jahre 1943 veröffentlichte HANS HORKHEIMER in Tr... ...his... toria de Peru, época prehispánica und 1950 in Lima ein ander... prehispánico, 291 Seiten u. 74 Abbildungen. Auch Horkheimer gela... zu einer zeitlichen Gliederung. Er erwähnt auf S. 224—226 die beide... gien von Uhle und Tello. Uhle hat Chimu datiert auf die Zeit von 750 n... 1500 n. Chr., Proto-Chimu auf 250 bis 750 n. Chr., Tiahuanaco auf 500—1000 n... Lima und Nazca auf 200—700 n. Chr. Alle Daten fallen in die Zeit nach Chr.

J. C. TELLO datiert die Anfänge früher, er spricht von archaischer Kultur, cultur... archáica. Das ist die Zeit der Dolmen, dann Chavín. Er errechnete für diese Zeit die Epoche von 1000 v. Chr. bis Chr. Geb. Die mittlere Kultur, cultura media, umfaßt nach Tello Tiahuanaco, Paracas mit den Daten Chr. Geb. bis 800 n. Chr. Die neuere Kultur, cultura alta, mit Nazca, Chimu, Pachacamac umgreift in ihren älteren Schichten 800—1321, in der jüngeren Schicht die Welt der Inka, von 1321—1532 n. Chr.

Neben Max Uhle ist dieser andere wissenschaftliche Ausgräber JULIO CÉSAR TELLO ROJAS, ein peruanischer Gelehrter. Er wurde am 11. 4. 1880 in Huarochirí in Peru geboren, er starb in Lima am 3. 6. 1947. Seine Hauptarbeit ist die Erforschung der Chavín-Kultur. Seine wichtigsten Werke sind: Origen y desarrollo de las civilaciónes prehistóricas andinas, Lima 1942. — Discovery of the Chavín Culture in Peru, in: American Anthropologist, Bd. 9, Menasha 1950 (Nachlaß). — Arqueologia del Valle de Casma, 1956 (Nachlaß). Paracas, 1959. Chavín, cultura matriz de la civilización andina 1960 (Nachlaß). Tello nimmt an, daß die Hochkultur von Peru und Chile, die Andenkultur, sich in sich selbst ausgebildet habe. Jedoch das Erscheinen der dämonischen Gestalt, entsprechend dem T'ao-tieh, in Peru in der Gestalt des Jaguars, spricht tatsächlich gegen diesen Gedanken. Die frühesten Pflanzer an der Küste waren ohne Keramik und ohne den Anbau von Mais. Die Hochkultur erscheint ohne Zwischenstufen, auch die Nahrungsmittel deuten auf einen Einfluß.

Der Mais ist plötzlich da, ebenso die Erdnuß, Kürbisarten und vor allem Mandiok, eine Knollenfrucht, die von besonderer Wichtigkeit wurde für die Völker des Waldlandes der Anden. In Chavín ist auch Gold vorhanden, und auch für Goldverarbeitung liegen Vorformen nicht vor.

Erst nach der Entdeckung der Radiokarbondatierung, 1949, in den eingehenden Bestimmungen erst zwischen 1950 und 1960, ergeben sich genaue Daten. Sie führen viel weiter zurück, als die Forscher Uhle und Tello angenommen hatten. In dieser Zeit haben auch neue Grabungen mehr Licht in die Vorgeschichte von Peru zu bringen vermocht.

Da ist der Fundort Huaca Prieta. Huaca bedeutet in der Quechua-Sprache heilig, prieta bedeutet im Spanischen dunkelfarbig, wegen der Farben der Erdschichten. An dieser Stelle hat der Nordamerikaner Junius Bird gegraben. Der Fundplatz liegt in Nordperu, an der Mündung des Chicama-Flusses. Ein Hügel von Abfällen türmt sich fast 12 m hoch. Bird hat ihn bis zum gewachsenen Boden aufgeschlossen.

Da ergaben sich Muschelschalen der verzehrten Schalentiere. Teile von Netzen mit durchbohrten Steinen machten es deutlich, daß es Fischer waren, die hier wohnten. Unter den Pflanzenresten findet sich Baumwolle, Kürbis, Bohne, Pfeffer, aber der Mais, das Hauptnahrungsmittel der späteren Zeiten, fehlt. Ebenso fehlt jede Art von Keramik. JUNIUS BIRD berichtet darüber in seiner Arbeit, Pre-ceramic cultures in Chicama and Virú, in: American Antiquity, Menasha 1948 und in: The archaeology of Patagonia, in: Handbook of Southern American Indians, Bd. 2, Washington 1946.

Die C 14 Datierungen ergaben 4528 und 4298 Jahre, also 2578—2370 v. Chr. bis 2500. Mit dieser Zeitbestimmung war eine neue, eine wesentlich ältere Schicht erfaßt.

Eine in der Zeit folgende Schicht ergab der Fundort Guañape. Er liegt bei dem kleinen Fischerdorf dieses Namens im Tale des Virú-Flusses, an der Küste von Nordperu. J. A. MASON berichtet über diese Grabung: The ancient Peru, London 1965. Nach Huaca Prieta ist dieser Ort nach bisheriger Kenntnis die zweitälteste Ackerbaukultur und die erste, die Keramik bringt. Die C 14-Datierung ergab Daten zwischen 1200 und 850 v. Chr.

Die wichtigste Grabung aber, die Grabung, die die Chronologie-Frage so stark bewegte, schon vor der Verwendung der C 14 Methode, ist die Grabung von Chavín. Chavín de Huantar ist der Name einer Ortschaft im Hochland von Nordperu, östlich der Weißen Cordelliere. Die Ruinenstätte liegt in dem engen Tale eines Nebenflusses des Marañon. Der Marañon wächst in seinem Verlaufe an zu dem Vater der Ströme Südamerikas, dem mächtigen Amazonas.

An dieser Stelle findet sich ein aus Stein errichteter Tempel mit Gravierungen. Der Bau ist annähernd quadratisch, er hat die Seitenlänge von 75 m und ist 13 m hoch. Drei Stockwerke heben sich ab. Es gibt zahlreiche Räume, Gänge, Treppen, Luftschächte. Die plastischen Ornamente bestehen aus 12 menschlichen und 13 tierischen Köpfen, sie sind mit Zapfen eingelassen in die Außenmauern. Außerdem gibt es 40 Steinplatten mit Flachreliefs und 18 Stelen. Das dekorative Hauptmotiv ist der Jaguar, er ist überzogen von Vögeln und Schlangen. Die meisten Forscher erkennen in den Motiven Abwandlungen der in China herrschenden Vorstellung des T'ao-tieh, des geflügelten Drachens. Die Fundstelle ist lange bekannt, schon 1873 ist einer der Steine veröffentlicht worden. Neben dem Haupttempel finden sich Terrassen mit anderen Gebäuden. Wohnplätze aber sind nicht gefunden worden. So kann es sich nur um einen Kultplatz handeln, ein religiöses Zentrum. Auf den Berghöhen, um die Tempelanlage wurden die Toten bestattet. Hier hat REBECA CARRION CACHOT gegraben. In ihrem Buch, La cultura Chavín, dos nuevas colónias; Kuntur Wasi y Ancón, Lima 1948, spricht sie von der Anzahl von Gefäßen im Stile von Chavín mit Ausgüssen in Steigbügelform, von Tonflaschen, Schüsseln, Krügen, Schalen. Unter den Grabbeigaben fanden sich Schmuckstücke aus Gold, aus Bein und aus Türkis.

Frau Carrion Cachot hat zwei andere Tempel in der Nähe von Chavín auffinden können, Kuntur Wasi und Ancón. Tello hat in den dreißiger Jahren im Tale des Flusses Nepaña einen dritten Tempel des Stiles von Chavín entdeckt. So ergibt sich ein Horizont von Chavín. Tello hatte vor der C 14-Methode von einem Alter von 4000 Jahren, also 2000 v. Chr. gesprochen. Die C 14-Methode hat die Daten von 848 v. Chr. bis 700 v. Chr. ergeben.

H. D. DISSELHOFF, einer der guten Kenner der peruanischen Kultur, spricht von einem Rätsel in bezug auf die Chavín-Kultur, von einem Einbruch außenstehender Kulturen. Er sagt in dem Buche: Alt-Amerika, 1964, S. 149: „Wenn die durch die Radiokarbon-Methode ermittelten Zahlen stimmen, dann klafft eine dunkle, noch nicht definierbare Lücke zwischen der Zeit des ersten Anbaus von Pflanzen und den ersten sichtbaren Zeichen einer heraufsteigenden Hochkultur. Es gibt keine Brücke, keinen direkten Übergang von jenen frühen Anfängen zu einer kulturgeschichtlichen Periode,... die auf einmal da zu sein scheint, in der Kunstwerke von einer Eindringlichkeit religiösen Empfindens geschaffen wurden wie vielleicht niemals zuvor. ...Wie die olmekische Kunst (in Mexico), so erscheint auch Chavín in vielen Aspekten fremd, über einen größeren Raum verbreitet, von außen eingeführt und voller Rätsel. Noch stehen die Fragen oben: Woher kam dieser Stilkomplex?"

CARL HENTZE, genannt S. 483, 955, hat, so meine ich, die Frage gelöst. An vielen Stellen seiner Bücher hat er hingewiesen auf die engen Beziehungen zwischen dem China der Shang-Zeit 1650—1027 und der Tschou-Zeit 1122—249, mit Peru, zuletzt in dem genannten Artikel in IPEK, Bd, 23, 1970—1973, S. 118—137. Auf Taf. 84 bildet er unter Nr. 17 und 19 eine Menschenfigur zwischen zwei Jaguaren ab aus Peru und dazu die chinesischen Parallelen auf Taf. 83, Nr. 12, 13, 14. Die Übereinstimmungen sind überzeugend. Sie sind so eng, daß auf Abb. 19 der Gott, der peruanische Gott Wiracocha (Julio C. Tello, Wira-Kocha, in: Inca, Vol. I, 1923 Fig. 32, S. 230) sogar deutlich auf dem Kopf die Mondsichel trägt, sie ist die Axt des chinesischen Typus Tsi. Weitere Abbildungen in demselben Artikel machen andere enge Übereinstimmungen deutlich.

So ergibt sich bei einer Überschau über mehrere Kulturgruppen der Menschheit, wie sie hier vorgelegt werden, die Tatsache, daß die Shang- und die Tschou-Dynastien starke Expansionsstrahlungen besaßen, Einwirkungen auf Korea, auf Japan, auf Hinterindien und Indien, außerdem auf Amerika, auf Mittel- und Südamerika. Es ist kein Zufall, daß die Hochkulturen Amerikas an der Küste des Pazifik liegen.

Es ist verständlich, daß die chinesische Hochkultur stark auf Südamerika wirken mußte. An vielen Stellen von Peru fanden sich Plätze, die dem Chavín-Horizont zuzurechnen sind, so Chongoyape in Lambayeque; Cunisnique in La Libertad; Cerro Blanco in Ancash; Supe und Ancon in Lima. Die Höhlen von Paracas und Ocucaje in Ica, ebenso wie die genannte Höhle Kuntur Wasi in Cajamarca erbrachten Keramik und Schmuckformen im Stile des Chavín-Horizontes.

Das entscheidende Wesenselement in der Kunst dieses Chavín-Horizontes ist das dämonische Wesen, der chinesische T'ao-tieh, in Peru mit dem Namen Wiracocha. Es ist der Urahn, zum Gott geworden, zum Schöpfer und zum Träger des Glückes, des Heiles. Der Drache ist bis heute in China das Zeichen des Glückes. Er ist ein Abbild des Kosmos: Oberwelt der Vogel, und Unterwelt die Schlange. Die Schlange kann zu einem zerstörenden Tiere werden, zum Tiger in China, zum Jaguar in Peru. Es kann kein Zweifel sein, daß diese sehr in sich bestimmten religiösen Vorstellungen in China ihre tiefste Wurzel besitzen.

In meinem Buch, Die Entfaltung der Menschheit, Fischer Bücherei, Frankfurt/M 1958 bemerkte ich auf S. 177: „In China ist dieses Motiv zu stärkster Kraft entfaltet in der Chou-Zeit (1122—249), und gerade diese Epoche ist es, die auf Mexiko einwirkt und auf Peru. In diesem Gedanken erst lösen sich alle Fragen, die früher den Forschern unlösbar blieben, die Fragen, die Eduard Seler immer wieder stellte, wenn er auf den Nazca-Gefäßen von Peru den Dämon, den Katzengeist sah, für den es keine Erklärung, keine Deutung, keinen Anschluß an die sonst bekannte geistige Welt gab. Jetzt wird Peru verständlich, jetzt schließt es sich ein in das große Gefüge des geistigen Erlebens der Welt. Die entscheidenden inneren Kräfte Altamerikas stehen nicht mehr rätselhaft in einem undurchdringlichen Dunkel, sie ordnen sich ein in das Bild der kosmischen Ordnung, das der Mensch sich in China schuf, und das er immer weitergab von den tragenden Zentren zu den Gebieten, die sich anschlossen an seinen Raum. Jetzt auch geben die bedeutenden Gefäße von Peru, die Gefäße von Nazca und Mochico, ihr Geheimnis preis, ihr Geheimnis, das sie bisher so einhüllend umgab".

Wenn man die Epoche von Chavín als die archaische Epoche bezeichnet, dann folgt auf sie die klassische. Sie ist bestimmt durch die wichtigen Fundorte Moche, Chimú, Nazca. Die übernommenen Kulturelemente werden in dieser Zeit verarbeitet, werden abgewandelt in eigenem Sinn. Diese zweite, klassische Epoche beginnt mit rund 200 v. Chr. und reicht bis 800 n. Chr. Aus dieser Zeit stammen die eindrucksvollen Tongefäße mit ihren Malereien, stammen auch die menschlichen, so lebensvollen Gestaltungen an Gefäßen, stammen die meisten Gewebe mit kultischen Szenen.

Moche, der wichtigste Fundort, ist ein Dorf im Chicama-Tal im nördlichen Peru. Die Stadt Trujillo liegt in der Nähe. Die Funde dieser Gegend werden zusammengefaßt als Mochica-Kultur.

Bei Trujillo liegt die Sonnenpyramide Huaca del Sol, 228 zu 136 m groß und 18 m hoch. Sie ist aufgebaut aus Millionen luftgetrockneter Ziegel. Die Mondpyramide, Huaca de la Luna, ist 80 zu 60 m groß und 23 m hoch. Auf den Spitzen der Pyramiden finden sich Räume mit Freskomalerei. Die Farben sind schwarz, weiß, rot, gelb, blau, rosa, braun.

Es sind die Pyramiden, die ebenso wie in Mexiko hinweisen auf den Einfluß aus Fernost. Andere Pyramiden liegen bei Pachacamac, südlich von Lima, sie haben gerade behauene Steine. Eine Lehmpyramide findet sich bei Maranga im unteren Teile des Rimac-Tales.

Diese Epoche baut Kanäle für die Bewässerung der Felder, Teppiche werden gewebt, Brokatstickereien hergestellt. Gold, Silber und Kupfer werden verarbeitet, auch miteinander legiert. Das Metall wird gehämmert und getrieben, auch der Guß ist bekannt. Man verwendet ebenfalls das Schweißen, man bedient sich dazu eines Gemisches von Kupfersalz und Gummi.

Das Großartigste dieser Epoche sind die Tongefäße in jeglicher Gestalt. Hunderttausende von ihnen werden aufbewahrt in den Privatsammlungen, in den Sammlungen der Museen und bei Kunsthändlern aller Welt. Meistens haben die Gefäße den Ausguß als Bügelhenkel, der Grund ist fast immer cremefarbig, die Bemalung vor allem rot. Da gibt es menschliche Gesichter von erstaunlicher Wirklic[h]keit, Lächelnde, Müde, Kranke, Schlafende, Blinde, Weinende, Tote.

Es gibt viele Bücher mit den Wiedergaben dieser eigenartigen Kunst. Ein gr[o]ßes Werk etwa ist: R. u. M. D'HARCOURT, Le céramique ancienne du Perou, Ve[r] Morancé, Paris 1924, mit 46 Seiten u. 65 Tafeln. Ein neueres Buch ist das vo[n] GERDT KUTSCHER, Chimu. Eine altindianische Hochkultur, Berlin 1950. Der Verfasser sagt: „Nichts, so scheint es, war zu hoch, als daß es nicht auf den Gefäßen dargestellt werden konnte, nichts so niedrig, daß es der Wiedergabe nicht wert gewesen wäre. Tiere und Früchte, Jäger und Krieger, Musikanten und Tänzer, Fürsten und Kranke, aber auch phantastische Dämonen und skeletthafte Totengeister gewinnen in diesen Gefäßen ergreifende Gestalt."

Früher hat man diese Kultur als Chimú bezeichnet. Die Mehrheit der Forscher ist jetzt zu der Bezeichnung Mochica übergegangen. Die Gegenstände sind dieselben.

Die Keramik von Nazca im Süden von Peru, zugleich die von Ica und Pisco ist dünnwandig, gut gebrannt und vielfarbig bemalt. Es gibt nicht die Formgebung von Figuren und Gestalten, aber die Farbgebung und die Mythenwelt sind vielgestaltig. Da werden die Köpfe von Dämonen wiedergegeben, Wildkatzen, Raubfische, Tausendfüßler, Vögel. Es gibt keine Darstellungen der Natur wie im Mochica-Stil, es sind immer wieder Gestaltungen eines mythischen Erlebens der Welt.

Von den Scharrbildern wurde schon gesprochen. Ihnen widmet sich MARIA REICHE. Sie hat eine Fülle von riesengroßen Figuren aller Art auffinden können, sie sind eingescharrt in den Fels, manche Bilder sind 500 m groß, andere 1 bis 2 km. Es können das nur Anrufungen an die Götter sein. C 14-Datierungen von Holz unter der Erde der Bilder haben das Datum um 500 n. Chr. ergeben. Bericht: Maria Reiche, Geheimnis der Wüste, Privatdruck, Stuttgart 1968. Vgl. S. 922.

Zu den besonders eindrucksvollen Denkmälern der Kunst des alten Peru gehört das große Kultgebiet um Tiahuanaco. Dieser Platz mit dem berühmten Sonnentor der Vor-Inka-Zeit liegt 3800 m über dem Meere, südöstlich vom Titicaca-See. Das Kultgebiet umfaßt 4,5 km im Quadrat. Die Landschaft ist kahl, öde und rauh, ohne Bäume, und hier an dieser fast unzugänglichen Stelle liegt das wohl größte Heiligtum von Peru.

Sagen, Mythen, Märchen ranken sich um die Bauten, der Ort hat Geheimnisse aufgegeben, romantische Gedanken. Ähnlich ist es mit anderen hohen Bergen dieser Erde, mit dem Brocken im Harz, dem Kyffhäuser, dem Olymp, dem Sinai, dem Ararat, dem Futschijama.

Ein großes, von Steinen umsäumtes Geviert trägt den Namen Calasasaya. Der umspannte Raum, mit viereckigen Steinen belegt, ist 128 zu 118 m groß, er ist astronomisch geortet. In der Nähe steht das Sonnentor, es ist aus einem einzigen Stein gearbeitet von 3 zu 3,75 m. Die große Figur in der Mitte stellt wahrscheinlich den Gott Huiracocha dar. Eine Stele in menschlicher Gestalt ist 7,30 m hoch, sie wurde 1932 ausgegraben von WENDELL C. BENNETT. Sein Bericht ist: Excavations at Tiahuanaco, Anthropological Papers, Amer. Mus. of Natural History. Vol. 34, New York 1934, S. 359—494. Zeitlich gehört die Bauanlage der Zeit zwischen 300 und 600 n. Chr. an. Über Tor und Anlage berichten in neuerer Zeit Horst Nachtigall, Die amerikanischen Megalithkulturen, 1958, und Simone Waisbard. Tiahuanaco, Paris 1971. Vorher: Th. A. Joyce, South american archaeology, London 1912.

Die nachklassische Periode, die der Expansion, 800—1200, ist bezeichnet durch die späteren Bauten von Tiahuanaco und Huari. Huari liegt im zentralperuanischen Hochland, nahe der Stadt Ayacucho. Der Ort ist bemerkenswert durch seine Großplastik in Figuren, durch Steinkammern mit sorgfältig bearbeitetem Mauerwerk.

Um 1450 besteht das Chimu-Reich mit der Hauptstadt Chan-Chan. Die gewaltigen Ruinen bedecken mehrere Quadratkilometer. Die Stadt war in zehn Stadtteile gegliedert, noch sind die Straßen, die Plätze die ummauerten Höfe erhalten. Es gibt Wasserreservoirs und bewässerte Gärten. Über die ganze Stadt verteilen sich Pyramiden. Die Wände der Tempel und Paläste tragen Hochrelief-Dekorationen. Die Stadt ist erbaut aus luftgetrockneten Ziegeln. Durch Grabräuber ist sie stark zerstört. Über die Stadt berichten: Gerdt Kutscher, Chimú, Eine altindianische Hochkultur, Berlin 1950. — G. H. S. Bushnell, Peru. New York 1957. — H. Trimborn, Das alte Amerika, 2. Aufl. 1963. — V. W. von Hagen, Die Wüstenkönigreiche Perus, Berlin 1964.

Die Welt der Inka beginnt mit einem mythischen Herrscher Manco Capac um 1200 im Hochtal von Cuzco. Die militärische Eroberung der Nachbarstämme setzt ein um 1440. Damals herrschte ein Fürst Pachacutec Yupanqui, er regierte von 1438—1471. Der elfte Herrscher, Huayna Capac, teilte sein Reich unter seine Söhne Huascar und Atahualpa. Diese Teilung erleichterte 1532 die Eroberung des Landes durch Francisco Pizarro.

Von den Bauten der Inka sind noch Teile erhalten in Cuzco. 1911 ist eine Stadt aufgefunden worden, die die Spanier niemals betreten haben, Machu Picchu, sie liegt in den Bergen, 110 km nordwestlich von Cuzco. Der Entdecker ist Hiram Bingham. Die Stadt umfaßt Tempel, Opferstätten, eine Sternwarte. Es gibt Feldbauterrassen, die Häuser, heute nur Ruinen, boten Raum für 10.000 Menschen. Es bestanden keine Befestigungsanlagen. Darüber schreibt Hiram Bingham, Machu Picchu, a citadel of the Incas, New Haven 1930.

Es gibt eine ausgedehnte Literatur über Peru insgesamt. Von den dokumentarischen und neueren Werken seien außer den schon erwähnten Büchern genannt: M. de Odriozola, Documentos históricos del Peru, 10 Bde. Lima 1863—1879. — F. Esleve Barba, Crónicas peruanas de interés indígena, Madrid 1968. — J. A. Mason, Das alte Peru, 1965. — H. Nachtigall, Remarks on the classification of the Peruvian archaeological cultures, in: 38. Intern. Amerikanisten-Kongreß, Bd. 1, 1968. — R. Vargas Ugarte, Historia general del Peru, 3 Bde. Lima 1966.

So hat allein durch die Archäologie ein ganzes Land, eine unbekannte Welt, ihr Geheimnis offenbart. Noch steht die Forschung nicht an ihrem Ende, immer neue Stellen des Bodens werden geöffnet, aber schon ist ein Überblick ermöglicht worden. Wieder haben Mutige, Wissensdurstige, Opfer und Mühen nicht gescheut. Das Ergebnis ist der Bewunderung wert.

fu
er
M
c

Karten zu Kapitel XVIII

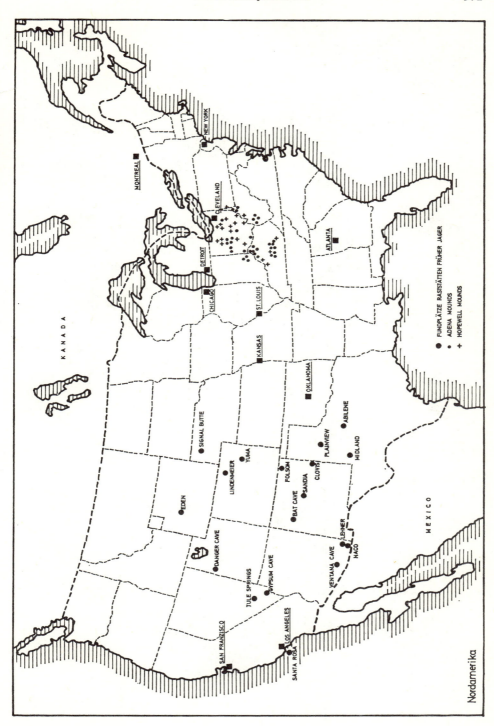

Nordamerika

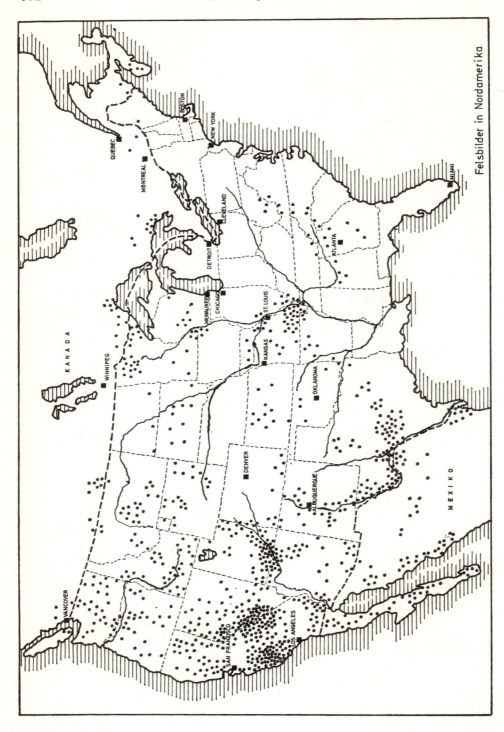

Karten zu Kapitel XVIII

Felsbilder in Nordamerika

Karten zu Kapitel XVIII

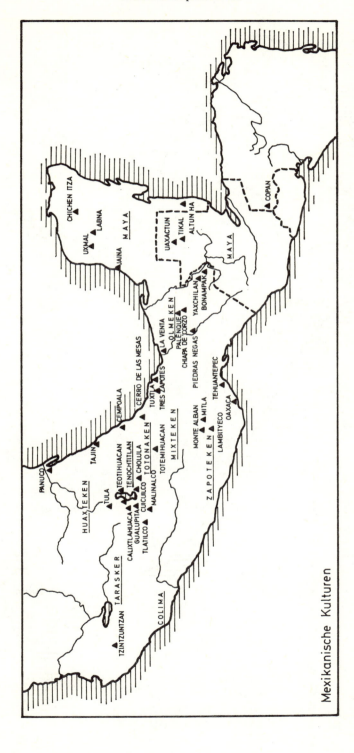

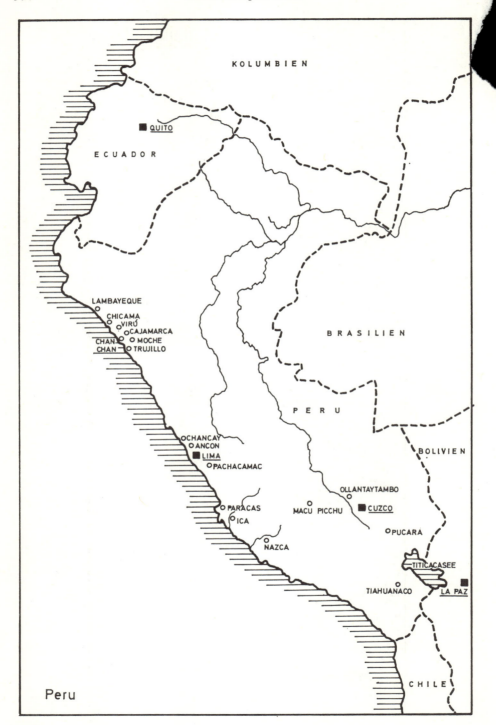

Peru

KAPITEL XIX

Australien

Australien ist der zuletzt entdeckte Erdteil. Es war im Jahre 1606, als zum ersten Male Berichte über neu gefundene Küsten bekanntgemacht werden konnten. Das holländische Schiff Duyfken unter dem Kapitän Willem Jansz meldete der Leitung seiner Schiffsgesellschaft, der Dutch East India Company, daß ein neues Land angefahren worden sei. Das Schiff war ausgefahren von Bantam, West-Java, um neue Inseln zu entdecken, Inseln, von denen die Kompanie Gewinne erhoffte. Es wurde die Küste von dem später Australien genannten Erdteil angelaufen. Den Seeleuten aber wurde nicht bewußt, daß sie einen neuen Kontinent gefunden hatten.

In der Zeit von 1606 bis 1697 sandte die Kompanie eine Reihe von Schiffen aus, um die Inseln dieser Gegend weiter nach gewinnbringenden Gegenständen zu untersuchen.

Im Jahre 1606 war schon der Spanier de Torres aus dem Stillen Ozean kommend, durch die Straße im Norden von Australien gefahren, südlich von Neuguinea, er hatte also die Nordküste von Australien am Cap York erblickt, ebenfalls ohne zu erkennen, daß er einen neuen Kontinent gesehen hatte. Diese Straße trägt bis heute nach ihm den Namen Torres-Straße.

1644 erreichten die Holländer auf ihren Fahrten wieder Australien bei Kap York im Norden. Sie legten Karten an von der nördlichen Küste und von der Westküste bis zu der Insel Tasmania, die im Süden von Australien liegt. Sie war schon vorher, 1642, aufgefunden worden von dem holländischen Seefahrer Abel Janszoon Tasman (1603—1659). Nach ihm trägt sie bis heute den Namen Tasmanien. Die holländischen Seefahrer erkannten die Größe der neu gefundenen Insel im Süden des Erdteils Australien, sie gaben ihr den Namen Neu-Holland.

Im gleichen Jahr, 1644, berührte Tasman die Nordküste Australiens in der Nähe des Carpentaria-Golfes an dem heutigen Arnhem-Land. Im Jahre 1688 erreichte Dampier die Nordwest-Küste von Australien.

Im 18. Jh. befuhren englische, französische, spanische und russische Schiffe diese noch unbekannten Gegenden des Stillen Ozeans, des Pazific, mit seinen unzähligen Inseln. Auf einer dieser Reisen, 1770, erforschte der Kapitän James Cook (1728—

1779) die Ostküste von dem heutigen Sidney aus nordwärts bis zur Torres-Straße im Norden. Erst seine genaue Untersuchung der Nord- und Westküste Australiens gilt als die eigentliche Entdeckung des neuen Kontinents.

MATTHEW FLINDERS (1774—1814) schlug 1814 in seinem Werke: A voyage to Terra Australis, 2 Bde. London 1814, den Namen Australien vor für den neu gefundenen Erdteil. Flinders erinnerte dabei an den Namen Terra Australis, Südteil der Erde in der Literatur der Antike. Die große Zeit der Entdeckung, vor allem der Südseite des Kontinents begann durch die Engländer um die Mitte des 19. Jhs.

In den Jahren 1815 entdeckte Evans die Flüsse Macquarie und Lachlan im Hinterland von Sidney. Mitchell durchzog in den Jahren 1831 und 1835—1836 das Gebiet von Queensland und das Flußgebiet des oberen Darling. 1839—1841 entdeckte Eyre in Süd-Australien den Torrens- und den Eyre-See.

Als 1847 LUDWIG LEICHHARDT (1813—1848) aus Trebatsch, Mark Brandenburg, versuchte, den Erdteil von Osten nach Westen zu durchqueren, ist er verschollen. Nach seiner letzten Nachricht vom 3. 4. 1848 sind viele Suchexpeditionen unternommen worden, aber er ist niemals wieder aufgefunden worden. Er schrieb: Journal of an overland expedition in Australia, 1847, deutsch: Tagebuch einer Landreise in Australien, 1851. Über sein Leben schrieb E. A. ZUCHOLD: Ludwig Leichhardt, eine biographische Skizze, 1856. So unbekannt war noch vor rund hundert Jahren dieser Erdteil.

Von 1861—1862 unternimmt MacKinley eine Durchquerung vom Eyresee zum Carpenteria-Golf und durch Queensland über den Burdekin River bis zur Küste. 1871 erforschen A. Forrest und Monger das Hinterland von Perth. Erst von 1887—1888 durchquert Lindsay den Kontinent von Norden nach Süden, von Darwin bis Adelaide, und 1901—1902 durchziehen Spencer und Gillen Australien von Süden nach Norden, von Adelaide nach dem Carpenteria-Golf. Der Bericht ist: Sir B. SPENCER u. F. J. GILLEN, Native tribes of Central Australia, New York, 2. Aufl. 1938. —

So jung ist noch die geographische Kenntnis des Erdteils, und ebenso jung ist seine archäologische Erforschung.

Die Ausgrabungen und Radiokarbon-Datierungen ergaben, daß Australien schon im Verlaufe der letzten Eiszeit besiedelt worden ist, etwa seit 15.000 v. Chr. In der Eiszeit stand der Meeresspiegel rund um 100 m niedriger, dadurch war Australien verbunden mit Asien, über Neuguinea, Java, Borneo, Celebes. Der Sundaschelf verband die Inseln mit Malaya und Kambodscha. Dieser prägeographischen Lage entsprechen die Fundergebnisse. In Keilor Talgai und Cohuna, in Südostaustralien, sind Schädel der eiszeitlichen Menschen aufgefunden worden. Sie besitzen die gleichen bezeichnenden Merkmale wie die Schädel der Eiszeit aus Wadjak in Indonesien. Besonders der Schädel von Keilor ist dem Wadjak-Schädel nahe verwandt. Dieser Wadjak-Schädel ist 1889 im zentralen Java gefunden worden, fast vollständig erhalten. Er gehört zu dem protoaustraliden Typus, der Epoche der letzten Eiszeit. Über ihn berichtete G. PINKLEY in: Peking Natural History Bulletin, Bd. 10, 1936.

Der Schädel von Keilor ist 1940 gehoben worden. Er fand sich in einer Sandgrube bei Keilor, 16 km nordwestlich von Melbourne, ungefähr in 5—6 m Tiefe. Die Flußsande der Sandgrube gehören zu einer 15—18 m hohen Terrasse, sie gehört der letzten Eiszeit zu. Im Jahre 1955 wurden Fundstücke der Terrasse mit C 14-Bestimmung untersucht. Es ergab sich ein Alter von 9000—10000 Jahren, also nach dem Ende der letzten Eiszeit.

Der Schädel ist untersucht worden von Wunderly. Er ist in gutem Erhaltungszustand, besitzt aber nicht den Unterkiefer. Seine Kapazität ist 1593 ccm. Das Schädeldach ist lang und dolichokephal, die Überaugenwülste sind wenig vorspringend, Gesicht und Augenhöhlen sind niedrig, das Nasenbein hat die eingedrückte Form, wie sie heute noch bei den Tasmaniern erscheint. Die Zähne sind groß, der Gaumen ist breit.

Den Bericht gaben: J. WUNDERLY, W. ADAM, D. MAHONY, The Keilor fossil skull, in: Memoirs of the Nat. Museum Melbourne. Bd. 13, 1943, S. 57 ff. Danach untersuchte F. Weidenreich den Schädel. Er war es, der auf die Verwandtschaft zu dem Schädel von Wadjak auf Java verwies. Völlig gleich sind die Dimensionen, auch die Konturen decken sich völlig. So besteht große Wahrscheinlichkeit, daß die Menschen von Südasien, damals von Java, ehemals verbunden mit dem Festland, eingewandert sind nach Australien und zwar am Ende der letzten Eiszeit. Der Bericht ist: F. WEIDENREICH, The Keilor Skull, a Wadjak type from Southeast Australia, in: American Journal of Physical Anthropology, New Serie, Bd. 3, 1945, S. 21—32.

Über den Schädel von Talgai, Queensland, wurde im Jahre 1914 Mitteilung gemacht an die British Association for the Advancement of Sciences in Sidney. Die Meldung machten David und Wilson. Der Fund geht zurück auf das Jahr 1884. Ein Arbeiter hob den Schädel aus einer Tiefe von 2 1/2 Metern. Die Schicht, in der er lag, ist durch einen Bach gebildet, den Dalrymple Creek. Zwei Schichten lagern übereinander, eine obere aus schwarzer Erde und eine untere aus braunrotem Ton. Der Schädel stammt aus der unteren Schicht. Nachgrabungen haben Fossilien nicht ergeben, aber in der Nähe haben sich in der gleichen Schicht Überreste von Tieren gefunden: Diprotodon und Nototherium. Diprotodon ist ein ausgestorbenes Riesenbeuteltier, Nototherium ist eine andere Art des Riesenbeuteltieres. Die Tierknochen weisen den gleichen Fossilisationsgrad auf wie der Schädel. Der Gesichtsteil bei dem Schädel von Talgai ist gut erhalten, die Schädelkapsel ist zwar zerbrochen in viele einzelne Teile, sie waren aber gut zusammenzusetzen. Der Schädel gehört einem männlichen Individuum an von 14 bis 16 Jahren. Das Profil entspricht dem der heutigen Australier, es ist aber primitiver. Eine starke Prognatie ist sichtbar, die Stirn ist fliehend, aber ohne Überaugenwülste, erklärlich bei dem jugendlichen Alter.

Über den Fund liegt eine Arbeit vor von S. A. SMITH, The fossil human skull found at Talgai, Queensland, in: Philosophical Transactions of the Royal Soc. of London, Serie B, Bd. 208, 1918.

Der Schädel von Cohuna, in Victoria in Süd-Australien, am Murrayfluß, ist von ganz verwandtem Typus. Er wurde gehoben in den Jahren 1925 bis 1926 zusammen mit mehreren menschlichen Knochenresten. Auch dieser Schädel ist gut erhalten, jedoch fehlt ihm der Unterkiefer. Er wurde entdeckt bei der Anlage eines Bewässerungskanals in 60 cm Tiefe in einer marinen Sandschicht, sie ist als pleistozän zu bezeichnen. Der Schädel gehörte einem erwachsenen Manne an. Die Kapazität beträgt 1260 ccm, die größte Schädellänge ist 199 mm, die Breite 131 mm. Die Prognatie ist stark ausgebildet, der Gaumen ist sehr weit. Die Eckzähne sind stark, der Knochen ist sehr dick, 23 mm an der Glabella. Über den Fund berichtet A. KEITH, New discoveries relating to the Antiquity of Man, London 1931, S. 304.

Diese Funde ergeben deutlich, daß der australische Mensch in der letzten Eiszeit von Südasien her eingewandert ist, zu einer Epoche, als die großen Inseln noch verbunden waren mit dem Festland.

Australien besitzt aber eine Sonderstellung darin, daß am Ende der Eiszeit durch die starke Abschmelzung des Eises sich die heutigen Meerengen zwischen den Inseln bildeten und daß Australien abgeschlossen worden ist.

Am stärksten abgetrennt von jedem andersartigen Kultureinfluß ist die im Süden von Australien liegende Insel Tasmanien. Es fehlt der wilde Hund in Tasmanien, der Dingo, und das deutet darauf, daß die Landbrücke schon sehr lange Zeit, offenbar seit dem Ende der Eiszeit nicht mehr bestand.

Die Tasmanier gehörten zu den urtümlichsten Gruppen der Menschheit. Im Jahre 1803 lebten noch 6—7000 Tasmanier, bis 1876 waren sie von den Weißen völlig ausgerottet. Sie waren Jäger wie die Australier. Die Werkzeuge sind Geröllsteine, es gibt auch Abschläge, einseitig behauen, Handspitzen, Kratzer und Schaber. Die Geräte wurden im Gegensatz zu Australien niemals geschäftet verwendet. Typologisch sind die Werkzeuge paläolithisch. Das Leben dieser Gruppe war bis 1876 das Leben des Menschen der Eiszeit, ein Leben von Jägern und Sammlern.

Über die Tasmanier berichten: H. L. ROTH und M. E. BUTLEX, The aborigines of Tasmania, Halifax, 3. Aufl. 1914. — C. TURNBULL, Black war-extermination of the Tasmanian aborigines, London 1948. — H. BALFOUR, The Status of the Tasmanians among the Stone Age people, in: Proceedings of the Prehistoric Society of East Anglia, Bd. 5, 1925, S. 1—15.

Die Australier leben noch an allen Stellen bis heute im paläolithischen Zustand als Jäger und Sammler, ohne Ackerbau, ohne Viehzucht. In der Zeit der Entdeckung hat es etwa 300.000 Eingeborene gegeben. Sie haben sich aufgegliedert in etwa 500 Stämme mit ebenso vielen Sprachen. In der Gegenwart gibt es etwa noch 50.000 reinblütige Australier. Seitdem der Kontinent besiedelt ist von den Weißen, konnte sich nur an wenigen Stellen die paläolithische Lebensform erhalten. Die Männer jagen Känguruhs und Emus, zur See werden Schildkröten und Seeigel gefangen, malaiisch dugongs. Die Frauen sammeln Pflanzen und Kräuter. Die Männer sind mit Speeren und Bumerangs bewaffnet. Die Geräte der Frauen sind Grabstöcke, dazu gibt es flache Gefäße aus Holz oder Rinde und Steinmörser. Männer wie Frauen verwenden Werkzeuge aus Stein, Knochen und Muscheln.

Im Süden von Australien, im Murray Tal, haben H. M. Hale und N. B. Tindale Grabungen durchgeführt. Dabei ließen sich mehrere untereinander liegende Straten bestimmen. Die älteste, die unterste Schicht auf dem gewachsenen Boden, ergab einseitig bearbeitete Geröllsteine, sie wurden verwendet zum Hacken und Schaben.

Ähnliche Gegenstände kommen auch vor in Oberflächenfunden in Victoria und in Neusüdwales.

Über dieser Schicht mit noch altpaläolithischem Charakter lagert eine jüngere von jungpaläolithischem Stil. Sie enthielt Klingengeräte und Knochenspitzen. Die dazu gehörende Tierart ist eine heute ausgestorbene Känguruh-Spezies. Diese Strate wird in Australien als Tartanga-Kultur bezeichnet.

Wieder über dieser Schicht lagert eine Strate, die vergleichbar ist dem europäischen Mesolithikum. Man nennt sie in Australien Pirrien. Die wichtigsten Werkzeuge in dieser Kultur sind Mikrolithen. Es sind Kleingeräte. Sie werden mit einer Gummimasse angeheftet an gekrümmte Stäbe und vor allem verwendet zur Bearbeitung von Holz. Neben ihnen erscheinen Seitenschaber und Knochenspitzen. Die Nahrung bildeten wie im Mesolithikum in Europa vor allem Fische und Muscheln.

Über die Funde im Murray-Tale berichten: H. M. HALE und N. B. TINDALE, Notes on some Human Remains in the Lower Murray Valley, South Australia, in: Records of South Australian Museum, Sidney, Bd. 4, 1930, S. 145—173.

Nicht an derselben Stelle, jedoch bei anderen Grabungen, fanden sich zusammen mit Mikrolithen Steinbeile mit eingeschliffener Schneide. Es sind Steinbeile, die bis zur Gegenwart verwendet werden in Zentral- und Südost-Australien. Die geschliffenen Beile fehlen aber in West-Australien. In dieser Gegend werden Hammeräxte gebraucht, sie kommen nur hier vor. Sie bestehen aus zwei Steinen, eingelassen in eine Gummimasse. In der Mitte des Gummis steckt der Holzschaft des Gerätes. Der Steinschliff gehört in Europa und Asien zu der Schicht des Neolithikums. Es fehlt in Australien aber die Töpferei, die sonst zum Neolithikum gehört, es fehlt auch der Ackerbau und die seßhafte Lebensweise.

Der Schliff des Beiles findet sich auch in Victoria und Neusüdwales. Die Beile werden an dieser Stelle geschäftet. In Nordwest-Australien werden teilgeschliffene Beile hergestellt aus Bachkieseln. Auf der ganzen Oberfläche geschliffene Beile kommen vor in Queensland und in Zentralaustralien. Es gibt dabei ein walzenbeilartiges Gerät und das Rillenbeil, eine Art, die eine Rille trägt zur besseren Schäftung in einer Zweigschlinge.

Es ist nicht anzunehmen, daß sich die neolithische Methode des Steinschliffes in Australien unabhängig entwickelt haben kann in einer sonst auf der paläolithischen Struktur beruhenden Wirtschaftsordnung. Es muß Einflüsse in nachpaläolithischer Zeit gegeben haben, neolithische Einwanderungswellen oder auch Handelsbeziehungen. In ganz Südostasien ist das Walzenbeil in neolithischer Struktur das führende Werkzeug. Da diese Form auch in Australien erscheint, muß es nach dem Paläolithikum, nach der Überflutung durch die Sintflut am Ende der Eiszeit noch spätere Kontakte mit Südostasien, mit Melanesien gegeben haben. Jedoch wurden nur Werkzeugformen übernommen. Eine Metallzeit begann erst, als die Europäer den Boden Australiens betraten, also nach dem Besuche von Cook, 1770.

Die Museen von Australien und Tasmanien besitzen eine Fülle von Steinwerkzeugen, vor allem das Museum von Melbourne. Es finden sich alle Formen von den Arten, wie sie von den europäischen Prähistorikern klassifiziert werden. Es gibt die sogenannten Eolithen über Chelléen- und Moustérienformen bis zu Klingen und Messern in der Art des Aurignacien und des Magdalénien. Weiter gibt es Mikrolithen und als jüngste Erscheinung, wie gesagt, große, schöne, geschliffene Beile. Fast alle diese Funde sind aber an der Oberfläche aufgelesen worden, sämtlich waren sie zugleich in Gebrauch bei der Ankunft der Europäer. Die einzelnen Stämme verwendeten verschiedene Formen, die einen alte Typen, die anderen jüngere.

Über die Funde in den Museen gibt es mehrere Arbeiten, von ihnen seien genannt: F. Jones und T. Campbell, A contribution to the study of Eoliths, in: Journal of the Anthropological Institute, London, Bd. 55, 1925. — W. Howchin, The stone implements of the Adelaide tribe of aborigines now extinct, Adelaide 1934. — C. van Fürer-Haimendorf, Zur Urgeschichte Australiens, in: Anthropos Bd. 31, 1936. — D. Mahony, The Problem of the Antiquity of Man in Australia, in: Memoirs of the Natural History Museum Melbourne, Bd. 13, Melbourne 1943.

Über die Vorgeschichte gibt es mehrere überschauende Werke: F. D. MacCarthy, The Prehistoric Cultures of Australia, in: Oceania Bd. 20, 4, 1949. — Ders. Australia's Aborigines: Their Life and Culture, 1957. — C. v. Fürer-Haimendorf, Vorgeschichte Australiens, in: J. Narr u. a. Abriß der Vorgeschichte. München 1957, S. 126—127. — D. J. Mulvaney, The stone age of Australia, in: Proceedings of the Prehistoric Society, Bd. 27, London 1961. — E. B. Joyce, Archaeological and Geomorphical investigations on Mt. Moffat Station, Queensland, in: Proceedings of the Prehistoric Society, London, Bd. 31, 1965. — A. P. Elkin, Australien aboriginals, Sydney 1954. — R. M. and C. H. Berndt, The World of the First Australians, London 1965.

Das, was die Walzenbeile aussagen, den Einfluß der Kultur aus Melanesien nach dem Ende der Eiszeit, bestätigen die Felsbilder Australiens.

Die wichtigsten, die ausdrucksvollsten Malereien, die sogenannten Wondschina-Bilder, liegen im Nordwesten Australiens, in der Nähe der nördlichen Küsten. Der Schwerpunkt lagert sich um das Kimberley-Plateau. Die südliche Grenze dieser verhältnismäßig naturhaften, jedoch stilisierten Bilder, bewegt sich zwischen Halls Creek im Osten und Derby im Westen. Der Golf wird bezeichnet als Joseph Bonaparte Gulf. Vor diesem Golf liegt die Insel Timor und weiterhin nach Norden zu Neu-Guinea. Die Wondschina-Bilder besitzen deutlich einen Zusammenhang mit Rindenbildern im Sepik-Tal in Neuguinea. Gute Beispiele dieser Bilder finden sich in den Völkerkundemuseen, etwa in Basel, München, Paris.

Die ersten Berichte über Felsbilder in Australien brachte im Jahre 1841 der Reisende George Grey in seinem Buche: Journals of two expeditions of discovery in North-West and Western Australia, London 1841. Dann folgte 1846 J. L. Stokes mit Berichten in seinem Buche: Discoveries in Australia, London. Danach hatte Matthews über Felsbilder Mitteilung gemacht in den Jahren 1895 und 1898 in: Rock paintings and carvings of the Australian aborigines, in: Journal of the Anthropological Institute, London Bd. 24, 1895; Bd. 27, 1898. Der Verf. unterscheidet mehr naturhafte Bilder von den abstrakten und ist der Meinung, daß die Verschiedenheit auf zwei andersartige Rassen zurückzuführen sei. H. Basedow erklärte 1907, einige Bilder von Südaustralien besäßen so stark ausgeprägte Patina wie ägyptische Monumente, die der Zeit um 3000 v. Chr. zugehören, sie wären also 5000 Jahre alt. Er bemerkt, daß manche Gravierungen die Füße und Klauen von ausgestorbenen Tieren, wie dem Riesenvogel, dem Diprotodon, einem Riesenbeuteltier, wiedergeben. Vollständige Skelette dieses Tieres sind gefunden worden in den Schichten des Callabonna-Sees. Seine Berichte sind: H. BASEDOW, Felsgravierungen hohen Alters in Zentralaustralien, Zeitschr. f. Ethnol. Bd. 39, Berlin 1907. — Ders. Beiträge zur Entstehung der Stilisierungsornamente der Eingeborenen Australiens, Archiv für Anthropologie, N. F. Bd. 7, Braunschweig 1909. — Ders. Aboriginal Rock Carvings of great Antiquity in South Australia, in: Journal of the Anthropological Institute, London, Bd. 44, 1914.

Beiden Auffassungen vermag man heute nicht mehr zu folgen. Die Patina in Ägypten ist wegen der atmosphärischen Andersartigkeit nicht zu vergleichen mit der Patina in Australien. Über die Datierung durch die Patina in Nordafrika hat PAVEL ČERVIČEK wichtige Angaben gemacht in einem Artikel: Datierung der nordafrikanischen Felsbilder durch die Patina, in: IPEK, Bd. 23, 1970—1973, S. 82—87, Taf. 50—53.

Die Unterschiedlichkeit der Bildarten, naturhaft-stilisiert einerseits und abstrakt andererseits, ist nicht zu deuten aus Stammesverschiedenheiten, sondern aus innerer Entwicklung.

Über die Felsbilder Australiens liegen seit 1900 über 70 verschiedene Arbeiten vor, unter ihnen besitzen die von Crawford, Davidson, Lommel, Massola, MacCarthy und Agnes Schulz besondere Bedeutung. J. M. CRAWFORD hat über die Wondschina-Malereien ein eigenes Buch vorgelegt, The Art of the Wandjina, Melbourne 1968. Die Wondschina-Bilder stellen menschliche Gesichter dar, dabei auch ganze menschliche Gestalten. Nach allen Verfassern ist der Urvater des Stammes dargestellt, der Vater, so wie es in allen Religionen der Fall ist, auch im Christentum im Gebet: „Vater unser". Das Gesicht wird umschlossen von einem breiten Band, gearbeitet aus rotem oder aus gelbem Ocker. Der Mund fehlt, aber Augen und Nase sind wiedergegeben. Über das Fehlen des Mundes gibt es manche Aussagen der Eingeborenen. So, daß die dargestellten Gottheiten den Regen bringen. Wenn der Mund ebenfalls gemalt worden wäre, würden die Götter das als Bitte um Regen auffassen, und dann würde eine Sintflut die Welt zerstören. Es gibt aber auch andere Erklärungen, die Eingeborenen sind sich über solche Fragen, die von den Europäern aufgeworfen werden, niemals einig. Das Bild ist eben so, es war immer so, es wird immer so bleiben. Deshalb müssen die Bilder bei kultischen Feiern immer wieder übermalt werden. Wenn das nicht geschähe, so sagen manche Eingeborenen, würden die Bilder ihre Wirkungskraft verlieren. Daß es sich aber um kultische, um religiöse Bilder handelt, darüber sind alle Eingeborenen und auch die Forscher einig.

Die Farben sind Erdfarben. Rot und Gelb wird aus Ockererde hergestellt, Weiß aus hellem Lehm und Schwarz aus geriebener Holzkohle. Die Erdfarben werden zerstoßen und angesetzt mit Wasser, oft aus dem Saft von Lilienknollen. Die Pinsel sind zerkaute Stäbchen von Baumzweigen. Als Paletten dienen Rindenstücke.

Zu den Felsbildern berichten die Eingeborenen, wenn sie zum Sprechen vor den Bildern zu bringen sind, daß die Bilder die Schöpfung darstellen. ANDREAS LOMMEL berichtet von einem Eingeborenen des Unambal-Stammes, in: A. Lommel, Die Felsbilder Australiens, in: BANDI u. a. „Die Steinzeit", Holle-Verlag, Baden-

Baden 1960, S. 213, daß am Himmel der Herr des Himmels lebe, er heißt Walangada. Im Innern der Erde lebt ein Wesen mit Namen Ungud, es trägt die Gestalt einer Schlange. Ungud bringt das Wasser und den Regen. So konnte das Leben auf der Erde entstehen. Walangada aber wirft Seelenkraft vom Himmel herab, das sind die Bilder an den Felsen. Wenn die Seelenkraft Form gewonnen hat, dann werden aus ihr die Geschöpfe, die Menschen. Die Wondschinas als lebende Kraftwesen, zogen über das Land nach ihrer Erschaffung. Sie ließen den Regen niedergehen auf das Land, sie formten die Erde, den Lauf der Flüsse, sie bildeten die Berge, die Ebenen, die Wüsten. Die Wondschinas sind die Abbilder der Götter. Die Götter, oder der große Urgott des Stammes, stellte sich vor die Felswand und sein Schatten verblieb als Bild. Die Götter gingen an der Stelle, wo die Felsbilder von ihnen dargestellt sind, ein in die Erde, sie leben in den Wassern, die zu dem Felsbild gehören. Der Älteste einer Gruppe, die zu dem Wondschina-Bild gehört, muß vor der Regenzeit das Bild wieder erneut übermalen. Damit gibt er der Figur die notwendige Seelenkraft, die neue Nahrung. Nur dann kann es eine Vermehrung der Menschen, der Tiere, der Pflanzen geben. Zu den Wondschinas können auch andere Bilder dazu gemalt werden, Bilder von Tieren aller Art, Bilder von lebenden Menschen.

Im Jahre 1936 hat DANIEL SUTHERLAND DAVIDSON die erste zusammenfassende Darstellung der australischen Felsbilder gegeben in einem Buch: Aboriginal Australian and Tasmanien Rock Carvings and Paintings, in: Memoirs of the American Philosophical Society, Bd. 5, Philadelphia. In diesem Werke werden die Fundstellen der Felsbilder aufgeführt, dabei wird mit Absicht nicht über die stilistischen Unterschiede gesprochen. Das tut ein anderes Werk desselben Verfassers, Preliminary Consideration of Aboriginal Australian decorative Art, in: ebenda, Bd. 9, 1937. Hier werden die naturhaft stilisierten Bilder unterschieden von den abstrakten. Dabei stellt sich heraus, daß die Bilder der ersten Art den ganzen Norden des Erdteils erfüllen, von Arnhem im Osten bis Onslow im Westen und außerdem noch im Osten das Gebiet vom Cape York in Queensland bis Charters Towers im Süden. Das große Mittelgebiet des Kontinents ist ohne stilisierte Felsbilder. In New South Wales gibt es wiederum stilisierte Bilder. Völlig abstrakte Bilder lagern sich vom Westen Australiens über South Australia bis nach New South Wales, bis nach der Stadt Sydney.

ANDREAS LOMMEL hat in mehreren Arbeiten über die Felsbilder Australiens berichtet, so in dem genannten Werk von 1960, ferner: Die Kunst des fünften Erdteils Australien, München 1959 und in einem Artikel in IPEK, Bd. 23, 1970—1973, Felsbilder in Australien, S. 106—111 Taf. 73—76.

Bedeutende Verdienste hat A. MASSOLA mit Berichten über Felsbilder in der Zeitschr. The Victorian Naturalist in Melbourne, von Bd. 73, 1956, bis Bd. 78, 1962.

FREDERICK D. MAC CARTHY hat immer neue Funde von Felsbildern in Australien bekannt gemacht von 1952—1970. Wichtige Arbeiten von ihm sind: The Rock Engravings at Port Hedland, Northwestern Australia, in: Kroeber Anthropological Society Papers, Nr. 26, Berkeley 1962, S. 1—73. — Ders. The Northern Territory and Central Australia, in: Aborig. Studies, Nr. 22, Canberra, 1970, S. 51—70.

AGNES SCHULZ, eine Mitarbeiterin von Leo Frobenius, hat zusammen mit HELMUT PETRI in den Jahren 1954 und 1955 im Auftrage des Frobenius-Institutes die Felsbilder im Norden von Australien bearbeitet, westlich von Arnhem Land. Die Fundplätze liegen zwischen Obiri im Norden und Katherine im Süden. Die Verfasserin hat eine sorgfältige Arbeit vorgelegt in ihrem Buche: Felsbilder in Nord-Australien, Wiesbaden, Verlag Steiner, 1971. Die Verf. konnte die Eingeborenen beobachten und auch photographieren beim Malen auf Baumrinde. Sie malten Schlangen, Schnabel-Igel, Krokodil, Busch-Truthahn, den Fisch und das Emu. Agnes Schulz sagt, daß die Bilder an den Felsen noch bis zum Anfange unseres Jahrhunderts gemalt worden seien. In anderen Gegenden, entlegener entfernt vom Meer und dem Einflusse der Europäer, werden sie, wie auch andere Autoren berichten, noch heute hergestellt. Bei manchen Bildern werden Skelett und Eingeweide sichtbar wiedergegeben. Es gibt eine Fülle von menschlichen Gestalten. Sie besitzen große Ähnlichkeit mit den mesolithischen Bildern der ostspanischen Kunst, mit den Menschenbildern in Nordafrika und mit den Buschmann-Bildern im Süden Afrikas. Die langgezogenen, stark stilisierten Gestalten, etwa auf den Tafeln bei Agnes Schulz 16a, 17a und b, 22a und d, 23a und b, 24c, 25b, 26b, 29b, 30b, könnten genau so im Osten Spaniens der Mittelsteinzeit, wie bei den Buschmannbildern Südafrikas vorkommen. Die Verf. sagt, diese menschenähnlichen Wesen stellen Geister dar, wie die Eingeborenen sagen.

In der Sprache der Einwohner der Gegend von Oenpelli heißt der bösartige Geist aranga, der gutmütige mimi. Aus den Worten der Eingeborenen ist zu entnehmen, daß die Geister auf den Felsbildern dargestellt sind zum Schutze der Menschen gegen die bösen Geister und zur Hilfe durch die guten. Für die älteren, patinierten Bilder glaubt die Verf. von einem Alter von 200—300 Jahren sprechen zu können, sie meint aber, daß viele Bilder auch älter sein können.

Die Verfasserin schreibt, es sei sehr schwer, mit den Eingeborenen über die Bilder zu sprechen. Sie verstehen unsere Art der Fragen, etwa über das Alter oder den Sinn der Bilder überhaupt nicht. Wenn man sie dazu bringt, darüber zu sprechen, dann sagen sie: „Im Traum belehren uns die Geister", oder auch: „Die Geister malen sich selbst".

Es zeigt sich bei allen Forschern der Bilder Australiens, daß die Bilder einen kultischen, einen religiösen Sinn besitzen.

Es ist natürlich nicht denkbar, daß etwa künstlerische oder gar auf Wanderungen beruhende Einflüsse vorlägen aus Ostspanien, aus Nord- oder Südafrika. Es fehlen alle Mittelglieder. Es ist aber eine gemeinsam tragende Kulturwelt gegeben, die Endzeit der Welt der Jagd und des Sammelns, der Ausgang der konsumierenden Art der Wirtschaft. So ist es anzunehmen, daß diese wirtschaftliche Situation, die die geistigen Grundlagen zu schaffen in der Lage war, diese seltsame Ähnlichkeit in der Bildgestaltung zu bewirken vermochte.

Die abstrakten Bilder, fast den gesamten Süden des Kontinents überziehend, jedoch ohne die Küsten im Süden zu erreichen, sind besonders dargestellt worden von DANIEL S. DAVIDSON in seinem Aufsatz: Notes on the Pictographs and Petroglyphs of Western Australia, in: Proceedings of American Philos. Society, Philadelphia, Bd. 96 Nr. 1, 1952.

Diese Bilder leben in Zentralaustralien und auch in Westaustralien. Sie können nicht die älteren sein, wie einmal Andreas Lommel annimmt, ebd. S. 231 und 232.

Der abstrakte Stil gehört zu Ackerbaukulturen, zu Wirtschaftsformen, die nicht mehr konsumieren, sondern die produzieren. Die abstrakten Bilder verbinden sich mit dem abstrakten Begriff der Fruchtbarkeit. Die Fruchtbarkeit ist nicht anschaubar, nicht darstellungsmöglich wie das Tier. Sie ist übertragbar in die Anschaulichkeit nur durch das Symbol. Das Symbol aber ist unwirklich, ist unanschaubar, ist eine geometrische Chiffre.

So nehmen mehrere Forscher an, wie ich glaube mit Recht, daß nicht nur das Walzenbeil von Neuguinea übertragen worden ist — ein bezeichnendes Werkzeug des Ackerbaues — sondern auch der Ackerbau selbst. Sonst würden die abstrakten Zeichen an den Felsen von Mittel-Australien nicht zu erklären sein. Bei der Fülle der Jagdtiere aber wird sich der Ackerbau wieder verloren haben, nur die neolithischen Beile und die abstrakten Zeichen der Wirtschaftsart des Ackerbaues sind verblieben. Das sind Deutungen, Wahrscheinlichkeiten aus der Sicht über die Felsbildformen der ganzen Erde. Ich meine, daß sie die einzig mögliche Erklärung bieten. Als Ornamente erscheinen geometrische Zeichen auch im Paläolithikum, jedoch niemals als gedankentragende Elemente bei den Bildern an den Felsen.

Zur Datierung trägt nicht nur die Tatsache bei, daß Europäer die Australier bei der Malerei beobachten konnten, genau so wie es der Fall ist bei den Buschmännern in Südafrika. Ebenso wie dort sind auch in Australien Gegenstände dargestellt, die nur den Europäern zugehören. Etwa ein Segelschiff in Australien (Agnes Schulz, ebda. S. 72, Zeichnung 25) oder ein Beil mit metallener europäischer Axt (A. Schulz ebda. S. 75 Zeichnung 27a u. b), auch ein Gewehr ist wiedergegeben (ebda. S. 76 Zeichnung 28), weiter kommen Büffel vor (ebda. S. 73). Vor der europäischen Einwanderung gab es aber Büffel in Australien nicht. Sie wurden 1927 eingeführt, als die militärischen Siedlungen, Fort Raffles Bay und Port Essington, gegründet worden sind. Die Büffel vermehrten sich, wurden sich selbst überlassen und kamen in die Freiheit (R. und C. BERNDT, Arnhem-Land, Melbourne 1954, S. 26 u. 212).

Daß ein großer Teil der Bilder bis zur Gegenwart oder bis kurz vor unserer Zeit hergestellt worden ist, ist offenbar. Aber wie weit die Bilder zeitlich zurückreichen, ist bisher nicht gesichert. Andreas Lommel spricht von einer datierbaren Felsgravierung von Devon Dawns, die etwa aus dem dritten Jahrtausend v. Chr. stamme. Erst kommende Untersuchungen werden ergeben, ob diese Datierung sich bestätigen läßt.

Die Felsbilder Australiens geben trotz ihrer Fülle, es gibt allein 2400 in Arnhemland an 45 Plätzen, noch immer Rätsel auf, noch nicht alle Fragen, die wir an die Felsbilder zu stellen haben, können für Australien als gelöst bezeichnet werden.

Karte zu Kapitel XIX

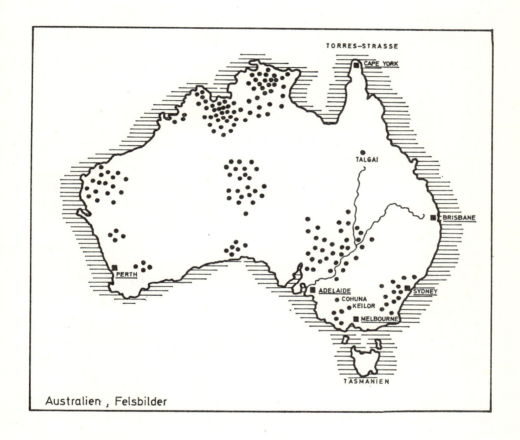

Zusammenfassung

Läßt man den Blick gleiten über alles das, was die Vorgeschichte an Erkenntnis und an Einsicht gewonnen hat in den Gebieten Außer-Europas, in Asien, in Afrika, Amerika, in der Zeit von 1900—1976, dann sieht man, daß das Ergebnis gewaltig ist.

Der mächtige Erdteil Asien ist klarer und offener geworden in seinen Verflechtungen und Verbindungen, in seinem Werden und in seiner Entfaltung.

Mesopotamien hat seine alten Städte und Orte zu erkennen gegeben in ihrem Werden und in ihrer geistigen Kraft und Bedeutung. Persien hat seine Altertümer frei gelegt, Arabien hat seine Dunkelheiten abgestreift. Palästina und Syrien haben sich dargetan als Schatzplätze für die Grabungen. Die alten Stätte der Bibel haben gewinnen können an Leben und Atem.

Innerasien, Indien, Indonesien haben Blicke ermöglicht in ihre Altertümer, in ihre Paläste, Tempelbauten, in ihre geschichtliche Entfaltung. Der große Einfluß Chinas ist deutlich geworden. China selbst hat durch Grabungen sein Alter, seine Größe sichtbar werden lassen. Auch Japan hat es vermocht, sein historisches Werden kenntlich zu machen.

Da, wo um 1920 auf der Landkarte noch weiße Stellen waren in dem großen Erdteil Afrika, da haben die Ausgrabungen historische Folgen erbracht. Der Erdteil ohne Geschichte hat eine sehr alte Geschichte gewonnen. Auch Ägypten, genauer bekannt bis 1900, hat die großartigen Schätze von Tut-ench-Amon offenbart. Die Grabungen haben frühe Menschenfunde ergeben in Mittel- und Südafrika. Der Menschheit älteste Schichten sind zutage getreten, ein reiches Paläolithikum hat sich ergeben, ein Mesolithikum, ein Neolithikum. Und die Bronzen von Benin und Ife haben eine bis dahin unbekannte Bronzekultur erbracht. Die Felsbilder in Nordafrika und die in Südafrika haben großartige neue Perspektiven geschaffen, Rätsel und Aufgaben.

Amerika, im Norden bis 1900 ohne ein geschichtliches Werden, hat Menschenfunde seit dem Ende der Eiszeit ergeben in mehreren Schichtenlagen. Felsbilder haben sich erhalten an vielen Stellen, sie sprechen von der Vorzeit. In Mittelamerika hat Mexiko viele seiner Geheimnisse offenbart, die Kultur der Maya hat sich enthüllt. In Kolumbien, in Peru, sind Zeitabfolgen deutlich geworden. Die Einflüsse von China und Hinterindien sind in das Blickfeld getreten.

Australien hat einen großen Teil seiner Geheimnisse offengelegt. Es sind Menschenfunde der Vorzeit aufgedeckt worden. Felsbilder sprechen ihre eigene Sprache.

Eine neue Welt hat der Spaten offenbart, eine neue Dimension des Wissens um die Anfänge und die Entwicklung ist aus der Erde gehoben worden. Der Blick des Menschen auf sein Werden und sein Wachsen ist ungemein erweitert worden. Denn die größte Frage, die der Mensch zu stellen vermag, die größte Frage, die er immer wieder stellen wird, das ist der Mensch selbst.

REGISTER

Personenregister

A

A-anni-padda 663
Aase 610
Abbott 905
Abd-er-Rassul Ahmed 257
Abd Essallam M. Hussein 848
Abdul-Hamit, Sultan 739
Abercromby 420
Åberg, Nils 29, 153, 155, 225—226, 248, 400, 549, 559, 568, 574—576, 593, *597*—602, 607
Abramov, J. S. 614
Abramowa, S. A. 303
Absolon, Karel 132, 299—300
Abu-es-Soof, B. 676
Acanfora, M. O. 419
Acosta, Jorge R. 938—939
Adadnirari 660
Adam, W. 977
Adama van Scheltema, Frederik 280—281, 595, 610
Adler, Fr. 202
Aelthnoth, Mönch 613
Aemilianus, Cornelius Scipio 187
Aeppli, Johannes 175
Aethelbert 572
Aethelred 612
Äyräpää, Arne 423
After 420
Agapita y Revilla, J. 577
Agogino, G. A. 906
Agrawala, V. S. 776
Agricola, Georg 17
Agrippa II. 725
Aha, König v. Ägypten 847
Aharoni, Y. 715
Ahhotpu, ägypt. Königin 258
Ahiram 733
Ahmed Effendi Kemal 257

Ahmose I., Pharao 256, 258
Aistleitner, J. 736
Aiyappan, A. 409, 768
Ajew, B. P. 587
Åkerlund, H. 232
Akerman, John Yonge *81*—82, 222, 224
Akurgal, E. 661, 746
Alarich 389
Albaum, L. I. 756, 761, 763
Albert I. von Monaco 278, 282
Albinus, Petrus 17
Alboin 585
Albright, William Foxwell 256, 707—708, 718, 724
Alcalá Galiano, Alvaro 286
Alcalde del Rio, Hernández 278, 282, 285—286
Alchin, R. 774
Alexander d. Große 85, 202, 205—206, 527, 693, 695, 697, 704, 733, 760—761
Alexander III. 509
Alexander Jannäus 729
Alexandrine v. Canino, Fürstin 74
Alföldi, András 489—490
Alfons XII., König v. Spanien 282
Alfssön, Peder 158
Alimen, Marie Henriette 399, 844, *862*, 866, 870, 872
Alkim, U. B. 750
Allen Romilly M. 189
Allman, R. 874
Almagro-Basch, Martín 284, 308—310, 323 bis 327, 329, 398, 401—*402*, 513, 619, 647, 862
Almagro-Gorbea, Martin 309, 436
Almgren, Oscar *406*
Altheim, Franz 489, 535, 706
Althin, Carl-Axel 402
Altuna, J. 309
Alvarado, Pedro de 947
Alvarez-Ossovio, P. 513

Al-Walid, Kalif 739
Alyattes, König 461
Alzinger, W. 543
Amalaberga 573
Amani-Schachete 881
Ambros, A. K. 587
Ameghino, Florentino 144
Amenhotep III = Amenophis III. 252, 660, 733
Amenophis I. 258, 834
Amenophis IV. Echnaton 256, 721, 733, 739, 833, 845—846
Amiel, Dr. 118
Ammianus Marcellinus 10
Amose Nefertari, ägypt. Königin 258
Amy, R. 212, 698
Anati, Emmanuel *535*, 536, 710, 716
Anastasius I. 561
An Chih-min 802
An Chin-huai 802
Anchsenpaaton 833
Ancus Marcius 523
Anderson, W. F. 320
Andersson, Johan Gunnar 275, 472, 790, *794* bis 795, 797
Andrae, Walter 275, 638, 641, *642*—647, 670, 699
Andreae, B. 524
Andree, Julius 446
Anerji 770
Anezib 847
Angeli, W. 446
Angulo Uribarri, U. L. 309
Anker, Jean 43
Ankermann, Bernhard 270
Anna von Sachsen, Kurfürstin 17
Anna Amalia, Herzogin v. Sachsen-Weimar 34
Ansgar, Erzbischof v. Hamburg-Bremen 234
Ansoleaga, Florencio de 575
Anthes, R. 847
Antigonos II. 725
Antiochos I. Kommagene 699, 760
Antiochos II. 700
Antiochos VII. 725
Antonelli 84
Antonielli, U. 300
Antoninus Pius 209, 523, 527, 531—532
Antonovitsch, Vladimir 130
Apollonios 210

Appelgren-Kivalo, Otto-Hjalmar 488
Arambourg, Camille 862—863, *865*—867
Aranzadi, Telesforo de 286, 308
Arbman, Holger 234—235, 569, 610, 616—617
Arcelin, A. 119, 842
Archelaos 725
Ardaschir I. 586, 694, 700—701, 706
Arditi, Michele 36
Arellano 910, 912—913
Argischti I., König 495
Arias, P. E. 520, 542
Arik, Remzi Oguz 275, 747
Aristoteles 25
Arkell, W. J. 843—844
Armillas, Pedro 929
Arminius 211
Armstrong, E. C. R. 436
Arne, T. J. 230, 234, 236, 569, 607, 614—*615*
Arnegunde 550—552, 560
Arnkiel, Trogillus 160
Arnold, E. C. 320
Arnould, Reynold 844
Arntz, Helmut 576
Arpad, Großfürst 581
Arrhenius, Birgit 234, 608
Arrian 693
Arribas, A. 402
Arschak, König 703
Artabanus IV. 703
Artamonov, Michail Illarionovic *487*
Artaxerxes I. 693—694
Artemenko, J. J. 417
Arundel, Earl of 21
Arwidson, G. 234, 607
Aschik, Museumsdirektor 71
Aspelin, Johannes R. 130
Assarhaddon 92, 461, 496, 641, 646, 662, 683
Assurballit I. 664
Assurbanipal, König 14, 92, 649, 664, 740
Assurbelkala 646
Assurdan II. 646
Assurnasirpal II. 92, 646, 681, 683
Assurnirâri I. 646
Assurreshishi I. 646
Astruc 306
Asturias, M. A. 951
Astyages 694
Atahualpa 962, 969
Athalarich 559, 602

Personenregister

Athanagild 577
Atkinson, R. J. C. 451, 516
Attalos II. Philadelphos 201
Attila (Etzel) 489, 491, 579, 588, 701—702, 753
Aubrey, John 21
Audafleda 573
Aufray 883
August von Sachsen, gen. der Starke 17, 33
Augustus 14, 73, 194, 200, 209—211, 216, 447, 521, 523, 526—527, 552
Aurelian, Kaiser 697
Aurigemma, S. 524
Aus'm Weerth, E. 191
Ausonius, Decimus Magnus 529
Austen, Godwin, R. A. C. 51, 81
Auta, ägypt. Bildhauer 846
Avebury siehe Lubbock
Aveleyra, Luis 913
Avendaño, Pater 936
Avienus 187, 193
Avigad, N. 726
Azitawadda 750

B

Bachmann, W. 646
Bachofen, Johann Jakob 270
Backhouse, James 894
Baco, Roger 4
Bacon, Edward 782, 873
Bacon, Francis H. 638
Bacon (Commander) 874
Badajoz, Gonzalo de 959
Bader, Otto Nicolaevič 310—*311*
Bächler, Emil 298
Baeltz 816
Baer, A. 422
Baer, Wilhelm 122, 134
Baer-Hellwald, 238—239
Bagshawe, F. B. 883
Baier, Rudolf 232
Bailloud, G. 145, 373, 419, 422
Balfour, Henry 887, 978
Ballux, A. 526
Balout, Lionel 843, *862*, 864, 867, 883
Balty, J. Chr. 212
Baltzer, Laurids 159

Bandelier, Adolph Francis A. 915
Bandi, Hans Georg 311, 325, 619, 981
Bandinelli, R. Bianchi 542
Banner, J. 581
Banti, Luisa 519
Barandiarán, José Miguel de 286, 308—309
Barba, Esleve F. 969
Barbin, A. 864
Bardeleben 75
Bardtke, H. 726
Barguet, Paul 851
Barinka, J. 812
Bar-Kochba 729
Barnett, Richard D. 495, 683
Barrière, C. 144
Barrière-Flavy, M. C. 547, 549
Barrow, J. 264, 888
Barth, Chr. K. 11
Barth, Heinrich 264, 857
Barthel, Thomas S. 955
Barthel, Walter 533
Barthélemy, D. 726
Bartoccini, R. 517, 526—527
Bary, von 857
Bascom, W. R. 876
Bascon, Allan 926
Basedow, H. 980—981
Basiliscus 573
Basilius I. 615
Bastian, Adolf *928*
Bataille, G. 293
Batres, Leopoldo 928
Battaglia, Rafaelo 535—536
Baudissin, Graf 654
Baudot, Henri 220, 549
Bauer, Hans *736*
Baum, Julius 595
Baumeister, Willi 7
Baumgärtel, E. 849
Baumhoff, Martin A. 924—925
Baur, P. 697
Baye, Baron J. de *222*, 226, 373
Bayer, J. 298—299, 566
Beardsley, R. K. 819
Becatti, G. 524, 545
Beck, H. 367, 391
Becker, Carl John 424
Beda 222
Bégouen, Comte H. de *288*—290, 303

63 Kühn, Vorgeschichtsforschung

Behrens, Gustav *448*, 701
Bek, ägypt. Bildhauer 846
Belenicki, A. 762
Belisar 9
Bell, Gertrude 697
Bella, Lajos 375
Beltrán Martinez, Antonio 309, 327, 449—*450*
Beltz, Robert 59, *242*, 343
Belzoni, Giovanni Battista 88, 834
Benešova, A. 420
Beninger, Eduard 433, *566*, 578
Benndorf, Otto 213, 207, 542
Bennet, E. L. 459
Bennett, Wendell C. 968
Benson, Elisabeth P. 929
Benz, E. 207
Benzinger, J. 732
Bequet, Alfr. 222
Beran, Th. 661, 744
Béraud-Villars, J. 617
Berciu, D. 380
Berenguer, Magin 309
Bergen, Charles 918
Berger, Rainer 913—914
Bergman, F. 793
Bergson, Henri 276
Berkeley, George 25
Berlioux, E. T. 539
Bernal, J. 929, 936
Berndt, R. M. und C. H. 980, 984
Bersu, Gerhard 369—*370*, 533
Bertelsen, N. 60
Bertrand, Alexander 161—162, 373
Berve, H. 206
Bétirac, B. 305
Beuchat, H. 905
Beulé, Ernest 199
Bezacier, L. 781
Bezold, C. 650
Bezzenberger, Adalbert *242*
Bhavavarman, König d. Khmer 789
Bibby, Geoffroy 55
Biberson, P. 862
Bibikov, S. 385
Bicknell, Clarence 534
Bidzilja, Wasili 466
Biedermann, Hans 948
Biedermann, Woldemar, Freiherr v. 44, 75
Bietak, M. 856

Bingham, Hiram 969
Biotti 252
Bird, Junius 964—965
Birkner, Ferdinand 285, 293
Bishop, Carl Whiting 798—800
Bismarck, Otto von 170
Bittel, Kurt 260, 275, 451, 502, 508—*509*, 544, 679, *744*—745
Black, Davidson 790—791
Blanco 514
Blaramberg 71, 77
Blechen, Karl 37
Bleek, Dorothea F. 891
Blegen, Carl W. 248, 459, 537, 544
Blinkenberg, C. 538
Bliss, F. J. 260, 721
Bloch, Raymond 517, 519
Blumenbach, Johann Friedrich 45
Boas, Franz 352
Bobrinskoj, Graf Alexis 165, 167, 169
Böe, Johannes 328
Böhm, Jaroslav *441*
Boehmer, R. 496
Böhner, Kurt *555*—556, 561
Boehringer, Erich 543—544
Boeswillwald, E. 526
Boetticher, 248—249
Bohmers, A. 299
Boisragen 873
Bokorinef, Pharao (Bocchoris) 182
Bolin, St. 529
Bóna, István *582*, 595
Bondar, M. M. 415
Bonsor, G. E. 514
Bonstetten, Gustav de 332
Bopp, Franz 348
Borchardt, Ludwig *845*—847
Bordes, François 317, 684
Borlase, William 28, 237
Borne 305
Borovka, Gregory *464*—465, 467, 481
Borries, Hans von 368
Bosch-Gimpera, Paolo 187, 325—326, 337, 360, 398, 400, *401*, 402, 418, 440, 952
Bosinski, Gerhard 318—319
Bossert, Helmuth, Th. *743*—745, 750
Bott, Hans 555
Botta, Paul Emil 91—92, 254
Boucher 305

Boucher de Perthes, Jacques *46*—49, 51, 55 bis 57, 64, 69, 77, 86, 103—104, 106, 137, 141, 197
Bouffard, Pierre 567
Bouillon, R. 307
Boulanger, Cl. 547—549, 588—589, 591
Boule, Marcellin 125, 131, 430, 779, 865
Boulnois, L. 755
Bourguignat, J. R. 398—399
Boutell 82
Boutroux, R. 112
Bouyssonie, J. Abbé 282, 296
Bovier-Lapierre, R. P. 843
Bowler-Kelley 894
Boyd-Hawes, H. 460
Boye, Vilhelm 438
Boyle, Mary 892, 894
Brackmann, A. 617
Bräunlich, E. 656
Braidwood, R. J. 675—676, 841
Brain, C. K. 885, 887
Brammer, A. 543
Brandenburg, N. 165, 235
Brandt, Karl 367
Brea, Bernabò L. 310, 387—388, 396, 538, 542
Breasted, James Henry 696—697
Bréhier, L. 591
Bremer, Walther *369*
Brenans 858—859
Brenchun, B. Osaba Ruiz de 309
Brenner, Eduard 228, 553, 559, 584
Brent, John 224
Brentano, Franz 91
Brentjes, B. 756, 761, 763
Breucher, F. 866
Breuil, Henri 13, 118, 128, 133, 137, 139, 274, *277*—279, 282—288, 293—294, 305, 307, 311, 323—326, 329—331, 396, 513, 857, 861, 867, 884, 890—894
Briard, Jacques 454
Bridge 28
Bridget 774
Brinckmann, A. E. 280
Brion, Marcel 681, 733
Brjussow, Aleksandr Jakovlevič 385, *422* bis 423
Brögger, A. W. 232, *610*—611
Bröndsted, (Brøndsted) Johannes *233*, 321, 438, 594, 612—613, 616, 647

Broneer, O. 537
Broocmans, Carl Frederik 159
Broom, R. 884—886
Brouillet 127
Brown, Allen 144
Brown, Baldwin, G. 284, 570, 595
Brown, Barnum 906
Bruce Foote, R. 261, 763
Bruce-Mitford, R. L. S. 451, 571
Bruckmann, Fr. 211
Brugsch, Emil 256—258
Brugsch, H. 245
Bruneau, P. 208
Brunhilde 541
Brunius, C. G. 159
Brunn, Heinrich 183, 211
Brunton, G. 838, 841—842
Bryan, Kirk 295, 907—908
Buchvaldek, M. 414
Buckingham, Duke of 21
Buckland, W. 40, 50, 118
Budde 392
Budge, E. A. 683
Büchner, Georg 108
Büchner, Ludwig 108
Bürg, Georg 961
Büsching, Joh. Gustav Gottlieb 56, 79, 81, 160, 169
Buff, Charlotte 75, 85
Buffon, Comte de Louis Leclerc 24
Bulič 212
Bullard, William R. 937
Bulliot, Gabriel 193—194, 430
Bunsen, Christian Karl Freiherr v. 75, 85
Burckhardt, Jacob *112*, 515
Bureus, Johannes 19
Burger, Fritz 280
Burgess, James 776
Burkitt, Miles, C. 278, 285, 326, 331, 402, 405, 536, 765, *890*—891
Burrows, M. 726
Buschan, Georg 263, 871
Buschor, Ernst 201, 538, 542
Bushnell, G. H. S. 969
Busk, Geologe 115
Butler, Aug. Ferd. 888
Butlex, M. E. 978
Buttler, Werner *366*—367, 373
Butzer, Karl W. 854—855

Byron, Lord George 86, 224
Byvanck, A. W. 420

C

Cabré Aguiló, Juan 283, 286—287, 326, 330—331, 512, 577
Cadenat, P. 863
Cäcilia Metella 213
Caesar 54, 77, 215, 192—194, 237—238, 253, 393
Cagnat, R. 526
Cahn, H. A. 926
Calandra, Claudio u. Edoardo 226
Caldas, Francisco José 961
Callender 835
Calza, Guido 523—524
Camden, W. 21
Cameron, G. G. 496
Caminade, G. 86
Cammiade, L. A. 764
Campana, G. P. 74
Campbell, T. 980
Camper, Peter 45
Camps, G. 872
Camus, Albert 276
Canals Frau, S. 905
Canova, Antonio 38
Capart, Jean 837, 845, 849
Capitan, Louis 133, 145, 278, 296
Caracalla 527
Carballo, Jesus 130
Cardin, C. 307
Carnavon, Earl of 275, 833—835, *837*
Caroline Bonaparte, Königin v. Neapel 36—37
Carpenter, R. 542
Carr, Robert T. 937
Carrion Cachot, Rebeca 965
Cartailhac, Emile 118—120, 123, 125, 127 bis 128, 130—133, 141, 143, 187, 278—279, *282*, 287—288, 398—399
Carter, Howard 275, 833—835, 837
Carus, G. 45
Carus, V. 105
Carvallo, J. 307
Caskel, W. 656
Caso, Alfonso 939—941, 948, 951
Cassirer, Ernst 618

Castagnoli, F. 528
Casteret, Norbert 290, 305
Castillo, Bernal Diaz de 947
Castillo Yurrita, Alberto del 332, 337, *418*
Castrén 808
Catherwood, Frederick 97—98, 100, 262, 958
Caton-Thompson, Gertrude 707, 709, 838, 842—843, 866, 879
Cau-Durban, Abbé 132
Caylus, Philippe Comte de *31*—32, 160
Cazalis de Fondouce 128
Celsus 543
Celtis, Konrad 17
Ceram, C. W. 97, 100, 184, 661, 740, 746, 914
Cerda, Jorda 325
Černyš, Ekaterina Konstantinova *384*—385
Cerou, E. 317
Cerralbo, Marques de 575
Červiček, Pavel 857, 981
Cézanne, Paul 6, 515
Chadwick, John 459
Chadwick, Sonia E. 571—572
Chamberlain, Houston Stewart 352
Champdor, A. 698
Champoiseau 207
Champollion, J. F. 88
Chanenko, M. B. 165, 236, 587, 614
Chantepie de la Saussey 272
Chantre, Ernest 138, *161*, 170, 238
Chao 791
Chaplin-Duparc 119
Chapoutier, F. 457
Charibert 551
Charnay, Désiré 262, 938
Charrière, Georges 487
Chattusil 741
Chauvet, Gustave 133, 279
Chavaillon, J. 866
Chefren, Pharao 88, 837
Chenet, G. 373
Cheng Cheng-to 797—798
Cheng-Te-k'un 768, 792, 798, 805
Cheops, Pharao 733, 837, 848
Chia Lan-po 792
Chiera, Edward 660
Chierici 180
Chiflet, Jean-Jacques 22
Childe, Gordon 322, *351*, 451, 465, 619, *677*

Childerich I., König der Franken 9, 21, 30, 79, 87, 214, 218—220, 227, 550, 573
Childerich, Sohn d. Chlothar I. 551
Chilperich 550—552
Chimalpahin 948
Chin Yudi 783
Chipiez 260
Chiron, Léon 128
Chlochilaichus, König d. Dänen 140
Chlodomer 550
Chlodosinde 551
Chlodowech 573
Chlodwig 560
Chlothar I. 550—551
Chmielewski, W. 440
Chosroes I. 705—706
Chosroes II. 705, 804
Chramm 551
Christian IV., König von Dänemark 19, 158
Christian VIII., König v. Dänemark 55, 60, 191
Christian, Viktor 653
Christlein, Rainer 558
Christol, de 50
Christol, Frédéric 889
Christy, Henry 82, 126, 135
Chung-ting, König 802
Chunsena 551
Chvojka, Vincenc 165, 382
Chvojka, Frau W. 586
Chylonas, G. E. 538
Cicero 16, 20
Cieza de Léon, Pedro de 962
Civil, M. 649
Clark 71
Clark, J. Desmond 869, 873, 885
Clark, John Grahame Douglas 320—321, 323, 417, 444, *445*, 446, 452, 619, 863
Clarac, J. de 37
Claudius 29, 523, 530
Clauss, Gisela 558
Clemen, Carl 619
Clementz, Heinrich 727
Clottes, J. 317
Cluverius (Klüwer), Philipp *18*, 160
Cochet, Abbé 9, 21, 220, 549
Cockburn, John 769
Cocteau, Jean 276
Codazi 961

Coe, Michael D. 933, 937, 951, 958
Coe, William 937
Coedès, G. 787
Coffey 436
Cohausen, Carl August v. 532, 700
Cohen, M. 947
Colani, M. 781—782
Colini, A. M. 522—523
Colin-Simard 47, 49
Collart, P. 528
Colledge, M. A. 696
Collier, D. 919
Collignon, M. 198
Collins, H. F. 108
Combaz, G. 812
Combier 305
Comte, Auguste 52, 107
Constans II. 602
Constantin d. Gr., Konstantin 216, 226, 544, 614, 615
Constantius I. Chlorus 534
Constantius II. 29
Contenau, G. 649, 687
Contenson, H. de 737, 883
Conze, Alexander 202, 207, 250—251, 254
Cook, James 975, 979
Coon, C. S. 689
Copley, J. S. 908—909
Coppens, Y. 866
Cordoba, Hernández de 930
Cornelius, Peter, Maler 65, 75
Cortés, Cortez, Hernán 939, 947, 951
Corti, Egon Caesar, Conte 33
Cos Borbolla, Manuel de 309
Cotteau 13
Cotter, John L. 908
Coulonge, L. 145
Coupel, P. 528
Cousinéry 71
Coutil, Léon 595
Crawford, J. M. 981
Crawford, O. G. S. 21, 572
Crébillon, J. de 31
Creel, H. G. 805
Crema, L. 544
Creuzer, Georg Friedrich 271
Creveilhier 649
Cross, F. M. 726
Crowfoot, J. W. 717

Csallány, Deszö 491, 581—*582*, 584, 595, 597
Csallány, Gabor 580—*581*
Cuadra Salcedo, Fern. de la 286
Cummings 952
Cumont, F. 697
Cunningham 760
Cunnington, W. 21
Cuno, Assisa 857
Curtius, C. 524
Curtius, Ernst 182, *201*—202, 247, 249—250, 254
Curtius, Ludwig 740
Cuvier, Georges Léopold, Baron *42*—44, 47 bis 50, 103
Czekanowski 883
Cžižek, R. 299

D

Däubler, Theodor 276
Dahl, Sven 43
Daksha, König 785
Daleau, F. 127
Dales, G. F. 774
D'Alton 45
Dalton, O. M. 591, 760
Dampier 975
Daniel, Glyn Edmund 21, 54, 250, 253—254, 256, 404, 647
Dannecker, Johann Heinrich v. 38
Danneil, Joh. Friedrich 56, 59, 78
Dannheimer, Hermann 555—556
Danokins 698
Dappers, Olfert 878
Darasse, P. 317
Dareios I. 693—695
Dareios II. 694
Dart, R. A. 884—885
Darwin, Charles 45, 52, *103*—108, 110—112, 114, 116, 270
Darwin, Erasmus 103
David, König v. Israel 664, 714, 715, 722
David, Jacques Louis, Maler 96
David-Weill 472
Davidson, Daniel Sutherland 981—983
Davies, Nigel 951
Davies, O. 870
Davis 263

Davis, Kenneth 906
Davis, Theodore 834
Dawkins, Boyd 131
Dawkins, H. 698
Debevoise, N. C. 696
Decaëns, Joseph 550
Déchelette, Joseph 133, 177, 193, 275, 332, 364, 403, 429—*430*
Degani, Mario 574
Dehn, W. 502
Deimel, A. 651
Delacourt, Peigné 220
Delacroix, Eugène 38
d'Elboeuf, Prinz 33
Delepierre, J. 503
Delitzsch, Franz 650, 700
Delougaz, P. 681
Delporte, Henri 317
Demidov, Nikita 70
Demierre 208
Dempster, Thomas 74
Dennis, George 76, 183
Denon, Baron, Zeichner 87
Dens, Charles 221
Descartes, René 25, 949
Desor 176
Desroches-Noblecourt, Chr. 837
Detweiler, A. H. 681
Deuel, Leo 257, 718, 724, 734, 909
Dewdney, Selwyn 926
d'Haenaens, A. 235
d'Harcourt, R. u. M. 968
d'Hombres Firmas 50
Dhorme, Edouard 734
Diaz, Emeterio Cuadrado 514
Dickie, E. C. 260, 721
Dieck, A. 438
Dieulafoy, M. 259, 648
Dikshit, M. G. 776
Dilichius, Wilhelm 18
Dilthey, Wilhelm 113
Dimand, M. 591
Diocletian, Diokletian 209, 212, 447, 526, 529, 533, 697
Diodor 187, 398, 693
Dionysius Exiguus, Abt 949
Dionysios von Halikarnass 73
Disselhoff, Hans Dietrich 939—940, 951, 959, 964, 966

Dittmer, K. 690
Djoser, auch Tosorthos 838
Doblhofer, E. 489
Doe, Brian 707—710
Doerfer, G. 762
Dörpfeld, Wilhelm 201, 245, *247—250*, 254, 501, 537, 543—544, 638
Doerner, Friedrich Karl 700
Domitian 37, 209, 213, 399, 522, 543
Dondelinger, Edmund 851
Donnelly, Ignatius 540
Doppelfeld, Otto 559—562, *564*
Dopsch, Alfons 553
Dorow, Wilhelm *78*, 160
Douglas 28
Dräyer, W. 519
Drees, L. 538
Drexel, Fr. 189, 533
Dreyer, T. F. 885
Driehaus, Jürgen 426
Driver, G. R. 259, 649
Drouot 305
Dschingis-Khan 411
Dubalen 132
Dubois, Eugen 115—116, 779
Dubrux, Paul 71—72
Ducat, J. 208
Ducati, Pericle 516, 518
Ducrotay de Blainville, Henri Marie, Zoologe 50
Dümmler, E. 213, 251
Dürer, Albrecht 959
Dufour, Léon 132
Duhn, Friedrich von 181, 396—397, 524
Dumitrescu, Vladimir 379—*380*
Dumont, Albert 207, *251*
Dunand, M. 733—734
Duncan, J. G. 721
Dupont 115, 130, 136
Duran, P. 857
Durán, span. Schriftsteller 931
Dussaud, R. 528, 673

E

Eannadu 651
Ebeling, E. 654
Ebert, Max 11, 59, 78, 275, 341, 343, 429, *430*, 431, 465, 471, 701

Eccard, Johann Georg 57
Echegaray, J. Gonzales 307—308
Eckardt, A. 812
Ecker, Alexander 243
Eckstein, F. 538
Eding, D. M. 423
Edwards, J. E. S. 489
Efimenko, Petr Petrovic 300
Egami, N. 690—691
Eggers, Hans Jürgen 510, *529*
Eguren, Enrique de 286
Ehgartner 856
Ehrenstein, T. 697
Ehrich, Robert W. 377
Ehrismann, G. 273
Eich-Franke, Elli 422
Eichhoff 39
Eickstedt, Egon Fhr. von 352, 808
Eilers, W. 259, 649
Eisner, Jan *374*
Ekholm, Gordon 957
Eleazar ben Yair 727—729
Elgin, Lord 83—*84*
Elisseeff, V. 805
Elkin, A. P. 980
Elliot, Hugh S. 108
Elsasser, A. B. 893, 926
El-Wailly, E. 676
Emele, Jos. 160
Emery, Walter Bryan 837, 847—*848*
Engel, A. 511
Engelmayer, R. 856, 857
Engels, Friedrich 3, 39—40, 487
Enkidu 2
Enoch, Alberto 17
Entemena 651
Erasmus von Rotterdam 4, 17
Eratosthenes 187
Erdberg Consten, Eleanor v. 805
Erdélyi, István 491, 583
Erdmann, Kurt 706
Erickson, Ernest 496
Erp, Th. van 783—784
Esharhamat 646
Espérandieu 193
Estorff, Georg Otto, Fhr. v. 78
Eucken, Rudolf 40, 108, *112*
Eugénie, Kaiserin v. Frankreich 253
Euripides 537

Euting 700
Evans, Sir Arthur 246—247, 274, 456—460, 537
Evans, Clifford 955
Evans, Sir John 48, 131, 161, 395, 456
Evans 976
Evtjuchova, Lidija Alekseevna 477—478
Ezana, griech. Aizenas, König 881

F

Fabricius, Ernst 533
Fagg, Bernard u. William 876—878
Faider — Feytmans, G. 567
Falconer, Geologe 48
Falk 406, 570
Falkenburger, F. 125, 779
Falkenstein, Adam 651, 663, 665, 670, 672, 676
Faraday, Michael 48
Farinha Dos Santos, M. 310
Faucheux, L. 786
Faulkner, R. O. 851
Faussett, Bryan 28, 222
Fausset, Godfrey 224
Fay-Cooper Cole 910
Féaux 121, 127, 133
Feigele, Clemens 215—216
Fejos, Paul 911
Ferdinand II., Kaiser 22
Ferdinand IV., König v. Neapel 34
Ferdinand von Bayern, Fürstbischof v. Münster 18
Fergusson, James 69, 83, 237, 776
Ferrant, A. 577
Ferry, H. de 119
Fester, Richard 350
Fettich, Nandor *469*—471, 489, 491, 701
Feuchtwanger, Franz 954
Feuerbach, Ludwig 108
Fewkes, Vladimir Jaroslav 377
Fiala, F. 376
Ficatier 133
Fichte, Joh. Gottlieb 5, 106
Fiechter, E. 537
Field, Henry 652—653
Figgins, J. D. 905—906
Filip, Jan *374*, 435, 440, 509—*510*, 569—570

Filow, Bogdan *471*
Fimmen, Dietrich 251
Fischer, Gisela 319
Fischer, Ulrich 413, 419
Fisher, Cl. S. 718
Fitte, P. 317
Fitzgerald, G. M. 718
Flamand, G. B. M. 852, 860
Flannery, K. V. 691—692
Flavius Josephus 721, 725, 727—729, 732
Flavius Silva 727
Fleury, Michel 551—552
Flinders Petrie, Sir William *252*—*256*, 259, 265, 714, 724, 739, 834, 838, 840—841, 845—846, 849
Flinders, Matthew 976
Földes-Papp, Károly 313, 518, 734, 801
Förster-Nietzsche, Elisabeth 110
Fontan, Alfred 125
Fontein, J. 812
Forchhammer, Geologe 142
Ford, J. A. 920
Forman, W. 812
Forrer, Emil 743
Forrer, Robert 344, *345*, 346, 373
Forrest, A. 976
Forssander, John-Elof 406—407, *412*, 593
Foucart, P. 205
Foureau, F. 857
Fox, Sir Cyril 21, 571
Fox, Penelope 837
Foxwell, William 707
Foy, Wilhelm 270, 427, 878
Fraas, Eberhard 242
Fraas, O. 68, 134, 190, 242
Frähn 230
Fraipont, Ch. 118
France-Lanord, Albert 550—552, 564
Franciscis, A. de 211
Frank 191
Frank, Fritz 718—719
Franken, Marlis 554
Frankfort, Henri 678—679, 681, 684, 772
Franklin, Benjamin 24
Franks 82
Fraunholz, J. 297
Franz II. Kaiser 588
Franz, Leonhard 42, 160, 619
Frazer, James George 272—273

Fredegar 213
Fredegunde 541
Frederik IV., König v. Dänemark 233
Frederik VII., König v. Dänemark 60, 191, 233
Freising, Hans 578
Fremersdorf, Fritz 530, *554*, 564
Frey, Otto Hermann 519—*520*
Fribourg, J. 805
Friedell, Egon 103, 111, 433
Friedrich, Caspar David, Maler 37
Friedrich, F. 661
Friedrich, Johannes 518, 734, 743, 746, 773
Friedrich d. Große 24
Friedrich Wilhelm IV. König v. Preußen 75, 85, 91
Fritsch, G. 894
Frobenius, Leo 270, 283, 427, 854—*855*, 857, 860, 876, 878—879, 891—892, 896, 982
Fröhner, Wilhelm 207
Fuchs, Siegfried 574, 602
Fürer-Haimendorf, C. van 780, 980
Fugger, Raimund 17
Fuhlrott, Karl 114
Funduklej 165
Furon, Raymond 321, 870
Furtwängler, Adolf 168, 201, 213, 251, 255, 537
Fusolo, F. 524

G

Gaerte, Wilhelm 681
Gagarin, Fürst, Gouv. v. Sibirien 70
Gagé, J. 706
Gaisberger, Florian Josef 172
Gaius Caesar 531
Gaius Julius Avita 209, 211, 216
Galindo y Villa, Jesus 942
Gall, August Freih. v. 948
Gallagher, John 936
Gallienus, Kaiser 29, 399
Gallwitz, Kurt 202
Galvani, Luigi 24
Gamio, Manuel 928
Garašanin, Milutin u. Darga 377
Garcia, Benito Juárez 939
García y Bellido, Antonio 283, 511, 513
Garcia de Palacio, Diego 937

Garcia Payon 942
Gardawski, A. 439
Gardner, Ernest A. 252, 254
Gardner, E. W. 842, 866
Garibaldi 209
Garrigou, Félix 135—136
Garrod, Dorothy A. 315—316, 711, 713, 716
Garscha, Friedrich 558, 701
Garstang, J. 716, 723
Gatermann, H. 413, 419
Gaudry, Albert 49
Gauguin, Paul, Maler 515
Gaul, James Harvey *377*
Gaussen, Jean 293
Gautama, Magier 695
Gautier, J. E. 648—649, 859
Gebhard, David 926
Gebser, Jean 273
Geer, de 145
Gehring, N. 211
Geijer, Agnes 235
Gelb, I. J. 661, 743, 746
Gelle, A. 661
Genge, Heinz 409
Genouillac, de 689
Georg I., König v. Griechenland 199
Georg II., König v. England 35
Georg III., König v. England 82
Georgias, Bauer 84
Gerasimov, M. M. 300—301
Gerhard, Eduard 183
Gerhardt, Kurt 413, 421
Gerkan, A. von 526, 528, 537
Gerke, Friedrich 182
Germanicus 14
Gersbach, E. 502
Gerster, Georg 833
Gervais, Paul 136
Gervasio, Michele *395*
Geschwendt, F. 409
Gesner, Conrad 18
Ghirshman, Roman 495—496, 686—*689*, 693, 698—699, 702, 704—706, 762
Ghosh, A. 776
Giffen, A. E. van 405
Giglioli, Giulio Quirino 516
Gillen, F. J. 976
Gilles, Robert 776
Gimbutas, Marija 361, 452—453, *454*—455

Girod, Paul 130, 135
Giteau, Madeleine 787
Gjessing, Gutorm 328, 570
Gladstone, W. E. 246
Gladwin, Harold S. 918
Glaize, M. 787
Glasbergen, W. 420
Glasenapp, H. v. 778
Glaser, E. 707
Glazema, Pieter 568
Glob, P. von 438
Glory, A. 306
Glueck, Nelson 718
Glück, Heinrich 592
Gobineau, Arthur Comte de 352
Godard, A. 494, 496
Göbl, R. 489
Goedicke, H. 851
Goell, Th. 700
Goepper, R. 805
Goessler, Peter 169, 245, 343, 370, 449, *501*
Goethe, Joh. Wolfgang v. 5, 27, 33—34, 41 bis 42, 44—45, 51—52, 75—76, 85, 87, 91, 103, 106, 159—160, 181, 223, 313, 875
Goetze, Albrecht (Götze) 544, 660—661, 746—747
Götze, Alfred *241*—243, 341, 371, 552, 563
Gogh, Vincent van, Maler 6, 515
Goguet 58
Goldman, Bernard 496
Goldman, H. 377
Goloubew, V. 781, 787
Gomez-Moreno, Manuel 578
Gompertz, G. S. G. 804
Góngora Martínez, Manuel de 330
Gonzenbach, Victorine 422
Goodenough, E. R. 697
Goodwin, A. H. J. 879, 890
Gordon, D. H. 766, 769
Gordzow, W. A. 423
Gori, Antonio Francesco 73
Gorjanović-Kramberger, D. 115
Gorm der Alte, König v. Dänemark 60—61, 232—233
Gorodcov, Vasilij Alexevič *415*, *485*, 615
Gough, Richard 28
Gouloumes 306
Goury, Georges 548
Gozzadini, Graf 178

Graebner, Fritz 270, 427
Graindor, M. J. 306
Grant Campbell 925—926
Grant, Madison 352
Graziosi, Paolo 294, 300, 310—311, 535—536, 854, 857—*858*
Grbić, Miodrag 377
Green 394
Green, Charles 572
Gregg 917
Gregor XVI. Papst 84
Gregor von Tours 10, 38, 140, 213, 215, 551—552, 559—560
Grenier, Albert 509
Gressmann, H. 732
Grey, George 980
Griesmayer, Viktor 474
Griffin, J. W. 905, 920
Griffith, F. L. 880
Griffiths 776
Grimm, Jakob 17
Griswold, A. B. 812
Grjasnov, Michail Petrovič 467—*468*, 478 bis 479, 481—482, 756, 761
Gröbbels, J. W. 552
Grohne, Ernst 555
Groot, G. J. 819
Groot, J. J. de 489, 755
Grose, Francis 28
Grosjean, Roger 396—397
Groslier, Bernard-Philippe 781—782, 787
Groslier, G. 787
Gross, Hugo 388
Grotefend, Georg Friedrich *91*
Grotius, Hugo 4
Grousset, René 461, 762, 805
Grünwedel, Albert *754*
Gsell, Stéphane 398
Gudea v. Lagasch, König 638, 650, 663
Gude, M. 538
Günther, Hans F. K. 352
Güterbock, H. G. 661, 746
Guido, Margaret 397
Guilaine, Jean 419
Guillon, Ch. 121, 133
Gullini, G. 524
Gummel, Hans 15, 17—18, 66, 68, 244
Gumpert, Karl 323
Gunthar 551

Guntheuka 550
Gunthram 551
Gurney, O. R. 661, 746
Gustafson, Gabriel 609—610
Gustav Adolf II., Schwedenkönig 19
Gustav VI. Adolf, Schwedenkönig 472, 794
Guthe, Hermann 259
Guy, P. O. 714

H

Haberer, K. A. 790
Haberey, Waldemar 366—367
Hackert, Jakob Philipp 33
Hadrian 216, 523—524, 526, 543, 544, 552, 697
Haeckel, Ernst 1, 45—46, 106, *108*, 114—116, 884
Haek, David 105
Haekel, Josef 619
Hagen, Anders *570*, 606
Hagen, Victor W. von 97, 262, 939, 969
Hagenow, Friedrich v. 78
Hahn, E. 690
Hahn, Joachim 319
Hahn, Theophiles 887—888
Hahne, Hans 332, *343*, 346, 438
Haile Selassie, Kaiser 880—882
Hai Nai 805
Halbherr, F. 457, 459
Hale, H. M. 978—979
Halévy, J. 650
Halfdan 610
Hall, H. R. 654—656, 667
Haller, von 672
Hallström, Gustaf 328, 406
Hamada, Kosaku 811, 814, 818
Hamann, Richard 280
Hamilton, Sir William 34—35, 82
Hamilton, A., später Lord Belhaven 709
Hamlin 472
Hammerschmidt, Ernst 883
Hammurabi 259, 648—649, 651, 664, 673—674
Hampel, Joseph 164, 228, 490, 579—*580*
Hamy, Théodore-Ernest 130, 842
Hančar, Franz 300—302, *415*—417, 479, 496, 856
Hanson, Esther 544
Harald Blauzahn, König 60, 232

Harald Rotbart 610
Harald Schönhaar 610
Harbauer 552
Harden, D. B. 571
Harding, Lancester, G. 709, 724, 732
Hardner, A. 736
Hardy 121, 127
Harlé, Edouard 131, 133
Harrington, Mark R. 909
Harris, J. R. 837
Harte, Neville A. 959
Hartner, Willy 20
Hartung, Horst 943
Harun-al-Raschid 705
Haseloff, Günther 574, 591
Hassler, Konrad Dietrich 219
Hassoullier, Bernhard 205
Hasted 28
Hatschepsut 834
Hattusili III. 745
Haufe, Eberhard 34
Haupt, Albrecht 578, 591
Hauptmann, Gerhart 27, 210, 313
Haury, Emil W. 918—919
Hausenstein, Wilhelm 516
Hauser 207
Haussig, H. W. 491
Hawkes, Christopher, F. C. 451—452, 571 bis 572
Hawkins, G. S. 451
Hayes, M. C. 849
Hazard, James E. 937
Hazidakis 457
Head 252
Healey, Giles 936
Heberer, Gerhard 619, 868—869, 886
Heckel, Erich, Maler 515
Hedin, Sven 753, **755**
Heer 238
Heeramaneck 491
Hege, W. 198
Hegel, Georg Wilhelm 38—41, 51—52, 91, 103, 106, 129, 270—271
Heidenreich 19
Heierli, J. 175
Heine-Geldern, Robert 95, 768, *774*, 780, 796, 956—958
Heinemann, Karl 41—42
Heinrich der Seefahrer 871

Heinrich, E. 670, 672—673
Heinrich von Mecklenburg, Herzog 16
Heiss, Carl Walter 514
Heizer, Robert F. *907*, 921, 924—*925*
Helbaek, H. 676, 678, 842
Helbig, S. 181
Helena, Kaiserin 207, 216
Heliogabal, Kaiser 209
Hellfritz, H. 707
Hellwald, Friedrich von 122, 134
Hempel, Rose 812
Henri-Martin, Germaine 278
Henri-Martin, Léon 130, 297
Henry, Françoise 571
Henry, H. 591
Hentze, Carl 95, 472, 482—*483*, 801, 955—956
Heraclius 602, 705, 804
Herder, Johann Gottfried 5, 25, 27, 38, 41—42, 45, 51, 91, 271
Herringham, Lady 776
Herrmann, A. 755
Herminafried 573
Hermogenes 204
Herodes Atticus 201—202
Herodes d. Gr. 725, 729—730, 949
Herodot 40, 54, 70, 72—73, 165—167, 169, 176, 187, 193, 253, 393, 446—447, 460 bis 462, 465, 482, 487, 493, 495—496, 640—641, 662, 713, 838
Herrnbrodt, Adolf 561
Herzfeld, Ernst 644, 646, 658—659, 662—663, 690, 693—695
Herzog, Rudolf 537
Hesiod 2, 8, 14
Hessen, Prinz Otto von 226, 574
Hetep-Heres 837, 848
Hettner, Felix 533
Hetzer, K. 420
Heurtley, W. 451
Heuzey, Léon 188
Heydt, Baron v. d. 472, 474
Heyerdahl, Thor 957
Heyne, Rudolf 204
Hibben, Frank C. 906—907
Hiegell 30
Hildebrand, Bror Emil 174, 177
Hildebrand, Hans 130, 148, 153—154, 174
Hill, Ida T. 537
Hillebrand, Jenö 375

Hiller v. Gaertringen, Friedrich 204—205
Hillier, M. 224
Himmelmann-Wildschütz, H. 201
Hinrichs, W. Th. 646
Hintze, F. 881
Hippokrates 176
Hirigoyen, Robert 534, 536
Hirmer, M. 539, 650, 672, 746
Hirsch, Aron 434—435
Hirschfeld, Gustav 201—202
Hirt, Hermann 347, 349, 355
Hi uan-tsong, Kaiser 805
Hoares, Sir Richard Colt 21, 59, 160
Hobbes, Thomas 25
Hodgkin, R. H. 571
Hoffmann, Edith 373
Hoff-Moeller 612
Höfer 709
Höfer, Paul *243*
Hölderlin, Friedrich 27
Hölscher, Uvo 837—838
Hoenig, A. 784
Hoernes, Moritz 76, 122, 147—148, 164, 169, 173—174, 195, *266*—269, 281—282, 302, 376, 428
Hogarth, D. G. 457
Hohenberger, A. 670
Hole, F. 691—692
Holleaux, M. 208
Holm, Erik 894
Holmberg, A. E. 159, 386
Holmboe, C. A. 230
Holmes, W. H. 905
Holmqvist, Wilhelm 591, 608
Holste, Friedrich *453*
Holter, Fr. 553
Holub, Emil 879, 889
Holwerda, Jan Hendrik 405—406
Holzer, H. 211
Homer 8, 16, 208, 248—249, 252, 458—459, 496, 537, 539—541
Homès-Frédéricq 699
Homolle, Théophile *205*—208
Honorius 559
Hooker, Joseph Dalton 104, 106
Hoops, Johannes 12, 343, 349, 431
Horedt, Kurt 228, *584*—586
Horkheimer, Hans 964
Hornung, Erik 852

Hortense Bonaparte, Königin v. Holland 36
Horváth, T. 491
Hostmann, Christian 53, *68*, 70, 147—148, 162, 239
Hougen, Björn *570*, 595
Howard, Edgar F. 908
Howchin, W. 980
Howe, B. 676
Howell, F. C. 713
Hrouda, Barthel 672
Hrozný, Bedrich *742*—743, 750
Hsia Nai 798
Huan, Kaiser 461
Huascar 969
Huayna Capac 969
Huber 698
Hubert, Henri 509
Hubert, Jean 513
Huchard 305
Hudson, W. H. 108
Hülsen, Hans von 85, 522
Hürlimann, M. 519
Hugot, H. J. 867
Huguet, R. 31, 326
Hulot-Fougères 542
Humann, Carl 202, 204—205
Humboldt, Alexander von 91, *95*—97, 263
Humboldt, Wilhelm von 27
Hume, David 24
Hummel, Christian Friedrich Carl 78
Hundt, H. J. 531
Hunter, Fenley 909
Hüsing, G. 355
Husserl, Edmund 276
Huszar, J. 581
Hutchins 28
Huxley, Aldous 941
Huxley, Thomas Henry 1, 48, *104*—106
Hyin, Thjodolf von 140
Hyrkanos, Johannes 725

I

Ibn Battuta 877
Ibn Fadhlan 610
Ibn Fozlân 230
Ibn-Jaqub 606
Ibsen, Henrik 52

Iktinos 198
Imanishi, K. 819
Ingholt, H. 698, 718
Ingres, Jean Auguste D. 502
Ingstad, H. 617
Ingunde 550—551
Ischer 138
Isenburg, Salentin, Kurfürst v. Köln 17
Ismael, Khedive 253
Ixtlixochitl 948

J

Jackson, A. T. 923—924
Jacob, Georg 230
Jacob-Friesen, Karl Hermann 436, *437*
Jacobi, G. 544
Jacobi, L. 532
Jacobsthal, Paul *509*—510
Jacquot, Félix 264, 852
Jäger, O. A. 883
Jahn, Martin 337
Jakabffy, J. 442
Jakubowsky, Aleksandr Jurevic 756—757
James, William *109*
Jandolo, Augusto 184
Janer, Florencio 227
Jankuhn, Herbert *616*
Janse, Olov 781, 797
Janssen, J. J. 221
Jansson, Sven B. F. 234, 608
Jansz, Willem 975
Jao-Tsung-i 800
Jarnette, D. L. de 921
Jasovarman, König d. Khmer 789
Jaspers, Karl 1, 46
Jayavarman II., König d. Khmer 789
Jazdzewski, Konrad *424*, 440
Jeannel, R. 287
Jefferson, Thomas 5, 25, *100*—101, 905, 909, 919
Jehu v. Israel, König 683
Jelínek, A. J. 303, 313, 318, 906, 910
Jennings, J. D. 906, 909, 919
Jenny, Wilhelm v. 190, *509*, 591, 595
Jensen, Adolf 857, 891
Jensen, Ole Klindt 179
Jéquier, G. 648

Jesús, M. 577
Jettmar, Karl *483*, 762
Jirku, Anton 732
Joffroy, René Charles Louis 503—*504*, 510, 552
Johnson, Frederick 920
Jomard, François 87
Jonathan, Priester 727
Jones, Charles 905
Jones, F. 980
Jones, Sir William 348
Jónsson, F. 60
Jordan, Julius 638, 643—644, 646, 670—672
Jordanes 10
Joseph Bonaparte, König v. Neapel 36
Joseph II., Kaiser v. Österreich 33
Josia von Juda, König 714
Joyce, E. B. 980
Joyce, Thomas Athol *947*
Juan y Omat, Graf Vincente 188
Juárez, Garcia Benito 940
Jucker, H. 518
Judd, N. M. 917
Judeich, W. 201
Julius II., Papst 16
Junge, P. J. 696
Junker, Hermann *838*—839
Justi, Carl 74
Justin II. 577
Justinian I. 9, 217, 219, 554, 557, 573, 577, 600, 602, 697
Justinus I. 552, 559, 581
Justinus II. 556, 561, 600

K

Ka'a 847—848
Kähler, H. 210, 544
Kälin, Josef 619
Kahrstedt, N. 696
Kalicz, N. 420
Kallikrates 198
Kamal el-Malakh 848
Kambyses II. 694—695
Kannemeyer 890
Kant, Immanuel 5, 24—27, 87, 109
Kantor, H. J. 841
K'ao ku shueh 797

Kao-Tsu, Kaiser 803
Kapara 660—661
Kapelrund, A. S. 736
Kaplan, S. M. 796
Kappstein 112
Karaman 212
Karejscha 72
Karge, Paul 393—394, 713, 732
Karl August, Großherzog v. Weimar 42
Karl d. Große 11, 229, 403, 491, 705, 783
Karl, König beider Sizilien 33
Karl I., König von England 21
Karl II., König von England 21
Karl III., König von Spanien 330
Karl V. 959
Karlgren, Bernhard 483
Karner, L. 187
Karo, G. 201, 437
Kastelic, Jože 186—187, 520
Kastor 200
Katharina II., Zarin v. Rußland 71
Kauffmann, Friedrich 12, 553
Kautsky, Karl 39
Kavvadías Panagiótis 199, 537
Kawerau, Georg 199—200
Keats, John, Dichter 224
Keil, J. 543
Keim, Joseph 532
Keith, A. 711—712, 978
Keller, Ferdinand *175*, 191, 197
Keller, Josef 504—*506*
Keller-Tarnuzzer, Karl 567
Kelly, A. R. 920
Kelsijev, A. J. 300
Kemal el Dine 857
Kemble, John M. 53, *69*—70, 189, 191, 222
Kemke, H. 242
Kendrick, T. D. 451, 572, 616
Kenyon, Kathleen M. 714, 716—717, 722
Kern, Fritz 352, 675
Kern, Otto 204
Kersten, K. 438
Kerszt-Kratschmann, G. 851
Kessler, P. Th. 297
Kestner, Johann Georg, Vater 75, 83, 85
Kestner, Georg August *74*—*76*, 85
Keysler, Johann Georg 29—30
Khalid al-Adhami 676
Kha Skhm-uj, Pharao 733

Kidd, Kenneth E. 926
Kidder, Alfred Vincent 906, *915—916*
Kidder, Edward J. 815—819
Kiekebusch, Albert 343, 431, 433
Kierkegaard, Sören Aabye 52
Kilpper, Gustav 88, 92, 100
Kim, Chevon 409, 808, *810*, 811, 961
Kimmig, Wolfgang 413, 449—*450*, 502
King, John H. 272
King, W. 261
Kingsborough, Viscount 96—97
Kinneir 648
Kirchhoff, Paul 951
Kirchner, Ernst Ludwig, Maler 515
Kirpitschnikow, Alexander 467
Kirsten, E. 208, 527, 543
Kiselev, Sergej Vladimirovic *477*
Klee, Paul, Maler 7
Kleist, Heinrich von 27
Kleitarchos 693
Kleemann, Otto 599
Klemm, Gustav Friedrich 78
Klenze, Leo von 84
Klíma, Bohuslav 299—300, 317—318, 619
Kloiber, Ämilian 566
Klopfleisch, Friedrich 240—241, 371
Klopstock, Friedrich Gottlieb 37
Kluckhorn, E. 271
Klügmann 183
Klumbach, Hans 532
Knebel, Karl Ludwig von 41
Knorr, F. 615—616
Knudtzon, J. A. 256
Knut d. Gr. 612—614
Koch, M. 218
Koch, Robert 558
Koch, Ursula 558
Koch-Sternfeld 217
Kodama, K. 819
Koehl, Karl Ludwig 220, *243*, 366—369, 371
König, F. 391
König, F. W. 496
Koenigswald, Gustav von 116, 779
Koepp, F. 533, 542
Köppel, R. 717
Körte, Alfred 76
Körte, Gustav 183
Köster, A. 211, 523
Kohl-Larsen, Ludwig u. Margit 883

Kohl, H. 260
Kokoschka, Oskar, Maler 515
Koldewey, Robert 275, *638*—647, 658, 670, 739
Kollautz, A. 491
Kolumbus 958—959
Kondakof, N. Kondakoff, Kondakov *165*, 168, 463, 586, 588, 760
Konrad II., Kaiser 612
Kopernikus 103
Kopp 176
Koppers, Wilhelm 347, 427
Kosay, Hamit Zübeyr 747
Kosegarten, Gotthard Ludwig 37
Kossack, Georg 449—*450*
Kossinna, Gustaf 12, 59, 332, *337*—341, 346, 370, 389, 408—409, 418, 431, 435, 437, 446, 449
Kostov, D. 378
Kostrzewski, Josef 337, 439—440
Kothe, H. 461
Kovacs, Istvan 228, 584
Kovrig, Ilona 490
Kozlov 467
Krämer, Werner 506—*507*
Kraft, Georg 449
Krahe, Hans 350, 355, 359
Kraiker, Wilhelm 199—200, 208, 543
Kramer, S. N. 651, 677, 681
Krause, Eduard 243
Krencker 530, 880, 883
Kretschmer, P. 448
Krickeberg, Walter 96, 940, 942, 945, *946*, 951, 956—957
Krieger, A. D. 905
Krishnaswami, V. D. 764
Křiž, M. 121, 132
Kroeber, Alfred Louis 271, 921, 982
Krohn, F. 204
Krom, N. J. 784
Kromer, Karl 173, 446, 520, 856
Kronasser, Heinz 359, 746
Krupnov, E. L. 171
Kruse, Friedrich Karl 11, 78, 160
Kübler, K. 201
Kühn, Herbert 9, 18, 50, 126—127, 130, 134, 148, 151, 159, 176, 182, 190—191, 216 bis 217, 219, 225, 227, 267—269, 273, 279, 282—284, 294, 296, 311—312, 316—317,

321, 323—324, 327—328, 330—331, 391, 399, 401, 426, 433, 483, 488—489, 512, 535, 548—549, 563, 573, 591, 594, 603, *604*, 605, 679, 701, 769, 771, 783, 788, 816
Kümmel, Otto 472
Kunimund 585
Kunze, E. 538
Kussmaul, F. 690
Kutscher, Gerdt 968—969
Kyros, Perserkönig 664, 694—695
Kyzlasov, Leonid Romanovič *478*

L

Labarna Hattusili I. 744
La Baume, Peter 211, 530, 557—*558*
La Baume, Wolfgang 414
Labienus, röm. Feldherr 192
Lablotier, Anatole 549
Lacoste, H. 705
La Coste-Messelière, Pierre de 206
Ladenbauer-Orel, Hertha *566*
Laguna, Frederica de 712
Laidway, W. A. 208
Lajoux, Jean-Dominique 860
Lal, B. B. 764, 774—775
Lalande, P. 119
Lalanne, G. 287
Lamarck, Jean Baptiste, Chevalier de 42—*43*, 103—104
Lamettrie, Julien Offray de 25
Laming-Emperaire, Annette 311—312
Lamon, R. S. 714
Lampre, G. 648
Lamprecht, Karl 113
Landay, Jarry M. 732
Lande, Diego de 932
Langdon, Stephan *652*, 654
Lange, Friedrich Albert 109
Lange, H. O. 849
Langenegger, Felix 658—659
Langeron, Graf v. 71
Langhurst, A. H. 812
Langsdorff, A. 509, 690
Lantier, Raymond 137, 278, 297, 325, 502, 512—*513*
Lapham 263
Laplace, Pierre Simon, Marquis de 24

Laplace-Jauretsche 305
Laroche, E. 661
Larsen, J. 612
Lasker-Schüler, Else 276
Lasteyrie, F. de 227
László, Ferenc 380—*381*
László, Gyula 491, 701
Lartet, Edouard *118*—119, *124*—127, 129, 135—137, 197
Lartet, Louis 119
Latham, R. G. 349
La Tour d'Auvergne-Coret 32
Laur-Belart, Rudolf 533—534
Laurent, P. 317
Lauvaden, L. 857
Laviosa Zambotti, Pia 179
Lawrence, Thomas E. 655, 707
Layard, Sir Austen Henry 92, 254, 638, 643, 683
Layna y Serrano, Franzisco 286, 577
Leakey, L. S. B. 125, 712, 843, 863, 867—*869*, 884, 913
Leakey, Mary 868
Lebègue, Albert 207
Leboeuf, Jean-Paul 872
Le Breton 649
Lebzelter, V. 352, 566, 896
Leclant, J. 883
Leclercq 227
Le Coq, Albert von *754*
Le Cros Clark 125, 886
Leeds, Thurlow E. *571*, 591
Lefebvre, Gillette u. Louis 860
Leger, Fernand, Maler 7
Legrand d'Aussy 32—33
Lehmann, Walter 945—*946*
Lehner, Edward F. 908
Lehner, Hans 530—531
Le Hon 117, 123
Leibniz, Gottfried Wilhelm 18, 25
Leichhardt, Ludwig *976*
Leisinger, Hermann 182, 518
Leisner, Georg und Vera *401*
Leite de Vasconcellos, José 575
Lejard, André 230
Leland, John 21
Lemozi, A. Abbé 290
Lengyel, J. 583
Lenin 40

Lenormant 122
Lenzen, Heinrich 670—672
Leo I., oström. Kaiser 581
Leo III., oström. Kaiser 574
Leo X., Papst 16
Leonceras, Miguel 308
Leopold I., Kaiser 22
Leopold Wilhelm, Erzherzog 22
Lepsius, Karl Richard 91, *851*
Lerici, C. M. 516—517
Leroi-Gourhan, André 306, 311—312, 317
Le Rouzic, Zacharie 329, 392, 404
Leskov, Aleksandr Michailovič 466, 484, 486
Leslie 676
Lessing, Gotthold Ephraim 24, 25, 27
Lethbridge, T. C. 571
Leuvigild, Herzog v. Toledo 577
Leuzinger, Elsy 878
Levezow, K. 10
Levy, Rachel G. 619
Lhote, Henri 710, 859—860
Liagre-Böhm, F. M. Th. de 649
Libby, W. F. 314, 320, 907, 909, 953
Li Chi 798, 800
Lichtenstein, H. 894
Liere, W. J. van 737
Liestøl, Aslak 606
Ligeti, L. 489
Lilliu, G. 397
Linas, Charles de 221, 227, 700
Linckenheld, E. 212
Lindenschmit, Johann 65
Lindenschmit, Ludwig, der Ältere 11, *37*, 53, 64—68, 70, *79*—80, 134, 147—148, 162, 190—191, 194, *214*—215, 217—*220*, 239, 247, 366, 553
Lindenschmit, Ludwig d. Jüngere 38, 67
Lindenschmit, Wilhelm d. Ältere 37, 65, 217, 579
Lindenschmit, Wilhelm d. Jüngere 37
Lindquist, Sune 234, 569, 606—*607*
Lindsay 976
Linné, Carl von 24
Linné, Sigvald 929, 951
Lipitischtar 649
Lipp, W. 579
Lisch, Georg Christian Friedrich 16, 56, 59, 79, 239, 242
Li Schi-min 804

Li Tai pe 804
Littmann, Enno 880, 883
Liu Cheng, Prinz 803
Liu Hsia-ch'un 800
Liu Tung-ya 800
Liuva I., Herzog v. Narbonne 577
Livingstone, David 879
Livius 20, 73, 189
Lloyd, G. 684
Lloyd, Seton 675, 682
Locke, John 873
Loder, Anatom 42
Loë, J. de 222—223, 567
Loeschke, Georg 251, 254—*255*
Loeschke, Siegfried 530
Loftus 259, 648
Lohest, Max 115
Lohse, E. 726
Lommel, Andreas 981—984
Lommel, Hermann 773
Long, J. 272
Loo, C. T. 472—473, 491
Lope de Vega 329
Lopez de Cárdenas, E. 330
Lorenzo, G. 307
Los Rios, J. Amador de 227
Lothorp, Samuel Kirkland 933, 959
Loti, Pierre 787
Loubat, Herzog von 208
Loud, G. 684, 714
Louis, Maurice 536
Louis Napoleon, König v. Holland 36, 192
Louis-Philipp, König v. Frankreich 44
Lubbock, Sir John, später Lord Avebury 69, 106, 131, *141*, 263, *270*, 905
Luce, J. V. 542
Lucien Bonaparte, Fürst v. Canino u. Musignano 74, 77
Lucius, Prinz 211
Lucius Verus 532
Lucke, W. 519
Lucretius Carus 14, 57
Lucullus 696
Ludwig I., König v. Bayern 84
Ludwig XIV. 22
Ludwig von Württemberg, Herzog 19
Ludwig, Emil 245
Ludwig, Wido 672
Lübke, Wilhelm 279

64 Kühn, Vorgeschichtsforschung

Lüdtke, G. 431
Lührs, H. 646
Lüning, Jens 422, 426
Lugalmu 652
Lugalzaggisi, König v. Sumer 663, 674
Luho, Ville *422*—423, 807
Lukashkin, A. S. 793
Lukian 393, 958
Lukonin, Wladimir G. 702, 706
Lumbsunskiy 759
Lund 51
Lundberg, Hans 911—912
Lundström, P. 608
Luquet, G. H. 284, 302
Luschan, Felix v. 638, *875*—876, 878
Luther, Martin 16, 260, 303, 708
Lwoff, S. 296
Lyell, Sir Charles 41, 48, 50—51, 103, 106, 197
Lyon, D. G. 717
Lysipp, Lysippos 85, 206

M

Maack, Reinhard 889, 892—893
Macalister, R. A. St. 260, 718, 721, 732
MacCalman, H. R. 893
MacCarthy, Sir Desmond 108
MacCarthy, F. D. 980
MacCurdy, George Grant 133
Mace 841
MacEmery 81
Mach, Ernst 108
Ma Chu'uan 802
MacIver 178
Mack, R. P. 509
Mackay, Ernest 275, 652—653, 774, 841
Mackenzie, D. 457
MacKinley 976
MacLennan, John Ferguson 272
Madanjeet Singh 778
Madhloum, T. 683
Madsen, A. P. 60
Magnentius 226
Magnus, Olaus 19
Magnussen, Finn 233
Mahan, G. S. 717
Mahony, D. 977, 980

Mahr, Adolf 175, 592
Maier, J. 726
Mainage, Th. 302
Maiuri, Amadeo 524—*525*
Makarenko, N. F. 466
Makemson, W. M. 948
Makowsky, Alexander 122
Makridi Bey 260
Malan, B. D. 855
Malbos, Louis 501
Maldonado-Koerdell, Manuel 913
Maler, Teobert 937
Malhomme, J. 871
Malleret 786
Mallery, Garrick 263, 922
Mallon, A. 717
Mallowan, M. E. L. 649, 682—683, 736—737
Mallwitz, A. 538
Malvesin-Fabre, G. 316
Mandelstam, A. M. 762
Mangelsdorf, Paul C. 955
Manet, Edouard, Maler 6
Manetho, ägypt. Priester 847—848
Mansuelli, Guido A. 179, 519—520
Mantzewitsch, Anastasia 486
Marbod, König 195
Marc Anton 194
Marc Aurel 526
Marchal, H. 789
Marchand, Ollier de 128
Marcian, oström. Kaiser 573
Marcius, oström. Kaiser 573
Marco Polo 753
Marconi, P. 542
Marconi—Bovio, J. 310
Marcus Aurelius Antonius 209, 532
Marduk apal idinna II. 672
Marett, R. R. 273
Maria Amalia Christine v. Sachsen 33
Maria Theresia 552
Mariette, Auguste *253*—254, 256
Marinatos, Spyridon 539
Maringer, J. 311, 619
Marquette, Jacques 925
Marquez, Carlos Cuervo 961
Marquina, Ignacio 952
Marseen, O. 568
Marshall, Sir John 275, 770—*771*, 774, 776
Martel, E. 279

Martha, Jules 76, 183
Martin 892
Martin, Paul S. 918—919
Martinez Santo Olalla, Julio 575—576
Martinow 762
Martjanov, N. M. 475
Marton, Lajos von 375
Maruschtschenko, A. A. 702
Marx, Karl 3, 5, 39, 487
Maška, K. 121—122
Mason, J. A. 965, 969
Maspero, Gaston 256, 834
Massénat, Elie 118—135
Massola, A. 981—982
Masson, Vladimir Michajlovič 702—703, 759
Masson Detourbet, Annie 872
Massoulard, E. 849
Masuda, S. 690—691
Masva, Suebenkönig 435
Ma Têh-Chih 801
Matisse, Henri, Maler 515
Matthes, Walter 337
Matthews 980
Matthews, K. D. 527
Matz, F. 201
Mauch, K. 879
Maudslay, Alfred Percival 262, 937, 947
Mauny, R. 871
Mauricius Tiberius, oström. Kaiser 225, 552, 574, 600
Maury 306
Mavarta 574
Mavor, James W. 542
Maxen, Haug von 17
Maximilian I., Kaiser 875
Maximilian v. Österreich, Kaiser v. Mexico 940
Mayer, Maximilian 388
Mayet, L. 295
Maynard, Guy 572
Mayr, Albert 395
Mazet, Jean 305—306
McBurney, C. B. M. 849, 862
McCown 690, 711—712, 869, 913
McCune, Evelyne 812
McGregor, J. C. 918
Meaney, Audrey L. 572
Mecquenem, R. de 649, 686
Mehnert, G. 234
Mcier-Arendt, Walter 370, 425

Meillet, 127
Meillet, A. 947
Meiji, Kaiser von Japan 812
Meiners, Christoph 271
Meissner, B. 638
Meisterlin, Sigismund 16
Melanchthon, Philipp 4
Meldgaard, J. 692
Melgúnov, Alexej Petróvič 71
Mélida, José Ramón 575
Mellaart, James 748—749
Mellen, Jacob von 18
Membrado, Carlos Esteban 326
Ménant, J. 650
Méndez, Modesto 936
Mendoza, Antonio de 948
Menelik I. 881
Menelik II. 881
Menéndez Pidal, R. 578
Menes, König 838
Mengarelli, R. 225—226
Menghin, Oswald 76, 266, 426—428, 838, 870
Menninger, K. 949
Menua, König 495
Menzies, James M. 798, 800
Mercer, A. B. 850
Mergelina, C. 576
Merhart, Gero von 456, 473, 594
Meriggi 743
Mérimée, Prosper 97, 396
Merk, K. 134
Merlingen, Weriand 359
Merneith, Königin 847
Méroc, L. 306
Merpert, Nikolaj Jakovlevic 485—486
Mesilim, mesop. König 654
Mes-kalam-dug, mesop. König 667
Mesnil du Buisson 697, 737
Messikomer, H. 137
Messikomer, J. 137
Mestorf, Johanna 130, 149, 242, 413
Meunier, Dr. 552
Meyer, Eduard 255, 281—282, 392, 429, 742
Meyer, Ernst 170, 245—246, 248, 356
Mezger auch Metzger 216
Michaelis, Adolf 251
Michalowski, K. 698
Michelangelo 16

Mieg de Bootsheim, P.   145, 373, 419, 422
Migliaccio, J.   308
Mikov, V.   378
Mildenberger, Gerhard   413, 424, *562*
Miles, J. C.   259, 649
Milik, J. T.   726
Mill, John Stuart   107
Milojčič, Vladimir   373, 377, *386*
Miltner, F.   543
Minckwitz, Esaias von   17
Minns, E. H.   463—464, 760
Miró, Maler   7
Mitchell   976
Mithof, Georg Friedrich   18
Mithridatis I.   703, 705
Mithridatis II.   696
Mithridatis III.   699
Mithridatis Kallinikos   700
Mitra, Panchanan   261, 765—769
Mitrea, Bucur   584
Mitscha-Märheim, Herbert   566
Mitsumori, S.   819
Mizuno, S.   819
Moberg, D. A.   407
Moddermann, Pieter J. R.   373
Mötefindt, H.   59
Molinier   227
Mollat, M.   616
Moltke, Graf Helmuth v.   213
Mommsen, Theodor   532
Mond, R.   841
Monger   976
Monneret de Villard, U.   880
Monod, Théodore   860
Montejo, Francisco de   930, 947
Montelius, Oskar   59, 130, 137, 139, *146*—147, *149*—155, 158, 161—163, 174, 231, 237, 240, 242, 322, 332, 341—342, 346, 364, 370, 406, 412, 432, 439, 441, 444, 569
Montezuma   938—939, 951
Montfaucon, Bernard de   28, 30—31
Montpéreux, Dubois de   71
Moo-Byong Youn   409, 809
Moortgat, Anton   390, 650, 654, 661, 672, 675
Moosbrugger-Leu, Rudolf   564
Móra, Ferenc   581
Morant   28
Moravcsik, G.   489
Moreau, Fréderic   221

Moreau, Jacques   502, 510
Morenz, Siegfried   852
Moretti, G.   210
Moretti, M.   517
Morgan, Lewis Henry   39—40, 69, *270*
Morgan, C. L.   108
Morgan, H. u. Jacques de   *259*, 647—649, 686, 843, 864
Morimoto, R.   819
Morintz, Sebastian   469
Morley, Sylvanus Griswold   931, 934, 937 bis 938, 949—951
Morris, Earl H.   917
Morse, Edward E.   812
Mortelmans, G.   869
Mortensen, P.   692
Mortillet, Adrien de   119, 135, 147
Mortillet, Gabriel, de   13, 59, 118—120, 122 bis 123, 126, 128, 130—131, 133, *135*—*139*, 141, 143—144, 147, 240
Morton, Friedrich   175
Mosso, A.   388
Moszeik, Otto   264, 853, 887—888
Motos, F. de   326
Moucha, V.   439
Mouhot, Henri   786—787
Movius, H. L.   295, *316*—*317*, 402, 791, 910
Much, Matthaeus   *152*, 332, 341—342, 346
Much, Rudolf   152
Mühlestein, Hans   516
Müllenhoff, Karl   12, 66, 337
Mueller, Otto, Maler   515
Müller, A.   466
Müller, G. Fr.   71
Müller, H. J.   68
Müller, Rolf   451
Müller, Sophus   58, 60, 64, 139, *146*—149, 152—153, 155, 162—163, 188, 233, 237, 242, 321—322, 332, 335—339, 341, 346, 370, 389, 406, 409, 418, 433, 591, 647
Müller, Werner   670, 946
Müller, Wilhelm   85
Müller-Beck, Hansjürgen   619, 751
Müller-Deecke, C. O.   183
Müller-Karpe, Hermann   179, 368, 619—620, *638*, 662, 798
Müller-Neuffer, Christa   557
Müller-Wiener, W.   537
Mulvaney, D. J.   980

Munaijed, S. 698
Munro, N. G. 819
Murat, Gioacchino 36
Murchison 48
Murphy, J. W. 696—697, 717
Murschilisch 664
Mursili I. 744
Mursili II. 745
Mus, D. 784
Mushard, Martin *30*, 57
Mussian, J. von 532
Mutinelli, Carlo 574
Muwatalli 745
Myers, O. 841
Mykerinos 733
Myres, J. N. L. 249, 565, 571
Mysmaros, J. M. 757

N

Nabonidus, König von Babylon 14
Nabupolassar 640
Nachtigal, G. 857
Nachtigall, Horst 409, *961*, 969
Nadailhac, Marquis de 123
Nagel, A. 368
Nakaya, Jiujiro 816, 819
Nama, ägypt. König 847
Namur, A. 221
Nandris, John G. 388
Naora, N. 793
Napoleon I. 22, 35—37, 43, 46, 54, 74, 87—88, 96, 192, 223, 396, 530
Napoleon III. 68, *191*—194, 209, 253, 265, 396, 456, 940
Naram-Sin, Neramsin 14, 282, 495, 648
Narr, Karl J. 146, 317, 321, 619, *637*, 690, 780, 980
Nash, E. 210
Nash, T. A. M. 884
Nathorst 794
Naue, Julius 227, *243*
Naumann, R. 260
Navarro, J. M. de 509
Naville, Edouard 852
Neander, Joachim, Neumann 114
Nebschamos, N. N. 757

Nebukadnezar I. 664
Nebukadnezar II. 639—641, 664, 666, 697, 715, 738
Neckel, Gustav 356
Neeb, Ernst 297, 319
Neely, J. A. 691
Nehring, Alfons 347, 349, 358, 431
Nelson, Lord 54
Nelson, N. C. 793
Neméth, G. 489
Nénot, Paul 208
Nero 725
Nestor, Jon 210, 380, *442*, 470
Neuhoff, Theodor von 396
Neumann, G. 241
Neumann, R. 212
Neustupný, Jiři 414
Neuville, R. 712—713, 717, 863
Neve, P. 744
Neville, R. C. 224
Newton, Charles Thomas 250
Newton, Isaac 24
Niebuhr, Carsten 87, 707
Niederle, Lubor 455
Niemann, George 212—213
Nietzsche, Friedrich 52, 107, *110*—111, 113, 352
Niklasson, Nils Hermann *368*, 419
Nikolaus V., Papst 17
Nilsson, Sven 69, 148, 242
Njfalvy, Ch. de 349
Nobbe, M. 11
Noël des Vergers 183
Nöldeke, A. 638, 670, 672
Noerlund, P. 612, 617
Nofretari 851
Nofretete 846
Norbeck, E. 906, 909, 919
Nordén, A. 407
Nordenskjöld, Otto 794
Nordman, Carl Axel *406*, 465
Norwich, J. J. 617
Notemit 257
Nougavrol, J. 736
Nougier, L. R. 145, 287, 306, 316, 619
Nüesch 135
Nunningh, Hermann 30
Nussbaum 917
Nyerup, Rasmus *54*—55

O

Oates, J. 676
Obermaier, Hugo 274, 278, *282*—286, 288, 297, 299, 322—327, 330—331, 401, 514, 769, 855, 860—861, 864, 889—890, 892, 894
Octar, Hunnenfürst 701
Odin 56
Odo, Herzog 230
Odoakar 573
Odriozola, M. de 969
Oelmann, F. 531
Ohly, Dieter 537
Ohlmarks, Åke 159
Ohrenberger, A. 420
Oken, Lorenz 45
Okladnikow, Aleksey Pavlovič 302, *311*, 758, *762*—763
Olearius, Adam 160
Olearius, Gottfried 18
Olschewski 170
Olsen, Olaf 613
Olsén, P. 607
Olzscha 518
Opificius, Ruth 734
Oppenheim, Max Freih. v. 261, *656*, 658—659, 662
Oppenoorth, W. 779
Oppermann, A. von 341
Oppert, Jules 638, 650
O'Riodain 405
Orlandos, A. K. 538
Orsi, Paolo 187, 386—387, 542
Orxines, Satrap 695
Osgood, C. B. 808
Osten, Hans Henning v. d. 703, 705, 750—751
Otho, König 37
Otter, Jean 260
Otto d. Große 588
Otto, I. König v. Griechenland 84, 87, 198 bis 199
Overbeck, Johann Friedrich, Maler 75
Oxč, A. 531
Oxenstierna, Eric Graf 140, 230, 587, 606, 608, 616
Oyama Kashiva *813*—814, 816
Ozols, Jekabs 415—416

P

Pachacutec Yupanqui 969
Pacheco, Hernández E. 286, 323—326
Paddock, John 942
Pager, Harald 895—896
P'a-keng, König 802
Pales, Léon 297
Paley 40
Palgrave 707
Pallarés, M. 326
Pallary, P. 863
Pallas 71
Pallottino, Massimo 397, *517*—518, 542
Palol, Pedro de 577
Panigrahi, K. C. 776
Pao Hi 2
Paoli, Pasquale 396
Papadimitriou 537
Parat 133
Párducz, Mihály 489
Paret, Oscar 19, 191, 357, *410*—411, 426, 436
Paribeni, Roberto 523, 573
Paris, Pierre 188, 511, 514
Parke, H. W. 206
Parke,r Matthew, Erzbischof 21
Parrot, André 646, 648, 650, 655—656, 662 bis 663, 666, 672, 673—674, 678
Pârvan, Vasile 470
Paschetto 523
Pasqui 211
Passek, Tatjana Sergeevna 382—*384*
Passemard, E. 295—296
Paterson, T. T. 763—764
Patin, Charles 28, 30
Patte, Etienne 619
Paulsen, Peter 232—233, *558*, 617
Paulus Diaconus 585, 597
Paulus, Karl Eduard 79
Pauly, A. 212
Pauly-Wissowa 696
Pausanias 202, 206
Pechstein, Max, Maler 515
Péguy, Charles 276
Pei Wen-chung 792
Pelgrave, W. C. 394
Pelizaeus 838
Pellicer 308
Pelliot, Paul 472, 492

Pendergast, David M. 943, 945
Pendlebury, J. D. S. 457, 538
Pengelly, William 51, 81
Penka, Karl 349
Perez de Barradas 959, 961
Pérez Martin 577
Pérez Molinero, A. 576—577
Péricard, L. 296
Pericot y García, Luis 283—284, 295, 325, 400
    402, 513
Perikles 198
Pernice, Erich 211, 279
Pernier, L. 459—460, 538
Perret 859
Perrier du Carne 128
Perrot, Georges 260
Pertz, G. H. 213
Peter d. Große 70—71
Peters, Eduard 297—298
Petersen, Ernst *562*
Petersen, Eugen 210
Petrarca 16
Petri, Helmut 982
Petrikovits, H. von 531
Peusker, Karl 79
Peutinger, Sammler 17
Peyrony, Denis (Sohn) 278, 296
Peyrony, Emile (Vater) 128, 278, 317
Pfannstiel, M. 751
Pfeifer, R. H. 660
Pharnakes II. 696
Philby, J. B. 707, 710
Phidias 84, 521, 525
Philipp II. von Makedonien 177, 195, 202, 509
Phillips 873
Phillips, P. 920
Phocas 574, 602
Piankoff, P. 850
Pič, Josef 195, 430
Picard, Casimir 46
Picasso, Pablo, Maler 7
Picton, H. 591
Pierret, B. 306
Piette, Edouard 120—121, 124, 127, 129, 133,
    143—144, 163, 324
Piganiol, A. 212, 552
Piggott, Stuart 35, 321, 404, 409, 420, 437,
    571—572, 781
Pigorini, Luigi 130, 180—181, 247, *395*

Pijoan, Joseph 227
Pillet, Maurice 697
Pilloy, J. 221, 548—549
Pin, Prinz 804
Pindar 45—46
Pink, K. 509
Pinkley, G. 976
Pinotem, Hohepriester 257
Piotrovski, Boris Borisovič *486*, 496
Pirling, Renate 555, 557, 559—562, 564
Pissot, J. 295
Pittioni, Richard 179, 347
Pizarro, Francisco 962, 969
Place 640
Plass, Margaret 876
Plato 2, 25, 106, 539—541
Platon, N. 459—460
Plinius 209, 187, 189, 237—238, 725
Ploeg, van der, Pater 724
Plutarch 693
Poblicius, L. 530
Poch y Garé, J. 326
Poebel, A. 651
Poesche, Th. 349
Pörtner, Rudolf 616
Pohlmann, H. 690
Pokorny, Julius 355, 358
Pokrovskaja, Eugenija Fedorovna 466
Polikarpovič, K. M. 301
Poljakow, J. S. 300
Pollux 200
Polygnot 206
Pompejus 696, 733
Pontoppidan, dänischer Schriftsteller 58
Pope, Upham A. 492, 494
Porada, Edith 706
Porcar, B. 283
Porter, Ker 648
Porterie, M. de la 132
Posonov, V. V. 793
Post, L. v. 607
Potratz, Johannes A. H. *494*
Pott, A. F. 348
Pott, P. H. 812
Poulsen, Frederik 76, 206
Powel, T. G. E. 509
Powell, John Wesley 914
Praxiteles 201, 208, 521
Preidel, Helmut 169, *578*

Prescott, W. H. 100
Prestwich, Geologe 48
Preuschen, E. 446
Preusker, Karl 160
Preuss, K. Theodor 267, 273, 961
Preusser, C. 646, 671
Prinz, H. 646
Priskos 489
Prokop 9, 10, 213, 215, 585, 599
Prosdocimi 180
Proskouriakoff, Tatiana 936, 938
Protase, Dumitru 585—586
Prout 40
Psammetich, Pharao 461, 694
Ptolomäus 189
Puchstein, Otto *203*, 260, 528, 542, 698
Pugatschenkowa, G. A. 702—703
Puig i Cadafalch 578
Pulgram, Ernst 353
Pullan, Poppelwell R. 204—205
Pulszky, Ferenc von 131, *163*
Pumpelly, R. 758—759
Puydt, Marcel de 115

Q

Quatrefages de Bréan, Armand 49
Querbach, Elias 732
Quibell, J. E. 394, 837, 840, 849
Quimby, G. J. 919
Quinet 123
Quiring, Heinrich 960
Quitta, Hans 367, 751

R

Rabenou, M. 492
Radegunde 550
Rademacher, Franz 564
Rademacher, Karl *244*
Radimsky, Václav 376
Radin, Paul 918
Radlof, J. G. 11
Radloff, Wilhelm 464, 467, 475, 478
Raffael 16
Raffles, Sir Stamford 783
Raftery, J. 405, 436

Rais Mohammed, Steuermann 258
Raiser, von 216—217
Rajendravarman, König d. Khmer 789
Rampin, Georges 200
Ramsauer Johann Georg *171—172*
Ramsay 48
Ramses II., Pharao 256, 718, 741, 745, 846, 851
Ramses III., Pharao 450
Ramses VI., Pharao 835
Ramskau, Th. 568
Randa, Alexander 358
Randall-MacIver, D. 841, 879
Ranke, Johannes 114, 243
Raschke, Georg 438
Rassam, Hormuzd 258, 638, 643, 650, 683
Rathjens, C. 707, 709
Rauchomarus, Münzmeister 557
Ravidat, Marcel 293
Rawlinson, H. C. 91, 648
Rea, Alexander 261
Read, C. H. 492
Rebilus 192
Recceswinth, König 227
Reck, Hans 868—869
Reed, E. K. 919
Reginus 192
Regling, K. 205
Regnault, Félix 127
Rehabeam, König 715
Rehork, Joachim 662
Reiche, Maria 922, 968
Reinach, Salomon 165, 168, 177, 188, 208, 279, 281, 463, 547—548, 586
Reinecke, Paul 174, 177, 189, 321—322, *362*, 371, 426, 510, 531—532, 586, 601
Reinerth, Hans 370, *371*, 372, 425—426
Reisner, George Andrew 717, *837*
Reitinger, Josef 175
Renauld, Ph. 290
Rendall, D. 841
Renner, Dorothee 565
Resch, Walter F. E. 844, 856
Reuther, Oskar 638, 642
Reygasse, Maurice 398—399, 843, 859, 861
Reyna, Simeon Giménez 308
Rhé, Gyula 582
Rhenanus, Beatus 17
Rhode, Andreas Albert 28—30
Rhode, Christian Detlev 160

Ribaddi, König v. Byblos 733
Ribeiro 131
Rich, Claudius James 87, 638
Richard, Martin 653
Richardson, Emiline 519
Richelieu, Herzog v. 71
Ricke, Herbert 848
Riegl, Alois *268*
Riek, Gustav 298
Riem, Johannes 320, 670
Riemschneider, M. 746
Riepnikow, N. 587
Riesenfeld, A. 409
Riet Lowe, C. van 885
Rieth, Adolf 502, 509
Riis, P. J. 718
Rilke, Rainer Maria 276
Rimbaud, Jean-Arthur 276
Ripoll Perelló, Eduardo 308, 325, 402
Rivet, Paul 933—934, 937, *946*, 960
Rivière, Emile de Précourt 84, 119—120, 133
Robert, Fernand 537
Robert, Romain 287, 306, 316
Roberts, Frank H. H. 906
Robien, de 31
Robinson, D. M. 538
Robinson, K. R. 879
Robinson, J. T. 887
Robisch, M. 186
Rode, A. 326
Rodenwaldt, Gerhart 198, 202, 206—208, 210
Rodrigues, Jesus 286
Rodulf, König 599
Roeder, Günther 396, 845, *849*
Rogačev, A. N. 302
Rogers-Bey 257
Rohlfs, Gerhard 857—858
Roldán, Garcia 309
Rolle, Renate 467
Roma 200
Romanelli, P. 524, 526
Romero, Xavier 913
Rorimer 492
Rosa, Pietro, Architekt 209
Rosenberg, Marc 564
Roska, Martin 585
Rossini 210
Rostovtzeff, M. J. 416, *463*—464, 466—467, 472, 481, 493—494, 594, 696—697

Roth, H. L. 978
Rothbart, Albert 839
Rothe, Tyge 57
Rothert, Hans 854
Rothert, Wilhelm 68, 239
Rothschild, Baron Edmund de 211
Rousseau, Jean Jacques 4, 5, 87
Roussel, E. 212
Roussel, P. 208
Rowe, A. 718
Rowland, B. 778
Rúbin de la Borballa, Daniel F. 941
Rudbek, Olaf 160
Rudenko, Sergej Ivanovič 467—*468*, 478
Rudinsky, M. J. 300
Rudolf II., Kaiser 18
Ruhlmann, A. 863—864
Rumpf, Andreas 76, 542
Rupp, Hertha 563
Ruppert, Karl 936
Rurik 229
Rust, Alfred 298, 732—733
Ruz, Alberto 935
Rydh, Hanna 284

S

Sabatier, Rochette 71—72
Sachanev, V. V. 466
Sacharia 303
Sachau 698
Sacheverell 28
Sacken, Eduard Frhr. von 172—173
Sackett, R. 914
Safar, Fuad 675, 682
Sahagun, Bernadino de 938, 947—948
Saint-Hilaire, Geoffroy de *42—45*, 103, 125
Saint-Just Péquart et Marthe 316, 329, 392, 404
Saint-Mathurin, Suzanne de 315—316
Saint-Périer, René de 284, *295*—296
Salamon, A. 583
Salewicz, Kazimierz *381*
Salin, Bernhard 586, *589*—591, 593, 597—598, 601
Salin, Edouard 549—*550*, 564
Salles, G. 686, 704
Sallust 36, 521
Salmanassar I. 646

Salmanassar III. 646, 681, 683
Salmon, Ph. 145
Salmony, Alfred 301, 311, 472—*473*, 477, 481, 483
Salomo, Salomon 664, 705, 707, 714, 718—721, 723, 739, 879, 881
Salzmann 252
Samokvassov 165
Sánchez, George J. 950
Sanchez, Ignacio Calvo 512
Sandars, Horacio Calvo 511—512
Sandars, Nancy Katharine 449—450
Sandford, K. S. 843
Sangmeister, Edward 367, 373, 413, 418—419, 502
Sanherib, König 92, 646, 662, 664, 715
Sankalia, H. D. 764, 766, 774
Santangelo, M. 516
Sarauw, Georg 143, *145*, 322
Sargon von Akkad, König etwa 2350—2295 14, 91—92, 282, 461, 641, 646, 650, 662 bis 663, 674, 678
Sargon II. v. Assyrien (721—705) 664, 672, 684, 738
Sarre, Friedrich 494, 658, 663, 693, 695, 705 bis 706
Sartre, Jean-Paul 276
Sarzec, Ernest de *259*, 638, 650—651
Saulcy, M. de 257
Sauter, Marc 119
Sautuola, Marcellino de *128—131*
Sauvaget 698
Sauvent 306
Saveliev, P. S. 235
Savigny, Frau von 75
Savyer, P. H. 616
Saxo Grammaticus 232
Sayce, A. H. 247, 261, 742
Sayees, E. B. 918
Schaaffhausen, Hermann 130, 247
Schach-Dörges, Helga 563
Schachermeyr, Fritz 182, 386
Schadow, Gottfried 38
Schäfer, Heinrich 846
Schaefer, Jack 915
Schaeffer, Claude 450, *734*—736
Schapur I. Shapur 646, 686, 694, 704—706
Schapur II. 706
Scharff, Alexander 661, 845

Schayes, A. G. B. 221
Schebesta, P. 879
Schede, M. 201
Schedel, Hartmann 16
Schefold, Karl 496
Scheidius, Christian Ludwig 57
Scheil, V. 648—649
Scheler, Max 276
Schellenberg, Hans von 19
Schelling, Friedrich Wilhelm 5, 38, 106, 271
Scherens, G. 886
Scherer, Anton 355, 357
Scherz, Ernst R. 892, 894—896
Scheurer, Ferdinand 549
Schiaparelli 851
Schiering, W. 538
Schiller, Friedrich 5, 25, 27, 52, 65, 87, 117, 120, 124
Schinkel, Karl Friedrich 37, 84
Schischkin, W. A. 756—757
Schlabow, K. 438
Schlegel, August Wilhelm 5, 91
Schleiermacher, Friedrich Daniel 52
Schleiermacher, Wilhelm 533
Schlemm, Julie 342—343
Schliemann, Heinrich 102, 163—164, 170, 196, *245*—249, 251—253, 256, 258, 265, 434, 457, 501, 538
Schliz, Alfred *243*, 369
Schlosser 790
Schlösser, W. 124
Schlumberger 698
Schmarsow, August 268
Schmerling, Anatom 50, 118
Schmid, Walter 186, 584
Schmidt, Berthold 556, 562—563
Schmidt, Erich F. 494, 690, 693—694, 750 bis 751
Schmidt, Hans-Jürgen 672
Schmidt, Hubert 12, 341, 343, 370, *378*—379, 400, 418, 469—470, 662, 758—759
Schmidt, R. R. 283, 425—426
Schmidt, Valdemar 322
Schmidt, Wilhelm 270, 427, 690
Schmidtgen, O. 297, 319
Schmidt-Rottluff, Karl, Maler 515
Schmidt-Thielbeer, E. 419
Schmökel, Hartmut 259, 649, 661, 670—672
Schober, A. 544

Schönberg, Wolf von 17
Schönberger, Hans 533
Schöne, Richard 202, 637
Schoetensack, Otto *243*
Schopenhauer, Arthur 91, 110, 113
Schoppa, Helmut 554, 556, 679—680
Schott, A. 259, 671
Schott, Erik 670
Schrader, Hans 205
Schrader, Otto 349, 355
Schránil, Josef *374, 441*
Schreiber, Heinrich 217
Schroeder, R. 414
Schroller, Hermann 381
Schub-ad 667
Schubbiluliuma 664
Schuchhardt, Carl 12, 248, 337, *339*—341, 343, 380, 434—435, 437, 470, 637, 641
Schulgi 663
Schulten, Adolf 187, *513*
Schultz, C. G. 613
Schultz, Wolfgang 433
Schulz, Agnes 857, 891, 981—984
Schulz, Bruno 528
Schulz, Heinrich 11
Schulz, Walther 356
Schulz-Weidner, Willy 891
Schumacher, G. 714
Schumacher, Karl 12, 66—67, 79, 189, 362 bis 365, 371, 393, 553
Schur, W. 696
Schwab, Friedrich 175—176, 197
Schwabedissen, H. 894
Schwalbe, Gustav 114
Schwantes, Gustav 323, *343*—344, 413, 732
Schwarz, E. 448
Schweinfurth, Georg 856
Schweitzer, B. 542
Scipio 514
Scollar, J. 422
Scopes, John 45
Scotti, Graf Mancinelli 181, 184, 186
Scullard, H. H. 519
Seager, R. B. 457
Seetzen, N. J. 707
Seger, Hans 18, 56
Seler, Eduard 124, *262*, 930—931, 936, 941, 945, *946*, 947, 967
Seler-Sachs, Cäcilie 262

Seleukos I. Nikator 695—696, 760
Sellards, E. H. 908
Sellin, Ernst 715
Semerkhet 847
Senent, J. 326
Senes, H. 717
Sentenach, N. 512
Senyürek, M. 752
Septimius Severus 526, 697—698
Seracsin, A. 566
Sergěiev, S. J. 614
Sergi, G. 349
Serrano, Pascual 326
Serres, C. de 305
Seshadri, M. 765
Sesostris I. 847
Sethe, K. 850—851
Sethos I., Pharao 88, 256, 258, 718, 846
Severeanu, G. 470
Seyffarth, G. 11
Seyrig 698
Shaw, Thurstan 877
Shear, Leslie T. 536
Shelley, P. B. 86
Sherman, S. R. 681
Shetelig, Haakon 232, 235, 406, *570*, 610, 617
Shetrone, Henry Clyde 919
Shih Chang-ju 800
Shinnie, P. L. 879
Shipton, G. M. 714
Shortt, H. de 571
Siamun 258
Siebert, R. 112
Sieglin, Ernst von 837
Siemens, Georg von 204
Sierra, Lorenzo 278, 285
Sieveking 782
Sigibert 551, 560
Silberbauer, G. B. 893
Silberrad 769
Simon, Erika 531
Simon, James 739
Simonsen, Vedel 58
Sirén, O. 805
Siret, Louis 161, 330, 399—400, 452
Siret, H. 161, 399—400, 452
Sisak, Pharao (Scheschonk I.) 720—721
Sizow, V. J. 614
Sjövold, Th. 232, 570

Skarin-Frykman, B. 609
Skutil, Josef 375
Slotty, F. 518
Smith, Cecil 251
Smith, Charles Roach 224, 225
Smith, George 92, 258, 683
Smith, Murray 251
Smith, S. A. 977
Smithson, James 914
Smuts 891—892
Snofru, Senefru 837, 848
Sobernheim 698
Soden, W. von 259, 671
Sokrates 540
Soldi 411
Solecki, R. L. 684
Solignac, M. 860
Sollas, W. 118
Solon 539—540
Sömmering, Samuel Thomas 45
Sono 690
Sophokles 45, 84
Soqnunri 258
Soret, Frédéric 44
Sosa, Castano de 915—916
Sotiriadis, G. 386
Soudsky 373
Soundra Rajan, K. V. 764
Šovkopljas, J. G. 300
Spanuth 540
Specht, Ernst Konrad 356
Speiser, E. A. 661, 679, 681—682, 798, 805, 810
Speiser, Werner 810
Spence, Lewis 540
Spencer, Sir B. 976
Spencer, Herbert 104, *107*—108, 272
Spicyn, A. 235, 415, 614
Spiegel, Joachim 849—850
Spinden, Ellen S. 942
Spinden, Herbert J. 931, 934, 949, 951
Spranz, Bodo 945
Sprockhoff, Ernst 30, 158, 337, 407—*408*, 438, 443
Squarciapino, Maria Floriani 527, 545
Squier 263
Stackelberg, Otto Magnus, Freiherr v. *74*—76
Staehlin, F. 533
Stalin, Josef 40, 465, 477

Stamm 134
Stampfuss, Rudolf 413, 419
Starcky, J. 698
Stark, Freya 497—498
Starkey, J. L. 714
Starr, R. F. S. 660—661, 679
Stasi, P. E. 294
Steeger, Albert 557
Steele, F. R. 649
Steenstrup, Japetus 60, 142—144, 616
Stein, Reichsfrh. Karl vom 213
Stein, Frau Charlotte von 41
Stein-Callenfels, P. van 779
Steindorff, Georg 837—*838*
Stekelis, Moshé 394, 712, 714, 718, 732
Stelin, K. 19
Stemmermann, Hans Paul 19, 58
Stenberger, Mårten 569, *607*, 609
Stenton, F. M. 225, 230
Stephan, E. 646
Stephani 72
Stephens, John Lloyd *97*, 99—100, 262, 930, 937, 958
Steuernagel, G. 714
Stevens, P. M. 879
Steward, Julian H. 922—923
Stiehl, Ruth 706
Stieren, August 18, 367, 373
Stirling, Matthew W. 954
Stjerna, K. 189
Stock, Hanns 848—849
Stocklet 472
Stokes, J. L. 980
Stoll, Hermann 554
Stolpe, Hjalmar 130, 234, 236, 569, 607
Stone, Herbert E. 252
Stone, J. F. S. 391
Stow, George William 888, 891, 894
Stow, John 21
Strabo 187, 193, 542
Strasser, Karl Theodor 610
Strey 892
Strindberg, August 52
Strobel 180
Strömsvilk, Gustav 938
Stroh, Armin 425
Strommenger, E. 650, 672, 683
Stronach, D. 682
Stroth, Andreas 693

Struve, Karl W. 414, 417
Strzygowski, Josef 212, 473
Stübel, Alfons 961
Studion, Simon 19
Stückelberg, E. A. 591
Stukeley, W. 21
Sturtevant, E. H. 746
Subbarao, B. 767
Süss, Emanuele 176, 535—536
Suhm, P. F. 159—160
Sukenik, E. L. 726
Sulimirski, Tadeusz 355, *415*, 452
Sulla 523, 696
Sulpicius Quirinus 949
Sumarokov 71
Summers, R. 879
Sundwall, Johannes 180
Supiot, J. 576
Suppiluliuma 660, 739, 744
Suppiluliuma II. 745
Suryavarman II. König d. Khmer 789
Sutruk-Nahhute I. König 259
Sven Gabelbart 612, 614
Svendsdatter, Kirsten 19
Svensen, Per 783
Svinthila, König 227, 575
Svoboda, Bedrich 578—*579*
Swoboda, Erich 533
Sykes, Sir Percy 492
Szombathy, Josef 132, 173, 298—299, 584

T

Talbot Rice, Tamara 486
Tallgren, Aarne Michael *412*, 416, 473, 476 bis 477, 481, 488
Tacitus 14, 17, 29, 40, 54, 57, 68, 77, 140, 154, 215, 237, 409, 433, 435
Taracena y Aguirre, Blas 212, *513*—514, 576
Taramelli 397
Tasman Abel Janszoon 975
Tavernier 87
Taylor, Edward Burnett 270
Taylor, J. E. 666
Taylor, Sherwood 103
Teilhard de Chardin, Pierre 285, *791*, 793
Tello Rojas, Julio César *964*—966
Tentzel 18

Teplouchov, S. A. 467, 477
Terenozkin, Aleksej Ivanovič 466
Tercero, Rodriguez 309
Terra, Helmut de 763—764, 910—911, 913, 953
Texier, Charles 204, 260, 739
Tezozomoc 948
Thausing, G. 851
Theal 894
Thédenat, Henri 36
Theocharis, D. R. 385—386
Theoderich d. Gr. 220, 389, 552, 559, 573, 596, 602
Theudebald 551
Theudebert 140, 559—560
Theuderich 140
Theudis 577
Theudisel 577
Thieme, P. 359
Thiersch, H. 207, 217, 537
Thiess, Frank 27
Thiry, Gertrud 564
Thomassen 134, 237—238
Thompson, E. A. 489, 701
Thompson, Edward H. 932
Thompson, Eric S. 930, 936, 938, 950—951
Thompson, Homer A. 536—537
Thompson, M. S. 386
Thompson, R. Campbell 649, 655, 667, 683
Thomsen, Christian Jürgen 55—59, 64, 69, 77, 86, 141, 163, 239
Thomson, J. A. 108
Thorwaldsen, Bertel 38, 75
Thóth, T. 583
Thrane, H. 692
Thürmer 75
Thureau Dangin, F. 651
Thurius, Nicolaus Marschalcus 16
Thurnwald, R. 271, 690
Thutmosis II., Pharao 258
Thutmosis III., Pharao 156, 256, 714
Thutmosis IV. 834
Tiberius, Kaiser 14, 37, 211, 697
Tiberius II. Constantinus 225, 561, 600
Tichy, Franz 945
Tiesenhausen, Baron von 166
Tiglatpilesar I. 643, 646
Tiglatpilesar III. 662, 664, 750
Tihelka, K. 439

Tihomirov 615
Tindale, N. B. 978—979
Tischbein, Joh. Heinrich Wilhelm 33—34
Tischler, Otto 130, *177*, 242, 337
Tissot, Ch. 264
Titeux, Architekt 199
Titus 209, 726
Tixier, J. 867
Tobias, P. V. 868
Tobler, A. J. 682
Török, Gyula 581
Tokunaga, S. 793
Tolstoi, Graf J. 165, 168, 463, 586, 589
Tolstov, Sergej Pavlovitsch 761
Tompa, Ferenc von 375, 442
Tongue, Helen 264, 887—888
Torczyner, H. 715
Torell, Magnus Otto, Geologe 144
Torkel 612
Torres, de 975
Toscilesco, Gregor G. 213
Totila 220, 602
Tournal 50
Tournier, Abbé 121, 133
Tovostin, Iwan Petrowitsch 476
Townley 82
Tozzer, Alfred M. 932, 937
Tradescant, John 21
Trajan 213, 216, 526, 531, 543, 698
Trautmann 535
Trenkwald 663
Trik, Aubrey 937
Trimborn, H. 938, 945, 951, 961, 969
Troeltsch, Ernst 113
Troyon, Friedrich 216—217, 219
Tsao Ch'ing-yun 802
Tschingis Chan 491, 753
Tschumi, Otto 567
Ts'in Chi Huang ti 803
Tsountas, Ch. 248, 385—386, 538
Tsuboi, Shogoro 813
Tufnell, Olga 715
Tu Fu 804
Tukulti-Ninurta I. 645—646, 664
Turnbull, C. 978
Turville-Petre, F. 713
Tuschratta 660
Tut-ench-Amon oder Tut ench-Aton 275, 833 bis 834

Tuthalija II. 744
Tu Wan, Prinzessin 803
Tylor, Sir Edward Burnett 69, 272
Tyra, Königin 60, 232—233
Tyros 725

U

Uadji 847—848
Udimu 847—848
Ugarte, Vargas R. 969
Ugolini, L. M. 395
Uhle, Max 263, 560, 962, *963*, 964
Ulbert, Günther 555
Umehara, Sueji 409, 811, 814, 819
Unas, Pharao 850
Undset, Ingvald 130, 139, 162—163, 237, 242
Unger, Eckhard 659
Unverzagt, Wilhelm 12
Ur-Babu 650
Uría Riu, J. 307
Urikki 750
Urlau, Joh. Heinrich 160
Urnammu 649, 671
Ur-Nansche oder Ur-Nina 650
Urukagina v. Lagasch 651, 663
Userkaf, Pharao 849
Uslar, Rafael von 437, *529*
Ussher von Canterbury, Erzbischof 40, 53—54
Uvarov, Aleksej Sergeovic, Graf *235*

V

Vacano, von 518
Vaglieri, Dante 462, 523
Vaillant, Georg C. *953*
Valens 586
Valentinian I. 602
Valera, R. de 405
Valerian 694, 704
Valle, Pietro della 87
Vallois, H. V. 125, 779, 791, 865
Vandier, J. 844
Vasmer, Max 447, 617
Varus 210
Vassič, Miloje M. *376*
Vasto, Marchese del 34

Vats, M. S. 774
Vaufrey, F. R. 324, 860, 864—*865*
Vaux 82
Vaux, de, Pater 724
Veeck, Walther 553
Vega del Sella, Conde 286, 307
Velen, Johan von 18
Velo, Presedo 515
Veltman, H. 18
Ventris, Michael 459
Venuti, Don Marcello 33
Vercassivellaunus 192
Vercingetorix 192—194
Verdi, Guiseppe 210
Vergottini, Giovanni de 179
Verneau, R. 865
Verner, Willoughby 278, 286
Verrier, J. 230
Veselovskij, Nikolaj Ivanovič 465—466
Vespasian 37, 726, 728—729
Vetter 107
Vézian, Joseph 316
Viale, V. 573
Vibraye, Marquis de 13
Vicuna, J. C. 308
Vieille, Edmond 144
Vierkandt, Alfred 273
Vignard, E. 843—844
Vilanova, Juan 130—131
Vilímková, M. 527
Villefosse, A. Héron de 211
Villeneuve, R. 209
Vincencio 34
Viollier, D. 176
Virchow, Rudolf 12, 45, *114*, 116, 130, 148, *170*, 240, 243, 248—249, 256, 348, 439
Virgil 2, 38
Vitellius 37
Vitruv 204
Vives, Josep 577
Vives, Luis 575
Vladimir d. Gr. 615
Vogt, E. 567
Voigt, T. 448
Vojevodskij, M. V. 302
Volbach, Fritz 592, 595
Volkov, Fedor 382
Vollrath, H. 646
Volta, Alessandro, Graf 24

Voltaire 24, 31
Voretzsch 645
Voss, Albert *243*, 418
Vouga, Emile 176, 508
Vouga, Paul 176, 508
Vulca 516
Vuldetrada 551
Vulpe, Alexander 469
Vulpe, Radu *381*
Vulpius, Christian August 160

W

Waals, J. D. van der 420
Wace, A. J. B. 386, 538
Wacho 596
Wagner, Ernst *244*
Wagner, Fritz A. 785
Wagner, K. H. 506
Wagner, Richard 110, 352
Wagener, Samuel Christoph 18, 77—78
Wahida, Gh. 676
Wahle, Ernst 337, 346—347
Wainwright, G. A. 841
Waisbard, Simone 969
Waitz, G. 213
Waitz, Theodor 272
Wakankar, V. S. 770
Waldeck, Graf Joh. Friedrich v. *96*—97, 262
Waldmann, E. 84
Waldschmidt, E. 754
Wallace, Alfred Russel 104, 106
Walser, G. 746
Walters 251
Walterstorff, E. v. 607
Wankel, Heinrich, Jindrich 121, 132
Wannieck 472
Ward, J. T. 543
Ward-Perkins, J. B. 526, 572
Warner, Martin 219
Warnstedt, J. v. 10
Warren, Sir Charles *259*, 721
Watelin, Ch. 652
Watson, W. 805
Watt, James 24
Watteau, Jean-Antoine, Maler 31
Wattenbach, W. 213
Watzinger, Carl 714—715, 732

Wavrin Villers, Marquis de 961
Wayland, E. J. 863
Webb, W. S. 921
Weber 243
Weege, Fritz 76, 515
Weickert, Carl 543
Weidenreich, Franz 791, 977
Weigall, Arthur 837
Weigall, A. E. P. 856
Wei Man (Wi Man) 806
Wein, E. J. 734
Weinberg, S. 537
Weinert, Hans 116
Weinhold, Carl 191, 433
Weizmann, K. 591
Weld, Herbert 652
Wells, L. H. 885
Wen Chung Pei 791
Wendt, Herbert 105
Werfel, Franz 276
Werner, Joachim 461, 474, 488—489, 548, 555, 557, 559, 567, 574, 583, 591, 593, 595 bis 596, 601—*602*, 701
Wernert, Paul 325, 330
Weselowski, J. 755
Weyersberg, Maria 891
Wheatstone, Charles 48
Wheeler, Sir Mortimer 101, 707, 765—*768*, 773—774
Whewell 40
White, A. 879
Wicker, Franz 209
Wiede, L. Ch. 159
Wiedemer, H. R. 534
Wiegand, Theodor 204—205, 528, 538, 543, 698
Wieland, C. M. 31
Wieser, Franz 226
Wiesner, Joseph 451, 696
Wilberforce, Bischof von Oxford 104
Wilhelm der Eroberer 230
Wilhelm II. 191, 201, 245, 248—249, 434, 528, 532, 637, 663, 739
Wilhelmi, Karl 79, 217
Wilke, Georg 332, 342
Willcox, A. R. 893
Willemer, Joh. Jakob von 91
Willers, Heinrich 528—529
Willett, Frank 877—*878*

Willetts, F. R. 539
Willetts, W. 805
Wilman, M. 894
Wilser, L. 349
Wilson, David M. 616
Wilson, Edmund 724, 726
Wilson, Howard 913
Wimmer, F. A. 233
Winckelmann, Joh. Joachim 11, *27—28*, 31, 33, 38, 74, 76
Winckler, Hugo 260, 275, *739*—740
Windels, F. 293
Winkelmann, Wilhelm 561
Winkler, Hans Alexander 854, 856
Winkler, Heinrich 808
Wintervogel, Jan 894
Wisigarde 559—560
Wissler, Clark 917
Wissmann, H. von 707, 709—710
Wissowa, G. 212
Wisternitz, M. 670
With, Karl 785
Witsen, Nicolaus Cornelius 70
Wittigis 596, 602
Wjatkin, V. L. 755
Wölfel, Dominik Josef 391, 394
Wölfflin, Heinrich 268
Woermann, Karl 281
Wolff, Georg *243*
Woo 791
Wood, J. T. 258
Wood, R. 698
Woo Ju-Kang 792
Woolley, Sir Charles Leonard 655—656, 666 bis 667, 670, 738
Wormington, Hannah M. 906, 909
Worm, Wormius, Olaus 19, *20*, 158—159, 232
Woronuna, N. N. 756
Worringer, Wilhelm 267—268
Worsaae, Jens Jacob 59—64, 69, 83, 127, *141* bis 142, 144, 146, 148—149, 233, 236, 242, 332, 334
Wosinsky, M. 376
Wrede, Adam 15
Wrede, A. von 707
Wright, Thomas 69—70, 222
Wright, W. 258, 260—261
Wu Chin-ting 796
Württemberg, Graf Wilhelm v. 219

Wüst, Walther 148
Wulsin, F. R. 861
Wunderle 112
Wunderly, F. 977
Wundt, M. 112
Wuthenau, Alexander von 955
Wylie, W. M. 222

X

Xanthudides 457
Xerxes 662, 693—694

Y

Yadin, Yigael 714, 723, 726, 729—730
Yamanouchi, S. 814—815
Yazdani, G. 778
Yezdegerd III. 706
Young, R. B. 885
Ypey, Jaap *568*
Yule, H. 755
Yurieku, Kaiser 819

Z

Zaki Nour 848
Zaki y Saad Effendi 847
Zamjatnin, S. N. 301—302
Zammit, Th. 395
Zannoni 179
Zápotocký, M. 420
Zeiss, Hans 549, *576*
Zelisko, J. V. 889
Zenetti, Paul 553
Zeno, Kaiser 22, 581
Zer 847
Zervos, Christian 285, 299, 311, 460
Zeuner, Frederick Everhard 709, *766*—767
Zeuss, Kaspar 215
Ziegel, Kurt 554
Ziegler, K. H. 696
Zimmermann, E. Heinrichs 591
Zimmern, H. 654
Zimri-Lin 674
Žmauc, J. 584
Znosko-Borovskij 165
Zola, Emile 210
Zotz, Lothar F. 294, 319
Zschiesche, Paul 243
Zschocke, K. 446
Zuazo y Palacios, Julian 188, 326
Zuchold, E. A. 976
Zürn, Hartwig 426, 507—*508*
Zumstein, Hans 449—450
Zurowski, Kazimierz *453*

Ortsregister

A

Aachen 403
Aamose, Dänemark 320
Abbassieh, Ägypten 843
Abbeville, Somme 47—49, 137, 548
Aberdeen, England 48
Abington, Berkshire 222
Abri Pataud in Les Eyzies, Dordogne 316
Abu-Ghalib, Ägypten 839
Abu-Shahrain, das alte Eridu, Mesopotamien 654
Abu Sif bei Jerusalem 712
Abu Simbel, Ägypten 88, 253, 851
Abusir, Ägypten 846, 848
Abydos, Ägypten 678, 840, 842
Achakar, Nordafrika 387
Adab, Mesopotamien 653
Adamklissi, Rumänien 213
Addaura, Sizilien 310
Addis Abeba, Äthiopien 880—881
Aden, Arabien 707—709
Adrar Bous, Sahara 866—867
Adrar des Iforas, Nordafrika 866
Adshina-Tepe, Samarkand, UdSSR 757
Afrasiab, Alt-Samarkand, UdSSR 755—756
Agadès, Südsahara 871
Ägina 537
Aggersborg am Limfjord, Jütland 613
Aggtelek-Höhle im Bükk-Gebirge, Ungarn 375
Agra, Indien 6
Agram, Jugoslawien 518
Agrigent, Sizilien 542
Ahichchhatra, westl. Delhi, Indien 775
Ain Bou Merzoug bei Constantine, Algerien 399
Ain el Bey, Algerien 399
Ain Hanech bei Constantine, Algerien 862
Ajanta, Indien 776, 778

Ajasoluk bei Ephesus, Kleinasien 258
Ajun, Südarabien 395
Akalan, Kleinasien 751
Akroteri auf Thera 539
Aksjutincy, Gouv. Poltava 167
Aksum, Äthiopien 880—883
Alaça Höjük, Türkei 275, 377, 738, 746—747, 751
Alaise (Doubs) 192
Alatau, Kasachstan 758
Albacete, Spanien 329
Alba Julia, Karlsburg, Rumänien 584
Albarracín, Prov. Teruel 326—327
Alcántara am Tajo 212
Aleppo, Kleinasien 744
Alesia, Frankreich 192—193
Alexandria 530
Alexandrópol-Kurgan, Bez. Jekaterinoslav 72
Alfriston, Sussex 571
Algarve, Portugal 400—401
Algier 131
Alicante, Provinz, Spanien 436—437
Ali Kosch, Khusistan, Iran 691, 749
Alise-Sainte-Reine (Côte d'Or) 192—193
Alishar Höyük, Türkei 377, 746—747, 750
Allens, Kanton Waadt 216
Allenstein, ehem. Ostpreußen 598
Al-Maabad (El Obeid), Mesopotamien 655
Almado do Ouro, Spanien 452
Almería, Spanien 386
Almizaraque, Prov. Almería 400
Alpera, Prov. Albaceta 325—327
Alphen, Nord-Brabant 568
Altamira bei Santillana del Mar, Prov. Santander 128—133, 138, 278—279, 281 bis 282, 285, 287, 309, 315, 927
Altamura, Italien 179
Altbachtal bei Trier 530
Altheim, Niederbayern 426

Altlussheim, Kr. Mannheim 700—701
Altun Ha, Honduras 943—944
Altxerri, Prov. Guipuzcoa 308
Altyn-Tepe, Turkmenien 760
Amaravati, Indien 785, 957
Amiens 48—49
Amlasch, Prov. Luristan, Iran 494—495
Amorgos, griech. Insel 251
Ampurias, Spanien 513, 542
Anau, Turkestan 758—759, 796
Ancon, Lima, Peru 966
Anderlecht, Brabant 221
Anghelu Ruju, Sardinien 397
Angkor Borsei, Kambodscha 785
Angkor Wat, Kambodscha 778, 787—789, 928—929, 957
Anglesey, England 230
Angles-sur-Anglin, Dépt. Vienne 315
Annaberg, Erzgebirge 17
Ansbach, Mittelfranken 556
Ante (Marne) 373
Antiochia, Kleinasien 530
An-yang, Prov. Honan, China 475, 795, 798 bis 804
Anzio, südl. Rom 521—522
Apahida, Bez. Cluj, Klausenburg, Rumänien 228, 585
Aphrodisias, Kleinasien 544
Apremont, Dépt. Haute-Saône 436
Aqaba, Israel 720
Araña, Cuevas de la, Prov. Valencia 326
Arapi-Magula, Griechenland 386
Arbi de Jaatscha, Südtunesien 865
Arcy-sur-Cure (Yonne) 13, 133, 314
Arene Candide, Ligurien, Italien 387
Argissa-Magula, Thessalien 386
Ariusd, Erösd, Siebenbürgen, Rumänien 380 bis 381
Arkona, Rügen 341, 641
Arles 212, 403
Armant, Erment bei Luxor, Ägypten 841
Armsheim, Kr. Alzey 503
Arnhemland, Australien 982—984
Arpachiyah, Syrien 387
Arréchin, Libyen 858
Arsameia, heute Kahtacay, Vorderasien 700
Artá, Mallorca 398
Arudy (Basses-Pyrénées) 127
Asarve, Gotland 606

Asca bei Tripolis, Arkadien 386
Assadat, Iran 688
Assandun, England 612
Assos bei Troja 638
Assuan 96
Assur, Irak 92, 275, 639, 642—647
Atchana, Türkei 655
Athen 82—85, 165, 198—201, 205, 208, 249, 251—252, 527, 536, 588
Atlantis 539—541
Attika 190
Aubigny (Ardennes) 127
Augsburg 192, 216—217, 554
Augst bei Basel 19, 533
Augustura Reservoir, South Dakota, USA 910
Aurignac, Haute Garonne 117—118, 125
Auschwitz 3
Autun 193, 421
Avanton bei Poitiers 438
Avdejevo oder Avdeevo, Kursk-Gebiet 302
Avebury 21, 81, 83, 354, 451
Axtroki, Prov. Guipuzcoa, Spanien 436
Aymará, Peru 963
Azaila, Prov. Teruel 513
Aztec Pueblo, New Mexico, USA 917

B

Baalbek, Balbeck, Syrien 527—528, 639
Baalberge bei Bernburg 424
Babylon, Mesopotamien 87, 92, 275, 638 bis 645, 648—649, 653—654, 662, 664, 666, 674, 705
Badari, Oberägypten 838—839, 841
Bagdad 639, 644, 651, 679—681, 683
Bagh, Indien 776
Baierdorf, Bez. Hollabrunn, Österreich 441
Balagne, Korsika 396
Balanowo, Gebiet Kozlow, Čuwasische ASSR 416
Balka bei Nikopol, Ukraine 466
Ballana, Nubien 848
Ban Chiang, Thailand 783
Banjica bei Beograd 376
Bardal, Nord-Tröndelag 328
Barhut, Indien 785
Bari, Italien 179
Barma Grande, Höhle 120

Barmen 249
Barsoff-Gorodok, Westsibirien 475
Baousso da Torre, Höhle bei Mentone 120
Barabao, Dépt. Dordogne 305
Bašadar-Kurgane, Kuban-Gebiet 468
Basel 980
Basel-Gotterbarmweg 567
Basel-Kleinhüningen 567
Basenheim bei Koblenz 17
Bat Cave, New Mexico, USA 910
Bath, Grafschaft Sommerset, England 212
Battersea a. d. Themse 189
Baume Pasqualina oder Pascaline, Dépt. Ardèche 305
Bayeux, Nordfrankreich 230
Beckum, Nordrhein-Westfalen 560
Bečvary, Tschechoslowakei 374
Bédeilhac, Dépt. Ariège 303, 316
Beidha, Kleinasien 388, 749
Beirut, Berytos, Libanon 527
Bel-Air, Schweiz 220
Bel-Air, Senegal, Afrika 870
Belloy (Somme) 373
Bender-Bushir, Mesopotamien 655
Benevent, Italien 574
Benifallet, Prov. Tarragona 326
Benin, Afrika 871, 873—878
Beni Ounif, Nordafrika 865
Benningen, Kastell, Württemberg 19
Benvenuti in Este, Italien 520
Berel Kurgan, Sibirien 478
Berlin 37, 66, 84—85, 131, 168, 170—171, 190, 201—203, 211, 240, 248, 251, 378, 469—470, 503, 528, 548, 587, 637, 639, 641—642, 644—645, 647, 651, 659, 662, 739, 743, 846, 851, 871, 875—876, 881, 963
Bernburg 368
Besseringen bei Mettlach, Saar 190
Bet Gibrin, Palästina 260
Bethlehem 207, 392
Bet Jahun, Palästina 393
Betschean, Beth-Sean, Jordantal 718
Beycesultan, Kleinasien 748
Biba-el-Harim, Tal d. Königinnen, Ägypten 851
Bibal el-Muluk, Kleinasien 257
Bibracte, Beauvray 192—193, 430, 507
Bifrons, Kent 224

Bihar, Komitat, Ungarn 436
Bir el-Ater, Algerien 843
Birka, Uppland 234
Birrori, Sardinien 397
Bîrsesti, Distrikt Focsani, Rumänien 469
Biscegli, Süditalien 395
Bishapur, Bischarpur, Iran 686, 688, 704
Biskupin, Polen 440
Bize (Aude) 127
Björke, Gotland 231
Bled, Jugoslawien 520
Bochum-Hiltrop 367
Bodrokeresztur, Kom. Zemplén, Ungarn 375
Böla, Nord-Tröndelag 328
Boghazköy, Türkei 260, 275, 660, 664, 738 bis 740, 744, 746—747, 751, 772
Bohušice, Tschechoslowakei 375
Bohuslän, Schweden 19, 158—160, 406
Boian, Bez. Calarasi, Rumänien 381
Bologna 178—181, 186, 519—520
Bolsena, Italien 179
Bolšoje Bunkowo, Gebiet Moskau, UdSSR 416
Bombay 261, 763, 766
Bonampak, Chiapas, Mexico 935
Bonito, Chaco Canyon, New Mexico, USA 917
Bonn 77—78, 91, 230, 530
Borchen, Nordrhein-Westfalen 17
Bordeaux 133, 283
Bordighera 534
Borkendorf, ehem. Westpreußen 433
Borobodur bei Djokjarkarta, Java 778, 783 bis 785, 928—929
Borre, Vestfold, Oslofjord, Norwegen 611
Borsippa, Mesopotamien 640—641, 653
Borum Eshöi, Amt Aarhus, Dänemark 438
Boscoreale am Vesuv 211, 525
Boskop, Transvaal 884—885
Boskovštýn, Tschechoslowakei 374, 375
Bou Alem, Nordafrika 852
Bou Nouara bei Guelma, Algerien 399
Bourogne bei Belfort 549
Bou Saada, Sahara 867
Brahmagiri im nördl. Mysore, Indien 767
Brandberg, Südwestafrika 889, 892—893
Brassempouy, Dépt. Landes, Grotte du Pape 132
Brastad, Prov. Bohuslän 160

Brauron, Ostküste Attikas 537
Bredsätra, Öland 231
Breiten Berge bei Striegau, Schlesien 168
Bremen 234
Brenken, Nordrhein-Westfalen 17
Breslau, poln. Wrocław 77, 81, 169
Brive, Frankreich 118
Brixworth, Northamptonshire 225
Broken Hill, Rhodesien 868, 884—885
Bruniquel, Dordogne 14
Brünn, Mähren 122, 132
Brüssel 221, 567, 913
Brüx, Tschechoslowakei 115
Buanja, Westufer d. Victoria-Sees, Afrika 883
Bubastis, Ägypten 721
Budapest 163—164, 468
Bülach bei Zürich 567
Bümplitz-Bern 567
Buhen, Ägypten 848
Bukarest 213, 470
Bulak, Ägypten 253, 258
Buret a. d. Angara, Sibirien 302—303
Bur-Sin, Mesopotamien 667
Butmir, Kr. Sarajewo, Jugoslawien 362, 376
Byblos, Syrien 387—388, 450, 732—733
Bygdöy bei Oslo 610
Bygholm, Jütland 406, 408
Byzanz 64, 230, 234, 589, 613

C

Caberg, Prov. Limburg, Holland 373
Cadiz 229, 329
Caesarea, Israel 9, 599, 725, 730
Calaceite, Prov. Teruel 513
Calapatá, Prov. Teruel 326
Calatayud, Spanien 227
Calcutta 261, 763, 774
Callabonna-See, Australien 981
Calobre, Prov. Veraguas, Panama 959
Cambodunum bei Kempten, Bayern 531
Cambous, Lot 133
Cambridge (Mass.) USA 262
Camforros, Canjorros, Prov. Jaén 325
Campeche, Yucatan 930
Campigny, Dépt. Seine-Inférieure 144
Can Hasan, Kleinasien 748
Cannstatt 436

Canterbury 230
Cantos de la Visera, Prov. Murcia 326
Cap Blanc bei Les Eyzies, Dordogne 287, 315
Cape York, Queensland, Australien 982
Capocorp Vell bei Llucmayor, Mallorca 398
Capo di Ponte, Prov. Brescia 535
Capua, Prov. Caserta, Italien 528
Carablus, Türkei 751
Carmona, Prov. Sevilla 514
Carnac (Morbihan) 31—32, 237, 354, 392, 403
Carpio de Tajo, Prov. Toledo 576
Carskij-Kurgan bei Kertsch 72
Čáslav, Tschechoslowakei 374
Castel Trosino, Umbrien 225, 573, 600
Castellár de Santistebán, Prov. Jaén 512
Castellazzo di Fontanelle bei Parma 181
Castione dei Marchesi bei Parma 180
Castro Marim, Spanien 452
Catal Höyük, Türkei 388, 738, 748
Čelakovice, Tschechoslowakei 374
Cempoala, Mexiko 942
Cernavoda, Bez. Constanza, Rumänien 380
Cerro Blanco in Ancash, Peru 966
Cerro de las Mesas, Veracruz 954
Cerro Muriano, Spanien 452
Cerro de los Santos, Albacete 187—188, 511
Čertomlyk, Kurgan bei Nikopol 168
Certosa bei Bologna 519—520
Cerveteri, Caere 73, 517
Chabot, Dépt. Gard 128, 132
Chafadschi (Khafaje) Chafadje, Irak 653, 663, 679, 681
Chaffaud, Vienne 126
Chagar Bazar, Syrien 387
Chaironeia, Böotien 386
Chalcedon 881
Châlons-sur-Marne 499
Chan-Chan, Peru 969
Chandudaru, Sind, Indien 770
Chang-te Fu, Prov. Honan, China 800
Charco del Agua Amarga, Prov. Teruel 326
Charkow, Ukraine 484—485
Charlton-London 252, 255
Charters Towers, Australien 982
Chassey, Saône-et-Loire 421
Châteauneuf-les-Martigues, Frankreich 387
Chatti oder Hatti, Kleinasien 739, 742, 744
Chavín de Huantar, Peru 965
Chelles bei Paris 137

Chêng-chou, Prov. Honan, China 802
Cheobs Pyramide, Ägypten 919, 929
Cherson, Ukraine 486
Chersones, Schwarzmeergebiet 71
Chessel Down, Isle of Wight 224
Ch'ia-yao, China 796
Chicago 232
Chichen Itzá, Yucatan 928, 930—934, 940, 946—947, 957
Ch'i-chia, Prov. Kansu, China 795
Chig-ts'un, Prov. Shansi, China 795
Chi Kou Chai am Gelben Fluß, China 795
Chimú, Peru 963, 967
Chin Wang Chai am Gelben Fluß, China 795
Chiozza, Prov. Reggio Emilia 300
Chirbet Qumran, Kumran am Toten Meer 724—726, 732
Choit-Zenkjer, Mongolei 311
Chongoyape in Lambayeque, Peru 966
Chorsabad (Dur-Scharrukîn) Irak 91, 640, 643, 678, 683
Chotan, Innerasien 754
Chotcho, Innerasien 754
Chou-kou-tien, China 275, 790—793
Chuffin, Prov. Santander 309
Civezzano bei Trento 226
Cividale, Italien 574, 600
Clacton-on-Sea, England 139
Cléry, Nordfrankreich 549
Clovis, New Mexico, USA 908
Cluj, Klausenburg, Rumänien 584—585
Cochise County, Arizona, USA 909
Cogul, Prov. Lerida 326
Cohuna, Victoria, Südaustralien 976—977
Colla della Lune bei Castel Trosino 225
Columnata, Marokko 864
Conduché, Lot 133
Copan, Honduras 99, 937—938, 951
Corbie, Frankreich 234, 549
Cordoba 229
Cornwall 237
Cortaillod am Neuchâteler See 421—422
Cortona, Italien 73
Corvey bei Höxter 234
Cougnac bei Gourdon, Dépt. Lot 305
Couze bei St. Sulpice-des-Magnats, Dordogne 317
Craiova, Rumänien 341, 469—470
Cresswell Crags, England 135
Crô-Magnon in Les Eyzies, Dordogne 118
Csanád-Bákény am Maros, Ungarn 581
Cucuteni, Rumänien 370, 378—380, 795
Cuicuilco, Mexico City 952—953
Cullalvera bei Ramales, Spanien 307
Cunisnique in La Lebertad, Peru 966
Cuzco, Peru 962—963, 969

D

Daganzo, Prov. Madrid 576—577
Damaskus, Syrien 261, 697—698
Dana, Südarabien 708
Darzau, Kr. Dannenberg, Niedersachsen 68
Dashur, Ägypten 848
Daulatpur, Pakistan 764
Dayton, Tennessee, USA 45
Death Valley, Kalifornien-Nevada, USA 264
Deev Kurgan, Ukraine 486
Dehra, Pakistan 764
Deir el-Bahri, Ägypten 256, 258
Deir Tasa, Mittelägypten 841
Delhi, Indien 6
Delos, griechische Insel 207—208, 251
Delphi, Landschaft Phokis 205—208
Denev Mogila, Kr. Sumen, Bulgarien 378
Derby, Australien 980
Derenburg bei Wernigerode, Bez. Magdeburg 368
Derredawa, Äthiopien 880
Despeñaperros, Prov. Jaén 511
Dessau 37
Devon Dawns, Australien 984
Deza, Prov. Soria 576
Dezana bei Turin 573
Dhaliara, Pakistan 764
Dierstorf, Kr. Harburg, Niedersachsen 529
Dietenhausen, Oberlahnkreis, Hessen 679 bis 680
Dimini, Thessalien 248, 385—386
Dingelstedt, Kr. Halberstadt, Bez. Magdeburg 368
Dirlewang bei Mindelheim 558
Djarmo (Qalat Dscharmo, Garmo) Irak 676, 682
Djebel Irhoud, Marokko 864
Djebel Kafzeh bei Nazareth, Israel 712
Djebel Quenad oder Auenat, Ounad, Libyen 857

Djemdet Nasr, Irak 652—654, 664, 675, 682
Dolj, kleine Walachei, Rumänien 470
Dolní Věstonice, Unterwisternitz, Bez. Břeclav, Tchechoslowakei 299—300, 315, 318
Domica-Höhle bei Kečov, Slowakei 374
Domschlucht am Brandberg, Südafrika 893
Domsöd bei Budapest 420
Dongson südl. Hanoi, Nordvietnam 781
Doorn, Holland 434, 637
Dorchester bei Oxford 516
Dougga, Algerien 399
Dowth bei Drogheda, Countac Meath, Irland 405
Drachenloch, Schweiz 298
Drakensberg, Natal, Südafrika 895—896
Drenthe, Holland 354
Dresden 33, 79, 948
Drothem, Östergötland 236
Drouwen, Prov. Drente Holland 405
Dsheitun, Turkmenien 759
Dublin, Irland 229, 405, 511
Dürrnberg bei Hallein, Pinzgau 445—446
Dungi (Shulgi), Mesopotamien 667
Dura Europos, Salihiye Essalibije, Syrien 673, 695—697, 699
Duratón, Prov. Segovia 576
Durfort (Gard) 50
Dur-Scharrukîn (Chorsabad) 643, 684
Duruthy bei Sordes (Landes) 119

E

East Anglia 230
Eberstadt, Kr. Gießen 369
Eberswalde bei Berlin 168, 434, 436
Ebro 418
Edessa, Makedonien 694, 704
Edfu, Ägypten 253
Eger, Cheb, Böhmen 441
Eghei Zumma, Afrika 844
Egtved bei Kolding, Dänemark 438
Ehrenstein bei Ulm 421, 426
Einödberg bei Salzburg 445
Eisenburg, Vasvar, Ungarn 22
Ekain, Prov. Guipuzcoa 309
Eketorp, Insel Öland 608—609
El Adeime, Israel 718
El Amarna, Ägypten 833

El-Amrah, Oberägypten 840—841
El Arbolillo bei Zacatenco, Mexico 953
El-Argar, Prov. Almería 452
Elba 387
El Beyyed, Sahara 866
Elche bei Granada, Spanien 188, 511, 514
El Cigarralejo, Prov. Murcia 514
El Cuetu, Prov. Asturias 307
Elden, Arizona, USA 918
Elephanta im Hafen v. Bombay, Indien 776
El-Hiba (Lagasch), Mesopotamien 650
El Hibba, Türkei 638
Eleusis, Griechenland 207, 459
Ellenberg, Kr. Melsungen 409
Ellerbek, Dänemark 322
Ellora, Indien 769, 776—778
El Mekta, Mechta el-Arbi, Tunesien 864 bis 865
El Niño, Prov. Albacete 309, 329
El Obeid oder al-Ubaid, Mesopotamien 654 bis 656, 664, 667, 671, 682
Eloth oder Elath, Israel 718, 720
El-Sheik'Abd-el-Qurna, Syrien 257—258
Els Secans, Prov. Teruel 326
El Tajín in d. Bucht v. Campeche 941—942
Eltville, Rheingau 554
Emmen, Prov. Drente, Holland 406
Engen im Hegau 297
Engis, Belgien 118
Enlène, Dépt. Ariège 288
Entremont bei Aix-en-Provence 501—502
Enzheim, Elsaß 373
Ephesus, Kleinasien 258, 543—544
Epidauros, Griechenland 537
Erfurt 368, 573
Eridu, Abu Shahrain, Mesopotamien 654 bis 656, 667
Erikstorp, Östergötland 231
Erlangen, Mittelfranken 556
Erq El-Ahmar bei Jerusalem 712
Ertebölle, Amt Aalborg, Dänemark 60
Eschnunna (Tell Asmar), Mesopotamien 678
Escomb, Durham, England 225
Escoural, Prov. Alentejo, Portugal 310
Esie, Prov. Ilorin, Nigeria 876
Es Mitjà Gran, Mallorca 398
Esneh, Oberägypten 842
Essex 230
Este, Venetien 180, 520

Estrecho de Santonge, Prov. Almería 326
Etcheberri, Dépt. Basses-Pyrénées 305
Etowah, Georgia, USA 920
Et Tabun auf d. Karmelberg, Haifa 711—712
Etzelsdorf, Kr. Nürnberg 437—438
Extremadura, Estremadura, Andalusien 400, 418
Eyasi-See, Südafrika 868
Ezjon-Geber bei Eloth, Israel 718—721

F

Fairford, England 222
Fara, Schurupak, Mesopotamien 653
Fatjanowo, Gebiet Jaroslav, UdSSR 415—416
Fayum, Unterägypten 839, 842
Feldhofer Grotte bei Düsseldorf 114
Feldmoching, München 555
Fère-en-Tardenois, Dépt. Aisne 144
Fergana, Turkestan, UdSSR 796
Fergile, Oltenien, Rumänien 469
Feuerland 104
Fezzan, Libyen 387, 855, 857
Filitosa, Korsika 397, 409, 961
Fischhausen, ehem. Ostpreußen 598
Fisher Mound bei Chicago, USA 920
Fjordane, Norwegen 328
Flomborn, Kr. Alzey 243, 367
Florenz 210
Florisbad, Oranje Freistaat, Afrika 885
Foix, Dépt. Ariège 125, 135
Folsom, New Mexico, USA 905—907
Fontainebleau 22
Fontalès, Dordogne 317
Fontanaccia, Korsika 396
Fontbrégua, Südfrankreich 387
Font de Gaume bei Les Eyzies 278—279, 306, 309
Forbe's Quarry, Gibraltar 115
Forselv, Nordland 328
Fort Reck Cave, Oregon, USA 910
Fort Victoria, Rhodesien 878—879
Frankfurt/M. 34, 67, 91, 243
Fritzdorf, Landkr. Bonn 437
Fuencaliente, Prov. Ciudad Real, Spanien 330, 575
Fuente Alamo bei Almería, Spanien 391
Fuente de Guarrazar bei Toledo 227
Fyrkat bei Hobro, Jütland 613

G

Gabal Tala, Südarabien 707
Gabillou, Höhle, Dordogne 117, 293, 303
Gafsa, (Capsa), Tunesien 324, 864
Gagarino am oberen Don, UdSSR 301
Gailenreuth bei Bamberg 49
Galiate Tatcha bei Kertsch 586
Gallehus bei Tondern 19, 22
Gammertingen, Kr. Sigmaringen 552
Gard, Dépt., Frankreich 193
Garmo (Djarmo), Irak 676
Gärsnäs, Skåne 231
Gartschinowo, Bez. Popovo, Bulgarien 470 bis 471
Gastel, Algerien 399
Gasulla-Schlucht, Prov. Castellón, Spanien 325, 327, 896
Gatersleben, Kr. Quedlinburg 368, 424
Gato, Benin, Afrika 88
Gaza (Lachisch), Palästina 255, 260, 724
Gela, Sizilien 542
Geleen, Prov. Limburg, Holland 373
Genf 192
Gerbini, Sizilien 387
Gergovia, Frankreich 192—194
Gezer, Palästina 260, 723
Ghar-i-Kamarband, Iran 689—690, 692
Gibraltar 115, 329, 540
Giganti, Tombe dei, Sardinien 397
Girsu, Tello, auch Tell Loh, Mesopotamien 650
Gizeh, Ägypten 88, 253, 837—838
Gneždowo, Gouv. Smolensk 229—230, 614
Goat'Hole Cave von Glamorgan, Wales 50, 118
Gönnebek, Kr. Segeberg 436—437
Gönnersdorf, Kr. Neuwied 317—318
Gönstorp, Södermanland 231
Götaland, Schweden 406
Göteborg 406
Goikolau, Prov. Vizcaya 308
Gokstad bei Gjerstad, Schweden 232
Gokstad am Oslofjord, Norwegen 610—611
Golasecca, Italien 179
Goldberg, Kr. Aalen 369
Goncharivka, Distrikt Lwów, Galizien 453
Gondar, Äthiopien 881
Gorbunowo, Ural 423

Gorgippa, Schwarzmeergebiet 71
Gorki, Gebiet Iwanowo, UdSSR 416
Gotland 406, 606
Gourdan, Haute Garonne 14, 127
Gouy, Dépt. Seine-Maritime 306
Gozo, Mittelmeerinsel 395
Gray's Inn Lane in London 49
Graz 186
Greifswald 77
Greisitz, Kr. Sagan 18
Grésine, Kanton Jura, Schweiz 161
Grimaldi bei Monte Carlo 119—120, 123
Grimes Site, Walker River, Nevada 926
Großgartach, Baden-Württemberg 243, 369 bis 370, 425
Groß-Krotzenburg, Kr. Hanau, Hessen 243
Groß-Romstedt, Kr. Apolda, Bez. Erfurt 42
Grotte des Enfants, Höhle, bei Mentone 120
Gruszka bei Tlumach, Dnjester 452—453
Gua Cha, Malaysia 782
Guanape, Peru 965
Guarrazar, Spanien 575—576, 586
Guatemala 96
Güttingen, Kr. Konstanz 574
Guldhöi, Amt Ribe, Dänemark 438
Guler, Pakistan 764
Gumelnitza a. d. Donau, Rumänien 380
Gundestrup, Amt Aalborg, Jütland 188
Gurnia, Kreta 460
Gurob, Ägypten 252
Guzana (Tell Halaf), Kleinasien 661
Gypsum Cave, Nevada, USA 909

H

Habarut, Südarabien 709
Habasesti bei Cucuteni, Rumänien 379
Haçilar, Türkei 388, 748—749
Hadramaut, Arabien 707—709
Hälsingborg, Schweden 433
Hagar Qim, Malta 395
Hagia Triada auf Kreta 459, 538
Hailfingen, Kr. Tübingen 554
Haithabu, Schleswig 612, 615
Halle/Saale 171
Halle-Trotha 368
Hallein, Österreich 171
Halls Creek, Australien 980

Hallstatt, Österreich 102, 171—175, 177 bis 178, 187, 265, 446
Hal Saflieni bei Valletta, Malta 395, 397
Hal Tarxien bei Valletta, Malta 395
Haltern-Aliso, Norddeutschland 341
Halys, Kleinasien 171
Hama, Hamath, Syrien 260, 718
Hamadan, Iran 492
Hamburg 17, 229, 234, 584
Hammer-Herred, Dänemark 647
Hamra, Gotland 231
Hanigalbat, Kleinasien 744
Hanjang, später Söul, Korea 806
Hannover 75, 202, 340
Hara, Äthiopien 880
Harappa, Pandschab 763, 770, 772—773
Harmignies, Hainault, Belgien 222
Hassuna, Irak 388
Hastinapura, östl. Delhi, Indien 775
Hastings, England 230, 613
Hatay, Türkei 655
Hatra, Irak 646, 686, 695, 698—699
Hatti oder Chatti, Kleinasien 739, 742, 744
Hattusa (Chattusa) Boghazköy, Türkei 740, 744
Havelse Mill auf Neuseeland 142
Hawikuh, New Mexico, USA 918
Hazor, Chazor, Israel 723
Heddernheim bei Frankfurt/M. 243
Heidelberg-Kirchheim 558
Heilbronn a. Neckar 243
Helgö auf der Insel Ekerö, Mälarsee, Prov. Uppland 569, 608
Heliopolis, Ägypten 527, 847—848
Helsinki 476
Helwan-les-Bains, Ägypten 847
Hemeroskopeion, Prov. Valencia 514
Hemmoor, Kr. Land Hadeln, Niedersachsen 528
Herculaneum am Vesuv 33, 36, 525
Hermannstadt, Siebenbürgen, Ungarn 436
Hermeskeil, Kr. Trier 503
Herrera de Pisuerga, Prov. Palencia 575
Herodion bei Masada, Israel 730
Hérouvillette (Calvados) bei Caen 550
Herpály, Ostungarn 375
Heuneburg bei Sigmaringen 450, 501—502
Hienheim, Kr. Kelheim, Bayern 373
Hierakonpolis, Ägypten 394

Hildesheim 210—211, 525, 531, 838
Himmelstadlund, Östergötland 159
Hinkelstein, Kr. Worms 366, 369
Hirasaka bei Yakosuka, Japan 816
Hirschlanden, Kr. Leonberg 501, 507
Hissarlik, Troja, Kleinasien 246—249
Hódmezővásárhely-Gorsza, Ungarn 581
Höckricht, ehem. Schlesien 489
Höhbek a. d. Elbe 641
Hoenheim, Elsaß 373
Hohenleuben, Voigtland 77
Hohlenstein, Kr. Ulm 317, 319
Hohokam, Arizona, USA 918—919
Ho-kia-ts'un, Prov. Shensi, China 804
Holzgerlingen, Kr. Böblingen 508
Hon, Prov. Buskerud, Norwegen 606
Horab, Südafrika 888
Horgen, Kanton Zürich 421
Hoshangabad, Indien 769—770
Hospital Rock, Kalifornien 926
Hou-kang, Chian 796
Hoxne bei Diss, Suffolk 49
Ho Yin Hsien am Gelben Fluß, China 795
Hradischte bei Stradonitz, Tschechoslowakei 194
Hsian-fu im Wei-Tal, Prov. Shensi, China 797
Hsiao-t'un, Prov. Honan, China 801
Hsia-shi-ho, China 796
Hsin-tien, Prov. Kansu, China 795—796
Hsi-yin-ts'un, Prov. Shansi, China 795—796
Hsuan-Hua, Hopei, China 475
Huaca de la Luna bei Trujillo, Peru 967
Huaca del Sol bei Trujillo, Peru 967
Huaca Prieta, Peru 964—965
Hüfingen, Kastell, Kr. Donaueschingen, Baden-Württemberg 19
Hulte, Gotland 231
Huraidhah, Südarabien 709

I

Ialysos auf Rhodos 252
Ibriz, Kappadozien 260
Ica, Peru 968
Ife, Afrika 873, 876—878
Igbo Ukwu bei Awka, Nigeria 877
Illahun, Ägypten 255

Illemose, Fünen, Dänemark 189
Ingelheim a. Rhein 229
In Habeter, Nordafrika 855
Inyanga, Nigeria 879
Inyo County, China Lake, Kalifornien 926
Ipswich, England 572
Irbid, Palästina 393
Irkutsk, Sibirien 476
Irsching, Bayern 506—507
Ise bei Uji-Yamada, Japan 819
Ishibutai, Präfektur Nara, Japan 818
Isle of Wight, England 104
Istállóskö Höhle im Bükk-Gebirge, Ungarn 375
Istanbul 544, 645
Istra, Gebiet Moskau, UdSSR 416
Isturitz, Dépt. Basses-Pyrénées 14, 295—296
Iwajuku, Präfektur Gumma, Japan 816
Ixtapan, Mexico 913
Izdebno bei Posen, Polen 440
Izmir, Türkei 544
Izvoare, Bez. Piatra-Neamt, Rumänien 381

J

Jabaren, Nordafrika 859
Jablanica, Jugoslawien 376
Jabrud, Antilibanon 732
Jaegerspris, Dänemark 55
Jalta, UdSSR 807
Jamagata, Japan 815
Jankowo, Kr. Mogilno, Polen 440
Jardin de Cugny, Dépt. Aisne, Frankreich 548
Jaroslaw, UdSSR 235
Jasisiloaga oder Sasitiloage, Dépt. Basses-Pyrénées 305
Java 115—116, 885
Jelisavetovskaja, Jelisavetskaja Stanica, Ukraine 466, 475
Jelisejeviči, Gebiet Brjansk, UdSSR 301
Jelling, Östjütland 60, 232—234
Jels, Amt Haderslev, Dänemark 438
Jena 42, 108, 110, 112, 116
Jerice, Böhmen 441
Jericho 388, 450, 715—717, 730, 748
Jerusalem 95, 255, 259—260, 390, 393—394, 721—724, 726—729

Jopatata, Galiläa 728
Jorgan Tepe (Nuzi, Nuzu) Irak 653, 660
Judeideh, Syrien 387
Jütland 406, 456
Jumar, Indien 776
Junkersdorf bei Köln 557

K

Kabálla, Samothrake, Griechenland 207
Kabulta, Südrußland 586
Kadesch bei Homs, Westsyrien 450, 745
Kafu, Afrika 863
Khafaje (Chafadschi, Chafadje), Mesopotamien 679, 681
Kairak-Kum, Höhle, Tadshikistan, UdSSR 758
Kairo, Cairo 35, 88, 253, 256, 846
Kaiseraugst, Bez. Rheinfelden, Schweiz 533
Kalai-Kachkacha, Turkmenien, UdSSR 757
Kalambo-River, Nordrhodesien, Afrika 873
Kal'at Schergât, Mesopotamien 643—644
Kalchu, Kalach (Nimrud), Mesopotamien 643, 675, 683
Kameiros auf Rhodos 255
Kamunta, Südrußland 170, 586
Kanaan, Palästina 664
Kanam, Ostafrika 869
Kanapoi, Südafrika 868
Kangra-Distrikt, Pakistan 764
Kanhairi, Indien 776
Kanjera, Ostafrika 869
Kap Malea, Griechenland 84
Kapova-Höhle, Ural 310
Karagodeuasch, Kubangebiet 168
Karain, Höhle, Kleinasien 752
Karar, Algerien 863
Karatepe, Kleinasien 738, 743—744, 750
Kargaly, Tienschan, Xinjiang, Afghanistan 762
Karkemisch, Türkei 260, 450, 655, 664, 738
Karle, Indien 776
Karlsruhe 79, 244
Karmel-Berg bei Haifa, Israel 711
Karnak, Ägypten 253, 742
Karthago 530
Kartsteinhöhle bei Eiserfey, Eifel 244
Kaschan, Iran 687

Kasser el Kehir, Marokko 398
Katanda, Altai-Gebirge, Sibirien 166, 464, 478
Katherine, Süd-Australien 983
Kaukasus 169—170
Kavery-Tal, Indien 765
Kawd Am-Sailah bei Lahej, Südarabien 708
Kefr Juba, Palästina 393
Keilor bei Melbourne, Australien 976—977
Kelermes, Kuban-Gebiet, Nordkaukasus 465, 760
Kellaren, Kr. Allenstein, ehem. Ostpreußen 599
Kent's Cavern, Devonshire 81
Kertsch, Südrußland 71, 586
Kesselstadt, Wetterau, Hessen 243
Kesslerloch, Höhle, Schweiz 134
Keszthely, Kom. Veszprém, Ungarn 490, 579
Khandivli, nördl. Bombay, Indien 766
Kharga, Oase, Libyen, jetzt Ägypten 843, 866
Khartum, Oberägypten 844
Kiel 242
Kiew 165, 229, 236, 467, 476, 486, 614—615
Kimberley-Plateau, Australien 980
King's Field bei Faversham, Kent 225
Kingston bei Dover 28
Kirkuk, Irak 660—661
Kisch, Irak 650, 652—654, 682, 772
Kiszombor am Maros, Ungarn 581, 597
Kivik bei Mellby, Schonen 406—407
Kjöndschu, Korea 806
Klausenhöhle im Altmühltal, Bayern 297
Klein-Aspergle bei Ludwigsburg, Neckar 190
Klein-Romstedt, Kr. Apolda, Bez. Erfurt 160
Kličevac, Jugoslawien 376
Kněževes bei Slané, Tschechoslowakei 374
Knidos, griech. Insel 250
Knockmany bei Clogher, Countac Tyrone, Irland 405
Knossos auf Kreta 246, 274, 456—458, 460, 537, 539, 541, 846
Ko, Japan 816
Koban, Kaukasus 169, 171
Kodža Dermen, Bulgarien 378
Köln 76, 230, 244, 267, 548, 559
Köln-Lindenthal 366—367
Köln-Müngersdorf 530, 554
Königsberg, ehem. Ostpreußen 87, 177, 242, 598
Koenigshoffen, Elsaß 373
Környe, Ungarn 583
Koi-Krylgan-Kala, Usbekien, UdSSR 761

Kolarovgrad, Bulgarien 470
Kolin, Tschechoslowakei 414
Kolomyjscyna bei Chalepje, Ukraine 384
Komorowo, Kr. Szamotuly, Polen 440
Kongoni-Wand im Issansuland, Afrika 883
Konstantinopel, Constantinopel 9, 83—84, 92, 216, 230, 247, 261, 389, 461, 523, 530, 803
Konstanz 134
Kopenhagen 19, 188
Korfu 387, 537, 637
Korinth 451, 537
Koro Tora, Tschad-See, Afrika 869
Korsika 387
Kortalayer-Tal, Indien 765
Koshigo, Nagano, Japan 815
Kostelik, auch Pekárna, östl. Brünn 132
Kostjenki am Don, UdSSR 300
Kostolac, Jugoslawien 376
Kostromskaja, Kurgan, Kuban-Gebiet 169
Kot-Diji bei Khaipur, Indien 772
Krabbesholm, Jütland 142
Kranj, Krainburg, Jugoslawien 583
Krapina, Kroatien 115
Krasnojarsk, Sibirien 472—473, 475, 477 bis 478, 484
Krasnokutsk, zwischen Jekaterinoslav u. Nikopol, UdSSR 167—168
Krefeld-Gellep 557, 561
Krepenice, Tschechoslowakei 441
Kreta 156, 164, 252, 274, 362, 386, 443, 456 bis 460, 538—539, 735, 772, 846, 853, 892
Kromdraai, Transvaal 886
Krottorf bei Halle 436
Krügersdorp, Sterkfontein, Transvaal 886
Kruszwica, Kr. Inowroclaw, Polen 440
Ksar-el-Ahmar, Nordafrika 852
Ktesiphon bei Bagdad 704—705
Kuda, Indien 776
Kuffarn, Kuffern, Niederösterreich 187, 519 bis 520
Ku-hsiang-t'un bei Harbin, Mandschurei 793
Kuhwang-ni-Pagode, Kyongju, China 812
Kujundschik, alt Ninive, Mesopotamien 91 bis 92, 643, 650
Kul-Oba bei Kertsch, Südrußland 72, 169
Kumbulte, Kaukasus 170
Kumran, Chirbet Qumran am Toten Meer 724—726, 732

Kuntur Wasi bei Chavin, Peru 965—966
Kurram-Tal, Grenze Afghanistan 774
Kusura, Türkei 377
Kyongju, Korea 811—812
Kyugo bei Gifu, Japan 816

L

Lachisch bei Gaza oder Lachis, Palästina 255, 260, 714—715, 724
La Cocina, Grotte 402
La Colombière. Dépt. Ain 295
La Coruña, Spanien 329
La Crouzade (Aude) 127
La Dérouine, Dépt. Mayenne 306
Lagasch-Tello, Mesopotamien 649—650, 653 bis 654, 663
La Gravette bei Bayac, Dépt. Dordogne, Frankreich 294
La-han-t'ang, Prov. Kansu, China 795
Laibach, Ljubljana, Jugoslawien 187, 519 bis 520, 584
Lai-pin, Prov. Kwangsi, China 793
La Madeleine, Höhle, Dordogne 14, 126, 137, 294, 296
La Magdelaine, Dépt. Tarn 305
La Marche, Dépt. Vienne 296, 319
La Moleta, Prov. Tarragona 308
Lambityeco, Mexico 942
La Mouthe, Dordogne 132—133, 138
La Naulette bei Dinant, Belgien 115
Langerringen bei Schwabmünchen, Bayern 574
Langghnaj im Pravara-Fluß, Indien 766
Langholm, Seeland 189
Lant-t'ien, Prov. Shensi, China 792
La Plata, Argentinien 144
Laon 48
La Pasiega bei Puente Viesgo, Prov. Santander 282, 307
La Preciosa, Prov. Sevilla 452
La Quina, Charente 315
Larnaud, Dépt. Jura 138, 148, 161
La Roche bei Lalinde, Dordogne 317
Larsa (Senkere) Mesopotamien 650, 673
Las Batuecas, Prov. Salamanca 326, 330
Lascaux bei Montignac, Dordogne 285, 293, 309, 314—315, 927
Las Chimineas bei Puente Viesgo, Prov. Santander 307

Las Monedas bei Puente Viesgo, Prov. Santander 307
Latène, Schweiz 102, 171, 174—178, 187, 193—194, 197, 237, 265
Laugerie Basse bei Les Eyzies, Dordogne 14, 118, 126, 135, 137
Laugerie Haute bei Les Eyzies, Dordogne 126, 315
Lauriacum, Oberösterreich 566
Lausanne 216
La Vache, Dépt. Ariège 315—316
La Venta, Veracruz, Mexico 954, 961
Lavigny, Schweiz 216
Lavindsgaard, Kopenhagen 436
Lavoye, Meuse 552
Lebenstedt, Niedersachsen 314
Lede, Flandern 221
Lehner Site, Arizona, USA 908
Leiden, Holland 116, 221, 949
Leipzig 101, 110, 122
Lemnos, griech. Insel 538
Le Moustier bei Les Eyzies, Dordogne 137
Lengyel, Kom. Tolna, Ungarn 362, 376
Leningrad 165, 467—468, 698, 702, 706
Leonard Rock, Nevada, USA 910
Le Portel, Dépt. Ariège 287, 316
Le Roc de Sers, Dépt. Charente 297
Les Eyzies, Dordogne 118, 126, 278, 315 bis 316
Les Fieux, Dépt. Lot 306
Les Hoteaux, Ain, Höhle 121, 133
Leptis Magna, Tripolitanien, Nordafrika 526
Lesbos, griechische Insel 638
Lespugue, Dépt. Haute-Garonne 296
Les Roseaux am Genfer See 138
Le Souci, Dordogne 133
Leukas, Leskas, Griechenland 387
Levanzo, Insel bei Sizilien 310
Lezéville, Dépt. Haute-Marne 549—550
Liang-Ssu-yung, Prov. Shansi, China 796
Liao-tung, Mandschurei 808
Lima, Peru 963
Lime Creek, Nebraska, USA 910
Limeuil bei Les Eyzies, Dordogne 296, 319
Lindholm Høje, Nordjütland 568
Lindisfarne, Kloster, England 229
Lindos auf Rhodos 538
Lingolsheim, Elsaß 373
Linton Heath, Cambridgeshire 224

Linz 172
Linz-Zizlau, Österreich 556
Lipari, Insel, nördl. von Sizilien 387
Lissabon 128, 130, 229, 282, 575
Little Lake, Kalifornien 926
Little Wilbraham, Cambridgeshire 224
Livia, Spanien 402
Liu-chiang, Prov. Kwangsi, China 793
Locmariaquer (Morbihan) 31
Löwen, Louvin 230
London 35, 37, 48—49, 82, 84, 88, 92, 97, 101, 204, 224—225, 229—230, 247, 258, 261, 492, 548, 572, 612, 637, 643, 651, 743, 760, 776, 873, 875—876, 913, 963
Long Wittenham, Kent 224
Lorthet (Hautes Pyrénées) 127
Loshnev, Distrikt Lwów, Galizien 453
Los Lavaderos de Tello, Prov. Almería 326
Los Leteros, Cueva de, Prov. Almería, Spanien 330
Los Millares, Prov. Almería 399—400, 647
Lougherew, Countac Meath, Irland 405
Luan-P'ing Hsien, nordöstl. v. Peking 475
Lüttich, Prov. Hesbaye 373
Lugherras bei Paulilatino, Sardinien 397
Luka-Vrublevetskaja a. Dnjester, Ukraine 385
Lung-men, China 812
Lungshan, China 796
Luristan, Iran 493—495, 497, 499, 688, 692, 753
Luxor, Ägypten 257—258
Luziansky bei Nitra, Slowakei 374
Lynby, Dänemark 438
Lyon 37, 171

M

Maack-Schlucht am Brandberg, Südafrika 892
Maastricht, St. Servaaskirche 568
Ma-chia-yao, Prov. Kansu, China 795
Machu Picchu, Peru 969
Macon, Georgia, USA 920
Macon, Arkansas, USA 920
Madras 261, 763—765
Madrid 74, 92, 130, 188, 227, 278, 282—283, 511—512, 575, 913, 948, 960
Magdalenenberg, Magdalenska gora, Jugoslawien 519

Maghar-el-Taghtani, Sahara-Atlas-Gebiet 852
Maglemose bei Mullerup, Seeland 143, 322
Magnesia am Fluß Mäander, Kleinasien 204
Mahadeo Bergen, Indien 769
Mahndorf bei Bremen 555
Maidstone, Kent 224
Maikop, Kaukasus, UdSSR 465, 503
Mainz 16, 30, 66, 68, 79, 240, 297, 319, 531, 573, 701
Makapan, Transvaal, Südafrika 885—886
Malka Qunture, Äthiopien 880
Malta, Insel 387, 395, 397
Maltá bei Irkutsk, Sibirien 300, 302—303, 311
Maltravieso, Prov. Cáceres, Spanien 308
Mammen, Jütland 233
Manching, Bayern 501, 506—507
Mansourah, Algerien 862
Man-tch'eng südwestl. Peking 803
Mapoungoubwé am Fluß Limpopo, Afrika 879
Maranga, Rimac-Tal, Peru 967
Marchélepot, Somme 549
Marcilly (Eure) 115
Mari (Tell Hariri), Syrien 647, 660, 665, 673 bis 675, 678, 697, 723
Maria Laach, Eifel 318
Marib, Jemen 394, 707
Market Overton, Northampton 571
Marköbel bei Hanau, Hessen 243
Marosszentana, Sîntana de Mureș, Rumänien 584, 598
Marosveresmart, Veresmort, Rumänien 585
Marsoulas bei Salies-du-Salat, Haute Garonne 132
Martijanec, Drauebene, Jugoslawien 441
Masada oder Massada am Toten Meer 726 bis 727, 729, 731—732
Mas d'Azil, Ariège 14, 127, 143—144, 316, 322, 324
Masjid-i Solaiman, Iran 688
Massat, Dépt. Ariège 125
Matera, Apulien 388
Matmar, Mittelägypten 842
Matrensa bei Syrakus, Sizilien 387
Mauer bei Heidelberg 869
Mauern, Kr. Neuburg, Donau, Bayern 317, 319
Maurepas, Nordfrankreich 549
Mayapan, Mexico 951
Medellin, Prov. Badajoz 577

Medicine Creek, Nebraska, USA 910
Medinet Habu, Ägypten 450
Megara Hyblaea bei Syrakus, Sizilien 387
Megiddo, Israel (Tell el-Mutesellim) 450, 714, 720, 723
Meienburg bei Hamburg 303
Meiendorf, Schleswig-Holstein 315
Meilgaard, Jütland 60, 142
Melgunov-Kurgan bei Jelisavetgrad, Gouv. Cherson. 71, 760
Melitopol-Kurgan, Kuban-Gebiet, Südrußland 466
Melos, griechische Insel 84, 251
Memphis, Ägypten 253, 694
Menchecourt bei Abbeville 46
Mérida, Prov. Badajoz, Spanien 212
Merida, Yucatan 930
Merimde-Benisalâme, Unterägypten 839, 842
Meron, Palästina 393
Merove, Nil, Ägypten 872
Merseburg 368
Mersin, Türkei 377, 387
Merv, Mary, Turkmenisch-Usbekische SSR 702—703, 761
Mesa Verde, Colorado, USA 918
Messene, Peloponnes, Griechenland 538
Mexico City 262, 940, 951—952
Meylau, Isère, Frankreich 136
Mezin a. d. Desna, Brjansk-Gebiet, UdSSR 300
Mia-ti-keou, Prov. Shensi, China 797
Michelsberg bei Untergrombach, Kr. Bruchsal 421—422, 426
Mihailovskoje, Gouv. Jaroslav, UdSSR 615
Milet, Miletos, Kleinasien am Fluß Mäander 204, 255, 543
Milo, Melos, griechische Insel 208
Minateda, Prov. Albacete 309, 325—327
Mindelheim, Bayern 555
Minet-el-Beida, Kleinasien 735
Minussinsk, Sibirien 464, 472—479, 481, 483 bis 484, 499
Mirzapur, Indien 764, 769
Misantla, Mexico 942
Misrah Sinjurah, Insel Malta 395
Mithridatkert, Turkmenisch-Usbekische SSR 702
Mitla, Oaxaca, Mexiko 941—942, 946
Mitterbergalpe bei Bischofshofen, Österreich 445—446

Mochica, Mochico, Peru 963, 967
Modi, Staat Madhya Pradesh, Indien 770
Modjokerto bei Surabaja, Java 779
Mölsheim, Kr. Worms 243
Mörigen, Bieler See, Schweiz 157
Moghul Gundai, Belutschistan 774
Mohenjodaro, Pakistan 275, 563, 579, 763, 770 bis 774
Moito do Sebastiao de Muge, Portugal 402
Molfetta, Apulien 388
Monceau-le-Neuf, Dépt. Aisne, Frankreich 548
Mongifi bei Cossonay, Kt. Waadt, Schweiz 216
Monk Mound, Illinois, USA 919
Monkwearmouth, Durham 225
Monpazier, Dordogne 317
Monserrat, Montserrat, Catalonien 387
Monsheim, Kr. Worms 243
Montagu-Höhle bei Ashon, Südafrika 890
Mont Auxois, Dépt. Côte d'Or 192
Mont Beauvray (Saône-et-Loire) 193
Mont Bégo, Col de Trende 534—536
Monte Albán, Oaxaca, Mexico 939—942
Montelios, Nordspanien 577
Montespan, Dépt. Haute-Garonne 290, 292
Montgaudier, Charente 133
Moordorf bei Aurich 436
Mordwinow-Kurgane, Gouv. Oblast, Cherson 466, 486
Morella la Vella, Prov. Castellón 326
Moresti, Malomfalva, Rumänien 584
Morges am Genfer See 138, 147
Morken, Kr. Bergheim a. d. Erft, Nordrhein-Westfalen 561
Moskau 171, 236, 423, 465, 614, 702
Mostageda, Mittelägypten 841
Mouillah, Nordafrika 864
Moulin-Quignon bei Abbeville 46
Moundville, Alabama, USA 920
Mud Spring, Kalifornien 926
München 37, 217, 503, 881, 889, 980
Münster 30
Muldbjerg, Amt Ringkjöbing, Dänemark 438
Mugharet El-Emireh beim See Genezareth Palästina 713
Mugharet es-Skhul auf d. Karmelberg, Israel 711—712
Mugharet El Wad, Israel 711
Mullali-Tepe, Inner-Asien 759
Mullerup, Seeland, Maglemose 145

Mulundwa, Katanga, Afrika 869
Mundigak, Afghanistan 692
Mussian-Tepe bei Susa, Iran 655
Mužsky-Hradiště, Böhmen 441
Mykenä 102, 163—165, 182, 247—248, 252 bis 253, 274, 339, 406, 434, 437, 443, 451, 456 bis 457, 459, 514, 536, 538, 735—736, 853
Mys-Očkino, Gebiet Sumske, UdSSR 416
Mytilene auf Insel Lesbos 255

N

Naco Site, Arizona, USA 908, 910
Nagade, Negade, Oberägypten 838—840, 844, 856
Nagamochiyama bei Osaka, Japan 818
Nagy-Szent-Miklos, Kom. Tolna, Ungarn 579
Nallamalais-Gebiet, Indien 764
Namasga Tepe, Turkestan 759
Nancy 550—551
Nantes 229, 403
Napata (Aksum), Äthiopien 880
Naqsch-i-Rustem bei Persepolis, Iran 694, 704
Naranco, Prov. Oviedo, Spanien 578
Narbada-Tal, Indien 764—765
Narbonne 577
Näs, Uppland 231
Nasik, Indien 776
Naukratis im Nildelta, Ägypten 254
Nauplia, Návplion, Peloponnes, Griechenland 84, 198
Nazca, Peru 963, 967—968
Ndedema-Schlucht am Drakensberg, Südafrika 895—896
Nea-Makri bei Marathon, Attika 386
Neandertal bei Düsseldorf 114—115, 170
Neandria, Kleinasien 638
Neapel 34, 73, 209, 245, 525
Nebbio auf Korsika 396
Nebra a. d. Unstrut, Bez. Halle 317
Nedlitz bei Potsdam 340—341
Nellore-Distrikt, Indien 765
Nemrud Dagh oder Nimrut Dagh, Vorderasien 699—700
Nerja, Prov. Malaga 308
Neubuckow, Mecklenburg 245
Neuendorf auf Insel Hiddensee 231
Neuhaldensleben, Bez. Magdeburg 78

Neu-Ruppersdorf bei Laa a. d. Thaya 566
Neuß, Rhein 230
Neuwied, Rhein 78
New Grange bei Drogheda, Countac Meath, Irland 405
New Haven, USA 697
New York 39, 491—492, 548, 963
Newark, Ohio, USA 922
Nezvisko, Ukraine 385
Ngandong bei Trinil, Java 779
Niaux, Dépt. Ariège 287, 306—307, 309, 316
Niederstotzingen, Kr. Heidenheim 558
Niekerk, Nigeria 879
Niemitzsch bei Guben 168
Nikitsch, Österreich 566
Nikolaew, UdSSR 71
Nîmes 211—212
Nimrud, alt Kalchu, Kalach, Mesopotamien 92, 637, 639, 643, 675, 683
Ninive, (Kujundschik) Mesopotamien 14, 258, 461, 637, 639, 643, 646, 653, 656, 664, 682 bis 683, 705, 740
Niolo auf Korsika 396
Nippur, Mesopotamien 650, 654, 663
Nisa, Turkmenisch-Usbekische SSR 702, 761
Niscemi, Sizilien 310
Niu K'o Yü am Gelben Fluß, China 795
Nocera Umbra bei Orvieto, Italien 572—573, 600
Noin-Ula, Mongolei 166, 467—468, 474
Norbello, Tomba, Sardinien 397
Nordendorf, Kr. Donauwörth, Bayern 215 bis 217, 554
Norr-Nånö, Uppland 231
Novgorod, UdSSR 229, 235
Novosilka Kostjukova am Dnjester, UdSSR 452
Novotscherkask, UdSSR 811
Nürnberg 17, 556
Numantia, Spanien 513—514
Nuzi, Nuzu (Jorgan Tepe), Irak 660, 679
Nymphaion, Schwarzmeergebiet 71

O

Oakley Springs, Arizona, USA 264
Obermeilen am Züricher See 175
Obermöllern, Bez. Halle 553
Obiri, Nord-Australien 983
Obrigheim, Pfalz 220
Oc-eo, Südvietnam 786
Ocucaje, Höhle in Ica, Peru 966
Odemira, Spanien 452
Odensee, Odense, Insel Fünen, Dänemark 613
Oëa, Nordafrika 527
Oenpelli, Australien 983
Öfre Wagnborga, Schweden 231
Offanengo bei Crema, Italien 574
Öland 406
Östra Torp, Skåne 231
Odessa 71
Ojo Guareña, Prov. Burgos 309
Olbia, Schwarzmeergebiet 71
Oldoway-Schlucht, Tanganjika, Tansania, Afrika 867—869
Old Oyo, Nigeria 878
Olympia, Elis 201, 208, 247, 249, 251, 538
Olynth, Chalkidike, Griechenland 538
Omal bei Brüssel 373
On-Artscha, Tienschan, China 758
Onslow, Australien 982
Orange, Provence 212
Orchomenos, Phokis, Griechenland 247, 252, 459
Ordos, Suijüan Provinz, China 464, 472, 474 bis 476, 484, 499
Orkney-Inseln, England 405
Orléans 229
Ortelsburg, ehem. Ostpreußen 598
Osaka, Japan 817
Oseberg am Oslofjord, Norwegen 605, 609, 611
Oslo 232
Ostia, Italien 521, 523
Ostrava Petřkovice, Ostrau-Petershofen, Mähren 317
Osuka, Fukuoka, Japan 818
Osuna, Prov. Sevilla 511
Ota, Japan 816
Otomani, Westrumänien 442
Otzaki-Magula, Griechenland 386
Ouassadan, Senegal, Afrika 870
Oudida, Marokko 398
Ouled Rahmoun bei Constantine, Algerien 862
Oullins, Oulen, Dépt. Ardèche 305
Oustol, Nubien 848
Oxford 21, 76, 104, 118, 247, 249, 261, 548

Oxkintók, Mexico 951
Oxus Fluß (Amu-Daria), Turkmen. SSR UdSSR 760

P

Pachacamac, südl. Lima, Peru 967
Padua 180—181
Pair-non-Pair, Gironde 127, 132
Paladru, Südfrankreich 238
Palazuelos, Spanien 575
Palencia, Spanien 577
Palenque, Chiapas, Mexico 97, 99, 934—936, 947
Palestrina, Palaestrina, östl. v. Rom 524
Palmela, Portugal 452
Palmyra, Syrien 695, 697—699
Pallavaram bei Madras, Indien 763
Pamplona, Spanien 575
Panhalonga, Nigeria 879
Pan-po-ts'un, Prov. Shensi, China 797
Pan-shan, Prov. Kansu, China 795
Pantikapaion, Schwarzmeergebiet 71
Papantla (El Tajín), Mexiko 941
Paracas, Höhle in Ica, Peru 966
Paris 22, 31, 37, 43, 47, 68, 74, 84, 88, 95, 101, 119, 129, 169, 188, 204, 207, 211, 227, 229 bis 230, 240, 249, 253, 259, 316, 438, 491 bis 492, 499, 637, 643, 649, 651, 705, 743, 859, 889, 913, 947—948, 963, 980
Parpalló bei Gandia, Prov. Valencia 295, 402
Pasargadae, Iran 639, 686, 694—695
Pastyrskoje, Gouv. Kiew 599
Paszab, Kom. Szabolcs, Ungarn 376
Paszale, Ungarn 376
Paternó bei Trefontane, Prov. Catania 387
Pavlov, Pollau, Mähren 315, 318
Pavlovac a. d. Morava, Jugoslawien 376
Pazyryk, Altai-Gebirge, Sibirien 166, 467, 474
Pech Merle bei Cabrerets, Dépt. Lot 290
Pecos, New Mexico, USA 915—916
Pedregar, Mallorca 398
Pedro Coberta bei Santiago de Compostela, Prov. Coruña 401
Pékarna, Bez. Brünn, Brno 299
Peking 389, 472, 753, 790—791, 799
Pembrokeshire, Südwales 404
Pendeen, Cornwall 28
Perelló, Prov. Tarragona 326

Pergamon, heute Bergama, Kleinasien 202, 543 bis 544
Pergouset, Dépt. Lot 306
Périgueux 133, 279, 283
Perm, Ural 488, 499, 606, 753
Persepolis, Iran 639, 649, 656, 686, 690, 692, 694—695
Petersburg, Leningrad 37, 70—71, 165, 235
Petersfels, Höhle bei Engen, Hegau, Baden-Württemberg 317
Petersfinger bei Salisbury, Wiltshire 571
Petreny, Gouv. Bessarabien, Kr. Bjelcy, UdSSR 795
Phaistos auf Kreta 457, 459
Phanagoria, Schwarzmeergebiet 71
Philadelphia, USA 492, 651
Phillips Cave, Erongo Gebirge, Südafrika 891
Phylakopi auf Melos 251
Piedra Escrita, Fuencaliente, Spanien 330
Philistea, untergegangener Ort, Syrien 461
Pieterlen, Amt Büren, Schweiz 567
Pietrossa, Com. Pietroasele, Gebiet Ploesti, Rumänien 586
Pisa 73
Pisco, Peru 967
Pjandshikent, Usbekien, UdSSR 757
Placard bei Rochebertier, Charente 14
Plohmühle, Kr. Strehlen 168
Plouaret, Côtes du Nord, Frankreich 403
Pompeji 6, 28, 33—37, 74, 83, 250, 523—526, 771
Pontevedra, Galicia, Spanien 329
Populonia, Westküste Italiens 73
Porto Cristo, Mallorca 398
Potsdam 637
Potwisha, Kalifornien 926
Pouan, Dépt. Aube, Frankreich 220
Poysdorf, Niederösterreich 556
Prag-Bubeneč 374
Prag-Jeneralka 374
Prag-Sarka 374
Prahova, Gouvernement, Rumänien 470
Praia das Macas, Portugal 402
Prambanan, Parambanan bei Djokjakarta, Java 785
Priene gegenüber Milet, griech. Insel 204
Pristina, Kosovo-Gebiet, Jugoslawien 376
Propriano, Korsika 396
Protasowo, Gebiet Moskau, UdSSR 416

66 Kühn, Vorgeschichtsforschung

Providence, Rhode Island, USA 519
Pry bei Walcourt, Belgien 222
Pschedmost (Předmost) Mähren 121, 132
Puig Castellar, Prov. Barcelona 513
Pulguksa, Kyongju, Korea 811—812
Purchena, Prov. Almería 400
Pusan, Korea 808
Pylos, Messenia, Griechenland 451, 459, 537, 539
Pyongyang, Prov. Lo-lang, Nordkorea 809 bis 810
Pyrgi, Hafen v. Cerveteri, Italien 517

Q

Qatna, nahe Homs, Syrien 737
Quedlinburg 368
Quirigua, Mexico 947
Qumran, Kumran, Totes Meer 724—726, 732
Qysil, Prov. Sinkiang China 754

R

Randolph County, Illinois, USA 910
Ras el Ain, nördliches Mesopotamien 656 bis 658
Ras El-Amije, Irak 682
Rass, Südarabien 395
Ras Shamra (Schamra), Syrien 377, 388, 664, 732, 734—736
Rāstjāsthān südl. Bihar, Indien 775
Ravenna 73, 217, 594
Raymonden bei Chancelade, Dordogne 121, 127
Reculver bei Canterbury, Kent 222
Redeyef, Tunesien 387
Regensburg 558
Reggio Emilia, Po-Ebene 573
Reichenhall 171, 446
Reinheim, Kr. St. Ingbert, Saarland 501, 504, 506
Remedros, Prov. Chiriqui, Panama 959
Renales, Spanien 575
Rennes 31
Resina am Vesuv 525
Rethel (Ardennes) 46
Rethra, slawische Burg, DDR 341, 641

Rhenen, Holland 568
Richborough, Kent 224
Riedschachen im Federseemoor 425
Rietfontein, Distr. Mier, Südafrika 888
Rillaton, Cornwall 437
Rimini, Italien 73
Ripoli, Prov. Teramo, Abruzzen 388
Rito de los Frijoles, Arizona, USA 918
Rittersdorf bei Bitburg, Eifel 555
Robenhausen am Pfäffik-See, Schweiz 137
Roc-de-Sers, Charente 315
Rochelle, Dépt. Charente-Maritime 131
Röcken bei Lützen 110
Rössen, Kr. Merseburg 368—370, 425
Roknia bei Constantine, Algerien 398
Rom 15, 73—75, 85, 95, 180—181, 183—184, 186, 209—210, 225, 239—240, 336, 389, 435, 516—518, 521—524, 530, 573, 588 bis 589, 674, 696—697, 700, 728—729, 733, 743, 757, 803, 880, 913
Romanelli bei Diso, Prov. Lecce, Italien 294
Romaschki, Kr. Wasilkow, Gouv. Kiew 586
Romito, Prov. Calabrien 310
Rongères, Dépt. Allier 436
Rothenburg, Mittelfranken 556
Roucadour, Dépt. Lot 306
Rouffignac bei Les Eyzies, Dordogne 306
Roundway Down, Wiltsh. 222
Rovere de Caorso bei Padua 181
Rügen 78
Rugm-el-Melfuf, Palästina 393
Rusé Ruščuk, (Donau) Bulgarien 378
Rusinga-Insel, Victoria-See, Afrika 869
Ryzanovka, Gouv. Kiew 168

S

Saalburg Kastell bei Homburg v. d. H. 532, 638
Saba, Arabien 707—709
Sabarmati-Fluß, Indien 764
Sabratha, Tripolis 527
Saburintze, Kreis Kanew, Südrußland 586
Sahara-Atlas-Gebiet 264
Saint Ann's Drive, Laguna Beach, Kalifornien 913
Saint Denis, Paris 550, 552, 560, 935
Saint-Gaudens, Haute Garonne 125
Saint-Germain-de-Confolens, Charente 403

Ortsregister

Saint-Germain en Laye bei Paris 136, 165, 171, 177, 194, 208, 548
Saint-Gilles bei Abbeville 46
Saint-Guiraud (Gers) 124
Saint-Marcel, Dépt. Indre 315
Saint Remy 211
Saint Valéry, Somme 46
Sakaai bei Nara, Japan 818
Sakçagözü, Syrien 751
Sakis, Assyrien 166
Sakkara bei Memphis 837, 847
Sakkuram, Kyongju, Korea 812
Salcuta, Bez. Craiova, Rumänien 381
Saltburnon-Sea, Northumbria 571
Salzwedel 78
Samaria, Palästina 730
Samarra, Mesopotamien 655—656, 658, 662 bis 664, 675
Samborzek, Kr. Sandomierz, Polen 381
Sammanud, Sebennytos, Niltal 847
Samos, griech. Insel 255, 538
Samothrake im Ägäischen Meer 206—208, 250
Samrong Sen, Hinterindien 781
San Augustín, Tierradentro, Kolumbien 960 bis 962
Sandan (Gers), Frankreich 124
Sandar, Vestfold, Norwegen 570
Sandia Cave, New Mexico, USA 906, 908
Sangiran bei Trinil, Java 779
Sango-Bucht, Uganda, Afrika 870
Sankt Marein, Österreich 187
San Maurizio bei Bozen, Moritzing 520
Santa Barbara bei Villanova, Sardinien 397
Santa Barbara, Kalifornien, USA 264
Santa Fe, New Mexico, USA 915—917
Santorin, Thera 539, 541
Santschi, Indien 785
Saoura, Sahara-Atlas-Gebiet 866
Sapporo, Japan 816
Sarata-Monteoru, Bez. Ploiesti, Rumänien 378
Sarre, Kent 224
Sarsa, Cueva de la, Ostspanien 387
Sartène auf Korsika 396
Sátoraljaujhely, Ungarn 376
Saucourt, Frankreich 230
Sauk County, Wisconsin, USA 922
Sauveterre-la-Lemance, Dépt. Lot et Garonne 145
Savignano sul Panaro, Prov. Modena 300

Savignoni auf Kreta 538
Sayala, Nubien 856
Sebastije, Samaria, Palästina 717
Sebennytos, heute Sammanud, Niltal 847
Sebil, Prov. Assuan, Ägypten 843
Seddin, Prov. Brandenburg 433
Sedlec bei Prag 374
Seeland, Dänemark 406
Sefar, Nordafrika 859
Segovia 212
Seip-Mound, Ross County, Ohio, USA 919
Seldanha, Südafrika 868
Selinunt, Sizilien 542
Selzen, Kr. Mainz 11, 67, 79, 217—220
Semiduro-See, Brasilien 51
Sendling, München 555
Sendschirli, Zincirli, Türkei 638, 660, 875
Senftenberg, Niederösterreich 314
Senkere (Larsa) Mesopotamien 673
Sensburg, ehem. Ostpreußen 598
Seraucourt-le-Grand, Dépt. Aisne 548
Sesklo, Tessalien 248, 385—386
Sess Killgren bei Bally-Gawby, Countac Tyrone, Irland 405
Seven Mile Island, Tennessee, USA 921
Sevilla 229
Sha-ching, China 796
Shah Tepe, Südrußland 796
Shang, China 799—800
Shanidar, Irak 684
Shewsbury, New Jersey, USA 100
Shibe, Schibe, Altai-Gebiet, Sibirien 166, 474
Sialk, Iran 774
Sidi Abderrahman, Marokko 863
Sidon (Saida), Libanon 733, 739
Sieben Brüder Kurgan, Bez. Temrjuk, Kubanfluß 166, 760
Sigus, Algerien 399
Sila, Algerien 399
Silla, Korea 811
Simbabwe, Mittelafrika 878—879
Simla, Pakistan 764
Singhbum, südl. Bihar, Indien 775
Sinsheim, Baden 77, 79
Sippar, Iran 14, 648
Sipplingen am Bodensee 425—426
Sireuil, Dordogne 317
Sirmium, Srijemska Mitrovica, bei Belgrad, Jugoslawien 596

66*

Sittard, Prov. Limburg, Holland 373, 388
Sitzenroda bei Torgau, Bez. Leipzig 16
Skrydstrup, Nordschleswig 438
Sletjord, Nordland 328
Smithfield, Oranje Freistaat, Südafrika 890
Smolensk, UdSSR 236
Snaketown, Arizona, USA 918
Snartemo, Amtsbezirk West-Agder, Norwegen 569
Soan (Sohan) Fluß, Pandschab, Pakistan 763 bis 764
Sofia 503
Sogn, Norwegen 328
Solocha, Kurgan, Südrußland 465—466
Solutré, Dépt. Saône-et-Loire, bei Mâcon 119, 137, 294
Sondershausen 368
Son Homs, Mallorca 398
Son Julià, Mallorca 398
Sontheim a. d. Brenz 557
Soria 513
Sosan, Prov. Ch'ungch'ong, Korea 811
de Soto bei Trigueros, Prov. Huelva 401
Soulage (Aude) 31
Sous-Gran-Lac, Dordogne 307
Southampton 230
Spalato, Split, Jugoslawien 212
Speyer 190, 438, 935
Spezia, Italien 240
Spina, Norditalien 73, 520, 542
Spy, Prov. Lüttich 115
Srbsko bei Beroun, Tschechoslowakei 374
Ssu-p'an-mo, China 796
Ssu-wa-shan, China 796
Subre Lahej, Südarabien 708
Sugisawa, Japan 815
Sulphur Spring, Arizona, USA 910
Sultan Selo bei Popovo, Bulgarien 378
Sumatra 115
Supe in Lima, Peru 966
Supska a. d. Morava, Jugoslawien 376
Suran, Vorderasien 737
Surghul, Türkei 638
Susa (Schuch), Iran 259, 648—650, 652, 655 bis 656, 675, 686, 688, 772
Sutton Hoo, Suffolk, England 487, 572
Syrakus, Sizilien 542
Szeged, Ungarn 580—581
Szeleta Höhle im Bükk-Gebirge, Ungarn 375

Szentes a. d. Theiß, Ungarn 376, 420
Szentes Berekhát, Ungarn 580—581
Szentes-Derekegyháza, Ungarn 581
Szentes-Nagyhegy, Ungarn 581
Szilágy-Somlyó, Rumänien 223
Szöreg a. d. Theiß, Ungarn 581

Sch

Schachty, Grotte, Pamir 758
Schaffhausen 134—135, 219
Schatt-el-Hai (Tello), Babylonien 650
Schernen, ehem. Ostpreußen 680
Schifferstadt bei Speyer 438
Schiltigheim, Elsaß 373
Schipenitz bei Tschernowitz, Ukraine, UdSSR 795
Schipkahöhle, Mähren 115
Schischkino a. d. Lena, Sibirien 311
Schleitheim bei Schaffhausen, Schweiz 219
Schönfeld, Kr. Stendal 424
Schönen, Schweden 416
Schortschuk, Inner-Asien 754
Schretzheim bei Dillingen, Bayern 552—553
Schulerloch bei Kelheim, Bayern 293, 312
Schussenquelle bei Schussenried 134, 315
Schussenried bei Buchau, Baden-Württemberg 421, 425—426
Schwarzenbach, Hunsrück 190
Schwechat bei Wien 565
Schweizersbild bei Schaffhausen, Schweiz 135

St

Stade, Nordrhein Westfalen 30
Staffordshire 35
Stammheim, Kr. Calv 508
Star Carr, Yorkshire 320
Starčevo bei Vinča, Jugoslawien 377
Stellenbosch in Kapland, Südafrika 890
Stellmoor bei Ahrensburg 298, 303—304
Stentinello bei Syrakus 386—387
Sterkfontein, Transvaal 886
Stettin 77
Stevns, Seeland 189
Stockach, Kr. Tübingen 508
Stockholm 174, 411, 607

Stonehenge, England 21, 29, 81, 83, 252, 354, 395, 404, 451
Stora Velinge, Gotland, Schweden 606
Store Kongehöi, Dänemark 438
Stowting, Kent 224
Stralsund 231
Straßburg 41, 76, 146
Straubing, Bayern 531—532
Strettweg, Steiermark 186
Stuttgart 169, 191, 219

T

Tabelbala, Algerien 399
Tademait, Sahara 867
Tafassasset bei Fachi, Senegal, Afrika 870
Tal der Könige, Ägypten 833—834
Talgai, Queensland, Südaustralien 976—977
Tanais, Schwarzmeergebiet 71
Tanger 843
Tangiru, Bez. Giurgiu, Rumänien 381
Tanis, Ägypten 253
Tanum, Prov. Bohuslän, Schweden 158—160
Taos, New Mexico, USA 917
Tápioszentmárton, Com. Pest, Ungarn 468
Taq-i-Bostan, Iran 706
Tarent, Süditalien 395
Tarhamanant, Sahara 866
Tarka-Fluß, Südafrika 888
Tarofalt, Marokko 864
Tarquinia 73, 74, 182, 184, 516, 518
Taruga, Nigeria 877
Taschkent, UdSSR 702
Tassili n'Ajjer, Hoggar Gebirge, Nordafrika 854—855, 858—860, 865, 883
Tassos, Türkei 450
Tassu-K'ung-Ts'un, Prov. Honan, China 801
Taungs, Südafrika 885
Tch'angngan, Prov. Shensi, China 804
Teheran 494—495, 706
Teleilat Ghassul am Toten Meer 717
Teleorman, Gouvernement, Rumänien 470
Tell Abu suse, vermutlich Gezer, Palästina 260
Tell Arpachije, Irak 656, 682
Tell Asmar, Mesopotamien 663, 678—680, 772
Tell-as-Sauwan, Irak 676
Tell Billah, Mesopotamien 679

Tell Brak, Syrien 736
Tell ed-Duweir (Lachis), Israel 714, 724
Tell-el-Amarna, Ägypten 256, 678, 721, 735, 739—740, 845—846
Tell el-Chlefi, Israel 718—719
Tell el-Hasi oder Hesi 255, 260, 714
Tell el-Mutesellim, Israel (Megiddo) 714
Tell-el-Oheimir, Kisch, Mesopotamien 652
Tell el-Quedah, Israel 723
Tell es-Sultan bei Jericho, Palästina 715
Tell Halaf, nördl. Mesopotamien 261, 388, 656, 658—664, 673, 675, 682, 746
Tell Hariri (Mari), Syrien 673
Tell Hassuna, Bezirk Mossul, Mesopotamien 656, 675, 682
Tell-i Bakun, Iran 656, 690
Tell-i-Gap, Iran 690
Tell Inghara, Kisch, Mesopotamien 652
Tell Jezer, Gezer, Palästina 718
Tell Massin bei Suran, Syrien 737
Tell Matarra, Irak 675
Tello, Mesopotamien 259, 638, 649—650, 688—689
Tell Ramad, Syrien 736—737
Tell Tschagar Bazar, Syrien 736—737
Tell Ugair, Mesopotamien 656, 682
Tenochtitlán, Texcoco, Mexico, heute Mexico City 951
Teotihuacan bei Mexico City 262, 928—930, 942—943
Tepe Gaura (Gawra), Mesopotamien 653, 656, 679, 681, 759
Tepe Giyan, Iran 686—688
Tepe Guran, Prov. Luristan, Iran 388, 692
Tepe Hissar, Iran 796
Tepe Sabz, Khusistan, Iran 691
Tepe Sialk, Iran 656, 686—688
Tepexpan, Mexico 910—913
Teplice-Teplitz, Tschechoslowakei 374
Ternifine, Algerien 863, 869
Terracina, Italien 84
Terra di Bari, Süditalien 395
Terra d'Otranto, Süditalien 395
Teschik-Tasch, Höhle, Usbekistan, UdSSR 758
Testona bei Turin 226, 600
Teyjat, Dordogne 128
Thayngen bei Schaffhausen 13, 135
Theben, Ägypten 88, 253, 451, 459, 833—834, 880

Theocharis, Griechenland 385
Theodosia, Schwarzmeergebiet 71
Thera, Santorin, Insel 539, 541
Thermopylai, Griechenland 539
Tiahuanaco, Peru 968—969
Tibesti, Ober-Ägypten 844, 854
Tibiran, Dépt. Hautes-Pyrénées 305
Ticoman bei Zacatenco, Mexico 953
Tidikelt, Tassili-n-Ajjer, Afrika 843
T'ien-schan, China 796
Tiflis, Tbilisi, Kaukasus-SSR, UdSSR 170 bis 171
Tihodaine, Hoggar, Nordafrika 866
Tikal, Guatemala 936—937, 949, 957
Tilizzaghen, Libyen 857
Timgad, Nordafrika 526
Tin Abotéka, Nordafrika 859
Ting-ts'un, Prov. Chansi, China 792
Tin Tazarift, Nordafrika 859
Tin Teferiest, Nordafrika 859
Tiout, Sahara-Atlas-Gebiet 852
Tirgu Mures, Rumänien 584
Tiryns 102, 274, 459
Tiszapolgár, Ungarn 376
Tito Bustillo, auch Pozu del Ramu, Prov. Asturias 308—309
Tivisa, Prov. Tarragona 326
Tivoli bei Rom 521, 524
Tlalico, Mexico 953—954
Tócóvölgy, Kom. Hajdu, Ungarn 376
Togarnishi, Nagano, Japan 815
Tokaj, Ungarn 376
Tokat, Türkei 681
Toledo, Spanien 403
Tokyo 817
Tomas, Nubien 856
Tomsk, UdSSR 475, 479
Tongmul, Berg. Korea 810
Tormón, Prov. Teruel 326
Toro bei Nara, Japan 817
Toronto, Canada 800, 943
Tortosillas, Prov. Valencia 326
Tószeg a. d. Theiß, Ungarn 442
Totimehuacán, Staat Puebla, Mexico 945
Toukh, Oberägypten 842
Toulon 87
Toulouse 283
Tournai 9, 21, 22, 218, 550, 573
Tours 229, 403

Tran Ninh, Me-kong-Delta, Vietnam 781
Trastevere, Italien 85
Trebenitsche am Ochrida-See, Jugoslawien 503
Trelleborg, Schweden 612—613
Tremiti, griech. Insel 387
Tres Zapotes, Veracruz 954
Trichtingen, Württemberg 169, 501
Trier 15, 190, 230, 529—530
Triest 27
Trinhöi, Amt Ribe, Dänemark 438
Trinil auf Java bei Kedung Brubus 115—116, 779, 791
Tripolje bei Kiew, Ukraine 367, 382
Trivières, Hainaut, Belgien 567
Troickosavsk, Transbaikalien 474
Trois Frères, Dépt. Ariège 288, 290
Troja 102, 163, 170, 206, 246—249, 251, 253, 258, 274, 451, 541, 544, 760
Tronsnäs, Öland 231
Trundholm, Seeland, Dänemark 432—433
Truscheddu oder Palmavera bei Alghero, Sardinien 397
Tsangli, Thessalien 386
Tschernichow, Gouv. Kiew, UdSSR 586
Tschernijakowski, Südrußland 587
Tschertomlyk Kurgan, westl. Nikopol, Ukraine 486
Tschoga Zambil, südlicher Iran 686, 688
Tsiao-kia-ts'un, Prov. Shensi, China 803
Ts'i-kia-tsun, Prov. Shensi, China 803
Tsisab-Schlucht am Brandberg, Südafrika 896
Tuc d'Audoubert, Dépt. Ariège 287—288
Tuekt, Mongolei 166
Tuekta-Kurgane, Kuban-Gebiet, UdSSR 468
Tula, Hidalgo, Mexico 938—939, 945, 952
Tulchar Kurgane, Tadshikistan, UdSSR 761
Tule River, Kalifornien, USA 264, 926
Tule Springs, Nevada, USA 909
Tumba, Kongo 870
Tumschuk, Innerasien 754
Tuna, Prov. Västmanland 569
Tuna, Prov. Uppland 607
Tune, Norwegen 610—611
T'ung Kou, Korea 810
Tun-huang, Innerasien 754
Tunis 229
Tureholm, Södermanland 569

Ortsregister

Tureng Tepe, Südrußland 796
Turfan, Innerasien 754
Tursac, Dordogne 317
Tuva, Altai Gebirge, Sibirien 478—479
Tyras, Schwarzmeergebiet 71
Tyrus, Tyros, Libanon 681, 733
Tzitzikama, Südafrika 884
Tzu-yang, Szechuan 793

U

Uadi Zigza, Libyen 858
Uffington, Wessex, England 922
Ugarit, Syrien 387, 450, 660, 664, 734—736
Ul, Nordkaukasus 465
Ulm 219—220
Umm-Quatafa bei Jerusalem 712
Unětice bei Prag 439
Unterglauheim bei Augsburg 436
Untergrombach, Kr. Bruchsal 421
Unyul, Prov. Hwanghae, Korea 809
Uppsala 19
Uqair, Irak 656, 682
Ur, Mesopotamien 639, 641, 643, 650, 653 bis 656, 663—667, 669—670, 674, 675, 678, 747, 803
Ural 70
Urartu, Türkei 461, 496
Uruk-Warka, Mesopotamien 653—654, 656, 663, 665, 670—675, 678, 682—683
Usatovo bei Odessa 385
Uxmal, Yucatan 97, 933—934

V

Vače, Jugoslawien 519—520
Vadastra, Bez. Romanati, Rumänien 381
Valač, Jugoslawien 376
Val-Bach, Ungarn 442
Valcamonica, Prov. Brescia 426, 518, 536
Vallhagar, Gotland, Schweden 607
Val-Limpopo-Senke, Südafrika 895
Valltorta, Barranco de Teruel, Spanien 326 bis 327
Valsgärde, Prov. Uppland 569, 606—607
Vandellos, Prov. Tarragona 326
Várpalota bei Veszprem, Ungarn 582—583

Veji, nahe Rom 182, 516
Velika Gorica bei Zagreb 441
Vendel, Wendel, Uppland 233, 568—569, 607
Venedig 17, 180
Ventana Cave, Arizona, USA 910
Vermand, Dépt. Aisne, Frankreich 548
Vesuv 225, 525
Vestland, Norwegen 570
Vettersfelde bei Guben 168—169, 471, 499
Veyrier (Haute Savoie) bei Genf 125—126, 135
Vidra, Bez. Giurgiu, Rumänien 381
Viehhofen a. d. Saalach 445
Villanova, Italien 178—179
Villars bei Périgueux 306
Villeneuve, St. Vistre, Dépt. Marne 436
Vinča bei Beograd 376—377
Vineta 341
Vingen, Norwegen 328
Vix bei Châtillon-sur-Seine, Côte d'Or 501 bis 504
Vladimir, Gouvermement, UdSSR 235
Vladimirowka, Bez. Kirovograd, Ukraine 384
Vladikavkaz bei Tiflis, Kaukasus, UdSSR 170
Vogelherd bei Stetten ob Lontal 298
Vogelsang, Kr. Nimptsch, Schlesien 168
Vulci, Italien 74, 77, 183

W

Wadi Allaqi, Nubien 856
Wadi-el-Kel, Libyen 858
Wadi-en-Natouf, Israel 711, 716
Wadi Murabba, Israel 729
Wadjak, Java 779, 976—977
Wahlitz, Kr. Burg 388
Waldalgesheim bei Bingen 510
Waldbrunn, Pustertal 68
Waldenbuch, Kr. Böblingen 508
Wales 230, 404—405
Walternienburg, Kr. Jericho 424
Wang-yü-k'ou, China 796
Warachscha, Usbekien, UdSSR 757
Warka = Uruk-Warka, Mesopotamien 643, 653, 656, 670, 672—673
Washington, USA 263
Watsch, Vače, Krain, Österreich 186—187
Waulowo, Gebiet Jaroslav, UdSSR 416

Weilbach, Maintaunuskreis 556
Weimar 44, 75, 110, 552
Weißenburg, Mittelfranken 556
Weißkirchen, Saar 190
Wenngarn, Uppland 231
Wernigerode, Harz 243
Westeregeln bei Magdeburg 388
Westerhofen, Bayern 507
Wevelsburg, Kr. Büren, Westfalen 17
Wible, Gotland 231
Wilton, Kap-Prov., Südafrika 890
Wien 17, 22, 37, 122, 148, 152, 164, 169, 171, 172, 175, 179, 202, 266, 519, 889
Wiesbaden 77—78, 679—680, 700
Wieuwerd, Holland 221
Wildenmannlisloch, Schweiz 298, 303
Wilhelmshöhe bei Kassel 37
Willendorf, Niederösterreich 299, 314
Wiltshire 21
Windisch a. d. Aare, Vindonissa, Aargau, Schweiz 534
Windmill Hill bei Brixham 51
Winkel am Rhein 91
Winnall, Winchester, Hampshire 571
Wittislingen, Kr. Dillingen 388, 555
Wladikawkas bei Ordschonikidse, Kaukasus 348
Wolfsheim, Kr. Alzey 586, 700—701
Wolossowo nahe d. Oka, Sibirien 423
Woodhenge, England 451
Worms 220, 243
Wščič, Gebiet Belinec, UdSSR 416
Wulfen, Kr. Köthen 18

X

Xanten, Niederrhein 531
Xochicalco, Mexico 946

Y

Yang Shao Tsun, Prov. Honan, China 794 bis 796
Yao-kuan-tchuang, Distrikt Weifang, Prov. Shantung, China 797
Yaxchilan, Mexico 947
Yayoi-machi, Bez. Tokyo, Japan 812
Yazilikaya bei Boghazköy, Türkei 746
Yongch'on, Prov. Nord-Kyongsang, Korea 808
Yorkshire 222
Yucatan 96—97, 100, 262
Yuman Camp, Wyoming, USA 910
Yün-kang, China 812
Yusu, Kanton Fukoaka, Japan 814

Z

Zacatenco am See Tezcoco, Mexico 953—954
Zahna, Prov. Sachsen 17
Zamora, Prov. Zamora, Spanien 578
Žarkovo, Jugoslawien 376
Zauschwitz, Bez. Leipzig 368
Zelemér, Kom. Hajdu, Ungarn 376
Zenaga bei Beni Ounif, Algerien 852
Zengövarkony, Ungarn 376
Zimbalóva Mogila, Bez. Melitopol, UdSSR 168
Zincirli, Nord-Syrien 751
Ziwije bei Sakkez, Iran 495—496
Zobtengebiet, ehem. Schlesien 409
Zöldhalompuszta, Kom. Borsod-Abauj-Zemplén, Ungarn 469, 471
Zürich 76, 436
Žuto Brdo, Jugoslawien 376
Zwenkau-Hartes bei Leipzig 367, 388
Zypern 251, 355, 735